Großkommentare der Praxis

STAUB
Handelsgesetzbuch

Großkommentar

Begründet von Hermann Staub

5., neu bearbeitete Auflage

herausgegeben von

Claus-Wilhelm Canaris
Mathias Habersack
Carsten Schäfer

Erster Band
Einleitung;
§§ 1–47b

Bearbeiter:

Einleitung: Hartmut Oetker
§§ 1–7: Hartmut Oetker
§§ 8–16: Jens Koch
§§ 17–37a: Ulrich Burgard
Sachregister: Ulrike Gaebel

De Gruyter Recht · Berlin

Bearbeitungsstand: 1. Juni 2009

Zitiervorschlag: *Oetker* in Großkomm. HGB, 5A, § 1 Rdn. 8

Bandherausgeber: Professor Dr. *Carsten Schäfer*, Mannheim

Sachregister: Dr. *Ulrike Gaebel*, Leipzig

ISBN 978-3-89949-407-5

Bibliografische Information der Deutschen Nationalbibliothek

Die Deutsche Nationalbibliothek verzeichnet diese Publikation in der Deutschen Nationalbibliografie; detaillierte bibliografische Daten sind im Internet über http://dnb.d-nb.de abrufbar.

© Copyright 2009 by De Gruyter Rechtswissenschaften Verlags-GmbH, D-10785 Berlin

Dieses Werk einschließlich aller seiner Teile ist urheberrechtlich geschützt. Jede Verwertung außerhalb der engen Grenzen des Urheberrechtsgesetzes ist ohne Zustimmung des Verlages unzulässig und strafbar. Das gilt insbesondere für Vervielfältigungen, Übersetzungen, Mikroverfilmungen und die Einspeicherung und Verarbeitung in elektronischen Systemen.

Datenkonvertierung/Satz: WERKSATZ Schmidt & Schulz GmbH, Gräfenhainichen
Druck und Bindung: Bercker Graphischer Betrieb GmbH, Kevelaer
Printed in Germany

Verzeichnis der Bearbeiter der 5. Auflage

Dr. **Peter Balzer**, Rechtsanwalt, Balzer Kühne Lang, Bonn
Professor Dr. **Ulrich Burgard**, Otto-von-Guericke-Universität Magdeburg
Professor Dr. Dr. h.c. mult. **Claus-Wilhelm Canaris**, Ludwig-Maximilians-Universität München
Professor Dr. **Matthias Casper**, Westfälische Wilhelms-Universität Münster
Professor Dr. **Gerhard Dannecker**, Ruprecht-Karls-Universität Heidelberg
Dr. **Raimond Emde**, Rechtsanwalt, Graf von Westphalen, Hamburg
Professor Dr. **Florian Faust**, LL.M. (Univ. of Michigan), Bucerius Law School, Hamburg
Professor Dr. **Mathias Habersack**, Eberhard-Karls-Universität Tübingen
Dr. **Stephan Harbarth**, LL.M. (Yale), Rechtsanwalt, SZA Schilling, Zutt & Anschütz, Mannheim
Professor Dr. **Joachim Hennrichs**, Universität zu Köln
Professor Dr. Dres. h.c. **Peter Hommelhoff**, Ruprecht-Karls-Universität Heidelberg, Partner bei KPMG, Frankfurt am Main
Professor Dr. **Rainer Hüttemann**, Dipl.-Volksw., Rheinische Friedrich-Wilhelms-Universität Bonn
Professor Dr. **Detlev Joost**, Universität Hamburg
Professor Dr. **Christian Kersting**, LL.M. (Yale), Heinrich-Heine-Universität Düsseldorf
Professor Dr. **Peter Kindler**, Universität Augsburg
Professor Dr. **Detlef Kleindiek**, Universität Bielefeld
Professor Dr. **Jens Koch**, Universität Konstanz
Professor Dr. **Ingo Koller**, Universität Regensburg
Dr. **Ernst-Thomas Kraft**, Rechtsanwalt, Hengeler Mueller, Frankfurt am Main
Dr. **Stefan Kröll**, LL.M. (London), Rechtsanwalt, Köln
Wiss. Ass. **Daniela Mattheus**, Ruprecht-Karls-Universität Heidelberg
Professor Dr. **Hartmut Oetker**, Universität zu Kiel
Professor Dr. **Karsten Otte**, M.J.C. (Austin), Direktor bei der Bundesnetzagentur, Bonn
Professor Dr. **Carsten Schäfer**, Universität Mannheim
Professor Dr. **Jan Schürnbrand**, Universität Erlangen-Nürnberg
Professor Dr. **Martin Schwab**, Freie Universität Berlin
Wiss. Ass. Dr. **Jan Thiessen**, Humboldt-Universität zu Berlin
Professor Dr. **Christoph Weber**, Julius-Maximilians-Universität Würzburg
Professor Dr. **Jens Wüstemann**, Universität Mannheim

Vorwort zur 5. Auflage

Die fünfte Auflage des von Hermann Staub begründeten Großkommentars zum HGB fällt in eine Epoche, die das Handelsrecht – und mit ihm seine Kommentatoren – vor große Herausforderungen stellt. Sah sich das HGB, vom Bilanzrichtliniengesetz abgesehen, über Jahrzehnte nur punktuellen und überwiegend marginalen Änderungen ausgesetzt, so haben Tempo und Intensität der Reformen während der vergangenen zehn Jahre ganz erheblich zugenommen. Das Handelsrechtsreformgesetz 1998, die Schuldrechtsreform, das Bilanzkontroll- und das Bilanzrechtsreformgesetz, das EHUG und zuletzt das MoMiG – all diese und weitere Änderungsgesetze haben, vielfach gemeinschaftsrechtlichen Vorgaben Rechnung tragend, tiefgreifende Änderungen des Textes und der Systematik des HGB bewirkt, die es in der Neuauflage aufzubereiten und in ihren praktischen Folgen zu würdigen gilt.

Anspruch und inhaltliche Konzeption des Kommentars haben gegenüber der Vorauflage keine Änderungen erfahren: Nach wie vor soll der Kommentar in einer sowohl wissenschaftlichen Ansprüchen genügenden als auch die Belange und Gepflogenheiten der Praxis berücksichtigenden Art und Weise über den Stand der Diskussion informieren und Entwicklungslinien aufzeigen. Im Unterschied zur Vorauflage erscheint die Neuauflage freilich nicht mehr in Einzellieferungen, sondern in Bänden. Fünfzehn Bände sind vorgesehen, und damit liegt die Gesamtzahl über derjenigen der Vorauflage, was aber vor allem auf eine neue Bandeinteilung zurückzuführen ist. Diese wiederum soll es ermöglichen, einzelne Bände je nach Bedarf und unabhängig von andern Bänden in neuer Bearbeitung vorzulegen, ohne dass damit eine Neuauflage des Gesamtwerkes verbunden sein müsste. Mit der Neuauflage des Staub soll also eingeführt werden, was für die dreizehnte Auflage des Staudinger längst bewährte Realität ist. Der Abschluss der fünften Auflage ist für das Jahr 2010 vorgesehen.

Unter den Autoren sind *Claus-Wilhelm Canaris*, der bereits – zusammen mit *Wolfgang Schilling* und *Peter Ulmer* – Mitherausgeber der vierten Auflage war, *Mathias Habersack* und *Carsten Schäfer* mit der Herausgeberaufgabe betraut worden. Die wissenschaftliche Verantwortung der Bearbeiter für den von ihnen jeweils übernommenen Teil der Kommentierung bleibt unberührt.

Der jetzt vorgelegte erste Band umfasst neben einer allgemeinen Einleitung aus dem ersten Buch über den Handelsstand die §§ 1–37a. Sämtliche Vorschriften sind völlig neu kommentiert, was nicht nur auf die lange zurückliegende Vorauflage sondern auch auf den Umstand zurückzuführen ist, dass die Kommentierung insgesamt in neue Hände übergegangen ist. Einleitung und die Vorschriften über die Kaufleute (§§ 1–7) hat *Hartmut Oetker* kommentiert. Die Kommentierung der teilweise neuen Publizitätsvorschriften (zu Handelsregister und Unternehmensregister, §§ 8–13) stammt aus der Feder von *Jens Koch*, diejenige des Firmenrechts (§§ 17–37a) hat *Ulrich Burgard* besorgt.

Juli 2009   Herausgeber und Verlag

Inhaltsübersicht

ERSTES BUCH

Handelsstand

	§§
Einleitung	
Erster Abschnitt. Kaufleute	1–7
Zweiter Abschnitt. Handelsregister; Unternehmensregister	8–16
Dritter Abschnitt. Handelsfirma	17–37a
Vierter Abschnitt. Handelsbücher	38–47b
(weggefallen)	

Abkürzungsverzeichnis

aA	anderer Ansicht
aaO	am angegebenen Ort
abl.	ablehnend
ablehn.	ablehnend
Abs.	Absatz
Abschn.	Abschnitt
AcP	Archiv für civilistische Praxis
ADAC	Allgemeiner Deutscher Automobil-Club
ADHGB	Allgemeines Deutsches Handelsgesetzbuch v. 1861
aE	am Ende
a.F.	alte Fassung
AG	1. Amtsgericht
	2. Aktiengesellschaft
AGB	Allgemeine Geschäftsbedingungen
AGG	Allgemeines Gleichbehandlungsgesetz
AiB	Arbeitsrecht im Betrieb
AktG	Aktiengesetz
Aktz.	Aktenzeichen
allg.	allgemein
allg. M.	allgemeine Meinung
a.M.	andere(r) Meinung
amtl. Begr.	Amtliche Begründung
AnfG	Anfechtungsgesetz
Anh.	Anhang
Anl.	Anleitung
Anm.	Anmerkung(en)
AO	1. Amtsordnung (Schleswig Holstein)
	2. Abgabenordnung
AöR	Archiv des öffentlichen Rechts
AP	Arbeitsrechtliche Praxis
ApothekenBetrO	Apothekenbetriebsordnung
ApothekenG	Apothekengesetz
ArbG	Arbeitsgericht
ArbGG	Arbeitsgerichtsgesetz
AR-Blattei	Arbeitsrecht-Blattei
ArbR	Arbeitsrecht
ArbstättVO	Arbeitsstättenverordnung
ArbZG	Arbeitszeitgesetz
ArchBürgR	Archiv für Bürgerliches Recht
Art.	Artikel
AÜG	Arbeitnehmerüberlassungsgesetz
Aufl.	Auflage
AV	Ausführungsverordnung
AZR	Gesetz über das Ausländerzentralregister
Baden-Württ.	Baden-Württemberg
BaFin	Bundesfinanzaufsicht
BAnz	Bundesanzeiger

Abkürzungsverzeichnis

BayERVV	Bayerische Verordnung über den elektronischen Rechtsverkehr und elektronische Verfahren (E-Rechtsverkehrsverordnung – ERVV)
BaWüNotZ	Baden-Württembergische Notarzeitung
BayObLG	Bayerisches Oberlandesgericht
BayZ	Bayerische Zeitung
BAG	Bundesarbeitsgericht
BAO	Bundesabgabenordnung
BÄO	Bundesärzteordnung
BB	Der Betriebs-Berater
BBiG	Berufsbildungsgesetz
Bd.	Band, Bände
Bek. v.	Bekanntmachung vom
Begr.	Begründung
Beschl.	Beschluss
BetrAVG	Gesetz zur Verbesserung der betrieblichen Altersversorgung (Betriebsrentengesetz)
BetrVG	Betriebsverfassungsgesetz
BeurkG	Beurkundungsgesetz
BfA	Bundesversicherungsanstalt für Angestellte
BFH	Bundesfinanzhof
BFHE	Entscheidungen des Bundesfinanzhofes
BGB	Bürgerliches Gesetzbuch vom 18.8.1896
BGBl.	Bundesgesetzblatt
BGH	Bundesgerichtshof
BGHR	BGH-Rechtsprechung, hrsg. von den Richtern des Bundesgerichtshofes
BGHZ	Entscheidungen des Bundesgerichtshofes in Zivilsachen
BKartA	Bundeskartellamt
Bl.	Blatt
BNotO	Bundesnotarordnung
BörsG	Börsengesetz
BörsZulV	Börsenzulassungsverordnung
BPatG	Bundespatentgericht
BPatGE	Entscheidungen des Bundespatentgerichts
BRAGO	Bundesgebührenordnung für Rechtsanwälte
BRAK-Mitt	Mitteilungen der Bundesrechtsanwaltskammer
BT	Bundestag
BT-Drucks.	Bundestagsdrucksache
BUrlG	Bundesurlaubsgesetz vom 8.1.1963
BVerfG	Bundesverfassungsgericht
BVerfGE	Entscheidungen des Bundesverfassungsgerichts
BVK	Bayerische Versicherungskammer
bzw.	beziehungsweise
CDH	Centralvereinigung Deutscher Wirtschaftsverbände für Handelsvermittlung und Vertrieb e.V.
c.i.c.	culpa in contrahendo
CISG	United Nations Convention on Contracts for the International Sale of Goods, UN-Kaufrecht
DAR	Deutsches Autorecht
DAV	Deutscher Anwaltverein
ders.	derselbe
DB	Der Betrieb

Abkürzungsverzeichnis

d.h.	das heißt
dies.	dieselbe(n)
DIHT	Deutscher Industrie- und Handelstag
Dipl.	Diplom
Diss	Dissertation
DJT	Deutscher Juristentag
DNotZ	Deutsche Notarzeitung
DR	Deutsches Recht
DStR	1. Deutsche Steuerrundschau
	2. Deutsches Strafecht
DV	1. Durchführungsverordnung
	2. Deutsche Verwaltung
E	Entscheidung
EBE/BGH	Eildienst Bundesgerichtliche Entscheidungen
EDV	elektronische Datenverarbeitung
EFG	Entscheidungen der Finanzgerichte
EFZG	Entgeltfortzahlungsgesetz
EG	Europäische Gemeinschaft
EGBGB	Einführungsgesetz zum Bürgerlichen Gesetzbuch
EGHGB	Einführungsgesetz zum Handelsgesetzbuch
EGInsO	Einführungsgesetz zur Insolvenzordnung
EGVP	Elektronisches Gerichts- und Verwaltungspostfach
EGVVG	Einführungsgesetz zum Versicherungsvertragsgesetz
ehem.	ehemalige
EHUG	Gesetz über elektronische Handelsregister und Genossenschaftsregister sowie das Unternehmensregister
einh.	Einheitlich
Einl.	Einleitung
e.K.	Eingetragener Kaufmann/Eingetragene Kauffrau
Entsch.	Entscheidung
E-Register	elektronisches Register
ERJuKoG	Gesetz über elektronische Register und Justizkosten für Telekommunikation
EStG	Einkommensteuergesetz
etc.	et cetera
EU	Europäische Union
EuGH	Europäischer Gerichtshof
EuGHE	Entscheidungen des Europäischen Gerichtshofs
EuG	Europäisches Gericht Erster Instanz
EuGVVO	Verfahrensverordnung des Europäischen Gerichts Erster Instanz vom 1.3.2002
EuGVÜ	Übereinkommen über die gerichtliche Zuständigkeit und die Vollstreckung von Entscheidungen in Zivil- und Handelssachen, vom 27.9.1968, seit dem 1.3.2002 weitgehend durch die EuGVVO
EuInsVO	Europäische Insolvenzverordnung
EuLF	European Law Forum
EuZVO	Europäische Zustellungsverordnung
EuZW	Europäische Zeitung für Wirtschaftsrecht
EuroEG	Euro- Einführungsgesetz
EWiR	Entscheidungen zum Wirtschaftsrecht
EWIV	Europäische wirtschaftliche Interessenvereinigung
EWR	Europäischer Wirtschaftsraum
EWS	1. Europäisches Währungssystem
	2. Europäisches Wirtschafts- und Steuerrecht

Abkürzungsverzeichnis

EV	1. Eigentumsvorbehalt
	2. Einführungsverordnung
EzA	Entscheidungssammlung zum Arbeitsrecht
f	folgende
FamFG	Familienverfahrensgesetz
FAZ	Frankfurter Allgemeine Zeitung
FeiertagslohnzahlungsG	Feiertagslohnzahlungsgesetz
ff	fortfolgende
FG	Finanzgericht
FGG	Gesetz über die Freiwillige Gerichtsbarkeit
FGPrax	Praxis der freiwilligen Gerichtsbarkeit
Fn	Fußnote
FS	Festschrift
GBO	Grundbuchordnung
GbR	Gesellschaft bürgerlichen Rechts
gem.	gemäß
GenG	Genossenschaftsgesetz
GewO	Gewerbeordnung
GG	Grundgesetz
ggf.	gegebenenfalls
GK	Großkommentar
GmbH	Gesellschaft mit beschränkter Haftung
GmbHG	Gesetz betreffend die Gesellschaften mit beschränkter Haftung
GmbHR	GmbH-Rundschau
GenG	Genossenschaftsgesetz
GewO	Gewerbeordnung
GoA	Geschäftsführung ohne Auftrag
GOÄ	Gebührenordnung für Ärzte
GOZ	Gebührenordnung für Zahnärzte
GRUR	Gewerblicher Rechtsschutz und Urheberrecht
GRUR-RR	Gewerblicher Rechtsschutz und Urheberrecht/Rechtsprechungsreport
GSG	Gerätesicherheitsgesetz
GV	Gebührenverzeichnis
GVG	Gerichtsverfassungsgesetz
GVO	Gerichtsvollzieherordnung
GWB	Gesetz gegen Wettbewerbsbeschränkungen
hA	herrschende Ansicht
HAG	1. Heimarbeitsgesetz
	2. Hessisches Ausführungsgesetz
Halbbd.	Halbband
HansGZ	Hanseatische Gerichtszeitschrift
HandelsR	Handelsrecht
Hdb.	Handbuch
HGB	Handelsgesetzbuch
HK	Handelskammer
HKO	Haager Landkriegsordnung
hL	herrschende Lehre
hM	herrschende Meinung
HOAI	Honorarordnung für Architekten und Ingenieure in der Bekanntmachung vom 4.3.1991
HRefG	Handelsrechtsreformgesetz vom 22.6.1998

Abkürzungsverzeichnis

HRegGebV	Verordnung über Gebühren in Handels, Partnerschafts- und Genossenschaftsregistersachen (Handelsregistergebührenverordnung)
HRegGebNeuOG	Handelsregistergebühren-Neuordnungsgesetz
HRR	Höchstrichterliche Rechtsprechung
Hrsg.	Herausgeber
Hs./Hs	Halbsatz
HSG	Hochschulgesetz
HV	Handelsvertreter
HVR	Humanitäres Völkerrecht
HVuHM	Der Handelsvertreter und Handelsmarker
HWK	Handwerkskammer
ICC	Intergovernmental Copyright Committee, International Chamber of Commerce
i.d.F.	in der Fassung
i.d.R.	in der Regel
i.E.	im Ergebnis
i.e.S.	im engeren Sinne
IHR	Internationales Handelsrecht
insbes.	insbesondere
Ind.- u. Handelsk.	Industrie- und Handelskammer
InsO	Insolvenzordnung
InsoBekV	Verordnung zu öffentlichen Bekanntmachungen in Insolvenzverfahren im Internet
InvG	Investmentgesetz
InvStG	Investmentsteuergesetz
IPRax	Praxis des Internationalen Privat- und Verfahrensrechts
IPRsp.	Die Deutsche Rechtsprechung auf dem Gebiet des internationalen Privatrechts
i.S.d.	im Sinne des
i.V.m.	in Verbindung mit
i.w.S.	im weiteren Sinne
IZPR	Das Internationale Zivilprozess
JA	Juristische Arbeitsblätter
jew.	jeweils
JMBl.	Justizministerialblatt
JR	Juristische Rundschau
JRPV	Juristische Rundschau für Privatversicherung
JURA	Juristische Ausbildung
JuS	Juristische Schulung
JVKostO	Justizverwaltungskostengesetz
JW	Juristische Wochenschrift
JZ	Juristenzeitung
Kart	Kartell
Kfm.	Kaufmann
KFR	Kommentierte Finanzrechtsprechung
Kfz	Kraftfahrzeug
KG	1. Kammergericht 2. Kommanditgesellschaft
KGaA	Kommanditgesellschaft auf Aktien
KGJ	Jahrbuch für Entscheidungen des Kammergerichts in Sachen der freiwilligen Gerichtsbarkeit und Kosten-, Stempel- und Strafsachen

Abkürzungsverzeichnis

KO	1. Kassenordnung
	2. Konkursordnung
KOM	Kommissionsdokumente
Königl.	Königlich
KostG	Kostengesetz
KostO	Kostenordnung
krit.	kritisch
KSchG	Kündigungsschutzgesetz in der Bekanntmachung vom 25.8.1969
KTS	Konkurs-, Treuhand- und Schiedsgerichtswesen
KWG	1. Kommunalwahlgesetz
	2. Kreditwesengesetz
LAG	Landesarbeitsgericht
LG	Landgericht
lit.	litera
LM	Nachschlagewerk des Bundesgerichtshofes, hrsg. v. Lindemaier
LS	1. Landessatzung
	2. Leitsatz
LVA	Landesversicherungsanstalt
LZ	Leipziger Zeitschrift für Deutsches Recht
m.	mit
M.	Meinung
MarkenG	Markengesetz
m.a.W.	mit anderen Worten
m. Bespr.	mit Besprechung
mglw.	möglicherweise
MitbestG	Mitbestimmungsgesetz
MittRhNotK	Mitteilungen Rheinische Notar-Kammer
MittBayNot	Mitteilungen der Bayerischen Notarkammer
MiZi	Mitteilungen in Zivilsachen
mN	mit Nachweisen
MoMiG	Gesetz zur Modernisierung des GmbH-Rechts und zur Bekämpfung von Missbräuchen
MuW	Markenschutz und Wettbewerb
mwN	mit weiteren Nachweisen
m.W.v.	mit Wirkung vom
Nachw.	Nachweise
NaStraG	Gesetz zur Namensaktie und zur Erleichterung der Stimmrechtsausübung
NdsRpfl.	Niedersächsische Rechtspflege
n. F.	neue Fassung
NJOZ	Neue Juristische Online Zeitschrift
NJW	Neue Juristische Wochenschrift
NJW-RR	Neue Juristische Wochenschrift, Rechtssprechungsreport
NotBZ	Zeitschrift für die notarielle Beurkundungspraxis
Nr.	Nummer
NRW	Nordrhein-Westfalen
n.v.	nicht veröffentlicht
NZA	Neue Zeitschrift für Arbeits- und Sozialrecht
NZA-RR	Neue Zeitschrift für Arbeits- und Sozialrecht, Rechtsprechungsreport
NZG	Neue Zeitschrift für Gesellschaftsrecht
NZI	Neue Zeitschrift für das Recht der Insolvenz und Sanierung
NZM	Neue Zeitschrift für Miet- und Wohnungsrecht

Abkürzungsverzeichnis

o.	oben
österr.	Österreichisches
(ö)OGH	Oberster Gerichtshof (Österreich)
OGHZ	Entscheidungen des Obersten Gerichtshofs für die Britische Zone in Zivilsachen
OHG	Offene Handelsgesellschaft
OLG	Oberlandesgericht
OLGR	OLG-Report: Zivilrechtsprechung der Oberlandesgerichte
OWiG	Ordnungswidrigkeitengesetz
PartGG	Partnerschaftsgesellschaftsgesetz
PflegeVG	Pflege-Versicherungsgesetz
ppa.	per procura (in Vollmacht)
ProdHaftG	Produkthaftungsgesetz
PublG	Publizitätsgesetz
PucheltsZ	Zeitschrift für französisches Zivilrecht
RabelsZ	Zeitschrift für ausländisches und internationales Privatrecht
RAG	Reichsarbeitsgericht
RAG ARS	Reichsarbeitsgericht, Arbeitsrechts-Sammlung (Entscheidungen des Reichsarbeitsgerichts und des Reichsehrengerichts, der Landesarbeitsgerichte, Arbeitsgerichte und Ehrengerichte, 1928 ff)
RBerG	Rechtsberatungsgesetz
RdA	Recht der Arbeit
Rdn	Randnummer
Rdsch.	Rundschau
RdW	Das Recht der Wirtschaft
RegBegr	Regierungsbegründung
RegE	Regierungsentwurf
RG	Reichgericht
	Reichsgesetz
RGSt	Entscheidungen des Reichsgerichts in Strafsachen
RGZ	Entscheidungen des Reichsgerichts in Zivilsachen
RIW	Recht der Internationalen Wirtschaft
RJA	Entscheidungen in Angelegenheiten der freiwilligen Gerichtsbarkeit und des Grundbuchrechts, zusammengestellt im Reichsjustizamt
RKS	Rechtsprechung kaufmännischer Schiedsgerichte
RL	Richtlinie
RnotZ	Rheinische Notar-Zeitschrift
Rn	Randnummer
ROHG	Reichsoberhandelsgericht
ROHGE	Entscheidungen des Reichsoberhandelsgerichts
Rpfleger	Rechtspfleger
RPflG	Rechtspflegergesetz
Rs.	Rechtssache
RuS	Recht und Schaden
Rz	Randziffer
s.	siehe
S.	Seite
s.a.	siehe auch
SAE	Sammlung arbeitsgerichtlicher Entscheidungen
Sächs.	Sächsisch
ScheckG	Scheckgesetz vom 14.8.1933

Abkürzungsverzeichnis

SE	Societas Europaea – Europäische Gesellschaft
SEAG	Gesetz zur Ausführung der Verordnung des Rates über das Statut der Europäischen Gesellschaft (SE)
Sg	Sozialgericht
SGB	Sozialgesetzbuch
SigG	Signaturgesetz
Slg.	Sammlung
sog.	Sogenannte
SpruchG	Gesetz über das gesellschaftsrechtliche Spruchverfahren – Spruchverfahrensgesetz
st.	ständige
std. Rspr.	ständige Rechtsprechung
StGB	Strafgesetzbuch
s.u.	siehe unten
TB-Merkmale	Tatbestandsmerkmale
TDG	Gesetz über die Nutzung von Telediensten – Teledienstegesetz
TranspR	Transportrecht
TUG	Transparenzrichtlinie-Umsetzungsgesetz
TVG	Tarifvertragsgesetz
Tz	Teilziffer
TzBfG	Teilzeit- und Befristungsgesetz
u.a.	unter anderem
u.ä.	und ähnliches
umf.	umfassend
UmwG	Umwandlungsgesetz
Unterabs.	Unterabsatz
UrhG	Urheberrechtsgesetz
Urt.	Urteil
URV	Verordnung über das Unternehmensregister
usf.	und so fort
UWG	Gesetz gegen den unlauteren Wettbewerb
u.U.	unter Umständen
v.	von/vom
VAG	Versicherungsaufsichtsgesetz
VerBAV	Veröffentlichungen des Bundesaufsichtsamtes für das Versicherungswesen
VerkprospG	Verkaufsprospektgesetz
VersVerm	Versicherungsvermittlung
Vertikal-GVO	Die Gruppenfreistellungsverordnung für vertikale Vereinbarungen
VertriebsR	Vertriebsrecht
VGA	Bundesverband der Geschäftsstellenleiter und Assekuranz
vgl.	vergleiche
v.H.	von Hundert
VO	Verordnung
Voraufl.	Vorauflage
Vorb.	Vorbemerkung
VRS	Verkehrsrechts-Sammlung
VvaG	Versicherungsverein auf Gegenseitigkeit
VVG	Gesetz über den Versicherungsvertrag
VW	Versicherungswirtschaft
VwVfG	Verwaltungsverfahrensgesetz

Abkürzungsverzeichnis

WarnRprs	1. Rechtsprechung des Reichsgerichts auf dem Gebiete des Zivilrechts, soweit sie nicht in der amtlichen Sammlung der Entscheidungen des RG abgedruckt ist, hrsg. v. Warnmeyer
	2. Sammlung zivilrechtlicher Entscheidungen des Reichsgerichts hrsg. von Buchwald (Begründet von Warnmeyer)
WechselG	Wechselgesetz
WG	1. Wassergesetz
	2. Wechselgesetz
	3. Wohnwirtschaftliche Gesetzgebung
WM	1. Wertpapier Mitteilungen, Zeitschrift für Wirtschafts- und Bankrecht
	2. Wohnwirtschaft und Mietrecht
wN	weitere Nachweise
WpAIV	Wertpapierhandelsanzeige- und Insiderverzeichnisverordnung
WpHG	Wertpapierhandelsgesetz
WPO	Gesetz über eine Berufsordnung der Wirtschaftsprüfer (Wirtschaftsprüferordnung)
WpÜG	Wertpapiererwerbs- und Übernahmegesetz
WRP	Wettbewerb in Recht und Praxis
WuW	Wirtschaft und Wettbewerb
WuW-E	Wirtschaft und Wettbewerb, Entscheidungen zum Kartellrecht
WVK	Wiener Vertragsrechtskonvention
Z	(in Zusammenhängen) Zeitschrift, Zeitung, Zentralblatt
z.B.	zum Beispiel
ZBH	Zentralblatt für Handelsrecht
ZBR	Zeitschrift für Beamtenrecht
ZEuP	Zeitschrift für Europäisches Privatrecht
ZfA	Zeitschrift für Arbeitsrecht
ZfLR	Zeitschrift für Immobilienrecht
ZfV	Zeitschrift für Versicherungswesen
	Zeitschrift für Verwaltung
ZGR	Zeitschrift für Unternehmens- und Gesellschaftsrecht
ZHR	Zeitschrift für das gesamte Handelsrecht
ZPO	Zivilprozessordnung
ZR	Zivilrecht
ZS	Zivilsenat
ZSR	1. Zeitschrift für Schweizerisches Recht
	2. Zeitschrift für Sozialrecht
z.T.	zum Teil
zust.	zustimmend
ZustErgG	Zuständigkeitsergänzungsgesetz
zutr.	zutreffend
ZVersWiss	Zeitschrift für Versicherungswissenschaft
ZVglRWi(ss)	Zeitschrift für vergleichende Rechtswissenschaft
zwh.	zweifelhaft

Verzeichnis der abgekürzt zitierten Literatur

zu

Staub, Handelsgesetzbuch
Großkommentar

Abkürzungen der 5. Aufl.

Soweit andere als im nachfolgenden Verzeichnis angegebene Auflagen zitiert werden, sind diese mit einer hochgestellten Ziffer gekennzeichnet.

Adler	Das Handelsregister, seine Öffentlichkeit und sein öffentlicher Glaube, 1908
Altmeppen/Roth	Altmeppen, Holger/Roth, Günter, Gesetz betreffend die Gesellschaften mit begrenzter Haftung: GmbHG, Kommentar, München, 5. Aufl. 2005
AnwKommBGB	Dauner-Lieb/Heidel/Ring (Hrsg.), Anwaltkommentar BGB, 5 Bd., Bonn, 2005 ff
Assmann/Schütze/*Bearbeiter*	Assmann/Schütze (Hrsg.), Handbuch des Kapitalanlegerechts, München, 3. Aufl. 2007
Bamberger/Roth	Kommentar zum Bürgerlichen Gesetzbuch, 3 Bd., München, 2. Aufl. 2008
Bassenge/Roth FGG/RPflG	Bassenge/Roth, Gesetz über die Angelegenheiten der freiwilligen Gerichtsbarkeit. Rechtspflegergesetz, Kommentar, Heidelberg, 11. Aufl. 2006
Bauer/Diller Wettbewerbsverbote	Bauer/Diller, Wettbewerbsverbote, München, 4. Aufl. 2006
Baumbach/Hefermehl WechselG u. ScheckG	Baumbach/Hefermehl/Casper, Wechselgesetz, Scheckgesetz, Recht der kartengestützten Zahlungen: WG, ScheckG, Kartengestützte Zahlungen, München, 23. Aufl. 2008
Baumbach/Hueck/*Bearbeiter* GmbHG	Baumbach/Hueck, GmbH-Gesetz, München, 18. Aufl. 2006
Baumbach/*Hopt*	Baumbach/Hopt, Handelsgesetzbuch, München, 33. Aufl. 2008
Baumbach/Lauterbach/Albers/*Bearbeiter*	Baumbach/Lauterbach/Albers/Hartmann, Zivilprozessordnung: ZPO, München, 66. Aufl. 2008
Baums	Eintragung und Löschung von Gesellschafterbeschlüssen, 1981
BeckRS	Beck Rechtsprechung
Bokelmann Firmenrecht	Der Recht der Firmen- und Geschäftsbezeichnungen, Freiburg, 5. Aufl. 2000
Bohnert OWiG	Bohnert, OWiG, Kommentar zum Ordnungswidrigkeitenrecht, München, 2. Aufl. 2007
Boos/Fischer/Schulte-Mattler/*Bearbeiter* KWG	Boos/Fischer/Schulte-Mattler (Hrsg.), Kreditwesengesetz: KWG, München, 2. Aufl. 2004
Bork	Bork, Der Vergleich, Berlin 1988
Braun, InsO	Braun (Hrsg.), Insolvenzordnung: InsO, München, 3. Aufl. 2007, zitiert: *Bearbeiter* in: Braun, InsO

Verzeichnis der abgekürzt zitierten Literatur

Bruck/Möller	Möller, Hans/Sieg, Karl/Johannsen, Ralf (Hrsg.), Kommentar zum Versicherungsvertragsgesetz und Allgemeine Versicherungsbedingungen unter Einschluss des Versicherungsvermittlerrechts, Berlin, 8. Aufl. 1970 ff; 9. Aufl. 2008 ff
Brox	Brox/Walker, Allgemeiner Teil des BGB, Berlin, 32. Aufl. 2008
Brox/Hensler	Brox/Hensler, Handelsrecht mit Grundzügen des Wertpapierrechts, München, 20. Aufl. 2009
Bumiller/Winkler FGG	Kommentar zum Gesetz über das Verfahren in Familiensachen und in den Angelegenheiten der freiwilligen Gerichtsbarkeit, München, 8. Aufl. 2006
Bürgers/Körber/*Bearbeiter* AktG	Bürgers/Körber (Hrsg.), Heidelberger Kommentar zum Aktiengesetz, Heidelberg, 2008
Canaris Handelsrecht	Canaris, Claus-Wilhelm, Handelsrecht, München, 24. Aufl. 2006
Canaris Vertrauenshaftung	Canaris, Claus-Wilhelm, Die Vertrauenshaftung im deutschen Privatrecht, München 1971
Christ/Müller-Helle	Veröffentlichungspflichten nach dem neuen EHUG, Freiburg 2007
Düringer/Hachenburg	Düringer, Adelbert/Hachenburg, Max, Das Handelsgesetzbuch vom 10. Mai 1897 (unter Ausschluß d. Seerechts) auf d. Grundlage d. Bürgerl. Gesetzbuchs, Mannheim 1935
Ebenroth/Boujong/Joost/Strohn/*Bearbeiter*; EBJS	Ebenroth/Boujong/Joost/Strohn (Hrsg.), Handelsgesetzbuch: HGB, Band 1 §§ 1–342e, München, 2. Aufl. 2008, Band 2 §§ 343–475h, München, 1. Aufl. 2001
Ehrenbergs Hdb	Ehrenbergs Handbuch des gesamten Handelsrechts, 5. Band, I. Abteilung, 1. Hälfte, 1. Lieferung, 1926
Eidenmüller	Ausländische Kapitalgesellschaften im deutschen Recht, München 2004
Emmerich/Habersack KonzernR	Konzernrecht, Kommentar, München, 9. Aufl. 2008
Ensthaler	Ensthaler (Hrsg.), Gemeinschaftskommentar zum Handelsgesetzbuch: HGB, Neuwied, 7. Aufl. 2007, zitiert: *Bearbeiter* in: Ensthaler
Erman/*Bearbeiter*	Erman, Bürgerliches Gesetzbuch, Kommentar, Köln, 12. Aufl. 2008
Fezer MarkenG	Markenrecht, Kommentar, München, 3. Auflage 2006
FK-InsO/*Bearbeiter*	Wimmer (Hrsg.), Frankfurter Kommentar zur Insolvenzordnung, München, 4. Aufl. 2006
Fleischhauer/Preuß	Handelsregisterrecht – Verfahren – Anmeldemuster – Erläuterungen, Berlin 2006
Frankfurter Kommentar zum Kartellrecht/*Bearbeiter*	Jaeger, u.a. (Hrsg.), Frankfurter Kommentar zum Kartellrecht, 65. Lieferung Juni 2008 (Loseblatt)
Gesetzgebungsmaterialien zum ADHGB	Lutz, Protokolle der Kommission zur Berathung eines allgemeinen deutschen Handelsgesetzbuches 1858 ff
Geßler/Hefermehl	Aktiengesetz, Loseblatt, Neuwied, 60. Lieferung 2009
v. Gierke/Sandrock Handels- und Wirtschaftsrecht	v. Gierke/Sandrock, Handels- und Wirtschaftsrecht, Berlin, 9. Aufl. 1975
Goldmann	Der Schutz des Unternehmenskennzeichens, Berlin, 2. Aufl. 2005

Verzeichnis der abgekürzt zitierten Literatur

Großkommentar AktG/*Bearbeiter*	Hopt/Wiedemann (Hrsg.), Aktiengesetz Großkommentar, Berlin, 4. Aufl. 1987 ff
Großkomm/*Bearbeiter*	Staub, Hermann, Handelsgesetzbuch: Großkommentar, Berlin, 4. Aufl. 1995–2005
GroßkommUWG/*Bearbeiter*	Jacobs/Lindacher/Teplitzky (Hrsg.), Großkommentar zum UWG, Berlin, 1991 ff
Grüll/Janert Die Konkurrenzklausel	Grüll/Janert, Die Konkurrenzklausel, Heidelberg, 5. Aufl. 1993
Habersack	Habersack, Europäisches Gesellschaftsrecht, München, 3. Aufl. 2006
Habersack/Ulmer	Ulmer/Habersack, Verbraucherkreditgesetz, Kommentar, München, 2. Aufl. 1995
Hachenburg/*Bearbeiter* GmbHG	Ulmer (Hrsg.), Hachenburg, GmbHG – Gesetz betreffend die Gesellschaften mit beschränkter Haftung, Kommentar, 3 Bd., Berlin, 8. Aufl. 1992/1997
Hahn ADHGB	von Hahn, Friedrich, Das Handelsgesetzbuch vom 10. Mai 1897 (mit Ausschluss des Seerechts) auf der Grundlage des Bürgerlichen Gesetzbuchs, Braunschweig, 4. Aufl. 1894
Handbuch des Außendienstrechts I	Küstner/Thume, Handbuch des gesamten Außendienstrechts, Band I: Das Recht des Handelsvertreters. Ohne Ausgleichsrecht, Heidelberg, 3. Aufl. 2000
Heidel/*Bearbeiter* AktienR	Heidel (Hrsg.), Aktienrecht, Gesellschaftsrecht, Kapitalmarktrecht, Steuerrecht, Europarecht, Kommentar, Baden-Baden, 2. Aufl. 2007
Hefermehl/Köhler/Bornkamm/ *Bearbeiter*	Gesetz gegen den unlauteren Wettbewerb: UWG – PAngV – UKlaG, München, 27. Aufl. 2009
Heymann/*Bearbeiter* HGB	Horn (Hrsg.), Heymann, Handelsgesetzbuch (ohne Seerecht), Kommentar, 4 Bd., Berlin, 2. Aufl. 1995 ff
Hess/Binz/Wienberg Gesamtvollstreckungsordnung	Hess/Binz/Wienberg, Gesamtvollstreckungsordnung, Neuwied, 4. Aufl. 1998
Hess/Weis/Wienberg InsO	Hess/Weis/Wienberg (Hrsg.), Insolvenzordnung, Heidelberg, 2. Aufl. 2001 zitiert: *Bearbeiter* in: Hess/Weis/Wienberg InsO
Hirte/Bücker	Grenzüberschreitende Gesellschaften, Berlin, 2. Aufl. 2006
HK-HGB	Glanegger/Kirnberger/Kusterer u.a., Heidelberger Kommentar zum Handelsgesetzbuch, Heidelberg, 7. Aufl. 2007 zitiert: *Bearbeiter* HK-HGB
Hoeren/Sieber/*Bearbeiter*	Handbuch Multimediarecht – Rechtsfragen des elektronischen Geschäftsverkehrs, Loseblatt, München 2009
Hopt/Mössle/*Bearbeiter* Handelsrecht	Hopt/Mössle, Handelsrecht, München, 2. Aufl. 1999
Hueck/Canaris Recht der Wertpapiere	Hueck/Canaris, Recht der Wertpapiere, München, 12. Aufl. 1986
Hueck/Nipperdey Arbeitsrecht	Hueck, Alfred, Lehrbuch des Arbeitsrechts, Band 2: Kollektives Arbeitsrecht, Berlin, 7. Aufl. 1967/1970
A. Hueck OHG	Alfred Hueck, Das Recht der offenen Handelsgesellschaft, Berlin, 4. Aufl. 1971
Hüffer AktG	Hüffer, Aktiengesetz, München, 8. Aufl. 2008
Ingerl/Rohnke	Markengesetz, Kommentar, München, 2. Aufl. 2003
Jansen/*Bearbeiter*	von Schuckmann/Sonnenfeld (Hrsg.), Großkommentar zum FGG, 3. Auflage, 3. Bd., Berlin 2005/2006
Kallmeyer/*Bearbeiter*	Kallmeyer u.a., Umwandlungsgesetz, Köln, 3. Aufl. 2006

Verzeichnis der abgekürzt zitierten Literatur

Keidel/Krafka/*Bearbeiter* RegisterR	Keidel/Krafka (Hrsg.), Registerrecht, München, 7. Aufl. 2007
Keidel/Kuntze/Winkler FGG	Freiwillige Gerichtsbarkeit: FG, Kommentar, München, 15. Aufl. 2003
Köhler BGB, Allgemeiner Teil	Köhler, Helmut, BGB Allgemeiner Teil, München, 31. Aufl. 2007
Koller/Roth/Morck/*Bearbeiter*	Koller/Roth/Morck, Handelsgesetzbuch: HGB, München, 6. Aufl. 2007
KölnKomm-AktG/*Bearbeiter*	Claussen/Zöllner (Hrsg.), Kölner Kommentar zum Aktiengesetz, 7 Bd., Köln, 2. Aufl. 1988 ff
KK-OWiG/*Bearbeiter*	Senge (Hrsg.), Karlsruher Kommentar zum Gesetz über Ordnungswidrigkeiten: OWiG, München, 3. Aufl. 2006
Küstner/Thume	Küstner/Thume, Handelsvertreterverträge, Frankfurt am Main 2006
Küstner/Thume Außendienstrecht	Küstner/Thume, Handbuch des gesamten Außendienstrechts, Band 3: Vertriebsrecht. Reisende, Vertragshändler, Kommissionsagenten, Versicherungsmakler, Franchising und Direktvertrieb, Heidelberg, 2. Aufl. 1998
Küstner/Thume I	Küstner, Thume (Hrsg.), Handbuch des gesamten Außendienstrechts, Band 1: Das Recht des Handelsvertreters. Ohne Ausgleichsrecht, Heidelberg, 3. Aufl. 2000
Küstner/Thume II	Küstner, Thume (Hrsg.), Handbuch des gesamten Außendienstrechts, Band 2: Der Ausgleichsanspruch des Handelsvertreters. Warenvertreter, Versicherungs- und Bausparkassenvertreter, Heidelberg, 8. Aufl. 2008
Küting/Weber	Handbuch der Rechnungslegung 5. Aufl.
Lettl	Handelsrecht, München 2007
Loewenheim/Meessen/Riesenkampff/ *Bearbeiter*	Loewenheim/Meessen/Riesenkampff (Hrsg.), Kartellrecht, 2 Bände, München, 1. Aufl. 2005 f
Lohmüller/*Beustien/Josten*	Lohmüller u.a., Handels- und Versicherungsvertreterrecht, 2. Aufl. 1970/71, Loseblatt Ausgabe
Lutter/*Bearbeiter* UmwG	Lutter/Winter (Hrsg.), Umwandlungsgesetz, 2 Bd., Köln, 3. Aufl. 2004
Lutter/Hommelhoff/ *Bearbeiter* GmbHG	Lutter/Hommelhoff u.a., GmbH-Gesetz, Köln, 16. Aufl. 2004
Manigk	Manigk, Alfred, Willenserklärung und Willensgeschäft, Berlin 1907
Martinek Franchising	Martinek, Michael, Franchising, Heidelberg 1987
Martinek/*Bearbeiter*	Martinek, Michael (Hrsg.), Handbuch des Vertriebsrechts, München, 3. Aufl. 2008
Medicus AT	Allgemeiner Teil des BGB, Heidelberg, 9. Aufl. 2006
Meilicke/von Westphalen PartGG	Meilicke/Graf von Westphalen/Hoffmann/Lenz/Wolff, Kommentar, Partnerschaftsgesellschaftsgesetz: PartGG, Gesetz über Partnerschaftsgesellschaften Angehöriger Freier Berufe, München, 2. Auflage 2006
Melchior/Schulte	HandelsregisterVO, Online-Version 2008; abrufbar unter www.melchior-schulte.de (zuletzt abgerufen am 1. August 2008)
Michalski/*Bearbeiter* GmbHG	Michalski (Hrsg.), Kommentar zum Gesetz betreffend die Gesellschaften mit beschränkter Haftung (GmbH-Gesetz), 2 Bd., München, 2002
MünchHdbGesR/*Bearbeiter*	Münchner Handbuch des Gesellschaftsrechts, 6. Bd., München, 2. Aufl.

Verzeichnis der abgekürzt zitierten Literatur

MünchKommAktG²/*Bearbeiter*	Münchener Kommentar zum Aktiengesetz, Band I §§ 1–75, 3. Aufl., München 2008, Band 2-9/2, München, 2. Aufl. 2000 ff
MünchKommBGB/*Bearbeiter*	Rebmann/Säcker/Rixecker (Hrsg.), Münchener Kommentar zum Bürgerlichen Gesetzbuch, München, 4. Aufl. 1997 ff
MünchKommHGB/*Bearbeiter*	Schmidt, Karsten (Hrsg.), Münchener Kommentar zum Handelsgesetzbuch: HGB, München, 1. Aufl. 1997 ff
MünchKommErgbHGB/*Bearbeiter*	Schmidt, Karsten (Hrsg.), Münchener Kommentar zum Handelsgesetzbuch: HGB, München, 1. Aufl. 1997 ff, Ergänzungsband
MünchKomm-InsO/*Bearbeiter*	Kirchhof/Lwowski/Stürner (Hrsg.), Münchener Kommentar zur Insolvenzordnung, 3 Bd., München, 2. Aufl. 2007 f
MükoZPO/*Bearbeiter*	Rauscher/Wenzel (Hrsg.), Münchener Kommentar zur Zivilprozessordnung, 3 Bd., München, 3. Aufl. 2007 f
Musielak/*Bearbeiter* ZPO	Musielak (Hrsg.), Kommentar zur Zivilprozessordnung: ZPO, München, 6. Aufl. 2007
Noack/Bearbeiter	Noack (Hrsg.), Das neue Gesetz über elektronische Handels- und Unternehmensregister – EHUG, 2007
Oetker Handelsrecht	Handelsrecht, Heidelberg, 5. Aufl. 2006
Oppenländer/*Bearbeiter*	Praxishandbuch der GmbH-Geschäftsführung, München 2004
Palandt/*Bearbeiter*	Palandt, Bürgerliches Gesetzbuch: BGB, München, 67. Aufl. 2008
Prölss/Martin/*Bearbeiter* VVG	Prölss/Martin, Versicherungsvertragsgesetz: VVG, München, 27. Aufl. 2004
PWW/*Bearbeiter*	Prütting/Wegen/Weinrich (Hrsg.), BGB Kommentar, Köln, 3. Aufl. 2008
Prütting/Wegen/Weinreich/Bearbeiter	Prütting/Wegen/Weinrich (Hrsg.), BGB Kommentar, Köln, 3. Aufl. 2008
Raiser/Veil	Recht der Kapitalgesellschaften, München, 4. Aufl. 2006
Reithmann/Martiny/*Bearbeiter*	Reithmann/Martiny (Hrsg.), Internationales Vertragsrecht Internationales Vertragsrecht, Köln, 6. Aufl. 2004
RGRK/*Bearbeiter* BGB	Das Bürgerliche Gesetzbuch mit besonderer Berücksichtigung der Rechtsprechung des Reichsgerichts und des Bundesgerichtshofes, Berlin, 12. Aufl. 1975–1999
RGRK-HGB/*Bearbeiter*	Kommentar zum Handelsgesetzbuch, Berlin, 1. Aufl. 1939 ff
Richardi Wertpapierrecht	Richardi, Reinhard, Wertpapierrecht, Heidelberg 1987
Ritter HGB	Ritter, Kommentar zum HGB, 2. Aufl. 1932
Röhricht/v. Westphalen/*Bearbeiter*	Röhricht/Westphalen (Hrsg.), Handelsgesetzbuch: HGB, Kommentar zu Handelsstand, Handelsgesellschaften, Handelsgeschäften und besonderen Handelsverträgen (ohne Bilanz-, Transport- und Seerecht), Köln, 2. Aufl. 2001
Roth/Altmeppen	GmbHG-Gesetz betreffend die Gesellschaften mit beschränkter Haftung, Kommentar, München, 5. Aufl. 2006
Rowedder/Schmidt-Leithoff/*Bearbeiter* GmbHG	Rowedder/Schmidt-Leithoff (Hrsg.), Gesetz betreffend die Gesellschaften mit beschränkter Haftung: GmbHG, München, 4. Aufl. 2002

Verzeichnis der abgekürzt zitierten Literatur

Schlegelberger/*Bearbeiter*	Schlegelberger/Geßler, Handelsgesetzbuch Kommentar, München, 5. Aufl. 1973
K. Schmidt Gesellschaftsrecht	Schmidt, Karsten, Gesellschaftsrecht, Köln, 4. Aufl. 2002
K. Schmidt Handelsrecht	Schmidt, Karsten, Handelsrecht, Köln, 5. Aufl. 1999
Schmidt/Lutter	Schmidt, Karsten/Lutter, Markus, Kommentar zum Aktiengesetz, 2007
Scholz/*Bearbeiter* GmbHG	Scholz (Hrsg.), Kommentar zum GmbHG, 3 Bd., Köln, Band 1 und 2: 10. Aufl. 2006/2007 Band 3: 10. Aufl. 2008
Schönke/Schröder/*Bearbeiter* StGB	Schönke/Schröder (Hrsg.), Strafgesetzbuch: StGB, Kommentar, München, 27. Aufl. 2006
Schubert/Schmiedel/Krampe	Schubert, Werner/Schmiedel, Burkhard/Krampe, Christoph (Hrsg.), Quellen zum Handelsgesetzbuch von 1897, Frankfurt am Main 1988 Zitiert: *Schubert/Schmiedel/Krampe* Bd. / Seitenzahl
Schultze/Wauschkuhn/Spenner/Dau	Schultze/Wauschkuhn/Spenner/Dau, Der Vertragshändlervertrag, Frankfurt am Main, 4. Aufl. 2008 zitiert: *Bearbeiter* in: Schultze/Wauschkuhn/Spenner/Dau
Schwark/*Bearbeiter*	Schwark, Eberhard (Hrsg.), Kapitalmarktrechts-Kommentar, München, 3. Aufl. 2004
Soergel/*Bearbeiter*	Soergel/Siebert (Hrsg.), Bürgerliches Gesetzbuch mit Einführungsgesetz und Nebengesetzen, 8 Bd., Stuttgart, 13. Aufl. 2001 ff
Spindler/Stilz/*Bearbeiter* AktG	Spindler/Stilz (Hrsg.), Aktiengesetz, Kommentar, 2 Bd., München, 2007
Staub/*Bearbeiter*	Staub, Großkommentar zum Handelsgesetzbuch, HGB, Berlin, 1.–15. Aufl.; 5. Auflage neuer Zählung Canaris/Habersack/Schäfer (Hrsg.), Berlin 2008 ff
Staub ADHGB	Staub, Hermann: Kommentar zum Allgemeinen Deutschen Handelsgesetzbuch, Berlin, 5. Aufl. 1897
Staudinger/*Bearbeiter*	J. von Staudingers Kommentar zum Bürgerlichen Gesetzbuch mit Einführungsgesetz und Nebengesetzen, 13. Bearbeitung, Berlin 1993 ff
Staudinger/*Bearbeiter* (Erscheinungsjahr)	J. von Staudingers Kommentar zum Bürgerlichen Gesetzbuch mit Einführungsgesetz und Nebengesetzen (Erscheinungsjahr des Bandes), Berlin
Stolterfoht	Stolterfoht, Joachim N., Handelsrecht, Berlin 1973
Straatmann/Ulmer	Strattmann/Ulmer, Handelsrechtliche Schiedsgerichts-Praxis (HSG), 1975 ff
Straube/*Bearbeiter*	Straube (Hrsg.), Kommentar zum Handelsgesetzbuch, Wien, 3. Aufl. 2003 ff
Ströbele/*Hacker*	Markengesetz, Kommentar, Köln, 8. Aufl. 2006; 9. Aufl. 2009
Stumpf/Jaletzke/*Bearbeiter*	Stumpf/Jaletzke, Der Vertragshändlervertrag, Heidelberg, 3. Aufl. 1997
Stüsser	Stüsser, Rolf, Die Anfechtung der Vollmacht nach Bürgerlichem Recht und Handelsrecht, Berlin 1986
Thomas/Putzo/*Bearbeiter*	Thomas/Putzo, Zivilprozessordnung: ZPO, München, 28. Aufl. 2007; 29. Aufl. 2008
Uhlenbruck/*Bearbeiter*	Uhlenbruck (Hrsg.), Insolvenzordnung: InsO, Kommentar, München, 12. Aufl. 2003
Ulmer	Ulmer, Peter, Gesellschaft bürgerlichen Rechts und Partnerschaftsgesellschaft, München, 4. Aufl. 2004

Verzeichnis der abgekürzt zitierten Literatur

Ulmer/Habersack/Winter/*Bearbeiter* GmbHG	Ulmer/Habersack/Winter (Hrsg.), GmbH-Gesetz, Kommentar, 3 Bd., Tübingen, 2005 ff
Ulmer/Brandner/Hensen AGB-Recht	Ulmer/Brandner/Hensen, AGB-Recht Kommentar, Köln, 10. Aufl. 2006
v. Gierke/Sandrock	Gierke, Julius von/Sandrock, Otto, Handels- und Wirtschaftsrecht, Bd. 1, Allgemeine Grundlagen, Der Kaufmann und sein Unternehmen, Berlin, 9. Aufl. 1975
von Goddin/Wilhelmi	Aktiengesetz, Kommentar, Berlin, 4. Aufl. 1971
Wessel/Zwernemann/Kögel Firmengründung	Wessel/Zwernemann/Kögel, Firmengründung, Heidelberg, 7. Aufl. 2001
Zöller/*Bearbeiter* ZPO	Zöller, Richard, Zivilprozessordnung: ZPO, Kommentar, Köln, 26. Aufl. 2007; 27. Aufl. 2009
Zöllner Wertpapierrecht	Zöllner, Wolfgang, Wertpapierrecht, München, 14. Aufl. 1987

ERSTES BUCH

Handelsstand

ERSTER ABSCHNITT

Kaufleute

Einleitung

Übersicht

	Rn
I. Geschichtliche Entwicklung des Handelsrechts	1–13
1. Erste Anfänge	1–3
2. Das „Allgemeine Deutsche Handelsgesetzbuch" als Vorläufer des Handelsgesetzbuches	4–7
3. Entstehung des Handelsgesetzbuches	8
4. Nachfolgende Änderungen des Handelsgesetzbuches	9–13
II. Leitgedanken des Handelsrechts	14–18
III. Kaufmannseigenschaft als subjektive Anknüpfung des Handelsrechts	19–24
1. Das subjektive System des deutschen Handelsrechts	19–21
2. Vom Kaufmann zum Unternehmen	22–24
IV. Handelsrecht und Privatrechtsordnung	25–34
1. Handelsrecht als Sonderprivatrecht	25–30
2. Handelsrecht und Kodifikation	31
3. Verhältnis des Handelsrechts zum Bürgerlichen Recht	32–34
V. Rechtsquellen des geltenden Handelsrechts der Bundesrepublik Deutschland	35–56
1. Bundesrecht	35–53
a) Handelsgesetzbuch nebst Einführungsgesetz	35
aa) Allgemeines	35–37
bb) Zeitlicher Anwendungsbereich des Handelsgesetzbuches	38–43
cc) Sachlicher Anwendungsbereich des Handelsgesetzbuches	44–46
b) Sonstiges Handelsrecht	47–53
2. Landesrecht	54–56

	Rn
VI. Internationales Handelsrecht	57–117
1. Rechtsquellen und Rechtserkenntnisquellen des Internationalen Handelsrechts	57–103
a) Supranationales Recht	58–76
aa) Lex mercatoria	58–60
bb) Recht der Europäischen Gemeinschaft	61–76
(1) Allgemeines	61–66
(2) Registerrecht	67–69
(3) Recht der Handelsvertreter	70–71
(4) Bilanzrecht	72–75
(5) Weitere Richtlinien	76
b) Nationales Recht	77
aa) Anwendung einzelstaatlichen Rechts – Internationales Privatrecht	77–90
bb) International geprägtes nationales Recht	91–103
(1) Einheitsrecht	92–95
(2) Internationaler Handelsbrauch	96–99
(3) International vereinheitlichte Vertragsgestaltungen	100–103
2. Rechtserkenntnisquellen des Internationalen Handelsrechts	104–106
3. UN-Kaufrecht (CISG)	107
4. Internationales Transportrecht	108–109
5. Öffentlich-rechtliche Handelsbeschränkungen	110–111
6. Rechtsverfolgung im internationalen Handelsverkehr	112–117

I. Geschichtliche Entwicklung des Handelsrechts

Schrifttum

Bergfeld Handelsrecht-Deutschland, in: Coing (Hrsg.), Handbuch der Quellen und Literatur der neueren europäischen Privatrechtsgeschichte Bd. III/1, 1986, S. 2852–2968; *Bühler* Die Entstehung der allgemeinen Vertragsschluß-Vorschriften im ADHGB, 1991; *Conradi* Das Unternehmen im Handelsrecht, 1993; *Eisenhardt* Zu den deutschrechtlichen Wurzeln des Handelsrechts oder Wie deutsch ist das deutsche Handelsrecht?, FS Raisch 1995, S. 51; *Geiger* Die Entwicklung der rechtlichen Erfassung des Handelsgeschäfts im 19. Jahrhundert, Diss. München 1963; *Goldschmidt* Universalgeschichte des Handelsrechts, 1891; *Heimann* Die Entwicklung der handelsrechtlichen Veröffentlichung vom ALR bis zum ADHGB, 2008; *Lammel* Die Gesetzgebung des Handelsrechts, in: Coing (Hrsg.), Handbuch der Quellen und Literatur der neueren europäischen Privatrechtsgeschichte Bd. II/2, 1976, S. 571–1083; *Lehmann* Die Entwicklung des deutschen Handelsrechts, ZHR 52 (1902), 1; *Raisch* Die Abgrenzung des Handelsrechts vom Bürgerlichen Recht als Kodifikationsproblem im 19. Jahrhundert, 1962, *ders.* Geschichtliche Voraussetzungen, dogmatische Grundlagen und Sinnwandlungen des Handelsrechts, 1965; *Schäfer* Juristische Germanistik, 2008, S. 507–512; *Scherner* Anfänge einer deutschen Handelsrechtswissenschaft, ZHR 136 (1972), 465; *ders.* Die Wissenschaft des Handelsrechts, in: Coing (Hrsg.), Handbuch der Quellen und Literatur der neueren europäischen Privatrechtsgeschichte Bd. II/1, 1977, S. 797–997; *ders.* (Hrsg.), Modernisierung des Handelsrechts im 19. Jahrhundert, 1993; *Schnelle* Bremen und die Entstehung des ADHGB, 1992; *K. Schmidt* Woher – wohin? ADHGB, HGB und die Besinnung auf den Kodifikationsgedanken, ZHR 161 (1997), 2; *Schubert/Schmiedel/Krampe* Quellen zum Handelsgesetzbuch, 1986–1988.

1. Erste Anfänge. Die Herausbildung des Handelsrechts setzte in den germanisch-romanischen Ländern vor allem im Mittelalter ein,[1] insbesondere in den Städten entwickelte sich aus den verschiedenen Stadtrechten sowie den Statuten der Kaufmannsgilden aufgrund ihres vielfach übereinstimmenden Inhalts gewohnheitsrechtlich ein Ständerecht der Kaufleute.[2] Führend und zugleich auch in begrifflicher Hinsicht prägend war anfänglich und über einen längeren Zeitraum **Italien**;[3] zahlreiche Handelseinrichtungen finden dort ihre historischen Wurzeln, was insbesondere für das Bank- und Versicherungswesen sowie die Buchführung gilt.[4] Nicht ohne Einfluss blieben allerdings auch die in Rezessen enthaltenen „Ordinancien" der deutschen Hansa, die vor allem in das Seerecht Eingang fanden.

Der prägende Einfluss Italiens und der deutschen Hansa wurde nach dem dreißigjährigen Krieg von den Entwicklungen in **Frankreich** abgelöst. So wurde im Jahre 1673 mit der „Ordonnance du commerce" (Code Savary) unter Ludwig XIV. der erste Ansatz zu einer handelsrechtlichen Kodifikation unternommen, dem im Jahre 1681 die „Ordonnance de la marine" folgte.[5] Beide Kodifikationen gingen im Jahre 1807 unter Napoleon in den „Code du commerce" ein,[6] der selbst nach den Befreiungskriegen auch außerhalb

---

[1] Zu den römisch-rechtlichen Vorläufern s. *Rehme* in: Ehrenbergs Hdb. Bd. I, 1913, § 9 sowie die Skizze bei Heymann/*Horn* Einleitung VI Rn 1 f.
[2] S. dazu umfassend *Lammel* in: Coing (Hrsg.), Handbuch der Quellen und Literatur der neueren europäischen Privatrechtsgeschichte Bd. II/2, 1976, S. 571, 622 ff.
[3] Näher z.B. *Rotondi* AcP 167 (1967), 29 ff.
[4] S. Baumbach/*Hopt* Einl. v. § 1 Rn 8; Heymann/*Horn* Einleitung VI Rn 4.

[5] S. Heymann/*Horn* Einleitung VI Rn 14; *Lammel* in: Coing (Hrsg.), Handbuch der Quellen und Literatur der neueren europäischen Privatrechtsgeschichte Bd. II/2, 1976, S. 571, 801.
[6] Dazu z.B. *Bürge* in: Scherner (Hrsg.), Modernisierung des Handelsrechts im 19. Jahrhundert, 1993, S. 119 ff; *Raisch* Die Abgrenzung des Handelsrechts vom Bürgerlichen Recht als Kodifikationsproblem im 19. Jahrhundert, 1962, S. 45 ff.

Frankreichs noch seine Geltung entfaltete – so in Belgien, Holland, Luxemburg und Polen sowie in einigen Gebieten Deutschlands, insbesondere in Teilen der Rheinprovinz, in Rheinhessen, der Rheinpfalz sowie in Baden als Anhang zum Badischen Landrecht.[7] Darüber hinaus beeinflusste der „Code du commerce" die Handelsgesetzgebung in zahlreichen anderen Staaten.

Die Kodifikationsbestrebungen in Deutschland blieben zunächst vor allem auf **Preu-** **ßen** beschränkt, dessen Allgemeines Landrecht aus dem Jahre 1794 in dem Achten Titel des II. Teils erste Ausprägungen eines Handelsrechts normierte.[8] Während der Siebente Titel „Vom Bauernstande" handelte, fasste der Achte Titel die Vorschriften über die „Bürgerstände" zusammen, von denen die §§ 179 bis 400 die Handwerker und ihre Zünfte, die §§ 401 bis 423 Künstler und Fabrikanten sowie die §§ 475 bis 712 die Kaufleute betrafen. Neben allgemeinen Regelungen zur Kaufmannseigenschaft (§§ 475 bis 496) enthielt der den Kaufleuten gewidmete Siebente Abschnitt des Achten Titels Bestimmungen über Faktoren und Disponenten einschließlich der Prokura (§§ 497 bis 545), zu Handlungsdienern und Lehrlingen (§§ 546 bis 553), Handelsbüchern (§§ 562 bis 613) und Handlungsgesellschaften (§§ 614 bis 683) sowie einige wenige allgemeine Vorschriften zu den Handelsgeschäften (kaufmännische Zinsen, Provisionen, kaufmännische Empfehlungen; §§ 684 bis 712).

2. Das „Allgemeine Deutsche Handelsgesetzbuch" als Vorläufer des Handelsgesetzbuches. Eine Verbreiterung und Fortentwicklung des Handelsrechts gelang in Deutschland erst im Anschluss an die Revolution im Jahre 1848, die nicht nur zu einer „Allgemeinen deutschen Wechselordnung" führte,[9] sondern zudem initiierte die provisorische Reichsregierung noch erste Vorarbeiten zu einer Vereinheitlichung des gesamten Handels- und Seerechts, die jedoch über ein Entwurfsstadium nicht hinauskamen.[10] Konkrete Formen nahmen die Arbeiten an einem reichseinheitlichen Handelsrecht erst an, als die Bundesversammlung auf Anregung Bayerns im Jahre 1856 die Initiative ergriff und noch im selben Jahr eine von den meisten Bundesstaaten beschickte Kommission einsetzte.[11] Unter dem Vorsitz des bayerischen Justizministers *v. Ringelmann* legte diese ihren Beratungen vor allem einen preußischen Entwurf zugrunde.[12]

Unter Berücksichtigung verschiedener Vorschläge seitens der einzelnen Regierungen mündeten diese Vorarbeiten Anfang des Jahres 1861 in den Entwurf eines „**Allgemeinen**

---

[7] S. Heymann/*Horn* Einleitung VI Rn 22.
[8] Instruktiver Überblick dazu bei *Raisch* Die Abgrenzung des Handelsrechts vom Bürgerlichen Recht als Kodifikationsproblem im 19. Jahrhundert, 1962, S. 34 ff.
[9] Dazu im Überblick Heymann/*Horn* Einleitung VI Rn 23 sowie näher *Bergfeld* in: Coing (Hrsg.), Handbuch der Quellen und Literatur der neueren europäischen Privatrechtsgeschichte Bd. III/1, 1986, S. 2852, 2939 ff.
[10] S. *Baums* (Hrsg.) Entwurf eines ADHGB 1848/49, 1982; *Bergfeld* in: Coing (Hrsg.), Handbuch der Quellen und Literatur der neueren europäischen Privatrechtsgeschichte Bd. III/1, 1986, S. 2852, 2928 ff.
[11] Dazu vor allem *Lutz* Protokolle der Kommission zur Beratung eines allgemeinen deutschen Handelsgesetzbuchs, 1858–1863.
[12] Abdruck des preußischen Entwurfs sowie der Protokolle über die Beratungen in *Schubert* (Hrsg.) Entwurf eines Handelsgesetzbuchs für die Preußischen Staaten, 1986. Näher zu dem Entwurf sowie den Entwürfen in anderen Staaten *Bergfeld* in: Coing (Hrsg.), Handbuch der Quellen und Literatur der neueren europäischen Privatrechtsgeschichte Bd. III/1, 1986, S. 2852, 2855 ff; *Raisch* Die Abgrenzung des Handelsrechts vom Bürgerlichen Recht als Kodifikationsproblem im 19. Jahrhundert, 1962, S. 71 ff.

Deutschen Handelsgesetzbuches" (ADHGB) ein,[13] den die Bundesversammlung durch Beschluss v. 31. Mai 1861 den jeweiligen Regierungen zur Einführung empfahl. Dies geschah u.a. sehr rasch in Preußen durch Gesetz v. 24. Juni 1861[14] und wenig später – mit Ausnahme des Seerechts – auch in Österreich durch das Einführungsgesetz v. 17. Dezember 1862[15]. Für den Norddeutschen Bund folgte durch das Bundesgesetz v. 5. Juni 1869[16] nach der materiellen Vereinheitlichung im Wege der Parallelgesetzgebung auch die formelle Rechtseinheit,[17] was später auch für das Deutsche Reich (mit Ausnahme Bayerns) aufgrund des Reichsgesetzes v. 16. April 1871[18] geschah. In Bayern wurde das ADHGB nahezu zeitgleich durch Gesetz v. 22. April 1871[19] übernommen.

6 Das ADHGB war in fünf Bücher unterteilt und fasste in dem Ersten Buch die Bestimmungen zum Handelsstand zusammen. Während das Zweite Buch unter Einschluss der Aktiengesellschaft die Handelsgesellschaften strukturierte und das Dritte Buch die Stille Gesellschaft regelte, umfasste das Vierte Buch die Bestimmungen zu den Handelsgeschäften. Angesichts einer damals noch fehlenden allgemeinen zivilrechtlichen Kodifikation enthielt das ADHGB vor allem allgemeine Vorschriften zum Vertragsschluss (Art. 317 bis 323) einschließlich der Stellvertretung (insbesondere Art. 52 bis 56) und zur Erfüllung (Art. 324 bis 336). Entsprechendes gilt für die Regelungen zum Kaufvertrag (Art. 337 bis 359), die sich auch auf allgemeine Störungen bei der Abwicklung des Kaufvertrages erstreckten (Art. 354 bis 357). Zum Teil gingen diese später in das Bürgerliche Gesetzbuch ein bzw. bildeten für die entsprechenden Gesetzgebungsarbeiten eine richtungweisende Vorlage.[20] Das abschließende Fünfte Buch enthielt schließlich die Bestimmungen zum Seehandelsrecht (Art. 432 bis 911).

7 Die Rechtsvereinheitlichung im materiellen Handelsrecht war begleitet von einer Vereinheitlichung auf dem Gebiet der **Rechtsprechung**. Den Ausgangspunkt bildete das durch Bundesgesetz v. 12. Juni 1869[21] in Leipzig errichtete Bundesoberhandelsgericht, das sich aufgrund eines Plenarbeschlusses v. 2. September 1871[22] in „**Reichsoberhandelsgericht**" umbenannte.[23] Mit dem 1. Oktober 1879 ging dieses aufgrund des Gerichtsverfassungsgesetzes v. 27. Januar 1877[24] in dem gleichfalls in Leipzig ansässigen Reichsgericht auf.

8 **3. Entstehung des Handelsgesetzbuches.** Die im Jahre 1874 einsetzenden Arbeiten zur Schaffung einer Rechtseinheit auf dem Gebiet des Bürgerlichen Rechts[25] erforderten nach den abschließenden Beratungen zum Bürgerlichen Gesetzbuch auch eine Harmonisierung der neuen Kodifikation mit dem Handelsrecht,[26] die zugleich zum Anlass genommen wurde, von der Praxis angemeldeten Verbesserungsbedürfnissen Rechnung zu

---

[13] Näher zu dessen Entstehung *Bergfeld* in: Coing (Hrsg.), Handbuch der Quellen und Literatur der neueren europäischen Privatrechtsgeschichte Bd. III/1, 1986, S. 2852, 2948 ff.
[14] GS S. 449.
[15] RGBl. 1863 Nr. 1.
[16] BGBl. S. 379.
[17] Dazu ausführlich *Schubert* ZHR 144 (1980), 484 ff.
[18] RGBl. S. 63.
[19] RGBl. S. 87.
[20] S. auch *K. Schmidt* ZHR 161 (1997), 2 (4 f); *ders*. Handelsrecht § 1 IIa, S. 7.
[21] BGBl. S. 201.
[22] ROHGE 2, 448.
[23] Dazu näher *Ogorek* ZHR 150 (1986), 87 ff; *Winkler* Das Bundes- und spätere Reichsoberhandelsgericht, 2001.
[24] RGBl. S. 415.
[25] S. im Überblick dazu z.B. MünchKommBGB/*Säcker* Einl. Bd. I/1 Rn 6 f.
[26] MünchKommHGB/*K. Schmidt* Vor § 1 Rn 22.

tragen.²⁷ Allerdings führten die Erfahrungen mit der Schaffung des BGB dazu, dass anfängliche Überlegungen zu einer umfassenden Kodifikation des gesamten Handelsrechts wieder fallen gelassen wurden, und die Gesetzgebungsarbeiten statt dessen lediglich auf eine „kleine" und die Harmonisierung mit dem Bürgerlichen Gesetzbuch anstrebende Lösung beschränkt blieben. Den Ausgangspunkt bildete ein vom Reichsjustizamt ausgearbeiteter Entwurf, der gemeinsam mit einer Denkschrift im Jahre 1896 veröffentlicht wurde. Nach nochmaliger Beratung und Überarbeitung wurde der Entwurf – wiederum verbunden mit einer Denkschrift – im Jahre 1897 zunächst dem Bundesrat und später dem Reichstag zugeleitet. Nach einigen Änderungen, die eine vom Reichstag eingesetzte Kommission vorgeschlagen hatte, nahm der Reichstag am 7. April 1897 das **HGB** sowie das zugehörige **Einführungsgesetz** in dritter Lesung an. Die Verkündung des Gesetzes erfolgte am 21. Mai 1897²⁸.

4. Nachfolgende Änderungen des Handelsgesetzbuches. Seit seinem Inkrafttreten erfuhr das HGB zahlreiche **Änderungen**, von denen hier lediglich die wesentlichen und neueren wiedergegeben werden.²⁹ Den ersten großen Einschnitt bewirkte die Herauslösung des Aktienrechts aus dem HGB³⁰ und dessen kodifikatorische Verselbständigung im Aktiengesetz v. 30. Januar 1937³¹. Infolgedessen wurden der 3. und 4. Abschnitt des Zweiten Buches des HGB, der bis dahin das Recht der Aktiengesellschaft sowie der Kommanditgesellschaft auf Aktien zusammenfasste, durch Art. 18 EGAktG a.F. aufgehoben. **9**

Aus der Zeit nach Gründung der Bundesrepublik Deutschland³² ist zunächst das Gesetz über die Kaufmannseigenschaft von Handwerkern v. 31. März 1953³³ sowie die umfassende Reform des Rechts der Handelsvertreter durch das Gesetz v. 6. August 1953³⁴ zu nennen, nachdem zuvor durch das Handelsrechtliche Bereinigungsgesetz v. 18. April 1950³⁵ weitgehend der am 1. September 1939 bestehende Rechtszustand wiederhergestellt worden war. Während das Arbeitsrechtsbereinigungsgesetz v. 14. August 1969³⁶ sowie das Berufsbildungsgesetz v. 14. August 1969³⁷ die Vorschriften über Handlungsgehilfen an die vereinheitlichten arbeitsrechtlichen Bestimmungen anpasste sowie diejenigen zum Recht der Handlungslehrlinge aufhob, berührte das Gesetz zur Durchführung der Publizitätsrichtlinie³⁸ v. 15. August 1969³⁹ (s. auch Rn 67 f) mit § 15 eine Zentralnorm des Handelsregisterrechts. Hierdurch wurde § 15 Abs. 2 nicht nur Satz 2 angefügt, sondern vor allem mit § 15 Abs. 3 erstmals die Publizität des Handelsregisters bzw. ent- **10**

---

²⁷ Zur Entstehung im Überblick *Bergfeld* in: Coing (Hrsg.), Handbuch der Quellen und Literatur der neueren europäischen Privatrechtsgeschichte Bd. III/1, 1986, S. 2852, 2959 ff. Umfassende Zusammenstellung der Quellen durch *Schubert/Schmiedel/Krampe* (Hrsg.) Quellen zum Handelsgesetzbuch von 1897, 1986.
²⁸ RGBl. S. 219.
²⁹ S. im Detail bis zum Jahre 1980 die Übersicht bei Staub/*Brüggemann*⁴ Rn 21 sowie für den nachfolgenden Zeitraum z.B. die Zusammenstellungen von Baumbach/*Hopt* Einl. v. § 1 Rn 13 ff; MünchKommHGB/*K. Schmidt* Vor § 1 Rn 27; *Röhricht*/v. Westphalen Einl. Rn 47.

³⁰ Zu den aus dem ADHGB übernommenen Vorschriften s. *Schubert* ZGR 1981, 285 ff.
³¹ RGBl. I S. 107.
³² Zur Fortgeltung des HGB als Bundesrecht s. Art. 125 GG.
³³ BGBl. I S. 106; näher dazu noch Staub/*Brüggemann*⁴ Vor § 1 Rn 11 ff.
³⁴ BGBl. I S. 771; dazu z.B. *J. v. Gierke* ZHR 117 (1955), 138 ff.
³⁵ BGBl. S. 90.
³⁶ BGBl. I S. 1106.
³⁷ BGBl. I S. 1112.
³⁸ Richtlinie 68/151/EWG, ABl. EG Nr. L 65 v. 14. März 1968, S. 8.
³⁹ BGBl. I S. 1146; näher dazu § 15 Rn 6 f.

sprechender Bekanntmachungen in positiver Hinsicht im Gesetz erfasst, nachdem zuvor lediglich allgemeine Grundsätze zum Rechtschein die Aufgabe erfüllt hatten, das Vertrauen des Rechtsverkehrs in die Richtigkeit der Eintragungen im Handelsregister zu schützen (s. dazu auch § 15 Rn 6 ff). Aus den nachfolgenden Änderungen ist neben dem Gesetz v. 13. Mai 1976[40], das die Kaufmannseigenschaft der Land- und Forstwirte sowie den Ausgleichsanspruch des Handelsvertreters betraf, das Bilanzrichtlinien-Gesetz v. 19. Dezember 1985[41] hervorzuheben, mit dem das Bilanzrecht an die gemeinschaftsrechtlichen Vorgaben angepasst wurde (s. auch Rn 73) und seitdem in dem Dritten Buch des HGB zusammengefasst ist, das hierdurch zum „Grundgesetz für Soll und Haben des Kaufmanns"[42] wurde.

11 Den letzten größeren Einschnitt in das HGB bewirkte das **Handelsrechtsreformgesetz** v. 22. Juni 1998[43] sowie das Transportrechtsreformgesetz v. 25. Juni 1998[44]. Das Handelsrechtsreformgesetz beruhte vor allem auf dem Bericht der Bund-Länder-Arbeitsgruppen „Handelsrecht und Handelsregister"[45] aus dem Jahre 1994. Die in das Handelsrechtsreformgesetz eingeflossenen Änderungen[46] betreffen insbesondere die geänderte Konzeption zur **Kaufmannseigenschaft**.[47] An die Stelle des auf enumerativ aufgezählte Grundhandelsgewerbe beschränkten Istkaufmannes (s. § 1 Abs. 2 a.F.) und dem hiermit korrespondierenden Minderkaufmann (§ 4 a.F.) trat die kraft Gesetzes eintretende Kaufmannseigenschaft aufgrund des Betriebs eines Handelsgewerbes (s. § 1 Abs. 1). Unter Verzicht auf die Kategorie der Sollkaufleute (s. § 2 a.F.) wurde zudem allen kleingewerblichen Unternehmen der Zugang zum Handelsrecht durch eine Eintragungsoption eröffnet (s. § 2 Satz 1), sofern das Gesetz nicht ohnehin die Anwendung handelsrechtlicher Normen auch für derartige Unternehmen angeordnet hat (z.B. § 84 Abs. 4, 93

---

[40] BGBl. I S. 1197; dazu z.B. *Hofmann* NJW 1976, 1297 ff, 1830 ff; *v. Olshausen* ZHR 141 (1977) 93 ff; *Raisch* FS Ballerstedt, 1975, S. 443 (451 ff).

[41] BGBl. I S. 2355.

[42] So die plastische Formulierung von Baumbach/*Hopt* Einl. v. § 1 Rn 14.

[43] BGBl. I S. 1474; dazu z.B. *Bülow/Artz* JuS 1998, 680 ff; *Bydlinski* ZIP 1998, 1169 ff; *Körber* Jura 1998, 452 ff; *Lieb* (Hrsg.) Die Reform des Handelsstandes und der Personengesellschaften, 1999; *Priester* DNotZ 1998, 691 ff; *Röhricht*/v. Westphalen Einl. Rn 34 ff; *Saenger* FS Leser, 1998, S. 199 ff; *Schaefer* DB 1998, 1269 ff; *K. Schmidt* NJW 1998, 2161 ff; *Treber* AcP 199 (1999), 525 (530 ff) sowie die Zwischenbilanz von *K. Schmidt* JZ 2003, 585 ff. Aus der Entstehungsgeschichte vor allem Reg.Begr., BT-Drucks. 13/8444 und den Bericht des Rechtsausschusses BT-Drucks. 13/10332 sowie die zusammenfassende Darstellung bei *Schmitt* Die Rechtsstellung der Kleingewerbetreibenden nach dem Handelsrechtsreformgesetz, 2003, S. 3 ff.

[44] BGBl. I S. 1588, ber. BGBl. 1999 I S. 42; aus der Entstehungsgeschichte vor allem Reg.Begr., BT-Drucks. 13/8445 sowie *Basedow* ZHR 161 (1997), 186 ff; im Überblick zu den Neuregelungen *Herber* NJW 1998, 3297 ff.

[45] *Bundesministerium der Justiz* (Hrsg.) Reform des Handelsrechts und Handelsregisterrechts, 1994 = Beil. Nr. 148a zum BAnz. v. 9. August 1994 (auszugsweise abgedruckt in: ZIP 1994, 1898 ff); dazu auch *Niederleithinger* ZIP 1995, 597 (598 f); *K. Schmidt* DB 1994, 515 ff.

[46] Referentenentwurf auszugsweise abgedruckt in: ZIP 1996, 1401 ff. Zum Referenten- bzw. Regierungsentwurf (= BT-Drucks. 13/8444) z.B. *Henssler* ZHR 161 (1997), 13 (44 ff); *Kögel* BB 1997, 793 ff; *Krebs* DB 1996, 2013 ff; *K. Schmidt* ZIP 1997, 909 ff; *Schmitt* WiB 1997, 1113 ff; *Weber/Jacob* ZRP 1997, 152 ff.

[47] Zur Kritik an der früheren Konzeption s. zusammenfassend Ebenroth/Boujong/Joost/*Kindler* Vor § 1 Rn 14 ff sowie auch Reg.Begr., BT-Drucks. 13/8444, S. 22 f und ferner *Henssler* ZHR 161 (1997), 13 (22 ff); *Kort* AcP 193 (1993), 453 (455); *Neuner* ZHR 157 (1993), 243 (257, 285).

Abs. 3 sowie näher § 2 Rn 30 ff). Der zweite zentrale Komplex des Handelsrechtsreformgesetzes betrifft das **Firmenrecht**, das umfassend liberalisiert wurde, indem für die Firmenbildung seitdem allein die Kennzeichnungskraft sowie die Unterscheidbarkeit entscheidend ist und zudem die registergerichtliche Kontrolle der einzutragenden Firma auf eine Evidenzprüfung zurückgenommen wurde (s. § 18 Abs. 2).[48] Ferner führte das Reformgesetz für den im Handelsregister eingetragenen Einzelkaufmann die obligatorisch zu führende Bezeichnung „eingetragener Kaufmann" bzw. „eingetragene Kauffrau" ein (s. § 19 Abs. 1 Nr. 1) und trug mit einer Bestimmung zu den Pflichtangaben in Geschäftsbriefen (§ 37a) den Informationsinteressen des Handelsverkehrs Rechnung.

Das nahezu zeitgleich in Kraft getretene **Transportrechtsreformgesetz**[49] zielte vor allem auf eine umfassende Bereinigung und Vereinheitlichung des Transportrechts ab und fasste insbesondere die Bestimmungen des Frachtvertrages neu, die zugleich die Basisregeln für weitere spezielle Verträge des Transportwesens zur Verfügung stellen (Umzugsvertrag, Speditionsvertrag, Lagervertrag).

Spätere Änderungen des HGB führte vor allem das Gesetz zur Modernisierung des Schuldrechts v. 26. November 2001[50], das Transparenz- und Publizitätsgesetz v. 19. Juli 2002[51], das Bilanzrechtsreformgesetz v. 4. Dezember 2004[52], das Gesetz über elektronische Handelsregister und Genossenschaftsregister, das Unternehmensregister v. 10. November 2006[53] sowie das Gesetz zur Modernisierung des GmbH-Rechts und zur Bekämpfung von Missbräuchen (MoMiG) v. 1. November 2008[53a] herbei. Das FGG-Reformgesetz v. 17. Dezember 2008[53b] nahm lediglich redaktionelle Anpassungen vor (s. Art. 69 FGG-RG). Insbesondere aufgrund neuerer Entwicklung im Bereich der Rechnungslegung ist das Bilanzrecht durch das Gesetz zur Modernisierung des Bilanzrechts (BilMoG)[54] erneut geändert worden.

II. Leitgedanken des Handelsrechts

Die Sonderstellung des Handelsrechts und insbesondere der im HGB zusammengefassten Normen lässt sich am ehesten aus der historischen Entwicklung des Handelsrechts und seiner ursprünglichen Verwurzelung im „Handel" erklären. Dieser prägte nicht nur die ersten Anfänge des Handelsrechts in Europa, sondern hatte über das Preußische Allgemeine Landrecht (PrALR II 8 § 475: „Handel mit Waaren und Wechseln") bis hinein in das Allgemeine Deutsche Handelsgesetzbuch Gültigkeit und erst in der neueren Zeit infolge der grundsätzlichen Öffnung des Handelsrechts für alle „gewerblichen Unter-

---

[48] Dazu im Überblick W. H. *Roth* in: Bayer-Stiftung (Hrsg.), Die Reform des Handelsstandes und der Personengesellschaften, 1999, S. 31 ff sowie zuvor auch *Fezer* ZHR 161 (1997), 52 ff.
[49] S. die Nachweise in Fn 44.
[50] BGBl. I S. 3138; dazu auch im Hinblick auf den Handelskauf und die Kommission *Canaris* FS Konzen, 2006, S. 43 ff.
[51] BGBl. I S. 2681.
[52] BGBl. I S. 3166.
[53] BGBl. I S. 2553; dazu Reg.Begr., BT-Drucks. 16/960 sowie *Dauner-Lieb/Linke* DB 2006, 767 ff; *Meyding/Bödeker* BB 2006, 1009 ff; *Spindler* WM 2006, 109 ff. Zu den gemeinschaftsrechtlichen Vorgaben s. Rn 68.
[53a] BGBl. I S. 2026.
[53b] BGBl. I S. 2586.
[54] Reg. Entwurf, BT-Drucks. 16/10067; dazu z.B. *Ernst/Seidler* BB 2007, 2557 ff; *dies.* ZGR 2008, 631 ff; *Herzig* DB 2008, 1 ff; *Oser/Wader/Drögemüller/Roß* WPg. 2008, 49 ff, 105 ff sowie die Stellungnahme des *Arbeitskreises Bilanzrecht* BB 2008, 152 ff, 209 ff und des *Handelsrechtsausschusses des DAV*, NZG 2008, 183.

nehmen" (s. § 2 Satz 1) einen Wandel erfahren. Ungeachtet dessen zielt das HGB (s. § 2 Satz 1) auf die Schaffung eines Normenkomplexes ab, um den Besonderheiten des rechtsgeschäftlichen Verkehrs beim Handel Rechnung zu tragen, was auch die Bereitstellung entsprechender Organisationsformen (s. PrALR II 8 §§ 614 ff: „Handlungsgesellschaften") einschließt.[55] Zumindest im Grundsatz lässt sich hieraus auch hinreichendes Argumentationsmaterial gewinnen, um die im Verhältnis zum allgemeinen bürgerlichen Recht bestehende Sonderstellung der „Kaufleute" im Lichte des Gleichheitssatzes (Art. 3 Abs. 1 GG) zu legitimieren.[56]

15 Für den Handelsverkehr ist charakteristisch, dass von den hieran beteiligten Akteuren ein **erhöhtes Maß an Selbständigkeit und Eigenverantwortlichkeit** erwartet werden kann und auch erwartet werden muss. Dementsprechend werden einzelne Schutzbestimmungen ausdrücklich aufgehoben, wie z.B. die in den §§ 348 bis 350 genannten Formvorschriften des bürgerlichen Rechts. Zugleich wird ein größerer privatautonomer Gestaltungsspielraum eröffnet, wie § 7 Satz 2 HaftpflG und § 7 Abs. 2 MaBV sowie die §§ 29 Abs. 2, 38 Abs. 1 ZPO zeigen. Wenngleich die Anknüpfung an den Kaufmannsbegriff inzwischen zugunsten der gewerblichen und selbständigen beruflichen Tätigkeit im Sinne von § 14 Abs. 1 BGB abgelöst worden ist (s. auch Rn 22 f), fällt in diesen Bereich auch die Herausnahme der Kaufleute aus dem zwingenden Verbraucherschutzrecht bzw. die Einschränkung des privatrechtlichen Schutzes vor einseitiger Gestaltungsmacht im Privatrechtsverkehr (§ 310 Abs. 1 BGB).

16 Der Handelsverkehr ist darüber hinaus in erheblichem Maße an einer **schnellen und einfachen Abwicklung** des geschäftlichen Verkehrs interessiert und hierauf auch angewiesen. Deshalb muss der Rechtsgeschäftsverkehr z.B. in stärkerem Maße vor Nachforschungen zur Vertretungsmacht bewahrt werden. Mit der Dritten gegenüber nicht einschränkbaren Prokura (§ 50 Abs. 1) sowie der Vermutung bezüglich des Umfangs einer Handlungsvollmacht (§ 54 Abs. 1), aber auch der Sonderregelung in § 56 zur Vertretungsmacht der Ladenangestellten trägt das HGB diesem Erfordernis Rechnung. In gleicher Weise zwingt es den Kaufmann zu raschen Erklärungen, so z.B. durch § 362 und § 377, und misst dem Erklärungsgehalt typischer Vertragsklauseln über die Maßgeblichkeit von Handelsbräuchen (§ 346) verstärkte Bedeutung bei. Dieser Zielsetzung dient ferner die Ausdehnung des Gutglaubensschutzes beim Erwerb beweglicher Sachen. Da die Erwerbstatbestände im Handelsverkehr typischer Weise nicht von den Eigentümern selbst, sondern von bevollmächtigten Dritten verwirklicht werden, würde die Geschäftsabwicklung im Handelsverkehr erheblich gestört, wenn stets die Vertretungsmacht der Akteure überprüft werden müsste. Die Erweiterung des Gutglaubensschutzes auf die Vertretungsmacht in § 366 dient deshalb ebenfalls einer einfachen und schnellen Abwicklung des Geschäftsverkehrs.

17 Im Interesse einer schnellen und einfachen Abwicklung ist der Handelsverkehr nicht zuletzt auch in starkem Maße auf **Publizität** und **Schutz des Vertrauens** angewiesen.[57] Dies setzt wiederum Sonderregeln voraus, die gewährleisten, dass die Parteien im Handelsverkehr über die für dessen Abwicklung maßgeblichen Tatsachen in Bezug auf den Geschäftspartner Kenntnis erlangen können. Diesem Zweck dient in erster Linie das

---

[55] Zu den nachfolgenden Leitgedanken („Charakteristika") s. auch Baumbach/*Hopt* Einl. vor § 1 Rn 4; Koller/*Roth*/Morck Einleitung vor § 1 Rn 5 ff; *K. Schmidt* Handelsrecht, § 1 IV, S. 33 ff; *Treber* AcP 199 (1999), 525 (541 f) mwN.

[56] S. insoweit auch *Henssler* ZHR 161 (1997), 14 (29 ff); zur Gegenposition vor allem *Neuner* ZHR 157 (1993), 243 ff.

[57] S. dazu näher *Merkt* Unternehmenspublizität, 2001.

Handelsregister, in das die für den Handelsverkehr wesentlichen Tatsachen einzutragen sind (eintragungspflichtige Tatsachen). Der hiermit erreichten Transparenz dient schließlich auch das Firmenrecht, das nicht nur zu einer unterscheidungskräftigen Bezeichnung des „Handelsgewerbes" (§ 18 Abs. 1), sondern auch zur Publizität bestimmter Verhältnisse zwingt, die für potentielle Geschäftspartner von Bedeutung sind (z.B. Rechtsformzusatz [§ 19], Angaben auf Geschäftsbriefen [§ 37a]). Selbst das Bilanzrecht dient letztlich in diesem Sinne der Abwicklung des Geschäftsverkehrs, da es wesentliche Informationen über die wirtschaftliche Leistungsfähigkeit des Geschäftspartners vermittelt, zugleich aber auch ein Mindestmaß an Sorgfalt im Hinblick auf die Organisation des eigenen Geschäftsbetriebes sicherstellt (Buchführungspflicht, Aufstellung von Jahresabschlüssen, Aufbewahrungspflichten).

Die in Rn 15–17 skizzierten Leitgedanken bzw. Charakteristika sieht das Handelsrecht jedoch nicht bei jedem Geschäftsverkehr als erforderlich an, sondern nur, wenn die Aktivität des Unternehmens ein bestimmtes Ausmaß erreicht, für das § 1 Abs. 2 auf Art und Umfang des Geschäftsbetriebes abstellt. Wenngleich dies nach § 1 Abs. 2 zu vermuten ist (s. § 1 Rn 90), hängt die Unterstellung unter die vorstehenden Leitmaximen bei kleingewerblichen Unternehmen von einer positiven Willensentscheidung des Unternehmensträgers ab (s. § 2 Satz 1 und 2: Eintragungsoption). **18**

III. Kaufmannseigenschaft als subjektive Anknüpfung des Handelsrechts

Schrifttum

Henssler Gewerbe, Kaufmann und Unternehmen, ZHR 161 (1997), 13; *Leßmann* Vom Kaufmannsrecht zum Unternehmensrecht, Festgabe Zivilrechtslehrer 1934/1935, 1999, S. 361; *K. Schmidt* Vom Handelsrecht zum Unternehmens-Privatrecht?, JuS 1985, 249; *ders.* „Unternehmer" – „Verbraucher" – „Kaufmann", BB 2005, 837; *Wolter* Was ist heute Handelsrecht?, Jura 1988, 169; *Zöllner* Wovon handelt das Handelsrecht?, ZGR 1983, 82.

1. Das subjektive System des deutschen Handelsrechts. Zwecks Konkretisierung des zum Handelsrecht zusammengeführten Rechtsstoffes lassen sich – wie die rechtshistorische Entwicklung in Deutschland, aber auch im Ausland zeigt – zwei Konzeptionen gegenüberstellen.[58] Während die eine objektiv vorgeht und das Handelsgeschäft und dessen gesetzliche Ausgestaltung in den Mittelpunkt rückt, ist das geltende Handelsrecht in Deutschland von dem subjektiven System geprägt, das nicht an dem Handelsgeschäft, sondern an einen personalen Status anknüpft und den Anwendungsbereich der jeweiligen Normen hierüber definiert.[59] Insofern ist Handelsrecht in seinem Kern unverändert Kaufmannsrecht,[60] ungeachtet der Tatsache, dass es partiell auch auf Nichtkaufleute Anwendung findet (z.B. §§ 84 Abs. 4, 93 Abs. 3, 383 Abs. 2, 407 Abs. 3 Satz 2).[61] **19**

---

[58] Treffend hält *Canaris* Handelsrecht § 1 Rn 3, insoweit fest, dass die Wahl zwischen den bei- den Systemen von gesetzgeberischen Zweckmäßigkeitserwägungen beherrscht wird.

[59] S. *Canaris* Handelsrecht § 1 Rn 3; Heymann/*Horn* Einleitung I Rn 10; MünchKommHGB/*K. Schmidt* Vor § 1 Rn 16; *Raisch* Die Abgrenzung des Handelsrechts vom Bürgerlichen Recht als Kodifikationsproblem im 19. Jahrhundert, 1962, S. 17 ff; *Röhricht*/v. Westphalen Einl. Rn 3 ff.

[60] So *Canaris* Handelsrecht § 1 Rn 1.

[61] S. insoweit auch *Canaris* Handelsrecht § 1 Rn. 2, der deshalb zwischen Handelsrecht i.e.S. und Handelsrecht i.w.S. unterscheidet und für das Letztgenannte unter Einbeziehung der Kleingewerbetreibenden für eine Charakterisierung als „Sonderprivatrecht der Gewerbetreibenden" eintritt.

20 Die auch heute noch für das Erste Buch des HGB gewählte Überschrift („Handelsstand") bringt die gesellschaftspolitische Herkunft des bis heute fortgeschriebenen subjektiven Systems unverändert anschaulich zum Ausdruck, und die in Rn 3 skizzierte Rechtslage unter dem Preußischen Allgemeinen Landrecht belegt, dass ursprünglich die speziellen Vorschriften für den „Kaufmann" diesen als Teil bzw. Glied des „Bürgerstandes" erfassten. Allerdings verknüpfte das in Deutschland geltende subjektive System den personalen Status zunächst mit einer bestimmten Tätigkeit; so definierte PrALR II 8 § 475 die Kaufmannseigenschaft über den „Handels mit Waaren oder Wechseln" und fasste diesen unter den Begriff der „kaufmännischen Geschäfte" zusammen (PrALR II 8 § 476). Auch das ADHGB war noch von diesem Ansatz geprägt, da Art. 4 ADHGB die Kaufmannseigenschaft untrennbar mit den in Art. 271, 272 ADHGB definierten Handelsgeschäften verknüpfte[62] und damit die systematischen Strukturen eines subjektiven und eines objektiven Systems vermischte.[63]

21 Bereits das zum 1. Januar 1990 in Kraft getretene HGB ist jedoch ungeachtet der unverändert gebliebenen subjektiven Anknüpfung an die Kaufmannseigenschaft von einer tendenziellen **Hinwendung zum Unternehmer** als Adressaten des Handelsrechts geprägt.[64] Zwar erhielt § 1 Abs. 1 a.F. noch die Fixierung an den Träger des Handelsgewerbes bei und überführte die vormaligen Handelsgeschäfte in Art. 271, 272 ADHGB in den enumerativen Katalog der Grundhandelsgewerbe in § 1 Abs. 2 a.F. Mit den damals neu geschaffenen Sollkaufleuten (§ 2 a.F.) öffnete der Gesetzgeber das Handelsrecht in Abhängigkeit von Art und Umfang des Geschäftsbetriebes im Grundsatz für alle „gewerblichen Unternehmen", wenngleich er für diese rechtstechnisch über eine Fiktion an dem Handelsgewerbe als zentralem Element („gilt als Handelsgewerbe") festhielt. Die Neudefinition des Kaufmannsbegriffs durch das Handelsrechtsreformgesetz im Jahre 1998 führte diese Entwicklung vom Kaufmannsstatus zum Unternehmen als Gegenstand des Handelsrechts folgerichtig fort, indem der Katalog der Grundhandelsgewerbe preisgegeben und über den „Umweg" des Handelsgewerbes der Rechtsträger eines jeden „Gewerbebetriebes" erfasst wird, ohne dessen Voraussetzungen jedoch zu definieren.

22 **2. Vom Kaufmann zum Unternehmen.** Parallel zu der handelsrechtlichen Gesetzgebung hat sich auch für die allgemeine Privatrechtsordnung zunehmend die Tendenz verstärkt, den „Unternehmer" zum Normadressaten zu erheben, wobei sich das Verbraucherschutzrecht als treibende Kraft erweist.[65] Ausgehend von dem Gemeinschaftsrecht, das aufgrund unterschiedlicher Rechtstraditionen der Mitgliedsstaaten und dem teilweise Fehlen eines eigenständigen Handelsgesetzbuches (s. Rn 31) nicht an den Kaufmann als Antipoden des „Verbrauchers" anknüpfen konnte, sondern stattdessen auf die gewerbliche oder selbständige berufliche Tätigkeit abstellt, rückt dort der Begriff des Unternehmers in das Zentrum und wird seit dem Gesetz über Fernabsatzverträge v. 27. Juni 2000[66] in § 14 Abs. 1 BGB legal definiert. Nicht zuletzt diese Entwicklung trug maßgeblich dazu bei, dass sich der Bestand an Vorschriften, die ihren personellen Anwendungsbereich über die Kaufmannseigenschaft definieren, zunehmend verringerte (s. Rn 47 ff).

---

[62] S. MünchKommHGB/*K. Schmidt* Vor § 1 Rn 16.
[63] Treffend *Canaris* Handelsrecht § 1 Rn 52.
[64] Treffend *Henssler* ZHR 161 (1997), 13 (17 f).
[65] S. z.B. Ebenroth/Boujong/Joost/Strohn/*Kindler* Vor § 1 Rn 27; Röhricht/v. Westphalen Einl. Rn 12 sowie *Treber* AcP 199 (1999), 525 (549 ff). Ferner erklärt auch § 2 Abs. 2 UWG den Unternehmerbegriff in § 14 BGB für die Anwendung des UWG als maßgeblich.
[66] BGBl. I S. 897.

Anschaulich zeigt dies exemplarisch die Rechtsentwicklung beim finanzierten Kauf sowie im AGB-Recht (s. dazu Rn 49).

Von zentraler Bedeutung für das Handelsrecht ist die in Rn 22 skizzierte Entwicklung **23** vor allem deshalb, weil der Kreis der von § 14 Abs. 1 BGB erfassten unternehmerischen Tätigkeiten deutlich über „Gewerbebetriebe" (§ 1 Abs. 2) bzw. „gewerbliche Unternehmen" (§ 2 Satz 1) hinausgeht[67] und über die in § 14 BGB genannte Variante der „selbständigen beruflichen Tätigkeit" insbesondere auch freiberufliche Tätigkeiten erfasst.[68] Angesichts dieser Entwicklung kann es nicht überraschen, dass die in der rechtspolitischen Diskussion artikulierte Abkehr vom Kaufmann und die Hinwendung zum Unternehmen zunehmend Fürsprecher gefunden hat und auch den dogmatischen Sinngehalt des Handelsrechts auf neue Füße stellt. Namentlich *K. Schmidt* und die von ihm prononciert und wiederholt formulierte Umschreibung des Handelsrechts als „Außenprivatrecht des Unternehmens"[69] steht repräsentativ für diese Strömung in der neueren Diskussion.[70] Der Gesetzgeber hat diese im Rahmen des Handelsrechtsreformgesetzes zwar erwogen, sich gleichwohl aber nicht zu einem Bruch mit der handelsrechtlichen Tradition in Deutschland durchringen können, sondern sich auf eine partielle Korrektur beschränkt.[71]

Deutlich mehr Mut bewies der **österreichische Gesetzgeber**, der vor allem die von **24** *Krejci* und *K. Schmidt* vorangetriebene Diskussion[72] aufgriff und das „Handelsgesetzbuch" zu einem „Unternehmensgesetzbuch" umwidmete[73] und dadurch der Abkehr vom Kaufmannsbegriff auch im Namen der Kodifikation Ausdruck verliehen hat. Im Zentrum des österreichischen Handelsrechts steht seitdem das Unternehmen, das § 1 Abs. 2 UGB als eine „auf Dauer angelegte Organisation selbständiger wirtschaftlicher Tätigkeit" umschreibt.[74] Den Kritikern an dieser Hinwendung zum Unternehmen und der Abkehr vom Unternehmensträger ist einzuräumen, dass auch die vom österreichischen Gesetzgeber favorisierte Definition des Unternehmens im Hinblick auf ihre Trennschärfe dem deutschen Gewerbe- bzw. Kaufmannsbegriff keineswegs zwingend überlegen ist.[75] Andererseits könnte die Hinwendung zum „Unternehmer" als Adressaten des Handelsrechts die vielfältigen und sich keineswegs zu einem abgestimmten System verdichtenden Diskussionen zur Ausdehnung handelsrechtlicher Normen auf „Nichtkaufleute" (s. auch

---

[67] Zur Konkretisierung der „gewerblichen" Tätigkeit in § 14 Abs. 1 BGB mit Hilfe des handelsrechtlichen Gewerbebegriffs s. Ebenroth/Boujong/Joost/Strohn/*Kindler* Vor § 1 Rn 28; MünchKommBGB/*Micklitz* § 14 Rn 18.

[68] Statt aller MünchKommBGB/*Micklitz* § 14 Rn 31 sowie Ebenroth/Boujong/Joost/Strohn/*Kindler* Vor § 1 Rn 28.

[69] S. z.B. *K. Schmidt* Das HGB und die Gegenwartsaufgaben des Handelsrechts, 1983 sowie zusammenfassend MünchKommHGB/*K. Schmidt* Vor § 1 Rn 5 ff.

[70] Den bisherigen status quo hingegen verteidigend vor allem *Zöllner* ZGR 1983, 82 ff; ebenso z.B. *Canaris* Handelsrecht § 1 Rn 23 ff; Heymann/*Horn* Einleitung I Rn 18; s. ferner die Bedenken von *Henssler* ZHR 161 (1997), 13 (33 ff).

[71] S. insoweit vor allem Reg. Begr., BT-Drucks. 13/8444, S. 23.

[72] S. vor allem *Krejci/K. Schmidt* Vom HGB zum Unternehmensgesetz, Wien 2002; zur Reformdiskussion s. ferner *Bydlinski* JurBl. 1998, 405 ff; *Harrer/Mader* (Hrsg.) Die HGB-Reform in Österreich, 2005; *Roth/Fitz* JurBl. 2002, 409; *Schauer* JurBl. 2004, 31 ff; *K. Schmidt* JurBl. 2003, 32 f; *Winkler* Kaufmann – auo vadis?, Wien 1998.

[73] BGBl. I 2005 Nr. 120.

[74] S. dazu auch *Dehn* JBl. 2004, 5 f; *Krejci* ZHR 170 (2006), 113 ff sowie *K. Schmidt* Handelsrecht, § 4 I 2, S. 65 ff.

[75] Deshalb noch für die Beibehaltung des Kaufmannsbegriffs Reg.Begr., BT-Drucks. 13/8444, S. 23; anders jedoch *K. Schmidt* Handelsrecht, § 4 I 2b, S. 67.

§ 2 Rn 32 ff) überwinden. Schließlich würde der Wechsel zum Unternehmer auch der Wirklichkeit des Wirtschaftslebens eher gerecht, die schon wegen der Vorteile einer Haftungsbeschränkung zunehmend dazu führt, den klassischen Einzelkaufmann zu verdrängen und durch die Ein-Personen-Gesellschaft abzulösen. Die Einführung der Unternehmergesellschaft (haftungsbeschränkt) (§ 5a GmbHG) wird diesen Trend noch verstärken und die Gruppe der Einzelkaufleute zunehmend in den Bereich kleingewerblicher Unternehmen abdrängen.

IV. Handelsrecht und Privatrechtsordnung

Schrifttum

F. Bydlinski Handels- oder Unternehmensrecht als Sonderprivatrecht, 1990; *Heck* Weshalb besteht ein von dem bürgerlichen Recht gesondertes Handelsrecht?, AcP 92 (1902), 438; *Heinemann* Handelsrecht im System des Privatrechts, FS Fikentscher, 1998, S. 349; *Kramer* Handelsgeschäfte – eine rechtsvergleichende Skizze zur rechtsgeschäftlichen Sonderbehandlung unternehmerischer Kontrahenten, FS Ostheim, 1990, S. 299; *Müller-Freienfels* Zur „Selbständigkeit" des Handelsrechts, FS von Caemmerer, 1978, S. 583; *Nenner* Handelsrecht – Handelsgesetz – Grundgesetz, ZHR 157 (1993), 243; *Preis* Persönlicher Anwendungsbereich der Sonderprivatrechte, ZHR 158 (1994), 587; *Raisch* Die rechtsdogmatische Bedeutung der Abgrenzung von Handelsrecht und bürgerlichem Recht, JuS 1967, 533; *ders.* Handels- oder Unternehmensrecht als Sonderprivatrecht, ZHR 154 (1990), 567.

25 **1. Handelsrecht als Sonderprivatrecht.** Nach tradierter Auffassung ist das Handelsrecht ein Sonderprivatrecht,[76] dessen Berechtigung als eigenständiges (selbständiges) Rechtsgebiet nicht anders als die allgemeine Diskussion zur Berechtigung von Sonderprivatrechten[77] seit jeher kontroverse Diskussionen ausgelöst hat.[78] Unstreitig ist jedoch, dass der unter dem Ordnungsbegriff „Handelsrecht" zusammengefasste Rechtsstoff Teil der Privatrechtsordnung ist.[79]

26 Zweifel an der privatrechtlichen Zuordnung[80] lassen sich allenfalls darauf stützen, dass das HGB als zentrale Kodifikation zahlreiche Vorschriften aufnimmt, die nach Maßgabe der verschiedenen Ansätze, nach denen das öffentliche Recht von dem Privatrecht abzugrenzen ist,[81] öffentlich-rechtliche Züge tragen.[82] Das gilt neben den Regelungen zum Registerzwang (z.B. §§ 14, 31 HGB) vor allem für die im Dritten Buch des

---

[76] Für die allg. Ansicht Heymann/*Horn* Einleitung I Rn 3; Röhricht/v. Westphalen Einl. Rn 1; *K. Schmidt* Handelsrecht, § 1 I 1b, S. 3.

[77] S. im Überblick allgemein *Enneccerus/Nipperdey* Allgemeiner Teil des Bürgerlichen Rechts Bd. I, 15. Aufl. 1959, S. 2 ff. Zum persönlichen Anwendungsbereich der Sonderprivatrechte näher *Preis* ZHR 158 (1994), 567 ff.

[78] S. dazu exemplarisch vor allem *Lieb* AcP 178 (1978), 169 ff; *Martens* AcP 178 (1978), 227 ff sowie *H. P. Westermann* AcP 178 (1978), 150 ff.

[79] Statt aller Baumbach/*Hopt* Einl. v. § 1 Rn 1; *Canaris* Handelsrecht § 1 Rn 10;
Heymann/*Horn* Einleitung I Rn 2; MünchKommHGB/*K. Schmidt* Vor § 1 Rn 2; Röhricht/v. Westphalen Einl. Rn 1.; im Grundsatz auch Koller/Roth/Morck Einleitung vor § 1 Rn 3.

[80] S. insoweit die Vorbehalte bei Koller/Roth/Morck Einleitung vor § 1 Rn 1, der die Charakterisierung als „Sonderprivatrecht der Kaufleute" wegen der öffentlich-rechtlichen Vorschriften im HGB als zu eng bewertet.

[81] Dazu statt aller im Überblick MünchKommBGB/*Säcker* Einl. Bd. I/1 Rn 2 f, mwN.

[82] S. z.B. Heymann/*Horn* Einleitung I Rn 6; Röhricht/v. Westphalen Einl. Rn 52.

HGB zusammengefassten Bestimmungen zur Buchführung und zur Rechnungslegung.[83] Derartige öffentlich-rechtliche Eingriffe sind – wie auch das Bürgerliche Gesetzbuch zeigt – der Privatrechtsordnung nicht wesensfremd, sofern deren Zielsetzung vor allem darin besteht, dass für den Privatrechtsverkehr etablierte Normengefüge zu flankieren und insbesondere dessen Funktionsfähigkeit zu gewährleisten oder zu optimieren. In diesem Sinne sind auch die öffentlich-rechtlichen Vorschriften im HGB keine systemwidrigen Eingriffe in die privatrechtlich strukturierte Handelsrechtsordnung, sondern dienen dazu, deren Funktionsfähigkeit zu steigern.[84] Das gilt insbesondere für die mit Hilfe öffentlich-rechtlicher Vorschriften abgesicherte oder herbeigeführte Publizität im Hinblick auf die für den Handelsverkehr relevanten Umstände in der Sphäre des Kaufmanns (s. auch Rn 17). Aus diesem funktionalen Blickwinkel sind die öffentlich-rechtlichen Vorschriften des HGB lediglich eine „Appendixmasse des Handelsrechts"[85] und stellen die Zugehörigkeit der Kodifikation zum Privatrecht nicht in Frage.[86]

27 Die dogmatische Qualifizierung des Handelsrechts als Sonderprivatrecht wirft denknotwendig die Frage nach dem für die Abgrenzung zum Allgemeinen Privatrecht maßgebenden Merkmal auf. Während der Gesetzgeber für einzelne Sonderprivatrechte eine objektive Anknüpfung wählt (z.B. Immaterialgüterrecht, Wohnraummietrecht), zeichnet sich das Handelsrecht de lege lata durch ein subjektives System aus, das vergleichbar mit dem Arbeitsrecht und dem Verbraucher(privat)recht an bestimmte personale Voraussetzungen anknüpft (s. Rn 19 ff). Dies ist – wie die an den Anfang des HGB gestellten §§ 1 bis 6 zeigen – der Kaufmann als Inhaber eines Handelsgewerbes. Dementsprechend ist es nicht zu beanstanden, wenn das Handelsrecht nahezu einmütig als **Sonderprivatrecht der Kaufleute** charakterisiert wird.[87]

28 Ungeachtet der subjektiv determinierten Definition der Rechtsmasse „Handelsrecht" zeigt eine genauere Betrachtung der im HGB zusammengefassten Normen, dass es sich bei dem auf diese Weise abgegrenzten Handelsrecht aus heutiger Sicht um einen äußerst inhomogenen Rechtsstoff handelt,[88] der sich in Teilbereichen entweder aus dem Handelsrecht heraus verselbständigt hat oder zugleich anderen Sonderprivatrechten zugeordnet werden kann.

29 Auf eine lange Tradition kann insoweit das im Fünften Buch (§§ 476 bis 905) zusammengefasste Seerecht zurückblicken, dessen Einbeziehung in eine dem Handelsrecht gewidmete Kodifikation – wie die historische Entwicklung in Frankreich zeigt (s. insbesondere Rn 2) – keineswegs selbstverständlich ist.[89] Als weiterer Rechtsstoff, der sich inzwischen zumindest in materieller Hinsicht zu einem eigenständigen Rechtsgebiet ver-

---

[83] Grundlegend dazu *Icking* Die Rechtsnatur des Handelsbilanzrechts, 2000, S. 166 ff; ferner *Canaris* Handelsrecht § 1 Rn 5.
[84] Treffend Heymann/*Horn* Einleitung I Rn 7; *Röhricht*/v. Westphalen Einl. Rn 51.
[85] So treffend MünchKommHGB/*K. Schmidt* Vor § 1 Rn 2.
[86] *Canaris* Handelsrecht § 1 Rn 10; *Röhricht*/v. Westphalen Einl. Rn 51.
[87] *Canaris* Handelsrecht § 1 Rn 1; Heymann/*Horn* Einleitung I Rn 1; MünchKommHGB/*K. Schmidt* Vor § 1 Rn 1; im Grundsatz ebenso trotz leichter Nuancierung *Röhricht*/v. Westphalen Einl. Rn 2: „Sonderprivatrecht der gewerblichen Tätigkeit"; zurückhaltend Koller/*Roth*/Morck Einleitung vor § 1 Rn 1.
[88] Treffend *Canaris* Handelsrecht § 1 Rn 4.
[89] So beschränkte sich die Inkraftsetzung des HGB in der ehem. DDR ausdrücklich auf das Erste bis Vierte Buch; s. Rn 42; zur hierauf beschränkten Übernahme des ADHGB in Österreich s. oben Rn 5. Zur früheren Aufhebung des im HGB aufgenommenen Seerechts in der ehem. DDR durch das Seehandelsschiffahrtsgesetz v. 5.2.1976 s. Staub/*Brüggemann*[4] Rn 40.

selbständigt hat, ist auf das Gesellschaftsrecht hinzuweisen,[90] das während der Geltung des ADHGB noch nahezu vollständig in dem Zweiten Buch des Gesetzes zusammengefasst war und lediglich hinsichtlich des Genossenschaftsrechts eine kodifikatorische Sonderentwicklung erfuhr, da die Genossenschaft seit jeher nicht den Handelsgesellschaften zugerechnet wird (s. § 6 Rn 10 sowie die normative Anerkennung dieser Sonderstellung in § 95 Abs. 1 Nr. 4 lit. a GVG: „Handelsgesellschaft oder Genossenschaft"). Obwohl es die Verknüpfung mit dem Betrieb eines Handelsgewerbes unverändert rechtfertigen würde, die offene Handelsgesellschaft und die Kommanditgesellschaft als Personenhandelsgesellschaften dem Handelsrecht zuzuordnen, bilden die jeweiligen Rechtsnormen jedoch gemeinsam mit den §§ 705 bis 740 BGB den zentralen Rechtsstoff für das Personengesellschaftsrecht und die hierfür entwickelten allgemeinen Lehren.[91]

30 Eine vergleichbar gemischte Materie stellt das Recht der Handlungsgehilfen dar, das integraler Bestandteil des Arbeitsrechts ist,[92] und deren Vorschriften mit fortschreitender Entwicklung dieses Rechtsgebiets ihre Daseinsberechtigung verloren haben. Exemplarisch zeigen dies die ursprünglich im HGB enthaltenen Vorschriften zu den Handlungslehrlingen, die im Berufsbildungsgesetz aufgegangen sind (s. oben Rn 10). Entsprechendes gilt inzwischen auch für das Recht der Firma, die als „Name des Kaufmanns" (§ 17 Abs. 1) bereits bei Inkrafttreten des HGB das allgemeine Namensrecht in § 12 BGB flankierte, seit der Liberalisierung des Firmenrechts durch das Handelsrechtsreformgesetz im Jahre 1998 (s. Rn 11) jedoch von Maximen geprägt wird, die ihren dogmatischen Standort im Marken- bzw. Kennzeichenrecht sowie im Wettbewerbsrecht haben. Zumindest im Hinblick auf das Firmenordnungsrecht erweist es sich zunehmend als fragwürdig, hierin spezifisches Handelsrecht zu erblicken.[93]

31 **2. Handelsrecht und Kodifikation.** Der in Deutschland unverändert favorisierte Weg, den unter den Ordnungsbegriff „Handelsrecht" zu fassenden Rechtsstoff in einer zentralen und gesetzestechnisch eigenständigen Kodifikation zu bündeln, erklärt sich vor allem aus der geschichtlichen Entwicklung des Handelsrechts im Rahmen der sich im Deutschen Reich herausbildenden Rechtseinheit (s. oben Rn 4 ff). Allerdings zeigen die ausländischen Rechtsordnungen,[94] dass eine kodifikatorische Verselbständigung des Handelsrechts keineswegs zwingend[95] ist.[96] So haben die Schweiz und die skandinavischen Länder zu keiner Zeit eine vergleichbare Kodifikation geschaffen; in Italien wurde die ursprüngliche Verselbständigung im Codice di commercio im Jahre 1942 wieder beseitigt und das Handelsrecht in das reformierte Zivilgesetzbuch (Codice civile) integriert. Gleichwohl ist der konzeptionelle Ansatz in Deutschland kein Sonderweg. Dieser ist nicht nur in Österreich (zunächst Handelsgesetzbuch, seit 2005 Unternehmensgesetz-

---

[90] *Canaris* Handelsrecht § 1 Rn 7; s. auch MünchKommHGB/*K. Schmidt* Vor § 1 Rn 13; *ders.* Handelsrecht, § 1 II 3, S. 12; *Röhricht*/v. Westphalen Einl. Rn 54.
[91] Zu diesen umfassend z.B. *Wiedemann* Gesellschaftsrecht Bd. II – Recht der Personengesellschaften, 2004, S. 3 ff.
[92] *Canaris* Handelsrecht § 1 Rn 4. Exemplarisch belegen dies die §§ 74 bis 75 f, die der Gesetzgeber mit § 110 Satz 2 GewO auf alle Arbeitsverhältnisse ausgedehnt hat.
[93] S. insoweit auch *Canaris* Handelsrecht § 1 Rn 30.
[94] Zusammenfassende Übersichten z.B. bei: Baumbach/*Hopt* Einl. Rn 25; Heymann/*Horn* Einleitung III Rn 21.
[95] Zur Kritik hieran z.B. *Canaris* Handelsrecht § 1 Rn 14 ff, insbesondere Rn 38 f; *Kramer* FS Ostheim, 1990, S. 299 (308, 319); *Müller-Freienfels* FS von Caemmerer, 1978, S. 583 (615).
[96] S. auch Baumbach/*Hopt* Einl. v. § 1 Rn 2; *Röhricht*/v. Westphalen Einl. Rn 15.

buch), Frankreich (Code du commerce) und den Niederlanden (Wetboek von Koophandel), sondern auch in Spanien (Código de Comercio) und Portugal sowie den meisten lateinamerikanischen Staaten und in den USA (Uniform Commercial Code [UCC]) beschritten worden. Während für das Verbraucherschutzrecht die mit dem Gesetz zur Modernisierung des Schuldrechts erfolgte Reintegration in das Bürgerliche Gesetzbuch zweckmäßig gewesen sein mag, ist ein vergleichbarer Schritt für das HGB rechtstechnisch zwar möglich, aber keineswegs zwingend geboten. Hiergegen spricht vor allem die mangelnde Transparenz, da zentrale Materien wie das Registerrecht und das Bilanzrecht einer gesonderten gesetzlichen Regelung vorbehalten bleiben müssten.

3. Verhältnis des Handelsrechts zum Bürgerlichen Recht

Schrifttum

Bucher Der Gegensatz von Zivilrecht und Handelsrecht, FS Meier-Hayoz, 1972, S. 1; *Heinemann* Handelsrecht im System des Privatrechts, FS Fikentscher, 1998, S. 349 ff; *Heymann* Die Beziehungen des Handelsrechts zum Zivilrecht, 1932; *Laband* Das Verhältnis des Handelsrechts zum bürgerlichen Recht nach dem Entwurf eines revidierten HGB, DJZ 1896, 345; *Raisch* Die Abgrenzung des Handelsrechts vom bürgerlichen Recht als Kodifikationsproblem im 19. Jahrhundert, 1962.

32 Bereits wegen der Qualifizierung des Handelsrechts als Sonderprivatrecht steht dieses nicht unverbunden und isoliert neben dem bürgerlichen Recht und insbesondere dem Bürgerlichen Gesetzbuch. Während das ADHGB ursprünglich noch bestrebt war, ein auch für die Durchführung der Handelsgeschäfte geschlossenes Regelwerk zur Verfügung zu stellen (s. Rn 6),[97] konnte sich bereits das HGB auf die den spezifischen Bedürfnissen des Handelsverkehrs Rechnung tragenden Variationen konzentrieren.[98] Besonders anschaulich zeigt dies das Recht der Personenhandelsgesellschaften, das ausdrücklich auf dem Recht der BGB-Gesellschaft aufbaut (§ 105 Abs. 3, § 161 Abs. 2) und mit diesem zu einer Einheit verschmilzt. Teilweise entfiel wegen des bereits vom Reichstag verabschiedeten Bürgerlichen Gesetzbuches sogar die Notwendigkeit, in das HGB gesonderte Bestimmungen aufzunehmen, wie die vormals noch im ADHGB enthaltenen Regelungen zum Vertragsschluss sowie zum allgemeinen Leistungsstörungsrecht zeigen (s. Rn 6).

33 Allgemeiner Ausdruck für die Verzahnung von Bürgerlichem Recht und Handelsrecht ist die Kollisionsnorm in Art. 2 Abs. 1 EGHGB, die für das Verhältnis zum Bürgerlichen Gesetzbuch den Vorrang des HGB sowie des entsprechenden Einführungsgesetzes festlegt („insoweit zur Anwendung als nicht ... ein anderes bestimmt ist"). Gerade aus diesem Grunde lässt sich die Rechtslage in „Handelssachen" oftmals nur mittels einer Gesamtschau von BGB und HGB zutreffend ermitteln.[99] Exemplarisch zeigen dies die Sonderregeln zum Handelskauf (§§ 373 ff), die stets im Zusammenspiel mit den Bestimmungen zum bürgerlich-rechtlichen Kauf (§§ 433 ff BGB) anzuwenden sind. So baut z.B. die Rügeobliegenheit des Käufers (§ 377) auf einem nach § 434 BGB zu beurteilenden Mangel auf und ordnet einen mit § 442 BGB verwandten Ausschluss etwaiger Ansprüche und Rechte des Käufers an. Einen weiteren anschaulichen Beleg für diese Verzahnung von BGB und HGB liefert das Gesetz zur Modernisierung des Schuldrechts, da die hiermit geschaffene allgemeine Vorschrift zur Falschlieferung und zur Quantitätsabweichung

---

[97] S. z.B. *Röhricht*/v. Westphalen Einl. Rn 21.
[98] Zu dieser Konzeption bereits *Goldschmidt* ZHR 5 (1862), 211 ff; s. ferner *Röhricht*/v. Westphalen Einl. Rn 56.
[99] Exemplarisch Baumbach/*Hopt* Einl. v. § 1 Rn 3; *Canaris* Handelsrecht § 1 Rn 11 ff; *Röhricht*/v. Westphalen Einl. Rn 56.

(§ 434 Abs. 3 BGB) mit der Aufhebung der bisherigen Sonderregelung in § 378 a.F. einherging.[100] Als weiteres Beispiel sind die Bestimmungen zur handelsrechtlichen Vertretung (Prokura [§§ 48 ff], Handlungsvollmacht [§§ 54 f]) zu nennen, die untrennbar mit den allgemeinen bürgerlich-rechtlichen Regeln zur Stellvertretung (§§ 164 ff BGB) verzahnt sind.[101]

34 Die auf den ersten Blick eindeutige und vom dogmatischen Charakter des Handelsrechts naheliegende Kollisionsregel in Art. 2 Abs. 1 EGHGB darf nicht darüber hinwegtäuschen, dass die jeweilige Feinabstimmung im Einzelfall erhebliches Kopfzerbrechen bereiten kann, da stets aufs Neue eine Antwort auf die Frage gefunden werden muss, ob es sich bei dem einschlägigen handelsrechtlichen Regelungskomplex bzw. einzelnen Normen des HGB um eine das bürgerlich-rechtliche Regelwerk verdrängende Sonderregelung handelt oder aber dieses ergänzend zur Anwendung gelangt. Das drängt vor allem dann in den Vordergrund, wenn das handelsrechtliche Regelungsgefüge für ein bestimmtes Sachproblem keine Lösung bereit hält, diese aber im BGB aufzufinden ist. Exemplarisch hierfür kann die Kontroverse zur Anwendung von § 626 Abs. 2 BGB auf die nach § 89a erklärte außerordentliche Kündigung des Handelsvertreterverhältnisses stehen,[102] da § 89a keine mit § 626 Abs. 2 BGB vergleichbare Kündigungserklärungsfrist setzt. Gleichwohl bewertet der Bundesgerichtshof in Übereinstimmung mit der vorherrschenden Ansicht im Schrifttum § 89a als eine abschließende Sonderregelung, die den subsidiären Rückgriff auf die allgemeine Bestimmung in § 626 Abs. 2 BGB versperrt.[103] Das Verhältnis des HGB zum BGB wird deshalb letztlich oftmals nicht bereits durch Art. 2 Abs. 1 EGHGB, sondern erst durch die im Wege der Interpretation aufzuhellende Reichweite der jeweiligen lex specialis entschieden.

V. Rechtsquellen des geltenden Handelsrechts der Bundesrepublik Deutschland

1. Bundesrecht

a) Handelsgesetzbuch nebst Einführungsgesetz

35 aa) **Allgemeines.** Die zentrale Rechtsquelle für das Handelsrecht mit bundesweitem Geltungsanspruch stellt das HGB einschließlich des zugehörigen Einführungsgesetzes dar.[104] In verfahrensrechtlicher Hinsicht wird dieses durch den Siebenten Abschnitt des **Gesetzes über die Angelegenheiten der freiwilligen Gerichtsbarkeit (FGG)** ergänzt, der unter der amtlichen Überschrift „Handelssachen" in den §§ 125 bis 158 FGG insbesondere die materiellrechtlichen Vorschriften des HGB zum Handelsregister (§§ 8 bis 16) prozessual ergänzt. Mit Wirkung zum 1. September 2009 werden diese durch die §§ 357 bis 404 FamFG abgelöst (s. Rn 13). Weitere Einzelheiten zur Führung des Handelsregisters ergeben sich aus der nach § 125 Abs. 3 FGG erlassenen **Handelsregisterverordnung (HRV)** v. 11. Dezember 2001[105].

---

[100] Zu den Konsequenzen für den Handelskauf ausführlich *Oetker* FS Canaris Bd. II, 2007, S. 313 ff.
[101] S. näher *Oetker* Handelsrecht § 5 Rn 2 ff.
[102] Dazu im Überblick *Oetker* Das Dauerschuldverhältnis und seine Beendigung, 1994, S. 302 f.
[103] Grundlegend insoweit BGH NJW 1982, 2432 f sowie nachfolgend z.B. BGH VersR 1983, 635 f; BGH WM 1986, 1413 ff.
[104] Zur Entstehung s. oben Rn 8.
[105] BGBl. I S. 3688.

Als eigenständige und neben dem Gesetz stehende Rechtsquelle ist das Gewohnheitsrecht anerkannt. Weist dieses einen handelsrechtlichen Inhalt auf, so kann von einem **Handelsgewohnheitsrecht** gesprochen werden, wenn eine längere ständige Übung bei den betroffenen Verkehrskreisen mit einem Rechtsgeltungsbewusstsein verbunden ist.[106] Exemplarisch wird hierfür die Lehre vom Scheinkaufmann[107] sowie die Lehre vom kaufmännischen Bestätigungsschreiben[108] angeführt.

Von erheblicher Bedeutung für die Praxis des Handelsrechts sind **Handelsbräuche**, die jedoch keine Rechtsquelle,[109] sondern eine **Rechtserkenntnisquelle** darstellen. Deren Maßgeblichkeit für die Rechtsanwendung vermittelt vor allem § 346[110], so dass hinsichtlich der weiteren Einzelheiten auf die dortigen Erläuterungen zu verweisen ist. Unter der Voraussetzung einer vom Rechtsgeltungswillen der betroffenen Verkehrskreise getragenen Übung können Handelsbräuche zu **Handelsgewohnheitsrecht** erstarken und hierdurch in den Rang einer Rechtsquelle erwachsen.[111]

bb) Zeitlicher Anwendungsbereich des Handelsgesetzbuches. Das HGB trat zeitgleich mit dem Bürgerlichen Gesetzbuch am **1. Januar 1900** in Kraft (Art. 1 Abs. 1 EGHGB), lediglich für die Vorschriften zu dem Handlungsgehilfen und den Handlungslehrlingen sah Art. 1 Abs. 2 EGHGB ein früheres Inkrafttreten zum 1. Januar 1898 vor. Die notwendigen **Übergangsvorschriften** zu den späteren Änderungen des HGB enthalten die Art. 23 ff EGHGB (zum Handelsrechtsreformgesetz s. Art. 38 EGHGB).

Von den ursprünglichen Übergangsregelungen zum Inkrafttreten des HGB ist **Art. 22 EGHGB** zur firmenrechtlichen **Zulässigkeit von Altfirmen** auch heute noch von Bedeutung. Danach dürfen im Handelsregister vor dem 1. Januar 1900 eingetragene Firmen fortgeführt werden, wenn diese im Einklang mit den zuvor maßgebenden Vorschriften standen. Die Liberalisierung des Firmenrechts infolge des Handelsrechtsreformgesetzes (s. oben Rn 11) hat der Übergangsregelung aufgrund der seitdem durch § 18 Abs. 1 nunmehr vermittelten Offenheit bei der Wahl der Firma zwar den Anwendungsbereich weitgehend entzogen, sie bleibt aber unverändert bedeutsam, wenn die vor dem 1. Januar 1900 geführte Firma im Widerspruch zu den in § 18 Abs. 1 genannten Rahmendaten (Kennzeichnungs- und Unterscheidungskraft) steht. Eine mit Art. 22 EGHGB übereinstimmende Regelung enthält **Art. 38 Abs. 1 EGBGB**, da die Reform des Firmenrechts durch das Handelsrechtsreformgesetz ein vergleichbares Übergangsproblem aufwarf.

Im **Saarland** galt das HGB in den Jahren 1946 bis 1956 lediglich in der am 8. Mai 1945 geltenden Fassung. Die Wiedereingliederung des Saarlandes in die Bundesrepublik Deutschland infolge des Saarvertrages v. 27. Oktober 1956[112] führte aufgrund des Eingliederungsgesetzes v. 23. Dezember 1956[113] auch dort wieder zur Anwendung des HGB mit einigen Übergangsvorschriften. Die anschließenden gesetzgeberischen Akte auf dem Weg zur endgültigen Rechtseinheit sind nur noch von historischem Interesse.[114]

---

[106] S. Baumbach/*Hopt* Einl. v. § 1 Rn 17; Heymann/*Horn* Einleitung II Rn 3; Koller/Roth/Morck Einleitung vor § 1 Rn 15; MünchKommHGB/*K. Schmidt* Vor § 1 Rn 32; Röhricht/v. Westphalen Einl. Rn 88.
[107] So Heymann/*Horn* Einleitung II Rn 3.
[108] Hierfür Heymann/*Horn* Einleitung II Rn 3.
[109] Für die allg. Ansicht Heymann/*Horn* Einleitung II Rn 4; MünchKommHGB/*K. Schmidt* Vor § 1 Rn 34; Röhricht/v. Westphalen Einl. Rn 89.
[110] Zu weiteren Transformationsnormen Röhricht/v. Westphalen Einl. Rn 89.
[111] S. Heymann/*Horn* Einleitung II Rn 4; MünchKommHGB/*K. Schmidt* Rn 32, 34; Röhricht/v. Westphalen Einl. Rn 89.
[112] BGBl. II S. 1587.
[113] BGBl. I S. 1011.
[114] S. dazu noch ausführlich Staub/*Brüggemann*⁴ Rn 38.

41 Vergleichbare Rechtsakte waren im Jahre 1990 im Rahmen der **Wiedervereinigung Deutschlands** erforderlich. Im Ausgangspunkt galt das HGB – vergleichbar mit der Rechtslage im Saarland (s. Rn 40) – auch in der Sowjetischen Besatzungszone (SBZ) sowie anschließend in der ehem. DDR fort, zunächst allerdings in der Fassung, die das Gesetz am Ende des II. Weltkrieges hatte. Eine formelle Aufhebung des HGB seitens der ehem. DDR war – abgesehen von den Bestimmungen zum Seehandelsrecht[115] – zu keinem Zeitpunkt erfolgt. Dessen Bedeutung für den Wirtschaftsverkehr ging allerdings im Laufe der Zeit drastisch zurück. Das galt infolge der Verstaatlichungspolitik nicht nur für das Recht der Personenhandelsgesellschaften (Umwandlung von Gesellschaften mit staatlicher Beteiligung in Volkseigene Betriebe)[116], sondern auch für die Rechtsbeziehungen zwischen den „Wirtschaftseinheiten", da diese durch gesonderte und das HGB überlagernde Rechtsvorschriften geregelt wurden.[117] Maßgeblich war zuletzt vor allem das „Gesetz über das Vertragssystem in der sozialistischen Wirtschaft (Vertragsgesetz)" v. 25. März 1982[118]. Zuvor erfolgte für internationale Wirtschaftsverträge bereits eine eigenständige Regelung in dem „Gesetz über Internationale Wirtschaftsverträge (GIW)" v. 5. Februar 1976[119].

42 Im Rahmen der durch den „Staatsvertrag zur Schaffung einer Währungs-, Wirtschafts- und Sozialunion zwischen der Bundesrepublik Deutschland und der Deutschen Demokratischen Republik" v. 17. Juni 1990[120] eingeleiteten Übernahme der bundesdeutschen Rechtsordnung verpflichtete sich die ehem. DDR in Anlage II unter III.3 des Staatsvertrages bereits zum 1. Juli 1990 dazu, das Erste bis Dritte Buch des HGB in seiner damals geltenden Fassung in Kraft zu setzen.[121] Dem kam die ehem. DDR durch das „Gesetz über die Inkraftsetzung von Rechtsvorschriften der BRD in der DDR" v. 21. Juni 1990[122] nach. Dessen § 16 beschränkte sich jedoch nicht nur auf den Vollzug der Vorgaben aus dem Staatsvertrag, sondern dehnte die Inkraftsetzung des HGB auch auf das Vierte Buch aus und ordnete zugleich das Außerkrafttreten des Ersten bis Dritten Buches des HGB in der in der ehem. DDR bislang geltenden Fassung an.

43 Mit dem Einigungsvertrag v. 31. August 1990[123] (Art. 8) trat wenig später das HGB in der am 3. Oktober 1990 geltenden Fassung auch in dem Beitrittsgebiet im Sinne von Art. 3 des Einigungsvertrages in Kraft, was lediglich mit wenigen, in Anlage I Sachgebiet D Abschnitt III Nr. 1 festgelegten Maßgaben[124] verbunden war. Auf Altverträge, die noch unter der Geltung des Vertragsgesetzes bzw. des Gesetzes über (Internationale) Wirtschaftsverträge abgeschlossen worden waren, blieb wegen Art. 232 § 1 EGBGB das bis-

---

[115] S. dazu oben Fn 88.
[116] Dazu insbesondere den (nicht amtlich veröffentlichten) Beschluss des Ministerrates der ehem. DDR zu den Maßnahmen über die schrittweise Durchführung des Beschlusses des 4. Tagung des ZK der SED vom 9. Februar 1972; abgedruckt z.B. in: *Säcker* Vermögensrecht, 1995, Anhang III Nr. 31 (S. 1019).
[117] Dazu im Überblick Staub/*Brüggemann*⁴ Rn 40.
[118] GBl. I Nr. 14 S. 293.
[119] GBl. I Nr. 5 S. 61.
[120] BGBl. II S. 557 = GBl. I S. 332.
[121] Zugleich verpflichtete sich die ehem. DDR im Staatsvertrag zur Aufhebung des Vertragsgesetzes sowie zur Ausdehnung des Gesetzes über Internationale Wirtschaftsverträge (GIW) auf sämtliche Wirtschaftsverträge (s. Anl. III Nr. 11 und 12 zum Staatsvertrag). Zur Umsetzung s. das „Gesetz über die Änderung und Aufhebung von Gesetzen der DDR" v. 28. Juni 1990 (GBl. I Nr. 38 S. 483).
[122] GBl. I Nr. 34, S. 357.
[123] BGBl. II S. 889.
[124] Entsprechendes galt für das EGHGB, s. Anlage I Sachgebiet D Abschnitt III Nr. 2 zum Einigungsvertrag. Die Maßgaben zum Inkrafttreten des EGHGB haben infolge Zeitablaufs inzwischen ihre praktische Bedeutung verloren.

herige DDR-Recht anwendbar, das jedoch z.T. der neuen Rechtsordnung entsprechend anzupassen war.[125] Die im **Einigungsvertrag** aufgezählten **Maßgaben** zum Inkrafttreten des HGB in dem Gebiet der ehem. DDR haben inzwischen ihre Bedeutung fast vollständig eingebüßt. Zu beachten ist lediglich, dass einzelne Bestimmungen aus dem **Recht der Handlungsgehilfen** im Beitrittsgebiet nicht anzuwenden sind. Dies betrifft heute noch die §§ 62 Abs. 2 bis 4, 64, 75 Abs. 3[126] sowie § 83.

cc) **Sachlicher Anwendungsbereich des Handelsgesetzbuches.** Den sachlichen Anwendungsbereich des HGB umschreibt Art. 2 Abs. 1 EGHGB mit dem Begriff „Handelssachen" und ordnet für diese den Vorrang des HGB gegenüber dem BGB an. Zugleich erschließt sich aus Art. 2 Abs. 1 EGHGB, dass auch auf „Handelssachen" das Bürgerliche Gesetzbuch Anwendung findet; das HGB verdrängt dieses als lex specialis, soweit nicht das Gesetz selbst oder das Einführungsgesetz hierzu „ein anderes" bestimmt hat (s. näher dazu oben Rn 33 f). **44**

Mit dem Begriff „Handelssache" enthält Art. 2 Abs. 1 EGHGB einen Terminus, der auch in das Verfahrensrecht Eingang gefunden hat. Vor allem das GVG greift auf diesen für die Errichtung der Kammern für Handelssachen (§§ 93 bis 114 GVG) zurück und definiert diesen in § 95 („Handelssachen im Sinne dieses Gesetzes"). Die dortige Umschreibung geht jedoch weit über die vom HGB erfassten Lebenssachverhalte hinaus, indem es neben dem Wechsel – und Scheckrecht (§ 95 Abs. 1 Nr. 2 und 3 GVG) auch nahezu das gesamte Gesellschaftsrecht (§ 95 Abs. 1 Nr. 4a GVG) sowie den gewerblichen Rechtsschutz (§ 95 Abs. 1 Nr. 4c GVG) und das Lauterkeitsrecht (§ 95 Abs. 1 Nr. 5 GVG) einbezieht.[127] Enger als in Art. 2 Abs. 1 EGHGB verwendete demgegenüber das am 1. September 2009 außer Kraft tretende Gesetz zur Regelung der Angelegenheiten der freiwilligen Gerichtsbarkeit (FGG) den Begriff, da dieses den Siebenten Abschnitt zwar mit dem Begriff „Handelssachen" titulierte, diesen Begriff in den nachfolgenden Bestimmungen (§§ 125 bis 155 FGG) aber nicht mehr als Rechtsbegriff aufgriff. Ungeachtet dessen gingen auch die im Siebenten Abschnitt zusammengefassten Vorschriften über den Kreis der Handelssachen in Art. 2 Abs. 1 EGHGB hinaus, wie die §§ 149 bis 158 FGG zur Dispache zeigen. **45**

Wegen des uneinheitlichen Gebrauchs des Begriffs „Handelssache" in den verschiedenen Kodifikationen, kann dieser in Art. 2 Abs. 1 EGHGB nur vor dem Hintergrund des mit dieser Norm verfolgten legislativen Anliegens aufgehellt werden. Vor allem die zeitgleiche Inkraftsetzung des Bürgerlichen Gesetzbuches zeigt, dass die Norm ausschließlich bezweckt, eine etwaige Konkurrenz zwischen beiden Kodifikationen aufzulösen, wenn diese den maßgeblichen Lebenssachverhalt erfassen. Eine Handelssache im Sinne von Art. 2 Abs. 1 EGHGB liegt deshalb stets dann vor, wenn auf den Lebenssachverhalt Vorschriften des HGB bzw. seines Einführungsgesetzes anzuwenden sind.[128] Offensichtlich zweckwidrig wäre demgegenüber eine autonome Konkretisierung der „Handelssachen" und eine hierauf bezogene Anwendung des HGB bzw. seines Einführungsgesetzes. Deshalb hat der Begriff „Handelssache" für den Anwendungsbereich des HGB keine eigen- **46**

---

[125] Dazu näher z.B. *Oetker* in: Koch (Hrsg.), 10 Jahre Deutsche Rechtseinheit, 2001, S. 131 ff sowie *Horn* Das Zivil- und Wirtschaftsrecht im neuen Bundesgebiet, 2. Aufl. 1995, § 8 Rn 11 ff.
[126] Damit trug der Einigungsvertrag dem Urteil des BAG v. 23. Februar 1977 (AP Nr. 6 zu § 75 HGB) Rechnung, das die Vorschrift wegen eines Verstoßes gegen Art. 3 Abs. 1 GG für nichtig erklärt hatte.
[127] S. auch *Röhricht*/v. Westphalen Einl. Rn 58.
[128] In diesem Sinne auch *Röhricht*/v. Westphalen Einl. Rn 56.

ständige Bedeutung, sondern dient – vergleichbar der Abschnittsüberschrift im FGG – lediglich dazu, die vom HGB erfassten Lebenssachverhalte begrifflich zu umschreiben und den Vorrang des HGB festzulegen.

47 b) **Sonstiges Handelsrecht.** Eine abschließende Auflistung des Bundesrechts, das zwar außerhalb des HGB kodifiziert ist, gleichwohl aber das Handelsrecht im weiten Sinne normativ strukturiert, ist angesichts der Vielzahl der vom HGB erfassten Lebenssachverhalte kaum möglich und bleibt den jeweiligen Einzelerläuterungen vorbehalten.[129] Die hiesige Darstellung beschränkt sich auf einen Überblick zu denjenigen Vorschriften, die – ebenso wie das HGB – den Kaufmannsbegriff zum personalen Anknüpfungspunkt erheben und deshalb zum Handelsrecht im engen Sinne zählen.[130]

48 Obwohl die Zahl der Vorschriften, die den Kaufmannsbegriff in den Normtext aufnehmen, tendenziell zugunsten derjenigen, die an den „Unternehmer" (s. § 14 BGB) anknüpfen, abnehmen,[131] bleibt aus methodischer Sicht klärungsbedürftig, ob für den jeweils in den Normtext aufgenommenen Kaufmannsbegriff die §§ 1 bis 6 maßgebend sind. Die Formulierung „im Sinne dieses Gesetzbuchs" in § 1 Abs. 1 scheint dem zwar entgegenzustehen. Eine derartige Exklusivität des handelsrechtlichen Kaufmannsbegriffs würde aber den Sinngehalt der vorgenannten Wendung in § 1 Abs. 1 überdehnen. Deren Zweck besteht lediglich darin, den Kaufmannsbegriff für das HGB abschließend festzulegen, ohne hierdurch auszuschließen, diesen auch für das Begriffsverständnis in anderen Gesetzen heranzuziehen. Sofern nicht der Gesetzgeber selbst den im HGB umschriebenen Kaufmannsbegriff ausdrücklich für maßgebend erklärt hat (so in § 95 Abs. 1 Nr. 1 GVG), ist im Interesse einer Einheit der Rechtsordnung davon auszugehen, dass die Anknüpfung an das durch das HGB geprägte Verständnis in der Regel dem gesetzgeberischen Willen entspricht,[132] ohne jedoch durch den spezifischen Zweck der jeweiligen Vorschrift gebotene Modifikationen zu verhindern. Exemplarisch zeigt sich die Notwendigkeit hierzu in § 109 Abs. 1 Nr. 3 GVG (Eignung zur Ernennung als ehrenamtlicher Richter), da der dortige Begriff „Kaufmann" aufgrund der Gesetzessystematik ausschließlich natürliche Personen und damit Einzelkaufleute meint.

49 Keine Bedeutung hat der Kaufmannsbegriff mehr in den zentralen **bürgerlich-rechtlichen Vorschriften.** Die vormals in § **196** Abs. 1 Nr. 1 **BGB** erfolgte Einbeziehung der Kaufleute in die kurze (zweijährige) Verjährungsfrist, zu der die höchstrichterliche Rechtsprechung den handelsrechtlichen Kaufmannsbegriff für maßgebend erklärt hatte,[133] wurde mit dem durch das Gesetz zur Modernisierung des Schuldrechts neu gefassten Verjährungsrecht zum 1. Januar 2002 aufgehoben. Entsprechendes gilt auch für die früher zugunsten der Kaufleute in § 8 **AbzG** geregelte Bereichsausnahme,[134] die bereits

---

[129] S. jedoch z.B. die Zusammenstellung von Heymann/*Horn* Einleitung II Rn 11 ff.
[130] Wie hier in der Differenzierung *Canaris* Handelsrecht § 1 Rn 6 ff.
[131] Mit dieser Würdigung auch Ebenroth/Boujong/Joost/Strohn/*Kindler* Vor § 1 Rn 27.
[132] Im Ergebnis wie hier Ebenroth/Boujong/Joost/Strohn/*Kindler* Vor § 1 Rn 38; *Röhricht*/v. Westphalen § 1 Rn 126 sowie auch Staub/*Brüggemann*[4] Vor § 1 Rn 47.
[133] BGH NJW 1961, 453 (454) sowie zuvor bereits KG OLGE 22, 164; s. ferner Ebenroth/Boujong/Joost/Strohn/*Kindler* Vor § 1 Rn 40 f; MünchKommBGB/*Grothe*[4] § 196 Rn 2; Staub/*Brüggemann*[4] Vor § 1 Rn 48; Staudinger/*Dilcher* 12. Aufl. 1979, § 196 Rn 11; Staudinger/*Peters* (2001) § 196 Rn 12 ff.
[134] S. § 8 AbzG: „finden keine Anwendung, wenn … als Kaufmann in das Handelsregister eingetragen ist." Dazu noch Ebenroth/Boujong/Joost/Strohn/*Kindler* Vor § 1 Rn 42 sowie ausführlich Staub/*Brüggemann*[4] Vor § 1 Rn 49 ff.

mit dem Verbraucherkreditgesetz durch eine Bereichsausnahme zugunsten einer gewerblichen oder selbständigen Tätigkeit abgelöst wurde (s. § 1 Abs. 1 Satz 2 VerbrkrG[135]). Diesen Ausnahmetatbestand, der mit dem nunmehr in § 14 BGB enthaltenen Unternehmerbegriff übereinstimmt, ließ das zur Ablösung des Verbraucherkreditgesetzes führende Gesetz zur Modernisierung des Schuldrechts im Ergebnis unverändert (s. § 491 Abs. 1 BGB). Eine parallele Entwicklung ist für das Recht der Allgemeinen Geschäftsbedingungen zu verzeichnen. **Das AGB-Gesetz** formulierte zwar in seiner ursprünglichen Fassung in § 24 Satz 1 Nr. 1 für Kaufleute Sonderregeln zur Einbeziehungs- und Inhaltskontrolle,[136] diese wurden aber bereits durch Art. 3 Nr. 8 des Gesetzes über Fernabsatzverträge v. 27. Juni 2000[137] an die Vorgaben der Richtlinie 93/13/EWG (Klauselrichtlinie) angepasst und auf Unternehmer im Sinne des § 14 BGB ausgedehnt und später durch das Gesetz zur Modernisierung des Schuldrechts in § 310 Abs. 1 Satz 1 BGB übernommen. Unverändert geblieben ist bislang jedoch die Anknüpfung an den Kaufmannsbegriff im **Haftpflichtgesetz**, das in § 7 Satz 2 abweichende Vereinbarungen zwischen dem Inhaber einer Energieanlage und einem Kaufmann im Rahmen eines zum Betrieb seines Handelsgewerbes gehörenden Vertrages zulässt. Für den dortigen Kaufmannsbegriff ist die Maßgeblichkeit des handelsrechtlichen Kaufmannsbegriffs allgemein anerkannt.[138]

In sehr begrenztem Umfange enthalten einige **wirtschaftsrechtliche Vorschriften** noch unmittelbare Anknüpfungen an den Kaufmannsbegriff. Ausdrücklich geschieht dies in § 16 DepotG, der die Anwendung von einzelnen der im Gesetz aufgestellten Formvorschriften ausschließt, wenn der Hinterleger „Kaufmann" ist.[139] Hinzuweisen ist ferner auf die kapitalmarktrechtlichen Bestimmungen zu Finanztermingeschäften (§§ 37d ff WpHG), die zwar nicht an den handelsrechtlichen Kaufmannsbegriff anknüpfen, mit dem „in kaufmännischer Weise eingerichteten Geschäftsbetrieb" (s. § 1 Abs. 2) aber ein essentielles Element des handelsrechtlichen Kaufmannsbegriffes (s. § 1 Rn 89 ff) aufgreifen (so § 37d Abs. 1 Satz 1, 37e WpHG). Eine vergleichbare indirekte Anknüpfung an den handelsrechtlichen Kaufmannsbegriff enthalten die gewerberechtlichen Vorschriften zur Publizität (§ 15a f GewO), die jeweils auf die Eintragung der Firma in dem Handelsregister abstellen (so die §§ 15a Abs. 2, 15b Abs. 1 Satz 1 GewO), was denknotwendig (s. § 17) in der Person des Gewerbetreibenden die Kaufmannseigenschaft im Sinne des HGB voraussetzt.[140] Eine unmittelbare Anknüpfung an den Kaufmannsbegriff enthält jedoch noch § 7 Abs. 2 MaBV, der Gewerbetreibende von einzelnen Pflichten der Verordnung freistellt, wenn es sich bei dem Auftraggeber um einen in das Handelsregister eingetragenen Kaufmann handelt. Die Regelungen in § 1 Abs. 2 Nr. 4 und 5 DMBilG und § 11 Abs. 1 Satz 1 UnternehmensrückgabeVO, die auf das Vorliegen eines „Handelsgewerbes" abstellen,[141] haben ihre praktische Bedeutung weitgehend eingebüßt.

50

---

[135] S. im Überblick Ebenroth/Boujong/Joost/Strohn/*Kindler* Vor § 1 Rn 43 sowie näher MünchKommBGB/*Ulmer*³ § 1 VerbrKrG Rn 21 ff; Staudinger/*Kessal-Wulf* (1997) § 1 VerbrKrG Rn 32 ff.

[136] Zur Maßgeblichkeit der §§ 1 bis 6 HGB für den Kaufmannsbegriff in § 24 Satz 1 Nr. 1 AGB-Gesetz a.F. s. statt aller Staudinger/*Schlosser* (1998) § 24 AGBG Rn 5 ff.

[137] BGBl. I S. 897.

[138] S. statt aller *Filthaut* Haftpflichtgesetz, 7. Aufl. 2006, § 7 Rn 5.

[139] S. auch Ebenroth/Boujong/Joost/Strohn/*Kindler* Vor § 1 Rn 50 f.

[140] Zur früheren Rechtslage vor der Änderung der Vorschriften durch das Handelsrechtsreformgesetz s. Ebenroth/Boujong/Joost/Strohn/*Kindler* Vor § 1 Rn 55, Staub/*Brüggemann*⁴ Vor § 1 Rn 58.

[141] Dazu Ebenroth/Boujong/Joost/Strohn/*Kindler* Vor § 1 Rn 56 f.

51 Im **Gerichtsverfassungsrecht** hat die Anknüpfung an den handelsrechtlichen Kaufmannsbegriff traditionell eine größere Bedeutung, weil die funktionale Zuständigkeit der bei den Landgerichten gebildeten Kammern für Handelssachen (KfH, §§ 95 ff GVG) u.a. gegeben ist, wenn auf der Seite des Beklagten ein „Kaufmann im Sinne des Handelsgesetzbuches" steht und die Klage aus einem beiderseitigen Handelsgeschäft erhoben wird (§ 95 Abs. 1 Nr. 1 GVG), wobei sich das Vorliegen eines beiderseitigen Handelsgeschäfts nach den §§ 343, 344 bestimmt.[142] Aufgrund der ausdrücklichen Bezugnahme auf das HGB richtet sich der Kaufmannsbegriff in § 95 Abs. 1 Nr. 1 GVG unstreitig nach den §§ 1 bis 6.[143]

52 Im **Zivilverfahrensrecht** ist die Kaufmannseigenschaft für die Gerichtszuständigkeit aufgrund eines kraft Vereinbarung festgelegten Erfüllungsortes von Bedeutung. Entsprechende Vereinbarungen begründen den besonderen **Gerichtsstand des Erfüllungsortes** nach § 29 Abs. 2 ZPO ausschließlich dann, wenn die Vertragsparteien Kaufleute sind.[144] Da die Vorschrift die Kaufmannseigenschaft auf die Vertragsparteien bezieht, muss diese nicht nur auf beiden Seiten, sondern auch bereits im Zeitpunkt des Abschlusses der Vereinbarung gegeben sein.[145] Entsprechendes gilt für eine nach § 38 Abs. 1 ZPO zulässige **Gerichtsstandsvereinbarung**, die die Zuständigkeit eines an sich unzuständigen Gerichts des ersten Rechtszuges begründet.[146] Eine derartige Prorogationsabrede ermöglicht die genannte Vorschrift u.a., wenn die Vertragsparteien Kaufleute sind.[147] Zur Beurteilung der Kaufmannseigenschaft bei Erfüllungsort- bzw. Gerichtsstandsvereinbarungen mit ausländischen Beteiligten s. Rn 80. Keine Bedeutung hat die Kaufmannseigenschaft mehr für die Formvorgaben in § 1031 ZPO für **Schiedsvereinbarungen**.[148] Die vormals in § 1027 Abs. 2 ZPO a.F. für Vollkaufleute eröffnete Möglichkeit, Schiedsvereinbarungen auch mündlich abzuschließen, sieht § 1031 ZPO in der seit dem 1. Januar 1998 geltenden Fassung nicht mehr vor, da der Gesetzgeber ein Bedürfnis für eine entsprechende Formerleichterung verneint hat.[149] Entfallen ist auch die Einschränkung für die **AGB-rechtliche Verbandsklage**. Diese schloss § 13 Abs. 3 AGB-Gesetz für Verbraucherverbände ursprünglich aus, wenn Allgemeine Geschäftsbedingungen „gegenüber einem Kaufmann" verwendet wurden oder sich Empfehlungen auf die „ausschließliche Verwendung zwischen Kaufleuten" bezogen.[150] Bereits Art. 2 des Handelsrechtsreformgesetzes hatte diese Verknüpfung mit dem Kaufmannsbegriff aufgehoben und durch den „Unternehmer" ersetzt;[151] § 3 Abs. 2 UKlaG hat dies unverändert fortgeführt.[152]

---

[142] Im Überblick Ebenroth/Boujong/Joost/Strohn/*Kindler* Vor § 1 Rn 58 f.

[143] Statt aller *Kissel/Mayer* GVG, 4. Aufl. 2005, § 95 Rn 2; MünchKommZPO/*Zimmermann* § 95 GVG Rn 6.

[144] S. auch Ebenroth/Boujong/Joost/Strohn/*Kindler* Vor § 1 Rn 62; Staub/*Brüggemann*[4] Vor § 1 Rn 54.

[145] Wieczorek/Schütze/*Hausmann* ZPO, § 29 Rn 86; Stein/Jonas/*Roth* ZPO, § 29 Rn 40.

[146] Stein/Jonas/*Bork* ZPO, § 38 Rn 15; Wieczorek/Schütze/*Hausmann* ZPO, § 38 Rn 36; MünchKommZPO/*Patzina* § 38 Rn 15.

[147] Zur Maßgeblichkeit des handelsrechtlichen Kaufmannsbegriffs Stein/Jonas/*Bork* ZPO, § 38 Rn 10 f, Wieczorek/Schütze/*Hausmann* ZPO, § 38 Rn 32 f; MünchKommZPO/*Patzina* § 38 Rn 19; s. auch Ebenroth/Boujong/Joost/Strohn/*Kindler* Vor § 1 Rn 65.

[148] Dazu im Überblick Ebenroth/Boujong/Joost/Strohn/*Kindler* Vor § 1 Rn 68; Röhricht/v. Westphalen Einl. Rn 67.

[149] Reg.Begr., BT-Drucks. 13/5274, S. 36; s. ferner Ebenroth/Boujong/Joost/Strohn/*Kindler* Vor § 1 Rn 69 f.

[150] S. dazu Staudinger/*Schlosser* 12. Aufl. 1983, § 13 AGBG Rn 20.

[151] S. MünchKommBGB/*Micklitz*[4] § 13 AGBG Rn 106. Hierfür zuvor bereits Staudinger/*Schlosser* (1998) § 13 AGBG Rn 20.

[152] S. Ebenroth/Boujong/Joost/Strohn/*Kindler* Vor § 1 Rn 44.

Eine Verknüpfung mit dem handelsrechtlichen Kaufmannsbegriff ist vereinzelt auch **53** im **Strafrecht** anzutreffen. So stellt § 283 Abs. 1 Nr. 6 StGB nicht nur unmittelbar auf den Kaufmann ab, sondern § 283 Abs. 1 Nr. 5 und 6 StGB sowie § 283b Abs. 1 Nr. 1 und 2 StGB nimmt auf Handelsbücher bzw. Verpflichtungen aus dem Handelsrecht (s. § 283 Abs. 1 Nr. 7, 283b Abs. 1 Nr. 3 StGB) und auf diese Weise mittelbar auch auf den handelsrechtlichen Kaufmannsbegriff Bezug.[153]

2. Landesrecht. Das Landesrecht hat seine Bedeutung für das heutige Handelsrecht **54** inzwischen nahezu vollständig eingebüßt. Im Ausgangspunkt hält Art. 15 EGHGB jedoch unverändert fest, dass die privatrechtlichen Vorschriften der Landesgesetze unberührt bleiben, wenn das EGHGB dies ausdrücklich bestimmt oder das HGB auf Landesgesetze verweist.

Die Vorbehalte in den **Art. 16 bis 21 EGHGB** zugunsten der Landesgesetze sind mitt- **55** lerweile entweder aufgehoben oder weitgehend gegenstandslos geworden.[154] Nur der landesrechtliche Vorbehalt für Bierlieferungsverträge (Art. 18 EGHGB) ist noch von aktueller, jedoch auf Bayern beschränkter Bedeutung, da das dortige Ausführungsgesetz zum BGB v. 9. Juni 1899 in Art. 15 eine Sonderregelung für Bierlieferungsverträge trifft.

Verweisungen auf das Landesrecht enthält das HGB heute nicht mehr. Die bei **56** Inkrafttreten des Gesetzes noch in § 4 Abs. 3 a.F. geregelte Ermächtigung an die Landesregierungen zu abgrenzenden Vorschriften für minderkaufmännische Gewerbe wurde bereits durch das Gesetz v. 31. März 1953[155] aufgehoben.

VI. Internationales Handelsrecht *

1. Rechtsquellen und Rechtserkenntnisquellen des Internationalen Handelsrechts. **57** Verbindliche Regelungen für den internationalen Handelsverkehr können auf einer Vielzahl von Geltungsgründen (Rechtsquellen) beruhen. Neben supranationalen und internationalen Rechtsvorschriften treten vertragliche Vereinbarungen, deren Verbindlichkeit zwar formal auf der Anerkennung durch die objektive Rechtsordnung aufbaut, die aber zugleich Ausdruck einer eigenverantwortlichen Regelung von Rechtsbeziehungen sind.

a) **Supranationales Recht**

aa) **Lex mercatoria**

Schrifttum

Berger Formalisierte oder „schleichende" Kodifizierung des transnationalen Wirtschaftsrechts, 1996; *ders.* Einheitliche Rechtsstrukturen durch außergesetzliche Rechtsvereinheitlichung, JZ 1999, 369; *Dasser* Internationale Schiedsgerichtsbarkeit und lex mercatoria, 1989; *Ehricke* Grundstrukturen und Probleme der lex mercatoria, JuS 1990, 967; *Lorenz* Die Lex Mercatoria: eine internationale Rechtsquelle?, FS Neumayer, 1986, S. 407 ff; *Mertens* Nichtlegislatorische Rechtsvereinheit-

---

[153] S. Schönke/Schröder/*Stree*/*Heine* § 283 Rn 29, 39, 44 sowie auch Ebenroth/Boujong/Joost/Strohn/*Kindler* Vor § 1 Rn 72; Staub/*Brüggemann*[4] Vor § 1 Rn 57.
[154] S. ausführlich noch Staub/*Brüggemann*[4] Einl. Rn 30.
[155] BGBl. I, S. 106; s. dazu oben Rn 10 sowie noch Staub/*Brüggemann*[4] § 4 Rn 1.
* Die hiesige Darstellung beruht in Teilbereichen auf dem Beitrag von *Oetker/Maultzsch* in: Macharzina/Oesterle (Hrsg.), Handbuch Internationales Management, 2. Aufl. 2002, S. 439 ff.

lichung durch transnationales Wirtschaftsrecht und Rechtsbegriff, RabelsZ Bd. 56 (1992), 219; *ders.* Das lex-mercatoria-Problem, FS Odersky, 1996, S. 857; *R. Meyer* Bona fides und lex mercatoria in der europäischen Rechtstradition, 1994; *Spickhoff* Internationales Handelsrecht vor Schiedsgerichten und staatlichen Gerichten, RabelsZ Bd. 56 (1992), 116; *Stein* Lex mercatoria, 1995; *Weise* Lex mercatoria, 1990; *Zumbansen* Lex mercatoria: Zum Geltungsanspruch transnationalen Rechts, RabelsZ Bd. 67 (2003), 637.

58 Die Erleichterungen, die ein einheitliches „Welthandelsrecht" für den Wirtschaftsverkehr mit sich bringen würde, haben dazu geführt, dass seit etwa Mitte des 20. Jahrhunderts unter Anknüpfung an historische Vorläufer (römisches ius gentium, mittelalterliches ius mercatorum, englisches law merchant) verstärkt die Existenz eines umfassenden übernationalen kaufmännischen Gewohnheitsrechts behauptet wird. Dieses soll als sog. lex mercatoria aufgrund lang anhaltender Praktizierung und Überzeugung von seiner Richtigkeit durch die am Handel Beteiligten („societas mercatorum") selbst gesetzt sein.[156] Umschrieben wird die lex mercatoria als „a set of general principles and customary rules spontaneously referred to or elaborated in the framework of international trade, without reference to a particular national system of law",[157] das nicht nur den Rückgriff auf nationale Rechte, sondern auch die Ausarbeitung internationaler Konventionen zum Handelsrecht überflüssig machen soll. Zum Bestand dieses autonomen Rechts des Welthandels werden z.B. die Verbindlichkeit geschlossener Verträge („pacta sunt servanda"), deren Anpassung an geänderte Umstände („clausula rebus sic stantibus") oder die Festlegung des genauen Inhalts von Schuldverhältnissen nach dem Prinzip von „Treu und Glauben" („good faith") gezählt. Anwendung finden soll die lex mercatoria insbesondere im internationalen Schiedsgerichtsverfahren immer dann, wenn die Parteien nicht explizit eine andere Rechtsordnung als verbindlich anerkannt haben.

59 Gegen die Anerkennung der lex mercatoria als eigenständige Rechtsquelle sprechen aus rechtsdogmatischer Sicht erhebliche Gründe:[158] zum einen sind ihr Umfang und genauer Inhalt mangels schriftlicher Niederlegung äußerst umstritten und bieten daher, im Gegensatz etwa zur Rechtsvereinheitlichung in internationalen Konventionen, keine Rechtssicherheit für den Handelsverkehr. Zum anderen können Teilnehmer am Rechtsverkehr zwar ihre eigenen vertraglichen Beziehungen weitgehend eigenverantwortlich regeln (Grundsatz der Privatautonomie), die Setzung allgemeinverbindlicher Normen ist aber den Staaten in supranationalen Institutionen vorbehalten. Darüber hinaus besteht auch kein besonderes praktisches Bedürfnis für die Anerkennung der lex mercatoria als Rechtsquelle, weil sich die ihr unstreitig zugeschriebenen Rechtsgrundsätze bereits als Bestandteile der nachfolgend darzustellenden traditionellen Rechtsquellen erweisen, insbesondere der durch die nationalen Rechtsordnungen anerkannten Handelsbräuche. Soweit in der lex mercatoria ein darüber hinausgehendes „richterliches Normschöp-

---

[156] S. *Stein* Lex mercatoria, 1995, S. 189 ff. In dieser Ausprägung ist der Begriff „lex mercatoria" mit dem sog. Internationalen Handelsgewohnheitsrecht (s. dazu Heymann/*Horn* Einleitung III Rn 12 f) deckungsgleich. Gegenüber diesem engen Begriffsverständnis ist indes auch ein weites Verständnis anzutreffen, für das die „lex mercatoria" keine eigenständige Rechtsquelle, sondern lediglich ein Sammelbegriff für verschiedene Rechtsgrundlagen des internationalen Handelsverkehrs ist (mit diesem Verständnis z.B. Heymann/*Horn* Einleitung III Rn 15; Röhricht/v. Westphalen Einl. Rn 102). S. insoweit auch *K. Schmidt* Handelsrecht, § 1 IV 5, S. 33.

[157] *Goldman* in: *J. Lew*, Contempory Problems in International Arbitration, 1987, S. 113 (116).

[158] S. näher *Spickhoff* RabelsZ 56 (1992), 116 (126 ff).

fungspotential" erkannt wird,[159] verschleppt diese einzelfallorientierte Gestaltungsbefugnis die wünschenswerte Festlegung eindeutiger Rechtsgrundsätze in internationalen Konventionen.

Es spricht somit zwar nichts dagegen, die Gesamtheit des für den internationalen Handel geltenden Rechts im Sinne eines übergeordneten Sammelbegriffs als lex mercatoria zu bezeichnen und damit darauf hinzuweisen, dass die internationale Wirtschaftspraxis letztlich ihren „eigenen Regeln" folgt, die Anerkennung aber derselben als eigenständige Rechtsquelle ist aus den genannten Gründen fragwürdig. Ungeachtet dessen wird jedoch in den Schiedssprüchen internationaler Schiedsgerichte zuweilen die lex mercatoria als Entscheidungsgrundlage herangezogen, und dies wird von den Nationalstaaten tendenziell nicht mehr als Hinderungsgrund für die Anerkennung derartiger Entscheidungen, insbesondere bei der Vollstreckung der Schiedssprüche durch staatliche Institutionen betrachtet.[160] Aufgrund der bestehenden Unsicherheit über die Geltung und den Inhalt der lex mercatoria sollten beim Abschluss von Verträgen gewünschte Vertragsbedingungen jedoch im Zweifel explizit vereinbart werden, anstatt auf ihre vermeintliche Geltung kraft kaufmännischen Gewohnheitsrechts zu vertrauen.

bb) Recht der Europäischen Gemeinschaft

(1) **Allgemeines.** Nach Art. 9 Abs. 2 EG bildet die Europäische Gemeinschaft einen freien Binnenmarkt, dessen Konzept vor allem die Grundfreiheiten gemäß den Art. 25 ff EG verwirklichen. Die Warenverkehrs-, Arbeitnehmer-, Niederlassungs-, Dienstleistungs- und Kapitalverkehrsfreiheit untersagen weitgehend direkte oder indirekte Behinderungen des grenzüberschreitenden Wirtschaftsverkehrs durch die Mitgliedstaaten. Nach den Art. 81 ff EG sind umgekehrt wettbewerbshindernde Vereinbarungen und die Ausnutzung einer marktbeherrschenden Stellung durch Unternehmen verboten sowie staatliche Beihilfen für Unternehmen weitgehend unzulässig, soweit sie geeignet sind, den Handel zwischen den Mitgliedstaaten zu beeinträchtigen (näher Art. 87 EG). Jedenfalls müssen derartige Beihilfen nach Art. 88 Abs. 3 EG selbst im Falle ihrer ausnahmsweisen materiellen Zulässigkeit vor deren Gewährung gegenüber der Kommission der EG angezeigt und von dieser bestätigt werden.

Auch im Handelsrecht gewinnt die Rechtsangleichung in der Europäischen Gemeinschaft zunehmend an Bedeutung.[161] Insbesondere das sekundäre Gemeinschaftsrecht ist in den letzten Jahrzehnten davon geleitet gewesen, die Rechtsvorschriften der Mitgliedstaaten sowohl im Gesellschaftsrecht als auch im Kapitalmarktrecht zu harmonisieren. Das gilt ebenfalls für das Handelsrecht im weiten Sinne, vor allem die Richtlinien zum Schutz der Verbrauchers führten zu zahlreichen Regelungen, die die Rechtsbeziehungen zwischen Unternehmern bzw. hiervon gleichfalls erfassten Kaufleuten und Verbrauchern auszugestalten (s. auch oben Rn 22). Diese haben ihre Umsetzung jedoch außerhalb des HGB erfahren und bleiben deshalb hier unberücksichtigt.

Der im HGB zusammengefasste Bestand an handelsrechtlichen Normen ist bislang erst partiell von den Rechtsakten der Europäischen Gemeinschaft zur Harmonisierung der Rechtsvorschriften in den Mitgliedstaaten betroffen. Am intensivsten ist dies jedoch

---

[159] Vgl. *Berger* Internationale Wirtschaftsschiedsgerichtsbarkeit, 1992, S. 373 ff.
[160] *Mertens* FS Odersky, 1996, S. 857 (867 f.).
[161] S. dazu *Grundmann* ZHR 163 (1999), 635 ff; *Kilian* Europäisches Wirtschaftsrecht, 2. Aufl. 2003, Rn 499 ff; *Magnus* FS Drobnig, 1998, S. 57 ff; im Überblick z.B. Heymann/*Horn* Einleitung III Rn 19 f; Röhricht/v. Westphalen Einl. Rn 82 f.

für die Vorschriften zur Handelsbilanz geschehen (s. Rn 72 ff), die über den Maßgeblichkeitsgrundsatz (§ 5 Abs. 1 EStG) auch die für die Steuerbilanz einschlägigen rechtlichen Rahmendaten prägen. Eine vollständige Überlagerung durch das Gemeinschaftsrecht liegt darüber hinaus für das Recht des Handelsvertreters vor (s. Rn 70). Die Vorgaben der (Ersten) Richtlinie 68/151/EWG zur Publizität (s. Rn 67) beschränkte sich zwar auf die Aktiengesellschaft, die Kommanditgesellschaft auf Aktien sowie die Gesellschaft mit beschränkter Haftung, sie führte aber dazu, dass die gemeinschaftsrechtlichen Vorgaben für das Registerrecht in allgemeiner Form, also ohne Eingrenzung auf bestimmte Gesellschaftsformen, in das im HGB normierte Registerrecht eingefügt wurden (s. Rn 67 ff). Insgesamt hat der derzeitige handelsrechtliche Normbestand im Gemeinschaftsrecht bereits die Feststellung veranlasst, es gebe ein „europäisches Handelsrecht"[162]; zu einem „Europäischen Handelsgesetzbuch"[163] haben sich die gemeinschaftsrechtlichen Rechtsakte indes bislang nicht verdichtet (s. aber auch Rn 105).

64 Soweit das Gemeinschaftsrecht die im HGB zusammengefassten Materien betrifft, haben die Rechtsetzungsorgane der Gemeinschaft sich vor allem des Instruments der Richtlinie bedient, um die Rechtsvorschriften der Mitgliedstaaten zu harmonisieren. Verordnungen sind bislang die Ausnahme geblieben, beherrschen jedoch zunehmend die Standards für die Rechnungslegung (s. Rn 75). Dies ist für die Anwendung des HGB in dem vorgenannten Bereich von erheblicher Bedeutung, da Verordnungen der Gemeinschaft nach Art. 249 Abs. 2 EG unmittelbare Wirkung in den Mitgliedstaaten entfalten und ggf. auch entgegenstehende Vorschriften des HGB verdrängen; in der Verordnung niedergelegte Vorschriften genießen gegenüber nationalem Recht eine Anwendungsvorrang.[164] Auslegungsfragen zu den Bestimmungen einer Verordnung sind letztlich vom Europäischen Gerichtshof zu beantworten (s. Art. 220 EG), der zu diesem Zweck von den Gerichten der Mitgliedstaaten mittels eines Vorabentscheidungsverfahrens angerufen werden kann (Art. 234 Abs. 2 EG) bzw. (bei letztinstanzlich entscheidenden Gerichten) muss (s. Art. 234 Abs. 3 EG).

65 Werden die im HGB zusammengefassten Rechtsmaterien von Richtlinien der Gemeinschaft überlagert, so wirken sich die entsprechenden Vorgaben nur indirekt auf die Anwendung des HGB aus, da Richtlinien nach Art. 249 Abs. 3 EG nur die Mitgliedstaaten verpflichten und damit grundsätzlich keine unmittelbare Wirkung zwischen Privaten entfalten.[165] Da die Verpflichtung zur Umsetzung der Richtlinien nach Art. 10 EG auch die Gerichte der Mitgliedstaaten erfasst[165a], haben diese die der Umsetzung der Richtlinien dienenden Bestimmungen des HGB jedoch soweit möglich so anzuwenden, dass die Rechtsanwendung im Einklang mit den gemeinschaftsrechtlichen Vorgaben steht; es gilt insoweit das gemeinschaftsrechtlich fundierte Gebot einer richtlinienkonformen Auslegung.[166] Deshalb sind z.B. die Vorschriften zum Recht des Handelsvertreters so anzuwenden, dass diese nicht im Widerspruch zu den Vorgaben in der Richtlinie 86/653/EWG stehen. Zweifel im Hinblick auf den Inhalt der jeweiligen Richtlinien sind im Wege des Vorabentscheidungsverfahrens zu beheben (s. Art. 234 EG). Auf diese Weise beein-

---

[162] So z.B. Baumbach/*Hopt* Einl. v. § 1 Rn 28.
[163] S. vor allem *Magnus* FS Drobnig, 1998, S. 57 ff sowie ferner *Grundmann* ZHR 163 (1999), 635 ff.
[164] Grundlegend EuGH Slg. 1964, 1251 („*Costa./.E.N.E.L.*"); s. auch EuGH Slg. 1998, I-6307 („*IN.CO.GE '90*").
[165] EuGH Slg. 1994, I-3347 („*Faccini Dori*"); EuGH Slg. 1996, I-1281 („*El Corte Inglés*").
[165a] EuGH NZA 2008, 581 („*Impact*").
[166] S. z.B. EuGH NZA 2008, 581 („*Impact*"); EuGH Slg. 2006, I-6057 („*Adeneler*"); EuGH Slg. 2004, I-8835 („*Pfeiffer*"); EuGH Slg. 1994, I-3347 („*Faccini Dori*").

flussen die handelsrechtlichen Richtlinien indirekt auch die Rechtsbeziehungen zwischen Privaten, da sie die für sie unmittelbar geltenden Vorschriften des HGB mit dem Inhalt anwenden müssen, den diese aufgrund einer von den Gerichten vorgenommenen richtlinienkonformen Auslegung erfahren haben.

Scheidet eine richtlinienkonforme Auslegung des innerstaatlichen Rechts aus,[167] so bleibt das richtlinienwidrige Gesetz für Private uneingeschränkt anwendbar[168]; ggf. ist der Staat Privaten gegenüber wegen der richtlinienwidrigen Umsetzung zum Schadensersatz verpflichtet.[169] Lediglich dem Staat bzw. seinen Einrichtungen kann es wegen Art. 10 EG verwehrt sein, das richtlinienwidrige Gesetz zu Lasten Privater anzuwenden.[170] Von praktischer Relevanz könnte dies im Registerrecht sein, wenn sich die §§ 8 ff in einem durch richtlinienkonforme Gesetzesanwendung nicht aufhebbaren Widerspruch zu den Vorgaben der maßgeblichen Richtlinien (s. Rn 67 ff) befinden. In dieser Konstellation wäre es den Registergerichten bzw. dort den Rechtspflegern aus gemeinschaftsrechtlichen Gründen verwehrt, eine richtlinienwidrige Bestimmung des HGB anzuwenden. **66**

(2) **Registerrecht.** Im Registerrecht sind für die §§ 8 bis 16 drei gemeinschaftsrechtliche Rechtsakte von zentraler Bedeutung. Den ersten Eingriff in das deutsche Recht bewirkte die (Erste) Richtlinie 68/151/EWG v. 9. März 1968[171] zur Koordinierung der Schutzbestimmungen, die in den Mitgliedstaaten den Gesellschaften im Sinne des Artikels 58 Abs. 2 des Vertrages im Interesse der Gesellschafter sowie Dritter vorgeschrieben sind, um diese Bestimmungen gleichwertig zu gestalten (sog. Publizitätsrichtlinie). Besonderes Gewicht hatte diese für die Vorschriften des HGB zur Publizität der Registereintragung (Bekanntmachung) sowie die Rechtswirkungen der Publizität, die in § 15 niedergelegt sind. Bezüglich dieser Vorschrift bewirkte Art. 3 Abs. 5 bis 7 der Richtlinie[172] einschneidende Änderungen, insbesondere fügte das Gesetz zur Durchführung der Publizitätsrichtlinie v. 15. August 1969 (s. oben Rn 10) erstmals eine auf die Bekanntmachung bezogene positive Publizität ein (s. § 15 Abs. 3), was Art. 3 Abs. 6 UA 2 der Richtlinie zwingend vorgegeben hatte.[173] **67**

Zwar hätte die Richtlinie 68/151/EWG eine Begrenzung der Umsetzung im Registerrecht auf Aktiengesellschaften, Kommanditgesellschaften auf Aktien und Gesellschaften mit beschränkter Haftung aufgrund ihres auf diese Gesellschaftsformen bezogenen Anwendungsbereiches gerechtfertigt, der deutsche Gesetzgeber hat sich jedoch dafür entschieden, die von der Richtlinie betroffenen registerrechtlichen Vorschriften über die Richtlinie hinausgehend ohne Einschränkung auf bestimmte Gesellschaftsformen anzupassen. Entsprechendes gilt auch für die durch die Richtlinie 2003/58/EG v. 15. Juli 2003[174] vorgenommene Änderung der Richtlinie 68/151/EWG. Diese fasste insbesondere **68**

---

[167] Zu den Grenzen einer richtlinienkonformen Auslegung zuletzt z.B. EuGH NZA 2008, 581 („*Impact*"); EuGH Slg. 2006, I-6057 („*Adeneler*"); EuGH Slg. 2004, I-8835 („*Pfeiffer*").
[168] EuGH Slg. 1996, I-4705 („*Arcaro*").
[169] Grundlegend EuGH Slg. 1991, I-5357 („*Fracovich I*") sowie auch EuGH Slg. 1996, I-4845 („*Dillenkofer*").
[170] S. aus neuerer Zeit z.B. EuGH NZA 2008, 581 („*Impact*"); EuGH Slg. 2006, I-7213 („*Marrosu*").
[171] ABl. EG Nr. L 65 v. 14. März 1968, S. 8, zuletzt geändert durch die Richtlinie 2006/99/EG v. 20. November 2006, ABl. EU Nr. L 363 v. 20. Dezember 2006, S. 137.
[172] Dazu im Überblick z.B. *Grundmann* Europäisches Gesellschaftsrecht, 2004, Rn 271 ff.
[173] Zum Einfluss der Richtlinie 68/151/EWG auf die Auslegung des § 15 Abs. 3 s. § 15 Rn 12 ff.
[174] ABl. EU Nr. L 221 v. 4. September 2003, S. 13; dazu auch *Scholz* EuZW 2004, 172 ff.

Art. 3 der Richtlinie 68/151/EWG vollständig neu und öffnete das Handelsregister insbesondere für die elektronische Form. Die Umsetzung der Richtlinie 2003/58/EG erfolgte durch das Gesetz über elektronische Handelsregister und Genossenschaftsregister sowie das Unternehmensregister v. 10. November 2006 (s. oben Rn 13), so dass insbesondere die hierdurch vollständig neu gefassten bzw. eingefügten §§ 8 bis 11 in großem Maße gemeinschaftsrechtlich überlagert sind.

69 Auf einer gemeinschaftsrechtlichen Grundlage beruhen ferner die registerrechtlichen Vorschriften zu Kapitalgesellschaften im Ausland mit **Zweigniederlassungen** im Inland. Die hierfür geschaffenen §§ 13d bis 13g wurden in das HGB eingefügt, um die gemeinschaftsrechtlichen Vorgaben der (Elften) Richtlinie 89/666/EWG v. 21. Dezember 1989[175] über die Offenlegung von Zweigniederlassungen, die in einem Mitgliedstaat von Gesellschaften bestimmten Rechtsformen errichtet wurden, die dem Recht eines anderen Staates unterliegen, umzusetzen.

70 (3) **Recht des Handelsvertreters.** Eine sehr weitgehende gemeinschaftsrechtliche Prägung erfährt das Recht des Handelsvertreters (§§ 84 bis 92c) durch die Richtlinie 86/653/EWG.[176] Hierdurch sind zentrale Regelungskomplexe des Handelsvertreterrechts gemeinschaftsrechtlich überlagert: der Begriff des Handelsvertreters in § 84 (= Art. 1), die Aushändigung der Vertragsurkunde nach § 85 (= Art. 13), die in § 86 geregelten Pflichten des Handelsvertreters (= Art. 3), die Bestimmungen in § 86a zu den Pflichten des Unternehmers (= Art. 4), die Vorschriften zum Provisionsanspruch in den §§ 87 ff (= Art. 6 bis 12), die Regelungen zur ordentlichen Kündigung des Handelsvertretervertrages in § 89 (= Art. 14 und 15), der Ausgleichsanspruch nach § 89b (= Art. 17 bis 19) sowie die Wettbewerbsabrede nach § 90a (= Art. 20).

71 Die im HGB bereits zuvor enthaltenen Vorschriften zum Handelsvertreterrecht entsprachen zwar bereits nahezu vollständig den gemeinschaftsrechtlichen Vorgaben. Kleinere Abweichungen fordern aber auch bei der Anwendung der §§ 84 bis 92c stets einen Seitenblick auf das Gemeinschaftsrecht und ggf. eine richtlinienkonforme Auslegung der vorgenannten handelsrechtlichen Bestimmungen, bei der es insbesondere auch die Judikatur des Europäischen Gerichtshofes zu beachten gilt. Diese liegt zu der Richtlinie 86/653/EWG bislang jedoch kaum vor und ist aus Sicht der deutschen Rechtslage zumeist unproblematisch, da diese den Vorgaben des Gemeinschaftsrechts entspricht. Das gilt sowohl für die Absicherung von Provisionen für Bezirksvertreter, über die der Europäische Gerichtshof in der Rechtssache „*Kontegeorgas*"[177] zu befinden hatte (s. insoweit § 87 Abs. 2) als auch die in der Rechtssache „*Belone*"[178] getroffene Feststellung, dass die Wirksamkeit eines Handelsvertretervertrages nicht von der Eintragung in

---

[175] ABl. EG Nr. L 395 v. 30. Dezember 1989, S. 36.
[176] Richtlinie 86/653/EWG des Rates zur Koordinierung der Rechtsvorschriften der Mitgliedstaaten betreffend die selbständigen Handelsvertreter; ABl. EG Nr. L 382 v. 31. Dezember 1986, S. 17, ber. ABl. EG Nr. L 189 v. 20. Juli 1988, S. 28. Aus dem Schrifttum s. *Ankele* RdA 1982, 157 ff; *ders.* DB 1987, 659 ff; *ders.* DB 1989, 2211 ff; *Eckert* NZA 1990, 384 ff; *Fischer* ZVerglRWiss. 101 (2002), 143 ff; *Fock* ZEuP 1998, 354 ff; *ders.* ZEuP 2000, 108 ff; *ders.* Die europäische Handelsvertreter-Richtlinie, 2001, *Freitag/Leible* RIW 2001, 287 ff; *Küstner/v. Manteuffel* BB 1990, 291 ff; *Kuther* NJW 1990, 304 f; *Sellhorst* EWS 2001, 481 ff; *Westphal* Die Handelsvertreterrichtlinie und deren Umsetzung in den Mitgliedstaaten der Europäischen Union, 1994.
[177] Urteil v. 12. Dezember 1996 – C 104/95, Slg. 1996, I-6643.
[178] Urteil v. 30. April 1998 – C 215/97, Slg. 1998, I-2191.

ein Handelsregister abhängig gemacht werden darf, da das deutsche Handelsrecht diese Voraussetzung nicht kennt und die §§ 84 ff. ohnehin wegen § 84 Abs. 4 unabhängig von einer Eintragung im Handelsregister anwendbar sind. Von Bedeutung für das deutsche Recht sind indessen die Aussagen des Europäischen Gerichtshofes in der Rechtssache „*Ingmar*"[179] zum Geltungsbereich der Richtlinie. Unter der Voraussetzung, dass der Handelsvertreter seine Tätigkeit in einem Mitgliedstaat ausgeübt hat, werden danach auch solche Unternehmer von der Richtlinie erfasst, die ihren Sitz in einem Drittstaat haben. Das soll nach dem Urteil des Europäischen Gerichtshofes in der vorgenannten Rechtssache selbst dann gelten, wenn der Vertrag des Handelsvertreters dem Recht des Drittstaates unterliegt, in dem der Unternehmer seinen Sitz hat.[180]

(4) Bilanzrecht. Die im Dritten Buch des HGB zusammengefassten Vorschriften zur Rechnungslegung, zur Abschlussprüfung sowie zur Offenlegung stellen diejenige handelsrechtliche Materie dar, die bislang am stärksten von gemeinschaftsrechtlichen Vorgaben geprägt wird, um auf diese Weise den infolge der Globalisierung der Wirtschaft und insbesondere der Kapitalmärkte bestehenden Anforderungen gerecht zu werden. Diese erfordern insbesondere vergleichbare Angaben über den Unternehmenserfolg, wie er vor allem aus den Jahresabschlüssen ersichtlich ist. Dementsprechend haben die Rechtsetzungsinstanzen der Europäischen Gemeinschaft bereits frühzeitig Schritte eingeleitet, um die maßgeblichen bilanzrechtlichen Vorschriften in den Mitgliedstaaten zu harmonisieren. **72**

Ausdruck für die Europäisierung des Bilanzrechts war im deutschen Recht das Bilanzrichtlinien-Gesetz v. 19. Dezember 1985[181], das nicht nur zur Zusammenfassung des Bilanzrechts im Dritten Buch des HGB führte, sondern vor allem dazu diente, die zum damaligen Zeitpunkt bereits vorliegenden Harmonisierungsrichtlinien umzusetzen. Von den heute noch geltenden Richtlinien handelte es sich um die **73**
– Vierte Richtlinie (78/660/EWG) vom 25. Juli 1978[182] zur Koordinierung der einzelstaatlichen Rechtsvorschriften über Form und Inhalt des Jahresabschlusses und des Lageberichts von AG, KGaA und GmbH sowie die
– Siebente Richtlinie (83/349/EWG) v. 13. Juni 1983[183] zur Koordinierung der einzelstaatlichen Vorschriften über die Konzernrechnungslegung von AG, KG und GmbH.

In der Folgezeit wurden die vorstehenden Richtlinien wiederholt geändert, so insbesondere durch die Einbeziehung der GmbH & Co. KG mit der Richtlinie 90/605/EWG v. 8. November 1990[184] sowie die Richtlinie 90/604/EWG v. 8. November 1990[185], die zu einer Vereinfachung der Rechnungslegungsvorschriften bei kleinen Gesellschaften führten. Die zunächst von den Richtlinien in Rn 73 ausgenommenen Banken und Versicherungen wurden erst später gesondert durch die Richtlinie 86/635/EWG v. 8. Dezem- **74**

---

[179] Urteil v. 9. November 2000 – C 381/98, Slg. 2000, I-9305.
[180] Näher zu dem Urteil in der Rechtssache „Ingmar" z.B. *Freitag/Leible* RIW 2001, 287 ff; *Jayme* IPRax. 2001, 190 f; *Michels/Kamann* EWS 2001, 301 ff; *Roth* CMLR 2002, 369 ff; *Schwarz* ZVerglRWiss. 2002, 45 ff; *Staudinger* NJW 2001, 1974 ff.
[181] BGBl. I S. 2355.
[182] ABl. EG Nr. L 222 v. 14. August 1978, S. 11; zuletzt geändert durch die Richtlinie 2006/99/EG v. 20. November 2006, ABl. EU Nr. L 263 v. 20. Dezember 2006, S. 137.
[183] ABl. EG Nr. L 193 v. 18. Juli 1983, S. 1; zuletzt geändert durch die Richtlinie 2006/99/EG v. 20. November 2006, ABl. EU Nr. L 263 v. 20. Dezember 2006, S. 137.
[184] ABl. EG Nr. L 317 v. 16. November 1990, S. 60.
[185] ABl. EG Nr. L 317 v. 16. November 1990, S. 57.

ber 1986[186] über den Jahresabschluss und den konsolidierten Abschluss von Banken und anderen Finanzinstituten sowie die Richtlinie 91/674/EWG v. 19. Dezember 1991[187] über den Jahresabschluss und den konsolidierten Abschluss von Versicherungsunternehmen erfasst. Die für die Person des Abschlussprüfers zunächst maßgebliche Richtlinie 84/253/EWG v. 10. April 1984[188] (sog. Achte Richtlinie), die ebenfalls mit dem Bilanzrichtlinien-Gesetz v. 19. Dezember 1985 umgesetzt worden war, wurde zum 29. Juni 2006 vollständig aufgehoben und ersetzt durch die Richtlinie 2006/43/EG v. 17. Mai 2006[189]. Die Richtlinie 2003/58/EG (s. oben Rn 68) führte schließlich zur Anpassung der §§ 325 ff an die gewandelten technischen Rahmenbedingungen und zur Umstellung der Offenlegung auf den elektronischen Bundesanzeiger.[190]

75 Parallel zu der vorstehenden Rechtsentwicklung bewirkten die Anforderungen des Kapitalmarktes für Konzerne, ihren Konzernabschluss abweichend von den §§ 297 ff nach international verbreiteten und anerkannten Rechnungslegungsstandards aufzustellen. Das galt sowohl für die „US-General Accepted Accounting Principles" (US-GAAP) als auch die europäischen „International Financial Reporting Standards" (IFRS; früher „International Accounting Standards" [IAS]). Abweichend von der bisherigen Praxis, die Rechtsvorschriften in den Mitgliedstaaten mittels Richtlinien zu harmonisieren, haben die Rechtsetzungsinstanzen der Europäischen Gemeinschaft für die Anwendung der Rechnungslegungsstandards (IAS/IFRS) den Wege einer Verordnung gewählt, die für ihre Geltung in den Mitgliedstaaten keiner weiteren Umsetzungsakte bedarf (s. Art. 249 Abs. 2 EG). Maßgebend ist insoweit die Verordnung (EG) Nr. 1606/2002 v. 19. Juli 2002[191] betreffend die Anwendung internationaler Rechnungslegungsstandards (sog. IFRS-Verordnung), die gesondert und vollständig als Verordnung der Kommission im Amtsblatt der Europäischen Union veröffentlicht werden.[192] Verbindlich sind diese nach der sog. IFRS-Verordnung festgelegten Standards seit dem 1. Januar 2007 für die konsolidierten Abschlüsse aller kapitalmarktorientierten Gesellschaften, anderen Gesellschaften können die Mitgliedstaaten ein Wahlrecht einräumen, ihren Jahresabschluss nach IAS/IFRS-Standards aufzustellen (s. Art. 5 VO [EG] 1606/2002 sowie § 315a Abs. 2).[193] Da es sich bei den im Wege der Verordnung übernommenen Standards um unmittelbar anwendbares Gemeinschaftsrecht handelt, können Zweifelsfragen bei deren Anwendung letztlich nur durch den Europäische Gerichtshof aufgrund eines von den Gerichten der Mitgliedstaaten eingeleiteten Vorabentscheidungsverfahrens beantwortet werden (s. Rn 64).[194]

---

[186] ABl. EG Nr. L 372 v. 31. Dezember 1986, S. 1.
[187] ABl. EG Nr. L 374 v. 31. Dezember 1991, S. 7.
[188] ABl. EG Nr. L 126 v. 12. Mai 1984, S. 20.
[189] ABl. EU Nr. L 157 v. 9. Juni 2006, S. 87.
[190] S. zur Umsetzung das Gesetz über elektronische Handelsregister und Genossenschaftsregister sowie Unternehmensregister (EHUG) v. 10. November 2006, BGBl. I S. 2553.
[191] ABl. EG Nr. L 243 v. 11. September 2002, S. 1; zuletzt geändert durch die Verordnung (EG) Nr. 297/2008 v. 11. März 2008, ABl. EU Nr. L 97 v. 9. April 2008, S. 62.
[192] S. Verordnung (EG) Nr. 1725/2003 der Kommission v. 29. September 2003 betreffend die Übernahme bestimmter internationaler Rechnungslegungsstandards in Übereinstimmung mit der Verordnung (EG) Nr. 1606/2002, ABl. EU Nr. L 261 v. 13. Oktober 2003; zuletzt geändert durch die Verordnung (EG) Nr. 1004/2008 der Kommission. v. 15. Oktober 2008, ABl. EU Nr. L 275 v. 16. Oktober 2008, S. 37; näher dazu *Wojcik* Die internationalen Rechnungslegungsstandards IAS/IFRS als europäisches Recht, 2008.
[193] Zur beabsichtigten Ausdehnung des Wahlrechts im Rahmen des Gesetzes zur Modernisierung des Bilanzrechts (BilMoG) s. § 264e des Referentenentwurfes (s. dazu die Nachweise o. Fn 54).
[194] S. z.B. *Küting* BB 2004, 2510 ff.

(5) Weitere Richtlinien. Die aus materiell-rechtlicher Sicht dem Handelsrecht zuge- **76** hörige Richtlinie 2000/35/EG[195], die besondere Regelungen für den **Zahlungsverzug im Geschäftsverkehr**, insbesondere zur Höhe der Verzugszinsen festlegt, hat nicht im HGB, sondern in § 288 BGB ihren Niederschlag gefunden. Entsprechendes gilt für die Richtlinie 2000/31/EG über den elektronischen Geschäftsverkehr v. 8. Juni 2000.[196]

b) Nationales Recht

aa) Anwendung einzelstaatlichen Rechts – Internationales Privatrecht

Schrifttum

Hagenguth Die Anknüpfung der Kaufmannseigenschaft im internationalen Privatrecht, Diss. München 1981; *van Venrooy* Die Anknüpfung der Kaufmannseigenschaft im deutschen Internationalen Privatrecht, 1985.

Soweit supranationales Recht im vorstehenden Sinne nicht vorhanden ist, kommen **77** auch auf internationale Handelsrechtsverhältnisse die Rechtsordnungen der einzelnen Nationalstaaten zur Anwendung. Für die Unterstellung unter eine bestimmte einzelstaatliche Rechtsordnung kommen zwei Wege in Betracht:

Relativ unproblematisch gestaltet sich die Frage nach der maßgeblichen Rechtsquelle, **78** wenn die Vertragsparteien individuell vereinbart haben, dass eine bestimmte nationale Rechtsordnung auf den Vertrag Anwendung finden soll (**Rechtswahl**). Es kann dabei sogar eine Rechtsordnung als maßgeblich gewählt werden, mit der der Vertrag äußerlich keine Beziehung hat.[197] Die Rechtswahlvereinbarung kann ausdrücklich erfolgen oder sich aus den Umständen ergeben; so beinhaltet die Vereinbarung eines bestimmten Gerichtsstandes in der Regel die Wahl des Rechts desjenigen Staates, in dem sich das Gericht befindet, als für den Vertrag maßgeblich.[198] Die Befugnis, das anwendbare Recht frei zu vereinbaren, ist Folge der autonomen Gestaltbarkeit eigener Rechtsverhältnisse (Privatautonomie), die von allen im weitesten Sinne liberal geprägten Staaten anerkannt wird. Die Gerichte dieser Staaten (in Deutschland gem. Art. 27 EGBGB/Art. 3 Rom I-VO) sowie internationale Schiedsgerichte werden die Rechtswahlvereinbarung der Parteien daher respektieren. Im Übrigen findet die Anerkennung als maßgeblich vereinbarter ausländischer Rechtsnormen in Deutschland ihre Grenze nur am sog. ordre public (Art. 6 EGBGB/Art. 21 Rom I-VO). Danach ist eine ausländische Rechtsvorschrift dann nicht anzuwenden, wenn dies mit den wesentlichen Grundsätzen des deutschen Rechts offensichtlich unvereinbar ist. Problematischer ist die Lage jedoch insbesondere in arabischen Staaten, deren Gerichte häufig ausschließlich islamisches Recht anwenden und abweichende Parteivereinbarungen nicht berücksichtigen.

Soweit es an einer rechtswählenden Parteivereinbarung fehlt, wird die grenzüber- **79** schreitende Handelsbeziehung nach objektiven Kriterien der berührten nationalen Rechte

---

[195] ABl. EG Nr. L 200 v. 8. August 2000, S. 35; s. dazu *Gsell* ZIP 2000, 1861 ff; *Schmidt-Räntsch* ZfIR 2000, 484 f.

[196] Zur Umsetzung der Richtlinie s. *Boente/Riehm* Jura 2001, 793 ff; *Spindler* ZRP 2001, 203 ff. Zum UN-Übereinkommen über die Verwendung elektronischer Mitteilungen bei internationalen Verträge s. *Hilberg* IHR 2007, 12 ff, 56 ff.

[197] S. *Martiny* in: Reithmann/Martiny (Hrsg.), Internationales Vertragsrecht, 6. Aufl. 2004, Rn 63.

[198] S. *Martiny* in: Reithmann/Martiny (Hrsg.), Internationales Vertragsrecht, 6. Aufl. 2004, Rn 86 f.

unterstellt (**sog. kollisionsrechtliche Lösung**). Die Entscheidung über die Zuordnung zu der Rechtsordnung wird dabei wiederum durch nationales Recht, nämlich das Internationale Privatrecht (IPR) des Staates getroffen, in dem ein Rechtsstreit über das Handelsrechtsverhältnis vor Gericht gebracht wird (lex fori).[199] Das IPR ist kein supranationales, sondern einzelstaatliches Privatrecht, das die Bezeichnung „international" trägt, weil es keine materiellrechtlichen Regelungen enthält, sondern nur formell das materielle Recht einer der Staaten für anwendbar erklärt. Auch soweit sich die Frage nach dem auf einen Vertrag anwendbaren Recht außerhalb eines Gerichtsverfahrens stellt, kann diese nach der Logik des IPR nur dadurch beantwortet werden, dass darauf abgestellt wird, welches Recht ein nationales Gericht nach seiner lex fori anwenden würde, wenn es über das betreffende Rechtsverhältnis zu entscheiden hätte. In aller Regel wird das IPR der von der Handelsbeziehung berührten Staaten zur Anwendbarkeit derselben nationalen Rechtsordnung führen. Innerhalb der Europäischen Union ist dies durch die VO (EG) Nr. 593/2008 vom 17. Juni 2008[199a] (Rom I-VO) sowie (in Dänemark und im Vereinigten Königreich) das EG-Übereinkommen über das auf vertragliche Schuldverhältnisse anzuwendende Recht von 1980 (EVÜ) sichergestellt, nach dem das IPR der Mitgliedstaaten ausgestaltet ist.[200] Gleichwohl kann sich die Ermittlung des einschlägigen Rechts nach den Grundsätzen des IPR im Einzelfall als mühsam und undurchsichtig erweisen.

80 So enthält das deutsche Kollisionsrecht keine klaren rechtlichen Vorgaben für die Anwendung handelsrechtlicher Vorschriften auf grenzüberschreitende Sachverhalte, insbesondere fehlt eine eigenständige positiv-rechtliche Kollisionsnorm, nach welchen Maßstäben die Kaufmannseigenschaft in derartigen Konstellationen zu beurteilen ist.[201] Anerkannt ist jedoch, dass zwei Ebenen strikt zu trennen sind:[202] erstens die kollisionsrechtliche Einordnung der jeweiligen Hauptfrage, d.h. die kollisionsrechtlichen Behandlung des Handelsgeschäfts, der Vollmacht, des Eigentumserwerbs etc., sowie zweitens die anzulegende Kollisionsregel, wenn es nach der kollisionsrechtlich anwendbaren Vorschrift auf die Kaufmannseigenschaft eines der Beteiligten ankommt. Während sich die erstgenannte Ebene nach den allgemeinen kollisionsrechtlichen Grundsätzen des IPR bemisst, wirft die Frage nach der Kaufmannseigenschaft das Problem auf, ob hierfür mangels eindeutiger kollisionsrechtlicher Vorgaben das Wirkungsstatut maßgeblich ist oder sich die Kaufmannseigenschaft nach unabhängig davon zu entwickelnden Kriterien richtet.

81 Bezüglich der ersten kollisionsrechtlichen Fragestellung ist anerkannt, dass sich das anzuwendende Recht nach dem hier nicht zu vertiefenden Wirkungsstatuts richtet. Kollisionsrechtlich unterliegen Handelsgeschäfte deshalb den Bestimmungen über vertragliche Schuldverhältnisse (Art. 27 ff EGBGB/Art. 3 ff Rom I-VO). Das deutsche Kollisionsrecht für Schuldverträge basiert auf der Grundregel, dass das Recht desjenigen Staates anwendbar ist, mit dem der Vertrag die engsten Verbindungen aufweist. Soweit sich ein Vertrag nach seinem Inhalt in mehrere Teile aufspalten lässt, kann das anwendbare Recht für jeden dieser Teile nach dem Kriterium der engsten Verbindung separat bestimmt werden, wobei dies zur Vermeidung von Widersprüchen durch die Anwendung verschiedener Rechte allerdings nur „ausnahmsweise" geschehen soll (Art. 28 Abs. 1 Satz 2 EGBGB).

---

[199] S. Bamberger/Roth/*S. Lorenz* Einl. IPR EGBGB Rn 51.
[199a] ABl. EU Nr. L 177 v. 4. Juli 2008, S. 6.
[200] Zur bevorstehenden Ablösung durch eine Verordnung der EG („Rom I") s. z.B. *Mankowski* IPRax. 2006, 101 ff; *Mauer/Stadtler* DB 2007, 1586 ff sowie den Vorschlag der EG-Kommission v. 5. Dezember 2005 (KOM [2005] 650 endg.).
[201] Ebenroth/Boujong/Joost/*Strohn/Kindler* Vor § 1 Rn 131.
[202] Treffend z.B. Ebenroth/Boujong/Joost/Strohn/*Kindler* Vor § 1 Rn 81 f; Koller/Roth/Morck Einleitung vor § 1 Rn 23.

Als der Staat, mit dem der Vertrag die engste Verbindung aufweist, wird bei gewerblichen Geschäften grundsätzlich derjenige vermutet, in dem der Erbringer der für den Vertrag charakteristischen Leistung seine Hauptniederlassung hat bzw. – vorrangig – in dem sich diejenige seiner Niederlassungen befindet, von der aus nach dem Inhalt des Vertrages die betreffende Leistung zu erbringen ist, d.h. nicht nur tatsächlich erbracht wird (Art. 28 Abs. 2 EGBGB sowie Art. 4 und 19 Rom I-VO). Mit der Anknüpfung an die charakteristische Leistung wird das Vertragsstatut somit nicht nach den Umständen des Vertragsabschlusses (Ort, Staatsangehörigkeit der Parteien), sondern dem Inhalt des Vertrages selbst, also dem jeweiligen Vertragstyp, bestimmt. Als charakteristische Leistung gilt diejenige, die den Vertrag von anderen Vertragstypen unterscheidet. Wenn nach einem Vertrag eine Partei eine Geld- und die andere eine Naturalleistung zu erbringen hat, ist folgerichtig die Naturalleistung die charakteristische. Beim Export von Waren ist danach das Recht des Staates der eigenen Niederlassung anzuwenden, beim Import desjenige der Niederlassung des Vertragspartners. Das Konzept der charakteristischen Leistung hat somit den Effekt, dass alle gleichartigen Verträge, die ein Unternehmen mit Abnehmern im Ausland schließt, derselben Rechtsordnung, nämlich der seiner Niederlassung unterliegen. Wenn nach der Art des Vertrages eine charakteristische Leistung nicht ermittelt werden kann, muss der Staat der engsten Verbindung aus allgemeinen Umständen ermittelt werden (Ort des Vertragsschlusses etc.). **82**

Das Prinzip der Niederlassung des Erbringers der charakteristischen Leistung als Anknüpfungspunkt für die Ermittlung des Staates mit der engsten Verbindung zum Vertrag stellt nur eine Vermutung dar, die durch abweichende Einzelumstände widerlegt werden kann (Art. 28 Abs. 5 EGBGB/Art. 4 Abs. 3 Rom I-VO). So wird z.B. für die Errichtung von Bauwerken vertreten, dass im Divergenzfall nicht die Niederlassung des Bauunternehmers, sondern der Ort des Baus entscheidend sein soll.[203] Ferner wird für Güterbeförderungsverträge nach Art. 28 Abs. 4 EGBGB/Art. 5 Abs. 1 Rom I-VO vermutet, dass sie mit dem Staat die engste Verbindung aufweisen, in dem der Beförderer seine Niederlassung hat, wenn sich dort auch der Ver- oder Entladeort bzw. die Niederlassung des Absenders befinden. Die Vermutung des Art. 28 Abs. 2 EGBGB ist in diesem Fall nicht anwendbar. **83**

Der in Rn 80 genannte Grundsatz gilt auch, wenn für den Vertragsabschluss Dritte eingeschaltet werden. Deren Berechtigung hierzu richtet sich nach dem Vollmachtsstatut.[204] Vergleichbares gilt für das Recht der Handelsgesellschaften. Maßgebend ist insoweit das Gesellschaftsstatut, für das sich das deutsche Kollisionsrecht bislang einer normativen Vorgabe enthält[205] und dessen Ermittlung aus diesem Grunde noch von der partiell gemeinschaftsrechtlich überlagerten Kontroverse zwischen der Sitztheorie und der im Vordringen befassten Gründungstheorie dominiert wird.[206] **84**

Soweit die nach den vorstehenden Grundsätzen anzuwendende Rechtsordnung als „Teilfrage" an die **Kaufmannseigenschaft** anknüpft bzw. diese bei einem oder mehreren Akteuren voraussetzt, ist klärungsbedürftig, ob ein von dem Wirkungsstatut zu trennendes und verselbständigtes „kaufmännisches Personalstatut" anzuerkennen ist. Im Ergeb- **85**

---

[203] *Soergel/v. Hoffmann* BGB, Art. 28 EGBGB Rn 212.
[204] Ebenroth/Boujong/Joost/Strohn/*Kindler* Vor § 1 Rn 77; s. auch BGHZ 128, 41 (47) sowie ausführlich z.B. *Hausmann* in: Reithmann/Martiny (Hrsg.), Internationales Vertragsrecht, 6. Aufl. 2004, Rn 2425 ff.
[205] S. die beabsichtigte Regelung in Art. 10 EGBGB zugunsten der Gründungstheorie; dazu z.B. *Bollacher* RIW 2008, 200 ff; *Rotheimer* NZG 2008, 181 f; *Schäfer* BB 2008, 566 ff.
[206] S. dazu näher MünchKommBGB/*Kindler* IntGesR Rn 331 ff.

nis kann ein derartiger Ansatz dazu führen, dass das hinsichtlich der Hauptfrage anwendbare Recht nicht zugleich auch für die Kaufmannseigenschaft maßgebend ist. So könnte z.B. bei einem in Deutschland zu erfüllenden Kaufvertrag mangels entgegenstehender Rechtswahl nach Art. 28 EGBGB/Art. 4 Rom I-VO deutsches Handelsrecht maßgebend sein, soweit dieses – wie insbesondere § 377 – jedoch die Kaufmannseigenschaft voraussetzt ggf. eine ausländische Rechtsordnung zur Anwendung gelangen.

86 Zu dem in Rn 85 skizzierten Auseinanderfallen von Wirkungsstatut und „**kaufmännischem Personalstatut**" kann es insbesondere kommen, wenn es für die Kaufmannseigenschaft stets auf das Recht am **Ort der gewerblichen Niederlassung** ankommen würde, wobei dieser vor allem durch den Ort der tatsächlichen Ausübung der auf eine gewisse Dauer angelegten beruflichen Tätigkeit bestimmt wird, für den wiederum der Ort der betrieblichen Einrichtungen in personeller und sachlicher Hinsicht maßgebend ist. Insbesondere im älteren Schrifttum fand dieser Ansatz eine beachtliche Anhängerschaft.[207] Gegenüber diesem wird vor allem die Gefahr von Wertungswidersprüchen zu dem Wirkungsstatut eingewendet.[208] Ist z.B. nach diesem deutsches Handelsrecht maßgebend, dann stellt die Anknüpfung an das Recht der Niederlassung bezüglich der Kaufmannseigenschaft nicht sicher, dass die für das Wirkungsstatut maßgebende Norm nur auf diejenigen Personen Anwendung findet, die dieser nach dem Normzweck unterliegen sollen. Dieser Einwand greift auch gegenüber denjenigen Ansätzen durch, die an das für die Gründung und die Organisation des Unternehmens maßgebende Recht[209] oder gar an die Staatsangehörigkeit des Inhabers anknüpfen. Die Anknüpfung an die Staatsangehörigkeit ist darüber hinaus auch deshalb nicht überzeugend, weil die Kaufmannseigenschaft nicht auf eine mit der Geschäftsfähigkeit vergleichbare Änderung des personalen Status abzielt.[210]

87 Die in Rn 86 angeführten Schwächen vermeidet der Ansatz, der für die Kaufmannseigenschaft das Wirkungsstatut als maßgeblich erachtet und das für die Kaufmannseigenschaft maßgebende Recht diesem (unselbständig) folgen lässt. Sowohl im Schrifttum[211] als auch in der Rechtsprechung[212] hat eine derartige lex causae-Anknüpfung verbreitet Anklang gefunden, wobei die Befürworter zur Bestätigung auf eine (freilich singuläre) normative Anerkennung in § 53 BörsG a.F. verweisen können.[213] Neben der durch dieses Verständnis vermiedenen kollisionsrechtlichen Abspaltung von Teilfragen und der hier-

---

[207] *Frankenstein* Internationales Privatrecht Bd. II, 1929, S. 408 (409); *Hübner* NJW 1980, 2601 (2606); MünchKommBGB/ *Ebenroth*² IntGesR Rn 51 ff, 56; *Kegel/ Schurig* Internationales Privatrecht, 9. Aufl. 2004, § 17 IV 4, S. 608; *Rabel* The conflicts of Laws Bd. II, 2. Aufl. 1960, S. 184; *Reichert-Facilides* VersR 1978, 481 (482 Fn 13); Soergel/*Kegel* Art. 12 Anh. Rn 15; Staub/*Brüggemann*⁴ Vor § 1 Rn 30; Staudinger/*Firsching* Vor Art. 12 Rn 219 sowie Heymann/*Horn* Einleitung III Rn 4.

[208] S. z.B. Ebenroth/Boujong/Joost/Strohn/ *Kindler* Vor § 1 Rn 88.

[209] *v. Gierke/Sandrock* S. 64.

[210] S. näher Ebenroth/Boujong/Joost/Strohn/ *Kindler* Vor § 1 Rn 94.

[211] *Birk* ZVerglRWiss. 79 (1980), 268 (281); Ebenroth/Boujong/Joost/Strohn/*Kindler* Vor § 1 Rn 106 ff; *Häuselmann* WM 1994, 1693 (1695); *Jayme* ZHR 142 (1978), 105 (115 ff); *Kaligin* DB 1985, 1449 (1454); Koller/*Roth*/Morck Einleitung Vor § 1 Rn 23; *Neuhaus* Grundbegriffe des internationalen Privatrechts, 2. Aufl. 1976, S. 346; RGRK/*Wengler* S. 856 Fn 48; Soergel/*Lüderitz* Art. 10 Anh. Rn 46 Fn 38; Staudinger/*Großfeld* IntGesR Rn 326 ff.

[212] KG IPRspr. 1966/1967 Nr. 190; OLG Düsseldorf NJW-RR 1995, 1184; OLG München NJW 1967, 1326 (1328); LG Bonn IPRax. 1983, 243.

[213] Zum Rückgriff auf § 53 BörsG a.F. Ebenroth/Boujong/Joost/Strohn/*Kindler* Vor § 1 Rn 102 ff.

mit verbundenen Gefahr von Wertungswidersprüchen[214] trägt dieser Ansatz am ehesten dem Zweck der Rechtsnorm Rechnung, die für die Hauptfrage maßgebend ist, ohne indes den Zweck der jeweiligen Sachnorm zum alleinigen Kriterium zu erheben[215] und die Einheitlichkeit der Anknüpfung preiszugeben. Es erweist sich insbesondere auch dann als vorzugswürdig, wenn die ausländische Rechtsordnung eines Vertragspartners keinen eigenständigen Kaufmannsbegriff kennt.[216] Dies bedeutet bei der Anwendung deutschen Rechts als Wirkungsstatut, dass sich eine danach notwendige Kaufmannseigenschaft nach dem deutschen Recht richtet.[217] Für den Einzelkaufmann ist dies unproblematisch, wenn der Betreffende ein Gewerbe betreibt, das nach Art und Umfang kaufmännische Einrichtungen erfordert (§ 1).

88 Schwierigkeiten bereitet bei dem in Rn 87 favorisierten Ansatz die Beurteilung, wenn die Kaufmannseigenschaft mit der Eintragung im Handelsregister (§§ 2, 5) bzw. der Qualifizierung als Handelsgesellschaft bzw. Formkaufmann verbunden ist. Derartige Sachverhalte erzwingen eine Substitution, d.h. die Prüfung, ob die ausländische Rechtsordnung einen mit der inländischen Sachnorm vergleichbaren Tatbestand aufweist,[218] ggf. also die Prüfung, ob die Eintragung in einem ausländischen Register mit einer Eintragung im Handelsregister vergleichbar ist.[219] Ist dies zu bejahen, so richtet sich die Kaufmannseigenschaft zwar nach § 5 HGB, mangels Eintragung in einem deutschen Handelsregister ist aber zu prüfen, ob die Eintragung in einem ausländischen Register dieses Defizit substituiert. Dies ist jedenfalls dann zu bejahen, wenn das ausländische Register dem deutschen Handelsregister funktional vergleichbar ist.

89 Für die von § 6 Abs. 1 erfassten Handelsgesellschaften erfordert die notwendige Substitution die Prüfung, ob die jeweilige ausländische Gesellschaft nach Struktur und rechtlicher Verfassung mit einer von § 6 Abs. 1 erfassten Handelsgesellschaft vergleichbar ist.[220] Das gilt nach vorzugswürdiger Ansicht selbst dann, wenn die jeweilige Gesellschaft ausländischen Rechts einen nicht wirtschaftlichen Geschäftsbetrieb zum Gegenstand hat.[221] Anhaltspunkte hierfür liefert das Gemeinschaftsrecht, das z.T. die vergleichbaren Gesellschaftsformen ausdrücklich vorgibt. So legt z.B. Anhang I zur Verordnung (EG) Nr. 2157/2001[222] die Aktiengesellschaften im Sinne der jeweiligen Mitgliedstaaten fest; Anhang II der vorgenannten Verordnung regelt entsprechendes für Aktiengesell-

---

[214] Ebenroth/Boujng/Joost/Strohn/*Kindler* Vor § 1 Rn 106.
[215] So der (abzulehnende) Ansatz von *van Venrooy* Die Anknüpfung der Kaufmannseigenschaft im deutschen Internationalen Privatrecht, 1985, S. 27 ff; ablehnend z.B. *Ebenroth* ZHR 149 (1985), 704 (705); Ebenroth/Boujong/Joost/Strohn/*Kindler* Vor § 1 Rn 97.
[216] Ebenroth/Boujong/Joost/Strohn/*Kindler* Vor § 1 Rn 106.
[217] S. Ebenroth/Boujong/Joost/Strohn/*Kindler* Vor § 1 Rn 110 ff.
[218] Ebenroth/Boujong/Joost/Strohn/*Kindler* Vor § 1 Rn 115 sowie allg. Bamberger/Roth/*S. Lorenz* Einl. IPR EGBG Rn 31; *Kegel/Schurig* Internationales Privatrecht, 9. Aufl.
2004, § 1 VIII 2e, S. 66 f; Staudinger/*Großfeld* IntGesR Rn 332 ff; Eidenmüller/*Rehberg* Ausländische Kapitalgesellschaften im deutschen Recht, 2004, § 5 Rn 14. Exemplarisch BGHZ 80, 76 (78).
[219] Ebenroth/Boujong/Joost/Strohn/*Kindler* Vor § 1 Rn 119; vgl. auch *Schlechtriem* FS Duden, 1977, S. 571 (580); Staudinger/*Großfeld* IntGesR Rn 330.
[220] Näher dazu Ebenroth/Boujong/Joost/Strohn/*Kindler* Vor § 1 Rn 121 ff, Staudinger/*Großfeld* IntGesR Rn 332 ff.
[221] Treffend Ebenroth/Boujong/Joost/Strohn/*Kindler* Vor § 1 Rn 126; ablehnend Staub/*Brüggemann*[4] Vor § 1 Rn 45.
[222] ABl. EG Nr. L 294 v. 10. November 2001, S. 1.

schaften sowie Gesellschaften mit beschränkter Haftung.[223] Für Personengesellschaften erfordert die Substitution ein vergleichbares Vorgehen, das allerdings dadurch erschwert wird, dass sowohl die offene Handelsgesellschaft als auch die Kommanditgesellschaft nur zu einem bestimmten Zweck errichtet werden können.[224] Geht die ausländische Rechtsordnung hierüber hinaus, ist es jedoch zu weitgehend, die Substituierbarkeit generell zu verneinen. Vielmehr ist dies lediglich dann und nur insoweit geboten, als die konkrete Zweckverfolgung der Gesellschaft den Rahmen überschreitet, den die §§ 105 Abs. 1 und 2, 161 Abs. 2 abstecken.

90 Die Grundsätze in Rn 87 bis 89 gelten entsprechend, wenn der Vertrag eine Erfüllungsort- oder Gerichtsstandsvereinbarung im Sinne der §§ 29 Abs. 2, 38 ZPO enthält. Soweit diese für die Rechtswirksamkeit der Abrede an die Kaufmannseigenschaft anknüpfen, ist die lex fori maßgebend. Ist hiernach deutsches Recht maßgebend, gilt dies nach zutreffender, allerdings nicht unumstrittener Ansicht auch für die Kaufmannseigenschaft.[225] Ggf. erfordert dies jedoch wiederum eine Substitution (s. Rn 88 f).

91 **bb) International geprägtes nationales Recht.** Die Maßgeblichkeit einer einzelstaatlichen Rechtsordnung kann für den Vertragspartner, der in einem anderen Staat ansässig und mit dieser Ordnung nicht vertraut ist, eine unbillige Benachteiligung darstellen. Zudem besteht ein besonderes Bedürfnis des Wirtschaftsverkehrs, dass Vertragsbeziehungen mit Partnern in unterschiedlichen Staaten klaren und einheitlichen Regeln folgen. Dies hat zu der Tendenz geführt, die nationalen Rechtsquellen des Handelsrechts in verschiedenen Formen zu vereinheitlichen

92 **(1) Einheitsrecht.** Eine bedeutende Form der Angleichung des internationalen Handelsrechts stellen multilaterale Konventionen dar, die Regelungen für den internationalen Wirtschaftsverkehr beinhalten. Ihrer Rechtsnatur nach sind diese völkerrechtliche Verträge, die als solche nur die vertragsschließenden Staaten binden. Für den Privatrechtsverkehr erlangen diese erst dadurch Geltung, dass die nationalen Gesetzgeber der Vertragsstaaten sie nach den Regeln ihrer Verfassungen in nationales Recht transformieren. Ähnlich wie bei den Gesetzen, die Richtlinien der EG umsetzen, handelt es sich daher formell um nationales Recht, das aber auf einer internationalen Grundlage beruht. In den beteiligten Staaten schaffen die internationalen Konventionen daher nach ihrer Umsetzung inhaltlich übereinstimmende Regelungen, sog. Einheitsrecht. Um den Zweck der Vereinfachung des Handelsverkehrs durch Rechtsvereinheitlichung zu erreichen, ist es geboten, die nationalen Umsetzungsgesetze nicht jeweils im Kontext der nationalen Rechtsordnung, sondern nach Maßgabe der authentischen, international erarbeiteten Textfassungen der Konventionen zu interpretieren (sog. autonome Interpretation), was diese bereits häufig selbst festlege (so z.B. Art. 7 des UN-Kaufrechts), darüber hinaus aber auch aus dem internationalen Charakter der Übereinkommen folgt. Dabei ist zu berücksichtigen, dass die jeweilige deutsche Fassung im Gegensatz zur englischen und/oder französischen in aller Regel nicht zu den authentischen Fassungen der Konvention zählt.

93 Über das Verhältnis der national umgesetzten Konventionen zum IPR des jeweiligen Staates lassen sich keine allgemein gültigen Aussagen treffen. Da es sich bei den Transformationsgesetzen um nationale Gesetze handelt, bemisst sich ihre Anwendbarkeit bei

---

[223] Entsprechendes ergibt sich auch aus der Richtlinie 68/151/EWG v. 9. März 1968 (ABl. EG Nr. L 65 v. 14. März 1968, S. 8).

[224] Ebenroth/Boujong/Joost/Strohn/*Kindler* Vor § 1 Rn 127.

[225] So z.B. *Schack* Internationales Zivilverfahrensrecht, 4. Aufl. 2006, Rn 276, 439.

grenzüberschreitenden Sachverhalten im Ausgangspunkt nach dem allgemeinen IPR. In der Regel enthalten die Konventionen jedoch besondere Vorschriften über ihren Anwendungsbereich, die dann als speziellere Regelungen das allgemeine IPR verdrängen (Art. 3 Abs. 2 Satz 1 EGBGB; sog. autonome Anwendung). So legt etwa Art. 1 des UN-Kaufrechts den Anwendungsbereich desselben fest.

Die Bundesrepublik Deutschland ist über 50 multilateralen Konventionen mit Bezug zum Handelsrecht beigetreten.[226] Dazu gehören das Warschauer Luftverkehrsabkommen von 1929 (Zusätze 1955, 1961), das Genfer CMR-Übereinkommen über den Straßengüterverkehr von 1956, das COTIF-Übereinkommen über den internationalen Eisenbahnverkehr von 1980, das New Yorker UN-Übereinkommen über die Anerkennung und Vollstreckung ausländischer Schiedssprüche von 1958 (s. auch unten Rn 116) und das Wiener UN-Kaufrecht aus dem Jahre 1980 (CISG), welches das Haager Kaufrechtsübereinkommen von 1964 abgelöst hat (s. unten Rn 107). **94**

Obwohl das internationale Einheitsrecht nach seinem Erlass ein äußerst praktikables Mittel zur Vereinfachung des grenzüberschreitenden Wirtschaftsverkehrs darstellt, gehen der Verabschiedung entsprechender Konventionen häufig langwierige und harte Verhandlungen voraus. Die zu treffenden Kompromisse können nationale Besonderheiten nur in beschränktem Maße berücksichtigen und führen dadurch letztlich zu einem teilweisen Verzicht auf nationale Souveränität im Regelungsbereich der Konventionen. Aus diesem Grund schreitet die Schaffung von Einheitsrecht nicht mit der wünschenswerten Schnelligkeit voran. Auch muss stets beachtet werden, dass einige Teilnehmerstaaten bei der Unterzeichnung und Umsetzung der Konventionen ggf. inhaltliche Vorbehalte gemacht haben und diese daher in ihnen nur mit eingeschränktem Inhalt gelten. **95**

(2) Internationaler Handelsbrauch. Wenn es auch problematisch ist, ob die Wirtschaftssubjekte die Befugnis haben, ohne Rückbindung an eine staatliche Rechtsordnung im Allgemeinen und nicht nur für die jeweiligen Vertragsparteien verbindliches Recht zu setzen (s. oben Rn 59), trägt der Freiraum, den ihnen die Staaten bei der Ausgestaltung der Handelsordnung belassen, in erheblichem Maße zum Erfolg einer marktwirtschaftlich orientierten Weltwirtschaft bei. Demzufolge sehen die nationalen Rechtsordnungen der liberal orientierten Staaten vor, dass bei der rechtlichen Beurteilung von Geschäftsbeziehungen die internationalen Handelsbräuche zu berücksichtigen sind. Diese gelten damit zwar nicht eo ipso als Recht, wohl aber folgt aus ihrer pauschalen Inbezugnahme durch die nationalen Rechte eine weitgehende Selbstregulierung des Wirtschaftsverkehrs. In Deutschland geschieht dies über § 346 und für den Anwendungsbereich des UN-Kaufrechts durch die speziellere Norm in Art. 9 Abs. 2 CISG. **96**

Von einem Handelsbrauch wird gesprochen, wenn ein bestimmter Verkehrskreis über einen längeren Zeitraum einer Übung folgt, die allseitig und nicht nur von einer Marktseite als maßgeblich respektiert wird.[227] Die internationalen Handelsbräuche zeichnen sich dabei durch die Internationalität des maßgeblichen Verkehrskreises aus. Die Beweislast für das Bestehen eines Handelsbrauchs trägt derjenige, der sich auf ihn beruft. Dabei ist die Einstufung gewisser Regeln als Handelsbrauch häufig umstritten, so etwa bei den von der Internationalen Handelskammer in Paris (ICC) erstellten „einheitlichen Richtlinien und Gebräuche für Dokumenten-Akkreditive von **97**

---

[226] S. auch *Röhricht*/v. Westphalen Rn 81.

[227] So z.B. MünchKommHGB/*K. Schmidt* § 346 Rn 11 ff.

1993".[228] Wichtigster internationaler Handelsbrauch sind die feststehenden Bedeutungen abgekürzter Vertragsklauseln z.B. nach den Incoterms (dazu auch Rn 100). Der Handelsbrauch und die Praxis standardisierter Vertragsklauseln stehen insoweit in enger Beziehung.

98 Soweit ein internationaler Handelsbrauch existiert, gilt dieser unabhängig von der Kenntnis des dem betreffenden Verkehrskreis angehörenden individuellen Marktteilnehmers; etwaige Irrtümer über den Handelsbrauch sind somit unbeachtlich. Nach Art. 9 Abs. 2 des UN-Kaufrechts ist zwar erforderlich, dass der Betreffende den Handelsbrauch zumindest „kennen musste", was aber in der Praxis für Kaufleute durchweg angenommen wird.[229]

99 Bestehen gewisse Handelsbräuche nur in einzelnen Ländern, so finden diese auf einen Vertrag mangels abweichender Vereinbarung (nur) dann Anwendung, wenn der Vertrag in einem solchen Staat geschlossen bzw. erfüllt wird.[230] Allein die Anwendbarkeit des Rechts des betreffenden Staates auf den Vertrag führt als solche nicht zur Geltung des Handelsbrauchs, da dieser selbst kein Recht darstellt, sondern nur kraft Anordnung der jeweiligen nationalen Rechtsordnungen verbindlich ist. Wenn z.B. ein deutscher und ein mexikanischer Vertragspartner aus Praktikabilitätsgründen die Geltung US-amerikanischen Rechts für einen in Mexiko zu erfüllenden Vertrag vereinbaren, zieht dies nicht die Anwendbarkeit US-amerikanischer Handelsbräuche nach sich.

100 (3) **International vereinheitlichte Vertragsgestaltungen.** Aufgrund des nur bruchstückhaften Vorhandenseins international einheitlicher Rechtsnormen für den Handelsverkehr greifen die Parteien regelmäßig auf eine umfassende Ausgestaltung ihrer Rechtsbeziehungen in einem Vertrag zurück. Um hierbei nicht den angestrebten Vereinheitlichungseffekt für eine Vielzahl von Geschäftsbeziehungen zu konterkarieren, hat sich eine international standardisierte Kautelarpraxis herausgebildet. Internationale Verbände und Organisationen wie die Internationale Handelskammer (ICC) haben Musterklauseln für Verträge ausgearbeitet, die von den Parteien durch Inbezugnahme zum Bestandteil ihres Vertrages gemacht werden können.

101 Wichtigste Musterklauseln sind die **Incoterms 2000**.[231] Die Incoterms (International Commercial Terms) wurden von der ICC erstmals in den Jahren 1935/36 aufgestellt. Der ständige Wandel der Handels- und Transporttechniken erfordert eine kontinuierliche Weiterentwicklung der Incoterms. In der Fassung aus dem Jahre 2000, welche die Incoterms von 1990 ablöst, handelt es sich um insgesamt 13 Klauseln in 4 sog. Klauselgruppen (E-, F-, C- und D- Klauseln). Die Klauseln bestehen jeweils aus drei Buchstaben, wobei sich die Zuordnung zu einer Klauselgruppe nach dem jeweils ersten Buchstaben bemisst. Durch die Buchstaben wird die unterschiedliche Verteilung von Pflichten zwischen den Vertragsparteien symbolisiert. Die Buchstabenklauseln sind überwiegend nicht

---

[228] S. bejahend *Gleisberg* Die Prüfung von Dokumenten des kombinierten Transports beim Dokumenten-Akkreditiv, 1980, S. 34 ff; ablehnend *Schütze* Das Dokumentenakkreditiv im Internationalen Handelsverkehr, 5. Aufl. 1999, Rn 15 f.
[229] S. MünchKommHGB/*K. Schmidt* § 346 Rn 34.
[230] *Sonnenberger* Verkehrssitten im Schuldvertrag, 1969, S. 194 ff.
[231] Dazu näher z.B. *Altmann* in: Macharzina/Oesterle, Handbuch internationales Management, 2. Aufl. 2002, S. 469 ff; *Bredow* TranspR 1999, Beil. IHR 4, S. 45 ff; *Lehr* VersR 2000, 548 ff; *Martiny* in: Reithmann/Martiny (Hrsg.), Internationales Vertragsrecht, 6. Aufl. 2004, Rn 764; *Piltz* RIW 2000, 485 ff; *Wertenbruch* ZGS 2005, 136 ff.

originär durch die Incoterms eingeführt worden, sondern haben in der Kautelarpraxis eine lange Tradition. In den einzelnen Ländern ist diesen Klauseln aber z.T. ein unterschiedlicher Inhalt beigelegt worden. Die von der ICC aufgestellten Incoterms sorgen für eine international einheitliche Definition der betreffenden Klauseln. Dabei regeln diese nicht alle für die Vertragsdurchführung relevanten Rechte und Pflichten, sondern beziehen sich hauptsächlich auf: Lieferort, Durchführung und Dokumentation des Transports sowie dessen Kosen, Gefahrtragung bei Beschädigung oder Zerstörung des Vertragsgegenstandes, Versicherung des Vertragsgegenstandes. So steht etwa die CIF-Klausel für Cost/Insurance/Freight und bedeutet, dass der Verkäufer im Seefrachtverkehr den Transport bis zum Bestimmungshafen organisieren und dokumentieren, die Frachtkosten tragen und das Transportgut angemessen versichern muss, während der Käufer die Gefahr der Beschädigung oder des Verlusts der Ware bereits ab deren Überschreiten der Schiffsreeling im Verschiffungshafen trägt, d.h. auch bei nachfolgender Beschädigung oder späterem Verlust den vollen Kaufpreis entrichten muss.

102 Die Incoterms besitzen keine selbständige rechtliche Geltung, sondern sind Empfehlungen der ICC, die nur Verbindlichkeit erlangen, wenn die jeweiligen Parteien diese in ihren Vertrag einbeziehen. Zweckmäßigerweise wird hierfür entweder der einzelnen Klausel der Zusatz „Incoterms 2000" hinzugefügt oder in einer Vertragspräambel auf die Maßgeblichkeit der Incoterms 2000 für die Auslegung verwendeter Standardklauseln verwiesen. Diese Spezifizierung ist erforderlich, weil für die Mehrzahl der in den Incoterms enthaltenen Klauseln auch traditionelle, national unterschiedliche Auslegungsgewohnheiten existieren, so dass die Ergänzung „Incoterms 2000" sicherstellt, dass für die Auslegung der Klausel die international einheitlichen Empfehlungen der ICC maßgebend sind. Ein internationaler Handelsbrauch dergestalt, dass eine in den Incoterms definierte Klausel auch ohne den Zusatz „Incoterms 2000" automatisch nach dem Standard der ICC auszulegen ist, wird nicht allgemein anerkannt. Vielmehr ist in diesem Fall nach überwiegender Auffassung auf die sog. **Trade Terms** zurückzugreifen.[232] Diese sind zwar auch von der ICC zuletzt im Jahre 1953 zusammengestellt worden, doch handelt es sich bei diesen im Gegensatz zu den Incoterms nicht um eine international einheitliche Klauselauslegung, sondern um eine Aufstellung der in verschiedenen Ländern kraft nationalen Handelsbrauchs üblichen Deutung der Klauseln.[233] So kann die Auslegung der zehn in den Trade Terms enthaltenen Klauseln von Land zu Land nicht unerheblich differieren. Der gewünschte Vereinheitlichungseffekt wird über die Trade Terms daher nicht erzielt. Vielmehr muss bei einer grenzüberschreitenden Handelsbeziehung geklärt werden, aus welchem Staat Trade Terms Anwendung finden. Hierbei hat sich international die Regel etabliert, dass sich jeder Vertragsteil für seine Verpflichtung auf die an seinem Sitz geltende Auslegung der Klausel berufen kann; anderes gilt nur bei Vereinbarung einer Schiedsklausel, da dann der Handelsbrauch am Ort des Schiedsgerichts maßgebend ist.

103 Wenn eine Incoterm-Klausel in den Vertrag einbezogen wurde, ist deren Auslegung nach den Erläuterungen der ICC durch internationalen Handelsbrauch fixiert, so dass ein etwaiger Irrtum eines Vertragspartners über den Klauselinhalt wie bei jedem Handelsbrauch unbeachtlich ist (s. auch oben Rn 97). Im Zweifel ist die englische Originalfassung der Incoterms maßgeblich. Soweit auf den Vertrag deutsches Recht anzuwenden ist, sind die Incoterms als Allgemeine Geschäftsbedingungen an den §§ 305 ff BGB zu messen. Da nach § 310 Abs. 1 Satz 2 BGB auf die im Handelsverkehr geltenden Ge-

---

[232] S. *Martiny* in: Reithmann/Martiny (Hrsg.), Internationales Vertragsrecht, 6. Aufl. 2004, Rn 764 mwN.

[233] S. auch *Martiny* in: Reithmann/Martiny (Hrsg.), Internationales Vertragsrecht, 6. Aufl. 2004, Rn 765.

Einl   1. Buch. Handelsstand

wohnheiten Rücksicht zu nehmen ist, ist ihre formularmäßige Vereinbarung im internationalen Handel aber regelmäßig wirksam und keine unangemessene Benachteiligung einer Vertragspartei im Sinne des § 307 Abs. 1 Satz 1 BGB.[234]

104   2. **Rechtserkenntnisquellen des Internationalen Handelsrechts.** Im Gegensatz zu Rechtsquellen haben Rechtserkenntnisquellen keine Verbindlichkeit, sondern lediglich empfehlenden Charakter. Insoweit können sie einerseits Anregungen für Vertragsgestaltungen oder den Erlass neuer Rechtsquellen darstellen, andererseits aber auch als Auslegungshilfe für nicht eindeutige Rechtsquellen dienen. Zu den Rechtserkenntnisquellen des internationalen Handelsrechts zählen insbesondere internationale Modellgesetze und Verhaltenskodizes (codes of conduct).

105   **Modellgesetze** werden von internationalen Organisationen erarbeitet. Hervorzuheben sind dabei die von der UNCITRAL (United Nations Commission on International Trade Law) geschaffenen Modellgesetze zur Handelsschiedsgerichtsbarkeit (1985), zum internationalen Überweisungsverkehr (1992), zum elektronischen Handelsverkehr (1996) und zu grenzüberschreitenden Insolvenzen (1997). Diese verwenden immer mehr Staaten als Vorbild für nationale Regelungen und befördern damit die Entstehung von Einheitsrecht auch außerhalb multilateraler Übereinkommen. Die 1994 vom Internationalen Institut für Privatrechtsvereinheitlichung (UNIDROIT) als Ergebnis rechtsvergleichender Studien herausgegebenen „Grundregeln für Internationale Handelsverträge"[235] werden häufig von internationalen Schiedsgerichten als Entscheidungsgrundlage herangezogen, wenn die Parteien ein Schiedsgericht beauftragen, nach allgemeinen Prinzipien des internationalen Handels zu entscheiden. Im April 2004 wurden die vorgenannten Grundregeln neu aufgelegt.[236]

106   Daneben zählen **codes of conduct** für transnationale Unternehmen zu den Rechtserkenntnisquellen. Zu nennen sind z.B. die von der ICC erlassenen „Guidelines for International Investments" (1972) oder die „Guidelines for Multinational Enterprises" der OECD (1976). Diese Kodizes sollen Konflikte bewältigen, die sich daraus ergeben, dass das Geschäftsverhalten transnationaler Unternehmen von nationalen Rechtsordnungen nur unzureichend kontrolliert werden kann. Als sog. soft law haben die Kodizes zwar keine eigenständige Verbindlichkeit, sind aber bei der Auslegung von gesetzlichen Generalklauseln heranziehbar. Z.B. kann ihre Missachtung ein Indiz für einen Sorgfaltsverstoß darstellen und damit Schadensersatzpflichten begründen.

107   3. **UN-Kaufrecht (CISG).** Nach Vorarbeiten durch das Internationale Institut für Privatrechtsvereinheitlichung (UNIDROIT) sind im Jahre 1964 die Haager Übereinkommen über den internationalen Warenkauf geschlossen worden. Hierbei handelte es sich um völkervertragliche Konventionen, die in Deutschland im Jahre 1973 in Kraft traten. Diese wurden jedoch nur von neun Staaten übernommen und prägten die Handelspraxis nicht in dem erhofften Maße. Dementsprechend war es der United Nations Commission on International Trade Law (UNCITRAL) vorbehalten, eine neue und leistungsfähigere

---

[234] S. MünchKommHGB/K. *Schmidt* § 346 Rn 112.

[235] *Unidroit* (Hrsg.) Principles of International Commercial Contracts, 1994; dazu z.B. *Basedow* FS Drobnig, 1998, S. 19 ff; *Berger* ZVerglRWiss. Bd. 94 (1995), 217 ff; *Grundmann* FS Rolland, 1999, S. 5 ff.

[236] *Unidroit* (Hrsg.) Principles of International Commercial Contracts, 2004; dazu *Brödermann* RIW 2004, 721 ff; *Heutger* ZEuP 2003, 448 ff; *Schilf* IHR 2004, 236 ff.

Konvention auszuarbeiten, die im Jahre 1980 als „United Nations Convention on contracts for the International Sale of Goods (CISG) von einer Vielzahl von Staaten verabschiedet wurde.[237] Mittlerweile ist die CISG von 60 Staaten in nationales Recht umgesetzt worden, so dass sich diese als weltweite Kaufrechtsordnung etablieren wird. Mit Ausnahme des Vereinigten Königreiches und Japan sind alle wichtigen Industrienationen sowie die VR China dem Übereinkommen beigetreten. In Deutschland ist es seit dem Jahre 1991 in Kraft. Zu den Einzelheiten s. die gesonderten Erläuterungen in diesem Kommentar.

4. Internationales Transportrecht. Im grenzüberschreitenden Handelsverkehr stellt der Transport der Güter einen erheblichen Einflussfaktor auf die Organisations- und Kostenintensität der jeweiligen Geschäfte dar. Im Verhältnis der Parteien des Güteraustauschvertrages zueinander werden die diesbezüglichen Rechte und Pflichten regelmäßig durch die inhaltliche Ausgestaltung des Vertrages festgelegt, insbesondere bei der Verwendung von Incoterms. Der grenzüberschreitende Transport von Handelsgütern wird aus Effizienzgründen jedoch häufig externen Unternehmen überlassen. In diesem Fall treten neben den eigentlichen Güterumsatz transportvertragliche Rechtsbeziehungen. Dabei ist zwischen Frachtverträgen und Speditionsverträgen zu unterscheiden. Der Frachtvertrag hat nur die reine Beförderung des Transportgutes durch einen Frachtführer zum Gegenstand. Die gesamte darüber hinausgehende Organisation (Verpackung, Ver- und Entladung etc.) obliegt dem Absender bzw. von ihm dazu eingesetzten Personen. Demgegenüber beinhaltet die Spedition die umfassende organisatorische Besorgung der Güterversendung durch den Spediteur für Rechnung des Versenders, die z.B. die Einschaltung verschiedener Transporteure umfassen kann (§§ 453 f HGB). Das Frachtvertragsrecht ist in Deutschland durch die Transportrechtsreform im Jahre 1998 (s. oben Rn 12) für alle Transportformen im HGB konzentriert worden. Demgegenüber unterscheidet das auf völkervertraglichen Übereinkommen beruhende internationale Einheitsrecht stärker nach der Art des Transportmittel (Straßen-, Schienen-, Luft- oder Seetransport).[238] **108**

Besondere rechtliche Probleme können auftreten, wenn ein Transport aufgrund eines einheitlichen Frachtvertrages mit verschiedenen Beförderungsmitteln durchgeführt wird (sog. multimodaler Transport). Da die „United Nations Convention on International Mulitmodal Transport of Goods" aus dem Jahre 1980 bisher nicht in Kraft getreten ist, dominieren in diesem Bereich Vereinbarungen in Allgemeinen Geschäftsbedingungen, die sich häufig an die von der ICC herausgegebenen "Internationalen Regeln für ein Dokument des kombinierten Transports" anlehnen. Bei Gefahrguttransporten gelten Sondervorschriften. **109**

5. Öffentlich-rechtliche Handelsbeschränkungen. Obwohl protektionistische Maßnahmen im Zuge der Liberalisierung des Welthandels immer weiter abnehmen, besitzen staatliche Kontrollmaßnahmen im Außenhandelsverkehr noch eine nicht unerhebliche Bedeutung. Das klassische Mittel der Kontrolle des Außenhandels stellen **tarifäre** Han- **110**

---

[237] S. im Überblick *Herdegen* Internationales Wirtschaftsrecht, 6. Aufl. 2007, § 12 Rn 13 ff.
[238] Zu den einzelnen Übereinkommen s. die jeweiligen Erläuterungen in diesem Kommentar zum Transportrecht. Im Überblick s. auch *Herdegen* Internationales Wirtschaftsrecht, 6. Aufl. 2007, § 13 Rn 4 ff; *Mankowski* in: Reithmann/Martiny (Hrsg.), Internationales Vertragsrecht, 6. Aufl. 2004, Rn 1394 ff; *Oetker/Maultzsch* in: Macharzina/Oesterle (Hrsg.), Handbuch Internationales Management, 2. Aufl. 2002, S. 439, 459 ff.

delsbeschränkungen dar, unter denen alle Formen der Zollpolitik zu verstehen sind. Allerdings sind in diesem Bereich erhebliche Liberalisierungstendenzen zu verzeichnen. So sind im Rahmen der EU nach Art. 25 EG jegliche Ein- und Ausführzölle sowie Abgaben gleicher Wirkung verboten. Weltweit bewirkt für ca. 140 Vertragsstaaten das „General Agreement on Tariffs and Trade" (GATT) seit dem Jahre 1947 zunehmend den Abbau von Im- und Exportzöllen. Seit dem Jahre 1995 ist das GATT in die neu errichtete Welthandelsorganisation WTO integriert.[239] Nach dem sog. Meistbegünstigungsprinzip (Art. I GATT) sind Zollvorteile allen Mitgliedstaaten gleichmäßig zu gewähren, wobei Ausnahmen für regionale Freihandelszonen (wie etwa die NAFTA) sowie Entwicklungsländer bestehen.[240]

111 Als **nichttarifäre Handelsbeschränkungen** werden alle sonstigen Hemmnisse des freien Wirtschaftsverkehrs bezeichnet. Derartige Instrumente sind Im- und Exportverbote bzw. -kontingente, Steuern, Subventionen, Devisenvorschriften; eine indirekte handelshemmende Wirkung können ferner technische Standards sowie Verbraucher- und Umweltschutzvorschriften entfalten. In der EU ist auch im Bereich der nichttarifären Beschränkungen eine weitgehende Liberalisierung erreicht. Mengenmäßige Aus- und Einfuhrbeschränkungen sind gem. den Art. 28 ff EG unter den Mitgliedstaaten nur zum Schutze der öffentlichen Sicherheit oder Gesundheit erlaubt. Alle übrigen Vorschriften, die den Handel tatsächlich oder potentiell behindern, müssen zwingenden Erfordernissen des Gemeinwohls entsprechen und dürfen Bürger anderer EU-Staaten nicht diskriminieren. Bei technischen Standards und Verbraucherschutzvorschriften bedeutet dies, dass die Erfüllung der Vorgaben eines Mitgliedstaates zumeist auch die Verkehrsfähigkeit der Ware in anderen EU-Ländern nach sich zieht. Steuerliche Benachteiligungen von EU-Ausländern sind nach den Art. 90 ff EG untersagt; der Kapitalverkehr ist nach den Art. 56 ff EG liberalisiert. Auch durch das GATT wird nichttarifären Hemmnissen zunehmend entgegengewirkt. So sind nach Art. XI Abschnitt 1 GATT Im- und Exportkontingente im Grundsatz verboten; jedenfalls müssen sie gemäß Art. XIII Abschnitt 1 GATT für alle Länder gleichmäßig gelten (Diskriminierungsverbot).[241] Internationale Devisenkontrollbestimmungen werden vom Abkommen über den Internationalen Währungsfond (IWF) reguliert.[242]

112 **6. Rechtsverfolgung im internationalen Handelsverkehr.** Neben dem auf einen Vertrag anwendbaren Sachrecht kommt insbesondere dem Forum für Streitigkeiten besondere Bedeutung zu. Im Grundsatz kann nicht nur in dem Staat geklagt werden, dessen Recht auf das Rechtsverhältnis Anwendung findet, sondern Gerichte können einen Streit auch nach fremdem Recht entscheiden. Dies führt gerade bei internationalen Handelsbeziehungen zu erheblichen Unsicherheiten über das potentielle Streitforum. Diesen kann durch eine vertragliche Vereinbarung desselben begegnet werden. Dabei hat neben der Festlegung eines bestimmten staatlichen Gerichtsstands auch die Vereinbarung der Streitaustragung vor privaten Schiedsgerichten große praktische Relevanz. Die Wahl des Streitforums wird neben der Berücksichtigung der jeweiligen Prozessbedingungen vor allem

---

[239] S. dazu im Überblick *Herdegen* Internationales Wirtschaftsrecht, 6. Aufl. 2007, § 9 Rn 1 ff mit zahlreichen weiterführenden Nachweisen.
[240] S. näher *Herdegen* Internationales Wirtschaftsrecht, 6. Aufl. 2007, § 9 Rn 33 ff.
[241] Näher zum Diskriminierungsverbot des GATT *Herdegen* Internationales Wirtschaftsrecht, 6. Aufl. 2007, § 9 Rn 43 ff.
[242] Dazu z.B. *Herdegen* Internationales Wirtschaftsrecht, 6. Aufl. 2007, § 24 Rn 1 ff; *Thode* in: Reithmann/Martiny (Hrsg.), Internationales Vertragsrecht, 6. Aufl. 2004, Rn 501 ff.

davon beeinflusst, ob ein erstrittenes Urteil von dem Staat anerkannt wird, in dem es möglicherweise zu vollstrecken wäre.

Wenn in einem internationalen Vertrag ein bestimmter nationaler **Gerichtsstand** als maßgeblich vereinbart ist, führt dies nicht nur dazu, dass die Zuständigkeit des benannten Gerichtsstaates begründet wird (sog. Prorogation), sondern auch dazu, dass eigentlich zuständige Gerichte anderer Staaten über Streitigkeiten aus dem Vertrag nicht mehr entscheiden dürfen (Derogation). Nicht selten ist die Akzeptanz der Gerichtsstandsvereinbarung durch die Gerichte des prorogierten bzw. der derogierten Staaten an bestimmte Voraussetzungen geknüpft.[243] **113**

Eine Vereinheitlichung der Voraussetzungen und Folgen einer internationalen **Gerichtsstandsvereinbarung** wird im Bereich der EU durch Art. 23 der EG-Verordnung über die gerichtliche Zuständigkeit und die Anerkennung und Vollstreckung von Entscheidungen in Zivil- und Handelssachen (VO [EG] Nr. 44/2001[244]) sowie im Verhältnis zu Island, Norwegen und der Schweiz durch Art. 17 des Luganer Übereinkommens erzielt.[245] Dabei dürfen die Gerichte anderer Vertragsstaaten über einen Rechtsstreit nicht entscheiden, wenn die Parteien vereinbart haben, dass die Gerichte eines Vertragsstaates entscheiden sollen und diese Vereinbarung in einer Form geschlossen wurde, die Parteien „von Verträgen dieser Art in dem betreffenden Geschäftszweig allgemein kennen und regelmäßig beachten". Somit kann eine Gerichtswahl z.B. auch durch Allgemeine Geschäftsbedingungen oder das Schwiegen auf ein kaufmännisches Bestätigungsschreiben mit entsprechendem Inhalt erfolgen.[246] **114**

Außerhalb der Verordnung Nr. 44/2001 und des Luganer Übereinkommens werden Gerichtsstandsvereinbarungen nach deutschem Recht unter Kaufleuten ohne besondere Formvoraussetzungen anerkannt (§ 38 Abs. 1 ZPO; s. auch oben Rn 52, 80); im Übrigen bedarf es einer schriftlichen oder schriftlich bestätigten Vereinbarung (§ 38 Abs. 2 ZPO). Die Vollstreckbarkeit des Urteils im Ausland ist innerhalb der EU und unter den Vertragsstaaten des Luganer Übereinkommens sichergestellt. Ansonsten muss ein bilaterales Vollstreckungsübereinkommen vorliegen (s. §§ 722 f ZPO in Verbindung mit § 328 Abs. 1 Nr. 5 ZPO). **115**

Eine Alternative zur Wahl eines staatlichen Gerichtsstandes stellt die Einigung auf ein **Schiedsgericht** dar.* Die Schiedssprüche privater Schiedsgerichte werden unter bestimmten Voraussetzungen wie Entscheidungen staatlicher Gerichte anerkannt. Es ist zwischen sog. ad-hoc-Schiedsgerichten, die nach vertraglich vereinbarten Regeln für die Entscheidung einer Streitigkeit eigens gebildet werden, und institutionellen Schiedsgerichten zu **116**

---

[243] S. näher z.B. *Schack* Internationales Zivilverfahrensrecht, 4. Aufl. 2006, Rn 447 ff.
[244] ABl. EG Nr. L 12 v. 16. Januar 2001, S. 1.
[245] Dazu näher z.B. *Hausmann* in: Reithman/Martiny (Hrsg.), Internationales Vertragsrecht, 6. Aufl. 2004, Rn 2928 ff.
[246] S. MünchKommHGB/*K. Schmidt* § 346 Rn 58 sowie näher *Hausmann* in: Reithman/Martiny (Hrsg.), Internationales Vertragsrecht, 6. Aufl. 2004, Rn 3125 ff, 3132.
* *Aden* Internationale Handelsschiedsgerichtsbarkeit, 2. Aufl. 2003; *Berger* Internationale Wirtschaftsschiedsgerichtsbarkeit, 1992; *Habscheid* Die sogenannte Schiedsgerichtsbarkeit der Internationalen Handelskammer, RIW 1998, 421 ff; *Hußlein-Stich* Das UNCITRAL-Modellgesetz über die internationale Handelsschiedsgerichtsbarkeit, 1990; *Hausmann* in: Reithman/Martiny (Hrsg.), Internationales Vertragsrecht, 6. Aufl. 2004, Rn 3211 ff; *Krause/Bozenhardt* Internationale Handelsschiedsgerichtsbarkeit, 1990; *Kreindler* Aktuelle (Streit-)Fragen bei der Anwendung der ICC-Schiedsgerichtsordnung 1998, RIW 2002, 249 ff; *Schäfer/Verbis/Imhoos* Die ICC Schiedsgerichtsordnung in der Praxis, 2000 sowie im Überblick Baumbach/*Hopt* Einl. v. § 1 Rn 96 ff.

unterscheiden, die mit einer fest gefügten Organisation (Verfahrensordnung etc.) ständig existieren und deren Zuständigkeit in einem Vertrag auch vereinbart werden kann. Ein Schiedsgericht letztgenannter Art ist der Schiedsgerichtshof der Internationalen Handelskammer (ICC) in Paris.[247] Für ad-hoc-Schiedsgerichte bietet sich die Zugrundelegung der „UNCITRAL Arbitrations Rules" (1976) an. Wenn die Parteien das auf den Vertrag anwendbare Sachrecht nicht durch Rechtswahl festgelegt haben, wird das Schiedsgericht das IPR seines Sitzstaates anwenden.

117 Eine entscheidende Frage ist auch bei der Einschaltung von Schiedsgerichten die Anerkennung ihrer Sprüche und deren Vollstreckbarkeit in den einzelnen Staaten. In über 120 Ländern gilt die „Convention on the Recognition and Enforcement of Foreign Arbitral Awards" von 1958 (UNÜ). Danach werden im Ausland oder nach ausländischen Verfahrensordnungen ergangene Schiedssprüche von den Vertragsstaaten als verbindlich anerkannt und vollstreckt, wenn die Schiedsvereinbarung schriftlich getroffen wurde (Art. 2 UNÜ). Besondere Anforderungen an die Zusammensetzung des Schiedsgerichts oder des Schiedsverfahrens stellt die UNÜ nicht auf (Art. 5 UNÜ). Für die Anerkennung von im Inland ergangenen Schiedssprüchen gilt das jeweilige nationale Prozessrecht, in Deutschland die §§ 1025 ff ZPO. Im Gegensatz zum UNÜ müssen die Zusammensetzung des Schiedsgerichts und das Verfahren nach den §§ 1059 Abs. 2. lit. d, 1034 ff ZPO gewissen Ausgewogenheitsanforderungen entsprechen. In Angelegenheiten, die Gegenstand einer wirksamen Schiedsvereinbarung sind, ist die Klage vor einem staatlichen Gericht unzulässig, wenn der Beklagte dies rechtzeitig rügt (§ 1032 ZPO, Art. 2 Abs. 3 UNÜ). Ein ordnungsgemäßer in- oder ausländischer Schiedsspruch wird nach den §§ 1060 f ZPO für vollstreckbar erklärt.

§ 1
Istkaufmann

(1) Kaufmann im Sinne dieses Gesetzbuchs ist, wer ein Handelsgewerbe betreibt.

(2) Handelsgewerbe ist jeder Gewerbebetrieb, es sei denn, dass das Unternehmen nach Art und Umfang einen in kaufmännischer Weise eingerichteten Geschäftsbetrieb nicht erfordert.

Schrifttum

Armbruster Die Erbengemeinschaft als Rechtsform zum Betrieb eines vollkaufmännischen Handelsgeschäfts, Diss. Tübingen 1965; *F. Baur* Der Testamentsvollstrecker als Unternehmer, FS Dölle, 1963, S. 249; *Becker* Kaufmannseigenschaft und Deutsche Bundesbahn, NJW 1977, 1674; *Bork* Der Schreiner als Kaufmann, JuS 1993, 106; *Bülow/Artz* Neues Handelsrecht, JuS 1998, 680; *P. Bydlinski* Zentrale Änderungen des HGB durch das Handelsrechtsreformgesetz, ZIP 1998, 1169; *Dauner-Lieb* Unternehmen in Sondervermögen, 1998; *Dreher* Der neue Handelsstand, in: Lieb (Hrsg.), Die Reform des Handelsstandes und der Personengesellschaften, 1999, S. 1; *Rob. Fischer* Fortführung eines Handelsgeschäfts durch eine Erbengemeinschaft?, ZHR 144 (1980), 1; *J. v. Gierke* Das Handelsunternehmen, ZHR 111 (1948), 1; *Henssler* Gewerbe, Kaufmann und Unternehmen, ZHR 161 (1997), 13; *Hohensee* Die unternehmenstragende Erbengemeinschaft, 1994; *Hopt* Handelsgesellschaften ohne Gewerbe und Gewinnerzielungsabsicht?, ZGR 1987, 145; *Hüffer* Die Fortführung des Handelsgeschäfts in ungeteilter Erbengemeinschaft und das Problem des Minderjähri-

---

[247] S. auch *Weigand* NJW 1998, 2081 ff.

genschutzes, ZGR 1986, 603; *Kaempfe* Die Partenreederei als Kaufmann, MDR 1982, 975; *Kaiser* Reformen des Kaufmannsbegriffs – Verunsicherung des Handelsverkehrs, JZ 1999, 495; *Kögel* Der nach Art und Umfang in kaufmännischer Weise eingerichtete Geschäftsbetrieb – eine unbekannte Größe, DB 1998, 1802; *Kort* Zum Begriff des Kaufmanns im deutschen und französischen Handelsrecht, AcP 193 (1993); 451; *Kunz* Der Minderjährige als Kaufmann, ZblJugR 1981, 490; *Landwehr* Die Kaufmannseigenschaft der Handelsgesellschafter, JZ 1967, 198; *Lastig* Der Gewerbetreibenden Eintragungspflicht zum Handelsregister und Beitragspflicht zur Handelskammer und Handwerkskammer, Festgabe für Fitting, 1902/1979, S. 527; *Lieb* Zur Kaufmannseigenschaft der Gesellschafter von KG und OHG, DB 1967, 759; *ders.* Probleme des neuen Kaufmannsbegriffs, NJW 1999, 35; *Adolf Maier* Zur Kaufmannseigenschaft von Software-Entwicklern, NJW 1986, 1909; *Gert Meier* Der Lebensmittel-Einzelhändler als Vollkaufmann, DB 1977, 2315; *Michalski* Das Gesellschafts- und Kartellrecht der berufsrechtlich gebundenen freien Berufe, 1989; *W. Müller* Einbeziehung der freien Berufe in das Handelsrecht, Diss. Kiel 1968; *Neuner* Handelsrecht-Handelsgesetz-Grundgesetz, ZHR 157 (1993), 243; *Raisch* Bedeutung und Wandlung des Kaufmannsbegriffs in der neueren Gesetzgebung, FS Ballerstedt, 1975, S. 443; *ders.* Freie Berufe und Handelsrecht, FS Rittner, 1991, S. 471; *Schön* Die vermögensverwaltende Personengesellschaft – ein Kind der HGB-Reform, DB 1998, 1169; *K. Schmidt* Zur Kaufmannfähigkeit von Gesamthandsgemeinschaften, JZ 1973, 299; *ders.* Zum gesellschaftsrechtlichen Status der Besitzgesellschaft bei der Betriebsaufspaltung, DB 1988, 572; *ders.* Bemerkungen und Vorschläge zur Überarbeitung des HGB, DB 1994, 515; *ders.* HGB-Reform im Regierungsentwurf, ZIP 1997, 909; *ders.* Das Handelsrechtsreformgesetz, NJW 1998, 2161; *ders.* „Konstitutive" und „deklaratorische" Eintragungen nach §§ 1 ff HGB, ZHR 163 (1999), 87; *ders.* Fünf Jahre „neues Handelsrecht", JZ 2003, 585; *Schmitt* Die Rechtsstellung der Kleingewerbebetreibenden nach dem Handelsrechtsreformgesetz, 2003; *Siems* Kaufmannsbegriff und Rechtsfortbildung, 2. Aufl. 2003; *Steißlinger* Der Gewerbebegriff im Handels- und Steuerrecht, 1989; *Taupitz* Die Standesordnungen der freien Berufe, 1991; *Treber* Der Kaufmann als Rechtsbegriff im Handels- und Verbraucherrecht, AcP 199 (1999), 525; *H.-D. Wagner* Die Kaufmannseigenschaft des OHG-Gesellschafters, Diss. Köln 1969; *Wassner* Inhaber und Strohmann beim Einzelunternehmen, ZGR 1973, 427; *Wessel* Der Kaufmannsbegriff, BB 1977, 1226; *Manfred Wolf* Die Fortführung eines Handelsgeschäfts durch die Erbengemeinschaft, AcP 181 (1981), 480.

Übersicht

	Rn		Rn
I. Allgemeines	1–12	b) Abstrakte Befähigung zum Betrieb eines Handelsgewerbes	54–77
II. Handelsgewerbe als Zentralbegriff für die Kaufmannseigenschaft	13–103	aa) Vorbemerkung	54–55
1. Überblick	13	bb) Natürliche Personen	56–58
2. Der Gewerbebegriff im Handelsrecht	14–43	cc) Juristische Personen	9–62
a) Vorbemerkung	14–17	dd) Gesamthandsgemeinschaften	63–77
b) Selbständige Tätigkeit	18–19	(1) Personengesellschaften	63–67
c) Planmäßigkeit und Dauerhaftigkeit der Tätigkeit	20–21	(2) Partnerschaft und Europäische Wirtschaftliche Interessenvereinigung	68–69
d) Nach außen gerichtete Tätigkeit am Markt	22–26	(3) Nicht eingetragener Verein	70
e) Ausklammerung freiberuflicher Tätigkeiten	27–36	(4) Rechtsfähige Stiftungen	71
f) Gewinnerzielungsabsicht bzw. entgeltliche Tätigkeit	37–39	(5) Partenreederei	72–74
g) Erlaubtheit der Tätigkeit	40–42	(6) Gütergemeinschaft	75
h) Berufsmäßige Ausübung der Tätigkeit	43	(7) Erbengemeinschaft	76–77
3. Beginn und Ende des Gewerbes	44–50	c) Drittverhalten	78–88
a) Beginn des Gewerbes	45–46	aa) Allgemeines	78
b) Ende des Gewerbes	47–50	bb) Vertretung	79–81
4. Betreiber des Handelsgewerbes	51–88	cc) Insolvenzverwalter	82–83
a) Allgemeines	51–53	dd) Stille Gesellschaft	84
		ee) Nutzungsberechtigte	85
		ff) Organpersonen	86
		gg) Testamentsvollstrecker	87–88

	Rn		Rn
5. Art und Umfang des Geschäftsbetriebs (§ 1 Abs. 2)	89–102	cc) Art und Umfang des Geschäftsbetriebes	99–102
a) Normstruktur	89–92	III. Rechtsfolgen aufgrund des Betreibens eines Handelsgewerbes	103–104
b) Entbehrlichkeit kaufmännischer Einrichtungen	93–102	IV. Beginn und Ende der Kaufmannseigenschaft	105–107
aa) Kaufmännische Einrichtungen	93–94		
bb) Erforderlichkeitsprüfung	95–98		

I. Allgemeines

1 Die Vorschrift des § 1 bildet die Zentralnorm für den Kaufmannsstatus, auf der die nachfolgenden §§ 2 bis 7 aufbauen. Zugleich liefert diese die Grundlage für das Personengesellschaftsrecht, da § 105 Abs. 1 für die Errichtung einer Offenen Handelsgesellschaft den Betrieb eines Handelsgewerbes voraussetzt, was wegen der Verweisungsnorm in § 161 Abs. 2 ebenfalls für eine Kommanditgesellschaft gilt. Keine Bedeutung hat § 1 für das Kapitalgesellschaftsrecht, da die rechtsformspezifischen Kodifikationen (AktG, GmbHG) die jeweiligen Gesellschaften den Handelsgesellschaften im Sinne des HGB zuordnen (s. § 3 Abs. 1 AktG, § 13 Abs. 3 GmbHG) und § 6 Abs. 1 diese in den Anwendungsbereich der Bestimmungen einbezieht, die für Kaufleute gelten. Einen geringfügig anderen rechtstechnischen Weg hat der Gesetzgeber für die Genossenschaft beschritten: Diese fingiert das GenG nicht als Handelsgesellschaft im Sinne des HGB, sondern § 17 Abs. 2 GenG stellt die Genossenschaft mittels einer Fiktion unmittelbar den Kaufleuten im Sinne des HGB gleich. Damit vergleichbar hat der Gesetzgeber auch für den Versicherungsverein auf Gegenseitigkeit die Vorschriften des Ersten und Vierten Buches des HGB für entsprechend anwendbar erklärt (§ 16 Satz 1 VAG).

2 Nach § 1 tritt die Kaufmannseigenschaft nicht erst aufgrund einer Eintragung im Handelsregister, sondern bereits kraft Gesetzes ein, wenn ein Handelsgewerbe betrieben wird (§ 1 Abs. 1). Wegen dieser ausschließlich an das tatsächliche Betreiben eines Handelsgewerbes anknüpfenden Voraussetzung und der willensunabhängigen Erlangung des Status als Kaufmann hat sich für diese Gattung der Kaufleute die begriffliche Kennzeichnung als „Ist-Kaufmann" durchgesetzt. Er „ist" allein aufgrund seiner Betätigung Kaufmann im Sinne des Gesetzes. Die früher verbreitete Umschreibung als „Muss-Kaufmann" besagt inhaltlich zwar nichts anderes, ist aber im Hinblick auf das materielle Handelsrecht verfehlt, weil diese die Rechtslage nur aus der Perspektive des Registergerichts widerspiegelt.[1] Den Kaufmann im Sinne des § 1 Abs. 1 trifft nach § 29 die Pflicht zur Anmeldung seiner Firma, er „muss" deren Eintragung zum Handelsregister anmelden. Da die Erlangung der Kaufmannseigenschaft nach § 1 Abs. 1 jedoch unabhängig von der Registereintragung bereits kraft Gesetzes eintritt, kommt es hierfür nicht auf die lediglich deklaratorisch wirkende Registereintragung an (s. auch Rn 104).

3 Die Vorschrift des § 1 Abs. 1 dient darüber hinaus als Anknüpfungspunkt, um weiteren Personen die Kaufmannseigenschaft zuzubilligen. Dazu bedient sich das HGB – wie das Kapitalgesellschaftsrecht – regelungstechnisch einer Fiktion, die sich jedoch nicht auf die Kaufmannseigenschaft („gilt als Kaufmann"), sondern auf das Vorliegen eines

---

[1] Ausdrücklich ablehnend *K. Schmidt* Handelsrecht, § 10 IV 1a, S. 306.

Handelsgewerbes bezieht („gilt als Handelsgewerbe"). Hierauf greift das HGB vor allem für diejenigen Personen zurück, deren gewerbliches Unternehmen im Hinblick auf Art oder Umfang ihres Geschäftsbetriebes nicht die Voraussetzungen des § 1 Abs. 2 (Erforderlichkeit eines in kaufmännischer Weise eingerichteten Geschäftsbetriebes) erfüllen. Für diese **„Kleingewerbetreibenden"** fingiert § 2 Satz 1 das Vorliegen eines Handelsgewerbes (s. § 2 Rn 25), wenn sie von ihrer Eintragungsoption (§ 2 Satz 2) Gebrauch gemacht haben und unter ihrer für das gewerbliche Unternehmen gewählten Firma in das Handelsregister eingetragen sind. Wegen dieser Fiktion erfüllen sie die Voraussetzungen in § 1 Abs. 1 und sind damit Kaufleute im Sinne des HGB (s. § 2 Rn 25). Da sie diesen Rechtsstatus nicht bereits aufgrund des willentlich betriebenen gewerblichen Unternehmens erlangen, sondern es hierfür eines gesonderten Willensentschlusses in Gestalt der Anmeldung beim Handelsregister bedarf, für die nach § 2 Satz 2 keine Rechtspflicht besteht (s. § 2 Rn 9), hat sich für die Gruppe der Kleingewerbetreibenden – in Anlehnung an die tradierte Begriffsbildung zu § 3 (s. § 3 Rn 2 aE) – die Kennzeichnung als „Kann-Kaufleute" etabliert.

Entsprechendes gilt für **Betriebe der Land- und Forstwirtschaft**, für die § 1 Abs. 1 **4** nach dem zu weit gefassten Wortlaut des § 3 Abs. 1 (s. § 3 Rn 6) keine Anwendung findet. Dies führt – wie anderenorts näher ausgeführt – dazu, dass der Betreiber eines land- oder forstwirtschaftlichen Unternehmens nicht bereits kraft seiner Betätigung die Kaufmannseigenschaft erlangt, da es sich bei diesem aufgrund ausdrücklicher Festlegung des Gesetzes nicht um den Betrieb eines Handelsgewerbes handelt. Vielmehr wird dieses erst aufgrund der Verweisung in § 3 Abs. 2 auf § 2 – und damit auf dessen Satz 1 – wie bei Kleingewerbetreibenden fingiert (s. näher § 3 Rn 5). Allerdings eröffnet § 3 Abs. 2 den Weg zum „Handelsgewerbe" und damit zur Erlangung der Kaufmannseigenschaft nicht für alle Inhaber eines land- oder forstwirtschaftlichen Betriebes, sondern ausschließlich für solche, die die Voraussetzungen des § 1 Abs. 2 für ein Handelsgewerbe erfüllen, anderenfalls bleibt ihnen dieser Weg zur Kaufmannseigenschaft nach der hier befürworteten Auffassung (s. § 3 Rn 34 ff) grundsätzlich verschlossen. Lediglich dann, wenn sie ein mit dem land- oder forstwirtschaftlichen Unternehmen verbundenes Nebengewerbe betreiben, dass seinerseits die Voraussetzungen eines Handelsgewerbes in § 1 Abs. 2 erfüllt, können sie nach § 3 Abs. 3, der Abs. 2 der Vorschrift und damit auch die dortige Verweisung auf § 2 Satz 1 für entsprechend anwendbar erklärt, beschränkt auf das Nebengewerbe die Kaufmannseigenschaft erwerben. Wegen der unmittelbaren Verweisung in § 3 Abs. 2 sowie der mittelbaren Verweisung in § 3 Abs. 3 auf § 2 Satz 2 steht es jedoch – wie Kleingewerbetreibenden – im Belieben des Inhabers, ob er das von ihm betriebene land- oder forstwirtschaftliche Unternehmen – bzw. genauer die hierfür gewählte Firma – bei dem Handelsregister zur Eintragung anmeldet. Deshalb zählen die Inhaber land- oder forstwirtschaftlicher Unternehmen – wie bereits nach § 3 a.F. – gleichermaßen zu der Gruppe der „Kann-Kaufleute".

Mit dogmatischen Zweifeln ist die **Einordnung des § 5** in das System der §§ 1 bis 7 **5** behaftet. Die Vorschrift reagiert nach ihrem Wortlaut insbesondere auf die Situation, dass ein Kaufmann mit seiner Firma in das Handelsregister eingetragen ist, er sich jedoch in Folge nachträglich eingetretener Veränderungen des Betriebes gegenüber Dritten darauf beruft, das unter der Firma betriebene Gewerbe sei kein Handelsgewerbe (mehr). Diesen Einwand schließt § 5 aus („kann [...] nicht geltend gemacht werden"). Das im Schrifttum vorherrschende Verständnis hat sich im Hinblick auf die dogmatische Einordnung der Norm indes von deren Wortlaut weitgehend gelöst und liest die Vorschrift im Sinne einer Fiktion (s. § 5 Rn 3). Bei Inhabern eines Unternehmens, deren Firma zwar in das Handelsregister eingetragen ist, die aber kein Handelsgewerbe betreiben, fingiere § 5 die Kaufmannseigenschaft („**Fiktivkaufmann**"[2]). Dem ist allerdings schon deshalb zu widersprechen, weil sich § 5 nicht unmittelbar auf den Kaufmannsstatus, sondern primär auf das Handelsgewerbe bezieht (s. § 5 Rn 3). Wenn überhaupt, dann fingiert § 5 das Vorliegen eines Handelsgewerbes,[3] was jedoch im Ergebnis – analog der Regelungstechnik in § 2 Satz 1 – über § 1 Abs. 1 zur Kaufmannseigenschaft des Inhabers führt. Ob der Norm diese Rechtsfolge tatsächlich zu entnehmen ist, ist an anderer Stelle erörtert (s. § 5 Rn 3).

6 Während die §§ 1 bis 5 nach ihrem unmittelbaren Anwendungsbereich auf natürliche Personen beschränkt sind, erfasst § 6 die von einem Personenzusammenschluss betriebenen Gewerbe. Insoweit stellt § 6 Abs. 1 für Handelsgesellschaften zunächst klar, dass auch für sie die für Kaufleute geltenden Vorschriften Anwendung finden. Hieraus folgt zugleich, dass Handelsgesellschaften im Sinne dieser Vorschrift (s. § 6 Rn 6 ff) keine Kaufleute sind. Anders ist die Rechtslage für die von § 6 Abs. 2 erfassten Vereine (s. § 6 Rn 23 ff), für die sich die Bezeichnung „**Formkaufleute**" eingebürgert hat. Sie sind kraft ihrer Rechtsform Kaufleute, ohne dass es darauf ankommt, ob sie ein Handelsgewerbe im Sinne des § 1 Abs. 2 betreiben.

7 Neben § 5 und dem durch die Eintragung in das Handelsregister begründeten Schutz des Rechtsgeschäftsverkehrs ist im Grundsatz anerkannt, dass das tatsächliche Auftreten gegenüber Dritten dazu führen kann, dass der Handelnde wie ein Kaufmann in den Anwendungsbereich handelsrechtlicher Vorschriften einzubeziehen ist. In diesem Fall kommt es im Ergebnis zu einer Gleichstellung von Schein und Sein, für die sich die Umschreibung „**Scheinkaufmann**" etabliert hat (s. näher § 5 Rn 24 ff).

8 Die in Rn 2 bis 6 dargestellte Systematik des HGB zum Kaufmannsbegriff beruht auf dem im Jahre 1998 in Kraft getretenen Handelsrechtsreformgesetz und löste die überkommene und seit dem Jahre 1900 geltende Konzeption ab. Kennzeichnend war für diese die Anknüpfung an sog. Grundhandelsgewerbe, die § 1 Abs. 2 a.F. abschließend aufzählte und deren Betrieb ipso iure zur Erlangung der Kaufmannseigenschaft führte. Außerhalb des Bereichs der Grundhandelsgewerbe (sog. handwerkliche oder sonstige gewerbliche Unternehmen) traf die Inhaber eine Pflicht zur Eintragung in das Handelsregister (§ 2 Satz 2 a.F.), wenn der Gewerbebetrieb nach Art und Umfang einen in kaufmännischer Weise eingerichteten Geschäftsbetrieb erforderte. Für die so umschriebene Gruppe der sog. Sollkaufleute führte erst die Eintragung im Handelsregister zur Fiktion eines Handelsgewerbes und damit zur Erlangung der Kaufmannseigenschaft. Erforderte der Gewerbebetrieb hingegen nach Art und Umfang keinen in kaufmännischer Weise eingerichteten Geschäftsbetrieb, dann war nach dem seit der Novelle aus dem Jahre 1953[4] geltenden Rechtszustand zu differenzieren: Während den Inhabern handwerklicher oder sonstiger gewerblicher Unternehmen der Erwerb der Kaufmannseigenschaft verwehrt blieb, unterlagen Inhaber eines Grundhandelsgewerbes, das nach Art oder Umfang keinen in kaufmännischer Weise eingerichteten Geschäftsbetrieb erforderte, als sog. Minderkaufleute grundsätzlich den handelsrechtlichen Vorschriften; § 4 a.F. nahm hiervon lediglich die Vorschriften über die Firma, die Handelsbücher sowie die Prokura aus und verwehrte (s. § 4 Abs. 2 a.F.) zudem den Zugang zur Offenen Handelsgesellschaft sowie zur Kommanditgesellschaft.

9 Einen anderen konzeptionellen Ansatz verfolgte demgegenüber noch das ADHGB von 1869. Dieses enthielt zwar in Art. 4 ebenfalls eine allgemeine Bestimmung dazu, wer

---

[2] So z.B. *Brox* Rn 46; *Hübner* Rn 18.
[3] Treffend Ebenroth/Boujong/Joost/Strohn/ *Kindler* Rn 4.
[4] Zu der davor geltenden Rechtslage s. Staub/ *Brüggemann*[4] § 4 Rn 1.

als Kaufmann im Sinne des Gesetzes anzusehen war, knüpfte hierfür aber nicht an den Betrieb eines Handelsgewerbes an, sondern sah das gewerbsmäßige Betreiben von Handelsgeschäften als maßgeblich an, die wiederum in Art. 271 und 272 ADHGB abschließend aufgezählt wurden und die die Basis für den späteren Katalog der Grundhandelsgewerbe in § 1 Abs. 2 a.F. legten. Neben den Sonderregeln zur Handelsfrau (Art. 6 bis 9 ADHGB) traf zudem Art. 10 ADHGB eine Sonderbestimmung für Personen mit „geringem Gewerbebetrieb", die in ihrem Kern die spätere Vorschrift für Minderkaufleute (§ 4 a.F.) vorwegnahm.

Die auch heute noch in § 1 anzutreffende Anknüpfung an den „Handel" ist zwar inzwischen überholt, sie findet aber nicht nur in dem Rückgriff des Art. 4 ADHGB auf die Handelsgeschäfte eine dogmengeschichtliche Wurzel, sondern lässt sich zurückverfolgen bis in das Zeitalter des Ständewesens. So zählte z.B. das Preußische Allgemeine Landrecht zum Bürgerstand (PrALR II 8) neben den Handwerkern (§§ 179 ff) auch die Kaufleute (§ 475) und normierte für diese zahlreiche Sonderbestimmungen (§§ 497 ff). Kaufmann war danach, wer den Handel mit Waren oder Wechseln als sein Hauptgeschäft betrieb. Ausgenommen blieben indes Krämer in Dörfern, Hausierer, Trödler und gemeine Viktualienhändler (§ 486) sowie Personen, die nur einzelne Lieferungen übernahmen. Ein Relikt aus der Zeit einer nach Ständen gegliederten Gesellschaftsverfassung enthält unverändert der Titel des Ersten Buches des HGB („Handelsstand"). **10**

Im Vergleich zu der in Rn 8 skizzierten früheren Rechtslage ist die mit dem Handelsrechtsreformgesetz vorgenommene Korrektur zwar sehr zurückhaltend ausgefallen, gleichwohl aber zu begrüßen, da insbesondere die unzeitgemäße Differenzierung zwischen dem altertümlich anmutenden Katalog der Grundhandelsgewerbe (§ 1 Abs. 2 a.F.) sowie den handwerklichen und sonstigen Unternehmen (§ 2 a.F.) beseitigt wurde. Weiterreichende Reformvorschläge, die für einen grundsätzlichen Wandel zu einer am „Unternehmen" ausgerichteten Kodifikation plädierten,[5] stießen indes noch auf Ablehnung.[6] Als wesentlich mutiger hat sich deshalb der österreichische Reformgesetzgeber erwiesen, der wenige Jahre später (2005) die tradierte Anknüpfung an den Kaufmannstatus aufgegeben, stattdessen auf das Unternehmen abgestellt (s. § 1 UGB) und konsequenterweise auch die Kodifikation umbenannt hat (Unternehmensgesetzbuch).[7] **11**

Die Anknüpfung an das „Unternehmen" hätte nicht nur den Vorteil, dass die inzwischen überholte und angesichts des Inhalts der §§ 1 und 2 verfehlte sprachliche Bezugnahme auf den „Handel" aufgegeben würde. Beseitigt würde auch die teleologisch unbefriedigende Diskrepanz zum allgemeinen Privatrecht, die im Zuge der gemeinschaftsrechtlich determinierten Gesetzgebung zum Verbraucherschutz als Antipoden zum Verbraucher nicht den Kaufmann, sondern den Unternehmer erhebt.[8] Die in allgemeiner Form in § 14 BGB aufgenommene Umschreibung („gewerbliche oder selbständige berufliche Tätigkeit") ist zwar im Hinblick auf den derzeitigen handelsrechtlichen Normhaushalt unter Umständen partiell zu weit, dem könnte aber durch Bereichsausnahmen oder – wie im Bilanzrecht (s. § 267) – durch größenabhängige Sonderbestimmungen für Kleinunternehmen Rechnung getragen werden. **12**

---

[5] Hierfür insbesondere *K. Schmidt* DB 1994, 515 ff.
[6] Reg. Begr., BT-Drucks. 13/8444, S. 22 f.
[7] S. näher *Krejci* ZHR 170 (2006), 113 ff sowie aus der Reformdiskussion z.B. *Krejci/*

K. Schmidt Vom HGB zum Unternehmergesetz, Wien 2002; *K. Schmidt* JBl. 2004, 31 ff; im Hinblick auf den personellen Anwendungsbereich auch *Dehn* JBl. 2004, 5 f.
[8] S. *Treber* AcP Bd. 199 (1999), 525 (552 ff).

II. Handelsgewerbe als Zentralbegriff für die Kaufmannseigenschaft

13 **1. Überblick.** Die Kaufmannseigenschaft knüpft § 1 Abs. 1 an das Vorliegen eines Handelsgewerbes. Diesbezüglich sind zwei Elemente zu trennen.[9] Erstens das Vorliegen eines Gewerbes und zweitens das Hinzutreten weiterer Umstände, die dazu führen, dass dieses ein Handelsgewerbe im Sinne des Handelsrechts ist. Die Notwendigkeit zu dieser Trennung ergibt sich unmittelbar aus § 1 Abs. 2, wonach nicht jeder Gewerbebetrieb, sondern nur derjenige, der nach Art und Umfang einen in kaufmännischer Weise eingerichteten Geschäftsbetrieb erfordert, Handelsgewerbe ist. Dabei zeigt § 1 Abs. 2 auch, dass das HGB zumindest Gewerbe und Unternehmen synonym verwendet;[10] § 2 Satz 1 bestätigt dies zusätzlich, indem die Norm beide Begriffe zusammenfügt („gewerbliches Unternehmen").[11]

2. Der Gewerbebegriff im Handelsrecht

14 **a) Vorbemerkung.** Auf das „Gewerbe" hat der Gesetzgeber nicht nur im HGB, sondern auch in einer Vielzahl anderer Vorschriften zurückgegriffen. Exemplarisch ist auf das öffentlich-rechtliche Gewerberecht (s. § 1 GewO) sowie das Steuerrecht und dort neben dem Gewerbesteuerrecht (s. § 2 GewStG) vor allem auf das Einkommensteuerrecht hinzuweisen, das in § 15 Abs. 2 EStG den Gewerbebetrieb als selbständige nachhaltige Betätigung, die mit der Absicht Gewinn zu erzielen, unternommen wird und sich als Beteiligung am allgemeinen wirtschaftlichen Verkehr darstellt, umschreibt, hiervon aber die Ausübung von Land- und Forstwirtschaft sowie eines freien Berufes und andere selbständige Tätigkeiten ausklammert. Die Konkretisierung des Gewerbebegriffs im Handelsrecht wurde jedoch weniger durch die vorstehende Umschreibung in § 15 Abs. 2 EStG, sondern – historisch bedingt – durch den vormals in § 196 Abs. 1 Nr. 1 BGB a.F. enthaltenen Gewerbebegriff geprägt. Die ständige höchstrichterliche Rechtsprechung zählte hierzu im Ausgangspunkt jeden berufsmäßigen Geschäftsbetrieb, der von der Absicht dauernder Gewinnerzielung beherrscht ist.[12]

15 Die tradierte Auffassung im Handelsrecht neigt dazu, den Gewerbebegriff zu § 196 Abs. 1 Nr. 1 BGB a.F. in der Regel unreflektiert für § 1 zu adaptieren.[13] Eine methodische Rechtfertigung hierfür liefert noch am ehesten die für § 196 Abs. 1 Nr. 1 BGB a.F tragende teleologische Erwägung, die aus einem Gewerbebetrieb stammenden Forderungen vor allem deshalb aus der kurzen zweijährigen Verjährungsfrist auszuklammern, weil das Vorliegen einer Buchführung und damit das Vorhandensein kaufmännischer Einrichtungen (s. §§ 238 ff) die Gefahr einer „Verdunkelung" der Rechtsverhältnisse verringert.[14] Allerdings zeigt bereits dieses teleologische Fundament des § 196 Abs. 1 Nr. 1 BGB a.F., dass eine schematische Übertragung auf den Gewerbebegriff im HGB die Gefahr sachwidriger Ergebnisse in sich birgt. Das Vorliegen kaufmännischer Einrichtungen, wie z.B. einer Buchführung, ist – wie § 1 Abs. 2 zeigt – kein Element des Gewerbe-

---

[9] Wie hier z.B. *Röhricht*/v. *Westphalen* Rn 13 f.
[10] In diesem Sinne auch *Canaris* Handelsrecht § 2 Rn 7.
[11] S. auch *Schmitt* Die Rechtsstellung der Kleingewerbetreibenden nach dem Handelsrechtsreformgesetz, 2003, S. 39.
[12] So z.B. BGHZ 49, 258 (260); BGHZ 57, 191 (199); BGHZ 83, 382 (386).
[13] So z.B. *Koller/Roth/Morck* Rn 3; im Grundsatz auch *Röhricht*/v. *Westphalen* Rn 21, 23 sowie i.E. *Baumbach/Hopt* Rn 12; Ebenroth/Boujong/Joost/*Kindler* Rn 17; zurückhaltend *Pfeiffer* Handbuch der Handelsgeschäfte, 1999, § 1 Rn 63.
[14] Staudinger/*Peters* (2001) § 196 Rn 21; s. auch BGHZ 58, 251 (256); BGHZ 63, 32 (34 f).

begriffs, sondern betrifft den in kaufmännischer Weise eingerichteten Geschäftsbetrieb und damit das zweite Element, dass für ein Handelsgewerbe vorliegen muss (s. auch Rn 93 ff). Darüber hinaus stützt die historische Entwicklung eher die Annahme, dass sich die Begriffsbildung zu § 196 Abs. 1 Nr. 1 BGB a.F. aus der vorherigen handelsrechtlichen Diskussion speiste, da insbesondere Art. 4 ADHGB auf das „gewerbsmäßige" Betreiben von Handelsgeschäften abstellte und hierfür die Absicht verlangt wurde, aus den Geschäften eine dauernde Einkommensquelle zu finden oder zu besitzen.[15]

Gerade wegen der Versuchung, den Gewerbebegriff in § 1 mittels Anleihen aus anderen Rechtsgebieten zu konkretisieren, ist im methodischen Ausgangspunkt festzuhalten, dass es sich bei dem Gewerbebegriff um einen teleologisch-funktionalen Rechtsbegriff handelt, der im Lichte seines jeweils verschiedenartigen normativen Kontextes zu interpretieren ist, wenn nicht das Gesetz selbst – wie z.B. § 2 Abs. 1 GewStG – an die Begriffsbildung in anderen Kodifikationen anknüpft.[16] Da dies in § 1 nicht geschehen ist und auch im Rahmen des Handelsrechtsreformgesetzes bewusst von einer eigenständigen Definition des Gewerbebegriffs abgesehen wurde,[17] muss in erster Linie der Zweck des § 1 im Vordergrund stehen,[18] ohne hierdurch auszuschließen, aus den begrifflichen Konkretisierungen zu anderen Gesetzen Anhaltspunkte zu gewinnen, insbesondere dann, wenn die dortige Interpretation maßgeblich und erkennbar von dem handelsrechtlichen Verständnis beeinflusst oder dieses ausweislich der Motive von dem Gesetzgeber sogar zugrunde gelegt worden ist.[19] Insofern geben die Materialien zum Handelsrechtsreformgesetz immerhin die Bekundung des Gesetzgebers wieder, dass es bei der bisherigen Definition durch die höchstrichterliche Rechtsprechung verbleiben soll.[20]

16

Mit den in Rn 16 skizzierten methodischen Vorbehalten erfordert der handelsrechtliche Gewerbebegriff jedenfalls eine selbständige, planmäßige und dauerhafte, nach außen angelegte Tätigkeit auf wirtschaftlichem Gebiet.[21] Nach überkommener Auffassung soll hinzukommen müssen, dass die Tätigkeit mit der Absicht der Gewinnerzielung verfolgt wird (s. auch § 15 Abs. 2 EStG) und erlaubt ist. Einen abweichenden Ansatz wählte indes der österreichische Reformgesetzgeber, der im Rahmen des an die Stelle des HGB getretenen Unternehmensgesetzbuches (s. Rn 11) an das „Unternehmen" anknüpft und hierzu jede auf Dauer angelegte Organisation selbständiger wirtschaftlicher Tätigkeit zählt, mag sie auch nicht auf Gewinn gerichtet sein (s. § 1 Abs. 2 UGB).

17

b) Selbständige Tätigkeit. Das allgemein anerkannte Erfordernis einer selbständigen Tätigkeit[22] soll diejenigen Tätigkeiten ausklammern, deren Ausübung hinsichtlich Inhalt, Ort und Zeit maßgeblich von Weisungen anderer Personen beeinflusst wird. Eine Bestäti-

18

---

[15] So z.B. *Gareis/Fuchsberger* ADHGB, 1891, Art. 4 Anm. 2; ähnlich *Staub* ADHGB, 2. Aufl. 1894, Art. 4 § 2: dauernde Gewinnquelle.
[16] Baumbach/*Hopt* Rn 11. S. in methodischer Hinsicht ebenso für den „Gewerbebetrieb" in § 196 Abs. 1 Nr. 1 BGB a.F. BGHZ 33, 321 (327 f); BGHZ 74, 273 (277 f).
[17] Reg.Begr., BT-Drucks. 13/8444, S. 24.
[18] Treffend *Canaris* Handelsrecht § 2 Rn 1 sowie Ebenroth/Boujong/Joost/Strohn/*Kindler* Rn 15; HK-HGB/*Ruß* Rn 28; Oetker/*Körber* Rn 11; *Röhricht*/v. Westphalen Rn 19 ff.
[19] S. *Röhricht*/v. Westphalen Rn 18.
[20] Reg.Begr., BT-Drucks. 13/8444, S. 24. Zum methodischen Stellenwert der dortigen Aussagen des historischen Gesetzgebers s. *Siems* Kaufmannsbegriff und Rechtsfortbildung, 2. Aufl. 2003, S. 23 ff.
[21] S. insoweit auch Reg.Begr., BT-Drucks. 13/8444, S. 24.
[22] S. Baumbach/*Hopt* Rn 14; Ebenroth/Boujong/Joost/Strohn/*Kindler* Rn 21; *Hübner* Rn 23; Oetker/*Körber* Rn 13; *Pfeiffer* Handbuch der Handelsgeschäfte, 1999, § 1 Rn 67; MünchKommHGB/*K. Schmidt* Rn 27; *Röhricht*/v. Westphalen Rn 25.

gung hierfür liefert § 84 Abs. 1, der für Handelsvertreter ausdrücklich fordert, dass es sich um „selbständige" Gewerbetreibende handelt, und hierfür in Satz 2 verlangt, dass die Gestaltung der Tätigkeit sowie die Bestimmung der Arbeitszeit im Wesentlichen frei erfolgen muss.[23] Hierdurch werden insbesondere Tätigkeiten im Rahmen eines Arbeitsverhältnisses oder eines Beamtenverhältnisses aus dem handelsrechtlichen Gewerbebegriff ausgeklammert;[24] Arbeitnehmer und Beamte können aufgrund der in dieser Eigenschaft erbrachten Tätigkeit keine Kaufleute sein.

19 Unerheblich für die Selbständigkeit einer Tätigkeit sind die **wirtschaftlichen Rahmenbedingungen**, unter denen diese erbracht wird. Auch hierfür liefert das Recht des Handelsvertreters eine Bestätigung. Obwohl § 84 Abs. 1 Satz 1 für den Handelsvertreter eine „selbständige" Tätigkeit fordert, geht § 92a davon aus, dass selbst der Umstand, dass die Tätigkeit nur für einen Unternehmer erbracht werden darf oder dies wegen Art und Umfang der Tätigkeit nur geschehen kann, nicht den Verlust der Selbständigkeit bewirkt. Deshalb führt eine **wirtschaftliche Abhängigkeit**, wie sie in den von § 92a erfassten Sachverhalten offenkundig ist, weder zum Verlust der Selbständigkeit noch steht diese einem Gewerbebetrieb im Sinne des Handelsrechts entgegen.[25]

20 c) **Planmäßigkeit und Dauerhaftigkeit der Tätigkeit.** Die Notwendigkeit einer planmäßigen und auf Dauer angelegten Tätigkeit für ein handelsrechtliches Gewerbe[26] erschließt sich indirekt aus § 1 Abs. 2, der davon ausgeht, dass das Gewerbe die Qualität eines „Geschäftsbetriebes" hat, der für die Eigenschaft als Handelsgewerbe zusätzlich wegen Art und Umfang in kaufmännischer Weise eingerichtet sein muss. Einen Geschäftsbetrieb unterhält jedoch nur derjenige, dessen Tätigkeit auf eine **unbestimmte Vielzahl von Geschäften** angelegt ist.[27] Hieran fehlt es typischerweise bei den für ein einziges Bauprojekt gebildeten Arbeitsgemeinschaften (ARGE), unabhängig von Größe und Dauer des Bauvorhabens.[28] Selbiges Erfordernis, das bereits für eine „gewerbsmäßige" Betätigung im Sinne von Art. 4 ADHGB als notwendig angesehen wurde,[29] erschließt

---

[23] Wie hier z.B. auch *Canaris* Handelsrecht § 2 Rn 2; *Hübner* Rn 23; *Lettl* § 2 Rn 7.

[24] Statt aller Baumbach/*Hopt* Rn 14; *Canaris* Handelsrecht § 2 Rn 2; Ebenroth/Boujong/Joost/Strohn/*Kindler* Rn 21; Oetker/*Körber* Rn 15; *Lettl* § 2 Rn 7; MünchKommHGB/*K. Schmidt* Rn 27; Röhricht/v. Westphalen Rn 25.

[25] Für die allg. Ansicht Baumbach/*Hopt* Rn 14; Ebenroth/Boujong/Joost/Strohn/*Kindler* Rn 21; HK-HGB/*Ruß* Rn 29; *Hübner* Rn 23; Oetker/*Körber* Rn 13; Koller/*Roth*/Morck Rn 5; MünchKommHGB/*K. Schmidt* Rn 27; Röhricht/v. Westphalen Rn 25.

[26] Für die allg. Ansicht Baumbach/*Hopt* Rn 13; Ebenroth/Boujong/Joost/Strohn/*Kindler* Rn 23; *Hübner* Rn 24; Oetker/*Körber* Rn 16; *Pfeiffer* Handbuch der Handelsgeschäfte, 1999, § 1 Rn 72; MünchKommHGB/*K. Schmidt* Rn 30; Röhricht/v. Westphalen Rn 27.

[27] Baumbach/*Hopt* Rn 13; *Canaris* Handelsrecht § 2 Rn 6; Ebenroth/Boujong/Joost/Strohn/*Kindler* Rn 23; HK-HGB/*Ruß* Rn 30; *Hübner* Rn 24; Koller/*Roth*/Morck Rn 7; Oetker/*Körber* Rn 16; *Lettl* § 2 Rn 10; ähnlich MünchKommHGB/*K. Schmidt* Rn 30, der auf die Kontinuität der Unternehmensträgerschaft abstellt.

[28] So mit Recht OLG Karlsruhe 7.3.2006 – 17 U 73/06, nv.; ebenso im Schrifttum *K. Schmidt* DB 2003, 703 (704 f); MünchKommBGB/*Ulmer* vor § 705 Rn 43. Gegenteiliger Ansicht bei dem Erfordernis eines wegen Größe und Dauer des Projekts in kaufmännischer Weise eingerichteten Geschäftsbetriebes im Anschluss an KG BauR 2001, 1790 f; OLG Dresden NJW-RR 2002, 257; OLG Frankfurt OLGR 2005, 257; LG Berlin BauR 2003, 136; LG Bonn ZIP 2003, 2160 f.

[29] S. *Gareis/Fuchsberger* ADHGB, 1891, Art. 4 Anm. 2.

sich letztlich auch aus dem Unternehmensbegriff, auf den sowohl § 1 Abs. 2 als auch § 2 Satz 1 zurückgreifen. Umgekehrt sind wegen des Erfordernisses einer planmäßigen und auf Dauer angelegten Tätigkeit solche selbständigen Tätigkeiten aus dem handelsrechtlichen Gewerbebegriff auszuklammern, die nur **gelegentlich** ausgeführt werden.[30] An versteckter Stelle hat dies das HGB bestätigt, da zu den von § 406 Abs. 1 Satz 2 erfassten und nicht zu einem eigenständigen Gewerbe führenden „ähnlichen" Geschäften auch solche zählen, die nur gelegentlich durchgeführt werden (sog. Gelegenheitskommission).[31] Damit ist auch heute noch ein Grundverständnis prägend, das bereits unter der Geltung des Preußischen Allgemeinen Landrechts dazu führte, solchen Personen die Kaufmannseigenschaft abzusprechen, die nur einzelne Lieferungen übernahmen (PrALR II 8 § 487).

Die **Abgrenzung** erfordert eine Gesamtschau der Tätigkeit, in die die unterschiedlichen Faktoren einfließen, die für einen Geschäftsbetrieb charakteristisch sind. Der Zeitraum der Tätigkeit liefert zumindest dann ein Indiz für das Vorliegen eines Geschäftsbetriebes, wenn dieser von längerer Dauer ist. Eine bestimmte Mindestdauer ist jedoch nicht zu fordern, insbesondere können Tätigkeiten, die sich auf einen kurzen Zeitraum beschränken (z.B. während einer Messe), nicht ausgeklammert werden.[32] Entsprechendes gilt für die Zahl der abgeschlossenen Geschäfte (Geschäftsvolumen). Dieses Merkmal ist zwar nach § 1 Abs. 2 konstitutiv für ein Handelsgewerbe, für das Vorliegen eines handelsrechtlichen Gewerbes aber keineswegs irrelevant,[33] da es erst von dem konkreten Umfang des Geschäftes abhängt, ob der Geschäftsbetrieb kaufmännische Einrichtungen erfordert. Dies setzt denknotwendig voraus, dass auch Kleingewerbe zumindest ein Minimum an Geschäftsvolumen aufweisen.[34] Unerheblich ist hingegen die wirtschaftliche Bedeutung der Tätigkeit für den Handelnden. Es muss sich – wie § 92b bestätigt – insbesondere nicht um dessen Haupteinnahmequelle handeln.[35]

21

d) **Nach außen gerichtete Tätigkeit am Markt.** Mit Recht verlangt die nahezu einmütige Ansicht für ein handelsrechtliches Gewerbe eine nach außen gerichtete Tätigkeit.[36] Aufgabe des Gewerbebetriebes ist es, wie das „gewerbliche Unternehmen" in § 2 Satz 1 zeigt, den geschäftlichen Bereich („Geschäftsbetrieb") von der Privatsphäre abzugrenzen.[37] Nur für den geschäftlichen Bereich erweist sich die Schaffung einer eigenständigen und das Bürgerliche Gesetzbuch ergänzenden Kodifikation als notwendig. Betreffen die „Geschäfte" ausschließlich die private Lebensführung desjenigen, der die Tätigkeit erbringt, agiert er nicht als Unternehmer am Markt. So befriedigt z.B. derjenige, der für die eigene Altersversorgung Wertpapiere an- und verkauft, durch das „Geschäft" seine eigenen Bedürfnisse und tritt hierbei auch gegenüber Dritten nicht als

22

---

[30] *Canaris* Handelsrecht § 2 Rn 6; Ebenroth/Boujong/Joost/Strohn/*Kindler* Rn 23; *Hübner* Rn 24; Koller/*Roth*/Morck Rn 7; Oetker/*Körber* Rn 17; *Pfeiffer* Handbuch der Handelsgeschäfte, 1999, § 1 Rn 72; *Röhricht*/v. Westphalen Rn 27.

[31] S. MünchKommHGB/*Häuser* § 406 Rn 8.

[32] Baumbach/*Hopt* Rn 13; Ebenroth/Boujong/Joost/Strohn/*Kindler* Rn 24; GK-HGB/*Ensthaler* Rn 3; HK-HGB/*Ruß* Rn 30; Koller/*Roth*/Morck Rn 7; Oetker/*Körber* Rn 18; *Röhricht*/v. Westphalen Rn 31.

[33] So aber Ebenroth/Boujong/Joost/Strohn/*Kindler* Rn 24; Koller/*Roth*/Morck Rn 7.

[34] AA wohl *Schmitt* Die Rechtsstellung der Kleingewerbetreibenden nach dem Handelsrechtsreformgesetz, 2003, S. 42 f; s. auch § 2 Rn 5.

[35] Baumbach/*Hopt* Rn 13; Ebenroth/Boujong/Joost/Strohn/*Kindler* Rn 24; Koller/*Roth*/Morck Rn 7; Oetker/*Körber* Rn 18; *Pfeiffer* Handbuch der Handelsgeschäfte, 1999, § 1 Rn 73; *Röhricht*/v. Westphalen Rn 28.

[36] Statt aller z.B. Baumbach/*Hopt* Rn 13; *Canaris* Handelsrecht § 2 Rn 7; *Hübner* Rn 25; Oetker/*Körber* Rn 19; *Lettl* § 2 Rn 12; i.E. auch MünchKommHGB/*K. Schmidt* Rn 28.

[37] In diesem Sinne auch *Lettl* § 2 Rn 12.

Inhaber eines von der Privatperson zu trennenden Unternehmens bzw. Geschäftsbetriebes auf.[38] Entscheidend ist, wie das Reichsoberhandelsgericht bereits treffend hervorhob, dass derjenige, der die Geschäfte betreibt, „dem Publikum gegenüber als Geschäftsmann auftritt"[39].

23 Gegenstand für kontroverse Erörterungen liefert die Zuordnung der **Vermögensverwaltung**. Dabei ist weitgehend unstreitig, dass diese jedenfalls dann einen handelsrechtlichen Gewerbebetrieb begründen kann, wenn das Vermögen Dritter verwaltet wird.[40] Schwerer fällt die Beurteilung, wenn die verwaltende Tätigkeit ausschließlich das eigene Vermögen betrifft, da diese – abhängig von dessen Volumen – eine unbestimmte Vielzahl von Geschäften erfordern kann. Eine Klärung dieser Frage brachte scheinbar das Handelsrechtsreformgesetz,[41] da mit diesem § 105 Abs. 2 geändert wurde und nicht nur Kleingewerbetreibenden, sondern auch der eigenen Vermögensverwaltung die Rechtsform der Offenen Handelsgesellschaft eröffnet wurde. Insoweit deutet die ausdrückliche Benennung der Verwaltung ausschließlich eigenen Vermögens sowie die Abgrenzung von denjenigen Unternehmen, die kein Handelsgewerbe im Sinne des § 1 Abs. 2 sind, darauf hin, dass das Gesetz selbst davon ausgeht, dass die Verwaltung ausschließlich eigenen Vermögens kein „gewerbliches Unternehmen" bzw. kein Geschäftsbetrieb im Sinne des Handelsrechts ist.

24 Allerdings belegen die Materialien des Handelsrechtsreformgesetzes, dass der in Rn 23 skizzierte Umkehrschluss nicht den Intentionen des Gesetzgebers entsprach. Dieser griff mit der Ergänzung in § 105 Abs. 2 zwar einerseits das damals überwiegende Verständnis auf, nach dem die Verwaltung eigenen Vermögens nicht unter den herkömmlichen Gewerbebegriff fällt,[42] andererseits wollte er dem Bedürfnis nach Rechtssicherheit bei Vermögensverwaltungsgesellschaften mit in der Regel gewerblich orientierter Unternehmensstruktur Rechnung tragen und stufte die Neufassung des § 105 Abs. 2 selbst lediglich als eine Klarstellung ein.[43] Angesichts dessen ist es bedenklich, aus § 105 Abs. 2 im Wege eines Umkehrschlusses abzuleiten, dass die ausschließliche Verwaltung eigenen Vermögens stets aus dem handelsrechtlichen Gewerbebegriff auszuklammern ist. Zwar hat die Korrektur des § 105 Abs. 2 für das Recht der Personenhandelsgesellschaft das Problem entschärft, da es bei dieser nicht mehr auf die im Detail erforderliche Abgrenzung ankommt; für Einzelkaufleute (sowie für nicht eingetragene Personengesellschaften) ist die Rechtslage aber unverändert klärungsbedürftig (s. näher § 2 Rn 6).[44]

25 Die Rechtsprechung des Bundesgerichtshofes stellte zu § 196 BGB a.F. im Hinblick auf die Errichtung von Häusern bzw. Wohnungen und die erstrebte Vermietung darauf ab, ob hierdurch eine *berufsmäßige* Erwerbsquelle geschaffen werden sollte.[45] Die damit angedeutete quantitative Betrachtung begegnet jedoch Bedenken, da der Umfang der Tätigkeit für das Vorliegen eines Gewerbes grundsätzlich ohne Bedeutung ist (s. Rn 21).

---

[38] Treffend bereits ROHGE 22, 303 (303) sowie *Canaris* Handelsrecht § 2 Rn 7; Ebenroth/Boujong/Joost/Strohn/*Kindler* Rn 22; *Hübner* Rn 25; Koller/*Roth*/Morck Rn 6; Oetker/*Körber* Rn 19; MünchKomm-HGB/*K. Schmidt* Rn 28; *Röhricht*/v. Westphalen Rn 32.
[39] ROHGE 22, 303 (303).
[40] *Röhricht*/v. Westphalen Rn 43.
[41] Treffend Ebenroth/Boujong/Joost/Strohn/*Kindler* Rn 33.
[42] Reg.Begr., BT-Drucks. 13/8444, S. 40.
[43] Reg.Begr., BT-Drucks. 13/8444, S. 41; ebenso *Siems* Kaufmannsbegriff und Rechtsfortbildung, 2. Aufl. 2003, S. 39 ff.
[44] Mit dieser Würdigung auch Ebenroth/Boujong/Joost/Strohn/*Kindler* Rn 33.
[45] So z.B. BGHZ 63, 32 (33); BGHZ 74, 273 (277); OLG Düsseldorf 21.8.2003 – 23 U 113/02, nv.

Allerdings entbindet dies nicht von der Notwendigkeit, dass für die Verwaltung eigenen Vermögens ein Minimum an Geschäftsbetrieb unterhalten werden muss, mit dem der Inhaber des Gewerbes am Markt erkennbar nicht als Privatperson, sondern als Gewerbetreibender in Erscheinung tritt. Charakteristisch ist hierfür weniger die spezifische Risikostruktur einer gewerblichen Tätigkeit,[46] sondern vor allem das Anbieten eigener Dienste oder Waren gegenüber einem unbestimmten größeren Personenkreis, der mit einem Geschäftsbetrieb korrespondiert, der über das hinausgeht, was typischerweise die Verwaltung eigenen Vermögens erfordert.[47]

26 Die in Rn 25 favorisierte Abgrenzung ist allerdings mit dem Makel behaftet, keine trennscharfe Differenzierung zu ermöglichen, sondern stets eine Betrachtung des Einzelfalles zu erzwingen, bei der insbesondere auch Art und Umfang des verwalteten Vermögens zu berücksichtigen ist.[48] Wegen des fehlenden Anbietens eigener Leistungen am Markt führt jedenfalls das Halten von gesellschaftsrechtlichen Beteiligungen als solches ebenso wenig zu einer gewerbsmäßigen Vermögensverwaltung[49] wie der Erwerb von Aktien oder die Vermietung eines Hauses bzw. einer Wohnung.

27 e) **Ausklammerung freiberuflicher Tätigkeiten.** Wenngleich ständiger Kritik ausgesetzt, zählt es zu den überkommenen Elementen des handelsrechtlichen Gewerbebegriffs, dass die Ausübung sog. freiberuflicher Tätigkeiten aus diesem ausgeklammert wird.[50] Auch im Vorfeld des Handelsrechtsreformgesetzes wurde wiederholt und mit Nachdruck die Forderung erhoben, die freien Berufe ebenfalls in das Handelsrecht einzubeziehen.[51] Der damalige Reformgesetzgeber hat diese Bestrebungen jedoch ausdrücklich zurückgewiesen.[52] Anders entschied indes der Gesetzgeber in Österreich, da dieser die freiberuflich Tätigen im Rahmen des Unternehmensgesetzbuches (UGB) nunmehr zumindest partiell einbezieht (s. §§ 4, 105 UGB).

28 Die grundsätzliche Entscheidung, die freien Berufe aus dem Gewerbebegriff herauszunehmen und ihrem Betrieb die Eigenschaft eines Handelsgewerbes abzusprechen, hat der Gesetzgeber für eine Vielzahl von Berufen ausdrücklich getroffen. Das gilt z.B. für Rechtsanwälte[53], Ärzte[54], Zahnärzte[55], Wirtschaftsprüfer[56], Patentanwälte[57], Steuerberater[58] und Notare[59].

29 Darüber hinaus ist die Sonderstellung der freiberuflich Tätigen zumindest im Grundsatz in dem Gesetz über Partnerschaftsgesellschaften ausdrücklich anerkannt worden. Die Entscheidung des Gesetzgebers, dieser Berufsgruppe eine eigenständige Gesellschaftsform in Gestalt der Partnerschaft zur Verfügung zu stellen, beruhte gerade auf der Ein-

---

[46] Hierfür aber *Schön* DB 1998, 1169 (1173) sowie im Anschluss Ebenroth/Boujong/Joost/Strohn/*Kindler* Rn 35.
[47] Wie hier auch *Pfeiffer* Handbuch der Handelsgeschäfte, 1999, § 1 Rn 76.
[48] S. *Pfeiffer* Handbuch der Handelsgeschäfte, 1999, § 1 Rn 77.
[49] OLG Düsseldorf OLGR 2002, 259. Dementsprechend ist die Kaufmannseigenschaft bezüglich der Treuhandanstalt bzw. der Bundesanstalt für vereinigungsbedingte Sonderaufgaben (BvS) zu verneinen; so OLG Brandenburg 15.5.1997 – 5 U 29/96, nv.; KG KGR 1998, 23.
[50] Dagegen z.B. Koller/Roth/Morck Rn 13; MünchKommHGB/*K. Schmidt* Rn 32; differenzierend *Canaris* Handelsrecht § 2 Rn 9.
[51] S. vor allem *K. Schmidt* DB 1994, 515 ff.
[52] S. Reg.Begr., BT-Drucks. 13/8444, S. 34; kritisch dazu auch *Treber* AcP Bd. 199 (1999), 525 (569 ff).
[53] § 2 Abs. 2 BRAO.
[54] § 1 Abs. 2 BundesärzteO.
[55] § 1 Abs. 4 ZahnheilkundeG.
[56] § 1 Abs. 2 WPO.
[57] § 2 Abs. 2 PatentanwaltsO.
[58] § 32 Abs. 2 StBerG.
[59] § 2 Satz 3 BNotO.

sicht, dass das Recht der BGB-Gesellschaft nach dem damals vorherrschenden Meinungsstand zu deren Rechtsnatur und Haftungsverfassung vielfach als unpassend für die gemeinschaftlich ausgeübte Tätigkeit empfunden wurde[60] und der Weg zur Offenen Handelsgesellschaft durch die fehlende Anerkennung des Betriebes als „Handelsgewerbe" versperrt blieb. Um den Bedürfnissen der Praxis entgegenzukommen, hat der Gesetzgeber mit der Rechtsform der Partnerschaft bewusst eine der Offenen Handelsgesellschaft angenäherte Gesellschaftsform geschaffen.[61] Dementsprechend hält § 1 Abs. 1 Satz 2 PartGG ausdrücklich fest, dass die Partnerschaft kein Handelsgewerbe betreibt.

30 Abgesehen von den ausdrücklich aus dem Handelsrecht ausgeklammerten Berufsgruppen (s. Rn 28) herrscht jedoch Unsicherheit über die weiteren Personen, die als freiberuflich Tätige nicht dem Gewerbebegriff unterfallen. Verbreitet sind exemplarische Aufzählungen anzutreffen.[62] Dieser Technik bedient sich – die Regelung in § 18 EStG aufgreifend – auch § 1 Abs. 2 Satz 2 PartGG, der jedoch wegen § 1 Abs. 2 Satz 1 PartGG keinen abschließenden Charakter hat. Ungeachtet dessen hat gerade § 1 Abs. 2 Satz 2 PartGG die Frage aufgeworfen, ob die dortige Umschreibung auf die Konkretisierung des handelsrechtlichen Gewerbebegriffes ausstrahlt. Zumindest die Entstehungsgeschichte des PartGG (s. Rn 29) liefert hierfür einen gewichtigen Anhaltspunkt. Gleichwohl wird eine bindende Wirkung der Aufzählung in § 1 Abs. 2 Satz 2 PartGG für den handelsrechtlichen Gewerbebegriff verbreitet verneint[63] und damit in einem Überschneidungsbereich einzelnen Personengruppen ggf. die Möglichkeit eröffnet, zwischen der Errichtung einer Partnerschaftsgesellschaft und einer Offenen Handelsgesellschaft zu wählen.[64]

31 Das letztgenannte Verständnis steht jedoch im krassen Gegensatz zu dem legislativen Anliegen. Es sind keine sachlichen Gründe erkennbar, warum einzelnen Berufsgruppen, denen wegen ihres „Handelsgewerbes" der Weg in die Offene Handelsgesellschaft eröffnet ist, zusätzlich eine dieser Rechtsform angenäherte Gesellschaftsform zur Verfügung gestellt werden sollte. Einen Beleg hierfür liefert die unterbliebene Einbeziehung der Apotheker in § 1 Abs. 2 Satz 2 PartGG, die ausdrücklich auf die Entscheidung des § 8 Apothekengesetz für die BGB-Gesellschaft sowie die Offene Handelsgesellschaft als zulässige Kooperationsform gestützt wurde.[65] Dies spricht dafür, im Rahmen von § 1 Abs. 1 aus rechtssystematischen Gründen diejenigen Berufsgruppen aus dem handelsrechtlichen Gewerbebegriff auszuklammern, die § 1 Abs. 2 Satz 2 PartGG ausdrücklich aufzählt.[66] Allerdings ist einzuräumen, dass der deutlich an § 18 EStG orientierte Katalog freier Berufe einen extensiven Charakter hat, und damit der Tendenz im handelsrechtlichen Schrifttum zuwiderläuft, die vom Handelsrecht ausgenommenen freien Berufe auf einen Kernbereich einzugrenzen.[67]

32 Auch der hier befürwortete Ansatz entbindet nicht von der Notwendigkeit, die abstrakten Kriterien herauszuarbeiten, die zur freiberuflichen Tätigkeit und damit zur Ver-

---

[60] S. Reg.Begr., BT-Drucks. 12/6152, S. 7.
[61] S. insoweit auch MünchKommBGB/*Ulmer* Vor § 1 PartGG Rn 11 und ferner Reg.Begr., BT-Drucks. 12/6152, S. 8.
[62] S. z.B. Heymann/*Emmerich* Rn 18 ff.
[63] So z.B. Baumbach/*Hopt* Rn 19; *Canaris* Handelsrecht § 2 Rn 10; MünchKommBGB/ *Ulmer* § 1 PartGG Rn 17; MünchKommHGB/*K. Schmidt* Rn 36.
[64] So ausdrücklich Ebenroth/Boujong/Joost/ Strohn/*Kindler* Rn 39; MünchKommBGB/

Ulmer § 1 PartGG Rn 17; mit gegenläufiger Tendenz *Pfeiffer* Handbuch der Handelsgeschäfte, 1999, § 1 Rn 88.
[65] S. Reg.Begr., BT-Drucks. 12/6152, S. 10.
[66] Ebenso Oetker/*Körber* Rn 39 sowie im Sinne eines gewichtigen Hinweises *Pfeiffer* Handbuch der Handelsgeschäfte, 1999, § 1 Rn 88.
[67] Hierfür z.B. Baumbach/*Hopt* Rn 19; MünchKommHGB/*K. Schmidt* Rn 33 f; ebenso für eine restriktive Begrenzung *Canaris* Handelsrecht § 2 Rn 10.

neinung einer gewerblichen Tätigkeit im Sinne des Handelsrechts führen. Im Unterschied zu der ursprünglichen Regelungsabsicht[68] enthält § 1 Abs. 2 Satz 1 PartGG aufgrund der Beschlussempfehlungen des Rechtsausschusses[69] eine „Typusbeschreibung", die auch für die Abgrenzung der freien Berufe zur gewerblichen Tätigkeit eine tragfähige Grundlage liefert.[70] Im Zentrum steht danach die Erbringung von Dienstleistungen höherer Art, die auf besonderer Qualifikation oder schöpferischer Begabung beruhen, und die neben dem Interesse des Auftraggebers auch der Allgemeinheit dienen.[71] Keinen besonderen Stellenwert hat indes das Merkmal einer eigenverantwortlichen und fachlich unabhängigen Erbringung der Dienstleistung, da dieses bereits in dem für den Gewerbebegriff konstitutiven Element einer selbständigen Tätigkeit (s. Rn 18) enthalten ist.

Schwierigkeiten bereitet die rechtliche Einordnung freiberuflicher Tätigkeiten, wenn diese **im Rahmen eines wirtschaftlichen Geschäftsbetriebes** ausgeübt wird. Als Bespiele sind Ärzte in einem Sanatorium, Schauspieler in einem Theater sowie Lehrer in einer Privatschule zu nennen. Es bietet nicht der Arzt, Schauspieler oder Lehrer als Person seine Leistungen am Markt an, sondern diese Rolle übernimmt das Sanatorium bzw. Theater oder die Privatschule, die typischerweise auch als Vertragspartner gegenüber Dritten auftritt. In derartigen Fallgestaltungen strahlt die freiberufliche Tätigkeit grundsätzlich nicht auf den wirtschaftlichen Geschäftsbetrieb aus, da diese nach dem äußeren Erscheinungsbild in den Geschäftsbetrieb integriert ist.[72] Eine Ausklammerung aus dem handelsrechtlichen Gewerbebegriff ist allenfalls dann gerechtfertigt, wenn der Geschäftsbetrieb nach seinem äußeren Erscheinungsbild auf die Person eines bestimmten Freiberuflers zugeschnitten ist. **33**

Die handelsrechtliche Sonderstellung des freiberuflich Tätigen ist nur historisch verständlich, da sich das Handelsrecht – wie PrALR II 8 § 475 und auch noch die Anknüpfung an die Handelsgeschäfte in Art. 4 i.V.m. Art. 271, 272 ADHGB zeigen – auf Regelungen für den „Handelsstand" beschränkte. Dass hierzu die freiberufliche Tätigkeit ursprünglich nicht zählte ist ebenso evident wie bei Betrieben der Land- und Forstwirtschaft. Exemplarisch zeigt dies die gesonderte Erfassung der Künstler und ihres Gewerbes im Preußischen Allgemeinen Landrecht (s. PrALR II 8 §§ 401 ff). Aus heutiger Sicht hat eine vergleichbare Abgrenzung jedoch ihre Legitimation eingebüßt. Zudem steht auch die Fokussierung der §§ 1 bis 7 auf den „Handelsstand" nicht mehr mit dem gewandelten normativen Fundament im Einklang, das die Fixierung auf den „Handel" inzwischen vollständig abgestreift hat (s. Rn 10). **34**

Angesichts dessen überrascht es nicht, dass sich schon seit längerem die Stimmen mehren, die bereits de lege lata dafür plädieren, den Kreis der vom handelsrechtlichen Gewerbebegriff ausgeklammerten Tätigkeiten restriktiv zu interpretieren[73] und diese jenseits der spezialgesetzlich ausgeklammerten Berufe (s. Rn 28) auf einen Kernbereich zu beschränken.[74] Andererseits muss sich eine methodengerechte Auslegung des handelsrechtlichen Gewerbebegriffs auch in systematischer Hinsicht in den vom Gesetzgeber gesetzten Koordinaten bewegen und kann nicht die legislative Entscheidung in dem PartGG ignorieren, dass § 1 Abs. 2 Satz 2 PartGG die dort aufgezählten Tätigkeiten **35**

---

[68] S. Reg.Begr., BT-Drucks. 12/6152, S. 9.
[69] BT-Drucks. 12/10955, S. 12 f.
[70] Hierfür auch MünchKommBGB/*Ulmer* § 1 PartGG Rn 46; i.E. ebenso HK-HGB/*Ruß* Rn 39.
[71] Kritisch insofern MünchKommHGB/ *K. Schmidt* Rn 33 f.
[72] In dieser Richtung auch *Canaris* Handelsrecht § 2 Rn 11; Koller/*Roth*/Morck Rn 15; Staub/*Brüggemann*[4] Rn 18 a.E.; abweichend MünchKommHGB/*K. Schmidt* Rn 35.
[73] Hierfür z.B. *Canaris* Handelsrecht § 2 Rn 10.
[74] So z.B. ausdrücklich Baumbach/*Hopt* Rn 19; MünchKommHGB/*K. Schmidt* Rn 33 f.

nicht als gewerblich ansieht. Die dortige Aufzählung bzw. die „Typusbeschreibung" in § 1 Abs. 2 Satz 1 PartGG mag rechtspolitisch fragwürdig sein, sie ist jedoch von dem Norminterpreten hinzunehmen.[75]

36 Als methodengerechter Ausweg kommt neben einem Rückgriff auf die Lehre vom Scheinkaufmann (s. § 5 Rn 24 ff) lediglich die punktuelle analoge Anwendung einzelner handelsrechtlicher Vorschriften auf die freiberufliche Tätigkeit in Betracht,[76] die u.U. auch im Hinblick auf den Gleichheitssatz (Art. 3 Abs. 1 GG) geboten ist. In methodischer Hinsicht ist deshalb ein ähnlicher Weg zu beschreiten, der auch bei Kleingewerbetreibenden zu befürworten ist, die ihr Optionsrecht (§ 2 Satz 2) nicht ausgeübt haben (s. § 2 Rn 32 ff). De lege ferenda ist jedenfalls der Ansatz der österreichischen Reformgesetzgebers diskussionswürdig, die Angehörigen der freien Berufe zumindest in die Bestimmungen des Vierten Buches über die Handelsgeschäfte einzubeziehen (s. auch Rn 12).[77]

37 f) Gewinnerzielungsabsicht bzw. entgeltliche Tätigkeit. Nach lange Zeit vorherrschender Ansicht erforderte der Betrieb eines handelsrechtlichen Gewerbes zwingend die Absicht, mit dem „gewerblichen Unternehmen" einen Gewinn erzielen zu wollen.[78] Allerdings ist auch diesbezüglich anerkannt, dass es auf die Erzielung eines tatsächlichen Gewinns nicht ankommt, die bloße Absicht hierzu soll ausreichen.[79] Eine Bestätigung für dieses Verständnis liefern andere Gesetzesbestimmungen, die das Element der Gewinnerzielungsabsicht ausdrücklich für die Gewerbeeigenschaft voraussetzen (so z.B. § 15 Abs. 2 EStG).[80] Im Rahmen des Handelsrechtsreformgesetzes wurde dieses nach vorherrschender Ansicht für den Gewerbebegriff konstitutive Merkmal zwar in Frage gestellt, die Materialien dokumentieren aber die Einschätzung des Gesetzgebers, dass für einen Verzicht auf dieses Merkmal kein dringender praktischer Grund ersichtlich sei.[81]

38 Von Bedeutung ist diese Einschränkung des Gewerbebegriffs für solche Tätigkeiten bzw. Betriebe, die von vornherein darauf angelegt sind, keine kostendeckenden Einnahmen zu erzielen bzw. nach ihrer Wirtschaftsplanung mit den Einnahmen lediglich die entstehenden Kosten decken wollen. In der Praxis betrifft dies vor allem karitativ tätige Betriebe,[82] da diese – wie die Judikatur im Arbeitsrecht zeigt[83] – begriffsnotwendig die fehlende Gewinnerzielungsabsicht voraussetzen. Entsprechendes trifft häufig auch auf öffentliche Unternehmen zu, wenn diese Leistungen insbesondere im Bereich der öffentlichen Daseinsvorsorge erbringen. Deren fehlende Eigenschaft als Gewerbebetrieb ist lediglich dann ohne Bedeutung für die Anwendung des Handelsrechts, wenn das Unter-

---

[75] Treffend deshalb *Siems* Kaufmannsbegriff und Rechtsfortbildung, 2. Aufl. 2003, S. 35 f.
[76] So im methodischen Ansatz auch Baumbach/ *Hopt* Rn 19; MünchKommHGB/ *K. Schmidt* Rn 36.
[77] Deren Anwendungsbereich bezieht sich auf „Unternehmen", zu denen – wie sich indirekt aus § 4 Abs. 2 UGB erschließt – auch die Angehörigen der freien Berufe zählen.
[78] Dafür im Schrifttum z.B. *Baumann* AcP Bd. 184 (1984), 45 (51); Staub/*Brüggemann*[4] Rn 9 ff; mit Einschränkungen HK-HGB/*Ruß* Rn 33.
[79] S. BGHZ 95, 155 (158).
[80] S. ferner die höchstrichterliche Judikatur zu § 196 Abs. 1 Nr. 1 BGB a.F. BGHZ 49, 258 (260); BGHZ 57, 191 (199); BGHZ 83, 382 (386).
[81] Reg.Begr., BT-Drucks. 13/8444, S. 24.
[82] Exemplarisch OLG Düsseldorf NJW-RR 2003, 1120 (1120 f), Krankenhaus als karitative Einrichtung.
[83] S. insbesondere zu § 118 Abs. 1 Satz 1 BetrVG BAG AP Nr. 43 zu § 99 BetrVG 1972 Einstellung; BAG AP Nr. 70 zu § 118 BetrVG 1972; näher dazu mwN GK-BetrVG/ *Weber* 8. Aufl. 2005, § 118 Rn 93; Richardi/ *Thüsing* BetrVG, 11. Aufl. 2008, § 118 Rn 59.

nehmen als Gesellschaft in einer privatrechtlichen Rechtsform betrieben wird, da in diesem Fall § 6 Abs. 1 zur Anwendung der handelsrechtlichen Vorschriften führt. Das gilt auch für karitative Einrichtungen; das Handelsrecht kennt keinen Tendenzschutz.

Das neuere Schrifttum sieht jedoch mit Recht davon ab, für ein handelsrechtliches **39** Gewerbe die Absicht einer Gewinnerzielung zu fordern.[84] Allein deren Fehlen rechtfertigt es nicht, die jeweiligen Betriebe bzw. Unternehmen generell aus dem Handelsrecht auszuklammern und ausschließlich den bürgerlich-rechtlichen Vorschriften zu unterstellen. Hiergegen spricht vor allem der Zweck der handelsrechtlichen Normen. Diese reagieren nicht auf die Absicht, mit der Tätigkeit am Markt Gewinne zu erzielen, sondern das Handelsrecht will einen für das Agieren am Markt adäquaten Rechtsrahmen zur Verfügung stellen. Im Hinblick auf diesen Zweck kommt es ausschließlich darauf an, ob ein Geschäftsbetrieb unterhalten wird, um am Wirtschaftsleben als „Unternehmen" teilzunehmen. Hierfür ist jedoch charakteristisch und ausreichend, dass Leistungen am Markt gegen Entgelt angeboten werden. Ob die dabei erzielten Einnahmen ausreichen, um die Kosten zu decken, ist für die Teilnahme am Wirtschaftsverkehr und die Geltung des hierauf zugeschnittenen Normengefüges in Gestalt des Handelsrechts ohne Bedeutung, da der Normzweck der jeweiligen Vorschriften jeweils unabhängig davon eingreift, ob die wirtschaftliche Tätigkeit den Zweck verfolgt, einen Gewinn zu erzielen.[85]

g) Erlaubtheit der Tätigkeit. Zu den tradierten Voraussetzungen des handelsrecht- **40** lichen Gewerbebegriffs zählt ferner die Forderung nach einer erlaubten Tätigkeit;[86] auch der Gesetzgeber des Handelsrechtsreformgesetzes stimmte dem zu.[87] Zur lange Zeit unangefochtenen Anerkennung dieser Anforderung mag die Vorstellung beigetragen haben, dass die Bejahung der Gewerbeeigenschaft die Zugehörigkeit zum „Handelsstand" eröffnet und von diesem unehrenhafte Personen ferngehalten werden sollen.[88] Das häufig angeführte Beispiel des gewerbsmäßigen Hehlers liefert hierfür ein anschauliches Beispiel.

Auch vom Standpunkt der bislang wohl noch vorherrschenden Ansicht, steht die **41** Eigenschaft als Gewerbe indes stets dann nicht in Frage, wenn bei der Ausübung der gewerblichen Tätigkeit einzelne rechtsgeschäftliche Handlungen gegen Verbotsgesetze verstoßen und nach § 134 BGB nichtig sind (s. § 7 Rn 5). Entscheidend kann allein sein, ob die ausgeübte und für das „Gewerbe" konstitutive Tätigkeit, also der „Gegenstand" des Gewerbes, erlaubt ist. Auch mit dieser Einschränkung ist die Forderung nach einer Erlaubtheit der Tätigkeit jedoch in dieser Absolutheit nicht haltbar. Dies zeigt bereits § 7, der die Kaufmannseigenschaft aus guten Gründen (s. § 7 Rn 2) von der Beachtung öffentlich-rechtlicher Vorschriften entkoppelt. Selbst wenn die ausgeübte Tätigkeit nach

---

[84] So Baumbach/*Hopt* Rn 16; *Canaris* Handelsrecht § 2 Rn 14; Ebenroth/Boujong/Joost/Strohn/*Kindler* Rn 27; Heymann/*Emmerich* Rn 12; *Hopt* ZGR 1987, 143 (172 ff); *Hübner* Rn 26; Koller/*Roth*/Morck Rn 10; Oetker/*Körber* Rn 29; *Lettl* § 2 Rn 9, 22; MünchKommHGB/*K. Schmidt* Rn 31; *Sack* ZGR 1974, 179 (195 ff); *Siems* Kaufmannsbegriff und Rechtsfortbildung, 2. Aufl. 2003, S. 30 f; Röhricht/v. Westphalen Rn 50; *Treber* AcP 199 (1999), 525 (568). Ebenso in der neueren Rechtsprechung z.B. OLG Dresden DB 2003, 713 (713 f), mit Anm. *K. Schmidt* DB 2003, 703 ff.

[85] Konsequent deshalb der österreichische Reformgesetzgeber, der die Gewinnerzielungsabsicht für den Unternehmensbegriff als unerheblich ansieht (s. § 1 Abs. 2 UGB).

[86] Hierfür z.B. im neueren Schrifttum noch *Brox* Rn 21; GK-HGB/*Ensthaler* Rn 9; HK-HGB/*Ruß* Rn 38; ebenso früher Staub/Brüggemann[4] Rn 17.

[87] S. Reg.Begr., BT-Drucks. 13/8444, S. 24.

[88] S. exemplarisch Staub/*Brüggemann*[4] Rn 17; s. auch *Hübner* Rn 31.

Maßgabe öffentlich-rechtlicher Vorschriften einer Erlaubnis bedarf bzw. bei deren Fehlen untersagt werden kann, steht dies weder der Eintragung in das Handelsregister entgegen noch rechtfertigt allein dieser Umstand die Löschung aus diesem. Kein taugliches Kriterium ist ferner die Einklagbarkeit der Forderungen;[89] handelsrechtliches Gewerbe sind deshalb auch Spiel und Wette (§ 762 Abs. 1 BGB) sowie die Ehevermittlung (§ 656 BGB).[90] Das gilt wegen § 1 ProstG selbst für den Betrieb eines Bordells.[91]

42 Der alleinige Hinweis auf § 7[92] ist jedoch zu schwach, um das Erfordernis einer erlaubten Tätigkeit generell und in jeder Hinsicht aus den konstitutiven Voraussetzungen für ein handelsrechtliches Gewerbe auszuklammern. Im Hinblick auf die Einheit der Rechtsordnung wäre es ein unerträglicher Widerspruch, wenn der Gegenstand des Gewerbes gegen die „guten Sitten" (§ 138 Abs. 1 BGB) oder gegen Strafgesetze verstößt, gleichwohl aber die staatlichen Organe zur Eintragung eines entsprechenden Handelsgewerbes in das Handelsregister verpflichtet wären[93] bzw. ggf. sogar dessen Eintragung mit Hilfe staatlicher Zwangsmittel (s. § 14) durchsetzen müssten. Ziel des Handelsrechts ist es, eine den Besonderheiten des Wirtschaftslebens Rechnung tragende Kodifikation zur Verfügung zu stellen, um insbesondere den rechtsgeschäftlichen Verkehr zu erleichtern. Diese Zielsetzung greift nicht ein, wenn die Tätigkeit als solche der Sittenordnung oder den Strafgesetzen widerspricht. Die „gewerbsmäßige Zuhälterei" (§ 181a Abs. 2 StGB), die „gewerbsmäßige Hehlerei" (§ 260 StGB) sowie der „gewerbsmäßige Betrug" (§ 263 Abs. 7 StGB) sind schwere Straftaten und kein handelsrechtliches Gewerbe.

43 h) **Berufsmäßige Ausübung der Tätigkeit.** In Übernahme der höchstrichterlichen Judikatur zu § 196 Abs. 1 Nr. 1 BGB a.F. wird verbreitet auch die Berufsmäßigkeit der Tätigkeit zu den konstitutiven Elementen des handelsrechtlichen Gewerbebegriffs gezählt.[94] Dieses Merkmal steht jedoch in keinem notwendigen Zusammenhang mit dem Zweck der handelsrechtlichen Normen. Vielmehr zeigt § 92b, dass auch Nebentätigkeiten der Annahme eines handelsrechtlichen Gewerbes nicht entgegenstehen (s. Rn 21). Sofern die Forderung nach einer berufsmäßigen Tätigkeit lediglich zum Ausdruck bringen soll, dass die Tätigkeit erbracht wird, um mit dieser ein Entgelt zu erzielen, so deckt sich dieses mit der Voraussetzung einer entgeltlichen Tätigkeit am Markt (s. Rn 39). Neben den vorstehend erörterten konstitutiven Merkmalen hat die berufsmäßige Ausübung der Tätigkeit deshalb keine eigenständige Bedeutung bzw. Berechtigung für den handelsrechtlichen Gewerbebegriff.[95]

---

[89] Baumbach/*Hopt* Rn 21; *Canaris* Handelsrecht § 2 Rn 13; Heymann/*Emmerich* Rn 21; MünchKommHGB/*K. Schmidt* Rn 29; Oetker/*Körber* Rn 27; *Pfeiffer* Handbuch der Handelsgeschäfte, 1999, § 1 Rn 82; Röhricht/v. Westphalen Rn 57; **aA** noch BayObLG NJW 1972, 1327 (1328); Staub/*Brüggemann*[4] Rn 17.
[90] Wie hier für die Ehevermittlung *Canaris* Handelsrecht § 2 Rn 13; Heymann/*Emmerich* Rn 21; HK-HGB/*Ruß* Rn 38; MünchKommHGB/*K. Schmidt* Rn 29.
[91] Ebenso *Hübner* Rn 31; Koller/*Roth*/Morck Rn 11; **aA** HK-HGB/*Ruß* Rn 38; Röhricht/v. Westphalen Rn 57.
[92] So aber z.B. Ebenroth/Boujong/Joost/Strohn/*Kindler* Rn 31; Oetker/*Körber* Rn 27; *Lettl* § 2 Rn 19.
[93] Wie hier Baumbach/*Hopt* Rn 21; ähnlich *Hübner* Rn 31. Zu weit deshalb *Canaris* Handelsrecht § 2 Rn 13; Koller/*Roth*/Morck Rn 11, die auch gegen § 138 BGB verstoßende Handlungen einbeziehen wollen.
[94] S. z.B. Heymann/*Emmerich* Rn 5; *G. Roth* Rn 93; zu § 196 Abs. 1 Nr. 1 BGB a.F. s. vor allem BGHZ 63, 32 (33); BGHZ 74, 273 (277).
[95] Ablehnend auch *Canaris* Handelsrecht § 2 Rn 15; MünchKommHGB/*K. Schmidt* Rn 29; Röhricht/v. Westphalen Rn 72; *Siems* Kaufmannsbegriff und Rechtsfortbildung, 2. Aufl. 2003, S. 23.

3. Beginn und Ende des Gewerbes. Der Erwerb der Kaufmannseigenschaft setzt **44** voraus, dass das Gewerbe „betrieben" wird. Das fordert § 1 Abs. 1 ausdrücklich von dem Inhaber des Handelsgewerbes und verleiht ihm nur dann den Rechtsstatus eines Kaufmannes. Beginn und Ende des Gewerbes sind jedoch nicht zwingend mit dem Beginn bzw. Ende der Kaufmannseigenschaft deckungsgleich (s. Rn 105 ff).

a) **Beginn des Gewerbes.** Im Hinblick auf den Zweck der handelsrechtlichen Vor- **45** schriften, dem rechtsgeschäftlichen Verkehr ein adäquates Normengefüge zur Verfügung zu stellen, liegt der Beginn des Gewerbes in der Aufnahme des Geschäftsbetriebes.[96] Mit Recht lässt es die bislang unbestrittene allgemeine Ansicht hierfür bereits ausreichen, wenn Geschäfte vorgenommen werden, die die Aufnahme des Geschäftsbetriebes vorbereiten sollen.[97] Hierzu zählen insbesondere die Anmietung von Geschäftsräumen, der Ankauf von Waren für den Betrieb des Gewerbes, die Aufnahme eines Darlehens und ggf. auch die Erteilung von Werbeaufträgen.[98] Ob der Inhaber des Geschäftsbetriebes bereits seine Firma zur Eintragung in das Handelsregister angemeldet hat oder in dieses eingetragen worden ist bzw. die Bekanntmachung (§ 10) erfolgte, ist für den Beginn des Geschäftsbetriebes ohne Bedeutung. Im Gegenteil: Es ist als eine der gezielten Vorbereitung des Geschäftsbetriebes dienende Handlung zu qualifizieren, wenn die Anmeldung nach § 29 bzw. § 2 Satz 2 vorgenommen wird. Um bereits mit der Aufnahme des Geschäftsbetriebes die Kaufmannseigenschaft nach § 1 Abs. 1 zu erlangen, ist allerdings zusätzlich erforderlich, dass der Geschäftsbetrieb von Beginn an auf eine Größenordnung zugeschnitten ist, die nach Art und Umfang kaufmännische Einrichtungen erfordert und in absehbarer Zeit hiermit zu rechnen ist (s. auch Rn 105).[99]

Andererseits markieren nur solche Vorbereitungsgeschäfte den Beginn des Gewerbes, **46** die den Entschluss zur Aufnahme eines Geschäftsbetriebes umsetzen. Solche hingegen, die noch im Vorfeld dazu anzusiedeln sind, zählen nicht hierzu, solange diese der Entscheidungsfindung dienen, ob ein Geschäftsbetrieb eröffnet werden soll. Das betrifft insbesondere sämtliche Planungen, die sich auf die Aufnahme des Geschäftsbetriebes als solchen richten, wie z.B. eine Beauftragung zwecks Erstattung einer Marktanalyse.[100]

b) **Ende des Gewerbes.** Umgekehrt setzt das Ende des Gewerbes die Einstellung des **47** Geschäftsbetriebes voraus.[101] Bloße Unterbrechungen genügen hierfür nicht,[102] vielmehr

---

[96] Ebenroth/Boujong/Joost/Strohn/*Kindler* Rn 40; GK-HGB/*Ensthaler* Rn 25; Heymann/*Emmerich* Rn 14; Koller/*Roth*/Morck Rn 25; MünchKommHGB/*K. Schmidt* Rn 7; Röhricht/v. Westphalen Rn 139.

[97] BGHZ 10, 91 (96); BGHZ 32, 307 (311); Baumbach/*Hopt* Rn 51; *Canaris* Handelsrecht § 3 Rn 6; Ebenroth/Boujong/Joost/Strohn/*Kindler* Rn 40; Oetker/*Körber* Rn 108; Heymann/*Emmerich* Rn 14; Koller/*Roth*/Morck Rn 25; Lettl § 2 Rn 32; MünchKommHGB/*K. Schmidt* Rn 7; Röhricht/v. Westphalen Rn 139.

[98] Baumbach/*Hopt* Rn 51; Ebenroth/Boujong/Joost/Strohn/*Kindler* Rn 40.

[99] BGHZ 10, 91 (96); BGHZ 32, 307 (311); Baumbach/*Hopt* Rn 51; Koller/*Roth*/Morck Rn 25; Oetker/*Körber* Rn 108; Röhricht/v. Westphalen Rn 139.

[100] Baumbach/*Hopt* Rn 51; Ebenroth/Boujong/Joost/Strohn/*Kindler* Rn 40; s. auch MünchKommHGB/*K. Schmidt* Rn 7 sowie BGH ZIP 2008, 27 (28).

[101] BGHZ 32, 307 (312); Baumbach//*Hopt* Rn 52; Koller/*Roth*/Morck Rn 25; MünchKommHGB/*K. Schmidt* Rn 8; Röhricht/v. Westphalen Rn 141.

[102] BGHZ 32, 307 (312); Baumbach/*Hopt* Rn 52; Ebenroth/Boujong/Joost/Strohn/*Kindler* Rn 41; Heymann/*Emmerich* Rn 14; MünchKommHGB/*K. Schmidt* Rn 8; Röhricht/v. Westphalen Rn 141.

muss die Einstellung der Geschäftstätigkeit endgültig sein, wie z.B. bei einer Veräußerung oder Verpachtung des Betriebes.[103]

48 Keine Aussagen über den Fortbestand bzw. die Einstellung des Geschäftsbetriebes geben Einschränkungen, die die rechtliche Fähigkeit des Inhabers betreffen, im Rechtsgeschäftsverkehr rechtswirksam für den Geschäftsbetrieb zu handeln, da ein höchstpersönliches Betreiben für das Vorliegen eines Gewerbes nicht konstitutiv ist. Aus diesem Grunde führt weder die Geschäftsunfähigkeit noch der Eintritt einer beschränkten Geschäftsfähigkeit (z.B. durch die Bestellung eines Betreuers, §§ 1896 ff BGB) zum Ende des Gewerbes.[104] Entsprechendes gilt für die Eröffnung des Insolvenzverfahrens (§ 27 InsO)[105] oder die Bestellung eines vorläufigen (starken oder schwachen) Insolvenzverwalters (§ 22 InsO).

49 Auch der Eintritt in ein Liquidationsstadium führt bei Handelsgesellschaften nicht bereits zum Ende des von ihnen betriebenen Gewerbes; abhängig von dem bisherigen Umfang des Geschäftsbetriebes kann auch das Stadium einer Auseinandersetzungsgesellschaft noch vielfältige Geschäftstätigkeiten erfordern, um das Gewerbe abzuwickeln (z.B. Räumungsverkauf, Verwertung des Betriebsvermögens, Beendigung von Vertragsbeziehungen). Erst der Abschluss des Liquidationsverfahrens bzw. die Beendigung der Handelsgesellschaft führt dazu, dass der Gewerbebetrieb sein Ende findet.

50 Keine Bedeutung für das Ende des Gewerbes hat die registerrechtliche Situation.[106] Vielmehr zeigt § 31 Abs. 2 Satz 1, dass das Registerrecht an diesen Tatbestand anknüpft und den Inhaber des bisherigen Geschäftsbetriebes verpflichtet, die Löschung der Firma herbeizuführen. Erst mit deren Bekanntmachung (und ggf. zuzüglich der 15-Tages-Frist in § 15 Abs. 2 Satz 1) verliert das Handelsrecht für den Inhaber des bisherigen Geschäftsbetriebes seine rechtliche Bedeutung. Bis dahin ist der Rechtsgeschäftsverkehr durch die negative Publizität des § 15 Abs. 1 geschützt.[107] Der Schutz durch § 5 ist in dieser Phase nicht einschlägig, da dieser den Betrieb eines Gewerbes voraussetzt (s. § 5 Rn 8 ff).[108]

4. Betreiber des Handelsgewerbes

51 a) **Allgemeines.** Die Existenz eines Handelsgewerbes führt nur für denjenigen zur Kaufmannseigenschaft, der dieses betreibt (§ 1 Abs. 1: „wer [...] betreibt"). Diese Voraussetzung für den Erwerb der Kaufmannseigenschaft erfordert eine zweistufige Prüfung: In einem ersten Schritt ist abstrakt zu konkretisieren, „wer" überhaupt rechtlich befähigt ist, Betreiber eines Handelsgewerbes zu sein. Erst im Anschluss stellt sich die nicht immer einfach zu beantwortende Frage, ob Dritte, die nicht mit dem Inhaber eines Gewerbes identisch sind, aufgrund ihrer Tätigkeit für diesen „Betreiber" des Handelsgewerbes sind, mit der Folge, dass sie durch § 1 Abs. 1 den Kaufmannsstatus erlangen.

52 Unsicherheit herrscht über die abstrakten Anforderungen, die an den „Betreiber" des Gewerbes im Sinne des § 1 Abs. 1 zu stellen sind. Einvernehmen scheint aber zumindest

---

[103] BGHZ 32, 307 (312); Koller/*Roth*/Morck Rn 25; *Röhricht*/v. Westphalen Rn 141.
[104] Ebenroth/Boujong/Joost/Strohn/*Kindler* Rn 41.
[105] Ebenroth/Boujong/Joost/Strohn/*Kindler* Rn 41; Oetker/*Körber* Rn 110; Heymann/*Emmerich* Rn 14; HK-HGB/*Ruß* Rn 47; *Lettl* § 2 Rn 34.
[106] GK-HGB/*Ensthaler* Rn 26; HK-HGB/*Ruß* Rn 47; MünchKommHGB/*K. Schmidt* Rn 8 sowie bereits Staub/*Brüggemann*[4] Rn 29.
[107] Ebenroth/Boujong/Joost/Strohn/*Kindler* Rn 41, Koller/*Roth*/Morck Rn 25.
[108] Treffend Ebenroth/Boujong/Joost/Strohn/*Kindler* Rn 41, i.E. auch Koller/*Roth*/Morck Rn 25.

insoweit zu bestehen, dass das namentliche Auftreten im Außenverhältnis von zentraler Bedeutung ist. Regelmäßig wird als „Betreiber" des Handelsgewerbes derjenige angesehen, in dessen Namen das Gewerbe nach außen betrieben wird.[109] Zweifelhaft ist allerdings der Stellenwert, der der persönlichen Berechtigung bzw. Verpflichtung aus den für den Geschäftsbetrieb vorgenommenen Rechtsgeschäften zukommt. Teils wird dies kumulativ dem namentlichen Auftreten im Außenverhältnis hinzugefügt,[110] teils aber auch als ausschließlicher Maßstab für die Eigenschaft als „Betreiber" herangezogen.[111] Lediglich vereinzelt wird neben dem namentlichen Auftreten ein Handeln für eigene Rechnung gefordert.[112]

Richtigerweise ist derjenige als Betreiber des Gewerbebetriebes anzusehen, der durch die für ihn vorgenommenen Rechtsgeschäfte berechtigt und verpflichtet wird. Dies ergibt sich schon daraus, dass er der Adressat der einschlägigen handelsrechtlichen Normen sein soll. In der Regel fällt die Berechtigung und Verpflichtung aus den Rechtsgeschäften mit derjenigen Person zusammen, in deren Namen das Gewerbe betrieben wird. Keine Bedeutung hat hingegen eine eventuelle Haftung für die Verbindlichkeiten des Gewerbes. Besteht diese kraft Gesetzes oder aufgrund einer rechtsgeschäftlichen Verpflichtung, so folgt hieraus noch nicht, dass der Haftende zugleich Betreiber des Gewerbes ist, da hiermit keine Berechtigung aus den jeweiligen Rechtsgeschäften korrespondiert. Ebenso ist es für ein Betreiben des Gewerbes nicht konstitutiv, dass dieses für eigene Rechnung geschieht.[113] Dies zeigen insbesondere die Sachverhalte einer Treuhandschaft, in denen der Treuhänder zwar in eigenem Namen, aber für fremde Rechnung handelt. Berechtigt und verpflichtet aus den abgeschlossenen Rechtsgeschäften ist in diesem Fall ausschließlich der Treuhänder, der damit auch das Gewerbe betreibt (s. Rn 80).

b) Abstrakte Befähigung zum Betrieb eines Handelsgewerbes

aa) **Vorbemerkung.** Befähigt zum Betrieb eines Handelsgewerbes ist bei abstrakter Betrachtung grundsätzlich jeder, den das Gesetz mit der Fähigkeit ausstattet, Träger von Rechten und Pflichten zu sein. Dazu zählen – wie § 14 Abs. 2 BGB zeigt – neben natürlichen und juristischen Personen auch rechtsfähige Personengesellschaften.[114] Hiervon ist jedoch eine Einschränkung und eine Erweiterung anzuerkennen bzw. in Betracht zu ziehen.

Die **Einschränkung**, Betreiber eines Handelsgewerbes im Sinne des § 1 Abs. 1 zu sein, betrifft juristische Personen. Ihnen wird zum Teil bereits durch eine anderweitige gesetzliche Regelung die Eigenschaft eines Kaufmanns beigelegt, ohne dass es auf den Gegenstand des Unternehmens ankommt. Wegen § 6 Abs. 2 sind diese „Vereine" (Formkaufleute) aufgrund der Gesetzessystematik keine „Betreiber" eines Handelsgewerbes im Sinne des § 1 Abs. 2.[115] Eine **Erweiterung** der abstrakten Befähigung, ein Handelsgewerbe zu betreiben, ist für diejenigen Gesamthandsgemeinschaften in Betracht zu ziehen,

---

[109] So z.B. *Brox* Rn 24; Heymann/*Emmerich* Rn 13; Oetker/*Körber* Rn 85; *Lettl* § 2 Rn 28 und bereits Staub/*Brüggemann*[4] Rn 20.
[110] So z.B. *Brox* Rn 24; Ebenroth/Boujong/Joost/Strohn/*Kindler* Rn 78; MünchKomm-HGB/*K. Schmidt* Rn 37; wohl auch Röhricht/v. Westphalen Rn 73.
[111] So *Canaris* Handelsrecht § 2 Rn 17; *Hübner* Rn 33.
[112] Hierfür G. *Roth* Rn 99.
[113] Treffend *Brox* Rn 26; Oetker/*Körber* Rn 85 sowie bereits auch Staub/*Brüggemann*[4] Rn 22.
[114] Ebenso z.B. *Lettl* § 2 Rn 28.
[115] Treffend Ebenroth/Boujong/Joost/Strohn/*Kindler* Rn 59.

die keine rechtsfähigen Personengesellschaften im Sinne des § 14 Abs. 2 BGB sind (s. Rn 75 ff).

56 bb) **Natürliche Personen.** Aufgrund der mit der menschlichen Existenz verbundenen Rechtsfähigkeit (§ 1 BGB) kann jeder Mensch Betreiber eines Handelsgewerbes sein.[116] Das gilt unabhängig von seiner Staatsangehörigkeit[117] und seiner Ausbildung[118]. Wie § 7 zeigt, sind auch öffentlich-rechtliche Beschränkungen für bestimmte Tätigkeiten ohne Auswirkungen auf die Kaufmannseigenschaft und damit die Fähigkeit, Betreiber eines entsprechenden Handelsgewerbes zu sein.[119] Das gilt auch dann, wenn das öffentliche Recht die Ausübung der Betätigung ausdrücklich mit dem Erfordernis einer Zulassung verknüpft. Selbst die Aberkennung der gewerberechtlichen Zuverlässigkeit (s. § 35 GewO) führt aus Sicht des Handelsrechts nicht dazu, dass der Betreffende seine Fähigkeit verliert, ein Gewerbe zu betreiben.

57 Trotz der geschlechtsspezifischen Formulierung in § 1 Abs. 1 („Kaufmann")[120] hängt die Fähigkeit, Inhaber eines Handelsgewerbes zu sein, nicht von der Zugehörigkeit zum männlichen Geschlecht ab.[121] Die auch heute noch im Gesetzestext enthaltene Anknüpfung an das Geschlecht hat allein historische Gründe, die auf der Rechtstellung der Frau im 19. Jahrhundert beruhen.[122] Inzwischen kennt das HGB allerdings auch „Kauffrauen" (§ 19 Abs. 1 Nr. 1). Ebenso wird die Fähigkeit, Betreiberin eines Handelsgewerbes zu sein, nicht mehr durch den ehelichen Güterstand beeinträchtigt.[123]

58 Keine Bedeutung für die Kaufmannseigenschaft natürlicher Personen haben Beschränkungen der Geschäftsfähigkeit. Das gilt selbst dann, wenn die betreffende Person in ihrer Geschäftsfähigkeit nicht nur beschränkt, sondern sogar geschäftsunfähig ist.[124] Die Fähigkeit, ein Handelsgewerbe betreiben zu können, setzt nicht voraus, dass die hierfür notwendigen Rechtshandlungen höchst persönlich vorgenommen werden können. Ebenso wie die Eröffnung eines Insolvenzverfahrens die Kaufmannseigenschaft des Schuldners unberührt lässt (s. Rn 48),[125] gilt dies auch, wenn der Inhaber eines Gewerbes nach dessen Beginn beschränkt geschäftsfähig oder gar geschäftsunfähig wird.[126] Für

---

[116] Ebenroth/Boujong/Joost/Strohn/*Kindler* Rn 60; MünchKommHGB/*K. Schmidt* Rn 38.
[117] Ebenroth/Boujong/Joost/Strohn/*Kindler* Rn 60; Oetker/*Körber* Rn 64; MünchKommHGB/*K. Schmidt* Rn 38.
[118] Ebenroth/Boujong/Joost/Strohn/*Kindler* Rn 60; Oetker/*Körber* Rn 64.
[119] Ebenroth/Boujong/Joost/Strohn/*Kindler* Rn 60; Oetker/*Körber* Rn 64; MünchKommHGB/*K. Schmidt* Rn 38.
[120] Zu deren Beibehaltung trotz entprechender Anregungen s. Reg.Begr., BT-Drucks. 13/8444, S. 33.
[121] Ebenroth/Boujong/Joost/Strohn/*Kindler* Rn 60; Oetker/*Körber* Rn 64.
[122] Dementsprechend traf das ADHGB in den Art. 6 bis 9 noch Sonderbestimmungen für die Handelsfrau. Diese hatte in dem Handelsbetrieb zwar alle Rechte und Pflichten eines Kaufmanns (Art. 6 ADHGB), war für den Betrieb des Handelsbetriebes aber auf die Einwilligung des Ehemanns angewiesen (Art. 7 Abs. 1 ADHGB). S. zuvor bereits auch PrALR II 8 §§ 488–496 zur „kaufmannschaftstreibenden Frauensperson".
[123] Anders noch § 1405 i.d.F. vom 1.1.1900, wonach die verheiratete Frau zum selbständigen Betrieb eines Erwerbsgeschäfts die Einwilligung des Mannes benötigte. S. dazu auch Heymann/*Emmerich* Rn 16 und zuvor noch Art. 7 Abs. 1 ADHGB.
[124] Baumbach/*Hopt* Rn 30, 32; *Canaris* Handelsrecht § 2 Rn 18; Ebenroth/Boujong/Joost/Strohn/*Kindler* Rn 61; Heymann/*Emmerich* Rn 17; HK-HGB/*Ruß* Rn 4, 5; Oetker/*Körber* Rn 64; MünchKommHGB/*K. Schmidt* Rn 38.
[125] Ebenroth/Boujong/Joost/Strohn/*Kindler* Rn 60; HK-HGB/*Ruß* Rn 12; Koller/*Roth*/Morck Rn 20; Oetker/*Körber* Rn 100; *Lettl* § 2 Rn 29 sowie Staub/*Brüggemann*⁴ Rn 31.
[126] S. *Röhricht*/v. Westphalen Rn 77.

ihn handelt im Rechtsverkehr dessen gesetzlicher Vertreter, der dazu allerdings ggf. die Genehmigung des Familiengerichts (§§ 1643, 1645 BGB) bzw. Vormundschaftsgerichts (§§ 1821 bis 1823 BGB) benötigt. Das betrifft insbesondere die Aufnahme eines Geschäftsbetriebes (§§ 1645, 1823 BGB), aber auch dessen Auflösung (§ 1823 BGB). Handelt der gesetzliche Vertreter ohne die erforderliche gerichtliche Genehmigung, so hat dies zwar Auswirkungen auf die zivilrechtliche Wirksamkeit einzelner Rechtsgeschäfte (§§ 1829 bis 1831 BGB) und kann eine Haftung des gesetzlichen Vertreters begründen (§ 1833 BGB). Für die abstrakte Fähigkeit des Inhabers, ein Handelsgewerbe betreiben zu können, bleibt dies aber ohne Bedeutung, insbesondere führt die fehlende gerichtliche Genehmigung nicht zum Verlust der Kaufmannseigenschaft bzw. steht ihrem Erwerb nicht entgegen.[127]

cc) Juristische Personen. Die Fähigkeit, ein Handelsgewerbe zu betreiben, besitzen **59** aufgrund ihrer Rechtssubjektivität alle juristischen Personen.[128] Das gilt auch für abhängige Unternehmen in einem Konzern,[129] da das Vorliegen eines Konzerntatbestandes – wie in § 18 Abs. 1 AktG vorausgesetzt – nicht die rechtliche Selbständigkeit der Konzerngesellschaften in Frage stellt. Auch die Konzernleitungsmacht des herrschenden Unternehmens führt nicht dazu, dass dieses die Geschäfte der abhängigen Unternehmen betreibt.[130] Der Konzern im Sinne der Gesamtheit aller Konzernunternehmen betreibt hingegen mangels Rechtspersönlichkeit kein eigenes Handelsgewerbe.[131] Auch juristische Personen **ausländischen Rechts** können im Inland ein Handelsgewerbe betreiben, soweit die Unterhaltung des Geschäftsbetriebes im Inland nicht zum Verlust der nach ausländischem Recht begründeten Rechtspersönlichkeit führt.[132] Dies richtet sich nach dem Gesellschaftsstatut, für das zukünftig generell die Gründungstheorie maßgebend sein soll (s. Art. 10 EGBGB n.F.).

Die **Vorgesellschaft** einer juristischen Person des Privatrechts (Vor-GmbH, Vor-AG) **60** verfügt ebenfalls über die Fähigkeit, ein Handelsgewerbe zu betreiben, und erlangt mit Beginn entsprechender Vorbereitungsgeschäfte die Eigenschaft eines Formkaufmanns.[133] Da die Vorgesellschaft auf den Rechtsstatus einer juristischen Person abzielt, kann sie jedoch nicht selbst in das Handelsregister eingetragen werden.[134] Anders ist die Rechtslage erst, wenn die Gründer ihre Eintragungsabsicht aufgeben (**unechte Vorgesellschaft**). Betreiben sie in diesem Fall das Handelsgewerbe fort, dann bilden sie wegen des Betriebes eines Handelsgewerbes eine Offene Handelsgesellschaft, die als solche in das Handelsregister einzutragen ist.[135]

---

[127] Röhricht/v. Westphalen Rn 87.
[128] Ebenroth/Boujong/Joost/Strohn/*Kindler* Rn 67; MünchKommHGB/*K. Schmidt* Rn 40; Röhricht/v. Westphalen Rn 74.
[129] Ebenroth/Boujong/Joost/Strohn/*Kindler* Rn 67; MünchKommHGB/*K. Schmidt* Rn 27, 42.
[130] Treffend MünchKommHGB/*K. Schmidt* Rn 64.
[131] Baumbach/*Hopt* Rn 31; Ebenroth/Boujong/Joost/Strohn/*Kindler* Rn 67; Oetker/*Körber* Rn 70; MünchKommHGB/*K. Schmidt* Rn 42.
[132] MünchKommHGB/*K. Schmidt* Rn 40; ebenso Oetker/*Körber* Rn 72.
[133] Für die allg. Ansicht Baumbach/*Hopt* Rn 30; Ebenroth/Boujong/Joost/Strohn/*Kindler* Rn 67; Heymann/*Emmerich* Rn 35; HK-HGB/*Ruß* Rn 18; Koller/*Roth*/Morck Rn 28; MünchKommHGB/*K. Schmidt* Rn 40; Röhricht/v. Westphalen Rn 97.
[134] BayObLG NJW 1965, 2254 (2257); Ebenroth/Boujong/Joost/Strohn/*Kindler* Rn 67; Heymann/*Emmerich* Rn 35; Staub/*Brüggemann*⁴ Rn 28; in dieser Richtung auch Röhricht/v. Westphalen Rn 97 sowie i.E. MünchKommHGB/*K. Schmidt* Rn 40.
[135] Röhricht/v. Westphalen Rn 97.

61 Dem Erwerb der Kaufmannseigenschaft stehen öffentlich-rechtliche Genehmigungserfordernisse nicht entgegen. In Einzelfällen untersagte das Gesellschaftsrecht bislang lediglich die Eintragung in das Handelsregister, wenn öffentlich-rechtliche Genehmigungserfordernisse fehlten (s. § 7 Rn 7 f). Wurde der Geschäftsbetrieb bereits zuvor aufgenommen, so gelangen die Grundsätze zur Vorgesellschaft zur Anwendung (s. Rn 60).

62 Wegen der eigenen Rechtspersönlichkeit juristischer Personen des Privatrechts ist ausschließlich diese Inhaber des Geschäftsbetriebes und betreibt das Handelsgewerbe. Für die **Mitglieder bzw. Gesellschafter** der juristischen Person gilt dies hingegen aufgrund der rechtlichen Verselbständigung selbst dann nicht, wenn es sich um den Mehrheits- oder gar Alleingesellschafter handelt.[136] Auch der Alleingesellschafter und Geschäftsführer einer GmbH ist deshalb nicht Kaufmann im Sinne des Handelsrechts mit der Folge, dass eine von ihm mündlich erklärte Bürgschaft unwirksam ist (§ 766 Satz 1 BGB).[137]

63   dd) Gesamthandsgemeinschaften

(1) **Personengesellschaften.** Neben natürlichen und juristischen Personen kennt § 14 Abs. 2 BGB auch Personengesellschaften, die trotz fehlender Rechtspersönlichkeit die Fähigkeit besitzen, Träger von Rechten und Pflichten sein zu können und damit rechtsfähig sind. Damit steht zugleich fest, dass diese Personengesellschaften auch über die abstrakte Fähigkeit verfügen, Betreiber eines Handelsgewerbes zu sein. Wegen § 124 Abs. 1 gilt dies sowohl für die **Offene Handelsgesellschaft** als auch über die Verweisungsnorm in § 161 Abs. 2 für die **Kommanditgesellschaft.**[138]

64 Bezüglich der **BGB-Gesellschaft** ist auf der Grundlage der höchstrichterlichen Rechtsprechung[139] zu differenzieren. Soweit sie danach rechtsfähig ist (BGB-Außengesellschaft), kann sie auch Betreiber eines Gewerbes sein. Damit steht ihr auch die Möglichkeit offen, jedenfalls über § 105 Abs. 2 i.V.m. § 2 den Rechtsstatus einer Offenen Handelsgesellschaft zu erlangen.[140] Erfordern Art und Umfang des Geschäftsbetriebes kaufmännische Einrichtungen, so ist die Gesellschaft ipso iure keine BGB-Gesellschaft, sondern wegen des Vorliegens eines Handelsgewerbes Offene Handelsgesellschaft (§ 105 Abs. 1), die über § 6 Abs. 1 den für Kaufleute geltenden Vorschriften unterliegt.[141]

65 Obwohl die zum Betrieb des Gewerbes vorgenommenen Rechtsgeschäfte die rechtsfähige Personengesellschaft selbst verpflichten und im Namen der Personengesellschaft vorgenommen werden, sieht die bislang herrschende Meinung – abweichend von der Rechtslage bei der juristischen Person (s. Rn 62) – grundsätzlich auch die **Gesellschafter** als Betreiber des (Handels-)Gewerbes an, verlangt hierfür aber einschränkend deren Verpflichtung durch die von der Gesellschaft vorgenommenen Geschäfte. Wegen ihrer durch § 128 begründeten persönlichen Haftung für die Verbindlichkeiten der Gesellschaft sollen deshalb die Gesellschafter einer Offenen Handelsgesellschaft und wegen

---

[136] BGHZ 5, 133 (134); BGHZ 121, 224 (228); Baumbach/*Hopt* Rn 31; Ebenroth/Boujong/Joost/Strohn/*Kindler* Rn 84; HK-HGB/*Ruß* Rn 16; Koller/*Roth*/Morck Rn 23; *Lettl* § 2 Rn 31; MünchKommHGB/*K. Schmidt* Rn 66.

[137] So BGHZ 121, 224 (228), mit krit. Anm. *K. Schmidt* JR 1993, 321, 322; ebenso Baumbach/*Hopt* Rn 50; Ebenroth/Boujong/Joost/Strohn/*Kindler* Rn 85; *Hübner* Rn 37.

[138] Für die allg. Ansicht Ebenroth/Boujong/Joost/Strohn/*Kindler* Rn 70; Oetker/*Körber* Rn 74; MünchKommHGB/*K. Schmidt* Rn 44; Röhricht/v. Westphalen Rn 75.

[139] S. vor allem BGHZ 146, 341 ff.

[140] MünchKommHGB/*K. Schmidt* Rn 45.

[141] Baumbach/*Hopt* Rn 49; Ebenroth/Boujong/Joost/Strohn/*Kindler* Rn 73; Oetker/*Körber* Rn 75; MünchKommHGB/*K. Schmidt* Rn 45.

§ 161 Abs. 2 i.V.m. § 128 auch die Komplementäre einer Kommanditgesellschaft zusätzlich zu der Gesellschaft als Betreiber des Gewerbes anzusehen sein und hierdurch den Kaufmannsstatus erlangen.[142] Wegen der von der Rechtsprechung des Bundesgerichtshofes bejahten analogen Anwendung des § 128[143] muss dies entsprechend für die Gesellschafter einer BGB-Außengesellschaft gelten, die von der Ausübung ihrer Option zur Eintragung (§ 105 Abs. 2) abgesehen haben. Die Kaufmannseigenschaft für die persönlich haftenden Gesellschafter soll dabei unabhängig davon anzuerkennen sein, ob der Gesellschafter der die Geschäfte der Gesellschaft führt, hiervon ausgeschlossen ist.[144]

Für die **Kommanditisten einer Kommanditgesellschaft** scheidet hingegen nach diesem Konzept die Kaufmannseigenschaft aus,[145] wenn er nicht mehr persönlich für die Verbindlichkeiten der Gesellschaft haftet. Nimmt die Gesellschaft ihren Geschäftsbetrieb hingegen mit seiner Zustimmung bereits vor der Eintragung auf, müsste er jedoch zumindest bis zur Eintragung wegen § 176 als Betreiber des Gewerbes angesehen werden und über § 1 Abs. 1 vorübergehend die Stellung eines Kaufmannes erlangen. **66**

Die in Rn 65 und 66 wiedergegebene herrschende Meinung ist bereits seit längerem beachtlicher Kritik ausgesetzt.[146] Die hM steht vor allem im Widerspruch zu dem grundsätzlichen Ausgangspunkt, denjenigen zum Betreiber des Handelsgewerbes zu erklären, in dessen Namen der Betrieb geführt wird (s. Rn 52 f). So gesehen, scheint die Bewertung der persönlich haftenden Gesellschafter untrennbar mit den lange vorherrschenden Streitfragen zur dogmatischen Erfassung der Gesamthand verbunden zu sein. Wer dieser die Fähigkeit abspricht, selbst Träger von Rechten und Pflichten zu sein, kommt nicht umhin, die Betreibereigenschaft bei den einzelnen Gesamthändern anzusiedeln. Indem aber inzwischen sowohl den Personenhandelsgesellschaften als auch der BGB-Außengesellschaft die Rechtsfähigkeit zugesprochen wird (s. § 14 Abs. 2 BGB), werden die Geschäfte des (Handels-)Gewerbes ausschließlich im Namen und mit der Gesellschaft abgeschlossen.[147] Dies spricht für eine Abkehr von der tradierten Auffassung, so dass die Gesellschafter einer rechtsfähigen Personengesellschaft nicht zugleich neben dieser das Gewerbe betreiben und damit auch nicht allein aufgrund ihrer gesellschaftsrechtlichen Stellung die Eigenschaft eines Kaufmanns erlangen, unabhängig davon, ob sie für die Verbindlichkeiten der Gesellschaft aufgrund einer unmittelbaren oder entsprechenden Anwendung des § 128 einstehen müssen.[148] **67**

(2) Partnerschaft und Europäische Wirtschaftliche Interessenvereinigung. Die Partnerschaft hat der Gesetzgeber als Zusammenschluss freiberuflich Tätiger konzipiert. Da der einzelne Freiberufler nach dem vorherrschenden Verständnis aus dem handelsrechtlichen Gewerbebegriff auszuklammern ist (s. dazu Rn 27 ff), hält auch § 1 Abs. 1 Satz 2 **68**

---

[142] *Canaris* Handelsrecht § 2 Rn 20; HK-HGB/*Ruß* Rn 21; *Hübner* Rn 37; *Lettl* Rn 31; *Röhricht*/v. Westphalen Rn 75; im Grundsatz auch *Pfeiffer* Handbuch der Handelsgeschäfte, 1999, § 1 Rn 95.
[143] BGHZ 146, 341 (358 f).
[144] So z.B. Ebenroth/Boujong/Joost/Strohn/*Kindler* Rn 86.
[145] *Canaris* Handelsrecht § 2 Rn 21; HK-HGB/*Ruß* Rn 21; *Hübner* Rn 37; *Lettl* Rn 31; *Röhricht*/v. Westphalen Rn 75; **aA** noch Staub/*Brüggemann*[4] Rn 35 f.
[146] S. Koller/*Roth*/Morck Rn 23; Oetker/*Körber* Rn 90; MünchKommHGB/*K. Schmidt* Rn 67 sowie *Landwehr* JZ 1967, 198 ff; *Lieb* DB 1967, 759 ff; *Zöllner* DB 1964, 795 (796).
[147] Zur Aufgabe der Doppelverpflichtungslehre BGHZ 142, 315 (318) sowie BGHZ 146, 341 (358 f).
[148] Wie hier Koller/*Roth*/Morck Rn 23; Oetker/*Körber* Rn 90; MünchKommHGB/*K. Schmidt* Rn 67.

PartGG fest, dass die Partnerschaft kein Handelsgewerbe ausübt. Daher kann sie selbst als Betreiber gemeinsamer freiberuflicher Tätigkeit nicht Kaufmann sein.[149]

69 Vergleichbar mit der Partnerschaft zeichnet sich auch die **Europäische Wirtschaftliche Interessenvereinigung** (EWIV) dadurch aus, dass sie keine gewerbliche Tätigkeit ausüben darf (Art. 3 Abs. 2 EWIV-VO) und damit kein Handelsgewerbe betreibt.[150] Im Gegensatz zur Partnerschaft hat der Gesetzgeber die Europäische Wirtschaftliche Interessenvereinigung jedoch mittels einer Fiktion den Handelsgesellschaften gleichstellt (§ 1 EWIV-AG).[151] Gemäß § 6 Abs. 1 finden damit auf sie – im Gegensatz zur Partnerschaft – auch die für Kaufleute geltenden Vorschriften Anwendung. Wird § 6 Abs. 1 zugleich als Vorschrift bewertet, die indirekt die Kaufmannseigenschaft für Handelsgesellschaften begründet, dann ist die Europäische Wirtschaftliche Interessenvereinigung wegen § 1 EWIV-AG i.V.m. § 6 Abs. 1 Kaufmann.[152]

70 (3) **Nicht eingetragener Verein.** Bezüglich nicht im Vereinsregister eingetragener Vereine ist zu beachten, dass die tradierte und in § 54 BGB zum Ausdruck gelangte Bezeichnung als „nicht rechtsfähiger Verein" in Folge der gewandelten höchstrichterlichen Judikatur zur BGB-Gesellschaft[153] und den vom Bundesgerichtshof für das Vereinsrecht inzwischen gezogenen Konsequenzen[154] Missverständnisse provoziert. Nimmt ein Verein trotz unterbliebener Eintragung unter eigenem Namen am Rechtsverkehr teil, so ist ihm – nicht anders als der BGB-Außengesellschaft – die Rechtsfähigkeit zuzubilligen. Damit verfügt ein derartiger nicht eingetragener Verein auch über die Fähigkeit, ein Gewerbe zu betreiben. Erfordert der hierfür unterhaltene Geschäftsbetrieb nach Art und Umfang kaufmännische Einrichtungen, dann handelt es sich jedoch stets um ein Handelsgewerbe und damit um eine Offene Handelsgesellschaft.[155] Entsprechendes gilt, wenn der Geschäftsbetrieb zu gering ist und die Eintragungsoption (§ 105 Abs. 2 i.V.m. § 2) ausgeübt wird,[156] anderenfalls ist er eine BGB-Gesellschaft.[157] Deshalb kann ein nicht im Vereinsregister eingetragener Verein nicht als solcher die Kaufmannseigenschaft erlangen.[158]

71 (4) **Rechtsfähige Stiftungen.** Die Fähigkeit Träger eines handelsrechtlichen Gewerbes zu sein, kommt auch rechtsfähigen Stiftungen zu.[159] Allerdings ist die stiftungsrechtliche Zulässigkeit einer derartigen wirtschaftlichen Betätigung umstritten.[160]

72 (5) **Partenreederei.** Obwohl sich die Partenreederei dadurch auszeichnet, dass sich in dieser mehrere Personen zur Verfolgung eines gemeinsamen erwerbswirtschaftlichen

---

[149] Ebenroth/Boujong/Joost/Strohn/*Kindler* Rn 72; Oetker/*Körber* Rn 77; MünchKommHGB/*K. Schmidt* Rn 48.
[150] Ebenroth/Boujong/Joost/Strohn/*Kindler* Rn 71; MünchKommHGB/*K. Schmidt* Rn 47.
[151] Mit dieser Regelungstechnik auch § 17 GenG: Gleichstellung der Genossenschaften mit Kaufleuten.
[152] Ebenroth/Boujong/Joost/Strohn/*Kindler* Rn 71; Oetker/*Körber* Rn 78; *Treber* AcP Bd. 199 (1999), 525 (574).
[153] S. BGHZ 146, 341 ff.
[154] BGH WM 2007, 1933 (1938).
[155] Ebenroth/Boujong/Joost/Strohn/*Kindler* Rn 74; Heymann/*Emmerich* Rn 34; Koller/*Roth*/Morck Rn 27; MünchKommHGB/*K. Schmidt* Rn 46; Röhricht/v. Westphalen Rn 96.
[156] Koller/*Roth*/Morck Rn 27; Röhricht/v. Westphalen Rn 96.
[157] Koller/*Roth*/Morck Rn 27; MünchKommHGB/*K. Schmidt* Rn 46.
[158] Ebenroth/Boujong/Joost/Strohn/*Kindler* Rn 74.
[159] Röhricht/v. Westphalen Rn 74.
[160] S. dazu mwN MünchKommBGB/*Reuter* §§ 80, 81 Rn 88 ff.

Zweckes (Verwendung eines Schiffes zum Erwerb durch die Seefahrt für gemeinschaftliche Rechnung) zusammenschließen (§ 489 Abs. 1), und diese deshalb inzwischen überwiegend nicht als Bruchteilsgemeinschaft, sondern als Gesamthand qualifiziert wird,[161] wird ihr verbreitet die Fähigkeit abgesprochen, selbst die Eigenschaft eines Kaufmannes zu erlangen und in das Handelsregister eingetragen zu werden.[162]

73 Richtigerweise ist zwischen dem Betreiben eines Gewerbes und der Qualifizierung der Partenreederei als Handelsgesellschaft zu differenzieren. Bereits das Reichsgericht hat die Partenreederei als eine Erwerbsgesellschaft nach bürgerlichem Recht qualifiziert,[163] was auch der Rechtsprechung des Bundesgerichtshofes entspricht.[164] Ihr fehlt zwar die Rechtssubjektivität[165], im Hinblick auf das Außenverhältnis gleicht ihre Rechtsstellung aber derjenigen einer Offenen Handelsgesellschaft.[166] Angesichts der auch vom Bundesgerichtshof mit Recht betonten Parallele zum Recht der BGB-Gesellschaft,[167] liegt es im Lichte der inzwischen gefestigten gesellschaftsrechtlichen Doktrin nahe, die Partenreederei selbst als Betreiberin der Erwerbsgesellschaft zu qualifizieren.[168] Analog der vorherrschenden Auffassung zur Offenen Handelsgesellschaft (s. Rn 65) müsste die persönliche Haftung des Mitreeders (§ 507 Abs. 1) an sich dazu führen, dass auch dieser selbst Betreiber der Partenreederei ist. Nach der hier befürworteten gegenteiligen Ansicht (s. Rn 67), ist dies hingegen konsequenterweise abzulehnen.[169]

74 Aus der Einstufung der Partenreederei als Betreiberin des Gewerbes folgt allerdings nicht zwingend, dass diese eine Handelsgesellschaft i.S.d. § 6 Abs. 1 ist und damit als solche den für Kaufleute geltenden Vorschriften unterliegt. Überwiegend wird dies de lege lata zu Recht abgelehnt.[170] Hierfür streitet unverändert die in § 489 Abs. 2 zum Ausdruck gelangte Vorstellung des historischen Gesetzgebers, dass die Partenreederei keine Handelsgesellschaft ist.[171] Bekräftigt wird dies durch die ansonsten übliche Regelungstechnik im Gesellschaftsrecht, die Zuordnung der Gesellschaft zu den Handelsgesellschaften bzw. die Anwendung der handelsrechtlichen Vorschriften ausdrücklich klarzustellen (s. z.B. § 13 Abs. 3 GmbHG, § 1 Abs. 1 Satz 2 PartGG, § 1 EWIV-AG).[172]

---

[161] S. statt aller *Rabe* Seehandelsrecht, 4. Aufl. 2000, § 489 Rn 6, mwN.

[162] So Ebenroth/Boujong/Joost/Strohn/*Kindler* Rn 75; *Rabe* Seehandelsrecht, 4. Aufl. 2000, § 489 Rn 3; Schaps/*Abraham* Seerecht, 4. Aufl. 1978, § 498 Rn 7; aA vor allem *K. Schmidt* Die Partenreederei als Handelsgesellschaft, 1995, S. 44 ff, 131; MünchKommHGB/*K. Schmidt* Rn 49; wohl auch *Ruhwedel* DZWir 1996, 393 (394); s. ferner auch *Kaempfe* MDR 1982, 975 ff.

[163] RGZ 71, 26 (27).

[164] S. BGH NJW 1991, 3148 (3149).

[165] RGZ 71, 26 (27).

[166] S. *Rabe* Seehandelsrecht, 4. Aufl. 2000, § 489 Rn 13 ff, 18 ff; Schaps/*Abraham* Seerecht, 4. Aufl. 1978, § 489 Rn 13 sowie bereits RGZ 71, 26 (27); s. ferner *Ruhwedel* Die Partenreederei, 1973, S. 164 ff.

[167] BGH NJW 1991, 3148 (3149).

[168] Treffend *Rabe* Seehandelsrecht, 4. Aufl. 2000, § 489 Rn 3, wonach die Partenreederei ein Handelsgewerbe i.S.d. § 1 Abs. 2 betreibt.

[169] So auch *K. Schmidt* Die Partenreederei als Handelsgesellschaft, 1985, S. 47; i.E. ferner für die mittlerweile vorherrschende Ansicht *Rabe* Seehandelsrecht, 4. Aufl. 2000, § 489 Rn 3 a.E., mwN; aA Schaps/*Abraham* Seerecht, 4. Aufl. 1978, § 489 Rn 7.

[170] So z.B. *Rabe* Seehandelsrecht, 4. Aufl. 2000, § 489 Rn 3; *Ruhwedel* Die Partenreederei 1973, S. 159 f; Schaps/*Abraham* Seerecht 4. Aufl. 1978, § 489 Rn 13; aA *K. Schmidt* Die Partenreederei als Handelsgesellschaft, 1985, S. 10, 48 f; MünchKommHGB/*K. Schmidt* Rn 49; wohl auch *Ruhwedel* DZWir 1996, 393 (394).

[171] Dagegen jedoch *K. Schmidt* Die Partenreederei als Handelsgesellschaft, 1985, S. 48 f.

[172] S. auch *Ruhwedel* Die Partenreederei, 1973, S. 160, der eine gesetzliche Regelung fordert.

Allerdings schließt es die hier befürwortete Ansicht nicht aus, einzelne der für Kaufleute geltenden Vorschriften auf die Partenreederei analog anzuwenden. In dieser Richtung hat bereits *J. v. Girke* sehr weitgehend für eine analoge Anwendung der für Handelsgesellschaften geltenden Vorschriften plädiert, wenn die Partenreederei vollkaufmännisch betrieben wird.[173] Ob dem in dieser Allgemeinheit zuzustimmen ist, kann hier dahingestellt bleiben, jedenfalls eröffnet der methodische Weg einer entsprechenden Anwendung der für Kaufleute geltenden Bestimmungen ein ausreichend flexibles Instrument, dass sowohl den Bedürfnissen des Handelsverkehrs als auch den spezifischen rechtlichen Rahmenbedingungen der Partenreederei Rechnung trägt. Ob die Partenreederei nach Art und Umfang einen in kaufmännischer Weise eingerichteten Geschäftsbetrieb erfordert, sollte hierbei zumindest bei den Vorschriften über Handelsgeschäfte von untergeordneter Bedeutung sein, da auch für kleingewerbliche Unternehmen eine entsprechende Anwendung der für Kaufleute geltenden Bestimmungen punktuell in Betracht zu ziehen ist (s. § 2 Rn 32 ff).

75 (6) **Gütergemeinschaft.** Die von Ehegatten gebildete Gütergemeinschaft begründet eine Gesamthand,[174] zu der auch ein handelsrechtliches Gewerbe gehören kann, die jedoch mangels organisatorischer Verselbständigung nicht eigenständig im Rechtsverkehr agiert. Die Rechte und Pflichten aus den für das Gesamtgut eingegangenen Rechtsgeschäften stehen nicht dem Gesamtgut, sondern den Ehegatten in ihrer gesamthänderischen Verbundenheit zu.[175] Deshalb ist nicht die Gütergemeinschaft selbst Betreiberin des Gewerbes, vielmehr sind dies die in der Gütergemeinschaft verbundenen Ehegatten.[176] Führt nur einer der Ehegatten das Gewerbe, so ist ausschließlich dieser Kaufmann.[177]

76 (7) **Erbengemeinschaft.** Mit der Gütergemeinschaft vergleichbare Rechtsfragen sind für die Erbengemeinschaft zu beantworten, da diese gleichermaßen als Gesamthand zu qualifizieren ist und zu dem Nachlass auch ein handelsrechtliches Gewerbe gehören kann. Die Fortführung des Geschäftsbetriebs durch die Erbengemeinschaft führt nach ständiger Rechtsprechung und vorherrschender Ansicht nicht dazu, dass sich die Erbengemeinschaft in eine Handelsgesellschaft umwandelt.[178]

77 Ungeachtet dessen ist umstritten, ob die Erbengemeinschaft selbst Betreiberin des Gewerbes und damit zugleich Kaufmann ist. Von beachtlichen Stimmen im Schrifttum wird dies bejaht.[179] Hiergegen führt die Rechtsprechung sowie die vorherrschende Lehre

---

[173] *J. v. Girke* § 82 I 2b, S. 597.
[174] S. MünchKommBGB/*Kanzleiter* § 1416 Rn 3; Staudinger/*Thiele* § 1416 Rn 4 ff mwN.
[175] S. statt aller RGZ 89, 360 (364 f); MünchKommBGB/*Kanzleiter* § 1416 Rn 3, Staudinger/*Thiele* § 1416 Rn 6.
[176] Baumbach/*Hopt* Rn 48; Ebenroth/Boujong/Joost/Strohn/*Kindler* Rn 76, 86; Heymann/*Emmerich* Rn 32; HK-HGB/*Ruß* Rn 9; Koller/*Roth*/Morck Rn 22; Oetker/*Körber* Rn 81; MünchKommHGB/*K. Schmidt* Rn 51; Pfeiffer/*Pfeiffer* Handbuch der Handelsgeschäfte, 1999, § 1 Rn 97; Röhricht/v. Westphalen Rn 85.
[177] Baumbach/*Hopt* Rn 48; Ebenroth/Boujong/Joost/Strohn/*Kindler* Rn 87; Heymann/*Emmerich* Rn 32; HK-HGB/*Ruß* Rn 9; Koller/*Roth*/Morck Rn 22; Oetker/*Körber* Rn 81; MünchKommHGB/*K. Schmidt* Rn 51.
[178] BGHZ 92, 259 (262 ff); KG DB 1998, 2591 (2592); Ebenroth/Boujong/Joost/Strohn/*Kindler* Rn 77; Koller/*Roth*/Morck Rn 22; MünchKommHGB/*K. Schmidt* Rn 52; *K. Schmidt* NJW 1985, 2785 (2787 f).
[179] So z.B. MünchKommHGB/*K. Schmidt* Rn 52; *K. Schmidt* NJW 1985, 2785 f; *Wolf* AcP 181 (1981), 480 (513) sowie auch Staub/*Brüggemann*⁴ Rn 51 ff.

an, dass der Erbengemeinschaft sowohl eine entsprechende Organstruktur als auch die Vergleichbarkeit mit der BGB-Gesellschaft wegen des auf Auseinandersetzung gerichteten Zwecks fehlt.[180] Deshalb sei nicht die Erbengemeinschaft Betreiberin des Unternehmens; vielmehr kommen ausschließlich die der Erbengemeinschaft angehörenden Erben als Betreiber des Gewerbes und damit als Kaufleute in Betracht.[181]

c) Drittverhalten

78

aa) **Allgemeines.** Nach dem allgemeinen Grundsatz ist derjenige Betreiber des Handelsgewerbes, in dessen Namen die mit dem Handelsgewerbe verbundenen Handelsgeschäfte abgeschlossen werden (s. Rn 53). Allerdings ist der Inhaber des Handelsgewerbes nicht selten außerstande, sämtliche Geschäfte selbst abzuschließen, sondern oftmals treten statt seiner Dritte auf, ohne dass dies den Betrieb des Handelsgeschäfts durch den Inhaber ausschließt bzw. seiner Kaufmannseigenschaft entgegensteht. Eine höchstpersönliche Tätigkeit ist für den Betrieb eines handelsrechtlichen Gewerbes und die Kaufmannseigenschaft nicht erforderlich. Handelt nicht der Inhaber selbst, sondern ein Dritter für diesen, dann ist zu beurteilen, ob das Drittverhalten dem Inhaber zuzurechnen oder evtl. der Dritte selbst als Betreiber des Gewerbes zu qualifizieren ist. Die relevanten Fallgestaltungen, die in diesem Zusammenhang zu diskutieren sind, sind äußerst vielfältig.

bb) **Vertretung.** In den Fällen einer rechtsgeschäftlich begründeten Vertretung treten die Rechtswirkungen für und gegen den Vertretenen ein (§ 164 Abs. 1 Satz 1 BGB). Deshalb ist nicht der Vertreter, sondern der Vertretene Kaufmann.[182] Entsprechendes gilt für Prokuristen und Handlungsbevollmächtigte[183] sowie für gesetzliche Vertreter, wenn diese im Namen des Vertretenen handeln[184]. Eine gegenteilige Würdigung gilt bei einer rechtsgeschäftlich begründeten Vertretungsmacht nur dann, wenn dem Vertreter die Vertretungsmacht fehlt; in diesem Fall ist der Vertreter ohne Vertretungsmacht wegen § 179 Abs. 1 BGB Betreiber des Gewerbes.

79

Gerade bei gesetzlichen Vertretern kann jedoch in Betracht kommen, dass dieser das Geschäft für fremde Rechnung, aber im eigenen Namen führt. Damit tritt er im Rechtsverkehr selbst als Betreiber des Handelsgewerbes auf und wird zum Kaufmann.[185] Entsprechendes gilt für den Kommissionär; er handelt zwar für fremde Rechnung, tritt dabei aber im eigenen Namen auf (s. noch § 1 Abs. 2 Nr. 6 a.F.).[186] Die vorgenannten Konstellationen sind Ausdruck eines allgemeinen Grundsatzes, der für alle mittelbaren Vertretungsverhältnisse gilt.[187] Da der mittelbare Vertreter unter eigenem Namen nach außen in Erscheinung tritt, ist ausschließlich dieser aus den abgeschlossenen Rechtsgeschäften

80

---

[180] RGZ 132, 138 (142); Baumbach/*Hopt* Rn 37; Ebenroth/Boujong/Joost/Strohn/*Kindler* Rn 77; Oetker/*Körber* Rn 83; HK-HGB/*Ruß* Rn 13; Röhricht/v. Westphalen Rn 86.
[181] Baumbach/*Hopt* Rn 37; Ebenroth/Boujong/Joost/Strohn/*Kindler* Rn 77; Heymann/*Emmerich* Rn 24; HK-HGB/*Ruß* Rn 13; Koller/*Roth*/Morck Rn 22; *Pfeiffer* Handbuch der Handelsgeschäfte, 1999, § 1 Rn 97; Röhricht/v. Westphalen Rn 86.
[182] *Hübner* Rn 34; Koller/*Roth*/Morck Rn 18; Röhricht/v. Westphalen Rn 77.
[183] Baumbach/*Hopt* Rn 31; MünchKommHGB/*K. Schmidt* Rn 55; Röhricht/v. Westphalen Rn 76.
[184] Ebenroth/Boujong/Joost/Strohn/*Kindler* Rn 80; *Ruß*/HK-HGB Rn 2; *Hübner* Rn 34; *Lettl* § 2 Rn 29; MünchKommHGB/*K. Schmidt* Rn 56.
[185] Baumbach/*Hopt* Rn 30, 35; Ebenroth/Boujong/Joost/Strohn/*Kindler* Rn 80; Röhricht/v. Westphalen Rn 78.
[186] *Brox* Rn 26; *Lettl* § 2 Rn 30.
[187] Röhricht/v. Westphalen Rn 78.

berechtigt sowie verpflichtet und deshalb Betreiber des Gewerbes. Das gilt insbesondere auch für den Treuhänder[188] und nach vorherrschender Ansicht für den sogenannten Strohmann.[189]

81 Darüber hinaus zeigt das Beispiel des Handelsvertreters, dass es der Abschluss von Geschäften in fremden Namen nicht per se ausschließt, dass der Vertreter Kaufmann ist. Zwar wird das jeweilige Rechtsgeschäft dem Vertretenen zugerechnet, stellt die Vertretung für den Vertreter aber ein eigenes Gewerbe dar, dann erlangt er hierdurch bei entsprechendem Umfang des eigenen Geschäftsbetriebes – und entsprechend der früheren Rechtslage (s. § 1 Abs. 2 Nr. 7 a.F.) – die Kaufmannseigenschaft.[190] Das trifft auch für andere Geschäftsbesorgungsverhältnisse zu, bei denen der Geschäftsbesorger im Namen des Auftraggebers handelt.

82 cc) **Insolvenzverwalter.** Die höchst streitige dogmatische Rechtstellung des Insolvenzverwalters (Vertreter oder Amtswalter) hat für die handelsrechtliche Bewertung seines Handelns im Ergebnis keine Bedeutung. Wird dieser als gesetzlicher Vertreter des Schuldners angesehen, so handelt er nicht im eigenen Namen, sodass sein rechtsgeschäftliches Handeln uneingeschränkt dem Schuldner zugerechnet wird und diesen insbesondere nicht zum Betreiber des in der Verwaltung befindlichen Gewerbes macht.[191] Auch die vorherrschende Gegenposition, die den Insolvenzverwalter als Amtswalter qualifiziert, gelangt zu diesem Ergebnis.[192] Zwar handelt der Insolvenzverwalter im eigenen Namen, dies geschieht aber für den Rechtsgeschäftsverkehr erkennbar mit Wirkung für und gegen die Insolvenzmasse.

83 Obwohl das Handeln des Insolvenzverwalters für die Insolvenzmasse für diesen nicht zur Kaufmannseigenschaft führt, gilt es auch insoweit die bereits bei dem Handelsvertreter sowie dem Kommissionär diskutierte Perspektive zu beachten, dass die fortwährende Übernahme von Insolvenzverwaltungen eine planmäßige und auf Dauer angelegte Tätigkeit auf wirtschaftlichem Gebiet begründen und damit die Voraussetzungen eines handelsrechtlichen Gewerbes erfüllen kann, sofern der Insolvenzverwalter nicht Angehöriger eines freien Berufes (z.B. Rechtsanwalt, Wirtschaftsprüfer, Steuerberater, vereidigter Buchprüfer, Steuerbevollmächtigter) ist.

84 dd) **Stille Gesellschaft.** Die stille Gesellschaft zeichnet sich dadurch aus, dass der Geschäftsinhaber bei der Führung des Geschäfts ausschließlich im eigenen Namen handelt (§ 230 Abs. 2). Die Rechtsstellung des stillen Gesellschafters beschränkt sich auf eine Beteiligung am wirtschaftlichen Ergebnis. Deshalb ist er in seiner Eigenschaft als stiller Gesellschafter nicht Betreiber des Handelsgewerbes und damit allein aufgrund seiner Beteiligung kein Kaufmann.[193]

---

[188] Baumbauch/*Hopt* Rn 30; *Brox* Rn 26; *Canaris* Handelsrecht § 2 Rn 19; Ebenroth/Boujong/Joost/Strohn/*Kindler* Rn 84; Oetker/*Körber* Rn 93; HK-HGB/*Ruß* Rn 10; Koller/*Roth*/Morck Rn 18; MünchKommHGB/*K. Schmidt* Rn 54; Röhricht/v. Westphalen Rn 78; *G. Roth* Rn 99.

[189] Wie hier BGH WM 1985, 348; *Canaris* Handelsrecht § 2 Rn 29; Koller/*Roth*/Morck Rn 18; Röhricht/v. Westphalen Rn 79; *Wassner* ZGR 1973, 427 (434 ff); im Grundsatz auch Baumbach/*Hopt* Rn 30; **aA** *G. Roth* Rn 99.

[190] Treffend hervorgehoben von Ebenroth/Boujong/Joost/Strohn/*Kindler* Rn 80.

[191] Hierfür MünchKommHGB/*K. Schmidt* Rn 62.

[192] Baumbauch/*Hopt* Rn 47; HK-HGB/*Ruß* Rn 12; *Hübner* Rn 35; Röhricht/v. Westphalen Rn 83; i.E. auch Ebenroth/Boujong/Joost/Strohn/*Kindler* Rn 81; Koller/*Roth*/Morck Rn 20.

[193] Ebenso Baumbach/*Hopt* Rn 50; Ebenroth/Boujong/Joost/Strohn/*Kindler* Rn 82; Oetker/*Körber* Rn 76; MünchKommHGB/*K. Schmidt* Rn 67.

ee) Nutzungsberechtigte. Verfügt die den Geschäftsbetrieb führende Person nicht **85** über das Eigentum an demselben, sondern kann sich diese lediglich auf ein Nutzungsrecht an diesem als **Pächter, Franchisenehmer** etc. stützen, so schließt dies nicht aus, ihn als Betreiber eines Handelsgewerbes und damit als Kaufmann anzusehen.[194] Entscheidend ist, wer den Geschäftsbetrieb organisiert und leitet sowie im Geschäftsverkehr namentlich in Erscheinung tritt. Dafür sind die Eigentumsverhältnisse bezüglich der Betriebsmittel ohne Bedeutung.[195] Angesichts dessen ist bei einem **Nießbrauch** nach inzwischen allgemeiner Ansicht zu differenzieren:[196] Beschränkt sich der Nießbrauch auf den Ertrag des Unternehmens, so tritt der Nießbraucher nicht in eigener Person im Geschäftsverkehr in Erscheinung und ist deshalb nicht der Betreiber des Gewerbes. Anders ist dies jedoch, wenn der Nießbraucher gleich einem Pächter oder Franchisenehmer das Gewerbe eigenverantwortlich leitet und für diese im Geschäftsverkehr auftritt.

ff) Organpersonen. Juristische Personen handeln im rechtsgeschäftlichen Verkehr **86** durch ihre Organe. Dies steht weder der Eigenschaft der juristischen Person als Betreiberin des Handelsgewerbes entgegen (s. Rn 59) noch führt selbst die eigenverantwortliche Leitung der juristischen Person (so § 76 Abs. 1 AktG für die Aktiengesellschaft) dazu, dass die Organperson als Betreiberin bzw. Kaufmann zu qualifizieren ist.[197] Sie handelt stets im Namen der juristischen Person, die sie nach außen (gerichtlich und außergerichtlich) vertritt.

gg) Testamentsvollstrecker. Im Hinblick auf den Testamentsvollstrecker treten bezüglich der Kaufmannseigenschaft ähnliche Probleme wie bei dem Insolvenzverwalter **87** (s. dazu Rn 82 f) auf. Allerdings verfügt der Testamentsvollstrecker über einen deutlich größeren Gestaltungsspielraum, wie er das im Nachlass befindliche Handelsgewerbe fortführt. Dafür stehen ihm vier Möglichkeiten zur Verfügung:[198]

Neben einer Freigabe des Handelsgeschäfts aus der Verwaltung (§ 2217 BGB) kann **88** der Testamentsvollstrecker das Handelsgeschäft auch im Namen des Erben führen, so dass nicht der Testamentsvollstrecker, sondern die Erben als Kaufleute in das Handelsregister einzutragen sind (Vollmachtslösung).[199] Als drittes bietet sich an, dass der Testamentsvollstrecker das Handelsgewerbe im eigenen Namen für Rechnung der Erben führt. In dieser Konstellation agiert er als Treuhänder wegen des Auftretens im eigenen Namen selbst als Betreiber des Gewerbes und erlangt die Eigenschaft eines Kaufmanns,[200] der

---

[194] Heymann/*Emmerich* Rn 13; *Lettl* § 2 Rn 28; Oetker/*Körber* Rn 86; MünchKommHGB/*K. Schmidt* Rn 54; Röhricht/v. Westphalen Rn 84. So für den Franchisenehmer OLG Schleswig NJW-RR 1987, 220 (221 f); Baumbach/*Hopt* Rn 30; Ebenroth/Boujong/Joost/Strohn/*Kindler* Rn 83; Oetker/*Körber* Rn 87; Koller/*Roth*/Morck Rn 18.

[195] Ebenroth/Boujong/Joost/Strohn/*Kindler* Rn 83; Koller/*Roth*/Morck Rn 17.

[196] S. BayObLG BB 1973, 956 (956); Baumbach/*Hopt* Rn 30; Ebenroth/Boujong/Joost/Strohn/*Kindler* Rn 83; Oetker/*Körber* Rn 86; Heymann/*Emmerich* Rn 13; Röhricht/v. Westphalen Rn 84.

[197] Für die allg. Ansicht OLG Düsseldorf NJW-RR 1995, 93; Baumbach/*Hopt* Rn 31; Ebenroth/Boujong/Joost/Strohn/*Kindler* Rn 85; Koller/*Roth*/Morck Rn 19; MünchKommHGB/*K. Schmidt* Rn 55; Röhricht/v. Westphalen Rn 74.

[198] S. auch Baumbach/*Hopt* Rn 41 ff; Oetker/*Körber* Rn 94 ff; MünchKommHGB/*K. Schmidt* Rn 59 f.

[199] Baumbach/*Hopt* Rn 41; Koller/*Roth*/Morck Rn 21; Röhricht/v. Westphalen Rn 81.

[200] Ebenroth/Boujong/Joost/Strohn/*Kindler* Rn 90; Koller/*Roth*/Morck Rn 21; Röhricht/v. Westphalen Rn 80.

mit einem Testamentsvollstreckervermerk in das Handelsregister einzutragen ist.[201] Im Vordringen ist jedoch als viertes Modell die sogenannte echte Testamentsvollstreckerlösung, bei der der Erbe Geschäftsinhaber bleibt und als Kaufmann in das Handelsregister einzutragen ist.[202] Die Geschäftsführung übernimmt der Testamentsvollstrecker für den Erben, was im Handelsregister zu vermerken ist.

5. Art und Umfang des Geschäftsbetriebes (§ 1 Abs. 2)

89 a) **Normstruktur.** Den Status eines „Ist-Kaufmanns" erlangt der Inhaber eines Gewerbebetriebes nur, wenn es sich bei diesem um ein Handelsgewerbe handelt. Die hierfür notwendigen Voraussetzungen ergeben sich nicht aus § 1 Abs. 1, sondern aus Absatz 2 der Vorschrift. Danach muss der Geschäftsbetrieb des Gewerbebetriebes nach Art und Umfang kaufmännische Einrichtungen erfordern. Allerdings bedarf es hierfür – im Unterschied zu der früheren Regelung für Sollkaufleute (§ 2 a.F.) – keiner positiven Prüfung, sondern der Gesetzgeber des Handelsrechtsreformgesetzes hat in § 1 Abs. 2 bewusst eine negative Formulierung gewählt. Nach dieser führt die Existenz eines handelsrechtlichen Gewerbes grundsätzlich zum Handelsgewerbe, sofern nicht ausnahmsweise („es sei denn") Art oder Umfang des Geschäftsbetriebes keine kaufmännischen Einrichtungen erfordern. Damit hat der Gesetzgeber die Regelungstechnik der früheren Regelung für Minderkaufleute in § 4 Abs. 1 a.F. übernommen.

90 Die Systematik des § 1 Abs. 2 verdeutlicht hinreichend die Absicht des Gesetzgebers, dass das Vorliegen eines **Handelsgewerbes (widerlegbar) zu vermuten** ist[203] und derjenige, der sich auf die Entbehrlichkeit eines in kaufmännischer Weise eingerichteten Geschäftsbetriebes beruft, hierfür die **Darlegungs- und Beweislast** trägt.[204] Von praktischer Bedeutung ist dies vor allem, wenn der Inhaber eines Gewerbebetriebes von der Eintragung in das Handelsregister abgesehen hat und später Streit über die Frage entsteht, ob der Geschäftsbetrieb nicht doch bereits die Voraussetzungen eines Handelsgewerbes im Sinne des § 1 Abs. 2 erfüllt. So z.B. wenn er sich gegenüber einem Verkäufer darauf beruft, dass die Genehmigungsfiktion des § 377 Abs. 2 bzw. 3 nicht eingreift. In dieser Konstellation obliegt es dem nicht im Handelsregister eingetragenen Käufer, die Vermutung des § 1 Abs. 2 auszuräumen.[205] Gelingt es ihm im Prozess nicht, dem Gericht diesbezüglich

---

[201] RGZ 132, 138 (142).
[202] So im Anschluss an *Baur* FS Dölle, Bd. I, 1963, S. 249 ff, z.B. Baumbach/*Hopt* Rn 44; *Canaris* Handelsrecht § 9 Rn 36 ff; Heymann/*Emmerich* Rn 31; *Muscheler* Die Haftungsordnung der Testamentsvollstreckung, 1994, S. 389 ff; *Schiemann* FS Medicus, 1999, S. 526 ff; ähnlich MünchKommHGB/ *K. Schmidt* Rn 61, der jedoch – wie beim Insolvenzverwalter – eine gesetzlicher Vertreterlösung favorisiert; ablehnend indes *Dauner-Lieb* Unternehmen in Sondervermögen, 1998, S. 270 ff; Röhricht/v. Westphalen Rn 82.
[203] Ebenso im Sinne einer widerlegbaren Vermutung Baumbach/*Hopt* Rn 25; GK-HGB/ *Ensthaler* Rn 20; HK-HGB/*Ruß* Rn 44; *Hübner* Rn 40; Koller/*Roth*/Morck Rn 39; MünchKommHGB/*K. Schmidt* Rn 75; *Pfeiffer* Handbuch der Handelsgeschäfte, 1999, § 1 Rn 107; *G. Roth* Rn 102; Röhricht/ v. Westphalen Rn 119; im Grundsatz auch Reg.Begr., BT-Drucks. 13/8444, S. 2, 48.
[204] Reg.Begr., BT-Drucks. 13/8444, S. 26, 48; Baumbach/*Hopt* Rn 25; *Canaris* Handelsrecht § 3 Rn 11; GK-HGB/*Ensthaler* Rn 20; *Hübner* Rn 40; Koller/*Roth*/Morck Rn 39, 46; Oetker/*Körber* Rn 60; *Lettl* § 2 Rn 23; MünchKommHGB/*K. Schmidt* Rn 76; *Pfeiffer* Handbuch der Handelsgeschäfte, 1999, § 1 Rn 107; *G. Roth* Rn 102; Röhricht/v. Westphalen Rn 119.
[205] Statt aller Reg.Begr., BT-Drucks. 13/8444, S. 48; Baumbach/*Hopt* Rn 25.

die notwendige Gewissheit zu vermitteln, so geht ein non liquet zu seinen Lasten.[206] Entsprechendes gilt auch, wenn sich ein nicht eingetragener Gewerbetreibender darauf beruft, dass eine von ihm mündlich erklärte Bürgschaft nach § 766 Satz 2 BGB unwirksam ist, während umgekehrt die Vermutung des § 1 Abs. 2 für den Gläubiger streitet.

Bestritten ist die Anwendung der Vermutung in § 1 Abs. 2 jedoch in der umgekehrten Konstellation, in der sich der nicht eingetragene Gewerbetreibende auf die Vermutung des § 1 Abs. 2 stützt, um die Anwendung einer für ihn günstigen handelsrechtlichen Vorschrift zu begründen.[207] Als Beispiel ist erneut der Handelskauf anzuführen, wenn der nicht eingetragene Gewerbetreibende auf der Verkäuferseite steht und sich einerseits gegenüber dem Käufer auf die Genehmigungsfiktion in § 377 Abs. 2 bzw. 3 stützen will. Verbreitet wird ihm dies mit der Begründung abgeschnitten, dass § 1 Abs. 2 lediglich zu Lasten des Rechtsverkehrs wirken und nicht zu Gunsten des pflichtwidrig (§ 29) nicht eingetragenen Gewerbetreibenden gelten soll.[208] Einen anderen konzeptionellen Weg befürwortet in dieser Konstellation der historische Gesetzgeber; er hielt § 15 Abs. 1 für einschlägig.[209] Da der Weg einer einschränkenden Auslegung des § 1 Abs. 2[210] mangels hinreichender Anhaltspunkte im Normtext nur schwer gangbar ist, bietet sich ein Rückgriff auf § 242 BGB und den Einwand des venire contra factum proprium an.[211] Hat der Inhaber des Handelsgewerbes von einer Eintragung in das Handelsregister abgesehen, so setzt er sich hierzu in Widerspruch, wenn er später das Vorliegen eines Handelsgewerbes behauptet und damit zugleich Vorteile aus seinem pflichtwidrigem Verhalten (Verletzung der Anmeldepflicht, § 29) ziehen will. Das gilt nicht nur, wenn er die Genehmigungsfiktion des § 377 Abs. 2 bzw. 3 in Anspruch nehmen will, sondern auch, wenn er den erhöhten Zinssatz für Verzugszinsen (§ 288 Abs. 2 BGB: 8 Prozentpunkte; § 352 Abs. 1: 5 Prozentpunkte) beansprucht.

91

Die durch die Systematik des § 1 Abs. 2 zum Ausdruck gelangte Verknüpfung mit der Darlegungs- und Beweislast verdeutlicht, dass die Vermutung bzw. die Beweislastregelung an sich keine Anwendung in Verfahren findet, in denen der Sachverhalt von Amts wegen aufzuklären ist. Wegen § 26 FamFG (früher: § 12 FGG) soll das insbesondere das **Registerverfahren** betreffen.[212] Will das Registergericht ein Zwangsgeldverfahren (§ 14) wegen eines Verstoßes gegen die Anmeldepflicht nach § 29 einleiten, so kann es sich hierfür nicht auf die Vermutung des § 1 Abs. 2 stützen, sondern hat den Sachverhalt vollständig aufzuklären. Entsprechendes gilt, wenn es die Löschung aus dem Handelsregister nach § 2 Satz 3 mit der Begründung ablehnen will, der Geschäftsbetrieb erfülle unverändert die Voraussetzungen eines Handelsgewerbes (s. auch § 2 Rn 20), oder aber – nach der hier befürworteten Auffassung (s. § 2 Rn 24) – eine Löschung aus dem Handelsregister vornehmen will, weil das (ursprüngliche) Handelsgewerbe zum kleingewerblichen Unternehmen herabgesunken ist. Obwohl das registergerichtliche Verfahren keine Ent-

92

---

[206] Ebenroth/Boujong/Joost/Strohn/*Kindler* Rn 43.
[207] Zum Meinungsstand s. auch *Hübner* Rn 40.
[208] So z.B. Ebenroth/Boujong/Joost/Strohn/*Kindler* Rn 43; aA Koller/*Roth*/Morck Rn 46; Oetker/*Körber* Rn 60; MünchKommHGB/*K. Schmidt* Rn 76.
[209] Reg.Begr., BT-Drucks. 13/8444, S. 48; für diesen Ansatz auch Baumbach/*Hopt* Rn 25; *Canaris* Handelsrecht § 3 Rn 11; HK-HGB/*Ruß* Rn 44; Koller/*Roth*/Morck Rn 46; Oetker/*Körber* Rn 61; MünchKommHGB/

K. Schmidt Rn 77; *Röhricht*/v. Westphalen Rn 121; aA GK-HGB/*Ensthaler* Rn 24.
[210] Dies als Alternative befürwortend *Canaris* Handelsrecht § 3 Rn 11 sowie zuvor auch *Lieb* NJW 1999, 35 (36); *Pfeiffer* Handbuch der Handelsgeschäfte, 1999, § 1 Rn 110.
[211] Ablehnend jedoch *Hübner* Rn 40.
[212] Ebenso Reg.Begr., BT-Drucks. 13/8444, S. 25 f, 48; Baumbach/*Hopt* Rn 25; Ebenroth/Boujong/Joost/Strohn/*Kindler* Rn 44; Koller/*Roth*/Morck Rn 46; *Röhricht*/v. Westphalen Rn 123.

scheidung nach Maßgabe der Darlegungs- und Beweislast kennt, trifft das Registergericht die Feststellungslast, wenn es das Vorliegen eines Handelsgewerbes bestreitet. Dem Zweck des § 1 Abs. 2 entspricht es, wenn der Rechtsgedanke der Vorschrift diesbezüglich zur Anwendung gelangt. Ist das Vorliegen eines Kleingewerbes nicht erwiesen, so gilt auch für das registergerichtliche Verfahren, dass der Gewerbebetrieb ein Handelsgewerbe ist.[213]

93   b) **Entbehrlichkeit kaufmännischer Einrichtungen**

aa) **Kaufmännische Einrichtungen.** Bevor bei der Anwendung von § 1 Abs. 2 Art und Umfang des Unternehmens näher betrachtet werden, ist zunächst zu klären, auf welche kaufmännischen Einrichtungen im Rahmen der Erforderlichkeitsprüfung abzustellen ist. Erst wenn feststeht, wodurch sich ein in kaufmännischer Weise eingerichteter Geschäftsbetrieb auszeichnet, kann die Frage beantwortet werden, ob diese Einrichtungen wegen Art oder Umfang des Unternehmens entbehrlich sind.

94   Ein kaufmännischer Geschäftsbetrieb erfordert jedenfalls Vorkehrungen, die ein Mindestmaß aufweisen, um eine zuverlässige Abwicklung der Geschäfte sicherzustellen.[214] Hierfür hat bereits die Denkschrift zum HGB auf die spezifische und mit der Kaufmannseigenschaft verknüpften Regelung zurückgegriffen.[215] Unverändert von Bedeutung ist für einen kaufmännisch geführten Geschäftsbetrieb die Beschäftigung von Hilfspersonen mit kaufmännischer Ausbildung (Handlungsgehilfen, §§ 59 ff) sowie spezifische Vertretungsregeln, die im Interesse des Geschäftsverkehrs Handlungsspielräume belassen (Handlungsvollmacht, Prokura; §§ 48 ff, 54 ff).[216] Entsprechendes gilt für den Schriftverkehr mit Kunden- und Geschäftspartnern (Aufbewahrungspflichten, § 257), eine Buchführung, die einen geordneten Überblick über die Geschäftsvorfälle und die Lage des Unternehmens gibt (§ 238 Abs. 1),[217] die Errichtung eines Inventars (§ 240) und schließlich die Erstellung eines aus Bilanz sowie Gewinn- und Verlustrechnung bestehenden Jahresabschlusses (§ 242). Schließlich zeichnet sich ein in kaufmännischer Weise geführter Geschäftsbetrieb dadurch aus, dass er im rechtsgeschäftlichen Verkehr unter einer eigenständigen Bezeichnung agiert, so dass für Dritte erkennbar ist, dass das jeweilige Handeln nicht die private, sondern die geschäftliche Sphäre betrifft. Dies geschah bei Schaffung des HGB durch die Firma (§ 17 Abs. 1: Name, unter dem der Kaufmann seine Geschäfte betreibt). Allerdings ist der Betreiber eines Gewerbes auch im Rahmen eines kaufmännischen Geschäftsverkehrs hierauf inzwischen nicht mehr angewiesen, da geschäftliche Bezeichnungen (§ 5 MarkenG) den Geschäftsbetrieb in vergleichbarer Weise von der Privatsphäre abgrenzen können.[218]

95   bb) **Erforderlichkeitsprüfung.** Für das Vorliegen eines Handelsgewerbes ist nicht auf das tatsächliche Vorhandensein der kaufmännischen Einrichtungen, sondern – wie der

---

[213] So auch Baumbach/*Hopt* Rn 25; HK-HGB/*Ruß* Rn 44; Koller/*Roth*/Morck Rn 46; Oetker/*Körber* Rn 62; MünchKommHGB/*K. Schmidt* Rn 76; Röhricht/v. Westphalen Rn 123; ähnlich *Canaris* Handelsrecht § 3 Rn 12: analoge Anwendung im Hinblick auf die Argumentationslast.

[214] In diesem Sinne auch BGH WM 1960, 935 (935); Oetker/*Körber* Rn 50.

[215] Denkschrift, S. 9 f; ebenso z.B: *Canaris* Handelsrecht § 3 Rn 9; *Lettl* § 2 Rn 24.

[216] AA MünchKommHGB/*K. Schmidt* Rn 71.

[217] So auch BGH WM 1960, 935 (935); OLG Brandenburg 4.4.2007 – 7 U 170/06, nv.; *Canaris* Handelsrecht § 3 Rn 9; MünchKommHGB/*K. Schmidt* Rn 70; *Pfeiffer* Handbuch der Handelsgeschäfte, 1999, § 1 Rn 101; Röhricht/v. Westphalen Rn 105.

[218] Ablehnend deshalb mit Recht MünchKommHGB/*K. Schmidt* Rn 71.

Wortlaut des § 1 Abs. 2 unmissverständlich zeigt – auf deren Erforderlichkeit abzustellen.[219] Diese ist **objektiv** und nicht nach der subjektiven Einschätzung des Betreibers des Gewerbebetriebes zu beurteilen. Deshalb gestattet der vollständige oder teilweise Verzicht auf die in Rn 94 beschriebenen kaufmännischen Einrichtungen keine Rückschlüsse auf deren Erforderlichkeit.[220] Das Erfordernis eines in kaufmännischer Weise eingerichteten Geschäftsbetriebes dient dem Schutz der Kunden und Geschäftspartner, der nicht zur Disposition des Gewerbetreibenden steht.

Eine andere Würdigung kommt allenfalls in der umgekehrten Richtung in Betracht. Das Vorhandensein kaufmännischer Einrichtungen kann deren Erforderlichkeit indizieren bzw. Rückschlüsse hierauf gestatten.[221] Allerdings ist insoweit Zurückhaltung geboten, da die Inanspruchnahme kaufmännischer Einrichtungen in der Regel rechtlich an den Kaufmannsstatus anknüpft. Es kann deshalb allenfalls auf die Inanspruchnahme vergleichbarer allgemeiner privatrechtlicher „Einrichtungen" ankommen. **96**

Die Erfüllung der steuerrechtlichen Buchführungspflicht wird verbreitet als ungeeignet angesehen, um hieraus die Erforderlichkeit kaufmännischer Einrichtungen abzuleiten.[222] Dies kann nach der derzeit geltenden Rechtslage im Steuerrecht nur noch eingeschränkt überzeugen. Vielmehr ist zu differenzieren, ob die Pflicht zur Buchführung aufgrund des Umsatzes im Kalenderjahr (§ 141 Abs. 1 Satz 1 Nr. 1 AO) oder wegen des Gewinns im Geschäftsjahr (§ 141 Abs. 1 Satz 1 Nr. 5 AO) besteht. Während ein Umsatz von € 500.000 das Erfordernis kaufmännischer Einrichtungen nahelegt (s. auch Rn 102),[223] ist ein vergleichbarer Rückschluss bei einem Gewinn von € 50.000 im Wirtschaftsjahr nicht gerechtfertigt. **97**

Die Erforderlichkeitsprüfung im Hinblick auf die in Rn 94 erzählten Merkmale ist nicht schematisch vorzunehmen, sondern bedarf einer **Gesamtwürdigung** des Betriebes.[224] So kann für den konkreten Geschäftsbetrieb zwar die Beschäftigung kaufmännischen Hilfspersonals entbehrlich sein, aufgrund Bedeutung und Tragweite der abgeschlossenen Geschäfte aber eine Aufbewahrung des Schriftwechsels notwendig sein. **98**

cc) **Art und Umfang des Geschäftsbetriebes.** Mit Art und Umfang stellt § 1 Abs. 2 auf qualitative und quantitative Merkmale ab, wobei für ein Handelsgewerbe die kaufmännischen Einrichtungen sowohl qualitativ (Art) als auch quantitativ (Umfang) vor- **99**

---

[219] Reg.Begr., BT-Drucks. 13/8444, S. 48; BGH WM 1960, 935 (935); Ebenroth/Boujong/Joost/Strohn/*Kindler* Rn 47; GK-HGB/*Ensthaler* Rn 18; HK-HGB/*Ruß* Rn 40; Oetker/*Körber* Rn 54; *Lettl* § 2 Rn 25; MünchKommHGB/*K. Schmidt* Rn 72; *Pfeiffer* Handbuch der Handelsgeschäfte, 1999, § 1 Rn 100; *Röhricht*/v. Westphalen Rn 106.
[220] Treffend *Canaris* Handelsrecht § 3 Rn 10; Ebenroth/Boujong/Joost/Strohn/*Kindler* Rn 47; Oetker/*Körber* Rn 54.
[221] BGH WM 1960, 935 (935); *Canaris* Handelsrecht § 3 Rn 10; GK-HGB/*Ensthaler* Rn 18; Oetker/*Körber* Rn 54; MünchKommHGB/*K. Schmidt* Rn 72; *Pfeiffer* Handbuch der Handelsgeschäfte, 1999, § 1 Rn 100; *Röhricht*/v. Westphalen Rn 106.
[222] So OLG Celle MDR 1974, 235; OLG Stuttgart Rpfleger 1968, 154 (155); Baumbach/*Hopt* Rn 23; Ebenroth/Boujong/Joost/Strohn/*Kindler* Rn 47; HK-HGB/*Ruß* Rn 43; MünchKommHGB/*K. Schmidt* Rn 72.
[223] S. Ebenroth/Boujong/Joost/Strohn/*Kindler* Rn 52.
[224] Reg.Begr., BT-Drucks. 13/8444, S. 48; BGH WM 1960, 935 (935); Baumbach/*Hopt* Rn 23; *Canaris* Handelsrecht § 3 Rn 9; *Hübner* Rn 40; Oetker/*Körber* Rn 55; *Lettl* § 2 Rn 25; MünchKommHGB/*K. Schmidt* Rn 73; *Pfeiffer* Handbuch der Handelsgeschäfte, 1999, § 1 Rn 101; *Röhricht*/v. Westphalen Rn 101, 107.

liegen müssen.²²⁵ Umgekehrt genügt im Lichte der Systematik des § 1 Abs. 2 für den Nachweis eines kleingewerblichen Unternehmens, wenn dieses entweder wegen seiner Art oder aufgrund seines Umfanges keine kaufmännischen Einrichtungen erfordert.

100 Mit der **Art des Unternehmens** rückt § 1 Abs. 2 den Gegenstand des Unternehmens in den Vordergrund, meint damit allerdings die mit dem Gegenstand in der Regel untrennbar verbundene Komplexität des Unternehmens. Diese ist unabhängig von der jeweiligen Branche zu beurteilen und resultiert insbesondere aus der Vielfalt der Erzeugnisse, Leistungen und Geschäftsbeziehungen, darüber hinaus auch aus der Teilnahme am Kapitalmarkt zwecks Unterhaltung des Geschäftsbetriebes.²²⁶ Verfehlt wäre es hingegen, aufgrund bestimmter Gegenstände des Unternehmens einen in kaufmännischer Weise eingerichteten Geschäftsbetrieb stets als erforderlich anzusehen. Anderenfalls hätte der Gesetzgeber in § 1 Abs. 2 den Geschäftsgegenstand ausdrücklich benennen können. Zudem entsprach es nicht der Absicht des Reformgesetzgebers in Umkehrung der früheren Systematik und in Rückkehr zu Art. 10 ADHGB bestimmte Gewerbebetriebe allein aufgrund ihres Gegenstandes aus dem Kreis der Handelsgewerbe auszuklammern.

101 Für den **Umfang des Unternehmens** sind ebenfalls unterschiedliche Faktoren prägend. Hierzu zählen neben dem Umsatz und der Zahl der beschäftigten Arbeitnehmer u.a. die Höhe des Betriebs- und Anlagekapitals, die Zahl der Betriebsstätten, die regionale Ausdehnung der Geschäftsaktivitäten, sowie die Zahl der Geschäftspartner.²²⁷ Ob der Geschäftsbetrieb nach seinem Umfang kaufmännische Einrichtungen erfordert, beurteilt sich nicht anhand einzelner Faktoren, sondern wiederum aufgrund einer Gesamtschau.²²⁸ Das gilt insbesondere für den Umsatz. Dieser kann aufgrund der Art des Unternehmens (Handel mit wertvollen Gemälden) sehr hoch sein, gleichwohl ohne Mitarbeiter und mit einer geringen Zahl von Geschäftsvorgängen erzielt worden sein. Ein kaufmännischer Geschäftsbetrieb erweist sich in derartigen Sachverhalten zumeist als entbehrlich.²²⁹ Umgekehrt führt ein mit einer Vielzahl von Geschäftsvorgängen erzielter hoher Umsatz in der Regel zu der Notwendigkeit, den Geschäftsbetrieb nach kaufmännischen Grundsätzen zu organisieren.

102 In der registergerichtlichen Praxis, die im Ansatz auch von der Rechtsprechung gebilligt wird, liefert ungeachtet des Postulats einer Gesamtwürdigung der Umsatz eine zentrale Orientierungshilfe.²³⁰ Insoweit wird verbreitet ein handelsrechtliches Gewerbe angenommen, wenn der Jahresumsatz die Schwelle von € 250.000 überschreitet.²³¹ Als Orientierungshilfe ist dieser Wert in der Praxis nicht von der Hand zu weisen,²³² darf jedoch nicht zu einem Schematismus verleiten, da anderenfalls die bewusste Entschei-

---

²²⁵ Baumbach/*Hopt* Rn 23; *Canaris* Handelsrecht § 3 Rn 10; GK-HGB/*Ensthaler* Rn 16; HK-HGB/*Ruß* Rn 40; *Lettl* § 2 Rn 25; *Röhricht*/v. Westphalen Rn 100.
²²⁶ S. auch Reg.Begr. BT-Drucks. 13/8444, S. 48; Oetker/*Körber* Rn 52; *Pfeiffer* Handbuch der Handelsgeschäfte, 1999, § 1 Rn 102; *Röhricht*/v. Westphalen Rn 104.
²²⁷ S. auch Reg.Begr. BT-Drucks. 13/8444, S. 48; *Röhricht*/v. Westphalen Rn 102.
²²⁸ OLG Dresden NJW-RR 2002, 33.
²²⁹ S. *Canaris* Handelsrecht § 3 Rn 9.
²³⁰ S. die detaillierte Auflistung bei *Röhricht*/v. Westphalen Rn 113 f.

²³¹ So z.B. OLG Dresden NJW-RR 2002, 33 (33); ebenso im Schrifttum z.B. Ebenroth/Boujong/Joost/Strohn/*Kindler* Rn 52; *Pfeiffer* Handbuch der Handelsgeschäfte, 1999, § 1 Rn 103; in dieser Richtung auch *Heinemann* FS Fikentscher, 1998, S. 349 (377); ebenso HK-HGB/*Ruß* Rn 43; der die Schwelle jedoch bei € 500.000 ansetzt; in dieser Richtung auch *Röhricht*/v. Westphalen Rn 112 ff.
²³² Tendenziell entgegengesetzt Baumbach/*Hopt* Rn 23; *Canaris* Handelsrecht § 3 Rn 9; *Hübner* Rn 39; MünchKommHGB/*K. Schmidt* Rn 73.

dung des Gesetzgebers gegen eine Fixierung auf bestimmte Merkmale[233] unterlaufen würde. Je deutlicher der Schwellenwert überschritten wird, umso schwerer müssen deshalb die anderen Faktoren wiegen, um gleichwohl kaufmännische Einrichtungen als entbehrlich zu erachten.[234] Entsprechendes gilt in der umgekehrten Richtung.[235]

III. Rechtsfolgen aufgrund des Betreibens eines Handelsgewerbes

103 Nach dem Wortlaut des § 1 Abs. 1 führt das Betreiben eines Handelsgewerbes dazu, dass der Betreiber kraft Gesetzes die Eigenschaft eines Kaufmanns erlangt. Diese Rechtsfolge steht nicht zur Disposition der Parteien. Mit der Kaufmannseigenschaft ist die betreffende Person stets in den persönlichen Anwendungsbereich derjenigen Normen einbezogen, die an den Kaufmannsstatus anknüpfen. Der Wortlaut des § 1 Abs. 1 beschränkt dies zwar auf „dieses Gesetzbuch", die Rechtsfolge des § 1 Abs. 1 erstreckt die allgemeine Ansicht jedoch mit Recht auch auf andere Kodifikationen, die auf den Kaufmannsstatus rekurrieren (z.B. § 95 Abs. 1 Nr. 1 GVG).[236]

104 Mit der Erlangung der Kaufmannseigenschaft trifft den Kaufmann zugleich nach § 29 die Pflicht, die Firma, unter der er das Handelsgewerbe betreibt, bei dem Registergericht zur Eintragung in das Handelsregister anzumelden. Die Eintragung ist jedoch – wie § 1 Abs. 1 zeigt – lediglich von **deklaratorischer Bedeutung**.[237] Führt er die Eintragung nicht herbei, so greift nach vorherrschendem Verständnis zum Schutz des Rechtsverkehrs § 15 Abs. 1 ein.[238] Zudem ist der Kaufmann erst mit der Eintragung in dem Handelsregister berechtigt, seiner Firma den Zusatz „eingetragener Kaufmann/-frau" (§ 19 Abs. 1 Nr. 1) anzufügen.[239]

IV. Beginn und Ende der Kaufmannseigenschaft

105 Da die Erlangung der Kaufmannseigenschaft nicht von der Eintragung in das Handelsregister abhängt (s. Rn 104), ist die Kaufmannseigenschaft untrennbar mit dem Betreiben eines Handelsgewerbes verbunden. Diese ist jedoch nicht stets mit dem in Rn 45 bis 50 erläuterten Beginn und Ende des Gewerbes deckungsgleich. Bezüglich des **Beginns der Kaufmannseigenschaft** muss hinzukommen, dass der Gewerbebetrieb nach Art und Umfang bereits in kaufmännischer Weise eingerichtet ist. Dies kann indes mit dem Beginn des Gewerbes (s. Rn 45) zusammenfallen, wenn der Gewerbetrieb von vornherein auf eine entsprechende Größenordnung angelegt ist. In dieser Konstellation können selbst Vorbereitungsgeschäfte dazu führen, dass der „Betreiber" schon mit diesen die

---

[233] Reg.Begr., BT-Drucks. 13/8444, S. 25, 48.
[234] S. *Pfeiffer* Handbuch der Handelsgeschäfte, 1999, § 1 Rn 104.
[235] S. exemplarisch OLG Celle BB 1963, 540 für eine Bundeswehr-Kantine mit € 250.000 Jahresumsatz.
[236] Oetker/*Körber* Rn 8; *Röhricht*/v. Westphalen Rn 126.
[237] Für die allg. Ansicht statt aller Reg.Begr., BT-Drucks. 13/8444, S. 47; *Canaris* Handelsrecht § 3 Rn 13; HK-HGB/*Ruß* Rn 45; Koller/*Roth*/Morck Rn 39, 46; Oetker/*Körber* Rn 109; MünchKommHGB/K. *Schmidt* Rn 78; *Röhricht*/v. Westphalen Rn 129.
[238] Zur Einbeziehung sog. Primärtatsachen in den Anwendungsbereich von § 15 Abs. 1 Satz 1 s. § 15 Rn 36 ff.
[239] Für eine Vorverlagerung auf den Zeitpunkt der Anmeldung hingegen *Röhricht*/v. Westphalen Rn 126, sofern der Eintragung keine erkennbaren Bedenken entgegenstehen.

Kaufmannseigenschaft erlangt. Ist diese Voraussetzung nicht erfüllt, so ist die Schwelle, ab der der (zunächst) Kleingewerbetreibende ein Handelsgewerbe führt, nur schwer exakt zu bestimmen. Im Regelfall ist dies jedoch zu bejahen, wenn er den Geschäftsbetrieb in kaufmännischer Weise eingerichtet hat (s. Rn 96). Sieht er hiervon jedoch ab, obwohl dies geboten ist, so mildert die aus § 1 Abs. 2 zu entnehmende Beweislastregel (s. Rn 90) die Abgrenzungsschwierigkeiten in der Regel ausreichend ab.

106 Auch bezüglich des **Verlustes der Kaufmannseigenschaft** besteht kein zwingender Gleichlauf mit dem Ende des Gewerbetriebes. Fest steht lediglich, dass die endgültige Einstellung des Gewerbes (s. Rn 47) zum Verlust der Kaufmannseigenschaft führt. Ein Fortbestand der Eintragung im Handelsregister steht dem wegen ihrer deklaratorischen Bedeutung (s. Rn 104) nicht entgegen. Auch der mit § 5 bezweckte Schutz des Rechtsverkehrs greift in dieser Konstellation nicht ein, da die Norm nur zur Anwendung gelangt, wenn zumindest ein handelsrechtliches Gewerbe betrieben wird (s. § 5 Rn 8 ff).

107 Schwieriger ist die rechtliche Würdigung, wenn der Gewerbebetrieb aufrechterhalten bleibt, jedoch keinen in kaufmännischer Weise eingerichteten Geschäftsbetrieb mehr erfordert (Herabsinken zum Kleingewerbetreibenden). Vorherrschend ist die Auffassung, die wegen der fortbestehenden Eintragung im Handelsregister keine Konsequenzen für die Kaufmannseigenschaft zieht. Der Betreiber des Gewerbes sei nunmehr nach § 2 Satz 1 aufgrund der Handelsregistereintragung und dem hierdurch fingierten Handelsgewerbe unverändert Kaufmann im Sinne des Handelsrechts. Die Gegenposition fordert indes für § 2 Satz 1 die Stellung eines eigenständigen Antrages und gelangt bei Fortbestand der Eintragung zu einem Schutz des Rechtsverkehrs über § 5 (s. näher § 2 Rn 23 f).

§ 2
Kannkaufmann

[1]Ein gewerbliches Unternehmen, dessen Gewerbebetrieb nicht schon nach § 1 Abs. 2 Handelsgewerbe ist, gilt als Handelsgewerbe im Sinne dieses Gesetzbuchs, wenn die Firma des Unternehmens in das Handelsregister eingetragen ist. [2]Der Unternehmer ist berechtigt, aber nicht verpflichtet, die Eintragung nach den für die Eintragung kaufmännischer Firmen geltenden Vorschriften herbeizuführen. [3]Ist die Eintragung erfolgt, so findet eine Löschung der Firma auch auf Antrag des Unternehmers statt, sofern nicht die Voraussetzung des § 1 Abs. 2 eingetreten ist.

Schrifttum

Kögel Der nach Art und Umfang in kaufmännischer Weise eingerichtete Geschäftsbetrieb – eine unbekannte Größe, DB 1998, 1802; *Mönkemöller* Die „Kleingewerbetreibenden" nach neuem Kaufmannsrecht, JuS 2002, 30; *K. Schmidt* „Deklaratorische" und „konstitutive" Registereintragung nach §§ 1 ff HGB, ZHR 136 (1999), 87; *Schmitt* Die Rechtsstellung der Kleingewerbetreibenden nach dem Handelsrechtsreformgesetz, 2003; *Schulze-Osterloh* Der Wechsel der Eintragungsgrundlagen der Kaufmannseigenschaft (§§ 1, 2, 105 Abs. 2 HGB) und der Anwendungsbereich des § 5 HGB, ZIP 2007, 2390; *Siems* Kaufmannsbegriff und Rechtsfortbildung, 2. Aufl. 2003; *Treber* Der Kaufmannsbegriff als Rechtsbegriff im Handels- und Verbraucherrecht, AcP 199 (1999), 525.

Erster Abschnitt. Kaufleute § 2

Übersicht

	Rn		Rn
I. Allgemeines	1–4	3. Löschung von Amts wegen	21–24
II. Personeller Anwendungsbereich	5–8	V. Rechtsstellung Kleingewerbetreibender nach Eintragung im Handelsregister	25–28
III. Erlangung der Kaufmannseigenschaft	9–15	VI. Rechtsstellung nicht eingetragener Kleingewerbetreibender	29–35
IV. Verlust der Kaufmannseigenschaft	16–25		
1. Allgemeines	16–17		
2. Löschung auf Antrag	18–20		

I. Allgemeines

Bis zum Inkrafttreten des Handelsrechtsreformgesetzes blieb dem Inhaber der von § 1 Abs. 1 erfassten Gewerbebetriebe, die nach Art oder Umfang keinen in kaufmännischer Weise eingerichteten Geschäftsbetrieb erforderten, der Weg in das Handelsregister versperrt; § 4 a.F. ordnete dies durch die Nichtanwendung der Vorschriften über die Firma und damit auch des § 29 für sog. Minderkaufleute ausdrücklich an.[1] Abgesehen von den nach § 4 a.F. expressis verbis ausgenommenen Bestimmungen waren die Regelungen des Handelsrechts jedoch (mit Ausnahme der §§ 348 bis 350 (s. § 351 a.F.) auch auf Minderkaufleute anzuwenden, galten wegen der tatbestandlichen Einschränkung jedoch nur für die Inhaber sog. Grundhandelsgewerbe i.S.d. § 1 Abs. 2 a.F.[2] **1**

Den in Rn 1 skizzierten konzeptionellen Ansatz hat das Handelsrechtsreformgesetz verbunden mit der gleichzeitigen Abschaffung der „Sollkaufleute" aufgegeben und den Inhabern kleingewerblicher Unternehmen mittels eines Optionsrechts (§ 2 Satz 1) den Weg in das Handelsregister eröffnet, um letztlich auch einer Flucht in die juristische Person (Ein-Personen-GmbH) entgegenzuwirken.[3] Darüber hinaus erleichtert der konzeptionelle Ansatz des § 2 neu gegründeten Unternehmen, den rechtlichen Übergang zum Ist-Kaufmann nach § 1 ohne Friktionen herbeizuführen, da die Frage, ob das Unternehmen bereits einen in kaufmännischer Weise eingerichteten Geschäftsbetrieb erfordert, nicht stets zweifelsfrei beantwortet werden kann (s. auch Rn 22). Vor allem aber entlastet das zugunsten Kleingewerbetreibender geschaffene Optionsrecht die Tätigkeit der Registergerichte.[4] Meldet der Inhaber eines gewerblichen Unternehmens seine Firma zur Eintragung in das Handelsregister an, so ist das Registergericht – anders als früher nach § 2 a.F. – von der Sachprüfung entbunden, ob der Anmeldende seiner Verpflichtung aus § 29 nachkommt oder aber sein Optionsrecht nach § 2 Satz 2 ausübt und dessen Voraussetzungen vorliegen (s. dazu Rn 14).[5] Allerdings zeigt die rechtswissenschaftliche Auseinandersetzung um die Rechtsnatur bzw. die Rechtswirkungen der Registeranmeldung (s. Rn 10 f), dass der Gesetzgeber die gegenläufige Entwicklung, d.h. das Herabsinken des Ist-Kaufmannes zum Kleingewerbetreibenden nicht in den Blick genommen hat (s. dazu Rn 23 f). **2**

---

[1] Staub/*Brüggemann*[4] § 4 Rn 23; MünchKommHGB/*K. Schmidt* Rn 1.
[2] S. Staub/*Brüggemann*[4] § 4 Rdn 3.
[3] Ebenroth/Boujong/Joost/Strohn/*Kindler* Rn 2; näher Reg.Begr., BT-Drucks. 13/8444, S. 31.
[4] Reg.Begr., BT-Drucks. 13/8444, S. 32; *Schmitt* Die Rechtsstellung der Kleingewerbetreibenden nach dem Handelsrechtsreformgesetz, 2003, S. 111; dagegen jedoch *Canaris* Handelsrecht § 3 Rn 23; *Hübner* Rn 46.
[5] S. Ebenroth/Boujong/Joost/Strohn/*Kindler* Rn 2; MünchKommHGB/*K. Schmidt* Rn 12; *Röhricht*/v. Westphalen Rn 15; aA *Canaris* Handelsrecht § 3 Rn 23.

3 Der Gesetzgeber hat den konzeptionellen Wechsel nicht auf Einzelpersonen beschränkt, sondern dieser gilt – entsprechend der ursprünglichen Absicht[6] – auch für **Personenmehrheiten**, denen wegen Art oder Umfang des Geschäftsbetriebes ihres Unternehmens nach der früheren Rechtslage (s. § 4 Abs. 2 a.F.) die Betätigung in der Rechtsform einer **Personenhandelsgesellschaft** verwehrt blieb. Gerade sie waren gezwungen, wollten sie nicht im Recht der BGB-Gesellschaft verharren, den Schritt zur Errichtung einer GmbH zu vollziehen. Aus diesem Grunde hat das Handelsrechtsreformgesetz neben § 2 zugleich § 105 Abs. 2 geändert und kleingewerblich tätigen Personenmehrheiten den Zugang zur offenen Handelsgesellschaft und über § 161 Abs. 2 auch zur Kommanditgesellschaft eröffnet.[7] Im Nachhinein hat die geänderte Rechtsprechung des BGH zur BGB-Gesellschaft[8] den Druck zur Anpassung des § 105 Abs. 2 zwar erheblich abgeschwächt, die in § 105 Abs. 2 vollzogene Änderung hat aber – abgesehen von der Ausdehnung auf die Verwaltung eigenen Vermögens (s. Rn 6) – unverändert noch erhebliche Bedeutung im Hinblick auf die Errichtung einer Kommanditgesellschaft und die hierdurch (bei den Kommanditgesellschaftern) ermöglichte Haftungsbeschränkung.[9]

4 Ungeachtet der mit § 2 verbundenen Vorteile zwingt das Optionsrecht die Inhaber kleingewerblich tätiger Unternehmen zu einer nicht stets einfachen Abwägung zwischen den Vor- und Nachteilen, die mit der Erlangung des Kaufmannsstatus verbunden sind.[10] Dies vor allem deshalb, weil die Kaufmannseigenschaft zahlreiche Pflichten auslöst bzw. der Inhaber des Geschäftsbetriebes ein verändertes rechtliches Umfeld bedenken muss.[11] Zu nennen ist als nicht unerheblicher Nachteil die Belastung mit Buchführungspflichten (§§ 238 ff sowie § 140 AO); ferner sind diejenigen Bestimmungen anzuführen, die – wie vor allem § 15 – den Interessen des Handelsverkehrs Rechnung tragen. Hinzu tritt als Nachteil die Aufhebung des Schutzes durch bürgerlich-rechtliche Formvorschriften (§ 350) sowie die Notwendigkeit, sich über die dispositiven Vorschriften zu den Handelsgeschäften Kenntnisse zu verschaffen. Vorteile aufgrund der Kaufmannseigenschaft sind demgegenüber nur wenige erkennbar und fallen aufgrund praktikabler Alternativen letztlich nicht nennenswert ins Gewicht.[12] So ist das Recht zur Erteilung einer Prokura angesichts des Umfangs des Geschäftsbetriebes sowie der durch das bürgerliche Recht ermöglichten Generalvollmacht allenfalls von theoretischem Interesse. Auch die Möglichkeit, das kleingewerbliche Unternehmen mittels einer Firma im Geschäftsverkehr zu kennzeichnen, ist wegen des Markenrechts und des Schutzes für das Unternehmenskennzeichen (§ 5 MarkenG) bei gleichzeitiger Liberalisierung des Firmenrechts kein allzu großer Anreiz für den Erwerb der Kaufmannseigenschaft.[13] Ob allein die Anfügung des Zusatzes „e.K." (§ 19 Abs. 1 Nr. 1) tatsächlich zu einem Ansehensgewinn führt[14] oder die Eintragung im Handelsregister die Eröffnung eines Bankkontos erleichtert,[15] mag dahingestellt bleiben. Unbestreitbar ist allerdings der Vorteil, dass der mit einer Aus-

---

[6] S. Reg.Begr., BT-Drucks. 13/8444, S. 31.
[7] S. auch Reg.Begr., BT-Drucks. 13/8444, S. 39.
[8] S. vor allem BGHZ 146, 341 ff.
[9] Treffend Baumbach/*Hopt* Rn 2; *Canaris* Handelsrecht § 3 Rn 17.
[10] S. *Canaris* Handelsrecht § 3 Rn 18; Ebenroth/Boujong/Joost/Strohn/*Kindler* Rn 9 ff; Oetker/*Körber* Rn 9; *Schmitt* Die Rechtsstellung der Kleingewerbetreibenden nach dem Handelsrechtsreformgesetz, 2003, S. 106 ff.
[11] Deshalb von der Ausübung des Optionsrechts für den Regelfall abratend *Lettl* § 2 Rn 42.
[12] Treffend *Canaris* Handelsrecht § 3 Rn 18; s. aber mit abweichender Würdigung Reg.Begr., BT-Drucks. 13/8444, S. 31.
[13] Ausführlich dazu *Schmitt* Die Rechtsstellung der Kleingewerbetreibenden nach dem Handelsrechtsreformgesetz, 2003, S. 196 ff.
[14] Hierfür Ebenroth/Boujong/Joost/Strohn/*Kindler* Rn 10.
[15] Reg.Begr., BT-Drucks. 13/8444, S. 31.

weitung der Geschäftstätigkeit verbundenen Gefahr, unwissentlich kraft Gesetzes bereits den handelsrechtlichen Vorschriften zu unterliegen, durch frühzeitige Ausübung des Optionsrechts begegnet werden kann. Als größter Vorteil ist jedoch die durch § 105 Abs. 2 bzw. § 161 Abs. 2 eröffnete Möglichkeit zu bewerten, kleingewerbliche Unternehmen in der Rechtsform einer offenen Handelsgesellschaft bzw. einer Kommanditgesellschaft betreiben zu können[16] sowie das Unternehmen einer kleingewerblichen offenen Handelsgesellschaft als einzelkaufmännisches Unternehmen fortführen zu können, wenn nach dem Ausscheiden von Gesellschaftern nur noch ein Gesellschafter übrig bleibt.[17]

II. Personeller Anwendungsbereich

Das Optionsrecht begründet § 2 Satz 1 nur für Inhaber gewerblicher Unternehmen, **5**
die nicht bereits nach § 1 Abs. 2 ein Handelsgewerbe betreiben. Wegen der Bezugnahme auf „gewerbliche" Unternehmen setzt § 2 Satz 1 voraus, dass die wirtschaftliche Betätigung des Inhabers die Voraussetzungen eines **handelsrechtlichen Gewerbes** erfüllt (s. dazu § 1 Rn 14 ff).[18] Zwar verlangt § 2 Satz 1 im Hinblick auf den Umfang der wirtschaftlichen Betätigung keine Mindestgröße,[19] dies entbindet aber nicht von einem Mindestmaß im Hinblick auf Planmäßigkeit und Dauerhaftigkeit der wirtschaftlichen Betätigung (s. dazu § 1 Rn 20 f).[20] Wegen der Anbindung an den handelsrechtlichen Gewerbebegriff ist freiberuflich Tätigen auch nicht über § 2 der Erwerb der Kaufmannseigenschaft eröffnet (s. auch § 1 Rn 27 ff).[21]

Aufgrund der Verknüpfung von § 2 Satz 1 mit dem handelsrechtlichen Gewerbe- **6**
begriff ermöglicht die **ausschließliche Verwaltung eigenen Vermögens** nicht den Weg zur Kaufmannseigenschaft; der Vermögensverwaltung fehlt in dieser Konstellation das für den Gewerbebegriff konstitutive Element einer nach außen gerichteten Betätigung am Markt (s. § 1 Rn 22 ff). In § 105 Abs. 2 hat der Gesetzgeber die bislang vorherrschende Ansicht ausdrücklich bestätigt.[22] Gerade die für die ausschließliche Verwaltung eigenen Vermögens einer Personenmehrheit eröffnete Option, in dem Rechtskleid einer Personenhandelsgesellschaft zu agieren, hat im Schrifttum jedoch die Frage provoziert, ob die hierin im Verhältnis zu Einzelpersonen bestehende Ungleichbehandlung im Lichte des Art. 3 Abs. 1 GG gerechtfertigt ist, oder aber mangels hinreichend gewichtiger Gründe für die Differenzierung die Anwendung des § 2 erzwingt,[23] wofür es angesichts des Wortlauts der Vorschrift eines Analogieschlusses bedürfte.[24] Dem steht jedoch vor allem entgegen,[25]

---

[16] S. auch Baumbach/*Hopt* Rn 2; MünchKommHGB/*K. Schmidt* Rn 2.
[17] S. Reg.Begr., BT-Drucks. 13/8444, S. 31.
[18] Baumbach/*Hopt* Rn 2; *Canaris* Handelsrecht § 3 Rn 24; HK-HGB/*Ruß* Rn 2; *Hübner* Rn 43; Koller/*Roth*/Morck Rn 2; *Lettl* § 2 Rn 37; MünchKommHGB/*K. Schmidt* Rn 9; Röhricht/v. Westphalen Rn 4.
[19] Treffend Ebenroth/Boujong/Joost/*Kindler* Rn 3; Koller/*Roth*/Morck Rn 2; Oetker/*Körber* Rn 7; aA *Canaris* Handelsrecht § 3 Rn 24, der die Eigenschaft als Unternehmen verlangt.
[20] In der Sache wie hier *Siems* Kaufmannsbegriff und Rechtsfortbildung, 2. Aufl. 2003, S. 79.
[21] *Canaris* Handelsrecht § 3 Rn 24; Koller/*Roth*/Morck Rn 2; *Lettl* § 2 Rn 37; Röhricht/v. Westphalen Rn 4.
[22] S. Reg.Begr., BT-Drucks. 13/8444, S. 40.
[23] So Ebenroth/Boujong/Joost/Strohn/*Kindler* Rn 7.
[24] **AA** Ebenroth/Boujong/Joost/Strohn/*Kindler* Rn 7, der eine erweiternde Auslegung fordert.
[25] Ebenso ausdrücklich für einen Ausschluss vermögensverwaltender Einzelpersonen Röhricht/v. Westphalen Rn 7 sowie Oetker/*Körber* Rn 5.

dass die spezifisch gesellschaftsrechtlichen Motive, die den Gesetzgeber zu der Ausweitung in § 105 Abs. 2 motiviert haben,[26] bei einer sich auf die Verwaltung eigenen Vermögens beschränkenden Einzelperson nicht eingreifen.[27] Zudem fehlt ein überzeugend dargelegtes berechtigtes Interesse, das im Hinblick auf die Erlangung der Kaufmannseigenschaft zugunsten vermögensverwaltender Einzelpersonen anzuführen ist. Das gilt auch für den Hinweis auf das Recht zur Führung einer Firma.[28] Insoweit beschränkt sich der sachliche Unterschied vor dem Hintergrund des Markenrechts (§ 5 MarkenG) vor allem darauf, dass der für das Unternehmen gewählten Bezeichnung nicht der Zusatz „e.K." hinzugefügt werden kann. Inwieweit durch dessen Inanspruchnahme bei der Verwaltung eigenen Vermögens für Einzelpersonen Vorteile entstehen würden, ist angesichts der gegenläufigen Bekundung des historischen Gesetzgebers[29] nicht mit der notwendigen Sicherheit erkennbar.

7 Die negativ formulierte Voraussetzung in § 2 Satz 1, dass das gewerbliche Unternehmen **nicht bereits nach § 1 Abs. 2 Handelsgewerbe** sein darf, ist in zweierlei Hinsicht für die Reichweite des Optionsrechts von Bedeutung. Erstens wird dieses damit den Inhabern aller Unternehmen verwehrt, deren Geschäftsbetrieb nach Art und Umfang kaufmännische Einrichtungen erfordert. Umgekehrt formuliert eröffnet § 2 Satz 1 das Optionsrecht nur, wenn das gewerbliche Unternehmen nach Art oder Umfang keinen in kaufmännischer Weise eingerichteten Geschäftsbetrieb erfordert (s. dazu § 1 Rn 89 ff), selbstverständlich auch, wenn es hieran kumulativ hinsichtlich Art und Umfang fehlt.[30] Zweitens setzt die Bezugnahme in § 2 Satz 1 auf § 1 Abs. 2 voraus, dass das gewerbliche Unternehmen im Übrigen, wenn also Art und Umfang des Geschäftsbetriebes dieses erfordern würden, nach § 1 Abs. 2 Handelsgewerbe sein kann. Aus diesem Grund setzt § 2 Satz 1 denknotwendig voraus, dass § 1 Abs. 2 auf das gewerbliche Unternehmen anwendbar ist. Schließt der Gesetzgeber dies jedoch – wie in § 3 Abs. 1 – für sämtliche (!) Betriebe der Land- und Forstwirtschaft aus (s. zur Reichweite von § 3 Abs. 1 § 3 Rn 6), so können die vom Gesetzgeber ausgeklammerten gewerblichen Unternehmen bei zu geringer Größe nicht als Kleingewerbetreibende über die Eintragung in das Handelsregister den Rechtsstatus eines „Handelsgewerbes" erlangen (s. auch § 3 Rn 37 f).[31] Im Hinblick auf kleingewerbliche Betriebe der Land- und Forstwirtschaft sowie für die mit einem Unternehmen der Land- oder Forstwirtschaft verbundenen kleingewerblichen Nebengewerbe vertritt indes eine beachtliche Strömung im Schrifttum die gegenteilige Ansicht (s. näher dazu § 3 Rn 35, 38).[32]

8 Kontrovers wird diskutiert, ob § 2 Satz 1 auch dann eingreift, wenn der Betrieb eines gewerblichen Unternehmens nicht mehr nach § 1 Abs. 2 Handelsgewerbe ist, weil dessen Voraussetzungen zwar anfänglich vorlagen, diese aber nachträglich (z.B. wegen verringerter Geschäftstätigkeit) entfallen sind (**Herabsinken des Ist-Kaufmanns zum Kleingewerbetreibenden**). Eine verbreitete Strömung im Schrifttum bejaht eine derartige dyna-

---

[26] S. Reg.Begr., BT-Drucks. 13/8444, S. 40 f.
[27] So Reg.Begr., BT-Drucks. 13/8444, S. 41.
[28] So Ebenroth/Boujong/Joost/Strohn/*Kindler* Rn 7.
[29] S. Reg.Begr., BT-Drucks. 13/8444, S. 41.
[30] Treffend *Röhricht*/v. Westphalen Rn 5.
[31] Wie hier z.B. GK-HGB/*Ensthaler* § 3 Rn 12; Koller/*Roth*/Morck Rn 2; *Röhricht*/v. Westphalen Rn 8.
[32] So z.B. Baumbach/*Hopt* § 3 Rn 2; *Canaris* Handelsrecht § 3 Rn 36; Ebenroth/Boujong/Joost/Strohn/*Kindler* § 3 Rn 34 f; Oetker/*Körber* Rn 4; K. Schmidt ZHR 163 (1999), 87 (91); *v. Olshausen* Rpfleger 2001, 53 (53 f); *Schmitt* Die Rechtsstellung der Kleingewerbetreibenden nach dem Handelsrechtsreformgesetz, 2003, S. 76 ff; *Siems* Kaufmannsbegriff und Rechtsfortbildung, 2. Aufl. 2003, S. 80 ff.

mische Betrachtung.³³ Für die Fiktion als „Handelsgewerbe" komme es lediglich auf die objektiv erkennbare Eintragung im Handelsregister an. Solange der Unternehmer mit seinem gewerblichen Unternehmen in dem Handelsregister eingetragen sei, behalte er die Kaufmannseigenschaft unabhängig davon, auf welchem Wege er diese erworben hat. Gegen diese Sichtweise sind indes wichtige Bedenken angemeldet worden. Diese können sich u.a. auf den durch das Handelsrechtsreformgesetz unverändert gebliebenen § 5 stützen,³⁴ der zuvor gerade diejenigen Sachverhalte erfasste, in denen zwar unverändert ein handelsrechtliches Gewerbe betrieben wird, die Voraussetzungen für ein Handelsgewerbe aber nicht (mehr) vorlagen (s. näher Rn 23 f).³⁵

III. Erlangung der Kaufmannseigenschaft

Die Erlangung der Kaufmannseigenschaft hängt bei Kleingewerbetreibenden von zwei Voraussetzungen ab: Erstens der Anmeldung der Firma zur Eintragung in das Handelsregister und zweitens deren Vornahme seitens des zuständigen Registergerichts. Erst mit der Eintragung im Handelsregister „gilt" das vom Kleingewerbetreibenden betriebene gewerbliche Unternehmen als Handelsgewerbe (§ 2 Satz 1). Ob der Kleingewerbetreibende die Eintragung beantragt, steht in seinem Belieben; dies stellt § 2 Satz 2 ausdrücklich klar. **9**

Für die Anmeldung zur Eintragung der Firma gilt die allgemeine Vorschrift des § 12.³⁶ Streitig ist die **Rechtsnatur der Anmeldung** im Rahmen von § 2. Eine beachtliche Strömung im Schrifttum qualifiziert diese **ausschließlich als Verfahrenshandlung** (verfahrensrechtliche Theorie), da die materiell-rechtlichen Wirkungen (Erlangung der Kaufmannseigenschaft) nicht bereits durch die Anmeldung, sondern erst aufgrund der Registereintragung eintreten.³⁷ Demgegenüber überwiegen im Schrifttum Äußerungen, die einen darüber hinausgehenden materiell-rechtlichen Gehalt befürworten und der Anmeldung dementsprechend eine **Doppelnatur** beimessen (gemischte Theorie).³⁸ In diesem Sinne wird die Anmeldung im Rahmen von § 2 teilweise ausdrücklich als **Willenserklärung**,³⁹ zum Teil jedenfalls als **geschäftsähnliche Handlung** eingeordnet.⁴⁰ Sehr weit reichend (aber nur vereinzelt) wird auch eine **ausschließlich materiell-rechtliche Sichtweise** vertreten (materiellrechtliche Theorie).⁴¹ **10**

---

³³ So z.B. Ebenroth/Boujong/Joost/Strohn/*Kindler* Rn 32; *K. Schmidt* ZHR 163 (1999), 87 (96 f); *Treber* AcP 199 (1999), 525 (582 ff).
³⁴ S. *Canaris* Handelsrecht § 3 Rn 22; s. ferner auch Reg.Begr., BT-Drucks. 13/8444, S. 49.
³⁵ S. Staub/*Brüggemann*⁴ § 5 Rn 16.
³⁶ Ebenroth/Boujong/Joost/Strohn/*Kindler* Rn 16.
³⁷ So Ebenroth/Boujong/Joost/Strohn/*Kindler* Rn 15; Oetker/*Körber* Rn 12; MünchKomm-HGB/*K. Schmidt* Rn 13; *ders.* ZHR 163 (1999), 87, 91 ff; *Schmitt* Die Rechtsstellung der Kleingewerbetreibenden nach dem Handelsrechtsreformgesetz, 2003, S. 81 f; *Schulze-Osterloh* ZIP 2007, 2390 (2391 f), *Treber* AcP Bd. 199 (1999), 525 (583).
³⁸ So Baumbach/*Hopt* Rn 10; *Canaris* Handelsrecht § 3 Rn 19; Koller/Roth/Morck Rn 3; *Lettl* § 2 Rn 39; Röhricht/v. Westphalen Rn 10; *Siems* Kaufmannsbegriff und Rechtsfortbildung, 2. Aufl. 2003, S. 85 ff.
³⁹ Hierfür Baumbach/*Hopt* Rn 4; Koller/Roth/Morck Rn 3; *Lettl* § 2 Rn 39; *Siems* Kaufmannsbegriff und Rechtsfortbildung, 2. Aufl. 2003, S. 89 ff.
⁴⁰ Dies jedenfalls befürwortend *Canaris* Handelsrecht § 3 Rn 19; Röhricht/v. Westphalen Rn 10.
⁴¹ In diesem Sinne wohl *Lieb* NJW 1999, 35 (36).

11 Einer ausschließlich materiellrechtlichen Qualifizierung der Anmeldung steht entgegen, dass diese auf die Vornahme einer Verfahrenshandlung, nämlich die Eintragung der Firma durch das Registergericht und anschließende Bekanntmachung gerichtet ist. Andererseits kann auch die rein verfahrensrechtliche Einordnung nicht überzeugen. Ihr steht entgegen, dass der Kleingewerbetreibende mit der Anmeldung im Rahmen von § 2 nicht lediglich – wie bei dem Ist-Kaufmann – eine kraft Gesetzes eingreifende Anmeldepflicht erfüllt, sondern mit dieser konstitutiv seinen bisherigen Rechtsstatus verändern will.[42] Diese materiellrechtliche Folge lässt es jedenfalls im Rahmen von § 2 als vorzugswürdig erscheinen, der Anmeldung durch den Kleingewerbetreibenden – wie bereits früher zu § 3 Abs. 2 a.F.[43] – eine Doppelnatur beizumessen. Allerdings ist die in diesem Zusammenhang befürwortete Einordnung als Willenserklärung zu weit gehend, da die mit der Anmeldung gewollte Rechtsfolge nicht bereits aufgrund der Willenserklärung eintritt, sondern hierfür die vom Registergericht vorzunehmende Eintragung hinzutreten muss, die das Gesetz mit der gewollten Rechtswirkung („gilt als Handelsgewerbe") versieht. Aufgrund dessen sprechen gute Gründe dafür, die Anmeldung des Kleingewerbetreibenden als geschäftsähnliche Handlung zu qualifizieren.

12 Die in Rn 11 befürwortete dogmatische Einordnung der Anmeldung rechtfertigt zwar im Grundsatz die Anwendung der allgemeinen bürgerlich-rechtlichen Vorschriften über Willenserklärungen. Bei geschäftsähnlichen Handlungen beruht diese jedoch stets auf einem Analogieschluss[44] und steht deshalb unter dem Vorbehalt, dass deren Anwendung nicht dem verfahrensrechtlichen Charakter der Anmeldung widerspricht. Aus diesem Grunde finden zwar die §§ 104 ff BGB über die Geschäftsfähigkeit Anwendung,[45] nicht hingegen die §§ 158 ff BGB zur Bedingung.[46] Eine analoge Anwendung der §§ 119 ff BGB ist hingegen entbehrlich,[47] da die Anmeldung bis zur Eintragung jederzeit zurückgezogen werden kann[48] und eine Anfechtung aufgrund des Verkehrsschutzes durch das Handelsregisters ohnehin keine Rückwirkung (s. § 142 Abs. 1 BGB) entfalten dürfte.[49]

13 In dem Registerverfahrensrecht hat die besondere Rechtswirkung der Anmeldung indes bislang keinen Niederschlag gefunden, insbesondere ist die Firma in Abteilung A des Handelsregisters ohne den Zusatz einzutragen, ob der Anmeldende seiner gesetzlichen Verpflichtung (§ 29) nachgekommen ist oder sein Optionsrecht (§ 2 Satz 2) ausgeübt hat (s. § 40 HRV). Zum Prüfungsrecht des Registergerichts s. Rn 14.

14 Das Registergericht hat bezüglich der Anmeldung ein formelles und materielles Prüfungsrecht, dass sich bei entsprechenden Anhaltspunkten zu einer Prüfungspflicht verdichtet. Die Prüfung des Registergerichts erstreckt sich auf die Eintragungsvoraussetzungen, zu denen im Rahmen von § 2 jedenfalls das Vorliegen eines handelsrechtlichen

---

[42] Treffend *Hübner* Rn 44; *Röhricht*/v. Westphalen Rn 10; *Roth* Rn 108.
[43] S. *v. Olshausen* ZHR 141 (1977), 93 (103); Staub/*Brüggemann*[4] § 3 Rn 22.
[44] S. z.B. MünchKommBGB/*Kramer* Vor § 116 Rn 36 f; *Larenz/Wolf* Allgemeiner Teil des Bürgerlichen Rechts, 9. Aufl. 2004, § 22 Rn 17.
[45] *Canaris* Handelsrecht § 3 Rn 19; Ebenroth/Boujong/Joost/Strohn/*Kindler* Rn 16; *Hübner* Rn 43; *Röhricht*/v. Westphalen Rn 10.
[46] Ebenroth/Boujong/Joost/Strohn/*Kindler* Rn 17; Oetker/*Körber* Rn 13; *Siems* Kaufmannsbegriff und Rechtsfortbildung, 2. Aufl. 2003, S. 91.
[47] Für deren Anwendbarkeit jedoch *Siems* Kaufmannsbegriff und Rechtsfortbildung, 2. Aufl. 2003, S. 90 f.
[48] Treffend Ebenroth/Boujong/Joost/Strohn/*Kindler* Rn 17; Oetker/*Körber* Rn 13.
[49] S. auch *Schmitt* Die Rechtsstellung der Kleingewerbetreibenden nach dem Handelsrechtsreformgesetz, 2003, S. 82 f.

Gewerbes,⁵⁰ dessen Betreibung durch den Anmeldenden⁵¹ sowie die Zulässigkeit der angemeldeten Firma nach Maßgabe der §§ 18 ff⁵² zählt. Da die Firma unabhängig davon eingetragen wird, ob der Anmeldende seiner Anmeldungspflicht aus § 29 nachkommen will oder sein in § 2 Satz 1 und 2 begründetes Optionsrecht ausübt, sprechen gute Gründe dafür, jedenfalls für die Eintragung im Handelsregister bezüglich Art und Umfang des Geschäftsbetriebes ein Prüfungsrecht des Registergerichts zu verneinen.⁵³ Erfolgt die Eintragung, obwohl es an einem Antrag fehlt oder die entsprechende Erklärung an einem Unwirksamkeits- oder Nichtigkeitsgrund leidet, so gewährleistet § 5 den Schutz des Rechtsverkehrs.⁵⁴

Nach § 2 Satz 2 hängt die Fiktion des Handelsgewerbes und die damit über § 1 Abs. 1 eintretende Kaufmannseigenschaft **ausschließlich** von der **Eintragung** der Firma in das Handelsregister ab. Eine **Bekanntmachung** der Eintragung (§ 10) muss für die Erlangung der Kaufmannseigenschaft nicht hinzukommen.⁵⁵ Hätte der Gesetzgeber dies gewollt, dann hätte er dies ausdrücklich – wie anderenorts geschehen (§ 15 Abs. 1) – in den Wortlaut des § 2 Satz 1 aufnehmen müssen. Solange die Bekanntmachung jedoch noch nicht erfolgt ist, können sich Dritte **analog § 15 Abs. 1** auf die fehlende Kenntnis zur Kaufmannseigenschaft berufen.⁵⁶ Zu den Rechtswirkungen der Eintragung s. Rn 25 ff.

15

IV. Verlust der Kaufmannseigenschaft

1. Allgemeines. Die Besonderheit der Kaufmannseigenschaft von Kleingewerbetreibenden besteht in der Freiheit des Inhabers, jederzeit seine zuvor getroffene Entscheidung trotz Fortführung des gewerblichen Unternehmens revidieren zu können (§ 2 Satz 3).⁵⁷ Mit der Formulierung „auch" bringt § 2 Satz 3 zum Ausdruck, dass das Recht zum Opting-out neben den anderen Tatbeständen steht, in denen das Registergericht die Löschung aus dem Handelsregister von Amts wegen vornimmt. Zu unterscheiden ist deshalb für den Verlust der Kaufmannseigenschaft zwischen der Löschung auf Antrag (s. Rn 18 ff) sowie derjenigen von Amts wegen (s. Rn 21 ff).

16

Die Rechtswirkungen der Löschung aus dem Handelsregister treten ex-nunc ein;⁵⁸ der Inhaber des gewerblichen Unternehmens verliert die Kaufmannseigenschaft und die

17

---

⁵⁰ Baumbach/*Hopt* Rn 7; Ebenroth/Boujong/Joost/Strohn/*Kindler* Rn 19; Oetker/*Körber* Rn 16; Röhricht/v. Westphalen Rn 15.
⁵¹ Ebenroth/Boujong/Joost/Strohn/*Kindler* Rn 19.
⁵² Baumbach/*Hopt* Rn 7; Ebenroth/Boujong/Joost/Strohn/*Kindler* Rn 19; Oetker/*Körber* Rn 16; Röhricht/v. Westphalen Rn 15.
⁵³ Treffend im Grundsatz Röhricht/v. Westphalen Rn. 15; ebenso für die Vertreter der verfahrensrechtlichen Theorie Ebenroth/Boujong/Joost/Strohn/*Kindler* Rn 18; sowie wenn keine besonderen Anhaltspunkte vorliegen Baumbach/*Hopt* Rn 7; Oetker/*Körber* Rn 16; aA jedoch *Canaris* Handelsrecht § 3 Rn 23.
⁵⁴ Baumbach/*Hopt* Rn 3; Koller/*Roth*/Morck Rn 3; Röhricht/v. Westphalen Rn 12, 21; in dieser Richtung auch *Canaris* Handelsrecht § 3 Rn 20; aA MünchKommHGB/*K. Schmidt* Rn 19, der für die Wirkung des § 2 Satz 1 selbst auf das Vorliegen eines wirksamen Eintragungsantrages verzichtet.
⁵⁵ Koller/*Roth*/Morck Rn 2.
⁵⁶ Ebenso Koller/*Roth*/Morck Rn 4; Röhricht/v. Westphalen Rn 20.
⁵⁷ S. Reg.Begr., BT-Drucks. 13/8444, S. 32; für eine Streichung der Option plädierte indes der Bundesrat in seiner Stellungnahme, s. BT-Drucks. 13/8444, S. 91 (s. insoweit auch *K. Schmidt* DB 1994, 515 [517]).
⁵⁸ Reg.Begr., BT-Drucks. 13/8444, S. 49; Baumbach/*Hopt* Rn 9; HK-HGB/*Ruß* Rn 4; Lettl § 2 Rn 43; Röhricht/v. Westphalen Rn 24.

hieran anknüpfenden Vorschriften sind nicht mehr anwendbar. Den notwendigen Schutz des Rechtsverkehrs bis zur Bekanntmachung der Löschung übernimmt § 15 Abs. 1.[59] Rechtshandlungen des Inhabers, die vor der Löschung aus dem Handelsregister wirksam geworden sind, sind trotz des mit der Löschung verbundenen Verlusts der Kaufmannseigenschaft noch nach den Sonderregeln des Handelsrechts zu beurteilen.[60]

18 2. **Löschung auf Antrag.** Die **Rechtsnatur** des nach § 2 Satz 3 gestellten Antrages auf Löschung der Firma ist wegen der materiell-rechtlichen Wirkung der Löschung (Verlust der Kaufmannseigenschaft) nicht anders als die Anmeldung der Firma zur Eintragung im Handelsregister zu beurteilen (s. Rn 10 f).[61] Ob der Kleingewerbetreibende sein Antragsrecht ausübt, steht in seinem Belieben[62] ohne gegenüber dem Registergericht einem Begründungszwang zu unterliegen. Er muss jedoch in seinem Antrag an das Registergericht deutlich machen, dass er die Löschung der Firma auf § 2 Satz 3 stützt.

19 Auf Antrag des Inhabers darf die Löschung nach § 2 Satz 3 nur erfolgen, wenn das gewerbliche Unternehmen im Zeitpunkt der Antragstellung nach Art und Umfang keinen in kaufmännischer Weise eingerichteten Geschäftsbetrieb erfordert. Ist dieses hingegen nach der Eintragung der Firma im Handelsregister z.B. aufgrund ausgeweiteter Geschäftstätigkeit zum Handelsgewerbe aufgestiegen, so versagt § 2 Satz 3 mit Recht die Möglichkeit, durch Löschung aus dem Handelsregister den mit der Eintragung kraft Fiktion eines Handelsgewerbes erlangten Rechtsstatus wieder abzustreifen. Dies ist konsequent, da die Eigenschaft des Unternehmens als „Handelsgewerbe" in dieser Konstellation nicht mehr auf der Fiktion des § 2 Satz 1, sondern auf § 1 Abs. 2 beruht und damit kraft Gesetzes besteht, so dass ein Löschungsrecht des Inhabers im Widerspruch zur Anmeldepflicht nach § 29 stünde.[63]

20 Wegen der in § 2 Satz 3 negativ formulierten Voraussetzung in Rn 19 für die Zulässigkeit eines Antrages auf Löschung aus dem Handelsregister, muss das Registergericht – im Unterschied zu der Eintragung (s. Rn 14) – prüfen, ob das von dem Inhaber betriebene gewerbliche Unternehmen nach Art und Umfang keinen in kaufmännischer Weise eingerichteten Geschäftsbetrieb erfordert. In diesem Rahmen findet zwar die Vermutung des § 1 Abs. 2 grundsätzlich keine Anwendung (s. § 1 Rn 92),[64] das Registergericht wird aber auf entsprechende Angaben vertrauen müssen, wenn keine gegenteiligen Anhaltspunkte erkennbar sind.

21 3. **Löschung von Amts wegen.** Die von dem Optionsrecht in § 2 Satz 3 unberührt bleibende Löschung von Amts wegen betrifft zunächst die Sachverhalte, in denen bereits die Eintragung nicht hätte erfolgen dürfen. Ein Tätigwerden des Registergerichts nach § 395 FamFG (früher: § 142 FGG) kommt insbesondere dann in Betracht, wenn dem Unternehmen bereits im Zeitpunkt der Anmeldung die Voraussetzungen für ein handels-

---

[59] Ebenroth/Boujong/Joost/Strohn/*Kindler* Rn 23; Koller/Roth/Morck Rn 5; *Röhricht/v. Westphalen* Rn 24; *Schmitt* Die Rechtsstellung der Kleingewerbetreibenden nach dem Handelsrechtsreformgesetz, 2003, S. 99.
[60] Ebenso Baumbach/*Hopt* Rn 9; Ebenroth/Boujong/Joost/Strohn/*Kindler* Rn 23; *Lettl* § 2 Rn 43; *Röhricht/*v. Westphalen Rn 24.
[61] Ebenso für einen Gleichlauf Baumbach/*Hopt* Rn 9; Oetker/*Körber* Rn 27; *Röhricht/*v. Westphalen Rn 22.
[62] S. Reg.Begr., BT-Drucks. 13/8444, S. 49.
[63] Treffend Reg.Begr. BT-Drucks. 13/8444, S. 32; ebenso Ebenroth/Boujong/Joost/Strohn/*Kindler* Rn 24; Oetker/*Körber* Rn 21; *Röhricht/*v. Westphalen Rn 22.
[64] Baumbach/*Hopt* Rn 8.

rechtliches Gewerbe fehlten (z.B. irrtümliche Eintragung eines freiberuflich Tätigen). Entfällt die Gewerblichkeit des Unternehmens nach der Eintragung, so erfolgt die Löschung nach § 31 Abs. 2 Satz 2.[65]

Einer differenzierten Würdigung bedürfen nachträgliche Veränderungen hinsichtlich Art oder Umfang des Geschäftsbetriebes. Unstreitig ist die rechtliche Bewertung, wenn das Unternehmen nach Art und Umfang nunmehr einen in kaufmännischer Weise eingerichteten Geschäftsbetrieb erfordert (**Aufstieg zum Handelsgewerbe**). In dieser Konstellation ist eine Tätigkeit des Registergerichts nicht erforderlich; eine Löschung auf Antrag kann ebenfalls nicht erfolgen (s. Rn 19).[66] **22**

Kontrovers wird die Notwendigkeit einer Amtslöschung beurteilt, wenn das Unternehmen zunächst als Handelsgewerbe betrieben wurde und dessen Inhaber die Kaufmannseigenschaft kraft Gesetzes erlangte, das Unternehmen später jedoch **zum Kleingewerbe herabgesunken** ist. Eine beachtliche Strömung im Schrifttum stellt in dieser Konstellation ausschließlich auf die sich objektiv aus dem Handelsregister ergebende Rechtslage ab.[67] Grundlage für diesen Standpunkt bildet vor allem die dogmatische Einordnung der Registeranmeldung im Rahmen des § 2 (s. dazu Rn 10 f). Wird diese als reine Verfahrenshandlung qualifiziert, ist es konsequent, nicht nach den verschiedenen Rechtsgrundlagen der Anmeldung (kraft Gesetzesbefehls [§ 29] oder Ausübung des Optionsrechts [§ 2 Satz 1 und 2]) zu differenzieren. **23**

Eine abweichende Würdigung ist indes vorzugswürdig, wenn der Anmeldung – wie hier – im Rahmen von § 2 Satz 1 eine Doppelnatur zugesprochen wird (s. Rn 11).[68] Dann beinhaltet die Anmeldung der Firma zum Handelsregister zugleich die willentliche Ausübung des Optionsrechts. Mit anderen Worten kann die Fiktion in § 2 Satz 1 nur eingreifen, wenn eine entsprechende vom Willen des Inhabers getragene Erklärung vorliegt.[69] Wegen des hierin bestehenden Unterschieds zur Pflichtanmeldung nach § 29 reicht das Bestehen lassen der Eintragung nicht aus, um das gewerbliche Unternehmen als Handelsgewerbe zu fingieren. Nach diesem Ansatz ist das bislang als Handelsgewerbe i.S.d. § 1 Abs. 2 betriebene Unternehmen von Amts wegen zu löschen,[70] sofern dessen Inhaber keinen Antrag nach § 2 Satz 2 stellt;[71] ggf. ist dieser auch in einem Widerspruch gegen die angekündigte Löschung zu sehen.[72] Keinesfalls ist das Unterlassen eines Antrages auf Löschung mit einer Ausübung des Optionsrechts gleichzustellen.[73] Unterbleibt die Einleitung eines Löschungsverfahrens (insbesondere mangels Kenntnis des Register- **24**

---

[65] Ebenroth/Boujong/Joost/Strohn/*Kindler* Rn 27; Koller/*Roth*/Morck Rn 5; *Röhricht*/v. Westphalen Rn 23.

[66] Für die allg. Ansicht Ebenroth/Boujong/Joost/Strohn/*Kindler* Rn 29.

[67] Für diese Ebenroth/Boujong/Joost/Strohn/*Kindler* Rn 32; Oetker/*Körber* Rn 22; K. Schmidt ZHR 163 (1999), 87 (96 f); Schulze-Osterloh ZIP 2007, 2390 (2392); Treber AcP 199 (1999), 525 (582 ff).

[68] So Baumbach/*Hopt* Rn 6; *Canaris* Handelsrecht § 3 Rn 19; *Hübner* Rn 45; Koller/Roth/Morck Rn 5; *Lettl* § 2 Rn 55; G. Roth Rn 108, 112; Schmitt Die Rechtsstellung der Kleingewerbetreibenden nach dem Handelsrechtsreformgesetz, 2003, S. 83 ff, 91 f; Siems Kaufmannsbegriff und Rechtsfortbildung, 2. Aufl. 2003, S. 100 ff.

[69] Treffend *Canaris* Handelsrecht § 3 Rn 23.

[70] *Hübner* Rn 47 sowie auch Reg.Begr., BT-Drucks. 13/8444, S. 49.

[71] So Reg.Begr., BT-Drucks. 13/8444, S. 49; Baumbach/*Hopt* Rn 6; Koller/*Roth*/Morck Rn 5.

[72] So auch Baumbach/*Hopt* Rn 6; *Hübner* Rn 47; Koller/*Roth*/Morck Rn 5; *Röhricht*/v. Westphalen Rn 13; Siems Kaufmannsbegriff und Rechtsfortbildung, 2. Aufl. 2003, S. 103. Treffend insofern auch Ebenroth/Boujong/Joost/Strohn/*Kindler* § 2 Rn 33.

[73] Treffend *Hübner* Rn 44; *Röhricht*/v. Westphalen Rn 14.

§ 2 1. Buch. Handelsstand

gerichts über die Veränderung des Geschäftsbetriebes), so ist die Firma wegen des fehlenden Antrages seitens des Inhabers zu Unrecht eingetragen, den Schutz des Rechtsverkehrs übernimmt in dieser Konstellation § 5.[74]

V. Rechtstellung des Kleingewerbetreibenden nach Eintragung im Handelsregister

25 Mit Eintragung der Firma, unter der der Inhaber das (klein-)gewerbliche Unternehmen betreibt, im Handelsregister gilt das Unternehmen als Handelsgewerbe. Da das Unternehmen ohne Eintragung kein Handelsgewerbe ist, jedoch diesem kraft Gesetzes (§ 2 Satz 1) gleichgestellt wird, ist § 2 Satz 1 – dem Wortlaut („gilt") entsprechend – eine **Fiktion**.[75] Zugleich erlangt der Inhaber mit der Eintragung und dem damit fingierten „Handelsgewerbe" über § 1 Abs. 1 die Kaufmannseigenschaft („Kaufmann [...] ist").[76] Diesbezüglich wirkt die Eintragung – im Unterschied zum Ist-Kaufmann – **konstitutiv**.[77]

26 Infolge der Eintragung unterliegt der Inhaber des Handelsgewerbes allen Vorschriften, die an den Kaufmannsstatus anknüpfen (z.B. §§ 343, 362, 366) oder das Vorliegen eines Handelsgewerbes voraussetzen (z.B. § 343).[78] Sachliche Einschränkungen, wie sie früher § 4 a.F. für den Minderkaufmann vorsah, ordnet § 2 Satz 1 nicht an.[79] Die Rechtswirkungen der Eintragung treten ex-nunc ein,[80] entfalten also keine Rückwirkung.

27 Vor der Eintragung unterliegt der Inhaber grundsätzlich den bürgerlich-rechtlichen Vorschriften. Anwendung kann jedoch unter Umständen die Lehre vom Scheinkaufmann finden.[81] Darüber hinaus unterliegt er denjenigen Vorschriften, die in ihren Anwendungsbereich auch solche Kleingewerbetreibenden einbeziehen, die ihr Optionsrecht nicht ausgeübt haben (s. Rn 30 ff). Sofern für nicht eingetragene Kleingewerbetreibende die entsprechende Anwendung handelsrechtlicher Vorschriften in Betracht kommt (s. Rn 33 ff), gilt dies auch in der Phase bis zur Eintragung in das Handelsregister. Zur Rechtslage bis zur Bekanntmachung der Eintragung s. Rn 15.

28 Tritt nach der Eintragung eine **Rechtsnachfolge** ein, dann ist danach zu differenzieren, ob diese nicht nur das Unternehmen, sondern auch die Firma erfasst. In der letztgenann-

---

[74] Baumbach/*Hopt* Rn 3, 6; *Canaris* Handelsrecht § 3 Rn 22; *Hübner* Rn 45; *Schmitt* Die Rechtsstellung der Kleingewerbetreibenden nach dem Handelsrechtsreformgesetz, 2003, S. 87.

[75] Treffend Reg.Begr., BT-Drucks. 13/8444, S. 26; Oetker/*Körber* Rn 18; *Lettl* § 2 Rn 38; *Schmitt* Die Rechtsstellung der Kleingewerbetreibenden nach dem Handelsrechtsreformgesetz, 2003, S. 108; **aA** *Canaris* Handelsrecht § 3 Rn 16; Koller/*Roth*/Morck Rn 4; MünchKommHGB/*K. Schmidt* Rn 17; kritisch auch Röhricht/v. Westpahlen Rn 18: „irreführend".

[76] Koller/*Roth*/Morck Rn 4; Röhricht/v. Westphalen Rn 18.

[77] Für die allg. Ansicht Reg.Begr., BT-Drucks. 13/8444, S. 32, 49; *Canaris* Handelsrecht § 3 Rn 19; Baumbach/*Hopt* Rn 3; Ebenroth/Boujong/Joost/Strohn/*Kindler* Rn 34; HK-HGB/*Ruß* Rn 3; *Hübner* Rn 42; Koller/*Roth*/Morck Rn 4; MünchKommHGB/*K. Schmidt* Rn 24; Röhricht/v. Westphalen Rn 18.

[78] Statt aller *Schmitt* Die Rechtsstellung der Kleingewerbetreibenden nach dem Handelsrechtsreformgesetz, 2003, S. 101 f.

[79] S. *Schmitt* Die Rechtsstellung der Kleingewerbetreibenden nach dem Handelsrechtsreformgesetz, 2003, S. 102 f.

[80] Baumbach/*Hopt* Rn 3; Ebenroth/Boujong/Joost/Strohn/*Kindler* Rn 35; Röhricht/v. Westphalen Rn 20.

[81] Ebenroth/Boujong/Joost/Strohn/*Kindler* Rn 35.

ten Konstellation behält das gewerbliche Unternehmen wegen der fortbestehenden Eintragung (einschließlich Fortführung der Firma) seine Eigenschaft als Handelsgewerbe.[82] Der (neue) Inhaber des Unternehmens kann jedoch grundsätzlich die Löschung nach § 2 Satz 3 herbeiführen.

VI. Rechtstellung nicht eingetragener Kleingewerbetreibender

Der Inhaber eines gewerblichen Unternehmens, der sein Optionsrecht nicht ausgeübt hat, betreibt kein Handelsgewerbe und ist damit kein Kaufmann. Für diesen gelten im Ausgangspunkt die bürgerlich-rechtlichen Vorschriften.[83] Gleichwohl findet auch auf ihn in eingeschränktem Umfang Handelsrecht Anwendung. **29**

Die Geltung des Handelsrechts für nicht eingetragene Kleingewerbetreibende beruht teilweise auf ausdrücklichen gesetzlichen Anordnungen.[84] Diese hat der Gesetzgeber insbesondere für kleingewerblich tätige **Handelsvertreter** (§ 84 Abs. 4) und **Handelsmakler** (§ 93 Abs. 3) getroffen, die damit an den entsprechenden Schutzvorschriften unabhängig von der Eintragung im Handelsregister partizipieren.[85] Allerdings ist die Anwendung der handelsrechtlichen Vorschriften bei den vorgenannten Personengruppen auf diejenigen für den Handelsvertreter (§§ 84 bis 92) sowie den Handelsmakler (§§ 93 bis 104) beschränkt. **30**

Entsprechendes gilt im Ausgangspunkt für **Kommissionäre, Frachtführer, Spediteure** und **Lagerhalter,** deren Unternehmen die Grenze eines Kleingewerbes nicht überschreitet (§§ 383 Abs. 2 Satz 1, 407 Abs. 2 Satz 2, 453 Abs. 3 Satz 2, 467 Abs. 3 Satz 2, 467 Abs. 3 Satz 2).[86] Bezüglich dieser Gewerbetreibenden hat der Gesetzgeber die Anwendung der handelsrechtlichen Normen jedoch zusätzlich auf die §§ 343 bis 372 ausgedehnt und hiervon lediglich die §§ 348 bis 350 ausgenommen. Diese Diskrepanz zu der Rechtslage für Handelsvertreter und Handelsmakler ist mit Recht auf Kritik gestoßen.[87] Da die genannten Personengruppen vor dem Handelsrechtsreformgesetz unabhängig von Art und Umfang des Gewerbes kraft Gesetzes Kaufleute waren (§ 1 Abs. 2 Nr. 7 a.F.) und damit vorbehaltlich der §§ 348 bis 350 (s. §§ 4, 351 a.F.) auch den allgemeinen Bestimmungen über Handelsgeschäfte unterlagen, sprechen gute Gründe für ein gesetzgeberisches Versehen, das mittels eines Analogieschlusses zu den §§ 383 Abs. 2 Satz 2, 407 Abs. 3 Satz 2, 453 Abs. 3 Satz 2, 467 Abs. 3 Satz 2, 467 Abs. 3 Satz 2 zu korrigieren ist.[88] **31**

Die ausdrückliche Einbeziehung nicht eingetragener Kleingewerbetreibender in den Anwendungsbereich handelsrechtlicher Vorschriften rechtfertigt nicht den formalen Umkehrschluss, die Anwendung des Handelsrechts im Übrigen sei generell ausgeschlossen. Vielmehr hat der Gesetzgeber mit den in Rn 30 und 31 genannten Vorschriften **32**

---

[82] Baumbach/*Hopt* Rn 11; Koller/*Roth*/Morck Rn 6; *G. Roth* Rn 110; Oetker/*Körber* Rn 25; **aA** *Siems* Kaufmannsbegriff und Rechtsfortbildung, 2. Aufl. 2003, S. 96 f.
[83] Für die allg. Ansicht statt aller *Canaris* Handelsrecht § 3 Rn 26; *Röhricht*/v. Westphalen Rn 28.
[84] S. dazu auch Reg.Begr., BT-Drucks. 13/8444, S. 29 f.
[85] S. näher *Schmitt* Die Rechtsstellung der Kleingewerbetreibenden nach dem Handelsrechtsreformgesetz, 2003, S. 114 ff.
[86] S. dazu *Schmitt* Die Rechtsstellung der Kleingewerbetreibenden nach dem Handelsrechtsreformgesetz, 2003, S. 118 ff.
[87] So Ebenroth/Boujong/Joost/Strohn/*Kindler* Rn 42.
[88] Hierfür auch *Schmitt* Die Rechtsstellung der Kleingewerbetreibenden nach dem Handelsrechtsreformgesetz, 2003, S. 273 ff.

§ 2 1. Buch. Handelsstand

lediglich geschlossene Normenkomplexe für einzelne gewerbliche Tätigkeiten im Hinblick auf ihre Anwendbarkeit überprüft, so dass eine Analogiebildung bezüglich einzelner Vorschriften möglich bleibt.[89] Anwendbar sind deshalb zusätzlich handelsrechtliche Grundsätze, die nicht mit Art oder Umfang des Geschäftsbetriebes verknüpft sind.

33 Das ist für die Lehre vom **Scheinkaufmann** allgemeine Ansicht,[90] gilt entsprechend auch für die Lehre vom **kaufmännischen Bestätigungsschreiben**[91] sowie für die Berücksichtigung von **Handelsbräuchen**.[92] Darüber hinaus kommt ein Analogieschluss bezüglich einzelner gesetzlicher Vorschriften in Betracht. Das betrifft insbesondere § 56, dessen analoge Anwendung auf nicht eingetragene Kleingewerbetreibende verbreitet bejaht wird.[93] In Betracht kommt eine Analogie ferner im Hinblick auf § 354,[94] auch zu § 366 bejahen beachtliche Stimmen im Schrifttum eine entsprechende Anwendung;[95] der Wille des historischen Gesetzgebers ging bezüglich der Vorschriften des Vierten Buches über Handelsgeschäfte indes in eine gegenläufige Richtung.[96]

34 Untrennbar mit der Verwendung der Firma ist indessen § 25 verbunden; dessen analoge Anwendung auf Kleingewerbetreibende, die unter einem Unternehmenskennzeichen im Geschäftsverkehr agieren, scheidet deshalb aus.[97] Bezüglich § 22 gilt dies entsprechend.[98] Ebenso scheidet eine Analogie bezüglich derjenigen Bestimmungen aus, die von der durch das Bürgerliche Gesetzbuch ausgeformte Rechtslage zu Lasten des Kaufmanns abweichen, wie z.B. die §§ 348 bis 350[99] sowie § 377.[100]

35 Zu beachten bleibt allerdings, dass nur bei einer planwidrigen Unvollständigkeit des Gesetzes aus methodischer Sicht Raum für eine analoge Anwendung handelsrechtlicher Vorschriften ist. Hierfür ist in besonderem Maße die gesetzgeberische Grundkonzeption

---

[89] Treffend *Schmitt* Die Rechtsstellung der Kleingewerbetreibenden nach dem Handelsrechtsreformgesetz, 2003, S. 185 ff; ebenso Oetker/*Körber* Rn 115.

[90] Ebenroth/Boujong/Joost/Strohn/*Kindler* Rn 37; MünchKommHGB/*K. Schmidt* Rn 29.

[91] Baumbach/*Hopt* § 346 Rn 18; *Schmitt* Die Rechtsstellung der Kleingewerbetreibenden nach dem Handelsrechtsreformgesetz, 2003, S. 282 ff.

[92] S. Baumbach/*Hopt* § 346 Rn 4; Röhricht/v. Westphalen Rn 32; *Schmitt* Die Rechtsstellung der Kleingewerbetreibenden nach dem Handelsrechtsreformgesetz, 2003, S. 280 f.

[93] So Baumbach/*Hopt* § 56 Rn 1; *Canaris* Handelsrecht § 14 Rn 10; Koller/*Roth*/Morck § 56 Rn 3; MünchKommHGB/*Krebs* § 56 Rn 9; *K. Schmidt,* Handelsrecht, § 16 V 3a; *Schmitt* Die Rechtsstellung der Kleingewerbetreibenden nach dem Handelsrechtsreformgesetz, 2003, S. 255 ff; Röhricht/v. Westphalen Rn 31; Röhricht/v. Westphalen/*Wagner* § 56 Rn 4; wohl auch Reg.Begr., BT-Drucks. 13/8444, S. 30; aA Heymann/*Sonnenschein*/*Weitemeyer* § 56 Rn 2; Ebenroth/Boujong/Joost/Strohn/*Weber* § 56 Rn 3.

[94] Hierfür ThürOLG OLG-NL 2005, 7 (10); ebenso *Schmitt* Die Rechtsstellung der Kleingewerbetreibenden nach dem Handelsrechtsreformgesetz, 2003, S. 289 ff.

[95] So *Canaris* Handelsrecht § 3 Rn 7; Koller/*Roth*/Morck § 1 Rn 38; Röhricht/v. Westphalen Rn 31; *Schmitt* Die Rechtsstellung der Kleingewerbetreibenden nach dem Handelsrechtsreformgesetz, 2003, S. 295 ff.

[96] S. Reg.Begr., BT-Drucks. 13/8444, S. 30.

[97] LG Bonn NJW-RR 2005, 1559 (1560 f); ebenso Koller/*Roth*/Morck § 1 Rn 38; Röhricht/v. Westphalen Rn 31; **aA** für die §§ 25 bis 28 *Schmitt* Die Rechtsstellung der Kleingewerbetreibenden nach dem Handelsrechtsreformgesetz, 2003, S. 237 ff.

[98] LG Berlin NZG 2005, 443 (443); **aA** Koller/*Roth*/Morck § 1 Rn 38.

[99] Koller/*Roth*/Morck Rn 38; MünchKommHGB/*K. Schmidt* Rn 28; Röhricht/v. Westphalen Rn 31; **aA** *Schmitt* Die Rechtsstellung der Kleingewerbetreibenden nach dem Handelsrechtsreformgesetz, 2003, S. 298 ff.

[100] So auch *Canaris* Handelsrecht § 29 Rn 47; Koller/*Roth*/Morck § 1 Rn 38; Röhricht/v. Westphalen Rn 31; **aA** wohl MünchKommHGB/*K. Schmidt* Rn 28.

zu beachten und nicht auf dem Umweg über eine Analogie die früher durch § 4 a.F. geprägte Rechtslage wieder herzustellen.[101] Es würde zudem dem von dem Kleingewerbetreibenden ausdrücklich bekundeten Willen, nicht den handelsrechtlichen Normen unterliegen zu wollen, widersprechen, wenn mittels eines Analogieschlusses dieser Wille in sein Gegenteil verkehrt würde.[102] Ebenso ist es auch nicht angängig, die Analogie stets dann in Betracht zu ziehen, wenn diese die Rechtsstellung des Kleingewerbetreibenden verbessert. In diesem Fall würde er ungerechtfertigt gegenüber denjenigen Kleingewerbetreibenden privilegiert, die sich unter Inkaufnahme der Nachteile für den Erwerb der Kaufmannseigenschaft entschieden haben. Eine unbillige Benachteiligung des Kleingewerbetreibenden tritt schon deshalb nicht ein, weil er jederzeit durch die Ausübung des Optionsrechts die Grundlage für eine Anwendung der handelsrechtlichen Vorschriften schaffen kann.[103]

§ 3
Land- und Forstwirtschaft; Kannkaufmann

(1) Auf den Betrieb der Land- und Forstwirtschaft finden die Vorschriften des § 1 keine Anwendung.

(2) Für ein land- oder forstwirtschaftliches Unternehmen, das nach Art und Umfang einen in kaufmännischer Weise eingerichteten Geschäftsbetrieb erfordert, gilt § 2 mit der Maßgabe, daß nach Eintragung in das Handelsregister eine Löschung der Firma nur nach den allgemeinen Vorschriften stattfindet, welche für die Löschung kaufmännischer Firmen gelten.

(3) Ist mit dem Betrieb der Land- oder Forstwirtschaft ein Unternehmen verbunden, das nur ein Nebengewerbe des land- oder forstwirtschaftlichen Unternehmens darstellt, so finden auf das im Nebengewerbe betriebene Unternehmen die Vorschriften der Absätze 1 und 2 entsprechende Anwendung.

Schrifttum

Hofmann Die Kaufmannseigenschaft von Land- und Forstwirten, NJW 1976, 1297; *ders.* Die Reformbedürftigkeit des neuen § 3 HGB, NJW 1976, 1830; *Horn* Die Eintragung landwirtschaftlicher Betriebe in das Handelsregister, AgrarR 2000, 356; *Kornblum* Vom Bauern zum Kaufmann, FS E. Kaufmann, 1993, S. 193; *Mahn* Ist zu wünschen, daß künftig Handelsrecht auf die Landwirtschaft Anwendung finde?, Diss. Köln 1967; *v. Olshausen* Die Kaufmannseigenschaft der Land- und Forstwirte, ZHR 141 (1977), 93; *ders.* Fragwürdige Redeweisen im Handelsrechtsreformgesetz, JZ 1998, 717; *ders.* Aufstieg und Ausstieg eines eingetragenen Kleinbauern, die Beweislastregel des § 1 Abs. 2 HGB und die Übergangsvorschrift Art. 38 Abs. 1 EGHGB, Rpfleger 2001, 53; *Raisch* Vereinigungen zum Betrieb landwirtschaftlicher Unternehmen auch in der Rechtsform der Offenen Handelsgesellschaft oder der Kommanditgesellschaft, BB 1969, 1361; *ders.* Bedeutung und Wandlung des Kaufmannsbegriff in der neueren Gesetzgebung, FS Ballerstedt, 1975, S. 443; *Storm* Zum Gesetz über die Kaufmannseigenschaft von Land- und Forstwirten, AgrarR 1976, 188. Zum älteren Schrifttum s. Vorauflage.

---

[101] Treffend insoweit *Röhricht*/v. Westphalen Rn 31; Oetker/*Körber* Rn 115.
[102] Ebenso *Röhricht*/v. Westphalen Rn 31.
[103] S. Reg.Begr., BT-Drucks. 13/8444, S. 30.

§ 3　1. Buch. Handelsstand

Übersicht

	Rn
I. Allgemeines	1–6
II. Betriebe der Land- und Forstwirtschaft als Gewerbe	7–8
III. Land- und Forstwirtschaft sowie Nebengewerbe als Zentralbegriffe des § 3	9–23
1. Allgemeines	9–10
2. Landwirtschaft	11–15
3. Forstwirtschaft	16–23
4. Nebengewerbe zum land- oder forstwirtschaftlichen Unternehmen	17–23
a) Allgemeines	17
b) Organisatorische Verselbständigung	18
c) Funktionale Abhängigkeit	19–21
d) Identität der Inhaber	22–23
IV. Erwerb und Verlust der Kaufmannseigenschaft, § 3 Abs. 2	24–30
V. Erwerb und Verlust der Kaufmannseigenschaft, § 3 Abs. 3	31–33
VI. Eintragungsfähigkeit kleingewerblicher Unternehmen	34–39
1. Land- oder forstwirtschaftliche Unternehmen	34–38
2. Kleingewerbliche Nebengewerbe zum land- oder forstwirtschaftlichen Unternehmen	39
VII. Rechtslage bezüglich der nicht im Handelsregister eingetragenen land- oder forstwirtschaftlichen Unternehmen und nebengewerblichen Unternehmen	40–43

I. Allgemeines

1　Mit § 3 trägt das Gesetz der historisch gewachsenen Sonderstellung land- und forstwirtschaftlicher Betriebe Rechnung, die mit der Schaffung des HGB fortgeführt[1] und vor allem auf die Wesensverschiedenheit gegenüber kaufmännischem Unternehmen gestützt wurde.[2] Die vom damaligen Gesetzgeber formulierte Begründung in Verbindung mit der von ihm vorgefundenen und durch das ADHGB ausgeformten Rechtslage[3] zeigt allerdings, dass die „Natur der Sache" im Unterschied zu der freiberuflichen Betätigung nicht als derart tief greifend bewertet wurde, um land- und forstwirtschaftlichen Betrieben bereits im Ansatz die Eigenschaft eines **handelsrechtlichen Gewerbes** abzusprechen (s. auch Rn 7 f).[4] Vielmehr wurden die für den kaufmännischen Verkehr im HGB geschaffenen Regelungen für die Betriebe der Land- und Forstwirtschaft damals als unpassend empfunden.[5] Deshalb hat der Ausschluss des § 1 in § 3 Abs. 1 keine deklaratorische, sondern konstitutive Bedeutung. Gerade weil das Betreiben von Land- und Forstwirtschaft ein „Gewerbe" ist,[6] war es notwendig, die anderenfalls ggf. kraft Gesetzes eintretende Eigen-

---

[1] Zu der hierfür ursächlichen Verankerung in der Vorstellung einer nach Ständen gegliederten Gesellschaft s. *Kornblum* FS E. Kaufmann, 1992, S. 193 (194 f), der auf den im Preußischen Allgemeinen Landrecht ausgeformten „Bauernstand" und den die „Kaufleute" einschließenden „Bürgerstand" hinweist.

[2] Denkschrift zum HGB, 1896, S. 17; s. ausführlich *Kornblum* FS E. Kaufmann, 1993, S. 193 (200 ff); *Raisch* Geschichtliche Voraussetzungen, dogmatische Grundlagen und Sinnwandlungen des Handelsrechts, 1965, S. 220 ff; *ders.* BB 1969, 1361 (1362 f) sowie Heymann/*Emmerich* Rn 1; *Röhricht*/v. Westphalen Rn 1; exemplarisch aufgegriffen von BayObLG NJW-RR 1991, 1382 (1385).

[3] S. näher *Kornblum* FS E. Kaufmann, 1993, S. 193 (197 ff); *Raisch* Geschichtliche Voraussetzungen, dogmatische Grundlagen und Sinnwandlungen des Handelsrechts, 1965, S. 220 ff; ferner auch Ebenroth/Boujong/Joost/Strohn/*Kindler* Rn 2; MünchKomm-HGB/*K. Schmidt* Rn 2.

[4] Treffend Ebenroth/Boujong/Joost/Strohn/*Kindler* Rn 3; *v. Olshausen* JZ 1998, 717 (718); *Röhricht*/v. Westphalen Rn 2.

[5] Denkschrift zum HGB, 1896, S. 17; *Raisch* Geschichtliche Voraussetzungen, dogmatische Grundlagen und Sinnwandlungen des Handelsrechts, 1965, S. 220 ff; dagegen jedoch später umfassend und detailliert *Mahn* Ist zu wünschen, daß künftig Handelsrecht auf die Landwirtschaft Anwendung finde?, Diss. Köln 1967.

[6] Baumbach/*Hopt* Rn 2 und 3.

schaft als Ist-Kaufmann auszuschließen. Zugleich gewährleistet diese Regelungstechnik, dass die Vorschriften des HGB auf den Betrieb eines land- oder forstwirtschaftlichen Unternehmens sowie seinen Inhaber keine Anwendung finden. Hätte der Gesetzgeber hingegen bereits die Gewerbeeigenschaft derartiger Betriebe ausschließen wollen, so hätte er dies unmittelbar in § 1 Abs. 1 regeln können bzw. müssen.

Die Überzeugungskraft bezüglich der Wesensverschiedenheit war ursprünglich so stark, dass es der Gesetzgeber den Inhabern land- und forstwirtschaftlicher Betriebe auch nicht in Gestalt eines Optionsrechts überlassen wollte, selbst über die Anwendung der für ihr land- oder forstwirtschaftliches Unternehmen geltenden Vorschriften zu entscheiden. Lediglich im Hinblick auf branchenfremde Nebenbetriebe wich das Gesetz ursprünglich hiervon ab und ermöglichte ihren Inhabern, für ein als Nebengewerbe betriebenes Unternehmen unter eingeschränkten Voraussetzungen die Kaufmannseigenschaft zu erlangen, um damit für dieses die Anwendung der handelsrechtlichen Vorschriften herbeizuführen.[7] Anders als bei den früheren Sollkaufleuten (§ 2 a.F.) sollte es jedoch trotz der Erforderlichkeit eines in kaufmännischer Weise eingerichteten Geschäftsbetriebes der freien Entscheidung des Inhabers überlassen bleiben, ob er für das als Nebengewerbe zu einem land- oder forstwirtschaftlichen Unternehmen betriebene Unternehmen die Kaufmannseigenschaft erlangen wollte. Mit dem Terminus „Kann-Kaufmann" kommt dieser im Kern noch heute gültige konzeptionelle Ansatz in begrifflicher Hinsicht treffend zum Ausdruck.

Starken Wandlungen unterlag in den letzten Jahrzehnten die sachliche **Reichweite des Optionsrechts**. Während sich dieses ursprünglich nur auf branchenfremde Nebengewerbe bezog, dehnte der Gesetzgeber im Jahre 1976 das Optionsrecht auch auf den land- oder forstwirtschaftlichen Betrieb selbst aus, sofern dieser – nicht anders als bislang für das branchenfremde Nebengewerbe – nach Art und Umfang einen in kaufmännischer Weise eingerichteten Geschäftsbetrieb erfordert.[8] Das Handelsrechtsreformgesetz ließ § 3 weitgehend unverändert und passte diesen lediglich geringfügig im Hinblick auf den modifizierten § 2 an, indem den Inhabern land- und forstwirtschaftlicher Betriebe unter Fortschreibung des bisherigen Rechtslage das in § 2 Satz 3 neu geschaffene opting-out verwehrt wird. Nach erfolgter Ausübung des Optionsrechts darf die Löschung aus dem Handelsregister nur nach den allgemeinen Vorschriften erfolgen, die für die Löschung kaufmännischer Firmen gelten (s. Rn 29). Eine weitergehende Änderung der bisherigen Rechtslage strebte der Gesetzgeber des Handelsrechtsreformgesetzes nicht an[9] obwohl es hierfür nicht an Vorschlägen fehlte.[10] Sowohl die Regelungsstruktur selbst als aber auch die auf Bewahrung des Status quo abzielenden Bekundungen des Gesetzgebers[11] lösten indes zwangsläufig eine Kontroverse über die Rechtslage bei kleingewerblich geführten land- und forstwirtschaftlichen Betrieben sowie kleingewerblichen Nebenbetrieben aus (s. dazu Rn 34 ff).

Das den Inhabern land- und forstwirtschaftlicher Betriebe eröffnete Optionsrecht führt nach dessen Ausübung und der Eintragung im Handelsregister nicht nur zur Anwendung der für den kaufmännischen Betrieb geltenden Vorschriften zur Firma (§§ 17 ff), den Vertretungsregeln (§§ 48 ff) sowie den Handelsgeschäften (§§ 343 ff), sondern gestattet

---

[7] S. Ebenroth/Boujong/Joost/Strohn/*Kindler* Rn 2.
[8] S. Fn 12.
[9] Reg. Begr. BT-Drucks. 13/8444, S. 34, 49; s. auch Röhricht/v. Westphalen Rn 3; krit. z.B. MünchKommHGB/*K. Schmidt* Rn 3.
[10] S. Staub/*Brüggemann*[4] Rn 3 sowie *Raisch* BB 1969, 1361 (1363 f).
[11] Kritisch insoweit Ebenroth/Boujong/Joost/Strohn/*Kindler* Rn 6; *K. Schmidt* ZHR 163 (1999), 87 (91).

auch, den land- oder fortwirtschaftlichen Betrieb in der Rechtsform einer Personenhandelsgesellschaft zu führen (s. § 105 Abs. 2 Satz 1 sowie die Verweisung in § 161 Abs. 2)[12] und erweitert damit den gesellschaftsrechtlichen Aktionsspielraum für land- und forstwirtschaftliche Unternehmen.[13] Dies war vor der Reform im Jahre 1976 lediglich über die Errichtung einer juristischen Person möglich, für die entweder die tradierte Form der Genossenschaft (s. § 1 Abs. 1 GenG) oder auch die Rechtsform der Aktiengesellschaft und vor allem die der GmbH gewählt werden konnte.[14] Die spätere Öffnung des Aktienrechts sowie des GmbH-Rechts für Ein-Personen-Gesellschaften (s. § 2 AktG, § 1 GmbHG) erlaubt es nunmehr auch Einzelpersonen als Inhaber eines land- oder forstwirtschaftlichen Betriebes diesen Weg zu beschreiten.

5 Der Blick auf das Kapitalgesellschaftsrecht zeigt, dass die in § 3 für land- und forstwirtschaftliche Betriebe geschaffene Sonderbehandlung überholt und eine den Anschluss an das Kapitalgesellschaftsrecht nachvollziehende Streichung des § 3 geboten ist.[15] Wenn das GmbH-Recht einer oder mehreren Personen die „Option" eröffnet, ein land- und forstwirtschaftliches Unternehmen in der Rechtsform einer GmbH zu betreiben, und damit über § 6 die für das kaufmännische Unternehmen geltenden Vorschriften unabhängig von Art und Umfang des Geschäftsbetriebes zur Anwendung zu bringen, dann ist es sinnwidrig, den Inhabern land- und forstwirtschaftlicher Unternehmen diesen Weg außerhalb des Kapitalgesellschaftsrechts zu verschließen. Diese teleologisch nicht überzeugende Diskrepanz wird noch verschärft, nach dem der Gesetzgeber zusätzlich den Weg in die juristische Person durch Schaffung einer „Unternehmergesellschaft" (haftungsbeschränkt) (§ 5a GmbHG) erleichtert hat. Wenn das Kapitalgesellschaftsrecht für das land- und forstwirtschaftliche Unternehmen ohne einschränkende Voraussetzungen die „Option" für die Anwendung der handelsrechtlichen Vorschriften eröffnet, dann ist es nur konsequent, diese „Option" zu generalisieren, indem land- und forstwirtschaftliche Unternehmen durch Erweiterung des sachlichen Anwendungsbereichs des § 2 kleingewerblichen Unternehmen gleichgestellt werden.[16]

6 Unabhängig von den Bedenken in Rn 5 bedarf der **Wortlaut des § 3 Abs. 1 einer Korrektur**. Die generelle Ausklammerung land- und forstwirtschaftlicher Betriebe von den „Vorschriften des § 1" geht über das gesetzgeberische Anliegen hinaus. Um zu verhindern, dass das land- oder forstwirtschaftliche Unternehmen kraft Gesetzes ein Handelsgewerbe wird, hätte es ausgereicht, in § 3 Abs. 1 die Anwendung von § 1 Abs. 2 auszuschließen. Die Eingrenzung des § 3 Abs. 1 auf die vorgenannte Rechtsfolge ist nicht nur die gebotene Korrektur eines gesetzgeberischen Versehens, sondern sogar zwingend erforderlich, weil sich die Kaufmannseigenschaft des Inhabers eines land- oder forstwirtschaftlichen Betriebes nach der Gesetzessystematik nicht aus § 2 S. 1, sondern erst aus § 1 Abs. 1 ergibt. Die Annahme, der Gesetzgeber habe über das Optionsrecht in § 3 Abs. 2 und 3 zwar die Fiktion als Handelsgewerbe zur Geltung bringen wollen, ohne

---

[12] Eingefügt durch das Gesetz über die Kaufmannseigenschaft von Land- und Forstwirten v. 13.5.1976 (BGBl. I S. 1197); dazu z.B. *Hofmann* NJW 1976, 1830; *v. Olshausen* ZHR 141 (1977), 93 ff; *Raisch* FS Ballerstedt, 1975, S. 443 (451 ff).

[13] MünchKommHGB/*K. Schmidt* Rn 2; *v. Olshausen* ZHR 141 (1977), 93 (93).

[14] Ebenroth/Boujong/Joost/Strohn/*Kindler* Rn 1; MünchKommHGB/*K. Schmidt* Rn 5.

[15] Deutliche Kritik auch bei MünchKommHGB/*K. Schmidt* Rn 4, allerdings ohne die hier gezogene Parallelwertung zum Kapitalgesellschaftsrecht.

[16] So in der Sache bereits das Plädoyer von *Mahn* Ist zu wünschen, dass künftig Handelsrecht auf die Landwirtschaft Anwendung finde?, Diss. Köln 1967, S. 153 f; ebenso *Siems* Kaufmannsbegriff und Rechtsfortbildung, 2. Aufl. 2003, S. 113.

zugleich auch den Erwerb der Kaufmannseigenschaft des Inhabers zu ermöglichen, ist nicht nur teleologisch verfehlt, sondern würde streng genommen zur Unanwendbarkeit derjenigen Vorschriften führen, deren personeller Anwendungsbereich auf Kaufleute beschränkt ist bzw. diesen Status voraussetzen. Dies hat der Gesetzgeber ersichtlich nicht gewollt, so dass § 3 Abs. 1 aufgrund einer teleologisch gebotenen Reduktion lediglich die Anwendung von § 1 Abs. 2 ausschließt.[17]

II. Betriebe der Land- und Forstwirtschaft als Gewerbe

Die heute nahezu einhellige Ansicht sieht Betriebe der Land- und Forstwirtschaft als Gewerbebetriebe an, denen § 3 Abs. 1 lediglich die Eigenschaft eines „Handels"-gewerbes abspricht.[18] Dem ist zuzustimmen; selbstverständlich ist dies aber nicht. Ebenso wie die Ausklammerung freiberuflicher Tätigkeiten aus dem handelsrechtlichen Gewerbebegriff auf den überwiegend künstlerischen oder wissenschaftlichen Charakter der Tätigkeiten gestützt wird (s. § 1 Rn 27 ff), ließe sich auch für die Land- und Forstwirtschaft eine entsprechende Ausnahme damit rechtfertigen, dass sich Betätigung der Land- und Forstwirte von gewöhnlichen erwerbswirtschaftlichen Tätigkeiten darin unterscheiden, dass die Bewirtschaftung des Bodens bzw. des Waldes eine über die Erwerbswirtschaft hinausgehende Funktion hat, indem Land- und Forstwirte durch ihre Tätigkeit zugleich zentrale Aufgaben im Rahmen des Landschafts- und Naturschutzes übernehmen und damit einen Beitrag zur Erhaltung der menschlichen Lebensgrundlagen leisten.[19] Zahlreiche Sondergesetze für die Land- und Forstwirtschaft bringen diese Besonderheit ausdrücklich zum Ausdruck, so z.B. für die Forstwirtschaft die Bestimmungen des Bundeswaldgesetzes v. 2.5.1975[20] (BWaldG) sowie für die Landwirtschaft § 5 Abs. 4 des Bundesnaturschutzgesetzes v. 25.3.2002[21] und vor allem § 17 des Bundes-Bodenschutzgesetzes v. 17.3.1998[22].

Ohne die unverzichtbare und über das erwerbswirtschaftliche Eigeninteresse hinaus gehende Kulturleistung der Land- und Forstwirte in Frage zu stellen, rechtfertigt es diese jedoch – wie an sich auch bei freiberuflichen Tätigkeiten – nicht, sie aus dem handelsrechtlichen Gewerbebegriff auszuklammern. Hiergegen spricht – im Unterschied zur freiberuflichen Tätigkeit – vor allem die Entscheidung des Gesetzgebers in § 3 Abs. 1. Mit dieser Regelung negiert dieser nicht die Qualifizierung land- und forstwirtschaftlicher Betriebe als „Gewerbe", sondern schließt lediglich aus, das diese den Status eines „Handelsgewerbes" bereits kraft Gesetzes erlangen (s. auch Rn 1); diesen billigt das HGB land- und forstwirtschaftlichen Betrieben lediglich als Fiktion zu, wenn die Voraussetzungen des § 3 Abs. 2 erfüllt sind und der Inhaber des Betriebes aufgrund seiner Anmeldung mit der Firma in das Handelsregister eingetragen worden ist (s. § 2 S. 1: gilt

---

[17] Ebenso Ebenroth/Boujong/Joost/Strohn/ Kindler Rn 5 f; MünchKommHGB/ K. Schmidt Rn 6 sowie bereits v. Olshausen ZHR 141 (1977), 93 (101).

[18] Baumbach/Hopt Rn 3; Canaris Handelsrecht § 3 Rn 30; Ebenroth/Boujong/Joost/Strohn/ Kindler Rn 3; MünchKommHGB/K. Schmidt Rn 10; v. Olshausen ZHR 141 (1977), 93 (97 ff); Röhricht/v. Westphalen Rn 2; aA noch GK-HGB/Ensthaler § 1 Rn 8;

Hofmann NJW 1976, 1297 (1298). Ebenso mit ausführlicher Begründung zu § 196 BGB a.F. BGHZ 33, 321 ff.

[19] Zu den verfehlten Ansätzen, die Eigenschaft als „Gewerbe" unter Hinweis auf das Wesen des „Bauerntums" zu negieren, treffend BGHZ 33, 321 (334).

[20] BGBl. I S. 1037.
[21] BGBl. I S. 1193.
[22] BGBl. I S. 502.

als Handelsgewerbe). Die Qualifizierung der Land- und Forstwirtschaft als „Gewerbe" schafft zudem die notwenige Grundlage, um nur solche Betriebe dieser Branchen in den Anwendungsbereich des § 3 einzubeziehen, die die Voraussetzungen des handelsrechtlichen Gewerbebegriffes erfüllen (s. dazu näher § 1 Rn 18 ff).[23]

III. Land- und Forstwirtschaft sowie Nebengewerbe als Zentralbegriffe des § 3

9 **1. Allgemeines.** Den sachlichen Anwendungsbereich des § 3 umschreibt das Gesetz mit den Termini „Land- und Forstwirtschaft" sowie „Nebengewerbe". Ungeachtet der grammatikalischen Verknüpfung stellen „Land- und Forstwirtschaft" in § 3 Abs. 1 nicht als Begriffspaar eine Einheit dar, wie dies z.B. für die „Arbeits- und Wirtschaftsbedingungen" in Art. 9 Abs. 3 Satz 1 GG bejaht wird. Vielmehr handelt es sich bei der Verwendung von „und" (§ 3 Abs. 1) bzw. „oder" (§ 3 Abs. 2 und 3) um sprachliche Variationen ohne rechtlichen Bedeutungsgehalt. Erfasst sind von § 3 sowohl Unternehmen, die ausschließlich Land- oder Forstwirtschaft betreiben, als auch solche, die sich beiden Wirtschaftszweigen gleichermaßen widmen.

10 Stets ist jedoch erforderlich, dass die Land- bzw. Forstwirtschaft den Charakter des Betriebes **prägt**. Nur unter dieser Voraussetzung können **Mischbetriebe** das durch § 3 vermittelte Privileg in Anspruch nehmen.[24] Von Bedeutung ist dies insbesondere, wenn neben der Land- oder Forstwirtschaft weitere Tätigkeiten ausgeübt werden, ohne dass diese die Voraussetzungen eines „Nebengewerbes" i.S.d. § 3 Abs. 3 erfüllen. Unschädlich ist z.B., wenn im Rahmen des landwirtschaftlichen Betriebes zusätzlich auf dem Gelände eine Ferienpension unterhalten wird, sofern diese nicht den prägenden Charakter der landwirtschaftlichen Betätigung in Frage stellt. Umgekehrt erlangt der Betrieb eines Reiterhofes nicht den Charakter eines landwirtschaftlichen Betriebes, wenn das Futter für die Pferde sowie die Nahrungsmittel für die Gäste aus eigenem Anbau stammen.

11 **2. Landwirtschaft.** Landwirtschaft unterscheidet sich von dem „Handel" vor allem durch den Gegenstand, der für die wirtschaftliche Nutzung in Anspruch genommen wird. Kennzeichnend für die Landwirtschaft ist die **Nutzung des Bodens**,[25] um unter dessen Inanspruchnahme Rohstoffe zu gewinnen, und mit deren Verarbeitung und/oder Veräußerung wirtschaftliche Vorteile zu erzielen. Der allgemeinen Ansicht, die unter Landwirtschaft die Gewinnung **pflanzlicher und/oder tierischer Rohstoffe** durch Bodennutzung, einschließlich der Weiterverarbeitung und des Weiterverkaufs versteht,[26] ist deshalb zuzustimmen. In § 585 Abs. 1 Satz 2 BGB hat der Gesetzgeber diese Umschreibung im Kern anerkannt.[27] Landwirtschaft ist danach, die „Bodenbewirtschaftung und die mit der Bodennutzung verbundene Tierhaltung, um pflanzliche oder tierische Erzeugnisse zu gewinnen, sowie die gartenbauliche Erzeugung". Mit diesem Kern stimmt auch die Definition der Landwirtschaft in § 201 Baugesetzbuch i.d.F. der Bekanntmachung

---

[23] *Canaris* Handelsrecht § 3 Rn 30; MünchKommHGB/*K. Schmidt* Rn 10.
[24] Ebenso MünchKommHGB/*K. Schmidt* Rn 13.
[25] Treffend Heymann/*Emmerich* Rn 3; MünchKommHGB/*K. Schmidt* Rn 12; *Raisch* FS Ballerstedt, 1975, S. 443 (457).
[26] S. BAG AP Nr. 5 zu § 1 TVG Tarifverträge: Land- und Forstwirtschaft; Baumbach/*Hopt* Rn 4; *Canaris* Handelsrecht § 3 Rn 33; Ebenroth/Boujong/Joost/Strohn/*Kindler* Rn 7; Oetker/*Körber* Rn 7; Heymann/*Emmerich* Rn 3; Koller/*Roth*/Morck Rn 2; MünchKommHGB/*K. Schmidt* Rn 9; *Röhricht*/v. Westphalen Rn 4.
[27] Mit diesem methodischen Rückgriff auch BGHZ 134, 146 (149).

v. 23.9.2004[28] überein,[29] die jedoch weiter gefasst und über diesen Bereich hinausgeht. Da sich Landwirtschaft über die Nutzung des Bodens definiert, ist das **Eigentum** an diesem für das Vorliegen eines landwirtschaftlichen Unternehmens ohne Bedeutung;[30] auch Pächter oder Nießbraucher unterhalten bei entsprechender Bodennutzung einen landwirtschaftlichen Betrieb.[31]

Die **Art der pflanzlichen Rohstoffe** ist gleichgültig; erfasst wird der gesamte Ackerbau,[32] einschließlich des Weinbaus.[33] Eine Bodennutzung in diesem Sinne liegt auch vor, wenn **Gewächshäuser** die Gewinnung pflanzlicher Rohstoffe intensivieren bzw. erleichtern oder sogar erst ermöglichen. Abgrenzungsprobleme werfen in diesem Zusammenhang **Gärtnereien** auf. Sofern sich deren Betrieb (überwiegend) dem Anbau von Pflanzen widmet, sind diese selbst dann Landwirtschaft, wenn hierbei Hilfsmittel wie Gewächshäuser oder Behälter eingesetzt werden.[34] Die Einbeziehung der „gartenbaulichen Erzeugnisse" in die Landwirtschaft in § 585 Abs. 1 Satz 2 BGB bekräftigt diese Ansicht,[35] mag auch die Systematik der dortigen Umschreibung Zweifel wecken, ob es sich bei einer gartenbaulichen Erzeugung tatsächlich um eine Bodennutzung handelt. Zumindest liefern § 585 Abs. 1 Satz 2 BGB und § 201 BauGB ein gewichtiges systematisches Argument, um jedenfalls im Ergebnis die gartenbauliche Erzeugung auch im Rahmen von § 3 der Landwirtschaft zuzuordnen. Die Art der Pflanzen, deren Anbau sich die Gärtnerei widmet, ist für die Anwendung des § 3 unerheblich. Es kann sich um **Nutzpflanzen** (Obstgehölze, Gemüsepflanzen) sowie **Zierpflanzen** handeln.[36] Auch **Baumschulen** können deshalb unabhängig von der Art der Bäume zur Landwirtschaft zählen (s. aber auch Rn 16). Entscheidend für die Zuordnung von Gärtnereien zur Landwirtschaft ist jedoch stets die im Vordergrund stehende **Nutzung des Bodens** zur Gewinnung oder ggf. Kultivierung der Pflanzen.[37] Deshalb sind solche Gärtnereien aus der Landwirtschaft auszuklammern, die sich überwiegend dem **An- und Verkauf** von Pflanzen widmen.[38] In diesem Fall steht nicht die Erzeugung der Pflanzen, sondern der **Handel** mit denselben im Vordergrund. Der An- und Verkauf von Pflanzen steht einem landwirtschaftlichen Betrieb jedoch nicht entgegen, solange dieser von untergeordneter Bedeutung bleibt.[39]

---

[28] BGBl. I S. 2014.
[29] Vergleichbarer Rückgriff für die Auslegung von § 1 Abs. 1 HöfeO auch in BGHZ 134, 146 (150).
[30] Baumbach/*Hopt* Rn 4; Ebenroth/Boujong/Joost/Strohn/*Kindler* Rn 11; Heymann/*Emmerich* Rn 3; Koller/*Roth*/Morck Rn 2; Röhricht/v. Westphalen Rn 6.
[31] Ebenroth/Boujong/Joost/Strohn/*Kindler* Rn 11; Röhricht/v. Westphalen Rn 6.
[32] S. Ebenroth/Boujong/Joost/Strohn/*Kindler* Rn 7; Oetker/*Körber* Rn 10.
[33] S. RGZ 130, 233 (236).
[34] Baumbach/*Hopt* Rn 4; Ebenroth/Boujong/Joost/Strohn/*Kindler* Rn 10; Oetker/*Körber* Rn 8; Röhricht/v. Westphalen Rn 8. Ebenso zu § 1 Abs. 1 HöfeO BGHZ 134, 146 (148 ff).
[35] So auch Ebenroth/Boujong/Joost/Strohn/*Kindler* Rn 10. Wie § 585 Abs. 1 Satz 2 BGB ebenfalls § 201 BauGB. Mit der hiesigen Argumentation auch zu § 1 HöfeO BGHZ 134, 146 (149, 150).
[36] Ebenso für die Einbeziehung von Zierpflanzen Baumbach/*Hopt* Rn 4; Ebenroth/Boujong/Joost/Strohn/*Kindler* Rn 13; Oetker/*Körber* Rn 10; MünchKommHGB/*K. Schmidt* Rn 11; Röhricht/v. Westphalen Rn 8 sowie zu § 1 Abs. 1 HöfeO BGHZ 8, 109 (112); BGHZ 134, 146 (148).
[37] BayObLG NJW-RR 1991, 1382 (1385); OLG Düsseldorf NJW-RR 1993, 1125 (1126 f); Baumbach/*Hopt* Rn 4; *Canaris* Handelsrecht § 3 Rn 33; GK-HGB/*Ensthaler* Rn 3; Heymann/*Emmerich* Rn 6; Koller/*Roth*/Morck Rn 2; MünchKommHGB/*K. Schmidt* Rn 14.
[38] Ebenso *Canaris* Handelsrecht § 3 Rn 33; Ebenroth/Boujong/Joost/Strohn/*Kindler* Rn 14; Heymann/*Emmerich* Rn 6.
[39] Treffend Röhricht/v. Westphalen Rn 8.

13 Bei der Gewinnung **tierischer Rohstoffe** muss die Bodennutzung ebenfalls im Vordergrund stehen; in diesem Sinne zählt auch § 585 Abs. 1 Satz 2 BGB die Tierhaltung nicht generell, sondern nur dann zur Landwirtschaft, wenn diese mit einer Bodennutzung verbunden ist. Diese wird – wie die Definition in § 201 BauGB ausdrücklich hervorhebt – über die Fütterung der Tiere mittels im eigenen Betrieb gewonnener pflanzlicher Rohstoffe vermittelt, wobei eine sich im üblichen Rahmen haltende Zufütterung unschädlich ist.[40] Mast- und Zuchtbetriebe, Geflügelfarmen sowie Betriebe der Milchwirtschaft sind deshalb je nach Herkunft der überwiegend eingesetzten Futtermittel entweder landwirtschaftliche Unternehmen oder „gewöhnliche" Handelsgewerbe.[41] Landwirtschaftlicher Betrieb kann deshalb auch eine Imkerei sein (ebenso § 201 BauGB);[42] für die Kleintierzucht wird dies indes zumeist generell verneint,[43] was jedenfalls dann überzeugt, wenn die erforderlichen Futtermittel überwiegend zugekauft werden. Mangels Bodennutzung ist jegliche Form der **Fischwirtschaft** keine Landwirtschaft (anders jedoch § 201 BauGB für die erwerbswirtschaftliche Binnenfischerei).[44]

14 **Andere Formen der Bodennutzung**, die weder der Gewinnung pflanzlicher noch tierischer Rohstoffe dienen, sind keine Landwirtschaft.[45] Bei diesen Formen der Urproduktion, die den Boden durch Abbau seiner Bestandteile nutzen (z.B. Kiesgruben, Torfbruch) richtet sich die Kaufmannseigenschaft grundsätzlich nach den §§ 1 und 2. Als Nebengewerbe zu einem land- oder forstwirtschaftlichen Unternehmen können diese nach herrschender Meinung jedoch in den Anwendungsbereich von § 3 (Abs. 3) fallen (s. Rn 21).[46] Entsprechendes gilt, wenn sie im Rahmen eines land- oder forstwirtschaftlichen Betriebes betrieben werden, ohne dessen prägenden Charakter in Frage zu stellen (s. Rn 10).

15 Nach der Umschreibung in Rn 11, die den allgemeinen handelsrechtlichen Gewerbebegriff in sich aufnimmt, führt die alleinige Gewinnung pflanzlicher oder tierischer Rohstoffe aus der Bodennutzung nicht per se zu einem landwirtschaftlichen Unternehmen. Im Unterschied zu § 585 Abs. 1 Satz 2 BGB, der die Erzeugung ausreichen lässt, muss im Rahmen von § 3 die Gewinnung der genannten Rohstoffe zu einem erwerbswirtschaftlichen Zweck erfolgen. Dies geschieht vor allem durch den **Verkauf** der Rohstoffe an Dritte, wobei es unerheblich ist, ob diese vor dem Verkauf in beliebiger Form verarbeitet worden sind. Stets muss bei der **Verarbeitung** der eingesetzte Rohstoff jedoch aus der eigenen Erzeugung stammen.[47] Deshalb ist die Verarbeitung selbst erzeugter Milch zu Butter, Käse, Sahne oder anderen Milchprodukten Teil der Landwirtschaft; anders hingegen, wenn der Rohstoff „Milch" – wie bei Molkereien – von Dritten zum Zweck der

---

[40] Ebenroth/Boujong/Joost/Strohn/*Kindler* Rn 8; Koller/*Roth*/Morck Rn 2; MünchKommHGB/*K. Schmidt* Rn 13; Röhricht/v. Westphalen Rn 5.

[41] *Canaris* Handelsrecht § 3 Rn 33; Oetker/*Körber* Rn 9; MünchKommHGB/*K. Schmidt* Rn 14.

[42] Ebenroth/Boujong/Joost/Strohn/*Kindler* Rn 8; Oetker/*Körber* Rn 8; Koller/*Roth*/Morck Rn 2; MünchKommHGB/*K. Schmidt* Rn 14; Röhricht/v. Westphalen Rn 5.

[43] Baumbach/*Hopt* Rn 4; Ebenroth/Boujong/Joost/Strohn/*Kindler* Rn 8; MünchKommHGB/*K. Schmidt* Rn 15; Röhricht/v. Westphalen Rn 5.

[44] Baumbach/*Hopt* Rn 4; Ebenroth/Boujong/Joost/Strohn/*Kindler* Rn 8; Heymann/*Emmerich* Rn 5; MünchKommHGB/*K. Schmidt* Rn 15; Röhricht/v. Westphalen Rn 5.

[45] Baumbach/*Hopt* Rn 4; Ebenroth/Boujong/Joost/Strohn/*Kindler* Rn 12; Oetker/*Körber* Rn 11; Heymann/*Emmerich* Rn 5; Koller/*Roth*/Morck Rn 2; MünchKommHGB/*K. Schmidt* Rn 11 und 15; Röhricht/v. Westphalen Rn 7.

[46] Ebenroth/Boujong/Joost/Strohn/*Kindler* Rn 12; Koller/*Roth*/Morck Rn 2; MünchKommHGB/*K. Schmidt* Rn 15; Röhricht/v. Westphalen Rn 7.

[47] Statt aller Röhricht/v. Westphalen Rn 9.

Verarbeitung angekauft wird.[48] Bei entsprechender Verselbständigung kann die Verkaufs- bzw. Verarbeitungstätigkeit ein „Nebengewerbe" i.S.d. § 3 Abs. 3 sein (s. Rn 20). An einer erwerbswirtschaftlich ausgerichteten Gewinnung der Rohstoffe fehlt es, wenn die Bodennutzung lediglich der **Deckung des Eigenbedarfs** dient.

3. Forstwirtschaft. Die Forstwirtschaft grenzt sich von der Landwirtschaft durch den Gegenstand der Bewirtschaftung ab. Im Zentrum steht nicht die Nutzung des Bodens, sondern die des Waldes und die Gewinnung seines Rohstoffs Holz.[49] Deshalb können **Baumschulen** je nach der weiteren Nutzung der Bäume entweder landwirtschaftliche Unternehmen (so bei einem Verkauf der Bäume) oder auch forstwirtschaftliche Unternehmen (Holzgewinnung) sein. Eine exakte Abgrenzung ist im Rahmen von § 3 zwar ohne praktische Bedeutung, richtet sich aber nach dem überwiegenden Zweck, zu dem die Bäume aufgezogen werden. Die wirtschaftliche Nutzung des Waldes darf sich zudem nicht auf die ausschließliche Gewinnung des Rohstoffes Holz beschränken, hinzutreten muss die Erhaltung des Waldes im Sinne einer planmäßigen Auf- und Abforstung (s. auch § 11 BWaldG).[50] Aus diesem Grunde ist das Abholzen eines angekauften Waldes keine Forstwirtschaft.[51]

4. Nebengewerbe zum land- oder forstwirtschaftlichen Unternehmen

a) Allgemeines. Die Anforderungen, die an das Vorliegen eines in § 3 Abs. 3 gesondert erfassten Nebengewerbes zu einem land- oder forstwirtschaftlichen Unternehmen zu stellen sind, lassen sich sowohl aus der durch den Wortbestandteil „Neben" vermittelten Beziehung zu dem land- oder forstwirtschaftlichen Unternehmen als auch aus der systematischen Verknüpfung des Absatzes 3 mit Absatz 1 und 2 der Vorschrift erschließen.

b) Organisatorische Verselbständigung. Da Absatz 3 den Betrieb der Land- oder Forstwirtschaft als „Unternehmen" qualifiziert und dies in gleicher Weise für das betriebene Nebengewerbe ausspricht, setzt die Vorschrift voraus, dass das Nebengewerbe von dem land- oder forstwirtschaftlichen Unternehmen abgrenzbar ist. Mit dem jeweils eingesetzten Begriff „Unternehmen" bringt das Gesetz zum Ausdruck, dass es sich um zwei Wirtschaftseinheiten handeln muss, was denknotwendig deren Trennung erfordert. Ein Nebengewerbe zu einem land- oder forstwirtschaftlichen Unternehmen liegt deshalb nur bei einer **organisatorisch abgrenzbaren wirtschaftlichen Einheit** vor.[52] Erst dies rechtfertigt es, für diesen „Geschäftsbetrieb" über die entsprechende Anwendung des § 3 Abs. 2 den Zugang zu den für Kaufleute geltenden Vorschriften zu eröffnen. Getrennte Buchführung, die Beschäftigung eigenen Personals sowie gegebenenfalls auch das Vorhandensein einer räumlich abgrenzbaren Betriebsstätte liefern für eine derartige Verselbständigung von den land- oder forstwirtschaftlichen Unternehmen regelmäßig hin-

---

[48] Baumbach/*Hopt* § 3 Rn 4; Ebenroth/Boujong/Joost/Strohn/*Kindler* Rn 14; Heymann/*Emmerich* Rn 4, 5; MünchKommHGB/*K. Schmidt* Rn 14.

[49] Baumbach/*Hopt* Rn 4; Ebenroth/Boujong/Joost/Strohn/*Kindler* Rn 15; Heymann/*Emmerich* Rn 7; MünchKommHGB/*K. Schmidt* Rn 16. Etwas weiter Koller/Roth/Morck Rn 2: Waldprodukte.

[50] Baumbach/*Hopt* Rn 4; Ebenroth/Boujong/Joost/Strohn/*Kindler* Rn 15; GK-HGB/*Ensthaler* Rn 5; Heymann/*Emmerich* Rn 7; MünchKommHGB/*K. Schmidt* Rn 16.

[51] Ebenroth/Boujong/Joost/Strohn/*Kindler* Rn 15; Oetker/*Körber* Rn 15; MünchKommHGB/*K. Schmidt* Rn 17.

[52] Ebenroth/Boujong/Joost/Strohn/*Kindler* Rn 21; Heymann/*Emmerich* Rn 17, 18; Oetker/*Körber* Rn 31; Röhricht/v. Westphalen Rn 13.

reichende Anhaltspunkte.⁵³ Stets ist für das Vorliegen eines Neben„gewerbes" jedoch eine erwerbswirtschaftliche Betätigung erforderlich, die ungeachtet der Verknüpfung mit dem land- oder forstwirtschaftlichen Unternehmen die Voraussetzungen eines Gewerbes i.S.d. Handelsrechts erfüllt (s. dazu Rn 8).⁵⁴

19   c) **Funktionale Abhängigkeit.** Die Charakterisierung des Unternehmens als „Neben"-gewerbe impliziert, dass die der Land- oder Forstwirtschaft dienende Wirtschaftseinheit „Haupt"gewerbe sein muss.⁵⁵ Dies setzt eine **Abhängigkeit** des „Neben"gewerbes von dem „Haupt"gewerbe voraus.⁵⁶ Für die hierdurch zum Ausdruck gebrachte Verknüpfung zweier Wirtschaftseinheiten ist die **Unterordnung** der einen unter die andere Einheit notwendig. Bei dem Betrieb zweier verselbständigter Wirtschaftseinheiten, zwischen denen dieses Über-/Unterordnungsverhältnis fehlt, scheidet die Trennung in Haupt- und Nebengewerbe aus (zu Mischbetrieben s. auch Rn 10); für das nicht der Land- oder Forstwirtschaft dienende Unternehmen richtet sich die Erlangung der Kaufmannseigenschaft ausschließlich nach den §§ 1 und 2.⁵⁷

20   Die Abhängigkeit des Nebengewerbes von dem Hauptgewerbe wird durch die **Verknüpfung mit dem Zweck des Hauptgewerbes** vermittelt. Ein land- oder forstwirtschaftliches Nebengewerbe setzt deshalb voraus, dass dieses der wirtschaftlichen Nutzung des Bodens bzw. Waldes dient, was primär durch Verkauf bzw. Verarbeitung der aus der Boden- bzw. Waldnutzung gewonnen Rohstoffe geschieht. Als Beispiel seien die Milch- und Fleischverarbeitung, aber auch Brauereien und Branntweinbrennereien genannt.⁵⁸ Im Bereich der Forstwirtschaft kommt z.B. der Betrieb eines Sägewerks als Nebengewerbe in Betracht.⁵⁹ Auch der Verkauf der gewonnenen Rohstoffe kann bei Hinzutreten der Verselbständigung (s. Rn 18) die Voraussetzung eines Nebengewerbes erfüllen.

21   Die Abhängigkeit des Neben- von dem Hauptgewerbe erfolgt ausschließlich funktional;⁶⁰ hierfür sind **Ertrags- oder Gewinnverhältnisse** ohne Aussagekraft.⁶¹ Die herrschende Meinung versteht die Abhängigkeit zu dem Hauptgewerbe sehr großzügig und lässt scheinbar jede **Förderung seines Zwecks** ausreichen.⁶² Dementsprechend soll auch der Abbau von Bodenbestandteilen als Nebengewerbe in Betracht kommen.⁶³ In diesem

---

⁵³ S. Ebenroth/Boujong/Joost/Strohn/*Kindler* Rn 21; Heymann/*Emmerich* Rn 18; Röhricht/v. Westphalen Rn 13.

⁵⁴ Röhricht/v. Westphalen Rn 13.

⁵⁵ Treffend Ebenroth/Boujong/Joost/Strohn/*Kindler* Rn 17; Röhricht/v. Westphalen Rn 14.

⁵⁶ Ebenroth/Boujong/Joost/Strohn/*Kindler* Rn 18; Oetker/*Körber* Rn 32; Koller/*Roth*/Morck Rn 4.

⁵⁷ S. insoweit exemplarisch RGZ 130, 233 (235), für den selbständigen Betrieb eines Weinkommissionsgeschäfts.

⁵⁸ S. auch Ebenroth/Boujong/Joost/Strohn/*Kindler* Rn 18; Heymann/*Emmerich* Rn 20; MünchKommHGB/*K. Schmidt* Rn 34 sowie exemplarisch BGH WM 1966, 194 (195): Brauerei; BAG AP Nr. 5 zu § 1 TVG Tarifverträge: Land- und Forstwirtschaft: Brennerei; OLG Köln NJW-RR 2001, 897 f: Umwickeln von Grasballen mit Folie für andere Landwirte aufgrund eines Lohnauftrages.

⁵⁹ OLG Köln NJW-RR 2001, 897 (898); ebenso Ebenroth/Boujong/Joost/Strohn/*Kindler* Rn 18; MünchKommHGB/*K. Schmidt* Rn 34.

⁶⁰ Treffend Ebenroth/Boujong/Joost/Strohn/*Kindler* Rn 20; Oetker/*Körber* Rn 32.

⁶¹ OLG Köln NJW-RR 2001, 897 (898); Ebenroth/Boujong/Joost/Strohn/*Kindler* Rn 20; Heymann/*Emmerich* Rn 21; Koller/*Roth*/Morck Rn 5; Röhricht/v. Westphalen Rn 14.

⁶² So z.B. BAG AP Nr. 5 zu § 1 TVG Tarifverträge: Land- und Forstwirtschaft: „der Förderung des Hauptzwecks zu dienen bestimmt ist"; Ebenroth/Boujong/Joost/Strohn/*Kindler* Rn 18.

⁶³ Baumbach/*Hopt* Rn 10; Ebenroth/Boujong/Joost/Strohn/*Kindler* Rn 19; Heymann/*Emmerich* Rn 20 Röhricht/v. Westphalen Rn 11.

Fall wird die Abhängigkeit von dem Hauptgewerbe vor allem dadurch vermittelt, dass die erzielten Erträge letztlich auch dem Hauptbetrieb zugute kommen. Diese Auffassung birgt jedoch die Gefahr einer uferlosen Ausweitung, da sie letztlich bereits jede wirtschaftliche Förderung des Hauptgewerbes, die in verselbständigter Form durchgeführt wird, als Nebengewerbe qualifizieren muss (z.B. Reparatur landwirtschaftlicher Fahrzeuge für Dritte, Betreiben eines Landgasthofes oder einer Schankwirtschaft).[64] Damit würde die mit § 3 Abs. 3 bewirkte Privilegierung des „Nebengewerbes" durch die Freistellung von § 1 jedoch über ihren Zweck hinaus ausgedehnt. Obwohl eine trennscharfe Abgrenzung nur schwer möglich ist, kann bei der gebotenen funktionalen Betrachtung nicht darauf verzichtet werden, dass die im „Nebengewerbe" ausgeübte Tätigkeit nach der Verkehrsanschauung noch in einem sachlichen Zusammenhang mit der Land- oder Forstwirtschaft steht.[65]

d) Identität der Inhaber. Aus der Verknüpfung zweier Wirtschaftseinheiten zu Haupt- und Nebengewerbe folgt die Notwendigkeit einer **Identität der Inhaber**.[66] Diese muss – wie der handelsrechtliche Gewerbebegriff zeigt – nicht zwingend mit der Eigentümerstellung im Hinblick auf die Betriebsmittel korrespondieren.[67] Entscheidend ist die Identität bezüglich derjenigen Person, die die Wirtschaftseinheit organisiert und der die Erträge zugute kommen. Die Anwendung des § 3 Abs. 3 wird deshalb nicht dadurch in Frage gestellt, dass der für den Betrieb der Landwirtschaft benötigte Boden lediglich gepachtet ist.[68]

22

Andererseits fehlt es an der erforderlichen Identität, wenn das „Nebengewerbe" rechtlich verselbständig ist, was selbst dann gilt, wenn der Inhaber des Hauptbetriebes (Allein-)Gesellschafter der **juristischen Person** ist.[69] In der Praxis ist dies vor allem von Bedeutung, wenn mehrere Inhaber eines land- oder forstwirtschaftlichen Betriebes die gewonnen Rohstoffe gemeinsam durch Errichtung einer juristischen Person vermarkten oder verarbeiten.[70] Problematisch ist die Identität bei **Personenmehrheiten**, die Haupt- und/oder Nebengewerbe betreiben. In diesem Fall ist eine Identität jedenfalls insoweit erforderlich, dass die Inhaber des Nebengewerbes nicht von denen des Hauptgewerbes verschieden sein dürfen. Sind einzelne Personen zwar Inhaber des Nebenbetriebes, nicht zugleich aber auch Inhaber des Hauptgewerbes, dann soll die Anwendung des § 3 Abs. 3 ausgeschlossen sein.[71] Das gilt indes nicht für die umgekehrte Konstellation, wenn die Inhaberschaft bezüglich des Hauptgewerbes von einer Personenmehrheit gebildet wird, jedoch nicht alle Personen zugleich Inhaber des Nebengewerbes sind.[72]

23

---

[64] Treffend im Ansatz deshalb MünchKomm-HGB/*K. Schmidt* Rn 36, der Gastwirtschaften, Beherbungsleistungen, Post- und Lottoannahmestellen etc. ausklammert; ebenso Heymann/*Emmerich* Rn 22.
[65] In diesem Sinne bereits RGZ 130, 233 (235), das für den Betrieb eines Weinkommissionsgeschäftes eine unmittelbare Beziehung zum Weinanbau verneinte.
[66] Ebenso BAG AP Nr. 5 zu § 1 TVG Tarifverträge: Land- und Forstwirtschaft; Ebenroth/Boujong/Joost/Strohn/*Kindler* Rn 22; Heymann/*Emmerich* Rn 19; Oetker/*Körber* Rn 33; Koller/*Roth*/Morck Rn 5; *Röhricht*/v. Westphalen Rn 15.
[67] Treffend Ebenroth/Boujong/Joost/Strohn/*Kindler* Rn 22.
[68] Ebenroth/Boujong/Joost/Strohn/*Kindler* Rn 22; Heymann/*Emmerich* Rn 19.
[69] In diesem Sinne auch Baumbach/*Hopt* Rn 10; Oetker/*Körber* Rn 33; *Röhricht*/v. Westphalen Rn 16.
[70] Exemplarisch BAG AP Nr. 5 zu § 1 TVG Tarifverträge: Land- und Forstwirtschaft, für eine Brennereigenossenschaft.
[71] Ebenroth/Boujong/Joost/Strohn/*Kindler* Rn 22.
[72] Heymann/*Emmerich* Rn 19; Oetker/*Körber* Rn 33; *Röhricht*/v. Westphalen Rn 16.

IV. Erwerb und Verlust der Kaufmannseigenschaft, § 3 Abs. 2

24 Der Erwerb der Kaufmannseigenschaft tritt wegen § 3 Abs. 1 nicht kraft Gesetzes aufgrund des Betreibens einer Land- oder Forstwirtschaft ein, sondern hierfür bedarf es – wie bei Kleingewerbetreibenden (s. § 2 Satz 1) – der Ausübung einer Option, die § 3 Abs. 2 jedoch nicht für alle land- oder forstwirtschaftlichen Unternehmen, sondern nur für solche begründet, die nach Art und Umfang einen in kaufmännischer Weise eingerichteten Geschäftsbetrieb erfordern (sog. Großbetriebe). Bezüglich der Begriffe Land- bzw. Forstwirtschaft s. oben Rn 11 ff, 16; hinsichtlich der Betreiberstellung gelten die Erläuterungen zu § 1 entsprechend (s. § 1 Rn 51 ff). Das Optionsrecht hat das Gesetz nicht mit einer zeitlichen Beschränkung versehen, es kann zu einem beliebigen Zeitpunkt ausgeübt werden.[73]

25 Die Geltung des § 2 für Betriebe der Land- und Forstwirtschaft hängt nach § 3 Abs. 2 davon ab, dass diese nach Art und Umfang ihres Geschäftsbetriebes die in § 2 Satz 1 umschriebene Schwelle überschreiten. Schon wegen der Verweisung auf § 2 sind die Anforderungen an den Geschäftsbetrieb im Rahmen des § 3 Abs. 2 nicht anders als bei § 1 Abs. 2 zu definieren (s. dazu näher § 1 Rn 89 ff).

26 Erfüllt der Betrieb des land- oder forstwirtschaftlichen Unternehmens die von § 3 Abs. 2 geforderte Größe, dann steht dem Inhaber das Recht zu, die Eintragung in das Handelsregister durch Anmeldung der Firma zu beantragen (§ 2 Satz 1). Bezüglich der Einzelheiten zum Eintragungsantrag, insbesondere auch zu dessen Rechtsnatur gelten die Ausführungen zu § 2 entsprechend (s. § 2 Rn 10 ff). Da § 3 Abs. 2 die Vorschrift des § 2 vollständig in Bezug nimmt, gilt dies auch für die Klarstellung in § 2 Satz 2, dass das Optionsrecht in § 2 Satz 1 lediglich eine Berechtigung, aber **keine Verpflichtung** begründet (ebenso zuvor § 3 Abs. 2 Satz 1 a.F.). Das gilt selbst dann, wenn der Umsatz des Unternehmens im Hinblick einen erheblichen Umfang aufweist (s. aber auch Rn 42).

27 Das Optionsrecht begründet § 3 Abs. 2 ausschließlich für den Betrieb des land- oder forstwirtschaftlichen Unternehmens. Betreibt dessen Inhaber darüber hinaus noch ein Nebengewerbe, dann ist die Kaufmannseigenschaft für das Nebengewerbe gesondert nach § 3 Abs. 3 zu beurteilen. Die regelungstechnische Aufspaltung hat zur Folge, dass der Inhaber seine jeweiligen Optionsrechte unabhängig von einander ausüben darf.[74] So kann er sich z.B. darauf beschränken, nur für das Hauptgewerbe die Kaufmannseigenschaft zu erlangen, für das Nebengewerbe hingegen hiervon abzusehen, selbst wenn die gesetzlichen Voraussetzungen für das Optionsrecht gegeben sind. Entsprechendes gilt für die umgekehrte Konstellation (Ausübung des Optionsrechts für das Nebengewerbe, Verzicht hierauf bezüglich des land- oder forstwirtschaftlichen Betriebes).[75] Seine Rechtfertigung erfährt diese Aufspaltung aus dem Umstand, dass die mit der Eintragung verbundene Anwendung der handelsrechtlichen Vorschriften nicht nur Rechte, sondern vor allem auch Pflichten begründet (s. § 2 Rn 4).

28 Übt der Inhaber des land- oder forstwirtschaftlichen Unternehmens das Optionsrecht aus, dann gilt dieses mit der Eintragung im Handelsregister nach § 2 Satz 1 als **Handelsgewerbe**, mit der Folge, dass sein Betreiber nach § 1 Abs. 1 den Status eines Kaufmannes erlangt (zur insoweit notwendigen Einschränkung des § 3 Abs. 1 s. Rn 6) und alle Vorschriften des HGB zur Anwendung gelangen, die an diesen Status anknüpfen (s. näher

---

[73] S. MünchKommHGB/*K. Schmidt* Rn 30; Oetker/*Körber* Rn 17.
[74] Baumbach/*Hopt* Rn 11; MünchKommHGB/*K. Schmidt* Rn 39.
[75] Baumbach/*Hopt* Rn 11.

§ 2 Rn 26); die Eintragung in das Handelsregister hat **konstitutive Wirkung**. Unterbleibt deren **Bekanntmachung** (s. § 10), so ist dies für die Erlangung der Kaufmannseigenschaft unschädlich;[76] das Gesetz fordert ausschließlich und im Unterschied zu § 15 Abs. 1 nur die Eintragung im Handelsregister.

Im Unterschied zu Kleingewerbetreibenden verwehrt § 3 Abs. 2 den Inhabern land- oder forstwirtschaftlicher Unternehmen das **opting-out** durch die ausdrücklich aufgenommene und von § 3 Abs. 2 Satz 2 a.F. übernommene Maßgabe, dass die Firma nur nach den allgemeinen Vorschriften gelöscht werden kann. In Betracht kommt insbesondere die Amtslöschung nach § 31 Abs. 2 Satz 2 sowie nach § 395 FamFG (früher: § 142 FGG) (s. näher § 2 Rn 21 ff). Deren Voraussetzungen beurteilen sich ausschließlich nach den Verhältnissen des land- oder forstwirtschaftlichen Unternehmens und unabhängig von denen in einem zu diesem geführten Nebengewerbe.[77] Dies kann dazu führen, dass für das land- oder forstwirtschaftliche Unternehmen die Voraussetzungen für eine Löschung von Amts wegen vorliegen, dies jedoch für das gleichfalls eingetragene Nebengewerbe zu verneinen ist. In einem derartigen Fall muss sich die Löschung auf das land- oder forstwirtschaftliche Unternehmen beschränken.

29

Ob die Bindung an die erfolgte Eintragung auch für einen **Rechtsnachfolger** gilt, ist umstritten. Der Wortlaut des § 3 Abs. 2, der die Maßgabe zur Geltung des § 2 ohne Einschränkung anordnet, spricht für dessen Bindung.[78] Die Gegenauffassung, die bei unterbliebener Firmenfortführung eine Bindung des Rechtsnachfolgers verneint bzw. diesen nur bei Fortführung der Firma als gebunden ansieht,[79] kann allerdings auf den Zweck des Optionsrechts verweisen, wonach der Ausübungsberechtigte sich bewusst über die Anwendung der handelsrechtlichen Vorschriften unter Abwägung der damit verbundenen Vor- und Nachteile (s. § 2 Rn 4) entscheiden soll. Eine vergleichbare Willensentschließung liegt in der Person des Rechtsnachfolgers nicht vor, so dass eine vergleichbare Situation gegeben ist, wie bei einem Ist-Kaufmann, der nach erfolgter Eintragung zum Kleingewerbetreibenden herabsinkt (s. dazu § 2 Rn 23 f). Deshalb sprechen gute Gründe dafür, die Maßgabe in § 3 Abs. 2 zu § 2 in den Fällen einer Rechtsnachfolge teleologisch zu reduzieren und dem Rechtsnachfolger die Möglichkeit eines opting-out durch Anwendung von § 2 Satz 3 zu eröffnen. Allerdings setzt dies voraus, dass der Rechtsnachfolger als neuer Inhaber davon absieht, die bisherigen handelsrechtlichen Privilegien (z.B. Firma) in Anspruch zu nehmen.

30

V. Erwerb und Verlust der Kaufmannseigenschaft, § 3 Abs. 3

Im Hinblick auf den Betrieb des Nebengewerbes bezweckt § 3 Abs. 3 eine Gleichbehandlung mit dem land- oder forstwirtschaftlichen Unternehmen. Hierfür verweist Absatz 3 nicht nur auf Absatz 2, sondern auch auf Absatz 1 der Vorschrift, um klarzustellen, dass der Betrieb des Nebengewerbes nicht bereits wegen dessen Art und Umfang kraft Gesetzes ein Handelsgewerbe ist.[80] Zur Notwendigkeit einer einschränkenden Auslegung des § 3 Abs. 1 s. Rn 6.

31

---

[76] v. Olshausen ZHR 141 (1977), 93 (101); Röhricht/v. Westphalen Rn 26.
[77] S. Heymann/Emmerich Rn 14.
[78] So z.B. Ebenroth/Boujong/Joost/Strohn/Kindler Rn 31; Oetker/Körber Rn 23; MünchKommHGB/K. Schmidt Rn 28;
i.E. auch v. Olshausen ZHR 141 (1977), 93 (119 f).
[79] Für diese Baumbach/Hopt Rn 9; Heymann/Emmerich Rn 16; Koller/Roth/Morck Rn 7; Röricht/v. Westphalen Rn 34.
[80] S. MünchKommHGB/K. Schmidt Rn 37.

32 Durch die entsprechende Anwendung des Absatzes 2 begründet § 3 Abs. 3 das Optionsrecht nur unter der dort genannten Voraussetzung eines Geschäftsbetriebes, der nach Art und Umfang kaufmännische Einrichtungen erfordert (s. dazu Rn 25). Ebenso führt die entsprechende Anwendung des Absatzes 2 dazu, dass § 2 nur mit der dort genannten Maßgabe gilt, d.h. der Inhaber des Nebengewerbes bleibt ebenfalls an die Ausübung seines Optionsrechts gebunden[81] und eine Löschung kann nur unter den in Absatz 2 genannten Voraussetzungen erfolgen (s. Rn 29). Dabei sind die Voraussetzungen für das Nebengewerbe selbständig und unabhängig davon zu beurteilen, ob auch bezüglich des Hauptgewerbes die Voraussetzungen für eine Löschung von Amts wegen vorliegen. Dies kann dazu führen, dass sich die Löschung aus dem Handelsregister auf das als Nebengewerbe geführte Unternehmen beschränken muss.[82]

33 Die Möglichkeit die Kaufmannseigenschaft für das Nebengewerbe zu erlangen, eröffnet § 3 Abs. 3 für alle Inhaber eines land- oder forstwirtschaftlichen Unternehmens, unabhängig davon, ob dessen Inhaber für diesen das an sich eröffnete Optionsrecht nach Absatz 2 ausgeübt hat. Es besteht selbst dann, wenn das land- oder forstwirtschaftliche Unternehmen nach Art oder Umfang keinen in kaufmännischer Weise eingerichteten Geschäftsbetrieb erfordert. Allerdings erstreckt sich die Rechtswirkung der Eintragung ausschließlich auf das Nebengewerbe; nur dieses gilt gemäß § 2 Satz 1 als Handelsgewerbe und nur für dieses erlangt der Inhaber den Kaufmannsstatus.[83] Dies führt dazu, dass sich die Zulässigkeit der gewählten Firma nach den Verhältnissen des Nebengewerbes richtet sowie auch die Vertretungsmacht einer u.U. erteilten Prokura auf das Nebengewerbe beschränkt ist. Entsprechendes gilt für die Vermutung zugunsten eines Handelsgeschäftes (s. § 344 Abs. 1).

VI. Eintragungsfähigkeit kleingewerblicher Unternehmen

34 **1. Land- oder forstwirtschaftliche Unternehmen.** Gegenstand einer tiefgreifenden Kontroverse ist die Rechtslage, wenn land- oder forstwirtschaftliche Unternehmen nach Art oder Umfang keinen in kaufmännischer Weise eingerichteten Geschäftsbetrieb erfordern, so dass § 3 Abs. 2 deren Inhabern die Option zur Erlangung der Kaufmannseigenschaft nicht eröffnet.

35 Eine verbreitete Auffassung im Schrifttum will auch den Inhabern kleingewerblicher land- oder forstwirtschaftlicher Betriebe den Weg in das Handelsregister eröffnen.[84] Argumentativ verweist diese vor allem auf die Gewerbeeigenschaft land- und forstwirtschaftlicher Betriebe (s. Rn 7 f) sowie die Begrenzung des Anwendungsausschlusses in § 3 Abs. 1 auf § 1. Damit sei § 2 auf kleingewerbliche land- und forstwirtschaftliche Unternehmen wegen deren Eigenschaft als Gewerbe anzuwenden;[85] ihre Inhaber könnten durch Ausübung des Optionsrechts die Kaufmannseigenschaft erlangen und – entgegen

---

[81] MünchKommHGB/*K. Schmidt* Rn 38.
[82] Ebenroth/Boujong/Joost/Strohn/*Kindler* Rn 24; MünchKommHGB/*K. Schmidt* Rn 39.
[83] GK-HGB/*Ensthaler* Rn 11.
[84] So Baumbach/*Hopt* Rn 2; *Bydlinski* ZIP 1998, 1169 (1173 f); *Canaris* Handelsrecht § 3 Rn 36; Ebenroth/Boujong/Joost/Strohn/*Kindler* Rn 34 f; Oetker/*Körber* Rn 5; HK-HGB/*Ruß* Rn 2; *Lettl* § 2 Rn 50; Münch- KommHGB/*K. Schmidt* Rn 7 und 20; *ders.* ZHR 163 (1999), 87 (91); *v. Olshausen* Rpfleger 2001, 53 (53 f); *Schmitt* Die Rechtsstellung der Kleingewerbetreibenden nach dem Handelsrechtsreformgesetz, 2003, S. 76 ff; *Siems* Kaufmannsbegriff und Rechtsfortbildung, 2. Aufl. 2003, S. 80 ff.
[85] So *K. Schmidt* ZHR 163 (1999), 87 (91); zu dieser Argumentation auch *v. Olshausen* JZ 1998, 717 (719).

der Rechtslage bei Großbetrieben (s. Rn 29) – wegen § 2 Satz 3 auch jederzeit wieder aufgeben. Bekräftigt werde dies zusätzlich durch den Gleichheitssatz (Art. 3 Abs. 1 GG).[86]

Die Gegenauffassung[87] bewertet § 3 Abs. 2 hingegen als abschließende Sonderregelung, unter welchen Voraussetzungen die Inhaber land- oder forstwirtschaftlicher Betriebe die Kaufmannseigenschaft erlangen können; erfüllen diese die dortigen Voraussetzungen nicht, so bleibt ihnen der Weg in das Handelsregister versperrt, wenn diese nicht den Ausweg über die Errichtung einer juristischen Person beschreiten, wofür in der Praxis die Gründung einer GmbH sowie einer Unternehmergesellschaft (haftungsbeschränkt) (§ 5a GmbHG) in Betracht kommt. **36**

Der Wille des historischen Gesetzgebers des Handelsrechtsreformgesetzes stützt die Gegenauffassung, da die im Jahre 1998 vorgenommenen Änderungen in § 3 die Vorschrift lediglich an den geänderten § 2 anpassen, den bisherigen Rechtszustand indes nicht modifizieren wollten (s. Rn 3).[88] Insofern war vor dem Handelsrechtsreformgesetz anerkannt, dass ausschließlich den in § 3 Abs. 2 genannten land- und forstwirtschaftlichen Unternehmen der Zugang zum Handelsregister eröffnet war.[89] Solchen Unternehmen hingegen, die nach Art oder Umfang keinen in kaufmännischer Weise eingerichteten Geschäftsbetrieb benötigten, blieb der Weg in das Handelsrecht versperrt. Diese Rechtslage mag rechtspolitisch kritikwürdig sein (s. Rn 5), sollte jedoch im Rahmen des Handelsrechtsreformgesetzes nicht korrigiert werden. Zu diesem gesetzgeberischen Willen setzen sich zwangsläufig diejenigen Autoren in Widerspruch, die den Inhabern kleingewerblicher land- und forstwirtschaftlicher Unternehmen über eine unmittelbare Anwendung von § 2 das Recht einräumen wollen, für die Erlangung der Kaufmannseigenschaft zu optieren.[90] **37**

Wenig überzeugend ist in diesem Kontext der Hinweis auf den auf § 1 beschränkten Anwendungsausschluss, den § 3 Abs. 1 anordnet. Dem hieraus gezogenen formallogischen Umkehrschluss, wegen der Gewerbeeigenschaft land- und forstwirtschaftlicher Betriebe bleibe deshalb § 2 anwendbar,[91] steht entgegen, dass § 3 Abs. 1 den Ausschluss der Anwendung von § 1 auf dessen Absatz 2 bezieht (s. Rn 6). Mit der letztgenannten Vorschrift steht § 2 jedoch in einem untrennbaren inhaltlichen Zusammenhang. Bereits die Bezugnahme in § 2 Satz 1 auf § 1 Abs. 2 setzt zwingend voraus, dass der Gewerbebetrieb ungeachtet von Art und Umfang seines Geschäftsbetriebes als Handelsgewerbe i.S.d. § 1 Abs. 2 in Betracht kommen kann (s. auch § 2 Rn 5), was § 3 Abs. 1 für land- und forstwirtschaftliche Unternehmen gerade ausschließt. Deshalb sprechen die besseren Gründe auch unter der nunmehr geltenden Fassung des § 3 dafür, den Betrieben der Land- und Forstwirtschaft ausschließlich unter den in § 3 Abs. 2 genannten Voraussetzungen den Zugang zum Handelsregister und damit zur Anwendung der handelsrechtlichen Vorschriften zu eröffnen. **38**

2. Kleingewerbliche Nebengewerbe zum land- und forstwirtschaftlichen Unternehmen. Die für kleingewerbliche land- und forstwirtschaftliche Unternehmen in Rn 34 bis 38 erörterte Streitfrage tritt in gleicher Weise für das mit einem land- oder forstwirt- **39**

---

[86] So *Canaris* Handelsrecht § 3 Rn 36.
[87] Für diese GK-HGB/*Ensthaler* Rn 12; *Hübner* Rn 49; Koller/*Roth*/Morck Rn 1; *Röhricht*/v. Westphalen Rn 20 ff.
[88] Kritisch dazu jedoch *K. Schmidt* ZHR 163 (1999) 87 (91), wonach sich die Regierungsbegründung ausschließlich auf die Rechtslage für Großbetriebe beziehen soll; s. auch *v. Olshausen* Rpfleger 2001, 53 (54).
[89] S. Staub/*Brüggemann*[4] Rn 18.
[90] Treffend und pointiert *Röhricht*/v. Westphalen Rn 22.
[91] *K. Schmidt* ZHR 163 (1999), 87 (91).

schaftlichen Unternehmen verbundene Nebengewerbe auf, das nach Art oder Umfang keinen in kaufmännischer Weise eingerichteten Geschäftsbetrieb erfordert. Durch die Verweisung in § 3 Abs. 3 auf Absatz 1 und 2 der Vorschrift stellt sich auch für dieses die Frage, ob der Inhaber des Nebengewerbes für dieses ebenfalls über eine unmittelbare Anwendung des § 2 für den Kaufmannsstatus optieren kann. Aus den in Rn 35 dargelegten Gründen bejaht dies eine verbreitete Strömung im Schrifttum,[92] gegenüber der jedoch die in Rn 37 und 38 ausgeführten Bedenken ebenfalls Gültigkeit beanspruchen. Auch für das zu einem land- und forstwirtschaftlichen Unternehmen betriebene Nebengewerbe, dass nicht die von § 3 Abs. 2 geforderten Voraussetzungen erfüllt, ist deshalb der Zugang in das Handelsrecht versperrt, wenn dessen Inhaber nicht den Weg über eine rechtliche Verselbständigung (s. Rn 4) beschreitet.

VII. Rechtslage bezüglich der nicht im Handelsregister eingetragenen land- oder forstwirtschaftlichen Unternehmen und nebengewerblichen Unternehmen

40 Übt der Inhaber eines land- oder forstwirtschaftlichen Unternehmens nicht das ihm durch § 3 Abs. 2 begründete Optionsrecht aus oder ist ihm dieses wegen Art oder Umfang des Geschäftsbetriebes vorenthalten (s. Rn 34 ff), so gelten für sein Unternehmen die allgemeinen Vorschriften des Bürgerlichen Gesetzbuches.[93] Die handelsrechtlichen Normen sind für das Unternehmen grundsätzlich nicht anwendbar; das gilt wegen des Gegenstandes des Unternehmens auch für diejenigen Bestimmungen, deren Anwendungsbereich sich auch auf kleingewerbliche Unternehmen erstreckt (z.B. § 84 Abs. 4).[94]

41 Von dem Grundsatz in Rn 40 sind jedoch Ausnahmen anzuerkennen. Diese betreffen zunächst § 5,[95] wenn ein im Handelsregister eingetragenes land- oder forstwirtschaftliches Unternehmen im späteren Verlauf seiner Tätigkeit zu einem kleingewerblichen Unternehmen herabsinkt. Da dem Inhaber nach der in Rn 37 f befürworteten Auffassung in dieser Konstellation der Weg in das Handelsregister versperrt bleibt, ist die Rechtslage keine andere, als wenn der Inhaber eines kaufmännischen Unternehmens seinen Betrieb einstellt. Wegen des aufrechterhaltenen Gewerbebetriebes gelangt in der hier diskutierten Konstellation jedoch § 5 zur Anwendung.

42 Wie bei Kleingewerbetreibenden, die ihr durch § 2 Satz 1 begründetes Optionsrecht nicht in Anspruch nehmen, ist auch bei nicht eingetragenen land- oder forstwirtschaftlichen Unternehmen eine analoge Anwendung einzelner Bestimmungen des HGB zu erwägen.[96] Soweit dies für nicht im Handelsregister eingetragene Kleingewerbetreibende bejaht wird (s. § 2 Rn 32 ff), gilt dies in gleicher Weise für land- oder forstwirtschaftliche Unternehmen, wenn nicht deren spezifischer Unternehmensgegenstand einem Analogieschluss entgegensteht. Im Gegenteil ist eine analoge Anwendung handelsrechtlicher Vorschriften sogar umso eher zu erwägen, wenn dem Inhaber eines land- oder forstwirtschaftlichen Unternehmens das Optionsrecht nach § 3 Abs. 2 wegen Art und Umfang des

---

[92] So z.B. Ebenroth/Boujong/Joost/Strohn/*Kindler* Rn 25; HK-HGB/*Ruß* Rn 3.

[93] Ebenroth/Boujong/Joost/Strohn/*Kindler* Rn 39; Heymann/*Emmerich* Rn 9; Oetker/*Körber* Rn 37; Röhricht/v. Westphalen Rn 25.

[94] Ebenroth/Boujong/Joost/Strohn/*Kindler* Rn 39; MünchKommHGB/*K. Schmidt* Rn 29.

[95] Im Grundsatz auch Ebenroth/Boujong/Joost/Strohn/*Kindler* Rn 39.

[96] Treffend MünchKommHGB/*K. Schmidt* Rn 29; ebenso Oetker/*Körber* Rn 37.

Geschäftsbetriebes zusteht, er dieses jedoch nicht ausübt. Insbesondere in Fällen, in denen infolge Art und Umfang des land- oder forstwirtschaftlichen Unternehmens ein in kaufmännischer Weise organisierter Geschäftsbetrieb tatsächlich eingerichtet wird, gleichwohl aber die Option in § 3 Abs. 2 nicht ausgeübt wird (s. auch Rn 26), bleibt zudem die Lehre vom Scheinkaufmann zu beachten.[97]

Für das mit einem land- oder forstwirtschaftlichen Unternehmen als **Nebengewerbe** **43** verbundene Unternehmen gelten die Ausführungen in Rn 40 bis 42 entsprechend, wenn dessen Inhaber das Optionsrecht nach § 3 Abs. 3 nicht ausübt oder ihm dieses nach hiesiger Auffassung (s. Rn 39) wegen Art oder Umfang des Geschäftsbetriebes verwehrt ist.[98]

§ 4
(weggefallen)

§ 5
Kaufmann kraft Eintragung

Ist eine Firma im Handelsregister eingetragen, so kann gegenüber demjenigen, welcher sich auf die Eintragung beruft, nicht geltend gemacht werden, dass das unter der Firma betriebene Gewerbe kein Handelsgewerbe sei.

Schrifttum

Axer Abstrakte Kausalität – Ein Grundsatz des Handelsrechts?, 1986; *Dachler* Handelsregisterpublizität und Verkehrsschutz, Diss. Tübingen 1977; *Hohmeister* Die Bedeutung des § 5 HGB seit der Handelsrechtsreform 1998, NJW 2000, 1921; *John* Fiktionswirkung oder Schutz typisierten Vertrauens durch das Handelsregister, ZHR 140 (1976), 236; *Schirrmeister* Der Kaufmannsbegriff: Die Bedeutung des Firmeneintrags für den Erwerb der Kaufmannseigenschaft, ZHR 49 (1900), 29; *K. Schmidt* Gilt § 5 HGB im „Unrechtsverkehr", DB 1972, 959; *ders.* „Deklaratorische" und „konstitutive" Registereintragungen nach §§ 1 ff HGB, ZHR 163 (1999), 87; *Schulze-Osterloh* Der Wechsel der Eintragungsgrundlagen der Kaufmannseigenschaft (§§ 1, 2, 105 Abs. 2 HGB) und der Anwendungsbereich des § 5 HGB, ZIP 2007, 2390.

Speziell zur **Lehre vom Scheinkaufmann** neben den Vorstehenden: *Bilger* Zur Staub'schen Lehre vom Scheinkaufmann, Diss. Tübingen 1934; *Canaris* Die Vertrauenshaftung im deutschen Privatrecht, 1971, S. 180 ff; *Ehrichson* Die Geltung des Staub'schen Satzes vom Scheinkaufmann, Diss. Rostock 1934; *A. Hueck* Der Scheinkaufmann, ArchBürgR 43 (1919), 415; *Limbach* Die Lehre vom Scheinkaufmann, ZHR 134 (1970), 288; *Nickel* Der Scheinkaufmann, JA 1980, 566; *v. Olshausen* Wider den Scheinkaufmann des ungeschriebenen Rechts, FS Raisch, 1995, S. 147; *K. Schmidt* Sein-Schein-Handelsregister, JuS 1977, 209.

---

[97] So i.E. auch Ebenroth/Boujong/Joost/Strohn/*Kindler* Rn 39; MünchKommHGB/*K. Schmidt* Rn 29.

[98] Wie hier auch *Röhricht*/v. Westphalen Rn 19.

Übersicht

	Rn
I. Allgemeines	1–4
II. Voraussetzungen für die Rechtswirkungen des § 5	5–15
1. Eintragung der Firma im Handelsregister	5–7
2. Betreiben eines Gewerbes durch den Eingetragenen	8–12
3. Subjektive Voraussetzungen	13–14
4. „Berufung" auf die Eintragung im Handelsregister	15
III. Rechtsfolgen des § 5	16–23
IV. Die Lehre vom Scheinkaufmann	24–53
1. Allgemeines	24–25
2. Personenkreis	26
3. Rechtsscheinstatbestand	27–31
4. Veranlassung des Rechtsscheins	32–34
5. Anforderungen an die Person des Dritten	35–39
a) Gutgläubigkeit des Dritten	35–37
b) Vertrauensbetätigung des Dritten	38
c) Kausalität des Rechtsscheins für die Vertrauensbetätigung	39
6. Rechtswirkungen des Rechtsscheins	40–49
a) Allgemeines	40–42
b) Verhältnis zum zwingenden Zivilrecht	43–46
c) Verhältnis zu Drittinteressen	47
d) Sachliche Reichweite der Rechtswirkungen	48
e) Zeitliche Grenzen	49
7. Darlegungs- und Beweislast	50
8. Der „Schein-Nichtkaufmann" als Ergänzung der Lehre vom Scheinkaufmann	52–53

I. Allgemeines

1 Die Vorschrift dient der **Rechtssicherheit** und nicht dem Schutz gutgläubiger Dritter;[1] ist eine Firma in das Handelsregister eingetragen, so schneidet § 5 den Einwand ab, das unter der Firma betriebene Gewerbe sei kein Handelsgewerbe. Damit steht die Norm in einem untrennbaren Zusammenhang mit dem Handelsgewerbe als Zentralbegriff für die Kaufmannseigenschaft. Konsequenterweise fehlte eine mit § 5 vergleichbare Vorschrift im ADHGB von 1870 noch. Nach diesem kam es ausschließlich darauf an, ob ein Handelsgeschäft objektiv gewerbsmäßig betrieben wurde (s. § 1 Rn 9).[2] Durch die mit dem HGB von 1897 eingeführte Differenzierung der Kaufmannseigenschaft nach Art und Umfang des Geschäftsbetriebes (s. § 1 Rn 8) konnte jedoch sowohl bei Sollkaufleuten (§ 2 a.F.) als auch bei Minderkaufleuten (§ 4 a.F.) die Situation eintreten, dass diese unter ihrer Firma im Handelsregister eingetragen waren, die hierfür im Hinblick auf Art und Umfang notwendigen Voraussetzungen indes objektiv nicht oder nicht mehr erfüllten. Vor allem in dieser Konstellation sollte sich im Interesse der Sicherheit des Geschäftsverkehrs die Registereintragung durchsetzen.[3] Angesichts dessen sind keine durchgreifenden Bedenken ersichtlich, wenn sich Vertragsparteien darauf einigen, dass einer der Beteiligten entgegen § 5 nicht den handelsrechtlichen Vorschriften unterliegen soll; § 5 begründet **kein zwingendes Recht**[4].

---

[1] Für die allg. Ansicht BGHZ 32, 307 (314); BGH NJW 1982, 45 (45); Baumbach/*Hopt* Rn 1; *Canaris* Handelsrecht § 3 Rn 48; Ebenroth/Boujong/Joost/Strohn/*Kindler* Rn 1; Oetker/*Körber* Rn 1; GK-HGB/*Ensthaler* Rn 2; Heymann/*Emmerich* Rn 1; Koller/*Roth*/Morck Rn 1; *Lettl* § 2 Rn 53; MünchKommHGB/*K. Schmidt* Rn 1; Röhricht/v. Westphalen Rn 27.

[2] S. auch Ebenroth/Boujong/Joost/Strohn/*Kindler* Rn 5; MünchKommHGB/*K. Schmidt* Rn 4.

[3] BGHZ 32, 307 (314); BGH NJW 1982, 45 (45); s. auch *Canaris* Handelsrecht § 3 Rn 48; Ebenroth/Boujong/Joost/Strohn/*Kindler* Rn 6 ff; Heymann/*Emmerich* Rn 9b; *Hübner* Rn 63; MünchKommHGB/*K. Schmidt* Rn 4; Röhricht/v. Westphalen Rn 2.

[4] Baumbach/*Hopt* Rn 6; Oetker/*Körber* Rn 16; *Lettl* § 2 Rn 55; i.E. auch MünchKommHGB/*K. Schmidt* Rn 38.

Trotz der Anknüpfung an die Registereintragung handelt es sich bei § 5 – im Unterschied zu § 15 (s. § 15 Rn 18 ff) – um **keine Rechtsscheinsnorm**.[5] Dies folgt insbesondere aus dem Umstand, dass die Rechtsfolge des § 5 unabhängig von der Kenntnis der Beteiligten über die wahren Verhältnisse eintritt (s. auch Rn 13). Darüber hinaus entfaltet § 5 seine Rechtswirkungen unabhängig davon, ob hierdurch Dritte begünstigt werden (s. Rn 17). Wegen dieses besonderen dogmatischen Fundaments hat die **Lehre vom Scheinkaufmann** (s. Rn 24 ff) neben § 5 einen eigenen Anwendungsbereich, der nicht an der Eintragung im Handelsregister, sondern an das Auftreten im Geschäftsverkehr anknüpft (s. Rn 25). Aus diesem Grunde ist es missverständlich, für die von § 5 erfassten Sachverhalte den Begriff (eingetragener) „Scheinkaufmann" zu verwenden.[6] Die Lehre vom Scheinkaufmann greift vor allem ein, wenn die Voraussetzungen des § 5 nicht vorliegen. Ergänzt wird die Vorschrift durch § 15.

2

Da § 5 auf der Rechtsfolgenebene das objektive Fehlen eines Handelsgewerbes überwindet, wird die Vorschrift verbreitet die Kraft beigemessen, die Kaufmannseigenschaft zu fingieren (**Fiktivkaufmann**).[7] Hieran ist zutreffend, dass § 5 den Betrieb eines Gewerbes voraussetzt, der kein Handelsgewerbe ist. Indem die Norm lediglich die Geltendmachung dieses Einwandes ausschließt, weicht ihr Wortlaut deutlich von § 2 Satz 1 ab, der ausdrücklich als Fiktion formuliert ist (s. § 2 Rn 25).[8] Trotzdem führt § 5 dazu, dass das Gewerbe aufgrund der Eintragung der Firma im Handelsregister als Handelsgewerbe zu behandeln ist, obwohl ein solches bei objektiver Betrachtung nicht vorliegt. Im Ergebnis handelt es sich deshalb um keine andere Rechtswirkung als sie § 2 Satz 1 anordnet, so dass aufgrund der Eintragung der Firma im Handelsregister stets ein Handelsgewerbe vorliegt. Bezüglich der Kaufmannseigenschaft trifft § 5 indes – entgegen der verbreiteten Wendung vom „Fiktivkaufmann" – keine unmittelbare Aussage.[9] Mittelbar wirkt sich jedoch die auf das Vorliegen eines Handelsgewerbes bezogene Rechtsfolge der Norm – nicht anders als bei § 2 Satz 1 (s. § 2 Rn 25) – auch auf die Kaufmannseigenschaft aus, da ein Handelsgewerbe im Sinne des § 1 Abs. 1 vorliegt und damit dessen Inhaber Kaufmann im Sinne des HGB ist. Aus den vorgenannten Gründen bezieht sich § 5 somit nicht auf die Kaufmannseigenschaft, sondern lediglich auf das Vorliegen eines Handelsgewerbes.[10]

3

Ihre **Hauptbedeutung** entfaltet die Vorschrift nach hiesiger Auffassung zur Reichweite von § 2 Satz 1 (s. § 2 Rn 23 ff), wenn dem betriebenen Gewerbe die Voraussetzungen für ein Handelsgewerbe fehlen. Hierzu kann es insbesondere kommen, wenn der Geschäftsbetrieb ursprünglich nach Art und Umfang kaufmännische Einrichtungen erfor-

4

---

[5] Baumbach/*Hopt* Rn 1; Ebenroth/Boujong/Joost/Strohn/*Kindler* Rn 3; GK-HGB/*Ensthaler* Rn 5; *Hübner* Rn 63; Koller/*Roth*/Morck Rn 2; MünchKommHGB/*K. Schmidt* Rn 2; *ders.* DB 1972, 959, 961.
[6] So noch BGHZ 32, 307 (Leitsatz 2); GK-HGB/*Ensthaler* Rn 1 f; *Hübner* Rn 61; widersprüchlich *G. Roth* Rn 111, 166. Treffend dagegen Baumbach/*Hopt* Rn 1; *Canaris* Handelsrecht § 3 Rn 51; Ebenroth/Boujong/Joost/Strohn/*Kindler* Rn 3; Koller/*Roth*/Morck Rn 2; MünchKommHGB/*K. Schmidt* Rn 8.
[7] So z.B. *Brox* Rn 46; *Canaris* Handelsrecht § 3 Rn 52; *Hübner* Rn 62; Oetker/*Körber* Rn 17.
[8] Treffend insoweit *G. Roth* Rn 111. Im Sinne einer Fiktion jedoch in Österreich § 3 UGB („gelten als Unternehmer kraft Eintragung").
[9] So aber im konzeptionellen Ansatz die Rechtslage in Österreich. S. § 3 UGB, nach dem Personen, die zu Unrecht in das Firmenbuch eingetragen sind und unter ihrer Firma handeln, als Unternehmer kraft Eintragung gelten.
[10] Treffend insoweit Ebenroth/Boujong/Joost/Strohn/*Kindler* Rn 2; HK-HGB/*Ruß* Rn 2; im Ansatz auch MünchKommHGB/*K. Schmidt* Rn 9.

derte, dies jedoch später entfiel (**Herabsinken zum Kleingewerbebetreibenden**)[11] oder aber ein **Betrieb der Land- oder Forstwirtschaft** nach § 3 Abs. 2 in das Handelsregister eingetragen worden ist, obwohl er nicht bzw. nicht mehr die Voraussetzungen hierfür erfüllt. Im Gesellschaftsrecht ist § 5 deshalb nur relevant, wenn für die jeweilige Gesellschaftsform der Betrieb eines Handelsgewerbes konstitutiv ist. Dies ist wegen § 105 Abs. 1 bei der Offenen Handelsgesellschaft sowie über § 161 Abs. 2 bei der Kommanditgesellschaft der Fall.[12] Anders ist dies für die von § 6 Abs. 2 erfassten Formkaufleute, da diese unabhängig von dem Vorliegen eines Handelsgewerbes entstehen (s. § 6 Rn 24).[13] Da § 5 lediglich an die Eintragung der Firma im Handelsregister anknüpft, reicht die Vorschrift jedoch weiter und erfasst auch Sacherhalte, in denen es ohne Handelsregisteranmeldung zu einer Eintragung gekommen ist, z.B. weil diese zuvor widerrufen wurde (s. näher Rn 6).

II. Voraussetzungen für die Rechtswirkungen des § 5

5 1. **Eintragung der Firma im Handelsregister.** Ihre Rechtswirkung knüpft die Vorschrift ausschließlich an die Eintragung im Handelsregister. Eine darüber hinausgehende Publizität fordert die Vorschrift nicht; insbesondere ist es im Unterschied zu § 15 Abs. 1 unerheblich, ob die Eintragung überhaupt bzw. mit welchem Inhalt diese bekannt gemacht wurde.[14]

6 Wegen der mit der Norm intendierten Rechtssicherheit bezieht sich diese mit der Eintragung auf ein für jedermann erkennbares Kriterium. Deshalb greift § 5 unabhängig davon, auf welche Weise bzw. warum es zu der Eintragung gekommen ist. Hierauf kann es im Hinblick auf den Normzweck nicht ankommen. Das gilt zunächst im Hinblick auf die Rechtsgrundlage der Eintragung, in gleicher Weise aber auch unabhängig davon, ob eine wirksame Anmeldung vorliegt. Einschlägig ist § 5 deshalb selbst dann, wenn ein Dritter die Anmeldung ohne Vertretungsmacht vorgenommen hat oder es irrtümlich bzw. versehentlich zu einer Eintragung gekommen ist.[15] Ebenso ist eine Veranlassung der Eintragung durch den Eingetragenen wegen der fehlenden teleologischen Fundierung der Norm in der Rechtsscheinslehre nicht erforderlich.[16] Maßgebend ist allein die objektive Tatsache der Eintragung. Zur Geschäftsfähigkeit des Eingetragenen s. Rn 14.

---

[11] Dagegen jedoch MünchKommHGB/ *K. Schmidt* Rn 14 sowie *Schulze-Osterloh* ZIP 2007, 2390 (2392), vor dem Hintergrund seines extensiven Verständnisses zu § 2 Satz 1 (s. dazu § 2 Rn 24).

[12] Exemplarisch für Kommanditgesellschaften BGH NJW 1982, 45 (45); s. auch *Brox* Rn 49; *Canaris* Handelsrecht § 3 Rn 50; Ebenroth/Boujong/Joost/Strohn/*Kindler* Rn 30; Heymann/*Emmerich* Rn 9.

[13] Ebenso Baumbach/*Hopt* Rn 2; Röhricht/v. Westphalen Rn 28.

[14] Baumbach/*Hopt* Rn 3; Ebenroth/Boujong/Joost/Strohn/*Kindler* Rn 19; GK-HGB/*Ensthaler* Rn 4; Heymann/*Emmerich* Rn 5; Koller/*Roth*/Morck Rn 4; Oetker/*Körber* Rn 13; MünchKommHGB/*K. Schmidt* Rn 27; Röhricht/v. Westphalen Rn 14.

[15] Baumbach/*Hopt* Rn 3, 4; *Brox* Rn 50; *Canaris* Handelsrecht § 3 Rn 53; Ebenroth/Boujong/Joost/Strohn/*Kindler* Rn 16, 17; Oetker/*Körber* Rn 13; GK-HGB/*Ensthaler* Rn 4; Heymann/*Emmerich* Rn 5; Koller/*Roth*/Morck Rn 6; *Lettl* § 2 Rn 57; MünchKommHGB/*K. Schmidt* Rn 20; Röhricht/v. Westphalen Rn 14.

[16] Baumbach/*Hopt* Rn 3; Ebenroth/Boujong/Joost/Strohn/*Kindler* Rn 17; Heymann/*Emmerich* Rn 5; Oetker/*Körber* Rn 13; MünchKommHGB/*K. Schmidt* Rn 26.

Die Vorschrift knüpft zwar an die eingetragene Firma an, setzt aber nicht voraus, dass **7** die Firmenbildung den gesetzlichen Vorschriften entspricht.[17] Es reicht aus, dass der Eingetragene das Unternehmen unter der im Handelsregister eingetragenen Firma betreibt.

2. Betreiben eines Gewerbes durch den Eingetragenen. Nach dem Wortlaut setzt die **8** Vorschrift voraus, dass unter der eingetragenen Firma ein Gewerbe betrieben wird („das unter der Firma betriebene Gewerbe"). Für dieses schließt § 5 den Einwand aus, es handele sich nicht um ein Handelsgewerbe. Diesen Gesetzeswortlaut versteht die herrschende Meinung mit Recht dahin, dass nur solche Unternehmen in die Norm einbezogen sind, die die Anforderungen des **handelsrechtlichen Gewerbebegriffs** erfüllen.[18] Dies ist auch bei **Betrieben der Land- oder Forstwirtschaft** der Fall (s. § 3 Rn 7 f), so dass § 5 bei ihnen ebenfalls eingreift.[19] Von Bedeutung ist die Notwendigkeit eines „Gewerbes" insbesondere, wenn die Tätigkeit des Unternehmens den freien Berufen zuzuordnen ist (s. § 1 Rn 27 ff) und aus diesem Grunde nicht hätte eingetragen werden dürfen. Der Einwand, unter der eingetragenen Firma werde in Wahrheit kein Gewerbe, sondern eine freiberufliche Tätigkeit ausgeübt, bleibt bei diesem Verständnis der Norm deshalb unverändert und trotz der Eintragung der Firma im Handelsregister möglich.[20] Die hierdurch im Hinblick auf den Verkehrsschutz verbleibenden Defizite können teilweise durch den konkreten Verkehrsschutz abgemildert werden, den die Lehre vom Scheinkaufmann vermittelt (s. Rn 26).

Gegenüber der in Rn 8 befürworteten Auffassung wird mit Hilfe einer zweistufigen **9** Rechtsfortbildung namentlich von *K. Schmidt* die These verfochten, § 5 sei erweiternd dahin auszulegen, dass es ausreicht, wenn der Eingetragene unter der Firma ein Unternehmen betreibt.[21] Damit würde die Vorschrift auf alle als Kaufmann eingetragene Rechtsträger und insbesondere auch auf die Sachverhalte des zu Unrecht eingetragenen Freiberuflers ausgedehnt. Dem ist jedoch zu widersprechen, da § 5 im Rahmen des Handelsrechtsreformgesetzes weitgehend unverändert blieb sowie ausdrücklich auf das „Gewerbe" abstellt und damit ein solches im Sinne des § 1 Abs. 1 meint. Auch eine entsprechende Anwendung der Norm auf die Voraussetzungen des handelsrechtlichen Gewerbebegriffs kommt angesichts der Diskussion zum Handelsrechtsreformgesetz nicht in Betracht.[22] Entsprechende Vorschläge in der Reformdiskussion, die für eine Ausdehnung

---

[17] Baumbach/*Hopt* Rn 3; Ebenroth/Boujong/Joost/Strohn/*Kindler* Rn 18; Heymann/*Emmerich* Rn 5; *Hübner* Rn 64; Koller/Roth/Morck Rn 6; Oetker/*Körber* Rn 14; Röhricht/v. Westphalen Rn 14.

[18] BGHZ 32, 307 (314); Baumbach/*Hopt* Rn 2, 3; *Brox* Rn 51; *Canaris* Handelsrecht § 3 Rn 56; Ebenroth/Boujong/Joost/Strohn/*Kindler* Rn 20; GK-HGB/*Ensthaler* Rn 3; Heymann/*Emmerich* Rn 3; HK-HGB/*Ruß* Rn 4; *Hübner* Rn 64; Koller/Roth/Morck Rn 3; Oetker/*Körber* Rn 10; *Lettl* § 2 Rn 58; Röhricht/v. Westphalen Rn 15, 17; *G. Roth* Rn 111.

[19] Baumbach/*Hopt* Rn 3; Ebenroth/Boujong/Joost/Strohn/*Kindler* Rn 21; GK-HGB/*Ensthaler* Rn 3; Koller/Roth/Morck Rn 3; Röhricht/v. Westphalen Rn 18; i.E. auch Heymann/*Emmerich* Rn 8; hierauf beschränkend *Hohmeister* NJW 2000, 1921, 1922.

[20] Baumbach/*Hopt* Rn 5; Ebenroth/Boujong/Joost/Strohn/*Kindler* Rn 20; GK-HGB/*Ensthaler* Rn 9; *Lettl* § 2 Rn 58; Röhricht/v. Westphalen Rn 17, 34.

[21] So vor allem *K. Schmidt* ZHR 163 (1999), 93, 96 ff; MünchKommHGB/*K. Schmidt* Rn 22 ff; i.E. auch *Siems* Kaufmannsbegriff und Rechtsfortbildung, 2. Aufl. 2003, S. 122 f. Zu älteren Bestrebungen in dieser Richtung Staub/*Brüggemann*[4] Rn 21, mwN.

[22] Ebenfalls ablehnend Baumbach/*Hopt* Rn 2; *Canaris* Handelsrecht § 3 Rn 56; Ebenroth/Boujong/Joost/Strohn/*Kindler* Rn 21; Oetker/*Körber* Rn 12. Im Grundsatz ebenso schon BGHZ 32, 307 (313 f), der eine „ausdehnende Anwendung" ausdrücklich verwirft; i.E.

des Anwendungsbereichs von § 5 plädierten,[23] hat der Gesetzgeber – im Unterschied zu dem Reformgesetzgeber in Österreich (s. § 3 UGB) – nicht aufgegriffen. Für eine Ausdehnung der Norm auf „das unter der Firma betriebene Unternehmen" fehlen deshalb die methodischen Voraussetzungen.

10 Die Verknüpfung des Anwendungsbereichs der Vorschrift mit dem Gewerbebegriff ist problematisch bei der ausschließlichen **Verwaltung eigenen Vermögens**, da diese grundsätzlich kein handelsrechtliches Gewerbe darstellt (s. § 1 Rn 23 ff). Erfolgte gleichwohl eine Eintragung in das Handelsregister, dann greift § 5 wegen des fehlenden Betreibens eines Gewerbes nicht ein. Zweifelhaft ist diese Sichtweise jedoch im **Personengesellschaftsrecht**, da § 105 Abs. 2 für die Verwaltung ausschließlich eigenen Vermögens das Handelsregister öffnet. Dies wirft die Frage auf, ob § 5 auch auf solche Sachverhalte anzuwenden ist, in denen die Voraussetzungen einer von § 105 Abs. 2 erfassten Vermögensverwaltungsgesellschaft zweifelhaft sind.[24] Der Zweck des § 5 spricht dafür, die Norm auf diesen Sachverhalt entsprechend anzuwenden.

11 Ohne dies ausdrücklich auszusprechen verlangt § 5 eine **Identität** zwischen dem **Eingetragenen** und dem **Inhaber** des Gewerbebetriebes.[25] Dies entspricht der zutreffenden allgemeinen Ansicht und ergibt sich indirekt aus der Anknüpfung in § 5 an die Firma, die den „Namen" desjenigen umschreibt, der das Gewerbe betreibt (s. § 17 Abs. 1). Dementsprechend schließt § 5 nicht den Einwand aus, der im Handelsregister Eingetragene sei nicht der Betreiber des Gewerbes,[26] z.B. weil dieses nach der Eintragung an einen Dritten veräußert oder verpachtet wurde,[27] ohne dass dem eine entsprechende Änderung im Handelsregister nachfolgte.

12 Da § 5 ein „betriebenes Gewerbe" voraussetzt, muss für die Anwendung der Vorschrift ein handelsrechtliches Gewerbe bereits begonnen worden sein (s. § 1 Rn 45 ff) und darf auch nicht beendet sein.[28] Bedeutsam ist dies insbesondere in den Fällen einer Stilllegung des Betriebes ohne anschließende Löschung der Firma im Handelsregister. Den auf die Beendigung des Gewerbebetriebes gestützten Einwand schließt § 5 nicht aus.[29] Entsprechendes gilt für den eher theoretischen Einwand, ein Gewerbe sei trotz der Eintragung noch nicht begonnen worden.[30] Zur zeitlichen Reichweite der Rechtsfolge des § 5 s. näher Rn 23.

13 **3. Subjektive Voraussetzungen.** Da § 5 keine Rechtsscheinsnorm ist (s. Rn 2), greift diese unabhängig davon ein, ob der Dritte die wahre Sachlage kennt.[31] Insbesondere

---

auch *Brox* Rn 51; Koller/*Roth*/Morck Rn 9; Lettl § 2 Rn 58; Röhricht/v. Westphalen Rn 13.
[23] S. z.B. *K. Schmidt* DB 1994, 515 (517 f); *ders.* ZIP 1997, 909 (914).
[24] Bejahend Baumbach/*Hopt* Rn 4; Ebenroth/Boujong/Joost/Strohn/*Kindler* Rn 23; Oetker/*Körber* Rn 11.
[25] Ebenroth/Boujong/Joost/Strohn/*Kindler* Rn 25; Heymann/*Emmerich* Rn 4; *Hübner* Rn 64; Koller/*Roth*/Morck Rn 5; Oetker/*Körber* Rn 15; Röhricht/v. Westphalen Rn 14; i.E auch Baumbach/*Hopt* Rn 3; Lettl § 2 Rn 58; aA MünchKommHGB/*K. Schmidt* Rn 18, der das Vorhandensein des eingetragenen Rechtssubjekts ausreichen lässt.
[26] Ebenso Ebenroth/Boujong/Joost/Strohn/*Kindler* Rn 32; Röhricht/v. Westphalen Rn 38.
[27] Röhricht/v. Westphalen Rn 17.
[28] Heymann/*Emmerich* Rn 3; HK-HGB/*Ruß* Rn 4.
[29] So ausdrücklich für diese Konstellation BGHZ 32, 307 (313 f); ebenso Baumbach/*Hopt* Rn 5; *Canaris* Handelsrecht § 3 Rn 55; Ebenroth/Boujong/Joost/Strohn/*Kindler* Rn 32; Heymann/*Emmerich* Rn 9b; Lettl § 2 Rn 58; Röhricht/v. Westphalen Rn 16, 35.
[30] Baumbach/*Hopt* Rn 5.
[31] BGH NJW 1982, 45 (45); Baumbach/*Hopt* Rn 3; *Canaris* Handelsrecht § 3 Rn 51; Ebenroth/Boujong/Joost/Strohn/*Kindler* Rn 3; HK-HGB/*Ruß* Rn 2; MünchKommHGB/*K. Schmidt* Rn 26.

kommt es für die Anwendung der Vorschrift nicht auf die Gutgläubigkeit des Dritten oder dessen Schutzbedürftigkeit an.[32] Auch eine Kenntnis von der Eintragung in dem Handelsregister bei der Vornahme eines Rechtsgeschäfts (Kausalität) ist nicht erforderlich.[33]

Umgekehrt gebietet der auf Optimierung der Rechtssicherheit gerichtete Zweck des § 5, dass dessen Anwendung nicht von besonderen subjektiven Voraussetzungen in der Person des Eingetragenen abhängt. Deshalb greift die Vorschrift auch gegenüber **Geschäftsunfähigen** oder **beschränkt Geschäftsfähigen** ein.[34] Die hiermit verbundene Einbuße an Schutz für Geschäftsunfähige bzw. beschränkt Geschäftsfähige ist im Interesse der mit § 5 geschützten Rechtssicherheit hinzunehmen, da sich der Eingetragene trotz der Rechtswirkungen des § 5 auf die Nichtigkeit bzw. Unwirksamkeit eines Rechtsgeschäfts wegen Geschäftsunfähigkeit (§ 105 BGB) bzw. fehlender Zustimmung des gesetzlichen Vertreters (§ 108 BGB) berufen kann.[35]

4. **„Berufung" auf die Eintragung im Handelsregister.** Nach dem Wortlaut schließt § 5 den Einwand, bei dem unter der Firma betriebenen Gewerbe handele es sich nicht um ein Handelsgewerbe, nur zu Gunsten desjenigen aus, der sich auf die Eintragung beruft. Diese Fassung des Gesetzes provoziert das Missverständnis, dass diese Rechtsfolge nur dann eintritt, wenn sich ein anderer bei der Geltendmachung einer Rechtsposition ausdrücklich auf die Eintragung stützt. Einem derartigen Verständnis steht jedoch der Zweck der Norm gegenüber. Die mit § 5 erstrebte Rechtssicherheit soll dem Eingetragenen generell den Einwand abschneiden, unter der Firma werde kein Handelsgewerbe betrieben. Dieser Normzweck greift jedoch bereits ein, wenn die Anwendung von Vorschriften in Frage steht, die das Vorliegen eines Handelsgewerbes voraussetzen. Insofern ist der herrschenden Meinung im Grundsatz darin zuzustimmen, dass § 5 kein Berufen auf die Eintragung voraussetzt.[36] Vielmehr ist die Vorschrift von Amts wegen stets dann zu beachten, wenn ein Sachverhalt vorgetragen wird, dessen rechtliche Beurteilung davon abhängt, ob ein Handelsgewerbe vorliegt.[37] In dieser Konstellation trifft jedoch in der Regel denjenigen, der sich auf die Anwendung einer handelsrechtlichen Norm beruft, die Darlegungslast, die sich auch auf das Vorliegen eines Handelsgewerbes bezieht. Dafür ist es zumeist unabweisbar, die Eintragung im Handelsregister vorzutragen. Dies reicht für ein „Berufen" auf die Eintragung aus. § 5 begründet jedoch keine Einwendung im rechtstechnischen Sinne.[38] In extrem gelagerten Ausnahmefällen kann allerdings der Arglisteinwand die Anwendung des § 5 ausschließen.[39]

---

[32] Für die allg. Ansicht BGH NJW 1982, 45 (45 f); Baumbach/*Hopt* Rn 3; *Brox* Rn 53; Ebenroth/Boujong/Joost/Strohn/*Kindler* Rn 26; GK-HGB/*Ensthaler* Rn 5; Heymann/*Emmerich* Rn 6; HK-HGB/*Ruß* Rn 2; *Hübner* Rn 64; Koller/*Roth*/Morck Rn 6; *Röhricht*/v. Westphalen Rn 14.

[33] BGH NJW 1982, 45, 46; Baumbach/*Hopt* Rn 3; Koller/*Roth*/Morck Rn 6; *Röhricht*/v. Westphalen Rn 14; MünchKommHGB/*K. Schmidt* Rn 26.

[34] Baumbach/*Hopt* Rn 5; *Canaris* Handelsrecht § 3 Rn 53; *Hübner* Rn 54; Oetker/*Körber* Rn 18; MünchKommHGB/*K. Schmidt* Rn 26.

[35] Baumbach/*Hopt* Rn 5; Heymann/*Emmerich* Rn 9b; Koller/*Roth*/Morck Rn 8; *Röhricht*/v. Westphalen Rn 36.

[36] *Canaris* Handelsrecht § 3 Rn 59; Ebenroth/Boujong/Joost/Strohn/*Kindler* Rn 26; Heymann/*Emmerich* Rn 7; MünchKommHGB/*K. Schmidt* Rn 28; ders. JuS 1977, 209 (211).

[37] Baumbach/*Hopt* Rn 4; *Brox* Rn 51; Ebenroth/Boujong/Joost/Strohn/*Kindler* Rn 26; Heymann/*Emmerich* Rn 7; *Lettl* § 2 Rn 57; wohl auch HK-HGB/*Ruß* Rn 5; Oetker/*Körber* Rn 16; im Ansatz auch Koller/*Roth*/Morck Rn 6.

[38] Baumbach/*Hopt* Rn 4.

[39] Hierfür GK-HGB/*Ensthaler* Rn 5; HK-HGB/*Ruß* Rn 2 a.E.; *Hübner* Rn 63; Oetker/*Körber* Rn 18 sowie OVG Nordrhein-Westfalen BB 1987, 1130 (1131).

III. Rechtsfolgen des § 5

16 Die Rechtsfolge des § 5 beschränkt sich nach dem Wortlaut der Norm ausschließlich auf das Vorliegen eines Handelsgewerbes. Gleichwohl wird § 5 verbreitet dahin verstanden, dass die Vorschrift die Kaufmannseigenschaft fingiert bzw. diese unwiderlegbar zu vermuten ist (s. Rn 3).[40] Diese Ansicht übersieht jedoch, dass sich die Norm ausschließlich auf das Vorliegen eines Handelsgewerbes bezieht und die Kaufmannseigenschaft nach § 1 Abs. 1 hieran anknüpft.[41] Deshalb regelt die Vorschrift – wie § 2 Satz 1 (s. § 2 Rn 25) – ausschließlich, dass das gewerbliche Unternehmen einem Handelsgewerbe gleichzustellen ist (s. auch Rn 3). Ob es sich bei § 5 wie bei § 2 Satz 1 (s. § 2 Rn 25) um eine Fiktion[42] oder aber eine unwiderlegbare Vermutung[43] handelt, ist ohne praktische Bedeutung.[44] Die besseren Gründe sprechen für eine unwiderlegbare Vermutung, da § 5 auch solche Sachverhalte erfasst, in denen objektiv ein Handelsgewerbe vorliegt, die Vorschrift jedoch die Überprüfung der hierfür nach § 1 Abs. 2 maßgeblichen Voraussetzungen außerhalb des registergerichtlichen Verfahrens grundsätzlich ausschließt.

17 Im Interesse der Rechtssicherheit will § 5 den Einwand, das Gewerbe sei kein Handelsgewerbe, jedermann[45] abschneiden. Deshalb wirkt die Eintragung nicht nur zu Lasten des Eingetragenen, sondern auch zu dessen Gunsten,[46] so z.B. wenn sich dieser auf die Genehmigungsfiktion des § 377 beruft oder aber einen Zinsanspruch auf die §§ 352, 353 stützt. In diesen Konstellationen verwehrt § 5 dem Vertragspartner den Einwand, die Anwendung der vorgenannten Normen scheitere, weil das Gewerbe seines Gegenübers nicht die Voraussetzungen eines Handelsgewerbes erfülle.

18 Die mit § 5 bezweckte Rechtssicherheit zielt auf den Geschäftsverkehr ab. Dieser soll wegen der Eintragung der Firma im Handelsregister von der im jeweiligen Einzelfall vorzunehmenden Prüfung entlastet werden, ob ein Unternehmen vorliegt, das nach Art und Umfang einen in kaufmännischer Weise eingerichteten Geschäftsbetrieb erfordert. Keine Geltung beansprucht dieser Zweck grundsätzlich im **registergerichtlichen Verfahren**.[47] Insbesondere bindet § 5 das Registergericht nicht an die einmal vorgenommene Eintragung, so dass die Vorschrift nicht einer Löschung entgegensteht, wenn das gewerbliche Unternehmen nach der Eintragung zum Kleingewerbe herabgesunken ist (s. auch § 2 Rn 23).[48]

---

[40] So Baumbach/*Hopt* Rn 1; Koller/*Roth*/Morck Rn 1; *Lettl* § 2 Rn 53; Röhricht/v. Westphalen Rn 27; i.E. auch Heymann/*Emmerich* Rn 1a, der jedoch § 5 als einen eigenständigen und selbständig neben den §§ 1 bis 3 stehenden Tatbestand zur Erlangung der Kaufmannseigenschaft ansieht.

[41] Treffend deshalb Ebenroth/Boujong/Joost/*Strohn*/Kindler Rn 27 f.

[42] *Canaris* Handelsrecht § 3 Rn 52; HK-HGB/*Ruß* Rn 2; Koller/*Roth*/Morck Rn 2; abl. Heymann/*Emmerich* Rn 1a; MünchKommHGB/*K. Schmidt* Rn 10.

[43] Hierfür Baumbach/*Hopt* Rn 1; GK-HGB/*Ensthaler* Rn 2, 6; abl. jedoch Heymann/*Emmerich* Rn 1a.

[44] Treffend MünchKommHGB/*K. Schmidt* Rn 30.

[45] So ausdrücklich BGH NJW 1982, 45 (45); ebenso Brox Rn 53; Koller/*Roth*/Morck Rn 8; MünchKommHGB/*K. Schmidt* Rn 31; Röhricht/v. Westphalen Rn 27.

[46] BGH NJW 1982, 45 (45); Baumbach/*Hopt* Rn 6; *Brox* Rn 53; *Canaris* Handelsrecht § 3 Rn 51; Ebenroth/Boujong/Joost/Strohn/*Kindler* Rn 3, 30; GK-HGB/*Enstahler* Rn 5; Heymann/*Emmerich* Rn 6; HK-HGB/*Ruß* Rn 2; Koller/*Roth*/Morck Rn 8; Oetker/*Körber* Rn 18; *Lettl* § 2 Rn 53; MünchKommHGB/*K. Schmidt* Rn 31; Röhricht/v. Westphalen Rn 27.

[47] Baumbach/*Hopt* Rn 1, 6; Ebenroth/Boujong/Joost/Strohn/*Kindler* Rn 42; Koller/*Roth*/Morck Rn 8; Oetker/*Körber* Rn 30; Röhricht/v. Westphalen Rn 39.

[48] Baumbach/*Hopt* Rn 1; Ebenroth/Boujong/Joost/Strohn/*Kindler* Rn 42; GK-HGB/*Enstahler* Rn 8; Heymann/*Emmerich* Rn 11;

19 Aufgrund seines Zwecks entfaltet § 5 seine Rechtswirkungen unstreitig im **Rechtsgeschäftsverkehr**, ist hierauf aber nicht beschränkt. Vielmehr gilt die Norm auch in dem hiermit zusammenhängenden **Prozessverkehr**.[49] Praktisch relevant war dies nach der älteren höchstrichterlichen Rechtsprechung insbesondere für die Offene Handelsgesellschaft bzw. die Kommanditgesellschaft, wenn diese infolge eines verringerten Geschäftsbetriebes nicht mehr die Voraussetzungen eines Handelsgewerbes erfüllte und damit eine Gesellschaft bürgerlichen Rechts wurde. In diesem Fall erhielt § 5 die Parteifähigkeit der Gesellschaft aufrecht.[50] Infolge der gewandelten höchstrichterlichen Judikatur zur BGB-Gesellschaft, die die Parteifähigkeit für die BGB-(Außen-)gesellschaft bejaht,[51] hat diese Problematik jedoch ihre praktische Relevanz verloren.[52] Bedeutung kann § 5 im Prozessverkehr aber unverändert z.B. im Hinblick auf § 38 ZPO erlangen.

20 Soweit eine Gesellschaft trotz des verringerten Geschäftsbetriebes wegen § 5 als **Offene Handelsgesellschaft** bzw. **Kommanditgesellschaft** zu behandeln ist, strahlt dies auch auf das jeweils maßgebende Rechtsstatut für die Gesellschaft aus. Anzuwenden sind vor allem diejenigen Vorschriften, die die Haftung für die Verbindlichkeiten der Gesellschaft ausgestalten (Außenverhältnis), da auch insoweit die Sicherheit im Rechtsverkehr betroffen ist.[53] Anwendbar bleiben deshalb insbesondere die §§ 128 bis 130, aber auch § 139.[54] Entsprechendes gilt für das Verhältnis der Gesellschafter untereinander (Innenverhältnis).[55] Die tatbestandlich auf das Vorliegen eines Handelsgewerbes beschränkte Reichweite des § 5 führt für die Personenhandelsgesellschaften deshalb dazu, das sonstige Mängel, die ihrer wirksamen Errichtung entgegenstehen, nicht durch die Eintragung im Handelsregister und § 5 überwunden bzw. geheilt werden. Insbesondere sog. **Scheingesellschaften** unterliegen nicht über § 5 den Vorschriften für die Offene Handelsgesellschaft bzw. die Kommanditgesellschaft.[56]

21 Nicht abschließend ist bislang geklärt, ob § 5 für den sog. **Unrechtsverkehr** gilt.[57] Da die Norm nicht der Rechtsscheinhaftung zuzurechnen ist (s. Rn 2), sondern der Rechtssicherheit im Geschäftsverkehr dient, sprechen gute Gründe dafür, die Rechtswirkungen des § 5 nur dann auf den sog. Unrechtsverkehr zu erstrecken, wenn dieser mit der geschäftlichen Tätigkeit im Zusammenhang steht. Unter dieser Voraussetzung gilt § 5 auch bei der Geltendmachung von Ansprüchen aus unerlaubter Handlung, ungerechtfertigter Bereicherung oder Geschäftsführung ohne Auftrag.[58] Außerhalb dieses Bereichs

---

Oetker/*Körber* Rn 30; HK-HGB/*Ruß* Rn 3; *Röhricht*/v. Westphalen Rn 39.
[49] So für die Parteifähigkeit BGH NJW 1982, 45 (45). Ebenso allg. Baumbach/*Hopt* Rn 6; *Canaris* Handelsrecht § 3 Rn 57; Ebenroth/Boujong/Joost/Strohn/*Kindler* Rn 36; GK-HGB/*Ensthaler* Rn 8; HK-HGB/*Ruß* Rn 3; Koller/*Roth*/Morck Rn 8; Oetker/*Körber* Rn 21, 24; MünchKommHGB/*K. Schmidt* Rn 41; *Röhricht*/v. Westphalen Rn 29.
[50] S. BGH NJW 1982, 45 (45); s. auch Heymann/*Emmerich* Rn 10.
[51] S. BGHZ 146, 341 ff.
[52] Treffend MünchKommHGB/*K. Schmidt* Rn 41; *Röhricht*/v. Westphalen Rn 29 mit Fn 19.
[53] So auch Ebenroth/Boujong/Joost/Strohn/*Kindler* Rn 35; Heymann/*Emmerich* Rn 9;
Oetker/*Körber* Rn 23; *Röhricht*/v. Westphalen Rn 27; i.E. ferner MünchKommHGB/*K. Schmidt* Rn 34.
[54] BGH NJW 1982, 45 (45 f).
[55] Baumbach/*Hopt* Rn 6; Heymann/*Emmerich* Rn 9; Koller/*Roth*/Morck Rn 8; *Röhricht*/v. Westphalen Rn 27; auch MünchKommHGB/*K. Schmidt* Rn 34.
[56] Heymann/*Emmerich* Rn 9a; *Röhricht*/v. Westphalen Rn 37.
[57] Offengelassen von BGH NJW 1982, 45 (45); Heymann/*Emmerich* Rn 10.
[58] Wie hier Baumbach/*Hopt* Rn 6; *Canaris* Handelsrecht § 3 Rn 58; Ebenroth/Boujong/Joost/Strohn/*Kindler* Rn 37 f; Heymann/*Emmerich* Rn 10; HK-HGB/*Ruß* Rn 3; im Grundsatz auch *Röhricht*/v. Westphalen Rn 31; ohne die hiesige Einschränkung GK-

würde eine Anwendung der Vorschrift im sog. Unrechtsverkehr eine vom Normzweck nicht abgedeckte überschießende Wirkung entfalten.

22 Wegen der funktionalen Ausrichtung der Vorschrift auf den Geschäftsverkehr gilt diese nicht im **öffentlichen Recht** (z.B. für die IHK-Umlage[59]). Das betrifft neben den dem öffentlichen Recht zuzurechnenden **§§ 238 ff, 242 ff**[60] auch die Vorschriften zum **registergerichtlichen Verfahren** (s. Rn 18). Entsprechendes gilt für das **Strafrecht** und das **Verwaltungsunrecht (Ordnungswidrigkeitenrecht)**[61] sowie für das **Steuerrecht**[62].

23 Die durch § 5 begründete Rechtsfolge gilt für den gesamten **Zeitraum**, in dem die Eintragung im Handelsregister besteht.[63] Gerade im Rechtsgeschäftsverkehr kommt es jedoch darauf an, dass der Entstehungstatbestand in diesem Zeitraum vollständig begründet worden ist. War dies bereits vor der Eintragung der Fall, so greift § 5 nicht ein.[64] Entsprechendes gilt, wenn zuvor bereits eine Löschung aus dem Handelsregister erfolgte.[65]

IV. Die Lehre vom Scheinkaufmann

24 **1. Allgemeines.** Die Lehre vom Scheinkaufmann zählt zu den überkommenen handelsrechtlichen Instituten, die den Erwartungen des Geschäftsverkehrs Rechnung trägt und den Verkehrsschutz ergänzt, den die §§ 5, 15 auf unterschiedlicher dogmatischer Grundlage etablieren. Die Lehre vom Scheinkaufmann geht zurück auf die unmittelbar nach Inkrafttreten des HGB unterbreiteten Überlegungen von *Staub*[66], der diese allerdings noch eng mit der Regelung in § 5 verknüpfte, indem er diese als Verkörperung eines allgemeinen Rechtsgedankens bewertete und für eine Gleichstellung des Scheins mit dem Sein plädierte („Wer als Kaufmann auftritt, gilt als Kaufmann. Wer sich als Vollkaufmann geriert, gilt als Vollkaufmann.").

25 Ungeachtet der historischen Verdienste von *Staub* um die dogmatische Herausbildung der Lehre vom Scheinkaufmann hat die nachfolgende wissenschaftliche Diskussion zum teleologischen Fundament des § 5 jedoch gezeigt, dass die letztgenannte Vorschrift mit

---

HGB/*Ensthaler* Rn 8; Koller/*Roth*/Morck Rn 8; Oetker/*Körber* Rn 25; *K. Schmidt* JuS 1977, 209 (212); s. auch *dens.* DB 1972, 959 ff; generell **aA** für das Deliktsrecht *Brox* Rn 54.

[59] Baumbach/*Hopt* Rn 6; Ebenroth/Boujong/Joost/Strohn/*Kindler* Rn 46; *Röhricht*/v. Westphalen Rn 40; aA OVG Nordrhein-Westfalen BB 1987, 1130, 1131.

[60] Baumbach/*Hopt* Rn 6; *Canaris* Handelsrecht § 3 Rn 57; Ebenroth/Boujong/Joost/Strohn/*Kindler* Rn 45; GK-HGB/*Ensthaler* Rn 8; Koller/*Roth*/Morck Rn 8; *Lettl* § 2 Rn 55; MünchKommHGB/*K. Schmidt* Rn 35; *Röhricht*/v. Westphalen Rn 40.

[61] Baumbach/*Hopt* Rn 6; *Canaris* Handelsrecht § 3 Rn 57; Ebenroth/Boujong/Joost/Strohn/*Kindler* Rn 46, 48; GK-HGB/*Ensthaler* Rn 8; Heymann/*Emmerich* Rn 12; Oetker/*Körber* Rn 27 f; MünchKommHGB/*K. Schmidt* Rn 44; *Röhricht*/v. Westphalen Rn 40.

[62] Baumbach/*Hopt* Rn 6; Ebenroth/Boujong/Joost/Strohn/*Kindler* Rn 47; GK-HGB/*Ensthaler* Rn 8; Heymann/*Emmerich* Rn 12; Oetker/*Körber* Rn 29; MünchKommHGB/*K. Schmidt* Rn 42; *Röhricht*/v. Westphalen Rn 40.

[63] MünchKommHGB/*K. Schmidt* Rn 31; Oetker/*Körber* Rn 20; *Röhricht*/v. Westphalen Rn 32.

[64] Baumbach/*Hopt* Rn 7; Ebenroth/Boujong/Joost/Strohn/*Kindler* Rn 31; Heymann/*Emmerich* Rn 10a; *Röhricht*/v. Westphalen Rn 32.

[65] Baumbach/*Hopt* Rn 7; Ebenroth/Boujong/Joost/Strohn/*Kindler* Rn 31; Heymann/*Emmerich* Rn 10a; *Röhricht*/v. Westphalen Rn 32.

[66] *Staub* HGB, 6./7. Aufl. 1900, Exkurs zu § 5 Anm. 1 (S. 80 ff).

den allgemeinen Kategorien der Rechtsscheinslehre nicht zu erfassen ist (s. Rn 3). Darüber hinaus steht die von *Staub* postulierte Gleichstellung des Scheins mit dem Sein im offenkundigen Widerspruch zu dem differenzierten normativen Konzept, das die §§ 1 ff für die Erlangung der Kaufmannseigenschaft etablieren.[67] Deshalb ist präzise zwischen dem durch § 5 bezweckten *allgemeinen* Verkehrsschutz (s. Rn 1) und dem *konkreten* Verkehrsschutz, den die insbesondere von *Canaris* fundierte allgemeine Lehre vom Rechtsschein bewirkt,[68] zu unterscheiden. In diesem Lichte erscheint die Lehre vom Scheinkaufmann nicht als Abstraktion eines in § 5 angelegten allgemeinen Rechtsgedankens, sondern weist vielmehr eine deutliche Nähe zu den ergänzend zu § 15 Abs. 1 entwickelten allgemeinen Rechtsscheinsgrundsätzen auf (s. dazu auch § 15 Rn 117 f).[69] Diese besagen, dass derjenige, der zurechenbar einen Rechtsscheinstatbestand geschaffen hat, von gutgläubigen Dritten, die im Vertrauen hierauf disponiert haben, nach deren Wahl an diesem festgehalten werden kann. Bezogen auf die Kaufmannseigenschaft bedeutet dies, dass derjenige, der ohne Kaufmann zu sein, durch sein Auftreten oder Verhalten einen entsprechenden Rechtsschein bei hierauf vertrauenden Dritten veranlasst hat, sich wie ein Kaufmann behandeln lassen muss. Allerdings wird hierdurch stets nur ein konkreter Schutz des Geschäftsverkehrs wegen der von Dritten getätigte Vertrauensdisposition vermittelt, niemals aber – wie mittelbar im Fall des § 5 – der erga omnes wirkende Rechtsstatus der Kaufmannseigenschaft begründet.[70]

2. Personenkreis. Die Lehre vom Scheinkaufmann ist im Hinblick auf den hiervon **26** erfassten Personenkreis subsidiär zu den §§ 1 bis 5.[71] Soweit nach diesen Vorschriften die Kaufmannseigenschaft zu bejahen ist, bleibt für die Lehre vom Scheinkaufmann kein Raum. Das gilt insbesondere für Personen, die im Handelsregister eingetragen sind, so dass diese wegen der begrenzten Reichweite des § 5 nur dann als Adressat für die Lehre vom Scheinkaufmann in Betracht kommen, wenn sie ein Unternehmen betreiben, das nicht den Anforderungen des handelsrechtlichen Gewerbebegriffes entspricht (s. Rn 8).[72] Anders ist dies für Personen, die nicht im Handelsregister eingetragen sind. Neben denjenigen, deren Unternehmen nicht die Voraussetzungen des handelsrechtlichen Gewerbebegriffs erfüllt (z.B. freiberuflich Tätige), ist die Lehre vom Scheinkaufmann bei solchen Kleingewerbetreibenden sowie Inhabern land- oder forstwirtschaftlicher Unternehmen anwendbar, die die ihnen eröffnete Option zur Eintragung in das Handelsregister nicht ausgeübt haben.[73]

---

[67] Mit treffender Kritik deshalb *Canaris* Handelsrecht § 3 Rn 7; Oetker/*Körber* Anh. § 5 Rn 2; *v. Olshausen* FS Raisch, 1995, S. 147 (151 ff) sowie bereits *Ehrenberg* Handbuch des gesamten Handelsrechts Bd. II, 1918, S. 132; s. ferner *Nickel* JA 1980, 566 (568 f).

[68] Speziell für die Lehre vom Scheinkaufmann *Canaris* Vertrauenshaftung, S. 180 f.

[69] Ebenso für eine Verankerung der Lehre vom Scheinkaufmann in der allgemeinen Rechtsscheinslehre z.B. Baumbach/*Hopt* Rn 9; *Canaris* Handelsrecht § 6 Rn 8, 9; Ebenroth/Boujong/Joost/Strohn/*Kindler* Rn 50; GK-HGB/*Ensthaler* Rn 10; Heymann/*Emmerich* Rn 13; *Hübner* Rn 68; *Lettl* § 2 Rn 68; *Nickel* JA 1980, 566 (570); Röhricht/v. Westphalen Anh. § 5 Rn 1; im Grundsatz auch MünchKommHGB/*K. Schmidt* Rn 2 f; kritisch dagegen *v. Olshausen*, FS Raisch, 1995, S. 147 (153 ff).

[70] Treffend MünchKommHGB/*K. Schmidt* Anh. § 5 Rn 30; plastisch *Brox* Rn 61: „Der Scheinkaufmann ist nicht Kaufmann; er bleibt, was er ist (Nichtkaufmann)".

[71] *Canaris* Handelsrecht § 6 Rn 9; Ebenroth/Boujong/Joost/Strohn/*Kindler* Rn 52; Oetker/*Körber* Anh. § 5 Rn 3; *Lettl* § 2 Rn 86; MünchKommHGB/*K. Schmidt* Anh. § 5 Rn 12.

[72] Ebenroth/Boujong/Joost/Strohn/*Kindler* Rn 53.

[73] Ebenroth/Boujong/Joost/Strohn/*Kindler* Rn 54; Oetker/*Körber* Anh. § 5 Rn 5.

27 3. **Rechtsscheinstatbestand.** Als Kaufmann muss sich nach der Lehre vom Scheinkaufmann nur derjenige behandeln lassen, der im Geschäftsverkehr den Eindruck erweckt hat, er sei ein Kaufmann. Aufgrund des funktionalen Kontextes der Lehre vom Scheinkaufmann ist der Schein des Kaufmanns nicht im allgemeinen bzw. umgangssprachlichen Sinne, sondern normativ im Sinne des HGB zu verstehen. Dieser Rechtsscheinstatbestand kann entweder durch ausdrückliche Erklärungen oder aber durch die tatsächliche Ausgestaltung des Geschäftsbetriebes verwirklicht werden, indem der Inhaber ihm nicht zustehende kaufmännische Rechtseinrichtungen in Anspruch nimmt oder seinen Geschäftsbetrieb mit einer kaufmännischen Organisationsstruktur versieht.

28 Der Rechtsscheinstatbestand einer **ausdrücklichen Erklärung** liegt in der Regel vor, wenn jemand erklärt, Kaufmann zu sein, was sich jedoch stets auf die Kaufmannseigenschaft im Sinne des HGB beziehen muss. Dies soll nach vorherrschender Ansicht selbst dann gelten, wenn dies für Dritte erkennbar wegen Unschlüssigkeit nicht der Fall ist (z.B. Freiberufler erklärt, er sei Kaufmann).[74] Im Hinblick auf den erzeugten Rechtsschein ist diese Würdigung zwar nicht zweifelsfrei, regelmäßig jedoch unschädlich, da es in derartigen Sachverhalten in der Regel an der Gutgläubigkeit des Dritten fehlt (s. Rn 36). Ein durch ausdrückliche Erklärung erzeugter Rechtsschein liegt jedenfalls vor, wenn jemand als „eingetragener Kaufmann" (s. § 19 Abs. 1 Nr. 1) auftritt, ohne (bereits) im Handelsregister eingetragen zu sein.[75] Nicht stets ist in diesem Fall jedoch die Lehre vom Scheinkaufmann einschlägig. Erfüllt ein Unternehmen in diesem Fall die Voraussetzungen eines Handelsgewerbes im Sinne des § 1, dann erlangt dessen Betreiber bereits hierüber die Kaufmannseigenschaft. Dem Handelsrecht unterliegt der Inhaber nicht aufgrund eines von ihm erzeugten Rechtsscheins, sondern weil er Istkaufmann ist und die Registereintragung lediglich deklaratorische Bedeutung hat (s. § 1 Rn 104). Zudem bleibt auch bei ausdrücklichen Erklärungen zu beachten, dass die Bezeichnung „Kaufmann" nicht stets die Annahme rechtfertigt, der Erklärende habe hierdurch zu erkennen gegeben, er sei ein Kaufmann im Sinne des Handelsrechts.[76] Offensichtlich ist dies bei der Inanspruchnahme des akademischen Grades „Diplom-Kaufmann".[77] Schwieriger ist die Würdigung hingegen bei der ausschließlichen Verwendung des Wortes „Kaufmann", ohne diesem den Zusatz „e.K." oder Ähnliches (s. § 19 Abs. 1 Nr. 1) hinzuzufügen. Angesichts des nunmehr bestehenden Zwangs zur Aufnahme des vorgenannten Zusatzes kann der vor dem Handelsrechtsreformgesetz bestehende Meinungsstand nicht unreflektiert fortgeschrieben werden. Das gilt jedenfalls zehn Jahre nach dessen Inkrafttreten, da inzwischen die üblichen Firmenzusätze für Einzelkaufleute in weiten Kreisen des Geschäftsverkehrs bekannt sind. Wer auf seine Briefbögen oder Visitenkarten das Wort „Kaufmann" vermerkt, gibt hierdurch nicht zwingend zu erkennen, dass er ein „Kaufmann" im Sinne des HGB ist. Vielmehr kommt auch eine Verwendung im Sinne einer Berufs- bzw. Tätigkeitsbeschreibung in Betracht. Entscheidend ist im Hinblick auf den Zweck der Lehre vom Scheinkaufmann, wie ein verständiger Dritter die Erklärung im Kontext der gesamten Umstände bewerten würde.

29 Durch die **Inanspruchnahme von Rechtsinstituten,** die Kaufleuten vorbehalten sind, wird gleichfalls Dritten gegenüber der Schein erzeugt, dass derjenige, der sich dieser

---

[74] So Ebenroth/Boujong/Joost/Strohn/*Kindler* Rn 56; *Hübner* Rn 69; **aA** *Canaris* Handelsrecht § 6 Rn 12.
[75] *Canaris* Handelsrecht § 6 Rn 13; Ebenroth/Boujong/Joost/Strohn/*Kindler* Rn 57; *Hübner* Rn 69; Koller/*Roth*/Morck § 15 Rn 45; Oetker/*Körber* Anh. § 5 Rn 8; *Lettl* § 2 Rn 71.
[76] Treffend insoweit *Canaris* Handelsrecht § 6 Rn 11; Oetker/*Körber* Anh. § 5 Rn 9.
[77] *Canaris* Handelsrecht § 6 Rn 11; Oetker/*Körber* Anh. § 5 Rn 9.

Institute bedient, Kaufmann ist.[78] Praktisch relevant ist in diesem Kontext vor allem die **Erteilung einer Prokura**[79] durch nicht eingetragene Kannkaufleute oder Personen, deren Unternehmen nicht die Voraussetzungen des handelsrechtlichen Gewerbebegriffes erfüllen. Verbreitet wird zu dieser Fallgruppe auch der **Gebrauch einer Firma** gezählt.[80] Dies war vor dem Handelsrechtsreformgesetz zutreffend, da die damalige Anforderung durch § 18 a.F. (mindestens ein ausgeschriebener Vorname) Kaufleuten vorbehalten war. Infolge der Liberalisierung des Firmenrechts und der allgemein eröffneten Möglichkeit, das Unternehmen mittels einer geschäftlichen Bezeichnung (s. § 5 MarkenG) zu kennzeichnen, ist der Gebrauch einer Firma – abgesehen von dem Zusatz „e.K." – kaum noch geeignet, den Schein einer Kaufmannseigenschaft zu erzeugen.[81] Denkbar ist dies allenfalls noch bei der Verwendung einer Firma, die den Anforderungen der früheren Rechtslage entspricht. Hierdurch wird nicht nur der Schein erweckt, dass die Firma bereits vor dem Handelsrechtsreformgesetz bestand und folglich von Kaufleuten in Anspruch genommen werden konnte, sondern auch, dass der Inhaber des Unternehmens Kaufmann ist. Auf der Grundlage der vorherrschenden Ansicht kommt es – nicht anders als im Rahmen von § 5 – für den erzeugten Rechtsschein nicht auf die firmenrechtliche Zulässigkeit des gewählten „Namens" an.[82]

Sofern der Inhaber das Unternehmen mit einer **kaufmännischen Organisation** versieht, hat die Lehre vom Scheinkaufmann nur einen geringen Anwendungsbereich, da das Vorliegen einer kaufmännischen Organisation in der Regel deren Erforderlichkeit indiziert[83] und bei einem handelsrechtlichen Gewerbe über § 1 Abs. 1 zur Kaufmannseigenschaft führt. Der Sachverhalt, dass ein Kleingewerbetreibender eine kaufmännische Organisation schafft, ohne zugleich die Eintragungsoption (§ 2 Satz 2) in Anspruch zu nehmen, ist allenfalls theoretisch vorstellbar.[84] Anders kann dies bei größeren Betrieben der Land- oder Forstwirtschaft sein. Sofern Nichtgewerbetreibende, wie z.B. Freiberufler, lediglich eine kaufmännische Organisation errichten, reicht dies in der Regel nicht für den Schein der Kaufmannseigenschaft aus, da die kaufmännische Organisation für sich allein lediglich auf eine Betriebsgröße hinweist, die die Schwelle zum Handelsgewerbe überschreitet.[85] Deshalb wird in dieser Fallgestaltung mit Recht zusätzlich gefordert, dass der Anschein der Gewerblichkeit hinzutreten muss.[86]

30

---

[78] *Canaris* Handelsrecht § 6 Rn 16; Ebenroth/Boujong/Joost/Strohn/*Kindler* Rn 59; *Hübner* Rn 69; Koller/*Roth*/Morck § 15 Rn 46; MünchKommHGB/*K. Schmidt* Anh. § 5 Rn 18; *Röhricht*/v. Westphalen Anh. § 5 Rn 7.

[79] *Canaris* Handelsrecht § 6 Rn 16; Ebenroth/Boujong/Joost/Strohn/*Kindler* Rn 59; *Lettl* § 2 Rn 72; Koller/*Roth*/Morck § 15 Rn 46; Oetker/*Körber* Anh. § 5 Rn 11; MünchKommHGB/*K. Schmidt* Anh. § 5 Rn 18; *Röhricht*/v. Westphalen Anh. § 5 Rn 7.

[80] Ebenroth/Boujong/Joost/Strohn/*Kindler* Rn 60.

[81] Treffend *Canaris* Handelsrecht § 6 Rn 14; zurückhaltend auch GK-HGB/*Ensthaler* Rn 13c; Koller/*Roth*/Morck § 15 Rn 47; *Nickel* JA 1980, 566 (572); *Röhricht*/v. Westphalen Anh. § 5 Rn 10 sowie mit deutlicher Kritik auch *v. Olshausen* FS Raisch, 1995, S. 147 (156 f).

[82] Ebenroth/Boujong/Joost/Strohn/*Kindler* Rn 61; *Hübner* Rn 69; Oetker/*Körber* Anh. § 5 Rn 12.

[83] So auch Ebenroth/Boujong/Joost/Strohn/*Kindler* Rn 63; Koller/*Roth*/Morck § 15 Rn 49; ähnlich *Canaris* Handelsrecht § 6 Rn 17: kein zwingender Schluss auf die Erforderlichkeit; noch schwächer *Röhricht*/v. Westphalen Anh. § 5 Rn 8.

[84] Treffend Ebenroth/Boujong/Joost/Strohn/*Kindler* Rn 64; MünchKommHGB/*K. Schmidt* Anh. § 5 Rn 19.

[85] So mit Recht auch Ebenroth/Boujong/Joost/Strohn/*Kindler* Rn 65.

[86] Wie hier Ebenroth/Boujong/Joost/Strohn/*Kindler* Rn 65; *Hübner* Rn 69.

31 Nicht ausreichend für den Rechtsschein eines Kaufmanns ist hingegen ein Auftreten im Geschäftsverkehr, das typischerweise auch bei Kaufleuten geschieht.[87] Aufwändig gestaltete Briefbögen, die Angabe von Geschäftskonten sowie die Verwendung Allgemeiner Geschäftsbedingungen mögen bei Kaufleuten verbreitet sein, sind aber keineswegs auf diese Personengruppe beschränkt.

32 4. **Veranlassung des Rechtsscheins.** Wegen der Verankerung der Lehre vom Scheinkaufmann in der allgemeinen Dogmatik der Rechtsscheinslehre ist – im Unterschied zu § 5 (s. Rn 13) – eine privatautonome Zurechnung des Rechtsscheins unverzichtbar. Die notwendige Verknüpfung wird dadurch hergestellt, dass der Inhaber des Unternehmens den Rechtsschein veranlasst haben muss,[88] ohne dass es hierfür eines Verschuldens bedarf[89]. Neben den Sachverhalten einer aktiven Veranlassung sind hierbei auch diejenigen einzubeziehen, in denen der Inhaber einen von Dritten erzeugten Rechtsschein kennt und duldet[90] bzw. diesen bei pflichtgemäßer Sorgfalt[91] hätte erkennen und sodann unterbinden können[92]. Wer den Rechtsschein eines Kaufmanns nicht in vorstehender Weise veranlasst hat, dem kann dieser auch nicht zugerechnet werden und muss sich an diesem auch nicht festhalten lassen.

33 Die Zurechnung des Rechtsscheins ist mit der Privatautonomie zudem nur vereinbar, wenn dies im Einklang mit den allgemeinen Schranken der Privatautonomie steht. Eine Begrenzung erfährt das Veranlassungsprinzip deshalb durch den Schutz geschäftsunfähiger sowie beschränkt geschäftsfähiger Personen. Die hierfür von der Privatrechtsordnung gesetzten Schranken können deshalb durch die Lehre vom Scheinkaufmann nicht überwunden werden.[93] Liegt jedoch ein Fall sog. Teilgeschäftsfähigkeit vor (§ 112 BGB bzw. § 1903 Abs. 1 Satz 2 BGB), dann gelangt in dem hierdurch definierten Anwendungsbereich auch die Lehre vom Scheinkaufmann zur Anwendung.[94] Entsprechendes gilt, wenn ein konkretes Verhalten mit Zustimmung des gesetzlichen Vertreters erfolgte.[95]

34 Da die Zurechnung des Rechtsscheins nicht auf einer Willenserklärung des Scheinkaufmannes beruht, scheidet eine „Anfechtung" des Rechtsscheinstatbestandes grund-

---

[87] S. Baumbach/*Hopt* Rn 10 a.E.; *Canaris* Handelsrecht § 6 Rn 17; Ebenroth/Boujong/Joost/Strohn/*Kindler* Rn 62; GK-HGB/*Ensthaler* Rn 14; *Hübner* Rn 69; Koller/Roth/Morck § 15 Rn 48; Oetker/*Körber* Anh. § 5 Rn 14; *Nickel* JA 1980, 566 (573); *Röhricht*/v. Westphalen Anh. § 5 Rn 6.

[88] Baumbach/*Hopt* Rn 11; *Canaris* Handelsrecht § 6 Rn 20; Ebenroth/Boujong/Joost/Strohn/*Kindler* Rn 66; GK-HGB/*Ensthaler* Rn 17; HK-HGB/*Ruß* Rn 7; *Hübner* Rn 70; Oetker/*Körber* Anh. § 5 Rn 15 f; *Lettl* § 2 Rn 74; MünchKommHGB/*K. Schmidt* Anh. § 5 Rn 21; *Röhricht*/v. Westphalen Anh. § 5 Rn 27.

[89] BGH NJW 1962, 2196 (2197 f); Baumbach/*Hopt* Rn 11; *Brox* Rn 57; *Canaris* Handelsrecht § 6 Rn 20; Ebenroth/Boujong/Joost/Strohn/*Kindler* Rn 66; HK-HGB/*Ruß* Rn 7; *Lettl* § 2 Rn 74; *Röhricht*/v. Westphalen Anh. § 5 Rn 27.

[90] *Brox* Rn 57; Ebenroth/Boujong/Joost/Strohn/*Kindler* Rn 66; *Hübner* Rn 70; MünchKommHGB/*K. Schmidt* Anh. § 5 Rn 21; *Röhricht*/v. Westphalen Anh. § 5 Rn 27.

[91] In diesem Fall leitet sich hieraus ein Verschuldensvorwurf ab; s. *Röhricht*/v. Westphalen Anh. § 5 Rn 27.

[92] *Brox* Rn 57; Ebenroth/Boujong/Joost/Strohn/*Kindler* Rn 66; *Hübner* Rn 70; *Röhricht*/v. Westphalen Rn 27.

[93] Baumbach/*Hopt* Rn 11; *Brox* Rn 57; Ebenroth/Boujong/Joost/Strohn/*Kindler* Rn 67 f; GK-HGB/*Ensthaler* Rn 17; *Hübner* Rn 68, 70; Oetker/*Körber* Anh. § 5 Rn 17; *Lettl* § 2 Rn 76; *Röhricht*/v. Westphalen Anh. § 5 Rn 29; im Grundsatz auch MünchKommHGB/*K. Schmidt* Anh. § 5 Rn 21.

[94] Ebenroth/Boujong/Joost/Strohn/*Kindler* Rn 67; *Hübner* Rn 70: Oetker/*Körber* Anh. § 5 Rn 17.

[95] *Hübner* Rn 70.

sätzlich aus.[96] Das gilt jedenfalls für eine solche, die auf § 119 BGB gestützt wird. Eine andere Entscheidung kommt lediglich bei den von § 123 BGB erfassten Sachverhalten in Betracht. Allerdings kann auch bei diesen nicht der bereits gesetzte Rechtsschein (analog § 142 Abs. 1 BGB) rückwirkend beseitigt werden.[97]

5. Anforderungen an die Person des Dritten

a) Gutgläubigkeit des Dritten. Entsprechend den allgemeinen Maximen der Rechtsscheinslehre kommt der Dritte nur dann in den Genuss des konkreten Verkehrsschutzes durch die Lehre vom Scheinkaufmann, wenn dieser redlich ist. Dabei muss sich die Gutgläubigkeit des Dritten – wie sonst auch – auf den jeweiligen Tatbestand beziehen, der den Rechtsschein erzeugt, im Kontext der Lehre vom Scheinkaufmann daher auf die Kaufmannseigenschaft desjenigen, dem der Rechtsschein zugerechnet wird.[98] **35**

Entsprechend der in § 15 Abs. 2 sowie in § 932 Abs. 2 BGB getroffenen Grundregel scheidet die Gutgläubigkeit des Dritten unstreitig aus, wenn er die fehlende Kaufmannseigenschaft entweder **kennt** oder er sich dieser Kenntnis **grob fahrlässig** verschließt.[99] Ob dies bereits stets der Fall ist, wenn ein Freiberufler seine Kaufmannseigenschaft behauptet (s. Rn 28), ist angesichts der Unschärfen bezüglich der aus dem Gewerbebegriff ausgeklammerten freiberuflichen Tätigkeiten (s. § 1 Rn 27 ff) jedoch zweifelhaft. In Betracht kommt eine grobe Fahrlässigkeit des Dritten allenfalls, wenn der Gesetzgeber die Freiberuflichkeit der Tätigkeit ausdrücklich festgelegt hat. Unstreitig kann es darüber hinaus nicht als grob fahrlässig bewertet werden, wenn der Dritte die fehlende Kaufmannseigenschaft aus dem Handelsregister hätte ersehen können, er von einer Einsichtnahme jedoch abgesehen hat.[100] Hiergegen spricht, dass eine auf diese Weise indirekt etablierte Obliegenheit zur vorherigen Einsicht in das Handelsregister den Erfordernissen des kaufmännischen Geschäftsverkehrs widerspricht, denen die Lehre vom Scheinkaufmann Rechnung tragen soll. Darüber hinaus beruht die Lehre vom Scheinkaufmann auf einem außerhalb des Handelsregisters gesetzten Rechtsschein. **36**

Umstritten ist, ob auch **leichte Fahrlässigkeit** in der Person des Dritten bereits dazu führt, ihm die Berufung auf die Lehre vom Scheinkaufmann zu versagen.[101] Eine normative Stütze für diesen Ansatz findet sich in § 122 Abs. 2 BGB, dessen Maßstab auch für die „Rechtsscheinsnormen" der §§ 173, 405 BGB gilt.[102] Gegen eine derartige Verschärfung spricht allerdings der mit der Lehre vom Scheinkaufmann bezweckte Verkehrsschutz. Soll dieser nicht die Erfordernisse des kaufmännischen Geschäftsverkehrs konter- **37**

---

[96] Baumbach/*Hopt* Rn 11; *Brox* Rn 57; GK-HGB/*Ensthaler* Rn 17; Oetker/*Körber* Anh. § 5 Rn 16; MünchKommHGB/*K. Schmidt* Anh. § 5 Rn 21; Röhricht/v. Westphalen Anh. § 5 Rn 30; **aA** Koller/*Roth*/Morck § 15 Rn 61, nach dem jedoch besondere Gründe des Verkehrsschutzes die Berufung auf die §§ 119 ff BGB ausschließen können.
[97] S. auch Baumbach/*Hopt* Rn 11.
[98] Ebenroth/Boujong/Joost/Strohn/*Kindler* Rn 70; *Hübner* Rn 71.
[99] Für die allg. Ansicht statt aller Ebenroth/Boujong/Joost/Strohn/*Kindler* Rn 71; GK-HGB/*Ensthaler* Rn 19; Oetker/*Körber* Anh. § 5 Rn 18; *Lettl* § 2 Rn 78; Münch-KommHGB/*K. Schmidt* Anh. § 5 Rn 22; *Nickel* JA 1980, 566 (575); Röhricht/v. Westphalen Anh. § 5 Rn 31.
[100] Baumbach/*Hopt* Rn 12; Ebenroth/Boujong/Joost/Strohn/*Kindler* Rn 73; HK-HGB/*Ruß* Rn 8; MünchKommHGB/*K. Schmidt* Anh. § 5 Rn 22; im Grundsatz auch Röhricht/v. Westphalen Anh. § 5 Rn 32.
[101] Hierfür Baumbach/*Hopt* Rn 12; *Hübner* Rn 71; abl. jedoch Ebenroth/Boujong/Joost/Strohn/*Kindler* Rn 72; *Nickel* JA 1980, 566 (575); MünchKommHGB/*K. Schmidt* Anh. § 5 Rn 22; ebenso für den „Normalfall" Röhricht/v. Westphalen Anh. § 5 Rn 31.
[102] So *Hübner* Rn 71.

karieren, so dürfen die Anforderungen an die Redlichkeit des Dritten nicht zu streng gefasst werden. Im Lichte dessen fehlen hinreichende Sachgründe, die es rechtfertigen, an die Redlichkeit des Dritten strengere Anforderungen als in § 15 Abs. 2 oder § 932 Abs. 2 BGB zu formulieren. Zudem ist dieser Weg stringenter als im Ansatz jede Fahrlässigkeit als schädlich anzusehen, um sodann im Rahmen der Sorgfaltsanforderungen im Hinblick auf die Bedürfnisse des Geschäftsverkehrs strengere Maßstäbe anzulegen und ein sorgfaltswidriges Verhalten des Dritten erst dann anzuerkennen, wenn die wahre Rechtslage für diesen evident ist.[103] Im Ergebnis dürfte sich die vorstehende Streitfrage jedoch regelmäßig nicht auswirken, da bei einer Evidenz der wahren Rechtslage eine grob fahrlässige Unkenntnis kaum zu widerlegen sein dürfte.[104]

38 b) **Vertrauensbetätigung des Dritten.** Analog den allgemeinen Rechtsscheingrundsätzen setzt der Schutz durch die Lehre vom Scheinkaufmann erst ein, wenn der Dritte im Hinblick auf den zurechenbar gesetzten Rechtsscheinstatbestand im Rechtsgeschäftsverkehr disponiert hat.[105] In Betracht kommen hierfür jegliche Entscheidungen, bei denen der Dritte im Vertrauen auf die Kaufmannseigenschaft des Unternehmensinhabers von der Anwendung derjenigen handelsrechtlichen Normen ausgehen konnte, die untrennbar mit der Kaufmannseigenschaft verknüpft sind. Das gilt insbesondere bei einem Vertragsschluss mit dem Scheinkaufmann, wenn die handelsrechtlichen Sonderbestimmungen Befreiungen von einem bürgerlich-rechtlichen Schriftformerfordernis vorsehen (§ 350)[106] oder aber die Herabsetzung einer Vertragsstrafe in Frage steht (§ 348).

39 c) **Kausalität des Rechtsscheins für die Vertrauensbetätigung.** Schließlich muss zwischen dem gesetzten Rechtsschein und der Vertrauensbetätigung ein ursächlicher Zusammenhang bestehen. Dies setzt voraus, dass der Dritte Kenntnis von dem Rechtsschein hatte.[107] Nur unter dieser Voraussetzung ist der Dritte schutzwürdig. Hatte dieser von dem Scheintatbestand keine Kenntnis, dann ist bei diesem auch kein Vertrauen in die Kaufmannseigenschaft begründet worden, so dass es dem Dritten verwehrt sein muss, sich hierauf zu stützen. Zur Darlegungs- und Beweislast s. Rn 50 f.

6. Rechtswirkungen des Rechtsscheins

40 a) **Allgemeines.** Die Lehre vom Scheinkaufmann bewirkt, dass sich dieser entsprechend dem von ihm zurechenbar erzeugten Rechtsschein behandeln lassen muss. Allerdings gilt dies nicht – wie bei § 5 – gegenüber jedermann, sondern lediglich relativ im Verhältnis zu dem geschützten konkreten Dritten. Gegenüber diesem wird der Scheinkaufmann so behandelt, als ob die von dem Dritten angenommene Rechtslage im Hinblick auf die Kaufmannseigenschaft tatsächlich besteht.[108] Beruft sich der Dritte deshalb

---

[103] Mit dieser Konsequenz aber Baumbach/*Hopt* Rn 12; *Hübner* Rn 71.
[104] Treffend Baumbach/*Hopt* Rn 12; in diesem Sinne auch Oetker/*Körber* Anh. § 5 Rn 18.
[105] Ebenroth/Boujong/Joost/Strohn/*Kindler* Rn 75; *Hübner* Rn 72; Oetker/*Körber* Anh. § 5 Rn 21; MünchKommHGB/*K. Schmidt* Anh. § 5 Rn 23.
[106] So auch Ebenroth/Boujong/Joost/Strohn/*Kindler* Rn 75.
[107] Baumbach/*Hopt* Rn 13; Ebenroth/Boujong/Joost/Strohn/*Kindler* Rn 76; GK-HGB/*Ensthaler* Rn 18; *Hübner* Rn 73; *Nickel* JA 1980, 566 (575); Oetker/*Körber* Anh. § 5 Rn 20; Röhricht/v. Westphalen Anh. § 5 Rn 33.
[108] Baumbach/*Hopt* Rn 14; *Canaris* Handelsrecht § 6 Rn 21; Ebenroth/Boujong/Joost/Strohn/*Kindler* Rn 80; *Hübner* Rn 75; Oetker/*Körber* Anh. § 5 Rn 24; *Lettl* § 2 Rn 81; MünchKommHGB/*K. Schmidt* Rn 25; Röhricht/v. Westphalen Anh. § 5 Rn 35.

gegenüber dem Scheinkaufmann auf Vorschriften, die ihren personellen Anwendungsbereich auf Kaufleute begrenzen, dann überwindet die Lehre vom Scheinkaufmann die objektiv fehlende Kaufmannseigenschaft. Umgekehrt führt die Lehre vom Scheinkaufmann dazu, dass es diesem in derartigen Konstellationen nach § 242 BGB verwehrt ist, sich auf die objektiv fehlende Kaufmannseigenschaft zu berufen.

Da die Lehre vom Scheinkaufmann lediglich einen konkreten Verkehrsschutz bezweckt, muss es dem Dritten freistehen, ob er die Wirkungen des Scheintatbestandes für sich gelten lassen will. Wenn es diesem vorteilhafter erscheint, kann er sich auch auf die wahre Rechtslage und damit die fehlende Kaufmannseigenschaft stützen sowie die entsprechenden Rechtsfolgen geltend machen.[109] Soweit wegen dieses allgemein anerkannten Entscheidungsspielraums verbreitet von einem „Wahlrecht" des Dritten gesprochen wird,[110] ist dies missverständlich. Nicht die Entscheidung zwischen zwei verschiedenen Rechtspositionen steht zur Diskussion, sondern dem Dritten wird die Möglichkeit eröffnet, auf den durch die Lehre vom Scheinkaufmann begründeten Schutz zu verzichten.[111] Nur in extrem gelagerten Ausnahmefällen kann ihm dies unter Rückgriff auf den allgemeinen Arglisteinwand verwehrt werden.[112]

41

Eine Einschränkung der mit der Lehre vom Scheinkaufmann begründeten Gleichstellung von Schein und Sein bewirkt die **Unteilbarkeit des Rechtsscheintatbestandes**.[113] Wer sich darauf beruft, dass der Tatbestand des Scheinkaufmannes vorliegt, muss dies einheitlich auf den gesamten jeweiligen Lebenssachverhalt beziehen. Dem Dritten ist es deshalb verwehrt, sich hinsichtlich einzelner Aspekte auf den Scheintatbestand zu stützen und bezüglich anderer Punkte auf die wahre Rechtslage geltend zu machen. Angesichts dessen wirkt die Lehre vom Scheinkaufmann auch nicht stets und nur zugunsten des Dritten. Vielmehr kann diese ihre Rechtswirkungen auch zu Lasten des Dritten entfalten. So ist z.B. derjenige, der sich als Verkäufer gegenüber dem Scheinkaufmann auf dessen Verletzung der Obliegenheit zur unverzüglichen Rüge (§ 377 Abs. 2 bzw. 3) stützt, an den von ihm in Anspruch genommenen Scheintatbestand gebunden und kann sich bei einem ihm gegenüber geltend gemachten Zinsanspruch nach den §§ 352, 353 nicht auf die objektiv fehlende Kaufmannseigenschaft seines Gegenüber berufen. Anderenfalls würde der Dritte durch die Lehre vom Scheinkaufmann besser gestellt, als wenn sein Gegenüber die Kaufmannseigenschaft besitzen würde.[114] Umgekehrt gilt dies jedoch nicht;[115] der Scheinkaufmann kann sich niemals allein oder von sich aus, sondern nur dann auf den Rechtsschein für die Anwendung handelsrechtlicher Normen stützen, wenn dies wegen der entsprechend geltend gemachten Rechtspositionen dem erkennbaren Willen des Dritten entspricht.[116] Anderenfalls würde der mit der Lehre vom Scheinkaufmann

42

---

[109] Baumbach/*Hopt* Rn 15; Ebenroth/Boujong/Joost/Strohn/*Kindler* Rn 80; GK-HGB/*Ensthaler* Rn 21; Heymann/*Emmerich* Rn 17; Oetker/*Körber* Anh. § 5 Rn 25; *Lettl* § 2 Rn 83; *Röhricht*/v. Westphalen Anh. § 5 Rn 35.

[110] So Baumbach/*Hopt* Rn 15; Ebenroth/Boujong/Joost/Strohn/*Kindler* Rn 80; *Hübner* Rn 76; Oetker/*Körber* Anh. § 5 Rn 25; *Lettl* § 2 Rn 83; *Röhricht*/v. Westphalen Anh. § 5 Rn 35; ablehnend MünchKomm-HGB/*K. Schmidt* Anh. § 5 Rn 27.

[111] Dies scheinbar ablehnend MünchKomm-HGB/*K. Schmidt* Anh. § 5 Rn 27.

[112] So im Ansatz auch *Röhricht*/v. Westphalen Anh. § 5 Rn 35.

[113] Baumbach/*Hopt* Rn 15; Ebenroth/Boujong/Joost/Strohn/*Kindler* Rn 80; GK-HGB/*Ensthaler* Rn 23; *Hübner* Rn 76; Oetker/*Körber* Anh. § 5 Rn 25; *Lettl* § 2 Rn 84; *Röhricht*/v. Westphalen Anh. § 5 Rn 42.

[114] Treffend GK-HGB/*Ensthaler* Rn 23; *Nickel* JA 1980, 566 (577).

[115] *Brox* Rn 60; Heymann/*Emmerich* Rn 17; *Lettl* § 2 Rn 85.

[116] So auch *Lettl* § 2 Rn 84.

bezweckte Verkehrsschutz in sein Gegenteil verkehrt. Zugunsten des Scheinkaufmanns finden die handelsrechtlichen Vorschriften deshalb nur als Reflex wegen der Berufung des Dritten auf die Lehre vom Scheinkaufmann Anwendung.[117]

43 b) **Verhältnis zum zwingenden Zivilrecht.** Die in Rn 40 dargelegten allgemeinen Rechtswirkungen der Lehre vom Scheinkaufmann treten jedoch in einen Zielkonflikt mit dem zwingenden Zivilrecht, wenn die handelsrechtlichen Normen dieses derogieren. Der mit der Lehre vom Scheinkaufmann verfolgte konkrete Verkehrsschutz zugunsten des Dritten könnte z.B. zur Konsequenz haben, dass zwingende Bestimmungen in den §§ 343, 766 Satz 1 BGB wegen den §§ 348, 350 nicht mehr zur Anwendung gelangen würden.

44 Die vorherrschende Ansicht erkennt zwar den Zielkonflikt mit dem zwingenden Zivilrecht, sieht jedoch die Schutzinteressen des Dritten als vorrangig an.[118] Dem hält eine abweichende Auffassung im Ansatz mit Recht entgegen, dass die hiermit verbundenen Erweiterungen der Privatautonomie nicht mit dem Zweck der jeweiligen zwingenden Normen harmonieren. Wenn der durch sie Geschützte nicht durch privatautonome Erklärungen über deren Geltung für die private Rechtsbeziehung disponieren könne, dann sei ihm dieses auch nicht durch die Veranlassung eines Rechtsscheins möglich.[119]

45 Um das zwingende Zivilrecht mit dem Verkehrsschutz zugunsten des Dritten zu harmonisieren, favorisiert namentlich *Canaris* einen differenzierenden Lösungsansatz.[120] Mit der Figur des Kannkaufmannes habe der Gesetzgeber anerkannt, dass dieser Personenkreis durch die Ausübung seines Optionsrechts seinen privatautonomen Gestaltungsspielraum erweitern kann. Damit habe der Gesetzgeber zugleich zu erkennen gegeben, dass diese Personen durch die allein von ihrem Willen abhängige Erlangung der Kaufmannseigenschaft über die Unterstellung unter das Handelsrecht auch den Schutz zwingender zivilrechtlicher Normen aufheben können. Wenn ihnen dies durch die Ausübung des Optionsrechts möglich sei, dann müsse dies auch gelten, wenn sie ohne Eintragung im Handelsregister den Rechtsschein der Kaufmannseigenschaft veranlassen. Hieraus folgt, dass bei nichteingetragenen Kleingewerbetreibenden sowie Inhabern von Betrieben der Land- oder Forstwirtschaft die Lehre vom Scheinkaufmann auch dann zur Anwendung handelsrechtlicher Vorschriften führt, wenn dies den Schutz durch zwingendes Zivilrecht für den Scheinkaufmann aufhebt.

46 Bei Nichtgewerbetreibenden greift die vorstehende Argumentation indes nicht ein, wenn diese den Rechtsschein der Kaufmannseigenschaft setzen. Bei ihnen muss sich der Zweck der zwingenden zivilrechtlichen Vorschriften an sich gegenüber dem konkreten Verkehrsschutz der Lehre vom Scheinkaufmann durchsetzen. Zumindest im Hinblick auf Freiberufler ist jedoch keine größere Schutzbedürftigkeit als bei Kannkaufleuten erkennbar, so dass nicht zuletzt im Hinblick auf den allgemeinen Gleichheitssatz (Art. 3 Abs. 1 GG) auch bei ihnen das (an sich anzuwendende) zwingende Gesetzesrecht zurücktreten

---

[117] *Hübner* Rn 76; Koller/*Roth*/Morck § 15 Rn 58; *Röhricht*/v. Westphalen Anh. § 5 Rn 42.
[118] Hierfür z.B. *Brox* Rn 60; GK-HGB/*Ensthaler* Rn 22; *Hübner* Rn 77; Oetker/*Körber* Anh. § 5 Rn 30; MünchKommHGB/*K. Schmidt* Anh. § 5 Rn 25; generell aA HK-HGB/*Ruß* Rn 11.
[119] S. bereits *Canaris* Vertrauenshaftung, S. 181;

kritisch zu diesem Einwand *Röhricht*/v. Westphalen Anh. § 5 Rn 44.
[120] *Canaris* Handelsrecht § 6 Rn 23; zustimmend Ebenroth/Boujong/Joost/Strohn/*Kindler* Rn 83. Differenzierend und auf den jeweiligen Schutzzweck der zivilrechtlichen Vorschrift abstellend Baumbach/*Hopt* Rn 16.

muss.¹²¹ In den verbleibenden Sachverhalten gestattet allenfalls die Einrede der unzulässigen Rechtsausübung eine geringfügige Korrektur, wenn sich der Scheinkaufmann auf den Schutz der zwingenden zivilrechtlichen Vorschriften beruft.¹²² *Kindler* hat insoweit jedoch mit Recht betont, dass das Setzen des Rechtsscheins der Kaufmannseigenschaft für sich allein noch nicht den Vorwurf treuwidrigen Verhaltens rechtfertigt.¹²³

c) Verhältnis zu Drittinteressen. Im Einzelfall kann die Anwendung des in Rn 40 dargelegten Grundsatzes in einen Konflikt mit Drittinteressen treten. Dies zeigt z.B. die Vorschrift des § 366, die einen gutgläubigen Erwerb gegenüber den §§ 932 bis 934 BGB erleichtert. In diesem Fall würde der Verkehrsschutz zugunsten des Geschäftspartners zugleich damit verbunden sein, dass bei einem Dritten ein Verlust des Eigentums eintritt, obwohl der Verfügende lediglich gegenüber dem Geschäftspartner den Rechtsschein der Kaufmannseigenschaft gesetzt hat. Im Hinblick auf den Vertrauensschutz des Geschäftspartners wird diese Rechtsfolge von dem überwiegenden Teil der Lehre jedoch hingenommen; sie erachtet insbesondere auch einen gutgläubigen Erwerb vom Scheinkaufmann nach § 366 für möglich.¹²⁴ Ohne Widerspruch ist dieser Ansatz indes nicht geblieben,¹²⁵ da die Lehre vom Scheinkaufmann nicht isoliert auf dem Vertrauenstatbestand des Geschäftspartners, sondern gleichermaßen auf dem vom Scheinkaufmann veranlassten Rechtsschein beruht, der nicht absolut, sondern lediglich relativ im Verhältnis zu dem Geschäftspartner wirkt. Für die vorherrschende Ansicht spricht indes die mit der Lehre vom Scheinkaufmann geschützte Vertrauensinvestition, die vorgenommen wird, ohne dass die Rechtsbeeinträchtigung bei anderen erkennbar ist. Deshalb verdient die Auffassung, die einen gutgläubigen Erwerb nach § 366 auch von einem Scheinkaufmann für möglich erachtet, den Vorzug.

47

d) Sachliche Grenzen der Rechtswirkungen. Da die Lehre vom Scheinkaufmann untrennbar mit einer Vertrauensbetätigung verbunden ist (s. Rn 38), gelangt diese insbesondere im rechtsgeschäftlichen Bereich zur Anwendung. Darüber hinaus gilt die Lehre vom Scheinkaufmann auch für außervertragliche Ansprüche, wenn diese im Zusammenhang mit der geschäftlichen Betätigung stehen.¹²⁶ Keine Bedeutung hat die Lehre vom Scheinkaufmann hingegen im öffentlichen Recht, insbesondere nicht im Strafrecht sowie im Steuerrecht.¹²⁷

48

e) Zeitliche Grenzen. Die in Rn 40 bis 42 erläuterten Rechtswirkungen der Lehre vom Scheinkaufmann hängen untrennbar mit der zeitlichen Ausdehnung des Rechtsscheinstatbestandes zusammen. Deshalb ist der Scheinkaufmann jederzeit in der Lage die

49

---

121 Ebenso *Canaris* Handelsrecht § 6 Rn 24; dem zustimmend Koller/*Roth*/Morck § 15 Rn 59.
122 S. *Canaris* Handelsrecht § 6 Rn 25.
123 Ebenroth/Boujong/Joost/Strohn/*Kindler* Rn 84; ebenso *Lettl* § 2 Rn 82.
124 So ausdrücklich *Canaris* Handelsrecht § 6 Rn 26; *ders.* Vertrauenshaftung, S. 182; *Hübner* Rn 78; Koller/*Roth*/Morck § 15 Rn 60; Röhricht/v. Westphalen Anh. § 5 Rn 47.
125 Abl. z.B. *Brox* Rn 60; Ebenroth/Boujong/Joost/Strohn/*Kindler* Rn 87; Oetker/*Körber* Anh. § 5 Rn 26; wohl auch Baumbach/*Hopt* Rn 16; kritisch ferner MünchKommHGB/K. Schmidt Anh. § 5 Rn 32.
126 Ebenso Ebenroth/Boujong/Joost/Strohn/*Kindler* Rn 88; Röhricht/v. Westphalen Anh. § 5 Rn 48; wohl auch Oetker/*Körber* Anh. § 5 Rn 28; aA (Ausklammerung des gesamten sog. Unrechtsverkehrs) Baumbach/*Hopt* Rn 16; *Hübner* Rn 72.
127 Ebenroth/Boujong/Joost/Strohn/*Kindler* Rn 88; GK-HGB/*Ensthaler* Rn 24; Oetker/*Körber* Anh. § 5 Rn 28; Röhricht/v. Westphalen Anh. § 5 Rn 48.

mit der Lehre vom Scheinkaufmann verbundenen Rechtswirkungen zu beseitigen, indem er den Rechtsschein der Kaufmannseigenschaft zerstört und dem Dritte dies zur Kenntnis gelangt.[128] Allerdings entfaltet dies sowie auch eine spätere Kenntnis von der wahren Rechtslage keine Rückwirkung.[129] Ansprüche die bereits während des bestehenden Rechtsscheins wirksam entstanden sind, werden nicht rückwirkend beseitigt.[130] Die Rechtswirkungen der Lehre vom Scheinkaufmann können deshalb lediglich für die Zukunft verhindert werden.

50 **7. Darlegungs- und Beweislast.** Nach den allgemeinen Grundsätzen zur Verteilung der Darlegungs- und Beweislast obliegt es demjenigen, der sich für die von ihm begehrte Rechtsfolge auf die Lehre vom Scheinkaufmann stützt, die hierfür erforderlichen Tatsachen darzulegen und – sofern diese nicht unstreitig sind – zu beweisen.[131] Hierzu zählt insbesondere auch die Kenntnis von dem Rechtsscheinstatbestand.[132] Von diesem Grundsatz gelten jedoch Ausnahmen.

51 Die erste Ausnahme bezieht sich auf die Gutgläubigkeit des Dritten. Hierfür spricht eine Vermutung,[133] so dass es dem prozessualen Gegenspieler obliegt, diese zu entkräften.[134] Die zweite Erleichterung betrifft die Ursächlichkeit des Rechtsscheinstatbestandes für die Vertrauensbetätigung. Diesbezüglich spricht zumindest der erste Anschein dafür, dass das Rechtsgeschäft im Vertrauen auf den Rechtsschein vorgenommen wurde.[135] Teilweise wird weitergehend sogar eine Umkehr der Beweislast befürwortet.[136]

52 **8. Der „Schein-Nichtkaufmann" als Ergänzung der Lehre vom Scheinkaufmann.** Ebenso wie ein Nichtkaufmann den Rechtsschein der Kaufmannseigenschaft veranlassen kann, ist die Situation möglich, dass ein Istkaufmann durch den Verzicht auf die Eintragung im Handelsregister sowie die unterbliebene Führung des Firmenzusatzes „e.K." (§ 19 Abs. 1 Nr. 1) Dritten gegenüber den Anschein erweckt, er sei kein Kaufmann.[137] In Betracht kommt dies insbesondere bei Gewerbetreibenden, deren Betrieb zunächst kleingewerblich war, später jedoch zum Handelsgewerbe emporgewachsen ist und daher objektiv die Istkaufmannseigenschaft vorliegt. In diesem Fall stellt sich insbesondere für die Rügeobliegenheit nach § 377 die Frage, ob sich der Vertragspartner darauf berufen kann, dass der Istkaufmann den Schein eines Nichtkaufmannes gesetzt habe, so dass diesem die Berufung auf § 377 verwehrt ist und es bei der ausschließlichen Anwendung der bürgerlich-rechtlichen Vorschriften verbleibt. Analog den zur Lehre vom Scheinkauf-

---

[128] *Hübner* Rn 79; Oetker/*Körber* Anh. § 5 Rn 31; Röhricht/v. Westphalen Anh. § 5 Rn 49.
[129] Baumbach/*Hopt* Rn 17; MünchKommHGB/ *K. Schmidt* Anh. § 5 Rn 29; Oetker/*Körber* Anh. § 5 Rn 31; Röhricht/v. Westphalen Anh. § 5 Rn 49.
[130] *Hübner* Rn 79.
[131] HK-HGB/*Ruß* Rn 12; Oetker/*Körber* Anh. § 5 Rn 22; MünchKommHGB/*K. Schmidt* Anh. § 5 Rn 24; Röhricht/v. Westphalen Anh. § 5 Rn 34.
[132] *Hübner* Rn 73.
[133] Ebenso Ebenroth/Boujong/Joost/Strohn/ Kindler Rn 74 a.E.; Oetker/*Körber* Anh. § 5 Rn 23; MünchKommHGB/*K. Schmidt* Anh.
§ 5 Rn 24; im Ansatz auch Röhricht/ v. Westphalen Anh. § 5 Rn 34.
[134] Ebenso Baumbach/*Hopt* Rn 13; HK-HGB/ *Ruß* Rn 12.
[135] Hierfür BGHZ 17, 13, 19; *Lettl* § 2 Rn 80; in dieser Richtung auch Röhricht/v. Westphalen Anh. § 5 Rn 34.
[136] So z.B. *Hübner* Rn 74; Koller/Roth/Morck § 15 Rn 57; *Limbach* ZHR 134 (1970), 289, 319 f; tendenziell auch Baumbach/*Hopt* Rn 13, bei bestimmten „starken" Rechtsscheintatbeständen; abl. jedoch Münch-KommHGB/*K. Schmidt* Anh. § 5 Rn 24; widersprüchlich HK-HGB/*Ruß* Rn 12.
[137] Gegen diese Bewertung jedoch *Canaris* Handelsrecht § 6 Rn 15, 19.

mann anerkannten Grundsätzen verbliebe dem Dritten jedoch nach seiner Wahl auch die Möglichkeit, sich auf die handelsrechtlichen Vorschriften zu stützen, wenn sich dies für ihn als vorteilhafter darstellt (s. Rn 41).

Ein Teil des Schrifttums bejaht dies und wendet damit die Lehre vom Scheinkaufmann auch auf die umgekehrte Konstellation des „Schein-Nichtkaufmanns" an.[138] Dieses Ausweges bedarf es jedoch nur, wenn der Anwendungsbereich des § 15 auf sog. Sekundärtatsachen beschränkt wird. Wird dieser hingegen mit der vorherrschenden Ansicht auch auf eintragungspflichtige Primärtatsachen wie die Kaufmannseigenschaft erstreckt (s. § 15 Rn 36 f), dann verwehrt § 15 Abs. 1 dem „Schein-Nichtkaufmann" die Berufung auf die Kaufmannseigenschaft, so dass sich dieser wie ein Nichtkaufmann behandeln lassen muss, sofern der Dritte im Hinblick auf die fehlende Kaufmannseigenschaft gutgläubig ist.[139] Ebenso verbleibt dem Dritten auch bei einem Rückgriff auf § 15 Abs. 1 die Möglichkeit, sein Begehren auf die wahre Rechtslage zu stützen (s. Rn 41). Angesichts des durch § 15 Abs. 1 bewirkten Vertrauensschutzes ist für eine ergänzend entwickelte Lehre vom „Schein-Nichtkaufmann" kein Raum.

53

§ 6
Handelsgesellschaften; Formkaufmann

(1) Die in betreff der Kaufleute gegebenen Vorschriften finden auch auf die Handelsgesellschaften Anwendung.

(2) Die Rechte und Pflichten eines Vereins, dem das Gesetz ohne Rücksicht auf den Gegenstand des Unternehmens die Eigenschaft eines Kaufmanns beilegt, bleiben unberührt auch wenn die Voraussetzungen des § 1 Abs. 2 nicht vorliegen.

Schrifttum

Schulze-Osterloh Kapitalgesellschaft und Co. – Handelsgesellschaft kraft Rechtsform?, NJW 1983, 1281.

Übersicht

	Rn		Rn
I. Allgemeines	1	III. Formkaufleute, Abs. 2	23–27
II. Handelsgesellschaften, Abs. 1	2–22	1. Allgemeines	23–26
1. Normzweck des Abs. 1	2–5	2. Ausschluss der Kriterien für Kleingewerbe	27
2. Kreis der von Abs. 1 erfassten Handelsgesellschaften	6–14		
3. Entstehung der Handelsgesellschaft	15–19		
4. Anzuwendende Vorschriften	20–22		

---

[138] Baumbach/*Hopt* Rn 10; *Canaris* Handelsrecht § 6 Rn 18; Ebenroth/Boujong/Joost/Strohn/*Kindler* Rn 89; Koller/Roth/Morck § 15 Rn 48; *Lettl* § 2 Rn 88.

[139] Wie hier im Grundsatz auch *Hübner* Rn 69; i.E. letztlich auch MünchKommHGB/

K. Schmidt Anh. § 5 Rn 36, der freilich dem „Schein-Nichtkaufmann" die Berufung auf die handelsrechtlichen Vorschriften über § 242 BGB abschneiden will; so auch Oetker/*Körber* Anh. § 5 Rn 33.

§ 6　1. Buch. Handelsstand

I. Allgemeines

1 Die Vorschrift verbindet zwei Regelungsanliegen, die sachlich in keinem Zusammenhang stehen (s. Rn 2, 27). Formal haben diese gemeinsam, dass ein Teil der in Absatz 2 genannten Vereine auch nach Absatz 1 – dort neben anderen – zu den „Handelsgesellschaften" zählen. Verbreitet wird § 6 Abs. 1 zudem als eine Vorschrift begriffen, die für Handelsgesellschaften die Kaufmannseigenschaft begründet.[1] Auf den Gesetzeswortlaut lässt sich dies nicht stützen; die Rechtsfolge in Absatz 1 beschränkt sich darauf, die Anwendung der für Kaufleute geltenden Vorschriften anzuordnen (s. auch Rn 5). Im Hinblick darauf will Absatz 1 die Handelsgesellschaften wie Kaufleute behandelt wissen. Auch die für die von Absatz 2 erfassten „Vereine" etablierte Kennzeichnung als „Formkaufleute"[2] hat keinen materiellrechtlichen Aussagegehalt. Zum Ausdruck bringt diese lediglich, dass die „Vereine" allein auf Grund ihrer Rechtsform der in Absatz 1 festgelegten Rechtsfolge unterliegen;[3] es kommt bei ihnen weder darauf an, welches Gewerbe sie betreiben, noch sind Art und Umfang des Unternehmens hierfür von Bedeutung (s. Rn 27).

II. Handelsgesellschaften, Abs. 1

2　**1. Normzweck des Abs. 1.** Durch Absatz 1 werden Handelsgesellschaften, d.h. **Zusammenschlüsse des Handelsrechts**, dem Modell des Einzelkaufmanns, das den §§ 1 bis 5 zugrunde liegt, gleichgestellt. Die Regelungstechnik in § 6 Abs. 1 ist notwendig, weil das Gesetz in den weiteren Vorschriften ausschließlich den „Kaufmann" zum Normadressaten erhebt (z.B. §§ 17 Abs. 1, 29, 238 Abs. 1, 343 Abs. 1, 366, 369), was bei enger Auslegung des Wortlauts lediglich den Einzelkaufmann erfassen würde. Ein derartiges und dem Zweck der handelsrechtlichen Normen zuwiderlaufendes Ergebnis vermeidet die Gleichstellung in Absatz 1. Diese hängt nicht von Art und Umfang des Gewerbes ab, es genügt vielmehr, dass der Zusammenschluss als „Handelsgesellschaft" zu qualifizieren ist.[4] Dies mag es rechtfertigen, den Zweck von Absatz 1 in einer Vereinfachung für den Handelsverkehr zu sehen.[5]

3 Entgegen einer vereinzelten Ansicht im Schrifttum[6] ist die Vorschrift nicht überflüssig. „Handelsgesellschaften" im Sinne des Absatzes 1 ist ein Oberbegriff, unter dem **Personenhandelsgesellschaften und Kapital(handels)gesellschaften** zusammengefasst werden können. Für erstere ergibt sich das aus der Überschrift des Zweiten Buches, für Kapitalgesellschaften aus den für sie geltenden Gesetzen (z.B. § 3 AktG, § 13 Abs. 3 GmbHG). Dass für **Kapitalgesellschaften** das Recht für Kaufleute gilt, ist nicht selbstverständlich, da Aktiengesellschaften, Kommanditgesellschaften auf Aktien sowie Gesellschaften mit beschränkter Haftung keine gewerblichen Ziele verfolgen müssen (§§ 3, 278

---

[1] Z.B. Heymann/*Emmerich* Rn 1.
[2] So z.B. Baumbach/*Hopt* Rn 6; *Brox* Rn 42; Heymann/*Emmerich* Rn 5; Oetker/*Körber* Rn 1; *Lettl* § 2 Rn 61; in der Sache auch *Canaris* Handelsrecht § 3 Rn 40: Kaufmann kraft Rechtsform; weitergehend *Hübner* Rn 51, 53, der alle von § 6 Abs. 1 erfassten Gesellschaften den Formkaufleuten zuordnet.
[3] Ähnlich auch im österreichischen Recht die zum Unternehmer kraft Rechtsform in § 2 UGB getroffene Regelung, die jedoch im Unterschied zu § 6 Abs. 2 eine abschließende Aufzählung der erfassten Rechtsformen enthält.
[4] S. Baumbach/*Hopt* Rn 1.
[5] So *Lettl* § 2 Rn 62.
[6] So Schlegelberger/*Hildebrandt*/*Steckhan* Rn 2 a.E.

Abs. 3 AktG, § 1 GmbHG). Handelsrecht findet auf sie nur kraft des § 6 Abs. 1 Anwendung, weil der Gesetzgeber sie an anderer Stelle zu Handelsgesellschaften bestimmt hat. Im Gegensatz dazu hat der Gesetzgeber die **Genossenschaft** nicht zur Handelsgesellschaft erklärt, sondern auf diese findet das Recht der Kaufleute über die Fiktion der Kaufmannseigenschaft in § 17 Abs. 2 GenG Anwendung (s. Rn 10). Für die **Personenhandelsgesellschaften** (Offene Handelsgesellschaft und Kommanditgesellschaft) wiederum empfahl sich die Vorschrift in § 6 Abs. 1 jedenfalls zur Klarstellung, da die Anwendung der für Kaufleute geltenden Bestimmungen nicht bereits aus den §§ 124 Abs. 1, 161 Abs. 2 folgt. Dort wird der in § 6 niedergelegte Grundsatz nur nochmals bekräftigt und näher verdeutlicht.

Die Klarstellung in § 6 Abs. 1 gilt für **Personenhandelsgesellschaften** allerdings nur mit **zwei Einschränkungen.** Die Pflicht zur Anmeldung zum Handelsregister sowie die Pflicht zur Unterzeichnung der Jahresbilanz treffen, abweichend von den §§ 29, 31, 245 Satz 1, nicht die Gesellschaft. Anderenfalls würden diese Pflichten jeweils durch die vertretungsberechtigten Gesellschafter erfüllt und die entsprechenden Zeichnungen hätten namens der Gesellschaft zu erfolgen. Demgegenüber bestimmt das Gesetz, dass die genannten Pflichten den bzw. alle Gesellschafter treffen, somit auch den nichtvertretungsberechtigten, und zwar persönlich in dieser Eigenschaft (die Pflicht zur Unterzeichnung der Bilanz allerdings nur den persönlich haftenden Gesellschafter), §§ 108 Abs. 1, 161 Abs. 2, 245 Satz 2.

Ob § 6 Abs. 1 die Kraft entfaltet, für alle von der Vorschrift erfassten Handelsgesellschaften die Kaufmannseigenschaft zu begründen,[7] ist von untergeordneter Bedeutung. Im Unterschied zu § 2 Satz 1 hat der Gesetzgeber Handelsgesellschaften jedenfalls nicht zu Kaufleuten erklärt, obwohl dies – wie die Fiktion des § 17 Abs. 2 GenG zeigt – regelungstechnisch unschwer möglich gewesen wäre (z.B. „Handelsgesellschaften gelten als Kaufleute im Sinne des Gesetzes"). Zudem beschränkt sich Absatz 1 nach seinem Wortlaut ausdrücklich darauf, die Anwendbarkeit der für Kaufleute geltenden Vorschriften anzuordnen. Dies spricht dafür, dass Handelsgesellschaften keine Kaufleute sind und auch durch § 6 Abs. 1 nicht zu solchen erklärt werden. Dann ist die Vorschrift indes auch nicht in der Lage, für Handelsgesellschaften die Kaufmannseigenschaft zu begründen.

2. **Kreis der von Abs. 1 erfassten Handelsgesellschaften.** Die Anwendung der für Kaufleute geltenden Vorschriften ordnet § 6 Abs. 1 für alle „Handelsgesellschaften" an. Hierzu zählen schon aus Gründen der Gesetzessystematik alle Gesellschaften, die das Zweite Buch des HGB unter der amtlichen Überschrift „Handelsgesellschaften" zusammenfasst. Da das Gesetz hiermit selbst bereits zu erkennen gibt, dass die stille Gesellschaft nicht hierzu zählt, gehören die **Offene Handelsgesellschaft** sowie die **Kommanditgesellschaft** als Personen(handels)gesellschaften zu den Handelsgesellschaften im Sinne des § 6 Abs. 1. Das gilt auch für die **GmbH & Co. KG,** da die Einsetzung einer juristischen Person als Komplementärin weder deren unbeschränkte persönliche Haftung noch die rechtliche Qualifizierung der Gesellschaft als Kommanditgesellschaft in Frage stellt.[8]

---

[7] Hierfür *Canaris* Handelsrecht § 3 Rn 42; Ebenroth/Boujong/Joost/Strohn/*Kindler* Rn 1; Heymann/*Emmerich* Rn 1; *Hübner* Rn 51; Koller/*Roth*/Morck Rn 3; MünchKommHGB/ K. Schmidt Rn 1.

[8] So auch die ganz vorherrschende Ansicht. Für diese BayObLG NJW 1985, 982 (983); Baumbach/*Hopt* Rn 1; Ebenroth/Boujong/Joost/ Strohn/*Kindler* Rn 3; *Röhricht*/v. Westphalen Rn 10; **aA** MünchKommHGB/*K. Schmidt* Rn 18; *Raiser/Veil* Recht der Kapitalgesellschaften, 4. Aufl. 2006, § 42 Rn 1; Schulze-Osterloh NJW 1983, 1281 (1284 ff).

§ 6 1. Buch. Handelsstand

Erforderlich ist allerdings stets, dass das Gewerbe von der Kommanditgesellschaft und nicht von der Komplementärgesellschaft betrieben wird.[9]

7 Über die vom HGB selbst als Handelsgesellschaft qualifizierten Personenhandelsgesellschaften hinaus zählen zu den Handelsgesellschaften im Sinne des § 6 Abs. 1 alle Gesellschaften, für die der Gesetzgeber dies an anderer Stelle ausdrücklich angeordnet hat („gilt als Handelsgesellschaft"). Geschehen ist dies für die **Aktiengesellschaft** (§ 3 Abs. 1 AktG) sowie über § 278 Abs. 3 AktG für die **Kommanditgesellschaft auf Aktien (KGaA)**. Nach Art. 9 Abs. 1 lit. c ii VO (EG) Nr. 2157/2001 gilt entsprechendes für die **Europäische Gesellschaft (SE)** mit Sitz in Deutschland. Für die **GmbH** ergibt sich die Gleichstellung mit den Handelsgesellschaften aus § 13 Abs. 3 GmbHG. Bei einer **Europäischen Wirtschaftlichen Interessenvereinigung (EWIV)**, die dem deutschen Recht unterliegt, folgt die Eigenschaft als Handelsgesellschaft im Sinne des Absatz 1 aus § 1 Abs. 2 EWIV-AG.[10]

8 Gemeinsam ist den in Rn 6 und 7 aufgezählten Handelsgesellschaften, dass diese in das Handelsregister eingetragen werden (s. § 3 HRV). Hieraus folgt jedoch nicht ihre Eigenschaft als „Handelsgesellschaft", sondern vielmehr ergibt sich diese aus der vom Gesetzgeber an anderer Stelle zugesprochenen Eigenschaft. Die teilweise verfochtene und noch der in einem völlig anderen normativen Kontext eingebetteten Denkschrift zum HGB verhaftete Ansicht, die Eigenschaft als Handelsgesellschaft im Sinne des Absatz 1 folge aus der Eintragung der Gesellschaft im Handelsregister,[11] ist zudem nicht in der Lage, die Einbeziehung ausländischer Gesellschaften (s. Rn 9) überzeugend zu begründen,[12] und müsste konsequenter Weise wegen § 3 Abs. 2 HRV auch den Versicherungsverein auf Gegenseitigkeit zu den Handelsgesellschaften im Sinne des Absatz 1 zählen (s. aber Rn 10).

9 Das Gesetz differenziert nicht danach, welcher Rechtsordnung die „Handelsgesellschaft" unterliegt. Dies spricht dafür, dass nicht nur solche Gesellschaften mit deutschem Gesellschaftsstatut der Vorschrift des Absatz 1 unterliegen, sondern auch solche mit einem **ausländischen Gesellschaftsstatut**.[13] Auch für diese besteht in gleicher Weise die Notwendigkeit, sie im Hinblick auf die handelsrechtlichen Normen den Einzelkaufleuten gleichzustellen. Für ausländische Kapitalgesellschaften wird den wenigen bislang vorliegenden Stellungnahmen, die dies bejahen – soweit ersichtlich – nicht widersprochen.[14]

10 Die **Genossenschaft** hat das GenG nicht zur Handelsgesellschaft erklärt,[15] sondern stellt sie in § 17 Abs. 2 GenG unmittelbar den Kaufleuten im Sinne des HGB gleich. Analog galt dies bis zum 1.1.1992 ebenfalls für Landwirtschaftliche Produktionsgenossenschaften (LPG) der ehem. DDR.[16] Auch den **Versicherungsverein auf Gegenseitigkeit**

---

[9] BayObLG NJW 1985, 982 (983); Baumbach/*Hopt* Rn 2.
[10] S. näher MünchKommHGB/*K. Schmidt* Rn 15.
[11] So Ebenroth/Boujong/Joost/Strohn/*Kindler* Rn 2; Heymann/*Emmerich* Rn 2; *Hübner* Rn 53; Koller/*Roth*/Morck Rn 2; Oetker/*Körber* Rn 2; MünchKommHGB/*K. Schmidt* Rn 3. Zur Denkschrift zum HGB s. dort S. 89.
[12] S. die Schwierigkeiten bei MünchKommHGB/*K. Schmidt* Rn 14.
[13] So auch Ebenroth/Boujong/Joost/Strohn/*Kindler* Rn 3; Oetker/*Körber* Rn 3.
[14] OLG Düsseldorf NJW-RR 1995, 1184, 1185; Baumbach/*Hopt* Rn 3; wohl auch MünchKommHGB/*K. Schmidt* Rn 14.
[15] *Canaris* Handelsrecht § 3 Rn 47; Ebenroth/Boujong/Joost/Strohn/*Kindler* Rn 12; Koller/*Roth*/Morck Rn 2; *Lettl* § 2 Rn 63; Röhricht/v. Westphalen Rn 7.
[16] Im Ergebnis auch BGH NJW-RR 2006, 1267 (1268).

sieht das VAG nicht als Handelsgesellschaft an;[17] § 16 VAG erklärt mit Ausnahme der §§ 1 bis 7 jedoch die Vorschriften des Ersten und Vierten Buches des HGB für „entsprechend" anwendbar, sofern es sich nicht um einen kleineren Verein handelt (s. zu diesem § 53 Abs. 1 Satz 1 VAG).

Nicht zu den Handelsgesellschafen im Sinne des Abs. 1 zählt die **Gesellschaft bürgerlichen Rechts** (§§ 705 ff BGB).[18] Sie wird aber zur Offenen Handelsgesellschaft oder zur Kommanditgesellschaft und damit zur Handelsgesellschaft, wenn sie ein Handelsgewerbe unter gemeinschaftlicher Firma betreibt und damit eintragungspflichtig wird (§§ 105, 106, 123 Abs. 2, 161 Abs. 2). Für den **nicht eingetragenen Verein** (§ 54 BGB) gilt dies entsprechend. Als solcher kann er – wie die BGB-Gesellschaft – keine Handelsgesellschaft im Sinne des Absatzes 1 sein. Entsprechendes gilt für die rechtsfähige Stiftung,[19] die als Sondervermögen keine „Gesellschaft" ist.

Die **stille Gesellschaft** ist eine Sonderform der Gesellschaft bürgerlichen Rechts, die zwar im HGB (§§ 230 bis 236) geregelt, aber keine Handelsgesellschaft, sondern nach § 230 Abs. 1 Beteiligung an dem Handelsgewerbe ist, das „ein anderer" betreibt.[20] Dieser „andere" ist deshalb der alleinige Unternehmer des Handelsgewerbes. Dass die stille Gesellschaft selbst keine Handelsgesellschaft im Sinne des § 6 Abs. 1 ist, bestätigt treffend die amtliche Überschrift für das Zweite Buch des HGB, die die stille Gesellschaft ausdrücklich den Handelsgesellschaften gegenüberstellt.

Die **Partnerschaft** ist ein Zusammenschluss von Angehörigen freier Berufe (§ 1 Abs. 1 Satz 1 PartGG). Ihre Tätigkeit ist kein Handelsgewerbe (§ 1 Abs. 1 Satz 2 PartGG). Obwohl das PartGG zahlreiche Vorschriften der Offenen Handelsgesellschaft für entsprechend anwendbar erklärt (z.B. §§ 2 Abs. 2, 6 Abs. 3, 7 Abs. 2 und 3, 8 Abs. 1 und 9 Abs. 1 PartGG), ist die Partnerschaft keine Handelsgesellschaft im Sinne des § 6 Abs. 1,[21] da sie kein Handelsgewerbe betreibt, und auch im PartGG nicht den Handelsgesellschaften gleichgestellt ist. Dementsprechend ist die Partnerschaft nicht in das Handelsregister, sondern in das Partnerschaftsregister einzutragen (§§ 4, 5 PartGG). Allerdings hat die fehlende Einbeziehung der Partnerschaft in den Kreis der von § 6 Abs. 1 erfassten Gesellschaften zur Folge, dass die für Kaufleute geltenden Vorschriften des Vierten Buches auf die Gesellschaft an sich nicht anwendbar sind; zu erwägen bleibt jedoch – nicht anders als bei nicht im Handelsregister eingetragenen Kleingewerbebetreibenden (s. § 2 Rn 32 ff) – die entsprechende Anwendung einzelner Bestimmungen.

Die **Partenreederei** ist eine im Seerecht beheimatete Vereinigung zum Erwerb durch die Seefahrt mittels eines gemeinsamen Schiffes und wird in § 489 Abs. 2 den Handelsgesellschaften gegenübergestellt. Die vorherrschende Ansicht lehnt die Zuordnung der Partenreederei zu den Handelsgesellschaften im Sinne des § 6 Abs. 1 im Ergebnis zu Recht ab, was nicht ausschließt, einzelne handelsrechtliche Vorschriften entsprechend anzuwenden (s. näher § 1 Rn 74). Das gemeinsame Betreiben der Seeschiffahrt kann

---

[17] *Canaris* Handelsrecht § 3 Rn 47; Ebenroth/Boujong/Joost/Strohn/*Kindler* Rn 13; Heymann/*Emmerich* Rn 2a; *Hübner* Rn 54; *Röhricht*/v. Westphalen Rn 7.
[18] Statt aller Baumbach/*Hopt* Rn 1; Heymann/*Emmerich* Rn 2a; MünchKommHGB/*K. Schmidt* Rn 6, 7.
[19] Baumbach/*Hopt* Rn 1; *Lettl* § 2 Rn 63.
[20] Allg. Ansicht, vgl. Baumbach/*Hopt* Rn 1; Ebenroth/Boujong/Joost/Strohn/*Kindler* Rn 4; Heymann/*Emmerich* Rn 2a; Koller/*Roth*/Morck Rn 2; MünchKommHGB/*K. Schmidt* Rn 6; *Röhricht*/v. Westphalen Rn 3.
[21] Statt aller Baumbach/*Hopt* Rn 1; *Canaris* Handelsrecht § 3 Rn 46; Koller/*Roth*/Morck Rn 2; *Lettl* § 2 Rn 63; MünchKommHGB/*K. Schmidt* Rn 8; *Röhricht*/v. Westphalen Rn 5.

auch in der Rechtsform einer Handelsgesellschaft (ggf. als Offene Handelsgesellschaft oder Kommanditgesellschaft) erfolgen, ist dann aber keine Reederei im gesetzlichen Sinne.

15 **3. Entstehung der Handelsgesellschaft.** Voraussetzung für die Einbeziehung einer Gesellschaft in den Anwendungsbereich des § 6 Abs. 1 ist, dass diese als Handelsgesellschaft entstanden ist. Hierfür ist zwischen Personenhandelsgesellschaften und Kapital(handels)gesellschaften zu unterscheiden.

16 Bei den **Personenhandelsgesellschaften** ist die Entstehung als Handelsgesellschaft differenzierter geregelt als beim Einzelkaufmann. Betreiben sie **ein Handelsgewerbe,** ist die Gesellschaft im Verhältnis zu Dritten, unabhängig von der Aufnahme des Geschäftsbetriebs und unabhängig sogar von Vorbereitungsgeschäften (§ 1 Rn 45), in jedem Falle (§ 123 Abs. 1) und zwingend (§ 123 Abs. 3) mit der **Eintragung in das Handelsregister** entstanden. Wird der Geschäftsbetrieb unter Einschluss der Vorbereitungsgeschäfte jedoch bereits vor der Eintragung aufgenommen, so ist die Gesellschaft auch schon zu diesem Zeitpunkt „Handelsgesellschaft" (§ 123 Abs. 2); über § 161 Abs. 2 gilt dies auch für die Kommanditgesellschaft.

17 Im **kleingewerblichen** Bereich wird die Personengesellschaft erst zur Offenen Handelsgesellschaft (Kommanditgesellschaft) und damit in den Anwendungsbereich von § 6 Abs. 1 einbezogen, wenn die Voraussetzungen des § 2 erfüllt sind, also die Eintragung im Handelsregister erfolgt ist; § 123 Abs. 2 (§ 161 Abs. 2). Bis dahin ist der gesellschafterliche Zusammenschluss derjenigen, die das Unternehmen betreiben, eine Gesellschaft bürgerlichen Rechts. Im Bereich der **Land- und Forstwirtschaft** gilt dies entsprechend, da § 123 Abs. 2 mit der Verweisung auf § 2 auch § 3 – s. § 3 Abs. 2 – in Bezug genommen hat. Besteht die Tätigkeit der Gesellschaft ausschließlich in der **Verwaltung eigenen Vermögens** (§ 105 Abs. 2), gelten die vorstehenden Ausführungen entsprechend.

18 Hinsichtlich des Endes der Gleichstellung, sei es durch Aufgabe des Gewerbes (nicht früher als durch Beendigung der Liquidation!), sei es durch Herabsinken des Betriebs auf kleingewerbliches Niveau, sei es im kann-kaufmännischen Bereich durch (auch zu Unrecht erfolgte) Löschung, gelten die Grundsätze zu § 2 (Rn 16 ff) und § 3 (Rn 31 ff). Das Absinken auf das Niveau eines Kleingewerbes belässt der Offenen Handelsgesellschaft bzw. Kommanditgesellschaft wegen § 5 bis zur Löschung ihren Status einer Handelsgesellschaft (s. auch § 5 Rn 20), während dieser bei der Aufgabe des Gewerbes durch Beendigung der Liquidation automatisch erlischt. In beiden Fällen ist jedoch bis zur Bekanntmachung der Löschung die Schutzwirkung des § 15 Abs. 1 und 2 zugunsten des gutgläubigen Verkehrs zu beachten. Die auf kleingewerbliches Niveau herabgesunkene Offene Handelsgesellschaft bzw. Kommanditgesellschaft wird in diesem Fall eine Gesellschaft bürgerlichen Rechts.

19 **Kapitalhandelsgesellschaften** entstehen erst mit der Eintragung (§§ 41 Abs. 1, 278 Abs. 3 AktG, § 11 Abs. 1 GmbHG). Die Eintragung ist durchweg konstitutiv; zu einer bis dahin bestehenden **Vorgesellschaft** s. § 1 Rn 60. Die Vor-AG bzw. Vor-GmbH ist als solche noch keine Handelsgesellschaft im Sinne des § 6 Abs. 1, sie kann jedoch unter Umständen über § 1 den für Kaufleute geltenden Bestimmungen unterliegen.[22] Weitere Voraussetzungen außer der rechtsgültigen Existenz der als solcher gegründeten kapitalgesellschaftlichen Organisation bestehen neben der Eintragung für die Anwendung des § 6 Abs. 1

---

[22] *Canaris* Handelsrecht § 3 Rn 44; Oetker/*Körber* Rn 10; *Lettl* § 2 Rn 64; *Röhricht*/v. *Westphalen* Rn 9; i.E. auch MünchKommHGB/K. *Schmidt* Rn 12.

nicht. Die Gesellschaft erlischt mit der Löschung, vorher nicht, auch nicht aufgrund rechtskräftiger Nichtigerklärung der Gesellschaft (arg. § 277 Abs. 1 AktG, § 77 GmbHG).

4. Anzuwendende Vorschriften. Der **erste Absatz** des § 6 bestimmt für Handelsgesellschaften, dass auf sie „die für Kaufleute gegebenen Vorschriften anwendbar sind", also nicht nur die §§ 1 bis 5, sondern das **gesamte im HGB geregelte Handelsrecht.** Das bedeutet für die Offene Handelsgesellschaft und die Kommanditgesellschaft, dass diese als solche den Vorschriften des Ersten und Dritten Buches unterliegen. Die Gesellschaft als solche wird in das Handelsregister eingetragen, führt eine Firma, hat Handelsbücher zu führen, kann Prokura und Handlungsvollmacht erteilen, Handlungsgehilfen beschäftigen, Handelsvertreter betrauen, Handelsmakler beauftragen und Handelsgeschäfte abschließen. Für die AG, die KGaA und die GmbH bedeutet § 6 Abs. 1, dass diese Handelsgesellschaften, auch wenn sie kein Handelsgewerbe nach den §§ 1 bis 3 betreiben, ebenfalls den Vorschriften des Ersten und Dritten Buches des HGB unterliegen, soweit für sie keine besonderen Bestimmungen gelten (vgl. für die Firma der AG § 4 AktG, der KGaA § 279 AktG, der GmbH § 4 GmbHG). Ihre Angestellten, soweit sie kaufmännische – oder, auf nichtgewerblichem Sektor, in der Parallelwertung den „kaufmännischen" vergleichbare – Dienste leisten, sind also Handlungsgehilfen i.S.d. §§ 59 ff, unabhängig von dem Betätigungsfeld der Gesellschaft.[23]

Da nach § 343 Handelsgeschäfte alle Geschäfte eines Kaufmanns sind, die zum Betriebe seines Handelsgewerbes gehören, Kaufmannsbetrieb und Handelsgewerbe also Wechselbegriffe sind, folgt daraus für die Handelsgesellschaften, dass ihr Betrieb ein Handelsgewerbe ist. Im Gegensatz zum Einzelkaufmann, der neben seinem Handelsgewerbe eine Privatsphäre hat, sind jedoch **alle Geschäfte,** die eine Handelsgesellschaft **nach außen** vornimmt – nicht innere Verwaltungsgeschäfte, namentlich nicht solche, die nur die Beziehungen zu den Mitgliedern betreffen – stets **Handelsgeschäfte.**[24] Für Handelsgesellschaften ist deshalb § 344 gegenstandslos.[25]

Umstritten ist die Anwendung der wenigen noch verbliebenen **Vorschriften außerhalb des HGB,** deren personeller Anwendungsbereich mit der Kaufmannseigenschaft verknüpft ist. Während die über das HGB hinausreichende Definitionskraft für § 1 allgemein anerkannt ist (s. § 1 Rn 103), ist dies hinsichtlich § 6 Abs. 1 anders. Diesbezüglich lehnt die herrschende Meinung die generelle Anwendung des außerhalb des HGB geregelten Kaufmannsrechts auf Handelsgesellschaften ab und zieht lediglich eine gesondert zu prüfende analoge Anwendung einzelner Bestimmungen in Betracht.[26] Demgegenüber verweist *Kindler* auf fehlende Anhaltspunkte für eine derartige Einschränkung im Gesetz sowie das Interesse an einer Einheit der Rechtsordnung.[27] Im Grundsatz ist dieser Ansatz zutreffend, jedoch ist stets der konkrete normative Zusammenhang zu beachten, da sich aus diesem ergeben kann, dass die jeweilige Vorschrift nur Kaufleute als natürliche Personen erfassen soll (z.B. § 109 Abs. 1 Nr. 3 GVG). Entbehrlich ist diese Einschränkung hingegen für § 95 Abs. 1 Nr. 1 GVG, der aufgrund seines Zwecks auf Handelsgesellschaften im Sinne des § 6 Abs. 1 anzuwenden ist.

---

[23] Heymann/*Emmerich* Rn 3.
[24] Baumbach/*Hopt* Rn 4; Ebenroth/Boujong/Joost/Strohn/*Kindler* Rn 21; Oetker/*Körber* Rn 16; Heymann/*Emmerich* Rn 3; MünchKommHGB/*K. Schmidt* Rn 19, 22.
[25] Baumbach/*Hopt* Rn 4; Oetker/*Körber* Rn 16; MünchKommHGB/*K. Schmidt* Rn 19, 22.
[26] So im Ansatz z.B. Baumbach/*Hopt* Rn 5; Heymann/*Emmerich* Rn 4; MünchKommHGB/*K. Schmidt* Rn 23; Röhricht/v. Westphalen Rn 11.
[27] Ebenroth/Boujong/Joost/Strohn/*Kindler* Rn 23; ebenso Oetker/*Körber* Rn 17.

III. Formkaufleute, Abs. 2

23 1. **Allgemeines.** Absatz 2 spricht von dem „**Verein**", dem das Gesetz ohne Rücksicht auf den Gegenstand des Unternehmens die Rechte und Pflichten eines Kaufmanns beilegt. Die Diktion wirkt etwas altertümlich – vor Erlass des ADHGB hieß im frühen 19. Jahrhundert die heutige Aktiengesellschaft tatsächlich noch „Actien-Verein" –, hat aber sachlich ihre Berechtigung.[28] Denn **alle Formkaufleute**, d.h. solche, denen das Gesetz ihrer Rechtsform wegen ohne Rücksicht auf den Gegenstand des Unternehmens die Eigenschaft eines Kaufmanns beilegt, sind **Unterarten des (rechtsfähigen) Vereins des BGB**, so dass auch dessen Rechtsregeln, z.B. § 29, subsidiär auf diese Anwendung finden.

24 Ob ein „Verein" Formkaufmann ist, ergibt sich – im Unterschied zu der Rechtslage in Österreich[29] – weder aus § 6 Abs. 2 noch aus dem HGB, sondern ausschließlich aus dem für den „Verein" maßgebenden spezifischen Gesellschaftsrecht.[30] Zu den Formkaufleuten zählen die Aktiengesellschaft, die Kommanditgesellschaft auf Aktien, die GmbH sowie die Europäische Wirtschaftliche Interessenvereinigung und die Genossenschaft. Ihnen allen hat das Gesetz die Eigenschaft eines Kaufmanns ohne Rücksicht auf den Gegenstand ihres Unternehmens beigelegt; den handelsgesellschaftlichen Formkaufleuten durch § 6 in Verbindung mit den in Rn 7 genannten spezialgesetzlichen Vorschriften, der Genossenschaft unmittelbar (§ 17 Abs. 2 GenG), und auch ihr die Kaufmannseigenschaft ohne Rücksicht darauf, dass sie mangels Gewinnabsicht kein Gewerbe betreibt, sondern ein Zusammenschluss zur wirtschaftlichen Selbsthilfe ist.[31] Zum Teil sind die von § 6 Abs. 2 erfassten „Vereine" zugleich Handelsgesellschaften, so die **AG, KGaA, GmbH**; zum Teil nicht, wie die **Genossenschaft** (s. Rn 10). Nicht zu den Formkaufleuten zählen hingegen die Vor-Gesellschaften zu den vorgenannten Rechtsformen.[32]

25 Keine Formkaufleuten sind **Versicherungsvereine auf Gegenseitigkeit** (VVaG).[33] Als Selbsthilfeeinrichtungen ihrer Mitglieder stehen sie zwar in der Nähe der Genossenschaften. Beschränkt sich der VVaG aber auf die Versicherung seiner Mitglieder, so betreibt er begrifflich kein Handelsgewerbe. Sonst aber sind die VVaG, anders als die Genossenschaft, nicht zu Kaufleuten erklärt, auch wenn sie nach § 30 VAG in das Handelsregister einzutragen sind und ihnen aufgrund von § 2 Abs. 1 des Gesetzes zur vorläufigen Regelung des Rechts der Industrie- und Handelskammern in Verbindung mit § 2 Abs. 2 Nr. 2 des Gewerbesteuergesetzes sogar Kammermitgliedschaft zukommt. Jedenfalls hat die Eintragung hier keine konstitutive Wirkung; der Verein wird nach § 15 VAG dadurch rechtsfähig, dass ihm die Aufsichtsbehörde die Erlaubnis erteilt, als VVaG Geschäfte zu betreiben. Gleichwohl gelten für ihn nach § 16 VAG die Vorschriften des Ersten und Dritten Buches des HGB über Kaufleute außer den §§ 1 bis 7 (!) „entsprechend, soweit dieses Gesetz nichts anderes vorschreibt". Besonderes gilt bei größeren VVaG z.B. für die Firma (§ 18 VAG) und die Anmeldung zum Handelsregister (§§ 30 ff VAG). Für die sog. kleineren Vereine (§ 53 Abs. 2 VAG) kommt Handelsrecht auch in dem eingeschränkten Umfange nicht zur Anwendung, insbesondere werden sie nicht in das Handelsregister eingetragen.

26 Keine „Vereine" im Sinne des § 6 Abs. 2 sind ferner die **Personen(handels)gesellschaften**, da sie – anders als der Verein – keine körperschaftliche Struktur aufweisen. Offene

---

[28] Ebenso *Röhricht*/v. Westphalen Rn 12.
[29] S. die enumerative Aufzählung der erfassten Rechtsformen in § 2 UGB.
[30] Baumbach/*Hopt* Rn 6.
[31] Ebenso war die registrierte Landwirtschaftliche Produktionsgenossenschaft (LPG) der ehem. DDR bis zum 1.1.1992 als Formkaufmann im Sinne des § 6 Abs. 2 zu qualifizieren (BGH NJW-RR 2006, 1267 (1268)).
[32] *Lettl* § 2 Rn 61.
[33] Treffend Koller/*Roth*/Morck Rn 6; MünchKommHGB/*K. Schmidt* Rn 11.

Handelsgesellschaften und Kommanditgesellschaften sind keine Formkaufleute.[34] Das gilt nach h.M. auch für die GmbH & Co. KG, sofern die Kommanditgesellschaft das Gewerbe betreibt.[35] Die Eigenschaft der Komplementärgesellschaft als Formkaufmann strahlt nicht auf die Kommanditgesellschaft aus (s. auch Rn 6).

2. Ausschluss der Kriterien für Kleingewerbe. Da Formkaufleute auch ein Kleingewerbe **27** betreiben können, ist die **Unterscheidung zwischen Istkaufleuten und Kleingewerbetreibenden** für sie **gegenstandslos**. Das dafür aufgestellte Unterscheidungsmerkmal, das Erfordernis eines nach Art und Umfang des Unternehmens in kaufmännischer Weise eingerichteten Geschäftsbetriebs, würde hier nicht „greifen".[36] Andere, insoweit umfassendere stellt das Gesetz nicht auf. Es erklärt vielmehr die Formkaufleute, indem Absatz 2 die Bestimmung des § 1 Abs. 2 für nicht einschlägig erklärt, schlechthin zu Kaufleuten. Diesbezüglich geht § 6 Abs. 2 jedoch nicht über eine klarstellende Bedeutung hinaus.[37]

§ 7
Kaufmannseigenschaft und öffentliches Recht

Durch die Vorschriften des öffentlichen Rechtes, nach welchen die Befugnis zum Gewerbebetrieb ausgeschlossen oder von gewissen Voraussetzungen abhängig gemacht ist, wird die Anwendung der die Kaufleute betreffenden Vorschriften dieses Gesetzbuchs nicht berührt.

Schrifttum

Bodens Die Eintragung einer GmbH in die Handwerksrolle als Voraussetzung für die Eintragung der Gesellschaft in das Handelsregister, GmbHR 1984, 177; *Droste* Zur Frage der Eintragung unzulässig betriebener Handwerksunternehmen in das Handelsregister DB 1955, 1107 (1133); *Fröhlich* § 7 HGB: Entstehungsgeschichte, Bedeutungswandel und Vorschläge zur künftigen Gestaltung, 1941; *Winkler* Das Verhältnis zwischen Handwerksrolle und Handelsregister – Gedanken zum Beschluß des BGH vom 9.11.1987, ZGR 1989, 107.

Übersicht

	Rn		Rn
I. Allgemeines	1–2	3. Einzelkaufleute und Personenhandelsgesellschaften	11–16
II. Öffentlich-rechtliche Betriebszulassungs- und Betriebsuntersagungsgründe und erworbene Kaufmannseigenschaft	3–5	a) Gewerberechtliche Sperren und Sperren sonstiger repressiver Art	11–14
III. Betriebszulassungs- und Betriebsuntersagungsgründe im Eintragungsverfahren	6–16	b) Berufsrechtliche Barrieren als Problem des freien Zusammenschlusses zu Personenhandelsgesellschaften	15–16
1. Vorbemerkung	6	IV. Privatrechtliche Beschränkungen	17
2. Formkaufleute	7–10		

---

[34] Für die nahezu allg. Ansicht Heymann/*Emmerich* Rn 8; Koller/*Roth*/Morck Rn 6; Lettl § 2 Rn 61; im Grundsatz auch Oetker/Körber Rn 21; aA neuerdings MünchKomm-HGB/*K. Schmidt* Rn 17.
[35] Baumbach/*Hopt* Rn 7; Ebenroth/Boujong/Joost/Strohn/*Kindler* Rn 3; Heymann/*Emmerich* Rn 6.
[36] Treffend Heymann/*Emmerich* Rn 1.
[37] Ebenso Ebenroth/Boujong/Joost/Strohn/*Kindler* Rn 1, 26; Heymann/*Emmerich* Rn 5.

I. Allgemeines

1 Die §§ 1 bis 6 regeln den Erwerb der Kaufmannseigenschaft für **Einzelkaufleute** und **Personenhandelsgesellschaften** – bei diesen ergänzt durch die §§ 123, 161 Abs. 2 – abschließend. Soweit hiernach der Betrieb eines Gewerbes vorausgesetzt ist, genügen bereits vorbereitende Akte für die demnächst erfolgende Eröffnung des Betriebs (§ 1 Rn 45 f). Sie ermöglichen auch **Kleingewerbetreibenden** die Eintragung in das Handelsregister und damit die Begründung der Kaufmannseigenschaft (§ 2). Nur bei den kraft Rechtsform entstandenen Kaufleuten (**Formkaufleuten**) kann die Kaufmannseigenschaft vorhanden sein noch ehe diese ihren Betrieb eröffnen; sie existieren bereits mit der Eintragung in das Handelsregister (§ 6 Rn 23).

2 Erst mit der tatsächlichen Eröffnung des Gewerbes rückt dieses in das Blickfeld des **öffentlichen Rechts**, da dessen Ausübung in einzelnen Gewerbezweigen erlaubnispflichtig ist oder aus bestimmten, gesetzlich normierten Gründen des öffentlichen Wohls untersagt werden kann. Für diese Konstellation bedarf es einer Klarstellung, dass derartige öffentlich-rechtliche Schranken die im Handelsrecht als Privatrecht wurzelnde Kaufmannseigenschaft weder beeinflussen noch beeinträchtigen. Nicht nur, weil die Kaufmannseigenschaft schon vorher erworben sein kann und sich auch ihr Erlöschen nicht nach dem öffentlichen Recht, sondern allein nach dem HGB (AktG, GmbHG, GenG) richtet, sondern vor allem deshalb, weil es untragbar wäre, die Frage des Bestehens der Kaufmannseigenschaft an weitere als die Voraussetzungen in den §§ 1 bis 6 zu knüpfen, die der Geschäftsverkehr möglicherweise gar nicht kennen kann und die, wenn sie gleichwohl rechtserheblich wären, die Wirkung des § 5 und den Publizitätsschutz durch § 15 weitgehend unterlaufen würden. Deshalb trennt § 7 beide Bereiche. Der Rechtsgeschäftsverkehr soll sich darauf verlassen können, dass das, was sich diesem als Betrieb eines Gewerbes darstellt, den Betriebsinhaber unter den alleinigen Voraussetzungen der §§ 1 bis 6 zum Kaufmann macht, und es der zuständigen Behörde überlassen bleiben muss, eine nach öffentlichem Recht zu beanstandende Ausübung des Betriebes mit den ihr zur Verfügung gestellten Mitteln stilllegen zu lassen. Dies entspricht heute der allgemeinen Ansicht.[1]

II. Öffentlich-rechtliche Betriebszulassungs- und Betriebsuntersagungsgründe und erworbene Kaufmannseigenschaft

3 Die **rechtmäßig begründete und bestehende Kaufmannseigenschaft** wird nicht dadurch berührt, dass gegen die Ausübung des Gewerbes aus Sicht des öffentlichen Rechts Bedenken bestehen. Nur mittelbar können diese Bedeutung erlangen, indem die Behörde die Stilllegung des Betriebes erzwingt und dadurch einen – möglichen – Grund für den Verlust der Kaufmannseigenschaft (Aufgabe des Gewerbes, § 1 Rn 47 ff) schafft, dem sodann die Löschung im Register folgen kann. Notwendig ist das aber nicht, weil der Unternehmensinhaber unter der bisherigen Firma im Einklang mit den öffentlich-rechtlichen Vorschriften ein anderes Gewerbe aufnehmen oder ein Zweitgewerbe weiterführen darf. Dies gilt für Kaufleute jeder Gattung und ohne Einschränkungen.

4 Die Formulierung des Gesetzes zielt vor allem auf **gewerberechtliche Verbote und Zulassungstatbestände** (z.B. Gewerbeordnung, Handwerksordnung, Gaststättengesetz, Kreditwesengesetz, das Gesetz über den Verkehr mit Milch, Milcherzeugnissen und Fet-

---

[1] Für diese statt aller Baumbach/*Hopt* Rn 1; Ebenroth/Boujong/Joost/Strohn/*Kindler* Rn 1; Heymann/*Emmerich* Rn 2a; Oetker/*Körber* Rn 1; MünchKommHGB/*Krafka* Rn 1; *Röhricht*/v. Westphalen Rn 1 f.

ten – Milch- und Fettgesetz – v. 10.12.1952 i.d.F. des Gesetzes v. 21.3.1977, das Vieh- und Fleischgesetz i.d.F. der Bek. v. 21.3.1977, das Waffengesetz v. 11.10.2002, das Sprengstoffgesetz i.d.F. der Bek. v. 10.9.2002). Daneben kommen die Untersagung der Berufsausübung im **Strafverfahren** (§§ 70 ff StGB) sowie die unzulässige – nicht genehmigte – gewerbliche Nebentätigkeit eines **Beamten** in Betracht.

Kein Anwendungsfall des § 7 sind diejenigen Vorschriften, die einzelnen Geschäften die **Gültigkeit versagen** (§ 1 Rn 40 ff). Insbesondere Verbotsgesetze im Sinne des § 134 BGB, die sich gegen den Inhalt einzelner Rechtsgeschäfte richten, berühren grundsätzlich nicht die Kaufmannseigenschaft.[2] Anders ist dies nach verbreiteter Auffassung erst, wenn das Gewerbe ausschließlich in der Vornahme derartiger Geschäfte besteht. In dieser Konstellation soll der Betrieb des Gewerbes rechtlich unmöglich sein.[3]

III. Betriebszulassungs- und Betriebsuntersagungsgründe im Eintragungsverfahren

1. Vorbemerkung. Das eigentliche Problem des § 7 betrifft den Einfluss öffentlich-rechtlicher Beanstandungsgründe auf das **Eintragungsverfahren**, d.h. die Frage, ob das Registergericht die Eintragung davon abhängig machen darf, dass der Zugang zu dem beabsichtigten Betrieb auch nach dem Gewerbe- und dem sonstigen öffentlichen Rechts gesichert ist, gegebenenfalls hierüber einen Nachweis verlangen kann und, wenn entsprechende Bedenken (z.B. wegen fehlender Konzession) nicht ausgeräumt sind, die Eintragung zu versagen hat. In diesem Fall könnten, wenn die Eintragung – wie bei Kann-Kaufleuten – konstitutiv ist, die aus dem öffentlichen Recht folgenden Bedenken jedenfalls das **Entstehen der Kaufmannseigenschaft verhindern**, wenn das Registergericht aus den vorgenannten Gründen die Eintragung ablehnt. Für die Lösung dieses Problems ist zwischen Formkaufleuten (Rn 7 ff) und anderen Kaufleuten (Rn 10 ff) zu unterscheiden.

2. Formkaufleute. Eine **Aktiengesellschaft**, eine **Kommanditgesellschaft auf Aktien** sowie eine **Gesellschaft mit beschränkter Haftung**, deren Betrieb eine gewerberechtliche Erlaubnis benötigt, hatte bis zum Inkrafttreten des Gesetzes zur Modernisierung des GmbH-Rechts und zur Bekämpfung von Missbräuchen (MoMiG) bei der Anmeldung zur Eintragung den **Nachweis der Konzessionserteilung** zu erbringen (§§ 37 Abs. 4 Nr. 5, 278 Abs. 3 AktG a.F.; § 8 Abs. 1 Nr. 6 GmbHG a.F.). Deren Vorliegen hatte das Registergericht zu prüfen und bei fehlendem Nachweis die Eintragung in das Handelsregister zu versagen.[4] Dabei war das Registergericht an die rechtliche Beurteilung seitens der Genehmigungsbehörde gebunden, insbesondere war es ihm verwehrt, die Genehmigungspflicht für das Gewerbe abweichend von der Rechtsansicht der Genehmigungsbehörde zu bejahen und wegen fehlender Konzession die Eintragung zu verweigern.[5] Wegen der Aufhebung von § 37 Abs. 4 Nr. 5 AktG sowie § 8 Abs. 1 Nr. 6 GmbHG verhindern die gewerberechtlichen Zulassungserfordernisse jedoch nicht mehr die Erlangung der Kaufmannseigenschaft bei den vorgenannten Gesellschaften und gleichen für diese die Rechtslage an diejenige für

---

[2] Baumbach/*Hopt* Rn 2; Ebenroth/Boujong/Joost/Strohn/*Kindler* Rn 8; Oetker/*Körber* Rn 6.
[3] Baumbach/*Hopt* Rn 2; Heymann/*Emmerich* Rn 3; Röhricht/v. Westphalen Rn 3; **aA** Ebenroth/Boujong/Joost/Strohn/*Kindler* Rn 6.
[4] Baumbach/*Hopt* Rn 5; Ebenroth/Boujong/Joost/Strohn/*Kindler* Rn 7; GK-HGB/*Ensthaler* Rn 2; Heymann/*Emmerich* Rn 4; Koller/*Roth*/Morck Rn. 2; MünchKommHGB/*Krafka* Rn 4; Röhricht/v. Westphalen Rn 5.
[5] BayObLG Rpfleger 2000, 458; ebenso MünchKommHGB/*Krafka* Rn 4.

§ 7   1. Buch. Handelsstand

Einzelkaufleute und Personenhandelsgesellschaften an. Zur Eintragung in die Handwerksrolle (Rn 9).

8   Das gleiche gilt unverändert noch nach § 11a Abs. 2 GenG für die **Genossenschaft**, da deren Eintragung auch dann abzulehnen ist, „wenn nach den persönlichen und wirtschaftlichen Verhältnissen (…) der Genossenschaft eine Gefährdung der Belange der Genossen oder der Gläubiger zu besorgen ist". Das dürfte stets dann der Fall sein, wenn der nicht konzessionierte Betrieb die Schließung oder Auflösung der Genossenschaft nach § 81 GenG zur Folge haben würde.[6] Entsprechendes gilt für alle **anderen juristischen Personen**, die nach § 33 in das Handelsregister einzutragen sind,[7] sowie wegen § 43 KWG für Kreditinstitute[8].

9   In den in Rn 8 genannten Fällen gewinnt daher das öffentliche Recht jedenfalls durch die gewerberechtlichen Zulassungserfordernisse auch für die Kaufmannseigenschaft Bedeutung. Es stellt die erworbene Kaufmannseigenschaft zwar nicht in Frage, wohl aber kann sie deren Erlangung verhindern. Das gilt auch für die Eintragung in die **Handwerksrolle**; diese steht einer staatlichen Genehmigung gleich.[9] Diese hat jedoch im Hinblick auf die in Rn 7 genannten Gesellschaften ihre Bedeutung als Voraussetzung für die Erlangung der Kaufmannseigenschaft verloren.[9a] Mit dem Verzicht auf die behördliche Genehmigung als Eintragungsvoraussetzung ist auch der von der Rechtsprechung des Bundesgerichtshofes befürworteten Gleichstellung die dogmatische Grundlage entzogen.

10   **3. Einzelkaufleute und Personenhandelsgesellschaften.** Ob die Grundsätze in Rn 7 bis 9 auch für Einzelkaufleute und Personenhandelsgesellschaften gelten, ist streitig, wobei zwischen gewerberechtlichen und sonstigen Sperren repressiver Art sowie berufsrechtlichen Beschränkungen zu unterscheiden ist.

11   a) **Gewerberechtliche Sperren und Sperren sonstiger repressiver Art.** Für die Forderung, das Registergericht müsse bei jeder Anmeldung nach § 29 im Eintragungsverfahren ihm bekannte öffentlich-rechtliche Betriebsuntersagungs-, Gewerbehinderungsgründe oder fehlende Konzessionen berücksichtigen, um die Eintragung abzulehnen, wurde früher im Anschluss an eine Entscheidung des AG Hamburg[10] auf die „Einheit der Rechtsanordnung" verwiesen.[11] Das Registergericht dürfe nicht verpflichtet sein, gewerberechtlich verbietbaren Unternehmungen durch Eintragung in das Handelsregister zu ihrer vollen Legitimation oder – in den Fällen der §§ 2 und 3 – zur Kaufmannseigenschaft überhaupt zu verhelfen.

12   Die Auffassung verkennt den Zweck des Handelsregisters. Dieses soll dem eingetragenen Unternehmen nicht den „Anschein des Rechtmäßigen" verleihen,[12] sondern der Öffentlichkeit ein zugängliches Verzeichnis der tatsächlich betriebenen kaufmännischen

---

[6] Im Ergebnis wie hier Baumbach/*Hopt* Rn 5; Heymann/*Emmerich* Rn 4; MünchKomm-HGB/*Krafka* Rn 4; Röhricht/v. Westphalen Rn 5 sowie bereits KG JW 1936, 942; JFG 18, 88; OLG Neustadt MDR 1954, 302.
[7] So Baumbach/*Hopt* Rn 5; Ebenroth/Boujong/Joost/Strohn/*Kindler* Rn 9; MünchKommHGB/*Krafka* Rn 5; Röhricht/v. Westphalen Rn 5.
[8] Baumbach/*Hopt* Rn 5; Ebenroth/Boujong/Joost/Strohn/*Kindler* Rn 9; MünchKomm-HGB/*Krafka* Rn 5.
[9] BGHZ 102, 209 (211); zust. Baumbach/*Hopt* Rn 5; Ebenroth/Boujong/Joost/Strohn/*Kindler* Rn 7; Röhricht/v. Westphalen Rn 5; ablehnend Großkomm/*Ensthaler* Rn 1; *Winkler* ZGR 1987, 107; **aA** noch OLG Braunschweig Rpfleger 1977, 363; OLG Frankfurt OLGZ 1983, 25; OLG Schleswig Rpfleger 1982, 186; OLG Stuttgart GewArch. 1980, 232.
[9a] Ebenso Oetker/*Körber* Rn 10.
[10] JW 1936, 1226.
[11] So zuletzt noch *J. v. Gierke* in der 8. Aufl. seines Lehrbuchs S. 49 (die 9. Aufl. ist darauf nicht mehr zurückgekommen).
[12] *Full* DNotZ 1957, 643 sowie MünchKommHGB/*Krafka* Rn 2.

Unternehmen zur Verfügung stellen, ohne zugleich Aussagen über die gewerberechtliche Zulässigkeit des Betriebes zu treffen.[13] Weder könnte das Registergericht durch Versagung der Eintragung den kaufmännischen Betrieb stets verhindern, noch könnte es die Eintragung die zuständige Verwaltungsbehörde verwehren, gegen den gewerberechtlich unzulässigen Betrieb einzuschreiten und diesen gegebenenfalls stillzulegen. Nicht das Registergericht hat den Gewerbezweig vor vorschriftswidrig betriebenen Unternehmen zu bewahren, sondern umgekehrt beeinflusst das Vorgehen der Verwaltungsbehörde die Führung des Registers, indem es durch Stilllegung des Unternehmens dem Registergericht gegebenfalls (Rn 2, 3) ermöglicht, im Register die Löschung des Unternehmens herbeizuführen oder dies nach § 31 Abs. 2 S. 2 von Amts wegen zu bewirken.[14]

Nach teilweise vertretener Auffassung soll jedoch eine Ausnahme bei einer „evidenten und nicht alsbald behebbaren gewerberechtlichen Unzulässigkeit" gelten.[15] Auch diese Einschränkung ist mit dem Zweck des Handelsregisters nicht vereinbar. Wollte man über § 7 Kaufleute, bei denen gewerbepolizeiliche Unstimmigkeiten hinsichtlich der Ausübung ihres Gewerbes bestehen, von der Eintragung (wenn auch nur einstweilen) ausnehmen, so würde dies das Gegenteil von Rechtsklarheit, der das Register dienen soll, erreichen. Es würden zwei Klassen von Kaufleuten geschaffen: solche, die eingetragen sind, und solche, die trotz Kaufmannseigenschaft im Handelsregister rechtens nicht zu finden wären. Das aber liefe den Interessen des Rechtsverkehrs zuwider. Ob dem Registergericht gewerberechtliche Bedenken bekannt sind, kann vom Zufall abhängen. In immer größerem Umfange gehören solche Bedenken dem Landesrecht an, möglicherweise einem anderen als dem am Sitz des Registergerichts geltenden; landesrechtliche Aus- und Durchführungsbestimmungen werden ständig differenzierter und entziehen sich jeder Überschaubarkeit. Das würde letztlich bedeuten, dass das Registergericht Sondervorschriften, wie sie für die Aktiengesellschaft und die GmbH bislang galten (Rn 7), im Recht des Einzelkaufmanns und der oHG bzw. KG anwendet, wo sie ersichtlich keinen Platz haben und, wie die seit ihrer Schaffung unverändert gebliebene Fassung des § 7 erkennen lässt, auch nicht haben sollen. Diese Auffassung entspricht heute der überwiegenden Ansicht in der Rechtsprechung[16] und im Schrifttum[17].

Aus den in Rn 13 genannten Gründen darf das Registergericht die Eintragung in keinem Falle von der Behebung öffentlich-rechtlicher Bedenken gegen die Ausübung des Betriebes abhängig machen, selbst wenn ihm diese amtlich bekannt geworden sind, geschweige denn aufgrund etwaiger Bedenken von Amts wegen ermitteln.

b) Berufsrechtliche Barrieren als Problem des freien Zusammenschlusses zu Personenhandelsgesellschaften. Ein Teilproblem aus dem in Rn 11 bis 14 behandelten betrifft die früher häufig diskutierte Frage, ob eine oHG oder KG zum Betrieb eines handwerklichen Unternehmens durch Zusammenschluss eines **in die Handwerksrolle eingetragenen Handwerkers** mit einer nichtrollenfähigen Persönlichkeit, etwa einem rein kaufmännischen Teilhaber begründet werden kann.[18] Bereits die Novelle der HandwO im Jahre 1965 hatte mit der Neufassung des damaligen § 7 Abs. 4 HandwO dieser Streitfrage den Boden ent-

---

[13] Heymann/*Emmerich* Rn 6.
[14] KG JFG 18, 93.
[15] So OLG Düsseldorf BB 1985, 1933; K. *Schmidt* HandelsR, § 9 IV 2b, dd.
[16] BayObLG MDR 1978, 759; OLG Celle DB 1972, 145.
[17] Baumbach/*Hopt* Rn 6; Ebenroth/Boujong/Joost/Strohn/*Kindler* Rn 5; Heymann/*Emme*rich Rn 5; Koller/*Roth*/Morck Rn 2; Oetker/*Körber* Rn 11; MünchKommHGB/*Krafka* Rn 6; *Röhricht*/v. Westphalen Rn 4 sowie aus dem älteren Schrifttum *Auweder* Rpfleger 1962, 48; *Droste* DB 1955, 1007; *Full* DNotZ 1957, 643 (645).
[18] Näher zum Streitstand die Vorauflage bei Rn 10 f.

zogen. Seitdem sind Zusammenschlüsse zum Betrieb eines handwerklichen Gewerbes in der Rechtsform einer Personenhandelsgesellschaft auch handwerksrechtlich gestattet, sofern nur einer der persönlich haftenden Gesellschafter die Handwerksrollenfähigkeit besitzt. Entsprechendes legt § 7 Abs. 1 HandwO nach Aufhebung von § 7 Abs. 4 HandwO nunmehr in allgemeiner Form fest. Für verwandte Fragestellungen bleibt das Problem jedoch bestehen, so z.B. bei der **als Handelsgesellschaft betriebenen Apotheke,** wenn einer der Teilhaber nicht approbierter Apotheker ist, und der **Wirtschaftsprüfungsgesellschaft,** wenn eine ihr als persönlich haftender Gesellschafter angehörende Person (§ 28 Abs. 2 WPO) nicht über die behördliche Genehmigung zum Beitritt verfügt.

16 Die richtige Lösung folgt auch in derartigen Konstellationen aus § 7. Die Bedenken gegen eine allzu unkritische Heranziehung des § 134 BGB, hat bereits *Full*[19] überzeugend dargelegt. Nicht der Gesellschaftsvertrag als solcher, sondern erst sein Vollzug in der Ausschließlichkeit der konzessionspflichtigen Betätigung könnte gegen das Gesetz verstoßen; und selbst dann bliebe noch offen, ob nicht das „Betreiben des Gewerbes" im Sinne der einschlägigen gewerberechtlichen Bestimmungen etwas anderes wäre als das unternehmerische „Betreiben" der oHG im Sinne des HGB durch alle Gesellschafter. Die Versagung der Eintragung könnte jedenfalls, solange die fachlich-technische Betätigung durch den dafür zugelassenen Teilhaber geschieht, den **unternehmerischen Betrieb** nicht einmal verhindern; sie hätte im Ergebnis nichts anderes als eine Verlagerung des Problems auf den Scheinkaufmann zur Folge. Schwierigkeiten dieser Art treten bei richtiger Anwendung des § 7 nicht auf. Ist das Unternehmen groß genug, um einen kaufmännischen Geschäftsbetrieb zu erfordern, so wird es durch Hinzunahme des nicht „approbierten" Teilhabers zur oHG bzw. KG. Anderenfalls erwirbt es diesen Rechtsstatus durch die vollzogene Eintragung als oHG bzw. KG. Das Registergericht hat weder zu prüfen, ob jeder der Teilhaber für seine Person Zulassungsträger ist oder vom Zulassungserfordernis befreit ist, noch ob der Gesellschaftsvertrag absichert, dass der „technische" Betrieb des Unternehmens nur durch den Zulassungsträger erfolgt. Die Apotheken-oHG hat mithin einen gültigen Gesellschaftsvertrag und ist eintragungsfähig. Das gilt selbst dann, wenn dem Registergericht bekannt sein sollte, dass ein Teilhaber nicht die Approbation als Apotheker hat.[20] Entsprechendes gilt für die Wirtschaftsprüfungsgesellschaft-oHG/KG. Wenn das Gesetz diese als Zusammenschluss von Nichtkaufleuten zulässt (§ 27 WPO), kann das Registergericht nicht den Nachweis der öffentlich-rechtlich vorbehaltenen Zulassung des einzelnen, nicht berufsständisch ausgewiesenen Teilhabers zur gemeinsamen Berufsausübung verlangen.

IV. Privatrechtliche Beschränkungen

17 Beschränkungen privatrechtlicher Art lassen, unabhängig davon, ob sie auf **Vertrag oder Gesetz** beruhen, ebenfalls die **Vorschriften des HGB über Kaufleute** unberührt.[21] **Gesetzliche Beschränkungen** enthalten z.B. die §§ 60 und 112, ferner die §§ 88, 284 AktG sowie § 34 VAG; durchweg handelt es sich um einen ohne Einwilligung unzulässigen Wettbewerb. **Vertragliche Beschränkungen** sind für das Registergericht ohnehin bedeutungslos.

---

[19] DNotZ 1957, 639 ff.
[20] KG NJW 1958, 1827.
[21] Baumbach/*Hopt* Rn 4; Ebenroth/Boujong/Joost/Strohn/*Kindler* Rn 4; Heymann/*Emmerich* Rn 8; MünchKommHGB/*Krafka* Rn 7; Röhricht/v. Westphalen Rn 6.

ZWEITER ABSCHNITT

Handelsregister

§ 8
Handelsregister

(1 Das Handelsregister wird von den Gerichten elektronisch geführt.
(2) Andere Datensammlungen dürfen nicht unter Verwendung oder Beifügung der Bezeichnung „Handelsregister" in den Verkehr gebracht werden.

Schrifttum

Adler Das Handelsregister, seine Öffentlichkeit und sein öffentlicher Glaube, 1908; *Ammon* Die Prüfungsbefugnisse des Registergerichts bei GmbH-Anmeldungen – besteht Reformbedarf? DStR 1995, 1311; *Apfelbaum* Wichtige Änderungen für Notare durch das EHUG jenseits der elektronischen Handelsregisteranmeldung, DNotZ 2007, 166; *Auer* Die antizipierte Anmeldung bei der GmbH, DNotZ 2000, 498; *Bärmann* Freiwillige Gerichtsbarkeit und Notarrecht, 1968; *Bärwaldt* Befreiung vom Verbot des Selbstkontrahierens, Rpfleger 1990, 102; *Baums* Eintragung und Löschung von Gesellschafterbeschlüssen, 1981; *Bezzenberger* Verfahrensgrundsätze aktienrechtlicher FG-Angelegenheiten, in FS Priester, 2007, S. 23; *Bock* Ein Anschlag auf das Handelsregister? ZRP 1995, 244; *Boesebeck* In-Sich-Geschäfte des Gesellschafter-Geschäftsführers einer Ein-Mann-GmbH, NJW 1961, 481; *Bokelmann* Anmeldung und Eintragung der Vertretungsbefugnis von Geschäftsführern und Vorstandsmitgliedern nach neuem EWG-Recht, NJW 1969, 2120; *ders.* Der Einblick in das Handelsregister, DStR 1991, 945; *ders.* Übernahme des Handelsregisters durch die Industrie- und Handelskammer? WM 1992, 1563; *ders.* Eintragung eines Beschlusses: Prüfungskompetenz des Registerrichters bei Nichtanfechtung, rechtsmissbräuchlicher Anfechtungsklage und bei Verschmelzung, DB 1994, 1341; *Brand* Das Prüfungsrecht und die Prüfungspflicht des Registerrichters, ZBlHR 1928, 97; *Brüggemann* Die neuen Aufgaben des Rechtspflegers im Handelsregisterrecht, Rpfleger 1970, 198; *Bühler* Die Befreiung des Geschäftsführers der GmbH von § 181 BGB, DNotZ 1983, 588; *Christ/Müller-Helle* Veröffentlichungspflichten nach dem neuen EHUG, 2007; *Clausnitzer/Blatt* Das neue elektronische Handels- und Unternehmensregister, GmbHR 2006, 1303; *Cohn* Das Handels- und Genossenschaftsregister, 3. Aufl., 1910; *Cunio* Das Handelsregister als Beweismittel, HansRGZ 1936, 215; *Dauner-Lieb/Linke* Digital gleich optional? DB 2006, 767; *DAV-Handelsrechtsausschuss* Stellungnahme zum Entwurf eines Gesetzes über elektronische Handelsregister- und Genossenschaftsregister sowie das Unternehmensregister (EHUG), NZG 2005, 586; *Dieckmann* Verbesserung durch Verlagerung? – Zur künftigen Führung des Handelsregisters, ZRP 2000, 44; *Dierck* Zum Recht auf Einsicht in das Handelsregister, CR 1991, 280; *Drischler* Verfügung über die Führung und Einrichtung eines Handelsregisters (Handelsregisterverfügung), 5. Aufl., 1983; *Ehrenberg* Rechtssicherheit und Verkehrssicherheit mit besonderer Rücksicht auf das Handelsregister, JherJb. 47 (1904), 273; *ders.* Handelsregistergericht und Prozessgericht, Prüfungspflicht und Prüfungsrecht des Registergerichts, JherJb. 61 (1912), 423; *Fehrenbacher* Registerpublizität und Haftung im Zivilrecht, 2004; *Fester* Die Bedeutung des Eintrags im Handelsregister, 1912; *Frels* Handelsregisterliche Fragen bei der Vorstandsbestellung, AG 1967, 227; *Frenz* Das Handelsregisterverfahren nach dem Handelsrechtsreformgesetz – Auswirkungen für die Notarpraxis, ZNotP 1998, 178; *Frey* Die Beteiligung der Industrie- und Handelskammern bei Eintragungen in das Handelsregister, BB 1965, 1208; *Gernoth* Das deutsche Handelsregister, telekommunikative Steinzeit im

Zeichen des europäischen Wettbewerbs, BB 2004, 837; *Geßler* Harmonisierung des Rechts des Handelsregisters als Folge der Harmonisierung des Gesellschaftsrechts, Rpfleger 1967, 262; *Göppert* Eintragungen in das Handelsregister von besonderer Eigenart, 1934; *Groß* Eintragung und Anmeldung der Vertretungsbefugnis der Geschäftsführer der Gesellschaft m.b.H., Rpfleger 1970, 156; *ders.* Drei Einzelfragen zum Handelsregister, Rpfleger 1979, 175; *Gustavus* Handelsregister – quo vadis? GmbHR 1987, 253; *ders.* Möglichkeit zur Beschleunigung des Eintragungsverfahrens bei der GmbH, GmbHR 1993, 259; *ders.* Handelsregister-Anmeldungen, 6. Aufl., 2005; *Hager* Das Handelsregister, Jura 1992, 57; *Hinz* Die Reform des Handelsregisterrechts, in FS Helmrich, 1994, S. 795; *Hirte* Die kommerzielle Nutzung des Handelsregisters, CR 1990, 635; *Holzborn/Israel* Internationale Handelsregisterpraxis, NJW 2003, 3014; *Holzer* Das Registerverfahrensbeschleunigungsgesetz, NJW 1994, 481; *Kanzleiter* Registereintragung der Vertretungsbefugnis des GmbH-Geschäftsführers, Rpfleger 1984, 1; *Karsten* Das EHUG – ein weiterer Schritt auf dem Weg zu einem modernen Unternehmensrecht in Deutschland, GewArch 2007, 55; *Keilbach* Die Prüfungsaufgaben der Registergerichte, MittRhNotK 2000, 365; *Kirstein* Probleme des Handels- und Registerrechts, Rpfleger 1965, 131; *Klöhn* Dürfen Registergerichte Rechtsfragen offen lassen? ZIP 2003, 420; *J. Koch/Rudzio* Die Beweiskraft des Handelsregisters nach seiner Modernisierung, ZZP 122 (2009), 37; *Kögel* Aktuelle Handelsrechts-Entwicklung im europäischen Handlungsfeld, Rpfleger 2001, 277; *ders.* Die Bekanntmachung von Handelsregistereintragungen: Relikt aus dem vorvergangenen Jahrhundert, BB 2004, 844; *Kornblum* Zu den Änderungen des Registerrechts im Regierungsentwurf eines Handelsrechtsreformgesetzes, DB 1997, 1217; *Kort* Handelsregistereintragungen bei Unternehmensverträgen im GmbH-Konzernrecht – de lege lata und de lege ferenda, AG 1988, 369; *ders.* Paradigmenwechsel im deutschen Registerrecht: Das elektronische Handels- und Unternehmensregister – eine Zwischenbilanz, AG 2007, 801; *Krabbenhöft* Erbrechtliche Bestimmungen und Prüfungsrecht des Registergerichts in Firmensachen, Rpfleger 1948/49, 366; *Krafka* Das neue Handels- und Unternehmensregister, MittBayNot 2005, 290; *Kreutz* Die Bedeutung von Handelsregistereintragung und Handelsregisterbekanntmachung im Gesellschaftsrecht, Jura 1982, 626; *Kropff* Aufgaben des Registergerichts nach dem Aktiengesetz 1965, Rpfleger 1966, 33; *Lastig* Beiträge zur Geschichte des Handelsregisterrechts, ZHR 24 (1879), 387; *Liebscher/Scharff* Das Gesetz über elektronische Handelsregister und Genossenschaftsregister sowie das Unternehmensregister, NJW 2006, 3745; *Lindemann* Die Reichsgesetzgebung über die gerichtliche Registerführung, 1906; *Lindemeier* Die Eintragung des Nießbrauchs am Kommanditanteil im Handelsregister, RNotZ 2001, 155; *Lindthorst* Automation des Handelsregisters – ein Dauerthema? CR 1998, 590; *Lutter* Die Eintragung anfechtbarer Hauptversammlungsbeschlüsse im Handelsregister, NJW 1969, 1873; *Mattheus/Schwab* Kommanditistenhaftung und Registerpublizität, ZGR 2008, 65; *Melchior* Handelsregisteranmeldungen und EHUG – Was ist neu? NotBZ 2006, 409; *Melchior/Schulte* HandelsregisterVO, Online-Version 2008; abrufbar unter www.melchior-schulte.de (zuletzt abgerufen am 1. August 2008); *Menold* Das materielle Prüfungsrecht des Handelsregisterrichters, 1966; *Merkt* Unternehmenspublizität, 2001; *Meyding/Bödeker* Gesetzentwurf über elektronische Handelsregister und Genossenschaftsregister sowie das Unternehmensregister, BB 2006, 1009; *H. Meyer* Handelsregistererklärung und Widerruf der Prokura, ZHR 81 (1918), 365; *K. Müller* Zur Prüfungspflicht des Handelsregisterrichters und -rechtspflegers, Rpfleger 1970, 375; *Müller-Feldhammer* Grundzüge des Handelsregisterverfahrens, JA 1998, 873; *Müther* Die Rechtsprechung des EuGH und der Einfluss auf das deutsche Handelsregisterwesen, Rpfleger 2000, 316; *Nedden-Boeger* Das neue Registerrecht, FGPrax 2007, 1; *Noack* Online-Unternehmensregister in Deutschland und Europa – Bemerkungen zum Regierungsentwurf eines ERJuKoG, BB 2001, 1261; *ders.* Elektronische Publizität im Aktien- und Kapitalmarktrecht in Deutschland und Europa, AG 2003, 537; *ders.* Amtliche Unternehmenspublizität und digitale Medien, in FS Ulmer, 2003, S. 1245; *ders.* Das EHUG ist beschlossen – elektronische Handels- und Unternehmensregister ab 2007, NZG 2006, 801; *ders.* Die Publizitätswirkungen des Handelsregisters (§§ 11, 15 HGB) nach dem EHUG, in FS Eisenhardt, 2007, S. 477; *Pabst* Unzulässige, ungenaue und überflüssige Registereinträge, DNotZ 1957, 393; *Piorreck,* Unheilige Allianz, Zum Streit um die Führung des Handelsregisters, DRiZ 1993, 290; *Reithmann,* Die Aufgaben öffentlicher Register, DNotZ 1979, 67; *Richert* Die Heilbarkeit rechtlich mangelhafter Registeranmeldungen durch Eintragung, NJW 1958, 894; *ders.* Kann die Auflösung einer nicht eingetragenen OHG in das Handelsregister eingetragen werden? DRiZ 1955, 157; *Ries* Elektronische Handels- und Unternehmensregister, Rpfleger 2006, 233; *ders.* Das Handelsregister nach dem Inkrafttreten des EHUG, Rpfleger 2007, 252; *Säcker* Inhaltskontrolle von Satzungen mitbestimmter Unternehmen durch das Registergericht, in FS Stimpel, 1985, S. 867; *Scheel* Befristete und bedingte Handelsregistereintragungen bei Umstrukturierungen von Kapitalgesellschaften, DB 2004, 2355; *Schemmann* Die Neufassung der ersten gesellschaftsrechtlichen Richtlinie, GPR 2003/04, 92; *Schemmann/Solveen* Das elektronische Handelsregister im Echtbetrieb – Wirklichkeit und Vision, ZIP 2001, 1518; *Schlotter* Das EHUG ist in Kraft getreten: Das Recht der Unternehmenspublizität hat eine neue Grundlage, BB 2007, 1; *Schmahl* Der DIHT und das Handelsregister, ZRP 1995, 54; *Schmatz* Übersicht über die Rechtsprechung in Registersachen, DNotZ 1955, 478; 1956, 526; 1958, 231; *C. H. Schmidt* Digitalisierung der Registerführung und Neuregelung der Unternehmenspublizität: was bringt das EHUG? DStR 2006, 2272; *E. Schmidt* Die Überwachungspflicht des Rechtspflegers in Handelsregister-, Testaments- und Grundbuchsachen, Rpfleger 1950, 265; *K. Schmidt* Sein – Schein – Handelsregister, JuS 1977, 209; *Schmidt-Kessel* Die Gemeinschaftspraxis des Handelsregisters, GPR 2006, 6; *U.H. Schneider* Die Fortentwicklung des Handelsregisters zum Konzernregister, WM 1986, 181; *Schöpe* Rechtsprobleme der Reorganisation des Handelsregisters, ZRP 1999, 449; *Scholz* Die Einführung elektronischer Handelsregister im Europarecht, EuZW 2004, 172; *Schroeder/Oppermann* Die Eintragungsfähigkeit der kaufmännischen Generalvollmacht in das Handelsregister, JZ 2007, 176; *Schuhmacher* Handelsregisterliche Anmeldungen, die Minderjährige betreffen, Rpfleger 1948/49, 256; *Seibert/Decker* Das Gesetz über elektronische Handelsregister und Genossenschaftsregister sowie das Unternehmensregister (EHUG), DB 2006, 2446; *Seidel* Die Grenzen der registerlichen Aufsicht, DFG 1937, 173; *Siebelt* Der Entwurf eines Registerverfahrensbeschleunigungsgesetzes, NJW 1993, 2517; *Sikora/Schwab* Das EHUG in der notariellen Praxis, MittBayNot 2007, 1; *Spindler* Abschied vom Papier? Das Gesetz über elektronische Handelsregister und Genossenschaftsregister sowie das Unternehmensregister, WM 2006, 109; *Stober* Handelsregister und Selbstverwaltungskörperschaften der Wirtschaft, 1998, *ders.* Handelsregister und Kammern, ZRP 1998, 224; *Stumpf* Das Handelsregister nach der HGB-Reform, BB 1998, 2380; *Ulmer* Handelsregisterführung durch die Industrie- und Handelskammern, ZRP 2000, 47; *Waldner* Handelsregisteranmeldungen auf Vorrat, ZNotP 2000, 188; *Walter* Registerverfahren-Beschleunigungsgesetz: Die Zukunft hat auch im Handels- und Genossenschaftsregister begonnen, MDR 1994, 429; *Wiener* Das Prüfungsrecht und die Prüfungspflicht des Registerrichters des Handelsregisters, 1933; *Willer/Krafka* Die elektronische Einreichung von Handelsregisteranmeldungen aus Sicht der Registerpraxis, DNotZ 2006, 885; *Zöllner* Vereinheitlichung der Informationswege bei Aktiengesellschaften, NZG 2003, 354.

Übersicht

	Rn		Rn
I. Funktionen des Handelsregisters	1–3	2. Elektronische Registerführung	23–24
1. Das Handelsregister als Publizitätsmittel	1–2	3. Bezeichnungsschutz des Handelsregisters (§ 8 Abs. 2)	25–30
2. Das Registerverfahren als Kontrollverfahren	3	a) Normzweck und Schutzgehalt	25–27
		b) Rechtsfolgen bei Verstoß	28–30
II. Historische und aktuelle Entwicklung	4–10	VI. Die eintragungsfähigen Tatsachen	31–76
1. Ursprünge des Handelsregisters	4–5	1. Begriff und Bedeutung	31–32
2. Aktuelle Entwicklungen	6–10	2. Eintragungs- und Anmeldepflicht	33–34
III. Gesetzliche Grundlagen	11–12	3. Gesetzlich normierte Fälle einer erzwingbaren Anmeldepflicht	35–39
IV. Das Registergericht	13–20	a) Handelsrecht	35–37
1. Sachliche Zuständigkeit	13	b) Aktienrecht und GmbH-Recht	38–39
2. Örtliche Zuständigkeit	14–15	4. Gesetzlich normierte Fälle nur eintragungsfähiger Tatsachen	40–44
3. Funktionelle Zuständigkeit	16–18	5. Eintragungsfähigkeit und Anmeldepflicht ohne gesetzliche Anordnung	45–49
4. Mitwirkung sonstiger Organe	19–20		
V. Das Handelsregister	21–30		
1. Aufgliederung des Handelsregisters	21–22	a) Fälle ungeschriebener Eintragungsfähigkeit	45–46

	Rn
b) Weitergehende Anerkennung einer ungeschriebenen Anmeldepflicht	47–49
6. Nicht eintragungsfähige Tatsachen	50–51
7. Befristete und bedingte Handelsregistereintragung	52–53
8. Spezielle Fallgruppen	54–76
a) Ausnahmen vom Verbot des Selbstkontrahierens	54–64
aa) Grundsätzliche Anmeldepflicht für GmbH-Geschäftsführer	54–55
bb) Geltung auch bei beschränkter Befreiung	56–57
cc) Inhaltliche Ausgestaltung	58–61
dd) Übertragbarkeit auf andere Gesellschaftsformen	62
ee) Befreiung des Prokuristen	63
ff) Sonderfall: GmbH & Co. KG	64
b) Unternehmensverträge	65–67
c) Testamentsvollstreckervermerke	68
d) Erweiterung der Prokura	69
e) Generalvollmacht	70
f) Stellvertretender Geschäftsleiter	71
g) Veränderungen in den Personalien der Gesellschafter	72
h) Berufsbezeichnungen und Titel	73
i) Fortsetzungsbeschlüsse nach Auflösung von OHG oder KG	74
j) Vor-GmbH & Co. KG	75
k) Ausländische Kapitalgesellschaft & Co. KG	76
VII. Das Eintragungsverfahren	77–115
1. Antragsverfahren und Amtsverfahren	77–78
2. Die Prüfung durch das Gericht	79–95
a) Formelle Prüfung	79
b) Materielle Prüfung	80–95
aa) Inhaltliche Richtigkeit der Anmeldung als Eintragungsvoraussetzung	80–81
bb) Rechtsgrundlage	82
cc) Prüfungsgegenstand	83–84
dd) Prüfungstiefe	85–92
(1) Grundsätzliches	85–87
(2) Deklaratorische Eintragungen	88
(3) Konstitutive Eintragungen	89–92

	Rn
ee) Prüfungsrecht und Prüfungspflicht	93
ff) Abgeschwächter Prüfungsmaßstab bei Rechtsprüfung?	94
gg) Zeitpunkt der Prüfung	95
3. Einzelne Sachbereiche der Prüfung	96–115
a) Gründungsprüfung	96–102
aa) Allgemeines	96–98
bb) Gründungsprüfung und Sachgründung	99–100
cc) Prüfung von Satzungsregeln	101
dd) Keine Prüfung der Zweckmäßigkeit und der Kapitalausstattung	102
b) Mantelgründung und -verwendung	103–104
c) Prüfung von Hauptversammlungsbeschlüssen	105–115
aa) Grundsätzliches	105
bb) Nichtigkeit und Unwirksamkeit	106
cc) Anfechtbarkeit	107–112
(1) Angefochtener Beschluss	107–109
(2) Nicht angefochtener Beschluss	110–112
d) Firmenzulässigkeit	113–114
e) Ausländer als Organmitglieder	115
VIII. Die Rechtsfolgen der Eintragung	116–126
1. Deklaratorische Bedeutung und konstitutive Wirkung	116–122
a) Abgrenzung	116–119
b) Einzelfälle	120–122
2. Die beweisrechtliche Bedeutung der Eintragung	123–125
3. Heilung	126
IX. Die Entscheidungen des Registergerichts; Rechtsmittel und Rechtsbehelfe	127–138
1. Die Entscheidungen des Registergerichts	127–131
2. Rechtsmittel und Rechtsbehelfe	132–138
a) Beschwerde als regulärer Rechtsbehelf	132
b) Beschwerdegegenstand	133–134
c) Rechtsbeschwerde	135
d) Beschwerdeberechtigte	136–138
X. Amtshaftungsansprüche	139–143
XI. Löschung von Registereintragungen	144–145

I. Funktionen des Handelsregisters

1. Das Handelsregister als Publizitätsmittel. Einzelkaufleute, Personenhandels- und Kapitalgesellschaften sowie juristische Personen i.S.d. § 33 werden unter Bezeichnung ihrer wesentlichen Rechtsverhältnisse in das Handelsregister eingetragen. Der Zweck dieser Eintragung erschließt sich aus §§ 9 und 10: Jeder kann das Handelsregister einsehen, ohne ein berechtigtes Interesse darlegen zu müssen. Das Handelsregister ist also in erster Linie ein **Publizitätsmittel**, das über zentrale Unternehmensdaten Auskunft geben und damit den Schutz des Rechtsverkehrs erhöhen soll.[1] Da dieser Schutz im öffentlichen Interesse liegt, wird die Anmeldung nicht in das Belieben des Betroffenen gestellt, sondern zum Gegenstand einer öffentlich-rechtlichen Pflicht erhoben.[2] Zum Inhalt des Registers vgl. noch Rn 31 ff.

Die **Verlässlichkeit** der eingetragenen Tatsachen und Rechtsverhältnisse wird vornehmlich durch zwei Instrumentarien gewährleistet: Zum einen ist der Eintragung eine registergerichtliche Kontrolle der angemeldeten Tatsachen vorgeschaltet (Rn 3), die in abgeschwächter Form auch noch nach erfolgter Eintragung fortdauert; zum anderen eröffnet die materiell-rechtliche Vorschrift des § 15 Abs. 1 und 3 einen **Gutglaubensschutz** hinsichtlich der Richtigkeit und Vollständigkeit des Handelsregisters (§ 15 Rn 2, 18 ff). Das Vertrauen des Rechtsverkehrs in eine Handelsregistereintragung wird also auch dann geschützt, wenn sie nicht den Tatsachen entspricht. Während der so gestaltete Verkehrsschutz vornehmlich aus der Perspektive des Rechtsverkehrs gedacht ist, eröffnet § 15 Abs. 2 auch dem Kaufmann die Möglichkeit, das Handelsregister als Publizitätsmittel zu nutzen, um dem Rechtsverkehr bestimmte Tatsachen kundzutun und auf diese Weise einen anderweitigen Rechtsschein zu zerstören (s. dazu noch ausführlich § 15 Rn 24, 73 ff).[3]

2. Das Registerverfahren als Kontrollverfahren. Neben dieser Publizitätsfunktion erfüllt das Registerverfahren auch eine Kontrollfunktion in der Weise, dass der Eintragung eine **gerichtliche Prüfung** der einzutragenden Tatsache in formeller und materieller Hinsicht vorgeschaltet ist (s. dazu noch ausführlich Rn 79 ff).[4] Diese Kontrollfunktion steht nicht losgelöst neben der Publizitätsfunktion, sondern ergänzt sie. Die richterliche Kontrolle sorgt dafür, dass der Rechtsverkehr sich bis zu einem gewissen Grade auf die publizierten Tatsachen verlassen kann (s. Rn 2). Bei bestimmten Rechtsverhältnissen erschöpft sich die Kontrolle aber nicht in dieser dienenden Funktion, sondern geht noch darüber hinaus, und zwar in den Fällen, in denen die Eintragung als **konstitutive Wirksamkeitsvoraussetzung** zwingend vorgeschrieben ist (s. dazu Rn 38, 89 ff, 116 ff).[5] Diese

---

[1] Zur Publizitätsfunktion vgl. OLG München NZG 2005, 850 (851); Ebenroth/Boujong/Joost/Strohn/*Schaub* Rn 48 ff; MünchKomm-HGB/*Krafka* Rn 3 ff; *Ehrenberg* in: Ehrenbergs Hdb., Band I, S. 531 ff; *Fehrenbacher* S. 147 ff; *Menold* S. 151 ff. Zu den Parallelen zu anderen Registerformen vgl. *Fehrenbacher* S. 25 ff; *Keilbach* MittRhNotK 2000, 365 ff; *Reithmann* DNotZ 1979, 67 ff.

[2] Röhricht/v. Westphalen/*Ammon* Rn 4.

[3] S. auch MünchKommHGB/*Krafka* Rn 5. Für *Ehrenberg* in: Ehrenbergs Hdb., Band I, S. 531 ff liegt hier – und nicht im Verkehrsschutz – die zentrale Funktion des Registers. Diese Auffassung stützt sich allerdings auf die damals noch fehlende positive Publizität des Registers (aaO, S. 534), die mit der Ergänzung des § 15 Abs. 3 begründet wurde (s. § 15 Rn 4 ff).

[4] Vgl. dazu auch Ebenroth/Boujong/Joost/Strohn/*Schaub* Rn 51 ff; MünchKommHGB/*Krafka* Rn 8 ff; *Ehrenberg* in: Ehrenbergs Hdb., Band I, S. 535 f; Fleischhauer/*Preuß* Kap. A Rn 9 ff; *Bokelmann* DStR 1991, 945 (947); *Ulmer* ZRP 2000, 47 (49).

[5] Vgl. dazu MünchKommHGB/*Krafka* Rn 12 f; *Ulmer* ZRP 2000, 47 (49 mit Fn 26).

Ausgestaltung dient im Regelfall dazu, eine richterliche Prüfung zu ermöglichen und damit zu gewährleisten, dass bestimmte Voraussetzungen der gewollten Rechtswirkung vorhanden sind.[6] In diesem Fall nimmt das Registergericht eine Rechtskontrolle in der Art einer **Rechtsaufsichtsbehörde** vor.[7] Dieser präventiven Kontrolle kommt besondere Bedeutung im Kapitalgesellschaftsrecht zu, wo die Eintragungsvoraussetzung sicherstellen soll, dass die gesetzlichen Normativbestimmungen für die Entstehung der Gesellschaft eingehalten worden sind.[8] Zu der aus der Kontrollfunktion folgenden Funktion der Registereintragung als Beweisträger vgl. noch Rn 123 ff.

II. Historische und aktuelle Entwicklung

4 1. **Ursprünge des Handelsregisters.** Als Ursprünge des Handelsregisters werden oft die mittelalterlichen Gilderollen erwähnt, die aber in erster Linie internen Zwecken dienten, indem sie die Zugehörigkeit zu einer bestimmten Gilde dokumentierten.[9] Ähnliches gilt für die im 13. Jahrhundert in Italien geschaffenen Zunftmatrikel, in denen Informationen über erteilte Vollmachten, Handelsgesellschaften und Marken publiziert wurden, ohne dass diesen Informationen eine drittschützende Wirkung zugeordnet war.[10] Ein erster sicherer Ausgangspunkt für die Schaffung des heutigen Handelsregisters ist daher erst in den Verzeichnissen wechselfähiger Personen sowie in den Gesellschafts- und Prokurenregistern zu sehen, die im **17. Jahrhundert** zunächst in Frankreich, ab dem 18. Jahrhundert auch partikularrechtlich in einzelnen deutschen Staaten eingeführt wurden.[11] Die Einrichtung dieser Register diente nicht einer internen Zunftdokumentation, sondern dem **Publizitätsinteresse des Rechtsverkehrs** und kann deshalb als Vorläufer des heutigen Handelsregisters aufgefasst werden.[12]

5 Eine allgemeine gesetzliche Verankerung erhielten die registerrechtlichen Regelungen im deutschen Rechtsraum erstmals in den **Art. 12–14 ADHGB von 1861**. Auch hier hat die Errichtung des Handelsregisters aber keine erschöpfende Regelung gefunden. Namentlich die einzelnen anmeldepflichtigen Tatbestände waren über das gesamte Gesetz verstreut. Dieser **fragmentarische Charakter**, der bis heute erhalten geblieben ist, erklärt sich zum einen aus der Herkunft des Handelsregisters aus Verzeichnissen unterschiedlichen Zuschnitts. Zum anderen ist er aber auch darauf zurückzuführen, dass die damals noch zuständigen Einzelstaaten des Deutschen Bundes sich nur in beschränktem

---

[6] Allerdings lassen sich nicht sämtliche Fälle konstitutiv wirkender Eintragungen auf diese Funktion zurückführen; vgl. dazu bereits *Ehrenberg* in: Ehrenbergs Hdb., Band I, S. 535 f; *Göppert* S. 24 f; aus neuerer Zeit auch *Baums* S. 53 ff.

[7] Ebenroth/Boujong/Joost/Strohn/*Schaub* Rn 55; GroßkommAktG/*Wiedemann* § 181 Rn 25; Fleischhauer/*Preuß* Kap. A Rn 10.

[8] *Baums* S. 53 ff; *Ehrenberg* in: Ehrenbergs Hdb., Band I, S. 535 f; *Ulmer* ZRP 2000, 47 (49).

[9] *Fehrenbacher* S. 132; *Bokelmann* DStR 1991, 945; *Hinz* in: FS Helmrich, 1994, S. 795 (796); *Stober* ZRP 1998, 224 (225); zum Gildezwang vgl. *Rehme* in: Ehrenbergs Hdb., Band I, S. 213 f. Auch der Deutsche Industrie- und Handelstag verleiht seiner Forderung, die Registerführung auf die Industrie- und Handelskammern zu verlagern (s. noch Rn 13), unter Berufung auf diesen (vermeintlichen) Vorläufer den Anschein historischer Kontinuität.

[10] Vgl. dazu *Adler* S. 5 ff; *Fehrenbacher* S. 133; *Fester* S. 46 f; *Rehme* in: Ehrenbergs Hdb., Band I, S. 98; ausführlich *Lastig* ZHR 14 (1879), 387 (400 f).

[11] Vgl. dazu *Fester* S. 50 ff; ferner *Fehrenbacher* S. 133 f; *Merkt* S. 36 ff; *Rehme* in: Ehrenbergs Hdb., Band I, S. 214.

[12] *Fester* S. 50; *Bokelmann* DStR 1991, 945.

Umfang zu einer bundeseinheitlichen Parallelgesetzgebung bereit fanden.[13] Trotz der zwischenzeitlich herbeigeführten Einigung des Reiches hat aber auch die Einführung des HGB zu keiner umfassenderen Regelung geführt. **Registerrechtliche Vorschriften** finden sich in den einschlägigen Sachgesetzen, im FamFG, aber auch in der Handelsregisterverordnung (s. noch Anh.), die auf der Grundlage des § 387 Abs. 2 FamFG (§ 125 Abs. 3 FGG a.F.) erlassen worden ist.

2. Aktuelle Entwicklungen. Von den zahlreichen Änderungen des Handelsrechts in den letzten Jahrzehnten ist § 8 selbst lange Zeit unberührt geblieben. Reformen der Registerführung wurden nicht durch Änderung der grundlegenden Vorschrift des § 8 a.F., sondern durch die Anfügung weiterer (§§ 8a, 9a) oder die Neufassung bestehender Vorschriften (z.B. § 9) durchgeführt (s. die Erläuterungen dort), die unmittelbar die Art der Registerführung betreffen. Auch Vereinfachungen der registergerichtlichen Kontrolle, wie sie namentlich durch das Handelsrechtsreformgesetz vom 22.6.1998 (HRefG)[14] eingeführt wurden, beeinflussten selbstverständlich die in § 8 generell geregelte Registerführung, ohne dass die Bestimmung selbst eine Änderung erfuhr. **6**

Erst durch das **EHUG vom 10.11.2006**[15] ist der in seinen Grundzügen noch auf das ADHGB von 1861 zurückgehende und seit 1897 durchgängig unveränderte Wortlaut des § 8 a.F. neu gefasst worden. Die altertümliche Formulierung des § 8a a.F., wonach eine Führung des Registers „in maschineller Form als automatisierte Datei" zulässig sein soll, ist durch den Zusatz „elektronisch" in § 8 n.F. ersetzt worden (zu den Motiven für die Ergänzung des § 8 Abs. 2 s. Rn 25). Durch diese Einfügung wird das Handelsregister vollständig **auf einen digitalen Betrieb umgestellt**. Der Gesetzgeber trägt damit der immer lauter werdenden Kritik an dem „vorsintflutlichen" Zustand des deutschen Registerwesens Rechnung.[16] Die Organisation des Handelsregisters als lokal verwurzeltes Aktenarchiv war den Anforderungen einer globalisierten Wirtschaftswelt schon seit längerer Zeit ersichtlich nicht mehr gewachsen.[17] Der Zugriff auf die dort mit großem Organisationsaufwand zusammengetragenen Unternehmensdaten erwies sich als derart kostenträchtig und zeitintensiv, dass dieses Informationsangebot von der Praxis nur sehr zurückhaltend genutzt wurde. Damit wurde die grundsätzliche Eignung des Handelsregisters als Publizitätsmittel (Rn 1 f) zunehmend in Frage gestellt, obwohl gleichzeitig das generelle Bedürfnis nach unternehmerischer Publizität gestiegen war. **7**

Durch die Änderungen des EHUG soll dem Rechts- und Wirtschaftsverkehr der Zugang zu zentralen Unternehmensdaten erleichtert und auf diese Weise der Wirtschaftsstandort Deutschland für Investoren attraktiver gemacht werden.[18] Als Nebeneffekt verspricht man sich, dass die Erledigungsdauer von Handelsregisteranmeldungen weiter verkürzt wird,[19] was auch darin zum Ausdruck kommt, dass die bislang in § 25 HRV vorgesehene einmonatige Höchstfrist für Eintragungsentscheidungen durch die Vorgabe einer „unverzüglichen" (§ 121 Abs. 1 BGB) Entscheidung ersetzt worden ist (s. dazu **8**

---

[13] Vgl. bereits Voraufl. Rn 6 (*Hüffer*).
[14] BGBl. I, S. 590.
[15] Gesetz über elektronische Handelsregister und Genossenschaftsregister sowie das Unternehmensregister (EHUG) v. 10.11.2006 – BGBl. I, S. 2553.
[16] *Zöllner* NZG 2003, 354 (355); vgl. zum Folgenden ferner *K. Schmidt* HandelsR § 13 I 1b; *Menold* S. 152 ff; *Gustavus* BB 1979, 1175 ff; *Noack* in: FS Ulmer, 2003, S. 1245 (1258 f); speziell zur Bekanntmachung auch *Kögel* BB 2004, 844 ff.
[17] Zum internationalen Entwicklungsstand der Handelsregisterpraxis vgl. *Holzborn/Israel* NJW 2003, 3014 ff.
[18] RegE EHUG, BT-Drucks. 16/960, S. 34.
[19] RegE EHUG, BT-Drucks. 16/960, S. 36.

noch Rn 128).[20] Die Änderung des § 8 ist im weiteren Kontext des durch § 8b ebenfalls neu eingeführten **Unternehmensregisters** zu sehen, in dem die zersplitterten Unternehmensdaten aus dem Handelsregister und anderen Datenquellen in einem einheitlichen elektronischen Zugangsportal zusammengeführt werden (vgl. dazu noch die Ausführungen zu § 8b).[21] Zu den Änderungen der Rechnungslegung durch das EHUG vgl. die Ausführungen zu § 325.

9 Diese Umstellung auf einen digitalen Betrieb war bereits durch das Registerverfahrensbeschleunigungsgesetz vom 20.12.1993 eingeleitet worden.[22] Nach den Vorgaben dieses Gesetzes war den Ländern die Umstellung von dem bislang in Papierform geführten Handelsregister auf ein elektronisches Handelsregister zwar gestattet, aber **nicht zwingend vorgeschrieben**. Durch das Gesetz über elektronische Register und Justizkosten für Telekommunikation (ERJuKoG) vom 10.12.2001[23] und das erste Justizmodernisierungsgesetz vom 24.8.2004 wurde der Online-Abruf noch weiter erleichtert.[24] Trotzdem machten nicht alle Bundesländer von der Möglichkeit der Registerumstellung Gebrauch.

10 Den maßgeblichen Impuls für die endgültige bundesweite Umstellung hat das deutsche Registerrecht schließlich von europäischer Ebene erhalten.[25] Bereits die **Publizitätsrichtlinie** von 1968[26] schrieb für Kapitalgesellschaften umfangreiche Offenlegungspflichten vor, die durch Anmeldung zum Handelsregister zu erfüllen waren. Diese Vorgaben sind im Zuge der SLIM-Initiative (Simpler Legislation for the Internal Market)[27] der Kommission durch die **Offenlegungsrichtlinie** aus dem Jahr 2003[28] modernisiert worden, wobei auch die flächendeckende Einführung von elektronischen Handelsregistern bis 2007 verbindlich vorgeschrieben wurde (Art. 3 Abs. 2 Unterabs. 2 Publizitätsrichtlinie).[29] Da eine Zweiteilung des Registerwesens wenig sinnvoll gewesen wäre, hat der deutsche Gesetzgeber diese nur für Kapitalgesellschaften geltenden Vorschriften zum Anlass genommen, das gesamte Registerwesen im Zuge des EHUG (Rn 7) auf eine elektronische

---

[20] Krit. dazu *Ries* Rpfleger 2006, 233 (236 f); zu den Einzelheiten vgl. *Melchior/Schulte* § 25 Rn 14 f.

[21] Vgl. zum EHUG die Überblicksaufsätze von *Apfelbaum* DNotZ 2007, 166 ff; *Krafka* MittBayNot 2005, 290 ff; *Liebscher/Scharff* NJW 2006, 3745 ff; *Nedden-Boeger* FGPrax 2007, 1 ff; *Noack* NZG 2006, 801 ff; *Schlotter* BB 2007, 1 ff; *Seibert/Decker* DB 2006, 2446 ff; *Sikora/Schwab* MittBayNot 2007, 1 ff; *Willer/Krafka* DNotZ 2006, 885 ff.

[22] BGBl. I, S. 2182; vgl. dazu *Holzer* NJW 1994, 481 ff; *Siebelt* NJW 1993, 2517 ff; *Walter* MDR 1994, 429 ff.

[23] BGBl. I, S. 3422.

[24] Vgl. zu dieser Entwicklung RegE EHUG, BT-Drucks. 16/960, S. 35.

[25] Zum Einfluss des Europarechts auf das deutsche Handelsregisterwesen *Krafka/Willer* Rn 6 ff.

[26] Erste Richtlinie 68/151/EWG des Rates v. 9.3.1968 zur Koordinierung der Schutzbestimmungen, die in den Mitgliedstaaten den Gesellschaften im Sinne des Artikels 58 Absatz 2 des Vertrages im Interesse der Gesellschafter sowie Dritter vorgeschrieben sind, um diese Bestimmungen gleichwertig zu gestalten, ABl. EG Nr. L 065 v. 14.3.1968; umgesetzt in das deutsche Recht durch das Gesetz zur Durchführung der ersten Richtlinie des Rates der Europäischen Gemeinschaften zur Koordinierung des Gesellschaftsrechts v. 15.8.1969 (BGBl. I, S. 1146). Zur Änderung s. noch Fn 28.

[27] Die Ergebnisse der SLIM-Arbeitsgruppe sind abgedruckt in ZIP 1999, 1944 mit Einführung von *Neye*; vgl. auch *Drygala* AG 2001, 291 ff.

[28] Richtlinie 2003/58/EG des Europäischen Parlaments und des Rates v. 15.7.2003 zur Änderung der Richtlinie 68/151/EWG des Rates in Bezug auf die Offenlegungspflichten von Gesellschaften bestimmter Rechtsformen (Offenlegungsrichtlinie – ABl. EG Nr. L 221 v. 4.9.2003).

[29] Ausführlich zu den neu gefassten europarechtlichen Vorgaben *Habersack* Europäisches Gesellschaftsrecht § 5 Rn 1 ff; *Schemmann* GPR 2003/04, 92 ff; *Scholz* EuZW 2004, 172 ff.

Registerführung umzustellen. Diese Praxis der **überschießenden Richtlinienumsetzung** wirft insbesondere bei § 15 erhebliche Probleme auf und wird deshalb dort näher erläutert (§ 15 Rn 12 ff). Neben der Offenlegungsrichtlinie waren auch die Transparenzrichtlinie von 2004[30] und der Bericht der Regierungskommission Corporate Governance[31] für den Erlass des EHUG von Bedeutung. Die darauf zurückgehenden Änderungen betreffen allerdings nicht § 8, sondern vielmehr die Einführung des Unternehmensregisters in § 8b (vgl. deshalb die Erläuterungen dort Rn 1 f).

III. Gesetzliche Grundlagen

Die gesetzlichen Grundlagen des Registerrechts sind **auf viele Regelungsbereiche verteilt** (zu den Gründen s. Rn 5). Die Einrichtung und die Führung des Handelsregisters ist teils in den §§ 8–14, 16, teils in den §§ 374 ff FamFG (§§ 125 ff FGG a.F.) geregelt. Von praktischer Bedeutung ist daneben auch die **Handelsregisterverordnung** vom 12.8.1937 (Abdruck im Anh. zu § 8),[32] die in Form einer Rechtsverordnung mit Gesetzeskraft die allgemeinen Bestimmungen der §§ 8 ff zur Einrichtung und Führung des Handelsregisters konkretisiert. Die vollständige Umstellung auf eine elektronische Registerführung erlaubte es, den zuvor bestehenden zweischichtigen Aufbau der HRV für Papierregister einerseits und elektronische Register andererseits im Zuge des EHUG aufzugeben und die Regelung auf einen deutlich übersichtlicheren einschichtigen Aufbau zurückzuführen.[33]

11

Die **Anmeldepflicht** ist in einer Vielzahl von handelsrechtlichen Vorschriften außerhalb des zweiten Abschnitts, aber auch in anderen Gesetzen normiert (vgl. dazu noch Rn 35 ff). Dort finden sich auch zahlreiche Vorschriften, die an die Eintragung im Handelsregister materielle Rechtsfolgen knüpfen (z.B. § 11 Abs. 1 GmbHG, § 41 Abs. 1 AktG, §§ 2, 3 Abs. 2, 105 Abs. 2 S. 1, 176 Abs. 1 S. 1). Innerhalb des zweiten Abschnitts hat § **15 materiell-rechtliche Bedeutung**, der das Gewicht aber nicht auf den Regelfall einer ordnungsgemäßen Eintragung und Bekanntmachung legt, sondern auf den Ausnahmefall fehlender Eintragung oder unrichtiger Bekanntmachung.

12

IV. Das Registergericht

1. Sachliche Zuständigkeit. Die Registerführung ist nach § 8 Aufgabe der Rechtspflege, nicht der Verwaltung.[34] Sie gehört nach § 374 Nr. 1 FamFG zu den Registersachen i.S.d. Freiwilligen Gerichtsbarkeit (§§ 374 ff FamFG; §§ 125 ff FGG a.F.).[35] Sachlich zuständig sind gem. § 23a Abs. 2 Nr. 3 GVG die **Amtsgerichte**. Die Anregung des Deutschen Industrie- und Handelstages, die Registerführung – ausländischen Vorbildern folgend – auf die **Industrie- und Handelskammern** zu verlagern, hat zu einer kontro-

13

---

[30] Richtlinie 2004/109/EG v. 15.12.2004, ABl. EG Nr. L 390, S. 38.
[31] *Baums* (Hrsg.) Bericht der Regierungskommission Corporate Governance, 2001; abgedruckt auch in BT-Drucks. 14/7515.
[32] RMBl., S. 515; zuletzt geändert durch das EHUG (Rn 7).
[33] Zu der Neufassung der HRV im Einzelnen *Nedden-Boeger* FGPrax 2007, 1 (4).
[34] Zu den Motiven dieser grundlegenden Zuständigkeitsaufteilung vgl. *Bärmann* S. 37; *Reithmann* DNotZ 1979, 67 f; *Stober* ZRP 1998, 224 (225).
[35] Zu sonstigen Aufgaben des Registergerichts s. noch Voraufl. Rn 6 ff (*Hüffer*); *Bezzenberger* in: FS Priester, 2007, S. 23 ff sowie die veraltete, aber die Systemzusammenhänge erhellende Darstellung bei *Ehrenberg* in: Ehrenbergs Hdb., Band I, S. 524 ff.

§ 8   1. Buch. Handelsstand

versen Diskussion geführt, in deren Verlauf zahlreiche Missstände des gerichtlichen Registerwesens aufgedeckt wurden.[36] Ein Gesetzesentwurf des Bundesrates, wonach es den Ländern überlassen bleiben sollte, die für die Führung zuständigen Stellen zu bestimmen, ist jedoch nicht umgesetzt worden.[37] Der Gesetzgeber hat sich im Zuge des EHUG (Rn 7) damit begnügt, strukturelle Defizite des gerichtlichen Systems zu beseitigen, von einem grundlegenden Systemwechsel aber abgesehen. Im Hinblick auf die staatliche **Kontrollfunktion**, die das Handelsregister erfüllt, ist diese Grundsatzentscheidung zu begrüßen. Das rechtspolitische Bedürfnis nach einer generellen Zuständigkeitsverlagerung ist damit entfallen, entsprechende Forderungen sind mittlerweile weitgehend verklungen.[38] Zur Mitwirkung berufsständischer Organe nach § 380 FamFG (§ 126 FGG a.F.) s. noch Rn 20.

14   **2. Örtliche Zuständigkeit.** Für die örtliche Zuständigkeit bestehen **unterschiedliche Anknüpfungspunkte**. Für den Einzelkaufmann und die juristische Person (§ 33) ist der Ort der Hauptniederlassung (§ 29), für Handelsgesellschaften und den VVaG ihr Sitz maßgeblich (§§ 106 Abs. 1, 161 Abs. 2 HGB, §§ 14, 278 Abs. 3 AktG, § 7 Abs. 1 GmbHG, § 30 Abs. 1 VAG; ausführlich zu Niederlassung und Sitz § 13 Rn 12 ff). In dem so ermittelten Landgerichtsbezirk fällt die Zuständigkeit **ausschließlich** dem Amtsgericht zu, in dessen Bezirk das Landgericht seinen Sitz hat (§ 23a Abs. 2 Nr. 3 GVG i.V.m. § 377 Abs. 1 FamFG – § 125 Abs. 1 FGG a.F.).

15   Die Landesregierungen sind nach § 376 Abs. 2 FamFG (§ 125 Abs. 2 Nr. 1 FGG a.F.) ermächtigt, im Wege der **Rechtsverordnung** die Registerführung bei einzelnen Amtsgerichten zu **konzentrieren** oder die Bezirke der Registergerichte abweichend von § 376 Abs. 1 FamFG (§ 125 Abs. 1 FGG a.F.) festzulegen, wenn dies einer schnelleren und rationelleren Führung des Handelsregisters dient. Da bei einer elektronischen Registerführung der Standort des Registergerichts keine wesentliche Rolle mehr spielt, haben die meisten Bundesländer von dieser Möglichkeit Gebrauch gemacht, um auf diese Weise das vorhandene Sach- und Fachwissen bei einzelnen Gerichten zu bündeln.[39] Über das gemeinsame Registerportal der Länder (www.handelsregister.de – s. dazu noch § 9 Rn 13 f) können die neu geschaffenen Zuständigkeitsbereiche abgefragt werden.[40] Die in § 376 Abs. 2 S. 3 FamFG (§ 125 Abs. 2 S. 3 FGG a.F.) vorgesehene Möglichkeit, die Zuständigkeit eines Amtsgerichts auch über die Landesgrenzen auszudehnen, bildet einen Ansatz, um diesen sinnvollen Konzentrationsprozess künftig noch weiter voranzutreiben, wobei derzeit allerdings noch die unterschiedlichen EDV-Systeme (AUREG und REGISTAR) ein

---

[36] Vgl. *Ammon* DStR 1995, 1311 ff; *Dieckmann* ZRP 2000, 44 ff; *Gustavus* GmbHR 1993, 259 ff; *Hinz* in: FS Helmrich, 1994, S. 795 ff; *Schmahl* ZRP 1995, 54 ff; *Schöpe* ZRP 1999, 449 ff; *Stober* ZRP 1998, 224 ff; *Ulmer* ZRP 2000, 47 ff.

[37] Entwurf des Bundesrates v. 2.2.2006 über ein Gesetz zur Führung des Handelsregisters, des Genossenschaftsregisters, des Partnerschaftsregisters und des Vereinsregisters durch von den Ländern bestimmte Stellen – Register-Führungsgesetz (RFüG) – BT-Drucks. 16/515; vgl. auch den im Gesetzgebungsverfahren des EHUG (Rn 7) geäußerten Vorschlag des Bundesrates, eine Öffnungsklausel aufzunehmen, die den Ländern die Einschaltung der IHKs als obligatorische Anmelde- und Vorprüfungsstelle zwischen Einreichendem und Registergericht gestatten sollte.

[38] Der Entwurf des RFüG (Fn 37) wird im Bundesjustizministerium nach der Verabschiedung des EHUG als „chancenlos" angesehen (vgl. *Seibert* DB 2006, 2446); s. auch *Krafka/Willer* Rn 9.

[39] *Clausnitzer/Blatt* GmbHR 2006, 1303; weitergehend halten *Seibert/Decker* DB 2006, 2446 ein Register pro Bundesland für „völlig ausreichend"; zust. MünchKommErgbHGB/*Krafka* Rn 5.

[40] Ausführliche Übersicht (auch zu den landesgesetzlichen Grundlagen) bei *Krafka/Willer* Rn 13.

Hemmnis darstellen.[41] Ein bundesweites Registergericht nach englischem Vorbild wird es in Deutschland aber auch weiterhin nicht geben. Zur Behandlung von Zweigniederlassungen vgl. noch die Erläuterungen zu § 13; zur Behandlung eines Doppelsitzes s. noch § 13 Rn 50 ff; zur Zuständigkeit für Fälle, die seit dem 8. Mai 1945 nicht mehr der deutschen Gerichtsbarkeit unterfallen (§§ 14, 15 ZustErgG) vgl. noch Voraufl. Rn 2 (*Hüffer*).

3. Funktionelle Zuständigkeit. Die funktionelle Zuständigkeit ist aufgabenspezifisch unterteilt.[42] Grundsätzlich sind die Handels- und Registersachen nach § 3 Nr. 2d RPflG im Wege der **Vorbehaltsübertragung** dem **Rechtspfleger** zugeteilt. Diese Anordnung verdrängt die mittlerweile überholte Zuständigkeitsanordnung des § 4 HRV und begründet eine grundsätzliche Vermutung für die Zuständigkeit des Rechtspflegers. Diese Zuweisung wird allerdings wiederum in § 17 RPflG eingeschränkt. Danach bleibt für besonders anspruchsvolle Prüfungen – namentlich bei Eintragungen mit konstitutiver Wirkung (Rn 38, 89 ff, 116 ff) aus dem Bereich des Kapitalgesellschaftsrechts – der **Richter** zuständig.[43] Diese Ausnahme betrifft ausschließlich einzelne Prüfungsbereiche aus der Abteilung B des Handelsregisters, so dass die Abteilung A (Einzelkaufleute, OHG, KG u.a.) allein dem Rechtspfleger obliegt (zu den Abteilungen s. Rn 21). **16**

Schließlich sind Aufgaben des Registergerichts auch von dem **Urkundsbeamten** der Geschäftsstelle zu erfüllen.[44] Dabei wurde traditionell zwischen der gerichtlichen Verfügung und ihrer Ausführung unterschieden. Während die Verfügungen von Richter oder Rechtspfleger getroffen wurden (Rn 16), oblag die Ausführung der Eintragungsverfügung gemäß § 28 HRV dem Urkundsbeamten der Geschäftsstelle. Diese starre **Aufgabenverteilung** ist durch das EHUG (Rn 7) im Hinblick auf die realtypischen Verfahrensabläufe von Datenverarbeitungsvorgängen **aufgelockert** worden. Die im Einsatz befindlichen Datenverarbeitungsprogramme haben dazu geführt, dass nicht mehr der Richter die Eintragung verfügt und der Urkundsbeamte sie vornimmt, sondern der Urkundsbeamte den Antrag zunächst vorerfasst und der Richter die Eintragung unmittelbar im DV-System selbst vornimmt.[45] Dem trägt § 27 HRV n.F. Rechnung, wonach der Richter die Eintragung entweder selbst vornimmt oder sie optional im Verfügungswege auf den Rechtspfleger übertragen kann. **17**

In die Zuständigkeit des Urkundsbeamten fällt gem. § 29 HRV ferner die Erteilung von Ausdrucken und Abschriften (§ 9 Abs. 4 S. 1 und 2) sowie deren Beglaubigung (§ 9 Abs. 3 S. 1). Schließlich ist er auch für die elektronische Übermittlung der Eintragungen und der zum Register eingereichten Schriftstücke und Dokumente einschließlich der Bescheinigungen nach § 9 Abs. 5 zuständig (§ 29 HRV). Die genaue **Kompetenzabgrenzung** erfolgt über den neuen § 4 Abs. 1 S. 2 HRV, der bestimmt, dass auf den Urkundsbeamten §§ 5 bis 8 RPflG entsprechend anwendbar sind. Daraus folgt insbesondere, dass der Urkundsbeamte dem Richter unter bestimmten Voraussetzungen einzelne Geschäfte vorlegen kann (§ 5 RPflG), dass umgekehrt aber auch der Richter die Aufgaben des Urkundsbeamten jederzeit mit erledigen kann (§ 6 RPflG), wozu es auch hier namentlich dann kommen wird, wenn die dem Urkundsbeamten zugewiesene Aufgabe von dem durch den Richter bedienten EDV-Programm automatisch mit ausgeführt wird.[46] **18**

---

[41] *Ries* Rpfleger 2006, 233 (236); vgl. auch dens. Rpfleger 2007, 252.
[42] Ausführlich zum Folgenden *Bassenge/Roth* § 17 RPflG; *Melchior/Schulte* § 4 Rn 2 ff; *Krafka/Willer* Rn 18 ff.
[43] Vgl. zu dieser Aufteilung *Ulmer* ZRP 2000, 47 (48 ff).
[44] Detaillierte Beschreibung der Aufgaben des Urkundsbeamten bei *Melchior/Schulte* § 29.
[45] RegE EHUG, BT-Drucks. 16/960, S. 59.
[46] *Nedden-Boeger* FGPrax 2007, 1 (4).

19 **4. Mitwirkung sonstiger Organe.** Um den Gerichten die Registerführung zu erleichtern, sind nach § 379 FamFG (§ 125a Abs. 1 FGG a.F.) auch andere Gerichte, die Staatsanwaltschaften, Polizei- und Gemeindebehörden sowie die Notare verpflichtet, den Registergerichten Mitteilung zu machen, wenn sie von unrichtigen, unvollständigen oder unterlassenen Anmeldungen zum Handelsregister Kenntnis erlangen. Finanzbehörden trifft nach § 379 Abs. 2 FamFG (§ 125a Abs. 2 FGG a.F.) eine Pflicht zur Auskunft über die steuerlichen Verhältnisse von Kaufleuten oder Unternehmungen. In Abweichung von der bisherigen Rechtslage wurde diese Pflicht durch § 379 Abs. 2 FamFG auch auf Auskünfte ausgedehnt, die zur Löschung von Eintragungen im Register benötigt werden. Auf diese Weise soll insbesondere die Ermittlung der Vermögensverhältnisse von Kaufleuten und Unternehmen im Rahmen von Löschungsverfahren wegen Vermögenslosigkeit (§ 394 FamFG) erleichtert werden.[47]

20 Daneben sind nach § 380 FamFG (§ 126 FGG a.F.) auch **berufsständische Organe** (nunmehr legaldefiniert in § 380 Abs. 1 FamFG: z.B. Industrie- und Handelskammern, Handwerks-, Landwirtschafts- und Rechtsanwaltskammern) verpflichtet, die Registergerichte bei der Vermeidung unrichtiger Eintragungen, bei der Berichtigung und Vervollständigung des Handelsregisters, der Löschung von Eintragungen sowie beim Einschreiten gegen unzulässigen Firmengebrauch zu unterstützen (vgl. dazu auch §§ 23, 37 HRV).[48] Um diese Aufgabe sachgerecht erfüllen zu können, werden sie nach § 37 HRV von jeder Änderung des Registers benachrichtigt und sind berechtigt, Anträge bei den Registergerichten zu stellen und gegen Verfügungen der Registergerichte Beschwerde einzulegen.[49] Nach § 380 Abs. 2 FamFG sind sie anzuhören, soweit dies zu den genannten Zwecken erforderlich erscheint und auf ihren Antrag als Beteiligte hinzuzuziehen. Dieses Mitwirkungsrecht hatte früher insbesondere auf dem Gebiet des Firmenrechts eine erhebliche Bedeutung. Diese Bedeutung ist allerdings zurückgegangen, nachdem im Zuge des HRefG (Rn 6) das firmenrechtliche Irreführungsgebot wesentlich abgeschwächt (s. dazu noch Rn 113) und überdies auch die früher schematisch erfolgende Einholung von Kammergutachten durch die Neufassung des § 23 HRV stark eingeschränkt wurde.[50] Bei Kreditinstituten ergibt sich eine entsprechende Berechtigung der Bundesanstalt für Finanzdienstleistungsaufsicht aus § 43 Abs. 3 KWG.

V. Das Handelsregister

21 **1. Aufgliederung des Handelsregisters.** Die Einrichtung des Handelsregisters ist in ihren Einzelheiten in der Handelsregisterverordnung (HRV – Abdruck im Anh.) geregelt, die durch das EHUG (Rn 7) ebenfalls in weiten Zügen neu gefasst worden ist.[51] Es besteht nach § 3 HRV aus **zwei Abteilungen**. In Abteilung A sind die Einzelkaufleute, die

---

[47] RegE FGG-RG, BT-Drucks. 16/6308, S. 285.
[48] Vgl. zu dieser Beteiligung *Melchior/Schulte* § 23 Rn 1 ff; *Frey* BB 1965, 1208 ff.
[49] Daneben bieten die Industrie- und Handelskammern den Unternehmen und Notaren Hilfestellungen bei der Anmeldung an, namentlich in Gestalt einer firmenrechtlichen Vorabstellungnahme; vgl. *Clausnitzer/Blatt* GmbHR 2006, 1303 (1304).
[50] Zu den Gründen vgl. RegE HRefG, BT-Drucks. 13/8444, S. 95; zur neuerlichen Einschränkung durch das EHUG vgl. RegE EHUG, BT-Drucks. 16/960, S. 58; ferner auch Ebenroth/Boujong/Joost/Strohn/*Zimmer* § 17 Rn 41 ff; *Melchior/Schulte* § 23 Rn 4 ff.
[51] Vgl. *Krafka/Willer* Rn 38 ff.

juristischen Personen des § 33, die Personenhandelsgesellschaften sowie die Europäischen wirtschaftlichen Interessenvereinigungen (EWiV) aufzunehmen. Dagegen werden AG, SE, KGaA, GmbH und VVaG in Abteilung B eingetragen. Innerhalb der Abteilungen sind gem. § 13 HRV für jeden Einzelkaufmann, jede juristische Person sowie jede Handelsgesellschaft jeweils einzelne **Registerblätter** unter einer in derselben Abteilung fortlaufenden Nummer anzulegen. Den Inhalt dieser Registerblätter legt für die Abteilung A § 40 HRV, für die Abteilung B § 43 HRV fest.[52] Die Art der Eintragung regelt § 14 HRV (fortlaufende Nummerierung); Änderungen und Löschungen sind nach Maßgabe des § 16 HRV vorzunehmen (zur Berichtigung reiner Schreibversehen s. § 17 HRV).

Ergänzend zu jedem Registerblatt werden eine Registerakte (§ 8 HRV) und ein Registerordner (§ 9 HRV) angelegt. Die **Registerakte** enthält namentlich Dokumente zur gerichtsinternen Bearbeitung eines Registerblattes (z.B. Schriftwechsel zwischen Gericht und Beteiligten, Verfügungen des Gerichts, Gutachten der Industrie- und Handelskammern). Dritte können nur unter den Voraussetzungen des § 13 Abs. 2 FamFG (§ 34 FGG a.F.), also beim Nachweis eines berechtigten Interesses, Einsicht in die Registerakte nehmen. In den **Registerordner** werden dagegen die zum Handelsregister eingereichten und nach § 9 Abs. 1 der unbeschränkten Einsicht unterliegenden Dokumente aufgenommen (z.B. Anmeldungen, Satzungen, Gesellschaftsverträge, Gesellschafterlisten, Hauptversammlungsprotokolle).[53] Die Registerakte ist an die Stelle des früheren Hauptbandes, der Registerordner an die Stelle des früheren Sonderbandes des Handelsregisters getreten. 22

2. Elektronische Registerführung. Die Bezeichnung als Register-„blätter" erinnert an die ursprüngliche Registerführung in gebundenen Bänden, die später durch die Karteiform ersetzt wurde. Ungeachtet dieses etwas antiquierten Sprachgebrauchs wird das Register seit den Änderungen des EHUG (Rn 7) ausschließlich in **elektronischer Form** geführt (§ 8 Abs. 1 HGB i.V.m. § 7 HRV). Der Begriff des elektronisch geführten Handelsregisters wird in § 48 HRV konkretisiert. Daraus folgt, dass die Registereintragungen künftig nicht nur in elektronischer Form vorbereitet und erstellt werden, sondern dass die elektronisch erstellten Daten selbst ohne weiteren Ausdruck „das Handelsregister" im Sinne des Registerrechts sind.[54] Die bisher noch in Papierform geführten Registerblätter mussten bis zum 1.1.2007 umgeschrieben werden (§ 51 HRV). Infolge dieser Umstellung sind nach § 12 n.F. nunmehr auch die Anmeldungen zur Eintragung in das Register sowie sonstige Dokumente in elektronischer Form einzureichen, wobei Art. 61 Abs. 1 EGHGB den Ländern insofern allerdings die Möglichkeit einräumte, für eine **Übergangsfrist** bis zum 31.12.2009 die Einreichung in Papierform weiter zu gestatten.[55] 23

Vorhandene Schriftstücke des **Registerordners** können nach § 9 Abs. 2 HRV ebenfalls in ein elektronisches Dokument übertragen werden. Zwingend erforderlich ist dies nach § 9 Abs. 2 S. 2 HRV, sobald ein entsprechender Antrag auf Übertragung (Art. 61 Abs. 3 EGHGB) oder auf elektronische Übermittlung (§ 9 Abs. 2) vorliegt, wobei die bloße Betätigung des Online-Abrufs noch keinen Antrag iS dieser Vorschrift darstellt.[56] Auf diese Weise wird der Umstellungsdruck auf die Registergerichte etwas gemindert, ohne 24

---

[52] Ausführlich dazu *Krafka/Willer* Rn 57 ff.
[53] Zu Registerakte und -ordner im Einzelnen *Krafka/Willer* Rn 41 ff; *Nedden-Boeger* FGPrax 2007, 1 (2).
[54] *Schemmann/Solveen* ZIP 2001, 1518.
[55] Wer von dieser Möglichkeit Gebrauch gemacht hat, kann über die Internetseite der Bundesnotarkammer (www.bnotk.de) abgefragt werden (zuletzt abgerufen am 1.8.2008); vgl. dazu auch *Schwerin* RNotZ 2007, 27 mit Fn 2.
[56] RegE EHUG, BT-Drucks. 16/960, S. 51.

dass die zum Handelsregister eingereichten Dokumente von der Online-Auskunfterteilung ausgeklammert werden.[57] Die Übertragungspflicht besteht nach Art. 61 Abs. 3 EGHGB nur für Dokumente, die innerhalb eines dem Antrag vorausgehenden Zeitraums von **zehn Jahren** bei dem Registergericht in Papierform eingereicht worden sind. Damit korrespondierend schließt auch § 9 Abs. 2 eine Pflicht zum Medienwechsel für Altdokumente aus (s. noch § 9 Rn 26 ff). In § 9 Abs. 2 HRV wird die Zehn-Jahres-Frist nicht ausdrücklich erwähnt, doch wird hinsichtlich des Antrags auf Art. 61 Abs. 3 EGHGB verwiesen, was den Schluss zulässt, dass sie auch hier gelten soll.[58] Die **Registerakten** müssen aufgrund ihrer Zweckbestimmungen für den internen gerichtlichen Gebrauch noch nicht elektronisch geführt werden, doch kann die Landesjustizverwaltung eine entsprechende Anordnung erlassen (§ 8 Abs. 3 HRV).[59] Selbst wenn die Umstellung erfolgt, muss der Inhalt der Registerakten aufgrund ihrer internen Funktionsbestimmung dennoch nicht dem Online-Zugriff eröffnet werden.[60] Vorgaben zur Datensicherheit enthalten die §§ 47 ff HRV (s. dazu noch ausführlich § 9 Rn 15 f). Zur Einsichtnahme und zur Erteilung von Registerausdrucken vgl. noch die Erläuterungen zu § 9.

3. Bezeichnungsschutz des Handelsregisters (§ 8 Abs. 2)

25 a) **Normzweck und Schutzgehalt.** Auch § 8 Abs. 2 geht auf das EHUG (Rn 7) zurück und soll den Begriff „Handelsregister" schützen. Dieser Schutz wird für erforderlich gehalten im Hinblick auf die zunehmende Verbreitung **privater Datensammlungen**, die ähnlich dem Handelsregister im Internet Unternehmensinformationen gegen Entgelt anbieten.[61] Der BGH hat den Aufbau derartiger Register auf der Grundlage des § 9 Abs. 1 nicht grundsätzlich für unzulässig erklärt. Allerdings hat er die Beschaffung der zum Aufbau einer solchen Sammlung erforderlichen Daten wesentlich erschwert, indem er einen Anspruch auf Einsichtnahme des Registers verweigert hat, wenn sie erfolgt, um zu kommerziellen Zwecken eine Mikroverfilmung des gesamten Bestandes des Handelsregisters vorzunehmen.[62] Nach zutreffender und heute auch herrschender Auffassung ist diese Rechtsprechung nach der Umstellung auf eine elektronische Registerführung überholt (s. dazu noch ausführlich § 9 Rn 20 ff). Auch in der Regierungsbegründung zum EHUG wird die Existenz derartiger professioneller Informationsdienstleister ausdrücklich begrüßt, da sie den Wettbewerb im Zweitverwertungsmarkt intensiviere.[63] Dennoch müsse für den Rechtsverkehr klar ersichtlich sein, dass diese Sammlungen **nicht mit dem Handelsregister** identisch und deshalb weder mit einer staatlichen Richtigkeitsgewähr noch mit einem Gutglaubensschutz (§ 15) ausgestattet seien.[64]

---

[57] Gegen eine solche Ausklammerung bereits zu Recht *Baums* (Hrsg.) Bericht der Regierungskommission Corporate Governance, 2001, Rn 253 f (abgedruckt auch in BT-Drucks. 14/7515); *Noack* in: FS Ulmer, 2003, S. 1245 (1248); *Zöllner* NZG 2003, 354 (355); speziell zur Gesellschaftssatzung auch *Reiner* AG 2006, 93 ff.

[58] So auch die Lesart von *Krafka/Willer* Rn 45; *Nedden-Boeger* FGPrax 2007, 1 (2).

[59] Eine elektronische Registerführung wurde in den Ländern des Entwicklungsverbundes AUREG, namentlich in Berlin, zum 1.1.2007 eingeführt; vgl. dazu *Melchior* NotBZ 2006, 409 (414 Fn 37); ausführlich *Melchior/Schulte* § 8 Rn 3 ff.

[60] *Nedden-Boeger* FGPrax 2007, 1 (2).

[61] Zur Verbreitung privater Datensammlungen vgl. *K. Schmidt* HandelsR § 13 I 2; *Lindhorst* CR 1998, 590 (594 f).

[62] BGHZ 108, 32 ff = NJW 1989, 2818; krit. *Dierck* CR 1991, 279; *Hirte* CR 1990, 631 ff; *Lindhorst* CR 1998, 590 (595).

[63] RegE EHUG, BT-Drucks. 16/960, S. 36.

[64] RegE EHUG, BT-Drucks. 16/960, S. 38. Über die Verwendung einer derartigen irreführenden Bezeichnung hatte etwa das LG Deggendorf WRP 2000, 659 zu entscheiden.

Diese **Unterscheidungskraft** soll durch den Schutz der Bezeichnung „Handelsregister" **26** gewährleistet werden. Andere Datensammlungen dürfen nicht unter Verwendung oder Beifügung dieser Bezeichnung in den Verkehr gebracht werden. Damit werden auch Wortverbindungen ausgeschlossen. Die Regierungsbegründung weist darauf hin, dass dieser Bezeichnungsschutz bereits nach der alten Rechtslage durch das Verbot irreführender Werbung nach § 5 UWG gewährleistet wurde.[65] § 8 Abs. 2 soll diesen Schutz aber noch verstärken, indem er ein ausdrückliches Verbot ausspricht. Da dieses Verbot ein absatzförderndes Wettbewerbsverhalten betrifft, handelt es sich dabei um eine **marktverhaltensregelnde Vorschrift** i.S.d. **§ 4 Nr. 11 UWG**,[66] deren Missachtung den Vorwurf unlauteren Verhaltens i.S.d. § 3 UWG begründet, ohne dass die Eignung zur Irreführung nach § 5 UWG festgestellt werden muss.[67]

Eine dem § 8 Abs. 2 vergleichbare Regelung hat der Gesetzgeber in § 10 Abs. 3 GenG **27** für das Genossenschaftsregister geschaffen; in § 5 Abs. 2 PartGG wird für das Partnerschaftsregister auf § 8 Abs. 2 verwiesen. Dem **Unternehmensregister** wird ein gleichwertiger Bezeichnungsschutz nicht eingeräumt, da es anders als die genannten Register nicht mit dem besonderen Gutglaubensschutz nach § 15 verknüpft und deshalb nicht gleichermaßen schutzwürdig ist (vgl. dazu noch § 8b Rn 13).[68] Der Schutz des § 5 UWG bleibt von diesem Regelungsverzicht allerdings unberührt.[69] Bei einer Vervielfältigung des Registers greift überdies auch der Schutz des Datenbankherstellers nach **§ 87b UrhG** ein.[70]

b) Rechtsfolgen bei Verstoß. Wird gegen § 8 Abs. 2 verstoßen, so liegt ein unlauteres **28** Verhalten i.S.d. §§ 3, 4 Nr. 11 UWG vor; im Regelfall wird auch ein Verstoß gegen § 5 UWG zu bejahen sein (s. Rn 26). Die Rechtsfolgen des Verstoßes ergeben sich aus §§ 8–11 UWG. Es entsteht also namentlich ein Beseitigungs- und Unterlassungsanspruch nach § 8 UWG, ferner kommt ein Schadensersatzanspruch nach § 9 UWG in Betracht. Die Durchsetzung erfolgt nach den Regeln der §§ 12 ff UWG, also durch ein Verfahren vor den Landgerichten im Zivilprozess.[71]

Krafka überträgt diesen Schutz des Handelsregisters über §§ 134, 823 Abs. 2 BGB **29** auch auf die privaten Nutzer derartiger Datensammlungen. Ein Vertrag mit einem privaten Anbieter, der gegen § 8 Abs. 2 verstoße, sei gem. **§ 134 BGB** nichtig. Falschangaben in einem solchermaßen bezeichneten Register könnten einen Schadensersatzanspruch irregeführter Nutzer über **§ 823 Abs. 2 BGB** begründen, da eine Einbeziehung auch dieser Sachverhalte im Sinne einer effektiven Umsetzung des Normzwecks geboten sei.[72] Die Anwendung des § 134 BGB ist nicht unproblematisch, weil die Falschbezeichnung den Geschäftsinhalt nicht unmittelbar berührt. Da § 8 Abs. 2 als verbotene Handlung aber nicht auf die Falschbezeichnung als solche, sondern auf das „In-den-Verkehr-Brin-

---

[65] Daher hielt man es – entgegen der Konzeption des RegE EHUG (BT-Drucks. 16/960, S. 33, 72) – auch nicht für erforderlich, den Unternehmen durch ein verspätetes Inkrafttreten des § 8 Abs. 2 Vertrauensschutz zu gewähren (Stellungnahme des Bundesrates, BT-Drucks. 16/960, S. 88; Gegenäußerung der Bundesregierung, ebenda, S. 96).

[66] Zu den Anforderungen an ein solches Verbot vgl. Fezer/*Götting* UWG, 2005 § 4 Rn 50 ff; Hefermehl/*Köhler*/Bornkamm Wettbewerbsrecht, 25. Aufl., 2007, § 4 Rn 11, 33 ff.

[67] RegE EHUG, BT-Drucks. 16/960, S. 38.
[68] RegE EHUG, BT-Drucks. 16/960, S. 39; krit. gegenüber dieser Begründung die Stellungnahme des Bundesrates, BT-Drucks. 16/960, S. 73 f; MünchKommErgbHGB/*Krafka* Rn 14; *Nedden-Boeger* FGPrax 2007, 1 (4).
[69] RegE EHUG, BT-Drucks. 16/960, S. 39.
[70] Vgl. dazu auch BGHZ 164, 37 ff = GRUR 2005, 857.
[71] Vgl. auch Koller/*Roth*/Morck Rn 32.
[72] MünchKommErgbHGB/*Krafka* Rn 14.

gen" der Sammlung abstellt, kann in der Tat angenommen werden, dass das Rechtsgeschäft gegen ein gesetzliches Verbot verstößt. Eine solche Lesart erscheint auch unter teleologischen Gesichtspunkten sachgerecht, um eine effektive Durchsetzung des Bezeichnungsschutzes zu gewährleisten.

30 Auch der Einordnung des § 8 Abs. 2 als **Schutzgesetz i.S.d. § 823 Abs. 2 BGB** ist zuzustimmen, da der Bezeichnungsschutz gerade den guten Glauben des einzelnen Nutzers in die Seriosität des Handelsregisters schützen soll. Da die Gefahr der Irreführung nur bei denjenigen besteht, die die Information entgeltlich abrufen, ist die für die Anwendung des § 823 Abs. 2 BGB erforderliche Eingrenzung des Adressatenkreises gewährleistet.

VI. Die eintragungsfähigen Tatsachen

31 **1. Begriff und Bedeutung.** Damit das Handelsregister seine zentrale Publizitätsfunktion (Rn 1 f) erfüllen kann, muss das darin enthaltene **Informationsangebot übersichtlich und vergleichbar** sein. Beides wäre nicht gewährleistet, wenn es im Belieben der Betroffenen oder im Ermessen des Gerichts stünde, was in das Register einzutragen ist. Aus diesem Grund hat der Gesetzgeber den Registerinhalt in der Weise **standardisiert**, dass die Möglichkeit der Eintragung auf zentrale Unternehmensdaten beschränkt wird, die für den Rechtsverkehr von wesentlicher Bedeutung sind.[73] Man spricht insofern von **eintragungsfähigen Tatsachen**. Eintragungsfähig sind grundsätzlich nur diejenigen Tatsachen, deren Eintragung durch das HGB oder handelsrechtliche Nebengesetze zugelassen ist (zu Ausnahmen s. Rn 45 ff).[74] Es gilt insofern das **Enumerationsprinzip**, auch wenn die einschlägigen Vorschriften nicht gebündelt im Registerrecht zusammengefasst, sondern über mehrere Gesetze verstreut sind (s. Rn 5).[75]

32 Der Begriff der eintragungsfähigen **Tatsache** ist nicht im strengen Wortsinn zu verstehen. Nicht nur Tatsachen, sondern auch und gerade Rechtsverhältnisse, wie etwa die vom Gesetz abweichende Vertretungsregelung in einer Gesellschaft, können einzutragen sein.[76] Ob die Eintragungsfähigkeit vorliegt, hat das Gericht **von Amts wegen** zu prüfen. Fehlt sie, so ist die Anmeldung zurückzuweisen.[77]

33 **2. Eintragungs- und Anmeldepflicht.** Hinsichtlich der gesetzlichen Vorgaben wird üblicherweise weiter zwischen solchen Bestimmungen unterschieden, bei denen eine Eintragung zwingend erfolgen muss, und solchen, die ohne gesetzlichen Zwang die Eintragung nur gestatten. Im ersten Fall spricht man von **eintragungspflichtigen** Tatsachen, im zweiten Fall von **nur eintragungsfähigen** Tatsachen. Diese herkömmliche Terminologie erweist sich jedoch in einem doppelten Sinne als missverständlich. Zunächst ist zu bemängeln, dass der Begriff der eintragungspflichtigen Tatsache nicht dem gesetzlichen Sprachgebrauch entspricht, weil die einschlägigen Vorschriften für den Betroffenen keine Eintragungs-, sondern ausschließlich eine **Anmeldepflicht** begründen. Zur Eintragung ist allein das Gericht verpflichtet, und zwar immer dann, wenn eine eintragungsfähige Tat-

---

[73] Vgl. OLG Hamm NJW-RR 1997, 415; MünchKommHGB/*Krafka* Rn 6; *Krafka/Willer* Rn 2; *Fehrenbacher* S. 144 ff.
[74] RGZ 132, 138 (140).
[75] *Canaris* HandelsR § 4 Rn 10.
[76] Vgl. auch Ebenroth/Boujong/Joost/Strohn/*Schaub* Rn 63; Koller/*Roth*/Morck Rn 5; *Bokelmann* DStR 1991, 945 (948).
[77] BayObLGZ 1987, 449 (452).

sache (unabhängig vom Bestehen einer Anmeldepflicht) ordnungsgemäß zur Eintragung angemeldet wird.[78]

Daneben erweist sich der Begriff der eintragungspflichtigen Tatsache aber auch deshalb als doppeldeutig, weil nicht klar unterschieden wird zwischen solchen Anmeldungen, die mithilfe des Registerzwangs nach § 14 durchgesetzt werden können, und solchen, bei denen die Vornahme der Anmeldung im Belieben der Betroffenen steht und nur ein **faktischer Anmeldezwang** dadurch entsteht, dass das Gesetz der nicht eingetragenen Tatsache die Rechtswirkung versagt. Sie sind zwar eintragungsfähig, aber nicht anmeldepflichtig (s. Rn 40 ff).[79] **34**

3. Gesetzlich normierte Fälle einer erzwingbaren Anmeldepflicht

a) **Handelsrecht.** Gegenstand einer erzwingbaren Anmeldepflicht sollen grundsätzlich nur die zentralen Unternehmensdaten sein. Für den **Einzelkaufmann** ist zunächst § 29 maßgeblich: Der Kaufmann ist verpflichtet, sich unter der Firma als seinem Handelsnamen (§ 17) zum Handelsregister anzumelden; zugleich hat er den Ort seiner Handelsniederlassung zu bezeichnen. Weil die Vorschrift den Kaufmann und seine Firma bereits voraussetzt, gilt sie nur für die Istkaufleute i.S.d. § 1. Für die Kannkaufleute nach §§ 2 Abs. 2, 3 Abs. 2 ist die Anmeldung hingegen als nur eintragungsfähige Wirksamkeitsvoraussetzung formuliert (s. noch Rn 41). § 31 betrifft dieselben Grunddaten wie § 29: Änderung und Erlöschen der Firma, Inhaberwechsel und Verlegung der Niederlassung sind anmeldepflichtig. Für **juristische Personen** finden sich Parallelvorschriften zu §§ 29, 31 in §§ 33 f. **35**

Eröffnet der Kaufmann eine **Zweigniederlassung**, die sich begrifflich gerade dadurch auszeichnet, dass sie in nicht unerheblichem Umfang am unternehmerischen Rechtsverkehr teilnimmt (§ 13 Rn 25), so ist dies ein wirtschaftlich relevantes Datum, das nach § 13 ebenfalls in das Handelsregister einzutragen ist (vgl. die Ausführungen zu §§ 13 ff). Für Unternehmen mit Sitz oder Hauptniederlassung im Ausland sehen die §§ 13d ff besondere Eintragungsregeln vor; für die Sitzverlegung gilt § 13h. Zur Eintragung anzumelden sind schließlich die Erteilung und das Erlöschen der **Prokura** (§ 53 Abs. 1 und 3). Das entspricht der traditionellen Bedeutung des Prokuristen als des sog. alter ego des Geschäftsinhabers mit umfassender, gegenüber Dritten grundsätzlich nicht beschränkbarer Vertretungsmacht (§§ 49, 50). **36**

Bei der **OHG** begegnet **dieselbe Grundstruktur** wie beim Einzelkaufmann. Ebenso wie in § 29 ist auch in § 106 die Anmeldung und Eintragung zentraler **individualisierender Unternehmensdaten** vorgesehen, zu denen aufgrund des Verbandscharakters auch die für den Rechtsverkehr besonders bedeutsamen Vertretungsverhältnisse gehören (§ 106 Abs. 2 Nr. 4). Für die **Änderung** der in § 106 genannten Tatsachen gilt in Parallele zu § 31 die Vorschrift des § 107, wobei allerdings der Sonderfall des Erlöschens im fünften Titel über die Liquidation der Gesellschaft eine spezielle Regelung gefunden hat. Anmeldepflichtig sind hier der Beginn des Liquidationsstadiums nach § 143 Abs. 1, die Vertre- **37**

---

[78] Ebenroth/Boujong/Joost/Strohn/*Schaub* Rn 65; MünchKommHGB/*Krafka* Rn 30; Ehrenberg in: Ehrenbergs Hdb., Band I, S. 531; Bokelmann DStR 1991, 945 (948).
[79] Wie hier auch die Terminologie bei Ebenroth/Boujong/Joost/Strohn/*Schaub* Rn 65; *Krafka/Willer* Rn 85 ff; Bokelmann DStR 1991, 945 (948); im Grundsatz auch Baumbach/*Hopt* Rn 5; aA Voraufl. Rn 47 f (*Hüffer*), der namentlich aus § 15 auch in der zweiten Fallgruppe eine „Anmeldepflicht anderer Zwangsintensität" herleitet – vgl. dazu noch Rn 40.

tungsverhältnisse durch die Liquidatoren nach § 148 Abs. 1 sowie das Ende dieses Stadiums durch Erlöschen (§ 157) oder durch einen Fortsetzungsbeschluss, der die aufgelöste Gesellschaft wieder zu einer werbenden macht (§ 144 Abs. 2). **Im Recht der KG** finden die für die OHG geltenden Vorschriften über § 161 Abs. 2 ebenfalls Anwendung. Sie werden durch die §§ 162, 175 ergänzt. Danach muss die Anmeldung die Kommanditisten und den Betrag ihrer jeweiligen Hafteinlage bezeichnen (§ 162 Abs. 1). Anmeldepflichtig sind ferner der Eintritt oder das Ausscheiden eines Kommanditisten (§ 162 Abs. 3) sowie Veränderungen der Hafteinlage (§ 175). Die Bestimmungen über die Errichtung von **Zweigniederlassungen** und über die **Prokura** (Rn 36) finden auch auf die Personenhandelsgesellschaften Anwendung.

38 b) **Aktienrecht und GmbH-Recht.** Das Auftreten einer Kapitalgesellschaft ist aufgrund des mit dieser Organisationsform verbundenen Ausschlusses der persönlichen Haftung und aufgrund der Anonymität des Zusammenschlusses sowohl für den Rechtsverkehr als auch für die einzelnen Mitglieder ungleich gefährlicher als das Handeln eines Einzelkaufmanns oder einer Personengesellschaft. Deshalb rückt im Recht der Kapitalgesellschaften neben der Publizitätsfunktion des Handelsregisters verstärkt auch die damit verbundene **Kontrollfunktion** in den Vordergrund, die durch die Registergerichte ausgeübt wird. Dieser Kontrolle misst der Gesetzgeber eine so zentrale Funktion bei, dass er zahlreichen Rechtsakten erst dann Wirksamkeit zuspricht, wenn die Eintragung erfolgt und damit der Abschluss der registergerichtlichen Kontrolle dokumentiert ist. Handelsregistereintragungen im Kapitalgesellschaftsrecht haben daher häufig **konstitutive Wirkung**, so dass sie nicht einer erzwingbaren Anmeldepflicht unterfallen und somit nach der hier verwandten Terminologie (Rn 34) den „nur eintragungsfähigen Tatsachen" zuzuordnen sind (s. dazu noch unter 40 ff).

39 Eine erzwingbare Anmeldepflicht wird im **Aktiengesetz** in folgenden Vorschriften normiert: § 81 (Änderung des Vorstands), § 201 (Ausgabe von Bezugsaktien), § 227 (Durchführung der ordentlichen Kapitalherabsetzung), § 239 (Durchführung der Kapitalherabsetzung durch Aktieneinziehung), § 263 (Auflösung), § 266 (Anmeldung der Abwickler), § 273 (Beendigung der Abwicklung), § 298 (Beendigung eines Unternehmensvertrages). Aus dem **GmbHG** sind zu nennen: § 39 Abs. 1 (Veränderung bei der Geschäftsführung), § 65 Abs. 1 (Auflösung der Gesellschaft), § 67 (Anmeldung der Liquidatoren), § 74 (Beendigung der Liquidation). Für die **SE** gelten nach § 3 SEAG die für die Aktiengesellschaft geltenden Eintragungsbestimmungen entsprechend.

40 4. **Gesetzlich normierte Fälle nur eintragungsfähiger Tatsachen.** Neben diesen erzwingbar anmeldepflichtigen Tatsachen gibt es eine große Gruppe von bloß eintragungsfähigen Tatsachen. Hierbei handelt es sich in erster Linie (aber nicht nur[80]) um solche Tatsachen, bei denen die Eintragung eine **konstitutive Wirkung** entfaltet (s. dazu noch Rn 116 ff). Bei ihnen bedarf es keiner mit Zwangsgeld (§ 14) erzwingbaren Anmeldepflicht, da die bis dahin bestehende Unwirksamkeit den Rechtsverkehr hinreichend schützt und die Richtigkeit des Handelsregisters gewährleistet. Die Anmeldung wird nur mittelbar erzwungen, indem anderenfalls den Beteiligten die Wirksamkeit der von ihnen

---

[80] Eintragungsfähigkeit ohne Anmeldepflicht wird daneben insbes. dann erwogen, wenn die Eintragungsfähigkeit im Analogieweg hergeleitet wird, etwa bei der Ermächtigung des Prokuristen zur Veräußerung von Grundstücken; vgl. Rn 69. Auch in diesen Fällen ist aber meist streitig, ob Eintragungsfähigkeit und Anmeldepflicht unterschiedlich beurteilt werden können.

gewollten Rechtsänderung versagt wird.[81] In diesem Fall kann eine (nicht erzwingbare) öffentlich-rechtliche Anmeldepflicht auch nicht aus § 15 Abs. 1 hergeleitet werden,[82] da der Begriff der „einzutragenden Tatsache" nicht nur in der Weise verstanden werden kann, dass die Tatsache eingetragen werden muss, weil eine entsprechende Pflicht besteht; vielmehr kann eine Tatsache auch deshalb einzutragen sein, weil sie sonst keine Wirksamkeit erlangt (s. noch § 15 Rn 32 f).[83] Von einer Anmeldepflicht kann deshalb hier nur im Sinne einer aus dem Gesellschaftsverhältnis erwachsenden **privatrechtlichen Pflicht** zur Anmeldung die Rede sein. Sie entsteht aber nicht aufgrund staatlichen Zwangs, weshalb auch ihre Erfüllung nur auf dem Zivilrechtsweg durchgesetzt werden kann.[84]

In einigen wenigen Vorschriften ist die mit einer konstitutiven Wirkung verbundene **41 Wahlmöglichkeit explizit festgeschrieben.** So besagt etwa § 2 S. 2 ausdrücklich, dass der Kannkaufmann nur „berechtigt, aber nicht verpflichtet" sei, die Eintragung herbeizuführen. Über § 3 Abs. 2 findet diese Bestimmung auch auf land- oder forstwirtschaftliche Unternehmen, über § 105 Abs. 2 auf den Übergang vom kleingewerblichen Unternehmen zur OHG (bzw. zur KG – § 161 Abs. 2) Anwendung. Häufiger ergibt sich die Eintragungsfähigkeit aber nur mittelbar aus der Anordnung einer **Wirksamkeitsbestimmung.** Im HGB fallen nur noch § 25 Abs. 2 (Haftungsausschluss bei Firmenfortführung) und § 28 Abs. 2 (Haftungsausschluss bei Eintritt in ein einzelkaufmännisches Unternehmen) in diese Fallgruppe eintragungsfähiger Tatsachen, wobei hier allerdings die Besonderheit besteht, dass der Eintragung in diesen beiden Fällen nicht ohne weiteres konstitutive Wirkung beigemessen werden kann. Konstitutiv wirkt die Eintragung nur im Außenverhältnis; im Innenverhältnis ist der Haftungsausschluss auch ohne die Eintragung wirksam (vgl. noch ausführlich Rn 122).

Die meisten dieser Wirksamkeitsvoraussetzungen sind außerhalb des HGB ange- **42** siedelt, und zwar namentlich im **Kapitalgesellschaftsrecht** (vgl. Rn 38 f). Hier wäre die Normierung einer zwangsweise durchsetzbaren Anmeldepflicht schon deshalb verfehlt, weil die Anmeldung nur erfolgen darf, wenn bestimmte Anforderungen erfüllt sind, und es zunächst den Gesellschaftsorganen überlassen bleiben muss, sich darüber ein positives Urteil zu bilden und dafür zivilrechtlich einzustehen (vgl. etwa §§ 48, 399 AktG, §§ 9a, 82 GmbHG). Wollte man den Registerrichter ermächtigen und verpflichten, die Anmeldung durch Festsetzung von Zwangsgeld zu erzwingen, so würde die Meinungsbildung in den Gesellschaftsorganen durch sein Urteil ersetzt, was um so weniger einleuchtet, als ihn die spezifisch gesellschaftsrechtliche Verantwortlichkeit nicht treffen kann.[85] Die einzelnen Bestimmungen sind enumerativ aufgezählt in den §§ 407 Abs. 2 AktG, 79 Abs. 2 GmbHG, 316 Abs. 2 UmwG, die festlegen, dass es aufgrund der konstitutiven

---

[81] S. schon die Denkschrift zum HGB – *Hahn/Mugdan* S. 211; ferner BGHZ 105, 324 (341) = NJW 1989, 295; Röhricht/v. Westphalen/*Ammon* § 14 Rn 6, 9; Ebenroth/Boujong/Joost/Strohn/*Schaub* § 14 Rn 11; MünchKommHGB/*Krafka* § 14 Rn 3; Wieland S. 222.

[82] So aber Vorauf. Rn 48 (*Hüffer*).

[83] Gegen eine Anmeldepflicht im Ergebnis auch Baumbach/*Hopt* Rn 5; Ebenroth/Boujong/Joost/Strohn/*Schaub* Rn 75 ff; MünchKommHGB/*Krafka* § 14 Rn 3; Fleischhauer/*Preuß* Kap. A Rn 15; vgl. auch die Denkschrift zum HGB – *Hahn/Mugdan* S. 211, in der von „fakultativen Rechtsakten" die Rede ist, die nicht durch Strafen erzwungen werden könnten.

[84] Vgl. im Einzelnen *Hüffer* § 36 Rn 5; MünchKommAktG/*Pentz* § 36 Rn 12 ff.

[85] Vorauf. Rn 47 f (*Hüffer*), der entgegen der hier vertretenen Auffassung aber dennoch eine öffentlich-rechtliche Anmeldepflicht bejaht (vgl. dazu bereits Rn 40).

Wirkung der Eintragung einer zwangsweisen Durchsetzung durch Festsetzung eines Zwangsgeldes bei diesen Tatsachen nicht bedarf (zu diesem Zusammenhang vgl. bereits Rn 38 und § 14 Rn 8).

43 Entsprechende Regelungen enthalten im **AktG** die folgenden Vorschriften: § 36 (Ersteintragung), § 45 (Sitzverlegung), § 52 Abs. 6 (Nachgründung), § 181 (Satzungsänderung), § 184 (Beschluss über die Erhöhung des Grundkapitals), § 188 (Durchführung der Kapitalerhöhung), § 195 (Beschluss einer bedingten Kapitalerhöhung), § 210 (Kapitalerhöhung aus Gesellschaftsmitteln), § 223 (ordentliche Kapitalherabsetzung), § 237 Abs. 4 (Kapitalherabsetzung durch Einziehung von Aktien), § 274 Abs. 3 (Fortsetzung einer aufgelösten Gesellschaft), § 294 Abs. 1 (Abschluss eines Unternehmensvertrages), § 319 Abs. 3 (Eingliederung), § 327e (Squeeze-Out)[86].

44 Aus dem **GmbHG** sind zu nennen: § 7 (Ersteintragung), § 54 (Satzungsänderung), § 57 Abs. 1 (Erhöhung des Stammkapitals), § 58 Abs. 1 Nr. 3 (Herabsetzung des Stammkapitals). Aus dem **UmwG** können angeführt werden: § 16 Abs. 1 (Verschmelzung), § 38 (Verschmelzung zur Neugründung), §§ 122k und l (grenzüberschreitende Verschmelzung), § 129 (Spaltung), § 137 (Spaltung zur Neugründung), §§ 176 Abs. 1, 177 Abs. 1, 178 Abs. 1, 179 Abs. 1, 180 Abs. 1, 184 Abs. 1, 186, 188 Abs. 1, 189 Abs. 1 (Vermögensübertragung), §§ 198, 222, 235, 246, 254, 265, 278 Abs. 1, 286, 296 (Formwechsel).

5. Eintragungsfähigkeit und Anmeldepflicht ohne gesetzliche Anordnung

45 a) **Fälle ungeschriebener Eintragungsfähigkeit.** Grundsätzlich sind nur solche Tatsachen eintragungsfähig, deren Eintragung gesetzlich zugelassen ist. Diese Restriktion muss mit Rücksicht auf die **strenge Formalisierung** des Registerrechts ernst genommen werden (s. Rn 31). Aus diesem Grund wurde in der älteren Rechtsprechung die Eintragung einer Tatsache nur dann zugelassen, wenn dies in einer Gesetzesbestimmung explizit vorgesehen war.[87] Je mehr Zeit seit dem Erlass des HGB verging, desto mehr zeigte sich indes, dass dieses strenge Enumerationsprinzip (Rn 31) den Anforderungen der Rechtspraxis nicht mehr gerecht wurde. Unter diesem Eindruck setzte sich die Auffassung durch, dass das Registerrecht nicht mehr als andere Rechtsgebiete vor einer überholenden Rechtspraxis oder gesetzgeberischen Anschauungslücken beim Gesetzeserlass gefeit sei und deshalb die Eintragungsfähigkeit in Einzelfällen auch im Wege eines **Analogieschlusses** begründet werden könne.[88]

46 Um die angestrebte Standardisierung des Registerinhalts nicht zu verwässern, darf von dieser Möglichkeit aber nur mit großer Zurückhaltung Gebrauch gemacht werden. Eine planwidrige Regelungslücke ist deshalb nur dann anzunehmen, wenn für die Eintragung ein **unabweisbares Bedürfnis** besteht. Ob dies der Fall ist, muss im Lichte des

---

[86] Dass diese Norm in § 407 Abs. 2 AktG nicht genannt ist, beruht auf einem Redaktionsversehen; vgl. *Hüffer* § 327e Rn 2.
[87] So unter Berufung auf Art. 12 ADHGB („die in diesem Gesetzbuch angeordneten Eintragungen") RGZ 85, 138 (141 f); KGJ 25 A 250 (252); KGJ 29 A 91 f; KGJ 35 A 152 (154 f); zweifelnd aber bereits RGZ 132, 138 (141).
[88] RG DNotZ 1944, 195 (196); BGHZ 87, 59 (60 ff) = NJW 1983, 1676; BGHZ 105, 324 (337 ff) = NJW 1989, 295; BGHZ 116, 37 (43 ff) = NJW 1992, 505; BGH NJW 1992, 1452 (1453 f); BayObLGZ 1978, 182 (185 f); BayObLGZ 1987, 449 (451 f); KG DR 1943, 981 (982); Baumbach/*Hopt* Rn 5; Ebenroth/Boujong/Joost/Strohn/*Schaub* Rn 61; MünchKommHGB/*Krafka* Rn 33; Röhricht/v. Westphalen/*Ammon* Rn 18; *Canaris* HandelsR § 4 Rn 8 f; *Bokelmann* DStR 1991, 945 (948 ff).

Zwecks des Handelsregisters beurteilt werden, der darin besteht, die eingetragenen Rechtsverhältnisse zutreffend wiederzugeben und die Sicherheit des Rechtsverkehrs zu gewährleisten (zu einzelnen Anwendungsfällen vgl. Rn 54 ff).[89] Keines Analogieschlusses bedarf es bei den bereits oben erwähnten Vorschriften, bei denen eine Anmeldepflicht nicht explizit normiert, die Eintragung aber als Wirksamkeitsvoraussetzung ausgestaltet ist (Rn 40). Hier ergibt sich die Eintragungsfähigkeit schon im Wege der Auslegung.

b) Weitergehende Anerkennung einer ungeschriebenen Anmeldepflicht. Größere Bedenken bestehen, wenn im Wege des Analogieschlusses nicht nur die Eintragungsfähigkeit, sondern darüber hinaus auch eine **Anmeldepflicht** begründet werden soll. Die Sanktionsmöglichkeit des § 14 steht einem solchen Analogieschluss nicht zwingend entgegen, da es sich dabei nur um ein Zwangsgeld und nicht um eine Strafe handelt, so dass Art. 103 Abs. 2 GG hier nicht gilt (s. dazu noch § 14 Rn 2, 7).[90] Der Betroffene kann die Belastung abwehren, indem er seiner Pflicht nachkommt. Dennoch sind an die Verletzung einer Anmeldepflicht **gravierende Rechtsfolgen** geknüpft (namentlich in Gestalt der Haftung nach § 15), mit denen der Betroffene nicht leichtfertig belastet werden darf.

47

Ungeachtet dieser Belastungen geht die heute hM zu Recht davon aus, dass an die Annahme der Eintragungsfähigkeit im Regelfall auch eine Anmeldepflicht geknüpft werden muss.[91] Lässt man die Herleitung der Eintragungsfähigkeit im Analogieschluss in erster Linie deshalb zu, weil ohne die Eintragung die im Handelsregister enthaltenen Informationen unvollständig oder irreführend erscheinen (Rn 46), so darf die Behebung dieses Mangels **nicht in das Belieben des Betroffenen** gestellt werden. Damit wären nicht nur die Aussagekraft und Verlässlichkeit des Registers, sondern auch die Standardisierung und die damit bezweckte Vergleichbarkeit seines Inhalts in Frage gestellt.[92] Die drohende Haftung nach § 15 gebietet es allerdings, von der Möglichkeit des Analogieschlusses nur mit Zurückhaltung Gebrauch zu machen. Der BGH schützt den Anmeldepflichtigen überdies noch dadurch, dass die Anwendung des § 15 erst dann greift, wenn die entsprechende Pflicht **höchstrichterlich anerkannt** ist und seit dieser Anerkennung eine angemessene Umstellungsfrist verstrichen ist (s. § 15 Rn 31).[93] Schon zuvor ist es aber möglich, die Eintragung im Wege des § 14 zu erzwingen.

48

Der Schluss von der Eintragungsfähigkeit auf die Anmeldepflicht darf allerdings dann nicht gezogen werden, wenn es sich bei dem im Analogieweg hergeleiteten Eintragungserfordernis um ein **konstitutives Wirksamkeitserfordernis** handelt. Als Beispiel dafür ist in erster Linie das ungeschriebene Eintragungserfordernis beim Abschluss eines Beherrschungs- und Gewinnabführungsvertrages zwischen zwei Gesellschaften mbH zu nennen

49

---

[89] BGH NJW 1992, 1452 (1454); BGH NJW 1998, 1071; KG NJW-RR 1996, 227; MünchKommHGB/*Krafka* Rn 32.
[90] KG FGPrax 1999, 156; Ebenroth/Boujong/Joost/Strohn/*Schaub* § 14 Rn 8; Koller/Roth/Morck Rn 8, § 14 Rn 2; MünchKommHGB/*Krafka* Rn 33, § 14 Rn 2; Röhricht/v. Westphalen/*Ammon* § 14 Rn 2; **aA** wohl Rowedder/Schmidt-Leithoff § 12 Rn 69.
[91] BGHZ 87, 59 (60 ff) = NJW 1983, 1676; BGHZ 105, 324 (337 ff) = NJW 1989, 295; BGHZ 116, 37 (43 ff) = NJW 1992, 505; Baumbach/*Hopt* Rn 5; Ebenroth/Boujong/Joost/Strohn/*Schaub* Rn 71; MünchKomm-HGB/*Krafka* Rn 33; Röhricht/v. Westphalen/*Ammon* Rn 18; *Canaris* HandelsR § 4 Rn 10 f; *Bokelmann* DStR 1991, 945 (947); **aA** noch OLG Hamm BB 1983, 858 f.
[92] Schon die Denkschrift zum HGB – *Hahn/Mugdan* S. 207 bezeichnet die Eintragungsfähigkeit ohne Anmeldepflicht als eine Art der Regelung „die nicht geeignet erscheint, die Zuverlässigkeit des Handelsregisters und damit die Rechtssicherheit zu erhöhen."
[93] BGHZ 116, 37 (44 ff) = NJW 1992, 505; Koller/Roth/Morck § 15 Rn 6; Münch-KommHGB/*Krebs* § 15 Rn 25.

§ 8   1. Buch. Handelsstand

(vgl. dazu noch Rn 65 ff). Hier bedarf es keiner öffentlich-rechtlichen Anmeldepflicht, da die bis zur Eintragung bestehende Unwirksamkeit der einzutragenden Tatsache den Rechtsverkehr hinreichend schützt und die Richtigkeit des Handelsregisters gewährleistet (s. Rn 38).[94]

50 **6. Nicht eintragungsfähige Tatsachen.** Sieht das Gesetz keine ausdrückliche (oder zumindest implizite) Anordnung der Eintragungsfähigkeit vor und lässt sich auch kein unabweisbares Eintragungsbedürfnis feststellen, das einen Analogieschluss tragen könnte (Rn 46), so ist im Hinblick auf die angestrebte **Standardisierung** des Registerinhalts (Rn 31) eine Eintragung auch dann nicht möglich, wenn die Tatsache für den Rechtsverkehr durchaus von Bedeutung sein könnte (z.B. das haftende Kapital eines Einzelkaufmanns oder einer OHG).[95] Nicht eintragungsfähig sind daher nähere Auskünfte über die **Vertretungs- und Verfügungsbefugnisse**, etwa über den gesetzlichen Vertreter eines Minderjährigen,[96] über die Verfügungsbeschränkungen eines Einzelkaufmanns,[97] über die Vertretungsbefugnis einzelner Miterben einer Erbengemeinschaft,[98] über einen Einwilligungsvorbehalt nach § 1903 BGB[99] oder in Gestalt eines Nacherbenvermerks.[100] Auch privatrechtliche Treuhandverhältnisse[101] und güterrechtliche Beschränkungen[102] können nicht in das Handelsregister eingetragen werden. Dasselbe gilt für die Erteilung einer Handlungsvollmacht (vgl. § 54 Rn 27 – *Joost*),[103] und zwar auch dann, wenn sie zur gemeinsamen Vertretung mit einem Prokuristen berechtigt.[104] Zur Generalvollmacht s. noch Rn 70.

51 Nicht eintragungsfähig sind ferner der **Unternehmensgegenstand** einer OHG oder KG,[105] der **Nießbrauch** an einem Kommanditanteil,[106] die einem Kommanditisten im Gesellschaftsvertrag eingeräumte **Vertretungsmacht**[107] sowie die Gesellschafter von Gesellschaftern (wenn also eine Gesellschaft persönlich haftender Gesellschafter oder Kommanditist ist).[108] Eine Ausnahme von der letztgenannten Fallgruppe gilt gem. § 162 Abs. 1

---

[94] MünchKommHGB/*Krafka* Rn 33; Ebenroth/Boujong/Joost/Strohn/*Schaub* Rn 72.
[95] *Hager* Jura 1992, 57 (58).
[96] OLG Dresden SächsOLG 1932, 333; Ebenroth/Boujong/Joost/Strohn/*Schaub* Rn 79; Röhricht/v. Westphalen/*Ammon* Rn 24.
[97] KGJ 35 A 152 (156); Baumbach/*Hopt* Rn 5; Koller/*Roth*/Morck Rn 10.
[98] KGJ 35 A 152 (156); KG RJA 15 (51/52 f); Ebenroth/Boujong/Joost/Strohn/*Schaub* Rn 79.
[99] Koller/*Roth*/Morck Rn 10.
[100] OLG München JFG 22, 89 (91 f); Ebenroth/Boujong/Joost/Strohn/*Schaub* Rn 79; MünchKommHGB/*Krafka* Rn 55.
[101] OLG Hamm NJW 1963, 1554 (1555); Baumbach/*Hopt* Rn 5; Koller/*Roth*/Morck Rn 10; Röhricht/v. Westphalen/*Ammon* Rn 24; eintragungsfähig ist dagegen nach hM die Verwaltung durch die Treuhandanstalt; OLG Naumburg ZIP 1993, 1500 (1501 f); Baumbach/*Hopt* Rn 5; Röhricht/v. Westphalen/*Ammon* Rn 24; **aA** LG Münster Rpfleger 1992, 439; GK-HGB/*Gesmann-Nuissl* Rn 10.
[102] RG JW 1906, 405; Ebenroth/Boujong/Joost/Strohn/*Schaub* Rn 79.
[103] BayObLGZ 1924, 55 (56); OLG Frankfurt aM BB 1976, 569; KGJ 35 A 152 (155 f); Röhricht/v. Westphalen/*Ammon* Rn 24; *Bokelmann* DStR 1991, 945 (947).
[104] OLG Karlsruhe RJA 17, 102 (104); Ebenroth/Boujong/Joost/Strohn/*Schaub* Rn 79; *Bokelmann* DStR 1991, 945 (950).
[105] KG JW 1934, 1730; Baumbach/*Hopt* Rn 5; MünchKommHGB/*Krafka* Rn 55; *Bokelmann* DStR 1991, 945 (950).
[106] Ausführlich *Klose* DStR 1999, 807 ff; vgl. ferner MünchKommHGB/*Krafka* Rn 55; Röhricht/v. Westphalen/*Ammon* Rn 24; *Krafka/Willer* Rn 770; **aA** LG Köln RNotZ 2001, 170; zust. *Lindemeier* RNotZ 2001, 155 (157 f).
[107] OLG Frankfurt aM FGPrax 2006, 82 f; MünchKommHGB/*Grunewald* § 170 Rn 14; **aA** Ebenroth/Boujong/Joost/Strohn/*Weipert* § 170 Rn 5 ff, 11.
[108] *Krafka/Willer* Rn 104.

S. 2 nur für die Gesellschafter einer GbR. Grundsätzlich abgelehnt wird schließlich auch eine Eintragung von in der Zukunft liegenden Tatsachen.[109] Zu weiteren Einzelfällen vgl. die in Rn 54 ff angeführten Fallgruppen. Soweit **versehentlich** dennoch eine **Eintragung erfolgt**, so löst sie keine Haftung nach § 15 aus („einzutragende Tatsache"), kann aber möglicherweise Grundlage einer Rechtsscheinhaftung nach allgemeinen Grundsätzen sein (vgl. § 15 Rn 117 f).[110]

7. Befristete und bedingte Handelsregistereintragung. Das Handelsregister soll grundsätzlich nur über gegenwärtige Tatsachen und Rechtsverhältnisse Auskunft geben.[111] Nach **hM** sind daher befristete und bedingte Handelsregistereintragungen **generell unzulässig** (zu der davon zu unterscheidenden Frage nach der Zulässigkeit befristeter oder bedingter Anmeldungen s. noch § 12 Rn 20).[112] Die Gegenauffassung lässt Ausnahmen dann zu, wenn der Eintritt der Bedingung offenkundig ist oder sich aus dem Handelsregister selbst ergibt; dasselbe soll bei einer Befristung gelten, deren Eintritt aus dem Kalender ersichtlich ist.[113] Für den **Sonderfall einer aufschiebend befristeten Satzungsänderung** entspricht dies im Kapitalgesellschaftsrecht der ganz hM.[114] Das Problem stellt sich namentlich bei der Bestellung und Abberufung von Geschäftsleitern einer Kapitalgesellschaft.[115] Daneben gibt es speziell bei Umstrukturierungsmaßnahmen von Kapitalgesellschaften für derartige Gestaltungsmöglichkeiten ein großes praktisches Bedürfnis.[116] **52**

Der gegen bedingte und befristete Eintragungen vereinzelt angeführte Einwand, das Register werde dadurch zumindest vorübergehend mit irrelevanten Inhalten belastet,[117] steht solchen Gestaltungsformen nicht entgegen. Dieser Nachteil wird dadurch aufgewogen, dass der Rechtsverkehr sich rechtzeitig auf die Änderung einstellen kann.[118] Schwerer fällt ins Gewicht, dass der bis zum Wirksamwerden der Eintragung bestehende Schwebezustand die **Gefahr einer Falscheintragung erhöht**, etwa weil die gerichtliche Prüfung dem Eintritt der Wirksamkeit deutlich vorgelagert ist oder weil die Gesellschaft die in Frage stehende Maßnahme zwischenzeitlich durch einen actus contrarius rückgängig gemacht hat.[119] Die Befürworter einer Bedingung oder Befristung versuchen diese Gefahren dadurch abzumindern, dass sie eine eng bemessene Zeitspanne bis zum Be- **53**

---

[109] OLG Düsseldorf NJW-RR 2000, 702, 703 (Bestellung zum künftigen Geschäftsführer einer GmbH); Koller/*Roth*/Morck Rn 10.
[110] BGH WM 1991, 1466 f; Koller/*Roth*/Morck Rn 14; Röhricht/v. Westphalen/*Ammon* Rn 26.
[111] So bereits OLG München JFG 22, 89 (91).
[112] RGZ 22, 58 (59); BGH Rpfleger 1983, 254; BGH DNotZ 2006, 214 (215); BayObLG DNotZ 1993, 197; BayObLG GmbHR 2003, 476 (477); OLG Düsseldorf GmbHR 2000, 232 (233); OLG Hamm FGPrax 2007, 186 (187); Koller/*Roth*/Morck Rn 10; MünchKommBGB/*Westermann* § 158 Rn 34; *Krafka/Willer* Rn 31; *Bühler* DNotZ 1983, 588 (598); *Waldner* ZNotP 2005, 188 (189).
[113] Dafür namentlich *Scheel* DB 2004, 2355 f; vgl. ferner Ebenroth/Boujong/Joost/Strohn/Schaub Rn 122; *Frels* AG 1967, 237 (238 f); für eine auflösend bedingte und befristete Vertretungsregel auch MünchKommHGB/*Krafka* Rn 45.
[114] KGJ 28 A 216 (224); Baumbach/Hueck/Zöllner § 53 Rn 63; *Hüffer* § 179 Rn 25; MünchKommAktG/*Stein* § 179 Rn 47 f; Rowedder-Schmidt-Leithoff/*Zimmermann* § 54 Rn 35; KölnKommAktG/*Zöllner* § 179 Rn 198, § 181 Rn 33; *Eckardt* NJW 1967, 369 (372); *Lutter* in: FS Quack, 1991, S. 301 (311); *Säcker* DB 1977, 1791 (1792).
[115] Vgl. dazu *Frels* AG 1967, 227 ff; *Scheel* DB 2004, 2355.
[116] Ausführlich dazu *Scheel* DB 2004, 2355 (2358).
[117] *Krafka/Willer* Rn 31.
[118] *Säcker* DB 1977, 1791 (1792); *Scheel* DB 2004, 2355 (2359).
[119] Vgl. zu diesen Gefahren auch *Scheel* DB 2004, 2355 (2359 f).

dingungseintritt[120], eine Prüfung der Wahrscheinlichkeit des Bedingungseintritts[121] oder eine Bindung des Anmelders an die einmal beantragte Anmeldung[122] befürworten. Die ersten beiden Ansätze sind indes derart vage, dass sie der angestrebten Rechtssicherheit des Registerverkehrs kaum gerecht werden; der dritte Ansatz ist rechtspolitisch erwägenswert, findet aber im geltenden Recht keine Grundlage.

8. Spezielle Fallgruppen

a) Ausnahmen vom Verbot des Selbstkontrahierens

54 aa) **Grundsätzliche Anmeldepflicht für GmbH-Geschäftsführer.** Die Vertretungsbefugnis eines GmbH-Geschäftsführers ist nach § 10 Abs. 1 S. 2 GmbHG in das Handelsregister einzutragen, und zwar auch dann, wenn der einzige Geschäftsführer allein zur Vertretung berechtigt ist.[123] Wird der Geschäftsführer vom Verbot des Selbstkontrahierens befreit, muss auch dies nach heute ganz hM eingetragen werden.[124] Die früher hM hatte diese Frage noch verneint.[125] Nach Auffassung des EuGH war diese Sichtweise jedoch zumindest für die Geschäftsleiter einer Kapitalgesellschaft mit den **Vorgaben der Publizitätsrichtlinie** (Rn 10) nicht zu vereinbaren. Obwohl sich aus dem Wortlaut des insofern einschlägigen Art. 2 Abs. 1d S. 2 der Richtlinie ein solches Eintragungserfordernis nicht unmittelbar ergibt, hält der EuGH eine Eintragung mit Blick auf den **Zweck der Richtlinie** für zwingend erforderlich. Dieser liege darin, die Rechtssicherheit in den Beziehungen zwischen der Gesellschaft und Dritten im Hinblick auf eine Intensivierung des Geschäftsverkehrs zwischen den Mitgliedstaaten zu gewährleisten. Dazu gehöre auch, dass jeder, der Geschäftsverbindungen zu Gesellschaften in anderen Mitgliedstaaten zu knüpfen gedenkt, sich über die Befugnisse der mit der Vertretung betrauten Personen unschwer Kenntnis verschaffen könne.[126]

55 Der BGH hat diese verbindliche (Art. 220 Abs. 1 EG) Interpretation der europarechtlichen Bestimmung im Wege der **richtlinienkonformen Auslegung** für den Geschäftsführer einer GmbH (Entsprechendes gilt für den Liquidator[127]) in § 10 Abs. 1 S. 2 GmbHG hineingelesen.[128] Da der wenig präzise Wortlaut der Vorschrift für ein solches Verständnis einen hinreichenden Spielraum lässt und auch teleologische Erwägungen des nationalen Rechts nicht entgegenstehen, ist diese Vorgehensweise unbedenklich.[129]

---

[120] *Scheel* DB 2004, 2355 (2360); ähnlich bereits *Eckardt* NJW 1967, 369 (372); *Frels* AG 1967, 227 (229).
[121] *Scheel* DB 2004, 2355 (2361).
[122] KölnerKommAktG/*Zöllner* § 179 Rn 198.
[123] BGHZ 63, 261 (264 f) = NJW 1975, 213; BayObLG GmbHR 1981, 59; OLG Düsseldorf NJW 1989, 3100; Rowedder/*Schmidt-Leithoff* § 8 Rn 28; Scholz/*Winter*/*Veil* § 10 Rn 11, Ulmer/Habersack/Winter § 8 Rn 38.
[124] BGHZ 87, 59 (60 ff) = NJW 1983, 1676; BGHZ 114, 167 (170 f). = NJW 1991, 1731; BGH NJW 2000, 664 f; BayObLGZ 1979, 182 (183 ff); BayObLGZ 1982, 41 (44 ff); OLG Düsseldorf NJW-RR 1995, 488 f; OLG Köln GmbHR 1980, 129 (130 f); Ebenroth/Boujong/Joost/Strohn/*Schaub* Rn 82 ff; MünchKommHGB/*Krafka* Rn 41 ff; Röhricht/v. Westphalen/*Ammon* Rn 23, 25; Rowedder/*Schmidt-Leithoff* § 10 Rn 13; Scholz/*Winter*/*Veil* § 10 Rn 13; Ulmer/Habersack/Winter § 10 Rn 13; *Krafka*/*Willer* Rn 996 ff; *Bühler* DNotZ 1983, 588 (592 ff).
[125] BGHZ 33, 189 (191 f) = NJW 1960, 2285; OLG Frankfurt aM BB 1993, 2113; OLG Karlsruhe GmbHR 1964, 78; LG Köln DB 1980, 922 f; LG Oldenburg BB 1972, 769.
[126] EuGH v. 12.11.1974 – Rs. 32/74 (Haaga), Slg. 1974, 1201, 1207 (Rn 6).
[127] Ebenroth/Boujong/Joost/Strohn/*Schaub* Rn 89.
[128] BGHZ 87, 59 (60 ff) = NJW 1983, 1676.
[129] Zur Zustimmung im Schrifttum vgl. bereits Fn 124.

Unterbleibt die Eintragung, so wird die Befreiung damit nicht unwirksam, da es sich bei der Eintragung grundsätzlich nur um eine solche mit **deklaratorischer Bedeutung** handelt. Der Gutglaubensschutz erfolgt allein über § 15 Abs. 1.[130] Etwas anderes kann allerdings dann gelten, wenn die Befreiung vom Verbot des Selbstkontrahierens durch eine **Satzungsänderung** erfolgt, bei der die Eintragung nach § 54 Abs. 3 GmbHG konstitutive Wirkung hat. Inwiefern die nachträgliche Befreiung vom Verbot des Selbstkontrahierens bei fehlender Ermächtigung in der Satzung grundsätzlich eine Satzungsänderung erfordert, ist sehr umstritten,[131] wird von der hM im Lichte des besonderen Schutzzwecks des § 35 Abs. 3 GmbHG richtigerweise aber zumindest dann bejaht, wenn sie zugunsten des Gesellschaftergeschäftsführers in einer Einmann-GmbH erteilt wird.[132]

bb) Geltung auch bei beschränkter Befreiung. Hinsichtlich der gegenständlichen Reichweite der Befreiung ist anerkannt, dass die Anmeldepflicht selbstverständlich bei jeder Vollbefreiung des Geschäftsführers besteht, nicht aber, wenn die Befreiung **auf einen Einzelvorgang beschränkt** ist.[133] Diese letztgenannte Ausnahme erklärt sich daraus, dass die Aufnahmefähigkeit und damit auch die Übersichtlichkeit des Handelsregisters gefährdet wäre, wollte man jede für ein einzelnes Geschäft ausgesprochene Befreiung von § 181 BGB der Anmeldepflicht unterwerfen.[134]

56

Nicht ganz einheitlich wird hingegen der zwischen diesen beiden Extremen liegende Graubereich beurteilt, in dem eine Befreiung für mehrere Geschäfte ausgesprochen wird, der Kreis dieser Geschäfte aber doch beschränkt bleibt, etwa auf eine bestimmte Gruppe von Rechtsgeschäften (z.B. Grundstücksgeschäfte), auf ein bestimmtes Geschäftsvolumen (z.B. bis 100.000 Euro) oder auf Rechtsgeschäfte mit einem bestimmten Geschäfts-

57

---

[130] Vgl. dazu etwa Roth/*Altmeppen* § 39 Rn 4 f.

[131] Grundsätzlich gegen ein solches Erfordernis KG Berlin GmbHR 2002, 327; LG Köln RNotZ 2001, 402 mit zust. Anm. von *Lohr* RNotZ 2001, 403 ff; Baumbach/Hueck/Zöllner/*Noack* § 35 Rn 132 f; *Lutter*/Hommelhoff § 35 Rn 20; Michalski/*Lenz* § 35 Rn 83; Roth/*Altmeppen* § 35 Rn 66; Rowedder/Schmidt-Leithoff/*Koppensteiner* § 35 Rn 35; Ulmer/Habersack/Winter/*Paefgen* § 35 Rn 64; *Altmeppen* NJW 1995, 1182 ff; *Bühler* DNotZ 1983, 588 (595 ff); *Goette* DStR 2000, 697; **aA** Beck'sches Notarhandbuch/*Mayer* 2006, D I. Rn 45; *Ekkenga* AG 1985, 40 (46 ff); zumindest für die generelle und dauerhafte Gestattung auch BayObLGZ 1980, 209 (212 ff); BayObLGZ 1981, 132 (135 ff); OLG Frankfurt aM OLGZ 1983, 182 ff; OLG Köln OLGZ 1993, 167 (168 ff); Scholz/U. H. Schneider § 35 Rn 99a; Krafka/Willer Rn 997, 999; Oppenländer/Trölitzsch GmbH-Geschäftsführung, 2004, § 17 Rn 13 f; *K. Schmidt* GesR § 36 II 3b (S. 1075); *Priester* DStR 1992, 254 (255 f); *Tiedtke* GmbHR 1993, 385 (388 f).

[132] Vgl. etwa BFHE 181, 328 (330 ff) = BStBl. II 1999, 35; BGHZ 33, 189 ff = NJW 1960, 2285; BGHZ 87, 59 (60 f) = NJW 1983, 1676; BayObLGZ 1981, 132 (135 ff); OLG Hamm NZG 1998, 598; Baumbach/Hueck/Zöllner/*Noack* § 35 Rn 140; *Lutter*/Hommelhoff § 35 Rn 21; Rowedder/Schmidt-Leithoff/*Koppensteiner* § 35 Rn 30 f; Scholz/U. H. Schneider § 35 Rn 119; Ulmer/Habersack/Winter/*Paefgen* § 35 Rn 65, 67; *K. Schmidt* GesR, § 40 III 2b (S. 1253); *ders.* NJW 1980, 1769 (1775); *Ekkenga* AG 1985, 40 (46); *Goette* DStR 2000, 697 f; *Tiedtke* GmbHR 1993, 385 (387 f); **aA** Roth/*Altmeppen* § 35 Rn 77; *ders.* NJW 1995, 1182 (1185 f); *Bühler* DNotZ 1983, 588 (596 ff).

[133] OLG Düsseldorf WM 1994, 2113; OLG Düsseldorf NZG 2005, 131 (132); Ebenroth/Boujong/Joost/Strohn/*Schaub* Rn 93, 96; MünchKommHGB/*Krafka* Rn 44; Röhricht/v. Westphalen/*Ammon* Rn 25; Scholz/*Winter*/Veil § 10 Rn 13; Ulmer/Habersack/Winter § 10 Rn 13; *Bühler* DNotZ 1983, 588, 593; *Kanzleiter* Rpfleger 1984, 1 (3 f).

[134] MünchKommHGB/*Krafka* Rn 44.

partner.¹³⁵ Im Hinblick auf den Verkehrsschutzgedanken der Publizitätsrichtlinie, der auf das Verständnis des § 10 Abs. 1 S. 2 GmbHG ausstrahlt (Rn 55 f), beseitigen auch derartige **generalisierende Beschränkungen** die Anmeldepflicht nicht, denn auch sie eröffnen die Gefahr, dass zwischen der Gesellschaft und dem Geschäftsführer Vermögen verlagert und die rechtliche Zuordnung damit bewusst unklar gehalten wird.¹³⁶ Eine andere Sichtweise wäre schon aufgrund der daraus erwachsenden Umgehungsmöglichkeiten kaum wünschenswert.¹³⁷ Eine Ausnahme ist nur dann anzuerkennen, wenn die Befreiung für mehrere konkrete Rechtsgeschäfte ausgesprochen wird, da sich diese Gestaltung auch als eine Reihe einzelner Befreiungen auffassen lässt.¹³⁸

58 cc) **Inhaltliche Ausgestaltung.** Eine Befreiung nach § 181 BGB darf nur dann in das Handelsregister eingetragen werden, wenn sie aus sich selbst heraus verständlich ist. Es genügt nicht, wenn Umstände außerhalb der Satzung und des Registers herangezogen werden müssen, die dem Rechtsverkehr in der Regel nicht zugänglich sind.¹³⁹ So soll nach der grundlegenden Entscheidung des BGH von 1983 die Befreiung nicht an die **Stellung als Alleingesellschafter** geknüpft werden können, da sich diese nicht aus dem Register selbst ergebe.¹⁴⁰ Die gem. § 40 Abs. 1 GmbHG einzureichende Gesellschafterliste soll insofern nicht genügen. Zur Möglichkeit einer bedingten oder befristeten Befreiungsbestimmung vgl. Rn 52 f.

59 Auch bei Beschränkungen auf Geschäfte mit bestimmten Personen kann die Eintragung an der fehlenden Bestimmtheit scheitern, wenn der **Geschäftspartner nur abstrakt umschrieben** wird und nicht allein anhand des Handelsregisters konkretisiert werden kann. Das ist etwa der Fall, wenn die Befreiung auf sämtliche Geschäfte mit nahen Angehörigen oder mit nicht näher individualisierten Mutter- oder Tochtergesellschaften erstreckt wird.¹⁴¹

60 Die fehlende Bestimmtheit kann nicht nur aus dem Erfordernis herrühren, weitere Erkenntnisquellen hinzuzuziehen, sondern auch aus einer **nicht hinreichend deutlichen Formulierung** der Freistellung. Gerade im Hinblick auf die internationale Zielrichtung der Publizitätsrichtlinie (Rn 10) sind an die Verständlichkeit des Registereintrags hohe Anforderungen zu stellen. So wird es zu Recht als unzulässig angesehen, wenn die Befreiung in der Weise formuliert wird, dass der Geschäftsführer „von den Beschränkungen des § 181 BGB befreit" sei, da diese Formulierung für einen nicht Gesetzeskundigen, der möglicherweise noch aus dem Ausland stammt, nur unter großem Informationsaufwand

---

¹³⁵ Weitere Beispiele bei *Kanzleiter* Rpfleger 1984, 1 (3 f).
¹³⁶ OLG Düsseldorf NJW-RR 1995, 488; MünchKommHGB/*Krafka* Rn 44; Roweder/*Schmidt-Leithoff* § 10 Rn 13; Ulmer/Habersack/Winter § 10 Rn 14; *Krafka/Willer* Rn 996; *Bühler* DNotZ 1983, 588 (593); *Kanzleiter* Rpfleger 1984, 1 (4); **aA** LG Berlin Rpfleger 1981, 309 (310); zweifelnd auch Baumbach/Hueck/Zöllner/*Noack* § 35 Rn 133.
¹³⁷ So auch *Kanzleiter* Rpfleger 1984, 1 (4), der allerdings die Beurteilung der Anmeldepflicht davon abhängig machen will, inwiefern im konkreten Fall ein Publizierungsbedürfnis besteht.
¹³⁸ So *Kanzleiter* Rpfleger 1984, 1 (4); zust. Ebenroth/Boujong/Joost/Strohn/*Schaub* Rn 96; MünchKommHGB/*Krafka* Rn 44.
¹³⁹ BGHZ 87, 59 (62 f) = NJW 1983, 1676; Röhricht/v. Westphalen/*Ammon* Rn 25; Ulmer/Habersack/Winter § 10 Rn 13.
¹⁴⁰ BGHZ 87, 59 (62) = NJW 1983, 1676; OLG Frankfurt aM BB 1984, 238 (239); Ulmer/Habersack/Winter § 10 Rn 13.
¹⁴¹ Ebenroth/Boujong/Joost/Strohn/*Schaub* Rn 99 f; *Fleischhauer/Preuß* Kap. J Rn 6 (11); *Simon* GmbHR 1999, 588 (590).

verständlich sei.¹⁴² Die Registergerichte tendieren teilweise dazu, bei einer solchermaßen formulierten Anmeldung den gesamten Gesetzeswortlaut miteinzutragen.¹⁴³

Nicht an der fehlenden Bestimmtheit, sondern an der fehlenden Relevanz für die Vertretungsbefugnis scheitert die Eintragungsfähigkeit, wenn die Befreiung noch nicht ausgesprochen worden ist, sondern der Gesellschaftsvertrag lediglich eine **künftige Befreiung** gestattet. In diesem Fall ist die gesetzliche Vertretungsbefugnis vorerst noch nicht modifiziert, so dass auch § 10 Abs. 1 S. 2 GmbHG noch nicht berührt ist. Erst mit der aufgrund dieser Öffnungsklausel ausgesprochenen Befreiung entstehen Eintragungsfähigkeit und Anmeldepflicht.¹⁴⁴ **61**

dd) **Übertragbarkeit auf andere Gesellschaftsformen.** Diese Grundsätze gelten entsprechend auch für andere Gesellschaftsformen. Für die **AG** folgt dieses Ergebnis schon daraus, dass sie ebenfalls in den Anwendungsbereich der Publizitätsrichtlinie fällt und daher die vom EuGH formulierten Vorgaben auch für sie gelten.¹⁴⁵ Allerdings ist hier allein die Gestattung einer Mehrvertretung zulässig, da für ein Selbstkontrahieren schon nach § 112 AktG kein Raum bleibt.¹⁴⁶ Für die **Personenhandelsgesellschaften** gelten die europäischen Vorgaben der Publizitätsrichtlinie nicht, so dass die deutsche Rechtsanwendung nach rein nationalen Maßstäben zu erfolgen hat. Da die Annahme der Eintragungsfähigkeit unter dem Gesichtspunkt der Verkehrssicherheit und der Zuverlässigkeit des Handelsregisters aber auch hier geboten erscheint und das Gesetz zumindest seit der Einfügung des § 106 Abs. 2 Nr. 4 für ein entsprechendes Verständnis Raum lässt,¹⁴⁷ sind die zur GmbH entwickelten Grundsätze auf die Personenhandelsgesellschaften zu übertragen.¹⁴⁸ Zur Bedeutung des § 181 BGB bei den Geschäftsleitern der Zweigniederlassung einer ausländischen Gesellschaft s. § 13f Rn 10 ff. **62**

ee) **Befreiung des Prokuristen.** Bei einer **Prokura** fehlt es an einer Vorschrift, wonach die Vertretungsbefugnis des Prokuristen anzugeben ist. Dennoch können die vorstehend gewonnenen Erkenntnisse zur richtlinienkonformen Auslegung der Vertretungseintragungen im Gesellschaftsrecht als Analogiebasis nutzbar gemacht werden, um auch für die Befreiung eines Prokuristen vom Verbot des § 181 BGB eine Anmeldepflicht zu begründen, vgl. § 53 Rn 9, 19 (*Joost*).¹⁴⁹ Ein entsprechendes Informationsbedürfnis des Rechtsverkehrs ist auch hier nicht zu verkennen. **63**

---

¹⁴² OLG Hamm WM 1987, 405; Lutter/Hommelhoff/*Lutter/Bayer* § 8 Rn 15; *Fleischhauer*/Preuß Kap. J Rn 6 (11).
¹⁴³ *Fleischhauer*/Preuß Kap. J Rn 6 (11).
¹⁴⁴ BayObLGZ 1982, 41 (45); BayObLGZ 1989, 375 (378); OLG Frankfurt aM BB 1984, 238; OLG Frankfurt aM BB 1993, 2113; OLG Hamm NJW-RR 1997, 415; OLG Karlsruhe BB 1984, 238; MünchKommHGB/*Krafka* Rn 45; Röhricht/v. Westphalen/*Ammon* Rn 25; Ulmer/Habersack/Winter § 10 Rn 13; *Fleischhauer*/Preuß Kap. J Rn 6 (11); *Krafka/Willer* Rn 997; aA LG Köln GmbHR 1993, 501 f.
¹⁴⁵ GroßkommAktG/*Röhricht* § 37 Rn 45; *Hüffer* § 37 Rn 8; MünchKommAktG/*Pentz* § 37 Rn 61.

¹⁴⁶ *Hüffer* § 78 Rn 7; MünchKommAktG/*Hefermehl/Spindler* § 78 Rn 103; MünchKommHGB/*Krafka* Rn 47; *Canaris* HandelsR § 4 Rn 11.
¹⁴⁷ Anders vor der Einfügung dieser Vorschrift noch LG Berlin Rpfleger 1982, 427.
¹⁴⁸ OLG Hamburg DNotZ 1986, 571 f; LG Augsburg Rpfleger 1983, 28; Koller/Roth/Morck § 106 Rn 2; MünchKommHGB/*Krafka* Rn 48; für die Eintragungsfähigkeit, aber gegen eine Anmeldepflicht OLG Hamm BB 1983, 858 f.
¹⁴⁹ BayObLGZ 1980, 195 (201); Koller/Roth/Morck Rn 8; MünchKommHGB/*Krafka* Rn 48; *Canaris* HandelsR § 4 Rn 11; für die Eintragungsfähigkeit, aber gegen eine Anmeldepflicht OLG Hamm OLGZ 83, 195.

64 ff) **Sonderfall: GmbH & Co. KG.** Bei der GmbH & Co. KG sind zwei unterschiedliche Gestaltungsformen vorstellbar. Unproblematisch ist der Fall, dass die **Komplementär-GmbH** selbst von den Beschränkungen des § 181 BGB befreit wird.[150] Daneben wird es in der Rechtsprechung aber auch zugelassen, dass in das Handelsregister der KG eine Befreiung der **Geschäftsführer** der persönlich haftenden GmbH eingetragen wird.[151] Auch hier ist es allerdings erforderlich, dass die Befreiung aus sich heraus verständlich ist, ohne dass auf andere Register zurückgegriffen werden muss (s. Rn 58). Daher genügt es nicht, wenn der Geschäftsführer namentlich benannt wird, weil auch in diesem Fall noch Einsicht in das Handelsregister der GmbH genommen werden müsste, um festzustellen, ob der namentlich Benannte noch Geschäftsführer ist. Nur wenn generell „der jeweilige" Geschäftsführer der konkret bezeichneten Komplementär-GmbH von den Beschränkungen des § 181 BGB befreit wird, ist den registerrechtlichen Bestimmtheitsanforderungen Genüge getan.[152]

65 b) **Unternehmensverträge.** Ein Unternehmensvertrag i.S.d. § 291 AktG ist nach § 294 Abs. 1 AktG vom Vorstand der abhängigen Gesellschaft zur Eintragung in das Handelsregister anzumelden. Allerdings erfasst § 291 AktG nur solche Unternehmensverträge, bei denen abhängiges Unternehmen eine AG oder KGaA ist. Nach Auffassung des BGH soll dennoch auch der zwischen **zwei Gesellschaften mbH** geschlossene Beherrschungs- und/oder Gewinnabführungsvertrag zu seiner Wirksamkeit der Eintragung in das Handelsregister der abhängigen Gesellschaft bedürfen.[153] Hergeleitet wird dies aus der für eine Satzungsänderung geltenden Vorschrift des § 54 GmbHG. Auch wenn der Unternehmensvertrag nicht selbst eine Satzungsänderung darstelle,[154] so werde durch den damit erfolgenden Eingriff in den Gesellschaftszweck, in die Zuständigkeitskompetenz der Gesellschafter und in ihr Gewinnbezugsrecht doch satzungsgleich die rechtliche Grundstruktur der abhängigen GmbH verändert. Diese Vergleichbarkeit rechtfertige es, **analog § 54 Abs. 1 und 3 GmbHG** die Wirksamkeit des Vertrages an seine Eintragung im Handelsregister zu koppeln. Da diesem im Analogieweg begründeten Eintragungserfordernis konstitutive Wirkung zukommt, handelt es sich nach den oben dargelegten Grundsätzen (Rn 40, 46) nur um eine eintragungsfähige, nicht aber um eine anmeldepflichtige Tatsache.[155]

66 Eine Eintragung in das **Handelsregister der herrschenden Gesellschaft** wird überwiegend zu Recht abgelehnt, da sich aus dem Abschluss des Unternehmensvertrages zwar auch für sie bedeutsame Rechtsfolgen ergeben können, diese aber – anders als bei der

---

[150] Ebenroth/Boujong/Joost/Strohn/*Schaub* Rn 103; *Krafka/Willer* Rn 809a.

[151] OLG Frankfurt aM FGPrax 2006, 273 f; BayObLGZ 1999, 349 (350 f); BayObLGZ 2000, 106 (107 f); Ebenroth/Boujong/ Joost/Strohn/*Schaub* Rn 104; Rowedder/ Schmidt-Leithoff § 10 Rn 13; *Krafka/Willer* Rn 809a; aA LG München I MittBayNot 1998, 197 f.

[152] BayObLGZ 1999, 349 (352); BayObLGZ 2000, 106 (109); MünchKommHGB/*Krafka* Rn 49; Fleischhauer/Preuß Kap. J Rn 6 (4); *Krafka/Willer* Rn 809a.

[153] Vgl. zum Folgenden BGHZ 105, 324 (337 ff, 342 ff) = NJW 1989, 295; BGHZ 116, 37 = NJW 1992, 505; BayObLG NZG 2003, 479; LG Frankfurt aM GmbHR 1997, 75; AG Erfurt GmbHR 1997, 859; Baumbach/Hueck/*Zöllner* SchlAnh-KonzernR Rn 53; Ebenroth/Boujong/Joost/ Strohn/*Schaub* Rn 109; MünchKommHGB/ *Krafka* Rn 37; Röhricht/v. Westphalen/ *Ammon* Rn 27; *Krafka/Willer* Rn 1111. Zu den Anforderungen an die Beendigung des Vertrages vgl. BayObLG NZG 2003, 479 (480).

[154] Anders noch *Priester* in: Entwicklungen im GmbH-Konzernrecht, ZGR Sonderheft 6, S. 151 (167 f).

[155] So auch Ebenroth/Boujong/Joost/Strohn/ *Schaub* Rn 109; MünchKommHGB/*Krafka* Rn 37.

beherrschten Gesellschaft – nicht von derart einschneidend strukturändernder Wirkung sind, dass eine Parallele zur Satzungsänderung gezogen werden könnte.[156] Da entscheidend danach allein die Situation der abhängigen Gesellschaft ist, sind die vom BGH zu Unternehmensverträgen zwischen zwei Gesellschaften mbH auch auf den Fall zu übertragen, dass das herrschende Unternehmen eine **andere Rechtsform** aufweist.[157]

67 Um zu verhindern, dass der Kreis der einzutragenden Tatsachen allzu weit gefasst wird, ist allerdings der von einer GmbH abgeschlossene **Teilgewinnabführungsvertrag** nach richtiger Ansicht nicht eintragungsfähig.[158] Ein Analogieschluss zu § 294 Abs. 1 und 2 AktG[159] scheitert daran, dass Organisationsverfassung und Kapitalbindung in der GmbH grundlegend anders geregelt sind als in der AG und daher keine vergleichbare Interessenlage vorliegt.[160] Auch eine Analogie zu §§ 53, 54 GmbHG[161] ist abzulehnen, da ein Teilgewinnabführungsvertrag als schuldrechtlicher Austauschvertrag keinen Organisationsvertrag darstellt[162] und daher einer Satzungsänderung nicht gleichgestellt werden kann.[163] Damit fehlt es an dem für die Annahme einer planwidrigen Regelungslücke erforderlichen **unabweisbaren Bedürfnis** des Rechtsverkehrs für die Eintragung (vgl. Rn 46).[164]

68 c) **Testamentsvollstreckervermerke.** Registerrechtsprechung und Schrifttum beantworten die Frage, ob die Anordnung einer Testamentsvollstreckung für ein zum Nachlass gehörendes Handelsgeschäft eintragungsfähig ist, uneinheitlich.[165] Auch bei der vom BGH als grundsätzlich zulässig erachteten Testamentsvollstreckung an einem Komman-

---

[156] So auch LG Frankfurt aM GmbHR 1997, 75; AG Duisburg DB 1993, 2522; AG Erfurt GmbHR 1997, 859; Ebenroth/Boujong/Joost/Strohn/*Schaub* Rn 109; MünchKomm-HGB/*Krafka* Rn 55a; Rowedder/Schmidt-Leithoff/*Koppensteiner* Anh. nach § 52 Rn 65; *Krafka/Willer* Rn 1111; *Kort* AG 1988, 369 (372 f); *Vetter* AG 1994, 110 (113 f); zumindest für Eintragungsfähigkeit LG Düsseldorf RNotZ 2001, 171; für Anmeldepflicht LG Bonn MittRhNotK 2000, 78 f; *U. H. Schneider* WM 1986, 181 (186 f).
[157] BGH NJW 1992, 1452; Ebenroth/Boujong/Joost/Strohn/*Schaub* Rn 109; MünchKomm-HGB/*Krafka* Rn 38.
[158] BayObLGZ 2003, 21 (22 f); Ebenroth/Boujong/Joost/Strohn/*Schaub* Rn 109; MünchKommHGB/*Krafka* Rn 38; *Krafka/Willer* Rn 1111, 1596; aA *Emmerich*/Habersack KonzernR Komm § 292 Rn 37; Scholz/*Emmerich* Anh. § 13 Rn 214; *Schulte/Waechter* GmbHR 2002, 189 (190); *Weigl* GmbHR 2003, 536 f; krit. auch *Munzig* FGPrax 2006, 139 (140 f).
[159] Einen solchen zieht *Munzig* FGPrax 2006, 139 (140 f) in Betracht.
[160] Vgl. dazu näher LG Darmstadt AG 2005, 488 (489); Roth/*Altmeppen* Anh § 13 Rn 113.
[161] Dafür z.B. *Emmerich*/Habersack KonzernR Komm § 292 Rn 37; Scholz/*Emmerich* Anh. § 13 Rn 214.
[162] Daher sind die Grundsätze des „Supermarkt-Beschlusses", BGHZ 105, 324 ff = NJW 1989, 295, für Beherrschungs- und Gewinnabführungsverträge nicht auf Teilgewinnabführungsverträge übertragbar.
[163] Vgl. BayObLGZ 2003, 21 (24); *Schmidt-Ott* GmbHR 2002, 784 (785 f); **aA** MünchHdbGesR III/*Decher* § 70 Rn 48.
[164] Vgl. auch BayObLGZ 2003, 21 (22).
[165] Für Anmeldepflicht Ebenroth/Boujong/Joost/Strohn/*Schaub* Rn 119; *Bengel/Reimann* Hdb. Testamentsvollstreckung, 3. Aufl., 2001, Kap. II, Rn 270; *Canaris* HandelsR § 4 Rn 11, § 9 Rn 38; *Mayer* ZIP 1990, 976 (978 f); *Plank* ZEV 1998, 325 (327 ff); *Reimann* DNotZ 1990, 190 (194); *Schaub* ZEV 1994, 71 (78); *Schiemann* in: FS Medicus, 1999, S. 527; für bloße Eintragungsfähigkeit *Lorz* in: MünchAnwHdb Erbrecht, 2. Aufl., 2007, § 19 Rn 66; *Muscheler* Die Haftungsordnung der Testamentsvollstreckung, 1994, S. 418 ff; gegen Eintragungsfähigkeit RGZ 132, 138 (140 ff); KG NJW-RR 1996, 227 f; Baumbach/*Hopt* Rn 5; GK-HGB/*Gesmann-Nuissl* Rn 10; Heymann/Sonnenschein/*Weitemeyer* Rn 11; HK-HGB/*Ruß* Rn 10; Koller/*Roth*/Morck Rn 10; Röhricht/v. Westphalen/*Ammon* Rn 24; *Bokelmann* DStR 1991, 945 (950).

ditanteil.[166] ist die Eintragungsfähigkeit umstritten.[167] Aus der zentralen Funktion des Handelsregisters als **Publizitätsmittel** (vgl. dazu Rn 1 f) ergibt sich in beiden Fällen, dass die Eintragung des Testamentsvollstreckervermerks nicht nur zu gestatten ist, sondern weitergehend eine **Anmeldepflicht** besteht.[168] Der Vermerk im Handelsregister macht zum einen auf die dinglichen Wirkungen der Testamentsvollstreckung aufmerksam;[169] dabei weist er insbesondere mittelbar darauf hin, dass nach § 2214 BGB ein Zugriff von Eigengläubigern auf den Nachlass nicht möglich ist.[170] Zum anderen ist die Testamentsvollstreckung von ganz erheblicher Bedeutung für die Verwaltungsbefugnisse und Haftungsverhältnisse, von denen das Handelsregister bei der uneingeschränkten Eintragung der Erben ein irreführendes Bild abgeben würde.[171] Deshalb besteht ein dringendes Bedürfnis des Rechtsverkehrs, den Testamentsvollstreckervermerk in das Handelsregister einzutragen.

69 d) **Erweiterung der Prokura.** Nach heute hM muss die einem Prokuristen erteilte Befugnis, Grundstücke zu veräußern und zu belasten (sog. Immobilienklausel – § 49 Abs. 2), ebenso wie eine Beschränkung gem. § 50 Abs. 3 (Filialprokura) in das Handelsregister eingetragen werden. Die Prokura ist im Unterschied zur Handlungsvollmacht (§ 54) deshalb eintragungsfähig, weil die damit verliehene Vertretungsmacht einen abstrakt festgelegten Umfang hat (§ 49 Abs. 1). Das Register ergäbe ein falsches Bild, wenn die **vom gesetzlichen Regelfall abweichende Erweiterung** nicht gleichfalls eingetragen würde; vgl. auch § 53 Rn 19 (*Joost*).[172]

70 e) **Generalvollmacht.** Umstritten ist die Eintragungsfähigkeit einer Generalvollmacht, also einer über den Umfang der Prokura hinausgehenden Vollmacht, wie sie namentlich in großen Industrieunternehmen und Banken weit verbreitet ist.[173] Ihre Eintragungsfähigkeit wird **überwiegend verneint**, da es an einer entsprechenden Gesetzesvorschrift fehle; vgl. auch § 49 Rn 50 (*Joost*).[174] Andere befürworten hingegen eine Analogie zu § 53, um die Umgehung von Publizitätsvorschriften durch Erteilung einer Generalvoll-

---

[166] BGHZ 108, 187 (191 ff) = NJW 1989, 3152.
[167] Für Anmeldepflicht Baumbach/*Hopt* § 162 Rn 9; Ebenroth/Boujong/Joost/Strohn/*Strohn* § 177 Rn 22; Heymann/*Horn* § 177 Rn 14; *Koller*/Roth/Morck § 177 Rn 7; MünchKommHGB/*K. Schmidt* § 177 Rn 37; *Reimann* DNotZ 1990, 190 (194); *Ulmer* NJW 1990, 73 (82); offengelassen in BGHZ 108, 187 (190) = NJW 1989, 3152; gegen Eintragungsfähigkeit KG NJW-RR 1996, 227 f; MünchKommBGB/*Zimmermann* § 2205 Rn 46; Fleischhauer/Preuß/Kallrath Kap. F Rn 20; *Krafka*/Willer Rn 769; *Damrau* BWNotZ 1990, 69 f; *Marotzke*/Kick EWiR 1992, 981 f.
[168] Vgl. MünchKommHGB/*K. Schmidt* § 177 Rn 37: „wegen der Publizitätserfordernisse unentbehrlich"; *Brandner* in: FS Kellermann, 1991, S. 37 (49); *Mayer* ZIP 1990, 976 (978); *Ulmer* NJW 1990, 73 (82).
[169] *Plank* ZEV 1998, 325 (328); *Reimann* DStR 1990, 190 (194); *Schaub* ZEV 1994, 71 (78).
[170] Vgl. *Lorz* in: Münchener AnwHdb Erbrecht, 2. Aufl., 2007, § 19 Rn 66; *Plank* ZEV 1998, 325 (328).
[171] Vgl. *Canaris* HandelsR § 9 Rn 38.
[172] BayObLG NJW 1971, 810 f; KG RJA 3, 331; Ebenroth/Boujong/Joost/Strohn/*Schaub* Rn 111; Koller/*Roth*/Morck Rn 8; MünchKommHGB/*Krafka* Rn 50; Röhricht/v. Westphalen/*Ammon* Rn 23; zumindest Eintragungsfähigkeit wird auch bejaht von *Canaris* HandelsR § 4 Rn 9; gegen Eintragungsfähigkeit *K. Schmidt* HandelsR § 16 III 2 f.
[173] Zu der rechtstatsächlichen Ausgestaltung vgl. *Schroeder*/Oppermann JZ 2007, 176 ff.
[174] BayObLGZ 1924, 55 (56); OLG Frankfurt aM BB 1976, 569 f; Ebenroth/Boujong/Joost/Strohn/*Weber* vor § 48 Rn 7; MünchKommHGB/*Krafka* Rn 55; MünchKommHGB/*Krebs* § 53 Rn 4; *Krafka*/Willer Rn 104.

macht anstelle der Erteilung einer anmeldepflichtigen Prokura zu verhindern.[175] Angesichts der zunehmenden Verbreitung einer Generalvollmacht und ihrer rechtlichen Tragweite wäre es rechtspolitisch durchaus erwägenswert, ihre Eintragung verbindlich vorzuschreiben. Allerdings wird auch von den Befürwortern eines Eintragungserfordernisses eingeräumt, dass die **terminologischen Konturen** des Begriffs „Generalvollmacht" noch sehr verschwommen sind.[176] Solange die daraus resultierende Unbestimmtheit nicht durch eine gesetzliche Klarstellung beseitigt wird, erscheint es nicht sinnvoll, die Eintragungsfähigkeit zu bejahen.

f) **Stellvertretender Geschäftsleiter.** Die Stellung als stellvertretender Geschäftsführer einer GmbH oder eines stellvertretenden Vorstandsmitglieds ist **nicht eintragungsfähig**. Eine andere Handhabung würde die Gefahr einer Irreführung des Rechtsverkehrs begründen, da der Stellvertreterzusatz zu dem Missverständnis einer nachrangigen Vertretungsbefugnis Anlass geben könnte. Diese Gefahr wird durch den entgegenstehenden Vorteil einer deutlicheren Darstellung der Befugnisse innerhalb des Unternehmens nicht hinreichend kompensiert, da es nicht Aufgabe des Handelsregisters ist, betriebsinterne Hierarchien zu verlautbaren.[177] **71**

g) **Veränderungen in den Personalien der Gesellschafter.** Praktisch bedeutsam, aber auch umstritten ist das Bestehen einer Anmeldepflicht weiterhin bei Veränderungen in den Personalien der Gesellschafter einer Personenhandelsgesellschaft (§ 106 Abs. 2 Nr. 1).[178] Die **Sicherheit des Rechtsverkehrs** spricht für eine analoge Anwendung des § 107 BGB; diese Sicherheit könnte zwar auch auf anderen Wegen (z.B. Einwohnermeldeamtsanfrage) erzielt werden,[179] doch würde der dadurch entstehende Ermittlungsaufwand den Anforderungen des Handelsverkehrs nicht genügen. Da es sich aber nicht um eine Änderung des Gesellschaftsvertrages handelt, sondern der Gesellschafterkreis unverändert bleibt, reicht es aus, wenn die Korrektur in Abweichung von § 108 nicht von allen, sondern **nur von dem betroffenen Gesellschafter** angemeldet wird.[180] Nur gegen ihn kann daher auch das gem. § 14 zu verhängende Zwangsgeld gerichtet werden. **72**

---

[175] Baumbach/*Hopt* vor § 48 Rn 2; Koller/*Roth*/Morck Rn 8, vor §§ 48–52 Rn 2; *Canaris* HandelsR § 4 Rn 11; *Leiner* Die Generalvollmacht im Recht der Kapital- und Personengesellschaften, 1998, S. 57; *Schroeder*/*Oppermann* JZ 2007, 176 (180 ff).

[176] Vgl. dazu nur *Schroeder*/*Oppermann* JZ 2007, 176 (177 f); auch *K. Schmidt* (HandelsR § 16 II 1b) empfiehlt jedem, der von einer Generalvollmacht spricht, klarzustellen, „was er mit dieser Vokabel meint".

[177] BGH NJW 1998, 1071 f; BayObLGZ 1997, 107 (109 ff); zust. *Bokelmann* EWiR 1997, 523 f; Röhricht/v. Westphalen/*Ammon* Rn 24.

[178] Für Anmeldepflicht BayObLGZ 1920, 63 (64); Baumbach/*Hopt* Rn 5; Ebenroth/Boujong/Joost/Strohn/*Schaub* Rn 114, § 14 Rn 8; HK-HGB/*Ruß* § 14 Rn 1; Koller/*Roth*/Morck Rn 8; MünchKommHGB/*Krafka* Rn 40; Röhricht/v. Westphalen/*Ammon* Rn 23, § 14 Rn 2; Schlegelberger/*Hildebrandt*/Steckhan Rn 19; **aA** KGJ 29 A 213 ff; OLG Hamburg KGJ 36 A 263 f; Ebenroth/Boujong/Joost/Strohn/*Boujong* § 107 Rn 13; MünchKommHGB/*Langenhein* § 107 Rn 14; Röhricht/v. Westphalen/*von Gerkan* § 107 Rn 11; Schlegelberger/*Martens* § 107 Rn 10; Vorauflage. § 107 Rn 8 f (*Ulmer*).

[179] So der Vorschlag von MünchKommHGB/*Langenhein* § 107 Rn 14.

[180] So auch MünchKommHGB/*Krafka* Rn 40; *Krafka*/Willer Rn 182; vgl. ferner MünchKommHGB/*Langenhein* § 108 Rn 14 und Vorauflage. § 107 Rn 9 (*Ulmer*), die allerdings beide davon ausgehen, dass es sich nur um eine bloß eintragungsfähige Änderung handelt, deren Anmeldung nicht über § 14 erzwungen werden kann.

73 h) **Berufsbezeichnungen und Titel.** Berufsbezeichnungen sind grundsätzlich nicht in das Handelsregister aufzunehmen.[181] Die früher in § 40 Nr. 4 AktG a.F. enthaltene Ausnahme für Aufsichtsratsmitglieder einer AG ist im Zuge des EHUG (Rn 7) entfallen. Dennoch wird die Eintragungsfähigkeit bejaht, wenn die Berufsbezeichnung aufgrund gesetzlicher Vorgaben im beruflichen Verkehr geführt werden muss, wie es namentlich für Steuerberater (§ 43 Abs. 1 S. 3 StBerG) und Wirtschaftsprüfer (§ 18 Abs. 1 WPO) der Fall ist.[182] Auch in diesem Fall besteht allerdings nur eine Eintragungsmöglichkeit, aber keine Anmeldepflicht, so dass § 15 nicht zur Anwendung gelangt.[183] Titel und akademische Grade sind nicht Namensbestandteil,[184] ihre Eintragungsfähigkeit richtet sich deshalb nach der tatsächlichen Übung.[185] Gewohnheitsrechtlich anerkannt ist die Eintragungsfähigkeit beim Doktortitel, eine Anmeldepflicht besteht aber nicht.[186]

74 i) **Fortsetzungsbeschlüsse nach Auflösung von OHG oder KG.** Für die Fortsetzung einer aufgelösten OHG oder KG ist ein Anmeldeerfordernis ausschließlich bei Fortsetzung nach Insolvenz der Gesellschaft in **§ 144 Abs. 2** vorgesehen.[187] Diese Vorschrift wird von der ganz hM jedoch zu Recht im Analogiewege auch auf andere Fortsetzungssituationen ausgedehnt, da der Rechtsverkehr über das für die gesamte Unternehmensführung maßgebliche Faktum aufgeklärt werden muss, ob der Verbandszweck noch weiterhin durch den Liquidationzweck überlagert wird.[188] Die Gesellschaft ist daher **von allen Gesellschaftern** zur Eintragung anzumelden; die Eintragung erfolgt nach § 40 Nr. 5b dd HRV.[189]

75 j) **Vor-GmbH & Co. KG.** Nach heute ganz hM kann auch eine Vor-GmbH persönlich haftende Gesellschafterin einer KG sein.[190] In diesem Fall ist die Vor-GmbH nach § 40 Nr. 3b HRV in das Register einzutragen, wobei durch einen Zusatz (z.B. „in Gründung") signalisiert werden muss, dass die GmbH als solche noch nicht entstanden ist

---

[181] MünchKommHGB/*Krafka* Rn 39; Röhricht/v. Westphalen/*Ammon* Rn 24. Erst recht gilt dies für unzulässige Berufsbezeichnungen – vgl. dazu BayObLG MDR 1971, 307: „Diplomdetektiv".

[182] LG Augsburg BB 1989, 1074; ausführlich *Grziwotz* DB 1989, 565 ff mwN zur älteren Rspr. und Literatur; vgl. ferner Ebenroth/Boujong/Joost/Strohn/*Schaub* Rn 81; MünchKommHGB/*Krafka* Rn 39; **aA** Röhricht/v. Westphalen/*Ammon* Rn 24 mit Fn 36.

[183] MünchKommHGB/*Krafka* Rn 39.

[184] Ganz hM, s. nur MünchKommBGB/*Bayreuther* § 12 Rn 27; Soergel/*Heinrich* § 12 Rn 66, jeweils mwN.

[185] So BGHZ 38, 380 (384) = NJW 1963, 581 zu Personenstandsurkunden; zust. MünchKommBGB/*Bayreuther* § 12 Rn 27.

[186] BGHZ 38, 380 (382) = NJW 1963, 581; BayObLGZ 1990, 41 (43); BayObLGZ 1995, 140 (143); im Ergebnis auch *Krafka*/*Willer* Rn 86: gewohnheitsrechtlicher Namensbestandteil; ähnlich Rowedder/Schmidt-Leithoff/*Koppensteiner* § 39 Rn 4; Ulmer/Habersack/Winter/*Paefgen* § 39 Rn 15; so wohl auch Scholz/U. H. Schneider § 39 Rn 4.

[187] Allgemein zur Fortsetzung aufgelöster Verbände Vorauß. § 131 Rn 57 ff (C. *Schäfer*); K. *Schmidt* GesR § 11 V 5.

[188] Ebenroth/Boujong/Joost/Strohn/*Lorz* § 131 Rn 38; Ebenroth/Boujong/Joost/Strohn/*Schaub* Rn 113; MünchKommHGB/*Krafka* Rn 51; Vorauß. § 131 Rn 68 (C. *Schäfer*); *Krafka*/*Willer* Rn 682 ff; A. *Hueck* OHG § 23 V 1 Fn 46a.

[189] Zum Wortlaut der Eintragung vgl. *Krafka*/*Willer* Rn 684.

[190] BGHZ 80, 129 (132) = NJW 1981, 1373; BGH NJW 1985, 736 (737); BGHZ 117, 323 (326) = NJW 1992, 1824; Ebenroth/Boujong/Joost/Strohn/*Henze* Anh. § 177a Rn 31 ff; K. *Schmidt* GesR § 56 III 2; Ulmer ZGR 1981, 593 (617).

(§ 11 Abs. 1 GmbHG).[191] Kommt es später zur Eintragung der GmbH, so muss auf Antrag der Beteiligten eine entsprechende Berichtigung erfolgen.[192]

k) Ausländische Kapitalgesellschaft & Co. KG. Nach heute ganz hM kann auch eine **76** ausländische juristische Person persönlich haftender Gesellschafter einer Kommanditgesellschaft sein.[193] In diesem Fall wird nach den Vorschriften des HGB zwar die juristische Person selbst als Komplementär in das Handelsregister eingetragen, nicht aber ihre Organe. Um die Vertretungsverhältnisse dennoch transparent zu gestalten, wird vorgeschlagen, auch die **vertretungsberechtigten Organe** in das Register einzutragen. Als dogmatische Grundlage wird insofern ein Analogieschluss herangezogen, der z.T. auf § 33, z.T. auf §§ 13d ff gestützt wird.[194] Andere lehnen eine Analogie unter Berufung auf den abschließenden Charakter des § 106 ab.[195] Im Hinblick auf die **Informationsinteressen des Rechtsverkehrs** ist das Anliegen gesteigerter Transparenz gerechtfertigt, da dem Komplementär eine herausragende Bedeutung sowohl bei Geschäftsführung und Vertretung als auch bei der Haftung zukommt. Die erforderliche Anschauungslücke kann daraus abgeleitet werden, dass es sich bei der Auslandsgesellschaft & Co. KG um eine erst in neuerer Zeit auftretende Erscheinung handelt, so dass § 106 insofern kein abschließender Charakter zugesprochen werden kann. § 33 erscheint als Analogiegrundlage indes nur bedingt geeignet, weil gewerbetreibendes Unternehmen die KG und nicht die ausländische juristische Person ist.[196] Stärker sind die Parallelen zu **§§ 13d ff**, die ebenfalls Sachverhalte regeln, in denen sich eine ausländische Kapitalgesellschaft im Inland unternehmerisch betätigt, und insofern eine registergerichtliche Dokumentation vorschreiben. Zum vergleichbaren Problem geschäftsführender ausländischer juristischer Personen im Zweigniederlassungsrecht s. noch § 13f Rn 8.

VII. Das Eintragungsverfahren

1. Antragsverfahren und Amtsverfahren. Das Eintragungsverfahren wird im Regelfall **77** **durch eine Anmeldung** eingeleitet, die in der Form des § 12 zu erfolgen hat (zur Anmeldungsberechtigung sowie zur Rechtsnatur, zur Form und zum Widerruf der Anmeldung vgl. die Erläuterungen zu § 12). Erhält das Gericht Kenntnis von einer anmeldepflichti-

---

[191] BGH NJW 1985, 736 (737); Ebenroth/Boujong/Joost/Strohn/*Henze* Anh. § 177a Rn 37; Ebenroth/Boujong/Joost/Strohn/*Schaub* Rn 116; *Krafka/Willer* Rn 818.
[192] Ebenroth/Boujong/Joost/Strohn/*Schaub* Rn 116; MünchKommHGB/*Krafka* Rn 52; *Krafka/Willer* Rn 818.
[193] Vgl. nur BayObLGZ 1986, 61 ff (66); OLG Frankfurt aM FGPrax 2006, 273; OLG Saarbrücken NJW 1990, 647 (648); *Leible* in: Hirte/Bücker Grenzüberschreitende Gesellschaften, 2. Aufl., 2006, § 11 Rn 39a; vgl. auch noch Fn 194 ff.
[194] Für 33 BayObLGZ 1986, 61 (72); Ebenroth/Boujong/Joost/Strohn/*Schaub* Rn 117; *Binz/Sorg* Die GmbH & Co. KG, 10. Aufl., 2005, § 25 Rn 87; *Binz/Mayer* GmbHR 2003, 249 (250); *Schmidt-Hermesdorf* RIW 1990, 707 (713); für § 13d *Grothe* Die ausländische Kapitalgesellschaft & Co., 1989, S. 260 noch zu § 13b a.F.; ohne nähere Angaben zur Analogiebasis LG Chemnitz GmbHR 2007, 263 (264); LG Stade GmbHR 2007, 1160; Bokelmann in: MünchKommHGB, 1. Aufl., Rn 53; *ders.* DStR 1991, 945 (951); *Mödl* RNotZ 2008, 1 (5); *Wachter* GmbHG 2007, 265 f.
[195] LG Berlin GmbHR 2008, 431 ff mit zust. Anm. von *Melchior/Rudolph* GmbHR 2008, S. 433 f; vgl. ferner Ebenroth/Boujong/Joost/Strohn/*Zimmer* § 33 Rn 1; MünchKommHGB/*Krafka* Rn 53; § 33 Rn 7.
[196] *Ebenroth/Eyles* DB Beilage Nr. 2/88 S. 17; *Ebke* ZGR 1987, 245 (268); *Großfeld* IPRax 1986, 351 (354); *Großfeld/Strotmann* IPRax 1990, 298 (300).

gen, aber nicht angemeldeten Tatsache, so kann es die Eintragung nicht von Amts wegen vornehmen; eine Zwangseintragung in diesem Sinne gibt es nicht. Vielmehr ist die Anmeldung regelmäßig, wenn auch nicht durchgängig, durch Festsetzung von Zwangsgeld zu erzwingen (§ 14).

78 Von Amts wegen wird das Gericht nur ausnahmsweise in den vom Gesetz vorgesehenen Fällen, namentlich bei **Löschungen**, tätig (s. dazu noch Rn 144 f). Außerhalb von Amtslöschungen sind Eintragungen von Amts wegen etwa in folgenden Fällen vorgesehen: Eintragung der **Insolvenzeröffnung** und der weiteren Verfahrensentscheidungen (§ 32),[197] Eintragung gerichtlich bestellter Organmitglieder und Liquidatoren (vgl. etwa §§ 34 Abs. 4, 148 Abs. 2 HGB, § 266 Abs. 4 AktG, § 67 Abs. 4 GmbHG, § 47 Abs. 3 S. 1 VAG, §§ 29, 48 Abs. 1, 67 Abs. 2 BGB),[198] Eintragung einer dem gesetzlichen Regelfall entsprechenden Vertretungsmacht gemäß der Übergangsvorschrift des Art. 52 EGHGB. **Folgeänderungen**, die aufgrund einer amtswegigen Eintragung erforderlich werden, um eine Irreführung des Rechtsverkehrs zu vermeiden, können auf der Grundlage des im Zuge des EHUG (Rn 7) neu eingefügten § 384 Abs. 2 FamFG (bislang § 144c FGG a.F.) erfolgen.[199] Amtswegige Eintragungen sind den Beteiligten idR nach § 384 Abs. 1 i.V.m. § 383 Abs. 1 FamFG (§ 130 Abs. 2 FGG a.F.) **mitzuteilen** und gem. § 10 öffentlich bekanntzumachen (Ausnahme bei insolvenzrechtlichen Eintragungen nach § 32 Abs. 2 S. 1 – s. dazu noch § 10 Rn 8).[200]

2. Die Prüfung durch das Gericht

79 a) **Formelle Prüfung.** Recht und Pflicht des Registergerichts zur Prüfung des Eintragungsantrags in formeller Hinsicht sind Bestandteil der allgemeinen Pflicht, ein **ordnungsgemäßes Verfahren** einzuhalten, und bedürfen daher keiner weiteren Begründung.[201] Sie sind zu Recht seit jeher anerkannt. Die Prüfung umfasst zunächst die sachliche und örtliche Zuständigkeit des Gerichts (Rn 13 f) sowie die Wahrung der Form des § 12 für die Anmeldung. Um die Ordnungsmäßigkeit der Anmeldung festzustellen, müssen auch die Identität, die Rechts- und Geschäftsfähigkeit des Anmeldenden sowie beim Handeln im fremden Namen seine Vertretungsbefugnis (durch amtlichen Registerausdruck oder Notarbescheinigung; ggf. auch familien- oder vormundschaftsgerichtliche Genehmigung) geprüft werden.[202] Schließlich muss das Gericht die Eintragungsfähigkeit (Rn 31 ff) der angemeldeten Tatsache konstatieren und sicherstellen, dass alle gesetzlich vorgesehenen Angaben (z.B. § 8 Abs. 2 bis 4 GmbHG) gemacht und die der Anmeldung beizufügenden Dokumente (z.B. Gesellschaftsvertrag oder behördliche Genehmigungen) vollständig und in der vorgeschriebenen Form des § 12 Abs. 2 eingereicht wurden.[203] Die bis zum Inkrafttreten des EHUG (Rn 7) erforderliche Zeichnung der Namensunterschrift (§ 12 Abs. 1 a.F.) war schon bislang keine Eintragungsvoraussetzung, sondern eine gesondert durchzusetzende Pflicht;[204] mit dem EHUG ist sie vollständig entfallen (vgl. dazu noch § 12 Rn 3).

---

[197] Ausführlich dazu *Krafka/Willer* Rn 404 ff.
[198] Vgl. *Krafka/Willer* Rn 401.
[199] Vgl. RegE EHUG, BT-Drucks. 16/960, S. 53 f; ferner *Krafka/Willer* Rn 450a ff; *Ries* Rpfleger 2006, 233 (236).
[200] *Krafka/Willer* Rn 403.
[201] Ebenroth/Boujong/Joost/Strohn/*Schaub* Rn 128; MünchKommHGB/*Krafka* Rn 56; Röhricht/v. Westphalen/*Ammon* Rn 32.
[202] Keidel/Kuntze/*Winkler* FGG § 127 Rn 2 ff; MünchKommHGB/*Krafka* Rn 56; Röhricht/v. Westphalen/*Ammon* Rn 32; *Krafka/Willer* Rn 131, 155.
[203] Ebenroth/Boujong/Joost/Strohn/*Schaub* Rn 129; *Krafka/Willer* Rn 155.
[204] MünchKommHGB/*Krafka* Rn 58.

b) Materielle Prüfung

aa) Inhaltliche Richtigkeit der Anmeldung als Eintragungsvoraussetzung. Noch immer **80** nicht vollständig geklärt ist die Frage, in welchem Umfang das Registergericht auch eine materielle Prüfung vorzunehmen hat. Die **ältere Rechtsprechung** hatte das Erfordernis und die Zulässigkeit einer solchen Prüfung noch generell verneint.[205] Diese Ablehnung resultierte aus einem damals noch abweichenden Verständnis der **Funktion des Handelsregisters**. Sie wurde nicht darin gesehen, bestimmte Tatsachen und Rechtsverhältnisse kundzumachen, sondern ausschließlich darin, die Abgabe einer Erklärung des Anmeldenden zu dokumentieren. Von diesem Standpunkt war es folgerichtig, anzunehmen, das Gericht habe ausschließlich die Gesetzmäßigkeit der Anmeldung ohne Rücksicht auf ihre inhaltliche Richtigkeit zu prüfen.

Diese Sichtweise ist heute überwunden. Die Aufgabe des Handelsregisters wird im **81** Hinblick auf seine **verkehrsschützende Publizitätsfunktion** (Rn 1 f) nunmehr allgemein darin gesehen, materiell zutreffende Tatsachen und Verhältnisse zu publizieren.[206] Als Begründung wird überwiegend angeführt, dass ein Register, das nicht auch zumindest eine gewisse materielle Gewähr für die Richtigkeit der Eintragung biete, diese verkehrsschützende Funktion nicht erfüllen könne.[207] Diese Begründung ist indes nicht zwingend. Man könnte durchaus erwägen, ob der Verkehrsschutz nicht auch bei materiell unrichtigen Eintragungen hinreichend durch die Vertrauensschutznorm des § 15 geleistet werden könnte.[208] Gerade die in **§§ 379, 380 FamFG** (§§ 125a, 126 FGG a.F.) normierten Mitwirkungsbefugnisse anderer Behörden und Organe (s. dazu Rn 19 f) belegen jedoch, dass der Gesetzgeber den Verkehrsschutz nicht allein in Gestalt der Rechtsscheinhaftung nach § 15 bewirken wollte, sondern dass er vorrangig darauf abzielte, die materielle Richtigkeit der im Handelsregister publizierten Tatsachen sicherzustellen.[209] Auch in der Regierungsbegründung zum EHUG (Rn 7) ist ausdrücklich von der „staatlichen Richtigkeitsgewähr" des Registers die Rede.[210] Sieht man die Funktion des Handelsregisters demnach darin, materiell zutreffende Tatsachen zu publizieren, so spricht dies dafür, die **inhaltliche Richtigkeit** der Anmeldung als **Voraussetzung der Eintragung** anzusehen. Dann muss sie aber auch der materiell-rechtlichen Kontrolle durch das Registergericht unterliegen.

bb) Rechtsgrundlage. Uneinheitlich wird allerdings auch weiterhin die **Rechtsgrund-** **82** **lage dieser materiellen Prüfung** bestimmt. Nach einer verbreiteten Meinung ist sie im Amtsermittlungsgrundsatz des § 26 FamFG (§ 12 FGG a.F.) zu verorten.[211] Diese Vorschrift besagt allerdings nichts darüber, was zu ermitteln ist, sondern trifft lediglich

---

[205] Vgl. zum Folgenden RGZ 1, 241 (243 ff); KGJ 8, 12 (15 f); *H. Meyer* ZHR 81 (1918), 365 (382 ff); einen Überblick über diese Rechtsprechung bietet *Menold* S. 8 ff.

[206] RGZ 127, 153 (156); RGZ 140, 174 (181); BGH NJW 1977, 1879 f; KGJ 23 A 89 (91 f); ausführlich zum Umschwung der Rechtsprechung *Menold* S. 1 ff; für ein materielles Prüfungsrecht auch das ganz herrschende Schrifttum, vgl. Ebenroth/Boujong/Joost/Strohn/*Schaub* Rn 131; Koller/Roth/Morck Rn 23; *Canaris* HandelsR § 4 Rn 21; *K. Schmidt* HandelsR § 13 III 1a.

[207] Vgl. statt vieler MünchKommHGB/*Krafka* Rn 60.

[208] Vgl. zu entsprechenden Überlegungen *Menold* S. 151 ff.

[209] Ausführlich zu diesen Vorschriften (und anderen Bestimmungen mit indiziellem Charakter) *Menold* S. 177 ff.

[210] RegE EHUG, BT-Drucks. 16/960, S. 38.

[211] Schlegelberger/*Hildebrandt/Steckhan* Rn 22; *Canaris* HandelsR § 4 Rn 21; *K. Schmidt* HandelsR § 13 III 1a.

darüber eine Aussage, wie zu ermitteln ist, nämlich von Amts wegen.²¹² Tatsächlich folgt die dogmatische Basis der materiellen Prüfung zwanglos aus der zutreffenden Umschreibung, welche Funktion die Handelsregistereintragung zu erfüllen hat. Wenn man mit der heute ganz hM nicht nur die Abgabe der Anmeldungserklärung als Gegenstand der registergerichtlichen Dokumentation betrachtet, sondern die publizierte Tatsache als solche (s. Rn 80 f), dann wird die **sachliche Richtigkeit** der einzutragenden Tatsache zur **Eintragungsvoraussetzung**. Bei einem solchen Verständnis bedarf das inhaltliche Prüfungsrecht des Gerichts **keiner gesonderten gesetzlichen Ableitung** mehr, sondern erklärt sich schlicht aus der selbstverständlichen Pflicht des Gerichts, die Vorschriften und Grundsätze des materiellen Rechts zu beachten.²¹³

83 cc) **Prüfungsgegenstand.** Ausgehend von der Zielsetzung eines inhaltlich korrekten Handelsregisters muss sich die Prüfung des Registergerichts auf die **Rechtmäßigkeit und die materielle Richtigkeit** der angemeldeten Tatsachen erstrecken.²¹⁴ Die Prüfung ist reine Rechtsprüfung, so dass Zweckmäßigkeits- und Wirtschaftlichkeitserwägungen vom Gericht nicht anzustellen sind (speziell zur Gründung einer Kapitalgesellschaft vgl. noch Rn 102).²¹⁵ Was konkreter Gegenstand der Prüfung ist, ergibt sich aus der einschlägigen Norm des materiellen Rechts. Anforderungen, die sich daraus nicht entwickeln lassen, darf das Gericht nicht stellen. Als häufig wiederkehrendes Anwendungsbeispiel dieser Restriktion begegnen in der Rechtsprechung etwa die Erteilung und der Widerruf einer Prokura ohne einen satzungsmäßig dafür erforderlichen Gesellschafterbeschluss (§§ 46 Nr. 7 GmbHG, 111 Abs. 4 S. 2 AktG). Diesen Mangel darf das Gericht nicht rügen, da das Beschlusserfordernis nur im Innenverhältnis gilt, die Wirksamkeit des Rechtsaktes im Außenverhältnis aber unberührt lässt.²¹⁶

84 Erst recht unzulässig ist es, die Eintragung zu verweigern, um damit die Erfüllung anderer Pflichten zu erzwingen (s. § 14 Rn 12). Von der Prüfung ausgenommen ist des Weiteren die **öffentlich-rechtliche Zulässigkeit des Gewerbes** (§ 7).²¹⁷ Das gilt nach der Aufhebung der §§ 8 Abs. 1 Nr. 6 GmbHG, 37 Abs. 4 Nr. 5 AktG im Zuge des MoMiG vom 23.10.2008²¹⁸ auch im Recht der Kapitalgesellschaften. Schließlich ist auch ein Ein-

---

212 So *Säcker* in: FS Stimpel, 1985, S. 867 (870); vgl. ferner Ebenroth/Boujong/Joost/Strohn/*Schaub* Rn 131; Röhricht/v. Westphalen/*Ammon* Rn 34; *Menold* S. 85 ff; *Ammon* DStR 1995, 1311 (1312); *Keilbach* MittRhNotK 2000, 365 (369).
213 So zutr. Voraufl. Rn 54 (*Hüffer*); vgl. ferner Baumbach/*Hopt* Rn 8; Ebenroth/Boujong/Joost/Strohn/*Schaub* Rn 131; *Menold* S. 65 ff.
214 Ebenroth/Boujong/Joost/Strohn/*Schaub* Rn 133; Koller/Roth/Morck Rn 23; MünchKommHGB/*Krafka* Rn 60.
215 BayObLGZ 1982, 368 (373); BayObLGZ 1992, 318 (322); OLG Köln NJW 1992, 1048; Ebenroth/Boujong/Joost/Strohn/*Schaub* Rn 140; *Hüffer* § 38 Rn 3; MünchKommHGB/*Krafka* Rn 62, 70; *Krafka*/*Willer* Rn 1322; *Keilbach* MittRhNotK 2000, 365 (370).
216 RGZ 86, 262 (265); RGZ 134, 303 (307); BGHZ 62, 166 (169) = NJW 1974, 1194; KG NJW-RR 1992, 34 (35); OLG Düsseldorf NJW-RR 1999, 107; Ebenroth/Boujong/Joost/Strohn/*Schaub* Rn 137; MünchKommHGB/*Krafka* Rn 61, 66; *Brand* ZBlHR 1928, 97 (105); zur evtl. abweichenden Beurteilung bei Missbrauch der Vertretungsmacht statt vieler Baumbach/Hueck/*Zöllner* § 46 Rn 55.
217 BayObLGZ 1978, 44 (46); KG NJW 1958, 1827 (1828); OLG Celle BB 1972, 145; OLG Frankfurt aM GmbHR 1983, 241; OLG Hamm BB 1985, 1415; Baumbach/*Hopt* Rn 9; Ebenroth/Boujong/Joost/Strohn/*Kindler* § 7 Rn 2; aA OLG Düsseldorf BB 1985, 1933.
218 Gesetz zur Modernisierung des GmbH-Rechts und zur Bekämpfung von Missbräuchen; BGBl. I, S. 2026.

griff in **Rechte Dritter**, etwa unter dem Gesichtspunkt des Namens-, Wettbewerbs- oder Markenrechts (§ 37 Abs. 2 HGB, § 12 BGB, § 3 UWG, §§ 14, 15 MarkenG), vom Prüfungsrecht des Registerrichters nicht umfasst, so dass sie die Wahrung ihrer Rechte selbständig durchsetzen müssen.[219]

dd) Prüfungstiefe

(1) **Grundsätzliches.** Im Lichte des Amtsermittlungsgrundsatzes des § 26 FamFG (§ 12 FGG a.F.) müsste das Gericht regelmäßig eine umfassende Tatsachen- und Rechtsprüfung vornehmen. Bereits in der **Denkschrift** zum HGB von 1897 wurde allerdings festgestellt, dass der Registerrichter sich im allgemeinen mit den Erklärungen des Anmelders begnügen müsse, „wenn sich nicht besondere Zweifel und Anstände ergeben". So habe er „beispielsweise, wenn die Eintragung einer neuen Firma oder der Verlegung des Sitzes des Geschäftes nachgesucht wird, in Ermangelung besonderer Umstände nicht nachzuforschen, ob der Anmeldende in der Tat das Geschäft eröffnet oder verlegt" habe.[220] 85

Aufgrund dieser Vorgabe des historischen Gesetzgebers ist es heute in Rechtsprechung und Schrifttum weitgehend anerkannt, dass das Registergericht grundsätzlich darauf vertrauen darf, dass die angemeldeten Tatsachen der Wahrheit entsprechen.[221] Es soll sich damit begnügen dürfen, die Anmeldung auf ihre **Plausibilität** hin zu untersuchen, also darauf, ob das, was Inhalt der Eintragung sein soll, schlüssig dargelegt und nach der **Lebens- und Geschäftserfahrung** in sich glaubwürdig ist. Ergeben sich auf dieser Basis keine Anhaltspunkte für mögliche sachliche Unrichtigkeiten der Anmeldung, so könne und müsse der Richter von weiteren Ermittlungen absehen und die Eintragung verfügen. Habe er Zweifel an der Richtigkeit, so müsse er diesen Zweifeln im Wege der Amtsermittlung nach § 26 FamFG (§ 12 FGG a.F.) nachgehen. Zu diesem Zweck könne er den zur Mitwirkung verpflichteten Anmelder auffordern, seine Angaben zu ergänzen und Unterlagen zu vervollständigen; unter Umständen könne auch ein Gutachten der Industrie- und Handelskammer eingeholt werden (§ 23 S. 2 HRV). 86

Diese **erhebliche Lockerung der Prüfungsintensität,** von der in der Praxis auch großzügig Gebrauch gemacht wird,[222] lässt sich methodisch nicht ohne weiteres mit herkömmlichen prozessualen Grundsätzen in Einklang bringen.[223] Das Gericht bildet keine eigene Überzeugung, sondern verlässt sich ausschließlich auf die **Angaben des Anmelders.** Inwiefern diese Praxis Zustimmung verdient, lässt sich nicht einheitlich beurteilen, sondern es muss zwischen Eintragungen mit deklaratorischer Bedeutung und solchen mit konstitutiver Wirkung unterschieden werden (vgl. dazu noch Rn 88 ff, 116 ff).[224] 87

---

[219] Baumbach/*Hopt* Rn 9; MünchKommHGB/*Krafka* Rn 67; Röhricht/v. Westphalen/*Ammon* Rn 39.
[220] Denkschrift zum HGB – *Hahn/Mugdan* S. 209.
[221] Vgl. zum Folgenden RGZ 140, 174 (181); BGHZ 113, 335 (352) = NJW 1991, 1758; BayObLGZ 1977, 78 f; OLG Düsseldorf GmbHR 1995, 592; Ebenroth/Boujong/Joost/Strohn/*Schaub* Rn 135; MünchKomm-HGB/*Krafka* Rn 62; *Keilbach* MittRhNotK 2000, 365 (367).
[222] *Krafka/Willer* Rn 159 berichten aus der Praxis, dass eine sachliche Prüfung „in der Regel" nicht erfolgt.
[223] Vgl. dazu *Ehrenberg* JherJb. 47 (1904), 273 (296); *Menold* S. 100 f.
[224] So auch BayObLGZ 1973, 158 (159 f); BayObLGZ 1977, 76 (78 f); KGJ 30 A 109 (112); KGJ 39 A 122 ff; KG RJA 11, 222 (223); OLG Düsseldorf Rpfleger 1995, 166; OLG Hamm NJW-RR 1997, 418; Baumbach/*Hopt* Rn 8; Koller/*Roth*/Morck Rn 23; Röhricht/v. Westphalen/*Ammon* Rn 35; *Brand* ZBlHR 1928, 97 (10 ff); *H. Meyer* ZHR 81 (1918), 365 (419); *K. Müller*

88 (2) **Deklaratorische Eintragungen.** Gegenstand deklaratorischer Eintragungen sind in der Regel Rechtsverhältnisse, bei denen der Gesetzgeber das Risiko einer (irrtümlich oder bewusst) fehlerhaften Anmeldung ebenso wie die daraus resultierenden Gefahren für den Rechtsverkehr eher gering einschätzt. Die **Publizitätsfunktion** hat deshalb hier deutlichen Vorrang vor der Kontrollfunktion (Rn 1 ff), was auch in der funktionellen Zuständigkeit des Rechtspflegers (Rn 16) zum Ausdruck kommt. Der mit der Publizität bezweckte Verkehrsschutz wird bei inhaltlich falschen Eintragungen noch hinreichend durch § 15 gewährleistet.[225] Durch die aus dieser Vorschrift erwachsende Haftung wird überdies der ohnehin meist nur geringe Anreiz zu einer fehlerhaften Anmeldung noch weiter gemindert.[226] Angesichts des solchermaßen reduzierten Missbrauchsrisikos und der geringen Gefahren für den Rechtsverkehr darf der Rechtspfleger, der nicht an die typisierten Beweismittel der ZPO gebunden ist,[227] die **Angaben des Anmelders als Erkenntnisquelle** heranziehen und im allgemeinen Interesse der Verfahrensbeschleunigung auf ihre Richtigkeit vertrauen.[228] Zum besonderen Prüfungsmaßstab nach § 18 Abs. 2 S. 2 vgl. noch Rn 113.

89 (3) **Konstitutive Eintragungen.** Anders stellt sich die Beurteilung dar, wenn der Eintragung eine **konstitutive Wirkung** zukommt. Die Anordnung einer konstitutiven Wirkung wird vom Gesetzgeber oftmals gewählt, um zu gewährleisten, dass die vom Gesetzgeber aufgestellten Normativbestimmungen für die Entstehung oder Fortentwicklung einer juristischen Person eingehalten werden (s. Rn 3). Hier dient das Eintragungserfordernis gerade der **Kontrollfunktion**, die zu diesem Zweck auch von dem sonst grundsätzlich zuständigen Rechtspfleger auf den Richter verlagert wird (s. Rn 16). Eine solche Kontrolle wird hier für erforderlich gehalten, weil es um die Eintragung von Rechtsverhältnissen geht, bei denen das Risiko einer fehlerhaften Anmeldung und die daraus resultierenden Gefahren für den Rechtsverkehr höher eingeschätzt werden. Diese weitergehende Kontrollaufgabe verbietet es, dass der als **Rechtsaufsichtsbehörde** handelnde Richter sich auch hier als einzige Erkenntnisquelle vollumfänglich auf die Angaben des Anmelders verlässt, dessen Verhalten er kontrollieren soll. Wenn die Anordnung konstitutiver Wirkung also die **Einhaltung von Normativbestimmungen gewährleisten** soll, sind an die Prüfungsintensität des Gerichts höhere Anforderungen zu stellen. Für konstitutive Eintragungen ohne eine solche Kontrollfunktion (vgl. etwa §§ 2, 3) gelten hingegen die für deklaratorische Eintragungen entwickelten Grundsätze (Rn 88).[229]

90 Einer solchen Differenzierung zwischen unterschiedlich wirkenden Eintragungsformen wird zwar entgegengehalten, dass die allein maßgebliche Überzeugung des Gerichts nicht

---

Rpfleger 1970, 375 (376 ff); **aA** OLG Hamm DB 2001, 2396; OLG Düsseldorf DB 2001, 1408; *Krafka/Willer* Rn 1025; *Keilbach* MittRhNotK 2000, 365 (367 f); *Menold* S. 107 f, 120 ff mwN.

[225] Vgl. zu diesem Zusammenhang zwischen materieller Prüfung und § 15 *Menold* S. 131 ff, der allerdings noch von einer rein negativen Registerpublizität ausgeht, da zu diesem Zeitpunkt § 15 Abs. 3 noch nicht eingefügt war (s. § 15 Rn 4 ff).

[226] De lege ferenda wäre es hier auch erwägenswert, auf eine Prüfung vollständig zu verzichten; dafür *Menold* S. 202 f.

[227] Keidel/Kuntze/Winkler/*Schmidt* § 15 Rn 3.

[228] Bedenken verbleiben, wenn die Beurteilung der Eintragungsvoraussetzungen (z.B. Kaufmannseigenschaft) eine rechtliche Wertung voraussetzt, aus der das gesteigerte Risiko einer fehlerhaften Anmeldung erwächst (*Menold* S. 90 ff). Unbedenklich sind Fälle, in denen mit der Erklärung selbst die einzutragende Rechtstatsache geschaffen wird (z.B. Prokuraerteilung).

[229] Nicht alle konstitutiven Eintragungen können auf denselben Rechtsgedanken zurückgeführt werden (s. bereits Fn 6).

von den Rechtswirkungen der Eintragung abhängen könne;[230] dieser Einwand ist jedoch deshalb nicht gerechtfertigt, weil der Einordnung als deklaratorische oder konstitutive Eintragung gerade auch eine Prognose zugrunde liegt, welche **Verlässlichkeit** den Erklärungen des Anmelders beigemessen werden kann. Bei deklaratorischen Eintragungen birgt das zugrunde liegende Rechtsverhältnis üblicherweise geringere Missbrauchs- und Irrtumsgefahren, so dass den Aussagen des Anmelders eher vertraut werden darf als bei Eintragungen mit konstitutiver Wirkung im Rahmen eines Systems der Normativbestimmungen. Selbst wenn man dieser Sichtweise nicht folgen wollte, dürfte daraus keinesfalls die Konsequenz gezogen werden, die Prüfungsintensität bei konstitutiven Eintragungen im Rahmen des Systems der Normativbestimmungen noch weiter abzusenken. Die größeren dogmatischen Bedenken bestehen gegen die mit prozessualen Grundsätzen nur schwer zu vereinbarende großzügige Prüfungspraxis bei deklaratorischen Eintragungen, die aber angesichts der anderweitigen Sicherung des Rechtsverkehrs (§ 15) aus Praktikabilitätsgründen hingenommen wird.

Aus der Kontrollfunktion des Gerichts bei konstitutiven Eintragungen darf allerdings nicht der Schluss gezogen werden, dass das Gericht jede einzelne Eintragungsvoraussetzung eingehend prüfen muss. Insofern ist zunächst zu berücksichtigen, dass viele Vorschriften, die eine Eintragung mit konstitutiver Wirkung vorsehen, durch detaillierte **Nachweis- und Dokumentationsregeln** ergänzt werden, die die Prüfungsaufgabe des Gerichts formalisieren und damit erleichtern sollen (vgl. etwa für die Gründung einer AG die notarielle Beglaubigung einer Vollmachterteilung nach § 23 Abs. 1 S. 2 AktG oder die schriftliche Einzahlungsbestätigung eines Kreditinstituts nach § 37 Abs. 1 S. 3 AktG – vgl. noch Rn 98). Werden diese Nachweise erbracht, kann das Gericht auf eine eigene Prüfung verzichten. Daneben wird sich der Richter auch bei solchen Erklärungen auf die Angaben des Anmelders verlassen dürfen, bei denen das **Kontrollbedürfnis** entweder aufgrund der geringeren Bedeutung für den Rechtsverkehr oder des geringeren Risikos einer Falschangabe **weniger dringlich** erscheint (etwa bei Angaben über die ordnungsgemäße Bestellung der Organmitglieder). 91

Wenn es indes gerade um die Gefahren geht, deretwegen die Kontrolle des Richters statuiert wurde, so darf er nicht ausschließlich den Angaben des Anmelders vertrauen. Insofern können auch die vom Gesetz geforderten **Anlagen zur Anmeldung** Bedeutung erlangen (z.B. nach § 37 Abs. 4 AktG). Sie signalisieren dem Richter oftmals, auf welche Umstände er sein besonderes Augenmerk zu lenken hat, geben ihm aber zugleich auch ein Hilfsmittel an die Hand, um seine Kontrolle auszuüben. So indizieren etwa die bei einer Sachgründung einzureichenden Berichte, dass hier eine intensivere Prüfung des Gerichts stattzufinden hat, die aber gerade durch diese Berichte auch wesentlich erleichtert wird (s. dazu noch Rn 99 f).[231] Wenn die Berichte und die ergänzend einzureichenden Unterlagen inhaltlich plausibel sind, darf der Richter von einer weitergehenden Werthaltigkeitsprüfung absehen. Überdies sieht das Gesetz auch bei Eintragungen mit konstitutiver Wirkung teilweise ausdrückliche **Präzisierungen des Prüfungsmaßstabes** vor, die den erforderlichen Ermittlungsaufwand des Richters konkretisieren und vereinzelt aus Beschleunigungsgründen auch eine grobmaschigere Prüfung erlauben (z.B. §§ 9c Abs. 2 GmbHG, 38 Abs. 3 AktG). 92

---

[230] *Menold* S. 107 f, 120 ff.
[231] Vgl. zu derartigen Rückschlüssen von den einzureichenden Unterlagen auf die Prüfungsintensität bereits *Ehrenberg* in: Ehrenbergs Hdb., Band I, S. 568 f; *dens.* JherJb. 61 (1912), 423 (431 f); ferner *K. Müller* Rpfleger 1970, 375 (379).

93 **ee) Prüfungsrecht und Prüfungspflicht.** Ebenfalls nicht einheitlich beantwortet wird die Frage, ob mit der Prüfungspflicht des Registergerichts auch ein Prüfungsrecht gleichen Umfangs korrespondiert. Namentlich in der älteren Literatur wurde vertreten, das Recht zur materiellen Prüfung gehe über die Prüfungspflicht hinaus, da der Richter sich sonst unabsehbaren Amtshaftungsansprüchen wegen wahlweise unterbliebener oder überzogener Prüfungstätigkeit ausgesetzt sehe.[232] Die heute ganz hM lehnt eine solche Differenzierung zu Recht ab.[233] Prüfungsrecht und Prüfungspflicht sind **in ihrem Umfang deckungsgleich**, so dass die Anmelder einen Anspruch auf unverzügliche Eintragung haben, wenn keine Anhaltspunkte für inhaltliche Mängel der Anmeldung vorliegen.[234] Vor übermäßigen Amtshaftungsansprüchen (s. noch Rn 139 ff) wird der Richter hinreichend dadurch geschützt, dass das Prüfungsziel an seinem eigenen subjektiven Maßstab der persönlichen Überzeugung zu beurteilen ist. Erst wenn er hinreichend davon überzeugt ist (zum Grad der Überzeugung s. Rn 85 ff), dass die erforderlichen Entscheidungsgrundlagen vorliegen, darf er die Prüfung beenden und eine Entscheidung treffen; er muss es aber auch tun, um den Anmelder nicht unnötig zu belasten (zur unzulässigen Verknüpfung mit der Erfüllung anderer Pflichten s. noch § 14 Rn 12).[235]

94 **ff) Abgeschwächter Prüfungsmaßstab bei Rechtsprüfung?** Abstriche hinsichtlich des dem Gericht zumutbaren Ermittlungsaufwandes können ausschließlich hinsichtlich der Tatsachenermittlung, nicht aber hinsichtlich der rechtlichen Prüfung zugelassen werden. Das Registergericht kann sich deshalb nicht darauf berufen, eine Rechtsfrage könne „bei realistischem Prüfungsaufwand" nicht beantwortet werden.[236] Zwar kann es in der Tat nicht Aufgabe des Registerrichters sein, umstrittene handels- oder gesellschaftsrechtliche Detailfragen im Rahmen des Eintragungsverfahrens einer abschließenden Lösung zuzuführen. Es kann aber erwartet werden, dass er auf der Grundlage einer vielleicht nicht erschöpfenden, aber doch **rational begründeten Argumentation** eine Entscheidung trifft, die dem Anmelder zumindest die Möglichkeit einer tiefergehenden Prüfung im Rechtsmittelverfahren eröffnet.[237] Eine andere Sichtweise würde eine Klärung der Rechtslage gänzlich verhindern und damit gegen das aus Art. 20 Abs. 3 GG folgende **Rechtsverweigerungsverbot** verstoßen.[238]

95 **gg) Zeitpunkt der Prüfung.** Ziel der registergerichtlichen Kontrolle ist es, die Richtigkeit des Handelsregisters zu gewährleisten. Danach muss die Prüfung des Gerichts grundsätzlich darauf ausgerichtet sein, dass die Eintragungsvoraussetzungen im Zeitpunkt der Eintragung vorliegen.[239] Das ist allerdings insofern problematisch, als es sich bei der Prüfung zwangsläufig **an den Anmeldungsunterlagen orientiert**, die (bestenfalls) den Sachstand zur Zeitpunkt der Anmeldung dokumentieren (vgl. auch den in § 38 Abs. 1

---

[232] *Ehrenberg* in: Ehrenbergs Hdb., Band I, S. 569 f; *ders.* JherJb. 61 (1912), 423 (432 f); Hachenburg/*Schilling* GmbHG, 6. Aufl., 1956, § 10 Anm. 1; Staub/*Bondi*, 14. Aufl., 1932, Anh. zu § 8 Anm. 10 f; s. aber auch *Roth*/Altmeppen Rn 6.

[233] OLG Köln NJW 1989, 173 (174); Ebenroth/Boujong/Joost/Strohn/*Schaub* Rn 132; Koller/*Roth*/Morck Rn 23; MünchKomm-HGB/*Krafka* Rn 59; *Menold* S. 67 ff; *Ammon* DStR 1995, 1311 (1312); *Keilbach* MittRhNotK 2000, 365 (368).

[234] Vgl. auch MünchKommHGB/*Krafka* Rn 63.

[235] *Menold* S. 67 ff.

[236] So aber das OLG Stuttgart ZIP 2002, 1807 zur Frage, ob § 192 Abs. 2 AktG analog auf die bedingte Kapitalerhöhung zur Bedienung von naked warrants angewandt werden kann.

[237] *Krafka*/Willer Rn 976; *Klöhn* ZIP 2003, 420 (425).

[238] Ausführlich *Klöhn* ZIP 2003, 420 ff; zust. Koller/*Roth*/Morck Rn 23.

[239] OLG Hamm FGPrax 2002, 126 (127); Koller/*Roth*/Morck Rn 23.

AktG formulierten Prüfungsauftrag: „ordnungsgemäß errichtet und angemeldet").[240] Diesem Konflikt wird in der Weise Rechnung getragen, dass das Gericht die Eintragungsvoraussetzungen zunächst nur zum Zeitpunkt der Anmeldung prüft, **später auftretenden sachlich berechtigten Zweifeln** am Fortbestand der Eintragungsvoraussetzungen aber auch noch zu einem späteren Zeitpunkt nachgehen muss.[241] Um diese Kontrolle zu erleichtern, legt die hM dem Anmelder z.T. nachträgliche Berichtigungspflichten auf, die sodann der Prüfung zugrunde gelegt werden können.[242] Umgekehrt darf das Registergericht die Anmeldung allerdings auch dann nicht ablehnen, wenn eine zunächst noch unvollständige Anmeldung nachträglich ergänzt wird, so dass im Eintragungszeitpunkt sämtliche Voraussetzungen erfüllt sind.[243]

3. Einzelne Sachbereiche der Prüfung

a) Gründungsprüfung

aa) Allgemeines. Für den Bereich der Gründungsprüfung bei einer Kapitalgesellschaft ist der Gegenstand und der Maßstab der registergerichtlichen Prüfung in §§ 9c GmbHG, 38 AktG festgeschrieben. Danach muss das Gericht prüfen, ob die Gesellschaft ordnungsgemäß errichtet und angemeldet ist. Bei der **ordnungsgemäßen Anmeldung** ist zu beachten, dass zahlreiche Gründungsvoraussetzungen bereits Gegenstand schriftlicher Versicherungen (z.B. § 37 Abs. 2 AktG), Dokumentation (z.B. § 37 Abs. 1 S. 2 und 3 AktG) oder Anlagen (z.B. § 37 Abs. 4 AktG) sind, die in die Anmeldung aufzunehmen sind und damit zugleich die Gründungsprüfung entlasten (s. Rn 91 f).[244] **96**

Unter die **ordnungsgemäße Errichtung** der Gesellschaft fallen etwa:[245] die Wirksamkeit des Gesellschaftsvertrages, insbes. die Beachtung der notariellen Form (§§ 2 Abs. 1 GmbHG, 23 Abs. 1 AktG); das Vorhandensein der nach §§ 3 Abs. 1 GmbHG, 23 Abs. 2 AktG erforderlichen Pflichtangaben (zur Inhaltskontrolle s. noch Rn 101) einschließlich der zusätzlichen Erfordernisse bei einer qualifizierten Gründung (§§ 26, 27 AktG); die ordnungsgemäße Bestellung der Organe; die ordnungsgemäße Vertretung eines Gründers und (namentlich bei einer ausländischen Gesellschaft) auch dessen Rechtsfähigkeit; die Firma (§ 4 GmbHG, § 4 AktG). Die Erteilung einer staatlichen Genehmigung ist seit der Aufhebung der §§ 8 Abs. 1 Nr. 6 GmbHG, 37 Abs. 4 Nr. 5 AktG im Zuge des MoMiG (s. Rn 84) nicht mehr Gegenstand der registergerichtlichen Prüfung.[246] **97**

Vom Prüfungsrecht des Registerrichters ist auch die Aufbringung des satzungsmäßig verlautbarten Mindestkapitals, einschließlich der **Mindesteinzahlung** nach §§ 36 Abs. 2, 36a Abs. 1 AktG, 7 Abs. 2 S. 1 GmbHG, umfasst.[247] Bei der AG darf sich das Register- **98**

---

[240] Ebenroth/Boujong/Joost/Strohn/*Schaub* Rn 142; MünchKommAktG/*Pentz* § 38 Rn 20.
[241] *Hüffer* § 38 Rn 5; MünchKommAktG/*Pentz* § 38 Rn 20; GroßkommAktG/*Röhricht* § 38 Rn 13.
[242] Zu diesen sehr umstrittenen Berichtigungspflichten vgl. Baumbach/Hueck/*Hueck*/*Fastrich* § 8 Rn 14; Lutter/Hommelhoff/*Lutter*/*Bayer* § 8 Rn 6; *Ulmer* ZGR 1981, 594 (605 ff); ablehnend Ebenroth/Boujong/Joost/Strohn/*Schaub* Rn 143 mit Fn 234.
[243] OLG Hamm FGPrax 2002, 126 (127); OLG Hamm FGPrax 2007, 186 (187).
[244] Ausführlicher Überblick über die erforderlichen Unterlagen für die AG etwa bei MünchKommAktG/*Pentz* Rn 30 ff.
[245] Ausführlich zu den Errichtungsvoraussetzungen Baumbach/Hueck/*Hueck*/*Fastrich* § 9c Rn 4; *Hüffer* § 38 Rn 7.
[246] Vgl. dazu noch BGHZ 102, 209 (216 f) = NJW 1988, 1087; Ebenroth/Boujong/Joost/Strohn/*Schaub* Rn 136.
[247] Dazu ausführlich *Keilbach* MittRhNotK 2000, 365 (369 ff).

gericht insofern allerdings mit der Bescheinigung eines Kreditinstituts nach § 37 Abs. 1 S. 3 AktG begnügen. Bei der GmbH ist eine solche Bescheinigung bei der Anmeldung nicht einzureichen; es genügt insofern die Versicherung der Geschäftsführer nach § 8 Abs. 2 S. 1 i.V.m. § 7 Abs. 2 GmbHG. Nach zutreffender, wenngleich umstrittener Auffassung darf das Registergericht auch einer solchen Versicherung ohne weitere Nachprüfung vertrauen.[248] Zwar ist die ordnungsgemäße Kapitalaufbringung **zentrale Normativvoraussetzung** für die Entstehung der GmbH, so dass das Gericht sich hier grundsätzlich nicht auf die Angaben des Anmelders verlassen darf (Rn 89 ff). Wenn der Gesetzgeber aber für die GmbH bewusst von einer Parallelregelung zu § 37 Abs. 1 S. 3 AktG absieht und sich stattdessen mit einer bloßen Versicherung zufrieden gibt, dann darf diese Entscheidung nicht durch übermäßig strenge Nachweisanforderungen der Registergerichte unterlaufen werden. Einem **Missbrauch** wird zumindest teilweise durch die Haftungsvorschrift des § 9a Abs. 1 GmbHG sowie durch die Strafbewehrung nach § 82 Abs. 1 GmbHG vorgebeugt. Bestehen Zweifel an der Richtigkeit der Versicherung oder sonstige Anhaltspunkte für eine den gesetzlichen Anforderungen nicht genügende **Kapitalaufbringung,** muss das Gericht diesen aber selbstverständlich nachgehen.[249] Namentlich für den Fall einer verdeckten Sacheinlage wurde durch die Einfügung des § 19 Abs. 4 S. 4 GmbHG im Zuge des MoMiG (vgl. Rn 84) klargestellt, dass der Registerrichter die Eintragung auch weiterhin abzulehnen hat, wenn er einen solchen Sachverhalt erkennt; die Anrechnungsmöglichkeit des § 19 Abs. 4 S. 3 GmbHG greift erst nach der Eintragung ein. Auch der neue § 19 Abs. 5 GmbHG sieht in S. 2 vor, dass ein Fall des Hin- und Herzahlens in der Anmeldung anzugeben ist, damit das Registergericht die nach § 19 Abs. 5 S. 1 GmbHG maßgebliche Werthaltigkeit des Rückgewähranspruchs überprüfen kann.

99 bb) **Gründungsprüfung und Sachgründung.** Bei der AG wird das Ablehnungsrecht des Gerichts durch § 38 Abs. 2 AktG ausdrücklich auch auf den Fall erstreckt, dass die Gründungsprüfer (§§ 33 Abs. 2, 34 AktG) erklären, dass der Gründungsbericht nach § 32 AktG oder der Prüfungsbericht nach § 33 Abs. 1 AktG den gesetzlichen Vorschriften nicht entspricht. Das Gericht muss die Feststellung der Gründungsprüfer aber auch einer eigenen **Plausibilitätskontrolle** unterwerfen und kann die Eintragung ablehnen, wenn eine offensichtliche Unrichtigkeit vorliegt, was nach ganz hM dahingehend zu verstehen ist, dass die Fehlerhaftigkeit nach der Überzeugung des Gerichts zweifelsfrei feststehen muss.[250]

100 Als Fehlerhaftigkeit in diesem Sinne gilt es nach § 38 Abs. 2 S. 2 AktG auch, wenn bei einer **Sachgründung** der Wert einer Sacheinlage oder Sachübernahme (§ 27 AktG) nicht unwesentlich hinter dem geringsten Ausgabebetrag zurückbleibt. Der Passus „**nicht unwesentlich**" soll durch das MoMiG (Rn 84) auch in § 9c GmbHG übernommen werden. Nach der Regierungsbegründung soll er die Ablehnungsmöglichkeit nicht nur – wie es dem Wortlaut entspräche – auf Fälle einer erheblichen Überbewertung beschränken,

---

[248] BGHZ 113, 335 (352) = NJW 1991, 1754; OLG Frankfurt aM NJW-RR 1992, 1253 (1254 f); Lutter/Hommelhoff/*Lutter/Bayer* § 8 Rn 9; *Roth*/Altmeppen § 8 Rn 14a; Scholz/*Winter/Veil* § 8 Rn 23; *Ulmer*/Habersack/Winter § 8 Rn 33; *Baumann* MittRhNotK 1982, 224 f; *Keilbach* MittRhNotK 2000, 365 (372); **aA** BayObLGZ 1979, 458 ff m. krit. Anm. *Kanzleiter* MittBayNot 1980, 36 f; OLG Hamm WM 1987, 405.

[249] *Hüffer* § 38 Rn 7.

[250] GroßkommAktG/*Röhricht* § 38 Rn 38; *Hüffer* § 38 Rn 8; MünchKommAktG/*Pentz* § 38 Rn 57.

sondern zugleich auch deutlich machen, dass das Gericht die Bewertung im Regelfall nur dann näher untersuchen soll, wenn sich auf der Grundlage der mit der Anmeldung eingereichten Unterlagen **begründete Zweifel** ergeben, die auf eine wesentliche Überbewertung der Sacheinlage hindeuten.[251]

cc) Prüfung von Satzungsregeln. Besondere Vorgaben enthalten §§ 9c Abs. 2 GmbHG, 38 Abs. 3 AktG für die Ablehnung einer nicht den gesetzlichen Vorschriften entsprechenden Satzungsregelung. Durch diese (gesetzestechnisch unglücklichen[252]) Bestimmungen wird der Prüfungsauftrag des Registergerichts auf abschließend aufgezählte **besonders schwerwiegende Satzungsmängel** eingeengt.[253] Der Prüfung unterliegen danach nur Satzungsbestimmungen, die zum notwendigen Satzungsinhalt gehören und deren Fehlerhaftigkeit aufgrund ihrer Außenwirkung zu Unzuträglichkeiten für den Rechts- und Handelsverkehr führen könnte. Andere Satzungsmängel können die Ablehnung auch dann nicht begründen, wenn sie gegen zwingende Schutzvorschriften verstoßen, missverständlich oder inhaltlich widersprüchlich sind.[254] Mit dieser Einschränkung soll zum Ausdruck gebracht werden, dass die Aufgabe des Registergerichts lediglich darin besteht, zur Entstehung einer nach außen wirksamen juristischen Person beizutragen; es soll aber nicht im Sinne einer vorbeugenden Rechtspflege als staatliche Stelle zur Vorab-Verhütung unzulässiger Vertragsklauseln zwischen Privaten tätig werden.[255] Derartige Mängel sollen zur Beschleunigung des Verfahrens und zur Entlastung der Gerichte von der abstrakt-generellen Inhaltskontrolle im Eintragungsverfahren ausgeklammert und erst der **späteren gerichtlichen Kontrolle auf Initiative der Beteiligten** vorbehalten bleiben, wenn sie tatsächlich virulent werden.[256]

101

dd) Keine Prüfung der Zweckmäßigkeit und der Kapitalausstattung. Die registergerichtliche Prüfung ist eine Rechtsprüfung, keine Zweckmäßigkeitsprüfung. Dem Gericht ist es daher untersagt, nachzuprüfen, ob die Gründung wirtschaftlich erfolgversprechend ist oder einzelne Satzungsbestimmungen interessengerecht sind.[257] Aufgrund dieses eingeschränkten Prüfungsauftrags dürfen auch die wirtschaftlichen Grundlagen der Gesellschaft keiner Prüfung unterzogen werden. Auch wenn das Gericht also der Auffassung ist, die Gesellschaft sei **materiell unterkapitalisiert**, darf es die Eintragung nicht ablehnen.[258] Das folgt schon daraus, dass der Gesetzgeber sich bewusst darauf beschränkt hat, einen betragsmäßig fixierten Haftungsfonds in Gestalt des Grund- bzw. Stammkapitals festzulegen, auf einen weitergehende Präventivschutz in Gestalt einer – kaum zuverlässig bestimmbaren[259] – Mindestkapitalausstattung jedoch zu verzichten.

102

---

[251] RegE MoMiG, BT-Drucks. 16/6140, S. 36.
[252] Ebenroth/Boujong/Joost/Strohn/*Schaub* Rn 149; *Hüffer* § 38 Rn 11; Röhricht/v. Westphalen/*Ammon* vor § 8 Rn 15.
[253] Zu den umstrittenen Prüfungsbefugnissen vor der Einführung des abgeschwächten Prüfungsmaßstabes im Zuge des HRefG (Rn 6) vgl. *Ammon* DStR 1995, 1311 ff; *Säcker* in: FS Stimpel, 1985, S. 867 (879 ff).
[254] Zu den Einzelheiten vgl. die Kommentare zum AktG und zum GmbHG.
[255] BT-Drucks. 13/8444, S. 77.
[256] BT-Drucks. 13/8444, S. 77; krit. Ebenroth/Boujong/Joost/Strohn/*Schaub* Rn 150.

[257] Vgl. bereits die Nachw. in Fn 215.
[258] BayObLG NZG 1999, 666 (668); OLG Braunschweig OLGR 43, 294 (295); Baumbach/Hueck/*Hueck/Fastrich* § 9c Rn 6; Ebenroth/Boujong/Joost/Strohn/*Schaub* Rn 140; *Hüffer* § 38 Rn 3; MünchKomm-AktG/*Pentz* § 38 Rn 46; MünchKommHGB/*Krafka* Rn 70; *Roth*/Altmeppen § 9c Rn 3a f; Rowedder/*Schmidt-Leithoff* § 9c Rn 31 f.
[259] Zur schwierigen Feststellung einer materiellen Unterkapitalisierung s. *Eckhold* Materielle Unterkapitalisierung, 2002, S. 11 ff.

Eine Ausnahme wird von der (nicht unumstrittenen) hM nur für extrem gelagerte Fälle zugelassen, in denen die Gesellschaftsgründung wegen offensichtlicher Unterkapitalisierung augenscheinlich auf eine Schädigung der Gläubiger angelegt ist.[260]

103 b) **Mantelgründung und -verwendung.** Als Mantelgesellschaft wird eine wirtschaftlich nicht (mehr) aktive Gesellschaft bezeichnet, die aber im Handelsregister eingetragen ist und deshalb als juristische Person besteht.[261] Dieser „Mantel" der juristischen Person kann als Rechtskleid eines neu entstehenden Unternehmens genutzt werden, ohne dabei eine formelle Neugründung vornehmen zu müssen.[262] Wird eine Kapitalgesellschaft von vornherein in der Absicht errichtet, vorerst keinen Geschäftsbetrieb aufzunehmen und den Mantel erst im Bedarfsfall zu verwenden, spricht man von einer **Mantel- oder Vorratsgründung**.[263] Sie ist nach heute allgemeiner Auffassung zulässig, wenn der Charakter als Vorratsgründung durch die Angabe eines entsprechend gefassten Unternehmensgegenstandes (z.B. „Verwaltung eigenen Vermögens") **offengelegt** wird.[264] Eine verdeckte Vorratsgründung, deren angegebener vom tatsächlichen Unternehmensgegenstand abweicht, ist hingegen nach § 117 BGB unwirksam.[265] Sollte das Registergericht also Hinweise auf eine solche Verschleierung erkennen, muss es die Eintragung ablehnen.

104 Die lange umstrittene Frage, ob auch bei der anschließenden **Mantelverwendung** eine registergerichtliche Prüfung anhand der Gründungsvorschriften zu erfolgen hat,[266] wurde durch zwei grundlegende Entscheidungen des BGH für die Praxis geklärt.[267] Zunächst hat der BGH festgestellt, dass die Verwendung des Mantels bei der Vorratsgründung wirtschaftlich eine Neugründung darstelle. Die Gründungsvorschriften einschließlich der registerrechtlichen Kontrolle seien deshalb analog anzuwenden, um eine Umgehung der Vorschriften, die die Kapitalausstattung gewährleisten, zu verhindern.[268] Diese Rechtsprechung hat der BGH in einer weiteren Entscheidung bestätigt und auf die Reaktivierung einer Mantelgesellschaft ausgedehnt.[269] Das Prüfungserfordernis soll dem

---

[260] BayObLG NZG 1999, 666 (668); GroßkommAktG/*Röhricht* § 38 Rn 30; MünchKommAktG/*Pentz* § 38 Rn 46; Scholz/*Winter/Veil* § 9c Rn 36; Ulmer/Habersack/*Winter/Raiser* § 13 Rn 153 ff; *K. Schmidt* GesR §§ 18 II 4a, 27 II 2 f, 34 II 3b; **aA** Baumbach/Hueck/*Hueck/Fastrich* § 5 Rn 5 f, § 9c Rn 6; Rowedder/*Schmidt-Leithoff* § 9c Rn 31 f.

[261] Vgl. statt vieler *Hüffer* § 23 Rn 25.

[262] Vgl. Ulmer/Habersack/*Winter* § 3 Rn 126. Zu den durch die Entwicklung der höchstrichterlichen Rspr. teilweise überholten Motiven einer solchen Vorgehensweise vgl. BGHZ 117, 323 (330) = NJW 1992, 1824; *Hüffer* § 23 Rn 25; *Raiser/Veil* § 26 Rn 32; *Kraft* DStR 1993, 101; *Zwissler* GmbHR 1999, 856 f.

[263] Vgl. BGHZ 117, 323 (330) = NJW 1992, 1824; Rowedder/*Schmidt-Leithoff* § 3 Rn 15; Scholz/*Emmerich* § 3 Rn 21.

[264] BGHZ 117, 323 (330 ff) = NJW 1992, 1824; BGHZ 153, 158 ff = NJW 2003, 892; *Hüffer* § 23 Rn 26; Lutter/Hommelhoff/*Lutter/Bayer* § 3 Rn 7; *Roth*/Altmeppen § 3 Rn 14; Scholz/*Emmerich* § 3 Rn 21.

[265] Scholz/*Emmerich* § 3 Rn 21; *K. Schmidt* GesR § 4 III 2b aa; Ulmer/Habersack/*Winter* § 3 Rn 145.

[266] Vgl. ausführlich und mwN zum Streitstand Baumbach/Hueck/*Hueck/Fastrich* § 3 Rn 13.

[267] BGHZ 153, 158 ff = NJW 2003, 892; BGHZ 155, 318 ff = NJW 2003, 3198; zu Folgefragen vgl. auch noch OLG Jena ZIP 2004, 2327 ff; OLG Jena DB 2006, 2624 ff. Zur Kritik an diesen Urteilen vgl. etwa *Roth*/Altmeppen § 3 Rn 14; *Schaub* NJW 2003, 2125 (2126); *K. Schmidt* NJW 2004, 1345 ff; *Wicke* NZG 2005, 409 (411 f).

[268] BGHZ 153, 158 (160 f) = NJW 2003, 892.

[269] BGHZ 155, 318 (322 f) = NJW 2003, 3198. Zu den Einzelheiten der Prüfung vgl. Lutter/Hommelhoff § 3 Rn 11 ff; Scholz/*Emmerich* § 3 Rn 29 ff; *Heidinger* ZGR 2005, 101 ff; *Wicke* NZG 2005, 409 (412 ff).

Registergericht dabei durch die mit der Aktivierung des Mantels typischerweise verbundene **Satzungsänderung** signalisiert werden.²⁷⁰

c) Prüfung von Hauptversammlungsbeschlüssen

aa) Grundsätzliches. Beschlüsse der Hauptversammlung einer AG bedürfen zu ihrer Wirksamkeit in den meisten Fällen nicht einer Eintragung in das Handelsregister. Etwas anderes gilt aber für solche Beschlüsse, mit denen die rechtlichen oder wirtschaftlichen Grundlagen der Gesellschaft neu geordnet werden. Als Beispiele sind zu nennen: Satzungsänderung (§ 181 AktG) einschließlich Kapitalerhöhung und -herabsetzung (§§ 184, 195, 202 Abs. 2, 207, 223, 229 Abs. 3, 237 Abs. 2 S. 1 AktG), Auflösungs- und Fortsetzungsbeschlüsse (§§ 263, 274 Abs. 3 AktG), Zustimmung zum Abschluss und zur Änderung von Unternehmensverträgen (§§ 294, 295 AktG), Eingliederung (§§ 319 Abs. 4, 320 Abs. 1 S. 1 AktG), Squeeze-out (§ 327e AktG), Umwandlungsmaßnahmen (§§ 16, 36 Abs. 1, 125, 176 Abs. 1, 198 UmwG). Vor der Eintragung muss der Registerrichter die **Wirksamkeit des Beschlusses** prüfen.²⁷¹ Sie kann deshalb zu verneinen sein, weil dem Beschluss die gewollten Rechtswirkungen aufgrund eines Gesetzesverstoßes versagt bleiben oder weil die gesetzlichen Beschlussvoraussetzungen nicht vollständig erfüllt sind. Im ersten Fall spricht man von der Nichtigkeit, im zweiten Fall von der Unwirksamkeit eines Beschlusses.²⁷² Daneben kennt das Aktienrecht aber auch die Kategorie der Anfechtbarkeit, bei der der Beschluss nicht unmittelbar unwirksam ist, sondern nur auf Initiative Einzelner durch rechtskräftiges Urteil vernichtet werden kann. Da diese Rechtsfolge die Rechtssicherheit am ehesten fördert, ist die Anfechtbarkeit die regelmäßige Rechtsfolge eines Gesetzesverstoßes.²⁷³

bb) Nichtigkeit und Unwirksamkeit. Nichtige Hauptversammlungsbeschlüsse sind angesichts der Regelung in §§ 241, 242 AktG eine Rarität, und auch Fälle von Unwirksamkeit (vgl. etwa §§ 179 Abs. 3, 180, 293 Abs. 2 AktG) sind nicht häufig. Liegt das eine oder das andere vor, so ergibt sich bereits im Rückschluss aus § 398 FamFG (Amtslöschung nichtiger Beschlüsse – § 144 Abs. 2 FGG a.F.), dass der Registerrichter die Anmeldung zurückweisen muss, und zwar auch dann, wenn mit der Eintragung eine Heilung nach § 242 Abs. 1 AktG erfolgt.²⁷⁴ Ist die Beurteilung streitig, so kann er zuvor die Eintragung gem. §§ 21, 381 FamFG (§ 127 FGG a.F.) aussetzen (s. dazu noch Rn 131).

cc) Anfechtbarkeit

(1) Angefochtener Beschluss. In der Regel bewirken Mängel von Hauptversammlungsbeschlüssen lediglich deren Anfechtbarkeit (§§ 243 ff AktG). Welche Reaktionsmöglichkeiten das Registergericht in diesen Fällen hat, hängt einerseits davon ab, ob der Beschluss angefochten oder nur anfechtbar ist, im zweiten Fall weiterhin davon, ob die

---

²⁷⁰ Vgl. dazu *Ulmer/*Habersack/Winter § 3 Rn 130.
²⁷¹ RGZ 148, 175 (187); GroßkommAktG/*Wiedemann* § 181 Rn 21; zu den dogmatischen Grundlagen s. *Baums* S. 21 ff.
²⁷² Vgl. zu dieser Differenzierung MünchKommAktG/*Hüffer* § 241 Rn 14, 16.
²⁷³ MünchKommAktG/*Hüffer* § 241 Rn 15; *Lutter* NJW 1969, 1873.
²⁷⁴ Ebenroth/Boujong/Joost/Strohn/*Schaub* Rn 163; GroßkommAktG/*Wiedemann* § 181 Rn 23; Röhricht/v. Westphalen/*Ammon* Rn 37; *Keilbach* MittRhNotK 2000, 365 (377); *Lutter* NJW 1969, 1873 (1876); aA *Säcker* in: FS Stimpel, 1985, S. 867 (882) unter Verweis darauf, dass § 398 FamFG (§ 144 Abs. 2 FGG a.F.) nur bei einem zusätzlichen „öffentlichen Interesse" eingreife.

Anfechtungsfrist noch läuft oder verstrichen ist. Ist der Beschluss durch Klage **angefochten** (§ 246 AktG), so ist die Eintragung von der Beurteilung eines streitigen Rechtsverhältnisses abhängig. Das führt nach § 21 FamFG (§ 127 FGG a.F.) dazu, dass der Registerrichter nach **pflichtgemäßem Ermessen** entscheiden muss, ob er die Eintragung aussetzt oder verfügt (s. noch Rn 131). Dabei sind die Erfolgsaussichten der Klage und das Interesse der Gesellschaft an baldiger Eintragung gegeneinander abzuwägen.[275] Lassen sich die Erfolgsaussichten nicht zuverlässig beurteilen, wird sich der Registerrichter, der nicht dem Spruchrichterprivileg des § 839 Abs. 2 BGB unterliegt (s. noch Rn 139), idR vorsichtshalber für eine Aussetzung entscheiden.

108 Die daraus entstehende faktische Registersperre kann die anmeldende AG bei besonders anfechtungsanfälligen strukturändernden Beschlüssen im Wege eines sog. **Freigabeverfahrens** überwinden. Dieses bis vor kurzem noch auf Eingliederungs- und Umwandlungsbeschlüsse (§§ 319 Abs. 6 AktG, 16 Abs. 3 UmwG) beschränkte Verfahren ist im Zuge des UMAG aus dem Jahr 2005[276] durch den neuen § 246a AktG auch auf Kapitalmaßnahmen (§§ 182–240 AktG) und Unternehmensverträge (§§ 291–307 AktG) ausgedehnt worden. Es ermöglicht die Durchsetzung einer Eintragung im Eilverfahren. Das Freigabeverfahren lässt die Ermessensentscheidung des Registerrichters zunächst unberührt, zielt aber auf eine **beschleunigte Feststellung des Prozessgerichts** ab, die sodann für den Registerrichter bindend ist (vgl. § 246a Abs. 3 S. 1, 1. Hs. AktG). Hat dieser die Eintragung noch nicht vorgenommen, kann er sie jetzt nicht mehr mit Hinweis auf die schwebende Klage und den damit geltend gemachten Beschlussmangel verweigern.[277] Bis zum Abschluss des Freigabeverfahrens steht die Eintragung jedoch weiterhin in seinem Ermessen. Die ohnehin schon geringe Bereitschaft des Registerrichters, den Beschluss trotz einer anhängigen Anfechtungsklage einzutragen, wird allerdings durch die den Parteien nunmehr offenstehende Möglichkeit, ein Freigabeverfahren einzuleiten, voraussichtlich noch weiter gemindert werden.[278]

109 Hat die **Anfechtungsklage** vor dem Prozessgericht **Erfolg**, so ist das Registergericht an diese Entscheidung aufgrund ihrer Gestaltungswirkung gebunden. Der angefochtene Beschluss wird für nichtig erklärt und kann damit nicht mehr eingetragen werden.[279] Das **abweisende Urteil** entfaltet hingegen keine Gestaltungswirkung, sondern gilt ausschließlich inter partes.[280] Das Registergericht ist daher an die Entscheidung des Prozessgerichts

---

[275] AG Dresden ZIP 1995, 285 (286); GroßkommAktG/*Wiedemann* § 181 Rn 28; GroßkommAktG/*K. Schmidt* § 243 Rn 72; *Hüffer* § 243 Rn 53; MünchKommAktG/*Hüffer* § 243 Rn 126; *Keilbach* MittRhNotK 2000, 365 (377).

[276] Gesetz zur Unternehmensintegrität und Modernisierung des Anfechtungsrechts (UMAG) v. 22.9.2005 (BGBl. I, S. 2802); vgl. dazu statt vieler den Überblick bei *J. Koch* ZGR 2006, 769 ff.

[277] Auf andere Gründe, die nicht Gegenstand des Freigabeverfahrens waren, darf er seine Ablehnung dagegen stützen, vgl. RegE EHUG, BT-Drucks. 15/5092, S. 27.

[278] So die einhellige Prognose – vgl. *DAV-Handelsrechtsausschuss* NZG 2005, 388 (393); *Diekmann/Leuering* NZG 2004, 249 (254); *Göz/Holzborn* WM 2006, 157 (161); *J. Koch* ZGR 2006, 769 (798 Fn 156); *Veil* AG 2005, 567 (570 f).

[279] Ebenroth/Boujong/Joost/Strohn/*Schaub* Rn 168; GroßkommAktG/*Wiedemann* § 181 Rn 23; *Hüffer* § 243 Rn 54; MünchKommAktG/*Hüffer* § 243 Rn 127; MünchKommHGB/*Krafka* Rn 74; zur registerrechtlichen Behandlung eines schon eingetragenen Beschlusses vgl. MünchKommAktG/*Hüffer* § 243 Rn 127, § 248 Rn 30.

[280] Ebenroth/Boujong/Joost/Strohn/*Schaub* Rn 169; GroßkommAktG/*Wiedemann* § 181 Rn 23; *Hüffer* § 243 Rn 55; MünchKommAktG/*Hüffer* § 243 Rn 128; MünchKommHGB/*Krafka* Rn 75; *Keilbach* MittRhNotK 2000, 365 (377 f).

nicht gebunden, wird von der Möglichkeit einer abweichenden Entscheidung aber nur mit größter Zurückhaltung Gebrauch machen, z.B. wenn das Gericht wegen Versäumung der Ausschlussfrist nach § 246 Abs. 1 AktG nicht zur Prüfung der Anfechtungsgründe vorgedrungen ist oder die Sachprüfung wegen offenkundigen Rechtsmissbrauchs abgelehnt hat.[281]

(2) Nicht angefochtener Beschluss. Ist noch keine Anfechtung erfolgt, so stellt sich zunächst die Frage, ob der Registerrichter den **Ablauf der einmonatigen Anfechtungsfrist** (§ 246 Abs. 1 AktG) abzuwarten hat. Bei einzelnen strukturändernden Beschlüssen sieht das Gesetz eine ausdrückliche Regelung vor, wonach der Anmeldende eine sog. **Negativerklärung** abzugeben hat, aus der sich ergibt, dass innerhalb der Frist des § 246 Abs. 1 AktG keine Anfechtung erfolgt ist (z.B. §§ 319 Abs. 5, 320 Abs. 1 S. 3, 327e Abs. 2 AktG, §§ 16 Abs. 2, 176 Abs. 1 UmwG). Da diese Erklärung erst nach Ablauf der Anfechtungsfrist wirksam abgegeben werden kann,[282] darf die Eintragung vor diesem Zeitpunkt nicht vorgenommen werden. Bei anderen Beschlüssen, die eine solche Negativerklärung nicht vorsehen, kann daraus nicht der Umkehrschluss gezogen werden, dass das Registergericht die Eintragung umgehend vorzunehmen hat.[283] Vielmehr gilt in diesen Fällen in Ermangelung einer speziellen Regelung die allgemeine Bestimmung des § 21 FamFG (§ 127 FGG a.F.), wonach die Aussetzung im **pflichtgemäßen Ermessen** des Gerichts steht.[284] Im Rahmen der Ermessensausübung ist das Interesse der Gesellschaft an einem schnellen Vollzug des Beschlusses abzuwägen gegen das Interesse potenzieller Kläger, die konstitutive Eintragung eines rechtswidrigen Beschlusses zu verhindern. Im Regelfall wird es sich empfehlen, den Ablauf der vom Gesetzgeber ohnehin recht knapp bemessenen Anfechtungsfrist abzuwarten.[285]

Ist die **Anfechtungsfrist ohne Klageerhebung abgelaufen**, so ist umstritten, ob das Registergericht den Beschluss nunmehr ohne weitere Prüfung einzutragen hat. In der älteren Rechtsprechung des Kammergerichts wurde diese Frage bejaht, weil der Beschluss trotz des Gesetzes- oder Satzungsverstoßes nicht mehr vernichtet werden könne. Lehne das Gericht die Eintragung ab, so greife es damit in die Verfügungsbefugnis der Aktionäre ein.[286] Namentlich im gesellschaftsrechtlichen Schrifttum hat sich hingegen eine differenzierende Auffassung durchgesetzt, wonach zumindest eine Prüfung zu erfolgen hat, ob durch den Beschlussmangel **Interessen der Gläubiger, künftiger Aktionäre oder der öffentlichen Ordnung** betroffen sein können.[287] Einige Vertreter des Schrifttums gehen

---

[281] *Hüffer* § 243 Rn 55; MünchKommAktG/*Hüffer* § 243 Rn 128; MünchKommHGB/*Krafka* Rn 75; *Bokelman* DB 1994, 1341 (1346); *Keilbach* MittRhNotK 2000, 365 (378).
[282] BGH NJW 2007, 224 (225); OLG Karlsruhe NJW-RR 2001, 1326 (1327).
[283] So aber Ebenroth/Boujong/Joost/Strohn/*Schaub* Rn 164 ff; tendenziell auch GroßkommAktG/*K. Schmidt* § 243 Rn 72; Koller/*Roth*/Morck Rn 23; Röhricht/v. Westphalen/*Ammon* Rn 38.
[284] So Keidel/Kuntze/*Winkler* § 127 Rn 13; MünchKommHGB/*Krafka* Rn 74.
[285] *Hüffer* § 243 Rn 52; MünchKommAktG/*Hüffer* § 243 Rn 125; Keidel/Kuntze/*Winkler* § 127 Rn 13; für eine Pflicht zur Aussetzung Heymann/*Sonnenschein*/Weitemeyer Rn 16; Schlegelberger/Hildebrandt/Steckhan Rn 25.
[286] KGJ 12, 37 (39 f); KGJ 34 A 136 (139 ff); KGJ 35 A 162 (166); KG RJA 15, 140 (141); vgl. aus aktuellerer Zeit auch OLG Köln BB 1982, 579; GK-HGB/*Gesmann-Nuissl* Rn 13; Koller/*Roth*/Morck Rn 23.
[287] Grundlegend *Lutter* NJW 1969, 1873 ff; zust. *Hüffer* § 243 Rn 56; MünchKommAktG/*Hüffer* § 243 Rn 130; MünchKommHGB/*Krafka* Rn 75; Röhricht/v. Westphalen/*Ammon* Rn 38; *Keilbach* MittRhNotK 2000, 365 (378).

noch weiter und gestatten auch eine Prüfung im Lichte der Interessen gegenwärtiger Aktionäre.[288]

112 Zuzustimmen ist der herrschenden differenzierenden Ansicht. Anders als die Lösung des Kammergerichts trägt sie der **Kontrollfunktion** des Registerverfahrens Rechnung, die es verbietet, dass der Registerrichter über einen Gesetzesverstoß hinwegsieht. Gerade bei Regelungen, die überwiegend im öffentlichen Interesse bestehen, kann die Geltendmachung eines Verstoßes nicht allein in die Hände des einzelnen Aktionärs gelegt werden, da diesem für ein Tätigwerden oft der persönliche Anreiz fehlen wird. Die Folge wäre eine **Untersicherung von Normativbestimmungen**, welche die allgemeine Ordnung des Aktienwesens mitbestimmen.[289] Da es aus Gründen der Rechtssicherheit ratsam erscheint, dieses Defizit über eine großzügigere Anwendung des § 241 Nr. 3 AktG (Nichtigkeit wegen Verstoßes gegen ein überwiegendes öffentliches Interesse) zu beheben, muss zumindest die Legalitätskontrolle durch den Registerrichter für eine Wahrung der öffentlichen Interessen Sorge tragen.[290] Anders stellt sich die Beurteilung hingegen in den Fällen dar, in denen die verletzte Vorschrift nur den rechtlich geschützten Individualinteressen der gegenwärtigen Aktionäre dient und diese von ihrem Anfechtungsrecht keinen Gebrauch gemacht haben. In diesem Fall ist es nicht Aufgabe des Registergerichts, diese Entscheidung zu korrigieren.

113 d) **Firmenzulässigkeit.** Eine ausdrückliche Einschränkung der Prüfungskompetenz des Registerrichters ist im HGB in § 18 Abs. 2 S. 2 vorgesehen. Die Eignung einer Firma zur **Irreführung** wird bei ihrer Eintragung oder Änderung (§§ 29, 31 Abs. 1) im Rahmen eines Missbrauchs- (§ 37 Abs. 1) oder Amtslöschungsverfahrens (§ 395 FamFG – § 142 FGG a.F.) nur dann vom Registergericht berücksichtigt, wenn sie „ersichtlich" ist.[291] Mit dieser durch das HRefG (Rn 6) eingeführten Änderung sollte einer in der Vergangenheit als übermäßig penibel empfundenen Prüfungspraxis der Registergerichte entgegengewirkt werden, die zu den tatsächlich existierenden Irreführungsgefahren für den Rechtsverkehr in keinem Verhältnis mehr stand.[292] Nunmehr soll sich das Registergericht darauf beschränken, „nur ein gewisses **Grobraster** an die Prüfung der Irreführungseignung" anzulegen, um zu verhindern, dass solche Firmenbestandteile zur Eintragung gelangen, „bei denen die Täuschungsabsicht nicht allzu fern liegt und ohne umfangreiche Beweisaufnahme bejaht werden kann."[293] Zur nur noch eingeschränkten Einbeziehung der Industrie- und Handelskammer vgl. Rn 20.

114 Da zu dieser verfahrensrechtlichen Einschränkung auch noch die materiell-rechtliche Einschränkung tritt, dass eine Eignung zur Irreführung nur dann beanstandet werden darf, wenn sie „für die angesprochenen Verkehrskreise wesentlich ist", ist die präventive registergerichtliche Kontrolle insgesamt stark eingeschränkt worden. Dennoch könnte ihre Effizienz durch eine **Veränderung der tatsächlichen Rahmenbedingungen** insgesamt gesteigert worden sein, da es dem Registergericht im Rahmen einer Online-Registerführung wesentlich leichter möglich sein wird, bestehende und bereits eingetragene gleichartige Firmen zu ermitteln.[294] Die Verhinderung irreführender Firmen wird damit weitgehend

---

[288] GroßkommAktG/*Wiedemann* § 181 Rn 25; *Baums* S. 64 ff; *Bokelmann* DB 1994, 1341 (1344).
[289] *Lutter* NJW 1969, 1873 (1878).
[290] *Lutter* NJW 1969, 1873 (1878).
[291] Zur Geltung dieser Vorschrift auch im Missbrauchs- und im Amtslöschungsverfahren vgl. RegE HRefG, BT-Drucks. 13/8444, S. 54; zur Parallele zu § 37 Abs. 3 MarkenG vgl. *Fezer* ZHR 161 (1997), 52 (63).
[292] RegE HRefG, BT-Drucks. 13/8444, S. 36.
[293] RegE HRefG, BT-Drucks. 13/8444, S. 54.
[294] Vgl. dazu auch RegE EHUG, BT-Drucks. 16/960, S. 58.

der privaten Initiative überlassen, da zumindest die verfahrensrechtliche Einschränkung der Ersichtlichkeit in § 18 Abs. 2 S. 2 für **zivil- und wettbewerbsrechtliche Unterlassungsklagen** nach § 37 Abs. 2 oder nach § 3 UWG keine Geltung beansprucht.[295]

e) **Ausländer als Organmitglieder.** Umstritten ist, welche Prüfungen das Registergericht vorzunehmen hat, wenn ein Ausländer zum Organmitglied einer Kapitalgesellschaft bestellt wird. Für **Staatsangehörige eines EU-Mitgliedstaats** existieren wegen der Grundfreiheiten des Gemeinschaftsrechts von vornherein keine Bedenken.[296] Auch für sonstige Ausländer stellt das materielle Gesellschaftsrecht – nach den im Zuge des MoMiG (Rn 84) erfolgten Präzisierungen[297] – insofern keine einschränkenden Anforderungen auf. Dennoch stehen mehrere Oberlandesgerichte auf dem Standpunkt, dass ein Geschäftsleiter zumindest aufgrund einer **Aufenthalts- oder Arbeitserlaubnis** in der Lage sein müsse, jederzeit nach Deutschland einzureisen, um seine Pflichten erfüllen zu können.[298] Die hM ist dem zu Recht nicht gefolgt.[299] Dafür spricht bereits, dass dem Gericht materiellrechtlich keine Macht über die Geschäftsführerbestellung zukommt, ihm vielmehr nur die erfolgte Bestellung mitgeteilt wird. Um ein Prüfungsrecht und die Verweigerung der Eintragung zu legitimieren, müsste also schon im Vorfeld die Unwirksamkeit der Bestellung begründet werden, indem man ein Bestellungshindernis analog §§ 76 Abs. 3 AktG, 6 Abs. 2 GmbHG annimmt.[300] Ein solcher Analogieschluss ist jedoch im Hinblick auf den Ausnahmecharakter der Vorschriften bedenklich.[301] Überdies besteht dafür in der Sache kein dringendes Bedürfnis, da der Einsatz moderner Kommunikationsmittel es auch dem körperlich abwesenden Geschäftsleiter ermöglicht, seinen Pflichten nachzukommen.[302]

VIII. Die Rechtsfolgen der Eintragung

1. Deklaratorische Bedeutung und konstitutive Wirkung

a) **Abgrenzung.** Die Rechtsfolgen der Handelsregistereintragung sind nicht einheitlich, sondern im Gesetz in unterschiedlichster Form ausgestaltet. Nach einer geläufigen, wenn auch nicht unbestrittenen Einteilung sind namentlich Eintragungen mit deklaratorischer und mit konstitutiver Wirkung zu unterscheiden.[303] **Konstitutiv** wirkt eine Ein-

---

[295] BT-Drucks. 13/8444, S. 54; die materiellrechtlichen Maßstäbe sind hingegen mittlerweile angeglichen worden – vgl. dazu auch Ebenroth/Boujong/Joost/Strohn/*Zimmer* § 18 Rn 38, 69 ff.
[296] EuGH NZG 1998, 809 (811); Roth/*Altmeppen* § 6 Rn 14.
[297] Bestellhindernis bei Verurteilung im Ausland nach §§ 76 Abs. 3 S. 4 AktG, 6 Abs. 2 S. 4 GmbHG.
[298] OLG Hamm ZIP 1999, 1919; OLG Köln GmbHR 1999, 182 (183); OLG Zweibrücken NJW-RR 2001, 1689 (1690).
[299] OLG Dresden NZG 2003, 628; OLG Düsseldorf GmbHR 1978, 110; Baumbach/Hueck/*Hueck/Fastrich* § 6 Rn 9; Ebenroth/Boujong/Joost/Strohn/*Schaub* Rn 154 ff; Michalski/*Heyder* § 6 Rn 29; MünchKomm-HGB/*Krafka* Rn 71; Roth/*Altmeppen* § 6 Rn 15; *Bohlscheid* RNotZ 2005, 505 (525 f); *Schaub* DStR 1999, 1746; *Wachter* ZIP 1999, 1577 (1581).
[300] Vgl. nur OLG Zweibrücken NJW-RR 2001, 1689 (1690).
[301] Roth/*Altmeppen* § 6 Rn 15; *Melchior* DB 1997, 413 (414 f); *Wachter* MittBayNot 1999, 534 (535) mwN.
[302] Baumbach/Hueck/*Hueck/Fastrich* § 6 Rn 9; Roth/*Altmeppen* § 6 Rn 15.
[303] Vgl. zum Folgenden Röhricht/v. Westphalen/*Ammon* Rn 52 ff; Fleischhauer/*Preuß* Kap. A Rn 13 ff; *Hübner* Rn 117; *K. Schmidt* ZHR 163 (1999), 87 (88 ff); *Adler* S. 21 f.

tragung immer dann, wenn sie Tatbestandsvoraussetzung für den Eintritt einer bestimmten Rechtsfolge ist. So wird etwa eine Satzungsänderung bei einer Kapitalgesellschaft nach §§ 181 Abs. 3 AktG, 54 Abs. 3 GmbHG erst mit der Eintragung wirksam. Hier konstituiert die Eintragung also erst die neue Satzungsregelung, sie verändert die materielle Rechtslage. Eine konstitutive Wirkung wird vom Gesetzgeber in der Regel (zu Ausnahmen vgl. Rn 3 mit Fn 6) in den Fällen angeordnet, in denen die Kontrolle durch das Gericht oder die ordnungsgemäße Publizierung als derart wichtig angesehen wird, dass die Eintragung schon in den die Rechtsfolgen begründenden Tatbestand aufgenommen wird.[304] Ihr kommt besondere Bedeutung im Kapitalgesellschaftsrecht zu, wo die Eintragungsvoraussetzung sicherstellen soll, dass die **gesetzlichen Normativbestimmungen** für die Entstehung der Gesellschaft eingehalten worden sind.[305]

117 Als **deklaratorisch** wird eine Eintragung dann bezeichnet, wenn das nach außen hin publizierte Rechtsverhältnis schon außerhalb des Registerverfahrens wirksam entstanden ist, weil die Eintragung keine Tatbestandsvoraussetzung ist. So setzt die Entstehung der Kaufmannseigenschaft nach § 1 nicht die Handelsregistereintragung voraus, sondern begründet vielmehr erst ihrerseits eine Anmeldepflicht (§ 29). Die Eintragung bewirkt insoweit nichts, sondern verlautbart nur, was ohnehin schon gilt. Deshalb sollte nicht von einer deklaratorischen „Wirkung", sondern von einer **deklaratorischen „Bedeutung"** gesprochen werden.[306]

118 Neben dieser terminologischen Ungenauigkeit hat die Unterscheidung zwischen deklaratorischer und konstitutiver Wirkung aber auch deshalb Kritik hervorgerufen, weil eine Eintragung **unterschiedliche Rechtsfolgen** auslösen kann und dabei in dem einen rechtlichen Kontext konstitutive Wirkung, in dem anderen hingegen nur deklaratorische Bedeutung haben kann.[307] So ist für das wirksame Ausscheiden eines Gesellschafters aus einer OHG die Eintragung nach § 143 Abs. 1 nicht erforderlich; der Eintragung kommt insofern also nur deklaratorische Bedeutung zu. Hinsichtlich des Verjährungsbeginns nach § 160 Abs. 1 S. 2 und des Ausschlusses der Rechtsscheinhaftung nach § 15 Abs. 2 kann hingegen bei derselben Eintragung von einer konstitutiven Wirkung gesprochen werden.[308]

119 Dieser berechtigten Kritik ist in der Weise Rechnung zu tragen, dass die Bezeichnung als deklaratorisch oder konstitutiv ausschließlich **am Maßstab der konkret eingetragenen Rechtstatsache**, nicht aber anhand sonstiger Rechtsfolgen beurteilt wird. Als deklaratorisch ist eine Eintragung also nicht erst dann zu bezeichnen, wenn sie überhaupt keine Rechtsfolgen auslöst,[309] sondern wenn speziell die eingetragene Rechtstatsache in ihrer Entstehung nicht von der Eintragung abhängig ist.[310] Damit werden zwar nicht sämtliche Abgrenzungszweifel beseitigt (s. noch Rn 121 f), doch erlaubt es dieses Begriffsverständnis, die Unterscheidung zwischen deklaratorischer Bedeutung und konstitutiver Wirkung als „hilfreiche Denkfigur"[311] in einer zumindest für den Regelfall gut handhabbaren Form aufrechtzuerhalten.

---

[304] Röhricht/v. Westphalen/*Ammon* Rn 53; *Ehrenberg* in: Ehrenbergs Hdb., Band I, S. 535.
[305] *Ehrenberg* in: Ehrenbergs Hdb., Band I, S. 535 f.
[306] Voraufl. Rn 78 (*Hüffer*).
[307] Fleischhauer/*Preuß* Kap. A Rn 15; *K. Schmidt* HandelsR § 13 II 2; *ders.* ZHR 163 (1999), 87 (88); *Hager* Jura 1992, 57 (58); *Kreutz* Jura 1982, 626 (629 f).

[308] Beispiel nach *Hager* Jura 1992, 57 (58).
[309] Ein solches Verständnis müsste regelmäßig schon an § 15 scheitern.
[310] *Canaris* HandelsR § 4 Rn 13; von diesem Vorschlag nicht überzeugt *K. Schmidt* ZHR 163 (1999), 87 (88 Fn 5).
[311] *K. Schmidt* HandelsR § 13 II 2.

b) **Einzelfälle.** Nach dieser Maßgabe sind als **deklaratorisch** beispielsweise einzuordnen: die Eintragung eines Kaufmanns i.S.d. § 1, die Erteilung oder das Erlöschen der Prokura (§ 53), die Eintragung einer OHG nach § 105 Abs. 1 (nicht aber nach § 105 Abs. 2!), soweit der Geschäftsbeginn vor der Eintragung liegt (§ 123 – s. noch Rn 122), oder die Eintragung der Auflösung einer Gesellschaft (§ 143 Abs. 1). Weitere Beispiele aus dem Kapitalgesellschaftsrecht sind in Rn 39 aufgezählt. **Konstitutive Wirkung** kommt hingegen etwa den Eintragungen nach §§ 2, 3 Abs. 2 und 105 Abs. 2 zu (vgl. Rn 41). Weitere Beispiele aus dem Kapitalgesellschaftsrecht sind in Rn 42 ff. genannt.

Bei einigen Fallgruppen lässt sich **keine klare Zuordnung** als konstitutiv oder deklaratorisch durchführen, weshalb diese Sachverhalte z.T. auch als „Eintragungen von besonderer Eigenart"[312] oder Fälle „potenzieller Konstitutivität"[313] bezeichnet werden. So ist die **Eintragung einer KG** nicht Tatbestandsvoraussetzung für deren Entstehen und hat insofern nur deklaratorische Bedeutung. Die Beschränkung der Kommanditistenhaftung greift aber wegen § 176 erst mit der Eintragung ein, so dass ihr aus diesem Blickwinkel konstitutive Wirkung zukommt.[314] Hinsichtlich der Haftung ist weiterhin zwischen **Innen- und Außenverhältnis** zu unterscheiden.[315] Der bloße Vertragswille reicht aus, um die Haftung im Innenverhältnis auf den vereinbarten Betrag zu beschränken, also dem Kommanditisten einen Freistellungsanspruch oder bei Inanspruchnahme einen Ausgleichsanspruch gegen seine Mitgesellschafter zu gewähren. Im Außenverhältnis besteht der Tatbestand, an den das Gesetz den Eintritt der Haftungsbeschränkung knüpft, dagegen aus dem Vertrag und alternativ aus der Eintragung oder der Kenntnis des Gläubigers von der Haftungsbeschränkung.

Nicht anders liegt es in den Fällen der §§ **25 Abs. 2, 28 Abs. 2:** Der Haftungsausschluss hat nur dann Außenwirkung, wenn zu der Vereinbarung ihre Eintragung mit Bekanntmachung oder ihre Mitteilung hinzutritt. Ähnlich gelagert ist schließlich auch die **Eintragung einer OHG** nach § 105 Abs. 1. Im Innenverhältnis entsteht die Gesellschaft bereits mit dem Vertragsschluss nach § 105 Abs. 1, während für die Entstehung im Außenverhältnis alternativ an die Eintragung im Handelsregister oder die Aufnahme des Geschäftsbetriebs abgestellt wird (§ 123). Zu § 5 s. die Ausführungen dort unter Rn 5 f.

2. Die beweisrechtliche Bedeutung des Registereintrags. Die inhaltliche Richtigkeit des Registereintrags ist als **fremde Behauptung von Rechtstatsachen im Prozess** am Maßstab allgemeiner Grundsätze zu beweisen.[316] Nach einer Auffassung folgt aus dem Registereintrag eine Beweislastumkehr;[317] andere sprechen ihm die Wirkung eines Anscheinsbeweises oder einer tatsächlichen Vermutung zu.[318] Zu folgen ist der Einordnung als

---

[312] *Göppert* Eintragungen in das Handelsregister von besonderer Eigenart, 1934; dagegen *Hager* Jura 1992, 57 (58).
[313] *K. Schmidt* JuS 1977, 209 (210 f); wieder anders Koller/*Roth*/Morck Rn 13: „(an sich) rechtsbekundende Eintragungen mit rechtsbegründender Wirkung".
[314] Fleischhauer/*Preuß* Kap. A Rn 15; *K. Schmidt* HandelsR § 13 II 2.
[315] Ausführlich zum Folgenden *Mattheus/Schwab* ZGR 2008, 65 (67).
[316] Vgl. zum Folgenden *J. Koch/Rudzio* ZZP 122 (2009), 37 (40 ff).
[317] GK-HGB/*Gesmann-Nuissl* Rn 19; Heymann/*Sonnenschein/Weitemeyer* Rn 31; Röhricht/v. Westphalen/*Ammon* Rn 57; Brox/Henssler § 5 Rn 72; *Brand* ZBlHR 1928, 97 (98 f); *Kuttner* JherJb. 61 (1912), 109 (169 f).
[318] Für einen Anscheinsbeweis Baumbach/*Hopt* § 9 Rn 4; HK-HGB/*Ruß* Rn 6; Koller/*Roth*/Morck Rn 15; MünchKommHGB/*Krafka* § 9 Rn 19; Schlegelberger/*Hildebrandt* Rn 29; *Canaris* HandelsR § 4 Rn 14; Krafka/Willer Rn 3; *J. Koch/Rudzio* ZZP 122 (2009), 37 (40 ff). Für eine tatsächliche Vermutung BayObLGZ 1928 A 772 (774); KG OLGR 9, 246 (248); *Thöne*

Anscheinsbeweis.[319] Dem Institut der tatsächlichen Vermutung ist ohnehin die Berechtigung als eigenständige Kategorie der Beweiserleichterung generell abzusprechen.[320] Auch die Annahme einer Beweislastumkehr überzeugt nicht, weil es dafür an einer hinreichend tragfähigen Rechtsgrundlage fehlt. Aus Spezialregelungen wie § 32 GBO und § 9 Abs. 3 a.F. lässt sich keine allgemeine Vermutungswirkung herleiten, da sie explizit auf den Nachweis gegenüber Behörden beschränkt worden sind.[321] Auch die richterliche Anmeldungsprüfung ist nicht hinreichend tragfähig, um eine Vermutung zu begründen, weil an die materielle Prüfung in der Praxis nur geringe Anforderungen gestellt werden (vgl. dazu ausführlich unter Rn 79 ff, 85 ff).[322] Der **Anscheinsbeweis** fügt sich dagegen systemgerecht in die Beweiswürdigung ein.[323] Da Eintrag und Wirklichkeit im Regelfall übereinstimmen, erscheint es sachgerecht, einen entsprechenden Erfahrungssatz anzunehmen.

124 Im **Behördenverkehr** hat der Gesetzgeber u.a. mit § 32 GBO, § 69 BGB und § 26 Abs. 2 GenG ausdrückliche Regelungen zur Nachweiswirkung eines Registerzeugnisses erlassen. Die in § 9 Abs. 3 a.F. vorgesehene allgemeinere Form des Zeugnisses wurde im Zuge des EHUG (Rn 7) gestrichen. Zur Nachweiskraft des Registerzeugnisses gegenüber Behörden wird vertreten, es erbringe den Beweis des ersten Anscheins; die Behörde könne aber weitere Nachweise fordern.[324] Nach der Gegenauffassung muss sich die Behörde mit dem Zeugnis zufrieden geben und darf nur dann weitere Nachweise fordern, wenn sie Zweifel hat, die sich auf konkrete Tatsachen stützen.[325] Nicht nur der Wortlaut der einschlägigen Vorschriften, sondern auch die teleologische Einordnung als Nachweiserleichterungen sprechen für eine **umfassende Beweiswirkung**.[326] So könnte im Grundbuchverfahren ein prima-facie-Beweis z.B. auch durch eine beglaubigte Abschrift über § 29 GBO erbracht werden.[327]

125 Die **spezifische Beweiswirkung**, die bislang dem Registerzeugnis im Behördenverkehr zugewiesen wurde (Rn 124), soll künftig auch schon der **Registereintragung als solcher** zukommen.[328] Den Gesetzesmaterialien zum EHUG (Rn 7) kann entnommen werden, dass die Streichung des § 9 Abs. 3 a.F. (Rn 124) nicht dazu führen sollte, den erleichterten Nachweis im Behördenverkehr einzuschränken; es sollte allein die nicht mehr zeitgemäße Nachweisform des Registerzeugnisses abgeschafft werden.[329] Der Behörde wird nicht nur gestattet, auf die online zugänglichen Daten ebenso zu vertrauen wie auf das frühere Registerzeugnis, sondern sie wird auch in der Pflicht gesehen, sich diese Einsicht zu verschaffen. Im Behördenverkehr erbringt daher auch der bloße Registereintrag den vollen Beweis für den bezeugten Umstand (zum Sonderfall des Zeugnisses nach § 32 GBO s. noch § 9 Rn 43).

Der öffentliche Glaube des Handelsregisters, 1911, S. 34.

[319] Vgl. zum Folgenden bereits *J. Koch/Rudzio* ZZP 122 (2009), 37 (40 ff).

[320] Vgl. dazu MünchKommZPO/*Prütting* § 292 Rn 28; Zöller/*Greger* Vor § 284 Rn 33.

[321] Menold S. 148; **aA** P. Hofmann Handelsrecht, 11. Aufl., 2002, S. 67 f; Ehrenberg in: Ehrenbergs Hdb., Band I, S. 622.

[322] **AA** Heymann/*Sonnenschein/Weitemeyer* Rn 31; Röhricht/v. Westphalen/*Ammon* Rn 57.

[323] Vgl. Musielak/*Foerste* ZPO § 286 Rn 37.

[324] Baumbach/*Hopt*, 32. Aufl., 2006, § 9 Rn 4; GK-HGB/*Gesmann-Nuissl* § 9 Rn 8; Meikel/*Roth* GBO, 9. Aufl., 2004, § 32 Rn 7; MünchKommHGB/*Krafka* § 9 Rn 19.

[325] Heymann/*Sonnenschein/Weitemeyer* § 9 Rn 17; Röhricht/v. Westphalen/*Ammon* § 9 Rn 15; Schlegelberger/*Hildebrandt* § 9 Rn 8; *J. Koch/Rudzio* ZZP 122 (2009), 37 (47 ff).

[326] Vgl. *J. Koch/Rudzio* ZZP 122 (2009), 37 (47 ff).

[327] Vgl. Meikel/*Roth* GBO, 9. Aufl., 2004, § 32 Rn 51.

[328] Ausführlich zum Folgenden *J. Koch/Rudzio* ZZP 122 (2009), 37 (49 ff).

[329] Vgl. Stellungnahme des Bundesrates zum RegE EHUG, BT-Drucks. 16/960, S. 75.

3. Heilung. In einzelnen Vorschriften des materiellen Rechts wird aus Gründen der **126** **Rechtssicherheit** angeordnet, dass mit der Registereintragung etwaige Mängel des zugrunde liegenden Rechtsverhältnisses geheilt werden können.[330] Als Beispiele sind etwa §§ 20 Abs. 1 Nr. 4, 202 Abs. 1 Nr. 3 UmwG oder § 242 AktG zu nennen, der im GmbH-Recht entsprechende Anwendung findet.[331] Umstritten ist, ob die Registereintragung allein genügt, um einen Personengesellschaftsvertrag im Sinne der Lehre von der **fehlerhaften Gesellschaft** „in Vollzug zu setzen". Richtigerweise ist diese Frage zu verneinen, da die besonderen Schwierigkeiten in der Rückabwicklung noch nicht allein durch die Registereintragung begründet werden.[332] Es ist daher erforderlich, dass die Gesellschaft ihre Tätigkeit nach außen hin aufnimmt, was durch die Registereintragung allenfalls indiziert werden kann.[333]

IX. Die Entscheidungen des Registergerichts; Rechtsmittel und Rechtsbehelfe

1. Die Entscheidungen des Registergerichts. Das Registergericht kann **vier Entschei-** **127** **dungen** treffen: Es kann die beantragte Eintragung selbst vornehmen oder die Eintragung durch den Urkundsbeamten verfügen (§§ 25 Abs. 1, 27 Abs. 1 HRV); es kann den Eintragungsantrag ablehnen (§ 26 HRV); es kann den Antragsteller durch Zwischenverfügung auffordern, Mängel der Anmeldung zu beseitigen oder zusätzliche Informationen zu geben (§ 382 Abs. 4 S. 1 FamFG – § 26 S. 2 HRV a.F.); schließlich ist es unter den Voraussetzungen des § 21 FamFG (§ 127 FGG a.F.) berechtigt, das Verfahren auszusetzen (vgl. § 16 Rn 6 ff).

Bei **ordnungsgemäßer Anmeldung** hat das Registergericht kein Ermessen; es muss die **128** Eintragung unverzüglich vornehmen.[334] Die Vorgabe der „unverzüglichen" Eintragung ist durch das EHUG (Rn 7) mittlerweile auch in § 25 Abs. 1 S. 2 HRV übernommen worden und ersetzt die bislang geltende Einmonats-Frist. Der Regierungsentwurf sah für Bargründungen von Kapitalgesellschaften noch weitergehend eine Fristverkürzung auf fünf Werktage vor,[335] die allerdings als zu starr empfunden und deshalb nicht in den Verordnungstext übernommen wurde.[336] Aus der Pflicht zur unverzüglichen Eintragung folgt, dass es dem Registerrichter auch verwehrt ist, durch die Verweigerung der Eintragung **faktischen Registerzwang** auszuüben, um den Betroffenen zur Erfüllung weiterer Pflichten zu veranlassen (vgl. dazu noch ausführlich § 14 Rn 12). Weist die Anmeldung Mängel auf, so hängt der weitere Verfahrensgang davon ab, ob der Mangel behebbar ist oder nicht.

---

[330] Vgl. zum Folgenden *Krafka/Willer* Rn 191.
[331] Vgl. etwa Baumbach/Hueck/*Zöllner* Anh. § 47 Rn 73 ff; Roth/*Altmeppen* § 47 Rn 114; Ulmer/Winter/Habersack/*Raiser* Anh. § 47 Rn 85 ff; ausführlich *Casper* Die Heilung nichtiger Beschlüsse im Kapitalgesellschaftsrecht, 1998, S. 325 ff.
[332] Ausführlich zu diesen Schwierigkeiten *C. Schäfer* Die Lehre vom fehlerhaften Verband, 2002, S. 22 ff.
[333] So zutr. Ebenroth/Boujong/Joost/Strohn/ *Wertenbruch* § 105 Rn 179; Heymann/ *Emmerich* § 105 Rn 78; Röhricht/v. Westphalen/*von Gerkan* § 105 Rn 41; Voraufl. § 105 Rn 343 (*Ulmer*); *C. Schäfer* Die Lehre vom fehlerhaften Verband, 2002, S. 149 ff, 157 ff; *Goette* DStR 1996, 266 (268); aA GK-HGB/*Ensthaler* § 105 Rn 19; Koller/ Roth/Morck § 105 Rn 26; MünchKomm-HGB/*K. Schmidt* § 105 Rn 236; *Krafka/ Willer* Rn 191; *A. Hueck* OHG § 7 III 6.
[334] BGHZ 113, 335 (352) = NJW 1991, 1754; Ebenroth/Boujong/Joost/Strohn/*Schaub* Rn 173; *Melchior/Schulte* § 25 Rn 14 ff.
[335] RegE EHUG, BT-Drucks. 16/960, S. 18 (58 f).
[336] Bericht Rechtsausschuss, BT-Drucks. 16/2781, S. 86 f.

129 Im Regelfall ist ein **Anmeldungsmangel behebbar**, etwa weil eine Anmeldung lediglich unvollständig ist. In diesem Fall darf die Anmeldung nicht sofort zurückgewiesen werden, sondern es ist grundsätzlich eine **Zwischenverfügung** zu erlassen, mit der das der Eintragung entgegenstehende Hindernis bezeichnet und dem Antragsteller die Möglichkeit zu seiner Beseitigung eingeräumt wird (§ 382 Abs. 4 S. 1 FamFG – § 26 S. 2 HRV a.F.).[337] Anders als nach bisheriger Rechtslage[338] setzt die Wirksamkeit der Zwischenverfügung gem. § 382 Abs. 4 S. 1 FamFG nunmehr ebenso wie im Grundbuchverfahren (§ 18 Abs. 1 S. 1 GBO) zwangsläufig eine Fristsetzung voraus. Die Praxis hat diesen Wegen aber ohnehin schon bisher aus Zweckmäßigkeitsgründen gewählt. Unzulässig ist eine Zwischenverfügung, die darauf abzielt, den Antragsteller zur Rücknahme der Anmeldung zu bewegen.[339]

130 Eine **Zurückweisung** erfolgt nur in den seltenen Fällen, in denen eine vorangegangene Zwischenverfügung nicht zur Beseitigung des Hindernisses geführt hat oder in denen ein **unbehebbarer Mangel** vorliegt, was namentlich dann eintreten kann, wenn die Eintragung einer nicht eintragungsfähigen Tatsache beantragt wurde.[340] In diesem Fall erlässt das Gericht einen (begründeten) **Zurückweisungsbeschluss** nach § 26 HRV. Alternativ hat es allerdings auch die – in der Praxis oft genutzte – Möglichkeit, dem Antragsteller auf informellem Wege die (kostengünstige) Rücknahme seines Antrags nahezulegen.[341] Eine nur teilweise Zurückweisung ist nicht möglich; insofern muss auf das Instrument der Zwischenverfügung (Rn 129) zurückgegriffen werden.[342]

131 Zur **Aussetzung** der Entscheidung nach § 21 FamFG wird sich das Gericht entschließen, wenn die Entscheidung von der Beurteilung eines streitigen Rechtsverhältnisses abhängig ist. Da das Registergericht grundsätzlich die Sach- und Rechtslage selbst zu prüfen hat,[343] darf es nicht nach freiem Belieben aussetzen, sondern hat nach **pflichtgemäßem Ermessen** die sachlichen Gründe abzuwägen, die für oder gegen eine Aussetzung sprechen. Dabei ist insbesondere das Interesse des Anmelders an einem beschleunigten Vollzug zu berücksichtigen.[344] Ist ein Rechtsstreit noch nicht anhängig, hat das Gericht auch die Möglichkeit, einem der Beteiligten nach pflichtgemäßem Ermessen eine angemessene Frist zur Erhebung der Klage zu setzen.[345] Wird die Klage innerhalb dieser Frist nicht erhoben, so muss das Gericht das Verfahren wieder aufnehmen und selbst in der Sache entscheiden.[346]

2. Rechtsmittel und Rechtsbehelfe

132 a) **Beschwerde als regulärer Rechtsbehelf.** Da das Registerverfahren der Freiwilligen Gerichtsbarkeit zugeordnet ist, gelten für Rechtsmittel grundsätzlich die §§ 58–75 FamFG (§§ 19–31 FGG a.F.). Nach § 58 Abs. 1 FamFG findet gegen die im ersten Rechtszug

---

[337] Vgl. auch OLG Hamburg NJW 1960, 870 (872); Fleischhauer/*Preuß* Kap. A Rn 167 ff; Krafka/*Willer* Rn 166.

[338] S. dazu noch Ebenroth/Boujong/Joost/Strohn/*Schaub* Rn 175; Fleischhauer/*Preuß* Kap. A Rn 168; Krafka/*Willer* Rn 168.

[339] BayObLGZ 1987, 449 (450 f); Baumbach/*Hopt* Rn 10.

[340] Fleischhauer/*Preuß* Kap. A Rn 164; Krafka/*Willer* Rn 192.

[341] Fleischhauer/*Preuß* Kap. A Rn 166; Krafka/*Willer* Rn 192; vgl. zu den Kosten auch Melchior/*Schulte* § 26 Rn 2.

[342] Baumbach/*Hopt* Rn 10; GK-HGB/*Gesmann-Nuissl* Rn 16.

[343] Keidel/Kuntze/*Winkler* § 127 Rn 1.

[344] Fleischhauer/*Preuß* Kap. A Rn 173; Keidel/Kuntze/*Winkler* § 127 Rn 36.

[345] Ebenroth/Boujong/Joost/Strohn/*Schaub* Rn 174; Keidel/Kuntze/*Winkler* § 127 Rn 40.

[346] BayObLG DNotZ 1997, 81 (82 f); OLG Zweibrücken Rpfleger 1990, 77; Ebenroth/Boujong/Joost/Strohn/*Schaub* Rn 174; Röhricht/v. Westphalen/*Ammon* Rn 44; Fleischhauer/*Preuß* Kap. A Rn 174.

ergangenen Endentscheidungen der Amtsgerichte in Angelegenheiten nach dem FamFG die Beschwerde statt, für die gem. § 119 Abs. 1 Nr. 1b GVG n.F. das Oberlandesgericht zuständig ist. Abweichend von der bisherigen Rechtslage ist die Beschwerde nach der Neufassung durch das FGG-RG nicht mehr unbefristet möglich, sondern aus Gründen der Verfahrensbeschleunigung und der Rechtssicherheit durch § 63 Abs. 1 FamFG einer Frist von einem Monat unterworfen worden. Die Frist beginnt nach § 63 Abs. 3 FamFG jeweils mit der schriftlichen Bekanntgabe des Beschlusses, spätestens mit Ablauf von fünf Monaten nach Erlass des Beschlusses.[347] Nach § 64 Abs. 1 FamFG ist die Beschwerde bei dem Gericht einzulegen, dessen Beschluss angefochten wird. Auf diese Weise wird ihm die Möglichkeit gegeben, der Beschwerde abzuhelfen. Ist es dazu nicht bereit, hat es die Beschwerde unverzüglich dem Beschwerdegericht vorzulegen (§ 68 Abs. 1 FamFG). Seit dem dritten Gesetz zur Änderung des Rechtspflegergesetzes vom 6. August 1998[348] ist die Beschwerde gem. § 11 Abs. 1 RpflG auch für Entscheidungen des Rechtspflegers der statthafte Rechtsbehelf (zur Zuständigkeitsverteilung vgl. Rn 16).[349] Die früher gegen sämtliche Entscheidungen des Rechtspflegers zu erhebende **Erinnerung** zum Richter der gleichen Instanz ist nur noch gegen Entscheidungen zulässig, bei denen nach den allgemeinen verfahrensrechtlichen Vorschriften ein Rechtsmittel nicht gegeben ist (§ 11 Abs. 2 RpflG). Sie ist nach § 11 Abs. 2 S. 1 RpflG im Anwendungsbereich des FamFG innerhalb der Frist des § 63 Abs. 1 FamFG zu erheben. Als weitere Rechtsbehelfe sind im Zwangs- und Ordnungsgeldverfahren der Einspruch (§ 390 FamFG), im Amtslöschungsverfahren der Widerspruch (§§ 393 ff. FamFG) zu nennen.

b) Beschwerdegegenstand. Gegenstand der Beschwerde können nach § 58 Abs. 1 FamFG alle im ersten Rechtszug ergangenen Endentscheidungen sein. Darunter fallen gemäß der Legaldefinition in § 38 Abs. 1 FamFG alle Entscheidungen, die über den Verfahrensgegenstand in der Instanz ganz oder teilweise abschließend entscheiden. Speziell für Registersachen wird nunmehr aber im Anschluss an die schon bislang ganz herrschende Meinung[350] durch § 383 Abs. 3 FamFG klargestellt, dass die **Eintragung in das Handelsregister** aus Gründen der Rechtssicherheit **nicht rechtsmittelfähig** ist, da eine ex tunc wirkende richterliche Aufhebung der Eintragung den Schutz des § 15 rückwirkend beseitigen würde. Der Betroffene ist daher auf die Einleitung eines **Amtslöschungsverfahrens** nach §§ 395, 396 FamFG mit dem Ziel einer Beseitigung der eingetretenen Wirkungen für die Zukunft und notfalls auf eine Amtshaftungsklage (Rn 139 ff) verwiesen. In der Regel wird jedoch die Möglichkeit bestehen, eine dennoch erhobene Beschwerde in einen entsprechenden Löschungsantrag umzudeuten.[351] Wird ein explizit gestellter oder umgedeuteter Löschungsantrag abgelehnt, so ist die Beschwerde zulässig.[352] Daneben

133

---

[347] Durch Einfügung des Wortes „jeweils" im Zuge des FGG-RG sollte klargestellt werden, dass bei mehreren Beteiligten die jeweilige individuelle Bekanntgabe ausschlaggebend ist; vgl. Bericht Rechtsausschuss, BT-Drucks. 16/9733, S. 288.
[348] BGBl. I, S. 2030.
[349] Vgl. zu dieser Entwicklung die Darstellung bei *Bassenge/Roth* § 11 RPflG Rn 1 ff.
[350] BGHZ 104, 61 (63) = NJW 1988, 1840; BGH NJW 2007, 224 (226); BayObLGZ 1986, 540 (541); BayObLGZ 1991, 337 (339); OLG Köln FGPrax 2004, 88 (89); Keidel/Kuntze/*Winkler* § 142 Rn 4; Koller/*Roth*/Morck Rn 25; Röhricht/v. Westphalen/*Ammon* Rn 46; Fleisch-hauer/*Preuß* Kap. A Rn 200; *Krafka/Willer* Rn 2440.
[351] BayObLG Rpfleger 1978, 181; BayObLG NJW-RR 1986, 1161 (1162); OLG Hamm NJW 1963, 1554; Ebenroth/Boujong/Joost/Strohn/*Schaub* Rn 180; Keidel/Kuntze/*Winkler* § 142 Rn 4; Röhricht/v. Westphalen/*Ammon* Rn 46; *Krafka/Willer* Rn 2440.
[352] Ebenroth/Boujong/Joost/Strohn/*Schaub* Rn 180; Röhricht/v. Westphalen/*Ammon* Rn 46.

wird eine Beschwerde ausnahmsweise auch in den Fällen zugelassen, in denen die Eintragung erst noch bevorsteht, dem Beteiligten jedoch bereits bekannt gemacht worden ist, weil das Argument des Bestandsschutzes in diesem Fall nicht greift.[353] Schließlich gilt auch die sog. **Fassungsbeschwerde**, mit der die Abänderung eines nicht eindeutig formulierten Registereintrags verlangt wird, weiterhin als zulässig, da damit die Verständlichkeit im Interesse des Rechtsverkehrs erhöht wird, ohne dass die Korrektur auf den Inhalt der durch sie publizierten Rechtsverhältnisse Einfluss hat.[354]

134 Als **rechtsmittelfähige Verfügungen** verbleiben demnach in erster Linie die Ablehnung des Eintragungsantrags, die nach § 382 Abs. 3 FamFG durch einen Beschluss ergeht, sowie die Aussetzungsverfügung nach §§ 21, 381 FamFG (§ 127 FGG a.F. – Rn 131). Ausdrücklich klargestellt wird in § 382 Abs. 4 S. 2 FamFG, dass entsprechend der bisherigen Rechtslage auch **Zwischenverfügungen** i.S.d. § 382 Abs. 4 S. 1 FamFG selbständig anfechtbar sind. Dieser Klarstellung bedurfte es, da gem. § 58 Abs. 1 FamFG die Beschwerde nur gegen Endentscheidungen stattfindet.[355] Allerdings wird man auch weiterhin die schon bislang geltenden Einschränkungen zu beachten haben, dass die Anfechtbarkeit nur dann anzunehmen ist, wenn sie nicht nur den inneren Dienstbereich betreffen, sondern die Rechtsstellung der Beteiligten berühren.[356] Anfechtbar sind danach Zwischenverfügungen, mit denen Beanstandungen ausgesprochen oder weitere Unterlagen angefordert werden (Rn 129), da im ersten Fall die Anmeldung zumindest teilweise zurückgewiesen und im zweiten Fall in die Rechtssphäre des Beteiligten eingegriffen wird.[357]

135 c) **Rechtsbeschwerde.** Gegen die auf Grund der Beschwerde ergangene gerichtliche Entscheidung besteht die Möglichkeit der Rechtsbeschwerde zum BGH (§ 133 GVG), die allerdings unter dem Vorbehalt steht, dass sie das Beschwerdegericht **zugelassen** hat (§ 70 Abs. 1 FamFG).[358] Die Rechtsbeschwerde ist nach § 70 Abs. 2 FamFG zuzulassen, wenn die Rechtssache grundsätzliche Bedeutung hat oder die Fortbildung des Rechts oder die Sicherung einer einheitlichen Rechtsprechung eine Entscheidung des Rechtsbeschwerdegerichts erfordert. Sie kann nach § 72 FamFG nur darauf gestützt werden, dass die angefochtene Entscheidung auf einer Verletzung des Rechts beruht. Es handelt sich mithin um eine reine Rechtskontrollinstanz; das Vorbringen neuer Tatsachen und Beweise ist damit regelmäßig ausgeschlossen.[359] Rechtsverletzung im Sinne dieser Vorschrift ist auch der Verstoß gegen Bestimmungen der HRV, die seit der Verordnung vom 11.12.2001[360] nunmehr auch als Rechtsverordnung tituliert ist.[361]

---

[353] OLG Stuttgart Rpfleger 1970, 283; Heymann/*Sonnenschein/Weitemeyer* Rn 21; MünchKommHGB/*Krafka* Rn 79.

[354] RegE FGG-RG, BT-Drucks. 16/6308, S. 286; vgl. zu den Einzelheiten *Krafka/Willer* Rn 2442 ff; s. zur Neufassung auch *Krafka* FGPrax 2007, 51 (54).

[355] Dieser expliziten gesetzlichen Klarstellung bedurfte es, da gem. § 58 Abs. 1 FamFG die Beschwerde nur gegen Endentscheidungen stattfindet; vgl. RegE FGG-RG, BT-Drucks. 16/6308, S. 286 sowie *Krafka* FGPrax 2007, 51 (53).

[356] Umfassend zur Beschwerde gegen Zwischenverfügungen Keidel/Kuntze/Winkler/*Kahl* § 19 Rn 9 ff. mwN.

[357] Vgl. dazu auch MünchKommHGB/*Krafka* Rn 80; *Krafka/Willer* Rn 2438.

[358] Kritisch gegenüber der damit einhergehenden Streichung der bisher durch das LG repräsentierten mittleren Instanz *Krafka* FGPrax 2007, 51 (53).

[359] RegE FGG-RG, BT-Drucks. 16/6308, S. 210.

[360] BGBl. I, S. 3688.

[361] MünchKommHGB/*Krafka* Rn 81; ebenso bereits zur Handelsregisterverfügung KG JW 1938, 2282 f; generell zum Rechtsnormcharakter einer Verordnung im Rahmen des § 72 FamFG (§ 27 FGG a.F.) Keidel/Kuntze/Winkler/*Meyer-Holz* § 27 Rn 21.

d) **Beschwerdeberechtigte.** Die Beschwerde steht nach § 59 FamFG (§ 20 Abs. 1 FGG **136** a.F.) jedem zu, dessen Recht durch den Beschluss beeinträchtigt ist. Wird eine Registeranmeldung zurückgewiesen, so muss neben diese materielle Beschwer aber auch noch die sog. formelle Beschwer nach § 59 Abs. 2 FamFG (§ 20 Abs. 2 FGG a.F.) hinzutreten. Danach darf die Beschwerde nur von demjenigen erhoben werden, der den Eintragungsantrag gestellt hat. Die Bestimmung des Anmelders kann z.T. Probleme aufwerfen. Unstreitig ist, dass die Anmeldung einer **Personenhandelsgesellschaft** gem. § 108 von allen Gesellschaftern gemeinsam vorzunehmen ist mit der Folge, dass ihnen auch die Beschwerdeberechtigung nur gemeinsam zusteht (ebenso in den Fällen der §§ 143, 148).[362] Kann die Anmeldung hingegen von Gesellschaftern in vertretungsberechtigter Zahl vorgenommen werden (z.B. §§ 13, 53), so ist die Gesellschaft als solche Anmeldende. Für sie können sodann auch andere Gesellschafter als die ursprünglich Handelnden in vertretungsberechtigter Zahl die Beschwerde erheben.[363]

Bei **Kapitalgesellschaften** erfolgt die Gründungsanmeldung durch die Vorgesellschaft, **137** spätere Anmeldungen werden von der Gesellschaft selbst vorgenommen. Beschwerdeberechtigt ist daher zumindest bei **konstitutiv** wirkenden Eintragungen nur die (Vor-)Gesellschaft selbst, nicht aber ihre Gesellschafter oder ihre Vertreter.[364] Bei der Ersteintragung ist neben der Gesellschaft allerdings auch ihren Gründern die Beschwerdeberechtigung zuzusprechen, da sie durch die Ablehnung jedenfalls in ihrem Recht aus Art. 9 Abs. 1 GG beeinträchtigt werden.[365] Ist Gegenstand der Anmeldung hingegen eine **deklaratorische Eintragung**, so erkennt die hM zu Recht auch den persönlich zur Anmeldung verpflichteten Organmitgliedern (s. dazu § 12 Rn 42 f) ein eigenes Beschwerderecht zu.[366]

Beschwerdeberechtigt sind nach § 380 Abs. 5 FamFG schließlich auch die **in § 380** **138** **FamFG genannten berufsständischen Organisationen** (§ 126 FGG a.F.) und zwar unabhängig von dem in § 59 Abs. 1 FamFG (§ 20 Abs. 1 FGG a.F.) statuierten Erfordernis der eigenen Betroffenheit. Anwendung findet allerdings § 59 Abs. 2 FGG (§ 20 Abs. 2 FGG a.F.), so dass eine Beschwerde gegen die Zurückweisung eines Eintragungsantrags nicht auf § 380 Abs. 5 FamFG gestützt werden kann.[367]

X. Amtshaftungsansprüche

Der Registerrichter übt ein ihm anvertrautes öffentliches Amt im Sinne des Art. 34 **139** GG aus. Verursacht er in dieser Funktion durch eine vorsätzliche oder fahrlässige Pflichtverletzung einen Schaden, so kann dies einen Amtshaftungsanspruch nach § 839 Abs. 1 BGB auslösen. Das **Spruchrichterprivileg** des § 839 Abs. 2 BGB findet in Registersachen

---

[362] Röhricht/v. Westphalen/*Ammon* Rn 51; Fleischhauer/*Preuß* Kap. A Rn 208; Krafka/Willer Rn 2455.
[363] Krafka/Willer Rn 2456; Fleischhauer/*Preuß* Kap. A Rn 208.
[364] BGHZ 105, 324 (328) = NJW 1989, 295; BGHZ 117, 323 (325 f) = NJW 1992, 1844; *Hüffer* § 36 Rn 3; MünchKommAktG/*Pentz* § 36 Rn 29; Fleischhauer/*Preuß* Kap. A Rn 209; Krafka/Willer Rn 2453.
[365] Ebenroth/Boujong/Joost/Strohn/*Schaub* Rn 186; GroßkommAktG/*Röhricht* § 36 Rn 18; *Hüffer* § 36 Rn 3; MünchKomm-

AktG/*Pentz* § 36 Rn 29; Röhricht/v. Westphalen/*Ammon* Rn 51.
[366] BayObLG FGPrax 2000, 40; KG FGPrax 2004, 45 (46); OLG Köln NJW-RR 2001, 1417 (1418); Lutter/Hommelhoff/*Lutter/Kleindiek* § 78 Rn 8; Rowedder/*Schmidt-Leithoff* § 78 Rn 20; **aA** Fleischhauer/*Preuß* Kap. A Rn 210.
[367] OLG Oldenburg NJW 1957, 349 (350); Bassenge/*Roth* § 126 FGG Rn 8; Fleischhauer/*Preuß* Kap. A Rn 211; Krafka/Willer Rn 2462 f.

keine Anwendung, weil es sich dabei nicht um eine streitentscheidende Tätigkeit, sondern um eine solche aus dem Bereich der Freiwilligen Gerichtsbarkeit handelt.[368] Dennoch bedarf die schuldhafte Pflichtverletzung einer sorgfältigen Prüfung. Dazu muss zunächst **präzisiert** werden, welche konkreten Pflichten – namentlich hinsichtlich der Prüfungsintensität (vgl. Rn 85 ff) – den zuständigen Richter oder Rechtspfleger treffen. Eine Pflicht öffentlichen Rechts ist verletzt, wenn eine Eintragung trotz ordnungsgemäßer Anmeldung nicht oder verspätet erfolgt oder wenn umgekehrt eine Eintragung vorgenommen wird, die überhaupt nicht oder nicht in ihrer konkreten Form erfolgen durfte. Zu Amtshaftungsansprüchen bei fehlerhafter oder verspäteter Bekanntmachung s. noch § 15 Rn 115; zu einem etwaigen Mitverschulden des Antragstellers s. noch § 10 Rn 23.

140 Bei der Rechtsanwendung ist auch außerhalb des § 839 Abs. 2 BGB der Verfassungsgrundsatz der **richterlichen Unabhängigkeit** zu beachten.[369] Er wirkt sich in der Weise aus, dass dem Richter bei der Rechtsanwendung und Gesetzesauslegung nur bei besonders groben Verstößen eine schuldhafte Amtspflichtverletzung vorgeworfen werden kann. Das wird nur dann angenommen, wenn die richterliche Rechtsansicht schlichtweg unvertretbar ist.[370] Diese Grundsätze gelten auch dann, wenn der **Rechtspfleger** tätig wird.[371] Dieser ist zwar kein Richter im verfassungsrechtlichen Sinne (Art. 92, 97 Abs. 1 GG),[372] doch ist er gem. § 9 RPflG in seiner Amtsausübung in gleicher Weise sachlich unabhängig und nur an Recht und Gesetz gebunden. Die an ihn im Rahmen seiner Zuständigkeit bei der Rechtsanwendung und Gesetzesauslegung anzulegenden Sorgfaltsmaßstäbe müssen dem ebenfalls Rechnung tragen.

141 Weiterhin ist zu prüfen, ob der Geschädigte auch in den Kreis der durch § 839 BGB **geschützten Dritten** fällt. Das ist nur dann der Fall, wenn dem Amtswalter die verletzte Amtspflicht gerade ihm gegenüber obliegt. Ähnlich wie bei § 823 Abs. 2 BGB ist demnach auch hier die schwierige Feststellung erforderlich, ob sich aus den die Amtspflicht begründenden und sie umreißenden Bestimmungen sowie aus der besonderen Natur des Amtsgeschäfts ergibt, dass der Geschädigte zu dem Personenkreis zählt, dessen Belange nach dem Zweck und der rechtlichen Bestimmung des Amtsgeschäfts geschützt und gefördert werden sollen.[373] Im Registerrecht sind nach diesem Maßstab bei einer fehlerhaften oder zu Unrecht unterlassenen Eintragung unstreitig der **anmeldende Verfahrensbeteiligte** selbst sowie – bei einer Gesellschaft – deren Mitglieder von § 839 BGB geschützt.[374] Nicht geschützt ist der Anmeldende hingegen durch die Amtspflicht des Registergerichts zur **Löschung** fehlerhafter Eintragungen (s. noch Rn 144 f), da diese Pflicht nur im öffentlichen Interesse an der Richtigkeit und Vollständigkeit des Handelsregisters besteht.[375]

---

[368] *Bassenge/Roth* § 9 RPflG Rn 15; Lutter/Hommelhoff/*Lutter/Bayer* § 10 Rn 9; MünchKommBGB/*Papier* § 839 Rn 321 f; Scholz/*Winter/Veil* § 10 Rn 33; *Canaris* HandelsR § 4 Rn 24; *K. Schmidt* HandelsR § 13 II 2, III 3.
[369] BGH NJOZ 2005, 3987 (3988 f); BGH NJW 2007, 224 (226).
[370] BGH NJW-RR 1992, 919; BGHZ 155, 306 (309 f) = NJW 2003, 3052; BGH NJOZ 2005, 3987 (3989); BGH NJW 2007, 224 (226).
[371] Vgl. zum Folgenden BGH NJW 2007, 224 (226).
[372] BVerfGE 101, 397 (404 f) = NJW 2000, 1709.
[373] BGHZ 162, 49 (55) = NJW 2005, 742; vgl. dazu auch MünchKommBGB/*Papier* § 839 Rn 227 ff.
[374] Ausführlich dazu bereits Voraufl. Rn 76 f (*Hüffer*); vgl. ferner *Canaris* HandelsR § 4 Rn 25.
[375] BGHZ 84, 285 (288) = NJW 1983, 222; zust. Baumbach/*Hopt* Rn 15; Koller/Roth/Morck Rn 28; zweifelnd *K. Schmidt* HandelsR § 13 III 3.

142 Darüber hinaus hat bereits das RG festgestellt, dass die Amtspflicht des Registerrichters bei einer fehlerhaften Eintragung **nicht auf einen bestimmten Personenkreis beschränkt** sei, sondern gegenüber all denen bestehe, für die die Eintragung im Register vermöge ihrer damit bezweckten Verlautbarung an die Allgemeinheit von Bedeutung ist und sein kann.[376] Diese Sichtweise, die auch bei der Beurteilung im ähnlich gelagerten Grundbuch- und Beurkundungswesen vorherrschend ist,[377] hat im Schrifttum zu Recht Zustimmung gefunden.[378] Die mit der Eintragung verbundene Publizitätsfunktion dient gerade dem Vertrauensschutz einzelner Verkehrsteilnehmer (Rn 1 f). Da dieser Schutz durch § 15 aufgrund der tatbestandlichen Grenzen dieser Vorschrift nicht umfassend gewährleistet werden kann (z.B. durch die Einschränkung auf „einzutragende Tatsachen" – vgl. § 15 Rn 31 ff), muss das **durch die amtliche Verlautbarung in Anspruch genommene Vertrauen** zumindest durch eine ergänzend eingreifende Amtshaftung abgesichert werden.

143 Selbst wenn diese Voraussetzungen vorliegen, wird der Anspruch häufig noch an § 839 Abs. 3 BGB scheitern, weil der Verletzte es schuldhaft unterlassen hat, den Schaden durch Gebrauch eines Rechtsmittels abzuwenden. Wird die Anmeldung zurückgewiesen oder stimmt die gem. § 383 Abs. 1 FamFG (§ 130 Abs. 2 FGG a.F.) bekannt gemachte Eintragung nicht mit der Anmeldung überein, so ist von dem Rechtsmittel der einfachen Beschwerde (vgl. Rn 132 ff) Gebrauch zu machen, wenn der Ersatzanspruch nicht verloren gehen soll.[379]

XI. Löschung von Registereintragungen

144 Da grundsätzlich auch eine Änderung anmeldepflichtiger Tatsachen in das Handelsregister eingetragen werden muss (vgl. etwa § 31), erfolgt die Korrektur unrichtiger Eintragungen im Regelfall auf Antrag des durch die Anmeldung Betroffenen. Ausnahmsweise kann das Gericht in diesen Fällen aber auch **von Amts wegen** tätig werden. Ein derartiges Einschreiten von Amts wegen ist nur dort zulässig, wo es das Gesetz ausdrücklich vorsieht.[380] Dazu zählen etwa: die Eintragung des Erlöschens einer Firma (§ 31 Abs. 2 S. 2 HGB, § 393 FamFG – § 141 FGG a.F.; s. noch die Erläuterungen zu § 31; zu einer unzulässig eingetragenen Firma vgl. die Erläuterungen zu § 37) oder einer vermögenslosen Gesellschaft (§ 394 FamFG – § 141a FGG a.F.), die Löschung von Kapitalgesellschaften nach § 397 FamFG (§ 144 FGG a.F.) unter den Voraussetzungen der §§ 275, 276 AktG, §§ 75, 76 GmbHG sowie die Löschung eines Hauptversammlungs- oder Gesellschafterbeschlusses einer Kapitalgesellschaft nach § 398 FamFG (§ 144 Abs. 2 FGG a.F.).

---

[376] RGZ 140, 174 (184); vgl. auch bereits RGZ 127, 153 (156); RGZ 138, 309 (313).
[377] Vgl. dazu MünchKommBGB/*Papier* Rn 239 mwN.
[378] Vgl. dazu Voraufl. Rn 76 f (*Hüffer*); Koller/*Roth*/Morck Rn 28; Lutter/Hommelhoff/*Lutter*/Bayer § 10 Rn 9; *Roth*/Altmeppen § 9c Rn 25; *Canaris* HandelsR § 4 Rn 25; *K. Schmidt* HandelsR § 13 III 3.
[379] RGZ 131, 12 (14); RG JW 1938, 593; Lutter/Hommelhoff/*Lutter*/Bayer § 10 Rn 9; *Roth*/Altmeppen § 9c Rn 25; Rowedder/Schmidt-Leithoff § 10 Rn 33; *Ulmer*/Habersack/Winter § 10 Rn 31; *K. Schmidt* HandelsR § 14 IV.
[380] Vgl. zu den folgenden Fallgruppen Krafka/*Willer* Rn 400 ff; ferner Ebenroth/Boujong/Joost/Strohn/*Schaub* § 12 Rn 5 ff; *Buchberger* Rpfleger 1992, 508 f sowie die Kommentierungen zum FamFG und zu den entsprechenden kapitalgesellschaftsrechtlichen Vorschriften.

§ 8 Anh   1. Buch. Handelsstand

145   Die amtswegige **Löschung unzulässiger Eintragungen** nach §§ 395 f FamFG (§§ 142 f FGG a.F.)[381] erfolgt nur ausnahmsweise aufgrund einer Ermessensentscheidung des Registergerichts,[382] wenn das Fortbestehen der Eintragung Schädigungen Berechtigter zur Folge haben oder dem öffentlichen Interesse widersprechen würde.[383] Ein Anspruch auf Einleitung des Verfahrens besteht nicht.[384] Die Unzulässigkeit einer Eintragung kann sich in erster Linie aus ihrer sachlichen Unrichtigkeit ergeben, wobei es anerkanntermaßen auch genügt, wenn die Eintragung erst nachträglich unrichtig wird.[385] Bei konstitutiven Eintragungen kann die Amtslöschung überdies auch auf die Verletzung wesentlicher Verfahrensvorschriften gestützt werden; bei deklaratorischen Eintragungen vermag die verfahrensfehlerhafte Eintragung die Amtslöschung hingegen nicht zu rechtfertigen.[386] **Zuständig** für die Löschung ist das Registergericht, doch kann die Löschung nach § 396 FamFG (§ 143 FGG a.F.) auch von dem vorgeordneten Landgericht verfügt werden.[387] Die Löschung erfolgt nicht durch Unkenntlichmachung, sondern durch Eintragung eines Vermerks.[388] Zu etwaigen Amtshaftungsansprüchen s. Rn 141.

Anhang zu § 8

Verordnung über die Einrichtung und Führung des Handelsregisters (Handelsregisterverordnung – HRV)

Vom 12. August 1937 (RMBl 1937, 515), zuletzt geändert durch Artikel 40 des Gesetzes zur Reform des Verfahrens in Familiensachen und in den Angelegenheiten der freiwilligen Gerichtsbarkeit (FGG-Reformgesetz – FGG-RG) vom 17. Dezember 2008 (BGBl. I S. 2586)

Eingangsformel

Auf Grund des § 125 Abs. 3 des Gesetzes über die Angelegenheiten der freiwilligen Gerichtsbarkeit in der Fassung der Verordnung vom 10. August 1937 (RGBl. I S. 900) bestimme ich folgendes:

---

[381] Zu den Einzelheiten vgl. die Kommentare zu § 395 FamFG (§ 142 FGG a.F.); ferner *Krafka/Willer* Rn 439 ff; zu Rechtsmitteln gegen die Amtslöschung s. noch Ebenroth/Boujong/Joost/*Schaub* § 12 Rn 23 ff; Keidel/Kuntze/*Winkler* § 142 Rn 21 ff; *Krafka/Willer* Rn 430, 450.
[382] Vgl. dazu BayObLG DB 1980, 71; Koller/*Roth*/Morck Rn 21.
[383] BayObLGZ 1970, 269 (272); BayObLGZ 1971, 329; KG NJW 1965, 254 (255 f); OLG Hamm OLGZ 1974, 139 (144); Keidel/Kuntze/*Winkler* § 142 Rn 17; Röhricht/v. Westphalen/*Ammon* Rn 63.
[384] Koller/*Roth*/Morck Rn 21; Röhricht/v. Westphalen/*Ammon* Rn 59.
[385] Vgl. RGZ 169, 147; BGHZ 65, 103 (105) = NJW 1976, 48; BayObLGZ 1994, 102 (104); OLG Düsseldorf FGPrax 1999, 70 (71); OLG Zweibrücken FGPrax 2002, 132; Keidel/Kuntze/*Winkler* § 142 Rn 10; *Krafka/Willer* Rn 439.
[386] BayObLGZ 1955, 333 (339); KG OLGZ 1986, 296 (299); OLG Düsseldorf FGPrax 1999, 70 (71); Ebenroth/Boujong/Joost/Strohn/*Schaub* § 12 Rn 13; Keidel/Kuntze/*Winkler* § 142 Rn 14; Röhricht/v. Westphalen/*Ammon* Rn 60 f; *Krafka/Willer* Rn 440 ff.
[387] BayObLGZ 1969, 215; Keidel/Kuntze/*Winkler* § 142 Rn 8; *Krafka/Willer* Rn 439, 446.
[388] OLG Düsseldorf Rpfleger 2006, 327; Koller/*Roth*/Morck Rn 21.

Zweiter Abschnitt. Handelsregister § 8 Anh

I. Einrichtung des Handelsregisters
Örtliche und sachliche Zuständigkeit

§ 1. Zuständigkeit des Amtsgerichts

Soweit nicht nach § 376 Abs. 2 des Gesetzes über das Verfahren in Familiensachen und in den Angelegenheiten der freiwilligen Gerichtsbarkeit etwas Abweichendes geregelt ist, führt jedes Amtsgericht, in dessen Bezirk ein Landgericht seinen Sitz hat, für den Bezirk dieses Landgerichts ein Handelsregister.

§ 2. (weggefallen)

§ 3. (1) Das Handelsregister besteht aus zwei Abteilungen.

(2) In die Abteilung A werden eingetragen die Einzelkaufleute, die in den § 33 des Handelsgesetzbuchs bezeichneten juristischen Personen sowie die offenen Handelsgesellschaften, die Kommanditgesellschaften und die Europäischen wirtschaftlichen Interessenvereinigungen.

(3) In die Abteilung B werden eingetragen die Aktiengesellschaften, die SE, die Kommanditgesellschaften auf Aktien, die Gesellschaften mit beschränkter Haftung und die Versicherungsvereine auf Gegenseitigkeit.

§ 4. [1]Für die Erledigung der Geschäfte des Registergerichts ist der Richter zuständig. [2]Soweit die Erledigung der Geschäfte nach dieser Verordnung dem Urkundsbeamten der Geschäftsstelle übertragen ist, gelten die §§ 5 bis 8 des Rechtspflegergesetzes in Bezug auf den Urkundsbeamten der Geschäftsstelle entsprechend.

§§ 5 u. 6. (weggefallen)

§ 7. Elektronische Führung des Handelsregisters

[1]Die Register einschließlich der Registerordner werden elektronisch geführt. [2]§ 8a Abs. 2 des Handelsgesetzbuchs bleibt unberührt.

§ 8. Registerakten

(1) [1]Für jedes Registerblatt (§ 13) werden Akten gebildet. [2]Zu den Registerakten gehören auch die Schriften oder Dokumente über solche gerichtlichen Handlungen, die, ohne auf eine Registereintragung abzuzielen, mit den in dem Register vermerkten rechtlichen Verhältnissen in Zusammenhang stehen.

(2) [1]Wird ein Schriftstück, das in Papierform zur Registerakte einzureichen war, zurückgegeben, so wird eine beglaubigte Abschrift zurückbehalten. [2]Ist das Schriftstück in anderen Akten des Amtsgerichts enthalten, so ist eine beglaubigte Abschrift zu den Registerakten zu nehmen. [3]In den Abschriften und Übertragungen können die Teile des Schriftstückes, die für die Führung des Handelsregisters ohne Bedeutung sind, weggelassen werden, wenn hiervon Verwirrung nicht zu besorgen ist. [4]In Zweifelsfällen bestimmt der Richter den Umfang der Abschrift, sonst der Urkundsbeamte der Geschäftsstelle.

(3) [1]Die Landesjustizverwaltung kann bestimmen, dass die Registerakten ab einem bestimmten Zeitpunkt elektronisch geführt werden. [2]Nach diesem Zeitpunkt eingereichte Schriftstücke sind zur Ersetzung der Urschrift in ein elektronisches Dokument zu übertragen und in dieser Form zur elektronisch geführten Registerakte zu nehmen, soweit die Anordnung der Landesjustizverwaltung nichts anderes bestimmt; § 9 Abs. 3 und 4 gilt

entsprechend. ³Im Fall einer Beschwerde sind in Papierform eingereichte Schriftstücke mindestens bis zum rechtskräftigen Abschluss des Beschwerdeverfahrens aufzubewahren, wenn sie für die Durchführung des Beschwerdeverfahrens notwendig sind und das Beschwerdegericht keinen Zugriff auf die elektronisch geführte Registerakte hat. ⁴Das Registergericht hat in diesem Fall von ausschließlich elektronisch vorliegenden Dokumenten Ausdrucke für das Beschwerdegericht zu fertigen, soweit dies zur Durchführung des Beschwerdeverfahrens notwendig ist; § 298 Abs. 2 der Zivilprozessordnung gilt entsprechend. ⁵Die Ausdrucke sind mindestens bis zum rechtskräftigen Abschluss des Beschwerdeverfahrens aufzubewahren.

§ 9. Registerordner

(1) ¹Die zum Handelsregister eingereichten und nach § 9 Abs. 1 des Handelsgesetzbuchs der unbeschränkten Einsicht unterliegenden Dokumente werden für jedes Registerblatt (§ 13) in einen dafür bestimmten Registerordner aufgenommen. ²Ein Widerspruch gegen eine Eintragung in der Gesellschafterliste (§ 16 Abs. 3 Satz 3 des Gesetzes betreffend die Gesellschaften mit beschränkter Haftung) ist der Gesellschafterliste zuzuordnen und zudem besonders hervorzuheben. ³Sie sind in der zeitlichen Folge ihres Eingangs und nach der Art des jeweiligen Dokuments abrufbar zu halten. ⁴Die in einer Amtssprache der Europäischen Union übermittelten Übersetzungen (§ 11 des Handelsgesetzbuchs) sind den jeweiligen Ursprungsdokumenten zuzuordnen. ⁵Wird ein aktualisiertes Dokument eingereicht, ist kenntlich zu machen, dass die für eine frühere Fassung eingereichte Übersetzung nicht dem aktualisierten Stand des Dokuments entspricht.

(2) ¹Schriftstücke, die vor dem 1. Januar 2007 eingereicht worden sind, können zur Ersetzung der Urschrift in ein elektronisches Dokument übertragen und in dieser Form in den Registerordner übernommen werden. ²Sie sind in den Registerordner zu übernehmen, sobald ein Antrag auf Übertragung in ein elektronisches Dokument (Artikel 61 Abs. 3 des Einführungsgesetzes zum Handelsgesetzbuch) oder auf elektronische Übermittlung (§ 9 Abs. 2 des Handelsgesetzbuchs) vorliegt.

(3) ¹Wird ein Schriftstück, das in Papierform zum Registerordner einzureichen war, zurückgegeben, so wird es zuvor in ein elektronisches Dokument übertragen und in dieser Form in den Registerordner übernommen. ²Die Rückgabe wird im Registerordner vermerkt. ³Ist das Schriftstück in anderen Akten des Amtsgerichts enthalten, so wird eine elektronische Aufzeichnung hiervon in dem Registerordner gespeichert. ⁴Bei der Speicherung können die Teile des Schriftstückes, die für die Führung des Handelsregisters ohne Bedeutung sind, weggelassen werden, sofern hiervon Verwirrung nicht zu besorgen ist. ⁵Den Umfang der Speicherung bestimmt der Urkundsbeamte der Geschäftsstelle, in Zweifelsfällen der Richter.

(4) ¹Wird ein Schriftstück in ein elektronisches Dokument übertragen und in dieser Form in den Registerordner übernommen, ist zu vermerken, ob das Schriftstück eine Urschrift, eine einfache oder beglaubigte Abschrift, eine Ablichtung oder eine Ausfertigung ist; Durchstreichungen, Änderungen, Einschaltungen, Radierungen oder andere Mängel des Schriftstückes sollen in dem Vermerk angegeben werden. ²Ein Vermerk kann unterbleiben, soweit die in Satz 1 genannten Tatsachen aus dem elektronischen Dokument eindeutig ersichtlich sind.

(5) ¹Wiedergaben von Schriftstücken, die nach § 8a Abs. 3 oder Abs. 4 des Handelsgesetzbuchs in der bis zum Inkrafttreten des Gesetzes über elektronische Handelsregister und Genossenschaftsregister sowie das Unternehmensregister vom 10. November 2006 (BGBl. I S. 2553) am 1. Januar 2007 geltenden Fassung auf einem Bildträger oder einem

anderen Datenträger gespeichert wurden, können in den Registerordner übernommen werden. ²Dabei sind im Fall der Speicherung nach § 8a Abs. 3 des Handelsgesetzbuchs in der in Satz 1 genannten Fassung auch die Angaben aus dem nach § 8a Abs. 3 Satz 2 des Handelsgesetzbuchs in der in Satz 1 genannten Fassung gefertigten Nachweis in den Registerordner zu übernehmen. ³Im Fall der Einreichung nach § 8a Abs. 4 des Handelsgesetzbuchs in der in Satz 1 genannten Fassung ist zu vermerken, dass das Dokument aufgrund des § 8a Abs. 4 des Handelsgesetzbuchs in der in Satz 1 genannten Fassung als einfache Wiedergabe auf einem Datenträger eingereicht wurde.

(6) ¹Im Fall einer Beschwerde hat das Registergericht von den im Registerordner gespeicherten Dokumenten Ausdrucke für das Beschwerdegericht zu fertigen, soweit dies zur Durchführung des Beschwerdeverfahrens notwendig ist; § 298 Abs. 2 der Zivilprozessordnung gilt entsprechend. ²Die Ausdrucke sind mindestens bis zum rechtskräftigen Abschluss des Beschwerdeverfahrens aufzubewahren.

§ 10. Einsichtnahme

(1) Die Einsicht in das Register und in die zum Register eingereichten Dokumente ist auf der Geschäftsstelle des Registergerichts während der Dienststunden zu ermöglichen.

(2) ¹Die Einsicht in das elektronische Registerblatt erfolgt über ein Datensichtgerät oder durch Einsicht in einen aktuellen oder chronologischen Ausdruck. ²Dem Einsichtnehmenden kann gestattet werden, das Registerblatt selbst auf dem Bildschirm des Datensichtgerätes aufzurufen, wenn technisch sichergestellt ist, dass der Abruf von Daten die nach § 9 Abs. 1 des Handelsgesetzbuchs zulässige Einsicht nicht überschreitet und Veränderungen an dem Inhalt des Handelsregisters nicht vorgenommen werden können.

(3) Über das Datensichtgerät ist auch der Inhalt des Registerordners einschließlich der nach § 9 Abs. 4 oder Abs. 5 Satz 2 aufgenommenen Angaben und der eingereichten Übersetzungen zugänglich zu machen.

§ 11. (weggefallen)

II. Führung des Handelsregisters

§ 12. Form der Eintragungen

¹Die Eintragungen sind deutlich, klar verständlich sowie in der Regel ohne Verweis auf gesetzliche Vorschriften und ohne Abkürzung herzustellen. ²Aus dem Register darf nichts durch technische Eingriffe oder sonstige Maßnahmen entfernt werden.

§ 13.

(1) Jeder Einzelkaufmann, jede juristische Person sowie jede Handelsgesellschaft ist unter einer in derselben Abteilung fortlaufenden Nummer (Registerblatt) in das Register einzutragen.

(2) ¹Wenn ein Amtsgericht das Register für mehrere Amtsgerichtsbezirke führt, können auf Anordnung der Landesjustizverwaltung die fortlaufenden Nummern für einzelne Amtsgerichtsbezirke je gesondert geführt werden. ²In diesem Fall sind die fortlaufenden Nummern der jeweiligen Amtsgerichtsbezirke durch den Zusatz eines Ortskennzeichens unterscheidbar zu halten. ³Nähere Anordnungen hierüber trifft die Landesjustizverwaltung.

(3) ¹Wird die Firma geändert, so ist dies auf demselben Registerblatt einzutragen. ²Bei einer Umwandlung ist der übernehmende, neu gegründete Rechtsträger oder Rechtsträger neuer Rechtsform stets auf ein neues Registerblatt einzutragen.

(4) Die zur Offenlegung in einer Amtssprache der Europäischen Union übermittelten Übersetzungen von Eintragungen (§ 11 des Handelsgesetzbuchs) sind dem Registerblatt und der jeweiligen Eintragung zuzuordnen.

§ 14. (1) Jede Eintragung ist mit einer laufenden Nummer zu versehen und mittels eines alle Spalten des Registers durchschneidenden Querstrichs von der folgenden Eintragung zu trennen.

(2) Werden mehrere Eintragungen gleichzeitig vorgenommen, so erhalten sie nur eine laufende Nummer.

§ 15. Übersetzungen

[1]War eine frühere Eintragung in einer Amtssprache der Europäischen Union zugänglich gemacht worden (§ 11 des Handelsgesetzbuchs), so ist mit der Eintragung kenntlich zu machen, dass die Übersetzung nicht mehr dem aktuellen Stand der Registereintragung entspricht. [2]Die Kenntlichmachung ist zu entfernen, sobald eine aktualisierte Übersetzung eingereicht wird.

§ 16. (1) [1]Änderungen des Inhalts einer Eintragung sowie Löschungen sind unter einer neuen laufenden Nummer einzutragen. [2]Eine Eintragung, die durch eine spätere Eintragung ihre Bedeutung verloren hat, ist nach Anordnung des Richters rot zu unterstreichen. [3]Mit der Eintragung selbst ist auch der Vermerk über ihre Löschung rot zu unterstreichen.

(2) Eintragungen oder Vermerke, die rot zu unterstreichen oder rot zu durchkreuzen sind, können anstelle durch Rötung auch auf andere eindeutige Weise als gegenstandslos kenntlich gemacht werden.

(3) [1]Ein Teil einer Eintragung darf nur gerötet oder auf andere eindeutige Weise als gegenstandslos kenntlich gemacht werden, wenn die Verständlichkeit der Eintragung und des aktuellen Ausdrucks nicht beeinträchtigt wird. [2]Andernfalls ist die betroffene Eintragung insgesamt zu röten und ihr noch gültiger Teil in verständlicher Form zu wiederholen.

§ 16a. Kennzeichnung bestimmter Eintragungen

Diejenigen Eintragungen, die lediglich andere Eintragungen wiederholen, erläutern oder begründen und daher nach § 30a Abs. 4 Satz 4 nicht in den aktuellen Ausdruck einfließen, sind grau zu hinterlegen oder es ist auf andere Weise sicherzustellen, dass diese Eintragungen nicht in den aktuellen Ausdruck übernommen werden.

§ 17. (1) [1]Schreibversehen und ähnliche offenbare Unrichtigkeiten in einer Eintragung können durch den Richter oder nach Anordnung des Richters in Form einer neuen Eintragung oder auf andere eindeutige Weise berichtigt werden. [2]Die Berichtigung ist als solche kenntlich zu machen.

(2) [1]Die Berichtigung nach Absatz 1 ist den Beteiligten bekanntzugeben. [2]Die öffentliche Bekanntmachung kann unterbleiben, wenn die Berichtigung einen offensichtlich unwesentlichen Punkt der Eintragung betrifft.

(3) [1]Eine versehentlich vorgenommene Rötung oder Kenntlichmachung nach § 16 oder § 16a ist zu löschen oder auf andere eindeutige Weise zu beseitigen. [2]Die Löschung oder sonstige Beseitigung ist zu vermerken.

§ 18. ¹Erfolgt eine Eintragung auf Grund einer rechtskräftigen oder vollstreckbaren Entscheidung des Prozeßgerichts, so ist dies bei der Eintragung im Register unter Angabe des Prozessgerichts, des Datums und des Aktenzeichens der Entscheidung zu vermerken. ²Eine Aufhebung der Entscheidung ist in dieselbe Spalte des Registers einzutragen.

§ 19. (1) Soll eine Eintragung von Amts wegen gelöscht werden, weil sie mangels einer wesentlichen Voraussetzung unzulässig ist, so erfolgt die Löschung durch Eintragung des Vermerks „Von Amts wegen gelöscht".

(2) ¹Hat in sonstigen Fällen eine Eintragung von Amts wegen zu erfolgen, so hat sie den Hinweis auf die gesetzliche Grundlage und einen Vermerk „Von Amts wegen eingetragen" zu enthalten. ²Dies gilt nicht für die Eintragung der Vermerke über die Eröffnung, die Einstellung oder Aufhebung des Insolvenzverfahrens, die Aufhebung des Eröffnungsbeschlusses, die Anordnung der Eigenverwaltung durch den Schuldner und deren Aufhebung, die Anordnung der Zustimmungsbedürftigkeit bestimmter Rechtsgeschäfte des Schuldners nach § 277 der Insolvenzordnung sowie die sonstigen in § 32 des Handelsgesetzbuchs vorgesehenen Vermerke.

§ 19a. (weggefallen)

§ 20. ¹Wird die Hauptniederlassung eines Einzelkaufmanns, einer juristischen Person oder der Sitz einer Handelsgesellschaft oder die Zweigniederlassung eines Unternehmens mit Sitz oder Hauptniederlassung im Ausland aus dem Bezirk des Registergerichts verlegt, so ist erst bei Eingang der Nachricht von der Eintragung in das Register des neuen Registergerichts (§ 13h Abs. 2 Satz 5 des Handelsgesetzbuchs; § 45 Abs. 2 Satz 6 des Aktiengesetzes) die Verlegung auf dem bisherigen Registerblatt in der Spalte 2 und in der Spalte „Rechtsverhältnisse" zu vermerken; § 22 ist entsprechend anzuwenden. ²Auf dem bisherigen Registerblatt ist bei der jeweiligen Eintragung auf das Registerblatt des neuen Registergerichts zu verweisen und umgekehrt.

§ 21. **Umschreibung eines Registerblatts**

(1) ¹Ist das Registerblatt unübersichtlich geworden, so sind die noch gültigen Eintragungen unter einer neuen oder unter derselben Nummer auf ein neues Registerblatt umzuschreiben. ²Dabei kann auch von dem ursprünglichen Text der Eintragung abgewichen werden, soweit der Inhalt der Eintragung dadurch nicht verändert wird. ³Auf jedem Registerblatt ist auf das andere zu verweisen, auch wenn es bei derselben Nummer verbleibt.

(2) Die Zusammenfassung und Übertragung ist den Beteiligten unter Mitteilung von dem Inhalt der neuen Eintragung und gegebenenfalls der neuen Nummer bekannt zu machen.

(3) Bestehen Zweifel über die Art oder den Umfang der Übertragung, so sind die Beteiligten vorher zu hören.

§ 22. **Gegenstandslosigkeit aller Eintragungen**

(1) ¹Sämtliche Seiten des Registerblatts sind zu röten oder rot zu durchkreuzen, wenn alle Eintragungen gegenstandslos geworden sind. ²Das Registerblatt erhält einen Vermerk, der es als „geschlossen" kennzeichnet.

(2) ¹Geschlossene Registerblätter sollen weiterhin, auch in der Form von Ausdrucken, wiedergabefähig oder lesbar bleiben. ²Die Datenträger für geschlossene Registerblätter können auch bei der für die Archivierung von Handelsregisterblättern zuständigen Stelle verfügbar gehalten werden, soweit landesrechtliche Vorschriften nicht entgegenstehen.

III. Verfahren bei Anmeldung, Eintragung und Bekanntmachung

§ 23. ¹Der Richter hat dafür Sorge zu tragen, daß die gesetzlich vorgeschriebenen Eintragungen in das Register erfolgen. ²Zu diesem Zweck und zur Vermeidung unzulässiger Eintragungen kann er in zweifelhaften Fällen das Gutachten der Industrie- und Handelskammer einholen. ³Holt er das Gutachten ein, so hat er außerdem, wenn es sich um ein handwerkliches Unternehmen handelt oder handeln kann, das Gutachten der Handwerkskammer, wenn es sich um ein land- oder forstwirtschaftliches Unternehmen handelt oder handeln kann, das Gutachten der Landwirtschaftskammer oder, wenn eine Landwirtschaftskammer nicht besteht, der nach Landesrecht zuständigen Stelle einzuholen. ⁴Das Gutachten soll elektronisch eingeholt und übermittelt werden. ⁵Weicht der Richter von dem Vorschlag eines Gutachtens ab, so hat er seine Entscheidung der Kammer oder der nach Landesrecht zuständigen Stelle, die das Gutachten erstattet haben, unter Angabe der Gründe mitzuteilen.

§ 24. (1) Werden natürliche Personen zur Eintragung in das Handelsregister angemeldet (insbesondere als Kaufleute, Gesellschafter, Prokuristen, Vorstandsmitglieder, Mitglieder des Leitungsorgans, geschäftsführende Direktoren, Geschäftsführer, Abwickler), so ist in der Anmeldung deren Geburtsdatum anzugeben.

(2) ¹Bei der Anmeldung ist die Lage der Geschäftsräume anzugeben. ²Dies gilt nicht, wenn die Lage der Geschäftsräume als inländische Geschäftsanschrift zur Eintragung in das Handelsregister angemeldet wird oder bereits in das Handelsregister eingetragen worden ist. ³Eine Änderung der Lage der Geschäftsräume ist dem Registergericht unverzüglich mitzuteilen; Satz 2 gilt entsprechend.

(3) Absatz 2 gilt für die Anmeldung einer Zweigniederlassung und die Änderung der Lage ihrer Geschäftsräume entsprechend.

(4) Es ist darauf hinzuwirken, daß bei den Anmeldungen auch der Unternehmensgegenstand, soweit er sich nicht aus der Firma ergibt, angegeben wird.

§ 25. (1) ¹Auf die Anmeldung zur Eintragung, auf Gesuche und Anträge entscheidet der Richter. ²Über die Eintragung ist unverzüglich nach Eingang der Anmeldung bei Gericht zu entscheiden. ³Ist eine Anmeldung zur Eintragung in das Handelsregister unvollständig oder steht der Eintragung ein durch den Antragsteller behebbares Hindernis entgegen, so hat der Richter unverzüglich zu verfügen; liegt ein nach § 23 einzuholendes Gutachten bis dahin nicht vor, so ist dies dem Antragsteller unverzüglich mitzuteilen. ⁴Der Richter entscheidet auch über die erforderlichen Bekanntmachungen.

(2) Der Richter ist für die Eintragung auch dann zuständig, wenn sie vom Beschwerdegericht oder nach § 396 des Gesetzes über das Verfahren in Familiensachen und in den Angelegenheiten der freiwilligen Gerichtsbarkeit verfügt ist.

§ 26. ¹Wird eine Eintragung abgelehnt, so sind die Gründe der Ablehnung mitzuteilen. ²Ist eine Anmeldung zur Eintragung in das Handelsregister unvollständig oder steht der Eintragung ein anderes Hindernis entgegen, so kann zur Behebung des Hindernisses eine Frist gesetzt werden.

§ 27. Vornahme der Eintragung, Wortlaut der Bekanntmachung

(1) Der Richter nimmt die Eintragung und Bekanntmachung entweder selbst vor oder er verfügt die Eintragung und die Bekanntmachung durch den Urkundsbeamten der Geschäftsstelle.

(2) ¹Nimmt der Richter die Eintragung nicht selbst vor, so hat er in der Eintragungsverfügung den genauen Wortlaut der Eintragung sowie die Eintragungsstelle im Register samt aller zur Eintragung erforderlichen Merkmale festzustellen. ²Der Wortlaut der öffentlichen Bekanntmachung ist besonders zu verfügen, wenn er von dem der Eintragung abweicht. ³Der Urkundsbeamte der Geschäftsstelle hat die Ausführung der Eintragungsverfügung zu veranlassen, die Eintragung zu signieren und die verfügten Bekanntmachungen herbeizuführen.

(3) ¹Die Wirksamkeit der Eintragung (§ 8a Abs. 1 des Handelsgesetzbuchs) ist in geeigneter Weise zu überprüfen. ²Die eintragende Person soll die Eintragung auf ihre Richtigkeit und Vollständigkeit sowie ihre Abrufbarkeit aus dem Datenspeicher (§ 48) prüfen.

(4) Bei jeder Eintragung ist der Tag der Eintragung anzugeben.

§ 28. Elektronische Signatur

¹Der Richter oder im Fall des § 27 Abs. 2 der Urkundsbeamte der Geschäftsstelle setzt der Eintragung seinen Nachnamen hinzu und signiert beides elektronisch. ²Im Übrigen gilt § 75 der Grundbuchverfügung entsprechend.

§ 29. (1) Der Urkundsbeamte der Geschäftsstelle ist zuständig:
1. für die Erteilung von Abschriften oder Ausdrucken oder die elektronische Übermittlung der Eintragungen und der zum Register eingereichten Schriftstücke und Dokumente; wird eine auszugsweise Abschrift, ein auszugsweiser Ausdruck oder eine auszugsweise elektronische Übermittlung beantragt, so entscheidet bei Zweifeln über den Umfang des Auszugs der Richter;
2. für die Beglaubigung und die Erteilung oder elektronische Übermittlung von Zeugnissen und Bescheinigungen nach § 9 Abs. 5 des Handelsgesetzbuchs und § 32 der Grundbuchordnung;
3. für die Eintragung der in § 32 des Handelsgesetzbuchs vorgesehenen Vermerke im Zusammenhang mit einem Insolvenzverfahren;
4. für die Eintragung der inländischen Geschäftsanschrift.

(2) ¹Wird die Änderung einer Entscheidung des Urkundsbeamten der Geschäftsstelle verlangt, so entscheidet, wenn dieser dem Verlangen nicht entspricht, der Richter. ²Die Beschwerde ist erst gegen seine Entscheidung gegeben.

§ 30. (1) ¹Einfache Abschriften der in Papierform vorhandenen Registerblätter und Schriftstücke sind mit dem Vermerk: „Gefertigt am …" abzuschließen. ²Der Vermerk ist nicht zu unterzeichnen.

(2) ¹Die Beglaubigung einer Abschrift geschieht durch einen unter die Abschrift zu setzenden Vermerk, der die Übereinstimmung mit der Hauptschrift bezeugt. ²Der Beglaubigungsvermerk muß Ort und Tag der Ausstellung enthalten, von dem Urkundsbeamten der Geschäftsstelle unterschrieben und mit Siegel oder Stempel versehen sein.

(3) ¹Soll aus dem Handelsregister eine auszugsweise Abschrift erteilt werden, so sind in die Abschrift die Eintragungen aufzunehmen, die den Gegenstand betreffen, auf den sich der Auszug beziehen soll. ²In dem Beglaubigungsvermerk ist der Gegenstand anzugeben und zu bezeugen, daß weitere ihn betreffende Eintragungen in dem Register nicht enthalten sind.

(4) ¹Werden beglaubigte Abschriften der zum Register eingereichten Schriftstücke oder der eingereichten Wiedergaben von Schriftstücken (§ 8a Abs. 4 des Handelsgesetz-

buchs in der bis zum Inkrafttreten des Gesetzes über elektronische Handelsregister und Genossenschaftsregister sowie das Unternehmensregister am 1. Januar 2007 geltenden Fassung) beantragt, so ist in dem Beglaubigungsvermerk ersichtlich zu machen, ob die Hauptschrift eine Urschrift, eine Wiedergabe auf einem Bildträger oder auf anderen Datenträgern, eine einfache oder beglaubigte Abschrift, eine Ablichtung oder eine Ausfertigung ist; ist die Hauptschrift eine Wiedergabe auf einem Bildträger oder auf anderen Datenträgern, eine beglaubigte Abschrift, eine beglaubigte Ablichtung oder eine Ausfertigung, so ist der nach § 8a Abs. 3 Satz 2 des Handelsgesetzbuchs in der bis zum Inkrafttreten des Gesetzes über elektronische Handelsregister und Genossenschaftsregister sowie das Unternehmensregister am 1. Januar 2007 geltenden Fassung angefertigte schriftliche Nachweis über die inhaltliche Übereinstimmung der Wiedergabe mit der Urschrift, der Beglaubigungsvermerk oder der Ausfertigungsvermerk in die beglaubigte Abschrift aufzunehmen. [2]Durchstreichungen, Änderungen, Einschaltungen, Radierungen oder andere Mängel einer von den Beteiligten eingereichten Schrift sollen in dem Vermerk angegeben werden.

(5) [1]Die Bestätigung oder Ergänzung früher gefertigter Abschriften ist zulässig. [2]Eine Ergänzung einer früher erteilten Abschrift soll unterbleiben, wenn die Ergänzung gegenüber der Erteilung einer Abschrift durch Ablichtung einen unverhältnismäßigen Arbeitsaufwand, insbesondere erhebliche oder zeitraubende Schreibarbeiten erfordern würde; andere Versagungsgründe bleiben unberührt.

§ 30a. Ausdrucke

(1) [1]Ausdrucke aus dem Registerblatt (§ 9 Abs. 4 des Handelsgesetzbuchs) sind mit der Aufschrift „Ausdruck" oder „Amtlicher Ausdruck", dem Datum der letzten Eintragung und dem Datum des Abrufs der Daten aus dem Handelsregister zu versehen. [2]Sie sind nicht zu unterschreiben.

(2) [1]Ausdrucke aus dem Registerordner sind mit der Aufschrift „Ausdruck" oder „Amtlicher Ausdruck", dem Datum der Einstellung des Dokuments in den Registerordner, dem Datum des Abrufs aus dem Registerordner und den nach § 9 Abs. 4 oder Abs. 5 Satz 2 aufgenommenen Angaben zu versehen. [2]Sie sind nicht zu unterschreiben.

(3) [1]Der amtliche Ausdruck ist darüber hinaus mit Ort und Tag der Ausstellung, dem Vermerk, dass der Ausdruck den Inhalt des Handelsregisters oder einen Inhalt des Registerordners bezeugt, sowie dem Namen des erstellenden Urkundsbeamten der Geschäftsstelle und mit einem Dienstsiegel zu versehen. [2]Anstelle der Siegelung kann maschinell ein Abdruck des Dienstsiegels eingedruckt sein oder aufgedruckt werden; in beiden Fällen muss unter der Aufschrift „Amtlicher Ausdruck" der Vermerk „Dieser Ausdruck wird nicht unterschrieben und gilt als beglaubigte Abschrift." aufgedruckt sein oder werden.

(4) [1]Ausdrucke aus dem Registerblatt werden als chronologischer oder aktueller Ausdruck erteilt. [2]Der chronologische Ausdruck gibt alle Eintragungen des Registerblatts wieder. [3]Der aktuelle Ausdruck enthält den letzten Stand der Eintragungen. [4]Nicht in den aktuellen Ausdruck aufgenommen werden diejenigen Eintragungen, die gerötet oder auf andere Weise nach § 16 als gegenstandslos kenntlich gemacht sind, die nach § 16a gekennzeichneten Eintragungen sowie die Angaben in den Spalten § 40 (HR A) Nr. 6 Buchstabe b und § 43 (HR B) Nr. 7 Buchstabe b. [5]Die Art des Ausdrucks bestimmt der Antragsteller. [6]Soweit nicht ausdrücklich etwas anderes beantragt ist, wird ein aktueller Ausdruck erteilt. [7]Aktuelle Ausdrucke können statt in spaltenweiser Wiedergabe auch als fortlaufender Text erstellt werden.

(5) ¹Ausdrucke können dem Antragsteller auch elektronisch übermittelt werden. ²Die elektronische Übermittlung amtlicher Ausdrucke erfolgt unter Verwendung einer qualifizierten elektronischen Signatur nach dem Signaturgesetz.

(6) § 30 Abs. 3 gilt entsprechend.

§ 31. ¹Ausfertigungen der Bescheinigungen und Zeugnisse sind von dem Urkundsbeamten der Geschäftsstelle unter Angabe des Ortes und Tages zu unterschreiben und mit dem Gerichtssiegel oder Stempel zu versehen. ²Bescheinigungen und Zeugnisse können auch in elektronischer Form (§ 126a des Bürgerlichen Gesetzbuchs) übermittelt werden.

§ 32. Die Veröffentlichung der Eintragung ist unverzüglich zu veranlassen.

§ 33. (1) Die öffentlichen Bekanntmachungen sollen knapp gefaßt und leicht verständlich sein.

(2) In den Bekanntmachungen ist das Gericht und der Tag der Eintragung zu bezeichnen, einer Unterschrift bedarf es nicht.

(3) ¹Die Bekanntmachungen sind tunlichst nach dem anliegenden Muster abzufassen. ²Der Tag der Bekanntmachung ist durch die bekannt machende Stelle beizufügen.

§ 34. ¹In den Bekanntmachungen sind, falls entsprechende Mitteilungen vorliegen, auch der Unternehmensgegenstand, soweit er sich nicht aus der Firma ergibt, und die Lage der Geschäftsräume anzugeben. ²Ist eine inländische Geschäftsanschrift eingetragen, so ist diese anstelle der Lage der Geschäftsräume anzugeben. ³Es ist in den Bekanntmachungen darauf hinzuweisen, daß die in Satz 1 genannten Angaben ohne Gewähr für die Richtigkeit erfolgen.

§ 34a. Veröffentlichungen im Amtsblatt der Europäischen Union

Die Pflichten zur Veröffentlichung im Amtsblatt der Europäischen Union und die Mitteilungspflichten gegenüber dem Amt für amtliche Veröffentlichungen der Europäischen Union nach der Verordnung (EWG) Nr. 2137/85 des Rates vom 25. Juli 1985 über die Schaffung einer Europäischen wirtschaftlichen Interessenvereinigung (EWIV) (ABl. EG Nr. L 199 S. 1) sowie der Verordnung (EG) Nr. 2157/2001 des Rates vom 8. Oktober 2001 über das Statut der Europäischen Gesellschaft (SE) (ABl. EG Nr. L 294 S. 1) bleiben unberührt.

§ 35. ¹Wird eine Firma im Handelsregister gelöscht, weil das Unternehmen nach Art oder Umfang einen in kaufmännischer Weise eingerichteten Geschäftsbetrieb nicht erfordert, so kann auf Antrag des Inhabers in der Bekanntmachung der Grund der Löschung erwähnt werden. ²Handelt es sich um einen Handwerker, der bereits in die Handwerksrolle eingetragen ist, so kann neben der Angabe des Grundes der Löschung in der Bekanntmachung auch auf diese Eintragung hingewiesen werden.

§ 36. ¹Der Urkundsbeamte der Geschäftsstelle unterschreibt die Benachrichtigungen. ²In geeigneten Fällen ist darauf hinzuweisen, daß auf die Benachrichtigung verzichtet werden kann (§ 383 Abs. 1 Satz 1 des Gesetzes über das Verfahren in Familiensachen und in den Angelegenheiten der freiwilligen Gerichtsbarkeit).

§ 37. Mitteilungen an andere Stellen

(1) ¹Das Gericht hat jede Neuanlegung und jede Änderung eines Registerblatts
1. der Industrie- und Handelskammer,
2. der Handwerkskammer, wenn es sich um ein handwerkliches Unternehmen handelt oder handeln kann, und
3. der Landwirtschaftskammer, wenn es sich um ein land- oder forstwirtschaftliches Unternehmen handelt oder handeln kann, oder, wenn eine Landwirtschaftskammer nicht besteht, der nach Landesrecht zuständigen Stelle

mitzuteilen. ²Die über Geschäftsräume und Unternehmensgegenstand gemachten Angaben sind ebenfalls mitzuteilen.

(2) Soweit in anderen Rechtsvorschriften oder durch besondere Anordnung der Landesjustizverwaltung eine Benachrichtigung weiterer Stellen vorgesehen ist, bleiben diese Vorschriften unberührt.

§ 38. Gehört ein Ort oder eine Gemeinde zu den Bezirken verschiedener Registergerichte, so hat jedes Registergericht vor der Eintragung einer neuen Firma oder vor der Eintragung von Änderungen einer Firma bei den anderen beteiligten Registergerichten anzufragen, ob gegen die Eintragung im Hinblick auf § 30 des Handelsgesetzbuchs Bedenken bestehen.

§ 38a. (1) ¹Gerichtliche Verfügungen und Benachrichtigungen an Beteiligte, die maschinell erstellt werden, brauchen nicht unterschrieben zu werden. ²In diesem Fall muß anstelle der Unterschrift auf dem Schreiben der Vermerk „Dieses Schreiben ist maschinell erstellt und auch ohne Unterschrift wirksam." angebracht sein. ³Die Verfügung muß den Verfasser mit Funktionsbezeichnung erkennen lassen.

(2) ¹Die in Absatz 1 bezeichneten maschinell zu erstellenden Schreiben können, wenn die Kenntnisnahme durch den Empfänger allgemein sichergestellt ist, auch durch Bildschirmmitteilung oder in anderer Weise elektronisch übermittelt werden. ²§ 15 des Gesetzes über das Verfahren in Familiensachen und in den Angelegenheiten der freiwilligen Gerichtsbarkeit bleibt unberührt.

(3) Für die Texte für die öffentliche Bekanntmachung der Eintragungen sowie für Mitteilungen nach § 37 und Anfragen nach § 38 gelten die Absätze 1 und 2 entsprechend.

IV. Sondervorschriften für die Abteilungen A und B

§ 39. Die Abteilungen A und B werden in getrennten Registern nach den beigegebenen Mustern geführt.

Abteilung A

§ 40. Inhalt der Eintragungen in Abteilung A

In Abteilung A des Handelsregisters sind die nachfolgenden Angaben einzutragen:
1. In Spalte 1 ist die laufende Nummer der die Firma betreffenden Eintragungen einzutragen.
2. In Spalte 2 sind
   a) unter Buchstabe a die Firma;
   b) unter Buchstabe b der Ort der Niederlassung oder der Sitz, bei Einzelkaufleuten und Personenhandelsgesellschaften die inländische Geschäftsanschrift sowie die Errichtung oder Aufhebung von Zweigniederlassungen, und zwar unter Angabe

des Ortes einschließlich der Postleitzahl, der inländischen Geschäftsanschrift und, falls der Firma für eine Zweigniederlassung ein Zusatz beigefügt ist, unter Angabe dieses Zusatzes;
c) unter Buchstabe c bei Europäischen wirtschaftlichen Interessenvereinigungen und bei juristischen Personen der Gegenstand des Unternehmens

und die sich jeweils darauf beziehenden Änderungen anzugeben.
3. In Spalte 3 sind
   a) unter Buchstabe a die allgemeine Regelung zur Vertretung des Rechtsträgers durch die persönlich haftenden Gesellschafter, die Geschäftsführer, die Mitglieder des Vorstandes, bei Kreditinstituten die gerichtlich bestellten vertretungsbefugten Personen sowie die Abwickler oder Liquidatoren, und
   b) unter Buchstabe b der Einzelkaufmann, bei Handelsgesellschaften die persönlich haftenden Gesellschafter, bei Europäischen wirtschaftlichen Interessenvereinigungen die Geschäftsführer, bei juristischen Personen die Mitglieder des Vorstandes und deren Stellvertreter, bei Kreditinstituten die gerichtlich bestellten vertretungsberechtigten Personen, die Abwickler oder Liquidatoren unter der Bezeichnung als solche, bei ausländischen Versicherungsunternehmen die nach § 106 Abs. 3 des Versicherungsaufsichtsgesetzes bestellten Hauptbevollmächtigten sowie bei einer Zweigstelle eines Unternehmens mit Sitz in einem anderen Staat, die Bankgeschäfte in dem in § 1 Abs. 1 des Gesetzes über das Kreditwesen bezeichneten Umfang betreibt, die nach § 53 Abs. 2 Nr. 1 des Gesetzes über das Kreditwesen bestellten Geschäftsleiter jeweils mit Familiennamen, Vornamen, Geburtsdatum und Wohnort oder gegebenenfalls mit Firma, Rechtsform, Sitz oder Niederlassung

und die jeweils sich darauf beziehenden Änderungen anzugeben. ²Weicht die Vertretungsbefugnis der in Spalte 3 unter Buchstabe b einzutragenden Personen im Einzelfall von den Angaben in Spalte 3 unter Buchstabe a ab, so ist diese besondere Vertretungsbefugnis bei den jeweiligen Personen zu vermerken.
4. In Spalte 4 sind die die Prokura betreffenden Angaben einschließlich Familienname, Vorname, Geburtsdatum und Wohnort der Prokuristen und die sich jeweils darauf beziehenden Änderungen einzutragen.
5. In Spalte 5 sind anzugeben
   a) unter Buchstabe a die Rechtsform sowie bei juristischen Personen das Datum der Erstellung und jede Änderung der Satzung; bei der Eintragung genügt, soweit sie nicht die Änderung der einzutragenden Angaben betrifft, eine allgemeine Bezeichnung des Gegenstands der Änderung; dabei ist in der Spalte 6 unter Buchstabe b auf die beim Gericht eingereichten Urkunden sowie auf die Stelle der Akten, bei der die Urkunden sich befinden, zu verweisen;
   b) unter Buchstabe b
      aa) die besonderen Bestimmungen des Gründungsvertrages oder der Satzung über die Zeitdauer der Europäischen wirtschaftlichen Interessenvereinigung oder juristischen Person sowie alle sich hierauf beziehenden Änderungen;
      bb) die Eröffnung, Einstellung und Aufhebung des Insolvenzverfahrens sowie die Aufhebung des Eröffnungsbeschlusses; die Bestellung eines vorläufigen Insolvenzverwalters unter den Voraussetzungen des § 32 Abs. 1 Satz 2 Nr. 2 des Handelsgesetzbuchs sowie die Aufhebung einer derartigen Sicherungsmaßnahme; die Anordnung der Eigenverwaltung durch den Schuldner und deren Aufhebung sowie die Anordnung der Zustimmungsbedürftigkeit bestimmter Rechtsgeschäfte des Schuldners nach § 277 der Insolvenzordnung; die Überwachung der Erfüllung eines Insolvenzplans und die Aufhebung der Überwachung;

cc) die Klausel über die Haftungsbefreiung eines Mitglieds der Europäischen wirtschaftlichen Interessenvereinigung für die vor seinem Beitritt entstandenen Verbindlichkeiten;
dd) die Auflösung, Fortsetzung und die Nichtigkeit der Gesellschaft, Europäischen wirtschaftlichen Interessenvereinigung oder juristischen Person; der Schluss der Abwicklung der Europäischen wirtschaftlichen Interessenvereinigung; das Erlöschen der Firma, die Löschung einer Gesellschaft, Europäischen wirtschaftlichen Interessenvereinigung oder juristischen Person sowie Löschungen von Amts wegen;
ee) Eintragungen nach dem Umwandlungsgesetz;
ff) im Fall des Erwerbs eines Handelsgeschäfts bei Fortführung unter der bisherigen Firma eine von § 25 Abs. 1 des Handelsgesetzbuchs abweichende Vereinbarung;
gg) beim Eintritt eines persönlich haftenden Gesellschafters oder eines Kommanditisten in das Geschäft eines Einzelkaufmanns eine von § 28 Abs. 1 des Handelsgesetzbuchs abweichende Vereinbarung;
c) unter Buchstabe c Familienname, Vorname, Geburtsdatum und Wohnort oder gegebenenfalls Firma, Rechtsform, Sitz oder Niederlassung und der Betrag der Einlage jedes Kommanditisten einer Kommanditgesellschaft sowie bei der Europäischen wirtschaftlichen Interessenvereinigung die Mitglieder mit Familiennamen, Vornamen, Geburtsdatum und Wohnort oder gegebenenfalls mit Firma, Rechtsform, Sitz oder Niederlassung

und die sich jeweils darauf beziehenden Änderungen.
6. In Spalte 6 sind unter Buchstabe a der Tag der Eintragung, unter Buchstabe b sonstige Bemerkungen einzutragen.
7. Enthält eine Eintragung die Nennung eines in ein öffentliches Register eingetragenen Rechtsträgers, so sind Art und Ort des Registers sowie die Registernummer dieses Rechtsträgers mit zu vermerken.

§ 41. (1) [1]Wird bei dem Eintritt eines persönlich haftenden Gesellschafters oder eines Kommanditisten in das Geschäft eines Einzelkaufmanns oder bei dem Eintritt eines Gesellschafters in eine bestehende Gesellschaft die bisherige Firma nicht fortgeführt und die neue Firma unter einer neuen Nummer auf einem anderen Registerblatt eingetragen, so ist der Eintritt in Spalte 5 des Registers bei der bisherigen und bei der neuen Firma zu vermerken. [2]Dasselbe gilt von einer von § 28 Abs. 1 des Handelsgesetzbuchs abweichenden Vereinbarung.

(2) Auf jedem Registerblatt ist auf das andere in Spalte „Bemerkungen" zu verweisen.

§ 42. [1]Wird zum Handelsregister angemeldet, daß das Handelsgeschäft eines Einzelkaufmanns, einer juristischen Person, einer offenen Handelsgesellschaft oder einer Kommanditgesellschaft auf eine in Abteilung B eingetragene Handelsgesellschaft mit dem Recht zur Fortführung der Firma übergegangen ist, so sind die das Handelsgeschäft betreffenden Eintragungen in Abteilung A des Registers rot zu unterstreichen. [2]Wird von dem Erwerber die Fortführung der Firma angemeldet, so ist bei der Eintragung in Abteilung B auf das bisherige Registerblatt in der Spalte „Bemerkungen" zu verweisen und umgekehrt.

Abteilung B

§ 43. Inhalt der Eintragungen in Abteilung B

In Abteilung B des Handelsregisters sind die nachfolgenden Angaben einzutragen:
1. In Spalte 1 ist die laufende Nummer der die Gesellschaft betreffenden Eintragung einzutragen.
2. In Spalte 2 sind
   a) unter Buchstabe a die Firma;
   b) unter Buchstabe b der Ort der Niederlassung oder der Sitz, bei Aktiengesellschaften, bei einer SE, bei Kommanditgesellschaften auf Aktien und Gesellschaften mit beschränkter Haftung die inländische Geschäftsanschrift sowie gegebenenfalls Familienname und Vorname oder Firma und Rechtsform sowie inländische Anschrift einer für Willenserklärungen und Zustellungen empfangsberechtigten Person sowie die Errichtung oder Aufhebung von Zweigniederlassungen, und zwar unter Angabe des Ortes einschließlich der Postleitzahl, der inländischen Geschäftsanschrift und, falls der Firma für eine Zweigniederlassung ein Zusatz beigefügt ist, unter Angabe dieses Zusatzes;
   c) unter Buchstabe c der Gegenstand des Unternehmens
   und die sich jeweils darauf beziehenden Änderungen anzugeben.
3. In Spalte 3 sind bei Aktiengesellschaften, bei einer SE und bei Kommanditgesellschaften auf Aktien die jeweils aktuellen Beträge der Höhe des Grundkapitals, bei Gesellschaften mit beschränkter Haftung die Höhe des Stammkapitals und bei Versicherungsvereinen auf Gegenseitigkeit die Höhe des Gründungsfonds anzugeben.
4. In Spalte 4 sind
   a) unter Buchstabe a die allgemeine Regelung zur Vertretung des Rechtsträgers durch die Mitglieder des Vorstandes, des Leitungsorgans, die geschäftsführenden Direktoren, die persönlich haftenden Gesellschafter sowie bei Kreditinstituten die gerichtlich bestellten vertretungsbefugten Personen, die Geschäftsführer, die Abwickler oder Liquidatoren und
   b) unter Buchstabe b bei Aktiengesellschaften und Versicherungsvereinen auf Gegenseitigkeit die Mitglieder des Vorstandes und ihre Stellvertreter (bei Aktiengesellschaften unter besonderer Bezeichnung des Vorsitzenden), bei einer SE die Mitglieder des Leitungsorgans und ihre Stellvertreter (unter besonderer Bezeichnung ihres Vorsitzenden) oder die geschäftsführenden Direktoren, bei Kommanditgesellschaften auf Aktien die persönlich haftenden Gesellschafter, bei Kreditinstituten die gerichtlich bestellten vertretungsbefugten Personen, bei Gesellschaften mit beschränkter Haftung die Geschäftsführer und ihre Stellvertreter, ferner die Abwickler oder Liquidatoren unter der Bezeichnung als solcher, jeweils mit Familiennamen, Vornamen, Geburtsdatum und Wohnort oder gegebenenfalls mit Firma, Rechtsform, Sitz oder Niederlassung

und die jeweils sich darauf beziehenden Änderungen anzugeben. [2]Weicht die Vertretungsbefugnis der in Spalte 4 unter Buchstabe b einzutragenden Personen im Einzelfall von den Angaben in Spalte 4 unter Buchstabe a ab, so ist diese besondere Vertretungsbefugnis bei den jeweiligen Personen zu vermerken. [3]Ebenfalls in Spalte 4 unter Buchstabe b sind bei ausländischen Versicherungsunternehmen die nach § 106 Abs. 3 des Versicherungsaufsichtsgesetzes bestellten Hauptbevollmächtigten, bei einer Zweigstelle eines Unternehmens mit Sitz in einem anderen Staat, die Bankgeschäfte in dem in § 1 Abs. 1 des Gesetzes über das Kreditwesen bezeichneten Umfang betreibt, die nach § 53 Abs. 2 Nr. 1 des Gesetzes über das Kreditwesen bestellten Geschäftsleiter sowie bei einer Zweigniederlassung einer Aktiengesellschaft, SE oder Gesellschaft mit

beschränkter Haftung mit Sitz im Ausland die ständigen Vertreter nach § 13e Abs. 2 Satz 5 Nr. 3 des Handelsgesetzbuchs jeweils mit Familiennamen, Vornamen, Geburtsdatum und Wohnort unter Angabe ihrer Befugnisse zu vermerken.
5. In Spalte 5 sind die die Prokura betreffenden Eintragungen einschließlich Familienname, Vorname, Geburtsdatum und Wohnort der Prokuristen sowie die jeweils sich darauf beziehenden Änderungen anzugeben.
6. In Spalte 6 sind anzugeben
   a) unter Buchstabe a die Rechtsform und der Tag der Feststellung der Satzung oder des Abschlusses des Gesellschaftsvertrages; jede Änderung der Satzung oder des Gesellschaftsvertrages; bei der Eintragung genügt, soweit nicht die Änderung die einzutragenden Angaben betrifft, eine allgemeine Bezeichnung des Gegenstands der Änderung;
   b) unter Buchstabe b neben den entsprechend für die Abteilung A in § 40 Nr. 5 Buchstabe b Doppelbuchstabe bb einzutragenden Angaben:
      aa) die besonderen Bestimmungen der Satzung oder des Gesellschaftsvertrages über die Zeitdauer der Gesellschaft oder des Versicherungsvereins auf Gegenseitigkeit;
      bb) eine Eingliederung einschließlich der Firma der Hauptgesellschaft sowie das Ende der Eingliederung, sein Grund und sein Zeitpunkt;
      cc) das Bestehen und die Art von Unternehmensverträgen einschließlich des Namens des anderen Vertragsteils, beim Bestehen einer Vielzahl von Teilgewinnabführungsverträgen alternativ anstelle des Namens des anderen Vertragsteils eine Bezeichnung, die den jeweiligen Teilgewinnabführungsvertrag konkret bestimmt, außerdem die Änderung des Unternehmensvertrages sowie seine Beendigung unter Angabe des Grundes und des Zeitpunktes;
      dd) die Auflösung, die Fortsetzung und die Nichtigkeit der Gesellschaft oder des Versicherungsvereins auf Gegenseitigkeit;
      ee) Eintragungen nach dem Umwandlungsgesetz;
      ff) das Erlöschen der Firma, die Löschung einer Aktiengesellschaft, SE, Kommanditgesellschaft auf Aktien, Gesellschaft mit beschränkter Haftung oder eines Versicherungsvereins auf Gegenseitigkeit sowie Löschungen von Amts wegen;
      gg) das Bestehen eines bedingten Kapitals unter Angabe des Beschlusses der Hauptversammlung und der Höhe des bedingten Kapitals;
      hh) das Bestehen eines genehmigten Kapitals unter Angabe des Beschlusses der Hauptversammlung, der Höhe des genehmigten Kapitals und des Zeitpunktes, bis zu dem die Ermächtigung besteht;
      ii) bei Investmentaktiengesellschaften das in der Satzung festgelegte Mindestkapital und Höchstkapital (§ 105 Abs. 1 des Investmentgesetzes);
      jj) der Beschluss einer Übertragung von Aktien gegen Barabfindung (§ 327a des Aktiengesetzes) unter Angabe des Tages des Beschlusses;
      kk) der Abschluss eines Nachgründungsvertrages unter Angabe des Zeitpunktes des Vertragsschlusses und des Zustimmungsbeschlusses der Hauptversammlung sowie der oder die Vertragspartner der Gesellschaft;
      ll) bei Versicherungsvereinen auf Gegenseitigkeit der Tag, an dem der Geschäftsbetrieb erlaubt worden ist
   und die sich jeweils darauf beziehenden Änderungen.
7. Die Verwendung der Spalte 7 richtet sich nach den Vorschriften über die Benutzung der Spalte 6 der Abteilung A.
8. § 40 Nr. 7 gilt entsprechend.

§ 44. Urteile, durch die ein in das Register eingetragener Beschluß der Hauptversammlung einer Aktiengesellschaft, SE, Kommanditgesellschaft auf Aktien oder der Gesellschafterversammlung einer Gesellschaft mit beschränkter Haftung rechtskräftig für nichtig erklärt ist sowie die nach § 398 des Gesetzes über das Verfahren in Familiensachen und in den Angelegenheiten der freiwilligen Gerichtsbarkeit verfügte Löschung eines Beschlusses sind in einem Vermerk, der den Beschluß als nichtig bezeichnet, in diejenigen Spalten des Registerblatts einzutragen, in die der Beschluß eingetragen war.

§ 45. (1) Soll eine Aktiengesellschaft, eine SE, eine Kommanditgesellschaft auf Aktien oder eine Gesellschaft mit beschränkter Haftung als nichtig gelöscht werden, so ist, wenn der Mangel geheilt werden kann, in der nach § 395 Abs. 2, § 397 des Gesetzes über das Verfahren in Familiensachen und in den Angelegenheiten der freiwilligen Gerichtsbarkeit ergehenden Benachrichtigung auf diese Möglichkeit ausdrücklich hinzuweisen.

(2) ^{1}Die Löschung erfolgt durch Eintragung eines Vermerks, der die Gesellschaft als nichtig bezeichnet. ^{2}Gleiches gilt, wenn die Gesellschaft durch rechtskräftiges Urteil für nichtig erklärt ist.

§ 46. Wird bei einer in Abteilung B eingetragenen Handelsgesellschaft die Änderung der Firma zum Handelsregister angemeldet, weil das Geschäft mit dem Recht zur Fortführung der Firma auf einen Einzelkaufmann, eine juristische Person oder eine Handelsgesellschaft übertragen worden ist, und wird von dem Erwerber die Fortführung der Firma angemeldet, so ist bei der Eintragung in der Spalte „Bemerkungen" auf das bisherige Registerblatt zu verweisen und umgekehrt.

IVa. Vorschriften für das elektronisch geführte Handelsregister
1. Einrichtung des elektronisch geführten Handelsregisters

§ 47. Grundsatz

(1) ^{1}Bei der elektronischen Führung des Handelsregisters muss gewährleistet sein, dass
1. die Grundsätze einer ordnungsgemäßen Datenverarbeitung eingehalten, insbesondere Vorkehrungen gegen einen Datenverlust getroffen sowie die erforderlichen Kopien der Datenbestände mindestens tagesaktuell gehalten und die originären Datenbestände sowie deren Kopien sicher aufbewahrt werden,
2. die vorzunehmenden Eintragungen alsbald in einen Datenspeicher aufgenommen und auf Dauer inhaltlich unverändert in lesbarer Form wiedergegeben werden können,
3. die nach der Anlage zu § 126 Abs. 1 Satz 2 Nr. 3 der Grundbuchordnung erforderlichen Maßnahmen getroffen werden.
^{2}Die Dokumente sind in inhaltlich unveränderbarer Form zu speichern.

(2) Wird die Datenverarbeitung im Auftrag des zuständigen Amtsgerichts auf den Anlagen einer anderen staatlichen Stelle oder eines Dritten vorgenommen (§ 387 Abs. 5 des Gesetzes über das Verfahren in Familiensachen und in den Angelegenheiten der freiwilligen Gerichtsbarkeit), so muss sichergestellt sein, dass Eintragungen in das Handelsregister und der Abruf von Daten hieraus nur erfolgen, wenn dies von dem zuständigen Gericht verfügt worden oder sonst zulässig ist.

(3) Die Verarbeitung der Registerdaten auf Anlagen, die nicht im Eigentum der anderen staatlichen Stelle oder juristischen Person des öffentlichen oder privaten Rechts stehen, ist nur zulässig, wenn gewährleistet ist, dass die Daten dem uneingeschränkten Zugriff des zuständigen Gerichts unterliegen und der Eigentümer der Anlage keinen Zugang zu den Daten hat.

§ 48. Begriff des elektronisch geführten Handelsregisters

¹Bei dem elektronisch geführten Handelsregister ist der in den dafür bestimmten Datenspeicher aufgenommene und auf Dauer unverändert in lesbarer Form wiedergabefähige Inhalt des Registerblattes (§ 13 Abs. 1) das Handelsregister. ²Die Bestimmung des Datenspeichers nach Satz 1 kann durch Verfügung der nach Landesrecht zuständigen Stelle geändert werden, wenn dies dazu dient, die Erhaltung und die Abrufbarkeit der Daten sicherzustellen oder zu verbessern, und die Daten dabei nicht verändert werden.

§ 49. Anforderungen an Anlagen und Programme, Sicherung der Anlagen, Programme und Daten

(1) Hinsichtlich der Anforderungen an die für das elektronisch geführte Handelsregister verwendeten Anlagen und Programme, deren Sicherung sowie der Sicherung der Daten gelten die §§ 64 bis 66 der Grundbuchverfügung entsprechend.

(2) Das eingesetzte Datenverarbeitungssystem soll innerhalb eines jeden Landes einheitlich sein und mit den in den anderen Ländern eingesetzten Systemen verbunden werden können.

§ 50. Gestaltung des elektronisch geführten Handelsregisters

(1) ¹Der Inhalt des elektronisch geführten Handelsregisters muß auf dem Bildschirm und in Ausdrucken entsprechend den beigegebenen Mustern (Anlagen 4 und 5) sichtbar gemacht werden können. ²Der letzte Stand aller noch nicht gegenstandslos gewordenen Eintragungen (aktueller Registerinhalt) kann statt in spaltenweiser Wiedergabe auch als fortlaufender Text nach den Mustern in Anlage 6 und 7 sichtbar gemacht werden.

(2) Der Inhalt geschlossener Registerblätter, die nicht für die elektronische Registerführung umgeschrieben wurden, muss entsprechend den beigegebenen Mustern (Anlagen 1 und 2 in der bis zum Inkrafttreten des Gesetzes über elektronische Handelsregister und Genossenschaftsregister sowie das Unternehmensregister am 1. Januar 2007 geltenden Fassung dieser Verordnung) auf dem Bildschirm und in Ausdrucken sichtbar gemacht werden können, wenn nicht die letzte Eintragung in das Registerblatt vor dem 1. Januar 1997 erfolgte.

2. Anlegung des elektronisch geführten Registerblatts

§ 51. Anlegung des elektronisch geführten Registerblatts durch Umschreibung

Ein bisher in Papierform geführtes Registerblatt kann für die elektronische Führung nach den §§ 51, 52 und 54 in der bis zum Inkrafttreten des Gesetzes über elektronische Handelsregister und Genossenschaftsregister sowie das Unternehmensregister am 1. Januar 2007 geltenden Fassung dieser Verordnung umgeschrieben werden.

3. Automatisierter Abruf von Daten

§ 52. Umfang des automatisierten Datenabrufs

¹Umfang und Voraussetzungen des Abrufs im automatisierten Verfahren einschließlich des Rechts, von den abgerufenen Daten Abdrucke zu fertigen, bestimmen sich nach § 9 Abs. 1 des Handelsgesetzbuchs. ²Abdrucke stehen den Ausdrucken (§ 30a) nicht gleich.

§ 53. Protokollierung der Abrufe

(1) ¹Für die Sicherung der ordnungsgemäßen Datenverarbeitung und für die Abrechnung der Kosten des Abrufs werden alle Abrufe durch die zuständige Stelle protokolliert.

²Im Protokoll dürfen nur das Gericht, die Nummer des Registerblatts, die abrufende Person oder Stelle, ein Geschäfts-, Aktenzeichen oder eine sonstige Kennung des Abrufs, der Zeitpunkt des Abrufs sowie die für die Durchführung des Abrufs verwendeten Daten gespeichert werden.

(2) ¹Die protokollierten Daten dürfen nur für die in Absatz 1 Satz 1 genannten Zwecke verwendet werden. ²Sie sind durch geeignete Vorkehrungen gegen zweckfremde Nutzung und gegen sonstigen Missbrauch zu schützen.

(3) ¹Die nach Absatz 1 gefertigten Protokolle werden vier Jahre nach Ablauf des Kalenderjahres, in dem die Zahlung der Kosten erfolgt ist, vernichtet. ²Im Fall der Einlegung eines Rechtsbehelfs mit dem Ziel der Rückerstattung verlängert sich die Aufbewahrungsfrist jeweils um den Zeitraum von der Einlegung bis zur abschließenden Entscheidung über den Rechtsbehelf.

4. Ersatzregister und Ersatzmaßnahmen

§ 54. Ersatzregister und Ersatzmaßnahmen

(1) ¹Ist die Vornahme von Eintragungen in das elektronisch geführte Handelsregister vorübergehend nicht möglich, so können auf Anordnung der nach Landesrecht zuständigen Stelle Eintragungen ohne Vergabe einer neuen Nummer in einem Ersatzregister in Papierform vorgenommen werden, wenn hiervon Verwirrung nicht zu besorgen ist. ²Sie sollen in das elektronisch geführte Handelsregister übernommen werden, sobald dies wieder möglich ist. ³Auf die erneute Übernahme sind die Vorschriften über die Anlegung des maschinell geführten Registerblatts in der bis zum Inkrafttreten des Gesetzes über elektronische Handelsregister und Genossenschaftsregister sowie das Unternehmensregister am 1. Januar 2007 geltenden Fassung dieser Verordnung entsprechend anzuwenden.

(2) Für die Einrichtung und Führung der Ersatzregister nach Absatz 1 gelten § 17 Abs. 2 und die Bestimmungen des Abschnitts IV dieser Verordnung sowie die Bestimmungen der Abschnitte I bis III in der bis zum Inkrafttreten des Gesetzes über elektronische Handelsregister und Genossenschaftsregister sowie das Unternehmensregister am 1. Januar 2007 geltenden Fassung dieser Verordnung.

(3) ¹Können elektronische Anmeldungen und Dokumente vorübergehend nicht entgegengenommen werden, so kann die nach Landesrecht zuständige Stelle anordnen, dass Anmeldungen und Dokumente auch in Papierform zum Handelsregister eingereicht werden können. ²Die aufgrund einer Anordnung nach Satz 1 eingereichten Schriftstücke sind unverzüglich in elektronische Dokumente zu übertragen.

Schlußformel
Der Reichsminister der Justiz

Anlage 1 (weggefallen)

Anlage 2 (weggefallen)

Anlage 3 (zu § 33 Abs. 3) **Muster für Bekanntmachungen**

Amtsgericht Charlottenburg – Registergericht –, Aktenzeichen: HRB 8297
Die in ( ) gesetzten Angaben der Geschäftsanschrift und des Geschäftszweiges erfolgen ohne Gewähr:
Neueintragungen
27.06.2009

§ 8 Anh   1. Buch. Handelsstand

HRB 8297 Jahn & Schubert GmbH, Berlin, Behrenstr. 9, 10117 Berlin. Gesellschaft mit beschränkter Haftung. Gegenstand: der Betrieb einer Buchdruckerei. Stammkapital: 30.000 EUR. Allgemeine Vertretungsregelung: Ist nur ein Geschäftsführer bestellt, so vertritt er die Gesellschaft allein. Sind mehrere Geschäftsführer bestellt, so wird die Gesellschaft durch zwei Geschäftsführer oder durch einen Geschäftsführer gemeinsam mit einem Prokuristen vertreten. Geschäftsführerin: Wedemann, Frauke, Berlin *18.05.1986, einzelvertretungsberechtigt mit der Befugnis im Namen der Gesellschaft mit sich im eigenen Namen oder als Vertreter eines Dritten Rechtsgeschäfte abzuschließen. Gesellschaftsvertrag vom 13.01.2009 mit Änderung vom 17.01.2009.
Bekannt gemacht am: 30.06.2009.

Anlage 4 (zu § 50 Abs. 1)

Handelsregister des Amtsgerichts   Abteilung A   Nummer der Firma: HR A

Nummer der Eintragung	a) Firma b) Sitz, Niederlassung, inländische Geschäftsanschrift Zweigniederlassungen c) Gegenstand des Unternehmens[1]	a) Allgemeine Vertretungsregelung b) Inhaber, persönlich haftende Gesellschafter, Geschäftsführer, Vorstand, Vertretungsberechtigte und besondere Vertretungsbefugnis	Prokura	a) Rechtsform, Beginn und Satzung b) Sonstige Rechtsverhältnisse c) Kommanditisten, Mitglieder[2]	a) Tag der Eintragung b) Bemerkungen
1	2	3	4	5	6

[1] Die Anmeldung des Unternehmensgegenstandes ist nur bei der Europäischen wirtschaftlichen Interessenvereinigung und Juristischen Personen zwingend.
[2] Mitglieder sind hier solche der Europäischen wirtschaftlichen Interessenvereinigung.
Anmerkung: Die Kopfzeile und die Spaltenüberschriften müssen beim Abruf der Registerdaten auf dem Bildschirm stets sichtbar sein.

Anlage 5 (zu § 50 Abs. 1)

Handelsregister des Amtsgerichts Abteilung B Nummer der Firma: HR B

Nummer der Eintragung	a) Firma b) Sitz, Niederlassung, inländische Geschäftsanschrift, empfangsberechtigte Person Zweigniederlassungen c) Gegenstand des Unternehmens	Grund- oder Stammkapital	a) Allgemeine Vertretungsregelung b) Vorstand, Leitungsorgan, geschäftsführende Direktoren, persönlich haftende Gesellschafter, Geschäftsführer, Vertretungsberechtigte und besondere Vertretungsbefugnis	Prokura	a) Rechtsform, Beginn, Satzung oder Gesellschaftsvertrag b) Sonstige Rechtsverhältnisse	a) Tag der Eintragung b) Bemerkungen
1	2	3	4	5	6	7

Anmerkung: Die Kopfzeile und die Spaltenüberschriften müssen beim Abruf der Registerdaten auf dem Bildschirm stets sichtbar sein.

§ 8 Anh

Anlage 6 (zu § 50 Abs. 1)

Handelsregister des Amtsgerichts		Abteilung A			Nummer der Firma: HR A	
Anzahl der bisherigen Eintragungen	a) Firma b) Sitz, Niederlassung, inländische Geschäftsanschrift Zweigniederlassungen c) Gegenstand des Unternehmens[1]	a) Allgemeine Vertretungsregelung b) Inhaber, persönlich haftende Gesellschafter, Geschäftsführer, Vorstand, Vertretungsberechtigte und besondere Vertretungsbefugnis:	Prokura	a) Rechtsform, Beginn und Satzung b) Sonstige Rechtsverhältnisse c) Kommanditisten, Mitglieder[2]	a) Tag der letzten Eintragung
1	2	3	4	5	6

[1] Die Anmeldung des Unternehmensgegenstandes ist nur bei der Europäischen wirtschaftlichen Interessenvereinigung und Juristischen Personen zwingend.
[2] Mitglieder sind hier solche der Europäischen wirtschaftlichen Interessenvereinigung.
Anmerkung: Die Kopfzeile und die Spaltenüberschriften müssen beim Abruf der Registerdaten auf dem Bildschirm stets sichtbar sein.

Anlage 7 (zu § 50 Abs. 1)

Handelsregister des Amtsgerichts			Abteilung B		Nummer der Firma: HR B	
Anzahl der bisherigen Eintragungen	a) Firma b) Sitz, Niederlassung, inländische Geschäftsanschrift, empfangsberechtigte Person, Zweigniederlassungen c) Gegenstand des Unternehmens	Grund- oder Stammkapital	a) Allgemeine Vertretungsregelung b) Vorstand, Leitungsorgan, geschäftsführende Direktoren, persönlich haftende Gesellschafter, Geschäftsführer, Vertretungsberechtigte und besondere Vertretungsbefugnis	Prokura	a) Rechtsform, Beginn, Satzung oder Gesellschaftsvertrag b) Sonstige Rechtsverhältnisse	a) Tag der letzten Eintragung
1	2	3	4	5	6	7

Anmerkung: Die Kopfzeile und die Spaltenüberschriften müssen beim Abruf der Registerdaten auf dem Bildschirm stets sichtbar sein.

Anlage 8 (weggefallen)

§ 8a
Eintragungen in das Handelsregister; Verordnungsermächtigung

(1) Eine Eintragung in das Handelsregister wird wirksam, sobald sie in den für die Handelsregistereintragungen bestimmten Datenspeicher aufgenommen ist und auf Dauer inhaltlich unverändert in lesbarer Form wiedergegeben werden kann.

(2) ¹Die Landesregierungen werden ermächtigt, durch Rechtsverordnung nähere Bestimmungen über die elektronische Führung des Handelsregisters, die elektronische Anmeldung, die elektronische Einreichung von Dokumenten sowie deren Aufbewahrung zu treffen, soweit nicht durch das Bundesministerium der Justiz nach 387 Abs. 2 des Ge-

setzes über das Verfahren in Familiensachen und in den Angelegenheiten der freiwilligen Gerichtsbarkeit entsprechende Vorschriften erlassen werden. ²Dabei können sie auch Einzelheiten der Datenübermittlung regeln sowie die Form zu übermittelnder elektronischer Dokumente festlegen, um die Eignung für die Bearbeitung durch das Gericht sicherzustellen. ³Die Landesregierungen können die Ermächtigung durch Rechtsverordnung auf die Landesjustizverwaltungen übertragen.

Schrifttum: s. die Angaben zu § 8.

Übersicht

	Rn		Rn
I. Regelungsgegenstand und Vorgängerregelung	1–2	III. Einzelheiten der Registerführung	5
II. Wirksamkeit der Registereintragung	3–4	IV. Verordnungsermächtigung	6–9

I. Regelungsgegenstand und Vorgängerregelung

1 § 8a regelt Einzelheiten der elektronischen Registerführung. In seiner **alten Fassung** enthielt § 8a Abs. 1 S. 1 eine Ermächtigung der Landesregierung, die Führung des Handelsregisters „in maschineller Form als automatisierte Datei" anzuordnen. Dafür schrieb § 8a Abs. 1 S. 2 a.F. bestimmte Verfahrensgrundsätze vor. Die Wirksamkeit wurde in § 8a Abs. 2 a.F. geregelt. § 8a Abs. 3 und 4 erlaubten die elektronische Abgabe und Speicherung der zum Register eingereichten Schriftstücke; § 8a Abs. 5 schließlich ermächtigte die Landesjustizverwaltungen – vorbehaltlich einer bundesrechtlichen Regelung – zur näheren Ausgestaltung dieses Verfahrens.

2 In der **Neufassung des EHUG vom 10.6.2006**[1] (s. dazu § 8 Rn 7 ff) ist die Vorschrift deutlich verschlankt worden. Die Ermächtigung zur elektronischen Führung des Handelsregisters hat sich durch die generelle Anordnung des § 8 Abs. 1 erübrigt, die verfahrensrechtlichen Vorgaben wurden in die HRV ausgelagert (s. noch Rn 5) und die elektronische Einreichung von Dokumenten hat eine eigenständige Regelung in § 12 erhalten. Geblieben ist die Wirksamkeitsregelung des § 8a Abs. 2 a.F., die nunmehr zu § 8a Abs. 1 n.F. geworden ist. § 8a Abs. 2 n.F. schreibt die Ermächtigung der Landesregierung nach § 8a Abs. 5 a.F. in stark modifizierter Form fort (Rn 6 ff). Eine letzte Änderung rein redaktionellen Inhalts erfolgte durch das FGG-RG.[2]

II. Wirksamkeit der Registereintragung

3 § 8a Abs. 1 bestimmt den Zeitpunkt, zu dem die Registereintragung wirksam wird, um auf diese Weise einen eindeutigen zeitlichen Bezugspunkt für die daran anknüpfenden Rechtsfolgen zu fixieren. Da die Eintragung vornehmlich einen Publizitätszweck verfolgt

---

[1] Gesetz über elektronische Handelsregister und Genossenschaftsregister sowie das Unternehmensregister (EHUG) v. 10.11.2006, BGBl. I S. 2553.

[2] Gesetz zur Reform des Verfahrens in Familiensachen und in den Angelegenheiten der freiwilligen Gerichtsbarkeit (FGG-Reformgesetz – FGG-RG) v. 17.12.2008, BGBl. I S. 2586.

(§ 8 Rn 1 f), kann es anders als bei anderen Registerformen nicht darauf ankommen, wann die angemeldeten Daten eingegeben und gespeichert werden, sondern allein auf die **Möglichkeit ihres Abrufs**. § 8a Abs. 1 knüpft die Wirksamkeit deshalb daran, dass die Eintragung in den dafür bestimmten Datenspeicher aufgenommen ist und auf Dauer inhaltlich unverändert in lesbarer Form wiedergegeben werden kann.

Nach § **27 Abs. 3 HRV** soll die Wirksamkeit der Eintragung in geeigneter Weise überprüft werden. Die eintragende Person soll die Eintragung auf ihre Richtigkeit und Vollständigkeit sowie ihre Abrufbarkeit aus dem Datenspeicher prüfen. Dazu empfiehlt sich eine vom System erzeugte Bestätigungsanzeige, wie sie in § 129 Abs. 1 GBO und in § 55a Abs. 4 BGB vorgesehen ist und bis zum EHUG (Rn 2) auch noch für das Handelsregisterrecht in § 56 Abs. 2 HRV a.F. ausdrücklich gefordert wurde.[3] Sie verhindert, dass Eintragungen verloren gehen, weil das System einen Abspeicherungsbefehl nicht ausgeführt hat.[4] Der Zeitpunkt der Eintragung muss automatisch festgehalten werden, um so präzise feststellen zu können, wann die Eintragung wirksam geworden ist.[5]

III. Einzelheiten der Registerführung

Die bislang in § 8a Abs. 2 a.F. enthaltenen Grundsätze der Registerführung sind nunmehr auf der Grundlage des § 387 Abs. 2 FamFG (§ 125 Abs. 3 FGG a.F.) in §§ 47 ff HRV geregelt. § 47 Abs. 1 HRV enthält besondere **Vorgaben für die Datenverarbeitung** und soll insbesondere die dauerhafte, unveränderliche Abrufbarkeit sicherstellen sowie einen Datenverlust verhindern. Wegen der Einzelheiten verweist § 47 Abs. 1 Nr. 3 HRV auf die Anlage zu § 126 Abs. 1 S. 2 Nr. 3 GBO, die besondere Vorkehrungen zum Schutz personenbezogener Daten vorsieht (z.B. Zugangs-, Datenträger-, Speicher-, Zugriffskontrolle etc.). Sollen einzelne registerrechtliche Aufgaben vom zuständigen Amtsgericht **auf andere Stellen delegiert** werden, sind die Vorgaben des § 47 Abs. 2 und 3 HRV zu beachten. § 49 HRV enthält Anforderungen an die **Sicherung** der Anlagen, Programme und Daten und verweist insofern auf §§ 64–66 der Grundbuchverfügung. § 50 HRV schließlich regelt die **inhaltliche Gestaltung** des elektronisch geführten Registers auf dem Bildschirm und in Ausdrucken.

IV. Verordnungsermächtigung

Durch § 8a Abs. 2 werden die Landesregierungen ermächtigt, technische Einzelfragen der Registerführung in Form einer **Rechtsverordnung** näher zu bestimmen. Die Landesregierungen können diese **Ermächtigung** nach § 8a Abs. 2 S. 3 durch Rechtsverordnung auf die Landesjustizverwaltungen übertragen. Auf dieser Grundlage haben mittlerweile sämtliche Bundesländer entsprechende Rechtsverordnungen zur elektronischen Register-

---

[3] MünchKommHGB/*Krafka* Rn 5.
[4] Vgl. zu dieser Funktion der Bestätigungsanzeige *Demharter* GBO, 25. Aufl., 2005, § 129 Rn 4.
[5] Baumbach/*Hopt* Rn 2.

führung erlassen.[6] Inhaltlich erfasst die Ermächtigung nach § 8a Abs. 2 S. 1 die elektronische Führung des Handelsregisters, die elektronische Anmeldung, die elektronische Einreichung von Dokumenten sowie deren Aufbewahrung. Nach dem ursprünglichen Regierungsentwurf sollte sich die Ermächtigung pauschal auf die „Führung des Handelsregisters" erstrecken.[7] Auf die Initiative des Bundesrates hin wurde das Wort „elektronische" vorangestellt, um zu verdeutlichen, dass sich die Ermächtigung allein auf die Regelung technischer Einzelheiten der elektronischen Registerführung beschränkt und nicht auch den Inhalt und die Form der Registereintragungen betrifft.[8] Die Rückübermittlung von Dokumenten wird von dieser Ermächtigung nicht erfasst.

7 Durch § 8a Abs. 2 S. 2 können die Länder darüber hinaus auch die durch § 12 noch nicht abschließend geregelten **Einzelheiten der Datenübermittlung** sowie die Form zu übermittelnder elektronischer Dokumente festlegen, um die Eignung für die Bearbeitung durch das Gericht sicherzustellen. Indem das Gesetz hier nicht auf bestimmte Datenformate,[9] sondern auf die Eignung zur Bearbeitung abstellt, soll es den Ländern ermöglicht werden, eine gegebenenfalls virenbehaftete Datei zurückzuweisen. Zugleich soll die Vorschrift damit den ähnlich ausgestalteten §§ 130a Abs. 1 S. 2, 690 Abs. 3 ZPO angeglichen werden.[10]

8 Um die **Einheitlichkeit** der nunmehr bundesweit angeordneten elektronischen Registerführung (§ 8 Abs. 1) zu wahren, sollten länderspezifische Regelungen aber die Ausnahme bleiben. Diesem Anliegen wird zunächst dadurch Rechnung getragen, dass die Ermächtigung in § 8a Abs. 2 S. 1 unter den Vorbehalt gestellt wird, dass nicht bereits das Bundesjustizministerium entsprechende Vorschriften **auf der Grundlage des § 387 Abs. 2 FamFG** (§ 125 Abs. 3 FGG a.F.) erlassen hat; darunter fallen namentlich die Bestimmungen der HRV. Darüber hinaus ist es aber auch jenseits der bundesrechtlichen Bestimmungen anzuraten, dass die zuständigen Landesbehörden von der Ermächtigung des § 8a Abs. 2 S. 1 nur nach vorheriger **Abstimmung** mit den anderen Ländern Gebrauch machen. So haben sich etwa die Länder im Rahmen der 73. Justizministerkonferenz auf die Einführung einheitlicher Standards für die zu verwendenden Datenformate verständigt.[11]

9 **Länderspezifische Regelungen** bleiben insbesondere da sinnvoll, wo die elektronische Kommunikation und der elektronische Dokumentenaustausch auf die jeweilige technische Infrastruktur der Gerichte innerhalb eines Bundeslandes abgestimmt werden müssen. So sehen etwa § 2 BayERVV[12] und § 9 E-Register-VO NRW[13] die Adressierung elektronischer Dokumente an eine elektronische Poststelle der Gerichte vor und schreiben dafür eine qualifizierte elektronische Signatur sowie bestimmte Dateiformate

---

[6] Die von den Ländern erlassenen Rechtsverordnungen können über die Homepage des vom Bundesfinanzhof und vom Bundesverwaltungsgericht bereitgestellten Elektronischen Gerichts- und Verwaltungspostfachs eingesehen werden (www.egvp.bund.de/grundlagen/gerichte.htm – zuletzt abgerufen am 1.8.2008).
[7] RegE EHUG, BT-Drucks. 16/960, S. 5.
[8] Stellungnahme des Bundesrates, BT-Drucks. 16/960, S. 73.
[9] So noch die ursprüngliche Fassung des Regierungsentwurfs, BT-Drucks. 16/960, S. 5.
[10] Stellungnahme des Bundesrates, BT-Drucks. 16/960, S. 73.
[11] RegE EHUG, BT-Drucks. 16/960, S. 39.
[12] Verordnung über den elektronischen Rechtsverkehr und elektronische Verfahren v. 15.12.2006 (GVBl., S. 1084). Zu weiteren Regelungen vgl. bereits den Nachweis in Fn 6.
[13] Verordnung über die elektronische Registerführung und die Zuständigkeit der Amtsgerichte in Nordrhein-Westfalen in Registersachen v. 19.12.2006 (GV. NRW S. 606).

vor (z.B. ASCII, Unicode, Microsoft RTF, Adobe PDF). Den Zugang zu diesen elektronischen Poststellen eröffnet bundesweit auch das vom Bundesfinanzhof und vom Bundesverwaltungsgericht bereitgestellte Elektronische Gerichts- und Verwaltungspostfach.[14] § 3 BayErVV und § 10 E-Register-VO NRW verweisen hinsichtlich der übrigen Bearbeitungsvoraussetzungen auf die jeweilige Internetseite der Landesjustizverwaltung.

§ 8b
Unternehmensregister

(1) Das Unternehmensregister wird vorbehaltlich einer Regelung nach § 9a Abs. 1 vom Bundesministerium der Justiz elektronisch geführt.

(2) Über die Internetseite des Unternehmensregisters sind zugänglich:
1. Eintragungen im Handelsregister und deren Bekanntmachung und zum Handelsregister eingereichte Dokumente;
2. Eintragungen im Genossenschaftsregister und deren Bekanntmachung und zum Genossenschaftsregister eingereichte Dokumente;
3. Eintragungen im Partnerschaftsregister und deren Bekanntmachung und zum Partnerschaftsregister eingereichte Dokumente;
4. Unterlagen der Rechnungslegung nach den §§ 325 und 339 und deren Bekanntmachung;
5. gesellschaftsrechtliche Bekanntmachungen im elektronischen Bundesanzeiger;
6. im Aktionärsforum veröffentlichte Eintragungen nach § 127a des Aktiengesetzes;
7. Veröffentlichungen von Unternehmen nach dem Wertpapierhandelsgesetz im elektronischen Bundesanzeiger, von Bietern, Gesellschaften, Vorständen und Aufsichtsräten nach dem Wertpapiererwerbs- und Übernahmegesetz im elektronischen Bundesanzeiger sowie Veröffentlichungen nach der Börsenzulassungs-Verordnung im elektronischen Bundesanzeiger;
8. Bekanntmachungen und Veröffentlichungen inländischer Kapitalanlagegesellschaften und Investmentaktiengesellschaften nach dem Investmentgesetz und dem Investmentsteuergesetz im elektronischen Bundesanzeiger;
9. Veröffentlichungen und sonstige der Öffentlichkeit zur Verfügung gestellte Informationen nach den §§ 2b, 15 Abs. 1 und 2, § 15a Abs. 4, § 26 Abs. 1, §§ 26a, 29a Abs. 2, §§ 30e, 30f Abs. 2, § 37v Abs. 1 bis § 37x Abs. 1, §§ 37y, 37z Abs. 4 und § 41 Abs. 4a des Wertpapierhandelsgesetzes, sofern die Veröffentlichung nicht bereits über Nummer 4 oder Nummer 7 in das Unternehmensregister eingestellt wird;
10. Mitteilungen über kapitalmarktrechtliche Veröffentlichungen an die Bundesanstalt für Finanzdienstleistungsaufsicht, sofern die Veröffentlichung selbst nicht bereits über Nummer 7 oder Nummer 9 in das Unternehmensregister eingestellt wird;
11. Bekanntmachungen der Insolvenzgerichte nach § 9 der Insolvenzordnung, ausgenommen Verfahren nach dem Neunten Teil der Insolvenzordnung.

---

[14] Abrufbar unter www.egvp.bund.de/grundlagen/gerichte.htm – zuletzt abgerufen am 1.8.2008.

§ 8b   1. Buch. Handelsstand

(3) ¹Zur Einstellung in das Unternehmensregister sind dem Unternehmensregister zu übermitteln:
1. die Daten nach Absatz 2 Nr. 4 bis 8 durch den Betreiber des elektronischen Bundesanzeigers;
2. die Daten nach Absatz 2 Nr. 9 und 10 durch den jeweils Veröffentlichungspflichtigen oder den von ihm mit der Veranlassung der Veröffentlichung beauftragten Dritten.

²Die Landesjustizverwaltungen übermitteln die Daten nach Absatz 2 Nr. 1 bis 3 und 11 zum Unternehmensregister, soweit die Übermittlung für die Eröffnung eines Zugangs zu den Originaldaten über die Internetseite des Unternehmensregisters erforderlich ist. ³Die Bundesanstalt für Finanzdienstleistungsaufsicht überwacht die Übermittlung der Veröffentlichungen und der sonstigen der Öffentlichkeit zur Verfügung gestellten Informationen nach den §§ 2b, 15 Abs. 1 und 2, § 15a Abs. 4, § 26 Abs. 1, §§ 26a, 29a Abs. 2, §§ 30e, 30f Abs. 2, § 37v Abs. 1 bis § 37x Abs. 1, §§ 37y, 37z Abs. 4 und § 41 Abs. 4a des Wertpapierhandelsgesetzes an das Unternehmensregister zur Speicherung und kann Anordnungen treffen, die zu ihrer Durchsetzung geeignet und erforderlich sind. ⁴Die Bundesanstalt kann die gebotene Übermittlung der in Satz 3 genannten Veröffentlichungen, der Öffentlichkeit zur Verfügung gestellten Informationen und Mitteilung auf Kosten des Pflichtigen vornehmen, wenn die Übermittlungspflicht nicht, nicht richtig, nicht vollständig oder nicht in der vorgeschriebenen Weise erfüllt wird. ⁵Für die Überwachungstätigkeit der Bundesanstalt gelten § 4 Abs. 3 Satz 1 und 3, Abs. 7, 9 und 10, § 7 und § 8 des Wertpapierhandelsgesetzes entsprechend.

(4) ¹Die Führung des Unternehmensregisters schließt die Erteilung von Ausdrucken sowie die Beglaubigung entsprechend § 9 Abs. 3 und 4 hinsichtlich der im Unternehmensregister gespeicherten Unterlagen der Rechnungslegung im Sinn des Absatzes 2 Nr. 4 ein. ²Gleiches gilt für die elektronische Übermittlung von zum Handelsregister eingereichten Schriftstücken nach § 9 Abs. 2, soweit sich der Antrag auf Unterlagen der Rechnungslegung im Sinn des Absatzes 2 Nr. 4 bezieht; § 9 Abs. 3 gilt entsprechend.

Schrifttum

Christ/Müller-Helle Veröffentlichungspflichten nach dem neuen EHUG, 2007; *Clausnitzer/Blatt* Das neue elektronische Handels- und Unternehmensregister, GmbHR 2006, 1303; *DAV-Handelsrechtsausschuss* Stellungnahme zum Entwurf eines Gesetzes über elektronische Handelsregister- und Genossenschaftsregister sowie das Unternehmensregister (EHUG), NZG 2005, 586; *Jeep/Wiedemann* Die Praxis der elektronischen Registeranmeldung, NJW 2007, 2439; *Karsten* Das EHUG – ein weiterer Schritt auf dem Weg zu einem modernen Unternehmensrecht in Deutschland, GewArch 2007, 55; *Kort* Paradigmenwechsel im deutschen Registerrecht: Das elektronische Handels- und Unternehmensregister – eine Zwischenbilanz, AG 2007, 801; *Krafka* Das neue Handels- und Unternehmensregister, MittBayNot 2005, 290; *Liebscher/Scharff* Das Gesetz über elektronische Handelsregister und Genossenschaftsregister sowie das Unternehmensregister, NJW 2006, 3745; *Meyding/Bödeker* Regierungsentwurf über elektronische Handelsregister und Genossenschaftsregister sowie das Unternehmensregister, BB 2006, 1009; *Mülbert/Steup* Das zweispurige Regime der Regelpublizität nach Inkrafttreten des TUG, NZG 2007, 761; *Nedden-Boeger* Das neue Registerrecht, FGPrax 2007, 1; *Noack* Online-Unternehmensregister in Deutschland und Europa – Bemerkungen zum Regierungsentwurf eines ERJuKoG, BB 2001, 1261; *ders.* Das EHUG ist beschlossen – elektronische Handels- und Unternehmensregister ab 2007, NZG 2006, 801; *ders.* Neue Publizitätspflichten und Publizitätsmedien für Unternehmen – eine Bestandsaufnahme nach EHUG und TUG, WM 2007, 377; *ders. (Hrsg.)* Das neue Gesetz über elektronische Handels- und Unternehmensregister – EHUG, 2007 (zitiert: *Bearbeiter* in Noack); *Pirner/Lebherz* Wie nach dem Transparenzrichtlinie-Umsetzungsgesetz publiziert werden muss, AG 2007, 19; *Ries* Elektronische Handels- und Unternehmensregister, Rpfleger 2006, 233; *Schlotter* Das EHUG ist in Kraft getreten: Das Recht der Unternehmenspublizität hat eine neue Grundlage, BB 2007, 1; *C. H. Schmidt* Digitalisierung der Registerführung und Neuregelung der Unternehmenspublizität: was bringt das EHUG? DStR 2006, 2272; *Seibert/Decker* Das Gesetz über elektronische Handelsregister und Genossenschaftsregister sowie das Unternehmensregister (EHUG), DB 2006, 2446; *Sikora/Schwab* Das EHUG in der notariellen Praxis, MittBayNot 2007, 1; vgl. auch die Nachweise zu § 8.

Übersicht

	Rn
I. Regelungsgegenstand und Regelungszweck	1–2
II. Normursprung und Normentwicklung	3–7
III. Rechtspolitische Würdigung	8–9
IV. Führung des Unternehmensregisters (§ 8b Abs. 1)	10–13
1. Aufgabenzuweisung	10–11
2. Registerführung	12
3. Kein Bezeichnungsschutz	13
V. Zugang zum Unternehmensregister (§ 8b Abs. 2)	14–17
VI. Inhalt des Unternehmensregisters (§ 8b Abs. 2)	18–39
1. Allgemeines	18–19
2. Registerdaten (Nr. 1–3)	20–21
3. Daten im elektronischen Bundesanzeiger (Nr. 4–8)	22–35
a) Rechnungslegungsdaten (Nr. 4)	22–24
b) Gesellschaftsrechtliche Bekanntmachungen (Nr. 5)	25–30
aa) Allgemeine Grundsätze	25
bb) Bekanntmachungen mit Gesellschaftsbezug	26–27
cc) Die einzelnen Veröffentlichungspflichten	28–30
c) Aktionärsforum (Nr. 6)	31
d) Kapitalmarktrechtliche Veröffentlichungen im Bundesanzeiger (Nr. 7)	32
e) Kapitalanlage- und Investmentgesellschaften (Nr. 8)	33–35
4. Weitere kapitalmarktrechtliche Veröffentlichungen (Nr. 9)	36–37
5. Kapitalmarktrechtliche Veröffentlichungen an die BaFin (Nr. 10)	38
6. Bekanntmachungen der Insolvenzgerichte (Nr. 11)	39
VII. Datenübermittlung (§ 8b Abs. 3)	40–51
1. Daten nach § 8b Abs. 2 Nr. 1–3 und 11	40–43
2. Daten nach § 8b Abs. 2 Nr. 4–8	44–45
3. Daten nach § 8b Abs. 2 Nr. 9 und 10	46–51
VIII. Erstellung von Ausdrucken (§ 8b Abs. 4)	52–54
IX. Löschung von Daten	55
X. Kosten	56–60
1. Kosten der veröffentlichungspflichtigen Unternehmen	56–57
2. Kosten der Nutzer	58–60

I. Regelungsgegenstand und Regelungszweck

Seit den Neuerungen des **EHUG**[1] sieht das HGB in § 8b neben dem Handelsregister **1** noch ein weiteres Register, das sog. Unternehmensregister, vor. Über dieses Unternehmensregister kann eine Vielzahl zentraler Unternehmensdaten abgerufen werden, die weit über den sachlichen Informationsgehalt des Handelsregisters hinausgehen (vgl. zum Inhalt noch Rn 18 ff). Anders als das Handelsregister hat das Unternehmensregister schwerpunktmäßig **keine unmittelbare Publizitätsfunktion** in dem Sinne, dass dort bestimmte Unternehmensdaten nach vorangehender staatlicher Prüfung exklusiv zu veröffentlichen sind. Vielmehr erfüllt es in erster Linie die Funktion einer **zentralen Informationsplattform**, auf der relevante Unternehmensdaten, die z.T. auch schon an anderer

---

[1] Gesetz über elektronische Handelsregister und Genossenschaftsregister sowie das Unternehmensregister (EHUG) v. 10.11.2006 – BGBl. I, S. 2553.

Stelle selbständig publiziert worden sind, gesammelt und dem Rechtsverkehr über ein **einheitliches Portal** gebündelt zugänglich gemacht werden. Auf diese Weise soll „die äußerliche Zersplitterung der Unternehmensdaten in Deutschland überwunden" und damit ihre Nutzbarkeit erheblich vereinfacht werden.[2] Das ist namentlich für ausländische Interessenten ein großer Fortschritt, denen damit der Zugang zu den bislang unübersichtlich verstreuten Unternehmensdaten deutscher Marktteilnehmer wesentlich erleichtert wird.[3]

2 Der deutsche Gesetzgeber musste für die Einrichtung eines solchen Registers im Wesentlichen zwei Regelungsaufgaben bewältigen: Zum einen musste er die **rechtlichen Rahmenbedingungen** festlegen, damit die technische Infrastruktur für eine solche Informationsplattform geschaffen werden kann. Zum anderen musste er gewährleisten, dass das Register über die notwendigen Unternehmensdaten verfügt. Um diese **Versorgung mit Informationen** sicherzustellen, zugleich aber die Unternehmen nur möglichst wenig mit zusätzlichen Informationspflichten zu belasten, hat der Gesetzgeber sich bemüht, das Unternehmensregister weitgehend **mit anderweitig verfügbaren Originaldatenbeständen zu vernetzen**.[4] So kann etwa über das Unternehmensregister auf die Datenbestände der Handels-, Genossenschafts- und Partnerschaftsregister (§ 8b Abs. 2 Nr. 1–3) zugegriffen werden, ohne dass diese Daten selbständig im Unternehmensregister vorgehalten werden. Dem Unternehmensregister kommt hier lediglich eine **Navigationsfunktion** zu, indem es den Nutzer zu den einschlägigen Originaldatenbeständen lenkt. Ähnlich funktioniert der Zugriff auf die in § 8b Abs. 2 Nr. 11 genannten insolvenzrechtlichen Bekanntmachungen. Andere Informationen werden zwar selbständig in das Unternehmensregister eingestellt, doch ist diese Aufgabe zentral dem Betreiber des **elektronischen Bundesanzeigers** zugewiesen, dem diese Daten ohnehin schon auf anderer rechtlicher Grundlage zur Verfügung gestellt werden müssen (zur faktischen Personalidentität des Betreibers des Bundesanzeigers und des Unternehmensregisters s. noch Rn 11 und 44). Auch insofern treffen die Unternehmen keine neuen Belastungen. Lediglich die in § 8b Abs. 2 Nr. 9 und 10 aufgeführten kapitalmarktrechtlichen Informationen sind dem Unternehmensregister unmittelbar durch die Unternehmen selbst zuzuführen (s. noch Rn 36 f und 46 ff).

II. Normursprung und Normentwicklung

3 Während andere Staaten die einschlägigen Unternehmensdaten schon seit geraumer Zeit über ein zentrales Internetportal zugänglich machen (vgl. etwa das österreichische Firmenbuch[5] oder den schweizerischen Zentralen Firmenindex[6]), hat sich diese Idee in Deutschland nur sehr zögerlich durchgesetzt. Einen neuerlichen Anstoß erhielt die Diskussion durch den Abschlussbericht der **Regierungskommission Corporate Governance** vom 10.7.2001. Darin wurde vorgeschlagen, ein einheitliches Zugangsportal unter dem Arbeitstitel „Deutsches Unternehmensregister" zu errichten, das dem Geschäftsverkehr und den Kapitalmarktteilnehmern den Zugang zu den amtlichen, zu Publizitätszwecken angelegten Unternehmensdateien eröffnet.[7]

---

[2] RegE EHUG, BT-Drucks. 16/960, S. 39.
[3] RegE EHUG, BT-Drucks. 16/960, S. 39.
[4] Zu alternativen technischen Konzeptionen vgl. *Beurskens* in: Noack S. 97, 104 f.
[5] www.jusline.at.
[6] www.zefix.ch.
[7] Bericht der Regierungskommission Corporate Governance, BT-Drucks. 14/7515 Rn 252 – auch in der Regierungsbegründung zum EHUG wird diese Anregung als wesentlicher Impuls für die Neuregelung erwähnt (vgl. BT-Drucks. 16/960, S. 39).

Den maßgeblichen Impuls für die Einführung eines Unternehmensregisters hat der **4** deutsche Gesetzgeber schließlich aber von europäischer Ebene erhalten. Mit der Neufassung der **Publizitätsrichtlinie** von 1968[8] im Zuge der **Offenlegungsrichtlinie** aus dem Jahr 2003[9] wurde in Art. 3 Abs. 1 und 2 die Pflicht eingeführt, sicherzustellen, dass die publikationspflichtigen Daten einer Kapitalgesellschaft (vgl. Art. 1) über „eine Akte" zentral elektronisch abrufbar sind.[10] Diese einheitliche Zugänglichkeit soll über das Unternehmensregister gewährleistet werden.[11] Zugleich soll damit noch eine weitere europäische Vorgabe aus Art. 21 Abs. 2 der **Transparenzrichtlinie** erfüllt werden, wonach der Herkunftsmitgliedstaat für bestimmte kapitalmarktrechtliche Informationen sicherzustellen hat, dass es zumindest ein amtlich bestelltes System für die zentrale Speicherung der vorgeschriebenen Informationen gibt.[12]

Der deutsche Gesetzgeber ist über den eng begrenzten Anwendungsbereich dieser beiden Richtlinien deutlich hinausgegangen. Damit das deutsche Recht der Unternehmenspublizität auch weiterhin **einheitlichen Grundsätzen** folgt, hat er darauf verzichtet, ein spezielles publizitätsrechtliches Regelungsregime für Kapitalgesellschaften oder für Kapitalmarktinformationen zu schaffen, sondern die für diese beiden Regelungsbereiche europarechtlich normierten Vorgaben im Wege der **richtlinienüberschießenden Umsetzung** auch auf andere Unternehmensdaten ausgedehnt. Zu den Motiven und Rechtsfolgen einer solchen überschießenden Umsetzung vgl. noch ausführlich § 15 Rn 12 ff. **5**

Die erst am 1.1.2007 in Kraft getretenen Regelungen des EHUG (Rn 1) haben in **6** Bezug auf das Unternehmensregister schon eine erste Änderung erfahren. Obwohl der Gesetzgeber des EHUG sich bereits bemüht hatte, die europäischen Vorgaben der Transparenzrichtlinie (Rn 4) weitgehend zu antizipieren, erwies es sich doch als erforderlich, im Zuge des **Transparenzrichtlinie-Umsetzungsgesetzes (TUG)**[13] § 8b Abs. 2 Nr. 9 und

---

[8] Erste Richtlinie 68/151/EWG des Rates v. 9.3.1968 zur Koordinierung der Schutzbestimmungen, die in den Mitgliedstaaten den Gesellschaften im Sinne des Artikels 58 Absatz 2 des Vertrages im Interesse der Gesellschafter sowie Dritter vorgeschrieben sind, um diese Bestimmungen gleichwertig zu gestalten, ABl. EG Nr. L 065 v. 14.3.1968; umgesetzt in das deutsche Recht durch das Gesetz zur Durchführung der ersten Richtlinie des Rates der Europäischen Gemeinschaften zur Koordinierung der Gesellschaftsrechts v. 15.8.1969 (BGBl. I, S. 1146).

[9] Richtlinie 2003/58/EG des Europäischen Parlaments und des Rates v. 15.7.2003 zur Änderung der Richtlinie 68/151/EWG des Rates in Bezug auf die Offenlegungspflichten von Gesellschaften bestimmter Rechtsformen (Offenlegungsrichtlinie – ABl. EG Nr. L 221 v. 4.9.2003); ausführlich zu den neu gefassten europarechtlichen Vorgaben *Schemmann* GPR 2003/04, 92 ff; *Scholz* EuZW 2004, 172 ff.

[10] Vgl. auch insofern die Bezugnahme in der Regierungsbegründung, BT-Drucks. 16/960, S. 39.

[11] RegE EHUG, BT-Drucks. 16/960, S. 39.

[12] Richtlinie 2004/109/EG v. 15.12.2004 zur Harmonisierung der Transparenzanforderungen in Bezug auf Informationen über Emittenten, deren Wertpapiere zum Handel auf einem geregelten Markt zugelassen sind, und zur Änderung der Richtlinie 2001/34/EG (Transparenzrichtlinie – ABl. EG Nr. L 390/38); der RegE EHUG nimmt auf diese Vorgabe ausdrücklich Bezug (BT-Drucks. 16/960, S. 39; vgl. auch die Beschlussempfehlung Rechtsausschuss, BT-Drucks. 16/2781, S. 79).

[13] Gesetz zur Umsetzung der Richtlinie 2004/109/EG des Europäischen Parlaments und des Rates v. 15.12.2004 zur Harmonisierung der Transparenzanforderungen in Bezug auf Informationen über Emittenten, deren Wertpapiere zum Handel auf einem geregelten Markt zugelassen sind, und zur Änderung der Richtlinie 2001/34/EG (Tranparenzrichtlinie-Umsetzungsgesetz – TUG v. 10.1.2007, BGBl. I, S. 10).

§ 8b   1. Buch. Handelsstand

Abs. 3 S. 3–5 neu zu fassen. Die Änderungen betreffen in erster Linie die Übermittlung und die Veröffentlichung zentraler kapitalmarktrechtlicher Unternehmensdaten (s. dazu im Einzelnen Rn 36 und 49). Zudem wurde in § 104a eine speziell auf § 8b zugeschnittene Bußgeldvorschrift eingefügt (s. dazu noch Rn 50).

7   Eine **Konkretisierung** erhält die Regelung des § 8b über die auf der (kombinierten) Grundlage des § 9a Abs. 2 und 3 HGB und des § 9 Abs. 2 S. 2 InsO vom Bundesjustizministerium (im Einvernehmen mit dem Bundesfinanzministerium) veröffentlichten **Verordnung über das Unternehmensregister (URV)**.[14] Sie soll den für die Führung des Unternehmensregisters maßgeblichen Rahmen vorgeben, ohne den technischen Fortschritt durch übermäßig detaillierte Bestimmungen zu behindern.[15] Sie enthält namentlich Regelungen über die technischen Einzelheiten zu Aufbau und Führung des Unternehmensregisters, über die Einzelheiten der Datenübermittlung, über Löschungsfristen für die im Unternehmensregister gespeicherten Daten und über die Zulässigkeit sowie Art und Umfang von Auskunftsleistungen mit den im Unternehmensregister gespeicherten Daten.[16] Zur Verordnung über die Übertragung der Registerführung s. noch Rn 11.

III. Rechtspolitische Würdigung

8   Im Schrifttum und in der Praxis ist die Einführung des Unternehmensregisters zu Recht ganz **überwiegend positiv gewürdigt** worden. Die zentrale Informationsplattform des Unternehmensregisters erhöht in entscheidender Weise die Transparenz und Publizität des privaten Wirtschaftsverkehrs, ohne die Unternehmen mit zusätzlichen Kosten oder Übermittlungspflichten wesentlich zu belasten (s. Rn 2; vgl. aber auch noch zur Kritik am unnötig kompliziert ausgestalteten Übermittlungsverfahren hinsichtlich kapitalmarktrechtlicher Informationen Rn 51; zu den Kosten s. noch Rn 56 f).[17] Allerdings führt dieser unbestreitbare Qualitätssprung noch nicht dazu, dass die Unternehmenspublizität in Deutschland nunmehr gänzlich zufriedenstellend geregelt wäre. Auch nach der Schaffung des zentralen Unternehmensregisters zeigt sich gerade im Bereich des Kapitalmarktrechts eine **unerfreuliche Hypertrophie** unterschiedlichster Publikationsmodi, die mit dem durch das EHUG (Rn 1) verfolgten Ziel der Transparenz und Vereinfachung nicht zu vereinbaren ist.[18]

9   Des Weiteren wird kritisiert, dass im Unternehmensregister ausschließlich eine Datenerfassung ab dem 1. Januar 2007 erfolgt, **Altdaten** dem Rechtsverkehr hingegen nur dann zugänglich sind, wenn es sich um sog. Registerdaten i.S.d. § 8b Abs. 2 Nr. 1–3 han-

---

[14] Verordnung über das Unternehmensregister v. 26.2.2007 (Unternehmensregisterverordnung – URV; BGBl. 2007, S. 217) – Begründung in BR-Drucks. 11/07, S. 9 ff. Zu den Einzelheiten der Verordnungsermächtigung s. noch die Ausführungen zu § 9a.
[15] Begründung zur URV (Rn 7), BR-Drucks. 11/07, S. 9.
[16] Begründung zur URV (Rn 7), BR-Drucks. 11/07, S. 9.
[17] Vgl. etwa Baumbach/*Hopt* Rn 1; *DAV-Handelsrechtsausschuss* NZG 2005, 586; *Clausnitzer/Blatt* GmbHR 2006, 1303 (1308); *Kort* AG 2007, 801 (807); *Liebscher/*
Scharff NJW 2006, 3745 (3752); *Meyding/Bödeker* BB 2006, 1009 (1012); *Noack* NZG 2006, 801 (806); *Schlotter* BB 2007, 1 (5).
[18] Anschaulich *Mülbert/Steup* NZG 2007, 761 ff; *Noack* WM 2007, 377 ff; vgl. auch *Beurskens* in: Noack S. 97, 119 f. Zu weiteren Reformbestrebungen – namentlich etwa zum Ausbau des Europäischen Handelsregisters (European Business Register – EBR, abrufbar unter www.ebr.org) – vgl. *Holzborn/Israel* NJW 2003, 3014 (3015); *Nedden-Boeger* FGPrax 2007, 1 (6).

delt.[19] In der Tat führt dieser Umstand dazu, dass das im Unternehmensregister gespiegelte Bild der deutschen Unternehmenslandschaft unvollständig bleibt, doch hätte der Aufbau einer lückenlosen Datensammlung die Leistungsfähigkeit der beteiligten Institutionen womöglich überfordert.

IV. Führung des Unternehmensregisters (§ 8b Abs. 1)

1. Aufgabenzuweisung. § 8b Abs. 1 bestimmt zunächst den **Betreiber des Unternehmensregisters**. Um sicherzustellen, dass alle im Unternehmensregister zu veröffentlichenden Daten tatsächlich zentral an einer Stelle zum Abruf zur Verfügung stehen, soll das Unternehmensregister in **bundeseigener Verwaltung** betrieben werden.[20] Die Aufgaben des Bundes sollen vom Bundesministerium der Justiz wahrgenommen werden, da es Herausgeber des elektronischen Bundesanzeigers ist, der wesentliche Inhalte des Unternehmensregisters liefert.[21] Die vom Bundesrat geäußerten Bedenken, ob im Rahmen bundeseigener Verwaltung eine unmittelbare Ministerialverwaltung zulässig ist,[22] wurde von der Bundesregierung mit dem Hinweis zurückgewiesen, dass dem Justizministerium keine neue Aufgabe übertragen, sondern lediglich ein ihm schon jetzt zugewiesener Tätigkeitsbereich neu strukturiert werde.[23]

10

Diese formale Aufgabenzuweisung steht allerdings unter dem Vorbehalt einer Regelung nach § 9a Abs. 1. Danach ist das Ministerium befugt, sich von dieser Aufgabe zu entlasten, indem es eine juristische Person des Privatrechts im Wege einer **Rechtsverordnung** mit dem Betrieb des Unternehmensregisters beauftragt. Schon während des Gesetzgebungsverfahrens bestand Einigkeit darüber, dass auf der Grundlage der in § 9a Abs. 1 S. 5 festgelegten Voraussetzungen des Beleihungsaktes als Adressat allein die **Bundesanzeiger Verlagsgesellschaft mbH** mit Sitz in Köln in Betracht kommt.[24] Erwartungsgemäß ist ihr deshalb im Dezember 2006 die Führung des Unternehmensregisters durch eine entsprechende Verordnung – zunächst befristet für einen Zeitraum von 10 Jahren (§ 4 Abs. 2 der VO) – übertragen worden.[25]

11

2. Registerführung. Die Aufgabe der Registerführung stellt sich beim Unternehmensregister allerdings deutlich anders dar als beim Handelsregister. Dieser Unterschied erklärt sich aus der anders gelagerten Funktion der beiden Register. Während dem Handelsregister vornehmlich eine originäre Publizitäts- sowie eine Kontrollfunktion zugewie-

12

---

[19] MünchKommErgbHGB/*Krafka* Rn 2; *Beurskens* in: Noack S. 97 (103).
[20] RegE EHUG, BT-Drucks. 16/960, S. 39.
[21] RegE EHUG, BT-Drucks. 16/960, S. 39 f.
[22] So die Stellungnahme des Bundesrates, BT-Drucks. 16/960, S. 73. Diese Bedenken werden gestützt auf Maunz/Dürig/*Lerche* GG (1992), Art. 87 Rn 168; *Sachs* GG, 3. Aufl., 2003, Art. 87 Rn 69; dagegen von Mangoldt/Klein/Starck/*Burgi* GG III, 5. Aufl., 2005, Art. 87 Rn 97.
[23] Gegenäußerung der Bundesregierung, BT-Drucks. 16/960, S. 89.
[24] *Beurskens* in: Noack S. 97 (111); *Noack* NZG 2006, 801 (805); C. H. *Schmidt* DStR 2006, 2272 (2274).
[25] Verordnung über die Übertragung der Führung des Unternehmensregisters und die Einreichung von Dokumenten beim Betreiber des elektronischen Bundesanzeigers v. 15.12.2006 (BGBl. I, S. 3202). Zur Kritik am Unterbleiben eines ordnungsgemäßen Vergabeverfahrens vgl. *Clausnitzer/Blatt* GmbHR 2006, 1303 (1304).

sen ist (§ 8 Rn 1 ff), erfüllt das Unternehmensregister in erster Linie eine **Navigationsfunktion** (s. bereits Rn 2). Daher steht hier die Aufgabe der registerführenden Stelle im Vordergrund, einen zentralen Zugang zu dem Register zu eröffnen und die Zugriffsverbindung auf die jeweiligen Unternehmensinformationen einzurichten und zu unterhalten.[26] Das Unternehmensregister wird **ausschließlich elektronisch geführt** und ist deshalb auch nur über das Internet zugänglich (§ 13 Abs. 1 S. 1 URV – s. Rn 7); eine daneben bestehende Druckausgabe ist im Gesetz nicht vorgesehen. Betrifft die Registerführung Unterlagen der Rechnungslegung nach § 8b Abs. 2 Nr. 4, so wird der registerführenden Stelle über § 8b Abs. 4 schließlich noch die Aufgabe zugewiesen, Ausdrucke zu erstellen und diese zu beglaubigen (s. dazu noch Rn 52). Zu den Kosten der Registerführung s. noch Rn 56 ff.

13 3. **Kein Bezeichnungsschutz.** Während das Handels-, das Genossenschafts- und das Partnerschaftsregister einen besonderen Bezeichnungsschutz genießen (§ 8 Abs. 2 HGB, § 10 Abs. 3 GenG, § 5 Abs. 2 PartGG – vgl. § 8 Rn 27), ist ein solcher Schutz für das Unternehmensregister nicht vorgesehen. Eine entsprechende Regelung scheiterte daran, dass der Begriff „Unternehmensregister" bereits aufgrund europäischer Vorgaben[27] von den statistischen Ämtern genutzt wird.[28] Im Übrigen sah der Gesetzgeber für einen solchen Bezeichnungsschutz aber auch **keinen dringenden Anlass**, da das Unternehmensregister anders als die genannten Register nicht mit dem besonderen Gutglaubensschutz nach § 15 verknüpft (s. noch Rn 18) und deshalb nicht gleichsam schutzwürdig ist.[29] Soweit dennoch ein Schutzbedürfnis bestehe, könne dem über § 5 **UWG** hinreichend Rechnung getragen werden.[30] Bei einer Vervielfältigung des Registers greift überdies auch der Schutz des Datenbankherstellers nach § 87b UrhG ein.[31]

V. Zugang zum Unternehmensregister (§ 8b Abs. 2)

14 Nach § 8b Abs. 2 sind die dort aufgeführten Inhalte ausschließlich (vgl. § 13 Abs. 1 URV – Rn 7) über die Internetseite des Unternehmensregisters zugänglich. Die Internetseite des Unternehmensregisters lautet www.unternehmensregister.de (§ 1 Abs. 3 S. 1 URV); die Nutzung weiterer Domains steht dem Betreiber offen.[32] Mit dem Passus „zugänglich machen" soll verdeutlicht werden, dass das Unternehmensregister den Zugang zu diesen Inhalten nicht zwangsläufig in Form einer eigenen Datensammlung eröffnen muss, sondern dass auch eine **Vernetzung** (Link) mit den Originaldatenbestän-

---

[26] MünchKommErgbHGB/*Krafka* Rn 4.
[27] Verordnung (EWG) Nr. 2186/93 des Rates v. 22.7.1993 über die innergemeinschaftliche Koordinierung des Aufbaus von Unternehmensregistern für statistische Verwendungszwecke, ABl. EG Nr. L 196, S. 1.
[28] Vgl. die Gegenäußerung der Bundesregierung, BT-Drucks. 16/960, S. 89 zu einem entsprechenden Vorschlag des Bundesrates, BT-Drucks. 16/960, S. 73 f.
[29] BT-Drucks. 16/960, S. 39; krit. gegenüber dieser Begründung die Stellungnahme des Bundesrates, BT-Drucks. 16/960, S. 73; MünchKommErgbHGB/*Krafka* Rn 14 im Hinblick auf § 8b Abs. 2 Nr. 1; *Nedden-Boeger* FGPrax 2007, 1 (4).
[30] RegE EHUG, BT-Drucks. 16/960, S. 39.
[31] Vgl. dazu auch Baumbach/*Hopt* Rn 8; *Beurskens* in: Noack S. 97 (112) sowie BGHZ 164, 37 ff = GRUR 2005, 857; zur Rechtslage in Österreich vgl. auch OGH GRURInt 2004, 66 ff.
[32] Das folgt aus dem Wort „zumindest" in § 1 Abs. 3 S. 1 URV (Rn 7) und wird in der Begründung zur URV, BR-Drucks. 11/07, S. 10 f, noch einmal ausdrücklich betont.

den genügt (s. Rn 2).³³ Durch eine solche Vorgehensweise wird nicht nur der Aufwand einer doppelten Datenhaltung vermieden, sondern zugleich auch eine mögliche Fehlerquelle eliminiert.³⁴ Überdies wird auf diese Weise sichergestellt, dass der Nutzer unabhängig von dem gewählten Zugangsweg stets einen einheitlichen Auftritt im Internet vor sich hat.³⁵ Auch bei einem solchen mittelbaren Abruf soll aber durch eine enge Abstimmung zwischen den Landesjustizverwaltungen und dem Unternehmensregister gewährleistet werden, dass alle Informationen in einem **einheitlichen Erscheinungsbild** dargestellt werden. Eine Zusatzinformation soll deutlich machen, dass es sich um einen Datenabruf aus dem Originalbestand des Registers handelt (§ 13 Abs. 2 S. 3 URV).

Die Nutzung des Unternehmensregisters steht jedermann offen; es bestehen **weder Anmeldungs- noch Genehmigungserfordernisse** (vgl. auch § 13 Abs. 1 S. 2 URV – Rn 7).³⁶ Bei einem kostenpflichtigen Abruf von Registerdaten nach § 8b Abs. 2 Nr. 1–3 dürfen die notwendigen Nutzerdaten für Zwecke der Entgelterhebung erfasst werden, soweit dies sachlich geboten ist (vgl. auch § 2 Abs. 2 S. 2 URV).³⁷ Eine **Registrierung** gem. § 3 URV ist zu diesem Zweck zwar zulässig (§ 15 Abs. 2 S. 2 URV), aber nicht zwingend erforderlich. Vielmehr kann der Betreiber auch einen „pay per view"-Zugriff mit Einzelbezahlung per Kreditkarte oder einem electronic cash-Verfahren ermöglichen.³⁸ Daneben erlaubt § 2 Abs. 2 S. 1 URV auch eine Dokumentation, die dazu dient, missbräuchliche Zugriffe auf das Unternehmensregister zu erkennen und zu unterbinden. **15**

Der Zugang über das Unternehmensregister ist **nicht exklusiv**, sondern es besteht auch weiterhin noch die Möglichkeit, direkt auf das elektronische Handelsregister, den elektronischen Bundesanzeiger etc. zuzugreifen. Das Unternehmensregister eröffnet neben diesen unmittelbaren Zugriffsmöglichkeiten nur noch eine zusätzliche mittelbare Zugriffsmöglichkeit, die den Vorteil besitzt, für jedes Unternehmen die zentralen Daten kompakt aus einer Hand anzubieten (one stop shop);³⁹ zu den Kosten vgl. Rn 58 ff. Die Einsichtnahme in das Unternehmensregister wird in § 9 Abs. 6 S. 1 noch näher geregelt (s. § 9 Rn 47 ff). **16**

Bei einer derart umfassenden Datensammlung wie dem Unternehmensregister muss nicht nur gewährleistet sein, dass die Daten zugänglich sind, sondern auch, dass sie überhaupt aufgefunden werden können. Zu diesem Zweck soll nach § 14 URV (Rn 7) eine **Suchfunktion** eingerichtet werden, die die Suche nach allen eingestellten Daten sowie über sämtliche Indexdaten (s. Rn 21) ermöglicht.⁴⁰ Die **Indexdaten** sind zwar selbst über das Unternehmensregister nicht zugänglich (§ 1 Abs. 2 S. 2 URV), aber dennoch Gegenstand der Suche. Auf diese Weise können auch Unternehmen gefunden werden, zu denen noch keine Daten im Unternehmensregister eingestellt sind (etwa Einzelkaufleute). Als Ergebnis werden dann die Originaldaten aus den jeweiligen Registern zugänglich gemacht.⁴¹ Neben der Zugangs- und Suchfunktion kann der Betreiber nach § 15 Abs. 1 URV auch noch **weitergehende Auskunftsdienstleistungen** anbieten, namentlich etwa eine automatisierte Unterrichtung über neu zugängliche Daten" (sog. Push-Dienste – etwa über die **17**

---

33 RegE EHUG, BT-Drucks. 16/960, S. 40.
34 Vgl. auch Baumbach/*Hopt* Rn 3; *Schlotter* BB 2007, 1 (5).
35 RegE EHUG, BT-Drucks. 16/960, S. 41.
36 Zu den technischen Einzelheiten der Suche vgl. *Christ*/Müller-Helle, S. 79 ff.
37 RegE EHUG, BT-Drucks. 16/960, S. 40. Speziell für das Handelsregister ergibt sich eine solche Protokollierungsmöglichkeit auch aus § 53 HRV.
38 Begründung zur URV (Rn 7), BR-Drucks. 11/07, S. 20 f; *Beurskens* in: Noack S. 97 (125).
39 Baumbach/*Hopt* Rn 1; *Liebscher*/*Scharff* NJW 2006, 3745 (3749); *Seibert*/*Decker* DB 2006, 2446 (2449).
40 Ausführlich zur Suche nach § 14 URV *Beurskens* in: Noack S. 97 (125 f).
41 Begründung zur URV (Rn 7), BR-Drucks. 11/07, S. 19 f.

neusten Bekanntmachungen wichtiger Geschäftspartner) oder die Verknüpfung mit externen Informationen.[42] Da die Daten der Richtlinie über die Weiterverwendung von Informationen des öffentlichen Sektors[43] unterfallen, muss der Betreiber des Unternehmensregisters sie in dem Maße, in dem sie von ihm für Auskunftsdienstleistungen genutzt werden dürfen, auch interessierten Dritten für eigene Vermarktungszwecke zur Verfügung stellen.[44] Für die Originaldaten, zu denen das Unternehmensregister lediglich den Zugang vermittelt, gilt diese Regelung hingegen aus kompetenzrechtlichen Gründen nicht.[45]

VI. Inhalt des Unternehmensregisters (§ 8b Abs. 2)

18 1. **Allgemeines.** Die über das Unternehmensregister zugänglichen Daten werden in den elf Nummern des § 8b Abs. 2 aufgezählt.[46] Diese Aufzählung ist nicht abschließend, sondern umschreibt lediglich einen **Mindestinhalt**. Es steht den Betreibern des Registers frei, auch weitere unternehmensrelevante Informationen aufzunehmen, was sich allerdings nicht dem Gesetzestext, sondern ausschließlich der Regierungsbegründung entnehmen lässt.[47] Anders als beim Handelsregister genießen die über das Unternehmensregister zugänglichen Informationen nach dem klaren Wortlaut des § 15 **keinen öffentlichen Glauben**.[48] Der Schutz des § 15 greift nur dann ein, wenn über das Portal des Unternehmensregisters mittelbar auf das Handelsregister zugegriffen wird, dessen Datenbestand unabhängig von der konkreten Art des Zugriffs dem Schutz des § 15 unterfällt. Vertrauensträger ist aber auch hier allein das Handelsregister (zu etwaigen Diskrepanzen zwischen den beiden Registern s. § 15 Rn 30).

19 Der Inhalt des Unternehmensregisters wird grundsätzlich in **deutscher Sprache** wiedergegeben; dementsprechend sind die Inhalte auch zu übermitteln. Im Hinblick auf das langfristige Ziel, ein zentrales europäisches Register für alle Unternehmensinformationen zu schaffen, soll ausländischen Unternehmen aber auch die Möglichkeit eingeräumt werden, eine Eintragung **ergänzend** in einer anderen EU-Mitgliedssprache vorzunehmen.[49] Das wird in § 1 Abs. 1 S. 4 URV (Rn 7) angedeutet, wonach das Unternehmensregister erkennen lassen muss, in welcher Sprache die Daten im Unternehmensregister gespeichert werden. Diese Kennzeichnung soll insbesondere auch ausländischen Nutzern den Zugriff auf das Unternehmensregister vereinfachen.

---

[42] Begründung zur URV (Rn 7), BR-Drucks. 11/07, S. 20; vgl. ferner *Beurskens* in: Noack S. 97 (126); *Noack* NZG 2006, 801 (802 mit Fn 19); *dens.* in: Noack S. 21 (35); *Seibert/Decker* DB 2006, 2448 (2449).

[43] Richtlinie 2003/98/EG des Europäischen Parlaments und des Rates v. 17.11.2003 über die Weiterverwendung von Informationen des öffentlichen Sektors, ABl. EG Nr. L 345, S. 90.

[44] RegE EHUG, BT-Drucks. 16/960, S. 43.

[45] Begründung zur URV (Rn 7), BR-Drucks. 11/07, S. 20. Die Originaldaten werden schon von der Ermächtigung nach § 9a Abs. 3 S. 1 nicht erfasst, da sonst auch diese Verordnungsermächtigung an die Zustimmung des Bundesrates hätte geknüpft werden müssen (vgl. dazu noch § 9a Rn 9 sowie die Stellungnahme des Bundesrates BT-Drucks. 16/960, S. 76 und die Gegenäußerung der Bundesregierung, ebenda, S. 91).

[46] Kritisch zur Auswahl der im Unternehmensregister zu veröffentlichenden Informationen *Beurskens* in: Noack S. 97 (102).

[47] RegE EHUG, BT-Drucks. 16/960, S. 40.

[48] RegE EHUG, BT-Drucks. 16/960, S. 39; *Baumbach/Hopt* § 8b Rn 3; *Koller/Roth/Morck* Rn 4; *Clausnitzer/Blatt* GmbHR 2006, 1303 (1304); *Kort* AG 2007, 801 (802); *Krafka* MittBayNot 2005, 290 (291).

[49] Vgl. zum Folgenden die Begründung zur URV (Rn 7), BR-Drucks. 11/07, S. 10.

2. Registerdaten (Nr. 1–3). Nach § 8b Abs. 2 Nr. 1–3 werden über das Unternehmensregister zunächst die Eintragungen in das Handels-, Genossenschafts- und Partnerschaftsregister einschließlich der jeweiligen Bekanntmachungen und der zum Register eingereichten Dokumente zugänglich gemacht. Das Unternehmensregister fungiert hier als reines Zugangsportal (s. Rn 2 und 14). Die Datenbestände werden nicht gespiegelt im Unternehmensregister vorgehalten, sondern es wird über das Unternehmensregister **auf die Originaldatenbestände zugegriffen**. Zu den Auswirkungen dieser verfahrenstechnischen Ausgestaltung auf die Registerpublizität nach § 15 s. Rn 18.

20

Um den Zugriff auf die Registerdaten zu ermöglichen, ist es erforderlich, dass die Landesjustizverwaltungen die sog. **Indexdaten** übermitteln (§ 8b Abs. 3 S. 2 – s. dazu noch Rn 40), die den Aufbau eines zentralen Zugangs mit Suchfunktion in den Originaldatenbanken der Länder ermöglichen.[50] Eine entsprechende Pflicht wird den Landesjustizverwaltungen deshalb in § 8b Abs. 3 S. 2 auferlegt (s. dazu noch Rn 40); die Einrichtung einer Suchfunktion ist in § 14 URV (s. Rn 7) vorgesehen. Die Indexdaten dienen allerdings nur der Zugangsvermittlung, sind aber selbst nicht zugänglich zu machen (§ 1 Abs. 2 S. 2 URV). Die für den Abruf der Registerdaten bei einem Direktzugriff anfallenden **Gebühren** werden auch bei einem mittelbaren Zugriff über das Unternehmensregister unmittelbar von den Ländern erhoben;[51] allgemein zu den Kosten vgl. Rn 56 ff.

21

3. Daten im elektronischen Bundesanzeiger (Nr. 4–8)

a) Rechnungslegungsdaten (Nr. 4). § 8b Abs. 2 Nr. 4–8 erweitert den Inhalt des Unternehmensregisters um relevante Unternehmensdaten, die vom elektronischen Bundesanzeiger verwaltet und veröffentlicht werden. Gerade diese Inhalte waren maßgeblich für die Entscheidung, die Registerführung auf die Bundesverlagsgesellschaft zu übertragen, die auch den elektronischen Bundesanzeiger betreibt (s. Rn 11). Zu diesen Inhalten zählen nach der Neufassung der §§ 325 und 339 im Zuge des EHUG (Rn 1) auch die Unterlagen der Rechnungslegung, die künftig nicht mehr beim Registergericht, sondern zentral beim **Betreiber des elektronischen Bundesanzeigers** eingereicht werden.[52] Damit sollen die Gerichte von einem erheblichen und justizfernen Verwaltungsaufwand entlastet werden.[53] An diese neue Zuständigkeit knüpft die in **§ 8b Abs. 2 Nr. 4** normierte Pflicht an, die Rechnungslegungsunterlagen und ihre Bekanntmachung im Unternehmensregister zugänglich zu machen. Im Zusammenspiel mit dem durch das EHUG deutlich verschärften Kontroll- und Sanktionsinstrumentarium bei Offenlegungsverstößen wird durch diese Neuerung die Transparenz deutscher Unternehmen ganz wesentlich ausgedehnt.[54]

22

Die Veröffentlichungspflicht nach § 8b Abs. 2 Nr. 4 schließt auch Rechnungslegungsunterlagen nach anderen Bestimmungen ein, die **auf § 325 verweisen** und dessen entsprechende oder sinngemäße Anwendung vorschreiben.[55] Darunter fallen etwa die Verweise in § 264a (für Personengesellschaften ohne natürliche Person als persönlich haftender Gesellschafter), in §§ 325a, 340l Abs. 2 (für Zweigniederlassungen ausländischer Kapi-

23

---

[50] RegE EHUG, BT-Drucks. 16/960, S. 40.
[51] RegE EHUG, BT-Drucks. 16/960, S. 40.
[52] Die Einbeziehung des § 339 erfolgte erst auf Anregung des Rechtsausschusses hin, um auf diese Weise die Jahresabschlüsse von Genossenschaften den Jahresabschlüssen von Kapitalgesellschaften so weit wie möglich gleichzustellen; Beschlussempfehlung Rechtsausschuss, BT-Drucks. 16/2781, S. 79 (83 f).
[53] RegE EHUG, BT-Drucks. 16/960, S. 48.
[54] Vgl. dazu statt vieler *Grasshoff* DB 2006, 513 ff; *C. H. Schmidt* DStR 2006, 2272 (2274 f).
[55] RegE EHUG, BT-Drucks. 16/960, S. 40.

talgesellschaften oder Kreditinstitute), in § 341l (für Versicherungsunternehmen) sowie die Offenlegungspflichten nach §§ 9 und 15 PublG für Unternehmen im Anwendungsbereich des Publizitätsgesetzes.

24 Nach der Regierungsbegründung soll es auch bei den Unterlagen der Rechnungslegung nicht erforderlich sein, dass sie im Unternehmensregister vorgehalten werden; es soll vielmehr genügen, wenn von der Bekanntmachung im elektronischen Bundesanzeiger Datum und **Fundstelle** im Unternehmensregister angezeigt werden.[56] Im Schrifttum wird aber zu Recht darauf hingewiesen, dass diese Bestimmung mit der eindeutigen Vorgabe des Art. 3 Abs. 2 der **Publizitätsrichtlinie** (Rn 4) nicht zu vereinbaren ist, wonach die Unterlagen in einer Akte zu hinterlegen sind. Dem wäre nicht genügt, wenn dem Nutzer lediglich eine Fundstelle für eine weitere Recherche mitgeteilt würde.[57] Tatsächlich hat der Betreiber des Unternehmensregisters (s. Rn 11) von dieser in der Regierungsbegründung eröffneten Möglichkeit aber auch keinen Gebrauch gemacht. Vielmehr kann über das Unternehmensregister unmittelbar auf die Rechnungslegungsdaten zugegriffen werden.

b) **Gesellschaftsrechtliche Bekanntmachungen (Nr. 5)**

25 aa) **Allgemeine Grundsätze.** Nach § 8b Abs. 2 Nr. 5 sind des Weiteren die gesellschaftsrechtlichen Bekanntmachungen im elektronischen Bundesanzeiger über das Unternehmensregister zugänglich zu machen. Eine entsprechende **Bekanntmachungspflicht** ergibt sich in erster Linie aus zahlreichen Vorschriften des Kapitalgesellschaftsrechts. Ob diese Pflicht zwingend ausgestaltet ist oder unter dem Vorbehalt anderslautender Satzungsbestimmung steht (vgl. etwa § 63 Abs. 1 AktG, § 231 S. 2 UmwG), ist dabei für die Anwendung des § 8b Abs. 2 Nr. 5 irrelevant. Fehlt es in diesen Fällen an einer entsprechenden Satzungsbestimmung und erfolgt eine Bekanntmachung, so ist auch diese über das Unternehmensregister zugänglich zu machen.

26 bb) **Bekanntmachungen mit Gesellschaftsbezug.** Nicht eindeutig beantwortet das Gesetz die Frage, ob nur Verlautbarungen der Gesellschaft selbst in das Unternehmensregister aufzunehmen sind oder auch solche **Verlautbarungen, die die Gesellschaft lediglich betreffen** (z.B. die Veröffentlichungen gerichtlicher Entscheidungen im Zusammenhang mit der Zusammensetzung des Aufsichtsrats nach § 99 Abs. 2 S. 1, Abs. 4 S. 2 AktG oder die gerichtliche Erklärung über die Bestellung eines gemeinsamen Vertreters nach § 6 Abs. 1 S. 4 SpruchG). Während der Gesetzestext diese Frage für die Fälle des § 8b Abs. 2 Nr. 7 und 8 eindeutig im erstgenannten Sinne beantwortet, ist die Formulierung in § 8b Abs. 2 Nr. 5 deutlich weiter gewählt („gesellschaftsrechtliche Bekanntmachungen").

27 Denkt man § 8b Abs. 2 Nr. 7 und 8 systematisch konsequent fort, wäre dieser weite Passus auch hier restriktiv als Verlautbarung der Gesellschaft zu verstehen.[58] Die Aussagekraft dieses systematischen Arguments wird allerdings dadurch relativiert, dass § 8b Abs. 2 Nr. 6 Verlautbarungen betrifft, die gerade nicht von der Gesellschaft selbst stammen. Das Unternehmensregister enthält also nicht nur Bekanntmachungen des Unternehmens, sondern bietet auch eine Plattform für sonstige Informationen, die das Unternehmen nur betreffen (s. noch die Ausführungen in Rn 31). Wenn das Unternehmensregister

---

[56] RegE EHUG, BT-Drucks. 16/960, S. 40; zust. Baumbach/*Hopt* Rn 4; Koller/*Roth*/Morck Rn 5.
[57] MünchKommErgbHGB/*Krafka* Rn 10.
[58] So wohl *Beurskens* in: Noack S. 97 (110).

aber auch für derartige Informationen mit bloßem Unternehmensbezug offen ist, dann ist kein Grund ersichtlich, den weit gefassten Wortlaut des § 8b Abs. 2 Nr. 5 restriktiv auszulegen.[59] Vielmehr spricht der Gesetzeszweck gerade für eine dem Wortlaut entsprechende weite Auslegung, da das **Interesse des Rechtsverkehrs** an solchen Verlautbarungen mit Bezug zur Gesellschaft keineswegs zwangsläufig geringer sein muss als an einer eigenen Verlautbarung der Gesellschaft.[60] Nicht zu leugnen bleibt allerdings, dass der Aufzählung in § 8b Abs. 2 (nach beiden möglichen Lesarten) **kein in sich schlüssiges Veröffentlichungskonzept** zugrunde liegt.[61]

cc) Die einzelnen Veröffentlichungspflichten. Als Veröffentlichungspflichten sind aus dem **AktG** hier zu nennen: § 20 Abs. 6 (Beteiligungspublizität), § 63 Abs. 1 S. 2 (Aufforderung zur Einzahlung rückständiger Einlagen), § 64 Abs. 2 (Nachfrist beim Ausschluss säumiger Aktionäre), § 73 Abs. 2 S. 3 (Kraftloserklärung von Aktien – im Zuge einer Kapitalherabsetzung nach § 226 Abs. 2 S. 3), § 97 Abs. 1 (Zweifel an ordnungsgemäßer Zusammensetzung des Aufsichtsrats), § 99 Abs. 2 S. 1, Abs. 4 S. 2 (gerichtliche Entscheidungen im Zusammenhang mit der Zusammensetzung des Aufsichtsrats – s. Rn 26), §§ 121 Abs. 3, 124 Abs. 1 (Einberufung und Tagesordnung der Hauptversammlung), § 149 Abs. 1 (Bekanntmachungen zur Haftungsklage), § 186 Abs. 2 (Festlegung des Bezugsrechts), § 214 Abs. 1 und 2 (Aufforderung an die Aktionäre), § 221 Abs. 2 S. 3 (Beschluss über die Ausgabe von Wandelschuldverschreibungen), §§ 246, 248a (Erhebung und Beendigung von Anfechtungsklagen), §§ 259 Abs. 5, 260 Abs. 3 S. 3 (Sonderprüfung), § 267 S. 2 (Gläubigeraufruf bei Abwicklung).[62] Für alle diese Bekanntmachungen ordnet § 25 AktG die Veröffentlichung im **elektronischen Bundesanzeiger als Pflichtmedium** an, so dass sie auch von § 8b Abs. 2 Nr. 5 erfasst werden.

Aus dem **GmbHG** sind zu nennen: § 30 Abs. 2 S. 2 (Rückzahlungsbeschluss), § 58 Abs. 1 Nr. 1 und 3 (Herabsetzung des Stammkapitals), § 65 Abs. 2 (Auflösung). Als Gesellschaftsblätter, in denen diese Bekanntmachungen zu veröffentlichen sind, gilt auch hier nach § 12 GmbHG der elektronische Bundesanzeiger. Weitere gesellschaftsrechtliche Bekanntmachungen können sich etwa aus dem **UmwG** ergeben; vgl. dort § 26 Abs. 2 S. 2 (Aufforderung durch besonderer Vertreter), §§ 62 Abs. 3 S. 2, 104 Abs. 1 S. 1 (Hinweis auf bevorstehende Verschmelzung), §§ 186 ff (Vermögensübertragung), § 231 S. 2 (Abfindungsangebot), § 267 (Mitteilungen an Anteilsinhaber beim Formwechsel eingetragener Genossenschaften). Aus dem **SEAG** sind die Vorschriften über die Zusammensetzung und Änderung des Verwaltungsrates zu nennen (§§ 25 Abs. 1 S. 1, 46 Abs. 1 S. 1 SEAG). Aus dem **SpruchG** ist die Bestellung eines gesetzlichen Vertreters nach § 6 Abs. 1 S. 4 (vgl. Rn 26) sowie die Bekanntmachung der rechtskräftigen Entscheidung (§ 14

---

[59] Dem kann auch nicht entgegengehalten werden, dass bei einem weiten Verständnis § 8b Abs. 2 Nr. 6 überflüssig sei, da die Veröffentlichung im Aktionärsforum dann ohnehin schon von § 8b Abs. 2 Nr. 5 erfasst wäre; denn im Aktionärsforum wird keine Bekanntmachung, sondern eine „Aufforderung" veröffentlicht, die nicht unter § 8b Abs. 2 Nr. 5 fällt. Die gesonderte Erwähnung des Aktionärsforums ist daher also auch auf der Grundlage der hier vertretenen Auffassung sinnvoll.

[60] Insoweit zustimmend *Beurskens* in: Noack S. 97 (110).
[61] So auch *Beurskens* in: Noack S. 97 (102).
[62] Die von Baumbach/*Hopt* Rn 4 ergänzend genannten Beispiele §§ 37 Abs. 4 Nr. 1, 106, 130 Abs. 5, 181 Abs. 1 und 294 AktG betreffen allesamt Eintragungen in das Handelsregister und sind deshalb nicht von § 8b Abs. 2 Nr. 5, sondern von § 8b Abs. 2 Nr. 1 erfasst.

i.V.m. § 6 Abs. 1 S. 4 SpruchG) in das Unternehmensregister aufzunehmen. Schließlich fällt auch die Mitteilung über die Zusammensetzung des Aufsichtsrats nach § 19 S. 1 MitbestG unter § 8b Abs. 2 Nr. 5.

30 Nach der Regierungsbegründung sollen von § 8b Abs. 2 Nr. 5 auch die Bekanntmachungen von **Personengesellschaften und Genossenschaften** über das Register zugänglich sein. Da aber weder das Personengesellschafts- noch das Genossenschaftsrecht entsprechende Publizitätspflichten vorsehen,[63] können derartige Bekanntmachungen nur auf freiwilliger Basis (z.B. bei entsprechender Satzungsbestimmung) Eingang in den elektronischen Bundesanzeiger und damit auch in das Unternehmensregister finden.[64]

31 c) Aktionärsforum (Nr. 6). Nach **§ 8b Abs. 2 Nr. 6** sind auch Eintragungen in das Aktionärsforum nach § 127a AktG über das Unternehmensregister zugänglich zu machen. Über dieses virtuelle Forum soll es Aktionären ermöglicht werden, die Kommunikation untereinander zu verbessern und auf diese Weise ihre mehrheitsabhängigen Verwaltungsrechte effizienter ausüben zu können.[65] Die Einbeziehung des Aktionärsforums wurde **vom Handelsrechtsausschuss des DAV kritisiert**, da es sich nicht um Mitteilungen des Unternehmens handele, die ihm deshalb auch nicht über das Unternehmensregister publizistisch zugerechnet werden dürften.[66] Der Gesetzgeber ist dem nicht gefolgt und hat damit implizit ein abweichendes Verständnis des Unternehmensregisters zum Ausdruck gebracht. Es handelt sich nicht um Verlautbarungen des Unternehmens, sondern um Verlautbarungen, die ein Unternehmen betreffen (s. Rn 26 f). Da sich auch die Eintragungen im Aktionärsforum stets auf eine bestimmte AG beziehen und das Forum auch nach den betroffenen Gesellschaften geordnet ist, fügt sich die Einbeziehung des Aktionärsforums in die so verstandene **unternehmensbezogene Ausgestaltung** des Unternehmensregisters ohne weiteres ein.[67] Von § 8b Abs. 2 Nr. 5 wird das Aktionärsforum noch nicht erfasst, da es sich nicht um eine „Bekanntmachung" handelt, sondern um eine Aufforderung einzelner Aktionäre oder Aktionärsvereinigungen (vgl. § 127a Abs. 1 AktG – s. auch dazu bereits Rn 26 f mit Fn 59).

32 d) **Kapitalmarktrechtliche Veröffentlichungen im Bundesanzeiger (Nr. 7).** Nach § 8b Abs. 2 Nr. 7 umfasst das Unternehmensregister auch bestimmte kapitalmarktrechtliche Veröffentlichungen im elektronischen Bundesanzeiger auf der Grundlage des WpHG, des WpÜG oder der BörsenZulV. Als Vorschriften des **WpHG** werden erfasst: Mitteilungen nach § 30b Abs. 1 und 2 WpHG sowie die Bekanntmachung des Ergebnisses einer Rechnungslegungsprüfung nach § 37q Abs. 2 S. 4 WpHG. Von den Veröffentlichungen auf der Grundlage des **WpÜG** werden nur solche erfasst, die von Bietern, Gesellschaften, Vorständen und Aufsichtsräten stammen, also etwa die Veröffentlichung der Angebotsunterlage nach § 14 Abs. 3 S. 1 Nr. 2 WpÜG (gilt nach § 35 Abs. 2 S. 1 WpÜG auch für das Pflichtangebot) oder der Einberufung der Hauptversammlung nach § 16 Abs. 3 S. 3 WpÜG. Die im Regierungsentwurf noch nicht vorgesehene Ausdehnung auf Veröffent-

---

[63] Koller/*Roth*/Morck Rn 5 verweisen insofern zwar auf § 156 GenG, der aber nur die Bekanntmachung von Eintragungen im Genossenschaftsregister erfasst. Diese finden jedoch schon über § 8b Abs. 2 Nr. 2 Eingang in das Unternehmensregister und sind von § 8b Abs. 2 Nr. 5 nicht erfasst (so zutreffend MünchKommErgbHGB/*Krafka* Rn 11 Fn 20).

[64] MünchKommErgbHGB/*Krafka* Rn 11.

[65] Vgl. dazu statt vieler *Hüffer* § 127a Rn 1; *J. Koch* ZGR 2006, 769 (781).

[66] *DAV-Handelsrechtsausschuss* NZG 2005, 586 (587); ähnlich die Kritik von *Ries* Rpfleger 2006, 233 (234).

[67] RegE EHUG, BT-Drucks. 16/960, S. 40.

lichungen von Vorständen und Aufsichtsräten dient der Erfassung der durch das Übernahmerichtlinie-Umsetzungsgesetz[68] auf den elektronischen Bundesanzeiger umgestellten Veröffentlichung der begründeten Stellungnahme nach § 27 Abs. 3 WpÜG.[69] Veröffentlichungen des Gerichts oder der BaFin, etwa nach §§ 39b, 43, 44 WpÜG, müssen nach dem klaren Wortlaut der Vorschrift nicht über das Unternehmensregister zugänglich gemacht werden (zur abweichenden Lesart des § 8b Abs. 2 Nr. 5 s. Rn 26 f). Auf der Grundlage der **BörsZulV** wird nach ihrer Neufassung durch das Transparenzrichtlinie-Umsetzungsgesetz (Rn 6) nur noch die Börsenzulassung nach § 51 BörsZulV im elektronischen Bundesanzeiger veröffentlicht und damit auch über das Unternehmensregister zugänglich gemacht.

e) **Kapitalanlage- und Investmentgesellschaften (Nr. 8).** Nach § **8b Abs. 2 Nr. 8** müssen Bekanntmachungen und Veröffentlichungen inländischer Kapitalanlagegesellschaften und Investmentaktiengesellschaften nach dem InvG und dem InvStG im elektronischen Bundesanzeiger über das Unternehmensregister zugänglich sein. Aus dem **InvG** sind dies für **Kapitalanlagegesellschaften:** § 37 Abs. 2 S. 4 (Aussetzung und Wiederaufnahme der Anteilsrücknahme), § 38 Abs. 1 S. 2 (Kündigung des Verwaltungsrechts – eingeschränkt durch § 95 Abs. 5), § 43 Abs. 5 (Änderungen der Vertragsbedingungen), § 45 Abs. 1 und 2 (Veröffentlichung des Jahres-, Halbjahres- und Auflösungsberichtes). Für **Investmentaktiengesellschaften** sind erfasst: § 100 Abs. 4 S. 2 (Auflösungsbeschluss einer Investmentaktiengesellschaft mit einer Umbrella-Konstruktion) und § 111a Abs. 2 (Veröffentlichung des Halbjahresberichts). Überdies finden über die Bezugnahme in § 99 Abs. 3 InvG zusätzlich auch noch die für Kapitalanlagegesellschaften geltenden Vorschriften der § 37 Abs. 2 S. 4, § 43 Abs. 5 und § 45 Abs. 1 und 2 InvG Anwendung.

Die Erteilung der Erlaubnis zum Geschäftsbetrieb nach § 7a Abs. 4 InvG wird nicht vom Unternehmen, sondern **von der Bundesanstalt abgegeben** und ist daher vom Wortlaut des § 8b Abs. 2 Nr. 8 nicht erfasst; dasselbe gilt für eine Untersagung nach § 124 Abs. 4 S. 2 InvG und die Repräsentantenbestellung nach § 138 Abs. 3 InvG. Ebenfalls nicht unter § 8b Abs. 2 Nr. 8 fallen die nur für ausländische Investmentgesellschaften geltenden Regelungen in § 122 Abs. 2 (Veröffentlichungspflichten ausländischer Investmentgesellschaften), § 133 Abs. 8 und 9 und § 140 Abs. 8 und 9 (Einstellung des öffentlichen Vertriebs von EG- oder ausländischen Investmentanteilen).

Nach dem **InvStG** sind die Angaben gem. § 5 Abs. 1 S. 1 Nr. 3 InvStG sowie die gesonderte Feststellung der Besteuerungsgrundlage nach § 13 Abs. 3 InvStG im elektronischen Bundesanzeiger zu veröffentlichen und damit auch im Unternehmensregister zugänglich zu machen.

4. Weitere kapitalmarktrechtliche Veröffentlichungen (Nr. 9). Neben den bereits in § 8b Abs. 2 Nr. 7 genannten Veröffentlichungspflichten im elektronischen Bundesanzeiger werden durch § 8b Abs. 2 Nr. 9 noch weitere enumerativ aufgeführte kapitalmarktrechtliche Pflichtpublikationen als Inhalt des Unternehmensregisters genannt. Dazu gehören Veröffentlichungen und sonstige der Öffentlichkeit zur Verfügung gestellte Informationen nach § 2b Abs. 1 S. 3 (Wahl des Herkunftsstaates), § 15 Abs. 1 und 2 (Ad-Hoc-Mitteilungen),[70] § 15a Abs. 4 (Directors' Dealings), §§ 26 Abs. 1, 26a S. 2, 29a

---

[68] Übernahmerichtlinie-Umsetzungsgesetz v. 8.7.2006, BGBl. I, S. 1426.
[69] Beschlussempfehlung Rechtsausschuss, BT-Drucks. 16/2781, S. 79.
[70] Berechtigte Zweifel an der Eignung des Unternehmensregisters als Ad-hoc-Informationssystem bei *Beurskens* in: Noack S. 97 (102).

Abs. 2 S. 2 (Beteiligungspublizität), §§ 30e Abs. 1, 30f Abs. 1 S. 2 (Veröffentlichung zusätzlicher Angaben), §§ 37v Abs. 1 S. 3, 37w Abs. 1 S. 3, 37x Abs. 1 S. 3, 37y, 37z Abs. 4 S. 3 (Finanzberichterstattung) und § 41 Abs. 4a S. 8 (Übergangsregelung für Beteiligungspublizität). Diese ursprünglich enger gefasste Regelung ist durch das **Transparenzrichtlinie-Umsetzungsgesetz** (Rn 6) deutlich erweitert worden, um sämtliche Informationen abzudecken, die nach Art. 9 ff, 21 Abs. 1 und 2 der Transparenzrichtlinie (Rn 4) dem Unternehmensregister als zentralem Speicherungssystem zur Verfügung gestellt werden müssen.[71]

37 Gegenüber den Veröffentlichungspflichten nach § 8b Abs. 2 Nr. 1–8 und 11 zeichnen sich die in § 8b Abs. 2 Nr. 9 und 10 enthaltenen Tatbestände dadurch aus, dass die Übermittlung hier nicht durch eine zentrale Stelle, sondern **durch die Unternehmen selbst** erfolgt (s. dazu noch Rn 46 ff). Die daraus resultierende Belastung der Unternehmen wird allerdings durch eine **Subsidiaritätsklausel** abgemildert. § 8b Abs. 2 Nr. 9 greift nur dann ein, sofern die Veröffentlichung nicht bereits über § 8b Abs. 2 Nr. 4 oder 7 in das Unternehmensregister eingestellt wird. Zu einer solchen Überschneidung kann es deshalb kommen, weil die genannten Vorschriften des WpHG zwar eine Veröffentlichungspflicht vorsehen, das dafür zu nutzende Medium aber nicht eindeutig festlegen. Die Auswahl dieses Mediums bleibt vielmehr nach § 3a WpAIV[72] den betroffenen Unternehmen selbst überlassen, soweit nur die in dieser Vorschrift genannten Vorgaben beachtet werden.[73] Die Unternehmen können sich daher auch für eine Veröffentlichung im elektronischen Bundesanzeiger entscheiden, so dass ein Fall des § 8 Abs. 2 Nr. 4 oder 7 eintreten kann und die Subsidiaritätsklausel des § 8b Abs. 2 Nr. 9 greift.

38 5. Kapitalmarktrechtliche Veröffentlichungen an die BaFin (Nr. 10). Nach § 8b Abs. 2 Nr. 10 werden Mitteilungen über kapitalmarktrechtliche Veröffentlichungen an die Bundesanstalt für Finanzdienstleistungsaufsicht in das Unternehmensregister eingestellt, sofern sie nicht bereits über § 8b Abs. 2 Nr. 7 oder 9 erfasst sind. Unter diesen Tatbestand fallen in erster Linie Mitteilungen nach § 9 Abs. 2 S. 3 VerkprospG und § 14 Abs. 3 S. 1 WpPG.

39 6. Bekanntmachungen der Insolvenzgerichte (Nr. 11). Schließlich werden nach § 8b Abs. 2 Nr. 11 Bekanntmachungen der Insolvenzgerichte nach § 9 InsO mit Ausnahme der im 9. Teil InsO (§§ 304–314 InsO) vorgesehenen Verfahren in das Unternehmensregister einbezogen. Diese insolvenzrechtlichen Informationen werden bereits nach § 9 InsO zentral und länderübergreifend im Internet bekanntgemacht (www.insolvenzbekanntmachungen.de) und sind deshalb nach § **32 Abs.** 2 von einer neuerlichen Bekanntmachung durch das Registergericht ausgenommen.[74] Da aber auch das Faktum des **Marktaustritts** für den Handelsverkehr ein wichtiges Datum ist,[75] werden diese Bekanntmachungen über § 8b Abs. 2 Nr. 11 in das Unternehmensregister einbezogen. Lediglich die Vorschriften des 9. Teils der InsO (§§ 304–314 InsO) werden von

---

[71] RegE TUG (Rn 6), BT-Drucks. 16/2498, S. 54; *Mülbert/Steup* NZG 2007, 761 (763) vermuten hier also zu Unrecht ein Versehen des Gesetzgebers.
[72] Verordnung zur Konkretisierung von Anzeige-, Mitteilungs- und Veröffentlichungspflichten sowie der Pflicht zur Führung von Insiderverzeichnissen nach dem Wertpapierhandelsgesetz (Wertpapierhandelsanzeige- und Insiderverzeichnisverordnung – WpAIV) v. 13.12.2004 (BGBl. I, S. 3376).
[73] Kritisch *Noack* WM 2007, 377 (380).
[74] Vgl. dazu Ebenroth/Boujong/Joost/Strohn/*Zimmer* § 32 Rn 4.
[75] MünchKommErgbHGB/*Krafka* Rn 7.

der Veröffentlichungspflicht ausgenommen, da sie Verbraucherinsolvenzverfahren und sonstige Kleinverfahren betreffen und dementsprechend in einem Unternehmensregister deplatziert wären. Nähere Vorgaben für die öffentliche Bekanntmachung enthält die Verordnung zu öffentlichen Bekanntmachungen in Insolvenzverfahren im Internet (InsoBekV),[76] deren Bestimmungen nach § 4a InsoBekV auch für den Datenabruf über das Unternehmensregister entsprechend gelten. Zur Lieferung der Indexdaten s. noch Rn 40.

VII. Datenübermittlung (§ 8b Abs. 3)

1. Daten nach § 8b Abs. 2 Nr. 1–3 und 11. Die Funktionsfähigkeit des Unternehmensregisters kann nur dann gewährleistet werden, wenn sichergestellt ist, dass die in § 8b Abs. 2 aufgeführten Daten an das Register übermittelt werden. Diese Übermittlung regelt § 8b Abs. 3, wobei **nach der unterschiedlichen Herkunft der Datensätze unterschieden** wird. Soweit auf bereits anderweitig gespeicherte Datenbestände zurückgegriffen werden kann, soll diese Möglichkeit genutzt werden, um die Unternehmen nicht mit zusätzlichen Übermittlungspflichten zu belasten (s. Rn 2). So fungiert das Unternehmensregister namentlich hinsichtlich der in § 8b Abs. 2 Nr. 1–3 und 11 genannten Unternehmensdaten allein als Zugangsportal zu den Originaldatenbeständen. Um diesen Zugang zu eröffnen, müssen nicht die gesamten Datenbestände an das Unternehmensregister übermittelt werden, sondern es genügen die sog. **Indexdaten**, d.h. die Daten, die erforderlich sind, um den Zugang zu den Originaldaten über die Internetseite des Unternehmensregisters zu eröffnen.[77] § 8b Abs. 3 S. 2 verpflichtet die Landesjustizverwaltungen deshalb dazu, diese Indexdaten dem Unternehmensregister zu übermitteln. Die ursprünglich vorgesehene Zuständigkeit der Gerichte wurde aufgegeben, um den Ländern eine größere organisatorische Flexibilität zu ermöglichen.[78] Die Landesjustizverwaltungen müssen die Datenübermittlung nicht selbst vornehmen. Sie tragen lediglich die Verantwortung für die Übermittlung, können aber für deren praktische Durchführung eine bestimmte Stelle festlegen.[79]

Von einer enumerativen gesetzlichen **Aufzählung der einschlägigen Indexdaten** wurde bewusst abgesehen, um die Vorgaben für den dynamischen Prozess der elektronischen Datenverarbeitung nicht allzu starr festzuschreiben.[80] Dass die zu übermittelnden Daten dennoch aus Gründen der Rechtsklarheit einheitlich festgelegt werden, wird durch eine Konkretisierung in §§ 6 ff URV (Rn 7) gewährleistet.[81] Danach zählen zu den zu übermittelnden Indexdaten für **Eintragungen** nach § 8b Abs. 2 Nr. 1–3 etwa: Registerart, Registergericht und Registernummer (§ 6 S. 1 Nr. 1 URV), Firma oder Name (§ 6 S. 1 Nr. 2 URV), Rechtsform (§ 6 S. 1 Nr. 3 URV), Sitz und Anschrift (§ 6 S. 1 Nr. 4 URV),

---

[76] Verordnung v. 12.2.2002 (BGBl. I, S. 677).
[77] Ausführlich zu den drei Funktionen der Indexdaten (Recherche, Darstellung, Verknüpfung) die Begründung zur URV (Rn 7), BR-Drucks. 11/07, S. 10.
[78] Vgl. dazu die Stellungnahme des Bundesrates, BT-Drucks. 16/960, S. 74, der sich die Bundesregierung angeschlossen hat, BT-Drucks. 16/960, S. 89; zust. auch die Beschlussempfehlung des Rechtsausschusses, BT-Drucks. 16/2781, S. 79.
[79] Begründung zur URV (Rn 7), BR-Drucks. 11/07, S. 13.
[80] Vgl. die Gegenäußerung der Bundesregierung, BT-Drucks. 16/960, S. 89 zu einem entsprechenden Vorschlag des Bundesrates, BT-Drucks. 16/960, S. 74.
[81] Vgl. die Gegenäußerung der Bundesregierung, BT-Drucks. 16/960, S. 89.

§ 8b 1. Buch. Handelsstand

die Kennzeichnung als Neueintragung, Änderung oder Löschung (§ 6 S. 1 Nr. 5 URV) sowie die Verfügbarkeit der näher unterteilten Dokumentenarten (§ 6 S. 1 Nr. 6 URV). Ähnliche Daten sind mit nur geringfügigen Abweichungen nach § 7 URV zu **Bekanntmachungen** aus den Registern zu übermitteln.

42 Den einzelnen Daten sind bestimmte **Funktionen** zugewiesen:[82] So soll § 6 S. 1 Nr. 1 URV (Rn 7) einen zuverlässigen Abruf gewährleisten, indem das einschlägige Registerblatt aufgrund konkreter Merkmale möglichst eindeutig identifiziert wird. § 6 S. 1 Nr. 2–4 URV sind für die Recherche erforderlich, da die Daten in der Regel nach der Firma des Unternehmens erfasst und gesucht werden. Schließlich sollen die Angaben nach § 6 S. 1 Nr. 5 und 6 URV der Darstellung dienen, welche Dokumente verfügbar sind und welchen Inhalt die jeweils übermittelten Daten haben.

43 Die **Form der Datenübermittlung** wird in §§ 4 f URV (Rn 7) konkretisiert. Sie erfolgt im Wege der Datenfernübertragung (§ 4 URV); eine persönliche Abgabe oder ein Postversand scheidet ebenso aus wie etwa die Übermittlung auf Diskette oder CD-ROM.[83] Der Übertragungsakt muss in einem mit den Landesjustizverwaltungen vereinbarten strukturierten Format erfolgen (§ 5 Abs. 2 S. 1 URV) und aktuellen Sicherheitsstandards entsprechen (§ 5 Abs. 1 URV). Die Landesjustizverwaltungen haben sicherzustellen, dass die übermittelten Indexdaten ohne Aufbereitung oder Veränderungen den Zugang zu den Originaldaten und eine Suche im Unternehmensregister ermöglichen (§ 5 Abs. 2 S. 1 URV). Die dauerhafte Aktualisierung der Indexdaten wird durch § 5 Abs. 3 URV gewährleistet.[84]

44 **2. Daten nach § 8b Abs. 2 Nr. 4–8.** Die Daten nach § 8b Abs. 2 Nr. 4–8 zeichnen sich dadurch aus, dass sie allesamt vom elektronischen Bundesanzeiger verwaltet und veröffentlicht werden. § 8b Abs. 3 S. 1 Nr. 1 verpflichtet deshalb den Betreiber des elektronischen Bundesanzeigers, diese Daten zu übermitteln. Die Übermittlungspflicht wird durch § 10 URV (Rn 7) präzisiert. Dabei besteht allerdings die Besonderheit, dass sowohl das HGB als auch die URV von einem **abstrakten Regelungsmodell** ausgehen, in dem der Betreiber des Bundesanzeigers und der Betreiber des Unternehmensregisters personenverschieden sind. Angesichts der **tatsächlich bestehenden Personalunion** (Rn 11) führen diese abstrakt gedachten Anordnungen in der Rechtswirklichkeit aber teilweise zu merkwürdig anmutenden Rechtsfolgen.[85] So kann bereits die in § 8b Abs. 3 S. 1 Nr. 1 getroffene Übermittlungsanordnung praktisch nur als Anordnung verstanden werden, die entsprechenden Inhalte in das Unternehmensregister einzustellen. Auf die in § 10 S. 1 URV festgelegte Höchstfrist eines Arbeitstages wird sich der Bundesanzeigerverlag angesichts der Personenidentität nicht berufen können, sondern es gilt stattdessen die vorrangige Anordnung des „unverzüglichen" Handelns (§ 121 Abs. 1 S. 1 BGB). Schließlich erscheinen auch die umfangreichen Vorgaben des § 10 S. 2 URV zu Datenübermittlung und Datenformat hier obsolet.

45 Speziell für die Daten der **Rechnungslegung** (§ 8b Abs. 2 Nr. 4) wurde vorgeschlagen, das Unternehmensregister zu verpflichten, Informationen zu den Jahresabschlüssen ohne konkreten Anlass an sämtliche Gerichte zu „pushen", da die Gerichte bei bestimmten

---

[82] Vgl. zum Folgenden die Begründung zur URV (Rn 7), BR-Drucks. 11/07, S. 14.
[83] Begründung zur URV (Rn 7), BR-Drucks. 11/07, S. 12.
[84] Vgl. dazu auch die detaillierte Präzisierung in der Begründung zur URV (Rn 7), BR-Drucks. 11/07, S. 13 f.
[85] Vgl. zum Folgenden auch *Beurskens* in: Noack S. 97 (102, 109, 112): „teilweise etwas verwirrend".

Zweiter Abschnitt. Handelsregister § 8b

Registervorgängen auf den Zugang zu diesen Daten angewiesen seien.[86] Der Vorschlag wurde verworfen, da einem etwaigen Informationsbedürfnis der Gerichte durch die Möglichkeit des kostenfreien elektronischen Abrufs im Unternehmensregister hinreichend Rechnung getragen wird.[87]

3. Daten nach § 8b Abs. 2 Nr. 9 und 10. Die in § 8b Abs. 2 Nr. 9 und 10 angeführten Daten schließlich zeichnen sich dadurch aus, dass hier keine zentrale Zulieferung erfolgt. Vielmehr sollen sie dem Unternehmensregister durch den jeweils Veröffentlichungspflichtigen oder durch den von ihm mit der Veranlassung der Veröffentlichung betrauten Dritten übermittelt werden. Diese Daten werden also nicht von einem anderen Veröffentlichungsorgan zur Verfügung gestellt, sondern originär in das Unternehmensregister eingegeben (zur Kritik s. noch Rn 51). Die Pflicht zur Übermittlung dieser Informationen wird nicht nur in § 8b, sondern darüber hinaus auch noch einmal ergänzend in den einzelnen Regelungen des WpHG festgeschrieben (vgl. etwa § 15 Abs. 1 S. 4 WpHG). Damit soll eine **Vereinfachung der Rechtsanwendung** erreicht werden, weil der Emittent auf diese Weise alle drei Versendungspflichten hinsichtlich einer Information (Veröffentlichung, Übermittlung an das Unternehmensregister und an die Bundesanstalt) gebündelt an einer Stelle im Gesetz findet.[88] Eine inhaltliche Prüfung der übermittelten Daten findet nicht statt.[89] 46

Die Erweiterung auf „mit der Veröffentlichung betraute Dritte" trägt dem Umstand Rechnung, dass die kapitalmarktrechtlich vorgeschriebenen Veröffentlichungspflichten zumeist nicht von den Unternehmen selbst, sondern in ihrem Auftrag von sog. **Service Providern** erfüllt werden. Daher erscheint es zweckmäßig, diese Mittler auch zur Datenübermittlung an das Unternehmensregister zu verpflichten, um auf diese Weise die Unternehmen zu entlasten.[90] 47

Hinsichtlich der **Art der Übermittlung** enthält § 11 URV (Rn 7) nähere Bestimmungen. Nach § 11 S. 3 URV kann den Veröffentlichungspflichtigen auch die Übermittlung über Formulare im Internet ermöglicht werden. Da die in § 8b Abs. 2 Nr. 9 und 10 genannten Daten nicht von einer zentralen Stelle übermittelt werden, muss sichergestellt werden, dass die übermittelnde Person auch tatsächlich **befugt** ist. Zu diesem Zweck ist gem. § 11 S. 4 URV eine Registrierung des Veröffentlichungspflichtigen oder des mit der Veranlassung der Veröffentlichung beauftragten Dritten nach § 3 URV erforderlich. Damit der Übermittelnde zweifelsfrei erkennen kann, ob er seine Übermittlungspflicht erfüllt hat, wird nach § 11 S. 5 URV eine **Bestätigung im Internet** angezeigt, die der Betreiber etwa durch automatisierte E-Mail oder als Bestätigungsseite im Internet gestalten kann.[91] 48

Für die in § 8b Abs. 2 Nr. 9 aufgezählten Veröffentlichungspflichten (die Aufzählung in § 8b Abs. 3 S. 3 ist mit der des § 8b Abs. 2 Nr. 9 identisch) ordnet § 8b Abs. 3 S. 3 eine **Überwachung durch die Bundesanstalt für Finanzdienstleistungsaufsicht** an und ermächtigt sie, Anordnungen zu treffen, die zur Durchsetzung der Übermittlung geeignet und erforderlich sind. Kommt der Veröffentlichungspflichtige diesen Anordnungen nicht 49

---

[86] Stellungnahme des Bundesrates, BT-Drucks. 16/960, S. 74.
[87] Gegenäußerung der Bundesregierung, BT-Drucks. 16/960, S. 90.
[88] RegE TUG (Rn 6), BT-Drucks. 16/2498, S. 27 f.
[89] Begründung zur URV (Rn 7), BR-Drucks. 11/07, S. 17.
[90] RegE EHUG, BT-Drucks. 16/960, S. 41.
[91] Begründung zur URV (Rn 7), BR-Drucks. 11/07, S. 16.

oder nicht in ordnungsgemäßer Form nach, so kann die Bundesanstalt selbst nach § 8b Abs. 3 S. 4 die veröffentlichungspflichtigen Daten auf seine Kosten an das Unternehmensregister übermitteln. Damit die Bundesanstalt ihrer Überwachungsaufgabe nachkommen kann, räumt § 8b Abs. 3 S. 5 ihr bestimmte **Auskunftsrechte** nach § 4 Abs. 3 S. 1 und 3, Abs. 7, 9 und 10 WpHG ein und eröffnet ihr die Möglichkeit zur **Zusammenarbeit** mit Stellen im Ausland nach § 7 WpHG. Gleichzeitig werden die Mitarbeiter der Bundesanstalt über den ebenfalls in Bezug genommenen § 8 WpHG zur **Verschwiegenheit** verpflichtet. Diese erst durch das Transparenzrichtlinie-Umsetzungsgesetz (Rn 6) nachträglich eingefügten Bestimmungen sollen die europäischen Vorgaben des Art. 24 Abs. 1 der Transparenzrichtlinie (Rn 4) umsetzen, wonach die zuständige Behörde sicherstellen muss, dass die aufgrund der Richtlinie erlassenen Bestimmungen tatsächlich angewandt werden.[92]

50   Ebenfalls auf eine Vorgabe der Transparenzrichtlinie (Rn 4) geht die ergänzende **Bußgeldvorschrift des § 104a** zurück. Danach wird der BaFin die Befugnis eingeräumt, gegen Veröffentlichungspflichtige, die ihrer Pflicht nach § 8b Abs. 3 S. 1 Nr. 2 vorsätzlich oder fahrlässig nicht oder in fehlerhafter Weise nachkommen, eine **Geldbuße** von bis zu € 200.000 zu verhängen. Damit wird Art. 28 Abs. 1 der Transparenzrichtlinie umgesetzt, der die Schaffung von hinreichenden und angemessenen Verwaltungsmaßnahmen und Sanktionen verlangt, mit denen die Aufsichtsbehörde auf Verstöße gegen die auf Grundlage der Transparenzrichtlinie erlassenen Vorschriften reagieren kann.[93] Rechtstechnisch unbefriedigend ist, dass der ebenfalls auf das Transparenzrichtlinie-Umsetzungsgesetz zurückgehende **§ 39 Abs. 2 Nr. 6 WpHG** eine weitere Bußgeldvorschrift eingeführt hat, die sich in weiten Teilen mit der Regelung des § 104a überschneidet.[94]

51   Im Schrifttum ist die verfahrenstechnische Ausgestaltung des Übermittlungsverfahrens hinsichtlich der kapitalmarktrechtlichen Informationen auf **berechtigte Kritik** gestoßen. Die Unternehmen werden doppelt belastet, indem sie die Daten sowohl an die BaFin als auch an das Unternehmensregister übermitteln müssen. Es wäre vorzugswürdig gewesen, die BaFin unmittelbar mit der elektronischen Weiterübermittlung und nicht nur mit deren Überwachung zu betrauen.[95]

VIII. Erstellung von Ausdrucken (§ 8b Abs. 4)

52   Nach § 8b Abs. 4 S. 1 umfasst die Führung des Unternehmensregisters auch die **Erteilung von Ausdrucken** sowie die **Beglaubigung** entsprechend § 9 Abs. 3 und 4 hinsichtlich der im Unternehmensregister gespeicherten Unterlagen der Rechnungslegung i.S.d. § 8b Abs. 2 Nr. 4. § 8b Abs. 4 S. 2 erweitert diese Aufgabe auch auf die **elektronische Übermittlung** von zum Handelsregister eingereichten Schriftstücken nach § 9 Abs. 2, soweit sich der Antrag auf Unterlagen der Rechnungslegung im Sinn des § 8b Abs. 2 Nr. 4 bezieht. Auch für diesen Fall gilt § 9 Abs. 3 entsprechend. Der Gesetzgeber verfolgt mit dieser Regelung vornehmlich das Ziel, die Registergerichte von der Herstellung elektronischer Dokumente aus allein in Papierform vorliegenden Unterlagen der Rechnungsle-

---

[92] RegE TUG, BT-Drucks. 16/2498, S. 54.
[93] Vgl. dazu auch RegE TUG, BT-Drucks. 16/2498, S. 54.
[94] So auch *Beurskens* in: Noack S. 97 (123): kaum abgrenzbar.
[95] MünchKommErgbHGB/*Krafka* Rn 8; *Beurskens* in: Noack S. 97 (119); *Noack* NZG 2006, 801 (804); *ders.* AG 2007, 377 (380).

gung zu entlasten.⁹⁶ Daneben wird mit § 8b Abs. 4 zugleich auch eine **Vorgabe der Publizitätsrichtlinie** (Rn 4) erfüllt. Nach Art. 3 Abs. 3 Unterabs. 1 S. 1 der Richtlinie muss auf Antrag eine vollständige oder auszugsweise Kopie aus der in Art. 3 Abs. 1 geforderten zentralen Registerakte erhältlich sein. Da diese Akte in Deutschland das Unternehmensregister ist, war es erforderlich, die Führung des Unternehmensregisters in § 8b Abs. 4 um diese Aufgabe zu erweitern.⁹⁷ Aus § 9 Abs. 6 ergibt sich ein solcher Anspruch noch nicht, da sich diese Vorschrift allein auf die im Handelsregister enthaltenen Dokumente bezieht, nicht aber auf die des Unternehmensregisters (vgl. dazu § 9 Rn 50). Gerade dazu gehören nach der Neuregelung des EHUG aber auch die Rechnungslegungsunterlagen (s. Rn 22 ff).

Die **nähere Ausgestaltung** dieses Verfahrens ist in § 9 URV (Rn 7) geregelt. Die Registergerichte werden zwar von der Herstellung elektronischer Dokumente entlastet, doch müssen sie, damit das Unternehmensregister diese Aufgabe erfüllen kann, die Dokumente in Papierform dem Unternehmensregister **übermitteln**, sobald ein entsprechender Antrag gestellt wird (§ 9 S. 1 URV). Die Schriftstücke werden sodann in ein elektronisches Dokument übertragen und im Unternehmensregister unmittelbar zugänglich gemacht (§ 9 S. 2 URV). Für neuere Rechnungslegungsunterlagen erübrigt sich dieses Übermittlungserfordernis, da diese nach §§ 325, 339 n.F. ohnehin unmittelbar in elektronischer Form beim Unternehmensregister einzureichen sind (s. Rn 22). 53

Die dem Unternehmensregister durch § 8b Abs. 4 S. 1 zugewiesene **Beglaubigungsaufgabe** ist eine hoheitliche Befugnis, die nach § 33 Abs. 1 VwVfG nur von einer Behörde, nicht aber von einer juristischen Person des Privatrechts ausgeübt werden kann. Auch der Betreiber des Unternehmensregisters ist derzeit statusmäßig ein Privatrechtssubjekt, das aber aufgrund des Beleihungsaktes funktionell in begrenztem Umfang hoheitlich handeln kann. Er tritt nach außen hin als selbständiger Hoheitsträger auf und ist damit auch Behörde i.S.d. § 1 Abs. 4 VwVfG.⁹⁸ Da eine Beglaubigung nach § 33 Abs. 3 Nr. 4 VwVfG ein Dienstsiegel voraussetzt, musste auch dem Betreiber des Unternehmensregisters das **Recht zur Führung eines Dienstsiegels** eingeräumt werden. Dies ist durch § 9a Abs. 1 S. 3 geschehen. 54

IX. Löschung von Daten

In § 8b nicht vorgesehen ist die Löschung von Daten.⁹⁹ § 9a Abs. 3 S. 1 enthält aber auch insofern eine Verordnungsermächtigung zugunsten des Bundesjustizministeriums, von der im Rahmen der URV (Rn 7) Gebrauch gemacht wurde. Wo das Unternehmensregister nur als **Zugangsportal** zu anderweitigen Originaldatenbeständen fungiert (§ 8b Abs. 2 Nr. 1–3 und 11), erfolgt die Löschung automatisch, wenn die Originaldaten gelöscht werden.¹⁰⁰ Für die nach § 8b Abs. 2 Nr. 4–8 zugänglich zu machenden Daten sieht § 12 Abs. 2 S. 1 URV ebenfalls eine an die Originaldatenbestände gekoppelte Löschung vor. Sobald die Originaldaten nicht mehr im elektronischen Bundesanzeiger zugänglich sind, werden sie auch im Unternehmensregister gelöscht. Für die originär in 55

---

⁹⁶ Gegenäußerung der Bundesregierung, BT-Drucks. 16/960, S. 92; Beschlussempfehlung Rechtsausschuss, BT-Drucks. 16/2781, S. 79.
⁹⁷ Vgl. dazu MünchKommErgbHGB/*Krafka* Rn 21.
⁹⁸ Vgl. dazu statt aller *Maurer* Allgemeines Verwaltungsrecht, 16. Aufl., 2006, § 23 Rn 59.
⁹⁹ Ausführlich zum Folgenden die Begründung zur URV (Rn 7), BR-Drucks. 11/07, S. 17 f.
¹⁰⁰ Vgl. dazu auch MünchKommErgbHGB/*Krafka* Rn 20.

das Unternehmensregister einzustellenden Informationen gem. § 8b Abs. 2 Nr. 9 und 10 schreibt § 12 Abs. 2 S. 2 URV vor, dass sie zehn Jahre zugänglich zu halten und anschließend zu löschen sind. Im Schrifttum wird zu Recht darauf hingewiesen, dass die mit dem Unternehmensregister angestrebte höhere Transparenz durch eine solche Löschung vermindert wird; der Verordnungsgeber hat diese Folge aber bewusst in Kauf genommen, um damit datenschutzrechtlichen Interessen der Betroffenen Rechnung zu tragen.[101]

X. Kosten

56 1. **Kosten der veröffentlichungspflichtigen Unternehmen.** Der deutsche Gesetzgeber teilt die Kosten zwischen den veröffentlichungspflichtigen Unternehmen und den Nutzern des Registers auf. Von Seiten der Unternehmen erfolgt die Finanzierung über eine **gestaffelte Jahresgebühr**. Diese Jahresgebühr ist nach § 6 S. 2 JVKostO von jedem Unternehmen zu erbringen, das seine Rechnungslegungsunterlagen im elektronischen Bundesanzeiger bekannt zu machen hat (vgl. dazu §§ 325, 264a, 325a, 340l, 341l HGB, §§ 9, 15 PublG), und von jedem Unternehmen, das in dem betreffenden Kalenderjahr nach § 8b Abs. 2 Nr. 9 und 10, Abs. 3 S. 1 Nr. 2 selbst oder durch einen von ihm beauftragten Dritten Daten an das Unternehmensregister übermittelt hat.

57 Die **Staffelung der Gebührenhöhe** richtet sich danach, ob das Unternehmen die für kleine Kapitalgesellschaften geltenden Erleichterungen gem. § 326 in Anspruch nehmen kann und deshalb das Unternehmensregister in geringerem Maße nutzt.[102] Entscheidend ist also letztlich die **Unternehmensgröße**. Danach beträgt die Gebühr für kleine Kapitalgesellschaften (§ 267 Abs. 1) jeweils € 5, für mittelgroße und große Kapitalgesellschaften (§ 267 Abs. 2 und 3) jeweils € 10. Von Unternehmen, die – unabhängig von ihrer Größe – in einem Kalenderjahr nach § 8b Abs. 3 S. 1 Nr. 2 kapitalmarktrechtliche Daten an das Unternehmensregister liefern, wird aufgrund des damit verbundenen höheren Aufwands eine Gebühr von € 30 erhoben.

58 2. **Kosten der Nutzer.** Von den Nutzern können die über das Unternehmensregister zugänglichen Daten **grundsätzlich kostenfrei** abgerufen werden. Etwas anderes gilt allerdings dann, wenn das Unternehmensregister lediglich als Portal zu einem anderweitig gespeicherten Originaldatenbestand führt, der nur kostenpflichtig abgerufen werden kann. In diesem Fall bleibt die Kostenpflicht auch bei dem nur **mittelbaren Zugriff** über das Unternehmensregister bestehen (zu der für die Entgelterhebung erforderlichen Erfassung der Nutzerdaten s. Rn 15). Somit kann etwa für einen Auszug aus dem Handelsregister eine Gebühr von € 4,50 und für jedes abgerufene Dokument noch einmal eine Gebühr in gleicher Höhe anfallen (s. dazu noch § 9 Rn 51).[103] Werden allerdings nicht

---

[101] Begründung zur URV (Rn 7), BR-Drucks. 11/07, S. 18.
[102] Die folgenden Grundsätze ergeben sich aus Nr. 500–503 des Gebührenverzeichnisses – Anlage 1 zur Justizverwaltungskostenordnung (JVKostO); vgl. dazu auch die Erläuterungen im RegE EHUG, BT-Drucks. 16/960, S. 70.
[103] Im Schrifttum wird die Angemessenheit dieser Gebührenhöhe angesichts des überschaubaren Verwaltungsaufwands z.T. in Zweifel gezogen; vgl. etwa *Jeep/Wiedemann* NJW 2007, 2439 (2446). Eine unangemessen hohe Gebühr könnte unzulässig sein, da aus Art. 3 Abs. 3 Unterabs. 3 der geänderten Publizitätsrichtlinie (Rn 4) der Schluss gezogen werden kann, dass die Gebühren die tatsächlichen Verwaltungskosten nicht überschreiten dürfen; vgl. *Clausnitzer/Blatt* GmbHR 2006, 1303 (1304).

die Registerdaten selbst, sondern nur ihre Bekanntmachungen abgerufen, so bleibt dieser Zugriff gebührenfrei.[104]

Des Weiteren ist auch die **Übertragung von Unterlagen** der Rechnungslegung in ein elektronisches Dokument nach § 8b Abs. 4 S. 1 und 2 i.V.m. § 9 Abs. 2 HGB, Art. 61 Abs. 3 EGHGB kostenpflichtig. Die Gebührenhöhe richtet sich nach Nr. 503 GV JVKostO und beträgt pro angefangene Seite € 3, mindestens jedoch € 30. Für die **Abschrift** dieser Unterlagen wird eine Dokumentenpauschale nach § 4 JVKostO und gegebenenfalls auch noch eine Beglaubigungsgebühr nach Nr. 102 GV JVKostO erhoben. Bei **Ausdrucken** aus dem Unternehmensregister soll hingegen die Beglaubigungsgebühr nach Nr. 102 GV JVKostO immer, jedoch keine Dokumentenpauschale gem. § 4 JVKostO erhoben werden können.[105] **59**

Wird ein kostenpflichtiger Abruf vorgenommen, dürfen die **Nutzerdaten** zum Zwecke der Gebührenerhebung erfasst werden (s. Rn 15). Auch vor der Nutzung der zusätzlichen Auskunftsdienstleistungen (Rn 17) darf der Betreiber gem. § 15 Abs. 1 S. 2 URV (Rn 7) eine Registrierung nach § 3 URV verlangen. Als **Zahlungsmodalitäten** sieht § 15 Abs. 2 URV die Zahlung per Kreditkarte, elektronischem Lastschriftverfahren oder auf einem vergleichbaren vereinbarten Zahlungsweg vor.[106] **60**

§ 9
Einsichtnahme in das Handelsregister und das Unternehmensregister

(1) ¹Die Einsichtnahme in das Handelsregister sowie in die zum Handelsregister eingereichten Dokumente ist jedem zu Informationszwecken gestattet. ²Die Landesjustizverwaltungen bestimmen das elektronische Informations- und Kommunikationssystem, über das die Daten aus den Handelsregistern abrufbar sind, und sind für die Abwicklung des elektronischen Abrufverfahrens zuständig. ³Die Landesregierung kann die Zuständigkeit durch Rechtsverordnung abweichend regeln; sie kann diese Ermächtigung durch Rechtsverordnung auf die Landesjustizverwaltung übertragen. ⁴Die Länder können ein länderübergreifendes, zentrales elektronisches Informations- und Kommunikationssystem bestimmen. ⁵Sie können auch eine Übertragung der Abwicklungsaufgaben auf die zuständige Stelle eines anderen Landes sowie mit dem Betreiber des Unternehmensregisters eine Übertragung der Abwicklungsaufgaben auf das Unternehmensregister vereinbaren.

(2) Sind Dokumente nur in Papierform vorhanden, kann die elektronische Übermittlung nur für solche Schriftstücke verlangt werden, die weniger als zehn Jahre vor dem Zeitpunkt der Antragstellung zum Handelsregister eingereicht wurden.

(3) ¹Die Übereinstimmung der übermittelten Daten mit dem Inhalt des Handelsregisters und den zum Handelsregister eingereichten Dokumenten wird auf Antrag durch das Gericht beglaubigt. ²Dafür ist eine qualifizierte elektronische Signatur nach dem Signaturgesetz zu verwenden.

---

[104] *Beurskens* in: Noack S. 97 (126) weist darauf hin, dass sich daraus für die Nutzer eine naheliegende Möglichkeit ergibt, die Kostenpflicht beim Abruf von Registerdaten zu umgehen.

[105] RegE EHUG, BT-Drucks. 16/960, S. 70 sowie die Stellungnahme des Bundesrates, BT-Drucks. 16/960, S. 87.

[106] Ausführlich dazu auch *Beurskens* in: Noack S. 97 (128).

(4) ¹Von den Eintragungen und den eingereichten Dokumenten kann ein Ausdruck verlangt werden. ²Von den zum Handelsregister eingereichten Schriftstücken, die nur in Papierform vorliegen, kann eine Abschrift gefordert werden. ³Die Abschrift ist von der Geschäftsstelle zu beglaubigen und der Ausdruck als amtlicher Ausdruck zu fertigen, wenn nicht auf die Beglaubigung verzichtet wird.

(5) Das Gericht hat auf Verlangen eine Bescheinigung darüber zu erteilen, dass bezüglich des Gegenstandes einer Eintragung weitere Eintragungen nicht vorhanden sind oder dass eine bestimmte Eintragung nicht erfolgt ist.

(6) ¹Für die Einsichtnahme in das Unternehmensregister gilt Absatz 1 Satz 1 entsprechend. ²Anträge nach den Absätzen 2 bis 5 können auch über das Unternehmensregister an das Gericht vermittelt werden.

Schrifttum

Adler Das Handelsregister, seine Öffentlichkeit und sein öffentlicher Glaube, 1908; *Barella* Das Recht auf Einsicht in das Handelsregister und auf Erteilung von Abschriften und Bescheinigungen, DB 1956, 321; *Bokelmann* Der Einblick in das Handelsregister, DStR 1991, 945; *Christ/Müller-Helle* Veröffentlichungspflichten nach dem neuen EHUG, 2007; *Dauner-Lieb/Linke* Digital gleich optional? DB 2006, 767; *DAV-Handelsrechtsausschuss* Stellungnahme zum Entwurf eines Gesetzes über elektronische Handelsregister- und Genossenschaftsregister sowie das Unternehmensregister (EHUG), NZG 2005, 586; *Friauf* Die Publizitätspflicht für Gesellschaften mit beschränkter Haftung aus verfassungsrechtlicher Sicht, GmbHR 1985, 245; *ders.* Registerpublizität und Verfassungsrecht, GmbHR 1991, 397; *Geiger* Kommerzielle Nutzung amtlich veröffentlichter Registereintragungen, CR 1992, 228; *Göttlich* Notar-Bescheinigungen in Handelsregistersachen, JurBüro 1970, 105; *Gustavus* Handelsregister-Datenbank – Pro und Contra, GmbHR 1990, 197; *Hildebrandt* Grenzen der Registereinsicht, DFG 1936, 126; *ders.* Rechtshilfe in Handelsregistersachen, DFG 1936, 249; *Hirte* Kommerzielle Nutzung des Handelsregisters, CR 1990, 631; *Kassau* Das Recht auf kommerzielle Nutzung des Handelsregisters, 1998; *J. Koch/Rudzio* Die Beweiskraft des Handelsregisters nach seiner Modernisierung, ZZP 122 (2009), 37; *Kollhosser* Handelsregister und private Datenbanken, NJW 1988, 2409; *Kort* Paradigmenwechsel im deutschen Registerrecht: Das elektronische Handels- und Unternehmensregister – eine Zwischenbilanz, AG 2007, 801; *U. Mayer* Die Vertretungsbescheinigung des Notars nach § 21 BNotO in der Handelsregisterpraxis, NotBZ 2003, 344; *Melchior/Schulte* HandelsregisterVO, Online-Version 2008; abrufbar unter www.melchior-schulte.de (zuletzt abgerufen am 1. August 2008); *E.-M. Müller* Auf Schleichwegen doch noch zu einem privaten Handelsregister, CR 1992, 71; *Nedden-Boeger* Das neue Registerrecht, FGPrax 2007, 1; *Ries* Elektronische Handels- und Unternehmensregister, Rpfleger 2006, 233; *Sandvoss* Das Einsichtsrecht in das Handelsregister, Das Mitbestimmungsgespräch 1977, 155; *Schemmann/Solveen* Das elektronische Handelsregister im Echtbetrieb – Wirklichkeit und Vision, ZIP 2001, 1518; *Seibert/Decker* Das Gesetz über elektronische Handelsregister und Genossenschaftsregister sowie das Unternehmensregister (EHUG) – Der „Big Bang" im Recht der Unternehmenspublizität, DB 2006, 2446; *Seibert/Wedemann* Der Schutz der Privatanschrift im elektronischen Handels- und Unternehmensregister, GmbHR 2007, 17; *Sikora/Schwab* Das EHUG in der notariellen Praxis, MittBayNot 2007, 1; *Windbichler* Handelsrechtliche Publizität durch private Datenverarbeiter, CR 1988, 447. Vgl. auch schon die Nachweise zu § 8.

Übersicht

	Rn		Rn
I. Regelungsinhalt und Regelungszweck	1	VI. Beglaubigung (§ 9 Abs. 3)	30–33
II. Normentwicklung und europäische Grundlagen	2–3	1. Anspruch auf Beglaubigung	30–31
		2. Die qualifizierte Signatur	32–33
III. Verfassungsrechtliche Gesichtspunkte	4	VII. Ausdruck und Abschrift (§ 9 Abs. 4)	34–37
IV. Das Recht zur Einsichtnahme (§ 9 Abs. 1)	5–25	1. Ausdruck	34–35
1. Gegenstand des Einsichtsrechts	5–8	2. Abschrift	36
a) Registerblätter und Registerordner	5–6	3. Zuständigkeit, Rechtsmittel und Beweiskraft	37
b) Keine unbeschränkte Einsicht in Registerakte	7–8	VIII. Negativattest (§ 9 Abs. 5)	38–41
2. Die Ausübung des Einsichtsrechts	9–12	1. Allgemeine Grundsätze	38
a) Online-Einsicht	9	2. Beweiskraft des Negativattests	39–41
b) Präsenzeinsicht	10–12	IX. Keine weitergehenden Zeugnis- und Auskunftsansprüche	42–46
3. Die Organisation des elektronischen Abrufverfahrens	13–16	1. Kein Zeugnisanspruch	42
a) Verwaltungsrechtliche Organisation	13–14	2. Nachweise nach § 32 GBO und § 21 BNotO	43–44
b) Suchfunktion und Datenschutz	15–16	3. Weitergehende Auskunftspflichten	45–46
4. Einsichtnahme zu Informationszwecken	17–23	X. Entsprechende Anwendung auf das Unternehmensregister (§ 9 Abs. 6)	47–50
a) Allgemeine Grundsätze	17–19	1. Einsichtnahme	47–48
b) Totalabruf zu gewerblichen Zwecken	20–23	2. Weiterleitung von Anträgen	49–50
5. Keine Pflicht zur Einsichtnahme	24	XI. Gebühren	51–56
6. Zuständigkeit und Rechtsbehelfe	25	1. Einsichtnahme	51
V. Pflicht zum Medienwechsel und Ausnahme für Altdokumente (§ 9 Abs. 2)	26–29	2. Medienwechsel	52
1. Allgemeine Grundsätze	26–28	3. Ausdrucke, Abschriften und Negativatteste	53–54
2. Zuständigkeit und Rechtsmittel	29	4. Kostenschuldner	55
		5. Kosten für die Nutzung des Unternehmensregisters	56

I. Regelungsinhalt und Regelungszweck

§ 9 regelt in erster Linie die Einsichtnahme in das Handelsregister sowie in die dort eingereichten Dokumente und räumt interessierten Verkehrsteilnehmern überdies die Möglichkeit ein, sich diese Inhalte in verschiedenen Formen (Ausdruck, Abschrift, Negativattest) bescheinigen zu lassen. In § 9 Abs. 6 wird die Gestattung der Einsichtnahme auch auf das Unternehmensregister (vgl. § 8b) ausgedehnt und zugleich angeordnet, dass Anträge auf Bescheinigung einzelner Inhalte auch zentral über das Unternehmensregister an die Registergerichte vermittelt werden können. Gemeinsam mit der Bekanntmachung nach § 10 wird über das Einsichtsrecht die **Öffentlichkeit des Handelsregisters** hergestellt, die entscheidend dafür ist, dass es seine Publizitätsfunktion (vgl. dazu § 8 Rn 1 f) erfüllen kann.[1] Seit der Neufassung der Vorschrift durch das EHUG (dazu im Einzelnen noch Rn 2) bezieht sich die Regelung gleichermaßen auf die bisher gebräuchliche Präsenzeinsicht in den Räumlichkeiten des Registergerichts und den neuen Regelfall der Online-Einsicht, der bislang als Ausnahmetatbestand in § 9a geregelt war (s. noch Rn 9 f). Über § 5 Abs. 2 PartGG und § 156 Abs. 1 GenG findet die Vorschrift entsprechende Anwendung.

1

---

[1] Vgl. dazu etwa *Adler* S. 7 ff.

II. Normentwicklung und europäische Grundlagen

2 Das Recht zur Einsichtnahme in das Handelsregister geht noch auf Art. 12 ADHGB zurück. Es wurde ursprünglich ohne jede Einschränkung gewährt, dann aber durch das **ERJuKoG**[2] von 2001 an das Erfordernis geknüpft, dass die Einsichtnahme „zu Informationszwecken" erfolgen muss, ohne dass der Gesetzgeber die Öffentlichkeit des Registers damit in nennenswertem Umfang einschränken wollte (Rn 17). Wesentlich einschneidendere Veränderungen hat die Vorschrift durch das **EHUG** aus dem Jahr 2006[3] erfahren, das die Bestimmungen zur Einsichtnahme, einschließlich der Erteilung von Abschriften, Ausdrucken, Beglaubigungen etc., an die neuen Rahmenbedingungen der elektronischen Registerführung (§ 8) angepasst hat. Schon bislang konnten die Länder nach § 9a a.F. von der Option Gebrauch machen, neben der Präsenzeinsicht auch einen Online-Abruf zuzulassen. Dieser bislang als Ausnahmetatbestand konzipierte Online-Abruf ist mit der flächendeckenden Umstellung auf eine elektronische Registerführung aber mittlerweile zum Regelfall geworden. Durch die Neufassung des § 9 wird das Recht zur Einsichtnahme daher nun einheitlich in dieser Vorschrift geregelt, wobei die Bestimmungen des § 9a a.F. teilweise übernommen wurden.

3 Die Änderungen des § 9 sind zum Teil europarechtlich bedingt. Maßgeblich ist insofern in erster Linie die **Publizitätsrichtlinie** von 1968[4], die durch die **Offenlegungsrichtlinie** aus dem Jahr 2003[5] modernisiert worden ist. Dabei wurde auch die flächendeckende Einführung von elektronischen Handelsregistern verbindlich vorgeschrieben.[6] **Art. 3 Abs. 3** der Richtlinie ergänzte diese Vorgabe um das jedermann zustehende Recht, eine vollständige oder auszugsweise Kopie aus dem Register zu erhalten und diese beglaubigen zu lassen.[7] Obwohl diese Regeln grundsätzlich nur für Kapitalgesellschaften gelten, hat der deutsche Gesetzgeber sie im Wege der überschießenden Richtlinienumsetzung auf das gesamte Handelsrecht übertragen, um auf diese Weise die systematische Einheit des Registerrechts zu bewahren (ausführlich zu dem Instrument der überschießenden Richtlinienumsetzung noch § 15 Rn 12 ff).

---

[2] Gesetz über elektronische Register und Justizkosten für Telekommunikation (ERJuKoG) v. 10.12.2001 (BGBl. I, S. 3422).
[3] Gesetz über elektronische Handelsregister und Genossenschaftsregister sowie das Unternehmensregister (EHUG) v. 10.11.2006 (BGBl. I, S. 2553).
[4] Erste Richtlinie 68/151/EWG des Rates v. 9.3.1968 zur Koordinierung der Schutzbestimmungen, die in den Mitgliedstaaten den Gesellschaften im Sinne des Artikels 58 Absatz 2 des Vertrages im Interesse der Gesellschafter sowie Dritter vorgeschrieben sind, um diese Bestimmungen gleichwertig zu gestalten, ABl. EG Nr. L 065 v. 14.3.1968; umgesetzt in das deutsche Recht durch das Gesetz zur Durchführung der ersten Richtlinie des Rates der Europäischen Gemeinschaften zur Koordinierung des Gesellschaftsrechts v. 15.8.1969 (BGBl. I, S. 1146). Zur Änderung s. noch Fn 5.
[5] Richtlinie 2003/58/EG des Europäischen Parlaments und des Rates v. 15.7.2003 zur Änderung der Richtlinie 68/151/EWG des Rates in Bezug auf die Offenlegungspflichten von Gesellschaften bestimmter Rechtsformen (Offenlegungsrichtlinie – ABl. EG Nr. L 221 v. 4.9.2003).
[6] Übersicht über die elektronisch abrufbaren Handels- und Unternehmensregister anderer EU-Mitgliedstaaten bei Christ/*Müller-Helle* S. 61 f.
[7] Ausführlich zu den neuen europarechtlichen Vorgaben *Schemmann* GPR 2003/04, 92 ff; *Scholz* EuZW 2004, 172 ff.

III. Verfassungsrechtliche Gesichtspunkte

Durch die Bestimmungen zur Registerpublizität wird das Recht des Eingetragenen auf **4 informationelle Selbstbestimmung** (Art. 2 Abs. 1 GG), das auch juristischen Personen zusteht, eingeschränkt.[8] Entgegen einer im Schrifttum vereinzelt vertretenen Auffassung[9] ist dieser Eingriff aber zulässig, da er durch ein verfassungsmäßiges Gesetz angeordnet wird, das insbesondere auch den Grundsatz der Verhältnismäßigkeit wahrt.[10] Die Veröffentlichungspflichten finden ihre **Rechtfertigung** in den Erfordernissen des Gläubigerschutzes und dem daraus resultierenden Informationsinteresse des Rechtsverkehrs.[11] Demgegenüber fallen die Geheimhaltungsinteressen der Eintragungspflichtigen nicht übermäßig ins Gewicht, da der Geheimhaltungsschutz **im geschäftlichen Verkehr** ohnehin nicht das gleiche Gewicht hat wie das Schutzinteresse eines Einzelnen an höchstpersönlichen Daten.[12] Aus denselben Gründen ist auch ein Verstoß gegen Art. 12 GG abzulehnen. Da demnach ein unzulässiger Eingriff in grundrechtlich geschützte Rechte nicht vorliegt, kommt es auf die teilweise in diesem Zusammenhang problematisierte Frage, inwiefern eine auf EG-Richtlinien beruhende Norm überhaupt am deutschen Verfassungsrecht zu messen ist, nicht an.[13]

IV. Das Recht zur Einsichtnahme (§ 9 Abs. 1)

1. Gegenstand des Einsichtsrechts

a) **Registerblätter und Registerordner.** Das durch § 9 Abs. 1 S. 1 gewährte Recht auf **5** Einsichtnahme bezieht sich zunächst auf das **Handelsregister selbst**, d.h. auf die Registerblätter (zur Ausübung des Einsichtsrechts s. noch Rn 9 ff). Daneben erstreckt es sich auch auf sämtliche **zum Handelsregister eingereichten Dokumente**.[14] Es handelt sich dabei um solche Dokumente, die in den sog. **Registerordner** nach § 9 HRV aufgenommen werden (vgl. § 8 Rn 22),[15] wobei das Einsichtsrecht allerdings nicht von der Art und Weise der formellen Aktenführung im Einzelfall abhängt, sondern nur davon, ob es sich materiell um eingereichte Dokumente i.S.d. § 9 Abs. 1 S. 1 handelt.[16] Das Recht zur Einsichtnahme nach § 9 Abs. 1 S. 1 erfasst in erster Linie solche Dokumente, deren Ein-

---

[8] Grundlegend zum Recht auf informationelle Selbstbestimmung BVerfGE 65, 1 ff = NJW 1984, 419; zur Anwendbarkeit auch auf juristische Personen vgl. BVerfGE 66, 116 (130) = NJW 1984, 1741; BVerfG NJW 1994, 1784.

[9] Insbes. *Friauf* GmbHR 1985, 245 (247 ff, 252); *ders.* GmbHR 1991, 397 ff; s. auch *Gustavus* GmbHR 1987, 253 (254).

[10] So BayObLG NJW-RR 1995, 798; OLG Köln GmbHR 1991, 423; Ebenroth/Boujong/Joost/Strohn/*Schaub* Rn 2; Koller/*Roth*/Morck Rn 1; Röhricht/v. Westphalen/*Ammon* Rn 1; *Canaris* HandelsR § 4 Rn 4; *Hirte* CR 1990, 631 ff; skeptisch wegen Missbrauchsgefahr bei elektronischem Abruf GK-HGB/*Gesmann-Nuissl* Rn 5; dagegen wiederum *K. Schmidt* Handelsrecht § 13 I 2.

[11] Röhricht/v. Westphalen/*Ammon* Rn 1.

[12] OLG Köln GmbHR 1991, 423 (424).

[13] Diese Frage wird etwa verneint von *de Weerth* BB 1998, 366 (369); vgl. zum Rechtsschutz bei europäischen Berührungspunkten *Friauf* GmbHR 1991, 397 (399 ff); ausführlich Sodan/Ziekow/*Dörr* VwGO, 2. Aufl., 2006, EVR Rn 1 ff.

[14] Wie in § 12 n.F. ist auch hier der bislang verwandte Begriff des Schriftstücks durch den des Dokuments ersetzt worden.

[15] Zu Registerakte und -ordner im Einzelnen *Krafka/Willer* Rn 41 ff; *Nedden-Boeger* FGPrax 2007, 1 (2).

[16] OLG Hamm GmbHR 2007, 158; vgl. auch bereits KGJ 42 A Nr. 30, S. 146.

reichung **gesetzlich angeordnet** wird (vgl. dazu im Einzelnen noch die Aufzählung in Rn 6), ist darauf aber nicht beschränkt. So genügt es auch, wenn das Registergericht im Rahmen der Amtsermittlung nach § 26 FamFG (§ 12 FGG a.F.) Belege anfordert (etwa Bankbelege über die Einzahlung des Stammkapitals einer GmbH).[17] Ebenso fallen unter § 9 Abs. 1 S. 1 Niederschriften des Registergerichts über vor ihm abgegebene Erklärungen[18] sowie Belege und Unterlagen, die für eine Eintragung erforderlich sind, wie beispielsweise Erbscheine nach früheren Firmeninhabern.[19]

6 **Einreichungspflichten** ergeben sich aus zahlreichen Vorschriften des Handels- und Gesellschaftsrechts. Dazu gehören in erster Linie die Einreichungspflichten bei der Gründung (§§ 37 Abs. 4 AktG, 8 Abs. 1 GmbHG), Satzungsänderung (§§ 181 Abs. 1 AktG, 54 Abs. 1 S. 2 GmbHG) oder Kapitalerhöhung (§§ 184 Abs. 1 S. 2, 188 Abs. 3, 195 Abs. 2, 201 Abs. 2 S. 1 AktG, 57 Abs. 3 GmbHG) einer Kapitalgesellschaft sowie beim Abschluss eines Unternehmensvertrages (§ 294 Abs. 1 S. 2 AktG). Des Weiteren sind beispielhaft die Einreichungspflichten bei der aktienrechtlichen Nachgründung (§ 52 Abs. 6 S. 2 AktG), hinsichtlich der Hauptversammlungsniederschrift (§ 130 Abs. 5 AktG) sowie bei Veränderungen in den Geschäftsführungsorganen (§§ 81 Abs. 2 AktG, 39 Abs. 2 GmbHG), im Aufsichtsrat (§§ 106 AktG, 52 Abs. 2 S. 2 GmbHG) oder im Gesellschafterkreis einer GmbH (§ 40 Abs. 1 S. 1 GmbHG) zu nennen. Umfassende Einreichungspflichten sieht auch das UmwG vor, namentlich bei der Anmeldung einer Verschmelzung nach § 17 UmwG. Jahresabschlüsse werden nach der Neufassung des § 325 nicht mehr beim Registergericht, sondern beim Unternehmensregister eingereicht, wo sie über § 8b Abs. 2 Nr. 4 ebenfalls der Allgemeinheit zugänglich gemacht werden (s. dazu die Ausführungen in § 8b Rn 22 ff, 52).

7 b) **Keine unbeschränkte Einsicht in Registerakte.** Nicht zum Handelsregister eingereicht und folglich nicht der unbeschränkten Einsichtnahme unterworfen sind die Dokumente, die auf die Tätigkeit des Registergerichts selbst zurückgehen und die deshalb in der Regel nach § 8 HRV in die **Registerakte** einbezogen werden (vgl. § 8 Rn 22).[20] Dazu gehören etwa der Schriftwechsel zwischen Gericht und Beteiligten, gerichtliche Verfügungen und sonstige Entscheidungen des Gerichts, namentlich in Rechtsbehelfs- und Rechtsmittelverfahren, sowie die zugrunde liegenden Anträge auf richterliche Entscheidungen. Des Weiteren sind vom Einsichtsrecht ausgenommen die vom Registergericht beigezogenen Gutachten und Auskünfte, etwa der Industrie- und Handelskammer, der Handwerkskammer oder von Behörden, ferner Kostenrechnungen, Belegblätter sowie Schriftstücke aus Zwangsverfahren nach § 14. Schließlich werden auch Anträge, Schriftstücke und Entscheidungen in Verfahren nach § 375 FamFG (§ 145 FGG a.F.) zwar in die Registerakte einbezogen,[21] sind aber vom Einsichtsrecht nach § 9 Abs. 1 S. 1 nicht erfasst.[22]

8 Die vorstehend genannten Dokumente sind der Einsichtnahme allerdings nicht vollständig entzogen, sondern es besteht auch hier ein Anspruch auf Einsichtnahme unter

---

[17] OLG Hamm GmbHR 2007, 158.
[18] KG RJA 2, 70; Baumbach/*Hopt* Rn 1; Ebenroth/Boujong/Joost/Strohn/*Schaub* Rn 4; MünchKommHGB/*Krafka* Rn 3.
[19] KGJ 42 A Nr. 30, S. 146; OLG Hamm GmbHR 2007, 158; Ebenroth/Boujong/Joost/Strohn/*Schaub* Rn 4; MünchKommHGB/*Krafka* Rn 3.
[20] Vgl. zum Folgenden Ebenroth/Boujong/Joost/Strohn/*Schaub* Rn 5; MünchKommHGB/*Krafka* Rn 4 (noch in der alten Terminologie „Hauptband und Sonderband"); *Krafka/Willer* Rn 41 f; *Barella* DB 1956, 321.
[21] Vgl. dazu *Krafka/Willer* Rn 42.
[22] So bereits Voraufl. Rn 6 (Hüffer); vgl. auch Ebenroth/Boujong/Joost/Strohn/*Schaub* Rn 5; *Barella* DB 1956, 321.

den Voraussetzungen des § 13 Abs. 2 FamFG (§ 34 FGG a.F.). Danach steht demjenigen ein Anspruch auf Einsichtnahme zu, der ein **berechtigtes Interesse** glaubhaft machen kann. Ein solches Interesse wird nicht nur dann angenommen, wenn rechtliche Interessen gewahrt werden sollen, sondern auch bei wirtschaftlichen oder wissenschaftlichen Interessen.[23] Wie das berechtigte Interesse **glaubhaft zu machen** ist, wird nicht näher ausgeführt; zumeist wird aber nach § 31 FamFG eine eidesstattliche Versicherung genügen. Auskünfte, die den Registergerichten nach § 379 FamFG (§ 125a Abs. 2 S. 1 FGG a.F.) von den Steuerbehörden erteilt werden, sind kraft ausdrücklicher Anordnung in § 379 Abs. 2 S. 2 FamFG (§ 125a Abs. 2 S. 2 FGG a.F.) von dem Einsichtsrecht nach § 13 FamFG ausgenommen. Für den Fall einer **elektronischen Einsichtnahme** verweist § 13 Abs. 5 FamFG auf § 299 Abs. 3 ZPO. Nach § 299 Abs. 3 S. 3 ZPO ist in diesem Fall sicherzustellen, dass der Zugriff nur durch den Bevollmächtigten erfolgt. Nach § 299 Abs. 3 S. 4 ZPO ist für die Übermittlung die Gesamtheit der Dokumente mit einer qualifizierten elektronischen Signatur zu versehen und gegen unbefugte Kenntnisnahme zu schützen.

2. Die Ausübung des Einsichtsrechts

a) **Online-Einsicht.** Hinsichtlich der Ausübung des Einsichtsrechts wurde die im bisherigen Recht enthaltene Differenzierung zwischen Online- und Präsenzeinsicht (§§ 9, 9a a.F.) aufgegeben und die Einsichtnahme für beide Formen einheitlich in § 9 Abs. 1 S. 1 geregelt (vgl. dazu auch § 52 HRV).[24] Da durch das EHUG (Rn 2) eine elektronische Registerführung zwingend vorgeschrieben wurde (§ 8 Abs. 1), musste über § 9 Abs. 1 S. 1 auch die Möglichkeit einer **Online-Einsicht** über das Internet eingeführt werden, die sich – anders als noch nach § 9a a.F.[25] – auch auf die im Registerordner enthaltenen Dokumente erstreckt (zum Gegenstand der Einsichtnahme s. Rn 5).[26] Für die Einrichtung des dazu erforderlichen Informations- und Kommunikationssystems werden in § 9 Abs. 1 S. 2–5 noch nähere Vorgaben gemacht (s. dazu Rn 13 f). Daneben kann der Nutzer aber auch mittelbar über das Unternehmensregister auf die Registerdatenbestände zugreifen (vgl. § 8b Rn 2, 20 f). Soweit die Einsichtnahme kostenpflichtig ist (Rn 51 ff), ist sie zur Sicherung der entsprechenden Ansprüche an eine Registrierung geknüpft. Die Anmeldung dazu erfolgt über die Internetseite www.handelsregister.de.[27] Zur Suche im elektronischen Handelsregister s. noch Rn 15 f. **9**

b) **Präsenzeinsicht.** Soweit **Papierregister** noch vorhanden sind (vgl. dazu § 8 Rn 23 f), können auch diese einschließlich der dazu gehörigen Registerordner eingesehen werden. Die Einsicht erfolgt in diesem Fall nach § 10 Abs. 1 HRV auf der Geschäftsstelle des Registergerichts während der Dienststunden (zur Zuständigkeit s. noch Rn 25). Aber auch wenn das **Register elektronisch geführt** wird, kann auf der Geschäftsstelle des Registergerichts über ein Datensichtgerät oder mittels eines aktuellen oder chronolo- **10**

---

[23] BayObLGZ 1954, 310 (314); BayObLGZ 1959, 420 (424); BayObLG FamRZ 1985, 208; BayObLG FamRZ 1998, 638 (639); OLG Frankfurt aM NJW-RR 1997, 581 (582); Ebenroth/Boujong/Joost/Strohn/*Schaub* Rn 6; Keidel/Kuntze/Winkler/*Kahl* § 34 Rn 13; MünchKommHGB/*Krafka* Rn 5; *Barella* DB 1956, 321.

[24] Vgl. dazu auch die Gegenäußerung der Bundesregierung, BT-Drucks. 16/960, S. 90.

[25] Vgl. dazu etwa noch Röhricht/v. Westphalen/*Ammon* § 9a Rn 2.

[26] Vgl. etwa Koller/*Roth*/Morck Rn 3; MünchKommErgbHGB/*Krafka* Rn 1.

[27] Vgl. zu den Einzelheiten Christ/*Müller-Helle* S. 59 f.

§ 9 1. Buch. Handelsstand

gischen Ausdrucks Einsicht genommen werden (§ 10 Abs. 2 HRV). Die Gerichte haben zu diesem Zweck „Auskunftsterminals" eingerichtet, um eine solche Einsichtnahme vor Ort zu ermöglichen.[28]

11 Neben dieser Einsichtnahme vor Ort besteht grundsätzlich kein Anspruch darauf, dass einem Antragsteller **Registerdokumente zur Einsicht übersandt** werden. Durch eine derart restriktive Praxis der Einsichtsgewährung sollen Akten- und Urkundenverluste vermieden und zugleich die Akten jederzeit verfügbar gehalten werden.[29] Eine Ausnahme wurde in der Vergangenheit dann zugelassen, wenn ein Anwalt zur Vermeidung eines unangemessenen Zeit- und Kostenaufwands die Versendung von Registerakten zur Einsichtnahme auf der Geschäftsstelle eines anderen Amtsgerichts verlangte.[30] Nach den Neuerungen des EHUG (Rn 2) ist ein Bedürfnis für eine solche Übersendung nur noch da anzuerkennen, wo ein Papierregister fortbesteht und der Antragsteller wegen Zeitablaufs keinen Anspruch auf einen Medienwechsel nach Art. 61 Abs. 3 EGHGB, § 9 Abs. 2 hat (s. noch Rn 26).

12 Soweit das Einsichtsrecht reicht (Rn 5 und 7 f), ist es auch erlaubt, **Abschriften oder Auszüge** selbst zu fertigen oder Fotokopien herzustellen.[31] Das folgt freilich nicht schon aus dem Einsichtsrecht, sondern aus dem weiterreichenden, auch die Erteilung von gerichtlichen Ausdrucken und Abschriften (§ 9 Abs. 4) tragenden Prinzip der Öffentlichkeit des Handelsregisters. Die Einsicht ist nicht auf einen Einzeleintrag beschränkt, sondern schließt auch die **Durchsicht und Gesamteinsicht** ein (zum Sonderfall des Totalabrufs zu gewerblichen Zwecken s. noch Rn 20 ff).[32]

3. Die Organisation des elektronischen Abrufverfahrens

13 a) **Verwaltungsrechtliche Organisation.** Um einen elektronischen Abruf von Registerdaten und -dokumenten zu ermöglichen, bestimmen die **Landesjustizverwaltungen** nach § 9 Abs. 1 S. 2 das elektronische Informations- und Kommunikationssystem, über das die Daten aus den Handelsregistern abrufbar sind; überdies sind sie auch für die Abwicklung des elektronischen Abrufverfahrens zuständig. Nach § 9 Abs. 1 S. 3 können die Landesregierungen diese Zuständigkeit im Wege einer Rechtsverordnung abweichend regeln, wobei auch diese Regelungsermächtigung durch eine Rechtsverordnung auf die Landesjustizverwaltungen übertragen werden kann.

14 Diese Zuständigkeit gilt grundsätzlich für jedes einzelne Bundesland, doch eröffnet § 9 Abs. 1 S. 4 den Ländern die Möglichkeit, sich im Interesse eines benutzerfreundlichen einheitlichen Auftritts auf ein länderübergreifendes, **zentrales elektronisches Informations- und Kommunikationssystem** zu verständigen. Diese Verständigung wurde durch einen Beschluss auf der Justizministerkonferenz am 30.11.2006 erzielt.[33] Dabei

---

[28] *Schemmann/Solveen* ZIP 2001, 1518 (1519).
[29] BGH NJW 1961, 559; OLG Dresden NJW 1997, 667; OLG Köln RPfleger 1983, 325.
[30] Vgl. dazu OLG Dresden NJW 1997, 667 f.
[31] OLG Dresden NJW 1997, 667; Baumbach/ *Hopt* Rn 3; GK-HGB/*Gesmann-Nuissl* Rn 4; MünchKommHGB/*Krafka* Rn 8; *Barella* DB 1956, 321; *Kollhosser* NJW 1988, 2409 (2410); hinsichtlich des Einsatzes moderner technischer Reproduktionsgeräte offenlassend BGHZ 108, 32 (36) = NJW 1989, 2818.

[32] OLG Köln NJW-RR 1991, 1255 (1256); Baumbach/*Hopt* Rn 3; MünchKommHGB/ *Krafka* Rn 6; ausführlich *Kollhosser* NJW 1988, 2409 (2410 f).
[33] Die Beschlüsse der Justizministerkonferenz können ebenfalls über das gemeinsame Registerportal unter www.handelsregister.de abgerufen werden (zuletzt abgerufen am 1.8.2008).

wurde von der **Ermächtigung des § 9 Abs. 1 S. 5** gemacht, der es gestattet, die Abwicklungsaufgabe auf die zuständige Stelle eines anderen Landes oder auf das Unternehmensregister zu übertragen. Die einzelnen Bundesländer haben mit dem Land Nordrhein-Westfalen Staatsverträge zur Errichtung und zum Betrieb eines gemeinsamen Registerportals der Länder abgeschlossen.[34] Auf dieser Grundlage hat das Land Nordrhein-Westfalen ein bundesweites **Gemeinsames Registerportal der Länder** geschaffen, das unter der Internetadresse www.handelsregister.de betrieben wird. Es eröffnet den Zugriff auf die automatisierten Registerabrufsysteme (§ 9 Abs. 1) der Länder und dient darüber hinaus der Bekanntmachung der Eintragungen der Registergerichte nach § 10 (s. noch dort Rn 14 f).

b) Suchfunktion und Datenschutz. Über das Gemeinsame Registerportal der Länder (Rn 14) kann die gewünschte Registerauskunft über die Parameter Registerart, Registernummer, Registergericht und Firma gesucht werden.[35] Grobangaben zum Unternehmensträger können sodann unter dem Kürzel „UT" abgefragt werden. Die Einsichtnahme in eine aktuelle, chronologische oder historische Darstellung des Registers (Kürzel „AD, CD oder HD" – s. dazu noch Rn 35) ist sodann kostenpflichtig. Unter dem Kürzel „DK" kann – wiederum kostenfrei – eine Dokumentenansicht abgerufen werden, welche Dokumente zum Handelsregister eingereicht wurden. Der Abruf der einzelnen Dokumente ist sodann kostenpflichtig (s. dazu noch Rn 54). 15

Für die Ausgestaltung des elektronischen Abrufverfahrens enthalten die Gesetzesmaterialien eine inhaltliche Vorgabe: Bei der Einrichtung der Suchmasken soll beachtet werden, dass die Vorhaltung einer rein personenbezogenen **Suchfunktion** nach Vor- und Nachname aus datenschutzrechtlichen Gründen nicht zulässig ist (§§ 14 Abs. 2 Nr. 5, 28 Abs. 1 Nr. 3 BDSG).[36] Damit wird den namentlich vom DAV-Handelsausschuss geäußerten Bedenken Rechnung getragen, Handels- und Unternehmensregister könnten von gewerblich organisierten oder kriminellen Einsichtnehmern als „Personenregister" missbraucht werden, um auf diese Weise Informationen über Einzelpersonen zu erlangen.[37] Selbst bei Beachtung dieser Vorgabe bleibt allerdings das weitere Problem bestehen, dass Handels- und Unternehmensregister derzeit die – ebenfalls kriminell nutzbare – Möglichkeit eröffnen, per Online-Recherche sicherheitsrelevante Daten, insbesondere die **Privatanschrift**, der eingetragenen Personen zu ermitteln, soweit die von ihnen eingereichten Dokumente entsprechende Angaben enthalten.[38] Zwar ist ohne eine personenbezogene Suchfunktion schwerer zu ermitteln, wo einzelne Personen unternehmerisch tätig sind. Soweit die Zugehörigkeit einer Person zu einem Unternehmen indes bekannt ist, kann etwa ihre Wohnanschrift ohne weiteres per Online-Recherche abgefragt werden. 16

---

[34] Vgl. etwa den Staatsvertrag zwischen dem Freistaat Bayern und dem Land Nordrhein-Westfalen über die Übertragung von Aufgaben nach § 9 Abs. 1 und § 10 Handelsgesetzbuch zur Errichtung und zum Betrieb eines gemeinsamen Registerportals der Länder v. 27.12.2006 (GV. NRW 2007, S. 152).

[35] Vgl. dazu im Einzelnen die detaillierte Darstellung bei Christ/*Müller-Helle* S. 49 ff.

[36] RegE EHUG, BT-Drucks. 16/960, S. 42.

[37] *DAV-Handelsrechtsausschuss* NZG 2005, 586 (587 f); krit. *Noack* Das neue Gesetz über elektronische Handels- und Unternehmensregister – EHUG, 2007, S. 21 (37 mit Fn 63).

[38] Vgl. *DAV-Handelsrechtsausschuss* NZG 2005, 586 (587 f); Christ/*Müller-Helle* S. 46; *Ries* Rpfleger 2006, 233 (234); ausführlich dazu *Seibert/Wedemann* GmbHR 2007, 17 ff.

4. Einsichtnahme zu Informationszwecken

17 a) **Allgemeine Grundsätze.** Bis zum Jahr 2001 wurde das Recht zur Einsichtnahme ohne jeden Vorbehalt gewährt. Durch das **ERJuKoG** (Rn 2) wurde es an das Erfordernis geknüpft, dass die Einsichtnahme „zu Informationszwecken" erfolgen muss. Der Gesetzgeber wollte diesen Passus aber sehr weit verstanden wissen. Der Verwendungszweck sollte lediglich aus Gründen des Datenschutzes positivrechtlich umrissen werden, um deutlich zu machen, dass **missbräuchliche Einsichtnahmen** (s. dazu noch Rn 19) nicht von § 9 Abs. 1 S. 1 gedeckt sind.[39] Als missbräuchliche Einsichtnahme in diesem Sinne gilt etwa ein massenhafter Zugriff zur absichtlichen Lahmlegung des Registers, eine Datensabotage, das Einschleusen von Programmen oder ein Zugriff zur Übertragung von Software-Viren (zum umstrittenen Fall des Totalabrufs s. noch Rn 20 ff).[40]

18 Jenseits dieser Fälle steht die Einsichtnahme aber auch weiterhin jedermann frei, ohne dass ein besonderes Interesse an der Einsichtnahme (etwa im Sinne des 13 Abs. 2 FamFG – s. Rn 8) dargelegt werden müsste.[41] Darüber hinausgehende Einschränkungen wären dem Gesetzgeber auch aus europarechtlichen Gründen verwehrt, da **Art. 3 Abs. 3 der Publizitätsrichtlinie** (Rn 3) den Mitgliedsstaaten ein uneingeschränktes Einsichtsrecht vorschreibt (s. dazu noch Rn 19). Deshalb besteht auch unter der neuen Fassung Einigkeit darüber, dass es etwa ohne Bedeutung ist, ob die Einsichtnahme zur Befriedigung eigener Informationszwecke oder zur Erfüllung der Informationsinteressen eines Dritten erfolgt.[42] Auch die Vertreter freier Berufe (Rechtsanwälte, Wirtschaftsprüfer) oder Auskunfteien können die Einsichtnahme nach § 9 Abs. 1 S. 1 verlangen.[43] Dass es sich um ein kommerzielles Informationsinteresse handelt, ist ebenfalls unschädlich.[44]

19 Ob es bei einem derart weit gefassten Verständnis des Informationszwecks der Neufassung des § 9 Abs. 1 S. 1 bedurfte, darf bezweifelt werden, da missbräuchliche Einsichtnahmen auch aufgrund der alten Rechtslage nach **§§ 138, 826 BGB** abgewendet werden konnten.[45] Schließlich wurde auch die Bestimmung des § 9a Abs. 3 a.F., wonach ein Teilnehmer bei missbräuchlicher Nutzung von der Teilnahme am automatisierten Abrufverfahren ausgeschlossen werden kann, wegen ihrer Selbstverständlichkeit nicht in die neue Regelung übernommen.[46] Als besonders misslich erscheint, dass der Zusatz in § 9 Abs. 1 S. 1, durch den die Unzulässigkeit missbräuchlicher Einsichtnahme gesetzlich klargestellt werden soll, überdies in einer Weise formuliert ist, die eher Verwirrung stiftet; denn bei unbefangener Lektüre kann er den Eindruck erwecken, es müsse ein besonderes Informationsinteresse nachgewiesen werden. Im Schrifttum wird deshalb auch bezweifelt, ob die Vorschrift in dieser Form überhaupt mit der **europarechtlichen Vorgabe der Publizitätsrichtlinie** (Rn 3) vereinbar ist.[47] Diese Zweifel lassen sich zwar durch eine

---

[39] RegE ERJuKoG, BT-Drucks. 14/6855, S. 17.
[40] Beispiele aus der Beschlussempfehlung des Rechtsausschusses zum ERJuKoG, BT-Drucks. 14/7348, S. 28 sowie aus dem RegE EHUG, BT-Drucks. 16/960, S. 43.
[41] OLG Hamm GmbHR 2007, 158; Baumbach/*Hopt* Rn 1; Ebenroth/Boujong/Joost/Strohn/*Schaub* Rn 3; MünchKommHGB/*Krafka* Rn 3; Röhricht/v. Westphalen/*Ammon* Rn 3; so bereits vor der Ergänzung des § 9 Abs. 1 S. 1 BGHZ 108, 32 (35 f) = NJW 1989, 2818; OLG Köln NJW-RR 1991, 1255 (1256).
[42] Beschlussempfehlung Rechtsausschuss zum ERJuKoG, BT-Drucks. 14/7348, S. 28; bestätigt in RegE EHUG, BT-Drucks. 16/960, S. 42.
[43] Beschlussempfehlung des Rechtsausschusses zum ERJuKoG, BT-Drucks. 14/7348, S. 28.
[44] Baumbach/*Hopt* Rn 2; Koller/*Roth*/Morck Rn 2; MünchKommHGB/*Krafka* Rn 7.
[45] So zu Recht Voraufl. Rn 4 (*Hüffer*); vgl. auch bereits OLG Köln NJW-RR 1991, 1255 (1256).
[46] RegE EHUG, BT-Drucks. 16/960, S. 43.
[47] *Hirte* NJW 2003, 1090 f.

b) Totalabruf zu gewerblichen Zwecken. Umstritten ist, ob auch der **Totalabruf** des Handelsregisters zum Zwecke gewerblicher Verwertung als ein missbräuchliches Verhalten im oben beschriebenen Sinne (Rn 17 ff) angesehen werden kann. Der **BGH** hat im Jahr 1989 entschieden, dass eine vollständige Ablichtung des Registers auf Mikrofilm nicht mehr von § 9 Abs. 1 gedeckt sei, da es dem Nutzer nicht um die bestimmungsgemäße Nutzung des Handelsregisters zur Informationsgewinnung gehe, sondern er den gesamten Registerbestand ablichten wolle, um diesen als eigene Datei in Konkurrenz zum Handelsregister gewerblich zu verwerten. Damit könne aber – so das Gericht – die Benutzung des Handelsregisters in weiten Teilen entbehrlich werden.[48] **20**

Die **hM im Schrifttum** bezweifelt, dass diese Rechtsprechung auch noch unter den technischen Rahmenbedingungen eines elektronisch geführten und online abrufbaren Handelsregisters Bestand haben könne.[49] Dabei wird in erster Linie darauf hingewiesen, dass sich ein derartiges Verbot angesichts der elektronischen Abrufbarkeit per Internet kaum noch werde durchsetzen lassen. Auch der vom BGH am Rande angesprochene Schutz der informationellen Selbstbestimmung[50] sei durch die Einführung eines uneingeschränkten Online-Zugriffs ohnehin relativiert worden. Schließlich sei zu berücksichtigen, dass der **Publizitätszweck** des Handelsregisters eher gefördert als behindert werde, wenn auch weitere gewerbliche Anbieter die darin enthaltenen Informationen verbreiten.[51] **21**

Obwohl diese im Schrifttum vorgebrachten Argumente unter rechtspolitischen Gesichtspunkten durchweg überzeugen, steht ihnen ein gewichtiger Einwand gegenüber: Sowohl in der **Regierungsbegründung** als auch in den Beschlussempfehlungen des Rechtsausschusses zum ERJuKoG wird der Totalabruf explizit als eines der wenigen Beispiele für ein missbräuchliches Verhalten genannt. Gerade dieses Szenario war also augenscheinlich für den Gesetzgeber von 2001 Anlass, den Gesetzestext um die Worte „zu Informationszwecken" zu ergänzen, obwohl ein Online-Zugriff auch schon durch das ERJuKoG gestattet wurde.[52] Rechtspolitische Bedenken allein genügen nicht, um eine solche **Festlegung des neueren Gesetzgebers** beiseite zu wischen. **22**

---

[48] BGHZ 108, 32 (36) = NJW 1989, 2818; ebenso noch vor den Neuerungen des EHUG AG Karlsruhe GmbHR 1991, 201; *Geiger* CR 1992, 228 (232 ff, 234); *Smid* CR 1989, 986; zu den ablehnenden Stellungnahmen vgl. noch Fn 49.

[49] Vgl. zum Folgenden GK-HGB/*Gesmann-Nuissl* Rn 7; *Canaris* HandelsR § 4 Rn 6; *Dauner-Lieb/Linke* DB 2006, 767 (769 ff); *Kort* AG 2007, 801 (803 f); ebenso bereits vor der Neufassung des § 9 Röhricht/v. Westphalen/*Ammon* Rn 6; *Hirte* CR 1990, 631 ff; *Kollhosser* NJW 1988, 2409 ff; *E. M. Müller* CR 1992, 71 ff.

[50] BGHZ 108, 32 (38) = NJW 1989, 2818; gegen diese Bedenken aber auch bereits *Hirte* CR 1992, 631 (632 ff); *Kollhosser* NJW 1988, 2409 (2416 f).

[51] AA insofern wohl MünchKommHGB/*Krafka* Rn 10.

[52] Die Auslegung von *Kort* AG 2007, 801 (804), dass auch der Totalabruf indirekt Informationszwecken diene, ist zwar in der Sache richtig, widerspricht aber dem Begriffsverständnis, das den Gesetzesmaterialien zugrunde liegt. Die von *Dauner-Lieb/Linke* DB 2006, 767 (770) vorgeschlagene Lesart, der Totalabruf sei nur „im Kontext" zur absichtlichen Lahmlegung des Registers verboten, findet im Wortlaut der Begründung keine Bestätigung; ähnlich aber GK-HGB/*Gesmann-Nuissl* Rn 5.

23 Etwas anderes könnte nur dann gelten, wenn diese Festlegung **im Zuge eines späteren Gesetzgebungsaktes korrigiert** worden wäre. Tatsächlich lässt sich den Gesetzesmaterialien des EHUG eine solche Korrektur entnehmen. Dort wird die Einführung des Unternehmensregisters ua damit begründet, dass professionellen Informationsdienstleistern auf diese Weise ein einheitlicher Zugang zu allen Unternehmensdaten eröffnet wird, was den **Wettbewerb im Zweitverwertungsmarkt** intensiviere.[53] Durch diese gesetzgeberische Neuorientierung ist die restriktive Auslegung des BGH hinfällig geworden. Die gesamte Diskussion resultiert im Wesentlichen aus dem Umstand, dass es dem BGH – wie sich aus den Entscheidungsgründen deutlich ergibt – grundsätzlich darum ging, die **Informationsverwertung** zu untersagen. Da die rechtliche Grundlage eines solchen Verwertungsverbotes jedoch zweifelhaft war,[54] hat er die gewünschte Einschränkung kurzerhand (und rechtlich kaum überzeugend) an die vorgelagerte **Informationsgewinnung** geknüpft. In den Gesetzesmaterialien zum ERJuKoG wurde diese Fehlentwicklung mit derselben Intention fortgeschrieben. Wenn inzwischen die Zweitverwertung aber sogar ausdrücklich erwünscht ist und dies nicht nur in den Gesetzesmaterialien, sondern auch im Gesetz mittelbar darin zum Ausdruck kommt, dass der Gesetzgeber sich bewusst auf einen bloßen Bezeichnungsschutz des Handelsregisters beschränkt hat (§ 8 Abs. 2), dann ist damit auch die (praktisch ohnehin nicht mehr durchsetzbare) Einschränkung der Informationsbeschaffung hinfällig geworden. Es wäre sinnwidrig, die Informationssammlung als solche zu gestatten, aber die für eine solche Sammlung besonders effiziente Form des Totalabrufs zu versagen.[55] § 9 Abs. 1 S. 1 steht einem Totalabruf demnach nicht entgegen.

24 5. **Keine Pflicht zur Einsichtnahme.** § 9 Abs. 1 S. 1 gewährt ein Recht zur Einsichtnahme, begründet aber nicht die Verpflichtung, von diesem Recht Gebrauch zu machen. Namentlich die Haftung auf Grund eines zurechenbar veranlassten Rechtsscheins wird also – außerhalb des Anwendungsbereichs des § 15 Abs. 2 – nicht dadurch ausgeschlossen, dass dem Dritten die wahre Rechtslage bekannt geworden wäre, wenn er von seinem Einsichtsrecht Gebrauch gemacht hätte.[56] Eine andere Beurteilung kann allerdings in Frage kommen, wenn besondere dem Dritten erkennbare Anhaltspunkte die Einsichtnahme nahelegten.[57]

25 6. **Zuständigkeit und Rechtsbehelfe.** Über die Gewährung der Einsicht entscheidet grundsätzlich der **Urkundsbeamte der Geschäftsstelle**.[58] Im Falle eines elektronischen Abrufs ist die Gestattung der Einsichtnahme automatisch daran geknüpft, dass die Registrierungsvoraussetzungen erfüllt werden, wozu namentlich gehört, dass der Antragsteller sich bereit erklärt, die anfallenden Gebühren zu entrichten (s. bereits Rn 9 und unten Rn 51). Auch die Einsichtnahme in das Papierregister wird der Urkundsbeamte i.d.R. ohne weiteres zulassen, da sie an keine besonderen Voraussetzungen geknüpft ist. Verweigert er sie dennoch, kann dagegen die Entscheidung des Richters nach § 29 Abs. 2 HRV verlangt werden. Gegen seine Entscheidung kann eine Beschwerde nach § 58

---

[53] BT-Drucks. 16/960, S. 36.
[54] Vgl. dazu etwa *Kollhosser* NJW 1988, 2409 (2413 ff).
[55] Vgl. dazu etwa die von *Dauner-Lieb/Linke* DB 2006, 767 (771) hilfsweise vorgeschlagene Lösung, zumindest einen „umfangreichen Abruf" für zulässig zu erklären.
[56] RG JW 1930, 3747 (3748); BGH NJW 1972, 1418 (1419); BGH WM 1976, 1084 (1085); BGH WM 1977, 1405 (1406 f); vgl. auch bereits Voraufl. Rn 3 (*Hüffer*); ferner MünchKommHGB/*Krafka* Rn 2.
[57] MünchKommHGB/*Krafka* Rn 2; Voraufl. Rn 3 (*Hüffer*).
[58] MünchKommHGB/*Krafka* Rn 14; Röhricht/v. Westphalen/*Ammon* Rn 7.

FamFG sowie eine Rechtsbeschwerde nach § 70 FamFG erhoben werden.[59] Nach Auffassung des BGH endet die Zuständigkeit des Urkundsbeamten allerdings dort, wo es nicht mehr um eine Einsichtnahme zu Informationszwecken geht, sondern um eine **Komplettübernahme** zum Zwecke der gewerblichen Nutzung (s. Rn 20 ff). In diesem Fall soll die Justizverwaltung zu entscheiden haben.[60]

V. Pflicht zum Medienwechsel und Ausnahme für Altdokumente (§ 9 Abs. 2)

1. Allgemeine Grundsätze. Nach § 9 Abs. 2 kann die elektronische Übermittlung solcher Dokumente, die ausschließlich in Papierform vorhanden sind, nur verlangt werden, wenn seit der Einreichung weniger als zehn Jahre vergangen sind. Der Zweck der Bestimmung erschließt sich nicht auf den ersten Blick, weil sie die Einschränkung eines zuvor in § 9 nicht postulierten Grundsatzes formuliert. Tatsächlich ergibt sich die mit dieser Einschränkung **korrespondierende Regel aus Art. 61 Abs. 3 EGHGB**. Danach sind Schriftstücke auf Antrag in ein elektronisches Dokument zu übertragen, sofern sie innerhalb des dem Antrag vorausgehenden Zeitraums von zehn Jahren bei dem Registergericht in Papierform eingereicht worden sind.[61] Dabei gilt die bloße Betätigung eines Online-Abrufs noch nicht als Antrag in diesem Sinne, sondern es bedarf eines ausdrücklichen Antrags, der an das Gericht zu adressieren ist.[62] Ist die Frist von zehn Jahren überschritten, so können die vorhandenen Schriftstücke nach § 9 Abs. 2 HRV auf eigene Initiative des Gerichts zwar dennoch in ein elektronisches Dokument übertragen werden. Eine durchsetzbare Pflicht zum Medienwechsel besteht insofern aber nicht (s. § 8 Rn 24). 26

Der **positive Gehalt** dieser Regel – die Pflicht zum Medienwechsel – hat nur übergangsweise Bedeutung, da nach dem Inkrafttreten des EHUG (Rn 2) sämtliche Dokumente in elektronischer Form einzureichen sind. Zehn Jahre nach dem Inkrafttreten des EHUG verliert diese Regel daher weitestgehend ihre Bedeutung und ist deshalb als Übergangsvorschrift in das EGHGB aufgenommen worden. Die **negative Aussage**, dass bei vorhandenen Papierdokumenten nach Ablauf von zehn Jahren kein Anspruch auf einen Mediumswechsel besteht, hat hingegen dauerhafte Gültigkeit und ist deshalb in § 9 Abs. 2 übernommen worden. Damit macht der Gesetzgeber von der weitgehend inhaltsgleichen Gestattung in Art. 3 Abs. 3 Unterabs. 2 S. 3 der Publizitätsrichtlinie (Rn 3) Gebrauch, derartige Dokumente vom elektronischen Zugang auszunehmen. Die nationale wie die europäische Regelung dienen gleichermaßen dazu, die Registergerichte von einem unverhältnismäßigen Aufwand zu entlasten, dem kein angemessener Nutzen gegenübersteht.[63] 27

Der **Begriff der Übermittlung** ist nicht ganz glücklich gewählt, da er nicht nur die Übersendung des Dokuments (unter Umständen in beglaubigter Form) umfassen soll, sondern 28

---

[59] Koller/*Roth*/Morck Rn 7.
[60] BGHZ 108, 32 (36) = NJW 1989, 2818; dagegen Röhricht/v. Westphalen/*Ammon* Rn 8; *Hirte* CR 1990, 631 (636 f).
[61] Die Registerakten müssen aufgrund ihrer Zweckbestimmungen für den internen gerichtlichen Gebrauch noch nicht elektronisch geführt werden, doch kann die Landesjustizverwaltung eine entsprechende Anordnung erlassen (§ 8 Abs. 3 HRV). Selbst wenn die Umstellung erfolgt, muss der Inhalt der Registerakten aufgrund ihrer internen Funktionsbestimmung dennoch nicht dem Online-Zugriff eröffnet werden; vgl. *Nedden-Boeger* FGPrax 2007, 1 (2).
[62] RegE EHUG, BT-Drucks. 16/960, S. 51.
[63] RegE EHUG, BT-Drucks. 16/960, S. 42.

auch die elektronische Einsichtnahme. Auch wenn die so verstandene Übermittlung nach § 9 Abs. 2 ausgeschlossen sein soll, bleibt dem interessierten Verkehrsteilnehmer aber weiterhin die Möglichkeit, das Dokument im Gericht einzusehen und sich dort eine Abschrift oder eine Kopie zu fertigen (vgl. Rn 12).[64] Im Übrigen kann auch vom Registergericht eine Abschrift nach § 9 Abs. 4 S. 2 verlangt werden (s. dazu noch Rn 36).[65]

29 2. **Zuständigkeit und Rechtsmittel.** Für die Übermittlung ist nach § 29 Abs. 1 Nr. 1 HRV der Urkundsbeamte der Geschäftsstelle zuständig. Verweigert er die Erteilung, kann dagegen die Entscheidung des Richters nach § 29 Abs. 2 HRV verlangt werden. Erst gegen seine Entscheidung kann eine Beschwerde nach § 58 FamFG sowie eine Rechtsbeschwerde nach § 70 FamFG erhoben werden.[66]

VI. Beglaubigung (§ 9 Abs. 3)

30 1. **Anspruch auf Beglaubigung.** Für die in § 9 Abs. 3 geregelte Beglaubigung enthält die **Publizitätsrichtlinie** (Rn 3) konkrete Vorgaben. Nach Art. 3 Abs. 3 Unterabs. 4 wird die Richtigkeit der auf Papier ausgestellten Kopien beglaubigt, sofern der Antragsteller auf die Beglaubigung nicht verzichtet. Die Richtigkeit der Kopien in elektronischer Form wird hingegen nicht beglaubigt, es sei denn, die Beglaubigung wird vom Antragsteller ausdrücklich verlangt. Der **deutsche Gesetzgeber** hat die beiden Beglaubigungsregeln voneinander getrennt. Die Beglaubigung einer auf Papier ausgestellten Kopie wird in § 9 Abs. 4 S. 3 gesondert geregelt, so dass sich § 9 Abs. 3 – obwohl der Wortlaut dies nicht eindeutig erkennen lässt – ausschließlich auf die **Beglaubigung einer Kopie in elektronischer Form** bezieht. Für diesen Fall hat der deutsche Gesetzgeber die Vorgabe der Publizitätsrichtlinie in der Sache inhaltsgleich übernommen und lediglich die negative Fassung der Richtlinie in einen positiv formulierten Beglaubigungsanspruch umformuliert. Überdies wurde der in der Richtlinie vorgesehene Begriff des Verlangens durch ein Antragserfordernis ersetzt, um zu verdeutlichen, dass es sich um eine auf Antrag erfolgende kostenpflichtige Amtstätigkeit des Registergerichts handelt.[67]

31 **Gegenstand** der Beglaubigung ist allein die Übereinstimmung der übermittelten Daten mit dem Inhalt des Handelsregisters bzw. den zum Handelsregister eingereichten Dokumenten. Über die inhaltliche Richtigkeit des Registerinhalts oder der Dokumente wird mit der Beglaubigung keine Aussage getroffen.[68] **Zuständig** für die Beglaubigung ist nach § 29 Abs. 1 Nr. 2 HRV der Urkundsbeamte der Geschäftsstelle. Für Rechtsbehelfe gegen seine Entscheidung gelten die in Rn 29 dargestellten Grundsätze.

32 2. **Die qualifizierte Signatur.** Für die Beglaubigung nach § 9 Abs. 3 S. 1 schreibt § 9 Abs. 3 S. 2 eine qualifizierte elektronische Signatur nach dem Signaturgesetz vor. Auch damit wird einer europäischen Vorgabe Rechnung getragen.[69] Art. 3 Abs. 3 Unterabs. 5 der Publizitätsrichtlinie (Rn 3) gibt den Mitgliedstaaten auf, zu gewährleisten, dass bei der Beglaubigung von Kopien in elektronischer Form sowohl die Echtheit ihrer Herkunft als auch die Unversehrtheit ihres Inhalts durch die Heranziehung mindestens einer fort-

---

[64] RegE EHUG, BT-Drucks. 16/960, S. 42.
[65] GK-HGB/*Gesmann-Nuissl* Rn 7; MünchKommErgbHGB/*Krafka* Rn 8.
[66] Koller/*Roth*/Morck Rn 7.
[67] Beschlussempfehlung Rechtsausschuss, BT-Drucks. 16/2781, S. 79; anders noch RegE EHUG, BT-Drucks. 16/960, S. 6.
[68] RegE EHUG, BT-Drucks. 16/960, S. 42.
[69] RegE EHUG, BT-Drucks. 16/960, S. 42.

geschrittenen Signatur nach Art. 2 Nr. 2 der Elektronischen-Signaturen-Richtlinie sichergestellt wird.[70]

Der Begriff der elektronischen Signatur erfasst nach der **Legaldefinition in § 2 Nr. 1** **33** **SigG** Daten in elektronischer Form, die anderen elektronischen Daten beigefügt oder logisch mit ihnen verknüpft sind und die zur Authentifizierung dienen.[71] Um eine qualifiziert elektronische Signatur handelt es sich, wenn die **weiteren Erfordernisse nach § 2 Nr. 2 und Nr. 3 SigG** eingehalten werden. Danach muss die elektronische Signatur (1) ausschließlich dem Signaturschlüssel-Inhaber zugeordnet sein, (2) die Identifizierung des Signaturschlüssel-Inhabers ermöglichen, (3) mit Mitteln erzeugt werden, die der Signaturschlüssel-Inhaber unter seiner alleinigen Kontrolle halten kann, (4) mit den Daten, auf die sie sich bezieht, so verknüpft sein, dass eine nachträgliche Veränderung der Daten erkannt werden kann, (5) auf einem zum Zeitpunkt ihrer Erzeugung gültigen qualifizierten Zertifikat beruhen und (6) mit einer sicheren Signaturerstellungseinheit erzeugt werden. Ergänzend wird in der Regierungsbegründung noch vorgesehen, dass das nach § 2 Nr. 3 SigG erforderliche qualifizierte Zertifikat erkennen lassen soll, dass der Signierende zur Beglaubigung nach § 9 Abs. 3 autorisiert ist und die Signatur **zum Zwecke der Beglaubigung** eingesetzt wird.[72] Vergabe und Inhalt eines „qualifizierten Zertifikats" werden in §§ 5 und 7 SigG näher umschrieben. Eine Verpflichtung zur Verwendung von Attributen i.S.d. § 7 Nr. 9 SigG besteht nicht.[73]

VII. Ausdruck und Abschrift (§ 9 Abs. 4)

1. Ausdruck. Nach Art. 3 Abs. 3 Unterabs. 1 S. 1, Unterabs. 2 S. 1 der Publizitäts- **34** richtlinie (Rn 3) muss eine vollständige oder auszugsweise Kopie der publizitätspflichtigen Angaben und Dokumente wahlweise auf Papier oder in elektronischer Form erhältlich sein. Für die Eintragungen und diejenigen Dokumente, die bereits in elektronischer Form vorhanden sind, wird diese Kopie nach § 9 Abs. 4 S. 1 in Form eines Ausdrucks erteilt, ohne dass der Antragsteller ein berechtigtes Interesse glaubhaft machen muss.[74] Der Anwendungsbereich der Vorschrift ist mit dem des § 9 Abs. 1 S. 1 identisch und erstreckt sich demnach auf die Eintragungen und die im Registerordner enthaltenen Dokumente (s. dazu Rn 5); für andere Dokumente gilt auch hier § 13 FamFG (s. Rn 8). Nähere Vorgaben für die Ausgestaltung des Ausdrucks enthält § 30a HRV. Danach können die Ausdrucke gem. § 30a Abs. 1 und 2 HRV als einfache oder amtliche Ausdrucke gekennzeichnet sein. Nach § 9 Abs. 4 S. 3 wird der Ausdruck als **amtlicher Ausdruck** gefertigt, wenn nicht auf die Beglaubigung verzichtet wird. Er muss in diesem Fall nach § 30a Abs. 3 HRV besondere authentifizierende Merkmale aufweisen, insbesondere muss er mit einem Dienstsiegel versehen sein, den Namen des Urkundsbeamten und einen Vermerk enthalten, dass der Inhalt des Handelsregisters oder des Registerordners bezoget wird. Einer gesonderten Beglaubigung bedarf es daneben nicht, die Bezeichnung als „amtlicher Ausdruck" und Dienstsiegel oder -stempel genügen.[75]

---

[70] Richtlinie 1999/93/EG des Europäischen Parlaments und des Rates v. 13.12.1999 über gemeinschaftliche Rahmenbedingungen für elektronische Signaturen, ABl. EG Nr. L 13 v. 19.1.2000, S. 12.
[71] Zur Einführung in das Recht elektronischer Signaturen vgl. etwa *Roßnagel* NJW 2001, 1817 ff.
[72] RegE EHUG, BT-Drucks. 16/960, S. 42.
[73] Beschlussempfehlung Rechtsausschuss, BT-Drucks. 16/2781, S. 79.
[74] Baumbach/*Hopt* Rn 8.
[75] Korintenberg/*Lappe* KostO, § 73 Rn 11.

35   Nach § 30a Abs. 4 S. 1–3 HRV können **chronologische oder aktuelle Ausdrucke** erteilt werden (im elektronischen Handelsregister abrufbar über die Kürzel „CD" oder „AD").[76] Der chronologische Ausdruck gibt alle Eintragungen des Registerblatts nach der Umstellung auf die elektronische Registerführung wieder, wohingegen der aktuelle Ausdruck lediglich den letzten Stand der Eintragungen enthält.[77] Soweit der Antragsteller nicht ausdrücklich einen chronologischen Ausdruck wünscht, wird ein aktueller erteilt (§ 30a Abs. 4 S. 5 und 6 HRV). Darüber hinaus wird auch das vor Umstellung auf die elektronische Registerführung gültige Karteiblatt in gescannter Form als **historischer Ausdruck** zur Verfügung gestellt (Kürzel „HD" – zur kostenrechtlichen Behandlung s. noch Rn 51).[78] Die im historischen Ausdruck enthaltenen Registerblätter werden nicht mehr fortgeführt und sind daher nicht mehr aktuell. Dennoch kann ein Interesse an einem solchen Ausdruck bestehen, wenn es darum geht, Sachverhalte aus der Vergangenheit rechtlich zu bewerten.[79] Der Ausdruck kann dem Antragsteller nach § 30a Abs. 5 S. 1 HRV auch elektronisch übermittelt werden. Bei einem amtlichen Ausdruck i.S.d. § 30a Abs. 3 HRV muss diese Übermittlung unter Verwendung einer qualifizierten elektronischen Signatur (s. Rn 32 f) erfolgen. Zur Zuständigkeit s. noch Rn 37.

36   **2. Abschrift.** Soweit das eingereichte Schriftstück nur in Papierform vorliegt, kann statt eines Ausdrucks eine Abschrift gefordert werden. Bei Dokumenten, deren Einreichung noch nicht länger als zehn Jahre zurückliegt, besteht diese Möglichkeit also neben dem Anspruch, einen Medienwechsel nach Art. 61 Abs. 3 EGHGB zu verlangen (s. dazu Rn 26). Bei älteren Schriftstücken kann ein Ausdruck nicht verlangt werden, so dass allein ein Anspruch auf eine Abschrift besteht. Nähere Vorgaben für die **inhaltliche Ausgestaltung** der Abschrift finden sich in § 30 HRV. Hinsichtlich des Beglaubigungserfordernisses übernimmt der deutsche Gesetzgeber die Vorgabe aus Art. 3 Abs. 3 Unterabs. 4 S. 1 der Publizitätsrichtlinie (Rn 3): Die Richtigkeit der Abschrift wird auch ohne einen entsprechenden Antrag beglaubigt, sofern nicht ausdrücklich ein Verzicht erklärt wird; nähere Hinweise für die Ausgestaltung des Beglaubigungsvermerks enthält § 30 Abs. 2–4 HRV. Die Zulässigkeit einer eigenen Abschrift (Rn 12) bleibt durch die Möglichkeit der amtlichen Abschrift unberührt.

37   **3. Zuständigkeit, Rechtsmittel und Beweiskraft.** Für die Erteilung von Ausdrucken und Abschriften ist nach § 29 Abs. 1 Nr. 1 HRV der **Urkundsbeamte** der Geschäftsstelle zuständig. Diese Zuständigkeit ist ausschließlich.[80] Die beglaubigte Abschrift kann also nicht durch den Notar gefertigt werden.[81] Verweigert der Urkundsbeamte die Erteilung, stehen dem Antragsteller die in Rn 29 dargestellten Rechtsmittel zur Verfügung. Ausdrucke und Abschriften dienen im Prozess als Beweismittel.[82] Für ihren Beweiswert im Hinblick auf die inhaltliche Richtigkeit der Registereinträge gelten die zu § 8 (Rn 123 ff) entwickelten Grundsätze. Zum Beweiswert des Negativattests s. noch Rn 38.

---

[76] Übersicht über die verschiedenen Ausdrucksformen einschließlich Musterausdrucken bei Christ/*Müller-Helle* S. 52 ff; vgl. ferner Melchior/*Schulte* § 30a Rn 6.
[77] Christ/*Müller-Helle* S. 52 f.
[78] RegE EHUG, BT-Drucks. 16/960, S. 70; *Krafka*/*Willer* Registerrecht, Rn 53.
[79] Christ/*Müller-Helle* S. 56.
[80] OLG Hamm OLGZ 1967, 333 (338 ff); Röhricht/v. Westphalen/*Ammon* Rn 12; Voraufl. Rn 9 (*Hüffer*).
[81] MünchKommHGB/*Krafka* Rn 12; Voraufl. Rn 10 (*Hüffer*).
[82] *K. Schmidt* HandelsR § 13 III 1b; für das Registerzeugnis ferner MünchKommHGB/*Krafka* Rn 19; Voraufl. Rn 16 (*Hüffer*).

VIII. Negativattest (§ 9 Abs. 5)

1. Allgemeine Grundsätze. Nach § 9 Abs. 5 kann jedermann vom Registergericht **38** eine Bescheinigung darüber verlangen, dass bezüglich des Gegenstandes einer Eintragung weitere **Eintragungen nicht vorhanden** sind oder dass eine bestimmte Eintragung nicht erfolgt ist.[83] Anders als das positive Registerzeugnis (s. noch Rn 42) wurde das Negativattest auch nach der Umstellung auf eine elektronische Registerführung beibehalten. Ob dies zwingend erforderlich war, kann bezweifelt werden, da der Nachweis auch über einen aktuellen Auszug oder – bei vergangenen Eintragungen – über einen chronologischen oder historischen Auszug geführt werden könnte (vgl. dazu Rn 35).[84] Diesen gegenüber hat das Negativattest jedoch den Vorteil, dass es insbesondere bei mehreren relevanten Tatsachen mühsam sein kann, die entscheidenden Informationen aus diesen Auszugsformen hinauszufiltern. Das Negativattest bezieht sich allein auf Eintragungen, nicht aber auf die Existenz oder den Inhalt sonstiger Dokumente, selbst wenn in der Eintragung auf diese Bezug genommen wird.[85] Ein berechtigtes Interesse an der Bescheinigung muss weder dargelegt noch glaubhaft gemacht werden. Besondere Bedeutung kommt dieser bereits in § 9 Abs. 4 a.F. vorgesehenen Negativbescheinigung im Rahmen von **§ 15 Abs. 1** zu, dessen Rechtsscheinwirkung gerade auf einer fehlenden Eintragung und Bekanntmachung ruht. Nach **§ 31 HRV** ist die Bescheinigung vom Urkundsbeamten der Geschäftsstelle zu erstellen und kann auch in elektronischer Form (§ 126a BGB) übermittelt werden. Hinsichtlich der Rechtsmittel gelten die in Rn 29 dargestellten Grundsätze.

2. Beweiskraft des Negativattests. Die Frage der Beweiskraft einer registergericht- **39** lichen Bescheinigung wurde in der Vergangenheit in erster Linie nur für das Registerzeugnis gemäß § 9 Abs. 3 a.F. diskutiert, der mit der Neufassung entfallen ist (s. noch Rn 42). Einem solchen Zeugnis wurde überwiegend ein Anscheinsbeweis für die Richtigkeit der darin bezeugten Tatsache entnommen, wobei über die Einzelheiten keine Einigkeit bestand.[86] Für die Beweiskraft des Negativattests wurde zumeist darauf verwiesen, dass die **für das Zeugnis entwickelten Grundsätze** insofern entsprechende Geltung beanspruchen.[87]

Tatsächlich lassen sich diese Grundsätze aber **nicht auf das Negativattest übertra-** **40** **gen**.[88] Die Beweiswirkung des Zeugnisses konnte zumindest darauf gestützt werden, dass der Antragsteller eine entsprechende Eintragung beantragt und der zuständige Beamte die angemeldete Tatsache einer Plausibilitätskontrolle unterzogen hat. Beim Negativattest besteht darüber hinaus aber die keinesfalls fernliegende Alternative, dass ein Antrag von vornherein nicht gestellt worden ist. Angesichts dieser Möglichkeit erscheint es vorzugswürdig, dem Negativattest eine besondere **Beweiswirkung** hinsichtlich der **inhaltlichen Richtigkeit des Bezeugten** gänzlich abzusprechen. Wenn etwa eine Änderung der Vertretungsbefugnisse bei einer OHG nicht in das Handelsregister eingetragen ist, begründet ein Negativattest dieses Inhalts weder eine Vermutung noch einen prima-facie-

---

[83] Vgl. dazu etwa *Adler* S. 10 ff.
[84] Vgl. zum Folgenden *J. Koch/Rudzio* ZZP 122 (2009), 37 (51 f).
[85] *Adler* S. 11; *Ehrenberg* in: Ehrenbergs Hdb., Band I, S. 549.
[86] Baumbach/*Hopt*, 32. Aufl., 2006, Rn 4; GK-HGB/*Gesmann-Nuissl* Rn 8; MünchKomm-HGB/*Krafka* Rn 19.
[87] GK-HGB/*Gesmann-Nuissl* Rn 9; Münch-KommHGB/*Krafka* Rn 23; Röhricht/v. Westphalen/*Ammon* Rn 17.
[88] Vgl. zum Folgenden bereits *J. Koch/Rudzio* ZZP 122 (2009), 37 (51 f).

Beweis dafür, dass eine Veränderung nicht eingetreten ist. Derjenige, der sich auf das Attest dennoch verlässt, wird dadurch nicht schutzlos gestellt, weil ihm der **Vertrauensschutz des § 15 Abs. 1** zugute kommt.

41 Eine Beweiswirkung kann dem Attest lediglich hinsichtlich der **Tatsache der Eintragung selbst** zukommen. Im Zivilprozess gilt es als erwiesen, dass die Eintragung nicht erfolgt ist. Bei einer **konstitutiven Eintragung** kann darauf auch die weitere Vermutung gestützt werden, dass das einzutragende Rechtsverhältnis nicht wirksam geworden ist.[89]

IX. Keine weitergehenden Zeugnis- und Auskunftsansprüche

42 1. **Kein Zeugnisanspruch.** Neben dem Anspruch auf ein Negativattest sah der Regierungsentwurf zum EHUG in Fortschreibung der bisherigen Regelung in **§ 9 Abs. 3 a.F.** überdies auch noch die Erteilung von gerichtlichen Zeugnissen über die Inhaberschaft einer Firma oder die Vertretungsbefugnis vor (§ 9 Abs. 5 RegE EHUG).[90] Diese Regelung ist nicht Gesetz geworden, da sie zu einem **Medienbruch** führt. Nach dem Willen des Gesetzgebers soll der Kontakt mit dem Handelsregister künftig nur noch elektronisch abgewickelt werden. Durch Einsicht in das Handelsregister können die genannten Unternehmensdaten aber problemlos abgefragt werden, ohne dass es einer zusätzlichen Bescheinigung noch bedarf.[91] Den Behörden wird es nicht nur gestattet, auf die online zugänglichen Daten zu vertrauen, sondern sie werden darüber hinaus in der Pflicht gesehen, sich diese **Einsicht selbständig zu verschaffen**.[92] Wenn spezielle Sonderregeln (z.B. § 32 GBO, § 69 BGB, § 26 Abs. 2 GenG) aber weiterhin die Nachweismöglichkeit durch ein Registerzeugnis eröffnen, ergibt sich daraus auch ein entsprechender Zeugnisanspruch.[93]

43 2. **Nachweise nach § 32 GBO und § 21 BNotO.** Durch die ersatzlose Streichung des § 9 Abs. 3 ist die Existenzberechtigung zweier anderer Vorschriften in Frage gestellt worden. Nach **§ 32 GBO** soll die Eigenschaft einer Person als Vertreter einer AG, OHG, Partnerschaftsgesellschaft, KG, KGaA oder GmbH durch ein Zeugnis des Registergerichts nachgewiesen werden können. Mit der Einführung des allgemeinen Registerzeugnisses nach § 9 Abs. 3 a.F. verlor diese Vorschrift ihre eigenständige Bedeutung.[94] Nach der neuen Rechtslage stellt sie sich als **Fremdkörper** dar. Der Medienbruch, der im Handelsrecht vermieden werden sollte (Rn 42), bleibt im Grundbuchrecht bestehen. Das legt die Überlegung nahe, den Verfahrensbeteiligten auch im Grundbuchrecht die Möglichkeit zu eröffnen, auf jeden Nachweis zu verzichten und das Grundbuchamt auf das der Behörde online zugängliche Register zu verweisen (s. Rn 42).[95] Als rechtliche Grundlage kommt eine **Analogie zu § 34 GBO** in Betracht. Dieser Vorschrift liegt die allgemeine Überlegung zugrunde, dass das Grundbuchamt den Bürger nicht belasten darf,

---

[89] So im Ergebnis auch Voraufl. Rn 20 (*Hüffer*).
[90] RegE EHUG, BT-Drucks. 16/960, S. 6.
[91] Stellungnahme des Bundesrates, BT-Drucks. 16/960, S. 75; zur entsprechenden Rechtslage bis zum Änderungsgesetz v. 20.7.1933 (RGBl. I, S. 520) vgl. bereits *Adler* S. 10 ff; *Ehrenberg* in: Ehrenbergs Hdb., Band I, S. 549.
[92] Vgl. dazu die Stellungnahme des Bundesrates zum RegE EHUG, BT-Drucks. 16/960, S. 75.
[93] Vgl. im Einzelnen *J. Koch/Rudzio* ZZP 122 (2009), 37 (53).
[94] Vgl. Bauer/von Oefele/*Schaub* GBO, 2. Aufl., 2006, § 32 Rn 4; Hügel/*Otto* GBO, 2007, § 32 GBO Rn 21; Röhricht/v. Westphalen/*Ammon* Rn 13; *Menold* Fn 325 (S. 228).
[95] Ausführlich zum Folgenden *J. Koch/Rudzio* ZZP 122 (2009), 37 (52 ff).

wenn es sich auf einfachem Wege über bestimmte Rechtsverhältnisse Gewissheit verschaffen kann.[96] Da sich mittlerweile auf die Registerdaten eines jeden Gerichts leichter zugreifen lässt als auf Papierdaten innerhalb der eigenen Behörde, ist eine vergleichbare Interessenlage anzunehmen.[97] Das Bestehen einer Regelungslücke ist im Hinblick auf § 32 GBO nicht unbedenklich, kann aber angesichts des konkreten Verlaufs des Gesetzgebungsverfahrens dennoch bejaht werden.[98]

Ebenso ist § 21 BNotO nicht an die Neufassung des § 9 angepasst worden.[99] Danach sind auch Notare dafür zuständig, Bescheinigungen über eine Vertretungsberechtigung sowie über das Bestehen oder den Sitz einer juristischen Person oder Handelsgesellschaft, die Firmenänderung, eine Umwandlung oder sonstige rechtserhebliche Umstände auszustellen, wenn sich diese Umstände aus einer Eintragung im Handelsregister oder in einem ähnlichen Register ergeben. Nach § 21 Abs. 1 S. 2 BNotO soll diese Bescheinigung die gleiche Beweiskraft haben wie ein Zeugnis des Registergerichts. § 21 BNotO hat seine Bedeutung durch das Inkrafttreten des EHUG (Rn 2) und die damit einhergehende Streichung des § 9 Abs. 3 a.F. schon deshalb nicht gänzlich eingebüßt, weil er neben dem Handelsregister auch für andere Registertypen gilt.[100] Auch Zeugnisse über das Handelsregister können weiterhin ausgestellt werden und sind in ihrer **Nachweiskraft nicht geschmälert** worden. Durch die naheliegende Alternative, die Behörde auf die Online-Einsicht zu verweisen (Rn 42), dürfte die praktische Relevanz der notariellen Bescheinigung im Behördenverfahren allerdings stark geschmälert worden sein.

3. Weitergehende Auskunftspflichten. Das Gericht ist nicht verpflichtet, gegenüber **Privaten** Auskünfte zu erteilen, die über § 9 hinausgehen.[101] So besteht etwa kein Anspruch auf eine telefonische Auskunftserteilung.[102] Dennoch kann es für die Beteiligten zweckmäßig sein, bei komplexen Eintragungen zunächst das Gespräch mit dem Registergericht zu suchen, um die Erfolgsaussichten einer beabsichtigten Anmeldung abschätzen zu können. Die Gerichte werden sich einer solchen Bitte im Regelfall auch ohne rechtliche Verpflichtung nicht verweigern. Ebenso entspricht es guter gerichtlicher Praxis, Anmeldungen, die nicht ordnungsgemäß sind, nicht sogleich kostenpflichtig zurückzuweisen, sondern den Mangel zu bezeichnen und auf seine Abhilfe zu dringen. Solche Auskünfte geben aber nur die **unverbindliche Rechtsauffassung** des jeweiligen Registerrichters wieder und können deshalb nicht mit der Beschwerde angegriffen werden. Rechtsmittel sind erst gegen die den Eintragungsantrag ablehnende Entscheidung möglich.[103]

---

[96] Vgl. Bauer/von Oefele/*Schaub* GBO, 2. Aufl., 2006, § 34 Rn 1; Meikel/*Roth* GBO, 9. Aufl., 2004, § 34 Rn 1.
[97] AA OLG Hamm Rpfleger 2008, 298.
[98] Die Streichung des § 9 Abs. 3 war im ursprünglichen Regierungsentwurf nicht vorgesehen und wurde erst in einem späteren Verfahrensstadium auf Anregung des Bundesrates in das Gesetz aufgenommen, vgl. die Stellungnahme des Bundesrates zum RegE EHUG, BT-Drucks. 16/960, S. 75.
[99] Ausführlich zum Folgenden J. *Koch/Rudzio* ZZP 122 (2009), 37 (58 ff).
[100] Vgl. z.B. § 69 BGB. Zur Anwendung für den Nachweis aus ausländischen Registern vgl. noch § 13d Rn 68.
[101] So ausdrücklich die Stellungnahme des Bundesrates, BT-Drucks. 16/960, S. 75, die insofern von der Bundesregierung vorbehaltlos akzeptiert wurde, BT-Drucks. 16/960, S. 90; vgl. zum Folgenden auch Ebenroth/Boujong/Joost/Strohn/*Schaub* Rn 17 ff; Koller/*Roth*/Morck Rn 10; MünchKommHGB/*Krafka* Rn 24; Röhricht/v. Westphalen/*Ammon* Rn 18.
[102] Ebenroth/Boujong/Joost/Strohn/*Schaub* Rn 17; *Kollhosser* NJW 1988, 2409.
[103] KG Recht 1906, Spalte 1085, Nr. 2530; Ebenroth/Boujong/Joost/Strohn/*Schaub* Rn 20; Heymann/*Sonnenschein*/Weitemeyer Rn 22.

46 Eine Auskunftspflicht gegenüber **Behörden** kann sich aus Sondervorschriften ergeben, vgl. z.B. § 161 StPO. Daneben besteht für das Gericht auch eine **allgemeine Rechts- und Amtshilfepflicht**, aus der es anderen Gerichten und Verwaltungsbehörden Rechtshilfe zu leisten hat, indem es über den Inhalt des Registers und der Registerakten gebührenfrei Auskunft erteilt (vgl. etwa die einfachgesetzliche Präzisierung in §§ 93, 111 AO, 156–168 GVG). Das kann nach Art. 35 GG nicht zweifelhaft sein; denn Behörden im Sinne der Vorschrift sind auch Gerichte.

X. Entsprechende Anwendung auf das Unternehmensregister (§ 9 Abs. 6)

47 1. Einsichtnahme. Nach § 9 Abs. 6 S. 1 gilt § 9 Abs. 1 S. 1 auch für die Einsichtnahme in das Unternehmensregister entsprechend. Damit wird die zentrale Vorgabe aus Art. 3 Abs. 3 Unterabs. 2 der **Publizitätsrichtlinie** (Rn 3) erfüllt, wonach eine Stelle zu bestimmen ist, bei der die Dokumente der „einen Akte" i.S.d. Art. 3 Abs. 1 der Richtlinie von dem Register elektronisch oder als Papierkopie angefordert werden können (vgl. § 8b Rn 4).[104] Die Vorgabe, dass die Einsichtnahme nur „zu Informationszwecken" erfolgen darf, ist im europäischen Recht nicht enthalten, was dazu zwingt, sie auch im deutschen Recht ausgesprochen restriktiv zu interpretieren (s. Rn 19).

48 § 9 Abs. 6 S. 1 gilt unabhängig davon, ob in Datenbestände Einsicht genommen werden soll, die unmittelbar im Unternehmensregister gespeichert werden, oder in solche, die nur mittelbar über das Zugangsportal des Unternehmensregisters zugänglich gemacht werden (§ 8b Abs. 2 Nr. 1–3).[105] Die **organisatorische Ausgestaltung der Einsichtnahme** ist ausführlich bereits in § 8b Rn 14 ff dargestellt. Die Einsichtnahme erfolgt ausschließlich über das Internet, und zwar über die Internetseite www.unternehmensregister.de. Es bestehen **weder Anmeldungs- noch Genehmigungserfordernisse**, doch kann u.U. eine Registrierung verlangt werden.

49 2. Weiterleitung von Anträgen. Die Publizitätsrichtlinie (Rn 3) setzt nicht nur voraus, dass die dort genannten Urkunden und Angaben bei einer zentralen Stelle eingesehen werden können, sondern sie müssen dort auch als vollständige oder auszugsweise Kopie erhältlich sein, die auf Wunsch zu beglaubigen ist (Art. 3 Abs. 3 Unterabs. 1 und 4). Daher eröffnet § 9 Abs. 6 S. 2 den Antragstellern die Möglichkeit, ihre Anträge nach § 9 Abs. 2–5 auch **direkt beim Unternehmensregister** einzureichen. Darunter fallen zunächst die Anträge auf Übermittlung von Dokumenten nach § 9 Abs. 2 und auf (beglaubigte) Ausdrucke und Abschriften aus dem Handelsregister nach § 9 Abs. 3 i.V.m. § 9 Abs. 4. Obwohl europarechtlich nicht gefordert, ist dieser Anspruch entgegen der ursprünglichen Konzeption des Regierungsentwurfs nachträglich auf das Negativattest erweitert worden, um auch für diesen Anspruch den Vereinfachungseffekt einer zentralen Einreichung nutzbar machen zu können.[106] Das Unternehmensregister leitet die entsprechenden Anträge **an das jeweils zuständige Registergericht** weiter. Für Unterlagen der Rechnungslegung nach § 8b Abs. 2 Nr. 4 gilt hingegen die Sonderregelung des § 8b Abs. 4 (s. § 8b Rn 52).

50 Zu beachten ist, dass die über das Unternehmensregister geltend gemachten Dokumentationsansprüche nach § 9 Abs. 2–5 ausschließlich die **im Handelsregister enthalte-**

---

[104] RegE EHUG, BT-Drucks. 16/960, S. 42.
[105] RegE EHUG, BT-Drucks. 16/960, S. 43.
[106] Vgl. die Stellungnahme des Bundesrates, BT-Drucks. 15/960, S. 75; anders noch RegE EHUG, BT-Drucks. 16/960, S. 75.

nen Dokumente betreffen (vgl. Rn 5); über § 156 GenG, § 5 Abs. 2 PartGG wird dieser Anwendungsbereich nur noch auf die in Genossenschafts- und Partnerschaftsregistern enthaltenen Daten erstreckt.[107] Von den im Unternehmensregister selbst gespeicherten Daten können hingegen keine Ausdrucke, Abschriften und Beglaubigungen verlangt werden. Eine Ausnahme musste allein für die von der Publizitätsrichtlinie erfassten **Unterlagen der Rechnungslegung** (§ 8b Abs. 2 Nr. 4) gemacht werden. Diese Ausnahme ist aber nicht – wie noch im Regierungsentwurf vorgesehen[108] – in § 9 Abs. 6, sondern in § 8b Abs. 4 enthalten (vgl. die Erläuterungen zu § 8b Rn 52).

XI. Gebühren

1. Einsichtnahme. Hinsichtlich der Gebührenhöhe ist zwischen den unterschiedlichen Formen von Einsichtnahme und Bescheinigungen zu unterscheiden. Weiterhin **kostenfrei** ist nach § 90 KostO die **Einsichtnahme auf der Geschäftsstelle** des Registergerichts.[109] Werden die Registerdaten hingegen **online** aus dem vom Registergericht geführten Datenbestand abgerufen, so fällt dafür nach Abschnitt 4 Abs. 1 des Gebührenverzeichnisses zur Justizverwaltungskostenordnung (GV JVKostO) eine Gebühr an.[110] Neben dieser Gebühr werden gem. Abschnitt 4 Abs. 2 GV JVKostO keine weiteren Auslagen erhoben. Nach Nr. 400 GV JVKostO beträgt die Gebühr für den Abruf von Daten aus dem Register **je Registerblatt** € 4,50 und für den Abruf von Dokumenten, die zum Register eingereicht wurden, nach Nr. 401 GV JVKostO für jede abgerufene Datei noch einmal € 4,50.[111] Die frühere Differenzierung zwischen Dauer- und Gelegenheitsnutzern ist damit entfallen.[112] Ebenso wenig ist der wirtschaftliche Wert der Abfrage für die Gebührenberechnung maßgeblich; entscheidend ist vielmehr der Verwaltungsaufwand, der nach der europäischen Vorgabe des Art. 3 Abs. 3 Unterabs. 3 der Publizitätsrichtlinie (Rn 3) nicht überschritten werden darf. Schließlich spielt es für die Kostenberechnung auch keine Rolle, ob ein Ausdruck in einer oder mehreren **Auszugsvarianten** (aktuell, chronologisch, historisch – vgl. dazu Rn 35) abgerufen wird. Es fällt jeweils nur eine Gebühr an.[113]

2. Medienwechsel. Höhere Kosten fallen an, wenn das abgerufene Dokument bislang ausschließlich in Papierform und noch nicht in elektronischer Form vorhanden ist. In diesem Fall bedarf es der **Umwandlung des Dokuments** gem. Art. 61 Abs. 3 EGHGB, § 9

---

[107] RegE EHUG, BT-Drucks. 16/960, S. 43.
[108] RegE EHUG, BT-Drucks. 16/960, S. 6.
[109] Bestätigt in der Vorbemerkung zu Abschnitt 4 GV JVKostO.
[110] Ob die Gebühr nach der KostO oder nach der JVKostO bestimmt wird, richtet sich danach, ob das Gericht selbst tätig werden muss oder nicht. Das ist bei der Gewährung der Einsichtnahme der Fall, bei einem Online-Abruf hingegen nicht (vgl. dazu auch RegE EHUG, BT-Drucks. 16/960, S. 70).
[111] Die im RegE EHUG, BT-Drucks. 16/960, S. 70, vorgesehene kostenrechtliche Privilegierung eines mehrfachen Abrufs innerhalb einer Stunde beruhte noch auf der höheren Störanfälligkeit in den Anfängen des Online-Abrufverfahrens. Da diese Störanfälligkeit mittlerweile behoben ist, konnte auch die Privilegierung entfallen (Stellungnahme des Bundesrates, BT-Drucks. 16/960, S. 86 f; Gegenäußerung der Bundesregierung, BT-Drucks. 16/960, S. 95).
[112] Vgl. dazu noch § 7b JVKostO i.V.m. Nr. 400–402 des GV JVKostO in der bis zum 31.12.2006 geltenden Fassung sowie die Begründung des Systemwechsels in RegE EHUG, BT-Drucks. 16/960, S. 69 f.
[113] RegE EHUG, BT-Drucks. 16/960, S. 70; *Apfelbaum* DNotZ 2007, 166 (169 f).

Abs. 2 (zu den Voraussetzungen eines entsprechenden Umwandlungsanspruchs s. Rn 26). Für diese Umwandlung wird gem. § 79 KostO eine Gebühr auf der Grundlage der nach § 79a KostO erlassenen Handelsregistergebührenverordnung (HRegGebV) erhoben. Nach dem Gebührentatbestand Nr. 5007 des Gebührenverzeichnisses (GV) zur HRegGebV beträgt diese Gebühr für jede angefangene Seite € 2, mindestens aber € 25. Die Gebühr wird für die Dokumente jedes Registerblatts gesondert erhoben. Gehören die Dokumente zu ein und demselben Registerblatt, soll die Gebühr hingegen nur einmal entstehen.[114] Mit der Gebühr wird zugleich auch die einmalige elektronische Übermittlung der Dokumente an den Antragsteller abgegolten (Nr. 5007 S. 2 und 3 GV HRegGebV).

53 3. **Ausdrucke, Abschriften und Negativatteste.** Auch hinsichtlich der Gebühren für Ausdrucke und Abschriften ist zwischen dem Eintrag und den zusätzlich eingereichten Dokumenten zu unterscheiden. Für den **Ausdruck eines Eintrags** nach § 9 Abs. 4 wird – ebenso wie für ein Negativattest nach § 9 Abs. 5 – eine Gebühr von € 10 erhoben (§ 89 Abs. 1 S. 1 i.V.m. § 73 Abs. 2 Nr. 1 KostO). Da ein Ausdruck nach § 9 Abs. 4 S. 3 i.d.R. als **amtlicher Ausdruck** ausgefertigt wird (s. Rn 34), fällt zumeist allerdings die dafür vorgesehene höhere Gebühr von € 18 gem. §§ 89 Abs. 1 S. 1, 73 Abs. 2 Nr. 2 KostO an. Das gilt auch dann, wenn der Empfänger die Beglaubigung nicht beantragt hat, sondern sie automatisch gem. § 9 Abs. 4 S. 3 erfolgt. Vermieden werden kann sie also nur durch eine ausdrückliche Verzichtserklärung (s. Rn 34).[115]

54 Betrifft der Ausdruck nicht den Eintrag in die Registerblätter, sondern ein zum Handelsregister **eingereichtes Dokument,** so fällt zunächst die Dokumentenpauschale des § 4 JVKostO i.V.m. § 136 Abs. 2 KostO an, die für die ersten 50 Seiten € 0,50 je Seite und für jede weitere Seite € 0,15 beträgt. Da ebenso wie bei den Registerauszügen gem. § 9 Abs. 4 S. 3 auch insofern der beglaubigte Ausdruck die Regel ist, fällt daneben i.d.R. noch die Beglaubigungsgebühr nach Nr. 102 JVKostO an, die € 0,50 je angefallene Seite, mindestens aber € 5 beträgt. Liegen Schriftstücke nur in Papierform vor, kann eine **Abschrift** gefordert werden, die von der Geschäftsstelle nach § 9 Abs. 4 S. 3 grundsätzlich zu beglaubigen ist; das zum Ausdruck Gesagte gilt hier entsprechend. Wurde **auf die Beglaubigung verzichtet** und daraufhin ein einfacher Ausdruck oder eine einfache Abschrift erteilt, beschränken sich die Kosten auf die Dokumentenpauschale (§ 4 JVKostO i.V.m. § 136 Abs. 2 KostO).

55 4. **Kostenschuldner.** Kostenschuldner ist gem. § 7b S. 1 JVKostO derjenige, der den **Abruf tätigt.** Ist der Abrufende bei einem Abruf unter Nutzung elektronischer Bezahlsysteme nicht identifizierbar, so trägt die Kosten nach § 7b S. 2 JVKostO derjenige, der sich unter einer Kennung zum Abrufverfahren angemeldet hat. Er trägt also das Kostenrisiko, wenn seine Kennungsdaten missbräuchlich verwandt werden.[116]

56 5. **Kosten für die Nutzung des Unternehmensregisters.** Die **Einsichtnahme** in das Unternehmensregister ist grundsätzlich gebührenfrei. Nur wenn über das Unternehmensregister auf die Originaldatenbestände des Handelsregisters zugegriffen wird, fällt

---

[114] RegE EHUG, BT-Drucks. 16/960, S. 69.
[115] RegE EHUG, BT-Drucks. 16/960, S. 70; kritisch dazu *Nedden-Boeger* FGPrax 2007, 1 (2 f.).
[116] Vgl. dazu RegE EHUG, BT-Drucks. 16/960, S. 70.

die in Rn 51 bezeichnete Gebühr an (s. § 8b Rn 58). Auch wenn gem. § 9 Abs. 6 über das Unternehmensregister ein Antrag auf **Ausdruck, Abschrift oder Erteilung eines Negativattests** gestellt wird, gelten die vorstehend skizzierten Grundsätze (Rn 53). Eine eigenständige Kostenerhebung durch das Unternehmensregister erfolgt nur dann, wenn **Unterlagen der Rechnungslegung** betroffen sind (s. zu den Einzelheiten § 8b Rn 59).

§ 9a
Übertragung der Führung des Unternehmensregisters; Verordnungsermächtigung

(1) ¹Das Bundesministerium der Justiz wird ermächtigt, durch Rechtsverordnung mit Zustimmung des Bundesrates einer juristischen Person des Privatrechts die Aufgaben nach § 8b Abs. 1 zu übertragen. ²Der Beliehene erlangt die Stellung einer Justizbehörde des Bundes. ³Zur Erstellung von Beglaubigungen führt der Beliehene ein Dienstsiegel; nähere Einzelheiten hierzu können in der Rechtsverordnung nach Satz 1 geregelt werden. ⁴Die Dauer der Beleihung ist zu befristen; sie soll fünf Jahre nicht unterschreiten; Kündigungsrechte aus wichtigem Grund sind vorzusehen. ⁵Eine juristische Person des Privatrechts darf nur beliehen werden, wenn sie grundlegende Erfahrungen mit der Veröffentlichung von kapitalmarktrechtlichen Informationen und gerichtlichen Mitteilungen, insbesondere Handelsregisterdaten, hat und ihr eine ausreichende technische und finanzielle Ausstattung zur Verfügung steht, die die Gewähr für den langfristigen und sicheren Betrieb des Unternehmensregisters bietet.

(2) ¹Das Bundesministerium der Justiz wird ermächtigt, durch Rechtsverordnung mit Zustimmung des Bundesrates Einzelheiten der Datenübermittlung zwischen den Behörden der Länder und dem Unternehmensregister einschließlich Vorgaben über Datenformate zu regeln. ²Abweichungen von den Verfahrensregelungen durch Landesrecht sind ausgeschlossen.

(3) ¹Das Bundesministerium der Justiz wird ermächtigt, durch Rechtsverordnung ohne Zustimmung des Bundesrates die technischen Einzelheiten zu Aufbau und Führung des Unternehmensregisters, Einzelheiten der Datenübermittlung einschließlich Vorgaben über Datenformate, die nicht unter Absatz 2 fallen, Löschungsfristen für die im Unternehmensregister gespeicherten Daten, Überwachungsrechte der Bundesanstalt für Finanzdienstleistungsaufsicht gegenüber dem Unternehmensregister hinsichtlich der Übermittlung, Einstellung, Verwaltung, Verarbeitung und des Abrufs kapitalmarktrechtlicher Daten einschließlich der Zusammenarbeit mit amtlich bestellten Speicherungssystemen anderer Mitgliedstaaten der Europäischen Union oder anderer Vertragsstaaten des Abkommens über den Europäischen Wirtschaftsraum im Rahmen des Aufbaus eines europaweiten Netzwerks zwischen den Speicherungssystemen, die Zulässigkeit sowie Art und Umfang von Auskunftsdienstleistungen mit den im Unternehmensregister gespeicherten Daten, die über die mit der Führung des Unternehmensregisters verbundenen Aufgaben nach diesem Gesetz hinausgehen, zu regeln. ²Soweit Regelungen getroffen werden, die kapitalmarktrechtliche Daten berühren, ist die Rechtsverordnung nach Satz 1 im Einvernehmen mit dem Bundesministerium der Finanzen zu erlassen. ³Die Rechtsverordnung nach Satz 1 hat dem schutzwürdigen Interesse der Unternehmen am Ausschluss einer zweckändernden Verwendung der im Register gespeicherten Daten angemessen Rechnung zu tragen.

§ 9a

Schrifttum: s. die Nachweise zu § 8b

Übersicht

	Rn		Rn
I. Regelungsgegenstand und Regelungszweck	1	III. Einzelheiten der Datenübermittlung (§ 9a Abs. 2)	8–10
II. Beleihungsermächtigung (§ 9a Abs. 1)	2–7	IV. Technische Einzelheiten der Registerführung (§ 9a Abs. 3)	11–12
1. Beleihungsakt	2–4		
2. Dienstsiegel (§ 9a Abs. 1 S. 3)	5		
3. Dauer der Beleihung (§ 9a Abs. 1 S. 4)	6		
4. Voraussetzungen der Beleihung (§ 9a Abs. 1 S. 5)	7		

I. Regelungsgegenstand und Regelungszweck

1 § 9a a.F. regelte das „automatisierte Verfahren" des Registerbetriebs als einen optionalen Ausnahmetatbestand. Mit der generellen Umstellung des Handelsregisters auf einen elektronischen Betrieb im Zuge des EHUG vom 10.11.2006[1] (vgl. § 8 Rn 7 ff) ist dieser Ausnahmetatbestand obsolet geworden. Der Inhalt des § 9a a.F. ist daher in der neuen Regelvorschrift des § 9 aufgegangen (vgl. dazu bereits § 9 Rn 2). Stattdessen regelt § 9a n.F. nunmehr die Übertragung der Führung des Unternehmensregisters. Dies geschieht in Gestalt einer **Verordnungsermächtigung nach Art. 80 Abs. 1 GG** zugunsten des Bundesjustizministeriums. Dieses wird ermächtigt, im Verordnungswege die Führung des Unternehmensregisters durch Beleihung einer juristischen Person des Privatrechts zu übertragen (§ 9a Abs. 1), die Einzelheiten der Datenübermittlung (§ 9a Abs. 2) und die technischen Einzelheiten der Registerführung festzulegen (§ 9a Abs. 3).

II. Beleihungsermächtigung (§ 9a Abs. 1)

2 **1. Beleihungsakt.** § 9a Abs. 1 enthält zunächst eine grundlegende Regelung darüber, wem die Führung des Unternehmensregisters übertragen werden kann. Die Führung des Registers umfasst dabei die in § 8b umschriebenen Aufgaben. Schon während des Gesetzgebungsverfahrens bestand Einigkeit darüber, dass diese Aufgabe nicht staatlich organisiert, sondern auf einen Privaten übertragen werden soll.[2] Die grundlegende Ermächtigung, eine solche **Beleihung** vorzunehmen, enthält § 9a Abs. 1 S. 1. Das Bundesjustizministerium hat von dieser Ermächtigung bereits im Dezember 2006 – also noch vor dem Inkrafttreten des EHUG (Rn 1) – Gebrauch gemacht, und zwar in der Verordnung über die Übertragung der Führung des Unternehmensregisters und die Einreichung von Dokumenten beim Betreiber des elektronischen Bundesanzeigers (im Folgenden: ÜbertragungsVO).[3] Durch § 1 ÜbertragungsVO wird die Führung des Unternehmensregisters auf die **Bundesanzeiger Verlagsgesellschaft mbH** mit Sitz in Köln übertragen (s. bereits § 8b Rn 11).

---

[1] Gesetz über elektronische Handelsregister und Genossenschaftsregister sowie das Unternehmensregister (EHUG) v. 10.11.2006 – BGBl. I, S. 2553.

[2] MünchKommErgbHGB/*Krafka* Rn 1.

[3] Verordnung v. 15.12.2006 (BGBl. I, S. 3202). Zur Kritik am Unterbleiben eines ordnungsgemäßen Vergabeverfahrens vgl. *Clausnitzer/Blatt* GmbHR 2006, 1303 (1304).

Gegen diese Ausgestaltung der Beleihungsermächtigung sind von Seiten des Bundesrates **staatsorganisationsrechtliche Bedenken** erhoben worden. Nach Art. 87 Abs. 3 GG könne der Bund Angelegenheiten, für die ihm die Gesetzgebung zustehe, nur in Form eines Bundesgesetzes, nicht aber im Verordnungswege auf andere Behörden oder Körperschaften übertragen.[4] Die Bundesregierung hat diese Bedenken zurückgewiesen, da der eigentliche Beleihungsakt i.S.d. Art. 87 Abs. 3 S. 1 GG durchaus in einem Bundesgesetz enthalten sei, nämlich in § 8b Abs. 1, der die Führung des Unternehmensregisters dem Bundesjustizministerium übertrage. Erst in einem nachgelagerten zweiten Schritt werde diese Aufgabe auf einen privaten Dritten weiterübertragen. Dieser Beleihungsakt müsse aber nicht erneut den Anforderungen des Art. 87 Abs. 3 GG genügen, sondern der verfassungsrechtliche Prüfungsmaßstab sei hier **Art. 80 GG** zu entnehmen.[5]

Die unmittelbare Folge des Beleihungsaktes umschreibt § 9a Abs. 1 S. 2: Der Beliehene erlangt die Stellung einer **Justizbehörde des Bundes**. Für Streitigkeiten über seine **Gebührenforderungen** sah § 9a Abs. 1 S. 2, 2. Hs. in der Fassung des Regierungsentwurfs noch den Rechtsweg zu den ordentlichen Gerichten vor.[6] Zur Entlastung der Gerichte wurde diese Regelung aber gestrichen. Die Gebührenforderungen unterliegen nunmehr der Justizbeitreibungsordnung und können demnach im Wege eines Gebührenbescheides vollstreckt werden. Vollstreckungsbehörde ist dabei nach § 2 Abs. 2 JBeitrO das Bundesamt für Justiz.[7]

2. Dienstsiegel (§ 9a Abs. 1 S. 3). Nach § 8b Abs. 4 S. 1 schließt die Führung des Unternehmensregisters auch die **Beglaubigung** entsprechend § 9 Abs. 3 und 4 hinsichtlich der im Unternehmensregister gespeicherten Unterlagen der Rechnungslegung i.S.d. § 8b Abs. 2 Nr. 4 ein. Diese Beglaubigungsaufgabe kann auch von einem Beliehenen ausgeübt werden, der aufgrund des Beleihungsaktes funktionell in begrenztem Umfang hoheitlich handeln kann (s. bereits § 8b Rn 54).[8] Da eine Beglaubigung nach § 33 Abs. 3 Nr. 4 VwVfG überdies aber auch ein Dienstsiegel voraussetzt, musste dem Betreiber des Unternehmensregisters das **Recht zur Führung eines Dienstsiegels** eingeräumt werden. Die entsprechende Ermächtigung zur Verleihung des Dienstsiegels ist in § **9a Abs. 1 S. 3** enthalten. Auf dieser Grundlage wurde dem Betreiber des elektronischen Bundesanzeigers durch § 2 ÜbertragungsVO (Rn 2) die Berechtigung verliehen, das sog. kleine Bundessiegel zu führen, das ausschließlich zur Beglaubigung von Ausdrucken aus dem Unternehmensregister eingesetzt werden darf.

3. Dauer der Beleihung (§ 9a Abs. 1 S. 4). § 9a Abs. 1 S. 4 enthält eine **zeitliche Vorgabe** für die Beleihung. Ihre Dauer ist zu befristen, doch soll die Frist fünf Jahre nicht unterschreiten. Durch diese **Mindestlaufzeit** soll dem beliehenen Unternehmen die notwendige Sicherheit hinsichtlich der für den Betrieb des Unternehmensregisters zu tätigenden Investitionen gegeben werden.[9] Die ÜbertragungsVO (Rn 2) ist gemäß ihrem § 5 am

---

[4] Stellungnahme des Bundesrates, BT-Drucks. 16/960, S. 75; vgl. zu dieser Frage auch Jarass/Pieroth GG, 9. Aufl., 2007, Art. 87 Rn 13 und 15; von Mangoldt/Klein/Starck/Burgi GG III, 5. Aufl., 2005, Art. 87 Rn 95 und 106; Maunz/Dürig/Lerche GG (1992), Art. 87 Rn 203; Sachs GG, 4. Aufl., 2007, Art. 87 Rn 71 f.
[5] Gegenäußerung der Bundesregierung, BT-Drucks. 16/960, S. 90 f mit weiteren Beispielen zur entsprechenden bisherigen Staatspraxis.
[6] RegE EHUG, BT-Drucks. 16/960, S. 6.
[7] Vgl. dazu die Stellungnahme des Rechtsausschusses, BT-Drucks. 16/960, S. 80.
[8] Vgl. dazu statt aller Maurer Allgemeines Verwaltungsrecht, 16. Aufl., 2006, § 23 Rn 59.
[9] RegE EHUG, BT-Drucks. 16/960, S. 43.

§ 9a   1. Buch. Handelsstand

1.1.2007 in Kraft getreten und wird – vorbehaltlich einer außerordentlichen Kündigung – am 31.12.2016 außer Kraft treten. Die Mindestlaufzeit ist also vom Verordnungsgeber auf insgesamt **zehn Jahre** ausgedehnt worden. In § 3 ÜbertragungsVO ist die Vorgabe des § 9a Abs. 1 S. 4, 2. Hs. umgesetzt worden, wonach bei der Beleihung auch **Kündigungsrechte aus wichtigem Grund** vorzusehen sind. Ein Kündigungsgrund liegt nach § 3 der Verordnung dann vor, wenn dem Kündigenden die Fortsetzung des Auftragsverhältnisses unzumutbar ist. Die Behauptung der Unzumutbarkeit kann namentlich gestützt werden auf die drohende Überschuldung, die Insolvenz oder ein Fehlverhalten des Beliehenen, das den ordnungsgemäßen Betrieb des Unternehmensregisters gefährden kann.

7   4. **Voraussetzungen der Beleihung (§ 9a Abs. 1 S. 5).** § 9a Abs. 1 S. 5 schließlich enthält **organisatorische Voraussetzungen** für die Beleihung. Als vergangenheitsbezogene Voraussetzung wird verlangt, dass der Beliehene bereits **grundlegende Erfahrungen** mit der Veröffentlichung von kapitalmarktrechtlichen Informationen und gerichtlichen Mitteilungen, insbesondere Handelsregisterdaten, hat. Die Erfahrungen in der Vergangenheit sollen eine Gewähr für die zuverlässige Aufgabenerfüllung in der Zukunft bieten. Speziell Handelsregisterdaten wurden in der Vergangenheit aber in erster Linie nur von den Registergerichten und dem elektronischen Bundesanzeiger verwaltet, während die kommerzielle Zweitverwertung weitgehend unterbunden wurde (§ 9 Rn 20 ff). Daher bestand schon während des Gesetzgebungsverfahrens Einigkeit darüber, dass vor dem Hintergrund dieser Voraussetzung allein die **Bundesanzeiger Verlagsgesellschaft mbH** als Adressat des Beleihungsaktes in Betracht kommt.[10] Sie erfüllt auch die zweite in § 9a Abs. 1 S. 5 genannte organisationsbezogene Voraussetzung, dass ihr eine **ausreichende technische und finanzielle Ausstattung** zur Verfügung steht, die die Gewähr für den langfristigen und sicheren Betrieb des Unternehmensregisters bietet. Durch die Kündigungsmöglichkeit nach § 3 ÜbertragungsVO (Rn 6) wird gewährleistet, dass diese Voraussetzungen auch während des weiteren Betriebs durchgängig erfüllt sind.

III. Einzelheiten der Datenübermittlung (§ 9a Abs. 2)

8   Die Beleihungsermächtigung aus § 9a Abs. 1 wird in § 9a Abs. 2 ergänzt durch die weitere Ermächtigung des Bundesjustizministeriums, Einzelheiten der Datenübermittlung zwischen den Behörden der Länder und dem Unternehmensregister einschließlich Vorgaben über Datenformate zu regeln. Von den Ländern werden dem Unternehmensregister ausschließlich die sog. **Indexdaten** zugeliefert, über die der Zugang zu den Originalregisterbeständen nach § 8b Abs. 2 Nr. 1–3 eröffnet wird. Die Zulieferung dieser Daten muss **einheitlich** erfolgen, damit das Unternehmensregister seine Funktion als zentrales Zugangsportal erfüllen kann. Diese Einheitlichkeit kann das Bundesjustizministerium auf der Grundlage des § 9a Abs. 2 herstellen.

9   Da durch eine solche vereinheitlichende Regelung auch das **Verwaltungsverfahren in den Ländern** geregelt wird, bedurfte es zu dieser Verordnung der Zustimmung des Bundesrates. Daraus erklärt sich die – im Regierungsentwurf noch nicht vorgesehene – Trennung der Absätze 2 und 3: Die Verordnungsermächtigung in § 9a Abs. 3 berührt nach

---

[10] Baumbach/*Hopt* Rn 1; *Beurskens* in: Noack (Hrsg.), Das neue Gesetz über elektronische Handels- und Unternehmensregister, 2007, S. 97 (111); *Noack* NZG 2006, 801 (805); C. H. *Schmidt* DStR 2006, 2272 (2274).

Auffassung des Gesetzgebers nicht das Verwaltungsverfahren in den Ländern, so dass auf dieser Grundlage eine Verordnung ohne die Zustimmung des Bundesrates ergehen kann.[11] Das Bundesjustizministerium hat von der Erleichterung des § 9a Abs. 3 indes keinen Gebrauch gemacht und gestützt auf die zwei separierten Ermächtigungsgrundlagen in § 9a Abs. 2 und 3 mit Zustimmung des Bundesrates eine einheitliche Rechtsverordnung erlassen, die **Verordnung über das Unternehmensregister (URV)**.[12] Nach § 9a Abs. 3 S. 2 ist die Verordnung zusätzlich noch im Einvernehmen mit dem **Bundesfinanzministerium** zu erlassen, soweit darin Regelungen getroffen werden, die kapitalmarktrechtliche Daten berühren. Da auch diese Daten von der URV erfasst sein sollten, wurde die gesamte Verordnung vollumfänglich im Einvernehmen mit dem Bundesfinanzministerium erlassen. Das führt dazu, dass auch künftige Änderungen nur mit Zustimmung des Bundesrates und im Einvernehmen mit dem Bundesfinanzministerium möglich sein werden, selbst wenn sie weder unter § 9a Abs. 2 noch unter § 9a Abs. 3 S. 2 fallen.

Hinsichtlich der Übermittlung der Indexdaten enthält die URV (Rn 9) folgende Vorgaben: Nach § 4 URV erfolgt die Datenübermittlung im Wege der **Datenfernübertragung**. Der Übertragungsakt muss in einem mit den Landesjustizverwaltungen vereinbarten strukturierten **Format** erfolgen (§ 5 Abs. 2 S. 1 URV) und aktuellen Sicherheitsstandards entsprechen (§ 5 Abs. 1 URV). Die Landesjustizverwaltungen haben sicherzustellen, dass die übermittelten Indexdaten ohne Aufbereitung oder Veränderungen den Zugang zu den Originaldaten und eine Suche im Unternehmensregister ermöglichen (§ 5 Abs. 2 S. 1 URV). Die dauerhafte Aktualisierung der Indexdaten wird durch § 5 Abs. 3 URV gewährleistet.[13] Der Inhalt der Indexdaten wird in §§ 6 f URV festgeschrieben. **10**

IV. Technische Einzelheiten der Registerführung (§ 9a Abs. 3)

Die dritte in § 9a Abs. 3 enthaltene Verordnungsermächtigung betrifft technische Einzelheiten der Registerführung. Eine solche Verordnung hätte nach § 9a Abs. 3 S. 1 ohne Zustimmung des Bundesrates erlassen werden dürfen, doch hat das Bundesjustizministerium davon keinen Gebrauch gemacht (s. bereits Rn 9). Die entsprechenden Regelungen finden sich in der mit Zustimmung des Bundesrates erlassenen URV (Rn 9) und wurden schon bei § 8b Rn 14 ff, 40 ff in ihren Einzelheiten dargestellt. Von der Ermächtigung des § 9a Abs. 3 S. 1 sind erfasst: **11**
- **technische Einzelheiten** zu Aufbau und Führung des Unternehmensregisters (§§ 1 ff URV),
- Einzelheiten der **Datenübermittlung** einschließlich Vorgaben über Datenformate, die nicht bereits unter § 9a Abs. 2 (s. Rn 8 ff) fallen (§§ 4 ff URV – vgl. § 8b Rn 40 ff),
- **Löschungsfristen** für die im Unternehmensregister gespeicherten Daten (§ 12 URV – s. § 8b Rn 55),
- **Überwachungsrechte der BaFin** gegenüber dem Unternehmensregister hinsichtlich der Verwaltung kapitalmarktrechtlicher Daten einschließlich der Zusammenarbeit mit amtlich bestellten Speicherungssystemen anderer EU-Mitgliedstaaten oder anderer

---

[11] Vgl. dazu die Stellungnahme des Bundesrates, BT-Drucks. 16/960, S. 76 und die anschließende Gegenäußerung der Bundesregierung, ebenda, S. 91.
[12] Verordnung über das Unternehmensregister v. 26.2.2007 (Unternehmensregisterverordnung – URV; BGBl. I, S. 217) – Begründung in BR-Drucks. 11/07, S. 9 ff.
[13] Vgl. dazu auch die detaillierte Präzisierung in der Begründung zur URV (Fn. 12), BR-Drucks. 11/07, S. 13 f.

EWR-Vertragsstaaten[14] im Rahmen des Aufbaus eines europaweiten Netzwerks zwischen den Speicherungssystemen (§ 16 URV),
– Zulässigkeit sowie Art und Umfang von **Auskunftsdienstleistungen** mit den im Unternehmensregister gespeicherten Daten, die über die mit der Führung des Unternehmensregisters verbundenen Aufgaben nach diesem Gesetz hinausgehen (§ 15 Abs. 1 URV – s. § 8b Rn 60).

12 Schließlich muss die Verordnung nach § 9a Abs. 1 S. 3 auch den **berechtigten Datenschutzinteressen** der Unternehmen Rechnung tragen. Der Gesetzgeber hatte dabei insbesondere die Fälle im Blick, in denen der Betreiber des Unternehmensregisters die von ihm verwalteten Daten in einer Weise nutzen will, die über die gesetzlich vorgeschriebenen Aufgaben hinausgeht.[15] Diesen auf das Grundrecht auf informationelle Selbstbestimmung gestützten Datenschutzbelangen trägt die URV (Rn 9) an mehreren Stellen Rechnung. So schreibt etwa § 12 URV die **Löschung** bestimmter Daten vor und nimmt dabei aus Gründen des Datenschutzes in Kauf, dass die durch das Unternehmensregister hergestellte Transparenz geschmälert wird (vgl. dazu bereits § 8b Rn 55). Ebenso wurden bei der Ausgestaltung der **Suchfunktion** innerhalb des Unternehmensregisters nicht alle technischen Recherchemöglichkeiten ausgenutzt, um auch hier datenschutzrechtlichen Belangen Rechnung zu tragen (s. dazu bereits § 9 Rn 15). Des Weiteren ist in diesem Zusammenhang auch § 2 Abs. 2 URV zu nennen, der allgemein **missbräuchliche Zugriffe** Dritter auf das Unternehmensregister unterbinden soll. Auch dadurch sollen die datenschutzrechtlichen Interessen der Beteiligten gewahrt werden.

§ 10
Bekanntmachung der Eintragungen

¹Das Gericht macht die Eintragungen in das Handelsregister in dem von der Landesjustizverwaltung bestimmten elektronischen Informations- und Kommunikationssystem in der zeitlichen Folge ihrer Eintragung nach Tagen geordnet bekannt; § 9 Abs. 1 Satz 4 und 5 gilt entsprechend. ²Soweit nicht ein Gesetz etwas anderes vorschreibt, werden die Eintragungen ihrem ganzen Inhalt nach veröffentlicht.

Schrifttum

Dauner-Lieb/Linke Digital gleich optional?! DB 2006, 767; *DAV-Handelsrechtsausschuss* Stellungnahme zum Entwurf eines Gesetzes über elektronische Handelsregister- und Genossenschaftsregister sowie das Unternehmensregister (EHUG), NZG 2005, 586; *Dempewolf* Zur Veröffentlichungspflicht der Handelsregistergerichte, DB 1986, 1378; *Geßner* Die Bedeutung des Gesetzes über Bekanntmachungen, Rpfleger 1950, 259; *Herminghausen* Gerichtliche Bekanntmachungen in den Amtsblättern, DRiZ 1952, 76; *Kögel* Die Bekanntmachung von Handelsregistereintragungen: Relikt aus dem vorvergangenen Jahrhundert, BB 2004, 844; *Liebscher/Scharff* Das Gesetz über elektronische Handelsregister und Genossenschaftsregister sowie das Unternehmensregister, NJW 2006, 3745; *Melchior/Schulte* HandelsregisterVO, Online-Version 2008; abrufbar unter www.melchior-schulte.de (zuletzt abgerufen am 1. August 2008); *Nedden-Boeger* Das neue Regis-

---

[14] Vgl. dazu das Abkommen über den Europäischen Wirtschaftsraum (EWR-Abkommen) v. 2.5.1992 (BGBl. II 1993, S. 266).

[15] RegE EHUG, BT-Drucks. 16/960, S. 43.

terrecht, FGPrax 2007, 1; *Noack* Elektronische Publizität im Aktien- und Kapitalmarktrecht in Deutschland und Europa, AG 2003, 357; *ders.* Das EHUG ist beschlossen – elektronische Handels- und Unternehmensregister ab 2007, NZG 2006, 801; *ders.* (Hrsg.), Das neue Gesetz über elektronische Handels- und Unternehmensregister – EHUG, 2007; *ders.* Die Publizitätswirkungen des Handelsregisters nach dem EHUG, in FS Eisenhardt, 2007, S. 475; *Schlotter* Das EHUG ist in Kraft getreten: Das Recht der Unternehmenspublizität hat eine neue Grundlage, BB 2007, 1; *K. Schmidt* Handelsregisterpublizität und Kommanditistenhaftung, ZIP 2002, 413; *Seibert/Decker* Das Gesetz über elektronische Handelsregister und Genossenschaftsregister sowie das Unternehmensregister (EHUG), DB 2006, 2446; *Spindler* Abschied vom Papier? Das Gesetz über elektronische Handelsregister und Genossenschaftsregister sowie das Unternehmensregister, WM 2006, 109; *Zöllner* Vereinheitlichung der Informationswege für Aktiengesellschaften? NZG 2003, 354. Vgl. im Übrigen auch die Angaben zu §§ 8 und 15.

Übersicht

	Rn		Rn
I. Regelungsinhalt und Regelungszweck	1	IV. Publikationsmedium	14–15
II. Neufassung durch das EHUG	2–6	V. Zuständigkeit und Verfahren	16–19
1. Das neue Bekanntmachungsregime	2	1. Zuständigkeit	16
2. Rechtspolitische Würdigung	3–4	2. Verfahren	17–18
3. Übergangsregelung	5–6	3. Zeitpunkt	19
III. Gegenstand der Bekanntmachung	7–13	VI. Rechtsfolgen der Bekanntmachung	20–21
1. Grundsatz	7	VII. Eintragungsnachricht und Mitteilungen	22–24
2. Ausnahmen	8–11	1. Eintragungsnachricht	22–23
a) Insolvenzverfahren	8	2. Mitteilungen	24
b) Kommanditgesellschaft	9	VIII. Kosten	25
c) Über die Eintragung hinausgehende Bekanntmachung	10–11		
3. Sonstiger Inhalt der Bekanntmachung	12–13		

I. Regelungsinhalt und Regelungszweck

§ 10 regelt die Bekanntmachung von Registereintragungen. Da bis zur Umstellung der Registerführung auf einen elektronischen Betrieb die Einsicht in das Handelsregister nur auf dem beschwerlichen Weg der Präsenzeinsicht in den Räumlichkeiten des Registergerichts möglich war (vgl. § 8 Rn 7 f), sollte die angestrebte **Publizität** der Eintragungen zusätzlich noch dadurch gefördert werden, dass sie vom Registergericht auch öffentlich bekannt gemacht werden. Der Zweck beider Publikationsformen ist identisch: Sie sollen die wesentlichen Rechtsverhältnisse der Kaufleute und der Handelsgesellschaften offenlegen. Durch die Umstellung der Registerführung auf einen elektronischen Betrieb hat diese doppelgleisige Ausgestaltung der Publizität ihre Rechtfertigung weitgehend verloren.[1] Sie war aber dennoch beizubehalten, da die Bekanntmachung auch **im europäischen Recht vorgeschrieben** ist und hier die Grundlage für die mit dem Handelsregister verknüpften Publizitätsfolgen bildet (vgl. dazu Art. 3 Abs. 4 und 6 der Publizitätsrichtlinie[2]). Sie und

1

---

[1] Vgl. dazu auch *K. Schmidt* ZIP 2002, 413 (419).
[2] Erste Richtlinie 68/151/EWG des Rates v. 9.3.1968 zur Koordinierung der Schutzbestimmungen, die in den Mitgliedstaaten den Gesellschaften im Sinne des Artikels 58 Absatz 2 des Vertrages im Interesse der Gesellschafter sowie Dritter vorgeschrieben

§ 10   1. Buch. Handelsstand

nicht die Registereintragung soll nach der europäischen Regelungskonzeption die **Vertrauensbasis** für den Rechtsverkehr schaffen (s. dazu noch § 15 Rn 6 ff und 98 ff).

II. Neufassung durch das EHUG

2   **1. Das neue Bekanntmachungsregime.** Auch wenn die Bekanntmachung als solche beibehalten wurde, hat sie durch das EHUG aus dem Jahr 2006[3] aber doch eine neue Gestalt erhalten. Während Bekanntmachungen nach § 10 a.F. durch den Bundesanzeiger und mindestens ein anderes Blatt publiziert wurden, geschieht dies nunmehr über ein von der Landesjustizverwaltung bestimmtes elektronisches **Informations- und Kommunikationssystem** (zu den Einzelheiten vgl. noch Rn 14 f). Damit ist den Vorgaben der Publizitätsrichtlinie (Rn 1) genügt, da auch diese es in Art. 3 Abs. 4 Unterabs. 2 gestattet, dass die Bekanntmachungen in chronologischer Ordnung über eine zentrale elektronische Plattform zugänglich gemacht werden. Für die Verkehrsteilnehmer bringt das fortdauernde Nebeneinander von Eintragung und Bekanntmachung den Vorteil mit sich, dass die Bekanntmachungen – anders als die Eintragungen – **kostenlos** abgefragt werden können, wohingegen die Abfrage einer Eintragung gebührenpflichtig ist (vgl. § 8b Rn 58).

3   **2. Rechtspolitische Würdigung.** Die Neuregelung ist vorbehaltlos zu begrüßen, da sie sowohl die Unternehmen als auch die Gerichte von einem **überflüssigen Veröffentlichungsaufwand** befreit.[4] Der Kostenaufwand, der sich nach der bisherigen Regelung für die Unternehmen ergab, war beträchtlich. Für die herkömmlichen Tageszeitungsbekanntmachungen fielen häufig mehrere € 100 an, was bei Unternehmensgründungen oftmals den größten Rechnungsposten darstellte.[5] Die Kosten einer elektronischen Bekanntmachung nach der neuen Regelung beschränken sich hingegen auf einen Euro (s. noch Rn 25).

4   Trotz dieser erheblichen Kostenerleichterung auf Seiten der Unternehmen wird die mit der Bekanntmachung angestrebte Publizität durch die Neuregelung aber keinesfalls beeinträchtigt, sondern ganz im Gegenteil erheblich gesteigert. Schon vor der Einführung einer elektronischen Registerführung war es offensichtlich geworden, dass sich der **Bun-**

---

sind, um diese Bestimmungen gleichwertig zu gestalten, ABl. EG Nr. L 065 v. 14.3.1968; modernisiert durch die Richtlinie 2003/58/EG des Europäischen Parlaments und des Rates v. 15.7.2003 zur Änderung der Richtlinie 68/151/EWG des Rates in Bezug auf die Offenlegungspflichten von Gesellschaften bestimmter Rechtsformen (Offenlegungsrichtlinie – ABl. EG Nr. L 221 v. 4.9.2003). Zur Maßgeblichkeit dieser Vorgabe für die Ausgestaltung des deutschen Rechts vgl. auch RegE EHUG, BT-Drucks. 16/960, S. 44.

[3] Gesetz über elektronische Handelsregister und Genossenschaftsregister sowie das Unternehmensregister (EHUG) v. 10.11.2006 – BGBl. I, S. 2553.

[4] Nahezu einhellig auch die Zustimmung des Schrifttums – vgl. Baumbach/*Hopt* Rn 1; Ebenroth/Boujong/Joost/Strohn/*Schaub* Rn 5; *Kort* AG 2007, 801 (805 f); *Liebscher/Scharff* NJW 2006, 3745 (3747 f); *Nedden-Boeger* FGPrax 2007, 1 (3); *Noack* NZG 2006, 801 (803); *Schlotter* BB 2007, 1 (2); *Seibert/ Decker* DB 2006, 2446 (2448 f); krit. aber *Dauner-Lieb/Linke* DB 2006, 767 ff; *Spindler* WM 2006, 109 ff; vgl. ferner die Stellungnahme des *DAV-Handelsrechtsausschusses* NZG 2005, 586 (588) sowie *Zöllner* NZG 2003, 354 ff; zur Kritik an der Übergangsregelung des Art. 61 Abs. 4 EGHGB s. noch Rn 6.

[5] *Kögel* BB 2004, 844 (847); *Liebscher/Scharff* NJW 2006, 3745 (3748); *Nedden-Boeger* FGPrax 2007, 1 (3); *Noack* NZG 2006, 801 (803); *Seibert/Decker* DB 2006, 2446 (2449).

desanzeiger nicht als **Pflichtlektüre des Handelsverkehrs** hatte durchsetzen können.[6] Auch die Veröffentlichung in einem weiteren Printmedium konnte dieses Defizit kaum beheben, da die einzelnen Bekanntmachungen auf eine Vielzahl regionaler und überregionaler Zeitungen verstreut waren und deshalb jeweils nur einen **kleinen Ausschnitt** der bundesweiten Handelsregisterbekanntmachungen erfassen konnten.[7] Den Bedürfnissen eines bundesweit oder grenzüberschreitend operierenden Wirtschaftsverkehrs wurde dieses Bekanntmachungsregime nicht gerecht, weshalb es sich auch in den anderen europäischen Mitgliedstaaten nicht durchgesetzt hat.[8] Das Internet eröffnet hingegen nicht nur innerhalb der Bundesrepublik, sondern auch aus dem Ausland den zentralen und kostenlosen Zugang zu sämtlichen Bekanntmachungen, sei es über den – gerade in Unternehmenskreisen – weit verbreiteten eigenen Anschluss oder über öffentliche Zugänge.[9]

3. Übergangsregelung. Die längst überfällige Umstellung auf ein elektronisches Bekanntmachungssystem ist zum 1.1.2007 vollzogen worden; dennoch bleiben die Unternehmen noch zwei Jahre länger mit dem unnötigen Kostenaufwand der Printveröffentlichungen belastet. Bedauerlicherweise hat der Gesetzgeber auf Drängen der Zeitungsverleger **in Art. 61 Abs. 4 EGHGB eine Übergangsregelung** eingeführt, wonach die Gerichte bis zum 31.12.2008 Registereintragungen zusätzlich zu der elektronischen Bekanntmachung nach § 10 auch weiterhin in einer Tageszeitung oder einem sonstigen Blatt bekannt zu machen haben. Als Begründung wurde namentlich das Argument angeführt, dass trotz der stetig steigenden Zahl von Internetanschlüssen noch immer **keine hinreichende Publizität** der Internet-Bekanntmachungen gewährleistet sei.[10] Löst man den Blick von den abstrakten Zahlen der Internetverbreitung und richtet ihn auf die Verbreitung innerhalb der an den Bekanntmachungen tatsächlich interessierten Verkehrskreise, vermag dieses Argument kaum zu überzeugen. Selbst wenn man ihm zustimmt, bleibt sehr fraglich, ob die Tageszeitungen das geeignete Medium sind, um den Registereintragungen zu einer höheren Publizität zu verhelfen.[11]

5

---

[6] RegE EHUG, BT-Drucks. 16/960, S. 44; *Canaris* HandelsR § 4 Rn 3; *Liebscher/ Scharff* NJW 2006, 3745 (3748); umfassende Kritik am bisherigen System bei *Kögel* BB 2004, 844 ff. Der Bundesanzeiger-Verlag schätzte im Jahr 2003 die Zahl der Privatleute, die die Printversion abonniert haben, auf nur etwa 300 Personen ein – zitiert nach *Noack* AG 2003, 537 (538).

[7] RegE EHUG, BT-Drucks. 16/960, S. 44; *Canaris* HandelsR § 4 Rn 3; *Kögel* BB 2004, 844/845; *Liebscher/Scharff* NJW 2006, 3745 (3748); *Noack* NZG 2006, 801 (803); *Seibert/Decker* DB 2006, 2446 (2448 f.).

[8] Vgl. dazu die Übersicht bei *Seibert* in: Noack (Hrsg.), Das neue Gesetz über elektronische Handels- und Unternehmensregister – EHUG, 2007, S. 89 ff.

[9] RegE EHUG, BT-Drucks. 16/960, S. 44.

[10] Vgl. zu dieser besonders umstrittenen Regelung bereits RegE EHUG, BT-Drucks. 16/960, S. 44, wonach die Übergangsregelung aber lediglich als optionale Öffnungsklausel zugunsten der Landesregierungen ausgestaltet sein sollte; ganz entschieden für eine (noch längerfristige und zwingende) Übergangsregelung die Stellungnahme des Bundesrates, BT-Drucks. 16/960, S. 76 f; dagegen wiederum die Gegenäußerung der Bundesregierung, BT-Drucks. 16/960, S. 91 f; vermittelnd dann die Stellungnahme des Rechtsausschusses, BT-Drucks. 16/2781, S. 85; zu den Reaktionen des Schrifttums s. noch Fn 11.

[11] Im Schrifttum ist diese gesetzgeberische Entscheidung ganz überwiegend auf Ablehnung gestoßen; vgl. nur Ebenroth/Boujong/Joost/ Strohn/*Schaub* Rn 5; MünchKommErgb-HGB/*Krafka* Rn 10 f; *Kort* AG 2007, 801 (805 f); *Liebscher/Scharff* NJW 2006, 3745 (3748); *Noack* NZG 2006, 801 (803); *Schlotter* BB 2007, 1 (2); *Seibert/Decker* DB 2006, 2446 (2448 f); abweichend lediglich *Dauner-Lieb/Linke* DB 2006, 767 ff; *Spindler* WM 2006, 109 ff.

§ 10 1. Buch. Handelsstand

6 Für die **Übergangszeit**, in der die Bekanntmachung in einem Printmedium weiterhin erforderlich ist, enthält Art. 61 Abs. 4 S. 2 und 3 EGHGB nähere Vorgaben zur Bezeichnung des Bekanntmachungsblattes.[12] Sie entsprechen weitgehend dem Inhalt des durch das EHUG aufgehobenen § 11 a.F.,[13] wobei die Bekanntmachung allerdings nicht mehr wie bisher in mehreren Printmedien, sondern zusätzlich zu der elektronischen Bekanntmachung nur noch in einer Tageszeitung oder einem sonstigen Blatt zu veröffentlichen ist.[14] Art. 61 Abs. 4 S. 4 EGHGB stellt klar, dass für die **Wirkungen der Bekanntmachung** ausschließlich die elektronische Bekanntmachung nach § 10 S. 1 maßgeblich ist. Auch nach dem Ablauf der Übergangszeit steht es den Unternehmen frei, sich auf freiwilliger Basis für eine ergänzende Veröffentlichung in einem Printmedium zu entscheiden. Eine ursprünglich im Regierungsentwurf vorgesehene entsprechende Klarstellung wurde aufgrund ihrer Selbstverständlichkeit gestrichen.[15]

III. Gegenstand der Bekanntmachung

7 1. Grundsatz. Die Eintragung wird gem. § 10 S. 2 ihrem **ganzen Inhalt** nach veröffentlicht, d.h. in ihrem vollen Wortlaut. Das steht in einem gewissen Widerspruch zu § **33 Abs. 1 HRV**, wonach die öffentlichen Bekanntmachungen knapp gefasst und leicht verständlich sein sollen. Dieser Widerspruch ist dahin aufzulösen, dass die Anordnung des § 33 Abs. 1 HRV bereits eine Vorwirkung für den Eintragungsinhalt entfaltet.[16] Schon dieser muss knapp gefasst und leicht verständlich sein, so dass sodann auch die inhaltsgleiche Bekanntmachung diesen Anforderungen genügt. Einer besonderen Festlegung des Bekanntmachungstextes bedarf es aufgrund der inhaltlichen Übereinstimmung mit der Eintragung nicht; etwas anderes gilt nur, wenn die Bekanntmachung ausnahmsweise von der Eintragung abweicht (vgl. zu diesen Ausnahmefällen Rn 8 ff; zur gesonderten Verfügung s. Rn 17).

2. Ausnahmen

8 a) **Insolvenzverfahren.** Die Eröffnung und weitere wesentliche Entwicklungen des Insolvenzverfahrens (z.B. Einstellung und Aufhebung) sind zwar gem. §§ 32 Abs. 1 S. 1, 34 Abs. 5 in das Handelsregister einzutragen, werden gem. § 32 Abs. 2 S. 1 aber nicht bekannt gemacht (vgl. § 32 Rn 10). Die Bekanntmachung erfolgt vielmehr durch die Geschäftsstelle des jeweiligen Insolvenzgerichts (vgl. etwa §§ 9, 23, 30 InsO – weitere Beispiele in § 32 Rn 10; zur Einbeziehung in das Unternehmensregister vgl. § 8b Abs. 2

---

[12] Vgl. OLG Köln NJW-RR 2007, 1183 ff mit Ausführungen auch zu den Rechtsmitteln gegen die gerichtliche Bestimmung.
[13] Vgl. dazu noch Voraufl. Rn 7, § 11 Rn 1 ff (*Hüffer*); aus neuerer Zeit auch MünchKommHGB/*Krafka* Rn 11 f; § 11 Rn 1 ff; Röhricht/v. Westphalen/*Ammon* Rn 6, § 11 Rn 1 ff; *Kögel* BB 2004, 844 (845 f).
[14] OLG Köln NJW-RR 2007, 1183 (1184); sehr deutlich auch bereits die Stellungnahme des Rechtsausschusses, BT-Drucks. 16/2781, S. 85; vgl. ferner *Seibert/Decker* DB 2006, 2446 (2448).
[15] Vgl. dazu noch § 10 S. 3 RegE EHUG, BT-Drucks. 16/960, S. 6 f; gestrichen aufgrund der Stellungnahme des Rechtsausschusses, BT-Drucks. 16/2781, S. 80; vgl. dazu ferner auch *Seibert/Decker* DB 2006, 2446 (2449).
[16] *Drischler* HRV § 33 Anm. 1; Ebenroth/Boujong/Joost/Strohn/*Schaub* Rn 7; Melchior/Schulte § 33 Rn 1; MünchKommHGB/*Krafka* Rn 3; Röhricht/v. Westphalen/*Ammon* Rn 1.

Nr. 11 und die entsprechenden Erläuterungen in § 8b Rn 39). Hat das Registergericht allerdings irrtümlich einen Insolvenzvermerk veröffentlicht, so muss es die Aufhebung gleichfalls bekannt machen.[17]

b) Kommanditgesellschaft. Nicht vollständig bekannt gemacht werden überdies die Eintragung einer KG sowie die Eintragung der Erhöhung oder Herabsetzung einer Kommanditeinlage. Nach § 162 Abs. 2 sind bei der Bekanntmachung der Eintragung der Kommanditgesellschaft **keine Angaben zu den Kommanditisten** zu machen, also weder zu ihrer Zahl noch zu ihrem Namen, ihrem Geburtsdatum, ihrem Wohnort oder dem Betrag ihrer Hafteinlagen. Entsprechendes gilt nach § 175 S. 2 für die Erhöhung und Herabsetzung der Kommanditeinlage (zu den Auswirkungen auf die Registerpublizität s. noch § 15 Rn 40 ff). **9**

c) Über die Eintragung hinausgehende Bekanntmachung. Vor dem Inkrafttreten des EHUG (Rn 2) gab es namentlich im Kapitalgesellschaftsrecht noch zahlreiche Fälle, in denen die Eintragung nicht nur vollständig wiedergegeben wurde, sondern die Bekanntmachung über diese Wiedergabe hinausging, vgl. etwa §§ 40, 52 Abs. 8 S. 2, 190, 196 AktG, §§ 10 Abs. 3, 54 Abs. 2 GmbHG a.F.; ferner aus dem Versicherungsrecht §§ 33, 40 Abs. 2 S. 2 VAG a.F. Im Zuge des EHUG sind diese Sonderregelungen nahezu allesamt aufgehoben worden. Es soll fortan der Grundsatz gelten, dass die **Bekanntmachung nur das Spiegelbild der Eintragung** ist, nicht aber weitergehende Inhalte aufweist. Über die weiteren Einzelheiten kann sich der Rechtsverkehr in Zukunft jederzeit online unterrichten.[18] **10**

Von der Aufhebung unberührt geblieben sind – z.T. aufgrund entsprechender europäischer Vorgaben – in erster Linie nur solche Vorschriften, die eine unveränderte Wiedergabe der Eintragung anordnen, darüber hinaus aber verlangen, dass im Rahmen der Bekanntmachung auf bestimmte Rechte oder Sachverhalte **hingewiesen** wird (vgl. etwa §§ 22 Abs. 1 S. 3, 61 S. 2, 111 S. 2 UmwG, § 321 Abs. 1 S. 2 AktG, § 52 Abs. 2 S. 2 GmbHG). Noch weitergehende Angaben werden – in Durchbrechung des Grundsatzes der Spiegelbildlichkeit – für die Bekanntmachung des Verschmelzungsplans nach § 122d UmwG verlangt.[19] Auch diese Erweiterung ist durch europäische Richtlinienvorgaben bedingt. Sie beruht darauf, dass § 122d Nr. 2 bis 4 UmwG auf Art. 6 der Richtlinie 2005/56 EG[20] zurückgeht und so dessen Vorgaben aus Art. 6 Abs. 2a bis 2c übernimmt.[21] **11**

3. Sonstiger Inhalt der Bekanntmachung. In den Bekanntmachungen sind das Gericht und der Tag der Eintragung zu bezeichnen; einer Unterschrift bedarf es nicht (§ 33 Abs. 2 HRV). Gem. § 34 S. 1 HRV sind, falls entsprechende Mitteilungen vorliegen, zusätzlich zur Eintragung der **Unternehmensgegenstand**, soweit er sich nicht aus der Firma ergibt, **12**

---

[17] LG Köln Rpfleger 1974, 266; MünchKomm-HGB/*Krafka* Rn 8; Röhricht/v. Westphalen/*Ammon* Rn 4.
[18] So zur Aufhebung des § 40 AktG a.F. RegE EHUG, BT-Drucks. 16/960, S. 65; zur Aufhebung der übrigen genannten Vorschriften vgl. die übereinstimmenden Begründungen auf S. 66 f.
[19] Die Vorschrift wurde zeitlich nach dem Erlass des EHUG mit dem Zweiten Gesetz zur Änderung des Umwandlungsgesetzes v. 19.4.2007 (BGBl. I, S. 542) eingeführt.
[20] Richtlinie 2005/56 EG des Europäischen Parlaments und des Rates v. 26.10.2005 über die Verschmelzung von Kapitalgesellschaften aus verschiedenen Mitgliedstaaten, ABl. EG Nr. L 310 v. 25.11.2005, S. 5.
[21] So die Regierungsbegründung zum Zweiten Gesetz zur Änderung des Umwandlungsgesetzes, BT-Drucks. 16/2919, S. 15.

und die **Lage der Geschäftsräume** anzugeben. Hinsichtlich der Geschäftsräume ist eine entsprechende Mitteilung gem. § 24 Abs. 2 S. 1 HRV bei der Anmeldung abzugeben; auf die Angabe des Unternehmensgegenstandes hat das Gericht nach § 24 Abs. 4 HRV zumindest hinzuwirken. Der Angabe der Geschäftsräume bedarf es allerdings nach § 34 S. 2 HRV n.F. dann nicht mehr, wenn eine inländische Geschäftsanschrift eingetragen wird, was nach der Neuregelung im Zuge des MoMiG vom 23.10.2008[22] bei sämtlichen künftig im Handelsregister eingetragenen Gesellschaften und Kaufleuten erforderlich sein soll.[23] In diesem Fall soll auf die zusätzliche Angabe der Geschäftsräume verzichtet werden, um Irritationen des Geschäftsverkehrs zu vermeiden.[24] Für die Abfassung der Bekanntmachungen ist gem. § 33 Abs. 3 HRV ein der Verordnung anliegendes **Muster** maßgeblich, das im Zuge des MoMiG neu gefasst wurde (s. Anh. zu § 8).[25] Dieses Muster ist allerdings nach § 33 Abs. 3 S. 2 HRV noch um den **Tag der Bekanntmachung** zu ergänzen. Einer solchen Angabe bedurfte es bislang nicht, da sich dieser Tag unmittelbar aus dem Erscheinungsdatum des Printmediums (Bundesanzeiger oder Tageszeitung) ergab. Bei einem elektronischen Bekanntmachungsmedium fehlt es indes an dieser Offensichtlichkeit, so dass die Ergänzung erforderlich wurde.[26]

13 § 35 HRV sieht schließlich noch im Falle einer Firmenlöschung eine besondere **Angabe des Löschungsgrundes** vor. Erfolgt die Löschung, weil die Voraussetzungen des § 1 Abs. 2 (Erfordernis eines in kaufmännischer Weise eingerichteten Gewerbebetriebs) nicht mehr vorliegen, so kann auf Antrag des Inhabers in der Bekanntmachung der Löschungsgrund erwähnt werden. Handelt es sich um einen Handwerker, der bereits in die Handwerksrolle eingetragen ist, so kann neben der Angabe des Grundes der Löschung in der Bekanntmachung auch auf diese Eintragung hingewiesen werden (§ 35 S. 2 HRV).

IV. Publikationsmedium

14 Die Bekanntmachung erfolgt gem. § 10 S. 1 in dem von der Landesjustizverwaltung bestimmten elektronischen Informations- und Kommunikationssystem. Nach § 10 S. 1, 2. Hs. gilt dabei § 9 Abs. 1 S. 4 und 5 entsprechend. Daraus folgt, dass es den für die Systembestimmung primär zuständigen Landesjustizverwaltungen auch insofern gestattet ist, sich im Interesse eines benutzerfreundlichen einheitlichen Auftritts auf ein **länderübergreifendes, zentrales elektronisches Informations- und Kommunikationssystem** zu verständigen. Diese Verständigung wurde durch denselben Beschluss der Justizministerkonferenz am 30.11.2006 erzielt, mit dem auch die Einrichtung eines Systems nach § 9 Abs. 1 S. 4 und 5 beschlossen wurde.[27]

15 Die Länder haben damit ein einheitliches System geschaffen, in dem sowohl die Eintragungen nach § 9 als auch die Bekanntmachungen nach § 10 veröffentlicht werden. Über das bundesweite **gemeinsame Registerportal der Länder**, das vom Land Nordrhein-Westfalen unter der Internetadresse www.handelsregister.de betrieben wird, sind neben

---

[22] Gesetz zur Modernisierung des GmbH-Rechts und zur Bekämpfung von Missbräuchen; BGBl. I, S. 2026.
[23] *Wachter* GmbHR 2006, 793 (799).
[24] RegE MoMiG, BT-Drucks. 16/6140, S. 58.
[25] Eingefügt durch die Beschlussempfehlung des Rechtsausschusses, BT-Drucks. 16/9737, S. 58 f.
[26] RegE EHUG, BT-Drucks. 16/960, S. 60.
[27] Die Beschlüsse der Justizministerkonferenz können ebenfalls über das gemeinsame Registerportal unter www.handelsregister.de abgerufen werden (zuletzt am 1.8.2008); kritisch zur Ausgestaltung dieser elektronischen Plattform *Noack* NZG 2006, 801 (802 f).

den automatisierten Registerabrufsystemen (§ 9 Abs. 1) der Länder auch die Bekanntmachungen der Registergerichte nach § 10 zugänglich (speziell die Bekanntmachungen sind auch direkt unter www.handelsregisterbekanntmachungen.de abrufbar). Dort werden die einzelnen Bekanntmachungen in chronologischer Ordnung aufgeführt. Hinsichtlich der Einzelheiten vgl. § 9 Rn 13 ff. Daneben kann gem. § 8b Abs. 2 Nr. 1 aber auch über das **Unternehmensregister** auf die Bekanntmachungen zugegriffen werden. Zumindest das Unternehmensregister genügt den Anforderungen der Publizitätsrichtlinie an eine „zentrale elektronische Plattform" (s. dazu bereits Rn 2), so dass die vereinzelt aufgeworfene Frage, ob auch das einheitliche System der Länder eine solche Plattform darstellt, keiner Entscheidung bedarf.[28]

V. Zuständigkeit und Verfahren

1. Zuständigkeit. Die Bekanntmachung in diesem Publikationsmedium zu bewirken, fällt nach §§ 25 Abs. 1 S. 4, 27 Abs. 1 HRV in die **Zuständigkeit des Registerrichters**. Auch hier ist diese Zuweisung allerdings im Lichte der §§ 3 Nr. 2d, 17 Abs. 1 RPflG zu korrigieren: Soweit für die Eintragung der Rechtspfleger zuständig ist (s. dazu bereits § 8 Rn 16), gilt das auch für die Bekanntmachung.[29] Durch besondere Verfügung kann die Vornahme der Bekanntmachung gem. § 27 Abs. 1 HRV aber auch auf den **Urkundsbeamten der Geschäftsstelle** übertragen werden. Diese bislang in der HRV als Regelfall konzipierte Ausführung durch den Urkundsbeamten ist im Zuge des EHUG (Rn 2) als bloße Übertragungsoption ausgestaltet worden. Damit soll realtypischen Verfahrensabläufen der Datenverarbeitung Rechnung getragen werden, bei denen der Urkundsbeamte den Antrag nur vorerfasst, der Richter die Bekanntmachung sodann aber unmittelbar selbst vornimmt.[30] Diese Vornahme erfolgt unter dem neuen Bekanntmachungsregime in der Weise, dass die Registerbekanntmachungen an das zuständige Bundesland Nordrhein-Westfalen (vgl. Rn 15) zur Veröffentlichung innerhalb des zentralen Informations- und Kommunikationssystem **übermittelt** werden.[31]

2. Verfahren. Die Bekanntmachung erfolgt **von Amts wegen**; ein wirksamer Verzicht des Antragstellers ist ausgeschlossen.[32] Nach § 10 S. 1, 1. Hs. werden die Eintragungen in der zeitlichen Folge ihrer Eintragung nach Tagen geordnet bekannt gemacht. Hieraus ergibt sich der zentrale Unterschied zur Eintragung. Während die Eintragungen unternehmensbezogen dargestellt werden, sind die Bekanntmachungen **chronologisch aufgelistet**. Inhaltlich bestehen zwischen den beiden Publizitätsformen hingegen keine Unterschiede. Es handelt sich um „zwei Seiten derselben Medaille", die sich gerade nur in der Art der Darstellung unterscheiden.[33] In den Ausnahmefällen, in denen der Wortlaut der Bekanntmachung ausnahmsweise doch hinter dem der Eintragung zurückbleibt oder darüber hinausgeht, ist er nach § 27 Abs. 2 S. 2 HRV **gesondert zu verfügen**.

---

[28] Vgl. dazu Ebenroth/Boujong/Joost/Strohn/*Schaub* Rn 4; MünchKommErgbHGB/*Krafka* Rn 5; *Noack* NZG 2006, 801 (803); *dens.* in: FS Eisenhardt, 2007, 475 (477).
[29] *Melchior/Schulte* § 25 Rn 1.
[30] RegE EHUG, BT-Drucks. 16/960, S. 59.
[31] Vgl. dazu etwa § 3 Abs. 2 des Staatsvertrags zwischen dem Freistaat Bayern und dem Land Nordrhein-Westfalen über die Übertragung von Aufgaben nach § 9 Abs. 1 und § 10 Handelsgesetzbuch zur Errichtung und zum Betrieb eines gemeinsamen Registerportals der Länder v. 27.12.2006 (GV. NRW 2007, S. 152).
[32] Baumbach/*Hopt* Rn 1; MünchKommHGB/*Krafka* Rn 1; Röhricht/v. Westphalen/*Ammon* Rn 7.
[33] RegE EHUG, BT-Drucks. 16/960, S. 44.

18 Aufgehoben wurde im Zuge des EHUG (Rn 2) die bislang geltende Anordnung des § 33 Abs. 3 HRV a.F., wonach **mehrere gleichzeitige Bekanntmachungen** desselben Gerichts getrennt nach Abteilung A und B des Registers möglichst zusammenzufassen waren. Diese Regelung diente der besseren Übersichtlichkeit der Bekanntmachung und sollte das Auffinden einzelner Bekanntmachungen erleichtern.[34] Durch die Einführung eines elektronischen Bekanntmachungsmediums ist diese Anordnung obsolet geworden, da es die Bekanntmachungen gleichen Datums in alphabetischer Reihenfolge ordnet und auf diese Weise eine noch **größere Übersichtlichkeit** herstellt. Auf die Zusammenfassung nach den Abteilungen des Registers konnte verzichtet werden, da auch die damit erstrebte Übersichtlichkeit der Bekanntmachungen hinreichend durch die im Bekanntmachungssystem implementierte Suchfunktion gewährleistet wird.

19 3. Zeitpunkt. Gem. § 32 HRV ist die Veröffentlichung der Eintragung **unverzüglich** zu veranlassen. Die Gerichte müssen die Daten also ohne schuldhaftes Zögern (§ 121 Abs. 1 S. 1 BGB) an das zentrale Informationssystem übermitteln (s. Rn 14 f) und auch der Systembetreiber, das Land Nordrhein-Westfalen, ist dazu verpflichtet, die ihm zugeleiteten Daten unverzüglich nach ihrem Eingang zu veröffentlichen.[35] Die Notwendigkeit eines zügigen Verfahrens ergibt sich aus der Bedeutung, die der Bekanntmachung für das Wirksamwerden von Rechtsvorgängen im Außenverhältnis zukommt (vgl. z.B. § 15 und die Erläuterungen dort). Welche Frist noch angemessen erscheint, ist zwangsläufig eine Frage des Einzelfalls. Für Schäden durch **pflichtwidrige Verzögerungen** kann ein Amtshaftungsanspruch gegen das jeweilige Bundesland nach Art. 34 GG, § 839 BGB entstehen (vgl. dazu noch § 15 Rn 115).[36] Durch den Antrag eines Beteiligten, die Veröffentlichung hinauszuschieben, werden Pflichtwidrigkeit und Verschulden nicht ausgeräumt; nur ein Ersatzanspruch des Antragstellers, nicht aber etwa geschädigter Dritter, kann gem. § 254 BGB ausgeschlossen sein.[37]

VI. Rechtsfolgen der Bekanntmachung

20 Die wichtigste Rechtsfolge der Bekanntmachung ergibt sich daraus, dass sie nach § 15 neben der Eintragung **Trägerin der Registerpublizität** ist (s. dazu § 15 Rn 98 ff). Die bekannt gemachte Tatsache muss der Betroffene auch dann gegen sich gelten lassen, wenn die **Bekanntmachung unrichtig** ist. Nach § 15 Abs. 3 kann sich ein Dritter demjenigen gegenüber, in dessen Angelegenheiten die Tatsache einzutragen war, auf die unrichtig bekannt gemachte Tatsache berufen, es sei denn, dass er die Unrichtigkeit kannte (s. dazu § 15 Rn 112). Zu Amtshaftungsansprüchen in diesen Fällen vgl. § 15 Rn 115.

21 Darüber hinaus kommt der Bekanntmachung auch im Rahmen **anderer Vorschriften** rechtliche Bedeutung zu, namentlich in §§ 25 Abs. 2, 27 Abs. 1, 28 Abs. 2; außerhalb des HGB sind beispielsweise §§ 225 Abs. 1 S. 1, 320b Abs. 1 S. 6 AktG zu nennen. Namentlich bei § 25 Abs. 2 ist zwar die Bekanntmachung als Tatbestandsvoraussetzung für den Haftungsausschluss genannt, doch lässt es die ganz hM genügen, wenn dieser

---

[34] Vgl. zum Folgenden RegE EHUG, BT-Drucks. 16/960, S. 60.
[35] Vgl. dazu § 3 Abs. 3 des in Fn 31 zitierten Vertrages.
[36] Baumbach/*Hopt* Rn 1; Ebenroth/Boujong/Joost/Strohn/*Schaub* Rn 19; MünchKommHGB/*Krafka* Rn 10; Röhricht/v. Westphalen/*Ammon* Rn 7.
[37] Voraufl. Rn 9 (*Hüffer*); ihm folgend Ebenroth/Boujong/Joost/Strohn/*Schaub* Rn 19.

unverzüglich angemeldet worden ist.[38] Entsprechendes gilt bei § 27 Abs. 1 und § 28 Abs. 2.[39] Soweit Rechtsfolgen an die Bekanntmachung geknüpft sind, ist – auch während der übergangsweisen Doppelveröffentlichung in einem Printmedium – allein die elektronische Bekanntmachung maßgeblich (Art. 61 Abs. 4 S. 4 EGHGB; s. Rn 6).

VII. Eintragungsnachricht und Mitteilungen

1. **Eintragungsnachricht.** Jede Eintragung in das Register soll dem Antragsteller durch den Urkundsbeamten der Geschäftsstelle bekannt gemacht werden, soweit er nicht auf die Benachrichtigung verzichtet hat (§ 383 Abs. 1 FamFG – § 130 Abs. 2 FGG a.F.). Auf diese Verzichtsmöglichkeit ist er in geeigneten Fällen nach § 36 S. 2 HRV hinzuweisen. Ist der Antrag von einem Bevollmächtigten gestellt worden (§ 12 Abs. 1 S. 2), so ist die Benachrichtigung an diesen zu richten.[40] Entsprechend ist zu verfahren, wenn der Antrag gem. § 378 FamFG (§ 129 FGG a.F.) von dem Notar gestellt worden ist, und zwar auch dann, wenn daneben noch ein anderer Antragsberechtigter einen Antrag gestellt hat.[41] Sind neben dem Antragsteller noch weitere Personen von der Eintragung betroffen, sind auch diese nach § 40 FamFG (§ 16 Abs. 1 FGG a.F.) davon zu benachrichtigen.[42] Die früher in § 36 Abs. 1 HRV a.F. enthaltene Vorgabe, dass möglichst Vordrucke zu verwenden sind, ist im Zuge des EHUG (Rn 2) aufgehoben worden, da die im Einsatz befindlichen Datenverarbeitungssysteme ohnehin auf **standardisierte Textvorlagen** zurückgreifen.[43] Damit ist auch die in § 36 S. 1 HRV weiterhin enthaltene Anordnung obsolet geworden, der Urkundsbeamte der Geschäftsstelle habe die Benachrichtigung zu unterschreiben; nach § 38a Abs. 1 HRV kann die Unterschrift bei maschinell erstellten Benachrichtigungen durch den Vermerk ersetzt werden „Dieses Schreiben ist maschinell erstellt und auch ohne Unterschrift wirksam".

Weil es sich bei § 383 Abs. 1 FamFG (§ 130 Abs. 2 FGG a.F.) um eine **Ordnungsvorschrift** handelt, ist ihre Verletzung für die Wirksamkeit der Eintragung ohne Bedeutung.[44] Der Eintragungsnachricht kann aber im Hinblick auf etwaige **Amtshaftungsansprüche** nach Art. 34 GG, § 839 BGB Bedeutung zukommen (vgl. dazu noch § 15 Rn 115).[45] Erfolgt die Nachricht ordnungsgemäß, so werden dem von der Eintragung Betroffenen nach § 839 Abs. 3 BGB Amtshaftungsansprüche auch bei einer unrichtigen Bekanntmachung abgeschnitten sein, da er den Schaden bei sorgfältiger Lek-

---

[38] BGHZ 29, 1 (6) = NJW 1959, 241; BayObLG NJW-RR 2003, 757 (758); OLG Düsseldorf FGPrax 2003, 233; OLG Hamm FGPrax 1999, 67; Baumbach/*Hopt* § 25 Rn 15; Ebenroth/Boujong/Joost/Strohn/*Schaub* Rn 21; Heymann/*Emmerich* § 25 Rn 47; MünchKommHGB/*Lieb* § 25 Rn 115; zweifelnd GK-HGB/*Steitz* § 25 Rn 25: Unverzüglichkeit nicht erforderlich.

[39] Ebenroth/Boujong/Joost/Strohn/*Schaub* Rn 21; MünchKommHGB/*Krafka* Rn 13a.

[40] OLG Stuttgart OLGZ 1974, 113 = NJW 1974, 705; Keidel/Kuntze/*Winkler* § 130 Rn 8; *Krafka/Willer* Rn 194.

[41] Ebenroth/Boujong/Joost/Strohn/*Schaub* Rn 24; Keidel/Kuntze/*Winkler* § 130 Rn 8; *Krafka/Willer* Rn 194; MünchKommHGB/*Krafka* Rn 15.

[42] Ebenroth/Boujong/Joost/Strohn/*Schaub* Rn 24; Keidel/Kuntze/*Winkler* § 130 Rn 8; *Krafka/Willer* Rn 194.

[43] RegE EHUG, BT-Drucks. 16/960, S. 60.

[44] Ebenroth/Boujong/Joost/Strohn/*Schaub* Rn 27; Keidel/Kuntze/*Winkler* § 130 Rn 8; *Krafka/Willer* Rn 194; MünchKommHGB/*Krafka* Rn 15.

[45] Vgl. zum Folgenden RGZ 138, 114 ff; Ebenroth/Boujong/Joost/Strohn/*Schaub* Rn 26; Keidel/Kuntze/*Winkler* § 130 Rn 9; *Krafka/Willer* Rn 194; Melchior/*Schulte* § 36 Rn 2; MünchKommHGB/*Krafka* Rn 16; Röhricht/v. Westphalen/*Ammon* Rn 11.

§ 11   1. Buch. Handelsstand

türe der Benachrichtigung durch Einlegung von Rechtsmitteln hätte abwenden können. Unterbleibt die Nachricht dagegen, so kann dieser Einwand nicht erhoben werden. Es ist deshalb auch nicht empfehlenswert, auf einen Verzicht des Antragstellers (Rn 22) hinzuwirken.

24 2. Mitteilungen. Von der vollzogenen Eintragung ist nicht nur der Antragsteller zu benachrichtigen. Das Gericht ist vielmehr in vielfältiger Weise verpflichtet, anderen Behörden oder Körperschaften Mitteilung zu machen. Die Mitteilungspflichten sind zusammengestellt in der bundeseinheitlichen Justizverwaltungsanordnung über **Mitteilungen in Zivilsachen (MiZi)**, hier namentlich in Abschnitt XXI.[46] Hervorzuheben sind die Mitteilungspflichten des Registergerichts gegenüber der Industrie- und Handelskammer über jede Neuanlegung und Änderung eines Registerblatts (§ 37 Abs. 1 Nr. 1 HRV). Unter Umständen besteht diese Pflicht auch gegenüber der Handwerks- und Landwirtschaftskammer (§ 37 Abs. 1 Nr. 2 und 3 HRV). Daneben ist noch die Mitteilungspflicht bei einer **Sitzverlegung oder Verlegung der Hauptniederlassung** gegenüber dem neu und dem bisher zuständigen Registergericht zu nennen (§ 13h Abs. 2 S. 1 und 5 – vgl. noch die Erläuterungen dort in Rn 14 und 19).[47]

VIII. Kosten

25 Anders als die Abfrage eines Registereintrags ist die Abfrage der Bekanntmachungen kostenfrei. Lediglich für die Unternehmen fällt nach § 137 Abs. 1 Nr. 4 KostO eine Pauschalgebühr in Höhe von **einem Euro** an. Gegenüber der bisherigen Veröffentlichungspflicht im Bundesanzeiger und einem weiteren Printmedium sind dadurch die Kosten der Unternehmen ganz erheblich gesenkt worden (vgl. dazu bereits Rn 3).

§ 11
Offenlegung in der Amtssprache eines Mitgliedstaats der Europäischen Union

(1) ¹Die zum Handelsregister einzureichenden Dokumente sowie der Inhalt einer Eintragung können zusätzlich in jeder Amtssprache eines Mitgliedstaats der Europäischen Union übermittelt werden. ²Auf die Übersetzungen ist in geeigneter Weise hinzuweisen. ³§ 9 ist entsprechend anwendbar.

(2) Im Fall der Abweichung der Originalfassung von einer eingereichten Übersetzung kann letztere einem Dritten nicht entgegengehalten werden; dieser kann sich jedoch auf die eingereichte Übersetzung berufen, es sei denn, der Eingetragene weist nach, dass dem Dritten die Originalfassung bekannt war.

---

[46] Anordnung über Mitteilung in Zivilsachen (MiZi) v. 1.10.1967 (BAnz 1967 Nr. 218); Neufassung v. 29.4.1998, Sonderbeilage zu BAnz 1998, Nr. 138 = NJW 1998, Beilage zu Heft 38; Abdruck bei *Melchior/Schulte* HRV, 2003, Anhang, S. 266 ff (in die Online-Version 2008 nicht übernommen). Es handelt sich dabei um eine Vereinbarung zwischen den Landesjustizverwaltungen und dem Bundesministerium der Justiz; vgl. dazu auch *Wullweber* SchlHA 1999, 69 ff.

[47] Ausführlich zu weiteren Mitteilungspflichten *Krafka/Willer* Rn 196.

Schrifttum

Christ/Müller-Helle Veröffentlichungspflichten nach dem neuen EHUG, 2007; *DAV-Handelsrechtsausschuss* Stellungnahme zum Entwurf eines Gesetzes über elektronische Handelsregister- und Genossenschaftsregister sowie das Unternehmensregister (EHUG), NZG 2005, 586; *Nedden-Boeger* Das neue Registerrecht, FGPrax 2007, 1; *Paefgen* Handelsregisterpublizität und Verkehrsschutz im Lichte des EHUG, ZIP 2008, 1653; *Ries* Elektronisches Handels- und Unternehmensregister, Rpfleger 2006, 233; *Noack* (Hrsg.) Das neue Gesetz über elektronische Handels- und Unternehmensregister – EHUG, 2007; *ders.* in FS Eisenhardt, 2007, S. 475; *Schlotter* Das EHUG ist in Kraft getreten: Das Recht der Unternehmenspublizität hat eine neue Grundlage, BB 2007, 1; *Schmidt-Kessel* Das Gemeinschaftsrecht des Handelsregisters, GPR 2006, 6; *O. Scholz* Die Einführung elektronischer Handelsregister im Europarecht, EuZW 2007, 172; *Seibert/Decker* Das Gesetz über elektronische Handelsregister und Genossenschaftsregister sowie das Unternehmensregister (EHUG), DB 2006, 2446.

Übersicht

	Rn
I. Regelungsinhalt und Regelungszweck	1–2
II. Anwendungsbereich	3–4
III. Übersetzung	5–11
1. Allgemeine Grundsätze	5
2. Amtssprache	6–7
3. Keine Kontrolle der Übersetzung und späterer Änderungen	8–9
4. Zugang zu den Übersetzungen	10–11
IV. Materiell-rechtliche Relevanz der Übersetzung (§ 11 Abs. 2)	12–20
1. Keine rechtsscheinzerstörende Wirkung der Übersetzung	12–13
2. Gutglaubensschutz zugunsten Dritter	14–19
a) Rechtsscheinträger	14–15
b) Geschützter Personenkreis	16
c) Subjektive Voraussetzungen in der Person des Dritten	17–19
3. Beseitigung der Publizitätswirkung	20

I. Regelungsinhalt und Regelungszweck

Durch die Einführung eines elektronischen Bekanntmachungssystems (§ 10) ist die Regelung des § 11 a.F. zur gerichtlichen Auswahl der Bekanntmachungsblätter obsolet geworden (Übergangsregelung allerdings noch in Art. 61 Abs. 4 EGHGB – s. dazu § 10 Rn 6). Die durch ihre Streichung entstandene Lücke hat der Gesetzgeber genutzt, um eine weitere Vorgabe der **Publizitätsrichtlinie**[1] umzusetzen. Nach Art. 3a Abs. 2 Unterabs. 1 der Richtlinie ist die freiwillige Offenlegung der in Art. 2 genannten „Urkunden und Angaben" zusätzlich zur regulären Offenlegung in jeder anderen Amtssprache eines Mitgliedstaats der Gemeinschaft zuzulassen. Auch diese Regelung betrifft allein Kapitalgesellschaften und die für ihre unternehmerische Betätigung zentralen Dokumente, doch

1

---

[1] Erste Richtlinie 68/151/EWG des Rates v. 9.3.1968 zur Koordinierung der Schutzbestimmungen, die in den Mitgliedstaaten den Gesellschaften im Sinne des Artikels 58 Absatz 2 des Vertrages im Interesse der Gesellschafter sowie Dritter vorgeschrieben sind, um diese Bestimmungen gleichwertig zu gestalten, ABl. EG Nr. L 065 v. 14.3.1968; modernisiert durch die Richtlinie 2003/58/EG des Europäischen Parlaments und des Rates v. 15.7.2003 zur Änderung der Richtlinie 68/151/EWG des Rates in Bezug auf die Offenlegungspflichten von Gesellschaften bestimmter Rechtsformen (Offenlegungsrichtlinie – ABl. EG Nr. L 221 v. 4.9.2003). Zur Maßgeblichkeit dieser Vorgabe für die Ausgestaltung des deutschen Rechts vgl. auch RegE EHUG, BT-Drucks. 16/960, S. 44.

hat sich der Gesetzgeber auch hier im Interesse der Einheit des registerrechtlichen Regelungssystems in zweifacher Hinsicht für eine **überschießende Richtlinienumsetzung** entschieden (ausführlich dazu noch § 15 Rn 12 ff). Der Anwendungsbereich des neu eingefügten § 11 erstreckt sich auf sämtliche Kaufleute und Handelsgesellschaften und erfasst alle Registereintragungen sowie die zum Register einzureichenden Dokumente.[2]

2 Der **Zweck der Regelung** liegt darin, die durch die Umstellung auf eine elektronische Registerführung (§ 8) gewonnene erleichterte Zugänglichkeit des Handelsregisters auch für ausländische Interessenten nutzbar zu machen, die der deutschen Sprache nicht mächtig sind. Ob die einzelnen Unternehmen einen solchen Service anbieten, wird ihnen allerdings nicht vom Gesetzgeber vorgeschrieben, sondern bleibt ihrer **eigenen unternehmerischen Entscheidung** vorbehalten.[3] Wenn sie sich dafür entscheiden, sind die Registergerichte nach § 11 dazu verpflichtet, Übersetzungen von Registerinhalten zugänglich zu machen.

II. Anwendungsbereich

3 Welche Dokumente i.S.d. § 11 zum Handelsregister einzureichen sind, ergibt sich aus zahlreichen Vorschriften des Handels- und Gesellschaftsrechts (beispielhafte Aufzählung in § 9 Rn 6). Es handelt sich dabei um solche Dokumente, die in den sog. **Registerordner** nach § 9 HRV aufgenommen werden (vgl. § 8 Rn 22),[4] wobei die Anwendung des § 11 allerdings nicht von der Art und Weise der formellen Aktenführung im Einzelfall abhängt, sondern nur davon, ob es sich materiell um einzureichende Dokumente handelt.[5] Anders als in § 9 Abs. 1 ist in § 11 Abs. 1 S. 1 nicht von den eingereichten, sondern von den **einzureichenden Dokumenten** die Rede. Dennoch sollte es dem Anmelder auch im Hinblick auf solche Dokumente, die eingereicht werden, ohne dass dies gesetzlich angeordnet ist (z.B. auf Anordnung des Registergerichts im Zuge der Amtsermittlung – s. § 9 Rn 5), unbenommen bleiben, eine Übersetzung zu übermitteln, wenn ihm daran gelegen ist, den Rechtsverkehr umfassend zu informieren.

4 Neben den Dokumenten erfasst § 11 Abs. 1 S. 1 auch den **Inhalt einer Eintragung**. Damit weicht der deutsche Gesetzestext vom Wortlaut der Publizitätsrichtlinie (Rn 1) ab, der sich allein auf „Urkunden und Angaben" bezieht. Für diese Abweichung hat der Gesetzgeber sich bewusst entschieden, da sich in Deutschland der Registerinhalt nicht aus einer Bezugnahme auf die einzureichenden Angaben ergibt, sondern aus den eigenen Formulierungen des Registerrichters.[6] Gegenstand der Übersetzung ist also der von ihm verfügte Text. Auf das **Unternehmensregister** findet § 11 keine Anwendung.[7] Nur beim mittelbaren Zugriff auf das Handelsregister über das Zugangsportal des Unternehmensregisters (s. dazu § 8b Rn 1 f) kann der Rechtsverkehr also die vom Anmeldepflichtigen

---

[2] RegE EHUG, BT-Drucks. 16/960, S. 44.
[3] Angesichts der weitreichenden materiell-rechtlichen Folgen (s. noch Rn 12) wird vielerorts davon abgeraten, Übersetzungen anzubieten; vgl. etwa Christ/*Müller-Helle* S. 48; dagegen wiederum *Noack* in: FS Eisenhardt, 2007, S. 475 (487).
[4] Zu Registerakte und -ordner im Einzelnen *Krafka/Willer* Rn 41 ff; *Nedden-Boeger* FGPrax 2007, 1 (2).
[5] So die auf § 11 übertragbaren Grundsätze zu § 9 (s. dort Rn 5) – vgl. OLG Hamm GmbHR 2007, 158; vgl. auch bereits KGJ 42 A Nr. 30, S. 146.
[6] RegE EHUG, BT-Drucks. 16/960, S. 44.
[7] Ebenroth/Boujong/Joost/Strohn/*Schaub* Rn 3; Koller/*Roth*/Morck Rn 1.

zur Verfügung gestellten Übersetzungen einsehen. Darüber hinaus verweist aber auch § 325 Abs. 6 hinsichtlich der Unterlagen der Rechnungslegung, die mittlerweile nicht mehr zum Handelsregister, sondern beim Betreiber des elektronischen Bundesanzeigers einzureichen sind (§ 8b Rn 22), auf § 11.

III. Übersetzung

1. Allgemeine Grundsätze. Nach § 184 GVG wird das Handelsregister in deutscher Sprache geführt. Davon weicht § 11 nicht ab, sondern es wird lediglich die Option einer **zusätzlichen Publikation** in weiteren Sprachen angeboten. Anmeldung, Dokumente und Eintragung müssen daher in jedem Fall in deutscher Sprache verfasst sein; § 11 Abs. 2 spricht insofern – missverständlich, aber im Kontext doch eindeutig – von der „Originalfassung".[8] Die Übersetzungen der deutschen Originalfassung können nur in einer anderen **Amtssprache** eines EU-Mitgliedsstaats angeboten werden. Von der durch Art. 3a Abs. 2 der Publizitätsrichtlinie (Rn 1) eröffneten Möglichkeit, überdies auch noch die Offenlegung in jeder anderen Sprache zuzulassen, hat der deutsche Gesetzgeber keinen Gebrauch gemacht. 5

2. Amtssprache. Ausweislich des Wortlautes des § 11 Abs. 1 können die Übersetzungen in jeder **Amtssprache eines Mitgliedstaats der EU** übermittelt werden. Die Amtssprachen der einzelnen EU-Mitgliedstaaten sind allerdings etwas anderes als die **Amtssprachen der EU** selbst.[9] Die Amtssprachen der EU-Mitgliedstaaten werden durch die jeweils einschlägigen nationalen Gesetzgebungsakte festgelegt, wohingegen die Amtssprachen der EU nach Art. 290 EG einstimmig vom Rat festgelegt werden. Dies ist durch die VO Nr. 1 vom 15.4.1958[10] geschehen, die sodann mit jedem Beitritt fortgeschrieben wurde. Es deutet einiges darauf hin, dass der Gesetzgeber tatsächlich die Amtssprachen der EU im letztgenannten Sinne gemeint hat. Darauf weisen nicht nur die Gesetzesmaterialien, sondern auch die Konkretisierung des § 11 in § 13 Abs. 4 HRV hin, wo jeweils von den Amtssprachen der Europäischen Union die Rede ist. Entscheidend spricht für diese Lesart schließlich der **Wille zur Umsetzung der Publizitätsrichtlinie** (Rn 1), die in dem hier einschlägigen Art. 3a Abs. 2 Unterabs. 1 ebenfalls von den „Amtssprachen der Gemeinschaft" spricht. Durch den Widerspruch zwischen Gesetzeswortlaut und Gesetzesmaterialien eröffnet das deutsche Recht einen Interpretationsspielraum, der es zulässt, auch § 11 Abs. 1 S. 1 entgegen seinem Wortlaut richtlinienkonform dahingehend zu verstehen, dass Übersetzungen in jeder Amtssprache der EU zulässig sind.[11] 6

Die **Amtssprachen der EU** werden in Art. 1 VO Nr. 1 von 1958 (Rn 6) enumerativ aufgezählt.[12] Es fallen derzeit darunter: Dänisch, Deutsch, Englisch, Estnisch, Finnisch, Griechisch, Irisch, Italienisch, Lettisch, Litauisch, Maltesisch, Niederländisch, Polnisch, 7

---

[8] Koller/*Roth*/Morck Rn 2.
[9] Ungenau deshalb *Noack* Das neue Gesetz über elektronische Handels- und Unternehmensregister – EHUG, 2007, S. 33 (Text) einerseits und Fn. 47 andererseits.
[10] ABl. EG 1958 Nr. 17, 385.
[11] Zwingend geboten ist dieses Verständnis europarechtlich nicht, da auch hier eine überschießende Richtlinienumsetzung selbstverständlich möglich wäre (s. dazu bereits Rn 1). Die Gesetzesmaterialien legen allerdings die Vermutung nahe, dass sie hier nicht gewollt war. Zu dem ähnlich gelagerten Problem bei § 483 BGB vgl. MünchKommBGB/*Franzen* § 483 Rn 7.
[12] Vgl. zum Folgenden statt aller Calliess/Ruffert/*Wichard* Das Verfassungsrecht der Europäischen Union, 3. Aufl., 2007, Art. 290 EG Rn 10.

Portugiesisch, Schwedisch, Slowakisch, Slowenisch, Spanisch, Tschechisch und Ungarisch. Die Aufzählung folgt dem Grundsatz, dass jede Sprache Amtssprache der EU ist, die den **Status einer Amtssprache auf dem gesamten Gebiet** des jeweiligen Mitgliedstaats innehat, so dass die beiden in Rn 6 aufgezeigten Lesarten nicht wesentlich voneinander abweichen. Eine Ausnahme gilt jedoch für das Luxemburgische, das keine Amtssprache der EU ist. Obwohl es nach dem Wortlaut des § 11 Abs. 1 S. 1 ebenfalls erfasst wäre, ist eine Eintragung in dieser Sprache nach dem hier vertretenen richtlinienkonformen Verständnis unzulässig.

8 3. **Keine Kontrolle der Übersetzung und späterer Änderungen.** Die Übersetzung in eine Amtssprache ist durch den Anmeldepflichtigen selbst einzureichen. Eine **inhaltliche Überprüfung** der Übersetzung erfolgt nicht,[13] wozu die Gerichte mangels entsprechender Sprachkenntnisse auch in den meisten Fällen kaum in der Lage wären. Ihre Aufgabe soll sich darin erschöpfen, die Übersetzung entgegenzunehmen und sie nach § 13 Abs. 4 HRV dem Registerblatt und der jeweiligen Eintragung zuzuordnen.[14] Um dennoch die sachliche Richtigkeit des Registers zu gewährleisten, eröffnet Art. 3a Abs. 2 Unterabs. 2 der Publizitätsrichtlinie (Rn 1) die naheliegende Möglichkeit, eine Beglaubigung der Übersetzung zu verlangen. Der deutsche Gesetzgeber hat von dieser Option keinen Gebrauch gemacht, da ihm die Einschaltung eines beeidigten Übersetzers i.S.d. § 142 Abs. 3 ZPO zu aufwändig erschien.[15] Den **Anreiz zu einer korrekten Übersetzung** hat er vielmehr über die **Gutglaubensvorschrift** des § 11 Abs. 2, 2. Hs. geschaffen (s. dazu noch Rn 14 ff).

9 Aus demselben Grund konnte auch darauf verzichtet werden, von Amts wegen sicherzustellen, dass **spätere Änderungen** der eingereichten deutschen Urkunden eine Übersetzung erfahren. Der Rechtsverkehr wird allerdings nach § 9 Abs. 1 S. 4 HRV (Dokumente) und § 15 S. 1 HRV (Eintragung) darauf hingewiesen, dass die Übersetzung nicht mehr dem aktuellen Stand der Registereintragung entspricht. Ein solcher Hinweis kann von den Registergerichten auch ohne besondere Sprachkenntnisse gegeben werden (s. Rn 8). Es genügt festzustellen, dass zwar die deutsche „Originalfassung" (s. Rn 5), nicht aber die Übersetzung geändert wurde. Wie dieser Hinweis erfolgt, wird nicht näher vorgegeben. Es genügt aber bereits, wenn sich die eingereichte Übersetzung erkennbar auf einen bestimmten Stand des Registerinhalts bezieht und daneben kenntlich gemacht wird, wann das Register zuletzt durch Eintragung geändert wurde.[16] Die Aktualisierung der Übersetzung muss **in derselben Sprache** erfolgen, um die materiell-rechtliche Publizitätswirkung der früheren Fassung aufzuheben (s. noch Rn 12 ff).[17]

10 4. **Zugang zu den Übersetzungen.** Die Übersetzung wird **nicht** i.S.d. § 10 bekannt gemacht.[18] Stattdessen verlangt § 11 Abs. 1 S. 2 lediglich, dass „in geeigneter Weise" auf die Übersetzungen **hinzuweisen** ist. Eine solche Eignung ist dann anzunehmen, wenn auch jemand, der nicht der deutschen Sprache mächtig ist, über den Hinweis zuverlässig zu den Übersetzungen geleitet wird. Die Regierungsbegründung schlägt insofern beispielhaft eine Schaltfläche auf dem Bildschirm mit einem Flaggensymbol oder mit dem Landesnamen in der jeweiligen Landessprache vor. Über diesen Hinweis muss sodann nach

---

[13] RegE EHUG, BT-Drucks. 16/960, S. 44.
[14] *Krafka/Willer* Rn 135.
[15] RegE EHUG, BT-Drucks. 16/960, S. 45.
[16] RegE EHUG, BT-Drucks. 16/960, S. 58; vgl. auch *Nedden-Boeger* FGPrax 2007, 1 (3).
[17] *Noack* in: FS Eisenhardt, 2007, S. 475 (487); *Schmidt-Kessel* GPR 2006, 6 (9); **aA** *Schemmann* GPR 2003/04, 92 (94).
[18] Vgl. zum Folgenden RegE EHUG, BT-Drucks. 16/960, S. 45; zweifelnd *Paefgen* ZIP 2008, 1653 (1658).

§ 11 Abs. 1 S. 3 ein Zugang zu den Übersetzungen nach **Maßgabe des § 9** eröffnet werden. Die Übersetzungen sind dadurch in gleicher Weise online zugänglich wie die Originaldokumente. Jeder Interessent kann also in die Übersetzungen Einsicht nehmen (§ 9 Abs. 1); es können Beglaubigungen und Ausdrucke verlangt werden (§ 9 Abs. 3 und 4).[19] Durch die Einstellung der Übersetzungen in das Handelsregister sind sie nach § 8b Abs. 2 Nr. 1 automatisch auch über das Unternehmensregister zugänglich.[20]

Diese Form der Publikation genügt den **Anforderungen des Art. 3a Abs. 2 Unterabs. 1 der Publizitätsrichtlinie** (Rn 1), da der dort gewählte Begriff der „Offenlegung" nicht im Sinne einer Bekanntmachung, sondern lediglich im Sinne eines **Zugänglichmachens** zu verstehen ist.[21] Das ergibt sich daraus, dass dort ausschließlich auf Art. 3 Abs. 2 Unterabs. 1, nicht aber auf Art. 3 Abs. 4 verwiesen wird. Ein solcher Zugang ist durch den Verweis auf § 9 in § 11 Abs. 1 S. 3 gewährleistet. Ebenfalls ist es nicht erforderlich, dass neben den freiwillig eingereichten Übersetzungen auch sonstige Registerinhalte oder gar das vollständige Registersystem (z.B. die Zugangsmasken) in anderen Sprachfassungen angeboten werden.[22] Dadurch würde ausländischen Interessenten der Zugang zu deutschen Registerdaten zwar erheblich erleichtert; den damit verbundenen Mehraufwand wollte der Gesetzgeber den Registergerichten aber nicht zumuten.[23]

IV. Materiell-rechtliche Relevanz der Übersetzung (§ 11 Abs. 2)

1. Keine rechtsscheinzerstörende Wirkung der Übersetzung. § 11 Abs. 2 regelt in enger Anlehnung an die europäische Vorgabe des Art. 3a Abs. 4 besondere materiell-rechtliche Rechtsfolgen der Übersetzung. Sie sind so ausgestaltet, dass **Übersetzungsfehler** sich grundsätzlich zu Lasten desjenigen auswirken, der die Übersetzung eingereicht hat. Nach diesem Prinzip wird in § 11 Abs. 2, 1. Hs. zunächst festgelegt, dass dem Dritten eine von der deutschen Originalfassung abweichende Übersetzung nicht entgegengehalten werden kann. Diese Bestimmung hat im Wesentlichen eine **nur klarstellende Bedeutung**. Weicht die Übersetzung von der tatsächlichen Rechtslage ab, während die Eintragung sie richtig wiedergibt, so enthält die Vorschrift die wenig überraschende Klarstellung, dass der Anmeldepflichtige sich gegenüber der vom Dritten angeführten wahren Rechtslage nicht auf einen von ihm selbst gesetzten fehlerhaften Rechtsschein berufen kann.

Aber auch in der umgekehrten Konstellation, dass die Eintragung fehlerhaft ist, die davon abweichende Übersetzung die Rechtslage hingegen zutreffend wiedergibt, erhält § 11 Abs. 2, 1. Hs. keine eigenständige Bedeutung. Der Übersetzung könnte hier allenfalls eine **rechtsscheinzerstörende Wirkung** im Kontext der registerrechtlichen Vertrauenshaftung nach § 15 Abs. 1 und 3 HGB zukommen. Beide Vertrauenstatbestände setzen dafür aber ohnehin schon nach ihrem Wortlaut eine **positive Kenntnis** der tatsächlichen Rechtslage voraus, die durch die bloße Abrufbarkeit einer Übersetzung noch nicht begründet wird; bloßes Kennenmüssen i.S.d. § 122 Abs. 2 BGB genügt noch nicht. Wenn dem Anmeldepflichtigen der Nachweis positiver Kenntnis ausnahmsweise gelingen sollte,

---

[19] **AA** hinsichtlich des Beglaubigungserfordernisses Ries Rpfleger 2006, 233 (235), dessen Äußerung aber möglicherweise dahingehend verstanden werden soll, dass das Gericht keine Beglaubigung der Übersetzung anfordert (s. dazu bereits Rn 8).

[20] Ebenroth/Boujong/Joost/Strohn/*Schaub* Rn 8; Koller/*Roth*/Morck Rn 2.

[21] RegE EHUG, BT-Drucks. 16/960, S. 45.

[22] Vgl. dazu O. *Scholz* EuZW 2004, 172 (176).

[23] RegE EHUG, BT-Drucks. 16/960, S. 45.

dann besteht allerdings kein Grund, diesen Nachweis deshalb zu entkräften, weil sich die positive Kenntnis auch auf eine Übersetzung stützt. Eine solche Rechtsfolge lässt sich auch aus § 11 Abs. 2, 1. Hs. nicht herleiten, weil der Rechtsscheinhaftung nicht die Übersetzung, sondern der Einwand positiver Kenntnis entgegengehalten wird, die in der Übersetzung nur eine Stütze findet. Auch hier erlangt § 11 Abs. 2, 1. Hs. also keine eigenständige Bedeutung.

2. Gutglaubensschutz zugunsten Dritter

14 a) **Rechtsscheinträger.** Größere Bedeutung kommt der in § 11 Abs. 2, 2. Hs. enthaltenen positiven Aussage zu, dass ein Dritter sich auf die eingereichte Übersetzung berufen darf, solange ihm die Originalfassung nicht bekannt war. Diese Regelung steht **der Publizitätsvorschrift des § 15 Abs. 3 nahe**, doch lassen sich die hier zu erfassenden Sachverhalte nicht unter diese Bestimmung subsumieren, weil es hier nicht um eine Diskrepanz zwischen dem Publizitätsakt einerseits und der tatsächlichen Rechtslage andererseits geht, sondern um eine Diskrepanz zwischen zwei Sprachfassungen der Eintragung.[24] Der Träger des positiven Vertrauensschutzes ist nicht eine fehlerhafte Bekanntmachung, sondern eine fehlerhafte Übersetzung. Der durch sie begründete Rechtsschein bleibt auch von der entgegenstehenden Aussage abweichender Publizitätsakte (korrekte Eintragung und Bekanntmachung) unberührt. Auch wenn von **mehreren Übersetzungen** nur eine fehlerhaft ist, kann der Dritte sich auf die fehlerhafte Übersetzung berufen.[25] Ein zweiter wesentlicher Unterschied zu § 15 Abs. 3 ist darin zu erblicken, dass sich der durch die Vorschrift gewährte Vertrauensschutz nicht allein auf die Registereintragung, sondern **auch auf die eingereichten Dokumente** erstreckt.[26]

15 Schließlich unterscheidet sich § 11 Abs. 2, 2. Hs. auch darin von § 15 Abs. 3, dass es sich bei § 11 Abs. 2, 2. Hs. nicht um eine anmeldepflichtige Tatsache (vgl. dazu § 8 Rn 33 f) handeln muss, sondern die **bloße Eintragungsfähigkeit** genügt. Angesichts des weit gefassten Wortlauts der Vorschrift ließe sich eine Eingrenzung auf anmeldepflichtige Tatsachen nur im Wege der teleologischen Reduktion begründen; eine entsprechende Regelungslücke lässt sich allerdings nicht nachweisen, da auch bei nur eintragungsfähigen Tatsachen der Rechtsverkehr schutzbedürftig sein kann.

16 b) **Geschützter Personenkreis.** Trotz dieser Unterschiede können die zu § 15 Abs. 3 entwickelten Grundsätze angesichts der übereinstimmenden europäischen Wurzeln (s. oben Rn 1 und § 15 Rn 6 ff) und der weitgehend identischen Normstruktur teilweise auch auf § 11 Abs. 2, 2. Hs. übertragen werden. Daraus folgt insbesondere eine Einschränkung hinsichtlich der Person des Dritten, der sich auf § 11 Abs. 2, 2. Hs. berufen darf. **Dritter** in diesem Sinne ist nur derjenige, der von der einzutragenden Tatsache **nicht**

---

[24] Ähnlich RegE EHUG, BT-Drucks. 16/960, S. 45, der § 15 Abs. 3 aber als eine Regelung der Diskrepanz zwischen Bekanntmachung und Eintragung auffasst und nicht – entsprechend dem hier vertretenen Verständnis, § 15 Rn 102 f – der Diskrepanz zwischen Bekanntmachung und tatsächlicher Rechtslage; wie der RegE aber auch Ebenroth/Boujong/Joost/Strohn/*Schaub* Rn 9; Koller/*Roth*/Morck Rn 3.

[25] Koller/*Roth*/Morck Rn 3; MünchKomm-ErgbHGB/*Krafka* Rn 10; *Schemmann* GPR 2003/04, 92 (94).

[26] *Noack* Das neue Gesetz über elektronische Handels- und Unternehmensregister – EHUG, 2007, S. 34; *ders.* in: FS Eisenhardt, 2007, S. 475 (484 mit Fn 40).

selbst betroffen wird. Damit werden nicht nur die anmeldepflichtigen Unternehmensträger selbst, sondern auch ihre Gesellschafter und Organpersonen aus dem Schutzbereich des § 11 Abs. 2, 2. Hs. ausgeschlossen.[27] Etwas anderes gilt nach umstrittener, aber zutreffender Auffassung nur dann, wenn der Gesellschafter mit seiner Gesellschaft wie ein Dritter in rechtsgeschäftliche Beziehungen tritt (s. dazu § 15 Rn 55 f, 114). Dass der Dritte Ausländer ist, wird in § 11 Abs. 2 nicht vorausgesetzt, so dass sich auch ein Deutscher auf eine fehlerhafte Übersetzung berufen kann.[28]

c) Subjektive Voraussetzungen in der Person des Dritten. Dem Dritten ist die Berufung auf die fehlerhafte Übersetzung verwehrt, wenn ihm die Originalfassung bekannt war. Wie bei § 15 Abs. 1 und 3 liegt darin auch hier eine **widerlegbare Vermutung der Unkenntnis** (s. noch § 15 Rn 57, 112). Der Eingetragene muss also beweisen, dass dem Dritten die Originalfassung positiv bekannt war.[29] Fahrlässige Unkenntnis genügt nicht. Ebenso ist die bloße Kenntnis einer abweichenden anderen Übersetzung nicht ausreichend.[30] Die Kenntnis der Originalfassung zu beweisen, erscheint auf den ersten Blick kaum möglich, doch kann insofern gegebenenfalls die neue Technik der Online-Abfrage hilfreich sein. Die einzelnen Abfragen werden nämlich vom Registerbetreiber dokumentiert, so dass nachvollziehbar ist, ob der Dritte in die Originalfassung Einsicht genommen hat.[31] Inwiefern sich derartige Daten allerdings in einem Zivilprozess verwerten lassen, ist derzeit noch gänzlich ungeklärt. 17

Zweifelhaft ist, wann die Originalfassung dem Dritten bekannt war.[32] Entgegen einer teilweise vertretenen Ansicht kann es insofern nicht darauf ankommen, ob dem Dritten generell die **Existenz einer Originalfassung** bekannt war.[33] Bei einem solchen Verständnis würde der von § 11 Abs. 2 bestrebte Schutz weitgehend ins Leere gehen, denn schon der in § 11 Abs. 1 S. 2 geforderte Hinweis auf eine Übersetzung impliziert das Vorliegen einer Originalfassung. Überdies würde auch das Ziel verfehlt, ausländischen Interessenten den Zugang zu deutschen Registerdaten zu erleichtern (s. oben Rn 2). Sie könnten zwar auf eine Übersetzung zugreifen, müssten die Originalfassung aber trotzdem noch übersetzen lassen, um sicherzugehen, dass die eingereichte Übersetzung damit inhaltlich übereinstimmt. Um die Vermutung zu widerlegen, ist es deshalb erforderlich, dass dem Dritten der **Inhalt der übersetzten Originaldaten bekannt** war und dass er sprachlich dazu in der Lage war, ihn zu erfassen.[34] Wenn allerdings nachweisbar ist, dass der Dritte diesen Inhalt kannte, ohne daraus den Rückschluss auf die wahre Rechtslage zu ziehen, so erscheint es angemessen, ihm die Berufung auf die falsche Übersetzung nach § 242 BGB zu versagen (vgl. dazu die entsprechende Behandlung bei § 15 Abs. 3 – s. § 15 Rn 112 mwN). 18

---

[27] Vgl. dazu auch Ebenroth/Boujong/Joost/Strohn/*Schaub* Rn 10; MünchKommErgbHGB/*Krafka* Rn 10 sowie O. *Scholz* EuZW 2004, 172 (176) unter Hinweis auf einen schon im Primärrecht angelegten europarechtlichen Sprachgebrauch.
[28] *Noack* in: FS Eisenhardt, 2007, S. 475 (483); zweifelnd Christ/*Müller-Helle* S. 47.
[29] Koller/*Roth*/Morck Rn 3; MünchKommErgbHGB/*Krafka* Rn 11.
[30] *Schemmann* GPR 2003/04, 92 (94); *Schmidt-Kessel* GPR 2006, 6 (15).
[31] *Noack* in: FS Eisenhardt, 2007, S. 475 (485).
[32] So bereits der vom Gesetzgeber nicht beachtete Hinweis des *DAV-Handelsrechtsausschusses* NZG 2005, 586 (588).
[33] So aber Ebenroth/Boujong/Joost/Strohn/*Schaub* Rn 10; Koller/*Roth*/Morck Rn 3.
[34] So überzeugend Baumbach/*Hopt* Rn 5; MünchKommErgbHGB/*Krafka* Rn 11; *Nedden-Boeger* FGPrax 2007, 1 (3); *Paefgen* ZIP 2008, 1653 (1659).

19 Dagegen schließt der Nachweis, dass der Dritte die Übersetzung nicht kannte oder sie für seine Entschließung irrelevant war, die Haftung nach § 11 Abs. 2, 2. Hs. nicht aus. Ebenso wie § 15 Abs. 3 ist auch § 11 Abs. 2, 2. Hs. eine **Vorschrift des abstrakten Vertrauensschutzes**, was aus Sicht des Dritten eine bedeutsame Erleichterung gegenüber den allgemeinen Grundsätzen der Vertrauenshaftung darstellt.[35] Die insofern zu § 15 Abs. 1 und 3 angestellten Überlegungen beanspruchen auch hier Gültigkeit (§ 15 Rn 18 ff).

20 **3. Beseitigung der Publizitätswirkung.** Angesichts der weitreichenden materiell-rechtlichen Wirkungen einer Übersetzung muss sich der Eingetragene um eine **fortlaufende Aktualisierung** der Übersetzung bemühen, und zwar in derselben Sprache, in der auch die Übersetzung selbst gefasst ist (s. Rn 9). Will er sich auch dieser Belastung entziehen, muss er die vollständige **Löschung** der Übersetzung veranlassen. Sie ist im Gesetz zwar nicht ausdrücklich vorgesehen, doch da die Veröffentlichung auf freiwilliger Basis erfolgt, muss auch ihre nachträgliche Beseitigung möglich sein.[36]

§ 12
Anmeldungen zur Eintragung und Einreichungen

(1) ¹Anmeldungen zur Eintragung in das Handelsregister sind elektronisch in öffentlich beglaubigter Form einzureichen. ²Die gleiche Form ist für eine Vollmacht zur Anmeldung erforderlich. ³Rechtsnachfolger eines Beteiligten haben die Rechtsnachfolge soweit tunlich durch öffentliche Urkunden nachzuweisen.

(2) ¹Dokumente sind elektronisch einzureichen. ²Ist eine Urschrift oder eine einfache Abschrift einzureichen oder ist für das Dokument die Schriftform bestimmt, genügt die Übermittlung einer elektronischen Aufzeichnung; ist ein notariell beurkundetes Dokument oder eine öffentlich beglaubigte Abschrift einzureichen, so ist ein mit einem einfachen elektronischen Zeugnis (§ 39a des Beurkundungsgesetzes) versehenes Dokument zu übermitteln.

Schrifttum

Altschul Die Formvorschrift des § 12 Abs. 1 HGB, DNotV 1925, 241; *Ammon* Die Anmeldung zum Handelsregister, DStR 1993, 1025; *Apfelbaum/Bettendorf* Die elektronisch beglaubigte Abschrift im Handelsregisterverkehr, RNotZ 2007, 89; *Auer* Die antizipierte Anmeldung bei der GmbH, DNotZ 2000, 498; *Bärwaldt* Die Anmeldung „zukünftiger" Tatsachen zum Handelsregister, GmbHR 2000, 421; *Beck* Die Richtigkeit der Firmenzeichnung zur Aufbewahrung bei Gericht, BB 1962, 1265; *Bettendorf/Apfelbaum* Elektronischer Rechtsverkehr und das Berufsrecht des Notars, DNotZ 2008, 19; *dies.* Die persönliche Erzeugung der Signatur bei der Erstellung elektronischer notarieller Urkunden, DNotZ 2008, 85; *Bindseil* Internationaler Urkundenverkehr, DNotZ 1992, 275; *Böcker* Anmeldung einer in der Zukunft liegenden Geschäftsführerbestellung, MittRhNotK 2000, 61; *Bohrer* Notarielle Form, Beurkundung und elektronischer Rechtsverkehr, DNotZ 2008, 39; *Bormann/Apfelbaum* Der Einfluss signaturrechtlicher Anforderungen auf die Wirksamkeit der elektronischen notariellen Urkunde, RNotZ 2007, 15; *Britz* Noch einmal: Anmel-

---

[35] Ebenso Ebenroth/Boujong/Joost/Strohn/ *Schaub* Rn 10; Koller/*Roth*/Morck Rn 3; MünchKommErgbHGB/*Krafka* Rn 11.

[36] *Noack* in: FS Eisenhardt, 2007, S. 475 (487); *Paefgen* ZIP 2008, 1653 (1658).

dung einer in der Zukunft liegenden Geschäftsführerbestellung, MittRhNotK 2000, 197; *Christ/ Müller-Helle* Veröffentlichungspflichten nach dem neuen EHUG, 2007; *DAV-Handelsrechtsausschuss* Stellungnahme zum Entwurf eines Gesetzes über elektronische Handels- und Genossenschaftsregister sowie das Unternehmensregister (EHUG), NZG 2005, 586; *Gassen* Die Form der elektronischen Notarurkunde, RNotZ 2007, 142; *Gustavus* Die Vollmacht zu Handelsregister-Anmeldungen bei Personengesellschaften und Gesellschaften mit beschränkter Haftung, GmbHR 1978, 219; *ders.* Handelsregisteranmeldungen, 6. Aufl., 2005; *Heneweer* Das Erfordernis öffentlicher Beglaubigung im Handelsregisterverkehr (§ 12 HGB), FGPrax 2004, 259; *Jeep/Wiedemann* Die Praxis der elektronischen Handelsregisteranmeldung, NJW 2007, 2439; *Joost* Die Vertretungsmacht des Prokuristen bei der Anmeldung zum Handelsregister, ZIP 1992, 463; *Krafka* Die gesellschafts- und registerrechtliche Bedeutung des geplanten FamFG, FGPrax 2007, 51; *Krug* Unternehmensrecht und Handelsregister, ZEV 2001, 51; *Malzer* Die öffentliche Beglaubigung – Wesen, Funktion, Bedeutung und Perspektive einer zivilrechtlichen Formvorschrift, DNotZ 2000, 169; *ders.* Elektronische Beglaubigung und Medientransfer durch den Notar nach dem Justizkommunikationsgesetz, DNotZ 2006, 9; *Melchior* Handelsregisteranmeldungen und EHUG – Was ist neu? NotBZ 2006, 409; *Melchior/Schulte* HandelsregisterVO, Online-Version 2008; abrufbar unter www.melchior-schulte.de (zuletzt abgerufen am 1. August 2008); *Nedden-Boeger* Das neue Registerrecht, FGPrax 2007, 1; *Noack* Das EHUG ist beschlossen – elektronische Handels- und Unternehmensregister ab 2007, NZG 2006, 801; *ders.* (Hrsg.), Das neue Gesetz über elektronische Handels- und Unternehmensregister – EHUG, 2007; *Reithmann* Substitution bei Anwendung der Formvorschriften des GmbH-Gesetzes, NJW 2003, 385; *Renaud/Heinsen* Die Vertretungsbefugnis des Prokuristen für Anmeldungen zum Handelsregister bei einer GmbH und einer GmbH & Co. KG, GmbHR 2008, 687; *Ries* Elektronisches Handels- und Unternehmensregister, Rpfleger 2006, 233; *Schaub* Die Rechtsnachfolge von Todes wegen im Handelsregister bei Einzelunternehmen und Personenhandelsgesellschaften, ZEV 1994, 71; *ders.* Stellvertretung bei Handelsregisteranmeldungen, DStR 1999, 1699 = MittBayNot 1999, 539; *ders.* Ausländische Handelsgesellschaften und deutsches Registerverfahren, NZG 2000, 953; *Schlotter/Reiser* Ein Jahr EHUG – die ersten Praxiserfahrungen, BB 2008, 118; *Schwerin* Die Behandlung der Urschrift einer Handelsregisteranmeldung nach Einführung des elektronischen Registerverkehrs durch das EHUG, RNotZ 2007, 27; *Seibert/Decker* Das Gesetz über elektronische Handelsregister und Genossenschaftsregister sowie das Unternehmensregister (EHUG), DB 2006, 2446; *Sikora/Schwab* MittBayNot 2007, 1; *Waldner* Die Handelsregisteranmeldung auf Vorrat, ZNotP 2000, 188; *Willer/Krafka* Die elektronische Einreichung von Handelsregisteranmeldungen aus Sicht der Registerpraxis, DNotZ 2006, 885.

Übersicht

	Rn		Rn
I. Regelungsinhalt, Regelungszweck, Reform	1–4	III. Anmeldeberechtigter und Inhalt der Anmeldung	17–19
1. Identitätsprüfung im Zuge der Anmeldung	1	IV. Befristung und Bedingung der Anmeldung	20
2. Elektronische Registerführung	2	V. Widerruf der Anmeldung	21–23
3. Aufgabe der Namenszeichnungen	3	VI. Form und Übermittlung der Anmeldung	24–35
4. Übergangsregelung	4	1. Beglaubigungserfordernis	24–25
II. Rechtsnatur der Anmeldung	5–16	2. Erfordernis einer elektronischen Beglaubigung	26
1. Meinungsstand	5	3. Erstellung und Übermittlung der elektronischen Beglaubigung	27–30
2. Keine Garantieerklärung	6	a) Zweistufige Vorgehensweise der Praxis	27
3. Rechtsgeschäftliche Komponente	7–11	b) Erstellung des elektronischen Zeugnisses	28
a) Praktische Auswirkungen	7–8	c) Beglaubigungsvermerk und Signatur	29–30
b) Differenzierende Betrachtungsweise	9–11		
4. Organisationsrechtliches Element	12–13		
5. Rechtsfolgen der dogmatischen Einordnung	14–16		
a) Anmeldung des Kannkaufmanns	14		
b) Sonstige Rechtsfolgen	15–16		

	Rn
4. Vorgaben für die elektronische Übermittlung	31–32
5. Ersatzformen	33
6. Form- und Übermittlungsfehler	34–35
a) Formfehler	34
b) Technische Übermittlungsfehler	35
VII. Vertretung bei der Anmeldung	36–59
1. Bevollmächtigte	36–46
a) Grundsätzliche Zulässigkeit	36
b) Umfang	37
c) Postmortale Vollmacht	38
d) Prokura und Handlungsvollmacht	39–41
e) Höchstpersönliche Erklärungen im Kapitalgesellschaftsrecht	42–43
f) Vollmachtloser Vertreter	44
g) Formfragen	45
h) Dauervollmachten	46
2. Anmeldung durch den Notar	47–51
a) Notar als Vertreter	47
b) Vollmachtsvermutung nach § 378 FamFG	48
c) Voraussetzungen der Vollmachtsvermutung	49–50
d) Keine Notarvertretung bei höchstpersönlichen Anmeldungen	51
3. Organschaftliche Vertretung	52–56
a) Allgemeine Grundsätze	52–53

	Rn
b) Unechte Gesamtvertretung	54
c) Nachweis	55–56
4. Gesetzliche Vertreter	57–58
5. Vertreter kraft Amtes	59
VIII. Rechtsnachfolge bei der Anmeldung	60–68
1. Zweck und Anwendungsbereich des § 12 Abs. 1 S. 3	60
2. Der urkundliche Nachweis	61–66
a) Öffentliche Urkunde	61
b) Nachweis der Erbfolge	62–64
c) Untunlichkeit des Nachweises	65–66
3. Vor- und Nacherbfolge	67–68
IX. Form für die Einreichung von Dokumenten	69–74
1. Elektronische Übermittlung	69–70
2. Elektronische Aufzeichnung	71–72
3. Notariell beurkundete oder beglaubigte Dokumente	74
X. Internationaler Verkehr	75–77
1. Geltung der lex fori	75
2. Gleichwertigkeit einer Beglaubigung im Ausland	76
3. Echtheitsnachweis	77
XI. Kosten der Handelsregistereintragung	78–80
1. Gerichtskosten	78–79
2. Notarkosten	80

I. Regelungsinhalt, Regelungszweck, Reform

1. Identitätsprüfung im Zuge der Anmeldung. Eintragungen in das Handelsregister und die mit ihnen korrespondierenden Löschungen werden im Regelfall nur aufgrund einer Anmeldung vollzogen (zum Ausnahmefall eines Eintragungsverfahrens von Amts wegen, namentlich bei Löschungen, s. § 8 Rn 78, 144 f). Da das Handelsregister seiner **Funktion als Publizitätsmittel** (§ 8 Rn 1 f) nur dann genügen kann, wenn für die Verlässlichkeit der darin eingetragenen Tatsachen Sorge getragen wird, ist das Registergericht dazu verpflichtet, die formellen und materiellen Voraussetzungen der Anmeldung zu prüfen. Dazu gehört insbesondere auch die materielle Berechtigung des Anmeldenden. Um diese Prüfung vornehmen zu können, muss zunächst die Identität des Anmeldenden festgestellt werden.[1] Diese **Identitätsprüfung** wird nicht vom Registergericht selbst durchgeführt, sondern der vorsorgenden Rechtspflege durch die Notare zugewiesen (s. dazu noch Rn 24). Die Zuweisung erfolgt dergestalt, dass § 12 Abs. 1 S. 1 die Anmeldung an die Form einer öffentlichen Beglaubigung knüpft.[2]

2. Elektronische Registerführung. Anmeldung und Beglaubigung erfolgten bislang auf dem Papierwege. Mit der Umstellung auf eine elektronische Registerführung (§ 8) im

---

[1] Vgl. zu dieser Funktion des § 12 Heymann/*Sonnenschein/Weitemeyer* Rn 1; Röhricht/v. Westphalen/*Ammon* Rn 1; *Malzer* DNotZ 2000, 169 (171).

[2] Allgemein zu Wesen und Funktion einer öffentlichen Beglaubigung *Malzer* DNotZ 2000, 169 ff.

Zuge des EHUG vom 10.11.2006[3] ist auch für den Rechtsverkehr mit dem Registergericht ausschließlich die **elektronische Form** vorgeschrieben worden. Eine solche elektronische Einreichung konnte von den Landesregierungen nach § 8a Abs. 1 S. 3 a.F. zwar schon bislang angeordnet werden, doch wurde davon kaum Gebrauch gemacht.[4] Durch die jetzt zwingend vorgeschriebene Umstellung wird es den Gerichten ermöglicht, die vom Anmeldenden bereits in elektronisch aufbereiteter Form eingereichten Daten ohne größeren Transformationsaufwand in das Handelsregister zu übernehmen (s. dazu noch Rn 31). Das soll nicht nur zu einer Arbeitsentlastung der Gerichte führen, sondern überdies auch dazu beitragen, die Dauer registergerichtlicher Verfahren abzukürzen.[5] Die solchermaßen neu gestaltete Anmeldung muss auch durch eine **neue Form des Identitätsnachweises** ergänzt werden. Der Gesetzgeber greift hier auf die Form der elektronisch zu übermittelnden öffentlichen Beglaubigung nach § 39a BeurkG zurück. § 12 Abs. 2 überträgt diese Formen des elektronischen Registerverkehrs auf die Einreichung von Dokumenten.

3. Aufgabe der Namenszeichnungen. Aufgegeben wurde das früher in § 12 Abs. 1 a.F. enthaltene Erfordernis, der Handelsregisteranmeldung **Namenszeichnungen** beizufügen, die zur Aufbewahrung beim Registergericht bestimmt waren. Der Sinn dieser Namenszeichnungen lag darin, als Unterschriftenprobe eine zuverlässige Grundlage für die Prüfung der Echtheit einer Unterschrift im Rechts- und Geschäftsverkehr zu bieten. Unter den neuen Rahmenbedingungen einer elektronischen Registerführung wäre der Nutzen einer solchen Zeichnung deutlich gemindert, die daraus erwachsenden Missbrauchsgefahren aber wesentlich erhöht.[6] Ein **verminderter Nutzen** würde daraus folgen, dass sich die Unterschriftenprobe als Grundlage einer graphologischen Echtheitsprüfung nur noch bedingt eignen würde, da es dafür nicht nur auf den zweidimensionalen Schriftzug, sondern auch auf den Druckpunkt ankommt, der bei einer elektronischen Übermittlung nicht erkennbar wäre. **Erhöhte Missbrauchsgefahren** würden sich daraus ergeben, dass die Online-Präsentation eingescannter Unterschriften das Risiko einer Fälschung deutlich steigern würde. Der Gesetzgeber hat sich daher entschlossen, auf Namenszeichnungen künftig zu verzichten. Seine Erwartung, die elektronische Signatur werde die eigenhändige Namensunterschrift im Geschäftsverkehr generell ablösen, findet in der derzeitigen Geschäftspraxis allerdings nur eine schwache Basis.[7]

3

4. Übergangsregelung. Nach Art. 61 Abs. 1 S. 1 EGHGB können die Landesregierungen durch Rechtsverordnung bestimmen, dass Anmeldungen und alle oder einzelne Dokumente bis zum 31.12.2009 auch in Papierform zum Handelsregister eingereicht werden dürfen. Von dieser Möglichkeit haben die Bundesländer Niedersachsen, Rheinland-Pfalz und Sachsen-Anhalt Gebrauch gemacht, die Frist jedoch nicht vollständig ausgeschöpft.[8] Seit dem 1.1.2008 gilt damit in allen deutschen Bundesländern § 12 in seiner neuen Fassung.[9]

4

---

[3] Gesetz über elektronische Handelsregister und Genossenschaftsregister sowie das Unternehmensregister (EHUG) v. 10.11.2006 – BGBl. I, S. 2553.
[4] *Noack* NZG 2006, 801 (802 Fn 15).
[5] *Noack* NZG 2006, 801 (802); *Seibert/Decker* DB 2006, 2446 (2447); *Sikora/Schwab* Mitt-BayNot 2007, 1 (3).
[6] Vgl. zum Folgenden RegE EHUG, BT-Drucks. 16/960, S. 47.
[7] Vgl. auch MünchKommErgbHGB/*Krafka* Rn 5: „technikoptimistische Erwartung".
[8] Niedersachsen bis zum 31.12.2007 (GVBl. 2006, 596); Rheinland-Pfalz bis zum 30.6.2007 (GVBl. 2006, 444); Sachsen-Anhalt bis zum 31.3.2007 (GVBl. 2006, 560).
[9] Vgl. zu dieser Übergangsregelung noch Ebenroth/Boujong/Joost/Strohn/*Schaub* Rn 1; *Nedden-Boeger* FGPrax 2007, 1 (5).

II. Rechtsnatur der Anmeldung

5 **1. Meinungsstand.** Gegenstand der Anmeldung ist das an das Registergericht adressierte Begehren, eine Eintragung im Handelsregister vorzunehmen.[10] Hinsichtlich der Rechtsnatur der Anmeldung besteht heute dahingehend Einigkeit, dass ihr **in erster Linie eine verfahrensrechtliche Bedeutung** als Eintragungsantrag zukommt.[11] Umstritten ist, ob sie daneben noch weitere Elemente aufweist. Als solche werden eine rechtsgeschäftliche Komponente, ein organisationsrechtliches Element und schließlich eine Garantieerklärung diskutiert (Nachw. im Folgenden). Die Annahme einer **rechtsgeschäftlichen Komponente** wird namentlich für die Anmeldung eines Kannkaufmanns nach § 2 HGB befürwortet und darauf gestützt, dass sie darauf abziele, eine materielle Statusänderung des Anmeldenden herbeizuführen (s. dazu noch Rn 14).[12] Die ergänzende Einordnung als **Organisationsakt** wird damit begründet, dass der Anmeldung speziell im Gründungsrecht der Kapitalgesellschaften auch eine konstituierende materielle Bedeutung zukomme, die ihr ein besonderes organschaftliches Gepräge verleihe (s. dazu noch Rn 12 f).[13] Die Annahme einer **Garantieerklärung** schließlich geht auf das BayObLG zurück und soll gewährleisten, dass das Registergericht darauf vertrauen könne, dass die angemeldeten Tatsachen inhaltlich richtig seien (s. dazu noch Rn 6).[14]

6 **2. Keine Garantieerklärung.** Die weitestgehenden praktischen Auswirkungen würde die Einordnung als Garantieerklärung auslösen. Diese Konstruktion wurde vom BayObLG herangezogen, um zu begründen, dass ein Prokurist nicht dazu ermächtigt sei, Registeranmeldungen für das von ihm vertretene Unternehmen abzugeben.[15] Eine solche Aussage findet aber weder im Erklärungswillen des Anmeldenden noch im Gesetz eine Stütze und ist deshalb auch zu Recht **vom BGH verworfen** worden.[16] Daher wird heute auch eine entsprechende Vertretungsmacht des Prokuristen ganz überwiegend anerkannt (s. dazu noch Rn 39 ff).

---

[10] OLG Hamm FGPrax 2002, 126 (127); Koller/Roth/Morck Rn 2; *Krafka/Willer* Rn 75.
[11] BayObLG Rpfleger 1970, 288; BayObLGZ 1985, 82 (83); BayObLG GmbHR 1992, 672; OLG Hamm OLGZ 1981, 419 (422); Ebenroth/Boujong/Joost/Strohn/*Kindler* § 2 Rn 16; MünchKommHGB/*Krafka* Rn 4 f; Röhricht/v. Westphalen/*Ammon* Rn 2; Rowedder/*Schmidt-Leithoff* § 7 Rn 4; Scholz/*Winter/Veil* § 7 Rn 12.
[12] Baumbach/*Hopt* § 2 Rn 4, § 12 Rn 1; Koller/Roth/Morck § 2 Rn 3, § 12 Rn 2; Röhricht/v. Westphalen § 2 Rn 10; *Siems* Kaufmannsbegriff und Rechtsfortbildung, 2003, S. 81 ff; *Canaris* HandelsR § 3 Rn 19; *Hübner* Rn 43 ff; *v. Olshausen* ZHR 141 (1977), 93 (103 f); *ders.* JZ 1998, 717 (718); Nachw. zur Gegenauffassung in Fn 18; die noch weitergehende Annahme eines ausschließlich rechtsgeschäftlichen Charakters (vgl. *Lieb* NJW 1999, 35 (36)) trägt der verfahrensrechtlichen Bedeutung der Anmeldung nicht hinreichend Rechnung und hat sich daher zu Recht nicht durchgesetzt.
[13] Vgl. etwa KölnKommAktG/*Kraft* § 36 Rn 24; MünchKommAktG/*Pentz* § 36 Rn 6, § 37 Rn 13; Rowedder/*Schmidt-Leithoff* § 7 Rn 4; Scholz/*Winter/Veil* § 7 Rn 10; Ulmer/Habersack/Winter § 7 Rn 19; Vorauf. § 8 Rn 43 f. (*Hüffer*).
[14] BayObLGZ 1982, 198 (202); BayObLGZ 1984, 29 (32); BayObLGZ 1985, 82 (87); zustimmend Gustavus GmbHR 1978, 219 (223); zur ganz herrschenden Gegenmeinung s. die Nachw. in Fn 16.
[15] Vgl. dazu bereits die Nachw. in Fn 14.
[16] BGHZ 116, 190 (198) = NJW 1992, 975; zust. Ebenroth/Boujong/Joost/Strohn/*Schaub* Rn 28; MünchKommHGB/*Krafka* Rn 5.

3. Rechtsgeschäftliche Komponente

a) Praktische Auswirkungen. Ordnet man der Anmeldung auch eine rechtsgeschäftliche Komponente zu, so wirkt sich das vornehmlich in der Weise aus, dass die **Regeln über Willenserklärungen** grundsätzlich Anwendung finden können. Die Unterschiede zu einem rein verfahrensrechtlichen Verständnis sind allerdings nur gering. Auch die Vertreter eines rein verfahrensrechtlichen Ansatzes unterwerfen die Anmeldung zumindest dann rechtsgeschäftlichen Regeln, wenn diese lediglich einen allgemeinen, auch im Verfahrensrecht geltenden Rechtsgedanken ausdrücken.[17] Auf der anderen Seite kommen auch die Befürworter eines rechtsgeschäftlichen Verständnisses nicht umhin, die Anwendung der §§ 104 ff BGB so anzupassen, dass sie zugleich auch dem daneben bestehenden verfahrensrechtlichen Charakter der Anmeldung Rechnung tragen (vgl. noch Rn 11). In den **praktischen Ergebnissen** stimmen die beiden Auffassungen daher weitgehend überein (s. Rn 14 ff).

Unterschiede ergeben sich namentlich bei der rechtlichen Behandlung von **Fehlern im Erklärungstatbestand**. Das zeigt sich am deutlichsten am Beispiel eines Kannkaufmanns (§ 2), der sich irrtümlich für einen Istkaufmann (§ 1) hält, seiner Anmeldung deshalb keine statusändernde Wirkung beimisst und folglich ohne Erklärungsbewusstsein handelt. Bei einem rein verfahrensrechtlichen Verständnis würde dies die Wirksamkeit des Erklärungsaktes unberührt lassen,[18] wohingegen die Anmeldung bei einem (auch) materiell-rechtlichen Verständnis als Willenserklärung die Kaufmannseigenschaft nicht begründen könnte; der Rechtsverkehr wäre ausschließlich über § 5 geschützt (vgl. dazu noch Rn 14).[19]

b) Differenzierende Betrachtungsweise. Bemüht man sich trotz der weitgehenden Übereinstimmung im Ergebnis um eine dogmatische Einordnung der Anmeldung, so muss im Hinblick auf die Bewusstseinslage des Erklärenden zwischen deklaratorischen und konstitutiven Eintragungen unterschieden werden.[20] Eine rechtsgeschäftliche Komponente ist der Anmeldung zumindest dann abzusprechen, wenn sie auf eine rein **deklaratorische Eintragung** abzielt. Hier will der Erklärende seiner Anmeldepflicht nachkommen, geht aber nicht davon aus, die Rechtslage damit selbständig zu beeinflussen. Es handelt sich also um eine reine Verfahrenshandlung ohne materiell-rechtliche Elemente.[21]

Bei **konstitutiven Eintragungen**, wie etwa der Anmeldung eines Kannkaufmanns zum Handelsregister (§ 2), finden die dadurch ausgelösten Rechtsfolgen ihren Geltungsgrund ebenfalls nicht unmittelbar in der Erklärung, sondern treten kraft Gesetzes und in dem vom Gesetz vorgezeichneten Umfang ein. Es handelt sich also auch hier nicht um eine vollständig privatautonome Regelung eines Rechtsverhältnisses, so dass eine **Einordnung als Willenserklärung ausscheidet**.[22] Andererseits geht eine solche Erklärung aber auch

---

[17] Ebenroth/Boujong/Joost/Strohn/*Kindler* § 2 Rn 16; Ebenroth/Boujong/Joost/Strohn/*Schaub* Rn 30; GK-HGB/*Steinhauer* Rn 3; Koller/*Roth*/Morck Rn 2; Vorauf. § 8 Rn 44 (*Hüffer*); Vorauf. § 108 Rn 8 (*Ulmer*).

[18] So etwa Ebenroth/Boujong/Joost/Strohn/*Kindler* § 2 Rn 15; *K. Schmidt*, ZHR 163 (1999), 87 (91 ff); *Treber* AcP 199 (1999), 525 (582).

[19] Zu diesem Ergebnis kommen etwa Baumbach/*Hopt* § 2 Rn 4; Koller/*Roth*/Morck § 2 Rn 3; *Röhricht*/v. Westphalen § 2 Rn 10;

Canaris HandelsR § 3 Rn 19; *Hübner* HandelsR Rn 43 ff; *Lieb* NJW 1999, 35 (36); *v. Olshausen* ZHR 141 (1977), 93 (103 f); *ders.* JZ 1998, 717 (718).

[20] Ausdrücklich gegen eine solche Differenzierung *K. Schmidt* ZHR 163 (1999), 87 (92).

[21] Vgl. auch *Lieb* NJW 1999, 35 (36).

[22] So bereits Vorauf. Rn 43 (*Hüffer*); vgl. auch Ebenroth/Boujong/Joost/Strohn/*Schaub* Rn 30 sowie die übrigen in Fn 18 genannten Autoren.

deutlich über eine reine Verfahrenshandlung hinaus, da sie gerade darauf abzielt, eine Änderung der materiellen Rechtslage herbeizuführen. Der Anmeldende will mit der Anmeldung aufgrund eines Willensentschlusses seine eigene Rechtsstellung in der Weise ändern, dass ihm künftig die Kaufmannseigenschaft zukommt.[23] Diesem unmittelbaren Ursprung der Rechtsänderung in einem Erklärungstatbestand wird man am ehesten dadurch gerecht, dass man der Anmeldung – ähnlich wie der verzugsbegründenden Mahnung[24] – in diesen Fällen neben ihrer verfahrensrechtlichen Komponente auch den Charakter einer **geschäftsähnlichen Handlung** beimisst.[25] Eine solche Handlung zeichnet sich gerade dadurch aus, dass die Rechtsfolgen zwar qua Gesetzes eintreten, aber durch einen Erklärungstatbestand ausgelöst werden.[26]

11   Für die konkrete rechtliche Behandlung ist damit freilich noch nicht viel gewonnen, da auch die geschäftsähnliche Handlung nur dort den rechtsgeschäftlichen Regeln unterworfen wird, wo die ratio der jeweiligen Vorschrift dies nahelegt.[27] Untersucht man aber für die jeweiligen rechtsgeschäftlichen Einzelbestimmungen, inwiefern sie sich im Wege eines **Analogieschlusses** auf die geschäftsähnliche Anmeldung einer konstitutiven Eintragung übertragen lassen, so steht dem oftmals die **verfahrensrechtliche Komponente** im Wege und erweist sich damit für die Zulässigkeit einer Analogie als ausschlaggebend. Aus diesem Grund ist es sowohl bei deklaratorischen als auch bei konstitutiven Eintragungen letztlich doch dieses verfahrensrechtliche Element, das die rechtliche Behandlung der Anmeldung maßgeblich prägt (vgl. dazu und zu den verbleibenden Unterschieden Rn 14 ff).

12   **4. Organisationsrechtliches Element.** Speziell für die Anmeldung einer Kapitalgesellschaft wird der Anmeldung neben ihrer verfahrensrechtlichen Komponente verbreitet auch die Eigenschaft als besonderer – nicht rechtsgeschäftlicher – organschaftlicher Akt zugewiesen (zur entsprechenden Geltung dieser Grundsätze auch bei bestimmten Kapitalmaßnahmen vgl. die Ausführungen in Rn 42 f).[28] Obwohl diese Einordnung an sich in erster Linie nur einen **funktional-deskriptiven Erkenntniswert** vermittelt, hat sie sich als schlagwortartige Umschreibung zumindest im Kapitalgesellschaftsrecht durchgesetzt und wird in ihrem Ursprung und in ihren konkreten Auswirkungen zumeist nicht näher erläutert.[29]

13   Bemüht man sich, die Anmeldung in ein allgemeineres dogmatisches Konzept einzuordnen, ist zunächst festzustellen, dass sie auch hier auf eine **konstitutive Eintragung** abzielt, was ihr neben ihrer verfahrensrechtlichen Bedeutung eine geschäftsähnliche Wirkung verleiht (s. Rn 10). Ein spezielleres Gepräge erhält die Anmeldung einer Kapital-

---

[23] *Röhricht*/v. Westphalen § 3 Rn 28; *v. Olshausen* ZHR 141 (1977), 93 (103); *ders.* JZ 1998, 717 (718).

[24] Vgl. dazu statt aller MünchKommBGB/*Ernst* § 286 Rn 46. Das geschäftsähnliche Element ist bei der Anmeldung einer konstitutiven Eintragung noch stärker ausgeprägt als bei der Mahnung, da diese auch ohne das Bewusstsein rechtlicher Konsequenzen abgegeben werden kann, während die Anmeldung gerade darauf abzielt, eine Rechtsfolge auszulösen.

[25] Für einen „zumindest rechtsgeschäftsähnlichen Charakter" auch *Röhricht*/v. Westphalen § 2 Rn 10; *Canaris* HandelsR § 3 Rn 19.

[26] Vgl. insbes. *Ulrici* NJW 2003, 2053 mwN; ferner *Larenz/Wolf* BGB-AT, 9. Aufl., 2004, § 22 Rn 14.

[27] BGH NJW 2001, 289 (290); MünchKommBGB/*Ernst* § 286 Rn 46; *Larenz/Wolf* BGB-AT, 9. Aufl., 2004, § 22 Rn 17; *Medicus* BGB-AT, 9. Aufl., 2006, § 19 Rn 198; *Ulrici* NJW 2003, 2053 (2054).

[28] Vgl. dazu bereits die Nachw. in Fn 27.

[29] Ausführlich aber noch Voraufl. § 8 Rn 43 f. (*Hüffer*).

gesellschaft zusätzlich aber noch dadurch, dass sie mit **besonderen Erklärungspflichten** verbunden ist (§ 37 AktG, § 8 Abs. 2 GmbHG), an die eine straf- und zivilrechtliche Haftung anknüpft (§§ 46, 48, 399 AktG, §§ 9a, 82 GmbHG). Über diese schon unmittelbar gesetzlich angeordneten Rechtsfolgen hinaus wirkt sich das Hinzutreten dieser Erklärung auf die rechtliche Behandlung der Anmeldung in der Weise aus, dass sie einen **höchstpersönlichen Charakter** erhält, der nach allgemeinen Grundsätzen eine Stellvertretung ausschließt (vgl. noch Rn 42 f).

5. Rechtsfolgen der dogmatischen Einordnung

a) **Anmeldung des Kannkaufmanns.** Praktische Auswirkungen löst die dogmatische Einordnung in erster Linie bei der Behandlung des Kannkaufmanns aus. Hält der Anmeldende sich nur irrtümlich für anmeldungspflichtig, handelt er **ohne Erklärungsbewusstsein**, so dass die Kaufmannseigenschaft nicht entsteht und die Eintragung folglich sachlich unrichtig wird. Für die Zwischenzeit sorgt § 5 dafür, dass Dritte geschützt sind, begründet aber **keine Kaufmannseigenschaft**.[30] Diese verschiedenen Konstruktionen sind nicht nur von rechtssystematischer Bedeutung, sondern begründen auch praktische Unterschiede in der rechtlichen Behandlung, da § 5 im Gegensatz zu § 2 etwa nicht zur Anwendbarkeit der §§ 238 ff, 242 ff und damit auch nicht zur Gefahr einer Strafbarkeit nach den §§ 283 ff StGB führt.[31]

b) **Sonstige Rechtsfolgen.** Daneben besteht über die rechtliche Behandlung der Anmeldung weitgehende Einigkeit. Sie wird – auch bei der Annahme einer Doppelnatur konstitutiver Eintragungen (s. dazu Rn 10 f) – vornehmlich von ihrer **Einordnung als Verfahrensakt** geprägt. Als solche kann sie weder unter eine Bedingung oder Befristung gestellt (§§ 158 ff BGB – s. dazu noch unten Rn 20 mwN in Fn 52 ff) noch zum Gegenstand einer Anfechtung gemacht werden (§§ 119 ff BGB – zur Möglichkeit einer Umdeutung s. noch Rn 21).[32] Der Ausschluss der Anfechtbarkeit wird allerdings dadurch ausgeglichen, dass die Anmeldung bis zur Eintragung noch **frei widerruflich** ist (s. dazu noch Rn 21 ff).[33] Das gilt auch dann, wenn ihr aufgrund materiell-rechtlicher Elemente ein rechtsgeschäftsähnlicher Gehalt zukommt (s. oben Rn 10 f). Da die Anmeldung bis zu diesem Zeitpunkt ausschließlich an das Registergericht adressiert ist und noch keine Außenwirkung entfaltet, kann sie kein Vertrauensträger sein, so dass kein Anlass besteht, analog § 130 Abs. 1 S. 2 BGB eine Bindungswirkung ab Zugang beim Gericht anzunehmen. Auch insofern setzt sich daher der verfahrensrechtliche Charakter der Anmeldung durch.[34]

---

[30] Vgl. dazu bereits die Nachw. in Fn. 19.
[31] *Röhricht*/v. Westphalen § 2 Rn 11; *Canaris* HandelsR § 3 Rn 20.
[32] BayObLG DB 1990, 168 (169); BayObLG GmbHR 1992, 672 (674); Baumbach/*Hopt* Rn 2; Ebenroth/Boujong/Joost/Strohn/*Schaub* Rn 33; Heymann/*Sonnenschein/Weitemeyer* Rn 3; Röhricht/v. Westphalen/*Ammon* Rn 2; *Krafka/Willer* Rn 32, 75.
[33] BayObLG GmbHR 1992, 672; KG OLGR 43, 204 (205); Baumbach/*Hopt* Rn 2; Ebenroth/Boujong/Joost/Strohn/*Schaub* Rn 32; MünchKommHGB/*Krafka* Rn 4, 11; Röhricht/v. Westphalen/*Ammon* Rn 2; *Krafka/Willer* Rn 75, 83.
[34] Konstruktive Zweifel insofern bei Ebenroth/Boujong/Joost/Strohn/*Kindler* § 2 Rn 17 mit Fn 34, der allerdings das Verständnis der Gegenauffassung als Willenserklärung zugrunde legt, was eine teleologische Reduktion des § 130 Abs. 1 S. 2 BGB erforderlich machen würde. Nimmt man eine geschäftsähnliche Handlung an (Rn 10), genügt es, die Voraussetzungen eines Analogieschlusses zu verneinen, was seine Rechtfertigung in der besonderen verfahrensrechtlichen Einbindung der Anmeldung findet.

16 Auf der anderen Seite werden aber auch rein deklaratorische Eintragungen der entsprechenden Anwendung der für Willenserklärungen geltenden Bestimmungen unterworfen, wo diese lediglich einen allgemeinen, **auch im Verfahrensrecht geltenden Rechtsgedanken** ausdrücken und der höchstpersönliche Charakter der Anmeldung nicht entgegensteht.[35] Daraus folgt zunächst, dass die Fähigkeit, eine Anmeldung abzugeben, entsprechend **§§ 104 ff BGB** beurteilt wird.[36] Ferner wird auf den **Zugang beim Registergericht** § 130 Abs. 1 S. 1 BGB analog angewandt.[37] Die Anmeldung als empfangsbedürftige Erklärung muss dem Gericht zugehen und entfaltet erst mit dem Zugang Wirksamkeit. Für den Zugang im Sinne dieser Vorschrift genügt dabei die Zuleitung an einen zentralen Server; auf die anschließende Weiterleitung an das jeweils zuständige Registergericht kommt es nicht an.[38] Daneben findet auch § 130 Abs. 2 BGB auf die Registeranmeldung analog Anwendung, so dass sie auch dann wirksam bleibt, wenn der Absender stirbt oder geschäftsunfähig wird.[39] Zur Anwendung der Vertretungsregeln s. noch Rn 36 ff; zur Anwendung des § 181 BGB s. noch Rn 57.

III. Anmeldeberechtigter und Inhalt der Anmeldung

17 Mit der Anmeldung wird gegenüber dem Registergericht beantragt, eine bestimmte Eintragung im Handelsregister vorzunehmen.[40] Wer die Anmeldung vorzunehmen hat, ergibt sich aus den einschlägigen gesetzlichen Regelungen, die die Anmeldung vorschreiben oder zulassen (vgl. dazu § 8 Rn 31 ff; zur Vertretung bei der Anmeldung s. noch unten Rn 36 ff; zur Rechtsnachfolge s. noch Rn 60 ff).[41] So ist z.B. nach § 53 Abs. 1 S. 1 der Inhaber des Handelsgeschäftes zur Anmeldung der Prokura verpflichtet, nicht der, dem die Prokura erteilt wurde. Ebenso wird auch der Inhalt der Anmeldung in erster Linie durch den Gegenstand der begehrten Eintragung und damit durch die Vorschriften über die **Anmeldepflicht und Eintragungsfähigkeit** vorgegeben (vgl. auch dazu § 8 Rn 31 ff).[42] Hinsichtlich des Wortlauts der Anmeldung sind keine konkreten Formulierungen vorgeschrieben. Auch muss die anmeldende Person weder bestimmte Formulierungen des Gesetzes übernehmen[43] noch ist sie verpflichtet, die Anmeldung so abzufassen, dass diese unverändert als Eintragungstext übernommen werden kann.[44] Erforderlich ist nur, dass das Gericht – zumindest im Wege der Auslegung – **zweifelsfrei feststellen**

---

[35] Vgl. bereits die Nachw. in Fn 17.
[36] So allgemein für den Bereich der Freiwilligen Gerichtsbarkeit RGZ 145, 284 (286); BayObLGZ 1952, 17 (19 f); Ebenroth/Boujong/Joost/Strohn/*Schaub* Rn 31; Heymann/*Sonnenschein*/*Weitemeyer* Rn 3; Röhricht/v. Westphalen/*Ammon* Rn 2.
[37] Ebenroth/Boujong/Joost/Strohn/*Schaub* Rn 31; MünchKommHGB/*Krafka* Rn 6; Röhricht/v. Westphalen/*Ammon* Rn 2.
[38] MünchKommErgbHGB/*Krafka* Rn 14; Ries Rpfleger 2007, 252.
[39] OLG Dresden OLGR 4, 22 (23); MünchKommHGB/*Krafka* Rn 6; Röhricht/v. Westphalen/*Ammon* Rn 2.
[40] Vgl. bereits die Nachw. in Fn 10.
[41] Einzelaufzählung bei *Krafka/Willer* Rn 105 ff.
[42] Heymann/*Sonnenschein*/*Weitemeyer* Rn 4; MünchKommHGB/*Krafka* Rn 7; Röhricht/v. Westphalen/*Ammon* Rn 4.
[43] BayObLG DNotZ 1971, 107 (109); BayObLG DNotZ 1978, 660 (661); OLG Düsseldorf GmbHR 1997, 903 f; OLG Hamm FGPrax 2005, 39 (40); Ebenroth/Boujong/Joost/Strohn/*Schaub* Rn 39; MünchKommHGB/*Krafka* Rn 8; *Ammon* DStR 1993, 1025 (1026).
[44] BayObLG DNotZ 1978, 660; OLG Düsseldorf GmbHR 1997, 903 f; OLG Hamm FGPrax 2005, 39 (40); OLG Köln FGPrax 2004, 88 (89); Ebenroth/Boujong/Joost/Strohn/*Schaub* Rn 39; *Krafka/Willer* Rn 76.

kann, was in das Handelsregister eingetragen werden soll.[45] Da die Anmeldungen im absoluten Regelfall unter notarieller Mitwirkung erstellt werden, wirft dieses Erfordernis in der Praxis nur selten Probleme auf.[46]

Für einzelne Eintragungen, namentlich bei der Gesellschaftsgründung, enthält das Gesetz noch nähere Angaben dazu, was Inhalt der Anmeldung sein muss, vgl. §§ 106 f HGB, § 37 AktG, § 8 GmbHG. Weitere inhaltliche Vorgaben sind in § 24 **HRV** vorgesehen. Nach § 24 Abs. 1 HRV muss bei der Anmeldung natürlicher Personen zur Eintragung in das Handelsregister deren **Geburtsdatum** angegeben werden; § 24 Abs. 2 HRV sieht überdies vor, dass die Lage der **Geschäftsräume** angegeben wird (entsprechend bei Zweigniederlassungen nach § 24 Abs. 3 HRV). Nachdem durch das MoMiG vom 23.10.2008[47] für sämtliche im Handelsregister eingetragenen Gesellschaften und Kaufleute die Pflicht eingeführt wurde, stets eine inländische Geschäftsanschrift anzumelden (vgl. § 37 Abs. 3 Nr. 1 AktG, § 8 Abs. 4 Nr. 1 GmbHG, §§ 29, 106 Abs. 2 Nr. 2), besteht die Mitteilungspflicht nach § 24 Abs. 2 S. 1 HRV nur, wenn die Lage der Geschäftsräume mit der inländischen Geschäftsanschrift nicht identisch ist.[48] Auf die Angabe des **Unternehmensgegenstands** hat das Gericht nach § 24 Abs. 4 HRV zumindest hinzuwirken, wenn er sich nicht bereits aus der Firma ergibt.

18

Von der Anmeldung abzugrenzen sind **bloße Anzeigepflichten** gegenüber dem Registergericht, die außerhalb des HGB statuiert und zum Teil missverständlich als Anmeldepflicht bezeichnet sind.[49] Beispielhaft sei etwa die Anmeldung nach § 107 Abs. 1 S. 2 AktG genannt, wonach der Vorstand zum Handelsregister anzumelden hat, welche Aufsichtsratsmitglieder zum Vorsitzenden und Stellvertreter gewählt wurden. Obwohl hier der Begriff der Anmeldung verwandt wird, handelt es sich nicht um eine Anmeldung „zur Eintragung", so dass die Anmeldung nicht der Form des § 12 Abs. 1 S. 1 bedarf, sondern die **einfache Schriftform** genügt.[50] Lediglich für die einzureichende Liste ist die Form des § 12 Abs. 2 zu beachten.

19

IV. Befristung und Bedingung der Anmeldung

Nach der hier vertretenen Auffassung ist eine befristete oder bedingte Eintragung grundsätzlich unzulässig (s. § 8 Rn 52 ff). Davon zu unterscheiden ist die Frage, ob die Anmeldung befristet oder bedingt werden kann.[51] Die hM lehnt dies unter Hinweis auf

20

---

[45] BayObLG Rpfleger 1970, 288 (289); BayObLG DNotZ 1978, 660 (661); BayObLGZ 1985, 82 (85); OLG Düsseldorf GmbHR 1997, 903 f; OLG Frankfurt aM GmbHR 2003, 1273; Ebenroth/Boujong/Joost/Strohn/*Schaub* Rn 37 ff; MünchKomm-HGB/*Krafka* Rn 8.

[46] GK-HGB/*Steinhauer* Rn 7; nach *Heneweer* FGPrax 2004, 259 (260) entwirft der Notar in mindestens 95 % der Fälle den Text der Registeranmeldung.

[47] Gesetz zur Modernisierung des GmbH-Rechts und zur Bekämpfung von Missbräuchen; BGBl. I, S. 2026.

[48] Vgl. dazu *Wachter* GmbHR 2006, 793 (799).

[49] Ebenroth/Boujong/Joost/Strohn/*Schaub* Rn 4.

[50] KG JW 1938, 2281 (2282); Baumbach/*Hopt* Rn 1; Ebenroth/Boujong/Joost/Strohn/*Schaub* Rn 4, 45 f; GK-HGB/*Steinhauer* Rn 4; *Hüffer* § 107 Rn 8; KölnerKommAktG/*Mertens* § 107 Rn 21; **aA** noch LG Frankfurt aM JW 1938, 1397 (1398).

[51] Von der bedingten Anmeldung abzugrenzen ist die unbedingte Anmeldung, bei deren Einreichung noch nicht alle Eintragungsvoraussetzungen erfüllt sind. Das soll nach OLG Hamm (FGPrax 2002, 126 (127); FGPrax 2007, 186 (187)) unschädlich sein, solange der Mangel bis zur Eintragungsentscheidung behoben wurde. Unzulässig ist es nach OLG Düsseldorf GmbHR 2000, 232 ff, wenn die Anmeldung auf einer inhaltlich unzutreffen-

die Eigenschaft als **bedingungsfeindliche Verfahrenshandlung** (s. Rn 15) ab.[52] Nach der Gegenauffassung soll aus Gründen der Verfahrensökonomie eine zeitnahe Befristung (bis zu 15 Tagen) ausnahmsweise zulässig sein.[53] Zu folgen ist der herrschenden Auffassung; die Gegenansicht würde dazu führen, dass das Gericht den Bedingungs- oder Fristeintritt selbständig überwachen müsste, um sodann die Eintragung vorzunehmen. Ein zwingendes praktisches Bedürfnis für eine derartige Durchbrechung prozessualer Grundsätze besteht indes nicht, da den Belangen der Beteiligten im Regelfall auch durch eine **informelle Absprache** mit dem Registergericht im Vorfeld der Eintragung Rechnung getragen werden kann.[54] Die Anmeldung kann dem Gericht bereits vor der offiziellen Einreichung formlos zugänglich gemacht werden. Auf dieser Grundlage ist schon vorab eine Prüfung der Eintragungsvoraussetzungen möglich, so dass die Eintragung am Tag der offiziellen Anmeldung unmittelbar erfolgen kann.

V. Widerruf der Anmeldung

21 Die Anmeldung ist **bis zur Eintragung frei widerruflich**.[55] Zu einem solchen Widerruf kann sich der Anmeldende etwa dann entschließen, wenn bei der Gründung einer Kapitalgesellschaft Fehler unterlaufen sind und er das Eintragungsverfahren unterbrechen möchte, um der Gründungshaftung zu entgehen.[56] Erklärungsadressat ist das Registergericht. Für den Widerruf ist **keine Form** vorgeschrieben.[57] Als Verfahrenshandlung kann die Anmeldung nicht Gegenstand einer Anfechtungs- oder Rücktrittserklärung sein (Rn 15), doch können diese in einen Widerruf umgedeutet werden.[58] Ein Widerruf liegt aber nur vor, wenn sich ergibt, dass die Eintragungsabsicht endgültig aufgegeben ist. Wird der **Antrag nur zurückgezogen**, weil kurzfristig ein Eintragungshindernis zu beheben ist, so liegt darin kein Widerruf. Soll das Verfahren fortgesetzt werden, so bedarf es lediglich eines neuen formlosen Vollzugsantrags für die alte Anmeldung, nicht einer Wiederholung der Anmeldung in der Form des § 12.[59]

22 Auch die Anmeldung von **anmeldungspflichtigen Vorgängen** (§ 8 Rn 33 ff) ist frei widerruflich.[60] Ist der Widerruf unbegründet oder geht das Gericht entgegen der Begründung von der Fortdauer eines anmeldungspflichtigen Sachverhalts aus, so hat es nach § 14 HGB i.V.m. § 388 FamFG (§ 132 FGG a.F.) durch Androhung eines Zwangsgeldes einzuschreiten, kann aber nicht eine Anmeldung als fortbestehend behandeln, an der der

---

den, da verfrüht notariell beurkundeten Erklärung beruht; aA *Auer* DNotZ 2000, 498 ff; *Bärwaldt* GmbHR 2000, 421 ff; Gestaltungsalternativen bei *Waldner* ZNotP 2000, 188 (190 f).

[52] BayObLG GmbHR 1992, 672 (674); OLG Düsseldorf GmbHR 2000, 232 (233 f); OLG Hamm FGPrax 2007, 186 (187); Baumbach/*Hopt* Rn 2; Ebenroth/Boujong/Joost/Strohn/*Schaub* Rn 34; GK-HGB/*Steinhauer* Rn 3; Heymann/*Sonnenschein*/Weitemeyer Rn 3; Koller/*Roth*/Morck Rn 2; Röhricht/v. Westphalen/*Ammon* Rn 2; *Waldner* ZNotP 2000, 188 (189).

[53] MünchKommHGB/*Krafka* Rn 8a; *Krafka*/Willer Rn 78 f.

[54] Vgl. dazu Ebenroth/Boujong/Joost/Strohn/*Schaub* Rn 34; *Waldner* ZNotP 2000, 188 (189).

[55] Vgl. bereits die Nachw. in Fn 33.

[56] MünchKommAktG/*Pentz* § 36 Rn 21.

[57] BayObLG GmbHR 1992, 672 (674); MünchKommHGB/*Krafka* Rn 11; *Ammon* DStR 1993, 1025 (1027).

[58] BayObLG DB 1990, 168 (169); Ebenroth/Boujong/Joost/Strohn/*Schaub* Rn 34; MünchKommHGB/*Krafka* Rn 4; *Ammon* DStR 1993, 1025 (1026).

[59] BayObLGZ 1966, 337 (342); Heymann/*Sonnenschein*/Weitemeyer Rn 15.

[60] Voraufl. § 8 Rn 50 (*Hüffer*); aA noch *Ehrenberg* in: Ehrenbergs Hdb., Band I, S. 576.

Anmelder erklärtermaßen nicht mehr festhält.[61] Sinnvoll ist allerdings, die Beteiligten zuvor über die Rechtslage zu belehren und ihnen die Rücknahme des Widerrufs in bestimmter Frist anheimzustellen. Der Rücknahme des Widerrufs kommt verfahrensrechtlich die Bedeutung einer neuen Anmeldung zu, so dass sie dem **Formerfordernis des § 12** zu genügen hat.[62]

Ist die **Anmeldung mit der Eintragung erledigt**, so ist ein jetzt erklärter Widerruf 23 gegenstandslos. Er kann je nach Sachlage als Anregung zur Einleitung des Amtslöschungsverfahrens gem. § 395 FamFG (§ 142 FGG a.F.) oder, sofern die Form des § 12 gewahrt ist, als Löschungsantrag aufzufassen sein.[63] Zweckmäßig ist es, wenn das Gericht eine unzweideutige Erklärung der Parteien herbeiführt.

VI. Form und Übermittlung der Anmeldung

1. **Beglaubigungserfordernis.** Die Anmeldung zur Eintragung in das Handelsregister 24 ist nach § 12 Abs. 1 S. 1 elektronisch in öffentlich beglaubigter Form einzureichen. Aufgrund des Beglaubigungserfordernisses, das die Authentizität der Handelsregisteranmeldung gewährleisten soll, wird der Anmeldungsvorgang i.d.R. auch in Zukunft weiterhin einer **notariellen Mitwirkung** bedürfen (vgl. § 129 Abs. 1 BGB, § 20 Abs. 1 S. 1 BNotO – zu anderen zuständigen Stellen s. noch Rn 25). Die im Vorfeld des Gesetzes angestellten Überlegungen, die Anmeldung aus Kostengründen allein den Betroffenen zu überlassen, haben sich damit nicht durchgesetzt. Grund dafür war die Erwägung, dass die Notare den **Registerverkehr erheblich entlasten**, indem sie als „externe Rechtsantragsstelle des Gerichts" die Kommunikation mit dem Anmeldenden wahrnehmen und dessen Eintragungsanliegen in einer „gefilterten" und rechtlich sorgfältig aufbereiteten Form an das Gericht weiterleiten.[64] Zur Abgrenzung der formbedürftigen Anmeldepflichten gegenüber bloßen Anzeigepflichten s. bereits Rn 19.

Die Anforderungen an eine öffentliche Beglaubigung ergeben sich aus **§ 129 BGB** 25 **i.V.m. §§ 39 ff BeurkG**.[65] Nach § 129 BGB ist grundsätzlich erforderlich, dass die Erklärung schriftlich abgefasst und die Unterschrift des Erklärenden von einem Notar beglaubigt wird (zur elektronischen Form s. Rn 26). Beglaubigungen im Ausland können nach § 10 Abs. 1 KonsularG auch von Konsulatsbeamten vorgenommen werden (zur Beglaubigung durch ausländische Stellen s. Rn 76 f). Darüber hinaus sind die Länder nach § 63 BeurkG befugt, die **Zuständigkeit** für die öffentliche Beglaubigung von Abschriften oder Unterschriften durch Gesetz anderen Personen oder Stellen zu übertragen.[66] In der

---

[61] Vorauf. § 8 Rn 50 (*Hüffer*); *Krafka/Willer* Rn 83.
[62] BayObLGZ 1966, 337 (341); KG OLGR 43, 299 (301); Ebenroth/Boujong/Joost/Strohn/ *Schaub* Rn 32, 44; Heymann/*Sonnenschein/ Weitemeyer* Rn 7; MünchKommAktG/Pentz § 36 Rn 24; MünchKommHGB/*Krafka* Rn 11; Röhricht/v. Westphalen/*Ammon* Rn 2; *Krafka/Willer* Rn 83; *Ammon* DStR 1993, 1025 (1027); **aA** noch Vorauf. § 8 Rn 50 (*Hüffer*).
[63] Baumbach/*Hopt* Rn 2; Röhricht/v. Westphalen/*Ammon* Rn 2.
[64] MünchKommErgbHGB/*Krafka* Rn 2; *Apfelbaum/Bettendorf* RNotZ 2007, 89 (93); *Heneweer* FGPrax 2004, 259 (260).
[65] Zur herkömmlichen Papierbeglaubigung vgl. *Malzer* DNotZ 2000, 169 (174 ff).
[66] Davon haben Gebrauch gemacht Baden-Württemberg für die Ratschreiber (§ 32 Abs. 4 S. 1 LFGG), Hessen für die Ortsgerichtsvorsteher (§ 13 OrtsgerichtsG v. 6.7.1952 – GVBl. S. 124) und Rheinland-Pfalz für die in § 1 Abs. 1 des LandesG über die Beglaubigungsbefugnis v. 21.7.1978 (GVBl. S. 597) genannten Stellen; vgl. dazu

Praxis kommt dieser Möglichkeit aber keine große Bedeutung zu.[67] **Gegenstand der Beglaubigung** ist nicht die Erklärung als solche, sondern allein der Vollzug oder die Anerkennung einer Unterschrift. Zu diesem Zweck muss der Notar eine **Identitätsprüfung** vornehmen. Eine Prüfung der materiellen Berechtigung obliegt ihm nicht, sondern diese ist vom Registergericht im Rahmen seiner Prüfungskompetenzen vorzunehmen.[68] Bei Zweifeln über die Identität der Beteiligten ist eine Beglaubigung unzulässig, weil § 40 Abs. 4 BeurkG nicht auf § 10 Abs. 2 S. 2 BeurkG verweist.[69] Neben der Beglaubigung der Unterschrift muss der Beglaubigungsvermerk die Person erkennen lassen, welche die Unterschrift vollzogen und anerkannt hat (§ 40 Abs. 3 S. 1 BeurkG).

26   **2. Erfordernis einer elektronischen Beglaubigung.** Eine traditionelle Papierbeglaubigung nach § 129 BGB setzt gem. § 39 BeurkG des Weiteren voraus, dass die Erklärung mit Unterschrift und Dienstsiegel der Urkundsperson versehen wird. Daneben gestattet der im Jahr 2005 neu eingeführte § 39a BeurkG[70] aber auch die **elektronische Errichtung einer Beglaubigung** unter Verwendung einer qualifiziert elektronischen Signatur (zum Zusammenspiel der beiden Vorschriften s. noch Rn 27). § 12 Abs. 1 S. 1 schreibt eine solche elektronische Beglaubigung nicht unmittelbar vor. Allerdings muss die öffentlich beglaubigte Anmeldung **elektronisch zum Handelsregister eingereicht** werden. Die Einhaltung dieses Übertragungsweges ist in Gestalt der Papierbeglaubigung nicht möglich. Aus dieser Vorgabe zum Übertragungsweg ergibt sich also mittelbar, dass die Beglaubigung in Form eines elektronischen Zeugnisses nach § 39a BeurkG zu erstellen ist, das als Einziges eine elektronische Übermittlung erlaubt.[71] Das führt allerdings dazu, dass nicht mehr die Originalanmeldung, sondern lediglich eine damit **inhaltlich übereinstimmende Abschrift** an das Registergericht übersandt wird. Schon vor der Neufassung durch das EHUG (Rn 2) war aber anerkannt, dass eine solche Vorgehensweise mit § 12 Abs. 1 S. 1 a.F. zu vereinbaren ist,[72] so dass an ihrer Zulässigkeit unter den neuen Rahmenbedingungen einer elektronischen Einreichung erst recht keine Bedenken bestehen.[73]

3. Erstellung und Übermittlung der elektronischen Beglaubigung

27   a) **Zweistufige Vorgehensweise der Praxis.** Wie das elektronisch zu beglaubigende Dokument zu erstellen ist, lässt sich dem Gesetz nicht zweifelsfrei entnehmen, da die einschlägigen Vorschriften, § 129 BGB einerseits und § 39a BeurkG andererseits, nicht hinreichend sorgfältig aufeinander abgestimmt sind. § 129 BGB setzt als Ausgangsvorschrift weiterhin eine Papierbeglaubigung voraus. Daraus wird überwiegend geschlossen, dass zunächst eine klassische Papierbeglaubigung der Unterschrift des Anmeldenden zu erfol-

---

Ebenroth/Boujong/Joost/Strohn/*Schaub* Rn 51 sowie die Übersicht bei *Stoltenberg* JurBüro 1989, 307 ff.
[67] Baumbach/*Hopt* Rn 1; Ebenroth/Boujong/Joost/Strohn/*Schaub* Rn 51; GK-HGB/*Steinhauer* Rn 6; MünchKommHGB/*Krafka* Rn 9.
[68] Ebenroth/Boujong/Joost/Strohn/*Schaub* Rn 54; MünchKommHGB/*Krafka* Rn 10; Röhricht/v. Westphalen/*Ammon* Rn 1, 6.
[69] Ebenroth/Boujong/Joost/Strohn/*Schaub* Rn 54; Röhricht/v. Westphalen/*Ammon* Rn 6.
[70] Eingeführt durch das Justizkommunikationsgesetz v. 1.4.2005 (BGBl. I, S. 837).
[71] Vgl. auch *Gassen* in: Noack (Hrsg.) Das neue Gesetz über elektronische Handels- und Unternehmensregister – EHUG, 2007, S. 71, 72; *Jeep/Wiedemann* NJW 2007, 2439.
[72] BayObLGZ 1975, 137 (140 f); MünchKommHGB/*Krafka* Rn 13; *Ammon* DStR 1993, 1025 (1027).
[73] Ausführlich zur Zulässigkeit *Apfelbaum/Bettendorf* RNotZ 2007, 89 (92 ff); ebenso Ebenroth/Boujong/Joost/Strohn/*Schaub* Rn 60; MünchKommErgbHGB/*Krafka* Rn 3, 7; zweifelnd noch *DAV-Handelsrechtsausschuss* NZG 2005, 586 (588).

gen hat, von der sodann eine beglaubigte Abschrift nach § 39a BeurkG erstellt wird.[74] Das Zeugnis nach § 39a BeurkG wäre danach allein das **elektronische Vehikel**, um die klassische Papierbeglaubigung zu transportieren. Dieses Verständnis wird aber dem Wortlaut des § 39a BeurkG nicht gerecht, der davon ausgeht, dass die Beglaubigung als solche elektronisch errichtet werden kann. Das lässt eher darauf schließen, dass in Abweichung von § 129 BGB eine **originäre elektronische Beglaubigung** ermöglicht werden soll, bei der für die vorgeschaltete klassische Papierbeglaubigung gänzlich verzichtet wird.[75] Dieses Verständnis erscheint auch unter teleologischen Gesichtspunkten plausibler, da die elektronische Beglaubigung Kautelen vorsieht, die denen der Papierbeglaubigung funktional gleichwertig sind,[76] so dass sich eine Kombination von Unterschriftsbeglaubigung und Abschriftsbeglaubigung als überflüssige Doppelung darstellen würde.

b) Erstellung des elektronischen Zeugnisses. Um die Anmeldung als elektronisches **28** Zeugnis zu erstellen, bestehen demnach grundsätzlich zwei Möglichkeiten. Der Notar kann zunächst die Anmeldung in Papierform erstellen und diese sodann **elektronisch einscannen**.[77] Dazu ist er jedoch nicht verpflichtet. Vielmehr hat er auch die Möglichkeit, unmittelbar aus der Textverarbeitung oder der Notarsoftware eine **eigenständige Bilddatei** zu erstellen.[78] Diese muss mit der Urschrift inhaltlich übereinstimmen, aber keine mit dem Original bildlich identische Abbildung enthalten; insbesondere müssen die Unterschriften und das Dienstsiegel nicht in der Bilddatei abgebildet werden.[79] Eine solche Abbildung ließe sich auch kaum mit dem Anliegen des Gesetzgebers vereinbaren, durch Abschaffung der Namenszeichnung das **Missbrauchsrisiko** einer Unterschriftenpräsentation im Internet auszuschalten.[80] Nach der elektronischen Übermittlung ist die Urschrift der Registeranmeldung gem. § 45 Abs. 3 BeurkG grundsätzlich den Beteiligten auszuhändigen. Da diese an der Urschrift aber typischerweise kein Interesse haben werden, wird es im notarrechtlichen Schrifttum als vorzugswürdig angesehen, wenn der Notar die Urschrift zur Urkundensammlung nimmt, um gegebenenfalls die tatsächliche Übereinstimmung zwischen ihr und der übermittelten Datei nachweisen zu können.[81] Ob dies angesichts der gesetzlichen Regelung in § 45 Abs. 3 BeurkG ohne Zustimmung des Betroffenen möglich ist, erscheint allerdings fragwürdig.[82]

---

[74] Armbrüster/*Preuß*/Renner BeurkG, 5. Aufl., 2009, § 39a Rn 14; Ebenroth/Boujong/Joost/Strohn/*Schaub* Rn 59; MünchKommErgbHGB/*Krafka* Rn 3; *Apfelbaum/Bettendorf* RNotZ 2007, 89 (90); *Bormann/Apfelbaum* RNotZ 2007, 15 (18); *Malzer* DNotZ 2006, 9 (13 f); *Melchior* NotBZ 2006, 409 (411 mit Fn 22); *Sikora/Schwab* MittBayNot 2007, 1 (3).

[75] So auch *Jeep/Wiedemann* NJW 2007, 2439 (2442).

[76] Zu dieser Vergleichbarkeit auch Armbrüster/*Preuß*/Renner BeurkG, 5. Aufl., 2009, § 39a Rn 16; MünchKommErgbHGB/*Krafka* Rn 9; *Apfelbaum/Bettendorf* RNotZ 2007, 89 (90); *Bormann/Apfelbaum* DNotZ 2007, 15 (18); *Gassen* RNotZ 2007, 142 (146).

[77] LG Hagen DStR 2007, 1880.

[78] Armbrüster/*Preuß*/Renner BeurkG, 5. Aufl., 2009, § 39a Rn 17; *Jeep/Wiedemann* NJW 2007, 2439 (2440).

[79] LG Chemnitz RNotZ 2007, 165; LG Hagen DStR 2007, 1880; LG Regensburg MittBayNot 2007, 522; ausführlich dazu *Apfelbaum/Bettendorf* RNotZ 2007, 89 (94 ff); aA *Melchior* NotBZ 2006, 409 (411).

[80] Armbrüster/*Preuß*/Renner BeurkG, 5. Aufl., 2009, § 39a Rn 14; MünchKommErgbHGB/*Krafka* Rn 10; *Apfelbaum/Bettendorf* RNotZ 2007, 89 (95); vgl. dazu auch schon *DAV-Handelsrechtsausschuss* NZG 2005, 586 (589).

[81] MünchKommErgbHGB/*Krafka* Rn 3; *Jeep/Wiedemann* NJW 2007, 2439 (2444); *Schwerin* RNotZ 2007, 27 f.

[82] So aber wohl Armbrüster/*Preuß*/Renner BeurkG, 5. Aufl., 2009, § 39a Rn 14; *Schwerin* RNotZ 2007, 27 f.

29 c) **Beglaubigungsvermerk und Signatur.** Die solchermaßen erstellte Datei ist sodann um einen elektronischen Beglaubigungsvermerk zu ergänzen. In ihm wird – ebenso wie mit dem Beglaubigungsvermerk bei einer Papierbeglaubigung – die Übereinstimmung der übermittelten Bilddatei mit dem Papierdokument bezeugt, das dem Notar vorliegt.[83] Schließlich ist das Dokument gem. § 39a S. 2 BeurkG mit einer qualifizierten elektronischen Signatur nach dem SigG zu versehen. Der Begriff der elektronischen Signatur erfasst nach der **Legaldefinition in § 2 Nr. 1 SigG** Daten in elektronischer Form, die anderen elektronischen Daten beigefügt oder logisch mit ihnen verknüpft sind und die zur Authentifizierung dienen.[84] Die Signatur soll ebenso wie die Unterschrift und das Dienstsiegel bei einer Papierbeglaubigung sicherstellen, dass die Beglaubigung auch tatsächlich von dem im Beglaubigungsvermerk ausgewiesenen Notar stammt.[85] Überdies wird mit der Signatur gewährleistet, dass das Dokument nur einem bestimmten Empfänger zugänglich ist, indem eine Verschlüsselung mit dem „öffentlichen" Schlüssel des Empfängers erfolgt, so dass nur dieser die Daten öffnen kann.[86]

30 Um eine qualifiziert elektronische Signatur handelt es sich, wenn die **weiteren Erfordernisse nach § 2 Nr. 2 und Nr. 3 SigG** eingehalten werden. Danach muss die elektronische Signatur (1) ausschließlich dem Signaturschlüssel-Inhaber zugeordnet sein, (2) die Identifizierung des Signaturschlüssel-Inhabers ermöglichen, (3) mit Mitteln erzeugt werden, die der Signaturschlüssel-Inhaber unter seiner alleinigen Kontrolle halten kann, (4) mit den Daten, auf die sie sich bezieht, so verknüpft sein, dass eine nachträgliche Veränderung der Daten erkannt werden kann, (5) auf einem zum Zeitpunkt ihrer Erzeugung gültigen qualifizierten Zertifikat beruhen und (6) mit einer sicheren Signaturerstellungseinheit erzeugt werden. Vergabe und Inhalt eines „qualifizierten Zertifikats" werden in §§ 5 und 7 SigG näher umschrieben.

31 4. **Vorgaben für die elektronische Übermittlung.** Die Anmeldung ist elektronisch zu übermitteln. Eine persönliche Abgabe scheidet damit ebenso aus wie eine Einreichung in Papierform.[87] Für die Art der elektronischen Übermittlung sieht das Gesetz keine weiteren Bestimmungen vor. Damit ist durch die Vorgaben des Handelsgesetzbuchs noch nicht sichergestellt, dass die elektronisch übermittelten Daten auch ohne weiteres **vom Registergericht übernommen** werden können. Eine solche Möglichkeit ist aber wünschenswert, weil nur dann gewährleistet ist, dass die Ergänzung der elektronischen Registerführung durch eine elektronische Anmeldung und Einreichung auch tatsächlich zu einer signifikanten **Arbeitsentlastung** der Registergerichte und damit auch zu einer Beschleuni-

---

[83] Vgl. dazu *Apfelbaum/Bettendorf* RNotZ 2007, 89 (96 f); *Jeep/Wiedemann* NJW 2007, 2439 (2441 f).

[84] Zur Verwendung elektronischer Signaturen im Registerrecht vgl. *Apfelbaum/Bettendorf* RNotZ 2007, 89 (90 ff); *Bormann/Apfelbaum* RNotZ 2007, 15 ff; *Gassen* RNotZ 2007, 142 (146 ff); zu Auswirkungen von Verstößen gegen das SigG *Bettendorf/Apfelbaum* DNotZ 2008, 85 (89 ff); *Bormann/Apfelbaum* RNotZ 2007, 15 ff.

[85] *Apfelbaum/Bettendorf* RNotZ 2007, 89 (90); *Bormann/Apfelbaum* DNotZ 2007, 15 (18); *Gassen* RNotZ 2007, 142 (146); zur elektronischen Beglaubigung durch den Notarvertreter vgl. Armbrüster/*Preuß*/Renner BeurkG, 5. Aufl., 2009, § 39a Rn 8 ff; *Bettendorf/Apfelbaum* DNotZ 2008, 19 ff; dies. DNotZ 2008, 85 ff; *Bohrer* DNotZ 2008, 39 (50 ff); *Jeep/Wiedemann* NJW 2007, 2439 (2442 ff); *Schlotter/Reiser* BB 2008, 118 (121).

[86] Armbrüster/*Preuß*/Renner BeurkG, 5. Aufl., 2009, § 39a Rn 4.

[87] Die Möglichkeit einer persönlichen Einreichung wurde durch das BeurkG v. 28.8.1969 (BGBl. I, S. 1513) abgeschafft.

gung registergerichtlicher Verfahren führt.[88] Überdies wird durch eine solche Übernahmemöglichkeit auch eine potenzielle Fehlerquelle eliminiert, weil Tippfehler beim Abschreiben der Anmeldung nicht mehr vorkommen können.[89] Es bedarf also einer Übermittlungsform, die auf die jeweilige Registersoftware abgestimmt ist.[90] Diese Abstimmung ist auf dem Verordnungswege erfolgt. § 8a Abs. 2 ermächtigt die Landesregierungen, technische Einzelfragen der Registerführung in Form einer **Rechtsverordnung** näher zu bestimmen.

32 Auf dieser Grundlage haben mittlerweile sämtliche Bundesländer entsprechende **Rechtsverordnungen** zur elektronischen Registerführung erlassen.[91] Darin finden sich auch Vorgaben zu den zulässigen Dateiformaten und deren bearbeitbaren Versionen.[92] Diese Vorgaben sind von den einreichenden Notaren zu beachten, so dass ihnen die Aufgabe obliegt, die Daten in einem unmittelbar **registergerichtlich verwertbaren Format** aufzubereiten.[93] Zu diesem Zweck wurde im Auftrag der Bundesnotarkammer eine spezielle **Notariatssoftware** entwickelt, die sowohl die Bereitstellung der einzutragenden Daten (XNotar) als auch die elektronische Beglaubigung (SigNotar) erlaubt.[94] Die eigentliche Übermittlung erfolgt sodann über ein spezielles E-Mail-Programm für den Rechtsverkehr mit Gerichten und Behörden, dem sog. **EGVP-Client**, das den Notaren kostenfrei zur Verfügung steht. Die Bezeichnung EGVP steht für das sog. Elektronische Gerichts- und Verwaltungspostfach, an das die Anmeldung zu adressieren ist.[95] Der Vorzug von EGVP-Client gegenüber anderen E-Mail-Programmen besteht darin, dass sich Tatsache und Zeitpunkt eines erfolgreichen Versands mittels einer Eingangsbestätigung nachweisen lassen, die die Qualität eines Einschreibens mit Rückschein haben soll.[96] Daneben ist eine sonstige Übermittlung, etwa über ein herkömmliches E-Mail-Programm oder den Einwurf oder Versand von Datenträgern (Diskette, CD-ROM), nicht zulässig.[97]

33 **5. Ersatzformen.** Zu § 12 a.F. war anerkannt, dass die öffentliche Beglaubigung nach allgemeinen Grundsätzen auch durch eine notarielle Beurkundung (§ 129 Abs. 2 BGB), durch einen protokollierten gerichtlichen Vergleich (§ 127a i.V.m. § 129 Abs. 2 BGB) oder durch die von einer öffentlichen Behörde ausgestellte öffentliche Urkunde ersetzt werden kann.[98] Durch die Neufassung des § 12 Abs. 1 verschiebt sich diese Beurteilung,

---

[88] Vgl. dazu auch *Sikora/Schwab* MittBayNot 2007, 1 (3).
[89] *Nedden-Boeger* FGPrax 2007, 1 (2).
[90] Vgl. dazu *Jeep/Wiedemann* NJW 2007, 2439 f.
[91] Die von den Ländern erlassenen Rechtsverordnungen können über die Homepage des vom Bundesfinanzhof und vom Bundesverwaltungsgericht bereitgestellten Elektronischen Gerichts- und Verwaltungspostfachs abgerufen werden (www.egvp.bund.de/grundlagen/gerichte.htm – zuletzt abgerufen am 1.8.2008); vgl. auch die Übersicht bei *Schlotter/Reiser* BB 2008, 118 (119).
[92] Ausführlich dazu *Gassen* RNotZ 2007, 142 (144 ff).
[93] Sehr anschaulich dazu *Jeep/Wiedemann* NJW 2007, 2439 (2440); vgl. auch *Sikora/Schwab* MittBayNot 2007, 1 (3).
[94] Vgl. *Krafka/Willer* Rn 138 ff; *Apfelbaum/Bettendorf* RNotZ 2007, 89 (96 f); *Jeep/Wiedemann* NJW 2007, 2439 (2440); *Schlotter/Reiser* BB 2008, 118 (120 ff); *Sikora/Schwab* MittBayNot 2007, 1 (3); *Willer/Krafka* DNotZ 2006, 885 (886 ff).
[95] www.egvp.bund.de – zuletzt abgerufen am 1.8.2008.
[96] *Sikora/Schwab* MittBayNot 2007, 1 (3 Fn 23).
[97] MünchKommErgbHGB/*Krafka* Rn 12; *Sikora/Schwab* MittBayNot 2007, 1 (3).
[98] Vgl. zum letztgenannten Fall BayObLGZ 1975, 227 (230); Baumbach/*Hopt* Rn 1; Ebenroth/Boujong/Joost/Strohn/*Schaub* Rn 58; GK-HGB/*Steinhauer* Rn 4; Heymann/Sonnenschein/Weitemeyer Rn 6; MünchKommHGB/*Krafka* Rn 13; Röhricht/v. Westphalen/*Ammon* Rn 7; Voraufl. Rn 4 (*Hüffer*); Fleischhauer/*Preuß* Kap. A Rn 114 f.

weil es nicht genügt, eine beglaubigte Abschrift elektronisch an das Registergericht zu transportieren, sondern auch der Übermittlungsakt selbst von der notariellen Beglaubigung mitumfasst werden muss. Die genannten Akte können also zwar die Unterschriftenbeglaubigung ersetzen, nicht aber die **Abschriftenbeglaubigung.** Für diese bedarf es auch weiterhin der elektronischen Übermittlung in öffentlich beglaubigter Form. Hält man mit der hier vertretenen Auffassung ohnehin eine originäre elektronische Beglaubigung für ausreichend (Rn 27), kann durch die Verwendung von Ersatzformen also keine wesentliche Erleichterung mehr erzielt werden.

6. Form- und Übermittlungsfehler

34 a) **Formfehler.** Die Einhaltung der Form ist keine Wirksamkeitsvoraussetzung der Anmeldung, sondern ausschließlich eine **Vollzugsvoraussetzung** für das Registerverfahren. Die Anmeldung ist also auch dann wirksam beim Gericht eingegangen, wenn sie nicht der Form des § 12 genügt. Das Gericht wird das Registerverfahren allerdings nicht fortsetzen, solange der Formmangel nicht behoben ist.[99]

35 b) **Technische Übermittlungsfehler.** Die Rechtsfolgen eines Übermittlungsfehlers aufgrund technischer Probleme sind gesetzlich nicht geregelt.[100] Nur für den Fall, dass elektronische Anmeldungen und Dokumente **vorübergehend nicht entgegengenommen** werden können, sieht § 54 Abs. 3 HRV vor, dass die nach Landesrecht zuständige Stelle die Möglichkeit anordnen kann, die jeweiligen Dokumente **in Papierform** einzureichen.[101] Die eingereichten Schriftstücke sind sodann nach § 54 Abs. 3 S. 2 HRV unverzüglich (§ 121 Abs. 1 S. 1 BGB) in elektronische Dokumente zu übertragen. Diese Vorschrift betrifft allerdings nur einen Übermittlungsfehler auf Seiten des Registergerichts, nicht aber technische Probleme auf Seiten des Anmelders.[102] Die bewusst einseitige Ausgestaltung des § 54 Abs. 3 HRV lässt für die Annahme einer durch Analogie zu schließenden Regelungslücke keinen Raum.[103] Darüber hinaus sehen die auf der Grundlage des § 8a Abs. 2 erlassenen **Landesverordnungen** (s. Rn 32) aber zum Teil noch weitergehende Regelungen vor, die von der bloßen Möglichkeit einer Ersatzeinreichung in Papierform (§ 11 E-Register-VO NRW[104]) bis zu einer Wiedereinsetzung in den vorigen Stand für den Fall einer unverschuldeten Fristversäumnis (§ 10 BayERVV[105]) reichen.[106]

---

[99] OLG Jena NJW-RR 2003, 99 (100); Koller/Roth/Morck Rn 3; Fleischhauer/Preuß Kap. A Rn 116
[100] Zu möglichen Fehlerquellen vgl. Melchior NotBZ 2006, 409 (412 ff).
[101] Zu den entsprechenden landesrechtlichen Regelungen vgl. Schlotter/Reiser BB 2008, 118 (119, 121 f).
[102] Klarstellend RegE EHUG, BT-Drucks. 16/960, S. 61.
[103] Für eine Ausdehnung auf den Notar Jeep/Wiedemann NJW 2007, 2439 (2445); Sikora/Schwab MittBayNot 2007, 1 (2).
[104] Verordnung über die elektronische Registerführung und die Zuständigkeit der Amtsgerichte in Nordrhein-Westfalen in Registersachen v. 19.12.2006 (GV. NRW S. 606).
[105] Verordnung über den elektronischen Rechtsverkehr und elektronische Verfahren v. 15.12.2006 (GVBl. S. 1084).
[106] Vgl. zu diesem Problem auch Schlotter/Reiser BB 2008, 118 (121 f).

VII. Vertretung bei der Anmeldung

1. Bevollmächtigte

a) Grundsätzliche Zulässigkeit. Auch wenn die Anmeldung keine Willenserklärung ist (Rn 10), ergibt sich doch aus § **10 Abs. 2 S. 1 FamFG** (§ 13 S. 2 FGG a.F.), dass sie grundsätzlich durch einen Bevollmächtigten vorgenommen werden kann. Diese Möglichkeit wird auch in § 12 Abs. 1 S. 2 vorausgesetzt und ist lediglich im Bereich höchstpersönlicher Anmeldungen eingeschränkt (s. dazu noch Rn 42 f). Entsprechend § 167 Abs. 1 BGB ist die Erklärung gegenüber dem Bevollmächtigten selbst (Innenvollmacht) oder gegenüber dem Registergericht (Außenvollmacht) abzugeben.[107] Als Bevollmächtigte kommen sowohl natürliche als auch juristische Personen in Betracht. Da **juristische Personen** nicht selbst handlungsfähig sind, ist eine solche Vollmacht in der Weise zu verstehen, dass die jeweiligen gesetzlichen Vertreter (in vertretungsberechtigter Zahl) als zur Anmeldung bevollmächtigt anzusehen sind.[108]

36

b) Umfang. Vom Umfang her bedarf es keiner Spezialvollmacht für die einzelne Anmeldung, sondern es genügt grundsätzlich jede Vollmacht, sofern sich aus ihr ergibt, dass sie Registeranmeldungen der in Frage stehenden Art abdeckt; eine Generalvollmacht ist daher in jedem Fall ausreichend.[109] Um den konkreten Umfang zu ermitteln, ist eine **Auslegung der Vollmachtserklärung** zwar grundsätzlich zulässig, doch werden aus Gründen der durch die Registerführung bezweckten Verkehrssicherheit insoweit strengere Anforderungen als an die Auslegung einer Willenserklärung gestellt. Die Vollmacht muss aus sich selbst heraus verständlich sein, womit eine Auslegung über den Wortlaut hinaus unzulässig ist.[110]

37

c) Postmortale Vollmacht. Die Anmeldung kann auch aufgrund einer postmortalen Vollmacht erfolgen.[111] In diesem Fall kann der Bevollmächtigte nach dem Tod des Vollmachtgebers dessen Erben bei künftigen Anmeldungen gegenüber dem Registergericht vertreten, **ohne einen Erbschein** vorlegen zu müssen; die Vollmacht kann allerdings durch die Erben widerrufen werden.[112] Ebenso ist es möglich, dass eine Vollmacht ausschließlich für den Todesfall des Vollmachtgebers ausgestellt wird.[113] Stirbt der Bevollmächtigte, so erlischt damit regelmäßig die Vollmacht nach §§ 673, 675 BGB.[114]

38

---

[107] Ebenroth/Boujong/Joost/Strohn/*Schaub* Rn 69; Röhricht/v. Westphalen/*Ammon* Rn 10.
[108] BayObLGZ 1975, 137 (140); Heymann/*Sonnenschein/Weitemeyer* Rn 10; MünchKomm-HGB/*Krafka* Rn 16.
[109] BayObLGZ 1975, 137 (140); LG Frankfurt aM BB 1972, 512; Baumbach/*Hopt* Rn 3; Ebenroth/Boujong/Joost/Strohn/*Schaub* Rn 65; Heymann/*Sonnenschein/Weitemeyer* Rn 9; Röhricht/v. Westphalen/ *Ammon* Rn 10; *Munzig* FGPrax 2006, 47 (48).
[110] KG NZG 2004, 1172 (1173); KG FGPrax 2005, 173 (174); Ebenroth/Boujong/Joost/ Strohn/*Schaub* Rn 67; *Krafka/Willer* Rn 114; ähnlich auch OLG Hamm FGPrax 2005, 39 (40).
[111] Koller/*Roth*/Morck Rn 2; Röhricht/v. Westphalen/*Ammon* Rn 10; vgl. auch noch die Nachw. in Fn 112.
[112] RGZ 88, 346 (350); RGZ 106, 185 (187); OLG Hamburg DNotZ 1967, 30 (31); OLG Hamburg MDR 1974, 1022; Ebenroth/ Boujong/Joost/Strohn/*Schaub* Rn 66; Heymann/*Sonnenschein/Weitemeyer* Rn 9; MünchKommHGB/*Krafka* Rn 15.
[113] Heymann/*Sonnenschein/Weitemeyer* Rn 9.
[114] Ebenroth/Boujong/Joost/Strohn/*Schaub* Rn 80; Röhricht/v. Westphalen/*Ammon* Rn 11.

39 d) **Prokura und Handlungsvollmacht.** Für den Prokuristen gilt die allgemeine **Maßgabe des § 49 Abs. 1.** Danach ist er zu allen Arten von gerichtlichen und außergerichtlichen Geschäften und Rechtshandlungen ermächtigt, die der Betrieb eines Handelsgewerbes mit sich bringt. Entgegen der früher herrschenden Ansicht ist der Prokurist hinsichtlich dieser Geschäfte auch zur Registeranmeldung befugt, da es sinnwidrig wäre, wenn seine Vollmacht zwar den Akt an sich, nicht aber dessen Anmeldung umfasst (zur Konstruktion der Gegenauffassung über eine Garantieerklärung s. Rn 5 f).[115] Eine **Grenze** findet diese Berechtigung allerdings in den **Grundlagengeschäften**, für die der Prokurist einer gesonderten Vollmacht des Prinzipals bedarf; folgerichtig ist auch für die Anmeldung eines solchen Geschäfts eine entsprechende Vollmacht erforderlich; vgl. dazu auch § 49 Rn 40 (*Joost*).[116] Da die meisten anmeldepflichtigen Vorgänge derartige Grundlagengeschäfte betreffen,[117] kommt der Anmeldebefugnis für das eigene Unternehmen keine gesteigerte Bedeutung zu (zu Beteiligungen s. noch Rn 40).[118] Als ein verbleibender Anwendungsfall wird etwa die Anmeldung der **Errichtung einer Zweigniederlassung** genannt (vgl. dazu aber noch ausführlich § 13 Rn 59).[119] Hier wird man eine Vertretungsmacht hinsichtlich der Anmeldung auch dann bejahen müssen, wenn man die Befugnis des Prokuristen zur Errichtung der Zweigniederlassung gegen die ganz hM verneint, da es sich um eine deklaratorische Anmeldung handelt, zu der das Unternehmen verpflichtet ist. Zu Erweiterungen in den Fällen einer unechten Gesamtvertretung s. noch Rn 54.

40 Von größerer Bedeutung ist die Anmeldebefugnis des Prokuristen da, wo die Anmeldung **nicht das eigene Unternehmen** betrifft, sondern lediglich vom Prinzipal gehaltene Beteiligungen. Deren Verwaltung fällt im Regelfall in den durch § 49 Abs. 1 gezogenen Rahmen der Vertretungsmacht und umfasst hier auch die **Grundlagengeschäfte**, so dass der Prokurist insofern auch zur Registeranmeldung befugt ist (Ausnahme bei höchstpersönlichen Anmeldungen – s. dazu noch Rn 42 f).[120] Bei der Anmeldung einer Prokura ist die Mitwirkung des neu bestellten Prokuristen ausgeschlossen; vgl. auch § 49 Rn 11 (*Joost*).[121]

---

[115] BGHZ 116, 190 (194) = NJW 1992, 975; Ebenroth/Boujong/Joost/Strohn/*Weber* § 49 Rn 8; Koller/*Roth*/Morck Rn 5, § 49 Rn 4; MünchKommHGB/*Krebs* § 49 Rn 35; Röhricht/v. Westphalen/*Ammon* Rn 10; *Canaris* HandelsR § 12 Rn 15; *Munzig* FGPrax 2006, 47 (48); zur früher hM vgl. noch BayObLGZ 1982, 198 (201); BayObLGZ 1984, 29 (32); BayObLGZ 1985, 82 (72); OLG Colmar KGJ 47 A 242 (243); Voraufl. Rn 5 (*Hüffer*); zu weitergehenden Eingrenzungen s. noch Fn 118.

[116] Vgl. bereits die Nachw. in Fn 115. AA *Renaud/Heinsen* GmbHR 2008, 687 ff, die den materiellen Rechtsakt von der formalen Anmeldung trennen wollen, was aber schon im Hinblick auf die materiell-rechtliche Wirkung des § 15 nicht überzeugt; vgl. MünchKommHGB/*Krebs* § 49 Rn 8, 24.

[117] MünchKommHGB/*Krebs* § 49 Rn 35.

[118] Wohl aus diesem Grund wird die Anmeldebefugnis zum Teil übermäßig stark in der Weise eingegrenzt, dass der Prokurist generell zu Anmeldungen für die eigene Gesellschaft nicht berechtigt sei; vgl. etwa Baumbach/*Hopt* Rn 3, § 49 Rn 2; Krafka/*Willer* Rn 116; *K. Schmidt* HandelsR § 16 III 3a; *Ammon* DStR 1993, 1025 (1027).

[119] *Canaris* HandelsR § 12 Rn 15.

[120] BGHZ 116, 190 (194) = NJW 1992, 975; LG Aachen MittRhNotK 2000, 354; Ebenroth/Boujong/Joost/Strohn/*Weber* § 49 Rn 8; MünchKommHGB/*Krafka* Rn 17; MünchKommHGB/*Krebs* § 49 Rn 35; Röhricht/v. Westphalen/*Ammon* Rn 10; *Canaris* HandelsR § 12 Rn 15; Fleischhauer/*Preuß* Kap. A Rn 105; Krafka/*Willer* Rn 116; *Joost* ZIP 1992, 463 (464).

[121] BayObLGZ 1973, 158; OLG Frankfurt aM FGPrax 2005, 135; Krafka/*Willer* Rn 116.

Die dargestellten Grundsätze können nach zutreffender Auffassung gleichermaßen **41** auch für eine **Handlungsvollmacht i.S.d. § 54** nutzbar gemacht werden. Auch dem Handlungsbevollmächtigten sind Anmeldungen nicht grundsätzlich untersagt, sondern entscheidend ist, ob das anzumeldende Geschäft von seiner Vertretungsmacht umfasst ist. Ist das der Fall, so ergibt sich daraus auch eine Annexkompetenz für die Anmeldung dieses Geschäfts.[122]

e) **Höchstpersönliche Erklärungen im Kapitalgesellschaftsrecht.** Unzulässig ist eine **42** Bevollmächtigung nach der **ganz hM** in den Fällen, in denen zum notwendigen Inhalt der Anmeldung Erklärungen gehören, für deren Richtigkeit die Anmelder in zivilrechtlicher (§§ 46, 48 AktG, § 9a GmbHG) und strafrechtlicher Hinsicht (§ 399 AktG, 82 GmbHG) **persönlich verantwortlich** sind (vgl. schon § 8 Rn 42, 98).[123] Darunter fallen namentlich die Gründung einer AG oder GmbH (§§ 37 Abs. 1 AktG, 8 Abs. 2 GmbHG), die Kapitalerhöhung oder -herabsetzung in einer GmbH (§§ 57 Abs. 2, 58 Abs. 1 Nr. 4 GmbHG) sowie die Kapitalerhöhung in einer AG (§§ 184 Abs. 2, 188 Abs. 2 AktG).[124] Die **Gegenmeinung** argumentiert aus dem Wortlaut des § 12 Abs. 1 S. 2 und hält die gewillkürte Stellvertretung auch hier für zulässig. Der Schluss aus der zivil- und strafrechtlichen Verantwortlichkeit auf die Höchstpersönlichkeit wird abgelehnt, da die Abgabe der Versicherung als (unbestritten) höchstpersönlicher Akt von der Anmeldung getrennt werden könne.[125]

Zu folgen ist der herrschenden Meinung. Die Übernahme der Verantwortung macht **43** die Anmeldung zu einer **höchstpersönlichen organisationsrechtlichen Handlung**, bei der eine Bevollmächtigung nicht in Betracht kommt (s. Rn 12 f). Dieser Charakter kann auch nicht durch eine gedankliche Trennung zwischen der Versicherung und der Anmeldung in Abrede gestellt werden. Die Versicherung ist nicht nur tatsächlich, sondern auch nach dem Wortlaut der einschlägigen Vorschriften Bestandteil der Anmeldung, so dass die vorgeschlagene Trennung weder im tatsächlichen Geschehen noch im Gesetz eine Stütze findet.[126] Für die Anmeldung durch einen Bevollmächtigten besteht schließlich auch **kein praktisches Bedürfnis**,[127] wenn man zwischen der Abgabe der Erklärung und ihrer Einreichung unterscheidet. Die Einreichung kann auch in der Weise erfolgen, dass ein befugter Dritter, namentlich der beurkundende Notar, die Anmeldung als **Bote** an das Gericht übermittelt. Als rein tatsächlicher Akt ist diese Übermittlung – anders als die

---

[122] So zutr. Ebenroth/Boujong/Joost/Strohn/*Schaub* Rn 96; **aA** BGH WM 1969, 43 (im Rückschluss zur damals noch hM bei der Prokura – s. Rn 30); Heymann/*Sonnenschein*/*Weitemeyer* Rn 9.
[123] BayObLGZ 1986, 203 (205); BayObLGZ 1986, 454 (457); KGJ 28 A 228; Baumbach/Hueck/*Hueck*/*Fastrich* § 7 Rn 3; GK-HGB/*Steinhauer* Rn 8; GroßkommAktG/*Röhricht* § 36 Rn 15; Heymann/*Sonnenschein*/*Weitemeyer* Rn 13; *Hüffer* § 36 Rn 4; Koller/Roth/*Morck* Rn 5; MünchKommAktG/*Pentz* § 36 Rn 26; Röhricht/v. Westphalen/*Ammon* Rn 12.
[124] Es handelt sich dabei zumeist um Fälle, in denen ein Handeln sämtlicher Organmitglieder erforderlich ist (vgl. § 78 GmbHG, § 36 Abs. 1 AktG), doch zeigt gerade die Kapitalerhöhung in einer AG, dass dieser Zusammenhang nicht zwingend ist; so auch Baumbach/*Hopt* Rn 3; Ebenroth/Boujong/Joost/Strohn/*Schaub* Rn 102; **aA** augenscheinlich Fleischhauer/*Preuß* Kap. A Rn 106.
[125] KG JW 1932, 2626; OLG Köln NJW 1987, 135 f; MünchKommHGB/*Krafka* Rn 18; *Roth*/Altmeppen § 7 Rn 5 ff; Fleischhauer/*Preuß* Kap. A Rn 106 f; *Krafka*/*Willer* Rn 115.
[126] BayObLGZ 1986, 203 (204 f); GroßkommAktG/*Röhricht* § 36 Rn 16; MünchKommAktG/*Pentz* § 36 Rn 26.
[127] So auch – als Vertreter der Gegenauffassung – *Roth*/Altmeppen § 7 Rn 10.

Anmeldung – nicht höchstpersönlicher Natur, so dass die Botenschaft unproblematisch zulässig ist.[128] Zur Anmeldung durch einen Notar s. Rn 47 ff.

44 f) **Vollmachtloser Vertreter.** Einen Vertreter ohne Vollmacht oder ohne ordnungsgemäßen Vollmachtsnachweis (s. dazu Rn 45, 55) darf das Registergericht nicht zur Anmeldung zulassen.[129] Ist die Eintragung gleichwohl erfolgt, so ist entscheidend, ob sie **sachlich richtig** ist. Auf die sachlich richtige Eintragung hat der Verfahrensmangel keine Wirkung. Anderenfalls ist das Amtslöschungsverfahren nach § 395 FamFG (§ 142 FGG a.F.) einzuleiten.[130]

45 g) **Formfragen.** Während eine Vollmacht nach § 167 Abs. 2 BGB grundsätzlich auch dann formlos erteilt werden kann, wenn das Rechtsgeschäft, auf das sie sich bezieht, formbedürftig ist, verlangt § 12 Abs. 1 S. 2 die **öffentliche Beglaubigung** auch für die Anmeldungsvollmacht. Das ist folgerichtig, weil sonst die persönliche Identität des Anmelders bei gewillkürter Stellvertretung nicht nachgewiesen wäre. Die Vollmacht muss also ebenfalls in der Form eines einfachen elektronischen Zeugnisses an das Registergericht übermittelt werden. Es gelten die dazu in Rn 24 ff dargestellten Grundsätze. Zum Nachweis der Vertretungsbefugnis bei inländischen Zweigniederlassungen ausländischer Unternehmen vgl. noch die Ausführungen in § 13d Rn 69 f.

46 h) **Dauervollmachten.** In der Vergangenheit war es namentlich bei Publikumspersonengesellschaften üblich, Registervollmachten in Urschrift zu den Registerakten zu **hinterlegen**, so dass bei weiteren Anmeldungen darauf verwiesen werden konnte.[131] Diese Praxis lässt sich unter den neuen Rahmenbedingungen einer elektronischen Registerführung nicht ohne weiteres fortschreiben, da eine **Hinterlegung in Urschrift nicht mehr möglich** ist, sondern jeweils nur eine beglaubigte Vervielfältigung beim Gericht eingereicht wird.[132] Diese Form der Einreichung hindert den Vollmachtgeber aber nicht daran, die Vollmacht zu widerrufen, die Urschrift herauszuverlangen und auf diese Weise auch den von ihr ausgehenden Rechtsschein nach § 172 Abs. 2 BGB zu zerstören. Angesichts dieses Szenarios müsste sich das Gericht bei jeder Anmeldung erneut die Vollmacht in der Form des § 12 Abs. 1 S. 2 nachweisen lassen, was insbesondere bei Publikumspersonengesellschaften sehr aufwändig sein könnte. Um dieses unpraktikable Ergebnis zu vermeiden, sollte man es für die Einhaltung des Formerfordernisses nach § 12 Abs. 1 S. 2 genügen lassen, dass die **Originalvollmacht beim Notar** aufbewahrt wird, der sodann bei den einzelnen Anmeldungen jeweils inzident die unveränderte Fortgeltung der ursprünglich eingereichten Vollmacht bestätigt.[133]

---

[128] MünchKommAktG/*Pentz* Rn 27; MünchKommHGB/*Krafka* Rn 22.
[129] Ebenroth/Boujong/Joost/Strohn/*Schaub* Rn 105; Koller/*Roth*/Morck Rn 5.
[130] Voraufl. Rn 9 (*Hüffer*); ihm folgend Ebenroth/Boujong/Joost/Strohn/*Schaub* Rn 105.
[131] *Jeep/Wiedemann* NJW 2007, 2439 (2445).
[132] Vgl. zu diesem Problem auch MünchKommErgbHGB/*Krafka* Rn 17 ff; *Jeep/Wiedemann* NJW 2007, 2439 (2445); *Sikora/Schwab* MittBayNot 2007, 1 (6).
[133] So der Vorschlag von *Jeep/Wiedemann* NJW 2007, 2439 (2445); für eine Lösung über ein flexibles Verständnis des Amtsermittlungsgrundsatzes dagegen MünchKommErgbHGB/*Krafka* Rn 17 ff.

2. Anmeldung durch den Notar

a) Notar als Vertreter. In der Praxis erfolgt die Anmeldung häufig durch einen Notar. **47** Er kann dabei wahlweise in der Funktion eines **Erklärungsboten** (vgl. § 53 BeurkG), aber auch in der eines **Stellvertreters** auftreten (zu Einschränkungen der Wahlfreiheit bei höchstpersönlichen Anmeldungen s. Rn 43, 51). Im ersten Fall überbringt er eine fremde Anmeldung, im zweiten Fall gibt er eine eigene Anmeldungserklärung ab. In beiden Fällen ist die Anmeldung wirksam, doch nur bei einem Handeln als Stellvertreter kann der Notar die Anmeldung auch selbständig wieder **zurücknehmen** (§ 24 Abs. 3 BNotO – s. dazu Rn 21 ff) oder gegen ihre Zurückweisung **Beschwerde** einlegen (s. dazu § 8 Rn 132).[134] Aus diesem Grund sollte der Notar immer eindeutig zum Ausdruck bringen, in welcher Funktion er tätig wird.[135] Wegen der zusätzlichen Befugnisse, die ihm als Vertreter zustehen, wird diese Lösung den Interessen der Beteiligten regelmäßig besser entsprechen als eine bloße Botenstellung. Bei einem Handeln als Bote ist allerdings die Form des § 12 Abs. 1 S. 2 zu beachten, die bei einem Handeln als Stellvertreter nicht eingehalten werden muss (s. noch Rn 48).[136] Nimmt der Notar in der Anmeldung auf die Vollmachtsvermutung des § 378 FamFG (§ 129 FGG a.F.) Bezug (s. dazu Rn 48 ff), so genügt dies, um seine Vertretereigenschaft klarzustellen.

b) Vollmachtsvermutung nach § 378 FamFG. § 378 FamFG (§ 129 FGG a.F.) enthält **48** eine Vollmachtsvermutung zugunsten des Notars.[137] Danach gilt der Notar, der die zu einer Eintragung erforderliche Erklärung **beurkundet oder beglaubigt** hat, als ermächtigt, die Eintragung in das Handelsregister im Namen des Anmeldepflichtigen zu beantragen. Zum Teil wird diese Ermächtigung missverständlich als „Antragsrecht" des Notars umschrieben; tatsächlich ist er aber auch hier nicht berechtigt, eigene Anträge zu stellen, sondern darf die Eintragung nur als Stellvertreter im Namen des Anmeldepflichtigen beantragen.[138] Die Vertretungsmacht des Notars ist allerdings auf die beurkundeten oder beglaubigten Tatsachen beschränkt. Geht sein Antrag darüber hinaus, überschreitet er seine Vertretungsmacht.[139] Wird nach § 378 FamFG die Bevollmächtigung vermutet, so führt das dazu, dass auch der **Vollmachtsnachweis** nicht in der Form des § 12 Abs. 1 S. 2 erbracht werden muss. Die Vertretungsmacht des Notars beruht nicht auf rechtsgeschäftlicher Bevollmächtigung, sondern steht ihm **kraft Amtes** zu.[140] Allerdings steht es dem Vertretenen auch bei einer derartigen Vollmacht kraft Amtes offen, die Vertretungsmacht

---

[134] Vgl. dazu BayObLGZ 1957, 279 (281); BayObLGZ 1959, 196 (197); Ebenroth/Boujong/Joost/Strohn/*Schaub* Rn 119; Keidel/Kuntze/*Winkler* § 129 Rn 6 ff; Fleischhauer/*Preuß* Kap. A Rn 108 f; *Krafka/Willer* Rn 124 ff; die Stellung eines Löschungsantrags nach § 394 FamFG (§ 141a FGG a.F.) ist ihm hingegen verwehrt, vgl. KG NZG 2004, 1004.

[135] Vgl. dazu Baumbach/*Hopt* Rn 3; Fleischhauer/*Preuß* Kap. A Rn 108; *Krafka/Willer* Rn 126.

[136] Koller/*Roth*/Morck Rn 5.

[137] OLG Frankfurt aM Rpfleger 1978, 411; *Bassenge/Roth* § 129 FGG Rn 2; Ebenroth/Boujong/Joost/Strohn/*Schaub* Rn 116; Heymann/*Sonnenschein*/Weitemeyer Rn 15; Keidel/Kuntze/*Winkler* § 129 Rn 4; Fleischhauer/*Preuß* Kap. A Rn 109.

[138] KG NJW 1959, 1086 (1087); Baumbach/*Hopt* Rn 3; Ebenroth/Boujong/Joost/Strohn/*Schaub* Rn 116; Heymann/*Sonnenschein*/Weitemeyer Rn 15; MünchKommHGB/*Krafka* Rn 27; *Krafka/Willer* Rn 119.

[139] KGJ 31 A 220 f; *Bassenge/Roth* § 129 FGG Rn 2; Ebenroth/Boujong/Joost/Strohn/*Schaub* Rn 120.

[140] RGZ 93, 68 (70 f); KG NJW 1959, 295 (296); Ebenroth/Boujong/Joost/Strohn/*Schaub* Rn 116; Keidel/Kuntze/*Winkler* § 129 Rn 4; Koller/*Roth*/Morck Rn 5; MünchKommHGB/*Krafka* Rn 27.

durch eine formlose Erklärung gegenüber dem Registergericht einzuschränken oder auszuschließen.[141]

49 c) **Voraussetzungen der Vollmachtsvermutung.** § 378 FamFG fordert für die Vollmachtsvermutung, dass der Notar die **zur Eintragung erforderliche Erklärung** beurkundet hat. Darunter fällt nach allgemeiner Ansicht die materiell-rechtliche Grundlage der Eintragung, also z.B. der Gesellschaftsvertrag, der Beschluss oder die sonstige Erklärung, deren Inhalt eingetragen werden soll. Umstritten ist, ob der Tatbestand des § 378 FamFG auch schon dann erfüllt ist, wenn **allein die Anmeldung** selbst beurkundet oder beglaubigt ist. Mit der mittlerweile wohl hM ist diese Frage zu bejahen.[142] Entscheidend ist, ob die vorangegangene Notartätigkeit eine hinreichende Grundlage für die Anknüpfung eines Vermutungstatbestandes bildet. Das ist auch dann anzunehmen, wenn sich diese Tätigkeit nur auf die Anmeldung beschränkt.[143] Eine derart weite Sichtweise ist auch praktisch vorzugswürdig, weil sie für Änderungen und Ergänzungen der Anmeldung zu einer erleichterten und effektiven Abwicklung des Registerverfahrens führt.[144]

50 Weiterhin ist umstritten, ob § 378 FamFG nur die Vertretung des **Anmeldepflichtigen** betrifft oder auch auf nur eintragungsfähige Vorgänge (§ 8 Rn 33 ff, 40 ff) Anwendung findet. Die ganz hM beantwortet diese Frage im ersten Sinne.[145] Zu Recht verweist allerdings die Gegenauffassung darauf, dass diese Beschränkung im **Wortlaut** der Vorschrift keine Grundlage findet, da sich das Adjektiv „erforderliche" nicht auf die Eintragung, sondern auf die Erklärung bezieht.[146] Auch unter teleologischen Gesichtspunkten ist kein Bedürfnis erkennbar, nur eintragungsfähige Tatsachen aus dem Tatbestand des § 378 FamFG auszuklammern, sondern die vorangegangene Notartätigkeit begründet ganz im Gegenteil auch hier eine **tragfähige Vermutungsgrundlage**. Schließlich spricht auch der systematische Vergleich zu § 15 GBO für ein weites Verständnis des § 378 FamFG. Im Ergebnis wirken sich die Unterschiede zwischen den beiden Auffassungen nicht spürbar aus, weil auch ohne die Vollmachtsvermutung des § 378 FamFG eine rechtsgeschäftliche Vollmacht des Notars gegeben sein kann, von der das Registergericht auch nach der hM prima facie auszugehen hat, wenn er den Eintragungsantrag stellt.[147]

51 d) **Keine Notarvertretung bei höchstpersönlichen Anmeldungen.** Voraussetzung wirksamer Vertretung durch den Notar ist schließlich, dass die Anmeldung keine höchstpersönliche Handlung ist, wie namentlich die Anmeldung einer AG oder GmbH (Rn 42 f);

---

[141] OLG Frankfurt aM NJW 1984, 620; Ebenroth/Boujong/Joost/Strohn/*Schaub* Rn 117.
[142] *Bassenge/Roth* § 129 FGG Rn 1; Jansen/Steder § 129 Rn 4; MünchKommHGB/*Krafka* Rn 24; *ders.* FGPrax 2007, 51 (55); Fleischhauer/*Preuß* Kap. A Rn 111; *Krafka/Willer* Rn 123; aA Ebenroth/Boujong/Joost/Strohn/*Schaub* Rn 111; Heymann/Sonnenschein/Weitemeyer Rn 16; Voraufl. Rn 11 (*Hüffer*).
[143] So überzeugend Fleischhauer/*Preuß* Kap. A Rn 111.
[144] *Krafka* FGPrax 2007, 51 (55).
[145] BayObLG Rpfleger 1978, 143; BayObLG NZG 2000, 1232 (1233); KG OLGZ 1969, 501 (502 f); *Bassenge/Roth* § 129 FGG Rn 1; Ebenroth/Boujong/Joost/Strohn/*Schaub* Rn 114; GK-HGB/*Steinhauer* Rn 9; Heymann/Sonnenschein/Weitemeyer Rn 16; Keidel/Kuntze/*Winkler* § 129 Rn 2, 5; Röhricht/v. Westphalen/*Ammon* Rn 13; Fleischhauer/*Preuß* Kap. A Rn 112.
[146] MünchKommHGB/*Krafka* Rn 26; *ders.* FGPrax 2007, 51 (55); *Krafka/Willer* Rn 121; aA Fleischhauer/*Preuß* Kap. A Rn 112: hM als „wortlautgetreue Auslegung"; ähnlich wohl Keidel/Kuntze/*Winkler* § 129 Rn 5.
[147] Vgl. dazu auch BayObLG NZG 2000, 1232 (1233); Keidel/Kuntze/*Winkler* § 129 Rn 5; Röhricht/v. Westphalen/*Ammon* Rn 13; Fleischhauer/*Preuß* Kap. A Rn 112; *Krafka/Willer* Rn 120.

denn auch § 378 FamFG setzt voraus, dass es sich nicht um einen vertretungsfeindlichen Akt handelt. Bei der Anmeldung einer AG oder GmbH ist also nicht nur die Vertretung durch einen Bevollmächtigten, sondern auch die notarielle Vertretung ausgeschlossen.[148] Der Notar kann in diesen Fällen aber als Erklärungsbote auftreten (s. dazu bereits Rn 43 und 47).

3. Organschaftliche Vertretung

a) Allgemeine Grundsätze. Die als juristische Personen (AG, GmbH, Verein, SE, KGaA, Genossenschaft) oder als Gesamthand verselbständigten Verbände (OHG, KG, EWIV, Partnerschaft) können nur über ihre **Organe** tätig werden.[149] Das gilt auch für die **Gesellschaft bürgerlichen Rechts**, die zwar nicht selbst Gegenstand registerrechtlicher Publizität ist, sich aber an anderen Gesellschaften beteiligen und in dieser Rolle registerrechtlichen Anmeldungspflichten unterliegen kann (vgl. insbes. § 162 Abs. 1 S. 2).[150] Diesen Organen obliegt im Rahmen ihrer gesetzlich oder satzungsmäßig vorgeschriebenen Vertretungsmacht auch die Anmeldung im Registerverfahren.[151] Dabei genügt i.d.R. eine Anmeldung durch das jeweilige Organ in vertretungsberechtigter Zahl. **52**

Speziell wenn es um die Kapitalgrundlagen einer Kapitalgesellschaft geht, verlangt das Gesetz aber eine Anmeldung durch sämtliche Vorstandsmitglieder bzw. Geschäftsführer (§ 36 Abs. 1 AktG, § 78 GmbHG). Da diese Anmeldung sodann auch eine Versicherung umfasst, an die eine zivil- und strafrechtliche Haftung geknüpft ist, ist sie **höchstpersönlicher Natur** und kann deshalb nicht an rechtsgeschäftlich Bevollmächtigte delegiert werden (s. Rn 42 f). Müssen nicht die Geschäftsleiter, sondern die Gesellschaft selbst (als Beteiligte) eine derartige Erklärung abgeben, so steht die höchstpersönliche Natur der organschaftlichen Vertretung nicht entgegen, weil das Handeln der Organpersonen der Gesellschaft als ihr eigenes zuzurechnen ist.[152] Ist allerdings eine Gesellschaft bürgerlichen Rechts an der **Gründung einer AG** beteiligt, so müssen sämtliche Gesellschafter die Anmeldung nach § 36 Abs. 1 AktG gemeinsam vornehmen.[153] **53**

b) Unechte Gesamtvertretung. Anmeldungen zum Handelsregister sind auch in unechter Gesamtvertretung zulässig.[154] Das gilt auch für die von einer Prokura grundsätz- **54**

---

[148] BayObLGZ 1986, 203 (205) m. abl. Anm. *Winkler* DNotZ 1986, 692; *Bassenge/Roth* § 129 FGG Rn 2; Ebenroth/Boujong/Joost/Strohn/*Schaub* Rn 118; GK-HGB/*Steinhauer* Rn 9; MünchKommAktG/*Pentz* § 36 Rn 26; aA Keidel/Kuntze/*Winkler* § 129 Rn 4; Fleischhauer/*Preuß* Kap. A Rn 110; Krafka/Willer Rn 122; – jeweils auf der Grundlage eines eingeschränkten Verständnisses höchstpersönlicher Anmeldungen (s. Rn 42).
[149] Allgemein zu den Grundsätzen organschaftlicher Vertretung statt aller *K. Schmidt* GesR § 10 II.
[150] Neben der nunmehr gesetzlich geregelten Beteiligtenstellung als Kommanditisten (§ 162 Abs. 1 S. 2) ist auch ihre Beteiligung an einer GmbH (BGHZ 78, 311 (313 f) = NJW 1981, 628) und an einer AG (BGHZ 116, 86 (88) = NJW 1992, 499) mittlerweile höchstrichterlich anerkannt; vgl. dazu auch noch Ebenroth/Boujong/Joost/Strohn/*Schaub* Rn 142 ff.
[151] Zu den Vertretungsregeln bei den einzelnen Gesellschaftsformen vgl. die Übersicht bei Ebenroth/Boujong/Joost/Strohn/*Schaub* Rn 129 ff.
[152] Ebenroth/Boujong/Joost/Strohn/*Schaub* Rn 128; MünchKommHGB/*Krafka* Rn 29; Krafka/Willer Rn 17.
[153] MünchKommHGB/*Krafka* Rn 30; Röhricht/v. Westphalen/*Ammon* Rn 15; Fleischhauer/*Preuß* Kap. A Rn 103.
[154] RGZ 130, 303 (307); KG JW 1937, 890; Ebenroth/Boujong/Joost/Strohn/*Schaub* Rn 146; MünchKommHGB/*Krafka* Rn 30; *Gustavus* GmbHR 1978, 219 (223); allge-

lich nicht erfassten Grundlagengeschäfte des eigenen Unternehmens (s. dazu Rn 39), da das Maß des rechtlichen Könnens des Prokuristen sich bei unechter Gesamtvertretung nicht nach der Prokura, sondern nach der Vertretungsmacht des Organs richtet.[155] Müssen **alle Organmitglieder** bei der Anmeldung zusammenwirken, bedarf es auch bei einer satzungsmäßig angeordneten unechten Gesamtvertretung nicht der Mitwirkung des Prokuristen, da das Handeln aller Organpersonen notwendig eine wirksame Vertretung darstellt. Eine Satzungsbestimmung, die eine wirksame organschaftliche Vertretung auch in diesem Fall von der Mitwirkung eines Prokuristen abhängig machen wollte, wäre nichtig; denn damit wäre die Gesellschaft in unzulässiger Weise von dem Prokuristen abhängig.[156]

55 c) Nachweis. Auch eine organschaftliche Vertretung muss dem Registergericht gegenüber nachgewiesen werden, ohne dass es insofern allerdings der besonderen Form des § 12 Abs. 1 S. 2 bedarf.[157] In der Vergangenheit wurde der Nachweis stattdessen durch ein gerichtliches Eintragungszeugnis nach § 9 Abs. 3 a.F. oder durch eine beglaubigte Abschrift nach § 9 Abs. 2 a.F. geführt.[158] Nach der Neufassung des § 9 käme als äquivalente Nachweisform ein amtlicher Ausdruck oder eine Notarbescheinigung nach § 21 Abs. 1 BNotO in Betracht.[159] Aus den Gesetzesmaterialien zu § 9 ergibt sich indes, dass derartige **Nachweise künftig gänzlich obsolet** sein sollen. Der Wegfall des gerichtlichen Eintragungszeugnisses wurde gerade damit begründet, dass diese Tatsachen sämtlich durch eine Einsicht in das Handelsregister geklärt werden könnten, so dass Zeugnisse oder Bescheinigungen nicht mehr erforderlich seien.[160] Für die Nachweisführung genügt es demnach nicht nur bei Registerführung durch dasselbe Gericht,[161] sondern generell, wenn durch Nennung des Rechtsträgers und seiner Registerstelle **auf das Register Bezug** genommen wird, aus dem sich die organschaftliche Vertretungsmacht ergibt (s. dazu bereits ausführlich § 8 Rn 124 f, § 9 Rn 42 ff).[162]

56 Für die **Gesellschaft bürgerlichen Rechts** ist der Nachweis auf diesem Weg nicht zu führen. Daher bedarf es hier der Einsendung eines notariell beurkundeten Gesellschaftsvertrags oder – entsprechend dem Rechtsgedanken des § 12 Abs. 1 S. 2 – der Einsendung eines Gesellschaftsvertrags mit notariell beglaubigten Unterschriften.[163]

57 4. Gesetzliche Vertreter. Auch gesetzliche Vertreter können die Anmeldung zum Handelsregister kraft der ihnen verliehenen Vertretungsmacht vornehmen. Als gesetzliche Vertreter kommen in erster Linie die **Eltern nicht (unbeschränkt) geschäftsfähiger Kinder**

---

mein zum Begriff der unechten Gesamtvertretung vgl. Voraufl. § 125 Rn 56 ff (*Habersack*).

[155] Vgl. RGZ 134, 303 (306); BGHZ 13, 61 (64) = NJW 1954, 1158; BGHZ 62, 166 (170) = NJW 1974, 1194; Ebenroth/Boujong/Joost/Strohn/*Hillmann* § 125 Rn 41; Voraufl. § 125 Rn 61 (*Habersack*); Fleischhauer/*Preuß* Kap. A Rn 105; *Krafka/Willer* Rn 117.

[156] KGJ 20 A 30, 35; Ebenroth/Boujong/Joost/Strohn/*Hillmann* § 125 Rn 38; Ebenroth/Boujong/Joost/Strohn/*Schaub* Rn 148; Voraufl. § 125 Rn 58 (*Habersack*).

[157] Baumbach/*Hopt* Rn 4.

[158] Vgl. dazu noch Voraufl. Rn 18 (*Hüffer*).

[159] So daher auch Ebenroth/Boujong/Joost/Strohn/*Schaub* Rn 149; *Krafka/Willer* Rn 118.

[160] Stellungnahme des Bundesrates, BT-Drucks. 16/960, S. 75; zustimmende Gegenäußerung der Bundesregierung, BT-Drucks. 16/960, S. 90; ausführlich dazu *J. Koch/Rudzio* ZZP 122 (2009), 37 (49 ff).

[161] So Ebenroth/Boujong/Joost/Strohn/*Schaub* Rn 150 in entsprechender Anwendung des § 34 GBO.

[162] Zutr. *Krafka/Willer* Rn 118; vgl. ferner Baumbach/*Hopt* Rn 4 i.V.m. § 9 Rn 10.

[163] Ebenroth/Boujong/Joost/Strohn/*Schaub* Rn 153; *Krafka/Willer* Rn 118.

(§§ 1626 Abs. 1, 1629 Abs. 1 BGB) in Betracht, ferner aber auch der Vormund (§ 1793 BGB), der Betreuer (§ 1902 BGB) sowie der Pfleger (§ 1915 i.V.m. § 1793 BGB). §§ 181, 1795 (i.V.m. § 1629 Abs. 2 S. 1) BGB finden insofern **keine Anwendung**; auch wenn der Vertreter selbst an der Gesellschaft beteiligt ist, kann er also die Anmeldung in Vertretung des Minderjährigen vornehmen.[164] Nicht verzichtet werden kann hingegen auf eine eventuell erforderliche Genehmigung des Familien- oder Vormundschaftsgerichts nach Maßgabe der §§ 1821, 1822 i.V.m. § 1643 BGB; auch sie ist gegenüber dem Registergericht nachzuweisen.[165] Ein Minderjähriger, der nach § 112 BGB zum selbständigen Betrieb eines Erwerbsgeschäfts ermächtigt ist, darf auch die Anmeldungen zum Handelsregister selbst vornehmen.[166]

Die gesetzlichen Vertreter müssen ihre Vertretungsmacht gegenüber dem Registergericht nachweisen,[167] unterliegen dabei aber nicht dem Formzwang des § 12 Abs. 1 S. 2.[168] Die Eltern können den **Nachweis** durch Vorlage von Personenstandsurkunden erbringen.[169] Für Vormund und Pfleger wird der Nachweis durch die Bestallungsurkunde (§ 1791 i.V.m. § 1915 BGB), für den Betreuer durch seine Bestallungsurkunde (§ 290 FamFG – § 69b Abs. 2 FGG a.F.) erbracht. **58**

5. **Vertreter kraft Amtes.** Ebenso wie die gesetzlichen Vertreter können auch die amtlich bestellten oder testamentarisch eingesetzten Vertreter kraft Amtes für die von ihnen vertretenen Personen Anmeldungen zum Handelsregister vornehmen.[170] Darunter fällt zunächst der **Insolvenzverwalter**. Seine Befugnis erstreckt sich allerdings nur auf solche Anmeldungen, die das zur Insolvenzmasse gehörende Vermögen betreffen.[171] Dies ergibt sich aus § 80 Abs. 1 InsO, wonach das Verwaltungs- und Verfügungsrecht über das zur Insolvenzmasse gehörende Vermögen auf den Insolvenzverwalter übergeht. Personelle Entscheidungen über Veränderungen in der Geschäftsführung der insolventen Gesellschaft betreffen dagegen nicht die Insolvenzmasse der Gesellschaft; sie gehören zum durch das Insolvenzverfahren nicht verdrängten gesellschaftsrechtlichen Bereich und obliegen daher weiterhin den organschaftlichen Vertretern.[172] Ausnahmsweise ist der Insolvenzverwalter allerdings dann zur Anmeldung personeller Entscheidungen verpflichtet, wenn alle organschaftlichen Vertreter ausgeschieden sind und damit keine andere **59**

---

[164] BayObLGZ 1970, 133 (134); BayObLGZ 1977, 76 (78); Ebenroth/Boujong/Joost/Strohn/*Schaub* Rn 35; *Krafka/Willer* Rn 32, 75.
[165] KGJ 30 A 149, 150; KG JFG 3, 206 (209 f); Heymann/*Sonnenschein*/*Weitemeyer* Rn 12; MünchKommHGB/*Krafka* Rn 32; Röhricht/v. Westphalen/*Ammon* Rn 14; Fleischhauer/*Preuß* Kap. A Rn 104; *Krafka/Willer* Rn 111.
[166] Baumbach/*Hopt* Rn 4; Ebenroth/Boujong/Joost/Strohn/*Schaub* Rn 122; Röhricht/v. Westphalen/*Ammon* Rn 14; *Krafka/Willer* Rn 111.
[167] Heymann/*Sonnenschein*/*Weitemeyer* Rn 12; Röhricht/v. Westphalen/*Ammon* Rn 14; *Krafka/Willer* Rn 113.
[168] Röhricht/v. Westphalen/*Ammon* Rn 14.
[169] *Krafka/Willer* Rn 113.

[170] Zu den Unterschieden zwischen gesetzlichen Vertretern und Vertretern kraft Amtes vgl. *Larenz/Wolf* BGB-AT, 9. Aufl., 2004, § 46 Rn 60 f.
[171] Ebenroth/Boujong/Joost/Strohn/*Schaub* Rn 124; MünchKommHGB/*Krafka* Rn 32; *Krafka/Willer* Rn 107, 112.
[172] OLG Köln NJW-RR 2001, 1417 f; OLG Rostock Rpfleger 2003, 444 f; Baumbach/Hueck/*Zöllner/Noack* § 39 Rn 11; Ebenroth/Boujong/Joost/Strohn/*Schaub* Rn 124; MünchKommHGB/*Krafka* Rn 32; Rowedder/Schmidt-Leithoff/*Zimmermann* § 78 Rn 12; Scholz/*Schneider* § 39 Rn 16; Ulmer/Habersack/Winter/*Casper* § 78 Rn 17; Ulmer/Habersack/Winter/*Paefgen* § 39 Rn 22; *Krafka/Willer* Rn 107; aA AG Charlottenburg NJW-RR 1996, 31 (32); Roth/*Altmeppen* § 39 Rn 6, § 78 Rn 8.

§ 12   1. Buch. Handelsstand

Möglichkeit zur Herbeiführung einer Registeranmeldung besteht.[173] Der Insolvenzverwalter weist seine Berechtigung durch Vorlage seiner Bestellungsurkunde (§ 56 Abs. 2 InsO) aus. Ebenso können als Vertreter kraft Amtes auch der **Testamentsvollstrecker** und der **Nachlassverwalter** im Rahmen ihrer jeweiligen Verwaltungsbefugnisse zur Vornahme von Registeranmeldungen berechtigt und verpflichtet sein; als Nachweis dient im ersten Fall das Testamentsvollstreckerzeugnis (§ 2368 BGB), im zweiten Fall die Bestallungsurkunde (§ 1791 BGB analog).[174]

VIII. Rechtsnachfolge bei der Anmeldung

60 1. **Zweck und Anwendungsbereich des § 12 Abs. 1 S. 3.** In den Fällen der Rechtsnachfolge geht auch die Anmeldepflicht auf den Nachfolger über. Verstirbt etwa der Gesellschafter einer OHG oder KG, haben seine Erben das Ausscheiden anzumelden, unabhängig davon, ob sie selbst nachfolge- oder eintrittsberechtigt sind.[175] Der Rechtsnachfolger hat seine Nachfolge gem. § 12 Abs. 1 S. 3 soweit tunlich durch öffentliche Urkunden nachzuweisen. Anders als in anderen Bereichen der freiwilligen Gerichtsbarkeit soll hier also nicht der Freibeweis genügen (§ 29 FamFG – § 12 FGG a.F.), sondern der Nachweis der Rechtsnachfolge soll – zumindest „soweit tunlich" – durch öffentliche Urkunden geführt werden.[176] Auf diese Weise soll gewährleistet werden, dass Anmeldungen zum Handelsregister von den **richtigen Personen** vorgenommen werden.[177] Der **Begriff Rechtsnachfolge** bezeichnet deshalb jeden Vorgang, der einen Wechsel im Beteiligungsverhältnis bewirkt, gleichgültig, ob Einzelnachfolge oder Gesamtnachfolge vorliegt.[178] Für das erste kommt die Veräußerung des Unternehmens in Betracht, für das zweite aus dem Bereich des Bürgerlichen Rechts der Erbgang, aus dem Bereich des Gesellschaftsrechts die Verschmelzung (§ 20 UmwG) sowie der Formwechsel (§ 202 UmwG).

2. Der urkundliche Nachweis

61 a) **Öffentliche Urkunde.** Die Rechtsnachfolge ist soweit tunlich durch **öffentliche Urkunden** nachzuweisen. Das sind nach der auch hier maßgebenden Definition des § 415 Abs. 1 ZPO Urkunden, die von einer öffentlichen Behörde innerhalb ihrer Amtsbefugnisse oder von einer mit öffentlichem Glauben versehenen Person innerhalb ihres Geschäfts-

---

[173] OLG Rostock Rpfleger 2003, 444 (445); LG Baden-Baden GmbHR 1996, 682; Baumbach/Hueck/*Zöllner/Noack* § 39 Rn 11; *Lutter/Hommelhoff* § 39 Rn 7; Uhlenbruck/*Hirte* InsO § 11 Rn 119; Ulmer/Habersack/Winter/*Paefgen* § 39 Rn 22; offengelassen vom OLG Köln NJW-RR 2001, 1417 (1418 f); **aA** Ulmer/Habersack/Winter/*Casper* § 78 Rn 17.

[174] Vgl. zu diesem Analogieschluss MünchKommBGB/*Siegmann* § 1981 Rn 8; Soergel/*Stein* BGB § 1985 Rn 2; Staudinger/*Marotzke* (2002) § 1981 Rn 32; *Wiester* in: Münchener Anwaltshandbuch Erbrecht, 2. Aufl. 2007, Rn 77.

[175] BayObLG DB 1993, 474; Röhricht/v. Westphalen/*Ammon* § 14 Rn 12.

[176] Baumbach/*Hopt* Rn 5; Koller/*Roth*/Morck Rn 7; Röhricht/v. Westphalen/*Ammon* Rn 16.

[177] Ebenroth/Boujong/Joost/Strohn/*Schaub* Rn 154; Heymann/*Sonnenschein*/Weitemeyer Rn 20; MünchKommHGB/*Krafka* Rn 37; Röhricht/v. Westphalen/*Ammon* Rn 16; Voraufl. Rn 24 (*Hüffer*).

[178] Ebenroth/Boujong/Joost/Strohn/*Schaub* Rn 155; Heymann/*Sonnenschein*/Weitemeyer Rn 21; Koller/*Roth*/Morck Rn 7.

kreises aufgenommen sind. Die öffentliche Beglaubigung der Unterschrift genügt diesen Erfordernissen nicht.[179] Nach § 371a Abs. 2 ZPO kann die Urkunde auch in elektronischer Form präsentiert werden.[180]

b) Nachweis der Erbfolge. Für den Nachweis der Erbfolge als dem Hauptanwendungsfall des § 12 Abs. 1 S. 3 ist regelmäßig die **Vorlage des Erbscheins** (§ 2353 BGB) zu fordern (zur Form der Vorlage s. noch Rn 64, 66).[181] Er genügt auch dann, wenn er lediglich (in einer kostenrechtlich begünstigten Form) für Grundbuchzwecke erteilt wurde.[182] Der Nachweis über einen Erbschein ist indes **nicht zwingend.** Sind andere öffentliche Urkunden vorhanden, die die Erbfolge zur Überzeugung des Gerichts nachweisen, wie dies etwa bei einem eröffneten öffentlichen Testament der Fall sein kann, bedarf es der Vorlage eines Erbscheins nicht; sie kann grundsätzlich auch nicht durch das Registergericht verlangt werden.[183] **62**

Kann die Erbfolge auf diesem Wege nicht dargelegt werden, darf das Gericht sich nicht allein auf die Angaben in der Anmeldung verlassen.[184] Es ist aber auch keinesfalls dazu verpflichtet, die Rechtsnachfolge selbständig zu prüfen; dies fällt vielmehr in den **Kompetenzbereich des Nachlassgerichts**, das hierüber im Erbscheinsverfahren nach den dort geltenden Bestimmungen zu befinden hat.[185] Auch die Vorlage eines **Testamentsvollstreckerzeugnisses** (§ 2368 BGB) genügt nicht, da sich daraus allein die Rechtsstellung als Testamentsvollstrecker, nicht aber die mit dem Erbfall eingetretene Erbfolge ergibt.[186] Etwas anderes gilt hinsichtlich der Anmeldung des Ausscheidens eines verstorbenen Kommanditisten auch dann nicht, wenn der Testamentsvollstrecker darüber hinaus auch noch durch eine über den Tod hinaus erteilte Generalvollmacht zur Vertretung des Erblassers bevollmächtigt ist.[187] Zum Nachweis der Stellung als Testamentsvollstrecker s. bereits Rn 59. **63**

Für die Vorlage des Erbscheins wurde im bisherigen Papierregisterverfahren die Vorlage in Ausfertigung verlangt; eine bloße beglaubigte Abschrift sollte hingegen nicht genügen, denn im Falle einer Einziehung nach § 2361 BGB wären zwar nicht die Abschriften, wohl aber die Ausfertigung davon miterfasst.[188] Diese Übersendung papierförmiger Nachweise ist nach der Neufassung des § 12 (s. oben Rn 2) unzulässig. Stattdessen soll nach der Regierungsbegründung künftig ein nach § 39a BeurkG beglaubigtes elektroni- **64**

---

[179] MünchKommHGB/*Krafka* Rn 38.
[180] RegE EHUG, BT-Drucks. 16/960, S. 45.
[181] KG NZG 2000, 1167 (1168); KG NZG 2007, 101; OLG Köln NZG 2005, 37 (38); Baumbach/*Hopt* Rn 5; MünchKommHGB/*Krafka* Rn 40; Fleischhauer/*Preuß* Kap. A Rn 136; *Krafka*/*Willer* Rn 128; *Krug* ZEV 2001, 51.
[182] OLG Frankfurt aM NJW-RR 1994, 10; GK-HGB/*Steinhauer* Rn 11; Heymann/*Sonnenschein*/*Weitemeyer* Rn 22; MünchKommHGB/*Krafka* Rn 39; Röhricht/v. Westphalen/*Ammon* Rn 17; *Krug* ZEV 2001, 51.
[183] KG NZG 2007, 101; OLG Hamburg NJW 1966, 986; Baumbach/*Hopt* Rn 5; MünchKommHGB/*Krafka* Rn 39; vgl. dazu auch allgemein BGH NJW 2005, 2779.
[184] KG NZG 2000, 1167 (1168).
[185] KG NZG 2000, 1167 (1168); KG NZG 2003, 122 (123); OLG Köln NZG 2005, 37 (38); MünchKommHGB/*Krafka* Rn 40.
[186] KG NZG 2000, 1167 (1169); KG NZG 2003, 122 (123); OLG Köln 2005, 37 (38); *Krafka*/*Willer* Rn 129.
[187] KG NZG 2003, 122 (123); Baumbach/*Hopt* Rn 5; Ebenroth/Boujong/Joost/Strohn/*Schaub* Rn 162.
[188] KG OLGR 6, 479 (480); KGJ 26 A 92 (94 f); Heymann/*Sonnenschein*/*Weitemeyer* Rn 23; MünchKommHGB/*Krafka* Rn 40; Voraufl. Rn 25 (*Hüffer*); vgl. auch noch Ebenroth/Boujong/Joost/Strohn/*Schaub* Rn 157.

§ 12　　　　　　　　　　　　　　　1. Buch. Handelsstand

sches Dokument übermittelt werden, das zur **Abbildung des Erbscheins** hergestellt worden ist.[189] Das ist im Lichte der bislang hM nicht unbedenklich, da auch hier die Gefahr einer Einziehung besteht. Diesem Risiko soll nach der Regierungsbegründung dadurch Rechnung getragen werden, dass der Beglaubigungsvermerk **zeitnah** zur anschließenden Übermittlung zum Handelsregister erstellt werden muss. Auf diese Weise sei hinreichend gewährleistet, dass zumindest eine Ausfertigung des Erbscheins bei der beglaubigenden Stelle vorgelegen habe und diese Ausfertigung nicht bereits eingezogen oder für kraftlos erklärt worden sei.[190] Um diese Gefahr zu minimieren, sollte der Zeitraum zwischen Beglaubigungsvermerk und Übermittlung allerdings eine Dauer von einer Woche nicht überschreiten.[191]

65　　c) **Untunlichkeit des Nachweises.** Erforderlich ist die Vorlage öffentlicher Urkunden nur, soweit sie **tunlich** ist. Das ist nur dann der Fall, wenn sie dem Antragsteller möglich und zumutbar ist.[192] Als untunlich kann ein Nachweis daher abgelehnt werden, wenn er zwar möglich, aber mit **besonderen Schwierigkeiten** verbunden ist und sich daraus eine erhebliche Verzögerung des Verfahrens ergibt. In diesem Fall kann das Gericht sich nach pflichtgemäßen Ermessen mit anderen Nachweisen begnügen;[193] es kann den Beteiligten auch gem. § 31 FamFG zur eidesstattlichen Versicherung zulassen.[194] Die Beschaffung eines Erbscheins ist allerdings nicht schon infolge des damit verbundenen **Kosten- und Zeitaufwandes** untunlich i.S.d. § 12 Abs. 1 S. 3.[195] Zum Nachweis der Erbfolge durch ein öffentliches Testament s. bereits oben Rn 62.

66　　Von noch größerer Bedeutung ist, dass ein Nachweis durch öffentliche Urkunden auch dann als untunlich gilt, wenn das Gericht sich **auf wesentlich einfacherem Wege** über die Berechtigung des Rechtsnachfolgers vergewissern kann. Als untunlich galt der Nachweis daher früher insbesondere dann, wenn sich die Rechtsnachfolge aus den Akten des Registergerichts selbst oder den bei demselben Gericht geführten Nachlassakten ergab.[196] Nach der Umstellung auf eine elektronische Registerführung wird man noch weitergehen können und das Registergericht generell auf sämtliche **über das elektronische Handelsregister abrufbaren Eintragungen und Dokumente** verweisen können, auch wenn es sich um die Akten eines anderen Gerichts handelt.[197] Erforderlich ist auch hier nur, dass durch Nennung des Rechtsträgers und seiner Registerstelle auf das Register Bezug genommen wird (s. dazu bereits Rn 55). Etwas anderes gilt dann, wenn es sich nicht um eine registerrechtlich nachweisbare Rechtsnachfolge im Gesellschaftsrecht, sondern um eine Rechtsnachfolge im Erbgang handelt. Hier ist der Urkundsnachweis nur

---

[189] RegE EHUG, BT-Drucks. 16/960, S. 45.
[190] RegE EHUG, BT-Drucks. 16/960, S. 45.
[191] So der Vorschlag von MünchKommErgb-HGB/*Krafka* Rn 21.
[192] Heymann/*Sonnenschein/Weitemeyer* Rn 23; Koller/*Roth*/Morck Rn 7; MünchKommHGB/*Krafka* Rn 39.
[193] KG NZG 2000, 1167 (1168); OLG Hamburg NJW 1966, 986; Baumbach/*Hopt* Rn 5; Ebenroth/Boujong/Joost/Strohn/*Schaub* Rn 160.
[194] Ebenroth/Boujong/Joost/Strohn/*Schaub* Rn 160; MünchKommHGB/*Krafka* Rn 39; Fleischhauer/*Preuß* Kap. A Rn 136.

[195] KG NZG 2000, 1167 (1169); OLG Frankfurt aM NJW-RR 1994, 10; OLG Köln NZG 2005, 37 (38); Heymann/*Sonnenschein/Weitemeyer* Rn 23; *Krug* ZEV 2001, 51.
[196] BayObLGZ 1983, 176 (179 f); KG NZG 2000, 1167 (1168); OLG Hamm Rpfleger 1986, 139 (140); MünchKommHGB/*Krafka* Rn 39; Voraufl. Rn 26 (*Hüffer*); Fleischhauer/*Preuß* Kap. A Rn 136. Ebenso auch weiterhin Ebenroth/Boujong/Joost/Strohn/*Schaub* Rn 159; Koller/*Roth*/Morck Rn 7; *Krafka*/*Willer* Rn 128.
[197] So auch Baumbach/*Hopt* Rn 5.

dann untunlich i.S.d. § 12 Abs. 1 S. 3, wenn sich die Rechtsnachfolge aus den Nachlassakten des Gerichts selbst ergibt.[198]

3. Vor- und Nacherbfolge. Im Falle einer Vor- und Nacherbfolge (§§ 2100 ff BGB) wird der **Vorerbe** zunächst allein **Rechtsnachfolger des Erblassers.** Er muss sein Erbrecht regelmäßig durch Erbschein nachweisen (vgl. Rn 62). Die Anmeldungen zum Handelsregister sind von ihm allein zu bewirken, bei Eintritt oder Nachfolge in eine OHG oder KG von ihm und den übrigen Gesellschaftern. Ein Nacherbenvermerk gehört anders als nach § 51 GBO nicht in das Handelsregister.[199]

Der **Nacherbe** ist **Rechtsnachfolger des Erblassers**, nicht des Vorerben.[200] Auch er muss diese Nachfolge gem. § 12 Abs. 1 S. 3 nachweisen. Wurde die Nacherbfolge durch den Tod des Vorerben ausgelöst (vgl. § 2106 Abs. 1 BGB), genügt dafür nicht schon die Vorlage des für den Vorerben erteilten Erbscheins zusammen mit dem Nachweis, dass die Voraussetzungen der Nacherbfolge eingetreten sind. Vielmehr muss zusätzlich auch ein die Nacherbfolge nach dem Erblasser ausweisender Erbschein vorgelegt werden.[201] Die **Anmeldungen** zum Handelsregister müssen, weil der Rechtsträger mit dem Nacherbfall wechselt, durch den Nacherben und den Vorerben oder dessen Rechtsnachfolger vorgenommen werden; auch diese Rechtsnachfolge ist grundsätzlich durch öffentliche Urkunden nachzuweisen.[202]

IX. Form für die Einreichung von Dokumenten

1. Elektronische Übermittlung. Um eine vollständige elektronische Registerführung zu ermöglichen, müssen auch die eingereichten Dokumente in elektronischer Form zugänglich sein. Der dazu erforderliche **Transformationsaufwand** wurde hinsichtlich der Dokumente aus den schon vorhandenen Registerordnern den Gerichten zugewiesen. Für neu einzureichende Dokumente wird er dem Anmelder auferlegt.[203] Ebenso wie die Anmeldung selbst kann auch die Einreichung der Dokumente künftig nur noch auf elektronischem Wege erfolgen. Das gilt nicht nur für die Dokumente, die für den Registerordner bestimmt sind, sondern auch für solche, die den **Registerakten** i.S.d. § 8 HRV zuzuordnen sind (vgl. zu dieser Differenzierung bereits § 8 Rn 22), da auch für diese nach § 8 Abs. 3 HRV eine elektronische Registerführung angeordnet werden kann.[204] Über § 325 Abs. 6 gilt die Vorschrift schließlich entsprechend auch für Rechnungsunterlagen, die beim Betreiber des elektronischen Bundesanzeigers einzureichen sind.

Hinsichtlich der für die Übermittlung zu wählenden Dateiformate kann auf die Ausführungen in Rn 31 f verwiesen werden. Im Übrigen werden hinsichtlich der Form der Einreichung **zwei Fälle unterschieden**, nämlich die Einreichung einer Urschrift, einer einfachen Abschrift oder eines Dokuments in Schriftform einerseits sowie die Einreichung

---

[198] Insofern auch *Krafka/Willer* Rn 128.
[199] OLG München JFG 22, 89; Ebenroth/Boujong/Joost/Strohn/*Schaub* Rn 163; *Krafka/Willer* Rn 129.
[200] RGZ 75, 363 (364); Ebenroth/Boujong/Joost/Strohn/*Schaub* Rn 164.
[201] BGHZ 84, 196 (198) = NJW 1982, 2499; Ebenroth/Boujong/Joost/Strohn/*Schaub* Rn 164; *Krafka/Willer* Rn 129.
[202] Ebenroth/Boujong/Joost/Strohn/*Schaub* Rn 165; *Krafka/Willer* Rn 129; *Krug* ZEV 2001, 51 (52); s. auch *Langenbach* MittRhNotK 1965, 81, 106.
[203] Vgl. dazu auch RegE EHUG, BT-Drucks. 16/960, S. 45.
[204] MünchKommErgbHGB/*Krafka* Rn 22.

eines notariell beurkundeten Dokuments oder einer öffentlich beglaubigten Abschrift andererseits. Im ersten Fall genügt die Übermittlung einer elektronischen Aufzeichnung, wohingegen im zweiten Fall ein mit einem einfachen elektronischen Zeugnis i.S.d. § 39a BeurkG versehenes Dokument zu übermitteln ist.

71 **2. Elektronische Aufzeichnung.** Das danach unterscheidungsrelevante Kriterium, in welcher Form ein Dokument dem Register vorzulegen ist, bestimmt sich nach den jeweils **einschlägigen Einreichungsvorschriften**. So ist die Einreichung einer Urschrift etwa vorgesehen in §§ 81 Abs. 2, 266 Abs. 2, 294 Abs. 1 S. 2 AktG, §§ 39 Abs. 2, 67 Abs. 2 GmbHG, § 33 Abs. 2 HGB oder § 199, 2. Hs. UmwG. Daneben lässt die letztgenannte Vorschrift des § 199, 2. Hs. UmwG aber auch die Vorlage einer einfachen Abschrift zu. Für die Vorlage eines Dokuments in Schriftform nennt die Gesetzesbegründung als Beispiele die §§ 130 Abs. 5, 2. Hs., 188 Abs. 3 Nr. 1 AktG; §§ 8 Abs. 1 Nr. 3, 40 Abs. 1 S. 1 GmbHG.[205] Diese Differenzierungen werden durch die **vereinheitlichende Regelung** des § 12 Abs. 2 S. 2, 1. Hs. weithin obsolet, da nunmehr in allen Fällen gleichermaßen die Übermittlung einer elektronischen Aufzeichnung genügen soll.[206] Diese Vereinheitlichung ist aber vom Gesetzgeber gewollt. Die **Generalklausel** des § 12 Abs. 2 S. 2 soll es gerade ermöglichen, die über viele Gesetze verstreuten Einreichungsvorschriften erst „nach und nach und bei passender Gelegenheit auf elektronische Einreichung umzustellen".[207] Es ist zu hoffen, dass dieses Versprechen schnell eingelöst und die gesetzestechnisch wenig ansprechende derzeitige Lösung schon bald durch eine Änderung der betroffenen Einreichungsvorschriften ersetzt wird.

72 Der **Begriff der elektronischen Aufzeichnung** wird im Gesetz nicht näher definiert. Im Schrifttum wird er teilweise im Sinne einer Textform nach § 126a BGB verstanden.[208] Gerade dieser Begriff war aber noch im Referentenentwurf[209] vorgesehen und ist in den Regierungsentwurf bewusst nicht übernommen worden. Der stattdessen verwendete Begriff der Aufzeichnung deutet schon von seinem terminologischen Eigengehalt eher auf eine **bildlich inhaltsgleiche Abbildung** hin, die durch Einscannen des Originaldokuments produziert werden kann.[210] Ein solches Verständnis trägt auch dem Umstand Rechnung, dass die Aufzeichnung unter anderem auch an die Stelle der Einreichung einer Urschrift treten soll; dem kommt eine bildgleiche Abbildung am ehesten nahe.

73 Verzichtet wird allerdings auf eine sichere Form der Identitätsfeststellung des Einreichenden. Ausweislich der Regierungsbegründung hielt es der Gesetzgeber in diesen Fällen nicht für notwendig, zur Sicherung der Authentizität zu verlangen, dass das elektronische Dokument mit einer qualifizierten elektronischen Signatur versehen wird.[211]

---

[205] RegE EHUG, BT-Drucks. 16/960, S. 45; ausführlich dazu *Sikora/Schwab* MittBayNot 2007, 1, 4 f.
[206] Vgl. auch *Jeep/Wiedemann* NJW 2007, 2439 (2445).
[207] RegE EHUG, BT-Drucks. 16/960, S. 46; *Seibert/Decker* DB 2006, 2446 (2447).
[208] *Noack* NZG 2006, 801 (802).
[209] Abrufbar unter www.bdi-online.de/Dokumente/Recht-Wettbewerb-Versicherungen/EHUG-Tex.pdf (zuletzt abgerufen am 1.8.2008); kritisch dazu *DAV-Handelsrechtsausschuss* NZG 2005, 586 (588).
[210] So auch die hM – vgl. MünchKommErgbHGB/*Krafka* Rn 24; *Apfelbaum/Bettendorf* RNotZ 2007, 89 (97); *Jeep/Wiedemann* NJW 2007, 2439 (2445); *Karsten* GewArch 2007, 55 (56); *Sikora/Schwab* MittBayNot 2007, 1 (4).
[211] RegE EHUG, BT-Drucks. 16/960, S. 45; *Seibert/Decker* DB 2006, 2446 (2447); krit. *Apfelbaum/Bettendorf* RNotZ 2007, 89 (97); *Jeep/Wiedemann* NJW 2007, 2439 (2445).

Um die Beteiligten nicht mit **übermäßigem Bürokratieaufwand** zu belasten, wurde deshalb hier vom Erfordernis einer notariellen Beteiligung abgesehen; der Einreichende kann das Dokument auch selbst an das Registergericht übermitteln.[212] Das ist insbesondere hinsichtlich der Gesellschafterliste nach § 8 Abs. 1 Nr. 3 GmbHG nicht unbedenklich, seit diese im Zuge des MoMiG (Rn 18) mit der Neufassung des § 16 Abs. 3 GmbHG zur Grundlage eines gutgläubigen Erwerbs von Gesellschaftsanteilen aufgewertet wurde.[213] Durch die Formulierung „genügt" soll klargestellt werden, dass es den Unternehmen unbenommen bleibt, von der Möglichkeit, eine elektronische Aufzeichnung einzureichen, keinen Gebrauch zu machen, sondern ein mit einer qualifizierten elektronischen Signatur versehenes elektronisches Dokument zu übermitteln.[214] Das kann dann von Vorteil sein, wenn es den Parteien darauf ankommt, die Abbildung der Originalunterschriften zu vermeiden. Das ist bei der bildlichen Aufzeichnung nach § 12 Abs. 2 S. 2, 1. Hs. nicht möglich, wohl aber bei der Verwendung eines einfachen elektronischen Zeugnisses nach § 39a BeurkG (s. dazu oben Rn 28).[215]

3. Notariell beurkundete oder beglaubigte Dokumente. Strengere Übermittlungsstandards stellt das Gesetz für die Einreichung eines notariell beurkundeten Dokuments oder einer öffentlich beglaubigten Abschrift auf. Sie sind in Gestalt eines mit einem einfachen elektronischen Zeugnis (§ 39a BeurkG) versehenen Dokuments zu übermitteln (§ 12 Abs. 2 S. 2, 2. Hs.). Als **notariell beurkundetes Dokument** kommen in erster Linie die Gründungsurkunden einer AG oder GmbH in Betracht (§ 8 Abs. 1 Nr. 1 GmbHG, § 37 Abs. 4 Nr. 1 AktG). Eine öffentlich beglaubigte Abschrift wird etwa von einem Hauptversammlungsprotokoll nach § 130 Abs. 5, Hs. 1 AktG gefertigt. Für die Übermittlung in Form eines elektronischen Zeugnisses gelten die Ausführungen in Rn 24 ff. **74**

X. Internationaler Verkehr

1. Geltung der lex fori. § 12 enthält Verfahrensvorschriften. Das ist deutlich für die Anmeldung als Eintragungsantrag sowie die Vollmacht zur Antragstellung, trifft aber auch für den Nachweis der Rechtsnachfolge zu, weil § 12 Abs. 1 S. 2 Sondervorschrift gegenüber dem Amtsermittlungsgrundsatz des § 26 FamFG (§ 12 FGG a.F.) ist. Die maßgebliche Rechtsordnung ist also nicht gem. Art. 11 EGBGB zu bestimmen; vielmehr entscheidet das **deutsche Recht als lex fori**.[216] Demnach ist für das Registergericht unerheblich, ob das durch den Sachverhalt berührte ausländische Recht für Registeranmeldungen besondere Formen und Nachweise fordert. **75**

2. Gleichwertigkeit einer Beglaubigung im Ausland. Dass nach deutschem Recht eine bestimmte Form der Beurkundung notwendig ist, bedeutet nicht, dass die Beurkundung nur von den nach deutschem Recht zuständigen Stellen in dem dafür vorgesehenen Verfahren vorgenommen werden kann; dem Formerfordernis kann vielmehr auch durch eine **76**

---

[212] *Jeep/Wiedemann* NJW 2007, 2439 (2445).
[213] Vgl. *Noack* NZG 2006, 801 (802); *Seibert/Decker* DB 2006, 2446 (2447 Fn 20). Gerade hier könnte es für die Beteiligten aber aufgrund der u.U. häufig vorkommenden Änderungen aus Kostengründen besonders erwägenswert sein, auf die Einschaltung eines Notars zu verzichten; vgl. dazu *Christ/Müller-Helle* S. 36 (38).
[214] RegE EHUG, BT-Drucks. 16/960, S. 45.
[215] MünchKommErgbHGB/*Krafka* Rn 29.
[216] Baumbach/*Hopt* Rn 8; Ebenroth/Boujong/Joost/Strohn/*Schaub* Anh. § 12 Rn 43; Fleischhauer/*Preuß* Kap. A Rn 117.

Auslandsbeurkundung entsprochen werden, soweit die Voraussetzung der **Gleichwertigkeit** erfüllt ist.[217] Bei bloßen Beglaubigungsvermerken, wie sie § 12 für die Anmeldung, für die Vollmacht und für die Einreichung bestimmter Dokumente vorsieht, ist die Gleichwertigkeit grundsätzlich zu bejahen, weil es nicht um die inhaltliche Richtigkeit der Urkunde, sondern um die **leicht feststellbare Identität** des Erklärenden geht. Die Beglaubigung im Ausland genügt also der deutschen Formvorschrift.[218]

77 3. **Echtheitsnachweis.** Die Echtheitsvermutung des § 437 ZPO gilt nur für inländische behördliche oder notarielle Urkunden. Die Echtheit ausländischer Urkunden muss das Registergericht prüfen.[219] Der Echtheitsnachweis erfolgt üblicherweise im Wege der sog. **Legalisation**, also durch Bestätigung der Echtheit durch das Konsulat des Staates, in dem die Urkunde verwendet werden soll (vgl. dazu auch § 13 Abs. 2 KonsularG).[220] Bei Staaten, die wie die Bundesrepublik dem **Haager Übereinkommen** zur Befreiung ausländischer öffentlicher Urkunden von der Legalisation vom 5.10.1961[221] beigetreten sind, wird auf die Legalisation verzichtet. An ihre Stelle tritt die sog. **Apostille**. Dabei handelt es sich um einen Echtheitsvermerk, mit dem die Urkunde durch die zuständige Behörde des Errichtungsstaates versehen wird.[222] Daneben hat die Bundesrepublik mit zahlreichen Staaten bilaterale Abkommen geschlossen, nach denen ebenfalls der Echtheitsnachweis im Wege der Legalisation durch eine bloße Apostille ersetzt wird; zum Teil wird der Echtheitsnachweis auch von jeglichen Formerfordernissen befreit.[223]

XI. Kosten der Handelsregistereintragung

78 1. **Gerichtskosten.** Gem. § 79 KostO werden für Handelsregistereintragungen Gebühren ausschließlich aufgrund der auf § 79a KostO beruhenden **Handelsregistergebührenverordnung (HRegGebV)** erhoben,[224] der sich in der Anlage das amtliche **Gebührenverzeichnis (GVHR)** anschließt.[225] Daraus lassen sich die zu entrichtenden Gebühren detailliert entnehmen. So kostet etwa die Ersteintragung eines Einzelkauf-

---

[217] Ebenroth/Boujong/Joost/Strohn/*Schaub* Anh. § 12 Rn 50; Fleischhauer/*Preuß* Kap. A Rn 117; *Bausback* DNotZ 1996, 254 (255); *Reithmann* NJW 2003, 385 (386); *Roth* IPRax 1995, 86 (87).

[218] OLG Naumburg NZG 2001, 853; Baumbach/*Hopt* Rn 1; Fleischhauer/*Preuß* Kap. A Rn 117; *Bausback* DNotZ 1996, 254 (255); *Reithmann* NJW 2003, 385 (386); ausführlich zu Registeranmeldungen mit Auslandsbezug Ebenroth/Boujong/Joost/Strohn/*Schaub* Anh. § 12.

[219] Übermäßig großzügig daher das LG Berlin NZG 2004, 1014 (1016), das auch ohne Apostille die Echtheit der ausländischen öffentlichen Urkunde nach „pflichtgemäßem Ermessen" bejaht; zu Recht krit. *Wachter* DB 2004, 2795 (2801).

[220] Ausführlich zum Legalisationsverfahren *Bindseil* DNotZ 1992, 275 (276 ff).

[221] BGBl. 1965 II, S. 876 = *Jayme/Hausmann* Nr. 250; in Kraft seit dem 13.2.1966.

[222] Ausführlich dazu Ebenroth/Boujong/Joost/Strohn/*Schaub* Anh. § 12 Rn 68 ff; *Bindseil* DNotZ 1992, 275 (280 ff).

[223] Ausführlich zu den einzelnen bilateralen Abkommen Ebenroth/Boujong/Joost/Strohn/*Schaub* Anh. § 12 Rn 57 ff; regelmäßig aktualisierte Angaben zu den einzelnen Ländern können über die Homepage des Deutschen Notarinstituts abgerufen werden.

[224] Verordnung über Gebühren in Handels-, Partnerschafts- und Genossenschaftsregistersachen (Handelsregistergebührenverordnung – HRegGebV) v. 30.9.2004, BGBl. I, S. 2562.

[225] Verordnung und Gebührenverzeichnis sind abgedruckt in *Hartmann* Kostengesetze, 38. Aufl., 2008, Anh. § 79a KostO.

manns € 50 (Gebührentatbestand Nr. 1100), einer Personengesellschaft mit bis zu drei einzutragenden Gesellschaftern € 70 (Nr. 1101), einer GmbH bei Bargründung € 100, bei Sachgründung € 150 (Nr. 2100, 2101) sowie die Eintragung einer AG bei Bargründung € 240 und bei Sachgründung € 290 (Nr. 2102, 2103). Neben den Kosten der Ersteintragung sind im Gebührenverzeichnis auch die der weiteren in Betracht kommenden Registereintragungen berücksichtigt. Auch wenn jede Eintragung grundsätzlich einen **eigenen Gebührentatbestand** darstellt, bestimmt § 2 HRegGebV, dass bei der Ersteintragung im Gegensatz zu späteren Anmeldungen zusätzliche Gebühren nur für die gleichzeitig angemeldete Eintragung einer Zweigniederlassung oder einer Prokura erhoben werden. Zu den Eintragungskosten kommt die pauschale Gebühr für die öffentliche Bekanntmachung nach § 10 in Höhe von einem Euro, § 137 Abs. 1 Nr. 4 KostO (s. dazu bereits § 10 Rn 25). Gem. §§ 3, 4 HRegGebV beträgt die Gebühr für die **Zurücknahme** einer Anmeldung vor der Eintragung 75 %, bei der **Zurückweisung** 120 % der für die Eintragung bestimmten Gebühr. Zur Verpflichtung, einen **Kostenvorschuss** zu leisten, s. § 8 KostO.[226]

Die Gerichtskosten sind seit dem Inkrafttreten der HRegGebV (Rn 78) **aufwands- 79 bezogene Festgebühren**, die aufgrund der erwarteten durchschnittlichen Kosten festgesetzt wurden.[227] Das zuvor geltende **gegenstandswertbezogene Gebührensystem** konnte nicht länger aufrechterhalten werden, da es den **europarechtlichen Anforderungen** nicht gerecht wurde. Auslöser für die grundlegenden Änderungen waren die Ausführungen des EuGH in der Rechtssache Fantask,[228] aus denen sich ergab, dass eine Vorschrift gegen Art. 12 der Gesellschaftssteuerrichtlinie verstößt,[229] soweit ihre Anwendung zu Gebühren führt, die den tatsächlichen für die Eintragung erforderlichen Kostenaufwand übersteigen.[230] Da die Richtlinie nach Auffassung des EuGH von deutschen Gerichten unmittelbar anzuwenden war, konnte § 26 KostO a.F. nur in richtlinienkonformer Auslegung fortgelten.[231] Deshalb wurde mit dem **Handelsregistergebühren-Neuordnungsgesetz** (HRegGebNeuOG) vom 3.7.2004 die vorherige Gebührenregelung der §§ 26, 79 KostO durch §§ 79, 79a KostO i.V.m. der HRegGebV abgelöst.[232] Durch die Einführung des elektronischen Handelsregisters wurden weitere Änderungen notwendig, so dass §§ 79, 79a KostO, die HRegGebV und das Gebührenverzeichnis durch das **EHUG** (Rn 2) nochmals modifiziert wurden.

2. Notarkosten. Da sich die Änderungen der KostO durch das EHUG im Wesent- **80** lichen auf die Gerichtskosten beschränkten, fehlen für den Notar zum Teil Bestimmungen, die den technischen Neuerungen Rechnung tragen.[233] Allerdings ist durch § 1a Abs. 1 S. 1 KostO gewährleistet, dass die Kostenordnung in ihrer derzeitigen Fassung auch auf

---

[226] Ausführlich dazu *Krafka/Willer* Rn 490 ff.
[227] Vgl. BR-Drucks. 580/04, S. 10.
[228] EUGH v. 2.12.1997, Rs. C-188/95, Slg. I-6783.
[229] Richtlinie 69/335/EWG v. 17.7.1969, ABl. EG Nr. L 249 v. 3.10.1969, S. 25, neu gefasst durch Richtlinie 85/303/EWG v. 10.6.1985, ABl. EG Nr. L 156 v. 15.6.1985, S. 23.
[230] Vgl. dazu ausführlich Röhricht/v. Westphalen/*Ammon* Vor § 8 Rn 9 mwN, insbesondere zu den im Anschluss an das Urteil ergangenen Entscheidungen des BayObLG;
ferner Fleischhauer/*Preuß* Kap. A Rn 222; Fleischhauer/*Schemmann* Kap. C Rn 66.
[231] Röhricht/v. Westphalen/*Ammon* Vor § 8 Rn 9, § 13d Rn 17; Fleischhauer/*Preuß* Kap. A Rn 222.
[232] Gesetz zur Neuordnung der Gebühren in Handels-, Partnerschafts- und Genossenschaftsregistersachen (Handelsregistergebühren-Neuordnungsgesetz – HRegGeb-NeuOG) v. 3.7.2004, BGBl. I, S. 1410.
[233] Vgl. *Sikora/Schwab* MittBayNot 2007, 1 (7 f); ausführlich dazu *Tiedtke/Sikora* MittBayNot 2006, 393 (394).

elektronische Dokumente angewendet werden kann.[234] Im Gegensatz zu den festen Gerichtsgebühren sind die Notarkosten weiterhin **geschäftswertabhängig**. Für die Anmeldung zum Handelsregister ergeben sie sich regelmäßig aus §§ 145, 141, 86 S. 1, 38 Abs. 2 Nr. 7 KostO. Danach ist für die **Fertigung des Entwurfs** und die **Beglaubigung der Anmeldung** die Hälfte der vollen Gebühr zu erheben. Diese ist gem. § 32 KostO vom Geschäftswert abhängig, der sich bei Anmeldungen zum Handelsregister aus § 41a KostO ergibt und bei der Erstanmeldung einer Kapitalgesellschaft **dem in das Handelsregister einzutragenden Geldbetrag** entspricht, § 41a Abs. 1 Nr. 1 KostO, allerdings nach § 39 Abs. 4 KostO auf € 500.000 begrenzt ist.[235] Durch das MoMiG (vgl. Rn 18) wurde bei der Anmeldung einer Kapitalgesellschaft in § 41a Abs. 1 Nr. 1 KostO ein **Mindestgeschäftswert** von € 25.000 eingeführt, was zunächst mit der geplanten Herabsetzung des Mindeststammkapitals der GmbH auf € 10.000 begründet wurde. Dadurch hätten nämlich Notarkosten entstehen können, die dem Arbeitsaufwand kaum gerecht geworden wären.[236] Nachdem das Mindeststammkapital bei € 25.000 belassen wurde, kann die Argumentationsführung aber im Hinblick auf die neu geschaffene **Unternehmergesellschaft** und die **Zweigniederlassungen ausländischer Gesellschaften** aufrechterhalten werden (vgl. dazu noch § 13d Rn 75). Gemäß dem auf Initiative des Rechtsausschusses erlassenen § 41d KostO gilt der Mindestwert nicht für Gesellschaften, die im vereinfachten Verfahren nach § 2 Abs. 1a GmbHG gegründet wurden. Nimmt der Notar **lediglich die öffentliche Beglaubigung** vor, ohne den Entwurf zu fertigen, betragen die Kosten ein Viertel der vollen Gebühr, höchstens aber € 130, § 45 KostO. Zu mehreren Anmeldungen in einer Verhandlung s. § 44 KostO. Die **Dokumentenpauschale** für die Auslagen des Notars ergibt sich regelmäßig aus §§ 141, 136 KostO.

§ 13
Zweigniederlassungen von Unternehmen mit Sitz im Inland

(1) ¹Die Errichtung einer Zweigniederlassung ist von einem Einzelkaufmann oder einer juristischen Person beim Gericht der Hauptniederlassung, von einer Handelsgesellschaft beim Gericht des Sitzes der Gesellschaft, unter Angabe des Ortes und der inländischen Geschäftsanschrift der Zweigniederlassung und des Zusatzes, falls der Firma der Zweigniederlassung ein solcher beigefügt wird, zur Eintragung anzumelden. ²In gleicher Weise sind spätere Änderungen der die Zweigniederlassung betreffenden einzutragenden Tatsachen anzumelden.

(2) Das zuständige Gericht trägt die Zweigniederlassung auf dem Registerblatt der Hauptniederlassung oder des Sitzes unter Angabe des Ortes sowie der inländischen Geschäftsanschrift der Zweigniederlassung und des Zusatzes, falls der Firma der Zweigniederlassung ein solcher beigefügt ist, ein, es sei denn, die Zweigniederlassung ist offensichtlich nicht errichtet worden.

(3) Die Absätze 1 und 2 gelten entsprechend für die Aufhebung der Zweigniederlassung.

---

[234] *Tiedtke/Sikora* MittBayNot 2006, 393 (394).
[235] Zur Auswirkung der Fantask-Rechtsprechung des EuGH (vgl. oben Fn. 228) auf die Notargebühren vgl. Fleischhauer/Schemmann Kap. C Rn 68 mwN; ferner *Krafka/Willer* Rn 488.
[236] RegE MoMiG, BT-Drucks. 16/6140, S. 59.

Schrifttum

Bärmann Supranationale Aktiengesellschaften? AcP 156 (1957), 156; *ders.* Supranationale Aktiengesellschaften, NJW 1957, 613; *Balser* Der Doppelsitz von Kapitalgesellschaften, DB 1972, 2049; *Bokelmann* Die Veräußerung einer Zweigniederlassung mit abgeleiteter Firma, GmbHR 1978, 265; *ders.* Nochmals: Zur Veräußerung einer Zweigniederlassung mit abgeleiteter Firma, GmbHR 1982, 153; *Borsch* Die Zulässigkeit des inländischen Doppelsitzes für Gesellschaften mbH, GmbHR 2003, 528; *Bungert* Sitzanknüpfung für Rechtsfähigkeit von Gesellschaften gilt auch nicht mehr im Verhältnis zu den USA, DB 2003, 1043; *Clausnitzer* Die Novelle des Internationalen Gesellschaftsrechts – Auswirkungen auf das deutsche Firmenrecht, NZG 2008, 321; *Dirksen/Volkers* Die Firma der Zweigniederlassung in der Satzung von AG und GmbH, BB 1993, 598; *Drouven* US-Gesellschaften mit Hauptverwaltungssitz in Deutschland im deutschen Recht, NZG 2007, 7; *Ebke* Überseering: Die wahre Liberalität ist Anerkennung, JZ 2003, 927; *Eidenmüller* (Hrsg.) Ausländische Kapitalgesellschaften im deutschen Recht, 2004; *ders.* Die GmbH im Wettbewerb der Rechtsformen, ZGR 2007, 168; *Fingerhuth/Rumpf* MoMiG und die grenzüberschreitende Sitzverlegung – Die Sitztheorie ein (lebendes) Fossil? IPRax 2008, 90; *Flesner* Die GmbH-Reform (MoMiG) aus Sicht der Akquisitions- und Restrukturierungspraxis, NZG 2006, 641; *Franz/Laeger* Die Mobilität deutscher Kapitalgesellschaften nach Umsetzung des MoMiG unter Einbeziehung des Referentenentwurfs zum internationalen Gesellschaftsrecht, BB 2008, 678; *Grasmann* System des Internationalen Gesellschaftsrechts, 1970; *Grohmann/Gruschinske* Die identitätswahrende grenzüberschreitende Satzungssitzverlegung in Europa – Schein oder Realität? GmbHR 2008, 27; *Grothe* Die „ausländische Kapitalgesellschaft & Co. KG", 1989; *Hahnefeld* Neue Regelungen zur Offenlegung bei Zweigniederlassungen, DStR 1993, 1596; *Hirte/Bücker* Grenzüberschreitende Gesellschaften, 2. Aufl., 2006; *J. Hoffmann* Die stille Bestattung der Sitztheorie durch den Gesetzgeber, ZIP 2007, 1581; *Horn* Deutsches und europäisches Gesellschaftsrecht und die EuGH-Rechtsprechung zur Niederlassungsfreiheit – Inspire Art, NJW 2004, 893; *Karl* Zur Sitzverlegung deutscher juristischer Personen des privaten Rechts nach dem 8. Mai 1945, AcP 159 (1960), S. 193; *Katschinski* Die Begründung eines Doppelsitzes bei Verschmelzung, ZIP 1997, 620; *Kindler* Neue Offenlegungspflichten für Zweigniederlassungen ausländischer Kapitalgesellschaften, NJW 1993, 3301; *ders.* Der Wegzug von Gesellschaften in Europa, DK 2006, 811; *ders.* GmbH-Reform und internationales Gesellschaftsrecht, AG 2007, 721; *Klose-Mokroß* Die Eintragung der Zweigniederlassung einer englischen private limited company in das deutsche Handelsregister, DStR 2005, 971, 1013; *J. Koch* Freie Sitzwahl für Personenhandelsgesellschaften, ZHR 173 (2009), 101; *Köbler* Rechtsfragen der Zweigniederlassung, BB 1969, 845; *Kögel* Gründung einer ausländischen Briefkastenfirma: Wann ist eine Zweigniederlassung in Deutschland eine Zweigniederlassung? DB 2004, 1763; *ders.* Firmenbildung von Zweigniederlassungen in- und ausländischer Unternehmen, Rpfleger 1993, 8; *König* Doppelsitz einer Kapitalgesellschaft – Gesetzliches Verbot oder zulässiges Mittel der Gestaltung einer Fusion, AG 2000, 18; *Kussmaul/Richter/Ruiner* Die Sitztheorie hat endgültig ausgedient!, DB 2008, 451; *Leible/Hoffmann* Überseering und das (vermeintliche) Ende der Sitztheorie, RIW 2002, 925; *Lenz* Eintragungsverfahren bei Zweigniederlassungen und bei Sitzverlegung nach der zum 1. Oktober 1937 in Kraft tretenden Neuregelung, JW 1937, 2632; *ders.* Das Gesetz über die Eintragung von Handelsniederlassungen und das Verfahren in Handelsregistersachen vom 10.8.1937, DJ 1937, 1305; *Leuering* Von Scheinauslandsgesellschaften hin zu „Gesellschaften mit Migrationshintergrund", ZRP 2008, 73; *Liese* Die Handelsregistereintragung Europäischer Auslandsgesellschaften in Deutschland – oder: Ceci n'est pas une pipe? NZG 2006, 201; *Lutter* (Hrsg.) Europäische Auslandsgesellschaften in Deutschland, 2005; *Mödl* Die ausländische Kapitalgesellschaft in der notariellen Praxis, RNotZ 2008, 1; *Peters* Verlegung des tatsächlichen Verwaltungssitzes der GmbH ins Ausland, GmbHR 2008, 245; *Plesse* Neuregelung des Rechts der Offenlegung von Zweigniederlassungen, DStR 1993, 133; *Pluskat* Die Zulässigkeit des Mehrfachsitzes und die Lösung der damit verbundenen Probleme, WM 2004, 601; *Preuß* Die Wahl des Satzungssitzes im geltenden Gesellschaftsrecht und nach dem MoMiG-Entwurf, GmbHR 2007, 57; *Priester* Zur Zulässigkeit eines Doppelsitzes einer Aktiengesellschaft, EWiR 1985, 335; *Reithmann/Martiny* Internationales Vertragsrecht, 6. Aufl., 2004; *Richert* Zur Eintragungsfähigkeit mehrerer Niederlassungen desselben Kaufmanns, Rpfleger 1956, 7; *ders.* Wie hat die Firma der Zweigniederlassung zu lauten? MDR 1957, 339; *Riegger* Centros – Überseering – Inspire Art: Folgen für die Praxis, ZGR 2004, 510; *Rotheimer* Referentenentwurf

§ 13   1. Buch. Handelsstand

zum Internationalen Gesellschaftsrecht, NZG 2008, 181; *Schanze/Jüttner* Die Entscheidung für Pluralität – Kollisionsrecht und Gesellschaftsrecht nach der EuGH-Entscheidung „Inspire Art", AG 2003, 661; *Schilling* Zweigniederlassung und Tochtergesellschaft im deutschen Niederlassungsrecht, RIW 1954, 37; *Schmidt-Kessel* Das Gemeinschaftsrecht des Handelsregisters, GPR 2006, 6; *C. Schneider* Internationales Gesellschaftsrecht vor der Kodifizierung, BB 2008, 566; *Seibert* Die Umsetzung der Zweigniederlassungs-Richtlinie der EG in deutsches Recht, GmbHR 1992, 738; *ders.* Neuordnung des Rechts der Zweigniederlassung im HGB, DB 1993, 1705; *Spahlinger/Wegen* Internationales Gesellschaftsrecht in der Praxis, 2005; *Springer* Der Doppelsitz der Aktiengesellschaft, NJW 1949, 561; *Wachter* Der Entwurf des MoMiG und die Auswirkungen auf inländische Zweigniederlassungen von Auslandsgesellschaften, GmbHR 2006, 793; *ders.* Zweigniederlassungen englischer private limited companies im deutschen Handelsregister, ZNotP 2005, 122; *Walden* Das Kollisionsrecht der Personengesellschaften im deutschen, europäischen und US-amerikanischen Recht, 2001; *Weller* Inspire Art – Weitgehende Freiheiten beim Einsatz ausländischer Briefkastengesellschaften, DStR 2003, 1800; *Wendel* Das Handelsregisterrecht der Zweigniederlassungen, DB 1959, Beil. Nr. 1; *Wernicke* Die Niederlassung der ausländischen Gesellschaft als Hauptniederlassung, BB 2006, 843; *Wertenbruch* Der Abschluss des „Überseering"-Verfahrens durch den BGH, NZG 2003, 618; *Woite* Grundbucheintragungen für Zweigniederlassungen, NJW 1970, 548. S. auch noch die Nachweise zu § 13d.

Übersicht

	Rn		Rn
I. Normzweck und Regelungsgehalt	1–3	VIII. Sitz und Zweigniederlassung der Handelsgesellschaft	32–54
II. Abgrenzung zu § 13d ff	4	1. Sitz der Kapitalgesellschaft	32–43
III. Rechtsentwicklung und Reform	5–9	a) Satzungssitz	32
1. Ursprung einer erleichterten Registerführung im AktG 1937	5	b) Satzungssitz ohne Geschäftsaktivität?	33–42
2. Neuordnung aufgrund der Zweigniederlassungsrichtlinie	6	aa) Problemstellung	33
3. Neuordnung durch das EHUG	7	bb) Rechtslage vor dem MoMiG	34–37
4. Reform im Zuge des MoMiG	8–9	(1) Inländische Gesellschaften	34
IV. Europäische Vorgaben	10	(2) Ausländische Gesellschaften	35–37
V. Begrifflichkeit	11–13	cc) Rechtslage nach dem Inkrafttreten des MoMiG	38–42
VI. Hauptniederlassung des Kaufmanns oder der juristischen Person im Inland	14–18	(1) Inhalt der Neuregelung	38
1. Bestimmung der Hauptniederlassung	14–15	(2) Konsequenzen der Neuregelung für das Verständnis des § 13	39–40
2. Hauptniederlassung im Inland	16	(3) Gesellschaften aus Drittstaaten	41–42
3. Mehrere Hauptniederlassungen	17–18	c) Festlegung des Satzungssitzes	43
a) Bei mehreren Handelsgeschäften	17	2. Sitz der Personenhandelsgesellschaft	44–48
b) Bei einem Handelsgeschäft	18	a) Grundsätzliche Wahlfreiheit	44–45
VII. Zweigniederlassung des Kaufmanns oder der juristischen Person	19–31	b) Sitzwahl im Ausland	46–47
1. Begriff und Abgrenzungen	19–20	c) Ausländische Personenhandelsgesellschaften in Deutschland	48
2. Keine Beeinflussung durch europäische Vorgaben	21–22	3. Zweigniederlassung der Handelsgesellschaft	49
3. Die Voraussetzungen im Einzelnen	23–31	4. Doppelsitz von Handelsgesellschaften	50
a) Abhängigkeit von der Hauptniederlassung	23–24	a) Problemaufriss und Meinungsstand	50–54
b) Personelle und organisatorische Selbständigkeit	25–31	b) Doppelsitz von Kapitalgesellschaften	51–53
aa) Allgemeines	25	c) Doppelsitz von Personenhandelsgesellschaften	54
bb) Personelle Selbständigkeit	26	IX. Errichtung, Anmeldung und Eintragung der Zweigniederlassung	55–77
cc) Organisatorische Selbständigkeit	27–29	1. Entstehung durch Errichtung	55
dd) Selbständige unternehmerische Betätigung	30–31	2. Zuständigkeit zur Errichtung	56–59
		a) Errichtung durch AG-Vorstand	56

	Rn		Rn
b) Errichtung durch Personenhandels-gesellschaft	57	7. Registerrechtliche Behandlung von Doppelsitzen	76–77
c) Errichtung durch eine GmbH	58	**X. Aufhebung der Zweigniederlassung (§ 13 Abs. 3)**	78
d) Errichtung durch Prokuristen	59	**XI. Rechtsstellung der Zweigniederlassung**	79–87
3. Anmeldung der Errichtung (§ 13 Abs. 1 S. 1)	60–61	1. Keine Rechts- und Parteifähigkeit	79–80
4. Inhalt und Form der Anmeldung	62–66	2. Keine Grundbuchfähigkeit	81
a) Ort, Firmenzusatz, Geschäfts-anschrift	62–63	3. Zurechnung und Haftung	82–83
b) Übergangsvorschrift	64–65	4. Firma	84–87
c) Form	66	a) Grundsatz	84
5. Spätere Änderungen (§ 13 Abs. 1 S. 2)	67–69	b) Einheitlicher Firmenkern	85–86
a) Allgemeines	67	c) Selbständiger Firmenkern	87
b) Sitzverlegung	68	**XII. Kosten**	88–89
c) Umwandlung	69	1. Gerichtskosten	88
6. Prüfung und Eintragung (§ 13 Abs. 2)	70–75	2. Notarkosten	89
a) Prüfung	70–73	**XIII. Altfälle**	90
b) Eintragung und Bekanntmachung	74–75		

I. Normzweck und Regelungsgehalt

Die §§ 13 ff regeln die materiellen Rechtsfragen der Unternehmensgliederung nicht umfassend, sondern legen ausschließlich die Pflichten fest, die dem Unternehmensträger in registerrechtlicher Hinsicht aus der Eröffnung einer Zweigniederlassung entstehen. Dabei wird das Ziel verfolgt, die **registerrechtlichen Dokumentationspflichten** an die Besonderheiten einer Zweigniederlassung anzupassen. Diese zeichnet sich dadurch aus, dass sie zwar in einem nicht unerheblichen Umfang am wirtschaftlichen Rechtsverkehr teilnimmt, dabei aber zugleich von einer Hauptniederlassung abhängig ist (vgl. Rn 23 ff). Dem Umfang der wirtschaftlichen Betätigung tragen die §§ 13 ff dadurch Rechnung, dass sie die handelsrechtlichen Publizitätspflichten auf die Zweigniederlassung erstrecken. Zugleich werden die Unternehmen angesichts der engen Verbindung von Haupt- und Zweigniederlassung aber auch dadurch entlastet, dass ihnen die Möglichkeit eingeräumt wird, die Erfüllung der Publizitätspflichten **auf ein Registergericht zu konzentrieren**. Eine solche Konzentration hat nicht nur den Vorteil, dass die Registrierung vereinfacht wird, sondern sie dient auch der Kontroll- und Publizitätsfunktion des Handelsregisters (§ 8 Rn 1 ff), weil damit Fehlerquellen vermieden werden, die sich bei einer doppelten Dokumentation zwischen den einzelnen Registern ergeben könnten.[1] **1**

Für die **Errichtung** einer inländischen Zweigniederlassung durch einen Einzelkaufmann, eine juristische Person oder eine Handelsgesellschaft mit Hauptniederlassung oder Sitz im Inland wird in § 13 Abs. 1 S. 1 zunächst eine generelle **Anmeldepflicht** statuiert, die in § 13 Abs. 1 S. 2 auch auf **spätere Änderungen** der einzutragenden Tatsachen ausgedehnt wird. § 13 Abs. 2 präzisiert die aus der Anmeldung resultierende grundsätzliche **Eintragungspflicht des Gerichts**, durch die es nur dann nicht gebunden ist, wenn die Zweigniederlassung offensichtlich nicht errichtet ist. § 13 Abs. 3 schließlich ordnet die entsprechende Geltung der Vorschrift für die **Aufhebung** der Zweigniederlassung an. **2**

Die Regelung gilt über § 5 Abs. 2 PartGG auch für die **Partnerschaftsgesellschaft** entsprechend, die aufgrund ihrer fehlenden Gewerbeeigenschaft nicht in den unmittelbaren **3**

---

[1] Vgl. RegE EHUG, BT-Drucks. 16/960, S. 46; Ebenroth/Boujong/Joost/Strohn/*Pentz* Rn 3; Heymann/*Sonnenschein*/*Weitemeyer* Rn 3; Rowedder/*Schmidt-Leithoff* § 12 Rn 2.

§ 13   1. Buch. Handelsstand

Anwendungsbereich des HGB fällt. Die rechtliche Behandlung von Zweigniederlassungen weicht trotz dieses Verweises vereinzelt von den zu § 13 entwickelten Grundsätzen ab, da z.T. berufsrechtliche Sondervorschriften zu beachten sind.[2] Für die **Genossenschaft** enthält § 14 GenG eine eigenständige Regelung, deren Struktur der des § 13 angeglichen ist. **Vereine und Gesellschaften bürgerlichen Rechts** können keine Zweigniederlassung i.S.d. § 13 gründen.[3]

II. Abgrenzung zu § 13d ff

4   Da eine Verweisung auf ein anderes Register nur dann den Anforderungen des nationalen Registerrechts genügen kann, wenn die Hauptniederlassung in einem **deutschen Handelsregister** eingetragen ist, unterscheidet das Gesetz zwischen solchen Unternehmen, die inländischen Registrierungspflichten unterworfen sind, und solchen, bei denen dies nicht der Fall ist. Diese Unterscheidung kommt zwar nicht im Wortlaut der Vorschrift, wohl aber in der (hier amtlichen[4]) Überschrift sowie in der systematischen Gegenüberstellung zu § 13d ff zum Ausdruck. Die **Abgrenzung** hat danach zu erfolgen, ob die Unternehmen ihren Sitz oder ihre Hauptniederlassung im Inland oder im Ausland haben. Nur für die erste Gruppe ordnet § 13 an, dass die registergerichtlichen Pflichten beim Gericht der Hauptniederlassung bzw. des Gesellschaftssitzes konzentriert werden. Für die Unternehmen mit Sitz oder Hauptniederlassung im Ausland war hingegen eine ausführlichere Regelung erforderlich, die in den §§ 13d ff enthalten ist. Die auf den ersten Blick scheinbar trennscharfe Abgrenzung zwischen in- und ausländischen Unternehmen erweist sich tatsächlich als ausgesprochen anspruchsvolle Aufgabe, da der **Anknüpfungspunkt** für diese Beurteilung je nach der Unternehmensform und der Herkunft des Unternehmens unterschiedlich zu bestimmen ist (s. noch Rn 14 ff, Rn 32 ff).

III. Rechtsentwicklung und Reform

5   **1. Ursprung einer erleichterten Registerführung im AktG 1937.** Nach Art. 21, 86 ADHGB 1869 und den daran anknüpfenden §§ 13, 201 HGB 1897 wurde eine Zweigniederlassung registerrechtlich grundsätzlich ebenso behandelt wie die Hauptniederlassung.[5] Erst im Jahr 1937 wurde die Anmeldung von Zweigniederlassungen einer **Aktiengesellschaft** in der Weise erleichtert, dass nur noch am Ort der Hauptniederlassung eine Anmeldung gefordert wurde, die sodann an das Registergericht der Zweigniederlassung weitergeleitet wurde (§§ 35–37 AktG 1937). Diese Änderung wurde noch im gleichen Jahr auf die GmbH (§ 12 GmbHG a.F.) und die Genossenschaft (§§ 14 f GenG a.F.) übertragen und überdies in den §§ 13a–c HGB a.F. auf **sämtliche Kaufleute** ausgedehnt.[6]

---

[2] Vgl. dazu *Henssler* PartGG, 2. Aufl., 2008, § 5 Rn 34 ff; MünchKommBGB/*Ulmer* §§ 4, 5 PartGG Rn 44.
[3] Ebenroth/Boujong/Joost/Strohn/*Pentz* Rn 21.
[4] Die Überschriften der §§ 13–13g sind amtliche Überschriften, wohingegen im HGB ansonsten überwiegend nichtamtliche Überschriften verwendet werden; vgl. Baumbach/*Hopt* Rn 2; Röhricht/v. Westphalen/*Ammon* vor § 13 Rn 2.

[5] Zu den Einzelheiten vgl. *Makower* HGB, 12. Aufl., 1898, § 13 sowie die Denkschrift zum HGB – *Hahn/Mugdan* S. 209 f.
[6] Gesetz über die Eintragung von Handelsniederlassungen und das Verfahren in Handelsregistersachen v. 10.8.1937 – RGBl. I, S. 897 – Begründung abgedruckt in DJ 1937, 1302; vgl. dazu *Groschuff* JW 1937, 2425 ff; *Lenz* DJ 1937, 1305 ff; *dens.* JW 1937, 2632 ff.

2. Neuordnung aufgrund der Zweigniederlassungsrichtlinie. Die nächste grundlegende **6**
Neuordnung wurde durch die sog. **Zweigniederlassungsrichtlinie**[7] der EG angestoßen.
Um die Ausübung der Niederlassungsfreiheit durch Gesellschaften zu erleichtern, statuierte die Richtlinie für inländische Zweigniederlassungen ausländischer Kapitalgesellschaften bestimmte Offenlegungspflichten. Diese Vorgaben setzte der deutsche Gesetzgeber mit dem Gesetz zur Durchführung der Elften gesellschaftsrechtlichen EG-Richtlinie vom 22.7.1993[8] um und fasste bei dieser Gelegenheit das bisher auf mehrere Gesetze verstreute und deshalb als unübersichtlich empfundene Registerrecht der Zweigniederlassung **einheitlich im HGB**, und zwar dort in den §§ 13–13h a.F., zusammen.[9] Nach dieser bis zum Jahr 2006 geltenden Grundkonzeption sollte die Anmeldung zwar auf das Registergericht der Hauptniederlassung konzentriert werden; zwischen dem Gericht der Hauptniederlassung und dem der Zweigniederlassung sollte sodann jedoch eine **Abstimmung** in der Weise erfolgen, dass die registerrechtlich relevanten Vorgänge der Zweigniederlassung in den Registern beider Gerichte übereinstimmend dokumentiert wurden.

3. Neuordnung durch das EHUG. Nach kleineren Änderungen durch das NaStraG **7**
vom 18.1.2001[10] wurden die §§ 13 ff durch das EHUG vom 10.11.2006[11] vollständig neu gefasst. Auslöser der Reform war die Überlegung, dass es angesichts der ebenfalls neu eingeführten Möglichkeit eines **distanzüberschreitenden Online-Abrufs** des Handelsregisters nicht mehr erforderlich sei, weiterhin eine doppelte registerrechtliche Dokumentation sowohl beim Gericht der Hauptniederlassung als auch beim Gericht der Zweigniederlassung fortzuführen.[12] Daher wurde das Recht der Zweigniederlassung in der Weise vereinfacht, dass die Registerführung für Haupt- und Zweigniederlassung künftig gleichermaßen beim Gericht der Hauptniederlassung bzw. des Sitzes **konzentriert** werden soll (§ 13 n.F.). Ein Gericht der Zweigniederlassung gibt es für inländische Zweiggesellschaften deutscher Unternehmen nicht mehr.[13] Auf diese Weise sollen doppelte Eintragungen und Abstimmungsschwierigkeiten zwischen den verschiedenen Registergerichten vermieden werden. Allerdings musste der Gesetzgeber dafür in Kauf nehmen, dass eine registergerichtliche Prüfung des Errichtungsaktes aufgrund der geographischen Entfernung nur noch in sehr abgeschwächter Form möglich sein wird (s. noch Rn 72 ff). Die für die Aktiengesellschaft und die GmbH geltenden Sondervorschriften in §§ 13a und 13b HGB a.F., die namentlich sicherstellen sollten, dass auch beim Registergericht der

---

[7] Elfte Richtlinie des Rates der Europäischen Gemeinschaften auf dem Gebiet des Gesellschaftsrechts v. 21.12.1989 über die Offenlegung von Zweigniederlassungen, die in einem Mitgliedstaat von Gesellschaften bestimmter Rechtsformen errichtet wurden, die dem Recht eines anderen Staats unterliegen (89/666/EWG), ABl. EG Nr. L 395/36 v. 30.12.1989.

[8] BGBl. I, S. 1282.

[9] Vgl. *Hahnefeld* DStR 1993, 1596 ff; *Kindler* NJW 1993, 3301 ff; *Plesse* DStR 1993, 133 ff; *Seibert* GmbHR 1992, 738 ff; *dens.* DB 1993, 1705 ff.

[10] Gesetz zur Namensaktie und zur Erleichterung der Stimmrechtsausübung (NaStraG) v. 18.1.2001, BGBl. I, S. 123.

[11] Gesetz über elektronische Handelsregister und Genossenschaftsregister sowie das Unternehmensregister (EHUG) v. 10.11.2006, BGBl. I, S. 2553.

[12] Vgl. zum Folgenden Beschlussempfehlung Rechtsausschuss, BT-Drucks. 16/2781, S. 152, auf die §§ 13 ff in ihrer heutigen Fassung zurückgehen. Zu den noch deutlich höheren Anforderungen des Regierungsentwurfs (BT-Drucks. 16/960, S. 7 mit Begründung auf S. 46) vgl. die Kritik des Bundesrates, BT-Drucks. 16/960, S. 77; *Krafka* MittBayNot 2005, 290 (292).

[13] Ebenroth/Boujong/Joost/Strohn/*Pentz* Rn 10.

Zweigniederlassung die wesentlichen Informationen über die Hauptniederlassung verfügbar waren, sind folgerichtig aufgehoben worden. § 13c a.F., der die sog. laufenden Anmeldungen bei späteren Änderungen regelte, ist in verschlankter Form in § 13 Abs. 1 S. 2 aufgegangen (s. noch Rn 67). Im Schrifttum ist diese Neuerung auf berechtigte Zustimmung gestoßen.[14]

4. Reform im Zuge des MoMiG. Eine neuerliche Änderung hat das Recht der Zweigniederlassungen durch das **MoMiG** vom 23.10.2008[15] erfahren. In den Gesetzestext des § 13 wurde zwar nur in einem eher geringfügigen Maß eingegriffen (Erfordernis einer inländischen Geschäftsanschrift – s. dazu noch Rn 62 ff), doch ergibt sich eine weiterreichende mittelbare Änderung aus der Neufassung der §§ 5 AktG, 4a GmbHG. Damit wird die für Aktiengesellschaften und Gesellschaften mbH bislang geltende Regelung aufgegeben, wonach die Satzung i.d.R. den Ort als Sitz zu bestimmen hat, wo sich die Geschäftsführung befindet oder die Verwaltung geführt wird. Diese Einschränkung wurde namentlich im **grenzüberschreitenden Verkehr** als hinderlich empfunden. So war es etwa einem ausländischen Unternehmen nicht möglich, sich bei der Gründung einer Tochtergesellschaft für die Rechtsform einer deutschen Kapitalgesellschaft zu entscheiden, wenn die Geschäftstätigkeit ganz oder überwiegend aus dem Ausland geführt werden sollte. Ebenso war es einer deutschen Konzernmutter verwehrt, ihre ausländischen Tochtergesellschaften in einer deutschen Rechtsform (etwa der einer GmbH) zu organisieren.[16] Da umgekehrt ausländischen Gesellschaften durch die neuere Rechtsprechung des EuGH zur Niederlassungsfreiheit diese Freiheit eröffnet war (Centros, Überseering, Inspire Art),[17] sah der Gesetzgeber hier einen Wettbewerbsnachteil für deutsche Gesellschaften und das deutsche Gesellschaftsrecht.[18]

Durch die Neuregelung will der Gesetzgeber die **Waffengleichheit** gegenüber funktional vergleichbaren Auslandsgesellschaften wieder herstellen und die GmbH exportfähig machen.[19] Nunmehr steht es auch deutschen Gesellschaften offen, einen Verwaltungssitz zu wählen, der nicht notwendig mit dem Satzungssitz übereinstimmt. Diese neue Freiheit sollen deutsche Kapitalgesellschaften namentlich dafür nutzen können, um ihre Geschäftstätigkeit ausschließlich im Rahmen einer (Zweig-)Niederlassung, die alle Geschäftsaktivitäten erfasst, **außerhalb des deutschen Hoheitsgebiets** zu entfalten.[20] Im Lichte dieser Änderung müssen die in der Vergangenheit zur Abgrenzung von Sitz und Zweigniederlassung entwickelten Grundsätze neu überdacht werden. Zu den Einzelheiten s. noch Rn 32 ff, 38 ff; speziell zur internationalen Sitzverlegung vgl. auch die Ausführungen in § 13h Rn 25 ff.

---

[14] Vgl. etwa *Hüffer* Anh. zu § 45 AktG § 13 HGB Rn 2; *Apfelbaum* DNotZ 2007, 166 (168); *Nedden-Boeger* FGPrax 2007, 1 (3 f); *Noack* NZG 2006, 801 (804).

[15] Gesetz zur Modernisierung des GmbH-Rechts und zur Bekämpfung von Missbräuchen; BGBl. I, S. 2026.

[16] Vgl. zu diesen Beispielen RegE MoMiG, BT-Drucks. 16/6140, S. 29; ferner *Peters* GmbHR 2008, 245 (248).

[17] EuGH v. 9.3.1999, Rs. C-212/97, Slg. 1999, I-1459, 1484 (Centros); EuGH v. 5.11.2002, Rs. C-208/00, Slg. 2002, 9919, 9943 (Überseering); EuGH v. 30.9.2003, Rs. C-167/01, Slg. 2003, I-10155, 10195 (Inspire Art).

[18] RegE MoMiG, BT-Drucks. 16/6140, S. 29.

[19] *Triebel/Otte* ZIP 2006, 1321 (1326); zweifelnd *Peters* GmbHR 2008, 245 (248).

[20] RegE MoMiG, BT-Drucks. 16/6140, S. 29.

IV. Europäische Vorgaben

Das deutsche Recht der Zweigniederlassung muss den europäischen Vorgaben der Zweigniederlassungsrichtlinie (s. Rn 6) genügen. Soweit den §§ 13–13h unmittelbare Richtlinienvorgaben zugrunde liegen, ist demnach das **Gebot der richtlinienkonformen Auslegung** zu beachten.[21] Dabei ist allerdings zu berücksichtigen, dass die Richtlinie ausschließlich Bestimmungen über die registerrechtliche Offenlegung von inländischen Zweigniederlassungen ausländischer Kapitalgesellschaften trifft, die nicht in § 13, sondern erst in §§ 13d ff geregelt sind. Daraus darf aber nicht zwangsläufig der Schluss gezogen werden, dass die Auslegung des § 13 von der Richtlinie unberührt bleibt.[22] Da der deutsche Gesetzgeber sich dazu entschlossen hat, die Vorgaben der Richtlinie einer **einheitlichen Regelung in §§ 13 ff** zuzuführen, kann sich daraus im Einzelfall die Folge ergeben, dass das europarechtlich geprägte Verständnis der §§ 13d ff auch auf die Auslegung des § 13 ausstrahlt.[23] Das zeigt sich etwa darin, dass für die Entscheidung, ob eine Zweigniederlassung unter § 13 oder unter § 13d fällt, eine trennscharfe Abgrenzung zwischen Unternehmen mit Sitz im Inland und solchen mit Sitz im Ausland durchgeführt werden muss. Hier müssen sich europäische Vorgaben zur Einordnung als Haupt- oder Zweigniederlassung in § 13d spiegelbildlich auch auf das Verständnis des § 13 auswirken (s. Rn 32 ff). Soweit es allerdings um grundlegende Strukturen des historisch gewachsenen deutschen Zweigniederlassungsrechts geht, ist diese – in erster Linie auf systematischen Praktikabilitätserwägungen beruhende – Entscheidung zugunsten einer einheitlichen Regelung nicht hinreichend aussagekräftig, um auch insofern die nationalen Grundsätze durch europäische Wertungen zu verdrängen (s. dazu noch Rn 21 f).

V. Begrifflichkeit

Regelungsgegenstand des § 13 ist nach der amtlichen Überschrift (s. Fn 4) die Zweigniederlassung von Unternehmen, wobei sich aus dem Norminhalt erschließt, dass der **Unternehmensbegriff** in dieser Vorschrift rechtsformneutral verwandt wird und sowohl den Einzelkaufmann als auch juristische Personen und Handelsgesellschaften umfasst.[24] Der Begriff der Zweigniederlassung wird in § 13 Abs. 1 nicht gesetzlich definiert (zu Ansätzen einer europäischen Begriffsbestimmung s. noch Rn 21 f),[25] sondern ihm wird lediglich ein **terminologisches Gegenstück** gegenübergestellt, nämlich bei Einzelkaufleuten und juristischen Personen die sog. Hauptniederlassung, bei Handelsgesellschaften der Gesellschaftssitz.

---

[21] Vgl. dazu statt vieler *Canaris* in: FS Bydlinski, 2002, S. 47 ff; *Everling* ZGR 1992, 376 ff; *Lutter* JZ 1992, 593 ff; Zweifel an der Sinnhaftigkeit einer gemeinschaftsrechtlichen Harmonisierung bei *Hüffer* Anh. zu § 45 AktG § 13 HGB Rn 2.

[22] So aber HK-HGB/*Ruß* Rn 1; ähnlich MünchKommHGB/*Krafka* Rn 2, § 13d Rn 3; *Kindler* NJW 1993, 3301 (3302); *Seibert* DB 1993, 1705.

[23] Vgl. dazu *Mayer/Schürnbrand* JZ 2004, 545 ff.

[24] Röhricht/v. Westphalen/*Ammon* vor § 13 Rn 2; zum rechtsformneutralen Verständnis des Unternehmensbegriffs vgl. auch Baumbach/*Hopt* Einl. v. § 1 Rn 31 ff; *K. Schmidt* HandelsR § 4.

[25] Zur Begründung vgl. die Denkschrift zum HGB – *Hahn/Mugdan* S. 209: „Zweifel, die sich unter Umständen erheben können, liegen mehr auf thatsächlichem Gebiete".

12 Diese **Unterscheidung ist nicht eindeutig**, da sich die Begriffe der Handelsgesellschaften und der juristischen Person überschneiden, namentlich bei der AG, der KGaA, der GmbH und beim VVaG.[26] Da aber auch diese Gesellschaften ebenso wie die Personenhandelsgesellschaften einen satzungsmäßig festgelegten Sitz haben, der nach den einschlägigen gesellschaftsrechtlichen Regelungen für die verfahrensrechtliche Behandlung der Gesellschaft, und zwar namentlich auch für die Zuständigkeit des Registergerichts, maßgebend ist (vgl. etwa § 14 AktG, § 7 GmbHG), muss auch hier auf den **Satzungssitz** abgestellt werden.[27] Als juristische Personen sind im Kontext des § 13 Abs. 1 nur solche i.S.d. § 33 aufzufassen, die ein Handelsgewerbe betreiben und deren Eintragung nicht bereits durch andere Vorschriften gesichert ist (s. dazu noch § 33 Rn 4).[28] Die Entscheidung, ob für die Gesellschaft der Sitz oder die Hauptniederlassung maßgeblich ist, hat auch für die spiegelbildliche Festlegung der Zweigniederlassung zentrale Bedeutung (s. noch Rn 19 ff, 32 ff).

13 Daneben begegnet in anderen Vorschriften des HGB auch noch der allgemeinere Begriff der **(Handels-)Niederlassung** (z.B. §§ 29, 31 Abs. 1, 37a Abs. 1, 50 Abs. 3, 126 Abs. 3, 341 Abs. 2 und 3, 371 Abs. 4, 394 Abs. 1, 738 Abs. 1 Nr. 1), der überdies auch außerhalb des Handelsrechts verwendet wird, und zwar namentlich als verfahrensrechtlicher Anknüpfungspunkt einzelner Zuständigkeitsvorschriften (z.B. § 21 ZPO). Ein einheitlicher Bedeutungsgehalt lässt sich insofern allerdings nicht erkennen, sondern es werden damit teils die Hauptniederlassung, teils die Zweigniederlassung, teils beides umschrieben. Der **konkrete Bezugspunkt** ist durch Auslegung im Lichte des jeweiligen Normzwecks zu bestimmen.[29] Ansätze, aus einem übergeordneten Oberbegriff der Niederlassung inhaltliche Rückschlüsse auf den Bedeutungsgehalt von Haupt- und Zweigniederlassung zu ziehen, vermögen aufgrund der Konturlosigkeit dieses Begriffs nicht zu überzeugen.[30]

VI. Hauptniederlassung des Kaufmanns oder der juristischen Person im Inland

14 **1. Bestimmung der Hauptniederlassung.** In Ermangelung einer gesetzlichen Definition sind die Begriffe der Haupt- und Zweigniederlassung in Rechtsprechung und Literatur vornehmlich im Lichte ihrer rechtlichen Funktion sowie ihres terminologischen Eigengehalts mit Inhalt gefüllt worden. Beim **Einzelkaufmann** wird danach als Hauptniederlassung der **räumliche Mittelpunkt** des Unternehmens angesehen, der durch den auf Dauer angelegten Ort der Geschäftsleitung bestimmt wird (zur abweichenden Begriffsbestimmung bei Handelsgesellschaften vgl. noch Rn 32 ff).[31] Demnach befindet sich die Niederlassung im Sinne des Registerrechts an dem Ort, von dem aus die Geschäfte dauerhaft geleitet werden. Weil dieser Ort **frei bestimmbar** ist, entscheidet letztlich der Kaufmann selbst über den Ort der Niederlassung, nicht objektive Daten wie beispielsweise die Umsatzhöhe, die Beschäftigtenzahl oder der Wert des Betriebsvermögens.

---

[26] Vgl. dazu Baumbach/*Hopt* § 6 Rn 1 und 3.
[27] So auch *Hüffer* Anh. zu § 45 AktG § 13 HGB Rn 4; zur abweichenden Zuständigkeit bei juristischen Personen i.S.d. § 33 vgl. noch Rn 15.
[28] Vgl. dazu etwa Ebenroth/Boujong/Joost/Strohn/*Zimmer* § 33 Rn 1; MünchKommHGB/*Krafka* § 33 Rn 2.
[29] Ebenroth/Boujong/Joost/Strohn/*Pentz* Rn 20; MünchKommHGB/*Krafka* Rn 5; Röhricht/v. Westphalen/*Ammon* Rn 1.
[30] Ausführlich dazu noch Voraufl. vor § 13 Rn 5 f (*Hüffer*) mwN zu entsprechenden früheren Ansätzen.
[31] Vgl. zum Folgenden bereits Voraufl. vor § 13 Rn 7 (*Hüffer*); ferner Ebenroth/Boujong/Joost/Strohn/*Pentz* Rn 20.

Für die **juristische Person** i.S.d. § 33 (Rn 12) wäre es grundsätzlich auch möglich **15** gewesen – ebenso wie für die Kapitalgesellschaften (s. Rn 32) – als Anknüpfungspunkt den Satzungssitz der Gesellschaft zu wählen. Aus der klaren Gegenüberstellung des § 13 Abs. 1 von Einzelkaufleuten und juristischen Personen einerseits und Handelsgesellschaften andererseits ergibt sich aber, dass die juristische Person **dem Einzelkaufmann gleichgestellt** wird, so dass es auch hier auf den tatsächlichen Ort der Geschäftsleitung ankommt. Dieser Ort ist anerkanntermaßen auch für die Wahl des Registergerichts bei der originären Anmeldung der juristischen Person maßgeblich (s. § 33 Rn 28),[32] so dass für die Festlegung der Hauptniederlassung, bei der die Registerführung konzentriert werden soll, nichts anderes gelten kann.

2. Hauptniederlassung im Inland. Auch für die zur Abgrenzung von § 13d erforder- **16** liche Bestimmung, ob die Hauptniederlassung im In- oder Ausland angesiedelt ist (s. Rn 4), muss dementsprechend auf den räumlichen Mittelpunkt der Geschäftsleitung abgestellt werden. § 13 ist nur anwendbar, wenn dieser Ort im Inland liegt. Auf die Staatsangehörigkeit des Kaufmanns selbst kommt es nicht an. Daher fällt etwa ein deutscher Kaufmann, dessen Unternehmen schwerpunktmäßig im Ausland angesiedelt ist und in Deutschland über eine Zweigniederlassung verfügt, nicht unter § 13, sondern unter § 13d.[33]

3. Mehrere Hauptniederlassungen

a) Bei mehreren Handelsgeschäften. Allgemein anerkannt ist, dass ein Kaufmann **17** mehrere Hauptniederlassungen für verschiedene von ihm geführte Handelsgeschäfte haben kann.[34] Es ist seine Organisationsentscheidung, ob er mehrere Unternehmen unter seiner einheitlichen Leitung zusammenfasst und damit zu unselbständigen Teilen eines Handelsgeschäfts macht oder ob er jedes Unternehmen unabhängig von dem anderen führt, so dass sie nur durch die Person des Rechtsträgers verbunden sind. In diesem Fall kann der Kaufmann daher auch mehrere Hauptniederlassungen haben. Mehrere Handelsgeschäfte liegen allerdings nur dann vor, wenn die Organisationsentscheidung auch durch entsprechende Maßnahmen umgesetzt ist. Jedes Unternehmen muss also eine **in sich geschlossene Geschäftsorganisation** mit den dazugehörigen kaufmännischen und betriebstechnischen Einrichtungen aufweisen, getrennt Bücher führen und bilanzieren.[35] Regelmäßig werden diese Anforderungen sich auch in einer wenigstens teilweisen räumlichen Trennung der Unternehmen niederschlagen. Entscheidend ist nicht das eine oder das andere Merkmal, sondern die Gesamtwürdigung im Einzelfall.

b) Bei einem Handelsgeschäft. Umstritten ist hingegen, ob auch für ein einziges **18** Handelsgeschäft eine doppelte Hauptniederlassung zulässig ist.[36] Dieses Problem stellt sich

---

[32] OLG Dresden OLGR 27, 304 (306 f); Ebenroth/Boujong/Joost/Strohn/*Zimmer* § 33 Rn 13; MünchKommHGB/*Krafka* § 33 Rn 15 i.V.m. § 29 Rn 14; Voraufl. § 33 Rn 8 (*Hüffer*).
[33] Ebenroth/Boujong/Joost/Strohn/*Pentz* § 13d Rn 7; GK-HGB/*Achilles* Rn 2.
[34] Baumbach/*Hopt* Rn 1; Ebenroth/Boujong/Joost/Strohn/*Pentz* Rn 20; MünchKommHGB/*Krafka* § 13 Rn 7; Röhricht/v. Westphalen/*Ammon* Rn 2; *Richert* RPfleger 1956, 7 (8).
[35] Zu den Voraussetzungen im Einzelnen vgl. *Richert* RPfleger 1956, 7 (8).
[36] Dagegen die hM; vgl. LG Köln NJW 1950, 871 (872); Voraufl. vor § 13 Rn 8 (*Hüffer*); *Richert* RPfleger 1956, 7 (8); dafür Baumbach/*Hopt* § 13 Rn 1; zurückhaltend *ders.* dann aber für die Personenhandelsgesellschaft (§ 106 Rn 9).

in erster Linie bei Kapitalgesellschaften und ist dort auch intensiv diskutiert worden mit dem Ergebnis, dass nach heute ganz hM ein Doppelsitz zumindest in Ausnahmefällen zulässig sein soll, wenn für seine Einrichtung gewichtige Gründe sprechen (s. dazu noch Rn 50 ff). Bei einem Einzelkaufmann wird sich ein entsprechendes **Bedürfnis nur in seltenen Fällen** darlegen lassen. Da überdies das Gesetz hier auch nicht an den privatautonom festzulegenden „Sitz", sondern an den **„Ort der Handelsniederlassung"** (§ 29) anknüpft,[37] sprechen die besseren Gründe dafür, eine doppelte Hauptniederlassung nicht zuzulassen.

VII. Zweigniederlassung des Kaufmanns oder der juristischen Person

19 1. **Begriff und Abgrenzungen.** Der Begriff der Zweigniederlassung ist ebenfalls aus den **Funktionen** zu erschließen, die er innerhalb des Gesetzes erfüllen soll (s. dazu Rn 1; zur Beeinflussung durch europäische Vorgaben s. Rn 10). Danach ist eine Zweigniederlassung nur dann anzunehmen, wenn sie in einem solchen Umfang selbständig am Rechtsverkehr teilnimmt, dass es gerechtfertigt ist, sie einer registerrechtlichen Dokumentation zu unterwerfen. Zugleich muss sie aber auch von einer Hauptniederlassung abhängig sein, da es nur in diesem Fall sinnvoll erscheint, die Publizitätspflichten am Ort der Hauptniederlassung zu konzentrieren (s. Rn 1). Im Lichte dieser teleologisch ermittelten Vorgaben muss der Begriff der Zweigniederlassung in zwei entgegengesetzte Richtungen abgegrenzt werden. Durch das Erfordernis einer selbständigen Geschäftstätigkeit wird die Zweigniederlassung von einer bloß räumlich abgetrennten **Betriebsabteilung** unterschieden. Die Zweigniederlassung darf sich nicht nur als untergeordnete und unselbständige Abteilung der Hauptniederlassung darstellen, sondern sie muss über ein solches Maß an wirtschaftlicher (nicht rechtlicher – s. noch Rn 23) Selbständigkeit verfügen, dass sie **einen weiteren Mittelpunkt** des Geschäfts bildet.[38] Durch das Erfordernis der fortbestehenden Abhängigkeit wird sie von einer **eigenständigen Hauptniederlassung** abgegrenzt.[39] Die Zweigniederlassung ist nicht das Zentrum der Geschäftsleitung, sondern diese ist vielmehr am Sitz der Hauptniederlassung angesiedelt, deren Unternehmenszielen die Zweigniederlassung in bestimmtem Maße untergeordnet wird.

20 Aus dieser doppelten Abgrenzung ergibt sich folgende **Definition**: Die Zweigniederlassung des Kaufmanns ist ein räumlich getrennter Teil seines Unternehmens, der unter seiner Leitung dauerhaft selbständig Geschäfte schließt und die dafür erforderliche Organisation in sachlicher und personeller Hinsicht aufweist.[40] Allerdings lassen sich aus dieser Definition **keine eindeutigen begrifflichen Vorgaben** für die Annahme einer Zweigniederlassung herleiten, sondern entscheidend muss letztlich stets die Frage sein, ob eine Behandlung als Zweigniederlassung im Lichte des Gesetzeszwecks als sachlich gerechtfertigt erscheint.[41]

---

[37] LG Köln NJW 1950, 871 (872).
[38] OLG Neustadt NJW 1962, 1205; Ebenroth/Boujong/Joost/Strohn/*Pentz* Rn 22; MünchKommHGB/*Krafka* § 13 Rn 8.
[39] Zu dieser „Zwischenstellung" vgl. auch Ebenroth/Boujong/Joost/Strohn/*Pentz* Rn 22; MünchKommHGB/*Krafka* § 13 Rn 7 f; *K. Schmidt* HandelsR § 4 III 2a.
[40] *Hüffer* Anh. § 45 AktG § 13 HGB Rn 5; zust. Ebenroth/Boujong/Joost/Strohn/*Pentz* § 13 Rn 22; ähnlich MünchKommHGB/*Krafka* § 13 Rn 9.
[41] Ebenroth/Boujong/Joost/Strohn/*Pentz* Rn 23; *K. Schmidt* HandelsR § 4 III 2a.

2. Keine Beeinflussung durch europäische Vorgaben. Dieser traditionell handelsrecht- 21
liche Begriff der Zweigniederlassung bedarf auch **im Lichte der europäischen Zweigniederlassungsrichtlinie keiner Korrektur** (allgemein zur Bedeutung der Richtlinie im Anwendungsbereich des § 13 s. Rn 10). Die Richtlinie selbst enthält keine Definition der Zweigniederlassung. Die **Kommission** hat im Zuge der Vorarbeiten auf ein Urteil des EuGH verwiesen, um den Begriff mit Inhalt zu füllen. Danach ist eine Zweigstelle ein „Mittelpunkt geschäftlicher Tätigkeit, der auf Dauer als Außenstelle eines Stammhauses hervortritt, eine Geschäftsführung hat und sachlich so ausgestattet ist, dass er in der Weise Geschäfte mit Dritten betreiben kann, dass diese, obgleich sie wissen, dass möglicherweise ein Rechtsverhältnis mit dem im Ausland ansässigen Stammhaus begründet wird, sich nicht unmittelbar an dieses zu wenden brauchen, sondern Geschäfte an dem Mittelpunkt geschäftlicher Tätigkeit abschließen können, der dessen Außenstelle ist".[42]

Für die **von der Richtlinie allein erfassten Kapitalgesellschaften** (s. Rn 6, 10) ist der 22
EuGH, dem hinsichtlich des europäischen Rechts ein Auslegungsmonopol zukommt (Art. 220 EG), von dieser Definition aber selbst abgerückt. Im Zuge seiner neuen Rechtsprechung zur Niederlassungsfreiheit (s. Rn 8) hat er das Erfordernis einer Anbindung an ein Stammhaus aufgegeben und stattdessen die Zuordnung als Haupt- oder Zweigniederlassung allein am Satzungssitz gemessen (s. Rn 32 ff). Da sich diese Zuordnung auf Einzelkaufleute nicht übertragen lässt, kann ein unter systematischen Gesichtspunkten wünschenswertes einheitliches Verständnis des Zweigniederlassungsbegriffs innerhalb des deutschen Rechts nicht mehr erreicht werden (s. Rn 10). Eine **gespaltene Auslegung** des einheitlichen Begriffs „Zweigniederlassung" ist für die verschiedenen Unternehmensformen, die §§ 13 ff unterfallen, demnach unausweichlich. Aus diesem Grund ist das Verständnis der Kommission für die Auslegung der von der Zweigniederlassungsrichtlinie nicht erfassten Unternehmensformen nicht verbindlich. Maßgeblich ist allein die traditionelle Definition des deutschen Handelsrechts.[43]

3. Die Voraussetzungen im Einzelnen

a) **Abhängigkeit von der Hauptniederlassung.** Um die Zweigniederlassung von einer 23
weiteren Hauptniederlassung desselben Kaufmanns abzugrenzen, ist es zunächst erforderlich, dass die Zweigniederlassung ungeachtet eines gewissen Grades an tatsächlicher Selbständigkeit (s. dazu noch Rn 25) **in das Gesamtunternehmen eingebunden** ist und nicht unabhängig neben der Hauptniederlassung steht.[44] Daraus folgt zunächst, dass eine Einordnung als Zweigniederlassung ausscheidet, wenn sie von einem eigenständigen Rechtsträger (z.B. einer AG, GmbH, OHG oder KG) getragen wird, da die eigene Rechtspersönlichkeit dieser Gesellschaftsformen die **Identität des Unternehmens** aufhebt (zur fehlenden Rechtsträgerschaft der Zweigniederlassung s. noch Rn 79).[45] Etwas anderes ergibt sich auch dann nicht, wenn der Unternehmer an diesen Gesellschaften ganz

---

[42] EuGH Slg. 1978, 2183, 2193 Rn 12 (Somafer S.A.).
[43] Im Übrigen geht die hM ohnehin davon aus, dass die europäische Definition mit der traditionell deutschen Begrifflichkeit weitgehend übereinstimmt; vgl. etwa Ebenroth/Boujong/Joost/Strohn/*Pentz* § 13d Rn 8; *Kindler* NJW 1993, 3301 (3302 f); *Rehberg* in Eidenmüller § 5 Rn 21; *Seibert* GmbHR 1992, 738 mit Fn 5.

[44] Ebenroth/Boujong/Joost/Strohn/*Pentz* Rn 22.
[45] BGHZ 4, 62 (65) = NJW 1952, 182; OLG Hamm RPfleger 2001, 190; OLG München NZG 2006, 513 (515); Ebenroth/Boujong/Joost/Strohn/*Pentz* Rn 22; GK-HGB/*Achilles* Rn 12; *K. Schmidt* HandelsR § 4 III 2b; missverständlich BGH NJW 1998, 1322.

oder doch zumindest maßgeblich beteiligt ist, da eine rein wirtschaftliche Abhängigkeit nicht genügt, um die Eigenschaft als Zweigniederlassung zu begründen.[46] Es bedarf vielmehr eines einheitlichen Gesamtunternehmens, dessen Träger durch sämtliche in der Haupt- oder Zweigniederlassung getätigten Geschäfte berechtigt und verpflichtet wird und dementsprechend auch im Prozess die Parteistellung einnimmt (s. noch Rn 80).[47] Aufgrund dieses Identitätserfordernisses kann auch die Niederlassung eines Handelsvertreters (§ 84) oder eines Kommissionärs (§ 383) nicht Zweigniederlassung des Unternehmens sein.[48]

24 Innerhalb des einheitlichen Gesamtunternehmens ist weiterhin zu fordern, dass die Zweigniederlassung der Hauptniederlassung nicht gleich-, sondern **nachgeordnet ist**.[49] Entscheidend ist dabei nicht das Geschäftsvolumen, sondern das Bestehen einer Unternehmensorganisation, bei der die Zweigniederlassung in den Dienst der von dem Kaufmann formulierten und verfolgten Unternehmensziele gestellt wird.[50] Die Oberleitung muss intern bei der Hauptniederlassung liegen.[51] Grundsätzlich zulässig ist auch ein gestuftes Abhängigkeitsverhältnis in dem Sinne, dass die Zweigniederlassung eine eigene Zweigniederlassung gründet. Registerrechtlich wird eine solche **Zweigniederlassung der Zweigniederlassung** jedoch wie eine gewöhnliche Zweigniederlassung behandelt.[52]

b) **Personelle und organisatorische Selbständigkeit**

25 aa) **Allgemeines.** In Abgrenzung von einer bloßen Betriebsabteilung muss eine Zweigniederlassung trotz ihrer rechtlichen Einbindung in das Gesamtunternehmen (Rn 23 f) aber auch eine gewisse Selbständigkeit aufweisen, die eine eigenständige registergerichtliche Dokumentation ihrer unternehmerischen Tätigkeit rechtfertigt (vgl. Rn 19).[53] Entscheidend ist dabei, ob die Zweigniederlassung trotz ihrer grundsätzlichen Abhängigkeit von der Hauptniederlassung **selbständig am Geschäftsverkehr teilnimmt**.[54] Während es sich bei der Abhängigkeit der Zweigniederlassung um ein reines Internum der Gesellschaft handeln kann (s. Rn 24), muss die Selbständigkeit der Gesellschaft **nach außen** hin zum Ausdruck kommen.[55] Dabei wird herkömmlich zwischen den personellen und den organisatorischen Voraussetzungen der Selbständigkeit unterschieden.

26 bb) **Personelle Selbständigkeit.** Die personelle Selbständigkeit der Zweigniederlassung findet zunächst darin ihren Ausdruck, dass sie über einen eigenen Leiter verfügt, der sie **nach außen hin selbständig vertritt**.[56] Dass er dabei im Innenverhältnis Weisungen

---

[46] Ebenroth/Boujong/Joost/Strohn/*Pentz* Rn 22.
[47] RGZ 96, 161 (163); RGZ 108, 265 (267); OLG Hamm RPfleger 2001, 190; GK-HGB/*Achilles* Rn 12; MünchKommHGB/*Krafka* Rn 15.
[48] Vgl. auch GK-HGB/*Achilles* Rn 12.
[49] MünchKommHGB/*Krafka* Rn 15.
[50] Voraufl. vor § 13 Rn 12 (*Hüffer*): „Leitungsabhängigkeit"; von anderen Autoren wird diese Voraussetzung ähnlich, aber doch nicht identisch gefasst; vgl. etwa GK-HGB/*Achilles* Rn 8: vom Unternehmensgegenstand der Hauptniederlassung noch gedeckt; Baumbach/*Hopt* Rn 3: Zweigniederlassung muss zumindest teilweise die gleichen Geschäfte erledigen; MünchKommHGB/*Krafka* Rn 8: es müssen für das Unternehmen wesentliche Geschäfte selbständig erledigt werden.
[51] MünchKommHGB/*Krafka* Rn 15; Köbler BB 1969, 845.
[52] Ausführlich dazu Köbler BB 1969, 845 ff; vgl. auch Ebenroth/Boujong/Joost/Strohn/*Pentz* Rn 37; Michalski/*Heyder* § 12 Rn 3; Rowedder/*Schmidt-Leithoff* § 12 Rn 17.
[53] Allgemeine Auffassung, vgl. nur MünchKommHGB/*Krafka* Rn 11.
[54] Vgl. dazu Richert RPfleger 1956, 270 f.
[55] Ebenroth/Boujong/Joost/Strohn/*Pentz* Rn 25.
[56] RGZ 50, 428 (429 f); BFH BStBl. II 1977, 700 (701); Ebenroth/Boujong/Joost/Strohn/*Pentz* Rn 25; GK-HGB/*Achilles* Rn 10.

der Hauptniederlassung zu befolgen hat, steht der Feststellung der Selbständigkeit nicht im Wege, sondern ist vielmehr charakteristisch für die innere Abhängigkeit der Zweigniederlassung von der Hauptniederlassung (s. Rn 24).[57] Die Selbständigkeit nach außen setzt voraus, dass der Leiter Zuständigkeiten innehat, die über bloße Hilfs- und Ausführungsgeschäfte hinausgehen.[58] Im Regelfall wird zu fordern sein, dass er zumindest über **Handlungsvollmacht** i.S.d. § 54 verfügt;[59] häufig wird aber auch eine auf die Zweigniederlassung beschränkte Filialprokura i.S.d. § 50 Abs. 3 erteilt (s. § 50 Rn 14 ff – *Joost*). Dagegen ist es nicht möglich, dem Leiter der Zweigniederlassung noch weitergehend die Stellung eines eigenständigen Geschäftsführers (GmbH) oder Vorstandsmitglieds (AG) zuzuweisen, da die Einrichtung eines solchen Organs die eigene Rechtsträgerschaft der Zweigniederlassung voraussetzen würde, die ihr begriffsnotwendig fehlt (s. Rn 23).[60] Zulässig ist es allenfalls, ein Geschäftsleitungsmitglied der Gesellschaft zugleich zum Leiter der Hauptniederlassung zu bestimmen.

cc) Organisatorische Selbständigkeit. Die organisatorische Selbständigkeit setzt zunächst eine **räumliche Trennung** voraus. Haupt- und Zweigniederlassung können nicht in demselben Gebäude angesiedelt sind.[61] Unbedenklich ist es dagegen, wenn sie an verschiedenen Orten innerhalb desselben Registerbezirks oder derselben Gemeinde residieren.[62] Das ergab sich bislang aus § 13 Abs. 4 HRV a.F., der für diesen Fall ausdrücklich vorsah, dass ein besonderes Registerblatt zu verwenden sei. Durch die Neufassung des § 13 HRV im Zuge des EHUG (Rn 7) ist diese Regelung entfallen, ohne dass damit das Recht der Zweigniederlassung inhaltlich geändert werden sollte. **27**

Überdies muss die Zweigniederlassung auch auf eine gewisse **Dauer** angelegt sein, so dass beispielsweise eine Projektgruppe, ein nur für die Dauer einer Messe eingerichteter Geschäftsbetrieb oder ein sonstiger, örtlich ständig wechselnder Geschäftsbetrieb (z.B. Jahrmarktstand) noch keine Zweigniederlassung bildet.[63] Nicht erforderlich ist es dagegen, dass die Zweigniederlassung das ganze Geschäftsjahr betrieben wird, so dass auch ein Saisonbetrieb eine Zweigniederlassung sein kann.[64] **28**

Schließlich ist die Ausstattung der Zweigniederlassung mit **Betriebsmitteln** erforderlich, die dem Zweck der Zweigniederlassung gewidmet sind und ihr die Teilnahme am Geschäftsverkehr ermöglichen. Die Zweigniederlassung muss über eine solche tatsächliche Autonomie verfügen, dass es ihr grundsätzlich möglich wäre, ihr Geschäft **auch ohne die Hauptniederlassung selbständig** weiterzuführen.[65] Das setzt zunächst voraus, dass ihr intern, d.h. ungeachtet der Rechtszuständigkeit des Unternehmensinhabers (Rn 23), ein abgesonderter Teil des Geschäftsvermögens zugewiesen wird, was im Regelfall auch ein **29**

---

[57] OLG Hamburg OLGE 27, 298 (299); Ebenroth/Boujong/Joost/Strohn/*Pentz* Rn 25.
[58] KG OLGE 27, 297 f; GK-HGB/*Achilles* Rn 10; Röhricht/v. Westphalen/*Ammon* Rn 4.
[59] MünchKommHGB/*Krafka* Rn 12.
[60] RGSt 47, 38 (42); Ebenroth/Boujong/Joost/Strohn/*Pentz* Rn 25; GK-HGB/*Achilles* Rn 12.
[61] KG JW 1929, 671; Röhricht/v. Westphalen/*Ammon* Rn 6; zu Besonderheiten bei Steuerberatern vgl. § 34 Abs. 2 StBerG und dazu LG Frankenthal DB 1990, 826.
[62] KG JW 1929, 671 f; Ebenroth/Boujong/Joost/Strohn/*Pentz* Rn 24; MünchKomm-HGB/*Krafka* Rn 10; Röhricht/v. Westphalen/*Ammon* Rn 6.
[63] KG OLGE 11, 375; FG Bremen EFG 1998, 438 (439); Baumbach/*Hopt* Rn 3; *K. Schmidt* HandelsR § 4 III 2a.
[64] Michalski/*Heyder* § 12 Rn 10; Rowedder/Schmidt-Leithoff § 12 Rn 15.
[65] BGH NJW 1859, 1860; BayObLGZ 1979, 159 (162); KG OLGE 11, 375; KG OLGE 14, 332; KG OLGE 45, 97; zust. Ebenroth/Boujong/Joost/Strohn/*Pentz* Rn 25; Röhricht/v. Westphalen/*Ammon* Rn 5; *Krafka/Willer* Rn 290; *Kögel* DB 2004, 1763 (1764).

§ 13 1. Buch. Handelsstand

eigenes Bankkonto voraussetzt.[66] Aus diesem Erfordernis der Vermögenssonderung hat die hM zu Recht die weitere Voraussetzung einer **eigenen Buchführung** für die Zweigniederlassung hergeleitet.[67] Angesichts der zunehmenden Tendenz zur unternehmensinternen Zentralisierung muss diese Voraussetzung aber dahingehend aufgelockert werden, dass es sich zwar um eine gesonderte, nicht notwendigerweise aber auch um eine selbständige Buchführung handeln muss.[68] Im heutigen Regelfall der EDV-Buchführung genügt es vielmehr, wenn für die Zweigniederlassung ein besonderer Datenspeicher in der Anlage der Hauptniederlassung angelegt ist.[69] Eine weitergehende Aufweichung dieses Kriteriums[70] ist nicht angezeigt, da ansonsten eine von der Hauptniederlassung losgelöste organisatorische Weiterführung der Zweigniederlassung nicht möglich wäre.[71]

30 dd) **Selbständige unternehmerische Betätigung.** In diesem organisatorischen Rahmen muss sich die Zweigniederlassung nach außen hin selbständig am Rechtsverkehr beteiligen. Dabei genügt es nicht, wenn sich ihre Tätigkeit auf bloße Hilfs- oder Ausführungstätigkeiten für die Hauptniederlassung beschränkt, sondern es muss sich um Geschäfte handeln, die für das Gesamtunternehmen **wesentlich** sind.[72] Daher wird gefordert, dass die Zweigniederlassung zwar nicht die gleichen, wohl aber **sachlich gleichartige Geschäfte** wie die Hauptniederlassung tätigt, die zumindest einen Ausschnitt aus dem Gegenstand des Unternehmens darstellen.[73] Als Zweigniederlassungen gelten daher typischerweise nicht (Ausnahmen im Einzelfall möglich): Verkaufsstellen ohne eigenen Einkauf,[74] Zahl- oder Annahmestellen,[75] Waren- und Auslieferungslager, Werkstätten, bloße Vermittlungsstellen (namentlich Versicherungsagenturen), Zulieferbetriebe, Ingenieurbüros von Bauunternehmen.[76] Dieses Erfordernis einer gleichartigen Geschäftstätigkeit muss zwar für Zweigniederlassungen von Unternehmen aus EU-Mitgliedstaaten aus **europarechtlichen Gründen** z.T. aufgegeben werden (s. Rn 49), doch sind keine Anzeichen dafür ersichtlich, dass der deutsche Gesetzgeber der einheitlichen Auslegung der §§ 13 ff ein solches Gewicht beimisst, dass er dafür eine völlige Neubestimmung des historisch gewachsenen Zweigniederlassungsbegriffs und damit auch der gesamten Unternehmens-

---

[66] KG OLGE 11, 375; KG OLGE 14, 332; KG OLGE 45, 97; *K. Schmidt* HandelsR § 4 III 2a; speziell zum Bankkonto s. auch Münch-KommHGB/*Krafka* Rn 13.
[67] BGH NJW 1972, 1858; KG OLGE 11, 375; KG OLGE 45, 97; BayObLGZ 1979, 159 (161 f); Baumbach/Hueck/*Hueck/Fastrich* § 4a Rn 15; Ebenroth/Boujong/Joost/Strohn/ *Pentz* Rn 25; GK-HGB/*Achilles* Rn 11; *Hüffer* Anh. § 45 AktG § 13 HGB Rn 5; Röhricht/v. Westphalen/*Ammon* § 13 Rn 5; *Döllerer* BB 1981, 25; **aA** noch LG Mainz MDR 1969, 148.
[68] BayObLGZ 1979, 159 (161 f); Ebenroth/ Boujong/Joost/Strohn/*Pentz* Rn 25; *Hüffer* Anh. § 45 AktG § 13 HGB Rn 5; Michalski/ *Heyder* § 12 Rn 7; Röhricht/v. Westphalen/ *Ammon* Rn 4; Rowedder/*Schmidt-Leithoff* § 12 Rn 14; zu Gegenstimmen s. Fn. 70.
[69] Röhricht/v. Westphalen/*Ammon* Rn 4.
[70] Vgl. dazu MünchKommHGB/*Krafka* Rn 13: es muss nur die „durchführbare Möglichkeit einer sofortigen Abtrennung" bestehen; ähnlich *Krafka/Willer* Rn 293; HK-HGB/*Ruß* Rn 2; zweifelnd auch Baumbach/*Hopt* Rn 3.
[71] Michalski/*Heyder* § 12 Rn 7.
[72] ROHG 14, 401 (402); KG OLGE 11, 375; OLG Neustadt NJW 1962, 1205; Münch-KommHGB/*Krafka* Rn 14; Röhricht/v. West-phalen/*Ammon* Rn 4; *K. Schmidt* HandelsR § 4 III 2a.
[73] OLG Neustadt NJW 1962, 1205; ausführlich zu dieser Voraussetzung *Kögel* DB 2004, 1763 (1764 f); MünchKommHGB/*Krafka* Rn 14; Röhricht/v. Westphalen/*Ammon* Rn 4.
[74] OLG Hamburg OLGE 27, 298 (299).
[75] BayObLG Recht 1907 Nr. 2814; KG OLGE 27, 297.
[76] Vgl. zu diesen Beispielen etwa Röhricht/ v. Westphalen/*Ammon* Rn 5; Rowedder/ *Schmidt-Leithoff* § 12 Rn 15; *K. Schmidt* HandelsR § 4 III 2a; *Kögel* DB 2004, 1763 (1765).

gliederung in Kauf nehmen wollte (s. Rn 10, 21 f). Für rein nationale Sachverhalte ist das Erfordernis sachlich gleichartiger Geschäfte also beizubehalten.[77]

Nach **Art und Umfang** muss es sich bei der Zweigniederlassung nicht notwendigerweise um einen kaufmännischen Gewerbebetrieb handeln, doch sollten zumindest die Voraussetzungen eines **Gewerbebetriebs** erfüllt sein (s. § 1 Rn 14 ff), da es anderenfalls nicht möglich wäre, die Zweigniederlassung auch ohne die Hauptniederlassung selbständig fortzuführen (s. Rn 29).[78] Umgekehrt steht es der Einordnung als Zweigniederlassung nicht entgegen, wenn der Umfang der von ihr getätigten Geschäfte den der Hauptniederlassung übersteigt.[79] 31

VIII. Sitz und Zweigniederlassung der Handelsgesellschaft

1. Sitz der Kapitalgesellschaft

a) **Satzungssitz.** Für Handelsgesellschaften verwendet das Gesetz anstelle des Begriffs Niederlassung den Ausdruck Sitz. Seine Festlegung ist nicht nur von Bedeutung, um innerhalb des § 13 das zuständige Registergericht zu identifizieren, sondern sie ist darüber hinaus bei grenzüberschreitenden Unternehmen maßgeblich, um den Anwendungsbereich des § 13 von dem der §§ 13d ff abzugrenzen. Dabei besteht Einigkeit darüber, dass zumindest bei **Kapitalgesellschaften** mit dem Begriff des Sitzes nicht wie beim Einzelkaufmann (Rn 14) der effektive Verwaltungssitz gemeint ist, sondern der gem. §§ 5, 23 Abs. 3 Nr. 1 AktG, §§ 3 Abs. 1 Nr. 1, 4a GmbHG festzulegende Satzungssitz.[80] Diese Sichtweise ist sowohl in der terminologischen Anknüpfung an den **Sitzbegriff der §§ 5 AktG, 4a GmbHG** als auch in der **Gegenüberstellung** von Hauptniederlassung und Sitz in § 13 Abs. 1 angelegt. 32

b) **Satzungssitz ohne Geschäftsaktivität?**

aa) **Problemstellung.** Aufgrund der Anknüpfung an den Satzungssitz steht es der Qualifikation als Haupt- und Zweigniederlassung nach allgemeiner Auffassung nicht entgegen, wenn der Zweigniederlassung eine wirtschaftlich größere Bedeutung zukommt als der Hauptniederlassung.[81] Allerdings wurden gegen die Maßgeblichkeit des Satzungssitzes in der Vergangenheit z.T. in solchen Fällen Vorbehalte erhoben, in denen **am Satzungssitz überhaupt keine wirtschaftliche Tätigkeit** entfaltet wurde, sondern die gesamte Verwaltungstätigkeit über das formal als Zweigniederlassung deklarierte Gebilde abgewickelt wurde.[82] Diese Bedenken sind unter terminologischen Gesichtspunkten kaum von der Hand zu weisen. Stellt man sich auf den durchaus plausiblen Standpunkt, dass eine Zweigniederlassung **begriffsnotwendig eine Hauptniederlassung voraussetzt**, die mindestens die gleichen Voraussetzungen wie die Zweigniederlassung erfüllt (Geschäftsvermögen, räumliche und organisatorische Selbständigkeit), so kann in diesen Fällen von einer Zweigniederlassung keine Rede sein.[83] 33

---

[77] Offenlassend *Kögel* DB 2004, 1763 (1765).
[78] Vgl. dazu Baumbach/*Hopt* Rn 3; MünchKommHGB/*Krafka* Rn 14.
[79] Ebenroth/Boujong/Joost/Strohn/*Pentz* Rn 26.
[80] Ebenroth/Boujong/Joost/Strohn/*Pentz* Rn 20; MünchKommHGB/*Krafka* Rn 28; Röhricht/v. Westphalen/*Ammon* Rn 2.
[81] Vgl. statt aller Ebenroth/Boujong/Joost/Strohn/*Pentz* Rn 26.

[82] LG Frankenthal NJW 2003, 762; *Liese* NZG 2006, 201 ff; *Wernicke* BB 2006, 843 (844); vgl. auch *Zöllner* GmbHR 2006, 1 (4 mit Fn 31).
[83] Vgl. dazu auch *Lutter* S. 3 f; *Zöllner* GmbHR 2006, 1 (4): „sachwidrige, ja irreführende Bezeichnung".

bb) Rechtslage vor dem MoMiG

34 **(1) Inländische Gesellschaften.** Nach der bisherigen Rechtslage stellte sich dieses Problem bei Gesellschaften, die nach deutschem Recht gegründet wurden, in der Regel nicht, weil hier bereits durch die in §§ **5 Abs. 2 AktG a.F., 4a Abs. 2 GmbHG a.F.** statuierte Regelbindung des Satzungssitzes an den effektiven Verwaltungssitz eine derart vollständige Loslösung des Satzungssitzes von der Geschäftstätigkeit weitgehend ausgeschlossen war. Nach diesen Vorschriften sollte der Sitz i.d.R. am Betriebsort, am Ort der Geschäftsleitung oder der Verwaltung liegen, doch gestattete das Gesetz beim Vorliegen eines schutzwürdigen Interesses eine abweichende privatautonome Festlegung **bis zur Missbrauchsgrenze**. Diese Grenze galt als überschritten, wenn ein Ort gewählt wurde, der von der unternehmerischen Tätigkeit gänzlich abgekoppelt war, etwa um dem Gläubigerzugriff zu entgehen oder die Zuständigkeit eines eintragungsfreundlichen Registergerichts zu erschleichen.[84]

35 **(2) Ausländische Gesellschaften.** Bei ausländischen Gesellschaften konnte das deutsche Gesellschaftsrecht nicht gewährleisten, dass der Satzungssitz nicht von jeder Verwaltungstätigkeit entkleidet wurde, so dass sich hier die in Rn 33 dargestellten terminologischen Widersprüche ergaben. Unter der uneingeschränkten Geltung der traditionellen **Sitztheorie** konnten diese Schwierigkeiten allerdings dadurch aufgelöst werden, dass eine ausländische Gesellschaft, deren effektiver Verwaltungssitz nicht an ihrem Satzungssitz, sondern im Inland lag, die Anerkennung gänzlich versagt wurde.[85] Auch dieser Lösungsweg erwies sich indes zumindest für Gesellschaften aus EU-Mitgliedstaaten als nicht mehr gangbar, nachdem der EuGH entschieden hatte, dass aufgrund der **europäischen Niederlassungsfreiheit** auch derartige „Scheinauslandsgesellschaften" in ihrer originären Rechtsform anzuerkennen seien (s. Rn 8 mN in Fn. 17).[86]

36 Da das deutsche Registerrecht die Eintragung einer Hauptniederlassung in einer ausländischen Rechtsform nicht zulässt,[87] eine registerrechtliche Erfassung dieser Gesellschaften aber als unabdingbar betrachtet wurde, ordnete die ganz hM derartige Gebilde als Zweigniederlassung ein, obwohl ihnen das spiegelbildliche Gegenstück einer unternehmerisch selbständigen Hauptniederlassung fehlte. Das damit verbundene terminologische Unbehagen wurde überwunden, indem man den Begriff der Zweigniederlassung einer **gemeinschaftsrechtskonformen Auslegung** unterwarf; aus der Zweigniederlassungsrichtlinie und der neueren Rspr. des EuGH zur Niederlassungsfreiheit (Rn 8) ergebe sich nämlich, dass die Hauptniederlassung europarechtlich nur am Ort des Satzungssitzes bestehen könne und damit jede andere Niederlassung als Zweigniederlassung zu qualifizieren sei.[88] Eine in einem EU-Mitgliedstaat gegründete Gesellschaft ist demnach in allen

---

[84] Vgl. statt aller Baumbach/Hueck/*Hueck*/*Fastrich* § 4a Rn 4 ff; *Hüffer* § 5 Rn 4 ff.

[85] Zur Sitztheorie vgl. statt aller die Darstellung bei MünchKommBGB/*Kindler* IntGesR Rn 331 ff, 400 ff.

[86] Zu dieser Entwicklung vgl. statt aller *Habersack* Europäisches Gesellschaftsrecht § 3 Rn 11 ff mwN.

[87] Vgl. dazu etwa *Lutter* S. 2; *Mankowski*/*Knöfel* in: Hirte/Bücker § 13 Rn 11; *Klose-Mokroß* DStR 2005, 971; *Riegger* ZGR 2004, 510 (514).

[88] OLG Jena FGPrax 2006, 127; OLG Zweibrücken NJW 2003, 537 (538); LG Trier NZG 2003, 778; *Hüffer* Anh § 45 AktG § 13d Rn 2; MünchKommHGB/*Krafka* § 13d Rn 10; *Krafka*/*Willer* Rn 313; *Lutter* S. 4 f; *Rehberg* in: Eidenmüller § 5 Rn 16 ff; *Klose-Mokroß* DStR 2005, 971 f; *Mödl* RNotZ 2008, 1 (2); *Riegger* ZGR 2004, 510 (513); *Schmidt-Kessel* GPR 2006, 6 (10); *Wachter* ZNotP 2005, 122 (124); ders. GmbHR 2006, 793 (794).

anderen Mitgliedstaaten als ausländische Gesellschaft anzuerkennen und unterfällt damit dem Anwendungsbereich der §§ 13d ff. Diese Entwicklung hat maßgeblich zu der **eindrucksvollen Renaissance des Zweigniederlassungsrechts** in den letzten Jahren beigetragen, da nunmehr auch rein nationale Unternehmungen sich über den Umweg einer ausländischen Hauptniederlassung die Wahlfreiheit zwischen unterschiedlichen europäischen Gesellschaftsformen eröffnen können (s. dazu noch § 13d Rn 7).[89]

Derselbe Weg wurde auch bei solchen Gesellschaften gewählt, die aus den EFTA-Staaten Island, Norwegen oder Liechtenstein stammen und nach Art. 31 des **EWR-Abkommens**[90] bei der Wahl ihrer Niederlassung keinen Beschränkungen unterworfen werden dürfen,[91] sowie bei Gesellschaften, die aufgrund **bilateraler Staatsverträge** in Deutschland anzuerkennen sind.[92] Als ein solcher bilateraler Vertrag gilt insbesondere auch die ausdrückliche Anerkennung des Gründungsrechts nach Art. XXV V 2 des Freundschaftsvertrages mit den USA von 1954.[93] Bei **Drittstaaten** außerhalb eines anerkennungsrechtlichen Sonderregimes sollte es hingegen auch weiterhin auf den effektiven Verwaltungssitz ankommen (s. zur Begründung noch die Ausführungen in Rn 41 f).[94] Liegt dieser in Deutschland, so sind bei der Gründung weiterer Zweigniederlassungen nicht §§ 13d ff anwendbar, sondern es gilt § 13. **37**

cc) **Rechtslage nach dem Inkrafttreten des MoMiG**

(1) **Inhalt der Neuregelung.** Nach der Neufassung der §§ 5 AktG, 4a GmbHG im Zuge des MoMiG (Rn 8) muss diese rechtliche Beurteilung neu überdacht werden. Durch die Streichung der §§ 5 Abs. 2 AktG a.F., 4a Abs. 2 GmbHG a.F. wurde für Gesellschaften mit Satzungssitz in Deutschland die Bindung dieses Sitzes an die tatsächlichen Gegebenheiten aufgegeben. Damit soll es deutschen Gesellschaften ermöglicht werden, einen **Verwaltungssitz** zu wählen, der nicht notwendig mit dem Satzungssitz übereinstimmt.[95] Der Gesetzgeber will damit die europäisch gewährte Zuzugsfreiheit hinsichtlich des Verwaltungssitzes auch um eine nationale Wegzugsfreiheit ergänzen und eröffnet damit in der Sache den Weg zur **Briefkasten-Kapitalgesellschaft**.[96] Deutschen **38**

---

[89] Vgl. dazu auch *Wachter* DStR 2005, 1817 (1820 f); *dens.* ZNotP 2005, 122.
[90] Abkommen über den Europäischen Wirtschaftsraum, ABl. EG Nr. L 001 v. 3.1.1994, S. 3 ff. Die Abkürzung EFTA steht für European Free Trade Association. Ihre Mitgliedstaaten bilden mit Ausnahme der Schweiz gemeinsam mit den Mitgliedstaaten der EU den Europäischen Wirtschaftsraum (EWR). Auch von der besonderen staatsvertraglichen Anerkennung werden Gesellschaften aus der Schweiz daher nicht erfasst, was nach BGH WM 2009, 20 (21 f) zur Folge hat, dass der fremde Gründungsakt schweizerischer Gesellschaften in der BRD nicht anzuerkennen ist; anders noch OLG Hamm ZIP 2006, 1822 (1823) – s. dazu noch Fn 104.
[91] BGH NJW 2005, 3351; Koller/*Roth*/Morck § 13d Rn 3.
[92] Ebenroth/Boujong/Joost/Strohn/*Pentz* § 13d Rn 14; Koller/*Roth*/Morck § 13d Rn 3.
[93] S. dazu BGHZ 153, 353 (355) = NJW 2003, 1607; Reithmann/Martiny/*Hausmann* Rn 2208; *Bungert* DB 2003, 1043 ff; *Drouven* NZG 2007, 7 ff.
[94] Ebenroth/Boujong/Joost/Strohn/*Pentz* § 13d Rn 14; *Hüffer* Anh § 45 AktG § 13d Rn 2.
[95] Vgl. dazu *Eidenmüller* ZGR 2007, 168 (204 ff); *Fingerhuth/Rumpf* IPRax 2008, 90 ff; *Flesner* NZG 2006, 641 f; *Franz/Laeger* BB 2008, 678 ff; *J. Hoffmann* ZIP 2007, 1581 ff; *Kindler* DK 2006, 811 ff; *dens.* AG 2007, 721 f; *Leuering* ZRP 2008, 73 (76 f); *Peters* GmbHR 2008, 245 ff; *Preuß* GmbHR 2007, 57 ff.
[96] *Kindler* DK 2006, 811 (816); *ders.* AG 2007, 721 (722).

§ 13   1. Buch. Handelsstand

Kapitalgesellschaften ist es künftig gestattet, ihre Geschäftstätigkeit ausschließlich über eine ausländische (auch außereuropäische) Niederlassung zu entfalten (ausführlich zu den Motiven Rn 8 f).[97]

39 (2) **Konsequenzen der Neuregelung für das Verständnis des § 13.** Neben dieser Befreiung bei der Wahl des Satzungssitzes ergibt sich aus der Neuregelung noch eine weitere wichtige Schlussfolgerung für das Verständnis des § 13: In den Gesetzesmaterialien wird klargestellt, dass **alle Niederlassungen außerhalb des Sitzes als Zweigniederlassungen** einzuordnen sind, auch wenn die Gesellschaft dort ihre gesamte Geschäftstätigkeit entfaltet. Das soll nicht nur für deutsche Kapitalgesellschaften gelten, sondern auch für Gesellschaften, die im Ausland registriert sind,[98] wobei sich der Regierungsbegründung allerdings nicht eindeutig entnehmen lässt, ob damit (in Fortschreibung der bisher hM – s. Rn 36 f) nur das EU-Ausland gemeint ist oder ob diese Freiheit auch für Drittstaaten gelten soll (s. dazu noch Rn 41).[99] Von einer „Scheinauslandsgesellschaft" soll insofern nicht mehr gesprochen werden, sondern es handele sich um eine normale Auslandsgesellschaft mit inländischer Geschäftsaktivität.[100] Es bedarf demnach keiner gemeinschaftsrechtskonformen Auslegung mehr, um zu begründen, dass eine Zweigniederlassung auch dann bestehen kann, wenn sie **keiner unternehmerisch tätigen Hauptniederlassung** zugeordnet werden kann. Im Bereich des Kapitalgesellschaftsrechts steht der Zweigniederlassung allein der Sitz als spiegelbildliches Gegenstück gegenüber; das sprachlich naheliegende Pendant einer Hauptniederlassung kann nicht mehr gefordert werden.

40 Dass der **Zweigniederlassungsrichtlinie** ausweislich der Materialien augenscheinlich ein abweichender Begriff der Zweigniederlassung zugrunde lag (Anbindung an ein Stammhaus – vgl. Rn 21), ist unbeachtlich, da der für die Auslegung europäischen Rechts ausschließlich zuständige **EuGH** (Art. 220 EG) für die von der Richtlinie allein erfassten Kapitalgesellschaften von diesem Verständnis zugunsten der in Rn 22, 36 wiedergegebenen Lesart abgerückt ist.[101] Nur soweit es darum geht, die Zweigniederlassung (nach unten hin) zur Betriebsabteilung abzugrenzen, kann der in den Materialien zur Richtlinie festgelegte Zweigniederlassungsbegriff demnach noch Bedeutung erlangen; allerdings stimmt er insofern mit dem traditionellen nationalen Verständnis überein (vgl. die Nachweise in Rn 21 f mit Fn 43).

41 (3) **Gesellschaften aus Drittstaaten.** Diese ausschließliche Maßgeblichkeit des Satzungssitzes gilt jedenfalls für Gesellschaften aus EU-Mitgliedstaaten sowie für solche, die aufgrund des EWR-Abkommens oder qua bilateralen Staatsvertrages in der Bundesrepublik anzuerkennen sind (s. Rn 37). Fraglich ist hingegen, ob sie auch für **Drittstaaten**, die keinem anerkennungsrechtlichen Sonderregime unterliegen, Gültigkeit beansprucht. Geht man allein von dem im Zuge des MoMiG mit neuem Inhalt gefüllten Begriff der Zweigniederlassung aus, so wäre die Frage zu bejahen. Zu beachten ist allerdings, dass der

---

[97] *Kindler* DK 2006, 811 (815 f); *ders.* AG 2007, 721 (722).
[98] Diese Klarstellung erfolgt für inländische Gesellschaften auf S. 29, für ausländische Gesellschaften auf S. 49 der Regierungsbegründung zum MoMiG, BT-Drucks. 16/6140.
[99] Vgl. die ambivalente Äußerung in RegE MoMiG, BT-Drucks. 16/6140, S. 49, wo z.T. pauschal von Auslandsgesellschaften die Rede ist, z.T. aber auch auf die Zweigniederlassungsrichtlinie abgestellt wird.
[100] RegE MoMiG, BT-Drucks. 16/6140, S. 49.
[101] Das ergibt sich mittelbar aus den Entscheidungen des EuGH v. 9.3.1999, Rs. C-212/97, Slg. 1999, I-1459, 1484 Rn 36, 38 (Centros) sowie v. 30.9.2003, Rs. C-167/01, Slg. 2003, I-10155, 10195 Rn 56 ff (Inspire Art); vgl. zu dieser Lesart des EuGH Koller/*Roth*/Morck § 13d Rn 5; *Lutter* S. 7 f.

Anwendung des § 13 die kollisionsrechtliche Anerkennungsfrage vorgeschaltet ist. Ihre Beantwortung ist europarechtlich nicht in der Weise vorgezeichnet, dass derartige Gebilde auch dann in ihrer originären Rechtsform anzuerkennen sind, wenn ihr effektiver Verwaltungssitz in Deutschland liegt. Wendet man auf diese Gesellschaften weiterhin die **traditionelle Sitztheorie** an, ist die Gesellschaft, deren effektiver Verwaltungssitz in Deutschland liegt, nicht in ihrer originären Rechtsform anzuerkennen.[102] Die Gesellschaften werden am Maßstab des deutschen Rechts gemessen und dabei nicht als Zweig-, sondern als Hauptniederlassung behandelt.[103]

Zu einer solchen **Fortgeltung der Sitztheorie gegenüber Drittstaaten** tendiert die Rspr.[104] Ihr ist auch durch die Neufassung der §§ 5 AktG, 4a GmbHG nicht die Grundlage entzogen worden. Zwar hat der Gesetzgeber sich damit noch einen Schritt weiter von der Sitztheorie entfernt, endgültig aufgegeben hat er sie aber noch nicht.[105] Die abschließende Hinwendung zur Gründungstheorie soll nach dem derzeitigen Stand der Überlegungen einer gesonderten **Kodifizierung des Internationalen Gesellschaftsrechts** vorbehalten bleiben, die bereits im Referentenentwurf vorliegt.[106] Auch wenn man die Rückkehr zu einer einheitlichen Kollisionsnorm für wünschenswert halten mag, spricht doch gerade diese Separierung in zwei getrennte Gesetzgebungsakte dafür, dass zumindest die Entwurfsverfasser noch nicht davon ausgehen, dass die Sitztheorie bereits mit dem MoMiG (Rn 8) endgültig verworfen wurde. Auch der nur sehr geringe Aussagegehalt der tatsächlich im Gesetzeswortlaut vollzogenen Änderung legt es nahe, ihre rechtliche Tragweite nicht zu weit zu ziehen. Eine klarstellende Anmerkung in den Gesetzesmaterialien, die zur tatsächlichen Änderung nicht einmal in einem unmittelbaren Bezug steht, ist kein hinreichend festes Fundament, um darauf das Gesellschaftskollisionsrecht vollständig neu zu ordnen.[107] Wendet man demnach auf Staaten, die **keinem anerkennungsrechtlichen Sonderregime** unterliegen, weiterhin die Sitztheorie an, so sind ihre inländischen Niederlassungen, an denen der effektive Verwaltungssitz verortet ist, unabhängig von ihrem Satzungssitz nicht als Zweig-, sondern als dem deutschen Recht unterfallende **Hauptniederlassungen** zu behandeln.[108]

42

---

[102] Zu den Einzelheiten vgl. statt aller die Darstellung bei MünchKommBGB/*Kindler* IntGesR Rn 400 ff.

[103] Vgl. dazu bereits MünchKommBGB/*Kindler* IntGesR Rn 196.

[104] Für eine Fortgeltung der Sitztheorie im Verkehr mit Drittstaaten BGH WM 2009, 20 (21 f); BayObLG RIW 2003, 387 (388); OLG Hamburg NZG 2007, 597 (598); MünchKommBGB/*Kindler* IntGesR Rn 433; Palandt/*Heldrich* Anh. zu Art. 12 EGBGB Rn 9; Reithmann/Martiny/*Hausmann* Rn 2284, 2284b; Spahlinger/Wegen Rn 73 ff; *Ebke* JZ 2003, 927 (930); *Horn* NJW 2004, 893 (897); *Mankowski* RIW 2005, 481 (486); *Weller* DStR 2003, 1800 (1803); *Weng* EWS 2008, 264 (266); aA OLG Hamm ZIP 2006, 1822 für Gesellschaften aus der Schweiz; Koller/*Roth*/Morck Rn 4, 5; Ulmer/Habersack/Winter/*Behrens* Einl. B 36.

[105] So auch BGH WM 2009, 20 (22); *Eidenmüller* ZGR 2007, 168 (205 f) mit Fn 157; *Fingerhuth/Rumpf* IPRax 2008, 90 (92); *Franz/Laeger* BB 2008, 678 (681 f); *Peters* GmbHR 2008, 245 (249); sehr weitgehend *Seibert* BB 2007, Heft 23, Die Erste Seite „Aufgabe der Sitztheorie und Einführung der Gründungstheorie" (dagegen *Eidenmüller* aaO).

[106] Referentenentwurf für ein Gesetz zum Internationalen Privatrecht der Gesellschaften, Vereine und juristischen Personen, abrufbar unter http://www.bmj.bund.de. Vgl. dazu *Kussmaul/Richter/Ruiner* DB 2008, 451 ff; *Leuering* ZRP 2008, 73 ff; *Rotheimer* NZG 2008, 181 f; *C. Schneider* BB 2008, 566 ff.

[107] BGH WM 2009, 20 (22); zu dem überdies auch nicht ganz eindeutigen Charakter dieser Aussage s. auch bereits Rn 39 mit Fn 99.

[108] So bereits zur alten Rechtslage Ebenroth/Boujong/Joost/Strohn/*Pentz* § 13d Rn 14; anders Koller/*Roth*/Morck Rn 1a.

43 c) **Festlegung des Satzungssitzes.** Der gem. § 13 für die Festlegung von Haupt- und Zweigniederlassung sowie für die Abgrenzung gegenüber den für ausländische Unternehmen geltenden §§ 13d ff maßgebliche Sitz einer Kapitalgesellschaft wird demnach ausschließlich durch die Gesellschaftssatzung bestimmt (vgl. §§ 5, 23 Abs. 3 Nr. 1 AktG, §§ 3 Abs. 1 Nr. 1, 4a GmbHG). Einzige materielle Anforderung für diese Bestimmung ist nunmehr, dass der Sitz für eine Eintragung in ein deutsches Handelsregister **innerhalb der Bundesrepublik** liegen muss. Das war schon bisher anerkannt[109] und ist nunmehr im Zuge des MoMiG (Rn 8) durch die Einfügung des Passus „Ort im Inland" explizit gesetzlich geregelt worden. Bei fehlender oder nichtiger Satzungsbestimmung (z.B. Begründung eines unzulässigen Mehrfachsitzes, Benennung eines ausländischen Satzungssitzes) ist die Eintragung abzulehnen; erfolgt sie doch, so muss das Registergericht nach § 397 FamFG (§ 144a FGG a.F.) ein Amtsauflösungsverfahren einleiten.[110] Zur grenzüberschreitenden Verlegung des Satzungs- und Verwaltungssitzes s. noch § 13h Rn 25 ff.

2. Sitz der Personenhandelsgesellschaft

44 a) **Grundsätzliche Wahlfreiheit.** Umstritten ist, ob es auch den **Personenhandelsgesellschaften** gestattet ist, als Sitz einen Ort anzugeben, der vom tatsächlichen Verwaltungsschwerpunkt abweicht.[111] Die **hM** lehnt dies ab, da es an einer den §§ 5 AktG, 4a GmbHG entsprechenden Regelung fehle; im Übrigen biete der formlose Gesellschaftsvertrag der Personenhandelsgesellschaften keinen hinreichend verlässlichen Anknüpfungspunkt für die Sitzbestimmung.[112] Spätestens nach der vollständigen Abkopplung des Satzungssitzes vom effektiven Verwaltungssitz im Recht der Kapitalgesellschaften (s. Rn 38) kann dieser Unterschied allein es jedoch nicht rechtfertigen, die – für den Rechtsverkehr weniger gefährlichen und deshalb auch weniger engmaschig regulierten – Personenhandelsgesellschaften bei der Sitzwahl einem deutlich strengeren Regime zu unterstellen.[113] Dass die Möglichkeit der freien Sitzwahl im HGB nicht ausdrücklich erwähnt ist, muss nicht zwangsläufig dahingehend gedeutet werden, dass sie hier aus-

---

[109] BGHZ 19, 102 (105) = NJW 1956, 183; BGHZ 29, 320 (328) = NJW 1959, 1126; Scholz/*Emmerich* § 4a Rn 9.

[110] Baumbach/Hueck/*Hueck*/*Fastrich* § 4a Rn 8; *Hüffer* § 5 Rn 9; MünchKommHGB/*Krafka* Rn 31; Rowedder/*Schmidt-Leithoff* § 4a Rn 17; Scholz/*Emmerich* § 4a Rn 19.

[111] Ausführlich zum Folgenden bereits *J. Koch* ZHR 173 (2009), 101 ff. Zur Bedeutung dieser Frage für eine grundsätzliche Neuordnung des Gesellschaftskollisionsrechts vgl. noch Rn 46 f sowie *Fingerhuth*/*Rumpf* IPRax 2008, 90 (93 f); AnwKommBGB/*J. Hoffmann* Anh. zu Art. 12 EGBGB Rn 157 ff; *dens.* ZIP 2007, 1581 (1588).

[112] BGH WM 1957, 999 (1000); BGH WM 1969, 293 (294); KG OLGE 22, 2; KG WM 1955, 892 (893); KG WM 1956, 582; KG WM 1967, 150; OLG Celle WM 1962, 1330; Ebenroth/Boujong/Joost/Strohn/*Märtens* § 106 Rn 13; Ebenroth/Boujong/Joost/Strohn/*Pentz* Rn 20; Heymann/*Emmerich* § 106 Rn 7; Koller/Roth/Morck § 106 Rn 2; MünchKommHGB/*Krafka* Rn 27; Röhricht/v. Westphalen/*Ammon* Rn 1; Röhricht/v. Westphalen/*von Gerkan* § 106 Rn 9; Schlegelberger/*Martens* § 106 Rn 12 f; *A. Hueck* OHG S. 103 f.

[113] Vgl. zum Folgenden LG Köln NJW 1950, 871 ff; Voraufl. § 106 Rn 20, 22 (*Ulmer*); *Grasmann* Rn 1169 ff; *Grothe* S. 37 ff; *John* Die organisierte Rechtsperson, 1977, S. 146; *Walden* S. 128 ff; *Wieland* HandelsR, Bd. 1, 1921, S. 171 f; *J. Koch* ZHR 173 (2009), 101 ff; *Pluskat* WM 2004, 601 (609); *Fingerhuth*/*Rumpf* IPRax 2008, 90 (93 f); sympathisierend Baumbach/*Hopt* § 13 Rn 1; § 106 Rn 8. In Österreich ist diese Auffassung mittlerweile hM; s. ÖsterrOGH NZG 1998, 504 ff; *Hämmerle-Wünsch* Handelsrecht, Bd. 2, 4. Aufl., 1993, S. 138; *Jabornegg* § 106 Rn 19.

geschlossen sein soll. Vielmehr fügt sich diese gesetzgeberische Zurückhaltung in das generelle **Regelungsmodell der §§ 105 ff** ein, das grundsätzlich keine inhaltlichen Vorgaben für die Ausgestaltung des Gesellschaftsvertrages enthält, sondern diese vielmehr dem privatautonomen Regelungswillen der Gesellschafter überlässt.[114] Insbesondere gilt diese Gestaltungsfreiheit für die sog. **Identitätsausstattung** der Gesellschaft, zu der auch ihr Sitz gehört.[115]

Auch der Umstand, dass der Gesellschaftsvertrag der Personenhandelsgesellschaft keiner Form bedarf und bei der Anmeldung nicht vorgelegt werden muss, rechtfertigt es nicht, ihr die freie Sitzwahl zu verwehren. Der vertraglich vereinbarte Sitz wird nach § 106 Abs. 2 Nr. 2 in das Handelsregister eingetragen, womit die **für den Rechtsverkehr notwendige Präzisierung** erfolgt; dass diese Angabe der getroffenen Vereinbarung auch tatsächlich entspricht, wird dadurch gewährleistet, dass nach § 108 Abs. 1 sämtliche Gesellschafter die Anmeldung zu bewirken haben.[116] Für künftige vertragliche Sitzverlegungen besteht zwar wegen der nur deklaratorischen Bedeutung der Registereintragung die Gefahr, dass der vertraglich vereinbarte und der im Register dokumentierte Sitz auseinanderfallen, doch wird der Rechtsverkehr insofern hinreichend durch § **15 Abs. 1** geschützt, der auch für den Prozessverkehr Geltung beansprucht (vgl. § 15 Rn 28).[117] Schließlich können auch die von den Vertretern der hM angeführten Erschwernisse der registerrechtlichen Kontrolle die Maßgeblichkeit des effektiven Verwaltungssitzes nicht begründen.[118] Gerade die im Recht der Zweigniederlassungen vollzogene Konzentration auf ein Hauptgericht (s. Rn 7) belegt, dass angesichts der mittlerweile auch im Registerrecht nutzbar gemachten Möglichkeiten virtueller Kommunikation die räumliche Nähe zum Registergericht nicht mehr zwingend vorausgesetzt wird.[119] Zu weiteren kollisionsrechtlichen Vorzügen vgl. die Ausführungen in Rn 46 f sowie in § 13h Rn 37 f.

b) Sitzwahl im Ausland. Fraglich ist allerdings, ob man bei den Personenhandelsgesellschaften so weit gehen kann, ihnen – wie den Kapitalgesellschaften (Rn 38) – auch die Wahl eines ausländischen Sitzes zu gestatten. Auch insofern ist zwischen Vertrags- und Verwaltungssitz zu differenzieren: Die Wahl eines **ausländischen Vertragssitzes** ist nach hM ohne materiell-rechtliche Relevanz (Rn 44), nach der hier vertretenen Auffassung unzulässig, da nur ein inländischer Vertragssitz die Zuständigkeit eines deutschen Registergerichts begründen kann (Rn 44 f).[120]

Liegt der Vertragssitz im Inland, der effektive **Verwaltungssitz im Ausland**, kann dies auf der Grundlage der hM ebenfalls nicht zur Entstehung einer deutschen Gesellschaft führen.[121] Für den Bereich der grenzüberschreitenden Sitzverlegung hat sich im Kollisionsrecht mittlerweile allerdings eine differenzierende Betrachtung durchgesetzt, die auch im Handels- und Gesellschaftsrecht breite Zustimmung gefunden hat. Danach soll

---

[114] Vgl. auch ÖsterrOGH NZG 1998, 504 (505); Grasmann Rn 1169; Grothe S. 38 f; Walden S. 128.
[115] Vgl. dazu namentlich John Die organisierte Rechtsperson, 1977, S. 92 ff; ferner auch Voraufl. § 106 Rn 20 (Ulmer); Pluskat WM 2004, 601 (609).
[116] Voraufl. § 106 Rn 20 (Ulmer).
[117] Ausführlich dazu J. Koch ZHR 173 (2009), 101 (107 f).
[118] So aber Schlegelberger/Martens § 106 Rn 12; zust. MünchKommHGB/Langhein § 106 Rn 28.
[119] So zu Recht der österreichische OGH NZG 1998, 504 (505); vgl. auch dazu bereits J. Koch ZHR 173 (2009), 101 (109 f).
[120] So auch Walden S. 176 mit Fn 673 i.V.m. S. 112 ff sowie S. 191 mit Fn 725; vgl. ferner Staudinger/Großfeld IntGesR (1998), Rn 94.
[121] Vgl. statt aller Staudinger/Großfeld IntGesR (1998) Rn 86 ff.

§ 13   1. Buch. Handelsstand

die grenzüberschreitende Verlegung des Verwaltungssitzes den Status als deutsche Personenhandelsgesellschaft zumindest dann unberührt lassen, wenn der **Zuzugsstaat der Gründungstheorie folgt**.[122] Schließt man sich dieser Auffassung an (ausführlich dazu § 13h Rn 37 f), liegt es nahe, den ausländischen Verwaltungssitz nicht nur infolge einer grenzüberschreitenden Verlegung, sondern auch schon bei der erstmaligen Aufnahme der Tätigkeit zu gestatten. Weder aus register- noch aus kollisionsrechtlicher Sicht weisen die beiden Sachverhalte Abweichungen auf, die ihre Ungleichbehandlung rechtfertigen.[123] Die hier vertretene Maßgeblichkeit des Vertragssitzes (Rn 44 f) würde für eine solche Behandlung ein geeignetes registerrechtliches Fundament schaffen.[124]

48   c) **Ausländische Personenhandelsgesellschaften in Deutschland.** Eine andere Beurteilung ist für solche Gesellschaften angezeigt, die im Ausland wirksam gegründet wurden, ihre Geschäftstätigkeit aber schwerpunktmäßig in Deutschland entfalten. Handelt es sich dabei um Gesellschaften aus EU-Mitgliedstaaten, wird man die ausländische Sitzwahl nicht ignorieren können, da sich auch Personengesellschaften auf die Niederlassungsfreiheit berufen können.[125] Ihre Niederlassung im Inland ist entsprechend den zu den Kapitalgesellschaften entwickelten Grundsätzen (Rn 36, 39) als **Zweigniederlassung** zu behandeln. Diese Behandlung ist auch jenseits des Anwendungsbereichs der Zweigniederlassungsrichtlinie (Rn 6) sachgerecht, da die Einordnung als Zweigniederlassung die einzige Möglichkeit ist, um den Transparenzbedürfnissen des inländischen Rechtsverkehrs zu genügen (vgl. Rn 36).[126] Die Einzelheiten sind insofern noch ungeklärt. Bei Gesellschaften aus **Drittstaaten** findet – außerhalb eines anerkennungsrechtlichen Sonderregimes – hingegen auch weiterhin die Sitztheorie Anwendung. Auch wenn sie im Ausland gegründet wurden, werden sie als inländische Gesellschaften behandelt, wenn ihr effektiver Verwaltungssitz in Deutschland liegt (s. Rn 41 f).

49   3. **Zweigniederlassung der Handelsgesellschaft.** Weil die Niederlassung am Ort des Gesellschaftssitzes stets Hauptniederlassung ist (Rn 32 ff) und ein Unternehmen i.d.R. nur eine Hauptniederlassung haben kann (s. aber zum Doppelsitz noch Rn 50 ff), sind sämtliche Niederlassungen außerhalb des Gesellschaftssitzes Zweigniederlassungen.[127]

---

[122] Für eine solche Differenzierung Ebenroth/Boujong/Joost/Strohn/*Pentz* § 13h Rn 43; MünchKommBGB/*Kindler* IntGesR Rn 484 ff, 491 ff, 495; 497 ff; Röhricht/v. Westphalen/*Ammon* § 13h Rn 14; *von Bar* Internationales Privatrecht, 1991, Band II, Rn 624; MünchHdbGesR I/*Bezzenberger* § 49 Rn 125; Reithmann/Martiny/*Hausmann* Rn 2219, 2234 ff; *Spahlinger/Wegen* Rn 50; *Walden* S. 174 ff, 189 ff; *Mülsch/Nohlen* ZIP 2008, 1358 (1359); *Weng* EWS 2008, 264 (266); s. auch BGH WM 1969, 671 (672); ebenso für die Kapitalgesellschaften OLG Hamm NJW 2001, 2183; Ebenroth/*Auer* DNotZ 1993, 187 (192 f); Ebenroth/*Eyles* IPRax 1989, 1 (9); zu Gegenstimmen vgl. noch die Nachw. in § 13h Rn 37.

[123] Für die Gleichbehandlung von Gründung und Sitzverlegung auch MünchKommBGB/*Kindler* IntGesR Rn 491, 495, 501; *Walden* 174 ff; *Behme/Nohlen* NZG 2008, 496 (498); *Mülsch/Nohlen* ZIP 2008, 1358 (1359); aA AnwKommBGB/*J. Hoffmann* Anh. zu Art. 12 EGBGB Rn 165.

[124] Vgl. dazu bereits *J. Koch* ZHR 173 (2009), 101 (113 ff).

[125] Callies/Ruffert/*Bröhmer* EUV/EGV, 3. Aufl., 2007, Art. 48 Rn 4; Streinz/*Müller-Graff* EUV/EGV, 2003, Art. 48 Rn 4; Schwarze/*Müller-Huschke* EU-Kommentar, 2000, Art. 48 Rn 3; Palandt/*Heldrich* Anh. zu Art. 12 EGBGB Rn 7, 22; Reithmann/Martiny/*Hausmann* Rn 2284a.

[126] AA AnwKomm/*J. Hoffmann* Anh. zu Art. 12 EGBGB Rn 171.

[127] Ebenroth/Boujong/Joost/Strohn/*Pentz* Rn 26; GK-HGB/*Achilles* Rn 5.

Das gilt auch dann, wenn sich am Ort einer solchen Niederlassung die Geschäftsleitung befindet; die allgemeine Voraussetzung der Nachordnung der Zweigniederlassung (Rn 24) muss insoweit nicht erfüllt sein. Ebenso ist es anders als bei Einzelkaufleuten (s. Rn 30) unerheblich, ob die Zweigniederlassung sachlich gleichartige Geschäfte tätigt wie die Hauptniederlassung.[128] In der Zweigniederlassungsrichtlinie (Rn 6) ist ein derartiges Erfordernis nicht vorgesehen, so dass es zumindest für Kapitalgesellschaften aus EU-Mitgliedstaaten nicht gelten kann. Da der Gesetzgeber sich für eine richtlinienüberschießende Umsetzung entschieden hat, sollte aus Gründen der systematischen Einheit der Rechtsordnung zumindest für den Bereich der Handelsgesellschaften eine gleichförmige Auslegung erfolgen (s. Rn 10). Für die **Abgrenzung gegenüber bloßen Betriebsabteilungen** gelten die in Rn 25 ff entwickelten Grundsätze; entscheidend kommt es also auf die Selbständigkeit an. Zur Stellung der Zweigniederlassung im Rechtsverkehr vgl. Rn 79 ff.

4. Doppelsitz von Handelsgesellschaften

a) Problemaufriss und Meinungsstand. Von der organisatorischen Aufspaltung in Haupt- und Zweigniederlassung i.S.d. § 13 ist der Doppelsitz abzugrenzen. Bei Handelsgesellschaften wird das Problem des Doppelsitzes fast ausschließlich bei den **Kapitalgesellschaften** erörtert (zum Doppelsitz des Einzelkaufmanns s. Rn 18). Hier spricht man von einem Doppelsitz, wenn in der Satzung zwei Orte als Gesellschaftssitz festgelegt werden.[129] Während die Zulässigkeit einer solchen Gestaltung bis zum Ende des zweiten Weltkrieges überwiegend abgelehnt wurde,[130] änderte sich das Meinungsbild, nachdem durch die deutsche Teilung ein praktisches Bedürfnis nach zwei Satzungssitzen im Westen und Osten Deutschlands zutage getreten war.[131] Aus diesen praktischen Zwängen entstand die auch heute noch ganz hM, dass ein Doppelsitz zumindest **in Ausnahmefällen zulässig** sei,[132] wenngleich über die Anforderungen an einen solchen Ausnahmefall teils unterschiedliche Vorstellungen bestehen und vereinzelt sogar von einer generellen Zulässigkeit ausgegangen wird.[133] Praktische Bedeutung kommt der Frage heute vornehmlich in Verschmelzungsfällen zu, wenn die Partner (aus oftmals rein psychologischen Gründen) daran interessiert sind, die Gleichrangigkeit der fusionierenden Unternehmen durch

50

---

[128] *Kögel* DB 2004, 1763 (1765).
[129] Vgl. etwa *Hüffer* § 5 Rn 10; MünchKomm-AktG/*Heider* § 5 Rn 42.
[130] Vgl. statt vieler Schlegelberger/*Quassowski* AktG, 2. Aufl., 1937, § 5 Rn 2.
[131] Ausführlich zu dieser historischen Entwicklung BayObLGZ 1985, 111 (112 ff); GroßkommAktG/*Brändel* § 5 Rn 29; MünchKommAktG/*Heider* § 5 Rn 46; *König* AG 2000, 18 f; *Pluskat* WM 2004, 601 f.
[132] BayObLGZ 1962, 107 (111 f); BayObLGZ 1985, 111 (115 ff); OLG Düsseldorf NJW-RR 1988, 354; OLG Frankfurt aM FGPrax 2001, 86; LG Essen AG 2001, 429 (430); LG Hamburg DB 1973, 2237; LG Köln NJW 1950, 352 und 871; AG Bremen DB 1976, 1810; Ebenroth/Boujong/Joost/Strohn/*Pentz* § 13h Rn 36; GroßkommAktG/*Brändel* § 5 Rn 31 ff; *Hüffer* § 5 Rn 10; MünchKommAktG/*Heider* § 5 Rn 42 ff, 46 ff; Scholz/*Emmerich* § 4a Rn 17; Ulmer/Habersack/Winter GmbH § 4a Rn 33; *Balser* DB 1972, 2049 f; *König* AG 2000, 18 ff; wN in der folgenden Fn.
[133] Für eine generelle Zulässigkeit von Doppelsitzen bis zur Missbrauchsgrenze *Barz* AG 1972, 1 (4); *Borsch* GmbHR 2003, 258 ff; *Katschinski* ZIP 1997, 620 ff; *Pluskat* WM 2004, 601 (602 f); auch in der Nachkriegszeit noch gegen die Zulässigkeit Staudinger/*Coing* 12. Aufl., § 24 Rn 10; *Karl* AcP 159 (1960), 293 (302 ff); neuerdings auch Baumbach/Hueck/*Hueck*/*Fastrich* § 4a Rn 7; *Krafka*/*Willer* Rn 355; etwas weniger streng MünchKommHGB/*Krafka* § 13 Rn 34: „nur in extrem seltenen Ausnahmefällen"; ebenso Rowedder/*Schmidt-Leithoff* § 4a Rn 15.

§ 13　　　　　　　　　　　　　　1. Buch. Handelsstand

ein gerichtskundiges Bekenntnis zu beiden bisherigen Gesellschaftsstandorten in Gestalt eines Doppelsitzes zu dokumentieren.[134] Für die **Personenhandelsgesellschaften** lehnt die hM eine privatautonome Sitzwahl grundsätzlich ab (Rn 44), womit auch die Möglichkeit eines Doppelsitzes zwangsläufig ausgeschlossen wird (s. dazu noch Rn 54).[135]

51　　b) **Doppelsitz von Kapitalgesellschaften.** Speziell für die Kapitalgesellschaften steht der Gesetzeswortlaut der insofern einschlägigen §§ 5 AktG und 3 GmbHG der Zulässigkeit eines Doppelsitzes nicht zwangsläufig entgegen,[136] wenngleich er zumindest darauf hinzudeuten scheint, dass der Gesetzgeber im Regelfall von nur einem Gesellschaftssitz ausgeht. Der daraus erwachsende **interpretatorische Spielraum** ist nach Maßgabe der Regierungsbegründung zu § 5 AktG 1965 auszufüllen, in der die Frage des Doppelsitzes explizit erörtert wurde. Dabei wurde festgestellt, dass die Kriegsfolgenrechtsprechung (Rn 50) nur dadurch möglich gewesen sei, dass das AktG kein ausdrückliches Verbot des Doppelsitzes enthalte. Diese „Anpassungsfähigkeit des Gesetzes" wollten die Entwurfsverfasser aufrechterhalten, gingen aber davon aus, dass entsprechende Gestattungen auf **Ausnahmefälle** beschränkt blieben und es daher nicht erforderlich sei, sie im Gesetzestext ausdrücklich festzuschreiben.[137] Darin kommt die generelle Zulässigkeit eines Doppelsitzes, aber auch sein Ausnahmecharakter zum Ausdruck. Der hM ist also im Grundsatz zuzustimmen. Zur Anmeldung einer Zweigniederlassung durch eine Gesellschaft mit Doppelsitz s. Rn 60; zur registerrechtlichen Behandlung des Doppelsitzes selbst s. Rn 76.

52　　Es bleibt die Aufgabe, die **Voraussetzungen eines solchen Ausnahmefalles** näher zu konturieren. Insofern ist zunächst zu verlangen, dass die Vorteile für das Unternehmen die Nachteile für die Allgemeinheit deutlich überwiegen. Diese Nachteile können namentlich darin liegen, dass ein Doppelsitz zu **registerrechtlichen Verfahrenserschwernissen** und möglicherweise auch zu Irritationen des Rechtsverkehrs führen kann. Diese Schwierigkeiten sind nicht von der Hand zu weisen, allerdings auch keinesfalls unüberwindbar, was sich schon darin zeigt, dass auch bei Zweigniederlassungen bis 1937 eine doppelte registerrechtliche Prüfung noch der gesetzliche Regelfall war (s. Rn 5).[138] Ein Verschmelzungsvorhaben an sich genügt noch nicht, um einen Doppelsitz zu rechtfertigen. Vielmehr bedarf es **nicht unerheblicher wirtschaftlicher Vorteile**, die vom Anmelder darzulegen sind und über reine Prestige- und Affektionsinteressen hinausgehen müssen, so z.B. wenn mit der Aufgabe eines Standorts ein Verlust an Goodwill verbunden wäre.[139] Um zu verhindern, dass durch einen Doppelsitz die §§ 13 ff unterlaufen werden, ist weiterhin zu fordern, dass die Bedeutung des Standortes deutlich über den einer Zweigniederlas-

---

[134] Vgl. dazu *König* AG 2000, 18 mit einer Aufzählung der praktischen Fallbeispiele auf S. 21 (mit Fn 28) und 29 f.
[135] OLG Colmar OLGE 13 (73 f); OLG Frankfurt aM NJW-RR 1997, 868; Ebenroth/Boujong/Joost/Strohn/*Märtens* § 106 Rn 13; Ebenroth/Boujong/Joost/Strohn/*Pentz* Rn 20; Heymann/*Emmerich* § 106 Rn 7; Röhricht/v. Westphalen/*von Gerkan* Rn 9; Schlegelberger/*Martens* § 106 Rn 14; *Krafka/Willer* Rn 607; **aA** LG Köln NJW 1950, 871 ff; MünchKommHGB/*Langhein* § 106 Rn 27; Vorauﬂ. § 106 Rn 22 (*Ulmer*); *J. Koch* ZHR 173 (2009), 101 (116); *Pluskat* WM 2004, 601 (608 f); vgl. auch LG Düsseldorf BB 1966, 1036 für Spaltgesellschaft nach 1945; unklar die Äußerungen von Baumbach/*Hopt* Rn 1 und § 106 Rn 8 einerseits und § 106 Rn 9 andererseits.
[136] Zutr. LG Köln NJW 1950, 871.
[137] Vgl. dazu BT-Drucks. IV/171, S. 96.
[138] Ausführlich *König* AG 2000, 18 (24 ff).
[139] BayObLGZ 1985, 111 (118); Großkomm-AktG/*Brändel* § 5 Rn 36; *Hüffer* § 5 Rn 10; MünchKommAktG/*Heider* § 5 Rn 47; *König* AG 2000, 18 (22 ff) mit weiteren Beispielen; zurückhaltender wohl Münch-KommHGB/*Krafka* Rn 34; vgl. bereits die Nachweise zum Streitstand in Fn 133.

sung hinausgeht und durch die Begründung einer Zweigniederlassung die mit dem Doppelsitz angestrebten Vorteile nicht erreicht werden könnten.[140]

Diese Grundsätze finden auch dann Anwendung, wenn eine grenzüberschreitend tätige Gesellschaft einen **zweiten statutarischen Sitz im Ausland** begründen will, wobei allerdings die registerrechtlichen Schwierigkeiten größer sein können als bei einem inländischen Doppelsitz, da die Koordination zwischen den Registergerichten durch unterschiedlich ausgestaltete Verfahrensabläufe und möglicherweise auch durch Sprachbarrieren erschwert werden kann. Diese Schwierigkeiten sind bei der Abwägung der Vor- und Nachteile (Rn 52) zu berücksichtigen.[141]

c) **Doppelsitz von Personenhandelsgesellschaften.** Ob auch Personenhandelsgesellschaften einen Doppelsitz haben dürfen, ist angesichts der geringeren praktischen Bedeutung noch nicht vertieft erörtert worden. Da die hM annimmt, dass die Personenhandelsgesellschaft ihren Sitz stets am Ort der Hauptverwaltung habe (Rn 44), scheidet ein Doppelsitz nach dieser Auffassung aus.[142] Nimmt man dagegen mit der hier vertretenen Ansicht an, dass auch eine Personenhandelsgesellschaft den Gesellschaftssitz im Rahmen ihrer Privatautonomie frei bestimmen kann, ist dieser Schluss nicht zwingend (Rn 45). Für die Personenhandelsgesellschaft kann sich ebenso wie für die Kapitalgesellschaft ein (etwa firmenrechtliches) Interesse an einem Doppelsitz ergeben, so dass eine Ungleichbehandlung gegenüber den Kapitalgesellschaften nicht gerechtfertigt erscheint, wenn die Gesellschaft ein **hinreichend gewichtiges Bedürfnis** für einen Doppelsitz darlegen kann.[143]

IX. Errichtung, Anmeldung und Eintragung der Zweigniederlassung

1. **Entstehung durch Errichtung.** Die Zweigniederlassung entsteht durch den **tatsächlichen Vorgang** ihrer Errichtung; der Eintragung in das Handelsregister kommt insofern nur deklaratorische Bedeutung zu.[144] Die Errichtung ist abgeschlossen, wenn sämtliche organisatorischen Maßnahmen für das Entstehen der Gesellschaft getroffen wurden.[145] Dazu gehört insbesondere, dass entsprechende Räumlichkeiten angemietet und mit den zur Geschäftsaufnahme erforderlichen Betriebsmitteln ausgestattet wurden. Darüber hinaus muss Personal vorhanden sein, das die Zweigniederlassung in selbständiger Weise führt (zur personellen Selbständigkeit vgl. Rn 26). Nicht erforderlich ist dagegen die Eröffnung des Geschäftsbetriebes.[146] Zur Aufhebung der Zweigniederlassung s. noch Rn 78.

---

[140] Vgl. zu dieser zweiten Voraussetzung *König* AG 2000, 18 (28 ff).
[141] Ausführlich dazu *Beitzke* ZHR 127 (1965), 1 (44 ff); vgl. ferner MünchKommAktG/ *Heider* § 5 Rn 47; *Bärmann* AcP 156 (1957), 156 ff; *dens.* NJW 1957, 613 ff.
[142] Vgl. bereits die Nachw. in Fn 135.
[143] LG Köln NJW 1950, 871 (872); vgl. auch bereits die weiteren Nachw. in Fn 135.
[144] Allgemeine Auffassung – vgl. nur BayObLGZ 1992, 59 (60); KG FGPrax 2004, 45 (46); OLG Hamm RPfleger 2001, 190; OLG München NZG 2006, 513 (514); Ebenroth/Boujong/Joost/Strohn/*Pentz* Rn 31; *Hüffer* Anh. § 45 AktG § 13 HGB Rn 7.
[145] Vgl. zum Folgenden Ebenroth/Boujong/ Joost/Strohn/*Pentz* Rn 35; *Hüffer* Anh. § 45 AktG § 13 HGB Rn 7.
[146] Ebenroth/Boujong/Joost/Strohn/*Pentz* Rn 35; *Hüffer* Anh. § 45 AktG § 13 HGB Rn 7; MünchKommHGB/*Krafka* Rn 11; Röhricht/v. Westphalen/*Ammon* Rn 11; aA noch KölnerKommAktG/*Kraft* § 42 a.F. Rn 11.

2. Zuständigkeit zur Errichtung

56 a) **Errichtung durch AG-Vorstand.** Die Errichtung der Zweigniederlassung durch eine Handelsgesellschaft obliegt als Organisationsmaßnahme der Geschäftsführung. **Bei der AG** kann sie daher vom Vorstand ohne weiteres beschlossen und durchgeführt werden, wenn der Aufsichtsrat sich nicht gem. § 111 Abs. 4 AktG die Zustimmung vorbehalten hat.[147] Die Errichtung der Zweigniederlassung als solche bleibt von der Missachtung eines derartigen Vorbehalts jedoch schon deshalb unberührt, weil es sich dabei nur um einen tatsächlichen Akt handelt (s. Rn 55). Aber auch die **Anmeldung der Errichtung** darf vom Gericht nicht etwa deshalb zurückgewiesen werden, weil ihm ein entsprechendes Zustimmungserfordernis bekannt ist;[148] denn zum einen entfaltet ein **Zustimmungsvorbehalt nach § 111 Abs. 4 AktG** stets **nur interne Wirkung** und zum anderen schreibt das Gesetz ausdrücklich vor, dass der tatsächliche Errichtungsakt zwingend eine Anmeldung erforderlich macht, selbst wenn dabei gegen interne Beschränkungen verstoßen wurde.[149]

57 b) **Errichtung durch Personenhandelsgesellschaft.** Bei den Personenhandelsgesellschaften verfügt die Geschäftsleitung nicht über die weit gesteckten Freiheiten des § 76 AktG. Daher kann sich die Errichtung einer Zweigniederlassung hier als ein außergewöhnliches Geschäft darstellen, das **im Innenverhältnis** der Zustimmung der Gesellschafter bedarf, sofern es nicht bereits ausdrücklich im Gesellschaftsvertrag gestattet ist oder die Gesellschaft schon von ihrer Grundstruktur als Filialbetrieb ausgestaltet ist.[150] Ist die Gesellschaft ohne Beachtung dieser internen Zuständigkeitsverteilung errichtet worden, so darf allerdings auch hier das Gericht die Anmeldung angesichts der nur intern wirkenden Zuständigkeitsbeschränkung und der durch § 13 Abs. 1 statuierten Anmeldepflicht nicht zurückweisen (s. Rn 56).

58 c) **Errichtung durch eine GmbH.** Zweifelhaft ist die Rechtslage **bei der GmbH**. Aufgrund ihres personalistischen Charakters wird teilweise wie bei den Personenhandelsgesellschaften grundsätzlich eine Zustimmung der Gesellschafterversammlung gefordert.[151] Das erscheint jedoch überzogen, wenn man berücksichtigt, dass hier die Möglichkeit besteht, den Geschäftsführer bereits bei der Bestellung entsprechenden Einschränkungen zu unterwerfen, wovon in der Praxis regelmäßig Gebrauch gemacht wird.[152] Grundsätzlich ist der Errichtungsakt daher vorbehaltlich einer abweichenden Satzungsregelung von der Geschäftsführungsbefugnis gedeckt.[153]

---

[147] BayObLGZ 1992, 59 (60); *Hüffer* Anh. § 45 AktG § 13 HGB Rdn 7; Röhricht/v. Westphalen/*Ammon* Rn 11.
[148] Ebenroth/Boujong/Joost/Strohn/*Pentz* Rn 34; zur entsprechenden Behandlung eines ausdrücklichen Satzungsverbots (das in der Praxis i.d.R. nicht vorkommt) s. ROHG 22, 277 (283 f); *Hüffer* Anh. 45 § 13 Rn 7; *Pentz* aaO.
[149] Vgl. dazu auch schon Ebenroth/Boujong/Joost/Strohn/*Pentz* Rn 34.
[150] So zutr. Vorauflg. § 116 Rn 3, 9 (*Ulmer*); ähnlich MünchKommHGB/*Jickeli* § 116 Rn 27; Schlegelberger/*Martens* § 116 Rn 10; ohne die letztgenannte Einschränkung Baumbach/*Hopt* § 116 Rn 2; Ebenroth/Boujong/Joost/Strohn/*Pentz* Rn 33; *Michalski* OHG-Recht, 2000, § 116 Rn 6; gegen jede Zustimmungspflicht Heymann/*Emmerich* § 116 Rn 4.
[151] Ebenroth/Boujong/Joost/Strohn/*Pentz* Rn 33.
[152] Wie hier auch Michalski/*Heyder* § 12 Rn 17; Röhricht/v. Westphalen/*Ammon* § 13b Rn 2; Rowedder/*Schmidt-Leithoff* § 12 Rn 18.
[153] Michalski/*Heyder* § 12 Rn 17; Röhricht/v. Westphalen/*Ammon* Rn 11; Rowedder/*Schmidt-Leithoff* § 12 Rn 18.

d) Errichtung durch Prokuristen. Im Schrifttum besteht weitgehende Einigkeit darüber, **59** dass die Errichtung einer Zweigniederlassung durch eine Prokura gedeckt ist.[154] Diese Aussage ist präzisierungsbedürftig, da die Prokura eine handelsrechtliche Vollmacht ist, die eine **Vertretungsmacht im Außenverhältnis** begründet. Für die Errichtung einer Zweigniederlassung kommt es aufgrund des **tatsächlichen Charakters** des Errichtungsaktes aber nicht auf die Vertretungsmacht, sondern vornehmlich auf die **Geschäftsführungsbefugnis im Innenverhältnis** an. Darüber trifft § 49 Abs. 1 aber keine Aussage. Allerdings kann angenommen werden, dass die Geschäftsführungsbefugnis sich grundsätzlich mit dem Umfang der Prokura deckt, solange sie vom Geschäftsherrn nicht ausdrücklich oder konkludent eingeschränkt worden ist. Sind keine Indizien für eine derartige Einschränkung erkennbar, ist der Prokurist aufgrund des nicht zwangsläufig strukturändernden Charakters eines solchen Aktes zur Errichtung einer Zweigniederlassung befugt. Zur Anmeldung durch einen Prokuristen s. § 12 Rn 39 ff.

3. Anmeldung der Errichtung (§ 13 Abs. 1 S. 1). § 13 Abs. 1 S. 1 begründet für die **60** inländische Zweigniederlassung eines Unternehmens, dessen Sitz ebenfalls im Inland liegt, eine Anmeldepflicht öffentlich-rechtlichen Ursprungs, die notfalls gem. § 14 durch Verhängung eines Zwangsgeldes durchgesetzt werden kann (zum Verfahren vgl. §§ 388 ff FamFG – §§ 132 ff FGG a.F.). Für Rechtsträger mit Sitz oder Hauptniederlassung im Ausland gelten die §§ 13d ff. Ausländische Zweigniederlassungen eines deutschen Rechtsträgers können nicht in ein deutsches Register eingetragen werden, sondern es beanspruchen insofern die einschlägigen ausländischen Regelungen Geltung, die im europäischen Ausland aufgrund der Umsetzung der Zweigniederlassungsrichtlinie (Rn 6) eine Parallelstruktur zu §§ 13d ff aufweisen.[155] Die Eintragung ist **deklaratorisch**; die Zweigniederlassung ist bereits mit ihrer Errichtung entstanden (s. Rn 55). Ob die Anmeldung vor oder nach der Errichtung erfolgt, ist unbeachtlich.[156] Adressat der Anmeldung ist das für die Hauptniederlassung bzw. für den Gesellschaftssitz zuständige Gericht.[157] Diese Zuständigkeit ist ausschließlich.[158] Erfolgt die Anmeldung bei einem anderen Gericht, ist sie zurückzuweisen.[159] Hat eine Gesellschaft ausnahmsweise einen **Doppelsitz**, so muss die Eintragung nach den oben (Rn 52) dargelegten Grundsätzen bei beiden Gerichten angemeldet werden.[160]

Anmeldepflichtig und damit auch potenzieller Adressat eines Zwangsgeldes ist bei **61** einem einzelkaufmännisch geführten Unternehmen der Inhaber. Bei einer Handelsgesellschaft obliegt die Anmeldepflicht den vertretungsberechtigten Organen. Dies sind bei einer OHG und KG die zur Vertretung berechtigten Gesellschafter (§§ 125, 161 Abs. 2, 170), nicht aber auch die davon ausgeschlossenen persönlich haftenden Gesellschafter und Kommanditisten, weil die Errichtung der Zweigniederlassung nicht die gesellschaftsvertragliche Basis berührt.[161] Für die AG handelt ihr Vorstand (§ 78 Abs. 1 AktG), für

---

[154] Baumbach/*Hopt* § 49 Rn 1; Ebenroth/Boujong/Joost/Strohn/*Weber* § 49 Rn 3; MünchKommHGB/*Krebs* § 49 Rn 29; Röhricht/v. Westphalen/*Wagner* § 49 Rn 4; *Canaris* HandelsR § 12 Rn 14; aA allerdings K. *Schmidt* HandelsR § 16 III 3a.
[155] LG Köln DB 1979, 984; Baumbach/*Hopt* Rn 11; Ebenroth/Boujong/Joost/Strohn/*Pentz* Rn 48, § 13d Rn 28; GK-HGB/*Achilles* Rn 3, 16; Röhricht/v. Westphalen/*Ammon* Rn 26; berechtigte Kritik bei *Krafka/Willer* Rn 289.
[156] *Hüffer* Anh. zu § 45 AktG § 13 Rn 8.
[157] KG DR 1939, 1453 (1454); MünchKommHGB/*Krafka* § 13 Rn 38.
[158] BayObLG NJW-RR 1990, 1510 (1512); Ebenroth/Boujong/Joost/Strohn/*Pentz* Rn 45; GK-HGB/*Achilles* Rn 19.
[159] Ebenroth/Boujong/Joost/Strohn/*Pentz* Rn 45.
[160] Vgl. dazu noch Ebenroth/Boujong/Joost/Strohn/*Pentz* Rn 46; Michalski/*Heyder* § 12 Rn 21.
[161] Vgl. dazu Voraufl. Rn 2 (*Hüffer*); s. auch Baumbach/*Hopt* Rn 9.

§ 13　　　1. Buch. Handelsstand

die GmbH die Geschäftsführer (§ 35 GmbHG),[162] für die übrigen juristischen Personen ihr Vertretungsorgan. §§ 13a Abs. 2 S. 1, 13b Abs. 2 S. 1 a.F., in denen die Vertretungsverhältnisse für AG und GmbH noch einmal ausdrücklich klargestellt wurden, sind ersatzlos gestrichen worden, da es sich von selbst versteht, dass ein solcher Rechtsakt von dem vertretungsberechtigten Organ vorzunehmen ist.[163] Erforderlich ist jeweils, dass das Geschäftsführungsorgan **in vertretungsberechtigter Zahl** auftritt. Daneben kann die Anmeldung der Zweigniederlassung aber auch in unechter Gesamtvertretung erfolgen, soweit diese in der Satzung vorgesehen ist.[164] Auch eine Anmeldung durch Bevollmächtigte ist zulässig, soweit die Form des § 12 Abs. 1 S. 2 eingehalten wird.[165] Zur Anmeldung durch einen Prokuristen s. § 12 Rn 39 ff; zur Errichtung durch einen Prokuristen s. Rn 59.

4. Inhalt und Form der Anmeldung

62　a) **Ort, Firmenzusatz, Geschäftsanschrift.** Einen besonderen Inhalt schreibt § 13 Abs. 1 nicht vor; es wird lediglich verlangt, dass der **Ort** der Zweigniederlassung und ein etwaiger **Firmenzusatz** bei der Anmeldung anzugeben sind.[166] Aufgrund der Neufassung des § 13 Abs. 2 im Zuge des MoMiG (Rn 8) muss überdies auch noch die **inländische Geschäftsanschrift** der Zweigniederlassung angegeben werden. Dieser inländischen Geschäftsanschrift kommt bei Zustellungen und beim Zugang von Willenserklärungen an die Gesellschaft Bedeutung zu. Ihre Anmeldung und Eintragung bildet den zentralen Fixpunkt der neuen Zustellungs- und Zugangsregeln des auch insofern neu geordneten Kapitalgesellschaftsrechts.[167] Durch ihre Eintragung soll die Zustellung an den Unternehmensträger erleichtert werden, die unter bestimmten Voraussetzungen auch über die Zweigniederlassung erfolgen kann (s. dazu noch Rn 80).[168] Die Angabe einer derartigen Anschrift war schon bislang in § 24 Abs. 2 HRV a.F. vorgesehen, doch wurde sie nicht in das Handelsregister eingetragen und in der registergerichtlichen Praxis auch nicht in ihrer fortlaufenden Richtigkeit kontrolliert.[169]

63　Die inländische Geschäftsanschrift muss mit dem Ort der Zweigniederlassung nicht identisch sein, sondern ihre **Auswahl** steht im Belieben der Gesellschaft, solange die Anschrift nur im Inland liegt. So kann beispielsweise die inländische Wohnanschrift eines Geschäftsführers oder eines Gesellschafters, aber auch die Anschrift eines als Zustellungsbevollmächtigten eingesetzten Vertreters (z.B. Steuerberater, Rechtsberater), zum

---

[162] § 78 GmbHG findet keine Anwendung, da es sich nicht um eine Anmeldepflicht handelt, die „in diesem Gesetz vorgesehen" ist; wie hier Ebenroth/Boujong/Joost/Strohn/*Pentz*, 1. Aufl., § 13b Rn 1, 4; Rowedder/*Schmidt-Leithoff* § 12 Rn 32; aA Baumbach/Hueck/*Schulze-Osterloh/Servatius* § 78 Rn 1; GK-HGB/*Achilles* Rn 18; Lutter/Hommelhoff/*Lutter/Bayer* § 12 Rn 5; Michalski/*Heyder* § 12 Rn 20; MünchKommHGB/*Krafka* § 13b Rn 2.
[163] RegE EHUG, BT-Drucks. 16/960, S. 46; zur Frage, ob diese Regelungen tatsächlich rein deklaratorischer Natur waren, vgl. aber Ebenroth/Boujong/Joost/Strohn/*Pentz*, 1. Aufl., § 13b Rn 4.
[164] RGZ 134, 303 (307); Rowedder/*Schmidt-Leithoff* § 12 Rn 32.
[165] Ebenroth/Boujong/Joost/Strohn/*Pentz* Rn 42; Rowedder/*Schmidt-Leithoff* § 12 Rn 32.
[166] Formulierungsbeispiel bei Krafka/Willer Rn 297 f.
[167] Vgl. dazu den Überblick bei Steffek BB 2007, 2077 ff.
[168] RegE MoMiG, BT-Drucks. 16/6140, S. 35 f, 49.
[169] RegE MoMiG BT-Drucks. 16/6140, S. 35.

Handelsregister angemeldet werden.[170] Die inländische Geschäftsanschrift muss die Angabe von Straße, Hausnummer, Postleitzahl und Ort beinhalten; die isolierte Nennung der Postleitzahl oder des Ortes genügt nicht,[171] ebenso wenig die bloße Angabe eines Postfachs.[172] Besondere Bedeutung kommt dieser Regelung bei den Zweigniederlassungen von juristischen Personen zu, bei denen die Verpflichtung zur Anmeldung in §§ 185 Nr. 2 ZPO, 15a durch die Möglichkeit einer **öffentlichen Zustellung** ergänzt wird (s. dazu noch die Erläuterungen zu § 15a). Anlass für diese Regelung waren die seit Mitte der 90er Jahre namentlich im GmbH-Recht zu beobachtenden unlauteren „Firmenbestattungen",[173] die schwerpunktmäßig durch Änderungen und Erleichterungen im Bereich der Zustellung von Willenserklärungen und zivilprozessualen Erklärungen bekämpft werden sollen.[174] Künftig soll jedes Unternehmen über die im Handelsregister einsehbare Zustellungsadresse ebenso erreichbar sein wie eine natürliche Person über den beim Einwohnermeldeamt feststellbaren zustellungsfähigen Wohnsitz.[175]

b) **Übergangsvorschrift.** Die Pflicht zur Anmeldung der inländischen Geschäftsanschrift **64** gilt seit dem Inkrafttreten des MoMiG (Rn 8) für sämtliche Neuanmeldungen. **Bereits in das Handelsregister eingetragene Unternehmen** haben gem. Art. 64 S. 1 EGHGB die Geschäftsanschrift mit der ersten die eingetragene Gesellschaft betreffenden Anmeldung, spätestens aber bis zum **31.10.2009** anzumelden, sofern dem Gericht die Anschrift nicht bereits nach § 24 Abs. 2 HRV mitgeteilt worden ist. Wenn bis zu diesem Datum keine Anmeldung erfolgt, trägt das Gericht **von Amts wegen** und ohne Überprüfung kostenfrei die ihm nach § 24 Abs. 2 HRV bekannte inländische Anschrift als Geschäftsanschrift in das Handelsregister ein (Art. 64 S. 3 EGHGB).

Ist dem Gericht eine solche Anschrift nicht nach § 24 Abs. 2 HRV mitgeteilt worden, **65** aber doch **anderweitig bekannt**, so kann es auf dieser Grundlage eine Eintragung nur dann vornehmen, wenn die Anschrift im elektronischen Informations- und Kommunikationssystem nach § 9 Abs. 1 abrufbar ist (Art. 64 S. 4 EGHGB). Diese Einschränkung hielt der Rechtsausschuss angesichts der einschneidenden Folgen, die an diese Geschäftsadresse künftig geknüpft sein werden (insbes. öffentliche Zustellung nach §§ 185 Nr. 2 ZPO, 15a), für geboten. Nur wenn die Möglichkeit eines solchen Abrufs bestehe, habe das Unternehmen die Chance, vor Ablauf der Übergangsfrist zu prüfen, welche Anschrift eingetragen würde und ob diese auch zutreffend wäre.[176] Die Eintragung nach Art. 64 S. 3–5 EGHGB wird abweichend von § 10 nicht bekannt gemacht (Art. 64 S. 6 EGHGB), um die bürokratischen Belastungen der Unternehmen möglichst gering zu halten.[177]

c) **Form.** Hinsichtlich der Form hat das EHUG (Rn 7) **erhebliche Erleichterungen** **66** gebracht. Es gelten die allgemeinen Grundsätze des § 12 Abs. 1, so dass die Anmeldung

---

[170] So die Vorgaben für die Geschäftsanschrift der Hauptniederlassung in RegE MoMiG, BT-Drucks. 16/6140, S. 35 f, die augenscheinlich in gleicher Weise auch für die Zweigniederlassung gelten sollen.
[171] *Steffek* BB 2007, 2077; *Wachter* GmbHR 2006, 793 (799).
[172] Vgl. dazu Ebenroth/Boujong/Joost/Strohn/ *Pentz* § 13e Rn 26; *Hüffer* Anh. zu § 45 AktG § 13e HGB Rn 6.

[173] Vgl. zu diesem Phänomen *Kleindiek* ZGR 2007, 276 (277 ff); *Seibert* in: FS Röhricht, 2005, S. 585 (589 ff).
[174] *Seibert* ZIP 2006, 1157 (1164).
[175] RegE MoMiG, BT-Drucks. 16/6140, S. 35.
[176] Beschlussempfehlung des Rechtsausschusses, BT-Drucks. 16/9737, S. 101 (elektronische Vorab-Fassung).
[177] So zur Parallelvorschrift des § 3 EG GmbHG, RegBegr MoMiG, BT-Drucks. 16/6140, S. 48.

elektronisch in öffentlich beglaubigter Form einzureichen ist. Eine **gleichzeitige Anmeldung** von Haupt- und Zweigniederlassung ist möglich.[178] Die nach alter Rechtslage für Kapitalgesellschaften (§§ 13a Abs. 2 S. 2, 13b Abs. 2 S. 2 a.F.) und sonstige juristische Personen (§ 33 Abs. 3 a.F.) geltende Vorgabe, dass der Anmeldung eine öffentlich beglaubigte Abschrift der Satzung beizufügen ist, wurde ersatzlos gestrichen, da diese Abschrift ausschließlich für das Gericht der Zweigniederlassung gedacht war, bei dem nach neuer Rechtslage jedoch keine Eintragung mehr erfolgt.[179] Aus demselben Grund hat sich die früher umstrittene Frage erledigt, ob die Anmelder auch das Gericht der Zweigniederlassung anzugeben haben.[180]

5. Spätere Änderungen (§ 13 Abs. 1 S. 2)

67 a) **Allgemeines.** Soweit sich hinsichtlich der eintragungsbedürftigen Verhältnisse der Zweigniederlassung Änderungen ergeben, sind auch diese nach § 13 Abs. 1 S. 2 beim Registergericht der Hauptniederlassung bzw. des Sitzes anzumelden.[181] Dieses ist für sämtliche Eintragungen zuständig, unabhängig davon, ob sie die Haupt- oder die Zweigniederlassung betreffen. Darunter fällt etwa auch eine Firmenänderung der Zweigniederlassung[182] sowie die Erteilung oder das Erlöschen einer Filialprokura i.S.d. § 50 Abs. 3.[183] Die **Konzentration auf das Registergericht der Hauptniederlassung** wird damit auch hinsichtlich der laufenden Anmeldungen fortgeschrieben. Demzufolge kann künftig auch auf die Einreichung von **Überstücken** verzichtet werden, die nach früherer Rechtslage zur Weiterleitung an das Registergericht der Zweigniederlassung bestimmt waren.[184]

68 b) **Sitzverlegung.** Als Änderung in diesem Sinne gilt auch eine Verlegung der Zweigniederlassung.[185] Die Verlegung ist wie die Errichtung (s. Rn 55) ein **rein tatsächlicher Akt**, so dass sich die Frage der rechtlichen Zulässigkeit nicht stellt,[186] sondern allein die Frage nach der registerrechtlichen Behandlung. Die früher verbreitete Auffassung, wonach eine Verlegung als Auflösung und Neugründung zu behandeln sei,[187] hat weder eine gesetzliche Grundlage noch ist sie aus Sachgründen geboten.[188] In den Gesetzesmaterialien wird die Sitzverlegung daher ausdrücklich unter § 13 Abs. 1 S. 2 subsumiert.[189] Damit ist auch einer teilweise vertretenen Analogie zu § 13h[190] die Grund-

---

[178] Michalski/*Heyder* § 12 Rn 21; Röhricht/v. Westphalen/*Ammon* Rn 12.
[179] RegE EHUG, BT-Drucks. 16/960, S. 46 f.
[180] Vgl. zu dieser Streitfrage noch *Hüffer* AktG 7. Aufl., 2006, Anh. § 45 AktG § 13 HGB Rn 8.
[181] § 13 Abs. 1 S. 2 geht auf § 13c a.F. zurück; zur Normentwicklung im Einzelnen vgl. Ebenroth/Boujong/Joost/Strohn/*Pentz* 1. Aufl., § 13c Rn 5 f.
[182] Zu dieser früher umstrittenen Frage vgl. jetzt RegE EHUG, BT-Drucks. 16/960, S. 46; ferner GK-HGB/*Achilles* Rn 20, § 13h Rn 6.
[183] Zur Filialprokura s. bereits MünchKommHGB/*Krafka* § 13c Rn 3; Röhricht/v. Westphalen/*Ammon* § 13c Rn 3.
[184] Ebenso *Hüffer* Anh. § 45 AktG § 13 Rn 11;

zur früheren Rechtslage vgl. noch MünchKommHGB/*Krafka* § 13c Rn 4.
[185] Formulierungsbeispiel für eine Anmeldung bei *Krafka*/*Willer* Rn 309.
[186] MünchKommHGB/*Krafka* Rn 10.
[187] Vgl. etwa LG Köln NJW 1951, 75.
[188] So auch bereits OLG Stuttgart NJW 1964, 112; ferner Ebenroth/Boujong/Joost/Strohn/*Pentz* Rn 60; Röhricht/v. Westphalen/*Ammon* § 13c Rn 12 f jew. mwN auch zur Gegenauffassung.
[189] RegE EHUG, BT-Drucks. 16/960, S. 46.
[190] Vgl. noch Michalski/*Heyder* § 12 Rn 36; Schlegelberger/Hildebrandt/*Steckhan* § 13c Rn 1; wieder anders OLG Stuttgart NJW 1964, 112: analoge Anwendung der §§ 13, 13c a.F.

lage entzogen worden.[191] Sollte mit der Verlegung eine Firmenänderung einhergehen, kann die Anpassung etwaiger Filialprokuren und sonstiger Vertretungsbeschränkungen erforderlich werden.[192]

c) **Umwandlung.** Ändert der Rechtsträger des Unternehmens im Zuge eines **Umwandlungsvorgangs** seine Rechtsform, so bleibt die Zweigniederlassung davon unberührt. Es bedarf lediglich der Eintragung des Inhaberwechsels, die beim Sitzgericht des neuen Rechtsträgers vorzunehmen ist.[193] Die Fortführung der einzelnen Zweigniederlassungen muss nach richtiger, wenngleich umstrittener Ansicht nicht gesondert angemeldet werden. Die Gegenansicht, nach der die Zweigniederlassungen zu löschen und sodann als Neuerrichtung nach § 13 anzumelden sind,[194] wird dem tatsächlichen Charakter der Errichtung einer Zweigniederlassung (s. Rn 55) nicht gerecht und wäre auch aus Praktikabilitätsgründen kaum wünschenswert.[195]

69

6. Prüfung und Eintragung (§ 13 Abs. 2)

a) **Prüfung.** § 13 Abs. 2 regelt die Eintragung der Zweigniederlassung auf dem Registerblatt der Hauptniederlassung. Die Eintragung soll nur dann unterbleiben, wenn die Zweigniederlassung offensichtlich nicht errichtet worden ist. Damit wird dem Registergericht zwar eine Prüfungskompetenz zugewiesen, diese Kompetenz aber zugleich auch auf einen **engen Prüfungsgegenstand** beschränkt. Vorzunehmen sind Prüfung und Eintragung von dem ausschließlich zuständigen Gericht der Hauptniederlassung bzw. des Sitzes. Eine Einbeziehung des Registergerichts am Ort der Zweigniederlassung ist nicht mehr vorgesehen.

70

Das Gericht prüft die Anmeldung in formeller und materieller Hinsicht. Die **formelle Prüfung** beschränkt sich auf das Vorliegen eines formgemäßen Eintragungsantrags (§ 12 Abs. 1 S. 1; s. dort Rn 17), auf die eigene sachliche und örtliche Zuständigkeit sowie auf die Vertretungsbefugnis der anmeldenden Personen.[196] Vor der Zurückweisung einer Anmeldung aufgrund eines formellen Mangels ist dem Anmeldenden durch eine Zwischenverfügung Gelegenheit zu geben, den Mangel zu beseitigen (§ 382 Abs. 4 FamFG – § 26 S. 2 HRV a.F.).[197]

71

Die **materielle Prüfung** wird darauf beschränkt, ob die Zweigniederlassung ordnungsgemäß errichtet worden ist. Daran kann es etwa fehlen, wenn die angemeldete Zweigniederlassung tatsächlich als eigenständige Hauptniederlassung zu gelten hat oder lediglich als unselbständige Betriebsabteilung anzusehen ist. Von einer ursprünglich im Regierungsentwurf noch vorgesehenen **firmenrechtlichen Prüfung** nach § 30, die dem Registergericht über eine Online-Recherche grundsätzlich möglich wäre,[198] hat der

72

---

[191] So auch GK-HGB/*Achilles* § 13h Rn 6; ebenso bereits vor der Neufassung MünchKommHGB/*Krafka* § 13h Rn 11; Rowedder/*Schmidt-Leithoff* § 12 Rn 48.
[192] Ausführlich dazu *Krafka/Willer* Rn 310.
[193] Ebenroth/Boujong/Joost/Strohn/*Pentz* Rn 61; *Hüffer* Anh. § 45 AktG § 13 Rn 10; s. auch Röhricht/v. Westphalen/*Ammon* § 13c Rn 14.
[194] *Wendel* DB 1959, Beilage Nr. 1; vgl. aus neuerer Zeit auch noch *Krafka/Willer* Rn 303 ff.
[195] Ausführlich bereits Voraufl. § 13a Rn 11 (*Hüffer*).
[196] Vgl. zu diesen allgemeinen Voraussetzungen *Krafka/Willer* Rn 155.
[197] OLG Hamburg NJW 1960, 870 (872); *Krafka/Willer* Rn 16 ff.
[198] Vgl. dazu RegE EHUG, BT-Drucks. 16/960, S. 46. Zur früheren Rechtslage vgl. Voraufl. Rn 6 (*Hüffer*).

§ 13

73 Gesetzgeber abgesehen, weil derartige Verstöße äußerst selten seien und überdies eine Abhilfe im Wege einer Unterlassungsklage möglich bleibe.[199]

Dieser ohnehin schon sehr enge Prüfungsauftrag wird noch weitergehend dahin eingeschränkt, dass der Eintragung nur „**offensichtliche**" **Errichtungsmängel** entgegenstehen. Auf diese Weise soll dem Umstand Rechnung getragen werden, dass es dem bezirksfremden Gericht am Ort der Hauptniederlassung bzw. des Sitzes nicht ohne weiteres möglich sein wird, die tatsächliche Errichtung anhand der örtlichen Verhältnisse zu überprüfen.[200] Der Prüfungsmaßstab ähnelt dem des § 18 Abs. 2 S. 2, so dass die zu dieser Vorschrift entwickelten Grundsätze herangezogen werden können.[201] Das Gericht hat das Registerverfahren danach auf ein **Grobraster** zu beschränken.[202] Es muss weder selbständig im Wege der Beweiserhebung die tatsächlichen Verhältnisse ermitteln noch ein Gutachten der Industrie- und Handelskammer (§ 23 S. 2 HRV) einholen.[203] Rechtlichen Bedenken hat es hingegen nachzugehen, worunter auch die Frage fällt, ob – unabhängig von § 30 – eine zulässige Zweigniederlassungsfirma gebildet wurde.[204] Nach dem Gesetzeswortlaut scheint die Prüfung auch insofern nur auf offensichtliche Mängel beschränkt zu sein. Unter teleologischen Gesichtspunkten erscheint eine solche Einschränkung indes nicht gerechtfertigt, da diese Prüfung durch die räumliche Distanz des Gerichts der Hauptniederlassung nicht erschwert wird.

74 b) **Eintragung und Bekanntmachung.** Stellt das zuständige Gericht keine Errichtungsmängel fest, trägt es die Zweigniederlassung im elektronischen Verfahren nach § 8a in die Spalte 2b der Abteilungen A oder B des Handelsregisters ein, und zwar unter Angabe des Ortes samt Postleitzahl und eines etwaigen Firmenzusatzes (vgl. §§ 40 Nr. 2b; 43 Nr. 2b HRV). Aufgrund der Neufassung des § 13 Abs. 2 im Zuge des MoMiG (Rn 8) muss zur Erleichterung der Zustellung überdies auch noch die **inländische Geschäftsanschrift** der Zweigniederlassung angegeben werden (s. Rn 62 f).[205] Sofern die Vertretungsmacht eines Prokuristen anlässlich der Errichtung auf die Zweigniederlassung beschränkt werden soll (§ 50 Abs. 3), kann dies wegen § 16 Abs. 3 HRV nicht durch eine Teilrötung geschehen, sondern die alte Eintragung muss komplett gerötet und durch eine neue Eintragung ersetzt werden.[206]

75 Die **Bekanntmachung** der Eintragung erfolgt sodann nach § 10, wobei die früher in § 13 Abs. 6 a.F. vorgesehenen Beschränkungen entfallen sind. Eine Eintragung beim Registergericht am Ort der Zweigniederlassung erfolgt nicht. Der Rechtsverkehr wird vielmehr auf die Möglichkeit verwiesen, sich beim Registergericht der Hauptniederlassung über die Rechtsverhältnisse der Zweigniederlassung zu informieren. Im Wege des elektronischen Informationsabrufs ist dies künftig problemlos möglich, so dass eine wesentliche Beeinträchtigung des Rechtsverkehrs mit dieser Umstellung nicht einhergeht.

---

[199] Vgl. dazu Beschlussempfehlung Rechtsausschuss, BT-Drucks. 16/2781, S. 153.
[200] Vgl. dazu Beschlussempfehlung Rechtsausschuss, BT-Drucks. 16/2781, S. 152 f.
[201] So *Hüffer* Anh. § 45 AktG § 13 Rn 12 mit dem zutreffenden Hinweis, dass auch in § 18 Abs. 2 S. 2 statt des dort gewählten Begriffes „ersichtlich" tatsächlich „offensichtlich" gemeint ist; aA GK-HGB/*Achilles* Rn 21.
[202] Baumbach/*Hopt* § 18 Rn 20.
[203] *Krafka/Willer* Rn 299.
[204] So auch schon zur alten Rechtslage BayObLG NJW-RR 1995, 1370; OLG Neustadt NJW 1962, 1205; MünchKomm-HGB/*Krafka* § 13a Rn 6; Röhricht/v. Westphalen/*Ammon* Rn 16.
[205] RegE EHUG, BT-Drucks. 16/6140, S. 49.
[206] *Krafka/Willer* Rn 300 mit Formulierungsbeispiel.

7. Registerrechtliche Behandlung von Doppelsitzen. Weil der Doppelsitz von Han- **76** delsgesellschaften gesetzlich nicht vorgesehen ist, fehlt es auch an gesetzlichen Vorgaben für seine registerrechtliche Behandlung. Aus sinngemäßer Anwendung der auf den Regelfall eines einzigen Gesellschaftssitzes zugeschnittenen Bestimmungen folgt zunächst, dass die Gesellschaft zur Eintragung in das Handelsregister beider Sitzgerichte anzumelden ist (zur Anmeldung einer Zweigniederlassung durch eine Gesellschaft mit Doppelsitz s. Rn 60); ebenso ist bei der Anmeldung künftiger Veränderungen zu verfahren.[207] § 2 FamFG (§ 4 FGG a.F.) und § 13 finden hier (zu § 2 FamFG s. aber noch Rn 77) keine Anwendung, so dass es einer **doppelten registerrechtlichen Prüfung** der formellen und sachlichen Voraussetzungen bedarf, wobei die befassten Registergerichte in ihren Entscheidungen und in der von ihnen zu entfaltenden Kontrolltätigkeit (Gründungsprüfung) voneinander unabhängig sind.[208] Widersprechende Entscheidungen und zeitliche Differenzen bei der Eintragung sind also möglich, wenngleich sich die zuständigen Registergerichte in der Praxis um eine möglichst enge Abstimmung bemühen. Weil der Doppelsitz eine ausschließlich im Interesse der Gesellschaft zugelassene Ausnahme ist, muss sie die daraus resultierenden Nachteile – einschließlich der mit der Doppeleintragung verbundenen Kosten – tragen (**Schlechterstellungsprinzip**).[209] Dem kann sich die Gesellschaft auch nicht durch die satzungsmäßige Festlegung eines Hauptsitzes analog § 13e Abs. 5 entziehen,[210] da gerichtliche Zuständigkeiten im FamFG grundsätzlich nicht der Parteidisposition überlassen bleiben, soweit dies im Gesetz nicht ausdrücklich vorgesehen ist.[211]

Daraus folgt **im Einzelnen**: Hängt die Entstehung der Gesellschaft oder die Wirksam- **77** keit von Rechtsänderungen von der Eintragung ab, so müssen beide Eintragungen erfolgt sein;[212] entsprechend verhält es sich mit der **Publizitätswirkung** von Eintragung und Bekanntmachung nach § 15 Abs. 2.[213] Hinsichtlich des Vertrauensschutzes nach § 15 Abs. 1 und 3 wird zum Teil in analoger Anwendung des § 15 Abs. 4 als maßgeblich erachtet, zu welcher Niederlassung das streitige Rechtsverhältnis die engere Beziehung hat.[214] Es ist allerdings kein Grund ersichtlich, warum gerade bei der Anwendung des

---

[207] Vgl. auch BayObLGZ 1962, 107 (112); BayObLGZ 1985, 111 (116 f); MünchKommAktG/*Heider* § 5 Rn 50; *Ulmer*/Habersack/Winter § 4a Rn 34. Einzelheiten zum Verfahrensablauf bei *Pluskat* WM 2004, 601 (604 ff).

[208] BayObLGZ 1962, 107 (112); OLG Düsseldorf NJW-RR 1988, 354; OLG Stuttgart NJW 1953, 748; LG Hamburg DB 1973, 2237; MünchKommAktG/*Heider* § 5 Rn 50; MünchKommHGB/*Krafka* § 13 Rn 36; Scholz/*Emmerich* § 4a Rn 17; *Ulmer*/Habersack/Winter § 4a Rn 34; speziell zur differenzierenden Anwendung des § 2 FamFG (§ 4 FGG a.F.) in allgemeinen Registersachen und bei rechtsgestaltenden Maßnahmen vgl. KG AG 1992, 29 (30 f).

[209] BayObLGZ 1962, 107 (114); LG Essen AG 2001, 429 (430); LG Hamburg DB 1973, 2237; *Hüffer* § 14 Rn 4; MünchKommAktG/*Heider* § 5 Rn 50; *Ulmer*/Habersack/Winter § 4a Rn 34; *Pluskat* WM 2004, 601 (605).

[210] So aber MünchKommHGB/*Krafka* § 13 Rn 36; *Krafka*/Willer Rn 356.

[211] Vgl. dazu auch GroßkommAktG/*Brändel* § 14 Rn 3; Keidel/Kuntze/Winkler/*Sternal* vor §§ 3–5 Rn 13; *Pluskat* WM 2004, 601 (604).

[212] LG Hamburg DB 1973, 2237; Ebenroth/Boujong/Joost/Strohn/*Pentz* § 13h Rn 38; MünchKommHGB/*Krafka* § 13 Rn 36; *Ulmer*/Habersack/Winter § 4a Rn 34; *Pluskat* WM 2004, 601 (605).

[213] Ebenroth/Boujong/Joost/Strohn/*Pentz* Rn 38; MünchKommAktG/*Heider* § 5 Rn 51; MünchKommHGB/*Krafka* Rn 36; *Pluskat* WM 2004, 601 (605).

[214] Baumbach/*Hopt* § 15 Rn 25; Geßler/Hefermehl/*Eckardt* § 5 Rn 15; MünchKommHGB/*Krebs* § 15 Rn 100; Röhricht/v. Westphalen/*Ammon* § 15 Rn 46.

§ 15 das ansonsten geltende Schlechterstellungsprinzip (Rn 76) keine Anwendung finden sollte. Es genügt demnach, wenn der Dritte auf die Angaben eines Registers vertraut, unabhängig davon, zu welcher Niederlassung die engere Verbindung besteht.[215] **Fristen**, die an die Eintragung oder Bekanntmachung geknüpft sind, laufen zugunsten der Gesellschaft erst von der zweiten Eintragung oder Bekanntmachung an, wohingegen gutgläubige Dritte sich hinsichtlich der zu ihren Gunsten laufenden Fristen auf den Zeitpunkt der ersten Eintragung berufen können.[216] Bei einer **Beschlussanfechtung** steht es dem Kläger offen, vor welchem Gericht er seine Klage erheben möchte;[217] einer Beschlussanfechtung bei mehreren Gerichten steht die anderweitige Rechtshängigkeit bzw. die Rechtskraft des Urteils entgegen.[218] Im FamFG-Verfahren ist bei rechtsgestaltenden Entscheidungen und Maßnahmen nach § 375 FamFG (§ 145 FGG a.F.), die nur einmal getroffen werden können, § 2 FamFG (§ 4 FGG a.F.) einschlägig.[219] Danach ist das Gericht zuständig, welches zuerst mit der Angelegenheit befasst ist;[220] im Zweifelsfall entscheidet gem. § 5 FamFG (§ 5 FGG a.F.) das gemeinschaftliche oberste Gericht den Zuständigkeitskonflikt.[221]

X. Aufhebung der Zweigniederlassung (§ 13 Abs. 3)

78 Wird eine Zweigniederlassung aufgehoben, so gelten nach § 13 Abs. 3 die ersten beiden Absätze des § 13 sinngemäß.[222] Spiegelbildlich zur Errichtung ist auch die Aufhebung ein **rein tatsächlicher Vorgang**.[223] Ihr Tatbestand ist erfüllt, wenn die Zweigniederlassung ihren Geschäftsbetrieb nicht nur vorübergehend einstellt oder in einer Weise verändert, dass die charakteristischen Merkmale einer Zweigniederlassung (s. Rn 19 ff) nicht mehr vorliegen.[224] Die Verlegung der Zweigniederlassung fällt ebenso wie ein Umwandlungsvorgang nicht unter den Begriff der Aufhebung (s. Rn 68 und 69). Die **Eintragung** erfolgt auch hier aufgrund einer Anmeldung gemäß den in Rn 74 genannten Grundsätzen in Spalte 2b der Abteilungen A oder B des Handelsregisters (§§ 40 Nr. 2b; 43 Nr. 2b HRV). Für den Prüfungsumfang gelten die in Rn 70 ff aufgestellten Grundsätze. Unterbleibt die Anmeldung, kann sie nach § 14 erzwungen werden; auch insofern liegt die ausschließliche Zuständigkeit beim Registergericht der Hauptniederlassung.[225]

---

[215] Wie hier LG Hamburg DB 1973, 2237; MünchKommAktG/*Heider* § 5 Rn 53.
[216] MünchKommAktG/*Heider* § 5 Rn 54.
[217] Scholz/*Emmerich* § 4a Rn 17; Ulmer/Habersack/Winter § 4a Rn 34; *Pluskat* WM 2004, 601 (606).
[218] MünchKommAktG/*Heider* § 5 Rn 57; *Pluskat* WM 2004, 601 (606).
[219] Überzeugend KG AG 1992, 29 (30 f); *Hüffer* § 14 Rn 4; MünchKommAktG/*Heider* § 5 Rn 58; Ulmer/Habersack/Winter § 4a Rn 34; *König* AG 2000, 18 (26); *Pluskat* WM 2004, 601 (606); für das Spruchverfahren jetzt ausdrücklich in § 2 Abs. 1 S. 2 SpruchG vorgeschrieben.
[220] Die frühere Abgrenzung danach, wann das Gericht tatsächlich tätig wurde, ist im Zuge des FGG-RG aus Gründen der höheren Transparenz zugunsten der „Befassung" aufgegeben worden; vgl. auch RegE FGG-RG, BT-Drucks. 16/6308, S. 175.
[221] MünchKommAktG/*Heider* § 5 Rn 58; *Pluskat* WM 2004, 601 (606); vgl. auch GroßkommAktG/*Brändel* § 5 Rn 36; für das Spruchverfahren s. auch *Hüffer* Anh. § 305 AktG § 2 SpruchG Rn 4; für eine weitergehende Anwendung des § 5 FamFG (§ 5 FGG a.F.) Röhricht/v. Westphalen/*Ammon* Rn 3.
[222] Formulierungsbeispiel bei Krafka/*Willer* Rn 308.
[223] Ebenroth/Boujong/Joost/Strohn/*Pentz* Rn 56.
[224] *Hüffer* Anh. § 45 AktG § 13 HGB Rn 15; ähnlich Ebenroth/Boujong/Joost/Strohn/*Pentz* Rn 62; MünchKommHGB/*Krafka* Rn 12.
[225] Ebenroth/Boujong/Joost/Strohn/*Pentz* § 13 Rn 59.

XI. Rechtsstellung der Zweigniederlassung

1. Keine Rechts- und Parteifähigkeit. Mit der Errichtung einer Zweigniederlassung **79** entsteht kein neues Rechtssubjekt (s. Rn 23).[226] Rechtsträger ist allein der **Träger des Gesamtunternehmens**, so dass er auch Träger sämtlicher in der Zweigniederlassung begründeten Rechte und Pflichten ist. Dabei kommt es nicht darauf an, ob die Geschäfte der Zweigniederlassung unter der Firma der Hauptniederlassung oder unter einer eigenen Firma getätigt worden sind.[227] Für die Gläubiger ist es also gleichgültig, ob sie mit der Haupt- oder Zweigniederlassung kontrahiert haben;[228] in beiden Fällen haftet der Unternehmer mit seinem gesamten Vermögen, zu dem auch das intern der Zweigniederlassung zugewiesene Betriebsvermögen gehört.[229] Weil Haupt- und Zweigniederlassung eine vermögensrechtliche Einheit bilden, können zwischen ihnen oder zwischen mehreren Zweigniederlassungen auch **keine schuldrechtlichen Beziehungen** bestehen, und zwar auch dann nicht, wenn die Niederlassungen einzelne Vermögensbewegungen untereinander buchungstechnisch dokumentieren.[230] Diese Buchungen bringen nicht Forderungen und Verpflichtungen zum Ausdruck, sondern nur den wirtschaftlichen Anteil der Niederlassung am Gesamtgeschäft.[231] Da die Zweigniederlassung mangels Rechtsfähigkeit über kein Vermögen verfügt, das ihr rechtlich ausschließlich zugewiesen ist, muss auch ihre **Insolvenzfähigkeit** verneint werden. Sie unterliegt nicht als abgegrenzte Vermögensmasse dem Zugriff nur einer bestimmten Gläubigergruppe, sondern haftet allen Gläubigern des Unternehmers.[232]

Aus der Rechtsträgerschaft folgt die **prozessuale Zuständigkeit.** Mangels Rechtsfähig- **80** keit kommt der Zweigniederlassung keine Parteifähigkeit (§ 50 ZPO) zu.[233] Allein der Träger des Gesamtunternehmens ist Partei des Rechtsstreits, allerdings kann er auch unter der Firma der Zweigniederlassung klagen und verklagt werden.[234] Eine gesonderte Firmenführung durch die Zweigniederlassung ist also prozessual nur für die Parteibezeichnung (§ 253 Abs. 2 Nr. 1 ZPO) von Bedeutung. Liegt ein unmittelbarer Bezug zur Zweigniederlassung vor, so besteht nach **§ 21 ZPO** (ähnliche Regelung für internationale Zuständigkeit in Art 5 Nr. 5 EuGVÜ) am Ort ihrer Niederlassung ein **weiterer Gerichts-**

---

[226] BGHZ 4, 62 (65) = NJW 1952, 182; OLG Hamm RPfleger 2001, 190; OLG München NZG 2006, 513 (515); Ebenroth/Boujong/Joost/Strohn/*Pentz* Rn 63; Röhricht/v. Westphalen/*Ammon* Rn 7; *K. Schmidt* HandelsR § 4 III 2b.

[227] RGZ 62, 7 (10); RGZ 107, 44 (45 f); BGHZ 4, 62 (65) = NJW 1952, 182; OLG Hamm RPfleger 2001, 190; Ebenroth/Boujong/Joost/Strohn/*Pentz* Rn 63; MünchKommHGB/*Krafka* Rn 15; *K. Schmidt* HandelsR § 4 III 2b.

[228] *K. Schmidt* HandelsR § 4 III 2b.

[229] Ebenroth/Boujong/Joost/Strohn/*Pentz* Rn 63.

[230] OLG Hamm RPfleger 2001, 190; Ebenroth/Boujong/Joost/Strohn/*Pentz* Rn 63; GK-HGB/*Achilles* Rn 12; MünchKommHGB/*Krafka* Rn 18.

[231] OLG Hamburg NJW 1949, 467 (469); GK-HGB/*Achilles* Rn 12; MünchKommHGB/*Krafka* Rn 18.

[232] Vgl. auch Ebenroth/Boujong/Joost/Strohn/*Pentz* Rn 64; Röhricht/v. Westphalen/*Ammon* Rn 7.

[233] BGHZ 4, 62 (65) = NJW 1952, 182; Ebenroth/Boujong/Joost/Strohn/*Pentz* Rn 64; *Hüffer* Anh. § 45 AktG § 13 HGB Rn 6; MünchKommHGB/*Krafka* Rn 19; Röhricht/v. Westphalen/*Ammon* Rn 7; *K. Schmidt* HandelsR § 4 III 2b.

[234] BGHZ 4, 62 (65) = NJW 1952, 182; OLG Hamm RPfleger 2001, 190; Ebenroth/Boujong/Joost/Strohn/*Pentz* Rn 64; GK-HGB/*Achilles* Rn 12; *Hüffer* Anh. § 45 AktG § 13 HGB Rn 6; MünchKommHGB/*Krafka* Rn 19; Röhricht/v. Westphalen/*Ammon* Rn 7.

stand des Unternehmers.²³⁵ Eine gegen den Unternehmer unter der Firma der Zweigniederlassung erhobene Klage kann dem Unternehmer dann auch im Geschäftslokal der Zweigniederlassung zugestellt werden.²³⁶ Nach den Änderungen im Zuge des MoMiG ist daneben auch eine Zustellung unter der inländischen Geschäftsanschrift der Zweigniederlassung nach § 13 Abs. 2 möglich (s. Rn 62 f). Ein unmittelbarer Bezug zur Zweigniederlassung i.S.d. § 21 ZPO kann auch bei einem Ersatzanspruch aus unerlaubter Handlung bestehen, sofern das Delikt im Betrieb der Niederlassung begangen wurde. Für Aktivprozesse des Unternehmens begründet § 21 ZPO die örtliche Zuständigkeit nicht;²³⁷ das Gericht der Zweigniederlassung kann aber nach § 29 ZPO in Verbindung mit § 269 Abs. 2 BGB zuständig sein.²³⁸

81 **2. Keine Grundbuchfähigkeit.** Mangels Rechtsfähigkeit ist die Zweigniederlassung nicht grundbuchfähig, sondern auch insofern ist die **Person des Unternehmensträgers** maßgeblich.²³⁹ Ist dieser ein Einzelkaufmann, kann er nach § 15 Abs. 1a der Grundbuchverfügung vom 8.8.1935²⁴⁰ grundsätzlich nicht unter einer Firma in das Grundbuch eingetragen werden. Etwas anderes gilt für die Handelsgesellschaften, die keinen anderen Namen als ihre Firma tragen. Ihnen ist es gestattet, das Grundstück oder Grundstücksrecht unter der Firma der Zweigniederlassung (Rn 84 f) eintragen zu lassen, wenn es dem Geschäftsvermögen der Zweigniederlassung zugewiesen ist (s. Rn 29).²⁴¹ In diesem Fall genügt für die Angabe des Gesellschaftssitzes (§ 15 Abs. 1b GBVerf) ebenfalls die Angabe des Ortes der Zweigniederlassung.²⁴² Soll das Grundstück später von der Firma der Zweigniederlassung auf die Firma der Hauptniederlassung umgeschrieben werden, liegt kein Übertragungsakt vor, sondern lediglich eine Grundbuchberichtigung nach § 22 GBO.²⁴³

82 **3. Zurechnung und Haftung.** Für die in der Zweigniederlassung abgeschlossenen Geschäfte haftet der Träger des Gesamtunternehmens mit seinem ganzen Vermögen, wenn er beim Geschäftsabschluss wirksam vertreten worden ist. Das hängt von dem **Umfang der Vertretungsmacht** des Leiters der Zweigniederlassung ab. Im Regelfall wird

---

²³⁵ Zu Recht weist Voraufl. vor § 13 Rn 20 (*Hüffer*) darauf hin, dass die gebräuchliche Formulierung „Gerichtsstand der Zweigniederlassung" (vgl. etwa BGH NJW 1998, 1322) ungenau ist.
²³⁶ RGZ 109, 265 (267); BGHZ 4, 62 (65) = NJW 1952, 182; Ebenroth/Boujong/Joost/Strohn/*Pentz* Rn 64.
²³⁷ Damit scheidet gem. § 689 Abs. 2 ZPO auch eine Zuständigkeit im Mahnverfahren aus – vgl. BGH NJW 1978, 321; BGH NJW 1998, 1322; Ebenroth/Boujong/Joost/Strohn/*Pentz* Rn 64.
²³⁸ MünchKommHGB/*Krafka* Rn 19.
²³⁹ OLG Hamm RPfleger 2001, 190; Ebenroth/Boujong/Joost/Strohn/*Pentz* Rn 65; *Hüffer* Anh. § 45 AktG § 13 HGB Rn 6; MünchKommHGB/*Krafka* Rn 20; Röhricht/v. Westphalen/*Ammon* Rn 7; ausführlich zum Folgenden Woite NJW 1970, 548 ff.
²⁴⁰ GBVerf. RMBl. S. 637; neu gefasst durch Gesetz v. 24.1.1995, BGBl. I, S. 114 ff.
²⁴¹ RGZ 62, 7 (10); BayObLGZ 1972, 373 (377); KG JW 1937, 1743; LG Bonn NJW 1970, 570 (571); *Hüffer* Anh. § 45 AktG § 13 HGB Rn 6; MünchKommHGB/*Krafka* Rn 20; Röhricht/v. Westphalen/*Ammon* Rn 7; noch weitergehend nahm das RG (aaO) an, die Eintragung müsse notwendigerweise auf die Firma der Zweigniederlassung lauten.
²⁴² LG Bonn NJW 1970, 570 (571); Ebenroth/Boujong/Joost/Strohn/*Pentz* Rn 65; *Woite* NJW 1970, 548 (549).
²⁴³ KG JW 1937, 1743 (1744); OLG Hamm RPfleger 2001, 190; Baumbach/*Hopt* Rn 4; Ebenroth/Boujong/Joost/Strohn/*Pentz* Rn 65; GK-HGB/*Achilles* Rn 12; MünchKommHGB/*Krafka* Rn 20; Röhricht/v. Westphalen/*Ammon* Rn 7.

er mindestens über eine Handlungsvollmacht i.S.d. § 54 HGB verfügen (s. Rn 26). Die Grundsätze der Anscheins- und Duldungsvollmacht finden auch hier Anwendung. Der vollmachtlose Vertreter haftet nach §§ 177 ff BGB. Bei Prokuristen (§ 50 Abs. 3) und Geschäftsführern einer Personenhandelsgesellschaft (§ 126 Abs. 3) kann die Vertretungsmacht auf die Zweigniederlassung beschränkt werden, solange diese eine eigene Firma hat; bei Vorständen einer AG und den Geschäftsführern einer GmbH ist eine solche Beschränkung im Außenverhältnis gem. § 82 Abs. 1 AktG und § 37 Abs. 2 GmbHG unzulässig.

Für **tatsächliche Handlungen** des Leiters einer Zweigniederlassung kann der Inhaber **83** des Gesamtunternehmens gegebenenfalls unter den Voraussetzungen der §§ 278, 831 BGB zur Verantwortung gezogen werden. Wird das Unternehmen von einer Handelsgesellschaft betrieben, so erfolgt eine Zurechnung unter den Voraussetzungen der §§ 30, 31 BGB.[244] Dafür genügt es nach heute hM, wenn dem Leiter der Zweigniederlassung für seinen Bereich bedeutsame wesensmäßige Funktionen der juristischen Person zur selbständigen, eigenverantwortlichen Erfüllung zugewiesen sind.[245]

4. Firma

a) **Grundsatz.** Aus dem Umstand, dass hinter der Haupt- und der Zweigniederlas- **84** sung derselbe Unternehmensträger steht (s. Rn 23), zog die **ältere Praxis** den Schluss, dass beide unter derselben Firma auftreten müssten; ausschließlich ein Zweigniederlassungszusatz wurde für zulässig, wenn auch nicht für erforderlich gehalten.[246] Mittlerweile hat sich dagegen mit Blick auf die **Verselbständigung der Zweigniederlassung** im Außenverhältnis die Erkenntnis durchgesetzt, dass eine solche Firmenidentität mit oder ohne Zweigniederlassungszusatz zwar weiterhin selbstverständlich zulässig ist (zu Ausnahmen s. noch Rn 85), die Zweigniederlassung daneben aber auch eine von der Hauptniederlassung **abweichende Firma** führen darf.[247] Die Zulässigkeit einer derartigen Abweichung wird in Art. 2 Abs. 1 lit. d) der Zweigniederlassungsrichtlinie (Rn 6) vorausgesetzt und findet überdies auch im deutschen Recht eine positivrechtliche Stütze; § 50 Abs. 3 S. 1 liegt die Vorstellung zugrunde, dass eine „Niederlassung unter verschiedenen Firmen" betrieben wird.[248] Möglich ist es demnach auch, dass mehrere Zweigniederlassungen desselben Unternehmens unterschiedliche Firmen führen.[249] Zur Firma inländischer Zweigniederlassungen ausländischer Unternehmen s. noch § 13d Rn 22 ff.

---

[244] Ebenroth/Boujong/Joost/Strohn/*Pentz* Rn 66; *Hüffer* Anh. § 45 AktG § 13 Rn 6; Röhricht/v. Westphalen/*Ammon* Rn 10; zur analogen Anwendung des § 31 BGB auf die Kapitalgesellschaften vgl. statt aller *Hüffer* § 78 Rn 23; zur analogen Anwendung auf die Personenhandelsgesellschaften vgl. statt aller Baumbach/*Hopt* § 124 Rn 25 ff.
[245] BGHZ 49, 19 (21) = NJW 1968, 391; BGH NJW 1977, 2259 (2260); BGH NJW 1984, 921 (922); Ebenroth/Boujong/Joost/Strohn/ *Pentz* Rn 65; *Hüffer* Anh. § 45 AktG § 13 HGB Rn 6; *K. Schmidt* GesR § 10 IV 4.
[246] Vgl. dazu RGZ 114, 318 (320); OLG Darmstadt OLGE 13, 38; OLG Dresden OLGE 2, 516; weitere Nachweise in BayObLGZ 1992, 59 (61).
[247] BayObLGZ 1990, 151 (158); BayObLGZ 1992, 59 (61 f); Baumbach/*Hopt* Rn 7; Ebenroth/Boujong/Joost/Strohn/*Pentz* Rn 27; Ebenroth/Boujong/Joost/Strohn/ *Zimmer* § 17 Rn 13; HK-HGB/*Ruß* Rn 4; MünchKommHGB/*Heidinger* § 17 Rn 41; MünchKommHGB/*Krafka* Rn 22; *K. Schmidt* HandelsR § 12 II 3a; *Kögel* Rpfleger 1993, 8; *Richert* MDR 1957, 339 f mN zum früheren Meinungsstand.
[248] BayObLGZ 1992, 59 (61); vgl. auch Ebenroth/Boujong/Joost/Strohn/*Pentz* Rn 27.
[249] Röhricht/v. Westphalen/*Ammon* Rn 17.

85 b) **Einheitlicher Firmenkern.** Erforderlich ist nach dem Grundsatz der Firmenwahrheit und Firmeneinheit aber weiterhin, dass auch in der eigenständigen Firma der Zweigniederlassung der **Bezug zur Hauptniederlassung** noch zum Ausdruck kommt.[250] Außer durch die weiterhin zulässige Firmenidentität (Rn 84) kann dieser Bezug zunächst durch einen einheitlichen Firmenkern hergestellt werden, dem **unterscheidende Zusätze** beigefügt werden, um die Zweigniederlassung näher zu kennzeichnen.[251] Nach § 50 Abs. 3 S. 2 kann ein derartiger Zusatz eine Firmenverschiedenheit begründen, die gem. § 50 Abs. 3 S. 1 Voraussetzung einer gesonderten Niederlassungsprokura ist (entsprechende Geltung für Vertretungsbeschränkungen von Gesellschaftern nach §§ 126 Abs. 3, 161 Abs. 2). Bei **Niederlassungen am selben Ort** ist ein unterscheidungskräftiger Zusatz gem. § 30 Abs. 3 zwingend geboten. Während es für § 50 Abs. 3 S. 2 aber schon genügt, wenn der Hauptfirma ein Zusatz beigefügt wird, der sie als Firma der Zweigniederlassung bezeichnet (z.B. „Filiale" oder „Zweigniederlassung"), ist dies für § 30 Abs. 3 noch nicht ausreichend (vgl. dazu ausführlich § 30 Rn 46).

86 Tragen Haupt- und Zweigniederlassung dieselbe Firma, die allenfalls durch einen Zusatz ergänzt wird, so führt eine **Firmenänderung** der Hauptniederlassung automatisch auch zur Firmenänderung der rechtlich unselbständigen Zweigniederlassung, ohne dass es einer weiteren Anmeldung oder Eintragung bedarf.[252] Bei einer **Kapitalgesellschaft** muss die Firma der Zweigniederlassung, die sich nur durch einen Zusatz von der Firma der Hauptniederlassung unterscheidet, nicht in die Satzung aufgenommen werden (s. aber noch Rn 87).[253]

87 c) **Selbständiger Firmenkern.** Zulässig ist es schließlich auch, der Zweigniederlassung einen selbständigen Firmenkern zu geben und ihre Zugehörigkeit zur Hauptniederlassung lediglich durch einen **identitätsbildenden Zusatz** herauszustellen.[254] Auf diese Weise kann auch ein übernommenes Unternehmen unter der alten Firmenbezeichnung mit Filialzusatz weitergeführt werden.[255] Sowohl bei unterscheidenden als auch bei identitätsbildenden Zusätzen ist es jedoch erforderlich, dass ein etwaiger Rechtsformhinweis der Hauptniederlassung (§ 19 Abs. 1 bzw. § 4 GmbHG, § 4 AktG) auch in die Firma der Zweigniederlassung übernommen wird.[256] Bei Kapitalgesellschaften verlangt die hM zusätzlich, dass eine Firma mit einem selbständigen Firmenkern in die **Satzung** aufge-

---

[250] Vgl. bereits die Nachw. in Fn 247; die Kritik am Grundsatz der Firmeneinheit (vgl. Koller/*Roth*/Morck § 17 Rn 15; *Canaris* § 11 Rn 35 f) ist angesichts der anderenfalls drohenden Unklarheit über die Haftungsverhältnisse zurückzuweisen (zutr. Baumbach/*Hopt* § 17 Rn 9; vgl. auch K. Schmidt HandelsR § 12 II 2b).

[251] BayObLGZ 1992, 59 (62); Baumbach/*Hopt* Rn 7; Ebenroth/Boujong/Joost/Strohn/*Pentz* Rn 27; Ebenroth/Boujong/Joost/Strohn/ *Zimmer* § 17 Rn 13; HK-HGB/*Ruß* Rn 4; MünchKommHGB/*Heidinger* § 17 Rn 41; MünchKommHGB/*Krafka* Rn 22; K. Schmidt HandelsR § 12 II 3a; *Kögel* Rpfleger 1993, 8; *Richert* MDR 1957, 339 (340).

[252] BayObLGZ 1990, 151 (158 f); Ebenroth/ Boujong/Joost/Strohn/*Pentz* 1. Aufl., § 13c Rn 4; Röhricht/v. Westphalen/*Ammon* § 13c Rn 5.

[253] BayObLGZ 1992, 59 (62 f); Ebenroth/ Boujong/Joost/Strohn/*Pentz* Rn 28; MünchKommHGB/*Krafka* § 13a Rn 3; Röhricht/ v. Westphalen/*Ammon* Rn 18.

[254] Vgl. bereits die Nachw. in Fn 247.

[255] RGZ 113, 213 (216 ff); Baumbach/*Hopt* Rn 7; Ebenroth/Boujong/Joost/Strohn/*Pentz* Rn 29; HK-HGB/*Ruß* Rn 4; MünchKommHGB/*Heidinger* § 17 Rn 42; Röhricht/ v. Westphalen/*Ammon* Rn 18; K. Schmidt HandelsR § 12 II 3a.

[256] Ebenroth/Boujong/Joost/Strohn/*Pentz* Rn 27; K. Schmidt HandelsR § 12 II 3a.

nommen wird.[257] Dem ist zuzustimmen, da die Festlegung der Firma nach § 23 Abs. 3 Nr. 1 AktG, § 3 Abs. 1 Nr. 1 GmbHG ohne Einschränkung der laufenden Geschäftsführung entzogen ist.[258] Eine Veräußerung der Zweigniederlassung ist mitsamt ihrer Firma möglich, wobei durch entsprechenden Zusatz die neue Zuordnung klarzustellen ist.[259]

XII. Kosten

1. Gerichtskosten. Die Gebühr für die **Eintragung einer Zweigniederlassung** nach §§ 79, 79a KostO i.V.m. dem Gebührenverzeichnis zur HRegGebV beträgt bei einer Kapitalgesellschaft € 90 (Gebührentatbestand Nr. 2200), bei einem Einzelkaufmann € 50 (Nr. 1200) und bei einer Personengesellschaft oder Partnerschaft abhängig von den eingetragenen Gesellschaftern bzw. Partnern mindestens € 80 (Nr. 1201–1203). Die Kosten für **Folgeeintragungen** hängen davon ab, ob eine Tatsache von wirtschaftlicher Bedeutung einzutragen ist. In diesem Fall beträgt die Gebühr in der Regel € 40, anderenfalls € 30; vgl. die Gebührentatbestände Nr. 1500–1506 (für den Einzelkaufmann, Personengesellschaften und Partnerschaften) bzw. Nr. 2500–2502 (für Kapitalgesellschaften) des Gebührenverzeichnisses. Einzig bei einer Personengesellschaft oder Partnerschaft mit mehr als 50 eingetragenen Gesellschaftern bzw. Partnern sind höhere Gebühren möglich (Nr. 1502, 1503). **88**

2. Notarkosten. Für die Notargebühren ergibt sich der **Geschäftswert** aus § 41a Abs. 5 i.V.m. Abs. 1–4 KostO. Danach beträgt er die Hälfte des Wertes, der sich für eine allgemeine Anmeldung ergeben hätte. Bei **mehreren Zweigniederlassungen** ist der halbierte Wert noch durch deren Anzahl zu teilen. Nach § 41a Abs. 5 S. 3 KostO existiert ein **Mindestgeschäftswert** von € 12.500. Zu den Bekanntmachungskosten in Höhe von einem Euro vgl. § 10 Rn 25. Zur abweichenden Behandlung von inländischen Zweigniederlassungen ausländischer Unternehmen s. § 13d Rn 75. **89**

XIII. Altfälle

Gem. Art. 61 Abs. 6 EGHGB sind die nach altem Recht beim Gericht am Ort der Zweigniederlassung geführten Zweigniederlassungsblätter zum 1.1.2007 zu schließen und mit einem klarstellenden Vermerk zu versehen, der auf die künftig ausschließliche Eintragung beim Gericht der Hauptniederlassung bzw. des Sitzes verweist. Der Wortlaut dieses Vermerks wird in Art. 61 Abs. 6 S. 1, 2. Hs. EGHGB vorgegeben. Zugleich ist gem. Art. 61 Abs. 6 S. 3 EGHGB auf dem Registerblatt der Hauptniederlassung bzw. des Sitzes der Hinweis auf das Registergericht am Ort der Zweigniederlassung zu löschen. Diese Übergangsregelung erfasst auch Eintragungen im Partnerschaftsregister, die bislang auf Grundlage der Verweisung in § 5 Abs. 2 PartGG in analoger Anwendung der §§ 13, 13c HGB a.F. geführt wurden.[260] **90**

---

[257] BayObLGZ 1992, 59 (62 f); Ebenroth/Boujong/Joost/Strohn/*Pentz* Rn 28; *Hüffer* § 23 Rn 20; Röhricht/v. Westphalen/*Ammon* Rn 18; Scholz/*Emmerich* § 4 Rn 60; **aA** Lutter/Hommelhoff/*Lutter/Bayer* § 12 Rn 3; Rowedder/*Schmidt-Leithoff* § 12 Rn 25 mwN aus der (älteren) Kommentarliteratur; *Dirksen/Volkers* BB 1993, 598 (599).

[258] BayObLGZ 1992, 59 (63).
[259] Ausführlich MünchKommHGB/*Krafka* Rn 25 f; vgl. auch Baumbach/*Hopt* Rn 7.
[260] Beschlussempfehlung Rechtsausschuss, BT-Drucks. 16/2781, S. 166.

§ 13d
Sitz oder Hauptniederlassungen im Ausland

(1) Befindet sich die Hauptniederlassung eines Einzelkaufmanns oder einer juristischen Person oder der Sitz einer Handelsgesellschaft im Ausland, so haben alle eine inländische Zweigniederlassung betreffenden Anmeldungen, Einreichungen und Eintragungen bei dem Gericht zu erfolgen, in dessen Bezirk die Zweigniederlassung besteht.

(2) Die Eintragung der Errichtung der Zweigniederlassung hat auch den Ort und die inländische Geschäftsanschrift der Zweigniederlassung zu enthalten; ist der Firma der Zweigniederlassung ein Zusatz beigefügt, so ist auch dieser einzutragen.

(3) Im Übrigen gelten für die Anmeldungen, Einreichungen, Eintragungen, Bekanntmachungen und Änderungen einzutragender Tatsachen, die die Zweigniederlassung eines Einzelkaufmanns, einer Handelsgesellschaft oder einer juristischen Person mit Ausnahme von Aktiengesellschaften, Kommanditgesellschaften auf Aktien und Gesellschaften mit beschränkter Haftung betreffen, die Vorschriften für Hauptniederlassungen oder Niederlassungen am Sitz der Gesellschaft sinngemäß, soweit nicht das ausländische Recht Abweichungen nötig macht.

Schrifttum

Altmeppen Schutz vor „europäischen" Kapitalgesellschaften, NJW 2004, 97; *ders.* Geschäftsleiterhaftung für Weglassen des Rechtsformzusatzes aus deutsch-europäischer Sicht, ZIP 2007, 889; *Altmeppen/Wilhelm* Gegen die Hysterie um die Niederlassungsfreiheit der Scheinauslandsschaften, DB 2004, 1083; *Bärwaldt/Schabacker* Angaben auf Geschäftspapieren inländischer Zweigniederlassungen ausländischer Kapitalgesellschaften, AG 1996, 461; *Balser/Pichura* Zweigniederlassungen ausländischer Kapitalgesellschaften in Deutschland, 1958; *Bauer/Großerichter* Zur Durchsetzung deutscher Bestellungshindernisse von Geschäftsleitern gegenüber ausländischen Gesellschaften, NZG 2008, 253; *Bayer* Die EuGH-Entscheidung „Inspire Art" und die deutsche GmbH im Wettbewerb der europäischen Rechtsordnungen, BB 2003, 2357; *ders.* Aktuelle Entwicklungen im Europäischen Gesellschaftsrecht, BB 2004, 1; *ders.* Auswirkungen der Niederlassungsfreiheit nach den EuGH-Entscheidungen Inspire Art und Überseering auf die deutsche Unternehmensmitbestimmung, AG 2004, 534; *Bitter* Flurschäden im Gläubigerschutzrecht durch „Centros & Co."? – Eine Zwischenbilanz, WM 2004, 2190; *Bokelmann* Die Gründung von Zweigniederlassungen ausländischer Gesellschaften in Deutschland und das deutsche Firmenrecht unter besonderer Berücksichtigung des EWG-Vertrages, DB 1990, 1021; *ders.* Zur Entwicklung des deutschen Firmenrechts unter den Aspekten des EG-Vertrages, ZGR 1994, 325; *Borges* Gläubigerschutz bei ausländischen Gesellschaften mit inländischem Sitz, ZIP 2004, 733; *Bumeder* Die inländische Zweigniederlassung ausländischer Unternehmen im deutschen Register- und Kollisionsrecht, 1971; *Clausnitzer* Deutsches Firmenrecht versus Europäisches Gemeinschaftsrecht, DNotZ 2008, 484; *Drygala* Stand und Entwicklung des europäischen Gesellschaftsrechts, ZEuP 2004, 337; *Ebert* Die sachrechtliche Behandlung einer GmbH mit ausländischem Verwaltungssitz, NZG 2002, 937; *Ebert/Levedag* Die zugezogene „private company limited by shares (Ltd.)" nach dem Recht von England und Wales als Rechtsformalternative für in- und ausländische Investoren in Deutschland, GmbHR 2003, 1337; *Eidenmüller* Wettbewerb der Gesellschaftsrechte in Europa, ZIP 2002, 2233; *ders.* Ausländische Kapitalgesellschaften im deutschen Recht, 2004; *ders.* Geschäftsleiter- und Gesellschafterhaftung bei europäischen Auslandsgesellschaften mit tatsächlichem Inlandssitz, NJW 2005, 1618; *Eidenmüller/Rehberg* Umgehung von Gewerbeverboten mittels Auslandsgesellschaften, NJW 2008, 28; *Eidenmüller/Rehm* Niederlassungsfreiheit versus Schutz des inländischen Rechtsverkehrs: Konturen des Europäischen Internationalen Gesellschaftsrechts, ZGR 2004, 159; *Fleischer/Schmolke* Die Rechtsprechung zum deutschen internationalen Gesellschaftsrecht seit 1991, JZ 2008, 223; *Franzen* Niederlassungsfreiheit, internationales Gesellschaftsrecht und Unternehmensmitbestimmung, RdA 2004, 257; *Geimer* Internationales Zivilprozessrecht, 5. Aufl., 2005; *Goette* Zu den Folgen der

Anerkennung ausländischer Gesellschaften mit tatsächlichem Sitz im Inland für die Haftung ihrer Gesellschafter und Organe, ZIP 2006, 541; *Grundmann/Möslein* Die Goldene Aktie, ZGR 2003, 317; *Habersack/Verse* Wrongful Trading – Grundlage einer europäischen Insolvenzverschleppungshaftung?, ZHR 168 (2004), 174; *Hahnefeld* Neue Regelungen zur Offenlegung bei Zweigniederlassungen, DStR 1993, 1596; *Heidenhain* Ausländische Kapitalgesellschaften mit Verwaltungssitz in Deutschland, NZG 2002, 1141; *Heidinger* Der „ständige Vertreter" der Zweigniederlassung einer ausländischen Kapitalgesellschaft, MittBayNot 1998, 72; *Herchen* „Checkliste" zur Eintragung einer Zweigniederlassung einer englischen private company limited by shares im Handelsregister, RIW 2005, 529; *Hirte/Bücker* Grenzüberschreitende Gesellschaften, 2. Aufl., 2006; *J. Hoffmann* Die stille Bestattung der Sitztheorie durch den Gesetzgeber, ZIP 2007, 1581; *Holzborn/Israel* Internationale Handelsregisterpraxis, NJW 2003, 3014; *Horn* Deutsches und europäisches Gesellschaftsrecht und die EuGH-Rechtsprechung zur Niederlassungsfreiheit – Inspire Art, NJW 2004, 893; *Kindler* Neue Offenlegungspflichten für Zweigniederlassungen ausländischer Kapitalgesellschaften, NJW 1993, 3301; *ders.* Niederlassungsfreiheit für Auslandgesellschaften? – Die „Centros"-Entscheidung des EuGH und das internationale Privatrecht, NJW 1999, 1993; *ders.* „Inspire Art" – Aus Luxemburg nichts Neues zum internationalen Gesellschaftsrecht, NZG 2003, 1086; *ders.* Auf dem Weg zur Europäischen Briefkastengesellschaft? – die „Überseering"-Entscheidung des EuGH und das internationale Privatrecht, NJW 2003, 1073; *ders.* Der Wegzug von Gesellschaften in Europa, DK 2006, 811; *ders.* Die Begrenzung der Niederlassungsfreiheit durch das Gesellschaftsstatut, NJW 2007, 1785; *ders.* GmbH-Reform und internationales Gesellschaftsrecht – Auswirkungen auf grenzüberschreitend strukturierte Kapitalgesellschaften, AG 2007, 721; *Klose-Mokroß* Die Eintragung der Zweigniederlassung einer englischen „private limited company" in das deutsche Handelsregister, DStR 2005, 971, 1013; *Kögel* EuGH-Rechtsprechung Centros, Überseering, Inspire Art – Auswirkungen auf die registergerichtliche Praxis, Rpfleger 2004, 325; *ders.* Gründung einer ausländischen Briefkastenfirma: Wann ist eine Zweigniederlassung in Deutschland eine Zweigniederlassung?, DB 2004, 1763; *ders.* Die deutsche Zweigniederlassung einer GmbH – überreguliert?, GmbHR 2006, 237; *Könige* Die Buchführungspflicht inländischer Zweigniederlassungen ausländischer privater Unternehmungen, LZ 1914, 1417; *Krüger* Die persönliche Haftung der handelnden Personen einer Private Limited Company im Überblick, ZInsO 2007, 861; *Lehmann* Registerrechtliche Anmeldpflicht für EU-Auslandsgesellschaften – ein zahnloser Tiger?, NZG 2005, 580; *Leible* Niederlassungsfreiheit und Sitzverlegungsrichtlinie, ZGR 2004, 531; *Leible/Hoffmann* Vom „Nullum" zur Personengesellschaft – Die Metamorphose der Scheinauslandsgesellschaft im deutschen Recht, DB 2002, 2203; *dies.* „Überseering" und das (vermeintliche) Ende der Sitztheorie, RIW 2002, 925; *dies.* „Überseering" und das deutsche Gesellschaftskollisionsrecht, ZIP 2003, 925; *dies.* Die Grundbuchfähigkeit der Scheinauslandsgesellschaft: (teilweise) Aufgabe der Sitztheorie?, NZG 2003, 259; *dies.* Wie inspiriert ist „Inspire Art"?, EuZW 2003, 677; *Lenz* Das Gesetz über die Eintragung von Handelsniederlassungen und das Verfahren in Handelsregistersachen vom 10.8.1937, DJ 1937, 1305; *Leuering* Die GmbH und der internationale Wettbewerb der Rechtsformen, ZRP 2006, 201; *Lutter* Europäische Auslandsgesellschaften in Deutschland, 2005; *Mankowski* Die deutsche Ltd.-Zweigniederlassung im Spannungsverhältnis von Gewerbe- und Registerrecht, BB 2006, 1173; *ders.* „Handwerker-Ltd.": Anmeldung einer Zweigniederlassung und Gewerbeuntersagungsverfügung gegen den Geschäftsführer (director) in Deutschland, ZIV 2006, 45; *Maul* Probleme im Rahmen von grenzüberschreitenden Unternehmensverbindungen, NZG 1999, 741; *Mock/Schildt* Insolvenz ausländischer Kapitalgesellschaften mit Sitz in Deutschland, ZInsO 2003, 396; *Mödl* Die ausländische Kapitalgesellschaft in der notariellen Praxis, RNotZ 2008, 1; *Müller* Insolvenz ausländischer Kapitalgesellschaften mit inländischem Verwaltungssitz, NZG 2003, 414; *Müller-Bonanni* Unternehmensbestimmung nach „Überseering" und „Inspire Art", GmbHR 2003, 1235; *Niemann* Die rechtsgeschäftliche und organschaftliche Stellvertretung und deren kollisionsrechtliche Einordnung, 2004; *Paefgen* Auslandsgesellschaften und Durchsetzung deutscher Schutzinteressen nach „Überseering", DB 2003, 487; *ders.* Gezeitenwechsel im Gesellschaftsrecht, WM 2003, 561; *ders.* Handelndenhaftung bei europäischen Auslandsgesellschaften, GmbHR 2005, 957; *Paulus* Änderungen des deutschen Insolvenzrechts durch die Europäische Insolvenzordnung, ZIP 2002, 729; *Plesse* Neuregelung des Rechts von Zweigniederlassungen, DStR 1993, 133; *Preuß* Die Wahl des Satzungssitzes im geltenden Gesellschaftsrecht und nach dem MoMiG-Entwurf, GmbHR 2007, 57; *Reithmann/Martiny* Internationales Vertragsrecht, 6. Aufl.,

2004; *Riegger* Centros – Überseering – Inspire Art: Folgen für die Praxis, ZGR 2004, 510; *Rinne* Zweigniederlassungen ausländischer Unternehmen im deutschen Kollisions- und Sachrecht, 1997; *Römermann* Der Entwurf des „MoMiG" – die deutsche Antwort auf die Limited, GmbHR 2006, 673; *W.-H. Roth* „Centros": Viel Lärm um Nichts?, ZGR 2000, 311; *ders.* Internationales Gesellschaftsrecht nach Überseering, IPRax 2003, 117; *Saame* Die Zweigniederlassung eines ausländischen Unternehmens in Deutschland, 1994; *Sandrock* Gehören die deutschen Regelungen über die Mitbestimmung auf Unternehmensebene wirklich zum deutschen ordre public?, AG 2004, 57; *Schack* Internationales Zivilverfahrensrecht, 4. Aufl., 2006; *Schanze* Gesellschafterhaftung für unlautere Einflussnahme nach § 826 BGB: Die Trihotel-Doktrin des BGH, NZG 2007, 681; *Schanze/Jüttner* Anerkennung und Kontrolle ausländischer Gesellschaften – Rechtslage und Perspektiven nach der Überseering-Entscheidung des EuGH, AG 2003, 30; *dies.* Die Entscheidung für Pluralität: Kollisionsrecht und Gesellschaftsrecht nach der EuGH-Entscheidung „Inspire Art", AG 2003, 661; *Schön* Zur „Existenzvernichtung" der juristischen Person, ZHR 168 (2004), 268; *Schumann* Die englische Limited mit Verwaltungssitz in Deutschland: Kapitalaufbringung, Kapitalerhaltung und Haftung bei Insolvenz, DB 2004, 743; *Schwab* Wettbewerb der Gesellschaftsrechte: Auslandsgesellschaften im deutschen Recht, MittBayNot 2004, 340; *Seibert* Die Umsetzung der Zweigniederlassungs-Richtlinie der EG in deutsches Recht, GmbHR 1992, 738; *ders.* Neuordnung des Rechts der Zweigniederlassung im HGB, DB 1993, 1705; *ders.* GmbH-Reform: Der Referentenentwurf eines Gesetzes zur Modernisierung des GmbH-Rechts und zur Bekämpfung von Missbräuchen – MoMiG, ZIP 2006, 1157; *Spahlinger/Wegen* Internationales Gesellschaftsrecht in der Praxis, 2005; *Spindler/Berner* Der Gläubigerschutz im Gesellschaftsrecht nach Inspire Art, RIW 2004, 7; *Stadler* Inländisches Zwangsgeld bei grenzüberschreitender Handlungsvollstreckung, IPRax 2003, 430; *Steffek* Zustellungen und Zugang von Willenserklärungen nach dem Regierungsentwurf zum MoMiG – Inhalt und Bedeutung der Änderungen für GmbHs, AGs und ausländische Kapitalgesellschaften, BB 2007, 2077; *Süß* Häufige Probleme mit Zweigniederlassungen englischer Limited Companies, DNotZ 2005, 180; *Ulmer* Schutzinstrumente gegen die Gefahren aus der Geschäftstätigkeit inländischer Zweigniederlassungen von Kapitalgesellschaften mit fiktivem Auslandssitz, JZ 1999, 662; *ders.* Gläubigerschutz bei Scheinauslandsgesellschaften, NJW 2004, 1201; *ders.* Insolvenzrechtlicher Gläubigerschutz gegenüber Scheinauslandsgesellschaften ohne hinreichende Kapitalausstattung, KTS 2004, 291; *Veit/Wichert* Unternehmerische Mitbestimmung bei europäischen Kapitalgesellschaften mit Verwaltungssitz in Deutschland nach „Überseering" und „Inspire Art", AG 2004, 14; *Wachter* Errichtung, Publizität, Haftung und Insolvenz von Zweigniederlassungen ausländischer Kapitalgesellschaften nach „Inspire Art", GmbHR 2003, 1254; *ders.* Auswirkungen des EuGH-Urteils in Sachen Inspire Art Ltd. auf Beratungspraxis und Gesetzgebung, GmbHR 2004, 88; *ders.* Ende der Wegzugbeschränkungen in Europa, GmbHR 2004, 161; *ders.* Existenz- und Vertretungsnachweise bei der englischen Private Limited Company, DB 2004, 2795; *ders.* Handelsregisteranmeldung der inländischen Zweigniederlassung einer englischen Private Limited Company, NotBZ 2004, 41; *ders.* Handelsregisteranmeldung der inländischen Zweigniederlassung einer private limited company, MDR 2004, 611; *ders.* Persönliche Haftungsrisiken bei englischen private limited companies mit inländischem Verwaltungssitz, DStR 2005, 1817; *ders.* Zweigniederlassungen englischer private limited companies im deutschen Handelsregister, ZNotP 2005, 122; *ders.* Der Entwurf des „MoMiG" und die Auswirkungen auf inländische Zweigniederlassungen von Auslandsgesellschaften, GmbHR 2006, 793; *Weller* „Inspire Art": Weitgehende Freiheiten beim Einsatz ausländischer Briefkastengesellschaften, DStR 2003, 1800; *ders.* Scheinauslandsgesellschaften nach Centros, Überseering und Inspire Art: Ein neues Anwendungsfeld für die Existenzvernichtungshaftung, IPRax 2003, 207; *ders.* Das Internationale Gesellschaftsrecht in der neuesten BGH-Rechtsprechung, IPRax 2003, 324; *ders.* Einschränkung der Gründungstheorie bei missbräuchlicher Auslandsgründung?, IPRax 2003, 520; *ders.* Europäische Rechtsformwahlfreiheit und Gesellschafterhaftung, 2004; *ders.* Die Neuausrichtung der Existenzvernichtungshaftung durch den BGH und ihre Implikationen für die Praxis, ZIP 2007, 1681; *Werner* Die Ltd. & Co. KG – eine Alternative zur GmbH & Co. KG?, GmbHR 2005, 288; *Westhoff* Die Verbreitung der englischen Limited mit Verwaltungssitz in Deutschland, GmbHR 2007, 474; *Wilms* Die Verschleppung der Insolvenz einer „deutschen Ltd.", KTS 2007, 337; *Windbichler/Bachmann* Corporate Governance und Mitbestimmung als „wirtschaftsrechtlicher ordre public", in FS Bezzenberger, 2000, S. 797; *Zimmer* Nach „Inspire Art": Grenzenlose Gestaltungsfreiheit für deutsche Unternehmen?, NJW 2003, 3585; *Zöllner*

Konkurrenz für inländische Kapitalgesellschaften durch ausländische Rechtsträger, insbesondere durch die englische Private Limited Company, GmbHR 2006, 1; vgl. auch die Nachweise zu § 13 und zu § 13h.

Übersicht

	Rn
I. Regelungsinhalt und Regelungszweck	1–3
II. Normentwicklung und europäische Grundlage	4–6
III. Praktische Bedeutung des Zweigniederlassungsrechts	7–8
IV. Das ausländische Unternehmen	9–15
1. Haupt- oder Zweigniederlassung	9
2. Einordnung des Unternehmenstyps	10
a) Allgemeines	10–11
b) Die einzelnen Unternehmenstypen	12
aa) Einzelkaufleute	12
bb) Juristische Personen	13
cc) Kapitalgesellschaften	14
dd) Personengesellschaften	15
V. Inländische Zweigniederlassung	16–19
1. Abgrenzung gegenüber der Hauptniederlassung	16–17
2. Abgrenzung gegenüber der Betriebsabteilung	18
3. Errichtung einer Zweigniederlassung im Inland	19
VI. Rechtsstellung der Zweigniederlassung	20–45
1. Bindung an Rechtspersönlichkeit der Hauptniederlassung	20
2. Rechtsfähigkeit	21
3. Firma der Zweigniederlassung	22–30
a) Vorgaben des Internationalen Privatrechts	22
b) Überlagerung durch das Marktrecht	23
c) Ausgestaltung der Firma	24–25
d) Sprachfassung	26
e) Rechtsformzusatz	27–30
aa) Allgemeines	27
bb) Abkürzung	28
cc) Nationalitätenhinweis	29
dd) Zweigniederlassungszusatz	30
4. Inneres Organisationsrecht	31–34
a) Organisationsgefüge, Geschäftsführung und Vertretung	31–32
b) Mitbestimmungsrecht	33
c) Kapitalgrundlagen	34

	Rn
5. Gesellschafts-, Gesellschafter- und Geschäftsführerhaftung	35–39
a) Allgemeines	35
b) Rechtsprechung	36
c) Handelnden- und Durchgriffshaftung wegen Unterkapitalisierung	37
d) Existenzvernichtungshaftung	38–39
6. Insolvenz	40–41
7. Zivilprozess	42–43
8. Gewerberecht	44
9. Sonstiges	45
VII. Registerrechtliche Behandlung	46–75
1. Zuständigkeit	46
2. Maßgeblichkeit deutschen Registerrechts	47–50
3. Vorbehalt zugunsten ausländischen Rechts	51
4. Ausnahme für Kapitalgesellschaften	52
5. Die Anmeldung	53–64
a) Inhalt und Form der Anmeldung	53–55
b) Person des Anmeldepflichtigen	56–58
c) Sanktion bei Verletzung der Anmeldepflicht	59–64
aa) Zwangsgeld gegen anmeldepflichtige Personen	59–61
bb) Zwangsgeld gegen andere Personen	62
cc) Handelndenhaftung	63
dd) Rechtspolitischer Ausblick	64
6. Prüfung der Anmeldung durch das Gericht	65–72
a) Existenz des ausländischen Unternehmens	65
b) Nachweis der Existenz und Rechtsfähigkeit	66–68
c) Nachweis der Vertretungsbefugnis	69–70
d) Nachweis des effektiven Verwaltungssitzes	71
e) Firma der Zweigniederlassung	72
7. Eintragung und Bekanntmachung	73
8. Kosten	74–75
a) Gerichtskosten	74
b) Notarkosten	75

I. Regelungsinhalt und Regelungszweck

Nach der für die Behandlung von Zweigniederlassungen ohne Auslandsbezug maßgeblichen Vorschrift des § 13 wird die registerrechtliche Dokumentation der Zweigniederlassung beim Registergericht der Hauptniederlassung konzentriert. Diese Verweisung kann den Anforderungen des deutschen Registerrechts aber nur dann genügen, **1**

§ 13d 1. Buch. Handelsstand

wenn die Hauptniederlassung in einem deutschen Handelsregister eingetragen ist. Der Anwendungsbereich des § 13 ist deshalb auf solche Unternehmen begrenzt, deren Sitz oder Hauptniederlassung im Inland angesiedelt ist. Für Unternehmen mit **Sitz oder Hauptniederlassung im Ausland** müssen hinsichtlich ihrer inländischen Zweigniederlassungen dagegen **eigenständige Registrierungspflichten** bei einem inländischen Registergericht begründet werden, damit der Rechtsverkehr sich auch über diese Akteure in gewohnter Form unterrichten kann. Sie sollen deshalb hinsichtlich ihrer registerrechtlichen Pflichten einer inländischen Hauptniederlassung weitgehend gleichgestellt werden. Diesem Zweck dienen die §§ 13d ff. Zur praktischen Relevanz s. noch Rn 7 f.

2   Trotz des internationalen Bezugs handelt es sich bei den §§ 13d ff nicht um Kollisionsnormen, die über das anwendbare Sachrecht entscheiden, sondern um **fremdenrechtliche Sachnormen**, die für Zweigniederlassungen ausländischer Unternehmen im Hinblick auf ihre Fremdeneigenschaft Sonderregeln aufstellen.[1] Die kollisionsrechtliche Beurteilung ist der Anwendung dieser Bestimmungen vorgeschaltet. Erst wenn die Maßgeblichkeit deutschen Rechts auf der Grundlage des Kollisionsrechts bejaht wird, können §§ 13d ff zur Anwendung gelangen.[2]

3   Innerhalb des Normenkomplexes der §§ 13d ff stellt § **13d die Grundregel** für inländische Zweigniederlassungen sämtlicher ausländischer Unternehmensformen auf: Alle sie betreffenden Anmeldungen, Einreichungen und Eintragungen haben nach § 13d Abs. 1 bei dem Gericht zu erfolgen, in dessen Bezirk die Zweigniederlassung besteht; für den Inhalt der Eintragung und die Firmenführung der Zweigniederlassung sieht § 13d Abs. 2 besondere Regeln vor. Im Übrigen wird in § 13d Abs. 3 auf das für Hauptniederlassungen geltende Recht verwiesen (s. dazu noch Rn 47 ff). Von diesem Verweis sind allerdings die **Kapitalgesellschaften mit Sitz im Ausland** ausdrücklich ausgenommen. Für sie findet sich stattdessen eine ergänzende Regelung in § 13e, die sodann für die Unterformen der AG in § 13f und der GmbH in § 13g noch einmal präzisiert wird. § 13h schließlich enthält eine Regelung für die Verlegung des Sitzes einer Hauptniederlassung im Inland. Ein Bezug zum Zweigniederlassungsrecht besteht insofern nicht; zu den Gründen für die systematische Verortung s. noch § 13h Rn 3; zum Begriff des ausländischen Sitzes/der ausländischen Niederlassung s. noch Rn 9. Diese aufwändige und ausgesprochen **unübersichtliche Regelungssystematik** ist im Schrifttum auf berechtigte Kritik gestoßen.[3] Auch der Fachmann kann dem Gesetz die einzelnen Verfahrensschritte zur Anmeldung einer Zweigniederlassung eines ausländischen Unternehmens nur mit größter Mühe entnehmen.

II. Normentwicklung und europäische Grundlage

4   Eine mit dem heutigen Regelungsgehalt weitgehend übereinstimmende Vorläufervorschrift des § 13d fand sich bereits in § 13b HGB in der Fassung des Jahres 1937 (s. § 13 Rn 5). Im Jahr 1993 wurde das Recht der Zweigniederlassungen aufgrund der europäischen Vorgaben der **Zweigniederlassungsrichtlinie**[4] in weiten Zügen neu geordnet. Um

---

[1] Ausführlich *Bumeder* Rn 46 ff mwN; ferner Ebenroth/Boujong/Joost/Strohn/*Pentz* Rn 6; MünchKommHGB/*Krafka* Rn 2; Röhricht/v. Westphalen/*Ammon* Rn 3; zum Begriff des Fremdenrechts s. MünchKommBGB/*Sonnenberger* IPR Rn 385.

[2] *Bumeder* Rn 47.
[3] *Hüffer* Anh. zu § 45 AktG § 13d HGB Rn 1; *Mödl* RNotZ 2008, 1 (17).
[4] Elfte Richtlinie des Rates der Europäischen Gemeinschaften auf dem Gebiet des Gesellschaftsrechts v. 21.12.1989 über die Offen-

die Ausübung der Niederlassungsfreiheit durch Gesellschaften zu erleichtern, statuiert die Richtlinie für inländische Zweigniederlassungen ausländischer Kapitalgesellschaften bestimmte Offenlegungspflichten. Diese Vorgaben setzte der deutsche Gesetzgeber mit dem Gesetz zur Durchführung der Elften gesellschaftsrechtlichen EG-Richtlinie vom 22.7.1993[5] um und fasste bei dieser Gelegenheit das bisher auf mehrere Gesetze verstreute und deshalb als unübersichtlich empfundene Registerrecht der Zweigniederlassung **einheitlich im HGB**, und zwar dort in den §§ 13–13h a.F., zusammen (s. § 13 Rn 6).[6] Soweit die §§ 13d–h von den Richtlinienvorgaben gedeckt sind, liegt in der damit verbundenen Sonderbehandlung ausländischer Unternehmen auch **kein Verstoß gegen die europäische Niederlassungsfreiheit**.[7]

Während die in §§ 13e–g geregelten Zweigniederlassungen ausländischer Kapitalgesellschaften unmittelbar in den Anwendungsbereich der Zweigniederlassungsrichtlinie (Rn 4) fallen, beruht der allgemeiner gefasste § 13d nicht direkt auf einer europäischen Vorgabe. Deshalb ist er **aus europarechtlichen Gründen** nicht zwingend der richtlinienkonformen Auslegung unterworfen.[8] Dennoch ergibt sich ein solches Erfordernis aber **aus systematisch-teleologischen Erwägungen des nationalen Rechts**.[9] Der Umstand, dass der Gesetzgeber die §§ 13d ff in einen einheitlichen Regelungskomplex zusammengeführt und terminologisch verwoben hat, spricht aus Gründen der systematischen Einheit des Rechts dafür, dass die zumindest im Bereich der §§ 13e ff gebotene richtlinienkonforme Auslegung (s. noch § 13e Rn 3) auch auf das Verständnis des § 13d ausstrahlen muss.[10]

Nach einer rein redaktionellen Korrektur im Zuge des Handelsrechtsreformgesetzes aus dem Jahr 1998[11] erfuhr die Vorschrift eine weitere Änderung durch das **EHUG** vom 10.11.2006.[12] Es handelte sich dabei um eine Folgeänderung zum Wegfall des Zeichnungserfordernisses in § 12 (s. dort Rn 3). Durch das **MoMiG** vom 23.10.2008[13] wurde § 13d Abs. 2 neuerlich dahingehend ergänzt, dass zu Zwecken einer erleichterten Zustellung künftig auch die inländische Geschäftsanschrift einer Zweigniederlassung einzutragen ist (s. § 13 Rn 62 ff). Überdies wurde der Verweis des § 13d Abs. 3 auf das ausländische Register der Hauptniederlassung auch auf Änderungen einzutragender Tatsachen erweitert (s. Rn 50).

---

legung von Zweigniederlassungen, die in einem Mitgliedstaat von Gesellschaften bestimmter Rechtsformen errichtet wurden, die dem Recht eines anderen Staats unterliegen (89/666/ EWG), ABl. EG Nr. L 395/36 v. 30.12.1989.

[5] BGBl. I, S. 1282.

[6] Vgl. dazu *Hahnefeld* DStR 1993, 1596 ff; *Kindler* NJW 1993, 3301 ff; *Plesse* DStR 1993, 133 ff; *Seibert* GmbHR 1992, 738 ff; *dens.* DB 1993, 1705 ff.

[7] EuGH v. 30.9.2003, Rs. C-167/01, Slg. 2003, I-10155, 10195 Rn 58 (Inspire Art); Baumbach/*Hopt* Rn 1; Koller/*Roth*/Morck Rn 8; Röhricht/v. Westphalen/*Ammon* Rn 4.

[8] Vgl. dazu statt vieler *Canaris* in: FS Bydlinski, 2002, S. 47 ff; *Everling* ZGR 1992, 376 ff; *Lutter* JZ 1992, 593 ff.

[9] Vgl. zu dem Gebot einer richtlinienkonformen Auslegung aus Gründen des nationalen Rechts statt vieler *J. Koch* JZ 2006, 277 (279 ff); Mayer/*Schürnbrand* JZ 2004, 545 ff.

[10] So im Ergebnis auch Ebenroth/Boujong/ Joost/Strohn/*Pentz* Rn 5

[11] Handelsrechtsreformgesetz v. 22.6.1998 (BGBl. I, S. 1474): Die auf einem redaktionellen Versehen beruhende Überschrift „Sitz der Hauptniederlassung" wurde durch die korrekte Fassung „Sitz oder Hauptniederlassung" ersetzt; ausführlich dazu Ebenroth/Boujong/Joost/Strohn/*Pentz* Rn 3.

[12] Gesetz über elektronische Handelsregister und Genossenschaftsregister sowie das Unternehmensregister (EHUG) v. 10.11.2006 – BGBl. I, S. 2553.

[13] Gesetz zur Modernisierung des GmbH-Rechts und zur Bekämpfung von Missbräuchen; BGBl. I, S. 2026.

III. Praktische Bedeutung des Zweigniederlassungsrechts

7 In der Vergangenheit gelangten die §§ 13d ff ausschließlich dann zur Anwendung, wenn sich ein ausländisches Unternehmen dazu entschloss, seine wirtschaftlichen Aktivitäten im Inland über eine unselbständige Zweigniederlassung und nicht über die **alternative Gestaltungsform einer Tochtergesellschaft** zu organisieren. Im Regelfall fiel die Entscheidung jedoch zugunsten der selbständigen Tochtergesellschaft aus. Auch wenn die Errichtung einer Zweigniederlassung unter verschiedenen gesellschafts- und steuerrechtlichen Gesichtspunkten vorteilhaft sein konnte, so galt doch namentlich ihre Registereintragung als kompliziert, zeit- und kostenaufwändig.[14]

8 In den letzten Jahren hat das Zweigniederlassungsrecht aber eine **unerwartete Renaissance** erlebt.[15] Die Gründe dafür sind in erster Linie in der neueren Rechtsprechung des EuGH zur europäischen Niederlassungsfreiheit zu sehen, mit der **auch inländischen Unternehmen die Wahlfreiheit** zwischen sämtlichen europäischen Gesellschaftsformen eröffnet wurde (s. dazu § 13 Rn 8, 35). Ein deutscher Unternehmensgründer kann beispielsweise eine englische Private Limited Company by Shares (kurz: Limited) errichten, deren Satzungssitz in England, deren effektiver Verwaltungssitz jedoch in Deutschland liegt. Dieser Verwaltungssitz wird in Deutschland nach heute fast einhelliger Meinung nicht als Haupt-, sondern als Zweigniederlassung gem. § 13d in das Handelsregister eingetragen (vgl. dazu § 13 Rn 33 ff). Mit der rasanten Ausbreitung der englischen Limited, deren Zahl im Inland mittlerweile auf etwa 46.000 geschätzt wird (Stand: November 2006[16]), ist daher auch das Zweigniederlassungsrecht in den Fokus der juristischen Diskussion getreten. Sein Hauptanwendungsfeld sind nicht mehr originär ausländische Unternehmen, sondern inländische Unternehmen, die ihren Satzungssitz im Ausland, ihren Verwaltungssitz jedoch im Inland haben. Der dafür häufig gebrauchte Begriff der „**Scheinauslandsgesellschaft**" soll nach der Regierungsbegründung zum MoMiG (Rn 6) keine Verwendung mehr finden. Es handele sich „um eine normale Auslandsgesellschaft, deren inländische Geschäftsaktivität aufgrund der Zweigniederlassungs-Richtlinie der EU und dem deutschen Umsetzungsrecht nach dem deutschen Handelsgesetzbuch zu beurteilen" sei.[17]

IV. Das ausländische Unternehmen

9 **1. Haupt- oder Zweigniederlassung.** Zur Abgrenzung gegenüber § 13 setzt § 13d Abs. 1 voraus, dass sich die Hauptniederlassung eines Einzelkaufmanns oder einer juristischen Person oder der Sitz einer Handelsgesellschaft im Ausland befindet. Um das festzustellen, sind zunächst **Haupt- und Zweigniederlassung zu identifizieren**. Nach den zu § 13 getroffenen Feststellungen folgt diese Einordnung keiner einheitlichen Definition, sondern es ist zwischen den verschiedenen **Unternehmensformen und Herkunftsländern** zu differenzieren (s. § 13 Rn 14 ff, 32 ff). Während bei **Einzelkaufleuten und juristischen Personen** der effektive Verwaltungssitz ausschlaggebend ist, muss bei Handelsgesellschaften eine Differenzierung nach dem Herkunftsland aufgestellt werden: Bei **Handelsgesell-**

---

[14] So noch aus jüngerer Zeit das Fazit von *Kindler* NJW 2003, 3301 f; *Wachter* ZNotP 2005, 122; ausführlichere Darstellung der Vor- und Nachteile bei *Bumeder* Rn 1 ff; *Rinne* S. 39 ff; *Saame* S. 38 ff.

[15] Vgl. zum Folgenden insbes. *Wachter* ZNotP 2005, 122 f.

[16] *Westhoff* GmbHR 2007, 474.

[17] RegE MoMiG, BT-Drucks. 16/6140, S. 49.

schaften, die unabhängig vom effektiven Sitz ihrer Verwaltung aufgrund ihrer Herkunft aus einem Mitgliedstaat der EU, aufgrund des EWR-Abkommens oder aufgrund eines bilateralen Staatsvertrages in Deutschland in ihrer originären Rechtsform anzuerkennen sind, wird der Sitz durch die satzungsmäßige Festlegung bestimmt (§ 13 Rn 35 ff und 38 ff). Bei Handelsgesellschaften aus Drittstaaten, die keinem anerkennungsrechtlichen Sonderregime unterliegen (§ 13 Rn 36 f, 41 f), ist ein ausländischer Satzungssitz hingegen nur dann anzuerkennen, wenn dort auch der Schwerpunkt der effektiven Verwaltungstätigkeit liegt. Zum Nachweis der Existenz der Hauptniederlassung s. noch Rn 65 ff.

2. Einordnung des Unternehmenstyps

a) **Allgemeines.** § 13d erfasst die ausländischen Hauptniederlassungen eines Einzelkaufmanns oder einer juristischen Person sowie den Sitz einer Handelsgesellschaft. Diese Festlegung des Anwendungsbereichs ist nicht unproblematisch, da sie an die **Unternehmenstypen des deutschen Rechts** anknüpft, obwohl das Unternehmen im Ausland angesiedelt ist. Es ist daher erforderlich, die ausländischen Unternehmensformen unter die in § 13d genannten deutschen Kategorien zu subsumieren.[18] Das geschieht im Wege der sog. **Substitution**, durch die festgestellt wird, ob die fremde Rechtserscheinung der an sich in Bezug genommenen inländischen gleichgestellt werden darf (zur vorrangigen Prüfung europarechtlicher Vorgaben s. Rn 14).[19] Dabei wird keine vollständige Übereinstimmung gefordert, sondern es genügt, wenn die typusbestimmenden Merkmale weitgehend übereinstimmen.[20] **10**

Obwohl § 13d für sämtliche Unternehmensformen übereinstimmende Registerpflichten begründet, darf sich der Substitutionsakt nicht in der pauschalen Feststellung erschöpfen, es liege ein „ausländisches Unternehmen" vor. Vielmehr bedarf es einer **konkreten Zuordnung** zu einem bestimmten Unternehmenstyp, da diese Zuordnung nicht nur über die Anwendung der §§ 13f und g entscheidet, sondern auch über den Inhalt und die Form der Anmeldung sowie darüber, in welcher Abteilung des Handelsregisters die Eintragung vorzunehmen ist (vgl. dazu § 8 Rn 21).[21] Bei der Vergleichbarkeitsprüfung ist am Maßstab der materiell-rechtlichen Strukturmerkmale der einzelnen Unternehmenstypen festzustellen, inwiefern die fremde Rechtserscheinung einer deutschen Gesellschaftsform verwandt ist. Dabei kommen insbesondere der **Organisationsstruktur** sowie der **Vermögens- und Haftungsordnung** zentrale Bedeutung zu.[22] **11**

b) **Die einzelnen Unternehmenstypen**

aa) **Einzelkaufleute.** Einzelkaufleute fallen nicht in den Anwendungsbereich der Zweigniederlassungsrichtlinie (Rn 4). Ob die Zweigniederlassung einem Einzelkaufmann zugeordnet werden kann, ist daher nach den in Rn 10 f genannten Grundsätzen unmittelbar **12**

---

[18] Der Gesetzgeber hat diese Ungenauigkeit bei der Umsetzung der Zweigniederlassungsrichtlinie bewusst in Kauf genommen, da sich die Geltung für „vergleichbare" ausländische Gesellschaften ohne die Aufnahme einer expliziten „Entsprechensklausel" aus dem Sinnzusammenhang der Vorschrift ergebe, BT-Drucks. 12/3908, S. 15.

[19] Vgl. dazu Baumbach/*Hopt* Rn 3; MünchKommBGB/*Kindler* IntGesR Rn 171 ff.

[20] MünchKommHGB/*Krafka* Rn 9a; Balser/Pichura S. 13; *Rinne* S. 86.

[21] *Hüffer* Anh. zu § 45 AktG § 13e HGB Rn 2; MünchKommHGB/*Krafka* Rn 9.

[22] GK-HGB/*Achilles* Rn 8; Koller/Roth/Morck Rn 5a; MünchKommBGB/*Kindler* IntGesR Rn 180; MünchKommHGB/*Krafka* Rn 9a. Synoptische Übersicht bei *Mellert* BB 2006, 8 ff.

§ 13d 1. Buch. Handelsstand

am **Maßstab des § 1 Abs. 2** zu messen und zu untersuchen, ob der ausländische Einzelunternehmer dem Kaufmannsbild des deutschen Rechts entspricht.[23] Die Eigenschaft als **Kaufmann kraft Eintragung** i.S.d. §§ 2 und 5 kann ebenfalls durch die Eintragung in ein entsprechendes ausländisches Register begründet werden, soweit dieses dem deutschen Handelsregister funktional vergleichbar ist.[24] Bei der Feststellung dieser **Funktionsäquivalenz** ist allerdings zu berücksichtigen, dass jenseits des durch europäisches Recht vereinheitlichten Registerrechts der Kapitalgesellschaften ein Registrierungswesen für andere Unternehmensformen nicht in sämtlichen Staaten existiert und auch die bestehenden Register in z.T. sehr unterschiedlicher Weise organisiert sind.[25]

13 bb) **Juristische Personen.** Ebenso wie in § 13 werden auch in § 13d als juristische Personen lediglich solche i.S.d. § 33 angesprochen, während die Kapitalgesellschaften den Handelsgesellschaften zugeordnet sind (s. § 13 Rn 12). Die Vergleichbarkeitsprüfung im Rahmen der Substitution muss sich daher an den **von § 33 erfassten Kategorien** orientieren, dh am Idealverein mit wirtschaftlicher Nebenbetätigung, am wirtschaftlichen Verein, an der Stiftung sowie an der juristischen Person des öffentlichen Rechts i.S.d. § 89 BGB, soweit von diesen ein Handelsgewerbe betrieben wird (s. zu den Einzelheiten § 33 Rn 8).

14 cc) **Kapitalgesellschaften.** Auch bei den (hier als Handelsgesellschaften angesprochenen) ausländischen Kapitalgesellschaften ist im Wege der Substitution festzustellen, ob sie mit Kapitalgesellschaften deutschen Rechts vergleichbar sind (Einzelaufzählung der erfassten Gesellschaften in § 13e Rn 10 ff). Soweit es sich um **Gesellschaften aus EU-Mitgliedstaaten** handelt, wird diese Prüfung dadurch erleichtert, dass der Kreis der nach § 13d gleichzustellenden Gesellschaften bereits durch die verbindlichen europarechtlichen Richtlinienbestimmungen vorgegeben ist. Art. 1 der Zweigniederlassungsrichtlinie (Rn 4) enthält zwar keine eigenständige Aufzählung der erfassten Gesellschaften, verweist aber auf Art. 1 der Publizitätsrichtlinie.[26] Der dort enthaltene **Gesellschaftskatalog** wurde zunächst im Jahr 2003 umfassend aktualisiert[27] und im Jahr 2006 anlässlich des Beitritts Bulgariens und Rumäniens neuerlich angepasst,[28] so dass die in den verschiedenen Mitgliedstaaten anzutreffenden Gesellschaftsformen weitgehend zuverlässig erfasst sind.[29] Bei **Kapitalgesellschaften aus Drittstaaten** gelten die allgemeinen Grundsätze

---

[23] Ebenroth/Boujong/Joost/Strohn/*Pentz* Rn 10; GK-HGB/*Achilles* Rn 3; MünchKommBGB/*Kindler* IntGesR Rn 173, 901.

[24] Ebenroth/Boujong/Joost/Strohn/*Pentz* Rn 10; Koller/*Roth*/Morck Rn 5a; MünchKommBGB/*Kindler* IntGesR Rn 175.

[25] Vgl. dazu MünchKommHGB/*Krafka* Rn 6; *Kassau* Das Recht auf kommerzielle Nutzung des Handelsregisters, 1998, S. 243 ff; *Holzborn/Israel* NJW 2003, 3014 ff.

[26] Erste Richtlinie 68/151/EWG des Rates v. 9.3.1968 zur Koordinierung der Schutzbestimmungen, die in den Mitgliedstaaten den Gesellschaften im Sinne des Art. 58 Abs. 2 des Vertrages im Interesse der Gesellschafter sowie Dritter vorgeschrieben sind, um diese Bestimmungen gleichwertig zu gestalten, ABl. EG Nr. L 065 v. 14.3.1968.

[27] Richtlinie 2003/58/EG des Europäischen Parlaments und des Rates v. 15.7.2003 zur Änderung der Richtlinie 68/151/EWG in Bezug auf die Offenlegungspflichten von Gesellschaften bestimmter Rechtsformen ABl. EG Nr. L 221/13.

[28] Richtlinie 2006/99/EG des Rates v. 20.11.2006 zur Anpassung bestimmter Richtlinien im Bereich Gesellschaftsrecht anlässlich des Beitritts Bulgariens und Rumäniens, ABl. EG Nr. L 363 v. 20.12.2006, S. 137.

[29] Aufgrund dieser Aktualisierung bedarf es nicht mehr des ergänzenden Rückgriffs auf die Einpersonen-Gesellschaft-Richtlinie (Richtlinie 89/667/EWG v. 21.12.1989 – ABl. EG Nr. L 395, 40); so noch Ebenroth/Boujong/Joost/Strohn/*Pentz* § 13e Rn 8;

(oben Rn 10 f; s. zu den Einzelheiten noch § 13e Rn 7). Besondere Bedeutung kommt der Vermögens- und Haftungsstruktur zu, nicht aber der Höhe des Mindestkapitals.[30] Ob die Gesellschaft einen wirtschaftlichen oder nichtwirtschaftlichen Geschäftsbetrieb zum Gegenstand hat, ist für die Einordnung unbeachtlich, da Vergleichsmaßstab auch insofern das deutsche Recht ist, das die Rechtsform der Kapitalgesellschaft für nicht gewerbliche Unternehmen eröffnet.[31]

dd) Personengesellschaften. Gegenstand der Substitutionsprüfung können auch **Personenhandelsgesellschaften** sein. Ihnen ist nach § 5 Abs. 2 PartGG die **Partnerschaftsgesellschaft** gleichgestellt, so dass auch sie im Rahmen des § 13d Abs. 1 als inländisches Referenzmodell in Betracht kommt.[32] Dasselbe gilt für die **EWIV** aufgrund der in § 1 EWIV-AusfG angeordneten subsidiären Geltung des OHG-Rechts. Die Vergleichbarkeitsfeststellung einer ausländischen EWIV hängt allerdings davon ab, welchem Gesellschaftstyp sie nach dortigem Recht auf der Grundlage des Art. 2 Abs. 1 EWIV-VO[33] subsidiär zugeordnet ist.[34]

V. Inländische Zweigniederlassung

1. Abgrenzung gegenüber der Hauptniederlassung. Aus der Festlegung der Hauptniederlassung bzw. des Sitzes (s. oben Rn 9) ergibt sich **spiegelbildlich die Festlegung der Zweigniederlassung**. Bei Handelsgesellschaften aus EU-Mitgliedstaaten oder solchen Staaten, mit denen ein entsprechender Anerkennungsvertrag geschlossen wurde, gilt jede außerhalb des Satzungssitzes liegende Niederlassung, die in ihrer organisatorischen Ausgestaltung über eine reine Betriebsabteilung hinausgeht, als Zweigniederlassung. Der nach herkömmlichem Begriffsverständnis erforderlichen tatsächlichen Unterordnung unter eine Hauptniederlassung bedarf es insofern also nicht (s. dazu § 13 Rn 33 ff). Dass auch der für die Auslegung des § 13d unmittelbar maßgeblichen **Zweigniederlassungsrichtlinie** (Rn 4) ausweislich der Materialien ein abweichender Begriff der Zweigniederlassung zugrunde lag (Anbindung an ein Stammhaus – vgl. § 13 Rn 21), ist unbeachtlich, da der für die Auslegung europäischen Rechts ausschließlich zuständige **EuGH** (Art. 220 EG) von diesem Verständnis zugunsten der hier wiedergegebenen Lesart abgerückt ist.[35] Nur soweit es darum geht, die Zweigniederlassung (nach unten hin) zur Betriebsabteilung abzugrenzen, kann der in den Materialien zur Richtlinie festgelegte Zweigniederlassungsbegriff noch Bedeutung erlangen (s. noch Rn 18).

15

16

MünchKommHGB/*Krafka* Rn 9a; wie hier *Habersack* Europäisches Gesellschaftsrecht, § 5 Rn 48. Vgl. im Übrigen auch die in Fn 22 genannte synoptische Übersicht.
[30] GK-HGB/*Achilles* Rn 8.
[31] So zutreffend MünchKommBGB/*Kindler* IntGesR Rn 182; **aA** noch Voraufl. vor § 1 Rn 45 (*Brüggemann*).
[32] Ebenroth/Boujong/Joost/Strohn/*Pentz* Rn 12 mit Fn 17 nennt als vergleichbare Formen die französische société civile professionelle, die englische partnership, die österreichische Erwerbsgesellschaft und die spanische despacho colectivo.

[33] Verordnung (EWG) Nr. 2137/85 des Rates v. 25.7.1985 über die Schaffung einer Europäischen wirtschaftlichen Interessenvereinigung (EWIV), ABl. EG Nr. L 199, S. 1.
[34] Ebenroth/Boujong/Joost/Strohn/*Pentz* Rn 13; MünchKommBGB/*Kindler* IntGesR Rn 184.
[35] Das folgt mittelbar aus den Entscheidungen des EuGH v. 9.3.1999, Rs. C-212/97, Slg. 1999, I-1459, 1484 Rn 36, 38 (Centros) sowie v. 30.9.2003, Rs. C-167/01, Slg. 2003, I-10155, 10195 Rn 56 ff (Inspire Art); s. zu dieser Lesart des EuGH auch Koller/Roth/Morck § 13d Rn 5; *Lutter* S. 7 f.

17 Für **Einzelkaufleute, juristische Personen** i.S.d. § 33 und solche **Handelsgesellschaften, die keinem anerkennungsrechtlichen Sonderregime** unterliegen, gilt jede hinreichend verselbständigte Niederlassung außerhalb des effektiven Verwaltungssitzes als Zweigniederlassung. Bei Personenhandelsgesellschaften ist nach der hier vertretenen Auffassung zwar innerhalb Deutschlands der Satzungssitz maßgeblich; die Wahl eines ausländischen Satzungssitzes ist hingegen ausgeschlossen. Für die Abgrenzung in- und ausländischer Unternehmen ist daher auch hier der effektive Verwaltungssitz entscheidend (§ 13 Rn 44 ff). Die **Vorgaben der Zweigniederlassungsrichtlinie** sind für diese Unternehmensformen **nicht ausschlaggebend**. Sie werden von der Richtlinie nicht unmittelbar erfasst, so dass sich ein richtlinienkonformes Verständnis nur aufgrund einer quasi-richtlinienkonformen Auslegung im Dienste der systematischen Einheit des nationalen Rechts ergeben könnte (s. dazu Rn 5, § 13 Rn 10). Da der für Kapitalgesellschaften entwickelte Zweigniederlassungsbegriff aber ohnehin nicht auf sämtliche anderen Unternehmensformen übertragen werden darf (s. § 13 Rn 21 f), kann diese systematische Einheit des Rechts auch durch eine solche quasi-richtlinienkonforme Auslegung nicht mehr erzielt werden. Es bleibt für diese Unternehmensformen daher bei dem traditionellen Zweigniederlassungsbegriff des nationalen Handelsrechts.

18 2. **Abgrenzung gegenüber der Betriebsabteilung.** Für jede dieser Unternehmensformen muss eine Abgrenzung nach unten hin gegenüber einer bloß **räumlich abgetrennten Betriebsabteilung** vorgenommen werden. Diese Abgrenzung folgt den zum deutschen Recht entwickelten Kriterien, die insofern mit den Vorgaben der Zweigniederlassungsrichtlinie (Rn 4) übereinstimmen (s. § 13 Rn 19, 22).[36] Die Zweigniederlassung darf sich also nicht nur als untergeordnete und unselbständige Abteilung der Hauptniederlassung darstellen, sondern sie muss über ein solches Maß an wirtschaftlicher (nicht rechtlicher) Selbständigkeit verfügen, dass sie **einen weiteren Mittelpunkt** des Geschäfts bildet (vgl. dazu und zu den Kriterien im Einzelnen § 13 Rn 23 ff).

19 3. **Errichtung einer Zweigniederlassung im Inland.** Auch hinsichtlich der Errichtung der Zweigniederlassung im Inland gelten die zu § 13 entwickelten Grundsätze: Die Zweigniederlassung entsteht also durch den **tatsächlichen Vorgang** ihrer Errichtung; der Eintragung in das Handelsregister kommt insofern nur deklaratorische Bedeutung zu (s. § 13 Rn 55).[37] Unternehmen mit einer eigenständigen Rechtspersönlichkeit kommen als Zweigniederlassung nicht in Betracht, da die eigene Rechtspersönlichkeit dieser Gesellschaftsformen die **Identität des Unternehmens** aufhebt (s. schon § 13 Rn 23).

VI. Rechtsstellung der Zweigniederlassung

20 1. **Bindung an Rechtspersönlichkeit der Hauptniederlassung.** Die Rechtsstellung der Zweigniederlassung kann hier nur grob skizziert werden. Weil die Zweigniederlassung **keine eigene Rechtspersönlichkeit** besitzt, sondern zusammen mit der Hauptniederlassung das Unternehmen ihres Rechtsträgers bildet (s. § 13 Rn 23, 79), ist sie grundsätzlich derjenigen Rechtsordnung unterworfen, die für ihren Unternehmensträger gilt. Im

---

[36] Vgl. etwa Ebenroth/Boujong/Joost/Strohn/*Pentz* § 13d Rn 8; *Rehberg* in: Eidenmüller § 5 Rn 21; *Kindler* NJW 1993, 3301 (3302 f); *Seibert* GmbHR 1992, 738 mit Fn 5.

[37] Vgl. auch BayObLGZ 1986, 351 (360); KG FGPrax 2004, 45 (46); OLG München GmbHR 2006, 600 (601); GK-HGB/*Achilles* Rn 9; MünchKommHGB/*Krafka* Rn 10; *Rinne* S. 89; *Mödl* RNotZ 2008, 1 (2).

Prinzip entscheidet also über die Rechtsverhältnisse der Zweigniederlassung eines Einzelkaufmanns dessen **Personalstatut** und über die Rechtsverhältnisse der Zweigniederlassung einer Handelsgesellschaft das **Gesellschaftsstatut**.[38] Die Festlegung des Gesellschaftsstatuts erfolgt nicht mehr einheitlich, sondern orientiert sich bei Gesellschaften aus EU-Mitgliedstaaten sowie bei Gesellschaften, deren ausländischer Gründungsakt aufgrund des EWR-Abkommens oder aufgrund eines zweiseitigen Staatsvertrages anzuerkennen ist, am Satzungssitz (§ 13 Rn 34 ff, 38 ff). Bei Drittstaaten soll nach hM hingegen weiterhin die Sitztheorie fortdauernde Gültigkeit beanspruchen, so dass hier der effektive Verwaltungssitz der Gesellschaft maßgeblich ist (§ 13 Rn 37, 41 ff).

2. Rechtsfähigkeit. Daraus ergibt sich im Einzelnen: Die Rechtsfähigkeit einer Gesellschaft richtet sich nach dem **Gesellschaftsstatut** und damit – je nach Unternehmensform und Herkunft – alternativ nach dem effektiven Verwaltungssitz oder nach dem Satzungssitz der Gesellschaft (s. Rn 9).[39] **Schuldner von Verbindlichkeiten** ist nicht die Zweigniederlassung, sondern der ausländische Unternehmensträger.[40] Eine **beschränkte Verpflichtungsfähigkeit** entsprechend der ultra-vires-Lehre anglo-amerikanischen Rechts ist grundsätzlich anzuerkennen, doch wird diese Anerkennung in analoger Anwendung des Art. 12 S. 1 EGBGB durch den Schutz des gutgläubigen inländischen Geschäftsverkehrs begrenzt.[41] Danach ist eine Beschränkung der Rechtsfähigkeit nach dem ausländischen Gesellschaftsstatut dann unbeachtlich, wenn nach dem Recht des Abschlussortes eine solche Beschränkung in Bezug auf vergleichbare Gesellschaftsformen des dortigen Rechts nicht besteht und der Vertragspartner die fehlende Rechtsfähigkeit weder kannte noch kennen musste.[42]

21

3. Firma der Zweigniederlassung

a) Vorgaben des Internationalen Privatrechts. Nach heute **ganz hM** richtet sich die Firma eines Einzelkaufmanns grundsätzlich nach dem **Personalstatut**, die Firma einer Gesellschaft nach dem **Gesellschaftsstatut**.[43] Diese einheitliche Anknüpfung ermöglicht es Unternehmen, im weltweiten Wirtschaftsverkehr einen **einheitlichen Namen** zu führen, was den Aufbau einer internationalen Marktreputation wesentlich erleichtert.[44] Die **Gegenauffassung** befürwortet angesichts des auch ordnungsrechtlichen Charakters des Firmenrechts mit beachtlichen Argumenten eine **öffentlich-rechtliche Qualifizierung**.[45]

22

---

[38] Ebenroth/Boujong/Joost/Strohn/*Pentz* Rn 20; MünchKommHGB/*Krafka* Rn 11 f.
[39] MünchKommBGB/*Kindler* IntGesR Rn 540; MünchKommHGB/*Krafka* Rn 12; Reithmann/Martiny/*Hausmann* Rn 2289; *Spahlinger/Wegen* Rn 270.
[40] RGZ 107, 44 (46).
[41] Ebenroth/Boujong/Joost/Strohn/*Pentz* Rn 21; MünchKommBGB/*Kindler* IntGesR Rn 542 ff; Staudinger/*Großfeld* (1998) IntGesR Rn 276; *Spahlinger/Wegen* Rn 271.
[42] MünchKommBGB/*Kindler* IntGesR Rn 542.
[43] RGZ 82, 164 (167); RGZ 117, 215 (218); BGH NJW 1971, 1522 (1523); BayObLGZ 1986, 61 (64); OLG München NZG 2007, 824 (825); MünchKommHGB/*Krafka* Rn 16;

Palandt/*Heldrich* Art. 10 EGBGB Rn 5; Röhricht/v. Westphalen/*Ammon* Rn 12; Staudinger/*Großfeld* (1998) IntGesR Rn 319; *Mankowski/Knöfel* in: Hirte/Bücker § 13 Rn 48; *Rehberg* in: Eidenmüller § 5 Rn 28; *K. Schmidt* in: Lutter S. 27; *Spahlinger/Wegen* Rn 554.
[44] *Mankowski/Knöfel* in: Hirte/Bücker § 13 Rn 48; *Römermann* GmbHR 2006, 262.
[45] So insbes. MünchKommBGB/*Kindler* IntGesR Rn 210 f; *ders.* NJW 2003, 1073 (1079); ferner *Ebert/Levedag* GmbHR 2003, 1337 (1339); zu weiteren Zuordnungskonzepten vgl. auch *Mankowski/Knöfel* in: Hirte/Bücker § 13 Rn 50 mwN.

§ 13d 1. Buch. Handelsstand

Die hM verkennt dieses ordnungsrechtliche Regelungsanliegen ebenfalls nicht, trägt ihm aber durch die Gestattung einer Sonderanknüpfung Rechnung (s. Rn 23), so dass beide Auffassungen häufig zu übereinstimmenden Ergebnissen gelangen.[46] Den Vorzug verdient das **zweistufige Regelungsmodell** der hM, weil es sich nicht nur nahtlos in die Vorgaben des EuGH zur europäischen Niederlassungsfreiheit einfügen lässt,[47] sondern überdies das unternehmerische Interesse an einer einheitlichen Firma besser gegen die gegenläufigen Verkehrsinteressen auszutarieren vermag.[48]

23 b) **Überlagerung durch das Marktrecht.** Folgt man dieser Einordnung, so richtet sich auch bei der **inländischen Zweigniederlassung** eines ausländischen Unternehmens die Firmenbildung zunächst nach dessen Personal- oder Gesellschaftsstatut, da sie – anders als eine Tochtergesellschaft – nicht über eine eigenständige Rechtspersönlichkeit verfügt und deshalb vom einheitlichen Gesellschaftsstatut erfasst wird.[49] Aufgrund ihrer Tätigkeit im Inland kann die Geltung des Personal-/Gesellschaftsstatuts jedoch durch das deutsche Marktrecht überlagert werden, wenn der **Schutz des Geschäftsverkehrs** dies erforderlich macht und europäisches Recht nicht entgegensteht.[50] Das ordnungsrechtliche Regelungsanliegen des Firmenrechts (s. Rn 22) gestattet insofern eine internationalprivatrechtliche **Sonderanknüpfung,** die seine zumindest partielle Anwendung weiterhin erlaubt.[51] So beanspruchen namentlich das **Irreführungsverbot** aus § 18 Abs. 2 sowie das Gebot der **Firmenunterscheidbarkeit** nach § 30 Abs. 1 und 3 auch für inländische Zweigniederlassungen ausländischer Unternehmen Gültigkeit.[52] Speziell bei Zweigniederlassungen aus EU-Mitgliedstaaten ist eine derartige Sonderanknüpfung jedoch nicht unbeschränkt möglich, sondern es werden ihr durch die neuere Rechtsprechung zur europäischen Niederlassungsfreiheit Grenzen gezogen.[53] So muss etwa hinsichtlich des Irreführungsverbots beachtet werden, dass die Rechtsprechung des EuGH vom Leitbild eines mündi-

---

[46] Unterschiede treten namentlich bei EU-ausländischen Gesellschaften mit inländischem Verwaltungssitz auf oder solchen, die kraft Staatsvertrages in Deutschland anzuerkennen sind (§ 13 Rn 37); zu diesen Unterschieden MünchKommBGB/*Kindler* IntGesR Rn 213.

[47] Vgl. dazu auch MünchKommHGB/*Heidinger* vor § 17 Rn 68; *Rehberg* in: Eidenmüller § 5 Rn 29.

[48] Ähnlich *Rehberg* in: Eidenmüller § 5 Rn 28; aA MünchKommBGB/*Kindler* IntGesR Rn 227.

[49] KG HRR 1934, Nr. 1046; MünchKommHGB/*Heidinger* vor § 17 Rn 96; Staudinger/*Großfeld* (1998) IntGesR Rn 319; *Mankowski/Knöfel* in: Hirte/Bücker § 13 Rn 50; für die grundsätzliche Geltung des Firmenrechts am Ort der Zweigniederlassung hingegen KG FGPrax 2008, 35; LG Limburg/Lahn GmbHR 2006, 261; Ebenroth/Boujong/Joost/Strohn/*Zimmer* Anh. § 17 Rn 6; *Klose-Mokroß* DStR 2005, 971 (973); *Mödl* RNotZ 2008, 1 (8).

[50] OLG München NZG 2007, 824 (825); *Mankowski/Knöfel* in: Hirte/Bücker § 13 Rn 51 ff; *Rehberg* in: Eidenmüller § 5 Rn 30; *K. Schmidt* in: Lutter S. 27; *Römermann* GmbHR 2006, 262 (263).

[51] OLG München NZG 2007, 824 (825); *Mankowski/Knöfel* in: Hirte/Bücker § 13 Rn 51 ff; *Rehberg* in: Eidenmüller § 5 Rn 30; *Römermann* GmbHR 2006, 262 (263); *K. Schmidt* in: Lutter S. 27.

[52] Allgemein zur Geltung dieser beiden Grundsätze BayObLGZ 1986, 351 (361); OLG Frankfurt aM FGPrax 2008, 165 (166); OLG Hamm WRP 1992, 354 (355); LG Limburg/Lahn GmbHR 2006, 261 (262); Ebenroth/Boujong/Joost/Strohn/*Pentz* Rn 21; GK-HGB/*Achilles* Rn 17; MünchKommBGB/*Kindler* IntGesR Rn 216; MünchKommHGB/*Heidinger* vor § 17 Rn 75, 78; *Krafka/Willer* Rn 272a; *Mankowski/Knöfel* in: Hirte/Bücker § 13 Rn 63, 70 ff; *Römermann* GmbHR 2006, 262.

[53] MünchKommHGB/*Heidinger* vor § 17 Rn 70.

gen und kritischen Verbrauchers geprägt wird, der Informationen sorgfältig lesen und auswerten kann.⁵⁴ Daraus ergibt sich eine **großzügigere europarechtskonforme Auslegung** als bei rein inländischen Sachverhalten.⁵⁵

c) **Ausgestaltung der Firma.** Angesichts der weiterhin gespaltenen Festlegung des **24** Gesellschaftsstatuts im derzeitigen deutschen Recht (vgl. § 13 Rn 32 ff) folgt daraus für inländische Zweigniederlassungen ausländischer Unternehmen: Soweit das Unternehmen seinen **effektiven Verwaltungsschwerpunkt außerhalb des Bundesgebietes** hat und daher nach den Grundsätzen der Sitztheorie als ausländisches Unternehmen anzuerkennen ist, richtet sich die Zulässigkeit der Firma zumindest im Ausgangspunkt nach ausländischem Recht (s. Rn 23).⁵⁶ Das äußert sich namentlich in scheinbar eher unbedeutenden Detailfragen, wie beispielsweise dem Inhalt des Rechtsformzusatzes und den Details seiner Schreibung und Abkürzung (s. dazu noch Rn 26 ff).⁵⁷ Ebenso wie ein rein inländisches Unternehmen (s. § 13 Rn 84 ff) kann auch die Zweigniederlassung einer ausländischen Gesellschaft die **Firma der Hauptniederlassung** übernehmen oder eine **eigenständige Firma** bilden,⁵⁸ wobei sie dann allerdings ihre Zugehörigkeit zur Hauptniederlassung aufgrund des aus dem Irreführungsverbot (Rn 23) zu folgernden Grundsatzes der Firmeneinheit zumindest über einen entsprechenden Zweigniederlassungszusatz (s. noch Rn 30) verdeutlichen muss.⁵⁹

Dieselben Grundsätze gelten für solche Gesellschaften, deren **effektiver Verwaltungs-** **25** **sitz im deutschen Inland** liegt, die aber kraft europäischen Rechts oder aufgrund eines bilateralen Staatsvertrages in ihrer originären Rechtsform in der Bundesrepublik anzuerkennen sind (Rn 9). Allerdings dürfen bei Unternehmen aus EU-Mitgliedstaaten aufgrund der europäischen Niederlassungsfreiheit an die **Unterscheidungskraft** der Firma nicht dieselben strengen Anforderungen gestellt werden, wie sie zum deutschen Recht entwickelt worden sind. Auch die Verwendung reiner Gattungs- und Branchenbezeichnungen ist zulässig, da insofern kein zwingendes Interesse des Allgemeinwohls besteht, ihren Gebrauch zu untersagen.⁶⁰ Unterfallen die Gesellschaften mit inländischem Ver-

---

⁵⁴ *Rehberg* in: Eidenmüller § 5 Rn 39.
⁵⁵ OLG Frankfurt aM FGPrax 2008, 165 (166); *Rehberg* in: Eidenmüller § 5 Rn 41; *K. Schmidt* in: Lutter S. 29; vgl. auch Koller/*Roth*/Morck Rn 7; Röhricht/v. Westphalen/*Ammon* Rn 14; *Bokelmann* DB 1990, 1021 (1027 f); *Mödl* RNotZ 2008, 1 (8); *Wachter* ZNotP 2005, 122 (138); krit. *Clausnitzer* DNotZ 2008, 484 (488 ff).
⁵⁶ MünchKommHGB/*Heidinger* vor § 17 Rn 75; *Rehberg* in: Eidenmüller § 5 Rn 28; wohl auch *Krafka/Willer* Rn 272.
⁵⁷ *Rehberg* in: Eidenmüller § 5 Rn 28; vgl. dazu auch *Krafka/Willer* Rn 272b. Auch der BGH (NJW 2007, 1529 Rn 11) zieht in Erwägung, ob die Niederlassungsfreiheit tangiert sein könne, wenn durch Haftungsvorschriften indirekt die Beachtung deutschen Firmenrechts erzwungen werde. Im konkreten Fall verwirft er diesen Ansatz, weil der Firmenzusatz auch nach dem einschlägigen niederländischen Recht zwingend zu führen sei.

⁵⁸ LG Limburg/Lahn GmbHR 2006, 261; MünchKommHGB/*Heidinger* vor § 17 Rn 96 f; *Klose-Mokroß* DStR 2005, 971 (973 f); *Mödl* RNotZ 2008, 1 (8); *Wachter* MDR 2004, 611 (613). Auch in Art. 2 Abs. 1 lit. d) der Zweigniederlassungsrichtlinie (s. Rn 4) wird eine derartige Abweichung von der Firma der Hauptniederlassung ausdrücklich vorgesehen.
⁵⁹ RGZ 113, 213 (218); LG Frankfurt aM GmbHR 2005, 1135; *Klose-Mokroß* DStR 2005, 971 (974); *Wachter* GmbHR 2003, 1254 (1256); **aA** *Mödl* RNotZ 2008, 1 (9).
⁶⁰ OLG München RNotZ 2007, 824 (825): „Planung für Küche und Bad Ltd."; MünchKommHGB/*Heidinger* vor § 17 Rn 76; *K. Schmidt* in: Lutter S. 30 f; *Bokelmann* DB 1990, 1021 (1027 f); *Klose-Mokroß* DStR 2005, 971 (974); *Kögel* Rpfleger 2004, 325 (329); ähnlich *Rehberg* in: Eidenmüller § 5 Rn 41 mit Ausnahme für Scheinauslandsgesellschaften; **aA** *Mankowski/Knöfel*

waltungssitz **keinem anerkennungsrechtlichen Sonderregime**, gelten sie nach der fortdauernd gültigen Sitztheorie als inländische Gesellschaften und sind deshalb ausschließlich dem deutschen Firmenrecht unterworfen. Zum Prüfungsauftrag des Registergerichts s. noch Rn 72.

26 d) **Sprachfassung**. Schon nach den allgemeinen Grundsätzen des nationalen Firmenrechts wird eine Zweigniederlassung auch dann in ein deutsches Handelsregister eingetragen, wenn sie in einer **fremden Sprache** gehalten ist.[61] Nur wenn schon die Schriftzeichen als solche **nicht entzifferbar** sind, muss eine Umformulierung erfolgen, also etwa bei einer ausschließlich aus kyrillischen oder arabischen Buchstaben bestehenden Form.[62] Anderenfalls könnte die Firma keine Unterscheidbarkeit entfalten und würde überdies auch EDV-technische Probleme aufwerfen.[63]

e) **Rechtsformzusatz**

27 aa) **Allgemeines**. Weitgehend anerkannt ist, dass aus Gründen des Verkehrsschutzes auch von inländischen Zweigniederlassungen beschränkt haftender Gesellschaften ein Rechtsformzusatz entsprechend § 19 Abs. 2 sowie §§ 4 AktG, 4 GmbHG gefordert werden kann.[64] Es genügt insofern allerdings die **Führung des ausländischen Rechtsformzusatzes**.[65] Eine deutsche Übersetzung kann nicht gefordert werden und wäre auch nicht wünschenswert, da die deutsche Fassung zu einer Täuschung der Verkehrsteilnehmer über die tatsächliche Rechtsform führen könnte.[66] Erst recht kann eine Bezeichnung als nur „formal ausländische Gesellschaft" nicht verlangt werden. Sie ist im deutschen Recht nicht vorgesehen und könnte zumindest für Unternehmen aus EU-Mitgliedstaaten wegen der mit einem solchen Zusatz verbundenen Stigmatisierung auch de lege ferenda nicht eingeführt werden.[67] Die Führung des ausländischen Rechtsformzusatzes genügt nur in

---

in: Hirte/Bücker § 12 Rn 71 f; *Wachter* GmbHR 2003, 1254 (1256); offenlassend KG FGPrax 2008, 35 f; zu dem strengeren Maßstab des deutschen Rechts vgl. BayObLG NJW-RR 2003, 1544 (1545): „Profi-Handwerker GmbH".

[61] *K. Schmidt* in: Lutter S. 34; *Ebert/Levedag* GmbHR 2003, 1337 (1338); anders noch *Bärwaldt/Schabacker* AG 1996, 461 (462).

[62] Koller/Roth/Morck Rn 7; MünchKomm-HGB/*Krafka* Rn 17; Röhricht/v. Westphalen/ *Ammon* Rn 12; *Rehberg* in: Eidenmüller § 5 Rn 37; *Klose-Mokroß* DStR 2005, 971 (974).

[63] *Rehberg* in: Eidenmüller § 5 Rn 37.

[64] BGH NJW 2007, 1529 (1530); LG Göttingen NotBZ 2006, 34 f; MünchKommBGB/ *Kindler* IntGesR Rn 217; MünchKommHGB/ *Heidinger* vor § 17 Rn 79; MünchKomm-HGB/*Krafka* Rn 19; Röhricht/v. Westphalen/ *Ammon* Rn 14; *Krafka/Willer* Rn 272; *Mankowski/Knöfel* in: Hirte/Bücker § 13 Rn 52 ff, 68 f; *Rehberg* in: Eidenmüller § 5 Rn 52 ff.

[65] Ebenroth/Boujong/Joost/Strohn/*Zimmer* Anh. § 17 Rn 28; MünchKommBGB/*Kindler* IntGesR Rn 218; MünchKommHGB/*Heidinger* vor § 17 Rn 80; Röhricht/v. Westphalen/*Ammon* Rn 14; *Rehberg* in: Eidenmüller § 5 Rn 52; *Spahlinger/Wegen* Rn 557. Zu den Haftungsfolgen bei weggelassenem ausländischen Rechtsformzusatz BGH NJW 2007, 1529 sowie die Besprechungen von *Altmeppen* ZIP 2007, 889 ff; *Kindler* NJW 2007, 1785 ff; *Rehm* LMK 2007, 243100.

[66] *Rinne* S. 173; *Altmeppen* ZIP 2007, 889 (891); *Kögel* Rpfleger 2004, 325 (329); *Wachter* ZNotP 2005, 122 (139); **aA** Staudinger/*Großfeld* (1998) IntGesR Rn 321.

[67] EuGH v. 30.9.2003, Rs. C-167/01, Slg. 2003, I-10155, 10195 Rn 65 ff (Inspire Art); Ebenroth/Boujong/Joost/Strohn/*Zimmer* Anh. § 17 Rn 13; MünchKommHGB/*Krafka* Rn 20a; *Mankowski/Knöfel* in: Hirte/Bücker § 13 Rn 68; *Rehberg* in: Eidenmüller § 5 Rn 66 f; *Weller* DStR 2003, 1800 (1802); bedenklich deshalb *Mödl* RNotZ 2008, 1 (9), der für eine finnische yksityinen osakeyhtiö – kurz: Oy – die Firmierung als „GmbH finnischen Rechts" oder „Haftungsbeschränkte Gesellschaft" verlangt. Gerade die erstgenannte Formulierung ist zweifel-

den Fällen nicht, in denen eine **Verwechslungsgefahr mit inländischen Unternehmensformen** besteht (z.B. der Zusatz AG oder GmbH bei einer schweizerischen oder österreichischen Gesellschaft); hier kann dem Unternehmen auf der Grundlage des § 18 Abs. 2 die zusätzliche Angabe des Gründungsrechts aufgegeben werden.[68] Zu sonstigen Nationalitätennachweisen s. noch Rn 29.

bb) Abkürzung. Umstritten ist, ob der ausländische Rechtsformzusatz auch in einer vom Gründungsrecht gestatteten **abgekürzten Form** angefügt werden darf.[69] Das mag bei einer englischen Limited (Ltd.) mittlerweile hinnehmbar erscheinen, stößt aber bei weniger geläufigen Gesellschaftsformen (etwa der griechischen Etairia Periorismenis Efthynis – EPE) auf größere Bedenken. Hier wäre zwar auch die Langfassung für den inländischen Rechtsverkehr oftmals nicht verständlich, könnte aber eine deutlichere **Warnfunktion** erfüllen.[70] Zumindest im europäischen Kontext hat der EuGH den Nutzen derartiger Warnsignale aber grundsätzlich hinter die möglichst unproblematische Ausübung der Niederlassungsfreiheit zurückgestellt.[71] Legt man das (in diesem Zusammenhang wohl übermäßig anspruchsvolle) **Verbraucherleitbild des EuGH** zugrunde (s. Rn 23), so wird man vom Rechtsverkehr verlangen müssen, auch auf derartige Signale, die ihm zunächst unverständlich sind, mit Vorsicht zu reagieren. Die im Schrifttum z.T. alternativ vertretenen differenzierenden Lösungen zwischen gebräuchlichen und weniger gebräuchlichen Zusätzen[72] würde zu einer unerträglichen Rechtsunsicherheit führen.[73] Nur wenn die Abkürzung sich im Einzelfall als irreführend erweist (z.B. Stuttgarter Allgemeine Robotic- und Logistic S.A.R.L. – bei der der französische Rechtsformzusatz als nachgestellte Abkürzung des Firmennamens erscheint[74]), kann entsprechend den in Rn 23 genannten Grundsätzen die ausgeschriebene Langfassung gefordert werden.[75]

cc) Nationalitätenhinweis. Die Ergänzung des Rechtsformzusatzes um einen gesonderten Nationalitätenhinweis kann nach der zutreffenden hM de lege lata auch dann nicht gefordert werden, wenn sich dem Rechtsformzusatz zwar die ausländische Herkunft entnehmen lässt, nicht aber die **präzise Zuordnung zu einem konkreten Land** (Limited des englischen, schottischen oder irischen Rechts).[76] Daraus ergibt sich keine

---

haft, da sie das Substitionsergebnis bereits vorwegnimmt und eine deckungsgleiche Struktur der finnischen und der deutschen GmbH nahelegt; vgl. dazu auch MünchKommHGB/*Krafka* Rn 20.

[68] LG Hagen NJW 1973, 2162; MünchKommHGB/*Krafka* Rn 19; Röhricht/v. Westphalen/*Ammon* Rn 14; Mankowski/*Knöfel* in: Hirte/Bücker § 13 Rn 69; *Rehberg* in: Eidenmüller § 5 Rn 55; *Spahlinger/Wegen* Rn 556; *Eidenmüller/Rehm* ZGR 2004, 159 (183); aA MünchKommHGB/*Heidinger* vor § 17 Rn 80.

[69] Dafür *Rehberg* in: Eidenmüller § 5 Rn 78; *Römermann* GmbHR 2006, 262 (263); *K. Schmidt* in: Lutter S. 38 f; aA LG Göttingen NotBZ 2006, 34 (35); MünchKommBGB/*Kindler* IntGesR 218; *ders.* NJW 2003, 1073 (1079); *Ulmer* JZ 1999, 662 (663); differenzierend zwischen etablierten (Ltd.) und nicht etablierten (EPE) Abkür-

zungen *Ebert/Levedag* GmbHR 2003, 1337 (1338); *Kögel* Rpfleger 2004, 325 (329); *Mödl* RNotZ 2008, 1 (9), der im zweiten Fall sehr weitgehend sogar eine deutsche Übersetzung verlangt (s. Fn 67); ähnlich MünchKommHGB/*Krafka* Rn 20 f und wohl auch *Krafka/Willer* Rn 272a.

[70] MünchKommBGB/*Kindler* IntGesR Rn 218.

[71] EuGH v. 30.9.2003, Rs. C-167/01, Slg. 2003, I-10155, 10195 Rn 135 (Inspire Art).

[72] S. bereits die Nachw. in Fn 69 aE.

[73] So zu Recht *K. Schmidt* in: Lutter S. 38 f.

[74] Beispiel nach *Kögel* DB 2004, 1763 (1765).

[75] So auch *K. Schmidt* in: Lutter S. 38 f.

[76] LG Göttingen NotBZ 2006, 34 (35); MünchKommHGB/*Heidinger* vor § 17 Rn 81; MünchKommHGB/*Krafka* Rn 18; Mankowski/*Knöfel* in: Hirte/Bücker § 13 Rn 69; *K. Schmidt* in: Lutter S. 39 f; *Eidenmüller/Rehm* ZGR 2004, 159 (183); *Klose-Mokroß*

nennenswerte Schutzlücke, weil der Zusatz seine **Signalfunktion** schon dann erfüllt, wenn es dem Rechtsverkehr erkennbar ist, dass es sich nicht um eine Gesellschaft inländischen Rechts handelt. Ist der Geschäftspartner auf diese Weise gewarnt, so bieten ihm andere Instrumentarien, etwa die Angaben auf den Geschäftsbriefen, hinreichende Auskunft, wie er sich noch weitergehend über das Unternehmen informieren kann.[77]

30   dd) **Zweigniederlassungszusatz.** Umstritten ist, ob darüber hinaus zu fordern ist, dass sich aus der Firma auch der **Charakter als Zweigniederlassung** ergibt.[78] Für inländische Unternehmen wird ein solcher Zusatz nicht gefordert (§ 13 Rn 84 ff), so dass eine entsprechende Forderung als diskriminierend angesehen werden könnte,[79] wenngleich man einräumen muss, dass die Beeinträchtigung hier nur ausgesprochen gering wäre. Schwerer fällt ins Gewicht, dass durch einen solchen Zusatz möglicherweise mehr **Verwirrung gestiftet** als Transparenz hergestellt würde. Aufgrund der europäischen Vorgaben hat sich der Begriff der „Zweigniederlassung" vom herkömmlichen Sprachgebrauch ebenso wie vom historischen Sprachgebrauch des Gesetzgebers in der Weise entfernt, dass ihr **keine korrespondierende Hauptniederlassung** mehr gegenüberstehen muss (vgl. dazu § 13 Rn 33 ff). Die damit missverständlich gewordene Verwendung des Begriffs „Zweigniederlassung" sollte nicht noch gefördert werden, indem man einen entsprechenden Rechtsformzusatz verlangt.[80] Davon geht augenscheinlich auch § 13d Abs. 2, 2. Hs. aus, der eine Eintragung des Zusatzes nur verlangt, wenn ein solcher der Firma beigefügt ist. Wenn allerdings für die Zweigniederlassung eine **andere Firma** gewählt wurde als für die Hauptniederlassung (zur Zulässigkeit vgl. § 13 Rn 84), dann muss über einen derartigen Zusatz die Zugehörigkeit der Zweigniederlassung zu diesem Unternehmen zum Ausdruck gebracht werden.[81]

4. Inneres Organisationsrecht

31   a) **Organisationsgefüge, Geschäftsführung und Vertretung.** Das innere Organisationsrecht der Gesellschaft unterfällt ebenfalls dem **Gesellschaftsstatut**.[82] Dazu zählen etwa die Regeln über die Organstruktur der Gesellschaft, über die Kapitalgrundlagen, über die Ausgestaltung der Mitgliedschaft einschließlich der Art ihrer Verbriefung und Übertra-

---

DStR 2005, 971 (974); *Leible/Hoffmann* EuZW 2003, 677 (681); *Römermann* GmbHR 2006, 262 (263); *Schanze/Jüttner* AG 2003, 661 (663); *Wachter* MDR 2004, 611 (614); *ders.* ZNotP 2005, 122 (139); aA MünchKommBGB/*Kindler* IntGesR Rn 219 ff; *ders.* NJW 2003, 1073 (1079); *Krafka/Willer* Rn 272; *Ulmer* JZ 1999, 662 (663).
[77] Vgl. dazu auch *K. Schmidt* in: Lutter S. 39 f sowie (mit Vorbehalten) Koller/*Roth*/Morck Rn 7.
[78] Dafür Baumbach/*Hopt* Rn 3; Ebenroth/Boujong/Joost/Strohn/*Zimmer* Anh. § 17 Rn 272; GK-HGB/*Achilles* Rn 17; MünchKommBGB/*Kindler* IntGesR Rn 226; *Mankowski/Knöfel* in: Hirte/Bücker § 13 Rn 67; *Spahlinger/Wegen* Rn 555; dagegen LG Frankfurt aM GmbHR 2005, 1135; Ebenroth/Boujong/Joost/Strohn/*Pentz* Rn 21 mit Fn 39; Koller/*Roth*/Morck Rn 7; *Rehberg* in: Eidenmüller § 5 Rn 69; *Klose-Mokroß* DStR 2005, 971 (974); *Mödl* RNotZ 2008, 1 (9); *Wachter* ZNotP 2005, 122 (139).
[79] Darauf stellt etwa MünchKommHGB/*Krafka* Rn 18 maßgeblich ab.
[80] Vgl. auch *Rehberg* in: Eidenmüller § 5 Rn 69.
[81] Vgl. bereits die Nachw. in Fn 59.
[82] RGZ 73, 366 (367); Ulmer/Habersack/Winter/*Behrens* Allg. Einl. Rn B 76; MünchKommBGB/*Kindler* IntGesR Rn 564; Staudinger/*Großfeld* (1998) IntGesR Rn 335 f; *Eidenmüller* § 4 Rn 39; *Spahlinger/Wegen* Rn 297 ff; Wiedemann GesR I § 14 IV 1b, S. 814 f; *Ebert/Levedag* GmbHR 2003, 1337 (1340).

gung[83] sowie über Satzungsänderungen.[84] Insbesondere entscheidet das Gesellschaftsstatut auch über das allgemeine Organisationsgefüge der Gesellschaft, also darüber, welche Organe eine Gesellschaft hat und welche Befugnisse ihr zukommen. Dazu gehören namentlich auch Bestimmungen darüber, wer die Geschäfte der Gesellschaft führen und wer sie in welchem Umfang **organschaftlich vertreten** darf.[85] Allerdings muss auch insofern derselbe Vorbehalt gemacht werden wie bei der beschränkten Verpflichtungsfähigkeit (s. oben Rn 21): Soweit der inländische Vertragspartner annehmen durfte, dass die ausländische Gesellschaft durch ihren Vertreter wirksam verpflichtet werden konnte, gilt aus Gründen des Verkehrsschutzes der **Rechtsgedanke aus Art. 12 S. 1 EGBGB**.[86]

Wird auf rechtsgeschäftlichem Wege eine **Vollmacht** erteilt, so ist nicht das Personalstatut des Einzelkaufmanns oder das Gesellschaftsstatut maßgeblich, sondern das **Vollmachtsstatut**, und zwar auch dann, wenn es sich um eine Prokura oder Handlungsvollmacht handelt. Das Vollmachtsstatut wird ganz überwiegend danach bestimmt, wo die Vollmacht dem Willen des Vollmachtgebers nach ihre Wirkung entfalten soll (Wirkungsland).[87] Auf diese Weise soll der Drittkontrahent geschützt werden, der sich bei der Prüfung der Wirksamkeit und des Umfangs der Vollmacht an das ihm vertraute materielle Vertretungsrecht halten kann.[88] Insbesondere wenn der Vertreter – wie regelmäßig bei einer Zweigniederlassung – von einer organisatorisch selbständigen Niederlassung aus handeln soll, ist demnach an den **Sitz** dieser Niederlassung anzuknüpfen, wenn er für den Drittkontrahenten erkennbar war.[89] Die Erteilung einer Vollmacht für den Betrieb einer inländischen Zweigniederlassung führt also zur Anwendung der §§ 164 ff BGB bzw. §§ 48 ff.[90] Zu gewerberechtlichen Anforderungen an die Geschäftsleiter s. noch Rn 44 und § 13e Rn 38 ff. **32**

b) **Mitbestimmungsrecht.** Als Bestandteil des internen Organisationsgefüges unterfällt auch die **unternehmerische Mitbestimmung** grundsätzlich dem Gesellschaftsstatut.[91] Soweit eine Kapitalgesellschaft aus einem EU-Mitgliedstaat stammt oder aufgrund des EWR-Abkommens oder eines bilateralen Staatsvertrages anzuerkennen ist (vgl. Rn 9), kann das Mitbestimmungsrecht nur über eine Sonderanknüpfung nach Art. 34 EGBGB zur Anwendung gelangen.[92] Mit den Vorgaben der europäischen Niederlassungsfreiheit **33**

---

[83] Vgl. dazu MünchKommBGB/*Kindler* IntGesR Rn 585 f.
[84] Ausführlich MünchKommBGB/*Kindler* IntGesR Rn 564.
[85] BGHZ 32, 256 (258) = NJW 1960, 1569; BGHZ 40, 197 = NJW 64, 203; BGH NJW 1992, 618; BGH NJW 1993, 2744 (2745); BGH NJW 2003, 3270; OLG Celle NZG 2006, 273; OLG Dresden NZG 2008, 265 (266); OLG München NZG 2005, 850 f; MünchKommBGB/*Kindler* IntGesR 547; *Eidenmüller* § 4 Rn 43; *Spahlinger/Wegen* Rn 288; ausführlich *Niemann* Die rechtsgeschäftliche und organschaftliche Stellvertretung und deren kollisionsrechtliche Einordnung, 2004.
[86] MünchKommBGB/*Kindler* IntGesR Rn 559; vgl. bereits die weiteren Nachw. in Fn 41.
[87] BGHZ 43, 21 (26) = NJW 1965, 487; BGHZ 64, 183 (192) = NJW 1975, 1220; BGH NJW 1982, 2733; BGH NJW 1990, 3088; BGH NJW 1993, 2744 (2745); OLG München DNotZ 2006, 871 (873); *Knoche* MittRhNotK 1985, 165 (167 f).
[88] OLG Düsseldorf IPRax 1996, 423 (425); Reithmann/Martiny/*Hausmann* Rn 2432.
[89] BGH JZ 1963, 167 m. Anm. *Lüderitz*; BGHZ 43, 21 (26) = NJW 1965, 487; Reithmann/Martiny/*Hausmann* Rn 2444; *von Lüderitz* in: FS Coing II (1982), S. 305 (318 f); *Süß* DNotZ 2005, 180 (186).
[90] MünchKommHGB/*Krafka* Rn 15.
[91] MünchKommBGB/*Kindler* IntGesR Rn 565; Palandt/*Heldrich* Anh. zu Art. 12 EGBGB Rn 12; *Spahlinger/Wegen* Rn 300.
[92] *Spahlinger/Wegen* Rn 301; *Eidenmüller/Rehm* ZGR 2004, 159 (184); aA MünchKommBGB/*Kindler* IntGesR Rn 567 ff, der es insofern bei der Verwaltungssitzanknüpfung belässt.

§ 13d　1. Buch. Handelsstand

ist eine solche Sonderanknüpfung indes nur schwer zu vereinbaren, da sich die Regeln der deutschen Mitbestimmung schon aufgrund ihrer internationalen Sonderstellung kaum als zwingendes Erfordernis des Gemeinwohls bezeichnen lassen.[93] Auch im nationalen Recht ist sie auf Großunternehmen in bestimmten Gesellschaftsformen beschränkt und wird unterhalb der in den jeweiligen Regelungswerken vorgesehenen Anwendungsschwellen offensichtlich nicht als dringendes Gemeinwohlanliegen betrachtet.[94] Die **betriebliche Mitbestimmung** innerhalb einer Zweigniederlassung richtet sich hingegen unstreitig nach deutschem Betriebsverfassungsrecht.[95]

34　c) **Kapitalgrundlagen.** Ebenfalls vom **Gesellschaftsstatut** umfasst sind die Regeln über die Kapitalausstattung der Gesellschaft, also etwa über die Aufbringung, Erhaltung, Erhöhung, Herabsetzung des Kapitals sowie über etwaige Bezugsrechte der Gesellschafter.[96] Insbesondere die Anerkennung fremder Kapitalaufbringungsregime kann dazu führen, dass sich in Deutschland Gesellschaften unternehmerisch betätigen, bei denen der Ausschluss persönlicher Haftung in Abweichung von traditionellen nationalen Schutzstandards nicht durch den Aufbau eines nennenswerten Haftungsfonds kompensiert wird. Soweit diese Gesellschaften nach den Grundsätzen der europäischen Niederlassungsfreiheit oder aufgrund eines Staatsvertrages in Deutschland anzuerkennen sind (Rn 9), müssen die daraus für den inländischen Rechtsverkehr erwachsenden Gefahren aber auch dann hingenommen werden, wenn es sich um Gesellschaften mit einem **effektiven Verwaltungssitz im Inland** handelt.[97] Zu den Bestimmungen über die (früher als kapitalersetzend bezeichneten) Gesellschafterdarlehen in der Insolvenz s. Rn 41. Zur Durchgriffshaftung bei materieller Unterkapitalisierung s. Rn 36 f.

5. Gesellschafts-, Gesellschafter- und Geschäftsführerhaftung

35　a) **Allgemeines.** Das Gesellschaftsstatut ist auch dann maßgeblich, wenn es um die Haftung der Gesellschaft für die in ihrem Namen begründeten rechtsgeschäftlichen Verbindlichkeiten einschließlich der persönlichen Haftung ihrer Gesellschafter oder Geschäftsführer gegenüber den Gesellschaftsgläubigern geht.[98] Umstritten ist allerdings, ob dieser

---

[93] Sehr umstritten – wie hier *Hüffer* § 1 Rn 44; Palandt/*Heldrich* Anh. zu Art. 12 EGBGB Rn 12; *Müller-Bonanni* in: Hirte/Bücker § 14 Rn 17 ff; *Spahlinger/Wegen* Rn 301 ff; *Eidenmüller* ZIP 2002, 2233 (2236 f); *Eidenmüller/Rehm* ZGR 2004, 159 (184 f); *Paefgen* DB 2003, 487 (491 f); *Sandrock* AG 2004, 57 (62 ff); *Zimmer* in: Lutter S. 365 (369 ff); ders. NJW 2003, 3585 (3590 f); *Zöllner* GmbHR 2006, 1 (10); aA MünchKommBGB/*Kindler* IntGesR Rn 565 ff; ders. NJW 2003, 1073 (1079); *Rehberg* in: Eidenmüller § 6 Rn 14 ff, 31 ff; *Bayer* BB 2003, 2357 (2365); ders. BB 2004, 1 (5); ders. AG 2004, 534 (537 f); *Franzen* RdA 2004, 257 (262, 263 f); *Grundmann/Möslein* ZGR 2003, 313 (350 f); *W.-H. Roth* IPRax 2003, 117 (125); ders. ZGR 2000, 311 (333); *Ulmer* JZ 1999, 662 (663).

[94] *Hirte*/Bücker § 1 Rn 51; *Müller-Bonanni* in: Hirte/Bücker § 14 Rn 22.

[95] Ebenroth/Boujong/Joost/Strohn/*Pentz* Rn 21; MünchKommBGB/*Martiny* Art. 30 Rn 128 ff.

[96] Ausführlich dazu MünchKommBGB/*Kindler* IntGesR Rn 591 ff; vgl. ferner Ebenroth/Boujong/Joost/Strohn/*Pentz* Rn 26; MünchKommHGB/*Krafka* Rn 12; *Eidenmüller* § 4 Rn 10 ff; *Paefgen* DB 2003, 487 (490).

[97] EuGH v. 30.9.2003, Rs. C-167/01, Slg. 2003, I-10155, 10195 Rn 135 (Inspire Art); BGH NJW 2005, 1648 (1649); BGHZ 164, 148 ff = NJW 2005, 3351; Ebenroth/Boujong/Joost/Strohn/*Pentz* Rn 26; MünchKommBGB/*Kindler* IntGesR Rn 591; *Fleischer* in: Lutter S. 114 ff; *Drygala* ZEuP 2004, 337 (347 f).

[98] BGHZ 154, 185 (189 f) = NJW 2003, 1461; BGH NJW 2005, 1648 (1649); *Eidenmüller* § 4 Rn 15 f; zu der notwendigen Differenzierung zwischen den einzelnen Haftungstat-

Grundsatz auch dann uneingeschränkt gilt, wenn es sich um Gesellschaften handelt, deren **effektiver Verwaltungssitz im Inland** liegt, die aber dennoch aufgrund der europäischen Niederlassungsfreiheit oder eines Staatsvertrages in ihrer ursprünglichen Rechtsform im Inland anzuerkennen sind (Rn 9). Die Diskussion dreht sich namentlich um die Haftungstatbestände der Handelndenhaftung im Falle einer unterlassenen Anmeldung der Zweigniederlassung (s. Rn 36 f), die Durchgriffshaftung wegen Unterkapitalisierung (Rn 36 f),[99] die Existenzvernichtungshaftung (Rn 38 f) sowie die Insolvenzverschleppungshaftung (Rn 41).

b) **Rechtsprechung.** Der **BGH** hat zumindest für die **Handelndenhaftung** im Falle einer unterlassenen Anmeldung der Zweigniederlassung und für die **Durchgriffshaftung wegen Unterkapitalisierung** eine Anwendung des deutschen Rechts abgelehnt. Aus der Anerkennung der Rechtsfähigkeit einer Gesellschaft folge zugleich, dass ihr Gesellschaftsstatut auch hinsichtlich der Haftung für in ihrem Namen begründete rechtsgeschäftliche Verbindlichkeiten maßgeblich sei.[100] Noch nicht höchstrichterlich entschieden wurde über die Anwendung der **Existenzvernichtungshaftung**, deren Zuordnung zum Gesellschaftsstatut zweifelhaft geworden ist, nachdem der BGH seine ursprünglich gesellschaftsrechtliche Qualifikation aufgegeben und die Haftung stattdessen auf die deliktsrechtliche Grundlage des § 826 BGB gestellt hat (s. noch Rn 38 f).[101] Auch zur Haftung wegen Insolvenzverschleppung hat sich der BGH noch nicht geäußert; nur auf instanzgerichtlicher Ebene wurde die Anwendung dieses Haftungstatbestandes auf europäische Auslandsgesellschaften bejaht (s. noch Rn 41).[102]

36

c) **Handelnden- und Durchgriffshaftung wegen Unterkapitalisierung.** Der Ablehnung einer **Handelndenhaftung** wird man auch dann zuzustimmen haben, wenn man mit den Vertretern der Gegenauffassung die „notorische Ineffizienz"[103] des Zwangsgeldverfahrens als alternativer Sanktionsmöglichkeit erkennt. Da eine solche Sanktion auch bei der Errichtung einer Zweigniederlassung durch ein inländisches Unternehmen nicht zur Verfügung stünde, läge darin eine Diskriminierung ausländischer Gesellschaften, die mit den Vorgaben der europäischen Niederlassungsfreiheit nicht zu vereinbaren wäre.[104] Das gilt insbesondere auch deshalb, weil die Konstruktion der Handelndenhaftung nur im Analogiewege möglich wäre, obwohl die Vergleichbarkeit des geregelten und ungeregelten Sachverhaltes sehr zweifelhaft ist; denn anders als im unmittelbaren Anwendungsbereich

37

---

beständen im Innen- und Außenverhältnis vgl. MünchKommBGB/*Kindler* IntGesR Rn 605 ff.
[99] Zu anderen Durchgriffstatbeständen vgl. MünchKommBGB/*Kindler* Rn 613 ff; *Fleischer* in: Lutter S. 121 ff; *Spahlinger/ Wegen* Rn 336 ff.
[100] BGH NJW 2005, 1648 (1649 f); zust. OLG Hamm NZG 2006, 826 (827); zu dem Meinungsbild im Schrifttum vgl. noch die Nachw. zu Rn 37.
[101] BGHZ 173, 246 Rn 23 = NJW 2007, 2689; vgl. dazu *Altmeppen* NJW 2007, 2657 ff; *Schanze* NZG 2007, 681 ff; *Schwab* ZIP 2008, 341 ff; *Vetter* BB 2007, 1965 ff; *Weller* ZIP 2007, 1681 ff.

[102] LG Kiel ZIP 2006, 1248 (1249 ff); weitere Nachw. in Fn 123.
[103] MünchKommBGB/*Kindler* IntGesR Rn 529.
[104] So im Ergebnis auch Koller/*Roth*/Morck Rn 6; *Lutter* S. 1 (9 ff); *Rehberg* in: Eidenmüller § 5 Rn 82; *Eidenmüller* NJW 2005, 1618 (1619 ff); *Lehmann* NZG 2005, 580 ff; aA AnwK-BGB/*J. Hoffmann* Anh. Art. 12 EGBGB Rn 104 ff; Lutter/Hommelhoff/ *Lutter/Bayer* § 12 Rn 16; MünchKommBGB/*Kindler* IntGesR Rn 527 ff; *Leible/Hoffmann* EuZW 2003, 677 (679); dies. RIW 2005, 544 f; *Paefgen* GmbHR 2005, 957 ff; *Wachter* DStR 2005, 1817 (1821).

der §§ 41 Abs. 1 S. 2 AktG, 11 Abs. 2 GmbHG geht es hier nicht um den erstmaligen Marktzugang einer Gesellschaft, sondern um die Etablierung einer Zweigniederlassung einer bereits bestehenden EU-Gesellschaft, die im Ausland registerrechtlich dokumentiert und im Inland europarechtlich anzuerkennen ist.[105] Ebenso ist es konsequent, eine **generelle Durchgriffshaftung wegen Unterkapitalisierung** zu verneinen, da nach den zur europäischen Niederlassungsfreiheit entwickelten Grundsätzen die Aufbringung eines Mindestkapitals nicht gefordert werden kann und damit die Existenz unterkapitalisierter Gesellschaften bewusst in Kauf genommen wird. Wenn die Unterkapitalisierung allerdings zugleich den Charakter einer **vorsätzlichen sittenwidrigen Schädigung** i.S.d. § 826 BGB annimmt, kann eine andere Lösung in Betracht gezogen werden.[106] Vgl. dazu auch noch die Ausführungen zur Existenzvernichtungshaftung in Rn 38 f.

38 d) **Existenzvernichtungshaftung.** Für die Zuordnung der Existenzvernichtungshaftung wurden in der Vergangenheit eine gesellschaftsrechtliche,[107] eine insolvenzrechtliche[108] und eine deliktsrechtliche Anknüpfung[109] vertreten.[110] Nachdem der BGH die dogmatische Grundlage der Existenzvernichtungshaftung in der **deliktsrechtlichen Vorschrift des § 826 BGB** verortet hat (s. Rn 36 mit Fn. 101), hat der letztgenannte Ansatz an Plausibilität gewonnen. Bei unerlaubten Handlungen der Gesellschaft gilt gem. Art. 40 EGBGB grundsätzlich nicht das Gesellschafts-, sondern das **Deliktsstatut** mit den beiden Anknüpfungsmerkmalen Handlungs- und Erfolgsort.[111] Auch mit der dogmatischen Festlegung des BGH ist die Diskussion indes auf europäischer Ebene noch keinesfalls beendet, da es sich trotz der deliktsrechtlichen Anspruchsgrundlage um einen Haftungstatbestand handelt, der den **Kern der Haftungsverfassung einer Gesellschaft** berührt, weil die typische Haftungskonzentration auf das Gesellschaftsvermögen durchbrochen wird.[112] In derartigen Fällen schien der BGH in Fällen, die der europäischen Niederlassungsfreiheit unterfallen,

---

[105] *Eidenmüller* NJW 2005, 1618 (1619).

[106] Ähnlich *Hüffer* § 1 Rn 43; Reithmann/Martiny/*Hausmann* Rn 2291c; *Bayer* NJW 2003, 2357 (2364); *Leible/Hoffmann* RIW 2002, 925 (930); *Schanze/Jüttner* AG 2003, 661 (669); *Ulmer* NJW 2004, 1201 (1208); *Weller* IPRax 2003, 520 (523 f); *Zöllner* GmbHR 2006, 1 (7 f); ohne die letztgenannte Einschränkung *Eidenmüller* § 4 Rn 27; *ders.* NJW 2005, 1618 f; *Drygala* ZEuP 2004, 337 (347 mit Fn 59); *Wachter* GmbHR 2004, 88 (91); für eine weitergehende Haftung MünchKommBGB/*Kindler* IntGesR Rn 615; *Fleischer* in: Lutter S. 118 ff; *Spahlinger/Wegen* Rn 337; *Bitter* WM 2004, 2190 (2195 ff); *Borges* ZIP 2004, 733 (742); *Horn* NJW 2004, 893 (899).

[107] *Altmeppen* NJW 2004, 97 (101); *Altmeppen/Wilhelm* DB 2004, 1083 (1088); *Eidenmüller* § 4 Rn 18 ff; *ders.* NJW 2005, 1618 (1620 f); *Eidenmüller/Rehm* ZGR 2004, 159 (182); *Schön* ZHR 168 (2004), 268 (292 f); *Schumann* DB 2004, 743 (748 f); *Ulmer* NJW 2004, 1201 (1207); *ders.* KTS 2004, 291 (303 f).

[108] Ausführlich *Weller* Europäische Rechtsformwahlfreiheit und Gesellschafterhaftung, 2004, S. 223 ff; *ders.* IPRax 2003, 207 (209 f); *G.H. Roth* NZG 2003, 1081 (1085); vgl. ferner Ebenroth/Boujong/Joost/Strohn/*Pentz* Rn 26.

[109] Vgl. dazu etwa MünchKommBGB/*Kindler* IntGesR Rn 617, der ergänzend aber auch auf das insolvenzrechtliche Element hinweist; ferner Reithmann/Martiny/*Hausmann* Rn 2291c; *Bayer* BB 2003, 2357 (2364 f); *Haas* WM 2003, 1929 (1940 f); *F. Krüger* ZInsO 2007, 861 (869); *Schanze/Jüttner* AG 2003, 661 (669 f).

[110] Monographisch dazu *Weller* Europäische Rechtsformwahlfreiheit und Gesellschafterhaftung, 2004.

[111] Zu Abgrenzungsschwierigkeiten s. MünchKommBGB/*Kindler* IntGesR Rn 669; *Rehberg* in: Eidenmüller § 5 Rn 10 f.

[112] *Eidenmüller* NJW 2005, 1618 (1620); *Schanze* NZG 2007, 681 (685); *Weller* ZIP 2007, 1681 (1688 f).

in der Vergangenheit dahin zu tendieren, die entsprechenden Ansprüche gegen Gesellschafter und Geschäftsführer generell dem Recht des Herkunftsstaates zu entnehmen (s. Rn 36).[113] Vor dem Hintergrund dieser Rechtsprechung halten Teile des Schrifttums auch die Anwendung der Existenzvernichtungshaftung für ausgeschlossen,[114] wohingegen die überwiegende Auffassung sie aus Gründen des Gläubigerschutzes befürwortet.[115]

Durch eine **neuere Entscheidung des BGH** aus dem Jahr 2007 ist in diese Diskussion **39** neue Bewegung gekommen. Darin stellt das Gericht im Zusammenhang mit der Rechtsscheinhaftung aufgrund fehlenden Rechtsformzusatzes fest, dass eine solche Haftung nicht an die Verletzung spezifischer Organpflichten anknüpfe und schon aus diesem Grund nicht dem Gesellschaftsstatut unterfalle; daher sei auch die Niederlassungsfreiheit nach Art. 43, 48 EG nicht berührt.[116] In dieser knappen Feststellung zeichnet sich eine **Neuorientierung** ab, die gerade auch die rechtliche Behandlung der Existenzvernichtungshaftung beeinflussen kann.[117] Wenn Art. 43, 48 EG tatsächlich nur vor solchen Beschränkungen schützen, die **im engeren Sinne gesellschaftsrechtlicher Natur** sind, wäre eine deliktisch verstandene Existenzvernichtungshaftung davon nicht erfasst.[118] Die Niederlassungsfreiheit bestünde nur im Rahmen des kollisionsrechtlich abzugrenzenden Gesellschaftsstatuts.[119] Ob eine solche Lesart, die den Schutzbereich der Niederlassungsfreiheit letztlich den Bestimmungen des nationalen Kollisionsrechts überlässt, den Vorgaben des EuGH gerecht wird, ist jedoch zweifelhaft.[120] Hinsichtlich der Existenzvernichtungshaftung muss dieser Frage nicht weiter nachgegangen werden, da ihre Anwendung auch bei einem weiteren Verständnis der Niederlassungsfreiheit zu bejahen ist. Selbst wenn man zugesteht, dass die Niederlassungsfreiheit auch durch eine deliktsrechtliche Haftung berührt werden kann, so ist auf der anderen Seite doch auch nicht zu verkennen, dass der **Eingriff eher geringfügig** ist: Weder der Marktzugang noch die Struktur der Gesellschaft werden unmittelbar beeinträchtigt. Berücksichtigt man überdies, dass die Haftung auf einem Verstoß gegen die guten Sitten beruht und damit in deutlicher Nähe des (keiner Rechtfertigung bedürftigen) allgemeinen deliktsrechtlichen Verkehrsschutzes angesiedelt ist, so spricht viel dafür, den damit verbundenen Eingriff in die Niederlassungsfreiheit durch den wichtigen Allgemeinbelang des Gläubigerschutzes als gerechtfertigt anzusehen.[121]

6. Insolvenz. Für die kollisionsrechtliche Behandlung insolvenzrechtlicher Sachverhalte gilt zwischen den Mitgliedstaaten der EU (mit Ausnahme von Dänemark) seit dem **40**

---

[113] So auch die (kritische) Wahrnehmung von *Schanze* NZG 2007, 681, 686 („Gesamtpaket"), die sich namentlich auf BGH NJW 2005, 1648 (1649) stützt (s. bereits Rn 36).
[114] *Eidenmüller* § 4 Rn 18 ff; *ders.* NJW 2005, 1618 (1621); *Meilicke* GmbHR 2003, 1271 (1272); *Ziemons* ZIP 2003, 1913 (1917).
[115] MünchKommBGB/*Kindler* IntGesR Rn 670 ff; *ders.* NJW 2007, 1785 (1788); *Altmeppen* NJW 2004, 97 (101); *Altmeppen/Wilhelm* DB 2004, 1083 (1088); *Bayer* BB 2003, 2357 (2364 f); *Bitter* WM 2004, 2190 (2197); *Borges* ZIP 2004, 733 (741 f); *Schanze/Jüttner* AG 2003, 661 (669 f); *Weller* IPRax 2003, 207 ff; *Zimmer* NJW 2003, 3585 (3588).

[116] BGH NJW 2007, 1529 Rn 10 im Anschluss an MünchKommBGB/*Kindler* IntGesR Rn 413 ff, 630.
[117] So die übereinstimmende Wahrnehmung von *Kindler* NJW 2007, 1785 (1786 ff) und *Rehm* LMK 2007, 243100.
[118] Das räumt als Vertreter der Gegenauffassung auch *Rehm* LMK 2007, 243100 ein.
[119] *Kindler* NJW 2007, 1785 (1788).
[120] Gewichtige Bedenken bei *Eidenmüller* § 3 Rn 8 f; *Rehm* in: Eidenmüller § 2 Rn 71 f; *dems.* LMK 2007, 243100.
[121] Für eine Rechtfertigung nach einem „System fließender Übergänge" *Bitter*, WM 2004, 2190 (2192 f).

§ 13d 1. Buch. Handelsstand

31.5.2002 die **EuInsVO**.¹²² Im Verhältnis zu Drittstaaten enthalten die §§ 335 ff InsO Bestimmungen des deutschen internationalen Insolvenzrechts. Sowohl nach Art. 4 Abs. 1 EuInsVO als auch nach § 335 InsO ist **Insolvenzstatut** das Recht des Staates, in dem das **Insolvenzverfahren eröffnet** wurde. Die Eröffnung soll grundsätzlich da vollzogen werden, wo der Schuldner den Mittelpunkt seiner Interessen hat, also am effektiven Verwaltungssitz. Wird das Verfahren nicht eröffnet, etwa in den Fällen der Insolvenzverschleppung, so ist der **hypothetische Eröffnungsort** maßgeblich (Art. 3 Abs. 1 S. 1 EuInsVO, § 3 Abs. 1 S. 2 InsO analog).

41 Dem Insolvenzstatut unterfallen nach zutreffender Auffassung auch die Haftungsvorschriften im Fall der **Insolvenzverschleppung**.¹²³ Der Gesetzgeber des MoMiG (Rn 6) hat sich bemüht, diese Einordnung durch die Neufassung der §§ 91 AktG, 64 GmbHG und die Verlagerung der Antragspflicht in § 15a InsO formal zu bekräftigen. Dadurch soll es erleichtert werden, diese Vorschriften als insolvenzrechtliche Normen zu qualifizieren und sie so auch in Insolvenzverfahren über das Vermögen ausländischer Gesellschaften anzuwenden, deren Tätigkeitsmittelpunkt in Deutschland liegt.¹²⁴ Schließlich sind auch die früher als „kapitalersetzend" bezeichneten **Gesellschafterdarlehen** im Zuge des MoMiG in das Insolvenzrecht verlagert worden.¹²⁵ Da diese Einordnung nicht nur formal, sondern auch materiell-rechtlich dem insolvenzrechtlichen Charakter der Bestimmungen besser Rechnung trägt als die vormalige gesellschaftsrechtliche Einordnung,¹²⁶ ist auch hier deutsches Recht anwendbar, soweit die Insolvenz nach deutschem Recht abgewickelt wird.¹²⁷ Auch diese rechtliche Behandlung hat in den Gesetzesmaterialien zum MoMiG eine explizite Bestätigung gefunden.¹²⁸

42 7. **Zivilprozess.** Aus der mangelnden Rechtsfähigkeit der Zweigniederlassung ergibt sich, dass ihr auch keine **Parteifähigkeit** (§ 50 ZPO) zukommt, sondern die prozessuale Zuständigkeit ausschließlich beim Unternehmensträger liegt.¹²⁹ Allein der Träger des

---

¹²² Verordnung EG Nr. 1346/2000 v. 29.5.2000 über Insolvenzverfahren (EuInsVO), ABl. EG Nr. L 160, S. 1.
¹²³ Vgl. dazu LG Kiel ZIP 2006, 1248 ff; Ebenroth/Boujong/Joost/Strohn/*Pentz* Rn 26; MünchKommBGB/*Kindler* IntGesR Rn 638 ff; Palandt/*Heldrich* Anh. zu Art. 12 EGBGB Rn 14; *Eidenmüller* § 4 Rn 28, § 9 Rn 32; U. *Huber* in: Lutter S. 307 ff; *Borges* ZIP 2004, 733 (736 ff); *Habersack/Verse* ZHR 168 (2004), 174 (207); *Paefgen* DB 2003, 487 (490); *Schanze/Jüttner* AG 2003, 661 (670); *Wachter* DStR 2005, 1817 (1822); *Weller* IPRax 2003, 520 (522, 524); ders. DStR 2003, 1800 (1804); *Zöllner* GmbHR 2006, 1 (6 f); aA F. *Krüger* ZInsO 2007, 861 ff; *Mock/Schildt* ZInsO 2003, 396 (399 f); *Riegger* ZGR 2004, 510 (526 f); *Spindler/Berner* RIW 2004, 7 (11 ff); *Ulmer* NJW 2004, 1201 (1207); ders. KTS 2004, 291 (300 ff).
¹²⁴ RegE MoMiG, BT-Drucks. 16/6140, S. 47, 55.
¹²⁵ Vgl. RegE MoMiG, BT-Drucks. 16/6140, S. 42, 56 (dort auch zur Aufgabe der Qualifizierung als „kapitalersetzend").
¹²⁶ RegE MoMiG, BT-Drucks. 16/6140, S. 42.
¹²⁷ Schon bislang für eine insolvenzrechtliche Einordnung Ebenroth/Boujong/Joost/Strohn/*Pentz* Rn 26; MünchKommBGB/*Kindler* IntGesR Rn 708 ff; *Haas* NZI 2001, 1 (3 ff); *Paulus* ZIP 2002, 729 (734); *Ulmer* NJW 2004, 1201 (1207); ders. KTS 2004, 291 (298 ff); *Weller* IPRax 2003, 520 (524); aA *Eidenmüller* § 9 Rn 42 ff; *Altmeppen* NJW 2004, 97 (103); *Altmeppen/Wilhelm* DB 2004, 1083 (1088); *Schumann* DB 2004, 743 (748); *Zimmer* NJW 2003, 3585 (3589); differenzierend zwischen den auf Auslandsgesellschaften anwendbaren „Novellenregeln" und den nicht anwendbaren „Rechtsprechungsregeln" U. *Huber* in: Lutter S. 131 ff; *Zöllner* GmbHR 2006, 1 (5 f).
¹²⁸ RegE MoMiG, BT-Drucks. 16/6140, S. 56 f.
¹²⁹ BGHZ 4, 62 (65) = NJW 1952, 182; Ebenroth/Boujong/Joost/Strohn/*Pentz* § 13 Rn 64; *Hüffer* Anh. § 45 AktG § 13 HGB Rn 6; MünchKommHGB/*Krafka* § 13

Gesamtunternehmens ist Partei des Rechtsstreits, allerdings kann er auch unter der Firma der Zweigniederlassung klagen und verklagt werden (s. § 13 Rn 80).[130] Seine Parteifähigkeit ist nach dem Personal- oder Gesellschaftsstatut zu bestimmen.[131] Dabei steht spätestens seit der Überseering-Entscheidung des EuGH fest, dass die Parteifähigkeit von EU-Auslandsgesellschaften nicht verneint werden kann, soweit sie nach dem Recht eines EU-Mitgliedstaates wirksam gegründet worden sind.[132]

Auch für die Beurteilung der **Prozessfähigkeit** ist das Personal- oder Gesellschaftsstatut der Hauptniederlassung maßgeblich, doch wird einem auf dieser Grundlage nicht prozessfähigen Unternehmen gem. § 55 ZPO die Prozessfähigkeit zuerkannt, wenn vergleichbare Korporationen nach deutschem Recht prozessfähig sind.[133] Für **Passivprozesse** gegen den ausländischen Unternehmensträger eröffnet Art. 5 Nr. 5 EuGVVO im Anwendungsbereich dieses Gesetzes den **Gerichtsstand der Zweigniederlassung**. Dieser Gerichtsstand ist allerdings kein ausschließlicher, sondern ein besonderer, dh er tritt neben den allgemeinen Gerichtsstand des Art. 2 Abs. 1 i.V.m. Art. 60 EuGVVO.[134] Für Unternehmen aus anderen Ländern sind die besonderen Gerichtsstände der §§ 21, 23 ZPO zu beachten. Für **Aktivprozesse** gilt die Pflicht zur Sicherheitsleistung gem. § 110 ZPO;[135] diese Verpflichtung entfällt allerdings, wenn der Rechtsträger seinen Sitz in einem EU-Mitgliedstaat hat oder Gegenseitigkeit verbürgt.[136] **43**

8. Gewerberecht. Auch für inländische Zweigniederlassungen ausländischer Unternehmen beansprucht das deutsche Gewerberecht Geltung. Sie unterliegen damit der deutschen **Gewerbeaufsicht**, so dass mit Aufnahme der gewerblichen Tätigkeit auch die Anzeigepflicht nach § 14 GewO für sie gilt. Durch diese nicht diskriminierende, sondern gleichermaßen für In- und Ausländer geltende Regelung im Interesse des Verkehrsschutzes wird die europäische Niederlassungsfreiheit nicht verletzt.[137] Wurde gegen ein ausländisches Unternehmen eine Gewerbeuntersagungsverfügung ausgesprochen, so darf es im Inland keine Zweigniederlassung errichten; das Registergericht muss eine entsprechende Anmeldung zurückweisen.[138] Die früher umstrittene Frage, ob die Eintragung einer Zweigniederlassung in Deutschland verweigert werden darf, wenn ihrem Geschäftsführer durch vollziehbare Entscheidung einer deutschen Verwaltungsbehörde die **Tätigkeit als Vertretungsberechtigter eines Gewerbebetriebs** untersagt wurde, ist nach der Neufassung des § 13e im Zuge des MoMiG eindeutig zu bejahen (s. § 13e Rn 38 ff mwN). **44**

Rn 19; Röhricht/v. Westphalen/*Ammon* § 13 Rn 7; *K. Schmidt* HandelsR § 4 III 2b.
[130] BGHZ 4, 62 (65) = NJW 1952, 182; OLG Hamm RPfleger 2001, 190; Ebenroth/Boujong/Joost/Strohn/*Pentz* § 13 Rn 64; GK-HGB/*Achilles* § 13 Rn 12; MünchKommHGB/*Krafka* § 13 Rn 19; Röhricht/v. Westphalen/*Ammon* § 13 Rn 7.
[131] Zu den umstrittenen Einzelheiten vgl. MünchKommBGB/*Kindler* IntGesR Rn 562 mwN.
[132] EuGH v. 5.11.2002, Rs. C-208/00, Slg. 2002, I-9919, 9943 Rn 80 f (Überseering); vgl. dazu auch *Wagner* in: Lutter S. 226 f.
[133] MünchKommBGB/*Kindler* IntGesR Rn 563; Staudinger/*Großfeld* (1998) IntGesR

Rn 295; *Rehberg* in: Eidenmüller § 5 Rn 127; *Spahlinger/Wegen* Rn 296.
[134] *Wagner* in: Lutter S. 254; *Piltz* NJW 2002, 789 (792).
[135] RGZ 38, 403 (406); OLG Frankfurt aM MDR 1973, 232.
[136] Ebenroth/Boujong/Joost/Strohn/*Pentz* Rn 22; *Rehberg* in: Eidenmüller § 7 Rn 1 ff, 28 ff mwN.
[137] BGHZ 172, 200 Rn 24 = NJW 2007, 2328; OVG Münster BB 2005, 2259 (2260); Eidenmüller/*Rehberg* NJW 2008, 28 (29); *Mankowski* BB 2006, 1173 (1175); ders. ZIV 2006, 45 ff; *Mödl* RNotZ 2008, 1 (5).
[138] *Mödl* RNotZ 2008, 1 (5).

45 9. **Sonstiges.** Auch die **Wechsel- und Scheckfähigkeit** sind grundsätzlich nach dem ausländischen Heimatrecht zu beurteilen (Art. 91 Abs. 1 S. 1 WG, Art. 60 Abs. 1 S. 1 ScheckG); für Wechsel und Schecks, die im Betrieb der inländischen Zweigniederlassung gezeichnet worden sind, genügt es jedoch, dass nach deutschem Recht die Wechsel- oder Scheckfähigkeit gegeben wäre (Art. 91 Abs. 2 WG, Art. 60 Abs. 2 ScheckG).[139] Nach umstrittener, aber zutreffender Auffassung ist das Personal- oder Gesellschaftsstatut auch maßgeblich für die Beurteilung der **Buchführungs- und Bilanzierungspflicht**.[140] Spezialvorschriften für die Behandlung inländischer Zweigniederlassungen ausländischer Unternehmen finden sich schließlich noch für **einzelne Branchen**, nämlich für das Versicherungsrecht in §§ 105 ff, 110a VAG, für das Kreditwesenrecht in §§ 32, 53, 53b, 53c KWG und für das Investmentrecht in §§ 12 ff InvG.[141] Diese branchenspezifischen Regelungen betreffen in erster Linie Anforderungen des Aufsichtsrechts, enthalten daneben z.T. aber auch Bestimmungen über die registermäßige Behandlung.

VII. Registerrechtliche Behandlung

46 1. **Zuständigkeit.** Die deutschen Registergerichte besitzen die **internationale und örtliche Zuständigkeit**, die Anmeldung der inländischen Zweigniederlassung durch ein ausländisches Unternehmen entgegenzunehmen, sie notfalls zu erzwingen und das Registerverfahren zu betreiben.[142] Ausdrücklich regelt § 13d zwar nur die örtliche Gerichtszuständigkeit, doch darf man daraus nach dem allgemeinen Grundsatz der Doppelfunktionalität der örtlichen Zuständigkeitsnormen zugleich auch auf die internationale Zuständigkeit des Gerichts schließen.[143] Soweit ein Unternehmen über **mehrere Zweigniederlassungen** verfügt, sind alle betroffenen Gerichte international und örtlich zuständig. Die Anmeldung muss bei jedem Register erfolgen; nur für die Zweigniederlassungen ausländischer Kapitalgesellschaften ist eine Konzentrationsmöglichkeit auf ein Gericht in § 13e Abs. 5 vorgesehen (s. noch § 13e Rn 45 f).[144] Es ist daher insbesondere nicht zulässig, eine der Zweigniederlassungen als Hauptniederlassung zu behandeln und die registerrechtliche Dokumentation dort in analoger Anwendung des § 13 Abs. 1 zu konzentrieren.[145]

47 2. **Maßgeblichkeit deutschen Registerrechts.** Für das Verfahren gilt deutsches Registerrecht als **lex fori**.[146] Es beherrscht das gerichtliche Verfahren (einschließlich der Prü-

---

[139] MünchKommHGB/*Krafka* Rn 12; *Rehberg* in: Eidenmüller § 5 Rn 4.

[140] Staudinger/*Großfeld* (1998) IntGesR Rn 362; *Rehberg* in: Eidenmüller § 5 Rn 106 ff; *Zimmer* Internationales Gesellschaftsrecht, 1996, S. 182 f; **aA** MünchKommBGB/*Kindler* IntGesR Rn 253 ff; Vorauflage. Rn 15 (*Hüffer*).

[141] Ausführlich dazu noch Vorauflage. § 13b Rn 24 ff (*Hüffer*).

[142] Ebenroth/Boujong/Joost/Strohn/*Pentz* Rn 15; *Hüffer* Anh. zu § 45 AktG § 13d HGB Rn 4; MünchKommBGB/*Kindler* IntGesR Rn 908; Röhricht/v. Westphalen/*Ammon* Rn 10; Staudinger/*Großfeld* (1998) IntGesR Rn 988; Mankowski/Knöfel in: Hirte/Bücker § 13 Rn 6; *Spahlinger*/*Wegen* Rn 633.

[143] Vgl. statt aller BGHZ 94, 156 (157) = NJW 1985, 2090; *Schack* Internationales Zivilverfahrensrecht, Rn 236.

[144] OLG Schleswig NZG 2007, 918; *Hüffer* Anh. zu § 45 AktG § 13d HGB Rn 4; Röhricht/v. Westphalen/*Ammon* Rn 10; *Spahlinger*/*Wegen* Rn 633; so auch bereits *Lenz* DJ 1937, 1305 (1308); **aA** *Mankowski/Knöfel* in: Hirte/Bücker § 13 Rn 6 in unzulässiger Verallgemeinerung des bewusst als Ausnahmevorschrift konzipierten § 13e Abs. 5.

[145] OLG Schleswig NZG 2007, 918 f.

[146] BGHZ 172, 200 Rn 12 = NJW 2007, 2328; KG FGPrax 2004, 45 (46); OLG Hamm FGPRax 2006, 276 (277); OLG Hamm

fung der Eintragungsvoraussetzungen und der Bekanntmachung vollzogener Eintragungen) sowie die Verfahrenshandlungen der Beteiligten, vor allem also Art und Weise der Anmeldung. Diese Einordnung entspricht dem Territorialitätsprinzip, da es sich bei der hier allein geregelten registerrechtlichen Dokumentation um einen schwerpunktmäßig inländischen Sachverhalt handelt.

Eine allgemeine gesetzliche Bestätigung hat diese Einordnung in § 13d Abs. 3 gefunden. Danach gelten für die registerrechtliche Behandlung von Zweigniederlassungen eines Einzelkaufmanns, einer Handelsgesellschaft oder einer juristischen Person mit Ausnahme von Aktiengesellschaften, Kommanditgesellschaften auf Aktien und Gesellschaften mbH die Vorschriften für Hauptniederlassungen oder Niederlassungen am Sitz der Gesellschaft sinngemäß. Aufgrund des **irreführenden Passus** „am Sitz der Gesellschaft" wird diese Anordnung z.T. als „Verweisung auf das Heimatrecht" aufgefasst,[147] doch ist tatsächlich das Gegenteil gemeint. Es wird auf die im Inland **für Hauptniederlassungen geltenden Bestimmungen** verwiesen (denen speziell bei Gesellschaften nach dem gesetzlichen Sprachgebrauch eben der „Sitz der Gesellschaft" entspricht). Dem ausländischen Heimatrecht wird nur im letzten Hs. des § 13d Abs. 3 durch die Anordnung einer subsidiären Geltung für den Fall Rechnung getragen, dass „das ausländische Recht Abweichungen nötig macht". Bei einer generellen Verweisung auf das Heimatrecht wäre dieser Passus sinnentleert. **48**

Die Zweigniederlassung ist demnach in registerrechtlicher Hinsicht so zu behandeln, als ob sie eine **inländische Hauptniederlassung** wäre.[148] Das ist folgerichtig, weil die grundsätzlich in § 13 angeordnete Konzentrationswirkung (s. § 13 Rn 7, 60) die Existenz eines Registers der Hauptniederlassung voraussetzt, das hier jedenfalls im Inland nicht vorhanden ist. Ohne eine inländische Hauptniederlassung fehlt für die registerrechtlichen Erleichterungen bei Zweigniederlassungen der Anknüpfungspunkt, so dass es einer **eigenständigen Registerdokumentation** bedarf. Das gilt selbst dann, wenn auch das ausländische Recht eine entsprechende Einrichtung kennt, weil § 13 weder die ausländische Registerbehörde noch das deutsche Gericht in seinem Verhältnis zu dieser Behörde binden könnte (zum Vorbehalt zugunsten des ausländischen Rechts s. noch Rn 51). **49**

Die in § 13d Abs. 3 angeordnete Gleichstellung von Zweig- und Hauptniederlassung erstreckt sich in der Sache auf **Anmeldungen, Einreichungen, Eintragungen und Bekanntmachungen** von Zweigniederlassungen der dort genannten Unternehmensträger (s. Rn 48). Im Zuge des MoMiG (Rn 6) wurde diese Aufzählung aus Klarstellungsgründen auch noch auf die **Änderungen** einzutragender Tatsachen ausgedehnt. Damit soll insbesondere die Änderung der inländischen Geschäftsanschrift (s. noch Rn 54 und § 13 Rn 62 ff) dem Handelsverkehr offengelegt werden. Gerade juristische Personen (iwS) sollten diese Pflicht beachten, da bei ihnen die Verletzung der Aktualisierungspflicht eine erleichterte öffentliche Zustellung nach § 15a auslösen kann.[149] **50**

GmbHR 2008, 545 (546); MünchKomm-HGB/*Krafka* Rn 21; Mankowski/*Knöfel* in: Hirte/Bücker § 13 Rn 2 f.
[147] Vgl. dazu Ebenroth/Boujong/Joost/Strohn/*Pentz* Rn 19; MünchKommAktG/*Pentz* Anh. zu § 45 AktG § 13d Rn 19; ähnlich wohl auch *Hüffer* Anh. zu § 45 AktG § 13d HGB Rn 6; wie hier aber noch Voraufl. § 13b Rn 19 (*Hüffer*).
[148] Vgl. auch BayObLGZ 1986, 351 (355);

Baumbach/*Hopt* Rn 2; GK-HGB/*Achilles* Rn 13; Koller/*Roth*/Morck Rn 2, 6; MünchKommHGB/*Krafka* Rn 21; Röhricht/v. Westphalen/*Ammon* Rn 11; *Krafka*/Willer Rn 312; Mankowski/*Knöfel* in: Hirte/Bücker § 13 Rn 2 f; *Mödl* RNotZ 2008, 1 (2).
[149] RegE MoMiG, BT-Drucks. 16/6140, S. 36; zum Begriff der juristischen Person in diesem Kontext vgl. BT-Drucks. 16/6140, S 50 f. sowie die Ausführungen in § 15a Rn 3 ff.

51 **3. Vorbehalt zugunsten ausländischen Rechts.** Nur insoweit ist die Zweigniederlassung als Hauptniederlassung zu behandeln, als nicht das ausländische Recht **Abweichungen nötig** macht (§ 13d Abs. 3, letzter Hs.). Bei der Beurteilung, ob eine solche Notwendigkeit besteht, ist davon auszugehen, dass es nicht Aufgabe des deutschen Registerrechts sein kann, in die vom ausländischen Recht vorgegebenen Verhältnisse des Unternehmens einzugreifen, etwa in seine **Organisationsstruktur**; denn die bereits getroffene kollisionsrechtliche Entscheidung darf nicht über das Verfahrensrecht zurückgenommen werden. Ein auch nur mittelbarer Anpassungszwang soll nicht ausgeübt werden.[150] Die Respektierung des fremden Organisationsgefüges schließt es aber nicht aus, **Anmeldungen** zu fordern und **Eintragungen** vorzunehmen, die der ausländischen Rechtsordnung unbekannt sind, sofern dadurch die Struktur des Unternehmens nicht berührt wird.[151]

52 **4. Ausnahme für Kapitalgesellschaften.** Die Kapitalgesellschaften sind nach § 13d Abs. 3 von der verfahrensrechtlichen Gleichstellung mit einer inländischen Hauptniederlassung ausgenommen. Das erklärt sich daraus, dass das Gesetz für diese Gesellschaften **in §§ 13e–g eigenständige Verweisnormen** vorsieht, die mit einer pauschalen Verweisung auf die für Hauptniederlassungen geltenden Vorschriften ebenso wenig zu vereinbaren sind wie die generelle subsidiäre Geltung des Heimatrechts nach § 13d Abs. 3, letzter Hs.[152] Sollten sich im Einzelfall jedoch Lücken ergeben, so sollte die generelle Anordnung des § 13d Abs. 3 auch hier – entsprechend der bis 1993 geltenden Rechtslage (vgl. § 13b Abs. 3 a.F.) – Anwendung finden.[153]

5. Die Anmeldung

53 a) **Inhalt und Form der Anmeldung.** Der allgemeine Grundsatz des § 13d Abs. 3 wird in § 13d Abs. 1 speziell für die Anmeldung der Zweigniederlassung (jeder Unternehmensform) konkretisiert.[154] Mit der Errichtung der inländischen Zweigniederlassung (Rn 19 sowie § 13 Rn 55) entsteht die Pflicht, sie bei dem örtlich zuständigen Registergericht anzumelden. Sind Zweigniederlassungen in den Bezirken verschiedener Gerichte vorhanden, so sind die Anmeldungen einzeln an jedes von ihnen zu richten (s. Rn 46). Das Gleiche gilt für die Einreichung von Unterlagen. Die Anmeldung ist in **deutscher Sprache** abzufassen (§ 184 GVG – zur Anwendung auf Unterlagen s. noch Rn 55); eine gemeinschaftsrechtswidrige Diskriminierung ist mit diesem Erfordernis nicht verbunden.[155] Nach dem neuen § 11 Abs. 1 kann die Anmeldung ergänzend aber auch noch in jeder weiteren Amtssprache eines Mitgliedsstaats der EU übermittelt werden. Die Anmeldung muss – ebenso wie eine etwaige Anmeldungsvollmacht – der **Form des § 12** genügen, also elektronisch in öffentlich beglaubigter Form erfolgen (zu den Anforderungen an eine ausländische Beglaubigung vgl. § 12 Rn 76).

---

[150] BayObLGZ 1986, 351 (356); OLG Düsseldorf NJW-RR 1992, 1390 (1391); Baumbach/*Hopt* Rn 6; GK-HGB/*Achilles* Rn 16; Koller/*Roth*/Morck Rn 6; Röhricht/v. Westphalen/*Ammon* Rn 13; *Bumeder* Rn 59.
[151] GK-HGB/*Achilles* Rn 16; Röhricht/v. Westphalen/*Ammon* Rn 13; *Bumeder* Rn 58 ff.
[152] RegE, BT-Drucks. 12/3908, S. 15.
[153] Ebenroth/Boujong/Joost/Strohn/*Pentz* Rn 19; *Hüffer* Anh. zu § 45 AktG § 13d HGB Rn 6 (allerdings jeweils auf der Grundlage eines von der hier vertretenen Lesart abweichenden Verständnisses des Verweisungsinhalts – s. dazu Rn 48).
[154] Muster für die Erstanmeldung der Zweigniederlassung einer englischen Limited bei *Mödl* RNotZ 2008, 1 (14).
[155] *Mankowski/Knöfel* in: Hirte/Bücker § 13 Rn 15; *Klose-Mokroß* DStR 2005, 971 (973).

Welchen **Inhalt** die Anmeldung hat und welche **Dokumente** mit der Anmeldung ein- **54** zureichen sind, richtet sich nach den für die vergleichbare inländische Unternehmensform geltenden Bestimmungen.[156] Entspricht der Unternehmensträger also einer juristischen Person i.S.d. § 33, so sind die dort genannten Angaben zu übermitteln; entspricht er einer Personenhandelsgesellschaft, so gelten die in §§ 106 Abs. 2, 162 Abs. 1 genannten Vorgaben. Für die Kapitalgesellschaften finden sich zusätzliche Pflichten in §§ 13e ff (vgl. insbes. § 13e Rn 18 ff). In der Anmeldung sind stets die Firma einschließlich eines etwaigen Zweigniederlassungszusatzes, der Ort der Zweigniederlassung und – nach der Neufassung im Zuge des MoMiG (Rn 6) – die **inländische Geschäftsanschrift** anzugeben (vgl. zur Geschäftsanschrift § 13 Rn 62 ff). Zu den erforderlichen Nachweisen über die Existenz und Rechtsfähigkeit der Gesellschaft sowie zur Vertretungsbefugnis der Anmelder s. Rn 65 ff. Zur Angabe des Unternehmensgegenstandes vgl. § 13e Rn 22 ff.

Umstritten ist, ob auch die zusätzlich geforderten **Dokumente in deutscher Sprache** **55** einzureichen sind. Teilweise wird dies mit der Begründung verneint, dass § 184 GVG die Anlagen zur Anmeldung nicht erfasse und nur für ausländische Kapitalgesellschaften in §§ 13f Abs. 2 S. 1, 13g Abs. 2 S. 1 eine nicht verallgemeinerungsfähige Ausnahmevorschrift enthalten sei.[157] Das war aber ausweislich der Gesetzesmaterialien nicht der Standpunkt des Gesetzgebers, der die genannten Bestimmungen gerade aus den allgemeineren Vorschriften der §§ 8 FGG a.F., 184 GVG hergeleitet hat.[158] Deshalb ist auch jenseits dieser Sondervorschriften neben der beglaubigten Abschrift des Originals eine zur Glaubhaftmachung geeignete Übersetzung vom Anmelder vorzulegen.[159] Um die Richtigkeit des Handelsregisters zu gewährleisten, wird man dazu die Übersetzung eines gerichtlich oder behördlich bestellten oder vereidigten Übersetzers fordern müssen.[160] Bei kurzen und einfach verständlichen Dokumenten, wie z.B. Vertretungsbescheinigungen und Beglaubigungsvermerken, darf und soll das Gericht aber davon absehen, eine Übersetzung einzufordern, wenn der Rechtspfleger oder Richter der Sprache hinreichend mächtig ist.[161] Nach dem neuen § 11 Abs. 1 bleibt es den anmeldenden Personen unbenommen, die Dokumente zusätzlich auch noch in jeder anderen Amtssprache eines EU-Mitgliedstaates einzureichen. Das Erfordernis einer gesonderten **Unterschriftenzeichnung** wurde im Zuge des EHUG (Rn 6) aufgehoben, da es sich in die auch für Zweigniederlassungen geltenden neuen Rahmenbedingungen einer elektronischen Registerführung nicht einfügen lässt (s. dazu § 12 Rn 3).

b) **Person des Anmeldepflichtigen.** Die Person des Anmeldepflichtigen ist nach dem **56** Grundsatz des § 13d Abs. 3 zu bestimmen (Rn 48 f); anmeldepflichtig ist also, wer die Errichtung einer Hauptniederlassung anmelden müsste. Das ist das für die Hauptniederlassung **vertretungsberechtigte Organ**, das nach der fremden Rechtsordnung zu bestimmen ist. Eine anderweitige Festlegung würde in die Organisationsstruktur des fremden Unternehmens eingreifen und kann deshalb durch das deutsche Recht nicht getroffen

---

[156] GK-HGB/*Achilles* Rn 12.
[157] *Mankowski/Knöfel* in: Hirte/Bücker § 13 Rn 16.
[158] RegE, BT-Drucks. 12/3908, S. 17; vgl. dazu auch MünchKommBGB/*Kindler* IntGesR Rn 936.
[159] So auch OLG Hamm GmbHR 2008, 545 (546 f); OLG Schleswig DNotZ 2008, 709 (711); GK-HGB/*Achilles* Rn 12; *Apfelbaum* DNotZ 2008, 711 (714); *Mödl* RNotZ 2008, 1 (14); *Wachter* ZNotP 2005, 122 (141).
[160] Vgl. zu den Einzelheiten OLG Hamm GmbHR 2008, 545 (546 f); LG Leipzig NZG 2005, 759 (760); *Mankowski/Knöfel* in: Hirte/Bücker § 13 Rn 16; *Wachter* EWiR 2005, 655 (656).
[161] OLG Schleswig DNotZ 2008, 709 (710); *Apfelbaum* DNotZ 2008, 711 (714).

§ 13d 1. Buch. Handelsstand

werden (s. Rn 51).[162] Danach ist also der ausländische Einzelkaufmann als alleiniger Unternehmensträger selbst anmeldepflichtig, bei den juristischen Personen i.S.d. § 33 und den Kapitalgesellschaften sind es diejenigen, die nach der ausländischen Rechtsordnung Funktionen wahrnehmen, die in Deutschland dem Vorstand oder den Geschäftsführern zufallen würden.[163]

57 **Bevollmächtigte und Leiter einer Zweigniederlassung** sind nicht zur Anmeldung verpflichtet.[164] Ein insofern teilweise erwogener Analogieschluss[165] scheitert daran, dass zwar möglicherweise eine Regelungslücke besteht, es aber an der personellen Vergleichbarkeit der geregelten Personenkreises (Geschäftsführer des Unternehmensträgers) und des ungeregelten Personenkreises (Leiter einer Zweigniederlassung) fehlt. Zur Möglichkeit, ein Zwangsgeld gegen sie zu verhängen, s. noch Rn 62.

58 Soweit das deutsche Recht für juristische Personen und Personenhandelsgesellschaften eine Anmeldung durch **sämtliche Mitglieder** des Vorstands (§ 33 Abs. 1) bzw. durch alle Gesellschafter (§§ 108 Abs. 1, 161 Abs. 2) vorschreibt, gilt diese Vorgabe auch für ihre ausländischen Äquivalente.[166] Eine solche Regelung kann das deutsche Recht treffen, ohne i.S.d. § 13d Abs. 3 letzter Hs. in die Organisationsstruktur des ausländischen Unternehmens einzugreifen (vgl. Rn 51). Nach den **Änderungen des MoMiG** (Rn 6) ist die Beteiligung sämtlicher Mitglieder des Geschäftsführungsorgans auch bei den Kapitalgesellschaften wieder erforderlich geworden (s. dazu § 13e Rn 16 f). Ansätze im Schrifttum, die bei Kapitalgesellschaften bislang auf der Grundlage des § 13e Abs. 2 S. 1 a.F. zugelassene Anmeldung in vertretungsberechtigter Zahl auf andere Gesellschaftsformen zu übertragen,[167] haben angesichts des Ausnahmecharakters dieser Regelung schon bisher nicht überzeugt. Nach der Neuregelung im Zuge des MoMiG ist ihnen endgültig die Grundlage entzogen worden.

c) Sanktion bei Verletzung der Anmeldepflicht

59 aa) **Zwangsgeld gegen anmeldepflichtige Personen.** In der Praxis wirft die Durchsetzung der Anmeldepflicht große Probleme auf. In vielen Fällen wird das Registergericht von der Existenz der Zweigniederlassung **keine Kenntnis** erhalten.[168] Selbst wenn es Kenntnis erlangt, gestaltet sich die zwangsweise Durchsetzung der Anmeldepflicht jedoch als problematisch. Das deutsche Recht sieht als regulären Sanktionsmechanismus die **Verhängung eines Zwangsgeldes** nach § 14 vor. Dieses ist nach allgemeinen Grundsätzen gegen die anmeldepflichtigen Personen zu richten.

60 Zwar soll nach wohl noch hM die Verhängung eines Zwangsgeldes nur gegenüber solchen Personen zulässig sein, die sich im Inland aufhalten.[169] Tatsächlich findet diese

---

[162] BayObLGZ 1985, 272 (277); KG FGPrax 2004, 45 (47); GK-HGB/*Achilles* Rn 11; Koller/*Roth*/Morck Rn 6.
[163] KG FGPrax 2004, 45 (46); Ebenroth/Boujong/Joost/Strohn/*Pentz* Rn 17; GK-HGB/*Achilles* Rn 11; Koller/*Roth*/Morck Rn 6.
[164] GK-HGB/*Achilles* Rn 11; Hüffer Anh. § 45 AktG § 13e HGB Rn 11; MünchKommHGB/*Krafka* Rn 23; Röhricht/v. Westphalen/*Ammon* Rn 16; Rowedder/Schmidt-Leithoff § 12 Rn 69; *Rehberg* in: Eidenmüller § 5 Rn 82.
[165] Baumbach/*Hopt* Rn 5; Staudinger/*Großfeld* (1998) IntGesR Rn 996; *Lenz* DJ 1937, 1305 (1308).
[166] GK-HGB/*Achilles* Rn 11; Koller/*Roth*/Morck Rn 6; Röhricht/v. Westphalen/*Ammon* Rn 15; Staudinger/*Großfeld* (1998) IntGesR Rn 993; *Spahlinger/Wegen* Rn 635.
[167] So MünchKommHGB/*Krafka* Rn 23.
[168] *Wachter* DStR 2005, 1817 (1819); ders. GmbHR 2006, 793 (794).
[169] BayObLGZ 1908, 340 (343); BayObLGZ 1978, 121 (127); *Jansen* FGG § 132 Rn 49; Keidel/Kuntze/*Winkler* § 132 Rn 17;

Einschränkung im Gesetz aber keine Grundlage, sondern beruht augenscheinlich nur auf den faktischen Schwierigkeiten, die sich bei der Durchsetzung der Sanktion ergeben können.[170] Richtigerweise ist zu unterscheiden zwischen der Festsetzung des Zwangsgeldes und dessen Vollstreckung im Falle der Nichterfüllung.[171] Nur der letztgenannte **Vollstreckungsakt** ist nach dem **Territorialitätsprinzip** unzulässig, wenn er durch deutsche Behörden im Ausland erfolgen soll.[172] Durch die bloße **Festsetzung** des Zwangsgeldes wird ebenso wenig wie durch die Zustellung auf fremdem Staatsgebiet in die Souveränität eines anderen Staates eingegriffen.[173]

Auf der **Vollstreckungsebene** besteht zunächst die Möglichkeit, das solchermaßen festgesetzte Zwangsgeld im Inland beizutreiben, etwa indem auf in Deutschland befindliches Vermögen des Anmeldepflichtigen zugegriffen wird oder indem ein Pfändungs- und Überweisungsbeschluss beim zuständigen deutschen Vollstreckungsgericht erwirkt wird, der von inländischen Drittschuldnern unmittelbar beachtet werden muss.[174] Aber auch eine Vollstreckung im Ausland ist nicht gänzlich ausgeschlossen, soweit entsprechende staatsvertragliche Vollstreckungsabkommen bestehen. Eine Vollstreckung auf der Grundlage des Art. 49 EuGVO ist allerdings nicht möglich, da es sich beim Zwangsgeldverfahren nicht um eine Zivilsache, sondern um die Ausübung hoheitlicher Befugnisse handelt, die nach Art. 1 Abs. 1 S. 2 EuGVO von diesem Gesetz nicht erfasst ist.[175] Die Verhängung eines Zwangsgeldes ist demnach **auch gegen im Ausland befindliche Personen** möglich, wird aufgrund der dabei auftretenden tatsächlichen Hindernisse aber häufig ins Leere laufen.[176]

61

bb) **Zwangsgeld gegen andere Personen.** Dem aus diesen Durchsetzungshindernissen entstehenden Sanktionsdefizit kann auch nicht dadurch abgeholfen werden, dass das Zwangsgeld gegen **bloße Bevollmächtigte** oder die **Leiter der Zweigniederlassung** gerichtet wird.[177] Diese unterliegen persönlich keiner Anmeldepflicht (s. Rn 57) und sind demnach auch nicht der Zwangsgelddrohung des § 14 unterworfen. Eine Ausdehnung

62

Rowedder/*Schmidt-Leithoff* § 12 Rn 69; *Krafka/Willer* Rn 2364; *Lutter* S. 9; *Mankowski/Knöfel* in: Hirte/Bücker § 13 Rn 31; *Spahlinger/Wegen* Rn 645; *Koenige* LZ 1914, 1417 (1429).
[170] So bereits Voraufl. § 13b Rn 22 (*Hüffer*); vgl. auch *dens.* AktG Anh. § 45 AktG § 13e HGB Rn 11; Ebenroth/Boujong/Joost/Strohn/*Pentz* § 13e Rn 42; Röhricht/v. Westphalen/*Ammon* § 13e Rn 14; *Rehberg* in: Eidenmüller § 5 Rn 82; *Maul* NZG 1999, 741 (745); *Zöllner* GmbHR 2006, 1 (4).
[171] Vgl. dazu auch *Stadler* IPRax 2003, 430, 431 (zu einem Zwangsgeld nach § 888 ZPO).
[172] *Maul* NZG 1999, 741 (745); *Zöllner* GmbHR 2006, 1 (4).
[173] OLG Köln IPRax 2003, 446 f; *Stadler* IPRax 2003, 430 (431) – jeweils zu einem Zwangsgeld nach § 888 ZPO; vgl. zur Zustellung auch *Geimer* Internationales Zivilprozessrecht, 5. Aufl., 2005, Rn 402.
[174] So zutreffend OLG Köln IPRax 2003, 446, 447 (zu einem Zwangsgeld nach § 888 ZPO); *Zöllner* GmbHR 2006, 1 (4); vgl. dazu auch *Schack* Internationales Zivilverfahrensrecht Rn 982 ff.
[175] *Musielak* ZPO Art. 1 EuGVO Rn 1 f; *Gebauer/Wiedmann* Zivilrecht unter europäischem Einfluss, 2005, Kap. 26 Rn 16 f; *Mankowski* in: Rauscher Europäisches Zivilprozessrecht, Art. 1 Brüssel I-VO Rn 1 ff.
[176] *Mankowski/Knöfel* in: Hirte/Bücker § 13 Rn 10; zu weiteren Vollzugshindernissen s. *Wachter* DStR 2005, 1817 (1819 f).
[177] GK-HGB/*Achilles* Rn 11; Koller/Roth/Morck Rn 6; MünchKommAktG/*Hüffer* § 407 Rn 10; MünchKommHGB/*Krafka* Rn 23; Röhricht/v. Westphalen/*Ammon* Rn 16, § 14 Rn 14; Rowedder/*Schmidt-Leithoff* § 12 Rn 69; *Spahlinger/Wegen* Rn 645; aA *Lenz* DJ 1937, 1305 (1308).

des § 14 im Analogiewege scheitert zwar nicht an dem verfassungsrechtlichen Analogieverbot,[178] da dieses für § 14 nicht mehr gilt, seitdem er im Jahr 1974 in ein bloßes Beugemittel umgestaltet wurde (s. dazu § 14 Rn 2 und 7). Vielmehr ist der Analogieschluss deshalb abzulehnen, weil es an der dafür erforderlichen Vergleichbarkeit der Sachverhalte fehlt, wenn eine Person, die nicht zum Leitungsorgan des Unternehmensträgers zählt, einer Anmeldepflicht und einer daran anknüpfenden Beugemaßnahme unterworfen werden soll (s. Rn 57).

63 cc) **Handelndenhaftung.** Nach zutreffender Auffassung des BGH ist es schließlich auch nicht möglich, die Vertreter einer pflichtwidrig nicht angemeldeten Zweigniederlassung einer Kapitalgesellschaft einer **Handelndenhaftung** nach §§ 41 Abs. 2 AktG, 11 Abs. 2 GmbHG analog zu unterwerfen (vgl. Rn 36 f mwN).[179]

64 dd) **Rechtspolitischer Ausblick.** Infolge dieser schwachen Durchsetzungsmöglichkeiten wird die Pflicht zur Anmeldung derzeit von der überwiegenden Zahl betroffener Auslandsunternehmen nicht beachtet.[180] Im Zuge des Gesetzgebungsverfahrens zum Erlass des MoMiG (Rn 6) hat die Bundesregierung auf Anregung des Bundesrats angekündigt, die Einführung verschärfter Sanktionen zu prüfen.[181] Im MoMiG ist diese Ankündigung noch nicht umgesetzt worden. Es bleibt abzuwarten, ob die Bundesregierung dies in einem späteren Gesetzgebungsakt noch nachholen wird.

6. Prüfung der Anmeldung durch das Gericht

65 a) **Existenz des ausländischen Unternehmens.** Die Prüfung der Anmeldung hat nach § 13d Abs. 3 grundsätzlich so zu erfolgen, als ob eine Hauptniederlassung angemeldet würde (vgl. § 8 Rn 79 ff). Die für Zweigniederlassungen inländischer Unternehmen neu eingeführten Erleichterungen des § 13 Abs. 2 finden keine Anwendung.[182] Es gilt der Grundsatz der freien Beweiswürdigung.[183] Auch an ausländische Entscheidungen oder gerichtliche Registereintragungen ist das Gericht grundsätzlich nicht gebunden.[184] Anders als bei der Eintragung einer Hauptniederlassung muss das Registergericht seine Prüfung insbesondere auch auf die **Existenz und Rechtsfähigkeit des ausländischen Unternehmens** erstrecken.[185] Das ist in § 13e Abs. 2 S. 2 für Kapitalgesellschaften ausdrücklich angeordnet, muss aber auch für andere Unternehmensformen gelten.[186]

---

[178] So aber noch Rowedder/*Schmidt-Leithoff* § 12 Rn 69; *Mankowski/Knöfel* in: Hirte/Bücker § 13 Rn 31.
[179] BGH NJW 2005, 1648 (1649 f); zust. OLG Hamm NZG 2006, 826 (827).
[180] Nach *Westhoff* GmbHR 2007, 474 (480) kommt schätzungsweise nur etwa ein Drittel der Anmeldepflicht nach; ähnlich *Leuering* ZRP 2006, 201 (204); *Mödl* RNotZ 2008, 1 (3); *Wachter* DStR 2005, 1817 (1819 f); *ders.* GmbHR 2006, 793 (794).
[181] Vgl. dazu die Stellungnahme des Bundesrates, BT-Drucks. 16/6140, S. 70 sowie die Gegenäußerung der Bundesregierung, BT-Drucks. 16/6140, S. 78. Verschiedene rechtspolitische Instrumentarien erörtert *Wachter* DStR 2005, 1817 (1820 ff).
[182] Ebenroth/Boujong/Joost/Strohn/*Pentz* Rn 18.
[183] Baumbach/*Hopt* Rn 2; *Wachter* ZNotP 2005, 122 (123).
[184] Baumbach/*Hopt* Rn 2; Röhricht/v. Westphalen/*Ammon* Rn 12; *Spahlinger/Wegen* Rn 639; *Klose-Mokroß* DStR 2005, 971 (972); *Riegger* ZGR 2004, 510 (514).
[185] OLG Jena FGPrax 2006, 127; OLG Zweibrücken NZG 2003, 537; *Mankowski/Knöfel* in: Hirte/Bücker § 13 Rn 75.
[186] So auch GK-HGB/*Achilles* Rn 13.

b) Nachweis der Existenz und Rechtsfähigkeit. Der Nachweis der Existenz und **66** Rechtsfähigkeit (Rn 65) ist **vom Anmelder zu erbringen** und muss insbesondere die wirksame Gründung des Unternehmens umfassen. Ob die **Gründungsvoraussetzungen** tatsächlich vorlagen, ist vom deutschen Registergericht nicht zu prüfen, solange ein Gründungsmangel die Existenz des Unternehmens unberührt lassen würde. Deshalb kann das inländische Registergericht also etwa nicht verlangen, dass die Dokumente eingereicht werden, die dem Gründungsvorgang zugrunde lagen.[187]

Um den Nachweis der Existenz und Rechtsfähigkeit zu erbringen, genügt nicht jeder **67** beliebige Privatnachweis, etwa durch Ausdruck einer Internetseite oder einer digitalen Erklärung, sondern die Gerichte verlangen **in der Regel amtliche Dokumente** aus dem Inkorporationsstaat.[188] Als solche kommen in erster Linie Auszüge aus dem Handelsregister in Betracht, angesichts des Erfolges der englischen Limited insbesondere in Form eines sog. Certificate of Incorporation des Companies House.[189] Wenn eine solche Bescheinigung nach dem Recht des ausländischen Staats nicht beigebracht werden kann, sind auch **vergleichbare Zeugnisse** seiner Behörden oder Bescheinigungen des deutschen Konsulats regelmäßig als genügend anzusehen, sofern von der Echtheit der ausländischen Urkunden ausgegangen werden kann. Von den Anforderungen an die Nachweisurkunde selbst ist die Frage zu unterscheiden, wie ihre **Echtheit** nachgewiesen werden kann. Dieser Nachweis kann im Regelfall durch eine Legalisation erbracht werden, doch greift häufig die staatsvertraglich vereinbarte Erleichterung einer Apostille ein (vgl. § 12 Rn 77).[190] Bei sämtlichen Nachweisformen ist allerdings zu verlangen, dass sie der Anmeldung **zeitlich nicht zu weit vorgelagert** sind, da ansonsten Zweifel an ihrer fortdauernden Richtigkeit bestehen können.[191]

Daneben wird auch die Bescheinigung eines **ausländischen Notars**, etwa eines eng- **68** lischen notary public, als ausreichend angesehen, wobei allerdings verlangt wird, dass die Bescheinigung erkennen lässt, ob und wie der Notar sich eigene Kenntnis von den maßgebenden Tatsachen verschafft hat.[192] Die Bescheinigung eines **deutschen Notars** genügt nach § 21 BNotO nur dann, wenn sie auf einer Eintragung im Handelsregister oder in einem ähnlichen Register beruht. Nach zutreffender Auffassung ist die Ähnlichkeit mit dem deutschen Handelsregister nur dann anzunehmen, wenn die Anmeldung auf ihre materielle Richtigkeit geprüft wird und einem umfassenden Gutglaubensschutz unterliegt. Namentlich bei dem für die Praxis besonders wichtigen englischen Companies House ist zumindest die erste Voraussetzung nicht erfüllt, da hier eine **bloße Registrierung** stattfindet. In diesem Fall genügt die Bescheinigung eines deutschen Notars nicht.[193] Der Notar kann

---

[187] BayObLGZ 1986, 351 (356); GK-HGB/*Achilles* Rn 13.
[188] *Mankowski/Knöfel* in: Hirte/Bücker § 13 Rn 76; *Herchen* RIW 2005, 529 (530, 532); *Mödl* RNotZ 2008, 1 (11).
[189] Muster bei *Mankowski/Knöfel* in: Hirte/Bücker § 13 Rn 76 und *Wachter* ZNotP 2005, 122 (127); vgl. zu dieser Nachweisform ferner BayObLGZ 1985, 272 (276); OLG Hamm FGPrax 2006, 276 (277); *Krafka/Willer* Rn 314; *Herchen* RIW 2005, 529 (530, 532); *Mödl* RNotZ 2008, 1 (11); *Süß* DNotZ 2005, 180 (184); *Wachter* DB 2004, 2795 (2799).
[190] Vgl. auch MünchKommHGB/*Krafka* Rn 5.
[191] OLG Dresden NZG 2008, 265 (266); *Mankowski/Knöfel* in: Hirte/Bücker § 13 Rn 78; *Herchen* RIW 2005, 529 (530).
[192] Vgl. OLG Hamm FGPrax 2007, 276 (277); *Mankowski/Knöfel* in: Hirte/Bücker § 13 Rn 84; *Herchen* RIW 2005, 529 (530); *Mödl* RNotZ 2008, 1 (11); *Wachter* ZNotP 2005, 122 (127 f) mit einem Muster für eine entsprechende Bescheinigung.
[193] Arndt/Lerch/*Sandkühler* BNotO, 6. Aufl., 2008, § 21 Rn 14; Schippel/Bracker/*Reithmann* BNotO, 8. Aufl., 2006, § 21 Rn 16; *Heckschen* NotBZ 2005, 24 (26); *Klose-Mokroß* DStR 2005, 1013 (1014); *Mödl* RNotZ 2008, 1 (12); *Süß* DNotZ 2005, 180

stattdessen eine gutachterliche Stellungnahme zu dem Bestehen der ausländischen Gesellschaft abgeben, die dann allerdings nicht die Beweiswirkung des § 21 Abs. 1 S. 2 BNotO hat, sondern nur im Rahmen der freien Beweiswürdigung berücksichtigt wird.[194]

69 c) **Nachweis der Vertretungsbefugnis.** Damit das Registergericht die Befugnis zur Anmeldung überprüfen kann, muss ihm auch die Vertretungsbefugnis der anmeldenden Personen nachgewiesen werden (ausdrückliche Anordnung auch in § 13f Abs. 2 S. 3 i.V.m. § 37 Abs. 3 AktG und § 13g Abs. 2 S. 2 i.V.m. § 8 Abs. 4 GmbHG – s. noch § 13f Rn 8 f und § 13g Rn 5).[195] Der Bestellungsakt und der Umfang der Vertretungsbefugnis ist dabei anhand des ausländischen Rechts zu beurteilen (vgl. Rn 31). Ist eine **juristische Person Organmitglied** (was namentlich in angelsächsisch geprägten Gesellschaftsrechten zulässig ist), muss auch die Existenz dieser Gesellschaft und die Vertretungsbefugnis der für sie handelnden Personen nachgewiesen werden, um die Vertretungsmacht der anmeldenden Personen zu belegen.[196] Zur Anmeldung und Eintragung dieser Personen s. noch § 13f Rn 8 f.

70 Als Nachweisformen kommen der **Gesellschaftsvertrag** oder ein **Gesellschafterbeschluss** über die Organbestellung in Betracht,[197] wobei allerdings auch hier zu verlangen ist, dass die Anmeldung zeitnah zur Gründung bzw. zur Beschlussfassung erfolgt (Rn 67). Um die Wirksamkeit des Gesellschafterbeschlusses zu belegen, muss auch die Position als stimmberechtigter Gesellschafter nachgewiesen werden.[198] Daneben kann auch eine ausländische **Registerauskunft** genügen, allerdings nur dann, wenn das Register tatsächlich mit hinreichender Zuverlässigkeit über die Organmitglieder und den Umfang ihrer Befugnisse Auskunft gibt. Die letztgenannte Voraussetzung ist namentlich bei der Registrierung einer englischen Limited im Companies House nicht erfüllt, da sich ihr zwar die Person der vertretungsbefugten directors, nicht aber der Umfang ihrer Vertretungsbefugnis entnehmen lässt.[199] Ein allgemeiner Registerauszug genügt hier also nicht. Etwas anderes kann dann gelten, wenn eine Bescheinigung des Registrars of Companies vorgelegt wird, aus der eine gesonderte rechtliche Prüfung der hinterlegten Gesellschaftsdokumente hervorgeht.[200] Hinsichtlich des Nachweises durch einen **Notar** gelten die Ausführungen in Rn 68 entsprechend;[201] zur Überprüfung der Echtheit der Nachweisurkunde vgl. Rn 67.

---

(184); *Wachter* DB 2004, 2795 (2799), *ders.* ZNotP 2005, 122 (128); **aA** Eylmann/Vaasen/*Limmer* BNotO, 2. Aufl., 2004, § 21 Rn 9; *Winkler* Beurkundungsgesetz, 15. Aufl., 2003, § 12 Rn 25; *Krafka/Willer* Rn 314; *Mankowski/Knöfel* in: Hirte/Bücker § 13 Rn 79. Für das schwedische Handelsregister wurde die Vergleichbarkeit bejaht von OLG Schleswig DNotZ 2008, 709 (710) mit kritischer Anmerkung von *Apfelbaum*.

[194] *Mödl* RNotZ 2008, 1 (12).
[195] Dazu ausführlich *Mödl* RNotZ 2008, 1 (12).
[196] *Mödl* RNotZ 2008, 1 (4 f); *Süß* DNotZ 2005, 180 (184); *Wachter* ZNotP 2005, 122 (141).
[197] Vgl. dazu auch KG FGPrax 2004, 45 (47); OLG Hamm FGPrax 2006, 276 (277); LG Berlin NZG 2004, 1014 (1015); *Mankowski/Knöfel* in: Hirte/Bücker § 13 Rn 89 ff; *Mödl* RNotZ 2008, 1 (12); *Süß* DNotZ 2005, 180 (183) f.

[198] KG FGPrax 2004, 45 (47); OLG Dresden NZG 2008, 265 (266); *Mankowski/Knöfel* in: Hirte/Bücker § 13 Rn 92; *Klose-Mokroß* DStR 2005, 1013 (1014).
[199] KG FGPrax 2004, 45 (47); OLG Dresden NZG 2008, 265 (266); LG Berlin NZG 2004, 1014 (1015); *Klose-Mokroß* DStR 2005, 1013 (1014); *Mödl* RNotZ 2008, 1 (13); *Süß* DNotZ 2005, 180 (183); *Wachter* DB 2004, 2795 (2799); **aA** *Herchen* RIW 2005, 529 (530).
[200] LG Berlin NZG 2004, 1014 (1015); *Krafka/Willer* Rn 321; auch insofern krit. *Klose-Mokroß* DStR 2005, 1013 (1014); skeptisch auch *Mankowski/Knöfel* in: Hirte/Bücker § 13 Rn 100.
[201] Speziell zur Vertretungsbefugnis auch OLG Hamm FGPrax 2006, 276 (277); *Mankowski/Knöfel* in: Hirte/Bücker § 13 Rn 104 ff; *Mödl* RNotZ 2008, 1 (13).

d) Nachweis des effektiven Verwaltungssitzes. Bei Gesellschaften, die weder aus einem EU-Mitgliedstaat stammen noch einem anerkennungsrechtlichen Sonderregime unterliegen (vgl. § 13 Rn 36 f, 41 f und oben Rn 9), bedarf es überdies noch des Nachweises, dass auch der **effektive Verwaltungssitz** tatsächlich im Ausland und nicht im Inland liegt, weil die Gesellschaft nach der insofern immer noch gültigen Sitztheorie anderenfalls als deutsche Hauptniederlassung zu behandeln wäre (§ 13 Rn 41 f).[202] Teilweise wird bei einer nach ausländischem Recht wirksam gegründeten Gesellschaft insofern eine **Vermutung** angenommen, dass auch ihr effektiver Verwaltungssitz im Ausland liege.[203] Dem ist aber zumindest dann nicht zu folgen, wenn der Nachweis eines effektiven Verwaltungssitzes in dem ausländischen Staat keine Gründungsvoraussetzung ist – wie es nunmehr beispielsweise auch im deutschen Kapitalgesellschaftsrecht der Fall ist (vgl. § 13 Rn 38 f, 43).[204] Soweit aufgrund der **europäischen Niederlassungsfreiheit** oder aufgrund eines Staatsvertrages eine Niederlassung auch dann als inländische Zweigniederlassung anzuerkennen ist, wenn ihr effektiver Verwaltungssitz tatsächlich im Bundesgebiet liegt, bedarf es weder eines Nachweises noch einer registerrechtlichen Prüfung.[205]

71

e) Firma der Zweigniederlassung. Da die Firma eines Unternehmens grundsätzlich auf der Grundlage des Personal- oder Gesellschaftsstatuts geprüft wird (Rn 22 f), hat das Registergericht zunächst die Zulässigkeit der Firma am **Maßstab des ausländischen Rechts** zu untersuchen.[206] Von einer vertieften Prüfung darf das Gericht hier allerdings absehen, wenn die Firma durch die am ausländischen Satzungssitz zuständige Stelle in das dort geführte staatliche Handelsregister eingetragen wurde.[207] Für die im Inland tätige **Zweigniederlassung** gelten aufgrund einer internationalprivatrechtlich zulässigen Sonderanknüpfung darüber hinaus weitgehend auch die Regeln des deutschen Firmenrechts, namentlich das Irreführungsverbot nach § 18 Abs. 2 sowie das Gebot der Firmenunterscheidbarkeit nach § 30 Abs. 1 und 3 (Rn 23). Die Einhaltung dieser Grundsätze hat das Gericht ebenfalls zu überprüfen.[208] Zum Inhalt der Prüfung vgl. Rn 22 ff.

72

7. Eintragung und Bekanntmachung. Nach dem in § 13d Abs. 3 niedergelegten Grundsatz ist für Eintragung und Bekanntmachung der Zweigniederlassung das für inländische Hauptniederlassungen geltende Recht maßgeblich. Die Eintragung hat nach § 13d Abs. 1 bei dem Gericht zu erfolgen, in dessen Bezirk die Zweigniederlassung besteht und hat – unabhängig von der Rechtsform des Unternehmensträgers – nur deklaratorische Wirkung (s. Rn 19, § 13 Rn 55). Nach § 13d Abs. 2, 1. Hs. ist der **Ort der Zweigniederlassung** einzutragen und nach den Änderungen im Zuge des MoMiG (Rn 6) überdies auch noch die **inländische Geschäftsanschrift**. Auf diesem Wege soll eine Zustellungserleichterung zugunsten der Gläubiger geschaffen werden, um die leidigen Probleme

73

---

[202] GK-HGB/*Achilles* Rn 13; *Krafka/Willer* Rn 326.
[203] OLG Oldenburg NJW 1990, 1422.
[204] So zutr. GK-HGB/*Achilles* Rn 13; ausführlich zu dieser Vermutung *Werner* Der Nachweis des Verwaltungssitzes ausländischer juristischer Personen, 1997, S. 77 ff.
[205] So auch GK-HGB/*Achilles* Rn 14.
[206] MünchKommBGB/*Kindler* IntGesR Rn 225; MünchKommHGB/*Krafka* Rn 17; *Spahlinger/Wegen* Rn 555; *Bokelmann* DB 1990, 1021 (1022); *ders.* ZGR 1994, 325 (329 f); *Ebert/Levedag* GmbHR 2003, 1337 (1338).
[207] MünchKommHGB/*Krafka* Rn 17; *Klose-Mokroß* DStR 2005, 971 (973).
[208] MünchKommHGB/*Krafka* Rn 18; ebenso – auf abweichender kollisionsrechtlicher Grundlage (Rn 22) – MünchKommBGB/*Kindler* IntGesR Rn 226.

im Zusammenhang mit einer Auslandszustellung zu vermeiden (vgl. § 13 Rn 62 ff).[209] Daneben muss gem. § 13d Abs. 2, 2. Hs. auch ein etwaiger Firmenzusatz der Zweigniederlassung eingetragen werden. **Besondere gesetzliche Vertreter**, wie etwa der Geschäftsleiter nach § 53 Abs. 2 Nr. 1 KWG oder Hauptbevollmächtigte nach § 106 VAG, sind nach § 43 Nr. 4 S. 3 HRV ebenfalls einzutragen, und zwar in Abteilung B, Spalte 4b. Der Inhalt der solchermaßen umrissenen Eintragung wird sodann nach Maßgabe des § 10 bekannt gemacht.

8. Kosten

74 a) **Gerichtskosten.** Bei der Eintragung der inländischen Zweigniederlassung eines Unternehmens mit Sitz im Ausland bleibt der Umstand, dass es sich um eine Zweigniederlassung handelt, **kostenrechtlich unberücksichtigt** (Vorbemerkung 1 Abs. 1 S. 1 und Vorbemerkung 2 Abs. 1 des Gebührenverzeichnisses zur HRegGebV); die allgemein für inländische Unternehmen geltenden Vorschriften sind anzuwenden (s. § 12 Rn 78 f). Die Forderung nach einem **Kostenvorschuss** stellt keine Beschränkung der europäischen Niederlassungsfreiheit dar, solange seine Höhe nur den zu erwartenden Verwaltungskosten entspricht.[210]

75 b) **Notarkosten.** Auch für den zur Berechnung der Notarkosten erforderlichen Geschäftswert von Zweigniederlassungen eines Unternehmens mit Sitz im Ausland können **die für Hauptniederlassungen inländischer Gesellschaften geltenden Grundsätze** (vgl. § 12 Rn 80) herangezogen werden. Dies wurde vereinzelt kritisiert,[211] ist aber durch das Inkrafttreten des MoMiG (vgl. Rn 6) unbedenklich geworden, da der Gesetzgeber nunmehr in § 41a Abs. 1 Nr. 1 KostO einen **Mindestgeschäftswert** in Höhe von € 25.000 eingeführt hat.[212] Die zutreffende Kritik, in deren Folge erwogen wurde, § 41a Abs. 5 KostO auch für die Zweigniederlassung einer ausländischen Gesellschaft anzuwenden, gründete auf der von § 41a Abs. 1 Nr. 1 KostO vorgegebenen Identität von einzutragendem Stammkapital und Geschäftswert.[213] Danach war z.B. der Geschäftswert einer typischen Limited lediglich mit einem britischen Pfund anzusetzen, was gem. § 33 KostO zu einer kaum kostendeckenden Mindestgebühr von € 10 führte. Zudem erschien die Diskrepanz zur Gebühr bei der Anmeldung einer Zweigniederlassung eines Unternehmens mit Sitz im Inland, deren Berechnung gemäß § 41a Abs. 5 S. 3 KostO jedenfalls auf Grundlage eines Mindestgeschäftswerts von € 12.500 erfolgte, korrekturbedürftig.

§ 13e
Zweigniederlassungen von Kapitalgesellschaften mit Sitz im Ausland

(1) Für Zweigniederlassungen von Aktiengesellschaften und Gesellschaften mit beschränkter Haftung mit Sitz im Ausland gelten ergänzend zu § 13d die folgenden Vorschriften.

---

[209] RegE MoMiG, BT-Drucks. 16/6140, S. 35 f, 49; *Seibert* ZIP 2006, 1157 (1165).
[210] EuGH v. 1.6.2006, Rs. C-453/04, Slg. I-4929 Rn 38, 40; vgl. auch die Anm. von *J. Schmidt* NZG 2006, 899 ff.
[211] *Mödl* RNotZ 2008, 1 (17) mwN.
[212] Dies war aber auch vor der Einführung des Mindestgeschäftswerts die überwiegende Auffassung, vgl. Fleischhauer/Preuß/*Solveen* Kap. O Rn 30 mwN.
[213] Vgl. *Mödl* RNotZ 2008, 1 (17).

(2) ¹Die Errichtung einer Zweigniederlassung einer Aktiengesellschaft ist durch den Vorstand, die Errichtung einer Zweigniederlassung einer Gesellschaft mit beschränkter Haftung ist durch die Geschäftsführer zur Eintragung in das Handelsregister anzumelden. ²Bei der Anmeldung ist das Bestehen der Gesellschaft als solcher nachzuweisen. ³Die Anmeldung hat auch eine inländische Geschäftsanschrift und den Gegenstand der Zweigniederlassung zu enthalten. ⁴Daneben kann eine Person, die für Willenserklärungen und Zustellungen an die Gesellschaft empfangsberechtigt ist, mit einer inländischen Anschrift zur Eintragung in das Handelsregister angemeldet werden; Dritten gegenüber gilt die Empfangsberechtigung als fortbestehend, bis sie im Handelsregister gelöscht und die Löschung bekannt gemacht worden ist, es sei denn, dass die fehlende Empfangsberechtigung dem Dritten bekannt war. ⁵In der Anmeldung sind ferner anzugeben

1. das Register, bei dem die Gesellschaft geführt wird, und die Nummer des Registereintrags, sofern das Recht des Staates, in dem die Gesellschaft ihren Sitz hat, eine Registereintragung vorsieht;
2. die Rechtsform der Gesellschaft;
3. die Personen, die befugt sind, als ständige Vertreter für die Tätigkeit der Zweigniederlassung die Gesellschaft gerichtlich und außergerichtlich zu vertreten, unter Angabe ihrer Befugnisse;
4. wenn die Gesellschaft nicht dem Recht eines Mitgliedstaates der Europäischen Union oder eines anderen Vertragsstaates des Abkommens über den Europäischen Wirtschaftsraum unterliegt, das Recht des Staates, dem die Gesellschaft unterliegt.

(3) ¹Die in Absatz 2 Satz 5 Nr. 3 genannten Personen haben jede Änderung dieser Personen oder der Vertretungsbefugnis einer dieser Personen zur Eintragung in das Handelsregister anzumelden. ²Für die gesetzlichen Vertreter der Gesellschaften gelten in Bezug auf die Zweigniederlassung § 76 Abs. 3 Satz 2 und 3 des Aktiengesetzes sowie § 6 Abs. 2 Satz 2 und 3 des Gesetzes betreffend die Gesellschaften mit beschränkter Haftung entsprechend.

(3a) ¹An die in Absatz 2 Satz 5 Nr. 3 genannten Personen als Vertreter der Gesellschaft können unter der im Handelsregister eingetragenen inländischen Geschäftsanschrift der Zweigniederlassung Willenserklärungen abgegeben und Schriftstücke zugestellt werden. ²Unabhängig hiervon können die Abgabe und die Zustellung auch unter der eingetragenen Anschrift der empfangsberechtigten Person nach Absatz 2 Satz 4 erfolgen.

(4) Die in Absatz 2 Satz 5 Nr. 3 genannten Personen oder, wenn solche nicht angemeldet sind, die gesetzlichen Vertreter der Gesellschaft haben die Eröffnung oder die Ablehnung der Eröffnung eines Insolvenzverfahrens oder ähnlichen Verfahrens über das Vermögen der Gesellschaft zur Eintragung in das Handelsregister anzumelden.

(5) ¹Errichtet eine Gesellschaft mehrere Zweigniederlassungen im Inland, so brauchen die Satzung oder der Gesellschaftsvertrag sowie deren Änderungen nach Wahl der Gesellschaft nur zum Handelsregister einer dieser Zweigniederlassungen eingereicht zu werden. ²In diesem Fall haben die nach Absatz 2 Satz 1 Anmeldepflichtigen zur Eintragung in den Handelsregistern der übrigen Zweigniederlassungen anzumelden, welches Register die Gesellschaft gewählt hat und unter welcher Nummer die Zweigniederlassung eingetragen ist.

Schrifttum: vgl. die Nachweise zu § 13d.

Übersicht

	Rn		Rn
I. Allgemeines	1–3	e) Empfangsberechtigter (§ 13e Abs. 2 S. 4)	26–28
1. Normzweck und Regelungsgehalt	1–2	f) Register und Rechtsform (§ 13e Abs. 2 S. 5 Nr. 1 und 2)	29
2. Normentwicklung und europäische Prägung	3	g) Ständiger Vertreter (§ 13e Abs. 2 S. 5 Nr. 3)	30–34
II. Anmeldepflicht (§ 13e Abs. 2)	4–35	h) Heimatrecht (§ 13e Abs. 2 S. 5 Nr. 4)	35
1. Zweigniederlassung und Sitz	4–5	III. Änderungen (§ 13e Abs. 3 S. 1)	36–37
2. Ausländische Aktiengesellschaft/GmbH	6–14	IV. Bestellhindernisse (§ 13e Abs. 3 S. 2)	38–40
a) Kapitalgesellschaften aus EU-Mitgliedstaaten	6	V. Zugang und Zustellung (§ 13e Abs. 3a)	41–42
b) Kapitalgesellschaften aus Drittstaaten	7–14	VI. Anmeldung eines Insolvenzverfahrens (§ 13e Abs. 4)	43–44
3. Anmeldepflichtige Personen	15–17	VII. Mehrere Zweigniederlassungen (§ 13e Abs. 5)	45–46
4. Nachweise und Angaben	18–35	VIII. Erzwingung der Anmeldungen	47
a) Errichtung und Bestehen der Gesellschaft (§ 13e Abs. 2 S. 2)	18		
b) Kein Genehmigungsnachweis	19		
c) Angabe einer inländischen Geschäftsanschrift	20–21		
d) Gegenstand der Zweigniederlassung und des Unternehmens (§ 13e Abs. 2 S. 3)	22–25		

I. Allgemeines

1 1. **Normzweck und Regelungsgehalt.** Dem **Grundsatz fortschreitender Spezialität** folgend baut § 13e auf dem für sämtliche ausländischen Unternehmen geltenden § 13d auf (vgl. § 13e Abs. 1) und ergänzt die Vorschrift für die Aktiengesellschaft und GmbH, für die sodann in § 13f und § 13g jeweils noch einmal gesonderte Vorgaben enthalten sind (zur Kritik an dieser aufwändigen Regelungssystematik vgl. § 13d Rn 3). Die dritte Form der Kapitalgesellschaft, die **KGaA**, wird hier nicht ausdrücklich genannt, doch ergibt sich aus § 13f Abs. 7 sowie aus der Übergangsvorschrift des Art. 34 Abs. 1 und 2 EGHGB, dass auch sie erfasst sein soll.[1] § 13a Abs. 4 a.F., der diese Gleichstellung noch ausdrücklich anordnete, ist im Zuge des EHUG vom 10.11.2006[2] (zu Unrecht) aufgehoben worden.[3] Eine Ergänzung zu § 13e enthält § 325a, der für den Bereich der Rechnungslegung auch eine Offenlegungspflicht bei der inländischen Zweigniederlassung vorsieht.

2 Der Regelungszweck des § 13e liegt darin, **erhöhte Registertransparenz** für inländische Zweigniederlassungen ausländischer Kapitalgesellschaften herzustellen.[4] § 13e Abs. 1 stellt zu diesem Zweck zunächst die ergänzende Geltung neben § 13d klar. § 13e Abs. 2 normiert sodann die Anmeldepflicht, bestimmt die Anmeldepflichtigen und den näheren Inhalt der Anmeldung. Dabei wird die Möglichkeit eröffnet, einen ständigen Vertreter anzumelden (§ 13e Abs. 2 S. 5 Nr. 3). Treten in seiner Person Änderungen ein, müssen auch diese nach § 13e Abs. 3 S. 1 zum Handelsregister angemeldet werden. Für

---

[1] Baumbach/*Hopt* Rn 1; Ebenroth/Boujong/Joost/Strohn/*Pentz* Rn 1; Heymann/*Sonnenschein/Weitemeyer* Rn 3; Koller/*Roth*/Morck Rn 2; MünchKommHGB/*Krafka* Rn 2; Röhricht/v. Westphalen/*Ammon* Rn 1.

[2] Gesetz über elektronische Handelsregister und Genossenschaftsregister sowie das Unternehmensregister (EHUG) v. 10.11.2006 – BGBl. I, S. 2553.

[3] *Hüffer* Anh. zu § 45 AktG § 13e HGB Rn 1.

[4] *Hüffer* Anh. zu § 45 AktG § 13e HGB Rn 1; MünchKommHGB/*Krafka* Rn 1.

die gesetzlichen Vertreter der ausländischen Gesellschaft wird in § 13e Abs. 3 S. 2 auf die besonderen Bestellhindernisse des Kapitalgesellschaftsrechts verwiesen. § 13e Abs. 4 normiert eine Anmeldepflicht für den Insolvenzfall der Kapitalgesellschaft. § 13e Abs. 5 enthält Erleichterungen für den Fall, dass eine ausländische Kapitalgesellschaft mehrere inländische Zweigniederlassungen unterhält.

2. Normentwicklung und europäische Prägung. Anders als der für sämtliche Unternehmensformen geltende § 13d beruht § 13e unmittelbar auf der nur Kapitalgesellschaften erfassenden **Zweigniederlassungsrichtlinie**.[5] Um die Ausübung der Niederlassungsfreiheit durch Gesellschaften zu erleichtern, statuiert diese Richtlinie für inländische Zweigniederlassungen ausländischer Kapitalgesellschaften bestimmte Offenlegungspflichten. Diese Vorgaben setzte der deutsche Gesetzgeber mit dem Gesetz zur Durchführung der Elften gesellschaftsrechtlichen EG-Richtlinie vom 22.7.1993 durch die Einfügung der §§ 13d ff um (eine Übergangsvorschrift für Gesellschaften, die schon vor dem 1.11.1993 eingetragen waren, enthält Art. 34 EGHGB).[6] Schon vor diesem Zeitpunkt bestand für Aktiengesellschaften die Sonderregelung in § 44 AktG a.F. sowie die für alle ausländischen Unternehmen geltende allgemeine Vorschrift des § 13b,[7] deren Regelungsgehalt z.T. in §§ 13e ff aufgegangen ist. Soweit die europäischen Vorgaben reichen, besteht eine Pflicht zur richtlinienkonformen Auslegung.[8] Eine umfassendere Änderung erfuhr die Regelung durch das MoMiG vom 23.10.2008.[9] Die Änderungen dienen insbesondere dazu, Zustellungserleichterungen zugunsten der Gläubiger zu schaffen (s. Rn 20 f, 26 ff, 41 f). Im Übrigen soll einer in der jüngeren Vergangenheit verbreiteten Praxis begegnet werden, über das Instrument einer Auslandsgesellschaft inländische Bestellungshindernisse zu umgehen (s. dazu Rn 38 ff).

3

II. Anmeldepflicht (§ 13e Abs. 2)

1. Zweigniederlassung und Sitz. Gegenstand der in § 13e Abs. 2 statuierten Anmeldepflicht ist die Errichtung einer Zweigniederlassung. Der Begriff der Zweigniederlassung ist in § 13e nicht mehr allein auf der Grundlage des traditionellen deutschen Zweigniederlassungsbegriffs (§ 13 Rn 19 ff), sondern nach dem europäischen Zweigniederlassungsverständnis zu interpretieren, das sich mit der Neufassung der §§ 5 AktG, 4a GmbHG auch der deutsche Gesetzgeber nunmehr ausdrücklich zu Eigen gemacht hat (vgl. § 13 Rn 32 ff). Danach steht der Zweigniederlassung im Bereich des Kapitalgesellschaftsrechts **allein der Sitz als spiegelbildliches Gegenstück** gegenüber; das sprachlich naheliegende Pendant einer Hauptniederlassung kann nicht mehr gefordert werden. Die inländische Niederlassung einer Auslandsgesellschaft ist also auch dann als Zweigniederlassung zu behandeln, wenn dort 100 % ihrer geschäftlichen Aktivitäten entfaltet wer-

4

---

[5] Elfte Richtlinie des Rates der Europäischen Gemeinschaften auf dem Gebiet des Gesellschaftsrechts v. 21.12.1989 über die Offenlegung von Zweigniederlassungen, die in einem Mitgliedstaat von Gesellschaften bestimmter Rechtsformen errichtet wurden, die dem Recht eines anderen Staats unterliegen (89/666/EWG), ABl. EG Nr. L 395/36 v. 30.12.1989.

[6] BGBl. I, S. 1282.
[7] Vgl. dazu noch die Erläuterungen zu dieser Vorschrift in Voraufl. (*Hüffer*).
[8] Vgl. dazu statt vieler *Canaris* in: FS Bydlinski, 2002, S. 47 ff; *Everling* ZGR 1992, 376 ff; *Lutter* JZ 1992, 593 ff.
[9] Gesetz zur Modernisierung des GmbH-Rechts und zur Bekämpfung von Missbräuchen; BGBl. I, S. 2026.

den.[10] Voraussetzung ist allerdings, dass die Gesellschaft nach der **vorgeschalteten kollisionsrechtlichen Wertung** überhaupt in Deutschland anzuerkennen ist, was nach dem derzeitigen Stand allein bei Gesellschaften aus dem EU-Ausland oder auf der Grundlage eines entsprechenden Staatsvertrages bejaht werden kann (s. § 13 Rn 32 ff).

5 Für Kapitalgesellschaften aus **Drittstaaten** beansprucht hingegen nach hM die traditionelle Sitztheorie weiterhin Gültigkeit. Verfügt eine solche Gesellschaft nicht über einen effektiven Verwaltungssitz im Ausland, sondern ist sie dort nur gegründet oder registriert und übt ihre Geschäftstätigkeit tatsächlich im Inland aus, so gilt dieser inländische Verwaltungssitz nicht als Zweig-, sondern als inländische Hauptniederlassung (s. § 13 Rn 41 f. mwN). Im Übrigen kann auf die zum deutschen Recht entwickelten Grundsätze auch weiterhin dann zurückgegriffen werden, soweit es um die **Abgrenzung gegenüber einer bloßen Betriebsabteilung** geht, da das europäische Recht insofern übereinstimmende Maßgaben enthält (s. § 13 Rn 19, 22).

2. Ausländische Aktiengesellschaft/GmbH

6 a) **Kapitalgesellschaften aus EU-Mitgliedstaaten.** § 13e erfasst seinem Wortlaut nach nur die Zweigniederlassungen ausländischer Aktiengesellschaften oder Gesellschaften mbH; über seinen Wortlaut hinaus gelten die hier enthaltenen Vorgaben aber auch für die KGaA (s. Rn 1). Ob das ausländische Gebilde den deutschen Kapitalgesellschaftsformen vergleichbar ist, wird grundsätzlich im Wege der sog. **Substitution** festgestellt (vgl. § 13d Rn 10 ff), wobei als Vergleichsmaßstab nicht nur die deutsche AG und GmbH dienen, sondern auch die ihnen in der Publizitätsrichtlinie als vergleichbar beschriebenen europäischen Gesellschaftsformen.[11] Soweit es sich um **Gesellschaften aus EU-Mitgliedstaaten** handelt, bedarf es einer inhaltlichen Substitutionsprüfung nicht, da der Kreis der nach §§ 13d ff gleichzustellenden Gesellschaften aufgrund der europarechtlichen Prägung der Vorschrift bereits durch europarechtliche Bestimmungen abgesteckt ist. Art. 1 der Zweigniederlassungsrichtlinie enthält zwar keine eigenständige Aufzählung der erfassten Gesellschaften, verweist aber auf Art. 1 der Publizitätsrichtlinie.[12] Der dort enthaltene **Gesellschaftskatalog** ist in den Jahren 2003 und 2006 aktualisiert worden (s. § 13d Rn 14), so dass die in den verschiedenen Mitgliedstaaten anzutreffenden Gesellschaftsformen weitgehend zuverlässig erfasst sind (s. die Aufzählung in Rn 10 ff).[13] Zur Feststellung des Sitzes im Ausland s. § 13d Rn 9.

7 b) **Kapitalgesellschaften aus Drittstaaten.** Der Substitutionsprüfung bedarf es danach vornehmlich bei Kapitalgesellschaften aus Drittstaaten (vgl. auch Art. 7 Abs. 1 Zweigniederlassungsrichtlinie [Rn 3]: „vergleichbar"). Dabei gelten für sämtliche Kapitalgesellschaften als zentrale Merkmale die **körperschaftliche Organisationsverfassung**, die eigen-

---

[10] RegE MoMiG, BT-Drucks. 16/6140, S. 49.
[11] Koller/*Roth*/Morck Rn 2.
[12] Erste Richtlinie 68/151/EWG des Rates v. 9.3.1968 zur Koordinierung der Schutzbestimmungen, die in den Mitgliedstaaten den Gesellschaften im Sinne des Artikels 58 Absatz 2 des Vertrages im Interesse der Gesellschafter sowie Dritter vorgeschrieben sind, um diese Bestimmungen gleichwertig zu gestalten, ABl. EG Nr. L 065 v. 14.3.1968.

[13] Aufgrund dieser Aktualisierung bedarf es nicht mehr des ergänzenden Rückgriffs auf die Einpersonen-Gesellschaft-Richtlinie (Richtlinie 89/667/EWG v. 21.12.1989 – ABl. EG Nr. L 395, S. 40); so noch Ebenroth/Boujong/Joost/Strohn/*Pentz* Rn 8; MünchKommBGB/*Kindler* IntGesR Rn 905 f; MünchKommHGB/*Krafka* § 13d Rn 9a; wie hier *Habersack* Europäisches Gesellschaftsrecht, § 5 Rn 48. Synoptische Übersicht bei *Mellert* BB 2006, 8 ff.

ständige Rechtspersönlichkeit sowie das generelle Erfordernis eines Mindestkapitals;[14] auf die Höhe des Mindestkapitals oder der Mindesteinlagen kommt es nach allgemeiner Auffassung nicht an.[15] Lässt sich auf der Grundlage dieser Vorgaben der Charakter als Kapitalgesellschaft bejahen, bedarf es der weiteren Zuordnung zu den konkreten Gesellschaftsformen. Diese Zuordnung kann nicht offengelassen werden, da § 13f und § 13g für die einzelnen Gesellschaftsformen unterschiedliche verfahrensrechtliche Vorgaben vorsehen.[16]

Entscheidend für die **Abgrenzung zwischen AG und GmbH** sind namentlich die engere **8** Verbundenheit der GmbH-Gesellschafter untereinander, die in einer Erschwerung der Übertragung der Geschäftsanteile durch strenge Formvorschriften zum Ausdruck kommt. Daneben spricht auch die rechtliche Ausgestaltung der Gesellschaft durch engmaschige Kontrollvorschriften bei der Gründung und schärfere Überwachungserfordernisse während des Bestehens der Gesellschaft für das Vorliegen einer Aktiengesellschaft.[17] Auch ein weiter Gesellschafterkreis deutet eher auf eine Aktiengesellschaft hin.[18] Sollte am Maßstab dieser Kriterien eine Vergleichbarkeit mit der **Aktiengesellschaft** anzunehmen sein, so steht es dieser Einordnung nicht entgegen, wenn die Gesellschaft abweichend vom deutschen Recht dem angelsächsischen Modell des board-Systems folgt, also eine einheitliche Unternehmensführung aufweist, die nicht in Geschäftsleitungs- und Kontrollorgan aufgespalten ist.[19]

Nach hM soll in Zweifelsfällen eine **Regelvermutung** bestehen, dass die ausländische **9** Kapitalgesellschaft nicht als GmbH, sondern als AG einzuordnen ist.[20] Diese Vermutung kann sich in der Tat auf die Überlegung stützen, dass nur die AG das Produkt einer jahrhundertelangen internationalen Rechtsentwicklung ist, während die GmbH vom deutschen Gesetzgeber als eine völlig neue Organisationsform geschaffen wurde.[21] Infolgedessen ist die AG in ausländischen Rechtsordnungen stärker verbreitet als die teilweise unbekannte GmbH.[22] Angesichts der raschen internationalen Ausbreitung, die auch der „Exportschlager" GmbH erfahren hat,[23] sollte man von dieser Vermutung allerdings **nur behutsam Gebrauch** machen.[24]

Der **Aktiengesellschaft** werden schon aufgrund der Gleichstellung in Art. 1 der **Publi- 10 zitätsrichtlinie** (s. Rn 6) die folgenden europäischen Gesellschaftstypen gleichgestellt:
– Belgien: de naamloze vennootschap/la société anonyme
– Bulgarien: Акционерно дружество (akzionerno družestvo)
– Dänemark: aktieselskab
– Estland: aktsiaselts
– Finnland: julkinen osakeyhtiö/bublikt aktiebolag
– Frankreich: société anonyme

---

[14] Ebenroth/Boujong/Joost/Strohn/*Pentz* Rn 9.
[15] Ebenroth/Boujong/Joost/Strohn/*Pentz* Rn 9; GK-HGB/*Achilles* § 13d Rn 8.
[16] *Hüffer* Anh. zu § 45 AktG § 13e HGB Rn 2; MünchKommHGB/*Krafka* § 13d Rn 9.
[17] Ebenroth/Boujong/Joost/Strohn/*Pentz* Rn 10; *Balser/Pichura* S. 22.
[18] Ebenroth/Boujong/Joost/Strohn/*Pentz* Rn 10; GK-HGB/*Achilles* § 13d Rn 8; *Balser/Pichura* S. 22.
[19] Ebenroth/Boujong/Joost/Strohn/*Pentz* Rn 9.
[20] GK-HGB/*Achilles* § 13d Rn 8; *Hüffer* Anh. zu § 45 AktG § 13e HGB Rn 2; Röhricht/v. Westphalen/*Ammon* Rn 3; Rowedder/Schmidt-Leithoff § 12 Rn 54; Voraufl. § 13b Rn 6 (*Hüffer*).
[21] Rowedder/*Schmidt-Leithoff* § 12 Rn 54; zur Entstehungsgeschichte der GmbH vgl. Ulmer/Habersack/Winter Einl. A Rn 1 ff.
[22] Ebenroth/Boujong/Joost/Strohn/*Pentz* Rn 11.
[23] Vgl. dazu Ulmer/Habersack/Winter Einl. A Rn 7 mwN.
[24] Skeptisch auch Ebenroth/Boujong/Joost/Strohn/*Pentz* Rn 11.

§ 13e   1. Buch. Handelsstand

- Griechenland: ανώνυμη εταιρεία
- Irland: public company limited by shares, public company limited by guarantee and having a share capital
- Italien: società per azioni
- Lettland: akciju sabiedrība
- Litauen: akcinė bendrovė
- Luxemburg: société anonyme
- Malta: kumpanija pubblika
- Niederlande: de naamloze vennootschap
- Österreich: Aktiengesellschaft
- Polen: spółka akcyjna
- Portugal: sociedade anónima de responsabilidade limitada
- Rumänien: societate pe acțiuni
- Schweden: aktiebolag
- Slowakei: akciová spoločnosť'
- Slowenien: delniška družba
- Spanien: sociedad anónima
- Tschechische Republik: akciová společnost
- Ungarn: részvénytársaság
- Vereinigtes Königreich: public company limited by shares, public company limited by guarantee and having a share capital
- Zypern: Δημόσιες εταιρείες περιορισμένης ευθύνης με μετοχές ή με εγγύηση

11   Nicht von der Publizitätsrichtlinie erfasst, aber der deutschen **Aktiengesellschaft** dennoch anerkanntermaßen vergleichbar sind die folgenden Gesellschaftsformen:
- Brasilien: sociedade anônima
- Japan: kabushiki kaisha
- Kroatien: dioničko društvo
- Liechtenstein: Aktiengesellschaft
- Malaysia: Berhad
- Mexiko: sociedad anónima, sociedad anónima de capital variable
- Norwegen: aksjeselskap
- Paraguay: sociedad anonima
- Russland: Открытое Акционерное Общество (ОАО, Offene Aktiengesellschaft), Закрытое Акционерное Общество (ЗАО, Geschlossene Aktiengesellschaft), Российское акционерное общество (РАО, Russische Aktiengesellschaft)
- Schweiz: Aktiengesellschaft
- Türkei: Anonim Şirket
- Ukraine: Акціонерне товариство
- USA: public corporation
- Venezuela: compañía anónima

12   Der **GmbH** werden schon aufgrund der Gleichstellung in Art. 1 der **Publizitätsrichtlinie** (s. Rn 6) die folgenden europäischen Gesellschaftstypen gleichgestellt:
- Belgien: de besloten vennootschap met beperkte aansprakelijkheid/la société à responsabilité limitée
- Bulgarien: Дружество с ограничена отговорност (druzhestvo s ogranichena otgovornost)
- Dänemark: anpartsselskab

- Estland: osaühing
- Finnland: yksityinen osakeyhtiö/privat aktiebolag
- Frankreich: société à responsabilité limitée
- Griechenland: εταιρία περιωρισμένης ευθύνης
- Irland: private company limited by shares or by guarantee
- Italien: società a responsabilità limitata
- Lettland: sabiedrība ar ierobežotu atbildību
- Litauen: uždaroji akcinė bendrovė
- Luxemburg: société à responsabilité limitée
- Malta: kumpanija privata
- Niederlande: de besloten vennootschap met beperkte aansprakelijkheid
- Österreich: Gesellschaft mit beschränkter Haftung
- Polen: spółka z ograniczoną odpowiedzialnością
- Portugal: sociedade por quotas de responsabilidade limitada
- Rumänien: societate cu răspundere limitată
- Slowakei: spoločnosť s ručením obmedzeným
- Slowenien: družba z omejeno odgovornostjo
- Spanien: sociedad de responsabilidad limitada
- Tschechische Republik: společnost s ručením omezeným
- Ungarn: korlátolt felelősségű társaság
- Vereinigtes Königreich: private company limited by shares or by guarantee
- Zypern: ιδιωτικές εταιρείες περιορισμένης ευθύνης με μετοχές ή με εγγύηση

Nicht von der Publizitätsrichtlinie erfasst, aber der deutschen **GmbH** dennoch anerkanntermaßen vergleichbar sind die folgenden Gesellschaftsformen: **13**
- Argentinien: sociedad de responsabilidad limitada
- Bosnien Herzegovina: društvo s ograničenom odgovornošću
- Brasilien: sociedade limitada
- Island: einkahlutafélag
- Japan: yūgen kaisha
- Kroatien: društvo s ograničenom odgovornošću
- Liechtenstein: Gesellschaft mit beschränkter Haftung
- Malaysia: Sendirian Berhad
- Mexiko: sociedad de responsabilidad limitada
- Paraguay: sociedad con responsabilidades limitadas
- Russland: общество с ограниченной ответственностью
- Schweiz: Gesellschaft mit beschränkter Haftung
- Serbien: društvo s ograničenom odgovornošću
- Türkei: Limited Şirket
- Ukraine: тобарисво з обмеженою відповідальністю
- USA: limited liability company

Der **KGaA** werden schon aufgrund der Gleichstellung in Art. 1 der **Publizitätsricht- 14 linie** (s. Rn 6) die folgenden europäischen Gesellschaftstypen gleichgestellt:
- Belgien: de commanditaire vennootschap op aandelen/la société en commandite par actions
- Bulgarien: командитно дружество с акции (komanditno družestvo s akzii)
- Dänemark: kommanditaktieselskab
- Frankreich: société en commandite par actions

- Griechenland: ετερόρρυθμη κατά μετοχές εταιρία
- Italien: società in accomandita per azioni
- Lettland: komanditsabiedrība
- Luxemburg: la société en commandite par actions
- Polen: spółka komandytowoakcyjna
- Portugal: sociedade em comandita por acções
- Rumänien: societate în comandită pe acţiuni
- Slowenien: komaditna delniška družba
- Spanien: sociedad commanditaria por acciones

15 3. **Anmeldepflichtige Personen.** Die schon aus § 13d folgende Anmeldepflicht wird in § 13e Abs. 2 zunächst hinsichtlich der anmeldepflichtigen Personen konkretisiert. Die Anmeldepflicht trifft bei einer ausländischen Aktiengesellschaft den Vorstand, bei einer ausländischen GmbH die Geschäftsführer. Wem diese Geschäftsleitungsfunktionen zufallen, ist nach den **Grundsätzen der fremden Rechtsordnung** zu bestimmen; eine anderweitige Festlegung würde in die Organisationsstruktur des fremden Unternehmens eingreifen und kann deshalb durch das deutsche Recht nicht getroffen werden (s. § 13d Rn 51).[25]

16 Nach § 44 Abs. 1 S. 1 AktG a.F. musste die Zweigniederlassung einer ausländischen AG durch **sämtliche Vorstandsmitglieder** angemeldet werden. Im Zuge der Umsetzung der Zweigniederlassungsrichtlinie wurde diese Vorgabe bewusst aufgegeben,[26] so dass nach einhelliger Auffassung für AG und GmbH gleichermaßen ein Handeln des Geschäftsleitungsorgans in vertretungsberechtigter Zahl genügte.[27] Durch das **MoMiG** (Rn 3) hat sich die Rechtslage neuerlich verschoben. Sowohl für die AG als auch für die GmbH wurden die Anmeldepflichten um die Verpflichtung ergänzt, eine **Versicherung** abzugeben, dass der Bestellung keine Hindernisse entgegenstehen (§ 13f Abs. 2 S. 2 i.V.m. § 37 Abs. 2 AktG; § 13g Abs. 2 S. 2 i.V.m. § 8 Abs. 3 GmbHG). Da es nicht sinnvoll wäre, diese Versicherung nur auf die anmeldenden Mitglieder zu beschränken, müssen nach der neuen Rechtslage doch wieder sämtliche Mitglieder des Geschäftsleitungsorgans am Anmeldungsvorgang beteiligt sein.[28]

17 Mit der geschilderten Neuregelung (Rn 16) scheidet auch eine – von der hM bislang zugelassene – Anmeldung durch **Prokuristen** oder **sonstige Bevollmächtigte** künftig aus.[29] Die fehlende Berechtigung eines ständigen Vertreters i.S.d. § 13e Abs. 2 S. 5 Nr. 3 war schon vor dem Inkrafttreten des MoMiG anerkannt, weil sich seine Vertretungsmacht auf die Zweigniederlassung beschränkt.[30] Nicht erforderlich ist die Beteiligung des Aufsichtsrats, da dessen Existenz bei einer ausländischen Kapitalgesellschaft nicht vorausgesetzt werden kann.

---

[25] So im Ergebnis auch BayObLGZ 1985, 272 (277); KG FGPrax 2004, 45 (47); GK-HGB/*Achilles* § 13d Rn 11; Koller/*Roth*/Morck § 13d Rn 6.

[26] BT-Drucks. 12/3908, S. 15.

[27] Baumbach/*Hopt* Rn 2; Ebenroth/Boujong/Joost/Strohn/*Pentz* Rn 18; *Hüffer* Anh. zu § 45 AktG § 13e Rn 3; Koller/*Roth*/Morck Rn 3; Röhricht/v. Westphalen/*Ammon* Rn 4; *Krafka*/Willer Rn 314.

[28] Vgl. dazu *Mödl* RNotZ 2008, 1 (3).

[29] Zur bislang hM vgl. noch Ebenroth/Boujong/Joost/Strohn/*Pentz* Rn 19; *Hüffer* Anh. zu § 45 AktG § 13e Rn 3; Röhricht/v. Westphalen/*Ammon* Rn 5; *Mankowski*/Knöfel in: Hirte/Bücker § 13 Rn 13.

[30] Ebenroth/Boujong/Joost/Strohn/*Pentz* Rn 20; *Hüffer* Anh. zu § 45 AktG § 13e Rn 3; Röhricht/v. Westphalen/*Ammon* Rn 5; *Mankowski*/Knöfel in: Hirte/Bücker § 13 Rn 13.

4. Nachweise und Angaben

a) Errichtung und Bestehen der Gesellschaft (§ 13e Abs. 2 S. 2). Unmittelbarer Gegenstand der Anmeldung ist nach § 13e Abs. 2 S. 1 die **Errichtung** der Zweigniederlassung einer ausländischen Kapitalgesellschaft. Für den Errichtungszeitpunkt gelten die Ausführungen in § 13 Rn 55 entsprechend. Der weitere Inhalt der Anmeldung wird in § 13e Abs. 2 S. 2–5 näher umschrieben. Gem. § 13e Abs. 2 S. 2 erfordert sie zunächst den Nachweis, dass die Gesellschaft „als solche" besteht. Diese Nachweispflicht umfasst nicht nur die **Existenz** der Gesellschaft als solcher, sondern auch ihre **Rechtsform**.[31] Der Anmeldende muss dem Gericht also die nötigen Informationen zukommen lassen, damit die angemeldete Gesellschaft wahlweise der Rechtsform der AG oder der GmbH zugeordnet werden kann (s. Rn 6 ff).[32] Für die Art des Nachweises gelten die in § 13d Rn 65 ff beschriebenen Grundsätze.

18

b) Kein Genehmigungsnachweis. Abweichend von der bisherigen Rechtslage wird nach der Neufassung der Vorschrift im Zuge des MoMiG (Rn 3) nicht mehr verlangt, eine etwa erforderliche staatliche Genehmigung schon bei der Anmeldung nachzuweisen. Ein solcher Nachweis galt bis zum Inkrafttreten des MoMiG nicht nur im Recht der Zweigniederlassungen, sondern generell für die Anmeldung einer Kapitalgesellschaft (vgl. § 37 Abs. 4 Nr. 5 AktG a.F., § 8 Abs. 1 Nr. 6 GmbHG a.F.).[33] Dort wurde er gestrichen, um die **Gesellschaftsgründung zu erleichtern**.[34] Konsequent wurde diese verfahrensrechtliche Erleichterung durch die Neufassung des § 13e Abs. 2 S. 2 auch für die Gründung von Zweigniederlassungen ausländischer Kapitalgesellschaften nachgezeichnet. Gerade hier bot sich die Aufgabe des Genehmigungserfordernisses auch deshalb an, weil seine Vereinbarkeit mit der Zweigniederlassungsrichtlinie zweifelhaft war.[35] Diese Diskussion hat sich mit der Neufassung erledigt.

19

c) Angabe einer inländischen Geschäftsanschrift. Mit der GmbH-Reform (Rn 3) wurde in § 13e Abs. 2 S. 3 die Vorgabe eingefügt, bei der Anmeldung eine inländische Geschäftsanschrift anzugeben. Diese Angabe soll einer **erleichterten Zustellung** dienen. Nach § 13e Abs. 3a können an bestimmte Vertreter der Gesellschaft unter dieser Anschrift Willenserklärungen abgegeben und Schriftstücke zugestellt werden (s. noch die Ausführungen zu Abs. 3a in Rn 41).[36] Zum Inhalt der Angabe und zur Festlegung der inländischen Geschäftsanschrift s. § 13 Rn 62 ff; zu Übergangsvorschriften vgl. § 13 Rn 64. Anders als nach der bisherigen Rechtslage wird die Geschäftsanschrift nicht nur zu den Registerakten genommen, sondern zur Schaffung größerer Transparenz auch **in das Handelsregister eingetragen**.

20

Über § 13d Abs. 3 muss auch die **Änderung** der inländischen Geschäftsanschrift zur Eintragung in das Handelsregister angemeldet werden. Beachten die Geschäftsleiter der

21

---

[31] Ebenroth/Boujong/Joost/Strohn/*Pentz* Rn 23; Heymann/*Sonnenschein*/*Weitemeyer* Rn 12; *Hüffer* Anh. zu § 45 AktG § 13e Rn 4.
[32] Ebenroth/Boujong/Joost/Strohn/*Pentz* Rn 23; *Hüffer* Anh. zu § 45 AktG § 13e Rn 4.
[33] Vgl. dazu noch Ebenroth/Boujong/Joost/Strohn/*Pentz* Rn 24; *Hüffer* Anh. zu § 45 AktG § 13e Rn 24.
[34] RegE MoMiG, BT-Drucks. 16/6140, S. 34.
[35] Zweifel bei GK-HGB/*Achilles* Rn 6; *Rehberg* in: Eidenmüller § 7 Rn 47 ff; *Wachter* MDR 2004, 611 (616); dems. GmbHR 2005, 100 (102); dems. ZNotP 2005, 122 (139 f); dems. GmbHR 2007, 205; *Werner* GmbHR 2005, 288 (291); für unbedenklich wurde die Regelung gehalten von OLG Celle GmbHR 2007, 203 (204); *Kallmeyer* DB 2004, 636 (637).
[36] Vgl. dazu RegE MoMiG, BT-Drucks. 16/6140, S. 35 f, 49.

§ 13e 1. Buch. Handelsstand

Kapitalgesellschaft diese Aktualisierungspflicht nicht und scheitert die Zustellung deshalb, besteht die Möglichkeit einer erleichterten öffentlichen Zustellung nach §§ 15a HGB, 185 ZPO (s. noch die Ausführungen zu § 15a). Um den daraus resultierenden Gefahren zu entgehen, wird den Gesellschaften in § 13e Abs. 2 S. 4 ergänzend die Option eingeräumt, einen zusätzlichen Empfangsberechtigten zu bestellen (s. Rn 26 ff).

22   d) **Gegenstand der Zweigniederlassung und des Unternehmens (§ 13e Abs. 2 S. 3).** Weiter ist nach § 13e Abs. 2 S. 3 der Gegenstand der Zweigniederlassung in der Anmeldung anzugeben. Umstritten ist, ob sich die Angabe des Unternehmensgegenstandes darin erschöpft oder ob darüber hinaus auch der **Unternehmensgegenstand der Gesellschaft** selbst zur Eintragung anzumelden ist. Dafür spricht, dass nach § 13f Abs. 2 S. 3 i.V.m. § 23 Abs. 3 Nr. 2 AktG, § 13g Abs. 3 i.V.m. § 10 Abs. 1 S. 1 GmbHG der „Gegenstand des Unternehmens" einzutragen ist und die Eintragung eine vorherige Anmeldung voraussetzt.[37] Dennoch hat die bislang hM eine solche Eintragung abgelehnt, da sie mit den abschließenden **Vorgaben der Zweigniederlassungsrichtlinie** (Art. 2 Abs. 1 lit. b) nicht zu vereinbaren sei, die ausschließlich die Tätigkeit der Zweigniederlassung erfasse.[38]

23   Diesem Argument hat der für die Auslegung des Europarechts ausschließlich zuständige EuGH (Art. 220 EG) in der **Innoventif-Entscheidung** jedoch eine klare Absage erteilt,[39] so dass es für die Beurteilung dieser Rechtsfrage nicht mehr maßgebend sein kann.[40] Orientiert man sich stattdessen an den Vorgaben des deutschen Rechts, so muss auch der Unternehmensgegenstand der Kapitalgesellschaft in der Anmeldung angegeben werden. Das entspricht nicht nur der klar geäußerten Intention des Gesetzgebers,[41] sondern auch der Ausgestaltung der gesetzlichen Regelung. § 13f Abs. 2 S. 3, auf den § 13g Abs. 3 Bezug nimmt, betrifft insgesamt nur Angaben und Nachweise zur Aktiengesellschaft selbst und nicht zu ihrer Zweigniederlassung. In diesem systematischen Kontext wäre es wenig überzeugend, sollte ausschließlich der Verweis auf § 23 Abs. 3 AktG den Unternehmensgegenstand der Zweigniederlassung bezeichnen.[42] Der Streit hat **an praktischer Relevanz verloren**, seitdem der Gesellschaftsvertrag der englischen Limited keine Regelungen zum Unternehmensgegenstand mehr enthalten muss.[43] Auch hinsichtlich der Bekanntmachung, bei der die Angabe des Unternehmensgegenstandes aufgrund der Ufer-

---

[37] Für eine Eintragung daher OLG Jena GmbHR 1999, 822; LG Berlin GmbHR 2005, 686 (688 f) mit zust. Anm. von *Melchior* GmbHR 2005, 689; *J. Schmidt* NZG 2006, 899 ff; *Seibert* GmbHR 1992, 738 (741); *Süß* DNotZ 2005, 180 (182). Zur Lesart des Gesetzgebers vgl. noch Fn 41.

[38] OLG Düsseldorf NZG 2006, 317 (318); OLG Frankfurt aM FGPrax 2006, 126 (127); LG Kassel GmbHR 2005, 1057 (1058); wohl auch OLG Hamm FGPrax 2006, 32 f; aus dem Schrifttum GK-HGB/*Achilles* Rn 12; *Mankowski/Knöfel* in: Hirte/Bücker § 13 Rn 20a f; *Herchen* RIW 2005, 529 (531 f); *Klose-Mokroß* DStR 2005, 971 (974 f); *Kögel* GmbHR 2006, 237 (239); *Mödl* RNotZ 2008, 1 (7); *Wachter* GmbHR 2005, 100 f; ders. ZNotP 2005, 122 (136 f); ders. GmbHR 2007, 203 (205).

[39] EuGH v. 1.6.2006, Rs. C-453/04 (Innoventif), Slg. I-4929, Rn 33 ff mit Anm. von *J. Schmidt* NZG 2006, 899 ff.

[40] Überzeugend *J. Schmidt* NZG 2006, 899 ff.

[41] Nach BT-Drucks. 12/3908, S. 16 soll der Gegenstand der Zweigniederlassung nicht in das Handelsregister eingetragen werden (s. noch Rn 25), so dass sich § 13f Abs. 2 S. 3 und § 13g Abs. 3 nur auf den Gegenstand des Unternehmens selbst beziehen können.

[42] So aber etwa *Mankowski/Knöfel* in: Hirte/Bücker § 13 Rn 20b; *Wachter* ZNotP 2005, 122 (137).

[43] *Mödl* RNotZ 2008, 1 (7); *J. Schmidt* NZG 2006, 899 (901).

losigkeit der im angelsächsischen Rechtskreis verbreiteten „catch all"-Klauseln zu erheblichen Kosten führte,[44] ist das Problem seit der Umstellung auf elektronische Bekanntmachungen erheblich entschärft.[45]

Davon abzugrenzen ist die weitere Frage, welche Vorgaben für die Bezeichnung **24** „Tätigkeit der Zweigniederlassung" in der Anmeldung bestehen. Diese Angabe bezieht sich ausschließlich auf die **konkrete Tätigkeit** der Zweigniederlassung und muss deshalb nicht mit dem Unternehmensgegenstand der ausländischen Kapitalgesellschaft identisch sein.[46] Umstritten ist, ob der Registerrichter nicht zumindest zu prüfen hat, ob die Tätigkeit der Zweigniederlassung vom Unternehmensgegenstand der Kapitalgesellschaft **gedeckt** ist.[47] Richtigerweise ist auch eine solche Pflicht zu verneinen, da die registerrechtliche Prüfung keine Ordnungsfunktion im Hinblick darauf hat, ob eine hier tätige Zweigniederlassung den satzungsrechtlichen Rahmen der ausländischen Kapitalgesellschaft wahrt.[48] Die angegebene Tätigkeitsumschreibung muss den **Schwerpunkt** der in der Zweigniederlassung betriebenen Geschäfte deutlich machen.[49] Die Angaben müssen so konkret sein, dass die interessierten Verkehrskreise erkennen können, in welchem Geschäftszweig und in welcher Branche sich die Zweigniederlassung betätigt.[50] Die pauschale Umschreibung von „Abwicklung von Geschäften als allgemeines kommerzielles Unternehmen" genügt insofern nicht.[51]

Anders als für den Gegenstand des Unternehmens (Rn 22 ff) sieht das Gesetz für den **25** Gegenstand der Zweigniederlassung **keine Eintragung** in das Handelsregister vor. Diese mit Blick auf das Anmeldeerfordernis (Rn 24) zunächst überraschende Anordnung hat der Gesetzgeber bewusst getroffen, obwohl Art. 2 Abs. 1 lit. a und b der Zweigniederlassungsrichtlinie (Rn 3) die Angabe des Gegenstands der Zweigniederlassung ausdrücklich verlangt.[52] Dem lag die Überlegung zugrunde, dass es Art. 3 Abs. 2 der Publizitätsrichtlinie (Rn 6), der hier entsprechend anwendbar ist,[53] für die Offenlegung genügen lässt, wenn die angemeldete Tatsache in die Akte aufgenommen wird. Das wird durch die Erwähnung in der Anmeldung sichergestellt (s. zum Inhalt der Registerakte § 8 Rn 22). Die nach Art. 3 Abs. 4 der Publizitätsrichtlinie ebenfalls erforderliche Bekanntmachung wird durch **§ 34 HRV** gewährleistet, wonach der Gegenstand des Unternehmens in die Bekanntmachung aufzunehmen ist.

---

[44] Vgl. dazu *Mödl* RNotZ 2008, 1 (7) sowie als Anschauungsbeispiel aus der Praxis die Vorlageentscheidung des LG Berlin GmbHR 2005, 686 f, auf die die Innoventif-Entscheidung des EuGH (Rn 23) zurückgeht.

[45] *J. Schmidt* NZG 2006, 899 (901).

[46] LG Bielefeld GmbHR 2005, 98 (99); Ebenroth/Boujong/Joost/Strohn/*Pentz* Rn 26; *Wachter* GmbHR 2005, 100 (101 f).

[47] Dafür LG Bielefeld GmbHR 2005, 98 (99); LG Ravensburg GmbHR 2005, 489 (490); Ebenroth/Boujong/Joost/Strohn/*Pentz* Rn 26; *Klose-Mokroß* DStR 2005, 971 (974); *Wachter* GmbHR 2005, 100 (101 f); *Zöllner* GmbHR 2006, 1 (4).

[48] Zutr. OLG Düsseldorf NZG 2006, 317 (318); OLG Hamm FGPrax 2006, 32 (33); OLG Hamm FGPrax 2006, 276 (277); zust.

GK-HGB/*Achilles* Rn 12; *Krafka*/*Willer* Rn 327; *Mankowski*/*Knöfel* in: Hirte/Bücker § 13 Rn 20a f; *Mödl* RNotZ 2008, 1 (7).

[49] OLG Celle GmbHR 2007, 203 (204); OLG Frankfurt aM FGPrax 2006, 126 (127); Ebenroth/Boujong/Joost/Strohn/*Pentz* Rn 26; *Hüffer* Anh. zu § 45 AktG § 13e HGB Rn 6; *Wachter* GmbHR 2005, 100 (101); *ders.* GmbHR 2007, 205.

[50] So auch OLG Celle GmbHR 2007, 203 (204).

[51] OLG Celle GmbHR 2007, 203 (204).

[52] Vgl. zum Folgenden BT-Drucks. 12/3908, S. 16.

[53] Diese entsprechende Anwendung wird in Art. 1 der Zweigniederlassungsrichtlinie (Rn 3) ausdrücklich angeordnet.

26 e) **Empfangsberechtigter (§ 13e Abs. 2 S. 4).** § 13e Abs. 2 S. 4 wurde im Zuge des MoMiG (Rn 3) neu eingefügt. Er ist im Kontext der §§ 15a HGB, 185 Nr. 2 ZPO zu sehen, die bei Kapitalgesellschaften unter bestimmten Voraussetzungen eine öffentliche Zustellung gestatten. Den daraus erwachsenden Gefahren kann die Gesellschaft dadurch begegnen, dass sie in der Anmeldung eine Person bestimmt, die **für Zustellungen an die Gesellschaft empfangsberechtigt** ist. Es handelt sich nicht um eine Pflichtanmeldung, sondern um eine reine Option, von der die Gesellschaft vernünftigerweise nur dann Gebrauch machen sollte, wenn sie Bedenken hat, ob die eingetragene Geschäftsanschrift tatsächlich ununterbrochen für Zustellungen geeignet sein wird.[54] In dieser Situation erhält die Gesellschaft mit der Anmeldung eines Empfangsberechtigten noch eine **zweite Chance**, um von einem zuzustellenden Schriftstück Kenntnis zu erlangen, bevor der Dritte den Schritt der öffentlichen Bekanntmachung gehen kann (vgl. §§ 15a HGB, 185 Nr. 2 ZPO).[55] Der Dritte ist nicht verpflichtet, sondern ausschließlich berechtigt, die Zustellung an die empfangsberechtigte Person vorzunehmen, und zwar ohne dass er eine vorangehende erfolglose Zustellung an die gesetzlichen Vertreter nachzuweisen hätte.[56] Bevor er auch diese Zustellung versucht hat, bleibt ihm aber die Möglichkeit einer öffentlichen Zustellung nach Maßgabe des §§ 15a HGB, 185 Nr. 2 ZPO verwehrt (zu den Einzelheiten vgl. die Erläuterungen zu § 15a).[57]

27 Ob es sich bei dem Empfangsberechtigten um einen Gesellschafter oder um eine sonstige rechtsgeschäftlich empfangsberechtigte Person (z.B. Steuerberater oder Notar) handelt, bleibt der Gesellschaft überlassen.[58] Auch muss es sich nicht um eine natürliche Person handeln, sondern Empfangsberechtigter kann auch eine juristische Person sein.[59] Der Empfangsberechtigte ist mit einer **inländischen Anschrift** zur Eintragung anzumelden. Seiner Mitwirkung bedarf es nicht. Weder muss er der Eintragung zustimmen noch muss er die Anmeldung unterzeichnen.[60] Seine Berechtigung erstreckt sich nicht nur auf Zustellungen, sondern erfasst auch den Empfang von Willenserklärungen.[61]

28 Ebenso wie in § 10 Abs. 2 S. 2 GmbHG gilt die Empfangsberechtigung Dritten gegenüber nach § 13e Abs. 2 S. 4, 2. Hs. als fortbestehend, bis sie im Handelsregister gelöscht und die Löschung bekannt gemacht worden ist. Dieser Ergänzung bedurfte es, da es sich bei der Angabe des Empfangsberechtigten um keine anmeldungspflichtige, sondern nur um eine anmeldungsfähige Tatsache handelt, so dass § 15 nicht unmittelbar zur Anwendung gelangt (vgl. zu dieser Differenzierung § 15 Rn 31 ff).[62] Die **Fiktion der fortbestehenden Empfangsbevollmächtigung** nutzt dem Dritten allerdings nur dann, wenn die in das Handelsregister eingetragene Person weiterhin erreicht werden kann und nur ihre rechtsgeschäftliche Vollmacht im Innenverhältnis erloschen ist. In den Fällen, in denen ein Zustellungsversuch an die eingetragene Person aus tatsächlichen Gründen

---

[54] Überlegungen zur Zweckmäßigkeit bei *Steffek* BB 2007, 2077 (2081).
[55] RegE MoMiG, BT-Drucks. 16/6140, S. 43. Aufgrund dieser engen Verknüpfung mit den erleichterten Zustellungsmöglichkeiten nach §§ 15a HGB, 185 Nr. 2 ZPO, die nur für juristische Personen gelten, wurde eine vom Bundesrat angeregte Ausdehnung auf alle eingetragenen Kaufleute (vgl. BT-Drucks. 16/6140, S. 69) nicht umgesetzt (vgl. dazu die Gegenäußerung der Bundesregierung, BT-Drucks. 16/6140, S. 77 f).
[56] *Steffek* BB 2007, 2077 (2081).
[57] RegE MoMiG, BT-Drucks. 16/6140, S. 43.
[58] RegE MoMiG, BT-Drucks. 16/6140, S. 43.
[59] *Wachter* GmbHR 2006, 793 (799 f).
[60] *Wachter* GmbHR 2006, 793 (800).
[61] Vgl. zu dieser von der ursprünglichen Fassung des Regierungsentwurfs abweichenden Erweiterung die Beschlussempfehlung des Rechtsausschusses, BT-Drucks. 16/9737, S. 96 (elektronische Vorabfassung).
[62] Vgl. zum Folgenden RegE MoMiG, BT-Drucks. 16/6140, S. 36 f.

nicht möglich ist, weil die Anschrift nicht mehr existiert, hilft die Fiktion der fortbestehenden Empfangsberechtigung nicht weiter. Der erfolglose Zustellungsversuch eröffnet dem Dritten nun aber die Möglichkeit der öffentlichen Zustellung nach §§ 15a HGB, 185 Nr. 2 ZPO. Vgl. zur Erleichterung der Zustellung über die Vermutung des § 13e Abs. 3a noch die Ausführungen in Rn 41 f.

f) Register und Rechtsform (§ 13e Abs. 2 S. 5 Nr. 1 und 2). § 13e Abs. 2 S. 5 enthält **29** weitere Angaben, die in der Anmeldung enthalten sein müssen. Dazu zählt nach § 13e Abs. 2 S. 5 Nr. 1 zunächst das **Register**, bei dem die Gesellschaft geführt wird, und die Registernummer, sofern das Recht des Staates, in dem die Gesellschaft ihren Sitz hat, eine Registereintragung vorsieht. Ist das nicht der Fall, sollte auch dies klargestellt werden.[63] Nach § 13e Abs. 2 S. 5 Nr. 2 ist die **Rechtsform** der Gesellschaft zu nennen, und zwar in der jeweiligen ausländischen Sprache.[64] Ihre Eintragung richtet sich sodann nach §§ 13f Abs. 3, 13g Abs. 3.

g) Ständiger Vertreter (§ 13e Abs. 2 S. 5 Nr. 3). Nach § 13e Abs. 2 S. 5 Nr. 3 sind die **30** Personen anzugeben, die befugt sind, als ständige Vertreter für die Tätigkeit der Zweigniederlassung die Gesellschaft gerichtlich und außergerichtlich zu vertreten. Damit sind nicht etwa die gesetzlichen Organmitglieder zu verstehen, sondern Personen, die aufgrund einer **rechtsgeschäftlichen Bevollmächtigung** nicht nur vorübergehend, sondern für eine gewisse Zeit zur gerichtlichen und außergerichtlichen Vertretung der Zweigniederlassung berechtigt sind (zur Bestellung eines gesetzlichen Vertreters zum ständigen Vertreter s. Rn 33).[65]

Die Bestellung eines solchen Vertreters wird in § 13e nicht vorgeschrieben;[66] sie kann **31** aber dennoch sinnvoll sein, weil sie **Erleichterungen für den Rechtsverkehr** mit sich bringt. Während sich die organschaftliche Vertretungsmacht der gesetzlichen Vertreter nach dem für Drittkontrahenten häufig unbekannten ausländischen Gesellschaftsstatut richtet, wird die rechtsgeschäftliche Bevollmächtigung nach dem **Wirkungslandprinzip** bestimmt, bei einer inländischen Zweigniederlassung also nach deutschem Recht (vgl. § 13d Rn 32).[67] Darüber hinaus ist für bestimmte Spezialbereiche die Bestellung eines ständigen Vertreters auch zwingend vorgesehen, und zwar in § 53 Abs. 2 Nr. 1 KWG; § 106 Abs. 3 VAG; § 59i Abs. 2 BRAO; § 47 S. 1 WPO; §§ 34 Abs. 2, 72 Abs. 1 StBerG.

§ 13e Abs. 2 S. 5 Nr. 3 soll ausweislich der Gesetzesbegründung in erster Linie **Hand- 32 lungsbevollmächtigte** der Anmeldepflicht unterwerfen, die sonst nur gesetzliche Vertreter und Prokuristen trifft. Allerdings werden Handlungsbevollmächtigte nur dann als ständige Vertreter im Sinne dieser Vorschrift angesehen, wenn ihnen ausnahmsweise eine ständige Prozessführungsbefugnis (vgl. § 54 Abs. 2) und eine generelle Vertretungsmacht eingeräumt ist.[68] Daneben werden auch Generalbevollmächtigte von der Vorschrift erfasst.[69] Schließlich fallen auch **Prokuristen** unter § 13e Abs. 2 S. 5 Nr. 3, doch sollen

---

[63] Ebenroth/Boujong/Joost/Strohn/*Pentz* Rn 28.
[64] *Hüffer* Anh. zu § 45 AktG § 13e HGB Rn 19; *Mankowski/Knöfel* in: Hirte/Bücker § 13 Rn 19.
[65] BT-Drucks. 12/3908, S. 16; Ebenroth/Boujong/Joost/Strohn/*Pentz* Rn 30; GK-HGB/*Achilles* Rn 9; *Krafka/Willer* Rn 316; *Heidinger* MittBayNot 1998, 72 (73 f); *Klose-Mokroß* DStR 2005, 1013 (1016).
[66] Ausführlich *Heidinger* MittBayNot 1998, 72 (73).
[67] OLG München FGPrax 2006, 174; MünchKommBGB/*Kindler* IntGesR Rn 930; *Süß* DNotZ 2005, 180 (186); *Willer/Krafka* NZG 2006, 495 (496).
[68] BT-Drucks. 12/3908, S. 16.
[69] Statt aller *Heidinger* MittBayNot 1998, 72 (73).

insofern die bereits in §§ 53, 50 Abs. 3 S. 1 enthaltenen Anmeldepflichten unberührt bleiben.[70] Der ergänzenden Anmeldepflicht aus § 13e Abs. 2 S. 5 Nr. 3 kommt in diesem Fall also nur dann eigenständige Bedeutung zu, wenn dem Prokurist in einer von der Prokura abweichenden Weise Vertretungsmacht erteilt wurde, etwa einem Gesamtprokuristen eine umfassende Einzelhandlungsvollmacht.[71] Anderenfalls ist eine Doppeleintragung als Prokurist und ständiger Vertreter nicht vorzunehmen, da sie zur Verwirrung des Rechtsverkehrs beitragen könnte, ohne zusätzliche Informationsgewinne mit sich zu bringen.[72]

33 Auch die Eintragung eines **gesetzlichen Vertreters** als ständiger Vertreter ist nach zutreffender Auffassung zumindest dann zulässig, wenn die Gesellschaft über mehrere gesetzliche Vertreter verfügt.[73] In diesem Fall kann die Bestellung eines gesetzlichen Vertreters zum ständigen Vertreter sinnvoll sein, um einem grundsätzlich nur **gemeinschaftlich vertretungsbefugten Organmitglied** die alleinige Zuständigkeit für die Zweigniederlassung zuzuweisen.[74] Die Bestellung dient hier einem nachvollziehbaren Gestaltungsbedürfnis der Rechtspraxis und sollte deshalb nicht registerrechtlich versperrt sein. Die Gefahr, dass eine derartige Zuweisung zur Verwirrung des Rechtsverkehrs führt,[75] ist zwar nicht gänzlich von der Hand zu weisen, wird jedoch auch bei einem Prokuristen hingenommen.[76] Lässt man demnach die Bestellung eines ständigen Vertreters bei mehrköpfigen Organen zu, so unterliegt seine Vertretungsmacht dem deutschen Recht (s. § 13d Rn 32). Daher kann er auch nach **§ 181 BGB** von dem Verbot der Selbstbeschränkung befreit werden,[77] was ansonsten für einen organschaftlichen Vertreter nach der hier vertretenen Auffassung nicht zulässig ist (vgl. noch § 13f Rn 10 ff). Das **alleingeschäftsführungsbefugte Organmitglied** kann hingegen nicht zum ständigen Vertreter bestellt werden,[78] so dass auch § 181 BGB nicht anwendbar ist.

34 Wurde ein ständiger Vertreter bestellt, so sind sein Name, Geburts- und Wohnort zum Handelsregister anzumelden.[79] Daneben muss die Anmeldung auch Angaben zu seinen **konkreten Befugnissen** enthalten. Dazu gehört der Umfang der Vertretungsmacht,

---

[70] BT-Drucks. 12/3908, S. 16.
[71] GK-HGB/*Achilles* Rn 9; MünchKommHGB/*Krafka* Rn 9; *Krafka/Willer* Rn 316; ohne diese Einschränkung Ebenroth/Boujong/Joost/Strohn/*Pentz* Rn 30; generell gegen eine Eintragung des Prokuristen *Klose-Mokroß* DStR 2005, 1013 (1016).
[72] *Heidinger* MittBayNot 1998, 72 (75); *Mödl* RNotZ 2008, 1 (6); **aA** *Wachter* ZNotP 2005, 122 (134 Fn 102).
[73] OLG Hamm FGPrax 2006, 276 (278); LG Chemnitz NZG 2005, 760 (761); Koller/Roth/*Morck* Rn 3; *Krafka/Willer* Rn 316; *Klose-Mokroß* DStR 2005, 1013 (1016); *Mödl* RNotZ 2008, 1 (6); *Süß* DNotZ 2005, 180 (186); *Willer/Krafka* NZG 2006, 495 (496); **aA** MünchKommBGB/*Kindler* IntGesR Rn 933; *Mankowski/Knöfel* in: Hirte/Bücker § 13 Rn 32; *Heidinger* MittBayNot 1998, 72 (75); *Herchen* RIW 2005, 529 (532); *Wachter* ZNotP 2005, 122 (134); *ders.* NZG 2005, 338 (340 f); offengelassen in OLG München FGPrax 2006, 174 (175).
[74] *Krafka/Willer* Rn 316.
[75] Vgl. dazu *Heidinger* MittBayNot 1998, 72 (75).
[76] Für eine Gleichbehandlung dieser beiden Konstellationen auch *Mödl* RNotZ 2008, 1 (6); **aA** *Heidinger* MittBayNot 1998, 72 (75); *Wachter* ZNotP 2005, 122 (134).
[77] Wie hier *Krafka/Willer* Rn 317; *Süß* DNotZ 2005, 180 (186); *Willer/Krafka* NZG 2006, 495 f; wohl auch *Mödl* RNotZ 2008, 1 (4, 6); **aA** OLG Hamm FGPrax 2006, 276 (278); OLG München FGPrax 2006, 174 (175); Koller/Roth/*Morck* Rn 3.
[78] *Klose-Mokroß* DStR 2005, 1013 (1016); *Mödl* RNotZ 2008, 1 (6); *Süß* DNotZ 2005, 180 (186); **aA** LG Chemnitz NZG 2005, 760 (761); zu den Stimmen, die eine Bestellung von Geschäftsleitern generell ausschließen, vgl. bereits die Nachw. in Fn 73.
[79] *Klose-Mokroß* DStR 2005, 1013 (1016).

aber auch die Angabe, ob er zur alleinigen oder nur zur gemeinsamen Vertretung berechtigt ist.[80] Dem Registergericht muss die Bestellung des ständigen Vertreters nicht nachgewiesen werden; die Eintragung im Handelsregister wirkt insofern deklaratorisch.[81] Ist der ständige Vertreter nicht zugleich organschaftlich vertretungsbefugt (vgl. zu diesen Fällen Rn 33), ist seine Befreiung vom Verbot des Insichgeschäfts nach § 181 BGB unproblematisch zulässig.[82]

h) Heimatrecht (§ 13e Abs. 2 S. 5 Nr. 4). Schließlich ist nach § 13e Abs. 2 S. 5 Nr. 4 **35** das Heimatrecht der Gesellschaft anzugeben, sofern sie nicht dem Recht eines EU-Mitgliedstaates oder eines anderen Vertragsstaates des EWR-Abkommens unterliegt (vgl. § 13 Rn 37). Wie das Heimatrecht zu ermitteln ist, hängt davon ab, ob gegenüber dem betreffenden Staat das Sitz- oder Gründungsrecht maßgeblich ist (s. § 13 Rn 32 ff).[83] Die Eintragung dieser Angaben richtet sich nach §§ 13f Abs. 3, 13g Abs. 3.

III. Änderungen (§ 13e Abs. 3 S. 1)

Nach § 13e Abs. 3 S. 1 haben **ständige Vertreter** i.S.d. § 13e Abs. 2 S. 5 Nr. 3 jede **36** Änderung, die ihre Stellung oder ihre Vertretungsbefugnis betrifft, zur Eintragung in das Handelsregister anzumelden. Einer solchen Sonderregelung bedurfte es, weil die ansonsten einschlägigen §§ 81 Abs. 1 AktG, 39 Abs. 1 GmbHG nur die gesetzlich vorgeschriebenen Organe der Gesellschaft erfassen, nicht aber auch andere ständige Vertreter der Zweigniederlassung.[84] Auch hier sollte jedoch nach dem Willen des Gesetzgebers Transparenz geschaffen werden, und zwar namentlich für den sonst nicht einzutragenden **Handlungsbevollmächtigten**.[85] Das Gesetz ordnet deshalb seine Erstanmeldung an, die notwendigerweise auch um eine Anmeldepflicht bei etwaigen Änderungen ergänzt werden muss.[86]

Zu beachten ist, dass die Pflicht zur Eintragung hier – abweichend von allgemeinen **37** Grundsätzen – nicht die Organe der Gesellschaft trifft, sondern die ständigen Vertreter selbst. Damit wird die allgemeine Anmeldepflicht beim Erlöschen einer Prokura (§ 53 Abs. 3) dahingehend ergänzt, dass auch der Prokurist selbst nach § 13e Abs. 3 S. 1 zur Anmeldung verpflichtet wird.[87] Die Anmeldung ist von den in der Gesellschaft **verbleibenden ständigen Vertretern** vorzunehmen. Wenn daher der einzige ständige Vertreter ausscheidet, trifft die Anmeldepflicht den Vorstand oder die Geschäftsführer;[88] wenn ein neuer ständiger Vertreter hinzutritt, ist er selbst unmittelbar zur Eintragung verpflichtet.[89]

---

[80] BT-Drucks. 12/3908, S. 16.
[81] MünchKommHGB/*Krafka* Rn 9; *Heidinger* MittBayNot 1998, 72 (75 f); *Klose-Mokroß* DStR 2005, 1013 (1016).
[82] Baumbach/*Hopt* Rn 2; Koller/*Roth*/Morck Rn 3; *Krafka*/*Willer* Rn 317; Mankowski/*Knöfel* in: Hirte/Bücker § 13 Rn 20j; *Klose-Mokroß* DStR 2005, 1013 (1016); *Wachter* NZG 2005, 338 (340).
[83] Ebenroth/Boujong/Joost/Strohn/*Pentz* Rn 31 f.
[84] BT-Drucks. 12/3908, S. 16.

[85] BT-Drucks. 12/3908, S. 16.
[86] *Hüffer* Anh. zu § 45 AktG § 13e HGB Rn 8.
[87] Ebenroth/Boujong/Joost/Strohn/*Pentz* Rn 34; Heymann/*Sonnenschein*/Weitemeyer Rn 21; Röhricht/v. Westphalen/*Ammon* Rn 12; aA *Heidinger* MittBayNot 1998, 72 (74).
[88] BT-Drucks. 12/3908, S. 16; Ebenroth/Boujong/Joost/Strohn/*Pentz* Rn 34; GK-HGB/*Achilles* Rn 10; Heymann/*Sonnenschein*/Weitemeyer Rn 21; *Hüffer* Anh. zu § 45 AktG § 13e HGB Rn 8.
[89] Ebenroth/Boujong/Joost/Strohn/*Pentz* Rn 34.

IV. Bestellhindernisse (§ 13e Abs. 3 S. 2)

38 Nach dem im Zuge des MoMiG (Rn 3) neu gefassten § 13e Abs. 3 S. 2 gelten für die gesetzlichen Vertreter der Gesellschaft in Bezug auf die Zweigniederlassung § 76 Abs. 3 S. 2 und 3 AktG sowie § 6 Abs. 2 S. 2 und 3 GmbHG entsprechend. Damit stehen die Bestellhindernisse im Falle der Betreuung, eines Gewerbeverbots oder wegen bestimmter Straftatbestände (Insolvenzverschleppung, Insolvenzstraftaten etc.) in der Person des Geschäftsleiters der ausländischen Kapitalgesellschaft auch der Eintragung einer inländischen Zweigniederlassung entgegen.[90] Speziell im Bereich der Zweigniederlassungen ausländischer Kapitalgesellschaften wird den neuen Gleichstellungsklauseln in §§ 76 Abs. 3 S. 3 AktG, 6 Abs. 3 S. 3 GmbHG Bedeutung zukommen, wonach ein Bestellhindernis auch durch eine **Verurteilung im Ausland** ausgelöst werden kann, wenn die Tat einer der in §§ 76 Abs. 3 S. 2 Nr. 3 AktG, 6 Abs. 3 S. 3 GmbHG genannten vergleichbar ist. Allerdings sind auch bei der mittelbaren Anwendung dieser Vorschriften die Übergangsregelungen in § 3 Abs. 2 EGGmbHG und § 19 EGAktG zu beachten.

39 Das vornehmliche Ziel des Gesetzgebers bei der Einführung dieser Vorschrift lag aber darin, die zuvor umstrittene Frage zu beantworten, ob die Eintragung einer Zweigniederlassung in Deutschland verweigert werden darf, wenn ihrem Geschäftsführer durch vollziehbare Entscheidung einer deutschen Verwaltungsbehörde die **Tätigkeit als Vertretungsberechtigter eines Gewerbebetriebs** untersagt worden war.[91] Obwohl es unter teleologischen Gesichtspunkten wünschenswert erschien, die Umgehung von Gewerbeverboten mittels Auslandsgesellschaften zu unterbinden, war es doch zweifelhaft, ob die §§ 13d ff den Gerichten dazu das geeignete Instrumentarium an die Hand gaben. Denn die insofern maßgeblichen §§ 13f Abs. 2 S. 2 und 13g Abs. 2 S. 2 a.F. nahmen gerade die Regelung von der Verweisung auf die kapitalgesellschaftsrechtlichen Anmeldebestimmungen aus, die eine derartige Gewerbeuntersagung betrafen, nämlich §§ 37 Abs. 2 AktG, 8 Abs. 3 GmbHG a.F., nach denen die Geschäftsleiter versichern mussten, keinem derartigen Verbot zu unterliegen.

40 Noch während des laufenden Gesetzgebungsverfahrens zum MoMiG (Rn 3) hat der **BGH** entschieden, dass aus dieser Verweisungslücke keinesfalls der Schluss gezogen werden könne, das Registergericht dürfe ein ihm bekannt gewordenes Gewerbeverbot bei der Eintragungsentscheidung nicht berücksichtigen.[92] Vielmehr könne das Registergericht die beantragte Eintragung einer Zweigniederlassung in das Handelsregister verweigern. Eine solche Ablehnung verstoße auch gegenüber Unternehmen aus EU-Mitgliedstaaten weder gegen die Vorgaben der **Zweigniederlassungsrichtlinie** (Rn 3) noch gegen die **Niederlassungsfreiheit** gem. Art. 43, 48 EG.[93] Mit der Neufassung des § 13e Abs. 3 ist das Gesetz im Sinne dieser höchstrichterlichen Stellungnahme klargestellt wor-

---

[90] Krit. zur Auswahl dieser Hinderungsgründe *Wachter* GmbHR 2006, 793 (796 ff).

[91] Für ein solches Verweigerungsrecht BGHZ 172, 200 Rn 7 ff = NJW 2007, 2328; OLG Jena FGPrax 2006, 127 (128); AG Westerstede RIW 2001, 67 f; Münch-KommBGB/*Kindler* IntGesR Rn 558; Roth/*Altmeppen* § 6 Rn 9; *Mödl* RNotZ 2008, 1 (5); *Seifert* RIW 2001, 68 (69);

dagegen OLG Oldenburg RIW 2001, 863; Koller/*Roth*/Morck Rn 3.

[92] Vgl. auch zum Folgenden BGHZ 172, 200 Rn 7 ff = NJW 2007, 2328; krit. *Bauer/Großerichter* NZG 2008, 253 ff; zu sonstigen Stellungnahmen s. bereits oben Fn 91.

[93] An dieser Einschätzung äußert *Wachter* GmbHR 2006, 793 (798) Bedenken; ebenso *Bauer/Großerichter* NZG 2008, 253 (256).

den.[94] Überdies werden die gesetzlichen Vertreter gem. § 13f Abs. 2 S. 2 HGB i.V.m. § 37 Abs. 2 AktG, § 13g Abs. 2 S. 2 HGB i.V.m. § 8 Abs. 3 GmbHG dazu verpflichtet, eine Versicherung abzugeben, dass in ihrer Person kein Bestellungshindernis vorliegt (zu dieser Pflicht und ihrer europarechtlichen Zulässigkeit s. § 13f Rn 6 f). Zur Zulässigkeit einer unmittelbar gegen die ausländische Gesellschaft gerichteten Gewerbeuntersagungsverfügung s. § 13d Rn 59 ff.

V. Zugang und Zustellung (§ 13e Abs. 3a)

Der durch das MoMiG (Rn 3) neu eingefügte § 13e Abs. 3a besagt, dass unter der im Handelsregister eingetragenen inländischen Geschäftsanschrift der Zweigniederlassung an deren **ständigen Vertreter** i.S.d. § 13e Abs. 2 S. 5 Nr. 3 Willenserklärungen abgegeben und Schriftstücke zugestellt werden können. Daneben ist auch die Abgabe oder die Zustellung unter der eingetragenen Anschrift der **empfangsberechtigten Person** i.S.d. § 13e Abs. 2 S. 4 möglich, wenn die Gesellschaft eine solche benannt hat.[95] Mit Zustellung oder Zugang an die angegebenen Adressen entfaltet die Erklärung gegenüber der Gesellschaft Wirksamkeit, und zwar bei der Zustellung an einen Empfangsbevollmächtigten aufgrund der Fiktion der fortbestehenden Empfangsberechtigung auch dann, wenn die entsprechende Vollmacht im Innenverhältnis bereits erloschen ist (s. Rn 28). **41**

Von dieser Fiktion zu unterscheiden ist die **Vermutungswirkung** des § 13e Abs. 3a, die unmittelbar den Zugang und die Zustellung selbst betrifft. Ausweislich der Gesetzesbegründung soll die Regelung die „unwiderlegliche Vermutung" begründen, dass unter der eingetragenen Adresse ein Vertreter der Gesellschaft erreicht werden kann.[96] Die Existenz der §§ 15a HGB, 185 Nr. 2 ZPO zeigt aber, dass nicht schon der bloße Zustellungsversuch den Zugang/die Zustellung bewirkt.[97] Vielmehr muss die Erklärung zumindest in den **Machtbereich** der Gesellschaft gelangen; die Vermutungswirkung beschränkt sich auf die Möglichkeit der Kenntnisnahme.[98] Scheitert die Zustellung schon an der ersten Voraussetzung, bleibt der Weg der öffentlichen Zustellung nach §§ 15a HGB, 185 Nr. 2 ZPO (zum Unterschied zwischen diesen Vorschriften vgl. § 15a Rn 1). Ob § 13e Abs. 3a tatsächlich nennenswerte **Erleichterungen** bringt, ist **zweifelhaft**, da die darin angeordnete Vermutungswirkung an die Personengruppen der Empfangsberechtigten und der ständigen Vertreter anknüpft, deren Bestellung für die Gesellschaft grundsätzlich fakultativ ist (zu Ausnahmen s. Rn 31).[99] **42**

---

[94] Auch insofern skeptisch *Bauer/Großerichter* NZG 2008, 253 (256 ff) mit alternativen Gesetzesvorschlägen.

[95] Die ursprünglich noch vorgesehene Beschränkung dieser zweiten Variante auf die Zustellung wurde auf Anregung des Rechtsausschusses aufgegeben; vgl. dazu Beschlussempfehlung des Rechtsausschusses, BT-Drucks. 16/9737, S. 96 (elektronische Vorabfassung).

[96] RegE MoMiG, BT-Drucks. 16/6041, S. 43 (zur Parallelvorschrift des § 35 Abs. 2 GmbHG n.F.).

[97] Vgl. dazu auch *Steffek* BB 2007, 2077 (2078 ff); ferner *Seibert* ZIP 2006, 1157 (1165).

[98] *Steffek* BB 2007, 2077 (2078 ff); dort auch zu den erforderlichen Differenzierungen für den Bereich der Zustellung.

[99] *Mödl* RNotZ 2008, 1 (10).

VI. Anmeldung eines Insolvenzverfahrens (§ 13e Abs. 4)

43 Nach § 13e Abs. 4 müssen die **ständigen Vertreter** i.S.d. § 13e Abs. 2 S. 5 Nr. 3 die Eröffnung oder die Ablehnung der Eröffnung eines ausländischen Insolvenzverfahrens oder ähnlichen Verfahrens über das Vermögen der Kapitalgesellschaft zur Eintragung in das Handelsregister anmelden. Die Einbeziehung des „ähnlichen Verfahrens" soll unterschiedlichen Verfahrensausgestaltungen in fremden Rechtsordnungen Rechnung tragen, die nur unter der Voraussetzung der Vergleichbarkeit unter § 13e Abs. 4 zu subsumieren sind.[100] Hat die Gesellschaft keine ständigen Vertreter, so trifft die Anmeldepflicht **hilfsweise die gesetzlichen Vertreter** der Gesellschaft, wobei es abweichend vom Gesetzeswortlaut vernünftigerweise nicht auf die Anmeldung der ständigen Vertreter ankommen kann, sondern allein auf ihre wirksame Bestellung; die Eintragung erleichtert nur den Nachweis dieser Bestellung.[101]

44 Der Regelung des § 13e Abs. 4 bedurfte es, weil sich die insolvenzrechtlichen Pflichten hinsichtlich der ausländischen Kapitalgesellschaft nach dem für sie geltenden Recht bestimmen. Deshalb wäre nicht gewährleistet, dass das zuständige deutsche Registergericht **von einem Insolvenzverfahren Kenntnis** erlangt.[102] Ist ein ständiger Vertreter eingetragen, wird die Anmeldung aber dennoch von den gesetzlichen Vertretern vorgenommen, so ist § 13e Abs. 4 trotz des subsidiären Charakters der sie treffenden Anmeldepflicht Genüge getan. Der Zweck der Anmeldepflicht ist damit erfüllt, so dass es sinnlos wäre, die ständigen Vertreter weiterhin daran zu binden.[103]

VII. Mehrere Zweigniederlassungen (§ 13e Abs. 5)

45 Verfügt die Gesellschaft über mehrere Zweigniederlassungen im Inland, so muss jede von ihnen gesondert am Ort der Zweigniederlassung angemeldet werden. Für die (nach §§ 13f und 13g erforderliche) Einreichung der Satzung oder des Gesellschaftsvertrages sowie deren Änderungen sieht das Gesetz in § 13e Abs. 5 jedoch eine gewisse **Verfahrenserleichterung** in Form einer Konzentrationswirkung auf ein Register vor. Nach Wahl der Gesellschaft genügt es, wenn die Einreichung nur beim Handelsregister einer dieser Zweigniederlassungen erfolgt. Eine Parallelregelung enthält für den Bereich der Rechnungslegung § 325a Abs. 1 S. 2, der auf § 13e Abs. 5 verweist. Ob die Gesellschaft von dieser Erleichterung Gebrauch macht, steht in ihrem **Belieben**; die Ausübung des Wahlrechts kann nicht erzwungen werden.[104]

46 Die Ausübung des Wahlrechts wird gem. § 13e Abs. 5 S. 2 dadurch nach außen kommuniziert, dass zur Eintragung in den Handelsregistern der übrigen Zweigniederlassungen angemeldet wird, welches **„Hauptregister"** und welche Registernummer dort für die Gesellschaft gelten sollen.[105] Gegenüber dem Hauptregister selbst ist keine gesonderte Mitteilung erforderlich, weil sich für dieses keine Besonderheiten ergeben.[106] Die Wahl

---

[100] GK-HGB/*Achilles* Rn 11; Röhricht/ v. Westphalen/*Ammon* Rn 13.
[101] Röhricht/v. Westphalen/*Ammon* Rn 13; Mankowski/Knöfel in: Hirte/Bücker § 13 Rn 38 mit Fn 222; **aA** Ebenroth/Boujong/ Joost/Strohn/*Pentz* Rn 36; Heymann/*Sonnenschein*/Weitemeyer Rn 22.
[102] BT-Drucks. 12/3908, S. 16.
[103] Ebenroth/Boujong/Joost/Strohn/*Pentz* Rn 36; *Hüffer* Anh. zu § 45 AktG § 13e HGB Rn 9.
[104] Ebenroth/Boujong/Joost/Strohn/*Pentz* Rn 37; MünchKommHGB/*Krafka* Rn 13.
[105] BT-Drucks. 12/3908, S. 16.
[106] Ebenroth/Boujong/Joost/Strohn/*Pentz* Rn 38; *Krafka*/Willer Rn 336.

des Hauptregisters kann bei jeder Ersteintragung einer neuen Zweigniederlassung ausgeübt werden. Ist die Zweigniederlassung, bei der nunmehr auf das Hauptregister verwiesen werden soll, indes bereits eingetragen, ohne dass von den Verfahrenserleichterungen des § 13e Abs. 5 Gebrauch gemacht wird, ist zweifelhaft, ob die Gesellschaft noch **nachträglich** diese Option ausüben darf. Im Hinblick auf die Übergangsvorschrift des Art. 34 Abs. 2 EGHGB, der auch bei schon bestehenden mehreren Zweigniederlassungen die Bestimmung eines Hauptregisters zulässt, dürfte diese Frage zu bejahen sein.[107]

VIII. Erzwingung der Anmeldungen

Werden die Anmeldepflichten nach § 13e nicht erfüllt, kann ihre Einhaltung über § 14 erzwungen werden. Sanktionsadressat sind die anmeldepflichtigen Organmitglieder, und zwar nach richtiger Auffassung auch dann, wenn sie sich im Ausland aufhalten (s. § 13d Rn 59 ff). Gegen Geschäftsleiter und Bevollmächtigte können die Anmeldepflichten nur dann durchgesetzt werden, wenn sie ausnahmsweise als ständige Vertreter i.S.d. § 13e Abs. 2 S. 5 Nr. 3 selbst zur Anmeldung bestimmter Umstände verpflichtet sind.[108]

47

§ 13f
Zweigniederlassungen von Aktiengesellschaften mit Sitz im Ausland

(1) Für Zweigniederlassungen von Aktiengesellschaften mit Sitz im Ausland gelten ergänzend die folgenden Vorschriften.

(2) ¹Der Anmeldung ist die Satzung in öffentlich beglaubigter Abschrift und, sofern die Satzung nicht in deutscher Sprache erstellt ist, eine beglaubigte Übersetzung in deutscher Sprache beizufügen. ²Die Vorschriften des § 37 Abs. 2 und 3 des Aktiengesetzes finden Anwendung. ³Soweit nicht das ausländische Recht eine Abweichung nötig macht, sind in die Anmeldung die in § 23 Abs. 3 und 4 sowie den §§ 24 und 25 Satz 2 des Aktiengesetzes vorgesehenen Bestimmungen und Bestimmungen der Satzung über die Zusammensetzung des Vorstandes aufzunehmen; erfolgt die Anmeldung in den ersten zwei Jahren nach der Eintragung der Gesellschaft in das Handelsregister ihres Sitzes, sind auch die Angaben über Festsetzungen nach den §§ 26 und 27 des Aktiengesetzes und der Ausgabebetrag der Aktien sowie Name und Wohnort der Gründer aufzunehmen. ⁴Der Anmeldung ist die für den Sitz der Gesellschaft ergangene gerichtliche Bekanntmachung beizufügen.

(3) Die Eintragung der Errichtung der Zweigniederlassung hat auch die Angaben nach § 39 des Aktiengesetzes sowie die in § 13e Abs. 2 Satz 3 bis 5 vorgeschriebenen Angaben zu enthalten.

(4) ¹Änderungen der Satzung der ausländischen Gesellschaft sind durch den Vorstand zur Eintragung in das Handelsregister anzumelden. ²Für die Anmeldung gelten die Vorschriften des § 181 Abs. 1 und 2 des Aktiengesetzes sinngemäß, soweit nicht das ausländische Recht Abweichungen nötig macht.

---

[107] Ebenroth/Boujong/Joost/Strohn/*Pentz* Rn 39; aA *Hüffer* Anh. zu § 45 AktG § 13e Rn 10.

[108] Röhricht/v. Westphalen/*Ammon* Rn 14.

§ 13f   1. Buch. Handelsstand

(5) Im übrigen gelten die Vorschriften der § 81, § 263 Satz 1, § 266 Abs. 1 und 2, § 273 Abs. 1 Satz 1 des Aktiengesetzes sinngemäß, soweit nicht das ausländische Recht Abweichungen nötig macht.

(6) Für die Aufhebung einer Zweigniederlassung gelten die Vorschriften über ihre Errichtung sinngemäß.

(7) Die Vorschriften über Zweigniederlassungen von Aktiengesellschaften mit Sitz im Ausland gelten sinngemäß für Zweigniederlassungen von Kommanditgesellschaften auf Aktien mit Sitz im Ausland, soweit sich aus den Vorschriften der §§ 278 bis 290 des Aktiengesetzes oder aus dem Fehlen eines Vorstands nichts anderes ergibt.

Schrifttum: vgl. die Angaben zu § 13d.

Übersicht

	Rn
I. Allgemeines	1–3
1. Normzweck und Regelungsgehalt	1
2. Normentwicklung und europäischer Ursprung	2–3
II. Inhalt der Anmeldung (§ 13f Abs. 2 und 3)	4–15
1. Satzung (§ 13f Abs. 2 S. 1)	4–5
2. Versicherung zu Bestellhindernissen (§ 13f Abs. 2 S. 2)	6–7
3. Angabe zu Vertretungsbefugnissen (§ 13f Abs. 2 S. 2)	8–12
a) Allgemeines	8–9
b) Insichgeschäfte	10–12
4. Sonstige Angaben	13
5. Zusatzangaben bei zeitnahem Gründungsakt	14
6. Bekanntmachung	15
III. Inhalt der Eintragung (§ 13f Abs. 3)	16–18
IV. Anmeldung von Satzungsänderungen (§ 13f Abs. 4)	19–22
V. Anmeldung von sonstigen Änderungen (§ 13f Abs. 5)	23–24
VI. Aufhebung der Zweigniederlassung (§ 13f Abs. 6)	25
VII. Ausländische Kommanditgesellschaft auf Aktien (§ 13f Abs. 7)	26

I. Allgemeines

1 **1. Normzweck und Regelungsgehalt.** Die allgemeinen Bestimmungen in § 13d sowie die in § 13e enthaltenen Sonderregeln für die Zweigniederlassungen von Kapitalgesellschaften werden in §§ 13f und 13g noch weiter ausdifferenziert (zur Kritik an dieser Regelungssystematik s. § 13d Rn 3). § 13f enthält gem. Absatz 1 dieser Bestimmung **ergänzende Vorgaben für ausländische Unternehmen in der Rechtsform einer AG**, der in § 13f Abs. 7 die KGaA gleichgestellt wird. Zu der Frage, wann eine Zweigniederlassung vorliegt und wo der Sitz des ausländischen Unternehmens ist, s. § 13 Rn 32 ff; zur Zuordnung einer ausländischen Gesellschaft zur inländischen Rechtsform der AG oder KGaA vgl. die Ausführungen in § 13d Rn 10 f, 14 und § 13e Rn 6 ff.

2 Der Hauptzweck dieser Ergänzungen liegt darin, die zentralen Rechtsverhältnisse des ausländischen Unternehmens **dem inländischen Rechtsverkehr offenzulegen**. Daher werden nach dem klarstellenden Hinweis in § 13f Abs. 1 (s. Rn 1) in § 13f Abs. 2 zunächst die Offenlegung der Satzung sowie die Ergänzung der Anmeldung um weitere konkretisierende Angaben zur Gesellschaftsstruktur angeordnet. Auch der Inhalt der Eintragung wird in § 13f Abs. 3 erweitert, und zwar um die Angaben nach § 39 AktG und § 13e Abs. 2 S. 3–5. § 13f Abs. 4 und 5 sollen für den Rechtsverkehr bedeutsame Änderungen in der Gesellschaftsorganisation nach außen hin transparent machen. § 13f Abs. 6 ordnet die sinngemäße Anwendung dieser Vorschriften für die Aufhebung einer Zweigniederlassung an. § 13f Abs. 7 stellt die entsprechende Geltung dieser Vorschriften für die KGaA klar.

2. **Normentwicklung und europäischer Ursprung.** § 13f geht in weiten Zügen auf 3 § 44 AktG a.F. zurück, dessen Regelungsgehalt modifiziert durch die Vorgaben der **Zweigniederlassungsrichtlinie**[1] vom deutschen Gesetzgeber mit dem Gesetz zur Durchführung der Elften gesellschaftsrechtlichen Richtlinie vom 22.7.1993 in die §§ 13d ff übernommen wurde.[2] Soweit die europäischen Vorgaben reichen, besteht eine Pflicht zur richtlinienkonformen Auslegung.[3] Umfassendere Änderungen erfuhr die Regelung durch das **EHUG** vom 10.11.2006[4] (vgl. Rn 18) sowie durch das **MoMiG** vom 23.10.2008 (vgl. Rn 6 f, 17, 22).[5]

II. Inhalt der Anmeldung (§ 13f Abs. 2 und 3)

1. **Satzung (§ 13f Abs. 2 S. 1).** Der Gegenstand der Anmeldung ergibt sich zunächst 4 aus der allgemeineren Vorschrift des § 13e, wonach die Errichtung der Zweigniederlassung mitsamt zusätzlichen Angaben zur ausländischen Gesellschaft, ihres Registers, ihrer Rechtsform etc. zum Handelsregister anzumelden sind (vgl. § 13e Rn 4 ff). Diese Bestimmung wird in § 13f Abs. 2 S. 1 dahingehend ergänzt, dass der Anmeldung die **Satzung in öffentlich beglaubigter Abschrift** (§ 129 BGB, § 42 BeurkG) ihrer aktuellen Fassung beizufügen ist (zu den Anforderungen an eine ebenfalls zulässige ausländische Beglaubigung vgl. § 12 Rn 76 f).[6]

Sofern die Satzung **nicht in deutscher Sprache** verfasst ist, muss des Weiteren eine 5 beglaubigte Übersetzung beigefügt werden. Das entspricht dem Grundsatz, dass auch im Verfahren der freiwilligen Gerichtsbarkeit die Gerichtssprache deutsch ist (vgl. § 184 GVG, der nach der Neufassung des § 2 EGGVG im Zuge des FGG-RG nunmehr auch unmittelbar für die freiwillige Gerichtsbarkeit gilt[7]), und ermöglicht es dem Registergericht, seinen Prüfungspflichten nachzukommen.[8] Eine öffentlich beglaubigte Übersetzung kann nicht verlangt werden und wäre auch nicht praktikabel, weil der Notar dann der fremden Sprache mächtig sein müsste.[9] Um die Richtigkeit des Handelsregisters zu gewährleisten, wird man aber die Übersetzung eines gerichtlich oder behördlich bestellten oder vereidigten Übersetzers fordern müssen.[10] Nach § 11 Abs. 1 S. 1 bleibt es den

---

[1] Elfte Richtlinie des Rates der Europäischen Gemeinschaften auf dem Gebiet des Gesellschaftsrechts v. 21.12.1989 über die Offenlegung von Zweigniederlassungen, die in einem Mitgliedstaat von Gesellschaften bestimmter Rechtsformen errichtet wurden, die dem Recht eines anderen Staats unterliegen (89/666/EWG), ABl. EG Nr. L 395/36 v. 30.12.1989.
[2] BGBl. I, S. 1282; zur weitgehenden Fortschreibung des § 44 AktG a.F. in § 13f vgl. insbes. BT-Drucks. 12/3908, S. 17 f.
[3] Vgl. statt vieler *Canaris* in: FS Bydlinski, 2002, S. 47 ff; *Everling* ZGR 1992, 376 ff; *Lutter* JZ 1992, 593 ff.

[4] Gesetz über elektronische Handelsregister und Genossenschaftsregister sowie das Unternehmensregister (EHUG) v. 10.11.2006 – BGBl. I, S. 2553.
[5] Gesetz zur Modernisierung des GmbH-Rechts und zur Bekämpfung von Missbräuchen; BGBl. I, S. 2026.
[6] Heymann/*Sonnenschein/Weitemeyer* Rn 4.
[7] Vgl. dazu auch FGG-RG, BT-Drucks. 16/6308, S. 318.
[8] BT-Drucks. 12/3908, S. 17.
[9] Heymann/*Sonnenschein/Weitemeyer* Rn 4.
[10] Vgl. zu den Einzelheiten OLG Hamm GmbHR 2008, 545 (546 f.); LG Leipzig NZG 2005, 759 (760); Ebenroth/Boujong/

Gesellschaften unbenommen, die Satzung **zusätzlich in jeder Amtssprache** eines EU-Mitgliedsstaates zu übermitteln. Zur Einreichung sonstiger Dokumente in Übersetzung vgl. die Ausführungen in § 13d Rn 55.

6   2. **Versicherung zu Bestellhindernissen (§ 13f Abs. 2 S. 2).** Nach § 13f Abs. 2 S. 2 findet auf die Anmeldung § 37 Abs. 2 und 3 AktG entsprechende Anwendung. Der Verweis auf § 37 Abs. 2 AktG ist erst im Zuge des MoMiG (Rn 3) nachträglich eingefügt worden. Danach müssen künftig auch Vorstandsmitglieder einer ausländischen Kapitalgesellschaft bei Errichtung einer inländischen Zweigniederlassung **versichern**, dass keine Umstände vorliegen, die ihrer Bestellung nach § 76 Abs. 3 S. 2–4 AktG entgegenstehen. Auf dieser Grundlage kann das Registergericht überprüfen, ob bei den Organmitgliedern die Inhabilitätsvoraussetzungen vorliegen, die nach dem ebenfalls durch das MoMiG neu eingeführten § 13e Abs. 3 S. 2 auch bei der Errichtung einer Zweigniederlassung entsprechend anwendbar sind. Auf diese Weise soll insbesondere einer in der jüngeren Vergangenheit verbreiteten Praxis begegnet werden, über das Instrument einer Auslandsgesellschaft inländische Bestellhindernisse zu umgehen (s. § 13e Rn 38 ff). Daneben wird im Bereich der Zweigniederlassungen ausländischer Kapitalgesellschaften auch der neuen Gleichstellungsklausel in § 76 Abs. 3 S. 3 AktG Bedeutung zukommen, wonach ein Bestellhindernis auch durch eine **Verurteilung im Ausland** ausgelöst werden kann, wenn die Tat einer der in §§ 76 Abs. 3 S. 2 Nr. 3 AktG genannten vergleichbar ist.

7   Der **Gesetzgeber von 1993** hatte die Abgabe einer solchen Versicherung noch mit der Begründung abgelehnt, dass die Bestellung der Vorstandsmitglieder allein dem jeweiligen ausländischen Recht unterliege, so dass das deutsche Recht insofern **keine weiteren Erfordernisse** aufstellen könne.[11] Diese Sichtweise hat der Gesetzgeber des Jahres 2008 aufgegeben.[12] In den Gesetzesmaterialien wird betont, dass mit der Regelung keinesfalls die Fähigkeit von Personen, Organ einer Auslandsgesellschaft zu sein, an den deutschen Inhabilitätsvorschriften gemessen werden solle. Dies sei allein Aufgabe des Rechts, dem die ausländische Gesellschaft unterliege. Die Neuregelung solle allein verhindern, dass Personen, die nach deutschem Recht inhabil wären, als Organe einer Auslandsgesellschaft in Deutschland eine Zweigniederlassung eintragen lassen. Ob diese neue Lesart mit den europäischen **Vorgaben der Zweigniederlassungsrichtlinie** (Rn 3) vereinbart werden kann, ist noch nicht abschließend geklärt. Obwohl sich die Gesetzesmaterialien ausführlich mit der Frage auseinandersetzen,[13] kann nicht verkannt werden, dass die Eintragung einer Zweigniederlassung von Voraussetzungen abhängig gemacht wird, die in der Richtlinie nicht vorgesehen sind.[14]

3. Angabe zu Vertretungsbefugnissen (§ 13f Abs. 2 S. 2)

8   a) **Allgemeines.** Des Weiteren ist nach § 13f Abs. 2 S. 2 i.V.m. § 37 Abs. 3 AktG anzugeben, welche Vertretungsbefugnis die Vorstandsmitglieder haben (zu der Art, wie dieser Nachweis zu führen ist, vgl. § 13d Rn 69 f). Die einzelnen Vorstandsmitglieder sind also mit Name, Vorname, Wohnort, Geburtsdatum zu benennen.[15] Nach umstrittener,

---

Joost/Strohn/*Pentz* Rn 7; Röhricht/v. Westphalen/*Ammon* Rn 6; *Mankowski/Knöfel* in: Hirte/Bücker § 13 Rn 16.
[11] BT-Drucks. 12/3908, S. 17.
[12] Vgl. zum Folgenden RegE MoMiG, BT-Drucks. 16/6140, S. 50.
[13] RegE MoMiG, BT-Drucks. 16/6140, S. 50.
[14] Starke Bedenken bei *Wachter* GmbHR 2006, 793 (798 f); vgl. zu dieser Frage auch *Rehberg* in: Eidenmüller § 7 Rn 22 ff.
[15] *Krafka/Willer* Rn 322.

aber zutreffender Auffassung gilt das auch für die **Geschäftsführer einer juristischen Person**, wenn diese Organmitglied der Gesellschaft ist (was namentlich in angelsächsisch geprägten Gesellschaftsrechten zulässig ist). Ohne eine solche Angabe wäre der Rechtsverkehr nicht hinreichend über die Vertretungsverhältnisse informiert.[16] Davon abzugrenzen ist der in der Grundproblematik ähnlich gelagerte Fall, dass eine ausländische Kapitalgesellschaft persönlich haftende Gesellschafterin einer deutschen Personenhandelsgesellschaft ist; vgl. § 8 Rn 76.

Die Vertretungsbefugnis der Vorstandsmitglieder soll nach der zu § 37 Abs. 3 AktG entwickelten hM in **abstrakter Formulierung** umschrieben werden können (Gesamtvertretung, Einzelvertretung, unechte Gesamtvertretung). Die konkreten Vertretungsbefugnisse jedes einzelnen Vorstandsmitglieds müssten dann also nicht gesondert angegeben werden.[17] Damit sollen ständige Handelsregisteränderungen vermieden werden.[18] Dieser Erleichterungseffekt dürfte allerdings nur gering sein, da eine Änderung in der personellen Besetzung des Vorstands nach § 13d Abs. 5 HGB i.V.m. § 81 Abs. 1 AktG selbstverständlich auch weiterhin einzutragen ist; es darf nur auf die erneute Angabe der Vertretungsbefugnis verzichtet werden.[19] Speziell im Recht der Zweigniederlassungen wird in jüngerer Vergangenheit ohne nähere Begründung verbreitet die Angabe der „allgemeinen und konkreten Vertretungsverhältnisse" gefordert.[20] Der Unterschied zur hM darf nicht überschätzt werden, da auch diese eine konkrete Angabe fordert, wenn einzelnen Vorstandsmitgliedern eine **besondere Vertretungskompetenz** zusteht.[21] Wird diese Ausnahme beachtet, so wird der Rechtsverkehr auch dann hinreichend über die Vertretungsverhältnisse informiert, wenn man der etwas weniger aufwändigen und deshalb vorzugswürdigen hM folgt; aus Gründen kautelarjuristischer Vorsicht bleibt bis zur abschließenden Klärung dieser Frage aber eine konkrete Angabe der sicherere Weg. Die Vertretungsbefugnis muss auch dann angegeben werden, wenn der Vorstand nur aus **einer Person** besteht und sich mithin schon aus den Vertretungsregeln des nationalen Rechts ergibt, dass ausschließlich Alleinvertretungsbefugnis vorliegen kann.[22]

b) **Insichgeschäfte.** Sehr umstritten ist, ob auch eine **Befreiung von Beschränkungen bei Insichgeschäften** nach § 181 BGB in das Handelsregister eingetragen werden kann.[23]

---

[16] Mödl RNotZ 2008, 1 (4 f); Süß DNotZ 2005, 180 (184); aA unter Hinweis auf das Fehlen einer rechtlichen Grundlage Klose-Mokroß DStR 2005, 1013 (1015).
[17] BayObLGZ 1974, 49 (51 ff); OLG Frankfurt aM OLGZ 1970, 404 (405); OLG Köln OLGZ 1970, 265 (266); Ebenroth/Boujong/Joost/Strohn/*Pentz* Rn 8; ders. in: MünchKommAktG § 37 Rn 80; GroßkommAktG/*Röhricht* § 37 Rn 43; *Hüffer* § 37 Rn 8; MünchKommHGB/*Krafka* Rn 2; Scholz/Winter/Veil § 10 Rn 12; Ulmer/Habersack/Winter § 10 Rn 10.
[18] *Hüffer* § 37 Rn 8.
[19] Vgl. auch GroßkommAktG/*Röhricht* § 37 Rn 43.
[20] OLG Hamm FGPrax 2006, 276 (277); Herchen RIW 2005, 529 (531); Mödl RNotZ 2008, 1 (4); Wachter ZNotP 2005, 122

(131 f); so auch schon früher Gustavus BB 1970, 594 (595); Lappe GmbHR 1970, 90 f.
[21] Ebenroth/Boujong/Joost/Strohn/*Pentz* Rn 8; *Hüffer* § 37 Rn 8; MünchKommHGB/*Krafka* Rn 2.
[22] So die (verbindliche) Auslegung der zugrunde liegenden Publizitätsrichtlinie durch den EuGH v. 12.11.1974, Rs. 32/74, Slg. 1974, 1201 (1207); BGHZ 63, 261 (263 ff) = NJW 1975, 213; OLG Köln OLGZ 1970, 265 (266); Ebenroth/Boujong/Joost/Strohn/*Pentz* Rn 8; *Hüffer* § 37 Rn 8.
[23] Dagegen die hM – vgl. nur OLG Celle NZG 2006, 273; OLG Düsseldorf NZG 2006, 317 (318); OLG Frankfurt aM FGPrax 2008, 165 (166); OLG München NZG 2005, 850 (851); LG Leipzig NZG 2005, 759 (760); GK-HGB/*Achilles* Rn 2; MünchKommBGB/*Kindler* IntGesR Rn 942; *Krafka/Willer* Rn 322;

§ 13f 1. Buch. Handelsstand

Eine solche Eintragung ist streng genommen **gegenstandslos**, weil sich die organschaftliche Vertretung nicht nach deutschem Recht, sondern nach dem ausländischen **Gesellschaftsstatut** richtet (vgl. § 13d Rn 31).[24] Dennoch kann ihre Eintragung sinnvoll erscheinen, um dem inländischen Rechtsverkehr zu signalisieren, dass bei dem ausländischen Gebilde Insichgeschäfte möglich sind. Ein Bedürfnis für eine solche Klarstellung kann zum einen dort bestehen, wo das ausländische Recht tatsächlich ein entsprechendes Verbot von Insichgeschäften kennt, von dem eine Befreiung erteilt worden ist; zum anderen können aber selbst Gesellschaften aus solchen Staaten, in denen derartige Beschränkungen nicht bestehen, den Wunsch haben, dies dem inländischen Rechtsverkehr in gewohnter registerrechtlicher Ausdrucksform mitzuteilen. Gerade diese letztgenannte Fallgruppe hat in der Vergangenheit besondere Relevanz erlangt, weil das Heimatrecht der englischen Limited ein Verbot von Insichgeschäften nicht kennt.[25]

11 Richtigerweise wird man die Eintragung einer Befreiung nach § 181 BGB abzulehnen haben. Die Funktion des Handelsregisters, über zentrale Unternehmensdaten Auskunft zu geben, darf nur in der Weise erfolgen, dass dem Rechtsverkehr **inhaltlich zutreffende Informationen** offengelegt werden. Durch die Information, ein ausländischer Organvertreter sei nach § 181 BGB vom Verbot des Insichgeschäfts befreit, würden zwar die Vorstellungen eines Geschäftspartners über die Vertretungsverhältnisse in der eingetragenen Gesellschaft präzisiert; zugleich würde er aber über die grundsätzliche Rechtslage sowohl hinsichtlich der allgemeinen Geltung des § 181 BGB für ausländische Gesellschaften als auch hinsichtlich der Vertretungsregeln im ausländischen Rechtskreis getäuscht. Die größere Klarheit bei einem Vertragsabschluss würde damit durch eine **dauerhafte Irreführung** für sämtliche künftigen Vertragsabschlüsse erkauft. Zu einer solchen Irreführung darf das deutsche Registerrecht nicht beitragen.[26] Ebenso sind die Vorschläge abzulehnen, wonach zumindest eine sinngemäße Eintragung erfolgen kann, weil das Gericht in diesen Fällen dazu verpflichtet wäre, den aktuell geltenden Inhalt der jeweiligen ausländischen Vertretungsregelung zu ermitteln, um einen inhaltlich zutreffenden Eintrag zu erstellen.[27] Zur Eintragung der Befreiung vom Verbot des Insichgeschäfts bei einem ständigen Vertreter vgl. § 13e Rn 33.

12 Die Befreiung vom Verbot des Insichgeschäfts ist hingegen dann eintragungsfähig, wenn bei einer **Limited & Co. KG** der Limited in ihrer Funktion als Komplementärin Insichgeschäfte und Mehrfachvertretung gestattet werden. In diesem Fall geht es nämlich nicht um die Eintragung der dem englischen Recht unterliegenden Vertretungsverhältnisse der Komplementärin, sondern um die davon zu unterscheidende Vertretungsmacht, die dieser Gesellschaft in ihrer Funktion als zur Geschäftsführung und Vertretung berufenen Komplementärin für die in das Handelsregister bereits eingetragene KG zukommt.[28]

Mankowski/Knöfel in: Hirte/Bücker § 13 Rn 20e ff; *Herchen* RIW 2005, 529 (531); *Mödl* RNotZ 2008, 1 (4); *Wachter* NZG 2005, 338 ff; *dens.* ZNotP 2005, 122 (132 f); *Willer/Krafka* NZG 2006, 495 (496); dafür LG Augsburg NZG 2005, 356; LG Chemnitz NZG 2005, 760 (761); LG Freiburg NZG 2004, 1170 (1171); LG Ravensburg GmbHR 2005, 489 (490); *Süß* DNotZ 2005, 180 (185).

[24] *Mankowski/Knöfel* in: Hirte/Bücker § 13 Rn 20f; *Süß* DNotZ 2005, 180 (185); *Wachter* NZG 2005, 338.

[25] OLG München NZG 2005, 850 (851); LG Leipzig NZG 2005, 759 (760); ausführlich zur englischen Rechtslage *Schall* NZG 2006, 54 f; *Wachter* NZG 2005, 338 (339); *Willer/Krafka* NZG 2006, 495 f.

[26] OLG München NZG 2005, 850 (851).

[27] *Krafka/Willer* Rn 322; *Herchen* RIW 2005, 529 (531); *Mödl* RNotZ 2008, 1 (4); vgl. auch *Wachter* ZNotP 2005, 122 (133).

[28] OLG Frankfurt aM NZG 2006, 830; *Mödl* RNotZ 2008, 1 (4); *Wachter* GmbHR 2006, 79 (83).

4. Sonstige Angaben. Gem. § 13f Abs. 2 S. 3 sind in die Anmeldung **grundsätzlich** die **13** in § 23 Abs. 3 und 4, §§ 24, 25 S. 2 AktG vorgesehenen Bestimmungen sowie weitere Angaben in der Satzung über die Zusammensetzung des Vorstands (§ 76 Abs. 2 AktG) aufzunehmen. Unter **§ 23 AktG** fallen die Firma und der Sitz der Gesellschaft (§ 23 Abs. 3 Nr. 1 AktG), der Unternehmensgegenstand (§ 23 Abs. 3 Nr. 2 AktG), die Höhe des Grundkapitals (§ 23 Abs. 3 Nr. 3 AktG), die Zerlegung des Grundkapitals und die Aktiengattungen (§ 23 Abs. 3 Nr. 4 AktG), die Ausgestaltung als Inhaber- oder Namensaktien (§ 23 Abs. 3 Nr. 5 AktG), die Zahl der Vorstandsmitglieder (§ 23 Abs. 3 Nr. 6 AktG) sowie Bestimmungen über die Form der Bekanntmachungen der Gesellschaft (§ 23 Abs. 4 AktG). Der ebenfalls erfasste § 24 AktG regelt satzungsmäßige Bestimmungen über einen Anspruch auf Umwandlung von Aktien; § 25 AktG betrifft die Festlegung der Gesellschaftsblätter. Diese Angaben stehen allerdings unter dem Vorbehalt, dass das ausländische Recht nicht eine Abweichung nötig macht. Insofern gelten die in § 13d Rn 51 dargestellten Grundsätze. Danach darf das deutsche Registerrecht nicht in die vom ausländischen Recht vorgegebenen Verhältnisse des Unternehmens eingreifen, namentlich in seine **Organisationsstruktur**. Verlangt werden können nur solche Anmeldungen und Eintragungen, die die Struktur des Unternehmens unberührt lassen; eine Anpassung durch Strukturänderung kann auch dann nicht verlangt werden, wenn sie nach dem Heimatrecht möglich wäre.[29]

5. Zusatzangaben bei zeitnahem Gründungsakt. Zusatzangaben sieht § 13f Abs. 2 S. 3, **14** 2. Hs. für den Fall vor, dass die Eintragung der Gesellschaft in das Handelsregister ihres Sitzes im Zeitpunkt der Anmeldung der Gesellschaft **nicht länger als zwei Jahre** zurückliegt. In diesem Fall soll die Anmeldung auch Angaben zu einem qualifizierten Gründungsakt nach § 26 AktG (Sondervorteile und Gründungsaufwand) oder § 27 AktG (Sachgründung), zum Ausgabebetrag der Aktien nach § 9 AktG sowie zu Name und Wohnort der Gründer enthalten. Zur Angabe des Wohnortes genügt die Bezeichnung der Gemeinde; die genaue Wohnanschrift muss nicht benannt werden.[30] Mit diesen zusätzlichen Erfordernissen soll dem Umstand Rechnung getragen werden, dass eine Gesellschaft in den ersten zwei Jahren ihres Bestehens als besonders gefährdet gilt (vgl. auch §§ 47 Nr. 3, 52 Abs. 1 AktG).[31] Auch diese Angaben stehen unter dem Vorbehalt, dass das ausländische Recht nicht eine Abweichung nötig macht (s. Rn 13).

6. Bekanntmachung. Nach § 13f Abs. 2 S. 4 ist der Anmeldung schließlich die für **15** den Sitz der Gesellschaft ergangene gerichtliche Bekanntmachung beizufügen. Soweit das demnach maßgebliche ausländische Recht eine solche Bekanntmachung nicht vorsieht, genügt die Beifügung einer vergleichbaren öffentlichen Bekanntmachung.[32] Ist die Bekanntmachung nicht ergangen, reicht eine entsprechende Negativerklärung der anmeldenden Person aus.[33]

---

[29] BayObLGZ 1986, 351 (356); OLG Düsseldorf NJW-RR 1992, 1390 (1391); Baumbach/*Hopt* § 13d Rn 6; GK-HGB/*Achilles* § 13d Rn 16; Koller/*Roth*/Morck § 13d Rn 6; Röhricht/v. Westphalen/*Ammon* § 13d Rn 13; *Bumeder* Rn 58 ff.

[30] Ebenroth/Boujong/Joost/Strohn/*Pentz* Rn 11.

[31] Heymann/*Sonnenschein*/Weitemeyer § 13a Rn 15.

[32] BT-Drucks. 13/3908, S. 17; zu Recht kritisch hinsichtlich des insofern zu engen Wortlauts Heymann/*Sonnenschein*/Weitemeyer Rn 7.

[33] MünchKommHGB/*Krafka* Rn 4.

III. Inhalt der Eintragung (§ 13f Abs. 3)

16 § 13f Abs. 3 **ergänzt die allgemeinere Vorschrift des § 13d** hinsichtlich des Inhalts der Eintragung (zum deklaratorischen Charakter der Eintragung s. § 13 Rn 55, § 13d Rn 19). Schon nach § 13d Abs. 2 ist die Errichtung der Zweigniederlassung, ihr Ort und gegebenenfalls auch ihre Firma in das Handelsregister einzutragen. § 13f Abs. 3 ergänzt diese Vorschrift zunächst dahingehend, dass in das Handelsregister solche **Angaben über die ausländische AG** eingetragen werden sollen, die nach § 39 AktG bei einer inländischen AG erforderlich sind. Dazu zählen nach § 39 Abs. 1 AktG die Firma der Gesellschaft, ihr Sitz, der Unternehmensgegenstand, die Höhe des Grundkapitals, der Tag der Satzungsfeststellung sowie die Vorstandsmitglieder und ihre Vertretungsbefugnis. Für die Eintragung einer Befreiung vom Verbot des Insichgeschäfts gelten die Ausführungen in Rn 10 ff. Nach § 39 Abs. 2 AktG sind für den Fall, dass die Satzung Bestimmungen über die Dauer der Gesellschaft oder über das genehmigte Kapital enthält, auch diese Regelungen einzutragen. All diese Angaben beziehen sich nicht auf die inländische Zweigniederlassung, sondern ausschließlich auf die ausländische Kapitalgesellschaft. Sie werden nur anlässlich der Errichtung der inländischen Zweigniederlassung in das deutsche Handelsregister aufgenommen. Entgegen einer verbreiteten Auffassung gilt dies auch für den **Unternehmensgegenstand**. Die Gegenauffassung lässt sich mit der eindeutigen Gesamtausrichtung dieses Verweises auf die ausländische AG nicht vereinbaren (vgl. § 13e Rn 22 ff).

17 Überdies sollen nach § 13f Abs. 3 auch die **in § 13e Abs. 2 S. 3 bis 5 enthaltenen Angaben** in der Eintragung enthalten sein (vgl. im Einzelnen § 13e Rn 20 ff). Davon werden nach der Erweiterung dieser Verweisung im Zuge des MoMiG (Rn 3) auch die inländische Geschäftsanschrift und der Gegenstand der Zweigniederlassung (§ 13e Abs. 2 S. 3) sowie die Person des inländischen Empfangsberechtigten (§ 13e Abs. 2 S. 4) erfasst. Schließlich sind über § 13e Abs. 2 S. 5 anzugeben: (1) das Register, bei dem die Gesellschaft geführt wird, und die Nummer des Registereintrags, sofern das Recht des Staates, in dem die Gesellschaft ihren Sitz hat, eine Registereintragung vorsieht; (2) die Rechtsform der Gesellschaft; (3) die ständigen Vertreter unter Angabe ihrer Befugnisse sowie (4) bei Gesellschaften, die nicht aus EU-Mitgliedstaaten kommen, das Recht des Staates, dem die Gesellschaft unterliegt.

18 Für die **Bekanntmachung** der Eintragung gilt die allgemeine Vorschrift des § 10. Bis zur Neufassung im Zuge des EHUG (Rn 3) enthielt § 13f Abs. 4 a.F. noch einen Verweis auf § 40 AktG a.F., der für die Bekanntmachung in diesem Fall noch zusätzliche Angaben verlangte. Entsprechend der neuen Maxime, dass die Bekanntmachung nur das **Spiegelbild der Eintragung** ist und deshalb keine weitergehenden Inhalte aufweisen soll (vgl. § 10 Rn 10),[34] wurde § 40 AktG a.F. im Zuge des EHUG aufgehoben und als Folgeänderung auch der Verweis in § 13f Abs. 4 a.F. gestrichen.

IV. Anmeldung von Satzungsänderungen (§ 13f Abs. 4)

19 Um die Rechtsverhältnisse der ausländischen AG dauerhaft transparent darzustellen, sind nach § 13f Abs. 4 S. 1 auch Änderungen der Satzung der ausländischen Gesellschaft durch den Vorstand zur Eintragung in das Handelsregister anzumelden. Für Kapitalmaß-

---

[34] So die Begründung zur Aufhebung des § 40 AktG a.F. RegE EHUG, BT-Drucks. 16/960, S. 65.

nahmen wird diese Anmeldepflicht nicht gesondert angeordnet, doch werden diese auch in ausländischen Rechtsordnungen regelmäßig über eine Satzungsänderung erfolgen.[35] Die Eintragung in das deutsche Register hat eine ausschließlich **deklaratorische Funktion**; die Wirksamkeit der Änderung beurteilt sich allein nach dem ausländischen Recht (daher kein Verweis auf § 181 Abs. 3 AktG).[36] Für die Anmeldung soll nach § 13f Abs. 4 S. 2 die Regelung des **§ 181 Abs. 1 und 2 AktG sinngemäße Anwendung** finden, soweit nicht das ausländische Recht Abweichungen nötig macht. Hinsichtlich des zuletzt genannten Vorbehaltes gelten die Ausführungen in Rn 13: Das deutsche Registerrecht darf nicht in die Organisationsstruktur der ausländischen Gesellschaft eingreifen.

Für die Anmeldung der Satzungsänderung genügt es, wenn der Vorstand **in vertre-** 20 **tungsberechtigter Zahl** handelt.[37] Gem. § 181 Abs. 1 S. 2 AktG ist der Anmeldung der vollständige **Wortlaut der Satzung** beizufügen. Er muss mit der Bescheinigung eines Notars versehen sein, dass die geänderten Bestimmungen der Satzung mit dem Beschluss über die Satzungsänderung und die unveränderten Bestimmungen mit dem zuletzt zum Handelsregister eingereichten vollständigen Wortlaut der Satzung übereinstimmen. Um diese Bescheinigung zu erteilen, muss sich der Notar nicht nur über den zuletzt zum Handelsregister eingereichten Wortlaut der Satzung Kenntnis verschaffen, sondern auch die Wirksamkeit der Satzungsänderung nach ausländischem Recht beurteilen.[38] Soweit dazu nach der fremden Rechtsordnung eine staatliche Genehmigung erforderlich ist, muss auch diese gem. § 13f Abs. 4 S. 2 i.V.m. § 181 Abs. 1 S. 3 AktG nachgewiesen werden.[39]

Als Notar im Sinne dieser Bestimmung kommt sowohl ein deutscher als **auch ein aus-** 21 **ländischer Notar** in Betracht, wobei im zweiten Fall ein Echtheitsnachweis durch Legalisation oder Apostille erforderlich ist (vgl. § 12 Rn 76 f).[40] Aus dem Grundsatz, dass die Gerichtssprache auch in Verfahren der freiwilligen Gerichtsbarkeit deutsch ist (vgl. § 184 GVG, der nach der Neufassung des § 2 EGGVG im Zuge des FGG-RG nunmehr auch unmittelbar für die freiwillige Gerichtsbarkeit gilt[41]) folgt, dass die Satzung stets in deutscher Sprache vorgelegt werden muss.[42] Daraus folgt, dass bei einer fremdsprachigen Satzung auch eine beglaubigte **Übersetzung** beigefügt werden muss. Um die Richtigkeit des Handelsregisters zu gewährleisten, wird man dazu auch hier die Übersetzung eines gerichtlich oder behördlich bestellten oder vereidigten Übersetzers fordern müssen (s. Rn 5).

Bei der **Eintragung** der Satzungsänderung genügt grundsätzlich die Bezugnahme auf 22 die beim Gericht eingereichten Urkunden, sofern die Änderung nicht die zentralen Angaben nach § 39 AktG betrifft. Die Sondervorschrift über Bekanntmachungen in § 181 Abs. 2 S. 2 AktG ist im Zuge des MoMiG (Rn 3) als (verspätete) Folgeänderung zum Wegfall des § 40 AktG ersatzlos gestrichen worden (s. Rn 18).

---

[35] Mödl RNotZ 2008, 1 (16).
[36] Ebenroth/Boujong/Joost/Strohn/*Pentz* Rn 20; GK-HGB/*Achilles* Rn 6; Heymann/*Sonnenschein*/*Weitemeyer* Rn 13; Röhricht/v. Westphalen/*Ammon* Rn 13.
[37] Ebenroth/Boujong/Joost/Strohn/*Pentz* Rn 20; Hüffer Anh. zu § 45 AktG § 13f HGB Rn 6.
[38] Mödl RNotZ 2008, 1 (15).
[39] Heymann/*Sonnenschein*/*Weitemeyer* Rn 13; Röhricht/v. Westphalen/*Ammon* Rn 12.

[40] Mödl RNotZ 2008, 1 (16).
[41] Vgl. dazu auch FGG-RG, BT-Drucks. 16/6308, S. 318.
[42] Ebenroth/Boujong/Joost/Strohn/*Pentz* Rn 22; GK-HGB/*Achilles* Rn 6; Mödl RNotZ 2008, 1 (16); Wachter ZNotP 2005, 122 (143); **aA** Heymann/*Sonnenschein*/*Weitemeyer* Rn 13.

§ 13f   1. Buch. Handelsstand

V. Anmeldung von sonstigen Änderungen (§ 13f Abs. 5)

23 Nach § 13f Abs. 5 gelten auch §§ 81, 263 S. 1, 266 Abs. 1 und 2 sowie § 273 Abs. 1 S. 1 AktG sinngemäß, soweit nicht das ausländische Recht Abweichungen nötig macht. Nach § 13f Abs. 5 HGB i.V.m. § 81 Abs. 1 AktG muss jede **Änderung des Vorstands** oder der Vertretungsbefugnis eines Vorstandsmitglieds zur Eintragung in das Handelsregister angemeldet werden. Dabei sind der Anmeldung nach § 13f Abs. 5 HGB i.V.m. § 81 Abs. 2 AktG die Urkunden über die Änderung in Urschrift oder öffentlich beglaubigter Abschrift beizufügen. **§ 81 Abs. 3 AktG** war bislang von dem Verweis ausgeklammert mit der Folge, dass bei der Bestellung von neuen Vorstandsmitgliedern keine Versicherung zu den Inhabilitätstatbeständen i.S.d. § 76 Abs. 3 S. 2 bis 4 AktG abgegeben werden musste. Künftig soll eine solche Erklärung auch bei Änderungen des Vorstands – ebenso wie bei der erstmaligen Anmeldung – abgegeben werden (zu den Gründen und den europarechtlichen Bedenken s. Rn 7).

24 Der Verweis auf §§ 263 S. 1, 266 Abs. 1 und 2, § 273 Abs. 1 S. 1 AktG betrifft die **Auflösung und Abwicklung der AG**. Sie bestimmt sich allein nach dem ausländischen Recht,[43] doch werden an den ausländischen Auflösungstatbestand inländische Anmeldepflichten geknüpft. § 263 S. 1 AktG regelt die Pflicht des Vorstands, die Auflösung der Gesellschaft zur Eintragung in das Handelsregister anzumelden, § 266 AktG betrifft die Anmeldung der Abwickler und § 273 AktG schließlich den Schluss der Abwicklung. Auch diese Anmeldepflichten stehen unter dem Vorbehalt, dass sich aus dem Heimatrecht der AG nichts anderes ergibt (s. Rn 13).

VI. Aufhebung der Zweigniederlassung (§ 13f Abs. 6)

25 Nach § 13f Abs. 6 gelten für die Aufhebung einer Zweigniederlassung die Vorschriften über ihre Errichtung sinngemäß. Auch die Aufhebung ist demnach in das Handelsregister am Ort der Zweigniederlassung einzutragen. Eine Besonderheit gilt dann, wenn die Gesellschaft bei mehreren Zweigniederlassungen vom **Optionsrecht des § 13e Abs. 5** Gebrauch gemacht und ein Register zum Hauptregister erklärt hat (s. dazu § 13e Rn 45). Soll gerade die Zweigniederlassung aufgehoben werden, der das Hauptregister zugeordnet ist, müssen die bisher bei diesem Register vorgenommenen Änderungen bei den anderen Registern nachgeholt werden. Die Gesellschaft hat daneben aber auch die Möglichkeit, ein neues Hauptregister zu bestimmen und unter Angabe der Handelsregisternummer bei den übrigen Handelsregistern anzumelden.[44] In beiden Fällen ist in den bisherigen Nebenregistern der Verweis auf das ehemalige Hauptregister durch Rötung zu korrigieren.[45]

VII. Ausländische Kommanditgesellschaft auf Aktien (§ 13f Abs. 7)

26 Nach § 13f Abs. 7 gelten die Vorschriften über Zweigniederlassungen von Aktiengesellschaften mit Sitz im Ausland sinngemäß für Zweigniederlassungen von Kommanditgesellschaften auf Aktien mit Sitz im Ausland, soweit sich aus §§ 278 bis 290 AktG

---

[43] Heymann/*Sonnenschein*/*Weitemeyer* Rn 15; Röhricht/v. Westphalen/*Ammon* Rn 14.
[44] Ebenroth/Boujong/Joost/Strohn/*Pentz* Rn 30; GK-HGB/*Achilles* Rn 8; Heymann/*Sonnen*schein/*Weitemeyer* Rn 16; Röhricht/v. Westphalen/*Ammon* Rn 15.
[45] Ebenroth/Boujong/Joost/Strohn/*Pentz* Rn 30.

oder aus dem Fehlen eines Vorstands nichts anderes ergibt. Diese Gleichstellung hätte richtigerweise schon in § 13e ausgesprochen werden müssen; aus § 13f Abs. 7 kann mittelbar gefolgert werden, dass auch diese allgemeinere Vorschrift, auf der § 13f aufbaut, für die KGaA gelten muss (s. § 13e Rn 1). Der im letzten Halbsatz enthaltene Verweis auf die aktienrechtlichen Vorschriften ist präzisierungsbedürftig, weil diese für ausländische Gesellschaften ohnehin keine Geltung beanspruchen. Tatsächlich sind solche ausländischen Vorschriften gemeint, die **§§ 278 bis 290 AktG** inhaltlich entsprechen.[46] Die zweite im letzten Halbsatz enthaltene Einschränkung trägt der Tatsache Rechnung, dass bei der KGaA an die Stelle des für die AG handelnden Vorstands die persönlich haftenden Gesellschafter treten (vgl. für das deutsche Recht § 283 AktG). Soweit der Vorstand Adressat registerrechtlicher Pflichten ist, sind damit bei der KGaA also die persönlich haftenden Gesellschafter angesprochen.[47]

§ 13g
Zweigniederlassungen von Gesellschaften mit beschränkter Haftung mit Sitz im Ausland

(1) Für Zweigniederlassungen von Gesellschaften mit beschränkter Haftung mit Sitz im Ausland gelten ergänzend die folgenden Vorschriften.

(2) ¹Der Anmeldung ist der Gesellschaftsvertrag in öffentlich beglaubigter Abschrift und, sofern der Gesellschaftsvertrag nicht in deutscher Sprache erstellt ist, eine beglaubigte Übersetzung in deutscher Sprache beizufügen. ²Die Vorschriften des § 8 Abs. 1 Nr. 2 und Abs. 3 und 4 des Gesetzes betreffend die Gesellschaften mit beschränkter Haftung sind anzuwenden. ³Wird die Errichtung der Zweigniederlassung in den ersten zwei Jahren nach der Eintragung der Gesellschaft in das Handelsregister ihres Sitzes angemeldet, so sind in die Anmeldung auch die nach § 5 Abs. 4 des Gesetzes betreffend die Gesellschaften mit beschränkter Haftung getroffenen Festsetzungen aufzunehmen, soweit nicht das ausländische Recht Abweichungen nötig macht.

(3) Die Eintragung der Errichtung der Zweigniederlassung hat auch die Angaben nach § 10 des Gesetzes betreffend die Gesellschaften mit beschränkter Haftung sowie die in § 13e Abs. 2 Satz 3 bis 5 vorgeschriebenen Angaben zu enthalten.

(4) ¹Änderungen des Gesellschaftsvertrages der ausländischen Gesellschaft sind durch die Geschäftsführer zur Eintragung in das Handelsregister anzumelden. ²Für die Anmeldung gelten die Vorschriften des § 54 Abs. 1 und 2 des Gesetzes betreffend die Gesellschaften mit beschränkter Haftung sinngemäß, soweit nicht das ausländische Recht Abweichungen nötig macht.

(5) Im übrigen gelten die Vorschriften der §§ 39, 65 Abs. 1 Satz 1, § 67 Abs. 1 und 2, § 74 Abs. 1 Satz 1 des Gesetzes betreffend die Gesellschaften mit beschränkter Haftung sinngemäß, soweit nicht das ausländische Recht Abweichungen nötig macht.

(6) Für die Aufhebung einer Zweigniederlassung gelten die Vorschriften über ihre Errichtung sinngemäß.

---

[46] Vgl. auch Ebenroth/Boujong/Joost/Strohn/*Pentz* Rn 32; Röhricht/v. Westphalen/*Ammon* Rn 16.

[47] Ebenroth/Boujong/Joost/Strohn/*Pentz* Rn 32; GK-HGB/*Achilles* Rn 9; Heymann/*Sonnenschein*/Weitemeyer Rn 17.

§ 13g

Schrifttum: vgl. die Nachweise zu § 13d.

Übersicht

	Rn
I. Allgemeines	1–2
1. Normzweck und Regelungsgehalt	1
2. Normentwicklung und europäischer Ursprung	2
II. Inhalt der Anmeldung (§ 13g Abs. 2 und 3)	3–6
1. Gesellschaftsvertrag (§ 13g Abs. 2 S. 1)	3
2. Legitimation und Versicherung zu Bestellhindernissen (§ 13g Abs. 2 S. 2)	4
3. Angabe zu Vertretungsbefugnissen (§ 13g Abs. 2 S. 2)	5
4. Angaben zur Sachgründung bei zeitnahem Gründungsakt	6
III. Inhalt der Eintragung (§ 13g Abs. 3)	7–9
IV. Anmeldung von Satzungsänderungen (§ 13g Abs. 4)	10–11
V. Anmeldung von sonstigen Änderungen (§ 13g Abs. 5)	12–13
VI. Aufhebung der Zweigniederlassung (§ 13g Abs. 6)	14

I. Allgemeines

1   **1. Normzweck und Regelungsgehalt.** Die allgemeinen Bestimmungen in § 13d sowie die in § 13e enthaltenen Sonderregeln für die Zweigniederlassungen von Kapitalgesellschaften werden in § 13g für die inländische Zweigniederlassung einer **ausländischen GmbH** weiter präzisiert (so ausdrücklich § 13g Abs. 1 – zur Kritik an dieser Regelungssystematik s. § 13d Rn 3). Es handelt sich bei § 13g um die **Parallelvorschrift zu § 13f**. Ebenso wie diese Vorschrift dient § 13g dazu, die zentralen Unternehmensdaten der ausländischen Gesellschaft dem inländischen Rechtsverkehr offenzulegen. Auch der Aufbau der Vorschrift entspricht dem des § 13f: Nach dem klarstellenden Hinweis in § 13g Abs. 1 werden in § 13g Abs. 2 zunächst die Offenlegung der Satzung sowie die Ergänzung der Anmeldung um weitere konkretisierende Angaben zur Gesellschaftsstruktur angeordnet. Auch der Inhalt der Eintragung wird in § 13g Abs. 3 erweitert, und zwar um die Angaben nach § 10 GmbHG und § 13e Abs. 2 S. 3–5. § 13g Abs. 4 und 5 sollen für den Rechtsverkehr bedeutsame Änderungen in der Gesellschaftsorganisation nach außen hin transparent machen. § 13g Abs. 6 schließlich ordnet die sinngemäße Anwendung dieser Vorschriften für die Aufhebung einer Zweigniederlassung an. Zu der Frage, wann eine Zweigniederlassung vorliegt und wo der Sitz des ausländischen Unternehmens ist, s. § 13 Rn 32 ff; zur Zuordnung einer ausländischen Gesellschaft zur inländischen Rechtsform der GmbH vgl. die Ausführungen in § 13d Rn 10 f, 14 und § 13e Rn 6 ff.

2   **2. Normentwicklung und europäischer Ursprung.** § 13g wurde auf der Grundlage der **Zweigniederlassungsrichtlinie**[1] mit dem Gesetz zur Durchführung der Elften gesellschaftsrechtlichen Richtlinie vom 22. Juli 1993 in das deutsche Recht eingeführt.[2] Der Gesetzgeber hat sich dabei am aktienrechtlichen Regelungsmodell des § 44 AktG a.F.

---

[1] Elfte Richtlinie des Rates der Europäischen Gemeinschaften auf dem Gebiet des Gesellschaftsrechts v. 21.12.1989 über die Offenlegung von Zweigniederlassungen, die in einem Mitgliedstaat von Gesellschaften bestimmter Rechtsformen errichtet wurden, die dem Recht eines anderen Staats unterliegen (89/666/EWG), ABl. EG Nr. L 395/36 v. 30.12.1989.

[2] BGBl. I, S. 1282; zur weitgehenden Fortschreibung des § 44 AktG a.F. in § 13f vgl. insbes. BT-Drucks. 12/3908, S. 17 f.

orientiert, dessen Regelungsgehalt zeitgleich weitgehend in den § 13f transponiert wurde. Bei der konkreten Ausgestaltung musste allerdings den europäischen Vorgaben Rechnung getragen werden, die auch bei der Normanwendung im Wege einer richtlinienkonformen Auslegung zu berücksichtigen sind.[3] Umfassendere Änderungen erfuhr die Regelung durch das **EHUG** vom 10.11.2006[4] (vgl. dazu Rn 9 und 11) sowie durch das **MoMiG** vom 23.10.2008 (vgl. dazu Rn 4 und 8).[5]

II. Inhalt der Anmeldung (§ 13g Abs. 2 und 3)

1. Gesellschaftsvertrag (§ 13g Abs. 2 S. 1). Der Gegenstand der Anmeldung ergibt **3** sich zunächst aus der allgemeineren Vorschrift des § 13e, wonach die Errichtung der Zweigniederlassung mitsamt zusätzlichen Angaben zur ausländischen Gesellschaft (Register, Rechtsform etc.) zum Handelsregister anzumelden ist (s. § 13e Rn 4 ff.). Diese Bestimmung wird in § 13g Abs. 2 S. 1 dahingehend ergänzt, dass der Anmeldung der **Gesellschaftsvertrag in öffentlich beglaubigter Abschrift** (§ 129 BGB, § 42 BeurkG) seiner aktuellen Fassung beizufügen ist (zu den Anforderungen an eine ebenfalls zulässige ausländische Beglaubigung vgl. § 12 Rn 76 f.).[6] Sofern der Vertrag **nicht in deutscher Sprache** verfasst ist, muss des Weiteren eine beglaubigte Übersetzung beigefügt werden. Das entspricht dem Grundsatz, dass auch im Verfahren der freiwilligen Gerichtsbarkeit die Gerichtssprache deutsch ist (vgl. § 184 GVG, der nach der Neufassung des § 2 EGGVG im Zuge des FGG-RG nunmehr auch unmittelbar für die freiwillige Gerichtsbarkeit gilt[7]), und ermöglicht es dem Registergericht, seinen Prüfungspflichten nachzukommen.[8] Zu den Anforderungen an die Übersetzung vgl. § 13f Rn 5. Zur Einreichung sonstiger Dokumente in Übersetzung vgl. § 13d Rn 55.

2. Legitimation und Versicherung zu Bestellhindernissen (§ 13g Abs. 2 S. 2). Nach **4** § 13g Abs. 2 S. 2 finden auf die Anmeldung § 8 Abs. 1 Nr. 2, Abs. 3 und 4 GmbHG entsprechende Anwendung. Nach § 8 Abs. 1 Nr. 2 GmbHG muss zunächst die **Legitimation der Geschäftsführer** beigefügt werden, sofern diese nicht im Gesellschaftsvertrag bestellt wurden. Dieser Nachweis kann durch Vorlage eines Gesellschafterbeschlusses, bei abweichenden Bestellungsmodi aber auch auf andere Weise geführt werden.[9] Der Verweis auf § 8 Abs. 2 AktG ist erst im Zuge des MoMiG (Rn 2) nachträglich eingefügt worden. Danach müssen künftig auch Geschäftsführer einer ausländischen GmbH bei Errichtung einer inländischen Zweigniederlassung **versichern**, dass keine Umstände vorliegen, die ihrer Bestellung nach § 8 Abs. 3 und 4 entgegenstehen. Auf dieser Grundlage kann das Registergericht überprüfen, ob bei den Organmitgliedern die Inhabilitätsvoraussetzungen vorliegen, die nach dem ebenfalls durch das MoMiG neu eingeführten § 13e Abs. 3 S. 2 auch bei der Errichtung einer Zweigniederlassung entsprechend anwendbar sind. Auf diese Weise soll insbesondere einer in der jüngeren Vergangenheit verbreiteten Praxis

---

[3] Vgl. statt vieler *Canaris* in: FS Bydlinski, 2002, S. 47 ff; *Everling* ZGR 1992, 376 ff; *Lutter* JZ 1992, 593 ff.
[4] Gesetz über elektronische Handelsregister und Genossenschaftsregister sowie das Unternehmensregister (EHUG) v. 10.11.2006 – BGBl. I, S. 2553.
[5] Gesetz zur Modernisierung des GmbH-Rechts und zur Bekämpfung von Missbräuchen; BGBl. I, S. 2026.
[6] Heymann/*Sonnenschein/Weitemeyer* Rn 3.
[7] Vgl. dazu auch FGG-RG, BT-Drucks. 16/6308, S. 318.
[8] BT-Drucks. 12/3908, S. 17.
[9] Ebenroth/Boujong/Joost/Strohn/*Pentz* Rn 8.

§ 13g 1. Buch. Handelsstand

begegnet werden, über das Instrument einer Auslandsgesellschaft inländische Bestellhindernisse zu umgehen (s. § 13e Rn 38 ff). Daneben wird im Bereich der Zweigniederlassungen ausländischer Kapitalgesellschaften auch der neuen Gleichstellungsklausel in § 6 Abs. 2 S. 3 GmbHG Bedeutung zukommen, wonach ein Bestellhindernis auch durch eine **Verurteilung im Ausland** ausgelöst werden kann, wenn die Tat einer der in §§ 6 Abs. 2 S. 2 Nr. 3 GmbHG genannten vergleichbar ist. Zu den europarechtlichen Bedenken gegen diese Vorschrift und den dazu angestellten Überlegungen im Gesetzgebungsverfahren s. § 13f Rn 7.

5 3. **Angabe zu Vertretungsbefugnissen (§ 13g Abs. 2 S. 2).** Des Weiteren ist nach § 13g Abs. 2 S. 2 i.V.m. § 8 Abs. 4 GmbHG anzugeben, welche Vertretungsbefugnis die Geschäftsführer haben. Diese Angabe hat nach den zu § 8 Abs. 4 GmbHG entwickelten Grundsätzen in **abstrakter Formulierung** zu erfolgen (Gesamtvertretung, Einzelvertretung, unechte Gesamtvertretung). Vgl. zu den Einzelheiten § 13f Rn 8 f. Zu der Art, wie der Nachweis zu führen ist, vgl. § 13d Rn 69. Zur Befreiung vom Verbot der Insichgeschäfte s. § 13f Rn 10 ff.

6 4. **Angaben zur Sachgründung bei zeitnahem Gründungsakt.** Soweit die Errichtung in den ersten zwei Jahren nach der Eintragung in das Handelsregister ihres Sitzes angemeldet wird, muss die Anmeldung im Falle einer **Sachgründung** auch die in § 5 Abs. 4 GmbHG für Sachgründungen vorgesehenen Angaben enthalten, dh den Gegenstand der Sacheinlage und den Betrag der Stammeinlage, auf die sich die Sacheinlage bezieht. Mit diesem zusätzlichen Erfordernis soll dem Umstand Rechnung getragen werden, dass eine Gesellschaft in den ersten zwei Jahren ihres Bestehens als besonders gefährdet gilt.[10] Diese Angaben stehen allerdings unter dem Vorbehalt, dass das ausländische Recht nicht eine Abweichung nötig macht. Insofern gelten die in § 13d Rn 51 dargestellten Grundsätze. Danach darf das deutsche Registerrecht nicht in die vom ausländischen Recht vorgegebenen Verhältnisse des Unternehmens eingreifen, namentlich in seine **Organisationsstruktur**. Eine Anpassung durch Strukturänderung kann auch dann nicht verlangt werden, wenn sie nach dem Heimatrecht möglich wäre.[11]

III. Inhalt der Eintragung (§ 13g Abs. 3)

7 § 13g Abs. 3 **ergänzt die allgemeinere Vorschrift des § 13d** hinsichtlich des Inhalts der Eintragung (zum deklaratorischen Charakter der Eintragung s. § 13 Rn 55, § 13d Rn 19). Schon nach § 13d sind die Errichtung der Zweigniederlassung, ihr Ort und gegebenenfalls auch ihre Firma in das Handelsregister einzutragen. § 13g Abs. 3 ergänzt diese Vorschrift zunächst dahingehend, dass in das Handelsregister solche **Angaben über die ausländische GmbH** eingetragen werden sollen, die nach § 10 GmbHG bei einer inländischen GmbH erforderlich sind. Dazu zählen nach § 10 GmbHG die Firma der Gesellschaft, ihr Sitz, der Unternehmensgegenstand, die Höhe des Stammkapitals, der Tag der Satzungsfeststellung sowie die Geschäftsführer und ihre Vertretungsbefugnis. Für die Eintragung einer Befreiung vom Verbot des Insichgeschäfts gelten die Ausführungen

---

[10] Heymann/*Sonnenschein*/*Weitemeyer* § 13a Rn 15.
[11] BayObLGZ 1986, 351 (356); OLG Düsseldorf NJW-RR 1992, 1390 (1391); Baumbach/*Hopt* § 13d Rn 6; Ebenroth/Boujong/Joost/*Strohn*/*Pentz* Rn 9; Koller/*Roth*/Morck § 13d Rn 6; Röhricht/v. Westphalen/*Ammon* § 13d Rn 13; *Bumeder* Rn 58 ff.

in § 13f Rn 9 ff. Nach § 10 Abs. 2 GmbHG sind für den Fall, dass der Gesellschaftsvertrag eine Bestimmung über die Dauer der Gesellschaft enthält, auch diese Bestimmungen einzutragen. All diese Angaben beziehen sich nicht auf die inländische Zweigniederlassung, sondern ausschließlich auf die ausländische Kapitalgesellschaft. Sie werden nur anlässlich der Errichtung der inländischen Zweigniederlassung in das deutsche Handelsregister aufgenommen. Entgegen einer verbreiteten Auffassung gilt dies auch für den **Unternehmensgegenstand**. Die Gegenauffassung lässt sich mit der eindeutigen Gesamtausrichtung dieses Verweises auf die ausländische GmbH nicht vereinbaren (vgl. § 13e Rn 22 ff).

Überdies sollen nach § 13g Abs. 3 auch die **in § 13e Abs. 2 S. 3 bis 5 enthaltenen Angaben** von der Eintragung erfasst werden. Dazu zählen nach der Erweiterung dieser Verweisung im Zuge des MoMiG (Rn 2) auch die inländische Geschäftsanschrift und der Gegenstand der Zweigniederlassung (§ 13e Abs. 2 S. 3) sowie die Person des inländischen Empfangsberechtigten (§ 13e Abs. 2 S. 4). Schließlich sind über § 13e Abs. 2 S. 5 anzugeben: (1) das Register, bei dem die Gesellschaft geführt wird; (2) die Nummer des Registereintrags, sofern das Recht des Staates, in dem die Gesellschaft ihren Sitz hat, eine Registereintragung vorsieht; (3) die Rechtsform der Gesellschaft; (4) die ständigen Vertreter unter Angabe ihrer Befugnisse sowie (5) bei Gesellschaften, die nicht aus EU-Mitgliedstaaten kommen, das Recht des Staates, dem die Gesellschaft unterliegt. **8**

Für die **Bekanntmachung** der Eintragung gilt die allgemeine Vorschrift des § 10. Bis zur Neufassung im Zuge des EHUG (Rn 2) enthielt § 13g Abs. 4 a.F. noch einen Verweis auf § 10 Abs. 3 GmbHG a.F., der für die Bekanntmachung in diesem Fall noch zusätzliche Angaben verlangte. Entsprechend der neuen Maxime, dass die Bekanntmachung nur das **Spiegelbild der Eintragung** ist und deshalb keine weitergehenden Inhalte aufweisen soll (vgl. § 10 Rn 10),[12] wurde § 10 Abs. 3 GmbHG a.F. im Zuge des EHUG aufgehoben und als Folgeänderung auch der Verweis in § 13g Abs. 4 a.F. gestrichen. **9**

IV. Anmeldung von Satzungsänderungen (§ 13g Abs. 4)

Um die Rechtsverhältnisse der ausländischen GmbH dauerhaft transparent darzustellen, sind nach § 13g Abs. 4 S. 1 auch Änderungen der Satzung der ausländischen Gesellschaft zur Eintragung in das Handelsregister anzumelden. Für Kapitalmaßnahmen wird diese Anmeldepflicht nicht gesondert angeordnet, doch werden diese auch in ausländischen Rechtsordnungen regelmäßig über eine Satzungsänderung erfolgen.[13] Die Eintragung in das deutsche Register hat eine ausschließlich **deklaratorische Funktion**; die Wirksamkeit der Änderung beurteilt sich allein nach dem ausländischen Recht (daher kein Verweis auf § 54 Abs. 3 GmbHG).[14] Für die Anmeldung soll nach § 13g Abs. 4 S. 2 § 54 **Abs. 2 und 3 GmbHG sinngemäße Anwendung** finden, soweit nicht das ausländische Recht Abweichungen nötig macht. Hinsichtlich des zuletzt genannten Vorbehaltes gelten die Ausführungen in Rn 6: Das deutsche Registerrecht darf nicht in die Organisationsstruktur der ausländischen Gesellschaft eingreifen. Für die Anmeldung genügt es, wenn die Geschäftsleiter **in vertretungsberechtigter Zahl** handeln.[15] Zum Nachweis der Satzungsänderung vgl. § 13f Rn 20 ff. **10**

---

[12] So die Begründung zur Aufhebung des § 40 AktG a.F. RegE EHUG, BT-Drucks. 16/960, S. 65.
[13] Mödl RNotZ 2008, 1 (16).
[14] Ebenroth/Boujong/Joost/Strohn/*Pentz* Rn 16; Röhricht/v. Westphalen/*Ammon* Rn 11.
[15] Ebenroth/Boujong/Joost/Strohn/*Pentz* Rn 16.

11 Bei der **Eintragung** der Satzungsänderung genügt grundsätzlich die Bezugnahme auf die beim Gericht eingereichten Urkunden, sofern die Änderung nicht die zentralen Angaben nach § 10 Abs. 1 und 2 GmbHG betrifft. Die Sondervorschrift über Bekanntmachungen in § 54 Abs. 2 S. 2 GmbHG ist im Zuge des EHUG (Rn 2) als Folgeänderung zum Wegfall des § 10 Abs. 3 GmbHG ersatzlos gestrichen worden (s. Rn 9).

V. Anmeldung von sonstigen Änderungen (§ 13g Abs. 5)

12 Nach § 13g Abs. 5 gelten auch §§ 39, 65 Abs. 1 S. 1, 67 Abs. 1 und 2, 74 Abs. 1 S. 1 GmbHG sinngemäß, soweit nicht das ausländische Recht Abweichungen nötig macht. Nach § 13g Abs. 5 i.V.m. § 39 Abs. 1 GmbHG müssen jede **Änderung in den Personen der Geschäftsführer** sowie die Beendigung der Vertretungsbefugnis eines Geschäftsführers zur Eintragung in das Handelsregister angemeldet werden. Dabei sind der Anmeldung nach § 13g Abs. 5 i.V.m. § 39 Abs. 2 GmbHG die Urkunden über die Änderung in Urschrift oder öffentlich beglaubigter Abschrift beizufügen. **§ 39 Abs. 3 GmbHG** war bislang von dem Verweis ausgeklammert, so dass bei der Bestellung neuer Geschäftsführer keine Versicherung zu den Inhabilitätstatbeständen des § 6 Abs. 2 S. 2 bis 4 GmbHG abgegeben werden musste. Künftig soll eine solche Erklärung auch bei Änderungen des Vorstands – ebenso wie bei der erstmaligen Anmeldung – abgegeben werden (zu den Gründen und den europarechtlichen Bedenken s. § 13f Rn 7).

13 Der Verweis auf §§ 65 Abs. 1 S. 1, 67 Abs. 1 und 2, § 74 Abs. 1 S. 1 GmbHG betrifft die **Auflösung und Abwicklung der GmbH**. Sie bestimmt sich allein nach dem ausländischen Recht,[16] doch werden an den ausländischen Auflösungstatbestand inländische Anmeldepflichten geknüpft. § 65 Abs. 1 S. 1 regelt die Pflicht der Geschäftsführer, die Auflösung der Gesellschaft zur Eintragung in das Handelsregister anzumelden, § 67 Abs. 1 GmbHG betrifft die Anmeldung der Abwickler und § 74 GmbHG schließlich den Schluss der Abwicklung. Auch diese Anmeldepflichten stehen unter dem Vorbehalt, dass sich aus dem Heimatrecht der GmbH nichts anderes ergibt (s. Rn 6).

VI. Aufhebung der Zweigniederlassung (§ 13g Abs. 6)

14 Nach § 13g Abs. 6 gelten für die Aufhebung einer Zweigniederlassung die Vorschriften über ihre Errichtung sinngemäß. Auch die Aufhebung ist demnach in das Handelsregister am Ort der Zweigniederlassung einzutragen. Eine Besonderheit gilt dann, wenn die Gesellschaft bei mehreren Zweigniederlassungen vom **Optionsrecht des § 13e Abs. 5** Gebrauch gemacht und ein Register zum Hauptregister erklärt hat (s. dazu § 13e Rn 45). Soll gerade die Zweigniederlassung aufgehoben werden, der dieses Register zugeordnet ist, müssen die bisher bei diesem Register vorgenommenen Änderungen bei den anderen Registern nachgeholt werden. Die Gesellschaft hat daneben aber auch die Möglichkeit, ein neues Hauptregister zu bestimmen und unter Angabe der Handelsregisternummer bei den übrigen Handelsregistern anzumelden.[17] In beiden Fällen ist in den bisherigen Nebenregistern der Verweis auf das ehemalige Hauptregister durch Rötung zu korrigieren.[18]

---

[16] Heymann/*Sonnenschein*/*Weitemeyer* Rn 14.
[17] Ebenroth/Boujong/Joost/Strohn/*Pentz* Rn 26; GK-HGB/*Achilles* § 13f Rn 8; Heymann/*Sonnenschein*/*Weitemeyer* Rn 15.
[18] Ebenroth/Boujong/Joost/Strohn/*Pentz* Rn 26.

§ 13h
Verlegung des Sitzes einer Hauptniederlassung im Inland

(1) Wird die Hauptniederlassung eines Einzelkaufmanns oder einer juristischen Person oder der Sitz einer Handelsgesellschaft im Inland verlegt, so ist die Verlegung beim Gericht der bisherigen Hauptniederlassung oder des bisherigen Sitzes anzumelden.

(2) ¹Wird die Hauptniederlassung oder der Sitz aus dem Bezirk des Gerichts der bisherigen Hauptniederlassung oder des bisherigen Sitzes verlegt, so hat dieses unverzüglich von Amts wegen die Verlegung dem Gericht der neuen Hauptniederlassung oder des neuen Sitzes mitzuteilen. ²Der Mitteilung sind die Eintragungen für die bisherige Hauptniederlassung oder den bisherigen Sitz sowie die bei dem bisher zuständigen Gericht aufbewahrten Urkunden beizufügen. ³Das Gericht der neuen Hauptniederlassung oder des neuen Sitzes hat zu prüfen, ob die Hauptniederlassung oder der Sitz ordnungsgemäß verlegt und § 30 beachtet ist. ⁴Ist dies der Fall, so hat es die Verlegung einzutragen und dabei die ihm mitgeteilten Eintragungen ohne weitere Nachprüfung in sein Handelsregister zu übernehmen. ⁵Die Eintragung ist dem Gericht der bisherigen Hauptniederlassung oder des bisherigen Sitzes mitzuteilen. ⁶Dieses hat die erforderlichen Eintragungen von Amts wegen vorzunehmen.

(3) ¹Wird die Hauptniederlassung oder der Sitz an einen anderen Ort innerhalb des Bezirks des Gerichts der bisherigen Hauptniederlassung oder des bisherigen Sitzes verlegt, so hat das Gericht zu prüfen, ob die Hauptniederlassung oder der Sitz ordnungsgemäß verlegt und § 30 beachtet ist. ²Ist dies der Fall, so hat es die Verlegung einzutragen.

Schrifttum

Bandehzadeh/Thoß Die nachträgliche Verlagerung des tatsächlichen Sitzes einer GmbH, NZG 2002, 803; *Behme/Nohlen* Zur Wegzugsfreiheit von Gesellschaften, NZG 2008, 496; *Clausnitzer* Die Novelle des Internationalen Gesellschaftsrechts – Auswirkungen auf das deutsche Firmenrecht, NZG 2008, 321; *Fingerhuth/Rumpf* MoMiG und die grenzüberschreitende Sitzverlegung, IPRax 2008, 90; *Flesner* Die GmbH-Reform (MoMiG) aus Sicht der Akquisitions- und Restrukturierungspraxis, NZG 2006, 641; *Franz/Laeger* Die Mobilität deutscher Kapitalgesellschaften nach Umsetzung des MoMiG unter Einbeziehung des Referentenentwurfs zum internationalen Gesellschaftsrecht, BB 2008, 678; *Frenzel* Regionalgericht Szeged versus OLG München: Verstößt die Ablehnung der Eintragung einer grenzüberschreitenden Sitzverlegung gegen die Niederlassungsfreiheit, EWS 2008, 130; *Grohmann/Gruschinske* Die identitätswahrende grenzüberschreitende Satzungssitzverlegung in Europa – Schein oder Realität?, GmbHR 2008, 27; *Groschuff* Eintragungsverfahren bei Zweigniederlassungen und bei Sitzverlegungen nach den am 1. Oktober 1937 in Kraft tretenden Neuregelungen, JW 1937, 2425; *J. Hoffmann* Die stille Bestattung der Sitztheorie durch den Gesetzgeber, ZIP 2007, 1581; *Jungherr* Sitzverlegung einer offenen Handelsgesellschaft nach England und einer partnership nach Deutschland, 1972; *Karl* Zur Sitzverlegung deutscher juristischer Personen des privaten Rechts nach dem 8. Mai 1945, AcP 159 (1960/61), 293; *Kindler* Der Wegzug von Gesellschaften in Europa, DK 2006, 811; *ders.* GmbH-Reform und internationales Gesellschaftsrecht, AG 2007, 721; *J. Koch* Freie Sitzwahl für Personenhandelsgesellschaften, ZHR 173 (2009), 101; *Lenz* Eintragungsverfahren bei Zweigniederlassungen und bei Sitzverlegung nach der zum 1. Oktober 1937 in Kraft tretenden Neuregelung, JW 1937, 2632; *Leuering* Von Scheinauslandsgesellschaften hin zu „Gesellschaften mit Migrationshintergrund", ZRP 2008, 73; *Melchior/Schulte* HandelsregisterVO, Online-Version 2008; abrufbar unter www.melchior-schulte.de (zuletzt abgerufen am 1. August 2008); *Mülsch/Nohlen* Die ausländische Kapitalgesellschaft und Co. KG mit Verwaltungssitz im EG-Ausland, ZIP 2008, 1358; *Peters* Verlegung des tatsächlichen Verwaltungssitzes der GmbH ins Ausland, GmbHR 2008, 245; *Preuß* Die Wahl des Satzungssitzes im geltenden

Gesellschaftsrecht und nach dem MoMiG-Entwurf, GmbHR 2007, 57; *Reithmann/Martiny* Internationales Vertragsrecht, 6. Aufl., 2004; *Rotheimer* Referentenentwurf zum Internationalen Gesellschaftsrecht, NZG 2008, 181; *Schmidtbleicher* Verwaltungssitzverlegung deutscher Kapitalgesellschaften in Europa: ‚Sevic' als Leitlinie für ‚Cartesio', BB 2007, 613; *C. Schneider* Internationales Gesellschaftsrecht vor der Kodifizierung, BB 2008, 566; *Spahlinger/Wegen* Internationales Gesellschaftsrecht in der Praxis, 2005; *Walden* Das Kollisionsrecht der Personengesellschaften im deutschen, europäischen und US-amerikanischen Recht, 2001; *Weng* Die Rechtssache Cartesio – Das Ende Daily Mails?, EWS 2008, 264; *Wilhelmi* Der Wegzug von Gesellschaften im Lichte der Rechtsprechung des EuGH zur Niederlassungsfreiheit, DB 2008, 1611; *Ziegler* GmbH-Sitzverlegung mit weiteren Änderungen des Gesellschaftsvertrages, Rpfleger 1991, 485; vgl. aber auch schon die Nachweise zu § 13 und § 13d.

Übersicht

	Rn		Rn
I. Allgemeines	1–4	a) Materiell-rechtliche Prüfung	16–18
1. Normzweck und Regelungsgehalt	1–3	b) Positives Prüfungsergebnis	19
2. Normentwicklung	4	c) Negatives Prüfungsergebnis	20
II. Anwendungsbereich	5	V. Verlegung innerhalb des Gerichtsbezirks	21
III. Verlegung der Hauptniederlassung oder des Sitzes (§ 13h Abs. 1)	6–11	VI. Verbundene Anmeldungen	22–24
1. Bestimmung der Hauptniederlassung oder des Sitzes	6	VII. Grenzüberschreitende Verlegung der Hauptniederlassung oder des Sitzes	25–39
2. Anmeldung der Verlegung	7–11	1. Allgemeines	25
a) Einzelkaufmann und juristische Person	7–8	2. Verlegung der Hauptniederlassung eines Einzelkaufmanns	26
b) GmbH, VVaG und Personenhandelsgesellschaft	9–11	3. Sitzverlegung der Kapitalgesellschaft	27–35
IV. Verlegung in einen anderen Gerichtsbezirk (§ 13h Abs. 2)	12–20	a) Verlegung des Verwaltungssitzes in das Ausland	27–29
1. Das Verfahren des bisher zuständigen Gerichts	12–15	b) Verlegung des Satzungssitzes in das Ausland	30–32
a) Formelle Prüfung	12–13	c) Sitzverlegung aus dem Ausland nach Deutschland	33–35
b) Weiterer Verfahrensgang nach Abschluss der formellen Prüfung	14	4. Sitzverlegung der Personenhandelsgesellschaft	36–39
c) Eintragung einer Satzungsänderung	15	a) Sitzverlegung in das Ausland	36–38
2. Das Verfahren des neuen Registergerichts	16–20	b) Sitzverlegung aus dem Ausland nach Deutschland	39
		VIII. Verlegung der Zweigniederlassung	40

I. Allgemeines

1 **1. Normzweck und Regelungsgehalt.** Ausweislich der Überschrift regelt § 13h die Verlegung des Sitzes oder einer Hauptniederlassung im Inland. Das ist dahingehend zu präzisieren, dass die Vorschrift nicht die Voraussetzungen für die Verlegung selbst bestimmt, sondern ausschließlich die Registrierung der Verlegung.[1] Um dem Rechtsverkehr über die Verhältnisse des Unternehmens hinreichend Auskunft zu geben, muss auch eine solche Verlegung registergerichtlich dokumentiert werden. § 13h Abs. 1

---

[1] Baumbach/*Hopt* Rn 1; vgl. auch Großkomm-AktG/*Ehricke* § 45 Rn 3 zur aktienrechtlichen Parallelvorschrift § 45 AktG.

schreibt deshalb zunächst allgemein die Anmeldung der Verlegung beim bisherigen Registergericht vor. Hinsichtlich des weiteren Verfahrens wird danach unterschieden, ob die Verlegung innerhalb eines Gerichtsbezirks oder in einen anderen Gerichtsbezirk erfolgt. Da sich im zweiten Fall die Zuständigkeit des Registergerichts ändert, bedarf es einer sorgfältigen **Abstimmung der beteiligten Gerichte**. Die entsprechenden Pflichten sind Regelungsgegenstand des § 13h Abs. 2. Für den unproblematischeren Fall, dass die Verlegung innerhalb eines Gerichtsbezirks erfolgt, sieht § 13h Abs. 3 ein erleichtertes Verfahren vor.

Die in § 13h Abs. 1 vorgeschriebene Anmeldepflicht würde sich auch schon aus §§ 31, 34 ergeben, doch wird durch die speziellere Vorschrift des § 13h Abs. 1 der **Adressat der Anmeldung** klargestellt: Sie muss bei dem bisherigen Registergericht erfolgen, und zwar auch dann, wenn die tatsächliche Verlegung bereits vollzogen wurde.[2] Überdies werden die **Zuständigkeiten der beteiligten Gerichte** deutlich voneinander abgegrenzt, was vor der Einführung spezieller Regelungen insbesondere in den Fällen zu Problemen führte, in denen die Sitzverlegung mit einer Satzungsänderung verbunden war (s. noch Rn 15). Wurde die Satzungsänderung vom bisher zuständigen Registergericht vorgenommen, noch bevor die Verlegung eingetragen wurde, so konnte es passieren, dass für die betroffene Gesellschaft überhaupt kein Handelsregister mehr bestand.[3] Derartige prozedurale Reibungsverluste sollen durch die klare Zuständigkeitstrennung des § 13h vermieden werden.

Die **systematische Stellung** des § 13h im Anschluss an §§ 13 ff ist **irreführend**, da er nicht das Vorliegen einer Zweigniederlassung voraussetzt.[4] Der tiefere Grund für diese Verortung lag darin, dass die hier angeordnete Kooperation zweier Gerichte dem ursprünglich auch für Zweigniederlassungen vorgesehenen Verfahren nachgebildet war (s. § 13 Rn 6).[5] Nachdem diese kooperative Lösung mit der Neufassung des § 13 aufgegeben (vgl. § 13 Rn 7) und die Zuständigkeit stattdessen vollständig auf das Gericht der Hauptniederlassung bzw. des Sitzes fokussiert wurde, ist indes auch dieses Band zerschnitten.

2. Normentwicklung. Eine Vorgängerregelung wurde erstmals im Jahr 1937 durch das Gesetz über die Eintragung von Handelsniederlassungen und das Verfahren in Handelsregistersachen vom 10.8.1937 als 13c HGB eingeführt[6] und durch § 31 Nr. 1 EGAktG vom 9.6.1965 neu gefasst.[7] Im Zuge des Gesetzes zur Durchführung der Elften gesellschaftsrechtlichen Richtlinie vom 22.7.1993 wurde die Regelung in § 13h umgewandelt.[8] Eine Parallelregelung für die AG enthält § 45 AktG.

II. Anwendungsbereich

§ 13h erfasst den Einzelkaufmann i.S.d. § 1, die juristische Person i.S.d. § 33 (zur Abgrenzung von der Handelsgesellschaft s. § 13 Rn 12) und die Handelsgesellschaft. Als Handelsgesellschaften werden nach der Terminologie des HGB üblicherweise die Kapi-

---

[2] Ebenroth/Boujong/Joost/Strohn/*Pentz* Rn 15; Heymann/*Sonnenschein/Weitemeyer* Rn 1.
[3] Vgl. *Groschuff* JW 1937, 2425 (2429); ferner GroßkommAktG/*Ehricke* § 45 Rn 1.
[4] Vgl. auch bereits OLG Stuttgart NJW 1964, 112 zur Vorgängervorschrift des § 13c a.F.
[5] *Hüffer* § 45 Rn 1; *Groschuff* JW 1937, 2425 (2429).
[6] RGBl. I, S. 897.
[7] BGBl. I, S. 1185.
[8] BGBl. I, S. 1282.

§ 13h   1. Buch. Handelsstand

talgesellschaften (AG, GmbH, KGaA) sowie die Personenhandelsgesellschaften (OHG, KG) erfasst. Für die AG und die KGaA besteht aber eine **Spezialvorschrift in § 45 AktG**, die § 13h verdrängt.[9] Sie findet über Art. 9 Abs. 1 c) ii) SE-VO auch auf die Societas Europaea (SE) Anwendung.[10] Auf der anderen Seite wird der Anwendungsbereich des § 13h dadurch erweitert, dass die Bestimmung aufgrund der Verweisung des § 5 Abs. 2 PartGG auf die Partnerschaftsgesellschaft, aufgrund der Verweisung in § 1 EWIV-AusfG auf die Europäische Wirtschaftliche Interessenvereinigung und aufgrund der Verweisung in § 16 VAG auf den VVaG Anwendung findet. Ohne ausdrückliche gesetzliche Grundlage wird im Schrifttum auch die analoge Anwendung auf die Genossenschaft befürwortet, was angesichts der vergleichbaren registerrechtlichen Dokumentation in der Tat zweckmäßig erscheint.[11] Auf Vereine findet § 13h keine Anwendung.[12]

III. Verlegung der Hauptniederlassung oder des Sitzes (§ 13h Abs. 1)

6   **1. Bestimmung der Hauptniederlassung oder des Sitzes.** Der Prüfung, ob eine Verlegung des Sitzes oder der Hauptniederlassung vorliegt, ist die Frage vorgeschaltet, wie Sitz und Hauptniederlassung bei den verschiedenen Unternehmensformen zu bestimmen sind. Dabei kann auf die zu § 13 Rn 14 ff, 32 ff entwickelten Grundsätze zurückgegriffen werden. Um die nach § 13h für **Einzelkaufleute** und **juristische Personen i.S.d. § 33** maßgebliche Hauptniederlassung zu identifizieren, ist auf den räumlichen Mittelpunkt des Unternehmens abzustellen, der seinerseits durch den auf Dauer angelegten Ort der Geschäftsleitung bestimmt wird (§ 13 Rn 14 ff). Von den **Kapitalgesellschaften** wird allein die GmbH von § 13h erfasst (s. Rn 5), bei der die Verlegung des Sitzes anmeldepflichtig ist. Damit ist der gem. § 3 Abs. 1 Nr. 1 und § 4a GmbHG festzulegende Satzungssitz gemeint, der nach der Neufassung des § 4a GmbHG vom effektiven Verwaltungssitz vollständig abgekoppelt sein kann (s. § 13 Rn 38). Auch der VVaG fällt nicht unter die juristischen Personen i.S.d. § 33,[13] so dass auch hier auf den satzungsmäßigen Sitz abzustellen ist (§ 18 VAG).[14] Nach der hier vertretenen Meinung ist auch bei den **Personenhandelsgesellschaften** der vertraglich vereinbarte und im Handelsregister verlautbarte Sitz maßgeblich, wohingegen die hM insofern auf den effektiven Verwaltungssitz abstellt (s. § 13 Rn 44 f).

2. Anmeldung der Verlegung

7   **a) Einzelkaufmann und juristische Person.** Die unterschiedlichen Methoden zur Bestimmung von Sitz und Hauptniederlassung finden hinsichtlich des Vorgangs der Verlegung ihre Fortsetzung. Ob die Hauptniederlassung eines **Einzelkaufmanns** oder einer **juristischen Person** verlegt wurde, beurteilt sich allein nach den **tatsächlichen Verhältnis-**

---

[9] So auch Baumbach/*Hopt* Rn 1; K. Schmidt/Lutter/*Zimmer* § 45 Rn 1.
[10] Ebenroth/Boujong/Joost/Strohn/*Pentz* Rn 9.
[11] GK-HGB/*Achilles* Rn 2; Heymann/*Sonnenschein*/Weitemeyer Rn 2.
[12] OLG Brandenburg FGPrax 1998, 28; OLG Oldenburg NJW-RR 1992, 1533; Ebenroth/Boujong/Joost/Strohn/*Pentz* Rn 11; GK-HGB/*Achilles* Rn 2; Koller/*Roth*/Morck Rn 1.
[13] Vgl. etwa Baumbach/*Hopt* Rn 1; Ebenroth/Boujong/Joost/Strohn/*Zimmer* Rn 1; Koller/*Roth*/Morck Rn 1; Voraufl. § 13c Rn 4 (*Hüffer*).
[14] So im Ergebnis auch Ebenroth/Boujong/Joost/Strohn/*Pentz* Rn 12 (missverständlich daher die Zuordnung zur juristischen Person i.S.d. § 13h Abs. 1 in Rn 8).

sen.[15] Gegenstand der in § 13h Abs. 1 vorgeschriebenen Anmeldung zur Registereintragung ist also ausschließlich diese reale Veränderung; der Eintragung kommt nur deklaratorische Bedeutung zu. Nach der hier nicht geteilten hM gelten diese Grundsätze auch für die Personenhandelsgesellschaften (vgl. Rn 6).[16]

Die in § 13h Abs. 1 vorgeschriebene Anmeldung muss bei dem **bisherigen Registergericht** erfolgen, und zwar auch dann, wenn die tatsächliche Verlegung bereits vollzogen wurde.[17] Die Anmeldung hat in der Form des § 12 durch die zuständigen Organe zu erfolgen, dh durch den Einzelkaufmann persönlich oder bei juristischen Personen i.S.d. § 33 durch den Vorstand in vertretungsberechtigter Zahl (§ 34 Abs. 3).[18] Da der Verlegungsakt ein rein tatsächlicher Vorgang ist, besteht die Anmeldepflicht auch dann, wenn er gegen den Willen der zuständigen Organe erfolgt ist.[19] Unterbleibt die Anmeldung, kann sie über ein Zwangsgeld nach § 14 erzwungen werden. Wird die Hauptniederlassung oder der Sitz an den Ort der bisherigen **Zweigniederlassung** verlegt, so dass diese zur Hauptniederlassung bzw. zum Sitz wird, muss mit der Sitzverlegung zugleich auch die Aufhebung der Zweigniederlassung nach § 13 Abs. 3 angemeldet werden.[20] Soll die bisherige Hauptniederlassung als Zweigniederlassung fortbestehen, ist dies beim neuen Registergericht zur Eintragung anzumelden.[21] 8

b) **GmbH, VVaG und Personenhandelsgesellschaft.** Für die Sitzverlegung einer (als einzige Kapitalgesellschaft von § 13h erfassten – Rn 5) GmbH kommt es ausschließlich auf den im Gesellschaftsvertrag festgelegten **Gesellschaftssitz** an. Dasselbe gilt für den VVaG und nach der hier vertretenen Auffassung auch für die Personenhandelsgesellschaft (s. Rn 6 f). Die Sitzverlegung erfolgt also durch die wirksame Änderung des Gesellschaftsvertrages.[22] Ob damit auch die **tatsächliche Verlegung** des bisherigen Tätigkeitsschwerpunktes einhergeht, ist zumindest für die GmbH seit der Neufassung des § 4a GmbHG irrelevant.[23] Für den VVaG und die Personenhandelsgesellschaften sollte nichts anderes gelten. 9

Die Anmeldung hat durch die **zuständigen Organe** zu erfolgen.[24] Das sind bei der GmbH die Geschäftsführer in vertretungsberechtigter Zahl (§ 78 GmbHG), beim VVaG die Vorstandsmitglieder in vertretungsberechtigter Zahl (§ 34 VAG i.V.m. § 78 AktG),[25] bei OHG und KG nach §§ 107, 108 Abs. 1, 161 Abs. 2 sämtliche Gesellschafter (zur Vertretung bei der Anmeldung vgl. § 12 Rn 36 ff). Beim VVaG bedarf die Sitzverlegung überdies als Geschäftsplanänderung der Genehmigung durch die Aufsichtsbehörde (§§ 5 10

---

[15] BGH WM 1957, 999 (1000); Ebenroth/Boujong/Joost/Strohn/*Pentz* Rn 13; GK-HGB/*Achilles* Rn 7; MünchKommHGB/*Krafka* Rn 2; Röhricht/v. Westphalen/*Ammon* Rn 5; *Krafka/Willer* Rn 338.

[16] KG NJW-RR 1997, 868; Ebenroth/Boujong/Joost/Strohn/*Pentz* Rn 13; GK-HGB/*Achilles* Rn 7; Koller/*Roth*/Morck Rn 2; MünchKommHGB/*Krafka* Rn 2; Röhricht/v. Westphalen/*Ammon* Rn 5.

[17] Ebenroth/Boujong/Joost/Strohn/*Pentz* Rn 15; Heymann/*Sonnenschein*/Weitemeyer Rn 1.

[18] *Krafka/Willer* Rn 342 mit Formulierungsbeispiel in Rn 343.

[19] Ebenroth/Boujong/Joost/Strohn/*Pentz* Rn 13; GK-HGB/*Achilles* Rn 7.

[20] GroßkommAktG/*Ehricke* § 45 Rn 33; *Krafka/Willer* Rn 339.

[21] GroßkommAktG/*Ehricke* § 45 Rn 33.

[22] Vgl. etwa OLG Hamm GmbHR 2001, 920 (921); *Krafka/Willer* Rn 338.

[23] Abweichend noch vor dieser Änderung LG Leipzig NZG 2004, 629 (630); Ebenroth/Boujong/Joost/Strohn/*Pentz* Rn 28; GK-HGB/*Achilles* Rn 7; Koller/*Roth*/Morck Rn 2.

[24] Muster für die Anmeldung einer Kapitalgesellschaft unter Bezugnahme auf das Beschlussprotokoll bei *Krafka/Willer* Rn 346.

[25] *Krafka/Willer* Rn 344.

§ 13h 1. Buch. Handelsstand

Abs. 3 Nr. 1, 13 Abs. 1 VAG). Die Anmeldung hat in der **Form des** § 12 zu erfolgen. Dabei sind eine öffentlich beglaubigte Abschrift über den Gesellschafterbeschluss sowie der vollständige Wortlaut des neu gefassten Gesellschaftsvertrages (bei der GmbH mitsamt der nach § 54 Abs. 1 S. 2 erforderlichen notariellen Bescheinigung) gem. § 12 Abs. 2 elektronisch als Dokument der Anmeldung beizufügen.[26]

11 Bei der GmbH und beim VVaG wird die Sitzverlegung durch Satzungsänderung wegen §§ 54 Abs. 3 GmbHG, 40 Abs. 3 VAG erst mit der **konstitutiven Eintragung** im Handelsregister wirksam.[27] Solange die Eintragung noch nicht erfolgt ist, kann die Anmeldung jederzeit zurückgenommen werden; nach der Eintragung bedarf es einer Rückverlegung.[28] Da die Eintragung bei der GmbH konstitutive Wirkung hat, ist es nicht erforderlich, die Anmeldung mittels eines **Zwangsgeldes** zu erzwingen (§ 79 Abs. 2 GmbHG; vgl. § 14 Rn 8).[29] Bei der Personenhandelsgesellschaft ist die Erzwingung hingegen möglich. Beim Vorliegen von Zweigniederlassungen gelten die Ausführungen in Rn 8.

IV. Verlegung in einen anderen Gerichtsbezirk (§ 13h Abs. 2)

1. Das Verfahren des bisher zuständigen Gerichts

12 a) **Formelle Prüfung.** Wird durch die Verlegung die Zuständigkeit eines anderen Gerichtsbezirks begründet, so bedarf es einer **Kooperation** zwischen dem bisher und dem künftig zuständigen Registergericht. Diese Zusammenarbeit ist in § 13h Abs. 2 geregelt. Das bisher zuständige Gericht, bei dem die Anmeldung nach § 13h Abs. 1 in der Form des § 12 zu erfolgen hat, ist allein dazu verpflichtet, die **formellen Voraussetzungen** zu überprüfen; dagegen sind die mit der Anmeldung verbundenen Sachfragen von dem neuen Registergericht zu beurteilen.[30] Aufgrund dieser Zuständigkeitsverteilung spricht entgegen der hM in der Rechtsprechung nichts dagegen, die Aufgaben des abgebenden Gerichts durch einen **Rechtspfleger** erledigen zu lassen.[31]

13 Zu den formellen Anforderungen gehört neben den Übermittlungsvorgaben des § 12 namentlich die **Vertretungsmacht der Anmelder** (s. Rn 8, 10).[32] Erfordert die Sitzverlegung eine Änderung des Gesellschaftsvertrages muss das Gericht weiterhin überprüfen, ob der Anmeldung eine beglaubigte Abschrift des Gesellschafterbeschlusses sowie der

---

[26] OLG Frankfurt aM FGPrax 2002, 184 (185); Krafka/Willer Rn 344; ebenso zu § 45 AktG K. Schmidt/Lutter/Zimmer Rn 5.
[27] Ebenroth/Boujong/Joost/Strohn/Pentz Rn 14; Heymann/Sonnenschein/Weitemeyer Rn 3.
[28] OLG Düsseldorf Rpfleger 1989, 201 (202); GK-HGB/Achilles Rn 7; Röhricht/v. Westphalen/Ammon Rn 3.
[29] Vgl. dazu auch Ebenroth/Boujong/Joost/Strohn/Pentz Rn 40; MünchKommHGB/Krafka Rn 4.
[30] OLG Frankfurt aM FGPrax 2002, 184 (185); OLG Frankfurt aM FGPrax 2005, 38; OLG Hamm GmbHR 1991, 321; OLG Köln Rpfleger 1975, 251 f; OLG Köln FGPrax 2005, 40 (41); AG Memmingen NZG 2006, 70 (71); Ebenroth/Boujong/Joost/Strohn/Pentz Rn 18; Hüffer § 45 Rn 3; MünchKommHGB/Krafka Rn 5; Röhricht/v. Westphalen/Ammon Rn 4 f.
[31] Melchior/Schulte § 4 Rn 4, § 20 Rn 4; Krafka/Willer Rn 347; Buchberger Rpfleger 1990, 513 (514); sympathisierend auch Ziegler Rpfleger 1991, 485 (487); **aA** OLG Frankfurt aM FGPrax 2002, 184 (185); OLG Frankfurt aM Rpfleger 2008, 425; OLG Köln FGPrax 2005, 40 (41); Koller/Roth/Morck Rn 2.
[32] OLG Frankfurt aM FGPrax 2002, 184 (185); OLG Köln Rpfleger 1975, 251; Ebenroth/Boujong/Joost/Strohn/Pentz Rn 19; Melchior/Schulte § 20 Rn 7; Röhricht/v. Westphalen/Ammon Rn 4.

vollständige Wortlaut des neuen Vertrages beigefügt worden sind.[33] Führt die formelle Prüfung zu einem negativen Ergebnis, so muss das Registergericht dem Anmelder zunächst im Wege einer Zwischenverfügung gem. § 382 Abs. 4 FamFG (§ 26 S. 2 HRV a.F.) eine Frist zur Korrektur setzen. Verstreicht diese, ohne dass dem gerügten Mangel abgeholfen wird, so ist die Anmeldung zurückzuweisen.[34]

b) Weiterer Verfahrensgang nach Abschluss der formellen Prüfung. Ist die Anmeldung formell nicht zu beanstanden, so hat das Gericht die Verlegung von Amts wegen und unverzüglich (§ 121 Abs. 1 S. 1 BGB: „ohne schuldhaftes Zögern") dem Gericht der neuen Hauptniederlassung oder des neuen Sitzes **mitzuteilen**. Dieser Mitteilung sind nach § 13h Abs. 2 S. 2 die Eintragungen für die bisherige Hauptniederlassung oder den bisherigen Sitz sowie die bei dem bisher zuständigen Gericht aufbewahrten Urkunden beizufügen. Das Erste geschieht durch Übersendung einer beglaubigten Abschrift des Registerblattes (§ 13 HRV), das Zweite durch Übersendung der vollständigen Registerakte (§ 8 HRV). Nachdem die Verlegung im Register des neuen Gerichts eingetragen (s. Rn 19) und die Eintragungsnachricht eingegangen ist (§ 13h Abs. 2 S. 5), nimmt das Gericht der bisherigen Hauptniederlassung oder des bisherigen Sitzes die erforderlichen Eintragungen in seinem Register von Amts wegen vor (§ 13h Abs. 2 S. 6). Das bedeutet gem. § 20 **HRV**: Die Verlegung ist auf dem bisherigen Registerblatt in der Spalte 2 und in der Spalte „Rechtsverhältnisse" zu vermerken;[35] die Eintragungen sind entsprechend § 22 HRV zu röten. Auf dem bisherigen Registerblatt ist in Spalte 7 unter „Bemerkungen" bei der jeweiligen Eintragung auf das Registerblatt des neuen Registergerichts zu verweisen und umgekehrt.[36] Die Eintragungen sind nach § 10 bekanntzumachen.

c) Eintragung einer Satzungsänderung. Auch wenn die Verlegung von einem satzungsändernden Beschluss abhängig ist, muss dieser nach ganz hM dennoch nicht bei dem abgebenden Registergericht eingetragen werden.[37] Eine solche Vorgehensweise würde zwar der konstitutiven Wirkung der Registereintragung entsprechen (vgl. § 54 Abs. 3 GmbHG), wäre aber nicht zweckmäßig, weil § 13h Abs. 2 ausdrücklich die materiellrechtliche Prüfung durch das **neue Registergericht** anordnet. Ohne diese Prüfung kann die Satzungsänderung vernünftigerweise nicht eingetragen werden. Daher ist § 13h als lex specialis zu den für Satzungsänderungen geltenden Vorschriften anzusehen. Zu weiteren mit der Verlegung verbundenen Anmeldungen s. noch Rn 22 ff.

2. Das Verfahren des neuen Registergerichts

a) Materiell-rechtliche Prüfung. Das Gericht der neuen Hauptniederlassung oder des neuen Sitzes muss das nach Abschluss der formellen Prüfung überwiesene Verfahren zur sachlichen Prüfung übernehmen (s. Rn 2, 12). Es kann die Übernahme des Verfahrens nicht deshalb ablehnen, weil es hinsichtlich der formellen Anforderungen strengere Maßstäbe für geboten erachtet. Vielmehr hat es in diesem Fall **in eigener Verantwortung** über

---

[33] Ebenroth/Boujong/Joost/Strohn/*Pentz* Rn 20.
[34] OLG Frankfurt aM FGPrax 2002, 184 (185); Ebenroth/Boujong/Joost/Strohn/*Pentz* Rn 26.
[35] Formulierungsbeispiel bei *Krafka/Willer* Rn 352.
[36] Vgl. dazu auch GroßkommAktG/*Ehricke* Rn 26; *Melchior/Schulte* § 20 Rn 9.
[37] So zu § 45 AktG GroßkommAktG/*Ehricke* § 45 Rn 25; *Hüffer* § 45 Rn 4; MünchKommAktG/*Pentz* § 45 Rn 10; K. Schmidt/Lutter/*Zimmer* § 45 Rn 7; zu den früher bestehenden Schwierigkeiten vgl. bereits Rn 2 mwN in Fn. 3.

17 Das übernehmende Registergericht prüft, ob die Verlegung ordnungsgemäß erfolgt und der Grundsatz der Firmenunterscheidbarkeit (§ 30) gewahrt ist (§ 13h Abs. 2 S. 3). Damit wird die Prüfung der Verlegung **in materieller Hinsicht** umschrieben. Gegenstand der Prüfung ist ausschließlich der Verlegungsakt als solcher; die Anmeldung beim übernehmenden Gericht soll **nicht als Neuanmeldung behandelt** werden (s. noch Rn 17).[39] Welche Prüfungsanforderungen sich daraus ergeben, hängt wiederum von der jeweiligen Unternehmensform ab: Soweit die Sitzverlegung durch einen tatsächlichen Vorgang erfolgt (Rn 7), ist dessen Vollzug zu prüfen. Soweit sie sich als Änderung des Gesellschaftsvertrags darstellt (Rn 11), sind die jeweiligen Erfordernisse der satzungsändernden Beschlüsse zu beachten.[40] Nachdem mit der Neufassung des § 4a GmbHG auf die Regelbindung des Satzungssitzes an den Verwaltungssitz verzichtet wurde, muss das neue Registergericht abweichend von der bisherigen Rechtslage den tatsächlichen Vollzug der Sitzverlegung nicht mehr überprüfen.[41] Besteht die Gefahr der Firmenverwechslung (§ 30), so muss die Firma vor der Eintragung geändert werden, was eine neuerliche Satzungsänderung erforderlich machen kann.[42]

den Antrag auf Eintragung der Sitzverlegung zu entscheiden, ohne an die Rechtsauffassung des abgebenden Registergerichts gebunden zu sein.[38]

18 Da der Gesetzgeber die Sitzverlegung verfahrensrechtlich gerade nicht wie eine Neueintragung behandelt wissen will (vgl. Rn 17), werden Recht und Pflicht zur Prüfung vor der Eintragung konsequent auf die in § 13h Abs. 2 S. 3 angegebenen Gesichtspunkte beschränkt (§ 13h Abs. 2 S. 4). Aus **anderen Gründen**, etwa wegen Zweifeln an der Rechtmäßigkeit der ursprünglichen Eintragung, darf das Gericht die Eintragung nicht ablehnen.[43] Auch die Vorlage einer Bescheinigung des Gewerbeaufsichtsamtes über die Gewerbeummeldung darf das neue Registergericht nicht verlangen.[44] Dagegen sind das Registergericht und das vorgeordnete Landgericht nicht gehindert, nach der Eintragung gem. §§ **395 ff FamFG** (§§ 142 ff FGG a.F.) vorzugehen. Bestehen etwa Bedenken gegen einen aus dem bisherigen Sitz entlehnten Ortszusatz in der Firma, so ist deshalb zunächst einzutragen und dann nach § 395 FamFG (§ 142 FGG a.F.) zu verfahren.[45] Dieses Verfahren ist von dem neuen Registergericht einzuleiten.[46]

19 b) **Positives Prüfungsergebnis.** Fällt auch das Ergebnis der materiell-rechtlichen Prüfung positiv aus, so ist die Verlegung vom übernehmenden Registergericht einzutragen.

---

[38] OLG Frankfurt aM Rpfleger 2008, 425; **aA** wohl zu § 45 AktG GroßkommAktG/*Ehricke* Rn 16.
[39] Vgl. dazu GK-HGB/*Achilles* Rn 12; Heymann/*Sonnenschein/Weitemeyer* Rn 5; *Ziegler* Rpfleger 1991, 485, 487.
[40] Vgl. dazu auch OLG Hamm GmbHR 2001, 920 (921); Ebenroth/Boujong/Joost/Strohn/*Pentz* Rn 29; GK-HGB/*Achilles* Rn 11; MünchKommHGB/*Krafka* Rn 6; Röhricht/v. Westphalen/*Ammon* Rn 5.
[41] Vgl. zur bisherigen Prüfungspflicht GroßkommAktG/*Ehricke* § 45 Rn 19.
[42] GK-HGB/*Achilles* Rn 10.
[43] BayObLG BB 1987, 359; GK-HGB/*Achilles* Rn 12; Heymann/*Sonnenschein/Weitemeyer* Rn 5; MünchKommHGB/*Krafka* Rn 6; Röhricht/v. Westphalen/*Ammon* Rn 6. Vgl. allerdings auch AG Memmingen NZG 2006, 70 (71): Nichtigkeit des Verlegungsbeschlusses wegen sittenwidrigen Versuchs, sich der gerichtlich angeordneten Überprüfung der Eintragungsvoraussetzungen zu entziehen.
[44] LG Augsburg WM 2008, 928 (929).
[45] BayObLG DB 1978, 838; KGJ 44 A 152 (154); OLG Hamm NJW-RR 1997, 167 (168); OLG Oldenburg BB 1977, 12 f; AG Memmingen NZG 2006, 70 (72); Ebenroth/Boujong/Joost/Strohn/*Pentz* Rn 29; MünchKommHGB/*Krafka* Rn 6; Röhricht/v. Westphalen/*Ammon* Rn 5; *Krafka/Willer* Rn 348.
[46] AG Memmingen NZG 2006, 70 (72); Koller/*Roth*/Morck Rn 2.

Bei der **Eintragung** sind die aus der beglaubigten Abschrift des bisherigen Registerblatts ersichtlichen Angaben in das neue Register zu übernehmen (§ 13h Abs. 2 S. 4), wobei das neu zuständige Registergericht zur eigenständigen Formulierung befugt ist.[47] Dem bisher zuständigen Gericht ist Eintragungsnachricht zu erteilen (§ 13h Abs. 2 S. 5). Die Bekanntmachung hat nach § 10 zu erfolgen (zur Bekanntmachung durch das alte Registergericht s. Rn 14).

c) **Negatives Prüfungsergebnis.** Ist die Sitzverlegung tatsächlich nicht erfolgt oder erweist sie sich aus rechtlichen Gründen als unwirksam, so ist die Anmeldung zurückzuweisen. Durch wen die **Zurückweisung** zu erfolgen hat, ist umstritten. Nach allgemeinen Grundsätzen hat das Gericht, bei dem eine Anmeldung eingereicht wird, auch über die Ablehnung des Antrags zu entscheiden. Daher wird zum Teil vertreten, dass das übernehmende Registergericht bei einem endgültigen negativen Prüfergebnis den Vorgang an das abgebende Gericht zurückzuleiten habe, das sodann den Antrag auf Anmeldung abweise.[48] Vor dem Hintergrund, dass allein dem **übernehmenden Registergericht** die sachliche Prüfungspflicht obliegt, erscheint dieses Ergebnis indes zweifelhaft. Zweckmäßiger ist es, ihm auch die endgültige Entscheidung zuzuweisen und damit eine Aufspaltung der gerichtlichen Entscheidungskompetenz zu vermeiden.[49] Wird die Zurückweisung erklärt, so sind die Dokumente an das Registergericht des alten Sitzes zurückzusenden.[50]

V. Verlegung innerhalb des Gerichtsbezirks

Bei einer Verlegung der Hauptniederlassung oder des Sitzes innerhalb des Gerichtsbezirks bleibt das bisherige Registergericht zuständig. Deshalb ist die Verlegung bei diesem Gericht anzumelden. Die in § 13h Abs. 2 vorgesehenen **Mitteilungen entfallen**. Das Gericht prüft die Anmeldung in formeller und in den Grenzen des § 13h Abs. 3 S. 1 in materieller Hinsicht; insoweit sind die in Rn 16 ff entwickelten Grundsätze maßgeblich. Ergeben sich keine Beanstandungen, so ist die Eintragung vorzunehmen (§ 13h Abs. 3 S. 2); anderenfalls ist eine Zwischenverfügung unter Fristsetzung zu erlassen (s. Rn 13) und nach fruchtlosem Fristablauf die Anmeldung abzuweisen.

VI. Verbundene Anmeldungen

Grundsätzlich wird es als zulässig angesehen, dass gemeinsam mit der Anmeldung der Verlegung auch andere Änderungen des Gesellschaftsvertrages oder der Satzung zur Eintragung in das Handelsregister angemeldet werden (zum Fall der mit der Verlegung verbundenen Satzungsänderung s. Rn 15).[51] Der Anmeldende kann in diesen Fällen bestim-

---

[47] *Krafka/Willer* Rn 349 mit Formulierungsbeispiel in Rn 351; *Buchberger* Rpfleger 1991, 62.
[48] *Hüffer* § 45 Rn 5.
[49] OLG Köln FGPrax 2005, 40 (41); LG Leipzig NZG 2004, 629 f; AG Memmingen NZG 2006, 70 (71); GroßkommAktG/*Ehricke* § 45 Rn 32; Koller/*Roth*/Morck Rn 2; K. Schmidt/Lutter/*Zimmer* § 45 Rn 15; *Krafka/Willer* Rn 349.
[50] GroßkommAktG/*Ehricke* § 45 Rn 32; K. Schmidt/Lutter/*Zimmer* § 45 Rn 15; *Krafka/Willer* Rn 349.
[51] KG NJW-RR 1997, 868 f; OLG Celle GmbHR 1995, 303; OLG Frankfurt aM Rpfleger 1991, 508; OLG Hamm GmbHR 1991, 321; OLG Zweibrücken GmbHR 1992, 678; Ebenroth/Boujong/Joost/Strohn/*Pentz* Rn 28; GK-HGB/*Achilles* Rn 14;

§ 13h   1. Buch. Handelsstand

men, in welcher Reihenfolge die Änderungen vollzogen werden sollen.[52] Macht er von dieser Möglichkeit keinen Gebrauch, bedarf es einer Entscheidung, welches Gericht für die Änderung zuständig ist. In der Rechtsprechung und weiten Teilen des (insbesondere aktienrechtlichen) Schrifttums wird angenommen, dass diese Entscheidung vom bisherigen Registergericht nach **pflichtgemäßem Ermessen** vorzunehmen sei. Es könne die Eintragung selbst vornehmen und erst dann die Akten übersenden; es stehe ihm aber auch offen, die Anmeldung insgesamt an das neue Registergericht zu überweisen.[53] In der handelsrechtlichen Kommentarliteratur wird die Zuständigkeit des neuen Registergerichts noch weitergehend als zwingend angesehen.[54] Nur vereinzelt wird die ausschließliche Zuständigkeit des abgebenden Gerichts befürwortet.[55]

23   Der **Rechtsprechung ist zuzustimmen**. Die Annahme, es sei allein das bisherige Registergericht zuständig, beruht auf der formalen Überlegung, dass die Zuständigkeit für eintragungspflichtige Anmeldungen erst dann verschoben sein könne, wenn die Verlegung endgültig abgeschlossen sei. Die Ergebnisse, zu denen diese formale Betrachtung führt, sind indes wenig sachgerecht, weil nach § 13h Abs. 2 S. 3 allein das neue Registergericht für die materiell-rechtliche Prüfung der Sitzverlegung zuständig ist und es grundsätzlich nicht **zweckmäßig** erscheint, die Zuständigkeit hinsichtlich einer einheitlichen Anmeldung aufzuspalten. Es fehlt allerdings an einer gesetzlichen Grundlage, um aus dieser Zweckmäßigkeitsüberlegung die ausschließliche Zuständigkeit des neuen Gerichts herzuleiten.[56] Vielmehr gilt der allgemeine Grundsatz, dass ein Registergericht, dem nicht schon durch die Anmeldung eine bestimmte Prüfungsreihenfolge vorgegeben wird, nach **pflichtgemäßem Ermessen** über die Bearbeitungsreihenfolge entscheiden kann. In diese Ermessensentscheidung fließen aber die beschriebenen Zweckmäßigkeitsüberlegungen ein. Namentlich die in § 13h Abs. 2 S. 1 enthaltene Vorgabe einer „unverzüglichen" Mitteilung wird es zumeist ratsam erscheinen lassen, den gesamten Vorgang unmittelbar an das neue Registergericht zu überweisen.[57] Bei dringenden Eilentscheidungen gibt diese Lösung dem abgebenden Registergericht aber auch die Flexibilität, die Eintragung selbst vorzunehmen.[58] Wurde ein Antrag hingegen schon vor der Verlegung gestellt, so ist er zwingend noch vom bisher zuständigen Gericht zu bearbeiten.[59]

24   Dem abgebenden Registergericht ist die Verweisung allerdings **ausnahmsweise** verwehrt, wenn sich aus den Erfordernissen des konkreten Verfahrensablaufs im Einzelfall etwas anderes ergibt. Das ist namentlich bei der Anmeldung einer **Verschmelzung mit**

Hüffer § 45 Rn 3; MünchKommHGB/*Krafka* Rn 8; Röhricht/v. Westphalen/*Ammon* Rn 5; *Krafka/Willer* Rn 354.

[52] GroßkommAktG/*Ehricke* § 45 Rn 30; *Melchior/Schulte* § 20 Rn 5; *Krafka/Willer* Rn 354.

[53] Vgl. etwa KG NJW-RR 1997, 868 f; OLG Celle GmbHR 1995, 303; OLG Frankfurt aM Rpfleger 1991, 508; OLG Hamm GmbHR 1991, 321 f; OLG Zweibrücken GmbHR 1992, 678; grds. auch OLG Frankfurt aM FGPrax 2005, 38; OLG Hamm NJW-RR 1995, 356 f (s. aber noch Rn 24); zustimmend *Godin/Wilhelmi* § 45 Anm. 3; GroßkommAktG/*Ehricke* § 45 Rn 30; *Hüffer* § 45 Rn 3; KölnerKommAktG/*Kraft* § 45 Rn 12; Koller/Roth/Morck Rn 2; *Melchior/Schulte* § 20 Rn 6; K. Schmidt/Lutter/*Zimmer* § 45 Rn 8; differenzierend nach der Unternehmensform GK-HGB/*Achilles* Rn 14.

[54] Ebenroth/Boujong/Joost/Strohn/*Pentz* Rn 28 mit Fn 16; Heymann/*Sonnenschein/Weitemeyer* Rn 5; MünchKommHGB/*Krafka* Rn 8; Röhricht/v. Westphalen/*Ammon* Rn 5; wohl auch *Ziegler* Rpfleger 1991, 485 ff.

[55] LG Mannheim GmbHR 1991, 24.

[56] So auch GroßkommAktG/*Ehricke* § 45 Rn 30.

[57] KG NJW-RR 1997, 868 (869).

[58] K. Schmidt/Lutter/*Zimmer* § 45 Rn 8.

[59] GroßkommAktG/*Ehricke* § 45 Rn 31; K. Schmidt/Lutter/*Zimmer* § 45 Rn 9.

Kapitalerhöhung und gleichzeitiger Sitzverlegung anerkannt, da hier § 53 UmwG ausdrücklich vorsieht, dass die Eintragung der Verschmelzung erst nach vorausgegangener Eintragung der Kapitalerhöhung erfolgen darf.[60]

VII. Grenzüberschreitende Verlegung der Hauptniederlassung oder des Sitzes

1. Allgemeines. Gesetzlich nicht geregelt ist die grenzüberschreitende Verlegung der Hauptniederlassung oder des Sitzes. Ihre Zulässigkeit und ihre rechtliche Behandlung sind von einer **mehrfachen Differenzierung** abhängig. Zunächst ist zu unterscheiden, ob die Sitzverlegung von Deutschland ins Ausland oder umgekehrt vom Ausland nach Deutschland erfolgt. Sodann ist weiterhin zwischen den verschiedenen Unternehmensformen zu unterscheiden. 25

2. Verlegung der Hauptniederlassung eines Einzelkaufmanns. Die Hauptniederlassung des Einzelkaufmanns wird durch die tatsächlichen Verhältnisse bestimmt. Macht der Kaufmann einen ausländischen Ort zum räumlichen Mittelpunkt seines Unternehmens, so ist die **Verlegung in das Ausland** erfolgt; das deutsche Handelsrecht legt solcher „Auswanderung" keine Hindernisse in den Weg.[61] Fraglich kann nur die registerrechtliche Behandlung dieses Vorgangs sein. Das Verfahren des § 13h scheidet aus, weil es ein Zusammenwirken deutscher Gerichte voraussetzt.[62] Vielmehr bewirkt die Verlegung der Hauptniederlassung das Erlöschen der vom deutschen Registerrecht vorausgesetzten Inlandsfirma und ist deshalb nach § 31 Abs. 2 S. 1 anzumelden.[63] Die Anmeldung ist grundsätzlich gem. § 14 zu erzwingen. Führt dieser Weg, etwa wegen eines Auslandsaufenthalts des Anmeldepflichtigen, nicht zum Erfolg, so löscht das Gericht von Amts wegen (§ 31 Abs. 2 S. 2). Was am neuen Niederlassungsort zu erfolgen hat, ist eine Frage des jeweiligen ausländischen Rechts. Bleiben im Inland Zweigniederlassungen bestehen, so gelten für diese §§ 13d ff. Im umgekehrten Fall, also bei Verlegung der Hauptniederlassung **vom Ausland in das Inland**, ist die Begründung der Inlandsfirma nach § 29 zur Eintragung in das Handelsregister anzumelden.[64] 26

3. Sitzverlegung der Kapitalgesellschaft

a) **Verlegung des Verwaltungssitzes in das Ausland.** Verlegt eine deutsche Kapitalgesellschaft ihren Sitz in das Ausland, so hängt die rechtliche Beurteilung von den Anforderungen des inländischen Gesellschaftsrechts einerseits und von den Anforderungen des in- und ausländischen internationalen Privatrechts andererseits ab. Die gesellschaftsrechtlichen Vorgaben haben sich durch die im Zuge des **MoMiG** vom 23.10.2008[65] erfolgte Neufassung der §§ 5 AktG, 4a GmbHG verschoben (ausführlich dazu § 13 Rn 32 ff). Aus der bisher in §§ 5 Abs. 2 AktG a.F., 4a Abs. 2 GmbHG a.F. angeordneten Regel- 27

---

[60] Zu den Einzelheiten vgl. OLG Frankfurt aM FGPrax 2005, 38 f; OLG Hamm NJW-RR 1995, 356 f; GK-HGB/*Achilles* Rn 14; vgl. ferner auch Koller/*Roth*/Morck Rn 2; Krafka/*Willer* Rn 354.
[61] So bereits Voraufl. § 13c Rn 8 (*Hüffer*); dem folgend MünchKommHGB/*Krafka* Rn 16.
[62] So auch Ebenroth/Boujong/Joost/Strohn/ *Pentz* Rn 42.
[63] Vgl. zum Folgenden Ebenroth/Boujong/Joost/ Strohn/*Pentz* Rn 42; MünchKommHGB/ *Krafka* Rn 16.
[64] Ebenroth/Boujong/Joost/Strohn/*Pentz* Rn 50; MünchKommHGB/*Krafka* Rn 18.
[65] Gesetz zur Modernisierung des GmbH-Rechts und zur Bekämpfung von Missbräuchen; BGBl. I, S. 2026.

bindung des Satzungssitzes an den Verwaltungssitz wurde von der **bislang hM** der Schluss gezogen, dass die Verlegung des effektiven Verwaltungssitzes ins Ausland ein zwingender Grund für die **Liquidation** der Gesellschaft sei, und zwar unabhängig vom entgegenstehenden Willen der Gesellschafter oder von einer entsprechenden Satzungsbestimmung.[66]

28 Durch die Streichung der §§ 5 Abs. 2 AktG a.F., 4a Abs. 2 GmbHG a.F. wurde für Gesellschaften mit Satzungssitz in Deutschland die Bindung dieses Sitzes an die tatsächlichen Gegebenheiten aufgegeben. Mit dieser Änderung soll es deutschen Gesellschaften ermöglicht werden, einen Verwaltungssitz zu wählen, der nicht notwendig mit dem Satzungssitz übereinstimmt.[67] Der Gesetzgeber will damit die GmbH exportfähig machen, indem er die europäisch gewährte Zuzugsfreiheit hinsichtlich des Verwaltungssitzes auch um eine **nationale Wegzugsfreiheit** ergänzt.[68] Deutsche Kapitalgesellschaften dürfen ihre Geschäftstätigkeit künftig ausschließlich über eine ausländische (auch außereuropäische) Niederlassung entfalten.[69] In Deutschland muss lediglich eine Geschäftsanschrift im Inland aufrechterhalten und in das Handelsregister eingetragen werden. Durch diese Änderung ist der bislang hM, wonach die Verlegung des Verwaltungssitzes ins Ausland zwangsläufig zur Liquidation der Gesellschaft führt (Rn 27), die Grundlage entzogen.[70] Die Gesellschaft besteht unverändert als deutsche Kapitalgesellschaft fort. Europarechtlich wäre diese Neuorientierung nicht zwingend erforderlich gewesen, weil der EuGH in der Cartesio-Entscheidung zwischenzeitlich festgestellt hat, dass nationale Wegzugsbeschränkungen entgegen der Einschätzung des Generalanwalts und weiten Teilen des Schrifttums mit der europäischen Niederlassungsfreiheit auch weiterhin vereinbar sind.[71]

29 Diese neu gewährte Freiheit wird allerdings z.T. durch die **Vorgaben des Internationalen Privatrechts** wieder eingeschränkt, nämlich in den Fällen, in denen der Zuzugsstaat

---

[66] Vgl. dazu noch den Überblick über den Meinungsstand bei MünchKommBGB/*Kindler* IntGesR Rn 503 ff mwN; s. ferner auch GroßkommAktG/*Ehricke* § 45 Rn 51.

[67] Vgl. dazu *Eidenmüller* ZGR 2007, 168 (204 ff); *Fingerhuth/Rumpf* IPRax 2008, 90 ff; *Flesner* NZG 2006, 641 f; *Franz/Laeger* BB 2008, 678 ff; *J. Hoffmann* ZIP 2007, 1581 ff; *Kindler* DK 2007, 811 ff; *dens.* AG 2007, 721 f; *Leuering* ZRP 2008, 73 (76 f); *Peters* GmbHR 2008, 245 ff; *Preuß* GmbHR 2007, 57 ff.

[68] *Kindler* DK 2006, 811 (816); *ders.* AG 2007, 721 (722); *Triebel/Otte* ZIP 2006, 1321 (1326).

[69] RegE MoMiG, BT-Drucks. 16/6140, S. 29; vgl. ferner *Kindler* DK 2006, 811 (815 f); *dens.* AG 2007, 721 (722).

[70] Zu Recht weisen *Flesner* NZG 2006, 641 f und *Kindler* DK 2006, 811 (816) darauf hin, dass die Liquidationsfolge auch schon vor der Einführung des § 4a Abs. 2 GmbHG a.F. anerkannt war. Angesichts der eindeutigen Regelungsabsicht des Gesetzgebers kann an diese frühere Rechtsauffassung aber nicht mehr angeknüpft werden; so auch *Franz/Laeger* BB 2008, 678 (680 mit Fn 32); *Leuering* ZRP 2008, 73 (77); *Noack* DB 2006, 1475 (1478).

[71] So die Cartesio-Entscheidung v. 16.12.2008, Rs. C-210/06, NJW 2009, 569 ff in Fortschreibung der Daily Mail-Entscheidung, EuGH v. 27.9.1988, Rs. 81/87, Slg. 1988, 5483 (5505 Rn 18 ff). In eine andere Richtung deuteten zuvor die Entscheidungen Lasteyrie du Saillant, EuGH v. 11.3.2004, Rs. C-9/02, Slg. 2004, I-2409 Rn 46, und SEVIC, EuGH v. 13.12.2005, Rs. C-411/03, Slg. 2005, I-10805 Rn 20 ff. Zu den daraus resultierenden Bedenken gegenüber Wegzugsbeschränkungen vgl. die Schlussanträge des Generalanwalts *Poiares Maduro* v. 22.6.2008 – Rs. C-210/06 – abgedruckt in ZIP 2008, 1067 ff; ferner *Behme/Nohlen* NZG 2008, 496 ff; *Campos Nave* BB 2008, 1410 ff; *Frenzel* EWS 2008, 130 ff; *Ringe* ZIP 2008, 1072 ff; *Schmidtbleicher* BB 2007, 613 ff; *Weng* EWS 2008, 264 ff; *Wilhelmi* DB 2008, 1611 ff.

nicht der Gründungstheorie, sondern der **Sitztheorie** folgt.[72] Hier führt die Verlegung des tatsächlichen Verwaltungssitzes unabhängig von der satzungsrechtlichen Bindung an einen deutschen Satzungssitz zum Statutenwechsel.[73] Dieser wird im Regelfall die Neugründung der Gesellschaft erforderlich machen, sofern sie im Ausland weiterhin als Kapitalgesellschaft anerkannt werden will.[74] Da aufgrund der neueren Rechtsprechung des EuGH zur europäischen Niederlassungsfreiheit (s. § 13 Rn 8, 32 ff) mittlerweile zumindest im Verhältnis der **EU-Mitgliedstaaten** zueinander in der Regel die Gründungstheorie Anwendung findet, kommt dieser Ausnahme im europäischen Unternehmensverkehr keine gesteigerte Bedeutung mehr zu.

b) Verlegung des Satzungssitzes in das Ausland. Die grenzüberschreitende Verlegung des Satzungssitzes einer deutschen Kapitalgesellschaft kann nach ganz hM auch dann nicht in das Handelsregister eingetragen werden, wenn der Zuzugsstaat ein EU-Mitgliedstaat ist. Mit der Verlegung löse sich die Gesellschaft aus der Rechtsordnung, die das Fundament ihrer Existenz bilde, und verliere damit ihre Rechtsfähigkeit auf der Grundlage ihres bisherigen Personalstatuts. Das war – zumindest auf der ausschließlichen Basis des nationalen Rechts – schon bislang anerkannt[75] und ist nunmehr im Zuge des **MoMiG** (Rn 27) durch die Einfügung des Passus „Ort im Inland" in §§ 5 AktG, 4a GmbHG explizit gesetzlich geregelt worden. Allerdings mehrten sich auch insofern in jüngerer Zeit die Stimmen, die mit beachtlichen Argumenten bezweifelten, ob diese Einschränkung mit der **europäischen Niederlassungsfreiheit** vereinbart werden kann (s. bereits Rn 28 und unten Rn 32).[76] Nachdem der EuGH in der Cartesio-Entscheidung nationale Wegzugsbeschränkungen bei der Verlegung des Verwaltungssitzes jedoch für unbedenklich erklärt hat (vgl. Rn 28), ist anzunehmen, dass er diese Sichtweise auch auf die Verlegung des Satzungssitzes übertragen wird, wenngleich dieser Sachverhalt von der Vorlagefrage nicht unmittelbar erfasst war. 30

Geht man mit der hM von der Unzulässigkeit einer grenzüberschreitenden Verlegung des Satzungssitzes aus, so stellt sich die Folgefrage, welche Konsequenzen sich daraus für einen dennoch gefassten Verlegungsbeschluss ergeben. Nach der insbesondere in der **Rechtsprechung** vertretenen Auffassung ist der Beschluss als **Auflösungsbeschluss** i.S.d. §§ 262 Abs. 1 Nr. 2 AktG, 60 Abs. 1 Nr. 2 GmbHG zu verstehen. Die Gesellschaft sei abzuwickeln und im Ausland neu zu gründen.[77] Diese Umdeutung findet aber in dem Beschluss keine Grundlage und ist deshalb mit einer **verbreiteten Literaturauffassung** 31

---

[72] Zu Sitz- und Gründungstheorie vgl. statt aller die Darstellung bei MünchKommBGB/*Kindler* IntGesR Rn 331 ff, 400 ff.

[73] *Kindler* DK 2006, 811 (816) mit Vorschlägen zur Abhilfe; vgl. ferner Ebenroth/Boujong/Joost/Strohn/*Pentz* Rn 46; GroßkommAktG/*Ehricke* § 45 Rn 51; MünchKommBGB/*Kindler* IntGesR Rn 497 ff; Reithmann/Martiny/*Hausmann* Rn 2226; *Peters* GmbHR 2008, 245 (249).

[74] Ebenroth/Boujong/Joost/Strohn/*Pentz* Rn 46.

[75] So schon vor der Neufassung der §§ 5 AktG, 4a GmbHG BGHZ 29, 320 (328) = NJW 1959, 1126; BayObLGZ 2004, 24 (26); OLG Brandenburg FGPrax 2005, 78 (79); OLG München FGPrax 2008, 38; Scholz/*Emmerich* § 4a Rn 9; vgl. aber auch noch die Nachw. in der folgenden Rn.

[76] *Bayer/Schmidt* WuB II C.1.08; *Campos Nave* BB 2008, 1410 ff (1413 f); *Frenzel* EWS 2008, 130 ff; *Teichmann* ZIP 2006, 355 (357, 362); aA OLG München FGPrax 2008, 38 ff; *Fleischhauer/Preuß* Kap. A Rn 158 ff; *Ringe* ZIP 2008, 1072 (1074).

[77] RGZ 107, 94 (97); BGHZ 25, 134 (144) = NJW 1957, 1433; BayObLGZ 1992, 113 (116); OLG Hamm ZIP 1997, 1696 f; OLG Hamm FGPrax 2001, 123; Großkomm-AktG/*Brändel* § 5 Rn 28; differenzierend MünchKommBGB/*Kindler* IntGesR Rn 507 f.

abzulehnen.[78] Tatsächlich ist der Beschluss als **nichtig** i.S.d. § 241 Nr. 3 AktG anzusehen,[79] weil die Gesellschafter typischerweise nicht die Auflösung, sondern den Fortbestand ihres Verbandes und damit bei Sitzverlegung etwas rechtlich Unmögliches wollen. Für die **registerrechtliche Behandlung** folgt daraus: Die Anmeldung des Verlegungsbeschlusses ist zurückzuweisen.[80] Halten die Gesellschafter an ihren Wegzugsplänen fest, so steht es ihnen frei, einen Auflösungsbeschluss zu fassen und anzumelden.[81] Wurde der nichtige Verlegungsbeschluss dennoch eingetragen, ist dies im Wege eines Amtslöschungsverfahrens nach § 399 FamFG (§ 144a FGG a.F.) zu korrigieren.

32 An dieser Rechtslage soll augenscheinlich auch im Zuge der geplanten **Kodifizierung des Internationalen Gesellschaftsrechts** festgehalten werden.[82] Eine Regelung der identitätswahrenden Sitzverlegung enthält aber der Vorentwurf der 14. Gesellschaftsrechtsrichtlinie über die **grenzüberschreitende Verlegung des Satzungssitzes** von Kapitalgesellschaften. Danach soll eine solche Verlegung künftig möglich sein (allerdings unter Wechsel des auf die Gesellschaft anwendbaren Rechts).[83] Diese Richtlinie liegt schon seit 1997 im Vorentwurf vor, seine Umsetzung ist aber weiterhin ungewiss. Die Generaldirektion Binnenmarkt und Dienstleistungen hat die Arbeiten an dem Entwurf vorläufig eingestellt,[84] da die Stellungnahme des EuGH zur derzeitigen Rechtslage in der Cartesio-Entscheidung abgewartet werden sollte. Nachdem diese zwischenzeitlich erfolgt ist (Rn 28), bleibt abzuwarten, welche Impulse sich daraus für das weitere Vorgehen der Kommission ergeben.

33 c) **Sitzverlegung aus dem Ausland nach Deutschland.** Wird der Verwaltungssitz einer ausländischen Kapitalgesellschaft in das Inland verlegt, ist danach zu differenzieren, ob die Gesellschaft als EU-Mitgliedstaat bzw. aufgrund eines Staatsvertrages Niederlassungsfreiheit genießt (vgl. § 13 Rn 38 ff) oder ob sie aus einem **Drittstaat** zuzieht. Im ersten Fall gelten die vom EuGH in seiner neueren Rechtsprechung zur Niederlassungsfreiheit entwickelten Grundsätze: Solange nicht das Recht des Heimatstaates den identitätswahrenden Wegzug untersagt,[85] ist die Gesellschaft auch dann in ihrer Gründungs-

---

[78] Vgl. zum Folgenden Ebenroth/Boujong/Joost/Strohn/*Pentz* Rn 49; GroßkommAktG/*Ehricke* § 45 Rn 53; *Hüffer* § 5 Rn 12; MünchKommAktG/*Hüffer* § 262 Rn 36; KölnerKommAktG/*Kraft* § 45 Rn 19 ff; MünchKommAktG/*Heider* § 5 Rn 66; MünchKommHGB/*Krafka* § 13h Rn 15; Röhricht/v. Westphalen/*Ammon* Rn 18; Staudinger/*Großfeld* (1998) IntGesR Rn 243.

[79] Auf die GmbH wird die Vorschrift analog angewandt; vgl. statt aller *Roth*/Altmeppen § 47 Rn 91 ff.

[80] Die hM würde stattdessen die Auflösung eintragen.

[81] MünchKommHGB/*Krafka* Rn 15.

[82] Referentenentwurf für ein Gesetz zum Internationalen Privatrecht der Gesellschaften, Vereine und juristischen Personen, abrufbar unter http://www.bmj.bund.de. S. dazu *Kussmaul/Richter/Ruiner* DB 2008, 451 ff; *Leuering* ZRP 2008, 73 ff; *Rotheimer* NZG 2008, 181 f; *C. Schneider* BB 2008, 566 ff; für die Zulassung einer grenzüberschreitenden Verlegung des Satzungssitzes *Eidenmüller* ZGR 2007, 168 (206); *Frenzel* EWS 2008, 130 ff; *J. Hoffmann* ZIP 2007, 1581 ff; *Grohmann/Gruschinske* GmbHR 2008, 27 ff; *Kindler* DK 2006, 811 (816 f); *ders*. AG 2007, 721 (723); *C. Schneider* BB 2008, 566 (572); vgl. auch schon die Nachw. in Fn 76.

[83] Vgl. Art. 3 des Entwurfs – abgedruckt in ZIP 1997, 1721 ff und ZGR 1999, 157 ff; vgl. dazu Ebenroth/Boujong/Joost/Strohn/*Pentz* Rn 53 ff; MünchKommBGB/*Kindler* IntGesR Rn 60 ff; *Habersack* Europäisches Gesellschaftsrecht, § 4 Rn 35 ff; *Triebel/von Hase* BB 2003, 2409 (2415).

[84] S. ec.europa.eu/internal_market/company/seat-transfer/index_de.htm (zuletzt abgerufen am 1.8.2008); vgl. dazu auch *Grohmann/Gruschinske* GmbHR 2008, 27.

[85] Zur europarechtlichen Zulässigkeit einer solchen Untersagung vgl. bereits Rn 27 mit Fn 71.

rechtsform anzuerkennen, wenn ihr tatsächlicher Tätigkeitsschwerpunkt im deutschen Inland liegt. Die faktische Hauptniederlassung gilt juristisch als **Zweigniederlassung** und ist den §§ 13d ff unterworfen (§ 13 Rn 32 ff).

Stammt die Gesellschaft aus einem Drittstaat, so gilt nach hM für sie weiterhin die **34** **traditionelle Sitztheorie** (vgl. § 13 Rn 37, 41 f): Soweit der effektive Verwaltungssitz in Deutschland liegt, wird sie am Maßstab des deutschen Rechts gemessen und dabei nicht als Zweig-, sondern als Hauptniederlassung behandelt.[86] Mangels Eintragung wird sie i.d.R. nicht den Anforderungen des deutschen Kapitalgesellschaftsrechts genügen. Entgegen der älteren Rechtsprechung ist ihre Existenz in diesem Fall nicht vollständig zu negieren, sondern sie muss **nach inländischen Maßstäben** in die Typenreihe des deutschen Gesellschaftsrechts eingeordnet werden. Danach wird sie i.d.R. als Personengesellschaft, zumeist als OHG, gegebenenfalls aber auch als Gesellschaft bürgerlichen Rechts zu qualifizieren sein.[87]

Die identitätswahrende grenzüberschreitende **Verlegung des Satzungssitzes nach** **35** **Deutschland** ist ebenso wie in den Wegzugfällen (s. Rn 30 f) nach derzeitiger Rechtslage nicht möglich. Eine ausländische Rechtsform kann nicht in das deutsche Handelsregister eingetragen werden.[88] Die Gesellschaft kann entweder neu in Deutschland gegründet werden oder als inländische Zweigniederlassung der weiterhin fortbestehenden ausländischen Gesellschaft eingetragen werden. Zu europäischen Reformbestrebungen s. Rn 32.

4. Sitzverlegung der Personenhandelsgesellschaft

a) **Sitzverlegung in das Ausland.** Auch bei der Sitzverlegung einer Personenhandels- **36** gesellschaft ist zwischen Vertrags- und Verwaltungssitz zu unterscheiden. Bestimmt man den Sitz einer Personenhandelsgesellschaft mit der hM nach dem Verwaltungssitz (§ 13 Rn 44), so ist die Verlegung des **Vertragssitzes** ins Ausland für die rechtliche Behandlung ohne materiell-rechtliche Relevanz. Geht man mit der hier vertretenen Auffassung davon aus, dass der Sitz statutarisch bestimmt werden darf (§ 13 Rn 44 f), bleibt die Gesellschaft bei Wahl eines ausländischen Vertragssitzes ebenfalls nicht als deutsche Gesellschaft bestehen, da nur ein inländischer Vertragssitz die Zuständigkeit eines deutschen Registergerichts begründen kann.[89]

Soll hingegen nur der **Verwaltungssitz** ins Ausland verlegt werden, kann die Gesell- **37** schaft nach herkömmlicher Auffassung ebenfalls nicht als deutsche Gesellschaft fortbestehen, sondern muss im Inland aufgelöst und liquidiert werden, um sie dann im Ausland neu zu gründen.[90] Eine im Kollisionsrecht begründete und mittlerweile herrschende Auffassung lässt von dieser Regel allerdings dann eine Ausnahme zu, wenn der **Zuzugsstaat**

---

[86] Zu den Einzelheiten vgl. statt aller die Darstellung bei MünchKommBGB/*Kindler* IntGesR Rn 40 ff, 196.
[87] Umfassend zu dieser Entwicklung MünchKommBGB/*Kindler* IntGesR Rn 464 ff mwN.
[88] Ebenroth/Boujong/Joost/Strohn/*Pentz* Rn 52; *Hüffer* § 45 Rn 2; MünchKommHGB/*Krafka* Rn 18; Röhricht/v. Westphalen/*Ammon* Rn 14.
[89] So auch *Walden* S. 176 mit Fn 673 i.V.m. S. 112 ff sowie S. 191 mit Fn 725; vgl. ferner Staudinger/*Großfeld* IntGesR (1998), Rn 94.

[90] Heymann/*Emmerich* § 106 Rn 8; MünchKommHGB/*Krafka* Rn 17; MünchKommHGB/*Langhein* § 106 Rn 30; Röhricht/v. Westphalen/*von Gerkan* § 106 Rn 9; Staudinger/*Großfeld* IntGesR (1998) Rn 605 ff; Vorraufl. § 13c Rn 11 (*Hüffer*); aA basierend auf der Annahme, dass nunmehr umfassend die Gründungstheorie gelte (dagegen § 13 Rn 41 f, 46 f), Ebenroth/ Boujong/Joost/Strohn/*Märtens* § 106 Rn 14.

seinerseits der **Gründungstheorie** folgt.[91] Diese Behandlung ist kollisionsrechtlich schlüssig: Die nach hM grundsätzlich fortgeltende Sitztheorie (§ 13 Rn 41 f) begründet eine Gesamtverweisung auf das ausländische Recht.[92] Folgt dieses der Sitztheorie, so wird die Gesellschaft von beiden Rechtsordnungen übereinstimmend als ausländische Gesellschaft qualifiziert. Folgt das fremde Recht der Gründungstheorie,[93] so verweist es hingegen auf das deutsche Recht zurück, das die Rückverweisung nach **Art. 4 Abs. 1 EGBGB** annimmt.[94] Danach würde es sich weiterhin um eine inländische Gesellschaft handeln.

38 Trotz dieser klaren kollisionsrechtlichen Wertung müsste der Gesellschaft nach dem überwiegend vertretenen Verständnis des § 106 (§ 13 Rn 44) die inländische Anerkennung aber wohl dennoch aus **registerrechtlichen Gründen** versagt werden, weil es für eine solche Gesellschaft kein zuständiges inländisches Registergericht gäbe.[95] Man würde also zu dem wenig befriedigenden Ergebnis gelangen, dass die originär kollisionsrechtliche Entscheidung durch eine Registerzuständigkeitsregelung verdrängt würde.[96] Schließt man sich dem hier vertretenen Verständnis des § 106 an (§ 13 Rn 44 f), besteht diese Hürde nicht, so dass die kollisionsrechtliche Wertung Bestand hätte.[97] Damit wäre auch insofern eine Gleichbehandlung von Personen- und Kapitalgesellschaften (Rn 27 ff) hergestellt. Zu den Auswirkungen dieser Sichtweise auf den originären Gründungsakt s. § 13 Rn 46 f.

39 b) **Sitzverlegung aus dem Ausland nach Deutschland.** Verlegt eine im Ausland gegründete Personenhandelsgesellschaft ihren Sitz nach Deutschland, so gelten die in § 13 Rn 48 skizzierten Grundsätze: Unterliegt die Gesellschaft der **europäischen Niederlassungsfreiheit** oder einem anerkennungsrechtlichen Sonderregime, ist sie als ausländische Gesellschaft zu behandeln; ihre inländische Niederlassung gilt als **Zweigniederlassung**. Gesellschaften aus **Drittstaaten** werden auf der Grundlage der Sitztheorie als inländische Gesellschaften behandelt, wenn sie ihren effektiven Verwaltungssitz nach

---

[91] Für eine solche Differenzierung Ebenroth/Boujong/Joost/Strohn/*Pentz* Rn 43; MünchKommBGB/*Kindler* IntGesR Rn 484 ff, 491 ff, 495; 497 ff; Röhricht/v. Westphalen/*Ammon* Rn 14; *von Bar* Internationales Privatrecht, 1991, Band II, Rn 624; MünchHdbGesR I/*Bezzenberger* § 49 Rn 125; Reithmann/Martiny/*Hausmann* Rn 2219, 2234 ff; *Spahlinger*/Wegen Rn 50; *Walden* S. 174 ff, 189 ff; *Mülsch/Nohlen* ZIP 2008, 1358 (1359); *Weng* EWS 2008, 264 (266); s. auch BGH WM 1969, 671 (672); ebenso für Kapitalgesellschaften OLG Hamm NJW 2001, 2183; *Ebenroth/Auer* DNotZ 1993, 187 (192 f); *Ebenroth/Eyles* IPRax 1989, 1 (9); *Zimmer* Internationales Gesellschaftsrecht, 1996, S. 306.

[92] Zum Charakter als Gesamtverweisung s. auch *von Bar* Internationales Privatrecht II, 1991, Rn 624; Reithmann/Martiny/*Hausmann* Rn 2219; *Ebenroth/Auer* DNotZ 1993, 187 (192 f).

[93] Speziell bei Personengesellschaften ist dies sorgfältig zu prüfen, da die Gründungstheorie grds. auf Kapitalgesellschaften zugeschnitten ist; vgl. AnwKommBGB/*J. Hoffmann* Anh. zu Art. 12 EGBGB Rn 151 ff.

[94] Vgl. bereits die Nachw. in Fn 91; zu derartigen Rückverweisungen vgl. MünchKommBGB/*Kindler* IntGesR Rn 484 f.

[95] So in der Tat GK-HGB/*Achilles* § 13h Rn 3; *Jungherr* Sitzverlegung einer offenen Handelsgesellschaft nach England und einer partnership nach Deutschland, 1972, S. 51; vgl. zu dieser Konsequenz auch *Walden* S. 125. Zur Begrenzung der kollisionsrechtlichen Wertung durch das interne Sachrecht des Wegzugsstaates vgl. MünchKommBGB/*Kindler* IntGesR Rn 502 ff; Reithmann/Martiny/*Hausmann* Rn 2228; zu ihren europarechtlichen Grenzen s. bereits Rn 27 mit Fn. 71.

[96] So die berechtigte Kritik von *Walden* S. 125 ff.

[97] Ausführlich dazu *J. Koch* ZHR 173 (2009), 101 (113 ff); vgl. auch *Walden* S. 125 ff.

Deutschland verlegen (s. § 13 Rn 41 f). Es ist also eine Erstanmeldung nach § 106 erforderlich, und zwar unabhängig davon, ob der Gründungsstaat eine Liquidation verlangt oder nicht.[98]

VIII. Verlegung der Zweigniederlassung

Die Verlegung der Zweigniederlassung wird von § 13h nicht erfasst.[99] Zum Teil wurde in der Vergangenheit eine analoge Anwendung des § 13h befürwortet,[100] doch ist dieser Auffassung spätestens seit dem Inkrafttreten des EHUG vom 10.11.2006[101] die Grundlage entzogen.[102] In den Gesetzesmaterialien wird die Sitzverlegung ausdrücklich als spätere Änderung i.S.d. § 13 Abs. 1 S. 2 bezeichnet (ausführlich bereits § 13 Rn 68).[103]

40

§ 14
Festsetzung von Zwangsgeld

¹Wer seiner Pflicht zur Anmeldung oder zur Einreichung von Dokumenten zum Handelsregister nicht nachkommt, ist hierzu von dem Registergericht durch Festsetzung von Zwangsgeld anzuhalten. ²Das einzelne Zwangsgeld darf den Betrag von fünftausend Euro nicht übersteigen.

Schrifttum

Ammon Die Anmeldung zum Handelsregister, DStR 1993, 1025; *Bassenge* Tatsachenermittlung, Rechtsprüfung und Ermessensausübung in den registergerichtlichen Verfahren nach §§ 132 bis 144 FGG, Rpfleger 1974, 173; *Hofmann* Zwangsgeldverfahren in der freiwilligen Gerichtsbarkeit, Rpfleger 1991, 283.

Übersicht

	Rn		Rn
I. Regelungsgehalt, Normzweck und Normentwicklung	1–3	IV. Kein mittelbarer Registerzwang	12
II. Zwangsgeldbewehrte Handlungen	4–9	V. Adressaten des Registerzwangs	13–16
1. Pflicht zur Anmeldung	4	1. Natürliche Personen	13
2. Pflicht zur Einreichung	5–6	2. Juristische Personen und Personenverbände	14–16
3. Gesetzlich nicht geregelte Pflichten	7	VI. Grundzüge des Verfahrens	17–22
4. Öffentlich-rechtlicher Pflichtenursprung	8	1. Einleitung des Verfahrens	17–18
5. Einreichung von Unterlagen bei nicht erzwingbarer Anmeldung	9	2. Einspruch	19–20
		3. Beschwerde	21
III. Registerzwang und Amtslöschungsverfahren	10–11	4. Kosten und Vollstreckung	22

---

[98] GK-HGB/*Achilles* Rn 3.
[99] Formulierungsbeispiel für eine Anmeldung bei *Krafka/Willer* Rn 309.
[100] Vgl. noch Schlegelberger/*Hildebrandt/Steckhan* § 13c Rn 10; aus neuerer Zeit Michalski/*Heyder* § 12 Rn 36.
[101] Gesetz über elektronische Handelsregister und Genossenschaftsregister sowie das Unternehmensregister (EHUG) v. 10.11.2006, BGBl. I, S. 2553.
[102] So auch GK-HGB/*Achilles* Rn 6; für die Anwendung der Änderungsregeln schon nach bisheriger Rechtslage MünchKomm-HGB/*Krafka* Rn 11; Rowedder/*Schmidt-Leithoff* § 12 Rn 48.
[103] RegE EHUG, BT-Drucks. 16/960, S. 46.

§ 14　　　　　　　　　　　　1. Buch. Handelsstand

I. Regelungsgehalt, Normzweck und Normentwicklung

1 § 14 ermächtigt und verpflichtet das Registergericht, die Erfüllung von Anmelde- und Einreichungspflichten zwangsweise durchzusetzen. Auf diese Weise soll sichergestellt werden, dass die registerrechtlichen Pflichten eingehalten und so die Zuverlässigkeit und Vollständigkeit des Handelsregisters gewährleistet wird.[1] Die Vorschrift enthält die **allgemeine handelsrechtliche Grundlage** für den Registerzwang. Daneben finden sich weitere Vorschriften zur Verhängung von Zwangsgeldern in den §§ 37 Abs. 1, 37a Abs. 4 (ggfs. i.V.m. § 125a Abs. 2 und § 177a), in den §§ 407 f AktG, § 79 GmbHG, § 316 UmwG, § 5 Abs. 2 PartGG und § 12 EWIV-AG (vgl. auch die Aufzählung in § 388 FamFG – 132 Abs. 1 FGG a.F.). Dieser Vorschriften bedarf es neben der allgemeinen Vorschrift des § 14, um die Durchsetzung auch solcher Pflichten zu gewährleisten, die nicht gegenüber dem Registergericht zu erfüllen sind und deshalb von § 14 nicht erfasst werden. Sowohl § 14 als auch die genannten Spezialvorschriften werden durch die besonderen **Verfahrensvorschriften der §§ 388 ff FamFG (§§ 132 ff FGG a.F.)** ergänzt.

2 § 14 hat im Laufe der Zeit mehrere **Änderungen** erfahren. Durch das EGStGB vom 2.3.1974[2] wurden die Begriffe „Ordnungsstrafe" und „Strafe" durch den Begriff des Zwangsgeldes ersetzt, um zum Ausdruck zu bringen, dass es nicht darum geht, Gesetzesverstöße durch Strafe zu ahnden, sondern darum, durch Einsatz eines **Beugemittels** eine bestimmte Verhaltenspflicht gegenüber dem Registergericht zwangsweise durchzusetzen (zu den Konsequenzen dieser Einordnung s. noch Rn 7).[3] Durch das NaStraG vom 18.1.2001[4] erfolgte die Euro-Umstellung.

3 Durch das **EHUG** vom 10.11.2006[5] schließlich wurde die Möglichkeit des Registerzwangs für den Fall abgeschafft, dass eine Pflicht zur Zeichnung der Unterschrift verletzt wird, da die entsprechenden Pflichten mit dem Übergang zur elektronischen Führung des Handelsregisters aufgehoben wurden (vgl. die Änderung der §§ 12 und 29 sowie die Aufhebung der §§ 35, 53 Abs. 2, 108 Abs. 2, 148 Abs. 3 a.F. – zu den Gründen vgl. die Ausführungen in § 12 Rn 3). Zudem wurde als Folgeänderung zur Umstellung auf digitale Dokumente in § 12 Abs. 2 (s. die Erläuterungen dort Rn 69 ff) der bisher verwandte Begriff „Schriftstücke" auch in § 14 durch „Dokumente" ersetzt. Größere Bedeutung ist allerdings der Veränderung des Anwendungsbereichs beizumessen, die sich nur mittelbar daraus ergibt, dass die Überwachung der Rechnungslegungspublizität nicht mehr den Registergerichten obliegt und damit auch nicht mehr den Zwangsgeldregeln unterfällt (s. noch Rn 6).

II. Zwangsgeldbewehrte Handlungen

4 **1. Pflicht zur Anmeldung.** Als zwangsgeldbewehrte Handlungen nennt § 14 S. 1 nach der Streichung der Unterschriftenpflicht (Rn 3) nur noch die Pflicht zur Anmeldung und die Pflicht zur Einreichung von Dokumenten. Eine Pflicht zur Anmeldung beim Register-

---

[1] Vgl. auch *Krafka/Willer* Rn 2353.
[2] Einführungsgesetz zum Strafgesetzbuch v. 2.3.1974 (BGBl. I, S. 469).
[3] Vgl. auch Röhricht/v. Westphalen/*Ammon* Rn 2; zur Rechtsnatur des Zwangsgeldes vgl. auch BayObLGZ 1998, 226 (227); *Rasch* DVBl. 1980, 1017 (1021).
[4] Gesetz zur Namensaktie und zur Erleichterung der Stimmrechtsausübung (Namensaktiengesetz) v. 18.1.2001 (BGBl. I, S. 123).
[5] Gesetz über elektronische Handelsregister und Genossenschaftsregister sowie das Unternehmensregister (EHUG) v. 10.11.2006 (BGBl. I, S. 2553).

gericht[6] ist Gegenstand zahlreicher Vorschriften des HGB und anderer Gesetze (vgl. z.B. §§ 13 ff, 29, 31, 33 f, 106 f, 143, 162 oder §§ 36, 37, 42, 52 Abs. 6 AktG, §§ 7 f, 40 GmbHG).[7] Die Anmeldung bloß eintragungsfähiger Tatsachen (s. § 8 Rn 33 ff, 40 ff) kann nicht erzwungen werden.[8] Zur nachträglichen Korrektur einer fehlerhaft eingetragenen freiwilligen Anmeldung s. noch Rn 9; zu Ausnahmen von der Zwangsgeldbewehrung s. noch Rn 8.

2. Pflicht zur Einreichung. Pflichten zur Einreichung von Dokumenten beim Registergericht[9] finden sich namentlich im AktG und im GmbHG. Aus dem **AktG** sind insbesondere zu nennen die §§ 34 Abs. 3, 99 Abs. 5 S. 2, 106, 130 Abs. 5, 145 Abs. 6 S. 3, 248 Abs. 1 S. 2, 275 Abs. 4 AktG, aus dem **GmbHG** die §§ 40, 52 Abs. 2 S. 2 sowie 75 Abs. 2 GmbHG i.V.m. 248 Abs. 1 S. 1 AktG.[10] Daneben finden sich noch weitere Einreichungspflichten, für die die Zwangsgeldbewehrung gem. §§ 175 S. 3 HGB, 407 Abs. 2 AktG, 79 Abs. 2 GmbHG aufgrund ihres rein privatrechtlichen Charakters allerdings ausdrücklich ausgeschlossen ist. Darunter fallen insbes. die Einreichungspflichten aus § 37 Abs. 4 AktG und § 8 Abs. 1 GmbHG (s. dazu noch Rn 8). Die Form der Einreichung ergibt sich aus § 12 Abs. 2. Zur Pflicht, eine zunächst unvollständige Einreichung nachzuholen s. noch Rn 9.

Einem anderen Regelungsregime unterstehen seit den Änderungen des EHUG (Rn 3) die Einreichungspflichten im Zusammenhang mit der **Offenlegung von Jahresabschlüssen**, für die nach alter Rechtslage gem. §§ 335, 335b, 340o, 341o HGB a.F. und § 21 PublG a.F. ebenfalls das Registergericht zuständig war. Nach den Neuregelungen des EHUG sind diese Pflichten nicht mehr gegenüber dem Registergericht, sondern gegenüber dem Betreiber des elektronischen Bundesanzeigers zu erfüllen (§§ 325 Abs. 1, 325a Abs. 1, 340l, 341l HGB n.F. und §§ 9, 15 PublG n.F.). Ihre Durchsetzung obliegt dem Bundesamt für Justiz (§§ 335, 335b, 340o, 341o HGB n.F. sowie § 21 PublG n.F.).[11] Da im Bereich der Rechnungslegungspublizität die praktische Hauptanwendung des Registerzwangs lag, ist durch diese Neuerung eine wesentliche Entlastung der Gerichte eingetreten.[12]

3. Gesetzlich nicht geregelte Pflichten. Die Pflicht zur Anmeldung oder Einreichung muss nicht zwangsläufig ausdrücklich gesetzlich angeordnet werden. Sie kann sich vielmehr auch durch **Auslegung, Analogie oder richterliche Rechtsfortbildung** ergeben (vgl. dazu § 8 Rn 45 f). Weil das Zwangsgeld nicht Strafe ist, sondern die Funktion eines Beugemittels hat (Rn 2), ist seine Festsetzung auch in diesen Fällen zulässig.[13] Anders als

---

[6] Zu Anmeldepflichten gegenüber anderen Adressaten vgl. bereits die in Rn 1 genannten Sondervorschriften.
[7] Umfassende Aufzählung bei *Bumiller/Winkler* § 132 Rn 8.
[8] GK-HGB/*Ensthaler* Rn 1; MünchKommHGB/*Krafka* Rn 2
[9] Zu Einreichungspflichten gegenüber anderen Adressaten vgl. bereits die in Rn 1 genannten Sondervorschriften.
[10] Umfassende Aufzählung bei *Bumiller/Winkler* § 132 Rn 10.
[11] Vgl. zu dieser Umstellung RegE EHUG zu § 325, BT-Drucks. 16/960, S. 48; *Nedden-Boeger* FGPrax 2007, 1 (3); *Schlotter* BB 2007, 1 (2 ff); *C. Schmidt* DStR 2006, 2272 (2274 f).
[12] Vgl. dazu auch *Krafka/Willer* Rn 2352a.
[13] KG FGPrax 1999, 156; Ebenroth/Boujong/Joost/Strohn/*Schaub* Rn 8; HK-HGB/*Ruß* Rn 1; Koller/Roth/*Morck* Rn 2; MünchKommHGB/*Krafka* § 8 Rn 33, § 14 Rn 2; Röhricht/v. Westphalen/*Ammon* Rn 2; Schlegelberger/*Hildebrandt* § 8 Rn 19; Vorauf. Rn 1 (*Hüffer*); aA wohl Rowedder/*Schmidt-Leithoff* § 12 Rn 69.

bei der Anwendung des § 15 (s. dazu noch § 15 Rn 31)[14] muss insofern auch keine Umstellungsfrist beachtet werden.

8 **4. Öffentlich-rechtlicher Pflichtenursprung.** Entgegen dem Wortlaut der Vorschrift kann nicht jede Pflicht gem. § 14 durchgesetzt werden. Der öffentlich-rechtliche Registerzwang steht vielmehr nur zu Gebote, soweit es um die Durchsetzung von **Pflichten öffentlich-rechtlichen Ursprungs** geht.[15] Dem trägt das Gesetz teilweise selbst Rechnung, indem es für einzelne Pflichten den Registerzwang ausdrücklich ausschließt (z.B. § 175 S. 3 HGB, § 407 Abs. 2 S. 1 AktG, § 79 Abs. 2 GmbHG, § 316 Abs. 2 UmwG). Dabei handelt es sich idR um Eintragungen, die eine konstitutive Wirkung entfalten (vgl. dazu § 8 Rn 116 ff), da die bis dahin bestehende Unwirksamkeit der einzutragenden Tatsache den Rechtsverkehr hinreichend schützt und die Richtigkeit des Handelsregisters gewährleistet.[16] Die Eintragung wird hier nur mittelbar erzwungen, indem anderenfalls den Beteiligten die Wirksamkeit der von ihnen gewollten Rechtsfolgen versagt wird. So kann etwa die Pflicht der Gründer und Organmitglieder einer Kapitalgesellschaft, die Gesellschaftsgründung oder eine Satzungsänderung zur Eintragung anzumelden, nicht mit staatlichem Zwang durchgesetzt werden (§§ 407 Abs. 2 S. 1 AktG, 79 Abs. 2 GmbHG).[17] Es kann lediglich aus dem Gesellschaftsverhältnis eine **privatrechtliche Pflicht** zur Anmeldung erwachsen. Die Erfüllung dieser Pflicht muss auf dem Zivilrechtsweg durchgesetzt werden.[18]

9 **5. Einreichung von Unterlagen bei nicht erzwingbarer Anmeldung.** Ausnahmsweise kann auch bei einer nicht eintragungspflichtigen Tatsache ein Zwangsgeld nach § 14 verhängt werden, und zwar dann, wenn die freiwillig vorgenommene Anmeldung **unvollständig oder fehlerhaft** war.[19] In einem solchen Fall hat das Gericht die Eintragung zunächst abzulehnen und dem Antragsteller im Wege einer **Zwischenverfügung** die Behebung des Mangels innerhalb einer bestimmten Frist aufzugeben (§ 382 Abs. 4 FamFG – § 26 S. 2 HRV a.F.).[20] Macht es von dieser Möglichkeit keinen Gebrauch und nimmt die Eintragung vor, so kann noch im Nachhinein über § 14 die Vervollständigung der Anmeldungsunterlagen durchgesetzt werden. Wurde etwa die grundsätzlich nicht zwangsweise durchsetzbare Pflicht nach §§ 37 Abs. 4 AktG, 8 Abs. 1 GmbHG (s. Rn 5, 8) unvollständig erfüllt und ist dennoch eine Eintragung erfolgt, so kann das Gericht die nachträgliche Einreichung der noch fehlenden Dokumente über § 14 erzwingen. Ein solches Druckmittel ist hier erforderlich, da der mittelbare Zwang, der sich aus dem konstitutiven Charakter der Eintragung ergibt (vgl. Rn 8), nunmehr weggefallen ist.

---

[14] Vgl. dazu BGHZ 116, 37 (44 ff) = NJW 1992, 505; Koller/*Roth*/Morck § 15 Rn 6; MünchKommHGB/*Krebs* § 15 Rn 25; Röhricht/v. Westphalen/*Ammon* § 15 Rn 6, 14.
[15] BayObLGZ 1985, 257 (261); Ebenroth/Boujong/Joost/Strohn/*Schaub* Rn 6.
[16] S. bereits Denkschrift zum HGB – *Hahn/Mugdan* S. 211; vgl. ferner auch Ebenroth/Boujong/Joost/Strohn/*Schaub* Rn 11; MünchKommHGB/*Krafka* Rn 3; Röhricht/v. Westphalen/*Ammon* Rn 6, 9; *Wieland* S. 222, die allerdings zu Recht darauf hinweisen, dass das Zwangsverfahren auch bei konstitutiven Eintragungen nicht stets ausgeschlossen ist; in diesem Fall werden direkter und indirekter Zwang kumuliert (vgl. etwa §§ 71, 78 BGB).
[17] Vgl. dazu auch BGHZ 105, 324 (327 f, 341) = NJW 1989, 295.
[18] Vgl. im Einzelnen *Hüffer* AktG § 36 Rn 5; MünchKommAktG/*Pentz* § 36 Rn 12 ff.
[19] Vgl. zum Folgenden RGZ 130, 248 (255 f); KGJ 41 A 123 (130); Ebenroth/Boujong/Joost/Strohn/*Schaub* Rn 14; MünchKommAktG/*Hüffer* § 407 Rn 20; MünchKommHGB/*Krafka* Rn 4; Röhricht/v. Westphalen/*Ammon* Rn 8.
[20] Vgl. dazu auch *Krafka/Willer* Rn 166.

III. Registerzwang und Amtslöschungsverfahren

Soll der Registerzwang ausgeübt werden, um eine inhaltlich fehlerhafte Eintragung zu korrigieren, so steht dem Registergericht nach dem Gesetzeswortlaut neben der Verhängung eines Zwangsgeldes auch die Möglichkeit offen, ein Amtslöschungsverfahren nach §§ 395 ff FamFG (§§ 142 ff FGG a.F.) durchzuführen. Das **Verhältnis** dieser beiden Verfahren zueinander ist **umstritten**. Nach Auffassung der neueren Rechtsprechung und weiten Teilen des Schrifttums sollen beide Verfahren nebeneinander anwendbar sein, wobei teilweise ein grundsätzlicher Vorrang des Registerzwangs, teilweise aber auch ein Vorrang des Amtslöschungsverfahrens angenommen wird.[21] In der älteren Rechtsprechung und von anderen Vertretern des Schrifttums wird die Ausübung von Registerzwang hingegen generell für unzulässig gehalten, wenn dem Gericht daneben auch die Möglichkeit einer Amtslöschung zu Gebote steht.[22]

10

Zu folgen ist der letztgenannten Auffassung, da nach allgemeinen Grundsätzen der **Verhältnismäßigkeit** staatlicher Zwang nur ausgeübt werden darf, wenn kein milderes Mittel anwendbar ist.[23] Steht dem Registergericht daher das Amtslöschungsverfahren offen, so darf auf den Registerzwang nicht zurückgegriffen werden. Dieses Argument wird nicht dadurch entkräftet, dass beide Verfahren im Einzelfall ähnlich aufwändig sein können,[24] da es für die Beurteilung des Eingriffscharakters allein darauf ankommt, ob staatlicher Zwang ausgeübt wird oder nicht. Auch der Umstand, dass das Amtslöschungsverfahren nur unter engen Voraussetzungen anwendbar ist, kann allenfalls dazu führen, dass die Kollisionssituation nur selten eintreten wird,[25] gibt aber keine Antwort auf die Frage, wie eine dennoch entstehende Kollision aufzulösen ist.[26] Diese aus allgemeinen Grundsätzen staatlichen Handelns abgeleiteten Erwägungen überwiegen die Aussagekraft der singulären Norm des § 31 Abs. 2 S. 2, den die Gegenauffassung zum generellen „gesetzlichen Leitbild" erhebt,[27] obwohl die ratio der darin ausgesprochenen Stufenfolge keinesfalls eindeutig ist. Der Vorrang des Amtslöschungsverfahrens kommt nur da nicht zur Anwendung, wo ausnahmsweise der Registerzwang milderes Mittel ist, weil die Korrektur auch noch auf anderem Wege als durch vollständige Löschung durchgeführt werden kann.[28]

11

---

[21] Für einen Vorrang des Registerzwangs BayObLGZ 1986, 197 (202); OLG Frankfurt aM GmbHR 1994, 802 (803); Baumbach/*Hopt* Rn 1; GK-HGB/*Ensthaler* Rn 1; Koller/*Roth*/Morck Rn 1; MünchKommHGB/*Krafka* Rn 5; für einen Vorrang des Amtslöschungsverfahrens Schlegelberger/*Hildebrandt*/Steckhan § 14 Rn 4; für generelle Wahlfreiheit des Registergerichts HK-HGB/*Ruß* Rn 6; Röhricht/v. Westphalen/*Ammon* Rn 11; offenlassend KG FGPrax 1999, 156.

[22] OLG Hamm JMBlNRW 1953, 185 f; OLG Jena KGJ 44 A 336 (338); Voraufl. Rn 10 (*Hüffer*); ihm folgend das österreichische Schrifttum Jabornegg/*Burgstaller* § 24 FBG Rn 4; *Schenk* in: Straube HGB § 8 Rn 27.

[23] Zumindest sympathisierend insofern auch KG FGPrax 1999, 156.

[24] Röhricht/v. Westphalen/*Ammon* Rn 11; ihm folgend Ebenroth/Boujong/Joost/Strohn/*Schaub* Rn 19; auf die Verfahrensökonomie verweist auch MünchKommHGB/*Krafka* Rn 5.

[25] So Röhricht/v. Westphalen/*Ammon* Rn 11; ihm folgend Ebenroth/Boujong/Joost/Strohn/*Schaub* Rn 19.

[26] So aber wohl MünchKommHGB/*Krafka* Rn 5.

[27] So Ebenroth/Boujong/Joost/Strohn/*Schaub* Rn 19; ähnlich Baumbach/*Hopt* Rn 1; MünchKommHGB/*Krafka* Rn 5; Röhricht/ v. Westphalen/*Ammon* Rn 11.

[28] Vgl. Jabornegg/*Burgstaller* § 24 FBG Rn 4.

IV. Kein mittelbarer Registerzwang

12 Liegen die Eintragungsvoraussetzungen vor, so muss das Gericht die Eintragung unverzüglich vornehmen und darf sie nicht davon abhängig machen, dass auch noch andere Pflichten erfüllt werden.[29] Eine solche Verknüpfung liefe auf eine Form des **faktischen Registerzwangs** hinaus, die vom Gesetz nicht vorgesehen und deshalb unzulässig ist. Jede Pflicht ist nur für sich erzwingbar.[30] Nach diesem Grundsatz darf etwa die Eintragung eines Gesellschafterwechsels nicht deshalb verweigert werden, weil dadurch die bisherige Firma unzulässig wird (z.B. einziger persönlich haftender Gesellschafter einer KG wird durch GmbH ersetzt, ohne dass Zusatz nach § 19 Abs. 2 ergänzt wird). Das Gericht muss vielmehr den Gesellschafterwechsel eintragen und die unzulässig gewordene Firmenführung gem. § 37 Abs. 1 unterbinden.[31]

V. Adressaten des Registerzwangs

13 **1. Natürliche Personen.** Adressat des Registerzwangs ist derjenige, der nach den einschlägigen gesetzlichen Regelungen zur Anmeldung oder Einreichung verpflichtet ist (s. bereits § 12 Rn 17). Dabei bleibt es auch, wenn der Pflichtige einen **Verfahrensbevollmächtigten** oder Prokuristen bestellt.[32] Ebenso kann gegen den inländischen Bevollmächtigten einer ausländischen Kapitalgesellschaft kein Registerzwang ausgeübt werden (ausführlich dazu § 13d Rn 59 ff, 62; zur Verhängung eines Zwangsgeldes gegen ein im Ausland befindliches Organmitglied vgl. § 13d Rn 60 f).[33] Etwas anderes gilt allerdings für den **Insolvenzverwalter**. Er hat nach § 80 InsO die alleinige Verfügungsgewalt über die Insolvenzmasse und ist deshalb auch Adressat von Anmeldepflicht und Registerzwang.[34] Einer genauen Prüfung bedarf allerdings jeweils die Frage, inwiefern die konkrete Anmeldung tatsächlich die Insolvenzmasse betrifft (vgl. dazu bereits § 12 Rn 59).[35]

---

[29] BGH NJW 1977, 1879 (1880); BGH NJW 1985, 736 (738); BayObLGZ 1967, 385 (388 f); BayObLGZ 1968, 118 (121 f); BayObLGZ 1972, 310 (313); BayObLGZ 1985, 257 (261); BayObLG NJW-RR 2001, 1482; KGJ 37 A 138 f; KG NJW 1965, 254; OLG Hamm DB 1977, 1255; OLG Hamm DNotZ 2001, 956 (958); Baumbach/*Hopt* Rn 1; *Bumiller/Winkler* § 132 Rn 23 f; MünchKommHGB/*Krafka* Rn 6; Röhricht/v. Westphalen/*Ammon* Rn 7 (mit Beispielen).

[30] Zur Frage, in welchen Fällen ein einheitlicher und ein getrennter Vollzug möglich ist, vgl. *Krafka/Willer* Rn 187 ff.

[31] BGH NJW 1977, 1879 (1880); BGH NJW 1985, 736 (738); KG NJW 1965, 254; OLG Hamm DB 1977, 1255; MünchKommHGB/*Krafka* Rn 6; aA noch OLG Köln DB 1975, 2365 f; die früher häufig auftretenden Fälle, in denen durch faktischen Registerzwang die Namenszeichnung nach §§ 29, 2. Hs., 53 Abs. 2 a.F. erzwungen werden sollte (vgl. z.B. KGJ 37 A 138 (139); OLG Hamm DNotZ 2001, 956 (958)), haben sich durch die Aufgabe der Namenszeichnung im Zuge des EHUG erledigt (s. bereits Rn 3).

[32] BayObLGZ 1982, 198 (201); BayObLG KGJ 35 A 354 (356); MünchKommHGB/*Krafka* Rn 7; *Krafka/Willer* Rn 2363.

[33] GK-HGB/*Achilles* § 13d Rn 11; Koller/Roth/Morck § 13d Rn 6; MünchKommAktG/*Hüffer* § 407 Rn 10; MünchKommHGB/*Krafka* § 13d Rn 23; Röhricht/v. Westphalen/*Ammon* Rn 14, § 13d Rn 16; Rowedder/*Schmidt-Leithoff* § 12 Rn 69; aA *Lenz* DJ 1937, 1305 (1308).

[34] So für den Konkursverwalter BGH NJW 1981, 822 f; vgl. auch MünchKommHGB/*Krafka* Rn 8; Röhricht/v. Westphalen/*Ammon* Rn 12.

[35] Vgl. dazu OLG Köln NJW-RR 2001, 1417; OLG Rostock Rpfleger 2003, 444; Ebenroth/Boujong/Joost/Strohn/*Schaub* § 12 Rn 124; MünchKommHGB/*Krafka* § 12 Rn 32; *Krafka/Willer* Rn 107, 112.

Wenn von **mehreren Anmeldepflichtigen** (z.B. § 108: Anmeldung der OHG durch alle Gesellschafter) nur einzelne ihrer Pflicht nicht nachgekommen sind, darf das Zwangsgeld nur gegen den Säumigen, nicht auch gegen die übrigen Anmeldepflichtigen festgesetzt werden.[36] Verstirbt der Gesellschafter einer OHG oder KG, haben seine **Erben** das Ausscheiden anzumelden, unabhängig davon, ob sie selbst nachfolge- oder eintrittsberechtigt sind.[37]

2. Juristische Personen und Personenverbände. Soweit im Aktienrecht und im Recht der GmbH eine zwangsgeldbewehrte Pflicht zur Anmeldung besteht, legt das Gesetz diese Pflicht nicht der juristischen Person selbst auf, sondern den im Einzelnen bezeichneten **Organmitgliedern** (vgl. etwa §§ 407 Abs. 1 AktG, 78 GmbHG). Nach §§ 407 Abs. 1 AktG, 79 Abs. 1 GmbHG sind daher auch diese Organmitglieder persönlich Adressaten des Zwangsgeldes,[38] woraus zu schließen ist, dass sie bei der Anmeldung nicht nur als Vertretungsorgan für die Gesellschaft, sondern in Erfüllung einer eigenen öffentlich-rechtlichen Verpflichtung handeln.[39] Dieser Differenzierung kann im Hinblick auf die Beschwerdeberechtigung bei Ablehnung der Anmeldung Bedeutung zukommen (zur Beschwerdebefugnis gegen die Zwangsgeldverhängung selbst s. noch Rn 21).

Davon zu unterscheiden ist der Fall, dass eine AG oder GmbH **in einer Personenhandelsgesellschaft Gesellschafterin** wird oder eine andere Funktion, etwa die eines Liquidators, übernimmt. Hier beurteilt sich die Anmeldepflicht nicht nach dem Recht der Kapitalgesellschaft, sondern nach dem der Personengesellschaft. Danach ist der Gesellschafter der Personengesellschaft, d.h. also die juristische Person als solche, zur Anmeldung verpflichtet.[40] Trotzdem ist das Zwangsgeld nach allgemeiner Auffassung gegen die zuständigen Organmitglieder zu verhängen, weil es der Funktion des § 14 entspricht, den Druck des Zwangsmittels unmittelbar auf denjenigen auszuüben, der tatsächlich handeln muss.[41] Das führt allerdings dazu, dass der Träger der Anmeldepflicht und der Adressat der Zwangsmaßnahme hier ausnahmsweise auseinanderfallen.

Dieselben Grundsätze gelten auch für die **Personenhandelsgesellschaften**, wenn die Anmeldepflicht nicht die Gesellschafter, sondern die Gesellschaft selbst trifft, wie z.B. die Pflicht zur Anmeldung bei Erteilung und Widerruf einer Prokura nach § 53 Abs. 1 und 3.[42] Aus den in Rn 15 angeführten Gründen ist das Zwangsgeld auch hier gegen die geschäftsführenden Gesellschafter zu richten.

---

[36] BayObLG MittBayNot 1978, 115 (116); MünchKommHGB/*Krafka* Rn 8.
[37] BayObLG DB 1993, 474; Röhricht/v. Westphalen/*Ammon* Rn 12.
[38] Vgl. nur BayObLGZ 1986, 253 (256); BayObLGZ 2000, 11 (13 f); KG OLGR 4, 463; *Hüffer* AktG § 407 Rn 2; MünchKommHGB/*Krafka* Rn 8; Röhricht/v. Westphalen/*Ammon* Rn 13; Roth/*Altmeppen* § 78 Rn 9.
[39] Vgl. nur BayObLGZ 1986, 253 (256); BayObLGZ 2000, 11 (13 f); *Hüffer* AktG § 407 Rn 2; Ulmer/Habersack/Winter/*Casper* § 78 Rn 28; aA Hachenburg/*Ulmer* § 78 Rn 12.
[40] Ebenroth/Boujong/Joost/Strohn/*Schaub* Rn 27; Röhricht/v. Westphalen/*Ammon* Rn 13.
[41] Allgemeine Auffassung – vgl. KG JFG 10, 86 (87 f); OLG München JFG 14, 488 (492); vgl. aus dem Schrifttum die ausführlichen Begründungen von Voraufl. Rn 17 (*Hüffer*); *Dietrich* Die Individualvollstreckung, 1976, S. 170 ff (179); s. ferner Ebenroth/Boujong/Joost/Strohn/*Schaub* Rn 27; Heymann/Sonnenschein/*Weitemeyer* § 14 Rn 4; MünchKommHGB/*Krafka* Rn 8; Rowedder/Schmidt-Leithoff/*Zimmermann* § 79 Rn 16; de lege ferenda für ein gegen die Gesellschaft gerichtetes Zwangsgeld Röhricht/v. Westphalen/*Ammon* Rn 13.
[42] Röhricht/v. Westphalen/*Ammon* Rn 13.

VI. Grundzüge des Verfahrens

17 **1. Einleitung des Verfahrens.** Die materiell-rechtliche Ermächtigungsgrundlage des § 14 wird durch die **Verfahrensvorschriften der §§ 388–392 FamFG (§§ 132–139 FGG a.F.)** ergänzt.[43] Das Registergericht muss das Verfahren eröffnen, sobald es – gleichgültig aus welcher Quelle – glaubhafte Kenntnis von einem Sachverhalt erhält, der das Einschreiten nach § 14 rechtfertigt; ein Ermessen steht ihm insofern nicht zu.[44] Die vollständige Klärung des Sachverhalts und der Rechtslage bleibt dem Einspruchsverfahren vorbehalten (s. dazu noch Rn 19 f).[45] Lehnt es das Registergericht ab, auf eine Anregung hin gem. §§ 388 ff FamFG (§§ 132 ff FGG a.F.) tätig zu werden, so hat der Anzeigende unter den Voraussetzungen des § 59 FamFG (§ 20 FGG a.F.) das Recht der Beschwerde (Rn 21). Zentrale Voraussetzung ist insofern, dass eines seiner individuellen Rechte durch die Ablehnung beeinträchtigt ist; ein bloß berechtigtes Interesse an der Durchsetzung des Antrags genügt nicht.[46]

18 Eingeleitet wird das Verfahren durch eine sog. **Androhungsverfügung,** in der die zu erfüllende Pflicht möglichst genau bezeichnet und eine angemessene Frist gesetzt wird, in der entweder diese Pflicht zu erfüllen ist oder im Wege des „Einspruchs" ihre Nichterfüllung gerechtfertigt wird.[47] Auf die Möglichkeit des Einspruchs ist der Adressat der Verfügung ausdrücklich hinzuweisen.[48] Schließlich ist für den Fall, dass weder die Verpflichtung erfüllt noch Einspruch eingelegt wird, ein **ziffernmäßig bestimmtes Zwangsgeld** anzudrohen, wobei allerdings die Angabe eines bloßen Höchstbetrages genügt.[49] Das Zwangsgeld darf gem. § 14 den Betrag von € 5.000 nicht übersteigen; das Mindestmaß ist in Art. 6 EGStGB auf € 5 festgelegt. Fehlt der Verfügung einer der genannten Bestandteile, so ist eine Zwangsgeldfestsetzung selbst dann nichtig, wenn sie in Rechtskraft erwachsen ist.[50] Wird die Pflicht auf die Verfügung hin erfüllt, ist das Verfahren erledigt, ohne dass es einer Aufhebung der Verfügung bedarf.[51] Das gilt auch bei einer verspäteten Erfüllung, solange sie nur vor der Zwangsgeldfestsetzung erfolgt.[52]

---

[43] Zu den Einzelheiten des Verfahrens vgl. *Krafka/Willer* Rn 2351 sowie die einschlägigen Kommentierungen von *Bassenge/Roth* FGG/RpflG, 11. Aufl., 2007; *Bumiller/Winkler* FGG, 8. Aufl., 2006; *Keidel/Kuntze/Winkler* FGG, 15. Aufl., 2003.

[44] OLG Hamm OLGZ 1989, 148 (150); *Bumiller/Winkler* § 132 Rn 21; Ebenroth/Boujong/Joost/Strohn/*Schaub* Rn 30; Keidel/Kuntze/*Winkler* § 132 Rn 22; *Bassenge* RPfleger 1974, 173 f.

[45] BayObLGZ 1978, 319 (322); KGJ 30 A 116 (119); OLG Düsseldorf NJW-RR 1996, 1319; OLG Frankfurt aM OLGZ 1979, 5 (6).

[46] KGJ 53 A 93 (94); Keidel/Kuntze/*Winkler* § 132 Rn 30.

[47] Verfügungsmuster bei *Krafka/Willer* Rn 2366 f und *Ammon* DStR 1993, 1025 (1031); zur Bezeichnung der Pflicht vgl. BayObLGZ 1967, 458 (463 f); *Bumiller/Winkler* § 132 Rn 25; Keidel/Kuntze/*Winkler* § 132 Rn 24; zur angemessenen Frist BGHZ 135, 107 (115) = NJW 1997, 1855; *Krafka/Willer* Rn 2365.

[48] KG OLGR 5, 274; MünchKommHGB/*Krafka* Rn 9.

[49] So mit überzeugender Begründung BGH NJW 1973, 2288 f; BayObLGZ 1970, 114 (118 f); BayObLG FamRZ 1996, 878 f; *Bassenge/Roth* § 33 FGG Rn 15; *Krafka/Willer* Rn 2365; **aA** noch OLG Stuttgart OLGZ 1972, 368 (369); Jansen/*Steder* FGG § 132 Rn 105 und augenscheinlich auch Ebenroth/Boujong/Joost/Strohn/*Schaub* Rn 31; MünchKommHGB/*Krafka* Rn 9 mit Fn 27.

[50] KGJ 37 A 177 (179); Ebenroth/Boujong/Joost/Strohn/*Schaub* Rn 32; MünchKommHGB/*Krafka* Rn 9.

[51] *Bumiller/Winkler* § 133 Rn 2; Keidel/Kuntze/*Winkler* § 133 Rn 3.

[52] *Krafka/Willer* Rn 2368.

2. Einspruch. Gegen die Verfügung kann **Einspruch** erhoben werden, mit dem die **19**
gerügte Unterlassung gerechtfertigt wird. Eine Beschwerde ist in diesem Stadium unzulässig, damit zunächst der zuständige Rechtspfleger (vgl. § 3 Nr. 2 lit. d RpflG) seine Entscheidung auf der Grundlage des Einspruchs noch einmal überprüfen kann.[53] Das war in § 132 Abs. 2 FGG a.F. noch ausdrücklich festgeschrieben, ergibt sich nach der neuen Rechtslage aber schon daraus, dass es sich bei der Aufforderung nicht um eine Endentscheidung handelt, so dass die Beschwerde schon nach § 58 FamFG nicht zulässig ist.[54] Eine unzulässige Beschwerde kann allerdings in einen Einspruch umgedeutet werden.[55] Für den fristgerechten Einspruch gilt § 390 FamFG. Erachtet das Gericht den Einspruch ohne weiteres für **begründet**, hebt es die Verfügung auf; anderenfalls lädt es den Beteiligten nach § 390 Abs. 1 FamFG (§ 134 Abs. 1 FGG a.F.) zu einem Termin zur Erörterung der Sache. Erweist sich der Einspruch im Termin als begründet, ist die erlassene Verfügung nach § 390 Abs. 3 FamFG (§ 135 Abs. 1 FGG a.F.) aufzuheben; anderenfalls hat das Gericht nach § 390 Abs. 4 FamFG (§ 135 Abs. 2 FGG a.F.) den Einspruch zu **verwerfen** und das angedrohte Zwangsgeld festzusetzen.[56] Überdies wird zugleich mit der Verwerfung die Verfügung nach § 388 FamFG (§ 132 FGG a.F.) erneut erlassen (§ 390 Abs. 5 FamFG – § 135 Abs. 3 FGG a.F.);[57] zu den Kosten vgl. noch Rn 22.

Wird innerhalb der Frist weder die gesetzliche Pflicht erfüllt (s. bereits Rn 18) noch **20**
Einspruch erhoben, so ist nach § **389 FamFG** (§ 133 Abs. 1 FGG a.F.) das angedrohte Zwangsgeld festzusetzen und zugleich die frühere Verfügung unter Androhung eines erneuten Zwangsgeldes zu wiederholen. Nach §§ 17–19 FamFG (§ 137 FGG a.F.) besteht aber die Möglichkeit der Wiedereinsetzung in den vorigen Stand.

3. Beschwerde. Gegen den Beschluss, durch den das Zwangsgeld festgesetzt oder der **21**
Einspruch verworfen wird, kann nach § 391 FamFG (§ 139 Abs. 1 FGG a.F.) Beschwerde erhoben werden, deren Verfahren sich nach §§ 58 ff FamFG richtet. Im Zwangsgeldverfahren gegen die Organmitglieder einer Gesellschaft (vgl. dazu Rn 14 ff) kann diese Beschwerde nicht nur von diesen persönlich, sondern auch von der Gesellschaft erhoben werden.[58] Erfolgte die Festsetzung nach Versäumung der Einspruchsfrist gem. § 389 FamFG (§ 133 FGG a.F.), so kann der Betroffene mit der Beschwerde allerdings nicht vorbringen, die Zwangsgeldverfügung sei nicht gerechtfertigt gewesen (§ 391 Abs. 2 FamFG – § 139 Abs. 2 FGG a.F.). Zulässig ist es dagegen, Verfahrensmängel, die Kürze der Frist oder die Höhe des festgesetzten Zwangsgeldes zu rügen.[59] Ebenso kann der Beteiligte sich im Wege der Beschwerde darauf berufen, die Einspruchsfrist nicht schuldhaft versäumt zu haben.[60] Wenn die Verfügung auf die Beschwerde hin aufgehoben wird,

---

[53] Vgl. dazu auch *Keidel* Rpfleger 1955, 134 sowie BayObLG NZG 2005, 173: Dabei bleibt es auch, wenn Rechtspfleger Einleitung zunächst abgelehnt und diese Rechtsauffassung auf Rechtsbehelf eines Beteiligten geändert hat.
[54] RegE FGG-RG, BT-Drucks. 16/6308, S. 287.
[55] Koller/*Roth*/Morck Rn 5; *Krafka/Willer* Rn 2365.
[56] Zu den Einzelheiten der Festsetzung vgl. *Bumiller/Winkler* § 135 Rn 6; Muster für die Zwangsgeldfestsetzung bei *Krafka/Willer* Rn 2377.
[57] Zum Einspruch gegen diese wiederholte Androhungsverfügung vgl. *Krafka/Willer* Rn 2380.
[58] BGHZ 25, 154 = NJW 1957, 1558; BayObLGZ 1955, 197 (198); BayObLGZ 1962, 107 (110 f); BayObLGZ 1978, 54 (57); BayObLGZ 1987, 399 (402); Keidel/Kuntze/*Winkler* § 132 Rn 18; *Krafka/Willer* Rn 2369.
[59] OLG Hamm JMBlNRW 1953, 185 (186); OLG Hamm Rpfleger 1955, 241 (242) m. Anm. *Keidel*; LG Landau Rpfleger 1970, 244; *Krafka/Willer* Rn 2385.
[60] KGJ 26 A 75 (76 f); MünchKommHGB/*Krafka* Rn 12.

können am Verfahren beteiligte Dritte, die ein rechtliches Interesse an der Pflichterfüllung haben, dagegen im Wege der **einfachen Beschwerde** vorgehen.[61]

22 4. **Kosten und Vollstreckung.** Zugleich mit der Festsetzung des Zwangsgeldes sind dem Beteiligten gemäß § 389 Abs. 2 FamFG (§ 138 FGG a.F.) die Gerichtskosten (Höhe: § 119 KostO) aufzuerlegen.[62] Richtet sich das Verfahren gegen Organmitglieder von juristischen Personen oder Personenverbänden, so sind sie auch Kostenschuldner. Zuständig für die Zwangsvollstreckung ist das Gericht, das die Festsetzung des Zwangsgeldes angeordnet hat, und zwar dort nach § 31 Abs. 3 RPflG der Rechtspfleger. Die Zwangsvollstreckung erfolgt nach der Justizbeitreibungsordnung vom 11.3.1937[63] i.V.m. der bundeseinheitlichen Einforderungs- und Beitreibungsanordnung der Länder.[64] Sie darf, abgesehen von der Kostenfolge, nicht mehr durchgeführt werden, sobald der Beteiligte der **Verfügung nachgekommen** ist. Weil damit das Ziel des Zwangsgeldverfahrens erreicht ist, muss die Festsetzung des Zwangsgeldes wegen veränderter Umstände aufgehoben werden (§ 48 Abs. 1 FamFG – § 18 Abs. 1 FGG a.F.).[65]

§ 15
Publizität des Handelsregisters

(1) Solange eine in das Handelsregister einzutragende Tatsache nicht eingetragen und bekanntgemacht ist, kann sie von demjenigen, in dessen Angelegenheiten sie einzutragen war, einem Dritten nicht entgegengesetzt werden, es sei denn, daß sie diesem bekannt war.

(2) ¹Ist die Tatsache eingetragen und bekanntgemacht worden, so muß ein Dritter sie gegen sich gelten lassen. ²Dies gilt nicht bei Rechtshandlungen, die innerhalb von fünfzehn Tagen nach der Bekanntmachung vorgenommen werden, sofern der Dritte beweist, daß er die Tatsache weder kannte noch kennen mußte.

(3) Ist eine einzutragende Tatsache unrichtig bekanntgemacht, so kann sich ein Dritter demjenigen gegenüber, in dessen Angelegenheiten die Tatsache einzutragen war, auf die bekanntgemachte Tatsache berufen, es sei denn, daß er die Unrichtigkeit kannte.

(4) Für den Geschäftsverkehr mit einer in das Handelsregister eingetragenen Zweigniederlassung eines Unternehmens mit Sitz oder Hauptniederlassung im Ausland ist im Sinne dieser Vorschriften die Eintragung und Bekanntmachung durch das Gericht der Zweigniederlassung entscheidend.

Schrifttum

Altmeppen Disponibilität des Rechtsscheins, 1993; *Axer* Abstrakte Kausalität – ein Grundsatz des Handelsrechts?, 1986; *Bär* Der öffentliche Glaube des Handelsregisters, Berner Festgabe zum Schweizer Juristentag, 1979, S. 131; *Beinert/Hennekes/Binz* Zur Bedeutung des Rechtsformzusatzes

---

[61] HK-HGB/*Ruß* Rn 11.
[62] Zu den Einzelheiten vgl. *Krafka/Willer* Rn 2407 ff.
[63] RGBl. I, S. 298; zuletzt geändert durch Gesetz v. 17.12.2006 (BGBl. I, S. 3171).
[64] Die EBAO beruht auf einer Vereinbarung zwischen dem Bundesjustizminister und den Landesjustizverwaltungen. Sie wurde vom Bundesjustizminister für seinen Bereich zum 1.1.1975 in Kraft gesetzt, AV v. 25. 11.1974, BAnz 230, in der Fassung v. 1.4.2001, BAnz 9164. Abdruck der EBAO und Nachweis zu den einzelnen Länderfassungen bei *Hartmann* Kostengesetze, 38. Aufl., 2008, IX B.
[65] Vgl. auch BayObLG GmbHR 1980, 30 f; Baumbach/*Hopt* Rn 5.

bei der GmbH & Co. nach bisherigem und künftigem Recht, BB 1979, 299; *Beuthien* Fragwürdige Rechtsscheingrenzen im neuen § 15 Abs. 3 HGB, NJW 1970, 2283; *ders.* Sinn und Grenzen der Rechtsscheinhaftung nach § 15 Abs. 3 HGB, in FS Reinhardt, 1972, 199; *Beyerle* Fragwürdige Rechtsscheinhaftung in § 15 Abs. 3 HGB n.F., BB 1971, 1482; *Bürck* § 15 III HGB und die Grundsätze der Haftung von fehlerhaften und entstehenden Personengesellschaften gegenüber Dritten, AcP 171 (1971), 328; *Canaris* Vertrauenshaftung im deutschen Privatrecht, 1971; *Deschler* Handelsregisterpublizität und Verkehrsschutz, 1977; *Dreher* Schutz Dritter nach § 15 HGB bei Geschäftsunfähigkeit eines Geschäftsführers oder Vorstandsmitglieds? DB 1991, 533; *Ehrenberg* Rechtssicherheit und Verkehrssicherheit mit besonderer Rücksicht auf das Handelsregister, JherJb. 47 (1904), 273; *Einmahl* Die erste gesellschaftsrechtliche Richtlinie des Rates der europäischen Gemeinschaften und ihre Bedeutung für das deutsche Aktienrecht, AG 1969, 131; *Fehrenbacher* Registerpublizität und Haftung im Zivilrecht, 2004; *M. Forsthoff* Rechtsprobleme des neuen § 15 HGB, 1972; *Frotz* Verkehrsschutz im Vertretungsrecht, 1971; *Gammelin* Rechtsscheinhaftung des Kaufmanns und Regressansprüche gegen den Staat bei fehlerhaftem Publikationsakt der Presse, 1973; *Geiler* Zur Publizität des Handelsregisters, LZ 1907, 890; *Gotthardt* Vertrauensschutz und Registerpublizität, JZ 1971, 312; *Grunewald* Die Auswirkungen der Änderungen der Publizitätsnormen auf die Haftung des Kommanditisten, ZGR 2003, 541; *Hager* Das Handelsregister, Jura 1992, 57; *Hildebrandt* Die Bedeutung der Eintragungen im Handelsregister für den Geschäftsverkehr, DFG 1937, 94; *Hofmann* Das Handelsregister und seine Publizität, JA 1980, 264; *A. Hueck* Gilt § 15 Abs. 1 HGB auch beim Erlöschen und bei der Änderung nicht eingetragener, aber eintragungspflichtiger Rechtsverhältnisse? AcP 118 (1920), 350; *ders.* Der Scheinkaufmann, ArchBürgR 43 (1919), 415; *John* Fiktionswirkung oder Schutz typisierten Vertrauens durch das Handelsregister, ZHR 140 (1976), 236; *Keim* Das sogenannte Publizitätsprinzip im deutschen Handelsrecht, 1930; *Klostermann* Die „Rosinentheorie" des BGH zu § 15 Abs. 1 HGB im Lichte von Sinn, Zweck und Funktionen des Handelsregisters, 1986; *J. Koch* Vertrauensschutz gegen das Handelsregister, AcP 207 (2007), 768; *Kreutz* Die Bedeutung von Handelsregistereintragung und Handelsregisterbekanntmachung im Gesellschaftsrecht, Jura 1982, 626; *Leenen* Die Funktionsbedingungen von Verkehrssystemen in der Dogmatik des Privatrechts, in: Behrends u.a. (Hrsg.), Rechtsdogmatik und praktische Vernunft, 1990, S. 208; *Limbach* Die Lehre vom Scheinkaufmann, ZHR 134 (1970), 289; *Locher* Zur Publizitätsfunktion des Handelsregisters, in: Klausing (Hrsg.), Beiträge zum Wirtschaftsrecht Bd. II (1931), 570; *Lutter* Die erste Angleichungs – Richtlinie zu Art. 54 Abs. 3 lit. g) EWGV und ihre Bedeutung für das geltende deutsche Unternehmensrecht, EuR 1969, 1; *Lux* Kenntnisfiktion qua Eintragung im Handelsregister? DStR 2006, 1968; *Mattheus/Schwab* Kommanditistenhaftung und Registerpublizität, ZGR 2008, 65 ff; *Merkt* Freiwillige Unternehmenspublizität, RabelsZ 64 (2000), 517; *ders.* Unternehmenspublizität, 2001; *Mossler* Die Rechtsscheinhaftung im Handelsrecht, 1974; *Naendrup* Rechtsscheinswirkungen im Aktienrecht, in: Klausing (Hrsg.), Beiträge zum Wirtschaftrecht Bd. II (1931), 824; *Nickel* Der Scheinkaufmann, JA 1980, 566; *Nitschke* Die Wirkung von Rechtsscheintatbeständen zu Lasten geschäftsunfähiger und beschränkt Geschäftsfähiger, JuS 1968, 541; *Noack* Amtliche Unternehmenspublizität und digitale Medien, in FS Ulmer, 2003, S. 1245; *ders.* Die Publizitätswirkungen des Handelsregisters (§§ 11, 15 HGB) nach dem EHUG, in FS Eisenhardt, 2007, S. 477; *Oetker* Zur Anwendbarkeit des § 15 Abs. 1 HGB auf Primärtatsachen, in GS Sonnenschein, 2003, S. 635; *von Olshausen* Neuerungen im System der handelsrechtlichen Rechtsscheingrundsätze, BB 1970, 137; *ders.* Fragwürdige Rechtsscheingrenzen im neuen § 15 Abs. 3 HGB, NJW 1971, 966; *ders.* Rechtsschein und „Rosinentheorie", AcP 189 (1989), 223; *ders.* Wider den Scheinkaufmann des ungeschriebenen Rechts, in FS Raisch, 1995, 147; *Öztürk* Die Publizitätswirkungen des Handelsregisters im deutschen, schweizerischen und türkischen Recht, 1981; *Paefgen* Handelsregisterpublizität und Verkehrsschutz im Lichte des EHUG, ZIP 2008, 1653; *Pahl* Haftungsrechtliche Folgen versäumter Handelsregistereintragungen und Bekanntmachungen, 1987; *Paul* Kommanditistenhaftung bei Anteilsübertragung ohne Nachfolgevermerk, MDR 2004, 849; *Prausnitz* Rechtsschein und Wirklichkeit im Handelsregister, ZHR 96 (1931), 10; *Redlich* Beiträge zur Bedeutung des § 15 HGB im Zivilprozess, 1931; *M. Reinicke* Sein und Schein bei § 15 I HGB, JZ 1985, 272; *Richert* Vertrauensschutz öffentlicher Register, NJW 1959, 1805; *Sandberger* Die handelsrechtliche Register-Rechtsscheinhaftung nach der Neufassung des § 15 HGB, JA 1973, 215; *Schilken* Abstrakter und konkreter Vertrauensschutz im Rahmen des § 15 HGB, AcP 187 (1987), 1; *K. Schmidt* Sein-Schein-Handelsregister, JuS 1977, 209; *ders.* Kommanditistenwechsel und Nachfolgevermerk, GmbHR 1981, 253; *ders.* Ein Lehrstück zu

§ 15 1. Buch. Handelsstand

§ 15 Abs. 1 HGB – BGH NJW 1991, 2566, JuS 1991, 1002; *ders.* „deklaratorische" und „konstitutive" Registereintragungen nach §§ 1 ff HGB – Neues Handelsrecht: einfach oder kompliziert? ZHR 163 (1999), 87; *ders.* Handelsregisterpublizität und Kommanditistenhaftung, ZIP 2002, 413; *Schmidt-Kessel* Das Gemeinschaftsrecht des Handelsregisters, GPR 2006, 6; *Schmidt-Salzer* Zur Führung des GmbH&Co.-Zusatzes durch Kommanditgesellschaften, NJW 1975, 1481; *Schwarz* Publizitätswirkungen des Handelsregisters bei der Umwandlung einer Personenhandelsgesellschaft in eine BGB-Gesellschaft, DB 1989, 161; *Servatius* Zur Eintragung organschaftlicher Vertretungsmacht ins Handelsregister, NZG 2002, 456; *Steckhan* Grenzen des öffentlichen Glaubens der Handelsregisterbekanntmachung, DNotZ 1971, 211; *ders.* Zu Normzweck und Rechtsfolge des neuen § 15 Abs. 3 HGB, NJW 1971, 1594; *Tiedtke* Die Haftung des gesamtvertretungsberechtigten Komplementärs nach seinem Ausscheiden aus der Kommanditgesellschaft, DB 1979, 245; *H. Westermann* Die Grundlagen des Gutglaubensschutzes, JuS 1963, 1; *Wiedemann* Besprechung von BGHZ 62, 216, ZGR 1975, 360; *Wiese* Die Scheinhandelsgesellschaft und die fehlerhafte Gesellschaft nach Neufassung des § 15 HGB, 1978; *Wilhelm* Mängel bei der Neuregelung des NaStrG zu den Bekanntmachungen über die Kommanditisten, DB 2002, 1979; *Winkler* Formvorschriften und Rechtssicherheit im Handelsregister, in FS Wiedemann, 2002, 1369; *Zimmer* § 15 Abs. 2 HGB und die allgemeine Rechtsscheinhaftung, 1997.

Übersicht

	Rn		Rn
I. Grundlagen	1–17	g) Sonderfall der eintragungspflichtigen Vertretungsmacht	46
1. Regelungsgegenstand und Normzweck	1–3	h) Sonderfall des Verlusts der Kaufmannseigenschaft	47
2. Entstehungsgeschichte	4–11	i) Sonderregelungen	48
a) ADHGB	4	3. Fehlende Eintragung und Bekanntmachung	49
b) HGB 1897	5	4. Angelegenheiten des Betroffenen	50–52
c) Die Reform von 1969	6–8	a) Allgemeine Grundsätze	50
d) Neuere Entwicklungen	9–11	b) Der Erbe als Anmeldepflichtiger	51–52
3. Richtlinienkonforme Auslegung	12–17	5. Keine Zurechnung nach dem Veranlassungsprinzip	53–54
a) Problem inhaltlicher Diskrepanzen	12	6. Voraussetzungen auf Seiten des Dritten	55–61
b) Problem der quasi-richtlinienkonformen Auslegung	13–15	a) Dritter	55–56
c) Publizitätsrichtlinie als Mindeststandard	16–17	b) Keine positive Kenntnis	57–59
II. Dogmatische Einordnung	18–24	c) Nachweis fehlenden Vertrauens?	60–61
1. § 15 Abs. 1 und 3	18–23	7. Maßgebender Zeitpunkt	62
a) Der vertrauensrechtliche Ansatz	18	8. Rechtsfolgen	63–72
b) § 15 als abstrakte Verkehrsschutznorm	19	a) Allgemeines	63
c) Stellungnahme	20–23	b) Wahlrecht	64
2. § 15 Abs. 2	24	c) Wirkung gegenüber anderen Personen	65
III. Anwendungsbereich	25–28	d) „Rosinentheorie"	66–69
IV. Die negative Publizität des Handelsregisters (§ 15 Abs. 1)	29–72	e) Reichweite des Vertrauensschutzes	70–72
1. Grundsätzliches	29–30	aa) Allgemein	70
2. Einzutragende Tatsache	31–48	bb) § 15 und Inhaberwechsel	71
a) Anmeldepflichtige Tatsachen	31	cc) Eintragung ohne Relevanz für Rechtsfolge	72
b) Anwendbarkeit auf konstitutive Eintragungen	32–34	V. Rechtslage bei richtiger Eintragung und Bekanntmachung (§ 15 Abs. 2)	73–97
c) Ausklammerung nur eintragungsfähiger Tatsachen ohne konstitutive Wirkung	35	1. Grundsätzliches	73
d) Primär- und Sekundärtatsachen	36–39	2. Die Voraussetzungen des § 15 Abs. 2 S. 1	74–80
e) Weiteres Erfordernis einer bekanntzumachenden Tatsache?	40–42	a) Richtige Tatsache	74
f) Fehlende Voreintragung	43–45	b) Einzutragende Tatsache	75–76
		c) Bekanntmachungspflichtige Tatsache?	77–78

d) Primärtatsachen und konstitutive Tatsachen	79
e) Eintragung und Bekanntmachung; maßgeblicher Zeitpunkt	80
3. Rechtsfolge	81–84
a) Grundsätzliches	81–82
b) Wahlrecht?	83
c) Abdingbarkeit	84
4. Ausnahme gem. § 15 Abs. 2 S. 2	85–89
a) Grundsätzliches	85
b) Kenntnis oder Kennenmüssen	86–89
5. Allgemeine Rechtsscheinhaftung trotz Eintragung und Bekanntmachung	90–97
a) Problemstellung und Meinungsstand	90–91
b) Verstoß gegen Publizitätspflichten	92–93
c) Weitergehende Ansätze zur teleologischen Reduktion	94–95
d) Systematisierung des Rechtsmissbrauchseinwandes	96–97
VI. Rechtsscheinhaftung bei unrichtiger Bekanntmachung (positive Publizität), § 15 Abs. 3	98–118
1. Normzweck und Normentwicklung	98–99
2. Voraussetzungen	100–113
a) Einzutragende Tatsache	100–101
b) Unrichtige Bekanntmachung	102–103
c) Richtige Bekanntmachung – falsche Eintragung	104–105
d) Ergänzendes Erfordernis der Veranlassung?	106–111
aa) Meinungsstand	106
bb) Wortlaut und Gesetzesmaterialien	107
cc) Teleologische Wertung	108–109
dd) Europäische Vorgabe	110
ee) Zurechenbarkeit bei beschränkt geschäftsfähigen Personen	111
e) Fehlende Kenntnis des Dritten	112
f) Maßgebender Zeitpunkt	113
3. Rechtsfolge	114–115
a) Allgemein	114
b) Amtshaftungsansprüche	115
4. Verhältnis zu §§ 2 und 5	116
5. Allgemeine Rechtsscheinhaftung neben § 15 Abs. 3	117–118
a) Die Fortgeltung der allgemeinen Ergänzungssätze	117
b) Fortentwicklung zur handelsrechtlichen Rechtsscheinhaftung	118
VI. Zweigniederlassung (§ 15 Abs. 4) und Doppelsitz	119

I. Grundlagen

1. Regelungsgegenstand und Normzweck. Um die Funktionsfähigkeit des Registers **1** als **Informationsquelle des Rechtsverkehrs** zu gewährleisten, muss der Gesetzgeber für die Zuverlässigkeit der darin enthaltenen Informationen Sorge tragen. Da der zu diesem Zweck gesetzlich statuierte Registerzwang nicht allein durch behördlichen Druck durchgesetzt werden kann, hat der Gesetzgeber an die Einhaltung der registerrechtlichen Pflichten in § 15 materiell-rechtliche Folgen geknüpft, die den Anmeldepflichtigen einen unmittelbaren **Anreiz zur Pflichterfüllung** geben.[1] Die Instrumente, derer sich der Gesetzgeber dazu bedient, lassen sich nicht auf einen gemeinsamen Nenner bringen, denn die einzelnen Absätze des § 15 betreffen **unterschiedliche Sachverhalte** und dienen unterschiedlichen Anliegen.

§ 15 Abs. 1 regelt den Fall, dass eine einzutragende Tatsache nicht eingetragen oder **2** bekannt gemacht wird, und schützt für diesen Fall das typisierte Vertrauen Dritter in die Vollständigkeit des Registers. Diese Regelung wird ergänzt durch den aufgrund europäischer Vorgaben erst nachträglich eingefügten § 15 Abs. 3, der das Vertrauen Dritter auch dann schützt, wenn eine Verlautbarung nicht gänzlich unterblieben, sondern fehlerhaft erfolgt ist. Aufgrund des vom deutschen Modell abweichenden europäischen Regelungsansatzes wird dabei allerdings nicht auf die Eintragung, sondern auf die Bekannt-

---

[1] Vgl. zu dieser Funktion auch Röhricht/v. Westphalen/*Ammon* Rn 1; *K. Schmidt* HandelsR § 14 II 1b.

machung abgestellt. Da der Dritte bei § 15 Abs. 3 auf einen vorhandenen Publizitätsakt, bei § 15 Abs. 1 hingegen auf dessen Fehlen vertraut, spricht man im ersten Fall von positiver, im zweiten Fall von negativer Publizität.[2]

3 Keine vertrauensschützende, sondern gerade gegenläufig eine vertrauenszerstörende Wirkung ordnet § **15 Abs. 2 S. 1** für den registerrechtlichen Normalfall an, dass eine einzutragende Tatsache korrekt eingetragen und bekannt gemacht wird. Der Kaufmann darf sich auf den korrekten Publizitätsakt berufen und kann damit einen anderweitig entstandenen Rechtsschein zerstören.[3] Nur für eine Übergangsfrist sieht § 15 Abs. 2 S. 2 auch in diesem Fall einen knapp bemessenen Vertrauensschutz vor. § **15 Abs. 4** schließlich bestimmt für die Anwendung der vorangegangenen drei Absätze auf die Zweigniederlassung eines ausländischen Unternehmens, dass die Publizitätsakte des Gerichts der Zweigniederlassung maßgeblich sein sollen.

2. Entstehungsgeschichte

4 a) **ADHGB.** § 15 ist nicht ohne historisches Vorbild. Bereits das ADHGB enthielt **Vorläuferregelungen** zu den ersten beiden Absätzen des § 15, doch handelte es sich dabei um Einzelregelungen zur Bedeutung von Eintragung und Bekanntmachung bei den jeweiligen anmeldepflichtigen Rechtsverhältnissen.[4] Diese Regelungen wiesen zwei Charakteristika auf: Zum einen betrafen sie ausschließlich **Enthaftungstatbestände**, also Tatsachen, die eine Haftung ausschlossen, die ohne den Eintritt der betreffenden Tatsache an sich begründet sein würde (z.B. der Widerruf einer Prokura). Zum anderen waren sie als **prozessrechtliche Beweislastregeln** ausgestaltet: Im Mittelpunkt der Regelung stand die Beweislastverteilung bezüglich der Kenntnis des Dritten vom Eintritt des enthaftenden Tatbestandes.[5] § 15 Abs. 4 geht auf Art. 233 Abs. 2 S. 2 ADHGB zurück. Zu § 15 Abs. 3 s. noch Rn 6 ff.

5 b) **HGB 1897.** Im HGB von 1897[6] wurden diese prozessualen Einzelvorschriften durch eine allgemeine Regelung ersetzt, die den Rechtsgedanken der Vorgängervorschriften zusammenfassen sollte, teilweise aber auch davon abwich. Der neue § 15, der in seinen ersten beiden Absätzen schon weitgehend der heutigen Fassung entsprach, wurde vom historischen Gesetzgeber bewusst über den Bereich der Enthaftungstatbestände (s. Rn 4) ausgedehnt[7] und zugleich zu einer **materiell-rechtlichen Vorschrift** umqualifiziert, die allerdings in ihrer konkreten Ausgestaltung auch noch weiterhin ihre prozessrechtlichen Wurzeln erkennen lässt (s. noch Rn 57, 63). § 15 Abs. 3 wurde erst später angefügt (Rn 6 ff); der heutige Absatz 4 entspricht dem früheren Absatz 3.

6 c) **Die Reform von 1969.** Eine einschneidende Umgestaltung erfuhr § 15 durch die Umsetzung der Publizitätsrichtlinie von 1968.[8] Gegenstand der Richtlinie ist ausschließ-

---

[2] Ausführlich zu dieser Begrifflichkeit noch Voraufl. Rn 8 ff (*Hüffer*); vgl. ferner MünchKommHGB/*Krebs* Rn 13.
[3] Wegen dieser vertrauenszerstörenden Wirkung hinsichtlich eines (möglicherweise auch außerhalb des Registers entstandenen) Rechtsscheins lässt sich § 15 Abs. 2 weder der positiven noch der negativen Publizität zuordnen. Ausführlich zu dieser Einordnung noch Voraufl. Rn 8 ff, 32 (*Hüffer*).
[4] Im Einzelnen handelte es sich dabei um die Art. 25, 46, 87, 115, 129, 135, 155, 171, 172, 233, 244a ADHGB.
[5] Vgl. dazu namentlich Voraufl. Rn 2 f (*Hüffer*).
[6] RGBl. 1897, S. 219.
[7] Denkschrift zum HGB – *Hahn/Mugdan* S. 211 f.
[8] Erste Richtlinie 68/151/EWG des Rates v. 9.3.1968 zur Koordinierung der Schutzbestimmungen, die in den Mitgliedstaaten den

lich die registerrechtliche Publizität von Kapitalgesellschaften. Der deutsche Gesetzgeber entschied sich jedoch, die Vorgaben der Richtlinie im Wege einer **überschießenden Umsetzung** für das gesamte Handelsrecht zu übernehmen, um auf diesem Wege zu verhindern, dass die Registerpublizität für Kapitalgesellschaften andere Wege geht als die für Einzelkaufleute und Personenhandelsgesellschaften (zu den Konsequenzen s. noch Rn 12 ff).[9] Umsetzungsbedarf bestand namentlich im Hinblick auf Art. 3 Abs. 5 und 6, die – in ihrer heutigen Fassung[10] – folgenden Wortlaut haben:

(5) Die Urkunden und Angaben können Dritten von der Gesellschaft erst nach der Offenlegung gemäß Absatz 4 entgegengehalten werden, es sei denn, die Gesellschaft weist nach, dass die Urkunden oder Angaben den Dritten bekannt waren. Bei Vorgängen, die sich vor dem sechzehnten Tag nach der Offenlegung ereignen, können die Urkunden und Angaben Dritten jedoch nicht entgegengehalten werden, die nachweisen, dass es ihnen unmöglich war, die Urkunden oder Angaben zu kennen.

(6) Die Mitgliedstaaten treffen die erforderlichen Maßnahmen, um zu verhindern, dass der Inhalt der nach Absatz 4 offen gelegten Informationen und der Inhalt des Registers oder der Akte voneinander abweichen. Im Fall einer Abweichung kann der nach Absatz 4 offen gelegte Text Dritten jedoch nicht entgegengehalten werden; diese können sich jedoch auf den offen gelegten Text berufen, es sei denn, die Gesellschaft weist nach, dass der in der Akte hinterlegte oder im Register eingetragene Text den Dritten bekannt war.

Hinsichtlich der in Art. 3 Abs. 5 S. 1 geregelten negativen Publizität sah der Gesetzgeber für § 15 Abs. 1 keinen Handlungsbedarf. **§ 15 Abs. 2**, der vor der Änderung eine zeitlich unbegrenzte Entlastungsmöglichkeit für den Dritten vorsah, wurde durch die Einfügung von § 15 Abs. 2 S. 2 entsprechend den Vorgaben der Richtlinie auf eine Übergangszeit von 15 Tagen beschränkt. Damit ist aus der ursprünglichen Beweisregelung (Rn 4) endgültig ein materiell-rechtlicher Ausschlusstatbestand geworden.[11] Der neu eingeführte **§ 15 Abs. 3**, der die bislang nur negative Publizität des Registers um eine **positive Publizität der Bekanntmachung** ergänzte (s. bereits Rn 2 und unten Rn 98 ff), diente der Umsetzung des Art. 3 Abs. 6, ging darüber jedoch hinaus. Während in der europäischen Vorschrift lediglich der Fall geregelt wird, dass eine richtig eingetragene Tatsache fehlerhaft bekannt gemacht wird, erfasst § 15 Abs. 3 auch die Fälle, in denen Eintragung und Bekanntmachung gleichermaßen fehlerhaft sind.[12]

d) **Neuere Entwicklungen.** In jüngerer Vergangenheit hat § 15 selbst keine einschneidenden Veränderungen erfahren. Zu erwähnen ist allein die **Neufassung des § 15 Abs. 4**

Gesellschaften im Sinne des Art. 58 Abs. 2 des Vertrages im Interesse der Gesellschafter sowie Dritter vorgeschrieben sind, um diese Bestimmungen gleichwertig zu gestalten, ABl. EG Nr. L 065 v. 14.3.1968; umgesetzt in das deutsche Recht durch das Gesetz zur Durchführung der ersten Richtlinie des Rates der Europäischen Gemeinschaften zur Koordinierung des Gesellschaftsrechts v. 15.8.1969 (BGBl. I, S. 1146). Zur Änderung s. noch Fn 10.

[9] RegE, BT-Drucks. V/3862, S. 10; vgl. dazu auch *Geßler* Rpfleger 1967, 262. Vgl. zu den Motiven für eine überschießende Richtlinien-

umsetzung *J. Koch* JZ 2006, 277 (279) sowie die weiteren Nachw. in den Fn 17 ff.

[10] Die Publizitätsrichtlinie (Fn 8) wurde abgeändert durch die Richtlinie 2003/58/EG des Europäischen Parlaments und des Rates v. 15.7.2003 zur Änderung der Richtlinie 68/151/EWG des Rates in Bezug auf die Offenlegungspflichten von Gesellschaften bestimmter Rechtsformen (Offenlegungsrichtlinie – ABl. EG Nr. L 221 v. 4.9.2003).

[11] So zutr. Voraufl. Rn 5 (*Hüffer*).

[12] Vgl. dazu auch *Einmahl* AG 1969, 131 (137 f) mit Ausführungen zu den zuvor praktizierten Lösungen für diese Fälle.

im Zuge des EHUG.¹³ Dabei handelt es sich um eine Folgeänderung zu der im Zweigniederlassungsrecht durch die §§ 13 ff n.F. bewirkten Konzentration auf das Register der Hauptniederlassung, das folgerichtig auch im Rahmen des § 15 Abs. 1–3 maßgeblich sein muss; nur für Unternehmen mit Sitz oder Niederlassung im Ausland bleibt das Gericht der Zweigniederlassung entscheidend (ausführlich dazu Rn 119). Eine wenige Jahre zuvor erfolgte Änderung des § 15 Abs. 4 im Zuge des NaStraG ist damit schon wieder hinfällig geworden.¹⁴

10 Von größerer Bedeutung sind die Auswirkungen, die sich aus den erheblichen Veränderungen des rechtlichen Umfeldes für das Verständnis des § 15 ergeben. Als solche ist zunächst die **Modernisierung des Registerrechts** zu nennen. Zahlreiche Streitfragen, die sich um § 15 ranken, finden ihren Ursprung darin, dass es in der Vergangenheit aufgrund des nur mühsamen Zugangs zu den im Handelsregister archivierten Unternehmensdaten rechtspolitisch sinnvoll erschien, Informationsobliegenheiten des Rechtsverkehrs eher restriktiv auszulegen.¹⁵ Vor dem Hintergrund des erleichterten Online-Zugriffs müssen diese Einschränkungen allesamt neu überdacht werden. Damit eng verbunden ist die zunehmende **Zurückdrängung des Bekanntmachungserfordernisses** gegenüber dem Eintragungserfordernis, die sich etwa darin niederschlägt, dass in § 162 Abs. 2 und 3 sowie in § 175 die Bekanntmachung bestimmter Tatsachen nicht mehr gefordert und dementsprechend auch die Anwendung des § 15 insoweit ausgeschlossen wird (s. noch Rn 40). Auch dieser neuen Sichtweise des Gesetzgebers muss die Auslegung Rechnung tragen.

11 Eher gering sind dagegen die Auswirkungen, die sich infolge der Neufassung der Publizitätsrichtlinie durch die **Offenlegungsrichtlinie** von 2003 ergeben (s. Rn 6 mit Fn 8 und 10). Der für § 15 maßgebliche Art. 3 Abs. 5 und 6 ist dadurch nur geringfügig berührt worden, so dass auch der nationale Gesetzgeber keinen Anlass zu Änderungen sah. Die ebenfalls im Zusammenhang mit § 15 stehende Regelung des Art. 3a Abs. 4 hat der Gesetzgeber des EHUG (Rn 9) nicht in § 15, sondern in § 11 Abs. 2 verortet (vgl. § 11 Rn 12 ff).¹⁶

3. Richtlinienkonforme Auslegung

12 a) **Problem inhaltlicher Diskrepanzen.** Von maßgeblicher Bedeutung für die Interpretation des § 15 ist die Frage, inwiefern er der richtlinienkonformen Auslegung im Lichte der Publizitätsrichtlinie unterliegt. Die richtlinienkonforme Auslegung wirft speziell im Rahmen des § 15 drei methodische Probleme auf. Das erste ist darin zu sehen, dass der nationale Gesetzgeber § **15 Abs. 1 und Abs. 2 S. 1**, die einen von der Richtlinie erfassten Regelungsbereich betreffen, **unverändert** gelassen hat, weil er der Auffassung war, dass diese Regelungen zur Umsetzung der Richtlinienvorgabe bereits hinreichend geeignet seien. Ein solches Vorgehen ist nicht unüblich, führt aber des Öfteren dazu, dass nationale Regelung und europäische Vorgabe **inhaltliche Diskrepanzen** aufweisen, die sodann im Wege der richtlinienkonformen Auslegung korrigiert werden müssen.

---

[13] Gesetz über elektronische Handelsregister und Genossenschaftsregister sowie das Unternehmensregister (EHUG) v. 10.11.2006 – BGBl. I, S. 2553.

[14] Gesetz zur Namensaktie und zur Erleichterung der Stimmrechtsausübung (NaStraG) v. 18.1.2001 (BGBl. I, S. 123).

[15] Vgl. dazu insbes. *Noack* in: FS Ulmer, 2003, S. 1245 (1258 f).

[16] Weitere vom Gesetzgeber nicht umgesetzte Reformanregungen bei MünchKommHGB/*Krebs* Rn 3.

b) Problem der quasi-richtlinienkonformen Auslegung. Eine zweite Schwierigkeit ergibt sich daraus, dass der deutsche Gesetzgeber die Richtlinie **überschießend umgesetzt** hat, indem er die nationale Regelung in einem weiteren Umfang dem europäischen Modell angepasst hat, als es europarechtlich vorgegeben war (s. Rn 6). Einer solchen überschießenden Umsetzung schließt sich regelmäßig die Frage an, ob ein nationales Gericht nur hinsichtlich des auf der Richtlinie beruhenden Regelungsbereichs zur richtlinienkonformen Auslegung verpflichtet ist oder auch hinsichtlich des überschießend umgesetzten Rechts. Nach mittlerweile ganz hM ist eine solche **„quasi-richtlinienkonforme Auslegung" europarechtlich nicht geboten.** Die überschießende Umsetzung macht die davon betroffenen Vorschriften nicht zu europäischen Vorschriften, so dass ihr Bedeutungsgehalt ausschließlich durch Auslegung des nationalen Rechts zu bestimmen ist.[17] Dennoch spricht sich eine breite Meinungsgruppe **aus Gründen des nationalen Rechts** für eine quasi-richtlinienkonforme Auslegung aus, um im Dienste der Einheit der Rechtsordnung eine gespaltene Auslegung einer Vorschrift zu vermeiden.[18] Dieser Auffassung hat sich auch der BGH in der Heininger-Entscheidung angenähert.[19]

13

Die **herrschende Schrifttumsauffassung** geht indes zu Recht davon aus, dass eine **gespaltene Auslegung nicht generell unzulässig ist.**[20] Da dem Rechtsanwender eine gespaltene Auslegung nicht schon per se durch höherrangiges Recht verwehrt ist, muss er den Inhalt des Gesetzes nach den herkömmlichen Auslegungsregeln ermitteln. Dabei muss er im Rahmen der **teleologischen Auslegung** die mittelbare Herkunft der Vorschrift aus dem europäischen Recht berücksichtigen. Der Umstand, dass der Gesetzgeber das nationale Recht den Vorgaben der Richtlinie auch außerhalb ihres originären Anwendungsbereichs angepasst hat, begründet eine Vermutung dafür, dass er eine einheitliche Ausgestaltung des nationalen Rechts anstrebte. Diese Vermutung kann allerdings widerlegt werden. Wenn der Gesetzgeber sich etwa in den Gesetzesmaterialien eindeutig für ein bestimmtes Verständnis des nationalen Rechts ausgesprochen hat, dieses aber für die auf der Richtlinie beruhenden Vorschriften bei richtlinienkonformer Auslegung nicht haltbar ist, dann kann es dennoch für den überschießend umgesetzten Teil seine Gültigkeit behalten.

14

Gelangt der nationale Richter auf der Grundlage des vorstehend dargelegten Auslegungsmaßstabes zu dem Ergebnis, dass auch das überschießend umgesetzte Recht quasi-richtlinienkonform auszulegen ist, so ist er nach ständiger Rechtsprechung des EuGH dazu befugt, ihm im Wege des **Vorabentscheidungsverfahrens nach Art. 234 EG**

15

---

[17] Vgl. EuGH v. 16.7.1998 – Rs. C-264/96, Slg. 1998, I-4695 (ICI) Rn 43; Palandt/*Heinrichs* Einl. Rn 44; *Büdenbender* ZEuP 2004, 36 (47 f, 52 ff); *Canaris* in: FS Bydlinski, 2002, S. 47 (74); *Habersack* Europäisches Gesellschaftsrecht § 3 Rn 53; *Hommelhoff* in: FS 50 Jahre BGH, 2000, S. 889 (915 f); *J. Koch* JZ 2006, 277 (280, 283 f); *Lutter* in: GS Heinze, 2005, S. 571 (574 f); *Mayer/Schürnbrand* JZ 2004, 545 (548 f); *Schnorbus* RabelsZ 65 (2001), 654 (685 f); **aA** FG Hamburg DStRE 2004, 613 (614 ff); MünchKommBGB/*Ernst* vor § 275 Rn 23; *Drexl* in: FS Heldrich, 2005, S. 67 ff.

[18] AnwKommBGB/*Büdenbender* 2. Aufl., 2005, § 433 Rn 10; MünchKommBGB/*Ernst* vor § 275 Rn 23; *Bärenz* DB 2003, 375 f; *Hess* RabelsZ 66 (2002), 470 (486); *W.-H. Roth* in: FS 50 Jahre BGH, 2000, S. 847 (883 ff); *R. Schulze* Auslegung europäischen Privatrechts und angeglichenen Rechts, 1999, S. 9 (17 ff).

[19] BGHZ 150, 248 (260 ff) = NJW 2002, 1881 (1882); vgl. auch BGHZ 159, 280 (284 f) = NJW 2004, 2731.

[20] Vgl. zum Folgenden MünchKommBGB/*Lorenz* vor § 474 Rn 4; Palandt/*Heinrichs* Einl. Rn 44; *Canaris* in: FS Bydlinski, 2002, S. 47 (74); *dens.* JZ 2003, 831 (837 f); *Habersack* Europäisches Gesellschaftsrecht § 3 Rn 53; *Hommelhoff* in: FS 50 Jahre BGH, 2000, S. 889 (915 f); *J. Koch* JZ 2006, 277 (284); *Langenbucher* Europarechtliche Bezüge des Privatrechts, 2. Aufl., 2008, § 1 Rn 108 ff; *Lutter* in: GS Heinze 2005, S. 571 (575 ff); *Mayer/Schürnbrand* JZ 2004, 545 (551).

Zweifelsfragen vorzulegen, die sich bei der Auslegung der Richtlinie ergeben.[21] Von einer verbreiteten Schrifttumsauffassung wird darüber hinaus sogar eine **Vorlagepflicht** angenommen;[22] eine gerichtliche Klärung dieser Frage steht allerdings noch aus.

16 c) **Publizitätsrichtlinie als Mindeststandard.** Ein drittes Problem ergibt sich schließlich daraus, dass die mitgliedstaatliche Verpflichtung zur richtlinienkonformen Auslegung wesentlich davon abhängt, ob es sich bei der zugrunde liegenden Richtlinie nur um einen Mindeststandard oder auch um einen Höchststandard handelt. Die Antwort auf diese Frage wird in neueren Richtlinien explizit ausgesprochen; bei der Publizitätsrichtlinie fehlt eine solche Bestimmung jedoch. In diesem Fall muss die Frage nach einem Mindest- oder Höchststandard anhand **allgemeiner teleologischer Erwägungen** beantwortet werden. Während die hM von einer Einordnung der Publizitätsrichtlinie als Mindeststandard ausgeht,[23] wird im Schrifttum vereinzelt auch vertreten, dass die Richtlinie nicht nur die berechtigten Erwartungen des Publikums schütze, sondern auch das Interesse der Gesellschaft, durch Bekanntmachung vor einer nationalen Rechtsscheinhaftung gefeit zu sein.[24]

17 Der hM ist zuzustimmen. Für sie spricht schon, dass **Art. 11 Abs. 2** der Richtlinie nur für einen Sonderfall bestimmt, dass der Gesetzgeber über die Vorgaben der Richtlinie nicht hinausgehen dürfe. Das lässt den Gegenschluss zu, dass ihm ein solches Vorgehen jenseits dieser Vorschrift grundsätzlich erlaubt ist. Ein solcher verbleibender Spielraum nach oben entspricht grundsätzlich auch dem Charakter der Richtlinie als **Instrument der Rechtsangleichung** (und nicht der Rechtsvereinheitlichung) und dem Gedanken der **Subsidiarität** (Art. 5 Abs. 2 EG).[25] Dem kann auch nicht entgegengehalten werden, dass die Richtlinie nicht allein den Dritten, sondern ebenso die betroffenen Gesellschaften schütze. Dies mag auf einzelne Bestimmungen der Richtlinie zutreffen;[26] speziell für die hier interessierende Vorschrift des Art. 3 finden sich für ein solches Verständnis indes keinerlei Hinweise. Sämtliche Regelungen zur Registerpublizität **begünstigen ausschließ-**

---

[21] Ständige Rspr. seit EuGH v. 26.9.1985 – Rs. 166/84, Slg. 1985, I-3004 (Rn 11) – Thomasdünger; in jüngerer Zeit bestätigt in EUGH v. 7.1.2003, Rs. C-306/99, Slg. 2003, I-1 (Rn 88 ff) – BIAO; zust. MünchKomm-BGB/*Ernst* vor § 275 Rn 23; MünchKomm-BGB/*Lorenz* vor § 474 Rn 4; Palandt/*Heinrichs* BGB Einl. Rn 44; *Basedow* in: FS Brandner, 1998, 651 (662 f); *Hess* RabelsZ 66 (2002), 470 (484 ff); *Hirte* RabelsZ 66 (2002), 553 (576 ff); *J. Koch* JZ 2006, 277 (280); *ders.* WuW 2006, 710 (712); *Lutter* in: GS Heinze, 2005, S. 571 (577 ff); *Schnorbus* RabelsZ 65 (2001), 654 (687 ff); aA AnwKommBGB/*Büdenbender* 2. Aufl., 2005, § 433 Rn 10; *Habersack* Europäisches Gesellschaftsrecht § 3 Rn 54; *Habersack/Mayer* JZ 1999, 913 (918 f); *Hommelhoff* in: FS 50 Jahre BGH, 2000, S. 889 (915 ff); *Mayer/Schürnbrand* JZ 2004, 545.

[22] *Brause* Stimmrechtslose Vorzugsaktien bei Umwandlungen, 2002, S. 80 f; *Hess* RabelsZ 66 (2002), 553 (576 f); *Schnorbus* RabelsZ 66 (2002), 470 (484 ff); aA *Habersack* Europäisches Gesellschaftsrecht § 3 Rn 54; *Grigoleit/Herresthal* JZ 2003, 118 (119).

[23] *Habersack* Europäisches Gesellschaftsrecht § 5 Rn 6; *Lutter* Europäisches Unternehmensrecht, 4. Aufl., 1996, S. 25; *ders.* EuR 1969, 1 (17 f); *von Olshausen* BB 1970, 137 (139 Fn 32); *G. Schwarz* Europäisches Gesellschaftsrecht, 2000, Rn 319; *R. Schulze* NZG 2004, 792 (794).

[24] *Bachmann* ZGR 2001, 351 (380); *Noack* in: FS Ulmer, 2003, S. 1245 (1256 Fn 49).

[25] Vgl. zu den verschiedenen Argumenten für und gegen einen Höchststandard *Drinkuth* Die Kapitalrichtlinie – Mindest- oder Höchstnorm?, 1998, S. 26 ff, 48 ff; *Habersack* Europäisches Gesellschaftsrecht § 3 Rn 55 ff.

[26] Die Frage nach dem Charakter als Mindest- oder Höchststandard muss nicht zwingend für sämtliche Bestimmungen einer Richtlinie einheitlich beantwortet werden; vgl. dazu nur *Drinkuth* (Fn 25) S. 48 ff, 56 f mwN.

lich den Dritten. Selbst die im deutschen Recht als Entlastung des Kaufmanns ausgestaltete Vorschrift des § 15 Abs. 2 ist in Art. 3 Abs. 5 aus einer anderen Perspektive (nämlich der des verlängerten Vertrauensschutzes gem. § 15 Abs. 2 S. 2) als Begünstigung des Dritten formuliert. Das spricht dafür, dass es hier ausschließlich um den Schutz des Dritten geht, so dass nichts dagegen spricht, wenn ein Mitgliedstaat diesen Schutz ausdehnt, indem es ein Unternehmen stärker belastet. Insofern ist die Publizitätsrichtlinie als **bloßer Mindeststandard** anzusehen.

II. Dogmatische Einordnung

1. § 15 Abs. 1 und 3

a) **Der vertrauensrechtliche Ansatz.** Aufgrund des uneinheitlichen Regelungsanliegens, **18** das der Gesetzgeber mit § 15 verfolgte (s. Rn 1 ff), ist auch eine einheitliche dogmatische Einordnung der Vorschrift nicht möglich. Probleme bereiten insofern in erster Linie der erste und der dritte Absatz der Vorschrift (zu § 15 Abs. 2 s. noch Rn 24). Die hM fasst § 15 Abs. 1 und 3 als Regelungen des Vertrauensschutzes auf.[27] Das hat insbesondere zur Folge, dass die Grundsätze der allgemeinen Rechtsscheinlehre[28] in Zweifelsfällen zur Auslegung und gegebenenfalls auch zur Schließung von Regelungslücken herangezogen werden können. Die **konkrete Ausgestaltung dieses Vertrauensschutzes** wird auch von den Vertretern der hM nicht einheitlich beurteilt. Nach Auffassung von *Canaris* führt die Einordnung in die allgemeinen Grundsätze der Vertrauenslehre dazu, dass der Dritte Kenntnis von dem Vertrauenstatbestand haben muss und dieser für sein Handeln kausal war (**konkreter Vertrauensschutz**).[29] Im Rahmen des § 15 Abs. 1 und 3 würden diese beiden Voraussetzungen zwar vermutet, doch sei diese Vermutung widerlegbar. Die überwiegend vertretene Gegenansicht hält einen solchen Gegenbeweis für unzulässig. § 15 schütze ein „typisiertes", „formalisiertes" oder **„abstraktes" Vertrauen**, so dass die Kenntnis des Registerinhalts und ihre Kausalität für das Handeln des Dritten unwiderlegbar vermutet würden.[30]

b) **§ 15 als abstrakte Verkehrsschutznorm.** Eine starke Meinungsgruppe in der Literatur **19** geht über diese letztgenannte Auffassung noch hinaus und löst § 15 vollständig aus dem Kontext der Vertrauenshaftung.[31] Weder der deutsche Gesetzgeber von 1897 noch

---

[27] BGHZ 65, 309 (311) = NJW 1976, 569; BGH NJW-RR 2004, 120; Baumbach/*Hopt* Rn 3; Ebenroth/Boujong/Joost/Strohn/*Gehrlein* Rn 2; Koller/*Roth*/Morck Rn 1, 3; MünchKommHGB/*Lieb*, 1. Aufl., Rn 6; Röhricht/v. Westphalen/*Ammon* Rn 2, 17; *Canaris* HandelsR § 5 Rn 4 ff; *K. Schmidt* HandelsR § 14 I 1a, II 2b; *Fehrenbacher* S. 155 ff; *John* ZHR 140 (1976), 236 (239 f); *Reinicke* JZ 1985, 272 (276); *Schilken* AcP 187 (1987), 1 (3 ff).

[28] Vgl. dazu statt aller *Canaris* Vertrauenshaftung, 1971, insbes. S. 471 ff; *dens.* in: FG 50 Jahre BGH, 2000, Bd. I, S. 129 ff.

[29] *Canaris* HandelsR § 5 Rn 7 und 17; sympathisierend Koller/*Roth*/Morck Rn 13; *Hübner* Rn 144.

[30] Vgl. etwa BGHZ 65, 309 (311) = NJW 1976, 569; BGH NJW-RR 2004, 120; Baumbach/*Hopt* Rn 9; Ebenroth/Boujong/Joost/Strohn/*Gehrlein* Rn 12; MünchKommHGB/*Lieb*, 1. Aufl., Rn 31; Röhricht/v. Westphalen/*Ammon* Rn 17; *K. Schmidt* HandelsR § 14 II 2b, d; *John* ZHR 140 (1976), 236 (239 f); *Reinicke* JZ 1985, 272 (276); *Schilken* AcP 187 (1987), 1 (3 ff). Widerlegbar ist also allein die von § 15 Abs. 1 vermutete Unkenntnis der eintragungspflichtigen Tatsache.

[31] Vgl. zum Folgenden MünchKommHGB/*Krebs* Rn 10 ff; Schlegelberger/*Hildebrandt*/Steckhan Rn 4 ff, 10; *v. Gierke/Sandrock* Handels- und WirtschaftsR § 11 III 2b (S. 150 f); *Axer* S. 84 ff, 98 f; *Leenen* S. 108 (120 ff); *Merkt* S. 229 ff.

der europäische von 1968 habe die Vertrauenshaftung in ihrer heutigen – namentlich auf die Ausarbeitung von *Canaris*[32] zurückgehenden – Gestalt vor Augen gehabt und in § 15 umsetzen wollen. Tatsächlich sei § 15 als abstrakte Verkehrsschutznorm konstruiert, deren Tatbestandsvoraussetzungen ausschließlich aus einer Analyse der Vorschrift selbst herzuleiten seien; ein Rückgriff auf die allgemeine Vertrauenslehre bleibe versperrt. Insbesondere könne sich der Anmeldepflichtige der Anwendung des § 15 nicht dadurch entziehen, dass er nachweist, der Dritte habe den Registerinhalt nicht gekannt oder sein Verhalten nicht darauf eingerichtet.

20 c) **Stellungnahme.** Entscheidend für das Verständnis und die Einordnung des § 15 Abs. 1 und 3 ist der Umstand, dass die dort geregelten Tatbestände nur dann zugunsten des Dritten eingreifen, wenn nicht feststeht, dass dieser die wahre Rechtslage kannte. Der Dritte wird also nicht absolut geschützt, sondern sein Schutz ist von seinem guten Glauben abhängig. Die Unkenntnis der tatsächlichen Rechtslage bildet eine **„negative Komponente des Vertrauens"**.[33] Ein genereller Vertrauensbezug der Vorschrift kann daher nicht geleugnet werden.[34] Dass damit zugleich auch ein Verkehrsschutz bezweckt wird, versteht sich von selbst, schließt die vertrauensrechtliche Einordnung aber nicht aus. Auch die schon in den Gesetzesmaterialien erwähnte Ausklammerung des reinen Unrechtsverkehrs[35] (s. dazu noch Rn 26) bestätigt dieses vertrauensrechtliche Verständnis.[36]

21 Aus dieser generellen Einordnung als Vertrauenshaftung kann noch nicht die Schlussfolgerung gezogen werden, dass damit das gesamte System der Rechtsscheinhaftung über § 15 gestülpt werden könnte. Eine solche Lösung wird aber tatsächlich auch von niemandem vertreten. Selbstverständlich ist es erforderlich, § 15 zunächst aus sich heraus zu interpretieren. Fraglich kann allenfalls sein, ob es **bei Zweifelsfragen** möglich ist, die Vorschrift im Lichte dieser allgemeinen Grundsätze auszulegen und eventuelle Regelungslücken damit zu schließen. Dem steht nicht entgegen, dass der historische Gesetzgeber nicht die Vertrauenslehre in ihrer heutigen Ausprägung umsetzen wollte. Die Vertrauenslehre ist nicht freischwebend außerhalb des Gesetzes entwickelt worden, sondern aus einer sorgfältigen **Abstrahierung der im Gesetz selbst angelegten Einzelwertungen**. Die Heranziehung einzelner Elemente der Vertrauenslehre stellt sich daher als Akt einer systematischen und teleologischen Auslegung dar, die herkömmlichen dogmatischen Grundregeln entspricht.

22 Es bedarf allerdings jeweils einer sorgfältigen Prüfung im Einzelfall, ob sich diese Erwägungen auch auf die europäischen Vorgaben der **Publizitätsrichtlinie** (Rn 6 f) übertragen lassen. Zwar wird durch den europäischen Ursprung keine generelle Abkehr von einer vertrauensrechtlichen Einordnung erzwungen, weil auch hier eine dem deutschen Recht entsprechende Einschränkung bei Bösgläubigkeit des Dritten vorgesehen ist.[37] Soweit aber Restriktionen des Verkehrsschutzes aus systematischen Erwägungen des deutschen Rechts hergeleitet werden, bedarf es der Feststellung, ob diese im Wege der teleologischen Auslegung bzw. Reduktion auch mit dem europäischen Recht zu verein-

---

[32] Vgl. insbes. *Canaris* Vertrauenshaftung, 1971.
[33] So Voraufl. Rn 23(*Hüffer*); *John* ZHR 140 (1976), 236 (239 f); *Schilken* AcP 187 (1987), 1 (3).
[34] Auch die Vertreter der Gegenauffassung kommen nicht umhin, zur Auslegung einzelner Tatbestandsmerkmale auf den Vertrauenstatbestand abzustellen; vgl. beispielhaft MünchKommHGB/*Krebs* Rn 37.
[35] Denkschrift zum HGB – *Hahn/Mugdan* S. 212.
[36] MünchKommHGB/*Lieb*, 1. Aufl., Rn 6.
[37] So auch *Canaris* HandelsR § 5 Rn 7.

baren sind.[38] Wo das deutsche Recht den Schutz des Rechtsverkehrs dagegen über die Richtlinie hinaus ausdehnt, stellen sich keine Probleme, da die Richtlinie insofern lediglich einen **Mindeststandard** darstellt (s. Rn 16 f).

Speziell für die Frage, ob § 15 einen absoluten oder einen konkreten Vertrauenstatbestand enthält, erweist sich allerdings weder das deutsche noch das europäische Recht als hinreichend interpretationsoffen, um den klaren Wortlaut im Wege der teleologischen Reduktion dahingehend zu reduzieren, dass dem Anmeldepflichtigen die Möglichkeit eines Gegenbeweises offensteht. § 15 ist daher nicht eine Vorschrift des konkreten, sondern des **abstrakten Vertrauensschutzes** (s. Rn 60 f). Die Gefahr, dass damit möglicherweise „der Vertrauensgedanke jegliche Kontur verliert und zu einer beliebig einsetzbaren, also nichtssagenden Kategorie wird",[39] ist hinzunehmen, wenn sich die Vorschrift in ihrer konkreten Ausgestaltung nicht in das System einpassen lässt. Aus dieser Abweichung von der allgemeinen Vertrauenslehre darf allerdings nicht der Schluss gezogen werden, dass die „wertvolle Verbindungslinie zur allgemeinen Rechtsscheinhaftung" vollständig aufgegeben werden muss.[40] Zum Verhältnis zwischen § 15 und den allgemeinen Regeln des Vertrauensschutzes vgl. Rn 117 f. **23**

2. **§ 15 Abs. 2.** Als weniger problematisch erweist sich die dogmatische Einordnung des § 15 Abs. 2.[41] Hierbei handelt es sich nach allgemeiner Auffassung nicht um eine Vertrauensschutznorm, sondern gerade gegenläufig um eine Vorschrift mit **vertrauenszerstörender Wirkung**. Dem Kaufmann soll die Möglichkeit eröffnet werden, durch die Registerpublizität einen anderweitig begründeten Rechtsschein zu zerstören. Allein durch § 15 Abs. 2 S. 2 erhält die Vorschrift eine positiv vertrauensschützende Wirkung, die sich allerdings nicht zwingend auf einen durch das Handelsregister begründeten Rechtsschein beziehen muss. Vielmehr verzögert die Vorschrift für einen knapp bemessenen Zeitraum die vertrauenszerstörende Wirkung des § 15 Abs. 2 S. 1. **24**

III. Anwendungsbereich

Aus dem zutreffenden Verständnis des § 15 als Vorschrift des Vertrauensschutzes ergibt sich eine **teleologische Einschränkung** seines Anwendungsbereichs, die zwar im Gesetzeswortlaut keine Stütze findet, aber bereits in den Gesetzesmaterialien erwähnt ist:[42] Obwohl § 15 grundsätzlich kein konkretes, sondern nur ein abstraktes Vertrauen voraussetzt (s. Rn 18 ff, 23, 60 f), soll die Vorschrift nicht zur Anwendung kommen, wenn der Dritte von vornherein nicht die Möglichkeit hatte, sein Handeln auf die Registereintragung einzurichten, ein schutzwürdiges Vertrauen also gar nicht entstehen konnte.[43] Erforderlich ist somit zumindest eine **potenzielle Kausalität** zwischen Eintragung und der Handlung des Dritten.[44] **25**

---

[38] Das zieht aber auch *Canaris* HandelsR § 5 Rn 7 nicht in Zweifel.
[39] So die Befürchtung von *Canaris* HandelsR § 5 Rn 18.
[40] MünchKommHGB/*Lieb*, 1. Aufl., Rn 6.
[41] Vgl. statt aller *Canaris* HandelsR § 5 Rn 35.
[42] Denkschrift zum HGB – *Hahn/Mugdan* S. 212.
[43] BGH NJW-RR 2004, 120; Baumbach/*Hopt* Rn 8; Ebenroth/Boujong/Joost/Strohn/*Gehrlein* Rn 3; Röhricht/v. Westphalen/*Ammon* Rn 3. Diejenigen, die § 15 als Vorschrift des abstrakten Verkehrsschutzes auffassen, tun sich mit der Einordnung dieser anerkannten Ausnahme schwer; vgl. etwa MünchKommHGB/*Krebs* Rn 22: Dritte sind „abstrakt-generell nicht schutzwürdig".
[44] Vgl. auch *Canaris* HandelsR § 5 Rn 14.

26 Eine solche Ausnahme wird allerdings nur mit großer Zurückhaltung anerkannt, und zwar namentlich bei Ansprüchen aus Vorgängen **ohne Zusammenhang zum Geschäftsverkehr**. Das klassische Beispiel ist die unfallbedingte Verletzung eines außenstehenden Dritten, da auszuschließen ist, dass der Verletzte die Schädigung im Vertrauen auf das Handelsregister, etwa eine dort ausgewiesene Komplementärstellung, in Kauf genommen hat (s. aber noch Rn 28).[45] In Anknüpfung an dieses Standardbeispiel werden die Ausnahmefälle z.T. unter dem Schlagwort „Unrechtsverkehr" zusammengefasst.[46] Diese Bezeichnung ist indes unscharf.[47] So ist die Anwendbarkeit des § 15 etwa auch dann ausgeschlossen, wenn es um gesetzlich entstandene Ansprüche ohne rechtsgeschäftlichen Bezug, wie etwa Steuerzahlungen[48] oder IHK-Beiträge[49] geht, da ihre Entstehung ebenfalls vom Vertrauen des Gläubigers unbeeinflusst ist (zu gesetzlichen Ansprüchen mit rechtsgeschäftlichem Bezug s. noch Rn 28).[50] Entscheidend ist nicht so sehr die rechtsdogmatische Einordnung des Anspruchs, sondern ob der Dritte sein Handeln auf die Eintragung hätte einrichten können und danach möglicherweise zu einer anderen Entscheidung gekommen wäre.[51]

27 Das ist in erster Linie bei allen Formen **rechtsgeschäftlicher Ansprüche** einschließlich der Ansprüche aus Vertragsverletzung und culpa in contrahendo zu bejahen, wobei es allerdings auch hier auf die konkrete Form der Einwendung ankommen kann. So hat der BGH es zugelassen, dass der Inhaber einer rechtsgeschäftlichen Forderung sich auf eine von ihm herbeigeführte Verjährungshemmung berief, obwohl die Forderungsinhaberschaft durch eine Abtretung in Gestalt eines Insichgeschäfts entstanden war, ohne dass die Befreiung von den Beschränkungen des § 181 in das Handelsregister eingetragen worden war.[52] Auch hier war die Überlegung ausschlaggebend, dass der Schuldner als Außenstehender nicht in der Lage gewesen wäre, sein Verhalten auf die Eintragung einzurichten.[53]

28 Aber auch **gesetzliche Ansprüche** können unter § 15 fallen, wenn sie mit dem Geschäftsverkehr in einem inneren Zusammenhang stehen. So wird etwa ein Bereicherungsanspruch von § 15 erfasst, wenn er die Rückabwicklung eines nichtigen oder angefochtenen Vertrages zum Inhalt hat.[54] Dasselbe gilt für deliktische Ansprüche oder Ansprüche aus GoA, sofern ihre Entstehung auf rechtsgeschäftlichem Handeln beruht (z.B. Betrug beim Vertragsschluss).[55] Selbst deliktische Ansprüche aus einem Verkehrsunfall können unter § 15 Abs. 1 fallen, wenn Geschädigter nicht ein unbeteiligter Passant, sondern der mitfahrende Geschäftspartner ist.[56] Anwendbar ist § 15 weiterhin bei **Prozesshandlungen** (z.B. Zustellung, Anerkenntnis, Verzicht, Vergleich) und Vollstreckungsmaßnahmen (z.B. Pfändung), soweit es um Akte geht, bei denen die Möglichkeit besteht, dass ein Dritter sein Verhalten mit Rücksicht auf die im Handelsregister enthaltenen Eintragungen einrichtet.[57]

---

[45] RGZ 93, 238 (240 ff); OLG Düsseldorf DB 2003, 656; MünchKommHGB/*Krebs* Rn 23.
[46] Vgl. etwa MünchKommHGB/*Lieb*, 1. Aufl., Rn 32; Röhricht/v. Westphalen/*Ammon* Rn 3.
[47] So auch Baumbach/*Hopt* Rn 8.
[48] BFH NJW 1978, 1944.
[49] VG Aachen NJW 2005, 169.
[50] Vgl. auch Ebenroth/Boujong/Joost/Strohn/*Gehrlein* Rn 3; Koller/*Roth*/Morck Rn 4.
[51] Koller/*Roth*/Morck Rn 4.
[52] BGH NJW-RR 2004, 120.
[53] Vgl. auch Ebenroth/Boujong/Joost/Strohn/*Gehrlein* Rn 12.
[54] Baumbach/*Hopt* Rn 8.
[55] Baumbach/*Hopt* Rn 8; Röhricht/v. Westphalen/*Ammon* Rn 3; *Canaris* HandelsR § 5 Rn 14; speziell zu deliktischen Ansprüchen OLG Stuttgart WRP 1987, 200 (202 f).
[56] Ebenroth/Boujong/Joost/Strohn/*Gehrlein* Rn 3; anderes Beispiel für deliktische Ansprüche, die von § 15 geschützt werden: Betrug beim Vertragsschluss.
[57] RGZ 127, 98 (99); BGH NJW 1979, 42; Baumbach/*Hopt* Rn 8; Ebenroth/Boujong/Joost/Strohn/*Gehrlein* Rn 3; Heymann/Sonnenschein/*Weitemeyer* Rn 4; Koller/

IV. Die negative Publizität des Handelsregisters (§ 15 Abs. 1)

1. Grundsätzliches. § 15 Abs. 1 schützt das Vertrauen, das Dritte in das **Schweigen** **29** **des Registers** bzw. der Bekanntmachung setzen (negative Publizität). Sie müssen einzutragende Tatsachen (s. Rn 31) nur dann gegen sich gelten lassen, wenn diese eingetragen und bekannt gemacht sind; anderenfalls dürfen sie auf den Fortbestand der bisherigen Rechtslage vertrauen. Die **sprachliche Fassung** der Vorschrift entspricht diesem Verständnis nicht, weil sie den Vertrauensschutz nicht aus der Perspektive des Dritten, sondern aus der Sicht des Unternehmensträgers regelt, was sich aus der Entwicklungsgeschichte der Vorschrift erklärt (s. Rn 4 f).[58] Das Vertrauen in einen **fehlerhaften Publizitätsakt** wird erst durch § 15 Abs. 3 geschützt. Es ist daher nach der heutigen Fassung des Gesetzes schon aus systematischen Gründen nicht zulässig, die Falscheintragung als Nichteintragung des Richtigen unter § 15 Abs. 1 zu fassen.[59]

Parallelvorschriften zu § 15 Abs. 1 finden sich in § 68 BGB für das Vereinsregister **30** und in § 1412 BGB für das Güterrechtsregister. Auf das **Unternehmensregister** findet § 15 keine Anwendung. Der Vertrauensschutz des § 15 greift nur dann ein, wenn über das Portal des Unternehmensregisters mittelbar auf das Handelsregister zugegriffen wird (vgl. dazu § 8b Rn 1 f, 20), dessen Datenbestand unabhängig von der konkreten Form des Zugriffs den Schutz des § 15 genießt.[60] Vertrauensträger ist aber auch hier allein das Handelsregister. Sollte es zu Widersprüchen zwischen Unternehmensregister und Handelsregister kommen, ist der Inhalt des Handelsregisters maßgeblich. Da über das Unternehmensregister lediglich die Originaldatenbestände des Handelsregisters zugänglich gemacht werden, dürften solche inhaltlichen Diskrepanzen allerdings nur selten auftreten.[61] Denkbar ist jedoch, dass es bei der Aktualisierung von Bekanntmachungen zu Verzögerungen kommt, die dazu führen, dass eine im Handelsregister bereits verfügbare Information erst später im Unternehmensregister zugänglich ist.[62]

2. Einzutragende Tatsache

a) Anmeldepflichtige Tatsachen. § 15 Abs. 1 setzt zunächst das Vorliegen einer „einzutragenden Tatsache" voraus, was gemeinhin als **eintragungspflichtige Tatsache** (s. dazu § 8 Rn 33 ff) verstanden wird.[63] Diese Lesart ist indes nicht unproblematisch, da bereits die Einteilung in eintragungsfähige und eintragungspflichtige Tatsachen ungenau ist (ausführlich § 8 Rn 33 f). Das Gesetz statuiert für den Betroffenen ausschließlich **Anmelde-** **31**

Roth/Morck Rn 4; MünchKommHGB/*Krebs* Rn 23; *Ehrenberg* in: Ehrenbergs Hdb., Band I, S. 658 ff; monographisch *Redlich* Beiträge zur Bedeutung des § 15 HGB im Zivilprozeß, 1931; das Vertrauen in die Prozessfähigkeit wird hingegen nach OLG Hamm NJW-RR 1998, 470 nicht durch § 15 geschützt.

[58] So bereits Voraufl. Rn 14 (*Hüffer*); eine der Sache nach gleichwertige Formulierungsalternative im Sinne eines Vertrauensschutzes bietet § 15 Abs. 3: „kann sich ein Dritter (…) berufen".

[59] So zu § 15 a.F. noch RGZ 125, 228 (229); diese Auffassung wurde aber bereits vom Gericht selbst in RGZ 142, 98 (105) aufgegeben; so jetzt auch die ganz hM; vgl. nur Baumbach/*Hopt* Rn 4; Ebenroth/Boujong/Joost/Strohn/*Gehrlein* Rn 5; Koller/*Roth*/Morck Rn 5; einschränkend MünchKommHGB/*Krebs* Rn 37.

[60] RegE EHUG, BT-Drucks. 16/960, S. 39; Baumbach/*Hopt* § 8b Rn 3; *Kort* AG 2007, 801 (802); *Krafka* MittBayNot 2005, 290 (291); *Seibert*/*Decker* DB 2006, 2446 (2450).

[61] *Kort* AG 2007, 801 (802).

[62] *Beurskens* in: Noack (Hrsg.), Das neue Gesetz über elektronische Handels- und Unternehmensregister, 2007, S. 97 (103).

[63] Vgl. statt aller Baumbach/*Hopt* Rn 5.

pflichten; zur Eintragung ist allein das Gericht verpflichtet, und zwar immer dann, wenn eine eintragungsfähige Tatsache (unabhängig vom Bestehen einer Anmeldepflicht) ordnungsgemäß zur Eintragung angemeldet wird.[64] Da das Gesetz in § 15 aber erkennbar auf ein Versäumnis des von der Eintragung Betroffenen abstellt und nicht auf ein Versäumnis des Gerichts, wäre diese Lesart nicht sinnvoll. Legt man deshalb die Perspektive des Betroffenen zugrunde und stellt auf die „anzumeldenden" Tatsachen ab, so werden von § 15 Abs. 1 zumindest die anmeldepflichtigen Tatsachen erfasst, die im Gesetz für verschiedene Tatbestände normiert sind (vgl. § 8 Rn 35 ff). Ausnahmsweise sind auch **ungeschriebene Anmeldepflichten** anzuerkennen (s. § 8 Rn 45 ff), die sodann ebenfalls von der Regelung des § 15 Abs. 1 erfasst werden, allerdings aus Gründen der Rechtssicherheit erst ab dem Zeitpunkt ihrer höchstrichterlichen Bestätigung.[65]

32 b) **Anwendbarkeit auf konstitutive Eintragungen.** Fraglich ist, ob sich die inhaltliche Reichweite des Tatbestandsmerkmals „einzutragende Tatsachen" darin erschöpft. Geht man mit der herrschenden Auffassung davon aus, dass bei konstitutiven Eintragungen (zum Begriff vgl. § 8 Rn 116 ff), die nicht nach § 14 erzwingbar sind, eine öffentlich-rechtliche Anmeldepflicht nicht besteht (§ 8 Rn 40), dann würden diese Eintragungen nicht § 15 Abs. 1 unterfallen. Der **Wortlaut** des § 15 Abs. 1 ist auch in diesem Punkt **nicht eindeutig**, da zweifelhaft ist, ob mit dem Begriff „einzutragende Tatsachen" an die mit Zwangsmitteln (§ 14) durchzusetzende öffentlich-rechtliche Eintragungspflicht angeknüpft wird oder an ein Eintragungserfordernis, das sich aus einer Wirksamkeitsvoraussetzung der gewollten Statusänderung ergibt (z.B. Gesellschaftsgründung, Erlangung der Kaufmannseigenschaft nach §§ 2 f).

33 Tatsächlich wird im Schrifttum teilweise eine Einschränkung des § 15 Abs. 1 auf Eintragungen mit deklaratorischer Bedeutung (§ 8 Rn 116 f) befürwortet, wobei zur Begründung auf eine **vermeintliche Systemwidrigkeit** hingewiesen wird: Konstitutive Eintragungen würden nach der gesetzlichen Regelung bereits im Zeitpunkt ihrer Eintragung wirksam; die Anwendung des § 15 Abs. 1 könne diese Wirksamkeit aber faktisch auf den Zeitpunkt der Bekanntmachung verschieben.[66] Dogmatisch wird dies üblicherweise aus einer teleologischen Reduktion des § 15 Abs. 1 hergeleitet, derer es im Hinblick auf den unklaren Wortlaut der Vorschrift aber im Grunde nicht bedarf; die Vertreter dieser Auffassung könnten sich daher mit einer – dogmatisch leichter zu begründenden – restriktiven Auslegung begnügen.[67]

34 Mit der ganz hM ist die Differenzierung zwischen deklaratorischen und konstitutiven Eintragungen jedoch abzulehnen, da für eine solche Einschränkung des **Verkehrsschutzes** kein sachlicher Grund besteht.[68] Der Rechtsverkehr ist bei konstitutiven Eintragungen

---

[64] Ebenroth/Boujong/Joost/Strohn/*Schaub* Rn 65; MünchKommHGB/*Krafka* Rn 30; *Bokelmann* DStR 1991, 945 (948).
[65] BGHZ 116, 37 (44 ff) = NJW 1992, 505; Koller/*Roth*/Morck Rn 6; MünchKommHGB/*Krebs* Rn 25; Röhricht/v. Westphalen/*Ammon* Rn 6, 14; ohne diese letztgenannte Einschränkung noch Voraufl. Rn 15 (*Hüffer*).
[66] Vgl. namentlich MünchKommHGB/*Lieb*, 1. Aufl., Rn 19; ferner *Noack* in: FS Ulmer, 2003, S. 1245 (1256); *Sandberger* JA 1973, 215; wohl auch *K. Schmidt* HandelsR § 14 II 2a allerdings ohne Problemvertiefung; sympathisierend *Mattheus/Schwab* ZGR 2008, 65 (95 f).
[67] Anders GK-HGB/*Ensthaler* Rn 14b; MünchKommHGB/*Krebs* Rn 34.
[68] Baumbach/*Hopt* Rn 5; Ebenroth/Boujong/Joost/Strohn/*Gehrlein* Rn 6; GK-HGB/*Ensthaler* Rn 14b; MünchKommHGB/*Krebs* Rn 34; Röhricht/v. Westphalen/*Ammon* Rn 8; *Canaris* HandelsR § 5 Rn 11; *Oetker* in: GS Sonnenschein, 2003, S. 635 ff.

nicht weniger schutzbedürftig als bei deklaratorischen Eintragungen. Der als Gegenargument behauptete Systembruch kann schon im Hinblick auf die **nur relative Wirkung** des § 15 Abs. 1 gegenüber gutgläubigen Dritten nicht festgestellt werden.[69] § 15 Abs. 1 ist daher auch auf konstitutive Eintragungen anwendbar. Große Bedeutung dürfte der Vorschrift insofern allerdings nicht zukommen, weil vor der Eintragung schon die Tatsache als solche nicht wirksam entsteht (s. § 8 Rn 116), so dass der Schutz des Rechtsverkehrs durch § 15 Abs. 1 ausschließlich auf den engen Zeitraum zwischen Eintragung und Bekanntmachung beschränkt bleibt.[70]

c) **Ausklammerung nur eintragungsfähiger Tatsachen ohne konstitutive Wirkung.** 35
Geht man mit der hier vertretenen hM davon aus, dass auch konstitutive Eintragungen von § 15 Abs. 1 erfasst werden, so können im Wege der Auslegung – vorbehaltlich einer noch zu prüfenden weitergehenden teleologischen Reduktion (s. Rn 36 ff) – ausschließlich solche Tatsachen aus dem Tatbestand des § 15 Abs. 1 ausgegrenzt werden, die überhaupt nicht in das Register eingetragen werden dürfen (§ 8 Rn 50 ff) oder solche Tatsachen, die zwar eintragungsfähig sind, aber weder anmeldepflichtig sind noch für die einzutragende Tatsache konstitutive Wirkung haben. Diese letztgenannte Gruppe der **nur eintragungsfähigen Tatsachen ohne konstitutive Wirkung** fällt nach ganz hM nicht unter die Regelung des § 15 Abs. 1.[71] Ein anderes Verständnis wäre zwar mit dem Wortlaut des § 15 Abs. 1 noch zu vereinbaren, wenn man den Begriff „einzutragende Tatsachen" wortgetreu als eine Eintragungspflicht des Gerichts verstehen wollte, die auch bei nur eintragungsfähigen Tatsachen besteht (s. Rn 31 und § 8 Rn 33). Eine solche Lesart wirkt indes nicht nur im sachlichen Kontext des § 15 Abs. 1 verfehlt (s. Rn 31), sondern würde überdies die differenzierende Regelung des Gesetzes unterlaufen, da sie für bloß eintragungsfähige Tatsachen zu einem faktischen Registerzwang führen würde. Der Kreis der damit aus dem Tatbestand des § 15 Abs. 1 ausgegrenzten Tatsachen ist allerdings überschaubar, da die meisten eintragungsfähigen Tatsachen entweder anmeldepflichtig sind oder konstitutive Wirkung haben. Überdies sieht das Gesetz für einzelne eintragungsfähige Tatsachen dem § 15 Abs. 1 entsprechende Sonderregelungen vor (z.B. §§ 25 Abs. 2, 28 Abs. 2).

d) **Primär- und Sekundärtatsachen.** Im Schrifttum wird teilweise dafür plädiert, im 36
Wege der teleologischen Reduktion noch weitergehend auch sog. **Primärtatsachen** aus dem Anwendungsbereich des § 15 Abs. 1 auszuschließen.[72] Darunter werden solche Tatsachen gefasst, durch die ein bisher nicht vorhandenes – und daher auch nicht registerrechtlich ausgewiesenes – Rechtsverhältnis neu begründet wird (z.B. Gründung einer Gesellschaft, Prokuraerteilung, Begründung einer Gesellschafterstellung). Die Vorschrift bliebe dann auf sog. **Sekundärtatsachen** beschränkt, die eine Änderung der durch Gesetz oder Rechtsgeschäft vorgegebenen Rechtslage bewirken (z.B. Änderung der Vertretungsmacht eines Gesellschafters).

---

[69] Vgl. dazu auch *Oetker* in: GS Sonnenschein, 2003, S. 635 (640).
[70] Röhricht/v. Westphalen/*Ammon* Rn 8.
[71] BGHZ 55, 267 (273) = NJW 1971, 1268; MünchKommHGB/*Krebs* Rn 27; Röhricht/v. Westphalen/*Ammon* Rn 7; zur heute nicht mehr vertretenen Gegenauffassung vgl. noch *Adler* Das Handelsregister, 1908, S. 40; *Ehrenberg* in: Ehrenbergs Hdb., Band I, S. 626.
[72] Vgl. zum Folgenden namentlich MünchKommHGB/*Lieb*, 1. Aufl., Rn 16 ff; *dens.* NJW 1999, 35 (36); ferner *Axer* S. 98; *Sandberger* JA 1973, 215.

37 Begründet wird diese Ansicht namentlich mit dem Argument, dass es bei Primärtatsachen an einem konkreten Rechtsscheinträger fehle und überdies bei einer Anwendung des § 15 Abs. 1 der **Unterschied zwischen konstitutiven und deklaratorischen Eintragungen** (s. Rn 32 und § 8 Rn 116 ff) verwischt werde; über § 15 Abs. 1 würde die bloß deklaratorische Registereintragung einer Primärtatsache faktisch eine konstitutive Wirkung erhalten.[73] Praktische Bedeutung könnte diese Einschränkung z.B. dann erhalten, wenn sich ein noch nicht eingetragener Gewerbetreibender zu seinen Gunsten auf seine Kaufmannseigenschaft nach § 1 berufen will (etwa im Rahmen der §§ 353, 369, 377; zur Frage der Kenntnis des Dritten von dieser Eigenschaft s. noch Rn 58 f).[74] Nach dieser Auffassung wäre ihm das möglich, ohne dass der Geschäftspartner sich auf § 15 Abs. 1 berufen könnte.

38 Die **ganz hM** hat sich dieser Auffassung zu Recht nicht angeschlossen.[75] Die vorgeschlagene Differenzierung findet im **Gesetzeswortlaut** keine Stütze und lässt sich auch mit den **Gesetzesmaterialien** nicht in Einklang bringen. Bereits der Gesetzgeber von 1897 ging erkennbar von der Anwendung des § 15 Abs. 1 auf Primärtatsachen aus;[76] der Gesetzgeber des Handelsrechtsreformgesetz vom 22. Juni 1998 (HRefG)[77] hat dies speziell für das von der Gegenmeinung herangezogene Beispiel der Kaufmannseigenschaft ausdrücklich bestätigt.[78] Damit ist einer teleologischen Reduktion von vornherein die Grundlage entzogen. Dieses Hindernis wird durch das Europarecht noch verstärkt, da die Publizitätsrichtlinie (Rn 6 f) auch Primärtatsachen wie die Errichtung der Kapitalgesellschaft (Art. 2 Abs. 1 lit. a) und die Bestellung der Geschäftsleitung (Art. 2 Abs. 1 lit. d) in den Verkehrsschutz einbezogen hat.[79]

39 Schließlich ist eine solche Differenzierung aber auch **unter teleologischen Gesichtspunkten abzulehnen**, da das Schutzbedürfnis Dritter sich in beiden Fällen nicht unterscheidet.[80] Der Rechtsverkehr darf sich auch hier auf die **unveränderte gesetzliche Normallage** verlassen, da eine anmeldepflichtige Abweichung nicht eingetragen worden ist.[81] Dass dieser **Verkehrsschutz** speziell bei Primärtatsachen vernachlässigt werden dürfte, ließe sich allenfalls dann rechtfertigen, wenn die hM eine im Gesetz angelegte Differenzierung vollständig obsolet machen würde. Eine solche Systemwidrigkeit lässt sich aber schon angesichts der **nur relativen Wirkung** des § 15 Abs. 1 gegenüber gutgläubigen Dritten nicht feststellen.[82] Durch diese eingeschränkte Tragweite der Vorschrift bleibt die Unterscheidung zwischen konstitutiven und deklaratorischen Eintragungen auch weiter-

---

[73] Vgl. bereits die Nachweise in Fn 72.
[74] Weitere Beispiele bei *Oetker* in: GS Sonnenschein, 2003, S. 635 (637).
[75] Ausführlich dazu *Oetker* in: GS Sonnenschein, 2003, S. 635 ff; vgl. ferner Baumbach/*Hopt* Rn 5; GK-HGB/*Ensthaler* Rn 14a (in Abweichung von der Voraufl.); Koller/*Roth*/Morck Rn 5; MünchKommHGB/*Krebs* Rn 31 ff; Röhricht/v. Westphalen/*Ammon* Rn 8; *Canaris* HandelsR § 5 Rn 9; *K. Schmidt* HandelsR § 14 II 2a.
[76] Zur Entwicklung im Jahr 1897 vgl. die ausführliche Aufarbeitung von *Oetker* in: GS Sonnenschein, 2003, S. 635 (647 ff).
[77] BGBl. I, S. 590.
[78] Vgl. RegE HRefG, BT-Drucks. 13/8444, S. 48.

[79] Vgl. dazu MünchKommHGB/*Krebs* Rn 33.
[80] Vgl. auch GK-HGB/*Ensthaler* Rn 14a; Koller/*Roth*/Morck Rn 5; *Oetker* in: GS Sonnenschein, 2003, S. 635 (642 ff).
[81] Vgl. auch Baumbach/*Hopt* Rn 5; Koller/*Roth*/Morck Rn 5; Röhricht/v. Westphalen/*Ammon* Rn 8; *Canaris* HandelsR § 5 Rn 5, 9; *Oetker* in: GS Sonnenschein, 2003, S. 635 (646); in der Begründung abweichend MünchKommHGB/*Krebs* Rn 11, der annimmt, das Vertrauen in Primärtatsachen lasse sich in eine vertrauensrechtliche Auslegung des § 15 Abs. 1 nicht einfügen.
[82] Vgl. dazu auch *Oetker* in: GS Sonnenschein, 2003, S. 635 (640).

hin erhalten. Da die von der Gegenauffassung vorgeschlagene Differenzierung zwischen Primär- und Sekundärtatsachen überdies auch **praktisch kaum trennscharf durchführbar** ist,[83] muss es dabei bleiben, dass § 15 Abs. 1 sowohl Primär- als auch Sekundärtatsachen gleichermaßen erfasst.

e) **Weiteres Erfordernis einer bekanntzumachenden Tatsache?** Umstritten und derzeit noch weitgehend offen ist die Frage, ob die Anwendung des § 15 Abs. 1 nicht nur eine einzutragende, sondern auch eine bekanntzumachende Tatsache voraussetzt. Diese Frage hat durch die **Einfügung des § 162 Abs. 2 und 3** im Zuge des NaStraG von 2001 (Rn 9) besondere Relevanz erhalten, wonach bei der Bekanntmachung der Eintragung einer KG (und späterer Änderungen) keine Angaben zu den Kommanditisten zu machen sind. § 162 Abs. 2, 2. Hs. ordnet hier ausdrücklich an, dass § 15 insoweit nicht anzuwenden ist (ähnliche Regelung für die Änderung der Kommanditeinlage in § 175). Das wird teilweise dahingehend verstanden, dass eine Kommanditistenhaftung grundsätzlich nicht mehr auf § 15 gestützt werden könne;[84] teilweise wird der neuen Vorschrift sogar noch die weitergehende Aussage entnommen, dass § 15 generell keine Anwendung auf nicht bekanntmachungspflichtige Tatsachen finde.[85] Andere sehen darin lediglich die selbstverständliche Klarstellung, dass es im Rahmen des § 15 nur dann auf die Bekanntmachung ankommen könne, wenn auch eine entsprechende Pflicht bestehe.[86]

Restlos zu befriedigen vermag keine der beiden Ansichten. Der **Wortlaut** der §§ 162 Abs. 2 und 3, 175 wird durch das sibyllinische Wort „insoweit" verdunkelt. Die **Gesetzesbegründung** zu §§ 162, 175 deutet zwar darauf hin, dass zumindest im Rahmen dieser Vorschriften § 15 generell nicht zur Anwendung kommen soll.[87] Andererseits findet sich dort aber auch keinerlei Hinweis, dass die bisherige Rechtslage geändert werden soll, was bei einer derart weitreichenden Abweichung zu erwarten gewesen wäre.[88] In § 15 Abs. 1 wird zwar nur das Eintragungserfordernis erwähnt, doch ist nicht auszuschließen, dass der Gesetzgeber mit Blick auf § 10 annahm, von einer gesonderten Erwähnung dieses zusätzlichen Erfordernisses absehen zu können.[89] Aus den europäischen Vorgaben der Publizitätsrichtlinie (Rn 6 f) ergeben sich ebenfalls keine klaren Hinweise.[90]

---

[83] Baumbach/*Hopt* Rn 5; *Canaris* HandelsR § 5 Rn 9.
[84] Vgl. MünchKommHGB/*Krebs* Rn 28 ff, 56; K. *Schmidt* ZIP 2002, 413 ff; *dens.* in: MünchKommHGB § 173 Rn 37; MünchHdbGesR II/*Piehler*/*Schulte* § 35 Rn 39; *Mattheus*/*Schwab* ZGR 2008, 65 (83 f); *Peters* RNotZ 2002, 425 (438); *Terbrack* Rpfleger 2003, 105 (106).
[85] GK-HGB/*Ensthaler* Rn 9; MünchKommHGB/*Krebs* Rn 28 ff; K. *Schmidt* ZIP 2002, 413 (419); so auch bereits vor der Neuregelung der §§ 162, 175 Voraufl. Rn 17 (*Hüffer*); Düringer/Hachenburg/*Hoeniger* 1930, Anm. 3.
[86] Ebenroth/Boujong/Joost/Strohn/*Strohn* § 173 Rn 18; Koller/*Roth*/Morck § 15 Rn 5; Koller/*Roth*/Morck § 162 Rn 2; *Grunewald* ZGR 2003, 541 ff; *Noack* in: FS Ulmer, 2003, S. 1245 (1253 f); *ders.* in: FS Eisenhardt, 2007, S. 475 (479 f); *Paefgen* ZIP 2008, 1653, 1654 f; *Paul* MDR 2004, 849 ff; *Schmidt/Bierly* NJW 2004, 1210, 1212; *Wilhelm* DB 2002, 1979 ff; unklar Baumbach/*Hopt* § 162 Rn 5 einerseits und § 173 Rn 13 andererseits; offenlassend BGH NJW-RR 2006, 107 (108); OLG Hamm NJW-RR 2005, 629; OLG Köln NZG 2004, 416 (418).
[87] BT-Drucks. 14/4051, S. 19.
[88] So auch *Grunewald* ZGR 2003, 541 (546).
[89] So Voraufl. Rn 17 (*Hüffer*); dagegen *Paul* MDR 2004, 849 (450), der darauf hinweist, dass § 10 nicht an die Anmeldepflicht, sondern an die Eintragung anknüpft. Nicht zu folgen ist MünchKommHGB/*Krebs* Rn 29, der diese Lesart als derart zwingend ansieht, dass die Gegenauffassung nur unter den Voraussetzungen eines Analogieschlusses begründet werden könne.
[90] **AA** MünchKommHGB/*Krebs* Rn 29.

42 Lässt man sich auf diesem unsicheren Gesetzesfundament von **teleologischen Erwägungen** leiten, so sprechen die besseren Gründe dafür, § 15 generell auch dann anzuwenden, wenn eine nur anmeldepflichtige Tatsache vorliegt. Die Neufassung der §§ 162, 175 sollte dazu dienen, das rechtspolitisch zunehmend fragwürdige **Bekanntmachungserfordernis einzuschränken**.[91] Es bestand aber kein Anlass und wäre auch rechtspolitisch nicht wünschenswert, die Beteiligten darüber hinaus auch noch von ihrer Pflicht zur ordnungsgemäßen Eintragung zu befreien.[92] Die Gegenauffassung, die davon ausgeht, dass nur der kombinierte Rechtsschein von (fehlender) Eintragung und Bekanntmachung die Vermutung des § 15 Abs. 1 tragen kann,[93] hat zwar historisch ebenfalls gute Gründe für sich. Gerade vor dem Hintergrund einer zunehmenden Zurückdrängung des Bekanntmachungserfordernisses erscheint diese Lesart aber überholt.[94] Die hier vertretene Ansicht hat überdies auch durch die **Einfügung des § 162 Abs. 1 S. 2** eine Bestätigung erhalten. Damit sollte eine BGH-Entscheidung aus dem Jahr 2001 umgesetzt werden, in der festgestellt wurde, dass aus Gründen des Verkehrsschutzes die Gesellschafter einer als Kommanditist auftretenden GbR in das Handelsregister einzutragen seien und insofern auch § 15 Anwendung finden müsse; die an strengere Voraussetzungen gebundene allgemeine Rechtsscheinhaftung könne dem Verkehr kein hinreichendes Maß an Rechtssicherheit gewährleisten.[95]

43 f) **Fehlende Voreintragung.** Umstritten ist, ob § 15 Abs. 1 auch dann Anwendung findet, wenn die nicht eingetragene Tatsache den actus contrarius einer anderen einzutragenden Tatsache darstellt, es aber bereits an der Voreintragung fehlt. Dazu kann es etwa kommen, wenn weder die Erteilung der Prokura noch ihr Widerruf (§ 53), weder der Eintritt eines Gesellschafters noch sein Ausscheiden eingetragen worden sind. In diesem Fall ist das Register nach dem Widerruf nicht mehr fehlerhaft, so dass die Anwendung des § 15 Abs. 1 zweifelhaft erscheint. Dennoch geht die hM davon aus, dass auch hier ein **Schutzbedürfnis des Rechtsverkehrs** bestehen könne und deshalb § 15 Abs. 1 (seinem Wortlaut entsprechend) anwendbar sei;[96] nur in extrem gelagerten Fällen wird von zahlreichen Vertretern dieser Ansicht eine Ausnahme zugelassen.[97] Die Gegenauffassung verneint das Vorliegen eines zurechenbaren Vertrauenstatbestandes und lehnt deshalb die

---

[91] BT-Drucks. 14/4051, S. 19; vgl. dazu ausführlich *Noack* in: FS Ulmer, 2003, S. 1245 (1252 ff).

[92] So neben den in Fn 86 Genannten auch *K. Schmidt* ZIP 2002, 413 (419 f) de lege ferenda; rechtspolitische Zweifel äußert auch MünchKommHGB/*Krebs* Rn 30.

[93] So etwa MünchKommHGB/*Krebs* Rn 29: Reduzierung der Publizitätswirkung als Ausdruck eines generell reduzierten Verkehrsschutzes.

[94] Auch MünchKommHGB/*Krebs* Rn 29 als Vertreter der Gegenauffassung äußert daher zumindest dann Sympathien für die hier vertretene Lesart, wenn die Bekanntmachung künftig noch weiter an Bedeutung verlieren sollte.

[95] BGHZ 148, 291 (294 ff) = NJW 2001, 3121; zum Umsetzungswillen des Gesetzgebers vgl. die maßgebliche Äußerung des Rechtsausschusses, BT-Drucks. 14/7348; zur Bedeutung für die hier zu beantwortende Frage s. ferner Ebenroth/Boujong/Joost/Strohn/ *Strohn* § 173 Rn 18; *Grunewald* ZGR 2003, 541 (545).

[96] RGZ 15, 33 (35 ff); RGZ 127, 98 f; BGH BB 1965, 968; BGHZ 55, 267 (272) = NJW 1971, 1268; BGH WM 1983, 651 f; BGHZ 116, 37 (44 f) = NJW 1992, 505; Baumbach/ *Hopt* Rn 11; Ebenroth/Boujong/Joost/Strohn/ *Gehrlein* Rn 8; Koller/*Roth*/Morck Rn 9; Röhricht/v. Westphalen/*Ammon* Rn 13 f; *Canaris* HandelsR § 5 Rn 12; *K. Schmidt* HandelsR § 14 II 2 b; *Kreutz* Jura 1982, 626 (638).

[97] Vgl. von den in Fn 96 Genannten *Ammon, Canaris, Gehrlein, Hopt, Roth, K. Schmidt* – jeweils aaO.

Anwendung der Vorschrift ab.[98] Von einzelnen Vertretern dieser Auffassung wird allerdings im Einzelfall ein Rückgriff auf die allgemeine Rechtsscheinhaftung zugelassen,[99] was aber gegenüber § 15 Abs. 1 zu einem schwächeren Schutz des Rechtsverkehrs führt, da der Dritte hier die Kenntnis des Scheintatbestandes und die konkrete Kausalität zu beweisen hat (vgl. dazu noch Rn 117).[100]

Zu folgen ist der hM. Die Gegenauffassung würde eine **teleologische Reduktion** des § 15 Abs. 1 erforderlich machen, deren Voraussetzungen nicht erfüllt sind. Die dem Wortlaut entsprechende Anwendung des § 15 Abs. 1 kann auch bei fehlender Voreintragung sinnvoll sein, weil nicht auszuschließen ist, dass der Rechtsverkehr durch andere Umstände als durch die Voreintragung von dem vorherigen Rechtszustand Kenntnis erlangt hat (etwa weil der nicht eingetragene Prokurist dennoch in dieser Eigenschaft aufgetreten ist). Kann dem daraus erwachsenden Regelungsbedürfnis durch die **wortlautgetreue Anwendung** des § 15 Abs. 1 Rechnung getragen werden, so verlangt diese Lösung den Vorzug vor der nur subsidiär anwendbaren allgemeinen Rechtsscheinhaftung. In die Regelungssystematik des § 15 Abs. 1 lässt sich auch dieser Fall einfügen, weil Rechtsscheinträger im Sinne dieser Vorschrift eben nicht die Voreintragung, sondern ausschließlich das Schweigen des Registers ist.[101] **44**

Eine teleologische Reduktion ist – entsprechend ihrem dogmatischen Ausnahmecharakter – nur in Extremfällen angezeigt, nämlich dann, wenn die Anwendung des § 15 Abs. 1 zu **grob sachwidrigen Ergebnissen** führen würde.[102] Als Beispiel sei etwa der Fall genannt, in dem eine Prokura noch am Tag ihrer Erteilung widerrufen wird.[103] Auch hier obliegt es aber dem Anmeldepflichtigen nachzuweisen, dass von der voreinzutragenden Tatsache **im Außenverhältnis niemand Kenntnis** erhalten hat.[104] Die Gegenauffassung, die einen solchen Gegenbeweis grundsätzlich aus Gründen der Rechtssicherheit und unter Verweis auf den abstrakten Charakter des Vertrauensschutzes nicht zulassen möchte,[105] übersieht, dass § 15 Abs. 1 selbst im letzten Halbsatz aus Gründen der materiellen Gerechtigkeit diese abstrakte Ausgestaltung durchbricht, also nicht als Fiktion, sondern als widerlegbare Vermutung konzipiert ist.[106] Daher erscheint es zulässig, einen entsprechenden Gegenbeweis auch dann zu eröffnen, wenn es an einem Vertrauenstatbestand von vornherein fehlt.[107] Die **Publizitätsrichtlinie** (Rn 6 f) steht dem nicht entgegen, da die dogmatische Figur der teleologischen Reduktion auch vom EuGH als Aus- **45**

---

[98] Voraufl. Rn 19 f (*Hüffer*); *Baumann* AcP 184 (1984), 45 (62); *Frotz* S. 185; *A. Hueck* AcP 118 (1920), 350 ff; *John* ZHR 140 (1976), 236 ff; *Medicus* Bürgerliches Recht, 21. Aufl., 2007, Rn 105; *Schilken* AcP 187 (1987), 1 (7 f); so auch noch *Canaris* Vertrauenshaftung, S. 152; anders jetzt aber *ders.* HandelsR § 5 Rn 12.
[99] So von den in Fn 98 Genannten *Hüffer*, *John*, *Schilken* – jeweils aaO.
[100] Vgl. dazu MünchKommHGB/*Lieb*, 1. Aufl., Rn 21.
[101] Ebenroth/Boujong/Joost/Strohn/*Gehrlein* Rn 8; Koller/*Roth*/Morck Rn 9; entgegen der Auffassung von MünchKommHGB/ *Krebs* Rn 35 lässt sich auch dieser Rechtsscheinträger durchaus in die vertrauensrechtliche Interpretation der Vorschrift einfügen. Vgl. aber auch die ergänzenden teleologischen Erwägungen bei *K. Schmidt* ZIP 2002, 413 (416).
[102] Zu Recht weist MünchKommHGB/*Lieb*, 1. Aufl., Rn 22 Fn 66 darauf hin, dass es sich hier eher um theoretische Lehrbuchfälle handeln dürfte.
[103] Vgl. dazu *A. Hueck* AcP 118 (1920), 350 f.
[104] Baumbach/*Hopt* Rn 11; Ebenroth/Boujong/Joost/Strohn/*Gehrlein* Rn 8; Röhricht/ v. Westphalen/*Ammon* Rn 13 f; *Canaris* HandelsR § 5 Rn 12.
[105] MünchKommHGB/*Krebs* Rn 36; MünchKommHGB/*Lieb*, 1. Aufl., § 15 Rn 23.
[106] Vgl. dazu auch *Schilken* AcP 187 (1987), 1 (3 f).
[107] Vgl. dazu auch *John* ZHR 140 (1976), 236 (239 f).

legungsmethode zur Interpretation des Gemeinschaftsrechts grundsätzlich anerkannt wird.[108] Auch die europäischen Vorgaben können daher aus den genannten Gründen teleologisch reduziert werden.

46 **g) Sonderfall der eintragungspflichtigen Vertretungsmacht.** Nach dem im Jahr 2001 neu eingeführten § 106 Abs. 2 Nr. 4[109] muss bei persönlich haftenden Gesellschaftern einer OHG oder KG auch die organschaftliche Vertretungsmacht in das Handelsregister eingetragen werden (großzügige Übergangsregelung für Altgesellschaften in Art. 52 EGHGB).[110] Soweit in der Gesellschaft allerdings Einzelvertretungsmacht gilt, kann auch bei fehlender entsprechender Verlautbarung **§ 15 Abs. 1 nicht angewandt** werden, weil die Einzelvertretungsmacht gesetzlicher Regelfall ist (§ 125 Abs. 1). Auf etwas anderes kann der Dritte beim Schweigen des Registers nicht vertrauen.[111]

47 **h) Sonderfall des Verlusts der Kaufmannseigenschaft.** Wenn ein eingetragenes kaufmännisches Unternehmen in den nichtkaufmännischen Bereich unterhalb der Schwelle des § 1 Abs. 2 absinkt, ohne dass dies im Handelsregister eingetragen wird, so besteht die Kaufmannseigenschaft dennoch **kraft Eintragung** fort, was teils aus § 2, teils aus § 5 hergeleitet wird.[112] Nach beiden Lösungen bleibt für § 15 Abs. 1 kein Raum.[113] Zur Anwendung kann § 15 Abs. 1 nur dann gelangen, wenn das Unternehmen nicht nur die Kaufmannseigenschaft, sondern auch die Gewerbeeigenschaft verliert, und man mit der hM annimmt, dass dieser Fall nicht mehr von § 5 erfasst wird.[114] Zum Verhältnis von § 15 Abs. 3 zu § 5 s. noch Rn 116.

48 **i) Sonderregelungen.** § 15 Abs. 1 findet gem. § 32 Abs. 2 keine Anwendung auf den Insolvenzvermerk,[115] da die Rechtsfolgen des Insolvenzverfahrens abschließend in der Insolvenzordnung geregelt sind (vgl. auch § 32 Rn 4).[116] Bei der Beendigung eines Unternehmensvertrages wird § 15 durch die speziellere Vorschrift des § 303 AktG verdrängt.[117] Zu den Sonderregelungen in §§ 162 Abs. 2 und 3, 175 s. Rn 40; zu den Sonderregelungen in §§ 25, 28 vgl. Rn 35. Zum Verhältnis zu § 5 s. Rn 47. Zum Verhältnis zu § 139 s. Rn 52.

49 **3. Fehlende Eintragung und Bekanntmachung.** § 15 Abs. 1 setzt voraus, dass die einzutragende Tatsache nicht eingetragen und bekannt gemacht worden ist. Beide

---

[108] Vgl. dazu *Buck* Über die Auslegungsmethoden des Gerichtshofs der Europäischen Gemeinschaft, 1998, S. 170 f.
[109] Eingeführt durch das Gesetz über elektronische Register und Justizkosten für Telekommunikation (BGBl. I, S. 3414 ff).
[110] Vgl. dazu ausführlich *Servatius* NZG 2002, 456 ff.
[111] *Servatius* NZG 2002, 456 f; vgl. ferner MünchKommHGB/*Krebs* Rn 58.
[112] Zum umstrittenen Verhältnis zu § 2 vgl. Baumbach/*Hopt* § 2 Rn 6, § 5 Rn 2; Röhricht/v. Westphalen § 5 Rn 8; *Canaris* HandelsR § 3 Rn 48 ff; *Lieb* NJW 1999, 35 (36).
[113] Ganz hM vgl. nur Baumbach/*Hopt* Rn 3; Koller/*Roth*/Morck § 5 Rn 10, § 15 Rn 4; MünchKommHGB/*Krebs* Rn 15, 60; *K. Schmidt* HandelsR § 10 III 5; anders augenscheinlich Röhricht/v. Westphalen/ *Ammon* Rn 18.
[114] So BGHZ 32, 307 (313 f) = NJW 1960, 1664; BGH NJW 1982, 45; Baumbach/ *Hopt* § 5 Rn 5; Koller/*Roth*/Morck § 5 Rn 9; *Canaris* HandelsR § 5 Rn 56; aA *K. Schmidt* HandelsR § 10 III 2a; ders. ZHR 163 (1999), 87 (97).
[115] Vgl. dazu ausführlich *Krafka/Willer* Rn 404 ff.
[116] Koller/*Roth*/Morck Rn 6; Röhricht/v. Westphalen/*Ammon* § 32 Rn 7.
[117] BGHZ 116, 37 (44) = NJW 1992, 505.

Voraussetzungen müssen **kumulativ erfüllt** sein, damit sich der Anmeldepflichtige auf die Eintragung berufen kann.[118] Im Schrifttum ist vorgeschlagen worden, auf das Bekanntmachungserfordernis im Hinblick auf die elektronische Registerführung und den daraus resultierenden Bedeutungsverlust der Bekanntmachung gänzlich zu verzichten.[119] Eine entsprechende Neuregelung mag **de lege ferenda** wünschenswert erscheinen, mit dem eindeutigen Wortlaut des § 15 Abs. 1 und den entsprechenden Vorgaben der Publizitätsrichtlinie, die ausschließlich auf die Bekanntmachung abstellt (Art. 3 Abs. 5 – s. Rn 6 f), ist sie hingegen nicht zu vereinbaren.[120] Die Eintragung allein genügt lediglich in den Fällen, in denen das Gesetz ausdrücklich auf die Bekanntmachung verzichtet (s. Rn 40 f). Erst recht erscheint es angesichts der fortschreitenden Zurückdrängung des Bekanntmachungserfordernisses nicht sachgerecht, § 15 Abs. 1 dann nicht anzuwenden, wenn zwar die Bekanntmachung erfolgt, aber die Eintragung unterblieben ist.[121] Auch insofern steht der eindeutige Wortlaut der Vorschrift entgegen.[122] Zur Anwendung des § 15 auf Gesellschaften mit einem Doppelsitz s. Rn 119.

4. Angelegenheiten des Betroffenen

a) **Allgemeine Grundsätze.** Der Einwendungsausschluss trifft denjenigen, in dessen Angelegenheiten die Tatsache einzutragen war. Das ist zunächst der **Unternehmensträger**, also der Einzelkaufmann, die ihm gleichgestellte juristische Person oder die Handelsgesellschaft.[123] Daneben kann auch ein **Gesellschafter selbst** Betroffener i.S.d. § 15 Abs. 1 sein, sofern die Eintragung gerade ihn betrifft. So wird die OHG verpflichtet, wenn der Gesellschafter nach seinem Ausscheiden, aber vor Eintragung und Bekanntmachung in ihrem Namen Verbindlichkeiten eingeht, aber auch der Gesellschafter haftet gem. §§ 15 Abs. 1, 128 für die in diesem Stadium begründeten Gesellschaftsschulden.[124] Daneben trifft der Einwendungsausschluss auch die **Rechtsnachfolger** desjenigen, in dessen Angelegenheiten die Tatsache einzutragen war, sofern es sich um einen Fall der Gesamtrechtsnachfolge handelt.[125]

b) **Der Erbe als Anmeldepflichtiger.** Die Anmeldepflicht des Rechtsnachfolgers kann u.U. zu einem Zusammentreffen von **Erbenhaftung** und § 15 Abs. 1 führen, etwa wenn das Ausscheiden eines OHG-Gesellschafters durch Tod entgegen § 143 Abs. 2 nicht ein-

50

51

---

[118] Ganz hM – vgl. nur Baumbach/*Hopt* Rn 4; Ebenroth/Boujong/Joost/Strohn/*Gehrlein* Rn 7; Koller/*Roth*/Morck Rn 7; MünchKommHGB/*Krebs* Rn 37; *Canaris* HandelsR § 5 Rn 11; *K. Schmidt* HandelsR § 14 II 2b.

[119] *Noack* in: FS Ulmer, 2003, S. 1245 (1255 f); ders. in: FS Eisenhardt, 2007, 477 (480); *Paefgen* ZIP 2008, 1653 (1656), der diese Frage allerdings zu Unrecht bei § 15 Abs. 2 S. 1 verortet.

[120] Ausdrücklich gegen die von *Noack* (Fn 119) vorgeschlagene Auslegung daher auch Koller/*Roth*/Morck Rn 1, 7; *Canaris* HandelsR § 5 Rn 11.

[121] So aber der Vorschlag von Ebenroth/Boujong/Joost/Strohn/*Gehrlein* Rn 7; Röhricht/v. Westphalen/*Ammon* Rn 12.

[122] Dagegen ausdrücklich Koller/*Roth*/Morck Rn 7; MünchKommHGB/*Krebs* Rn 37; vgl. aber auch die übrigen in Fn 118 Genannten.

[123] Vgl. etwa Ebenroth/Boujong/Joost/Strohn/*Gehrlein* Rn 9; Heymann/*Sonnenschein*/Weitemeyer Rn 7.

[124] Vgl. auch Baumbach/*Hopt* Rn 6; Koller/*Roth*/Morck Rn 8; Röhricht/v. Westphalen/*Ammon* Rn 11.

[125] BGHZ 55, 267 (272 f) = NJW 1971, 1268; Heymann/*Sonnenschein*/Weitemeyer Rn 7; MünchKommHGB/*Krebs* Rn 38; Röhricht/v. Westphalen/*Ammon* Rn 10; für die Erstreckung auch auf Einzelnachfolger augenscheinlich Baumbach/*Hopt* Rn 6; Ebenroth/Boujong/Joost/Strohn/*Gehrlein* Rn 7.

getragen wird und die Gesellschaft **ohne den Erben fortgesetzt** wird.[126] In diesem Fall ist das Ausscheiden für den Erben eine „in seinen Angelegenheiten einzutragende Tatsache", die er einem Geschäftspartner der Gesellschaft gem. § 15 Abs. 1 nicht entgegenhalten kann, so dass die Haftung aus § 128 nunmehr ihn trifft. Damit der Dritte infolge der Nichteintragung des Ausscheidens (§ 143 Abs. 2) nicht bessergestellt ist als ohne diesen Umstand, kann der Erbe seine Haftung aber **auf den Nachlass beschränken**, obwohl die Verbindlichkeit erst nach dem Todesfall entstanden ist. Denn auch der Erblasser hätte nur mit diesem Vermögen gehaftet, so dass kein Anlass besteht, Dritten den Zugriff auf das Privatvermögen des Erben zu eröffnen.

52 Wird die Gesellschaft nach dem Tod eines persönlich haftenden OHG- oder KG-Gesellschafters **mit dessen Erben fortgesetzt**, so ist dieser nach zutreffender und mittlerweile auch ganz herrschender Ansicht innerhalb der **Drei-Monats-Frist des § 139 Abs. 3** nicht zur Eintragung des Gesellschafterwechsels gem. § 162 Abs. 3 verpflichtet; anderenfalls könnte der durch § 139 gewährte Schutz über § 15 Abs. 1 weitgehend ausgehebelt werden.[127] In Ermangelung einer Anmeldepflicht kann also auch **§ 15 Abs. 1 nicht zur Anwendung** gelangen. Die Haftung des Erben richtet sich demnach in dieser Schwebephase allein nach § 139 Abs. 4, d.h. sie ist auf den Nachlass beschränkt. Auch eine Haftung nach den allgemeinen Rechtsscheingrundsätzen ist insofern ausgeschlossen, soweit nicht noch andere Umstände hinzutreten.[128]

53 5. **Keine Zurechnung nach dem Veranlassungsprinzip.** Nach allgemeiner Auffassung setzt § 15 Abs. 1 nicht voraus, dass das Unterlassen von Eintragung und Bekanntmachung dem Betroffenen nach dem Veranlassungsprinzip zuzurechnen ist.[129] Wie beim Grundbuch und beim Erbschein soll also auch das staatlich organisierte Handelsregister einen besonders starken Verkehrsschutz gewährleisten (sog. „reine Rechtsscheinhaftung").[130] Allein die **dogmatische Begründung** variiert. Nach dem hier vertretenen vertrauensrechtlichen Verständnis der Vorschrift (s. Rn 18 ff) wird auf eine Zurechnung nicht etwa verzichtet, sondern lediglich auf ein vom Regelfall abweichendes Zurechnungsprinzip abgestellt. Die Haftung ruht nicht auf dem Veranlassungsprinzip, sondern auf dem als Zurechnungsgrund gleichfalls anerkannten Risikoprinzip. Entscheidend ist danach, dass das Unterlassen der **organisatorischen Sphäre** des Kaufmanns entstammt.[131]

---

[126] Vgl. zum Folgenden BGHZ 66, 98 (103) = NJW 1976, 848; MünchKommHGB/*Krebs* Rn 55; *Canaris* HandelsR § 5 Rn 27.

[127] BGHZ 55, 267 (272 ff) = NJW 1971, 1268; Ebenroth/Boujong/Joost/Strohn/*Lorz* § 139 Rn 119; MünchKommHGB/*Krebs* Rn 55; Voraufl. § 139 Rn 128 (*C. Schäfer*); *Canaris* HandelsR § 5 Rn 28; *Emmerich* ZHR 150 (1986), 193 (198 ff, 212); **aA** noch *A. Hueck* OHG S. 429.

[128] Voraufl. § 139 Rn 129 (*C. Schäfer*); *Canaris* HandelsR § 5 Rn 28; *Emmerich* ZHR 150 (1986), 193 (212).

[129] Vgl. etwa Baumbach/*Hopt* Rn 6; Ebenroth/Boujong/Joost/Strohn/*Gehrlein* Rn 9; Koller/Roth/Morck Rn 10; *Canaris* HandelsR § 5 Rn 20; *K. Schmidt* HandelsR § 14 II 2c sowie die Nachw. im Folgenden. Zum Veranlassungsprinzip und anderen Zurechnungsprinzipien vgl. *Canaris* Vertrauenshaftung, 1971, S. 467 ff, 473 ff.

[130] Vgl. dazu statt vieler *H. Westermann* JuS 1963, 1 (6); *Canaris* Vertrauenshaftung, 1971, S. 471 ff.

[131] So bereits *Canaris* Vertrauenshaftung, S. 472, 479 ff; ihm folgend Baumbach/*Hopt* Rn 6; GK-HGB/*Ensthaler* Rn 11; Koller/Roth/Morck Rn 10; Röhricht/v. Westphalen/*Ammon* Rn 22; auf die zurechenbare Voreintragung kann zumindest dann nicht abgestellt werden, wenn man § 15 Abs. 1 mit der hier vertretenen Auffassung (Rn 36 ff) auch auf Primäreintragungen anwendet; **aA** konsequent MünchKommHGB/*Lieb*, 1. Aufl., Rn 26.

Er allein ist in der Lage, die durch sein Auftreten im Rechtsverkehr entstehenden Gefahren zu beherrschen und muss deshalb auch die daraus resultierenden Risiken tragen.[132] Vor übermäßigen Nachteilen schützt ihn die besondere Zuverlässigkeit des staatlich organisierten Verfahrensablaufs sowie die Möglichkeit der Amtshaftung bei dennoch auftretenden Fehlern (s. noch Rn 115). Die Gegenauffassung (s. Rn 19) gelangt auf dem Fundament eines abstrakten Verkehrsschutzes zu demselben Ergebnis.[133]

Umstritten ist, ob die Rechtsfolgen des § 15 Abs. 1 auch gegenüber **nicht voll geschäftsfähigen Personen** eingreifen. Die hM bejaht diese Frage zu Recht.[134] Der Einwendungsausschluss nach § 15 Abs. 1 erwächst aus dem Organisationsrisiko des Unternehmens, das auch vom Geschäftsunfähigen zu tragen ist; weitergehende Zurechnungs- oder Verschuldenselemente sind nicht erforderlich.[135] Ein anderes Ergebnis ließe sich angesichts des klaren Wortlauts des § 15 Abs. 1 ausschließlich aus einer teleologischen Reduktion der Vorschrift herleiten.[136] Das würde aber den Nachweis voraussetzen, dass der Schutz geschäftsunfähiger Personen dem Verkehrsschutz in absoluter Weise übergeordnet ist. Ein solcher Nachweis kann nicht geführt werden.[137]

54

6. Voraussetzungen auf Seiten des Dritten. a) Dritter. Dritter i.S.d. § 15 Abs. 1 ist jeder, der von der einzutragenden Tatsache nicht selbst betroffen wird. Durch diese negative Definition werden zunächst die in Rn 50 genannten Personen aus dem Schutzbereich des § 15 Abs. 1 ausgegrenzt, namentlich also der anmeldepflichtige Unternehmensträger selbst sowie von der Eintragung betroffene Gesellschafter oder Prokuristen.[138] Darüber hinaus werden aber auch die übrigen **Gesellschafter und Organpersonen** vom Schutz des § 15 Abs. 1 nicht erfasst.[139]

55

Eine Ausnahme von diesem Grundsatz ist nach umstrittener, aber richtiger Auffassung in den Fällen zuzulassen, in denen der Gesellschafter bzw. die Organperson mit der Gesellschaft **wie ein Dritter** in rechtsgeschäftliche Beziehungen tritt.[140] In diesem Fall können sie des Verkehrsschutzes ebenso bedürfen wie sonstige Außenstehende. Die von der Gegenauffassung gezogene Parallele zu § 126 Abs. 2[141] ist deshalb nicht überzeugend, weil die Vertretungsverhältnisse Gegenstand des Gesellschaftsvertrages sind, an dessen Abschluss die Gesellschafter unmittelbar beteiligt waren. Das muss bei einer unter-

56

---

[132] *Fehrenbacher* S. 161.
[133] MünchKommHGB/*Krebs* Rn 39.
[134] BGHZ 115, 78 (80) = NJW 1991, 2566; Baumbach/*Hopt* Rn 6; Ebenroth/Boujong/Joost/Strohn/*Gehrlein* Rn 9; Heymann/Sonnenschein/*Weitemeyer* Rn 14; Koller/Roth/Morck Rn 10; Röhricht/v. Westphalen/*Ammon* Rn 22; *K. Schmidt* HandelsR § 14 II 2 c; *ders.* JuS 1977, 209 (214); *ders.* JuS 1990, 517 (519); *ders.* JuS 1991, 1002 (1003 f); **aA** MünchKommHGB/*Lieb*, 1. Aufl., Rn 28; *Behnke* NJW 1998, 3078 (3081 f); *Dreher* DB 1991, 533 (535 f); *Hager* Jura 1992, 57 (60 f); differenzierend *Canaris* HandelsR § 5 Rn 21 und *Fehrenbacher* S. 161: § 15 ist nur anwendbar, wenn Mangel der Geschäftsfähigkeit bei Schaffung der vertrauensbegründenden Rechtstatsache noch nicht vorlag.
[135] So bereits Voraufl. Rn 22 (*Hüffer*).
[136] So zu Recht MünchKommHGB/*Krebs* Rn 4.
[137] Koller/Roth/Morck Rn 11; *K. Schmidt* JuS 1990, 517.
[138] MünchKommHGB/*Krebs* Rn 42.
[139] RGZ 81, 17 (21); RGZ 120, 363 (369); RGZ 140, 314 (315); OLG Dresden NZG 2001, 1141; s. auch die Nachw. in Fn 140.
[140] RGZ 81, 17 (21); GK-HGB/*Ensthaler* Rn 12; Heymann/*Sonnenschein*/Weitemeyer Rn 11; MünchKommHGB/*Krebs* Rn 42 f; **aA** Baumbach/*Hopt* Rn 7; Ebenroth/Boujong/Joost/Strohn/*Gehrlein* Rn 10; Koller/Roth/Morck Rn 11; Röhricht/v. Westphalen/*Ammon* Rn 15; *Hager* Jura 1992, 57 (61).
[141] Zu den dazu entwickelten Grundsätzen vgl. statt vieler Voraufl. § 126 Rn 28 ff (*Habersack*).

lassenen Eintragung nach § 15 Abs. 1 nicht der Fall sein. Sollte im Einzelfall Kenntnis bestehen, ist die Anwendung des § 15 Abs. 1 ohnehin ausgeschlossen (s. noch Rn 57 ff).[142]

57   b) **Keine positive Kenntnis.** Der Dritte kann sich auf das Schweigen des Registers nicht berufen, wenn ihm die einzutragende Tatsache bekannt ist. § 15 Abs. 1 stellt insofern eine **widerlegbare Vermutung** auf, dass der Dritte die einzutragende Tatsache nicht kannte.[143] Das folgt aus der Zulässigkeit des Gegenbeweises und wird durch die prozessrechtliche Herkunft der Vorschrift bestätigt.[144] Mit beidem wäre die Annahme einer Fiktion nicht zu vereinbaren.[145]

58   Um den Gegenbeweis zu führen, muss der Anmeldepflichtige **positive Kenntnis** des Dritten nachweisen, wobei es ausreicht, wenn dieser sich die Kenntnis anderer Personen nach allgemeinen Grundsätzen zurechnen lassen muss (z.B. über § 166 BGB).[146] Bloßes Kennenmüssen i.S.d. § 122 Abs. 2 genügt hingegen nicht.[147] Das gilt auch dann, wenn dem Dritten Tatsachen bekannt sind, die Schlussfolgerungen auf die einzutragende Tatsache zulassen (Bsp.: Tod eines Gesellschafters indiziert Auflösung der Gesellschaft).[148] Bei offensichtlichem Zusammenhang ist hier allerdings u.U. ein prima-facie-Beweis zuzulassen, weil es dem Anmeldepflichtigen anderenfalls praktisch oft unmöglich wäre, die innere Tatsache der Kenntnis zu beweisen.[149]

59   Verwendet ein **nicht eingetragener Gewerbetreibender** die Bezeichnung „eingetragener Kaufmann" oder tritt er in anderer Weise als Istkaufmann auf, ist Kenntnis des Dritten anzunehmen (zur generellen Anwendbarkeit des § 15 Abs. 1 vgl. Rn 36 ff). Dem wird zwar entgegengehalten, dass der Dritte auch hier nicht wissen könne, ob die schwierige Wertung des § 1 Abs. 2 zutreffend vorgenommen worden sei.[150] Dennoch kann in diesem Fall ein schutzwürdiges Vertrauen nicht entstehen, so dass sich eine Berufung auf § 15 Abs. 1 zumindest als rechtsmissbräuchlich darstellen würde.[151] Gerade wenn man bedenkt, dass § 15 Abs. 1 auch zur Anwendung kommt, wenn die Eintragung ohne ein Verschulden des Betroffenen unterbleibt (Rn 53 f), muss ihm die Möglichkeit offenstehen, den Rechtsschein zumindest auf diesem Wege zu zerstören. Zum maßgeblichen Zeitpunkt der Kenntnis s. noch Rn 62.

60   c) **Nachweis fehlenden Vertrauens?** Nach zutreffender und ganz herrschender Auffassung kann der Anmeldepflichtige sich nicht darauf berufen, der Dritte habe von dem Registerinhalt keine Kenntnis gehabt oder diese Kenntnis sei für sein Handeln nicht kau-

---

[142] MünchKommHGB/*Krebs* Rn 43.
[143] Baumbach/*Hopt* Rn 7; Ebenroth/Boujong/Joost/Strohn/*Gehrlein* Rn 12; MünchKommHGB/*Lieb*, 1. Aufl., Rn 31; Koller/*Roth*/Morck Rn 12; Röhricht/v. Westphalen/*Ammon* Rn 17; *John* ZHR 140 (1976), 236 (240 f); *Schilken* AcP 187 (13 f).
[144] Vorauﬂ. Rn 23 (*Hüffer*); *John* ZHR 140 (1976), 236 (240 f).
[145] So aber noch Schlegelberger/*Hildebrandt*/Steckhan Rn 3b f, 10; dagegen zu Recht *John* ZHR 140 (1976), 236 (240 f).
[146] OLG Frankfurt aM DB 1976, 93 f; LG Stuttgart BB 1977, 413; Baumbach/*Hopt* Rn 7; Koller/*Roth*/Morck Rn 12; allgemein zu den Grundsätzen der Wissenszurechnung MünchKommBGB/*Schramm* § 166 Rn 24 ff.
[147] RGZ 144, 199 (204).
[148] RGZ 144, 199 (204); Baumbach/*Hopt* Rn 7; Ebenroth/Boujong/Joost/Strohn/*Gehrlein* Rn 11; GK-HGB/*Ensthaler* Rn 12; Koller/*Roth*/Morck Rn 12; MünchKommHGB/*Krebs* Rn 46; Röhricht/v. Westphalen/*Ammon* Rn 16.
[149] Baumbach/*Hopt* Rn 7; MünchKommHGB/*Krebs* Rn 46; ohne diese Einschränkung aber die übrigen in Fn 148 Genannten.
[150] MünchKommHGB/*Krebs* Rn 46, 59.
[151] So auch Koller/*Roth*/Morck Rn 12; *Lieb* NJW 1999, 35 (36); *Mönckemöller* JuS 2002, 30 (31).

sal geworden (vgl. zum Folgenden auch bereits Rn 18 ff).[152] Beide Umstände werden **unwiderlegbar vermutet,** wenn die übrigen Voraussetzungen des § 15 Abs. 1 vorliegen.[153] Damit lässt sich die Vorschrift zwar nicht mehr passgenau in die allgemeinen Grundsätze der Vertrauenshaftung einfügen, da diese ein konkretes Vertrauen voraussetzen.[154] Das Streben nach Systemkonformität muss allerdings hinter der konkreten Ausgestaltung der Norm zurücktreten. Sowohl der europäische als auch der deutsche Gesetzgeber haben darauf verzichtet, dem Dritten auch insofern die Möglichkeit des Gegenbeweises einzuräumen. Da § 15 Abs. 1, letzter Hs., einen solchen Gegenbeweis für eine bestimmte Tatsache ausdrücklich zulässt, ist im **Gegenschluss** anzunehmen, dass hinsichtlich anderer Tatbestandsvoraussetzungen dieses Verteidigungsmittel nicht zur Verfügung stehen soll. Es fehlt daher an der Regelungslücke, die eine entsprechende teleologische Reduktion gestatten würde.[155] Das Verständnis des § 15 Abs. 1 als Vorschrift des **abstrakten Vertrauensschutzes** mag im Einzelfall zu einem unverdienten Schutz des Dritten führen,[156] doch ist es keineswegs ausgeschlossen, dass der Gesetzgeber diese Folge aus Gründen der Rechtssicherheit und Praktikabilität sowie unter Präventionsgesichtspunkten in Kauf genommen hat.[157] Die grundsätzliche vertrauensrechtliche Einordnung bleibt von dieser Abweichung jedoch unberührt (vgl. dazu Rn 18 ff).

Dieser strengen Sichtweise kann auch nicht entgegengehalten werden, dass in anderen Fällen eine teleologische Reduktion von der hM zugelassen wird, wenn feststeht, dass der Dritte keine Möglichkeit hatte, sein Vertrauen auf das Handelsregister einzurichten (vgl. etwa Rn 25 ff und Rn 43 ff, 45). Die in Rn 25 ff genannten Fälle sind schon in den Gesetzesmaterialien aus dem Tatbestand des § 15 Abs. 1 ausgegrenzt worden, so dass eine teleologische Reduktion hier besonders naheliegt. Bei den in Rn 43 ff, 45 genannten Fällen handelt es sich um extrem gelagerte Ausnahmefälle, in denen schon **objektiv kein Vertrauenstatbestand** entstehen konnte. Sie dürften in der Rechtspraxis kaum vorkommen und waren deshalb vom Regelungswillen des Gesetzgebers vermutlich auch nicht erfasst. Die Fälle fehlender Kenntnis des Registerinhalts bilden hingegen den **rechtstatsächlichen Regelfall,**[158] so dass kaum vermutet werden kann, der Gesetzgeber habe dieses Szenario nur irrtümlich außer Acht gelassen. Wenn er sich dennoch darauf beschränkt hat, einen Gegenbeweis hinsichtlich der besonders schwer feststellbaren **subjektiven Merkmale** nur dann zuzulassen, wenn dem Dritten die einzutragende Tatsache positiv bekannt war, dann deutet diese Selbstbeschränkung darauf hin, dass hinsichtlich der übrigen subjektiven Merkmale ein abstrakter Vertrauensschutz begründet werden sollte. **61**

7. Maßgebender Zeitpunkt. Entgegen dem Wortlaut des § 15 Abs. 1 kommt es für die Anwendbarkeit dieser Vorschrift nicht darauf an, ob die Tatbestandsvoraussetzungen (fehlende Eintragung oder Bekanntmachung, Unkenntnis) in dem Zeitpunkt vorliegen, in dem die einzutragende Tatsache dem Dritten „entgegengesetzt" wird. Vielmehr kann es **62**

---

[152] Vgl. dazu bereits die Nachweise in Fn 30; aA *Canaris* HandelsR Rn 7 und 17 f.
[153] Widerlegbar ist allein die vermutete Unkenntnis des Dritten hinsichtlich der einzutragenden Tatsache (s. Rn 57 ff).
[154] Vgl. dazu *Canaris* HandelsR § 5 Rn 18.
[155] Insofern wie hier MünchKommHGB/*Krebs* Rn 45; vgl. im Übrigen aber auch bereits die in Fn 30 Genannten.
[156] Vgl. *Canaris* HandelsR § 5 Rn 17: „Zufallsgeschenk".
[157] Vgl. dazu auch *Reinicke* JZ 1985, 272 (276); zum Präventions- bzw. Sanktionsgedanken vgl. auch *Axer* S. 97 ff; *Leenen* S. 108 (123 f); *K. Schmidt* ZIP 2002, 413 (415 f).
[158] Vgl. dazu auch *Canaris* HandelsR § 5 Rn 6; *Leenen* S. 108 (121).

nach dem Normzweck des Vertrauensschutzes (Rn 18 ff) nur darauf ankommen, ob diese Voraussetzungen im Zeitpunkt des Vorgangs erfüllt waren, aus dem Rechte hergeleitet werden (z.B. ein Vertragsschluss).[159] Eine spätere Kenntnis ist daher unbeachtlich.

8. Rechtsfolgen

63   a) **Allgemeines.** Rechtsfolge des § 15 Abs. 1 ist, dass der Anmeldepflichtige dem Dritten die nicht eingetragene oder nicht bekannt gemachte Tatsache nicht entgegensetzen kann. So ist etwa eine widerrufene Prokura als fortbestehend anzusehen, wenn der Widerruf nicht in das Handelsregister eingetragen ist (vgl. § 53 Abs. 3). Entsprechend der prozessrechtlichen Herkunft der Vorschrift (s. Rn 4) ist die Rechtsfolge als **Einwendungsausschluss** konzipiert.[160] Der Anmeldepflichtige selbst kann sich daher nicht auf § 15 Abs. 1 berufen.[161]

64   b) **Wahlrecht.** Nach Art. 3 Abs. 7 der Publizitätsrichtlinie (Rn 6 f) kann sich der Dritte darüber hinaus auch stets auf die noch nicht eingetragenen oder bekannt gemachten Tatsachen berufen, soweit die Eintragung nicht konstitutive Wirkung hat. Da das Fehlen einer deklaratorischen Eintragung nicht dazu führt, dass die Rechtsänderung unwirksam ist, liegt darin die **Klarstellung**, dass der Dritte sich auf die wahre Rechtslage berufen kann.[162] § 15 erweitert lediglich den Handlungsspielraum des Dritten in der Weise, dass er sich auch auf die dem Schweigen des Handelsregisters zu entnehmende fiktive Rechtslage berufen kann, wenn er darauf vertraut hat. Insofern steht dem Dritten also ein **Wahlrecht** zu.[163] Dieses Wahlrecht besteht allerdings nicht zwischen einem wahren und einem unwahren Sachverhalt,[164] sondern zwischen alternativen Rechtsfolgen, die sich ergeben, je nachdem, ob der Dritte seinen Anspruch auf die tatsächliche Rechtslage oder den Vertrauenstatbestand des § 15 Abs. 1 stützt.[165] Dass der Dritte durch ein solches Wahlrecht besser steht, als wenn die scheinbare Rechtslage seinem Vertrauen ent-

---

[159] Baumbach/*Hopt* Rn 10; Ebenroth/Boujong/Joost/Strohn/*Gehrlein* Rn 11; Koller/*Roth*/Morck Rn 12; MünchKommHGB/*Krebs* Rn 47.
[160] Vgl. Voraufl. Rn 26 (*Hüffer*); ferner Ebenroth/Boujong/Joost/Strohn/*Gehrlein* Rn 13.
[161] Allgemeine Auffassung – vgl. nur Baumbach/*Hopt* Rn 6; Ebenroth/Boujong/Joost/Strohn/*Gehrlein* Rn 14; Koller/*Roth*/Morck Rn 15.
[162] Dass im Verhältnis zwischen Anscheinsvollmacht und § 179 BGB ein Wahlrecht des Vertrauenden vom BGH abgelehnt wird (BGHZ 86, 273 ff = NJW 1983, 1308), steht dem nicht entgegen, da es dabei um die Wahl zwischen zwei Vertrauenstatbeständen, hier aber um die Wahl zwischen wahrer und scheinbarer Rechtslage geht (*Canaris* HandelsR § 5 Rn 25).
[163] RGZ 157, 369 (377); BGH WM 1971, 556 (559); BGHZ 55, 267 (273) = NJW 1971, 1268; BGH NJW 1973, 1789; BGHZ 65, 309 (310) = NJW 1976, 569; BGH WM 1987, 1013 (1015); BGH NJW-RR 1990, 737 (738); Baumbach/*Hopt* Rn 6; Ebenroth/Boujong/Joost/Strohn/*Gehrlein* Rn 14; Koller/*Roth*/Morck Rn 15; MünchKommHGB/*Krebs* Rn 53; *Chiusi* AcP 202 (2002), 494 (508); anders K. Schmidt HandelsR § 14 II 4b, der in der Sache auch ein Wahlrecht hinsichtlich der Rechtsfolgen anerkennt (aaO Beispiel Nr. 19), durch eine abweichende Terminologie aber den rein prozessrechtlichen Charakter dieses Wahlrechts klarstellen möchte; vgl. dazu auch K. Schmidt in: FS Gernhuber, 1993, S. 435 (441 ff).
[164] So wohl LG Hannover MDR 1950, 488; *Tiedtke* DB 1979, 245 (246).
[165] So zutr. Baumbach/*Hopt* Rn 6; Koller/*Roth*/Morck Rn 15; Röhricht/v. Westphalen/*Ammon* Rn 20; Voraufl. Rn 26 (*Hüffer*); *Canaris* HandelsR § 5 Rn 24; K. Schmidt HandelsR § 14 II 4b.

sprochen hätte, ist hinzunehmen; einer missbräuchlichen Ausnutzung des Wahlrechts als „Reurecht" kann der Anmeldepflichtige in den praktisch bedeutsamsten Fällen nicht eingetragener Vertretungsmacht durch eine Genehmigung entgegenwirken.[166]

c) Wirkung gegenüber anderen Personen. Fraglich ist, ob § 15 Abs. 1 auch gegenüber anderen Personen wirkt, die ihre Rechte vom Dritten ableiten. Diese Frage kann sich etwa stellen, wenn z.B. Gläubiger des Dritten eine Forderung pfänden wollen, die nur über § 15 Abs. 1 Wirksamkeit erlangt. Im Schrifttum wird dies behauptet,[167] doch ist dem nur unter der Maßgabe zuzustimmen, dass auch der Dritte sein **Wahlrecht** bereits **ausgeübt** hat, da es anderenfalls zu relativen Rechtsverhältnissen kommen kann, die zur Rechtsunsicherheit führen.[168]

65

d) „Rosinentheorie". Sehr umstritten ist die Frage, ob sich der Dritte auch für verschiedene Tatbestandsmerkmale einer einheitlichen Anspruchsgrundlage auf eine **Kombination der wahren und der scheinbaren Rechtslage** berufen kann. Der BGH hatte dazu im Jahr 1975 den folgenden Fall zu entscheiden, der seitdem das Standardbeispiel für diese Konstellation darstellt:[169] Für die beiden Komplementäre einer KG ist im Handelsregister eine Gesamtvertretungsbefugnis eingetragen. Als einer von ihnen aus der KG ausscheidet, wird dieser Umstand nicht in das Handelsregister eingetragen. Der verbliebene Gesellschafter schließt mit einem Dritten einen Vertrag ab, aus dem dieser den ausgeschiedenen Gesellschafter nach §§ 161 Abs. 2, 128 in Anspruch nehmen will. Die Berufung auf das Vertrauen in die fortbestehende Gesellschafterstellung nach § 15 Abs. 1 ist hier deshalb problematisch, weil auch in diesem Fall der verbliebene Gesellschafter nicht allein zur Vertretung berechtigt wäre. Auch wenn die vorgestellte Rechtslage der Wirklichkeit entspräche, hätte der Dritte also keinen Anspruch. Etwas anderes kann nur dann gelten, wenn er sich teilweise auf die tatsächliche Rechtslage (Alleinvertretungsbefugnis) und teilweise auf die vermeintliche Rechtslage (fortbestehende Haftung des ausgeschiedenen Gesellschafters) stützen kann.

66

Der **BGH** hat einen Anspruch des Dritten gegen den ausgeschiedenen Gesellschafter bejaht. Dem Gesetz lasse sich nicht entnehmen, dass der Handelsregisterinhalt nur in seiner Gesamtheit gewürdigt werden könne.[170] Im Schrifttum ist diese Entscheidung teils auf Zustimmung,[171] teils auf entschiedene Ablehnung gestoßen.[172] Die Kritik wird schlagwortartig in dem Begriff **„Rosinentheorie"** zusammengefasst. Es könne nicht sein, dass der Dritte sich aus der registermäßig bezeugten und aus der wahren Sachlage die für ihn in ihrer Gesamtkombination günstigsten Tatbestandsstücke zusammensuche.[173] Vom

67

---

[166] Canaris HandelsR § 5 Rn 24.
[167] Canaris HandelsR § 5 Rn 23.
[168] So daher auch die Einschränkung von Koller/Roth/Morck Rn 14; ferner Röhricht/v. Westphalen/Ammon Rn 19.
[169] BGHZ 65, 309 ff = NJW 1976, 569.
[170] BGHZ 65, 309 (310 f) = NJW 1976, 569.
[171] Baumbach/Hopt Rn 6; Ebenroth/Boujong/Joost/Strohn/Gehrlein Rn 15; GK-HGB/Ensthaler Rn 17; Heymann/Sonnenschein/Weitemeyer Rn 13; Koller/Roth/Morck Rn 16; MünchKommHGB/Krebs Rn 54; Röhricht/v. Westphalen/Ammon Rn 21; K. Schmidt HandelsR § 14 II 4c und d; Kreutz Jura 1982, 626 (637); von Olshausen AcP 189 (1989), 223 (239 ff).
[172] Vgl. zum Folgenden MünchKommHGB/Lieb, 1. Aufl., Rn 37; Canaris HandelsR § 5 Rn 26; Altmeppen S. 164 ff; John ZHR 140 (1976), 236 (253 ff); Klostermann Die „Rosinentheorie" des BGH 1986; Reinicke JZ 1985, 272 ff; vgl. auch bereits LG Hannover MDR 1950, 488.
[173] Einwand und Begriff gehen zurück auf John ZHR 140 (1976), 236 (254); vgl. aber auch bereits die Nachw. in Fn 172.

Grundgedanken des Vertrauensschutzes sei eine solche Konstellation nicht erfasst, da der Dritte danach besser stünde, als wenn die scheinbare Rechtslage der Wirklichkeit entspräche.

68 Der **Wortlaut** des § 15 Abs. 1 stützt die Auffassung des BGH.[174] Eine teleologische Reduktion könnte aber auf die Überlegung gegründet werden, dass Vertrauensschutz dort nicht gewährt werden kann, wo ein schutzwürdiges Vertrauen nicht denkbar ist. Dem kann nicht schon entgegengehalten werden, dass § 15 Abs. 1 keine tatsächliche Einsichtnahme voraussetze, sondern ein nur abstraktes Vertrauen schütze,[175] weil damit die innere Rechtfertigung dieser abstrakten Ausgestaltung vernachlässigt würde. Sie soll aus Gründen der Rechtssicherheit und Praktikabilität Streit um die Frage ausschließen, ob der Dritte tatsächlich in das Register Einsicht genommen hat; daher wird die **Einsichtnahme unwiderlegbar vermutet** (s. Rn 60). Ließe sich aber feststellen, dass auch bei unterstellter Einsichtnahme ein Vertrauenstatbestand nicht hätte entstehen können, dann wäre die Grenze möglichen Vertrauens überschritten und deshalb eine teleologische Reduktion gerechtfertigt.[176]

69 Gerade diese Feststellung kann indes nicht getroffen werden, so dass im Ergebnis doch **dem BGH zuzustimmen** ist. Es ist nämlich ein keinesfalls abwegiges Szenario, dass der Dritte das Register oder die Bekanntmachungen bei seiner unterstellten Einsicht ausschließlich hinsichtlich einer einzelnen Tatsache, z.B. der konkreten Zusammensetzung des Gesellschafterkreises, konsultiert, ohne auch sämtliche anderen ihm dort angebotenen Informationen zu erfassen, weil er sich insofern auf andere Quellen verlässt.[177] Auch im Lichte des Gesetzeszwecks kann die Lesart des BGH also zu einem sachgerechten Vertrauensschutz beitragen, so dass die Voraussetzungen der teleologischen Reduktion nicht vorliegen.

e) Reichweite des Vertrauensschutzes

70 aa) **Allgemein.** Eine Einschränkung erfährt § 15 Abs. 1 dadurch, dass der Vertrauensschutz immer nur so weit gewährt wird, wie die Aussagekraft des Handelsregisters reicht. Das zeigt sich etwa bei der **Geschäftsunfähigkeit eines Gesellschaftsorgans**.[178] Nach ganz hM erlischt mit dem Eintritt der Geschäftsunfähigkeit die Vertretungsbefugnis.[179] Den Einwand fehlender Vertretungsmacht gem. § 177 BGB kann die Gesellschaft dem Vertragspartner aber nach § 15 Abs. 1 nicht entgegenhalten. Daneben liegt aber auch noch ein zweiter Mangel vor. Die vom geschäftsunfähigen Organ abgegebene Willenserklärung ist nach § 105 nichtig; ein Gegenschluss zu § 165 BGB ergibt, dass ein Geschäftsunfähiger nicht als Stellvertreter auftreten kann. Dieser zweite Mangel kann

---

[174] Dazu ausführlich *K. Schmidt* HandelsR § 14 II 4c; zustimmend insofern auch *Canaris* HandelsR § 5 Rn 29.
[175] So aber BGHZ 65, 309 (311) = NJW 1976, 569.
[176] So daher auch *John* ZHR 140 (1976), 236 (254); *Reinicke*, JZ 1985, 272 (276); *Schilken* AcP 187 (1987), 1 (10 f); zustimmend insofern auch *von Olshausen* AcP 189 (1989), 223 (239 f).
[177] So überzeugend *von Olshausen* AcP 189 (1989), 223 (240); ihm folgend Koller/Roth/Morck Rn 16, der ergänzend darauf hinweist, dass sich gerade Bekanntmachungen nur auf einen einzelnen Vorgang beziehen. Der Verweis von *Canaris* (HandelsR § 5 Rn 29) auf § 15 Abs. 2 überzeugt nicht, da dieser für unwahre Eintragungen keine Gültigkeit beansprucht (s. noch Rn 74).
[178] Zu einem weiteren Beispiel bei Eintragung eines fehlerhaften Geburtsdatums nach § 106 Abs. 2 Nr. 1 vgl. MünchKommHGB/*Krebs* Rn 52.
[179] Vgl. für die GmbH § 6 Abs. 2 GmbHG, für die AG § 76 Abs. 3 AktG.

nicht über § 15 Abs. 1 geheilt werden, da das Handelsregister **über die Geschäftsfähigkeit keine Aussage** trifft.[180] Der BGH hat aber einen Schutz gutgläubiger Dritter nach den allgemeinen Rechtsscheingrundsätzen zugelassen.[181] Zur Reichweite des Vertrauensschutzes beim Zusammentreffen von Erbenhaftung und § 15 Abs. 1 vgl. Rn 51 f.

bb) § 15 und Inhaberwechsel. Probleme hinsichtlich der Reichweite des durch § 15 **71** Abs. 1 gewährten Vertrauensschutzes können sich auch bei einem Inhaberwechsel unter Firmenfortführung stellen, wenn dieser entgegen § 31 Abs. 1 nicht in das Handelsregister eingetragen wird. In diesem Fall haftet für die **Altschulden** neben dem früheren Inhaber gem. § 25 auch der neue Inhaber. Für **neue Verbindlichkeiten**, die der Erwerber begründet, haftet neben diesem nach § 15 Abs. 1 auch der Veräußerer. Fraglich ist die Behandlung von Neuschulden, die vom alten Inhaber unter der vom Erwerber fortgeführten Firma begründet werden. Für diese haftet der Veräußerer gem. § 179 Abs. 1 als falsus procurator, aber auch nach § 15 Abs. 1, da er sich auf den Verlust seiner Inhaberstellung nicht berufen kann.[182] Das OLG Frankfurt hat daneben auch eine Haftung des Erwerbers nach § 25 Abs. 1 angenommen, weil er für die Verbindlichkeiten seines Rechtsvorgängers einzustehen habe und die neu begründete Verbindlichkeit über § 15 Abs. 1 als Altverbindlichkeit anzusehen sei.[183] Dem ist zu Recht widersprochen worden, weil sie die **inhaltliche Reichweite der nicht eingetragenen Tatsache** überspannt. Die einzutragende Tatsache betrifft nur die Inhaberstellung, nicht aber die Frage nach einer Alt- oder Neuverbindlichkeit, so dass dieser Umstand vom Verkehrsschutz des § 15 Abs. 1 nicht erfasst wird.[184] Zum Verhältnis des § 15 Abs. 1 zu § 25 Abs. 2 s. Rn 35.

cc) Eintragung ohne Relevanz für Rechtsfolge. Eine teleologische Beschränkung er- **72** fährt § 15 Abs. 1 schließlich noch in den Fällen, in denen die einzutragende Tatsache auf die relevante Rechtsfolge keine Auswirkungen gehabt hätte. Daher ist einer Entscheidung des BGH zu widersprechen, wonach bei einer **Forderungsabtretung** an eine nicht in das Handelsregister eingetragene Personengesellschaft ein Dritter die Unwirksamkeit der Abtretung geltend machen kann.[185] Denn auch ohne die Eintragung hätte zumindest eine GbR bestanden, deren Vertreter ebenfalls die Abtretung wirksam hätten vornehmen können. Auch aus dem durch die unterlassene Eintragung (potenziell) hervorgerufenen Vertrauen, es mit einer Handelsgesellschaft zu tun zu haben, konnte daher nicht das Vertrauen in die Unwirksamkeit der Abtretung erwachsen.[186]

---

[180] BGHZ 115, 78 (81) = NJW 1991, 2566; Ebenroth/Boujong/Joost/Strohn/*Gehrlein* Rn 6; Koller/*Roth*/Morck Rn 6; MünchKommHGB/*Krebs* Rn 51; Röhricht/v. Westphalen/*Ammon* Rn 7; *Canaris* HandelsR § 5 Rn 22; *Lutter*/Gehling JZ 1992, 154.

[181] BGHZ 115, 78 (81 ff) = NJW 1991, 2566; *Canaris* HandelsR § 5 Rn 22; krit. MünchKommHGB/*Krebs* Rn 51.

[182] So auch OLG Frankfurt aM OLGZ 1973, 20 (24 f); MünchKommHGB/*Krebs* Rn 57; *K. Schmidt* HandelsR § 14 II 4c.

[183] OLG Frankfurt aM OLGZ 1973, 20 (24 f); zust. Baumbach/*Hopt* Rn 12; *K. Schmidt* HandelsR § 14 II 4c; vgl. zu dieser Entscheidung auch *John* ZHR 140 (1976), 236 (251 ff).

[184] So bereits MünchKommHGB/*Lieb*, 1. Aufl., Rn 50; zust. MünchKommHGB/*Krebs*, 2. Aufl., Rn 57.

[185] BGH NJW 1979, 42 (43).

[186] So auch MünchKommHGB/*Krebs* Rn 61; *Canaris* HandelsR § 5 Rn 29.

V. Rechtslage bei richtiger Eintragung und Bekanntmachung (§ 15 Abs. 2)

73 **1. Grundsätzliches.** § 15 Abs. 2 regelt den registerrechtlichen Normalfall, dass Tatsachen richtig eingetragen und bekannt gemacht werden. Für diesen Fall soll Dritten das Recht versagt werden, sich auf Unkenntnis der ordnungsgemäß publizierten Tatsachen zu berufen. Darin liegt die auf den ersten Blick **selbstverständliche Klarstellung**, dass der Anmeldepflichtige sich auf die wahre Rechtslage berufen kann, wenn sie korrekt eingetragen und bekannt gemacht worden ist.[187] Relevanz erhält diese Regelung im **Kontext der Vertrauenshaftung**. Eintragung und Bekanntmachung begründen hier allerdings kein Vertrauen, sondern sie zerstören das Vertrauen, das die Teilnehmer des Rechtsverkehrs möglicherweise aus anderen Quellen geschöpft haben.[188] Diese **vertrauenszerstörende Wirkung** wird durch § 15 Abs. 2 S. 2 lediglich für eine knapp bemessene Übergangszeit eingeschränkt, in der mit der Kenntnisnahme des Rechtsverkehrs noch nicht gerechnet werden kann.[189]

2. Die Voraussetzungen des § 15 Abs. 2 S. 1

74 **a) Richtige Tatsache.** § 15 Abs. 2 setzt voraus, dass eine Tatsache eingetragen und bekannt gemacht wurde. Dabei muss es sich um eine **richtige Tatsache** handeln, weil § 15 Abs. 2 nicht das Vertrauen in eine unrichtige Tatsache schützt, sondern dem Anmeldepflichtigen lediglich die Berufung auf die tatsächliche Rechtslage auch gegenüber einem abweichenden Vertrauenstatbestand ermöglichen soll. Auf unrichtige und unzulässige Eintragungen findet die Vorschrift daher keine Anwendung.[190] Ob die Eintragung auf Initiative des Betroffenen oder von Amts wegen erfolgt, ist gleichgültig; auch Amtslöschungen werden daher von § 15 Abs. 2 erfasst.[191] Zum maßgeblichen Zeitpunkt s. noch Rn 80.

75 **b) Einzutragende Tatsache.** Durch die Verwendung des bestimmten Artikels („die" Tatsache) wird ein Bezug zu § 15 Abs. 1 hergestellt, woraus die hM den Schluss zieht, auch § 15 Abs. 2 setze eine **einzutragende Tatsache** voraus. Auf bloß eintragungsfähige Tatsachen (ohne konstitutive Wirkung[192]) sei die Vorschrift nicht anwendbar, sondern es könne insofern nur auf die in §§ 25 Abs. 2, 28 Abs. 2 enthaltenen abschließenden Sonderregelungen abgestellt werden.[193] Nach der Gegenauffassung soll § 15 Abs. 2 auch bei nur eintragungsfähigen Tatsachen ohne konstitutive Wirkung zur Anwendung ge-

---

[187] Koller/*Roth*/Morck Rn 17; *Canaris* HandelsR § 5 Rn 34; *K. Schmidt* HandelsR § 14 I 1.
[188] *Canaris* HandelsR § 5 Rn 35.
[189] Vgl. dazu auch *Schilken* AcP 187 (1987), 1 (11).
[190] Ebenroth/Boujong/Joost/Strohn/*Gehrlein* Rn 17; MünchKommHGB/*Krebs* Rn 66; Röhricht/v. Westphalen/*Ammon* Rn 24.
[191] Koller/*Roth*/Morck Rn 19; MünchKommHGB/*Krebs* Rn 64; Röhricht/v. Westphalen/*Ammon* Rn 24.
[192] Diese Einschränkung wird von den Vertretern dieser Auffassung nicht ausdrücklich erwähnt, ergibt sich aber daraus, dass eintragungsfähige Tatsachen mit konstitutiver Wirkung – entgegen der hier verwandten Terminologie – zumeist als eintragungspflichtige Tatsachen eingeordnet werden (vgl. dazu § 8 Rn 33 f).
[193] Vgl. Baumbach/*Hopt* Rn 13; Ebenroth/Boujong/Joost/Strohn/*Gehrlein* Rn 17; HK-HGB/*Ruß* Rn 11; Heymann/*Sonnenschein*/Weitemeyer Rn 16; Röhricht/v. Westphalen/*Ammon* Rn 24; Schlegelberger/Hildebrandt/Steckhan Rn 8 und 15; Voraufl. Rn 33 (*Hüffer*); *Keim* S. 95; *Noack* in: FS Ulmer, 2003, S. 1245 (1260 f); *Zimmer* S. 56 ff.

langen. Gehe man davon aus, dass der Dritte das Register kennen müsse, so bestehe kein Anlass, zwischen anmeldepflichtigen und eintragungsfähigen Tatsachen zu differenzieren. Diese Gleichstellung werde auch durch die Vorgaben der Offenlegungsrichtlinie bestätigt.[194]

Da der Wortlaut des § 15 Abs. 2 durch die Bezugnahme auf § 15 Abs. 1 eine einzutragende Tatsache voraussetzt (Rn 31 ff) und überdies auch der Gesetzgeber von einem solchen Erfordernis ausging,[195] kann der zuletzt genannten Auffassung nur zugestimmt werden, wenn eine Ausdehnung auf nur eintragungsfähige Tatsachen entweder unter teleologischen Gesichtspunkten oder aufgrund übergeordneter europäischer Vorgaben geboten wäre. Beides ist zu verneinen. Zwar liegt § 15 Abs. 2 in der Tat der Gedanke zugrunde, dass der Dritte sich über den Registerinhalt informieren muss, aber diese Obliegenheit trifft ihn nur dann, wenn er sicher sein kann, dass alle für ihn **relevanten Informationen vollständig im Handelsregister dokumentiert** sind.[196] Bei nur eintragungsfähigen Tatsachen ohne konstitutive Wirkung ist das aber nicht der Fall, da ihre Eintragung im Belieben des Betroffenen steht. Dass der Dritte es unterlässt, „auf gut Glück" Einsicht in das Handelsregister zu nehmen, ist kein hinreichender Grund, um ihm die Berufung auf einen anderweitig begründeten Vertrauenstatbestand zu versagen. **76**

Dieser Lesart stehen auch die europäischen Vorgaben der **Offenlegungsrichtlinie** (Rn 11) nicht entgegen. Die von der Gegenauffassung herangezogenen Regelungen zur Offenlegung von Pflichtangaben in einer anderen Sprache berühren den Regelungsbereich des § 15 Abs. 2 nicht, sondern lassen sich nur über **mittelbare systematische Erwägungen** mit dieser Vorschrift in Verbindung setzen.[197] Dieser gedankliche Brückenschlag ist nicht derart zwingend, dass er eine vom Gesetzeswortlaut und von den Gesetzesmaterialien abweichende Interpretation des deutschen Rechts rechtfertigen könnte. **77**

c) **Bekanntmachungspflichtige Tatsache?** Fraglich ist allerdings, ob es sich auch um eine bekanntmachungspflichtige Tatsache handeln muss.[198] Lehnt man mit der hier vertretenen Auffassung für § 15 Abs. 1 ein solches Erfordernis ab (s. Rn 40 ff), so spricht die Bezugnahme in § 15 Abs. 2 dafür, auch für diese Bestimmung darauf zu verzichten. Die zunehmende Zurückdrängung des Bekanntmachungserfordernisses soll weder die Verletzung von Anmeldepflichten sanktionslos stellen (Rn 42) noch den Schutz des § 15 Abs. 2 für den Anmeldepflichtigen verkürzen, sondern ihn ausschließlich von dem **rechtspolitisch fragwürdigen Bekanntmachungserfordernis** entlasten. Auch bei nur einzutragenden, aber nicht bekanntmachungspflichtigen Tatsachen kann der Anmeldepflichtige sich daher auf § 15 Abs. 2 berufen, und zwar – in teleologischer Reduktion des Wortlauts – schon dann, wenn ausschließlich die Eintragung erfolgt ist. Die Zielsetzung der Entlastung würde konterkariert, wollte man den Anmeldepflichtigen zwar von der Bekanntmachungspflicht befreien, ihm sodann aber die Berufung auf § 15 Abs. 2 versagen, wenn er von dieser Befreiung Gebrauch macht. **78**

---

[194] So aus jüngerer Zeit namentlich MünchKommHGB/*Krebs* Rn 65; ihm folgend Koller/*Roth*/Morck Rn 19; vgl. aber auch bereits *Ehrenberg* JhJb 47 (1904), 273 (305); *Forsthoff* S. 33 f.

[195] BT-Drucks. V/3862, S. 11: „offenzulegende Tatsache".

[196] So zutr. *Zimmer* S. 58 f; vgl. auch *Noack* in: FS Ulmer, 2003, S. 1245 (1261).

[197] Vgl. im Einzelnen MünchKommHGB/*Krebs* Rn 65.

[198] Dafür GK-HGB/*Ensthaler* Rn 9; MünchKommHGB/*Krebs* Rn 64; Voraufl. Rn 33 f (*Hüffer*); dagegen Koller/*Roth*/Morck Rn 19; keine Erwähnung findet das Bekanntmachungserfordernis auch bei Baumbach/*Hopt* Rn 13; Ebenroth/Boujong/Joost/Strohn/*Gehrlein* Rn 17.

79 **d) Primärtatsachen und konstitutive Tatsachen.** § 15 Abs. 2 erfasst nicht nur Sekundär-, sondern auch Primärtatsachen (vgl. zu dieser Unterscheidung Rn 36 ff). Das ergibt sich nicht nur aus der formalen Bezugnahme auf § 15 Abs. 1 (s. Rn 75 f) und aus dem klar geäußerten Einbeziehungswillen des Gesetzgebers (s. Rn 38), sondern auch aus teleologischen Erwägungen. Das Bedürfnis, durch registerrechtliche Verlautbarung einen abweichenden Rechtsschein zu zerstören, kann sich bei Primärtatsachen ebenso ergeben wie bei Sekundärtatsachen.[199] Aus demselben Grund sind auch konstitutive Tatsachen erfasst (vgl. Rn 32 ff).[200]

80 **e) Eintragung und Bekanntmachung; maßgeblicher Zeitpunkt.** Handelt es sich um eine eintragungs- und bekanntmachungspflichtige Tatsache, so müssen beide Publizitätsakte kumulativ vollständig erfüllt sein.[201] Wie bei § 15 Abs. 1 ist maßgeblicher Zeitpunkt, zu dem die Voraussetzungen des § 15 Abs. 2 vorliegen müssen, der Zeitpunkt des Vorgangs, aus dem der Dritte Rechte herleiten will.[202]

3. Rechtsfolge

81 **a) Grundsätzliches.** Sind Eintragung und Bekanntmachung gem. § 15 Abs. 2 erfolgt, so muss ein Dritter sie gegen sich gelten lassen. Da der Anmeldepflichtige ausschließlich die tatsächliche Rechtslage geltend machen kann (Rn 74), kommt § 15 Abs. 2 nur dann Relevanz zu, wenn es dem Dritten ausnahmsweise möglich wäre, sich auf eine fiktive Rechtslage zu berufen, also in den Fällen der **Rechtsscheinhaftung** (s. Rn 73). Durch § 15 Abs. 2 wird der Rechtsschein zerstört, und zwar unabhängig davon, ob der Dritte die Publizitätsakte zur Kenntnis genommen hat.[203] Damit wird dem Dritten eine **Informationsobliegenheit** auferlegt: Wer nicht Einblick in das Handelsregister nimmt, handelt auf eigene Gefahr.[204] Diese Rechtsfolge tritt – ebenso wie bei § 15 Abs. 1 (s. Rn 54) – auch gegenüber nicht geschäftsfähigen Personen ein.[205]

82 Nach ganz hM gilt diese Informationsobliegenheit auch außerhalb der Vertrauenshaftung für Regelungen, bei denen es auf die **Kenntnisgabe bzw. Kenntnisnahme** ankommt. So sollen Eintragung und Bekanntmachung einer Prokura die Kenntnisgabe des Vollmachtgebers gem. § 174 S. 2 BGB ersetzen können.[206] Angesichts des Gesetzeszwecks (Rn 73) ist diese Rechtsfolge nicht selbstverständlich, vom Wortlaut der Vorschrift aber noch gedeckt und im Lichte der durch § 15 Abs. 2 S. 1 bezweckten Entlastungsfunktion auch sinnvoll.[207]

---

[199] So auch MünchKommHGB/*Krebs* Rn 64; aA noch MünchKommHGB/*Lieb*, 1. Aufl., Rn 53 i.V.m. Rn 17 ff.
[200] Ebenso MünchKommHGB/*Krebs* Rn 64; aA MünchKommHGB/*Lieb*, 1. Aufl., Rn 53 i.V.m. Rn 19.
[201] AA wohl *Paefgen* ZIP 2008, 1653 (1656), der bei § 15 Abs. 2 einer vermeintlich hM folgend auf das Bekanntmachungserfordernis verzichten will. Die dafür angeführten Autoren beziehen sich jedoch in erster Linie auf § 15 Abs. 1 und dürften auch hier weiterhin deutlich in der Minderheit sein; vgl. dazu bereits Rn 49.
[202] RGZ 102, 197 (199); Ebenroth/Boujong/Joost/Strohn/*Gehrlein* Rn 18; MünchKommHGB/*Krebs* Rn 66; Röhricht/v. Westphalen/*Ammon* Rn 24.
[203] Ebenroth/Boujong/Joost/Strohn/*Gehrlein* Rn 18; MünchKommHGB/*Krebs* Rn 67.
[204] Koller/*Roth*/Morck Rn 22; MünchKommHGB/*Krebs* Rn 63; *Noack* in: FS Ulmer, 2003, S. 1245 (1257 f).
[205] Heymann/*Sonnenschein/Weitemeyer* Rn 20; Röhricht/v. Westphalen/*Ammon* Rn 28.
[206] BAG AP BGB § 174 Nr. 9 = NZA 1992, 449 (451); Ebenroth/Boujong/Joost/Strohn/*Gehrlein* Rn 18; Koller/*Roth*/Morck Rn 18; MünchKommBGB/*Schramm* § 174 Rn 4; Röhricht/v. Westphalen/*Ammon* Rn 24.
[207] AA *Lux* DStR 2006, 1968 (1969 f).

b) Wahlrecht? Umstritten ist, ob es dem Anmeldepflichtigen freisteht, sich auf die **83** eingetragene Tatsache zu berufen. Die hM bejaht ein solches Wahlrecht mit der Begründung, dass § 15 Abs. 2 nur Wirkung gegen den Dritten entfalte.[208] Eine Gegenauffassung erkennt für eine solche Wahl im Gesetzestext keine Grundlage und verneint auch ein entsprechendes teleologisches Bedürfnis.[209] Dieser letztgenannten Auffassung ist zuzustimmen. § 15 Abs. 2 gestattet es dem Anmeldepflichtigen, sich gegenüber dem Schein einer fiktiven Rechtslage auf die **wahre Rechtslage** zu berufen, wenn diese ordnungsgemäß publiziert worden ist. Nicht möglich ist es hingegen, dass er sich gegenüber dem Dritten auf die fiktive Rechtslage beruft. Gegen den Willen des Dritten wäre dies ohnehin nicht möglich, da die allgemeine Rechtsscheinhaftung grundsätzlich zur Disposition des vertrauenden Dritten steht. Einigen sich Anmeldepflichtiger und Dritter einvernehmlich darauf, ihren Rechtsbeziehungen die fiktive Rechtslage zugrunde zu legen, so ist darin eine **eigenständige rechtsgeschäftliche Neugestaltung** ihres Rechtsverhältnisses, aber kein Fall des § 15 Abs. 2 zu sehen.[210]

c) Abdingbarkeit. Da § 15 Abs. 2 eine Schutzvorschrift zugunsten des Kaufmanns ist, **84** kann er durch vertragliche Regelung mit dem Dritten im vorhinein auf diesen Schutz verzichten. Auf diesem Weg kann der Dritte sicherstellen, individuell über Änderungen der tatsächlichen Verhältnisse informiert zu werden, ohne zu diesem Zweck den Inhalt des Handelsregisters ständig kontrollieren zu müssen.[211] Fraglich ist allein, ob ein solcher Verzicht auch **in AGB** ausgesprochen werden kann.[212] Eine entsprechende Regelung war bis 1993 in den AGB-Banken und Sparkassen vorgesehen;[213] ihre Zulässigkeit war umstritten.[214] In die Neufassung dieser Regelungswerke sind diese Bestimmungen nicht übernommen worden,[215] so dass die Frage ihre Relevanz teilweise verloren hat. Geht man mit der hier vertretenen Ansicht davon aus, dass im Rahmen einer engen Geschäftsverbindung ohnehin eine **vertragliche Nebenpflicht** der Parteien besteht,[216] über die Veränderung relevanter Unternehmensdaten aufzuklären und eine Verletzung dieser Pflicht dazu führt, dass die Berufung auf § 15 Abs. 2 S. 1 treuwidrig ist (s. noch Rn 96 f), dann

---

[208] Baumbach/*Hopt* Rn 13; Koller/*Roth*/Morck Rn 20; Röhricht/v. Westphalen/*Ammon* Rn 25; Voraufl. Rn 35 (*Hüffer*).
[209] MünchKommHGB/*Krebs* Rn 67.
[210] Auch insofern zutreffend MünchKommHGB/*Krebs* Rn 67.
[211] MünchKommHGB/*Krebs* Rn 69.
[212] Dagegen Ebenroth/Boujong/Joost/Strohn/*Gehrlein* Rn 18; Koller/*Roth*/Morck Rn 20; MünchKommHGB/*Krebs* Rn 69; zu weiteren, auf speziel bankrechtliche Regelungen gemünzten Stellungnahmen vgl. noch die Nachw. in Fn 214.
[213] Nr. 1 Abs. 1 S. 2 AGB-Banken 1977; Nr. 3 Abs. 1 S. 2, Abs. 2 S. 2 AGB-Sparkassen a.F. – abgedruckt bei Baumbach/*Hopt* 28. Auflage 1989.
[214] Eine verbreitete Ansicht sah darin eine unangemessene Benachteiligung i.S.d. § 307 BGB; vgl. *Casper* in: Derleder/Knops/Bamberger (Hrsg.), Handbuch zum deutschen und europäischen Bankrecht, § 3 Rn 53; im Ergebnis auch MünchKommHGB/*Lieb*, 1. Aufl., § 15 Rn 56; Ulmer/Brandner/Hensen/*Fuchs* Anh. § 310 BGB Rn 106 Fn 88; *Koch* Die Allgemeinen Geschäftsbedingungen der Banken, 1932, S. 225; vgl. auch die Nachw. in Fn 212 zu § 15; aA Staudinger/*Schlosser* 12. Aufl., 1983, § 9 AGBG Rn 69; *von Westphalen* in: GroßkommAGBG, Band III, 2. Auflage 1985, 34.1–2; *Kümpel* WM 1977, 694 (696); *Rehbein* DB 1977, 1349.
[215] An ihre Stelle ist eine Mitteilungspflicht getreten (vgl. Nr. 11 Abs. 1 S. 2 AGB-Banken bzw. Nr. 4 Abs. 1 S. 2, Abs. 2 S. 2 AGB-Sparkassen n.F. – abgedruckt bei Baumbach/*Hopt*), die Grundlage eventueller Schadensersatzansprüche sein kann. Auch das ist indes umstritten; vgl. statt vieler *Bunte* AGB-Banken 1, Rn 258 ff; Ulmer/Brandner/Hensen/*Fuchs* Anh. § 310 Rn 105; *Casper* (Fn. 214) § 3 Rn 53 f – jeweils mwN.
[216] So auch *Casper* (Fn. 214) § 3 Rn 53.

erscheint es unbedenklich, diese Rechtsfolge schon vorab zum Gegenstand einer AGB-Regelung zu machen.[217] Voraussetzung ist allerdings, dass die damit begründete persönliche Informationspflicht Umstände betrifft, die für die Fortführung der Geschäftsbeziehung von erheblicher Bedeutung sind.

4. Ausnahme gem. § 15 Abs. 2 S. 2

85 a) **Grundsätzliches.** Nach § 15 Abs. 2 S. 2 steht dem Dritten der Gegenbeweis offen, dass er die Tatsache weder kannte noch kennen musste. Während dieser Gegenbeweis bis 1969 ohne zeitliche Beschränkung geführt werden konnte, ist er seither nur noch für eine Übergangszeit von 15 Tagen beachtlich (s. bereits die Nachw. in Rn 8). Diese **Frist beginnt** mit der Bekanntmachung nach § 10, d.h. zu dem Zeitpunkt, in dem die Bekanntmachung in dem von der Landesjustizverwaltung bestimmten elektronischen Informations- und Kommunikationssystem (vgl. § 10 Rn 14 f) abrufbar ist. Ist die Bekanntmachung ausnahmsweise entbehrlich (Rn 40 ff), beginnt der Fristlauf bereits mit der Eintragung.

86 b) **Kenntnis oder Kennenmüssen.** Der Dritte muss nicht nur nachweisen, dass er die Tatsache nicht kannte, sondern auch, dass er sie nicht kennen musste. Das Verständnis dieses letztgenannten Passus bereitet große Schwierigkeiten. Überwiegend nimmt man an, dass zumindest ein **Kaufmann** die Eintragungen im Handelsregister grundsätzlich zur Kenntnis zu nehmen hat.[218] Ausnahmen werden nur in extrem gelagerten Szenarien zugelassen, etwa wenn der Kaufmann in einem eingeschneiten Bergdorf von jedem Zugang zur Außenwelt abgeschnitten ist oder das Veröffentlichungsblatt im Ausland verspätet ausgeliefert wird.[219] Nach verbreiteter Auffassung soll dieser strenge Sorgfaltsmaßstab allerdings nicht für **Privatleute** gelten. Da es nicht üblich sei, vor Abschluss eines Geschäfts Einsicht in das Handelsregister zu nehmen, könne aus einem solchen Unterlassen kein Sorgfaltsverstoß hergeleitet werden, solange das Geschäft nicht wegen seiner Bedeutung besondere Umsicht nahelege.[220] Z.T. wird auch bei Kaufleuten ein derart **abgeschwächter Sorgfaltsmaßstab** angelegt, etwa wenn die wirtschaftliche Tragweite des Geschäfts gering ist und der Kaufmann über keine gesteigerte unternehmerische Erfahrung verfügt.[221] Andere Autoren lassen ausschließlich den Nachweis genügen, dass die **Kenntniserlangung gänzlich unmöglich** war, und zwar unabhängig von der betroffenen Personengruppe.[222]

---

[217] Erst recht können aus § 15 Abs. 2 S. 1 keine Einwände gegen die Statuierung einer Mitteilungspflicht hergeleitet werden; so aber MünchKommHGB/*Krebs* Rn 69; wie hier MünchKommHGB/*Lieb*, 1. Aufl., Rn 56.
[218] BGH NJW 1972, 1418 (1419); Baumbach/*Hopt* Rn 14; Ebenroth/Boujong/Joost/Strohn/*Gehrlein* Rn 20; Koller/*Roth*/Morck Rn 22; Röhricht/v. Westphalen/*Ammon* Rn 27.
[219] Vgl. etwa Baumbach/*Hopt* Rn 14; Ebenroth/Boujong/Joost/Strohn/*Gehrlein* Rn 20; MünchKommHGB/*Lieb*, 1. Aufl., Rn 59 Fn 167; mit berechtigter Skepsis gegenüber dem letztgenannten Beispiel unter den Bedingungen des Online-Zugriffs *Noack* in: FS Ulmer, 2003, S. 1245 (1257); *ders.* in: FS Eisenhardt, 2007, 477 (481 ff).
[220] Baumbach/*Hopt* Rn 14; Röhricht/v. Westphalen/*Ammon* Rn 27; Voraufl. Rn 37 (*Hüffer*); *Canaris* HandelsR § 5 Rn 33; *Paefgen* ZIP 2008, 1653 (1655 f). Eine weitere Differenzierung wird danach vorgenommen, ob es sich um eine ständige Geschäftsbeziehung handelt oder um einen erstmaligen Kontakt, bei dem gesteigerte Vorsicht geboten sei (vgl. *Canaris* aaO).
[221] *Canaris* HandelsR § 5 Rn 32 f.
[222] So Ebenroth/Boujong/Joost/Strohn/*Gehrlein* Rn 20; MünchKommHGB/*Krebs* Rn 72 f; *Bachmann* ZGR 2001, 351 (377 f); *Noack* in: FS Eisenhardt, 2007, S. 477 (482 f); vor-

Die letztgenannte Ansicht beruft sich auf **Art. 3 Abs. 5 S. 2 der Publizitätsrichtlinie** **87** (Rn 6) in der Fassung der Offenlegungsrichtlinie (Rn 11). Danach kann sich der Dritte innerhalb der 15-Tages-Frist nur dann auf die aus einem Vertrauenstatbestand erwachsende fiktive Rechtslage berufen, wenn er nachweist, dass es ihm „unmöglich war, die Urkunden oder Angaben zu kennen." Der **Begriff der Unmöglichkeit** findet sich auch in sämtlichen anderen Sprachfassungen der Richtlinie, so dass sich insofern kein Interpretationsspielraum ergibt. Er kann mit dem deutschen Begriff der (leichten) Fahrlässigkeit nicht gleichgesetzt werden, sondern postuliert zu Ungunsten des Dritten deutlich strengere Anforderungen.[223]

Fraglich ist allein, ob das deutsche Recht einen hinreichend weiten **Auslegungsspiel-** **88** **raum** lässt, um diese Vorgabe in das deutsche Recht hineinzulesen. Denn in der Auslegungsfähigkeit des nationalen Rechts findet die richtlinienkonforme Auslegung ihre Grenze.[224] Insofern ist grundsätzlich *Canaris* beizupflichten, der feststellt, dass „Kennenmüssen" nicht mit der bloßen Kenntnismöglichkeit gleichgesetzt werden kann, sondern (entsprechend der Legaldefinition des § 122 Abs. 2 BGB) einen Sorgfaltsverstoß voraussetzt (§ 276 Abs. 2 BGB – bei Kaufleuten mit dem modifizierten Sorgfaltsmaßstab des § 347).[225] Bei dogmatisch korrekter Vorgehensweise kommt eine richtlinienkonforme Auslegung daher nicht in Betracht, so dass einer **differenzierenden Festlegung des Sorgfaltsmaßstabs der Vorzug** zu geben ist.[226] Eine Angleichung an das europäische Recht müsste zunächst vom Gesetzgeber geleistet werden. Es darf aber nicht verkannt werden, dass der BGH die interpretatorischen Grenzen der richtlinienkonformen Auslegung häufig sehr weit zieht,[227] so dass zu erwarten steht, dass er auch § 15 Abs. 2 entsprechend der europäischen Vorgabe auslegen und den Nachweis gänzlicher Unmöglichkeit verlangen wird.

Aber auch wenn man die Auslegungsfähigkeit des deutschen Rechts mit der hier ver- **89** tretenen Auffassung grundsätzlich verneint, muss bei der Feststellung des Sorgfaltsverstoßes der **erleichterten Online-Zugriffsmöglichkeit** auf das Handelsregister Rechnung getragen werden.[228] Die Einschränkungen, die in der Vergangenheit aufgrund des nur mühsamen Zugangs zu den dort archivierten Unternehmensdaten rechtspolitisch wünschenswert erschienen, sollten unter den neuen rechtlichen und technischen Rahmenbedingungen nicht unbesehen fortgeschrieben werden (s. Rn 10).[229] Anderenfalls besteht die Gefahr, dass die weitreichenden Reformen des Handelsregisterwesens keinen nennenswerten Fortschritt bringen, weil der Rechtsverkehr aufgrund einer sachlich nicht mehr gerechtfertigten restriktiven Auslegung von seiner Obliegenheit entbunden wird,

---

sichtiger Koller/*Roth*/Morck Rn 22; ohne Bezug zur Richtlinie gelangen auch MünchKommHGB/*Lieb*, 1. Aufl., Rn 55 und Schlegelberger/*Hildebrandt*/Steckhan Rn 17b zu demselben Ergebnis.

[223] So auch MünchKommHGB/*Krebs* Rn 73; *Bachmann* ZGR 2001, 351 (379 f); *Noack* in: FS Ulmer, 2003, S. 1245 (1256); *ders.* in: FS Eisenhardt, 2007, S. 477 (482 f); aA Baumbach/*Hopt* Rn 14; Röhricht/v. Westphalen/*Ammon* Rn 27 mit Fn 52; *Canaris* HandelsR § 5 Rn 32.

[224] Vgl. statt vieler *Büdenbender* ZeuP 2004, 36 (38); *Canaris* in: FS Bydlinski, 2002, S. 47 (56 ff).

[225] *Canaris* HandelsR § 5 Rn 32; **aA** MünchKommHGB/*Krebs* Rn 73.

[226] So auch *Canaris* HandelsR § 5 Rn 32.

[227] Vgl. nur die Heininger-Entscheidung, BGHZ 150, 248 (251 ff) = NJW 2002, 1881; deutlich zurückhaltender jetzt aber BGH NJW 2006, 3200 f; zur inneren Widersprüchlichkeit dieser Entscheidung vgl. allerdings *Lorenz* NJW 2006, 3202 f.

[228] So auch *Canaris* HandelsR § 5 Rn 33.

[229] Vgl. dazu *Noack* in: FS Ulmer, 2003, S. 1245 (1258 f); *dens.* in: FS Eisenhardt, 2007, S. 477 (482 f); insofern zust. auch *Canaris* HandelsR § 5 Rn 33; vgl. auch bereits MünchKommHGB/*Lieb*, 1. Aufl., Rn 55 mit Fn 155.

§ 15　　　　　　　　　　　　　　　　　　　　　　　1. Buch. Handelsstand

die jetzt mühelos zugängliche Informationsquelle zu nutzen. Daher sollte zumindest Kaufleuten eine Berufung auf § 15 Abs. 2 S. 2 nur noch in den seltenen Fällen gestattet werden, in denen eine **Störung des Internetverkehrs** nachgewiesen werden kann, wobei das Versagen der eigenen Empfangsapparatur regelmäßig als Sorgfaltsverstoß zu werten wäre.[230] Für die Alltagsgeschäfte von Privatleuten erscheint es hingegen auch weiterhin angemessen, den unterlassenen Einblick in das Register nicht als Sorgfaltsverstoß zu werten.

5. Allgemeine Rechtsscheinhaftung trotz Eintragung und Bekanntmachung

90　a) **Problemstellung und Meinungsstand.** Nach allgemeiner Auffassung schließen Eintragung und Bekanntmachung die Möglichkeit einer Rechtsscheinhaftung nicht vollständig aus. Im Einzelfall kann ein konkreter Vertrauenstatbestand so stark sein, dass es nicht angemessen erscheint, dem Dritten die Berufung darauf unter Hinweis auf § 15 Abs. 2 S. 1 zu versagen. Sowohl hinsichtlich des dogmatischen Ansatzpunktes als auch hinsichtlich der konkreten Voraussetzungen eines solchen Ausnahmetatbestandes besteht aber keine Einigkeit. Der **BGH** lässt eine Durchbrechung des § 15 Abs. 2 S. 1 nur in Ausnahmefällen zu, wenn zwischen den Parteien eine ständige Geschäftsverbindung bestand, aufgrund derer sich die Berufung auf den Registerinhalt als **rechtsmissbräuchlich (§ 242 BGB)** erweist.[231] In Fällen, in denen der Rechtsschein aus einer fehlerhaften Firmierung resultierte, hat er als weitere Begründung angeführt, dass ein Verstoß gegen firmenrechtliche Pflichten einen „speziellen Vertrauenstatbestand" begründen könne.[232]

91　Im **Schrifttum** besteht Einigkeit, dass derjenige, der eine irreführende Firma gebraucht, sich auch bei korrekter Eintragung nicht auf § 15 Abs. 2 S. 1 berufen darf.[233] Die rechtliche Behandlung anderer Fallgruppen ist hingegen **umstritten**. Der vom BGH gewählte Ausgangspunkt des Missbrauchseinwandes hat teilweise Gefolgschaft gefunden, und zwar namentlich unter den Autoren, die nur in seltenen Ausnahmefällen eine Durchbrechung des § 15 Abs. 2 S. 1 zulassen wollen.[234] *Canaris* dagegen will die

---

[230] Koller/*Roth*/Morck Rn 22; *Noack* in: FS Ulmer, 2003, S. 1245 (1257); *ders.* in: FS Eisenhardt, 2007, S. 477 (482).

[231] Grundsätzlich anerkannt und nur für den Einzelfall abgelehnt wurde eine Durchbrechung bereits in BGH LM Nr 8 zu § 242 BGB (E); BGH JZ 1971, 334 f; erstmals bejaht wurde sie in BGH NJW 1972, 1418 (1419); bestätigt sodann in BGHZ 62, 216 (222 f) = NJW 1974, 1191; BGH WM 1976, 1084 f; BGH NJW 1977, 1405 (1406); BGHZ 71, 354 (357) = NJW 1978, 2030; BGH NJW 1978, 416 (417); BGH WM 1981, 238 (239); BGH NJW 1981, 2569; BGH NJW 1987, 3124 (3125 f); BGH NJW 1990, 2678 (2679); BGH NJW 2005, 217 (218); zur Rspr. des RG vgl. die Nachw. bei *J. Koch* AcP 207 (2007), 768 (770 f).

[232] So namentlich in BGHZ 62, 216 (233) = NJW 1974, 1191; BGH NJW 1981, 2569; BGH NJW 1990, 2678 (2679); in BGHZ 71, 354 (357) = NJW 1978, 2030 werden Missbrauchs- und Spezialitätsgedanke miteinander kombiniert.

[233] Vgl. Baumbach/*Hopt* Rn 15; Ebenroth/Boujong/Joost/Strohn/*Gehrlein* Rn 22; GK-HGB/*Ensthaler* Rn 23; *Canaris* HandelsR § 5 Rn 38; *K. Schmidt* HandelsR § 14 I 2; *Wiedemann* ZGR 1975, 354 (361); zweifelnd noch *Winkler* DNotZ 1975, 69 (75).

[234] Das ist deutlich erkennbar bei MünchKommHGB/*Lieb*, 1. Aufl., Rn 57; *Bachmann* ZGR 2001, 351 (379 f); augenscheinlich noch strenger *Noack* in: FS Ulmer, 2003, 1245 (1259 f); ohne diese restriktive Tendenz sprechen sich auch Ebenroth/Boujong/Joost/Strohn/*Gehrlein* Rn 22; Heymann/*Sonnenschein*/Weitemeyer Rn 21 und Röhricht/v. Westphalen/*Ammon* Rn 30 f für den Ansatz des Missbrauchseinwands aus.

Anwendung des § 15 Abs. 2 S. 1 im Wege der teleologischen Reduktion[235] immer dann ausschließen, wenn ein spezieller Vertrauenstatbestand geschaffen worden ist, der über die bloße Praktizierung der Rechtslage hinausgeht. Dafür soll etwa schon die mündliche Mitteilung über bestehende Vertretungsverhältnisse oder das Bestehen einer ständigen Geschäftsverbindung genügen.[236] *Krebs* und *Zimmer* verfolgen einen differenzierenden Ansatz, wonach § 15 Abs. 2 S. 1 einen nach Eintragung und Bekanntmachung gesetzten Rechtsschein nicht erfasse, während ein zuvor gesetzter Rechtsschein von diesen Publizitätsakten verdrängt werde.[237]

b) Verstoß gegen Publizitätspflichten. Der Rechtsprechung des BGH ist grundsätzlich zuzustimmen. In den Fällen einer **irreführenden Firmierung** kann § 15 Abs. 2 S. 1 keine Anwendung finden.[238] Zweck der firmenrechtlichen Vorschriften ist es, die beschränkte Haftung des Unternehmensträgers schon im laufenden geschäftlichen Verkehr ohne vorherige Einsicht in das Handelsregister aus der Firma erkennen zu lassen. Die Informationsobliegenheit, auf deren Verletzung § 15 Abs. 2 S. 1 beruht, besteht hier also nicht, so dass die Vorschrift insofern teleologisch zu reduzieren ist. Entsprechendes gilt bei der **Verletzung anderer Publizitätspflichten**, etwa nach §§ 37a, 125a HGB, 80 AktG, 35a GmbHG, 25a GenG (Angaben auf Geschäftsbriefen), § 1 BGB-InfoVO oder § 6 TDG.[239] **92**

Nach der Neuordnung des Firmenrechts im Zuge des Handelsrechtsreformgesetzes von 1998 (Rn 38) deutet das **vollständige Fehlen eines Firmenzusatzes** – anders als sein irreführender Gebrauch (Rn 92) – nicht auf eine bestimmte Rechtsform hin. Nach hM soll in diesen Fällen aber trotzdem eine **Rechtsscheinhaftung analog § 179 BGB** entstehen.[240] Folgt man dieser (problematischen) Sichtweise, so ist es konsequent, auch § 15 Abs. 2 S. 1 nicht anzuwenden. Derjenige, der pflichtwidrig einen Zustand der Rechtsunsicherheit geschaffen hat, darf sich nicht darauf berufen, dass ein anderer diese Unsicherheit nicht durch Konsultation des Handelsregisters beseitigt hat.[241] **93**

c) Weitergehende Ansätze zur teleologischen Reduktion. Eine weitergehende teleologische Reduktion für sämtliche „speziellen" Vertrauenstatbestände (Rn 91) ist hingegen abzulehnen, da ansonsten die Erleichterungsfunktion, der die Verlautbarung im Handelsregister dienen soll, erheblich relativiert wäre, ohne dass diese Einschränkung im Gesetzeswortlaut einen Niederschlag gefunden hätte.[242] Das von *Canaris* angeführte systematische Argument, dass eine Prokura anderenfalls leichter widerrufen werden könnte als eine Handlungsvollmacht, erweist sich als nicht hinreichend aussagekräftig, da die erleichterte Widerrufsmöglichkeit lediglich die spiegelbildliche Konsequenz aus der erhöhten Belastung der Anmeldepflicht darstellt. Gerade im Hinblick auf die mittler- **94**

---

[235] Für eine teleologische Reduktion als zutreffenden dogmatischen Ansatz auch *K. Schmidt* HandelsR § 14 I 2.
[236] Vgl. *Canaris* HandelsR § 5 Rn 38 ff.
[237] MünchKommHGB/*Krebs* Rn 78 f; *Zimmer* S. 94 ff, 122 ff; tendenziell auch Koller/Roth/Morck Rn 24.
[238] Vgl. zum Folgenden schon *J. Koch* AcP 207 (2007), 768 (776 ff).
[239] Vgl. dazu insbes. *Noack* in: FS Ulmer, 2003, 1245 (1259 f); zu den Angaben auf Geschäftsbriefen s. auch Ebenroth/Boujong/Joost/Strohn/*Gehrlein* Rn 22; Koller/Roth/Morck Rn 24; MünchKommHGB/*Krebs* Rn 78; *Canaris* HandelsR § 5 Rn 38.
[240] So zuletzt BGH NJW 2007, 1529 (1530 f) mwN; Lutter/Hommelhoff/*Lutter/Bayer* § 4 Rn 27; Scholz/*Emmerich* § 4 Rn 54; ausführlich zu diesem Fragenkreis *Canaris* HandelsR § 6 Rn 31, 42 ff.
[241] Ausführlich dazu bereits *J. Koch* AcP 207 (2007), 768 (778 f); im Ergebnis ähnlich MünchKommHGB/*Krebs* Rn 78.
[242] Vgl. um Folgenden bereits *J. Koch* AcP 207 (2007), 768 (779 ff).

weile deutlich **verbesserten Möglichkeiten des Online-Zugriffs** wäre eine solche Einschränkung auch rechtspolitisch nicht wünschenswert (s. Rn 10, 89).[243]

95 Die von *Krebs* und *Zimmer* vorgeschlagene **zeitliche Differenzierung** (Rn 91) ist schon deshalb bedenklich, weil auch beim Vertrauen in den Fortbestand einer vor der Eintragung bestehenden Rechtslage der Rechtsschein erst nach der Änderung entsteht, nämlich durch einen Verstoß gegen eine Aufklärungspflicht hinsichtlich der eingetretenen Rechtsänderung.[244] Im Übrigen hätte auch ein erst nach der Eintragung erstmals neu begründeter Rechtsschein durch Einsichtnahme in das Handelsregister beseitigt werden können, so dass dem Dritten eine **Verletzung seiner Informationsobliegenheit** vorgeworfen werden kann. Für eine wortlautgetreue Anwendung des § 15 Abs. 2 S. 1 sprechen daher auch hier plausible Gründe, was eine teleologische Reduktion ausschließt.

96 d) **Systematisierung des Rechtsmissbrauchseinwandes.** Überzeugend ist daher allein der auf § 242 BGB gestützte Missbrauchseinwand des BGH (Rn 90). Bezieht sich der Rechtsschein auf den **Fortbestand einer bereits vor der Eintragung verlautbarten Rechtslage**, so liegt das treuwidrige Verhalten in der Verletzung einer Aufklärungspflicht hinsichtlich der eingetretenen Rechtsänderung.[245] Eine solche Pflicht kann aber nur entstehen, wenn zwischen den Parteien eine **enge Geschäftsverbindung** im Sinne eines ständigen Leistungsaustausches bestand oder die Änderung während laufender Vertragsverhandlungen eintrat. Nur unter diesen Voraussetzungen besteht auch eine Pflicht, über den Widerruf einer urkundlich dokumentierten Prokuraerteilung aufzuklären.[246] Eine deutlichere Form des Widerrufs mag hier rechtspolitisch wünschenswert sein, findet aber de lege lata keine Grundlage.

97 Wird erst nach der eingetragenen Rechtsänderung ein **Rechtsschein vollständig neu begründet,** so kann dem Kaufmann die Berufung auf § 15 Abs. 2 S. 1 ebenfalls versagt werden, wenn gerade sein Verhalten dazu beigetragen hat, dass der Dritte glauben durfte, seine Informationsobliegenheit vernachlässigen zu dürfen.[247] In diesem Fall kann sich der Kaufmann nicht auf die Verletzung einer Obliegenheit berufen, deren Erfüllung er selbst vereitelt hat. Wann ein solches widersprüchliches Verhalten anzunehmen ist, hängt von **Art und Intensität** des vom Kaufmann zurechenbar gesetzten Vertrauenstatbestandes ab.[248] Dabei sind die Stärke und die Dauer des verursachten Rechtsscheins sowie das Ausmaß des Verschuldens auf Seiten des Kaufmanns und des Dritten zu berücksichtigen. Beim Verschulden des Dritten ist zu seinen Ungunsten zu beachten, dass nach den Änderungen des EHUG (Rn 9) die Einsichtnahme in das Register ohne gesteigerten Aufwand möglich ist. Gerade bei Geschäften von größerer wirtschaftlicher Tragweite sind an sein Verhalten daher höhere Anforderungen zu stellen. Das Bestehen einer ständigen Geschäftsverbindung ist in dieser Fallgruppe keine Voraussetzung für den Ausschluss des § 15 Abs. 2 S. 1, da der Treuverstoß hier nicht aus der Verletzung einer Nebenpflicht, sondern aus einem **Selbstwiderspruch** hergeleitet wird. Für die Entstehung des Rechtsscheins kann sie aber dennoch von Bedeutung sein, da dem Nahestehenden eher vertraut werden darf als dem Unbekannten.

---

[243] Vgl. dazu insbes. *Bachmann* ZGR 2001, 351 (379 f); *Noack* in: FS Ulmer, 2003, S. 1245 (1258 f).

[244] Ausführlich zum Folgenden *J. Koch* AcP 207 (2007), 768 (784 ff).

[245] Vgl. zum Folgenden bereits *J. Koch* AcP 207 (2007), 768 (787 ff).

[246] **AA** *Canaris* HandelsR § 5 Rn 39; zur näheren Begründung der hier vertretenen Ansicht vgl. bereits *J. Koch* AcP 207 (2007), 768 (781 ff, 792 f).

[247] Vgl. dazu bereits *J. Koch* AcP 207 (2007), 768 (793 f).

[248] Ausführliche Rechtsprechungsnachweise zu den folgenden Kriterien bei *J. Koch* AcP 207 (2007), 768 (792 f).

VI. Rechtsscheinhaftung bei unrichtiger Bekanntmachung (positive Publizität), § 15 Abs. 3

1. Normzweck und Normentwicklung. Der 1969 eingefügte § 15 Abs. 3 geht zurück auf Art. 3 Abs. 6 der Publizitätsrichtlinie (Rn 6 f). Über den eng gesteckten Anwendungsbereich der Richtlinie ist der Gesetzgeber allerdings im Wege der überschießenden Umsetzung weit hinausgegangen (Rn 6, 12 ff). Anders als die Richtlinie erfasst die Vorschrift nicht nur Kapitalgesellschaften, sondern auch Personenhandelsgesellschaften und Einzelkaufleute. Überdies hat der deutsche Gesetzgeber auch das Tatbestandsmerkmal der unrichtigen Bekanntmachung weiter gefasst, als es europarechtlich geboten gewesen wäre (s. noch Rn 102 ff). Wie § 15 Abs. 1 dient auch § 15 Abs. 3 dem Vertrauensschutz (s. Rn 18 ff). Der fehlerhafte Rechtsschein, auf den sich das Vertrauen bezieht, folgt hier aber nicht aus der unterbliebenen, sondern aus einer von vornherein falschen Verlautbarung der Rechtslage; man spricht daher vom Schutz der „**positiven Publizität**".[249] Aufgrund des vom deutschen Modell abweichenden europäischen Regelungsansatzes wird dabei als Träger der Publizität allerdings nicht auf die Eintragung, sondern auf die Bekanntmachung abgestellt.[250]

98

Einen ähnlichen Verkehrsschutz gegenüber unrichtigen Eintragungen und Bekanntmachungen leisteten **bis 1969** zwei im Wege der Rechtsfortbildung entwickelte **Ergänzungssätze** zu § 15 Abs. 1.[251] Der erste besagt: „Wer durch eine unrichtige Anmeldung eine unrichtige Eintragung im Handelsregister veranlasst, muss sich gegenüber einem Dritten daran festhalten lassen."[252] Der zweite Ergänzungssatz lautete: „Wer eine unrichtige Eintragung im Handelsregister schuldhaft nicht beseitigt, kann an dieser von einem gutgläubigen Dritten festgehalten werden."[253] Durch die Einfügung des § 15 Abs. 3 sollte diese Rechtslage den europäischen Vorgaben dahingehend angepasst werden, dass das Vertrauen des Dritten unabhängig davon geschützt wird, ob die Unrichtigkeit von dem betreffenden Kaufmann veranlasst worden ist und ob er die Berichtigung schuldhaft unterlassen hat.[254] Er hat daher künftig auch das **Risiko amtlicher Kundmachungsfehler** zu tragen.[255] Damit haben die Ergänzungssätze ihre Bedeutung weitgehend eingebüßt, können aber außerhalb des Anwendungsbereichs des § 15 Abs. 3 noch weiterhin zur Anwendung gelangen (vgl. dazu noch Rn 117 f).[256]

99

2. Voraussetzungen

a) Einzutragende Tatsache. Ebenso wie § 15 Abs. 1 setzt § 15 Abs. 3 eine einzutragende, d.h. eine anmeldepflichtige Tatsache oder eine nur eintragungsfähige Tatsache mit konstitutiver Wirkung voraus (vgl. Rn 31 ff). Eine Ausdehnung auf bloß eintragungs-

100

---

[249] Vgl. bereits die Nachw. oben in Fn 2.
[250] Zu den Gründen vgl. *Bürck* AcP 171 (1971), 328 (335); *von Olshausen* BB 1970, 137 (138).
[251] Grundlegend *Ehrenberg* in: Ehrenbergs Hdb., Band I, 1913, S. 645.
[252] ROHG 24, 318 (320); RGZ 40, 146 f; RGZ 50, 428 (431); RGZ 51, 33 (39); RGZ 76, 439 (441); RGZ 89, 97 f; RGZ 142, 98 (104 f); RGZ 145, 155 (158); RGZ 164, 115 (121); BGHZ 22, 234 (238) = NJW 1957, 179.
[253] ROHG 23, 280 ff; RG JW 1928, 1586; RGZ 131, 12 (13 ff).
[254] RegE, BT-Drucks. V/3682, S. 10.
[255] Scharfe rechtspolitische Kritik bei *Beuthien* NJW 1970, 2283.
[256] RegE, BT-Drucks. V/3862, S. 11; Baumbach/*Hopt* Rn 17; Ebenroth/Boujong/Joost/Strohn/*Gehrlein* Rn 24; MünchKommHGB/*Krebs* Rn 101 ff; Röhricht/v. Westphalen/*Ammon* Rn 33; *Canaris* HandelsR § 6 Rn 2 ff; *von Olshausen* BB 1970, 137 (144 f).

fähige Tatsachen ohne konstitutive Wirkung ist auch hier abzulehnen (vgl. Rn 32 ff).[257] Der nationale Gesetzgeber hat sich ausdrücklich gegen ihre Einbeziehung ausgesprochen[258] und es besteht bei der rechtspolitisch in vielen Punkten durchaus fragwürdigen Vorschrift des § 15 Abs. 3[259] kein Anlass, sich über diese Maßgabe hinwegzusetzen. Bei der Beurteilung der Anmeldepflicht ist auf die „**abstrakte Anmeldepflicht**" abzustellen, d.h. es ist die Richtigkeit der eingetragenen Tatsache zu unterstellen. Bei einem anderen Verständnis wäre § 15 Abs. 3 weitgehend gegenstandslos, da eine unrichtige Tatsache nie anmeldepflichtig ist.[260]

101 Umstritten ist das Bestehen einer abstrakten Anmeldepflicht in dem Fall, dass jemand einer Gesellschaft beitritt, die noch als OHG oder KG im Handelsregister eingetragen ist, tatsächlich aber kein Gewerbe i.S.d. §§ 1 ff mehr betreibt und deshalb **BGB-Gesellschaft** geworden ist. Die hM lehnt eine Anwendung des § 15 Abs. 3 hier ab, da das Handelsregister über die Rechtsverhältnisse von Gesellschaftern einer GbR keine Auskunft zu erteilen hat. Die abstrakte Beurteilung ändere daran nichts, weil einzutragende Tatsache nur der Beitritt als solcher sei.[261] Diese spitzfindige Differenzierung erscheint aus der Perspektive des geschützten Dritten indes nicht gerechtfertigt. Für ihn muss sich die Gesamtaussage des Registers so darstellen, dass ein weiterer Gesellschafter einer Personenhandelsgesellschaft beigetreten ist. Versteht man dieser Sichtweise folgend die Tatsache als **Beitritt zu einer Handelsgesellschaft**, so liegt eine (abstrakt) anmeldepflichtige Tatsache vor.[262] Zur Folge einer fehlenden Gewerbeeigenschaft beim eingetragenen Einzelkaufmann s. noch Rn 116.

102 **b) Unrichtige Bekanntmachung.** Die einzutragende Tatsache muss unrichtig bekannt gemacht worden sein. Da der europäische Richtliniengeber nicht die Eintragung, sondern die Bekanntmachung in den Vordergrund stellt, liegt diese auch § 15 Abs. 3 als maßgeblicher Bezugspunkt zugrunde.[263] Nach dem Wortlaut des Art. 3 Abs. 6 der Publizitätsrichtlinie (Rn 6 f) unterfallen der Regelung nur solche Fälle, in denen Eintragung und Bekanntmachung voneinander abweichen. Die am ehesten praxisrelevanten und für den Rechtsverkehr besonders gefährlichen Sachverhalte, in dem beide **Publizitätsakte gleichermaßen fehlerhaft** sind, wären also grundsätzlich nicht erfasst.

---

[257] So auch die hM – vgl. Baumbach/*Hopt* Rn 18; Ebenroth/Boujong/Joost/Strohn/*Gehrlein* Rn 25; Heymann/*Sonnenschein/Weitemeyer* Rn 23; Röhricht/v. Westphalen/*Ammon* Rn 35; *Canaris* HandelsR § 5 Rn 47; *K. Schmidt* HandelsR § 14 III 2a; aA Koller/*Roth*/Morck Rn 27; MünchKommHGB/*Krebs* Rn 86 f.

[258] RegE, BT-Drucks. V/3862, S. 11.

[259] Vgl. *Canaris* HandelsR § 5 Rn 44: „weitgehend missglückt"; *K. Schmidt* HandelsR § 14 III 1d: „voller Unklarheiten"; *Beuthien* NJW 1970, 2283: „inhaltlich fragwürdig und unzureichend gefaßt"; *Beyerle* BB 1971, 1482: „gründlich mißlungen".

[260] RegE, BT-Drucks. V/3862, S. 11; Ebenroth/Boujong/Joost/Strohn/*Gehrlein* Rn 25 f; Heymann/*Sonnenschein*/Weitemeyer Rn 23; Koller/*Roth*/Morck Rn 27; Röhricht/v. Westphalen/*Ammon* Rn 35; *Canaris* HandelsR § 5 Rn 47; *Sandberger* JA 1973, 215 (218).

[261] Röhricht/v. Westphalen/*Ammon* Rn 35; *Canaris* HandelsR § 5 Rn 47; mit anderer (bedenklicher) Begründung auch BAG NJW 1988, 222 (223); krit. dazu *Canaris*, aaO, Fn 93.

[262] So auch MünchKommHGB/*Krebs* Rn 98.

[263] Daher ist die häufig gebrauchte Wendung, es dürfe nach § 15 Abs. 3 auch dem „Reden des Handelsregisters" vertraut werden, nicht ganz korrekt; ebenso wenn von der positiven Publizität des Handelsregisters gesprochen wird (vgl. etwa Baumbach/*Hopt* Rn 18). Maßgeblich ist allein die Bekanntmachung; vgl. auch Koller/*Roth*/Morck Rn 28.

Der deutsche Gesetzgeber hat sich über diese wenig sinnvolle Beschränkung aber bewusst hinweggesetzt. Ob die Bekanntmachung unrichtig ist, bestimmt sich im deutschen Recht nicht nach ihrer Abweichung von der Registereintragung, sondern allein nach **Übereinstimmung mit der tatsächlichen Rechtslage**. Von § 15 Abs. 3 werden also auch solche Fälle erfasst, in denen bereits die Eintragung unrichtig ist, in denen sie gänzlich fehlt oder in denen Eintragung und Bekanntmachung an unterschiedlichen Fehlern leiden.[264] Da die Publizitätsrichtlinie lediglich einen Mindeststandard zum Schutz des Rechtsverkehrs darstellt (vgl. Rn 16 f), ist diese Vorgehensweise unbedenklich.[265] Wird die Bekanntmachung erst später unrichtig, ist § 15 Abs. 1 einschlägig.[266] **103**

c) **Richtige Bekanntmachung – falsche Eintragung.** Umstritten ist die Anwendung des § 15 Abs. 3, wenn die Tatsache richtig bekannt gemacht wurde und ausschließlich die Eintragung fehlerhaft ist. Vom Wortlaut des § 15 Abs. 3 wird diese Konstellation nicht erfasst, so dass allenfalls ein Analogieschluss in Betracht kommt. Eine solche Analogie wäre **rechtspolitisch sinnvoll**, da es schwer verständlich erscheint, dass derjenige, der sich nur einen Handelsregisterauszug vorlegen lässt, schlechter stehen soll, als derjenige, der auf die Bekanntmachung vertraut. Da der Gesetzgeber für diesen Fall aber ausdrücklich die Fortgeltung der allgemeinen Grundsätze über die Rechtsscheinhaftung angeordnet hat,[267] nimmt die hM an, es fehle an der für einen Analogieschluss erforderlichen Regelungslücke.[268] Es sollen demnach die **allgemeinen Regeln der Vertrauenshaftung** gelten, was die Rechtsstellung des Dritten insofern verschlechtert, als er die Kenntnis der falschen Eintragung beweisen muss und der Kaufmann überdies nur bei unrichtiger Anmeldung haftet.[269] **104**

Spätestens seit den Änderungen des EHUG (Rn 9) spricht aber auch viel für die **Gegenauffassung**, die eine Analogie befürwortet.[270] Sowohl durch die erleichterte Praktikabilität des Online-Abrufs (Rn 10, 89) als auch durch die fortschreitende Zurückdrängung des Bekanntmachungserfordernisses (s. Rn 40 ff) hat die Eintragung eine deutliche Aufwertung erfahren. Damit haben sich die **rechtstatsächlichen Rahmenbedingungen** des § 15 Abs. 3 in einer Weise verschoben, dass die Vorgabe des Gesetzgebers von 1969 keine Bindungswirkung mehr erzeugen kann, sondern auch hier die Annahme einer Anschauungslücke naheliegt. Schließt man diese Lücke durch teleologische Erwägungen, so erscheint es in der Tat kaum gerechtfertigt, das Vertrauen auf eine fehlerhafte Eintragung gänzlich schutzlos zu lassen. **105**

---

[264] Vgl. dazu RegE, BT-Drucks. V/3862, S. 11. Entsprechend dann auch die ganz hM – vgl. Baumbach/*Hopt* Rn 18; Ebenroth/Boujong/Joost/Strohn/*Gehrlein* Rn 27; Heymann/Sonnenschein/*Weitemeyer* Rn 25; MünchKommHGB/*Krebs* Rn 88; Röhricht/v. Westphalen/*Ammon* Rn 37 f; *Canaris* HandelsR § 5 Rn 46; *K. Schmidt* HandelsR § 14 III 2c; *von Olshausen* NJW 1971, 966 ff; aA noch *Beuthien* NJW 1970, 2283 f; ders. in: FS Reinhardt, 1972, S. 199 (202 ff) mit Fn 23.
[265] So auch Koller/*Roth*/Morck Rn 28.
[266] Koller/*Roth*/Morck Rn 28; *K. Schmidt* HandelsR § 14 III 2b.
[267] RegE, BT-Drucks. V/3862, S. 11.
[268] So auch Ebenroth/Boujong/Joost/Strohn/*Gehrlein* Rn 30; Heymann/Sonnenschein/*Weitemeyer* Rn 29; MünchKommHGB/*Krebs* Rn 89; Röhricht/v. Westphalen/*Ammon* Rn 39; Voraufl. Rn 51 (*Hüffer*); *Canaris* HandelsR § 5 Rn 45; *K. Schmidt* HandelsR § 14 III 2b; *Beuthien* in: FS Reinhardt, 1972, 199 (202 ff); *Schilken* AcP 187 (1987), 1 (13).
[269] *Canaris* HandelsR § 5 Rn 45.
[270] Vgl. Baumbach/*Hopt* Rn 18; Koller/*Roth*/Morck Rn 28; MünchKommHGB/*Lieb*, 1. Aufl., Rn 18; *Bürck* AcP 171 (1971), 328 (337 ff); *Einmahl* AG 1969, 131 (137); *Lutter* EuR 1969, 1 (13); *Noack* in: FS Eisenhardt, 2007, 477 (480 f); *Paefgen* ZIP 2008, 1653 (1657 f); *Sandberger* JA 1973, 215 (219 f); *Schmidt-Kessel* GPR 2006, 6 (15).

d) Ergänzendes Erfordernis der Veranlassung?

106 aa) **Meinungsstand.** Sehr umstritten ist die zwar dogmatisch reizvolle, praktisch aber wenig bedeutsame Frage, ob § 15 Abs. 3 voraussetzt, dass der Eingetragene in irgendeiner Form zur fehlerhaften Veröffentlichung beigetragen hat. Nach dem Wortlaut der Vorschrift wird eine solche Veranlassung nicht gefordert, was zu dem befremdlichen Ergebnis führen würde, dass § 15 Abs. 3 auch die Haftung einer gänzlich unbeteiligten Person begründen könnte.[271] Das vermeidet die hM durch das sog. **Veranlassungsprinzip**, das – mit Unterschieden im Detail – besagt, dass § 15 Abs. 3 nur zu Lasten desjenigen wirkt, der den Eintragungsantrag selbst gestellt hat oder sich einen solchen Antrag zurechnen lassen muss. Ob die Anmeldung fehlerhaft war oder nicht, soll dabei allerdings keine Rolle spielen, da der Fehler mit der Anmeldung zumindest der Sphäre des kaufmännischen Organisationsrisikos zugerechnet werden kann.[272] Die **Gegenauffassung** begreift § 15 Abs. 3 als Vorschrift des **abstrakten Verkehrsschutzes** (s. Rn 19), verneint daher jedes Veranlassungserfordernis und verweist den Betroffenen stattdessen auf die Möglichkeit des Amtshaftungsanspruchs nach § 839 BGB (s. Rn 115).[273] Eine vermittelnde Auffassung schließlich verzichtet ebenfalls auf das Veranlassungsprinzip, will die daraus folgende strenge Haftung aber nur gegenüber Kaufleuten eingreifen lassen; gegenüber Privatleuten soll § 15 Abs. 3 keine Anwendung finden.[274]

107 bb) **Wortlaut und Gesetzesmaterialien.** Der **Wortlaut** der Vorschrift sieht ein Veranlassungserfordernis nicht ausdrücklich vor, eröffnet aber durch den Passus „in dessen Angelegenheiten sie einzutragen war" ein Einfallstor für die Lesart der hM. Wer mit dem Unternehmen nichts zu tun hat, dessen Angelegenheiten sind durch die Eintragung nicht betroffen.[275] Auch die **Gesetzesmaterialien** stehen der Sicht der hM nicht zwingend entgegen. Zwar findet sich dort die Aussage, der gutgläubige Dritte solle „unabhängig davon geschützt werden, ob die Unrichtigkeit von der Gesellschaft, in deren Angelegenheiten die Tatsache einzutragen war, veranlasst worden ist und ob sie die Berichtigung schuldhaft unterlassen hat." Dieser Verzicht auf ein Veranlassungserfordernis bezieht sich aber allein auf **„die Unrichtigkeit"**, also nicht auf die Eintragung als solche. Vielmehr wird wiederum vorausgesetzt, dass die Tatsache in Angelegenheiten der Gesellschaft einzutragen ist, so dass das im Rahmen der Wortlautauslegung angeführte Argument auch hier nutzbar gemacht werden kann: Wer mit der Eintragung nichts zu tun hat,

---

[271] Vgl. die Beispiele bei *von Olshausen* BB 1970, 137 (140); weitere Beispiele bei *Beyerle* BB 1971, 1482.

[272] Baumbach/*Hopt* Rn 19; Ebenroth/Boujong/Joost/Strohn/*Gehrlein* Rn 31 ff; GK-HGB/*Ensthaler* Rn 27; Heymann/*Sonnenschein*/*Weitemeyer* Rn 34 f; Koller/*Roth*/Morck Rn 29; MünchKommHGB/*Lieb*, 1. Aufl., Rn 68 ff; Röhricht/v. Westphalen/*Ammon* Rn 42; Voraufl. Rn 43 ff (*Hüffer*); *Canaris* HandelsR § 5 Rn 51 f; *ders.* Vertrauenshaftung, 1971, S. 162 ff; *Beuthien* in: FS Reinhardt, 1972, S. 199 (200 f); *Bürck* AcP 171 (1971), 328 (339 ff); *Fehrenbacher* S. 173 f; *von Olshausen* BB 1970, 137 (140 ff); *Paefgen* ZIP 2008, 1653 (1657); *Sandberger* JA 1973, 215 (217 ff); *Schilken* AcP 187 (1987), 1 (14 ff).

[273] MünchKommHGB/*Krebs* Rn 83 ff; Brox/Henssler Rn 101 f; von Gierke/*Sandrock* Handels- und WirtschaftsR § 11 III 3c (S. 154 f); *P. Hofmann* JA 1980, 264 (270); *Schmidt-Kessel* GPR 2006, 6 (13 f).

[274] So namentlich *Steckhan* DNotZ 1971, 211 ff, 224 ff; Schlegelberger/*Hildebrandt*/*Steckhan* Rn 7, 24, 26a; zust. *K. Schmidt* HandelsR § 14 III 2d; *Axer* S. 122 ff, 127 ff.

[275] Vgl. zu dieser Argumentation etwa Ebenroth/Boujong/Joost/Strohn/*Gehrlein* Rn 31; *Canaris* HandelsR § 5 Rn 52; *Beuthien* in: FS Reinhardt, 1972, S. 199 (201).

dessen Angelegenheiten sind nicht betroffen.[276] Bei diesem Verständnis stellt die Äußerung des Gesetzgebers lediglich klar, dass es nicht darauf ankommt, ob die fehlerhafte Veröffentlichung durch eine **fehlerhafte** Anmeldung veranlasst worden ist. Das wird aber auch von den Vertretern des Veranlassungsprinzips nicht in Zweifel gezogen (s. Rn 106).

cc) Teleologische Wertung. Erweisen sich Wortlaut und Materialien daher als gleichermaßen ambivalent, so muss die **teleologische Betrachtung** den Ausschlag geben. Sie spricht deutlich für die hM, da ein völlig Unbeteiligter nicht mit den weitgehenden Belastungen beschwert werden darf, die sich aus § 15 Abs. 3 ergeben können.[277] Anders als bei § 892 oder § 2366 BGB droht dem Betroffenen hier nicht nur der Verlust einzelner Vermögensgegenstände, sondern seines gesamten Vermögens, was beim Fehlen jeglicher Zurechnungselemente nicht nur nach dem allgemeinen Gerechtigkeitsempfinden, sondern auch **aus verfassungsrechtlichen Gründen** bedenklich wäre.[278] **108**

Eine solche Zurechnung kann auch nicht aus dem Vorwurf hergeleitet werden, dass der Betroffene es pflichtwidrig unterlassen habe, die Registerbekanntmachungen auf ihn betreffende Falschmeldungen zu überprüfen. Die **lebensfremde Vorstellung einer ständigen Präventivkontrolle** des Registerinhalts steht (bei einem Kaufmann ebenso wie bei einem Privatmann[279]) in einem solchen Widerspruch zu den Verkehrsgepflogenheiten und wäre angesichts der verschwindend geringen Wahrscheinlichkeit einer vom Betroffenen nicht veranlassten Falscheintragung auch ökonomisch derart irrational,[280] dass sie schlechterdings nicht zum allgemeinen Sorgfaltsstandard erhoben werden darf.[281] Schließlich vermag auch der Verweis auf Amtshaftungsansprüche (s. noch Rn 115) diese Bedenken nicht zu beseitigen, da deren Geltendmachung in der Praxis oft auf Schwierigkeiten stößt.[282] **109**

dd) Europäische Vorgabe. Angesichts dieser teleologischen Erwägungen stehen auch die **Vorgaben der Publizitätsrichtlinie** dem von der hM vertretenen Verständnis nicht zwangsläufig entgegen. Zwar lässt sich dem Wortlaut von Art. 3 Abs. 6 der Richtlinie (Rn 6 f) kein Anhaltspunkt für ein Veranlassungsprinzip entnehmen.[283] Das europäische **110**

---

[276] Auch wer sich dieser Lesart nicht anschließt, muss sich mit den Argumenten von *Canaris* HandelsR § 5 Rn 52 auseinandersetzen, der zutreffend auf die eingeschränkte Bedeutung der Gesetzesmaterialien im Rahmen der Auslegung hinweist.

[277] Ausführlich zu diesen Gefahren *Canaris* Vertrauenshaftung, 1971, S. 162 f.

[278] Vgl. *Canaris* HandelsR § 5 Rn 51; *dens.* Vertrauenshaftung, S. 163 ff; *von Olshausen* BB 1970, 137 (140); *Sandberger* JA 1973, 215 (218).

[279] Weitere Einwände gegen die vermittelnde Ansicht (Rn 106 Fn 274) bei *Canaris* HandelsR § 5 Rn 52; *Beuthien* in: FS Reinhardt, 1972, S. 199 (206 f).

[280] Es darf nicht vergessen werden, dass dieser Meinungsstreit sich um ein eher theoretisches Szenario dreht, das bis heute nicht ein einziges Mal von einem Gericht entschieden werden musste (vgl. auch MünchKomm-HGB/*Krebs* Rn 84).

[281] Vgl. auch *Canaris* HandelsR § 5 Rn 52, der ergänzend darauf hinweist, dass auch eine solche Kontrolle die aus § 15 Abs. 3 resultierende Haftungsgefahr nicht vollständig ausschließen würde – etwa bei einer nicht rechtzeitig bewirkten Berichtigung; vgl. ferner *Schilken* AcP 187 (1987), S. 1 (18).

[282] Ebenroth/Boujong/Joost/Strohn/*Gehrlein* Rn 33; MünchKommHGB/*Lieb*, 1. Aufl., Rn 70; *Fehrenbacher* S. 171.

[283] Anders insofern *Habersack* Europäisches Gesellschaftsrecht § 5 Rn 41; *Schwarz* Europäisches Gesellschaftsrecht, 2000, Rn 321; *Beuthien* in: FS Reinhardt, 1972, 199 (201 f); *von Olshausen* BB 1970, 137 (139 Fn 29); *Paefgen* ZIP 2008, 1653 (1657); *Sandberger* JA 1973, 215 (219), die das Veranlassungsprinzip auch in der Richt-

Recht ist aber ebenso wie das deutsche Recht der **teleologischen Reduktion** zugänglich (s. Rn 45). Diesen Zugang eröffnet der Umstand, dass eine nicht zurechenbare Registereintragung äußerst unwahrscheinlich ist. Diese geringe Wahrscheinlichkeit führt nicht – wie von den Vertretern der Gegenauffassung behauptet[284] – dazu, dass die Rechtstheorie einem solchen Ausnahmefall nicht Rechnung tragen müsse; gerade in der konsistenten Einordnung und Lösung derart extrem gelagerter Ausnahmefälle muss sich das abstrakte Rechtssystem bewähren.[285] Sie erlaubt aber die Vermutung, dass der europäische Gesetzgeber dieses gänzlich fern liegende Szenario bei der Formulierung des Art. 3 Abs. 6 nicht vor Augen hatte. Diese Vermutung begründet angesichts der erheblichen Gerechtigkeitsdefizite, zu denen ein Verzicht auf jedes Zurechnungselement führen würde, eine **Anschauungslücke**, die im Wege der teleologischen Reduktion geschlossen werden kann.[286] Die abschließende Entscheidung über diese Auslegung der Publizitätsrichtlinie obliegt nach Art. 220, 234 EG dem EuGH. Sollte er das Veranlassungsprinzip mit der Gegenauffassung ablehnen, wäre auch hier die Frage nach einer gespaltenen oder einheitlichen Auslegung zu beantworten (s. Rn 12 ff).[287]

111 ee) **Zurechenbarkeit bei beschränkt geschäftsfähigen Personen.** An die Frage des Zurechnungserfordernisses schließt sich die Folgefrage an, ob eine solche Zurechnung auch gegenüber geschäftsunfähigen oder beschränkt geschäftsfähigen Personen zulässig ist. Von der mittlerweile wohl hM wird diese Frage mit der Begründung verneint, dass Zurechnung Zurechnungsfähigkeit voraussetze, die sich angesichts der rechtsgeschäftlichen Auswirkungen der Haftung nach den Vorschriften über die Geschäftsfähigkeit richten müsse.[288] Dieser Schluss ist indes nicht zwingend, wenn man den Begriff der Zurechnung mit der hier vertretenen Ansicht (Rn 53, 106 ff) lediglich im Sinne einer verschuldensunabhängigen Veranlassung aus dem kaufmännischen Organisationsrisiko ableitet. Dieses Risiko hat auch eine in ihrer Geschäftsfähigkeit beschränkte Person zu tragen (s. Rn 54).[289] Für diese Lesart spricht überdies, dass die hM bei § 15 Abs. 1 dem Schweigen des Registers eine Wirkung auch zu Ungunsten des beschränkt Geschäftsfähigen beimisst, den Minderjährigenschutz mithin nicht absolut dem Verkehrsinteresse überordnet (Rn 54). Das lässt eine entgegengesetzte Entscheidung in § 15 Abs. 3 zweifelhaft erscheinen.[290]

112 e) **Fehlende Kenntnis des Dritten.** Dem Dritten ist die Berufung auf die eingetragene und bekannt gemachte Tatsache verwehrt, wenn er die tatsächliche Rechtslage kannte.

---

linie angelegt sehen; wie hier Baumbach/*Hopt* Rn 19; MünchKommHGB/*Krebs* Rn 85; *Canaris* HandelsR § 5 Rn 53.
[284] Vgl. MünchKommHGB/*Krebs* Rn 84.
[285] Vgl. dazu etwa *Larenz/Canaris* Methodenlehre der Rechtswissenschaft, 3. Aufl., 1995, S. 279 ff.
[286] So zum nationalen Recht die auf das europäische Recht übertragbaren Überlegungen von *Canaris* HandelsR § 5 Rn 52.
[287] Für eine gespaltene Auslegung hier *Canaris* HandelsR § 5 Rn 53; *Langenbucher/Riehm* Europarechtliche Bezüge des Privatrechts, 2. Aufl., 2008, § 4 Rn 34 ff; aA *Schmidt-Kessel* GPR 2006, 6 (14).
[288] Baumbach/*Hopt* Rn 19; Ebenroth/Boujong/ Joost/Strohn/*Gehrlein* Rn 34; GK-HGB/ *Ensthaler* Rn 31; Koller/*Roth*/Morck Rn 30; MünchKommHGB/*Lieb*, 1. Aufl., Rn 76; *Canaris* HandelsR § 5 Rn 54; *ders.* Vertrauenshaftung, S. 166; *Fehrenbacher* S. 174 f; *von Olshausen* BB 1970, 137 (142 f).
[289] So daher auch Heymann/*Sonnenschein/ Weitemeyer* Rn 37; MünchKommHGB/ *Krebs* Rn 92; Voraufl. Rn 55 (*Hüffer*); *K. Schmidt* HandelsR § 14 III 3b; differenzierend zwischen beschränkter Geschäftsfähigkeit und Geschäftsunfähigkeit Röhricht/v. Westphalen/*Ammon* Rn 43.
[290] Für eine einheitliche Behandlung von Abs. 1 und 3 auch MünchKommHGB/*Krebs* Rn 92.

Wie bei § 15 Abs. 1 liegt darin auch hier eine **widerlegbare Vermutung der Unkenntnis** (s. schon Rn 45, 57). Der Kaufmann muss also beweisen, dass dem Dritten die tatsächliche Rechtslage positiv bekannt war. Fahrlässige Unkenntnis genügt nicht. Wenn allerdings nachweisbar ist, dass der Dritte die Registereintragung kannte, ohne daraus den Rückschluss auf die wahre Rechtslage zu ziehen, so erscheint es angemessen, ihm die Berufung auf die falsche Bekanntmachung nach § 242 BGB zu versagen.[291] Dagegen schließt der Nachweis, dass der Dritte die Bekanntmachung nicht kannte oder sie für seine Entschließung irrelevant war, die Haftung nach § 15 Abs. 3 nicht aus. Auch § 15 Abs. 3 ist eine **Vorschrift des abstrakten Vertrauensschutzes,** was aus Sicht des Dritten eine bedeutsame Erleichterung gegenüber den allgemeinen Grundsätzen der Vertrauenshaftung darstellt.[292] Die insofern zu § 15 Abs. 1 angestellten Überlegungen beanspruchen auch hier Gültigkeit (Rn 60 f). Zum einschränkenden Erfordernis einer zumindest potenziellen Kausalität vgl. Rn 25 ff.

f) **Maßgebender Zeitpunkt.** Maßgebender Zeitpunkt für die unrichtige Bekanntmachung und die Gutgläubigkeit des Dritten ist der Zeitpunkt des Vorgangs, aus dem der Dritte Rechte herleitet.[293] Der Vertrauensschutz beginnt mit der Bekanntmachung der unrichtigen Tatsache und endet mit Eintragung und Bekanntmachung ihrer Berichtigung und dem Ablauf der Übergangsfrist des § 15 Abs. 2 S. 2 (vgl. dazu Rn 85 f).[294] Diese Übergangsfrist gilt allerdings nicht für den Beginn der Schutzwirkung des § 15 Abs. 3.[295] Diese Geltung lässt sich auch nicht durch eine Analogie begründen, weil die Interessenlagen nicht identisch sind. Während nämlich die Offenlegung nach § 15 Abs. 2 den Rechtsverkehr belastet und deshalb eine Übergangszeit gerechtfertigt ist, geht es in § 15 Abs. 3 gerade um seinen Schutz. Es ist deshalb auch nicht widersprüchlich, die positive Publizität mit der Bekanntmachung beginnen, aber erst 15 Tage nach der Bekanntmachung der Berichtigung enden zu lassen.[296]

113

3. Rechtsfolge

a) **Allgemein.** Die Rechtsfolge des § 15 Abs. 3 besteht darin, dass sich der Dritte auf die bekannt gemachte Tatsache berufen kann. Für die Festlegung des dadurch begünstigten Dritten gelten die Ausführungen in Rn 55 f. Daraus, dass der Dritte dieses Recht geltend machen „kann", folgt im Umkehrschluss, dass er auf diese Begünstigung auch verzichten und sich stattdessen auf die tatsächliche Rechtslage berufen kann. § 15 Abs. 3 greift also nicht zum Nachteil des Dritten ein, sondern räumt ihm stattdessen ein **Wahl-**

114

---

[291] So *Canaris* HandelsR § 5 Rn 48; zust. MünchKommHGB/*Krebs* Rn 94; aA *Sandberger*, JA 1973, 215 (219).
[292] Ebenso Baumbach/*Hopt* Rn 21; Ebenroth/Boujong/Joost/Strohn/*Gehrlein* Rn 35; GK-HGB/*Ensthaler* Rn 32; Koller/Roth/Morck Rn 32; MünchKommHGB/*Krebs* Rn 94; Voraufl. Rn 56 (*Hüffer*); *K. Schmidt* HandelsR § 14 III 2e; *Bürck* AcP 171 (1971), 328 (336 f); aA *Canaris* HandelsR § 5 Rn 48 f; *Schilken* AcP 187 (1987), 1 (19 ff).
[293] Heymann/*Sonnenschein*/*Weitemeyer* Rn 33; MünchKommHGB/*Krebs* Rn 95; Röhricht/v. Westphalen/*Ammon* Rn 41.
[294] Ebenroth/Boujong/Joost/Strohn/*Gehrlein* Rn 36; MünchKommHGB/*Krebs* Rn 95; Röhricht/v. Westphalen/*Ammon* Rn 41.
[295] Vgl. dazu bereits Voraufl Rn 52 (*Hüffer*); ferner Ebenroth/Boujong/Joost/Strohn/*Gehrlein* Rn 36; GK-HGB/*Ensthaler* Rn 34; Heymann/*Sonnenschein*/*Weitemeyer* Rn 33; MünchKommHGB/*Krebs* Rn 95; Röhricht/v. Westphalen/*Ammon* Rn 41; *Schilken* AcP 187 (1987), S. 1 (14 Fn 71); aA noch Schlegelberger/Hildebrandt/Steckhan Rn 27; *Steckhan* DNotZ 1971, 211 (225 f).
[296] So zutreffend Voraufl. Rn 52 (*Hüffer*); ihm folgend *Schilken* AcP 187 (1987), 1 (14 Fn 71).

§ 15

recht zwischen alternativen Rechtsfolgen ein, das er durch einen entsprechenden Sachvortrag (explizit oder konkludent) ausüben kann (vgl. bereits Rn 64 zu § 15 Abs. 1).[297] Dieses Wahlrecht steht dem Dritten gegenüber demjenigen zu „in dessen Angelegenheiten die Tatsache einzutragen war". Zur Konkretisierung dieses Passus kann auf die Ausführungen zu § 15 Abs. 1 (Rn 50 ff) verwiesen werden.

115 b) **Amtshaftungsansprüche.** Beruht die falsche Bekanntmachung auf einem Fehler des Registergerichts, so kann der Kaufmann nach Art. 34 GG, 839 BGB gegen das jeweilige Bundesland **Amtshaftungsansprüche** geltend machen (ausführlich zu den Voraussetzungen eines Amtshaftungsanspruchs in Registersachen bereits § 8 Rn 139 ff).[298] Ist die fehlerhafte Bekanntmachung dem Antragsteller nach § 383 Abs. 1 FamFG (§ 130 Abs. 2 FGG a.F.) ordnungsgemäß mitgeteilt worden, so werden ihm derartige Ansprüche aber regelmäßig nach § **839 Abs. 3 BGB** abgeschnitten sein, da er den Schaden bei sorgfältiger Lektüre der Benachrichtigung durch Einlegung von Rechtsmitteln hätte abwenden können (vgl. § 10 Rn 23 mwN). Die bislang problematische Frage, ob auch Fehler eines privatrechtlich organisierten Publikationsträgers Amtshaftungsansprüche gegen den Staat auslösen können,[299] hat sich mit der Neuregelung des Bekanntmachungsregimes erledigt, da nunmehr auch die Bekanntmachung nicht mehr durch private Printmedien, sondern durch einen Träger öffentlicher Gewalt erfolgt (vgl. dazu § 10 Rn 2). Es gelten daher dieselben Grundsätze wie bei einer fehlerhaften Eintragung.

116 **4. Verhältnis zu §§ 2 und 5.** Ebenso wie bei § 15 Abs. 1 (vgl. Rn 47) können sich auch bei § 15 Abs. 3 Abgrenzungsprobleme gegenüber §§ 2 und 5 ergeben. Bei erfolgter Eintragung besteht die **Kaufmannseigenschaft kraft Eintragung** nach § 2 oder § 5, wobei die genaue Trennlinie zwischen den beiden Vorschriften auch hier umstritten ist.[300] Unabhängig von dieser Grenzziehung gelangt jedenfalls § 15 Abs. 3 nicht zur Anwendung.[301] Etwas anderes kann allerdings auch hier gelten, wenn dem Unternehmen nicht nur die Kaufmannseigenschaft, sondern auch die Gewerbeeigenschaft fehlt, und man mit der hM annimmt, dass dieser Fall nicht mehr von § 5 erfasst wird.[302] Darüber hinaus findet § 15 Abs. 3 auch dann Anwendung, wenn die bekannt gemachte Firma überhaupt nicht eingetragen ist; denn mangels Eintragung ist § 5 nicht anwendbar.

5. Allgemeine Rechtsscheinhaftung neben § 15 Abs. 3

117 a) **Die Fortgeltung der allgemeinen Ergänzungssätze.** § 15 Abs. 3 stellt eine europarechtlich bedingte Fortentwicklung der oben wiedergegebenen ungeschriebenen Ergänzungssätze des nationalen Rechts dar (vgl. Rn 99). Diese Sätze werden von § 15 Abs. 3

---

[297] Vgl. etwa BGH NJW-RR 1990, 737 (738); Baumbach/*Hopt* Rn 22; Ebenroth/Boujong/Joost/Strohn/*Gehrlein* Rn 37; MünchKommHGB/*Krebs* Rn 96; Röhricht/v. Westphalen/*Ammon* Rn 44; zur augenscheinlich abweichenden Darstellung von *K. Schmidt* § 14 II 4b; III 3c; vgl. bereits die Ausführungen in Fn 163.
[298] Vgl. dazu GK-HGB/*Ensthaler* Rn 35; *K. Schmidt* HandelsR § 14 IV sowie die weiteren Nachw. zu § 10 Rn 23.
[299] Monographisch zu diesem Thema *Gammelin* Rechtsscheinhaftung des Kaufmanns und Regressansprüche gegen den Staat bei fehlerhaftem Publikationsakt der Presse, 1973; vgl. ferner GK-HGB/*Ensthaler* Rn 35; *K. Schmidt* HandelsR § 14 IV.
[300] Vgl. bereits die Nachw. oben in Fn 112.
[301] So bereits Voraufl. Rn 12 (*Hüffer*); vgl. auch MünchKommHGB/*Krebs* Rn 15.
[302] Vgl. bereits die Nachw. in Rn 47.

in seinem Anwendungsbereich verdrängt, behalten daneben aber Gültigkeit (vgl. Rn 99 mwN). Der **erste Ergänzungssatz**[303] erlangt namentlich dann Bedeutung, wenn man mit der (hier abgelehnten) hM annimmt, dass § 15 Abs. 3 in den Fällen keine Anwendung findet, in denen nur die Eintragung fehlerhaft, die Bekanntmachung hingegen zutreffend ist (Rn 104 f). Der **zweite Ergänzungssatz**[304] kann namentlich dann herangezogen werden, wenn auf der Grundlage des Veranlassungsprinzips eine Anwendung des § 15 Abs. 3 wegen fehlender Zurechenbarkeit verneint wird (Rn 106 ff), der Betroffene aber nachträglich eine Berichtigungsmöglichkeit gehabt hätte. Daneben behalten beide Sätze bei Tatsachen Relevanz, die **nur eintragungsfähig**, aber nicht anmeldepflichtig sind.[305] Soll in diesen Fällen eine Rechtsscheinhaftung eingreifen, so müssen allerdings ihre allgemeinen Voraussetzungen erfüllt sein.[306]

b) Fortentwicklung zur handelsrechtlichen Rechtsscheinhaftung. Wesentlich größere **118** Bedeutung haben die Ergänzungssätze aber dadurch erlangt, dass sich auf ihrer Grundlage eine allgemeine handelsrechtliche Rechtsscheinhaftung herausgebildet hat.[307] Da die Ergänzungssätze **keinen spezifisch registerrechtlichen Charakter** haben, konnte aus ihnen eine Rechtsscheinhaftung für Erklärungen auch außerhalb des Registers fortentwickelt werden.[308] Diese Haftung hat mittlerweile viele **konkretisierende Ausprägungen** gefunden, zu denen namentlich zählen: die Lehre vom Scheinkaufmann und vom Schein-Nichtkaufmann, die Lehre von der Scheingesellschaft und den Scheingesellschaftern, die Regeln über die fehlerhafte Gesellschaft, die Rechtsscheinhaftung bei Firmenführung ohne Rechtsformzusatz, der Rechtsschein des Fortbestandes der bisherigen Rechtslage und der Rechtsschein der Identität mehrerer Rechtssubjekte.[309]

VI. Zweigniederlassung (§ 15 Abs. 4) und Doppelsitz

Für die Geltung der ersten drei Absätze im Geschäftsverkehr mit einer Zweigniederlassung sollten nach § 15 Abs. 4 a.F. die Eintragung und Bekanntmachung durch das Gericht der Zweigniederlassung ausschlaggebend sein. Infolge der durch die Änderungen der §§ 13 ff im Zuge des EHUG (Rn 9) bewirkten generellen **Konzentration auf das Gericht der Hauptniederlassung** (§ 13 Rn 7) musste auch diese Regelung folgerichtig aufgegeben werden. Die dort enthaltenen Eintragungen sind auch hinsichtlich der Zweigniederlassung für die Anwendung des § 15 maßgeblich. Der Anwendungsbereich des § 15 Abs. 4 wurde folgerichtig auf Unternehmen mit **Hauptniederlassung oder Sitz im Ausland** verengt. Für sie stellt § 15 Abs. 4 weiterhin auf die Eintragung und Bekanntmachung durch das (deutsche) Gericht der Zweigniederlassung ab. Bei Gesellschaften mit einem **Doppelsitz** wird zum Teil in analoger Anwendung des § 15 Abs. 4 als maßgeblich erachtet, zu welcher Niederlassung das streitige Rechtsverhältnis die engere Be-

119

---

[303] Anmelder kann an unrichtiger Anmeldung festgehalten werden – s. Rn 99.
[304] Betroffener muss auch eine von ihm nicht veranlasste Eintragung gegen sich gelten lassen, wenn er sie schuldhaft nicht beseitigt – s. Rn 99.
[305] Ausführlich zum heutigen Anwendungsfeld der Ergänzungssätze *Canaris* HandelsR § 6 Rn 4 ff.
[306] Vgl. dazu bereits die Nachw. in Fn 257.
[307] Röhricht/v. Westphalen/*Ammon* Rn 47; *Canaris* HandelsR § 6 Rn 6.
[308] *Canaris* HandelsR § 6 Rn 6.
[309] Vgl. zu allen genannten Fallgruppen die Ausführungen bei *Canaris* HandelsR § 6.

ziehung hat.³¹⁰ Es ist allerdings kein Grund ersichtlich, warum gerade bei der Anwendung des § 15 das ansonsten für Doppelsitze geltende Schlechterstellungsprinzip (§ 13 Rn 76) zu Lasten des Eingetragenen hier keine Anwendung finden sollte; auch insofern muss er die Risiken der zu seinen Gunsten zugelassenen Ausnahme tragen.³¹¹ Es genügt demnach, wenn der Dritte auf die Angaben eines Registers vertraut, unabhängig davon, zu welcher Niederlassung die engere Verbindung besteht.

§ 15a
Öffentliche Zustellung

¹Ist bei einer juristischen Person, die zur Anmeldung einer inländischen Geschäftsanschrift zum Handelsregister verpflichtet ist, der Zugang einer Willenserklärung nicht unter der eingetragenen Anschrift oder einer im Handelsregister eingetragenen Anschrift einer für Zustellungen empfangsberechtigten Person oder einer ohne Ermittlungen bekannten anderen inländischen Anschrift möglich, kann die Zustellung nach den für die öffentliche Zustellung geltenden Vorschriften der Zivilprozessordnung erfolgen. ²Zuständig ist das Amtsgericht, in dessen Bezirk sich die eingetragene inländische Geschäftsanschrift der Gesellschaft befindet. ³§ 132 des Bürgerlichen Gesetzbuchs bleibt unberührt.

Schrifttum

H. *Schmidt* Die Reform des GmbH-Rechts – Auswirkungen auf das Bankgeschäft, BKR 2007, 1; *Seibert* GmbH-Reform: Der Referentenentwurf eines Gesetzes zur Modernisierung des GmbH-Rechts und zur Bekämpfung von Missbräuchen – MoMiG, ZIP 2006, 1157; *Steffek* Zustellungen und Zugang von Willenserklärungen nach dem Regierungsentwurf zum MoMiG – Inhalt und Bedeutung der Änderungen für GmbHs, AGs und ausländische Kapitalgesellschaften, BB 2007, 2077.

Übersicht

	Rn		Rn
I. Regelungsgehalt und Normzweck	1–2	4. Verfassungsrechtliche Bedenken	13–14
II. Anwendungsbereich	3–6	IV. Ablauf der öffentlichen Zustellung	15–16
III. Unmöglichkeit der Zustellung	7–14	V. Wirkung der öffentlichen Zustellung	17
1. Zustellung an gesetzliche Vertreter	7	VI. Übergangsregelung	18
2. Zustellung an Empfangsberechtigten	8–9		
3. Andere inländische Anschrift	10–12		

---

³¹⁰ Baumbach/*Hopt* Rn 25; Geßler/Hefermehl/*Eckardt* § 5 Rn 15; MünchKommHGB/*Krebs* Rn 100; Röhricht/v. Westphalen/*Ammon* Rn 46.

³¹¹ Wie hier LG Hamburg DB 1973, 2237; MünchKommAktG/*Heider* § 5 Rn 53.

I. Regelungsgehalt und Normzweck

§ 15a wurde im Jahr 2008 im Zuge des **MoMiG** vom 23.10.2008[1] neu in das Handelsgesetzbuch eingeführt. Die Vorschrift soll typischen Missbrauchsfällen begegnen, bei denen Gesellschaften versuchen, sich der Erfüllung ihrer Verbindlichkeiten zu entziehen, indem sie ihre Geschäftsräume schließen und postalisch nicht erreichbar sind (Bestattungsfälle).[2] Für diese Fälle eröffnet der ebenfalls neu eingeführte § **185 Nr. 2 ZPO** die zivilprozessuale Möglichkeit einer öffentlichen Zustellung von Schriftstücken. § 15a ergänzt diese Vorschrift um die Möglichkeit einer auch **materiell-rechtlichen Zustellung** von Willenserklärungen. Diese Ergänzung war erforderlich, da die prozessuale Rechtsverfolgung oftmals auch wirksame materiell-rechtliche Willenserklärungen voraussetzt, wie beispielsweise Mahnungen, Fristsetzungen oder Gestaltungserklärungen (Rücktritt, Kündigung, Anfechtung etc.). Lässt sich kein Geschäftslokal identifizieren, so kann die Erklärung nicht in den Machtbereich des Empfängers gelangen und damit nach § 130 BGB nicht zugehen und wirksam werden.[3]

Da diese Erleichterung nur auf juristische Personen des Handelsrechts (zur Begrifflichkeit s. noch Rn 3 ff) beschränkt bleiben soll, wurde die Regelung nicht in die allgemeine Bestimmung des § 132 BGB einbezogen, sondern im Zusammenhang mit der registergerichtlich dokumentierten inländischen Geschäftsanschrift im Gesetz verortet.[4] Bei der Auslegung des § 15a ist die bewusste Ausgestaltung als **Parallelvorschrift zu § 185 Nr. 2 ZPO** zu berücksichtigen. Diese übereinstimmende Struktur sollte sich auch in einem interpretatorischen Gleichlauf im Rahmen der Auslegung niederschlagen.[5]

II. Anwendungsbereich

Der Anwendungsbereich des § 15a ist auf **juristische Personen** beschränkt, die zur Anmeldung einer **inländischen Geschäftsanschrift** zum Handelsregister verpflichtet sind. Ob die Anmeldung tatsächlich erfolgt ist, spielt keine Rolle.[6] Ausweislich der Gesetzesmaterialien sollen nur Kapitalgesellschaften, also die AG, die GmbH (auch als geschäftsführende Gesellschaft einer GmbH & Co. KG), die SE und die Zweigniederlassungen vergleichbarer ausländischer Gesellschaften erfasst sein. Nur sie seien juristische Personen, die mit ihrer inländischen Geschäftsadresse in das Handelsregister eingetragen werden müssten.[7] In der Tat wurde für diese Gesellschaften im Zuge des MoMiG (Rn 1) die Pflicht zur Anmeldung einer solchen Anschrift eingeführt, und zwar für die GmbH in § 8 Abs. 4 Nr. 1 GmbHG, für die AG in § 37 Abs. 3 Nr. 1 AktG (auf die SE anwendbar über Art. 15 SE-VO) und für Zweigniederlassungen in § 13 Abs. 1 S. 1 und § 13e Abs. 2 S. 3.

Die **juristischen Personen i.S.d. § 33** sollen hingegen nicht von § 15a erfasst sein.[8] Das ist nach dem Gesetzeswortlaut nicht ganz zweifelsfrei, weil eine Pflicht zur Eintra-

---

[1] Gesetz zur Modernisierung des GmbH-Rechts und zur Bekämpfung von Missbräuchen; BGBl. I, S. 2026.
[2] RegBegr MoMiG, BT-Drucks. 16/6140, S. 53; vgl. zu diesen Sachverhalten auch *Kleindiek* ZGR 2007, 276 (277 ff); *Seibert* in: FS Röhricht, 2005, S. 585 (589 ff); *Steffek* BB 2007, 2077.
[3] RegBegr MoMiG, BT-Drucks. 16/6140, S. 51.
[4] RegBegr MoMiG, BT-Drucks. 16/6140, S. 50 f.
[5] *Seibert* ZIP 2006, 1157 (1165); *Steffek* BB 2007, 2077 (2084).
[6] *Steffek* BB 2007, 2077 (2082).
[7] RegBegr MoMiG, BT-Drucks. 16/6140, S. 50 (53).
[8] RegBegr MoMiG, BT-Drucks. 16/6140, S. 50 (53).

gung einer inländischen Geschäftsanschrift auch in § 29 ergänzt wurde, der nach bislang ganz hM auch für die juristischen Personen i.S.d. § 33 gilt.[9] Dennoch kommt ihre Ausklammerung nicht nur in den Gesetzesmaterialien, sondern überdies auch noch darin zum Ausdruck, dass ihnen nicht die Möglichkeit eingeräumt wird, einen Empfangsberechtigten zu bestellen. Durch diese Gestattung wird bei den übrigen Gesellschaftsformen das Risiko einer öffentlichen Zustellung abgemildert (s. noch Rn 8 f). Auch die **Genossenschaft** fällt trotz ihres Charakters als juristische Person ausweislich der Gesetzesmaterialien nicht unter § 15a, da sie nicht zur Anmeldung einer inländischen Geschäftsanschrift verpflichtet ist. Der Gesetzgeber hielt eine Zustellungserleichterung hier nicht für erforderlich, weil sich in der Vergangenheit keine Missbrauchsfälle gezeigt haben, die ein Tätigwerden veranlasst erscheinen ließen.[10]

5 Die eigentliche Selektionskraft soll der Begriff der juristischen Person gegenüber den **Einzelkaufleuten** und den **Personenhandelsgesellschaften**, namentlich der OHG und der KG, entfalten, bei denen es angesichts der persönlichen Haftung mindestens eines Gesellschafters (§§ 128, 161 Abs. 2) als nicht sachgerecht angesehen wurde, die weitreichende Rechtsfolge einer öffentlichen Zustellung anzuordnen.[11]

6 Nach der Gesetzesbegründung sollen auch **Zweigniederlassungen** i.S.d. § 13e (also solche von ausländischen Kapitalgesellschaften) von § 15a erfasst werden.[12] Da die Zweigniederlassung aber rechtlich unselbständig ist (§ 13 Rn 23), muss diese Aussage dahingehend präzisiert werden, dass die Zustellung an die ausländische Kapitalgesellschaft selbst nach § 15a erfolgen kann, wenn die Voraussetzungen dieser Vorschrift hinsichtlich der Zweigniederlassung vorliegen (vgl. zur Zustellung über eine Zweigniederlassung auch § 13 Rn 80).

III. Unmöglichkeit der Zustellung

7 **1. Zustellung an gesetzliche Vertreter.** § 15a setzt voraus, dass der Zugang einer Willenserklärung nicht unter der eingetragenen Anschrift oder einer im Handelsregister eingetragenen Anschrift einer für Zustellungen empfangsberechtigten Person oder einer ohne Ermittlungen bekannten anderen inländischen Anschrift möglich ist. In dieser **Staffelung** kommt der Charakter der öffentlichen Zustellung als **ultima ratio** zum Ausdruck.[13] Der Erklärende muss sich auf einer ersten Stufe an die gesetzlichen Vertreter unter der eingetragenen Geschäftsanschrift wenden. Bereits diese Zustellung ist gegenüber Kapitalgesellschaften und den Zweigniederlassungen ausländischer Kapitalgesellschaften wesentlich dadurch erleichtert worden, dass in diesem Fall die **unwiderlegliche Vermutung** der §§ 35 Abs. 2 S. 3 GmbHG, 78 Abs. 2 S. 3 AktG, 13e Abs. 3a eingreift, wonach die Zustellung an die gesetzlichen Vertreter (zur abweichenden Gestaltung bei Zweigniederlassungen vgl. § 13e Rn 41 f.) unter der im Handelsregister eingetragenen inländischen Geschäftsanschrift erfolgen kann. Hat die Gesellschaft **kein Geschäftsleitungsorgan** (Führungslosigkeit), so wird sie nach § 35 Abs. 1 S. 2 GmbHG durch ihre Gesellschafter, nach § 78 Abs. 1 S. 2 AktG durch ihren Aufsichtsrat vertreten. Allerdings

---

[9] KG OLGR 27, 306; OLG Dresden OLGR 27, 304 (305); Ebenroth/Boujong/Joost/Strohn/*Zimmer* § 33 Rn 5; Koller/*Roth*/Morck § 33 Rn 1; MünchKommHGB/*Krafka* § 33 Rn 15; Röhricht/v. Westphalen/*Ammon* § 33 Rn 9; Voraufl. § 33 Rn 8 (*Hüffer*).

[10] RegBegr MoMiG, BT-Drucks. 16/6140, S. 51.
[11] RegBegr MoMiG, BT-Drucks. 16/6140, S. 50.
[12] RegBegr MoMiG, BT-Drucks. 16/6140, S. 50.
[13] RegBegr MoMiG, BT-Drucks. 16/6140, S. 53.

ist es auch nach diesen Regelungen weiterhin erforderlich, dass die Erklärung zumindest in den **Machtbereich** der Gesellschaft gelangt; die Vermutungswirkung beschränkt sich ausschließlich auf die Möglichkeit der Kenntnisnahme.[14] Scheitert die Zustellung schon an dem Eintritt in den Machtbereich, also etwa in den Fällen, in denen das Geschäftslokal geschlossen oder kein Namensschild mehr vorhanden ist,[15] kann der Zugang auf diesem Wege nicht bewirkt werden.

2. Zustellung an Empfangsberechtigten. Bleibt dieser Versuch erfolglos, kommt als nächster Schritt der Zugang an einen eintragungsfähigen weiteren Empfangsvertreter in Betracht. Als **empfangsberechtigte Person** in diesem Sinne ist der Empfangsberechtigte i.S.d. §§ 10 Abs. 2 S. 2 GmbHG, 39 Abs. 1 S. 2 AktG, 13e Abs. 2 S. 4 anzusehen, dessen Bestellung es in- und ausländischen Kapitalgesellschaften ermöglichen soll, den mit einer öffentlichen Zustellung verbundenen Gefahren entgegenzuwirken (vgl. dazu § 13e Rn 26 ff). Die Bestellung eines solchen Vertreters ist den Gesellschaften nicht zwingend vorgeschrieben und wird voraussichtlich auch von vielen Gesellschaften nicht vorgenommen werden (vgl. § 13e Rn 26). Machen sie von dieser Möglichkeit aber Gebrauch, so muss der Erklärende versuchen, die Willenserklärung auch an den Empfangsberechtigten zuzustellen, bevor er den Weg der öffentlichen Zustellung nach § 15a beschreitet. **8**

Auch die Zustellung an einen Empfangsberechtigten wird erleichtert, und zwar durch die **Fiktion der fortbestehenden Empfangsbevollmächtigung** in §§ 39 Abs. 1 S. 2 AktG, 10 Abs. 2 S. 2 GmbHG, 13e Abs. 2 S. 4 (vgl. bereits § 13e Rn 28). Danach gilt in Anlehnung an § 15 die angegebene Empfangsberechtigung Dritten gegenüber als fortbestehend, bis sie im Handelsregister gelöscht und die Löschung bekannt gemacht worden ist. Auch diese Fiktion hilft dem Dritten allerdings nur in den Fällen, in denen die in das Handelsregister eingetragene Person weiterhin erreicht werden kann und nur ihre rechtsgeschäftliche Vollmacht im Innenverhältnis erloschen ist. Ist die Zustellung hingegen aus **tatsächlichen Gründen** nicht möglich, weil die Anschrift nicht mehr existiert, kann er nicht auf diesem Wege vorgehen. Der erfolglose Zustellungsversuch eröffnet dem Erklärenden nun aber auf der dritten Stufe die Möglichkeit der öffentlichen Zustellung nach § 15a HGB, § 185 Nr. 2 ZPO, sofern nicht ausnahmsweise eine andere inländische Anschrift bekannt ist (Rn 10 ff).[16] **9**

3. Andere inländische Anschrift. Auch wenn eine Zustellung an die im Handelsregister ausgewiesenen Personen nicht möglich ist, muss der Erklärende schließlich noch die Zustellung unter einer anderen inländischen Anschrift versuchen, wenn sie ihm ohne jeglichen Ermittlungsaufwand bekannt ist. Diese Anordnung enthält eine besondere Ausprägung des **Verbots missbräuchlicher Rechtsausübung**. Ist dem Erklärenden eine zustellungsfähige Anschrift positiv bekannt, so wäre es missbräuchlich, wollte er dennoch den Weg über die öffentliche Zustellung gehen.[17] **10**

Durch die Beschränkung auf eine „inländische" Anschrift wird klargestellt, dass eine Zustellung im Ausland auch dann nicht versucht werden muss, wenn ein ausländischer Wohnsitz eines Geschäftsführers oder einer sonstigen empfangsbereiten Person positiv bekannt ist.[18] Damit wird den allfälligen Schwierigkeiten einer Auslandszustellung Rechnung getragen. Für die Gesellschaften wird damit eine Obliegenheit begründet, ihre Er- **11**

---

[14] *Steffek* BB 2007, 2077 (2078 ff).
[15] Beispiele nach *Seibert* ZIP 2006, 1157 (1166).
[16] RegE MoMiG, BT-Drucks. 16/6140, S. 36 f.
[17] *Seibert* ZIP 2006, 1157 (1165).
[18] RegBegr MoMiG, BT-Drucks. 16/6140, S. 51.

reichbarkeit innerhalb Deutschlands sicherzustellen, wenn sie hier unternehmerisch tätig sein wollen.[19] Zu verfassungsrechtlichen Bedenken s. noch Rn 13.

12 Darüber hinaus wird die Möglichkeit der öffentlichen Zustellung auch dann nicht ausgeschlossen, wenn dem Erklärenden die Anschrift nur teilweise bekannt ist, etwa in der Weise, dass er Kenntnis darüber hat, dass der Geschäftsführer in Deutschland, in einer bestimmten Stadt oder bestimmten Straße wohnt. Auch in diesem Fall wäre es notwendig, die Anschrift durch **weitere Nachforschungen** zu ermitteln. Gerade dieser Aufwand soll dem Erklärenden aber erspart bleiben; eine Nachfrage beim Einwohnermeldeamt oder das Nachschlagen im Telefonbuch wird ihm nicht zugemutet.[20] Diese aus Sicht des Erklärenden sehr großzügige Regelung soll nicht nur seiner Entlastung dienen, sondern darüber hinaus auch Unsicherheiten darüber vermeiden, ob die öffentliche Zustellung wegen einer zumutbaren anderweitigen Zugangsmöglichkeit unwirksam ist.[21]

13 **4. Verfassungsrechtliche Bedenken.** Die Beschränkung auf inländische Anschriften ist unter verfassungsrechtlichen Gesichtspunkten kritisiert worden.[22] Diese Kritik baut auf erleichterten Zustellungen innerhalb der EU auf: Im Zuge der Umsetzung der EuZVO[23] wurde die Möglichkeit eingeführt, eine Auslandszustellung nicht mehr über den aufwändigen Weg des § 183 Abs. 1 Nr. 2 und 3 ZPO, sondern durch ein schlichtes **Einschreiben mit Rückschein** zu bewirken (§ 1068 Abs. 1 ZPO i.V.m. Art. 14 Abs. 1 EuZVO). Daraus wird zum Teil die Schlussfolgerung abgeleitet, dass eine Zustellung in das EU-Ausland nicht wesentlich problematischer sei als im Inland. Vor diesem Hintergrund erscheine es sowohl im Hinblick auf das Gleichbehandlungsgebot aus Art. 3 GG als auch im Hinblick auf den Anspruch auf rechtliches Gehör aus Art. 103 Abs. 1 GG bedenklich, den Gläubiger auch gegenüber Personen aus diesen Staaten, von der Obliegenheit eines Zustellungsversuchs zu befreien.[24]

14 Obwohl diese Bedenken pauschal gegenüber § 185 ZPO und § 15a erhoben wurden, betreffen sie in der Sache doch **vornehmlich die zivilprozessuale Vorschrift**. Das liegt für den Verstoß gegen Art. 103 Abs. 1 GG auf der Hand, gilt aber auch für den behaupteten Gleichheitsverstoß. Auch die Zustellung einer außergerichtlichen Willenserklärung nach Art. 16 EuZVO stellt nämlich gegenüber dem herkömmlichen Zugang nach § 130 BGB eine erhebliche Erschwernis dar, die den Gläubiger von der effektiven Verfolgung seiner Ansprüche abhalten könnte. Gerade solche Behinderungen sollen ihm aber durch § 15a erspart werden. Sie sind deshalb als ein hinreichend tragfähiger **sachlicher Grund** anzusehen, der eine Ungleichbehandlung inländischer und ausländischer Anschriften recht-

---

[19] So zu § 185 ZPO n.F. RegBegr MoMiG, BT-Drucks. 16/6140, S. 54; *Seibert* ZIP 2006, 1157 (1165).
[20] RegBegr MoMiG, BT-Drucks. 16/6140, S. 51.
[21] RegBegr MoMiG, BT-Drucks. 16/6140, S. 51.
[22] Vgl. zum Folgenden die Stellungnahme des Bundesrates, BT-Drucks. 16/6140, S. 70.
[23] Verordnung (EG) Nr. 1348/2000 v. 29.5.2000 über die Zustellung gerichtlicher und außergerichtlicher Schriftstücke in Zivil- oder Handelssachen in den Mitgliedstaaten, ABl. EG Nr. L 160 v. 30.6.2000, S. 37 (EuZVO); mittlerweile ersetzt durch die Verordnung (EG) Nr. 1393/2007 des Europäischen Parlaments und des Rates v. 13.11.2007 über die Zustellung gerichtlicher und außergerichtlicher Schriftstücke in Zivil- oder Handelssachen in den Mitgliedstaaten und zur Aufhebung der Verordnung (EG) Nr. 1348/2000 des Rates, ABl. EG Nr. L 324/79 v. 10. Dezember 2007.
[24] Vgl. zum Folgenden die Stellungnahme des Bundesrates, BT-Drucks. 16/6140, S. 70.

fertigt. Der Gesetzgeber hat deshalb zumindest bei der außergerichtlichen Zustellung von Willenserklärungen zu Recht davon abgesehen, vom Erfordernis einer inländischen Anschrift abzuweichen.[25]

IV. Ablauf der öffentlichen Zustellung

Ist es dem Erklärenden nicht möglich, den Zugang in der in Rn 7 ff beschriebenen Weise zu bewirken, kann die Zustellung nach § 15a S. 1 nach den für die öffentliche Zustellung geltenden **Vorschriften der ZPO** erfolgen. Das bedeutet, dass das zuständige Gericht über die Bewilligung der öffentlichen Zustellung entscheidet, wobei es einer mündlichen Verhandlung nicht bedarf (§ 186 Abs. 1 ZPO).[26] Zuständiges Gericht ist nach § 15a S. 2 das Amtsgericht, in dessen Bezirk sich die eingetragene inländische Geschäftsanschrift der Gesellschaft befindet. Seine **Ermessensentscheidung** wird durch das materielle Recht insofern vorgeprägt, als sich aus der neuen Regelung eine Obliegenheit der Gesellschaft ergibt, ihre Erreichbarkeit im Inland sicherzustellen (s. Rn 11). Insbesondere darf das Gericht die öffentliche Zustellung auch nicht unter Berufung auf § 185 Nr. 3 ZPO mit der Begründung versagen, dass eine Zustellung im Ausland möglich sei. § 15a stellt insofern einen eigenständigen Tatbestand der öffentlichen Zustellung dar, dessen Voraussetzungen nicht durch die kumulative Anwendung anderer Tatbestände unterlaufen werden dürfen.[27] **15**

Die öffentliche Zustellung erfolgt durch **Aushang** einer Benachrichtigung an der Gerichtstafel oder durch Einstellung in ein **elektronisches Informationssystem**, das im Gericht öffentlich zugänglich ist (zu weiteren Einzelheiten vgl. § 186 Abs. 2 und 3 ZPO). Das Gericht kann darüber hinaus anordnen, dass die Benachrichtigung einmal oder mehrfach im elektronischen Bundesanzeiger oder in anderen Blättern zu veröffentlichen ist (§ 187 ZPO). § 15a S. 3 stellt klar, dass daneben auch § 132 BGB weiterhin Anwendung findet. **16**

V. Wirkung der öffentlichen Zustellung

Mit der öffentlichen Zustellung gilt der Zugang der Willenserklärung als erfolgt, so dass sie nach § 130 BGB wirksam wird.[28] Da der Bewilligungsbeschluss des Gerichts aus Gründen der Rechtssicherheit rechtsgestaltend wirkt, muss diese **Zustellungsfiktion** auch dann Bestand haben, wenn die öffentliche Zustellung durch unzutreffende Angaben erschlichen wird.[29] Die insofern in der Rechtsprechung zum Teil geäußerten Bedenken beruhen auf dem Anspruch auf rechtliches Gehör aus Art. 103 Abs. 1 GG und betreffen daher ausschließlich den Bereich der prozessualen Zustellung, also die Vorschrift des **17**

---

[25] So zu § 185 ZPO n.F. RegBegr MoMiG, BT-Drucks. 16/6140, S. 54; vgl. ferner die Gegenäußerung der Bundesregierung, BT-Drucks. 16/6140, S. 78.
[26] Zu den Einzelheiten vgl. die zivilprozessuale Kommentarliteratur.
[27] So zu § 185 ZPO n.F. RegBegr MoMiG, BT-Drucks. 16/6140, S. 53.
[28] Zu dieser Wirkung als Zustellungsfiktion vgl. auch das allgemeine Verständnis der zivilrechtlichen Parallelvorschrift, § 132 Abs. 2 BGB, etwa bei MünchKommBGB/*Einsele* § 132 Rn 6.
[29] BGHZ 57, 108 (110) = NJW 1971, 2226; BGHZ 64, 5 (8) = NJW 1975, 827; MünchKommBGB/*Einsele* § 132 Rn 7; Staudinger/*Singer/Benedict* (2004) § 132 Rn 8; *Jauernig* ZZP 101 (1988), 361 (366 f).

§ 185 ZPO.³⁰ Durch § 15a wird dieser verfassungsrechtliche Anspruch nicht beeinträchtigt.³¹ Allerdings kann der Berufung auf eine mit wissentlich falschen Angaben erschlichene öffentliche Zustellung der **Einwand unzulässiger Rechtsausübung** entgegengehalten werden (§ 242 BGB).³²

VI. Übergangsregelung

18 Obwohl für § 15a keine Übergangsbestimmung vorgesehen ist, kann die Regelung doch dann nicht zur Anwendung kommen, solange noch keine inländische Geschäftsanschrift zur Eintragung angemeldet ist.³³ Insofern ist die **Übergangsvorschrift des Art. 64 EGHGB** zu beachten. Danach haben bereits eingetragene Gesellschaften die Anmeldung einer solchen Anschrift bis zum 31. Oktober 2009 vorzunehmen. Nach diesem Zeitpunkt hat das Registergericht eine ihm gem. § 24 Abs. 2 HRV angegebene Anschrift als Geschäftsanschrift einzutragen (zu den Einzelheiten vgl. § 13 Rn 64). Mit der Eintragung entsteht die Möglichkeit der öffentlichen Zustellung nach § 15a.

§ 16
Entscheidung des Prozeßgerichts

(1) ¹Ist durch eine rechtskräftige oder vollstreckbare Entscheidung des Prozeßgerichts die Verpflichtung zur Mitwirkung bei einer Anmeldung zum Handelsregister oder ein Rechtsverhältnis, bezüglich dessen eine Eintragung zu erfolgen hat, gegen einen von mehreren bei der Vornahme der Anmeldung Beteiligten festgestellt, so genügt zur Eintragung die Anmeldung der übrigen Beteiligten. ²Wird die Entscheidung, auf Grund deren die Eintragung erfolgt ist, aufgehoben, so ist dies auf Antrag eines der Beteiligten in das Handelsregister einzutragen.

(2) Ist durch eine rechtskräftige oder vollstreckbare Entscheidung des Prozeßgerichts die Vornahme einer Eintragung für unzulässig erklärt, so darf die Eintragung nicht gegen den Widerspruch desjenigen erfolgen, welcher die Entscheidung erwirkt hat.

Schrifttum

Baums Eintragung und Löschung von Gesellschafterbeschlüssen, 1981; *F. Baur* Zur Beschränkung der Entscheidungsbefugnis des Registerrichters durch einstweilige Verfügung, ZGR 1972, 421; *Ehrenberg* Handelsregistergericht und Prozeßgericht. Prüfungsrecht und Prüfungspflicht des Registergerichts, JherJb. 61 (1912), 423; *ders.* Handbuch Bd. I, 1913, S. 577 ff; *Heinze* Einstweiliger Rechtsschutz in aktienrechtlichen Anfechtungs- und Nichtigkeitsverfahren, ZGR 1979, 293; *Josef* Die Einwirkung des rechtskräftigen Urteils auf die Entscheidungen der Gerichte der freiwilligen Gerichtsbarkeit, namentlich bei Erteilung des Erbscheins, JherJb. 61 (1912), 197; *Kort* Die Registereintragung gesellschaftsrechtlicher Strukturänderungen nach dem Umwandlungsgesetz und nach

---

[30] Vgl. insofern BVerfG NJW 1988, 2361; BGHZ 118, 45 (47 f) = NJW 1992, 2280.
[31] So auch zur Parallelnorm des § 132 Abs. 2 BGB Staudinger/*Singer/Benedict* (2004) § 132 Rn 8.
[32] Vgl. BGHZ 57, 108 (111) = NJW 1971, 2226; BGHZ 64, 5 (8 ff) = NJW 1975, 827; MünchKommBGB/*Einsele* § 132 Rn 7; Staudinger/*Singer/Benedict* (2004) § 132 Rn 8.
[33] *Seibert* ZIP 2006, 1157 (1166).

dem Gesetz zur Unternehmensintegrität und Modernisierung des Anfechtungsrechts (UMAG), BB 2005, 1577; *ders.* Einstweiliger Rechtsschutz bei eintragungspflichtigen Hauptversammlungsbeschlüssen, NZG 2007, 169; *Kuttner* Urteilswirkungen außerhalb des Zivilprozesses, 1914; *K. Lehmann* Besprechung von *Ehrenberg* Handbuch Bd. I, ZHR 75 (1914), 518.

Übersicht

	Rn		Rn
I. Regelungsgegenstand und Regelungszweck	1–3	5. Aufhebung der Entscheidung des Prozessgerichts (§ 16 Abs. 1 S. 2)	26–28
1. Regelungsgegenstand des § 16 Abs. 1	1	6. Schadensersatz bei unberechtigter Eintragung	29–32
2. Regelungsgegenstand des § 16 Abs. 2	2	a) Fallgruppen	29
3. Keine Bindung des Prozessgerichts	3	b) Zivilprozessuale Anspruchsgrundlagen	30–31
II. Der verfahrensrechtliche Rahmen	4–12	c) Zivilrechtliche Anspruchsgrundlagen	32
1. Register- und prozessgerichtliche Entscheidung	4–5	IV. Vorbeugender Rechtsschutz im Registerverfahren (§ 16 Abs. 2)	33–47
2. Aussetzung der Verfügung nach §§ 21, 381 FamFG	6–7	1. Die tatbestandlichen Voraussetzungen	33–35
3. Das Verhältnis von § 16 Abs. 1 und § 21 FamFG	8–9	a) Entscheidung des Prozessgerichts	33
4. Das Verhältnis von § 16 Abs. 2 und § 21 FamFG	10–12	b) Widerspruch	34–35
III. Die Ersetzung der Anmeldung (§ 16 Abs. 1)	13–32	2. Rechtsfolge	36–39
1. Tatbestandliche Voraussetzungen	13–21	a) Unzulässigkeit der Eintragung	36–38
a) Mehrere Beteiligte	13	b) Eintragung trotz Widerspruch	39
b) Entscheidung des Prozessgerichts	14–15	3. Sonderproblem: § 16 Abs. 2 und einstweiliger Rechtsschutz im aktienrechtlichen Anfechtungsrecht	40–44
c) Inhalt der Entscheidung	16–18	a) Wortlautgetreue Auslegung	40
d) § 16 Abs. 1 S. 1 im Recht der Kapitalgesellschaften	19–21	b) Meinungsstand	41
2. Rechtsfolge: Anmeldung durch die übrigen Beteiligten	22	c) Stellungnahme	42–44
3. Prüfungsumfang des Registergerichts	23–24	4. Schadensersatz bei zu Unrecht unterbliebener Eintragung	45–47
4. Vermerk nach § 18 S. 1 HRV	25		

I. Regelungsgegenstand und Regelungszweck

1. Regelungsgegenstand des § 16 Abs. 1. Regelungsgegenstand des § 16 ist die Frage, **1** wie sich bestimmte Entscheidungen des Prozessgerichts auf registerrechtliche Anmeldungs- und Eintragungspflichten auswirken.[1] Dabei regelt § 16 Abs. 1 den Fall, dass eine **Personenmehrheit** dazu verpflichtet ist, eine Anmeldung vorzunehmen, einer oder mehrere aus dieser Gruppe ihre Mitwirkung aber verweigern. In diesem Fall kann nach § 16 Abs. 1 eine Entscheidung des Prozessgerichts diese **Mitwirkung ersetzen**. Da demnach eine gerichtliche Entscheidung die Abgabe einer Willenserklärung substituiert, erfüllt die Vorschrift einen ähnlichen Zweck wie die allgemeine zivilprozessuale Regelung des **§ 894 ZPO**,[2] geht darüber aber auch in mehrfacher Hinsicht hinaus (zu den Einzelheiten vgl.

---

[1] GK-HGB/*Ensthaler* Rn 1; Heymann/*Sonnenschein*/*Weitemeyer* Rn 1; Koller/*Roth*/Morck Rn 1; Röhricht/v. Westphalen/*Ammon* Rn 1; Schlegelberger/*Hildebrandt*/*Steckhan* Rn 4 ff.

[2] Ungeachtet der umstrittenen Rechtsnatur der Anmeldung (dazu § 12 Rn 5 ff) ist man sich im Schrifttum über die grundsätzliche Anwendbarkeit des § 894 ZPO einig; s. bereits Denkschrift zum HGB – *Hahn*/*Mugdan* S. 30; ferner Ebenroth/Boujong/Joost/Strohn/*Schaub* Rn 10; Koller/*Roth*/Morck Rn 2; MünchKommHGB/*Krafka* Rn 2; Röhricht/v. Westphalen/*Ammon* Rn 5; anders aber augenscheinlich BGH NJW-RR 2002, 538 (539):

noch Rn 13 ff). Zunächst ist nicht erforderlich, dass ein Urteil i.S.d. § 894 ZPO vorliegt; § 16 Abs. 1 lässt vielmehr auch Feststellungs- und Gestaltungsentscheidungen genügen. Ferner lässt die Bestimmung zu, dass die Eintragung aufgrund eines vorläufig vollstreckbaren Urteils (§§ 708 ff ZPO) vorgenommen wird. Eine dritte Erweiterung liegt darin, dass auch andere Entscheidungen als Anmeldungsersatz ausreichen, namentlich die einstweilige Verfügung (§§ 935 ff ZPO). Zusammenfassend kann § 16 Abs. 1 als **vollstreckungsrechtliche Vorschrift** im weiteren Sinn bezeichnet werden.[3]

2 2. Regelungsgegenstand des § 16 Abs. 2. § 16 Abs. 2 gibt Antwort auf die Frage, wann der **Widerspruch eines Beteiligten** die Eintragung in das Register verhindern kann. Dabei geht es nicht um die Fälle des § 16 Abs. 1 mit umgekehrter Parteirolle; denn derjenige, dessen Anmeldung erforderlich ist, kann die Eintragung schon verhindern, indem er seine Mitwirkung verweigert. Eines Widerspruchs bedarf es also nicht. Vielmehr geht es um solche Fälle, in denen jemand an dem Vorgang „beteiligt" ist, ohne dass seine Mitwirkung zwingend erforderlich ist (zu den Einzelheiten s. noch Rn 33 ff). In diesem Fall kann ihm dennoch das Recht zustehen, die Unterlassung der Eintragung zu verlangen, wenn sie rechtlich unzulässig wäre. Eine dahingehende Entscheidung des Prozessgerichts würde aber nach allgemeinen Grundsätzen wegen der persönlichen Grenzen der Rechtskraft noch keine Bindung des selbständig entscheidenden Registergerichts begründen. Diese **Bindungswirkung** des Urteils des Prozessgerichts gegenüber dem Registergericht kann über § 16 Abs. 2 hergestellt werden, wenn der Dritte, der die Entscheidung erwirkt hat, der Vornahme der Eintragung widerspricht. In der Sache geht es also um den Schutz des Widersprechenden vor einer seine Rechte gefährdenden Eintragungsverfügung. Ihm wird durch § 16 Abs. 2 ein **vorbeugender Rechtsschutz im Registerverfahren** gewährt, der in seiner Funktion mit der Unterlassungsklage nach § 37 Abs. 2 HGB, § 1004 BGB vergleichbar ist.[4]

3 3. Keine Bindung des Prozessgerichts. Nicht von § 16 geregelt wird die Frage, inwieweit das Prozessgericht an Entscheidungen des Registergerichts gebunden ist. Hier gelten die allgemeinen Grundsätze.[5] Das bedeutet, dass bei konstitutiv wirkenden Eintragungen die entstandene Rechtstatsache auch für das Prozessgericht zu beachten ist. Ansonsten besteht keine Bindungswirkung, so dass das Prozessgericht die materielle Rechtslage abweichend beurteilen kann.[6]

II. Der verfahrensrechtliche Rahmen

4 1. Register- und prozessgerichtliche Entscheidung. Bevor auf die Wirkung des § 16 im Einzelnen eingegangen wird, soll in einem ersten Schritt das verfahrensrechtliche Umfeld ausgeleuchtet werden, in das diese Vorschrift eingebettet ist. Dabei ist von dem allgemeinen Grundsatz auszugehen, dass das Registergericht selbständig entscheidet, also **an Entscheidungen des Prozessgerichts nicht gebunden** ist.[7] Dies gilt jedoch nur, wenn

---

Die Mitwirkung bei der Anmeldung zum Handelsregister werde nicht nach § 894 ZPO vollstreckt, sondern nach § 16 Abs. 1 S. 1 fingiert.

[3] Ebenroth/Boujong/Joost/Strohn/*Schaub* Rn 2; MünchKommHGB/*Krafka* Rn 2; *Kuttner* Urteilswirkungen, S. 101; *Baur* ZGR 1972, 421 (423).

[4] *Baur* ZGR 1972, 421 (424).

[5] MünchKommHGB/*Krafka* Rn 1a.

[6] Ebenroth/Boujong/Joost/Strohn/*Schaub* Rn 3; mit Bedenken Röhricht/v. Westphalen/*Ammon* Rn 19.

[7] S. schon die Denkschrift zum HGB – Hahn/*Mugdan*, S. 29 f; ferner Keidel/Kuntze/*Winkler* § 127 Rn 46.

nicht andere Bestimmungen über das Verhältnis der freiwilligen zur streitigen Gerichtsbarkeit abweichende Regelungen vorsehen. Eine entsprechende Anordnung trifft zunächst § 894 ZPO (siehe schon Rn 1 und unten Rn 13).[8]

Eine Bindungswirkung entfalten weiter **Gestaltungsurteile**, die für und gegen jedermann wirken;[9] sie sind im Gesellschaftsrecht von großer Bedeutung. Als Beispiel sind etwa zu nennen § 117 (Entziehung der Geschäftsführungsbefugnis), § 127 (Entziehung der Vertretungsmacht), § 133 (Auflösung durch gerichtliche Entscheidung), § 140 (Ausschließung eines Gesellschafters), § 246 AktG (Anfechtungsklage), § 275 AktG (Klage auf Nichtigerklärung).[10] Nahezu einhellig wird zuletzt auch eine Bindungswirkung von **rechtskräftigen Leistungs- und Feststellungsurteilen** angenommen, allerdings nur, soweit die persönlichen Grenzen der Rechtskraft reichen.[11] Sind an dem Registerverfahren noch andere Personen als die Prozessparteien beteiligt, kann daher keine Bindungswirkung eintreten.[12]

2. Aussetzung der Verfügung nach §§ 21, 381 FamFG. Auch wenn die Entscheidungen des Prozess- und des Registergerichts grundsätzlich unabhängig nebeneinander stehen, kann eine Verbindung zwischen ihnen durch eine gerichtliche Entscheidung nach §§ 21, 381 FamFG (§ 127 FGG a.F.) hergestellt werden. § 21 Abs. 1 FamFG gestattet dem Registerrichter, die Verfügung auszusetzen, bis ein **für die Verfügung relevantes Rechtsverhältnis** rechtskräftig von dem Prozessgericht entschieden ist. Ist noch kein Rechtsstreit anhängig, kann das Registergericht nach § 381 FamFG (§ 127 S. 2 FGG a.F.) eine Frist zur Klageerhebung setzen. Diese beiden Möglichkeiten liegen im **pflichtgemäßen Ermessen** des Gerichts.[13] Dabei sind die Erfolgsaussichten der Klage sowie die Wirkungen der vorläufigen Nichteintragung abzuwägen.[14]

Die Verfügung auszusetzen, dient einem doppelten Zweck. Die Aussetzung soll einen Entscheidungsgleichklang bewirken und im Interesse der Verfahrensökonomie eine zweite Beweiserhebung überflüssig machen oder jedenfalls in ihrem Umfang einschränken.[15] Dieses **verfahrensökonomische Ziel** würde am effektivsten dann verwirklicht, wenn das Registergericht in der Folge auch an die in der Zwischenzeit ergangene Entscheidung gebunden wäre.[16] Soweit geht die Norm indes nicht. Da die Verfahren des FamFG und der ZPO unterschiedlich strukturiert sind und anderen Zwecken dienen, sind gleichlaufende Entscheidungen zwar erstrebenswert, doch wird dieses Ziel durch das **Gebot sachrichtiger Entscheidungen** überlagert. Das Registergericht soll für die Allgemeinheit befinden und hat deshalb über den Amtsermittlungsgrundsatz auch Aspekte zu beachten, die das Prozessgericht außer Betracht lassen kann. Dieses hat nur zwischen den Parteien zu entscheiden, die aufgrund der Verhandlungsmaxime die Möglichkeit haben, das Urteil

---

[8] Jansen/*Steder* § 127 Rn 48 f; Keidel/Kuntze/*Winkler* § 127 Rn 46; *Baur* ZGR 1972, 421 f.
[9] Jansen/*Steder* § 127 Rn 43 ff; Keidel/Kuntze/*Winkler* § 127 Rn 46; *Ehrenberg* JherJb. 61 (1912), 423 (448, 460).
[10] Jansen/*Steder* § 127 Rn 43, Keidel/Kuntze/*Winkler* § 127 Rn 46; *Rosenberg/Schwab/Gottwald* Zivilprozessrecht § 11 Rn 20; *Baur* ZGR 1972, 421 f.
[11] OLG Stuttgart OLGZ 70, 419 (421); dazu auch BayObLGZ 1987, 325 (329 f). Weitergehend Schlegelberger/*Hildebrandt/Steckhan* Rn 6: Bereits vollstreckbare Entscheidungen sollen Bindungswirkung entfalten.
[12] BayObLGZ 1969, 184 (186); vgl. auch BayObLGZ 1987, 325 (330); Keidel/Kuntze/*Winkler/Schmidt* § 1 Rn 45; *Rosenberg/Schwab/Gottwald* Zivilprozessrecht § 11 Rn 21; *Baur* ZGR 1972, 421 f; s. auch *Schwab* ZZP 77 (1964), 124 (153 f).
[13] Jansen/*Steder* § 127 Rn 23.
[14] Zu den relevanten Abwägungskriterien vgl. Krafka/*Willer* Rn 171.
[15] Jansen/*Steder* § 127 Rn 15.
[16] Vgl. *Baur* ZGR 1972, 421 (422).

in ihrem Sinne auszugestalten.[17] Daher herrscht nahezu einhellige Übereinstimmung, dass die Aussetzungsmöglichkeit der §§ 21, 381 FamFG **keine Vorentscheidung für die Bindung des Registergerichts** an das Prozessgericht trifft.[18] Auch wenn ein Verfahren ausgesetzt wurde, richtet sich die Bindung des Registergerichts nach den allgemeinen Grundsätzen (Rn 4 ff). §§ 21, 381 FamFG machen also nur von dem Gebot, ohne Verzögerung zu entscheiden, eine Ausnahme; Recht und Pflicht zu selbständiger Entscheidung werden dadurch nicht berührt.[19]

8 3. **Das Verhältnis von § 16 Abs. 1 und § 21 FamFG.** Während es § 21 Abs. 1 FamFG in das pflichtgemäße Ermessen des Registergerichts stellt, ob die Eintragungsverfügung bis zur Rechtskraft eines Urteil ausgesetzt wird (s. Rn 6 f), bestimmt § 16 Abs. 1, dass schon die vorläufige Vollstreckbarkeit einer Entscheidung oder sogar eine einstweilige Verfügung **genügt**, um eine Eintragung vorzunehmen. Die Formulierung „genügen" ließe es durchaus zu, das Registergericht in seiner Eintragungsentscheidung nicht zu binden, sondern ihm auch weiterhin einen Ermessensspielraum zu belassen.[20] Dem Registergericht wäre die Eintragung gestattet, es bliebe aber in sein pflichtgemäßes Ermessen gestellt, ob es von dieser Möglichkeit Gebrauch macht oder die endgültige Klärung des Rechtsstreits abwartet.

9 Diese Lesart wird allerdings dem Charakter der Vorschrift als Vollstreckungshilfe nicht gerecht. Deshalb ist das **Ermessen** des Registergerichts nach § 21 Abs. 1 FamFG im Anwendungsbereich des § 16 Abs. 1 **einzuschränken**. Der Richter ist, soweit die Bindungswirkung der Entscheidung reicht (Rn 4 f), nicht erst mit der Rechtskraft eines Urteils gebunden. Er hat Entscheidungen des Prozessgerichts bereits ab der vorläufigen Vollstreckbarkeit oder dem Zeitpunkt des Verfügungserlasses zu beachten. Selbst wenn das Registergericht davon überzeugt ist, dass der weitere Verfahrensverlauf zu einem anderen Ergebnis führen wird, darf es das **Eintragungsverfahren nicht aussetzen** (zu etwaigen Schadensersatzfolgen für den Anmelder s. Rn 29 ff).[21] Eine Ausnahme von dieser Regelung ist allerdings für solche Fälle anzuerkennen, in denen dem Registergericht Tatsachen bekannt werden, die eine andere rechtliche Beurteilung tragen und die das Prozessgericht bei seiner Entscheidung noch nicht berücksichtigen konnte. Das Interesse an der Richtigkeit des Registerinhalts ist dann höher zu bewerten als das Interesse an der baldigen Eintragung, so dass insoweit der übliche Ermessensspielraum erhalten bleibt.[22]

10 4. **Das Verhältnis von § 16 Abs. 2 und § 21 FamFG.** Der Grundsatz, dass das Registergericht an Entscheidungen des Prozessgerichts nicht gebunden ist (Rn 4), wird auch durch § 16 Abs. 2 durchbrochen. Danach wird es dem Registergericht in dem Fall, dass

---

[17] *K. Lehmann* ZHR 75 (1914), 518 (524); vgl. auch *Baur* ZGR 1972, 421 (422); *Ehrenberg* JherJb. 61 (1912), 423 (457).
[18] Jansen/*Steder* § 127 Rn 42; Keidel/*Kuntze/Winkler* § 127 Rn 46; Röhricht/v. Westphalen/*Ammon* Rn 2, 4; Schlegelberger/Hildebrandt/*Steckhan* Rn 5 f; *Baur* ZGR 1972, 421 f; *K. Lehmann* ZHR 75 (1914), 518 (524 f); **aA** *Ehrenberg* JherJb. 61 (1912), 423 (452 ff); *Josef* JherJb. 61 (1912), 197 (227) für das Erbscheinverfahren.
[19] So zutr. bereits Voraufl. Rn 7 (*Hüffer*); ihm folgend Ebenroth/Boujong/Joost/Strohn/*Schaub* Rn 5.
[20] Darauf weist Voraufl. Rn 8 (*Hüffer*) zutreffend hin.
[21] Zu dieser Auffassung Ebenroth/Boujong/Joost/Strohn/*Schaub* Rn 6; Koller/*Roth/Morck* Rn 4, 6; Röhricht/v. Westphalen/*Ammon* Rn 9; wohl auch GK-HGB/*Ensthaler* Rn 3; Heymann/*Sonnenschein/Weitemeyer* Rn 6.
[22] Voraufl. Rn 8 (*Hüffer*).

die Vornahme einer Eintragung vom Prozessgericht für unzulässig erklärt wird, untersagt, die Eintragung gegen den Widerspruch desjenigen vorzunehmen, der die Entscheidung bewirkt hat. Dem Registergericht steht deshalb ausschließlich die Wahl zwischen der **Zurückweisung** der Anmeldung und der **Aussetzung** der Verfügung offen. Weil das erste wenig zweckmäßig ist, drängt § 16 Abs. 2 dazu, von der Aussetzungsmöglichkeit des § 21 Abs. 1 FamFG Gebrauch zu machen. Das macht wiederum eine Abgrenzung der beiden Vorschriften erforderlich.

Diese Abgrenzung scheint durch den **Wortlaut** des § 16 Abs. 2 klar vorgezeichnet zu sein: Wo die Voraussetzungen dieser Vorschrift vorliegen, ist der Ermessensspielraum des Gerichts nach § 21 Abs. 1 FamFG eingeschränkt. Dieses wortlautgetreue Ergebnis vermag indes nicht zu überzeugen, wenn man berücksichtigt, dass nach allgemeinen Grundsätzen selbst eine rechtskräftige Entscheidung des Prozessgerichts in der Regel das Registergericht nicht binden kann. Daher wäre es **wertungswidersprüchlich**, wenn die Rechtsschutzwirkung einer vorläufigen, typischerweise einstweiligen Entscheidung weiter reichen könnte als die des endgültigen, also rechtskräftigen Urteils.[23] Eine derartige Rechtsfolge kann § 16 Abs. 2 aus teleologischen Gründen nicht entnommen werden. § 16 Abs. 2 vermag allein die von einer rechtskräftigen Entscheidung ausgehende Bindung in ein früheres Verfahrensstadium vorzuziehen. Dort, wo aber auch die endgültige Entscheidung noch keine Bindungswirkung auslöst, kann eine solche Folge auch über § 16 Abs. 2 nicht herbeigeführt werden.

Dieser Wertungswiderspruch kann nur in der Weise aufgelöst werden, dass man § 16 Abs. 2 entgegen seinem zu weit gefassten Wortlaut **teleologisch reduziert**.[24] Eine Einschränkung des richterlichen Ermessens nach § 16 Abs. 2 ist ausschließlich dort anzunehmen, wo auch die rechtskräftige Entscheidung des Prozessgerichts das Registergericht binden könnte (s. Rn 4 f). Jenseits dieser Fälle bleibt der Ermessensspielraum des Registergerichts bestehen.

III. Die Ersetzung der Anmeldung (§ 16 Abs. 1)

1. Tatbestandliche Voraussetzungen

a) **Mehrere Beteiligte.** § 16 Abs. 1 S. 1 setzt zunächst voraus, dass an der Anmeldung mehrere Personen beteiligt sind, was in erster Linie in **gesellschaftsrechtlichen Zusammenhängen** der Fall ist.[25] Daraus ergibt sich im Umkehrschluss, dass § 16 unanwendbar ist, wenn zur Anmeldung ein Einzelner genügt, aber auch dann, wenn alle Beteiligten, deren Zusammenwirken erforderlich ist, die Anmeldung verweigern.[26] In solchen Fällen kann das Registergericht nur mit Zwangsgeldfestsetzung gem. § 14 vorgehen. Sofern Dritte einen materiell-rechtlichen Anspruch auf die Anmeldung haben, können sie Klage

---

[23] Zu dieser ganz hM s. Ebenroth/Boujong/Joost/Strohn/*Schaub* Rn 7; GK-HGB/*Ensthaler* Rn 5; GroßKommAktG/*Wiedemann* § 181 Rn 30; MünchKommHGB/*Krafka* Rn 12, 15; Röhricht/v. Westphalen/*Ammon* Rn 17; Schlegelberger/*Hildebrandt/Steckhan* Rn 12; Baur ZGR 1972, 421 (426); ohne diese Einschränkung wohl Heymann/*Sonnenschein/Weitemeyer* Rn 13.

[24] Für eine restriktive Auslegung Voraufl. Rn 10 (*Hüffer*); Baur ZGR 1972, 421 (426); vgl. zum Ergebnis aber bereits die Nachw. in Fn 23.

[25] Voraufl. Rn 11 (*Hüffer*); MünchKommHGB/*Krafka* Rn 3.

[26] Ebenroth/Boujong/Joost/Strohn/*Schaub* Rn 10; GK-HGB/*Ensthaler* Rn 2; Koller/Roth/Morck Rn 5.

§ 16　1. Buch. Handelsstand

auf Abgabe der Erklärung erheben und dann nach § 894 ZPO vollstrecken. Die Einreichung von Dokumenten wird von § 16 Abs. 1 nicht ersetzt, es muss nach § 888 ZPO vollstreckt werden.[27] Zum Ursprung der Mitwirkungspflicht s. noch Rn 17.

14　b) **Entscheidung des Prozessgerichts.** § 16 Abs. 1 verlangt des Weiteren eine **vollstreckbare Entscheidung** des Prozessgerichts. Diese muss nicht den Inhalt des § 894 ZPO haben; es genügen auch Feststellungs- und Gestaltungsentscheidungen. Neben dem rechtskräftigen Urteil (vgl. §§ 300, 325 ZPO) kommen auch das **vorläufig vollstreckbare Urteil** (§ 708 ff ZPO) und die **einstweilige Verfügung** (§§ 935 ff ZPO)[28] in Betracht. Wenn die vorläufige Vollstreckbarkeit des Urteils oder die Vollziehung einer einstweiligen Verfügung von einer Sicherheitsleistung abhängig gemacht wurde, ist der Nachweis, dass die Sicherheit geleistet wurde, vor der Eintragung zu erbringen.[29] Dort, wo durch die Eintragung **irreversible Folgen** eintreten, wie etwa bei der Löschung einer Firma oder der Auflösung einer Gesellschaft, kann eine einstweilige Verfügung als Grundlage nicht ergehen. Hier ist ein Endurteil erforderlich.[30] Entscheidungen anderer Gerichte genügen nicht. Das bedeutet insbesondere, dass die Vorschrift solche Entscheidungen nicht erfasst, die in einem Verfahren der **freiwilligen Gerichtsbarkeit** ergangen sind.

15　**Schiedssprüche** nach den §§ 1025 ff ZPO sind ebenfalls keine taugliche Grundlage für eine Entscheidung nach § 16 Abs. 1.[31] Zwar hat der Schiedsspruch unter den Parteien die Wirkung eines rechtskräftigen Urteils (§ 1055 ZPO). Jedoch ist der hier ausschlaggebende Unterschied zu einem tatsächlichen Urteil, dass die Parteien den Spruch durch Parteivereinbarung beseitigen können.[32] Die Eintragungsgrundlage stünde so zur Disposition der Parteien, was für ein öffentliches Register nicht akzeptabel wäre. Jedoch können Schiedssprüche dann unter § 16 Abs. 1 fallen, wenn sie **rechtskräftig für vollstreckbar** erklärt wurden (§ 1060 ZPO).[33] Nicht ausreichend sind ferner solche Vollstreckungstitel, die keine Entscheidungen darstellen. Damit sind **Prozessvergleiche** und **vollstreckbare Urkunden** aus dem Tatbestand ausgegrenzt, und zwar auch dann, wenn sie die Verpflichtung beinhalten, eine Tatsache zur Eintragung anzumelden.[34]

16　c) **Inhalt der Entscheidung.** Nach § 16 Abs. 1 S. 1 kann die Anmeldung eines Beteiligten durch eine Entscheidung ersetzt werden, welche seine Verpflichtung zur Mitwirkung bei der Anmeldung oder ein eintragungspflichtiges Rechtsverhältnis gegen ihn feststellt. Dabei ist – obwohl der Wortlaut dies nahelegt – keine Feststellungsklage oder eine auf Feststellung gerichtete Widerklage nach § 256 ZPO erforderlich. Die erforder-

---

[27] Ebenroth/Boujong/Joost/Strohn/*Schaub* Rn 10; Voraufl. Rn 11 (*Hüffer*); teilw. aA Röhricht/v. Westphalen/*Ammon* Rn 6, wonach die Vollstreckung für die Einreichung von Schriftstücken nach § 883 ZPO zu betreiben sei.
[28] Vgl. KGJ 37 A 142; BayObLG ZIP 1986, 93 (94).
[29] Jansen/*Steder* § 127 Rn 53.
[30] RG LZ 1908, 595; Baumbach/*Hopt* Rn 3.
[31] BayObLG WM 1984, 809 (810); nahezu einhellige Ansicht: s. Baumbach/*Hopt* Rn 3; Ebenroth/Boujong/Joost/Strohn/*Schaub* Rn 13; Koller/*Roth*/Morck Rn 5; MünchKommHGB/*Krafka* Rn 4; Röhricht/v. Westphalen/*Ammon* Rn 9; dagegen nur *Vollmer* BB 1984, 1774 (1776 ff); vgl. zum österreichischen Recht aber auch Jabornegg/*Burgstaller* § 16 Rn 4 f.
[32] OLG Bremen NJW 1957, 1035; Baumbach/Lauterbach/Albers/*Hartmann* § 1055 Rn 7.
[33] BayObLG WM 1984, 809 (810); MünchKommHGB/*Krafka* Rn 4.
[34] Zu untauglichen Grundlagen s. KG OLGR 14, 335 (336); KGJ 34 A 122; ferner Heymann/*Sonnenschein*/Weitemeyer Rn 3; Koller/*Roth*/Morck Rn 5.

liche Feststellung ist vielmehr auch in einem **Leistungs- oder Gestaltungsurteil** enthalten, sofern sich aus der Entscheidung ergibt, dass das Prozessgericht die Mitwirkungspflicht oder den Bestand eines eintragungspflichtigen Rechtsverhältnisses bejaht.[35]

Die **erste Variante** des § 16 Abs. 1 S. 1 nennt als **Gegenstand der Feststellung** die Pflicht, bei einer Anmeldung zum Handelsregister mitzuwirken. Diese Mitwirkungspflicht muss eine **privatrechtliche Pflicht** gegenüber anderen Personen sein. Die nach § 14 mit Hilfe von Zwangsgeld durchzusetzende Pflicht gegenüber dem Registergericht genügt allein nicht, um den Tatbestand des § 16 Abs. 1 zu erfüllen.[36] Das ergibt sich zwar nicht eindeutig aus dem Gesetzeswortlaut, wohl aber daraus, dass schon ein Urteil des Prozessgerichts wegen fehlender Klagebefugnis nicht erlangt werden könnte, wenn nicht auch ein privatrechtlicher Anspruch bestünde. Als Beispiel für derartige Mitwirkungspflichten sind die Pflichten der Gesellschafter oder Liquidatoren zu nennen (z.B. §§ 108, 125 Abs. 4, 143, 144 Abs. 2, 148, 157 und 175). In diesen Fällen besteht die Pflicht sowohl gegenüber dem Registergericht als auch im Verhältnis der Anmeldepflichtigen untereinander.[37] Zu Besonderheiten im Recht der Kapitalgesellschaften s. noch Rn 19 ff.

Nach der **zweiten Variante** des § 16 Abs. 1 S. 1 genügt auch die Feststellung eines eintragungspflichtigen Rechtsverhältnisses. Das **weite Verständnis der Feststellung** (Rn 16) hat insbesondere hier Bedeutung. Als Beispiel sei etwa eine Entscheidung genannt, durch die eine Vertretungsmacht entzogen wird, da darin implizit das Erlöschen der Vertretungsmacht zum Ausdruck kommt.[38] Damit wird eine gesonderte Klage auf Mitwirkung bei der Anmeldung entbehrlich, was unter Gesichtspunkten der Verfahrensökonomie sinnvoll erscheint.[39] Auch **Leistungsurteile** können von dieser Tatbestandsvariante erfasst werden. So schließt ein Urteil, das auf Unterlassung von Vertretungsmaßnahmen nach einer durch den Gesellschaftsvertrag vorgesehenen Abberufung ohne gerichtliches Verfahren erkennt, notwendig die Feststellung ein, dass die Vertretungsmacht erloschen ist.[40]

d) **§ 16 Abs. 1 S. 1 im Recht der Kapitalgesellschaften.** Neben den in Rn 17 genannten Beispielen aus dem Recht der Personenhandelsgesellschaften kann § 16 auch im Recht der Kapitalgesellschaften Bedeutung zukommen. Hier ist etwa die Anmeldung des Ausscheidens von Vorstandsmitgliedern nach § 81 AktG zu nennen. Ein ausgeschiedenes Mitglied kann die Anmeldung seines eigenen Ausscheidens nicht mehr vornehmen; der Einzelne hat aber einen klagbaren Anspruch auf Anmeldung.[41] Dabei ersetzt § 894 ZPO die Anmeldung, wenn direkt auf Abgabe der Erklärung geklagt wurde.[42]

Für die Anmeldung einer Kapitalgesellschaft kommt § 16 Abs. 1 S. 1 nur eine begrenzte praktische Bedeutung zu. Unter rechtsdogmatischen Gesichtspunkten wirft die Regelung hier aber im Hinblick auf die **Höchstpersönlichkeit der Anmeldung** (s. schon § 12 Rn 42 f) Fragen auf. Die früher im Aktienrecht hM lehnte für die Pflicht zur Anmel-

---

[35] Ebenroth/Boujong/Joost/Strohn/*Schaub* Rn 11; Heymann/*Sonnenschein*/*Weitemeyer* Rn 4; Koller/*Roth*/Morck Rn 5.
[36] MünchKommHGB/*Krafka* Rn 3.
[37] Ebenroth/Boujong/Joost/Strohn/*Schaub* Rn 9; Heymann/*Sonnenschein*/*Weitemeyer* Rn 4; MünchKommHGB/*Krafka* Rn 3.
[38] Beispiel aus der Denkschrift zum HGB – Hahn/Mugdan S. 30, s. auch MünchKommHGB/*Krafka* Rn 5; Röhricht/v. Westphalen/*Ammon* Rn 9.
[39] Röhricht/v. Westphalen/*Ammon* Rn 9; Voraufl. Rn 17 (*Hüffer*).
[40] Siehe dazu Voraufl. Rn 17 (*Hüffer*).
[41] *Hüffer* § 81 Rn 5.
[42] Röhricht/v.Westphalen/*Ammon* Rn 11; KölnerKommAktG/*Mertens* § 81 Rn 13; differenzierend GroßkommAktG/*Habersack* § 81 Rn 8: Bei engem zeitlichen Zusammenhang sollen die Ausgeschiedenen selbst zur Anmeldung befugt sein.

dung der Gesellschaft durch den Vorstand (§ 36 AktG) bereits eine klageweise Durchsetzung ab. Begründet wurde dies damit, dass bei einer Vollstreckung nach § 894 ZPO die Richtigkeit der nach § 37 AktG erforderlichen **Versicherung** nicht mehr gewährleistet sei.[43] Da die in § 16 Abs. 1 angeordnete Bindung des Registergerichts aber gerade auf einer entsprechenden Entscheidung des Prozessgerichts beruhe, könne die Vorschrift hier nicht zur Anwendung gelangen. Die heute ganz herrschende Gegenansicht lässt eine gerichtliche Durchsetzung der Anmeldung zu, wobei die Vollstreckung wegen der Höchstpersönlichkeit der Anmeldung nicht nach § 894 ZPO, sondern **nach § 888 ZPO** zu erfolgen hat (zu den Folgen für die Anwendung des § 16 s. noch Rn 21).[44] Dieser hM ist grundsätzlich zuzustimmen. Wollte man schon die Klage nicht zulassen, würde man die Durchsetzung zu früh unterbinden, zumal Schadensersatzansprüche aufgrund der Schwierigkeit des Schadensnachweises faktisch ebenfalls ins Leere gehen könnten.[45] Die **Vorgehensweise über § 888 ZPO** lässt die mit der Versicherung verbundene Richtigkeitsgewähr unberührt. Hält der Betroffene die Gründungsvoraussetzungen für nicht erfüllt, kann er dies im Prozess vorbringen[46] und sich nötigenfalls durch Amtsniederlegung vollstreckungsrechtlichen Zwangsmaßnahmen entziehen.[47]

21   Auch wenn demnach ein Urteil des Prozessgerichts grundsätzlich ergehen kann, besteht dennoch **für die Anwendung des § 16 Abs. 1 kein Raum**. Vielmehr lassen sich die gegen eine Anwendung des § 894 ZPO angeführten Bedenken auch auf die Anwendung des § 16 übertragen: Ebenso wie eine Vollstreckung nach § 894 ZPO würde auch die Anwendung des § 16 die Abgabe einer Versicherung und auf diese Weise die damit verbundene Richtigkeitsgewähr unterlaufen.[48]

22   **2. Rechtsfolge: Anmeldung durch die übrigen Beteiligten.** Sind die Voraussetzungen des § 16 Abs. 1 erfüllt, ist die Anmeldung der übrigen Beteiligten **ausreichend**, aber auch erforderlich. Alle Beteiligten außer dem Verurteilten müssen die Anmeldung vornehmen. Das Prozessgericht, dessen Spruch die Anmeldung eines Beteiligten ersetzt, kann die Eintragung weder anordnen noch darum ersuchen.[49] Wer **Beteiligter** ist, ergibt sich aus den **materiell-rechtlichen Vorschriften**. Einem Dritten, der bei der Anmeldung zum Registergericht nach diesen Vorschriften nicht mitwirken muss, kommt § 16 Abs. 1 S. 1 nicht zugute. Die Anmeldung muss im Übrigen den für sie geltenden Vorschriften entsprechen, namentlich also in der Form des § 12 erfolgen.

23   **3. Prüfungsumfang des Registergerichts.** Durch die Entscheidung des Prozessgerichts wird allein die Anmeldung eines Beteiligten ersetzt. Das bedeutet, dass es weiterhin Aufgabe des Registergerichts ist, das **Vorliegen der Eintragungsvoraussetzungen** zu prüfen. Das Registergericht ist nur in den Grenzen der Bindungswirkung (Rn 4 f) durch die

---

[43] *Von Godin/Wilhelmi* AktG § 36 Rn 3; KölnerKommAktG/*Kraft* § 36 Rn 18.
[44] *Hüffer* § 36 Rn 5; GroßKommAktG/*Röhricht* § 36 Rn 10 f; MünchKommAktG/*Pentz* § 36 Rn 17 f; Röhricht/v. Westphalen/*Ammon* Rn 11; ebenso zum GmbH-Recht auch Baumbach/Hueck/*Hueck/Fastrich* § 7 Rn 2; *Roth/Altmeppen* § 7 Rn 4; Rowedder/*Schmidt-Leithoff* § 7 Rn 6; Scholz/*Winter/Veil* § 7 Rn 6; Ulmer/Habersack/Winter § 7 Rn 8 f.
[45] GroßkommAktG/*Röhricht* § 36 Rn 10.
[46] GroßkommAktG/*Röhricht* § 36 Rn 10; Ulmer/Habersack/Winter § 7 Rn 9.
[47] Vgl. auch schon Vorauflage. Rn 16 (*Hüffer*).
[48] So für die GmbH auch Scholz/*Winter/Veil* § 7 Rn 6; Ulmer/Habersack/Winter § 7 Rn 8 f; **aA** für die AG Vorauflage. Rn 16 (*Hüffer* – für die GmbH dagegen mit abweichender Begründung wie hier).
[49] KGJ 4, 36 (38); KGJ 34 A 121; KG JW 1931, 2992 mit zust. Anm. *Cohn*; aA für das Recht der Publikumspersonengesellschaften *Reichert/Winter* BB 1988, 981 (991).

ergangene Entscheidung festgelegt; insoweit hat es von der inhaltlichen Richtigkeit auszugehen. Ferner ist auch nicht in Frage zu stellen, ob eine Anordnung des vorliegenden Inhalts im Wege der einstweiligen Verfügung getroffen werden konnte.[50]

Zu prüfen ist dagegen, ob eine **Entscheidung des Prozessgerichts** i.S.d. § 16 Abs. 1 S. 1 gegeben ist,[51] ob die erforderliche **Anmeldung** durch die übrigen Beteiligten vorliegt, ob es sich um eine **eintragungsfähige Tatsache** handelt[52] und ob für die Vollziehung einer einstweiligen Verfügung die **Monatsfrist** der §§ 929 Abs. 2, 936 ZPO noch nicht abgelaufen ist.[53] Allerdings können Eintragungen aufgrund einstweiliger Verfügungen auch nach Ablauf der Frist vorgenommen werden, solange die Verfügung dem Gegner noch innerhalb der Frist zugestellt und damit vollzogen wurde.[54] **24**

4. Vermerk nach § 18 S. 1 HRV. Nach § 18 S. 1 HRV ist bei der Eintragung zu vermerken, dass sie aufgrund einer rechtskräftigen oder vollziehbaren Entscheidung des Prozessgerichts erfolgt ist. So wird die **beschränkte Prüfung** durch das Registergericht im Handelsregister ersichtlich. Dieser Vermerk unterbleibt dann, wenn der Verurteilte seiner Anmeldepflicht nachträglich nachgekommen ist, da die Eintragung dann nicht mehr auf der Entscheidung beruht.[55] **25**

5. Aufhebung der Entscheidung des Prozessgerichts (§ 16 Abs. 1 S. 2). Grundlage der Eintragung nach § 16 Abs. 1 S. 1 ist neben der ordnungsmäßigen Anmeldung der übrigen Beteiligten die Entscheidung des Prozessgerichts. Da dieser Entscheidung durch § 16 Abs. 1 S. 1 schon vor ihrer Rechtskraft Wirkungen zugesprochen werden, muss die Norm auch darauf reagieren können, dass die Entscheidung aufgehoben wird und so die **Eintragungsgrundlage wegfällt**. Daher ordnet § 16 Abs. 1 S. 2 an, dass auf Antrag eines Beteiligten die Aufhebung der Entscheidung in das Register einzutragen ist. Die Urteilsfassung, in der diese Aufhebung formuliert ist, spielt keine Rolle;[56] auch muss die Aufhebung noch nicht rechtskräftig sein.[57] Schließlich ist der Vermerk auch dann einzutragen, wenn die Entscheidung in der Sache zwar unverändert ist, jedoch ihre **vorläufige Vollstreckbarkeit** nach § 717 Abs. 1, 2. Var. ZPO **aufgehoben** wurde.[58] Allerdings ist § 16 Abs. 1 S. 2 nur dann anwendbar, wenn die Entscheidung auch die **Grundlage für die Eintragung** darstellte. Das trifft dann nicht zu, wenn der Beklagte dem Urteilsspruch gefolgt ist und persönlich an der Anmeldung mitgewirkt hat.[59] **26**

Das **Antragsrecht** nach § 16 Abs. 1 S. 2 steht jedem Beteiligten zu und nicht nur demjenigen, der durch die Aufhebung begünstigt ist. Ein Ersuchen des Prozessgerichts kommt wie schon bei § 16 Abs. 1 S. 1 nicht in Betracht.[60] Einzutragen ist die Aufhebung nach § 18 S. 2 HRV in derselben Spalte, in der die Eintragung nach § 16 Abs. 1 S. 1 vorgenommen worden ist. Das Registergericht hat nicht zu prüfen, ob die Aufhebung zu Recht erfolgte, da auch nicht geprüft wurde, ob die ursprüngliche Entscheidung zu Recht erging. **27**

---

[50] KGJ 53 A 91; KG JW 1931, 2992.
[51] Heymann/*Sonnenschein*/*Weitemeyer* Rn 6.
[52] KGJ 53 A 92.
[53] Ebenroth/Boujong/Joost/Strohn/*Schaub* Rn 17; MünchKommHGB/*Krafka* Rn 7.
[54] RGZ 51, 129 (132); KGJ 37 A 142; Schlegelberger/*Hildebrandt*/*Steckhan* Rn 10.
[55] Röhricht/v. Westphalen/*Ammon* Rn 12.
[56] Voraufl. Rn 21 (*Hüffer*).
[57] Ebenroth/Boujong/Joost/Strohn/*Schaub* Rn 21; Voraufl. Rn 21 (*Hüffer*).
[58] MünchKommHGB/*Krafka* Rn 9.
[59] MünchKommHGB/*Krafka* Rn 9; Schlegelberger/*Hildebrandt*/*Steckhan* Rn 11.
[60] Heymann/*Sonnenschein*/*Weitemeyer* Rn 8; Röhricht/v. Westphalen/*Ammon* Rn 13; Schlegelberger/*Hildebrandt*/*Steckhan* Rn 11.

28 Dem Aufhebungsvermerk kommt nur eine **Warnfunktion** zu. Der Rechtsverkehr wird darauf aufmerksam gemacht, dass die Eintragungsgrundlage fragwürdig geworden ist und ihre spätere Löschung, sei es auf Antrag eines Beteiligten oder von Amts wegen, nicht ausgeschlossen werden kann. Die Eintragung selbst ist daher noch nicht nach § 16 Abs. 1 S. 2 und 3 HRV durch Rötung zu löschen. Dazu kommt es erst, wenn der anzumeldende Vorgang abgeschlossen und endgültig im Register festgehalten ist.[61]

6. Schadensersatz bei unberechtigter Eintragung

29 a) **Fallgruppen.** Die Eintragung einer Tatsache in das Handelsregister kann Schäden nach sich ziehen. Diese können zum einen **in der Person des gegen seinen Widerspruch Eingetragenen** selbst entstanden sein. So kann eine Person aufgrund einer Entscheidung des Prozessgerichts als Gesellschafter einer OHG eingetragen werden, was nach § 15 Abs. 3 zur unbeschränkten Haftung nach § 128 führt. Zum anderen können aber auch die **anderen Beteiligten** durch die Eintragung betroffen sein. Ein solcher Fall ist etwa in der Weise denkbar, dass das Ausscheiden einer Person, die zuvor die Kreditwürdigkeit der Gesellschaft gestützt hat, gegen den Widerstand einzelner Gesellschafter eingetragen wird und dadurch der Geschäftsgang stark beeinträchtigt wird.

30 b) **Zivilprozessuale Anspruchsgrundlagen.** War die Entscheidung, aufgrund derer die Eintragung erfolgte, sachlich unrichtig, so fragt sich, nach welchen Grundsätzen die Betroffenen ihre Einbußen ersetzt verlangen können. Eine unmittelbar anwendbare Anspruchsnorm sieht die ZPO nur in den Fällen vor, in denen Schäden aufgrund einer **einstweiligen Verfügung** eintreten, die von Anfang an ungerechtfertigt war. Hier kann nach § 945 ZPO Ersatz verlangt werden. Jenseits dieser Fälle ist keine zivilprozessuale Bestimmung direkt einschlägig. Insbesondere scheidet eine unmittelbare Anwendung des § 717 Abs. 2 ZPO aus: Die Eintragung in das Handelsregister wird **nicht** dadurch zu einem Akt der **Zwangsvollstreckung**, dass sie ihre Grundlage in einer gerichtlichen Entscheidung findet.[62]

31 In Betracht kommt indes eine **analoge Anwendung des § 717 Abs. 2 ZPO**. Sie findet darin ihre Rechtfertigung, dass § 16 Abs. 1 wie § 717 Abs. 2 ZPO eine vollstreckungsähnliche Wirkung hat (s. Rn 1). Wie in § 717 Abs. 2 ZPO geht es auch hier um Schäden, die darauf beruhen, dass eine Partei trotz nicht endgültig geklärter Rechtslage ihre Interessen durchsetzt. Dass in diesem Fall eine Schadensersatzhaftung der vollstreckenden Partei eingreifen soll, wurde mittlerweile auf der Grundlage einer analogen Anwendung des § 717 Abs. 2 ZPO als **Durchsetzungshaftung** zu einem allgemeinen Rechtsgedanken fortentwickelt,[63] der auch auf § 16 übertragen werden kann.[64] Was den Umfang der Durchsetzungshaftung angeht, sind alle nach §§ 249 ff BGB zu ersetzenden Schäden

---

[61] Heymann/*Sonnenschein*/*Weitemeyer* Rn 9; MünchKommHGB/*Krafka* Rn 10; Röhricht/v. Westphalen/*Ammon* Rn 14; **aA** wohl GK-HGB/*Ensthaler* Rn 4: Die vorherige Eintragung verliere ihre Wirksamkeit.

[62] Unter gebührenrechtlichen Aspekten ebenso KG Rpfleger 1971, 446 zum damaligen § 57 BRAGO.

[63] Voraufl. Rn 23 (*Hüffer*); zur Durchsetzungshaftung ausführlich *Häsemeyer* Schadenshaftung im Zivilrechtsstreit, 1979, S. 22 ff; *Hopt* Schadensersatz aus unberechtigter Verfahrenseinleitung, 1968; *Pecher* Die Schadensersatzansprüche aus unberechtigter Vollstreckung, 1967, S. 41 ff; zur weitreichenden analogen Anwendung des § 717 Abs. 2 ZPO vgl. die Nachweise bei Baumbach/Lauterbach/Albers/*Hartmann* § 717 Rn 20 f.

[64] So zutreffend Voraufl. Rn 23 (*Hüffer*).

umfaßt.⁶⁵ Darunter fallen auch **Folgeschäden**, die erst dadurch entstehen, dass zu der Eintragung noch weitere Umstände hinzutreten.

c) Zivilrechtliche Anspruchsgrundlagen. Aus dem allgemeinen Zivilrecht kann gegen **32** Mitgesellschafter unter Umständen eine Verantwortung aus § 280 BGB aufgrund einer **Pflichtverletzung des Gesellschaftsvertrags** gegeben sein. Liegt zu der betroffenen Person keine Vertragsverbindung vor (wenn der Betreffende gerade nicht Gesellschafter ist), ist ein Anspruch aus § 280 BGB in Verbindung mit einem vorvertraglichen Schuldverhältnis (§ 311 BGB) denkbar. Zum Haftungsumfang gilt das in Rn 31 Gesagte.

IV. Vorbeugender Rechtsschutz im Registerverfahren (§ 16 Abs. 2)

1. Die tatbestandlichen Voraussetzungen

a) Entscheidung des Prozessgerichts. Der Schutz, den § 16 Abs. 2 vor einer Eintra- **33** gung in das Handelsregister gewährt (s. Rn 2), setzt zunächst eine Entscheidung des Prozessgerichts voraus, mit der die Eintragung für unzulässig erklärt wird. Die Entscheidung muss entweder **rechtskräftig oder vollstreckbar** sein, so dass neben Urteilen auch einstweilige Verfügungen in Betracht kommen.⁶⁶ Inhaltlich muss die Entscheidung **ihrem Tenor nach auf Unzulässigkeit der Eintragung** gerichtet sein; eine Feststellung über ein nicht bestehendes Rechtsverhältnis reicht nicht aus.⁶⁷ Das ergibt sich aus einem Umkehrschluss zu § 16 Abs. 1, in dem die Feststellung gesondert genannt ist.⁶⁸ Da der Kläger keinen Anspruch gegen das Registergericht hat, die Eintragung zu unterlassen,⁶⁹ kann **materiell-rechtliche Grundlage** für eine solche Entscheidung nur ein Anspruch des Klägers auf Nichtvornahme der Anmeldung zum Handelsregister sein. Dieser Anspruch kann sich etwa ergeben aus § 37 Abs. 2 gegen einen unberechtigten Firmengebrauch, aus § 112 gegen einen verbotenen Wettbewerb oder auch aus dem Anfechtungsrecht des Aktionärs (§ 245 AktG).⁷⁰

b) Widerspruch. Der obsiegende Kläger muss der Eintragung widersprechen. Erst **34** dieser Widerspruch macht die Eintragung unzulässig; die Gerichtsentscheidung ist lediglich die Voraussetzung dafür, dass der Widerspruch vom Registergericht zu beachten ist. Das Recht zum Widerspruch steht jedem zu, nicht nur den Verfahrensbeteiligten i.S.d. § 16 Abs. 1 S. 1. Der Widerspruch ist **formlos** möglich und kann auch konkludent durch Einreichung des Urteils bei dem Registergericht eingelegt werden, wenn sich der Betreffende erkennbar gegen eine vorgesehene Eintragung wendet.⁷¹

Ein Widerspruch, der **nach einer erfolgten Eintragung** eingelegt wird, hat **keine Wir-** **35** **kung** mehr. Allein aufgrund der vorliegenden gerichtlichen Entscheidung kann keine

---

⁶⁵ BGHZ 69, 373 (376) = NJW 1978, 163; Baumbach/Lauterbach/Albers/*Hartmann* § 717 Rn 8 f.
⁶⁶ Dazu BVerfG WM 2004, 2354; LG Heilbronn AG 1971, 372.
⁶⁷ BayObLG LZ 1909, 564 (566); Ebenroth/Boujong/Joost/Strohn/*Schaub* Rn 28; Koller/Roth/Morck Rn 8; MünchKommHGB/*Krafka* Rn 12; Röhricht/v. Westphalen/*Ammon* Rn 15.
⁶⁸ AA *Ehrenberg* JherJb. 61 (1912), 423 (463 f), der es für ebenso plausibel hält, dass der Gesetzgeber dies schlicht als selbstverständlich angesehen habe.
⁶⁹ MünchKommHGB/*Krafka* Rn 12.
⁷⁰ Zu § 245 AktG s. LG Heilbronn AG 1971, 372.
⁷¹ Allgemeine Auffassung, s. nur Heymann/Sonnenschein/*Weitemeyer* Rn 12; MünchKommHGB/*Krafka* Rn 13; Röhricht/v. Westphalen/*Ammon* Rn 16.

§ 16 1. Buch. Handelsstand

Löschung verlangt werden.[72] Es steht dem Berechtigten aber frei, ein entsprechendes Verfahren anzuregen (vgl. §§ 395 ff FamFG – §§ 142 ff FGG a.F.).[73] Je nach Sachverhalt kann dem Widerspruchsberechtigten auch ein materiell-rechtlicher Anspruch gegen einen an der Anmeldung Beteiligten auf Abgabe eines Löschungsantrags zustehen.[74] Zu denken ist etwa an die Vorschriften des § 37 HGB oder § 1004 BGB.

2. Rechtsfolge

36 a) **Unzulässigkeit der Eintragung.** Liegen die Voraussetzungen des § 16 Abs. 2 vor, so darf das Registergericht die Eintragung nicht vornehmen. Entgegen dem Eindruck, den der Wortlaut der Vorschrift vermittelt, ist das Registergericht jedoch nicht schlechthin an die Entscheidung des Prozessgerichts gebunden (s. Rn 4 f). Die Eintragung ist dem Registergericht vielmehr nur untersagt, soweit die Bindungswirkung reicht. Ist das nicht der Fall, weil auch eine rechtskräftige Entscheidung keine Bindung auslösen würde, hat das Registergericht gem. § 21 Abs. 1 FamFG eine **Ermessensentscheidung** nach allgemeinen Grundsätze zu treffen.[75] Diese kann auch trotz der Entscheidung des Prozessgerichts zugunsten der Anmeldenden ausfallen. So kann etwa für eine Eintragung ein besonderes Eilbedürfnis zu berücksichtigen sein, das einer Aussetzung entgegensteht.[76]

37 Soweit eine **Bindung des Registergerichts** besteht, hat das Registergericht nicht zu prüfen, ob die Entscheidung des Prozessgerichts zu Recht ergangen ist. Es muss die Eintragung auch dann unterlassen, wenn es die Entscheidung für unrichtig hält. Eine für die Praxis bedeutsame Bindung an das Prozessgericht besteht bei Gestaltungsurteilen im Gesellschaftsrecht, namentlich bei erfolgreichen Anfechtungsklagen gegen Hauptversammlungsbeschlüsse.[77]

38 Wird die **Entscheidung**, in der die Unzulässigkeit der Eintragung ausgesprochen wird, wieder **aufgehoben**, ist das Registergericht daran nicht gebunden. Es kann einen Antrag auf Eintragung auch aus den Gründen ablehnen, auf die sich die aufgehobene Entscheidung gestützt hatte, da mit der Aufhebung lediglich die Rechtsbeziehung zwischen einem Dritten und einem Beteiligten geregelt wird.[78] Eine dem § 16 Abs. 1 S. 2 ähnliche Regelung enthält § 16 Abs. 2 gerade nicht. Ebenso wenig entsteht eine Bindung des Registergerichts, wenn eine Klage, die darauf gerichtet war, eine Eintragung für unzulässig zu erklären, **abgewiesen** wird. § 16 Abs. 2 ist hier nicht analog anwendbar, so dass der obsiegende Beklagte aus der Abweisung keinen Anspruch auf Eintragung herleiten kann.[79]

39 b) **Eintragung trotz Widerspruch.** Hat das Registergericht unter Verstoß gegen § 16 Abs. 2 eine Eintragung vorgenommen, steht dem Widerspruchsführenden das **Rechts-**

---

[72] Ebenroth/Boujong/Joost/Strohn/*Schaub* Rn 33; Koller/*Roth*/Morck Rn 9; MünchKommHGB/*Krafka* Rn 13; Schlegelberger/Hildebrandt/*Steckhan* Rn 12.

[73] HK-HGB/*Ruß* Rn 3; MünchKommHGB/ *Krafka* Rn 13; Röhricht/v. Westphalen/ *Ammon* Rn 17.

[74] GK-HGB/*Ensthaler* Rn 5.

[75] Keidel/Kuntze/*Winkler* § 127 Rn 36.

[76] Dazu BayObLG Rpfleger 1983, 74; Röhricht/ v. Westphalen/*Ammon* Rn 17.

[77] Vgl. LG Heilbronn AG 1971, 372; Ebenroth/ Boujong/Joost/Strohn/*Schaub* Rn 31.

[78] Heymann/*Sonnenschein*/Weitemeyer Rn 13; Schlegelberger/Hildebrandt/*Steckhan* Rn 12; Ehrenberg in: Ehrenbergs Hdb., S. 577 f; *ders.* JherJb. 61 (1912), 423 (455, 467); K. Lehmann ZHR 75 (1914), 518 (524 f).

[79] Röhricht/v. Westphalen/*Ammon* Rn 18; zur „spiegelbildlichen Anwendung" des § 16 Abs. 2 *Timm* in: Missbräuchliches Aktionärsverhalten, S. 1 (25 f); *Timm/Schick* DB 1990, 1221 (1223).

mittel der Beschwerde zu (§§ 58, 59 FamFG – §§ 19, 20 FGG a.F.), die darauf gerichtet ist, eine Löschung herbeizuführen.[80] Zwar kann mit der Beschwerde grundsätzlich nicht gegen eine Eintragung vorgegangen werden (vgl. § 8 Rn 133); hier jedoch richtet sich das Rechtsmittel nicht gegen die Eintragung als solche, sondern gegen die Nichtbeachtung des Widerspruchs.[81]

3. Sonderproblem: § 16 Abs. 2 und einstweiliger Rechtsschutz im aktienrechtlichen Anfechtungsrecht

a) Wortlautgetreue Auslegung. Die Anfechtung eines Hauptversammlungsbeschlus- **40** ses hat auf seine Eintragungsfähigkeit grundsätzlich keine Auswirkungen. Das Registergericht hat weiterhin die nach § 21 FamFG erforderliche Ermessensentscheidung zu treffen.[82] Bei wortlautgetreuer Anwendung könnte jedoch eine rechtlich wirksame **Registersperre** durch einen Widerspruch nach § 16 Abs. 2 auf Grundlage einer einstweiligen Verfügung geschaffen werden. Entscheidungen in Anfechtungsverfahren lösen – auch wenn sie nur im Wege einer einstweiligen Verfügung ergehen – aufgrund ihrer Gestaltungswirkung grundsätzlich eine Bindungswirkung gegenüber dem Registergericht aus (s. Rn 5). Die Eintragung könnte also über § 16 Abs. 2 verhindert werden, wenn dem Vorstand der AG mittels einstweiliger Verfügung die Anmeldung des Beschlusses untersagt oder die Rücknahme eines bereits gestellten Eintragungsantrags geboten wird.

b) Meinungsstand. Dieses wortlautgetreue Ergebnis entspricht der bislang ganz hM.[83] **41** Nachdem der Gesetzgeber im Zuge des UMAG[84] in § 246a AktG allerdings ein besonderes Freigabeverfahren mit dem erklärten Ziel eingeführt hat, die Eintragung angefochtener Beschlüsse zu erleichtern,[85] sind Stimmen laut geworden, die dafür plädieren, im Bereich des § 246a AktG eine einstweilige Verfügung zumindest dann generell auszuschließen, wenn ein Freigabeverfahren bereits eingeleitet ist.[86] Damit wäre auch der

---

[80] BayObLG LZ 1909, 564 (565 f) sowie die folgende Fn.
[81] Ganz überwiegende Ansicht: Ebenroth/Boujong/Joost/Strohn/*Schaub* Rn 33; Heymann/*Sonnenschein*/*Weitemeyer* Rn 13; Koller/*Roth*/Morck Rn 9; MünchKomm-HGB/*Krafka* Rn 14; Röhricht/v. Westphalen/*Ammon* Rn 17; Voraufl. Rn 28 (*Hüffer*); aA GroßKommAktG/*Wiedemann* § 181 Rn 31; Jansen/*Steder* § 127 Rn 63: Erfolge die Eintragung, werde der Widerspruch gegenstandslos; es könne nur noch ein Amtslöschungsverfahren nach §§ 395, 396 FamFG (§§ 142, 143 FGG a.F.) angeregt werden; so wohl auch *Ehrenberg* JherJb. 61 (1912), 423 (466 f).
[82] S. nur K. Schmidt/Lutter/*Schwab* § 246a Rn 21 m.w.Nachw., vgl. schon KGJ 21 A 240 ff; *Drinkuth* AG 2006, 142 (143).
[83] Grundlegend *A. Hueck* Anfechtbarkeit und Nichtigkeit von Generalversammlungsbeschlüssen bei Aktiengesellschaften, 1924, S. 183 ff; im Anschluss daran BVerfG WM 2004, 2354; OLG Frankfurt aM WM 1982, 282; OLG München NZG 2007, 152 (153 f); OLG Nürnberg GmbHR 1993, 588 (589); Baumbach/Hueck/*Zöllner* Anh. § 47 Rn 205; Keidel/Kuntze/*Winkler* § 127 Rn 49; MünchKommAktG/*Hüffer* § 243 Rn 143 ff; K. Schmidt/Lutter/*Schwab* § 246a Rn 36.
[84] Gesetz zur Unternehmensintegrität und Modernisierung des Anfechtungsrechts (UMAG) v. 22.9.2005 (BGBl. I, S. 2802).
[85] Zur Einführung des § 246a AktG s. *J. Koch* ZGR 2006, 769 (797 ff); *Seibert/Schütz* ZIP 2004, 252 (256 ff); *Veil* AG 2005, 567 (570 ff); *Wilsing* ZIP 2004, 1082 ff.
[86] Baumbach/Hueck/*Zöllner* Anh. § 47 Rn 205; *Hüffer* § 246a Rn 14; *Kort* NZG 2007, 169 (170); vgl. auch bereits *dens*. BB 2005, 1577; zu den Einzelheiten des Streitstands vgl. noch Rn 42 ff.

Anwendung des § 16 Abs. 2 die Grundlage entzogen. Andere verlangen dagegen, den Erlass einstweiliger Verfügungen aus Gründen der Waffengleichheit **unbeschränkt** zu gestatten.[87]

42 c) **Stellungnahme.** Unbestritten dürfte sein, dass eine einstweilige Verfügung jedenfalls bei solchen Beschlüssen weiterhin möglich ist, für die ein **Freigabeverfahren nicht vorgesehen** ist und deshalb auch keine Sperrwirkung entfalten kann.[88] Ebenso sollten keine Zweifel daran bestehen, dass bei Beschlüssen, deren Anfechtung bereits eine **Registersperre** auslöst (§ 16 UmwG, § 319 Abs. 6 AktG), eine einstweilige Verfügung unzulässig ist. Die Eintragung muss dann nicht noch weitergehend per einstweiliger Verfügung verhindert werden können, so dass § 16 UmwG mitsamt dem darin enthaltenen Freigabeverfahren als lex specialis zu §§ 935 ff ZPO anzusehen ist.[89]

43 Im **Anwendungsbereich des** § 246a AktG ist die Registersperre mit Hilfe der einstweiligen Verfügung i.V.m. § 16 Abs. 2 jedenfalls dann nachrangig, wenn ein solches **Verfahren bereits eingeleitet** wurde. Mit der Einführung dieser Vorschrift hat der Gesetzgeber ein sorgfältig austariertes Regelungsregime geschaffen, das den Konflikt zwischen dem Vollzugsinteresse der Gesellschaft und dem Aussetzungsinteresse der Aktionäre auflösen soll. Diese speziellere Regelung darf nicht durch den Rückgriff auf die allgemeinere Möglichkeit vorläufigen Rechtsschutzes i.V.m. § 16 Abs. 2 unterlaufen werden. Wurde ein solches Verfahren nicht beantragt, ist ein **abstrakter Vorrang** des § 246a AktG hingegen zu verneinen.[90] Der Anfechtungskläger hat auf ein mögliches Freigabeverfahren keinen Einfluss. Leitet die AG das Verfahren nicht ein, muss dem Kläger dennoch eine Handlungsmöglichkeit gegeben sein. Er darf nicht auf einen spezielleren Rechtsschutz verwiesen werden, wenn dieser ihm nicht zugänglich ist.[91]

44 Fraglich kann in dieser letztgenannten Konstellation allenfalls sein, wie sich ein **nachträglicher Freigabeantrag** nach § 246a AktG auf die beantragte einstweilige Verfügung auswirkt. Teilweise wird angenommen, dass die einmal eingetretene Registersperre davon unberührt bleibe.[92] Vorzugswürdig ist die Gegenauffassung, wonach ein Freigabeantrag, der nach dem Antrag auf eine einstweilige Verfügung, aber **noch vor ihrem Erlass** gestellt wird, den Verfügungsantrag unzulässig macht.[93] Es soll nicht ein „Windhundrennen"[94] darüber entscheiden, nach welchen Regeln die Interessenkollision aufgelöst wird, sondern es muss sich das Verfahren durchsetzen, das speziell auf diesen Konflikt zugeschnitten ist. Diese Überlegung spricht dafür, auch in dem – soweit ersichtlich noch nicht diskutierten – Fall, dass die **Verfügung schon ergangen** ist und erst danach ein Freigabeverfahren angeregt wurde, den Vorrang des § 246a AktG anzunehmen. Dies könnte in der Weise geschehen, dass die Gesellschaft nach § 927 ZPO die Aufhebung der einstweiligen Verfügung beantragt.[95] Dieser Freigabeantrag kann sodann eine für § 927 ZPO relevante Änderung der Umstände darstellen.

---

[87] Vgl. K. Schmidt/Lutter/*Schwab* § 246a Rn 36 f mit weiteren Erläuterungen zu den Konsequenzen, die sich aus der Parallelität beider Verfahren ergeben würden.
[88] Zum Anwendungsbereich des § 246a AktG vgl. statt aller *Hüffer* § 246a Rn 2 ff.
[89] *Kort* BB 2005, 1577, 1581.
[90] So auch *Hüffer* § 246a Rn 14.
[91] So *Kort* NZG 2007, 169 (171).
[92] So augenscheinlich *Kort* NZG 2007, 169 (171).
[93] *Hüffer* § 246a Rn 14.
[94] *Kort* NZG 2007, 169 (171).
[95] Zu Konstellationen, in denen das einstweilige Rechtsschutzverfahren „erledigt" sein kann, s. *Heinze* ZGR 1979, 293 (317 f).

4. Schadensersatz bei zu Unrecht unterbliebener Eintragung. Unterbleibt aufgrund **45** des Widerspruchs nach § 16 Abs. 2 eine Eintragung in das Handelsregister, können damit für den Anmelder erhebliche Schäden verbunden sein, etwa in Form entgangenen Gewinns (§ 252 BGB), wenn eine Firma nicht genutzt oder ein Unternehmensvertrag nicht angemeldet werden kann (dazu noch Rn 46). Damit stellt sich auch hier die Frage nach einem Schadensersatzanspruch, wenn sich der **Widerspruch als unberechtigt** herausstellt. Abgesehen von den Verfügungsfällen (§ 945 ZPO) gibt es keine über § 826 BGB hinausgehende allgemein anerkannte Lösung. In Einzelfällen kann über die Figur des Rechts am eingerichteten und ausgeübten Gewerbebetrieb § 823 Abs. 1 BGB zur Anwendung gelangen; denn die Untersagung, eine Eintragung vorzunehmen, ist vergleichbar mit der Fallgruppe unberechtigter Schutzrechtsverwarnungen:[96] In beiden Fällen wird zu Unrecht untersagt, ein Immaterialgut zu beanspruchen. Dazu können spezialgesetzliche Ansprüche treten wie etwa § 9 UWG oder auch der namensrechtliche Firmenschutz. Ebenso wie bei § 16 Abs. 1 ist auch hier an einen Anspruch aus § **717 Abs. 2 ZPO** analog zu denken (s. Rn 31).

Besonders hohe Schäden können auch in **Konzernsachverhalten** entstehen, etwa wenn **46** es ein Minderheitsaktionär per einstweiliger Verfügung und Widerspruch verhindert, dass die Anmeldung eines **Unternehmensvertrages** durch den Vorstand der Gesellschaft nach § 294 AktG in das Register eingetragen wird. Dabei stellt sich hier das Zusatzproblem, wie eine etwaige Schadensersatzpflicht des Aktionärs aus § 945 ZPO mit dem **notwendigen Minderheitenschutz** in Einklang gebracht werden kann. Zwar besteht kein Anlass, den Minderheitsaktionär von jeder Haftung freizustellen; ihn mit dem vollen Schadensrisiko zu belasten, ist aber wohl gleichfalls kaum vertretbar. Denn daraus erwüchse die Gefahr, dass der Minderheitenschutz faktisch beschnitten wird, weil das drohende Haftungsrisiko die Bereitschaft vermindert, bestehende Minderheitenrechte auch auszuüben.

Im Schrifttum wurde deshalb vorgeschlagen, auf der Grundlage der allgemeinen Pro- **47** zesskostenregel des § 247 AktG im Wege einer offenen richterlichen Rechtsfortbildung eine **Reduktionsklausel** zu entwickeln.[97] Dieser Gedanke hat sich jedoch in Ermangelung einer tragfähigen gesetzlichen Grundlage nicht durchsetzen können.[98] Stattdessen verbleibt die Schadensminderung über ein **Mitverschulden nach § 254 BGB**, der auch im Rahmen der verschuldensunabhängigen Ansprüche aus § 717 Abs. 2 ZPO oder § 945 ZPO anzuwenden ist.[99] Als Anknüpfungspunkt für ein solches Mitverschulden wird man in vielen Fallgestaltungen auf das neue Freigabeverfahren nach § 246a AktG zurückgreifen können. Unternimmt die Gesellschaft bei einem angefochtenen Beschluss keinen Versuch, die Freigabe zu erreichen, kann eine **Ersatzpflicht** des Klägers nach § 254 BGB **ausgeschlossen** sein.

---

[96] S. dazu nur MünchKommBGB/*Wagner* § 823 Rn 190 ff.
[97] Voraufl. Rn 31 (*Hüffer*); *Heinze* ZGR 1979, 293 (319 ff); zumindest de lege ferenda sympathisierend auch *Baums* Gesellschafterbeschlüsse, S. 166; *ders.* BB 1981, 262.
[98] *Baums* Gesellschafterbeschlüsse, S. 166; *ders.* BB 1981, 262.
[99] Voraufl. Rn 31 (*Hüffer*). Zur Anwendbarkeit des § 254 BGB in solchen Fällen RGZ 54, 345 (347); RGZ 143, 118 (122 f); BGH DB 1973, 2342; BGH NJW 1978, 2024.

DRITTER ABSCHNITT

Handelsfirma

Vorbemerkungen vor § 17

Schrifttum

1. Zu und seit der Handelsrechtsreform. *Ammon* Gesellschaftsrechtliche und sonstige Neuerungen im Handelsrechtsreformgesetz, DStR 1998, 1474; *Bayer-Stiftung* (Hrsg.) Die Reform des Handelsstandes und der Personengesellschaften, 1999, 31; *Bokelmann* Die Neuregelungen im Firmenrecht nach dem Regierungsentwurf des Handelsrechtsreformgesetzes, GmbHR 1998, 57; ders. Das Recht der Firmen- und Geschäftsbezeichnungen, 5. Aufl. 2000 (zitiert Firmenrecht); *Bülow/Markus* Neues Handelsrecht, JuS 1998, 680; *Busch* Reform des Handels- und Registerrechts, Rpfleger 1998, 178; *Bydlinski* Zentrale Änderungen des HGB durch das Handelsrechtsreformgesetz, ZIP 1998, 1169; *Fezer* Liberalisierung und Europäisierung des Firmenrechts, ZHR 161 (1997), 52; *Frenz* Das Handelsregisterverfahren nach dem Handelsrechtsreformgesetz, ZNotP 1998, 178; *Gößner* Lexikon des Firmenrechts; *Gustavus* Die Neuregelungen im Gesellschaftsrecht nach dem Regierungsentwurf eines Handelsrechtsreformgesetzes, GmbHR 1998, 17; *Hauser* Neues Firmenrecht – neue Möglichkeiten, BuW 1999, 109; *Hennig/Meyding/Schnorbus* Die GmbH in der Registerpraxis, ZNotP 2006, 122; *Henssler* Gewerbe, Kaufmann und Unternehmen, ZHR 161 (1997), 13; *Hintzen* Rechtsprechungsübersicht im Handels- und Registerrecht seit 2000, Rpfleger 2003, 337; *Kögel* Entwurf eines Handelsrechtsreformgesetzes, BB 1997, 793; ders. Neues Firmenrecht und alte Zöpfe: Die Auswirkungen der HGB-Reform, BB 1998, 1645; ders. Entwicklungen im Handels- und Registerrecht seit 2005, Rpfleger 2007, 299; *Körber* Änderungen im Handels- und Gesellschaftsrecht durch das Handelsrechtsreformgesetz, Jura 1998, 452; *Kornblum* Zu den Änderungen des Registerrechts im Regierungsentwurf des Handelsrechtsreformgesetzes, DB 1997, 1217; *Krebs* Reform oder Revolution? – Zum Referentenentwurf eines Handelsrechtsreformgesetzes, DB 1996, 2013; *Lieb* (Hrsg.) Die Reform des Handelsstandes und der Personengesellschaft, 1999; *Lutter/Welp* Das neue Firmenrecht der Kapitalgesellschaften, ZIP 1999, 1073; *D. Möller* Neues Kaufmanns- und Firmenrecht, DIHT 1998; *Munzig* Rechtsprechungsübersicht zum Handels- und Registerrecht FGPrax 2006, (Teil I) 47; (Teil II) 94; (Teil III) 139; ders. Rechtsprechungsübersicht zum Handels- und Registerrecht, FGPrax 2003, 101; *Müther* Überlegungen zum neuen Firmenbildungsrecht bei der GmbH, GmbHR 1998, 1058; *W. Nitsche* Rechtsprechungsübersicht zum Handels- und Registerrecht, FGPrax 2000, (Teil I) 47; (Teil II) 85; *Priester* Handelsrechtsreformgesetz – Schwerpunkte aus notarieller Sicht, DNotZ 1998, 691; *Römermann* Die Firma der Steuerberater- Wirtschaftsprüfer- und Anwaltssozietät, INF 2001, 181; *W.-H. Roth* Das neue Firmenrecht, Die Reform des Handelsstandes und der Personengesellschaft, 1999, 31; *Schaefer* Das HRefG nach Abschluß des parlamentarischen Verfahrens, DB 1998, 1269; ders. Das neue Kaufmanns- und Firmenrecht nach dem Abschluß der Beratungen des Handelsrechtsreformgesetzes im Deutschen Bundestag, ZNotP 1998, 170; *Scheibe* Mehr Freiheit bei der Firmenbildung – Zum Referentenentwurf für ein Handelsrechtsreformgesetz (HRefG), BB 1997, 1489; *K. Schmidt* HGB-Reform im Regierungsentwurf, ZIP 1997, 909; ders. Woher – wohin? ADHGB, HGB und die Besinnung auf den Kodifikationsgedanken, ZHR 161 (1997), 2; ders. Das Handelsrechtsreformgesetz, NJW 1998, 2161; 2167; ders. HGB-Reform und Gestaltungspraxis, DB 1998, 61; ders. Fünf Jahre neues Handelsrecht, JZ 2003, 585; *R. Schmitt* Der Entwurf eines Handelsrechtsreformgesetzes, WiB 1997, 1113; *Schulte/Warnke* Vier Jahre nach der HGB-Reform – Das neue Firmenrecht der GmbH im Handelsregisterverfahren, GmbHR 2002, 626; *Schulz* Die Neuregelung des Firmenrechts, JA 1999, 247; *S. Schumacher* Handelsrechtsreformgesetz (HRefG), 1998;

dies. Das Firmenrecht nach dem Handelsrechtsreformgesetz, ZAP 1999, 309; 575; *Steding* Zur Reform des Firmenrechts für Unternehmen, BuW 1998, 588; *ders.* Zur Reform des Handelsrechts: Kaufmannsbegriff Firmenrecht und Personengesellschaftsrecht, BuW 1998, 386; *Stumpf* Das Handelsregister nach der HGB-Reform, BB 1998, 2380; *Weber/Jacob* Zum Referentenentwurf des Handelsrechtsreformgesetzes, ZRP 1997; *Wessel/Zwernemann/Kögel* Die Firmengründung, 7. Aufl. 2001.
S. ferner das Schrifttum insbes. zu §§ 17–19.

2. Vor der Handelsrechtsreform. *Adler* Beiträge zum Firmenrecht, ZHR 85 (1921), 93; *Aschenbrenner* Die Firma der GmbH & Co. KG, 1976; *Bokelmann* Ausgewählte Fragen des Firmenrechts, Rpfleger 1973, 44; *ders.* Zur Entwicklung des deutschen Firmenrechts, ZGR 1994, 325; *Busch* Auswirkungen des Einigungsvertrages auf die Handelssachen, Rpfleger 1992, 137; *Bußmann* Name, Marke, Firma, 1937; *Ehrenberg* Über das Wesen der Firma, ZHR 1882, 25; *J. von Gierke* Der Grundsatz der Firmeneinheit, ZHR 122 (1959), 189; *R. Haab* Beitrag zur Geschichte und Dogmatik der Handelsfirma, 1888; *Hildebrandt* Neues deutsches Firmenrecht, DGWR 1937, 298; *H. Köhler* Namensrecht und Firmenrecht, Festschrift Fikentscher, 1998, 494; *Opet* Beiträge zum Firmenrecht, ZHR 1900, 51; *Pabst* Firmenrechtliche Fragen, DNotZ 1959, 33; *Rehme* Geschichte des Handelsrechts, 1914. Sonderausgabe aus *Ehrenberg* Handbuch des gesamten Handelsrechts, Bd. I, 1913; *Steding* Das Recht der Firma und ihres Schutzes, BuW 1996, 586; *Swoboda* Firmenfibel, 1985; *Wellmann* Die Firma der GmbH, GmbHR 1972, 193; *Wittmann* Rechtsprechung zum Firmenrecht, BB 1969, Beilage 10.
S. ferner das Schrifttum insbes. zu §§ 17–19.

3. Internationales Firmenrecht. *Arndt* Warenverkehrsfreiheit, innerhalb der Europäischen Union: der Fall „Keck" – EuGH NJW 1994, 121, JuS 1994, 469; *Autenrieth* Die inländische Europäische Wirtschaftliche Interessenvereinigung (EWIV) als Gestaltungsmittel, BB 1989, 305; *von Bar* Internationales Privatrecht, Band II, 1991; *Baur* Zum deutschen internationalen Privatrecht unter besonderer Berücksichtigung des Schutzes der Handelsnamen, AcP 167 (1967), 535; *Behrens* Niederlassungsfreiheit und internationales Gesellschaftsrecht, RabelsZ 1988, 498; *Beier* Gewerblicher Rechtsschutz und freier Warenverkehr im europäischen Binnenmarkt und im Verkehr mit Drittstaaten, GRUR Int. 1989, 603; *Beitzen* Bildung einer GmbH-Firma mit dem Namen einer Auslandsgesellschaft, DB 1972, 2051; *Binz/Mayer* Die ausländische Kapitalgesellschaft & Co. KG im Aufwind? Konsequenzen aus dem „Überseering" – Urteil des EuGH vom 5.11.2002 – Rs. C-208/00 GmbHR 2002, 1137, GmbHR 2003, 249; *Bokelmann* Kann eine ausländische Kapitalgesellschaft Komplementärin einer deutschen Kommanditgesellschaft sein? BB 1972, 426; *ders.* Die Gründung von Zweigniederlassungen ausländischer Gesellschaften in Deutschland und das deutsche Firmenrecht unter besonderer Berücksichtigung des EWG-Vertrages, DB 1990, 1021; *ders.* Zur Entwicklung des deutschen Firmenrechts unter den Aspekten des EG-Vertrages, ZGR 1994, 325; *ders.* Die Rechtsprechung zum Firmenrecht der GmbH und der GmbH & Co. KG seit 1987 (Auswahl), GmbHR 1994, 356; *Clausnitzer* Deutsches Firmenrecht versus Europäisches Gemeinschaftsrecht, DNotZ 2008, 484, *ders.* Die Novelle des Internationalen Gesellschaftsrechts, NZG 2008, 321; *Ebenroth/Eyles* Die Beteiligung ausländischer Gesellschaften an einer inländischen Kommanditgesellschaft – Komplementäreigenschaft ausländischer Kapitalgesellschaften und europarechtliche Niederlassungsfreiheit, DB 1988 Beilage 2; *Ebert* Nationalitätenangaben im Firmen- und Wettbewerbsrecht, WRP 1960, 94; *Ebke* Die „ausländische Kapitalgesellschaft & Co. KG" und die europäische Gemeinschaftsrecht, ZGR 1987, 245; *Eidenmüller* (Hrsg.), Ausländische Kapitalgesellschaften im deutschen Recht, 2004; *Eidenmüller/Rehm* Niederlassungsfreiheit versus Schutz des inländischen Rechtsverkehrs: Konturen des Europäischen Internationalen Gesellschaftsrechts, ZGR 2004, 160; *Fezer* Liberalisierung und Europäisierung des Firmenrechts, ZHR 161 (1997), 52; *Ganske* Das Recht der europäischen wirtschaftlichen Interessenvereinigung (EWIV), 1988; *Geulen/Sebok* Deutsche Firmen vor US-Gerichten, NJW 2003, 3244; *Gloria/Karbowski* Die Europäische Wirtschaftliche Interessenvereinigung, WM 1990, 1313; *Großfeld* Die „ausländische juristische Person & Co. KG", IPRax 1986, 351; *Großfeld/Strotmann* Ausländische juristische Person aus Nicht-EG-Staat als Komplementär einer KG, IPRax 1990, 298; *Grothe* Die „ausländische Kapitalgesellschaft & Co.", 1989; *Haidinger* Die „ausländische Kapitalgesellschaft & Co. KG", 1989;

Hauschka/Frhr. v. Saalfeld Die Europäische Wirtschaftliche Interessenvereinigung (EWIV) als Kooperationsinstrument für die Angehörigen der freien Berufe, DStR 1991, 1083; *Hillebrand* Das Firmenrecht in Frankreich, Belgien und Luxemburg, 1975; *Hirte/Bücher* (Hrsg.) Grenzüberschreitende Gesellschaften, 2006; *Horn* Deutsches und europäisches Gesellschaftsrecht und die EuGH-Rechtsprechung zur Niederlassungsfreiheit – Inspire Art, NJW 2004, 893; *Kaligin* Das internationale Gesellschaftsrecht der Bundesrepublik Deutschland, DB 1985, 1449; *Kögel* Firmenbildung von Zweigniederlassungen in- und ausländischer Unternehmen, Rpfleger 1993, 8; *ders.* EuGH-Rechtsprechung, Centros, Überseering, Inspire Art, Rpfleger 2004, 325; *Kronke* Schweizerische AG & Co. KG – Jüngste Variante der „ausländischen Kapitalgesellschaft & Co.", Anmerkung zu OLG Saarbrücken Beschl. v. 21.4.1989 – 5 W 60/88, RIW 1990, 799; *Lamsa* Allgemeinbegriffe in der Firma einer inländichen Zweigniederlassung einer EU-Auslandsgesellschaft, IPRax 2008, 239; *Latinak* Täuschung mit dem Namen einer ausländischen Gesellschaft? NJW 1973, 1215; *Lutter* (Hrsg.) Europäische Auslandsgesellschaften in Deutschland, 2005; *A. H. Meyer* Das Verbraucherleitbild des Europäischen Gerichtshofes, WRP 1993, 215; *D. Möller* Europäisches Firmenrecht im Vergleich, EWS 1993, 22; *dies.* Firmenbildung von Kapitalgesellschaften in den EG-Mitgliedstaaten, GmbHR 1993, 640; *dies.* Neues zum europäischen Firmenrecht im Vergleich, EWS 1997, 340; *Müller-Guggenberger* Die Firma der Europäischen Wirtschaftlichen Interessenvereinigung, BB 1989, 1922; *ders.* EWIV -Die neue europäische Gesellschaftsform, NJW 1989, 1449; *Rinne* Zweigniederlassungen ausländischer Unternehmen im Kollisions- und Sachrecht, Diss. 1998; *v. Rechenberg* Die EWIV – Ihr Sein und Werden, ZGR 1992, 299; *Römermann* Zur Frage der Firmenfortführung bei Eintragung einer Zweigniederlassung einer englischen Limited nach deutschem Recht, GmbHR 2006, 262; *Schmidt-Hermesdorf* Ausländische Gesellschaften als Komplementäre deutscher Personenhandelsgesellschaften? RIW 1990, 707; *Spickhoff* Der ordre public im internationalen Privatrecht 1989; *Steindorff* Reichweite der Niederlassungsfreiheit, EuR 1988, 19; *Veelken* Nationales Lauterkeitsrecht und Europäisches Gemeinschaftsrecht, ZVglRWiss 1993, 241; *Wachter* Auswirkungen des EuGH-Urteils in Sachen Inspire Art Ltd. auf die Beratungspraxis und Gesetzgebung, GmbHR 2004, 88; *ders.* Zweigniederlassungen englischer private limited companies im deutschen Handelsregister, ZNotP 2005, 122; *ders.* Zur Frage der Bildung der Firma einer deutschen Zweigniederlassung einer englischen Limited, GmbHR 2007, 980; *Weyer* Die Rechtsprechung zum freien Warenverkehr: Dassonville – Cassis de Dijon – Keck, DZWir 1994, 89; *Wöbke/Danckwerts* Europäische wirtschaftliche Interessenvereinigung: Eintragung mit einer reinen Sachfirma? DB 1994, 413; *Wolff* Das Internationale Privatrecht Deutschlands, 3. Aufl. 1954; *Zettel* Die Europäische wirtschaftliche Interessenvereinigung (EWIV) – ihre Grundlagen und Struktur, DRiZ 1990, 161; *Ziegler* Zur Firma der Europäischen Wirtschaftlichen Interessenvereinigung, Rpfleger 1990, 239; *Zimmer* Internationales Gesellschaftsrecht: Das Kollisionsrecht der Gesellschaften und sein Verhältnis zum internationalen Kapitalmarktrecht und zum internationalen Unternehmensrecht, 1996.

Übersicht

	Rn		Rn
A. Überblick	1–10	D. Firmenrechtliche Grundsätze	26–49
I. Bedeutung des Firmenrechts	1–4	I. Firmenwahlfreiheit	27
II. Abgrenzung der Firma	5–7	II. Firmenwahrheit	28–30
III. Inhalt des Firmenrechts	8–9	III. Firmenbeständigkeit	31–33
1. Regelungen des HGB	8	IV. Firmenunterscheidbarkeit	34–38
2. Regelungen außerhalb des HGB	9	1. Abstrakte Unterscheidungskraft	36–37
IV. Anwendungsbereich des Firmenrechts	10	2. Konkrete Unterscheidbarkeit	38
B. Geschichte des Firmenrechts	11–15	V. Firmeneinheit	39–48
C. Firmenrechtliche Grundbegriffe	16–25	1. Grundsatz	39–43
I. Arten der Firma	16–21	a) Meinungsstand	39
1. Personenfirma	16–17	b) Stellungnahme	40–42
2. Sachfirma	18	c) Ergebnis	43
3. Phantasiefirma	19	2. Zweigniederlassung	44–48
4. Mischfirma	20	a) Rechtsnatur	44
5. Abgeleitete Firma	21	b) Folgerungen	45
II. Firmenkern und Firmenzusatz	22–25	c) Zulässigkeit und Grenzen der Firmenverschiedenheit	46

	Rn		Rn
d) Meinungsstand	47	2. Firmengebrauch von Unternehmensträgern aus EG-Staaten	58–61
e) Stellungnahme	48		
VI. Firmenpublizität	49	3. Firmenbildung der deutschen Tochter eines ausländischen Rechtsträgers	62
E. Firmenschutz	50–51		
F. Internationales Firmenrecht	52–73	4. Firmenbildung der deutschen Zweigniederlassung eines ausländischen Rechtsträgers	63–64
I. Firmenbildung	52–54		
1. Firmenstatut von Unternehmensträgern aus Nicht-EG-Staaten	52	III. Firmenordnungs- und Registerrecht	65–67
		IV. Firmenschutz	68–73
2. Firmenstatut von Unternehmensträgern aus EG-Staaten	53	1. Schutz gegen Firmen ausländischer Unternehmensträger	68
3. Firmenstatut von Unternehmensträgern aus Staaten, mit denen ein Staatsvertrag besteht (hier sog. „Vertragsstaaten")	54	2. Schutz von Firmen ausländischer Unternehmensträger	69–72
		a) Schutzlandprinzip	69
		b) Inländerbehandlung	70
II. Firmengebrauch	55–64	c) Fremdenrecht	71
1. Firmengebrauch von Unternehmensträgern aus Nicht-EG-Staaten	55	d) Gerichtsstand	72
a) Verwaltungssitz im Inland	55	3. Schutz von Firmen deutscher Unternehmensträger im Ausland	73
b) Verwaltungssitz im Ausland	56–64		

A. Überblick

I. Bedeutung des Firmenrechts

1 Die Firma ist gem. § 17 Abs. 1 der Name, unter dem ein Kaufmann seine Geschäfte betreibt. Die Firma darf daher weder mit dem Unternehmen noch mit dem Unternehmensträger verwechselt werden. Vielmehr ist die Firma **im Rechtssinne der Handelsname eines Kaufmanns bzw. einer Handelsgesellschaft, also des Unternehmensträgers**. Sie hat damit identifizierende Funktion (**Namensfunktion**, s. auch Rn 34 ff).[1] Während allerdings natürliche Personen als Kaufleute neben der Firma auch einen bürgerlichen Namen tragen, haben Handelsgesellschaften keinen anderen Namen als die Firma. Verwendet ein Einzelkaufmann bei Abschluss eines Rechtsgeschäfts seine Firma, so stellt er damit klar, dass das Geschäft zu seinem Handelsgewerbe gehört und damit Handelsgeschäft i.S.d. § 343 HGB ist. Demgegenüber können Handelsgesellschaften überhaupt nur unternehmensbezogen kontrahieren. Privatgeschäfte gibt es bei ihnen nicht.

2 Neben der Identifikationsfunktion hat die Firma auch **Publizitätsfunktion**[2]. Sie ist zum Handelsregister anzumelden (§§ 29, 31, 33, 34, 106 ff, 162, §§ 39, 181, 278 Abs. 3 AktG, §§ 10, 54 GmbHG, Art. 5 ff EWIVVO, § 2 Abs. 2 Nr. 1, Abs. 3 Nr. 1 EWIVAG, § 3 SEAG, §§ 32 Abs. 1, 40 VAG; s. ferner §§ 6 Nr. 1, 10 f, 16 Abs. 5 GenG, § 3 SCEAG, § 4 Abs. 1 S. 2 i.V.m. § 3 Abs. 2 Nr. 1 PartGG) und wird bekannt gemacht (§ 10). Ferner ist sie auf Geschäftsbriefen anzugeben (§§ 37a, 125a, 177a, § 80 AktG, § 35a GmbHG, § 43 SEAG, Art. 25 EWIVVO, § 25a GenG, Art. 10 Abs. 1 S. 1 SCEVO i.V.m. § 25 SCEAG, § 16 VAG i.V.m. § 37a HGB, §§ 7 Abs. 5 PartGG i.V.m § 125a HGB) und auch am Geschäftslokal anzubringen (§ 15a GewO a.F., s. dazu § 37a Rn 5a). Im Blick auf die Haftungsverhältnisse verdeutlichen § 19 und dessen gesellschaftsrechtliche Parallelnormen (§§ 4, 279 AktG, §§ 4, 5a Abs. 1 GmbHG, Art. 11 Abs. 1 SEVO[3],

---

[1] *Hopt* nennt dies auch Informationsfunktion, s. Baumbach/*Hopt* § 17 Rn 1.

[2] Röhricht/v. Westphalen/*Ammon/Ries* § 17 Rn 1.

[3] VO (EG) Nr. 2157/2001 des Rates v. 8.10.2001 über das Statut der Europäischen Gesellschaft (SE), ABl. L 294/1 v. 10.11.2001, S. 1–21.

§ 2 Abs. 2 Nr. 1 EWIVAG, § 3 GenG, Art. 10 Abs. 1 S. 2 SCEVO[4], § 18 Abs. 2 S. 2 VAG, § 2 Abs. 1 S. 1 PartGG) die Publizitätsfunktion der Firma.

Im Rechtssinne bezeichnet die Firma den Unternehmensträger, nicht das Unternehmen.[5] **3** Umgangssprachlich wird der Begriff „Firma" dagegen als Synonym für Unternehmen oder Betrieb gebraucht. Und auch **im Geschäftsverkehr** wird die **Firma als Kennzeichnung des Unternehmens** verwendet und verstanden.[6] Dementsprechend ist das Interesse der Kaufleute und Handelsgesellschaften darauf gerichtet, die **Firma als Werbeträger** zu nutzen und dem Unternehmen dadurch ein unverwechselbares, möglichst positives Profil zu geben. Häufig hat die Firma daher einen erheblichen Vermögenswert (Goodwill).

Dem **Zusammenhang zwischen Unternehmen und Firma** hat das Gesetz u.a. in § 23 **4** und ihrem **Vermögenswert** etwa in dem Grundsatz der Firmenbeständigkeit (dazu Rn 31 ff) Rechnung getragen. Zudem ist die Firma anders als der bürgerliche Name nicht in erster Linie als Persönlichkeitsrecht, sondern wegen ihres Vermögenswerts als Immaterialgüterrecht geschützt (für einen Überblick u. Rn 50 f, näher Anh. I und II zu § 37).[7]

II. Abgrenzung der Firma

Abzugrenzen ist die Firma zum einen von sog. **„Minderfirmen"**. Das sind Namen von **5** Unternehmensträgern, die lediglich deswegen keine Firma im Rechtssinne sind, weil der Unternehmensträger kein Kaufmann, sondern Kleingewerbetreibender oder Freiberufler ist. Zum anderen können Kaufleute ebenso wie Nicht-Kaufleute neben ihrer (Minder-)Firma für einzelne Geschäftslokale oder Betriebsstätten sog. **„Geschäfts- oder Etablissementbezeichnungen"** führen (z.B. „Parkhotel", „Sonnenapotheke"). Beides ist grundsätzlich zulässig (näher dazu § 17 Rn 15 ff).

Unternehmenskennzeichen sind gem. § 5 Abs. 2 MarkenG Zeichen, die im geschäft- **6** lichen Verkehr als Name, als Firma oder als besondere Bezeichnung eines Geschäftsbetriebs oder eines Unternehmens benutzt werden (näher § 17 Rn 26 sowie Anh. II zu § 37).

Marken i.S.d. § 3 MarkenG bezeichnen dagegen nicht das Unternehmen oder einen **7** Teil hiervon, sondern Waren oder Dienstleistungen, und dienen dazu diese Waren oder Dienstleistungen eines Unternehmens von denen eines anderen Unternehmens zu unterscheiden (näher § 17 Rn 27; zu sonstigen Bezeichnungen § 17 Rn 28 ff).

III. Inhalt des Firmenrechts

1. Regelungen des HGB. Der firmenrechtliche Abschnitt des Gesetzes (§§ 17–37a) **8** weist eine **Vierteilung** auf.[8] Der **erste Teil** beinhaltet das Firmenrecht im engeren Sinne. Er umfasst die Vorschriften über die Firmenbildung (§§ 17–19) und über die Firmenfortführung bei Änderung des bürgerlichen Namens (§ 21), bei Wechsel des Unternehmens-

---

[4] VO (EG) Nr. 1435/2003 DES RATES v. 22.7.2003 über das Statut der Europäischen Genossenschaft (SCE), ABl. L 207/1 v. 18.8.2003, S. 1–24.
[5] Staub/*Hüffer* 4. Aufl. § 17 Rn 2; Röhricht/v. Westphalen/*Ammon/Ries* § 17 Rn 2; *K. Schmidt* Handelsrecht, § 12 I 1b.
[6] *K. Schmidt* Handelsrecht, § 12 I 1a, b; Röhricht/v. Westphalen/*Ammon/Ries* § 17 Rn 2.
[7] Etwa BGHZ 85, 221 (223); MünchKomm-HGB/*Heidinger* § 17 Rn 20; *Canaris* HdR § 10 Rn 4, 7.
[8] Vgl. MünchKommHGB/*Heidinger* Rn 11 f; Ebenroth/Boujong/Joost/Strohn/*Zimmer* § 17 Rn 3 geht von einer Dreiteilung aus.

trägers (§§ 22, 23) und bei Veränderungen im Gesellschafterbestand (§ 24). Die gedankliche Linie dieses ersten Teils wird im **dritten Teil**, den §§ 29–37 fortgesetzt, der insbes. das Firmenregisterrecht, aber auch andere registerrechtliche Vorschriften (§§ 32–34) enthält. §§ 18 und 30 werden auch als „Allgemeiner Teil" des Firmenbildungsrechts bezeichnet.[9]

Der eingeschobene **zweite Teil** (§§ 25–28) war (ebenso wie die §§ 32–34) im ADHGB noch nicht enthalten und regelt Fragen der Haftung bei einer Unternehmensübertragung, einer Unternehmensfortführung durch Erben und bei „Eintritt" von Gesellschaftern in ein Handelsgeschäft. Mit den §§ 22–24 ist dieser Teil nur insofern verbunden, als die Rechtswirkungen eines Inhaberwechsels durch Rechtsgeschäft unter Lebenden (§ 25) oder von Todes wegen (§ 27) u.a. von der Fortführung der Firma abhängig gemacht werden.

Der durch die Handelsrechtsreform 1998 angehängte § 37a (**vierter Teil**) verpflichtet den Einzelkaufmann auf Geschäftsbriefen bestimmte Angaben zu machen, darunter auch die Firma.

9   **2. Regelungen außerhalb des HGB.** Die §§ 17–37 enthalten keine vollständige Regelung des Firmenrechts. Zu nennen sind zunächst die in Rn 2 genannten **gesellschaftsrechtlichen Parallelnormen** über die Anmeldung der Firma, Rechtsformzusätze und die Angaben auf Geschäftsbriefen. Firmenrechtliche Vorschriften enthält außerdem das **Umwandlungsrecht** (§§ 18, 125, 200 UmwG, dazu Anh. zu § 21 sowie zu § 22). Hervorzuheben sind ferner die für den Schutz der Firma bedeutsamen Vorschriften des § 12 BGB (dazu Anh. I zu § 37) sowie vor allem der §§ **5, 6, 15 MarkenG** (dazu Anh. II zu § 37) und daneben auch der §§ 3 ff UWG (dazu Anh. II zu § 37 Rn 70). **Sondervorschriften** sind überdies bei bestimmten Berufen (§ 59k BRAO, § 52k PatAnwO, §§ 43 Abs. 1, 53 StBerG, §§ 27, 31 WPO) und Unternehmensgegenständen (§§ 16 BauspG, § 3 InvG, §§ 39 ff KWG, § 20 UBGG, § 4 VAG) zu beachten (dazu § 18 Rn 78 ff).[10] Hinzuweisen ist schließlich auf die Vorschriften des **EGHGB**, vor allem auf die Art. 22, 37, 38, 52 EGHGB, sowie auf die Fortgeltung von Ausnahmen, die in der Kriegszeit bewilligt wurden, und von Ausnahmen für bis 1951 in das Bundesgebiet verlegte Personenunternehmen (§ 2 Abs. 2, 3 und § 3 Abs. 1 Handelsrechtliches Bereinigungsgesetz).[11]

IV. Anwendungsbereich des Firmenrechts

10   Der Anwendungsbereich des Firmenrechts des HGB umfasst **neben Einzelkaufleuten** i.S.d. §§ 1 ff HGB **grundsätzlich**:
– i.V.m. § 6 Abs. 1 alle **Handelsgesellschaften**. Das sind die OHG, KG, GmbH (einschließlich der sog. Unternehmergesellschaft i.S.d. § 5a GmbHG), AG, KGaA, SE, deutsche EWiV (§§ 105, 161 Abs. 2, § 13 Abs. 3 GmbHG, §§ 3 Abs. 1, 278 Abs. 3 AktG, Art. 9 Abs. 1 c ii SEVO i.V.m. §§ 1, 3 SEAG, § 3 AktG, § 1 Hs. 2 EWIVAG);
– i.V.m. § 6 Abs. 2 alle **Formkaufleute**: Das sind die GmbH (ebenfalls einschließlich der sog. Unternehmergesellschaft i.S.d. § 5a GmbHG), AG, KGaA, SE, deutsche EWiV,

---

[9] Ebenroth/Boujong/Joost/Strohn/*Zimmer* § 18 Rn 1.
[10] Röhricht/v. Westphalen/*Ammon/Ries* Vor § 17 Rn 18 ff; § 18 Rn 47, 53; Ebenroth/Boujong/Joost/Strohn/*Zimmer* § 18 Rn 19 ff; Baumbach/*Hopt* § 18 Rn 28.
[11] HRBerG v. 29.12.1950, VBl. I 568.

eG sowie die Europäische Genossenschaft (s. außer den vorgenannten Vorschriften § 17 Abs. 2 GenG, Art. 8 Abs. 1 lit. a) ii) SCEVO).
- alle sonstigen **juristischen Personen i.S.d.** § 33, die ein Handelsgewerbe i.S.d. § 1 betreiben. Dazu können insbes. rechtsfähige Stiftungen, wirtschaftliche und nicht wirtschaftliche Vereine sowie juristische Personen des öffentlichen Rechts gehören.

Allerdings haben nicht alle Vorschriften der §§ 17–37a diesen weiten Anwendungsbereich, s. etwa § 19. Vielmehr ist der Anwendungsbereich jeder einzelnen Norm gesondert zu klären. **Teilweise** umfasst der Anwendungsbereich allerdings auch bzw. unter zu bestimmenden Voraussetzungen **kleingewerbliche Unternehmensträger**. Schließlich ordnet das Gesetz bei **Versicherungsvereinen auf Gegenseitigkeit** (§ 16 VAG), nicht aber für „kleinere Vereine" (§ 53 VAG), die Anwendung der firmenrechtlichen Vorschriften des HGB an. Diese gelten gem. § 2 Abs. 2 PartGG weitgehend auch für **Partnerschaftsgesellschaften**.

B. Geschichte des Firmenrechts

Ein **praktisches Bedürfnis**, im Geschäftsverkehr unter einer Firma aufzutreten, machte sich **zunächst bei den Handelsgesellschaften** bemerkbar, und zwar schon im Hoch- und Spätmittelalter, vor allem im Handelsverkehr Oberitaliens. Der so genannte Rechnungsname von Handelsgesellschaften (ratio; ragione sociale), das heißt der Name des Hauptgesellschafters mit einem die Mithaftung der anderen Gesellschafter offenlegenden Zusatz ist als Vorläufer der Gesellschaftsfirma anzusehen. Dagegen ist die **Firma des Einzelkaufmanns** als besonderer, mit dem bürgerlichen Namen nicht notwendig übereinstimmender Handelsname das Ergebnis jüngerer, etwa mit der Wende des 18. zum 19. Jahrhundert fassbar werdender Rechtsentwicklung[12]. Sie ist durch das Aufkommen des Registerwesens (§ 8 Rn 4) wohl nicht bedingt, aber begünstigt, und erfährt den entscheidenden Impuls durch das Bestreben, die eingeführte Gesellschaftsfirma über die Dauer der Gesellschaft hinaus zu erhalten. Noch das Preußische Allgemeine Landrecht (1794) und der Code de Commerce (1807) enthielten nur Bestimmungen über die Gesellschaftsfirma. Das **ADHGB (1861)** ist jedenfalls im deutschen Rechtskreis das erste Gesetz, das firmenrechtliche Vorschriften auch für Einzelkaufleute enthielt (Art. 15–27). **11**

Diese Bestimmungen blieben von dem Erlass des **HGB (1897)** weitgehend unberührt. Eingeschoben wurden allerdings, wie bereits erwähnt (Rn 8), die §§ 25 bis 28 und 32 bis 36. Und dieser Normenbestand blieb dann **100 Jahre** bis zur Handelsrechtsreform von **1998 nahezu**[13] **unverändert**. Das Firmenrecht entsprach daher nicht mehr den Erfordernissen des modernen Wirtschaftslebens[14] und wurde zu Recht grundlegend reformiert. Insbes. wurden die §§ 18 und 19 vollkommen umgestaltet, § 36 aufgehoben und § 37a neu eingefügt. Seither gab es noch einige, weniger tiefgreifende Änderungen wie beispielsweise durch das Gesetz zur Modernisierung des Schuldrechts im Jahr 2001. Nähere Einzelheiten dazu finden sich in den Kommentierungen der einzelnen Vorschriften. Zuletzt brachte das Gesetz über elektronische Handelsregister und Genossenschaftsregister sowie das Unternehmensregister (EHUG)[15] einige Änderungen. **12**

---

[12] *Haab* S. 18; *Heinrich* Firmenwahrheit und Firmenbeständigkeit (1982), Rn 16 ff; *His* S. 221 ff; *Rehme* S. 99, 160 f, 216; *Riecke* S. 3 ff.
[13] Erwähnenswert ist vor allem die Aufhebung des § 20 durch die Aktienrechtsreform von 1937 und die Neufassung des § 26 durch das Nachhaftungsbegrenzungsgesetz im Jahr 1994.
[14] Begr. RegE BT-Drucks. 13/8444, S. 35 f.
[15] MWv 1.1.2007 durch Art. 1 EHUG v. 10.11.2006 (BGBl. I S. 2553).

Die **entscheidende Zäsur** im Firmenrecht ist also die **Handelsrechtsreform von 1998**. Rechtsprechung und Literatur, die sich auf die vorherige Rechtslage beziehen, sind daher „mit Vorsicht zu genießen". Gleichwohl besteht kein Anlass, fast alles Vorherige „zu vergessen",[16] zumal wichtige firmenrechtliche Grundsätze (dazu Rn 26 ff) unverändert geblieben sind. Vielmehr erleichtert die Kenntnis der vormaligen Rechtslage das Verständnis des geltenden Rechts.

13 Bis zur Handelsrechtsreform mussten Einzelkaufleute und Personengesellschaften grundsätzlich eine Personenfirma führen, d.h. die Firma aus dem bürgerlichen Namen des Kaufmanns bzw. zumindest eines persönlich haftenden Gesellschafters bilden (§§ 18 Abs. 1, 19 Abs. 1 bis 4 a.F.). Eine Sachfirma war ihnen verwehrt. Umgekehrt durften Aktiengesellschaften und Genossenschaften keine Personenfirma führen, sondern waren auf Sachfirmen beschränkt, die den Unternehmensgegenstand im Wesentlichen erkennbar machten (§ 4 AktG a.F., § 3 Abs. 2 GenG a.F.). Nur der GmbH standen sowohl die Personen- als auch die Sachfirma offen (§ 4 Abs. 1 GmbHG a.F.). Phantasiefirmen waren prinzipiell unzulässig. Erlaubt waren nur nicht täuschende Phantasiezusätze. Dabei enthielt § 18 Abs. 2 a.F. ein Täuschungsverbot, das nach dem Wortlaut des Gesetzes zwar nur für Firmenzusätze galt, allgemein aber auf alle Firmenbestandteile angewandt wurde, und zwar in einer unzuträglich strengen Weise.[17] Diese Firmenbildungsgrundsätze wurden lediglich durch die §§ 21, 22, 24 a.F. durchbrochen, die damals wie heute unter bestimmten Umständen eine unveränderte Firmenfortführung erlauben.[18]

14 Dieses hergebrachte Firmenrecht war auch im europäischen Vergleich **rigide**[19] und drohte zu **Wettbewerbsnachteilen** zu führen. Ziel der Handelsrechtsreform von 1998 war daher – neben der Modernisierung des Kaufmannsbegriffs (dazu § 1 Rn 8 ff) – die Liberalisierung des Firmenrechts. Den Unternehmensträgern wurde ungleich größere Freiheit bei der Bildung aussagekräftiger und werbewirksamer Firmen gewährt und die Firmenbildung zugleich rechtsformübergreifend vereinheitlicht. Nunmehr können Unternehmensträger jedweder Rechtsform grundsätzlich Personen-, Sach- und Phantasiefirmen sowie Mischformen hiervon führen.[20] Es besteht also **Firmenwahlfreiheit**. Die Firma muss lediglich zur Kennzeichnung geeignet sein, abstrakte Unterscheidungskraft besitzen (§ 18 Abs. 1) und darf keine Angaben enthalten, die geeignet sind, über wesentliche geschäftliche Verhältnisse irrezuführen (§ 18 Abs. 2). Ferner muss sie i.S.d. § 30 Abs. 1 konkret unterscheidbar sein. Schließlich bedarf es in jedem Fall eines **Rechtsformzusatzes** (§ 19 sowie §§ 4, 279 AktG, §§ 4, 5a Abs. 1 GmbHG, Art. 11 Abs. 1 SEVO[21], § 2 Abs. 2 Nr. 1 EWIVAG, § 3 GenG, Art. 10 Abs. 1 S. 2 SCEVO[22], § 18 Abs. 2 S. 2 VAG, § 2 Abs. 1 S. 1 PartGG, s. ferner § 19 Rn 30 ff sowie § 33 Rn 21 ff). Damit soll sich die Firmenbildung nach den drei wesentlichen Funktionen der Firma, nämlich Unterscheidungskraft und Kennzeichnungswirkung, Ersichtlichkeit des Gesellschaftsverhältnisses sowie Offenlegung der Haftungsverhältnisse, ausrichten. Kennzeichnungs- und Unterscheidungsfunktion wurden dadurch zudem dem Marken- und Kennzeichnungsrecht (s. insbes. §§ 3 Abs. 1, 5 Abs. 2, 8 Abs. 2 MarkenG) angenähert. Zugleich wurde das **Irreführungsverbot**

---

[16] So aber *Frenz* ZNotP 1998, 178 f.
[17] Begr. RegE BT-Drucks. 13/8444, S. 36.
[18] Für einen Überblick zur alten Rechtslage s. etwa auch MünchKommHGB/*Heidinger* Rn 2 ff; s. ferner u. Rn 16 ff.
[19] BegrRegE BT-Drucks. 13/8444, S. 36.
[20] BegrRegE BT-Drucks. 13/8444, S. 52, 54.
[21] VO (EG) Nr. 2157/2001 des Rates v. 8.10. 2001 über das Statut der Europäischen Gesellschaft (SE), ABl. L 294/1 v. 10.11. 2001, S. 1–21.
[22] VO (EG) Nr. 1435/2003 DES RATES v. 22.7.2003 über das Statut der Europäischen Genossenschaft (SCE), ABl. L 207/1 v. 18.8.2003, S. 1–24.

entschärft. Zwar blieb es im Interesse eines vorbeugenden Verkehrsschutzes bei der Prüfung der Firma im Handelsregisterverfahren, da eine nachträgliche Kontrolle mit Mitteln des Wettbewerbsrechts (§ 3 UWG) allein für unzureichend erachtet wurde.[23] Der Bereich eintragungsschädlicher Irreführung wurde aber wesentlich verkleinert und die Prüfungskompetenz des Registergerichts auf eine ersichtliche Eignung zur Irreführung beschränkt (§ 18 Abs. 2 S. 2). Schließlich wurde durch die **Pflichtangaben auf Geschäftsbriefen** (§§ 37a, 125a, 177a, § 80 AktG, § 35a GmbHG, Art. 25 EWIVVO, § 43 SEAG, § 25a GenG, Art. 10 Abs. 1 S. 1 SCEVO i.V.m. § 25 SCEAG, § 16 VAG i.V.m. § 37a HGB, § 7 Abs. 5 PartGG i.V.m § 125a HGB) die Publizität erheblich verbessert.

Die Tragweite dieser Reform wird in Praxis und Lehre nicht immer hinreichend berücksichtigt. Teilweise werden nach wie vor inhaltliche Anforderungen an die Firmenbildung – z.B. an die Ausgestaltung einer Personen- oder Sachfirma – gestellt (für einen Überblick Rn 16 ff näher § 18 Rn 56 ff), die ersichtlich von der überholten Rechtslage geprägt und nicht mit der von der Handelsrechtsreform angestrebten Liberalisierung vereinbar sind.[24] Abgesehen von den vorgeschriebenen Rechtsformzusätzen (§ 19), gibt es grundsätzlich **keine inhaltlichen Vorgaben für die Firmenbildung mehr**. Daher ist jede Firmenbildung zulässig, die den Anforderungen der §§ 18 f, 30 und etwaiger spezialgesetzlicher Regelungen entspricht. Mithin ist auch die **Unterscheidung zwischen Personen-, Sach- und Phantasiefirmen weithin obsolet**; denn eine Firma, die weder Personennoch Sachfirma ist, ist Phantasiefirma und als solche grundsätzlich zulässig.[25]

C. Firmenrechtliche Grundbegriffe

I. Arten der Firma

1. Personenfirma. Nach altem Firmenrecht musste ein Einzelkaufmann als Firma seinen Familiennamen mit mindestens einem ausgeschriebenen Vornamen führen, § 18 Abs. 1 a.F. Die Firma einer Personenhandelsgesellschaft musste den bürgerlichen Namen zumindest eines persönlich haftenden Gesellschafters enthalten, wobei die Beifügung des Vornamens nicht erforderlich war, § 19 Abs. 1 bis 3 a.F. Die Namen anderer Personen als der persönlich haftenden Gesellschafter durften dagegen keine Verwendung finden, § 19 Abs. 4 S. 1 a.F. Während bei der Aktiengesellschaft die Führung einer Personenfirma für den Regelfall ganz ausgeschlossen war (§ 4 AktG a.F.), war dies bei der GmbH optional möglich (§ 4 GmbHG a.F.). Auch bei der GmbH durfte die Personenfirma jedoch nur aus dem Namen von Gesellschaftern, nicht aber aus dem Namen von Nicht-Gesellschaftern (§ 4 Abs. 1 S. 2 GmbHG a.F.) oder Phantasienamen gebildet werden. Als Personenfirma (oder auch Personalfirma) wurde daher eine Firma definiert, die aus dem Namen des Kaufmanns bzw. eines oder mehrerer Gesellschafter gebildet wird.[26]

Dieses Verständnis der Personenfirma wird heute oft fortgeschrieben.[27] Dabei wird nicht berücksichtigt, dass nach geltendem Recht nicht nur das „Ob", sondern auch das „Wie" der Bildung einer Personenfirma prinzipiell freigestellt ist.[28] Nur bei Partner-

---

[23] Begr. RegE BT-Drucks. 13/8444, S. 53 f.
[24] Ebenso MünchKommHGB/*Heidinger* Rn 15 f, 53 ff, 56 ff.
[25] Ebenso MünchKommHGB/*Heidinger* Rn 17; Röhricht/v. Westphalen/*Ammon/Ries* § 17 Rn 5a, 15; Baumbach/*Hopt* § 18 Rn 4.
[26] Statt aller Staub/*Hüffer* 4. Aufl. Rn 8.
[27] Etwa Röhricht/v. Westphalen/ *Ammon/Ries* § 17 Rn 4a; Baumbach/*Hopt* § 17 Rn 6.
[28] Begr. RegE, BT-Drucks. 13/8444 S. 37; zutreffend MünchKommHGB/*Heidinger* Rn 5.

schaftsgesellschaften ist gem. § 2 Abs. 1 PartGG weiterhin die Verwendung des Personennamens zumindest eines Partners vorgeschrieben und die Verwendung der Namen anderer Personen verboten[29] (vgl. ferner § 59k BRAO, § 52k PatAnwO). Alle anderen Unternehmensträger dürfen dagegen grundsätzlich auch Namen Dritter oder Phantasienamen zur Firmenbildung verwenden.[30] Wie stets sind freilich §§ 18, 30, insbes. das Irreführungsverbot zu beachten (näher dazu § 18 Rn 56 ff). Heutzutage ist daher als Personenfirma eine Firma zu bezeichnen, die **unter Verwendung (irgend-)eines echten Personennamens** gebildet wird. Ist der Personenname erfunden handelt es sich um eine Phantasiefirma.[31]

18 2. Sachfirma. Ähnlich verhält es sich mit der Sachfirma. Vor der Handelsrechtsreform war eine Sachfirma entsprechend §§ 4 Abs. 1, 279 AktG, § 3 Abs. 1 GenG, 4 Abs. 1 GmbHG a.F. aus dem Unternehmensgegenstand zu entnehmen. Dabei war Einzelkaufleuten und Personenhandelsgesellschaften diese Art der Firma verschlossen (§§ 18, 19 a.F.). Dahingehende Vorschriften bestehen nun nicht mehr. Auch Einzelkaufleute und Personenhandelsgesellschaften dürfen daher heute Sachfirmen führen. Diese müssen nach dem klaren Willen des Gesetzgebers[32] entgegen verbreiteter Ansicht auch nicht (mehr) dem Gegenstand[33] oder dem Tätigkeitsbereich[34] des Unternehmens entnommen werden, was bei Einzelkaufleuten ohnehin insofern nicht möglich wäre, als diese über keinen statutarischen Unternehmensgegenstand verfügen. Auch die Definition der Sachfirma muss daher heute weiter sein als vor der Handelsrechtsreform. Sachfirma ist daher **jede Firma, die auf den Gegenstand (irgend-)einer unternehmerischen Tätigkeit Bezug nimmt.** Eine Sachfirma kann daher auch aus einer Marke gebildet werden.[35] Dabei muss im Ausgangspunkt kein Zusammenhang zwischen der Firma und dem Gegenstand bzw. Tätigkeitsbereich des Unternehmens bestehen.[36] Die Grenzen zur Phantasiefirma sind dementsprechend fließend,[37] eine Abgrenzung ist heute allerdings auch entbehrlich (Rn 15, 19). Zu beachten sind freilich wie stets die Anforderungen der §§ 18, 30, namentlich das Irreführungsverbot (näher § 18 Rn 60 ff).

19 3. Phantasiefirma. Ausweislich der Begründung des Regierungsentwurfs wurde durch die Handelsrechtsreform die Verwendung von Phantasiefirmen ausdrücklich für alle Unternehmensträger (mit Ausnahme von Partnerschaftsgesellschaften gem. § 2 Abs. 1

---

[29] Zulässig ist dagegen die Aufnahme von darüber hinausgehenden Zusätzen wie Phantasiebezeichnungen neben dem bzw. den Namen der Partner vgl. BGH NJW 2004, 1651.

[30] Für die Firmierung einer KG OLG Saarbrücken ZIP 2006, 1772 f.

[31] Ebenso MünchKommHGB/*Heidinger* Rn 55; Ebenroth/Boujong/Joost/Strohn/*Zimmer* § 18 Rn 13.

[32] Begr. RegE BT-Drucks. 13/8884, S. 37: „*Das Entlehnungsgebot bei der Sachfirma ... entfällt.*"

[33] *Bockelmann* GmbHR 1998, 57 (59); *Kögel* BB 1998, 1645 (1646); Koller/*Roth*/Morck § 17 Rn 10; Baumbach/*Hopt* § 17 Rn 6; § 19 Rn 9; aA GKzHGB/*Steitz* § 18 Rn 10; Röhricht/v. Westphalen/*Ammon*/*Ries* § 17 Rn 5; § 18 Rn 21, Ebenroth/Boujong/Joost/Strohn/*Zimmer* § 18 Rn 16 f.

[34] Ebenroth/Boujong/Joost/Strohn/*Zimmer* § 18 Rn 16; § 18 Rn 21; GKzHGB/*Steitz* vor § 18 Rn 10; **aA** Röhricht/v. Westphalen/*Ammon*/*Ries* § 17 Rn 5.

[35] MünchKommHGB/*Heidinger* Rn 59; *Priester* DNotZ 1998, 691 (696).

[36] Auch aus §§ 24 Abs. 4, 34 HRV folgt nichts Gegenteiliges, näher MünchKommHGB/*Heidinger* Rn 58.

[37] Vgl. BayObLG NJW-RR 2000, 111; MünchKommHGB/*Heidinger* Rn 59; Röhricht/v. Westphalen/*Ammon*/*Ries* § 18 Rn 21 f.

PartGG: danach ist eine Phantasiebezeichnung nur als Mischfirma statthaft)[38] zugelassen.[39] Darunter fallen **alle Firmen, die weder Personen-** (Rn 16) **noch Sachfirmen** (Rn 18) sind; denn jede andere Benennung, die weder auf (irgend-)eine Person noch auf (irgend-)eine unternehmerische Tätigkeit Bezug nimmt, ist Phantasiebezeichnung.[40] Dementsprechend hat die **Unterscheidung zwischen Personen-, Sach- und Phantasiefirma heute überwiegend nur noch terminologische Bedeutung.** Im Blick auf die allgemeinen Anforderungen der §§ 18, 30 ist speziell bei Phantasiefirmen allerdings das Erfordernis der Kennzeichnungseignung, insbes. der Aussprechbarkeit (dazu § 18 Rn 8 ff) zu beachten.

4. Mischfirma. Schon nach §§ 18 Abs. 1, 19 Abs. 1 bis 4 a.F. waren Kombinationen aus Personen- und Sach- bzw. Phantasiefirmen zulässig, wobei die Sach- bzw. Phantasiebezeichnung als Zusatz zu dem Personennamen als zwingendem Firmenkern angesehen wurde. Solche „Hilfsüberlegungen" sind heute überflüssig, da die neue Firmenbildungsfreiheit auch im Firmenkern die **Zusammensetzung von Elementen einer Personen-, Sach- und Phantasiefirma** erlaubt.[41] Erfüllt sein müssen lediglich die allgemeinen Voraussetzungen der §§ 18, 30, wobei es grundsätzlich auf die Mischfirma insgesamt und nicht auf ihre einzelnen Teile ankommt. **20**

5. Abgeleitete Firma. Von einer abgeleiteten Firma spricht man, wenn die ursprüngliche Firma von dem Erben oder Erwerber eines Handelsgeschäfts gem. § 22 Abs. 1 fortgeführt wird. Die Möglichkeit zur Firmenfortführung ist Ausdruck des Grundsatzes der Firmenbeständigkeit (Rn 31 ff), der den Grundsatz der Firmenwahrheit (Rn 28 ff) einschränkt. **21**

II. Firmenkern und Firmenzusatz

Auch die Unterscheidung zwischen Firmenkern und Firmenzusatz hat heute vornehmlich terminologische Bedeutung. Vor der Handelsrechtsreform war der Inhalt des Firmenkerns für den Einzelkaufmann, die Personenhandelsgesellschaft, Kapitalgesellschaften und Genossenschaften gesetzlich zwingend vorgeschrieben (§§ 18 Abs. 1, 19 Abs. 1 bis 4, §§ 4, 279 AktG, § 4 GmbHG, § 3 GenG jew. a.F.). Als Firmenzusätze wurden dementsprechend diejenigen Bezeichnungen in der Gesamtfassung der Firma verstanden, die über den gesetzlich vorgeschriebenen Mindestinhalt der Firma hinausgingen, vgl. § 18 Abs. 2 a.F. (sowie Rn 20).[42] Heute gibt es dagegen für den Inhalt der Firma – abgesehen von der Rechtsformangabe – keine Vorgaben mehr. Die Firma muss lediglich den Anforderungen der §§ 18, 30 genügen. **Einer Unterscheidung zwischen Firmenkern und Firmenzusatz bedarf es daher grundsätzlich nicht mehr**,[43] zumal bereits nach altem **22**

---

[38] BGH NJW 2004, 1651; HKzHGB/*Ruß* § 18 Rn 28.
[39] Begr. RegE BT-Drucks. 13/8884, S. 37; Ebenroth/Boujong/Joost/Strohn/*Zimmer* § 18 Rn 31.
[40] MünchKommHGB/*Heidinger* Rn 62; zur Phantasiebezeichnung s. a. GKzHGB/*Steitz* vor §§ 17–24 Rn 19; sowie *Hopt*/Baumbach § 19 Rn 10 mit Beispielen.
[41] Zutr. MünchKommHGB/*Heidinger* Rn 63; GKzHGB/*Steitz* vor §§ 17–24 Rn 20 mit Beispielen; *Hopt*/Baumbach § 19 Rn 8.

[42] RGZ 96, 195 (197); 127, 77 (81); BGHZ 44, 286 (287 f); 68, 14; BayOBLGZ 1956, 260 (262); 1958, 253 (264); 1970, 297 (299); 1971, 347 (349); OLG Hamm OLGZ 1974, 139 (141).
[43] MünchKommHGB/*Heidinger* Rn 45; Röhricht/v. Westphalen/*Ammon*/Ries § 18 Rn 7; ebenso zum alten Recht bereits Staub/*Hüffer* 4. Aufl. § 18 Rn 2.

Recht anerkannt war, dass Firmenkern und Firmenzusatz eine rechtliche Einheit[44] und zusammen die Firma[45] bilden.

23 Die zwingend vorgesehene Angabe der Rechtsform wird allerdings traditionell als Rechtsform*zusatz* bezeichnet und dabei kann es selbstverständlich bleiben. Ein unterscheidungskräftiger „Zusatz" ist ferner in den Fällen des § 30 Abs. 2 sowie in den Fällen der §§ 50 Abs. 3, 126 Abs. 3 erforderlich. Dabei darf der Begriff „Zusatz" allerdings nicht dahin missverstanden werden, dass die genannten Angaben nach dem „Firmenkern" stehen müssten. Vielmehr ist die Stellung eines „Zusatzes" innerhalb der Firma grundsätzlich freigestellt, kann also auch vorangehen, solange die Stellung nicht irreführend ist[46] (s. auch Rn 48; zu den Besonderheiten des Rechtsformzusatzes § 19 Rn 14 ff).

24 Da die **Firma eine Einheit** bildet, ist die Umstellung, Streichung, Hinzufügung oder Änderung eines Firmenbestandteils eine Änderung der ganzen Firma, die ggf. einer Satzungsänderung bedarf und die nach § 31 Abs. 1 anmeldepflichtig ist. Für die abgeleitete Firma, die grundsätzlich *„nur so fortgeführt werden darf, wie sie lautet oder gar nicht"*[47], bedeutet dies, dass sie grundsätzlich gar nicht fortgeführt werden darf, wenn auch nur ein Firmenbestandteil wegfallen, hinzukommen oder geändert werden soll (näher § 22 Rn 84 ff). Auch trifft das Verbot des unzulässigen Firmengebrauchs (§ 37) grundsätzlich die vollständige Firma und nicht nur einzelne Teile von ihr (s. dort Rn 36, 40, 69).[48]

25 Allerdings genießt nicht nur die vollständige Firma, sofern sie berechtigterweise geführt wird, sondern auch jeder **unterscheidungskräftige Firmenbestandteil**, wenn er Namensfunktion hat, nach § 37 Abs. 2, § 12 BGB, §§ 5, 15 MarkenG **Schutz** (näher Anh. II zu § 37 Rn 7 f m.N.). Dementsprechend kann der Gebrauch eines einzelnen Firmenbestandteils **unzulässig** sein. Wird durch die Löschung dieses Firmenbestandteils die Beeinträchtigung des Verletzten beseitigt, dann darf entgegen älterer Rechtsprechung[49] und Literatur[50] auch nur dieser Firmenbestandteil gelöscht werden, wenn die Firmierung ansonsten ordnungsgemäß ist.[51] Das ist ein Gebot der Verhältnismäßigkeit, dem daher auch nicht die rechtliche Einheit der Firma entgegensteht. Dem Firmeninhaber steht es dann frei, die Firma insgesamt zu ändern, auch indem er den gelöschten Teil im Rahmen einer anderen Kombination verwendet, wenn diese neue Kombination keinen rechtlichen Bedenken begegnet.[52]

D. Firmenrechtliche Grundsätze

26 Das Firmenrecht wird seit jeher von fünf Grundsätzen beherrscht: **Firmenwahrheit, Firmenbeständigkeit, Firmenunterscheidbarkeit, Firmeneinheit und Firmenpublizität**. Hieran hat die Reform nichts geändert. Wohl aber hat sich die **Bedeutung** dieser

---

[44] RGZ 96, 195 (197); 127, 77 (81); BGH NJW 1959, 2209 (2210); Staub/*Hüffer* 4. Aufl. § 18 Rn 17.
[45] BayObLG BB 1992, 943; statt anderer Staub/*Hüffer* 4. Aufl. § 18 Rn 2, 17.
[46] MünchKommHGB/*Heidinger* Rn 46; Röhricht/v. Westphalen/*Ammon/Ries* § 18 Rn 7; so auch schon nach altem Recht s. Staub/*Hüffer* 4. Aufl. § 18 Rn 18.
[47] RGZ 96, 195, 197.
[48] BGH GRUR 1974, 162 (164); 1981, 60 (64).
[49] BGHZ 65, 103 (106); BGH GRUR 1960, 34; 1968, 431 (433); OLG Hamm NJW 1959, 1973; KG NJW 1955, 1926 (1927).
[50] Etwa Staub/*Hüffer* 4. Aufl. § 37 Rn 39; Heymann/*Emmerich* § 37 Rn 27.
[51] BGH GRUR 1974, 162 (164); BGH GRUR 1981, 60 (64) m. Anm. *Schulze zu Wiesche*; MünchKommHGB/*Heidinger* Rn 52.
[52] BGH GRUR 1974, 162 (164); BGH GRUR 1981, 60 (64); v. *Gramm* FS Stimpel, 1007, 1012 f.

Grundsätze **gewandelt** und haben sich die Gewichte zwischen ihnen verschoben. Ein Grund dafür ist, dass ein weiterer Grundsatz hinzugetreten ist, nämlich der Grundsatz der **Firmenwahlfreiheit**.

I. Firmenwahlfreiheit

Das Prinzip der Firmenwahlfreiheit besagt, dass Unternehmensträger jedweder Rechtsform grundsätzlich frei zwischen Personen-, Sach- und Phantasiefirmen sowie Mischformen hiervon wählen dürfen. Dementsprechend gibt es heute – abgesehen von den vorgeschriebenen Rechtsformzusätzen – grundsätzlich keine inhaltlichen Vorgaben für die Firmenbildung mehr. Vielmehr ist jede Firmenbildung zulässig, die den Anforderungen der §§ 18 f, 30 und etwaiger spezialgesetzlicher Regelungen entspricht. Mithin ist auch die Unterscheidung zwischen Personen-, Sach- und Phantasiefirmen weithin obsolet; denn eine Firma, die weder Personen- noch Sachfirma ist, ist Phantasiefirma und als solche grundsätzlich zulässig (s.o. Rn 15 ff). Ausnahmen von dem Grundsatz der Firmenwahlfreiheit enthalten § 2 Abs. 1 PartGG, § 59k BRAO und § 52k PatAnwO.

27

II. Firmenwahrheit

Dieses neue Prinzip der Firmenwahlfreiheit hat starke Auswirkungen auf den Inhalt und die Bedeutung des Prinzips der Firmenwahrheit. **Nach früherem Recht** verlangte letzteres, dass die in einer Personenfirma enthaltenen Angaben über die Person des Unternehmensträgers bzw. über die an dem Unternehmensträger beteiligten Personen sowie die in einer Sachfirma enthaltenen Angaben über den Gegenstand des Unternehmens zutreffen. Hinsichtlich des Firmenkerns wurde der Grundsatz der Firmenwahrheit also schlicht als Gebot richtiger Angaben verstanden. Das aus diesem Grundsatz folgende Verbot täuschungsgeeigneter Angaben wurde hingegen entsprechend § 18 Abs. 2 a.F. in erster Linie auf Firmenzusätze als fakultative Bestandteile der Firma (vgl. o. Rn 20) bezogen und hierin zugleich die Hauptbedeutung des Prinzips gesehen.[53]

28

Nachdem es **heute** aufgrund des Prinzips der Firmenwahlfreiheit abgesehen von den vorgeschriebenen Rechtsformzusätzen grundsätzlich keine inhaltlichen Vorgaben für die Firmenbildung mehr gibt, hat der **Informationswert der Firma stark abgenommen**. Im Vordergrund steht heute vielmehr die Werbewirksamkeit der Firma. Dafür wurde das Täuschungsverbot in § 18 Abs. 2 ausdrücklich auf die gesamte Firma erweitert. Dementsprechend bedeutet der Grundsatz der Firmenwahrheit heute im Grunde nur noch, dass die Firma **keine irreführenden Angaben** enthalten darf.[54] Allerdings wurde dieses Irreführungsverbot zugleich stark abgeschwächt: Einerseits bezieht sich das Irreführungsverbot gem. § 18 Abs. 2 S. 1 lediglich auf solche Angaben, die für die angesprochenen Verkehrskreise **wesentlich** sind (näher § 18 Rn 46). Andererseits darf das Registergericht gem. § 18 Abs. 2 S. 2 eine Eignung zur Irreführung nur dann berücksichtigen, wenn sie ersichtlich, d.h. **offenkundig** ist (näher § 18 Rn 50 ff).

29

Der Grundsatz der Firmenwahrheit gilt freilich nicht nur für die korrekte Neubildung einer Firma. Vielmehr kann die Firmenführung **auch** durch **nachträgliche Veränderungen**

30

---

[53] Statt anderer Staub/*Hüffer* 4. Aufl. Rn 11.
[54] OLG Rostock NZG 2006, 587; Münch-KommHGB/*Heidinger* Rn 22; Baumbach/

Hopt § 18 Rn 9; GKzHGB/*Steitz* vor §§ 17–24 Rn 23.

unzulässig werden (näher § 18 Rn 35 ff). Im Blick auf solche nachträglichen Veränderungen wird der Grundsatz der Firmenwahrheit allerdings seit jeher durch den Grundsatz der **Firmenbeständigkeit** innerhalb gewisser Grenzen **durchbrochen**.

III. Firmenbeständigkeit

31 Der Grundsatz der Firmenbeständigkeit kommt vor allem in den §§ **21–24** zum Ausdruck (vgl. ferner Art. 22, 38 EGHGB). Er besagt, dass eine zulässigerweise gebildete Firma auch dann beibehalten werden darf, wenn sich die für die Firmenbildung maßgeblichen Verhältnisse nachträglich ändern.[55] Damit setzt sich der Grundsatz der Firmenbeständigkeit gegen den Grundsatz der Firmenwahrheit durch. Anders gewendet wird dem **Schutz des in der Firma enthaltenen Werts** gegenüber dem Schutz des Verkehrs vor veralteten und daher möglicherweise irreführenden Angaben in gewissem Umfang Priorität eingeräumt.

32 Der **Verkehrsschutz** wird hierdurch aus drei Gründen **nicht übermäßig beeinträchtigt**. Zum einen sind Änderungen des Geschäftsinhabers (§ 22) und im Gesellschafterbestand von Personenhandelsgesellschaften (§ 24) regelmäßig aus dem Handelsregister zu ersehen, weil es sich hierbei gem. §§ 31, 107, 143 Abs. 2, 162 Abs. 3 um eintragungspflichtige Tatsachen handelt. Unterbleibt eine Eintragung hilft § 15. Und bei der GmbH ist der Gesellschafterbestand aus der zum Handelsregister einzureichenden Gesellschafterliste (§ 40 GmBHG) zu ersehen. Zum Zweiten findet der Grundsatz der Firmenbeständigkeit dort eine Grenze, wo unzutreffende Vorstellungen über Art, Umfang und Rechtsverhältnisse des Unternehmens erweckt werden. Insbes. sind unzutreffende Rechtsformhinweise unzulässig (näher § 22 Rn 87 ff).

33 Zum Dritten ist die **Bedeutung** sowohl des Grundsatzes der Firmenwahrheit als auch des Grundsatzes der Firmenbeständigkeit infolge der Handelsrechtsreform **zurückgegangen**. Es wurde bereits ausgeführt, dass der Informationswert der Firma zugunsten ihrer Werbewirksamkeit stark abgenommen hat (Rn 29). Und das weiß auch der Verkehr. Zugleich folgt aus den fehlenden inhaltlichen Vorgaben für die Firmenbildung, dass sich die Zulässigkeit einer Firmenfortführung heute oft schon daraus ergibt, dass sie zulässigerweise auch neu gebildet werden könnte. Schließlich beziehen sich die Regelungen über die Firmenfortführung in erster Linie auf Personenfirmen, deren Bedeutung infolge der Liberalisierung des Firmenrechts abgenommen hat (vgl. Rn 15 f).

IV. Firmenunterscheidbarkeit

34 Der Grundsatz der Firmenunterscheidbarkeit besteht heutzutage aus **zwei** komplementären, aber strikt zu unterscheidenden **Komponenten**,[56] nämlich erstens der **abstrakten Unterscheidungskraft** einer Firma i.S.d. § 18 Abs. 1 und zweitens der **konkreten Unterscheidbarkeit** einer Firma am selben Ort i.S.d. § 30 Abs. 1 (auch Firmenausschließlichkeit genannt). Während § 30 Abs. 1 unverändert fortgilt, ist § 18 Abs. 1 durch die Handelsrechtsreform neu eingeführt worden. Demnach muss zunächst geprüft werden,

---

[55] Staub/*Hüffer* 4. Aufl. Rn 11; MünchKomm-HGB/*Heidinger* Rn 29.
[56] MünchKommHGB/*Heidinger* Rn 24 ff sieht sie daher als unterschiedliche Grundsätze an. Ihr Sinn und Zweck ist jedoch derselbe; GKzHGB/*Steitz* § 18 Rn 14; Ebenroth/Boujong/Joost/Strohn/*Zimmer* § 17 Rn 7; Koller/*Roth*/Morck § 17 Rn 16.

ob eine Firma generell – und das heißt insbes. auch an jedem beliebigen Ort – kennzeichnungs- und unterscheidungskräftig ist. Erst wenn dies bejaht wird, stellt sich die weitere Frage, ob sich die Firma auch konkret von allen Firmen am selben Ort deutlich unterscheidet.

Der Grundsatz der Firmenunterscheidbarkeit dient der **Individualisierung** des Unternehmensträgers und unterstreicht damit die **Namensfunktion** der Firma (Rn 1). Er soll die **Identifizierung** des Unternehmensträgers ermöglichen, **Verwechselungen vorbeugen** und dient damit dem **Verkehrsschutz**.[57] Dementsprechend ist es Aufgabe des Registergerichts den Grundsatz der Firmenunterscheidbarkeit durchzusetzen. Dagegen bezweckt auch das Gebot konkreter Unterscheidbarkeit nicht den Schutz des Inhabers einer prioritätsälteren Firma. Diesem stehen jedoch § 37 Abs. 2, §§ 5, 15 MarkenG, § 12 BGB zur Seite.

1. Abstrakte Unterscheidungskraft. Nach § 18 Abs. 1 muss die Firma zur Kennzeichnung des Unternehmensträgers geeignet sein und Unterscheidungskraft besitzen. Damit stellt das Gesetz auf zwei Merkmale ab, die im Markenrecht zentrale Bedeutung haben. Dabei überschneiden sich diese Merkmale derart, dass sie sich kaum voneinander abgrenzen lassen und daher oft auch nicht klar voneinander getrennt werden. Nachdem beide Merkmale kumulativ erfüllt sein müssen, ist freilich eine eindeutige Abgrenzung auch nicht erforderlich.

Die **Kennzeichnungseignung** zielt in erster Linie darauf, dass die Firma als Name geeignet sein muss. Es muss sich daher um eine aussprechbare Bezeichnung handeln. Problematisch sind mithin Bild-, Satz- und Sonderzeichen sowie u.U. Buchstaben- und Zahlenkombinationen (näher § 18 Rn 9 ff). Die **Unterscheidungskraft** zielt dagegen stärker auf eine Individualisierung des Unternehmensträgers ab, um Verwechselungen mit anderen Firmen aus Sicht der angesprochenen Verkehrskreise vorzubeugen. Im Blick hierauf sind insbes. Branchen- und Gattungsbezeichnungen sowie allgemein-, umgangssprachliche und geografische Begriffe problematisch (näher § 18 Rn 25 ff).

2. Konkrete Unterscheidbarkeit. Ist die Firma hinreichend kennzeichnungs- und unterscheidungskräftig i.S.d. § 18 Abs. 1, hat das Registergericht sodann gem. § 30 Abs. 1 zu prüfen, ob sich die Firma auch von allen **an demselben Ort** oder in derselben Gemeinde (s. auch § 30 Abs. 4) bereits eingetragenen Firmen **deutlich unterscheidet**. Damit soll das Entstehen verwechselungsfähiger Firmen in einem örtlich abgegrenzten Raum verhindert werden. Hierauf wird freilich meist schon der Unternehmensträger, der die neue Firma anmeldet, im eigenen Interesse achten. Dabei hat er heutzutage wegen des Prinzips der Firmenwahlfreiheit nahezu freie Auswahl, so dass die Anmeldung verwechselungsfähiger Firmen noch seltener als früher vorkommen dürfte. Eine Rolle spielt § 30 Abs. 1 daher vor allem, wenn ein Einzelkaufmann mehrere Firmen anmeldet (s. aber Rn 39 ff) oder mehrere Gesellschaften denselben Gesellschafterkreis haben oder Teil eines Konzerns sind und diese Verbindungen auch in der Firma zum Ausdruck kommen sollen (näher § 30 Rn 39).

---

[57] So zu § 30 Abs. 1 etwa RGZ 75, 370 (372); 103, 388 (392); BGHZ 46, 7 (11); KG OLGZ 191, 396 (398); aus der Lit. MünchKommHGB/*Heidinger* Rn 24; Ebenroth/Boujong/ Joost/Strohn/*Zimmer* § 30 Rn 2 mwN; zu § 18 Abs. 1 etwa MünchKommHGB/*Heidinger* Rn 27 f; HKzHGB/*Ruß* § 18 Rn 4.

V. Firmeneinheit

1. Grundsatz

39 **a) Meinungsstand.** Nach ganz herrschender Meinung bedeutet der Grundsatz der Firmeneinheit: Für ein Unternehmen gibt es nur eine Firma.[58] Die Führung von mehreren Firmen für ein und dasselbe Unternehmen ist danach also ausgeschlossen.[59] Soweit ein Einzelkaufmann (oder eine juristische Person i.S.d. § 33, dazu dort Rn 21 ff) mehrere organisatorisch selbständige Unternehmen betreibt, kann[60] bzw. muss[61] er allerdings auch mehrere Firmen haben.[62] Bei Personenhandels- und Kapitalgesellschaften ist dagegen eine Firmenmehrheit ausgeschlossen.[63] Letzteres bestreitet eine Mindermeinung.[64]

40 **b) Stellungnahme.** Der Mindermeinung ist zuzugeben, dass die herrschende Ansicht inkonsequent erscheint. Wenn es Einzelkaufleuten erlaubt sein soll, die organisatorische Trennung verschiedener Unternehmen durch die Führung mehrerer Firmen zu dokumentieren, warum soll dies dann Personenhandels- und Kapitalgesellschaften verwehrt sein? Gegen dieses Argument wendet die herrschende Meinung indes zu Recht ein, dass die Firma bei Personenhandels- und Kapitalgesellschaften anders als bei Einzelkaufleuten die Funktion hat, den Rechtsträger eindeutig zu identifizieren (vgl. auch Rn 1) und andernfalls der Eindruck mehrerer Haftungsträger entstehen könnte.[65] Bei **Personenhandels- und Kapitalgesellschaften** muss es daher dabei bleiben, dass eine **Firmenmehrheit** ausgeschlossen ist.

41 Zu fragen ist aber, ob es richtig ist, dass **Einzelkaufleute** für verschiedene Unternehmen verschiedene Firmen führen können oder gar müssen. Die herrschende Meinung bejaht dies unter Hinweis auf § 22 mit dem Argument, dass Einzelkaufleute andernfalls den Wert einer erworbenen Firma nicht nutzen könnten.[66] Das trifft indes nicht zu, sondern ist eine **ungerechtfertigte Privilegierung** von Einzelkaufleuten gegenüber Personenhandels- und Kapitalgesellschaften. Vielmehr gibt es ausreichende Möglichkeiten, den

---

[58] St. Rspr. etwa BGH NJW 1991, 2023 (2024); *K. Schmidt* Handelsrecht § 12 II 2; MünchKommHGB/*Heidinger* Rn 34; Baumbach/*Hopt* § 17 Rn 8; *Bokelmann* Firmenrecht Rn 391; Heymann/*Emmerich* § 17 Rn 22a; Staub/*Hüffer* 4. Aufl. § 17 Rn 27.

[59] AA bei verschiedenen Sparten bzw. abgrenzbaren Geschäftszweigen *Canaris* Handelsrecht § 11 Rn 35 ff; *W.-H. Roth* Die Reform des Handelsstandes und der Personengesellschaften, 1999, S. 31, 51 ff; Koller/*Roth*/Morck § 17 Rn 15.

[60] Für ein Wahlrecht die wohl hM, RG HRR 1929 Nr. 1666; BGHZ 31, 397 (399); KG, JW 1936, 1680; Staub/*Hüffer* 4. Aufl. Rn 26, Röhricht/v. Westphalen/*Ammon*/Ries § 17 Rn 21; GKzHGB/*Steitz* vor §§ 17–24 Rn 25; Baumbach/*Hopt* § 17 Rn 8.

[61] So RGZ 166, 281 (284); *K. Schmidt* Handelsrecht, § 12 II 2a; Heymann/*Emmerich* § 17 Rn 24; MünchKommHGB/*Heidinger* Rn 36.

[62] Näher zu der hierfür erforderlichen organisatorischen Selbständigkeit MünchKommHGB/*Heidinger* Rn 36 mwN.

[63] BGHZ 67, 166 (167 f) mwN; aus der Lit. etwa Staub/*Hüffer* 4. Aufl. Rn 37; MünchKommHGB/*Heidinger* Rn 37; *Canaris* Handelsrecht § 11 Rn 38 f.

[64] So nach der Handelsrechtsreform *W.-H. Roth* Die Reform des Handelsstandes und der Personengesellschaften, 1999, S. 31, 51 ff; Koller/*Roth*/Morck § 17 Rn 15; zuvor bereits *Knieper/Jahrmarkt* Rn 143 f; *Kraft* S. 65; *ders.* Kölner KommAktG § 4, 22 ff; *Wünsch* ZHR 129 (1967), 341 (345); für Personengesellschaften *Esch* BB 1968, 235.

[65] Ausf. BGHZ 67, 166 (168 ff); s. ferner *K. Schmidt* Handelsrecht § 12 II 2c; *Canaris* Handelsrecht § 11 Rn 39.

[66] Staub/*Hüffer* 4. Aufl. § 17 Rn 26; dahingehend auch MünchKommHGB/*Heidinger* Rn 35.

Firmenwert zu nutzen. *Erstens* kann das erworbene Unternehmen rechtlich verselbständigt und damit die Voraussetzungen für eine unveränderte Firmenfortführung geschaffen werden. *Zweitens* kann das erworbene Unternehmen als Zweigniederlassung geführt und die erworbene Firma als Zweigniederlassungsfirma (dazu Rn 44 ff) benutzt werden. Und *drittens* können die bisherige und die erworbene Firma zu einem neuen Handelsnamen verbunden werden (§ 22 Rn 102 ff).[67] Wollte man darüber hinaus noch eine Firmenmehrheit zulassen, so würde man die Interessen der Kaufleute zu Lasten des Rechtsverkehrs überbewerten. Es darf nämlich nicht verkannt werden, dass die Führung mehrerer Firmen die erhöhte Gefahr birgt, dass sich der Rechtsverkehr über die Identität des Geschäftsinhabers und damit des Schuldners von Verbindlichkeiten irrt. Ohne Einsicht in das Handelsregister entsteht der **Eindruck mehrerer Haftungsträger**. Und diese Gefahr wiegt umso schwerer als Einzelkaufleute keine Personenfirma mehr führen müssen. Anders als nach altem Recht wäre es daher einem Einzelkaufmann möglich, eine Vielzahl von Unternehmen mit unterschiedlichen Firmen zu gründen, ohne dass aus den Firmen ersichtlich würde, dass sie alle von demselben Geschäftsinhaber betrieben werden. Darin liegt ein nicht zu unterschätzendes **Täuschungs- und Irreführungspotential**,[68] das dem Zweck des Grundsatzes der Firmeneinheit widerspricht. Dieser liegt nämlich nach herrschender und zutreffender Meinung gerade in dem Bedürfnis des Rechtsverkehrs nach einer sicheren Zuordnung der im Handelsverkehr auftretenden Rechtspersönlichkeiten.[69] Gegen die Zulassung einer Firmenmehrheit spricht überdies der **Wortlaut von § 17 Abs. 1**, wonach die Firma der Name des Kaufmanns ist, unter dem er „*seine Geschäfte*" (also nicht: „ein [Handels-]Geschäft") betreibt. Schließlich würde die – auch von § 13 erstrebte – **Konzentration auf ein Handelsregister** und damit dessen Informationsfunktion beeinträchtigt; denn bei Eintragung mehrerer Firmen würde nicht „auf einen Blick" deutlich, welche „Geschäfte" der Unternehmensträger betreibt und für welche Geschäfte er daher haftet. Diese Information müsste sich der Interessent vielmehr aus mehreren Eintragungen „zusammenklauben". Aus all diesen Gründen ist daher auch das von *Canaris* bemühte Argument der grundgesetzlich geschützten Organisationsfreiheit[70] nicht zureichend. Richtigerweise ist es daher auch Einzelkaufleuten verwehrt, mehrere Firmen zu führen.

42 Folgt man dieser Überlegung, sollte man freilich noch einen Schritt weitergehen. Ist nämlich die Führung mehrerer Firmen jedermann verwehrt (s. zur Parallelproblematik bei § 33 Rn 21 ff), dann lautet der **Grundsatz der Firmeneinheit** richtigerweise nicht „ein Unternehmen – eine Firma", sondern „**ein Unternehmensträger – eine Firma**". Und dafür spricht nicht zuletzt, dass die Firma nicht der Name des Unternehmens, sondern des Unternehmensträgers ist und gerade dazu dient, den Unternehmensträger und nicht das Unternehmen zu identifizieren (Rn 1, § 17 Rn 5 ff).

43 c) Ergebnis. Der Grundsatz der Firmeneinheit besagt: **Jeder Unternehmensträger darf nur eine Firma führen**. Nicht nur Personenhandels- und Kapitalgesellschaften, sondern

---

[67] Eben dies sind übrigens die Argumente *Hüffers* (4. Aufl. § 17 Rn 27) gegen die Zulässigkeit von mehreren Firmen für ein Unternehmen. Sie treffen hier jedoch in gleicher Weise zu; denn erstens ist die Firma der Handelsname des Unternehmensträgers und nicht des Unternehmens selbst. Und zweitens ist die Abgrenzung zwischen einem organisatorisch selbständigen Unternehmen und einem bloßen Geschäftszweig im Einzelfall schwierig und für den Verkehr nicht immer erkennbar, vgl. MünchKommHGB/*Heidinger* Rn 36 mwN.

[68] AA *Canaris* Handelsrecht § 11 Rn 36.

[69] MünchKommHGB/*Heidinger* Rn 34; Schlegelberger/Hildebrand/Steckhan § 17 Rn 3; Ebenroth/Boujong/Joost/Strohn/*Zimmer* § 17 Rn 7.

[70] *Canaris* Handelsrecht § 11 Rn 35.

auch Einzelkaufleuten ist daher die Führung mehrerer Firmen versagt, und zwar auch im Falle des § 22. Eine gewisse Ausnahme gilt allerdings für Zweigniederlassungen.

2. Zweigniederlassung

44 a) **Rechtsnatur.** Die Zweigniederlassung ist eine Zwischenform zwischen einem eigenständigen Unternehmen und einer bloßen Abteilung. Es handelt sich um einen räumlich von der Hauptniederlassung getrennten und organisatorisch teilweise verselbständigten, nicht rechtsfähigen Unternehmensteil des Unternehmensträgers (näher § 13 Rn 19 ff).

45 b) **Folgerungen.** Dieser rechtlichen Eigenart muss das Firmenrecht der Zweigniederlassung entsprechen. Rechnung zu tragen ist *einerseits* dem Umstand, dass es sich bei der Zweigniederlassung lediglich um den **Unternehmensteil** eines Unternehmensträgers handelt. Daraus folgt zweierlei. *Zum einen* können die Firmen der Hauptniederlassung und die der Zweigniederlassung völlig identisch sein; ein besonderer Zweigniederlassungszusatz ist nicht geboten.[71] *Zum anderen* dürfen sich die Firmen nicht derart unterscheiden, dass die Zugehörigkeit der Zweigniederlassung zu dem Unternehmensträger nicht deutlich hervortritt.[72] Das folgt nicht nur aus den Grundsätzen der Firmenwahrheit und der Firmeneinheit, sondern auch daraus, dass die Firma gem. § 17 Abs. 1 der Name des Kaufmanns, also des Unternehmensträgers ist (Rn 1, § 17 Rn 5 ff). Rechnung zu tragen ist *andererseits* der **organisatorischen Selbständigkeit** der Zweigniederlassung. Diese kann so weit gehen, dass die Vertretungsmacht eines Prokuristen oder eines persönlich haftenden Gesellschafters auf den Tätigkeitsbereich der Zweigniederlassung beschränkt werden kann. Das setzt gem. §§ **50 Abs. 3, 126 Abs. 3, 161 Abs. 2** allerdings voraus, dass sich die Firmen der Zweig- und der Hauptniederlassung unterscheiden. Die Frage, wie weit die Abweichung gehen darf, ist das Hauptproblem des Firmenrechts der Zweigniederlassung (dazu sogleich Rn 46 ff). Aus der beschränkten Selbständigkeit der Zweigniederlassung ist *schließlich* abzuleiten, dass sie getrennt vom Hauptgeschäft veräußert werden kann und der Erwerber entsprechend § 22 die Zweigniederlassungsfirma fortführen darf (näher, insbes. zum Problem der sog. Firmenvervielfältigung § 22 Rn 75 ff).

46 c) **Zulässigkeit und Grenzen der Firmenverschiedenheit.** Einigkeit besteht darüber, dass sich die Firma der Zweigniederlassung von derjenigen des Hauptgeschäfts zunächst durch die Beifügung eines **Zweigniederlassungszusatzes** unterscheiden kann (z.B. „Filiale Frankfurt").[73] Solche unterscheidenden Zusätze sind unter den Voraussetzungen des § 30 Abs. 3 nicht nur zulässig, sondern geboten (zu den Anforderungen an die Unterscheidungskraft vgl. § 30 Rn 24 ff). Ein Zweigniederlassungszusatz ist ferner in den Fällen der §§ 50 Abs. 3, 126 Abs. 3, 161 Abs. 2 erforderlich und ausreichend. In allen anderen Fällen ist der Zweigniederlassungszusatz zwar nicht notwendig, aber erlaubt. Die Firma der Zweigniederlassung kann also stets aus derjenigen des Unternehmensträgers, dem Wort Zweigniederlassung oder Filiale und einer Ortsangabe gebildet werden.[74]

---

[71] RGZ 113, 213 (217); MünchKommHGB/*Heidinger* Rn 40; Schlegelberger/Hildebrandt/*Steckhan* § 13 Rn 6.
[72] BayOLG NJW-RR 1992, 1062 (1063) mwN; Röhricht/v. Westphalen/*Ammon/Ries* § 17 Rn 21; GKzHGB/*Steitz* vor §§ 17–24 Rn 25; Staub/*Hüffer* 4. Aufl. § 17 Rn 30.
[73] BayOLG NJW-RR 1992, 1062 ff; Staub/*Hüffer* 4. Aufl. § 17 Rn 31; K. *Schmidt* Handelsrecht § 12 II 3a; Ebenroth/Boujong/Joost/Strohn/*Zimmer* § 17 Rn 12 f.
[74] Ebenso etwa K. *Schmidt* Handelsrecht § 12 II 3a; Ebenroth/Boujong/Joost/Strohn/*Zimmer* § 17 Rn 12 f.

d) **Meinungsstand.** Umstritten ist hingegen die Frage, ob auch die **Bildung einer** **47** **eigenständigen Firma** zulässig ist. Drei Positionen werden vertreten. Nach der ersten Ansicht ist die Bildung einer eigenständigen Firma unzulässig. Gestattet sind lediglich Zusätze zur Firma des Unternehmensträgers. So die ältere Rechtsprechung[75] und ein großer Teil des älteren Schrifttums[76]. Nach der Gegenansicht gilt der Grundsatz der Firmeneinheit nicht für die Firma der Haupt- und Zweigniederlassung, deren Firma daher frei gebildet werden kann.[77] Nach der dritten, vermittelnden und heute **herrschenden Ansicht** kann die Firma der Zweigniederlassung zwar abweichend gebildet werden, muss die Firma des Unternehmensträgers aber dergestalt enthalten, dass die rechtliche Zuordnung zu dem Unternehmensträger deutlich zum Ausdruck kommt.[78]

e) **Stellungnahme.** Die zuerst genannte Ansicht wird zwar dem Grundsatz der Fir- **48** meneinheit am besten gerecht, ist aber mit dem Wortlaut des § 50 Abs. 3 schwerlich zu vereinbaren. Die zweite Ansicht widerspricht den Grundsätzen der Firmenwahrheit sowie der Firmenidentität und damit dem Anliegen des Verkehrsschutzes. **Zu folgen** ist daher der **herrschenden Meinung**. Sie entspricht zum einen der Rechtsnatur der Zweigniederlassung, zum Zweiten dem Wortlaut von § 50 Abs. 3 und zum Dritten praktischen Bedürfnissen. Sie ermöglicht bspw., eine Spezialisierung der Zweig- gegenüber der Hauptniederlassung zum Ausdruck zu bringen,[79] und eröffnet vor allem einen gangbaren Weg, in den Fällen des Unternehmenserwerbs mit anschließender Vereinigung zu einem Unternehmen die Marktgeltung der übernommenen Firma zu nutzen, ohne mit dem Grundsatz der Firmeneinheit in allzu großen Widerspruch zu treten (vgl. Rn 41). Erwirbt die „A-GmbH" das Unternehmen der „Bernd B OHG", dann kann die GmbH nach dieser Ansicht das Unternehmen unter der Filialfirma „Bernd B, Inhaber A-GmbH" weiterführen.[80] Das ist deswegen mit dem Grundsatz der Firmeneinheit vereinbar, weil es keinen Unterschied macht, ob der Zweigniederlassungszusatz („Bernd B") dem Firmenkern des Unternehmensträgers („A-GmbH") vorangestellt (s.o. Rn 23) wird oder ihm nachfolgt („A-GmbH, Filiale Bernd B").

VI. Firmenpublizität

Die Firma bedarf der Publizität, weil sie als Handelsname des Unternehmensträgers **49** nicht nur dessen wirtschaftlichen Interessen dient, sondern auch die Interessen der Marktteilnehmer (Mitbewerber, Kunden und Lieferanten) und der Allgemeinheit berührt.[81] Unternehmensträger müssen daher ihre Firma und deren Änderung zur Eintragung in das **Handelsregister** anmelden (§§ 29, 31, 33, 34, 106 ff, 162, §§ 39, 181, 278 Abs. 3 AktG, §§ 10, 54 GmbHG, Art. 5 ff EWIVVO, § 2 Abs. 2 Nr. 1, Abs. 3 Nr. 1 EWIVAG, § 3 SEAG, §§ 32 Abs. 1, 40 VAG; s. ferner §§ 6 Nr. 1, 10 f, 16 Abs. 5 GenG; § 3 SCEAG, § 4 Abs. 1 S. 2 i.V.m. § 3 Abs. 2 Nr. 1 PartGG), dessen Eintragungen gem.

---

[75] RGZ 113, 213 (218); 114, 318 (320); OLG Dresden SächsAnn. 22, 155; OLG Dresden SächsAnn. 31, 184; OLG Darmstadt OLGR 13, 38; KGJ 40, A 64.
[76] Z.B. *Pisko* Ehrenbergs Hdb. Bd. II 1 S. 280, 920 f; s. ferner die Zusammenstellung bei *Schmidt* Sparkasse 1964, 311, Fn 4.
[77] PrOVG 73, 186; *Düringer/Hachenburg/Hoeniger*[3] § 30, 5; *Opet* ZHR 49, 51 ff; Koller/*Roth*/Morck § 17 Rn 15.
[78] RGZ 113, 213 (217); RGZ 114, 318 (320); BayObLG, NJW-RR 1992, 1062; MünchKommHGB/*Heidinger* Rn 40; Ebenroth/Boujong/Joost/Strohn/*Zimmer* § 17 Rn 13.
[79] Staub/*Hüffer* 4. Aufl. § 17 Rn 32.
[80] *K. Schmidt* Handelsrecht, § 12 II 3a; MünchKommHGB/*Heidinger* Rn 42.
[81] Näher *Weber* Das Prinzip der Firmenwahrheit, S. 27 ff.

§ 10 bekannt gemacht werden. Ferner sind sie zur vollständigen Angabe der Firma auf **Geschäftsbriefen** (§§ 37a, 125a, 177a, § 80 AktG, § 35a GmbHG, § 43 SEAG, Art. 25 EWIVVO, § 25a GenG, Art. 10 Abs. 1 S. 1 SCEVO i.V.m. § 25 SCEAG; § 16 VAG i.V.m. § 37a HGB, § 7 Abs. 5 PartGG i.V.m § 125a) und zur Anbringung der Firma am **Geschäftslokal** (§ 15a GewO a.F., s. dazu § 37a Rn 5a) verpflichtet. Schließlich gehört zur Firmenpublizität die Pflicht zur Führung eines **Rechtsformzusatzes** (§ 19, §§ 4, 279 AktG, §§ 4, 5a Abs. 1 GmbHG, Art. 11 Abs. 1 SEVO[82], § 2 Abs. 2 Nr. 1 EWIVAG, § 3 GenG, Art. 10 Abs. 1 S. 2 SCEVO[83], § 18 Abs. 2 S. 2 VAG, § 2 Abs. 1 S. 1 PartGG, s. ferner § 19 Rn 30 ff sowie § 33 Rn 21 ff). Abgesehen davon hat die Firmenpublizität durch die Handelsrechtsreform allerdings insofern einen gewissen **Bedeutungsverlust** erlitten, als infolge der Firmenwahlfreiheit der Informationsgehalt der Firma deutlich reduziert ist.

E. Firmenschutz

50 Handelsrechtlich erfolgt der Firmenschutz vorrangig durch die Kontrolle des Registergerichts anlässlich der Eintragung der Firma (§§ 29 ff). Wird gleichwohl eine unzulässige Firma eingetragen, so kommt ein Firmenmissbrauchsverfahren nach § 37 Abs. 1 oder ein Amtslöschungsverfahren nach § 395 FamFG (§ 142 FGG a.F.) in Betracht (näher § 37 Rn 49). Zudem erfolgt über § 37 Abs. 1 eine laufende Kontrolle des Firmengebrauchs (§ 37 Rn 37 f). Schließlich gibt § 37 Abs. 2 demjenigen, dessen Rechte durch einen unbefugten Firmengebrauch verletzt werden, ein Klagerecht auf Unterlassen des Firmengebrauchs (dazu § 37 Rn 52 ff).

51 Außerhalb des Handelsrechts ist die Firma im geschäftlichen Verkehr vor allem durch §§ 5, 15 MarkenG geschützt (dazu Anh. II zu § 37). Subsidiär, d.h. außerhalb des geschäftlichen Verkehrs (s. Anh. I zu § 37 Rn 4 ff), greift § 12 BGB ein, und zwar auch dann, wenn die Firma keinen Personennamen enthält[84] und nicht von einer natürlichen Person geführt wird[85]. Ferner ist die Firma „sonstiges Recht" i.S.d. § 823 Abs. 1 BGB.[86] Schließlich können u.U. §§ 3 ff UWG eingreifen (näher Anh. II zu § 37 Rn 70).

F. Internationales Firmenrecht

I. Firmenbildung

52 **1. Firmenstatut von Unternehmensträgern aus Drittstaaten.** Das Firmenstatut bezeichnet die Frage, nach welchem Recht eine Firma zu bilden ist. Es richtet sich nach dem Personal- bzw. Gesellschaftsstatut.[87] Das Personal- bzw. Gesellschaftsstatut bemisst sich wiederum nach der bisher in Deutschland vorherrschenden Meinung nach demjenigen

---

[82] VO (EG) Nr. 2157/2001 des Rates v. 8.10. 2001 über das Statut der Europäischen Gesellschaft (SE), ABl. L 294/1 v. 10.11. 2001, S. 1–21.
[83] VO (EG) Nr. 1435/2003 DES RATES v. 22.7.2003 über das Statut der Europäischen Genossenschaft (SCE), ABl. L 207/1 v. 18.8.2003, S. 1–24.
[84] BGHZ 11, 215; 14, 155 (159); Palandt/*Heinrichs* § 12 Rn 9; Baumbach/*Hopt* § 17 Rn 33.
[85] So schon BGHZ 11, 215; 14, 159; BGH BB 1960, 801.
[86] Baumbach/*Hopt* § 17 Rn 33; *K. Schmidt* Handelsrecht, § 12 IV 1; Staub/*Hüffer* 4. Aufl. Anh. § 37 Rn 20.
[87] Ebenroth/Boujong/Joost/Strohn/*Zimmer* § 17 Anh. Rn 4; Staub/*Hüffer* 4. Aufl. Rn 13; Rowedder/*Schmidt-Leithoff* Einleitung Rn 299.

Recht, das am Sitz der Hauptverwaltung des Unternehmens maßgeblich ist (sog. **Sitztheorie**).[88] Danach gelten die §§ 17 ff also auch für Unternehmensträger, die zwar im Ausland gegründet wurden, deren Verwaltungssitz aber im Inland liegt. Für Unternehmensträger mit Verwaltungssitz im Ausland ist dagegen das jeweilige ausländische Recht maßgeblich.

2. Firmenstatut von Unternehmensträgern aus EG-Staaten. Die Anknüpfung nach der Sitztheorie (Rn 52) kann im Lichte der neueren EuGH-Rechtsprechung nur noch für Unternehmensträger gelten, die nicht in einem EG-Staat bzw. einem EWR-Staat gegründet wurden. Nach inzwischen wohl herrschender und zutreffender Ansicht ergibt sich aus einer Zusammenschau der EuGH-Rechtsprechung zu Art. 43 und 48 EGV (Niederlassungsfreiheit und Freizügigkeit) in Sachen „Centros"[89], „Überseering"[90] und „Inspire Art"[91], dass nunmehr für Unternehmensträger, die in einem EG-Mitgliedsstaat gegründet wurden, nicht mehr die Sitztheorie, sondern die **Gründungstheorie** maßgeblich ist.[92] Konsequenterweise ist daher auch für die Frage des Firmenstatuts nicht mehr an das Recht des Verwaltungssitzes, sondern an das Recht des Gründungsstaates anzuknüpfen.[93]

3. Firmenstatut von Unternehmensträgern aus Staaten, mit denen ein Staatsvertrag besteht (hier sog. „Vertragsstaaten"). Die Maßgeblichkeit der **Gründungstheorie** kann sich schließlich aus bilateralen Verträgen der Bundesrepublik Deutschland mit anderen Staaten ergeben. So verhält es sich nach der Rechtsprechung des Bundesgerichtshofs bezüglich des Freundschafts-, Handels- und Schiffahrtsvertrag vom 29.10.1954[94] zwischen der Bundesrepublik Deutschland und den Vereinigten Staaten von Amerika.[95]

---

[88] RGZ 117, 215 (218); BGH JZ 1958, 241 (242); BGH NJW 1971, 1522 (1523); BayOblG NJW 1986, 3029; OLG Hamburg IPRspr. 1958/59 Nr. 43; OLG Hamm IPRspr. 1991 Nr. 155; Baumbach/*Hopt* § 17 Rn 48; Röhricht/v. Westphalen/*Ammon/Ries* § 17 Rn 50; Ebenroth/Boujong/Joost/Strohn/*Zimmer* Anh. § 17 Rn 4; *W.-H Roth* Die Reform des Handelsstandes und der Personengesellschaften, 1999 S. 31, 63; Staudinger/*Großfeld* 1998 IntGesR Rn 319; Staub/*Hüffer* 4. Aufl. Rn 13; **aA** MünchKommBGB/*Kindler* IntGesR Rn 148: gebietsbezogene Anknüpfung (kommt oft zu gleichen Ergebnissen); *Rehm* in: Eidenmüller § 4 Rn 40; *Mankowski* in: Hirte/Bücker § 12 Rn 48; **aA** *Baur* AcP 1967, 535 (551): Recht des Verletzungsortes.
[89] NJW 1999, 2027.
[90] NJW 2202, 3614.
[91] NJW 2003, 3331.
[92] BGHZ 154, 185; BayObLGZ 2002, 413 (416); OLG Naumburg GmbHR 2003, 533; BFH NZG 2003, 646; aus der Lit. *Horn* NJW 2004, 893 (896); *K. Schmidt* in: Europäische Auslandsgesellschaften, S. 17; *Behrens* IPrax 1999, 323; *ders.* IPrax 2003, 193; *Meillicke* DB 1999, 627; *Werlauff* ZIP 1999, 867 (875); *Geyrhalter/Gänßler* NZG 2003, 409; Palandt/*Heldrich* Anh. Art. 12 EGBGB Rn 7; *Rehberg* in: Eidenmüller § 5 Rn 28 mwN in Fn 39, wohl nicht nur für europäische ausländische Gesellschaften, sondern für alle. **AA** weiterhin LG Frankenthal NJW 2003, 762; *Kindler* NZG 2003, 1086 (1090); *Borges* ZIP 2004, 733.
[93] Ebenso *Greyhalter/Gänßler* NZG 2003, 409 (412); *K. Schmidt* in: Europäische Auslandsgesellschaften, S. 27; *Hirsch/Britain* NZG 2003, 1100 (1102); Palandt/*Heldrich* Anh. Art. 12 EGBGB Rn 3; **aA** *Borges* ZIP 2004, 733.
[94] Vgl. Art. VI Abs. 1, Art. VII Abs. 1 und Art. XXV Abs. 5 des genannten Vertrags vom 29.10.1954 (BGBl. 1956 II S. 487).
[95] BGHZ 153, 353; MünchKommHGB/*Krafka* Rn 5.

II. Firmengebrauch

1. Firmengebrauch von Unternehmensträgern aus Nicht-EG-Staaten

55 a) *Verwaltungssitz im Inland.* Wird ein Unternehmensträger außerhalb der EG bzw. des EWR oder eines Vertragsstaats (i.S.d. Rn 54) gegründet und nimmt er seinen Verwaltungssitz im Inland, so gilt nach der Sitztheorie (Rn 52) deutsches Firmenrecht.[96]

56 b) *Verwaltungssitz im Ausland.* Hat der außerhalb der EG, des EWR oder eines Vertragsstaats gegründete Unternehmensträger dagegen auch seinen Verwaltungssitz im Ausland, dann gilt sowohl nach der Sitz- als auch nach der Gründungstheorie das ausländische Firmenrecht. Grundsätzlich ist der ausländische Rechtsträger in diesem Fall berechtigt, seine nach dem ausländischen Recht zulässigerweise gebildete Firma im Inland zu führen, und zwar auch dann, wenn die Firma nach deutschem Recht anders gebildet werden müsste.[97]

57 Dieser Grundsatz gilt freilich nicht uneingeschränkt. Schranken ergeben sich vielmehr über Art. 6 EGBGB (ordre public) insbes. aus dem Grundsatz der Firmenwahrheit (Irreführungsverbot).[98] Auch eine ausländische Firma muss im Inland so geführt werden, dass sie keine verkehrswesentliche Irreführung hervorruft.[99] Das gilt insbes. für Rechtsformzusätze. Ein zutreffender Rechtsformzusatz muss – auch wenn das ausländische Recht dies nicht vorsieht – in der Firma enthalten sein. Dieser soll so gestaltet sein, dass für den inländischen Verkehr ersichtlich ist, dass es sich um eine Auslandsgesellschaft handelt und ob die Haftung der Gesellschafter beschränkt ist.[100] Eine Übersetzung des Rechtsformzusatzes kommt freilich nicht in Betracht; denn dies wäre irreführend und würde Erkundigungen über die Gesellschaftsform erschweren. Ebenso wenig ist ein deutschsprachiger Hinweis auf die Haftungsbeschränkung erforderlich.[101] Auch ein Landeszusatz in der Firma ist nur geboten, wenn andernfalls eine Verwechselung mit einem deutschen Rechtsformzusatz zu besorgen ist. Vielmehr reicht es aus, wenn der Zusatz die Rechtsform eindeutig bezeichnet und dem Verkehr im Rahmen des Firmengebrauchs (z.B. durch Angabe des Sitzes in Geschäftsbriefen, vgl. § 15b Abs. 2 GewO a.F., s. dazu § 37a Rn 5a) Erkundigungen über die Rechtsform ermöglicht werden.

58 2. *Firmengebrauch von Unternehmensträgern aus EG-Staaten.* Bei Unternehmensträgern, die in einem EG-Staat, einem EWR-Staat oder einem Vertragsstaat gegründet wurden, kommt es nach dem zuvor Gesagten (Rn 53 f) nicht darauf an, ob sie ihren Verwaltungssitz im EG-Ausland oder im Inland haben. In beiden Fällen ist für die Frage der Firmenbildung und damit auch für den Firmengebrauch das ausländische Recht maßgeblich. Solche Unternehmensträger sind mithin in beiden Fällen grundsätzlich berech-

---

[96] Baumbach/*Hopt* Einl. vor 105 Rn 29; Ebenroth/Boujong/Joost/Strohn/*Pentz* § 13d Rn 14.
[97] LG Gießen GmbHR 1990, 352; Baumbach/*Hopt* § 17 Rn 49; Koller/*Roth*/Morck § 17 Rn 26.
[98] OLG Stuttgart WRP 1991, 526; OLG Hamm WRP 1992, 355; Koller/*Roth*/Morck § 17 Rn 26; ausführlich auch öOGH GesRZ 2004, 129: Schutz vor unlauterem Wettbewerb und von Verbrauchern vor irreführenden Angaben rechtfertigen danach selbst eine Beschränkung der Grundfreiheiten; *Weller* DStR 2003, 1800.
[99] LG Hagen NJW 1973, 2162; *Kögel* Rpfleger 2004, 325 (329) mit Verweis auf LG Braunschweig Beschluss vom 17.7.2003 – 22 T 391/03.
[100] MünchKommHGB/*Heidinger* Rn 79 f; *Mankowski* in: Hirte/Bücker § 12 Rn 69.
[101] Baumbach/*Hopt* § 18 Rn 48; § 19 Rn 42.

tigt, ihre nach dem ausländischen Recht zulässigerweise gebildete Firma im Inland zu führen.[102]

Fraglich ist allerdings, ob ein Unternehmensträger aus EG-Staaten dabei ebenfalls den in Rn 57 genannten Einschränkungen unterliegt. Zu bedenken ist dabei zuvörderst, dass der Grundsatz der Firmenwahrheit heute zumindest ansatzweise in allen EG-Staaten gilt.[103] Nach der (nach dem ausländischen Recht zu beurteilenden) Zulässigkeit der Firmenbildung ist daher zunächst zu prüfen, ob die Firmenführung in Deutschland ebenfalls den Maßstäben des ausländischen Rechts genügt oder (auch) danach irreführend ist. Bedenkt man, dass das deutsche Recht liberalisiert wurde, dürften nur wenige Fälle verbleiben, in denen nur nach deutschem Recht eine Irreführung vorliegt.[104] **59**

Liegt nur nach deutschem Recht eine Irreführung vor, so greift zwar Art. 6 EGBGB ein (Rn 57). Die Vorschrift ist aber bei EG-Auslandsgesellschaften im Lichte der Grundfreiheiten eng auszulegen.[105] Einschränkungen der Niederlassungsfreiheit müssen daher *erstens* durch zwingende Gründe des Allgemeininteresses gerechtfertigt sein, *zweitens* in nicht diskriminierender Weise angewandt werden, *drittens* zur Erreichung des verfolgten Ziels geeignet sein und *viertens* nicht über das hinausgehen, was zur Erreichung des verfolgten Ziels erforderlich ist.[106] Verstößt die Firma einer EG-Auslandsgesellschaft nicht gegen das auf sie anwendbare Recht, ist daher ein Eingreifen deutscher Registergerichte nur ausnahmsweise möglich. **60**

Die Führung eines zutreffenden Rechtsformzusatzes (und zwar in nicht übersetzter sowie grundsätzlich ausgeschriebener Form, vgl. § 13d Rn 27 ff) wird man allerdings wohl auch dann von EG-Auslandsgesellschaften verlangen können, wenn dies nach dem maßgeblichen ausländischen Recht nicht erforderlich sein sollte.[107] Eine Landeskennung darf dabei freilich nicht schon dann gefordert werden, wenn eine Verwechselung mit einem deutschen Rechtsformzusatz möglich ist, sondern nur dann, wenn sich die ausländische und die deutsche Rechtsform in der Frage der Haftungsbeschränkung (also nicht nur bspw. hinsichtlich der Kapitalausstattung) grundlegend unterscheiden.[108] Eine österreichische GmbH muss daher nicht etwa als „öGmbH" firmieren;[109] denn das könnte diskriminierend wirken[110]. Problematisch ist es ferner, wenn die ausländische Firma eine Abkürzung enthält, die in der Weise geführt wird, dass die Abkürzung als deutscher **61**

---

[102] Ebenroth/Boujong/Joost/Strohn/*Zimmer* Anh. § 17 Rn 14; GKzHGB/*Steitz* Vor §§ 17–24 Rn 29; *Geyrhalter/Gänßler* NZG 2003, 409.
[103] *Möller* EWS 1993, 24 f; Ebenroth/Boujong/Joost/Strohn/*Zimmer* § 17 Anh. Rn 9.
[104] S. auch *K. Schmidt* in Europäische Auslandsgesellschaften, S. 28: *„Die Dramatik dieser Probleme scheint gering"*.
[105] MünchKommHGB/*Heidinger* Rn 70; Koller/*Roth*/Morck § 17 Rn 26; s. ferner *Bokelmann* ZGR 1994, 340; *W.-H. Roth* Die Reform des Handelsstandes und der Personengesellschaften, 1999, S. 31, 64: beschränkt auf gravierende Täuschungen. AA Ebenroth/Boujong/Joost/Strohn/*Zimmer* § 17 Anh. Rn 9.
[106] Sog. Vier-Elemente-Test, s. EuGH NJW 2003, 3331, Rn 133 („Inspire Art") mwN; grundlegend EuGH; NJW 1977, 1582 („Thieffry").
[107] Wie hier Baumbach/*Hopt* § 17 Rn 49; GKzHGB/*Steitz* Vor §§ 17–24 Rn 29; **aA** MünchKommHGB/*Heidinger* Rn 80; Ebenroth/Boujong/Joost/Strohn/*Zimmer* § 17 Anh. Rn 13 f, 29.
[108] Strenger Staudinger/*Großfeld* IntGesR, 1998, Rn 320, demzufolge eine ausländische Gesellschaft schon dann die Bezeichnung „Aktiengesellschaft" nicht tragen dürfe, wenn sie nicht mit inländischen AG vergleichbar sei.
[109] In diesem Punkt ebenso MünchKommHGB/*Heidinger* Rn 80, aber ohne die vorstehende Einschränkung, vgl. auch Rn 98; aA GKzHGB/*Steitz* Vor §§ 17–24 Rn 29; MünchKommBGB/*Kindler* IntGesR Rn 219 ff.
[110] *Rehberg* in: Eidenmüller § 5 Rn 54 f, 66.

Rechtsformzusatz missverstanden werden könnte.[111] Schließlich ist wegen der Anknüpfung an das Recht des Gebrauchsorts § 30 anwendbar,[112] wenn ein im EG/EWR-Ausland gegründeter Unternehmensträger in Deutschland seinen Verwaltungssitz nimmt und daher entsprechend §§ 13d ff in das Handelsregister einzutragen ist[113].

62 **3. Firmenbildung der deutschen Tochter eines ausländischen Rechtsträgers.** Nachdem für das Firmenstatut das Personal- bzw. Gesellschaftsstatut maßgeblich ist (Rn 52), gilt aufgrund der rechtlichen Selbständigkeit einer im Inland gegründeten Tochter[114] für deren Firma deutsches Recht. Das gilt unabhängig davon, ob die Sitz- oder die Gründungstheorie anwendbar ist, weil bei der inländischen Tochter einer ausländischen Gesellschaft sowohl der Verwaltungssitz als auch der Gründungsort im Inland liegen.[115] Besonderheiten können sich allerdings insbes. dann ergeben, wenn die Firma der deutschen Tochter unter Verwendung der Firma der ausländischen Mutter gebildet werden soll (z.B. Kennzeichnungseignung, geographische Zusätze, Rechtsformzusatz), die hier jedoch im jeweiligen Zusammenhang erörtert werden, s. etwa § 18 Rn 32, 57, 100, § 19 Rn 20 ff.[116]

63 **4. Firmenbildung der deutschen Zweigniederlassung eines ausländischen Unternehmensträgers.** Besondere Probleme bereitet die Behandlung inländischer Zweigniederlassungen ausländischer Unternehmensträger (s. dazu auch o. § 13d Rn 22 ff). Grund hierfür ist die Rechtsnatur von Zweigniederlassungen. Zwar stehen sie rechtlich selbständigen Unternehmensträgern nahe, verfügen aber im Unterschied zu diesen über keine eigene Rechtspersönlichkeit. Im Ausgangspunkt nehmen sie daher an dem Personal- bzw. Gesellschaftsstatut der Hauptniederlassung teil.[117] Befindet sich diese im Ausland gilt für die Zweigniederlassung nach der Sitztheorie daher ausländisches Recht. Abweichend davon ist nach herrschender Meinung für die Firma der Zweigniederlassung der Ort des Sitzes der Zweigniederlassung maßgeblich, was vor allem mit einer Anknüpfung an den Gebrauchsort begründet wird.[118] Und auch für die Vorfrage, ob es sich bei dem Unternehmen um eine bloße Betriebsstätte, eine Zweigniederlassung oder eine rechtlich selbständige Tochter handelt, ist der Sitz der jeweiligen Einheit maßgeblich.[119] Die Firma der Zweigniederlassung eines ausländischen Unternehmensträgers muss daher den Anforderungen des deutschen Firmenrechts genügen.

---

[111] Ebenroth/Boujong/Joost/Strohn/*Zimmer* § 17 Anh. Rn 16.
[112] MünchKommHGB/*Heidinger* Rn 78; Koller/*Roth*/Morck Rn 26; W.-H. *Roth* (Fn 4) S. 31, 63; *Karsten Schmidt* in: Europäische Auslandsgesellschaften S. 27; Baumbach/*Hopt* § 17 Rn 49.
[113] KG NZG 2004, 49; OLG Zweibrücken NZG 2003, 537; Baumbach/*Hopt* § 13d mwN.
[114] Zur Frage der Beteiligungsfähigkeit ausländischer Unternehmensträger s. MünchKommHGB/*Heidinger* Rn 83 ff, 92 ff.
[115] LG Gießen GmbHR 1990, 352; LG Limburg/Lahn GmbHR 2006, 261; Ebenroth/Boujong/Joost/Strohn/*Zimmer* Anh. § 17 Rn 5; MünchKommHGB/*Heidinger* Rn 87; *Kögel* Rpfleger 2004, 325 (329); vgl. für die GmbH *Bokelmann* GmbHR 1994, 358.
[116] Dür einen Überblich s. MünchKommHGB/*Heidinger* Rn 87 ff; Ebenroth/Boujong/Joost/Strohn/*Zimmer* Anh. § 17 Rn 18 ff.
[117] RGZ 73, 366 (368); Staub/*Hüffer* 4. Aufl. § 13b Rn 13 ff; Staudinger/*Großfeld* IntGesR, 1998, Rn 977; Ebenroth/Boujong/Joost/Strohn/*Zimmer* § 17 Anh. Rn 6.
[118] MünchKommHGB/*Heidinger* Rn 96; Röhricht/v. Westphalen/*Ammon*/Ries § 17 Rn 50; näher zur Begründung Ebenroth/Boujong/Joost/Strohn/*Zimmer* § 17 Anh. Rn 6.
[119] Staub/*Hüffer* 4. Aufl. 13b Rn 9; Heymann/*Sonnenschein*/Weitemeyer § 13d Rn 4.

Das bedeutet allerdings nicht, dass dem ausländischen Firmenrecht keinerlei Bedeu- **64** tung zukäme. Im Gegenteil! Denn nach deutschem Firmenrecht ist die Firma der Zweigniederlassung so zu bilden, dass die rechtliche Zuordnung zu dem Unternehmensträger deutlich zum Ausdruck kommt (Rn 46 ff). Soweit danach die Firma des ausländischen Rechtsträgers zur Verwendung kommt bzw. kommen muss, muss sie in erster Linie dem jeweiligen ausländischen Recht entsprechen.[120] Überdies sind die gleiche Art von Besonderheiten zu beachten wie bei der Bildung der Firma einer inländischen Tochtergesellschaft unter Verwendung der Firma der ausländischen Mutter (Rn 62).[121] Schließlich stellt die Verwendung einen Firmengebrauch mit der Folge dar, dass die vorstehenden Grundsätze (Rn 55–61) Anwendung finden. Der ordre public-Vorbehalt kommt daher, soweit die Firma der Zweigniederlassung der Firma ihres im EG-Ausland gegründeten Unternehmensträgers entspricht – zur Erinnerung: die Entsprechung kann 100 % betragen (s. Rn 45) –, nur sehr eingeschränkt zur Anwendung (Rn 59 ff). Das gilt namentlich für den erforderlichen Rechtsformzusatz (s. § 13d Rn 27 ff).[122] § 30 bleibt freilich anwendbar (s.o. Rn 61 a.E.).

III. Firmenordnungs- und Registerrecht

Das Firmenordnungs- und Registerrecht untersteht – auch angesichts der vorstehen- **65** den europarechtlichen Überlegungen – nicht dem Personal- bzw. Gesellschaftsstatut. Vielmehr ist es öffentlich-rechtlicher Natur.[123] Aufgreifkriterium ist daher der Ort der kaufmännischen Niederlassung.[124] Für die Pflicht zur Anmeldung der Firma zum Handelsregister gilt daher deutsches Recht. Auch das Verfahren richtet sich nach deutschem Recht als lex fori.[125]

Für die **Eintragung** einer Zweigniederlassung von Unternehmensträgern mit Sitz im **66** Ausland gelten die §§ 13d ff. Diese Vorschriften beruhen auf der elften gesellschaftsrechtlichen Richtlinie 89/666/EWG[126], der sog. Zweigniederlassungsrichtlinie, und gelten (daher) für Auslandsgesellschaften aus EG- und Drittstaaten gleichermaßen.[127] Sie finden entsprechende Anwendung, wenn ein im EG-Ausland gegründeter Unternehmensträger seinen Verwaltungssitz in Deutschland nimmt (§ 13 Rn 39, § 13d Rn 16 f).[128] Für Unternehmensträger, die außerhalb der EG gegründet wurden, gelten in diesem Fall dagegen allgemeine Regeln (s. Rn 55).

---

[120] BGH NJW 1971, 1522; MünchKommHGB/*Heidinger* Rn 96; aA Keidel/*Kafka*/Willer RegisterR Rn 272.
[121] Vgl. Ebenroth/Boujong/Joost/Strohn/*Zimmer* § 17 Anh. Rn 27 ff.
[122] Vgl. MünchKommHGB/*Heidinger* Rn 98; Ebenroth/Boujong/Joost/Strohn/*Zimmer* § 17 Anh. Rn 29.
[123] Staub/*Hüffer* 4. Aufl. § 13b Rn 18; MünchKommHGB/*Heidinger* Rn 72; MünchKommBGB/*Kindler* IntGesR Rn 133, 145, 193; GKzHGB/*Achilldes* § 13 Rn 2.
[124] MünchKommHGB/*Heidinger* Rn 72; Ebenroth/Boujong/Joost/Strohn/*Schaub* § 8 Rn 15; Röhricht/v. Westphalen/*Ammon/Ries* § 8 Rn 13, MünchKommBGB/*Kindler* IntGesR Rn 193 mwN.
[125] Staub/*Hüffer* 4. Aufl. § 13b Rn 18; Baumbach/*Hopt* § 13 Rn 6.
[126] Elfte Richtlinie 89/666/EWG über die Offenlegung von Zweigniederlassungen, die in einem Mitgliedstaat von Gesellschaften bestimmter Rechtsformen errichtet wurden, die dem Recht eines anderen Staates unterliegen vom 21.12.1989 – ABl. Nr. L 395/36.
[127] Ebenroth/Boujong/Joost/Strohn/*Pentz* § 13d Rn 4 f; Röhricht/v. Westphalen/*Ammon/Ries* § 13d Rn 5.
[128] KG NZG 2004, 49; OLG Zweibrücken NZG 2003, 537; Baumbach/*Hopt* § 13d mwN.

67 Verwendet ein ausländischer Unternehmensträger seine Firma entgegen den in Rn 56–61 ff genannten Grundsätzen im Inland, kann das deutsche Registergericht nach § 37 Abs. 1 gegen den Firmengebrauch vorgehen.[129] Zu den erforderlichen **Angaben auf Geschäftsbriefen** s. § 37a Rn 7, 29 ff.

IV. Firmenschutz

68 **1. Schutz gegen Firmen ausländischer Unternehmensträger.** Der Gebrauch einer ausländischen Firma im Inland ist nicht nur in den vorgenannten Grenzen an deutschem Firmen- und Registerrecht zu messen. Der Gebrauch unterliegt ferner deutschem Immaterialgüter- und Wettbewerbsrecht.[130] Auch eine Auslandsgesellschaft kann daher nach §§ 5, 15 MarkenG[131] oder nach **§§ 3 ff, insbes. § 5 Abs. 2 UWG**[132] in Anspruch genommen werden. Auch bei der Anwendung dieser Vorschriften ist freilich auf die Grundfreiheiten Bedacht zu nehmen,[133] wobei nach Art. 30 EGV zwar Beschränkungen der Warenverkehrsfreiheit zum Schutz des gewerblichen und kommerziellen Eigentums gerechtfertigt sein können.[134] Art. 30 EGV erstreckt sich jedoch nicht auf den Anwendungsbereich des § 3 UWG, da Art. 30 EGV den Verbraucherschutz und die Lauterkeit des Handelsverkehrs nicht erfasst.[135] Zudem enthält Art. 46 EGV für die Niederlassungsfreiheit keinen entsprechenden Ausnahmetatbestand.

2. Schutz von Firmen ausländischer Unternehmensträger

69 a) **Schutzlandprinzip.** Im Immaterialgüterrecht – und damit auch für den Schutz der Firma eines ausländischen Unternehmensträgers im Inland – gilt das sog. Schutzlandprinzip.[136] Danach ist das Recht desjenigen Staates anwendbar, in dessen Gebiet der Schutz begehrt wird. Das gilt unabhängig davon, ob der Unternehmensträger innerhalb oder außerhalb der EG gegründet wurde bzw. seinen Sitz hat. Auch ein ausländischer Unternehmensträger kann daher nach §§ 5, 15 MarkenG (näher zu diesen Vorschriften

---

[129] MünchKommHGB/*Heidinger* Rn 82; Röhricht/v. Westphalen/*Ammon/Ries* § 17 Rn 51.

[130] MünchKommHGB/*Heidinger* Rn 77; *Hirsch/Britain* NZG 2003, 1100 (1102).

[131] MünchKommHGB/*Heidinger* Rn 78; *Hirsch/Britain* NZG 2003, 1100 (1102); *Fezer* MarkenR 2. Aufl. Einl MarkenG Rn 161 ff.

[132] OLG Hamm WRP 92, 355; MünchKommHGB/*Heidinger* Rn 77; Baumbach/*Hopt* § 17 Rn 49; *Hirsch/Britain* NZG 2003, 1100 (1102); *Kögel* DB 2004, 1763.

[133] Auch zivilrechtliche Unterlassungs- und Schadensersatzansprüche können nach st. Rspr. des EuGH Maßnahmen gleicher Wirkung sowie mengenmäßige Einfuhrbeschränkungen sein, vgl. EUGH NJW 1975, 515 (Dassonville); EuGH GRUR Int 1991, 215 (Pall Dahlhausen); aus der Lit. Baumbach/Hefermehl/*Bornkamm* WettbewerbsR, 24. Aufl. 2006, Einl. 3.17, § 5 1.10 ff; zu § 3 UWG a.F. Jacobs/GroßkommUWG/*Lindacher* 1. Aufl. § 3 Rn 23 ff.

[134] Vgl. BGHZ 130, 276, 286 (Torres); Baumbach/*Hefermehl* WettbewerbsR Einl UWG Rn 624; *Geiger* EUV/EGV Art. 30 EGV Rn 13; Lenz/Borchardt/*Luy* EU-und EG-Vertrag Art. 30 EGV Rn 16, 23.

[135] EuGH Slg. 1981, 1625 = GRUR Int 1982, 117; EuGH Slg. 1984, 3651 = GRUR Int 1985, 110; Baumbach/*Hefermehl* WettbewerbsR Einl UWG Rn 624; *Piper*/Ohly UWG § 5 Rn 57.

[136] OLG Stuttgart, RIW 1991, 955; Baumbach/Hefermehl/*Bornkamm* WettbewerbsR, 24. Aufl. 2006, § 5 1.10 ff; MünchKommHGB/*Heidinger* Rn 74; Baumbach/Hopt § 17 Rn 48; **aA** aber mit gleichem Ergebnis Röhricht/v. Westphalen/*Ammon/Ries* § 13d Rn 52.

Anh. II zu § 37) oder § 37 Abs. 2 vorgehen. Voraussetzung ist nur, dass der ausländische Unternehmensträger *"eine auf Dauer angelegte Geschäftstätigkeit im Inland"* [137] aufnimmt.[138]

b) Inländerbehandlung. Gem. Art. 2 Abs. 1, Art. 8 Pariser Verbandsübereinkunft (PVÜ)[139], gilt für Verbandsstaaten der Grundsatz der Inländerbehandlung, nach dem Verbandsangehörige den gleichen Firmenschutz wie Inländer genießen.[140] Vertragsstaaten der PVÜ sind alle bedeutenden Industrienationen.[141] Inländerbehandlung bedeutet, dass sich die Schutzvoraussetzungen und ihre Beurteilung ausschließlich nach inländischem Recht richten. Der inländische Schutz hängt danach auch nicht von dem Schutz des Heimatstaates ab, und zwar weder positiv noch negativ.[142] **70**

c) Fremdenrecht. Außerhalb des Anwendungsbereichs des PVÜ, kommt das jeweilige Fremdenrecht zur Anwendung.[143] Benachteiligungen gegenüber Inländern wären danach möglich. Der in § 28 UWG a.F.[144] und § 35 WZG a.F.[145] niedergelegte Grundsatz der Gegenseitigkeit ist jedoch mit der Aufhebung dieser Vorschriften entfallen und wurde auch nicht in das MarkenG aufgenommen. Daraus folgt, dass auch Unternehmensträger aus Staaten, die nicht dem PVÜ angehören, Inländerbehandlung erfahren. **71**

d) Gerichtsstand. Schließlich kann auch die Verletzung einer nach ausländischem Recht geschützten Firma im Ausland hierzulande geltend gemacht werden, wenn der Verletzer in der Bundesrepublik Deutschland einen Gerichtsstand hat.[146] **72**

3. Schutz von Firmen deutscher Unternehmensträger im Ausland. Der Firmenschutz deutscher Unternehmen im Ausland bestimmt sich nach dem betreffenden ausländischen Recht. Im Geltungsbereich des PVÜ muss auch deutschen Unternehmen im Ausland der Grundsatz der Inländerbehandlung zugute kommen.[147] **73**

---

[137] BGHZ 75, 172.
[138] Röhricht/v. Westphalen/*Ammon/Ries* § 17 Rn 52; Staub/*Hüffer* 4. Aufl. Anh. § 37 Rn 24; Staudinger/*Großfeld* 1998 IntGesR Rn 324.
[139] Pariser Verbandsübereinkunft v. 20.3.1883 zum Schutze des gewerblichen Eigentums i. d. Stockholmer Fassung v. 14.7.1967 (BGBl. II 1970, 293).
[140] BGHZ 130, 276 (282); Röhricht/v. Westphalen/*Ammon/Ries* § 17 Rn 53.
[141] Verbandsländerveröffentlichung jeweils im BGBl. Fundstellennachweis B zum 31.12. des Jahres.

[142] Instruktiv BGHZ 130, 276 ff.
[143] Vgl. BGH NJW 1971, 1522 (1523); allg. zum Fremdenrecht MünchKommBGB/*Kindler* IntGesR A. Einl. Rn 7 ff. u. I. Rn 257, 751; Koller/*Roth*/Morck § 17 Rn 27.
[144] S. § 28 i.d.F. v. 1.1.1964, aufgeh. durch Art. 25 Nr. 2 G v. 25.10.1994, BGBl. I, 3082 mWv 1.1.1995.
[145] S. § 35 WZG i.d.F. v. 2.1.1968, aufgeh. durch Art. 2 Abs 1 Nr 10 G v. 15.8.1986 BGBl. I, 1446 mWv 1.1.1987.
[146] OLG Stuttgart RIW 1991, 954.
[147] Röhricht/v. Westphalen/*Ammon/Ries* § 17 Rn 54.

§ 17

(1) Die Firma eines Kaufmanns ist der Name, unter dem er seine Geschäfte betreibt und die Unterschrift abgibt.
(2) Ein Kaufmann kann unter seiner Firma klagen und verklagt werden.

Schrifttum

1. Seit der Handelsrechtsreform. *Bürkle* Die Firmierung der Holding-Unternehmen im Versicherungskonzern, VersR 2002, 291; *Busch* Reform des Handels- und Registerrechts, Rpfleger 1998, 178; *Gräve/Salten* Neues Firmenrecht – Die Parteibezeichnung der Einzelkaufleute im Zivilprozess, MDR 2003, 1097; *Parmentier/Steer* Die Konzernfirma nach dem Ende der Unternehmensverbindung, GRUR 2003, 196; *Pluskat* Die Firma der Anwalts-AG, AnwBl. 2004, 22; *Römermann /Römermann* Kanzlei-Marke: Reine Sachfirma heftig umstritten, Anwalt 2001, 20; *K. Schmidt* „Deklaratorische" und „konstitutive" Registereintragung nach §§ 1 ff HGB, ZHR 163 (1999), 87; *Wessel/Zwernemann/Kögel* Die Firmengründung, 7. Aufl. 2001.
S. ferner das Schrifttum Vor § 17 und insbes. zu §§ 18, 19.

2. Vor der Handelsrechtsreform. *Baumgärtel* Die Kriterien zur Abgrenzung von Parteiberichtigung und Parteiwechsel, Festschrift Schnorr v. Carolsfeld 1973, 19; *Bokelmann* Der Gebrauch von Geschäftsbezeichnungen mit Inhaberzusatz durch Nichtkaufleute und Minderkaufleute, NJW 1987, 1683; *Brause* Firma eines Einzelkaufmanns und neues Familiennamensrecht, DB 1978, 478, *Bußmann* Name, Firma, Marke, 1937; *Droste* Grundsätzliches zur Geschäftsbezeichnung, DB 1967, 539; *Esch* Zur Führung mehrerer Firmen durch Personengesellschaften, BB 1968, 235; *Frey* Verwendung einer schutzfähigen Geschäftsbezeichnung als unberechtigter Firmenmißbrauch? DB 1993, 2169; *Geulen/ Sebok* Deutsche Firmen vor US-Gerichten, NJW 2003, 3244; *Göppert* Bemerkungen zu § 17 Abs. 1 des neuen HGB, ZHR 47 (1898), 267; *Heinrich* Firmenwahrheit und Firmenbeständigkeit, 1982; *Hofmann* Der Grundsatz der Firmenwahrheit, JuS 1972, 235; *Kind* Die handelsrechtlichen Firmengrundsätze im Licht der Wettbewerbsordnung, BB 1980, 1558; *Knaak* Firma und Firmenschutz, 1986; *Knopp* Über den Grundsatz der Firmeneinheit, ZHR 125 (1963), 161; *Kraft* Die Führung mehrerer Firmen, 1966; *Lindacher* Firmenbeständigkeit und Firmenwahrheit, BB 1977, 1976; *Nipperdey* Die Zulässigkeit doppelter Firmenführung für ein einheitliches Handelsgeschäft, Festschrift A. Hueck, 1959, 195; *Noack* Der Kaufmann (Minder- und Vollkaufmann) und sein Betrieb in der Zwangsvollstreckung, DB 1974 1369; *Richert* Wie hat die Firma der Zweigniederlassung zu lauten? MDR 1957, 339; *W.-H. Roth* Unzulässiger firmenmäßiger Gebrauch einer zulässig geführten Geschäftsbezeichnung, ZGR 1992, 632; *Schlichting* Die Zulässigkeit mehrerer Firmen für ein einzelkaufmännisches Unternehmen, ZHR 134 (1970), 322; *D. Schmidt* Die Firma von Zweigniederlassungen, Sparkasse 1964, 311; *K. Schmidt* Die Vor-GmbH als Unternehmerin und als Komplementärin, NJW 1981, 1345; *ders*. Das Verbot der „firmenähnlichen Geschäftsbezeichnung" DB 1987, 1181; *ders*. Replik: Das geltende Handelsrecht kennt kein Verbot der „firmenähnlichen Geschäftsbezeichnung", DB 1987, 1674; *U. H. Schneider* Die Firma des Konzerns und der Konzernunternehmen, BB 1989, 1985; *Schuler* Die Firma im Prozeß und in der Vollstreckung, NJW 1957, 1537; *Troller* Kollisionen zwischen Firma, Handelsnamen und Marken, 1980; *Ullmann* Die Verwendung von Marke, Geschäftsbezeichnung und Firma im geschäftlichen Verkehr, insbes. des Franchising, NJW 1994, 1255; *Vollmer* Die originäre und die abgeleitete Firma, JA 1984, 33; *Wachsmann* Die Firma als Bezeichnung der Prozeßpartei, Gruchot 51 (1907), 313; *Wamser* Die Firmenmehrheit, 1997; *Weber* Das Prinzip der Firmenwahrheit im HGB und die Bekämpfung irreführender Firmen nach dem UWG, 1984; *Wellmann* Firmenrecht als Namensrecht des Kaufmanns, DNotZ 1954, 117; *Wessel* Nochmals: Das Verbot der „firmenähnlichen Geschäftsbezeichnung": geltendes Handelsrecht oder gesetzwidrige Erfindung? DB 1987, 1673; *Zwernemann* Der Name der Gesellschaft bürgerlichen Rechts, BB 1987, 774.
S. ferner das Schrifttum Vor § 17 und insbes. zu §§ 18, 19.

Dritter Abschnitt. Handelsfirma § 17

Übersicht

	Rn
A. Einführung	1–3
I. Norminhalt	1
II. Entstehungsgeschichte	2
III. Normzweck	3
B. Definition der Firma	4–30
I. Die Firma als Name des Unternehmensträgers	5–8
II. Die Firma als Name eines Kaufmanns (Firmenfähigkeit)	9–14
III. Abgrenzung zu anderen Bezeichnungen	15–30
1. Geschäftsbezeichnungen	15–18
2. Minderfirmen	19–25
3. Unternehmenskennzeichen	26
4. Marken	27
5. Sonstige Bezeichnungen	28–30
C. Entstehen und Erlöschen der Firma	31–49
I. Entstehen	31–32
II. Erlöschen	33–49
1. Allgemeine Regeln	33–37
a) Aufgabe und Änderung der Firma	33
b) Firmenfortführung	34
c) Formwechsel	35
d) Verschmelzung	36
e) Spaltung	37
2. Rechtsformspezifische Regeln	38–49
a) Einzelkaufmann	38–47
c) Formkaufmann	48
d) Juristische Person	49
D. Rechtsnatur der Firma	50
E. Die Firma im Geschäftsverkehr	51–56
I. Pflicht zur Firmenführung	51
II. Die Begrenzung des Firmengebrauchs auf den Geschäftsverkehr	52–56
F. Die Firma im Prozess (Abs. 2)	57–69
I. Überblick	57–63
1. Inhalt des § 17 Abs. 2 und Bedeutung	57–60
2. Voraussetzungen	61
3. Rechtsfolgen	62–63
II. Einzelfragen	64–69
1. Bestimmung der Prozesspartei	64
2. Inhaberwechsel auf Seiten des Klägers	65
3. Inhaberwechsel auf Seiten des Beklagten	66
4. Rechtskraft	67
5. Bezeichnung von Gläubiger und Schuldner in der Zwangsvollstreckung	68–69

A. Einführung

I. Norminhalt

§ 17 Abs. 1 enthält die **Legaldefinition der Firma** (näher dazu Rn 4 ff) und begründet **1** nicht nur das Recht, sondern auch die **Pflicht zur Firmenführung** im Geschäftsverkehr (näher Rn 51 ff). Abs. 2 begründet die Zulässigkeit firmenmäßiger **Parteibezeichnung** (näher Rn 57 ff). Beide Vorschriften haben vornehmlich für Einzelkaufleute und juristische Personen i.S.d. § 33 Bedeutung, da Handelsgesellschaften und Formkaufleute ohnehin keinen anderen Namen als die Firma haben.

II. Entstehungsgeschichte

§ 17 Abs. 1 ist seit 1861 nahezu und Abs. 2 seit 1897 vollkommen unverändert. **2** Durch das Handelsrechtsreformgesetz wurde lediglich in Abs. 1 vor den Worten „seine Geschäfte" die Worte „im Handel" gestrichen. Begründet wurde dies als Konsequenz der Neudefinition des Begriffs „Handelsgewerbe" in § 1 Abs. 2.[1] Von Bedeutung ist diese Streichung nicht. Für einen Überblick zur Geschichte des Firmenrechts s. Vor § 17 Rn 11 ff.

---

[1] Begr. RegE BT-Drucks. 13/8444, S. 52.

III. Normzweck

3 Sinn und Zweck von § 17 Abs. 1 ist *erstens* den Begriff der Firma zu definieren (Rn 4 ff) und ihn damit zugleich von anderen Bezeichnungen abzugrenzen (Rn 15 ff). Durch diese Definition werden *zweitens* Nichtkaufleute von einer Firmenführung ausgeschlossen (Rn 9 ff) sowie *drittens* Kaufleute zur Firmenführung im Geschäftsverkehr berechtigt und verpflichtet (Rn 51 ff). Abs. 2 schließlich soll der Erleichterung der Parteibezeichnung im Prozess dienen (Rn 57 ff).

B. Definition der Firma

4 Nach der Legaldefinition des § 17 Abs. 1 ist eine Firma der Name, unter dem der Kaufmann seine Geschäfte betreibt und die Unterschrift abgibt. Dabei ist die Zeichnung unter der Firma nur das Hauptbeispiel für das Betreiben von Geschäften. In Kurzform lautet die Definition also: Die Firma ist der **Handelsname des Kaufmanns.** Diese Umschreibung enthält **drei Aussagen**: Die Firma ist ein Name, und zwar der Name eines Kaufmanns. Eine Firmenführung steht daher nur Kaufleuten offen (dazu Rn 9 ff). Als Name des Kaufmanns bezeichnet die Firma den Unternehmensträger und nicht das Unternehmen (dazu Rn 5 ff). Wegen dieser Identifikationsfunktion hat der Kaufmann die Firma im Handelsverkehr zu führen (dazu Rn 51 ff).

I. Die Firma als Name des Unternehmensträgers

5 Umgangssprachlich wird der Begriff „Firma" als Synonym für Unternehmen oder Betrieb gebraucht. Das ist unzutreffend, weil die Firma ein Name ist. Im geschäftlichen Verkehr wird die Firma oft als Name des Unternehmens verwendet und verstanden.[2] Als solcher hat sie häufig erheblichen Vermögenswert. Auch dieses Verständnis ist im Rechtssinne jedoch ungenau; denn als Handelsname des Kaufmanns **bezeichnet** die Firma nicht das Unternehmen, sondern **den Unternehmensträger**.[3] Allerdings hat das Gesetz dem Zusammenhang zwischen Unternehmen und Firma u.a. in § 23 und ihrem Vermögenswert etwa in dem Grundsatz der Firmenbeständigkeit (dazu o. Vor § 17 Rn 31 ff) Rechnung getragen.

6 Als Name hat die Firma vornehmlich **Identifikationsfunktion**, dient also dazu den Unternehmensträger zu identifizieren (zur Publizitätsfunktion Vor § 17 Rn 2). Das ist deswegen wichtig, weil das Unternehmen selbst nicht rechtsfähig ist und daher nur sein Inhaber Träger der im Unternehmen begründeten Rechte und Verbindlichkeiten ist. Dabei besteht die spezifische Funktion der Firma als Handelsname insbes. bei Einzelkaufleuten (s.u. Rn 7) darin, dass der Abschluss von Geschäften unter der Firma typischerweise den Kaufmann als Unternehmensträger berechtigt und verpflichtet, gleichgültig, ob er selbst tätig wird oder durch einen Vertreter handelt (§ 164 BGB), und zwar auch dann, wenn der andere Geschäftsteil nicht weiß, wer Inhaber ist[4]. Das entspricht wiederum der Verkehrsauffassung, die mit der Firma das Unternehmen selbst bezeichnet.

---

[2] *K. Schmidt* Handelsrecht, § 12 I 1a, b; GKzHGB/*Steitz* Vor §§ 17–24, Rn 6.
[3] Staub/*Hüffer* 4. Aufl. Rn 2; GKzHGB/*Steitz* Vor §§ 17–24, Rn 6; Koller/*Roth*/Morck Rn 2.
[4] BGHZ 62, 216 (219 ff); BGHZ 64, 11 (14 f).

Dabei ist die **Bedeutung der Firma für Einzelkaufleute und Handelsgesellschaften** insofern unterschiedlich, als Einzelkaufleute neben der Firma auch einen bürgerlichen Namen tragen, Handelsgesellschaften dagegen keinen anderen Namen als die Firma haben. Die Firma einer Handelsgesellschaft (§ 17 Abs. 1 i.V.m. § 6 Abs. 1) bildet daher, weil die Gesellschaft sonst im Rechtsverkehr nicht auftreten könnte, einen notwendigen Bestandteil ihrer Identitätsausstattung.[5] Verwendet ein Einzelkaufmann bei Abschluss eines Rechtsgeschäfts seine Firma, so stellt er damit klar, dass das Geschäft zu seinem Handelsgewerbe gehört und damit Handelsgeschäft i.S.d. § 343 ist. Demgegenüber können Handelsgesellschaften überhaupt nur unternehmensbezogen kontrahieren. Privatgeschäfte gibt es bei ihnen nicht. Das gilt bei Formkaufleuten (AG, KGaA, GmbH, eG, SCE, EWiV, SE) kraft Gesetzes (§§ 3 Abs. 1, 278 Abs. 3 AktG, § 13 Abs. 3 GmbHG, § 17 Abs. 2 GenG, Art. 8 Abs. 1 lit. a) ii) SCEVO, § 1 Hs. 2 EWIVAG, Art. 9 Abs. 1 lit. c ii SEVO i.V.m. §§ 3 SEAG, 3 AktG) auch dann, wenn sie gar kein Handelsgewerbe betreiben.

7

Bei der Wahl der Firma sind die Unternehmensträger gleich welcher Rechtsform heute weitgehend frei (**Grundsatz der Firmenwahlfreiheit**, Vor § 17 Rn 27). Abgesehen von den (nach § 19 und seinen gesellschaftsrechtlichen Parallelnormen) vorgeschriebenen Rechtsformzusätzen gibt es grundsätzlich keine inhaltlichen Vorgaben für die Firmenbildung mehr. Zulässig ist daher jede Firmenbildung, die den Anforderungen der §§ 18 f, 30 und etwaiger spezialgesetzlicher Regelungen genügt. Mithin besteht freie Wahl zwischen Personen-, Sach- und Phantasiefirmen, die auch kombiniert werden können (sog. Mischfirmen). Näher zu den verschiedenen Firmenarten Vor § 17 Rn 16 ff.

8

II. Die Firma als Name eines Kaufmanns (Firmenfähigkeit)

§ 17 Abs. 1 definiert die Firma als den Namen eines Kaufmanns, unter dem er seine Geschäfte betreibt. **Firmenfähig sind daher nur Kaufleute im Sinne der §§ 1 ff.** Dabei ist die frühere Unterscheidung zwischen firmenfähigen Vollkaufleuten und nicht firmenfähigen Minderkaufleuten mit der Aufhebung von § 4 Abs. 1 durch das Handelsrechtsreformgesetz zwar entfallen. Auch nach geltendem Recht können Kleingewerbetreibende, deren Gewerbebetrieb nicht die Schwelle des § 1 Abs. 2 erreicht, jedoch keine Firma im Sinne des HGB führen. Ihnen steht aber die Möglichkeit offen, die Kaufmannseigenschaft gerade dadurch zu erwerben, dass sie eine Firma gem. § 2 in das Handelsregister eintragen lassen. Einzelunternehmer, die kein Gewerbe betreiben, haben diese Möglichkeit dagegen nicht (näher § 2 Rn 5 ff) und dürfen mithin auch keine Firma führen.

9

Die **Firmenfähigkeit beginnt** nach dem zuvor Gesagten mit der Aufnahme eines Handelsgewerbes (bzw. mit der Erstarkung eines Gewerbes zum Handelsgewerbe) im Sinne des § 1 oder mit Eintragung gem. §§ 2, 3 Abs. 2 oder mit der Entstehung einer Handelsgesellschaft i.S.d. § 6 (näher dazu sogleich Rn 14). Dementsprechend **endet** die Firmenfähigkeit des Inhabers mit der Einstellung des Gewerbebetriebs oder seiner Veräußerung, mit der Schrumpfung des Handelsgewerbes zum Kleingewerbe oder der Umstellung des Betriebes auf eine freiberufliche Tätigkeit, sofern die Firma entgegen § 29 nicht im Handelsregister eingetragen ist, andernfalls mit der Löschung der Firma gem. §§ 2 Satz 3, 31 Abs. 2. Bei der OHG und KG gilt im Blick auf die Rechtsfolgen einer Kleingewerblichkeit und einer Umstellung des Betriebes auf eine freiberufliche Tätigkeit dasselbe wie bei

10

---

[5] Vgl. *John* Die organisierte Rechtsperson (1977), S. 92 ff, 242 ff.

§ 17 1. Buch. Handelsstand

Einzelkaufleuten. Abgesehen davon endet die Firmenfähigkeit von Handelsgesellschaften und Formkaufleuten mit der Vollbeendigung der Gesellschaft. Der Verlust der Firmenfähigkeit hat das Erlöschen der Firma zur Folge. Erlöschen kann die Firma freilich auch auf andere Weise, dazu Rn 33 ff sowie § 31 Rn 17 ff.

11 **Firmenfähig** sind mithin außer **Einzelkaufleuten** auch **Handelsgesellschaften**, § 6 Abs. 1 i.V.m. § 17 Abs. 1. Das sind die OHG, KG, GmbH (einschließlich der sog. Unternehmergesellschaft i.S.d. § 5a GmbHG), AG, KGaA, SE und die deutsche EWiV (§§ 105, 161 Abs. 2, §§ 4, 13 Abs. 3 GmbHG, §§ 3 Abs. 1, 4, 278 Abs. 3, 279 AktG, Art. 9 Abs. 1 lit. c ii SEVO i.V.m. §§ 3 SEAG, 3, 4 AktG, § 1 Hs. 2 EWIVAG). Firmenfähig sind ferner die eG (§§ 3, 17 Abs. 2 GenG), die Europäische Genossenschaft (Art. 8 Abs. 1 lit. a ii) SCEVO), der VVaG (§§ 16, 18, 53 VAG) sowie juristische Personen i.S.d. § 33 Abs. 1. Firmenfähig sind schließlich Zweigniederlassungen (dazu Vor § 17 Rn 44 ff); zu Unternehmensträgern mit Sitz im Ausland s. Vor § 17 Rn 52 ff sowie § 33 Rn 5 ff.

12 **Nicht firmenfähig** ist die **Gesellschaft bürgerlichen Rechts (GbR)**, weil sie kein Handelsgewerbe betreibt (andernfalls wäre sie OHG). Nicht firmenfähig ist ferner die **stille Gesellschaft**; denn nicht die stille Gesellschaft, sondern allein der Geschäftsinhaber betreibt gem. § 230 das Handelsgewerbe. Eine GbR darf jedoch, soweit sie als **Außengesellschaft** im Rechtsverkehr auftritt,[6] eine Geschäftsbezeichnung und/oder eine sog. Minderfirma führen[7] (näher dazu Rn 15 ff), die allerdings nicht irreführend sein dürfen (näher dazu Rn 18, 20 ff).

13 **Nicht firmenfähig** sind ferner **Partnerschaftsgesellschaften**, weil sie gem. § 1 Abs. 1 S. 2 PartGG kein Handelsgewerbe ausüben. Gem. § 2 Abs. 1 PartGG sind sie jedoch **namensfähig**, wobei § 2 Abs. 2 PartGG auf eine Vielzahl firmenrechtlicher Vorschriften des HGB verweist.

14 Die **Firmenfähigkeit der Vorgesellschaft** (Vor-AG, Vor-GmbH, Vor-Genossenschaft) ist differenzierend zu beurteilen. Die Eigenschaft als Formkaufmann (§ 3 AktG; § 13 Abs. 3 GmbHG; § 17 Abs. 2 GenG) kommt nur der entstandenen juristischen Person zu, lässt sich also auf ihre jeweilige Vorform nicht übertragen.[8] Weil die Vorgesellschaft als solche auch nicht in das Handelsregister eingetragen werden kann, ist ihre Firmenfähigkeit **nur zu bejahen, soweit sie selbst ein Handelsgewerbe (§ 1) betreibt**.[9] Das ist nicht nur dann anzunehmen, wenn ein bestehendes Unternehmen als Sacheinlage eingebracht und von der Vorgesellschaft fortgeführt wird, sondern ab Geschäftsbeginn auch bei der Neugründung eines Unternehmens, wenn es auf den Betrieb eines Handelsgewerbes gerichtet ist (vgl. u. Rn 31). Fehlt es an dem Betrieb eines Handelsgewerbes, so ist die Vorgesellschaft zwar nicht firmenfähig, sie darf aber als „wesensgleiches Minus" der künftigen Gesellschaft bzw. Genossenschaft bereits deren künftige Firma als ihren Namen annehmen.[10] In jedem Fall ist bis zur Eintragung ein **Gründungszusatz** (z.B. „i.G.") zu führen.[11]

---

[6] MünchKommHGB/*Heidinger* Rn 9; K. *Schmidt* Gesellschaftsrecht, § 60 I 3b.
[7] MünchKommHGB/*Heidinger* Rn 16; GKzHGB/*Steitz* Rn 9.
[8] AA Ebenroth/Boujong/Joost/Strohn/*Zimmer* Rn 8.
[9] Vgl. BGHZ 120, 103, 106; MünchKommHGB/*Heidinger* Rn 10; Röhricht/v. Westphalen/*Ammon*/Ries Rn 25; Scholz/ K. *Schmidt* § 11 GmbHG Rn 30; Staub/ *Hüffer* 4. Aufl. Rn 14 mwN zur älteren Lit.
[10] MünchKommHGB/*Heidinger* Rn 10; Ebenroth/Boujong/Joost/Strohn/*Zimmer* Rn 8.
[11] Vgl. BGH NJW 1985, 736 (737); MünchKommHGB/*Heidinger* § 19 Rn 34; Koller/ *Roth*/Morck Rn 2.

III. Abgrenzung zu anderen Bezeichnungen

1. Geschäftsbezeichnungen. Geschäftsbezeichnungen (§ 5 Abs. 2 S. 1 Fall 3 MarkenG, 15
früher auch „Etablissementbezeichnungen" genannt) haben ebenso wie Firmen **Namensfunktion**. Im Unterschied zu Firmen, die als Name des Kaufmanns den Unternehmens*träger* bezeichnen, benennen Geschäftsbezeichnungen **Unternehmen oder Unternehmensteile insbes. Betriebsstätten**. Typische Geschäftsbezeichnungen sind beispielsweise „Sonnenapotheke", „Parkhotel", „Gasthof zum Falken", „Theater am Turm" oder „Friseursalon Erika". Hierher gehören aber auch **Abkürzungen von Firmen** (z.B. „BMW") oder **Firmenschlagworte** (z.B. „Telekom") als Unternehmenskennzeichen (Rn 28).[12] Der Gegenstand der Bezeichnung – bei der Firma Unternehmensträger, bei der Geschäftsbezeichnung Unternehmen oder Unternehmensteil – ist also ein ganz anderer. Folge ist, dass jeder Unternehmensträger richtigerweise zwar nur eine Firma (Vor § 17 Rn 39 ff), sehr wohl aber mehrere Geschäftsbezeichnungen für mehrere Unternehmen oder Unternehmensteile führen darf. Und umgekehrt kann nicht nur ein Unternehmen unter einer Geschäftsbezeichnung auftreten, sondern es können auch mehrere Unternehmen eine gemeinsame Geschäftsbezeichnung nutzen (z.B. „Sparkassenfinanzgruppe"). Letzteres ist vor allem bei Konzernunternehmen verbreitet (z.B. „Deutsche Bank Gruppe").

Vor der Handelsrechtsreform war problematisch, inwieweit Geschäftsbezeichnungen 16
in die Firma aufgenommen werden konnten.[13] Heute ist dies bei allen firmenfähigen Unternehmensträgern nach allgemeinen Regeln möglich.[14]

Jedermann kann seinen Unternehmen oder Betrieben Namen und damit Geschäfts- 17
bezeichnungen geben. Der Kaufmann kann Geschäftsbezeichnungen neben seiner Firma führen, nicht aber an deren Stelle. Bei bestehender Firmenführungspflicht darf ein Kaufmann die Angabe der Firma daher nicht durch die Angabe einer bloßen Geschäftsbezeichnung ersetzen (näher § 37 Rn 15 ff).[15] Der Nichtkaufmann kann Geschäftsbezeichnungen neben einer Minderfirma (dazu Rn 19 ff) führen.[16]

Die **Wahl** von Geschäftsbezeichnungen ist **frei**. Es können daher sowohl Personen- 18
namen als auch Sach- und Phantasiebezeichnungen sowie Mischformen („Antiquariat Anton Huber", „Sonnenapotheke") gewählt werden. Geschäftsbezeichnungen dürfen allerdings **nicht irreführend oder unwahr** sein.[17] Insbes. darf nicht der unzutreffende Eindruck erweckt werden, das Unternehmen sei ein Handelsgewerbe. Eine Bäckerei darf daher nicht als Brotfabrik, ein kleingewerblicher Handel nicht als Großhandel bezeichnet werden usw. (s. ferner u. Rn 20 ff). Zum Schutz von Geschäftsbezeichnungen s. Anh. I und II zu § 37.

2. Minderfirmen. Die von einem Nichtkaufmann geführte Geschäftsbezeichnung wird 19
von manchen als „Minderfirma" bezeichnet.[18] Das ist für das Verständnis hinderlich, weil Geschäftsbezeichnungen Unternehmen oder Betriebsstätten benennen, wohingegen

---

[12] AA Ebenroth/Boujong/Joost/Strohn/*Zimmer* Rn 10.
[13] S. dazu statt anderer Staub/*Hüffer* 4. Aufl. Rn 25.
[14] Ebenroth/Boujong/Joost/Strohn/*Zimmer* Rn 10.
[15] Ebenroth/Boujong/Joost/Strohn/*Zimmer* Rn 10.
[16] K. *Schmidt* Handelsrecht § 12 I 2b) bb); HKzHGB/*Ruß* Rn 2.
[17] Ebenroth/Boujong/Joost/Strohn/*Zimmer* Rn 9; Koller/*Roth*/Morck Rn 8.
[18] Dahingehend oder unklar bspw. MünchKommHGB/*Heidinger* Rn 16; Koller/*Roth*/Morck Rn 8; für eine Aufgabe des Begriffs zu Unrecht Baumbach/*Hopt* Rn 13; undifferenziert nur von Geschäftsbezeichnungen schreibt etwa Ebenroth/Boujong/Joost/Strohn/*Zimmer* Rn 9.

§ 17   1. Buch. Handelsstand

die Firma der Name des Kaufmanns, also des Unternehmensträgers ist. Als „Minderfirma" sollte daher nur eine solche Bezeichnung angesprochen werden, die von einem Nichtkaufmann wie eine Firma geführt wird, d.h. nicht das Unternehmen, sondern den **Unternehmensträger**, also den nichtkaufmännischen Inhaber bezeichnet.

20   **Vor der Handelsrechtsreform** durften Nicht- und Minderkaufleute nach hM keine firmenähnlichen Geschäftsbezeichnungen oder Minderfirmen führen. Bezeichnungen wie „Grafik-Service H. Winter" oder „Müller-Schuhe" waren danach unzulässig.[19] Diese Rechtsprechung wurde zu Recht kritisiert,[20] führte zu schwierigen Abgrenzungsfragen, einer unüberschaubaren und kaum nachvollziehbaren Kasuistik und dementsprechender Rechtsunsicherheit. **Durch die Handelsrechtsreform** wurde für jede Firma verbindlich ein **Rechtsformzusatz** eingeführt (§ 19, §§ 4, 279 AktG, §§ 4, 5a Abs. 1 GmbHG, Art. 11 Abs. 1 SEVO[21], § 2 Abs. 2 Nr. 1 EWIVAG, § 3 GenG, Art. 10 Abs. 1 S. 2 SCEVO[22], § 18 Abs. 2 S. 2 VAG, § 2 Abs. 1 S. 1 PartGG). Grund hierfür war neben der Publizität der Haftungsverhältnisse ausweislich der Begründung des Regierungsentwurfs auch, die Abgrenzung zwischen Firmen im Sinne des HGB und Geschäftsbezeichnungen zu erleichtern:[23] Danach zeigt das Fehlen eines kaufmännischen Rechtsformzusatzes an, dass es sich bei der Bezeichnung nicht um eine Firma i.S.d. HGB handeln kann. Eine **ohne Rechtsformzusatz** gebrauchte **Geschäftsbezeichnung oder Minderfirma** erweckt daher heute nicht mehr den unzulässigen Eindruck einer Firma.[24]

21   Das Verbot firmenähnlicher Geschäftsbezeichnungen und Minderfirmen erfasst daher heute nur noch die **unberechtigte Verwendung eines gesetzlich vorgeschriebenen Rechtsformzusatzes**. Wegen § 2 Abs. 1 PartGG unzulässig ist daher beispielsweise der unberechtigt geführte Zusatz „& Partner" oder „Partnerschaft"[25] (zulässig ist dagegen die nicht rechtsformspezifische Verwendung etwa in einem zusammengesetzten Wort z.B. „IRP Ihr Reifenpartner")[26]. Verwenden Nichtkaufleute einen kaufmännischen Rechtsformzusatz wie e.K. oder OHG, greift § 37 Abs. 1 ein.[27] Grundsätzlich zulässig sind dagegen heute zutreffende Inhaber- und Nachfolgezusätze, Hinweise auf familiäre Beziehungen („Gebrüder", „Geschwister", „Söhne", „Erben") sowie Verbindungskürzel wie „& Co" oder „& Cie", die bisher im Verkehr als Hinweis auf die Kaufmannseigenschaft verstanden wurden.[28] Gleichwohl können derartige Zusätze im Einzelfall proble-

---

[19] OLG Frankfurt MDR 1980, 938; OLG Hamm ZIP 1989, 1130 mit zust. Anmerkung *Möller* EWiR 1989, 905 f; Staub/*Hüffer* 4. Aufl. § 37 Rn 8 mwN.
[20] *Canaris* Handelsrecht § 11 Rn 47; *K. Schmidt* Handelsrecht § 12 I 2.
[21] VO (EG) Nr. 2157/2001 des Rates vom 8.10.2001 über das Statut der Europäischen Gesellschaft (SE), ABl. L 294/1 v. 10.11.2001, S. 1–21.
[22] VO (EG) Nr. 1435/2003 DES RATES vom 22.7.2003 über das Statut der Europäischen Genossenschaft (SCE), ABl. L 207/1 v. 18.08.2003, S. 1–24.
[23] Begr. RegE, BTDrucks. 13/8444, S. 38.
[24] MünchKommHGB/*Heidinger* Rn 17; Röhricht/v. Westphalen/*Ammon*/Ries Rn 15; Ebenroth/Boujong/Joost/Strohn/*Zimmer* Rn 9; *Ulmer* ZIP 1999, 509; GKzHGB/*Steitz* Vor §§ 17–24 Rn 8.
[25] BGHZ 135, 257; zu Altgesellschaften aus der Zeit vor dem 1.7.1995 OLG Karlsruhe NJW 1998, 1160.
[26] MünchKommHGB/*Heidinger* § 18 Rn 175; *Kögel* Rechtspfleger 2000, 255, 259; OLG München ZIP 2007, 770.
[27] Koller/*Roth*/Morck Rn 8; MünchKommHGB/*Heidinger* Rn 18; Röhricht/v. Westphalen/*Ammon*/Ries § 37 Rn 13.
[28] Koller/*Roth*/Morck Rn 8; Ebenroth/Boujong/Joost/Strohn/*Zimmer* Rn 9; Röhricht/v. Westphalen/*Ammon*/Ries Rn 15; **aA** HKzHGB/*Ruß* Rn 9 sowie früher etwa OLG Zweibrücken DB 1990, 36; BayObLG DB 1988, 2559; *Frey* BB 1992, 875; *Wessel* BB 1987, 147.

matisch sein, weil auch für Minderfirmen (zu Geschäftsbezeichnungen s. bereits Rn 18) das **Irreführungsverbot** (§ 18 Abs. 2 analog) bzw. das Wahrheitsgebot gilt (näher § 18 Rn 41 ff).[29] Nicht statthaft ist daher eine Minderfirma als Firma zu bezeichnen (z.B. „Fa. Anton Huber").[30] Unzulässig sind auch Zusätze, die sich an gesetzlich vorgeschriebene Zusätze anlehnen und geeignet sind, über die Rechtsform irrezuführen (z.B. „Anton Huber, Kaufmann", nicht aber „Anton Huber, Dipl.-Kfm.")[31]. Unzulässig sind mithin auch sonstige Bezeichnungen, die den Eindruck eines Handelsgewerbes erwecken (s.o. Rn 18). Unzulässig sind schließlich Zusätze, die ein tatsächlich nicht vorhandenes Gesellschaftsverhältnis andeuten (z.B. „& Co" oder „& Cie"). Eine Gesellschaft bürgerlichen Rechts kann selbstverständlich als solche (auch abgekürzt als „GbR") bezeichnet werden. Zulässig sind auch Zusätze wie „ARGE" oder „Konsortium". Eine Pflicht zur Verwendung derartiger Zusätze besteht freilich nicht.[32]

Bei dem Zusatz „GbR mbH" wird man richtigerweise zwei Fälle unterscheiden müssen. *Erstens*: Unzulässig, weil unzutreffend und deshalb irreführend, ist diese und jede inhaltsgleiche Bezeichnung jedenfalls, wenn damit entgegen der höchstrichterlichen Rechtsprechung[33] eine nicht bestehende Haftungsbeschränkung behauptet bzw. herbeigeführt werden soll.[34] Wird mit dem „mbH"-Zusatz hingegen – *zweitens* – entsprechend § 19 Abs. 2 auf den Umstand hingewiesen, dass keine natürliche Person persönlich haftet, so ist der Zusatz materiell-rechtlich gerechtfertigt und nach den Wertungen des Gesetzes sogar im Ausgangspunkt zu begrüßen. Auch besteht entgegen Rechtsprechung[35] und herrschender Lehre[36] keine ernstzunehmende Verwechselungsgefahr mit der GmbH; denn deren Rechtsformzusatz ist seit über 100 Jahren eingeführt und dem Verkehr daher so gut bekannt, dass jede Abweichung hiervon sogleich auffällt. Kaum jemand wird daher eine „GbR mbH" für eine schlichte GmbH halten. Auch bestehen vorliegend nicht die gleichen Bedenken wie gegen die Firmierung „KG mbH" (dazu § 19 Rn 25 f), weil für die GbR § 19 Abs. 1 weder direkt noch analog (dazu § 19 Rn 35) gilt. Indes besteht Verwechselungsgefahr mit der zuerst genannten unzulässigen Konstruktion, die zudem vor der zitierten Entscheidung des BGH aus dem Jahr 1999 recht verbreitet war. Deswegen hilft auch eine Bezeichnung als „Gesellschaft bürgerlichen Rechts mbH" oder als „GbR mit beschränkter Haftung" (anders als im Falle einer Kommanditgesellschaft, s. § 19 Rn 27) nicht weiter, solange der Verkehr diese Bezeichnungen nicht ausschließlich in dem zweiten Sinne versteht. Bis dahin könnte man für diese Fälle in Anlehnung an § 19a Abs. 2 des Regierungsentwurfs zur GmbH-Novelle von 1977[37] allenfalls an die Bezeichnung „beschränkt haftende Gesellschaft bürgerlichen Rechts" denken. Ob dadurch die genannte Verwechselungsgefahr ausgeschlossen wird, ist freilich zweifelhaft. Zudem könnte diese Bezeichnung dahin missverstanden werden, dass die GbR selbst nur beschränkt haftet.[38]

22

---

[29] Anstelle anderer GKzHGB/*Steitz* Vor §§ 17–24 Rn 8.
[30] GKzHGB/*Steitz* Vor §§ 17–24 Rn 8; MünchKommHGB/*Heidinger* Rn 18.
[31] Röhricht/v. Westphalen/*Ammon/Ries* Rn 15.
[32] MünchKommBGB/*Ulmer* § 705 Rn 271, 274.
[33] BGHZ 142, 315.
[34] Zutr. Röhricht/v. Westphalen/*Ammon/Ries* § 19 Rn 43.
[35] BayObLGZ 1998, 226 ff; OLG München NJW-RR 1998, 1728; zur „oHG mbH" ferner OLG Hamm, NJW-RR 1987, 990.
[36] Ebenroth/Boujong/Joost/Strohn/*Strohn/Zimmer* § 19 Rn 20; Baumbach/*Hopt* § 18 Rn 22; Röhricht/Graf v. Westfalen/*Ammon/Ries* § 19 Rn 43; *Seibert* Das neue Firmenrecht, S. 124.
[37] BT-Drucks. 8/1347.
[38] Darauf weist Ebenroth/Boujong/Joost/Strohn/*Zimmer* § 19 Rn 20 a.E. zu Recht hin.

23 Als Minderfirma können **Personen-, Sach-, Phantasie- und Mischbezeichnungen** geführt werden,[39] soweit sie nicht irreführend i.S.d. § 18 Abs. 2 sind[40]. Zur Frage der Anwendbarkeit von firmenrechtlichen Vorschriften auf Nichtkaufleute bzw. Minderfirmen wird auf die Erläuterungen der einzelnen Vorschriften (jeweils unter der Überschrift „Anwendungsbereich") verwiesen. Eine Pflicht zur Führung einer Minderfirma besteht nicht. Grundsätzlich steht es jedoch jedermann frei unter einem selbst gewählten Namen (Wahlnamen) in der Öffentlichkeit aufzutreten.[41] Die **Pflicht zur Führung des Zwangsnamens**, bei natürlichen Personen also des bürgerlichen Namens (vgl. etwa § 111 OWiG), bleibt hiervon jedoch unberührt. Kleingewerbetreibende hatten bisher insbes. **§§ 15a Abs. 1 und 15b Abs. 1 GewO a.F.** zu beachten. Danach mussten sie an offenen Betriebsstätten ihren Familiennamen mit mindestens einem ausgeschriebenen Vornamen anbringen und auf Geschäftsbriefen zudem eine ladungsfähige Anschrift angeben. Auch wenn als Minderfirma keine Personenbezeichnung gewählt wird (z.B. „Alpha Consulting"), war daher bei natürlichen Personen kein erhebliches Defizit im Blick auf die Identifizierung des Unternehmensträgers zu besorgen. Zur Aufhebung von §§ 15a und 15b GewO und zur künftig zu erwartenden Rechtslage s. § 37a Rn 5a.

24 Bei **Gesellschaften bürgerlichen Rechts** wird zum Teil verlangt, dass deren Name aus dem Namen aller oder mehrerer Gesellschafter gebildet wird.[42] Dem ist nicht zu folgen. Auch unternehmenstragende Gesellschaften bürgerlichen Rechts dürfen Sach-, Phantasie- oder Mischbezeichnungen als Namen wählen (z.B. „ARGE Stadttunnel Freiburg"),[43] da dem Publizitätsbedürfnis des Rechts- und Geschäftsverkehrs durch eine Reihe von gesetzlichen Bestimmungen ausreichend Rechnung getragen wird. Auch für Gesellschaften bürgerlichen Rechts galten §§ 15a, 15b GewO. An offenen Betriebsstätten hatten sie daher den Familiennamen mit mindestens einem ausgeschriebenen Vornamen der Gesellschafter anzubringen[44] und auf Geschäftsbriefen zudem deren ladungsfähige Anschrift anzugeben (s. nunmehr § 37a Rn 5a). Ist die GbR Kommanditistin, sind gem. § 162 Abs. 1 S. 2 ebenfalls alle Gesellschafter und jede Änderung des Gesellschafterbestandes zur Eintragung in das Handelsregister anzumelden.[45] Entsprechendes gilt richtigerweise für die Gesellschafterliste gem. §§ 8 Abs. 1 Nr. 3, 40, 57 Abs. 3 Nr. 2 GmbHG.[46] Schließlich reichte auch bei der Eintragung in das Grundbuch nach bisheriger Rechtsprechung die Eintragung der Minderfirma nicht.[47] Vielmehr waren auch in diesem Fall alle Gesell-

---

[39] GKzHGB/*Steitz* Vor §§ 17–24 Rn 8, 17 ff; Baumbach/*Hopt* Rn 13.
[40] Anstelle anderer MünchKommHGB/*Heidinger* Rn 18.
[41] Vgl. MünchKommBGB/*Bayreuther* § 12 Rn 62; *Prütting*/Wegen/Weinreich BGB § 12 Rn 5.
[42] So Palandt/*Sprau* § 705 Rn 25; **aA** Prütting/Wegen/Weinreich/*von Ditfurth* BGB § 705 Rn 38; MünchKommBGB/*Ulmer* § 705 Rn 270 f mwN.
[43] Prütting/Wegen/Weinreich/*von Ditfurth* BGB § 705 Rn 38; MünchKommHGB/*Heidinger* Rn 9; *Timm* NJW 1995, 3214; vgl. auch BVerwG NJW 1987, 3020.
[44] Besteht die Gesellschaft aus mehr als zwei Gesellschaftern, deren Namen in der Aufschrift anzugeben wäre, so genügte es gem. § 15a Abs. 4 S. 1 GewO, wenn die Namen von zwei Gesellschaftern mit einem das Vorhandensein weiterer Gesellschafter andeutenden Zusatz angebracht wurde, wobei die Behörde gem. S. 2 dieser Vorschrift im Einzelfall die Angabe der Namen aller Gesellschafter verlangen konnte.
[45] S. auch BGHZ 148, 291 (295).
[46] Scholz/*Emmerich* GmbHG, § 2 Rn 53a; Scholz/H. *Winter*/*Veil* GmbHG, § 8 Rn 7; Lutter/Hommelhoff/*Lutter*/*Bayer* GmbHG, § 8 Rn 4; **aA** *Roth*/Altmeppen GmbHG § 8 Rn 4.
[47] OLG Schleswig-Holstein NJW 2008, 306; OLG Celle NJW 2006, 2194; BayObLG ZIP 2004, 2375; BayObLG ZIP 2002, 2175; OLG München DNotZ 2001, 535; **aA** OLG Dresden ZIP 2008, 2361; OLG Stuttgart ZIP 2007, 419.

schafter mit dem Zusatz „in Gesellschaft bürgerlichen Rechts" einzutragen.[48] Nach der Entscheidung des V. Zivilsenats des BGH vom 4.12.2008 bedarf es dagegen einer solchen bzw. ähnlichen Eintragung („Gesellschaft bürgerlichen Rechts bestehend aus ...") nur noch, wenn der Gesellschaftsvertrag keine Bezeichnung der GbR vorsieht. Andernfalls könne die Gesellschaft mit der im Gesellschaftsvertrag vereinbarten Bezeichnung im Grundbuch eingetragen werden (bei Namensgleichheit ergänzt um die Angabe des gesetzlichen Vertreters und des Sitzes).[49] Diese Entscheidung widerspricht freilich der gesetzlichen Wertung des § 162 Abs. 1 S. 2 sowie der ihr zugrunde liegenden Entscheidung BGHZ 148, 291.[50] Nur bei der Anmeldung gewerblicher Schutzrechte reicht die Angabe des Namens der Gesellschaft bürgerlichen Rechts und zumindest eines vertretungsberechtigten Gesellschafters aus, § 4 Abs. 2 Nr. 1 lit. b S. 2 PatV, § 3 Abs. 2 Nr. 1 lit. b S. 2 GebrMV, § 5 Abs. 1 Nr. 2 S. 2 GeschmMV, § 5 Abs. 1 Nr. 2 S. 2 MarkenV.

Schutz genießen Geschäftsbezeichnungen und Minderfirmen in mehrfacher Hinsicht. **25** Zum einen greifen die Vorschriften der §§ 5, 15 MarkenG zum Schutz von Unternehmenskennzeichen (dazu Anh. II zu § 37) ein. Zum Zweiten ist subsidiär § 12 BGB anwendbar (dazu Anh. I zu § 37). Schließlich kommt ein wettbewerbsrechtlicher Schutz über §§ 3, 5 UWG in Betracht.

3. Unternehmenskennzeichen. Unternehmenskennzeichen sind gem. § 5 Abs. 2 **26** MarkenG Zeichen, die im geschäftlichen Verkehr als Name, als Firma oder als besondere Bezeichnung eines Geschäftsbetriebs oder eines Unternehmens benutzt werden. Dabei stehen der besonderen Bezeichnung eines Geschäftsbetriebs solche Geschäftsabzeichen und sonstige zur Unterscheidung des Geschäftsbetriebs von anderen Geschäftsbetrieben bestimmte Zeichen gleich, die innerhalb beteiligter Verkehrskreise als Kennzeichen des Geschäftsbetriebs gelten. Gem. § 15 Abs. 2 MarkenG ist es Dritten untersagt, solche geschäftlichen Bezeichnungen oder ein ähnliches Zeichen im geschäftlichen Verkehr unbefugt in einer Weise zu benutzen, die geeignet ist, Verwechselungen mit der geschützten Bezeichnung hervorzurufen. Handelt es sich bei der geschäftlichen Bezeichnung um eine im Inland bekannte geschäftliche Bezeichnung, so ist es Dritten ferner untersagt, die geschäftliche Bezeichnung oder ein ähnliches Zeichen im geschäftlichen Verkehr auch dann zu benutzen, wenn keine Gefahr von Verwechselungen im Sinne des § 15 Abs. 2 MarkenG besteht, soweit die Benutzung des Zeichens aber die Unterscheidungskraft oder die Wertschätzung der geschäftlichen Bezeichnung ohne rechtfertigenden Grund in unlauterer Weise ausnutzt oder beeinträchtigt. Im Verletzungsfall kann der Inhaber der geschäftlichen Bezeichnung den Dritten auf Unterlassung in Anspruch nehmen und bei schuldhaftem Handeln Schadensersatz verlangen (eingehend Anh. II zu § 37).

4. Marken. Marken sind gem. § 3 Abs. 1 MarkenG Zeichen – das sind insbes. **27** Buchstaben, Zahlen und Wörter einschließlich von Personennamen, Abbildungen, Hörzeichen, dreidimensionale Gestaltungen einschließlich der Form einer Ware oder ihrer Verpackung sowie sonstige Aufmachungen einschließlich von Farben und Farbzusammenstellungen –, die geeignet sind, Waren oder Dienstleistungen eines Unternehmens von denjenigen anderer Unternehmen zu unterscheiden. Sie sind gem. § 14 MarkenG geschützt, wobei der Schutz gem. § 4 MarkenG insbes. durch Eintragung in das vom Deutschen Patent- und Markenamt geführte Register (§§ 7 ff, 32 ff MarkenG) entsteht

---

[48] BGHZ 179, 102 m. zahlr. w. Nw.; näher zu dieser Entscheidung und ihren Folgen *Tebben* NZG 2009, 288.
[49] Vgl. *Priester* BB 2007, 837, 839.
[50] BayObLG NJW 2003, 70; vgl. auch *Heil* NJW 2002, 2158; ebenso *Vogt* RPfleger 2003, 491; aA etwa MünchKommHGB/*Heidinger* Rn 9; *Wertenbruch* WM 2003, 1785.

oder durch die Benutzung des Zeichens im geschäftlichen Verkehr, soweit das Zeichen innerhalb der beteiligten Verkehrskreise als Marke Verkehrsgeltung erworben hat. Marken können, soweit sie aussprechbar (§ 18 Rn 8 ff) sind, auch Bestandteil einer Firma sein (z.B. „Coca-Cola Deutschland GmbH").

28 5. **Sonstige Bezeichnungen. Firmenabkürzungen** (z.B. „BMW") und **Firmenschlagworte** (z.B. „Telekom") sind Kurzbezeichnungen der vollständigen Firma. Rechtlich sind sie als Geschäftsbezeichnungen (o. Rn 15 ff) und Unternehmenskennzeichen (o. Rn 26) einzuordnen. Sie unterscheiden sich dadurch, dass ein Firmenschlagwort Bestandteil der vollständigen Firma ist, während eine Firmenabkürzung aus der vollständigen Firma abgeleitet wird (näher Anh. II zu § 37 Rn 7 f). Seit der Handelsrechtsreform können Abkürzungen auch als Firma geführt werden (z.B. „BASF SE").

29 **Bildzeichen** können schon deshalb nicht Firma sein, weil sie keine aussprechbare Bezeichnung sind und daher nicht als Name zu fungieren vermögen (s. § 18 Rn 8 ff). Es kann sich aber um Unternehmenskennzeichnungen (Rn 26) oder Marken (Rn 27) handeln.

30 **Adressen** – insbes. Postanschriften, Telegrammadressen (z.B. „Hamburger Kinderstube"[51]; „Meisterbrand Bingenrhein"[52]), Internetadressen (sog. Domains, z.B. „www.fnet.de"[53]), E-Mail-Adressen (z.B. „D@B")[54] und Telefonnummern (z.B. „11880") – dienen der Kommunikation und der Erbringung von Leistungen. Zugleich können solche Adressen bzw. Adressbestandteile, soweit sie aussprechbar (§ 18 Rn 8 ff) sind, auch Bestandteil einer Firma sein. Ferner kann es sich um Geschäftsbezeichnungen bzw. Minderfirmen, **Geschäftsabzeichen** i.S.d. § 5 Abs. 2 S. 2 MarkenG (Anh. II zu § 37 Rn 10) und/oder Marken handeln.

C. Entstehen und Erlöschen der Firma

I. Entstehen

31 Betreibt ein Unternehmer ein Handelsgewerbe i.S.d. § 1 Abs. 2 HGB (**Istkaufmann**), entsteht die Firma durch ihren tatsächlichen Gebrauch.[55] Das gilt für einen **Einzelkaufmann**, eine **OHG** und eine **KG** gleichermaßen, und zwar bei Gründung eines Unternehmens bereits ab Geschäftsbeginn, wenn es auf den Betrieb eines Handelsgewerbes gerichtet ist[56]. Die gem. § 29 erforderliche Eintragung hat in diesem Fall nur deklaratorische Bedeutung. In den Fällen der §§ 2, 3, 105 Abs. 2 (**Kannkaufmann**) ist die Eintragung dagegen konstitutiv. Folglich entsteht die Firma erst mit der Eintragung.[57] Ein zuvor geführter Name kann Minderfirma (s.o. Rn 19 ff) oder bloße Geschäftsbezeichnung (o. Rn 15 ff) sein. Gleiches gilt in den Fällen des § 33.[58]

---

[51] BGH GRUR 1955, 481.
[52] BGH GRUR 1957, 87.
[53] LG München I GRUR 2000, 800.
[54] *Wagner* NZG 2001, 802; *Wachter* GmbHR 2001, 477; *Mankowski* MDR 2001, 1124; aA BayObLG NJW 2001, 2337 mit Anm. *Spindler* EWiR 2001, 729; OLG Braunschweig WRP 2001, 287 mit abl. Anm. *Mankowski* EWiR 2001, 275. Für Firmenfähigkeit LG Berlin NZG 2004, 532 mit zust. Anm. *Thomas/Bergs* GmbHR 2004, 532.
[55] Anstelle anderer Ebenroth/Boujong/Joost/Strohn/*Zimmer* Rn 14; GKzHGB/*Steitz* Rn 4.
[56] MünchKommHGB/*Heidinger* Rn 21; Staub/*Hüffer* 4. Aufl. Rn 15, § 21 Rn 3, 4.
[57] Ebenroth/Boujong/Joost/Strohn/*Zimmer* Rn 14; GKzHGB/*Steitz* Rn 6.
[58] MünchKommHGB/*Heidinger* Rn 21; Röhricht/v. Westphalen/*Ammon/Ries* Rn 26.

Formkaufmann (§ 6 Abs. 2) sind die **AG, KGaA, SE, GmbH** (einschließlich der sog. **32**
Unternehmergesellschaft i.S.d. § 5a GmbHG), **eG, SCE** und **deutsche EWiV** (Vor § 17
Rn 10). Sie entstehen als solche erst mit der Eintragung in das Handelsregister und sind
daher grundsätzlich auch erst zu diesem Zeitpunkt firmenfähig. Mithin entsteht auch
ihre Firma grundsätzlich erst mit der Eintragung in das Handelsregister.[59] Nur wenn die
Vorgesellschaft ausnahmsweise bereits ein Handelsgewerbe betreibt und daher firmenfähig ist (s.o. Rn 14), entsteht die Firma bereits durch den tatsächlichen Gebrauch.[60]
Die Firma eines **VVaG** entsteht mit der Erteilung der Geschäftserlaubnis, § 15 VAG.[61]

II. Erlöschen

1. Allgemeine Regeln

a) **Aufgabe und Änderung der Firma.** Eine Firma erlischt, wenn sie endgültig aufge- **33**
geben wird.[62] Solange der Unternehmensträger zur Führung einer Firma verpflichtet ist
(Rn 51), muss er aber eine neue Firma annehmen und zum Handelsregister anmelden.
Jede Änderung einer Firma ist also genau betrachtet die Aufgabe der alten unter Annahme einer neuen Firma.[63] Zur registerrechtlichen Behandlung s. § 31 Rn 7 ff, 17 ff. Solange eine Firmenführungspflicht besteht, ist die Firma in der im Handelsregister eingetragenen Form zu führen (näher § 37 Rn 13).[64]

b) **Firmenfortführung.** In den Fällen der §§ 21, 22, 24 erlischt die Firma nicht, son- **34**
dern kann fortgeführt werden. Zwar liegt in einer **Geschäftsveräußerung** regelmäßig die
Aufgabe des Gewerbebetriebs durch den bisherigen Inhaber, was bei Einzelkaufleuten,
nicht aber bei Handelsgesellschaften (s.u. Rn 38 ff, 46), grundsätzlich zum Erlöschen der
Firma führt. Weil § 22 die Fortführung der Firma durch den Erwerber zulässt, wenn der
Veräußerer einwilligt, erlischt sie jedoch selbst bei Einzelkaufleuten mit der Veräußerung
nur dann, wenn die Einwilligung nicht erteilt wird oder der Erwerber trotz Einwilligung
von seinem Recht zur Firmenfortführung keinen Gebrauch macht, indem er entweder die
erworbene Firma aufgibt oder sie von vornherein über das nach § 22 erlaubte Maß (§ 22
Rn 84 ff) verändert, so dass keine Firmenkontinuität mehr gegeben ist (§ 31 Rn 17). Folgerichtig unterscheidet § 31 zwischen der Anmeldung des Inhaberwechsels (Abs. 1) und
des Erlöschens (Abs. 2). Wird dagegen die Einwilligung im Fall des § 24 Abs. 2 nicht
erteilt, wird zwar die Firmenfortführung unzulässig. Die Firma erlischt jedoch nicht
(näher § 31 Rn 8).[65]

c) **Formwechsel.** Gem. § 190 Abs. 1 UmwG können Rechtsträger i.S.d. § 191 Abs. 1 **35**
UmwG durch Formwechsel eine andere Rechtsform i.S.d. § 191 Abs. 2 UmwG erhalten.
Nach § 200 Abs. 1 und 2 UmwG darf dabei der Rechtsträger neuer Rechtsform seine
bisherige Firma **grundsätzlich** behalten und muss **nur den Rechtsformzusatz** entspre-

---

[59] Röhricht/v. Westphalen/*Ammon/Ries* Rn 26.
[60] Ebenroth/Boujong/Joost/Strohn/*Zimmer* Rn 14.
[61] Vgl. hierzu statt aller *Fahr/Kahlbach* VAG § 5 Rn 2–12, § 15 Rn 1, 9.
[62] Ebenroth/Boujong/Joost/Strohn/*Zimmer* Rn 15; Röhricht/v. Westphalen/*Ammon/Ries* Rn 28; Baumbach/*Hopt* Rn 23.
[63] MünchKommHGB/*Heidinger* Rn 22; Röhricht/v. Westphalen/*Ammon/Ries* Rn 28; Heymann/*Emmerich* Rn 17.
[64] BayObLG DB 1992, 569; Röhricht/v. Westphalen/*Ammon/Ries* Rn 28.
[65] MünchKommHGB/*Heidinger* § 24 Rn 21; Ebenroth/Boujong/Joost/Strohn/*Zimmer* § 24 Rn 31.

chend der neuen Rechtsform **ändern**. § 200 Abs. 3 UmwG sieht eine § 24 Abs. 2 vergleichbare Regelung vor. Bei Partnerschaftsgesellschaften ist § 200 Abs. 4 UmwG zu beachten. Ein Formwechsel in eine Gesellschaft bürgerlichen Rechts führt gem. § 200 Abs. 5 UmwG zum Erlöschen der Firma, da diese nicht firmenfähig ist (Rn 12, näher Anh. zu § 21).

36 d) **Verschmelzung.** Für den Fall einer Verschmelzung durch Aufnahme (§ 2 Nr. 1 UmwG) darf der übernehmende Rechtsträger gem. § 18 Abs. 1 UmwG die Firma eines der übertragenden Rechtsträger,[66] dessen Handelsgeschäft er durch die Verschmelzung erwirbt, mit oder ohne Beifügung eines das Nachfolgeverhältnis andeutenden Zusatzes fortführen. § 18 Abs. 2 UmwG enthält wiederum eine § 24 vergleichbare Regelung, § 18 Abs. 3 UmwG eine Sonderregelung für Partnerschaftsgesellschaften. Mit der Eintragung der Verschmelzung in das Register des Sitzes des übernehmenden Rechtsträgers erlöschen nach § 20 Abs. 1 Nr. 2 UmwG die übertragenden Rechtsträger und damit auch deren Firmen, wenn der übernehmende Rechtsträger sie nicht fortführt. Im Fall einer Verschmelzung durch Neugründung (§ 2 Nr. 2 UmwG) gilt nach § 36 Abs. 1 UmwG Entsprechendes.

37 e) **Spaltung.** Bei der Spaltung unterscheidet § 123 UmwG zwischen der Aufspaltung, Abspaltung und Ausgliederung. Im Fall der Aufspaltung gilt gem. § 125 S. 1 UmwG § 18 UmwG entsprechend (Rn 36), weil der übertragende Rechtsträger ebenso wie bei der Verschmelzung erlischt (§ 131 Abs. 1 Nr. 2 UmwG). Im Fall der Abspaltung und Ausgliederung schließt § 125 S. 1 UmwG dagegen eine entsprechende Anwendung des § 18 UmwG aus, weil der übertragende Rechtsträger fortbesteht (näher zu §§ 18, 125 UmwG Anh. zu § 22).

2. Rechtsformspezifische Regeln

38 a) **Einzelkaufmann.** Die Firma eines entgegen § 29 **nicht eingetragenen Einzelkaufmanns** erlischt, wenn das Handelsgewerbe **zum Kleingewerbe absinkt**, das Unternehmen also nach Art oder Umfang einen in kaufmännischer Weise eingerichteten Geschäftsbetrieb nicht mehr erfordert (§ 1 Abs. 2), da der Gewerbetreibende nun nicht mehr firmenfähig (Rn 9 f) und die Firma eben nicht in das Handelsregister eingetragen ist (§§ 2, 5 HGB).[67] Der Gewerbetreibende kann die Firma (freilich ohne den Rechtsformzusatz nach § 19 Abs. 1 Nr. 1[68]) aber als Minderfirma (Rn 19 ff) beibehalten.

39 Die Firma eines gem. § 29 oder §§ 2, 3 Abs. 2 **eingetragenen Kaufmanns** erlischt dagegen gem. §§ 2, 5 nicht, wenn das Unternehmen **kleingewerblich** ist oder wird[69].[70] In diesem Fall erlischt die Firma erst mit der (insoweit konstitutiv wirkenden) Löschung durch das Registergericht auf Antrag des Gewerbetreibenden (§§ 2 S. 3, 31 Abs. 2 S. 1).

---

[66] Welche Rechtsträger verschmelzungsfähig sind, ist in § 3 UmwG geregelt.
[67] Ebenroth/Boujong/Joost/Strohn/*Zimmer* Rn 15; MünchKommHGB/*Heidinger* Rn 25.
[68] Zur Frage der Führung dieses Zusatzes bei entgegen § 29 nicht eingetragenen Kaufleuten § 19 Rn 8.
[69] Zum Meinungsstand, ob bei einem Absinken zum Kleingewerbe zumindest ein konkludenter Neuantrag nach § 2 S. 1 erforderlich ist, MünchKommHGB/*K. Schmidt* § 2 Rn 19.
[70] MünchKommHGB/*Heidinger* Rn 25; GKzHGB/*Steitz* § 31 Rn 5; Ebenroth/Boujong/Joost/Strohn/*Zimmer* Rn 15; *K. Schmidt* NJW 1998, 2161 (2163); *ders.* ZHR 163 (1999), 87 (90 f).

Wird hingegen der **Gewerbebetrieb endgültig** – also nicht nur vorübergehend – **ein- 40 gestellt**[71] oder in ein **freiberufliches Unternehmen** umgestellt oder wird eine Firma eingetragen, obwohl von vornherein ein freiberufliches oder gar kein Unternehmen betrieben wird, so besteht Einigkeit, dass die Eintragung mangels Firmenfähigkeit des Rechtsträgers (Rn 9 f) unzulässig ist bzw. wird.

Meinungsstand. Nach herrschender Meinung erlischt in diesem Fall zugleich die Firma **41** (bzw. entsteht gar nicht erst),[72] so dass die Eintragung nach § 31 Abs. 2 bzw. § 393 FamFG (= § 141 FGG a.F.) lediglich deklaratorisch wirkt[73]. §§ 2, 5 kommen danach nicht zur Anwendung, weil beide Vorschriften ihrem Wortlaut nach den Betrieb eines Gewerbes voraussetzen (§ 2 Rn 5 ff, § 5 Rn 8 ff).[74] Zum Schutz des Rechtsverkehrs greift allerdings, solange die Eintragung besteht, § 15 Abs. 1 oder 3 HGB ein.[75] Demgegenüber will *Karsten Schmidt* § 5 auch dann (analog) anwenden, wenn kein Gewerbe betrieben wird, sei es weil von vornherein kein Gewerbebetrieb bestand oder dieser aufgegeben wurde, sei es weil das Unternehmen freiberuflich ist oder wird.[76] Danach ist also jeder in das Handelsregister eingetragene und tatsächlich existente[77] Rechtsträger, solange die Eintragung besteht, Kaufmann.[78] Auf § 15 Abs. 1 oder 3 kommt es nicht an.[79] Dementsprechend erlischt die Firma erst mit der Eintragung nach § 31 Abs. 2 bzw. § 395 FamFG (= § 142 FGG a.F.), die nach dieser Ansicht mithin konstitutiv wirkt.

Stellungnahme. Im praktischen Ergebnis scheinen die Unterschiede zwischen beiden **42** Ansichten auf den ersten Blick nicht sehr bedeutend zu sein. Sie bestehen insbes. darin, dass § 5 für und gegen jedermann wirkt, d.h. anders als § 15 Abs. 1 und 3 nicht nur zugunsten, sondern auch zulasten Dritter und nicht nur zulasten des Eingetragenen, sondern auch zu dessen Gunsten.[80] Anders als nach § 15 Abs. 1 und 3 kommt es nach § 5 ferner weder auf eine Bekanntmachung noch auf die Kenntnis der wahren Sachlage seitens des Dritten an.[81] M.a.W. erkauft *Karsten Schmidt* einen Gewinn an Rechtssicherheit, -klarheit und -einfachheit mit einem Verlust an Einzelfallgerechtigkeit. Der herrschenden Meinung ist daher zu folgen.

Durch eine **Insolvenz** wird der Gewerbebetrieb (noch) nicht endgültig aufgegeben. **43** Die Firma erlischt daher nicht. Vielmehr fällt sie in die Insolvenzmasse und kann durch den Insolvenzverwalter zusammen mit dem Handelsgeschäft gem. § 22 veräußert werden (näher § 22 Rn 54 ff). Wird sie veräußert, so erlischt die Firma, wenn der Erwerber von seinem Recht zur Firmenfortführung keinen Gebrauch macht, indem er entweder die erworbene Firma aufgibt oder von vornherein über das nach § 22 erlaubte Maß verändert, so dass keine Firmenkontinuität mehr gegeben ist (§ 22 Rn 105, § 31 Rn 17; zur Bildung einer Ersatzfirma nach Veräußerung s. § 22 Rn 67 ff, 115 f). Wird die Firma nicht veräußert, so erlischt sie mit Abschluss des Insolvenzverfahrens unter Vollbeendigung des Handelsgeschäfts.[82]

---

[71] Näher zu der Frage, wann ein Gewerbebetrieb endgültig und nicht nur vorübergehend eingestellt ist MünchKommHGB/*Heidinger* Rn 23.
[72] Baumbach/*Hopt* Rn 23; MünchKommHGB/*Heidinger* Rn 23; Röhricht/v. Westphalen/*Ammon*/Ries Rn 29.
[73] Ebenroth/Boujong/Joost/Strohn/*Zimmer* Rn 15; MünchKommHGB/*Heidinger* Rn 25.
[74] GKzHGB/*Ensthaler* § 2 Rn 9, § 5 Rn 3; Koller/*Roth*/Morck § 2 Rn 2, § 5 Rn 3; vgl. Röhricht/v. Westphalen/*Ammon*/Ries Rn 29.
[75] Ebenroth/Boujong/Joost/Strohn/*Gehrlein* § 15 Rn 13.
[76] MünchKommHGB/*K. Schmidt* § 5 Rn 1 ff, 25.
[77] MünchKommHGB/*K. Schmidt* § 5 Rn 18.
[78] MünchKommHGB/*K. Schmidt* § 5 Rn 13.
[79] MünchKommHGB/*K. Schmidt* § 5 Rn 16.
[80] MünchKommHGB/*K. Schmidt* § 5 Rn 31.
[81] MünchKommHGB/*K. Schmidt* § 5 Rn 26 f.
[82] BayObLG MDR 1979, 674 f; MünchKommHGB/*Krafka* § 31 Rn 10; Baumbach/*Hopt* Rn 47.

44 Die Firma erlischt nicht durch den **Tod** des Einzelkaufmanns, weil sie zusammen mit dem Unternehmen vererblich ist (§§ 22, 27, § 1922 BGB). Die Firma erlischt nach dem zuvor Gesagten nur, wenn der Erbe entweder das Handelsgeschäft einstellt (Rn 40 ff) oder die Firma aufgibt (Rn 34).[83]

45 b) **Personenhandelsgesellschaft.** Bei der **OHG** und **KG** gilt im Blick auf die Rechtsfolgen einer **Kleingewerblichkeit** dasselbe wie bei Einzelkaufleuten (o. Rn 38 f):[84] Ist die OHG oder KG nicht eingetragen, wird sie kraft Gesetzes zur GbR, kann aber ihre Firma als Minderfirma ohne Rechtsformzusatz fortführen. Letzteres gilt auch, wenn eine OHG oder KG ihren Unternehmensgegenstand in eine **freiberufliche Tätigkeit** ändert.[85] Nach Ansicht von *Karsten Schmidt* soll dies gem. § 5 jedoch nicht gelten, wenn die Gesellschaft eingetragen ist. Nach zutreffender herrschender Meinung wird der Verkehr dagegen über § 15 Abs. 1 geschützt, solange das Erlöschen der Firma noch nicht gem. § 31 Abs. 2 eingetragen ist (s.o. Rn 40 ff).

46 Die **Aufgabe des Gewerbebetriebs** einer OHG oder KG führt dagegen auch nach herrschender Meinung **nicht** zum Erlöschen der Firma.[86] Das gilt selbst dann, wenn die Gesellschaft überdies vermögenslos ist;[87] denn die bloße Aufgabe des Gewerbebetriebs ist nach der grundsätzlich abschließenden[88] Aufzählung des § 131 nicht einmal ein Auflösungsgrund. Allerdings *kann* der Beschluss, den Gewerbebetrieb aufzugeben, einen Auflösungsbeschluss beinhalten.[89] Ist die Gesellschaft aufgelöst, so ist zu unterscheiden. Wird entgegen der gesetzlichen Regel des § 145 Abs. 1 kein Liquidationsverfahren durchgeführt,[90] so erlischt die Firma, falls niemand anderes das Handelsgeschäft mitsamt der Firma fortführt[91]. In diesem Fall ist das Erlöschen der Firma gem. § 31 Abs. 2 einzutragen. Wird hingegen ein Liquidationsverfahren durchgeführt, so besteht die Gesellschaft bis zur Beendigung des Liquidationsverfahrens fort[92] und behält – wie sich aus §§ 156, 157 Abs. 1 herleiten lässt – bis dahin zudem die Kaufmannseigenschaft[93]. Das ergibt sich auch aus § 105 Abs. 2, wonach eine Gesellschaft, die lediglich ihr eigenes Vermögen verwaltet, OHG bleibt, solange sie eingetragen ist. Die Eröffnung des Liquidationsverfahrens führt firmenrechtlich lediglich dazu, dass die Firma gem. § 153 mit einem **Liquidationsvermerk** (z.B. „i.L.") zu versehen ist.[94] Erst wenn das Liquidationsverfahren beendet und damit die Gesellschaft vermögenslos ist, tritt **Vollbeendigung** der Gesellschaft ein, womit die Firma erlischt. Das **Erlöschen** ist sodann gem. § 157 Abs. 1

---

[83] Röhricht/v. Westphalen/*Ammon/Ries* Rn 31; *Heymann/Emmerich* Rn 21.
[84] MünchKommHGB/*Heidinger* Rn 31; Ebenroth/Boujong/Joost/Strohn/*Zimmer* Rn 16.
[85] MünchKommHGB/*Heidinger* Rn 32.
[86] Ebenroth/Boujong/Joost/Strohn/*Zimmer* Rn 16; Koller/*Roth*/Morck Rn 20; Röhricht/v. Westphalen/*Ammon/Ries* Rn 29; MünchKommHGB/*Heidinger* Rn 27.
[87] MünchKommHGB/*Heidinger* Rn 28 f.
[88] BGH WM 2009, 20 (22); BGHZ 75, 179; 82, 326; WM 1973, 864; BayObLGZ 67, 458 (464); Baumbach/*Hopt* § 131 Rn 6; Koller/Roth/Morck § 131 Rn 1; MünchKommHGB/*Heidinger* Rn 27; Ebenroth/Boujong/Joost/Strohn/*Zimmer* Rn 16.
[89] Ebenroth/Boujong/Joost/Strohn/*Zimmer* Rn 16. Zwar ist die Auflösung gem. § 143 Abs. 1 in das Handelsregister einzutragen, die Eintragung hat jedoch nur deklaratorische Bedeutung, vgl. MünchKommHGB/*Heidinger* Rn 27.
[90] Zu den verschiedenen Möglichkeiten s. etwa Baumbach/*Hopt* § 145 Rn 10.
[91] KGJ 39, A 113; MünchKommHGB/*Heidinger* Rn 28.
[92] Koller/*Roth*/Morck Rn 20; MünchKommHGB/*Heidinger* Rn 27; Röhricht/v. Westphalen/*Ammon/Ries* Rn 29.
[93] MünchKommHGB/*Heidinger* Rn 27; Koller/*Roth*/Morck Rn 20; Ebenroth/Boujong/Strohn/*Zimmer* § 17 Rn 16; Ebenroth/Boujong/Joost/Strohn/*Hillmann* § 154 Rn 2.
[94] Ebenroth/Boujong/Joost/Strohn/*Zimmer* Rn 17.

anzumelden und hat bloß deklaratorische Bedeutung.[95] Wird nach der Eintragung des Erlöschens eine **Nachtragsliquidation** erforderlich, kann die Gesellschaft die Firma nur als Firma i.S.d. HGB mit Liquidationsvermerk fortführen, wenn sie ein Handelsgewerbe i.S.d. § 1 Abs. 2 betreibt oder gem. § 105 Abs. 2 wieder in das Handelsregister eingetragen wird.[96] Andernfalls kann sie die Firma nur als Minderfirma (o. Rn 15 ff) ohne Rechtsformzusatz gem. § 19 Abs. 1 Nr. 2, 3 führen, wobei sie ebenfalls einen Liquidationsvermerk hinzufügen sollte. Das gilt auch im Fall des § 145 Abs. 3. Zur Veräußerung des Gewerbebetriebs einer Personenhandelsgesellschaft s. § 31 Rn 25.

Bei **Insolvenz** der Gesellschaft gilt grundsätzlich dasselbe wie bei Einzelkaufleuten (Rn 43). Zu beachten sind allerdings eine Reihe spezieller Vorschriften, §§ 130a, 131 Abs. 1 Nr. 3 und Abs. 2, 143 Abs. 1 S. 2 bis 4, 144, 145 Abs. 1 Fall 3 und Abs. 3, 161 Abs. 2, 177a S. 1, § 394 Abs. 3 FamFG (§ 141a Abs. 3 FGG a.F.). **47**

c) **Formkaufmann.** Bei der **AG, KGaA, SE, GmbH, eG, SCE** und dem **VVaG** tritt nach der heute herrschenden Meinung Vollbeendigung erst bei Erfüllung eines Doppeltatbestandes ein, nämlich der **Vermögenslosigkeit** (in der Regel mit Abschluss des Liquidationsverfahrens, Ausnahme: § 394 Abs. 1 FamFG [§ 141a Abs. 1 FGG a.F.]) **und Löschung im Handelsregister**.[97] Erst damit erlischt auch die Firma (näher § 31 Rn 27), die zuvor mit einem Liquidationsvermerk fortzuführen ist[98]. **48**

d) **Juristische Person i.S.d. § 33.** Es gelten die für Einzelkaufleute aufgeführten Regeln (Rn 38 f), wenn das Gewerbe auf kleingewerbliches Niveau absinkt oder endgültig aufgegeben wird.[99] Wird die juristische Person hingegen liquidiert, so ist die Firma während der Liquidation in rechtsähnlicher Anwendung der für Formkaufleute geltenden Vorschriften mit einem Liquidationszusatz fortzuführen. Die Firma erlischt erst mit der Vollbeendigung der juristischen Person.[100] **49**

D. Rechtsnatur der Firma

Entsprechend der namensrechtlichen Natur ist die Firma ein absolutes, subjektives Recht des Unternehmensträgers.[101] Heute ist überdies weithin anerkannt, dass das Firmenrecht nicht nur persönlichkeitsrechtliche, sondern auch vermögensrechtliche und wettbewerbliche Züge aufweist, also nicht nur ein besonderes Persönlichkeitsrecht, sondern **50**

---

[95] MünchKommHGB/*Heidinger* Rn 27; Röhricht/v. Westphalen/*Ammon*/*Ries* Rn 29. Diese Ansicht dürfte auch *Karsten Schmidt* teilen (s.o. Rn 41), weil die Anwendung von § 5 auch seiner Ansicht nach einen existierenden Rechtsträger voraussetzt (MünchKommHGB/*K. Schmidt* § 5 Rn 18) und bei der OHG und KG Vollbeendigung bereits mit dem Abschluss der Liquidation und nicht erst wie bei den Formkaufleuten (u. Rn 48) mit der Löschung im Handelsregister eintritt, *K. Schmidt* Gesellschaftsrecht, § 52 IV 2d.
[96] MünchKommHGB/*Heidinger* Rn 27.
[97] MünchKommHGB/*Heidinger* Rn 34; Röhricht/v. Westphalen/*Ammon*/*Ries* Rn 20; Ebenroth/Boujong/Joost/Strohn/*Zimmer* Rn 17; MünchKommAktG/*Heider* § 1 Rn 26, § 4 Rn 11; Lutter/Hommelhoff/Lutter/Kleindiek GmbHG § 74 Rn 6 f; Michalski/*Nerlich* § 30 Rn 8, alle mwN.
[98] Ebenroth/Boujong/Joost/Strohn/*Zimmer* Rn 17; Staub/*Hüffer* 4. Aufl. Rn 17; Röhricht/v. Westphalen/*Ammon*/*Ries* Rn 20.
[99] Staub/*Hüffer* 4. Aufl. Rn 17.
[100] Staub/*Hüffer* 4. Aufl. Rn 17; vgl. auch Röhricht/v. Westphalen/*Ammon*/*Ries* § 34 Rn 2; Ebenroth/Boujong/Joost/Strohn/*Zimmer* § 34 Rn 5.
[101] Anstelle anderer MünchKommHGB/*Heidinger* Rn 20; GKzHGB/*Steitz* Vor §§ 17–24 Rn 6.

auch ein Immaterialgüterrecht, d.h. ein **Mischrecht** ist.[102] Demgegenüber hatte das Reichsgericht das Recht an der Firma als bloßes Persönlichkeitsrecht eingeordnet. Zwar könne das Firmenrecht, so führt das grundlegende Urteil RGZ 9, 104, 106 aus, Vermögensvorteile gewähren, doch werde es dadurch nicht zum Vermögensrecht. Bestimmend für die Rechtsnatur sei vielmehr, dass die Firma den Handelsnamen des Kaufmanns abgebe[103]. Erstrebt und begründet wird damit im Wesentlichen das Ergebnis, dass eine Verwertung der Firma durch den Konkursverwalter gegen den Willen des Gemeinschuldners ausgeschlossen sein sollte. Der Bundesgerichtshof[104] ist dem zu Recht nicht gefolgt (näher § 22 Rn 54 ff); denn zu einer rein persönlichkeitsrechtlichen Deutung des Firmenrechts passt es nicht, dass das Gesetz das Firmenrecht als übertragbares Recht ausgestaltet hat (§ 22 Rn 27 ff), und zwar gerade im Interesse der Nutzung und des Erhalts des wirtschaftlichen Werts der Firma (§ 22 Rn 3).[105] Zudem ergibt sich der immaterialgüterrechtliche Charakter des Firmenrechts heute unzweifelhaft aus § 5 Abs. 2 MarkenG. Freilich geht es auch nicht an, das Firmenrecht nur noch als Immaterialgüterrecht zu betrachten;[106] denn dazu passt weder die persönlichkeitsrechtliche Bedeutung des bürgerlichen Namens als Firmenbestandteil noch die Regelung des § 24 Abs. 2 (dazu § 24 Rn 4, 13, 26 ff). Fraglich kann daher nur sein, welcher dieser Aspekte überwiegt. Das ist grundsätzlich im Blick auf den konkreten Konfliktfall zu entscheiden (zum Insolvenzfall § 22 Rn 59 ff, § 24 Rn 36). Generell lässt sich jedoch sagen, dass durch die Einführung der Firmenwahlfreiheit (Vor § 17 Rn 27) der wettbewerbliche und vermögensrechtliche Charakter des Firmenrechts zu Lasten seines persönlichkeitsrechtlichen Charakters allein schon deswegen gestärkt wurde, weil bei bloßen Sach- oder Phantasiefirmen der persönlichkeitsrechtliche Charakter zumindest[107] schwächer ist als bei Firmen, die einen bürgerlichen Namen enthalten (s. auch Anh. I zu § 37 Rn 2).

---

[102] MünchKommHGB/*Heidinger* Rn 20; GKzHGB/*Steitz* Vor §§ 17–24 Rn 6; Baumbach/*Hopt* Rn 5; Heymann/*Emmerich* Rn 37; BGHZ 85, 221 (223); *K. Schmidt* Handelsrecht § 12 I 3a; *Canaris* Handelsrecht § 10 Rn 7, 9.

[103] In diesem Sinne ferner RG JW 1894, 317; RGZ 58, 166 (169); RGZ 70, 226 (229); RG Warneyer 1931, 295; RGZ 158, 226 (231); BayObLG JFG 9 Nr. 28; KG RJA 9, 46.

[104] BGHZ 85, 221 (223).

[105] Die aus § 23 folgende Beschränkung der Übertragbarkeit (nur zusammen mit dem Handelsgeschäft) hat keinen persönlichkeitsrechtlichen Hintergrund, sondern dient dem Verkehrsschutz (§ 23 Rn 3).

[106] So – mit Unterschieden im Detail – das Schrifttum zum gewerblichen Rechtsschutz, *Kippel* Der zivilrechtliche Schutz des Namens, 1985, S. 538; *Götting* Persönlichkeitsrechte als Vermögensrechte, 1995, S. 122; *Köhler* DStR 1996, 510; *ders.* FS Fikentscher, 1998, 494 (496 f); *Fezer* ZHR 161 (1997), 52 (55); sowie jüngst auch aus handelsrechtlicher Sicht *Johannes W. Flume* DB 2008, 2011 ff.

[107] Nach Ansicht mancher – etwa *Oetker* Handelsrecht § 4 Rn 15; *Johannes W. Flume* DB 2008, 2011 (2012) – kommt ein persönlichkeitsrechtlicher Einschlag des Firmenrechts allenfalls bei Personenfirmen in Betracht. Ein persönlichkeitsrechtlicher Einschlag kann indes auch bei Phantasiefirmen bestehen, z.B. wenn sie aus einem Kosenamen („Puppies Moden e.K.") oder Künstlernamen gebildet werden.

E. Die Firma im Geschäftsverkehr

I. Pflicht zur Firmenführung

Der Kaufmann ist nicht nur berechtigt, sondern auch verpflichtet, seine Firma im Handelsverkehr zu führen. Das gilt namentlich für die Geschäftskorrespondenz (§ 37a, § 125a, § 80 AktG, Art. 25 EWIV-VO, § 25a GenG, § 35a GmbHG, § 7 Abs. 5 PartGG i.V.m § 125a, § 43 SEAG, Art. 10 Abs. 1 S. 1 SCEVO i.V.m. § 25 SCEAG, § 16 VAG i.V.m. § 37a) sowie für die Anbringung an offenen Betriebsstätten (§ 15a Abs. 1 GewO a.F., s. dazu § 37 Rn 5a). Soweit eine Firmenführungspflicht besteht, ist die **Firma so zu gebrauchen, wie sie in das Handelsregister eingetragen ist.** Insbes. dürfen statt der vollständigen Firma keine Abkürzungen der Firma (davon zu unterscheiden ist die Frage einer Verwendung von Abkürzungen bei der Firmenbildung, s.o. Rn 28, § 18 Rn 13 f), Firmenschlagworte oder eine sonstige Geschäftsbezeichnung (Rn 15 ff) verwendet werden. Nur der Rechtsformzusatz darf stets abgekürzt werden, wenn die Abkürzung allgemein verständlich und nicht irreführend ist (§ 19 Rn 6 ff). Das gilt für alle firmenfähigen Unternehmensträger. Eine davon abweichende Firmenführung kann die Voraussetzungen des § 37 Abs. 1 erfüllen (näher § 37 Rn 15 ff). Materiell-rechtliche Bedeutung für die Gültigkeit von Rechtsgeschäften erlangt ein Verstoß gegen die Firmenführungspflicht allerdings nur dann, wenn die Identität des Erklärenden infolge der Nichtbenutzung oder der ungenauen Benutzung der Firma nicht geklärt werden kann.[108] *Neben* der Firma darf der Kaufmann vorstehende Bezeichnungen dagegen stets führen, sofern dies nicht irreführend ist. Das Gleiche gilt, wenn keine Pflicht zur Firmenführung besteht, insbes. also in der Werbung.[109]

II. Die Begrenzung des Firmengebrauchs auf den Geschäftsverkehr

Das Recht und die Pflicht des Kaufmanns, eine Firma zu führen, sind auf den Geschäftsverkehr beschränkt. § 17 Abs. 1 bringt diese Begrenzung in der Umschreibung des Firmenbegriffs zum Ausdruck. Hieran schließt sich die Frage an, wann der Unternehmensinhaber unter seinem Handelsnamen auftreten darf und muss und wann der bürgerliche Name zu verwenden ist. Die Frage stellt sich nur für Einzelkaufleute, da die Firma von Handelsgesellschaften und Formkaufleuten ihr einziger Name ist (Rn 1).

Der Begriff Geschäftsverkehr bietet für die Entscheidung dieser Frage einen Anhalt, ermöglicht aber keine Lösung im Wege begrifflicher Deduktion. Es versteht sich, dass Ehevertrag und Testament unter dem bürgerlichen Namen abzuschließen bzw. zu errichten sind und dass der Einzelkaufmann am Strafverfahren unter seinem bürgerlichen Namen teilnimmt. Schwieriger sind diejenigen Fälle zu beurteilen, in denen sich die in Frage stehende Maßnahme ihrer Art nach sowohl auf den Kaufmann als Privatperson wie als Unternehmensträger beziehen kann. Hier gewinnt das Interesse an der **Eindeutigkeit der Namensverwendung** entscheidendes Gewicht. Der Kaufmann muss deshalb seinen bürgerlichen Namen führen und ist von Dritten damit zu bezeichnen, wenn Rechtswirkungen gerade ihn als eine bestimmte natürliche Person treffen sollen.[110] Da-

---

[108] Vgl. OLG Düsseldorf BB 1989, 2134; auch BGH WM 1996, 592; Röhricht/v. Westphalen/*Ammon*/*Ries* Rn 35.
[109] Baumbach/*Hopt* Rn 18; Röhricht/v. Westphalen/*Ammon*/*Ries* Rn 35; Ebenroth/Boujong/Joost/Strohn/*Zimmer* Rn 19.
[110] MünchKommHGB/*Heidinger* Rn 45; Staub/*Hüffer* 4. Aufl. Rn 38.

gegen ist die Firma zu verwenden, wenn das Geschäft zum Handelsgewerbe gehören bzw. es auf den jeweiligen Träger des kaufmännischen Unternehmens ankommen soll.[111] Handelt der Einzelkaufmann unter Verwendung seiner Firma, ist zu vermuten, dass das Geschäft zum Betrieb seines Handelsgewerbes gehört, § 344. Umgekehrt gilt das jedoch nicht in gleicher Weise: Handelt ein Kaufmann unter seinem bürgerlichen Namen, lässt das noch nicht die Vermutung zu, dass es sich um ein Privatgeschäft handelt.[112] Das ergibt sich schon daraus, dass das Gesetz dem Einzelkaufmann nicht immer erlaubt, unter seiner Firma zu handeln (Rn 54 ff).

54 Im **Registerrecht** hat das Gesetz ganz unterschiedliche Regelungen getroffen. Steht das Interesse an einer eindeutigen Bezeichnung des Rechtsinhabers im Vordergrund, ist nur eine Eintragung mit dem bürgerlichen Namen möglich. Ansonsten besteht häufig ein Wahlrecht: Soll das eingetragene Recht dem jeweiligen Inhaber einer einzelkaufmännischen Firma zustehen, kann die im Handelsregister eingetragene Firma, ansonsten der bürgerliche Name eingetragen werden. Im Einzelnen:

55 In das **Grundbuch** sind Einzelkaufleute gem. § 15 Abs. 1 lit. a GBV **mit ihrem bürgerlichen Namen** einzutragen. Das gleiche gilt für das **Schiffsregister** (§ 16 Nr. 1 SchRegDV) und die – freilich nur deklaratorisch wirkende und keinen öffentlichen Glauben genießende – **Luftfahrzeugrolle** (§ 64 Abs. 3 Nr. 5a LuftVG). Bei dem Seeschiffsregister ist überdies die Besonderheit zu beachten, dass bei einer OHG, KG und KGaA die Eintragung der Firma nicht genügt, sondern sämtliche persönlich haftenden Gesellschafter einzutragen sind (§ 28 SchRegDV).

Bei den **gewerblichen Schutzrechten** besteht hingegen für Einzelkaufleute die **Wahl**, ob sie die Anmeldung zu dem jeweiligen Register unter ihrem bürgerlichen Namen oder unter der im Handelsregister eingetragenen Firma betreiben, s. § 4 Abs. 2 Nr. 1 lit. a PatV, § 3 Abs. 2 Nr. 1 lit. a GebrMV, § 5 Abs. 1 Nr. 1 GeschmMV, § 5 Abs. 1 Nr. 1 MarkenV.

56 Bei der **Gründung von Gesellschaften** und dem **Eintritt als Gesellschafter** ist zwischen dem Abschluss des Gesellschaftsvertrags auf der einen und der Anmeldung zum Handelsregister auf der anderen Seite zu **unterscheiden**. Bei dem **Abschluss des Gesellschaftsvertrags** hat der Einzelkaufmann die **Wahl**, ob er den Vertrag unter seinem Namen oder unter seiner Firma abschließt. Das gilt für OHG und KG, AG und GmbH gleichermaßen.[113] In jedem Fall wird aber nicht der jeweilige Firmeninhaber, sondern nur die vertragsschließende Person Gesellschafter.[114] Deshalb ist der Einzelkaufmann bei der OHG und KG in der **Anmeldung** mit seinem **bürgerlichen Namen** und nicht mit seiner Firma zu bezeichnen (§§ 106 Abs. 2 Nr. 1, 161 Abs. 2, 162) und auch so einzutragen (§ 40 Nr. 3 lit. b, Nr. 5 lit. c HRV).[115] Bei der GmbH war dies hingegen streitig: Ist ein

---

[111] MünchKommHGB/*Heidinger* Rn 45; Staub/*Hüffer* 4. Aufl. Rn 38; Ebenroth/Boujong/Joost/Strohn/*Zimmer* Rn 21.
[112] RGZ 59, 213; Baumbach/*Hopt* § 344 Rn 3; GKzHGB/*Steitz* Rn 17; **aA** Ebenroth/Boujong/Joost/Strohn/*Zimmer* Rn 21; § 164 Abs. 2 BGB bleibt selbstverständlich unberührt, s. BGH NJW 1995, 43.
[113] Für Beteiligung als Kommanditist BayObLG DB 1973, 1232; für die GmbH OLG Dresden OLGR 34, 356; *Roth*/Altmeppen GmbHG § 1 Rn 25; Scholz/*Emmerich* GmbHG § 2 Rn 46; für die AG MünchKommAktG/*Doralt*/*Pentz* § 28 Rn 2, 5 f; aA für OHG KG JW 1939, 423.
[114] So schon KG Recht 1929 Nr. 2008 für den Kommanditisten.
[115] Nach Wunsch kann die Firma allerdings zusätzlich angemeldet und eingetragen werden, also z.B. „Firma A, Inhaber B", BayObLG DB 1973, 1232. Die bloße Anmeldung der Firma genügt dagegen auch dann nicht, wenn sie den bürgerlichen Namen des Kaufmanns enthält; denn der Inhaber der

Einzelkaufmann im Gesellschaftsvertrag mit seiner Firma bezeichnet, so sollte nach teilweise vertretener Ansicht auch in der zum Handelsregister gem. §§ 8 Abs. 1 Nr. 3, 40, 57 Abs. 3 Nr. 2 GmbHG a.F. einzureichenden Gesellschafterliste die Angabe der Firma ausreichen.[116] Das überzeugte aus Gründen der Rechtssicherheit und -klarheit schon bisher nicht und kann heute angesichts von § 16 GmbHG n.F. kaum mehr vertreten werden. Vielmehr ist in diesem Fall beides, also der bürgerliche Name und die Firma, anzugeben, damit die Identität des Gesellschafters jederzeit ohne weiteres feststeht.[117] Ob die Mitwirkung an der Gründung einer OHG oder KG bzw. der spätere Beitritt als Gesellschafter unter der Firma eines Einzelkaufmanns die Bedeutung hat, dass die anderen Gesellschafter der Übertragung des Gesellschaftsanteils auf einen neuen Unternehmensinhaber im Vorhinein zustimmen, ist eine Frage der Vertragsauslegung. Gleiches gilt im Falle der Ausgabe vinkulierter Geschäftsanteile (§ 15 Abs. 5 GmbHG) oder vinkulierter Namensaktien (§ 68 Abs. 2 AktG). Zur Eintragung der GbR (Rn 24).

F. Die Firma im Prozess (Abs. 2)

I. Überblick

1. Inhalt und Bedeutung von § 17 Abs. 2. Die Parteibezeichnung ist gem. § 253 **57** Abs. 2 Nr. 1 ZPO zwingend vorgeschriebener Bestandteil der Klageschrift und gem. § 690 Abs. 1 Nr. 1 ZPO des Antrags auf Erlass eines Mahnbescheids. **§ 17 Abs. 2 erlaubt, Kaufleute mit ihrer Firma zu bezeichnen**, gleichgültig, ob sie als Kläger oder als Beklagter am Prozess beteiligt sind. Geht es um Rechtsverhältnisse, die eine Zweigniederlassung betreffen, kann der Unternehmensträger auch mit der **Firma der Zweigniederlassung** bezeichnet werden.[118]

Die Vorschrift hat in erster Linie **Bedeutung für Einzelkaufleute** und soll der **Erleich- 58 terung der Parteibezeichnung** dienen. Für Handelsgesellschaften und Formkaufleute hat die Vorschrift dagegen vornehmlich klarstellende Funktion, da sie keinen anderen Namen als ihre Firma haben und daher ohnehin mit ihrer Firma zu bezeichnen sind. Bei Klagen von und gegen Gesellschaften müssen gem. § 313 Abs. 1 Nr. 1 ZPO die vertretungsberechtigten Gesellschafter, Geschäftsführer bzw. Vorstandsmitglieder benannt werden.

Für die **Parteifähigkeit** des Kaufmanns hat § 17 Abs. 2 hingegen **keinerlei Bedeutung. 59** Es versteht sich von selbst, dass die Vorschrift nicht die Parteifähigkeit der Firma begründet; denn ein Name kann nicht Partei sein. Sinnwidrig ist es deshalb, „die Firma" und deren Alleininhaber zu verklagen, etwa gar als Gesamtschuldner[119]. Die Bestimmung begründet auch nicht die Parteifähigkeit des Kaufmanns; denn sie folgt bereits aus § 50 Abs. 1 ZPO. Für Gesellschaften stellen dies die §§ 124 Abs. 1, 161 Abs. 2, § 13 Abs. 1

Firma kann sich nach § 22 ändern; gleichwohl aA Baumbach/*Hopt* § 106 Rn 6, § 162 Rn 4; MünchKomm/*Heidinger* Rn 46, der davon ausgeht, dass der Einzelkaufmann mit der Firma unter Beifügung seines Namens im Handelsregister einzutragen ist; wie hier Röhricht/v. Westphalen/*Ammon/Ries* Rn 37.
[116] Scholz/*H. Winter/Veil* GmbHG § 8 Rn 7; Michalski/*Heyder* GmbHG § 8 Rn 10; Rowedder/Rittner/*Schmidt-Leithoff* GmbHG § 8 Rn 5.

[117] So schon zum alten Recht OLG Dresden OLGR 34, 356 (GmbH); Staub/*Hüffer*[4] Rn 53; Lutter/Hommelhoff/*Lutter/Bayer* GmbHG § 8 Rn 4; Baumbach/*Hueck/Fastrich* GmbHG § 8 Rn 6; Hachenburg/*Ulmer* GmbHG § 8 Rn 7.
[118] BGHZ 4, 62 (65); OHGZ 2, 143 (146).
[119] RG Recht 1908 Nr. 1659; Staub/*Hüffer* 4. Aufl. Rn 42.

GmbHG, §§ 1, 278 AktG, § 17 GenG lediglich klar. Schließlich weist das Gesetz die Parteistellung nicht dem jeweiligen Firmeninhaber zu. Partei kann vielmehr nur ein Rechtssubjekt sein, das spätestens bei Eintritt der Rechtshängigkeit bestimmt ist (Rn 64); ein Inhaberwechsel kann daher nach den Regeln über die Parteiänderung zu behandeln sein (Rn 65 f). Weil es gerade nicht auf den jeweiligen Inhaber ankommt, wäre es folgerichtig gewesen, die firmenmäßige Parteibezeichnung der Einzelkaufleute im Interesse der Eindeutigkeit der Namensverwendung nicht zuzulassen. Die gesetzliche Regelung geht indes auf praktische Schwierigkeiten des Wechselprozesses zurück (Rn 62) und nimmt für deren Lösung Probleme namentlich bei der Beurteilung der Vollstreckungsvoraussetzungen in Kauf (Rn 68 f).

60 Auch für **ausländische Kaufleute**, die vor deutschen Gerichten klagen oder verklagt werden, gilt § 17 Abs. 2, weil die Vorschrift Verfahrensrecht enthält und für dieses die lex fori maßgeblich ist[120].

61 **2. Voraussetzungen.** Erste Voraussetzung ist, dass derjenige, der unter seiner Firma klagt oder verklagt wird, **Kaufmann i.S.d. §§ 1 ff** ist. Für Kleingewerbetreibende ist auch insofern die Eintragung gem. § 2 konstitutiv. Zweite Voraussetzung ist die Bezeichnung des Kaufmanns mit seiner **Firma i.S.d. § 17**. Auf Geschäftsbezeichnungen und Minderfirmen (Rn 15 ff) findet § 17 Abs. 2 daher keine Anwendung; sie können jedoch gleichwohl identifizierende Wirkung haben[121]. Schließlich ist eine firmenmäßige Parteibezeichnung nur zulässig, soweit der **Rechtsstreit den Gewerbebetrieb** des Kaufmanns **betrifft**. Das folgt aus dem Zusammenhang von § 17 Abs. 1 und 2.

62 **3. Rechtsfolgen.** Liegen die Voraussetzungen des § 17 Abs. 2 vor, begründet die Vorschrift die **Zulässigkeit firmenmäßiger Parteibezeichnung**, spricht aber **keine Verpflichtung** aus. Der Einzelkaufmann kann daher auch unter seinem bürgerlichen Namen klagen oder verklagt werden (**Wahlrecht**).[122] Die Prozessparteien auch mit ihrem bürgerlichen Namen zu bezeichnen ist meist zweckmäßig.[123] Bedeutung erlangt § 17 Abs. 2 vor allem im **Wechselprozess**. Er macht nämlich den urkundlichen Nachweis (§§ 592, 595a Abs. 2 ZPO), wer Inhaber der Firma ist, entbehrlich. Der Inhaber eines Wechsels braucht also vor Klageerhebung nicht zu ermitteln, wie der bürgerliche Name des Beklagten lautet.[124] Weil das ADHGB eine § 17 Abs. 2 entsprechende Vorschrift nicht enthielt (Rn 2), blieb dieses Ergebnis im 19. Jahrhundert allerdings umstritten. Der Gesetzgeber des HGB wollte diesem Streit ein Ende bereiten und nahm deshalb die Bestimmung auf.[125] § 17 Abs. 2 ermöglicht die Prozessführung ferner in dem Fall, dass nicht nur der bürgerliche **Name**, sondern auch die **Person des Inhabers ungewiss** ist.[126] Schließlich gibt die Vorschrift den Kaufleuten auch das Recht, unter ihrer Firma **Prozesshandlungen** vorzunehmen, namentlich mit der Firma zu unterschreiben[127].

---

[120] OLG Hamburg OLGR 3, 274; Ebenroth/Boujong/Joost/Strohn/*Zimmer* Rn 24; Baumbach/*Hopt* Rn 45; Zöller/*Geimer* ZPO IZPR Rn 1.
[121] OLG Köln NJW-RR 1996, 292; MünchKommHGB/*Heidinger* Rn 48; GKzHGB/*Steitz* Rn 26.
[122] Anstelle anderer MünchKommHGB/*Heidinger* Rn 49.
[123] Röhricht/v. Westphalen/*Ammon/Ries* Rn 41; MünchKommHGB/*Heidinger* Rn 52.
[124] RGZ 41, 407 (411).
[125] Denkschrift zum Entwurf eines Handelsgesetzbuchs, Reichstag, 9. Legislatur-Periode, IV. Session 1895/97, S. 31 f = *Schubert/Schmiedel/Krampe* Quellen zum Handelsgesetzbuch von 1897, Bd. 2. 2. Hb. 1988, S. 974 f.
[126] OHGZ 1, 62 (64 f).
[127] RG HRR 1932 Nr. 1237; Ebenroth/Boujong/Joost/Strohn/*Zimmer* Rn 22; Staub/*Hüffer* 4. Aufl. Rn 46.

Liegen die Voraussetzungen des § 17 Abs. 2 nicht vor, so gelten allgemeine Regeln. **63**
Nichtkaufleute sind daher ebenso wie Kaufleute, wenn der Rechtsstreit nicht ihr Handelsgeschäfts betrifft, mit ihrem **bürgerlichen Namen** zu bezeichnen. Im Übrigen führt fehlende Richtigkeit, Vollständigkeit oder Genauigkeit der Parteibezeichnung – z.B. Beklagter führt die Firma überhaupt nicht oder es handelt sich um eine Minderfirma bzw. bloße Geschäftsbezeichnung oder die Forderung betrifft nicht den Geschäftsbetrieb – nicht zur Klageabweisung. Die Klage wird dadurch weder unzulässig noch unschlüssig. Partei ist vielmehr, wer erkennbar mit der Parteibezeichnung angesprochen werden soll, wobei sich die Erkennbarkeit auch aus einer erst nachträglichen Klarstellung ergeben kann.[128] Die Bezeichnung ist daher durch Angabe der zutreffenden Firma oder des bürgerlichen Namens zu berichtigen[129]. Darauf hat das Gericht von Amts wegen hinzuwirken,[130] weil die Parteibezeichnung gem. § 313 Abs. 1 Nr. 1 ZPO Bestandteil des Urteils ist. Die falsche Bezeichnung in einem bereits ergangenen Urteil korrigiert das Gericht wegen dessen offenbarer Unrichtigkeit gem. § 319 ZPO von Amts wegen.[131] Ein Parteiwechsel liegt in einer **Korrektur der Parteibezeichnung** nicht, weil die Identität der Partei bloß klargestellt wird[132]. Ein – lediglich unter einschränkenden Voraussetzungen zulässiger und mit den Kostenfolgen aus § 269 ZPO analog belegter – Parteiwechsel liegt vielmehr nur vor, wenn mit der neuen Bezeichnung ein anderes Rechtssubjekt benannt wird. Die Abgrenzung kann im Einzelfall freilich Schwierigkeiten bereiten, wobei es vielfach entscheidend auf die Auslegung des Klageziels ankommt.[133]

II. Einzelfragen

1. Bestimmung der Prozesspartei. Partei eines Prozesses kann nur ein bestimmtes **64**
Rechtssubjekt, nicht etwa der jeweilige Firmeninhaber sein (Rn 59). Erforderlich ist deshalb, den Zeitpunkt festzulegen, der bei einem Inhaberwechsel für die Beurteilung der Parteieigenschaft entscheidet. Dafür ist zwischen dem Kläger und dem Beklagten zu unterscheiden. **Beklagter ist, wer bei Eintritt der Rechtshängigkeit Inhaber der Firma bzw. des der Firma zuzuordnenden Gewerbebetriebs ist.**[134] Entscheidend ist also der Zeitpunkt, in dem die Klageschrift oder der Mahnbescheid zugestellt werden (§§ 253, 261 ZPO; §§ 696 Abs. 3, 700 Abs. 2 ZPO). Besteht die Firma in diesem Zeitpunkt nicht

---

[128] St. Rspr., zuletzt BGH NJW-RR 2008, 582; OLG Frankfurt v. 10.9.2008 – 9 U 3/08; MünchKommHGB/*Heidinger* Rn 50; Zöller/*Vollkommer* ZPO § 50 Rn 25.
[129] BGH LM § 253 ZPO Nr. 58; KG OLGZ 1978, 476; BGH ZZP 71, 478; OLG München MDR 1990, 60; Baumbach/Lauterbach/Albers/Hartmann ZPO § 253 Rn 27; Thomas/Putzo/*Reichold* ZPO § 253 Rn 20.
[130] RGZ 157, 369 (374 f); RGZ 157, 369 (374 f); OLG Frankfurt OLGZ 1977, 360; Zöller/*Vollkommer* ZPO Vor § 50 Rn 7 mwN.
[131] BGH VersR 1980, 744; BGH MDR 1978, 308; OLG Köln NJW 1964, 2424; Zöller/*Vollkommer* ZPO Vor § 50 Rn 7.
[132] Dazu *Baumgärtel* FS für Schnorr v. Carolsfeld (1973), S. 19 ff; Baumbach/Lauterbach/Albers/Hartmann ZPO § 319 Rn 26.
[133] BGH NJW-RR 2008, 582 ff; OLG Frankfurt v. 10.09.2008 – 9 U 3/08; BGH WM 1995, 1249; näher Zöller/*Vollkommer* ZPO Vor § 50 Rn 9, 43; Zöller/*Greger* ZPO § 263 Rn 23 ff mwN.
[134] RGZ 54, 15 (17); RGZ 86, 63 (65 f); RGZ 157, 369 (375); RGZ 159, 350; RG HRR 1932 Nr. 1237; OLG München 1971, 1615; OLG Köln BB 1977, 510 (511); OLG Frankfurt BB 1985, 1219; Röhricht/v. Westphalen/*Ammon*/*Ries* Rn 40; MünchKommHGB/*Heidinger* Rn 51; GKzHGB/*Steitz* Rn 27; Zöller/*Vollkommer* ZPO Vor § 50 Rn 6; *Schuler* NJW 1957, 1537.

mehr, so wird derjenige Partei, gegen den unter Verwendung der erloschenen Firma Rechtsschutz begehrt wird.[135] Hinsichtlich des **Klägers** steht fest, dass ein Inhaberwechsel jedenfalls nach Eintritt der Rechtshängigkeit seine Parteieigenschaft nicht berührt. Bei einem Inhaberwechsel zwischen der Einreichung der Klage und ihrer Zustellung ist richtiger Auffassung nach klagende Partei, **wer die Klageerhebung veranlasst hat**, also der bisherige Inhaber. Dafür spricht entscheidend, dass er den Erwerber des Unternehmens nicht ohne dessen Zustimmung zum Kläger machen darf.[136]

65   2. **Inhaberwechsel auf Seiten des Klägers.** Wechselt während des Rechtsstreits der Inhaber der als Parteibezeichnung verwandten Firma, so mag das eine Parteiänderung nahelegen. Doch hat der bloße Wechsel der materiellen Rechtszuständigkeit keinen Einfluss auf die Parteirollen. Im Einzelnen sind auf der Seite des Klägers drei Fälle zu unterscheiden. *Erstens:* Die eingeklagte Forderung geht nicht auf den neuen Inhaber über. Für den Prozess folgt aus dem Inhaberwechsel lediglich, dass der Kläger den Rechtsstreit unter seinem bürgerlichen Namen weiterzuführen und die Parteibezeichnung entsprechend zu berichtigen hat (vgl. noch Rn 63).[137] *Zweitens:* Die eingeklagte Forderung ist auf den Erwerber oder auf die durch einen Gesellschaftereintritt entstandene OHG oder KG übergegangen. Der bisherige Inhaber bleibt Kläger, obwohl er die Sachlegitimation verloren hat (§ 265 Abs. 2 S. 1 ZPO). Er kann also den Prozess weiterführen und muss es, wenn der Beklagte einem Parteiwechsel nicht zustimmt (§ 265 Abs. 2 S. 2 ZPO). Die Parteibezeichnung ist auch hier durch Umschreibung auf den bürgerlichen Namen zu berichtigen.[138] Der Verlust der Sachlegitimation nötigt überdies zur Umstellung des Klageantrags. Der Kläger darf nicht mehr Leistung an sich, sondern muss Leistung an den Erwerber fordern[139]. *Drittens:* Mit Zustimmung des Beklagten können der Erwerber oder die durch Gesellschaftereintritt entstandene OHG oder KG an die Stelle des bisherigen Klägers treten; dieser scheidet aus dem Prozess aus (Parteiwechsel).[140]

66   3. **Inhaberwechsel auf Seiten des Beklagten.** Wechselt auf der Seite des Beklagten der Inhaber, kann dies zur Unzulässigkeit der firmenmäßigen Parteibezeichnung führen, berührt aber die Parteirollen nicht.[141] Das gilt auch, soweit der neue Inhaber die Schuld übernommen hat oder gem. § 25 für die Schulden haftet oder die durch Gesellschaftereintritt entstandene OHG oder KG gem. § 28 für die Verbindlichkeiten aufkommen muss.[142] Ein gewillkürter Parteiwechsel ist allerdings möglich[143] und vom Standpunkt des sonst vom Prozessverlust bedrohten Klägers aus dann notwendig, wenn eine Enthaftung nach §§ 26, 28 Abs. 2 oder eine befreiende Schuldübernahme vorliegt. Dass der

---

[135] Zutr. OLG Köln BB 1977, 510 f; Zöller/*Vollkommer* ZPO § 50 Rn 25; MünchKommHGB/*Heidinger* Rn 51.
[136] MünchKommHGB/*Heidinger* Rn 53; Röhricht/v. Westphalen/*Ammon/Ries* Rn 39; Heymann/*Emmerich* Rn 31a; *Schuler* NJW 1957, 1537 sowie schon *Göppert* ZHR 47 (1898), 267 (271).
[137] Zöller/*Vollkommer* ZPO Vor § 50 Rn 7 f, 13 mwN; MünchKommHGB/*Heidinger* Rn 53.
[138] GKzHGB/*Steitz* Rn 27; Röhricht/v. Westphalen/*Ammon/Ries* Rn 42.
[139] RG JW 1908, 303; BGHZ 26, 31 (37); BGH NJW-RR 1986, 1182; statt vieler weiterer Thomas/Putzo/*Hüßtege* ZPO vor § 50 Rn 12 ff; Zöller/*Greger* § 265 Rn 6a.
[140] Zöller/*Greger* ZPO § 263 Rn 3, 9, 19 ff mwN, § 265 Rn 7; Staub/*Hüffer* 4. Aufl. Rn 40.
[141] Zöller/*Vollkommer* ZPO § 50 Rn 25; GKzHGB/*Steitz* Rn 28.
[142] Zöller/*Vollkommer* ZPO § 50 Rn 25; Zöller/*Greger* ZPO § 265 Rn 5a mwN.
[143] RGZ 135, 104; aber offen gelassen in BGHZ 61, 140 (144); vgl. noch *Franz* NJW 1972, 1743 f; Zöller/*Vollkommer* ZPO § 265 Rn 7.

Gläubiger, ohne dessen Zustimmung die Befreiungswirkung nicht einzutreten vermag (§§ 414, 415 BGB), auf Grund des § 265 Abs. 2 ZPO noch ein obsiegendes Urteil gegen seinen ehemaligen Schuldner erlangen kann, ist nach richtiger Ansicht ausgeschlossen.[144]

4. Rechtskraft. Die **subjektiven Grenzen der Rechtskraft** werden durch § 325 ZPO **67** bestimmt. Danach wirkt das Urteil für und gegen einen neuen Inhaber nur dann, wenn er als Partei in den Rechtsstreit eingetreten oder (vorbehaltlich § 325 Abs. 2 ZPO) Rechtsnachfolger des ursprünglichen Firmeninhabers geworden ist. Diese Voraussetzung ist bei einem Rechtserwerb auf der Klägerseite erfüllt (Rn 65, 2. Fall); das obsiegende Urteil kommt ihm daher zugute, das klageabweisende nimmt ihm, wenn es rechtskräftig geworden ist, die Möglichkeit, das Recht seinerseits einzuklagen. Dagegen bewirkt weder eine Enthaftung noch eine Schuldübernahme, auch nicht eine befreiende (Rn 66), eine Rechtsnachfolge i.S.d. § 325 ZPO.[145]

5. Bezeichnung von Gläubiger und Schuldner in der Zwangsvollstreckung. Gem. **68** § 750 Abs. 1 ZPO darf die Vollstreckung nur beginnen, wenn Gläubiger und Schuldner in dem Titel oder in der Vollstreckungsklausel namentlich bezeichnet sind. Dabei ist eine **firmenmäßige Parteibezeichnung grundsätzlich genügend**,[146] weil andernfalls die von § 17 Abs. 2 erstrebte Erleichterung weitgehend entwertet würde. Da der Titel aber nicht gegen den jeweiligen Firmeninhaber, sondern gegen denjenigen wirkt, der bei Eintritt der Rechtshängigkeit Inhaber war (Rn 64), fällt dem Vollstreckungsorgan die Aufgabe zu, die Identität des Inhabers im maßgeblichen Zeitpunkt durch Einsicht in das Handelsregister festzustellen. Bei begründeten, **nicht behebbaren Zweifeln über die Identität des firmenmäßig bezeichneten Schuldners** sind die §§ 727, 731 ZPO entsprechend anzuwenden, d.h. der Vollstreckungsgläubiger hat auf eine Klarstellung der Klausel durch Umstellung auf den bürgerlichen Namen des Schuldners hinzuwirken.[147]

Bei Rechtsnachfolge ohne Parteiwechsel (Rn 65, 2. Fall) eröffnen §§ 727, 731 ZPO **69** dem Unternehmenserwerber die Zwangsvollstreckung gegen den Schuldner (**Titelübertragende Vollstreckungsklausel**). Dies gilt auch, wenn das Unternehmen erst nach der Beendigung des Rechtsstreits erworben worden ist. Weil die Schuldübernahme keinen Fall der Rechtsnachfolge darstellt (Rn 66), ist § 727 ZPO bei einem Unternehmenserwerb auf der Passivseite nicht anwendbar. Jedoch enthält § 729 Abs. 2 ZPO eine Sonderregelung für die Haftung des Erwerbers nach § 25.[148] Auf § 28 ist diese Regelung entsprechend anwendbar.[149]

---

[144] BGHZ 61, 140 mit Übersicht über den Streitstand; ebenso Zöller/*Vollkommer* ZPO § 50 Rn 25; Zöller/*Greger* ZPO § 265 Rn 5a jeweils auch mit Nachweisen zur Gegenansicht.
[145] BGH LM § 265 ZPO Nr. 14 mit zust. Anm. Henckel ZZP 88 (1975), 329 f; Baumbach/Lauterbach/Albers/Hartmann ZPO § 325 Rn 37; **aA** Zöller/*Vollkommer* ZPO § 325 Rn 24 mwN.
[146] BayObLG NJW 1956, 1800; BayObLG Rpfleger 1982, 466; LG Berlin Rpfleger 1978, 106; AG München DGVZ 1982, 172; Ebenroth/Boujong/Joost/Strohn/*Zimmer* Rn 23; Baumbach/Lauterbach/Albers/Hartmann ZPO § 750, 8; *Noack* DB 1974, 1369.
[147] BayObLGZ 1956, 218 (220 f); OLG Frankfurt RPfleger 1973, 64; MünchKommHGB/*Heidinger* Rn 54; *Petermann* RPfleger 1973, 153 (156); **aA** KG JR 1953, 144.
[148] Ausführlich hierzu Zöller/*Stöber* ZPO § 729 Rn 8 ff.
[149] *Eickmann* Rpfleger 1974, 260; Baumbach/Lauterbach/Albers/Hartmann ZPO § 729 Rn 4; MünchKommZPO/*Wolfsteiner* § 729 Rn 10; *Loritz* ZZP 95 (1982), 310 (333). Einschränkend *Brögelmann* S. 135 ff (nur bei Firmenfortführung); BGH Rpfleger 1974, 260 lässt die Frage unentschieden.

§ 18

(1) Die Firma muss zur Kennzeichnung des Kaufmanns geeignet sein und Unterscheidungskraft besitzen.

(2) ¹Die Firma darf keine Angaben enthalten, die geeignet sind, über geschäftliche Verhältnisse, die für die angesprochenen Verkehrskreise wesentlich sind, irrezuführen. ²Im Verfahren vor dem Registergericht wird die Eignung zur Irreführung nur berücksichtigt, wenn sie ersichtlich ist.

Schrifttum

1. Seit der Handelsrechtsreform. *App* Kurzüberblick über zulässige Geschäftsbezeichnungen nach neuem Handelsrecht, DVP 2000, 433; *Beyerlein* Die Firm@, WRP 2005, 582; *Bülow* Zwei Aspekte im neuen Handelsrecht: Unterscheidungskraft und Firmenunterscheidbarkeit, DB 1999, 269; *Heckschen* Firmenbildung und Firmenverwertung, NotBZ 2006, 346; *Heidinger* Der Name des Nichtgesellschafters in der Personenfirma, DB 2005, 815; *Hülsmann* Welche Gesellschafter sind heute noch „Partner"? NJW 1998, 35; *Jung* Firmen von Personenhandelsgesellschaften nach neuem Recht, ZIP 1998, 677; *ders.* Handelsrecht, 4. Aufl. 2005, § 15; *Kanzleiter* Zur Zulässigkeit der Verwendung aussprechbarer Abkürzungen bei der Firmenbildung, MittBayNot 2007, 140; *ders.* Zur Unterscheidungskraft und Kennzeichnungskraft einer Firma bei der Verwendung von Ortszusätzen bei Gattungsbezeichnungen, DNotZ 2008, 393; *Kindler* Die Entwicklung des Handelsrechts seit 1998, JZ 2006, 176; *Kögel* Die deutliche Unterscheidbarkeit von Firmennamen, Rpfleger 1998, 317; *ders.* Aktuelle Entwicklungen im Firmenrecht, Rpfleger 2000, 255; *ders.* Sind geographische Zusätze in Firmennamen entwertet? GmbHR 2002, 642; *Lösler* Zum Schutz des Schriftbildes bei der Firmeneintragung ins Handelsregister, NotBZ 2000, 418; *Lutter/Welp* Das neue Firmenrecht der Kapitalgesellschaften, ZIP 1999, 1073; *Mellmann* Zur Zulässigkeit der Verwendung des at-Zeichens als Firmenbestandteil, NotBZ 2001, 228; *S. Meyer* Fortführung der Firma einer Personenhandelsgesellschaft durch einen Einzelkaufmann, RNotZ 2004, 323; *D. Möller* Das neue Firmenrecht in der Rechtsprechung, DNotZ 2000, 830; *dies.* Keine Bildung einer Personenfirma mit dem Namen eines Angestellten, GmbHR 2002, 967; *Müther* Überlegungen zum neuen Firmenbildungsrecht bei der GmbH, GmbHR 1998, 1058; *Obergfell* Grenzenlos liberalisiertes Firmenrecht? CR 2000, 855; *Parmentier/Steer* Die Konzernfirma nach dem Ende der Unternehmensverbindung, GRUR 2003, 196; *Reinhart* Die „Internationale Apotheke" – und es gibt sie doch! GesR 2003, 107; *Rieckers* Werbung mit der Konzernzugehörigkeit als Haftungsrisiko? BB 2006, 277; *Schulenburg* Die Abkürzung im Firmenrecht der Kapitalgesellschaften, NZG 2000, 1156; *Schulte-Warnke* Vier Jahre nach der HGB-Reform – Das neue Firmenrecht der GbR im Handelsregisterverfahren, GmbHR 2002, 626; *Seifert* Firmenrecht „online" – Die sog. Internet-Domain als Bestandteil der Handelsfirma, Rpfleger 2001, 395; *Wagner* Zur Frage der Eintragungsfähigkeit des at-Zeichens in das Handelsregister, NZG 2001, 802; *Weiler* Irreführung über die Rechtsform durch Top-Level-Domains? K&R 2003, 601; *L.-Chr. Wolff* Zur Reform des § 18 Abs. 2 HGB, DZWiR 1997, 397; *R. Wolff* Firmierung mit Zusätzen wie „Partner des Kunden GmbH", GmbHR 2007, 1032.
S. ferner das Schrifttum Vor § 17 und insbes. zu §§ 17, 19, 30.

2. Vor der Handelsrechtsreform. *Ahrens* Die firmenrechtliche Behandlung von Personengesellschaften oder eine natürliche Person als Komplementär auf erster Ebene, DB 1997, 1065; *Ammon* Die Sachfirma der Kapitalgesellschaft, DStR 1994, 325; *Barfuss* Die Geltung des § 18 Abs. 2 HGB bei einer Personenfirma, BB 1975, 67; *Bokelmann* Zusätze wie „& Co.", „& Sohn", „Partner" und „& Gebrüder" in der Firma der Kommanditgesellschaft und in abgeleiteten Firmen, MDR 1979, 188; *Brandi-Dohrn* Die beschreibende Firma, BB 1991, 1950; *Brause* Firma eines Einzelkaufmanns und neues Familiennamensrecht, DB 1978, 478; *Büttner* Die Irreführungsquote im Wandel, GRUR 1996, 533; *Deutscher Industrie- und Handelstag* (Hrsg.) Firmenfibel 1983 (die firmenrechtlichen Leitsätze); *ders.* Firmenfibel 1992 (Firmierungsgrundsätze für den Vollkaufmann); *Dorn* Biedermann oder Anstifter? „Stiftung" als Namens- oder Firmenbestandteil, VR 1990, 169; *Ebert* Firmenangaben über die Art des Unternehmens, BB 1958, 611; *ders.* Nationalitätsangaben im Firmen- und Wettbewerbsrecht, WRP 1960, 94; *Frey* Wandlungen der Rechtsprechung zu Firmenzusätzen, dargestellt am Firmenzusatz „Zentrale", BB 1963, 1281; *ders.* „Lager" – als Firmenzusatz und Werbeankündigung, WRP 1965, 54, *ders.* Verwendung der Bezeichnung „Einkaufszentrum", DB 1965, 926; *Fritze* Namensfunktion nicht aussprechbarer Buchstabenfolgen als besondere Geschäftsbezeichnungen nach § 61 UWG, GRUR 1993, 538; *Gößner* Lexikon des Firmenrechts, Loseblatt; *Greif* Die Bezeichnung „Discount" und der Grundsatz der Firmenwahrheit, BB 1962, 1219; *Haberkorn* Firmenwahrheit und Firmenfortführung, WRP 1966, 88; *ders.* Zur Zulässigkeit des Firmenzusatzes „Fabrik", WRP 1966, 165; *ders.* Zur Zulässigkeit des Firmenzusatzes „Werk", WRP 1966, 361; *ders.* Zur Zulässigkeit des Firmenzusatzes „Zentrale", WRP 1966, 306; *ders.* Zur Zulässigkeit des Firmenzusatzes „Haus", WRP 1966, 165; *ders.* Zur Zulässigkeit des Firmen- und Preiszusatzes „Discount", WRP 1966, 393; *ders.* Zur Zulässigkeit diverser Firmenzusätze, WRP 1967, 204; *ders.* Kann die künftige Entwicklung des Betriebes bereits als Firmenzusatz berücksichtigt werden? WRP 1969, 261; *ders.* Firma, Firmenwahrheit, Firmenzusätze, 1970; *ders.* Zur Zulässigkeit geographischer Firmenzusätze, WRP 1996, 245; *Hefermehl* Entwicklungen im Recht des unlauteren Wettbewerbs, Festschrift Rob. Fischer, 1979 S. 197; *Heine* Das neue gemeinschaftsrechtliche System zum Schutz geographischer Bezeichnungen, GRUR 1993, 96; *Heinrich* Firmenwahrheit und Firmenbeständigkeit, 1982; *Hillmann* Das Rechtsinstitut des Honorarprofessors, VerwArch 1988, 369; *Hofmann* Der Grundsatz der Firmenwahrheit, JuS 1972, 233; *Hönn* Akademische Grade, Amts-, Dienst- und Berufsbezeichnungen sowie Titel (Namensattribute) in der Firma in firmen- und wettbewerbsrechtlicher Sicht, ZHR 153 (1989), 386; *Huth* Auffassungswandel beim Firmenzusatz „deutsch"? GRUR 1965, 290; *Kind* Die handelsrechtlichen Firmengrundsätze im Licht der Wettbewerbsordnung, BB 1980, 1558; *ders.* Die Wahl der Firma aus wettbewerbsrechtlicher Sicht, MittRhNotK 1980, 33; *Knöchlein* Geographische Zusätze im Firmenrecht, DB 1960, 746; *Kögel* Der Grundsatz der Firmenwahrheit – noch zeitgemäß? BB 1993, 1741; *ders.* Die Firmenbildung der GmbH mit der gemischten Firma eines Gesellschafters, BB 1995, 2433; *Köhler* Das Rücktrittsrecht nach § 13a UWG, JZ 1989, 262; *D. Möller* Probleme der Individualisierung und Verwechslungsfähigkeit von Sachfirmen, BB 1993, 808; *Müller* Zur Führung des Firmenzusatzes „Deutsch", GRUR 1971, 141; *Niederleithinger* Die vernachlässigte Einheit der Rechtsordnung im Wettbewerbsrecht, GRUR Int 1996, 467; *von Olenhusen* Das „Institut" im Wettbewerbs- Firmen-, Standes-, Namens- und Markenrecht, WRP 1996, 1079; *Pöpel* Die unwahr gewordene Firma, Irreführungsverbot versus Bestandsschutz, 1995; *Riegger* Der Doktor-Titel in der Firma der GmbH, DB 1984, 441; *Scheibe* Der Grundsatz der Firmenwahrheit, JuS 1997, 414; *W.-H. Roth* Unzulässiger firmenmäßiger Gebrauch einer zulässig geführten Geschäftsbezeichnung, ZGR 1992, 632; *Schmidt di Simoni* „Universität" im Firmennamen, Börsenbl. f. den dt. Buchhandel 1973, 1420; *Schricker* Möglichkeiten zur Verbesserung des Schutzes der Verbraucher und des funktionsfähigen Wettbewerbs im Recht des unlauteren Wettbewerbs, ZHR 139 (1975), 208; *ders.* Hundert Jahre Gesetz gegen den unlauteren Wettbewerb – Licht und Schatten, GRUR Int 1996, 473; *Veismann* Zur Zulässigkeit eines Firmenzusatzes „Haus", BB 1963, 663; *S. Weber* Das Prinzip der Firmenwahrheit im HGB und die Bekämpfung irreführender Firmen nach dem UWG, 1984; *Wellmann* Gattungsbegriff als Firmenbezeichnung einer GmbH? BB 1961, 1102; *ders.* Die Sachfirma der GmbH; Eine kritische Stellungnahme zu § 4 des Referentenentwurfs eines GmbH-Gesetzes, BB 1970, 153; *Wessel* Der akademische Titel in der Firma, BB 1965, 1379.

S. ferner das Schrifttum Vor § 17 und insbes. zu §§ 17, 19, 30.

Übersicht

	Rn		Rn
A. Grundlagen	1–6	I. Begriff und Abgrenzung	7–8
I. Entstehungsgeschichte und Norminhalt	1–3	II. Problemfelder	9–15
		1. Bild-, Satz- und Sonderzeichen	9–10
II. Normzweck	4–5	2. Schriftart und Schriftbild	11–12
III. Anwendungsbereich	6	3. Buchstabenkombinationen	13–14
B. Kennzeichnungseignung (Abs. 1 Hs. 1)	7–15	4. Zifferkombinationen	15

	Rn			Rn
C. Abstrakte Unterscheidungskraft (Abs. 1 Hs. 1)	16–29	h)	Sozietät	77
I. Begriff und Abgrenzung	16–20	i)	Bank, Bankier, Volksbank, Sparkasse, Bausparkasse, Spar- und Darlehenskasse	78
II. Problemfelder	21–29	j)	Kapitalanlagegesellschaft, Investmentfonds, Investmentgesellschaft	79
1. Personenfirmen	21–24	k)	Börse	80
2. Sachfirmen	25–29	l)	Versicherung, Versicherungsvermittlung	81
a) Einzelfälle Firmenrecht	26	m)	Finanz, Finanzierung	82
b) Einzelfälle Kennzeichenrecht	27–29	n)	Treuhand	83
3. Phantasiefirmen	30–32	o)	Revision, Buchführung	84
D. Irreführungsverbot (Abs. 2)	30–112	p)	Technik, Technologie	85
I. Voraussetzungen des Irreführungsverbots (S. 1)	34–49	q)	Bau	86
1. Anwendungsbereich	34–39	r)	Großhandel, Markt, Großmarkt, Supermarkt, Verbrauchermarkt	87
a) Sachlich	34	s)	Lager, Hof, Magazin, Speicher	88
b) Zeitlich	35–39	t)	Zentrale, Zentrum, Center	89
2. Angaben	40	u)	Haus, Studio, Palast	90
3. Irreführungseignung	41–44	v)	Fach, Fachhandel, Fachgeschäft, Spezialgeschäft	91
4. Geschäftliche Verhältnisse	45	w)	Fabrik, Werk, Industrie, Factory	92
5. Wesentlichkeit	46	x)	Geographische Zusätze	93–108
6. Angesprochene Verkehrskreise	47–49		aa) Einführung	93
II. Verfahrensrechtliche Berücksichtigung (S. 2)	50–53		bb) Ortsangaben	94–99
1. Ersichtlichkeit	50–52		cc) Deutschland, Deutsch, Germany, German, Germania; National	100
2. Anwendungsbereich	53		dd) Regionalbezeichnungen	101
III. Rechtsfolgen	54–55		ee) Europa, Europäisch, Euro-, Eur-, EU-, EG-	102–103
1. Rechtsfolgen des Abs. 2	54		ff) International, interkontinental, kontinental	104–106
2. Sonstige Rechtsfolgen	55		gg) Geografische Phantasiebezeichnungen	107
IV. Fallgruppen	56–112		hh) Produktbezogene geografische Zusätze	108
1. Personenfirma	56–59	y)	Produktbezogene Adjektive, Komparative, Superlative	109
a) Allgemeine Regeln	56–58	z)	Alter und Tradition	110
b) Gesellschaftsfirmen	59	a_1)	Umwelt, umweltfreundlich, Bio, Öko, ökologisch	111
2. Sachfirma	60–63	b_1)	Sonstige Einzelfälle	112
a) Allgemeine Regeln	60–62			
b) Gesellschaftsfirmen	63			
3. Phantasiefirma	64			
4. Firmenbestandteile (Einzelfälle)	65–112			
a) Adelstitel, Adelsprädikate	65			
b) Akademische Grade, Amts- und Berufsbezeichnungen	66–69			
c) Amtlicher Charakter	70			
d) Wissenschaftlicher Charakter	71			
e) Gemeinnützig	72			
f) Stiftung	73–75			
g) Company, Gruppe, Pool, Ring, Team, Union, Verband, Verbund, Vereinigung, Vereinigte	76			

A. Grundlagen

I. Entstehungsgeschichte und Norminhalt

1 § 18 wurde durch die **Handelsrechtsreform** von 1998 vollkommen neu gefasst und ist der firmenrechtliche Kern der Reform. Während Abs. 1 zuvor verlangte, dass ein Einzelkaufmann seinen Familiennamen mit mindestens einem ausgeschriebenen Vornamen als Firma zu führen hat, sind mit der Neufassung dergleichen inhaltliche Vorgaben für die Firmenbildung entfallen. Gesellschaftsrechtliche Parallelnormen (so etwa § 4 GmbHG,

§§ 4, 279 AktG, § 3 GenG, § 11 PartGG)¹ wurden dementsprechend angepasst. **Grundsätzlich zulässig** sind heute daher bei fast allen Rechtsformen **Personen-, Sach-, Phantasie- und Mischfirmen** (zu diesen Begriffen Vor § 17 Rn 16 ff). Es gilt der **Grundsatz der Firmenwahlfreiheit** (Vor § 17 Rn 27).

Diese **Liberalisierung** wurde durch drei Maßnahmen ergänzt: Zum Einen wurde die Namensfunktion der Firma gestärkt, indem § 18 Abs. 1 nunmehr (s. aber auch § 18 Abs. 2 S. 2 a.F.) verlangt, dass die Firma zur Kennzeichnung des Kaufmanns geeignet sein (**Kennzeichnungseignung**) und (abstrakte) **Unterscheidungskraft** besitzen muss (zur konkreten Unterscheidungskraft § 30 Rn 24 ff). Zum Zweiten wurde durch die Neufassung des § 18 Abs. 2 das dort zuvor ausdrücklich nur für Firmenzusätze normierte **Irreführungsverbot** einerseits auf die gesamte Firma erweitert, andererseits durch die Erfordernisse der Wesentlichkeit und der Ersichtlichkeit abgeschwächt. Schließlich wurde zum Dritten für alle Rechtsformen die Pflicht zur Führung eines Rechtsformzusatzes eingeführt (näher dazu § 19; näher zur Handelsrechtsreform Vor § 17 Rn 12 ff). **2**

Die **allgemeinen Voraussetzungen zulässiger Firmenbildung** lassen sich somit stichwortartig wie folgt zusammenfassen: Kennzeichnungseignung (Rn 7 ff), abstrakte Unterscheidungskraft (Rn 16 ff), keine Irreführung (Rn 34 ff), Rechtsformzusatz (§ 19) und konkrete Unterscheidungskraft (§ 30). Zu diesen allgemeinen Voraussetzungen treten im Einzelfall Erfordernisse aus besonderen Vorschriften außerhalb des HGB (Vor § 17 Rn 9). Schließlich darf die Firmenbildung selbstredend nicht gegen §§ **134, 138 BGB** verstoßen. Eine analoge Anwendung von § 8 Abs. 2 Nr. 5 MarkenG ist daneben wohl nicht erforderlich.² Verboten sind etwa Firmen volksverhetzenden Inhalts (§ 130 StGB), sittenwidrig Firmen vulgären Inhalts (z.B. „Schlüpferstürmer"³, „Busengrapscher"⁴).⁵ Problematisch kann ferner die Verwendung religiöser Begriffe („MESSIAS"⁶, „CORAN"⁷, „Dalailama"⁸, „Buddha"⁹) durch gewerbliche Unternehmensträger sein. **3**

II. Normzweck

Die Firma ist der Name des Kaufmanns (§ 17 Rn 5 ff). Es ist daher besonders wichtig, dass dieser Name zur Kennzeichnung geeignet ist und Unterscheidungskraft besitzt, andernfalls die Firma weder ihrer Namens- noch ihrer Publizitätsfunktion (Vor § 17 **4**

---

¹ Vgl. BGBl. I v. 26.06.1998, S. 1474 ff.
² Dafür *Oetker* Handelsrecht, § 4 Rn 28; Koller/*Roth*/Morck Rn 3; *Jung* ZIP 1998, 681; Röhricht/v. Westphalen/*Ammon*/*Ries* Rn 4; *K. Schmidt* ZIP 1997, 909 (915); W.-H. *Roth* Das neue Firmenrecht, in: Die Reform des Handelsstandes und der Personengesellschaften, 1999, S. 31, 37 f; s.a. *Möller* DNotZ 2000, 831 (839); s. ferner MünchKommHGB/*Heidinger* Rn 50 ff.
³ BGHZ 130, 5, 8 ff (zu § 1 UWG a.F.); DPMA Beschl. v. 8.7.1985, P 31902/33 Wz, MittdtschPatAnw 1985, 215 f.
⁴ BGHZ 130, 5, 8 ff (zu § 1 UWG a.F.).
⁵ Röhricht/v. Westphalen/*Ammon*/*Ries* Rn 4, 25; für weitere Beispiele s. auch Röhricht/v. Westphalen/*Ammon* 2. Aufl. Rn 25 Fn 54, 55; s. ferner MünchKommHGB/*Heidinger* Rn 25; *K. Schmidt* ZIP 1997, 909, (915); W.-H. *Roth* Das neue Firmenrecht, in: Die Reform des Handelsstandes und der Personengesellschaften, 1999, S. 31, 37 f; s. auch *Möller* DNotZ 2000, 831 (839); *Jung* ZIP 1998, 681.
⁶ BPatG GRUR 1994, 377.
⁷ BPatGE 28, 41 (42 f).
⁸ Zum Markenrecht BPatG München 24. Senat, Beschl. v. 16.10.2002, Az. 24 W (pat) 140/01, BPatGE 46, 66–71: Verstoß gegen die guten Sitten und eine Verletzung des religiösen Empfindens.
⁹ Zum Markenrecht BPatG München 28. Senat, Entsch. v. 17.01.2007, Az. 28 W (pat) 66/06; auch in diesem Fall wurde ein Verstoß gegen die guten Sitten trotz ungewöhnlicher Schreibweise („Budha") angenommen.

Rn 1 f) genügen kann.[10] Vor der Reform traten diese Erfordernisse nicht so stark hervor, weil Personennamen anders als Sach- oder Phantasiebezeichnungen ihnen grundsätzlich genügen (Rn 21 ff; vgl. ferner § 2 PartGG, aber auch § 18 Abs. 2 S. 2 a.F.). Abs. 1 soll also die **Identifizierung** des Unternehmensträgers ermöglichen, **Verwechslungen vorbeugen** und dient damit dem **Verkehrsschutz**.[11]

5 Auch Abs. 2 dient dem Verkehrsschutz, nämlich dem **Präventivschutz** – im Gegensatz zu einer bloß nachträglichen Kontrolle mit Mitteln des gewerblichen Rechtsschutzes (namentlich § 5 Abs. 2 S. 1 Nr. 3 UWG, §§ 5 Abs. 2, 15 Abs. 2, 3 MarkenG) – vor einer **Irreführung** durch die Firma (Grundsatz der Firmenwahrheit, s.o. Vor § 17 Rn 28 ff).[12] Auch dieses Problem tritt vornehmlich bei Sach- und Phantasiefirmen auf, weswegen § 18 Abs. 2 S. 1 a.F. das Täuschungsverbot seinem Wortlaut nach auf Firmenzusätze beschränkte. Nunmehr gilt das Irreführungsverbot ausdrücklich für alle Firmenbestandteile und die Firma als Ganzes.[13] Um die Möglichkeiten einer Firmenbildung durch das Irreführungsverbot nicht übermäßig einzuschränken und das Registerverfahren nicht unangemessen zu verzögern, wurde das Irreführungsverbot materiell-rechtlich durch die Wesentlichkeitsschwelle (Abs. 2 S. 1, Rn 46) und verfahrensrechtlich durch das Erfordernis der Ersichtlichkeit (Abs. 2 S. 2, Rn 50 ff) abgeschwächt.[14] Über den gebotenen Präventivschutz vor einer Irreführung darf man also das **Liberalisierungs- und Deregulierungsanliegen** des Gesetzes[15] nicht vergessen.

III. Anwendungsbereich

6 § 18 gilt zum einen für **alle neu gebildeten Firmen** i.S.d. HGB, und zwar unabhängig von der Rechtsform des Firmeninhabers, also insbes. auch für die Firma einer OHG, KG, GmbH, AG oder e.G. sowie einer juristischen Person i.S.d. § 33.[16] § 18 Abs. 2 gilt darüber hinaus über die Verweisung des § 2 Abs. 2 PartGG für den Namen einer Partnerschaft sowie analog für Minderfirmen und Geschäftsbezeichnungen (zu diesen Begriffen § 17 Rn 15 ff).[17] Im Rahmen dieses Anwendungsbereichs gilt § 18 ferner **grundsätzlich für Firmenänderungen;**[18] denn die Änderung einer Firma ist materiell nichts anderes als die Annahme einer neuen Firma unter Aufgabe der alten Firma (§ 17 Rn 33). Ferner gilt das Irreführungsverbot grundsätzlich solange die Firma besteht (näher Rn 35 ff).

---

[10] Vgl. MünchKommHGB/*Heidinger* Rn 1; Baumbach/*Hopt* Rn 1; Ebenroth/Boujong/Joost/Strohn/*Zimmer* § 18 Rn 1.

[11] So zu § 30 Abs. 1 etwa RGZ 75, 370 (372); 103, 388 (392); BGHZ 46, 7 (11); KG Berlin OLGZ 1991, 278 ff; aus der Lit. MünchKommHGB/*Heidinger* Rn 24; s. auch für § 18 a.F. MünchKommHGB/*Bokelmann* 1. Aufl. Rn 2; HKzHGB/*Ruß* Rn 1.

[12] Begr. RegE BT-Drucks. 13/8444, S. 54.

[13] Baumbach/*Hopt* Rn 9; Koller/*Roth*/Morck Rn 6; Röhricht/v. Westphalen/*Ammon/Ries* Rn 26.

[14] Begr. RegE BT-Drucks. 13/8444, S. 53.

[15] GKzHGB/*Steitz* Rn 1; MünchKommHGB/*Heidinger* Rn 1.

[16] Vgl. die insofern etwas umständliche Begr. RegE BT-Drucks. 13/8444, S. 52 und dazu Ebenroth/Boujong/Joost/Strohn/*Zimmer* Rn 1; Baumbach/*Hopt* Rn 3; Röhricht/v. Westphalen/*Ammon/Ries* Rn 2.

[17] MünchKommHGB/*Heidinger* Rn 4; *K. Schmidt* Handelsrecht § 12 I 2b bb; für e.V. BayObLGZ 1990, 71 (76) = NJW-RR 1990, 996; OLG Köln NJW-RR 1997, 1531; OLG Frankfurt/M NJW-RR 2002, 176; OLG Hamm NZG 1999, 994; BayObLGZ 1998, 226 = NJW 1999, 297.

[18] Vgl. OLG Stuttgart Rpfleger 2000, 336; MünchKommHGB/*Heidinger* Rn 5; Röhricht/v. Westphalen/*Ammon/Ries* Rn 3.

Gewisse Einschränkungen erleidet allerdings der Grundsatz der Firmenwahrheit (§ 18 Abs. 2) im Blick auf den Grundsatz der Firmenbeständigkeit (§§ 21–24, s. Vor § 17 Rn 31 ff).

B. Kennzeichnungseignung (Abs. 1 Hs. 1)

I. Begriff und Abgrenzung

Nach Abs. 1 muss die Firma zur Kennzeichnung geeignet sein und Unterscheidungskraft besitzen. Beide Begriffe überschneiden sich derart, dass sie sich nur schwer voneinander abgrenzen lassen und daher auch oft nicht klar voneinander getrennt werden. Nachdem beide Merkmale kumulativ erfüllt sein müssen und beide Merkmale demselben Ziel verpflichtet sind, nämlich im Interesse des Verkehrsschutzes eine Identifizierung des Unternehmensträgers zu ermöglichen und Verwechselungen vorzubeugen, ist freilich eine eindeutige Abgrenzung auch nicht erforderlich.[19]

Die **Kennzeichnungseignung** zielt in erster Linie darauf, dass die **Firma als Name geeignet** sein muss.[20] Es muss sich daher um eine **lesbare**[21] **und aussprechbare** (artikulierbare)[22] Bezeichnung handeln.[23] Fragwürdig sind deswegen insbes. Bild-, Satz- und Sonderzeichen sowie u.U. Buchstaben- und Zahlenkombinationen (näher Rn 9 ff). Die **abstrakte Unterscheidungskraft** zielt dagegen stärker auf eine **Individualisierung** des Unternehmensträgers ab, um Verwechselungen mit anderen Firmen aus Sicht der angesprochenen Verkehrskreise vorzubeugen.[24] Im Blick hierauf sind insbes. Branchen- und Gattungsbezeichnungen sowie allgemeinsprachliche, umgangssprachliche und geographische Begriffe problematisch (näher Rn 16 ff). Zu beachten ist bei alledem, dass es hinsichtlich der Frage, welche Bezeichnungen zur Kennzeichnung geeignet sind und Unterscheidungskraft besitzen, auf die Verkehrsanschauung ankommt und diese im Laufe der Zeit Wandlungen unterworfen ist.[25] Was gestern noch als unaussprechlich galt (z.B. „@"), ist es heute nicht mehr („æt"). Im Blick hierauf sowie angesichts der gesetzlich angestrebten Liberalisierung ist unter Berücksichtigung des gebotenen Verkehrsschutzes ein eher großzügiger Maßstab anzulegen.

II. Problemfelder

1. Bild-, Satz- und Sonderzeichen. Während Bildzeichen und sonstige graphische Darstellungen als Marke (§ 3 Abs. 1 MarkenG) oder geschäftliche Bezeichnung (§ 5 Abs. 2 MarkenG) Schutz genießen können, sind sie als Firma nicht geeignet, weil sie

---

[19] So i.E. auch MünchKommHGB/*Heidinger* Rn 9; ebenso Ebenroth/Boujong/Joost/Strohn/*Zimmer* Rn 4; Baumbach/*Hopt* Rn 5. Zur Ergänzungswirkung von Kennzeichnungseignung und Unterscheidungskraft s. auch GKzHGB/*Steitz* Rn 18.
[20] Baumbach/*Hopt* Rn 4; Koller/*Roth*/Morck Rn 3; Röhricht/v. Westphalen/*Ammon*/Ries Rn 10.
[21] Statt „lesbar" ist oft „wörtlich" zu lesen, so Röhricht/v. Westphalen/*Ammon*/Ries Rn 11, s. auch KG Berlin DB 2000, 1857, 1858: wörtliche Bezeichnung. Das scheint jedoch ein Relikt aus dem alten Firmenrecht zu sein.
[22] BGH ZIP 2009, 168.
[23] So etwa auch Baumbach/*Hopt* Rn 4; Koller/*Roth*/Morck Rn 3; GKzHGB/*Steitz* Rn 13; Lutter/*Welp* ZIP 1999, 1073 (1078).
[24] BayObLG NJW-RR 2003, 1544; GKzHGB/*Steitz* Rn 14; Koller/*Roth*/Morck Rn 4; Ebenroth/Boujong/Joost/Strohn/*Zimmer* Rn 4.
[25] So auch MünchKommHGB/*Heidinger* Rn 13.

nicht lesbar und als *solche* nicht aussprechbar sind. Zeichen wie „♥"oder „♪" können zwar mit Worten („Herz" bzw. „Note") beschrieben, aber eben nicht selbst gelesen und ausgesprochen werden. Zu Recht beanstandet wurden daher auch Sonderzeichen wie „*", „#" und „=".[26] Als Firmenbestandteile zulässig sind hingegen die wortersetzenden Zeichen „&" und „+", weil sie im Verkehr ohne weiteres als Abkürzungen für „und" verstanden und ausgesprochen werden.[27] Seit jeher zulässig ist ferner die Verwendung von Kommata, insbes. zur Abtrennung mehrerer Personennamen[28] sowie Bindestriche, insbes. bei Doppelnamen („Müller-Lüdenscheidt"). Neuerdings werden allerdings auch andere Satzzeichen wie „?", „!", „:" und „." mit der bemerkenswerten Begründung zugelassen, dass Satzzeichen offensichtlich nicht ausgesprochen werden sollen.[29]

10 Kontrovers wird ferner die Zulässigkeit des „@"-Zeichens beurteilt. Nach früher herrschender Meinung soll es weder in Alleinstellung (z.B. „@-GmbH") noch als Firmenbestandteil (z.B. „Shopping@Berlin AG") Verwendung finden dürfen,[30] weil die Aussprache als „æt" noch keine Verkehrsgeltung erlangt habe.[31] Angesichts der Verbreitung des Internet bzw. der E-Mail dürfte sich das inzwischen geändert haben.[32] Dass für das @-Zeichen *neben* der Aussprache als „æt" weiterhin umgangssprachliche Bezeichnungen wie „Klammeraffe" kursieren, ist demgegenüber ebenso ohne Belang, wie die unterschiedliche Bedeutung des Zeichens zu anderen Zeiten oder in anderen Kulturen. Als modische Schreibweise des Buchstaben „a" (z.B. „Conr@d AG")[33] kann das @-Zeichen dagegen auch deswegen nicht verwendet werden, weil kein Anspruch auf eine bestimmte graphische Darstellung der Firma besteht (Rn 12).[34] Auch in Alleinstellung ist das @-Zeichen weiterhin unzulässig, weil ihm hierfür die Unterscheidungskraft fehlt (vgl. Rn 14).

11 **2. Schriftart und Schriftbild.** Als **Schriftart** dürfen **nur lateinische Buchstaben** Verwendung finden, weil nur sie von durchschnittlichen Verkehrsteilnehmern gelesen und ausgesprochen werden können (s. auch Rn 57). Das gilt selbst für die Anfangsbuchstaben des griechischen Alphabets. Unzulässig ist deswegen eine „α-GmbH", zulässig dagegen eine „Alpha-GmbH".[35]

12 An das bei der Anmeldung verwendete **Schriftbild** ist das Registergericht nicht gebunden, sondern entscheidet nach pflichtgemäßem Ermessen mit welchem Schriftbild

---

[26] BGHZ 14, 155; BayObLG, NJW 2001, 2337; KG, GmbHR 2000, 1101.
[27] BGH ZIP 2009, 168; BGHZ 135, 257 (bzgl. der Partnerschaft); BayObLG, NJW 1996, 3016; BayObLG, NJW 2001, 2337; GKzHGB/*Steitz* Rn 13; Röhricht/v. Westphalen/*Ammon*/*Ries* Rn 15.
[28] Anstelle anderer GKzHGB/*Steitz* Rn 13.
[29] BayObLG NJW 2001, 2337 (2338); GKzHGB/*Steitz* Rn 13; MünchKommHGB/*Heidinger* Rn 12.
[30] Vgl. Röhricht/v. Westphalen/*Ammon*/*Ries* Rn 16.
[31] Gegen eine Eintragungsfähigkeit ins Handelsregister BayObLG NJW 2001, 2337; OLGR Braunschweig 2001, 31.
[32] LG Berlin Beschl. v. 13.1.2004 Aktz. 102 T 122/03; LG Cottbus CR 2002, 134; ebenso MünchKommHGB/*Heidinger* Rn 13; *Mankowski* MDR 2001, 1124; ders. EWiR § 18 HGB 1/01; *Wagner* NZG 2001, 802, *Wachter* GmbHR 2001, 477; sowie *Mellmann* NotBZ 2001, 228; GKzHGB/*Steitz* Rn 13 mwN; *Hintzen* Rpfleger 2003, 337 (339).
[33] Beispiel von MünchKommHGB/*Heidinger* Rn 13; so auch GKzHGB/*Steitz* Rn 13; vgl. auch KG NJW-RR 2001, 173; OLG Braunschweig WRP 2001 zum Wettbewerbsrecht, 287 „Met@box AG"; BayObLG NJW 2001, 2337 „D@B-GmbH"; LG Leipzig NotZ 2002, 112 „@toll GmbH".
[34] Ebenso MünchKommHGB/*Heidinger* Rn 13 f; KG GmbHR 2000, 1101 = NJW-RR 2001, 173, s.a. *Lösler* NotBZ 2000, 417; BayObLGZ 1978, 18 = Rpfleger 1978, 218.
[35] GKzHGB/*Steitz* Rn 13.

die Firma eingetragen wird; denn das Schriftbild hat keine namens- und daher auch **keine firmenrechtliche Bedeutung**.[36] Auch Groß- und Kleinschreibung (z.B. „Conrad", „CONRAD" oder „conrad") sind daher firmenrechtlich irrelevant.[37] Anders kann dies markenrechtlich zu beurteilen sein, vgl. §§ 3 Abs. 1, 5 Abs. 2 MarkenG.[38]

3. Buchstabenkombinationen. Nach altem Firmenrecht waren Buchstabenkombinationen als Firma nur eingeschränkt zulässig.[39] Nach neuem Firmenrecht sind sie hingegen **nur ausnahmsweise unzulässig**.[40] Es kann nämlich kein Zweifel darüber bestehen, dass jede Buchstabenkombination lesbar und aussprechbar ist.[41] Dabei kommt es nicht darauf an, ob die Buchstabenkombination als Ganzes (z.B. „TUI") oder nur ihre einzelnen Buchstaben (z.B. „BASF") aussprechbar sind, ob es sich um eine Abkürzung handelt oder zumindest ursprünglich gehandelt hat (z.B. „TUI AG" für ehemals „Touristik Union International AG") oder ob die Buchstabenkombination – wie die genannten Beispiele – Verkehrsgeltung erlangt hat oder nicht (z.B. „NIP GmbH", „KSD GmbH", „IMD GmbH")[42]. **13**

Problematisch sind lediglich zwei Fallgruppen: Wird nur **ein Buchstabe in Alleinstellung** verwendet (z.B. „X-GmbH") so fehlt es zwar richtigerweise nicht an der Kennzeichnungseignung,[43] da auch ein einziger Buchstabe les- und aussprechbar ist, wohl aber an der erforderlichen abstrakten Unterscheidungskraft[44]. Ebenfalls nicht an der Kennzeichnungseignung[45] und auch nicht immer an der abstrakten Unterscheidungskraft[46] fehlt es bei der **Aneinanderreihung des Buchstaben „A"** (z.B. „AAA AAA AAA AB Livesex-TV"[47] oder „A.A.A.A.A.A."[48]). Eine solche Firma ist jedoch rechtsmissbräuchlich und daher nicht eintragungsfähig, wenn die Aneinanderreihung keinen Sinn hat außer sicherzustellen, dass die Firma in allen möglichen Verzeichnissen am Anfang steht.[49] **14**

---

[36] KG GmbHR 2000, 1101 = NJW-RR 2001, 173; GKzHGB/*Steitz* Rn 13; Koller/*Roth*/Morck Rn 3; Keidel/*Krafka*/Willer RegisterR Rn 172, 206, 216.
[37] *Kögel* Rpfleger 2000, 255 (259); MünchKommHGB/*Heidinger* Rn 14.
[38] Ströbele/*Hacker* MarkenG § 3 Rn 6 ff; § 5 Rn 21 ff; *v. Schultz* MarkenR § 3 Rn 7 ff.
[39] BGHZ 11, 214, 217; BGH NJW 1954, 388 (KfA); GKzHGB/*Steitz* Rn 12.
[40] BGH ZIP 2009, 168; Röhricht/v. Westphalen/*Ammon*/Ries Rn 15; GKzHGB/*Steitz* Rn 12; MünchKommHGB/*Heidinger* 15 ff, vgl. auch BGHZ 145, 279 (280 ff); OLG Frankfurt OLG-Report 1998, 381; OLG Köln MMR 2000, 161; aA OLG Celle DB 2006, 1950.
[41] BGH ZIP 2009, 168; zum Markenrecht BGH GRUR 2001, 344; aA Celle NJW-RR 1999, 543; Koller/*Roth*/Morck Rn 3; ebenso zum Markenrecht OLG Köln MMR 2000, 161.
[42] Beispiele von Röhricht/v. Westphalen/*Ammon*/Ries Rn 12; Lutter/*Welp* ZIP 1999, 1073 (1078); *Kögel* Rpfleger 2000, 255 (256 f), s.a. BGH ZIP 2009, 168.
[43] Kritisch Röhricht/v. Westphalen/*Ammon*/Ries Rn 13; MünchKommHGB/*Heidinger* Rn 18; Koller/*Roth*/Morck Rn 3; s. auch *Kögel* Rpfleger 2000, 255 (256).
[44] Ebenso zum MarkenR BPatG München Beschl. v. 20.4.2005 Az. 28 W (pat) 404/03 zum Buchstaben „V"; **aA** zum MarkenR BPatG München Beschl. v. 17.10.2000 Az. 33 W (pat) 40/99 zum Buchstaben „V"; *Möller* DNotZ 2000, 830 (833).
[45] So aber OLG Frankfurt NZG 2002, 588 f; zum Firmenrecht vor der Handelsrechtsreform OLG Celle DB 1999, 40; wie hier Röhricht/v. Westphalen/*Ammon*/Ries Rn 13; MünchKommHGB/*Heidinger* Rn 18.
[46] So aber zum Firmenrecht vor der Handelsrechtsreform OLG Celle DB 1999, 40; wie hier Röhricht/v. Westphalen/*Ammon*/Ries Rn 13.
[47] OLG Celle DB 1999, 40.
[48] OLG Frankfurt/M. NJW 2002, 2400.
[49] OLG Frankfurt NJW 2002, 2400; ebenso MünchKommHGB/*Heidinger* Rn 18; GKzHGB/*Steitz* Rn 12b; vgl. ferner Röhricht/v. Westphalen/*Ammon*/Ries Rn 13.

15 4. **Zifferkombinationen.** Ähnlich wie bei Buchstabenkombinationen verhält es sich richtigerweise bei Zifferkombinationen:[50] Sie sind jedenfalls **zur Kennzeichnung geeignet**, da sie lesbar und aussprechbar sind. Insbes. müssen sie nicht als Wörter ausgeschrieben werden. Zulässig wäre also nicht nur „siebenundvierzig-elf" oder „eins-eins-eins",[51] sondern auch „4711"[52] oder „111".[53] Anerkannt ist Letzteres freilich nur für Ziffern als Firmenbestandteil (z.B. „Sat 1", „tm 3").[54] In diesem Fall aber auch dann, wenn sich der beabsichtigte Sinn nur aus der korrekten Aussprache der Ziffer in einer fremden Sprache ergibt (z.B. „4 you" oder „B2B")[55] – oder für Ziffern in Kombination mit anderen Zeichen (z.B. „1 & 1" oder „1 + 2").[56] Dagegen kann es bei reinen Zifferkombinationen eher als bei Buchstaben an der abstrakten **Unterscheidungskraft fehlen**. Allerdings hat der Bundesgerichtshof in einer markenrechtlichen Entscheidung selbst der Ziffer „1" in Alleinstellung hinreichende Unterscheidungskraft zugemessen.[57] Die Entscheidung sollte aber nicht auf das Firmenrecht übertragen werden.[58] Hier genügen auch zwei Ziffern in Alleinstellung („12"; anders aber mglw., wenn die Zahl ausgeschrieben ist, z.B. „elf"[59]) und andere wenig prägnante[60] Zifferkombinationen (z.B. „149", wohl aber „123") nicht dem Erfordernis der Unterscheidungskraft, solange sie keine Verkehrsgeltung (z.B. durch eine vorherige Verwendung als Marke oder Geschäftsbezeichnung) erlangt haben (wie z.B. „4711"). Letzteres sowie die gegenüber Buchstabenkombinationen strengere Beurteilung resultiert aus der Verkehrsanschauung.

C. Abstrakte Unterscheidungskraft (Abs. 1 Hs. 1)

I. Begriff und Abgrenzung

16 Während die Kennzeichnungseignung sich auf die Namensfunktion der Firma bezieht, zielt die abstrakte Unterscheidungskraft auf ihre Individualisierungsfunktion (Rn 8): Die Bezeichnung muss abstrakt, d.h. allgemein betrachtet, geeignet sein, den mit der Firma benannten Unternehmensträger von anderen Unternehmensträgern zu unterschei-

---

[50] Sehr streitig Röhricht/v. Westphalen/*Ammon/Ries* Rn 14; *Lutter/Welp* ZIP 1999, 1073 (1078); *Canaris* Handelsrecht § 10 Rn 17; wohl ähnlich *Bülow* DB 1999, 269 (270); *K. Schmidt* NJW 1998, 2161 (2167); abl. *Kögel* BB 1998, 645 (646); ders. Rpfleger 2000, 255 (256); *Müther* GmbHR 1998, 1058 (1060).

[51] Das ist wohl unstreitig, Röhricht/v. Westphalen/*Ammon/Ries* Rn 14; MünchKommHGB/*Heidinger* Rn 19.

[52] Vgl. BGH GRUR 1990, 711 (713).

[53] Ablehnend wohl HKzHGB/*Ruß* Rn 5; zweifelnd MünchKommHGB/*Heidinger* Rn 19; Ebenroth/Boujong/Joost/Strohn/*Zimmer* Rn 28; *Kögel* BB 1998, 1645 (1646); GKzHGB/*Steitz* Rn 12a mit Beispielen; Röhricht/v. Westphalen/*Ammon/Ries* Rn 14 mit Beispielen; wie hier *Lutter/Welp* ZIP 1999, 1073 (1078).

[54] Ebenroth/Boujong/Joost/Strohn/*Zimmer* Rn 28; Röhricht/v. Westphalen/*Ammon/Ries* Rn 15; GKzHGB/*Steitz* Rn 12a.

[55] Röhricht/v. Westphalen/*Ammon/Ries* Rn 16; *Canaris* Handelsrecht § 10 Rn 17; *Hauser* BuW 1999, 109 (110).

[56] Nach Röhricht/v. Westphalen/*Ammon/Ries* Rn 14 sowie MünchKommHGB/*Heidinger* Rn 19 sind diese bereits eingetragen worden.

[57] BGH GRUR 2002, 970 (zu Tabakerzeugnissen); aA zu Rundfunksendern BGH GRUR 2000, 608; offengelassen BGH GRUR 2000, 231 (232).

[58] S. auch Ströbele/*Hacker* MarkenG, 8. Aufl. 2006, § 5 Rn 28 mwN, wonach die markenrechtliche Unterscheidungskraft nicht ohne weiteres mit der namensmäßigen Unterscheidungskraft i.S.d. § 5 Abs. 2 MarkG gleichgesetzt werden kann.

[59] Koller/*Roth*/Morck Rn 3, 4.

[60] Koller/*Roth*/Morck Rn 3 meint, eine gewisse Einprägsamkeit sei vonnöten.

den.⁶¹ Ebenso wie im Marken- bzw. Kennzeichenrecht, dem diese Voraussetzung entlehnt ist und wo ihr zentrale Bedeutung zukommt (§§ 3 Abs. 1, 5 Abs. 2, 8 Abs. 2 Nr. 1, 9 Abs. 1 Nr. 3, 14 Abs. 2 Nr. 3, 15 Abs. 3, 97 Abs. 1, 127 Abs. 3, Abs. 4 Nr. 2, 143 Abs. 1 Nr. 2, Nr. 3 lit. b, Nr. 5, 143a Abs. 1 Nr. 3, 144 Abs. 1 Nr. 2 MarkenG), erfordert dies eine **ausreichende Eigenart**, so dass die Bezeichnung **von dem Verkehr** als individualisierender Herkunftshinweis auf den Unternehmensträger verstanden wird. Zu beachten ist jedoch die Unterschiedlichkeit der Zwecke und Rechtsfolgen des Firmen- und Kennzeichenrechts: Während es bei § 18 Abs. 1 um die Frage geht, ob die Unterscheidungskraft ausreicht, um einen Rechtsträger nach der Verkehrsanschauung hinreichend zu individualisieren, geht es im Kennzeichenrecht um die Frage, ob eine Bezeichnung derart unterscheidungskräftig ist, dass an ihr ein Ausschließlichkeitsrecht begründet wird bzw. begründet werden kann. Dort ist daher auch ein Freihaltebedürfnis zu berücksichtigen, ein Gesichtspunkt der hier richtigerweise außer Betracht zu bleiben hat (näher Rn 18). Dementsprechend unterschiedlich sind die Rechtsfolgen: Während hier eine mangelnde Unterscheidungskraft die Unzulässigkeit der Firma zur Folge hat, führt eine mangelnde Unterscheidungskraft dort lediglich dazu, dass ihr der Schutz des Kennzeichenrechts versagt wird. Und weiter: Während hier eine „Heilung" der Unzulässigkeit der Firma grundsätzlich nicht möglich und ihre Führung verboten ist, kann der Schutz dort nachträglich durch Erlangung von Verkehrsgeltung infolge von Benutzung erworben werden (s. Anh. II zu § 37 Rn 14 ff). Diese Unterschiede gebieten, den Begriff der Unterscheidungskraft im Firmenrecht tendenziell großzügiger zu handhaben als im Recht der Unternehmenskennzeichen (Im Markenrecht kommen hingegen weitere Unterschiede hinzu, so dass dort teilweise noch geringere Anforderungen an die Unterscheidungskraft gestellt werden als sie hier zu stellen sind⁶²).

17 Unstreitig nicht erforderlich ist, dass die Firma den Unternehmensträger konkret benennt, wie es das alte Firmenrecht in § 18 Abs. 1 a.F. für den Einzelkaufmann forderte bzw. versuchte. Vielmehr ist nach neuem Firmenrecht auch dem Einzelkaufmann die Führung von Sach- und Phantasiefirmen gestattet. Der Individualisierung des Unternehmensträgers dient dabei auch sein Sitz, weswegen in einem weiteren Schritt die konkrete Unterscheidbarkeit gem. § 30 zu prüfen ist (Rn 19). Und die konkrete Identifizierung des Unternehmensträgers erfolgt dann durch Einsicht in das Handelsregister, was durch die nach § 37a erforderlichen Angaben erleichtert wird.

18 Im Markenrecht wird von der Unterscheidungskraft (§ 8 Abs. 2 Nr. 1 MarkenG) das Bestehen eines **Freihaltebedürfnisses** (§ 8 Abs. 2 Nr. 2 und 3 MarkenG) unterschieden. Beide Erfordernisse überschneiden sich zwar, sind jedoch aufgrund ihrer unterschiedlichen Schutzzwecke gesondert und unabhängig voneinander zu prüfen.⁶³ Mit dem Erfordernis des Fehlens eines Freihaltebedürfnisses wird das im Allgemeininteresse liegende Ziel verfolgt, dass bloß beschreibende Zeichen oder Angaben i.S.d. § 8 Abs. 2 Nr. 2 und 3 MarkenG von jedermann frei verwendet werden können.⁶⁴ Das ist deswegen erforderlich, weil dort die Begründung eines Ausschließlichkeitsrechts in Frage steht. Ob auch im Firmenrecht ein Freihaltebedürfnis anzuerkennen ist, wird unterschiedlich beurteilt.⁶⁵ Das ist nicht nur deswegen abzulehnen, weil dieses Merkmal keine Erwähnung im

---

⁶¹ Röhricht/v. Westphalen/*Ammon/Ries* Rn 17; Koller/*Roth*/Morck Rn 4; MünchKomm-HGB/*Heidinger* Rn 21; HKzHGB/*Ruß* Rn 5; Baumbach/*Hopt* Rn 5.
⁶² S.o. Rn 15 mit Fn 57, 58.
⁶³ BGHZ 167, 279 (283) mwN.
⁶⁴ BGHZ 167, 278, 293 (Fußball WM 2006) mwN.
⁶⁵ Dafür BayObLG NJW-RR 03, 1544; MünchKommHGB/*Heidinger* Rn 22; Koller/*Roth*/Morck Rn 4; Baumbach/*Hopt* Rn 7; so wohl auch Röhricht/v. Westphalen/*Ammon/Ries*

§ 18   1. Buch. Handelsstand

Gesetz gefunden hat. Entscheidend ist vielmehr, dass im Firmenrecht insofern gar kein Freihaltebedürfnis besteht, weil es hier nicht um die Begründung eines Ausschließlichkeitsrechts geht. Vielmehr ist die Führung und Eintragung identischer oder ähnlicher Firmen nur im Rahmen des § 30 ausgeschlossen. Richtigerweise kann das Bestehen eines Freihaltebedürfnisses daher nicht einmal im Rahmen der Prüfung des Bestehens abstrakter Unterscheidungskraft Berücksichtigung finden, zumal im Markenrecht anerkannt ist, dass wegen eines möglichen Freihalteinteresses keine erhöhten Anforderungen an das Vorliegen der Unterscheidungskraft gestellt werden dürfen.[66] Dem lässt sich nicht entgegenhalten, dass auch bei dem Schutz von geschäftlichen Bezeichnungen i.S.d. § 5 MarkenG ein Freihaltebedürfnis geprüft wird (näher Anh. II zu § 37 Rn 15). Im Gegenteil: Denn dort führt das Bestehen eines Freihaltebedürfnisses zum einen lediglich zu einer Verringerung des Schutzumfangs und kann zum anderen durch Verkehrsgeltung überwunden werden.[67] Beide Aspekte können im Firmenrecht keine – bzw. im Blick auf die Verkehrsgeltung allenfalls ausnahmsweise[68] – Berücksichtigung finden. Die Anerkennung eines Freihaltebedürfnisses im Firmenrecht hätte daher bspw. zur Folge, dass man Buchstabenkombinationen nach wie vor die Eintragungsfähigkeit absprechen müsste.[69]

19 Von der abstrakten Unterscheidungskraft i.S.d. § 18 Abs. 2 Hs. 2 ist die **konkrete Unterscheidbarkeit i.S.d. § 30** abzugrenzen, an der es fehlt, wenn sich eine neue Firma nicht von *allen* anderen *an demselben Ort* oder in derselben Gemeinde bestehenden und in das Handels- oder Genossenschaftsregister eingetragenen Firmen *deutlich* unterscheidet (näher § 30 Rn 24 ff). Fehlt es bereits an der abstrakten Unterscheidungskraft, kommt es auf die konkrete Unterscheidbarkeit nicht mehr an. Ist hingegen abstrakte Unterscheidungskraft gegeben, kann die Eintragung gleichwohl an der konkreten Unterscheidbarkeit scheitern.

20 Schließlich können sich die abstrakte Unterscheidungskraft i.S.d. Abs. 1 und die **Eignung zur Irreführung** i.S.d. Abs. 2 überschneiden. Fehlt es freilich bereits an abstrakter Unterscheidungskraft kommt es auf eine Irreführung nicht mehr an.

II. Problemfelder

21 1. **Personenfirmen.** Ob Personennamen stets unterscheidungskräftig sind[70] oder zumindest bei **Allerweltsnamen** wie Müller, Meier, Schneider, Schmidt die Beifügung des

---

Rn 22; ein bloßer Verweis auf die Entscheidung des BayObLG (aaO) findet sich bei Ebenroth/Boujong/Joost/Strohn/*Zimmer* Rn 18; s.a. Baumbach/*Hueck*/Fastricht GmbHG § 4 Rn 6; aA mit Hinweis auf die Unterschiede von Firmenrecht einerseits und Wettbewerbs- und Markenrecht andererseits HKzHGB/*Ruß* Rn 5, wohl auch GKzHGB/*Steitz* Rn 14 ff. Den Unterschied zwischen Firmen- und Kennzeichenrecht betont auch BGH NJW 1991, 2023 ff.
[66] BGHZ 167, 279 (283) mwN.
[67] Vgl. BGHZ 74, 1; BGH GRUR 1982, 420; GRUR 1985, 461; GRUR 1998, 165.
[68] Zu einer denkbaren Ausnahme s. Rn 15 a.E. („4711").
[69] „Denn es besteht eine verbreitete Übung im Wirtschaftsverkehr, Abkürzungen, vornehmlich Buchstabenkombinationen, zu benutzen, die meist … aus den Anfangsbuchstaben der Firmenbestandteile zusammengesetzt sind. Diese Übung beruht auf dem verbreiteten und anerkennenswerten Bedürfnis des Verkehrs, griffige Abkürzungen zu verwenden, und rechtfertigt es, derartige Buchstabenfolgen jedenfalls weitgehend für die Allgemeinheit freizuhalten", BGH GRUR 1998, 165.
[70] So MünchKommHGB/*Heidinger* Rn 31; *Canaris* Handelsrecht § 10 Rn 20; Ebenroth/Boujong/Joost/Strohn/*Zimmer* Rn 7; *Möller* Neues Kaufmanns- und Firmenrecht, 1998, S. 24; Rowedder/*Schmidt-Leithoff* GmbHG § 4 Rn 21.

ausgeschriebenen oder wenigstens abgekürzten Vornamens[71] oder eines sonstigen Zusatzes erforderlich ist,[72] wird unterschiedlich beurteilt.[73] Das alte Firmenrecht verlangte nur von Einzelkaufleuten die Bildung der Personenfirma aus mindestens einem ausgeschriebenen Vornamen, § 18 Abs. 1 a.F. (also z.B. „Peter Müller").[74] Für die OHG und KG genügte hingegen gem. § 19 Abs. 1 bis 3 a.F. die Verwendung des Familiennamens eines persönlich haftenden Gesellschafters mit einem das Vorhandensein einer Gesellschaft andeutenden Zusatz (z.B. „Müller & Co.").[75] Und auch bei der GmbH war die Bildung einer Personenfirma nur aus dem Familiennamen eines Gesellschafters zulässig (z.B. „Müller-GmbH").[76] Vor dem Hintergrund des Liberalisierungsanliegens des Gesetzes spricht dies dafür, heute generell nicht mehr die Beifügung eines – ausgeschriebenen oder auch nur abgekürzten – Vornamens zu verlangen.[77] Überdies setzt abstrakte Unterscheidungskraft keineswegs Seltenheit oder gar Einzigartigkeit voraus, andernfalls wären viele gebräuchliche Personenfirmen unzulässig. Vielmehr sind Namen oder Bezeichnungen nur ausnahmsweise derart einzigartig, dass sie – ohne Verkehrsgeltung erlangt zu haben – den Schluss auf einen bestimmten Unternehmensträger zulassen. Das verlangt das Erfordernis abstrakter Unterscheidungskraft allerdings auch nicht. Vielmehr ist für die abstrakte Unterscheidungskraft eine ausreichende Eigenart genügend, die abstrakt, d.h. allgemein betrachtet, als individualisierender Herkunftshinweis auf den Unternehmensträger geeignet ist, wobei es entscheidend auf die Verkehrsauffassung ankommt. Im Blick hierauf hat der BGH in einer kürzlich veröffentlichten Entscheidung zu § 5 MarkenG ausgeführt: *„Unabhängig von seiner Häufigkeit ist jeder Familienname dazu geeignet und bestimmt, seinen Namensträger individuell zu bezeichnen und damit von anderen Personen zu unterscheiden. Insofern stellt jeder Name ein klassisches Kennzeichnungsmittel dar. Der Verkehr ist daran gewöhnt, dass Personen durch ihren Nachnamen bezeichnet werden und sich selbst mit diesem bezeichnen. Diese Namensfunktion wird nicht dadurch in Frage gestellt, dass es regelmäßig mehr oder weniger viele andere Träger desselben Namens gibt und der Name deshalb nicht eindeutig nur einer bestimmten Person zugeordnet ist. Gegen die Schutzfähigkeit sogenannter Allerweltsnamen spricht deshalb nicht, dass sie für sich allein keine eindeutige Identifikation ihres Trägers ermöglichen."*[78] Deswegen käme jedem Familiennamen – wenn auch teilweise nur schwache – Unterscheidungskraft zu. Wollte man anders entscheiden, entstünden zudem erhebliche, die Rechtssicherheit beeinträchtigende Abgrenzungsschwierigkeiten,[79] die durch die regional sehr unterschiedliche Verbreitung von Namen noch verschärft würden. Dem ist auch für das Firmenrecht grundsätzlich zuzustimmen, zumal § 30 für eine konkrete Unterscheidbarkeit von aus Allerweltsnamen gebildeten Firmen sorgt.

22 Ob dies freilich auch für **Vornamen in Alleinstellung** gilt erscheint auf den ersten Blick zweifelhaft, da sie im Verkehr nicht in gleicher Weise zur Individualisierung genutzt

---

[71] So Baumbach/*Hopt* Rn 6; Röhricht/v. Westphalen/*Ammon/Ries* Rn 19; Lutter/Hommelhoff/*Bayer* GmbHG § 4 Rn 11; Koller/*Roth*/Morck Rn 4.
[72] GKzHGB/*Steitz* Rn 14; *Roth*/Altmeppen GmbHG § 4 Rn 7, 8; Baumbach/*Hopt* Rn 6.
[73] Im Kennzeichenrecht verneinend etwa GroßkommUWG/*Teplitzky* § 16 Rn 202; ausf. *Goldmann* Der Schutz des Unternehmenskennzeichens, 2000, § 5 Rn 119 ff mwN.
[74] Staub/*Hüffer* 4. Aufl. Rn 14 f.
[75] Staub/*Hüffer* 4. Aufl. § 19 Rn 8.
[76] Vgl. zum heutigen Recht MünchKommHGB/*Heidinger* Rn 31; Rowedder/*Schmidt-Leithoff* § 4 GmbHG Rn 22; Lutter/Hommelhoff/*Bayer* GmbHG § 4 Rn 11.
[77] So Ebenroth/Boujong/Joost/Strohn/*Zimmer* Rn 7.
[78] BGH NJW 2008, 2923; s. ferner EuGH GRUR 2004, 946, 947 (Nichols).
[79] So auch Ebenroth/Boujong/Joost/Strohn/*Zimmer* Rn 7 a.E.

werden und daher auch nicht denselben Schutz wie Familiennamen genießen.[80] Gleichwohl wird man ebenso entscheiden müssen, und zwar nicht nur, um das Abgrenzungsproblem zwischen gewöhnlichen und ungewöhnlichen Vornamen zu vermeiden, sondern vor allem auch, weil viele Vornamen auch als Familiennamen gebräuchlich sind (z.B. „Ulrich", „Burghard"). Hinzuweisen ist allerdings auf zwei weitere Probleme.

23 Zum einen sind eine Vielzahl von Familiennamen **Berufsbezeichnungen** entlehnt (z.B. Müller, Fleischer, Schneider, Schreiner usw.), die mithin in Alleinstellung als Sachfirma verstanden werden könnten. Als Sachfirma wäre indes eine „Schreiner GmbH" mangels ausreichender Unterscheidungskraft unzulässig (Rn 25 ff) und zudem irreführend, wenn die GmbH tatsächlich eine Fleischerei betreiben würde (Rn 60 f). In solchen Fällen muss man die Hinzufügung eines Zusatzes verlangen, der das Missverständnis, es handele sich um eine Sachfirma, auszuräumen geeignet ist (z.B. Hinzufügung des Vornamens). Ein solches Missverständnis kann freilich dann nicht entstehen, wenn sich die Schreibweise des Familiennamens von der heutigen Schreibweise der Berufsbezeichnung hinreichend deutlich unterscheidet (z.B. „Becker" statt „Bäcker") oder der Verkehr den Name regelmäßig nicht als Sachfirma versteht (so etwa „Schäfer" oder „Müller").

24 Zum anderen kann sowohl die Firmierung mit einem Allerweltsnamen als auch mit einem ungewöhnlichen Namen zu **Verwechselungen mit bekannten Namensträgern** führen und daher zur Irreführung geeignet sein (s. auch Rn 43, 56). Zumeist wird dies freilich nur angenommen, wenn die Firma zugleich einen diese Vermutung fördernden Sachbestandteil enthält, also z.B. „Claudia Schiffer Kosmetik GmbH", „Beckenbauer Fußballartikel GmbH"[81] oder „Steffi Graf, Tennismoden e. Kfr."[82]. Indes wird man die Irreführungseignung auch schon dann annehmen müssen, wenn ein solcher Sachbestandteil zwar fehlt, das Unternehmen aber tatsächlich auf dem Gebiet des prominenten Namensträgers tätig ist, also etwa ein Namensvetter des berühmten Rennfahrers unter der Firma „Michael Schumacher GmbH" ein Autohaus betreibt. Und bei sehr bekannten ungewöhnlichen Namen kann sogar bei fehlender Branchennähe eine Irreführungseignung anzunehmen sein, so bei der Verwendung des bürgerlichen Namens „Andreas Shell" zu der Firmierung „Shell GmbH"[83].

25 **2. Sachfirmen.** Sachfirma ist jede Firma, die auf den Gegenstand (irgend-)einer unternehmerischen Tätigkeit Bezug nimmt (Vor § 17 Rn 18). Aufgrund dieses beschreibenden Charakters sind sie dem Risiko mangelnder Unterscheidungskraft in erhöhtem Maße ausgesetzt.[84] Als Regel kann gelten, dass **bloße Gattungs-, Branchen-, Sach- oder Tätigkeitsbezeichnungen in Alleinstellung keine ausreichende Unterscheidungskraft** aufweisen.

26 a) **Einzelfälle Firmenrecht. Mangelnde Unterscheidungskraft:** „Auskunft",[85] „Autodienst",[86] „Bauland",[87] „Baumaschinen Consulting",[88] „Computertechnik",[89] „consul-

---

[80] Näher MünchKommBGB/*Bayreuter* § 12 Rn 23; Soergel/*Heinrich* § 12 Rn 93 ff; Staudinger/*Habermann* § 12 Rn 294.
[81] OLG Brandenburg v. 21.10.2002 – 8 Wx 23/02, MittdtschPatAnw 2005, 176.
[82] Röhricht/v. Westphalen/*Ammon*/*Ries* Rn 34; ebenso GKzHGB/*Steitz* Rn 31.
[83] Vgl. BGHZ 149, 191.
[84] Begr. RegE, BT-Drucks. 13/8444, S. 37.
[85] LG Aachen ZIP 2007, 1011 (1012).
[86] KG NZG 2008, 80 = RPfleger 2008, 85 f.
[87] OLG Dresden GRUR 1997, 68 (69).
[88] OLG Oldenburg DB 1990, 519.
[89] MünchKommHGB/*Heidinger* Rn 28 (ohne Fundstellennachweis).

ting",[90] „Eisenhandel",[91] „Gebäudereinigungs-GmbH",[92] „Grundbesitz",[93] „Hausverwaltung",[94] „Industrie- und Baubedarf",[95] „Profi-Handwerker",[96] „Stapler-Vermietung GmbH",[97] „Transport-Beton",[98] „VIDEO-RENT"[99]. **Ausreichende Unterscheidungskraft:** „Autodienst-Berlin",[100] „Das Bad GmbH .... alles aus einer Hand",[101] „Floratec",[102] „Informedia Verlags GmbH",[103] „inter-handel",[104] „L-Dachtechnik GmbH",[105] „perspectives consulting",[106] „Planung für Küche und Bad Ltd.",[107] „Rohrfrei"[108].

b) **Einzelfälle Kennzeichenrecht. Mangelnde Unterscheidungskraft:** „alta moda",[109] 27 „Arena" (in Alleinstellung),[110] „Bauland",[111] „Bücherdienst",[112] „Business-Radio",[113] „Clever Reisen",[114] „Getränke-Industrie",[115] „Hausbücherei",[116] „Haus der Fliesen",[117] „Herstellerkatalog",[118] „Immobilien-Börse",[119] „Informatik",[120] „Kaufstätten für Alle",[121] „Leasing Partner"[122], „Management-Seminare",[123] „MedConsult",[124] „Mitwohnzentrale",[125] „Motorradland",[126] „Literaturhaus",[127] „Patent",[128] „Printer-Store",[129] „Sat-Shop",[130] „Schwarzwald-Sprudel",[131] „Seetours",[132] „Sicherheit + Technik",[133] „Star Entertainment",[134] „Telekom",[135] „Volksbank",[136] „Weinbörse"[137]. **Ausreichende Unterscheidungskraft:** „arena-berlin",[138] „Blitz-Blank",[139] „Capital-Service",[140] „Charme & Chic",[141] „CompuNet",[142] „Computerland",[143] „Datacolor",[144]

---

[90] OLG Frankfurt DB 2006, 269, 270.
[91] MünchKommHGB/*Heidinger* Rn 28 (ohne Fundstellennachweis); ebenso Röhricht/v. Westphalen/*Ammon/Ries* Rn 22 Fn 47.
[92] LG Aachen BB-Beilage 9/1971, S. 15 f.
[93] OLG Frankfurt DB 2005, 1732.
[94] OLG Frankfurt DB 2008, 1488 (1490 f).
[95] OLG Hamm DB 1977, 2179 = OLGZ 1978, 38.
[96] BayObLG DB 2003, 2382.
[97] OLG Düsseldorf, BB-Beilage 9/1971, S. 15.
[98] OLG Hamm NJW 1961, 2018.
[99] BGH NJW 1987, 438.
[100] KG NZG 2008, 80.
[101] BayObLG NJW-RR 1998, 40: „*Wird als Firmenkern der Sachfirma einer GmbH eine Gattungs- oder eine Branchenbezeichnung verwendet, muß ein individualisierender Zusatz beigefügt werden.*"
[102] OLG Saarbrücken NJWE-WettR 1999, 258 f.
[103] OLG Hamm GRUR 1991, 637.
[104] BayObLGZ 1972, 388.
[105] OLG Stuttgart Die Justiz 2000, 126.
[106] OLG Frankfurt DB 2006, 269 (270).
[107] OLG München DB 2007, 2032 (2033).
[108] OLG Hamm Urt. v. 19.10.1993, Az.: 4 U 111/93.
[109] OLG Frankfurt WRP 1986, 339.
[110] KG GRUR-RR 2003, 370.
[111] OLG Dresden GRUR 1997, 846 (847).
[112] BGH GRUR 1957, 428 (429).
[113] OLG Brandenburg WRP 1996, 308.
[114] OLG Düsseldorf GRUR-RR 2003, 342 (343).
[115] BGH GRUR 1957, 426 (427).
[116] BGH GRUR 1957, 25 (26).
[117] OLG Koblenz OLGR Koblenz 2001, 163 (164).
[118] OLG Stuttgart MMR 2002, 754.
[119] KG Magazindienst 2002, 1028 (1030).
[120] OLG Stuttgart DB 1981, 2428.
[121] BGHZ 11, 214 (218).
[122] BGH v. 7.3.1991; BGHR UWG § 16 Abs 1 Unterscheidungskraft 4.
[123] BGH MDR 1976, 204 (205).
[124] OLG Hamm GRUR 1988, 849 (850).
[125] OLG Frankfurt GRUR 1991, 251 (252).
[126] OLG Düsseldorf GRUR-RR 2001, 307.
[127] BGH GRUR 2005, 517 (518).
[128] BPatG CR 1999, 321.
[129] OLG Köln GRUR-RR 2001, 266 (267).
[130] LG München I NJW-RR 1998, 978.
[131] BGH GRUR 1994, 905 (906).
[132] OLG Köln GRUR-RR 2005, 16 (18).
[133] OLG Hamburg WRP 1987, 261.
[134] BGH GRUR 2005, 873 (874).
[135] OLG München MMR 1998, 256 (257).
[136] BGH GRUR 1992, 865.
[137] OLG Koblenz GRUR 1993, 898 (900).
[138] KG GRUR-RR 2003, 370.
[139] OLG Hamburg GRUR 1986, 475.
[140] BGH GRUR 1980, 247 (248).
[141] BGH GRUR 1973, 265 (266).
[142] BGH GRUR 2001, 1161.
[143] OLG München GRUR 1990, 699 zu § 16 UWG a.F.
[144] BGH GRUR 1990, 1042 (1043).

„DB Immobilienfonds",[145] „Garant-Möbel",[146] „Germania",[147] „Immo-Data",[148] „Impuls",[149] „Interglas",[150] „Interprint",[151] „Maritim",[152] „Med.Needle",[153] „Net-Com",[154] „petite fleur",[155] „PicNic",[156] „product-contact",[157] „Rhein-Chemie",[158] „START",[159] „Wach- und Schließ"[160].

28 Zu beachten ist dabei, dass unternehmenskennzeichenrechtliche Entscheidungen aus den vorgenannten Gründen (Rn 16, 18) nicht ohne weiteres auf das Firmenrecht übertragbar sind.[161] Vielmehr können unternehmenskennzeichenrechtliche Entscheidungen „strenger" sein (z.B. „Clever Reisen", s. auch Rn 31) als sie firmenrechtlich ausfallen müssten.

29 Als **individualisierende Zusätze** kommen neben **Personennamen und Phantasiebezeichnungen** auch **Buchstaben- und Zifferkombinationen** in Betracht (Rn 13 ff),[162] ferner **allgemein-, fremd- und umgangssprachliche sowie geographische Bezeichnungen** (z.B. aus dem Firmenrecht „Berlin",[163] „Bodensee",[164] „Germany",[165] „Homburg",[166] „Rhein-Main"[167]; aus dem Kennzeichenrecht „ABC Handels-GmbH",[168] „Altberliner",[169] „arena-berlin",[170] „Flüssiggas Bayern",[171] „Lactan Milchtechnik",[172] „Luma Rohstoffhandel",[173] „Rhein-Chemie"[174]). In Alleinstellung sind letztere wiederum nicht unterscheidungskräftig (z.B. aus dem Firmenrecht: „International"[175]; aus dem Kennzeichenrecht: „Österreich",[176] „Wartburg"[177]; ebenso unzulässig „Deutschland AG" oder „München GmbH"[178]). Ist ein Zusatz irreführend, hat er für die Beurteilung der Unterscheidungskraft außer Betracht zu bleiben.[179] Nicht zur Individualisierung geeignet ist der Rechtsformzusatz.[180]

30 **3. Phantasiefirmen.** Phantasiefirmen sind **in der Regel unterscheidungskräftig**, wenn sie **nicht aus allgemein- und umgangssprachlichen Bezeichnungen in Alleinstellung** gebil-

---

[145] BGH GRUR 2001, 344.
[146] BGH GRUR 1995, 156.
[147] BGH GRUR 1991, 472 (473).
[148] BGH GRUR 1997, 845.
[149] OLG Düsseldorf GRUR-RR 2003, 340.
[150] BGH GRUR 1976, 643 zu § 16 UWG a.F.
[151] Hanseatisches OLG Hamburg WRP 1990, 345 zu § 16 UWG a.F.
[152] BGH GRUR 1989, 449.
[153] OLG Jena GRUR-RR 2003, 111 (112).
[154] BGH GRUR 1997, 468 (469).
[155] OLG Hamm WRP 1990, 706.
[156] BGH GRUR 1993, 923.
[157] BGH GRUR 1973, 539 (540).
[158] BGH GRUR 1957, 561 (562).
[159] OLG Düsseldorf GRUR-RR 2003, 8 (9).
[160] BGH GRUR 1977, 226.
[161] AA offenbar MünchKommHGB/*Heidinger* Rn 26 ff; wohl auch Koller/*Roth/Morck* Rn 3 f; wie hier HKzHGB/*Ruß* Rn 5; *Fezer* Markenrecht, § 15 Rn 118.
[162] MünchKommHGB/*Heidinger* Rn 29; GKzHGB/*Steitz* Rn 15. Zu Telefonvorwahlen als unterscheidende Zusätze vgl. OLG Köln NJW-RR 2006, 624 (625).
[163] KG NZG 2008, 80.
[164] OLG Stuttgart FGPrax 2004, 40 (42).
[165] OLG Frankfurt ZIP 2006, 333 (334).
[166] BGH ZIP 1992, 1579 (1580).
[167] OLG Frankfurt DB 2008, 1488 (1490 f).
[168] MünchKommHGB/*Heidinger* Rn 29 (ohne Fundstellennachweise).
[169] BGH GRUR 1999, 492 (494).
[170] KG GRUR-RR 2003, 370 (372).
[171] OLG München MMR 2003, 397 (398).
[172] MünchKommHGB/*Heidinger* Rn 29; *Veismann* DB 1966, 99 (100).
[173] MünchKommHGB/*Heidinger* Rn 29; *Veismann* DB 1966, 99 (100).
[174] BGH GRUR 1957, 561 (562); MünchKommHGB/*Heidinger* Rn 29; *Möller* Neues Kaufmanns- und Firmenrecht, S. 25 (ohne Fundstellennachweise).
[175] BGH WM 1991, 364 ff.
[176] OLG München GRUR 2006, 686 (687).
[177] Thüringer OLG OLG-NL 1999, 181 (182).
[178] Röhricht/Graf von Westfalen/*Ammon/Ries* Rn 22 mwN.
[179] OLG Frankfurt DB 2005, 1732 zu „Hessen-Nassauische Grundbesitz Aktiengesellschaft": „Grundbesitz" nicht unterscheidungskräftig, „Hessen-Nassau" mangels realen Bezugs irreführend.
[180] HKzHGB/*Ruß* Rn 4.

det werden. Auch allgemeinsprachliche Begriffe können allerdings ausnahmsweise unterscheidungskräftig sein, wenn sie ungewöhnlich verwandt werden (z.B. „Spiegel"[181]). Als firmenrechtlich zulässig beurteilt wurden bspw. „Meditec"[182] oder „Multicolor"[183]; nicht dagegen „Fun"[184]. Als kennzeichenrechtlich zulässig beurteilt wurden „Condux",[185] „de facto",[186] „Geospace",[187] „PLANEX",[188] „SMARTWARE",[189] nicht dagegen „Turbo"[190]. Zu bloßen Buchstaben- und Zifferkombinationen Rn 13 ff.

Besonders unterscheidungskräftig sind aufgrund ihrer Individualität und Einprägsamkeit **Werbeslogans**, die als Phantasiebezeichnungen seit der Liberalisierung des Firmenrechtes zulässig sind (z.B. „clever sparen", „Alles da").[191] Im Kennzeichenrecht wurde hingegen die Unterscheidungskraft einer „Clever Reisen GmbH" u.a. mit Hinweis auf ein bestehendes Freihaltebedürfnis verneint.[192] Keine hinreichende Unterscheidungskraft haben nach Ansicht des Bundespatentgerichts bspw. „WELCH EIN TAG"[193], „MADE IN PARADISE",[194] „Nicht immer, aber immer öfter"[195].[196] Diese Entscheidungen sind aber nicht auf das Firmenrecht übertragbar. **31**

Bei **fremdsprachlichen Bezeichnungen** (dazu auch Rn 57) ist zu unterscheiden: Haben die angesprochenen Verkehrskreise den fremd-, insbes. englischsprachigen Ausdruck in ihren Wortschatz übernommen, sei es, weil dafür von vornherein kein deutsches Wort in Gebrauch ist oder das fremdsprachliche Wort das entsprechende deutsche Wort verbreitet ersetzt (z.B. Boutique, Consulting, Computer, Marketing, fashion, fast food, Franchising, Haute Couture, Pasta, Software, Trend etc.), dann gelten dieselben Regeln wie für deutsche Bezeichnungen, also insbes. wie für allgemein- und umgangssprachliche Begriffe (Rn 30) sowie für Gattungs-, Branchen-, Sach- und Tätigkeitsbezeichnungen (Rn 25). Ist die Bedeutung der fremdsprachigen Begriffe den angesprochenen Verkehrskreisen dagegen weithin unbekannt, so dass die Begriffe für die angesprochenen Verkehrskreise wie Phantasiebezeichnungen klingen (z.B. Calzolaio, Consilia,[197] Cordonnier, Zapatero), dann sind sie als Phantasiefirmen grundsätzlich zulässig.[198] Die Abgrenzung kann im Einzelfall schwierig sein und durch Zusätze vermieden werden. Während eine „shoe GmbH" wegen mangelnder Unterscheidungskraft unzulässig ist, wäre eine „shoe factory GmbH" (Rn 92) wohl zulässig. Anders wird dies wiederum im Kennzeichenrecht beurteilt: „Printer-Store"[199], „Video-Rent"[200]. **32**

---

[181] BGHZ 21, 89; Koller/*Roth*/Morck Rn 4.
[182] BayObLG NJW-RR 2000, 111 (112).
[183] OLG Frankfurt WRP 1982, 420 (421).
[184] MünchKommHGB/*Heidinger* Rn 33 (ohne Fundstellennachweis).
[185] BGH GRUR 1959, 484.
[186] BGH GRUR 2002, 898 (899).
[187] OLG Celle OLGR 1994, 200 (201).
[188] OLG Hamm GRUR 1994, 742 (743).
[189] BPatG Beschl. v. 30.7.2002, Az. 24 W (pat) 195/99.
[190] BGH GRUR 1995, 410; MünchKommHGB/ *Heidinger* Rn 29.
[191] Für weitere Beispiele s. Lutter/Hommelhoff/ *Bayer* GmbHG § 4 Rn 9.
[192] OLG Düsseldorf GRUR-RR 2003, 342.
[193] BPatG WRP 1998, 893.
[194] BPatG GRUR 1994, 217.
[195] BPatG 26 W (pat) 7/97.
[196] Ebenso unzulässig wegen mangelnder Unterscheidungskraft „FOR YOU", BPatG GRUR 1997, 279 (280); „LOOK", BPatG GRUR 1999, 1001; „Test it.", BGH WRP 2001, 692.
[197] BGH GRUR 1985, 72.
[198] Zutr. Röhricht/v. Westphalen/*Ammon/Ries* Rn 24; ähnlich *Canaris* Handelsrecht, § 10 Rn 22; *Lutter/Welp* ZIP 1999, 1073 (1076); Lutter/Hommelhoff/*Bayer* GmbHG § 4 Rn 11.
[199] OLG Köln GRUR-RR 2001, 266.
[200] BGH GRUR 1988, 319.

D. Irreführungsverbot (Abs. 2)

33 Das Irreführungsverbot normiert den firmenrechtlichen Grundsatz der Firmenwahrheit (Vor § 17 Rn 28 ff) und erstrebt einen präventiven Schutz der von der Firma angesprochenen Verkehrskreise. Um die Möglichkeiten einer Firmenbildung durch das Irreführungsverbot nicht übermäßig einzuschränken und das Registerverfahren nicht unangemessen zu verzögern, wurde es durch die Handelsrechtsreform als Reaktion auf eine kleinliche, unübersichtliche und für Betroffene oft auch unverständliche Gerichtspraxis jedoch stark abgeschwächt, nämlich materiell-rechtlich durch die Wesentlichkeitsschwelle (Abs. 2 S. 1, Rn 46) und verfahrensrechtlich durch das Erfordernis der Ersichtlichkeit (Abs. 2 S. 2, Rn 50 ff).[201] Dieses Liberalisierungs- und Deregulierungsanliegen des Gesetzes ist bei seiner Auslegung und Anwendung zu beachten. Unter Berücksichtigung des gebotenen Verkehrsschutzes ist daher bei der Beurteilung, ob ein Verstoß gegen Abs. 2 S. 1 vorliegt, ein **großzügiger Maßstab** anzulegen, zumal sich der Verkehr inzwischen darauf eingestellt haben dürfte, dass infolge der Handelsrechtsreform der Informationswert der Firma stark abgenommen hat. Die vormalige Gerichtspraxis darf daher keinesfalls unbesehen fortgeschrieben werden. Einer bloß oberflächlichen Prüfung soll damit allerdings nicht das Wort geredet werden. Der Grundsatz muss vielmehr lauten: In dubio pro libertate!

I. Voraussetzungen des Irreführungsverbots (S. 1)

1. Anwendungsbereich

34 a) **Sachlich.** Das Irreführungsverbot gilt unmittelbar nur für **Firmen i.S.d. HGB**. Über die Verweisung des § 2 Abs. 2 PartGG gilt es ferner für den **Namen einer Partnerschaft**.[202] Schließlich gilt es **analog für Minderfirmen** und Geschäftsbezeichnungen (zu diesen Begriffen § 17 Rn 15 ff).[203]

35 b) **Zeitlich.** Uneingeschränkt gilt das Irreführungsverbot für jede **Neubildung und Änderung** einer Firma (Rn 6). Grundsätzlich gilt es ferner, solange die Firma besteht.[204] Eine Firma kann daher nicht nur ursprünglich irreführend sein, sondern auch im Falle unveränderter Firmenführung **nachträglich irreführend** werden. **Zu beachten** sind dabei allerdings die **Wertungen der §§ 21, 22, 24**. Zwar sind diese Vorschriften auf andere als die dort geregelten Sachverhalte nicht analog anzuwenden (s. Rn 37). Mit den Wertungen dieser Vorschriften stünde es jedoch im Widerspruch, wenn jede andere Änderung des Unternehmens oder Unternehmensträgers zur Unzulässigkeit der Firmenführung wegen Irreführungseignung führen würde.[205] Vielmehr ist zu berücksichtigen, dass ein Zwang zur Änderung der Firma einen Eingriff in die Rechte des Inhabers darstellt, der

---

[201] Begr. RegE BTDrucks 13/8444, S. 53.
[202] OLG Rostock NZG 2006, 587 (588).
[203] MünchKommHGB/*Heidinger* Rn 4; K. Schmidt Handelsrecht § 12 I 2b, bb; Röhricht/v. Westphalen/*Ammon*/Ries § 17 Rn 15; für e.V. BayOLGZ 1990, 71, 76 = NJW-RR 1990, 996; OLG Köln NJW-RR 1997, 1531; OLG Frankfurt/M NJW-RR 2002, 176; OLG Hamm NZG 1999, 994; BayObLGZ 1998, 226 = NJW 1999, 297 zu „GbR mbH"; OLG Rostock DB 2006, 1647 zur Partnerschaft.
[204] Vgl. LG Frankfurt (Oder) DB 2003, 494 zur Firmenänderung im Liquidationsstadium.
[205] So für Änderungen des Unternehmensgegenstandes auch Ebenroth/Boujong/Joost/ Strohn/*Zimmer* Rn 25.

mit erheblichen wirtschaftlichen Nachteilen verbunden sein kann und dementsprechend an dem Gebot der Verhältnismäßigkeit zu messen ist. Die Eingriffsschwelle muss daher höher liegen als im Falle des Abs. 2 S. 1, der in erster Linie auf die Neubildung der Firma zugeschnitten ist. **Drei Fallgestaltungen** sind zu unterscheiden:

Erstens kann sich das **Unternehmen** derart **verändern**, dass die Firma irreführend wird, z.B.:[206] Das Unternehmen wechselt die Branche, wobei es auf eine dementsprechende Änderung des Unternehmensgegenstandes nicht ankommt (Rn 61). Die Größe des Unternehmens stimmt nicht mehr mit Angaben in der Firma überein (Rn 62). Eine geographische Bezeichnung ist nicht mehr gerechtfertigt (Rn 93 ff) usw. **36**

Zweitens kann sich der **Unternehmensträger** derart **verändern**, dass die Firma irreführend wird. Das ist freilich unschädlich, wenn einer der in §§ 21, 22 oder 24 geregelten Tatbestände erfüllt ist; denn in diesen Fällen setzt sich der Grundsatz der Firmenbeständigkeit gegenüber dem Grundsatz der Firmenwahrheit durch (Vor § 17 Rn 31 ff). Diese Vorschriften privilegieren freilich vornehmlich Personenfirmen bzw. Firmenbestandteile, die sich auf Personennamen beziehen, und zwar nur insoweit als eine wahre Firma nicht dadurch falsch wird, dass ihr Inhaber den Namen ändert (§ 21) oder ein Inhaber- (§ 22) bzw. Gesellschafterwechsel (§ 24) stattfindet. Im Blick auf andere geschäftliche Verhältnisse lassen die genannten Vorschriften das Irreführungsverbot dagegen grundsätzlich unberührt (vgl. § 22 Rn 99 ff, s. aber auch u. Rn 96).[207] Insbes. muss der Rechtsformzusatz stets den wahren Verhältnissen entsprechen und muss daher auch im Falle einer Firmenfortführung nach §§ 21, 22, 24 ggf. angepasst werden (§ 22 Rn 87 ff).[208] Zu der Frage, ob auch die Fortführung des Titels eines ehemaligen Inhabers gegen das Irreführungsverbot verstößt s. Rn 68. **37**

Drittens kann sich die **Rechtslage** oder die **Verkehrsauffassung** derart **verändern**, dass eine Firmenänderung erforderlich ist.[209] **38**

Schließlich endet das Irreführungsverbot sogar mit dem Erlöschen der Firma (§ 17 Rn 33 ff) insofern nicht, als eine erloschene Firma zwar selbst nicht mehr irreführen kann, wohl aber eine ihr nachgebildete, neue Firma. Wird eine Firma gelöscht, ist sie zwar in dem Sinne „frei", dass § 30 der Eintragung derselben oder einer ähnlichen Firma am selben Ort nicht mehr entgegensteht. Die **Nachbildung einer erloschenen Firma** verletzt aber das Irreführungsverbot, wenn für die angesprochenen Verkehrskreise nicht erkennbar ist, dass hinter der neuen Firma auch ein neues Unternehmen bzw. ein neuer Unternehmensträger steckt, vgl. auch § 23.[210] Unzulässig ist daher bspw. die Firmierung „Heia – Polstermöbelfabrik", wenn hierdurch der Eindruck erweckt wird, die gelöschte Firma „Heia – Polstermöbelwerkstätten" sei wieder aufgelebt.[211] Welche Zeitspanne zwischen Erlöschen der alten und (Nach-)Bildung der neuen Firma verstrichen sein muss, **39**

---

[206] MünchKommHGB/*Heidinger* Rn 39; s. auch die Beispiele bei *Weber* Das Prinzip der Firmenwahrheit, S. 110; GKzHGB/*Steitz* Rn 24 mwN; zur Konzernfirma nach dem Ende der Unternehmensverbindung *Parmentier/Steer* GRUR 2003, 196 ff.

[207] BGHZ 53, 65 ff: Zur Übernahme einer Firmenbezeichnung mit „Dr"-Titel und Zusatz „& Co"; für weitere Beispiele s. Baumbach/*Hopt* Rn 16 sowie MünchKommHGB/*Heidinger* Rn 39.

[208] BGHZ 68, 14, 273: Firma einer aus einer KG entstandenen OHG darf Zusatz KG nicht fortführen.

[209] Näher MünchKommHGB/*Heidinger* Rn 40; differenzierend *Bokelmann* Firmenrecht Rn 834 ff; Baumbach/*Hopt* Rn 17; Zum Bestandsschutz beim Gebrauch einer – möglicherweise – irreführenden Firma s. AG Hamburg v. 29.4.1982, ZIP 1982, 1067 ff m. Anm. *Dürr*.

[210] MünchKommHGB/*Heidinger* Rn 37 mwN.

[211] OLG Hamm Rechtspfleger 1967, 414.

§ 18   1. Buch. Handelsstand

damit eine Irreführung ausgeschlossen ist, hängt von dem Einzelfall, namentlich der Eigenart und Bekanntheit der alten Firma ab (vgl. auch Anh II zu § 37 Rn 19).

40 **2. Angaben.** Das Irreführungsverbot erstreckt sich auf alle Firmenbestandteile sowie auf die Firma als Ganzes. Weder die Firma als Ganzes noch irgendein Teil von ihr darf also i.S.d. Abs. 2 S. 1 irreführend sein.[212]

41 **3. Irreführungseignung.** Eine Angabe ist zur Irreführung geeignet, wenn sie **unrichtige Vorstellungen hervorrufen kann**.[213] Weder kommt es darauf an, ob eine Irreführung beabsichtigt war,[214] noch darauf, ob tatsächlich eine Irreführung eingetreten ist.[215] Die bloße Möglichkeit einer Irreführung reicht aus.[216]

42 Ob eine Irreführung infolge der Firmierung möglich ist, ist **aus Sicht der durch die Firma angesprochenen Verkehrskreise** (dazu Rn 47 f) zu ermitteln.[217] Zwar ist die Sicht der angesprochenen Verkehrskreise nach dem Wortlaut von Abs. 2 S. 1 in erster Linie für die Frage der Wesentlichkeit (Rn 46) maßgeblich.[218] Für die Frage der Eignung zur Irreführung auf einen anderen Maßstab abzustellen, wäre jedoch sinnwidrig.

43 **Unrichtig** ist eine Vorstellung, wenn sie von der wahren Sachlage abweicht. Dabei kommt es grundsätzlich nicht entscheidend darauf an, ob die irreführende Angabe selbst wahr oder unwahr ist. Das ist eine wesentliche Änderung gegenüber dem früheren Rechtszustand, die meist nicht so deutlich hervortritt. Auch eine wahre Angabe kann ausnahmsweise – irreführend sein, während umgekehrt eine falsche Angabe nicht irreführend sein muss. Gründet beispielsweise ein Namensvetter des berühmten Rennfahrers unter der Firma „Michael Schumacher GmbH" ein Autohaus, so ist diese Firma zwar wahr, aber gleichwohl irreführend (s. Rn 24). Nennt umgekehrt der berühmte Rennfahrer eine GmbH nach seiner verstorbenen Mutter „Elisabeth Schumacher GmbH", wäre diese Firma gemessen an den hergebrachten Maßstäben des alten Firmenrechts zwar unwahr, ist aber richtigerweise nicht irreführend. Zwar ist der Umstand, dass der berühmte Rennfahrer Alleingesellschafter der GmbH ist, ein wesentliches geschäftliches Verhältnis. Der Verkehr kann jedoch bei verständiger Würdigung (näher Rn 47) jedenfalls heutzutage nicht mehr erwarten in der Firma über den Inhaber bzw. Gesellschafter informiert zu werden (näher Rn 56, 59). Allenfalls streitet daher eine tatsächliche Vermutung dafür, dass objektiv wahre Angaben nicht irreführend sind, objektiv falsche Angaben dagegen zur Irreführung geeignet sind[219].

44 Dabei muss man sich allerdings bewusst sein, dass die Kategorien „wahr" und „falsch" bezogen auf die Angaben i.S.d. Abs. 2 S. 1 genau genommen nicht passen. Bei den Angaben i.S.d. Abs. 2 S. 1 handelt es sich nämlich um Bestandteile eines frei gewähl-

---

[212] Statt aller Baumbach/*Hopt* Rn 9.
[213] Baumbach/*Hopt* Rn 9; GKzHGB/*Steitz* Rn 20; Röhricht/v. Westphalen/*Ammon/Ries* Rn 27; Koller/*Roth*/Morck Rn 7.
[214] RGZ 156, 22; BGHZ 22, 88; BayObLG BB 1997, 1707; Baumbach/*Hopt* Rn 13; GKzHGB/*Steitz* Rn 20; **aA** wohl HKzHGB/*Ruß* Rn 14.
[215] Baumbach/*Hopt* Rn 13; GKzHGB/*Steitz* Rn 20; Koller/*Roth*/Morck Rn 7.
[216] BGH BB 1973, 60, BayOLG BB 1979, 184; 1993, 458; aus der Lit. statt anderer Koller/*Roth*/Morck Rn 9.

[217] MünchKommHGB/*Heidinger* Rn 49; Baumbach/*Hopt* Rn 13; GKzHGB/*Steitz* Rn 20; Koller/*Roth*/Morck Rn 7; Ebenroth/Boujong/Joost/Strohn/*Zimmer* Rn 5.
[218] MünchKommHGB/*Heidinger* Rn 49; *Jacob/Weber* ZRP 1997, 152 (154); *Wolff* DZWiR 1997, 397 (398); *Bokelmann* GmbHR 1998, 57 (60); HKzHGB/*Ruß* Rn 12.
[219] Koller/*Roth*/Morck Rn 7.

ten (Grundsatz der Firmenwahlfreiheit, Vor § 17 Rn 27) Namens (§ 17). Als bloßer Name hat die Firma in erster Linie Identifikationsfunktion und nicht Informationsfunktion. Der Informationsgehalt der Firma wurde durch die Handelsrechtsreform deutlich abgesenkt und tendiert bei Phantasiefirmen gegen Null.[220] Mit Ausnahme des Rechtsformzusatzes kennt das neue Firmenrecht des HGB keine inhaltlichen Vorgaben für die Firma mehr. Nur der Rechtsformzusatz muss dementsprechend „wahr" sein. Alle anderen Angaben sind nicht „wahr" oder „falsch", sondern sind allenfalls geeignet „wahre" oder „falsche" Vorstellungen bei den angesprochenen Verkehrskreisen auszulösen. Welche Angaben welche Vorstellungen *empirisch tatsächlich* auslösen, ist dabei ebenso beständigem, wie verhältnismäßig langsamem Wandel unterworfen.[221] Dieser Wandel wird unter anderem von der geänderten Rechtslage angetrieben, bleibt aber teilweise immer noch hinter den Vorstellungen der Handelsrechtsreform zurück. Auch aus diesem Grund ist die Irreführungseignung normativ zu bestimmen (näher Rn 47 f).

4. Geschäftliche Verhältnisse. Die unrichtige Vorstellung muss geschäftliche Verhältnisse betreffen. Das sind Umstände, die entweder den Unternehmensträger oder das Unternehmen betreffen. Der Begriff ist denkbar weit auszulegen und dient in erster Linie dazu, private Verhältnisse auszugrenzen.[222] **45**

5. Wesentlichkeit. Die geschäftlichen Verhältnisse, über die eine unrichtige Vorstellung hervorgerufen wird, müssen aus Sicht der angesprochenen Verkehrskreise (dazu Rn 47 ff) wesentlich sein. Diese Wesentlichkeitsschwelle ist – ebenso wie die Ersichtlichkeitsschwelle des Satzes 2 – als Reaktion auf eine kleinliche, unübersichtliche und für Betroffene oft auch unverständliche Gerichtspraxis eingeführt worden.[223] Zwar soll an der registerrechtlichen Prüfung der Irreführungsgefahr im Interesse des Verkehrsschutzes festgehalten, der Prüfungsmaßstab aber reduziert werden.[224] **Ausgeklammert** werden sollen Angaben, die zwar zur Irreführung geeignet sind, aber nur **geringe wettbewerbliche Relevanz** aufweisen, insbes. **für die wirtschaftliche Entscheidung** der angesprochenen Verkehrskreise **nur von untergeordneter Bedeutung** sind.[225] **46**

6. Angesprochene Verkehrskreise. Sowohl die Frage der Irreführungseignung (Rn 41 ff) als auch die Frage der Wesentlichkeit (Rn 46) ist aus Sicht der „angesprochenen Verkehrskreise" zu beurteilen. Das bedeutet zweierlei: **47**

Erstens kommt es **nicht auf die Möglichkeit der Täuschung Einzelner oder eines nicht unerheblichen Teils der angesprochen Verkehrskreise, sondern auf die objektivierte Sicht eines durchschnittlichen Angehörigen dieser Kreise bei verständiger Würdigung** an[226]. Anzulegen ist also ein **normativer Maßstab**.[227] Die subjektive Sicht der angesprochenen Verkehrsteilnehmer ist dementsprechend *nicht* entscheidend. Empirische Erhebungen

---

[220] Röhricht/v. Westphalen/*Ammon/Ries* Rn 35.
[221] Vgl. Röhricht/v. Westphalen/*Ammon/Ries* Rn 27.
[222] MünchKommHGB/*Heidinger* Rn 48; Koller/*Roth*/Morck Rn 8.
[223] Begr. RegE., BT-Drucks. 13/8444, S. 36.
[224] Begr. RegE., BT-Drucks. 13/8444, S. 38.
[225] MünchKommHGB/*Heidinger* Rn 49; Röhricht/v. Westphalen/*Ammon/Ries* Rn 27; Ebenroth/Boujong/Joost/*Zimmer* Rn 36.
[226] Begr. RegE., BT-Drucks. 13/8444, S. 53; Koller/ *Roth*/Morck Rn 9; HKzHGB/*Ruß* Rn 13; Baumbach/*Hopt* Rn 13; *Köhler* JZ 1989, 264.
[227] Röhricht/v. Westphalen/*Ammon/Ries* Rn 27; GKzHGB/*Steitz* Rn 22; Koller/*Roth*/Morck Rn 9; ausf. Ebenroth/Boujong/Joost/Strohn/ *Zimmer* Rn 35 ff.

(Rn 51) haben daher heute – anders als nach altem Recht[228] – nur noch indizielle Bedeutung.[229] Sie geben lediglich Aufschluss über das tatsächliche Ausmaß der Täuschungseignung.[230] Ergibt sich, dass eine Angabe die überwiegende Mehrzahl der Angehörigen der angesprochenen Verkehrskreise tatsächlich *nicht* irreführt, dann ist die Täuschungseignung der Angabe tatsächlich nur schwach ausgeprägt, was den Schluss nahe legt, dass die Angabe aus der objektivierten Sicht eines durchschnittlichen Angehörigen dieser Kreise bei verständiger Würdigung – also normativ betrachtet – *nicht zur Irreführung geeignet* ist. Ergibt sich umgekehrt, dass eine Angabe die überwiegende Mehrzahl der Angehörigen der angesprochenen Verkehrskreise tatsächlich irreführt, dann ist die Täuschungseignung der Angabe tatsächlich stark ausgeprägt, was den Schluss nahe legt, dass die Angabe auch normativ betrachtet irreführend ist. Gerade in diesem Fall, also bei positiver Feststellung der Irreführungseignung, sind bei der „verständigen Würdigung" allerdings auch die **gesetzlichen Wertungen zu berücksichtigen**. Das gilt nicht nur im Blick auf §§ 21, 22, 24, sondern etwa auch für die Frage, wie eine Personenfirma gebildet werden darf (Rn 56). Insbes. darf das Liberalisierungsanliegen des Gesetzes nicht mit Hilfe des Irreführungsverbots unterlaufen werden. Das gilt freilich auch umgekehrt: Das Irreführungsverbot darf nicht unter Hinweis auf die Liberalisierung des Firmenrechts ausgehebelt werden. Beides ist vielmehr in das rechte Verhältnis zu setzen. Schließlich ist daran zu erinnern, dass selbst eine stark ausgeprägte Täuschungseignung unschädlich ist, wenn die Wesentlichkeitsschwelle (Rn 46) nicht überschritten wird.[231] Gehört das Gericht selbst zu den angesprochenen Verkehrskreisen, bedarf es regelmäßig keines durch Meinungsumfrage untermauerten Sachverständigengutachtens.[232]

48 *Zweitens* ist der normative Maßstab – da das Gesetz nicht auf den Verkehr als Ganzes, sondern nur auf die „angesprochenen Verkehrskreise" abstellt – weder einheitlich noch feststehend, sondern **variabel**, nämlich eben danach, welche Verkehrskreise von der Firma angesprochen werden.[233] Von einer Firma angesprochen werden insbes. die aktuellen und potentiellen Kunden, Lieferanten und Wettbewerber des Unternehmens.[234] Dabei sind Lieferanten und Wettbewerber in der Regel selbst Unternehmer i.S.d. § 14 BGB oder sogar Kaufleute i.S.d. §§ 1 ff. Sind auch die Kunden ausschließlich oder überwiegend Unternehmer bzw. Kaufleute, dann setzen sich die angesprochenen Verkehrskreise durchschnittlich aus Rechtsträgern zusammen, denen das Gesetz eine gesteigerte geschäftliche Erfahrung und Aufmerksamkeit zumisst. Das hebt sowohl die Schwelle der Irreführungseignung als auch die Schwelle der Wesentlichkeit an. Beide werden weiter angehoben, wenn sich das Unternehmen auf einem kleinen Markt bewegt, auf dem jeder jeden kennt und die Fluktuation gering ist. Abgesenkt werden die Schwellen dagegen, wenn zu den Kunden des Unternehmens auch Verbraucher i.S.d. § 13 BGB gehören; denn in diesem Fall ist sowohl hinsichtlich der Irreführungseignung als auch hinsichtlich der Wesentlichkeit auf deren verhältnismäßig geringere geschäftliche Erfahrung und Aufmerksamkeit Rücksicht zu nehmen. Auszugehen ist dabei freilich nicht von dem Bild eines geschäftlich völlig unerfahrenen, unverständigen und flüchtigen Verbrauchers, den

---

[228] S. Staub/*Hüffer* 4. Aufl. Rn 30.
[229] Vgl. Röhricht/v. Westphalen/*Ammon*/*Ries* Rn 27; *Lutter*/*Welp* ZIP 1999, 1073 (1079); Ebenroth/Boujong/Joost/Strohn/*Zimmer* Rn 43.
[230] Vgl. Ebenroth/Boujong/Joost/Strohn/*Zimmer* Rn 43.
[231] Ebenroth/Boujong/Joost/Strohn/*Zimmer* Rn 40.
[232] BGH NJW 2004, 1163 (1164); *Oetker* Handelsrecht § 4 Rn 54.
[233] BayObLG NJW-RR 2000, 111; Baumbach/*Hopt* Rn 13.
[234] BayObLG NJW-RR 1988, 617; 2000, 111; Baumbach/*Hopt* Rn 13; Koller/*Roth*/Morck Rn 7.

es vor sich selbst zu schützen gilt, sondern grundsätzlich von einem durchschnittlich sorgfältigen, aufmerksamen, informierten, verständigen und erfahrenen, kurz: **mündigen Verbraucher**.[235] Auch dieser Maßstab kann freilich im Einzelfall variieren, nämlich wenn sich ein Unternehmen vornehmlich an überdurchschnittlich (Bsp. Unternehmer) oder unterdurchschnittlich (Bsp. Asylbewerber) erfahrene Verbraucher wendet. Schließlich können auch regionale Unterschiede zu berücksichtigen sein. Dabei kann diese Variation des Maßstabes dazu führen, dass ähnliche Firmen mal zulässig, mal wegen Verstoßens gegen Abs. 2 S. 1 unzulässig sind. Daher können auch aktuelle firmenrechtliche Entscheidungen nicht unbesehen auf andere Fälle übertragen werden (bei Entscheidungen, die noch zum alten Firmenrecht ergangen sind, ist ohnehin äußerste Vorsicht geboten, vgl. Rn 33, 46, Vor § 17 Rn 12 ff).

Die **nachstehenden Ausführungen** (Rn 56 ff, 65 ff) gehen von der **Allgemeinheit** als angesprochenem Verkehrskreis aus und berücksichtigen daher auch die Sicht eines durchschnittlichen Verbrauchers. Sollten im Einzelfall engere Verkehrskreise angesprochen sein, kann dies daher eine andere Beurteilung rechtfertigen bzw. gebieten. 49

II. Verfahrensrechtliche Berücksichtigung (S. 2)

1. Ersichtlichkeit. Selbst wenn ein Verstoß gegen Abs. 2 S. 1 vorliegt, darf dies im Verfahren vor dem Registergericht nach Abs. 1 S. 2 nur berücksichtigt werden, wenn der Verstoß *„ersichtlich ist"*. Dabei bezieht sich die – aus § 37 Abs. 3 MarkenG bekannte – Ersichtlichkeitsschwelle nur auf die Irreführungseignung i.S.d. Abs. 2 S. 1, nicht auf die nach Abs. 1 erforderliche Kennzeichnungseignung und Unterscheidungskraft.[236] In Bezug genommen werden jedoch alle Voraussetzungen des Abs. 2 S. 1. Insbes. muss daher auch das Überschreiten der Wesentlichkeitsschwelle (Rn 46) ersichtlich sein.[237] Anders gewendet will S. 2 zum Ausdruck bringen, dass im Registerverfahren **nur evidente Verstöße gegen das Irreführungsverbot** des Abs. 2 S. 1, die sich dem Registerrichter **ohne Erhebung von Beweisen aufdrängen** müssen, einer Eintragung entgegenstehen.[238] Damit soll das Eintragungsverfahren beschleunigt und entbürokratisiert werden.[239] Liegt kein in diesem Sinne evidenter Verstoß gegen Abs. 2 S. 1 vor, muss das Registergericht nach Abs. 2 S. 2 daher grundsätzlich eintragen. In beiden Fällen – also sowohl bei einem evident vorliegenden Verstoß als auch ohne – bedarf es in Abweichung von § 26 FamFG (= § 12 FGG a.F.) keiner Durchführung von Ermittlungen oder der Erhebung von Beweisen.[240] Das bedeutet freilich nicht, dass das Registergericht Zweifel an der Eintragungsfähigkeit einer Firma hintanstellen müsste. Im Gegenteil! Gem. § 23 S. 2 HRV hat der Registerrichter in zweifelhaften Fällen ein Gutachten der Industrie- und Handelskammer einzuholen. Ihm steht insofern kein Ermessen, sondern nur die Beurteilung zu, ob ein Fall zweifelhaft ist. Dabei soll nach der Stellungnahme des Bundesrates, auf dessen Initiative 50

---

[235] BT-Drucks. 13/8444, S. 53; ausf. zu dieser Frage MünchKommHGB/*Heidinger* Rn 50 ff; im Ergebnis wie hier Ebenroth/Boujong/Joost/Strohn/*Zimmer* Rn 24; Baumbach/*Hopt* Rn 13; GKzHGB/*Steitz* Rn 22; Röhricht/v. Westphalen/*Ammon*/*Ries* Rn 27; Koller/*Roth*/Morck Rn 9 mwN.
[236] *Oetker* Handelsrecht § 4 Rn 38 a.E.
[237] Ebenso HKzHGB/*Ruß* Rn 25.
[238] Vgl. Begr. RegE., BT-Drucks. 13/8444, S. 53; Röhricht/v. Westphalen/*Ammon*/*Ries* Rn 29; Baumbach/*Hopt* Rn 19; Koller/*Roth*/Morck Rn 10; Ebenroth/Boujong/Joost/Strohn/*Zimmer* Rn 69, 71 mN.
[239] Begr. RegE., BT-Drucks. 13/8444, S. 38; Ebenroth/Boujong/Joost/Strohn/*Zimmer* Rn 69; GKzHGB/*Steitz* Rn 34.
[240] Im Erg. ebenso GKzHGB/*Steitz* Rn 34; MünchKommHGB/*Heidinger* Rn 54 mN.

hin § 23 S. 2 HRV neu gefasst wurde, ein zweifelhafter Fall immer schon dann vorliegen, wenn der Registerrichter von der bisherigen Praxis abweichen oder eine Frage erstmals entscheiden will.[241] Das geht freilich viel zu weit, weil die Liberalisierung des Firmenrechts nicht berücksichtigt wird[242] und Abs. 2 S. 2 geradezu konterkariert würde.

51 Auch die IHK darf in ihrer Stellungnahme nicht die hergebrachte Verkehrsauffassung unbesehen fortschreiben, sondern muss die neue liberalisierte Rechtslage berücksichtigen. Zwar kann sie sich wahlweise auf Erfahrungswerte hinsichtlich der Verkehrsauffassung stützen oder empirische Erhebungen zum Begriffsverständnis durchführen.[243] Diese haben jedoch nur indizielle Bedeutung. Entscheidend ist der oben beschriebene normative Maßstab (Rn 47). Auch deswegen ist der Registerrichter heutzutage nicht mehr an den Inhalt des Kammergutachtens gebunden.[244]

52 Bleibt auch nach Einholung des Kammergutachtens zweifelhaft, ob ein Verstoß gegen Abs. 2 S. 1 vorliegt, muss das Registergericht gem. Abs. 2 S. 2 mangels Ersichtlichkeit die Eintragung vornehmen.[245]

53 2. Anwendungsbereich. Wie Abs. 2 S. 2 hervorhebt gilt die Ersichtlichkeitsschwelle „im Verfahren vor dem Registergericht". Die Ersichtlichkeitsschwelle findet daher **in drei Fällen** Anwendung: *Erstens* im Verfahren der Eintragung von Firmen (§§ 29, 31 Abs. 1), *zweitens* im Firmenmissbrauchsverfahren nach § 37 Abs. 1 und *drittens* im Amtslöschungsverfahren nach § 395 FamFG (= § 142 FGG a.F.).[246] Im Beschwerdeverfahren ist dagegen richtigerweise zu differenzieren. Grundsätzlich kann die Entscheidung des Registergerichts nicht mit der Begründung angefochten werden, der von dem Registergericht angenommene Verstoß gegen Abs. 2 S. 1 sei nicht ersichtlich i.S.d. Abs. 2 S. 2, etwa weil er nur aufgrund von Ermittlungen des Registergerichts zutage getreten sei.[247] Das folgt schon daraus, dass Abs. 2 S. 2 es dem Registergericht nicht hindert, Ermittlungen durchzuführen. Vielmehr darf das Registergericht Ermittlungen durchführen, muss es anders als nach § 26 FamFG (= § 12 FGG a.F.) jedoch nur im Falle des § 23 S. 2 HRV (Rn 50). Daher hat die Rechtsmittelinstanz – ggf. unter Zugrundelegung von Ermittlungen des Registergerichts – ausschließlich zu prüfen, ob die Firma materiell gegen Abs. 2 S. 1 verstößt.[248] Selbst wenn der Verstoß gegen Abs. 2 S. 1 objektiv nicht ersichtlich i.S.d. Abs. 2 S. 2 ist, kommt es daher hierauf im Beschwerdeverfahren grundsätzlich nicht an. Von diesem Grundsatz wird man allerdings dann eine Ausnahme machen müssen, wenn das Registergericht die Eintragung entgegen Abs. 2 S. 2 tatsächlich aufgrund bloßer Zweifel abgelehnt hat und der Verstoß gegen Abs. 2 S. 1 objektiv nicht ersichtlich i.S.d. Abs. 2 S. 2 ist; denn andernfalls stünde zu befürchten, dass diese Bestimmung leerliefe. Im Verfahren der streitigen Gerichtsbarkeit findet die Ersichtlichkeitsschwelle nach

---

[241] BT-Drucks. 13/8444, S. 95.
[242] Näher Ebenroth/Boujong/Joost/Strohn/*Zimmer* Rn 41.
[243] Ebenroth/Boujong/Joost/Strohn/*Zimmer* Rn 42.
[244] Zutr. Ebenroth/Boujong/Joost/Strohn/*Zimmer* Rn 43.
[245] Ebenso Ebenroth/Boujong/Joost/Strohn/*Zimmer* Rn 43.
[246] Ebenroth/Boujong/Joost/Strohn/*Zimmer* Rn 70; GKzHGB/*Steitz* Rn 34; Baumbach/*Hopt* Rn 19 f; Koller/*Roth*/Morck Rn 10.
[247] RegBgr. BT-Drucks. 13/8444 S. 54, s. auch Stellungnahme des Bundesrates bzw. der Bundesregierung BT-Drucks. 13/8444 S. 92, 98; Röhricht/v. Westphalen/*Ammon*/Ries Rn 29; **aA**, S. 54; OLG Hamm DtNotZ 1999, 842, 844; s. ferner Ebenroth/Boujong/Joost/Strohn/*Zimmer* Rn 71.
[248] Gegenäußerung der Bundesregierung zur Stellungnahme des Bundesrates, BT-Drucks. 13/8444, S. 98; Röhricht/v. Westphalen/*Ammon*/Ries Rn 38; Ebenroth/Boujong/Joost/Strohn/*Zimmer* Rn 71.

Wortlaut und Sinn der Vorschrift dagegen keinesfalls Anwendung. Bei der Geltendmachung von Unterlassungsansprüchen etwa nach § 37 Abs. 2 ist die Irreführung daher ohne diese Einschränkung zu ermitteln.

III. Rechtsfolgen

1. Rechtsfolgen des Abs. 2. Liegen die Voraussetzungen des Abs. 2 S. 2 vor, dann darf 54 das Registergericht die Firma nicht eintragen. Ohnedies muss das Gericht die Eintragung vornehmen. Erkennt das Gericht den Verstoß gegen das Irreführungsverbot erst nach der Eintragung oder tritt der Verstoß erst nachträglich ein (Rn 35 ff), dann kommen ein Firmenmissbrauchs- (§ 37 Abs. 1 i.V.m. § 392 FamFG [§ 140 FGG a.F.]) oder ein Firmenlöschungsverfahren (§ 395 FamFG [§ 142 FGG a.F.]) in Betracht,[249] s. dazu § 37 Rn 49. Unter Umständen soll auch § 397 FamFG (§ 144a FGG a.F.) eingreifen.[250]

2. Sonstige Rechtsfolgen. Dritte können von dem Inhaber einer irreführenden Firma 55 gem. § 37 Abs. 2 S. 1 und gem. §§ 3, 5, 8 UWG (Anh. II zu § 37 Rn 70) Unterlassung verlangen, wenn die dort genannten Voraussetzungen erfüllt sind. In Betracht kommt auch ein Anspruch auf Schadensersatz und eine Gewinnabschöpfung gem. §§ 9, 10 UWG. Zu beachten sind die kurzen Verjährungsfristen des § 11 UWG. Möglich sind auch Ansprüche aus §§ 5, 15 MarkenG (dazu Anh. II zu § 37) sowie subsidiär aus §§ 12, 823 Abs. 1 BGB (dazu Anh. I zu § 37).

IV. Fallgruppen

1. Personenfirma

a) Allgemeine Regeln. Die strengen Anforderungen, die vor der Handelsrechtsreform 56 an die Bildung einer Personenfirma gestellt wurden, gelten heute nicht mehr (Vor § 17 Rn 13). Grenze der Zulässigkeit sind allein die Kennzeichnungseigung (selten s. Rn 57) Unterscheidungskraft (selten, s. Rn 23) und die Irreführungseignung. Nach geltendem Recht **grundsätzlich zulässig** sind daher insbes. **Abkürzungen des bürgerlichen Namens** (z.B. „F. Huber"; „Friedrich H.", „Fritz Huber", „F.H."),[251] **Weglassen eines Namensteils** (wie eines zweiten Vornamens, eines Adelstitels oder des Teils eines Doppelnamens[252],[253] **Abweichungen der Schreibweise** (z.B. mit „oe" statt „ö")[254] oder die **Verwendung des Geburtsnamens**,[255] sofern dergleichen nicht im Einzelfall gegen Abs. 2 S. 1

---

[249] Anstelle anderer Röhricht/v. Westphalen/*Ammon/Ries* Rn 39a; GKzHGB/*Steitz* Rn 34.
[250] Röhricht/v. Westphalen/*Ammon/Ries* Rn 39a; aA MünchKommHGB/*Heidinger* Rn 40.
[251] MünchKommHGB/*Heidinger* Rn 56; Ebenroth/Boujong/Joost/Strohn/*Zimmer* Rn 6.
[252] LG Passau Rpfleger 2000, 397 (zur GmbH); krit. *Möller* DNotZ 2000, 831, 836; anders vor der Handelsrechtsreform KGJ 27 A, 64 f; Staub/*Hüffer* 4. Aufl. § 30 Rn 16.
[253] MünchKommHGB/*Heidinger* Rn 57; Ebenroth/Boujong/Joost/Strohn/*Zimmer* Rn 10;
[254] MünchKommHGB/*Heidinger* Rn 56, 59; Ebenroth/Boujong/Joost/Strohn/*Zimmer* Rn 6; Wessel/Zwernemann/*Kögel* Firmengründung Rn 162; so wohl auch HKzHGB/*Ruß* Rn 16; ebenso bereits zur früheren Rechtslage Staub/*Hüffer* 4. Aufl. Rn 9.
[255] MünchKommHGB/*Heidinger* Rn 57.

§ 18　　　　　　　　　　　　1. Buch. Handelsstand

verstößt (z.B. Abkürzung des Vornamens „Drago" als „Dr.", s.u. Rn 67). Unproblematisch ist ferner, den Namen in Klammern zu setzen, zu deklinieren oder zu diminuieren („Fritzchens Fischlokal") oder in Form eines Adjektivs zu verwenden („Otto Müller'sche Dampfmühle"). Als Phantasiefirmen zulässig ist auch die Verwendung von **Kosenamen** („Püppis Moden"). Allein schon deswegen können auch **Künstlernamen**[256], **Decknamen und Pseudonyme**[257], **Domain-Namen**[258] oder **Namen lang verstorbener Prominenter** („Mozart Kaffee")[259], **mythologische Namen** („Parfümerie Aphrodite")[260] und sonstige **Phantasienamen**[261] („Billy Billig")[262] verwendet werden. Mit anderen Worten muss der in einer Personenfirma verwendete Name grundsätzlich nicht mit dem bürgerlichen Namen des Geschäftsinhabers übereinstimmen. Das gilt nicht nur in Fällen der Firmenfortführung (§§ 22, 24), sondern auch bei der Firmenneubildung,[263] und nicht nur für die Firma eines Einzelkaufmanns, sondern auch für die Bildung von Gesellschaftsfirmen. Selbst die Firma einer OHG oder KG kann daher heute grundsätzlich aus dem **Namen von Nichtgesellschaftern**[264] oder von **Kommanditisten**[265] gebildet werden (s. auch Rn 59). Insbes. ist damit keine Irreführung über die Stellung des Namensgebers verbunden, weil der durchschnittliche Verkehrsteilnehmer bei verständiger Würdigung objektiv (Rn 47) allein schon wegen der hergebrachten Regelungen der §§ 22, 24 nicht erwarten kann, dass die Firma Aufschluss über den Geschäftsinhaber bzw. dessen Gesellschafter gibt.

---

[256] MünchKommHGB/*Heidinger* Rn 57; Röhricht/v. Westphalen/*Ammon/Ries* Rn 19.

[257] Für die Zulässigkeit von Künstlernamen Röhricht/v. Westphalen/*Ammon/Ries* Rn 19; Hachenburg/*Heinrich* § 4 GmbHG Rn 39; *Heinrich* Firmenwahrheit und Firmenbeständigkeit, Rn 94 ff, 98; Bartl/Henkes/*Scharb*/Schulze GmbHR § 4 Rn 58; (eingeschränkt); Lutter/Hommelhoff/*Bayer* GmbHG § 4 Rn 4; Anders nach früherer Rechtslage s. KG OLGRspr. 40, 178 (179); BayOLG NJW 1954, 1933 m. eingehender Literaturangabe; Staub/*Hüffer* 4. Aufl. Rn 561 für den Einzelkaufmann; Heymann/*Emmerich* Rn 7a.

[258] Seifert RPfleger 01, 396 f.

[259] Ebenroth/Boujong/Joost/Strohn/*Zimmer* Rn 13; Röhricht/v. Westphalen/*Ammon/Ries* Rn 32; MünchKommHGB/*Heidinger* Rn 170.

[260] Ebenroth/Boujong/Joost/Strohn/*Zimmer* Rn 13; Röhricht/v. Westphalen/*Ammon/Ries* Rn 32.

[261] Dagegen kann auch nicht angeführt werden, dass bei der Zulässigkeit von Phantasienamen § 21 überflüssig wäre, denn solch tiefschürfende Überlegungen hat der Gesetzgeber der Handelsrechtsreform nicht angestellt. Auch für § 5 bleibt nach der Reform richtigerweise kaum ein Anwendungsbereich. Ebenroth/Boujong/Joost/Strohn/*Zimmer* Rn 13; Koller/*Roth*/Morck Rn 15; GKzHGB/*Steitz* Rn 31.

[262] Koller/*Roth*/Morck Rn 15; s.a. Ebenroth/Boujong/Joost/*Zimmer* Rn 13.

[263] Im Ergebnis ebenso Ebenroth/Boujong/Joost/Strohn/*Zimmer* Rn 13.

[264] Str., wie hier Röhricht/v. Westphalen/*Ammon/Ries* § 19 Rn 24; MünchKommHGB/*Heidinger* vor § 17 Rn 54, 18 Rn 74 ff, 96 ff; *Kögel* BB 1997, 793 (796); aA Koller/*Roth*/Morck Rn 15; Baumbach/*Hopt* § 19 Rn 22; Ebenroth/Boujong/Joost/Strohn/*Zimmer* Rn 11, 13 mwN. Danach differenzierend, ob Fehlvorstellungen hinsichtlich der persönlichen Haftung der namentlich bezeichneten Person hervorgerufen werden können *Oetker* Handelsrecht § 4 Rn 48.

[265] Str. wie hier Saarländisches OLG Saarbrücken DB 2006, 1002; MünchKommHGB/*Heidinger* Rn 96; Röhricht/v. Westphalen/*Ammon/Ries* Rn 34; Wessel/Zwernemann/*Kögel* Firmengründung Rn 307; *Canaris* Handelsrecht § 11 Rn 5; *Schumacher* Handelsrechtsreformgesetz 1998, S. 65; Baumbach/*Hopt* § 19 Rn 22; aA *Jüng* ZIP 1998, 677 (682); vgl. auch *Bokelmann* GmbHR 1998, 57 (59); *ders.* Das Recht der Firmen- und Geschäftsbezeichnung Rn 595; Ebenroth/Boujong/Joost/Strohn/*Zimmer* Rn 11; Koller/*Roth*/Morck Rn 15; Lutter/*Welp* ZIP 1999, 1081; *Kögel* BB 1997, 793 (796).

Selbst wenn man diese Ansicht nicht teilt, so fehlt es doch an der Wesentlichkeit, sofern durch die Verwendung eines fremden Namens nicht der gute Ruf, den ein Lebender oder unlängst Verstorbener in den angesprochenen Verkehrskreisen genießt, ausgenutzt wird.[266] Eine dahingehende Vermutung ist nicht gerechtfertigt.[267] Kennt der durchschnittliche Angehörige der angesprochenen Verkehrskreise den Träger des verwendeten Namens nicht, kann auch keine Verwechselung entstehen.[268] Wird der „gute Name" eines Prominenten verwendet, muss dieser auf die Geschicke des Unternehmens allerdings entweder als Gesellschafter oder als leitender Angestellter maßgeblichen Einfluss haben.[269] Soll etwa der Name eines bekannten Wissenschaftlers verwendet werden, so genügt es nach hier vertretener Ansicht, wenn dieser die Forschungs- und Entwicklungsabteilung des Unternehmens leitet; denn dann bringt er gerade an der für die angesprochenen Verkehrskreise entscheidenden Stelle seine Expertise ein. Als bloßer Gesellschafter hätte er mglw. sogar weniger Einfluss.

Ausländische Namen durften schon nach altem Recht verwendet werden, und zwar auch dann, wenn sie nicht als Personennamen erkennbar sind.[270] Das gilt heute in Anbetracht der Zulässigkeit der Firmenbildung unter Verwendung eines Phantasienamens (s. auch Rn 69 und Vor § 17 Rn 17) erst recht. Ausländische Namen dürfen deswegen heute grundsätzlich auch „eingedeutscht" (z.B. „Benedikt Schneider" statt „Benedetto Sarto") und deutsche Namen übersetzt werden (also „Benedetto Sarto" statt „Benedikt Schneider").[271] Ausländische Namen, die nicht in lateinischer Schrift (sondern z.B. in arabisch, chinesisch, japanisch, griechisch oder kyrillisch) gehalten sind, müssen allerdings in **lateinische Schrift** transkribiert werden, weil sie andernfalls für den Verkehr nicht aussprechbar sind (Rn 11). Das gilt auch für EG-Auslandsgesellschaften. **57**

Inhabervermerke dürfen auch bei der Neubildung einer Firma verwendet werden („Apotheke zum goldenen Einhorn Inh. Martin Schon"[272], „Reisebüro Klaus, Inhaber Klaus Gor"[273]), weil sie, wie die Beispiele zeigen, grundsätzlich neutral sind, insbes. nicht als solche den Eindruck einer Firmenfortführung erwecken.[274] Ein solcher Eindruck ist überdies dann unschädlich, weil nicht verkehrswesentlich, wenn nicht auf eine tatsächlich existierende bzw. alte Firma Bezug genommen wird.[275] Unter dieser Voraussetzung zulässig ist daher auch die Verwendung unterschiedlicher Namen („Reisebüro Schön, Inhaberin Edelgard St-R"[276]). **Irreführend** ist dagegen unzutreffenderweise mit „Nachfolger" oder „vormals" zu firmieren.[277] Dadurch wird nämlich nicht nur der Ein- **58**

---

[266] LG Wiesbaden NJW-RR 2004, 1106; MünchKommHGB/*Heidinger* Rn 170; Koller/*Roth*/Morck Rn 15; s.a. Baumbach/*Hopt* Rn 22.
[267] Röhricht/v. Westphalen/*Ammon*/Ries Rn 34.
[268] Das übersieht Ebenroth/Boujong/Joost/Strohn/*Zimmer* Rn 13.
[269] LG Frankfurt/O. GmbHR 2002, 966: Gesellschafter oder Geschäftsführer; aA D. *Möller* NZG 2002, 967 f: Geschäftsführer reicht nicht.
[270] BayObLG NJW 1973, 1886.
[271] MünchKommHGB/*Heidinger* Rn 58; aA zur früheren Rechtslage etwa Staub/*Hüffer* 4. Aufl. Rn 9 und § 17 Rn 9.
[272] KG OLGZ 1965, 315 (317); s. auch OLG Köln NJW 1953, 345 ff.
[273] BayObLG Rpfleger 1981, 150; s. auch LG Dortmund BB 1971, Beilage 9, S. 3 f.
[274] MünchKommHGB/*Heidinger* Rn 61; so schon zur früheren Rechtslage OLG Köln NJW 1953, 345 (346); vgl. auch OLG Frankfurt OLGZ 1978, 43 (45); KG OLGZ 1965, 315 (319); OLG Hamm OLGZ 1968, 97 = MDR 1968, 501: „Inhaber" ist farblos, hat nicht die Bedeutung von „Nachfolger"; Staub/*Hüffer* 4. Aufl. Rn 6.
[275] MünchKommHGB/*Heidinger* Rn 63.
[276] OLG Celle BB 1990, 302.
[277] OLG Frankfurt NJW 1969, 330; OLG Hamm MDR 1968, 501; MünchKommHGB/*Heidinger* Rn 61; zum alten Recht aus der Lit. etwa Staub/*Hüffer* 4. Aufl. Rn 43 und § 37 Rn 9.

§ 18　　　1. Buch. Handelsstand

druck erweckt, es würde auf eine alte Firma Bezug genommen, die, weil gut eingeführt, beibehalten wird, sondern auch die Vorstellung erzeugt, als bestünde das Handelsgeschäft bereits seit längerer Zeit. Damit wird insgesamt die Vorstellung einer gewissen Beständigkeit und Seriosität des Unternehmens hervorgerufen, was für die wirtschaftliche Entscheidung der angesprochenen Verkehrskreise von Bedeutung ist.

59　　b) **Gesellschaftsfirmen.** Die Firma einer OHG oder KG muss heute nicht mehr aus dem Namen eines persönlich haftenden Gesellschafters gebildet werden. Zulässig ist freilich nicht nur die Bildung von Sach- und Phantasiefirmen, sondern nach der hier vertretenen Ansicht auch die Verwendung des Namens eines Kommanditisten und grundsätzlich auch eines Nichtgesellschafters (Rn 56). Das stellt zwar die bisherige Rechtslage auf den Kopf und mag daher von manchen als irreführend empfunden werden,[278] ist aber gewollte Folge der Handelsrechtsreform und daher vom Verkehr hinzunehmen.[279] Wird der **Name eines Gesellschafters** verwendet, muss er nach allgemeinen Regeln (Rn 56) **nicht ausgeschrieben**, sondern kann **auch abgekürzt** werden. Das gilt richtigerweise auch, wenn es sich bei dem Gesellschafter um eine andere Gesellschaft handelt.[280] Insbes. kann entgegen einer verbreiteten Meinung[281] der **Rechtsformzusatz weggelassen** werden.[282] Dient eine „M. Müller OHG" als Namensgeberin einer KG, muss sie daher nicht als „M. Müller OHG & Co. KG" firmieren,[283] sondern kann sich auch schlicht „M. Müller KG" nennen. Eine Irreführung i.S.d. Abs. 2 S. 1 liegt hierin nicht. Das Gleiche gilt, wenn als Namensgeberin eine „M. Müller GmbH" auftritt, wenn nicht ausnahmsweise den angesprochenen Verkehrskreisen eine natürliche Person gleichen Namens bekannt ist, die ein höheres Haftungspotential hat, als die tatsächlich beteiligte GmbH.[284] Ist die GmbH allerdings einzige Komplementärin, dann muss die KG aufgrund von § 19 Abs. 2 als „M. Müller GmbH & Co. KG" firmieren (s. § 19 Rn 11 ff).[285] In allen genannten Fällen zulässig ist ferner statt mit „M. Müller" mit „M.M.", also etwa als „M.M. GmbH & Co. KG" zu firmieren. Dem widerspricht im Beispielsfall auch nicht etwa die Firmenführungspflicht der GmbH;[286] denn die Bezeichnung M.M. benennt nicht die GmbH,

---

[278] Vgl. *Kögel* BB 1997, 793 (796); *Jung* ZIP 1998, 677 (682); Koller/*Roth*/Morck Rn 15; differenzierend Ebenroth/Boujong/Joost/Strohn/*Zimmer* Rn 11.

[279] MünchKommHGB/*Heidinger* Rn 96; Röhricht/v. Westphalen/*Ammon*/Ries § 19 Rn 29, 54.

[280] Ausf. MünchKommHGB/*Heidinger* Rn 81 ff, 86 ff; Röhricht/v. Westphalen/*Ammon*/Ries Rn 54, § 19 Rn 32; **aA** MünchKommHGB/*Bokelmann* 1. Aufl. Rn 77.

[281] So vor der Handelsrechtsreform BGHZ 62, 216 (226); 65, 103 (105); 71, 354; BayObLGZ 1978, 40; 1979, 316; OLG Frankfurt BB 1958, 1272; KG Rpfleger 1989, 24 (25); *Aschenbrenner* Die Firma der GmbH & Co. KG, S. 31, 36; Staub/*Hüffer* 4. Aufl. § 19 Rn 65; nach der Handelsrechtsreform Baumbach/*Hopt* § 19 Rn 15; Wessel/Zwernemann/*Kögel* Firmengründung Rn 174; vgl. auch OLG Stuttgart BB 2001, 14.

[282] MünchKommHGB/*Heidinger* Rn 84; Ebenroth/Boujong/Joost/Strohn/*Zimmer* Rn 33; Röhricht/v. Westphalen/*Ammon*/Ries § 19 Rn 32; Scholz/*Emmerich* § 4 Rn 45.

[283] So aber vor der Handelsrechtsreform BGHZ 62, 216 (226); 65, 103 (105); 71, 354; BayObLGZ 1978, 40; 1979, 316; OLG Frankfurt BB 1958, 1272; KG Rpfleger 1989, 24, 25; *Aschenbrenner* Die Firma der GmbH & Co. KG, S. 31, 36; wie hier Ebenroth/Boujong/Joost/Strohn/*Zimmer* Rn 33; Röhricht/v. Westphalen/*Ammon*/Ries § 19 Rn 32.

[284] MünchKommHGB/*Heidinger* Rn 84.

[285] Ebenroth/Boujong/Joost/Strohn/*Zimmer* Rn 33; vgl. auch Koller/*Roth*/Morck Rn 15, § 19 Rn 4.

[286] So aber vor der Handelsrechtsreform BayObLG DB 1990, 2013; BayObLG NJW 1973, 371; Staub/*Hüffer* 4. Aufl. § 19 Rn 46, 55 f; vgl. auch BGHZ 80, 353 (356).

sondern die KG und kann auch als Phantasiefirma gebildet werden.[287] Und der Zusatz „GmbH & Co." ist § 19 Abs. 2 geschuldet. In jedem Fall **unzulässig** ist dagegen ein **unmittelbares Aufeinanderfolgen verschiedener Rechtsformzusätze** („M. Müller OHG KG", „M. Müller AG GmbH", „M. Müller GmbH & Co. KG GmbH"), da der Verkehr hierdurch verwirrt würde, weil er nicht wüsste, welcher Rechtsformzusatz maßgeblich ist (s. auch § 19 Rn 14).[288]

2. Sachfirma

a) Allgemeine Regeln. Sachfirma ist jede Firma, die auf den Gegenstand (irgend-)einer unternehmerischen Tätigkeit Bezug nimmt (Vor § 17 Rn 18). Eine Sachfirma kann daher auch aus einer **Marke** gebildet werden.[289] Die Grenzen zur Phantasiefirma sind dementsprechend fließend,[290] eine Abgrenzung nach der Handelsrechtsreform allerdings auch entbehrlich (Vor § 17 Rn 15). Heute ist daher eine Firma wie „Parkota GmbH" als Abkürzung für Parfümerie, Kosmetika, Toilettenartikel[291] oder „Bauhelf GmbH" für eine Baumaschinenhandlung[292] ohne weiteres zulässig. Vornehmlich ist **zweierlei zu beachten**: Zum einen besitzen bloße Gattungs-, Branchen-, Sach- oder Tätigkeitsbezeichnungen in Alleinstellung keine ausreichende **Unterscheidungskraft** i.S.d. Abs. 1 (Rn 25 ff). Und zum Zweiten darf die Sachfirma gem. Abs. 2 S. 1 **keine unrichtigen Vorstellungen** über den Gegenstand der unternehmerischen Tätigkeit des Handelsgewerbes hervorrufen, die für die angesprochenen Verkehrskreise wesentlich sind. Das **bedeutet nicht positiv, dass die tatsächlichen Verhältnisse stets zutreffend wiedergegeben werden müssen**.[293] Ebenso wenig muss der Kern der unternehmerischen Tätigkeit zutreffend erfasst werden.[294] Solche positiven Anforderungen sind von dem hergebrachten Verständnis der Sachfirma, wonach diese dem Gegenstand des Unternehmens zu entnehmen war (vgl. etwa § 4 Abs. 1 S. 1 GmbHG a.F.), getragen und daher zu weit gehend.[295] **Lediglich die negative Anforderung mangelnder Irreführung i.S.d. Abs. 2 S. 1 darf nicht verletzt werden.** Den Unterschied zeigt obiges Beispiel einer Baumaschinenhandlung, die als „Bauhelf GmbH" firmiert. Diese Firma gibt zwar den Kern der unternehmerischen Tätigkeit nicht zutreffend wieder, würde man aufgrund der Silbe „-helf" dahinter doch wohl keine Handlung vermuten. Eine verkehrswesentliche Irreführung ist damit jedoch nicht verbunden. Zulässig wäre daher auch eine Firmierung als „Antons Futterhaus", obwohl völlig unklar ist, ob damit beispielsweise eine Gaststätte, eine Lebens- oder Futtermittelhandlung bezeichnet wird. Die Grenze zur Irreführung wäre erst dann überschritten,

60

---

[287] Zutr. MünchKommHGB/*Heidinger* Rn 92.
[288] So bereits vor der Handelsrechtsreform OLG Hamm NJW 1966, 2172; OLG Oldenburg Rpfleger 1997, 263; nach der Handelsrechtsreform MünchKommHGB/*Heidinger* Rn 85; Ebenroth/Boujong/Joost/Strohn/*Zimmer* Rn 33.
[289] MünchKommHGB/*Heidinger* Rn 59; Priester DNotZ 1998, 691 (696).
[290] Vgl. BayObLG NJW-RR 2000, 111; MünchKommHGB/*Heidinger* Rn 59.
[291] Ebenroth/Boujong/Joost/Strohn/*Zimmer* Fn 36; **aA** zur früheren Rechtslage KG NJW 1958, 1830 (1831); s.a. OLG Hamm GmbHR 1996, 360 ff.
[292] Ebenroth/Boujong/Joost/Strohn/*Zimmer* Fn 37; **aA** zur früheren Rechtslage OLG Neustadt NJW 1962, 2208.
[293] So aber Ebenroth/Boujong/Joost/Strohn/*Zimmer* Rn 16.
[294] Vgl. MünchKommHGB/*Heidinger* Rn 67 mN.
[295] Röhricht/v. Westphalen/*Ammon/Ries* Rn 21; *Lutter*/Hommelhoff/*Bayer* GmbHG § 4 Rn 28; ähnlich Koller/*Roth*/Morck Rn 12d: „Lockerer Zusammenhang" reicht aus; s.a. *Lutter*/Welp ZIP 1999, 1073 (1081 f); *Kögel* BB 1998, 1645 f; **aA** BayObLG NZG 1999, 761 (obiter dictum).

wenn eine „Bauhelf GmbH" nichts mit der Baubranche und „Antons Futterhaus" nicht mit der Nahrungsmittelbranche im weitesten Sinne zu tun hätten.

61 Bei der Neubildung einer Firma kommt eine völlig falsche Wiedergabe des Unternehmensgegenstandes allerdings schon wegen des Interesses des Kaufmanns an der Werbewirksamkeit seiner Firma kaum vor. Im Laufe der Zeit kann sich die unternehmerische Tätigkeit jedoch derart verändern, dass die Firma irreführend wird. In diesem Fall ist das Interesse des Verkehrs, nicht in die Irre geführt zu werden, mit dem Interesse des Kaufmanns an der Beibehaltung seiner eingeführten Firma ins Verhältnis zu setzen. Entscheidend ist das Ausmaß der Irreführung. Hat sich bspw. eine Bürobedarfshandlung im Laufe der Zeit zu einem Computerhandel gewandelt, darf sie die Firma „Müllers Bürobedarf" richtigerweise fortführen, weil Computer zum Bürobedarf gehören und die Irreführung daher noch hinnehmbar ist. Hat sich hingegen eine Computer- in eine Bürobedarfshandlung entwickelt, dann ist die Fortführung der Firma „Müllers Computerhandlung" dann ausgeschlossen, wenn das Unternehmen tatsächlich keine Auswahl an Computern mehr führt.

62 Praktisch häufiger sind die Fälle, in denen der Inhaber versucht, das Unternehmen in der Firma größer, qualifizierter oder seinen Gegenstand umfassender erscheinen zu lassen als es den Tatsachen entspricht, also etwa eine Bäckerei als „Brotfabrik" (Rn 92), ein Übersetzungsbüro als „Dolmetscher-Institut" (Rn 71) oder eine bloße Weinhandlung ohne eigenen Weinanbau und Weinabfüllung als „Weinkellerei"[296] zu bezeichnen. Ob ein Verstoß gegen Abs. 2 S. 1 oder firmenrechtlich unschädliches Wortgeklingel vorliegt, ist in solchen Fällen jeweils im Einzelnen zu prüfen.

63 b) **Gesellschaftsfirmen.** Besondere Probleme bereitete es nach altem Recht, wenn eine Gesellschaftsfirma unter **Verwendung der Firma einer anderen Gesellschaft** gebildet werden sollte bzw. musste, die Bestandteile enthält, die eine bestimmte unternehmerische Tätigkeit („Möbel"), Größe („international") oder geographische Herkunft („bayerisch") bezeichnen, die auf das Unternehmen der zu bildenden Firma nicht zutreffen.[297] Nach neuem Firmenrecht ist die Lösung derartiger Fälle dagegen einfach, da eine Firma heutzutage nicht mehr unter Verwendung des Namens bzw. der Firma eines (persönlich haftenden) Gesellschafters gebildet werden muss (Vor § 17 Rn 16 f) und Personennamen bzw. Firmen auch abgekürzt verwendet werden dürfen (Rn 56, 59). Es bestehen daher folgende Möglichkeiten: Zum einen kann der Name bzw. die Firma eines anderen Gesellschafters (auch Kommanditisten) oder der Name eines Nichtgesellschafters verwendet werden, sofern Letzteres nicht irreführend ist (Rn 56, 59). Zum Zweiten kann eine neue zulässige Sach- oder Phantasiefirma gebildet werden. Und zum Dritten können die **irreführenden Bestandteile der namensgebenden Gesellschaft weggelassen** werden, wenn der verbleibende Teil noch den Anforderungen von Abs. 1 genügt. Das ist beispielsweise nicht der Fall, wenn sich eine „Bayerische Möbel GmbH" an der Gründung einer OHG beteiligt, die zwar ebenfalls in der Möbelbranche tätig sein soll, sich aber auf schwedische Möbel spezialisiert; denn in Alleinstellung ist der Gattungsbegriff „Möbel" nicht unterscheidungskräftig (Rn 25 ff), so dass eine Firmierung als „Möbel OHG" unzulässig wäre. Beteiligt sich hingegen eine „Luna Möbel GmbH" an der Gründung einer OHG, die nicht in der Möbelbranche tätig sein soll, kann diese ohne weiteres als „Luna OHG" firmieren (s. auch Rn 59, aber auch § 30 Rn 29 f). Einer **Komplementär-GmbH** ist es

---

[296] Röhricht/v. Westphalen/*Ammon*/*Ries* Rn 87; Koller/*Roth*/Morck Rn 12d; für weitere Beispiele s. GKzHGB/*Steitz* Rn 26 f.

[297] Ausf. MünchKommHGB/*Heidinger* Rn 86 ff.

ferner erlaubt, eine Sachfirma zu bilden, die aus der Tätigkeit der Kommanditgesellschaft abgeleitet ist, sofern im Gesellschaftsvertrag der GmbH festgelegt ist, dass ihr Unternehmensgegenstand die Führung der Geschäfte der KG ist und sie sich nur an gleichartigen oder ähnlichen Unternehmen beteiligen oder deren Geschäfte führen darf.[298]

3. Phantasiefirma. Phantasiefirmen sind heute **allgemein zulässig** (Vor § 17 Rn 19). **64** Sie müssen allerdings zur Kennzeichnung geeignet sein (Rn 8 ff) und Unterscheidungskraft besitzen (Rn 30 ff), was freilich nur in wenigen Fallgruppen nicht der Fall ist. Auch eine Irreführung ist regelmäßig nicht gegeben, weil eine Phantasiebezeichnung meist keinen Bezug zu geschäftlichen Verhältnissen hat. Das *kann* freilich insbes. bei der Verwendung von **Silben** anders sein, die von den angesprochenen Verkehrskreisen **als Bezug auf eine bestimmte unternehmerische Tätigkeit, eine bestimmte Qualifikation oder einen bestimmten Umfang** verstanden werden, wie im vorstehenden Beispiel (Rn 60) die Silbe „Bau" oder Silben wie „med", „tec",[299] „euro" (Rn 102 f), „inter" (Rn 104 f) usw. In solchen Fällen gilt das zur Sachfirma Gesagte (Rn 62).[300]

4. Firmenbestandteile (Einzelfälle)

a) **Adelstitel, Adelsprädikate.** Adelsbezeichnungen sind nach Art. 109 Abs. 3 S. 2 **65** WeimRV, der gem. Art. 123 GG als einfaches Gesetz weitergilt, Namensbestandteil.[301] Sie wirken irreführend, wenn sie bei den angesprochenen Verkehrskreisen die unrichtige Vorstellung hervorrufen, es bestehe eine Verbindung zu einer zur Führung der Adelsbezeichnung berechtigten Person oder zu einem Adelsgeschlecht (Rn 56)[302]. Ein Verstoß gegen § 18 Abs. 2 S. 1 liegt freilich nur vor, wenn diese unrichtige Vorstellung wettbewerbliche Relevanz hat. Das ist der Fall, wenn Adelsbezeichnungen bei den angesprochenen Verkehrskreisen eine besondere Wertschätzung genießen z.B. aufgrund Traditionsbewusstseins, Prestige- oder Statusdenkens oder weil sie Adeligen besondere Erfahrungen, Kenntnisse und Fähigkeiten zumessen (z.B. Graf Falkenstein Vermögensverwaltung GmbH). Wer zur Firmierung einen Adelsnamen als Phantasienamen wählt, nimmt offenbar an, dass ihm dies einen Wettbewerbsvorteil verschafft. Diese Annahme muss bei dem Registergericht Zweifel an der Eintragungsfähigkeit der Firma auslösen, denen es nachzugehen hat. Anders ist dies nur, wenn es sich offensichtlich um eine Phantasiebezeichnung wie „Prinzessin auf der Erbse-Betten GmbH" handelt.

b) **Akademische Grade, Amts- und Berufsbezeichnungen.** In diesem Bereich sind Rechtsprechung und Literatur seit jeher streng.[303] Dabei muss es auch nach der Handelsrechts- **66** reform grundsätzlich bleiben, weil solche Bezeichnungen den Eindruck fachlicher Kompetenz, aber auch ganz allgemein von Seriosität vermitteln, was verkehrswesentliche Eigenschaften sind.[304]

---

[298] MünchKommHGB/*Heidinger* Rn 101; so auch schon vor der Handelsrechtsreform OLG Köln OLGZ 1979, 277; BayObLGZ 1975, 447 (450) = NJW 1976, 1694; Staub/*Hüffer* 4. Aufl. § 19 Rn 41; *Blumers* BB 1977, 970 (973).
[299] AA GKzHGB/*Steitz* Rn 27.
[300] AA BayObLG NZG 1999, 761.
[301] Palandt/*Heinrichs* § 12 Rn 5; *Dumoulin* Die Adelsbezeichnung im deutschen und ausländischen Recht, S. 75 ff.
[302] OLG Neustadt/Weinstr. MDR 1963, 138: „Sektkellerei Graf S", MünchKommHGB/*Heidinger* Rn 115.
[303] S. etwa BGH NJW 1991, 752; BGH WM 1992, 504; Staub/*Hüffer* 4. Aufl. Rn 39 ff.
[304] MünchKommHGB/*Heidinger* Rn 108; Röhricht/v. Westphalen/*Ammon/Ries* Rn 41; GKzHGB/*Steitz* Rn 29; Baumbach/*Hopt* Rn 35.

§ 18   1. Buch. Handelsstand

67   Akademische Grade wie insbes. der **Doktortitel** (auch abgekürzt „Dr.") sowie die Bezeichnung **Professor**[305] sind nicht Bestandteil des bürgerlichen Namens,[306] können aber ohne Verstoß gegen Abs. 2 S. 1 in die Firma aufgenommen werden, wenn folgende **drei Voraussetzungen** erfüllt sind. Erstens muss der Namensgeber zur Führung des betreffenden Titels berechtigt sein, was dem Registergericht ggf. nachzuweisen ist.[307] Bei ausländischen akademischen Graden bedarf es einer Nostrifikation (Genehmigung) durch das örtlich zuständige Kultusministerium, damit sie im Inland geführt werden dürfen.[308] Sie müssen dann grundsätzlich so geführt werden, wie sie verliehen wurden.[309] Zweitens muss nach hergebrachter Ansicht der namensgebende Titelträger entweder selbst Geschäftsinhaber oder ein Gesellschafter sein, der die Geschicke des Unternehmens maßgeblich mitbestimmt.[310] Dem kann nicht mehr uneingeschränkt gefolgt werden, weil heute grundsätzlich auch Phantasienamen und Namen von Nichtgesellschaftern zur Firmenbildung verwendet werden dürfen (Rn 56, 59). Wird der „gute Name" eines Dritten verwendet, dann muss der Dritte aber seine mit dem Titel erworbene Kompetenz an maßgeblicher Stelle in das Unternehmen einbringen (Rn 56 a.E.). Und wenn ein Phantasiename verwendet wird, der nicht als solche erkennbar ist (z.B. „Dr. Friedrich" – zum Fall, dass es sich ersichtlich um eine Phantasiebezeichnung handelt u. Rn 69), dann muss eine die Geschicke des Unternehmens maßgeblich mitbestimmende Person (das muss richtigerweise nicht der Geschäftsinhaber oder ein maßgeblicher Gesellschafter, sondern kann auch ein leitender Mitarbeiter – z.B. der Geschäftsführer, Chefarzt oder wissenschaftliche Leiter – sein) zur Führung des betreffenden Titels berechtigt sein (zum Fall der Firmenfortführung Rn 68). Drittens muss die Angabe der Fakultät (Dr. med., Dr. jur., Dr. phil. etc.) mit in die Firma aufgenommen werden, wenn die Verkehrsauffassung von der Art des Geschäftsbetriebs auf die Fakultätszugehörigkeit des Inhabers schließt.[311] Der Inhaber eines pharmazeutischen Betriebs darf deshalb einen juristischen oder philologischen Doktortitel nur mit Fakultätsangabe in der Firma führen.[312] Ist jedoch nach der Art des Geschäfts ein derartiger Rückschluss nicht zu erwarten, so kann die Fakultätsangabe nicht gefordert werden[313]. Bei einem Rundfunkeinzelhandelsgeschäft kann der Doktortitel daher selbst dann ohne Fakultätsangabe in die Firma aufgenommen werden, wenn der Inhaber Mediziner ist.[314]

---

[305] Statt anderer Ebenroth/Boujong/Joost/Strohn/*Zimmer* Rn 61; Zur Frage ob es sich hierbei um einen Titel ieS. oder eine Amts- bzw. Dienstbezeichnung handelt näher *Hönn* ZHR 153 (1989), 386 (390 f).

[306] Vgl. § 1 Abs. 2 PersAuswG sowie § 4 Abs. 1 PassG; VG München Urt. v. 13.11.2006, Az. M 25 K 05.354; Palandt/*Heinrichs* § 12 Rn 5; s.a. Röhricht/v. Westphalen/*Ammon*/Ries Rn 41.

[307] MünchKommHGB/*Heidinger* Rn 109; s.a. Koller/*Roth*/Morck Rn 15.

[308] *Hönn* ZHR 153 (1989), 386 (392 f, 415); Ebenroth/Boujong/Joost/Strohn/*Zimmer* Rn 63.

[309] Ausf. *Hönn* ZHR 153 (1989), 386 (393); Staub/*Hüffer* 4. Aufl. Rn 39.

[310] Röhricht/v. Westphalen/*Ammon*/Ries Rn 41; GKzHGB/*Steitz* Rn 29; zum Wettbewerbsrecht BGHZ 53, 65 (68); BGH NJW-RR 1992, 367; OLG Köln FGPrax 2008, 125.

[311] BGH LM HGB § 18 Nr. 1; BGHZ 53, 65, 67; GKzHGB/*Steitz* Rn 29.

[312] OLG München JFG 18, 371; Koller/*Roth*/Morck Rn 15; Ebenroth/Boujong/Joost/Strohn/*Zimmer* Rn 62.

[313] BGH LM HGB § 18 Nr. 1 (Rundfunkeinzelhandel); OLG München BB 1958, 317; OLG Oldenburg GRUR 1959, 192; OLG Frankfurt OLGZ 1977, 299 = DB 1977, 1253 (Druck und Papier); LG Berlin BB 1961, 1026 (Grundstücksverwaltung).

[314] BGH LM Nr. 1 = GRUR 1959, 375; Staub/*Hüffer* 4. Aufl. Rn 39; MünchKommHGB/*Heidinger* Rn 110; Röhricht/v. Westphalen/*Ammon*/Ries Rn 43; GKzHGB/*Steitz* Rn 29; Ebenroth/Boujong/Joost/Strohn/*Zimmer* Rn 62.

Diese Voraussetzungen gelten nach h.M. entsprechend: **68**
- für gesetzlich geschützte **Berufsbezeichnungen** wie sie sich insbes. im Bereich freier Berufe (z.B. Rechtsanwalt, Steuerberater, Wirtschaftsprüfer, Arzt, Zahnarzt, Apotheker) finden.[315] Zur Irreführung geeignet ist dabei auch die unbefugte adjektivische Nutzung einer geschützten Berufsbezeichnung (z.B. „ärztliches Labor")[316] oder die unbefugte Anlehnung an gesetzlich geschützte Berufsbezeichnungen (z.B. „Industrieanwalt")[317];
- für den **Meistertitel eines Handwerkers,** wobei heute auch in diesem Fall nicht mehr verlangt werden kann, dass der Inhaber selbst[318] oder bei einer Kommanditgesellschaft der Komplementär[319] Meister ist. Nach hier vertretener Ansicht genügt es vielmehr, dass ein Meister an leitender Stelle mitarbeitet;[320]
- bei einer **Firmenfortführung** (§§ 22, 24). Das hat nach herrschender Meinung zur Konsequenz, dass entweder der Titel bzw. die Berufsbezeichnung fortgelassen oder ein Nachfolgezusatz beigefügt werden muss, wenn der neue Inhaber bzw. neue Gesellschafter nicht zur Führung des Titels bzw. der Berufsbezeichnung berechtigt ist (s. auch § 22 Rn 94, § 24 Rn 45).[321] Dem kann zumindest nach neuem Firmenrecht nicht ohne weiteres zugestimmt werden. Schon nach altem Recht überzeugte es nicht, dass eine „Dr. Otto Müller Klinik GmbH" umfirmieren sollte, wenn ihre Geschäftsanteile bspw. von einer Publikumsgesellschaft im Streubesitz erworben werden, obwohl die Klinik weiterhin von einem promovierten (oder gar habilitierten) Chefarzt geleitet wird. Nach neuem Recht reicht es jedenfalls nach hier vertretener Ansicht aus, wenn der fachlich maßgebliche Mitarbeiter über die entsprechende Qualifikation verfügt (vgl. Rn 56 a.E., 67).

Dagegen bedarf es selbstredend keiner entsprechenden Qualifikation, wenn der Titel **69** ersichtlich Teil eines Phantasienamens ist (z.B. „Professor Düsentrieb", „Dr. Frankenstein", „Meister Lampe").

c) **Amtlicher Charakter.** Bezeichnungen wie „amtlich",[322] „öffentlich",[323] „städ- **70** tisch",[324] „kirchlich",[325] „Dienst",[326] „Stelle",[327] „Anstalt"[328] oder „Kammer"[329] kön-

---

[315] GKzHGB/*Steitz* Rn 29; Ebenroth/Boujong/Joost/Strohn/*Zimmer* Rn 64.
[316] Staub/*Hüffer* Rn 40; Ebenroth/Boujong/Joost/Strohn/*Zimmer* Rn 65.
[317] RG HRR 1930, 323; Baumbach/Hefermehl WettbewerbsR[13] § 3 UWG, 388 (dort weitere Beispiele).
[318] MünchKommHGB/*Heidinger* Rn 114; Röhricht/v. Westphalen/*Ammon/Ries* Rn 47.
[319] Zur früheren Rechtslage OLG Düsseldorf GRUR 1973, 33; Staub/ *Hüffer* 4. Aufl. Rn 41.
[320] Dahingehend auch Röhricht/v. Westphalen/ *Ammon/Ries* Rn 47: Maßgeblicher Einfluss auf das Unternehmen genügt, der auch von einem Kommanditisten ausgehen kann.
[321] BGH WM 1992, 504, 506 (zu § 3 UWG); MünchKommHGB/*Heidinger* 112 mN.
[322] Röhricht/v. Westphalen/*Ammon/Ries* Rn 48 nennt als Beispiel „Amtliches Büro".
[323] V. Locquenghien DJ 1934, 1593; *Bokelmann* Firmenrecht Rn 250; Staub/*Hüffer* Rn 44.
[324] Röhricht/v. Westphalen/*Ammon/Ries* Rn 48.
[325] LG Bremen BB 1961, 501: „Kirchlicher Kunstverlag" unzulässig; Namensschutz für „katholisch" s. BGH 124, 173; Baumbach/ Hopt Rn 34.
[326] *Bokelmann* Firmenrecht Rn 247.
[327] Baumbach/*Hopt* Rn 34; *Bokelmann* Firmenrecht Rn 249.
[328] LG Detmold Rpfleger 1999, 333 f.
[329] Baumbach/*Hopt* Rn 34; zu § 3 UWG s. Hamm WRP 1991, 497; 1992, 354: „Europäische Handelskammer Gesellschaft" sowie OLG Dresden Urt. 29.2.2000, Az. 14 U 3716/99.

§ 18 1. Buch. Handelsstand

nen den Eindruck erwecken, das Unternehmen sei Teil der öffentlichen Verwaltung, von der öffentlichen Hand getragen oder überwacht, nehme deren Aufgaben wahr oder sei in deren Auftrag tätig. Eine Irreführung hierüber ist ggf. wesentlich, weil die angesprochenen Verkehrskreise von einer in diesem Sinne staatlichen Stelle (je nach dem) eine gewisse Objektivität und Selbstlosigkeit, Qualität und Kompetenz sowie eine staatliche Verbürgung oder gar Haftung erwarten. Ob ein solcher Eindruck entsteht, ist in jedem Einzelfall anhand einer Gesamtbetrachtung der Firma zu prüfen. Allein ein Inhaber- oder der Rechtsformzusatz vermag den Eindruck nicht auszuschließen,[330] weil auch private Unternehmen im Auftrag der öffentlichen Hand tätig sein können. Deswegen reicht es auch nicht aus, dass der gewerbliche Charakter des Unternehmens offen zu Tage tritt.[331]

Ein Inhaber- oder der Rechtsformzusatz ist aber im Rahmen der Gesamtbetrachtung zu berücksichtigen (s. auch Rn 71). Die Grenzen sind zum Teil fließend und werden nicht immer überzeugend gezogen. Angenommen wurde eine Irreführungseignung etwa bei „Stadtbrauerei",[332] „Stadtbäckerei"[333], „Universitätsverlag"[334], nicht dagegen bei „Universitäts-Buchbinderei"[335] oder „Universitäts-Café"[336]. Zumindest in den beiden zuerst genannten Fällen dürfte allerdings die Wesentlichkeitsschwelle nicht überschritten sein.[337]

71   d) **Wissenschaftlicher Charakter.** Ähnliches gilt für die Begriffe „**Akademie**", „**Institut**", „**Seminar**" und „**Kolleg**". Dabei ergibt sich zum Teil bereits aus der Tätigkeitsangabe, dass es sich nicht um eine wissenschaftliche Einrichtung handelt (z.B. Beerdigungsinstitut, Eheanbahnungsinstitut, Schönheitsinstitut). Zu fragen ist stets, ob der Eindruck von Wissenschaft erweckt wird, obwohl sie nicht betrieben wird. Die Abgrenzung im Einzelfall ist schwierig. So soll „Meinungsforschungsinstitut" zulässig,[338] „Institut für Marktanalyse" dagegen unzulässig sein[339]. Allein die Aufnahme des Namens des Inhabers in der Firma („Alfred-Meyer-Institut für Schädlingsbekämpfung") vermag angesichts der Bezeichnung mancher wissenschaftlicher Einrichtungen („Alfred-Weber-Institut", „Max-Planck-Institut") die Täuschungseignung nicht auszuschließen.[340] Unzulässig ist nach Ansicht des OLG Düsseldorf die Firma „Dolmetscher-Institut e.K.",[341] obwohl der Gegenstand des Unternehmens eher nicht auf eine wissenschaftliche Einrichtung schließen lässt und der Rechtsformzusatz (anders als etwa bei einer GmbH) den Betrieb

---

[330] MünchKommHGB/*Heidinger* Rn 119.
[331] So noch Staub/*Hüffer* 4. Aufl. Rn 46.
[332] KG OLGRspr. 42, 209 f.
[333] Offengelassen von BayObLG NJW-RR 1987, 1520 f; Röhricht/v. Westphalen/*Ammon*/*Ries* Rn 48.
[334] LG Osnabrück BB Beilage 1975, Nr 12, 18, bestätigt durch OLG Osnabrück BB Beilage 1975, Nr 12 zu Heft 29 S. 18, Röhricht/v. Westphalen/*Ammon*/*Ries* Rn 49.
[335] Vgl. *Schmidt di Simoni* Börsenbl. f. den dt. Buchhandel 1972, 1420; s. auch Entscheidungsgründe OLG Osnabrück BB Beilage 1975, Nr 12 zu Heft 29 S. 18; so auch Staub/*Hüffer* 4. Aufl. Rn 45.
[336] Ebenroth/Boujong/Joost/Strohn/*Zimmer* Rn 67; MünchKommHGB/*Heidinger* Rn 119 Fn 328.
[337] Ebenso Röhricht/v. Westphalen/*Ammon*/*Ries* Rn 48.
[338] Ebenroth/Boujong/Joost/Strohn/*Zimmer* Rn 50; Röhricht/v. Westphalen/*Ammon*/*Ries* Rn 50.
[339] BayOLG v. 10.6.1985 – 3 ZBR 55, 56/85; BayObLGZ 1985, 215 (216); ebs. Unzulässigkeit einer Bezeichnung als Institut für Hochschulzulassungsrecht für einen Verbund von Rechtsanwälten LG Hamburg Urt. v. 15.4.2003, 312 O 86/03, Magazindienst 2003, 1192; Röhricht/v. Westphalen/*Ammon*/*Ries* Rn 51.
[340] So aber der Leitsatz des DIHT, BB 1949, 654; wie hier Staub/*Hüffer* Rn 48.
[341] DB 2004, 1720; vgl. auch OLG Frankfurt/M NJW-RR 2002, 459.

eines nicht gewerblichen Unternehmens ausschließt[342]. Zudem verlangt ein wissenschaftliches Institut eine gewisse Ausstattung mit wissenschaftlichem Personal und Material. Daran fehlt es bei einer gewöhnlichen Facharztpraxis.[343] Erst recht bedarf eine „Klinik" einer personellen und apparativen Mindestausstattung.[344] Noch strengere Maßstäbe als für die Bezeichnung „Institut" sollen für die Bezeichnungen „Akademie" und „Seminar" gelten.[345]

e) Gemeinnützig. Gemeinnützigkeit ist ein Begriff aus dem Steuerrecht (§ 52 Abs. 1 AO), der untechnisch als Oberbegriff für die Verfolgung steuerbegünstigter Zwecke i.S.d. §§ 51 ff AO (wozu insbes. auch mildtätige und kirchliche Zwecke gehören) verwendet wird. Eine Firmierung als „gemeinnützig" setzt dementsprechend voraus, dass die Anerkennung der Steuerbegünstigung zum Zeitpunkt der Eintragung in das Handelsregister durch die zuständige Steuerbehörde erfolgt ist.[346] Dabei kann das Wort „gemeinnützig" auch abgekürzt und – entgegen der Ansicht des OLG München[347] – dem Rechtsformzusatz beigefügt werden („gGmbH"). Das „g" mag zwar nicht allgemein verständlich sein, irreführend ist es aber auch nicht, da die wesentliche Information, nämlich der Rechtsformzusatz „GmbH" verständlich bleibt[348] und auch keine verwirrende und deswegen verbotene (Rn 59 a.E.) Doppelung des Rechtsformzusatzes vorliegt. **72**

f) Stiftung. Komplizierter liegen die Dinge bei einer Firmierung als „Stiftung"; denn sowohl im allgemeinen Sprachgebrauch als auch im Rechtssinne ist dieser Begriff so vielfältig wie die tatsächlichen Erscheinungsformen von „Stiftungen". Dabei müssen, entgegen einem unter Laien verbreiteten Irrglauben, Stiftungen keineswegs „gemeinnützig" im vorbezeichneten Sinne (Rn 72) sein, sondern können auch privaten Zwecken, etwa dem Interesse einer Familie oder den Mitarbeitern eines Unternehmens dienen, wenngleich dies in der Praxis hierzulande schon aus steuerlichen Gründen verhältnismäßig selten ist. Auch Definitionsversuche, die die Mitgliederlosigkeit der Stiftung oder die Widmung eines Vermögens zur Verfolgung eines durch den Stifter bestimmten Zwecks hervorheben, führen dogmatisch nur bedingt weiter und helfen praktisch vorliegend nicht. An dieser Stelle, muss freilich nicht positiv entschieden werden, was eine Stiftung ist, sondern nur negativ, wann diese Bezeichnung zur Irreführung i.S.d. Abs. 2 S. 1 geeignet ist. **73**

---

[342] AA OLG Düsseldorf DB 2004, 1720; MünchKommHGB/*Heidinger* Rn 122.
[343] Koller/*Roth*/Morck Rn 12a; OLG Frankfurt DB 2001, 1664 (1665); vgl. zum Wettbewerbsrecht OLG Düsseldorf WRP 1976, 319; OLG Düsseldorf WRP 1977, 797.
[344] Koller/*Roth*/Morck Rn 12c; zum Wettbewerbsrecht Stuttgart WRP 1991, 267.
[345] Staub/*Hüffer* Rn 49, aA zur Akademie KG Rpfleger 2005, 199 mwN.
[346] Ebenroth/Boujong/Joost/Strohn/*Zimmer* Rn 68; MünchKommHGB/*Heidinger* Rn 139; OLG Celle Beschl. v. 10.3.1987 – 1 W 8/87; vgl. auch Wessel/Zwernemann/*Kögel* Firmengründung Rn 487 Fn 882.
[347] OLG München, NJW-Spezial 2007, 127: Abkürzung „gGmbH" stellt keine zulässige Angabe der Gesellschaftsform dar und kann nicht ins Handelsregister eingetragen werden. Die Anforderungen an den Rechtsformzusatz sind streng zu handhaben, denn das mit der nunmehr geltenden Wahlfreiheit bei der Gestaltung des Firmenkerns verbundene Defizit an Informationskraft erfordert eine entsprechend gestärkte Aussage- und Informationskraft der Firma über die Gesellschafts- und Haftungsverhältnisse. Ebenso LG Bremen Beschl. v. 22.5.2001 – 13 T 18 8/01A.
[348] MünchKommHGB/*Heidinger* Rn 140; wohl auch Wessel/Zwernemann/*Kögel* Firmengründung Rn 497.

74 Als Stiftung bezeichnen dürfen sich jedenfalls rechtsfähige Stiftungen des bürgerlichen Rechts (§§ 80 ff BGB), des öffentlichen Rechts[349] (vgl. § 89 BGB) und des Kirchenrechts[350]. Betreiben sie ein Handelsgewerbe i.S.d. § 1 Abs. 2 handelt es sich um juristische Personen i.S.d. § 33 mit der Folge, dass sie eine Firma führen müssen. Diese hat nach hier vertretener Ansicht einen Rechtsformzusatz zu enthalten, der die Rechtsform zutreffend wiedergibt, also z.B. „Stiftung bürgerlichen Rechts" (s. § 33 Rn 21 ff). Damit ist der Begriff Stiftung Teil eines gesetzlich vorgeschriebenen Rechtsformzusatzes. Mithin darf er **von anderen Rechtsformen nicht** verwendet werden, und zwar **auch nicht in Ergänzung** eines anderen gesetzlich vorgeschriebenen Rechtsformzusatzes (z.B. „Stiftungs-GmbH"), weil dies einer verbotenen Doppelung des Rechtsformzusatzes (s. Rn 59 a.E.) gleichkäme. Das gilt auch dann, wenn man vorstehender Ansicht nicht folgt; denn dass die Stiftung (zumindest auch) eine Rechtsform ist, ist unbestreitbar, so dass die Verwendung dieses Begriffs zusammen mit einem anderen Rechtsformzusatz Verwirrung hervorruft und dadurch zugleich die Aussagekraft des gesetzlich vorgeschriebenen Rechtsformzusatzes übermäßig beeinträchtigt.[351]

75 Folgt man dieser Ansicht, ist zudem die firmenrechtliche Behandlung unselbständiger Stiftungen entschieden: Die **unselbständige Stiftung** selbst ist mangels Rechtsfähigkeit

---

[349] Stiftungen des öffentlichen Rechts werden durch Gesetz oder Verwaltungsakt errichtet und/oder sind in das System der staatlichen Verwaltung eingegliedert und nehmen öffentliche Aufgaben wahr, vgl. Art. 1 Abs. 3, 4 BayStiftG, §§ 17 ff BWStiftG, 3 Abs. 4, 10 RPStiftG, 2 HeStiftG, 24 SAStiftG, 24 ThStiftG; aus der Rspr.: BVerfGE 15, 46 ff; BGH WM 1975, 198 ff; OVG Berlin Beschl. v. 28.7.1958, VI ER 18.57, EOVGB 5, 102; OLG Celle NdsRPfl 1959, 81; BayVGH BayVBl. 1961, 86; aus der Lit.: MünchKommBGB/*Reuter* Vor § 80 Rn 54 ff; *Kilian* ZSt 2003, 179 ff. Mit der öffentlich-rechtlichen Stiftung nicht zu verwechseln ist die sog. *öffentliche Stiftung* wie sie manche Landesstiftungsgesetze (§ 2 Abs. 2 HbgStiftG, 3 Abs. 3 RPStiftG) definieren.

[350] Das sind Stiftungen, die im Rahmen der den Kirchen als Körperschaften des öffentlichen Rechts in Art 140 GG i.V.m. Art 137 Abs. 3 WRV zugesicherten Organisationsgewalt zur Regelung innerkirchlicher Angelegenheiten gegründet wurden, vgl. BVerfGE 46, 73; näher zu kirchenrechtlichen Stiftungen Soergel/*Neuhoff* BGB Vor § 80 Rn 46 f mwN. Solche Stiftungen kirchlichen Rechts sind zu unterscheiden von bloßen *kirchlichen Stiftungen*. Das sind rechtsfähige oder nicht rechtsfähige Stiftungen des öffentlichen oder bürgerlichen Rechts, die in die kirchliche Organisation eingebunden sind und typischerweise kirchlichen oder karitativen Zwecken dienen, vgl. Art. 21 BayStiftG, §§ 22 BWStiftG, 2 Abs. 1 BbgStiftG, 16 Abs. 1 BreStiftG, 2 Abs. 3 HbgStiftG, 20 Abs. 1 HeStiftG, 11 Abs. 1 MVStiftG, 20 NdsStiftG, 13 NRWStiftG, 3 Abs. 6 , 12 RPStiftG, 19 Abs. 1 SaarStiftG, 14 SaStiftG, 26 SAStiftG, 18 Abs. 1 SHStiftG, 26 ThStiftG; Soergel/*Neuhoff* BGB Vor § 80 Rn 55; *Hof* in: Handbuch Stiftungen S. 773.

[351] Vgl. die oben in Fn 347 wiedergegebene Entscheidung des OLG München, NJW-Spezial 2007, 127, wonach nicht einmal die Firmierung als „gGmbH" zulässig ist. Kritisch auch *Mösl* in: Dt. Stiftungswesen 1948–66, S. 191 ff: *„denn hier soll doch wohl der Anschein erweckt werden, als ob der Staat die betreffende Einrichtung in seine Obhut genommen hätte und durch seine Aufsicht eine sorgsame Wirtschaftsprüfung und ein Wirken im Interesse der Allgemeinheit garantierte"*; *Kronke* StiftRspr. IV, S. 41: *„Warum eine (auch gemeinnützige) GmbH oder ein e. V. ein schützenswertes Interesse an der Bezeichnung „Stiftung" haben sollte, ist nicht einsichtig."* **AA** OLG Stuttgart NJW 1964, 1231; Erman/O. *Werner* BGB Vor § 80 Rn 11; Bamberger/Roth/*Schwarz* BGB Vor § 80 Rn 24. Bei einem Verein nach der Vermögensausstattung differenzierend BayObLG NJW 1073, 249; OLG Brandenburg OLGR 2004, 429.

nicht firmenfähig und der Stiftungsträger darf nur dann als Stiftung firmieren, wenn er selbst eine rechtsfähige Stiftung bürgerlichen, öffentlichen oder kirchlichen Rechts ist.

g) Company, Gruppe, Pool, Ring, Team, Union, Verband, Verbund, Vereinigung, Vereinigte. Diese Zusätze sollen – ohne eine bestimmte Größenordnung anzusprechen – auf den Zusammenschluss mehrerer (gegenwärtig oder ehemals) selbständiger Unternehmen(sträger) hindeuten[352] und daher Einzelkaufleuten verwehrt sein.[353] Dem ist in dieser Allgemeinheit zu widersprechen:

Das Wort „**Gruppe**" kann sich insbes. auf einen Konzern i.S.d. § 18 AktG beziehen und würde dann, wenn es als Firma und nicht als bloße Geschäftsbezeichnung (§ 17 Rn 15) geführt wird, wohl so verstanden, dass es das herrschende Unternehmen, also die Konzernspitze, bezeichnet (z.B. „HB Verlagsgruppe GmbH").[354] In diesem Sinne kann es auch von einem Einzelkaufmann geführt werden (z.B. „Max Müller Gruppe e.K."). Das Wort „Gruppe" kann aber auch im Sinne einer Mehrzahl von (natürlichen oder juristischen) Personen verstanden werden, die gemeinsam etwas tun (z.B. „Forschungsgruppe Alternative Energien GmbH" oder „Arbeitsgruppe Vertriebsoptimierung OHG"). Dabei können die Handelnden durchaus auch Arbeitnehmer sein, so dass der Begriff in diesem Sinne ebenfalls von einem Einzelkaufmann geführt werden kann.[355]

„**Pool**" meint in erster Linie einen Zusammenschluss (und zwar vor allem im Sinne einer Bündelung von Kräften), kann aber auch im Sinne von Reservoir gebraucht werden. Gegen eine Firma „Maria Müller Babysitterpool e.K.", die sich mit der Vermittlung von Babysittern befasst, wäre daher nichts einzuwenden.

Auch „**Ring**" meint Zusammenschluss und zwar insbes. im Sinne einer gegenseitigen Unterstützung. Dabei kann es sich auch um ein Geschäftsmodell handeln. In diesem Fall steht die Bezeichnung auch Einzelkaufleuten offen. Die Aussagekraft ist zudem derart schwach, dass die Firma nicht ohne weiteres irreführend i.S.d. Abs. 2 S. 1 wird, wenn kein Zusammenschluss mehr vorliegt. Das gilt auch für die Begriffe „**Union**", „**Verbund**" und „**Vereinigte**"[356], die stärker als „Pool" die Gemeinsamkeit der Zusammengeschlossenen betonen und zudem eine gewisse Größenordnung andeuten. Wegen der schwachen Aussagekraft sind jedoch auch insofern keine strengen Maßstäbe anzulegen,[357] zumal Union auch als Etablissementbezeichnung gebräuchlich ist („Union-Theater").

Dagegen dürfen die Bezeichnungen „**Verband**" und „**Vereinigung**" nur in einer Firma geführt werden, wenn der Zusammenschluss noch fortbesteht. Einzelkaufleute dürfen diese Bezeichnungen daher nicht führen. Da diese Bezeichnungen oft als Namensbestandteil von Vereinen i.S.d. §§ 21 ff BGB gewählt werden, ist zudem darauf zu achten, dass der gewerbliche Charakter des Unternehmensträgers in der Firma deutlich genug hervortritt.

„**Team**" ist ein völlig unspezifisches Modewort, das sich insbes. auch auf Mitarbeiter beziehen kann und daher jedem Kaufmann als Firmenbestandteil offensteht.[358] Gleiches gilt für „**Company**".[359]

---

[352] Röhricht/v. Westphalen/*Ammon/Ries* Rn 77; MünchKommHGB/*Heidinger* Rn 160; Wessel/Zwernemann/*Kögel* Firmengründung, Rn 461, 462.

[353] MünchKommHGB/*Heidinger* Rn 160; Baumbach/*Hopt* Rn 31; Heymann/*Emmerich* Rn 57.

[354] Vgl. LG Lüneburg Bschl. v. 20.6.1976 Aktz. 7 T 7/78.

[355] AA Röhricht/v. Westphalen/*Ammon/Ries* Rn 77; MünchKommHGB/*Heidinger* Rn 160.

[356] AA RGZ 166, 242; Baumbach/*Hopt* Rn 31.

[357] So auch GKzHGB/*Steitz* Rn 26.

[358] Wie hier LG Lüneburg BB 1979, 135 m. diff. Anm. *Raab*; Baumbach/*Hopt* Rn 31; aA MünchKommHGB/*Heidinger* Rn 160; Röhricht/v. Westphalen/*Ammon/Ries* Rn 77.

[359] AA AG Augsburg Rpfleger 2001, 187: „Company e.K." unzulässig.

77 h) **Sozietät.** Unter einer Sozietät wird ein Zusammenschluss von Freiberuflern verstanden, und zwar insbes. von Rechtsanwälten zu einer GbR. Daher dürfen weder Einzelkaufleute noch gewerblich tätige Gesellschaften („Sozietät E. & H. OHG" für eine Gesellschaft, die Kapitalanlagen vermittelt) diese Bezeichnung in ihrer Firma führen.[360]

78 i) **Bank, Bankier, Volksbank, Sparkasse, Bausparkasse, Spar- und Darlehenskasse.** Es handelt sich um durch §§ 39 f KWG geschützte Bezeichnungen, die nur unter den dort genannten Voraussetzungen in einer Firma geführt werden dürfen. Dabei ist der Schutz der Bezeichnung Sparkasse zu Unrecht in die europarechtliche Diskussion geraten.[361] Verwendet werden dürfen die Worte „Bank", „Bankier" oder „Sparkasse" gem. § 41 KWG nur in einem Zusammenhang, der den Anschein ausschließt, dass das betreffende Unternehmen Bankgeschäfte i.S.d. § 1 Abs. 1 S. 2 KWG betreibt (z.B. „Bankverlag", „Datenbank", „Spielbank")[362]. In Zweifelsfällen entscheidet gem. § 42 KWG die Bundesanstalt für Finanzdienstleistungsaufsicht (zum Registerrecht s. § 43 KWG). Bei geographischen Firmenzusätzen („Bayerische Bank AG"[363], „Oberhessische Bank"[364]) soll nach hergebrachter Ansicht der Eindruck entstehen können, das betreffende Kreditinstitut sei in der Region führend und habe eine überragende Bedeutung. Angesichts des heutigen, den angesprochenen Verkehrskreisen zweifellos bekannten Wettbewerbs in der Kreditwirtschaft, ist diese Ansicht überholt (s. auch Rn 93 ff).

79 j) **Kapitalanlagegesellschaft, Investmentfond, Investmentgesellschaft.** Diese Begriffe sowie Bezeichnungen, in denen diese Begriffe allein oder in Zusammensetzungen mit anderen Worten vorkommen, sind ebenfalls gesetzlich geschützt und dürfen nur unter den in § 3 InvG genannten Voraussetzungen verwendet werden. §§ 42, 43 KWG gelten gem. § 3 Abs. 4 InvG entsprechend. Eine Ausnahme analog § 41 KWG sieht das Gesetz nicht vor. Jedenfalls nach heutigem Rechtsstand wurde daher zu Recht gegen die Zulässigkeit einer Firmierung als „Kunstinvest Antiquitätenhandel GmbH" entschieden.[365]

80 k) **Börse.** Seit dem 1.11.2007 definiert das Gesetz den Begriff „Börse" (§ 2 Abs. 1 BörsG) und unterscheidet dabei zwischen „Wertpapierbörsen" und „Warenbörsen" (§ 2 Abs. 2 und 3 BörsG). Danach sind Börsen lediglich eine besondere Form von „multilateralen Handelssystemen" i.S.d. § 2 Abs. 3 Nr. 8, §§ 31f ff WpHG. Gegenbegriff zum multilateralen Handelssystem ist das (vom Gesetz so nicht bezeichnete) unilaterale Handelssystem, bei dem stets nur eine Gegenpartei auftritt, nämlich der vom Gesetz so genannte „systematische Internalisierer" i.S.d. § 2 Abs. 10, §§ 32 ff WpHG. Weggefallen ist der Begriff der „börsenähnlichen Einrichtung" i.S.d. § 59 BörsG a.F.

Nach § 2 Abs. 1 BörsG sind **Börsen** teilrechtsfähige Anstalten des öffentlichen Rechts, die nach Maßgabe des Börsengesetzes multilaterale Systeme regeln und über-

---

[360] *Bokelmann* Firmenrecht Rn 236; MünchKommHGB/*Heidinger* Rn 161, Baumbach/*Hopt* Rn 35, 31; s. auch *Größner* Lexikon des Firmenrechts, S. 4 unter Sozietät. Zum Wettbewerbsrecht OLG Karlsruhe WRP 1984, 291.

[361] S. dazu *Geschwandtner/Bach* NJW 2007, 129 ff; *Brenncke* ZBB 2007, 1 ff; *Witte/Gregoritza* WM 2007, 151 ff.

[362] Vgl. auch *Größner* Lexikon des Firmenrechts, B 2 unter Bank; Röhricht/v. Westphalen/*Ammon/Ries* Rn 53, 56.

[363] BGH BB 1973, 813.

[364] BayObLG Rpfleger 1976, 433; zum Wettbewerbsrecht WRP 1975, 296.

[365] BayObLG WM 1984, 1569; ebenso BayObLG DB 1999, 333 (334) zu „Investment Consult" sowie Wessel/Zwernemann/*Kögel* Firmengründung Rn 453; aA MünchKommHGB/*Heidinger* Rn 12; kritisch auch *Möller* DNotZ 2000, 830 (839).

wachen, welche die Interessen einer Vielzahl von Personen am Kauf und Verkauf von dort zum Handel zugelassenen Wirtschaftsgütern und Rechten innerhalb des Systems nach festgelegten Bestimmungen in einer Weise zusammenbringen oder das Zusammenbringen fördern, die zu einem Vertrag über den Kauf dieser Handelsobjekte führt. Dabei sind **Wertpapierbörsen** gem. § 2 Abs. 2 BörsG Börsen, an denen Wertpapiere und sich hierauf beziehende Derivate i.S.d. § 2 Abs. 2 WpHG gehandelt werden. Zudem können an Wertpapierbörsen auch andere Finanzinstrumente i.S.d. § 2 Abs. 2b WpHG und Edelmetalle gehandelt werden. **Warenbörsen** sind gem. § 1 Abs. 3 BörsG Börsen, an denen Waren i.S.d § 2 Abs. 2c WpHG und Termingeschäfte in Bezug auf Waren gehandelt werden. Zudem können an Warenbörsen auch Termingeschäfte i.S.d. § 2 Abs. 2 Nr. 2 WpHG und die diesen zugrunde liegenden Basiswerte gehandelt werden. Ein **multilaterales Handelssystem** definiert das Gesetz in § 2 Abs. 3 Nr. 8 WpHG als System, das die Interessen einer Vielzahl von Personen am Kauf und Verkauf von Finanzinstrumenten innerhalb des Systems und nach festgelegten Bestimmungen in einer Weise zusammenbringt, die zu einem Vertrag über den Kauf dieser Finanzinstrumente führt. Materiell unterscheiden sich Börsen und multilaterale Handelssysteme also nicht.[366] Demgegenüber ist ein **systematischer Internalisierer** gem. § 2 Abs. 10 WpHG ein Unternehmen, das nach Maßgabe des Artikels 21 der Verordnung (EG) Nr. 1287/2006 häufig regelmäßig und auf organisierte und systematische Weise Eigenhandel außerhalb organisierter Märkte und multilateraler Handelssysteme betreibt.

Diese Definitionen gelten freilich im Ausgangspunkt nur für das jeweilige Gesetz und sind nicht gesetzlich geschützt. Allerdings entsprach es schon zuvor herrschender (Verkehrs-)Auffassung, dass zentrales Merkmal von Börsen das systematische Zusammenführen von Angebot und Nachfrage jeweils einer Vielzahl von Personen ist.[367] Einzelhandelsgeschäfte durften daher nicht als „Schmuckbörse"[368], „Schuhbörse"[369], „Autobörse"[370] oder „Flugbörse"[371] firmieren. Dabei wurde freilich übersehen, dass weder Schmuck noch Schuhe, Gebrauchtwagen oder Flüge börsenmäßig handelbare Güter sind. Bei derartigen Geschäften ist daher eine Irreführung ausgeschlossen. Zwar mögen einzelne Verkehrsteilnehmer in diesem Zusammenhang aus dem Begriff „Börse" auf eine bestimmte Größe, Vielfalt oder einen geringen Preis des Angebots schließen. Der durchschnittliche Verkehrsteilnehmer wird jedoch bei verständiger Würdigung erkennen, dass es sich nur um eine firmenmäßige Werbung handelt. Eine Irreführung liegt objektiv nicht vor.[372] Das gilt entgegen einer verbreiteten Auffassung auch dann, wenn es sich nicht um einen größeren Betrieb mit reichhaltigem Lager und beweglicher Preisbildung handelt.[373]

Anders kann zu entscheiden sein, wenn der Unternehmensgegenstand börsenmäßig handelbare, d.h. fungible Massengüter betrifft. Dazu zählen nach dem Gesetz insbes. Finanzinstrumente (§ 2 Abs. 2b WpHG, das sind insbes. Wertpapiere und auf sie bezogene

---

[366] Vgl. Begr. RefE des BMF v. 14.9.2006, S. 64.
[367] *Schwark* § 1 BörsG a.F. Rn 2; OLG Zweibrücken BB 1968, 311; OLG Frankfurt BB 1966, 1245; ebenso mN Heymann/*Emmerich* Rn 38; Staub/*Hüffer* 4. Aufl. Rn 53: Aufweichungstendenzen sei entgegenzuwirken.
[368] OLG Zweibrücken BB 1968, 311.
[369] AG Schweinfurt BB 1964, 1144.
[370] LG Darmstadt BB 1966, 1245.
[371] OLG Frankfurt Rpfleger 1981, 306 f.
[372] MünchKommHGB/*Heidinger* Rn 129; Wessel/Zwernemann/*Kögel* Firmengründung Rn 469, 483; GKzHGB/*Steitz* Rn 27; Röhricht/v. Westphalen/*Ammon/Ries* Rn 58 f.
[373] So aber Röhricht/v. Westphalen/*Ammon/Ries* Rn 59; ähnlich Baumbach/*Hopt* Rn 16; ferner Wessel/Zwernemann/*Kögel* Firmengründung Rn 413.

Derivate), (Edel-)Metalle, Erze und Legierungen, landwirtschaftliche Produkte sowie Energien wie Strom (§ 2 Abs. 2c WpHG; s. ferner § 2 Abs. 2 Nr. 2 WpHG). Hier ist eine Irreführung über wesentliche geschäftliche Verhältnisse möglich. Die Firma „Goldbörse" für ein gewöhnliches Einzelhandelsgeschäft ist danach nicht eintragungsfähig.[374] Ob das auch für „Blumenbörse" gilt, erscheint gleichwohl zweifelhaft.

81 l) **Versicherung, Versicherungsvermittlung.** Nach § 4 Abs. 1 VAG dürfen grundsätzlich nur Versicherungsunternehmen im Sinne von § 1 Abs. 1 und § 1a Abs. 1 VAG sowie deren Verbände die Bezeichnung „Versicherung", „Versicherer", „Assekuranz", „Rückversicherung", „Rückversicherer" und entsprechende fremdsprachliche Bezeichnungen sowie Bezeichnungen, in denen eines dieser Worte enthalten ist, in der Firma, als Zusatz zur Firma, zur Bezeichnung des Geschäftszwecks oder zu Werbezwecken führen. Versicherungsvermittler dürfen diese Bezeichnungen nur führen, wenn sie mit einem die Vermittlereigenschaft klarstellenden Zusatz versehen sind. In Zweifelsfällen entscheidet gem. § 4 Abs. 2 VAG die Bundesanstalt für Finanzdienstleistungsaufsicht, die sodann ihre Entscheidung dem Registergericht mitzuteilen hat. Bei Verstößen gegen den Bezeichnungsschutz hat das Registergericht nach § 4 Abs. 3 VAG i.V.m. §§ 392, 395 Abs. 1 S. 2, Abs. 2 und 3 sowie § 396 FamFG (§ 140, 142 Abs. 1 Satz 2, Abs. 2 und 3 sowie § 143 FGG a.F.) zu verfahren. Ein bloßer Versicherungsvermittler darf sich nicht „Anlageberater" nennen.[375]

82 m) **Finanz, Finanzierung.** Nach **herrschender Meinung** sollen Firmen wie „Finanz", „Finanzierung", „Finanzkontor", „Finanzgeschäfte", „Financial Service" oder „prokredit" irreführend sein, wenn die betreffenden Unternehmen nicht selbst finanzieren, sondern – mit den Folgen weiterer Kosten – nur Finanzierungen, insbes. Kredite vermitteln.[376] In diesem Fall müsse die Firma vielmehr „Finanzierungsvermittlung", „Finanzierungsberatung" oder „Finanzierungsmakler" lauten.[377] Selbst eine Firmierung als „Gesellschaft für Finanzierung und Vermittlung GmbH" sei bei bloß vermittelnder Tätigkeit unzulässig.[378] **Stellungnahme:** Dem ist nicht zu folgen;[379] denn die Firmenbestandteile „Finanz" oder „Finanzierung" sind viel zu unspezifisch, um heutzutage bei verständiger Würdigung noch konkrete Vorstellungen über den Unternehmensgegenstand hervorzurufen. Das wird auch deutlich, wenn man sich vor Augen führt, wie „fein" § 1 KWG Kreditinstitute, Finanzdienstleistungsinstitute, Finanzunternehmen, Finanzholding-Gesellschaften, Anbieter von Nebendienstleistungen usw. voneinander abgrenzt und wie heterogen trotzdem die Geschäfte sind, die jede dieser verschiedenen Unternehmensarten betreiben kann. Zudem definiert § 1 Abs. 3 KWG u.a. bestimmte Arten von Beratungs- und Darlehensvermittlungsunternehmen als „Finanzunternehmen". Dabei genießen nur die in Rn 78 f genannten Begriffe Bezeichnungsschutz, so dass es nicht angeht über Abs. 2 S. 1 einen im

---

[374] Vgl. MünchKommHGB/*Heidinger* Rn 129; Röhricht/v. Westphalen/*Ammon/Ries* Rn 58 f; Wessel/Zwernemann/*Kögel* Firmengründung Rn 469, 483.
[375] Koller/*Roth*/Morck Rn 12d.
[376] AG Hamburg BB 1977, 1116; LG Düsseldorf BB 1979, 905; LG Nürnberg Rpfleger 1996, 251; ausf. Nachw. bei *Dürr* ZIP 1982, 1067 (1068); vgl. auch *Bokelmann* Firmenrecht Rn 264 ff; Wessel/Zwernemann/*Kögel* Firmengründung Rn 481; 486; *Größner* Lexi-

kon des Firmenrechts, F 9 unter Finanz-, Finanzberatung, Finanzierung, Finanzierung und Vermittlung, Finanzierungsgesellschaft, Finanzierungsbank und Finanzierungsinstitut; vgl. ferner Firmenfibel des DIHT 1992, S. 19; GKzHGB/*Steitz* Rn 27; s.a. Koller/*Roth*/Morck Rn 12d auch für die Bezeichnung „Kredit".
[377] MünchKommHGB/*Heidinger* Rn 135.
[378] AG Rotenburg BB 1977, 462.
[379] Ebenso Koller/*Roth*/Morck Rn 12b.

KWG nicht vorgesehenen Schutz für „Finanz"-Firmen einzuführen. Schließlich muss der Unternehmensgegenstand heutzutage nicht mehr aus der Firma hervorgehen (Rn 60 sowie Vor § 17 Rn 18). Unzutreffend ist es daher auch, die Firma „Vermögensbildungsgesellschaft" für eintragungsunfähig zu halten, weil offen bleibe, was Gegenstand des Unternehmens sei.[380] Unter dem Gesichtspunkt der Irreführung problematisch ist lediglich, wenn ein Bauträger unter „X.-Finanz-Beratungs-GmbH" firmiert und im Geschäftsverkehr diese Firma überdies zu „X.-Finanz-GmbH" verkürzt;[381] denn hinter diesen Bezeichnungen würde wohl niemand ein Bauträgergeschäft vermuten, wenngleich § 1 Abs. 3c KWG immerhin die Verwaltung von Immobilien als Beispiel für (Finanz-)Nebenleistungen nennt.

n) Treuhand. Ähnliche Erwägungen gelten für den Firmenbestandteil „Treuhand". **83**
Nach **herrschender Meinung** soll die uneingeschränkte Verwendung der Bezeichnung „Treuhand" irreführend sein, wenn lediglich Treuhandaufgaben im erlaubnisfreien Bereich übernommen werden, weil dann die vom Publikum erwarteten „Kernstücke" einer treuhänderischen Tätigkeit – nämlich die Anlage und Verwaltung fremden Vermögens in eigenem Namen sowie die Beratung in Wirtschafts-, Steuer- und Rechtsangelegenheiten – gerade nicht vorliegen.[382] Dementsprechend sei bei Unternehmen, die in der Firma den Bestandteil „Treuhand" führten und als Unternehmensgegenstand „Treuhandgeschäfte aller Art" angeben, darauf zu achten, dass alle erforderlichen Genehmigungen (nach dem KWG, dem Rechts- und Steuerberatungsgesetz sowie der Wirtschaftsprüferordnung) vor Eintragung vorgelegt werden.[383] Dabei fielen folgende Tätigkeiten unter den allgemeinen Treuhandbegriff: Anlage und Verwaltung von Vermögen Dritter im eigenen Namen (z.B. Übernahme von Testamentsvollstreckung, Vertretung von Pfandgläubigern und Inkasso von Teilschuldverschreibungen), Fürsorge für bedrängte Gläubiger, Sanierung von Unternehmen, Revision von Büchern und Bilanzen fremder Unternehmen, Wirtschaftsberatung und Beratung in Steuer- und Vermögensangelegenheiten.[384] Mit klarstellenden Zusätzen wie „Bau-Treuhand" oder „Immobilien-Treuhand" könne jedoch eine Irreführung vermieden werden.[385]

Stellungnahme: Diese Ansicht beruht auf der überholten Rechtslage, ja überspannt diese sogar, wonach bei Sachfirmen der Unternehmensgegenstand im Kern richtig wiedergegeben werden musste (Rn 60, Vor § 17 Rn 18). Heute darf eine Sachfirma dagegen nur nicht gegen Abs. 2 S. 1 verstoßen. Selbst die uneingeschränkte Bezeichnung „Treuhand" evoziert jedoch bei verständiger Würdigung keineswegs die Vorstellung, dass alle Arten treuhänderischer Tätigkeiten aktuell von dem betreffenden Unternehmen angeboten werden, zumal wenn die Bezeichnungen „Wirtschaftsprüfungsgesellschaft" bzw. „Steuerberatungsgesellschaft" fehlen, vgl. § 31 WPO, § 53 StBerG. Wollte man anderer Ansicht sein, wären Gattungsbezeichnungen nicht nur in Alleinstellung (Rn 25), sondern oft auch als Firmenbestandteil unzulässig, nämlich immer schon dann, wenn das betreffende Unternehmen nicht alle Produkte der betreffenden Gattung anbietet. Bspw. wäre also die Firma „Müller's Bürobedarf" unzulässig, wenn das Unternehmen nicht jeden

---

[380] So aber MünchKommHGB/*Heidinger* Rn 135.
[381] LG Regensburg Rpfleger 1983, 278 f; MünchKommHGB/*Heidinger* Rn 135.
[382] RGZ 99, 23 (29 ff); OLG Frankfurt BB 1980; BayObLG BB 1989, 728; Röhricht/v. Westphalen/*Ammon/Ries* Rn 83; Koller/*Roth*/Morck Rn 12d.
[383] Röhricht/v. Westphalen/*Ammon/Ries* Rn 83; MünchKommHGB/*Heidinger* Rn 180.
[384] RGZ 99, 23; KGJ 42 A 155 (156).
[385] MünchKommHGB/*Heidinger* Rn 180; Röhricht/v. Westphalen/*Ammon/Ries* Rn 83; Baumbach/*Hopt* Rn 35.

§ 18   1. Buch. Handelsstand

Bürobedarf decken kann. Das ist selbstredend absurd. Gerade im Blick auf die Bezeichnung „Treuhand" kommt hinzu, dass es einen allgemein anerkannten Begriff der „Treuhand" oder treuhänderischer Tätigkeit nicht gibt.[386] Vielmehr werden hierunter ganz unterschiedliche Rechtsinstitute und – wie vorstehende Aufzählung beispielhaft zeigt – Dienstleistungen verstanden. Kleinster gemeinsamer Nenner ist lediglich, dass fremde Vermögensinteressen berührt sind. Eine Irreführung liegt daher selbst bei einer uneingeschränkten Verwendung der Bezeichnung „Treuhand" nur dann vor, wenn das Unternehmen nicht im Bereich der Wahrnehmung fremder Vermögensinteressen einschließlich dahingehender Beratung tätig ist.

84   o) **Revision, Buchführung.** Zwar ist die Bedeutung des Begriffs Revision sehr vielfältig und kann sich etwa auch auf eine technische Überholung beziehen. Ohne klarstellenden Zusatz wird der Begriff im Handelsverkehr jedoch – soweit es um die Betrauung unternehmensexterner Personen, also nicht um die sog. „interne Revision" geht – im Sinne einer Überprüfung (nicht nur, aber) vor allem des Jahresabschlusses durch Außenstehende verstanden. Nachdem hierzu in erster Linie Wirtschaftsprüfer befugt sind (vgl. § 319 Abs. 1 HGB), versteht der kaufmännische Verkehr den Firmenbestandteil „Revision" als Hinweis auf eine Wirtschaftsprüfertätigkeit.[387] Ein Unternehmen, dass als „X. Revisions- und Treuhand GmbH, Steuerberatungsgesellschaft" firmiert, ist daher irreführend, wenn die Gesellschaft nur Steuerberater und keine Wirtschaftsprüfer beschäftigt. Dem stehen auch nicht § 31 WPO, § 53 StBerG entgegen, wonach eine Gesellschaft, die zur Wirtschaftsprüfung bzw. Steuerberatung befugt ist, in ihrer Firma die Bezeichnung „Wirtschaftsprüfungsgesellschaft" bzw. „Steuerberatungsgesellschaft" zu führen hat; denn die Irreführungseignung geht im Beispielsfall gerade nicht von dem zutreffenden Zusatz „Steuerberatungsgesellschaft", sondern von dem Firmenbestandteil „Revision" aus. Ebenso ist die Bezeichnung „Buchführung und Unternehmensberatung" als Firma unzulässig, wenn die Gesellschaft nicht zur Steuerberatung befugt ist; denn nur in diesem Fall darf das Unternehmen seine Kunden umfassend bei der Buchführung betreuen, was nicht jedermann bekannt sein dürfte.[388] Der Begriff **Buchführung** ist insoweit erheblich spezifischer als der Begriff Treuhand.

85   p) **Technik, Technologie.** Infolge der zunehmenden Technisierung hat der Bedeutungsgehalt der Worte „Technik" und „Technologie" abgenommen. Ihre Verwendung setzt heutzutage kein über handwerkliches Können hinausgehendes „gehobenes Wissen" mehr voraus.[389] Das zeigt auch die Entwicklung der Rechtsprechung.[390] Vielmehr handelt es

---

[386] Palandt/*Heinrichs* Vor § 104 Rn 25; *Gernhuber* JuS 1988, 355; *Singhof/Seiler/Schlitt* Mittelbare Beteiligungen, Rn 493; *Beuthien* ZGR 1974, 26 (29); *Eden* Treuhandschaft an Unternehmen und Unternehmensanteilen, S. 22 ff; s.a. *Henssler* AcP 196 (1996), 37 (41 ff).

[387] Ausf. mwN MünchKommHGB/*Heidinger* Rn 177; ebs. LG Bielefeld WPK Magazin 2004, Nr. 3, 44.

[388] Zutr. OLG Düsseldorf BB 1983, 399.

[389] So noch Leitsatz DIHT BB 1981, 2090; vgl. dort auch die Entscheidungsnachweise für „Küchentechnik", „Bürotechnik", „Datentechnik", „Funk- und Nachrichtentechnik", „Hyper-Dämmtechnik" und „Zerspannungstechnik"; Staub/*Hüffer* 4. Aufl. Rn 70; *Bokelmann* Firmenrecht Rn 231; Wessel/Zwernemann/*Kögel* Firmengründung Rn 494; Baumbach/*Hopt* Rn 35; Koller/*Roth/Morck* Rn 12c; wie hier MünchKommHGB/*Heidinger* Rn 178 f; Röhricht/v. Westphalen/*Ammon/Ries* Rn 82; GKzHGB/*Steitz* Rn 27.

[390] LG Oldenburg BB 1976, 153: Der Firmenzusatz „-technik" bei bloßen Reparaturbetrieben kann geeignet sein, über die Leistungsfähigkeit zu täuschen; BayObLGZ 1981, 88 (93 ff) „Dämmtechnik" irre-

Dritter Abschnitt. Handelsfirma § 18

sich um eine ausdrucksschwache Bezeichnung, deren Verwendung in einer Firma regelmäßig nur noch verlangt, dass sich das Unternehmen überhaupt mit Fragen beschäftigt, die von den angesprochenen Verkehrskreisen als „technisch" verstanden werden. Das gilt auch für „tec"- oder „tech"-Silben im Rahmen von Phantasiefirmen (Rn 64). Allerdings kann der Bedeutungsgehalt durch Wortzusammensetzungen mehr oder weniger stark eingegrenzt werden, z.B. „Bürotechnik", „Elektrotechnik", „Datentechnik", „Heizungstechnik", „Medizintechnik" oder „Meditec"[391] usw. Demgegenüber ist das Wort „Systemtechnik" wiederum nichts sagend.[392]

q) Bau. Das Wort „Bau" weist nach zutreffender Ansicht auf ein bauausführendes Unternehmen hin.[393] Daher dürfen bloße Baustoffhändler diese Bezeichnung nicht ohne klarstellenden Zusatz (etwa „Baumarkt") verwenden,[394] s. aber auch o. Rn 60 (zu „Bauhelf"). Irreführend ist auch die Firma „Grundstücks- und Kapitalvermittlungsgesellschaft, Bau und Finanz mit beschränkter Haftung", wenn der Gegenstand des Unternehmens sich auf die „Vermittlung von Grundstücken und Kapitalien" beschränkt und daher nichts mit einer Bauausführung zu tun hat.[395]   **86**

r) Großhandel, Markt, Großmarkt, Supermarkt, Verbrauchermarkt. Der Begriff „Großhandel" bezieht sich nicht auf einen bestimmten Geschäftsumfang (i.S. eines hohen Umsatzes oder großen Geschäftslokals), sondern auf die Handelsstufe, wobei ein Direkthandel in untergeordnetem Umfang nicht ausgeschlossen ist.[396] Die Bezeichnungen „Markt", „Großmarkt", „Supermarkt" und „Verbrauchermarkt" beziehen sich heute[397] sämtlich auf Einzelhandelsgeschäfte mit einer gewissen Größe und Angebotsvielfalt. Selbstbedienung wird dabei nicht vorausgesetzt.[398]   **87**

s) Lager, Hof, Magazin, Speicher. Diese Begriffe sollten nach früherem Verständnis auf eine besonders große Lagerhaltung und damit eine besondere Leistungsfähigkeit des Unternehmens hinweisen und waren daher gewöhnlichen Einzelhandelsgeschäften verwehrt.[399] Dieses Verständnis hat sich gewandelt. Ob „Teppichlager", „Getränkehof", „Bücher-Magazin" oder „Möbelspeicher" – mehr als ein durchschnittliches Einzelhan-   **88**

---

führend bei einfacher Montage wärmedämmender Baustoffe; OLG Frankfurt OLGZ 1981, 417 „Bürotechnik" für Reparatur elektronischer Schreibmaschinen zulässig.
[391] AA BayObLG NJW-RR 2000, 111: bloßer Phantasiezusatz ohne einer Sachfirma vergleichbaren Bedeutungsgehalt, m. zust Anm. K. Schmidt JuS 200, 497; HKzHGB/Ruß Rn 18; zu Recht ablehnend Möller DNotZ 2000, 831 (837).
[392] MünchKommHGB/Heidinger Rn 179; Wessel/Zwernemann/Kögel Firmengründung Rn 434.
[393] MünchKommHGB/Heidinger Rn 127; GKzHGB/Steitz Rn 27.
[394] OLG Hamm BB 1975, Beil. Nr. 12, S. 16; GKzHGB/Steitz Rn 27; Baumbach/Hopt Rn 33.
[395] AG Oldenburg BB 1968, 312; Röhricht/
v. Westphalen/Ammon/Ries Rn 57; Heymann/Emmerich Rn 38.
[396] KG JW 1930, 1409; OLG Hamm NJW 1963, 863; Haberkorn Firma, Firmenwahrheit, Firmenzusätze, S. 50, 51; Heymann/Emmerich Rn 49; Baumbach/Hopt Rn 29; Bokelmann Firmenrecht Rn 212; Röhricht/v. Westphalen/Ammon/Ries Rn 74, MünchKommHGB/Heidinger Rn 158.
[397] Zu älteren Anschauungen Bokelmann Firmenrecht Rn 210 ff; ebenfalls einschränkend Staub/Hüffer 4. Aufl. Rn 69; Neuere Anschauungen z.B. BGH GRUR 1983, 779 zu § 3 UWG; Baumbach/Hopt Rn 30.
[398] MünchKommHGB/Heidinger Rn 159; Baumbach/Hopt Rn 30; aA Staub/Hüffer 4. Aufl. Rn 69.
[399] Leitsatz DIHT 1968, BB 1968, 439.

delsgeschäft der jeweiligen Branche ist heute nicht mehr zu erwarten.[400] Das ist nur dann anders, wenn die Begriffe eine Verstärkung erfahren. Ein „Großlager" muss daher tatsächlich über eine überdurchschnittliche Lagerhaltung verfügen. Und Begriffe wie „Zentrallager" oder „Verkaufslager" können den Eindruck von Hersteller- oder Großhandelspreisen erwecken.[401]

89 t) **Zentrale, Zentrum, Center.** Ähnlich verhält es sich mit diesen Begriffen. Auch sie wurden früher als Hinweis auf eine bestimmte Größe und Bedeutung des Unternehmens verstanden.[402] Davon kann heute keine Rede mehr sein. Vielfach wird damit überhaupt kein Größenanspruch verbunden („Fitness-Center"; „Mitfahrerzentrale")[403], im Übrigen nur noch eine gewisse Angebotsbreite (so richtigerweise bei „Bildungszentrum"[404], „Küchen-Center"[405], „Reha-Zentrum"[406]) erwartet.[407]

90 u) **Haus, Studio, Palast.** Auch der Begriff „Haus" setzt heute[408] nicht mehr eine bestimmte Größe oder (örtliche) Bedeutung des Unternehmens voraus, sondern steht grundsätzlich jedem Kaufmann zur Benutzung frei[409]. Das gilt auch in der Kombination mit einer Ortsangabe („Möbelhaus A-Stadt").[410] Irreführend kann allerdings die Bezeichnung „Häuser" sein, wenn nicht mehrere Geschäftslokale vorhanden sind. Irreführend können ferner Branchenzusätze sein, wenn diese allzu weit gefasst sind (z.B. „Haus der Gesundheit" für eine schlichte Apotheke).[411] Die Auffassung des OLG Frankfurt, wonach sich eine Gesellschaft nicht „Auktionshaus" nennen dürfe, weil die Erlaubnis nach § 34b GewO nur natürlichen Personen erteilt werde,[412] ist aufgrund der Änderung dieser Vorschrift überholt. Der Begriff „Studio" ist heute gleichfalls ohne Gehalt.[413] Die Bezeichnung „Palast" setzt dagegen nach wie vor eine überdurchschnittliche Größe voraus.

---

[400] MünchKommHGB/*Heidinger* Rn 165.
[401] BGH GRUR 1974, 225 m. Anm. *Bauer;* OLG Köln GRUR 1962, 363; *Baumbach/Hefermehl* aaO (Fn 80). Aus diesem Grund wurden früher auch die Bezeichnungen „Magazin" (OLG Neustadt BB 1963 325; LG Oldenburg BB 1964 1143) und „Speicher" (LG Oldenburg aaO; AG Delmenhorst BB 1964, 1144) als unzulässig angesehen.
[402] Heymann/*Emmerich* Rn 59; Staub/*Hüffer* 4. Aufl. Rn 73; *Bokelmann* Firmenrecht Rn 219 ff; Wessel/Zwernemann/*Kögel* Firmengründung Rn 515; zu „Zentrale" und „Zentrum" eingehend *Haberkorn* Firma, Firmenwahrheit, Firmenzusätze, S. 33 ff und zum Wettbewerbsrecht *ders.* WRP 1966, 306.
[403] Vgl. Röhricht/v. Westphalen/*Ammon/Ries* Rn 86, MünchKommHGB/*Heidinger* Rn 182; HKzHGB/*Ruß* Rn 20; ebenso Baumbach/*Hopt* Rn 30 aber zudem auf den Einzelfall abstellend.
[404] OLG Koblenz WRP 1990, 125 f zu § 3 UWG.
[405] Erhebliche Zweifel äußernd BGH NJW 1987, 63 f (zu § 3 UWG).
[406] OLG Hamm WRP 1992, 576 f (zu § 3 UWG).
[407] Wessel/Zwernemann/*Kögel* Firmengründung Rn 515; Firmenfibel DIHT 1992, S. 19; Baumbach/*Hopt* Rn 30.
[408] Zu früheren Ansichten Leitsatz des DIHT BB 1969, 418; *Haberkorn* Firma, Firmenwahrheit, Firmenzusätze, S. 39 ff; *Größner* Lexikon des Firmenrechts, S. 2 ff; Baumbach/*Hopt* Rn 30; Staub/*Hüffer* Rn 65; s. auch *Bokelmann* Firmenrecht, Rn 205 ff.
[409] Wessel/Zwernemann/*Kögel* Firmengründung Rn 511; Ebenroth/Boujong/Joost/Strohn/*Zimmer* Rn 49; GKzHGB/*Steitz* Rn 27; Koller/*Roth*/Morck Rn 13.
[410] **AA** Baumbach/*Hopt* Rn 30.
[411] BVerwG NJW 1992, 588 f; **aA** MünchKommHGB/*Heidinger* Rn 164.
[412] OLG Frankfurt NJW-RR 1990, 671; § 34b Abs. 3 S. 1 GewO i.d.F. v. 1.1.1987, gültig bis 31.9.1995, erlaubte die Erlaubniserteilung für Versteigerungsgewerbe nur an natürlichen Personen.
[413] OLG Stuttgart NJW-RR 87, 739; Koller/*Roth*/Morck Rn 12c.

v) **Fach, Fachhandel, Fachgeschäft, Spezialgeschäft.** Diese Bezeichnungen weisen auf eine bestimmte Spezialisierung hin, wobei der Kunde neben einem fachgerechten Leistungsangebot (bei Handelsunternehmen muss das Sortiment zumindest die wichtigsten Hersteller umfassen) vor allem auch eine fachkundige Beratung erwarten darf. Ohnedies ist die Firmierung irreführend.[414]

91

w) **Fabrik, Werk, Industrie, Factory.** Mit diesen Begriffen ist die Vorstellung einer industriellen, d.h. nicht nur handwerklichen Herstellung, Be- oder Verarbeitung von Gütern verbunden, und zwar bei den Begriffen „Fabrik" und „Werk" die Vorstellung einer einzelnen Fertigungsstätte von gewisser Größe,[415] bei den Begriffen „Werke" und „Industrie" die Vorstellung einer Gesamtheit von mehreren großen Fertigungsstätten,[416] sofern das Wort „Industrie" nicht als bloße Branchenangabe („Metallindustrie") verwandt wird[417]. An die Größe eines „Werks" oder einer „Fabrik" dürfen freilich keine überspannten Erwartungen geknüpft werden. Je nach Branche kann es sich auch um verhältnismäßig kleine Einheiten handeln (z.B. Sägewerk, Möbelfabrik).[418] Selbst wenn aber die Verwendung dieser Begriffe im Einzelfall zur Irreführung geeignet sein sollte, wird die bloße Größe eines Betriebes oft kein wesentliches geschäftliches Verhältnis i.S.d. Abs. 2 S. 1 darstellen.[419] Abs. 2 S. 1 wäre allerdings verletzt, wenn das Unternehmen überhaupt keine Fertigung, sondern etwa Handel betreibt, oder die Fertigung lediglich handwerklich erfolgt.[420] Anders verhält es sich mit dem modischen Begriff „**Factory**". Er hat keinerlei Bedeutungsgehalt und kann auch von Handelsunternehmen (z.B. „Shoe Factory" für ein Schuhgeschäft) oder Dienstleistungsunternehmen (z.B. „Beer Factory" für eine Gaststätte) verwendet werden.

92

x) **Geographische Zusätze**

aa) **Einführung.** Früher wurde die Zulässigkeit geographischer Bezeichnungen streng gehandhabt. Grundsätzlich musste zweierlei zusammenkommen: Erstens ein Bezug (insbes. Sitz bzw. Tätigkeitsbereich) des Unternehmens zu dem in der Firma bezeichneten Gebiet und zweitens eine besondere Bedeutung des Unternehmens in dem Gebiet.[421] Diese zweite Voraussetzung ließ sich freilich schon vor der Handelsrechtsreform kaum noch halten. Bereits 1969 hat der BGH zu Recht darüber nachgedacht, ob nicht infolge der zunehmenden europäischen Integration ein „*Bedürfnis auch für kleinere Firmen besteht, zur Unterscheidung der Nationalität das Wort deutsch zu verwenden.*"[422] Und 1989 hat er entschieden, dass keine Vermutung und kein Erfahrungssatz besteht, wonach eine in einem Firmennamen verwendete Ortsangabe vom Verkehr als Behauptung einer

93

---

[414] OLG München BB 1959, 251; OLG Stuttgart BB 1974, 196 f; Baumbach/*Hopt* Rn 32; Staub/*Hüffer* 4. Aufl. Rn 57; *Bokelmann* Firmenrecht, Rn 214; GKzHGB/*Steitz* Rn 26.
[415] Vgl. Röhricht/v. Westphalen/*Ammon/Ries* Rn 60; Baumbach/*Hopt* Rn 29.
[416] Anders Röhricht/v. Westphalen/*Ammon/Ries* Rn 61; Ebenroth/Boujong/Joost/Strohn/*Zimmer* Rn 47; GKzHGB/*Steitz* Rn 26; Baumbach/*Hopt* Rn 29.
[417] MünchKommHGB/*Heidinger* Rn 130 f.
[418] Statt aller Röhricht/v. Westphalen/*Ammon/Ries* Rn 60 mwN.
[419] Ebenso Koller/*Roth*/Morck Rn 12e; Ebenroth/Boujong/Joost/Strohn/*Zimmer* Rn 47; MünchKommHGB/*Heidinger* Rn 132 mwN.
[420] MünchKommHGB/*Heidinger* Rn 132.
[421] Zu diesen Voraussetzungen vgl. KG BB 1963, 1397 „Möbelhof Spandau"; OLG Stuttgart BB 1964, 1145 „Gablenberger Fahrschule"; AG Berlin-Charlottenburg BB 1965, 805 „Fleischbearbeitung Wedding"; BayObLGZ 1978, 848 „Chiemgauer Dentallabor"; BayObLG DB 1986, 105; DIHT BB 1967, 1100; *Winkler* MittBayNot 1970, 73 ff, 82 ff.
[422] BGHZ 53, 339, 342.

führenden oder besonders maßgeblichen Stellung verstanden wird. Vielmehr bedürfe es für die Annahme eines solchen Verständnisses in jedem Einzelfall ausreichender tatsächlicher Anhaltspunkte.[423] Seither hat einerseits der Bedeutungsgehalt von geographischen Angaben infolge inflationären Gebrauchs weiter abgenommen. Zugleich wurde andererseits das Irreführungsverbot durch die Handelsrechtsreform abgeschwächt (Rn 33). Die Rechtsprechung aus der Zeit vor der Handelsrechtsreform kann daher keinesfalls ohne weiteres fortgeschrieben werden. Im Einzelnen:

94 bb) **Ortsangaben. Meinungsstand:** Nach wohl h.M. soll eine Ortsangabe in der Firma regelmäßig auf den **Sitz** des Unternehmens hinweisen.[424] Das gelte besonders, wenn die Ortsangabe hinter dem Rechtsformzusatz stehe (also z.B. „Weinhandlung GmbH Mainz").[425] Die Firma sei daher zur Irreführung geeignet, wenn der Sitz an einem anderen Ort liege, selbst wenn dies Folge einer Sitzverlegung sei.[426] Eine Ausnahme sei insofern nur im Blick auf Großstädte zu machen. In diesem Fall reiche es aus, wenn sich der Tätigkeitsbereich auf die Großstadt erstrecke und der Sitz in deren Wirtschaftsgebiet liege.[427] Insbes. wenn die Ortsangabe in attributiver Form verwendet werde (z.B. „Mainzer Weinhandlung GmbH") liege darin überdies die Behauptung einer Allein-, Spitzen- oder **Sonderstellung**.[428] Diese Sonderstellung müsse zum Zeitpunkt der Handelsregistereintragung gegeben sein. Dass eine solche Stellung erst für die Zukunft erstrebt werde, reiche auch bei Neugründungen nicht aus[429] (näher dazu Rn 99). Nach der **Gegenansicht** liegt in einer Ortsangabe dagegen lediglich die Behauptung einer **wirtschaftlichen Betätigung** in dem betreffenden Gebiet.[430] Eine Spitzen- oder Sonderstellung müsse nicht vorliegen. Allenfalls könne die Verwendung der Ortsangabe mit einem bestimmten Artikel (also „Die Mainzer Weinhandlung GmbH") als Alleinstellungsbehauptung verstanden werden.[431] Schließlich wird – auch von Vertretern der h.M. – betont, dass bei Missachtung dieser Grundsätze zwar die Irreführungseignung gegeben sein könne, das Überschreiten der **Wesentlichkeitsschwelle** aber im Einzelfall geprüft werden müsse.[432]

95 **Stellungnahme:** Anerkannt ist, dass Ortsangaben in der Firma auch **andere Bezüge** als den Sitz oder den geographischen Tätigkeitsbereich des Unternehmens herstellen können. Hauptbeispiel ist ein Bezug zu **Produkten** des Unternehmens („Müllers Dresdner Stol-

---

[423] BGH BB 1989, 2350; OLG München DB 2004, 376.
[424] BayObLGZ 1992, 234; OLG Hamm Rpfleger 1999, 545; OLG Oldenburg BB 2001, 1373; OLG Stuttgart DB 2001, 697; LG Heilbronn Rpfleger 2002, 158; OLG Stuttgart OLGR, Stuttgart 2004, 56, 58; MünchKommHGB/*Heidinger* Rn 145; Röhricht/v. Westphalen/*Ammon*/*Ries* Rn 68; Koller/*Roth*/Morck Rn 14.
[425] BayObLG BB 1993, 458; Baumbach/*Hopt* Rn 23; Röhricht/v. Westphalen/*Ammon*/*Ries* Rn 68.
[426] BayObLGZ 1992, 234; Röhricht/v. Westphalen/*Ammon*/*Ries* Rn 68.
[427] OLG Zweibrücken NJW-RR 1991, 1509; Röhricht/v. Westphalen/*Ammon*/*Ries* Rn 68; Ebenroth/Boujong/Joost/Strohn/*Zimmer* Rn 54.
[428] So noch BayObLGZ 1986, 61 (64 f) „Landshuter Druckhaus"; BayObLG NJW-RR 1986, 839 „Münchener Partyservice"; KG OLGZ 1969, 501 ff „Berliner Wohnungsbauunternehmen"; OLG Stuttgart BB 1982, 576 „Schorndorfer Kfz-Ersatzteile"; **aA** nunmehr LG Heilbronn Rpfleger 2002, 158.
[429] OLG Hamm OLGZ 1983, 284 (285 f); vgl. Ebenroth/Boujong/Joost/Strohn/*Zimmer* Rn 56; sowie Röhricht/v. Westphalen/*Ammon*/*Ries* Rn 69 mN.
[430] GKzHGB/*Steitz* Rn 28; MünchKommHGB/*Heidinger* Rn 143; Ebenroth/Boujong/Joost/Strohn/*Zimmer* Rn 53.
[431] Ebenroth/Boujong/Joost/Strohn/*Zimmer* Rn 57.
[432] Ebenroth/Boujong/Joost/Strohn/*Zimmer* Rn 57; vgl. auch Röhricht/v. Westphalen/*Ammon*/*Ries* Rn 69.

len", dazu Rn 108).⁴³³ In Betracht kommt aber auch der **Gründungssitz** („Dresdner Bank") oder etwa ein **Phantasiebezug** (z.B. „Dresdner Meisterklasse", näher Rn 107). Zunächst ist also zu prüfen wie die Ortsangabe aus der objektiven Sicht eines durchschnittlichen Angehörigen der angesprochenen Verkehrskreise bei verständiger Würdigung zu verstehen ist (Rn 47 ff). Ergibt diese Prüfung, dass die Ortsangabe als Hinweis auf den aktuellen Sitz des Unternehmens zu verstehen ist, so ist die Angabe zwar zur Irreführung geeignet, wenn der Sitz anderwärts liegt. Die Irreführungseignung betrifft jedoch kein wesentliches geschäftliches Verhältnis, wenn die Ortsangabe tatsächlich den oder einen **geographischen Tätigkeitsbereich** des Unternehmens bezeichnet; denn der Unterschied zwischen Sitz und Tätigkeitsbereich ist für die wirtschaftliche Entscheidung der Angehörigen der angesprochenen Verkehrskreise allenfalls von untergeordneter Bedeutung. Dabei ist auch zu berücksichtigen, dass der Verkehr über den Sitz (außer durch die Eintragung im Handelsregister und der entsprechenden Bekanntmachung) gem. §§ 37a, 125a, § 80 AktG, Art. 25 EWIVVO, § 25a GenG, § 35a GmbHG, § 7 Abs. 5 PartGG i.V.m § 125a HGB, § 43 SEAG, Art. 10 Abs. 1 S. 1 SCEVO i.V.m. § 25 SCEAG, § 16 VAG i.V.m. § 37a HGB informiert wird. Aus heutiger Sicht abzulehnen ist daher bspw. eine Entscheidung des Bayerischen Obersten Landesgerichts, wonach eine Ortsangabe in der Firma unzulässig sein sollte, aus der nicht hervorging, dass sie sich nur auf ein bestimmtes Projekt und nicht auf den 50 km entfernten Sitz des Unternehmens bezog.⁴³⁴

Solange das Unternehmen noch an dem in der Firma angegebenen Ort tätig ist oder zumindest bereit und in der Lage ist, weiterhin dort tätig zu sein, muss die Firma daher auch nicht geändert werden, wenn der Sitz verlegt wird. Die gegenteilige Ansicht ist mit den **Wertungen der §§ 21, 22, 24** nicht vereinbar, die das Bestandschutzinteresse des Kaufmanns höher bewerten als das Verkehrsschutzinteresse, obwohl die Irreführungsgefahr in diesen Fällen erheblich größer ist (bzw. früher war) als bei einer bloßen Sitzverlegung innerhalb des Tätigkeitsbereichs. Es ist nicht einzusehen, warum ein Kaufmann, der deutschlandweit bspw. unter der Firma „Neustadt Reisebüro e.K." oder „Nymphenburg Consulting e.K." tätig ist, gezwungen sein soll, seine Firma mit allen nachteiligen Folgen zu ändern, wenn er lediglich den Ort seiner Hauptniederlassung verlegt. **96**

Bezieht sich die Ortsangabe weder auf den Sitz noch auf den geographischen Tätigkeitsbereich des Unternehmens, sondern auf etwas anderes, so ist dies statthaft, wenn der anderweitige Bezug hinreichend verständlich ist (Rn 95). Ist der Bezug unklar oder missverständlich, kann dagegen ein Verstoß gegen Abs. 2 S. 1 vorliegen. Dies bedarf jedoch einer Prüfung im Einzelfall, insbes. auch hinsichtlich des Überschreitens der Wesentlichkeitsschwelle. **97**

Ein Verstoß gegen Abs. 2 S. 1 kann auch darauf beruhen, dass die **Ortsangabe unpräzise** ist. So kann sich die Ortsangabe „Frankfurt" auf Frankfurt am Main, Frankfurt an der Oder, Frankfurt in Wanzleben oder auf Frankfurt in Markt Taschendorf beziehen. Und „Neustadt" heißen allein in Deutschland mehr als 50 Orte und Ortsteile. Gleichwohl bedarf es regelmäßig keiner Präzisierung in der Firma; denn zum einen ergibt sich für gewöhnlich aus sonstigen Umständen, welcher Ort gemeint ist, und zum anderen ist dem Verkehr die potentielle Mehrdeutigkeit von Ortsnamen ebenso wie von Personennamen bekannt. Schließlich bedeutete es auch eine Überfrachtung der Firma, stets eine **98**

---

⁴³³ BGHZ 106, 101 (Dresdner Stollen I); BGH NJW-RR 1990, 744 (Dresdner Stollen II); Ebenroth/Boujong/Joost/Strohn/*Zimmer* Rn 54; vgl. MünchKommHGB/*Heidinger* Rn 147.
⁴³⁴ Beschl. v. 16.7.1992 Az. 3Z BR 55/92.

Klarstellung zu verlangen, zumal die Firma in erster Linie Namens- und nicht Informationsfunktion hat. Einer Klarstellung bedarf es daher nur, wenn andernfalls die Mehrdeutigkeit ausgenutzt würde (z.B. „Frankfurter Bank" für ein in Mitteldeutschland tätiges Kreditinstitut mit Sitz in Frankfurt an der Oder, weil Frankfurt am Main das in Deutschland führende Finanzzentrum ist). Dementsprechend dürfen auch Unternehmensträger, die ihren Sitz bspw. in 09322 Amerika, 15859 Philadelphia oder in 83236 Übersee nehmen, die Mehrdeutigkeit dieser Ortsnamen nicht ausnutzen. Statthaft ist schließlich auch die Verwendung **mythologischer oder erfundener Ortsnamen,** wobei insbes. bei Letzteren darauf zu achten ist, dass der fehlende reale Bezug deutlich wird.

99 Eine **besondere Stellung** wird durch die Verwendung einer Ortsangabe **nicht behauptet,** und zwar auch dann nicht, wenn die Ortsangabe in attributiver Form verwandt wird. Dagegen spricht nicht nur die – auch von der Rechtsprechung[435] bereits festgestellte – gewandelte Verkehrsanschauung infolge des inflationären Gebrauchs von geographischen Zusätzen, sondern auch die wenig überzeugende Konsequenz, dass sich neue Unternehmen einen geographischen Zusatz gleichsam erst verdienen müssen,[436] wohingegen „alte" Unternehmen zur Änderung ihrer Firma gezwungen wären, wenn sie an Bedeutung verlieren. Allenfalls könnte man in der Verwendung eines bestimmten Artikels („Die Frankfurter Buchhandlung") eine Alleinstellungsbehauptung erblicken. Der Verkehr erkennt eine solche Firma jedoch als das, was sie ist, nämlich bloße anpreisende Werbung.

100 cc) **Deutschland, Deutsch, Germany, German, Germania, National.** Für diese Firmenbestandteile gelten die gleichen bzw. ähnlichen Grundsätze. Eine besondere Stellung wird durch ihre Verwendung grundsätzlich nicht behauptet.[437] Allerdings muss sich der Tätigkeitsbereich des Unternehmens auf große Teile des deutschen Marktes erstrecken,[438] wobei es insbes. bei Neugründungen ausreicht, wenn das Unternehmen einen entsprechenden Zuschnitt aufweist. Das trifft regelmäßig auch auf inländische Tochtergesellschaften ausländischer Muttergesellschaften zu („Deutsche Shell"), für die es daher keiner speziellen Erwägungen bedarf.[439] Bei Unternehmen mit überwiegend oder zumindest starker grenzüberschreitender Tätigkeit kann die Bezeichnung ferner als Abgrenzung gegenüber ausländischen Mitbewerbern verwendet werden.[440] Anders als nach der Vorkriegsrechtsprechung[441] muss der Zusatz „deutsch" jedoch mehr als bloß schmückendes Beiwort sein.

101 dd) **Regionalbezeichnungen.** Für geographische Zusätze, die sich auf deutsche Bundesländer oder Regionen beziehen (z.B. Bayerisch, Hessisch, norddeutsch, hanseatisch, Rhein, Main) gilt Vorstehendes entsprechend, wenn sich diese Bezeichnungen nicht – wie in der Praxis häufig – auf Produkte des Unternehmens beziehen (dazu Rn 108). Eine

---

[435] BGH BB 1989, 2350; OLG München DB 2004, 376.
[436] S.o. Fn 429.
[437] AA OLG Düsseldorf NJW-RR 1993, 297: „Versicherungs-Dienst für das deutsche Handwerk"; HKzHGB/*Ruß* Rn 24; wie hier Röhricht/v. Westphalen/*Ammon*/*Ries* Rn 71; GKzHGB/*Steitz* Rn 28 mwN.
[438] BGH GRUR 1987, 638 (639); KG GRUR 1999, 1039.
[439] Ebenso BayObLGZ 1958, 253 (255); Koller/ *Roth*/Morck Rn 14; Ebenroth/Boujong/ Joost/Strohn/*Zimmer* Rn 58; GKzHGB/ *Steitz* Rn 28; Röhricht/v. Westphalen/ *Ammon*/*Ries* Rn 71; s.a. BGH GRUR 1982, 239, 240 (zu § 3 UWG).
[440] BayObLGZ 1958, 253 (255 Fn 66); *Baumbach*/*Hefermehl* aaO (Fn 68); *Huth* GRUR 1965, 290 f; *Müller* GRUR 1971, 141 (143).
[441] KG DNotZ 1927, 123; KG JW 1934, 491; vgl. noch *Groschuff* JW 1936, 1721.

besondere Stellung des Unternehmens in der Region ist daher nicht erforderlich, wohl aber ein Zuschnitt, der eine Tätigkeit für große Teile des betreffenden Regionalmarktes erlaubt. Die Bezeichnungen Nord, Süd, West, Ost sollen hingegen keine geographischen Zusätze im firmenrechtlichen Sinne darstellen.[442]

ee) Europa, Europäisch, Euro-, Eur-, EU-, EG-. Nach früher herrschender Meinung **102** vermittelt eine derartige Firmierung den Eindruck, dass das Unternehmen nach Größe und Marktstellung einen europäischen Zuschnitt hat.[443] Auch an dieser Auffassung kann schon wegen der inflationären Verwendung solcher Begriffe und der damit einhergehenden Verwässerung[444] nicht festgehalten werden.[445] Verlangen kann man heute nur noch, dass das Unternehmen in wenigstens zwei europäischen Ländern tätig ist.[446] Das gilt auch für Phantasiefirmen mit Eur- oder Euro-Bestandteil (z.B. „Eurix" oder „Eurotec"), falls man solchen Bezeichnungen nicht jede Bedeutung abspricht (vgl. Rn 105). Auf einen bestimmten Umfang der grenzüberschreitenden Tätigkeit kommt es nicht an, sofern er nicht nur völlig untergeordnet ist.[447]

Bei den Abkürzungen „EU-" und „EG-" ist überdies zu beachten, dass kein „amt- **103** licher Eindruck" entstehen darf (Rn 70). Die von der „Essener-Genossenschafts-Bank" verwendete Abkürzung „EG-Bank" war daher zur Irreführung i.S.d. Abs. 2 S. 1 geeignet, weil der unzutreffende Eindruck besonderer Beziehungen zur Europäischen Gemeinschaft erweckt wurde.[448] Nämliches würde für eine „EU-Bank" im Blick auf die Europäische Union gelten.

ff) International, interkontinental, kontinental. Für die Führung derartiger Zusätze **104** reicht es heutzutage ebenfalls aus, wenn das Unternehmen grenzüberschreitend tätig ist bzw. sein will und über einen entsprechenden Zuschnitt verfügt. Auf einen besonderen Umfang der grenzüberschreitenden Tätigkeit kommt es mithin nicht an, sofern er nicht nur völlig untergeordnet ist.[449] Das entspricht auch der Rechtslage in anderen europäischen Ländern.[450] Bei einer Apotheke genügt sogar ein internationales Sortiment und Sprachbeherrschung.[451] Ältere, strengere Auffassungen[452] sind aus den vorgenannten Gründen überholt. Es ist nicht irreführend, wenn ein Unternehmen, das bereit und in der Lage ist, Umzüge in das benachbarte Ausland zu übernehmen, bspw. als „Max Müller Umzüge International e.K." firmiert. Für den Zusatz „interkontinental" wird man allerdings verlangen müssen, dass die (angestrebte) Tätigkeit zumindest zwei Kontinente

---

[442] Firmenfibel des DIHT 1992 S. 2; vgl. dazu auch Röhricht/v. Westphalen/*Ammon/Ries* Rn 70.
[443] BGHZ 53, 339 (342) „Euro-Spirituosen" (zu § 3 UWG); Heymann/*Emmerich* Rn 48; Staub/*Hüffer* 4. Aufl. Rn 62; vgl. auch Firmenfibel des DIHT 1992, S. 20.
[444] OLG Hamm Rpfleger 1992, 203 für „Euro"; OLG Hamm NZG 1999, 994 für „Euro" und „European"; krit. zur Begr. *Kögel* GmbHR 2002, 642 (643).
[445] Ebenso MünchKommHGB/*Heidinger* Rn 153; Baumbach/*Hopt* Rn 26; Röhricht/v. Westphalen/*Ammon/Ries* Rn 72 mwN.
[446] Ähnlich GKzHGB/*Steitz* Rn 28; s.a. Baumbach/*Hopt* Rn 26.
[447] GKzHGB/*Steitz* Rn 28; so wohl auch Röhricht/v. Westphalen/*Ammon/Ries* Rn 72; zweifelnd Roth/*Koller*/Morck Rn 14.
[448] OLG Hamm WM 1991, 1953 ff.
[449] Koller/*Roth*/Morck Rn 14; vgl. Röhricht/v. Westphalen/*Ammon/Ries* Rn 73; LG Stuttgart BB 2000, 1213; LG Darmstadt GmbHR 1999, 482 f.
[450] MünchKommHGB/*Heidinger* Rn 156 a.E.; s.a. Wessel/Zwernemann/*Kögel* Firmengründung Rn 501.
[451] BayObLG WRP 2003, 398 (zu § 3 UWG): „Internationale Apotheke".
[452] BayObLG NJW 1973, 37; Baumbach/*Hopt* Rn 26.

umfasst. Im Beispielsfall einer Firma „Max Müller Umzüge Interkontinental e.K." reichen hierfür allerdings Umzüge auf die andere Seite des Bosporus oder der Straße von Gibraltar aus.

105 Der Zusatz „inter-" ist dagegen mehrdeutig[453] und wird heute insbes. in Phantasiefirmen derart häufig gebraucht („Interart", „intermedia", „intertec"), dass er vollkommen inhaltsleer und daher richtigerweise frei verwendbar ist.[454] Insbes. bedarf es keiner grenzüberschreitenden Aktivitäten.

106 Der Zusatz **„weltweit"** oder **„worldwide"** stellt hingegen eine Steigerung gegenüber den Zusätzen „international" und „interkontinental" dar und verlangt dementsprechend eine Tätigkeit auf mindestens drei Kontinenten, s. aber auch Rn 107.

107 gg) **Geographische Phantasiebezeichnungen.** Hierher gehören zum einen fiktive oder mythologische Ortsbezeichnungen („Entenhausen", „Atlantis", „Mittelerde") sowie zum anderen reißerische Namen wie „Weltmode"[455], „mondialoffice"[456] oder gar „Transuniversum"[457]. Angesichts der Zulässigkeit von Phantasiefirmen sind dergleichen Firmenbestandteile zulässig, sofern der erfundene bzw. übertreibende Charakter der Bezeichnung für die angesprochenen Verkehrskreise ersichtlich ist, so dass eine Irreführung ausscheidet.

108 hh) **Produktbezogene geographische Zusätze.** Bezieht sich ein geographischer Zusatz auf die von dem Unternehmen hergestellten oder gehandelten Produkte ist zuvörderst zu unterscheiden, ob es sich um eine geographische Herkunftsangabe (z.B. Lübecker Marzipan,[458] Halberstädter Würstchen[459], Nürnberger Bratwürste[460], Rügenwalder Teewurst,[461] Champagner[462]) oder um eine Beschaffenheitsangabe, Sorten- oder Gattungsbezeichnung (z.B. Dresdner Stollen,[463] Nordhäuser,[464] Kölnisch Wasser[465]) handelt. Im ersten Fall (z.B. „Müller's Lübecker Marzipan GmbH") muss das produzierende Unternehmen tatsächlich seinen Sitz in Lübeck oder seiner näheren Umgebung haben.[466] Im zweiten Fall ist der Sitz des Unternehmens dagegen unerheblich. Es kommt daher nicht darauf an, ob eine „Bayerisches Möbelhaus GmbH" ihren Sitz in Bayern hat oder dort tätig ist. Irreführend i.S.d. Abs. 2 S. 1 wäre es aber, wenn das Möbelhaus keine stilistisch bayerischen Möbel führen würde.[467] Deswegen ist es grundsätzlich auch irreführend, wenn eine Sektkellerei eine Firma führt, die auf eine bestimmte Lage hinweist, aus der

---

[453] Firmenfibel des DIHT, S. 20; Ebenroth/Boujong/Joost/Strohn/*Zimmer* Rn 60; aA BayObLG NJW 1973, 371; Stuttgart NJW-RR 1987: „Intermedia".

[454] Str., so wohl auch MünchKommHGB/*Heidinger* Rn 155; aA GKzHGB/*Steitz* Rn 28; differenzierend Ebenroth/Boujong/Joost/Strohn/*Zimmer* Rn 60; ebenso Koller/*Roth*/Morck Rn 14; sowie Baumbach/*Hopt* Rn 26.

[455] AG Gütersloh BB 1966, 1246 f.

[456] OLG Frankfurt 20 W 492/72 v. 30.8.1972, zit. nach *Bokelmann* Rn 71

[457] AG Leonberg GR 1597/64 v. 2.2.1965, zit. nach DIHT BB 1967, 1100.

[458] BGH GRUR 1981, 71.

[459] BPatG München Bschl. v. 5.10.2006, Az. 30 W (pat) 35/04.

[460] LG München I Entsch. v. 12.10.2005, Az. 33 O 5401/05.

[461] BGH GRUR 1956, 270 (271).

[462] OLG München Urt. v. 6.11.2003, 29 U 4011/03.

[463] BGHZ 106, 101 (Dresdner Stollen I); BGH NJW-RR 1990, 744 (Dresdner Stollen II).

[464] RG GRUR 1934, 62.

[465] BGH GRUR 1965, 317 (318).

[466] OLG Köln GRUR 1983, 385 ff.

[467] Ebenso MünchKommHGB/*Heidinger* Rn 147 mit dem Beispiel einer Firma „Schwarzwälder Bauernspezialitäten".

die Grundweine jedoch nicht oder nicht wenigstens überwiegend hergestellt werden.⁴⁶⁸ Das ist nur dann anders, wenn die Bezeichnung schon seit langem gut eingeführt ist, so dass für die angesprochenen Verkehrskreise die Frage der (von Anfang an anderen) Herkunft der Grundweine keine wesentliche Bedeutung mehr hat.⁴⁶⁹

y) Produktbezogene Adjektive, Komparative, Superlative. Bei produktbezogenen Adjektiven wie „neu", „gut", „günstig" fehlt es regelmäßig an der Eignung zur Irreführung.⁴⁷⁰ Dass es sich bei solchen Bezeichnungen um bloße Anpreisungen handelt, ist den angesprochenen Verkehrskreisen bewusst, weshalb sie nicht ohne eigene Prüfung auf das Vorliegen solcher Eigenschaften vertrauen.

109

Ähnlich ist dies bei Komparativen und Superlativen wie „besser", „bester", „zarteste", „edelste". Das BPatG lehnte eine Eignung zur Irreführung bei der Bezeichnung einer Ginsorte als „FINEST" ab, da trotz Annahme einer qualitativen Spitzengruppenwerbung bei den Verbrauchern keine Assoziationen hervorgerufen wurden, die das Produkt nicht erfüllte.⁴⁷¹

z) Alter und Tradition. Altersangaben („**seit 1900**", „**gegründet 1868**") erwecken den Eindruck langer Erfahrung und Zuverlässigkeit, Kompetenz und Solidität. Das sind für die angesprochenen Verkehrskreise wesentliche Eigenschaften, so dass derartige Angaben wahr sein müssen, um nicht gegen Abs. 2 S. 1 zu verstoßen. Das gilt nicht nur für sog. „Traditionsprodukte".⁴⁷² Das Unternehmen muss daher seit dem genannten Datum ohne nennenswerte Unterbrechung in der betreffenden Branche⁴⁷³ tätig sein. Ist dies der Fall, darf die Firma auch von übernommenen Unternehmen(steilen) geführt werden.⁴⁷⁴ Bei der Bezeichnung „**erste**" ist zweideutig, ob das älteste noch existierende oder beste Unternehmen der betreffenden Branche am Ort gemeint ist. Im zweiten Fall ist die Firma ohne weiteres unzulässig; denn solche **Alleinstellungsbehauptungen** müssen nachweislich wahr sein.⁴⁷⁵ Bezeichnungen wie „**königlich bayerisch**" und dergleichen erwecken nicht nur den Eindruck eines bestimmten Alters und einer dementsprechenden Tradition, sondern auch einer Beziehung zu dem betreffenden Fürstenhaus. Trifft all das nicht zu, ist die Firma unzulässig.⁴⁷⁶ Ähnliches gilt für die Nutzung des Namens eines alten, inzwischen ausgestorbenen Adelsgeschlechts („Sektkellerei Graf S.").⁴⁷⁷ Die Bezeichnung als **Manufaktur** setzt hingegen keine Tradition, wohl aber eine Fertigung voraus.⁴⁷⁸

110

---

⁴⁶⁸ Vgl. BPatG GRUR 1992, 170 (Schloss Caestrich).
⁴⁶⁹ Vgl. BPatG GRUR 1996, 885 (Schloss Wachenheim) und dazu ausf. Ebenroth/Boujong/Joost/Strohn/*Zimmer* Rn 72.
⁴⁷⁰ Vgl. Ebenroth/Boujong/Joost/Strohn/*Zimmer* Rn 72.
⁴⁷¹ BPatGE 22, 240; GRUR 1980, 923 (924 f); Ebenroth/Boujong/Joost/Strohn/*Zimmer* Rn 72.
⁴⁷² So aber MünchKommHGB/*Heidinger* Rn 116; Ebenroth/Boujong/Joost/Strohn/*Zimmer* Rn 66 mwN; ähnlich wie diese Röhricht/v. Westphalen/*Ammon*/*Ries* Rn 52.
⁴⁷³ **AA** im Blick auf Wein statt Sekt zu § 3 UWG a.F. BGH NJW 1960, 1856.
⁴⁷⁴ **AA** zu § 3 UWG a.F. BGH GRUR 1981, 69 („kontinuierliche, organische Entwicklung" erforderlich).
⁴⁷⁵ BGH GRUR 1991, 680; Heymann/*Emmerich* Rn 32; Röhricht/v. Westphalen/*Ammon*/*Ries* Rn 52.
⁴⁷⁶ BayOLG MDR 1981, 321; MünchKommHGB/*Heidinger* Rn 115, Fn 312.
⁴⁷⁷ OLG Neustadt/Weinstr. MDR 1963, 138: „Sektkellerei Graf S"; MünchKommHGB/*Heidinger* Rn 115.
⁴⁷⁸ MünchKommHGB/*Heidinger* Rn 115; OLG München GRUR 1989, 620: „älteste Porzellanmanufaktur".

111 a₁) **Umwelt, umweltfreundlich, Bio, Öko, ökologisch.** Mit den Begriffen „**Umwelt**" und „**umweltfreundlich**" wird ein bestimmter Umweltvorzug assoziiert. Sie haben eine starke emotionale Werbekraft, weswegen Wettbewerbsrelevanz regelmäßig vorliegt. Im Wettbewerbsrecht verlangt die Rechtsprechung daher eine konkrete Benennung des Umweltvorzugs.[479] Eine solche konkrete Benennung kann im Rahmen einer Firma nicht geleistet werden.[480] Ist das Unternehmen nicht im Bereich des Umweltschutzes, sondern etwa in der Baubranche tätig (z.B. „Gesellschaft für umweltfreundliches Bauen mbH") so kann das Registergericht den Wahrheitsgehalt dieser Aussage überdies kaum überprüfen. In solchen Fällen wird es daher regelmäßig trotz möglicher Irreführungseignung an der Ersichtlichkeit i.S.d. § 18 Abs. 2 S. 2 mangeln.[481] Die Zusätze „**Bio**" und „**Öko**" bezeichnen Produkte, die ein Unternehmen in natürlichen Verfahren frei von umweltschädlichen oder -belastenden Stoffen produziert. Für Erzeugnisse und Lebensmittel aus ökologischem Landbau ist die VO 2092/91/EWG[482] anwendbar.[483] Diese erlaubt insbes. den Begriff „**ökologisch**" nur für bestimmte Agrarerzeugnisse, die nach bestimmten Produktionsregeln gewonnen wurden. Deren Einhaltung kann sich das Registergericht ggf. nachweisen lassen. Im Handel muss das überwiegende Warensortiment den behaupteten Umweltvorzug aufweisen. Auch das ist nachprüfbar. Andernfalls gilt das zuvor Gesagte.

112 b₁) **Sonstige Einzelfälle.** Der Zusatz „**Herstellung und Vertrieb**" setzt nach hergebrachter Rechtsprechung eine zumindest gleichwertige Eigenproduktion voraus.[484] Das erscheint heute als zu streng.[485] Bei bloßem Handel ist die Bezeichnung jedoch weiterhin unzulässig. **Fremdsprachige Bezeichnungen** können im Einzelfall den Eindruck eines ausländischen Firmensitzes[486] oder einer nicht vorhandenen Internationalität[487] vermitteln. Das gilt freilich in der Regel nicht für solche Bezeichnungen, die die angesprochenen Verkehrskreise in ihren Wortschatz übernommen haben oder die ihnen umgekehrt so fremd sind, dass sie als Phantasiebezeichnungen angesehen werden, s. Rn 32.

§ 19

(1) Die Firma muß, auch wenn sie nach den §§ 21, 22, 24 oder nach anderen gesetzlichen Vorschriften fortgeführt wird, enthalten:
1. bei Einzelkaufleuten die Bezeichnung „eingetragener Kaufmann", „eingetragene Kauffrau" oder eine allgemein verständliche Abkürzung dieser Bezeichnung, insbesondere „e.K.", „e.Kfm." oder „e.Kfr.";
2. bei einer offenen Handelsgesellschaft die Bezeichnung „offene Handelsgesellschaft" oder eine allgemein verständliche Abkürzung dieser Bezeichnung;
3. bei einer Kommanditgesellschaft die Bezeichnung „Kommanditgesellschaft" oder eine allgemein verständliche Abkürzung dieser Bezeichnung.

---

[479] BGH NJW 1996, 1135 (1136).
[480] Das übersehen Röhricht/v. Westphalen/*Ammon/Ries* Rn 88.
[481] Vgl. Ebenroth/Boujong/Joost/Strohn/*Zimmer* Rn 72.
[482] VO (EWG) Nr. 2092/91 des Rates v. 24.6.1991 über den ökologischen Landbau und die entsprechende Kennzeichnung der landwirtschaftlichen Erzeugnisse und Lebensmittel, ABl. EG Nr. L 198 v. 22.7.1991, S. 1; zuletzt geändert durch die VO (EG) Nr. 436/2001 der Kommission v. 2.3.2001, ABl. EG Nr. L 63 S. 16.
[483] Sie wird ergänzt durch das Öko-KennzeichenG (BGBl. I 2001, 3441) und die Öko-KennzeichenVO (BGBl. I 2002, 589).
[484] BGH DB 1976, 143.
[485] Röhricht/v. Westphalen/*Ammon/Ries* Rn 87.
[486] Koller/*Roth*/Morck Rn 16.
[487] AnwGH NW NJW 2004, 1538.

(2) **Wenn in einer offenen Handelsgesellschaft oder Kommanditgesellschaft keine natürliche Person persönlich haftet, muß die Firma, auch wenn sie nach den §§ 21, 22, 24 oder nach anderen gesetzlichen Vorschriften fortgeführt wird, eine Bezeichnung enthalten, welche die Haftungsbeschränkung kennzeichnet.**

Schrifttum

1. **Seit der Handelsrechtsreform.** *Binz/Sorg* Die GmbH & Co. KG, 10. Aufl. 2005; *Bürkle* Die Firmierung der Holding-Unternehmen im Versicherungskonzern, VersR 2002, 291; *Gustavus* Die Neuregelungen im Gesellschaftsrecht nach dem Regierungsentwurf eines Handelsrechtsreformgesetzes, GmbHR 1998, 17; *Jung* Firmen von Personenhandelsgesellschaften nach neuem Recht, ZIP 1998, 677; *N. Krause* gGmbH als unzulässiger Rechtsformzusatz, NJW 2007, 2156; *Notthoff* Firmierung einer Handelsgesellschaft mit dem Partnerschaftsgesellschaftszusatz, NZG 1998, 123; *ders.* Haftungsbeschränkung in der GbR durch Firmierung, ZAP 1999, 533; *ders.* Rechtsformzusatz für Personalhandelsgesellschaften und Einzelkaufleute, ZAP 2003, 449; *Paulick* Das Ende der gGmbH im Gemeinnützigkeitsrecht? DNotZ 2008, 167; *Römermann* LG Zweibrücken Beschluss vom 25.2.1998: Sozietat kein täuschender Zusatz für eine Partnerschaftsgesellschaft, NZG 1998, 548; *Schulenburg* Zur Täuschungseignung des Rechtsformzusatzes in Verbindung mit einem geographischen Zusatz in der Firmierung einer Aktiengesellschaft, NZG 2000, 594; *B. D. Ullrich* Firmenrechtliche Zulässigkeit des Firmenbestandteils „gGmbH", NZG 2007, 656; *Weiler* Irreführung über die Rechtsform durch Top-Level-Domains? K&R 2003, 601; *R. Wolff* Firmierung der GmbH mit partnerschaftlichem Zusatz: Gestaltungsgrenzen und Folgen ihrer Überschreitung, GmbHR 2006, 303; *Zimmer* Der nicht eingetragene Kaufmann: ein „eingetragener Kaufmann" im Sinn des § 19 Abs. 1 Nr. 1 HGB? ZIP 1998, 2050.

S. ferner das Schrifttum Vor § 17 und zu §§ 17, 18.

2. **Vor der Handelsrechtsreform.** *Ahrens* Die firmenrechtliche Behandlung von Personengesellschaften oder eine natürliche Person als Komplementär auf erster Ebene, DB 1997, 1065; *App* Die Firma einer OHG, BB 1988, 777; *Aschenbrenner* Die Firma der GmbH & Co. KG, 1976; *Barfuss* Die GmbH-Firma als Name des Komplementärs in der Firma der GmbH & Co. KG, GmbHR 1977, 124; *Blumers* Zur Firma der GmbH & Co. KG, BB 1977, 970; *Bokelmann* Ausgewählte Fragen des Firmenrechts, Rpfleger 1973, 44; *ders.* Die abgeleitete Firma der GmbH & Co., GmbHR 1975, 25; *ders.* Zusätze wie »& Co.«, »& Sohn«, »& Partner« und »& Gebrüder« in der Fa. der KG und in abgeleiteten Firmen, MDR 1979, 188; *ders.* Wichtige Rechtsprechung zum Firmenrecht der GmbH & Co. KG und der GmbH, GmbHR 1983, 236; *ders.* Die Rechtsprechung zum Firmenrecht der GmbH und der GmbH & Co. KG seit etwa 1980, GmbHR 1987, 177; *ders.* Der Einblick in das Handelsregister, DStR 1991, 945; *ders.* Die Rechtsprechung zum Firmenrecht der GmbH und der GmbH & Co. KG seit 1987, GmbHR 1994, 356; *Brandes* Die Rechtsprechung des BGH zur GmbH & Co. KG und zur Publikumsgesellschaft, WM 1987 Sonderbeilage Nr. 1, 1987; *Brodersen* Die Beteiligung der BGB-Gesellschaft an Personenhandelsgesellschaften, 1988; *Gabbert* Firma der Aktiengesellschaft: Zulässige Abkürzung „AG"? DB 1992, 198; *Gohl* Die Abgeleitete Firma der GmbH & Co., ein Beitrag zum Problem der Grundtypenvermischung, Diss. Köln, 1967; *Gustavus* Beiträge zur Firma der GmbH & Co. KG nach geltendem und zukünftigem Recht, Veröffentlichungen der Fachhochschule für Verwaltung und Rechtspflege Berlin, 1977; *ders.* Die Praxis der Registergerichte zum Rechtsformhinweis in der abgeleiteten Firma einer GmbH & Co. KG, GmbHR 1977, 169, 193; *ders.* Zum geplanten neuen Firmenrecht der beschränkt haftenden Personengesellschaft, GmbHR 1977, 122; *Hesselmann* Zusatz „GmbH & Co." bei fortgeführten Firmen von Einzelunternehmen oder Personengesellschaften nach Umwandlung in eine GmbH & Co., GmbHR 1975, 57; *ders.* Verpflichtung der Registergerichte zur Eintragung des Zusatzes „GmbH & Co." bei abgeleiteter Firma, GmbHR 1976, 36; *Klamroth* Beteiligung einer BGB-Gesellschaft an einer Personenhandelsgesellschaft, BB 1983, 796; *Kornblum* Offenlegung der Rechtsform der normalen KG, Rpfleger 1986, 77; *Priester* Obligatorischer Zusatz „GmbH & Co." auch bei abgeleiteter Firma? NJW 1975, 238; *Riechen* Die Firma der GmbH & Co., DB 1956, 493; *Schindhelm/Wilde* Die AG & Co. KG, GmbHR 1993, 411; *K. Schmidt* Die Vor-GmbH als Unternehmerin und als Komplementärin, NJW 1981,

1345; *K. Schmidt* Handelsrechtliche Probleme der doppelstöckigen GmbH & Co. KG, DB 1990, 93; *Schwintowski* Handelsrecht – Die schwierige Firmierung einer GmbH & Co KG, JuS 1984, 123; *Skibbe* Die „dreistufige" GmbH & Co. KG im Gesellschafts-, Mitbestimmungs- und Umwandlungsrecht, WM 1978, 890; *Sternberg* Der Gesellschaftszusatz in der Handelsfirma, 1975; *Timm* Die Rechtsfähigkeit der Gesellschaft bürgerlichen Rechts und ihre Haftungsverfassung, NJW 1995, 3209; *Wessel* Probleme bei der Firmierung der GmbH & Co., BB 1984, 1710; *Winkler* Ist die Eintragung einer GmbH unter der abgekürzten Bezeichnung „GmbH" in das Handelsregister zulässig? GmbHR 1969, 77; *ders.* Zur Firma des Einzelkaufmanns und der Personengesellschaft, MittBayNot. 1970, 73, *ders.* Die Firma der GmbH & Co. KG in der neuen Rechtsprechung des BayObLG, MittBayNot 1978, 98.

S. ferner das Schrifttum Vor § 17 und zu §§ 17, 18.

Übersicht

	Rn
A. Grundlagen	1–5
I. Norminhalt, Anwendungsbereich	1–2
II. Entstehungsgeschichte	3–4
III. Normzweck	5
B. Rechtsformzusatz bei Einzelkaufleuten (Abs. 1 Nr. 1)	6–8
C. Rechtsformzusatz bei einer OHG (Abs. 1 Nr. 2)	9
D. Rechtsformzusatz bei einer KG (Abs. 1 Nr. 3)	10
E. Rechtsformzusatz bei Fehlen persönlich haftender natürlicher Personen, insbes. bei einer GmbH & Co. KG (Abs. 2)	11–28
I. Einführung	11–13
II. Der Zusatz „GmbH & Co. KG"	14–15
III. Zwei- und Mehrstöckige GmbH & Co. KG	16–17
IV. Andere Rechtsformen als Komplementäre	18–24
V. Andere Zusätze, insbesondere „Kommanditgesellschaft mit beschränkter Haftung"	25–27
VI. OHG	28
F. Übergangsvorschriften für Altfirmen	29
G. Rechtsformzusätze bei sonstigen Rechtsträgern	30–38
I. Gesetzlich geregelte Rechtsformzusätze abseits des § 19	30–31
II. Deutsche Rechtsträger ohne gesetzlich geregelte Rechtsformzusätze	32–37
III. Ausländische Rechtsträger	38
H. Rechtsfolgen eines Verstoßes gegen Abs. 2	39–41

A. Grundlagen

I. Norminhalt, Anwendungsbereich

1 Absatz 1 regelt die **Pflicht zur Führung eines Rechtsformzusatzes**, und zwar für Einzelkaufleute (Nr. 1) und Personenhandelsgesellschaften (Nr. 2 und 3). Ergänzend sieht Abs. 2 vor, dass OHG und KG einen die Haftungsbeschränkung kennzeichnenden Zusatz führen müssen, wenn keine natürliche Person persönlich haftet. Die Vorschriften des § 19 gelten nicht nur für die Firmenneubildung, sondern auch für die Firmenfortführung. Bei Firmenfortführung unter Änderung der Rechtsform des Unternehmensträgers ist der Rechtsformzusatz entsprechend der neuen Rechtsform anzupassen (näher § 22 Rn 87 ff) und die Änderung zur Eintragung im Handelsregister anzumelden (näher § 31 Rn 7 ff).[1] Das gilt nicht nur für Neufirmen, sondern auch für Altfirmen, die vor dem 1.7.1998 eingetragen waren. Zum Übergangsrecht für Altfirmen s. Rn 29.

---

[1] GKzHGB/*Steitz* Rn 7.

Für andere Unternehmensträger ist die Pflicht zur Führung eines Rechtsformzusatzes 2
wie schon bisher entweder spezialgesetzlich (§§ 4, 279 Abs. 1 AktG, § 4 GmbHG, § 3
GenG, § 2 Abs. 2 Nr. 1 EWIVAG, Art. 11 Abs. 1 SEVO, § 16 VAG, § 2 Abs. 1 PartGG,
§ 59k BRAO) oder gar nicht geregelt (näher Rn 30 ff).

II. Entstehungsgeschichte

§ 19 Abs. 1 bis 4 a.F. beruhte auf Art. 17 ADHGB und blieb bis zur Handelsrechts- 3
reform unverändert. Diese Vorschriften enthielten genaue Vorgaben für den Firmenkern
von Personenhandelsgesellschaften (Zwang zur Führung einer Personenfirma), die infolge
der Liberalisierung der Firmenbildung entfallen sind (s. Vor § 17 Rn 13, 16). Dafür müssen heute Einzelkaufleute und Personenhandelsgesellschaften einen Rechtsformzusatz
führen, was früher nur für Kapitalgesellschaften und Genossenschaften vorgeschrieben
war. § 19 Abs. 1 und 2 a.F. verlangte lediglich, dass das Vorhandensein einer Gesellschaft
deutlich werden musste. Es musste jedoch nicht erkennbar sein, ob es sich um eine OHG
oder KG handelte.[2] Und die Abgrenzung gegenüber nichtkaufmännischen Unternehmensträgern erfolgte schlicht dadurch, dass diesen die Führung firmenähnlicher Geschäftsbezeichnungen und Minderfirmen (dazu § 17 Rn 15 ff, 19 ff) untersagt war, was freilich
die Verwendung des bürgerlichen Namens nicht ausschloss. Bei einer Firma „A. Huber
und Partner" konnte der Geschäftsverkehr daher nur über das Handelsregister in Erfahrung bringen, ob es sich um eine OHG, KG oder GbR handelte.[3]

Abs. 5 a.F. wurde in Kodifizierung einer vorangegangenen höchstrichterlichen Recht- 4
sprechung[4] durch die GmbH-Reform von 1980 (BGBl. I 836) angefügt und ist heute in
Abs. 2 enthalten (näher Rn 11 ff).

III. Normzweck

§ 19 hat einen mehrfachen Regelungszweck. Zuvörderst dient die Vorschrift der **Trans-** 5
parenz der Rechtsform des Unternehmensträgers und (dadurch) der Haftungsverhältnisse.[5] Zugleich dient sie damit der **Gläubigerinformation**.[6] Abs. 2 hat darüber hinaus
Warnfunktion.[7] Dabei ist der Rechtsformzusatz Teil der Firma und nimmt als solcher
Teil an deren **Publizität**, die durch das Handelsregister (§§ 29, 31), dessen Bekanntmachungen (§ 10) sowie die Pflicht zur Angabe auf Geschäftsbriefen (§ 37a) und zur
Anbringung am Geschäftslokal (§ 15a GewO a.F., s. dazu § 37a Rn 5a) hergestellt wird.
Ferner stellt das Erfordernis der Führung eines Rechtsformzusatzes einen **Ausgleich für
die Liberalisierung der Firmenbildung** dar:[8] Weil heute grundsätzlich Wahlfreiheit zwischen Personen-, Sach- und Phantasiefirma besteht, ist die Führung eines Rechtsformzusatzes erforderlich, um „*die Minimalfunktion der Firma als Informationsträger über
Rechts- bzw. Gesellschaftsform und Haftungsverhältnisse*" zu erhalten[9]. Schließlich dient

---

[2] Näher Staub/*Hüffer* 4. Aufl. Rn 18.
[3] Vgl. Staub/*Hüffer* 4. Aufl. Rn 22, 33, § 37 Rn 9 f; Ebenroth/Boujong/Joost/Strohn/*Zimmer* Rn 10.
[4] BGHZ 62, 216; 65, 103.
[5] Baumbach/*Hopt* Rn 1; Ebenroth/Boujong/Joost/Strohn/*Zimmer* Rn 2; Röhricht/v. Westphalen/*Ammon*/*Ries* Rn 1.
[6] Baumbach/*Hopt* Rn 1; Röhricht/v. Westphalen/*Ammon*/*Ries* Rn 1.
[7] MünchKommHGB/*Heidinger* Rn 17.
[8] *Fezer* ZHR 161 (1997), 52 (60); Baumbach/*Hopt* Rn 1; GKzHGB/*Steitz* Rn 1.
[9] Begr. RegE BT-Drucks. 13/8444 S. 37.

die Pflicht zur Führung eines Rechtsformzusatzes der klaren **Unterscheidung** zwischen Firmen i.S.d. Handelsrechts einerseits sowie Geschäftsbezeichnungen und Minderfirmen andererseits (§ 17 Rn 20),[10] wobei das Bedürfnis für eine solche Unterscheidung infolge der Liberalisierung der Firmenbildung noch zugenommen hat[11].

B. Rechtsformzusatz bei Einzelkaufleuten (Abs. 1 Nr. 1)

6 Bei Einzelkaufleuten muss die Firma die Bezeichnung „eingetragener Kaufmann", „eingetragene Kauffrau" oder eine allgemein verständliche Abkürzung dieser Bezeichnung enthalten. Als solche Abkürzung schlägt das Gesetz – weil vor der Handelsrechtsreform Rechtsformzusätze für Einzelkaufleute nicht geläufig waren – „e.K.", „e.Kfm." oder „e.Kfr." vor. Diese Aufzählung ist jedoch nicht abschließend („insbes."). Der Gesetzgeber wollte der Entwicklung anderer Abkürzungen nicht im Wege stehen.[12] Zulässig sind daher etwa auch „eingetr. Kfm." oder „e. Kffr.". Zulässig sind ferner Mischformen zwischen ausgeschriebenen und abgekürzten Bestandteilen, etwa „e. Kauffrau" oder „eingetragener Kfm.".[13] In der **Praxis** am weitesten verbreitet ist die geschlechtsneutrale Abkürzung „e.K.". Zweifelhaft sind lediglich zwei Fragen:

7 Zum einen wirft bereits die Begründung des Regierungsentwurfs die **Frage** auf, ob für **Frauen** ein anerkennenswertes Bedürfnis besteht, die Bezeichnung „**eingetragener Kaufmann**" zu wählen, z.B. um befürchtete Diskriminierungen auszuschließen. Die Begründung überlässt die Beantwortung der Gerichtspraxis, wobei zu berücksichtigen sei, dass mit der geschlechtsspezifischen Ausgestaltung der Zusätze lediglich eine adäquate Bezeichnung zur Verfügung gestellt werden soll. M.a.W. sollen Kauffrauen nicht von Gesetzes wegen genötigt werden, sich als Kaufmann zu bezeichnen. Zudem stehe für den Geschäftsverkehr regelmäßig die Information über die Rechtsform des Unternehmensträgers und nicht dessen Geschlecht im Vordergrund. Schließlich könne das Problem – das sich auch bei der Firmenfortführung stelle – durch die Wahl der Abkürzung „e.K." praktisch gelöst werden.[14] In der Literatur wird verbreitet die Ansicht vertreten, eine Frau dürfe auch als „eingetragener Kaufmann" firmen, weil der Verkehr (auch) diese Bezeichnung als geschlechtsneutral auffasse. Ein Mann dürfe dagegen nicht den Zusatz „eingetragene Kauffrau" wählen, da dies irreführend sei.[15] Diese Differenzierung bezeichnen andere als „gleichheitswidrig". Vielmehr müsse der Geschlechtsbezug nicht zutreffen, da das Geschlecht von Kaufleuten kein verkehrswesentliches geschäftliches Verhältnis i.S.d. § 18 Abs. 2 sei.[16]

Stellungnahme: Diskriminiert werden können auch Männer. Wer Diskriminierung vermeiden will, muss sich aber nicht des anderen Geschlechts berühmen, sondern kann eine geschlechtsneutrale Bezeichnung wählen. Dabei ist die Bezeichnung „eingetragener Kaufmann" objektiv betrachtet (vgl. § 18 Rn 47) auch deswegen nicht geschlechtsneutral, weil ihr Abs. 1 Nr. 1 die Bezeichnung „eingetragene Kauffrau" gegenübergestellt. Ge-

---

[10] Begr. RegE BT-Drucks. 13/8444 S. 38.
[11] Ebenroth/Boujong/Joost/Strohn/*Zimmer* Rn 2.
[12] Begr. RegE BT-Drucks. 13/8444 S. 55.
[13] Begr. RegE BT-Drucks. 13/8444 S. 55.
[14] Begr. RegE BT-Drucks. 13/8444 S. 55.
[15] Röhricht/v. Westphalen/*Ammon*/*Ries* Rn 35; Baumbach/*Hopt* Rn 5; HKzHGB/*Ruß* Rn 4; widersprüchlich Koller/Roth/Morck/*Roth* Rn 2 (Frauen dürften sich als Kaufmann bezeichnen, weil Geschlechtsbezug nicht wettbewerbsrelevant i.S.d. § 18 Abs. 2 sei. Gleichwohl sei Männern die Bezeichnung Kauffrau verwehrt).
[16] *Oetker* Handelsrecht § 4 Rn 47; Ebenroth/Boujong/Joost/Strohn/*Zimmer* Rn 6 mit Fn 4.

schlechtsneutral ist jedoch die Abkürzung „e.K.". Wer gleichwohl einen unzutreffenden Geschlechtsbezug wählt, nimmt offenbar an, dass das Geschlecht des Unternehmensträgers im konkreten Einzelfall ausnahmsweise doch ein verkehrswesentliches geschäftliches Verhältnis i.S.d. § 18 Abs. 2 ist. Diese Annahme muss bei dem Registergericht Zweifel an der Eintragungsfähigkeit der Firma auslösen, denen es nachzugehen hat (§ 18 Rn 50).

Zum anderen hat *Zimmer* das (Schein-)Problem entdeckt, ob **Kaufleute** (i.S.d. § 1 Abs. 2), die (noch) **nicht eingetragen** sind, sich in dem **Rechtsformzusatz** als „eingetragen" bezeichnen dürfen. *Zimmer* hält das unter Zustimmung eines Teils der Literatur[17] für irreführend. Abs. 1 Nr. 1 sei daher teleologisch zu reduzieren und auf (noch) nicht eingetragene Kaufleute nicht anzuwenden. Zur Kennzeichnung ihres Kaufmannstatus genügten *„im Kontext der Firmenführung gegebene Hinweise wie ,Einzelkaufmann' bzw. ,Einzelkauffrau' oder ,Kaufmann' bzw. ,Kauffrau'"*.[18] **8**

Stellungnahme: Diese Ansicht widerspricht dem klaren Wortlaut sowie dem Sinn und Zweck des Gesetzes. Ihr kann daher nicht gefolgt werden. Die Bezeichnung „eingetragene(r)" wurde ausweislich der Begründung des Regierungsentwurfs vom Gesetz gewählt, um den Rechtsbegriff von der bloßen Berufsbezeichnung „Kaufmann" bzw. „Kauffrau" abzugrenzen. Es handelt sich also um einen terminus technicus, bei dem eine philologische Auslegung allein nicht weiterführt.[19] Vielmehr würde, folgt man der Ansicht *Zimmer*s, die vom Gesetz bezweckte eindeutige Abgrenzung zwischen Rechtsbegriff und Berufsbezeichnung aufgegeben. Für die Bezeichnung als „eingetragene(r)" Kaufmann/Kauffrau ist es daher unerheblich, ob die Firma bereits im Handelsregister eingetragen ist oder nicht. Das ist auch sachgerecht, weil sich der Rechtsformzusatz auf den Unternehmensträger bezieht, dessen Status sich in den hier in Frage stehenden Fällen des § 1 Abs. 2 durch die Eintragung nicht ändert. Insofern ist die Bezeichnung als „eingetragene(r)" Kaufmann/Kauffrau trotz fehlender Eintragung objektiv (§ 18 Rn 47) auch nicht irreführend, weil er die Rechtsform entsprechend der gesetzlichen Vorgabe korrekt wiedergibt. Zudem wird die fehlende Eintragung auf Geschäftsbriefen deutlich, da der Kaufmann ohne sie nicht in der Lage ist, eine Registernummer anzugeben. Dass diese Bezeichnung vom Gesetz im Blick auf die hier in Frage stehenden Fälle möglicherweise nicht glücklich gewählt wurde, mag Anlass sein für rechtspolitische Kritik. Eine teleologische Reduktion der Norm mit der Folge ihrer Unanwendbarkeit auf (noch) nicht eingetragene Kaufleute rechtfertigt dies jedoch nicht.[20]

C. Rechtsformzusatz bei einer OHG (Abs. 1 Nr. 2)

Bei einer offenen Handelsgesellschaft muss die Firma die Bezeichnung „**offene Handelsgesellschaft**" oder eine allgemein verständliche Abkürzung dieser Bezeichnung enthalten. Ein allgemeiner, das Vorhandensein einer Gesellschaft andeutender Zusatz wie „& Co." oder „& Cie." genügt heute (s. Rn 3) nicht mehr, ist aber weiterhin zulässig.[21] **9**

---

[17] Koller/Roth/Morck/*Roth* Rn 2; *Oetker* Handelsrecht § 4 Rn 31 hält die Firmierung zwar für unzutreffend; die Wesentlichkeitsschwelle des § 18 Abs. 2 würde jedoch nicht überschritten.
[18] *Zimmer* ZIP 1998, 2050 ff; Ebenroth/Boujong/Joost/Strohn/*Zimmer* Rn 7.
[19] Zutr. Röhricht/v. Westphalen/*Ammon/Ries* Rn 36.
[20] Im Ergebnis ebenso MünchKommHGB/*Heidinger* Rn 11; Baumbach/*Hopt* Rn 4.
[21] Der Zusatz „und Partner" ist schon seit 1995 gem. § 2 Abs. 2 PartGG der Partnerschaftsgesellschaft vorbehalten, näher MünchKommHGB/*Heidinger* Rn 15.

Dementsprechend bedarf es auch dann, wenn die Firma einer OHG unter Verwendung der Namen aller Gesellschafter gebildet wird, eines Rechtsformzusatzes. Dabei enthält das Gesetz anders als bei Einzelkaufleuten keine Vorschläge wie eine allgemein verständliche Abkürzung des Begriffs „offene Handelsgesellschaft" lauten kann. Die Begründung des Regierungsentwurfs nennt außer den gebräuchlichen und unzweifelhaft zulässigen Abkürzungen „**OHG**" und „**oHG**" auch die Abkürzungen „oH" und „OH" (denkbar ist ferner „o.H."), deren Verständlichkeit jedoch seit jeher bezweifelt wird[22] und von deren Verwendung man daher Abstand nehmen sollte. Zulässig sind ferner Mischformen zwischen abgekürzter und ausgeschriebener Form wie etwa „offene HG" oder „o. Handelsgesellschaft".[23] Neben der allgemeinen Verständlichkeit ist bei Abkürzungen und Mischformen das allgemeine Irreführungsverbot (§ 18 Abs. 2) einzuhalten.[24]

D. Rechtsformzusatz bei einer KG (Abs. 1 Nr. 3)

10 Bei einer Kommanditgesellschaft muss die Firma die Bezeichnung „Kommanditgesellschaft" oder eine allgemein verständliche Abkürzung dieser Bezeichnung enthalten. Ein allgemeiner, das Vorhandensein einer Gesellschaft andeutender Zusatz wie „& Co." oder „& Cie." genügt heute (s. Rn 3) bei der KG (erst recht) nicht mehr, ist aber auch bei ihr – ebenso wie bei der OHG – weiterhin zulässig.[25] Als Abkürzung kommt neben der gebräuchlichen „KG" etwa auch „KommanditG" oder „Kommanditges" in Betracht.[26] Die Verständlichkeit der Abkürzung „Komm.-Ges." wird hingegen von manchen bezweifelt.[27]

E. Rechtsformzusatz bei Fehlen persönlich haftender natürlicher Personen, insbes. bei einer GmbH & Co. KG (Abs. 2)

I. Einführung

11 Nach Abs. 2 muss die Firma einer OHG oder KG, bei der keine natürliche Person persönlich haftet, eine Bezeichnung enthalten, welche die Haftungsbeschränkung kennzeichnet. Die Bestimmung entspricht inhaltlich § 19 Abs. 5 a.F. Die Änderung des Wortlauts, insbes. das Weglassen von § 19 Abs. 5 S. 2 a.F., hat lediglich klarstellende Bedeutung für mehrstöckige Gesellschaften, bei denen erst auf der dritten oder einer noch höheren Stufe eine natürliche Person persönlich haftet (dazu Rn 16 f). Im Übrigen sollte

---

[22] Für Verständlichkeit aufgrund einer Befragung verschiedener IHK OLG Hamm NJW 1965, 763 = OLGZ 1965, 122; im Anschluss daran ebenso MünchKommHGB/*Heidinger* Rn 13; HKzHGB/*Ruß* Rn 6; Baumbach/*Hopt* Rn 12; die Verständlichkeit bezweifelnd dagegen zum alten Recht etwa Staub/*Hüffer* 4. Aufl. Rn 22; zum neuen Recht Ebenroth/Boujong/Joost/Strohn/*Zimmer* Rn 9; Röhricht/v. Westphalen/*Ammon*/*Ries* Rn 37; GKzHGB/*Steitz* Rn 5.

[23] Koller/Roth/Morck/*Roth* Rn 3; GKzHGB/*Steitz* Rn 5; Baumbach/*Hopt* Rn 12.

[24] Koller/Roth/Morck/*Roth* Rn 3; GKzHGB/*Steitz* Rn 5.

[25] Der Zusatz „und Partner" ist schon seit 1995 gem. § 2 Abs. 2 PartGG der Partnerschaftsgesellschaft vorbehalten, näher MünchKommHGB/*Heidinger* Rn 15.

[26] MünchKommHGB/*Heidinger* Rn 16; Ebenroth/Boujong/Joost/Strohn/*Zimmer* Rn 14; GKzHGB/*Steitz* Rn 5.

[27] So Ebenroth/Boujong/Joost/Strohn/*Zimmer* Rn 14; anders Baumbach/*Hopt* Rn 20.

die alte Rechtslage „*im wesentlichen*" fortgeschrieben werden, so dass die bisherige Rechtsprechung zu § 19 Abs. 5, insbes. zu der Frage der Anordnung und Reihenfolge der Rechtsformzusätze auch für die Neufassung gelten sollte.[28] In der Praxis hat die Regelung vor allem für die GmbH & Co. KG, also für die Gestaltung Bedeutung, bei der eine GmbH alleinige Komplementärin einer KG ist (zu anderen Gestaltungen Rn 18 ff).

Abs. 2 hat **Informations- und Warnfunktion**.[29] Der Verkehr, insbes. die Gläubiger sollen wissen, dass bei der betreffenden Gesellschaft keine natürliche Person persönlich haftet. Die Vorgängernorm § 19 Abs. 5 a.F. wurde durch die GmbH-Reform von 1980 (BGBl. I 836) angefügt und kodifizierte damit eine vorangegangene höchstrichterliche Rechtsprechung[30]. Dabei sah § 19a des Regierungsentwurfs zur GmbH-Novelle von 1977[31] noch eine eigenständige Regelung vor, wonach eine Kommanditgesellschaft mit allseitiger Haftungsbeschränkung eine Personen- oder Sachfirma mit dem Zusatz „*beschränkt haftende Kommanditgesellschaft*" hätte bilden müssen. Hierdurch sollte das Nebeneinander mehrerer Gesellschaftszusätze verhindert und die Warnfunktion der Firma erhöht werden.[32] Dieser Vorschlag scheiterte indes an der mit ihr verbundenen Konsequenz, dass alle Gesellschaften mbH & Co. KG ihre Firma erneut hätten ändern müssen, nachdem infolge der erwähnten BGH-Rechtsprechung gerade erst eine Änderungswelle stattgefunden hatte. Dies veranlasste den Gesetzgeber zu einer inhaltlich verkürzten Regelung,[33] die unter Bruch der Systematik an § 19 als Abs. 5 angehängt wurde.[34]

12

Wenngleich der Reformgesetzgeber meinte die bisher nach § 19 Abs. 5 geltende Rechtslage „im wesentlichen" fortzuschreiben (Rn 11), so darf doch nicht verkannt werden, dass die Reform des Firmenrechts auch auf die Firmierung der GmbH & Co. KG erheblichen Einfluss hat. Nach altem Recht ergab sich die Notwendigkeit der Aufnahme des GmbH-Zusatzes in die Firma der KG regelmäßig bereits aus § 19 Abs. 2 a.F. War nämlich – wie zumeist – die GmbH einzige Komplementärin der KG, so musste ihre Firma grundsätzlich[35] vollständig, d.h. insbes. auch mit dem Rechtsformzusatz „GmbH" (§ 4 Abs. 2 GmbHG a.F.) in die Firma der KG aufgenommen werden.[36] Der Zusatz „& Co." (oder „& Cie." oder „& Comp.") war und ist auch heute noch erforderlich, um nicht zwei Rechtsformzusätze verwirrender Weise aufeinanderfolgen zu lassen (Rn 14). Des Rechtsformzusatzes „KG" bedurfte es dagegen nach § 19 Abs. 2 a.F. anders als heutzutage nach Abs. 1 Nr. 3 nicht. Vor allem aber kann die Firma der KG nach der Handelsrechtsreform frei, und das heißt hier vor allem: ganz unabhängig von dem Namen bzw. der Firma der Komplementärin gebildet werden.[37] Heute kann sich daher hinter der Firma einer GmbH & Co. KG eine Komplementär-GmbH ganz anderen Namens ver-

13

---

[28] Begr. RegE BT-Drucks. 13/8444 S. 56.
[29] Koller/Roth/Morck/*Roth* Rn 4; Röhricht/v. Westphalen/*Ammon/Ries* Rn 44, 46; Begr. RegE BT-Drucks. 13/8444 S. 56.
[30] BGHZ 62, 216; 65, 103.
[31] BT-Drucks. 8/1347.
[32] Begr. RegE BT-Drucks. 7/253 S. 56; vgl. auch *Deutler* GmbH-Rdsch. 1977, 73 (76). Kritisch *Geßler* DB 1977, 1397; *Gustavus* GmbHR 1977, 122.
[33] Beschlussempfehlung und Bericht des Rechtsausschusses, BT-Drucks. 8/3908 S. 78. Für Beibehaltung der eingebürgerten Bezeichnungen auch die Stellungnahme des Bundesrats, BT-Drucks. 8/1347 S. 69. Vgl. noch *Deutler* GmbHR 1980, 145 (152).
[34] Näher zur Entstehungsgeschichte von § 19 Abs. 5 a.F. Staub/*Hüffer* 4. Aufl. Rn 2.
[35] Zu Ausnahmen etwa hinsichtlich eines etwaigen „Verwaltungs-"Zusatzes s. Röhricht/v. Westphalen/*Ammon/Ries* Rn 51.
[36] Vgl. Staub/*Hüffer* 4. Aufl. Rn 36, 46.
[37] Ebenroth/Boujong/Joost/Strohn/*Zimmer* Rn 16; Röhricht/v. Westphalen/*Ammon/Ries* Rn 54 f.

bergen.[38] Und selbst wenn die Firma der Komplementärin (unter Beachtung von § 30, s. Rn 32) zur Firmenbildung der KG verwandt wird,[39] dann kann nach neuem Firmenrecht der Rechtsformzusatz der Firma der Komplementärin weggelassen werden[40]. Die Regelung des Abs. 2 hat daher eigenständigere und noch größere Bedeutung als § 19 Abs. 5 a.F., weil ohne sie keine Pflicht zur Aufnahme eines die Haftungsbeschränkung anzeigenden Zusatzes bestünde.[41] Zugleich gibt es allerdings auch keinen zwingenden Grund mehr, den Zusatz „GmbH & Co." zu wählen. Zwingend ist nach Abs. 1 Nr. 3 nur der Zusatz „Kommanditgesellschaft" bzw. eine allgemeinverständliche Abkürzung davon (also insbes. „KG", Rn 10). Daher könnte heute das Reformvorhaben von 1977 verwirklicht und auch eine Firmierung etwa als *„beschränkt haftende Kommanditgesellschaft"* zugelassen werden (str., näher Rn 25 ff).

II. Der Zusatz „GmbH & Co. KG"

14   Wird zur Kennzeichnung der Haftungsbeschränkung wie zumeist der Zusatz „GmbH & Co. KG" gewählt, so sind nach der Begründung des Regierungsentwurfs[42] und herrschender Meinung[43] grundsätzlich weiterhin die Restriktionen hinsichtlich der Reihenfolge und Formulierung der Firmenbestandteile zu beachten, die von der Rechtsprechung zum alten Recht aufgestellt wurden:

- 1. Die Rechtsformzusätze „GmbH" und „KG" dürfen, weil dies verwirren würde, nicht direkt aufeinander folgen, sondern müssen durch ein „& Co." abgetrennt werden.[44] Unzulässig ist daher etwa „GmbH Kommanditgesellschaft", „GmbH KG" oder gar „GmbHKG", wenngleich es dafür Beispiele in der Praxis geben mag[45]. Aus diesem Grund unzulässig ist ferner „X KG GmbH & Co."[46]
- 2. Eine Abtrennung der Rechtsformzusätze „GmbH" und „KG" durch einen sachlichen Firmenbestandteil ist ebenfalls als irreführend untersagt. Eine Firmierung als „X GmbH Handels KG" oder als „Y GmbH Holzbau KG" ist daher unzulässig.[47] Das wird in der Literatur zwar heutzutage teilweise bezweifelt,[48] ist aber weiterhin sachgerecht,[49] weil nicht deutlich wird, ob es sich um eine GmbH oder KG handelt;

---

[38] Ebenroth/Boujong/Joost/Strohn/*Zimmer* Rn 18; Röhricht/v. Westphalen/*Ammon/Ries* Rn 57; GKzHGB/*Steitz* Rn 22; aA Baumbach/*Hopt* Rn 33.
[39] Hierfür gelten allgemeine Regeln, s. Vor § 17 Rn 17, 27. Daher wird zu Unrecht verlangt, der Name der GmbH müsse in diesem Fall noch zu identifizieren sein, so HKzHGB/*Ruß* Rn 9; denn wenn er nicht zu identifizieren ist, dann handelt es sich lediglich nicht um eine Personenfirma.
[40] Ebenroth/Boujong/Joost/Strohn/*Zimmer* Rn 16; MünchKommHGB/Heidinger Rn 18 f; aA Baumbach/*Hopt* Rn 33.
[41] Zutr. Ebenroth/Boujong/Joost/Strohn/ *Zimmer* Rn 16.
[42] Begr. RegE BT-Drucks. 13/8444 S. 56.
[43] Koller/Roth/Morck/*Roth* Rn 4; HKz-HGB/*Ruß* Rn 8; GKzHGB/*Steitz* Rn 25; Ebenroth/Boujong/Joost/Strohn/*Zimmer* Rn 19; MünchKommHGB/*Heidinger* Rn 20.
[44] BGH NJW 1980, 2084; BGH NJW 1981, 342; OLG Stuttgart DB 1977, 711 f; OLG Hamm DB 1987, 1245 f; KG DB 1988, 1689; OLG Stuttgart FGPrax 2001, 28; MünchKommHGB/*Heidinger* Rn 20; Ebenroth/Boujong/Joost/Strohn/*Zimmer* Rn 18; Röhricht/ v. Westphalen/*Ammon/Ries* Rn 60.
[45] Binz/Sorg § 11 Rn 21: „Scharnow-Reisen GmbH KG".
[46] Ebenroth/Boujong/Joost/Strohn/*Zimmer* Rn 18.
[47] BGH NJW 1980, 2084; BayObLGZ 1973, 75; OLG Stuttgart OLGZ 1977, 301 f.
[48] Röhricht/v. Westphalen/*Ammon/Ries* Rn 61 a.E.; unklar GKzHGB/*Steitz* Rn 24.
[49] Ebenso MünchKommHGB/*Heidinger* Rn 21; Baumbach/*Hopt* Rn 34; GKzHGB/*Steitz* Rn 25.

denn der letzte Rechtsformzusatz ist für die Rechtsform nicht zwingend maßgeblich[50]. Zweifelhaft ist freilich auch, ob in den hier fraglichen Fällen der Rechtsformzusatz der KG vorangestellt werden kann (z.B. „Kommanditgesellschaft Union-Bau Altona GmbH & Co.").[51]

- 3. Mit Vorstehendem nicht zu verwechseln ist der Fall, dass zwischen den Angaben „GmbH & Co." und „KG" eine Sachbezeichnung eingeschoben wird, also bspw. „Autohaus Schönhuber GmbH & Co. Autohandel KG";[52] denn der Zusatz „& Co." verdeutlicht, dass es sich bei der GmbH um eine Gesellschafterin der KG handelt[53]. Diese Firmierung ist daher zulässig. Wegen verwirrender Häufung von Rechtsformzusätzen unzulässig ist dagegen „Lavatec AG Wäschereimaschinen GmbH & Co. KG".[54]
- 4. Problematisch sind ferner die Fälle einer Verdoppelung des „& Co." oder gleichbedeutende Firmenbestandteile, also etwa „K & Co. GmbH & Co. KG"[55], „K & R GmbH & Co. KG"[56], „H.M. & Sohn GmbH & Co."[57], „X KG Müller und Meier GmbH & Co. KG"[58]. Nach der Rechtsprechung sind solche Firmierungen unzulässig, weil der Eindruck entstehen könnte, es gäbe neben der GmbH noch natürliche Personen oder eine weitere Personenhandelsgesellschaft, die hafteten. Auch dem ist im Ergebnis zuzustimmen.[59]
- 5. Schließlich sind nach der Rechtsprechung auch Klammerzusätze oder Abtrennungen mit Satzzeichen ungeeignet, die allseitige Haftungsbeschränkung deutlich genug hervortreten zu lassen. Als unzulässig wurden daher etwa „W & R KG – GmbH & Co. KG"[60] sowie „X KG. (GmbH & Co. KG)"[61] beurteilt. Hier liegt das Problem in der verwirrenden Doppelung des KG-Zusatzes.

Als **summa** dieser Judikatur kann festgehalten werden: Unzweifelhaft zulässig ist allein, an *einen* Personennamen (also nicht zwei) oder eine Sach- oder Phantasiebezeichnung oder eine Mischung dieser Elemente schlicht die Abkürzung „GmbH & Co. KG" zu hängen, ohne diese wiederum auseinander zu reißen (Ausnahme oben 3.) oder sonst zu verändern, also z.B. mit „K. Müller GmbH & Co. KG" zu firmieren. Andere Gestaltungen mögen zwar im Einzelfall zugelassen werden, sicher ist das jedoch nicht. Selbst

---

[50] **AA** OLG Frankfurt DB 1980, 1208; *Grussendorf* DNotZ 1954, 94 f; *Schmalz* Anm. zu OLG Düsseldorf DNotZ 1956, 611 (614); *Weipert* GmbHR 1954, 26 f, wie hier die hM: MünchKommHGB/*Heidinger* Rn 20; Baumbach/*Hopt* Rn 34; Röhricht/v. Westphalen/*Ammon*/*Ries* Rn 60 f; GKzHGB/*Steitz* Rn 25; BGH NJW 1980, 2084.

[51] Dafür BGHZ 68, 271; Ebenroth/Boujong/Joost/Strohn/*Zimmer* Rn 18 a.E.; dagegen zu Recht OLG Oldenburg RPfleger 1997, 263; MünchKommHGB/*Heidinger* Rn 23; Baumbach/*Hopt* Rn 34 a.E.

[52] BayObLG DB 1978, 879. Unzutreffend deshalb Röhricht/v. Westphalen/*Ammon*/*Ries* Rn 61 a.E.; richtig MünchKommHGB/*Heidinger* Rn 22 im Anschluss an BayObLG DB 1978, 879; BayObLGZ 1973, 75 (78); Binz/Sorg § 11 Rn 21.

[53] Ebenroth/Boujong/Joost/Strohn/*Zimmer* Rn 18.

[54] OLG Stuttgart FGPrax 2001, 28.

[55] BGH NJW 1981, 342; ebenso OLG Oldenburg GmbHR 1979, 112 f; **aA** das vorlegende OLG Frankfurt BB 1980, 960 und OLG Frankfurt OLGZ 1980, 302; kritisch auch *Wessel* BB 1985, 882 f.

[56] OLG Stuttgart BB 1977, 711 f.

[57] BGH NJW 1985, 736; heutzutage müsste hier jedenfalls noch ein „KG" angefügt werden.

[58] OLG Hamm DB 1981, 521; OLG Oldenburg DM 1990, 519; LG Köln RPfleger 1977, 62.

[59] Ebenso etwa Ebenroth/Boujong/Joost/Strohn/*Zimmer* Rn 19.

[60] BGH DB 1979, 1598; i.E. zust. Staub/*Hüffer* 4. Aufl. Rn 69.

[61] BayObLGZ 1978, 40 (42); krit. *Winkler* MittBayNot 1978, 98 (99).

das Weglassen des &-Zeichens (alternativ „u." oder „und")[62] wurde beanstandet.[63] Nur das „Co." kann auch ohne Punkt als „Co" geschrieben werden[64] oder durch ein „& Cie." oder „& Comp." (jeweils auch ohne Punkt)[65] ersetzt und der Rechtsformzusatz „KG" gem. Abs. 1 Nr. 3 auch ausgeschrieben werden. Diese **geringe Variationsmöglichkeit** begründete *Hüffer* in der Vorauflage damit, dass sich die Abkürzung „GmbH & Co. KG" für eine Kommanditgesellschaft mit allseitiger Haftungsbeschränkung in ihrer typischen Erscheinungsform im Sprachgebrauch eingebürgert habe. Das Firmenrecht müsse dieser Sprachgewohnheit Rechnung tragen. Das folge aus dem Grundsatz der Firmenklarheit in Verbindung mit § 19 Abs. 5 a.F. Danach genüge nicht irgendein Hinweis darauf, dass in der Gesellschaft keine natürliche Person unbeschränkt haftet; sondern der Hinweis müsse auch so beschaffen sein, dass er für den Geschäftsverkehr ohne weiteres verständlich ist, weil er die ihm zugedachte Warnfunktion nur dann erfüllen kann. Zudem vertrage es die firmenrechtliche Ordnung nicht, die in den rechtlichen Grundzügen einheitliche Rechtsform der GmbH & Co. KG im Verkehr unter wechselnden Bezeichnungen auftreten zu lassen. Nachdem sich diese Rechtsform wesentlich unter der Mitwirkung der Rechtsprechung herausgebildet habe, sei sie auch gehalten und legitimiert, eine einheitliche Bezeichnung durchzusetzen.[66] Und diesen Erwägungen kann auch heute noch zugestimmt werden,[67] allerdings eben nur für die typische „GmbH & Co. KG" und nicht für die folgenden atypischen (wenn auch nicht ganz seltenen) Gestaltungen (Rn 16–24).

III. Zwei- und Mehrstöckige GmbH & Co. KG

16 Nach § 19 Abs. 5 S. 2 a.F. war ein die Haftungsbeschränkung kennzeichnender Zusatz ausnahmsweise dann entbehrlich, *„wenn zu den persönlich haftenden Gesellschaftern eine andere offene Handelsgesellschaft oder Kommanditgesellschaft gehört, bei der ein persönlich haftender Gesellschafter eine natürliche Person ist."* An diese Bestimmung schloss sich die Frage an, ob sie auch für drei- und mehrstufige GmbH & Co. KG gelten solle[68] oder nicht[69]. Die Neufassung des Abs. 2 hat sich für Ersteres entschieden,[70] obwohl die Schwierigkeit, die natürliche Person herauszufinden bei mehrstufigen Konstruktionen nicht unterschätzt werden darf[71]. Sofern also nur auf irgendeiner Stufe eine natürliche Person persönlich haftet, bedarf es des Zusatzes nach Abs. 2 nicht. Haftet dagegen auf keiner Stufe eine natürliche Person persönlich, so müssen alle beteiligten offenen Handelsgesellschaften bzw. Kommanditgesellschaften einen Zusatz gem. Abs. 2 führen.

17 Unklar ist jedoch wie der Zusatz bei mehrstufigen GmbH & Co. KGs auszugestalten ist. Verbreitet wird die Ansicht vertreten, der Zusatz könne auch dann „GmbH & Co. KG" lauten, wenn an der KG gar keine GmbH als Komplementärin beteiligt sei[72] (son-

---

[62] OLG Hamm NJW 1966, 2172; BayObLG NJW 1973, 1845; BGH NJW 1980, 2084; Baumbach/*Hopt* Rn 34.
[63] OLG Stuttgart BB 1977, 711 f; Münch-KommHGB/*Heidinger* Rn 21 a.E.
[64] Ebenroth/Boujong/Joost/Strohn/*Zimmer* Rn 18; GKzHGB/*Steitz* Rn 24.
[65] Soweit ersichtlich, haben firmenrechtliche Entscheidungen sämtliche vorstehenden Formulierungen in Schreibweisen mit und ohne Punkt akzeptiert. Eine dahingehende ausdrückliche Anerkennung oder Ablehnung findet sich aber nirgends.
[66] Staub/*Hüffer* 4. Aufl. Rn 66.
[67] Ebenso MünchKommHGB/*Heidinger* Rn 18.
[68] Dafür BayObLG DNotZ 1995, 230.
[69] So KG DNotZ 1989, 250.
[70] Begr. RegE BT-Drucks. 13/8444 S. 56.
[71] So zu Recht Ebenroth/Boujong/Joost/Strohn/*Zimmer* Rn 17; *Bokelmann* EWiR 1995, 267.
[72] MünchKommHGB/*Heidinger* Rn 25 a.E.

dern eine GmbH erst auf höherer Stufe an einer KG als Komplementärin beteiligt ist – ist auf einer höheren Stufe bspw. eine AG als Komplementärin beteiligt, muss es nach dieser Ansicht wohl „AG & Co. KG" heißen, s. Rn 18). Das ist freilich irreführend; denn es macht doch einen Unterschied, ob eine GmbH – wie man bei dem Zusatz „GmbH & Co. KG" vermuten muss – oder eine weitere KG oder eine OHG (einzige) Komplementärin der Gesellschaft ist. Zur Klarstellung wäre wünschenswert, dass eine solche KG als „mehrstöckige", „mehrstufige" oder „mittelbare GmbH & Co. KG" firmieren muss – oder auch präziser (je nach dem) als „zweistöckige" oder „dreistufige GmbH & Co. KG". Als Alternative kommt eine Firmierung als „beschränkt haftende Kommanditgesellschaft" in Betracht (dazu Rn 25 ff). Verwirrend und daher unzulässig wäre dagegen eine Firmierung als „GmbH & Co. KG KG" (vgl. Rn 14).

IV. Andere Rechtsformen als Komplementäre

Anstelle einer GmbH können auch andere beschränkt haftende juristische Personen als Komplementäre an einer KG beteiligt sein. In Betracht kommen bspw. Aktiengesellschaften, Vereine und Stiftungen usf. In diesem Fall muss der Zusatz nach Abs. 2 entsprechend ausgestaltet werden, also als „AG & Co. KG"[73], „e.V. & Co. KG"[74] oder „Stiftung & Co. KG"[75].[76] Das lässt sich zwar heute nicht mehr mit § 19 Abs. 2 a.F. begründen. Es ist jedoch ein Gebot der Firmenwahrheit, dass die Gesellschaft in solchen Fällen nicht als „GmbH & Co. KG" firmiert. Deswegen ist bei einer Stiftung als Komplementärin wegen der Vielfältigkeit der Stiftungsformen (s. § 18 Rn 74) sogar daran zu denken, die Bezeichnung noch zu konkretisieren (also insbes. „Stiftung bürgerlichen Rechts & Co. KG"), s. auch Rn 33. Ist *neben* einer GmbH eine andere beschränkt haftende juristische Personen als Komplementärin an einer KG beteiligt, also etwa eine AG, dann besteht Wahlfreiheit, ob die KG als „GmbH & Co. KG" oder als „AG & Co. KG" firmiert. **18**

Handelt es sich bei der Komplementärin um eine **Vor-GmbH**, so ist mit „GmbH i.G. & Co. KG" zu firmieren. Mit der Eintragung der GmbH in das Handelsregister entfällt der Zusatz „i.G.".[77] S. ferner § 21 Rn 14 ff. **19**

Zweifelhaft ist, wie zu verfahren ist, wenn ein **ausländischer Rechtsträger mit beschränkter Haftung** einziger Komplementär der KG ist. Eine solche Beteiligung ist nach deutschem Recht[78] grundsätzlich zulässig[79], wenngleich in solchen Fällen zu den Rechts- **20**

---

[73] Ebenroth/Boujong/Joost/Strohn/*Zimmer* Rn 21; *Binz/Sorg* § 1 Rn 7; *Schindhelm/Wilde* GmbHR 1993, 411.
[74] MünchKommHGB/*Heidinger* Rn 26; Heymann/*Emmerich* Rn 219.
[75] Röhricht/v. Westphalen/*Ammon/Ries* Rn 62; Heymann/*Emmerich* Rn 29; zu Unrecht zweifelnd GKzHGB/*Steitz* Rn 28.
[76] Eingehend zu GmbH & Co. KG mit Komplementären anderer Rechtsformen *Binz/Sorg* § 25.
[77] Röhricht/v. Westphalen/*Ammon/Ries* Rn 62, § 21 Rn 8.
[78] Im Einzelfall kann eine solche Beteiligung nach ausländischen Recht verboten sein, s. dazu MünchKommHGB/*Heidinger* Vor § 17 Rn 93 mN.
[79] BayObLGZ 1986, 61; 1986, 351; OLG Saarbrücken NJW 1990, 647; LG Stuttgart BB 1993, 1541; aus der Lit. *Grothe* Die „ausländische Kapitalgesellschaft & Co.", 1989, S. 211 ff; *Haidinger* Die „ausländische Kapitalgesellschaft & Co.", S. 94 ff, S. 174 ff; *Schmid/Hermesdorf* RIW 1990, 707 (715 ff); *Kronke* RIW 1990, 799 (804); Wessel/Zwernemann/*Kögel* Firmengründung Rn 186; Baumbach/*Hopt* § 105 Rn 28; Heymann/*Emmerich* § 19 Rn 31; *Bokelmann* Firmenrecht Rn 343 ff; *ders.* BB 1972, 1426; *ders.* DB 1990, 1021 ff; *ders.* ZGR 1994, 325

problemen, die mit der Typenvermischung verbunden sind, die Rechtsprobleme hinzutreten, die aus einer Statutenvermischung resultieren[80]. Im Blick auf Abs. 2 kommen **vier Möglichkeiten einer Firmierung** in Betracht:

21 *Erstens* könnte man wie in Rn 18 beschrieben verfahren, so dass der Zusatz bspw. lautet „**Ltd. & Co. KG**"[81]. Das war früher wegen § 19 Abs. 2 a.F. zwingend[82] und hat auch heute noch auf den ersten Blick den Vorteil von Genauigkeit. Verwechslungen können sich indes dadurch ergeben, dass manche Rechtsformen in verschiedenen Jurisdiktionen gleich bezeichnet oder zumindest gleich abgekürzt werden, sich aber inhaltlich mehr oder weniger stark unterscheiden. Das betrifft nicht nur die deutsche, österreichische, schweizerische und liechtensteinische AG und GmbH, sondern etwa auch die S.A., die es als eine der Aktiengesellschaft vergleichbare Rechtsform in mehr als 10 europäischen und außereuropäischen Ländern gibt. Zur Klarstellung eine Länderbezeichnung oder einen Länderkürzel zu verlangen, wäre zwar wünschenswert,[83] ist aber bei Gesellschaften aus dem EG-Ausland europarechtlich problematisch (Vor § 17 Rn 61)[84] und vorliegend auch nicht erforderlich, da es nach Abs. 2 nur auf die Kennzeichnung der Haftungsbeschränkung ankommt. Allerdings wird bei einer „godo kaisha & Co. KG" (abgekürzt „G.K. & Co. KG")[85] oder eine „Spoločnosť s ručením obmedzeným & Co. KG" (abgekürzt „s.r.o. & Co. KG")[86] die Haftungsbeschränkung für den Verkehr nicht ausreichend deutlich.[87]

22 Manche Autoren empfehlen daher – *zweitens* – bei einer ausländischen Kapitalgesellschaft als alleiniger Komplementärin ebenfalls schlicht mit „**GmbH & Co. KG**" zu firmieren.[88] Die Bezeichnung „GmbH & Co. KG" wird von diesen Autoren mithin **als Gattungsbegriff** für jedwede unter Abs. 2 fallende Konstruktion (s. auch Rn 17) verwendet. Für einen solchen Gebrauch ist die Bezeichnung indes zu konkret. Wer „GmbH & Co. KG" hört, der denkt nicht daran, dass eine andere Rechtsform als eine deutsche GmbH Komplementärin der KG sein könnte und hat bei dieser Firmierung auch keinen Anlass, sich näher zu erkundigen.

---

(337); *ders.* GmbHR 1994, 356 (358); *ders.* DStR 1991, 945 (950); mit Einschränkungen Schlegelberger/*K. Schmidt* § 105 Rn 58; Eidenmüller/*Rehm* § 4 Rn 51; Palandt/*Heinrichs* Anh. Art. 12 EGBGB Rn 16; *Binz/Mayer* GmbHR 2003, 249 (250); abl. MünchKommBGB/*Kindler* IntGesR Rn 439.

[80] Wegen eines solchen „Normenmix" ablehnend Staudinger/*Großfeld* IntGesR 1998, Rn 536 ff; *ders.* IPRax 1986, 351 ff; *ders.* AG 1987, 261 (263); *Großfeld/Strotmann* IPRax 1990, 298; *Ebenroth/Eyles* DB 1988 Beilage 2/88; *Ebenroth/Auer* DNotZ 1990, 139; *Kaligin* DB 1985, 1449; *Ebke* ZGR 1987, 245 (267 f). Diese Position dürfte im Blick auf EG-Auslandsgesellschaften heute nicht mehr haltbar sein.

[81] Ebenroth/Boujong/Joost/Strohn/*Zimmer* Rn 21; Baumbach/*Hopt* Rn 27.

[82] BayObLG NJW 1986, 3029 f (3032). Die Entscheidung befasst sich im wesentlichen mit der Frage, ob eine ausländische Gesellschaft, hier konkret eine englische „plc", Komplementär einer inländischen KG sein kann, was sie bejaht. Die Bezeichnung „& Co. KG" ergibt sich dann von selbst aus §§ 18 Abs. 2, 19 Abs. 2 HGB a.F. Ebenso OLG Saarbrücken NJW 1990, 647 für den Fall der Beteiligung einer schweizerischen AG.

[83] GKzHGB/*Steitz* Rn 29; weitergehend – Zusatz erforderlich – bereits OLG Saarbrücken NJW 1990, 647.

[84] Ebenso MünchKommHGB/*Heidinger* Rn 31; Ebenroth/Boujong/Joost/Strohn/*Zimmer* Rn 21; GKzHGB/*Steitz* Rn 29.

[85] Godo kaisha ist die 2006 eingeführte japanische Version der US-amerikanischen limited liability company.

[86] Spoločnosť s ručením obmedzeným ist eine slowakische Gesellschaftsform mit beschränkter Haftung.

[87] I.E. ebenso Röhricht/v. Westphalen/*Ammon/Ries* Rn 68; GKzHGB/*Steitz* Rn 29; **aA** Baumbach/*Hopt* Rn 42 mwN.

[88] MünchKommHGB/*Heidinger* Rn 29 a.E.

Im Blick hierauf geeigneter ist deshalb die *dritte Möglichkeit* einer Firmierung als **23** „ausländische Kapitalgesellschaft & Co. KG" oder „Kapitalgesellschaft ausländischen Rechts & Co. KG" oder noch besser und allgemeiner: **„Gesellschaft mit Haftungsbeschränkung ausländischen Rechts & Co. KG"**. Eine solche Firmierung entspricht dem Grundsatz der Firmenwahrheit, erfüllt wohl die von Abs. 2 intendierte Warnfunktion und veranlasst den Interessierten, im Handelsregister nachzusehen, um was für einen Rechtsträger es sich genau handelt. Der Vorschlag ist indes europarechtlich ebenso bedenklich wie die Einführung von Länderkennzeichnungen (s. Vor § 17 Rn 61).

Vorzugswürdig ist deshalb die *vierte* Möglichkeit einer Firmierung als **„Kommandit- 24 gesellschaft mit beschränkter Haftung"**.[89]

V. Andere Zusätze, insbes. „Kommanditgesellschaft mit beschränkter Haftung"

§ 19a Abs. 2 des Regierungsentwurfs zur GmbH-Novelle von 1977[90] sah vor, dass **25** eine Kommanditgesellschaft mit allseitiger Haftungsbeschränkung mit dem Zusatz *„beschränkt haftende Kommanditgesellschaft"* firmieren musste. Dieser Vorschlag hatte den Vorzug eine einfache und klare Lösung für alle Fälle, insbes. auch die Zweifelsfälle (s. Rn 17, 20 ff) anzubieten. Er wurde nur deswegen nicht Gesetz, um die Gesellschaften nicht erneut zu einer Änderung ihrer Firma zu zwingen (Rn 12). Eine solche Konsequenz steht heute nicht zu befürchten. Vielmehr verlangt Abs. 2 lediglich *„eine Bezeichnung ..., welche die Haftungsbeschränkung kennzeichnet"*. Anders als in Abs. 1 Nr. 1 macht das Gesetz dabei keine Vorschläge, wie eine solche Kennzeichnung erfolgen könnte. Die Begründung des Regierungsentwurfs zum Handelsrechtsreformgesetz geht von der Bezeichnung als „GmbH & Co. KG" aus, ohne diese Bezeichnung jedoch als einzig zulässige zu beschreiben oder die Frage zulässiger anderweitiger Bezeichnungen überhaupt anzusprechen. Im Blick auf die Bezeichnung „GmbH & Co. KG" wird lediglich vermerkt, dass die bisherige Rechtsprechung über die Reihenfolge und Formulierung der Firmenbestandteile weiterhin zu beachten sei.[91] Das schließt nicht aus, andere Kennzeichnungen für die allseitige Haftungsbeschränkung einzuführen. Zwar ist für den typischen Fall im Interesse bestmöglicher Information an der Bezeichnung „GmbH & Co. KG" festzuhalten.[92] Es gibt jedoch auch Fälle, in denen eine Bezeichnung als „GmbH & Co. KG" irreführend wäre und auch andere Lösungsmöglichkeiten auf Bedenken stoßen (Rn 17, 20 ff). In diesen Fällen kommt eine Bezeichnung als „beschränkt haftende Kommanditgesellschaft" in Betracht.[93] Diese Bezeichnung hat allerdings den Nachteil, dass man sie so verstehen könnte, als ob die KG selbst nur beschränkt haften würde[94]. Vorzugswürdig ist daher die Firmierung „Kommanditgesellschaft mit beschränkter Haftung".[95] Denkbar ist auch „Kommanditgesellschaft mbH" oder „KG mit beschränkter Haftung". Zwar mag dem Verkehr bisher noch wenig bekannt sein, was unter diesen Bezeichnungen zu

---

[89] I.E. ebenso Röhricht/v. Westphalen/*Ammon/Ries* Rn 68; GKzHGB/*Steitz* Rn 29; **aA** Baumbach/*Hopt* Rn 27.
[90] BT-Drucks. 8/1347.
[91] Begr. RegE BT-Drucks. 13/8444 S. 56.
[92] **AA** GKzHGB/*Steitz* Rn 21.
[93] Dafür auch Rechtsausschuss zu § 19 Abs. 5 a.F., BT-Drucks 8/3908 S. 78.
[94] Ebenroth/Boujong/Joost/Strohn/*Zimmer* Rn 20 a.E.
[95] Zurückhaltender MünchKommHGB/*Heidinger* Rn 18: „Bezeichnung sollte für zulässig gehalten werden.". **AA** wohl Ebenroth/Boujong/Joost/Strohn/*Zimmer* Rn 20. Eine ausdrückliche Bevorzugung der o.g. Formulierung findet sich in der Literatur nicht.

verstehen ist. Allein deswegen verstoßen sie jedoch nicht gegen § 18 Abs. 2, andernfalls wäre trotz des offenen Wortlauts von Abs. 2, der größeren Spielraum für die Firmenwahl lässt,[96] jede neue Entwicklung gehemmt.[97] Vielmehr muss die Firmierung lediglich der Informationsfunktion des Abs. 1 Nr. 3 und der Warnfunktion des Abs. 2 gerecht werden. Beide Voraussetzungen erfüllen die vorgeschlagenen Firmierungen: Es wird deutlich, dass es sich um eine Kommanditgesellschaft handelt, und es wird deutlich, dass eine Haftungsbeschränkung besteht.

26 Die Abkürzung „KG mbH" ist jedoch (derzeit noch) zu vermeiden.[98] Zwar besteht wohl keine Verwechselungsgefahr mit der GmbH, weil deren Rechtsformzusatz seit über 100 Jahren[99] eingeführt und dem Verkehr daher so gut bekannt ist, dass jede Abweichung hiervon sogleich auffällt. Kaum jemand wird daher eine „KG mbH" für eine schlichte GmbH halten. Auch erfüllt der Zusatz „KG mbH" die von Abs. 2 intendierte Warnfunktion, weil der Verkehr die Abkürzung „mbH" zweifellos richtig als Hinweis auf eine Haftungsbeschränkung versteht. Fraglich ist jedoch, ob der Zusatz „KG mbH" die Informationsfunktion des Abs. 1 Nr. 3 erfüllt, ob also allgemein verstanden wird, dass diese Abkürzung für eine Kommanditgesellschaft steht. Die Frage ist derzeit wohl zu verneinen, könnte aber in Zukunft zu bejahen sein, wenn sich die ganz oder teilweise ausgeschriebene Version dieser Firmierung größerer Verbreitung als bisher erfreut.

27 Fazit: Bei einer typischen „GmbH & Co. KG" sollte dieser eingeführte Zusatz verwendet werden.[100] Tritt an die Stelle der GmbH eine andere deutsche Rechtsform ist deren Rechtsform zu bezeichnen. In allen anderen Fällen (Rn 17, 20 ff) sind wahlweise die Bezeichnungen „beschränkt haftende Kommanditgesellschaft" oder besser „Kommanditgesellschaft mit beschränkter Haftung", „Kommanditgesellschaft mbH" oder „KG mit beschränkter Haftung" vorzuziehen.[101] Die Abkürzung „KG mbH" ist dagegen derzeit noch unzulässig.

VI. OHG

28 Haftet bei einer OHG keine natürliche Person für die Verbindlichkeiten der Gesellschaft persönlich, gelten vorstehende Grundsätze (Rn 11 ff) entsprechend.

---

[96] GKzHGB/*Steitz* Rn 16.
[97] Ebenroth/Boujong/Joost/Strohn/*Zimmer* Rn 20.
[98] OLG Hamm NJW-RR 1987, 990 („oHG mbH" unzulässig); BayObLGZ 1998, 226 ff; OLG München NJW-RR 1998, 1728 („GbRmbH" unzulässig, dazu § 17 Rn 22); aus der Lit. Ebenroth/Boujong/Joost/Strohn/*Zimmer* Rn 20; GKzHGB/*Steitz* Rn 21, 25; Baumbach/*Hopt* Rn 28.
[99] BGHZ 62, 230 mit Hinweis auf eine Entscheidung des KG vom 12.6.1908 (KGJ 36 A S. 127 ff). In jenem Beschluss ging das KG bereits zur damaligen Zeit von einem bei Publikum, Behörden und Gerichten eingebürgerten Rechtsformzusatz, auch unter Verwendung der Abkürzung „mbH", aus.
[100] H.M. GKzHGB/*Steitz* Rn 22; MünchKommHGB/*Heidinger* Rn 18; Baumbach/*Hopt* Rn 33; Bokelmann GmbHR 1998, 57 (58 f).
[101] Abschlussbericht des Rechtsausschusses (zur GmbH-Reform) BT-Drucks. 8/3908 S. 78; OLG Hamm WM 1987, 753 (754) für eine „beschränkt haftende OHG" mit zust. Anm. Wessel EWiR 1987, 693 (694); Wessel Zwernemann/*Kögel* Rdn 325; *Binz/Sorg* § 11 Rn 25; zurückhaltender Ebenroth/Boujong/Joost/Strohn/*Zimmer* Rn 20: Geringere Bedenken gegenüber der Bezeichnung „beschränkt haftende Kommanditgesellschaft". AA MünchKommHGB/*Heidinger* Rn 18; Baumbach/*Hopt* Rn 33.

F. Übergangsvorschriften für Altfirmen

In der Fassung des Handelsrechtsreformgesetzes lautete Art. 38 EGHGB wie folgt: **29**

(1) Die vor dem 1. Juli 1998 im Handelsregister eingetragenen Firmen dürfen bis zum 31. März 2003 weitergeführt werden, soweit sie nach den bisherigen Vorschriften geführt werden durften.
(2) Hat die Änderung der Firma eines Einzelkaufmanns oder einer Personenhandelsgesellschaft ausschließlich die Aufnahme der nach § 19 Abs. 1 des Handelsgesetzbuchs in der ab dem 1. Juli 1998 geltenden Fassung vorgeschriebenen Bezeichnung zum Gegenstand, bedarf diese Änderung nicht der Anmeldung zur Eintragung in das Handelsregister.
(3) Ein Unternehmen, das auf Grund des § 36 des Handelsgesetzbuchs in der vor dem 1. Juli 1998 geltenden Fassung nicht in das Handelsregister eingetragen zu werden brauchte, ist bis zum 31. März 2000 zur Eintragung in das Handelsregister anzumelden. Für die erste Eintragung eines solchen Unternehmens und seiner Zweigniederlassungen werden Gebühren nicht erhoben.

Diese Vorschrift wurde durch Art. 209 Abs. 6 Nr. 1 des Ersten Gesetzes über die Bereinigung von Bundesrecht im Zuständigkeitsbereich des Bundesministeriums der Justiz (BMJBerG 1) vom 19.04.2006[102] mit Wirkung zum 25.04.2006 insgesamt als entbehrlich aufgehoben, obwohl der Bundesrat in seiner Stellungnahme zu Recht darauf hingewiesen hatte, dass **Art. 38 Abs. 2 nach wie vor von Bedeutung** sei[103].[104] Die Vorschrift bewirkte, dass Einzelkaufleute und Personenhandelsgesellschaften nach dem 31.03.2003 zwar den jeweiligen Rechtsformzusatz in die Firma aufnehmen und die so aktualisierte Firma im Geschäftsverkehr führen, allein diese Änderung aber nicht zur Eintragung in das Handelsregister anmelden mussten.[105] Diese Erleichterung diente der Entlastung der Betroffenen und der Registergerichte.[106] Sie wurde auf Empfehlung des Rechtsausschusses ohne weitere Begründung[107] durch Art. 5 und 12 des Gesetzes zur Reform des Versicherungsvertragsrechts (VVRG) vom 23.11.2007[108] **rückwirkend zum 25.4.2006** als Art. 38 EGHGB **wieder eingeführt**. Einzelkaufleute und Personengesellschaften sind also erneut nicht mehr gezwungen, allein deswegen eine Änderung ihrer Altfirma zum Handelsregister anzumelden, weil sie den (spätestens seit dem 1.4.2003) nach § 19 Abs. 1 zu führenden Rechtsformzusatz der Altfirma hinzugefügt haben.

G. Rechtsformzusätze bei sonstigen Rechtsträgern

I. Gesetzlich geregelte Rechtsformzusätze abseits des § 19

Für die **Kapitalgesellschaften** hat sich durch die Handelsrechtsreform wenig verändert, **30**
s. § 4 GmbHG, §§ 4, 279 Abs. 1 AktG. Klargestellt wurde nur, dass statt den Bezeichnungen „Gesellschaft mit beschränkter Haftung", „Aktiengesellschaft" bzw. „Kommanditgesellschaft auf Aktien" auch eine allgemein verständliche Abkürzung, also insbes. „GmbH", „AG" und „KGaA" gewählt werden kann. Die Bezeichnung als „Aktienbrauerei" reicht allerdings nicht aus.[109] Darüber hinaus enthält § 279 Abs. 2 AktG eine

---

[102] BGBl. I, S. 866.
[103] BT-Drucks. 16/47, S. 106 f.
[104] Näher zu Art 38 EGHGB und seiner Aufhebung GKzHGB/*Steitz* Rn 34.
[105] Kritisch zu dieser Vorschrift MünchKomm-HGB/*Heidinger* Rn 44.
[106] BT-Drucks. 13/8444 S. 70.
[107] S. BT-Drucks. 16/5862 S. 72, 101.
[108] BGBl. I, S. 2631.
[109] *Oetker* Handelsrecht § 4 Rn 36.

§ 19 Abs. 2 entsprechende Regelung. Ist eine GmbH einzige persönlich haftende Gesellschafterin, ist hier die Firmierung als „**GmbH & Co. KGaA**" üblich. Für die Vorgesellschaft hat sich die Verwendung der zukünftigen Firma einschließlich des künftigen Rechtsformzusatzes mit der klarstellenden Anfügung „**in Gründung**", „**i.Gr.**" oder „**i.G.**" allgemein durchgesetzt, so dass die vollständige Firma einer Vor-GmbH beispielsweise „Friedrich Müller GmbH i.G." lautet. Die durch das Gesetz zur Modernisierung des GmbH-Rechts und zur Bekämpfung von Missbräuchen (MoMiG)[110] zum 1.11.2008 als Unterform der GmbH eingeführte Unternehmergesellschaft darf nicht den Zusatz „Gesellschaft mit beschränkter Haftung" oder „GmbH" führen, sondern hat sich gem. § 5a Abs. 1 GmbHG n.F. als „**Unternehmergesellschaft (haftungsbeschränkt)**" oder „**UG (haftungsbeschränkt)**" zu bezeichnen. Die SE muss gem. Art. 11 Abs. 1 SEVO ihrer Firma den Zusatz „**SE**" voran- oder nachstellen.

31 Für die Firma einer **Genossenschaft** schreibt § 3 GenG den Rechtsformzusatz „eingetragene Genossenschaft" oder „eG" vor. Die Europäische Genossenschaft hat gem. Art. 10 Abs. 1 S. 2 SCEVO den Zusatz „SCE" voran- oder nachzustellen. Für den **VVaG** verlangt § 18 Abs. 2 S. 2 VAG „*in der Firma oder in einem Zusatz auszudrücken, dass Versicherung auf Gegenseitigkeit betrieben wird*". Die deutsche **EWIV** hat nach § 2 Abs. 2 Nr. 1 EWIVAG der Firma die Bezeichnung „Europäische wirtschaftliche Interessenvereinigung" oder „EWIV" voran- oder nachzustellen. Der Name einer **Partnerschaft** muss gem. § 2 Abs. 1 S. 1 PartGG den Zusatz „und Partner" oder „Partnerschaft" enthalten. Und der Name eines (Ideal-)Vereins i.S.d. § 21 BGB erhält gem. § 65 BGB mit der Eintragung den – verpflichtend zu führenden – Zusatz „eingetragener Verein", was auch als „e.V." abgekürzt werden darf.[111] Für Einzelheiten wird auf die Kommentierungen der jeweiligen Vorschriften verwiesen.

II. Deutsche Rechtsträger ohne gesetzlich geregelte Rechtsformzusätze

32 Bei anderen Rechtsformen deutschen Rechts fehlen Vorschriften über Rechtsformzusätze. Das gilt insbes. für den **wirtschaftlichen Verein** i.S.d. § 22 BGB, den **nicht eingetragenen Verein** i.S.d. § 54 BGB, die **Stiftung** i.S.d. § 80 BGB, die **Gesellschaft bürgerlichen Rechts** i.S.d. § 705 BGB sowie im allgemeinen für **Körperschaften, Stiftungen und Anstalten des öffentlichen Rechts**, soweit bei diesen keine spezialgesetzlichen Regelungen getroffen wurden.

33 Dieses Fehl wiegt dann nicht besonders schwer, wenn diese Rechtsträger kein Unternehmen betreiben. **In den Fällen des § 33 ist hingegen wie folgt Abhilfe zu schaffen:** Nachdem es sich bei den juristischen Personen in den Fällen des § 33 um Kaufleute i.S.d. §§ 1 oder 2 handelt, gelten für sie §§ 17 ff. Alle Kaufleute müssen nach deutschem Recht einen Rechtsformzusatz führen. Für juristische Personen i.S.d. § 33 ergibt sich dies auch aus dem Verweis des § 33 Abs. 4 auf § 37a (s. dort Abs. 1). Die Rechtsformzusätze des § 19 sind jedoch samt und sonders ungeeignet. Das gilt entgegen einer verbreiteten Ansicht[112] auch für die Bezeichnung „eingetragener Kaufmann" oder eine allgemeinverständliche Abkürzung davon (§ 19 Abs. 1 Nr. 1), weil dieser Rechtsformzusatz vom Verkehr als Hinweis auf eine unbeschränkt haftende natürliche Person verstanden und in

---

[110] BGBl. I, S. 2026.
[111] Soergel/*Hadding* § 65 BGB Rn 2.
[112] MünchKommHGB/*Heidinger* Rn 40; Baumbach/*Hopt* Rn 2, 5; Koller/Roth/Morck/*Roth* Rn 3a; Röhricht/v. Westphalen/*Ammon/Ries* § 33 Rn 6; *W.-H. Roth* FS Lutter, S. 651 f.

den Fällen des § 33 daher irreführend sein würde[113]. Dieser irreführende Eindruck kann auch nicht ohne weiteres dadurch beseitigt werden, dass ein weiterer, die Rechtsform des Unternehmensträgers klarstellender Zusatz angefügt wird (also bspw. „XY Automobilclub eingetragener Verein, eingetragener Kaufmann" oder „Stiftung Marienhospital eingetragener Kaufmann"), weil diese Doppelung der Rechtsformzusätze ebenfalls Verwirrung schafft. In entsprechender Anwendung des § 19 (vgl. § 33 Abs. 4 i.V.m. § 37a Abs. 1) und seiner gesellschaftsrechtlichen Parallelnormen (Rn 30 f) ist daher in den Fällen des § 33 **zu fordern, dass der Unternehmensträger seine Rechtsform in der Firma so genau wie möglich bezeichnet,** also z.B. als „XY Automobilclub eingetragener Verein" oder als „Marienhospital rechtsfähige Stiftung bürgerlichen Rechts" firmiert. Zwar wird dann nicht schon aus der Firma deutlich, dass es sich um Kaufleute handelt. Das ergibt sich jedoch aus der nach § 37a erforderlichen Angabe des Registergerichts und der Nummer, unter der die Firma in das Handelsregister eingetragen ist. Außerdem ist die Information, es mit einem Kaufmann i.S.d. Handelsrechts zu tun zu haben, in den Fällen des § 33 weniger bedeutsam, als die Information, dass eine juristische Person Unternehmensträger ist (eingehend zum Problem der Firmierung von juristischen Personen i.S.d. § 33 dort Rn 21 ff).

Betreibt ein **nicht eingetragener Verein** i.S.d. § 54 BGB im Rahmen des sog. Nebenzweckprivilegs ein Handelsgewerbe (z.B. Gewerkschaften), so ist er als juristische Person i.S.d. § 33 anzusehen und hat entsprechend den vorstehenden Grundsätzen mit dem Rechtsformzusatz „nicht eingetragener Verein" zu firmieren, näher § 33 Rn 10, 26. Überschreitet er die Grenzen des sog. Nebenzweckprivilegs, so ist er kraft Rechtsformzwangs OHG oder KG[114] mit der Folge, dass sich die Anmeldepflicht nach den für diese Rechtsformen geltenden Vorschriften (Rn 9 f) richtet. **34**

Die **unternehmenstragende GbR** muss nur in den Fällen des § 11 Abs. 1 S. 3 PartGG auf ihre Rechtsform hinweisen. Ansonsten kann sie eine Minderfirma und auch einen Rechtsformzusatz führen (dazu § 17 Rn 21), muss dies aber nicht tun. Eine analoge Anwendung des § 19 Abs. 1 kommt in diesem Fall nicht in Betracht, weil die GbR kein Kaufmann ist. **35**

Die **Erbengemeinschaft** kann dagegen Kaufmann sein. Gewichtige Stimmen wollen daher § 19 Abs. 1 analog anwenden, allerdings mit unterschiedlichen Ergebnissen: *Heidinger* befürwortet den Zusatz „e.K."[115], *Karsten Schmidt* den Zusatz „Erbengemeinschaft"[116] und *Zimmer* den Zusatz „eingetragene Erbengemeinschaft"[117]. Stellungnahme: Der bloße Zusatz „e.K." ist irreführend, weswegen auch *Heidinger* zumindest in manchen Fällen den weiteren Zusatz „Erbengemeinschaft" angefügt wissen will[118]. Der Zusatz „e.K. in Erbengemeinschaft" ist jedoch eine verwirrende Doppelung der Rechtsformzusätze und macht nicht deutlich, dass nunmehr die Erbengemeinschaft und nicht der verstorbene Einzelkaufmann eingetragen ist. Der alleinige Zusatz „Erbengemeinschaft" verdeutlicht dagegen nicht, dass die Firma einen kaufmännischen Unternehmensträger bezeichnet.[119] Vorzugswürdig ist daher der Zusatz „**in eingetragener Erbengemeinschaft**". Näher zu den möglichen Gestaltungen § 22 Rn 92. **36**

Folgt man mit der hier vertretenen Auffassung der sog. **echten Testamentsvollstreckerlösung** (s. dazu § 27 Rn 76 ff), so führt dies zu einer auf den Nachlass beschränkten Haf- **37**

---

[113] Insoweit zutr. MünchKommHGB/*Krafka* § 33 Rn 12.
[114] *K. Schmidt* Gesellschaftsrecht § 25 I 2 b mwN.
[115] MünchKommHGB/*Heidinger* § 22 Rn 23.
[116] Vgl. *K. Schmidt* NJW 1998, 2161, 2168; ders. JZ 2003, 585 (592).
[117] Ebenroth/Boujong/Joost/Strohn/*Zimmer* § 22 Rn 61.
[118] MünchKommHGB/*Heidinger* § 22 Rn 23.
[119] Vgl. BT-Drucks. 13/8444, S. 54.

tung für Neuverbindlichkeiten. Hierauf ist durch einen entsprechenden Zusatz aufmerksam zu machen.[120] Dieser sollte bei einem Alleinerben lauten: „e.K. unter Testamentsvollstreckung", bei einer Erbengemeinschaft „in eingetragener Erbengemeinschaft unter Testamentsvollstreckung". Zu möglichen Gestaltungen näher § 22 Rn 93. Folgt man hingegen der sog. Vollmachts- oder der sog. Treuhandlösung bedarf es keines Hinweises auf die Testamentsvollstreckung.

III. Ausländische Rechtsträger

38 Zur Frage des Rechtsformzusatzes bei ausländischen Rechtsträgern, insbes. zum Problem der Herkunftslandangabe, wird auf Vor § 17 Rn 61 verwiesen.

H. Rechtsfolgen eines Verstoßes gegen § 19

39 Wer gegen die Pflicht zur Führung eines Rechtsformzusatzes verstößt, gebraucht eine ihm nicht zustehende Firma, so dass § 37 eingreift (näher dort). Auch kann § 5 Abs. 1 Nr. 3 UWG eingreifen. Daneben sind entsprechend dem Sinn und Zweck von Rechtsformzusätzen Rechtsnachteile unter Rechtsscheingesichtspunkten zu besorgen.

40 Rechtsformzusätze bezwecken *zum einen* die **Transparenz** der Rechtsform des Unternehmensträgers und (dadurch) der Haftungsverhältnisse. Sie dienen damit zugleich der **Gläubigerinformation**. Namentlich § 19 Abs. 2 hat darüber hinaus **Warnfunktion** (s.o. Rn 5). Dementsprechend kommt eine persönliche Rechtsscheinhaftung in Betracht, wenn ein Hinweis auf die Haftungsbeschränkung unterbleibt und damit dem Gesetz zuwider der Anschein erweckt wird, dem Geschäftspartner hafte zumindest eine natürliche Person mit ihrem Privatvermögen. Dabei ist es unerheblich, ob sich die Haftungsbeschränkung aus dem Handelsregister ersehen lässt, weil sie sich von Gesetzes wegen bereits aus der Firmierung ergeben soll. Die Haftung trifft nicht nur Geschäftsführer, sondern auch Angestellte der Gesellschaft, die mit der Firma ohne einen Abs. 2 genügenden Zusatz zeichnen und dadurch das berechtigte Vertrauen des Geschäftspartners auf die Haftung mindestens einer natürlichen Person hervorgerufen haben. Wer diese Rechtsscheinhaftung nicht gegen sich gelten lassen will, muss darlegen und beweisen, dass entweder der Geschäftspartner die Haftungsbeschränkung trotz der unzureichenden Firmierung kannte oder kennen musste oder dass die Haftungsbeschränkung für den Geschäftspartner im konkreten Einzelfall keine Rolle gespielt hat.[121]

41 *Zum anderen* dient die Pflicht zur Führung eines Rechtsformzusatzes der klaren **Unterscheidung** zwischen Firmen i.S.d. Handelsrechts einerseits sowie Geschäftsbezeichnungen und Minderfirmen andererseits (Rn 5, § 17 Rn 20). Durch Weglassen des gebotenen Rechtsformzusatzes kann daher der Anschein erweckt werden, es mit einem Nichtkaufmann zu tun zu haben („Schein-Nichtkaufmann"). Wer einen solchen Anschein erweckt, kann sich daher gem. § 242 BGB dann nicht auf seine Kaufmannseigenschaft berufen, wenn dies für ihn günstig wäre (z.B. als Verkäufer auf die Genehmigungsfiktion des § 377 Abs. 2), sofern der andere auf den Anschein vertraut hat.[122]

---

[120] *Canaris* Handelsrecht § 9 Rn 38.
[121] BGHZ 64, 11; 71, 354; BGH NJW 1991, 2627 m. Anm. *Canaris*; aus der Lit. MünchKommHGB/*Heidinger* Rn 33.
[122] *Oetker* Handelsrecht § 4 Rn 31.

§ 20
(aufgehoben)

Die Firma einer Aktiengesellschaft sowie die Firma einer Kommanditgesellschaft auf Aktien ist in der Regel von dem Gegenstand des Unternehmens zu entlehnen, die erstere Firma hat außerdem die Bezeichnung „Aktiengesellschaft", die letztere Firma die Bezeichnung „Kommanditgesellschaft auf Aktien" zu enthalten.

Schrifttum

Heinrich Bezeichnung „Aktiengesellschaft" nun auch für die alten Firmen aus der Zeit vor 1900, BB 1979, 1480.

Im Zuge der **Aktienrechtsreform 1937** ist das Aktienrecht aus dem HGB ausgegliedert worden. Die Aufhebung des § 20 erfolgte mit Wirkung zum 1.1.1937 durch § 18 Abs. 1 EGAktG vom 30.1.1937 (RGBl. I 166). An seine Stelle sind für die AG § 4 AktG und für die KGaA § 279 AktG getreten. Dadurch hatte sich allerdings in der Sache nichts geändert. Erst infolge der Handelsrechtsreform ist der Zwang zur Wahl einer Sachfirma entfallen. Nunmehr können nicht nur Personfirmen ohne Vorliegen besonderer Gründe, sondern auch Phantasie- und Mischfirmen gewählt werden (s. Vor § 17 Rn 27). **1**

Nach **Art. 22 EGHGB** durften die AG und die KGaA eine **alte Firma**, die vor dem 1.1.1900 in das Handelsregister eingetragen wurde, auch dann weiterführen, wenn sie den Anforderungen des ehemaligen § 20 HGB nicht entsprach; ausgenommen war die Personenfirma ohne Rechtsformzusatz. Die Vorschrift lautet: **2**

Art. 22. Die zur Zeit des Inkrafttretens des Handelsgesetzbuches im Handelsregister eingetragenen Firmen können weitergeführt werden, soweit sie nach den bisherigen Vorschriften geführt werden durften.

Die Vorschriften des § 20 des Handelsgesetzbuches über die in die Firma der Aktiengesellschaften und der Kommanditgesellschaften auf Aktien aufzunehmenden Bezeichnungen finden jedoch auf die bei Inkrafttreten des Handelsgesetzbuches für eine solche Gesellschaft in das Handelsregister eingetragene Firma Anwendung, wenn die Firma aus Personennamen zusammengesetzt ist und nicht erkennen läßt, daß eine Aktiengesellschaft oder eine Kommanditgesellschaft auf Aktien die Inhaberin ist.

Aufgrund der Liberalisierung des Firmenrechts (s.o. Rn 1) dürfte die Vorschrift heute **keine praktische Bedeutung mehr** haben.[1]

Eine **Rechtsänderung** hat die Durchführung der sog. Kapitalschutzrichtlinie gebracht. Gem. § 26a EGAktG, der auf das Gesetz zur Durchführung der Zweiten Richtlinie des Rates der Europäischen Gemeinschaften zur Koordinierung des Gesellschaftsrechts vom 13.12.1978 (BGBl. I 1959) zurückgeht, mussten Gesellschaften, die keinen Rechtsformzusatz oder einen anderen Zusatz als „Aktiengesellschaft" in ihrer Firma führten (namentlich: „Aktienverein"), bis zum 16.6.1980 ihrer Firma den Rechtsformzusatz beifügen bzw. den bisherigen Zusatz ändern;[2] für die KGaA gilt die Vorschrift gem. § 26 EGAktG sinngemäß. Sofern die Satzung nicht bis zum Stichtag geändert und die Änderung zum **3**

---

[1] *Hüffer* AktG § 4 Rn 22.
[2] *Heinrich* BB 1979, 1480; *Hüffer* NJW 1979, 1065 (1070).

§ 21

Handelsregister angemeldet wurde, ist ihre Bestimmung über die Firma nichtig (§§ 23 Abs. 3 Nr. 1 und Abs. 5, 281 Abs. 1 AktG). Das Registergericht musste deshalb nach § 397 FamFG (= § 144a FGG a.F.) einschreiten.

§ 21

Wird ohne eine Änderung der Person der in der Firma enthaltene Name des Geschäftsinhabers oder eines Gesellschafters geändert, so kann die bisherige Firma fortgeführt werden.

Schrifttum

Brause Firma eines Einzelkaufmanns und neues Familiennamensrecht, DB 1978, 478; *Diederichsen* Der Ehe- und Familienname nach dem 1. EheRG, NJW 1976, 1169; *ders.* Die Neuordnung des Familiennamensrechts, NJW 1994, 1089; *ders.* Die Reform des Kindschafts- und Beistandsrechts, NJW 1998, 1977; *Heinrich* Firmenwahrheit und Firmenbeständigkeit, 1982; *Loos* Namensänderungsgesetz, 2. Aufl. 1996; *Raschauer* Namensrecht, 1978; *Schrom* Die abgeleitete Firma (§§ 21–24 HGB), DB 1964 Beilage 15, Heft 34; *Vollmer* Die originäre und die abgeleitete Firma, JA 1984, 33; *Wagenitz* Grundlinien des neuen Familiennamensrechts, FamRZ 1994, 409; *Wagenitz/Bornhofen* Familiennamensrechtsgesetz, 1994.

S. ferner das Schrifttum zu §§ 22–24.

Übersicht

	Rn		Rn
A. Grundlagen	1–7	D. Einzelfragen zur Vorgesellschaft	14–19
I. Norminhalt	1	Anhang zu § 21	
II. Entstehungsgeschichte	2	A. Einleitung	1
III. Normzweck und -bedeutung	3–4	B. Firmenfortführung	2
IV. Anwendungsbereich	5–7	C. Rechtsformzusätze	3
B. Voraussetzungen, insbesondere Erfordernis bisheriger Firmenführung	8–11	D. Weitere Regelungen	4–6
C. Rechtsfolgen	12–13		

A. Grundlagen

I. Norminhalt

1 § 21 gestattet eine bestehende Firma fortzuführen, wenn sich der in der Firma enthaltene Name des Geschäftsinhabers oder eines Gesellschafters geändert hat, ohne dass diese Änderung auf einem Wechsel der betreffenden Person beruht. Eine Pflicht zur unveränderten Firmenfortführung begründet die Vorschrift dagegen nicht.

II. Entstehungsgeschichte

2 Die Vorschrift, die weder im ADHGB noch im Regierungsentwurf zum HGB enthalten war, beseitigte ein rechtspolitisches Defizit gegenüber §§ 22, 24, da kein Grund ersichtlich ist, warum hier keine Firmenfortführung gestattet sein soll, wenn sie dort erlaubt ist.[1] Geändert wurde die Vorschrift seit dem Erlass des HGB erstmals durch die Handelsrechtsreform. Die Worte *„der Name des Geschäftsinhabers oder der in der Firma enthaltene Name eines Gesellschafters"* wurden durch die Worte *„der in der Firma enthaltene Name des Geschäftsinhabers oder eines Gesellschafters"* ersetzt. Dabei handelt es sich nach der Begründung des Regierungsentwurfs um eine Folgeänderung zum neuen Firmenbildungsrecht der §§ 18, 19[2] und nicht nur – wie man auf den ersten Blick meinen könnte – um eine bloße redaktionelle Klarstellung,[3] da infolge der Zulassung von Sach- und Phantasiefirmen auch für Einzelkaufleute keine zwingende Identität mehr zwischen der Firma und dem bürgerlichen Name des Geschäftsinhabers besteht. Einen darüber hinausgehenden Inhalt hat die Änderung des Wortlauts der Vorschrift allerdings nicht. Insbes. ist der Normzweck gleich geblieben. Verändert haben sich aber die Bedeutung und der Anwendungsbereich der Norm.

III. Normzweck und -bedeutung

§ 21 enthält neben §§ 22 und 24 eine **Ausprägung des Grundsatzes der Firmenbeständigkeit**, dem das Gesetz insoweit Vorrang gegenüber dem Grundsatz der Firmenwahrheit einräumt.[4] Damit soll es dem Unternehmer in den genannten Fällen ermöglicht werden, die eingeführte Firma und den mit ihr verbundenen, insbes. wettbewerblichen Wert weiter zu nutzen. Diesem Interesse des Unternehmers gibt das Gesetz insoweit den Vorzug vor dem Interesse des Rechtsverkehrs an einer wahrheitsgemäßen Information über den Unternehmensträger durch die Firma. Der Unternehmer kann seine Interessen freilich anders bewerten und die Firma jederzeit ändern. Eine Pflicht zur unveränderten Firmenfortführung besteht nicht (Rn 1).   3

Allerdings hat der Grundsatz der Firmenwahrheit infolge der Handelsrechtsreform stark an Bedeutung verloren (Vor § 17 Rn 28 ff). Während § 21 vor der Handelsrechtsreform eine echte Ausnahme gegenüber den Grundregeln der Firmenbildung darstellte und daher eine Namensänderung ohne § 21 eine Firmenänderung nach §§ 18, 19 a.F. erfordert hätte, könnte heute die Firma auch ohne die Regelung des § 21 regelmäßig fortgeführt werden, weil auch eine Firmenneubildung unter Verwendung des alten Namens des Geschäftsinhabers oder eines Gesellschafters grundsätzlich zulässig ist (vgl. § 18 Rn 56, 59).[5] Eine Grenze hierfür zieht allein das Irreführungsverbot des § 18 Abs. 2, über die § 21 hinweghilft. Die Bedeutung der Vorschrift hat sich damit auf Fälle reduziert, in denen bei einer Namensänderung eine Firmenfortführung an dem Irreführungsverbot scheitern würde – was nur ausnahmsweise denkbar ist.   4

IV. Anwendungsbereich

Dieser geschrumpften Bedeutung steht allerdings ein vergrößerter Anwendungsbereich gegenüber. § 21 gilt nicht nur für die Firma des Einzelkaufmanns, der OHG, KG und GmbH, sondern, weil die Wahl einer Personenfirma liberalisiert wurde, nunmehr auch   5

---

[1] Ebenroth/Boujong/Joost/Strohn/*Zimmer* Rn 1.
[2] BT-Drucks. 13/8444 S. 56.
[3] So Röhricht/v. Westphalen/*Ammon/Ries* Rn 1 mwN.
[4] Manche Autoren (so etwa Ebenroth/Boujong/Joost/Strohn/*Zimmer* Rn 2) betonen, § 21 würde anders als §§ 22, 24 den Grundsatz der Firmenwahrheit nicht durchbrechen, sondern nur zurückdrängen, weil der Unternehmensträger derselbe bleibt.
[5] Ebenso MünchKommHGB/*Heidinger* Rn 3 f.

ohne Einschränkung für die AG und die KGaA (§§ 4, 279 AktG) sowie die Genossenschaft (§ 3 GenG), die Europäische Genossenschaft (Art. 8 Abs. 1 lit. a) ii), 10 Abs. 1 S. 2 SCEVO[6]), die Europäische Gesellschaft (Art. 3 Abs. 1, 11 SEVO, § 3 SEAG), die deutsche EWIV (§§ 1, 2 Abs. 2 Nr. 1 EWIVAG), den VVaG (§§ 16, 53 VAG) und die Partnerschaftsgesellschaft (§ 2 Abs. 2 PartGG).[7]

6 Wurde die Firma unter Verwendung des Namens einer natürlichen Person gebildet, kommen vielerlei Gründe für die Namensänderung in Betracht: **Hauptfälle** sind die Änderung des Familiennamens bei **Eheschließung** (§ 1355 Abs. 1 bis 4 BGB), **Tod des Ehegatten** und **Scheidung** (§ 1355 Abs. 5 BGB). Entsprechende Regelungen trifft § 3 LPartG für die Annahme und Aufgabe des Lebenspartnerschaftsnamens. Ferner kann sich der Familienname durch Adoption (§ 1757 BGB) und deren Aufhebung (§ 1765 BGB) sowie in den in §§ 1617a–1618 BGB genannten Fällen ändern. Auch eine Änderung des Vornamens ist bei Adoption (§ 1757 Abs. 4 S. 1 Nr. 1 BGB) – nicht aber bei deren Aufhebung – sowie aufgrund des Transsexuellengesetzes vom 10.09.1980 (BGBl. I 1654) möglich. Schließlich kann ein Verfahren nach dem NamensänderungsG vom 05.01.1938 (RGBl. I 9) sowie nach dem Minderheiten-Namensänderungsgesetz vom 22.07.1997 (BGBl. II 1406) durchgeführt werden.

7 Der Anwendungsbereich von § 21 ist freilich nicht auf den Namen natürlicher Personen als Namensgeber beschränkt. Vielmehr gilt § 21 **auch für Namen von Gesellschaften, Stiftungen und anderen namensfähigen Rechtsträgern, die an anderen Gesellschaften beteiligt sind**[8] **und diesen ihren Namen geben**, und zwar auch dann, wenn es sich um Sach- oder Phantasiefirmen handelt.[9] Weil § 21 nur von einer Änderung des Namens und nicht auch der Firma spricht, mag es zwar so scheinen, als ob die Bestimmung nur die firmenrechtlichen Folgen der Namensänderung natürlicher Personen regelt.[10] Doch ist die Firma der Name des Unternehmensträgers (Vor § 17 Rn 5 ff). Und auch Stiftungen sowie andere Rechtsträger (etwa Vereine, Gesellschaften bürgerlichen Rechts, Partnerschaftsgesellschaften und juristische Personen des öffentlichen Rechts) sind bekanntlich namensfähig. Ist ein Rechtsträger an einer Gesellschaft beteiligt, so bedeutet eine Änderung seiner Firma oder seines Namens mithin eine Namensänderung im Sinne der Vorschrift, so dass auch in all diesen Fällen eine Firmenfortführung gestattet ist.[11] Besondere Bedeutung hatte dies für die GmbH & Co. KG (§ 19 Rn 13). Eine nach der Rechtsnatur des Namensgebers differenzierende Behandlung der Firmenfortführung wäre der Sache nach nicht gerechtfertigt, zumal sie nach heute geltendem Recht ohnehin zumeist zulässig wäre (s.o. Rn 4).

---

[6] VO (EG) Nr. 1435/2003 DES RATES v. 22.7.2003 über das Statut der Europäischen Genossenschaft (SCE), ABl. L 207/1 v. 18.8.2003, S. 1–24.

[7] Ebenroth/Boujong/Joost/Strohn/*Zimmer* Rn 3.

[8] Nicht jeder Rechtsträger kann sich an Gesellschaften beteiligen. So hat bspw. die EWIV die sich aus Art. 3 Abs. 2 lit. b und e VO (EWG) 2137/85 ergebenden Grenzen zu beachten.

[9] Ebenroth/Boujong/Joost/Strohn/*Zimmer* Rn 5; MünchKommHGB/*Heidinger* Rn 6; GKzHGB/*Steitz* Rn 2; aA Röhricht/v. Westphalen/*Ammon/Ries* Rn 4.

[10] Nur diesen Fall haben offenbar Koller/Roth/Morck Rn 3 und HKzHGB/*Ruß* Rn 1 vor Augen.

[11] MünchKommHGB/*Heidinger* Rn 6; Ebenroth/Boujong/Joost/Strohn/*Zimmer* Rn 5.

B. Voraussetzungen, insbes. Erfordernis bisheriger Firmenführung

Voraussetzung des § 21 ist zuvörderst, dass sich der in der Firma enthaltene Name **8** des Geschäftsinhabers oder eines Gesellschafters geändert hat (dazu Rn 6 f).

Diese Änderung darf nicht auf einem Wechsel der betreffenden Person beruhen. Es **9** muss also Personenidentität gegeben sein, sonst greift § 22 bzw. § 24 ein.[12]

Nachdem § 21 einen Fall der Firmenfortführung regelt, ist weitere Voraussetzung, **10** dass zum Zeitpunkt der Namensänderung bereits eine Firma bestanden hat. Daraus folgt wiederum, dass der Unternehmensträger firmenfähig sein muss und seine **Firmenfähigkeit** nicht verloren haben darf (dazu § 17 Rn 9 ff). Ist der Unternehmensträger nicht (mehr) firmenfähig, stellt sich die Frage der Firmenfortführung nicht. Wohl aber fragt sich ggf., ob eine Minderfirma (dazu § 17 Rn 19 ff) trotz Namensänderung beibehalten werden darf. In den Grenzen des auch für Minderfirmen geltenden Irreführungsverbots (§ 18 Rn 6, 34) kann man dies ohne weiteres zulassen. Eine analoge Anwendung von § 21 kommt dagegen mangels Handelsregisterpublizität von Minderfirmen nicht in Betracht.[13]

Weder dem Wortlaut noch dem Sinn der Vorschrift kann dagegen entnommen werden, **11** dass die Firma zum Zeitpunkt der Namensänderung bereits in das **Handelsregister** eingetragen sein muss.[14] Richtig ist allerdings, dass in den Fällen der §§ 2, 3, 105 Abs. 2 vor der Eintragung keine Firma besteht (zur Frage der Vor-Gesellschaft Rn 14 ff). Sind dagegen die Voraussetzungen des § 1 Abs. 2 erfüllt, entsteht die Firma in dem Augenblick, in dem der Kaufmann sie tatsächlich führt (§ 17 Rn 31 f). Und damit ist dann auch das Interesse an der Weiterführung begründet, dessen Schutz § 21 bezweckt. Daraus folgt zugleich, dass die Eintragung der tatsächlich geführten Firma auch dann noch möglich ist, wenn sich der Name des Inhabers inzwischen geändert hat.[15]

C. Rechtsfolgen

Sind die Voraussetzungen des § 21 erfüllt, so eröffnet die Vorschrift ein **Wahlrecht**. Sie **12** gestattet die Firma fortzuführen, gebietet das aber nicht. Der Firmeninhaber kann die Firma daher auch nach seinem Gutdünken ändern. Streitig ist allerdings, ob er die Firma mit seinem alten Namen fortführen und zugleich mit einem Inhaberzusatz versehen darf, der seinen neuen Namen enthält.[16] Richtigerweise ist das grundsätzlich zulässig (näher § 18 Rn 58).

Weil keine Pflicht zur Firmenfortführung besteht, hat § 21 nur firmenrechtliche und **13** **keine namensrechtliche Bedeutung**. Die Vorschrift gibt daher kein Recht zur Firmenfortführung gegenüber Dritten, die namensrechtlich besser berechtigt sind.[17]

---

[12] Ebenroth/Boujong/Joost/Strohn/*Zimmer* Rn 6.
[13] Ebenroth/Boujong/Joost/Strohn/*Zimmer* Rn 8.
[14] **AA** KG RJA 8, 38; wie hier die heute hM statt anderer MünchKommHGB/*Heidinger* Rn 8.
[15] MünchKommHGB/*Heidinger* Rn 8; Baumbach/*Hopt* Rn 3.
[16] Dafür OLG Celle BB 1990, 302 m. abl. Anm. *Frey*; dagegen MünchKommHGB/*Heidinger* Rn 1; Baumbach/*Hopt* Rn 4; unentschieden GKzHGB/*Steitz* Rn 1.
[17] Allg.M.: KG RJA 8, 38; MünchKommHGB/*Heidinger* Rn 9; Ebenroth/Boujong/Joost/Strohn/*Zimmer* Rn 15; Röhricht/v. Westphalen/*Ammon/Ries* Rn 5; für ein Beispiel (§ 1765 Abs. 1 BGB) GKzHGB/*Steitz* Rn 5.

D. Einzelfragen zur Vorgesellschaft

14 Vorgesellschaften, insbes. also die Vor-GmbH und die Vor-AG, sind firmenfähig, wenn sie bereits in diesem Stadium ein **Handelsgewerbe** i.S.d. § 1 Abs. 2 betreiben (§ 17 Rn 14). Ändert sich in diesem Stadium der Name eines Gesellschafters, dessen Name in die Firma der Vorgesellschaft aufgenommen wurde, so gelten allgemeine Regeln (Rn 7, 11): Die Vorgesellschaft darf ihre Firma daher gem. § 21 fortführen.

15 Betreibt die Vorgesellschaft **kein Handelsgewerbe** i.S.d. § 1 Abs. 2, dann ist sie zwar nicht firmenfähig, wohl aber namensfähig und kann daher den Kern der künftigen Firma als **Minderfirma** führen (§ 17 Rn 14). Ändert sich in dieser Situation der Name eines namensgebenden Gesellschafters, so kann die Vorgesellschaft jedenfalls dann ihre Minderfirma nach allgemeinen Regeln fortführen, wenn keine Irreführung i.S.d. § 18 Abs. 2 zu besorgen ist (o. Rn 10 a.E.). Ist – ausnahmsweise – eine Irreführung zu besorgen, kann die Minderfirma gleichwohl fortgeführt werden, wenn **§ 21 analog** eingreift. Zwar ist die Vorschrift auf Minderfirmen grundsätzlich nicht analog anwendbar (s.o. Rn 10). Von diesem Grundsatz wird man aber hier eine Ausnahme zulassen können, wenn und weil die Handelsregisterpublizität durch spätere Eintragung der Firma hergestellt wird (vgl. o. Rn 10). Eine Rolle spielen kann dies bspw. im Blick auf § 30.

16 Die Vorgesellschaft hat neben dem Firmenkern den Rechtsformzusatz der künftigen Firma sowie einen **Gründungszusatz** (z.B. „i.G.") zu führen (§ 17 Rn 14, § 19 Rn 30). Wird die Gesellschaft in das Handelsregister eingetragen, so dass sie als juristische Person entsteht, so gehen alle Rechte und Pflichten der Vorgesellschaft kraft Gesetzes auf die juristische Person über. Die Vorgesellschaft erlischt liquidationslos.[18] Auf die entstandene juristische Person geht damit auch der Name (Firma oder Minderfirma) der Vorgesellschaft über.[19] Ein Fall der Firmenfortführung ist dieser Vorgang mithin nicht.[20] Vielmehr ändert sich der Name durch die Eintragung: Während die Vorgesellschaft einen Gründungszusatz führen muss, ist dieser in der Firma der entstandenen juristischen Person nicht enthalten. Dieser Unterschied spielt auch bei der GmbH & Co. KG eine Rolle (dazu Rn 19).

17 Früher stellte sich zudem im Blick auf § 4 GmbHG a.F. (und in dessen Grenzen auch im Blick auf § 4 AktG a.F.) die Frage, ob die Gesellschaft mit einer nach § 21 (analog) fortgeführten Firma (Rn 15), also unter Firmierung mit dem alten Namen eines Gesellschafters, eintragungsfähig war.[21] Mit der Neufassung von § 4 GmbHG, § 4 AktG hat sich dieses Problem erledigt.[22] Heute ist auch eine Neufirmierung unter Verwendung des alten Namens eines Gesellschafters (oder auch des Namen eines alten Gesellschafters, s. auch § 24 Rn 37) in den Grenzen des § 18 Abs. 2 zulässig (Rn 4).

18 Die Vorgesellschaft ist rechtsfähig und kann daher auch **Komplementärin** einer Kommanditgesellschaft sein.[23] Als solche ist sie in das Handelsregister einzutragen, und zwar

---

[18] GKzHGB/*Steitz* Rn 2; Ebenroth/Boujong/Joost/Strohn/*Zimmer* Rn 11; Röhricht/v. Westphalen/*Ammon*/*Ries* Rn 8.

[19] GKzHGB/*Steitz* Rn 2; Ebenroth/Boujong/Joost/Strohn/*Zimmer* Rn 11; Röhricht/v. Westphalen/*Ammon*/*Ries* Rn 8.

[20] GKzHGB/*Steitz* Rn 2; Ebenroth/Boujong/Joost/Strohn/*Zimmer* Rn 11; Röhricht/v. Westphalen/*Ammon*/*Ries* Rn 8.

[21] Dafür mit unterschiedlichen Begründungen LG Berlin JW 1924, 1120; Staub/*Hüffer* 4. Aufl. Rn 4.

[22] Näher dazu Ebenroth/Boujong/Joost/Strohn/*Zimmer* Rn 12.

[23] BGHZ 80, 129 (132); Hachenburg/*Ulmer* GmbHG § 11 Rn 133, 5 ff; Scholz/*K. Schmidt* GmbHG § 11 Rn 31, 162; Baumbach/Hueck/*Fastrich* GmbHG § 11 Rn 15; Lutter/Hommelhoff/*Bayer* GmbHG § 11 Rn 7; Michalski/*Michalski* GmbHG § 11 Rn 82.

unter der Firma der künftigen Gesellschaft mit einem Gründungszusatz in die Abteilung A.[24] Eine Eintragung der noch nicht eingetragenen und daher noch nicht entstandenen juristischen Person in die Abteilung B hat dagegen zu unterbleiben.[25] Wird die Gesellschaft sodann in die Abteilung B des Handelsregister eingetragen, wodurch die juristische Person entsteht, ist die Abteilung A hinsichtlich der Komplementärgesellschaft zu berichtigen, d.h. zumindest der Gründungszusatz zu streichen, wenn der Name der Komplementärin im Übrigen unverändert geblieben ist.[26] Zugleich kann sich damit die Firma der Kommanditgesellschaft ändern, wenn sie aus der Firma der Komplementärin gebildet wurde, bei der nunmehr der Gründungszusatz entfällt (statt z.B. „ABC GmbH i.G. & Co. KG" nunmehr „ABC GmbH & Co. KG"). Und diese Änderung ist von der KG gem. § 31 Abs. 1 zur Eintragung in das Handelsregister anzumelden.[27]

Hat eine GmbH & Co. KG ihre Geschäfte bereits mit der Vor-GmbH begonnen, so **19** soll nur die GmbH und nicht die GmbH i.G. in die Abteilung A einzutragen sein, wenn im Zeitpunkt der Eintragung der KG die GmbH bereits in Abteilung B eingetragen ist. Eine nachträgliche Eintragung der Vor-GmbH sei für den Rechtsverkehr bedeutungslos.[28] Manche meinen sogar, die nachträgliche Eintragung der GmbH i.G. habe, weil irreführend, zu unterbleiben.[29] Angesichts der unterschiedlichen Haftungsverfassung von Vor-GmbH[30] und GmbH sollte an dieser Ansicht nicht festgehalten werden.

Anhang zu § 21

§ 200 UmwG

Firma oder Name des Rechtsträgers

(1) ¹Der Rechtsträger neuer Rechtsform darf seine bisher geführte Firma beibehalten, soweit sich aus diesem Buch nichts anderes ergibt. ²Zusätzliche Bezeichnungen, die auf die Rechtsform der formwechselnden Gesellschaft hinweisen, dürfen auch dann nicht verwendet werden, wenn der Rechtsträger die bisher geführte Firma beibehält.

(2) Auf eine nach dem Formwechsel beibehaltene Firma ist § 19 des Handelsgesetzbuchs, § 4 des Gesetzes betreffend die Gesellschaften mit beschränkter Haftung, §§ 4, 279 des Aktiengesetzes oder § 3 des Genossenschaftsgesetzes entsprechend anzuwenden.

(3) War an dem formwechselnden Rechtsträger eine natürliche Person beteiligt, deren Beteiligung an dem Rechtsträger neuer Rechtsform entfällt, so darf der Name dieses Anteilsinhabers nur dann in der beibehaltenen bisherigen oder in der neu gebildeten Firma verwendet werden, wenn der betroffene Anteilsinhaber oder dessen Erben ausdrücklich in die Verwendung des Namens einwilligen.

---

[24] BGH NJW 1985, 736 (737); *Ulmer* ZGR 1981, 593 (617); Scholz/*K. Schmidt* GmbHG § 11 Rn 162; Michalski/*Michalski* GmbHG § 11 Rn 82; Hachenburg/*Heinrich* GmbHG § 3 Rn 113 mit Fn 320, anders Rn 125 zur Firmenbildung bei der GmbH & Co. KG.
[25] MünchKommHGB/*Heidinger* Rn 11.
[26] MünchKommHGB/*Heidinger* Rn 12; Ebenroth/Boujong/Joost/Strohn/*Zimmer* Rn 11; Röhricht/v. Westphalen/*Ammon*/Ries Rn 8.
[27] MünchKommHGB/*Heidinger* Rn 12; Ebenroth/Boujong/Joost/Strohn/*Zimmer* Rn 11.
[28] So BGH NJW 1985, 736 (737).
[29] MünchKommHGB/*Heidinger* Rn 14 im Anschluss an *Bokelmann* Firmenrecht Rn 651.
[30] Die Haftungsverfassung der Vor-GmbH ist sehr streitig; zur Position der Rechtsprechung s. BGHZ 134, 333; 165, 391.

(4) ¹Ist formwechselnder Rechtsträger oder Rechtsträger neuer Rechtsform eine Partnerschaftsgesellschaft, gelten für die Beibehaltung oder Bildung der Firma oder des Namens die Absätze 1 und 3 entsprechend. ²Eine Firma darf als Name einer Partnerschaftsgesellschaft nur unter den Voraussetzungen des § 2 Abs. 1 des Partnerschaftsgesellschaftsgesetzes beibehalten werden. ³§ 1 Abs. 3 und § 11 des Partnerschaftsgesellschaftsgesetzes sind entsprechend anzuwenden.

(5) Durch den Formwechsel in eine Gesellschaft des bürgerlichen Rechts erlischt die Firma der formwechselnden Gesellschaft.

Schrifttum

Bokelmann Die Firma im Fall der Umwandlung, ZNotP 1998, 265; *Kandelhard* Die Änderung der Rechtsform des Gewerberaummieters, WuM 1999, 253; *Kögel* Firmenrechtliche Besonderheiten des neuen Umwandlungsrechts, GmbHR 1996, 168; *Limmer* Firmenrecht und Umwandlung nach dem Handelsrechtsreformgesetz, NotBZ 2000, 101; *Mayer* Erste Zweifelsfragen bei der Unternehmensspaltung, DB 1995, 861; *Neye* Die Änderungen im Umwandlungsrecht nach den handels- und gesellschaftlichen Reformgesetzen in der 13. Legislaturperiode DB 1998, 1649; *Perwein* Vom Einzelunternehmen in die GmbH, GmbHR 2007, 1214; *K. Schmidt* Gläubigerschutz bei Umstrukturierungen, ZGR 1993, 366; *Timm* Einige Zweifelsfragen zum neuen Umwandlungsrecht, ZGR 1996, 247.

A. Einleitung

1 Nach § 190 Abs. 1 UmwG kann ein Rechtsträger durch Formwechsel eine andere Rechtsform erhalten. Welche Rechtsträger in welche Rechtsformen wechseln können, ist in § 191 UmwG geregelt. Durch diese Art der Umwandlung bleibt also die Identität des Rechtsträgers gewahrt. Er ändert bloß seine Rechtsform. Ein Anwendungsfall der §§ 21 ff ist dieser Vorgang nicht. Vielmehr zieht § 200 UmwG die firmenrechtlichen Konsequenzen. Diese sind jedoch auf die allgemeinen handelsrechtlichen Regeln abgestimmt.

B. Firmenfortführung

2 Nachdem die Identität des Rechtsträgers gewahrt bleibt, ist es konsequent, dass der Rechtsträger bei Formwechsel gem. § 200 Abs. 1 S. 1 UmwG seine bisherige Firma – genauer: den rechtsformneutralen Firmenkern (s. Rn 3) – beibehalten darf. Dies entspricht zugleich dem Rechtsgedanken der §§ 21 ff, nämlich den Firmenwert nach Möglichkeit zu erhalten. Eine Pflicht zur Firmenfortführung besteht freilich hier ebenso wenig wie bei § 21.

C. Rechtsformzusätze

3 Während die Identität des Rechtsträgers nicht berührt wird, ändert sich durch den Formwechsel dessen Rechtsform. Deswegen ist es ebenfalls konsequent und entspricht allgemeinen handelsrechtlichen Regeln (vgl. § 19 Rn 1 ff, § 22 Rn 87 ff), dass der Rechtsformzusatz entsprechend geändert werden muss. Nach § 200 Abs. 1 S. 2 UmwG muss der bisherige Rechtsformzusatz gestrichen und nach § 200 Abs. 2 UmwG der Rechtsformzusatz der Zielrechtsform hinzugefügt werden.

D. Weitere Regelungen

§ 200 Abs. 3 UmwG verlangt die **Zustimmung** eines bei dem Formwechsel ausscheidenden Gesellschafters, dessen Name weiterhin in der Firma verwendet werden soll. Die Regelung entspricht insofern §§ 22, 24 Abs. 2. **4**

Für **Partnerschaftsgesellschaften** gelten nach § 200 Abs. 4 UmwG zum einen § 200 Abs. 1 bis 3 UmwG und zum anderen §§ 1 Abs. 3, 2 Abs. 1 und 11 PartGG entsprechend. **5**

Schließlich bestimmt § 200 Abs. 5 UmwG, dass durch einen Wechsel in die Rechtsform der **GbR** die Firma der formwechselnden Gesellschaft erlischt. Das folgt daraus, dass die GbR nicht firmenfähig ist (§ 17 Rn 12). Freilich ist die GbR grundsätzlich nicht gehindert, die bisherige Firma ohne Rechtsformzusatz als Minderfirma (dazu § 17 Rn 19 ff) weiterzunutzen. Um eine Irreführung (§ 18 Abs. 2 analog, § 18 Rn 6, 34) zu vermeiden, kann es in diesem Fall zudem geboten sein, in der Minderfirma auf die neue Rechtsform hinzuweisen, also etwa den Zusatz „GbR" zu führen. **6**

§ 22

(1) Wer ein bestehendes Handelsgeschäft unter Lebenden oder von Todes wegen erwirbt, darf für das Geschäft die bisherige Firma, auch wenn sie den Namen des bisherigen Geschäftsinhabers enthält, mit oder ohne Beifügung eines das Nachfolgeverhältnis andeutenden Zusatzes fortführen, wenn der bisherige Geschäftsinhaber oder dessen Erben in die Fortführung der Firma ausdrücklich willigen.

(2) Wird ein Handelsgeschäft auf Grund eines Nießbrauchs, eines Pachtvertrags oder eines ähnlichen Verhältnisses übernommen, so finden diese Vorschriften entsprechende Anwendung.

Schrifttum

1. Seit der Handelsrechtsreform. *Barnert* Die Personalfirma in der Insolvenz, KTS 2003, 523; *Benner* Der neue Streit um die Verwertung der Firma in der Insolvenz, Rpfleger 2002, 342; *Busch* Zur Firmierung bei einer Firmenfortführung, Rpfleger 1999, 547; *J. W. Flume* Die Firma als „tradable Asset", DB 2008, 2011; *Heckschen* Firmenbildung und Firmenverwertung, NotBZ 2006, 346; *Herchen* Die Befugnis des Insolvenzverwalters zur Änderung der Firma im Rahmen der übertragenden Sanierung, ZInsO 2004, 1112; *Hölters* (Hrsg.) Handbuch des Unternehmens- und Beteiligungskaufs, 5. Aufl. 2002; *Holzapfel/Pöllath* Recht und Praxis des Unternehmenskaufs, Rechtliche und steuerliche Aspekte, 11. Aufl. 2003; *Janssen/Nickel* Unternehmensnießbrauch, 1998; *Kern* Verwertung der Personalfirma im Insolvenzverfahren, BB 1999, 1717; *H. Köhler* Namensrecht und Firmenrecht, Festschrift Fikentscher, 1998 S. 494; *Lettl* Das Recht zur Fortführung der Firma nach Unternehmensveräußerung, WM 2006, 1841; *Lieb* (Hrsg.) Die Reform des Handelsstandes und der Personengesellschaft, 1999; *Meyer* Fortführung der Firma der Personenhandelsgesellschaft durch einen Einzelkaufmann, RNotZ 2004, 323; *Parmentier/Steer* Die Konzernfirma nach dem Ende der Unternehmensverbindung, GRUR 2003, 196; *Picot* Unternehmenskauf und Restrukturierung, 3. Aufl. 2004; *Römermann* Zur Frage der Firmenfortführung bei Eintragung einer Zweigniederlassung einer englischen Limited nach deutschem Recht, GmbHR 2006, 262; *Schultze* Die Änderung des Firmennamens bei drohender Insolvenz, DZWIR 2005, 56; *Schwerdling* Die Stellung des Insolvenzverwalters nach neuem Insolvenz- und Handelsrecht unter besonderer Berücksichtigung des Firmenrechts, 2000; *Steinbeck* Die Verwertbarkeit der Firma und der Marke in der Insolvenz, NZG 1999, 133; *Uhlenbruck* Die Firma als Teil der Insolvenzmasse, ZIP 2000, 401; *Wertenbruch* Die Firma des Einzelkaufmanns und der OHG/KG in der Insolvenz, ZIP 2002, 1931.

S. ferner das Schrifttum zu §§ 23, 24.

§ 22

2. Vor der Handelsrechtsreform. *Albrecht/Bengsohn* Die Unternehmenspacht und ihre Behandlung im Handelsregister, Rpfleger 1982, 361; *Bohnen* Die Firmierung der GmbH & Co. in der abgeleiteten Firma, NJW 1975, 528; *Bokelmann* Die abgeleitete Firma der GmbH & Co., GmbHR 1975, 25; *ders.* Die Veräußerung einer Zweigniederlassung mit abgeleiteter Firma, GmbHR 1978, 265; *ders.* Zusätze wie „& Co.", „& Sohn", „& Partner" und „& Gebrüder" in der Firma der Kommanditgesellschaft und in abgeleiteten Firmen, MDR 1979, 188; *ders.* Die Firma im Konkursverfahren, KTS 1982, 27; *ders.* Nochmals: Zur Veräußerung einer Zweigniederlassung mit abgeleiteter Firma, GmbHR 1982, 153; *ders.* Der Gebrauch von Geschäftsbezeichnungen mit Inhaberzusatz durch Nichtkaufleute und Minderkaufleute, NJW 1987, 168; *Buchberger* Zur Fortführung einer Geschäftsbezeichnung durch eine Fahrschule, Rpfleger 1991, 372; *Bußmann* Name, Firma, Marke, 1937; *Canaris* Kollisionen der §§ 16 und 3 UWG mit dem Grundsatz der Firmenbeständigkeit gem. §§ 22, 24 HGB, GRUR 1989, 711; *Emmerich* Das Firmenrecht im Konkurs, 1992; *Forkel* Die Übertragbarkeit der Firma, Festschrift Paulick, 1973 S. 101; *J. v. Gierke* Firmenuntergang und Firmenverlegung, ZHR 112 (1949), 1; *Götting* Persönlichkeitsrechte als Vermögensrechte, 1996; *Grünberg* Die Befugnis zur Bildung einer Ersatzfirma bei Firmenveräußerung im Konkurs der GmbH, ZIP 1988, 1165; *ders.* Die Rechtspositionen der Organe der GmbH und des Betriebsrates im Konkurs, 1988; *Gustavus* Die Praxis der Registergerichte zum Rechtsformhinweis in der abgeleiteten Firma einer GmbH & Co. KG (I), GmbHR 1977, 169, *ders.* Die Praxis der Registergerichte zum Rechtsformhinweis in der abgeleiteten Firma einer GmbH & Co. KG (II), GmbHR 1977, 193; *Haberkorn* Firmenwahrheit und Firmenfortführung, WRP 1966, 88; *Heinrich* Firmenwahrheit und Firmenbeständigkeit, 1982; *Hesselmann* Zusatz „GmbH & Co." bei fortgeführten Firmen von Einzelunternehmen oder Personengesellschaften nach Umwandlung in eine GmbH & Co., GmbHR 1975, 57; *ders.* Verpflichtung der Registergerichte zur Eintragung des Zusatzes „GmbH & Co." bei abgeleiteter Firma, GmbHR 1976, 36; *Jansen* Die Firma der GmbH im geschäftlichen Verkehr, GmbHR 1963, 163; *John* Testamentsvollstreckung über ein einzelkaufmännisches Unternehmen, BB 1980, 757; *Joussen* Die Kompetenz zur Änderung einer GmbH-Firma im Konkurs, GmbHR 1994, 159; *Jurick* Die abgeleitete Firma einer GmbH & Co., DB 1975, 1397; *Köhler* Die kommerzielle Verwertung der Firma durch Verkauf und Lizenzvergabe, DStR 1996, 510; *Krösser* Zur Frage der Fortführung von Firmen mit „Co." oder „Dr."-Zusätzen bei Geschäftsübernahmen, Börsenblatt für den Dt. Buchhandel 1970, 1886; *Kuchinke* Die Firma in der Erbfolge, ZIP 1987, 681; *Lamers* Erfordernis des Zusatzes GmbH & Co. bei abgeleiteter Firma? DB 1974, 1996; *Lindacher* Firmenbeständigkeit und Firmenwahrheit, BB 1977, 1676; *Mittelbach* Geschäfts- und Praxisübertragung, 2. Aufl. 1973; *Muscheler* Die Haftungsordnung der Testamentsvollstreckung, 1994; *Nordemann* Zur „Testamentsvollstreckung" an Handelsgeschäften und in Personalgesellschaften, NJW 1963, 1139; *Pabst* Wie weit kann eine abgeleitete Firma abgeändert werden? DNotZ 1960, 33; *Pöpel* Die unwahr gewordene Firma, Irreführungsverbot versus Bestandsschutz, 1995; *Priester* Obligatorischer Zusatz „GmbH & Co." auch bei abgeleiteter Firma? NJW 1975, 238; *Quack* Der Unternehmenskauf und seine Probleme, ZGR 1982, 350; *Raffel* Die Verwertbarkeit der Firma im Konkurs, 1995; *Riegger* Die Veräußerung der Firma durch den Konkursverwalter, BB 1983, 786; *Rohnke* Firma und Kennzeichen bei der Veräußerung von Unternehmensteilen, WM 1991, 1405; *K. Schmidt* Die Vor-GmbH als Unternehmerin und als Komplementärin, NJW 1981, 1345; *ders.* Veräußerung der Firma einer GmbH aus der Konkursmasse, JuS 1983, 310; *K. Schmidt/W. Schulz* Konkursfreies Vermögen insolventer Handelsgesellschaften? ZIP 1982, 1015; *Schmitz-Herscheid* Fortführung einer einzelkaufmännischen Firma, MDB 1995, 785; *W. Schulz* Veräußerung des Geschäftsbetriebs einer GmbH samt der den Vor- und Familiennamen des Gesellschafters enthaltenden Firma durch den Konkursverwalter, ZIP 1983, 194; *Sieveking* Abgeleitete Firma einer GmbH & Co. KG, MDR 1974, 904; *Sigle/Maurer* Umfang des Formzwangs beim Unternehmenskauf, NJW 1984, 2657; *Strohm* Die Gestattung der Firmenfortführung, Festschrift Ulmer, 1973 S. 333; *Ullmann* Firmenrecht und Konkursbeschlag, ZZP 1941, 49; *Ulmer* Die Kompetenz zur Bildung einer Ersatzfirma bei Firmenveräußerung im Konkurs der GmbH, NJW 1983, 1697; *Vollmer* Die originäre und die abgeleitete Firma, JA 1984, 333; *Wessel* Die engen Grenzen der Fortführung einer abgeleiteten Firma, BB 1964, 1365; *ders.* Nachträgliche Änderung einer abgeleiteten Firma nach § 24 HGB, BB 1965, 1422; *ders.* Überlegungen zu einer Reform unseres Firmenrechts, BB 1981, 822; *Wiedemann* Besprechung der Entscheidung BGHZ 62, 216, ZGR 1975, 354; *Wiek* Der unrichtig gewordene „KG-Zusatz" in der Firma der OHG, NJW 1981, 105; *Winkler* Zur Firma des Einzelkaufmanns und der Personengesell-

schaft, MittBayNot 1970, 73; *ders.* Firmenrechtliche Probleme bei der Fortführung eines einzelkaufmännischen Unternehmens oder einer Personengesellschaft durch eine GmbH & Co. KG, DNotZ 1975, 69; *M. Wolff* Über einige Grundbegriffe des Handelsrechts, Festgabe für Otto Gierke, Bd. II, 1910, 115; *Zunft* Fortführung der Firma bei Veräußerung des Handelsgeschäfts des Gemeinschuldners, NJW 1960, 1843.
S. ferner das Schrifttum zu §§ 23, 24.

Übersicht

	Rn
A. Grundlagen	1–12
I. Norminhalt	1
II. Entstehungsgeschichte	2
III. Normzweck	3–4
IV. Bedeutung der Norm vor und nach der Handelsrechtsreform	5–8
V. Verhältnis zu § 18 Abs. 2	9–10
VI. Anwendungsbereich	11–12
B. Voraussetzungen des § 22 Abs. 1	13–72
I. Erwerb eines bestehenden Handelsgeschäfts	13–22
1. Handelsgeschäft	13
2. Bestehen des Handelsgeschäfts	14–16
a) Grundlagen	14
b) Liquidation	15
c) Insolvenz	16
3. Erwerb des Unternehmenskerns	17–19
a) Grundlagen	17
b) Mehrere Unternehmen eines Kaufmanns	18
c) Haupt- und Zweigniederlassung	19
4. Erwerbsformen	20–22
II. Bisherige Firmenführung	23–26
1. Bisherige Firma	23
2. Rechtmäßigkeit der bisherigen Firmenführung	24
3. Eintragung und Löschung der Firma	25–26
III. Einwilligung in die Fortführung	27–32
1. Rechtsnatur der Einwilligung, Abgrenzung zum Verpflichtungsgeschäft und der namensrechtlichen Gestattung	27–30
2. Ausdrückliche Erklärung	31
3. Zeitpunkt der Einwilligung	32
IV. Die Einwilligungsberechtigung	33–41
1. Allgemeines	33
2. Einzelfirma	34–36
3. Gesellschaftsfirma	37–41
a) Einführung	37
b) Meinungsstand	38–39
aa) Kapitalgesellschaften	38
bb) Personenhandelsgesellschaften	39
c) Stellungnahme	40
d) Ergebnis	41
V. Die namensrechtliche Gestattung	42–53
1. Grundlagen	42–47
2. Die namensrechtliche Gestattung in Fällen des § 22	48–53

	Rn
a) Erforderlichkeit	49–50
aa) Meinungsstand	49
bb) Stellungnahme	50
b) Zeitpunkt der Gestattung	51
c) Inhalt und Reichweite der Gestattung	52
d) Rechtsfolgen fehlender Gestattung	53
VI. Sonderfälle	54–73
1. Die Verwertung der Firma in der Insolvenz	54–70
a) Fragestellungen	54
b) Die Firma als Teil der Insolvenzmasse	55–56
aa) Meinungsstand	55
bb) Stellungnahme	56
c) Mitwirkung der Gesellschafter?	57–58
aa) Meinungsstand	57
bb) Stellungnahme	58
d) Namensrechtliche Gestattung	59–70
aa) Grundlagen	59
bb) Meinungsstand	60–61
α) Vor der Handelsrechtsreform	60
β) Nach der Handelsrechtsreform	61
cc) Stellungnahme	62–65
dd) Abgeleitete Firma	66
ee) Exkurs: Bildung einer Ersatzfirma	67–70
α) Meinungsstand	68
β) Stellungnahme	69–70
2. Die Übertragung der Firma durch den Testamentsvollstrecker	71–72
a) Grundlagen: Fortführung des Unternehmens durch den Testamentsvollstrecker	71
b) Folgerungen für die Übertragung der Firma	72
C. Rechtsfolgen des § 22 Abs. 1	73–107
I. Keine Pflicht zur Firmenfortführung	73
II. Vertragliche Beschränkungen des Rechts zur Firmenfortführung	74–81
1. Bedingung, Befristung und Widerrufsvorbehalt	74
2. Sonstige Beschränkungen	75–78
a) Meinungsstand	75
b) Stellungnahme	76–78
aa) Wirkung einer Beschränkung der Einwilligung	76

	Rn		Rn
bb) Reichweite der Einwilligung	77	f) Wesentliche Änderungen im Interesse des Inhabers	101
cc) Reichweite der namensrechtlichen Gestattung	78	3. Die Fortführung als Zweigniederlassungsfirma und die Vereinigung von Firmen	102–104
3. Kündigung aus wichtigem Grund, Rücktrittsrecht	79–81	VI. Erlöschen des Firmenfortführungsrechts	105–107
a) Meinungsstand	80	1. Allgemein	105
b) Stellungnahme	81	2. Erlöschen mangels Weiterführung des Handelsgeschäfts durch den Erwerber?	106
III. Rechte des Veräußerers und des Namensgebers gegen den Erwerber	82	a) Meinungsstand	106
IV. Rechte des Erwerbers gegenüber Dritten	83	b) Stellungnahme	107
V. Die Art und Weise der Firmenfortführung	84–104	D. Die weitere Firmierung des Veräußerers	108–109
1. Der Grundsatz einer unveränderten Fortführung der Firma	84–86	E. § 22 Abs. 2	110–116
2. Zulässige und gebotene Änderungen der fortzuführenden Firma	87–101	I. Voraussetzungen	110–112
a) Anpassung des Rechtsformzusatzes	87–89	1. Das Rechtsverhältnis	110–111
b) Beifügung eines Nachfolgezusatzes	91–95	2. Die entsprechende Anwendung des Abs. 1	112
c) Unwesentliche Firmenänderungen	96	II. Rechtsfolgen	113–114
d) Firmenänderungen bei unbestimmten Gesellschaftszusätzen	97–98	III. Die weitere Firmierung des bisherigen Inhabers	115–116
aa) Fortführung der Firma durch einen Einzelkaufmann	97	Anhang § 22	
bb) Fortführung der Firma durch eine Gesellschaft	98	A. Firmenfortführung bei Umwandlung	1–13
e) Wesentliche Änderungen im Allgemeininteresse	99–100	I. § 18 Abs. 1 UmwG	1–6
aa) Grundsatz	99	II. § 18 Abs. 2 UmwG	7–8
bb) Einzelfälle	100	III. § 18 Abs. 3 UmwG	9–10
		B. Firmenfortführung bei Spaltung	11–13

A. Grundlagen

I. Norminhalt

1 § 22 betrifft den endgültigen (Abs. 1) oder vorübergehenden (Abs. 2) Inhaberwechsel und stellt den daran Beteiligten anheim, eine rechtsgeschäftliche Regelung der Firmenfortführung zu treffen.

II. Entstehungsgeschichte

2 Die Norm geht auf Art. 22 ADHGB zurück und gilt im Kern seither unverändert.[1] Auch die Handelsrechtsreform brachte nur eine klarstellende Ergänzung,[2] indem die Worte „*auch wenn sie den Namen des bisherigen Geschäftsinhabers enthält*" eingefügt wurden. Das schließt nicht aus, dass die Norm im Lichte der Liberalisierung des Firmenrechts teilweise einer modifizierten Auslegung bedarf (s. etwa Rn 49 f).

---

[1] Näher zur Entstehungsgeschichte *Marx* Firmenrechtliche Grundbegriffe (1912), S. 10 ff.

[2] Vgl. Begr. RegE., BT-Drucks. 13/8444, S. 56.

III. Normzweck

Sinn und Zweck von § 22 ist es, dem bisherigen und dem neuen Inhaber die **Nutzung** **3** **und Erhaltung des Firmenwerts** zu ermöglichen. Der alte Inhaber kann den Firmenwert realisieren, indem er dem neuen Inhaber die Fortführung der Firma gestattet,[3] wodurch dieser den mit der Firma verknüpften Good Will weiternutzen kann. Dass es in erster Linie um die privaten Interessen der Beteiligten am Firmenwert geht, wird schon in der Denkschrift betont[4] und dadurch bestätigt, dass sie nach Belieben darüber entscheiden können, ob sie von der gesetzlichen Möglichkeit Gebrauch machen oder nicht. Nicht Zweck, sondern bloße Wirkung der Vorschrift ist, dass durch die Firmenfortführung auch die Kontinuität des Unternehmens in der Hand des Erwerbers zum Ausdruck gebracht wird.

Die Zulässigkeit der Firmenfortführung beruht auf dem **Grundsatz der Firmenbestän-** **4** **digkeit** (Vor § 17 Rn 31 ff). Herkömmlich erblickt man darin eine **Durchbrechung des Grundsatzes der Firmenwahrheit**; dieses Prinzip bildet die Regel, jenes die Ausnahme[5]. An diesem Verständnis ist nach wie vor festzuhalten;[6] denn die Firma ist gem. § 17 Abs. 1 der Name des Kaufmanns (näher Vor § 17 Rn 1 ff), so dass eine unveränderte Firmenfortführung in den Fällen des § 22 den unzutreffenden Eindruck erwecken kann, dass kein Inhaberwechsel stattgefunden habe. Im Interesse des Erhalts des Firmenwerts ist nicht einmal die Aufnahme eines Nachfolgezusatzes zwingend vorgeschrieben. Allerdings identifiziert der Verkehr die Firma ohnehin in erster Linie mit dem Unternehmen (Vor § 17 Rn 3). Die Durchbrechung des Grundsatzes der Firmenwahrheit kann daher auch mit der Erwägung gerechtfertigt werden, dass die Identität des Unternehmens gewahrt bleibt (s. Rn 84). Allerdings ist der Erwerber nicht verpflichtet das Unternehmen (unverändert) fortzuführen (Rn 106 f). Überdies darf zweierlei nicht übersehen werden. Einerseits wurde durch die Handelsrechtsreform das Prinzip der Firmenwahrheit generell zurückgedrängt (Vor § 17 Rn 28 ff), wodurch auch die Bedeutung von § 22 abgenommen hat (näher Rn 5 ff). Andererseits bedeutet die Durchbrechung dieses Prinzips nicht seine völlige Preisgabe (näher Rn 9 ff). Vielmehr wird es in wichtigen Einzelbeziehungen gewahrt, so insbes. im Blick auf den Rechtsformzusatz (näher Rn 87 ff). Auch können Änderungen des Unternehmens zu Firmenänderungen zwingen (Rn 99 f).

IV. Bedeutung der Norm vor und nach der Handelsrechtsreform

Vor der Liberalisierung des Firmenrechts war die Bedeutung von § 22 außerordent- **5** lich groß. Ohne dieses Privileg hätte ein Inhaberwechsel regelmäßig dazu geführt, dass die bisherige Firma von dem neuen Inhaber wegen des rigiden Firmenbildungsrechts

---

[3] Auch deshalb ist die Ansicht von *Canaris* Handelsrecht § 10 Rn 34 abzulehnen, wonach § 22 teleologisch dahingehend zu reduzieren sei, dass es der Einwilligung des Veräußerers in die Firmenfortführung durch den Erwerber nicht bedürfe, wenn der Name des Veräußerers nicht in der Firma enthalten sei; Ebenfalls die Voraussetzung der Einwilligung bejahend Baumbach/*Hopt* Rn 8; Ebenroth/Boujong/Joost/Strohn/*Zimmer* Rn 26; Röhricht/v. Westphalen/*Ammon*/*Ries* Rn 19.

[4] Denkschrift zum Entwurf eines Handelsgesetzbuchs, Reichstag, 9. Legislatur-Periode, IV. Session 1895/97, S. 32 f = *Schubert*/*Schmiedel*/*Krampe* Quellen zum Handelsgesetzbuch von 1897, Bd. 2. 2. Hb. 1988, S. 975.

[5] RGZ 152, 365 (368); BGHZ 58, 322 (324); aus dem Schrifttum statt vieler *Lindacher* BB 1977, 1676 f mwN.

[6] AA *K. Schmidt* Handelsrecht § 12 III 2 a. Danach ist die Firmenbeständigkeit eine eigenständige Regel, die durch die Firmenwahrheit begrenzt wird.

insbes. der §§ 18, 19 a.F. nicht hätte fortgeführt bzw. nicht hätte neu gebildet werden können. § 22 stellte damit eine erhebliche Ausnahme zu den Firmenbildungsvorschriften dar, die es dementsprechend vor Umgehungsversuchen via § 22 zu schützen galt. Das war einer der Gründe, warum im Ausgangspunkt und vom Grundsatz her verlangt wurde und wird, dass Firmen unverändert fortgeführt werden (näher Rn 84 ff). Inhaber, die den Firmenwert erhalten wollten, mussten daher sehr darauf bedacht sein, dieses Privileg nicht zu verlieren. Deswegen wurde viel darum gestritten, ob und welche erforderlichen oder wünschenswerten Änderungen der Firma im Rahmen des § 22 noch zulässig und welche unzulässig waren (näher Rn 87 ff).

6 Infolge der Liberalisierung des Firmenrechts hat § 22 **stark an Bedeutung verloren**. Das liegt zum einen daran, dass heute niemand mehr gezwungen ist, eine Personenfirma zu bilden, sondern jeder Unternehmensträger (mit Ausnahme von Partnerschaftsgesellschaften) auch eine Sach- oder Phantasiefirma bilden kann (Vor § 17 Rn 27). Zum anderen dürfen nach hier vertretener Ansicht Personenfirmen auch unter Verwendung fremder Namen, insbes. von Nicht- bzw. Nichtmehrgesellschaftern (z.B. von Gründern des Unternehmens) gebildet werden, wenn dies namensrechtlich (§ 12 BGB) und markenrechtlich (§§ 5, 6, 15 MarkenG) zulässig ist und durch die Verwendung des fremden Namens nicht der gute Ruf, den ein Lebender oder unlängst Verstorbener in den angesprochenen Verkehrskreisen genießt, ausgenutzt wird (§ 18 Rn 56, 59).[7] Die herrschende Auffassung ist freilich insofern weniger liberal, weswegen sie die Hauptbedeutung von § 22 nach wie vor in der Fortführung von Personenfirmen sieht.

7 Selbst wenn man der hier vertretenen Ansicht folgt, ist § 22 freilich keineswegs überflüssig. Das zeigt folgende Überlegung: Wäre eine Firmenfortführung nicht gestattet, dann müsste ein bisher nicht kaufmännischer Erwerber eine neue Firma annehmen. Die neue Firma könnte zwar der bisherigen Firma nachgebildet werden, wenn der Veräußerer sie aufgibt bzw. löscht, so dass § 30 nicht entgegensteht, und der Veräußerer, falls es sich um eine Personenfirma handelt und der Veräußerer Namensgeber ist, die Firmenführung namensrechtlich gestattet (Rn 42 ff). Eine solcher „Firmenwechsel" verstieße aber gegen § 18 Abs. 2, weil dem Verkehr eine in Wirklichkeit fehlende Kontinuität des Unternehmensträgers vorgespiegelt würde. Dabei hinge es insbes. von der Eigenart und Bekanntheit der gelöschten Firma ab, welche Zeitspanne zwischen Erlöschen der alten und (Nach-)Bildung der neuen Firma verstreichen müsste, damit eine Irreführung ausgeschlossen wäre (s. § 18 Rn 39). Ein Erhalt des Firmenwerts auf diesem Wege wäre daher ausgeschlossen. Überdies bewirkt die Firmenfortführung einen **Erhalt der Firmenpriorität** (Rn 83), die bei einer Firmenneubildung verloren ginge.

8 Fazit: Die bleibende Bedeutung des § 22 besteht also darin, die Erhaltung des Firmenwerts und der Firmenpriorität zu ermöglichen. Dafür wird hingenommen, dass eine Firmenfortführung ohne Nachfolgezusatz geeignet ist, den Verkehr über die Kontinuität des Unternehmensträgers zu täuschen.

V. Verhältnis zu § 18 Abs. 2

9 Vorstehende Überlegungen sind für die Frage des Verhältnisses von § 22 zu § 18 Abs. 2 bedeutsam: **Der Grundsatz der Firmenbeständigkeit durchbricht den Grundsatz der Firmenwahrheit nur hinsichtlich des Inhaberwechsels.** Zugelassen wird *zum einen*, dass der Verkehr sich über die Kontinuität des Unternehmensträgers täuscht. Das ist aus zwei

---

[7] Vgl. MünchKommHGB/*Heidinger* Rn 6.

Gründen hinnehmbar. Erstens identifiziert der Verkehr die Firma eher mit dem Unternehmen als mit dem Unternehmensträger. Ohne das Unternehmen aber darf die Firma nicht übertragen werden (§ 23). Daher muss wenigstens der Unternehmenskern auf den neuen Inhaber übergehen (näher Rn 17 ff). Zweitens muss der Rechtsformzusatz angepasst werden, wenn er infolge des Inhaberwechsels unrichtig geworden ist (näher Rn 87 ff). Dadurch wird der Verkehr jederzeit über die aktuellen Haftungsverhältnisse informiert. Zugelassen wird *zum anderen*, dass der Grundsatz der Firmenwahrheit im Blick auf die Personenfirmen bzw. personale Firmenbestandteile durchbrochen wird. In dieser Hinsicht liegt eine Durchbrechung des Grundsatzes der Firmenwahrheit freilich nur vor, wenn man nicht der hier vertretenen liberalen Auffassung (o. Rn 6, § 18 Rn 56, 59) folgt.

In jeder anderen Hinsicht bleibt der Grundsatz der Firmenwahrheit dagegen unberührt: War die Firma schon vor dem Inhaberwechsel irreführend, darf sie nicht fortgeführt werden (Rn 24). Wird der Rechtsformzusatz infolge des Inhaberwechsels (oder später) unrichtig, muss er geändert werden (Rn 87 ff). Werden Sachbestandteile der Firma unrichtig, müssen sie ebenfalls geändert werden (näher Rn 99 f). Das gleiche gilt für alle sonstigen Firmenbestandteile mit Ausnahme von personalen Bestandteilen. Schließlich ist der Inhaberwechsel in das Handelsregister einzutragen (§ 31 Abs. 1), so dass sich der Verkehr dort jederzeit über den aktuellen Inhaber informieren kann. Nach allem ist die von § 22 bewirkte Durchbrechung des Grundsatzes der Firmenwahrheit – vor allem wenn man der hier vertretenen Ansicht zur Zulässigkeit der Firmierung mit Namen von Unternehmensgründern und ehemaligen Gesellschaftern (Rn 6, § 18 Rn 56, 59) folgt – geradezu marginal. **10**

VI. Anwendungsbereich

§ 22 gilt für **alle Firmen**, unabhängig davon, ob es sich um eine Personen-, Sach-, Phantasie- oder Mischfirma handelt, und auch unabhängig von der Rechtsform des Unternehmensträgers. Zwar bezieht sich die Bestimmung ihrem Wortlaut nach nur auf die Firma des Einzelkaufmanns. Ihre Geltung für Handelsgesellschaften und Formkaufleute folgt jedoch aus § 6 Abs. 1 und 2 und für den VVaG aus § 16 VAG (Vor § 17 Rn 10). **11**

Hinsichtlich des Namens der Partnerschaft verweist § 2 Abs. 2 PartGG allerdings nur auf § 22 Abs. 1, weil der Gesetzgeber kein Bedürfnis sah, *„die Nutzungsüberlassung von Partnerschaften namensrechtlich zu fördern"*[8]. Diese Entscheidung ist zu Recht auf Kritik gestoßen.[9] Schließlich gilt § 22 auch für juristische Personen i.S.d. § 33, also wenn bspw. eine öffentliche Körperschaft ihr unter einer Firma betriebenes Handelsgeschäft veräußert.[10] Besonders geregelt ist die Firmenfortführung bei Verschmelzungs- und Spaltungsvorgängen (s. dazu Anh. zu § 22) sowie beim Formwechsel (dazu Anh. zu § 21).

Eine **analoge Anwendung des § 22 auf Minderfirmen und Geschäftsbezeichnungen** (zum Begriff § 17 Rn 15 ff) kommt nicht in Betracht.[11] Die Fortführung einer Minder- **12**

---

[8] Begr. RegE, BT-Drucks. 12/6152, S. 12.
[9] Ebenroth/Boujong/Joost/Strohn/*Zimmer* Rn 3; Michalski/Römermann PartGG § 2 Rn 41 f; Meilicke/von Westphalen PartGG § 2 Rn 21.
[10] BayObLG OLGR 42, 210; Ebenroth/Boujong/Joost/Strohn/*Zimmer* Rn 4; Baumbach/*Hopt* Rn 1.
[11] Str., wie hier BayObLGZ 1988, 344 = NJW-RR 1989, 421; LG-Berlin NZG 2005, 443; Ebenroth/Boujong/Joost/Strohn/*Zimmer* Rn 21; Röhricht/v. Westphalen/*Ammon/Ries* Rn 5, 15; aA *Canaris* Handelsrecht § 11 Rn 52; Koller/Roth/Morck Rn 5; wohl auch *K. Schmidt* Handelsrecht § 12 III 2 b.

firma oder Geschäftsbezeichnung ist bei Eintragung daher als Firmenneubildung zu behandeln. Gleichwohl kann der Erwerber nach hier vertretener Ansicht den Namen des Unternehmensgründers grundsätzlich zur Firmenbildung verwenden (§ 18 Rn 56, 59), wenn dieser damit einverstanden ist. Ein Nachfolgezusatz kann allerdings, weil irreführend, nicht in die Firma aufgenommen werden (§ 18 Rn 58).[12] Soll dieses Ergebnis vermieden werden, steht es dem Veräußerer frei, vor der Veräußerung eine Eintragung nach § 2 zu bewirken.

B. Voraussetzungen des § 22 Abs. 1

I. Erwerb eines bestehenden Handelsgeschäfts

13   1. **Handelsgeschäft.** § 22 Abs. 1 betrifft den Erwerb eines Handelsgeschäfts. Dabei ist mit dem Terminus „Handelsgeschäft", anders als in den §§ 343 ff, ein **Unternehmen** gemeint. Das Unternehmen muss von einem **Kaufmann i.S.d. §§ 1 ff** betrieben werden, weil es in § 22 um die Fortführung einer Firma geht und ein Recht zur Firmenführung nur Kaufleuten zusteht (§ 17 Rn 9 ff). Worauf die Kaufmannseigenschaft beruht, nämlich auf § 1 Abs. 2 oder auf § 2 S. 1, § 3 Abs. 2, § 105 Abs. 2 S. 1 i.V.m. einer Handelsregistereintragung oder auf § 6 i.V.m. einer spezialgesetzlichen Bestimmung (also insbes. § 3 Abs. 1 AktG, § 13 Abs. 3 GmbHG), ist unerheblich. Die Kaufmannseigenschaft muss zum Erwerbszeitpunkt bestehen. Zu beachten ist, dass die Aufgabe des Geschäftsbetriebs bzw. sein Absinken auf kleingewerbliches Niveau bei fehlender Handelsregistereintragung von Einzelkaufleuten und Personenhandelsgesellschaften zum Verlust der Kaufmannseigenschaft, der Firmenfähigkeit (§ 17 Rn 10) und damit zum Verlust der Firma führen. In diesen Fällen kann die (Minder-)Firma schon aus diesem Grund nicht i.S.d. § 22 fortgeführt werden (s. schon Rn 12). Liegt eine Eintragung vor, führt dagegen erst die Löschung der Firma gem. §§ 2 S. 3, 31 Abs. 2 bzw. die Vollbeendigung der Handelsgesellschaft zum Verlust der Kaufmannseigenschaft (§ 17 Rn 10).

2. **Bestehen des Handelsgeschäfts**

14   a) **Grundlagen.** § 22 Abs. 1 bestimmt ausdrücklich, dass das Handelsgeschäft bestehen muss, und zwar zum Zeitpunkt des Inhaberwechsels. Sinn und **Zweck** dieses Erfordernisses ist es, eine Umgehung der Firmenbildungsvorschriften einerseits und des Veräußerungsverbots von § 23 andererseits auszuschließen. An dem Bestehen eines Handelsgeschäfts fehlt es daher bei einer bloßen **Scheingründung**.[13] Daran ändert auch eine etwaige Eintragung in das Handelsregister nichts.[14] Es gilt zudem das Telos von § 22 (Rn 3) im Blick zu behalten. Wurde mit einem Geschäftsbetrieb noch gar nicht begonnen, kann es auch noch keinen Good Will geben, dessen Nutzung eine Firmenfortführung rechtfertigen würde. Gleiches gilt, wenn der Geschäftsbetrieb **endgültig eingestellt** ist. Solange die Kaufmannseigenschaft fortbesteht (o. Rn 13), schadet dagegen eine bloß vorübergehende Betriebseinstellung nicht, andernfalls würde gerade den Inhabern notleidender Unternehmen die Möglichkeit genommen, einen wesentlichen Vermögenswert zu realisieren. Auch der Verlust des Betriebsvermögens allein rechtfertigt daher nicht die

---

[12] Entgegengesetzt *Canaris* Handelsrecht § 11 Rn 53: Muss Nachfolgezusatz verwenden.
[13] Beispiel: ROHG 6, 246 (A. W. Faber); RG JW 1927, 1074.
[14] MünchKommHGB/*Heidinger* Rn 8; *K. Schmidt* Handelsrecht § 12 I 1 ee, bb; Staub/*Hüffer* 4. Aufl. Rn 5 und § 23 Rn 8.

Annahme, das Unternehmen habe aufgehört zu bestehen (zur Veräußerung durch den Insolvenzverwalter vgl. Rn 16). Für die Abgrenzung kommt es auf die sog. **Betriebsfähigkeit** an: Solange die betriebliche Organisation sowie die Beziehungen zu Lieferanten und Kunden etc. fortbestehen und daher die Wiederaufnahme der Tätigkeit objektiv möglich erscheint, solange besteht das Handelsgeschäft i.S.d. § 22.[15]

b) **Liquidation.** Zu unterscheiden ist zwischen der Liquidation des Unternehmens als einem wirtschaftlichen, rechtlich nicht geregelten Vorgang und der Liquidation des Unternehmensträgers als einem gesetzlich geordneten, auf die Vollbeendigung von Gesellschaften abzielenden Verfahren. Zwar kann die Liquidation der Gesellschaft als Unternehmensträgerin mit der Liquidation des Unternehmens tatsächlich zusammenfallen, doch ist die rechtliche Bedeutung beider Vorgänge verschieden[16]. Das zeigt sich unter anderem daran, dass die Beendigung des Unternehmens nicht zugleich die Vollbeendigung der Gesellschaft bedeutet. Für die **Liquidation des Unternehmens** gelten die in Rn 14 dargestellten Grundsätze, und zwar ohne Rücksicht darauf, ob es sich um das Unternehmen eines Einzelkaufmanns oder einer Gesellschaft (OHG, KG, AG, GmbH) handelt. Entscheidend ist also nicht, wie weit die Verwertung des dem Unternehmen gewidmeten Vermögens oder die Befriedigung der Gläubiger fortgeschritten ist, sondern ob die unternehmerische Tätigkeit wegen Fortdauer des Unternehmenskerns wieder aufgenommen werden kann. Solange das der Fall ist, kann das Unternehmen als „bestehendes Handelsgeschäft" i.S.d. § 22 mit dem Recht zur Firmenfortführung veräußert werden. Der **Eintritt der Gesellschaft selbst**, also des Unternehmensträgers, **in das Liquidationsstadium** steht für sich genommen der Unternehmensveräußerung in keinem Fall im Wege. Darüber hinaus ist zu beachten, dass die AG und die GmbH bis zur Vollbeendigung ihre rechtliche Identität und damit ihre Firma behalten und deshalb bis zu diesem Zeitpunkt durch Erwerb der Mitgliedschaftsrechte ein dem Unternehmenskauf wirtschaftlich teilweise vergleichbares Ergebnis auch dann noch erzielt werden kann, wenn eine betriebsfähige Wirtschaftseinheit nicht mehr besteht (sog. Mantelverwertung, dazu Rn 22).

c) **Insolvenz.** Nicht das Unternehmen fällt in die Insolvenz, sondern der Unternehmensträger. Ähnlich wie der Eintritt einer Gesellschaft in das Liquidationsstadium lässt deshalb die bloße Tatsache der Insolvenzeröffnung den Bestand des Unternehmens unberührt und kann folglich den Insolvenzverwalter nicht hindern, das Unternehmen mit der Firma zu veräußern (s. ferner Rn 17 a.E.). Entscheidend für das Bestehen des Unternehmens im Sinne des § 22 ist auch hier, ob die Fortdauer der Betriebsfähigkeit durch den Bestand des Unternehmenskerns gewährleistet ist (Rn 14). Diese Voraussetzung kann selbst nach Beendigung des Insolvenzverfahrens noch erfüllt sein, so dass eine Veräußerung des Unternehmens mit der Firma auch durch den ehemaligen Gemeinschuldner in Betracht kommt.[17]

---

[15] RGZ 110, 422 (424); RGZ 170, 265 (274); BGHZ 32, 307 (312); BGH NJW 1972, 2123; BGH NJW 1992, 911; BGH BB 1973, 210; KGJ 13, 35 (37); KG JW 1939, 163; Ebenroth/Boujong/Joost/Strohn/*Zimmer* Rn 8; Staub/*Hüffer* 4. Aufl. Rn 5; Heymann/*Emmerich* Rn 4; Koller/*Roth*/Morck Rn 3.

[16] Bei den Personengesellschaften und bei der GmbH kann in der Abwicklung des Unternehmens im Einzelfall ein Auflösungsbeschluss gefunden werden, weil der Beschluss formlos gefasst werden kann und auch die Registereintragung keine konstitutive Bedeutung hat; anders bei der AG, vgl. §§ 262 Abs. 1 Nr. 2, 130 AktG; für die GmbH Baumbach/Hueck/*Schulze-Osterloh* GmbHG § 60 Rn 18 f; vgl. zu der Erforderlichkeit eines Auflösungsbeschlusses bei der AG s. KGJ 45 A, 178 (179); BAG ZIP 1998, 1284 (1286); *Hüffer* AktG § 262 Rn 10 f, 6.

[17] KG JW 1929, 1059 m. Anm. *Saenger*.

3. Erwerb des Unternehmenskerns

17 a) **Grundlagen.** Damit die Fortführung der Firma durch den Erwerber zulässig ist, muss nach allg. Meinung das ganze Handelsgeschäft übertragen werden.[18] Grund dafür ist der Grundsatz der Firmenwahrheit: Zwar wird dieser Grundsatz von § 22 insofern durchbrochen, als die Firma trotz Inhaberwechsels fortgeführt werden darf (Rn 9). Der Verkehr versteht die Firma entgegen § 17 Abs. 1 jedoch weniger als Namen des Kaufmanns denn als Kennzeichnung des Unternehmens (Vor § 17 Rn 3). Eine Fortführung der Firma ohne Kontinuität des Unternehmens wäre daher in doppelter Weise zur Irreführung geeignet. Daraus folgt allerdings zugleich, dass es ausreicht, wenn der Unternehmenskern übertragen wird. Dazu gehören neben den Einrichtungen, die zur Betriebsfähigkeit erforderlich sind, vor allem die – ggf. verschiedenen – Tätigkeitsbereiche, mit denen der Unternehmensträger am Markt auftritt[19]. M.a.W. muss der neue Inhaber objektiv in die Lage versetzt werden, die geschäftliche Tradition seines Vorgängers fortzusetzen[20], dessen **geschäftliche Leistung nach der Übertragung selbst zu erbringen**[21]. Welche Anforderungen im Einzelnen zu stellen sind, hängt von der Art des Unternehmens ab. Während es bei einem Unternehmen des Warenhandels ausreichen kann, dass der Erwerber zumindest in die Beziehungen zu Lieferanten und Kunden eingesetzt wird, muss er bei einem Fabrikationsunternehmen in die Verfahrenstechnik eingewiesen, zur Nutzung technischer Schutzrechte befugt und in den Stand versetzt werden, die notwendige Betriebsausrüstung zu gebrauchen. **Unerheblich** ist dagegen, ob der Erwerber das Unternehmen **tatsächlich fortführt** oder zur Fortführung auch nur willens ist, da die künftige wirtschaftliche Entwicklung nicht behindert werden und die Berechtigung zur Firmenfortführung schon aus Gründen der Rechtssicherheit nicht nachträglich entfallen soll (näher Rn 106 f). Allerdings können Änderungen des Unternehmens zu Firmenänderungen zwingen (näher Rn 99 f). **Nicht notwendig** ist der **Erwerb sämtlicher Aktiva und Passiva**, weil es auf das Unternehmen als Tätigkeitsbereich und nicht als Zusammenfassung von Vermögenswerten ankommt. Es ist daher unschädlich, wenn bspw. Beteiligungen an anderen Unternehmen oder gewerbliche Schutzrechte, die zum Betrieb des Unternehmens nicht erforderlich sind, nicht mitübertragen werden. Auch kann das Unternehmen ohne dazugehörige Verbindlichkeiten und Forderungen erworben werden, wie schon die Regelung des § 25 zeigt.[22] Schließlich können auch solche Unternehmensteile bei dem bisherigen Inhaber verbleiben, die aus dem Blickwinkel des Verkehrs das Gesamtunternehmen nicht prägen, sondern nur von untergeordneter Bedeutung sind.[23] Davon zu unterscheiden sind Fälle, in denen das Gesamtunternehmen aus **mehreren gleichgewichtigen Geschäftsbereichen** besteht (ohne dass diese als wirtschaftlich selbständige Unternehmen anzusehen sind, dazu Rn 18 f). Kein Unternehmenserwerb, der zur

---

[18] BGH NJW 1991, 1353 (1354); Ebenroth/Boujong/Joost/Strohn/*Zimmer* Rn 11; Schlegelberger/*Hildebrandt/Steckhan* Rn 11; Staub/*Hüffer* 4. Aufl. Rn 8; Heymann/*Emmerich* Rn 7; Baumbach/*Hopt* Rn 4; Röhricht/ Graf von Westphalen/*Ammon/Ries* Rn 11; MünchKommHGB/*Heidinger* Rn 14.

[19] RGZ 68, 295; RGZ 147, 332 (338); RGZ 169, 133 (136); BGH NJW 1972, 2123; Schlegelberger/*Hildebrandt/Steckhan* Rn 11.

[20] BGH BB 1977, 1015 f.

[21] RGZ 63, 226 (229); 68, 294 (295); BGH JR 1978, 67 f m. Anm. *Hommelhoff*; BGH NJW-RR 1990, 1318 (1319) zu § 16 UWG; Heymann/*Emmerich* Rn 6; MünchKomm-HGB/*Heidinger* Rn 19.

[22] RG JW 1896, 36; RG JW 1904, 99; Ebenroth/Boujong/Joost/Strohn/*Zimmer* Rn 12; Schlegelberger/*Hildebrandt/Steckhan* Rn 11; Staub/*Hüffer* 4. Aufl. Rn 9; Heymann/*Emmerich* Rn 6.

[23] RG Warneyer 1933 Nr. 97; BGH WM 1957, 1152; BGH BB 1977, 1015 f (Fn. 6).

Firmenfortführung berechtigt, liegt daher vor – **Einzelfälle**: wenn zum Unternehmen ein Holzverarbeitungsbetrieb und ein Campingplatz mit Einrichtung gehören und die Holzverarbeitung nicht mitübertragen wird;[24] wenn beim Veräußerer der Vertrieb von Petroleum und Beleuchtungskörpern vereinigt war und nur einer dieser Geschäftszweige veräußert wird;[25] wenn eine Buchhandlung das Sortiments- und das Verlagsgeschäft betreibt und nur die Verlagsabteilung abgegeben wird[26]; wenn ein Unternehmen zwischen den Bereichen Verlag und Druckerei geteilt wird;[27] wenn nur eine Verkaufsstelle veräußert wird[28]. Im Fall der Liquidation oder **Insolvenz** des übertragenden Unternehmensträgers sind allerdings im Interesse einer wirtschaftlich sinnvollen Verwertung der vorhandenen Vermögenswerte **weniger strenge Anforderungen** an den Umfang der übertragenen Unternehmensteile zu stellen als wenn der übertragende Unternehmensträger seine werbende Tätigkeit fortsetzen will.[29] Zur Firmierung des Veräußerers im Insolvenz- bzw. Liquidationsfall s. Rn 67 ff.

b) Mehrere Unternehmen eines Kaufmanns. Von vorstehender Konstellation zu unterscheiden ist der Fall, dass ein Kaufmann mehrere wirtschaftlich selbständige Unternehmen betreibt. Handelt es sich um einen Einzelkaufmann kann, ja muss er nach herrschender, wenngleich unzutreffender Ansicht diese verschiedenen Unternehmen unter verschiedenen Firmen betreiben (Vor § 17 Rn 39 ff). Jedes von ihnen ist dann als Handelsgeschäft i.S.d. § 22 anzusehen und kann daher separat mit dem Recht zur Firmenfortführung übertragen werden.[30] Handelt es sich bei dem Kaufmann dagegen um eine Personenhandels- oder Kapitalgesellschaft, so kann diese auch nach herrschender Meinung selbst dann nur eine Firma führen, wenn die Gesellschaft mehrere wirtschaftlich selbständige Unternehmen betreibt. In diesem Fall kann nur eines der Unternehmen, mehrere oder alle gemeinsam mit dem Recht zur Firmenfortführung übertragen werden.[31] Anders gewendet, kann das **Recht zur Fortführung einer Firma nur einmal übertragen werden**; denn grundsätzlich (zu Ausnahmen s. sogleich Rn 19) darf eine Firma nicht vervielfältigt werden.

c) Haupt- und Zweigniederlassung. Eine gewisse Ausnahme zu dem Verbot einer Vervielfältigung der Firma folgt allerdings aus dem gewohnheitsrechtlich anerkannten Handelsbrauch, wonach Haupt- und Zweigniederlassungen wegen ihrer organisatorischen Verselbständigung als jeweils selbständige Handelsgeschäfte i.S.d. § 22 anzusehen sind. Das hat zur Folge, dass Haupt- und Zweigniederlassungen jeweils unabhängig voneinander mit dem Recht zur Firmenfortführung übertragen werden können. Es kann also die Hauptniederlassung ohne die Zweigniederlassung und umgekehrt das Zweiggeschäft ohne das Hauptgeschäft mit dem Recht zur Fortführung der (jeweiligen) Firma veräußert werden.[32]

---

[24] BGH BB 1977, 1015 = JR 1978, 67 m. Anm. *Hommelhoff*.
[25] RGZ 56, 187.
[26] KGJ 13, 28.
[27] BGH WM 1957, 1152 (1154 f).
[28] OLG München JFG 13, 388.
[29] BGH NJW 1991, 1353 (1354); Ebenroth/Boujong/Joost/Strohn/*Zimmer* Rn 15; Heymann/*Emmerich* Rn 7; Röhricht/v. Westphalen/*Ammon*/Ries Rn 13; Baumbach/*Hopt* Rn 3.
[30] Koller/*Roth*/Morck Rn 2; MünchKommHGB/*Heidinger* Rn 15, 17; Schlegelberger/*Hildebrandt*/Steckhan Rn 11; Staub/*Hüffer* 4. Aufl. Rn 11.
[31] Staub/*Hüffer* 4. Aufl. § 17 Rn 29; Ebenroth/Boujong/Joost/Strohn/*Zimmer* Rn 13; MünchKommHGB/Heidinger Rn 15.
[32] RGZ 77, 60; BGH DB 1957, 893 f; Ebenroth/Boujong/Joost/Strohn/*Zimmer* Rn 14; Röhricht/v. Westphalen/*Ammon*/Ries Rn 13; Koller/*Roth*/Morck Rn 2.

20 4. **Erwerbsformen.** Wie der Wortlaut des § 22 klarstellt, kann sich der Erwerb des Handelsgeschäfts unter Lebenden oder von Todes wegen vollziehen. Als **Erwerb unter Lebenden** kommt nur ein rechtsgeschäftlicher Erwerb in Betracht; zur Umwandlung vgl. Anh. zu § 22. Zumeist liegt entweder ein Unternehmenskaufvertrag oder ein Gesellschaftsvertrag vor, der den bisherigen Inhaber verpflichtet, das Unternehmen im Rahmen einer Sachgründung einzubringen. In Betracht kommen ferner ein Tausch- oder Schenkungsvertrag sowie ein Vertrag über die Auseinandersetzung einer Miterbengemeinschaft. Die Art des Verpflichtungsgeschäfts ist für § 22 jedoch gleichgültig.[33] Unerheblich ist auch, welche Vollzugsgeschäfte notwendig sind. Das richtet sich nach dem Verpflichtungsumfang und der Art des Unternehmens. Entscheidend für die Befugnis zur Firmenfortführung ist allein, dass ein Wechsel des Unternehmensträgers in der Art stattfindet, dass der Erwerber in die Lage versetzt wird, die unternehmerische Tätigkeit des Veräußerers mit der von diesem geschaffenen Wirtschaftseinheit fortzusetzen und umgekehrt dem Veräußerer diese Einheit nicht mehr zur Verfügung steht. Dementsprechend ist ein Übergang des Unternehmensvermögens für § 22 nur insoweit zu fordern, als die Vermögenswerte zur Ausübung der unternehmerischen Tätigkeit erforderlich sind (Rn 17).

21 Der **Erwerb von Todes wegen** vollzieht sich im Wege gesetzlicher oder gewillkürter Erbfolge. Die Zuwendung in Form eines Vermächtnisses begründet gem. § 2174 BGB dagegen nur eine Forderung des Vermächtnisnehmers gegen den oder die Erben, muss also durch Rechtsgeschäft unter Lebenden umgesetzt werden. Zu den damit verbundenen Fragen, besonders zum Erwerb durch eine Erbengemeinschaft und zur Testamentsvollstreckung, s. § 27 Rn 76 ff, 91 ff, 104 ff.

22 **Kein Erwerbstatbestand** im Sinne des § 22 ist **die Auswechselung sämtlicher Gesellschafter einer Personenhandelsgesellschaft**; denn Inhaber des Unternehmens bleibt die Gesellschaft. Ein Wechsel des Unternehmensträgers findet daher nicht statt. Eine Fortführung der Firma ist mithin unabhängig von den Voraussetzungen des § 22 zulässig.[34] Vielmehr greift ggf. § 24 ein. Das Gleiche gilt für den **Erwerb sämtlicher Anteile an einer Kapitalgesellschaft**, gleichgültig, ob unter Lebenden oder von Todes wegen. Auch bei dem Erwerb einer sog. **Vorratsgesellschaft** oder einer sog. **Mantelgesellschaft** kommt es daher für das Recht zur Firmenfortführung nicht auf die Voraussetzungen des § 22 an.[35] Die Firma kann daher insbes. selbst dann fortgeführt werden, wenn ein Geschäftsbetrieb nie aufgenommen oder schon lange eingestellt ist.[36] Zwar handelt es sich wirtschaftlich betrachtet um eine Neugründung. Entgegen höchstrichterlicher Rechtsprechung[37] rechtfertigt das jedoch nicht die Anwendung der kapitalgesellschaftsrechtlichen Gründungsvorschriften[38]. Schon gar nicht ist eine Firmenneubildung erforderlich, allenfalls bei einer Sachfirma eine Firmenänderung.[39] S. ferner § 23 Rn 16 f.

---

[33] Schlegelberger/*Hildebrandt*/*Steckhan* Rn 6; Ebenroth/Boujong/Joost/Strohn/*Zimmer* Rn 17; Koller/*Roth*/Morck Rn 4.

[34] MünchKommHGB/*Heidinger* Rn 22; Koller/*Roth*/Morck Rn 4.

[35] Näher dazu Ebenroth/Boujong/Joost/Strohn/*Zimmer* Rn 10; MünchKommHGB/*Heidinger* Rn 10.

[36] Ebenroth/Boujong/Joost/Strohn/*Zimmer* Rn 10; Staub/*Hüffer* 4. Aufl. Rn 6.

[37] BGHZ 153, 158; BGHZ 155, 318.

[38] K. *Schmidt* NJW 2004, 1345; kritisch ferner mit Unterschieden etwa *Priester* ZHR 168 (2004), 248; *Altmeppen* NZG 2003, 145 ff.

[39] Unstr., statt aller Ebenroth/Boujong/Joost/Strohn/*Zimmer* Rn 10.

II. Bisherige Firmenführung

1. Bisherige Firma. Nach § 22 darf der Erwerber die *„bisherige Firma"* fortführen. **23** Gemeint ist damit die zum Erwerbszeitpunkt tatsächlich geführte Firma. **Nicht in Betracht** kommt daher eine Fortnutzung **früherer Firmen** des bisherigen Unternehmensträgers. Von § 22 erfasst werden zudem nur Firmen i.S.d. Handelsrechts (s. auch Rn 11). **Minderfirmen** von Nichtkaufleuten oder **Geschäftsbezeichnungen** fallen nicht darunter. Auch aus diesem Grund muss der bisherige Unternehmensträger daher Kaufmann und damit firmenfähig sein. Handelt es sich um einen Kleingewerbetreibenden oder Land- bzw. Forstwirt, muss die Firma daher, damit sie nach § 22 fortgeführt werden kann, im Handelsregister gem. §§ 2, 3 Abs. 2 eingetragen sein. Andernfalls muss der Erwerber eines solchen Unternehmens die Firma nach §§ 18 f neu bilden, wenn er die Handelsregistereintragung herbeiführt (s. schon Rn 12).

2. Rechtmäßigkeit der bisherigen Firmenführung. Durfte die Firma von dem bisherigen **24** Unternehmensträger nicht geführt werden, darf sie auch nicht fortgeführt werden. Die Rechtmäßigkeit der bisherigen Firmenführung ist also Voraussetzung für die Firmenfortführung.[40] Als ursprüngliche Firma muss die fortzuführende Firma also insbes. den §§ 18, 19 entsprechen. Handelt es sich bei der fortzuführenden Firma selbst bereits um eine fortgeführte Firma, so müssen bei allen vorangegangenen Erwerbsvorgängen die Voraussetzungen des § 22 erfüllt sein.[41] Durch den **Erwerbsvorgang** wird die **Rechtswidrigkeit** der Firmenführung mithin **grundsätzlich nicht geheilt**.[42] Eine Art „gutgläubigen Firmenerwerb" gibt es ebenso wenig wie eine Art „Firmenersitzung": Weder nutzt dem Erwerber ein guter Glaube an die Zulässigkeit der bisherigen Firmenführung, noch nutzt ihm der Umstand, dass die unzulässige Firma über einen langen Zeitraum geführt wurde;[43] denn das öffentliche Interesse am Gebrauch rechtmäßiger Firmen schwindet nicht durch Zeitablauf und kann auch nicht durch die wirtschaftliche Bedeutung verdrängt werden, die die unzulässige Firma für ihren Inhaber inzwischen erlangt haben mag[44]. Eine Ausnahme von diesen Grundsätzen kommt nur dann in Betracht, wenn zwar der bisherige Unternehmensträger die Firma nicht führen durfte, wohl aber der neue Unternehmensträger dazu berechtigt wäre, dieser also die bisherige Firma auch neu bilden könnte.[45] Führt der neue Unternehmensträger unberechtigterweise die rechtswidrige Firma des bisherigen Unternehmensträgers fort, dann ist dieser denselben Unterlassungsbegehren und sonstigen Rechtsfolgen (nach § 37 und anderen Vorschriften) ausgesetzt wie jener.

3. Eintragung und Löschung der Firma. Auf die **Eintragung der bisherigen Firma** in **25** das Handelsregister kommt es nur an, wenn davon die Firmenfähigkeit des bisherigen Unternehmensträgers abhängt, also insbes. in den Fällen der §§ 2, 3 Abs. 2.[46] War der

---

[40] Allg. M. BGHZ 30, 288 (291 f); Ebenroth/Boujong/Joost/Strohn/*Zimmer* Rn 22; Baumbach/*Hopt* Rn 7; HKzHGB/*Ruß* Rn 7.
[41] RGZ 25, 1 (4 f); Ebenroth/Boujong/Joost/Strohn/*Zimmer* Rn 22; Staub/*Hüffer* 4. Aufl. Rn 16.
[42] Staub/*Hüffer* 4. Aufl. Rn 16; sowie etwa Koller/*Roth*/Morck Rn 5; HKzHGB/*Ruß* Rn 7.
[43] BGHZ 30, 288 (293); BGH BB 1980, 69 f; OLG Frankfurt a.M. DB 1980, 1210 f; Staub/*Hüffer* 4. Aufl. Rn 16; Ebenroth/Boujong/Joost/Strohn/*Zimmer* Rn 22.
[44] BGHZ 30, 288 (293 ff); BGH BB 1980, 69 f = RPfleger 1979, 377; OLG Frankfurt DB 1980, 1210 f.
[45] BGH NJW 1985, 736 (737) = WM 1985, 165; OLG Hamm DB 1973, 2034 (2035); Ebenroth/Boujong/Joost/Strohn/*Zimmer* Rn 22 a.E.; Baumbach/*Hopt* Rn 14; Röhricht/v. Westphalen/*Ammon/Ries* Rn 17.
[46] MünchKommHGB/*Heidinger* Rn 28; Ebenroth/Boujong/Joost/Strohn/*Zimmer* Rn 23.

§ 22 1. Buch. Handelsstand

bisherige Unternehmensträger dagegen Kaufmann gem. § 1 Abs. 2, dann kann die bisherige Firma auch dann fortgeführt werden, wenn sie entgegen § 29 nicht in das Handelsregister eingetragen wurde.[47] Der Erwerber ist dann gem. § 29 verpflichtet, die Eintragung herbeizuführen. Und der Veräußerer ist verpflichtet, an dem Eintragungsverfahren mitzuwirken.[48] Schließlich ist zu bemerken, dass die Handelsregistereintragung eine etwaige Rechtswidrigkeit der Firmenführung ebenfalls nicht zu heilen vermag (Rn 24).

26 Entsprechendes gilt bei **Löschung der Firma**. Der in der Löschung liegende Registervorgang ist von dem Erlöschen der Firma als seiner materiell-rechtlichen Folge zu unterscheiden. Nur wenn das materielle Recht die Eintragung zur Firmenvoraussetzung macht, erlischt sie mit der Löschung. Daraus ergibt sich: Wird die Firma von Einzelkaufleuten und von Personenhandelsgesellschaften, die die Voraussetzungen des § 1 Abs. 2 erfüllen, zu Unrecht gelöscht, so besteht sie gleichwohl weiter und kann gem. § 22 fortgeführt werden.[49] Hängt dagegen das Vorliegen eines Handelsgewerbes von der Eintragung ab (§§ 2, 3 Abs. 2), so bewirkt eine Löschung auch das Erlöschen der Firma, so dass eine Fortführung nicht möglich ist.[50] Die *unberechtigte* Löschung einer Kapitalgesellschaft oder einer Genossenschaft führt nicht zum Erlöschen der Firma. Es handelt sich um Formkaufleute, deren Firmenfähigkeit nicht von dem Bestand oder dem Umfang ihres Unternehmens abhängt und deren Firmen solange fortbestehen wie der Rechtsträger selbst existiert. Deren Existenz endet nach zutreffender herrschender Meinung aber grundsätzlich erst mit Vermögenslosigkeit und Löschung (§ 17 Rn 48).[51]

III. Einwilligung in die Fortführung

27 1. **Rechtsnatur der Einwilligung, Abgrenzung zum Verpflichtungsgeschäft und der namensrechtlichen Gestattung.** Das Recht des Unternehmenserwerbers zur Fortführung der Firma hängt davon ab, dass der bisherige Inhaber oder seine Erben in die Fortführung *„ausdrücklich willigen"*. Diese Formulierung stammt noch aus Art. 22 ADHGB und besagt nichts über die Rechtsnatur dieser (Ein-)Willigung. Die Rechtsnatur war umstritten. Praktischer Hintergrund des Meinungsstreits war die Frage, ob der Konkursverwalter die Einwilligung gegen den Willen des Gemeinschuldners erteilen kann (dazu Rn 54 ff). Dogmengeschichtlich geht die Kontroverse auf die gleichfalls streitige Beurteilung der Natur des Firmenrechts zurück (dazu § 17 Rn 50).

28 Nach der **Rechtsprechung** des Reichsgerichts war die Einwilligung in die Firmenfortführung nicht als dinglich wirkende Übertragung des Rechts an der Firma einzuordnen, sondern als bloße schuldrechtliche Gestattung des Firmengebrauchs unter gleichzeitigem Verzicht auf die eigene störende Weiterbenutzung der Firma[52]. Einschlägige Rechtsprechung des

---

[47] RGZ 65, 14 (15); BayObLGZ 1978, 182 (184); BayObLGZ 1988, 344 = NJW-RR 1989, 421; Staub/*Hüffer* 4. Aufl. Rn 17; Koller/*Roth*/Morck Rn 5; Baumbach/*Hopt* Rn 7.
[48] RGZ 65, 14 f; Ebenroth/Boujong/Joost/Strohn/*Zimmer* Rn 23 a.E.
[49] MünchKommHGB/*Heidinger* Rn 29; Staub/*Hüffer* 4. Aufl. Rn 18; Röhricht/v. Westphalen/*Ammon*/Ries Rn 18.
[50] Ebenroth/Boujong/Joost/Strohn/*Zimmer* Rn 25; Staub/*Hüffer* 4. Aufl. Rn 18; MünchKommHGB/*Heidinger* Rn 29.
[51] Ebenroth/Boujong/Joost/Strohn/*Zimmer* Rn 25; Röhricht/v. Westphalen/*Ammon*/Ries Rn 18; MünchKommHGB/*Heidinger* Rn 29; Koller/*Roth*/Morck Rn 3; ferner etwa Roth/*Altmeppen* GmbHG § 65 Rn 19 mwN.
[52] RGZ 9, 104 (106); RGZ 107, 31 (33); vgl. auch KG RJA 5, 186; OLG Nürnberg BB 1966, 1121.

BGH ist nach wie vor nicht ersichtlich.[53] Im **Schrifttum** folgte nur eine Mindermeinung[54] der Auffassung des RG. Die heute wohl einhellige Lehre ordnet die Einwilligung in die Firmenfortführung dagegen zu Recht als **Übertragungsvertrag i.S.d. §§ 398, 413 BGB** ein.[55] Der Erwerber wird damit Rechtsnachfolger des Veräußerers hinsichtlich des Firmenrechts.

Von diesem dinglich wirkenden Übertragungsvertrag **zu unterscheiden ist das kausale** **29** **Grundgeschäft**, durch welches sich der bisherige Inhaber des Firmenrechts zu dessen Übertragung verpflichtet.[56] Dieses schuldrechtliche Grundgeschäft wird regelmäßig in dem Vertrag enthalten sein, aufgrund dessen der Erwerber das Handelsgeschäft erwirbt. Zwingend erforderlich ist das jedoch nicht.

Schließlich bedarf es neben dem schuldrechtlichen Verpflichtungsvertrag (Rn 29) und **30** dem dinglichen Erfüllungsvertrag (Rn 33 ff) einer weiteren Abrede, nämlich einer **vertraglichen Gestattung des Namensgebrauchs** (dazu Rn 42 ff).

2. Ausdrückliche Erklärung. § 22 setzt eine ausdrückliche Erklärung des bisherigen **31** Firmeninhabers oder seiner Erben voraus. Damit wird die Wahl der Erklärungsmittel nicht beschränkt, namentlich weder eine besondere Form noch der Gebrauch bestimmter Worte verlangt. Vielmehr geht es um die **Eindeutigkeit der Willenserklärung**.[57] Allein in der Verpflichtung zur Übertragung des Unternehmens oder auch in der Übertragung des Unternehmens selbst ist eine solche eindeutige Erklärung nicht zu finden, weil die Übertragung auch ohne das Recht zur Fortführung der Firma erfolgen kann. Auch die bloße Duldung der Firmenfortführung reicht nicht aus.[58] Eine hinreichend eindeutige Erklärung liegt aber in der Mitwirkung des bisherigen Inhabers bei der Anmeldung des Inhaberwechsels nach § 31 Abs. 1.[59] Wenngleich sich das Ausdrücklichkeitserfordernis lediglich auf die dingliche Übertragung (Rn 27) bezieht, so entspricht es doch dem Interesse des Erwerbers, schon beim Abschluss des Übertragungsvertrags auf eine unzweideutige und dem Registergericht nachweisbare, also schriftliche Erklärung zu bestehen.[60] Die in § 12 vorgeschriebene öffentliche Beglaubigung ist nicht erforderlich, weil die Zustimmung zur Firmenfortführung nicht Bestandteil der Anmeldung des Inhaberwechsels ist.

3. Zeitpunkt der Einwilligung. § 183 BGB definiert die Einwilligung als vorherige Zu- **32** stimmung. Diese Definition kann allerdings schon deshalb nicht für § 22 maßgeblich sein, weil der Wortlaut der Vorschrift auf Art. 22 ADHGB zurückgeht (Rn 2), dem die Terminologie des BGB noch unbekannt war. Aus dem systematischen Zusammenhang

---

[53] Nur beiläufig ist in BGHZ 10, 196 (204) von einer Übertragung der Firma die Rede. Vgl. aber noch Rn 39.
[54] *Pisko* Ehrenbergs Hdb. Bd. II 1 S. 289; Staub/*Würdinger* 3. Aufl. Rn 33.
[55] Staub/*Hüffer* 4. Aufl. Rn 24; Ebenroth/Boujong/Joost/Strohn/*Zimmer* Rn 27; MünchKommHGB/*Heidinger* Rn 31; Röhricht/v. Westphalen/*Ammon*/Ries Rn 19; Baumbach/*Hopt* Rn 9; *Köhler* DStR 1996, 510 (511); sowie schon *Adler* ZHR 85 (1921), 93 (120 ff); *Forkel* FS Paulick, S. 101 ff; *Strohm* FS E. Ulmer, S. 333 (336).
[56] Ebenroth/Boujong/Joost/Strohn/*Zimmer* Rn 28; Staub/*Hüffer* 4. Aufl. Rn 30; Röhricht/v. Westphalen/*Ammon*/Ries Rn 19.
[57] RG SeuffArch. 67, 72; RGZ 111, 316 f; RGZ 138, 52 (54); Heymann/*Emmerich* Rn 11; Baumbach/*Hopt* Rn 9; Koller/*Roth*/Morck Rn 7; Ebenroth/Boujong/Joost/Strohn/*Zimmer* Rn 26.
[58] KG RJA 5, 185 (187); OLG Düsseldorf HRR 1936 Nr. 407; BGH NJW 1994, 2025 (2026) m. Anm. *Dreher* EWiR 1994, 693 f; Koller/*Roth*/Morck Rn 7; HKzHGB/*Ruß* Rn 8; Schlegelberger/*Hildebrandt*/Steckhan Rn 12.
[59] BGHZ 68, 271 (276).
[60] *Canaris* Handelsrecht § 10 Rn 33 will das Ausdrücklichkeitserfordernis sogar auch auf die schuldrechtliche Abrede beziehen.

mit § 23, der eine selbständige Veräußerung der Firma verbietet, schloss die ältere Rechtsprechung, dass die Einwilligung gleichzeitig mit der Veräußerung erklärt werden muss.[61] Die Formulierung täuscht Genauigkeit freilich nur vor, weil die Veräußerung vom Abschluss des Verpflichtungsgeschäfts über die Einweisung in den Tätigkeitsbereich und die verschiedenen Übertragungshandlungen einen längeren Zeitraum in Anspruch nimmt. Dem Zweck des § 23 ist Genüge getan, wenn die Einwilligung in die Fortführung der Firma in zeitlichem Zusammenhang mit der Übertragung des Unternehmens erfolgt. Ausreichend und erforderlich ist, dass die Einwilligung in dem **Zeitraum vom Abschluss des Verpflichtungsgeschäfts bis zur Anmeldung des Inhaberwechsels** (jeweils einschließlich) erteilt wird.[62] Nach der Anmeldung kommt eine Einwilligung jedenfalls dann nicht mehr in Betracht, wenn das Firmenrecht des Veräußerers zu diesem Zeitpunkt infolge der Unternehmensübertragung bereits erloschen ist (s. § 17 Rn 34, 40 ff).[63]

IV. Die Einwilligungsberechtigung

33 1. **Allgemeines.** Gem. § 22 setzt das Recht zur Fortführung der Firma des Weiteren voraus, dass „*der bisherige Geschäftsinhaber oder dessen Erben*" die Einwilligung dazu erteilen. Das wirft die Frage auf, wer genau die Einwilligung erteilen muss.

34 2. **Einzelfirma.** Inhaber eines einzelkaufmännischen Unternehmens ist der Einzelkaufmann. Erfolgt der **Unternehmenserwerb unter Lebenden**, so ist daher allein der Einzelkaufmann berechtigt, die Einwilligung in die Fortführung der Firma zu erteilen. Das ist unstreitig.[64]

35 Umstritten ist dagegen, ob auch dann eine Einwilligung seitens des Einzelkaufmanns erforderlich ist, wenn sich der **Unternehmenserwerb von Todes wegen** vollzieht.[65] Dafür wird der Wortlaut von § 22 sowie der Umstand geltend gemacht, dass es dem Erblasser möglich sein muss, Verfügungen über die Firmenfortführung zu treffen.[66] Das ist allerdings auch nach der Gegenauffassung möglich, nämlich durch eine Auflage gem. § 1940 BGB.[67] Auch ist das Wortlautargument nur eingeschränkt überzeugend. Wollte man nämlich die Vorschrift wörtlich nehmen, dann müsste der Erblasser die Einwilligung zur Firmenfortführung durch seine Erben „*ausdrücklich*" erteilen, was gewiss nur selten geschieht. Deswegen gehen auch diejenigen, die eine Einwilligung des Erblassers für erforderlich halten, von dem Vorliegen einer Einwilligung aus, wenn der Erblasser seinen entgegenstehenden Willen nicht eindeutig kundgetan hat.[68] Im praktischen Ergebnis unterscheiden sich beide Auffassungen daher nicht.

---

[61] KGJ 12, 22; KGJ 13, 30; KGJ 15, 11; KG JRA 17, 87; auflockernd Schlegelberger/*Hildebrandt/Steckhan* Rn 13 und Staub/*Würdinger* 3. Aufl. Rn 36.
[62] Heymann/*Emmerich* Rn 11a; Ebenroth/Boujong/Joost/Strohn/*Zimmer* Rn 29; MünchKommHGB/*Heidinger* Rn 33; Staub/*Hüffer* 4. Aufl. Rn 26.
[63] Vgl. RGZ 76, 263 (265); MünchKommHGB/*Heidinger* Rn 33; Heymann/*Emmerich* § 22 Rn 11a; Röhricht/v. Westphalen/*Ammon/Ries* Rn 21.
[64] Statt aller Ebenroth/Boujong/Joost/Strohn/*Zimmer* Rn 32.
[65] Dafür Ebenroth/Boujong/Joost/Strohn/*Zimmer* Rn 32; Röhricht/v. Westphalen/*Ammon/Ries* Rn 24; *Kuchinke* ZIP 1987, 681 (683); MünchKommHGB/*Heidinger* Rn 35; dagegen Schlegelberger/*Hildebrandt/Steckhan* § 22 Rn 15; Baumbach/*Hopt* Rn 8.
[66] Ausführlich Ebenroth/Boujong/Joost/Strohn/*Zimmer* Rn 33.
[67] Baumbach/*Hopt* Rn 8.
[68] Röhricht/v. Westphalen/*Ammon/Ries* Rn 24; MünchKommHGB/*Heidinger* Rn 35; *Kuchinke* ZIP 1987, 681 (683).

36 Haben die **Erben** das Unternehmen mitsamt der Firma von Todes wegen erworben, so sind sie nunmehr selbst Inhaber und daher befugt, die Einwilligung in die Firmenfortführung zu erteilen, wenn sie das Unternehmen veräußern. Gleichwohl hat die Formulierung „*oder dessen Erben*" nicht nur klarstellende Bedeutung. Enthält die Firma nämlich den Familiennamen und sind nicht alle Familienangehörigen mit der Firmenfortführung einverstanden, so sind die Erben danach gleichwohl zur Erteilung der Einwilligung befugt.[69] Erforderlich ist die Zustimmung sämtlicher Miterben, weil sie über Nachlassgegenstände nur gemeinschaftlich verfügen können (§ 2040 Abs. 1 BGB).

3. Gesellschaftsfirma

37 a) **Einführung.** Inhaber des Unternehmens einer Gesellschaft ist die Gesellschaft selbst. Die Gesellschafter sind nicht Inhaber, und zwar auch nicht bei einer Personenhandelsgesellschaft. Die nach § 22 erforderliche Einwilligung muss daher durch die Gesellschaft erteilt werden. Diese selbst ist jedoch nicht handlungsfähig, sondern wird durch ihr Vertretungsorgan[70] im Rechtsverkehr vertreten. Dabei ist die Vertretungsmacht des Vertretungsorgans von Handelsgesellschaften grundsätzlich unbeschränkt und unbeschränkbar, §§ 126, 161 Abs. 2, §§ 82 Abs. 1 AktG, 37 Abs. 2 GmbHG. Das könnte dafür sprechen, dass die Einwilligung i.S.d. § 22 durch das Vertretungsorgan erteilt werden kann und muss. Allerdings erstreckt sich die organschaftliche Vertretungsmacht nicht auf Grundlagengeschäfte. Diese sind vielmehr entweder den Gesellschaftern vorbehalten oder bedürfen, wenn sie mit einer Vertretungshandlung einhergehen, deren Zustimmung. Das könnte dafür sprechen, dass die Einwilligung in die Firmenfortführung entweder durch die Gesellschafter zu erteilen ist oder nur mit deren Zustimmung erteilt werden kann. Die Frage ist daher umstritten, wobei die Ansichten teilweise danach differenzieren, ob eine Kapital- oder eine Personenhandelsgesellschaft in die Firmenfortführung willigt.

38 b) **Meinungsstand. aa) Kapitalgesellschaften.** Nach bisher wohl einhelliger Meinung ist bei Kapitalgesellschaften die Einwilligung von der Vertretungsmacht des Vorstandes bzw. der Geschäftsführer gedeckt; denn die Einwilligung sei schlicht ein dingliches Erfüllungsgeschäft gem. §§ 398, 413 BGB (Rn 28). Lediglich der obligatorische Vertrag, in dem sich die Gesellschaft zur Übertragung des Handelsgeschäfts und der Firma verpflichte, bedürfe unter den Voraussetzungen des § **179a AktG** (= Übertragung des ganzen Gesellschaftsvermögens) der Zustimmung der Hauptversammlung.[71] Liege diese nicht vor, handele der Vorstand bei Abschluss des Verpflichtungsgeschäfts als Vertreter ohne Vertretungsmacht mit der Folge, dass alle dinglichen Verfügungen, die zum Zwecke der Erfüllung des unwirksamen Verpflichtungsgeschäfts vorgenommen wurden, gem. §§ 812 ff BGB rückgängig zu machen seien. Weil bei der GmbH trotz gleicher Interessenlage eine § 179a AktG entsprechende Regelung fehle, sei diese Vorschrift analog anwendbar.[72]

---

[69] Ebenroth/Boujong/Joost/Strohn/*Zimmer* Rn 33.

[70] Organ in diesem Sinne sind nicht nur Vorstand und Geschäftsführer, sondern auch die vertretungsberechtigten Gesellschafter von Personengesellschaften, *K. Schmidt* Gesellschaftsrecht § 10 I 2., 3. f.

[71] Staub/*Hüffer* 4. Aufl. Rn 30; Ebenroth/Boujong/Joost/Strohn/*Zimmer* Rn 34; Heymann/*Emmerich* Rn 12; Röhricht/v. Westphalen/*Ammon*/Ries Rn 27; Baumbach/*Hopt* Rn 9.

[72] Ebenroth/Boujong/Joost/Strohn/*Zimmer* Rn 34 a.E.; Heymann/*Emmerich* Rn 12.

39 **bb) Personenhandelsgesellschaften.** Die heute herrschende, von *Hüffer* in der Vorauflage[73] begründete Meinung will diese kapitalgesellschaftsrechtliche Lösung auf Personenhandelsgesellschaften übertragen, also dort ebenfalls § 179a AktG analog anwenden.[74] Das entspricht möglicherweise auch der Sicht des BGH, der in einer Entscheidung aus dem Jahr 1991 ausgesprochen hat, dass der Abschluss dinglicher Rechtsgeschäfte im Rahmen einer Unternehmensveräußerung durch eine KG von der Vertretungsmacht des Komplementärs gedeckt sei. Eine Beschränkung der Vertretungsmacht sei mit dem Erfordernis der Rechtssicherheit unvereinbar. Ausdrücklich offen gelassen hat der BGH allerdings, ob § 361 AktG a.F., der weitgehend der Nachfolgenorm des § 179a AktG n.F. entspricht, analoge Anwendung findet.[75] Dagegen hatte die ältere Rechtsprechung angenommen, dass grundsätzlich sämtliche Gesellschafter ihre Einwilligung in die Firmenfortführung erteilen müssten, um dem Erwerber eine Firmenfortführung zu ermöglichen.[76] Diese Ansicht findet auch heute noch Anhänger, und zwar mit der Begründung, dass die Einwilligung in die Firmenfortführung ein Grundlagengeschäft sei.[77] Dagegen hält die herrschende Meinung eine Zustimmung aller Gesellschafter nur im Liquidationsstadium für erforderlich, weil die Vertretungsmacht der Liquidatoren gem. § 149 S. 2 beschränkt sei.[78] *Hüffer* befürwortet freilich auch insofern eine Rechtsfortbildung entsprechend § 179a AktG.[79]

40 **c) Stellungnahme.** Die **herrschende Ansicht** ist sowohl für Kapital- als auch für Personenhandelsgesellschaften **abzulehnen**. Gem. § 23 Abs. 3 Nr. 1 AktG, § 3 Abs. 1 Nr. 1 GmbHG ist die Firma **zwingender Inhalt der Satzung**. Soll die Firma geändert werden, bedarf es daher einer Satzungsänderung durch die Gesellschafter. Auch bei den Personenhandelsgesellschaften ist die Firma **notwendiger Inhalt des Gesellschaftsvertrages** und bedarf daher zu ihrer Änderung vorbehaltlich abweichender gesellschaftsvertraglicher Regelungen der Zustimmung aller Gesellschafter, vgl. §§ 105 Abs. 1, 106 Abs. 2 Nr. 2, 108, 161 Abs. 2, 162 Abs. 1.[80] Zwar weist *Hüffer* darauf hin, dass die Einwilligung zur Firmenfortführung selbst keine Firmenänderung beinhaltet, sondern nur zu einer Firmenänderung zwinge.[81] Das ist jedoch nur die halbe Wahrheit. Eine Firmenänderung besteht nämlich genau betrachtet aus **zwei Grundlagenentscheidungen**, nämlich der Aufgabe der alten Firma und der Annahme der neuen Firma (§ 17 Rn 33). Dass es sich um zwei Grundlagenentscheidungen handelt fällt lediglich „normalerweise" deswegen nicht auf, weil sie in einem Beschluss zusammengefasst werden. Im Falle des § 22 können diese Entscheidungen dagegen auseinanderfallen. Durch die Einwilligung wird nämlich die

---

[73] Rn 30 f.
[74] Ebenroth/Boujong/Joost/Strohn/*Zimmer* Rn 35 f; Baumbach/*Hopt* Rn 9; Röhricht/v. Westphalen/*Ammon*/*Ries* Rn 25; MünchKommHGB/*Heidinger* Rn 37.
[75] BGH NJW 1991, 2564 (2565).
[76] RGZ 158, 226 (230 f); BGH NJW 1952, 537 (538).
[77] Koller/*Roth*/Morck Rn 9; vgl. auch BGH NJW 1952, 537 (538).
[78] Ebenroth/Boujong/Joost/Strohn/*Zimmer* Rn Rn 37; Staub/*Hüffer* 4. Aufl. Rn 32; Baumbach/*Hopt* Rn 10; MünchKommHGB/*Heidinger* Rn 38.

[79] Staub/*Hüffer* 4. Aufl. Rn 32.
[80] Unabhängig davon, ob das Erfordernis einer gemeinschaftlichen Firma (§ 105 Abs. 1) zwingende Rechtsfolge oder Voraussetzung der Entstehung der Gesellschaft ist, besteht darüber Einigkeit, dass sich die Gesellschafter auf eine (firmenrechtlich zulässige) Firma einigen müssen, s. etwa Baumbach/*Hopt* § 105 Rn 5; Ebenroth/Boujong/Joost/Strohn/*Wertenbruch* § 105 Rn 29, 42. Die Firma ist damit notwendiger Inhalt des Gesellschaftsvertrages und kann daher nur von den Gesellschaftern geändert werden.
[81] Staub/*Hüffer* 4. Aufl. Rn 31.

Firma auf den Erwerber gem. §§ 398, 413 BGB übertragen und damit von der Gesellschaft als bisheriger Inhaberin aufgegeben (das gilt auch dann, wenn die Firma ausnahmsweise noch für begrenzte Zeit weitergeführt werden darf, dazu u. Rn 67 ff). Die erforderliche Annahme einer neuen Firma ist in der Einwilligung nicht enthalten. Dass daher ggf. eine weitere Grundlagenentscheidung über die Annahme einer neuen Firma zu treffen ist, ändert jedoch nichts daran, dass bereits die Aufgabe der bisherigen Firma durch Übertragung an den Erwerber eine Grundlagenentscheidung ist, die daher in die Zuständigkeit der Gesellschafter fällt und nicht von der Vertretungsmacht des Vertretungsorgans gedeckt ist.

Freilich erkennt auch die herrschende Meinung an, dass die Entscheidung zur Übertragung der Firma nicht von dem Vertretungsorgan allein getroffen werden sollte. § 179a AktG (analog) zwingt jedoch nicht in allen Fällen einer Unternehmensveräußerung zu einer Mitwirkung der Gesellschafter. § 179a AktG setzt nämlich einen Vertrag voraus, durch den sich die Gesellschaft zur Übertragung des *ganzen* Gesellschaftsvermögens verpflichtet. Diese Formulierung ist zwar nicht wörtlich zu nehmen. § 179a AktG greift daher auch dann ein, wenn ein unwesentlicher Teil des Vermögens bei der Gesellschaft verbleibt. Zudem bestimmt sich die Frage, was wesentlich und was unwesentlich ist, nicht nach einem Wertvergleich,[82] sondern danach, ob die Gesellschaft nach der Übertragung noch ihren bisherigen Unternehmensgegenstand – wenngleich in eingeschränktem Umfang – weiterverfolgen kann[83]. Daran muss es aber bei einer Unternehmensveräußerung keineswegs fehlen, wie etwa der Fall BGHZ 83, 122 (Holzmüller) zeigt. Vielmehr ist anerkannt, dass Gesellschaften unter einer Firma mehrere organisatorisch selbständige Unternehmen betreiben (Vor § 17 Rn 39) und dann eines von ihnen mit der Befugnis zur Firmenfortführung veräußern können (Rn 18). Ein Fall des § 179a AktG liegt dann nicht vor, was nach herrschender Meinung zur Folge hätte, dass die Gesellschafter an der Entscheidung zur Übertragung der Firma nicht beteiligt werden müssten. Das aber wäre mit den Wertungen des Gesetzes nicht vereinbar.

Des Weiteren wird geltend gemacht, die hier favorisierte Lösung belaste die Sicherheit des Rechtsverkehrs unzuträglich, weil sie die Wirksamkeit eines dinglichen Rechtsgeschäfts von der Beachtung gesellschaftsinterner Kompetenzen abhängig mache.[84] Dagegen betreffe § 179a AktG (analog) lediglich das schuldrechtliche Verpflichtungsgeschäft. Auch dieses Argument überzeugt nicht, weil der tatsächlich bloß geringfügige Gewinn an Rechtssicherheit die Missachtung der zu Recht bestehenden gesetzlichen Kompetenzordnung nicht rechtfertigt.

d) Ergebnis. Entgegen vorherrschender Ansicht ist die **Einwilligung i.S.d. § 22 eine Grundlagenentscheidung, die weder bei Kapital- noch bei Personenhandelsgesellschaften von der organschaftlichen Vertretungsmacht gedeckt ist.** Bei Kapitalgesellschaften bedarf die Einwilligung eines Beschlusses der Gesellschafter mit satzungsändernder Mehrheit, bei Personenhandelsgesellschaften der Zustimmung aller Gesellschafter, soweit im Gesellschaftsvertrag nichts anderes bestimmt ist. Eine nach § 179a AktG (analog) ggf. erforderliche Mitwirkung der Gesellschafter bleibt unberührt.

41

---

[82] So aber *Mertens* FS Zöllner S. 385 (386 ff).
[83] BGHZ 83, 122 (128); *Hüffer* AktG § 179a Rn 5 mwN.
[84] Ebenroth/Boujong/Joost/Strohn/*Zimmer* Rn 36; vgl. auch BGH NJW 1991, 2561 (2565).

V. Die namensrechtliche Gestattung

42 **1. Grundlagen.** Werden die Interessen des Inhabers eines Namens (Namensträger) dadurch verletzt, dass ein anderer unbefugt den gleichen Namen gebraucht, so kann der Inhaber von dem anderen gem. **§ 12 BGB** Beseitigung und bei Wiederholungsgefahr Unterlassung verlangen. Name i.S.d. Gesetzes ist nicht nur der bürgerliche Name einer natürlichen Person, sondern auch der Name einer juristischen Person oder rechtsfähigen Personenvereinigung, mithin auch die Firma einer Handelsgesellschaft[85]. Unternehmenskennzeichen werden freilich vorrangig von §§ 5, 15 MarkenG geschützt (eingehend Anh. I und II zu § 37). Unbefugt ist der Gebrauch eines Namens dann, wenn kein Recht zum Gebrauch des Namens besteht. Ein Recht zum Gebrauch des Namens kann auf Gesetz oder Rechtsgeschäft beruhen. Der Gebrauch des gesetzlich vorgeschriebenen Namens ist deswegen grundsätzlich[86] befugt.[87] Eine **rechtsgeschäftliche Übertragung** des bürgerlichen Namens ist, weil er Bestandteil des Allgemeinen Persönlichkeitsrechts ist, nicht möglich.[88] Eine Übertragung der Firma ist nur in den Grenzen der §§ 22 f, also nur zusammen mit dem Handelsgeschäft, für welches sie geführt wird, zulässig (näher Rn 14 sowie Erl. zu § 23). Entsprechendes gilt nach ständiger Rechtsprechung des Bundesgerichtshofs für Unternehmenskennzeichen i.S.d. § 5 Abs. 2 MarkenG.[89] Zulässig ist dagegen eine **schuldrechtliche Gestattung des Namensgebrauchs (sog. „Lizenz")**, und zwar sowohl im Blick auf den bürgerlichen Namen einer natürlichen Person[90], als auch – in gewissen Grenzen (§ 23 Rn 7 ff) – im Blick auf eine Firma oder ein Unternehmenskennzeichen[91].

43 Streitig und wenig geklärt ist allerdings die **Rechtsnatur der namensrechtlichen Gestattung**. Die wohl überwiegende Meinung sieht darin einen schuldrechtlichen Verzicht,[92] andere einen dinglichen Verzicht,[93] den Gebrauch des Namens zu verbieten. Dieser Verzichtsgedanke erscheint indes „gekünstelt" und erklärt unzureichend, dass sich der Lizenznehmer in entsprechender Anwendung des § 986 BGB gegenüber Dritten auf die Priorität der Firma des Lizenzgebers berufen kann[94]. Die Konstruktion ist zudem unnötig kompliziert, etwa bei einer inhaltlichen Beschränkung oder Weiterübertragung der Gestattung. Einfacher und schlüssiger ist es demgegenüber, die namensrechtliche Gestattung als **schuldrechtliche Befugnis zum Namensgebrauch** zu deuten,[95] da nur in diesem Fall der Lizenznehmer gegenüber dem Lizenzgeber ein Recht zum Namensgebrauch hat. Praktisch führen die verschiedenen Auffassungen allerdings wohl zu keinen abweichenden Ergebnissen.

---

[85] S. nur BGHZ 14, 155; Palandt/*Heinrichs* § 12 BGB Rn 9.
[86] Zu Ausnahmen s. etwa BGHZ 4, 96 (100); BGH NJW 1966, 343; BGHZ 149, 191.
[87] BGHZ 29, 256 (263).
[88] BGHZ 119, 237 (240); Ebenroth/Boujong/Joost/Strohn/*Zimmer* § 23 Rn 5; Palandt/*Heinrichs* § 12 Rn 14.
[89] BGH GRUR 2002, 972 (974); *Goldmann* Der Schutz des Unternehmenskennzeichens, 2. Aufl. 2005, § 9 Rn 16 ff, jeweils mwN.
[90] BGHZ 44, 371 (375); BGH NJW 2002, 2093; Palandt/*Heinrichs* § 12 Rn 17.
[91] *Canaris* Handelsrecht § 10 Rn 43; *Köhler* DStR 1996, 510 (513 ff); *Bußmann* Name, Firma, Marke, S. 119 f; *Goldmann* Der Schutz des Unternehmenskennzeichens, 2. Aufl. 2005, § 9 Rn 46 ff mwN; MünchKommHGB/*Heidinger* § 23 Rn 15.
[92] RGZ 74, 312; BGH GRUR 1970, 528; BGH GRUR 1991, 780; BGH GRUR 1993, 574.
[93] *Canaris* Handelsrecht § 10 Rn 47 f.
[94] BGH GRUR 1985, 567; BGH GRUR 1993, 575.
[95] BGHZ 119, 237 (242); MünchKommHGB/*Heidinger* § 23 Rn 12; *Köhler* FS Fikentscher S. 444 (506) mwN; Bamberger/Roth BGB § 12 Rn 42; wohl eher einer dinglichen Wirkung zuneigend MünchKommBGB/*Bayreuther* § 12 Rn 132.

Firmiert ein Einzelkaufmann mit seinem bürgerlichen Namen, bedarf es hierfür keiner **44** namensrechtlichen Gestattung, weil Namens- und Unternehmensträger identisch sind. Will eine juristische Person oder rechtsfähige Personenvereinigung dagegen den Namen eines Mitglieds führen, so **muss das Mitglied den Namensgebrauch gestatten**.[96] Das war richtigerweise auch vor der Handelsrechtsreform nicht anders.[97] Im Blick auf § 19 Abs. 1 a.F. ergab sich das schon daraus, dass eine OHG aus mindestens zwei Gesellschaftern besteht, nach dieser Vorschrift aber nur der Name eines Gesellschafters in die Firma aufgenommen werden musste, so dass Wahlfreiheit bestand, welche(r) Name(n) zur Firmenbildung verwendet wurde(n). Einen Zwang zur Verwendung eines bestimmten Namens gab es daher lediglich nach § 19 Abs. 2 a.F., wenn eine KG bloß einen einzigen persönlich haftenden Gesellschafter hatte. Auch das bedeutete freilich nur, dass der einzige Komplementär gesetzlich verpflichtet war, der KG den Gebrauch seines Namens zur Firmenbildung zu gestatten.

Die Gestattung des Namensgebrauchs zur Firmenbildung kann **ausdrücklich oder** **45** **konkludent** erfolgen. Sie ist, wenn keine anderweitige Abrede vorliegt, in der Vereinbarung des Gesellschaftsvertrages oder der Satzung über die Firma (vgl. §§ 105 Abs. 1, 161 Abs. 2, § 23 Abs. 3 Nr. 1 AktG, § 3 Abs. 1 Nr. 1 GmbHG, § 6 Nr. 1 GenG) zu sehen, die bei Personenhandelsgesellschaften auch durch die Mitwirkung bei der Anmeldung zum Handelsregister (§§ 106 Abs. 2 Nr. 2, 107, 108, 161 Abs. 2) zum Ausdruck kommt,[98] vgl. auch § 24 Rn 10 ff.

Inhalt und Reichweite der Gestattung unterliegen der Parteivereinbarung. Ist nichts **46** anderes bestimmt, so umfasst die Gestattung des Namensgebrauchs zu Firmenzwecken:[99]
– die Verwendung des Namens zur Bildung der vereinbarten Firma,
– die **Änderung der Firma** nach den jeweils einschlägigen gesellschaftsrechtlichen und gesellschaftsvertraglichen bzw. satzungsrechtlichen Vorschriften,
– die Firmenfortführung in den Fällen des § 24 Abs. 1 (näher dazu § 24 Rn 20 ff),
– die Verwendung des Namens zur **Bildung von Zweigniederlassungsfirmen**[100] und
– die Verwendung des Namens zur **Firmenbildung von Tochtergesellschaften**[101] (s. dazu auch Rn 65, 75 ff sowie § 24 Rn 37).

Nicht umfasst ist hingegen nach der Wertung des § 22 im Zweifel die **Übertragung der Gestattung des Namensgebrauchs** an einen Dritten, der das Handelsgeschäft oder eine Zweigniederlassung samt Firma erwirbt (näher sogleich Rn 48 ff). Überdies **endet nach § 24 Abs. 2** die Gestattung mit dem Ausscheiden des namensgebenden Gesellschafters (näher § 24 Rn 7 ff, 26 ff). Schließlich ergibt eine Gesamtbetrachtung von § 22 und § 24 Abs. 2, dass die Erstreckung der Gestattung auf eine **Tochtergesellschaft**, deren Firma unter Verwendung des Namens des Namensgebers gebildet wurde, im Zweifel mit deren **Veräußerung** endet;[102] denn einerseits gleicht der Fall wirtschaftlich betrachtet der

---

[96] Koller/*Roth*/Morck Rn 9; Heymann/*Emmerich* Rn 12; Röhricht/v. Westphalen/*Ammon*/Ries Rn 26; MünchKommHGB/*Heidinger* Rn 38.
[97] Staub/*Hüffer* 4. Auflage Rn 33.
[98] BGH NJW 1977, 1291; Staub/*Hüffer* 4. Auflage Rn 25; Ebenroth/Boujong/Joost/Strohn/Zimmer Rn 26; s. auch o. Fn 80.
[99] S. hierzu Ebenroth/Boujong/Joost/Strohn/Zimmer Rn 38; MünchKommHGB/*Heidinger* § 23 Rn 15; Koller/*Roth*/Morck Rn 11;

MünchKommBGB/*Bayreuther* § 12 Rn 132 ff; Bamberger/Roth BGB § 12 Rn 42 f; *Lettl* WM 2006, 1841 (1842 f).
[100] Ebenroth/Boujong/Joost/Strohn/Zimmer Rn 29; Röhricht/v. Westphalen/*Ammon*/Ries Rn 28; Heymann/*Emmerich* Rn 14.
[101] Differenzierend *Canaris* Handelsrecht § 10 Rn 63 ff.
[102] BGH WM 1980, 1360; OLG Hamm BB 1991, 86 (87); Ebenroth/Boujong/Joost/Strohn/Zimmer Rn 39; Heymann/*Emmerich*

Veräußerung einer Zweigniederlassung samt Firma, andererseits endet die mittelbare Mitgliedschaft des namensgebenden Gesellschafters an der Tochtergesellschaft (s. auch § 24 Rn 38). Zudem führt die Veräußerung einer Tochtergesellschaft ebenso wie die Veräußerung einer Zweigniederlassung mitsamt einer aus dem Namen des Namensgebers gebildeten Firma zu einer sog. Firmenvervielfältigung, die im Zweifel den Interessen des Namensgebers widerspricht.

47 Nachdem Inhalt und Reichweite der namensrechtlichen Gestattung streitig und nicht abschließend geklärt sind, empfiehlt sich in jedem Fall der **Abschluss einer möglichst eindeutigen Vereinbarung**. In ihr können Inhalt und Reichweite der Gestattung gegenüber den vorgenannten Zweifelsregeln eingeschränkt oder erweitert werden. Möglich ist ferner die Vereinbarung von auflösenden Bedingungen, eines Endtermins, eines Widerrufsvorbehalts oder Kündigungsrechts. Schließlich kann die Vereinbarung von den Parteien übereinstimmend auch **jederzeit geändert** werden, und zwar auch noch, nachdem die Gestattung ausgelaufen ist; denn die Beendigung der Gestattung führt lediglich dazu, dass der weitere Gebrauch der Firma unbefugt erfolgt. Anders als in den Fällen der Rn 74 erlischt die Firma dadurch nicht.

48 **2. Die namensrechtliche Gestattung in Fällen des § 22.** Die Einwilligung in die Firmenfortführung i.S.d. § 22 beinhaltet die Übertragung des Firmenrechts gem. §§ 398, 413 BGB (Rn 27 ff). Sie **umfasst nicht die namensrechtliche Gestattung**.[103] Das hat zwei Gründe. Zum einen ist das Firmenrecht des Unternehmensträgers von dem Namensrecht des Namensgebers zu unterscheiden. Zum anderen kann das Namensrecht – anders als die Firma zusammen mit dem Handelsgeschäft des Unternehmensträgers – nicht übertragen werden (Rn 42).[104] Allerdings liegt in der Einwilligung regelmäßig die **konkludente Erklärung**, mit der Benutzung des Namens durch den Erwerber einverstanden zu sein, weil die erstrebte Rechtfolge „Firmenfortführung" voraussetzt, dass diese namensrechtlich zulässig ist.[105] Von dem Vorliegen einer solchen konkludenten Erklärung kann ohne weiteres freilich nur ausgegangen werden, wenn der Namensträger oder seine Erben entweder selbst die Einwilligung i.S.d. § 22 erteilt haben oder an ihrer Erteilung zustimmend mitgewirkt haben. Andernfalls ist die Gestattung gesondert zu erklären; ebenso, wenn die Gestattung über ihren gewöhnlichen Umfang (Rn 52) hinaus eingeschränkt oder erweitert werden soll. Allerdings ist streitig, ob und in welchen Fällen des § 22 es einer namensrechtlichen Gestattung bedarf.

a) Erforderlichkeit

49 aa) **Meinungsstand.** Nach der vor der Handelsrechtsreform entwickelten herrschenden Meinung bedarf es einer namensrechtlichen Gestattung durch den namensgebenden Gesellschafter nur bei Personenhandelsgesellschaften, nicht dagegen bei Kapitalgesell-

---

Rn 14; Röhricht/v. Westphalen/*Ammon*/*Ries* Rn 28; Koller/*Roth*/Morck Rn 11; **aA** OLG Frankfurt MDR 1980, 316 (317); *Bokelmann* GmbHR 1982, 153 (154).

[103] MünchKommHGB/*Heidinger* § 23 Rn 12; Ebenroth/Boujong/Joost/Strohn/*Zimmer* Rn 28; GKzHGB/*Steitz* Rn 24; **aA** Koller/*Roth*/Morck Rn 6; Röhricht/v. Westphalen/ *Ammon*/*Ries* Rn 19 a.E.

[104] Das gilt auch dann, wenn Namensgeber eine Handelsgesellschaft und also der Name, dessen Gebrauch gestattet werden muss, eine Firma ist; denn das Firmenrecht des Namensgebers kann seinerseits nur zusammen mit dessen Handelsgeschäft übertragen werden.

[105] Ebenroth/Boujong/Joost/Strohn/*Zimmer* § 23 Rn 5 f.

schaften[106]. Begründet wurde und wird diese Ansicht damit, dass es nur bei Personenhandelsgesellschaften einen Zwang zur Bildung von Personenfirmen gab. Nach der Handelsrechtsreform mehren sich hingegen die Stimmen, wonach diese Differenzierung nicht mehr haltbar ist, weil seither grundsätzlich Firmenwahlfreiheit besteht. Daraus könnte man den Schluss ziehen, es bedürfte grundsätzlich überhaupt keiner namensrechtlichen Gestattung mehr, weil diese mit der Zustimmung zur Firmenbildung ohne entgegenstehende Vereinbarungen umfassend erteilt sei.[107] Andere meinen hingegen, dass nunmehr auch der namensgebende Gesellschafter einer Kapitalgesellschaft den Namensgebrauch durch den Erwerber gestatten müsste[108].

bb) Stellungnahme. Die Differenzierung der herrschenden Meinung kann aus den genannten Gründen schwerlich aufrecht erhalten werden. Überdies war sie schon nach altem Recht wenig überzeugend, weil auch danach ein Zwang zur Verwendung eines bestimmten Namens nur ausnahmsweise bestand (s. Rn 44). Daraus den Schluss zu ziehen, eine namensrechtliche Gestattung sei nach der Firmenbildung ganz entbehrlich, weil mit der Firmenbildung bereits umfassend erteilt, ist freilich weder mit § 24 Abs. 2 noch mit der rechtlichen und wirtschaftlichen Bedeutung des Namensrechts vereinbar. Allein zutreffend ist daher die dritte Ansicht (näher zum Ganzen auch § 24 Rn 4, 7 ff). In den Fällen des § 22 bedarf es daher **stets einer namensrechtlichen Gestattung** durch den Namensgeber. Hat ein Nichtgesellschafter seinen Namen zur Firmenbildung zur Verfügung gestellt – was nach hier vertretener Ansicht grundsätzlich zulässig ist (§ 18 Rn 56, 59) – dann ist von ihm die Gestattung einzuholen. **50**

b) Zeitpunkt der Gestattung. Während die Einwilligung i.S.d. § 22 wegen § 23 im Zeitraum vom Abschluss des Verpflichtungsgeschäfts bis zur Anmeldung des Inhaberwechsels erfolgen muss (Rn 32), ist eine solche zeitliche Restriktion im Blick auf die namensrechtliche Gestattung nicht veranlasst. Sie kann daher auch später erfolgen, etwa nach Erhebung einer Unterlassungsklage gem. § 12 S. 2 BGB im Rahmen eines Prozessvergleichs. Zu beachten ist allerdings, dass **Verwirkung** eintreten kann.[109] **51**

c) Inhalt und Reichweite der Gestattung. Eine im Rahmen des § 22 erklärte namensrechtliche Gestattung gewährt dem Erwerber des Handelsgeschäfts in erster Linie das Recht, den Namen des Namensgebers in der Firma fortführen zu dürfen. Im Übrigen gelten die Ausführungen der Rn 46 f entsprechend. Das bedeutet insbes., dass der Erwerber entgegen herrschender Meinung (s.u. Rn 75 ff) **ohne besondere Vereinbarung im Zweifel nicht berechtigt ist, Dritten den Namensgebrauch zu gestatten.** Das entspricht auch der Rechtslage im Markenrecht.[110] Anders gewendet darf der Erwerber also seinen Anspruch auf Gestattung des Namensgebrauchs gegen den Namensgeber nicht an Dritte abtreten. Zwar kann er – wenn sich aus der Einwilligung nichts anderes ergibt (Rn 74) – das Handelsgeschäft mitsamt der Firma an einen Dritten veräußern. Der Dritte ist zur Führung der Firma namensrechtlich aber nur befugt, wenn ihm dies der Namensgeber **52**

---

[106] Staub/*Hüffer* 4. Aufl. Rn 33; vgl. auch BGHZ 58, 322; s. zur früheren Rechtslage auch Ebenroth/Boujong/Joost/Strohn/*Zimmer* Rn 38; *Canaris* Handelsrecht § 10 Rn 44 ff sowie GKzHGB/*Steitz* Rn 24a jeweils mwN; so auch heute noch Röhricht/v. Westphalen/*Ammon/Ries* Rn 26.
[107] Vgl. zur Parallelproblematik bei § 24 dort Rn 10.
[108] Ebenroth/Boujong/Joost/Strohn/*Zimmer* Rn 38; MünchKommHGB/*Heidinger* Rn 38; Baumbach/*Hopt* § 22 Rn 9.
[109] Vgl. § 21 MarkenG sowie Baumbach/*Hopt* § 17 Rn 36 mwN.
[110] Statt anderer *Fezer* Markenrecht, 3. Aufl. 2001, § 30 Rn 22.

gestattet (s. auch u. Rn 78 und § 24 Rn 38). Vor diesem Hintergrund ist der Fall des **§ 24 Abs. 1 Fall 1** kritisch zu betrachten. Systematisch gehört er zu § 22 (§ 24 Rn 20). Gleichwohl wird man annehmen dürfen, dass er von der namensrechtlichen Gestattung umfasst wird. Scheidet aber der Einzelkaufmann, dem der Namensgebrauch gestattet wurde, alsbald aus der Gesellschaft aus, so kann hierin eine Umgehung der fehlenden Befugnis zu sehen sein, den Namensgebrauch Dritten zu gestatten.

53 d) **Rechtsfolgen fehlender Gestattung.** Ohne die Gestattung ist entgegen einer teilweise vertretenen Ansicht[111] zwar nicht die Einwilligung i.S.d. § 22, also die Firmenübertragung unwirksam.[112] Führt der neue Firmeninhaber aber die Firma fort, muss er befürchten von dem Namensgeber nach **§ 37 Abs. 2, §§ 12, 823 Abs. 1 BGB bzw. §§ 5, 15 MarkenG** in Anspruch genommen zu werden, s. auch Rn 82. Im Blick auf diese Rechtsfolge ist dem Erwerber zu raten, die Gestattung des Namensgebers schriftlich einzuholen und dabei auch Inhalt und Reichweite der Gestattung festzulegen (s. bereits Rn 47). Zur Kündigung der Gestattung aus wichtigem Grund s. Rn 79 ff.

VI. Sonderfälle

1. Die Verwertung der Firma in der Insolvenz

54 a) **Fragestellungen.** Hinsichtlich der Verwertung der Firma in der Insolvenz sind folgende miteinander zusammenhängende Fragen zu unterscheiden: 1. Gehört die Firma mit der Folge zu der Masse, dass der Insolvenzverwalter sie zusammen mit dem Unternehmen durch Veräußerung verwerten kann? (Rn 55 f) 2. Bedarf der Insolvenzverwalter dabei der Mitwirkung der Gesellschafter? (Rn 57 f) 3. Kann der Insolvenzverwalter erforderlichenfalls auch die namensrechtliche Gestattung erklären oder muss diese auch in der Insolvenz durch den Namensgeber erfolgen? (Rn 59 ff). Diese drei Fragen werden in Rechtsprechung und Literatur nicht immer streng genug von einander getrennt, was zu einem uneinheitlichen Meinungsbild beiträgt. Schließlich ist zu klären, ob und wie im Falle einer Verwertung der Firma in der Insolvenz eine Ersatzfirma zu bilden ist (Rn 67 ff).

b) **Die Firma als Teil der Insolvenzmasse.**

55 aa) **Meinungsstand.** Das Reichsgericht hatte die Massezugehörigkeit der Firma selbst dann verneint, wenn die Firma nicht den Familiennamen des Gemeinschuldners enthielt, weil die Firma handelsrechtlicher Name des Kaufmanns sei und das Namensrecht als Persönlichkeitsrecht nicht zur Konkursmasse gehöre.[113] Die heute **herrschende Meinung** in Rechtsprechung[114] und Lehre[115] vertritt die gegenteilige Ansicht. Die **Firma des Gemeinschuldners gehöre zur Insolvenzmasse**, weil das Firmenrecht zumindest auch ein Vermögensrecht sei.

---

[111] Staub/*Hüffer* 4. Aufl. Rn 33; Röhricht/v. Westphalen/*Ammon/Ries* Rn 26.
[112] Zutr. Ebenroth/Boujong/Joost/Strohn/*Zimmer* Rn 38.
[113] RGZ 9, 104; RGZ 58, 169; RGZ 69, 403; RGZ 70, 226 (229); RGZ 158, 226 (231); vgl. dazu namentlich *Ullmann* ZZP 62 (1941), 49 ff.
[114] BGHZ 85, 221 (222 f); OLG Düsseldorf ZIP 1989, 457; OLG Hamm DB 2003, 2381.
[115] *Canaris* Handelsrecht § 10 Rn 66; Röhricht/v. Westphalen/*Ammon/Ries* Rn 31; Koller/*Roth*/Morck Rn 13, § 17 Rn 25; Ebenroth/Boujong/Joost/Strohn/*Zimmer* Rn 43; Heymann/*Emmerich* § 17 Rn 37; *K. Schmidt* Handelsrecht § 12 I 3 b; *Steinbeck* NZG 1999, 133 (134); *Kern* BB 1999, 1717 (1718).

bb) **Stellungnahme.** Der heute **herrschenden Ansicht ist zuzustimmen**. Zuvörderst ist **56** die Frage anhand von §§ 35, 36 InsO zu beantworten. Gem. § 35 Abs. 1 InsO erfasst das Insolvenzverfahren das gesamte Vermögen, das dem Schuldner zur Zeit der Eröffnung des Verfahrens gehört, also auch ein dem Gemeinschuldner gehörendes Handelsgeschäft. Alle dem Geschäftsbetrieb dienenden Vermögensgegenstände gehören daher grundsätzlich zur Masse. Davon sind gem. § 36 Abs. 1 S. 1 InsO allerdings solche Gegenstände ausgenommen, die nicht der Zwangsvollstreckung unterliegen. Zu diesen Ausnahmen könnte auch die Firma zählen, weil sie nicht der Einzelvollstreckung unterliegt.[116] Grund hierfür ist jedoch allein § 23: Ohne das Handelsgeschäft kann die Firma nicht übertragen und daher auch nicht gepfändet werden. Und das Handelsgeschäft ist als Sach- und Rechtsgesamtheit nicht pfändbar. Wohl aber unterliegt das Handelsgeschäft der Gesamtvollstreckung, wodurch zugleich der Grund für die Unpfändbarkeit der Firma entfällt. Auch die Firma gehört daher zur Insolvenzmasse. Dem stehen auch keine persönlichkeitsrechtlichen Erwägungen entgegen. Zwar kann die Firma auch persönlichkeitsrechtliche Züge aufweisen (zur Rechtsnatur der Firma s. § 17 Rn 50). Diese stehen jedoch zumindest im Insolvenzfall hinter dem vermögensrechtlichen Gehalt des Firmenrechts zurück (näher Rn 63 ff).

c) **Mitwirkung der Gesellschafter?**

aa) **Meinungsstand.** Aus dem Umstand, dass die Firma zur Insolvenzmasse gehört **57** (Rn 55 f), folgert die **vorherrschende Ansicht**, dass der Insolvenzverwalter grundsätzlich befugt sei, die Firma **ohne Mitwirkung der Gesellschafter** zusammen mit dem Handelsgeschäft zu veräußern.[117] Zudem bedürfe es weder für die – durch die Übertragung bewirkte (s.o. Rn 40) – Aufgabe der Firma noch für die – richtigerweise erforderliche – Neufirmierung der Gemeinschuldnerin (s.u. Rn 67 ff) der Mitwirkung ihrer Gesellschafter. Vielmehr würden die firmenrechtlichen Befugnisse der Gesellschafter wegen des Vermögenswerts der Firma durch die Befugnisse des Insolvenzverwalters verdrängt. Ohne Zustimmung des Insolvenzverwalters dürften die Gesellschafter daher die Firma grundsätzlich auch nicht ändern.[118]

bb) **Stellungnahme.** Der **herrschenden Ansicht ist** uneingeschränkt **zuzustimmen**. Der **58** Insolvenzverwalter verdrängt nämlich die Gesellschaftsorgane nicht nur in Angelegenheiten, die in die Zuständigkeit des Geschäftsführungsorgans fallen, sondern auch in Angelegenheiten, für die die Gesellschafter zuständig sind, sofern sie für die Masse von nicht nur untergeordneter Bedeutung sind und die Satzungshoheit der Gesellschafter im Kern unberührt bleibt (s. auch u. Rn 70).[119] Könnten die Gesellschafter eine Veräußerung der Firma verhindern, könnte der Insolvenzverwalter das oft einzig wertvolle Vermögensgut der Gesellschaft nicht uneingeschränkt verwerten. Abseits von persönlichkeitsrechtlichen Erwägungen (dazu sogleich Rn 59 ff) ist kein berechtigtes Interesse der Gesellschafter an einer Mitwirkung ersichtlich.

---

[116] BGHZ 85, 222.
[117] MünchkommAktG/*Hüffer* § 264 Rn 57; MünchKommHGB/*Heidinger* Rn 78 ff; Ebenroth/Boujong/Joost/Strohn/*Zimmer* Rn 43 ff; **aA** Benner RPfleger 2002, 342 (349) mwN.
[118] OLG Karlsruhe NJW 1993, 1931; Baumbach/*Hopt* Rn 7; *K. Schmidt* Handelsrecht § 12 I 1 e bb; MünchKommHGB/*Heidinger* Rn 83.
[119] *Ulmer* NJW 1983, 1697 (1701) mit Beispielen; s.a. MünchKommAktG/*Hüffer* § 264 Rn 41 ff.

d) Namensrechtliche Gestattung

59 **aa) Grundlagen.** Gem. § 80 Abs. 1 InsO geht das Recht des Schuldners, über das zur Insolvenzmasse gehörende Vermögen zu verfügen, auf den Insolvenzverwalter über. Da die Firma zu der Insolvenzmasse gehört (Rn 55 f), ist der Insolvenzverwalter zur Erteilung der Einwilligung i.S.d. § 22 zuständig. Bei Gesellschaften ist er hierfür auch nicht auf die Mitwirkung der Gesellschafter angewiesen (Rn 57 f). Mit der Einwilligung – durch die das Firmenrecht auf den Erwerber übergeht – nicht zu verwechseln ist jedoch die namensrechtliche Gestattung des Namensgebrauchs durch den Namensgeber (Rn 30), ohne die der Erwerber die Firma nicht führen darf (Rn 53). Diese Gestattung kann jedenfalls nicht von dem Insolvenzverwalter erteilt werden, weil das Namensrecht des Namensgebers nicht zur Insolvenzmasse gehört. Fraglich ist aber, ob es im Insolvenzfall überhaupt einer namensrechtlichen Gestattung bedarf.

bb) Meinungsstand

60 α) **Vor der Handelsrechtsreform.** Vor der Handelsrechtsreform **differenzierte** die herrschende Meinung zwischen Firmen von **Einzelkaufleuten und Personenhandelsgesellschaften einerseits und Kapitalgesellschaften andererseits.** Enthielt die Firma eines Einzelkaufmanns oder einer Personenhandelsgesellschaft den bürgerlichen Namen des Kaufmanns bzw. eines Gesellschafters, so fehle dem Konkursverwalter die Befugnis, in die Fortführung der Firma durch den Unternehmenserwerber ohne Zustimmung des Namensgebers einzuwilligen. Begründet wurde diese Ansicht damit, dass die Wahl einer Personenfirma gem. §§ 18, 19 a.F. zwingend vorgeschrieben war und dem betreffenden Kaufmann daher andernfalls die Möglichkeit eines wirtschaftlichen Neuanfangs am selben Ort wegen § 30 fehlte. Zudem wurde § 24 Abs. 2 angeführt.[120] Bei Kapitalgesellschaften war dagegen schon nach altem Recht die Bildung einer Sachfirma zulässig bzw. geboten (§ 4 GmbHG a.F., § 4 AktG a.F.). Wer gleichwohl seinen Namen für die Firmenbildung zur Verfügung stelle, müsse sich an dieser von ihm getroffenen, auf Kommerzialisierung gerichteten Entscheidung festhalten lassen. Bei Kapitalgesellschaften könne der Konkursverwalter daher auch eine Personenfirma gegen den Willen des Namensgebers verwerten.[121]

61 β) **Nach der Handelsrechtsreform.** Würde man dieser Argumentation folgen, so führte dies nach neuem Firmenrecht dazu, dass der Insolvenzverwalter die Firma grundsätzlich **ohne Zustimmung des Namensgebers** verwerten könnte, weil heute bei (fast) allen Unternehmensträgern Wahlfreiheit zwischen der Bildung einer Personen-, Sach- und Phantasiefirma besteht. In der Tat wird diese Position – zumindest im Ergebnis – von einer **verbreiteten Meinung** vertreten, wobei zur Begründung auch auf die vorrangigen Interessen der Insolvenzgläubiger abgestellt wird.[122] Nur bei abgeleiteten Firmen fehle dem Insolvenzverwalter die Verwertungsbefugnis, wenn der Gemeinschuldner aufgrund der Vereinbarung mit seinem Rechtsvorgänger selbst nicht in der Lage gewesen wäre, in die Fortführung

---

[120] OLG Düsseldorf BB 1982, 695; OLG Koblenz NJW 1992, 2101 mit zust. Anm. Ackmann EWiR 1991, 1105 f; Staub/*Hüffer* 4. Auflage Rn 36; Heymann/*Emmerich* § 17 Rn 40.

[121] BGHZ 85, 221 (224); BGHZ 109, 364 (367); vgl. auch BGHZ 58, 322 (323 ff); zustimmend etwa Staub/*Hüffer* 4. Aufl. Rn 37.

[122] *Oetker* Handelsrecht, § 4 Rn 18; MünchKommHGB/*Heidinger* Rn 78 ff; Ebenroth/Boujong/Joost/Strohn/*Zimmer* Rn 45; Koller/*Roth*/Morck § 17 Rn 25; Röhricht/v. Westphalen/*Ammon*/Ries Rn 33.

der Firma durch einen Dritten zu willigen.[123] Andere Autoren wollen dagegen unter Hinweis auf § 24 Abs. 2 an der bisherigen Differenzierung festhalten,[124] wobei *Canaris* diese Position insofern modifiziert, als der Namensgeber bei Einzelfirmen und Firmen von Personenhandelsgesellschaften nur verlangen könne, dass der Erwerber einen Inhaberzusatz führe[125]. Schließlich vertreten manche auch die Gegenposition und bestehen wegen der persönlichkeitsrechtlichen Position des Namensgebers stets auf dessen Zustimmung.[126]

cc) Stellungnahme. Zunächst ist festzuhalten: Nach dem zuvor Gesagten (Rn 54–59) handelt der vorstehende Meinungsstreit richtigerweise nur von der Frage, ob der Namensgeber die Fortführung der mit seinem Namen gebildeten Firma durch den Erwerber auch im Insolvenzfall gestatten muss oder nicht. Diese Frage stellt sich freilich dann nicht, wenn der Namensgeber bereits bei der Firmenbildung (oder später) den Gebrauch seines Namens unbeschränkt oder zumindest auch für den Fall einer Veräußerung des Handelsgeschäfts mitsamt Firma gestattet hat. Von dem Vorliegen einer solchen umfassenden Gestattung ist allerdings ohne dahingehende Vereinbarung im Zweifel nicht auszugehen (Rn 46), und zwar auch nicht bei Kapitalgesellschaften. Diese hergebrachte Differenzierung zwischen Einzelkaufleuten und Personenhandelsgesellschaften einerseits und Kapitalgesellschaften andererseits war schon nach altem Recht wenig überzeugend und ist heute kaum noch haltbar (Rn 44, 49 f, näher § 24 Rn 4, 7 ff). **62**

Hielte man auch im Insolvenzfall eine Gestattung durch den Namensgeber für im Zweifel erforderlich, hätte dies eine erhebliche Entwertung der Verwertungsbefugnis des Insolvenzverwalters zur Folge. Bedürfte es dagegen keiner namensrechtlichen Gestattung, müsste der Namensgeber die ungewollte Nutzung seines Namens durch Dritte hinnehmen. Der Kommerzialisierungsgedanke vermag Letzteres nicht zu rechtfertigen; denn die im Rahmen der §§ 22, 24 Abs. 2 von Gesetzes wegen erforderliche namensrechtliche Gestattung soll den Namensgeber gerade davor schützen, dass er ohne besondere Vereinbarung eine unbegrenzte Kommerzialisierung seines Namens hinnehmen muss (s. § 24 Rn 4).[127] Allerdings wäre es widersprüchlich, wenn sich der Namensgeber den an seinen Namen gebundenen Firmenwert vorbehalten dürfte, obwohl er mit Mitteln des insolventen Unternehmens geschaffen wurde und daher in der Insolvenz den Gläubigern zusteht. Wollte man anders entscheiden, wäre geradezu eine Spekulation zu Lasten der Gläubiger möglich. Der Namensgeber könnte mit Mitteln des Unternehmens den wirtschaftlichen Wert seines Namensrechts erhöhen, ohne befürchten zu müssen, diesen Mehrwert in der Insolvenz zu verlieren. In der Insolvenz muss daher den **wirtschaftlichen Interessen der Gläubiger Vorrang vor den wirtschaftlichen Interessen des Namensgebers** gebühren, **nicht aber vor seinen persönlichkeitsrechtlichen Interessen**. Da dieser Vorrang dem Gläubigerschutz dient, ist er zwingend. Der Namensgeber kann sich über ihn daher nicht mittels privatautonomer Vereinbarung hinwegsetzen, indem er etwa die namensrechtliche Gestattung bei der Firmenbildung ausdrücklich im Sinne der §§ 22, 24 Abs. 2 beschränkt. **63**

Folgt man diesen Überlegungen bedarf es in der Insolvenz im Blick auf die wirtschaftlichen Interessen des Namensgebers keiner namensrechtlichen Gestattung, so dass der Erwerber die Firma insoweit auch ohnedies fortführen darf. Der **Namensschutz des Namensgebers wird damit in der Insolvenz eingeschränkt, aber nicht aufgehoben** soweit **64**

---

[123] Ebenroth/Boujong/Joost/Strohn/*Zimmer* Rn 47; Staub/*Hüffer* 4. Aufl. Rn 37.
[124] Baumbach/*Hopt* § 17 Rn 47, § 25 Rn 12; *Wertenbruch*, ZIP 2002, 1931 (1939).
[125] *Canaris* Handelsrecht § 10 Rn 66 ff,
Rn 72 ff; auch *Oetker* Handelsrecht, § 4 Rn 19 a.E. (erwägenswert).
[126] So *Kern* BB 1999, 1717 (1719 f); *Benner* Rpfleger 2002, 342 (349).
[127] Zutr. *Barnert* KTS 2003, 523 (532).

er persönlichkeitsrechtliche Interessen geltend machen kann (also grundsätzlich nur bei Firmen, die aus dem bürgerlichen Namen des Namensgebers gebildet wurden und insbes. nicht bei Sach- und Phantasiefirmen von namensgebenden Gesellschaften, vgl. § 17 Rn 50) **und diese übermäßig beeinträchtigt werden.** Vielmehr führt die Firmenführung durch den Erwerber – wie sonst auch – zu einer Kollision mit dem Namensrecht des Namensgebers. Während dieser sein Recht sonst ohne Vorliegen einer namensrechtlichen Gestattung gem. §§ 12, 823 Abs. 1 BGB, §§ 5, 15 MarkenG verteidigen kann (Rn 53), verliert er diese Befugnis im Blick auf die Geltendmachung wirtschaftlicher Interessen gegenüber einem Erwerber (und dessen Rechtsnachfolger), der die Firma aus der Insolvenzmasse erwirbt. Anders gewendet liegt ein Konflikt – insoweit ist *Canaris* zuzustimmen[128] – zwischen Gleichnamigen vor. Ein solcher Konflikt ist durch Interessenabwägung zu lösen.[129] Dabei ist vorliegend zu berücksichtigen, dass dem Erwerber, weil er die Firma aus der Insolvenzmasse erworben hat, hinsichtlich wirtschaftlicher Interessen Vorrang vor dem Namensgeber gebührt, der sich seinerseits auf solche Interessen nicht berufen kann. Hinsichtlich des weiteren Gebrauchs seines Namens hat der Namensgeber daher in Bezug auf wirtschaftliche Interessen Rücksicht auf den Firmeninhaber zu nehmen. Es obliegt daher beispielsweise dem Namensgeber – und nicht etwa wie *Canaris* meint[130] dem Firmeninhaber – einer Verwechselungsgefahr vorzubeugen. Da die wirtschaftlichen Interessen des Firmeninhabers Vorrang genießen und er deswegen insoweit keiner namensrechtlichen Gestattung durch den Namensgeber bedarf, kann er sich den Firmenwert grundsätzlich in jeder Hinsicht zu nutze machen, d.h. vor allem ohne den in Rn 46, 52 genannten Beschränkungen zu unterliegen. Er darf daher insbes. das Handelsgeschäft mitsamt der Firma weiterveräußern, wobei der Zweiterwerber als sein Rechtsnachfolger zur Firmenführung ebenfalls keiner namensrechtlichen Gestattung durch den Namensgeber bedarf.

65 Die Befugnisse des Erwerbers und seines Rechtsnachfolgers finden **Schranken**, soweit der Namensgeber **persönlichkeitsrechtliche Interessen** geltend machen kann und diese übermäßig beeinträchtigt werden. Das bedeutet vor allem zweierlei. Zum einen muss der Namensgeber keine Ausschlachtung seines Namensrechts durch eine sog. **Firmenvervielfältigung** hinnehmen. Zwar darf der Erwerber Firmen von Zweigniederlassungen und Tochtergesellschaften unter Verwendung des Namens des Namensgebers bilden, ohne auf seine Gestattung angewiesen zu sein, weil andernfalls der Wert seines Firmenrechts übermäßig beeinträchtigt würde. Er kann sie auch mitsamt der Firma veräußern. Von den Erwerbern der Zweigniederlassungen bzw. von den erworbenen Tochterunternehmen kann der Namensgeber dann aber Unterlassung des Gebrauchs seines Namens verlangen, weil eine solche Firmenvervielfältigung seine persönlichkeitsrechtlichen Interessen verletzt. Zum anderen muss es der Namensgeber nicht hinnehmen, wenn der Erwerber oder sein Rechtsnachfolger die Firma und damit zugleich seinen **Namen** bspw. durch kriminelle Geschäftspraktiken **in Verruf bringt**.[131] In diesem Fall kann er von dem Erwerber oder seinem Rechtsnachfolger ebenfalls Unterlassung des Gebrauchs seines Namens verlangen. Anders als in den Fällen der Rn 79 ff muss er hierfür keine Kündigung aussprechen, weil es vorliegend an einer Gestattungsvereinbarung fehlt.

---

[128] *Canaris* Handelsrecht § 10 Rn 70, 76; Ebenso Röhricht/v. Westphalen/*Ammon*/*Ries* § 17 Rn 48.
[129] *Canaris* Handelsrecht § 10 Rn 70; Palandt/*Heinrichs* § 12 Rn 27; Röhricht/v. Westphalen/*Ammon*/*Ries* § 17 Rn 48.
[130] *Canaris* Handelsrecht § 10 Rn 70, 76.
[131] AA aber OLG Hamburg HansRZ 1921, Sp. 272, 275 m. Anm. *Lehr* Sp. 629; *Götting* Persönlichkeitsrecht als Vermögensrecht, S. 121 f.

dd) Abgeleitete Firma. Nach herrschender Meinung ist der Insolvenzverwalter nicht **66** befugt, eine abgeleitete Firma zu veräußern, wenn diese ohne Befugnis zur Weiterveräußerung erworben wurde.[132] Dem ist zuzustimmen, näher u. Rn 75 ff.

ee) Exkurs: Bildung einer Ersatzfirma. Hat der Insolvenzverwalter die Firma ver- **67** äußert, fragt sich, ob der Unternehmensträger eine neue Firma bilden muss und wie sie zustande kommt. Lediglich bei **Einzelkaufleuten** stellt sich diese Frage in der Regel (Ausnahme bei der Veräußerung lediglich eines von mehreren wirtschaftlich selbständigen Unternehmen, s. Rn 18) **nicht**, weil sie durch die Veräußerung des Handelsgeschäfts ihre Kaufmannseigenschaft verlieren (s. auch u. Rn 115). Dagegen wandeln sich **Personenhandelsgesellschaften** gem. § 105 Abs. 2 nicht allein wegen der Veräußerung des Handelsgeschäfts in Gesellschaften bürgerlichen Rechts um, solange sie in das Handelsregister eingetragen bleiben. Im Liquidationsfall bleiben sie vielmehr bis zur Vollbeendigung zur Führung einer Firma verpflichtet (§ 17 Rn 46). Dasselbe gilt für Formkaufleute, also insbes. Kapitalgesellschaften (§ 17 Rn 48).

α) **Meinungsstand.** Im Wesentlichen werden **drei Ansichten** vertreten: *Erstens:* Die **68** Firma der Gemeinschuldnerin dürfe – zumindest mit Einverständnis des Erwerbers – für begrenzte Zeit bis zur Beendigung der Abwicklung fortgeführt werden.[133] In Fällen des § 30 müsse allerdings entweder der Firmenerwerber oder die Gemeinschuldnerin einen unterscheidungskräftigen Zusatz in die Firma aufnehmen.[134] *Zweitens:* Die Gemeinschuldnerin müsse eine neue Firma annehmen. Hierfür bedürfe es nach allgemeinen Regeln eines Beschlusses der Gesellschafter. *Drittens:* Zwar bedürfe es der Annahme einer neuen Firma. Diese Ersatzfirma könne der Insolvenzverwalter aber erforderlichenfalls auch ohne Mitwirkung der Gesellschaft bilden und zur Eintragung in das Handelsregister anmelden.[135]

β) **Stellungnahme:** Die Einwilligung i.S.d. § 22 bewirkt den Übergang des Firmen- **69** rechts i.S.d. §§ 398, 413 BGB von dem Veräußerer auf den Erwerber (o. Rn 28). Der Erwerber ist nunmehr berechtigt, nicht aber verpflichtet, die erworbene Firma zu führen. Umgekehrt darf der Veräußerer die Firma grundsätzlich nicht mehr führen, sondern ist verpflichtet eine neue Firma anzunehmen. Die neue Firma muss den allgemeinen Firmenbildungsvorschriften entsprechen. Unter diesen Voraussetzungen kann die neue Firma außerhalb des Anwendungsbereichs von § 30 mit der veräußerten Firma übereinstimmen, sofern dem nicht namens- oder markenrechtliche Vorschriften (§§ 12, 823 Abs. 1 BGB, §§ 5, 15 MarkenG) entgegenstehen. Innerhalb des Anwendungsbereichs von § 30 (bzw. der §§ 5, 15 MarkenG) muss die neue Firma wenigstens einen unterscheidungskräftigen Zusatz enthalten, wofür ein Liquidationszusatz nur ausreicht, wenn der Erwerber zugleich einen Nachfolgezusatz führt.[136] Das folgt schon daraus, dass der Liquida-

---

[132] Ebenroth/Boujong/Joost/Strohn/*Zimmer* Rn 47; Vgl. Staub/*Hüffer* 4. Aufl. Rn 37.
[133] BGH NJW 1991, 1353 (1354); Röhricht/v. Westphalen/*Ammon*/Ries Rn 13; Heymann/*Emmerich* Rn 17; Baumbach/*Hopt* Rn 3; MünchKommHGB/*Heidinger* Rn 86; kritisch Ebenroth/Boujong/Joost/Strohn/*Zimmer* Rn 15.
[134] MünchKommHGB/*Heidinger* Rn 85 f; Scholz/*K. Schmidt* 8. Aufl. § 63 GmbHG Rn 61: unterscheidender (Insolvenz)-Zusatz für die Schlussabwicklung; öOHG AG 2001, 155 (157) = NZG 2000, 1130: Liquidationszusatz genügt.
[135] MünchKommAktG/*Hüffer* § 264 Rn 59 mwN.
[136] KG JW 1936, 2658; Baumbach/*Hopt* Rn 23; Ebenroth/Boujong/Joost/Strohn/*Zimmer* Rn 79; vgl. Röhricht/v. Westphalen/*Ammon*/Ries Rn 60.

tionszusatz gem. §§ 153, 269 Abs. 6 AktG, § 68 Abs. 2 GmbHG kein Firmenbestandteil ist.[137] Freilich kann der Veräußerer auch seine alte Firma weiterführen, auch wenn er dies, wie gesagt, grundsätzlich nicht darf (vgl. auch § 24 Rn 41). Führt er die Firma unbefugterweise weiter, so greift § 37 Abs. 1 und 2 ein. Vor diesem Hintergrund ist denkbar, dass der Erwerber als neuer Inhaber des Firmenrechts dem Veräußerer gestattet, die Firma weiterzubenutzen. Eine solche schuldrechtliche Vereinbarung darf freilich nicht gegen zwingendes Recht, namentlich nicht gegen §§ 18 Abs. 2, 23 und 30 verstoßen, andernfalls greift § 37 Abs. 1 selbst dann ein, wenn der Erwerber sich verpflichtet hat, nicht nach § 37 Abs. 2 vorzugehen. Im Anwendungsbereich des § 30 bedarf es daher der Ergänzung entweder der von dem Veräußerer oder dem Erwerber geführten Firma um einen unterscheidungskräftigen Zusatz. Auf Seiten des Erwerbers besteht dabei allerdings die Gefahr, dass dadurch die Firmenidentität verloren geht (s. Rn 84 ff) und die Ergänzung daher als Firmenneubildung zu behandeln ist. Oft wird daher auf Seiten des Erwerbers nur die Aufnahme eines Nachfolgevermerks in Betracht kommen, der für sich allein jedoch nicht unterscheidungskräftig ist.[138] Ausreichend ist dies nur, wenn der Veräußerer zugleich einen Liquidationszusatz annimmt.[139] Zudem darf es im Blick auf § 23 nicht zu einer dauerhaften Firmenverdoppelung oder -aufspaltung kommen. Eine **Gestattung zur Weiterführung** der Firma kommt daher **nur als vorübergehende Maßnahme** in Betracht, insbes. bis zur Vollbeendigung der Gesellschaft, wenn diese in absehbarer Zeit zu erwarten ist.[140] Ist der Erwerber nicht damit einverstanden, dass der Veräußerer die Firma vorübergehend weiternutzt oder war sein Einverständnis auflösend bedingt oder befristet, so muss die veräußernde Gesellschaft eine neue Firma annehmen.

70 Zuständig für eine erforderliche Firmenänderung (bzw. -ergänzung) sind grundsätzlich die Gesellschafter (Rn 40). **Im Insolvenzfall geht die Firmenänderungskompetenz jedoch auf den Insolvenzverwalter über**, andernfalls könnten die Gesellschafter eine effektive Verwertung der Firma durch den Insolvenzverwalter zu Lasten der Gesellschaftsgläubiger verhindern, woran sie kein anerkennenswertes Interesse haben (Rn 58). Die satzungsmäßig festgelegte bzw. gesellschaftsvertraglich vereinbarte Firma kann der Insolvenzverwalter freilich nicht ändern, weil er keine Kompetenz zur Änderung der Satzung bzw. des Gesellschaftsvertrages hat. Vielmehr verbleibt die Satzungshoheit bei den Gesellschaftern. Die Gesellschafter haben daher die Wahl, die von dem Insolvenzverwalter vorgenommene Firmenänderung entweder gesellschaftsvertraglich bzw. satzungsmäßig mit- bzw. nachzuvollziehen oder die Firma bei Fortführung der Gesellschaft nach Abschluss des Insolvenzverfahrens erneut zu ändern.

2. Die Übertragung der Firma durch den Testamentsvollstrecker

71 a) **Grundlagen: Fortführung des Unternehmens durch den Testamentsvollstrecker.** Ob der Erblasser einem Testamentsvollstrecker zur Aufgabe machen kann, das im Nachlass befindliche Unternehmen fortzuführen, ist streitig (s. dazu § 27 Rn 77 ff mwN). Das

---

[137] RGZ 29, 66 (69); Staub/*Habersack* § 153 Rn 3; Ebenroth/Boujong/Joost/Strohn/*Hillmann* § 153 Rn 2; MünchKommHGB/ *K. Schmidt* § 153 Rn 10 ff.
[138] AA MünchKommHGB/*Heidinger* § 22 Rn 85 f; wie hier RG DR 1944, 249 (250); Ebenroth/Boujong/Joost/Strohn/*Zimmer* § 22 Rn 78 f.
[139] KG JW 1936, 2658; Baumbach/*Hopt* Rn 23; Ebenroth/Boujong/Joost/Strohn/*Zimmer* Rn 79; s.a. Röhricht/v. Westphalen/*Ammon/ Ries* Rn 60.
[140] BGH NJW 1991, 1353 (1354); Röhricht/ v. Westphalen/*Ammon/Ries* Rn 13; Heymann/*Emmerich* Rn 17; Baumbach/*Hopt* Rn 3; MünchKommHGB/*Heidinger* Rn 86; kritisch Ebenroth/Boujong/Joost/Strohn/ *Zimmer* Rn 15.

Problem ergibt sich aus der beschränkten Verpflichtungsbefugnis des Testamentsvollstreckers: Zwar kann er nach §§ 2206, 2207 BGB Verbindlichkeiten für den Nachlass eingehen, kann aber nicht kraft seines Amtes den Erben mit seinem sonstigen (Privat-) Vermögen verpflichten. Weil er durch seine Amtshandlungen grundsätzlich auch nicht zum persönlichen Schuldner wird, ergibt sich die Frage, ob die Fortführung des Unternehmens unter gleichzeitiger Beschränkung der Haftung auf den Nachlass zulässig ist. Während die sog. **echte Testamentsvollstreckerlösung** die Frage bejaht,[141] wird sie von der hM verneint, weil die Testamentsvollstreckung nicht zu einer Beschränkung der handelsrechtlichen Schuldenhaftung führen dürfe.[142] Als Alternativen kommen nach hM allerdings die sog. **Vollmachtslösung** und die sog. **Treuhandlösung** in Betracht.[143] Vollmachtslösung bedeutet: Träger des Unternehmens sind die Erben. Sie verschaffen dem Testamentsvollstrecker die ihm nach dem Gesetz fehlende Verpflichtungsmacht, indem sie ihn bevollmächtigen, das Unternehmen in ihrem Namen zu führen. Treuhandlösung heißt: Der Testamentsvollstrecker betreibt das Unternehmen im eigenen Namen und deshalb unter seiner persönlichen Haftung, aber auf Rechnung der Erben. Sind mehrere Testamentsvollstrecker bestellt und als Treuhänder tätig, so bilden sie keine OHG.[144] Welche Lösung zu wählen ist, hängt vom Willen des Erblassers ab. Mangels abweichender Anhaltspunkte ist anzunehmen, dass die Erben auch nach außen hin Träger des Unternehmens sein sollen. Sind sie aber nicht damit einverstanden, dass sie der Testamentsvollstrecker über die Nachlassmittel hinaus persönlich verpflichten kann, und deshalb zur Erteilung der Vollmacht nicht bereit, so kann der Testamentsvollstrecker verlangen, dass sie die Unternehmensführung auf ihn als Treuhänder übertragen. Rechtliche Grundlage ist eine entsprechende Auflage (§§ 2192 ff BGB), die von dem Erblasser notwendig mitgewollt ist, weil die Verwaltungsvollstreckung sonst nicht durchgeführt werden kann. Für die **Eintragung in das Handelsregister** gilt: Bei der echten Testamentsvollstreckerlösung und der Vollmachtslösung sind die Erben als Unternehmensträger einzutragen, der Testamentsvollstrecker nach § 53 (analog). Bei der Treuhandlösung ist der Testamentsvollstrecker einzutragen, weil er Unternehmensträger ist. Allerdings leiden alle vorgenannten Lösungen unter Schwächen, weswegen eine Testamentsvollstreckung an Handelsgeschäften zum Teil auch für generell unzulässig gehalten wird.[145]

---

[141] Mit Unterschieden im Einzelnen *Baur* FS Dölle I, 1963, S. 249 ff; *Muscheler* S. 389 ff; *Canaris* Handelsrecht § 9 Rn 36 ff; *Kipp/Coing* Erbrecht 14. Bearb. 1990, § 68 III 3 a; *Winkler* FS Schippel, 1996, S. 519 (524 ff); *Schiemann* FS Medicus, S. 526 ff; Baumbach/*Hopt* § 1 Rn 44.

[142] Soergel/*Damrau* § 2205 BGB Rn 16, 32; Staudinger/*Reimann* § 2205 BGB Rn 93 ff; Ebenroth/Boujong/Joost/Strohn/Zimmer Rn 12; Staub/*Hüffer* 4. Auflage Vor § 22 Rn 74; RGZ 132, 138 (144); BGHZ 12, 100 (102); 24, 106 (112); 35, 13 (17); abl. MünchKommBGB/*Zimmermann* § 2205 Rn 16 f mwN.

[143] Zur Vollmachtslösung grundlegend RGZ 172, 199, 205 (zur KG); BGHZ 12, 100 (103); BGHZ 35, 13 (15); BGH NJW 1981, 749 (750); BayObLZ 1969, 138; *Siebert* FS für Hueck, 1959, S. 321 (330); *Lange/Kuchinke* § 31 V 7 b); *Klussmann* BB 1966, 1209 (1211); abl. MünchKommBGB/*Zimmermann* § 2205 Rn 25 f; zur Treuhandlösung RGZ 132, 138 (142); BGHZ 24, 106 (112); Staudinger/*Reimann* § 2205 BGB Rn 93 ff; Soergel/*Damrau* § 2205 Rn 35; *John* BB 1980, 757 (760 f); *Goebel* ZEV 2003, 261.

[144] BGH NJW 1975, 54.

[145] RGZ 132, 138 (144); BGHZ 12, 100 (102); 24, 106 (112); 35, 13 (17 f); sowie aus der Literatur MünchKommHGB/*Lieb* § 27 Rn 23 ff; Ebenroth/Boujong/Joost/Strohn/Zimmer § 27 Rn 12; Baumbach/*Hopt* § 27 Rn 3; Röhricht/v. Westphalen/*Ammon/Ries* § 27 Rn 15; *Brandner* FS Stimpel, 1985, S. 991 (995 ff).

72 b) **Folgerungen für die Übertragung der Firma.** Ob der das Unternehmen fortführende Testamentsvollstrecker oder der oder die Erben die in § 22 vorausgesetzte Einwilligung erteilen müssen, hängt somit davon ab, welcher der vorgenannten Ansichten man folgt bzw. ob die Beteiligten die Vollmachtlösung oder die Treuhandlösung gewählt haben. Hält man eine Testamentsvollstreckung an Handelsgeschäften für generell unzulässig oder wird die **Vollmachtslösung** gewählt, so ist der **Erbe** Träger des Unternehmens, so dass die Einwilligung von ihm erteilt werden muss. Sind mehrere Erben vorhanden, müssen alle zustimmen.[146] Kommt es dagegen zur **Treuhandlösung**, so erteilt der **Testamentsvollstrecker** die Einwilligung.[147] Das Firmenrecht kann wegen § 23 nicht bei den Erben verbleiben. Im Innenverhältnis kann die (Weiter-)Übertragung der Firma durch den Testamentsvollstrecker allerdings pflichtwidrig sein. Folgt man mit der hier vertretenen Meinung (§ 27 Rn 83) der **echten Testamentsvollstreckerlösung**, ist zwar der Erbe Inhaber des Unternehmens. Weil der Testamentsvollstrecker aber nach dem Willen des Erblassers den formellen Inhaber kraft seines Amtes repräsentiert, ist es der Testamentsvollstrecker, der zur Erteilung der Einwilligung berufen ist.[148] Anders als im Falle des § 24 Abs. 2 (dort Rn 34) gilt dies auch für die namensrechtliche Gestattung.

C. Rechtsfolgen des § 22 Abs. 1

I. Keine Pflicht zur Firmenfortführung

73 Sind die Voraussetzungen des § 22 Abs. 1 (Rn 13–72) erfüllt, ist der Erwerber berechtigt, jedoch nicht verpflichtet, die Firma fortzuführen. Da nicht nur Handelsgesellschaften, sondern richtigerweise auch Einzelkaufleuten die gleichzeitige Führung mehrerer Firmen verwehrt ist (Vor § 17 Rn 39 ff), müssen sich Kaufleute, die ein Handelsgeschäft mit dem Recht zur Firmenfortführung erwerben, daher im Ausgangspunkt entscheiden, ob sie ihre bisherige Firma beibehalten oder aufgeben und die Firma des erworbenen Handelsgeschäfts annehmen (zu weiteren Möglichkeiten Rn 102 ff). Ferner steht es jedem Erwerber selbstverständlich frei, mit dem Erwerb des Handelsgeschäfts oder auch später eine neue Firma anzunehmen[149], die dann freilich den Vorschriften über die Bildung neuer Firmen entsprechen muss[150]. Macht der Erwerber von seinem Recht zur Firmenfortführung keinen Gebrauch oder nimmt er eine neue Firma an, so erlischt die abgeleitete Firma und kann dann später weder von dem Erwerber noch von dem Veräußerer (etwa in Fällen des Abs. 2) fortgeführt, sondern nur wieder neu gebildet werden, wenn dies nach Firmenbildungsrecht (insbes. auch § 30) zulässig ist. Möglich ist allerdings eine **vertragliche Verpflichtung** des Erwerbers, die Firma des Veräußerers fortzuführen. Eine derartige Verpflichtung kann aus der Sicht des Veräußerers insbes. im Fall der Verpachtung des Unternehmens (Abs. 2) sinnvoll sein, damit die Firma bis zur Rückübertragung des Unternehmens erhalten bleibt. Weil diese Verpflichtung nur schuldrechtlichen Charakter hat, kann sie nur im Zivilprozess von den Parteien, nicht aber von dem Registergericht durchgesetzt werden.[151]

---

[146] Ebenroth/Boujong/Joost/Strohn/*Zimmer* Rn 50; Koller/*Roth*/Morck Rn 14; Röhricht/v. Westphalen/*Ammon*/Ries Rn 29; MünchKommHGB/*Heidinger* Rn 25.

[147] Ebenroth/Boujong/Joost/Strohn/*Zimmer* Rn 53; Koller/*Roth*/Morck Rn 14; Röhricht/v. Westphalen/*Ammon*/Ries Rn 29; MünchKommHGB/*Heidinger* Rn 25.

[148] *Bondi* ZBlHR 1 (1926), 308 (318); *Muscheler* S. 418 (421 f).

[149] BayOLGZ 1989, 474 (479); OLG Celle BB 1974, 388; LG Fürth BB 1976, 810; Röhricht/v. Westphalen/*Ammon*/Ries Rn 36.

[150] Röhricht/v. Westphalen/*Ammon*/Ries Rn 36.

[151] KG JFG 5, 212; BayObLG ZBlFG 17, 49; OLG Rostock OLGR 41, 193.

II. Vertragliche Beschränkungen des Rechts zur Firmenfortführung

1. Bedingung, Befristung und Widerrufsvorbehalt. Die in der Einwilligung und ihrer 74 Annahme liegende Übertragung des Firmenrechts kann befristet oder bedingt erfolgen. Dabei ist allerdings die **Vereinbarung eines Anfangstermins** oder einer **aufschiebenden Bedingung** nur zulässig, wenn hierdurch der gem. § 23 erforderliche zeitliche Zusammenhang zwischen dem Wirksamwerden der Einwilligung und der Übertragung des Handelsgeschäfts (Rn 32) nicht aufgegeben wird (§ 23 Rn 6).[152] Unproblematisch ist dagegen die **Vereinbarung eines Endtermins,** einer **auflösenden Bedingung** oder eines **Widerrufsvorbehalts.**[153] Eine solche zeitlich begrenzte Übertragung des Firmenrechts kann aus der Sicht des Veräußerers dann sinnvoll sein, wenn sich der Erwerber als sein Nachfolger erst bewähren soll (s. auch Rn 79 ff).[154] **Zu beachten** ist aber: Wenn die Bedingung eintritt oder die Frist abläuft, erlischt die Firma und fällt nicht etwa an den Veräußerer zurück.[155] Infolge des Erlöschens wird eine weitere Firmenführung des Erwerbers mit den Konsequenzen des § 37 unzulässig.[156] Bis zu diesem Zeitpunkt können die Beteiligten die Beschränkungen der Firmenübertragung aufheben[157]; hiergegen sind auch aus § 23 keine durchgreifenden Bedenken abzuleiten (s. dort Rn 6). Ist das Recht zur Firmenführung dagegen durch Bedingungseintritt oder Zeitablauf erloschen, so kann es durch nachträgliche Vereinbarung nicht wieder hergestellt, verlängert oder übertragen werden. Denkbar ist auch, dass die **namensrechtliche Gestattung** nur bedingt, befristet oder unter Widerrufsvorbehalt erteilt wird (s. Rn 47).

2. Sonstige Beschränkungen

a) **Meinungsstand.** Nach herrschender Meinung können die Parteien den Umfang der 75 Einwilligung selbst festlegen.[158] Dabei ist allerdings streitig, ob solche vertraglichen Beschränkungen des Firmengebrauchs nur obligatorische[159] oder dingliche Wirkung entfalten[160]. Fehlen ausdrückliche Abreden, sei im Zweifel eine **Weiterübertragung** des Unternehmens mit der Firma zulässig. Sei nämlich der ursprüngliche Inhaber mit der Führung der Firma durch Dritte überhaupt einverstanden, sei es seine Sache, den Vertrag entsprechend auszugestalten, wenn sich sein Einverständnis nur auf die Person des ersten Erwerbers beziehen soll.[161] Auch die Errichtung von neuen **Zweigniederlassungen** unter der erworbenen Firma sei von der Einwilligung im Zweifel gedeckt, weil darin nur orga-

---

[152] Zutr. Ebenroth/Boujong/Joost/Strohn/*Zimmer* Rn 30; **aA** (generell unzulässig) Staub/*Hüffer* 4. Aufl. Rn 27; s.a. Röhricht/v. Westphalen/*Ammon/Ries* Rn 22.
[153] RGZ 76, 263 (265); RGZ 102, 17 (22); BayObLG Recht 1912 Nr. 1934.
[154] *Bondi* ZBlFG 11, 357.
[155] RGZ 76, 263 (265); MünchKommHGB/ *Heidinger* Rn 34; Heymann/*Emmerich* Rn 13 mwN; Staub/*Hüffer* 4. Aufl. Rn 27; Röhricht/v. Westphalen/*Ammon/Ries* Rn 22.
[156] RGZ 76, 263 (265); MünchKommHGB/ *Heidinger* Rn 34; Heymann/*Emmerich* Rn 13.
[157] RGZ 76, 263 (265); OLG Köln RheinArch. 1909, 26 = ZBlFG 9, 630 (LS) m. Anm. *Bondi*; Staub/*Hüffer* 4. Aufl. Rn 27; Münch-KommHGB/*Heidinger* Rn 34; aA KG RJA 17, 84.
[158] Ebenroth/Boujong/Joost/Strohn/*Zimmer* § 22 Rn 39; Staub/*Hüffer* 4. Aufl. Rn 39; Heymann/*Emmerich* Rn 14; Koller/*Roth*/ Morck Rn 16; Röhricht/v. Westphalen/ *Ammon/Ries* Rn 28, *Köhler* FS Fikentscher, 1998, S. 495 (502).
[159] So die wohl hM Baumbach/*Hopt* Rn 12; *Köhler* FS Fikentscher, 1998, S. 494 (505); Koller/*Roth*/Morck Rn 11; vgl. auch *Lettl* WM 2006, 1841 (1842 f) und *Köhler* DStR 1996, 510 (512).
[160] So *Canaris* Handelsrecht § 10 Rn 40; vgl. auch MünchKommHGB/*Heidinger* Rn 31 ff.
[161] BGH DB 1980, 2434 lässt die Frage offen.

nisatorische, dem weiteren Ausbau des Unternehmens dienende Maßnahmen liegen, die den rechtlichen und wirtschaftlichen Zusammenhang mit der Hauptniederlassung nicht aufheben.[162] Eine **Übertragung von Zweigniederlassungen mitsamt dazugehörigen Firmen** an Dritte sei dagegen unzulässig, weil dies zu einer Firmenvervielfältigung führe, mit der der Veräußerer der Firma typischerweise nicht einverstanden sei.[163] Ähnliches wie für Zweigniederlassungen gelte schließlich für rechtlich selbständige **Tochtergesellschaften:** Die Verwendung der Firma für eine von dem Erwerber neu gegründete Tochtergesellschaft sei zulässig, soweit die Neugründung der Errichtung einer von dem Erwerber selbst betriebenen Zweigniederlassung wirtschaftlich vergleichbar sei. Sie sei dagegen unzulässig, soweit die Gründung darauf abziele, durch anschließende Veräußerung der Mitgliedschaftsrechte bloß den Wert der Firma zu realisieren.[164]

b) **Stellungnahme**

76 aa) **Wirkung einer Beschränkung der Einwilligung.** Durch die Einwilligung wird die Firma gem. §§ 398, 413 BGB mit dinglicher Wirkung auf den Erwerber übertragen (s.o. Rn 28). Beschränkungen hinsichtlich der Weiterveräußerung könnten daher an § 137 BGB zu messen sein. Sie hätten dann allenfalls (§§ 137 S. 2, 140 BGB) schuldrechtliche, aber keine dingliche Wirkung (§ 137 S. 1 BGB). Demgegenüber darf indes nicht verkannt werden, dass § 413 BGB ohne Einschränkung auf § 399 BGB verweist, der als lex specialis § 137 BGB vorgeht. Zudem ist zu bedenken, dass das Firmenrecht ohnehin kraft Gesetzes (§ 23) nicht selbständig übertragbar ist und die Übertragbarkeit des Handelsgeschäfts durch ein Veräußerungsverbot der Firma nicht eingeschränkt wird. Schließlich ist das Firmenrecht kein bloßes Immaterialgüterrecht, sondern weist zum Teil auch persönlichkeitsrechtliche Züge auf (§ 17 Rn 50), was ebenfalls dafür spricht, einem Veräußerungsverbot **dingliche Wirkung** zuzumessen; denn nur wenn ein Veräußerungsverbot dingliche Wirkung hat, wirkt es auch gegen den Zweiterwerber, gegen den der Erstveräußerer sonst allenfalls namensrechtliche Ansprüche hätte. Im Übrigen bliebe der Erstveräußerer auf einen Schadensersatzanspruch gegen den Ersterwerber beschränkt.

77 bb) **Reichweite der Einwilligung.** Richtig ist, dass die Parteien die Reichweite der Einwilligung privatautonom festlegen können. **Fehlen anderweitige Abreden**, ist jedoch entgegen der herrschenden Meinung davon auszugehen, dass der Erwerber die Firma als deren neuer Inhaber **unbeschränkt nutzen** kann und darf. Hinsichtlich einer Weiterveräußerung folgt dies schon aus §§ 137, 399 BGB; denn wenngleich § 399 BGB als lex specialis § 137 BGB vorgeht, so zeigt doch eine Zusammenschau beider Vorschriften, dass Veräußerungsverbote eine Ausnahme darstellen, die – erst Recht wenn sie dinglich wirken – von den Parteien ausdrücklich zu regeln sind. Selbst eine sog. Firmenvervielfältigung ist daher ohne entgegenstehende Abreden grundsätzlich zulässig. Das scheint zwar auf den ersten Blick wegen der persönlichkeitsrechtlichen Züge des Firmenrechts nicht unproblematisch zu sein. Will der Veräußerer eine Ausschlachtung des Firmenwerts durch den Erwerber unterbinden, ist jedoch von ihm zu verlangen, dass er dies ausdrücklich zum Inhalt der Einwilligung macht (und dafür ggf. eine entsprechende Reduktion

---

[162] Ebenroth/Boujong/Joost/Strohn/*Zimmer* Rn 29; Röhricht/v. Westphalen/*Ammon/Ries* Rn 28; Heymann/*Emmerich* Rn 14.

[163] RGZ 67, 94; RGZ 104, 341 (343); BGH LM § 24 HGB Nr. 11 (dazu ablehnend *Bokelmann* GmbHR 1982, 153); vgl. auch OLG Karlsruhe WRP 1978, 830.

[164] BGH DB 1980, 2434 (2435); OLG Karlsruhe WRP 1978, 830; Röhricht/v. Westphalen/*Ammon/Ries* Rn 28; Ebenroth/Boujong/Joost/Strohn/*Zimmer* Rn 39; Koller/*Roth*/Morck Rn 11.

des Entgelts hinnehmen muss). Außerdem ist er durch das Erfordernis einer namensrechtlichen Gestattung geschützt.

cc) Reichweite der namensrechtlichen Gestattung. Von der Reichweite der Einwilligung zu unterscheiden ist die Reichweite der erforderlichen namensrechtlichen Gestattung. Diese reicht **ohne besondere Abreden erheblich weniger weit** (Rn 46, 48) als jene. Auch wenn der Namensträger dem Erwerber die Firmenführung gestattet hat und der Erwerber nach dem Inhalt der Einwilligung die Firma weiterveräußern darf, bedeutet dies daher noch nicht, dass auch einem Zweiterwerber die Führung der Firma namensrechtlich gestattet ist. Vielmehr muss der Namensträger entweder dem Ersterwerber das Recht zugestehen, sein durch die Gestattung begründetes schuldrechtliches Recht zum Namensgebrauch abzutreten, oder er muss dem Zweiterwerber unmittelbar den Namensgebrauch gestatten. Das ist zum Schutz der Rechte des Namensgebers sachgerecht, weil ihm nicht zuzumuten ist, dass die Befugnis zum Gebrauch seines Namens ohne sein vorheriges Einverständnis auf einen anderen übergeht. Zu den Rechtsfolgen einer fehlenden namensrechtlichen Gestattung Rn 53. **78**

3. Kündigung aus wichtigem Grund, Rücktrittsrecht. Weithin besteht Einigkeit, dass dem Veräußerer auch ohne besondere vertragliche Abrede das Recht zusteht, gegen die Firmenfortführung durch den Erwerber einzuschreiten, wenn der Erwerber die Firma und damit zugleich den Namen des Veräußerers bspw. durch kriminelle Geschäftspraktiken in Verruf bringt[165] oder den Veräußerer durch den Namensgebrauch anderweitig erheblich schädigt[166]. Streitig ist jedoch, wie dieses Recht zu begründen ist und was es im Einzelnen beinhaltet. **79**

a) Meinungsstand. Verbreitet wird ohne nähere Begründung behauptet, der Veräußerer könne das Firmenführungsrecht aus wichtigem Grund „widerrufen".[167] Die wohl herrschende Lehre begründet dagegen nur für „extreme Ausnahmefälle" ein Recht zur Untersagung der Firmenführung mit §§ 12, 157, 242 BGB: Der Übertragungsvertrag (Rn 28, 31 ff) bzw. die namensrechtliche Gestattung (Rn 30, 42 ff) sei dahingehend auszulegen, dass der Veräußerer dem Erwerber die Führung der Firma solange untersagen könne, solange er die Firma in „entehrender" Weise nutze.[168] Der **BGH** erwägt ein Kündigungsrecht aus wichtigem Grund gem. **§ 314 BGB**.[169] Vereinzelt wird schließlich entsprechend urheberrechtlichen Vorstellungen (§ 34 Abs. 3 S. 2 UrhG analog)[170] ein Rückrufsrecht angenommen.[171] **80**

---

[165] *Canaris* Handelsrecht § 10 Rn 38 mwN; Heymann/*Emmerich* Rn 13a; MünchKommHGB/*Heidinger* Rn 41; Schlegelberger/*Hildebrandt/Steckhan* Rn 12; **aA** aber OLG Hamburg HansRZ 1921, Sp. 272, 275 m. Anm. *Lehr* Sp. 629; *Götting* Persönlichkeitsrecht als Vermögensrecht, S. 121 f.

[166] Vgl. BGH NJW 2002, 2093 (Entzug von Geschäftschancen); s.a. *Köhler* FS Fikentscher S. 507; Röhricht/v. Westphalen/*Ammon/Ries* Rn 22.

[167] So BayObLG NJW 1998, 1160; Heymann/*Emmerich* Rn 13a; Baumbach/*Hopt* Rn 11; aA Koller/*Roth*/Morck Rn 12.

[168] *Canaris* Handelsrecht § 10 Rn 38; Röhricht/v. Westphalen/*Ammon/Ries* Rn 22; GKzHBG/*Steitz* Rn 24c; Ebenroth/Boujong/Joost/Strohn/*Zimmer* Rn 31; Koller/*Roth*/Morck Rn 12; *Köhler* FS Fikentscher, S. 494 (506 ff).

[169] BGH NJW 2002, 2093.

[170] Dreier/*Schulze* UrhG 2. Aufl. 2006 § 34 Rn 37; *Schricker* UrhR 3. Aufl. 2006 § 34 Rn 20 ff.

[171] *Forkel* FS Paulick, S. 101 (115); **aA** *Canaris* Handelsrecht § 10 Rn 38.

81 b) **Stellungnahme.** Die zuletzt genannte Ansicht hat sich zu Recht nicht durchsetzen können, weil es hierfür sowohl an einer Vergleichbarkeit der Sachverhalte als auch – wie sich sogleich zeigen wird – an einer Regelungslücke fehlt. Die herrschende Lehre hat den Nachteil, dem Veräußerer „Steine statt Brot" zu geben; denn mit einer bloß vorübergehenden Untersagung der Firmenführung ist ihm gerade in „Extremfällen" nicht gedient. Und für einen „Widerruf" der Willenserklärungen des Veräußerers gibt es keinen gesetzlichen Anhaltspunkt. Allenfalls könnte man daran denken, dem Veräußerer im Wege ergänzender Vertragsauslegung einen Widerrufsvorbehalt (Rn 74) zuzugestehen. Ist dieser Weg nicht gangbar, so kommen als funktional vergleichbare Instrumente ein Kündigungsrecht aus wichtigem Grund gem. § 314 BGB oder ein Rücktrittsrecht gem. § 324 i.V.m § 241 Abs. 2 BGB in Betracht. Dabei zielt das Kündigungsrecht auf die namensrechtliche Gestattung. Die Kündigung ist daher durch den Namensgeber zu erklären. Rechtsfolge einer wirksamen Kündigung ist, dass eine weitere Verwendung der Firma durch den Erwerber namensrechtlich unzulässig wird. Dagegen erfasst der Rücktritt – nach einer (ggf. entbehrlichen) Abmahnung[172] – die schuldrechtliche Verpflichtung zur Übertragung des Firmenrechts (Rn 29). Der Rücktritt ist dementsprechend durch den Veräußerer zu erklären. Die Rechtsfolgen des Rücktritts richten sich nach §§ 346 ff BGB, d.h. es sind die empfangenen Leistungen zurückzugewähren, also insbes. das Firmenrecht zurückzuübertragen. Auf den Erwerb des Unternehmens hat der Rücktritt hingegen keinen unmittelbaren Einfluss, weil der Unternehmens- und der Firmenerwerb auf unterschiedlichen Vereinbarungen beruhen (s.o. Rn 29, 31). Damit in der isolierten Rückübertragung des Firmenrechts kein Verstoß gegen § 23 vorliegt, darf der Veräußerer von der zurückerworbenen Firma allerdings keinen Gebrauch machen, wodurch die Firma erlischt. Schließlich haben sowohl der Namensgeber als auch der Veräußerer – dieser gem. § 325 BGB auch neben dem Rücktrittsrecht – ggf. einen Anspruch auf Schadensersatz nach §§ 280 Abs. 1, 241 Abs. 2 BGB; der Namensgeber überdies nach §§ 12, 823 Abs. 1 BGB, weil ein entehrender Gebrauch des Namens nicht von der Gestattung gedeckt ist.

III. Rechte des Veräußerers und des Namensgebers gegen den Erwerber

82 Fehlt es an einer wirksamen Einwilligung oder überschreitet der Erwerber die vertraglich gezogenen Grenzen der Einwilligung kann der Veräußerer bei dem Registergericht mit Aussicht auf Erfolg ein **Firmenmissbrauchsverfahren** (§ 37 Abs. 1) gegen den (vermeintlichen) Erwerber anregen[173]; dieses kann sich auch gegen einen Dritten richten, an den der Erwerber die Firma abredewidrig weiterzuübertragen versucht hat.[174] Ferner kann der Veräußerer aus dem Vertrag mit dem Erwerber Unterlassungs- und ggf. Schadensersatzansprüche geltend machen. Überschreitet der Erwerber die Grenzen der namensrechtlichen Gestattung, kann der Namensinhaber sowohl aus dem Gestattungsvertrag als auch aus § 37 Abs. 2 S. 1, § 12 BGB bzw. §§ 5, 15 MarkenG Unterlassungsansprüche gegen den Erwerber herleiten, wobei § 12 BGB ggf. von den §§ 5, 15 MarkenG verdrängt wird (näher zu diesen Anspruchsgrundlagen Arh. I und II zu § 37). Unterlassungsansprüche aus den genannten Vorschriften kann der Namensgeber ferner gegen einen

---

[172] S. zur Entbehrlichkeit der Abmahnung BGH DB 68, 1575; BGH NJW 1978, 260; Palandt/*Grüneberg* § 324 Rn 4 ff.
[173] MünchKommHGB/*Heidinger* Rn 40; Ebenroth/Boujong/Joost/Strohn/*Zimmer* Rn 40 mwN; Staub/*Hüffer* 4. Aufl. Rn 41.
[174] Ebenroth/Boujong/Joost/Strohn/*Zimmer* Rn 40; vgl. auch Staub/*Hüffer* 4. Aufl. Rn 41.

Dritten geltend machen, wenn er dessen Firmenführung nicht gestattet hat. Schadensersatzansprüche sind sowohl aus der Gestattungsvereinbarung als auch aus §§ 12, 823 Abs. 1 BGB, §§ 5, 15 MarkenG denkbar. Verstößt der Erwerber gegen eine schuldrechtliche Verpflichtung zur Fortführung der Firma (Rn 73), so kann der Veräußerer seinen Anspruch ebenfalls im Zivilrechtsweg durchsetzen; § 37 Abs. 1 ist dagegen nicht einschlägig.[175]

IV. Rechte des Erwerbers gegenüber Dritten

Wer das Unternehmen mit der Firma erwirbt, tritt als **Rechtsnachfolger des Veräußerers** (Rn 28) in dessen Rechtsstellung gegenüber Dritten ein. Er erfährt also denselben materiellen Firmenschutz, den der Veräußerer beanspruchen konnte. Namentlich kommt dem Erwerber die von dem Veräußerer erworbene **Priorität** zugute, und zwar sowohl im Blick auf § 30 als auch im Blick auf § 12 BGB, §§ 5, 6, 15 MarkenG. Nur wenn die Firma wesentlich verändert wird, entscheidet der Moment der Änderung über den Zeitrang.[176] **83**

V. Die Art und Weise der Firmenfortführung

1. Der Grundsatz einer unveränderten Fortführung der Firma. Als Grundsatz gilt: Der Erwerber muss die Firma so fortführen, wie er sie von dem Veräußerer übernommen hat. Er darf – selbst wenn der Veräußerer zustimmt – weder Bestandteile der bisherigen Firma weglassen oder verändern noch Firmenbestandteile hinzufügen. Von vornherein **ausgenommen** von dieser Regel sind lediglich die **Anpassung des Rechtsformzusatzes** (dazu Rn 87 ff) und die **Hinzufügung eines Nachfolgezusatzes** (dazu Rn 91 ff). Grund für den Zwang zu einer unveränderten Firmenfortführung ist, dass dadurch die Kontinuität des Unternehmens trotz Inhaberwechsels dokumentiert werden soll. Anders gewendet: Wenn schon im Interesse der Erhaltung des Firmenwerts eine Täuschung über die Identität des Inhabers hingenommen wird (die Aufnahme eines Nachfolgezusatzes ist nicht zwingend), soll der Verkehr wenigstens nicht im Zweifel darüber gelassen werden, dass es sich um dasselbe Unternehmen handelt (s.o. Rn 4, 9 f). Eine wesentlich umgestaltete Firma würde den Fortbestand des Unternehmens dagegen nicht zum Ausdruck bringen und wäre der Nutzung des Good Will, den § 22 schützen will (Rn 3), gerade nicht dienlich. Schließlich könnte eine wesentliche Umgestaltung als Verfahren zur Bildung neuer, sonst nach § 18 unzulässiger Firmen genutzt werden.[177] **84**

Schon das Reichsgericht hat freilich erkannt, dass bei der Beurteilung der Gleichheit zweier Firmen *„ein die Verkehrsauffassung außer acht lassender Formalismus zu vermeiden ist"*.[178] Eine **buchstabengetreue Fortführung** der Firma ist daher **nicht erforderlich**. Dem hat sich der Bundesgerichtshof angeschlossen.[179] Erforderlich und ausreichend sei, dass im Rechtsverkehr **keine Zweifel an der Identität der bisherigen und der fortgeführ- 85**

---

[175] KG JFG 5, 212 (214); OLG Rostock OLGR 41, 193 f; Ebenroth/Boujong/Joost/Strohn/Zimmer Rn 72; Staub/*Hüffer* 4. Aufl. Rn 42; Schlegelberger/*Hildebrandt/Steckhan* Rn 17.
[176] BGH NJW 1973, 2152.
[177] Vgl. MünchKommHGB/*Heidinger* Rn 43.
[178] RGZ 113, 306 (309); 145, 274 (279); 162, 121 (123).
[179] BGH NJW 1959, 1081.

ten Firma aufkommen.[180] Dem ist auch nach der Liberalisierung des Firmenrechts grundsätzlich zuzustimmen.[181] Zwar könnten heutzutage die meisten fortgeführten Firmen in derselben Weise auch neu gebildet werden, wenn der Veräußerer sie aufgibt. Die von § 22 bewirkte Durchbrechung des Grundsatzes der Firmenwahrheit geht daher wesentlich weniger weit als früher (vgl. Rn 5 f), so dass manche Bedenken gegen eine Veränderung fortzuführender Firmen obsolet sind. Gerade weil in den meisten Fällen auch eine Neubildung der Firma möglich ist, gibt es aber umso weniger Anlass, das Erfordernis einer unveränderten Firmenfortführung zu lockern; denn wer eine unveränderte Firmenfortführung nicht will, kann heute in den meisten Fällen auf die Möglichkeit einer Firmenneubildung unter Verwendung von Bestandteilen der alten Firma verwiesen werden. Preis hierfür ist allerdings ein Verlust der Priorität (Rn 7 f, 83), was freilich bei einer wesentlichen Umgestaltung der Firma gerade folgerichtig ist.

86 Wenngleich also die fortzuführende Firma im Wesentlichen unverändert bleiben muss, so sind doch manche Veränderungen im Interesse der Firmenwahrheit zulässig, andere sogar geboten. Das betrifft nicht nur die Anpassung des Rechtsformzusatzes (dazu Rn 87 ff) und die Beifügung eines Nachfolgezusatzes (dazu Rn 91 ff), sondern auch andere Firmenbestandteile (näher Rn 96–104). Im Einzelnen:

2. Zulässige und gebotene Änderungen der fortzuführenden Firma

87 a) **Anpassung des Rechtsformzusatzes.** Seit der Handelsrechtsreform müssen alle Kaufleute gleich welcher Rechtsform einen Rechtsformzusatz in die Firma aufnehmen (s. § 19 Rn 1 f, 30 ff; zum Übergangsrecht § 19 Rn 29). Dieser Rechtsformzusatz muss, wie § 19 Abs. 1 und 2, §§ 4, 279 Abs. 1 und 2 AktG, § 4 GmbHG sowie § 3 GenG klarstellen, auch dann der Rechtsform des Unternehmensträgers entsprechen, wenn die Firma fortgeführt wird. Im Blick auf den Rechtsformzusatz setzt sich also das Prinzip der Firmenwahrheit gegen das Prinzip der Firmenbeständigkeit durch. Haben in den Fällen des § 22 Erwerber und Veräußerer nicht die gleiche Rechtsform, muss der Erwerber daher trotz des Grundsatzes einer unveränderten Firmenfortführung (Rn 84) die Firma entsprechend anpassen.

88 Hierfür stehen dem Erwerber nach **herrschender Meinung** grundsätzlich **zwei Möglichkeiten** zu Gebote. *Zum einen* kann er den bisherigen, jetzt unrichtigen Rechtsformzusatz streichen und an dessen Stelle den nunmehr zutreffenden Rechtsformzusatz mit oder ohne Nachfolgezusatz setzen. Dieser Weg ist bei allen Kombinationen gangbar, also unabhängig davon zulässig, welchen Rechtsformzusatz die fortzuführende Firma bisher hatte und künftig haben muss.[182] Wird das Unternehmen einer „TxT GmbH" von dem Einzelkaufmann „Achim Müller" übernommen, kann dieser daher die Firma bspw. als „TxT e.K.", als „TxT, Inh. Achim Müller e.K." oder als „TxT Nachf. e.K." fortführen.[183] Näher zu Nachfolgezusätzen Rn 91 ff.

---

[180] BGHZ 44, 116 (120); OLG Hamm NJW-RR 2002, 1330; in der Begründung unrichtig daher LG Augsburg Rpfleger 1999, 449, das nicht differenziert zwischen Firmenfortführung und der im zu entscheidenden Fall zulässigen Neufirmierung; so auch Anm. *Busch* Rpfleger 1999, 547.

[181] H.M., statt anderer MünchKommHGB/*Heidinger* Rn 43.

[182] MünchKommHGB/*Heidinger* Rn 60; Koller/Roth/Morck Rn 17; Röhricht/v. Westphalen/*Ammon/Ries* Rn 48.

[183] Ebenroth/Boujong/Joost/Strohn/*Zimmer* Rn 58, 60; vgl. MünchKommHGB/*Heidinger* Rn 60, GKzHGB/*Steitz* Rn 13 sowie Röhricht/v. Westphalen/*Ammon/Ries* Rn 37.

Zum anderen soll es nach herrschender Meinung auch möglich sein, die Firma mit **89** dem bisherigen Rechtsformzusatz fortzuführen und ihr lediglich einen Nachfolgezusatz mit Rechtsformzusatz anzufügen, also etwa als „TxT GmbH Inhaber Achim Müller e.K." oder „TxT GmbH Nachf. e.K." zu firmieren.[184] Dem ist **zu widersprechen**, weil nicht nur ein unmittelbares Aufeinanderfolgen verschiedener Rechtsformzusätze (das ist unstreitig),[185] sondern jede Doppelung von Rechtsformzusätzen geeignet ist, die angesprochenen Verkehrskreise irrezuführen.[186] Lediglich in den Fällen der § 19 Abs. 2, § 279 Abs. 2 AktG ist eine solche Doppelung innerhalb eines eng gesteckten Rahmens (s. § 19 Rn 14 f) hinzunehmen. So könnte die Firmierung „TxT GmbH Inhaber Achim Müller e.K." dahin verstanden werden, dass der eingetragene Kaufmann Achim Müller Alleingesellschafter der TxT GmbH als Unternehmensträgerin ist. Eine „TxT GmbH Inhaber Achim Müller KG" könnte ebenso wie eine „TxT KG Inhaber Achim Müller GmbH" mit einer GmbH & Co. KG verwechselt werden. Und die Firmierung „TxT GmbH Nachf. e.K." könnte dahin interpretiert werden, dass die GmbH Nachfolgerin eines eingetragenen Kaufmanns ist. Schließlich ist zu bedenken, dass selbst bei der Firmierung „Otto Mair e.K. Inhaber Achim Müller e.K." Zweifel entstehen könnten, wer der aktuelle Inhaber ist. Das Weglassen des bisherigen Rechtsformzusatzes ist daher auch deswegen sinnvoll, um unmissverständlich anzuzeigen, wer Vorgänger und wer Nachfolger ist: „Richard Neumann Nachfolger Karl Busse e.K." ist anders als „Richard Neumann e.K. Nachfolger Karl Busse e.K." eindeutig. Um Missverständnissen vorzubeugen ist daher der bisherige Rechtsformzusatz zu streichen und wie in Rn 88 beschrieben zu verfahren. Das gilt, wie die vorgenannten Beispiele zeigen, auch dann, wenn der bisherige Rechtsformzusatz weiterhin richtig ist, es sei denn, es wird auf die Beifügung eines Nachfolgezusatzes verzichtet. Im Blick auf die Erhaltung des Firmenwerts und die Wahrung der Firmenidentität ist die Streichung des bisherigen Rechtsformzusatzes unschädlich, weil der Rechtsformzusatz nach allgemeiner Überzeugung das „Klangbild" der Firma nicht entscheidend prägt. Es besteht daher auch kein anerkennenswertes Interesse des neuen Inhabers an dem alten Rechtsformzusatz festzuhalten. Und auch den Verkehr interessiert es mitnichten, in welcher Rechtsform das Unternehmen früher geführt wurde. Vielmehr soll er durch den Rechtsformzusatz nach Sinn, Zweck und Wortlaut von § 19 unzweideutig und *„allgemein verständlich"* über die Haftungsverhältnisse informiert werden. Es kommt daher nicht alleine auf das Verständnis des Handelsverkehrs, sondern auf das Ver-ständnis der Allgemeinheit an. Schließlich könnte man für die hier vertretene Ansicht § 200 Abs. 1 S. 2 UmwG (dazu Anh. § 21) anführen, wenngleich zuzugeben ist, dass § 18 UmwG (dazu Anh. § 22) keine entsprechende ausdrückliche Regelung enthält.

b) Beifügung eines Nachfolgezusatzes. Nach § 22 Abs. 1 darf die Firma *„mit oder* **90** *ohne die Beifügung eines das Nachfolgeverhältnis andeutenden Zusatzes"* fortgeführt werden. Die Beifügung eines Nachfolgezusatzes ist nach dem klaren Wortlaut des Gesetzes also **erlaubt, nicht geboten**. Der Erwerber kann den Zusatz jederzeit beifügen, einer

---

[184] OLG Hamm DB 1999, 1946; Ebenroth/Boujong/Joost/Strohn/*Zimmer* Rn 58; MünchKommHGB/*Heidinger* Rn 61; Staub/*Hüffer* 4. Aufl. Rn 63; GKzHGB Rn 13.

[185] Ebenroth/Boujong/Joost/Strohn/*Zimmer* Rn 58; *Bokelmann* Das Recht der Firmen und Geschäftsbezeichnungen Rn 713; Zu den Zusätzen KG und GmbH MünchKommHGB/*Heidinger* Rn 20; vgl. auch BGH NJW 1981, 342.

[186] Koller/*Roth*/Morck Rn 17; *Möller* DNotZ 2000, 831 (838).

veränderten Sachlage anpassen[187] und auch wieder ablegen[188]. Nur ausnahmsweise besteht eine Pflicht zur Führung eines Nachfolgezusatzes (dazu Rn 94 f). Der Nachfolgezusatz ist **Firmenbestandteil**. Seine Beifügung, Änderung oder Streichung muss also zur Eintragung in das Handelsregister angemeldet werden. Er ist jedoch nicht der für die Individualisierung entscheidende Kern der Firma und darf deshalb bei einer Weiterübertragung des Unternehmens mit der Firma wegfallen oder geändert werden, ohne dass der Grundsatz unveränderter Firmenfortführung verletzt würde. Er kann freilich auch beibehalten werden, muss dann aber so geführt werden, dass die wahren Gegebenheiten richtig wiedergegeben werden, was dann zu sehr langen Firmen führt (z.B. „Richard Neumann Nachf. Karl Busse jetzt Otto Müller e.K.").

91 Bestimmte **Gestaltungsformen** für den Nachfolgezusatz sieht das Gesetz nicht vor. Je nach Sachlage kann der Zusatz insbes. lauten: Inhaber, Nachfolger, Erben, Söhne, Töchter, Witwe. Zulässig sind auch verkehrsübliche Abkürzungen (Inh., Nachf.). Die Namen des Vorgängers und Nachfolgers dürfen allerdings nicht so zusammengebracht werden, dass Zweifel entstehen, wer der aktuelle Inhaber ist.[189] Unzulässig wäre daher etwa „Karl Busse e.K. Inh. Richard Neumann". Aus diesem Grund ist nach der hier vertretenen Ansicht auch der Rechtsformzusatz der fortzuführenden Firma wegzulassen (Rn 89). Ein zulässiger Nachfolgezusatz liegt ferner in der Verwendung des Wortes „vormals" oder der Abkürzung „vorm." unter Umkehrung der Reihenfolge von Vorgänger und Nachfolger, also statt „Richard Neumann Nachf. Karl Busse e.K." „Karl Busse e.K. vorm. Richard Neumann".[190] Auch die Zusätze Erben, Söhne, Töchter, Witwe können vor- und nachgestellt werden. Statt „Richard Neumann Söhne OHG" kann also auch „Söhne Richard Neumann OHG" firmiert werden. Das Beispiel zeigt zudem, dass auf die namentliche Nennung des bzw. der Nachfolger verzichtet werden kann, wenn dies nicht irreführend ist. Daher ist „Richard Neumann Nachf. e.K." zulässig, „Richard Neumann Inh. e.K." dagegen nicht. Mit Inhaberzusatz muss die Firma vielmehr lauten „Richard Neumann Inh. Karl Busse e.K.".

92 Zur Bezeichnung einer **Erbengemeinschaft** als Unternehmensträgerin reicht der Nachfolgezusatz „Erben" richtigerweise nicht aus.[191] Vielmehr bedarf es eines Zusatzes, der „in eingetragener Erbengemeinschaft" lauten sollte (§ 19 Rn 36). Zulässig ist ferner neben diesem Rechtsformzusatz einen Nachfolgezusatz zu führen, wenngleich dies zu unschönen Firmierungen führen kann. Zulässig ist daher bspw.: „Richard Neumann in eingetragener Erbengemeinschaft", „Erben Richard Neumann in eingetragener Erbengemeinschaft", „Richard Neumann Inhaber Axel und Achim Neumann in eingetragener Erbengemeinschaft". Wegen fehlenden Rechtsformzusatzes unzulässig ist dagegen „Richard Neumann Erben" oder „Axel und Achim Neumann vorm. Richard Neumann". Unzulässig ist ferner „Axel und Achim Neumann vorm. Richard Neumann e.K.". In dieser Kombination müsste es vielmehr heißen: „Axel und Achim Neumann in eingetragener Erbengemeinschaft vorm. Richard Neumann". Wegen Doppelung von Rechtsformzusätzen

---

[187] Wie hier KG JW 1931, 2993; KGJ 53, A 95 f; BayObLG RJA 1, 47; MünchKommHGB/*Heidinger* Rn 57; Heymann/*Emmerich* Rn 22; Schlegelberger/Hildebrandt/*Steckhan* Rn 22; Staub/*Hüffer* 4. Aufl. Rn 45.

[188] MünchKommHGB/*Heidinger* Rn 57; Heymann/*Emmerich* Rn 22; Schlegelberger/Hildebrandt/*Steckhan* Rn 22; Staub/*Hüffer* 4. Aufl. Rn 45.

[189] OLG Celle, BB 1974, 387.

[190] RGZ 5, 110 (113); BayObLG OLGR 10, 229; *Wessel* Rn 451; aA *Opet* ZHR 49 (1900), 51 (123 Fn. 226): Ursprüngliche Firma mit unterscheidendem Zusatz.

[191] Zutr. Ebenroth/Boujong/Joost/Strohn/*Zimmer* Rn 61. **AA** wohl Koller/*Roth*/Morck Rn 17.

unzulässig ist schließlich „Richard Neumann e.K. in eingetragener Erbengemeinschaft" und „Richard Neumann e.K. Erben eingetragene Erbengemeinschaft"[192] oder „Axel und Achim Neumann in eingetragener Erbengemeinschaft vorm. Richard Neumann e.K.".

Noch komplizierter sind die Verhältnisse bei Anordnung einer **Testamentsvollstreckung**. S. zur Frage der Zulässigkeit und rechtlichen Gestaltung zunächst § 27 Rn 76 ff, zur Frage des Rechtsformzusatzes § 19 Rn 37. Danach ist ein auf die Testamentsvollstreckung hinweisender Zusatz erforderlich, wenn man mit der hier vertretenen Meinung der sog. echten Testamentsvollstreckerlösung folgt. Dieser sollte bei einem Alleinerben lauten: „e.K. unter Testamentsvollstreckung", also vollständig etwa „Richard Neumann e.K. unter Testamentsvollstreckung" oder „Richard Neumann Nachf. Axel Neumann e.K. unter Testamentsvollstreckung". Bei einer Erbengemeinschaft muss es richtigerweise heißen „in eingetragener Erbengemeinschaft unter Testamentsvollstreckung". Bei Verwendung eines Nachfolge- oder Inhaberzusatzes wird die Firma mithin sehr lang, etwa: „Richard Neumann Inhaber Axel und Achim Neumann in eingetragener Erbengemeinschaft unter Testamentsvollstreckung". Folgt man hingegen der sog. Vollmachts- oder der sog. Treuhandlösung bedarf es keines Hinweises auf die Testamentsvollstreckung. **93**

Eine **Pflicht zur Beifügung eines Nachfolgezusatzes** kann sich aus dem Grundsatz der Firmenwahrheit ergeben. Genannt werden zwei Fälle: Erstens soll die Beifügung eines Nachfolgezusatzes erforderlich sein, wenn die Firma mit dem bisherigen Rechtsformzusatz fortgeführt werden soll und dieser unzutreffend ist.[193] Nach hier vertretener Ansicht ist in einem solchen Fall der bisherige Rechtsformzusatz jedoch zu streichen (Rn 89). Zweitens soll die Beifügung eines Nachfolgezusatzes erforderlich sein, wenn die fortzuführende Firma einen akademischen Grad enthält, den der neue Inhaber nicht führen darf.[194] Die nicht promovierte Witwe von Dr. Richard Neumann muss danach entweder mit „Dr. Richard Neumann Witwe Ursula Neumann e.K." oder, wenn sie einen Nachfolgezusatz vermeiden will, schlicht mit „Richard Neumann e.K." firmieren. Nach hier vertretener Ansicht kann sie dagegen auch dann mit „Dr. Richard Neumann e.K." firmieren, wenn sie zwar nicht selbst, wohl aber ein maßgeblicher Mitarbeiter promoviert ist (s. § 18 Rn 56 a.E., 67 f). **94**

Ferner kann eine Pflicht zur Beifügung eines Nachfolgezusatzes aus dem Übernahmevertrag folgen. Entgegen herrschender Meinung[195] hat eine solche Verpflichtung freilich nur schuldrechtliche und ggf. namensrechtliche, nicht aber dingliche Wirkung, es sei denn die Einwilligung wäre durch die Eintragung eines Nachfolgezusatzes aufschiebend bedingt (Rn 74). **95**

c) **Unwesentliche Firmenänderungen.** Unwesentliche Änderungen der fortzuführenden Firma sind nach allgemeiner Ansicht zulässig (s. schon Rn 85). Die Frage der Wesentlichkeit richtet sich nach dem Klangbild der Firma, wie es sich Auge und Ohr einprägt,[196] und ist in jedem Einzelfall zu entscheiden. Entsprechend umfangreich ist die Kasuistik. Beurteilungsmaßstab ist die Verkehrsanschauung. Erlaubt ist das Weglassen eines von dem bisherigen Inhaber geführten Nachfolgezusatzes (Rn 90). Erlaubt – bzw. nach hier vertretener Ansicht sogar geboten – ist ferner das Weglassen des nunmehr unzutreffenden **96**

---

[192] AA Ebenroth/Boujong/Joost/Strohn/*Zimmer* Rn 61.
[193] MünchKommHGB/*Heidinger* Rn 57; Ebenroth/Boujong/Joost/Strohn/*Zimmer* Rn 63.
[194] Vgl. BGHZ 53, 65 (68); BGH NJW 1998, 1150 (1151).
[195] Vgl. Ebenroth/Boujong/Joost/Strohn/*Zimmer* Rn 72.
[196] BGH NJW 1959, 1081; BGHZ 46, 7, 12 (zu § 30); Ebenroth/Boujong/Joost/Strohn/*Zimmer* Rn 65.

Rechtsformzusatzes der fortzuführenden Firma (Rn 38 f). Kann der Rechtsformzusatz der fortzuführenden Firma beibehalten werden, darf er abgekürzt oder ausgeschrieben werden.[197] Unwesentlich sind überdies bloße Änderungen der Schreibweise.[198] Zulässig ist deshalb veraltete Schreibweisen der neuen Rechtschreibung anzupassen oder sonst zu „modernisieren" (z.B. „f" statt „ph"). Erlaubt ist auch, von Großbuchstaben auf Kleinbuchstaben überzugehen und umgekehrt[199]. Auch dürfen bloße Initialen weggelassen[200] oder hinzugefügt werden. Beifügen oder streichen darf man auch Hinweise auf das Gründungsjahr des Unternehmens.[201] Eine **wesentliche** und deshalb nach § 22 nicht zulässige Änderung ist dagegen in der Regel das Weglassen von Vor- oder Familiennamen[202] sowie die Abkürzung von bisher ausgeschriebenen Namen bzw. im Ausschreiben bisher abgekürzter Namen[203]. Aus der Firma „Ida R. e.K." darf also nicht die „R-KG" werden[204] und statt der Abkürzung „Th." darf nicht „Theodor" verwandt werden[205]. Zum Teil wird allerdings die Ansicht vertreten, dass nach der Handelsrechtsreform Vornamen keine prägende Bedeutung mehr zukomme, weil sie bei einer Neufirmierung nicht mehr in eine Personenfirma aufgenommen werden müssten.[206] Das war freilich schon nach § 19 Abs. 3 a.F. nicht erforderlich. Zudem hat die Frage zulässiger Firmenneubildung keinen Einfluss auf die Frage, welche Firmenbestandteile für die Firmenfortführung prägend sind,[207] andernfalls müsste man vorliegend etwa auch die Streichung des Nachnamens als zulässig erachten[208]. Prägend ist vielmehr regelmäßig die spezifische Kombination. Deswegen darf bei gemischten Firmen weder der Personen- noch der Sach- oder Phantasieteil gestrichen werden.[209] Dementsprechend sind umgekehrt auch Anfügungen an die Firma grundsätzlich unzulässig[210]. Anders ist in den vorgenannten Fällen nur zu entscheiden, wenn der fortgeführte Firmenteil derart einprägsam ist, dass kein Identitätszweifel möglich ist.[211]

---

[197] Staub/*Hüffer* 4. Aufl. Rn 58; Ebenroth/Boujong/Joost/Strohntrohn/*Zimmer* Rn 65.

[198] OLG Celle OLGZ 1977, 59 (64); Staub/*Hüffer* 4. Aufl. Rn 50; Ebenroth/Boujong/Joost/Strohn/*Zimmer* Rn 65; Röhricht/v. Westphalen/*Ammon/Ries* Rn 41.

[199] OLG Celle BB 1976, 1094 m. Anm. *Wessel*; MünchkommHGB/*Heidinger* § 22 Rn 45; Ebenroth/Boujong/Joost/Strohn/*Zimmer* Rn 65; GKzHGB/*Steitz* Rn 9.

[200] RGZ 113, 307 (309): „Aluminolwerk Sch." statt „Aluminolwerke C. Sch."; GKzHGB/*Steitz* Rn 9.

[201] KG JW 1929, 2155 mwN; Ebenroth/Boujong/Joost/Strohn/*Zimmer* Rn 65; Röhricht/v. Westphalen/*Ammon/Ries* Rn 41; Heymann/*Emmerich* Rn 21; GKzHGB/*Steitz* Rn 9.

[202] Staub/*Hüffer* 4. Aufl. Rn 50; Heymann/*Emmerich* Rn 26; Ebenroth/Boujong/Joost/Strohn/*Zimmer* Rn 65. Anders für den Fall der nachträglichen Änderung einer abgeleiteten GmbH-Firma LG Berlin NJW-RR 1994, 609.

[203] BGHZ 30, 288; Ebenroth/Boujong/Joost/Strohn/*Zimmer* Rn 65; Schlegelberger/Hildebrandt/*Steckhan* Rn 18.

[204] OLG Hamm NJW 1965, 764.

[205] Vgl. KG RJA 4 105.

[206] LG Berlin NJW-RR 1994, 609; MünchKommHGB/*Heidinger* Rn 48; **aA** GKzHGB/*Steitz* Rn 9.

[207] Ebenso GKzHGB/*Steitz* Rn 9; *Möller* DNotZ 2000, 831 (841); *Busch* Rpfleger 1999, 547; s. aber auch die Begründung zu LG Augsburg Rpfleger 1999, 449; LG Koblenz NJW-RR 2002, 35.

[208] So tatsächlich LG Augsburg Rpfleger 1999, 449; LG Koblenz NJW-RR 2002, 35; dagegen zu Recht Röhricht/v. Westphalen/*Ammon/Ries* Rn 39.

[209] MünchKommHGB/*Heidinger* Rn 49; Wessel/Zwernemann/*Kögel* Firmengründung Rn 543; zu liberal daher LG Koblenz NJW-RR 2002, 35 = DB 2001, 530.

[210] Vgl. BGHZ 44 116; BayObLG Mitt-RhNotK 1981, 208.

[211] Insoweit zutr. LG Berlin NJW-RR 1994, 609; Baumbach/*Hopt* Rn 16.

d) Firmenänderungen bei unbestimmten Gesellschaftszusätzen

aa) Fortführung der Firma durch einen Einzelkaufmann. Nach § 19 a.F. war für die **97** Firmierung einer Personenhandelsgesellschaft die Aufnahme eines sog. unbestimmten Gesellschaftszusatzes (wie „& Co.", „& Cie." oder „& Söhne") oder die Firmierung mit den Namen der persönlich haftenden Gesellschafter (z.B. „Müller & Maier") erforderlich und ausreichend. Das führte zu der Frage, ob ein Einzelkaufmann derartige Firmen ohne klarstellenden Nachfolgezusatz fortzuführen berechtigt war. Die wohl herrschende Meinung verneinte dies mit der Begründung, dass zur Vermeidung einer Irreführung des Rechtsverkehrs entweder die Streichung des unbestimmten Gesellschaftszusatzes oder die Verkürzung der Firma auf einen einzelnen Namen erforderlich sei; beides sei indes wegen Aufgabe der Firmenidentität unzulässig.[212] Dieser Auffassung war schon nach altem Firmenrecht insoweit nicht zu folgen, als die Streichung eines unbestimmten Gesellschaftszusatzes ebenso wenig die Firmenidentität beeinträchtigt wie die Streichung eines Rechtsform- oder eines Nachfolgezusatzes.[213] Auch nach neuem Firmenrecht dürfen daher solche **unbestimmten Gesellschaftszusätze gestrichen** werden.[214] Die **Verkürzung der Firma um einen oder mehrere Namen** von ehemaligen Gesellschaftern wahrt dagegen nach wie vor **nicht** die Firmenidentität (vgl. o. Rn 96 sowie § 24 Abs. 2).[215] Nach neuem Firmenrecht bedarf es hingegen keines Nachfolgezusatzes mehr. Ausreichend ist vielmehr die Anpassung des – heute auch für Altfirmen von Personenhandelsgesellschaften nach Art. 38 EGHGB (dazu § 19 Rn 29) erforderlichen – Rechtsformzusatzes entsprechend den in Rn 87 ff dargelegten Regeln.[216] Die Firma „F. Müller & Co. KG" kann daher als „F. Müller e.K." oder als „F. Müller & Co. e.K.", die Firma „Müller & Maier OHG" als „Müller & Maier e.K." (nicht aber als „Müller e.K." oder als „Müller & Co. e.K.") fortgeführt werden. Anders ist dies freilich bei einer Neufirmierung, weil in diesem Fall § 18 Abs. 2 ungeschmälert zur Anwendung kommt. Bei einer Firmenneubildung ist es daher einem Einzelkaufmann auch weiterhin versagt, durch die Firmierung mit mehreren Namen oder mit einem unbestimmten Gesellschaftszusatz den Anschein einer Mehrheit von beteiligten Personen zu erwecken.[217]

bb) Fortführung der Firma durch eine Gesellschaft. Nach dem zuvor Gesagten liegt **98** auf der Hand, dass Personenhandels- und Kapitalgesellschaften heutzutage Firmen, die unbestimmte Gesellschafterzusätze oder den Namen mehrerer Gesellschafter enthalten, ohne weiteres (fort-)führen dürfen. Das gilt auch für Einmann-Kapitalgesellschaften.[218] Erforderlichenfalls ist lediglich der Rechtsformzusatz anzupassen.[219]

---

[212] OLG Frankfurt BB 1971, 975 m. Anm. *Veismann* („& Sohn"); OLG Zweibrücken BB 1975 Beil. 12 S. 24 („& Söhne"); LG Hannover DB 1978, 789 = Rpfl. 1978, 145 („Gebrüder"); *Wessel* Rn 436 mit Fn 450; Ebenroth/Boujong/Joost/Strohn/*Zimmer* Rn 75.
[213] BGH NJW 1985, 736 (737); vgl. auch BGHZ 44, 116; im Ergebnis ebenso Staub/ *Hüffer* 4. Aufl. Rn 69 mwN.
[214] MünchKommHGB/*Heidinger* Rn 67; Baumbach/*Hopt* Rn 17; Ebenroth/Boujong/Joost/ Strohn/*Zimmer* Rn 75.
[215] Ebenroth/Boujong/Joost/Strohn/*Zimmer* Rn 75.
[216] Ebenroth/Boujong/Joost/Strohn/*Zimmer* Rn 60, 63; MünchKommHGB/*Heidinger* Rn 65 f; Röhricht/v. Westphalen/*Ammon/Ries* Rn 42; *Meyer* DNotZ 2004, 323; anders etwa in anderen Staaten s. *Hillebrand* Das Firmenrecht in Frankreich, Belgien und Luxemburg, 1975, S. 29; näher mit weiteren Nachweisen *Bokelmann* ZGR 1994, 325 (335).
[217] OLG Düsseldorf MittRhNotK 2000, 298; zutr. MünchKommHGB/*Heidinger* Rn 66.
[218] MünchKommHGB/*Heidinger* Rn 68.
[219] Ebenroth/Boujong/Joost/Strohn/*Zimmer* Rn 76 f.

99 e) **Wesentliche Änderungen im Allgemeininteresse. aa) Grundsatz.** Eine wesentliche Änderung der abgeleiteten Firma ist dann zulässig oder wegen § 18 Abs. 2 sogar geboten[220], wenn sie zur **Vermeidung einer Irreführung des Publikums** dient[221]. Hierher gehören Fälle, in denen die Firma Angaben über Art und Umfang des Geschäfts,[222] über den Sitz des Unternehmens[223] oder über die Qualifikation des Inhabers[224] enthält, die infolge einer Veränderung der Verhältnisse unzutreffend geworden sind. Der BGH setzt eine Veränderung „*nach dem Übergang des Geschäfts*" voraus.[225] Welcher zeitliche Rahmen damit bezeichnet sein soll, ist zweifelhaft. Einerseits könnten nur solche Veränderungen gemeint sein, die erst im Zuge der Fortführung des Unternehmens eintreten. Andererseits könnten auch Veränderungen angesprochen sein, die schon mit der Übernahme des Unternehmens verbunden sind. Es ist kein Grund ersichtlich, warum in der zweiten Fallgruppe eine Firmenänderung ausgeschlossen und der Erwerber damit, weil ein Verstoß gegen den Grundsatz der Firmenwahrheit nicht hingenommen werden könnte, zur Annahme einer neuen Firma gezwungen werden sollte. Richtig ist deshalb die zweite Lösung.[226] **Zulässig** ist freilich **nur eine Lockerung, nicht eine Aufgabe der Firmenidentität**, weil ansonsten die Gefahr einer Irreführung zur Vermeidung der Gefahr einer anderen Irreführung in Kauf genommen würde. Die geänderte Firma muss daher nach ihrem gesamten Erscheinungsbild noch als die übernommene Firma erkennbar sein. Maßgeblich ist die Verkehrsauffassung. Wird die Firmenidentität aufgegeben oder muss sie wegen § 18 Abs. 2 aufgegeben werden, so handelt es sich um eine Firmenneubildung.[227]

100 bb) **Einzelfälle.** Fortführung der Firma „X Polstermöbel- und Matratzenfabrik" als „X Polstermöbelfabrik" wegen Aufgabe der Herstellung von Matratzen[228]; Fortführung der Firma „A. B. Kalkwerk Walhallastraße" wegen Sitzverlegung als „A. B. Kalk- und Portlandzementwerk Regensburg-Walhallastraße"[229]; Fortführung einer Firma ohne akademischen Grad des vormaligen Inhabers (näher Rn 94). Geht durch den Inhaberwechsel die vorher bestehende Verbindung zu öffentlich-rechtlichen Körperschaften oder amtlichen Stellen verloren, ist eine Firmenfortführung ausgeschlossen, wenn die erforderliche Änderung der Firma derart weitgehend ist, dass die Firmenidentität aufgegeben wird und auch eine Klarstellung durch Beifügung eines Nachfolgezusatzes nicht ausreichend

---

[220] Ebenroth/Boujong/Joost/Strohn/*Zimmer* Rn 67, Röhricht/v. Westphalen/*Ammon/Ries* Rn 40; MünchKommHGB/*Heidinger* Rn 52 f.

[221] Vgl. dazu BGH BB 1957, 943; BGHZ 44, 116; KG DR 1941, 1942 m. Anm. *Groschuff*; OLG Hamm BB 1960, 959; AG Regensburg DNotZ 1959, 501; *Rob. Fischer* LM § 24 HGB Nr. 2; *Papst* DNotZ 1960, 33 (37 f); MünchKommHGB/*Heidinger* Rn 52.

[222] OLG Hamm NJW-RR 2002, 1330; LG Hagen GmbHR 1996, 854; OLG Rostock RAuB 1997, 126 = OLG-NL 1997, 184; MünchKommHGB/*Heidinger* Rn 52; Ebenroth/Boujong/Joost/Strohn/*Zimmer* Rn 67; Staub/*Hüffer* 4. Aufl. Rn 56.

[223] MünchKommHGB/*Heidinger* Rn 52; Staub/*Hüffer* 4. Aufl. Rn 56 s. dazu aber auch § 18 Rn 96.

[224] BGHZ 53, 65 (66 f); Staub/*Hüffer* 4. Aufl. Rn 56; GKzHGB/*Steitz* § 22 Rn 11; s. dazu aber auch o. Rn 94 sowie § 18 Rn 56 a.E., 67 f.

[225] BGHZ 44 116, 119 (sog. „Frankona" Entscheidung).

[226] BGHZ 44 116 (119); GKzHGB/*Steitz* Rn 10; MünchKommHGB/*Heidinger* Rn 66.

[227] BGHZ 53, 65 (66 f); GKzHGB/*Steitz* Rn 11 ff; MünchKommHGB/*Heidinger* Rn 54; Staub/*Hüffer* 4. Aufl. Rn 55.

[228] OLG Hamm OLGZ 1967, 94; Ebenroth/Boujong/Joost/Strohn/*Zimmer* Rn 67.

[229] AG Regensburg DNotZ 1956, 501; vgl. auch KG DR 1941, 1942 m. Anm. *Groschuff* zur Firmenänderung nach behördlich verfügter Sitzverlegung; Staub/*Hüffer* 4. Aufl. Rn 56.

ist.[230] Ein eindeutiger Nachfolgezusatz ist auch erforderlich, wenn ein Firmenschlagwort auf -AG oder -ag endet und der neue Inhaber keine Aktiengesellschaft ist, da das Schlagwort wegen seiner prägenden Kraft nicht gestrichen werden kann, ohne dass die Befugnis zur Firmenfortführung entfällt[231].

f) Wesentliche Änderungen im Interesse des Inhabers. Schließlich kann eine wesentliche Änderung der Firma ausnahmsweise auch dann zulässig sein, wenn die Änderung nicht durch das Allgemeininteresse gerechtfertigt ist, sondern sie lediglich im Interesse des Inhabers liegt. Das setzt jedoch viererlei voraus. Erstens muss die Änderung den Grundsätzen der Firmenbildung entsprechen. Zweitens dürfen keine Zweifel an der Identität der geänderten mit der bisherigen Firma aufkommen. Drittens muss der Inhaber bei objektiver Betrachtung ein sachlich gerechtfertigtes Interesse an der Änderung haben. Und viertens muss dieses Interesse auf einer nachträglichen Änderung der Verhältnisse beruhen.[232] Damit sind hier anders als bei Firmenänderungen im Allgemeininteresse (Rn 99) nur Entwicklungen gemeint, die sich nach dem Erwerb der Firma vollziehen. Diese Einschränkung ist sachgerecht, weil es nicht darum geht, den Spielraum zur Gestaltung der Firma bei ihrem Erwerb zu erweitern; notwendig und legitim ist nur, eine Alternative zur Preisgabe der bereits geführten abgeleiteten Firma zu bieten, wenn spätere Entwicklungen deren Änderung erfordern. **101**

3. Die Fortführung als Zweigniederlassungsfirma und die Vereinigung von Firmen. **102**
Nicht nur Handelsgesellschaften, sondern – richtigerweise – auch Einzelkaufleuten ist die gleichzeitige Führung mehrerer Firmen verwehrt (Vor § 17 Rn 39 ff). Erwerben Kaufleute ein Handelsgeschäft mit dem Recht zur Firmenfortführung, müssen sie sich daher im Ausgangspunkt entscheiden, ob sie ihre bisherige Firma beibehalten oder aufgeben und die Firma des erworbenen Handelsgeschäfts annehmen. Nach diesem Ausgangspunkt müssen sie daher entweder auf den Wert ihrer bisherigen Firma oder auf den Wert der Firma des erworbenen Handelsgeschäfts verzichten. Dieses Dilemma lässt sich dogmatisch einwandfrei nur dadurch auflösen, indem das erworbene Handelsgeschäft als Zweigniederlassung betrieben wird;[233] denn die Firma der Zweigniederlassung darf von der des Hauptgeschäfts abweichen, solange die rechtliche Zuordnung zu dem Unternehmensträger deutlich zum Ausdruck kommt (Vor § 17 Rn 44 ff). Erwirbt die „G. Neuenhahn GmbH" in Jena das Unternehmen „Robert Peitz" in Camburg und führt sie dieses als Zweigniederlassung fort, so kann mithin für die Zweigniederlassung die Firma „Robert Peitz Nachf. G. Neuenhahn GmbH in Jena" geführt werden.[234]

---

[230] Ebenroth/Boujong/Joost/Strohn/*Zimmer* Rn 67; MünchKommHGB/*Heidinger* Rn 53; Staub/*Hüffer* 4. Aufl. Rn 56; vgl. auch Schlegelberger/Hildebrandt/Steckhan Rn 21.
[231] MünchKommHGB/*Heidinger* Rn 55; Staub/*Hüffer* 4. Aufl. Rn 56; Ebenroth/Boujong/Joost/Strohn/*Zimmer* Rn 67.
[232] Seit BGHZ 44, 116 allg. Meinung; BayObLG MDR 1981, 849; OLG Hamm OLGZ 1967, 94 (95); LG München NJW-RR 1990, 1373; LG Berlin NJW-RR 1994, 609; Staub/*Hüffer* Aufl. 4 Rn 57; Heymann/*Emmerich* Rn 20; Röhricht/v. Westphalen/*Ammon/Ries* Rn 41; Ebenroth/Boujong/Joost/Strohn/*Zimmer* Rn 68; MünchKommHGB/*Heidinger* Rn 56; zur historischen Entwicklung der Rspr. mwN. *Wessel* BB 1965, 1422 f; *ders.* BB 1964, 1354 f.
[233] Ebenroth/Boujong/Joost/Strohn/*Zimmer* Rn 69; Staub/*Hüffer* 4. Aufl. Rn 53; Röhricht/v. Westphalen/*Ammon/Ries* Rn 46; vgl. auch *Heinrich* Firmenwahrheit und Firmenbeständigkeit, Rn 163.
[234] RGZ 113, 213; vgl. Ebenroth/Boujong/Joost/Strohn/*Zimmer* Rn 69; Staub/*Hüffer* 4. Aufl. Rn 53.

103 Darüber hinaus erlauben Rechtsprechung[235] und – trotz immer wieder betonter Zweifel – herrschende Lehre[236], dass der Erwerber eines Handelsgeschäfts die von ihm bisher geführte Firma mit der von dem Veräußerer übernommenen zu einer gemeinsamen Firma vereinigt[237]. Beispielsweise wurde – auf Grundlage von § 19 a.F. – die Vereinigung folgender Firmen zugelassen: „R. K." und „D. & Co." zu „Vereinigte Dresdner Porzellan-Malereien Gesellschaft mit beschränkter Haftung vormals R. K. und D. & Co.";[238] „Friedrich B." und „Aug. D." zu „Stralsunder und Richtenberger Kornbranntweinbrennereien vormals Friedrich B. zu Stralsund und Aug. D. zu Richtenberg, Ernst W.";[239] „Fr. L. Fotogroßhandlung" und „E. E. Photogroßhandlung" zu „Fr. L. & E. E. Foto-Großhandlung"[240]. Das erscheint insofern sachgerecht, als durch eine solche Firmenvereinigung der Erhalt des Firmenwerts beider Firmen ermöglicht wird, ohne den Erwerber zum Betrieb einer Zweigniederlassung zu nötigen. Und den Erhalt des Firmenwerts zu ermöglichen, ist ja gerade der Sinn und Zweck des § 22 (Rn 3). Allerdings wäre nach neuem Firmenrecht eine solche Firmenvereinigung in der Regel nicht nur als Firmenfortführung, sondern auch als Firmenneubildung zulässig. Da dem Erwerber zudem freisteht, ob er die erworbene Firma fortführen will oder nicht, ist heute mehr denn je fraglich, ob es sich – wie die herrschende Meinung annimmt – bei der Firmenvereinigung um einen Sonderfall der Firmenfortführung[241] oder um einen Fall der Firmenneubildung[242] handelt. Beides kann für den Inhaber wirtschaftlich nachteilig sein. Im ersten Fall müsste man nämlich konsequenterweise auch § 25 für anwendbar halten.[243] Im zweiten Fall ginge die Firmenpriorität verloren. Deswegen kann man dem Inhaber auch nicht ohne weiteres unterstellen, durch die Firmenvereinigung die bisherigen Firmen fortführen oder umgekehrt eine neue Firma bilden zu wollen. Richtigerweise wird man daher auf den Einzelfall abstellen müssen. Zu suchen ist zuvörderst nach Anhaltspunkten, ob eine Firmenfortführung oder eine Firmenneubildung gewollt ist. Solche Anhaltspunkte können sich z.B. aus den Rechtsgeschäften zwischen Veräußerer und Erwerber ergeben. Indizien sind ferner eine Eintragung nach § 25 Abs. 2 – wenngleich diese Eintragung auch vorsorglich bei einer Firmenneubildung vorgenommen werden kann[244] – oder (selten) eine Bekanntmachung nach § 25 Abs. 3. Fehlen derartige Anhaltspunkte, ist davon auszugehen, dass der Inhaber die für ihn **günstigere Gestaltung** wählen wollte. Ist die Firmenvereinigung ohnehin als Firmenfortführung i.S.d. § 25 Abs. 1 zu bewerten – was auch der Fall sein kann, wenn eine Änderung das nach § 22 erlaubte Maß überschreitet (s. § 25 Rn 72) –, ist die Firmenvereinigung daher im Blick auf den Erhalt der Firmenpriorität auch als Firmenfortführung i.S.d. § 22 zu bewerten. In den beiden zuerst genannten Bei-

---

[235] RGZ 152, 368; RGZ 159, 211 (220) = DR 1939, 320 m. Anm. *Boesenbeck;* OLG Frankfurt OLGZ 1971, 50 = MDR 1970, 13.

[236] Staub/*Hüffer* 4. Aufl. Rn 51; Heymann/ *Emmerich* Rn 25; Baumbach/*Hopt* Rn 19; Röhricht/v. Westphalen/*Ammon/Ries* Rn 45.

[237] RGZ 152, 368; RGZ 159, 211 (220) = DR 1939, 320 m. Anm. *Boesenbeck;* OLG Frankfurt OLGZ 1971, 50 = MDR 1970, 13; Ulmer/Habersack/Winter/*Heinrich* GmbHG § 4 Rn 62; Scholz/*Emmerich* GmbHG § 4 Rn 50a; Baumbach/*Hopt* Rn 19; HKzHGB/*Ruß* Rn 15; s. auch GKzHGB/*Steitz* Rn 12a, der nach neuem Firmenrecht keine Firmenvereinigung i.S.d. § 22, sondern eine Firmenneubildung annimmt.

[238] OLG Dresden RJA 15, 136.

[239] KG RJA 15, 218.

[240] OLG Frankfurt OLGZ 1971, 50 = MDR 1970, 513.

[241] Ebenroth/Boujong/Joost/Strohn/*Zimmer* Rn 70.

[242] MünchKommHGB/*Heidinger* Rn 69; GzHGB/*Steitz* Rn 12a; Röhricht/v. Westphalen/*Ammon/Ries* Rn 45.

[243] Staub/*Hüffer* 4. Aufl. Rn 52; Ebenroth/Boujong/Joost/Strohn/*Zimmer* Rn 70; **aA** RGZ 159, 211 (220).

[244] LG Berlin NJW-RR 1994, 609.

spielsfällen spricht diese Überlegung für eine Firmenfortführung, weil die vereinigten Firmen der Firmierung mit mehrfachen Nachfolgezusätzen ähneln (etwa: „R. K. Nachf. D. & Co. jetzt Vereinigte Dresdner Porzellan-Malereien Gesellschaft mit beschränkter Haftung", s. Rn 90). Im dritten Beispiel kommt es hingegen darauf an, ob die Firmenbestandteile „Fr. L." und „E. E." in der Photogroßhandelsbranche derart gut eingeführt sind, dass die angesprochenen Verkehrskreise erkennen, dass es sich um eine Firmenvereinigung aufgrund eines Unternehmenszusammenschlusses handelt und nicht um die neue Firma eines neuen Unternehmens.

Ist die Firmenvereinigung als Firmenneubildung anzusehen, erlöschen zugleich die alten Firmen. Bei einer **späteren Trennung** der Unternehmen können die alten Firmen daher nur neu gebildet, aber nicht als abgeleitete Firmen der wieder getrennten Unternehmen fortgeführt werden. Nach herrschender Lehre gilt das auch dann, wenn die Firmenvereinigung als Firmenfortführung zu bewerten ist; denn die vereinigte Firma sei gleichwohl ein neuer einheitlicher Handelsname.[245] Zudem liefe die Gegenansicht auf eine zeitlich gestaffelte Firmenmehrheit hinaus.[246] Dem ist nicht zuzustimmen.[247] Liegt nämlich ein Fall der Firmenfortführung vor, wird gerade keine neue Firma gebildet. Dementsprechend erlöschen die alten Firmen nicht. Zudem bewirkt die zeitliche Abfolge, dass zu keinem Zeitpunkt eine Firmenmehrheit vorliegt. Vielmehr ist es gerade Sinn und Zweck der Zulassung einer Firmenvereinigung, dass dem Inhaber der Wert beider Firmen erhalten bleibt. Es muss ihm daher ebenfalls erlaubt sein, den Wert dieser Firmen nach Trennung der Unternehmen weiterzunutzen und auch durch Weiterveräußerung mit den getrennten Unternehmen zu realisieren.

104

VI. Erlöschen des Firmenfortführungsrechts

1. Allgemein. Das Recht des Erwerbers zur Fortführung der Firma erlischt:
- mit dem Erlöschen der Firma (§ 17 Rn 33 ff) und daher auch
- mit einer wesentlichen Änderung der Firma, sofern keine der in Rn 99–104 genannten Ausnahmen eingreift.

105

Dementsprechend erlischt das Recht zur Firmenfortführung ferner, wenn der Erwerber von diesem Recht keinen Gebrauch macht und die erworbene Firma dadurch aufgibt, dass er entweder seine bisherige Firma beibehält oder eine neue Firma (ohne oder nach einer vorübergehenden Firmenfortführung) annimmt;[248] denn auch hierdurch erlischt die erworbene Firma. Das Erlöschen der Firma hat der bisherige Inhaber zur Eintragung in das Handelsregister gem. § 31 Abs. 2 anzumelden. Stellt sich die von dem Erwerber geführte Firma nicht als Fortführung der bisherigen Firma dar, so darf sie dementsprechend nicht auf dem bisherigen Registerblatt unter Rötung der Firma des früheren Geschäftsinhabers – also wie eine bloße Firmenänderung – eingetragen werden. Vielmehr sind der Erwerber und dessen Firma auf einem neuen Registerblatt einzutragen.[249]

---

[245] Staub/*Hüffer* 4. Aufl. Rn 52; Ebenroth/Boujong/Joost/Strohn/*Zimmer* Rn 70; GKzHGB/*Steitz* Rn 12a; MünchKommHGB/*Heidinger* Rn 69.

[246] Staub/*Hüffer* 4. Aufl. Rn 52; Ebenroth/Boujong/Joost/Strohn/*Zimmer* Rn 70.

[247] I.E. wie hier OLG Frankfurt OLGZ 1971, 50 = MDR 1970, 513; Baumbach/*Hopt* Rn 19.

[248] S. zur Abgrenzung zwischen Änderung und Erlöschen der Firma OLG Hamm BB 1977, 967 = DB 1977, 1253 sowie § 31 Rn 17.

[249] BayObLGZ 1970, 163.

Schließlich erlischt das Recht zur Firmenfortführung:
– mit dem Eintritt einer auflösenden Bedingung oder dem Ablauf eines Endtermins (Rn 74),
– für den Ersterwerber mit ihrer Weiterübertragung auf einen Zweiterwerber gem. § 22,
– sowie mit einer Rückübertragung auf den Veräußerer im Falle eines Rücktritts (Rn 81).

Von diesen Fällen des Erlöschens des Rechts zur Firmenfortführung zu unterscheiden sind Fälle, in denen keine namensrechtliche Gestattung (mehr) vorliegt (dazu Rn 30, 42 ff, 82).

2. Erlöschen mangels Weiterführung des Handelsgeschäfts durch den Erwerber?

106 a) **Meinungsstand.** Obwohl das Recht zur Firmenfortführung nicht voraussetzt, dass der Erwerber das Handelsgeschäft weiter betreiben will (Rn 17), soll dieses Recht nach einer verbreiteten Meinung auch dann erlöschen, wenn der Erwerber das Handelsgeschäft von vornherein nicht weiterführt, es umgehend weiterveräußert oder es sogleich einem Dritten zur Nutzung überlässt.[250] Begründet wird dies damit, dass andernfalls § 23 umgangen werden könnte.[251] Selbst eine unmittelbar nach der Übernahme erfolgte grundlegende Umgestaltung des Unternehmens führe zum Erlöschen des Firmenfortführungsrechts, weil nachfolgend – entgegen § 22 – nicht mehr das „bestehende" Handelsgeschäft fortbetrieben und deshalb das Prinzip der Firmenkontinuität verletzt werde. Lediglich eine allmähliche Umgestaltung des Unternehmens sei unschädlich.[252]

107 b) **Stellungnahme.** Richtig ist, dass die Firma eines nicht eingetragenen Einzelkaufmanns und einer nicht eingetragenen Personenhandelsgesellschaft erlischt, wenn das Unternehmen nach Art oder Umfang einen in kaufmännischer Weise eingerichteten Geschäftsbetrieb nicht mehr erfordert (§ 1 Abs. 2), das Handelsgewerbe also zum Kleingewerbe absinkt, da der Gewerbetreibende nun nicht mehr firmenfähig (§ 17 Rn 10) und die Firma auch nicht in das Handelsregister eingetragen ist (§§ 2, 5) (§ 17 Rn 38, 45). Ferner erlischt die Firma eines Einzelkaufmanns, selbst wenn er eingetragen ist, wenn er den Gewerbebetrieb in ein freiberufliches Unternehmen umstellt oder ihn endgültig – also nicht nur vorübergehend – aufgibt (§ 17 Rn 40 ff).[253] Ersteres gilt auch für Personenhandelsgesellschaften, nicht aber Letzteres (§ 17 Rn 45 f). Diese Fälle sind freilich wohl nicht gemeint. Eine darüber hinausgehende Obliegenheit zur Weiterführung des Handelsgeschäfts findet dagegen im Gesetz keine Grundlage und ist daher abzulehnen.[254] Vielmehr sind die Voraussetzungen für den Erwerb des Rechts zur Firmenfortführung in § 22 abschließend geregelt. Im Blick auf das Handelsgeschäft wird lediglich

---

[250] RGZ 46, 150; 56, 187; 63, 226; 64, 129 (132); 169, 133; RG in Recht 1924, Sp 366 Nr. 1319; KG RJA 17, 87; OLG München JFG 113, 337; BGH, WM 1957, 1152 (1154); OLG Hamm OLGZ 1997, 438 (441); *Adler* ZHR 85, 135 f; *J. v. Gierke* ZHR 112, 3; Heymann/*Emmerich* Rn 17.

[251] MünchKommHGB/*Heidinger* Rn 12; Heymann/*Emmerich* Rn 17 mwN.

[252] Ebenroth/Boujong/Joost/Strohn/*Zimmer* Rn 73; Heymann/*Emmerich* Rn 17; aA MünchKommHGB/*Heidinger* Rn 12.

[253] Etwa OLG Hamm OLGZ 1977, 438 (441 f); Baumbach/*Hopt* § 17 Rn 23; MünchKommHGB/*Heidinger* § 17 Rn 23 ff, 26; Röhricht/v. Westphalen/*Ammon/Ries* § 17 Rn 29; Koller/*Roth*/Morck § 17 Rn 19.

[254] BGH NJW 1972, 2123 (Baader-Brezeln); BayObLGZ 1989, 474 (479) = NJW-RR 1990, 869 (869); Staub/*Hüffer* 4. Aufl. Rn 42; Ebenroth/Boujong/Joost/Strohn/*Zimmer* Rn 71.

vorausgesetzt, dass der Kern (Rn 17 ff) eines bestehenden (Rn 14 ff) Handelsgeschäfts erworben wird. Von einer Weiterführung des Handelsgeschäfts ist nicht die Rede. Wird das Handelsgeschäft von vornherein nicht weitergeführt, umgehend weiterveräußert oder sogleich einem Dritten zur Nutzung überlassen, ändert dies insbes. nichts an seinem Erwerb. Vielmehr ist der Erwerb des Handelsgeschäfts Voraussetzung dafür, dass der Erwerber diese Maßnahmen ergreifen kann. Eine Umgehung von § 23 ist darin nur zu sehen, wenn der Erwerber das Handelsgeschäft an den Veräußerer zurücküberträgt oder es gerade ihm zur Nutzung überlässt. Im Übrigen ist nichts dagegen einzuwenden, wenn der Erwerber lediglich an dem Firmenwert interessiert ist, nicht aber an dem Handelsgeschäft. So wird es vielfach gerade in Insolvenzfällen liegen. Anders gewendet würde eine Verwertung der Firma zugunsten der Masse unzuträglich erschwert, wenn der Erwerber das marode Unternehmen – zumal im Wesentlichen zunächst unverändert – fortführen müsste, um nicht das Recht zur Firmenfortführung zu verlieren. Zwar ist es richtig, dass eine Rechtfertigung der Durchbrechung des Prinzips der Firmenwahrheit in den Fällen des § 22 darin gesehen werden kann, dass die Identität des Unternehmens gewahrt bleibt (s. Rn 4, 17). Deswegen muss, wie gesagt, zumindest der Kern des Handelsgeschäfts erworben werden. Das soll den Erwerber jedoch nicht daran hindern, den Unternehmensbetrieb nach dem Erwerb sogleich einzustellen, weiterzuübertragen oder wesentlich umzugestalten, andernfalls stünde das Firmenrecht ohne Not einer optimalen Ressourcenallokation im Wege. Das widerspräche nicht nur den Zielen der Liberalisierung des Firmenrechts, sondern würde auch zu erheblicher Rechtsunsicherheit führen, weil völlig unklar ist, ab welchem Zeitpunkt die genannten Maßnahmen unschädlich sein sollen (eine Woche, ein Monat, ein Jahr?). Vielmehr wird der Verkehr dadurch geschützt, dass derartige Veränderungen den Erwerber dazu zwingen können, die Firma den neuen Gegebenheiten anzupassen (Rn 87 ff, 99 ff). Ein darüber hinausgehender Schutz ist nicht erforderlich und daher auch von Gesetzes wegen nicht vorgesehen.

D. Die weitere Firmierung des Veräußerers

108 Veräußern **Einzelkaufleute** ihr Handelsgeschäft mitsamt dem Recht zur Fortführung ihrer Personenfirma, bleiben sie auch dann, wenn der Erwerber von seinem Recht zur Firmenfortführung Gebrauch macht, zur Gründung eines neuen Handelsgeschäfts unter ihrem bürgerlichen Namen befugt. Zu beachten sind allerdings § 30 und §§ 5, 15 MarkenG, so dass sie in der Praxis häufig dazu gezwungen sein werden, einen unterscheidungskräftigen Zusatz in ihre Personenfirma aufzunehmen (s. auch § 24 Rn 40).[255] Das gilt auch dann, wenn der Erwerber die von ihm fortgeführte Firma mit einem Nachfolgezusatz führt, andernfalls könnte der Eindruck erweckt werden, das unter dem Nachfolgezusatz geführte Handelsgeschäft sei lediglich eine veräußerte Zweigniederlassung, während das unter der neuen Firma geführte Handelsgeschäft die ursprünglich ältere Hauptniederlassung sei.[256]

109 Zur weiteren Firmierung von **Handelsgesellschaften** s. bereits Rn 67 ff sowie Rn 116.

---

[255] OLG Hamm RPfleger 1984, 21; Baumbach/*Hopt* Rn 22; Röhricht/v. Westphalen/*Ammon*/*Ries* Rn 59; Ebenroth/Boujong/Joost/Strohn/*Zimmer* Rn 78.

[256] RG DR 1944, 249 (250).

E. § 22 Abs. 2

I. Voraussetzungen

110 1. **Das Rechtsverhältnis.** Das Firmenrecht kann auch bei einem **zeitweiligen Wechsel des Unternehmensinhabers** übertragen werden. Darin liegt die wesentliche Aussage des § 22 Abs. 2. Als Beispiel für einen solchen Wechsel nennt das Gesetz die Übernahme des Unternehmens aufgrund eines **Nießbrauchs**[257] oder **Pachtvertrags**[258]. Wird bei einer **Betriebsaufspaltung** ein Pachtvertrag zwischen Besitz- und Betriebsgesellschaft geschlossen, so ist daher die Fortführung der Firma durch die Betriebsgesellschaft unter den übrigen Voraussetzungen des § 22 zulässig. Die Besitzgesellschaft muss dann einen neuen Namen annehmen. Wählt der Pächter eine neue Firma, so darf der Verpächter nach Ende des Pachtvertrages diese neue Firma mit Zustimmung des Pächters fortführen; denn die **Rückgewähr des Unternehmens** erfolgt ebenfalls aufgrund eines Pachtvertrags.[259]

111 Als „*ähnliches Verhältnis*" sah der historische Gesetzgeber das familienrechtliche Nutznießungsrecht des Ehemanns bzw. Vaters am Vermögen der Ehefrau oder der Kinder an.[260] Die einschlägigen Vorschriften gelten nicht mehr. Als „*ähnliches Verhältnis*" ist heute die Fortführung des Unternehmens durch den **Testamentsvollstrecker als Treuhänder** der Erben[261] (s. dazu Rn 71, § 27 Rn 77 ff) sowie der **Nutzungspfandvertrag**[262] anerkannt. Entscheidend ist, dass der Inhaber dem Übernehmer das Unternehmen als Wirtschaftseinheit zur Gewinnerzielung überlässt, so dass der Übernehmer, wenngleich zeitlich beschränkt, als unternehmerischer Nachfolger des Inhabers tätig werden kann. Erforderlich ist also ein Wechsel in der Unternehmensführung.[263] **Nicht unter Abs. 2** zu subsumieren ist daher ein **Ertragsnießbrauch**, bei dem der Begünstigte keinen Einfluss auf die Geschäftsführung hat.[264] Und nicht dazu gehört ein bloßer **Mietvertrag**, weil ein Mieter anders als ein Pächter nicht das Unternehmen seines Vertragspartners fortführt, sondern sich mit dessen Betriebseinrichtungen ein eigenes Unternehmen aufbaut. Ein Mieter übernimmt also nur Betriebseinrichtungen und nicht das unternehmerische Tätigkeitsfeld.

112 2. **Die entsprechende Anwendung des Abs. 1.** Liegt ein Rechtsverhältnis der in Abs. 2 bezeichneten Art vor, so müssen, damit eine Firmenfortführung durch den Übernehmer zulässig ist, ferner die Voraussetzungen des § 22 Abs. 1 erfüllt sein. Erforderlich ist daher

---

[257] Näher dazu Palandt/*Bassenge* §§ 1068 ff; Röhricht/v. Westphalen/*Ammon/Ries* Rn 62 ff; Ebenroth/Boujong/Joost/Strohn/*Zimmer* Rn 51 ff; *Bokelmann* Das Recht der Firmen und Geschäftsbezeichnungen Rn 682.

[258] Näher dazu Palandt/*Weidenkampf* Einf. v. § 581 ff; Röhricht/v. Westphalen/*Ammon/Ries* Rn 62 ff; Ebenroth/Boujong/Joost/Strohn/*Zimmer* Rn 51 ff; *Bokelmann* Das Recht der Firmen und Geschäftsbezeichnungen Rn 682.

[259] RGZ 133, 318 (323).

[260] Denkschrift zum Entwurf eines Handelsgesetzbuchs, Reichstag, 9. Legislatur-Periode, IV. Session 1895/97, S. 36 = Schubert/Schmiedel/Krampe Quellen zum Handelsgesetzbuch von 1897, Bd. 2. 2. Hb. 1988, S. 978; Staub/*Hüffer* 4. Aufl. Rn 80; vgl. RGZ 59, 25 (32); sowie Schlegelberger/*Hildebrandt/Steckhan* Rn 9.

[261] Ebenroth/Boujong/Joost/Strohn/*Zimmer* Rn 51; Staub/*Hüffer* 4. Aufl. Rn 80.

[262] Ebenroth/Boujong/Joost/Strohn/*Zimmer* Rn 51; Baumbach/*Hopt* Rn 25; Schlegelberger/*Hildebrandt/Steckhan* Rn 9; näher dazu Palandt/*Bassenge* BGB §§ 1213 f.

[263] Röhricht/v. Westphalen/*Ammon/Ries* Rn 62; Ebenroth/Boujong/Joost/Strohn/*Zimmer* Rn 51.

[264] BGH DNotZ 1954, 399 (402); BayObLG BB 1973, 956; Heymann/*Emmerich* Rn 33; Baumbach/*Hopt* Rn 25; Ebenroth/Boujong/Joost/Strohn/*Zimmer* Rn 51; Röhricht/v. Westphalen/*Ammon/Ries* Rn 62.

insbes. *erstens*, dass der Kern eines bestehenden Handelsgeschäfts übernommen wird und nicht etwa nur einzelne Betriebseinrichtungen wie Maschinen oder Grundstücke (Rn 17 ff). *Zweitens* muss die fortzuführende Firma von dem bisherigen Inhaber berechtigterweise geführt worden sein (Rn 23 ff). Und *drittens* muss eine Einwilligung in die Firmenfortführung (Rn 27 ff) durch den Berechtigten (Rn 33 ff) sowie ggf. eine namensrechtliche Gestattung zur Führung der Firma (Rn 42) vorliegen. An der erforderlichen Einwilligung fehlt es, wenn eine GmbH Verpächterin ist und ihre Firma als Namen beibehält.[265]

II. Rechtsfolgen

Ebenso wie Abs. 1 gewährt auch Abs. 2 lediglich ein Recht, begründet aber keine **113** Pflicht zur Firmenfortführung. Eine vertragliche Verpflichtung des Übernehmers ist möglich, kann aber nicht vom Registergericht durchgesetzt werden (Rn 73). Firmenrechtlich zulässig ist die Beifügung eines Nachfolgezusatzes; übernimmt der Verpächter wieder das Unternehmen, kann der Nachfolgezusatz entfallen. Im Übrigen gilt das Prinzip unveränderter Firmenfortführung (Rn 84 ff) auch im Rahmen des Abs. 2.

Auch ein lediglich vorübergehender Übergang des Handelsgeschäfts lässt den Über- **114** nehmer zum neuen Geschäftsinhaber werden, der als solcher nach Löschung des bisherigen Inhabers in das Handelsregister einzutragen ist.[266] Wird das Rechtsverhältnis i.S.d. Abs. 2 durch Zeitablauf, Kündigung usw. beendet, erfolgt die „Rückabwicklung" der Handelsregistereintragung, an der beide Parteien durch Abgabe der notwendigen Anmeldungen mitzuwirken haben.[267] Der Übernehmer ist also im Handelsregister zu löschen und der alte Inhaber wieder als neuer Inhaber einzutragen.[268]

III. Die weitere Firmierung des bisherigen Inhabers

Überträgt ein **Einzelkaufmann** eines von mehreren wirtschaftlich selbständigen Unter- **115** nehmen vorübergehend mit dem Recht zur Firmenfortführung (vgl. Rn 18), so muss er eine neue Firma annehmen. Bleibt hingegen infolge der Übertragung kein Handelsgeschäft bei ihm zurück, so verliert er die Firmenfähigkeit (§ 17 Rn 10). Das hindert ihn freilich nicht, ein neues Handelsgewerbe zu gründen, in welchem Fall er ebenfalls eine neue Firma annehmen muss. Zur Annahme einer neuen Firma durch einen Einzelkaufmann s.o. Rn 108.

Überträgt eine **Personenhandelsgesellschaft** ihr Handelsgeschäft vorübergehend mit **116** dem Recht zur Firmenfortführung, so muss sie zur Vermeidung ihrer Verwandlung in eine GbR zumindest für die Dauer der Übertragung eine neue Firma annehmen.[269] Sie

---

[265] BayObLGZ 1978, 62 (64 f).
[266] BayObLGZ 1973, 168 (171); Ebenroth/Boujong/Joost/Strohn/*Zimmer* Rn 52; wohl aA Röhricht/v. Westphalen/*Ammon/Ries* Rn 62, 65, der „eine Eintragung des neuen und Löschung des früheren Unternehmens im Handelsregister" vertritt.
[267] KG KGJ 39, A 107, A 110; Schlegelberger/*Hildebrandt/Steckhan* Rn 10; Ebenroth/Boujong/Joost/Strohn/*Zimmer* Rn 52; s.a. Röhricht/v. Westphalen/*Ammon/Ries* Rn 66 ff, 70.
[268] Ebenroth/Boujong/Joost/Strohn/*Zimmer* Rn 52; Röhricht/v. Westphalen/*Ammon/Ries* Rn 62, 65.
[269] Ebenroth/Boujong/Joost/Strohn/*Zimmer* Rn 53; OLG Stuttgart BB 1983, 1688; Heymann/*Emmerich* Rn 37; Röhricht/v. Westphalen/*Ammon/Ries* Rn 64.

kann dann gem. §§ 105 Abs. 2, 161 Abs. 2 als lediglich vermögensverwaltende Personenhandelsgesellschaft fortbestehen. Formkaufleute, also insbes. Kapitalgesellschaften, sind in jedem Fall verpflichtet, für die Dauer der Übertragung des Handelsgeschäfts mitsamt dem Recht zur Firmenfortführung eine neue Firma anzunehmen (vgl. § 17 Rn 49).

Anhang zu § 22

§ 18 UmwG
Firma oder Name des übernehmenden Rechtsträgers

(1) Der übernehmende Rechtsträger darf die Firma eines der übertragenden Rechtsträger, dessen Handelsgeschäft er durch die Verschmelzung erwirbt, mit oder ohne Beifügung eines das Nachfolgeverhältnis andeutenden Zusatzes fortführen.

(2) Ist an einem der übertragenden Rechtsträger eine natürliche Person beteiligt, die an dem übernehmenden Rechtsträger nicht beteiligt wird, so darf der übernehmende Rechtsträger den Namen dieses Anteilsinhabers nur dann in der nach Absatz 1 fortgeführten oder in der neu gebildeten Firma verwenden, wenn der betroffene Anteilsinhaber oder dessen Erben ausdrücklich in die Verwendung einwilligen.

(3) [1]Ist eine Partnerschaftsgesellschaft an der Verschmelzung beteiligt, gelten für die Fortführung der Firma oder des Namens die Absätze 1 und 2 entsprechend. [2]Eine Firma darf als Name einer Partnerschaftsgesellschaft nur unter den Voraussetzungen des § 2 Abs. 1 des Partnerschaftsgesellschaftsgesetzes fortgeführt werden. [3]§ 1 Abs. 3 und § 11 des Partnerschaftsgesellschaftsgesetzes sind entsprechend anzuwenden.

§ 125 UmwG
Anzuwendende Vorschriften

[1]Auf die Spaltung sind die Vorschriften des Ersten bis Neunten Abschnitts des Zweiten Buches mit Ausnahme des § 9 Abs. 2, bei Abspaltung und Ausgliederung mit Ausnahme des § 18 sowie bei Ausgliederung mit Ausnahme des § 14 Abs. 2 und der §§ 15, 29 bis 34, 54, 68 und 71 entsprechend anzuwenden, soweit sich aus diesem Buch nichts anderes ergibt. [2]Eine Prüfung im Sinne der §§ 9 bis 12 findet bei Ausgliederung nicht statt. [3]An die Stelle der übertragenden Rechtsträger tritt der übertragende Rechtsträger, an die Stelle des übernehmenden oder neuen Rechtsträgers treten gegebenenfalls die übernehmenden oder neuen Rechtsträger.

Schrifttum s. Anh. zu § 21

A. Firmenfortführung bei Umwandlung

I. § 18 Abs. 1 UmwG

1 Allgemeines. § 18 UmwG ist Spezialvorschrift zu § 22 und ergänzt das Firmenrecht des übernehmenden Rechtsträgers bei der Verschmelzung. Eine Verschmelzung findet gem. § 2 UmwG unter Auflösung ohne Abwicklung durch Übertragung des Vermögens eines oder mehrerer Rechtsträger auf einen anderen bestehenden Rechtsträger oder des Vermögens zweier oder mehrerer Rechtsträger auf einen neuen Rechtsträger statt. Der übernehmende Rechtsträger hat bei der Verschmelzung grundsätzlich die Möglichkeit seine bisherige Firma unverändert beizubehalten. Trifft er diese Wahl, so erlischt die Firma des übertragenden Rechtsträgers gem. § 20 Abs. 1 Nr. 2 UmwG. Dies gründet darauf, dass die Firma nicht Vermögensbestandteil i.S.d. § 20 Abs. 1 Nr. 1 UmwG ist, der durch die Eintragung der Verschmelzung auf den übernehmenden Rechtsträger im Wege der Gesamtrechtsnachfolge übergehen würde.[1] § 18 Abs. 1 UmwG ermöglicht es dem übernehmenden Rechtsträger jedoch statt seiner bisherigen Firma, diejenige des übertragenden Rechtsträgers fortzuführen und lässt auf diese Weise den Erhalt des Firmenwerts des übertragenden Rechtsträgers zu.

Voraussetzungen des § 18 Abs. 1 UmwG sind, dass ein übernehmender Rechtsträger im Wege der Verschmelzung i.S.d. § 2 UmwG das Handelsgeschäft des übertragenden Rechtsträgers erwirbt und dieser dessen Firma im handelsrechtlichen Sinne (keine bloße Geschäftsbezeichnung) fortführt. **2**

Hinsichtlich der Fortführung der Firma gelten dieselben Anforderungen wie in § 22 (Rn 84 ff). Die Firma ist somit im Wesentlichen unverändert weiterzuführen, es sei denn die Gefahr einer Irreführung i.S.d. § 18 Abs. 2 besteht.[2] Bei Fortführung der Firma durch eine Hauptniederlassung des übernehmenden Rechtsträgers sind auch dessen Zweigniederlassungen entsprechend anzupassen. Soll hingegen das Handelsgeschäft des übertragenden Rechtsträgers als Zweigniederlassung weitergeführt werden und die Firma des übertragenden Rechtsträgers fortführen, ohne dass die Hauptniederlassung des übernehmenden Rechtsträgers ihre Firma ändert, so ist ihre Verbindung zur Hauptniederlassung durch entsprechenden Zusatz (dazu Vor § 17 Rn 48) deutlich zu machen.[3] **3**

Eine Vereinbarung im Verschmelzungsvertrag über die Firmenfortführung ist nicht erforderlich. Anders als § 22 verlangt § 18 Abs. 1 UmwG auch nicht die Zustimmung des übertragenden Rechtsträgers, da dieser durch die Verschmelzung aufgelöst wird und kein Interesse daran haben kann, dass sein Name nicht fortgeführt wird,[4] s. aber § 18 Abs. 2 UmwG und dazu Rn 7 f. Ebenso wie § 22 Abs. 1 erlaubt § 18 Abs. 1 UmwG ausdrücklich, dass die Firma auch ohne Nachfolgezusatz gebildet wird. **4**

Rechtsfolgen sind, dass der übernehmende Rechtsträger das Recht, aber nicht die Pflicht hat, die Firma des übertragenden Rechtsträgers fortzuführen. Da es sich um eine Firmenfortführung im firmenrechtlichen Sinne handelt, kann sich die fortgeführte Firma gegenüber jüngeren Firmen als die prioritätsältere durchsetzen. Führt der übernehmende Rechtsträger die Firma hingegen nicht fort, so erlischt diese. **5**

§ 18 UmwG ist neben den **Vorschriften des HGB** anwendbar. Der übernehmende Rechtsträger kann somit auch jede neue mit §§ 18 f, 30 vereinbare Firma wählen oder den Freiraum des § 22 nutzen und eine vereinigte Firma bilden (Rn 102 f).[5] **6**

---

[1] Lutter/*Bork* UmwG § 18 Rn 2; Röhricht/v. Westphalen/*Ammon*/Ries Rn 53; s.a. MünchKommHGB/*Heidinger* Rn 90.
[2] Lutter/*Bork* UmwG § 18 Rn 4.
[3] MünchKommHGB/*Heidinger* Rn 92; *Bokelmann* ZNotP 1998, 267.
[4] Lutter/*Bork* UmwG § 18 Rn 3; Semler/Stengel/*Volhard* UmwG § 18 Rn 3.
[5] Semler/Stengel/*Volhard* UmwG § 18 Rn 6; Baumbach/*Hopt* Rn 19; Lutter/*Bork* UmwG § 18 Rn 9.

II. § 18 Abs. 2 UmwG

7 Soll der Name einer natürlichen Person, die Anteilsinhaberin an dem übertragenden Rechtsträger ist, in der fortgeführten oder neugebildeten Firma verwendet werden, so bedarf der übernehmende Rechtsträger nach § 18 Abs. 2 UmwG der ausdrücklichen Einwilligung des Namensträgers oder dessen Erben. Die Regelung dient dem Schutz des Namensrechts als Teil des allgemeinen Persönlichkeitsrechts und bildet eine Ausnahme zu § 18 Abs. 1 UmwG, der keine Einwilligung verlangt (vgl. Rn 4).

8 Sprachlich lehnt sich § 18 Abs. 2 UmwG mit dem Erfordernis der Einwilligung an die Regelung des § 22 Abs. 1 an. Das ist deswegen unglücklich, weil der Terminus hier anders als dort nicht die dingliche Übertragung i.S.d. §§ 398, 413 BGB (s. § 22 Rn 28), sondern ebenso wie in § 24 Abs. 2 (dort Rn 27) die erforderliche namensrechtliche Gestattung i.S.d. Rn 30, 42 ff meint.[6] Dabei ist eine solche namensrechtliche Gestattung nach dem Gesetzeswortlaut zwar nur dann erforderlich, wenn die natürliche Person nicht an dem übernehmenden Rechtsträger beteiligt ist. Dies beruht jedoch darauf, dass der Gesetzgeber für den Fall der Beteiligung des Namensträgers an dem übernehmenden Rechtsträger offenbar davon ausging, der Namensträger gebe seine Zustimmung bereits bei der Entscheidung über die Fortführung der Firma. Ist dies jedoch nicht geschehen, so ist seine Gestattung gleichermaßen einzuholen.[7]

III. § 18 Abs. 3 UmwG

9 Gem. § 18 Abs. 3 S. 1 UmwG entfaltet § 18 Abs. 1 und 2 UmwG für an einer Verschmelzung beteiligte Partnerschaftsgesellschaften ebenfalls Geltung. § 18 Abs. 3 S. 1 UmwG hat allerdings lediglich klarstellende Bedeutung, da die Personengesellschaft zu den verschmelzungsfähigen Rechtsträgern gem. § 3 Abs. 1 Nr. 1 UmwG gehört und aus diesem Grunde bereits dem Anwendungsbereich des § 18 Abs. 1 und 2 UmwG unterfällt.

10 Ist der übernehmende Rechtsträger eine Partnerschaftsgesellschaft, so muss dessen Firma gem. § 18 Abs. 3 S. 2 UmwG die in § 2 Abs. 1 PartGG geregelten Voraussetzungen für Partnerschaftsgesellschaften erfüllen (insbes. Enthalten des Namens mindestens eines Partners, Enthalten des Zusatzes „und Partner" oder „Partnerschaft"). § 18 Abs. 3 S. 3 UmwG schreibt die entsprechende Anwendung der §§ 1 Abs. 3 und 11 PartGG vor und bestimmt somit, dass eventuelle berufsrechtliche Spezialregelungen sowie Übergangsvorschriften zu beachten sind.

B. Firmenfortführung bei Spaltung

11 § 125 UmwG[8] bestimmt die anzuwendenden Vorschriften des Umwandlungsgesetzes bei einer Spaltung i.S.d. § 123 UmwG. Dabei wird hinsichtlich der Anwendbarkeit des § 18 UmwG zwischen den verschiedenen Arten der Spaltung (Aufspaltung, Abspaltung und Ausgliederung) differenziert. Während § 18 UmwG auf die Aufspaltung Anwendung findet, ist seine Anwendbarkeit für die Abspaltung und Ausgliederung ausgeschlossen. Der Grund hierfür liegt darin, dass allein bei der Aufspaltung der übertragende Rechts-

---

[6] Das verkennen Ebenroth/Boujong/Joost/Strohn/*Zimmer* Rn 83; wie hier i.E. wohl auch Lutter/*Bork* UmwG § 18 Rn 5.

[7] Lutter/*Bork* UmwG § 18 Rn 4.

[8] § 125 Satz 1 i.d.F. d. Art. 1 Nr. 18 G v. 19.4.2007 BGBl. I, 542 m.W.v. 25.4.2007.

träger erlischt. Er spaltet sein Vermögen auf und überträgt es unter Auflösung insgesamt auf andere bereits bestehende oder neu gegründete Rechtsträger. Eine Firmenfortführung durch die übernehmenden Rechtsträger wird hierdurch ermöglicht und die Anwendung des § 18 UmwG sinnvoll.

Streitig ist, ob jeder beliebige, derjenige der den größten Teil des Vermögens übernimmt oder sogar alle der übernehmenden Rechtsträger bei der Aufspaltung zur Firmenfortführung berechtigt sind.[9] Der Wortlaut des § 22 stimmt mit dem des § 18 Abs. 1 UmwG darin überein, dass beide Vorschriften den Erwerb eines Handelsgeschäfts voraussetzen.[10] Allein bei Erwerb eines Unternehmens in seinem Kern (§ 22 Rn 17) ist es möglich, dass die Erwartungen des Rechtsverkehrs, der mit der Firmenfortführung eine Unternehmenskontinuität und Geschäftstradition verbindet, erfüllt werden.[11] Zur Firmenfortführung kann folglich nur derjenige der übernehmenden Rechtsträger berechtigt sein, der das Handelsgeschäft in seinem Kern erwirbt. Dadurch wird zugleich eine problematische Firmenvervielfältigung vermieden.

12

Demgegenüber erlischt der übertragende Rechtsträger bei der Abspaltung und der Ausgliederung nicht, da lediglich eines oder mehrere Vermögensteile abgespalten bzw. ein Teil des Vermögens ausgegliedert und auf einen oder mehrere bereits bestehende oder neue Rechtsträger übertragen werden. Eine Firmenfortführung durch den oder die übernehmenden Rechtsträger ist daher grundsätzlich nicht möglich.[12]

13

§ 23

Die Firma kann nicht ohne das Handelsgeschäft, für welches sie geführt wird, veräußert werden.

Schrifttum

Beater Mantelkauf und Firmenfortführung, GRUR 2000, 119; *Heidinger* Die wirtschaftliche Neugründung, ZGR 2005, 101; *Köhler* Die kommerzielle Verwertung der Firma durch Verkauf und Lizenzvergabe, DStR 1996, 510; *Möller* Lizenzen an Unternehmenskennzeichen, 2006; *Pahlow* Firma und Firmenmarke im Rechtsverkehr, GRUR 2005, 705; *Priester* Mantelverwendung und Mantelgründung bei der GmbH, DB 1983, 2291; *Schricker* Rechtsfragen der Firmenlizenz, Festschrift von Gramm, 1990, 289; *Ullmann* Die Verwendung von Marke, Geschäftsbezeichnung und Firma im geschäftlichen Verkehr, insbes. des Franchising, NJW 1994, 1255; *ders.* Zur Bedeutung der gewillkürten Prozeßstandschaft im Warenzeichen- und Wettbewerbsrecht, Festschrift von Gamm, 1990, 315.

S. ferner das Schrifttum zu §§ 22, 24.

---

[9] Zum Ganzen MünchKommHGB/*Heidinger* Rn 94.
[10] Vgl. Begr. RegE BT-Drucks. 12/6699, S. 71, BR-Drucks. 75/94 S. 90 f.
[11] Ebenroth/Boujong/Joost/Strohn/*Zimmer* Rn 87; Lutter/*Teichmann* UmwG § 125 Rn 6; aA Kögel GmbHR 1996, 168 (172 f.).
[12] Vgl. Begr. RegE UmwG BT-Drucks 12/6699, S. 117; Semler/*Stengel*/*Schwanna* UmwG § 125 Rn 7, 9; Lutter/*Teichmann* UmwG § 125 Rn 8; kritisch *Mayer* DB 1995, 861 (863) der darauf hinweist, dass es bei einer Abspaltung oder Ausgliederung eines Teilbetriebes auch Fälle geben kann, in denen die Firmenfortführung durch den übernehmenden Rechtsträger sinnvoll und interessengerecht ist. Zu den Spaltungsarten und deren Kombination vgl. *Kallmeyer* DB 1995, 81; zur Bestimmung des Vermögensteils i.S.d. § 123 UmwG vgl. *Pickhardt* DB 1999, 729.

§ 23

Übersicht

	Rn
A. Grundlagen	1–4
I. Norminhalt	1
II. Entstehungsgeschichte	2
III. Normzweck	3
IV. Anwendungsbereich	4
B. Voraussetzungen	5–18
I. Veräußerung der Firma	5
1. Veräußerung	5
2. Bedingte und befristete Übertragung	6
3. Firmenlizenzen und ähnliche Rechtsgeschäfte	7–12
a) Verbotene Geschäfte	7
b) Erlaubte Geschäfte	8–12
II. Zurückbehaltung des Handelsgeschäfts	13
III. Umgehungsgeschäfte	14–18
1. Scheingründung	14
2. Scheinübertragungen	15
3. Vorrats-GmbH	16
4. Mantel-GmbH	17
5. Aufgabe des Handelsgewerbes durch den Erwerber	18
C. Rechtsfolgen eines Verstoßes	19–23
I. Zivilrechtliche Wirkungen	19
1. Im Innenverhältnis zwischen Veräußerer und Erwerber	19
2. Im Außenverhältnis gegenüber Dritten	20–22
a) Haftung des Veräußerers	20
b) Haftung des Erwerbers	21
c) Gesamtschuldner	22
II. Registerrechtliche Wirkungen	23

A. Grundlagen

I. Norminhalt

1 § 23 enthält das Verbot der Leerübertragung des Firmenrechts. Die Firma kann nicht losgelöst von dem Unternehmen, sondern nur zusammen mit ihm übertragen werden.

II. Entstehungsgeschichte

2 Die Norm entspricht inhaltlich Art. 23 ADHGB.[1] Ihr Wortlaut wurde seit Erlass des HGB nicht geändert, auch nicht durch das Handelsrechtsreformgesetz.

III. Normzweck

3 Eine Veräußerung der Firma ohne das Unternehmen wäre täuschungsgeeignet, weil die Firma im Publikum, ungeachtet ihrer anderen handelsrechtlichen Bedeutung, als Bezeichnung des Unternehmens selbst aufgefasst wird (Vor § 17 Rn 1 ff, § 17 Rn 5 ff). Das Publikum würde daher über die Identität des Unternehmens getäuscht, wenn die Firma ohne das Unternehmen übertragen werden könnte.[2] Indem die Vorschrift einer solchen Täuschung vorbeugen will, bezweckt sie den Schutz des rechtsgeschäftlichen Verkehrs[3]. Deswegen sieht das Handelsrecht ein zulässiges Auseinanderfallen von Firma und Handelsgeschäft in dem Sinne nicht vor, dass das Handelsgeschäft zwar ohne die Firma, die Firma aber nicht ohne das Handelsgeschäft übertragen werden kann. Das bedeutet

---

[1] Näher zur Entstehungsgeschichte *Beater* GRUR 2000, 119 (121); *Pahlow* GRUR 2005, 705 (706 f), beide mwN; s. ferner § 22 Rn 2 Fn 1.
[2] MünchKommHGB/*Heidinger* Rn 1; Heymann/*Emmerich* Rn 1; Baumbach/*Hopt* Rn 1.
[3] BGH BB 1957, 943 f; BGH GRUR 1967, 89, 92 (Rose) zu § 8 WZG; BGH GRUR 1971, 573 f (Nocado) zu § 8 WZG; BGH NJW 1972, 2123 (Baader-Brezeln); BGH BB 1977, 1015 f = JR 1978, 67 m. Anm. *Hommelhoff*; *Rob. Fischer* ZHR 111 (1948), 18 (21); *v. Gierke* ZHR 112 (1949), 1 (6 f).

zugleich, dass das Gesetz ein Interesse an dem Erhalt und der Nutzung des Firmenwerts nur in Verbindung mit dem Handelsgeschäft anerkennt.[4] Die Firma ist also insofern akzessorisch zum Handelsgeschäft und – anders als heutzutage Marken (§ 27 MarkenG)[5] – mithin kein selbständiges Verkehrsobjekt. Auch gilt im Firmenrecht anders als im Markenrecht nicht die Vermutung des § 27 Abs. 2 MarkenG, nach der von der Übertragung eines Geschäftsbetriebs im Zweifel auch die zu diesem gehörende Marken erfasst werden.[6] Vielmehr kann man sagen, dass § 22 die gegenteilige Auslegungsregel enthält:[7] Weil die Vorschrift das Recht zur Firmenfortführung von einer ausdrücklichen Einwilligung abhängig macht, kann nicht von der Übertragung des Handelsgeschäfts auf die Übertragung der Firma geschlossen werden (s. § 22 Rn 31).

IV. Anwendungsbereich

§ 23 gilt für alle Firmen i.S.d. HGB. Nach § 16 VAG gilt sie auch für große VVaG, nach § 53 Abs. 1 VAG aber nicht für kleine. Ferner ist sie gem. § 2 Abs. 2 PartGG auf Partnerschaftsgesellschaften entsprechend anzuwenden. § 23 findet hingegen keine analoge Anwendung auf Geschäftsbezeichnungen[8] und Minderfirmen[9]. Bei diesen ist lediglich das allgemeine Irreführungsverbot des § 18 Abs. 2 (analog) zu beachten (s. auch Anh. I zu § 37 Rn 28). Auch auf Marken findet die Vorschrift keine analoge Anwendung,[10] s. Rn 3. **4**

B. Voraussetzungen

I. Veräußerung der Firma

1. Veräußerung. Das gesetzliche Verbot betrifft die Veräußerung der Firma ohne das Unternehmen. **Veräußerung bedeutet: Übertragung des Rechts an der Firma** durch Vertrag gem. §§ 398, 413 BGB. Insoweit ist der Begriff der Veräußerung inhaltsgleich mit der Einwilligung in die Firmenfortführung i.S.d. § 22 Abs. 1 und wie diese auszulegen, vgl. deshalb näher § 22 Rn 27 ff. **5**

2. Bedingte und befristete Übertragung. Die Übertragung des Firmenrechts kann befristet oder bedingt erfolgen. Durch die **Vereinbarung eines Anfangstermins** oder einer **aufschiebenden Bedingung** darf allerdings der Zusammenhang zwischen dem Wirksamwerden der Übertragung des Handelsgeschäfts und der Einwilligung nicht zerrissen wer- **6**

---

[4] BGH GRUR 1957, 44 (45); BGH NJW 1972, 2123; *Adler* ZHR 85 (1921), 93 (126); *Strohm* S. 340; Staub/*Hüffer* 4. Aufl. Rn 1; Röhricht/v. Westphalen/*Ammon*/Ries Rn 1; Koller/*Roth*/Morck Rn 1; Ebenroth/Boujong/Joost/Strohn/*Zimmer* Rn 2, s. a. MünchKommHGB/*Heidinger* Rn 1, 15.

[5] Zur Parallelität von § 8 Abs. 1 WZG a.F. Staub/*Hüffer* 4. Aufl. Rn 2; zur diesbezüglichen Rechtsentwicklung MünchKommHGB/*Heidinger* Rn 1; Ebenroth/Boujong/Joost/Strohn/*Zimmer* Rn 2.

[6] Koller/*Roth*/Morck Rn 1 mit Verweis auf § 17 Rn 5, 8; Röhricht/v. Westphalen/*Ammon*/Ries Rn 2.

[7] *Canaris* Handelsrecht § 10 Rn 32.

[8] Röhricht/v. Westphalen/*Ammon*/Ries § 17 Rn 9; *K. Schmidt* Handelsrecht § 12 I 2b aa; MünchKommBGB/*Bayreuther* § 12 Rn 137.

[9] Koller/*Roth*/Morck § 17 Rn 8.

[10] Ebenroth/Boujong/Joost/Strohn/*Zimmer* Rn 9.

den. Der nach § 23 erforderliche sachliche Zusammenhang muss daher durch einen entsprechend engen zeitlichen Zusammenhang gewahrt werden.[11] Dem ist Genüge getan, wenn die Einwilligung in der Zeit zwischen dem Abschluss des Verpflichtungsgeschäfts und der Anmeldung des Inhaberwechsels (jeweils einschließlich) wirksam wird (§ 22 Rn 32). Abreden, die eine **auflösende Bedingung**, einen **Endtermin** oder einen **Widerrufsvorbehalt** zum Inhalt haben, stehen § 23 nicht entgegen.[12] Die Vorschrift schützt den rechtsgeschäftlichen Verkehr nicht vor Schwebezuständen und vergleichbaren Ungewissheiten, sondern lediglich vor der aus einer Übertragung der Firma ohne Handelsgeschäft resultierenden Täuschungsgefahr. Und eine derartige Leerübertragung liegt hier gerade nicht vor. Bis zum Eintritt der Bedingung bzw. Ablauf der Befristung können die Beteiligten zudem die Beschränkungen der Firmenübertragung aufheben und dadurch Firma und Unternehmen endgültig in der Hand des Erwerbers vereinigen. Ein Verstoß gegen § 23 kann daher auch hierin nicht gesehen werden.[13] Nur deswegen, weil diese Aufhebung entgeltlich erfolgt, liegt kein verbotener Firmenhandel vor.[14] S. zum Ganzen auch § 22 Rn 74.

3. Firmenlizenzen und ähnliche Rechtsgeschäfte

7 a) **Verbotene Geschäfte.** Der Zweck von § 23, eine Täuschung des Rechtsverkehrs durch eine Übertragung der Firma ohne das Handelsgeschäft zu verhindern, gebietet eine erweiternde Auslegung des Begriffs der Veräußerung. Erfasst werden daher nicht nur dingliche Rechtsgeschäfte, sondern auch alle Arten von schuldrechtlichen Rechtsgeschäften, die es dem Vertragspartner des Firmeninhabers gestatten, dessen Firma ohne das dazugehörige Handelsgeschäft als Firma (also nicht etwa als bloße Marke, dazu Rn 10) zu nutzen. Dem entspricht die korrespondierende Vorschrift des § 22 Abs. 2. Die gegen die Auffassung angeführten markenrechtlich geprägten Argumente[15] überzeugen schon deswegen nicht, weil der Gesetzgeber die Firmenrechtslage gerade nicht der geänderten Markenrechtslage angeglichen hat[16]. Nicht nur dinglich wirkende Firmenlizenzen (falls solche überhaupt möglich sind),[17] sondern auch schuldrechtlich wirkende Firmenlizenzen und ähnliche Rechtsgeschäfte werden daher von § 23 grundsätzlich erfasst (s. aber Rn 8 ff).

8 b) **Erlaubte Geschäfte.** Wenngleich schuldrechtliche Firmenlizenzen grundsätzlich verboten sind, wird man sie ausnahmsweise zulassen können, wenn der Firmeninhaber mit der Gewährung der Lizenz zugleich und für denselben Zeitraum den Geschäftsbetrieb auf den

---

[11] BGH NJW 1991, 1353 (1354); *Köhler* FS Fikenscher S. 494 (505); Ebenroth/Boujong/Joost/Strohn/*Zimmer* Rn 9; Staub/*Hüffer* 4. Aufl. Rn 7; Röhricht/v. Westphalen/*Ammon/Ries* Rn 3 und 5.

[12] Allg.M.; aus der Rspr.: RGZ 76, 263 (265 f); RGZ 102, 17 (22); OLG Köln ZBlFG 9, 630; KG RJA 17, 87; OLG Düsseldorf HRR 1936 Nr. 407; aus der Literatur Ebenroth/Boujong/Joost/Strohn/*Zimmer* Rn 9, § 22 Rn 30; Heymann/*Emmerich* Rn 13; Koller/*Roth*/Morck Rn 10; Röhricht/v. Westphalen/*Ammon/Ries* Rn 5; MünchKommHGB/*Heidinger* Rn 14; Baumbach/*Hopt* § 22 Rn 11; Staub/*Hüffer* 4. Aufl. § 22 Rn 27.

[13] RGZ 76, 263 (265); OLG Köln RheinArch. 1909, 26 = ZBlFG 9, 630 (LS) m. Anm. *Bondi*; aA KG RJA 17, 84; Staub/*Würdinger* 3. Aufl. Rn 36.

[14] Staub/*Hüffer* 4. Aufl. Rn 6; aA Staub/*Würdinger* 3. Aufl. § 22 Rn 36.

[15] S. *Canaris* Handelsrecht § 10 Rn 43 mwN; *Köhler* DStR 1996, 510 (513 ff); *Schricker* FS v. Gramm, S. 289 ff; *Bußmann* Name, Firma, Marke, S. 119 f; *Pahlow* GRUR 2005, 705 ff; MünchKommBGB/*Bayreuther* § 12 Rn 137.

[16] Näher Ebenroth/Boujong/Joost/Strohn/*Zimmer* Rn 9; s. auch *K. Schmidt* Handelsrecht § 12 II 1a; Koller/*Roth*/Morck Rn 1; *Beater* GRUR 2000, 119 (122 f, 124).

[17] Ebenroth/Boujong/Joost/Strohn/*Zimmer* Rn 6; *Forkel* FS Paulick 1973 S. 101 (103 f); *Schricker* FS v. Gramm, S. 289 (295 ff).

Lizenznehmer überträgt und sich zugleich verpflichtet für diese Zeit auf einen Gebrauch der Firma zu verzichten.[18] Zwar verbleibt das Firmrecht in diesem Fall bei dem Firmeninhaber. Mit dieser Einschränkung kommt es aber weder zu einem Auseinanderfallen von Firma und Handelsgeschäft noch zu einer Firmenverdoppelung oder -aufspaltung. Die Täuschungsgefahr, vor der § 23 schützen will (Rn 3), besteht daher hier nicht. Vielmehr wird auf schuldrechtlicher Basis das gleiche Ergebnis erzielt wie im Falle des § 22 Abs. 2.

Wie bei § 22 Rn 68 ff näher dargelegt, kann überdies derjenige, der ein Handelsgeschäft mitsamt dem Recht zur Firmenfortführung erwirbt, dem Veräußerer unter Beachtung von § 30 gestatten, die veräußerte Firma zu Liquidationszwecken vorübergehend weiterzuführen. **9**

Firmenrechtlich ist ferner nichts dagegen einzuwenden, wenn der Firmeninhaber seine Firma (z.B. „Karl Decker, Säge- und Hobelwerk, Holzhandlung KG") dadurch wirtschaftlich verwertet, dass er einem anderen gestattet, das – mglw. auch als Marke eingetragene – Firmenschlagwort (im Beispiel „Decker-Holz") zu anderen Zwecken als einer Firmierung, insbes. zu Werbezwecken zu verwenden. Darin liegt kein Firmenhandel, da die Firma weder mit dinglicher noch mit schuldrechtlicher Wirkung übertragen wird. Es besteht auch keine Gefahr der Firmenverdoppelung oder -aufspaltung, weil der Vertragspartner die Firmenkennzeichnung nicht zur Firmierung verwenden darf. Vielmehr verzichtet der Firmeninhaber in diesem Fall lediglich auf die Geltendmachung der aus seinem Ausschließlichkeitsrecht folgenden Unterlassungsansprüche.[19] **10**

Überdies ist es firmenrechtlich sogar grundsätzlich zulässig, wenn der Firmeninhaber einem anderen gestattet, ein Firmenschlagwort als bzw. in seiner Firma zu benutzen (im Beispiel der Rn 10 also etwa „Decker-Holz GmbH"), solange nur den Anforderungen des § 30 Genüge getan ist.[20] Eine Firmenverdoppelung liegt dann nämlich nicht vor. Allerdings kann eine Firmenlizenz im Einzelfall gegen das firmenrechtliche (§ 18 Abs. 2)[21] oder das wettbewerbsrechtliche (§§ 5 f UWG)[22] Irreführungsverbot, Rechte Dritter (z.B. Namensrecht) oder sonstige Rechtsvorschriften verstoßen. Im Falle einer schuldrechtlich wirksamen Firmenlizenz kann sich der Lizenzinhaber gegenüber Dritten analog § 986 Abs. 1 BGB auf die Priorität der Kennzeichnung des Lizenzgebers berufen.[23] S. ferner Anh. I zu § 37 Rn 29. **11**

Schließlich ist die Einräumung einer solchen schuldrechtlichen Firmenlizenz nicht nur grundsätzlich zulässig, sondern wie die Regelung des § 24 Abs. 2 zeigt (vgl. dort Rn 30), firmenrechtlich sogar geboten, wenn eine Handelsgesellschaft als Namensgeberin einer anderen Handelsgesellschaft auftritt. Das entbindet von der Einhaltung des § 30 freilich ebenfalls nicht (zur GmbH & Co. § 30 Rn 32; zu Tochtergesellschaften § 30 Rn 39). **12**

---

[18] BGH WM 1985, 1242 (1243 f); Heymann/*Emmerich* Rn 3; Ebenroth/Boujong/Joost/Strohn/*Zimmer* Rn 11; Röhricht/v. Westphalen/*Ammon/Ries* Rn 6.
[19] BGH NJW 1993, 2236, 2237 („Decker"); BGH GRUR 1970, 528, 531 („Migrol"); BGH GRUR 1991, 780 (781) = WRP 1991, 645 („Transatlantische"); Ebenroth/Boujong/Joost/Strohn/*Zimmer* Rn 10.
[20] BGH NJW 1993, 2236 („Decker"); *Köhler* DStR 1996, 510 (513 ff); kritisch MünchKommBGB/*Bayreuther* § 12 Rn 135 mwN.
[21] Zu weitgehend *Canaris* Handelsrecht § 11 Rn 6 (irgendeine Form der Beteiligung erforderlich), näher § 18 Rn 56, 59.
[22] BGH GRUR 1970, 528, 531 f („Migrol" – keine Täuschung des Verkehrs über bestimmte Qualitätserwartungen, wenn Überwachungsmöglichkeiten des Lizenzgebers zur Vermeidung von Irreführungen bestehen.).
[23] Seit BGH NJW 1993, 2236 („Decker") allg. M.

II. Zurückbehaltung des Handelsgeschäfts

13 Verboten ist die Veräußerung der Firma, wenn nicht auch das mit ihr im Verkehr bezeichnete Unternehmen übertragen wird. Insoweit ergeben sich die tatbestandlichen Voraussetzungen des § 23 aus der Umkehrung der Anforderungen, die § 22 an die Zulässigkeit der Firmenfortführung stellt. Mithin muss das Handelsgeschäft tatsächlich (noch) bestehen (§ 22 Rn 14 ff; ferner u. Rn 14) und zumindest der Kern des Unternehmens erworben werden (§ 22 Rn 17 ff).

III. Umgehungsgeschäfte

14 **1. Scheingründung.** Wird ein Unternehmen nur zum Schein gegründet, ein Gewerbe also überhaupt nicht betrieben, so entsteht auch keine Firma, sondern nur der Schein einer Firma; das gilt auch dann, wenn die Eintragung in das Handelsregister erlangt wird, weil § 5 (vgl. dort Rn 8 ff) in diesem Fall nicht eingreift. Für die Anwendung des § 23 ist kein Raum, weil der vermeintliche Erwerber ohnehin nichts erhält.[24]

15 **2. Scheinübertragungen.** Anders liegt es, wenn eine scheinbare Übertragung des (existenten) Unternehmens die Veräußerung der Firma rechtfertigen soll;[25] sie fällt unter das Verbot des § 23, weil die Übertragung des Unternehmens nach § 117 BGB nichtig ist.

16 **3. Vorrats-GmbH.** Kein Fall des § 23 ist die Veräußerung einer sog. Vorrats-GmbH; denn erworben werden in diesem Fall die Geschäftsanteile und nicht bloß die Firma. Auch eine analoge Anwendung von § 23 kommt nicht in Betracht. Selbst wenn nämlich das wirtschaftliche Interesse des Erwerbers in erster Linie auf den Erwerb der Firma gerichtet sein sollte (was bei den meist farblosen Firmen von Vorratsgesellschaften regelmäßig nicht der Fall ist), so ist jedenfalls eine Täuschung des Rechtsverkehrs ausgeschlossen, weil beim Veräußerer nichts zurückbleibt und es bisher kein Unternehmen gibt, das werbend am Markt aufgetreten ist.[26]

17 **4. Mantel-GmbH.** Nach herrschender Meinung verstößt auch ein Mantelkauf nicht gegen § 23.[27] Richtigerweise ist hingegen zu differenzieren:[28] Entsprechend den vorstehenden Überlegungen (Rn 16) kommt es nur dann nicht zu einer Täuschung des Rechtsverkehrs, wenn – wie zumeist – die Gesellschaft ihre werbende Tätigkeit schon vor längerer Zeit eingestellt hat.[29] Dagegen stellt es eine Umgehung von § 23 dar, wenn eine GmbH zunächst ihr Handelsgeschäft ohne Recht zur Firmenfortführung veräußert und die Gesellschafter anschließend die Geschäftsanteile der nunmehr leeren GmbH mitsamt ihrer Firma an einen Dritten übertragen, solange der Verkehr mit dieser Firma noch kon-

---

[24] Staub/*Hüffer* 4. Aufl. Rn 8; **AA** ROHG 6, 246 f (A. W. Faber): Gleichstellung mit Art. 23 ADHGB; Staub/*Würdinger* 3. Aufl. Rn 2.
[25] Beispiel: RGZ 66, 415 (416); ebenso Staub/*Hüffer* 4. Aufl. Rn 8.
[26] MünchKommHGB/*Heidinger* Rn 3; Ebenroth/Boujong/Joost/Strohn/*Zimmer* Rn 18; kritisch *Beater* GRUR 2000, 119 (125 f); vgl. *Bandes* WM 1995, 641.
[27] BGHZ 153, 158 (160 ff) = NJW 2003, 892; ferner BGHZ 117, 323 (330) = NJW 1992, 1824 (1825); *K. Schmidt* Gesellschaftsrecht § 4 III; Baumbach/*Hopt* Rn 4.
[28] Ebenso MünchKommHGB/*Heidinger* Rn 2 f; GKzHGB/*Steitz* Rn 1a; *Beater* GRUR 2000, 119 ff.
[29] Insoweit **aA** GKzHGB/*Steitz* Rn 1a.

krete Vorstellungen verbindet; denn in diesem Fall ist eine Täuschung des Rechtsverkehrs vorprogrammiert. Der Fall ähnelt der Problematik der Nachbildung einer kürzlich gelöschten Firma (§ 18 Rn 39).[30] S. auch § 24 Rn 17 f.

5. Aufgabe des Handelsgewerbes durch den Erwerber. Dagegen greift § 23 weder **18** direkt noch analog ein, wenn ein Kaufmann sein Handelsgeschäft mit dem Recht zur Firmenfortführung veräußert und der Erwerber das Handelsgeschäft anschließend sogleich einstellt, weiterveräußert oder wesentlich verändert (ausf. § 22 Rn 106 f). Deswegen ist auch die Veräußerung eines Handelsgeschäfts mitsamt der Firma durch den Insolvenzverwalter (dazu § 22 Rn 54 ff) selbst dann nicht zu beanstanden, wenn der Erwerber dieses nicht weiterzuführen beabsichtigt.[31] Vielmehr sind in der Insolvenz sogar verringerte Anforderungen an den Umfang des Betriebsübergangs zu stellen (§ 22 Rn 17 a.E.).

C. Rechtsfolgen eines Verstoßes

I. Zivilrechtliche Wirkungen

1. Im Innenverhältnis zwischen Veräußerer und Erwerber. § 23 ist Verbotsgesetz **19** i.S.d. § 134 BGB.[32] Das nach Maßgabe der Rn 5 ff, 13 ff verbotswidrige Rechtsgeschäft ist daher nichtig, einerlei, ob es dinglich oder lediglich schuldrechtlich wirkt. Der diesen Geschäften zugrunde liegende Verpflichtungsvertrag ist auf eine anfänglich objektiv unmögliche Leistung gerichtet. Seit der Schuldrechtsreform ist der Vertrag deswegen jedoch nicht mehr gem. § 306 BGB a.F. nichtig, §§ 275, 311a Abs. 1 BGB. Vielmehr hat der Erwerber gem. § 311a Abs. 2 BGB lediglich einen Anspruch auf Schadens- oder Aufwendungsersatz gegen den Veräußerer. Auf den Schadensersatzanspruch muss er sich jedoch gem. § 254 BGB sein Mitverschulden anrechnen lassen, wenn er die auf dem Verstoß gegen § 23 beruhende Unmöglichkeit der Leistung kannte oder schuldhaft nicht erkannt hat.[33] Dies kann unter Umständen[34] dazu führen, dass der Erwerber keinen Anspruch hat, wenn er den Verstoß gegen § 23 kannte. Auch ein Anspruch auf Aufwendungsersatz ist in diesem Falle gem. § 284 BGB ausgeschlossen. Hinsichtlich des Anspruchs des Veräußerers auf die Gegenleistung gelten §§ 275 Abs. 4, 326 BGB. Erwirbt der Erwerber entgegen § 22 Rn 17 ff nur einen Teil des Handelsgeschäfts, so ist eine damit verbundene Firmenübertragung nichtig. Der Veräußerer hat damit nur einen Teil der geschuldeten Leistung erbracht. Hinsichtlich des Schadensersatzanspruches des Erwerbers ist in diesem Fall § 311a Abs. 2 S. 3 i.V.m. § 281 Abs. 1 S. 2 BGB, hinsichtlich der Gegenleistung §§ 275, 326 Abs. 1 S. 1 Hs. 2 i.V.m. § 441 Abs. 3 BGB zu beachten. Zudem kommt ein Rücktritt gem. §§ 275, 326 Abs. 5 i.V.m. § 323 Abs. 5 S. 1 BGB in Betracht. Eine auf die selbständige Übertragung der Firma gerichtete Klage kann

---

[30] Zutr. *Beater* GRUR 2000, 119 (125 f); MünchKommHGB/*Heidinger* Rn 3.
[31] Auch insoweit kritisch MünchKommHGB/*Heidinger* Rn 3.
[32] RGZ 63, 226 (228); Koller/*Roth*/Morck Rn 3; MünchKommHGB/*Heidinger* Rn 17; Heymann/*Emmerich* Rn 2; Staub/*Hüffer* 4. Aufl. Rn 9.
[33] MünchKommBGB/*Ernst* § 311a Rn 68; P. Huber/Faust Schuldrechtsmodernisierung Kap. 7 Rn 45.
[34] § 254 Abs. 1 BGB schreibt vor, dass der Umfang des zu leistenden Ersatzes *„von den Umständen"* abhängt, so dass diesen dem jeweiligen Einzelfall entsprechend Rechnung zu tragen ist, s. MünchKommBGB/*Ernst* § 311a Rn 68.

keinen Erfolg haben, sofern nicht zumindest der Kern des Handelsgeschäfts schon vor Klageerhebung von dem bisherigen Inhaber auf den Kläger übertragen worden ist.[35]

2. Im Außenverhältnis gegenüber Dritten

20 a) **Haftung des Veräußerers.** Nach allgemeinen Zurechnungsregeln (Vor § 17 Rn 1) treffen die Rechtsfolgen von unter einer Firma geschlossenen Rechtsgeschäften dessen Inhaber. Firmeninhaber ist vorliegend wegen der Nichtigkeit der Firmenübertragung nach wie vor der Veräußerer. Allerdings wird der Erwerber regelmäßig keine Vertretungsmacht haben, um den Veräußerer zu verpflichten. Eine Haftung des Veräußerers kommt daher nur nach allgemeinen Rechtsscheingrundsätzen, also dann in Betracht, wenn er in zurechenbarer Weise den Rechtsschein gesetzt hat, selbst aus den vom Erwerber geschlossenen Geschäften verpflichtet zu werden, und der Vertragspartner im Vertrauen hierauf (erforderlich ist also Gutgläubigkeit und Kausalität) kontrahiert hat.[36]

21 b) **Haftung des Erwerbers.** Der Inhaberwechsel ist gem. § 31 Abs. 1 eine in das Handelsregister einzutragende Tatsache. Erfolgen Eintragung und Bekanntmachung, obwohl eine wirksame Firmenveräußerung nicht vorliegt, muss der vermeintliche Firmenerwerber die Registerpublizität gem. § 15 Abs. 3 gegen sich gelten und sich daher so behandeln lassen, als wäre er der Inhaber.[37] Ferner kommt nach dem zuvor Gesagten (Rn 20) eine Haftung als Vertreter ohne Vertretungsmacht gem. § 179 BGB in Betracht, wenn der Veräußerer das Geschäft nicht genehmigt. Überdies kann sowohl der Erwerber als auch der Veräußerer nach allgemeinen Rechtsscheingrundsätzen haften, je nach dem wer von beiden durch sein Verhalten in zurechenbarer Weise den Anschein hervorgerufen hat, selbst durch die unter der Firma geschlossenen Geschäfte verpflichtet zu werden, und der Vertragspartner im Vertrauen hierauf kontrahiert hat.[38] Schließlich wird angenommen der Erwerber könne nach § 25 Abs. 1 S. 1 haften.[39] Dem ist nicht zuzustimmen.[40] Zwar ist richtig, dass es für eine Haftung aus § 25 nicht darauf ankommt, ob die Firma wirksam übertragen wurde und die Firmenführung berechtigt ist (s. § 25 Rn 69). Erforderlich ist aber, dass das Handelsgeschäft tatsächlich auf den Erwerber übergegangen ist (§ 25 Rn 55 ff). Insbes. reicht der bloße Rechtsschein eines Geschäftsüberganges zur Begründung einer Haftung aus § 25 Abs. 1 S. 1 nicht aus.[41] Gerade an einem Geschäftsübergang fehlt es aber in den Fällen des § 23. In Betracht kommt allenfalls eine Rechtsscheinhaftung (§ 25 Rn 158 f).[42]

---

[35] RGZ 63, 226 (228 f); Ebenroth/Boujong/Joost/Strohn/*Zimmer* Rn 19; Staub/*Hüffer* 4. Aufl. Rn 9; Heymann/*Emmerich* Rn 4; Röhricht/v. Westphalen/*Ammon/Ries* Rn 9.

[36] Ebenroth/Boujong/Joost/Strohn/*Zimmer* Rn 10; allg. zu den Voraussetzungen einer Rechtsscheinhaftung *K. Schmidt* Handelsrecht § 5 IV 2. a) ff.

[37] HM MünchKommHGB/*Heidinger* Rn 18; Röhricht/v. Westphalen/*Ammon/Ries* Rn 10; Baumbach/*Hopt* Rn 3; Staub/*Hüffer* 4. Aufl. Rn 10; Heymann/*Emmerich* Rn 5; **aA** Ebenroth/Boujong/Joost/Strohn/*Zimmer* Rn 20.

[38] Ebenroth/Boujong/Joost/Strohn/*Zimmer* Rn 20, § 25 Rn 32 ff; für die Möglichkeit einer Rechtsscheinhaftung auch Staub/*Hüffer* 4. Aufl. Rn 10; MünchKommHGB/*Heidinger* Rn 18; Röhricht/v. Westphalen/*Ammon/Ries* Rn 10.

[39] Staub/*Hüffer* 4. Aufl. Rn 10.

[40] I.E. ebenso Ebenroth/Boujong/Joost/Strohn/*Zimmer* Rn 20.

[41] Baumbach/*Hopt* § 25 Rn 5; MünchKommHGB/*Lieb* § 25 Rn 50; *Canaris* Vertrauenshaftung S. 186 f; *Schricker* ZGR 1972, 121 (154 f).

[42] Baumbach/*Hopt* § 25 Rn 5; Heymann/*Emmerich* Rn 19; Ebenroth/Boujong/Joost/Strohn/*Zimmer* § 25 Rn 33 f.

c) **Gesamtschuldner.** Nach dem Vorstehenden ist denkbar, dass dem Gläubiger sowohl Ansprüche gegen den Veräußerer als auch gegen den Erwerber zustehen. Beide haften dann als Gesamtschuldner (§§ 421 ff BGB). **22**

II. Registerrechtliche Wirkungen

Die Führung der gem. § 23 nicht erworbenen Firma ist **Firmenmissbrauch i.S.d. § 37** **23**
Abs. 1. Das Registergericht hat die Firmenführung deshalb nach Maßgabe des § 392 FamFG (§ 140 FGG a.F.) zu untersagen. Ist der Inhaberwechsel fälschlich eingetragen worden, so kommt auch das Verfahren der Amtslöschung nach §§ 395 f FamFG (§§ 142 f FGG a.F.) in Betracht.

§ 24

(1) Wird jemand in ein bestehendes Handelsgeschäft als Gesellschafter aufgenommen oder tritt ein neuer Gesellschafter in eine Handelsgesellschaft ein oder scheidet aus einer solchen ein Gesellschafter aus, so kann ungeachtet dieser Veränderung die bisherige Firma fortgeführt werden.

(2) Bei dem Ausscheiden eines Gesellschafters, dessen Name in der Firma enthalten ist, bedarf es zur Fortführung der Firma der ausdrücklichen Einwilligung des Gesellschafters oder seiner Erben.

Schrifttum

1. **Seit der Handelsrechtsreform.** *Felsner* Fortführung der Firma bei Ausscheiden des namensgebenden Gesellschafters nach dem Handelsrechtsreformgesetz, NJW 1998, 3255; *Hartmann* Zur Abänderbarkeit der gem. § 24 HGB fortgeführten Firma einer Personenhandelsgesellschaft – zugleich eine Anmerkung zum Beschl. des LG Essen v. 14.11.2002, RNotZ 2003, 250; *Henssler* Zum Namensschutz einer Freiberuflersozietät, NZG 2000, 645; *Meyer* Fortführung der Firma der Personenhandelsgesellschaft durch einen Einzelkaufmann, RNotZ 2004, 323; *Römermann* Namensfortführung in der Freiberufler-Sozietät und Partnerschaft, NZG 1998, 121; *Sommer* Umwandlung einer GbR in eine Partnerschaftsgesellschaft, NJW 1998, 3549; *M. Weßling* Der Einwilligungsvorbehalt für eine Firmenfortführung bei Ausscheiden des namensgebenden Gesellschafters, GmbHR 2004, 487.
S. ferner da Schrifttum zu §§ 22, 23.

2. **Vor der Handelsrechtsreform.** *Canaris* Kollisionen der §§ 16 und 3 UWG mit dem Grundsatz der Firmenbeständigkeit gem. §§ 22, 24 HGB, GRUR 1989, 711; *Hüffer* Das Namensrecht des ausscheidenden Gesellschafters als Grenze zulässiger Firmenfortführung, ZGR 1986, 137; *Sieveking* Nachträgliche Änderung einer abgeleiteten Firma nach § 24 HGB, BB 1965, 1422; *Strohm* Die Gestattung der Firmenfortführung, Festschrift E. Ulmer, 1973 S. 333; *Wessel* Nachträgliche Änderung einer abgeleiteten Firma nach § 24 HGB, BB 1965, 1422.
S. ferner da Schrifttum zu §§ 22, 23.

Übersicht

	Rn
A. Grundlagen	1–15
I. Norminhalt	1
II. Entstehungsgeschichte	2
III. Normzweck	3–4
IV. Bedeutung der Norm vor und nach der Handelsrechtsreform	5–6
V. Anwendungsbereich	7–15
1. Handelsgeschäft und Handelsgesellschaft	7–13
a) Gesetzeswortlaut	7
b) Meinungsstand	8–10
c) Stellungnahme	11–13
2. Andere Unternehmensträger	14–15
B. Voraussetzungen des Firmenfortführungsrechts	16–41
I. Bestehendes Handelsgeschäft	16
II. Kontinuität des Unternehmens	17–18
III. Bisherige Firma	19
IV. Anwendungsfälle des § 24 Abs. 1	20–25
1. Die Aufnahme eines Gesellschafters in das Handelsgeschäft, Abs. 1 Fall 1	20
2. Veränderungen im Gesellschafterbestand, Abs. 1 Fall 2 und 3	21–24
a) Eintritt oder Ausscheiden von Gesellschaftern	21–22
b) Rechtsnachfolge in den Gesellschaftsanteil	23
c) Übernahme sämtlicher Gesellschaftsanteile durch eine Person	24
3. Statusänderungen von Gesellschaftern	25
V. Das Einwilligungserfordernis bei Ausscheiden eines Gesellschafters (Abs. 2)	26–41
1. Rechtsnatur der Einwilligung	26–28
2. Voraussetzungen des Einwilligungserfordernisses	29–31
a) Der Name als Firmenbestandteil	29–30
aa) Natürliche Person als Namensgeber	29
bb) Gesellschaften als Namensgeber	30
b) Das Ausscheiden des namensgebenden Gesellschafters	31
3. Erteilung der Einwilligung	32–36
a) Ausdrückliche Erklärung	32
b) Zeitpunkt der Erklärung	33
c) Die Person des Einwilligenden	34
aa) Natürliche Person als Namensgeber	34
bb) Gesellschaften als Namensgeber	35
cc) Einwilligungsberechtigung in der Insolvenz des Namensgebers	36
4. Rechtsfolgen der Einwilligung	37–41
a) Bei Erteilung	37–40
b) Bei Versagen	41
C. Rechtsfolgen des Firmenfortführungsrechts	42–46
I. Das Recht zur Fortführung der Firma	42
II. Art und Weise der Firmenfortführung	43–46
1. Grundsätze	43
2. Aufnahme eines Nachfolgezusatzes	44–45
3. Anpassung des Rechtsformzusatzes	46

A. Grundlagen

I. Norminhalt

1 § 24 Abs. 1 gewährt das Recht zur Fortführung der Firma bei Übergang vom Einzel- zum Gesellschaftsunternehmen und umgekehrt sowie Veränderungen im Gesellschafterbestand. Bei Ausscheiden eines namensgebenden Gesellschafters macht § 24 Abs. 2 dieses Recht allerdings von dessen ausdrücklicher Einwilligung abhängig. Mit dieser Einwilligung ist hier – anders als bei § 22 (Rn 27 f) – nicht die Übertragung des Firmenrechts i.S.d. §§ 398, 413 BGB, sondern die namensrechtliche Gestattung (§ 22 Rn 30, 42 ff) gemeint (näher Rn 26 ff).

II. Entstehungsgeschichte

2 Die Norm geht auf Art. 24 ADHGB zurück und gilt im Kern seither unverändert. Auch die Handelsrechtsreform brachte nur eine klarstellende Ergänzung,[1] indem an Abs. 1 die Worte *„auch wenn sie den Namen des bisherigen Geschäftsinhabers oder Namen von*

---

[1] Reg.-Begr. BT-Drucks. 13/8444 S. 56 f; BR-Drucks 340/97 S. 57; Ebenroth/Boujong/Joost/Strohn/*Zimmer* Rn 1; *Roth* Die Reform des Handelsstandes, S. 31, 37.

Gesellschaftern enthält" eingefügt wurden. Allerdings bedarf die Norm aufgrund der Liberalisierung des Firmenrechts teilweise einer modifizierten Auslegung (s. insbes. Rn 7 ff).

III. Normzweck

§ 24 Abs. 1 dient der **Erhaltung des Firmenwerts bei Änderungen im Gesellschafterbestand** und ergänzt damit die in §§ 21, 22 getroffene Regelung: Nicht nur Namensänderung und Inhaberwechsel durch Erwerb des Handelsgeschäfts, sondern auch der Übergang vom Einzel- zum Gesellschaftsunternehmen und umgekehrt sowie Veränderungen im Gesellschafterbestand stehen der Beibehaltung der Firma nicht entgegen. Auch insoweit setzt sich also im Interesse des Firmenwerterhalts das Prinzip der Firmenbeständigkeit gegen den Grundsatz der Firmenwahrheit durch (dazu weiter Rn 5).

3

§ 24 Abs. 2 schützt demgegenüber das **Interesse des namensgebenden Gesellschafters**, im Falle seines Ausscheidens über die weitere Verwendung seines Namens in der Firma bestimmen zu können. Nach dieser gesetzlichen Regelung erfolgt die Einbringung des Namens nur für die Dauer der Mitgliedschaft. Für eine darüber hinausgehende Nutzung bedarf die Gesellschaft der ausdrücklichen Einwilligung des namensgebenden Gesellschafters oder seiner Erben. Diese kann der Namensgeber freilich schon vor und unabhängig von seinem Ausscheiden erteilen. Damit bewertet das Gesetz nicht die – ebenfalls vorhandenen – wirtschaftlichen, sondern die namens- und persönlichkeitsrechtlichen Interessen des Gesellschafters hinsichtlich der weiteren Verwendung seines Namens höher als die rein wirtschaftlichen Interessen der Gesellschaft an der Fortführung der Firma. Das ist im Blick auf den hohen Stellenwert des Persönlichkeitsrechts (Art. 1, 2 GG) nicht nur sachgerecht, sondern geradezu geboten. Der namensgebende Gesellschafter kann berechtigte Interessen haben, seinen Namen „mitzunehmen", nicht nur, um bei einer späteren Unternehmensgründung nicht in der Firmenwahl beschränkt zu sein[2], sondern bspw. auch, um nicht mehr mit der Gesellschaft in Verbindung gebracht zu werden, etwa weil er sich von deren Geschäftspraktiken distanzieren will oder schlicht, weil er Bedenken hat, dass eine Gesellschaft seinen Namen führt, auf deren Geschicke er keinen Einfluss mehr ausüben kann[3]. Das Bestehen und die Berechtigung dieser Interessen haben sich durch den Wegfall des Zwangs zur Bildung von Personenfirmen nicht geändert. Eine Streichung von § 24 Abs. 2, wie sie von manchen befürwortet wird,[4] würde daher nur dazu führen, dass die Regelung der Frage der Firmenfortführung gänzlich der Parteivereinbarung überlassen bliebe. Das scheint auf den ersten Blick Vorzüge zu haben (Stärkung der Privatautonomie) und zudem keine bedeutende Änderung gegenüber dem Ist-Zustand zu sein, weil schon heute vielfach solche Regelungen getroffen werden. Zu bedenken ist jedoch ferner, dass durch eine Streichung von § 24 Abs. 2 die (auch) persönlichkeitsrechtlichen Interessen des Namensgebers mit den (bloß) wirtschaftlichen Interessen der Gesellschaft auf eine Stufe gestellt würden. Faktisch würde dies sogar zu einer Stärkung der Rechtsposition der Gesellschaft führen, weil die Verhandlungsposition des informierten Namensgebers geschwächt und der uninformierte Namensgeber, der die Tragweite seiner Entscheidung nicht übersieht, vom Gesetz nicht mehr geschützt würde. An § 24 Abs. 2 ist daher auch de lege ferenda festzuhalten.

4

---

[2] BGHZ 58, 322 (325 f); BGH NJW 1989, 1798 (1799); Staub/*Hüffer* 4. Aufl. Rn 13; vgl. auch *Köhler* FS Fikenscher 1998, S. 494 (498 Fn 8).
[3] Vgl. BGHZ 32 103 (111); Ebenroth/Boujong/Joost/Strohn/*Zimmer* Rn 2; Staub/*Hüffer* 4. Aufl. Rn 13.
[4] MünchKommHGB/*Heidinger* Rn 5; vgl. auch *Canaris* Handelsrecht § 10 Rn 45.

IV. Bedeutung der Norm vor und nach der Handelsrechtsreform

5 § 24 Abs. 1 hatte schon vor der Liberalisierung des Firmenrechts mit Ausnahme des Übergangs vom Einzel- zum Gesellschaftsunternehmen und umgekehrt in den meisten Fällen nur klarstellende Bedeutung. Daran hat sich nichts geändert (s.u. Rn 21). Vielmehr hat die Vorschrift aufgrund der Firmenwahlfreiheit (Vor § 17 Rn 27) und der Abschwächung des Grundsatzes der Firmenwahrheit (Vor § 17 Rn 28 ff) weiter an Bedeutung verloren. Das gilt umso mehr, wenn man der hier vertretenen Ansicht folgt, wonach Personenfirmen grundsätzlich auch unter Verwendung der Namen von ausgeschiedenen Gesellschaftern gebildet werden können, wenn die Namensträger hiermit einverstanden (zur namensrechtlichen Gestattung § 22 Rn 42 ff) sind (§ 18 Rn 56, 59).[5] In vielen Fällen, in denen früher nur eine (unveränderte) Firmenfortführung geholfen hat, wäre daher heute alternativ eine Firmenneubildung möglich. Wäre aber auch eine Firmenneubildung möglich, dann hat die Firmenfortführung nach § 24 Abs. 1 „nur" noch den Vorteil der Prioritätswahrung gegenüber anderen Firmen.[6] Dieser Vorteil darf freilich keineswegs gering geschätzt werden.

6 Dem Bedeutungsverlust von § 24 Abs. 1 steht allerdings ein Bedeutungsgewinn von § 24 Abs. 2 gegenüber; denn infolge der Handelsrechtsreform wurde offenbar, dass der Anwendungsbereich von § 24 richtigerweise erheblich größer ist, als vor der Reform ganz überwiegend angenommen wurde. Das wirkt sich vor allem auf § 24 Abs. 2 aus. Im Einzelnen:

V. Anwendungsbereich

1. Handelsgeschäft und Handelsgesellschaft

7 a) *Gesetzeswortlaut.* Nach dem Wortlaut von Abs. 1 erfasst § 24 das Handelsgeschäft des Einzelkaufmanns und Handelsgesellschaften. Handelsgesellschaften sind nach der Überschrift des Zweiten Buchs die OHG und KG, einschließlich der GmbH & Co. KG, sowie gem. §§ 3, 278 Abs. 3 AktG, § 13 Abs. 3 GmbHG, Art. 9 Abs. 1 lit. c ii SEVO i.V.m. §§ 1, 3 SEAG, 3 AktG, § 1 Hs. 2 EWIVAG[7] die AG, KGaA, GmbH (einschließlich der sog. Unternehmergesellschaft i.S.d. § 5a GmbHG), SE und deutsche EWiV.

8 b) *Meinungsstand.* Angesichts dieses eindeutigen Gesetzeswortlauts verwundert es auf den ersten Blick, dass der Anwendungsbereich von § 24 höchst umstritten ist. Weitgehend Einigkeit besteht lediglich darin, dass die Vorschrift Einzelkaufleute sowie die OHG und KG erfasst.[8] Bereits die Behandlung der GmbH & Co. KG wird kontrovers beurteilt.[9] Die „Hauptkampflinie" verläuft indes zwischen Gegnern[10] und Befürwor-

---

[5] Vgl. auch MünchKommHGB/*Heidinger* Rn 6.
[6] MünchKommHGB/*Heidinger* Rn 7.
[7] Näher dazu Ebenroth/Boujong/Joost/Strohn/ *Zimmer* Rn 8.
[8] Ebenroth/Boujong/Joost/Strohn/*Zimmer* Rn 3; Staub/*Hüffer* 4. Aufl. Rn 2; Baumbach/ *Hopt* Rn 1; Heymann/*Emmerich* Rn 2; Röhricht/v. Westphalen/*Ammon/Ries* Rn 4; Koller/*Roth*/Morck Rn 1; Schlegelberger/ Hildebrandt/Steckhan Rn 1; GKzHGB/*Steitz* § 24 Rn 2.

[9] Dafür BGHZ 68, 271 (272 f); Heymann/ *Emmerich* Rn 4; Ebenroth/Boujong/Joost/ Strohn/*Zimmer* Rn 3 f; anders offenbar BGHZ 109, 364 (368); OLG Hamm NJW 1982, 586 (587); OLG Düsseldorf NJW 1980, 1980 (1984 f) jeweils für Abs. 2.
[10] BGHZ 85, 221, 224 f; BGHZ 58, 323; *Weßling* GmbHR 2004, 487; *Canaris* Handelsrecht § 10 Rn 52; Staub/*Hüffer* 4. Aufl. Rn 2; Röhricht/v. Westphalen/*Ammon/Ries* Rn 4; Heymann/*Emmerich* Rn 2.

tern[11] einer Anwendung von § 24 auf Kapitalgesellschaften. Letztere gewinnen seit der Handelsrechtsreform an Boden.

Argumentativ wird zwischen Abs. 1 und Abs. 2 differenziert. Nach hM ist Abs. 1 auf Kapitalgesellschaften deswegen nicht anzuwenden, weil deren Identität durch einen Mitgliederwechsel nicht berührt werde.[12] Die Gegenansicht trägt vor, dies sei bei Personenhandelsgesellschaften nicht anders, auf die Abs. 1 unstreitig Anwendung fände.[13]

Abs. 2 soll nach hM für Kapitalgesellschaften nicht gelten, weil nur die Gesellschafter einer Personenhandelsgesellschaft nach § 19 a.F. gezwungen waren, eine Personenfirma zu bilden. Nur diesen müsse daher die Möglichkeit eröffnet werden, bei ihrem Ausscheiden frei darüber zu befinden, ob sie der Gesellschaft die Fortführung der Firma gestatten wollen oder nicht. Die Gesellschafter namentlich einer GmbH seien dagegen bereits bei der Firmenbildung frei und daher nicht in demselben Maße schutzwürdig, zumal sie bei der Überlassung ihres Namens zur Firmenbildung vereinbaren könnten, dass dies nur für die Dauer ihrer Mitgliedschaft geschehe.[14] Dem hält die neuere Lehre entgegen, dass diese Differenzierung nach der Handelsrechtsreform nicht mehr trage, da nunmehr auch Einzelkaufleute und Personenhandelsgesellschaften Sach- und Phantasiefirmen wählen könnten.[15] Solle Abs. 2 nicht (fast) jegliche Bedeutung verlieren, müsse die Vorschrift daher auch für Kapitalgesellschaften gelten. Andere ziehen dagegen den umgekehrten Schluss und halten Abs. 2 deswegen tatsächlich für mehr oder weniger gegenstandslos.[16]

c) **Stellungnahme.** Angesichts des eindeutigen Gesetzeswortlauts (Rn 7) bedarf es starker Argumente, um eine einschränkende Auslegung zu rechtfertigen.[17] Aus der Teleologie des Gesetzes lassen sich diese nicht gewinnen, da der Zweck sowohl von Abs. 1 (Rn 3) als auch von Abs. 2 (Rn 4) bei allen Handelsgesellschaften gleichermaßen Sinn macht.

Allerdings hat Abs. 1 für alle Handelsgesellschaften vornehmlich klarstellende Bedeutung, da ein Gesellschafterwechsel auf deren Identität grundsätzlich (Ausnahme: Aus-

---

[11] LG Köln AnwBl. 2005, 788 f; GKzHGB/*Steitz* Fn 2; MünchKommHGB/*Heidinger* Rn 4; *Kern* BB 1999, 1719; Ebenroth/Boujong/Joost/Strohn/*Zimmer* Rn 4.

[12] Staub/*Hüffer* 4. Aufl. Rn 7; Röhricht/v. Westphalen/*Ammon/Ries* Rn 4; Heymann/*Emmerich* Rn 2; HKzHGB/*Ruß* Rn 2.

[13] Ebenroth/Boujong/Joost/Strohn/*Zimmer* Rn 4; Straube/*Schumacher* Rn 11.

[14] Grundlegend BGHZ 58, 323 ff; s. ferner BGHZ 85, 221, 224 f; BGH WM 1992, 504, 506; OLG Rostock GmbHR 1997, 1064, 1065; OLG Köln WM 1988, 83; Staub/*Hüffer* 4. Aufl. Rn 2, 15; *ders.* ZGR 1986, 137, 148 f; Baumbach/*Hopt* Rn 12; Röhricht/v. Westphalen/*Ammon/Ries* Rn 4, 18; Heymann/*Emmerich* Rn 2; Schlegelberger/*Hildebrandt/Steckhan* Rn 1; Koller/*Roth*/Morck Rn 8; HKzHGB/*Ruß* Rn 5 f; *Schrom* DB 1964, Beilage Nr. 15 (34); K. *Schmidt* Handelsrecht § 12 III 2 b cc; **aA** OLG Hamburg OLGR 16, 83; Straube/*Schumacher* Rn 11.

[15] MünchKommHGB/*Heidinger* Rn 4; *Felsner* NJW 1998, 3255, 3256; *Kern* BB 1999, 1717 (1719); *Weßling* GmbHR 2004, 487; *Barnert* KTS 2003, 523 (547); **aA** *Canaris* Handelsrecht § 10 Rn 52; Ebenroth/Boujong/Joost/Strohn/*Zimmer* Rn 5; Straube/*Schumacher* Rn 4.

[16] Mit Unterschieden im Einzelnen: Röhricht/v. Westphalen/*Ammon/Ries* Rn 18; Koller/*Roth*/Morck Rn 8; *Steinbeck* NZG 1999, 137 (138); *Weßling* GmbHR 2004, 487; K. *Schmidt* Handelsrecht § 12 I 3c; auch MünchKommHGB/*Heidinger* Rn 4 ff zeigt Sympathie für diese Ansicht, wenngleich er sie im Ergebnis ablehnt. Bedeutung und Anwendungsbereich hält er jedoch für sehr klein; dagegen HKzHGB/*Ruß* Rn 6.

[17] Mit dem Gesetzeswortlaut argumentierten bereits OLG Hamburg OLGR 16, 83; *Feine* Ehrenberg Hdb. Bd. III 1 S. 87; *Groschuff* JW 1934, 948.

scheiden des vorletzten Gesellschafters aus einer Personenhandelsgesellschaft) keinen Einfluss hat.[18] Vielmehr handelt es sich (mit dieser Ausnahme) lediglich um gesellschaftsinterne Vorgänge (s. auch u. Rn 21). Die Hauptbedeutung von Abs. 1 ist daher in dem Übergang vom Einzel- zum Gesellschaftsunternehmen und umgekehrt zu erblicken (dazu u. Rn 20, 24).

13 Im Blick auf Abs. 2 ist festzuhalten, dass der hergebrachten Differenzierung, die schon nach altem Recht wenig überzeugend war (s. § 22 Rn 44, 50), durch die Handelsrechtsreform weitgehend die Grundlage entzogen wurde. Sie könnte nur noch für Partnerschaftsgesellschaften (§ 2 PartGG), Rechtsanwalts- und Patentanwaltsgesellschaften mbH (§ 59k Abs. 1 BRAO, § 52k Abs. 1 PatAnwO) sowie möglicherweise für Altfirmen aufrechterhalten werden. Angesichts des Inhalts und Zwecks von Abs. 2 überzeugt ein derart schmaler Anwendungsbereich der Vorschrift freilich nicht. Vielmehr ist es vor dem Hintergrund der – zunehmenden – Bedeutung des Namens- und Persönlichkeitsrechts angemessen, wenn nicht sogar geboten, den Namensgeber nicht nur bei der Firmenbildung, sondern auch bei seinem Ausscheiden aus der Gesellschaft von Gesetzes wegen die Möglichkeit zu eröffnen, frei darüber zu befinden, ob er damit einverstanden ist, dass die Gesellschaft seinen Namen als Firma oder Firmenbestandteil (weiterhin) führt, obwohl er nach seinem Ausscheiden keinen Einfluss mehr auf deren Geschicke hat (s.o. Rn 4). Das gilt übrigens unterschiedslos, ob der Namensgeber nur sehr kurz (z.B. bald nach der Gründung zerstreiten sich die Gesellschafter) oder sehr lang (z.B.: nach 30 Jahren haben sich die Verhältnisse, die für die Entscheidung des Gesellschafters, eine Firmierung mit seinem Namen zu gestatten, grundlegend geändert) Gesellschafter war. In beiden Fällen wäre es nicht angemessen, ihn aufgrund einer einschränkenden Gesetzesauslegung „auf ewig" an seiner Entscheidung festzuhalten.

14 **2. Andere Unternehmensträger.** Folgt man vorstehenden Überlegungen, dann ist § 24 zudem auf alle Unternehmensträger **anwendbar**, die entweder firmenfähig sind oder bei denen das Firmenrecht kraft gesetzlicher Anordnung entsprechende Anwendung findet, also insbes. auf:
– Partnerschaftsgesellschaften, § 2 Abs. 2 Hs. 1 PartGG,[19]
– eingetragene Genossenschaften, §§ 3, 17 Abs. 2 GenG,
– Europäische Genossenschaften, Art. 8 Abs. 1 lit. c ii SCEVO i.V.m. § 17 Abs. 2 GenG,
– große Versicherungsvereine auf Gegenseitigkeit, §§ 16, 18 VAG,[20]
– Vorgesellschaften, sofern sie firmenfähig sind (dazu § 17 Rn 14).[21]

Lediglich § 24 Abs. 2 findet auf die Umwandlung einer GbR in eine Partnerschaftsgesellschaft Anwendung, § 2 Abs. 2 Hs. 2 PartGG.[22]

15 **Keine Anwendung** findet § 24 auf Unternehmensträger, die nicht firmenfähig sind, oder bei denen die firmenrechtlichen Vorschriften kraft Gesetzes keine Anwendung finden, also insbes. nicht auf:

---

[18] Staub/*Hüffer* 4. Aufl. Rn 7; Ebenroth/Boujong/Joost/Strohn/*Zimmer* Rn 4.
[19] BGH NJW 2002, 619; ferner LG Essen RNotZ 2003, 267; Ebenroth/Boujong/Strohn/*Zimmer* Rn 3; MünchKommHGB/*Heidinger* Rn 2; GKzHGB/*Steitz* Rn 2.
[20] Ebenroth/Boujong/Joost/Strohn/*Zimmer* Rn 7.
[21] Ebenroth/Boujong/Joost/Strohn/*Zimmer* Rn 9.
[22] OLG München NZG 2000, 367; s. auch BayObLG NJW 1998, 1158 (1159); OLG Karlsruhe NJW 1999, 2284; OLG München DB 1999, 2353 (2354); Ebenroth/Boujong/Joost/Strohn/*Zimmer* Rn 3.

- unternehmenstragende BGB-Gesellschaften[23] (außer in Fällen des § 2 Abs. 2 Hs. 2 PartGG),
- nicht gem. § 2 S. 1 eingetragene Kleingewerbetreibende[24] und
- kleine Versicherungsvereine auf Gegenseitigkeit, § 53 VAG.[25]

Keine Anwendung findet § 24 schließlich auf die stille Gesellschaft,[26] weil sie kein Unternehmensträger ist, und dementsprechend auch nicht auf den Ein- und Austritt stiller Gesellschafter.[27] Die Unanwendbarkeit von § 24 hat freilich nur geringe Bedeutung. Insbes. hat die Unanwendbarkeit von Abs. 2 nicht zur Folge, dass Namensgeber keinen namensrechtlichen Schutz genössen und auf diesen Schutz nicht verzichten könnten. Vielmehr gelten allgemeine Regeln (s. § 22 Rn 42 ff).

B. Voraussetzungen des Firmenfortführungsrechts

I. Bestehendes Handelsgeschäft

Die Firmenfortführung nach § 24 setzt wie die nach § 22 das Bestehen eines Handelsgeschäfts voraus. Dementsprechend sind die gleichen Anforderungen an dieses Tatbestandsmerkmal zu stellen. Auf § 22 Rn 13–16 wird daher verwiesen.

16

II. Kontinuität des Unternehmens

Erforderlich ist nach hM ferner, dass die **Kontinuität des Unternehmens** gewahrt bleibt. Zum Zeitpunkt der Änderung des Gesellschafterbestands müsse das Geschäft im Kern erhalten sein, so dass die bisherige unternehmerische Tätigkeit im Wesentlichen fortgesetzt werden könne.[28] Eine Firmenfortführung nach § 24 scheide mithin aus, wenn einem ausscheidenden Gesellschafter der Hauptteil des Unternehmens übertragen oder das Unternehmen geteilt[29] oder im Zuge des Eintritts eines neuen Gesellschafters der Gegenstand des Unternehmens so wesentlich verändert werde, dass die fortgeführte Firma nicht mehr das bisherige Handelsgeschäft bezeichne[30]. Begründet wird dies mit der Parallelität zu § 22, mit § 23 sowie damit, dass die Fortführung der Firma andernfalls täuschungsgeeignet und daher unzulässig wäre.[31]

17

---

[23] Str., aA OLG Nürnberg NZG 1999, 441; Koller/*Roth*/Morck Rn 1; wie hier Begr. RegE zu § 2 Abs. 2 Hs. 2 PartGG, BT-Drucks. 12/6152, S. 12; Röhricht/v. Westphalen/*Ammon*/Ries Rn 6; *Möller* DNotZ 2000, 830 (840); Ebenroth/Boujong/Joost/Strohn/*Zimmer* Rn 11; s. auch § 22 Rn 12.

[24] Ebenroth/Boujong/Joost/Strohn/*Zimmer* Rn 11; zur alten Rechtslage Röhricht/v. Westphalen/*Ammon*/Ries Rn 6; Staub/*Hüffer* 4. Aufl. Rn 4.

[25] Ebenroth/Boujong/Joost/Strohn/*Zimmer* Rn 7.

[26] Ebenroth/Boujong/Joost/Strohn/*Zimmer* Rn 3; Röhricht/v. Westphalen/*v. Gerkan* § 230 Rn 6; Heymann/*Horn* § 230 Rn 3.

[27] Ebenroth/Boujong/Joost/Strohn/*Zimmer* Rn 3; Staub/*Hüffer* 4. Aufl. Rn 2; Heymann/*Emmerich* Rn 2.

[28] BGH WM 1957, 1152 (1153 ff); BGH BB 1977, 1015 f = JR 1978, 67 m. Anm. *Hommelhoff*; Ebenroth/Boujong/Joost/Strohn/*Zimmer* Rn 10; Staub/*Hüffer* 4. Aufl. Rn 3 f; Koller/*Roth*/Morck Rn 2; Röhricht/v. Westphalen/*Ammon*/Ries Rn 5; Heymann/*Emmerich* Rn 1; Straube/*Schumacher* Rn 2.

[29] BGH WM 1957, 1152 (1153 ff); BGH BB 1977, 1015 f = JR 1978, 67 m. Anm. *Hommelhoff*; Ebenroth/Boujong/Joost/Strohn/*Zimmer* Rn 10; Heymann/*Emmerich* Rn 1.

[30] Staub/*Hüffer* 4. Aufl. Rn 3.

[31] BGH BB 1977, 1015 = JR 1978, 67 m. Anm. *Hommelhoff*; Ebenroth/Boujong/Joost/Strohn/*Zimmer* Rn 10; Staub/*Hüffer* 4. Aufl. Rn 3.

18 **Stellungnahme.** Das überzeugt nur mit wesentlichen Einschränkungen. Die Parallelität zu § 22 geht nämlich insoweit fehl, als es dort stets um einen Wechsel des Unternehmensträgers geht, während es hier zu einem Wechsel des Unternehmensträgers nur in den Fällen des Übergangs vom Einzel- zum Gesellschaftsunternehmen und umgekehrt kommt (s. Rn 12, 20 ff). Auch § 23 ist grundsätzlich – d.h. abseits dieser beiden Fälle sowie von Umgehungsgeschäften – nicht einschlägig, weil die Firma nicht übertragen wird (s. § 23 Rn 5 ff, 17). Das deutet auch die gesetzliche Systematik an (§ 23 steht nicht nach, sondern eben vor § 24). Und eine Täuschungseignung liegt ebenfalls nicht vor, soweit nicht die Firma ohne den Kern des Unternehmens auf einen neuen Unternehmensträger übergeht. Eine Kontinuität des Unternehmens im vorbezeichneten Sinne ist daher nur bei einem Übergang vom Einzel- zum Gesellschaftsunternehmen und umgekehrt sowie bei Umgehungsgeschäften i.S.d. § 23 Rn 17 erforderlich.

III. Bisherige Firma

19 Das Tatbestandsmerkmal „bisherige Firma" ist ebenfalls wie in § 22 zu interpretieren, s. daher dort Rn 23 ff. Darüber hinaus ist lediglich anzumerken, dass das Gesetz für die bisherige Firmenführung **keine bestimmte Dauer** fordert. Daher ist es grundsätzlich zulässig, das Unternehmen mit der Firma unmittelbar nach deren Entstehung in eine Personenhandelsgesellschaft einzubringen und die Firma als den Gesellschaftsnamen fortzuführen, es sei denn, dass damit die Vorschriften über die Firmenneubildung rechtsmissbräuchlich umgangen werden,[32] was nach neuem Firmenrecht freilich nur schwer vorstellbar ist.

IV. Anwendungsfälle des § 24 Abs. 1

20 **1. Die Aufnahme eines Gesellschafters in das Handelsgeschäft, Abs. 1 Fall 1.** Die Firma darf fortgeführt werden, wenn ein Gesellschafter in das bestehende Handelsgeschäft aufgenommen wird. Dafür ist ohne Bedeutung, ob der bisherige Einzelkaufmann die unbeschränkte persönliche Haftung übernimmt oder in die Kommanditistenrolle zurücktritt. Der Vorgang ist nichts anderes als die Gründung einer OHG oder KG, bei der das bisherige Einzelunternehmen als Sacheinlage eingebracht wird. Weil im Übergang vom Einzelunternehmer zur gesellschaftsrechtlichen Gesamthand trotz teilweiser Personengleichheit ein vollständiger Wechsel des Unternehmensträgers liegt, wäre der richtige Standort der Regelung § 22 Abs. 1 gewesen[33]. Im Ergebnis ist die Einordnung in § 24 allerdings nur eine rechtssystematische Ungenauigkeit. Zwar bedarf es nach dieser Vorschrift anders als nach § 22 keiner Einwilligung. Der bisherige Einzelkaufmann erteilt seine Einwilligung (einschließlich der gebotenen namensrechtlichen Gestattung) mit gebotener Unzweideutigkeit jedoch spätestens dann, wenn er als Gesellschafter die OHG oder KG einschließlich der abgeleiteten Gesellschaftsfirma zur Eintragung in das Handelsregister anmeldet (§§ 106 Abs. 2 Nr. 2, 108 Abs. 1, 162 Abs. 1).

---

[32] RG JW 1927 1674; Baumbach/*Hopt* Rn 1 a.E.
[33] Ebenroth/Boujong/Joost/Strohn/*Zimmer* Rn 18; Koller/*Roth*/Morck Rn 3; Röhricht/v. Westphalen/*Ammon*/Ries Rn 3, 10a; *Pisko* Ehrenberg Hdb. Bd. II 1 S. 304; Schlegelberger/*Hildebrandt*/Steckhan Rn 3; K. *Schmidt* § 12 III 2 b cc; Staub/*Hüffer* 4. Aufl. Rn 6.

2. Veränderungen im Gesellschafterbestand, Abs. 1 Fall 2 und 3

a) Eintritt oder Ausscheiden von Gesellschaftern. Sowohl der Eintritt eines neuen Gesellschafters in eine bereits bestehende OHG oder KG wie auch das Ausscheiden eines bisherigen Gesellschafters stehen der Fortführung der Gesellschaftsfirma nicht entgegen. Diese Variante des § 24 Abs. 1 wurde so verstanden, dass der teilweise Inhaberwechsel der Firmenfortführung nicht entgegensteht.[34] Das ist folgerichtig, wenn man mit der früher herrschenden Meinung die Gesellschafter, wenngleich in ihrer gesamthänderischen Verbundenheit, als Inhaber des Gesellschaftsunternehmens betrachtet.[35] Mit der heute vorherrschenden und zutreffenden Ansicht über die Natur der gesellschaftsrechtlichen Gesamthand ist diese Auslegung jedoch nicht vereinbar. Danach sind nicht die Gesellschafter als einzelne Rechtssubjekte Inhaber des Unternehmens; **Unternehmensträger** ist vielmehr **die als Gesamthand strukturierte Organisation,** zu der sich die Gesellschafter auf der Basis ihres Vertrags zusammengeschlossen haben.[36] Änderungen im Mitgliederbestand berühren ihre rechtliche Identität daher nicht, bewirken also weder einen gänzlichen noch einen teilweisen Inhaberwechsel.[37] **§ 24 Abs. 1** hat deshalb nach dem heutigen Stand der Dogmatik **nur noch klarstellende Bedeutung,** soweit die OHG oder KG als solche erhalten bleibt:[38] Der Name der Gesellschaft kann fortgeführt werden, weil sie ungeachtet der personellen Veränderung Inhaberin des Unternehmens ist. Bei Kapitalgesellschaften und anderen juristischen Personen vesteht sich das von selbst.

Für den **gleichzeitigen Wechsel aller Mitglieder einer Personenhandelsgesellschaft** wurde die Auffassung vertreten, es handle sich um einen Unternehmenserwerb im Sinne des § 22 Abs. 1, der durch Anteilsübertragung erfüllt werde. Daraus wurde abgeleitet, alle Altgesellschafter müssten ausdrücklich in die Fortführung der Firma willigen[39]. Dem ist nicht zu folgen, weil selbst die Auswechselung aller Gesellschafter die rechtliche Identität der OHG oder KG und damit ihre Befugnis zur Firmenführung unberührt lässt.[40] Eine besondere Gestattung der ausscheidenden Gesellschafter ist deshalb nur unter den Voraussetzungen des § 24 Abs. 2 zu fordern.

b) Rechtsnachfolge in den Gesellschaftsanteil. Die OHG oder KG ist auch dann zur Fortführung ihrer Firma berechtigt, wenn ein Gesellschafter seinen Gesellschaftsanteil durch Rechtsgeschäft auf einen Nachfolger überträgt oder wenn der Gesellschaftsanteil durch Erbfolge gem. § 1922 BGB übergeht. Dass § 24 Abs. 1 weder den einen noch den anderen Fall erwähnt, steht nicht entgegen, weil der historische Gesetzgeber die Einzel-

---

[34] BGHZ 58, 322, 324; Schlegelberger/*Hildebrandt/Steckhan* Rn 1; Staub/*Würdinger* 3. Aufl. Rn 1.
[35] Vgl. z. B. BGHZ 34, 293, 296; BGH BB 1977, 1015 f = JR 1978, 67 m. Anm. *Hommelhoff*; A. Hueck OHG § 3 IV.
[36] *Flume* BGB AT Bd. I 1 (Die Personengesellschaft) § 5 (S. 68 ff) und § 7 II (S. 89 ff); MünchKommBGB/*Ulmer* § 705 Rn 110 ff; *Wiedemann* Gesellschaftsrecht Bd. I § 5 I 2 a; der Sache nach auch BGHZ 74, 240; HKzHGB/*Ruß* Rn 2; Ebenroth/Boujong/ Joost/Strohn/*Zimmer* Rn 4; Staub/*Hüffer* 4. Aufl. Rn 1; vgl. ferner BGHZ 117, 168 (175 ff); BGHZ 116, 86 (88 ff).
[37] Ebenroth/Boujong/Joost/Strohn/*Zimmer* Rn 19; MünchKommHGB/*Heidinger* Rn 11; Staub/*Hüffer* 4. Aufl. Rn 7; Röhricht/v. Westphalen/*Ammon/Ries* Rn 11.
[38] Ebenroth/Boujong/Joost/Strohn/*Zimmer* Rn 19; Staub/*Hüffer* 4. Aufl. Rn 7.
[39] *Hommelhoff* JR 1978, 69; offen gelassen in BGH BB 1977, 1015 f = JR 1978, 67 f.
[40] BGHZ 44, 116; Staub/*Hüffer* 4. Aufl. Rn 8; Straube/*Schuhmacher* Rn 4; GKzHGB/*Nickel* Rn 10; Heymann/*Emmerich* Rn 5; Koller/ *Roth*/Morck Rn 4; Röhricht/v. Westphalen/ *Ammon/Ries* Rn 11, 13.

§ 24　1. Buch. Handelsstand

rechtsnachfolge in den Gesellschaftsanteil[41] als Rechtsfigur noch nicht und die Gesamtrechtsnachfolge nur unvollkommen erfasst hatte. Im Blick auf das in Rn 21 f Ausgeführte einzig sinnvoll ist die Bestimmung so auszulegen, dass personelle Veränderungen ohne Rücksicht auf ihre rechtliche Konstruktion der Fortführung der Gesellschaftsfirma nicht entgegenstehen.[42]

24　c) **Übernahme sämtlicher Gesellschaftsanteile durch eine Person.** Das Gesellschaftsunternehmen kann mit Aktiven und Passiven ohne Liquidation der Gesellschaft durch einen bisherigen Gesellschafter, aber auch durch einen Dritten übernommen werden. Der Weg liegt im rechtsgeschäftlichen Erwerb sämtlicher Gesellschaftsanteile. Weil in diesen Fällen die Existenz der OHG oder KG endet und der Übernehmer an ihre Stelle tritt, liegt ein Wechsel des Unternehmensträgers vor, freilich auf Grund des Anwachsungsprinzips im Wege der Gesamtrechtsnachfolge und nicht durch Einzelübertragungen. Die **firmenrechtliche Behandlung** dieses Falles ist **nicht zweifelsfrei**. Manche halten § 22 Abs. 1 für einschlägig.[43] Der BGH hat dagegen im Fall der Vereinigung aller Anteile in der Hand eines Gesellschafters zu Recht § 24 Abs. 2 angewandt.[44] Im Anschluss an die Gründe dieser Entscheidung wollen schließlich andere danach differenzieren, ob die Vereinigung aller Anteile in der Hand eines Gesellschafters oder eines Dritten erfolgt.[45] Diese Differenzierung ist zwar schlüssig, aber deswegen nicht überzeugend, weil es keinen rechtserheblichen Unterschied machen kann, ob der Dritte zunächst einen Geschäftsanteil, wodurch er Gesellschafter wird, und dann nach einer „Schamfrist" die übrigen Geschäftsanteile oder von vornherein alle Geschäftsanteile erwirbt. Vielmehr bringt § 24 Abs. 1 – wenngleich unvollkommen – zum Ausdruck, dass sämtliche Fälle einer Veränderung im Gesellschafterbestand von der Vorschrift erfasst sein sollen.[46] Das zeigt sich gerade auch an Abs. 1 Fall 1, der sozusagen die umgekehrte Fallgestaltung ebenfalls § 24 zuordnet, obwohl rechtssystematisch § 22 richtiger gewesen wäre (Rn 20). Und schließlich: Wollen die Gesellschafter partout eine Firmenfortführung durch den Dritten verhindern und steht ihnen hierzu nicht das Instrument des § 24 Abs. 2 zur Verfügung, so können sie entweder vor der Übertragung ihrer Geschäftsanteile die Firma ändern oder den Dritten schuldrechtlich verpflichten, sie nach dem Erwerb aufzugeben. Im Blick auf Kapitalgesellschaften ist endlich darauf hinzuweisen, dass die Gesellschaft auch mit nur einem Gesellschafter unverändert bestehen bleibt, so dass in diesem Fall die Anwendung des § 24 nicht zweifelhaft ist.[47]

25　3. **Statusänderungen von Gesellschaftern.** Die Statusänderung eines Gesellschafters ist in § 24 ebenfalls **nicht ausdrücklich geregelt**. Die Lücke wird häufig dadurch verdeckt, dass nicht nur ein bislang unbeschränkt haftender Gesellschafter oder Einzelkaufmann in die Kommanditistenrolle zurücktritt, sondern gleichzeitig ein neuer Komple-

---

[41] Die Zulässigkeit entsprechender Vereinbarungen ist anerkannt, vgl. BGHZ 13, 179; BGHZ 24, 106; BGHZ 44, 229; BGHZ 45, 221; BGHZ 71, 296 (299 f).
[42] Straube/*Schumacher* Rn 3, 5; Staub/*Hüffer* 4. Aufl. Rn 9, 11; Heymann/*Emmerich* Rn 5; Baumbach/*Hopt* Rn 10; Röhricht/v. Westphalen/*Ammon/Ries* Rn 12.
[43] MünchKommHGB/*Heidinger* Rn 12; Röhricht/v. Westphalen/*Ammon/Ries* Rn 13; in der Tendenz auch Staub/*Hüffer* 4. Aufl.
Rn 10; ders. ZGR 1986, 137 (141); Heymann/*Emmerich* Rn 5.
[44] BGH NJW 1989, 1798 (1799); BGHZ 92, 79 (82) = NJW 1985, 59 f.
[45] Ebenroth/Boujong/Joost/Strohn/*Zimmer* Rn 22; Koller/*Roth*/Morck Rn 4; GKzHGB/*Steitz* Rn 9.
[46] I. E. Koller/*Roth*/Morck Rn 4.
[47] MünchKommHGB/*Heidinger* Rn 12; Ebenroth/Boujong/Joost/Strohn/*Zimmer* Rn 21.

mentär aufgenommen wird, so dass § 24 Abs. 1 Fall 2 eingreift. Die Statusänderung hatte jedoch selbständige Bedeutung, wie sich vor der Handelsrechtsreform namentlich dann zeigte, wenn ohne weitere personelle Veränderungen ein namensgebender unbeschränkt haftender Gesellschafter Kommanditist wird. Dann fragte sich nämlich, ob die Fortführung der Firma nach § 24 Abs. 1 zulässig oder nach § 19 Abs. 4 a.F. zu beanstanden war.[48] Obwohl vom Wortlaut des § 24 Abs. 1 nicht gedeckt, war die Zulässigkeit nicht zweifelhaft, weil sich sonst ein Widerspruch zu der Entscheidung des Gesetzes für den Fall des Ausscheidens des namensgebenden Gesellschafters ergeben hätte. Wenn die Firma selbst in diesem weiter reichenden Fall beibehalten werden darf, dann muss dies auch für das Zurücktreten in die Kommanditistenrolle gelten[49].

V. Das Einwilligungserfordernis bei Ausscheiden eines Gesellschafters (Abs. 2)

1. Rechtsnatur der Einwilligung. Wie bei § 22 (Rn 28, 30, 33 ff, 42 ff, 54 ff) ausgeführt ist zwischen dem Firmenrecht des Unternehmensträgers und dem Namensrecht des Namensgebers zu unterscheiden. In den Fällen des § 22 geht es um den Erwerb des Handelsgeschäfts mitsamt der Firma (vgl. auch § 23). Neben der Übertragung des Handelsgeschäfts bedarf es daher einer Übertragung des Firmenrechts gem. §§ 398, 413 BGB durch den Inhaber. Diese Übertragung des Firmenrechts bezeichnet § 22 als „Einwilligung". Die daneben ggf. erforderliche Gestattung des Namensgebrauchs durch den Namensgeber wird von dem Gesetz nicht ausdrücklich erwähnt, was sich nicht nur mit dem Stand der Dogmatik zur Zeit der Formulierung von § 22, sondern auch damit erklären lässt, dass die namensrechtliche Gestattung für gewöhnlich bereits konkludent in der zustimmenden Mitwirkung des Namensgebers an der Übertragung der Firma enthalten ist.

§ 24 Abs. 2 handelt dagegen nicht von einer Übertragung des Firmenrechts durch den Firmeninhaber, sondern davon, dass der Namensgeber dem Firmeninhaber gestattet, die Firma trotz seines Ausscheidens aus der Gesellschaft fortzuführen. Der Namensgeber soll dadurch Gelegenheit erhalten, die Entscheidung, den Gebrauch seines Namens zur Firmenbildung zu gestatten, anlässlich seines Ausscheidens aus der Gesellschaft noch einmal zu überprüfen (Rn 4). Anders als bei § 22 ist „Einwilligung" i.S.d. § 24 Abs. 2 daher lediglich die namensrechtliche Gestattung.[50] Einer Übertragung des Firmenrechts bedarf es nicht. Einen Nachweis darf das Registergericht daher auch nicht hinsichtlich einer Übertragung, sondern nur hinsichtlich der namensrechtlichen Gestattung verlangen. Zur Rechtsnatur der Gestattung § 22 Rn 43.

Einer Einwilligung bedarf es nur unter den Voraussetzungen des § 24 Abs. 2. In den Fällen des § 24 Abs. 1 ist keine Einwilligung erforderlich.[51] Das ist im Blick auf Abs. 1 Fall 1 keine Selbstverständlichkeit, aus den dort genannten Gründen aber unschädlich (Rn 20).

---

[48] Staub/*Hüffer* 4. Aufl. Rn 11.
[49] Wie hier: OLG Celle BB 1959, 899; s. auch *Canaris* Handelsrecht § 10 Rn 57, sowie *Riegger* BB 1983, 787; zweifelnd *Bokelmann* Rn 488.
[50] Ebenroth/Boujong/Joost/Strohn/*Zimmer* Rn 23; Staub/*Hüffer* 4. Aufl. Rn 11; Röhricht/v. Westphalen/*Ammon/Ries* Rn 15.
[51] Statt anderer MünchKommHGB/*Heidinger* Rn 9.

2. Voraussetzungen des Einwilligungserfordernisses

a) Der Name als Firmenbestandteil.

29 aa) **Natürliche Person als Namensgeber.** Grundkonstellation des § 24 Abs. 2 ist, dass der Name einer natürlichen Person zur Bildung der Firma einer Gesellschaft verwandt wurde und diese Person – der Namensgeber oder „Firmenstifter" – nunmehr aus der Gesellschaft ausscheidet. Unerheblich ist dabei, ob die Gesellschaftsfirma aus dem Vor- und Familiennamen oder nur aus dem Familiennamen des Namensgebers gebildet wurde[52] oder ob es sich um eine reine Personen- oder eine Mischfirma handelt, die auch Sach- oder Phantasiebestandteile enthält[53]. Erforderlich ist aber, dass die Firma gerade aus dem Namen des jetzt ausscheidenden Gesellschafters gebildet worden ist. Lautet die Firma einer aus Brüdern bestehenden Gesellschaft „Gebrüder G.", so ist der Name aller Brüder in der Firma enthalten, so dass jeder ausscheidende Bruder seine Einwilligung erteilen muss.[54] Lautet die Firma dagegen „Louis B.'s Söhne", so ist nur der Name des Vaters enthalten, nicht aber der Name der Söhne, so dass diese selbst dann nicht Namensgeber i.S.d. § 24 Abs. 2 sind, wenn sie und nicht der Vater die Gesellschaft gegründet haben.[55] Auch bloße Namensübereinstimmung genügt grundsätzlich selbst dann nicht, wenn ein Verwandter des jetzigen Gesellschafters namensgebend war.[56] Erben des Namensgebers werden infolge des Erbgangs nicht selbst zum Namensgeber, sondern nur zum Einwilligungsberechtigten i.S.d. § 24 Abs. 2, wobei dieses Recht durch Erteilung oder Versagung der Einwilligung erlischt.[57] Daher bedarf es keiner nochmaligen Einwilligung eines gleichnamigen Erben, wenn dieser später selbst aus der Gesellschaft ausscheidet;[58] denn eine über Generationen hinweg bestehende Vernichtbarkeit der Firma würde den Wertungen der §§ 21, 22, 24 widersprechen (s. aber Rn 30). Eine *„nur von der besonderen Ausgangs- und Interessenlage her gerechtfertigte"*[59] Ausnahme von diesen Grundsätzen hat der BGH lediglich in einem Fall zugelassen, in dem der gleichnamige Erbe des Firmengründers eine von diesem zulässigerweise abgeleitete Firma, die dessen Familiennamen enthielt, in eine mit einem Dritten neu gegründete Gesellschaft eingebracht hatte.[60]

30 bb) **Gesellschaften als Namensgeber.** Nicht nur natürliche Personen, sondern auch Gesellschaften können Namensgeber i.S.d. § 24 Abs. 2 sein. Dabei ist nicht erforderlich, dass die Firma der namensgebenden Gesellschaft wiederum einen Personenbestandteil

---

[52] BayObLG NJW 1998, 1158 (1159); Staub/*Hüffer* 4. Aufl. Rn 16; Ebenroth/Boujong/Joost/Strohn/*Zimmer* Rn 25; Röhricht/v. Westphalen/*Ammon/Ries* Rn 19.

[53] Ebenroth/Boujong/Joost/Strohn/*Zimmer* Rn 25; MünchKommHGB/*Heidinger* Rn 14.

[54] RGZ 65, 379 (382); Staub/*Hüffer* 4. Aufl. Rn 16; MünchKommHGB/*Heidinger* Rn 16.

[55] RGZ 156, 363 (366); Staub/*Hüffer* 4. Aufl. Rn 16; MünchKommHGB/*Heidinger* Rn 16; Baumbach/*Hopt* Rn 11; Heymann/*Emmerich* Rn 13; Koller/*Roth*/Morck Rn 9.

[56] BayObLG JFG 8, 155 = JW 1931, 2998; Schlegelberger/*Hildebrandt*/Steckhan Rn 6; MünchKommHGB/*Heidinger* Rn 16.

[57] BGHZ 100, 75; *Canaris* Handelsrecht § 10 Rn 49; vgl. MünchKommHGB/*Heidinger* Rn 19.

[58] BGH NJW 1989, 1798 (1800); BGHZ 100, 75 (79); *Canaris* Handelsrecht § 10 Rn 49; Ebenroth/Boujong/Joost/Strohn/*Zimmer* Rn 26; Koller/*Roth*/Morck Rn 9; Baumbach/*Hopt* Rn 11; Röhricht/v. Westphalen/*Ammon*/Ries Rn 19; Heymann/*Emmerich* Rn 12a.

[59] BGH NJW 1989, 1798 (1799 f); BGHZ 100, 75 (80 f).

[60] BGHZ 92, 79; dazu Ebenroth/Boujong/Joost/Strohn/*Zimmer* Rn 27; *Hüffer* ZGR 1986, 137; *Schlüter* JZ 1986, 151 f; K. *Schmidt* Handelsrecht § 12 III 2 b cc; *Schulz* JA 1985, 102.

enthält. Es kann sich **auch um eine reine Sach- oder Phantasiefirma** handeln.[61] Ferner kommt es nicht darauf an, ob es sich bei der Firma der namensgebenden Gesellschaft um eine originäre oder eine abgeleitete Firma handelt.[62] In diesem Falle kann die Einwilligungsberechtigung daher auch über mehrere Generationen erhalten bleiben.

b) Das Ausscheiden des namensgebenden Gesellschafters. Zweite Voraussetzung für die Begründung des Einwilligungserfordernisses ist, dass der Namensgeber (Rn 29 f) aus der Gesellschaft ausscheidet. Dabei ist es unerheblich, worauf das Ausscheiden beruht. Es kommen alle rechtsgeschäftlichen (z.B. Austritt oder Übertragung der Mitgliedschaft) oder gesetzlichen (etwa § 131 Abs. 3) Gründe in Betracht, auch eine Ausschließung durch Urteil (insbes. § 140). **31**

3. Erteilung der Einwilligung

a) Ausdrückliche Erklärung. § 24 Abs. 2 fordert wie schon § 22 Abs. 1 eine ausdrückliche Einwilligung. Hier wie dort ist nicht die Wahl eines bestimmten Erklärungsmittels (Form) vorgeschrieben, so dass auch eine konkludente Einwilligung wirksam ist. Gefordert wird vielmehr nur Eindeutigkeit der Erklärung (vgl. § 22 Rn 31). Allein darin, dass der Gesellschafter mit dem Fortbestand der Gesellschaft einverstanden ist, kann die Einwilligung freilich ebenso wenig gefunden werden[63] wie in dem Fehlen einer Beschränkung der Namensfortführung bei der Firmenbildung[64]. Nicht ausreichend ist auch die bloße Duldung der Firmenfortführung.[65] Allerdings kann Verwirkung eintreten.[66] Oft wird die Entscheidung BGHZ 68, 271, 276 als Beleg dafür angeführt, dass die Anmeldung des Ausscheidens zusammen mit den verbleibenden Gesellschaftern gem. § 143 Abs. 2 als Einwilligung ausreichen soll.[67] Das ist indes nur anzunehmen, wenn die Anmeldung zum Handelsregister tatsächlich eine Einwilligungserklärung enthält.[68] **32**

b) Zeitpunkt der Erklärung. Der Begriff „Einwilligung" ist hier ebenso wenig wie in § 22 (dort Rn 32) im Sinne von § 183 BGB als vorherige Zustimmung zu verstehen. Die Formulierung geht auf Art. 24 ADHGB von 1861 zurück, dem die Begrifflichkeit des BGB noch unbekannt war. Anders als nach § 22 bedarf es auch keines zeitlichen Zusammenhangs zwischen dem Erwerb des Handelsgeschäfts und der Einwilligung, da die Einwilligung nach § 24 Abs. 2 lediglich die namensrechtliche Gestattung beinhaltet und nicht wie nach § 22 die Übertragung des Firmenrechts (Rn 26 f), so dass es zu keinem Konflikt mit § 23 kommen kann. Im Blick auf den Zeitpunkt der Erklärung ist der Begriff „Einwilligung" in § 24 Abs. 2 vielmehr als Zustimmung i.S.d. § 182 BGB zu verstehen, so dass auch eine nachträgliche Zustimmung (Genehmigung) i.S.d. § 184 Abs. 1 BGB ausreichend ist. M.a.W. ist es **unerheblich, wann die nach § 24 Abs. 2 erforderliche** **33**

---

[61] Ebenso Ebenroth/Boujong/Joost/Strohn/*Zimmer* Rn 25; MünchKommHGB/*Heidinger* Rn 14.
[62] Vgl. OLG München BB 1999, 2422 ff; s.a. zu abgeleiteten Firmen *Kögel* BB 1998, 1645 (1648 f).
[63] Ebenroth/Boujong/Joost/Strohn/*Zimmer* Rn 29; MünchKommHGB/*Heidinger* Rn 18; Röhricht/v. Westphalen/*Ammon/Ries* Rn 21.
[64] **AA** LG Köln AnwBl. 2005, 788 f; wie hier GKzHGB/*Steitz* Rn 17.
[65] Ebenroth/Boujong/Joost/Strohn/*Zimmer* Rn 29 mwN.
[66] Vgl. § 21 MarkenG sowie Baumbach/*Hopt* § 17 Rn 36 mwN.
[67] Staub/*Hüffer* 4. Aufl. Rn 18; Ebenroth/Boujong/Joost/Strohn/*Zimmer* Rn 29 mwN.
[68] Für ein Formulierungsbeispiel *Gustavus* Handelsregisteranmeldungen, 6. Aufl. 2005, S. 42.

Einwillligung erklärt wird.[69] Sie kann daher bereits im Gesellschaftsvertrag enthalten sein oder auch als letztwillige Verfügung erklärt werden. Solange sie nicht wirksam erklärt ist, steht dem weiteren Firmengebrauch allerdings das Namensrecht des Namensgebers entgegen.

c) Die Person des Einwilligenden

34 aa) **Natürliche Person als Namensgeber.** Das Gesetz verlangt die Einwilligung des ausscheidenden Gesellschafters oder seiner Erben. Für **minderjährige Gesellschafter** handelt der gesetzliche Vertreter. Scheidet der namensgebende Gesellschafter infolge Todes aus der Gesellschaft aus, so ist die **Einwilligung sämtlicher Miterben** erforderlich, allerdings nur dann, wenn der Erblasser nicht selbst zuvor die Einwilligung erteilt hat (z.B. im Gesellschaftsvertrag oder durch letztwillige Verfügung). Ist Nacherbschaft angeordnet, genügt die **Einwilligung des oder der Vorerben.** § 2113 Abs. 2 BGB greift nicht ein.[70] Weil es ein höchstpersönliches Recht der Erben ist, über die Namensverwendung zu entscheiden, kann die Einwilligung **nicht durch den Testamentsvollstrecker oder Nachlassverwalter** an Stelle des Erben erteilt werden[71] (s. aber u. Rn 36).

35 bb) **Gesellschaften als Namensgeber.** Ist namensgebende Gesellschafterin eine **Personengesellschaft**, so ist die Einwilligung des vertretungsberechtigten Gesellschafters oder der Gesellschafter in vertretungsberechtigter Zahl erforderlich und genügend.[72] Ist eine **Kapitalgesellschaft** Namensgeberin, so wird die Einwilligung von den Geschäftsführern bzw. Vorstandsmitgliedern in vertretungsberechtigter Zahl erteilt.[73] Bei **anderen Rechtsformen** (s. Rn 14) ist die Einwilligung dementsprechend ebenfalls durch das jeweils vertretungsberechtigte Organ zu erteilen.[74] Ist Namensgeber der ausscheidenden Gesellschaft wiederum ein Mitglied dieser Gesellschaft, so wird man nach dem Grundgedanken des § 24 Abs. 2 neben der Einwilligung der ausscheidenden Gesellschaft überdies die Einwilligung des namensgebenden Gesellschafters fordern müssen.[75]

36 cc) **Einwilligungsberechtigung in der Insolvenz des Namensgebers.** Wird ein Insolvenzverfahren über das Vermögen des ausscheidenden Gesellschafters eröffnet, fragt sich, ob die Einwilligung durch den Namensgeber[76] oder den Insolvenzverwalter[77] zu erklären ist oder ob es, wie nach hier vertretener Ansicht im Falle des § 22, überhaupt keiner namensrechtlichen Gestattung bedarf (§ 22 Rn 62 ff). Richtigerweise ist wie folgt zu differenzieren: Ist der namensgebende ausscheidende Gesellschafter eine insolvente Gesell-

---

[69] Ebenso Ebenroth/Boujong/Joost/Strohn/ *Zimmer* Rn 24; Heymann/*Emmerich* Rn 11; Schlegelberger/*Hildebrandt/Steckhan* Rn 6.

[70] Ebenroth/Boujong/Joost/Strohn/*Zimmer* Rn 28; Staub/*Hüffer* 4. Aufl. Rn 19; *v. Bruch* DJZ 1911, 927 f Fn 13.

[71] Staub/*Hüffer* 4. Aufl. Rn 19; Koller/*Roth*/ Morck Rn 10; Ebenroth/Boujong/Joost/ Strohn/*Zimmer* Rn 28; Röhricht/v. Westphalen/*Ammon/Ries* Rn 22; GKzHGB/*Steitz* § 24 Rn 17.

[72] Röhricht/v. Westphalen/*Ammon/Ries* Rn 23; GKzHGB/*Steitz* § 24 Rn 18; Staub/*Hüffer* 4. Aufl. Rn 20.

[73] Röhricht/v. Westphalen/*Ammon/Ries* Rn 23; GKzHGB/*Steitz* § 24 Rn 18; Staub/*Hüffer* 4. Aufl. Rn 20.

[74] S. zur Partnerschaftsgesellschaft und zur EWIV Ebenroth/Boujong/Joost/Strohn/*Zimmer* Rn 28.

[75] GKzHGB/*Steitz* Rn 18; Ebenroth/Boujong/ Joost/Strohn/*Zimmer* Rn 28; aA MünchKommHGB/*Heidinger* Rn 14.

[76] Dafür Staub/*Hüffer* 4. Aufl. Rn 19; Röhricht/ v. Westphalen/*Ammon/Ries* Rn 22; Koller/ *Roth*/Morck Rn 10.

[77] Dafür Ebenroth/Boujong/Joost/Strohn/*Zimmer* § 22 Rn 43 mwN; GKzHGB/*Steitz* Rn 2 mwN.

schaft, so fällt deren Firma in die Insolvenzmasse, so dass der Insolvenzverwalter über sie zu verfügen befugt ist (§ 22 Rn 55 f) und daher auch die Einwilligung i.S.d. § 24 Abs. 2 erteilen kann. Ist deren Namensgeber wiederum eine natürliche Person oder andere Gesellschaft, so kann deren Einwilligung (s. Rn 34 a.E.) dagegen im Ausgangspunkt nicht von dem Insolvenzverwalter erteilt werden, weil deren Name nicht zur Insolvenzmasse gehört. Würde man bei diesem Befund stehen bleiben, hätte dies allerdings eine erhebliche Entwertung der Verwertungsbefugnis des Insolvenzverwalters zu Lasten der Gläubiger der Gesellschaft zur Folge: Der sich hieraus ergebende Konflikt ist derselbe wie im Falle des § 22 und ist daher entsprechend den dort entwickelten Grundsätzen zu lösen (§ 22 Rn 62 ff).

4. Rechtsfolgen der Einwilligung

a) **Bei Erteilung.** Inhalt und Reichweite der Gestattung unterliegen der Parteivereinbarung. Ist nichts anderes bestimmt, so ist die Einwilligung im Zweifel endgültig[78] und umfasst (s. auch § 22 Rn 46, 52, 78): **37**
– das Recht zur **Firmenfortführung**, und zwar auch in den Fällen des § 24 Abs. 1,[79]
– einen **Wechsel der Rechtsform**,[80]
– die **Änderung der Firma**,[81]
– die Verwendung des Namens zur **Bildung von Zweigniederlassungsfirmen**[82] und
– die Verwendung des Namens zur **Firmenbildung von Tochtergesellschaften**[83] (s. dazu auch Rn 38). Der im Blick auf die beiden zuletzt genannten Punkte abweichenden Meinung ist entgegenzuhalten, dass diese Vorfälle zum normalen Geschäftsverlauf gehören, so dass die Entwicklung der Gesellschaft behindert würde, wenn sie von der Einwilligung nicht umfasst wären. Außerdem gehören Zweigniederlassungsfirmen dem Unternehmensträger, dem die Namensführung gestattet wurde. Und über Tochtergesellschaften übt er immerhin einen beherrschenden Einfluss aus. Die Gesellschaft

---

[78] BGHZ 100, 75 (79 f).
[79] Staub/*Hüffer* 4. Aufl. Rn 21.
[80] BayObLG NJW 1998, 1158.
[81] **AA** wohl OLG Hamm BB 1991, 86; BayObLG NJW 1998, 1158; Ebenroth/Boujong/Joost/Strohn/*Zimmer* Rn 30 (keine Verwendung des Namens zur Bildung einer neuen Firma). Indes ist – wenn keine anderweitige Vereinbarung vorliegt, s. Rn 39 – kein schützenswertes Interesse des Ausgeschiedenen an einer unveränderten Firmenfortführung zu erkennen. Warum, so ist zu fragen, soll ein ausgeschiedener Gesellschafter namensrechtlich verhindern dürfen, dass die Gesellschaft Veränderungen im Gesellschafterbestand etwa durch eine Veränderung der Reihenfolge der Namensnennungen oder durch die Aufnahme neuer Namen in der Firma abbildet, vgl. den Sachverhalt OLG Frankfurt NZG 2005, 925. Auch die Aufnahme von Sach- oder Phantasiebezeichnungen in die Firma erscheint namensrechtlich grds. unbedenklich. Eine andere, hiervon zu unterscheidende Frage ist, ob durch solche Veränderungen die Grenzen einer Firmenfortführung noch eingehalten werden oder es sich um eine Firmenneubildung handelt, dazu Rn 43 ff. Namensrechtlich bedenklich ist allein eine Veränderung des Namens des ausgeschiedenen Gesellschafters (insbes. Änderung der Schreibweise, nicht aber bloße Abkürzung oder Weglassen des Vornamens), und zwar auch dann, wenn sich die Änderung innerhalb der Grenzen einer Firmenfortführung bewegt.
[82] OLG Hamm BB 1991, 86; Ebenroth/Boujong/Joost/Strohn/*Zimmer* Rn 30; Röhricht/v. Westphalen/*Ammon/Ries* Rn 24; Staub/*Hüffer* 4. Aufl. Rn 21; **aA** Koller/*Roth*/Morck Rn 10: im Zweifel nicht die Neugründung von Zweigniederlassungen.
[83] *Canaris* Handelsrecht § 10 Rn 65; **aA** wohl OLG Hamm BB 1991, 86; BayObLG NJW 1998, 1158; Ebenroth/Boujong/Joost/Strohn/*Zimmer* Rn 30 (keine Verwendung des Namens zur Bildung einer neuen Firma).

38 Nicht zum normalen Geschäftsverlauf gehört dagegen die **Veräußerung des Handelsgeschäfts mitsamt der Firma**. Entgegen herrschender Meinung[84] erstreckt sich die Einwilligung daher hierauf im Zweifel nicht. Vielmehr hieße es den von § 24 Abs. 2 bezweckten Schutz des Namensgebers entgegen den Wertungen des § 22 zu verkürzen, wenn er – ohne dies vorher bedacht zu haben – hinnehmen müsste, dass die Befugnis zum Gebrauch seines Namens auf einen anderen übergeht. Materiell läge hierin eine **Übertragung der Gestattung des Namensgebrauchs** an einen Dritten, mit anderen Worten also die Übertragung einer Lizenz, zu der ein Lizenznehmer selbst bei bloßen Immaterialgüterrechten, wie einer Marke,[85] nicht ohne dahingehende ausdrückliche Vereinbarung befugt ist. Und hier geht es – zumindest insoweit als der in Frage stehende Name ein bürgerlicher ist – um die Übertragung der Gestattung des Gebrauchs eines fremden Persönlichkeitsrechts. Erst Recht von der Einwilligung nicht umfasst ist die Veräußerung von Zweigniederlassungen mitsamt aus dem Namen des Namensgebers gebildeter Firma; denn dies würde zudem zu einer sog. Firmenvervielfältigung führen.[86] Aus demselben Grund ist anzunehmen, dass die Einwilligung in die Bildung der Firma einer Tochtergesellschaft unter Verwendung des Namens des Namensgebers kraft einer auflösenden Bedingung endet, wenn die Gesellschaft nicht mehr mehrheitlich an ihr beteiligt ist oder die Tochtergesellschaft ihr Handelsgeschäft mitsamt der Firma an einen Dritten veräußert.[87]

39 Nachdem Inhalt und Reichweite der Einwilligung streitig und nicht abschließend geklärt sind, empfiehlt sich in jedem Fall der **Abschluss einer möglichst eindeutigen Vereinbarung**. In ihr können Inhalt und Reichweite der Gestattung gegenüber den vorgenannten Zweifelsregeln eingeschränkt oder erweitert werden. Möglich ist ferner die Vereinbarung von auflösenden Bedingungen, eines Endtermins, eines Widerrufsvorbehalts oder Kündigungsrechts. Schließlich kann die Vereinbarung von den Parteien übereinstimmend auch **jederzeit geändert** werden. Zur Kündigung aus wichtigem Grund s. § 22 Rn 79 ff.

40 Gründet der namensgebende Gesellschafter, der in die Firmenfortführung gewilligt hat, nach seinem Ausscheiden aus der Gesellschaft eine neue Gesellschaft unter seinem Namen, dann ist er nach dem Recht der Gleichnamigen (Anh. I zu § 37 Rn 33 ff) verpflichtet, in seinem Auftreten, insbes. bei der Bildung der neuen Firma, einen hinreichenden Abstand zu der Firma der Gesellschaft, aus der er ausgeschieden ist, zu halten. Zwar ist ihm nicht verwehrt, sich weiterhin unter seinem bürgerlichen Namen zu betätigen. Ihn trifft aber eine Pflicht zur Rücksichtnahme, weil die Firma der neuen Gesellschaft prioritätsjünger ist als die Firma der Gesellschaft, aus der er ausgeschieden ist.[88] Zu den weiteren Folgen des Rechts zur Firmenfortführung s. Rn 42 ff.

41 b) **Bei Versagen.** Versagen der ausscheidende Gesellschafter oder seine Erben die erforderliche Einwilligung, so ist die **Fortführung der Firma unzulässig**. Das Registergericht hat nach hM gegen den Gebrauch der Firma nach § 37 Abs. 1 einzuschreiten, weil sie

---

[84] BayObLG NJW 1998, 1158; Ebenroth/Boujong/Joost/Strohn/*Zimmer* Rn 30; Staub/*Hüffer* 4. Aufl. Rn 21; Koller/*Roth*/Morck Rn 10.
[85] Ströbele/*Hacker* MarkenG § 30 Rn 79; *Bühling* GRUR 1998, 196 (199); *Fezer* MarkenR § 30 Rn 22; v. Schultz/*Brandi-Dohrn* MarkenR § 30 Rn 30.
[86] Ebenso OLG Hamm BB 1991, 86; Ebenroth/Boujong/Joost/Strohn/*Zimmer* Rn 30.
[87] Ebenso *Canaris* Handelsrecht § 10 Rn 65.
[88] Vgl. BGH NJW 2002, 2096.

der Gesellschaft nicht mehr zustehe.[89] Dem ist nicht zu folgen, weil die Unzulässigkeit der Firmenführung nicht aus firmenrechtlichen Vorschriften folgt, sondern auf dem Namensrecht des ausscheidenden Gesellschafters beruht (s. § 37 Rn 9). Bei fehlender oder versagter Einwilligung kann der Namensgeber bzw. seine Erben daher nur nach § 12 BGB, § 37 Abs. 2 sowie ggf. nach §§ 5, 15 MarkenG auf Unterlassung klagen, ggf. auch Schadensersatz verlangen. Die Gesellschaft ist dann gezwungen, eine neue Firma nach allgemeinen Regeln zu bilden. Bisherige Bestandteile der Firma, auf die sich der von Abs. 2 bewirkte Namensschutz nicht bezieht, dürfen, soweit nicht irreführend, in die neue Firma aufgenommen werden. Durch einen Nachfolgezusatz, einen Hinweis auf die früher geführte Firma zu geben („X-OHG vormals Y-OHG"), ist unzulässig, weil auch dieser Zusatz Firmenbestandteil ist, seine Aufnahme in die Firma also der Einwilligung bedarf.

C. Rechtsfolgen des Firmenfortführungsrechts

I. Das Recht zur Fortführung der Firma

Liegen die Voraussetzungen des § 24 vor, so besteht **ein Recht**, aber – ebenso wenig wie nach § 22 – **keine gesetzliche Pflicht**, die Firma fortzuführen.[90] Die Gesellschaft kann daher auch die Firma – über das im Rahmen einer Firmenfortführung erlaubte Maß hinaus (Rn 43 ff) – ändern, also auch vollkommen umgestalten. Dabei ist sie an die allgemeinen Firmenbildungsvorschriften gebunden. Eine vertragliche Verpflichtung gegenüber dem ausscheidenden Gesellschafter, die Firma fortzuführen, ist zwar möglich, aber ohne Bedeutung für das Registergericht. Sie im Zivilrechtsweg durchzusetzen, ist Sache des Berechtigten (§ 22 Rn 73).[91]

42

II. Art und Weise der Firmenfortführung

1. Grundsätze. Macht die Gesellschaft von ihrem Recht zur Firmenfortführung Gebrauch, ist sie an den **Grundsatz unveränderter Firmenfortführung** gebunden.[92] Das schließt unwesentliche Änderungen der Firma nicht aus.[93] Wesentliche Änderungen sind dagegen grundsätzlich nur zulässig, wenn sie im Allgemeininteresse liegen. Nur ausnahmsweise sind wesentliche Änderungen im Interesse des Inhabers erlaubt. Dazu soll auch die Streichung des Namens eines ausgeschiedenen Gesellschafters (unter Beibehaltung z.B. der Namen schon früher ausgeschiedener Gesellschafter) mangels Einwilligung gem. § 24 Abs. 2 gehören.[94] Wird der Name eines neuen Gesellschafters in die Firma aufgenommen, soll die Firmenidentität dagegen nicht mehr gewahrt sein.[95] Beides ist richtigerweise stark vom Einzelfall abhängig. Es kommt darauf an, ob die angesprochenen

43

---

[89] MünchKommHGB/*Heidinger* Rn 21; Röhricht/v. Westphalen/*Ammon*/*Ries* Rn 26; Koller/*Roth*/Morck Rn 11.
[90] Statt anderer Koller/*Roth*/Morck Rn 7.
[91] KG JFG 5, 212; BayObLG ZBlFG 17, 49; OLG Rostock OLGR 41, 193.
[92] Staub/*Hüffer* 4. Aufl. Rn 23.
[93] Solche können aber im Einzelfall (z.B. Änderung der Schreibweise des Namens des ausgeschiedenen Gesellschafters) namensrechtlich bedenklich sein, s. Fn 81 a.E.
[94] LG Essen DStR 2003, 443 (444); MünchKommHGB/*Heidinger* Rn 22; *Hartmann* RNotZ 2003, 250; GKzHGB/*Steitz* Rn 16.
[95] OLG Frankfurt NZG 2005, 925 (926); GKzHGB/*Steitz* Rn 16 a.E.

Verkehrskreise die Identität der fortgeführten Firma noch zweifelsfrei erkennen (s. § 22 Rn 99 ff, vgl. auch § 22 Rn 96 f). Selbst aber wenn die Grenzen einer Firmenfortführung überschritten werden, hat dies allerdings nicht zur Folge, dass die Namen der ausgeschiedenen Gesellschafter aus der Firma gestrichen werden müssten[96]. Zwar läge eine Firmenänderung vor, die als Firmenneubildung zu behandeln wäre, was den Verlust der Priorität zur Folge hätte. Auch bei einer Firmenneubildung ist jedoch nach hier vertretener Ansicht die Verwendung von Namen ehemaliger Gesellschafter grundsätzlich zulässig, sofern diese einverstanden sind (§ 18 Rn 56, 59), wovon bei vorliegen einer Einwilligung gem. § 24 Abs. 2 nach hier vertretener Ansicht ebenfalls auszugehen ist (s. o. Rn 37 mit Fn 81). Erlaubt ist ferner die Anfügung eines Nachfolgezusatzes (Rn 44). Geboten ist erforderlichenfalls eine Änderung des Rechtsformzusatzes (Rn 46). Näher zum Ganzen auch § 22 Rn 87 ff. Zu beachten ist, dass sich § 24 nur im Blick auf Änderungen im Gesellschafterbestand gegen den Grundsatz der Firmenwahrheit durchsetzt (Rn 3). Enthält die Firma eine Angabe über das Verwandtschaftsverhältnis der Gesellschafter („X & Söhne", Gebrüder, Geschwister usw.) und trifft diese Angabe auf den oder die neuen Gesellschafter nicht zu, so darf die Firma daher gleichwohl weitergeführt werden.[97] Abseits von Angaben über den Gesellschafterbestand steht aber auch § 24 unter dem **Vorbehalt des Irreführungsverbots** gem. § 18 Abs. 2. Daher darf weder eine unverändert noch eine mit Änderungen fortgeführte Firma zur Irreführung der angesprochenen Verkehrskreise über wesentliche geschäftliche Verhältnisse geeignet sein (dazu § 18 Rn 41 ff), die nicht die geänderte Zusammensetzung des Gesellschafterkreises betreffen. Andernfalls muss die Firma geändert werden. Ist die erforderliche Änderung so weitgehend, dass die Firmenidentität nicht mehr gewahrt ist, erlischt das Recht zur Firmenfortführung (§ 22 Rn 105), aber nicht ohne weiteres das Recht zur Führung der Namen von ausgeschiedenen Gesellschaftern (s. o. Rn 34 mit Fn 81).

44 **2. Aufnahme eines Nachfolgezusatzes.** Anders als in § 22 Abs. 1 ist die Verwendung eines Nachfolgezusatzes in § 24 nicht ausdrücklich erwähnt. Ob eine entsprechende Erweiterung der fortgeführten Firma gleichwohl zulässig ist, wird unterschiedlich beurteilt. In der Vorauflage vertrat *Hüffer* die Ansicht, ein Nachfolgevermerk sei nur zulässig, wenn tatsächlich eine Rechtsnachfolge gegeben sei, also bei Aufnahme eines Gesellschafters in ein bisheriges Einzelunternehmen (Rn 20) und umgekehrt bei Übernahme sämtlicher Gesellschaftsanteile durch eine Person (Rn 24). Andernfalls, also bei einem bloßen Eintritt oder Ausscheiden von Gesellschaftern, liege dagegen kein Wechsel des Unternehmensträgers vor (Rn 21 ff), weswegen in diesen Fällen ein Nachfolgevermerk irreführend und deshalb unzulässig sei.[98] Diese Differenzierung wurde bereits zum alten Recht angezweifelt.[99] Unter Geltung von § 18 Abs. 2 n.F. kann sie jedenfalls nicht mehr aufrechterhalten werden, weil der Verkehr kaum mit den Feinheiten juristischer Distinktion vertraut sein dürfte. Schon die Irreführungseignung ist daher zweifelhaft. Zumindest aber wird die „Wesentlichkeitsschwelle" nicht überschritten.[100] Nachfolgevermerke dürfen daher grundsätzlich aufgenommen werden, soweit sie nicht ausnahmsweise aus anderen Gründen zur Irreführung geeignet sind.

---

[96] So aber OLG Frankfurt NZG 2005, 925 (926); GKzHGB/*Steitz* Rn 16 a.E.
[97] Staub/*Hüffer* 4. Aufl. Rn 26; Ebenroth/Boujong/Joost/Strohn/*Zimmer* Rn 16.
[98] Staub/*Hüffer* 4. Aufl. Rn 24.
[99] MünchKommHGB/*Bokelmann* 1. Aufl. § 17 Rn 1.
[100] MünchKommHGB/*Heidinger* Rn 23; Ebenroth/Boujong/Joost/Strohn/*Zimmer* Rn 15; Baumbach/*Hopt* Rn 3.

Scheidet der einzige promovierte Gesellschafter aus, bestehen somit hinsichtlich der **45**
Fortführung der „**Doktorfirma**" drei Möglichkeiten: Erstens kann der Doktortitel gestrichen werden, weil diese (wesentliche) Änderung der Firma im Allgemeininteresse (nämlich der Firmenwahrheit) liegt. Zweitens kann der Doktortitel beibehalten und durch einen Nachfolgezusatz neutralisiert werden. Und drittens kann nach hier vertretener Ansicht der Doktortitel auch ohne Anfügung eines Nachfolgezusatzes beibehalten werden, wenn ein fachlich maßgeblicher Mitarbeiter promoviert ist (§ 18 Rn 56 a.E., 67 f).

3. Anpassung des Rechtsformzusatzes. Änderungen im Gesellschafterbestand können **46** zu einer Änderung der Rechtsform führen: Aus einem Einzelkaufmann kann durch Hinzutreten eines Gesellschafters eine OHG oder KG werden (Rn 20). Bei Übernahme aller Geschäftsanteile durch eine Person (Rn 24) wird aus einer Personenhandelsgesellschaft ein Einzelkaufmann oder – wenn die Person eine Kapitalgesellschaft ist – eine Kapitalgesellschaft. Tritt in eine OHG ein Kommanditist ein, wird sie zur KG, tritt er wieder aus, wird sie erneut zur OHG. Auch ein Statuswechsel von Gesellschaftern (Rn 25) kann zu einem solchen Wechsel von OHG zu KG oder umgekehrt führen. Schließlich kann durch Änderungen im Gesellschafterbestand aus einer KG eine GmbH & Co. KG werden, usw. Diese Änderungen korrekt in der Firma abzubilden bereitete vor der Handelsrechtsreform teilweise Schwierigkeiten.[101] Heute ist schlicht § 19 n.F. zu beachten, d.h. der alte unzutreffend gewordene Rechtsformzusatz ist zu streichen und durch den neuen zutreffenden Rechtsformzusatz zu ersetzen (näher § 22 Rn 87 ff und die Erläuterungen zu § 19). Zur Firmenfortführung bei unbestimmten Gesellschaftszusätzen s. § 22 Rn 97 ff.

§ 25

(1) ¹Wer ein unter Lebenden erworbenes Handelsgeschäft unter der bisherigen Firma mit oder ohne Beifügung eines das Nachfolgeverhältnis andeutenden Zusatzes fortführt, haftet für alle im Betriebe des Geschäfts begründeten Verbindlichkeiten des früheren Inhabers. ²Die in dem Betriebe begründeten Forderungen gelten den Schuldnern gegenüber als auf den Erwerber übergegangen, falls der bisherige Inhaber oder seine Erben in die Fortführung der Firma gewilligt haben.

(2) Eine abweichende Vereinbarung ist einem Dritten gegenüber nur wirksam, wenn sie in das Handelsregister eingetragen und bekanntgemacht oder von dem Erwerber oder dem Veräußerer dem Dritten mitgeteilt worden ist.

(3) Wird die Firma nicht fortgeführt, so haftet der Erwerber eines Handelsgeschäfts für die früheren Geschäftsverbindlichkeiten nur, wenn ein besonderer Verpflichtungsgrund vorliegt, insbesondere wenn die Übernahme der Verbindlichkeiten in handelsüblicher Weise von dem Erwerber bekanntgemacht worden ist.

Schrifttum

Bauwens Haftung nach § 75 AO bei Unternehmenskauf vom Sequester, FR 1988, 384; *Beuthien* Zu zwei Mißdeutungen des § 25 HGB, NJW 1993, 1737; *Bezler/Kapp/Oltmanns* Dauerschuldverbindlichkeiten bei Betriebsaufspaltung, BB 1988, 1897; *Binz/Rauser* Betriebliche Altersversorgung bei Betriebsaufspaltung, BB 1980, 897; *Börner* § 25 I HGB: Vertragsübertragung kraft Gesetzes,

---

[101] Vgl. Staub/*Hüffer* 4. Aufl. Rn 25 ff.

Festschrift Möhring, 1975, 37; *Bracker* Haftung aus Firmenfortführung, BB 1997, 114; *Brockmeier* Die Haftung bei Geschäftsübernahme mit Firmenfortführung, insbesondere beim Rückerwerb des Verpächters vom Pächter und bei tatsächlicher und unmittelbarer Aufeinanderfolge von Pächtern, 1990; *Bruschke* Die Haftung des Betriebsübernehmers nach § 75 AO (Teil I), StB 2008, 327; *Bunkel/Noack* Gläubigerbeteiligung an Sanierungserträgen und Vertragsüberleitung bei übertragender Sanierung in der Gesellschafterinsolvenz, KTS 2005, 129; *Canaris* Die Vertrauenshaftung im deutschen Privatrecht, 1971, 183; *ders.* Rechtspolitische Konsequenzen aus der geplanten Abschaffung von § 419 BGB für § 25 HGB, ZIP 1989, 1161; *ders.* Unternehmenskontinuität als Haftungs- und Enthaftungsgrund im Rahmen von § 25 HGB? Festschrift Frotz, 1993 S. 11; *Casper* Die Haftungsordnung der §§ 25, 28 HGB im Lichte der Handelsrechtsreform, JbJZW 1999, 153; *Commandeur/Kleinebrink* Betriebs- und Firmenübernahme, 2. Aufl. 2002; *Dauner-Lieb* Unternehmen in Sondervermögen, 1998; *Deschler* Handelsregisterpublizität und Verkehrsschutz, Diss. Tübingen 1977; *Domke* Die Veräußerung von Handelsgeschäften, 1922, Nachdruck 1970; *Dorner* Die Haftung im Steuerrecht. Grundlagen im Überblick, StB 1997, 470; *Fleicher/Körber* Due Diligence und Gewährleistung beim Unternehmenskauf, BB 2001, 841; *J. W. Flume*, Partielle Universalsukzession außerhalb des Spaltungsrechts? Die Österreichische Handelsrechtsreform als Denkanstoß für die §§ 25 ff HGB, ZHR 170 (2006), 737 ff; *ders.*, Vermögenstransfer und Haftung, Diss. Bonn, 2008. *Friedrich* Geschäftspassiven bei Unternehmensveräußerungen, Diss. Rostock 1934; *Gerlach* Die Haftungsanordnung der §§ 25, 28, 130 HGB, 1976; *Gotthardt* Haftung für Masseschulden bei Übernahme eines Handelsgeschäfts aus der Konkursmasse? BB 1987, 1896; *Grote/Weimar* Die Haftung des Erwerbers bei Firmenfortführung, NWB Fach 18, 1997, 3511; *Grunewald* Unerwartete Verbindlichkeiten beim Unternehmenskauf, ZGR 1981, 622; *Hadding* Der praktische Fall – Handelsrecht – Das vom Erben zurückgenommene kaufmännische Unternehmen, JuS 1995, 611; *Hager* Die gesetzliche Einziehungsermächtigung, Gedächtnisschrift Helm, 2001, 697; *Hausmann* Die Bedeutung der Rechtsfolgenanordnung „gelten als" in § 25 Abs. 1 S. 2 HGB, 1992; *ders.* Die Rechtsfolgen einer Fortführung von Handelsgeschäft und Firma für die im Betriebe begründeten Forderungen – § 25 I S. 2 HGB, JR 1994, 133; *Heckelmann* Die Grundlage der Haftung aus Firmenfortführung nach § 25 Abs. 1 S. 1 HGB, Festschrift Bartholomeyczik, 1973, 129; *O. v. Gierke* Schuldnernachfolge und Haftung kraft Übernahme eines Handelsgeschäftes, Festschrift Martitz, 1911 S. 72; *Henckel* Haftung für Verbindlichkeiten eines insolventen Unternehmens wegen Betriebsübergangs, Festschrift Heinsius, 1991, 261; *Hölters* (Hrsg.) Handbuch des Unternehmens- und Beteiligungskaufs, 5. Aufl. 2002; *Holzapfel/Pöllath* Recht und Praxis des Unternehmenskaufs, Rechtliche und steuerliche Aspekte, 11. Aufl. 2003; *Hommelhoff/Schwab* Leistungsstörungen beim Unternehmenskauf, Festschrift Zimmerer, 1997, 267; *Huber* Die Schuldenhaftung beim Unternehmenserwerb und das Prinzip der Privatautonomie, Festschrift Raisch, 1995, 85; *A. Hueck* Schuldenhaftung bei Vererbung eines Handelsgeschäfts, ZHR 108 (1941), 1; *Ihde* Die Haftung des Erwerbers des Handelsgeschäftes für die Schulden des Veräußerers nach früherem und jetzigem Recht, Diss. Rostock 1903; *Junge* Die haftungsrechtlichen Risiken der Betriebsaufspaltung, Festschrift Merz, 1992, S. 241; *Kanzleiter* Haftungsgefahren nach § 25 Abs. 1 HGB bei der – angeblichen – Weiterführung eines insolventen Gastronomiebetriebs, DNotZ 2006, 590; *Kiem* Das Beurkundungserfordernis beim Unternehmenskauf im Wege des Asset Deals, NJW 2006, 2363; *Klausing* Nachfolge in ein Unternehmen, JW 1938, 2521; *Klein-Blenkers* Die Entwicklung des Unternehmenskaufrechts, NZG 2006, 245; *Korte/Spißler* Haftungsausschluss bei Betriebsverpachtung und deren Beendigung, GStB 2004, 68; *Koumantos* Erwerberhaftung bei Unternehmensveräußerung. Rechtsvergleichende Studien zur Verdinglichung des Gläubigerrechts, 1955; *Koziol* Welchen Schulden tritt der Übernehmer eines Vermögens, Unternehmens oder Handelsgeschäfts bei? JBl 1967, 550; *Krabbenhöft* Übergang von Geschäftsverbindlichkeiten und Geschäftsforderungen beim Erwerb eines Handelsgeschäftes und beim Eintritt eines Gesellschafters in das Geschäft eines Einzelkaufmannes, Rpfleger 1957, 158; *Krejci* Betriebsübergang und Arbeitsvertrag, 1972; *ders.* Ist zur Vertragsübernahme bei Unternehmensveräußerung Dreiparteieneinigung erforderlich? ÖJZ 1975, 449; *ders.* Unternehmensgesetzbuch statt HGB, Skizze zur österreichischen Handelsrechtsreform, ZHR 170 (2006), 113 ff; *ders.*, Zur Neuregelung des Unternehmensübergangs im österreichischen Unternehmensgesetzbuch, Festschrift Canaris, Bd. II, 2007 S. 735; *Lettl* Die Haftung des Erwerbers eines Handelsgeschäfts wegen Firmenfortführung nach § 25 Abs. 1 Satz 1 HGB, WM 2006, 2336; *Lieb* Die Haftung für Altschulden bei „Eintritt" eines Gesellschafters in ein nicht- oder minderkaufmännisches Einzelunternehmen, Festschrift Westermann, 1974, 309; *ders.* Anm. zu BAG Urt. v. 23.1.1990 – 3 AZR 171/88, EzA HGB § 28 Nr. 1; *ders.* Die Haftung für Verbindlichkeiten aus Dauerschuldverhältnissen bei Unternehmensübergang, 1991; *ders.* Zu den Grundgedanken der §§ 25 ff HGB, Festschrift Börner, 1992, 747; *ders.* „Haftungsklarheit für den Mittelstand?" GmbHR 1994, 657; *ders.* Zufallsgeschenke, Haftungsfallen, Unternehmensvernichtungen und Sanierungshindernisse, Festschrift Vieregge, 1995, 557; *Markert/Renaud* Haftung für Verbindlichkeiten aus Dauerschuldverhältnissen bei Betriebsaufspaltung, BB 1988, 1060; *Moll* Die Rechtsstellung des Arbeitnehmers nach einem Betriebsübergang, NJW 1993, 2016; *Morisse* Der Rechtsgrund für die Haftung des Erwerbers bei der Übernahme eines Handelsgeschäfts unter Lebenden, Diss. Köln 1969; *Mormann* Die Rechtsprechung des BGH zur Haftung aus § 419 BGB und § 25 HGB, WM 1965, 634; *Mösbauer* Die Steuerhaftung bei Unternehmensveräußerung, BB 1990, Beil. 3; *Müller-Feldhammer* Die Erwerberhaftung bei rechtsgeschäftlicher Unternehmensübertragung, 2001; *Muschalle* Die Haftung bei Fortführung eines Handelsgeschäfts, 1995; *Nickel* Rechtsschein der Fortführung von Handelsgeschäft und/oder Firma, NJW 1981, 102; *Nitsche* Die Haftung des Geschäftsübernehmers nach § 25 HGB, ÖZW 1976, 40; *Nörr/Scheyhing/Pöggler,* Sukzessionen, 2. Aufl., 1999; *Picot* Unternehmenskauf und Restrukturierung, 3. Aufl. 2004; *Pikart* Über die Rechtsprechung des BGH zu § 419 BGB und § 25 HGB, WM 1959, 42; *Pisko* Das kaufmännische Unternehmen, Ehrenbergs Hdb. Bd. II/2; *Roth* Zur Haftung bei einer Firmenfortführung, LMK 2007, 95; *Reichold* Umwandlung eines Einzelunternehmens in eine GmbH & Co KG – Haftung, EWiR 1990, 795; *ders.* Haftung für Versorgungsverbindlichkeiten nach Firmenfortführung, RdA 2005, 110; *Säcker* Die handelsrechtliche Haftung für Altschulden bei Übertragung und Vererbung von Handelsgeschäften, ZGR 1973, 261; *Säcker/Joost* Auswirkungen eines Betriebsübergangs auf Ruhestandsverhältnisse, DB 1978, 1030, 1078; *Scherer* Haftung bei Firmenfortführung, DB 1996, 2321; *Schlüter* Die Schuldenhaftung bei Geschäftsübernahme, Diss. München 1971; *K. Schmidt* Neues zur Haftung bei der Schein-KG und zur Kommanditistenhaftung bei Sanierungsgründen, JZ 1974, 219; *ders.* Organverantwortlichkeit und Sanierung im Insolvenzrecht der Unternehmen, ZIP 1980, 328; *ders.* Haftungskontinuität als unternehmensrechtliches Prinzip, ZHR 145 (1981), 2; *ders.* Was wird aus der Haftung nach § 419 BGB? ZIP 1989, 1025; *ders.* Unternehmenskontinuität und Erwerberhaftung nach § 25 Abs. 1 HGB, ZGR 1992, 621; *ders.* Keine Haftung trotz Fortführung von Unternehmen und Geschäftsbezeichnung, MDR 1994, 133; *ders.* Unternehmensfortführung ohne Firmenfortführung, JuS 1997, 1069; *ders.* § 25 Abs. 1 Satz 2 (§ 28 Abs. 1 Satz 2) HGB zwischen relativem Schuldnerschutz und Legalzession, AcP 198 (1998), 516; *ders.* Übergang von Vertragsverhältnissen nach §§ 25, 28 HGB, Festschrift Medicus, 1999, 555; *ders.* Die Gesellschafterhaftung bei gescheiterter GmbH-Sachgründung, NJW 2000, 1521; *Schmittmann* Unternehmensübertragungen in der Krise, StuB 2006, 945; *Schricker* Probleme der Schuldenhaftung bei Übernahme eines Handelsgeschäfts, ZGR 1972, 121; *W. Schröder* Die Haftung des Käufers eines Unternehmens aus einem gerichtlichen Vergleichsverfahren nach den §§ 419 BGB und 25 HGB, Diss. Münster 1991; *Semler/Volhard* (Hrsg.), Arbeitshandbuch für Unternehmensübernahmen, Bd. 1, 2001; *Stötter* Verbindlichkeiten aus schwebenden Geschäften beim Verkauf eines Handelsgeschäfts, DB 1979, 826; *Tenbrock* Die betriebliche Altersversorgung im Betriebsübergang bei konkurrierenden Versorgungszusagen, 2006; *Treffer* Haftungsrisiken bei der Gründung einer GmbH-Auffanggesellschaft, GmbHR 2003, 166; *Vetter* Altschuldenhaftung auf fehlerhafter Vertragsgrundlage, 1995; *Unfried* Betriebsübergang und Sanierung in der Insolvenz, 2007; *Waskönig* Rechtsgrund und Tragweite der §§ 25, 28 HGB, Diss. Bonn 1979; *Watermeyer* Steuerhaftung bei Betriebsübergang, GmbH-StB 2006, 259; *Weimar* Der Geschäftsübergang mit Firma, MDR 1962, 960; *Wernecke* Die Haftung für geschäftliche Verbindlichkeiten nach §§ 25 ff HGB, JA 2001, 509; *Wessel* § 25 HGB – eine gefährliche Vorschrift? BB 1989, 1625; *Wilhelm* Die Haftung bei Fortführung eines Handelsgeschäfts ohne Übernahmevertrag mit dem Vorgänger, NJW 1986, 1797; *Zerres* Inhaberwechsel und haftungsrechtliche Konsequenzen, Jura 2006, 253; *Zöllner* Wovon handelt das Handelsrecht, ZGR 1983, 82.

S. ferner das Schrifttum zu §§ 26–28.

§ 25

Übersicht

	Rn
A. Grundlagen	1–46
I. Systematische Einordnung	1
II. Norminhalt	2
III. Entstehungsgeschichte	3–7
IV. Normzweck	8–35
1. Einleitung	8
2. Meinungsstand	9–35
a) Gesetzgeber	9
b) Rechtsprechung nach Inkrafttreten des HGB	10
c) Schrifttum nach Inkrafttreten des HGB	11–16
d) Stellungnahme	17–35
aa) Das Ziel der Auslegung	17
bb) Die einzelnen „Theorien"	18–21
cc) Eigene Ansicht	22–35
α) Der Gesetzeszweck	22–27
β) Legitimation von § 25	28–31
γ) Rechtspolitische Bewertung	32–34
δ) Folgen für dies Auslegung von § 25	35
V. Anwendungsbereich und Abgrenzung	36–46
1. Analoge Anwendung auf kleingewerbliche Unternehmen	36–41
a) Gesetzliche Ausgangslage und Meinungsstand	36
b) Stellungnahme	37–40
2. Abgrenzung zu § 28	41
3. Gesellschaftsrechtliche Gesamtrechtsnachfolge	42–45
a) Grundsatz	42
b) Anwachsung	43
c) Umwandlungsvorgänge	44
d) Anteilsübertragung	45
4. Insolvenz	46
B. Der Gläubigerschutz bei Fortführung der Firma (Abs. 1 S. 1)	47–103
I. Tatbestandliche Voraussetzungen der Erwerberhaftung	47–74
1. Bestehen eines Handelsgeschäfts	47–48
2. Führung einer Firma durch den bisherigen Inhaber	49–50
3. Erwerb des Handelsgeschäfts unter Lebenden	51–60
a) Allgemeines	51
b) Zeitlich beschränkter Unternehmenserwerb	52–53
c) Weiterverpachtung	54
d) Unwirksamkeit des Erwerbsgeschäfts	55
e) Fehlen eines Erwerbsgeschäfts	56
f) Erwerb des Unternehmenskerns	57
g) Veräußerung eines von mehreren Unternehmen oder einer Zweigniederlassung	58–60
4. Fortführung des Handelsgeschäfts durch den Erwerber	61–63
5. Fortführung der Firma	64–74
a) Firma	64
b) Bisherige Firma	65
c) Führung der bisherigen Firma	66–70
d) Fortführung der bisherigen Firma (Firmenkontinuität)	71–72
e) Einzelfälle zur Firmenkontinuität	73–74
II. Rechtsfolgen der Erwerberhaftung	75–103
1. Gesetzlicher Schuldbeitritt oder gesetzliche Vertragsüberleitung	75–82
a) Gesetzliche Ausgangslage	75
b) Meinungsstand	76
c) Stellungnahme	77–82
2. Inhalt und Umfang der Erwerberhaftung	83–98
a) Allgemeines	83
b) Geschäftsverbindlichkeiten des früheren Inhabers	84–96
aa) Geschäftsverbindlichkeiten	85–87
bb) Bestehen zum Zeitpunkt des Inhaberwechsels	88–96
α) Allgemeines	88
β) Dauerschuldverhältnisse	89–96
c) Veräußerer und Erwerber als Gesamtschuldner	97–98
aa) Außenverhältnis	97
bb) Innenverhältnis	98
3. Prozessuale Fragen	99–100
a) Erkenntnisverfahren	99
b) Zwangsvollstreckung	100
4. Vom Erwerber begründete Verbindlichkeiten	101
5. Zweiterwerb des Handelsgeschäfts	102
6. Haftung des Rechtsanwalts bzw. des Notars bei mangelhafter Beratung	103
C. Der Schuldnerschutz bei Fortführung der Firma (Abs. 1 S. 2)	104–122
I. Grundlagen	104–106
II. Voraussetzungen	107–109
1. Fortführung eines unter Lebenden erworbenen Handelsgeschäfts unter der bisherigen Firma	107
2. Einwilligung des bisherigen Inhabers oder seiner Erben in die Firmenfortführung	108–109
III. Rechtsfolgen	110–122
1. Meinungsstand	110
2. Stellungnahme	111–113
3. Zusammenfassung	114
4. Erfasste Forderungen	115–118
5. Anwendbarkeit des Zessionsrechts	119–121
6. Beweisfragen	122
D. Abweichende Vereinbarungen (Abs. 2)	123–143
I. Grundlagen	123
II. Voraussetzungen	124–142
1. Vereinbarung	124–128
2. Kundmachung	129–139
a) Eintragung und Bekanntmachung	130–131

b) Mitteilung 132	IV. Gesetzlicher Vertragsübergang
c) Rechtzeitigkeit 133–140	(§§ 566, 578 f, 613a BGB, §§ 95 ff,
aa) Ausschluss der Erwerber-	122 VVG) 148
haftung 134–138	V. Vertrags- oder Schuldübernahme
α) Meinungsstand 134–135	(§§ 311, 414 ff BGB) 149
β) Stellungnahme 136–138	VI. Betriebsbezogene Steuern (§ 75 AO) . 150–151
bb) Ausschluss des Schuldner-	VII. Rechtsscheinhaftung 152
schutzes 139	1. Grundlagen 152–154
3. Anderweitig erlangte Kenntnis . . 140–141	2. Rechtsschein hinsichtlich § 25
a) Meinungsstand 140	Abs. 1 S. 1 155
b) Stellungnahme 141	a) Anschein der Kaufmannseigen-
4. Verhältnis zu § 15 142	schaft 156
III. Rechtsfolgen 143	b) Anschein der Firmenfortführung 157
E. Die Schuldenhaftung kraft besonderen	c) Anschein der Unternehmens-
Verpflichtungsgrundes (Abs. 3) . . . 144–162	fortführung 158–159
I. Überblick 144	3. Rechtsschein hinsichtlich § 25
II. Haftung kraft handelsüblicher	Abs. 1 S. 2 160
Bekanntmachung 145–146	4. Rechtsschein hinsichtlich § 25
III. Vermögensübernahme	Abs. 2 161–162
(§ 419 a.F. BGB) 147	

A. Grundlagen

I. Systematische Einordnung

Die §§ 25–28 stehen zwar in dem Abschnitt des HGB über die „Handelsfirma". Sie **1** beinhalten jedoch keine firmenrechtlichen Vorschriften, wie sie die §§ 17–24 und §§ 29–37 zur Zulässigkeit, Fortführung, Eintragung und Änderung der Firma vorsehen. Vielmehr befassen sie sich mit der Frage des Schicksals von Geschäftsverbindlichkeiten und -forderungen bei einem Wechsel des Unternehmensträgers, haben also materiellrechtliche Rechts- und Haftungsfolgen zum Inhalt. Sie stellen damit einen gegenüber dem Firmenrecht selbständigen Regelungskomplex dar, was sich auch bei der Auslegung der Vorschriften niederschlägt. Dabei hat der Gesetzgeber die Bestimmungen der §§ 25–28 in enger Beziehung zueinander gesehen.

II. Norminhalt

§ 25 betrifft den Erwerb eines Handelsgeschäfts unter Lebenden. Dabei unterscheidet **2** das Gesetz zwei Fälle. Abs. 1 handelt von einer Geschäftsfortführung unter Beibehaltung der bisherigen Firma, Abs. 3 von einer Geschäftsfortführung ohne Beibehaltung der bisherigen Firma. Im ersten Fall haftet der Erwerber gem. Abs. 1 S. 1 für frühere Geschäftsverbindlichkeiten. Zudem vermutet Abs. 1 S. 2 für diesen Fall zugunsten von Altschuldnern einen Übergang von Geschäftsforderungen auf den Erwerber, sofern der Veräußerer der Firmenfortführung zugestimmt hat. Abs. 2 eröffnet die Möglichkeit diese Regelungen durch privatautonome Vereinbarung mit Wirkung gegen Dritte abzubedingen, wenn die Vereinbarung in das Handelsregister eingetragen und bekannt gemacht oder dem Dritten mitgeteilt worden ist. Abs. 3 schließlich bestimmt, dass der Erwerber bei einer Geschäftsfortführung ohne Beibehaltung der Firma nur dann für frühere Geschäftsverbindlichkeiten haftet, wenn ein besonderer Verpflichtungsgrund, insbes. eine dahingehende handelsübliche Bekanntmachung vorliegt. Sowohl eine Haftung für Geschäftsverbindlichkeiten als auch die Vermutung des Übergangs von Geschäftsforderungen kann also nicht nur durch privatautonome Vereinbarung nach Abs. 2, sondern auch schlicht dadurch vermieden werden, dass der Erwerber die bisherige Firma nicht fortführt.

III. Entstehungsgeschichte

3 Bereits **vor Erlass des ADHGB** wurde die Haftung des Erwerbers eines Handelsgeschäfts für die Verbindlichkeiten des bisherigen Inhabers kontrovers diskutiert. Eine Ansicht – die heute noch bzw. wieder von *Karsten Schmidt*, wenngleich in veränderter Weise, vertreten wird (s. Rn 14) – sah in dem unter einer Firma betriebenen Handelsgeschäft eine Art juristische Person (universitas juris), die Inhaberin der Forderungen und Verbindlichkeiten sei. Folglich treffe den Erwerber die Haftung für Altschulden, wenn er das bisherige Handelsgeschäft unter der bisherigen Firma fortführe.[1] *Delbrück* nahm diesen Ansatz auf, unterschied aber erstmals zwischen Innen- und Außenverhältnis und sah in der Firmenfortführung eine Haftungserklärung nach außen,[2] eine Ansicht die ebenfalls noch an Bedeutung gewinnen sollte (s. Rn 5, 10, 11). Die Rechtsprechung lehnte dagegen eine Verselbständigung der Firma bzw. des Handelsgeschäfts ab und nahm eine Haftung des Erwerbers zunächst nur an, wenn sich hierfür eine rechtsgeschäftliche Verpflichtung finden lasse.[3] Bei den Beratungen in der Nürnberger Kommission zum ADHGB wurden diese Ansichten kontrovers diskutiert. Nachdem man keine Einigung erzielen konnte, sah man von einer Regelung ab und überließ die Klärung der Frage damit Wissenschaft und Rechtsprechung.[4]

4 **Nach Erlass des ADHGB** wurde in der Literatur versucht, eine zwingende Haftung bei Firmenfortführung aus Art. 22, 23 ADHGB (= §§ 22, 23 HGB) herzuleiten, wobei erstmals auch der Gedanke des Rechtsscheins (s. Rn 10, 11) fruchtbar gemacht wurde: Da eine Firma nur fortführen dürfe, wer auch die Verbindlichkeiten eines Handelsgeschäftes übernehme, erwecke derjenige, der trotz Firmenfortführung die Verbindlichkeiten nicht übernehme, einen Rechtsschein, aus dem er haftet.[5] Das **Reichsoberhandelsgericht** hielt hingegen an der liberalen Linie der Rechtsprechung fest, ließ also grundsätzlich die Parteivereinbarung darüber entscheiden, ob der neue Inhaber Schuldner und Gläubiger werde. Nur einen Haftungstatbestand mit Außenwirkung erkannte das Gericht ohne Rücksicht auf die Parteivereinbarung an: die öffentliche Bekanntmachung des Schuldbeitritts, vornehmlich in öffentlichen Blättern oder durch Zirkulare[6]. Diese

---

[1] *Tabor* Beitrag zur rechtlichen Erörterung der Verbindlichkeiten, welche aus dem Eintritt in eine bestehende Handlungsfirma entspringen, 1826, passim; *Hassenpflug* Elvers Themis 1 (1827), 59 (63 f).

[2] *Delbrück* Die Übernahme fremder Schulden nach gemeinem und preußischem Recht, 1853, S. 96 f.

[3] S. etwa Obertribunal Stuttgart Seuff. Archiv 6 (1853), Nr. 242; Obertribunal Berlin Striehorsls Archiv 11 (1854), 219; OAG Lübeck Seuff. Archiv 11 (1857), Nr. 83. Für wN s. *Waskönig* Rechtsgrund und Tragweite der §§ 25, 28, Diss Bonn 1979, S. 59, 179.

[4] Protokolle zum ADHGB (1854), S. 1432 (1439 f).

[5] *Thöl* Handelsrecht, Bd. I, 4. Aufl. 1862, S. 116; *Anschütz/Völdemdorff* ADHGB, 1868, Art. 23 Anm. 23; kritisch dazu aber *Regelsberger* ZHR 14 (1870), 1 (21 ff); *Simon* ZHR 24 (1879), 91 (151 ff). Nachweise weiteren Schrifttums bei den Genannten sowie bei *Säcker* ZGR 1973, 261 (264, 15). Informativ auch *Waskönig*, S. 54 ff.

[6] ROHG 1, 62; ROHG 2, 46; ROHG 2, 143; ROHG 2, 173; ROHG 3, 182; ROHG 3, 333; ROHG 3, 360; ROHG 4, 5; ROHG 4, 198; ROHG 8, 38; ROHG 11, 149; ROHG 12, 159; ROHG 15, 74; ROHG 16, 271; ROHG 21, 232.

Bekanntmachung stelle einen *„selbständig wirksamen, von der Acceptation des Gesellschaftsgläubigers unabhängigen, obligatorischen Dispositionsakt"* dar und habe als solcher kraft Handelssitte bindende Wirkung.[7] Dieser Haftungsgrund findet sich heute in § 25 Abs. 3.

Die Rechtsprechung des **Reichsgerichts vor Inkrafttreten des HGB** ist nicht einheitlich. Während ein Teil der Entscheidungen die Judikatur des ROHG fortsetzte[8], wahrte das ausführlich begründete Erkenntnis **RGZ 2, 48** vom 09.07.1880 diese Kontinuität nur formal. In diesem Fall lag eine Haftungsübernahme im Innenverhältnis vor, die nicht nach außen bekannt gemacht worden war. Gegen die Weigerung des Erwerbers, den Altgläubigern für die Altschulden einzustehen, führte das Gericht aus, dass bei Übernahme der vorhandenen Aktiven und Passiven die Fortsetzung des Geschäfts unter der Beibehaltung der bisherigen Firma dieselbe Wirkung wie die handelsübliche Bekanntgabe einer passiven Schuldenübernahme habe.[9] Das bedeutet: Die Fortführung des Unternehmens unter der bisherigen Firma wird als Abgabe einer Haftungserklärung an die Öffentlichkeit im Wege schlüssigen Verhaltens aufgefasst (sog. **Erklärungstheorie**).[10]

Gleichfalls im Jahr 1880 fand der **15. DJT** statt. Gegenstand der handelsrechtlichen Abteilung war die Altschuldenhaftung. Der Gutachter sprach sich für eine weitgehende, zwingende Haftung aus, wollte hierfür aber weder die Rechtssubjektivität der Firma bzw. des Handelsgeschäfts anerkennen noch an die Firmenfortführung anknüpfen.[11] Die Mehrheit folgte ihm im ersten, aber nicht im letzten Punkt. Sie plädierte in Anschluss an den Referenten für eine gesetzliche Regelung mit zwingender Haftung bei Firmenfortführung, da hierin der Wille zum Ausdruck komme, für die Altschulden haften zu wollen.[12]

Nachdem auch weitere Jahrzehnte der Diskussion *„in dieser wichtigen Frage zu völlig sicheren Resultaten nicht gelangt"* sind, sah sich schließlich der **Gesetzgeber des HGB** veranlasst, Forderungen nach einer gesetzlichen Regelung durch Schaffung der §§ 25–28 nachzukommen.[13] Zur Auswahl standen ihm dabei entsprechend dem referierten Meinungsstand (Rn 3–6) vornehmlich drei Regelungsmodelle mit verschiedenen Begründungsvarianten: (1) Außenhaftung nur bei Haftungsübernahme durch einzelvertragliche Abrede oder öffentliche Bekanntmachung. Dieses Modell des ROHG ist in § 25 Abs. 2 und 3 Gesetz geworden. (2) Darüber hinaus zwingende Außenhaftung auch bei bloßer Firmenfortführung. Dieses Modell entspricht § 25 Abs. 1 S. 1. (3) Zwingende Außenhaftung schon bei bloßer Fortführung des Handelsgeschäfts. Dieses Modell hat der Gesetzgeber in § 28 aufgegriffen. Die gesetzliche Regelung trägt mithin alle Züge eines Kompromisses. Deutlich wird dies auch in der Gesetzesbegründung (s. Rn 9). Damit hat der Gesetzgeber zwar den gesetzlosen Zustand, aber keinesfalls die Diskussion beendet. Obwohl § 25 seither unverändert geblieben ist, hat die Meinungsvielfalt über all die Jahre und Jahrzehnte stetig zugenommen (dazu Rn 10 ff).

---

[7] ROHG 1, 62 (68).
[8] RGZ 8, 64; RGZ 38, 173 (eindeutig auf der Linie des ROHG).
[9] Eher beiläufig auf Firmenfortführung abhebend: RGZ 15, 51 (53); nur referierend: RGZ 17, 96.
[10] S. ausf. zu dieser Entscheidung *Huber* FS Raisch, 1995, S. 85 (94 f).
[11] *Heinsen* Verhandlungen zum 15. DJT, Bd. 1, 1880, S. 224, 232 ff, 243.
[12] *Markower* Verhandlungen zum 15. DJT, Bd. 2, 1880, S. 132 f; Schlussabstimmung, S. 153. Näher zum 15. Dt. Juristentag auch *Waskönig*, S. 95 ff.
[13] Denkschrift zum Entwurf eines Handelsgesetzbuchs, Reichstag, 9. Legislatur-Periode, IV. Session 1895/97, S. 36 = *Schubert/Schmiedel/Krampe* Quellen zum Handelsgesetzbuch von 1897, Bd. 2. 2. Hb. 1988, S. 978.

IV. Normzweck

8 **1. Einleitung.** Umstritten ist vor allem der Normzweck, insbes. der Grund für die von § 25 Abs. 1 S. 1 angeordnete Erwerberhaftung. Umstritten ist freilich auch die praktische Relevanz dieser Kontroverse;[14] denn in der Rechtsprechung hat sie nur wenig Bedeutung erlangt. Das ist freilich nicht notwendigerweise ein Vorzug der Rechtsprechung und kann sich überdies ändern. Dabei liegen die Positionen teilweise derart weit auseinander, dass sie in zahlreichen Einzelfragen zu unterschiedlichen Ergebnissen führen (s. etwa Rn 36 ff, 76 ff, 104 ff, 124 ff). Außerdem ist die Kenntnis des Meinungsstandes aus Verständnisgründen hilfreich. Deswegen kann auf eine Darstellung nicht verzichtet werden, auch wenn sie angesichts der Dauer und des Umfangs der Kontroverse auf die Gründzüge beschränkt bleiben muss.

2. Meinungsstand

9 **a) Gesetzgeber.** Von welchen Erwägungen sich der Gesetzgeber leiten ließ, wird aus der Denkschrift zum HGB[15] deutlich und wird hier im Wortlaut (ergänzt um Absatz- und Satznummern, um eine spätere Bezugnahme zu erleichtern) wiedergegeben, weil diese Erwägungen nicht nur Mittel, sondern ihrerseits Gegenstand der Interpretation sind:

„(1) ¹*Unter welchen Voraussetzungen der Erwerber eines Handelsgeschäfts in die Schulden und Forderungen des bisherigen Inhabers eintritt, ist im Handelsgesetzbuche nicht entschieden; die Berathungen der Nürnberger Kommission haben in dieser Beziehung zu keinem Ergebnisse geführt.* ²*Auch Rechtsprechung und Wissenschaft sind in dieser wichtigen Frage zu völlig sicheren Ergebnissen nicht gelangt, und es erscheint daher eine gesetzliche Regelung, für welche sich unter Anderen der deutsche Juristentag ausgesprochen hat, geboten.*

(2) ¹*Mit der bloßen Uebertragung des Handelsgeschäfts oder deren Kundmachung kann der Eintritt in die Geschäftsschulden und Forderungen nicht verbunden werden; denn es ist zunächst Thatfrage, ob die Parteien dies beabsichtigt haben.* ²*Die Uebertragung eines Handelsgeschäfts setzt, wie allgemein anerkannt wird, den Uebergang der Schulden und Forderungen auf den Erwerber an sich noch nicht nothwendig voraus.* ³*Anders verhält es sich im Falle der Fortführung der bisherigen Firma.* ⁴*Im Verkehr wird vielfach die Firma ohne Rücksicht auf die Person ihres Inhabers als Eigenthümerin des Handlungsvermögens, als Trägerin der durch den Handelsbetrieb begründeten Rechte und Pflichten angesehen.* ⁵*Diese Anschauung ist allerdings rechtlich nicht zutreffend; nichtsdestoweniger erscheint es gerechtfertigt, der Verkehrsauffassung, nach welcher der jeweilige Inhaber der Firma als der Berechtigte und Verpflichtete angesehen wird, in Bezug auf die Frage des Ueberganges der Geschäftsschulden und Geschäftsforderungen entgegenzukommen.* ⁶*Denn der Erwerber eines Geschäfts, der die Firma, wenngleich mit einem Zusatz, fortführt, erklärt dadurch seine Absicht, in die Geschäftsbeziehungen des früheren Geschäftsinhabers soweit als möglich einzutreten.* ⁷*Das Reichsgericht legt auch schon gegenwärtig der Fortführung der Firma in gewissen Beziehungen maßgebenden Einfluß bei.*"

---

[14] Vgl. etwa Ebenroth/Boujong/Joost/Strohn/Zimmer Rn 1 einerseits und MünchKomm-HGB/*Lieb* Rn 8 andererseits.

[15] Denkschrift zum Entwurf eines Handelsgesetzbuchs, Reichstag, 9. Legislatur-Periode, IV. Session 1895/97, S. 36 = *Schubert/Schmiedel/Krampe* Quellen zum Handelsgesetzbuch von 1897, Bd. 2. 2. Hb. 1988, S. 978 f.

b) Die Rechtsprechung nach Inkrafttreten des HGB. Die weitere Rechtsprechung des **10** Reichsgerichts folgte zunächst der **Erklärungstheorie** und konnte sich dabei einerseits auf vorangegangene Entscheidungen (Rn 5), andererseits (vordergründig) auf die Gesetzesbegründung stützen.[16] BGHZ 18, 248, 250 f erweiterte diese Rechtsprechung um den Aspekt des **Rechtsscheins**. Danach hat die Fortführung des Unternehmens unter der bisherigen Firma auch eine Rechtsscheinwirkung, und zwar hinsichtlich der Bereitschaft zur Übernahme der Verbindlichkeiten des früheren Inhabers[17]. Gelöst wurde damit das schon in der Reichsgerichtsrechtsprechung[18] aufgetretene Problem, dass die Haftungserklärung keinen rechtsgeschäftlichen Charakter haben kann. In der Folgezeit stellte die Rechtsprechung mal mehr auf den einen Aspekt[19], mal mehr auf den anderen Aspekt[20] ab. Weniger als Rechtsgrund, denn als Rechtfertigung für die Haftung wurde überdies bereits vom Reichsgericht und später auch vom BGH der Gedanke der **Vermögensübernahme** angeführt, wonach die Haftung notwendige Folge der Vermögensübernahme sei, weil der Erwerber des Vermögens für die Schulden aufkommen soll.[21] In manchen, jüngeren Entscheidungen scheint überdies der Gedanke der **Haftungskontinuität** (dazu Rn 14) auf.[22] Bei alledem muss man sich freilich vor Augen führen, dass sich die Rechtsprechung bisher nicht ausführlich mit dem Meinungsstand auseinandergesetzt hat, sondern jeweils nur mit wenigen Bemerkungen oder Sätzen auf den jeweiligen Aspekt abstellt.

c) Schrifttum nach Inkrafttreten des HGB. In der Lehre sind alle vorgenannten **11** Aspekte aufgegriffen worden. Vertreter der **Erklärungstheorie** nehmen ein rechtsgeschäftliches Schuldübernahmeangebot an die Altgläubiger an und verstehen § 25 als zwingende Auslegungsregel zur gesetzlichen Stabilisierung typischen sozialen Verhaltens.[23] Vertreter der **Rechtsscheintheorie** meinen, der Fortbestand der Firma erwecke entweder den Eindruck unveränderter Unternehmensinhaberschaft oder den Eindruck der Bereitschaft zur Übernahme der Verbindlichkeiten des früheren Inhabers, was ein dahingehendes Vertrauen des Rechtsverkehrs rechtfertige.[24] Vertreter der sog. **Haftungsfondstheorie**, die oft auch ergänzend herangezogen wird, begründen die Schuldenhaftung nach § 25 ähnlich wie die nach § 419 BGB a.F. mit der Erwägung, dass den Gläubigern das Vermögen des Schuldners als Objekt ihres Vollstreckungszugriffs erhalten bleiben muss.[25] Vertreten werden auch Kombinationslösungen. Nach *Schricker* liegt § 25 ein kombiniertes **Vermögensübernahme- und Verkehrsschutzprinzip** zugrunde.[26]

---

[16] RGZ 149, 25 (28); RGZ 93, 227 (228 f); RGZ 142, 98 (104); RGZ 164, 115 (121).
[17] So ausdrücklich BGHZ 22, 234 (239).
[18] RGZ 142, 98 (104).
[19] BGHZ 38, 44 (47); BGH NJW 1982, 557 (578); BGH NJW-RR 1990, 1251 (1253); BayObLG NJW-RR 1988, 869 (870).
[20] BGHZ 29, 1 (3 f) = NJW 1959, 241; BGHZ 31, 321 (328) = NJW 1960, 621; OLG Bremen NJW-RR 1989, 423 (424).
[21] RGZ 142, 98 (106); RGZ 135, 104 (108); BGHZ 38, 44 (47).
[22] Annäherung an diese Theorie bei BGH NJW 1984, 1186; BGH NJW 1992, 911; s. ferner BayObLGZ 1987, 499 = NJW-RR 1988, 869 f; OLG Düsseldorf GmbHR 1991, 315 (316); ferner LG Berlin ZIP 1993, 1478.
[23] *Säcker* ZGR 1973, 261 (275).
[24] *A. Hueck* ZHR 108 (1941), 1 (7 f); *Krause* JZ 1957, 278 (279); *Weimar* MDR 1962, 960; *Fischer* Anm. zu BGH LM § 28 HGB Nr. 3; *Nickel* NJW 1981, 102; *Schtegelberger/Hildebrandt/Steckhan* § 25 Anm. 1 f; eingehend *Schlüter* Die Schuldenhaftung bei Geschäftsübernahme, Diss München 1971, S. 121 f; abw. *Muschalle* S. 92 ff.
[25] *Morisse* S. 32 ff, 69 ff; unter Verbindung mit dem Rechtsscheingedanken *Schricker* ZGR 1972, 121 (150 ff); vgl. auch *Heckelmann* FS für Bartholomeyczik (1973) S. 129, 147 (Vermögenshaftungsprinzip sei „in § 25 Abs. 1 BGB mitenthalten"). Aus dem österreichischen Schrifttum vgl. *Koziol* JBl. 1967, 550 (558 f); *Nitsche* ÖZW 1976, 40 ff.
[26] *Schricker* ZGR 1972, 121 (151).

12 Ferner knüpfen eine Reihe von Autoren an den – ihrer Meinung nach – typischen Inhalt der Vereinbarungen zwischen dem Veräußerer und Erwerber an und sehen in § 25 eine Norm, die diese Vereinbarungen im Innenverhältnis in das Außenverhältnis überträgt (**Außenwirkungstheorien**). Die Unterschiede im Einzelnen sind freilich beträchtlich. Das von *Börner*[27] entwickelte Konzept der Vertragsübernahme knüpft an den Übergang der Forderungen nach § 25 Abs. 1 S. 2 an, der sich als Weiterführung des § 409 BGB darstelle, und begreift die Schuldenhaftung als Seitenstück, das notwendig sei, um die einheitliche Vertragsstellung nicht aufzuspalten. Dieses Konzept hat *Lieb* aufgegriffen, der es mit der Ansicht von *Heckelmann*[28] kombiniert.[29] Danach ist im Innenverhältnis regelmäßig eine Erfüllungsübernahme gewollt, die § 25 Abs. 1 S. 1 in das Außenverhältnis übertrage. *Gerlach*[30] schließlich versteht die gesetzliche Haftungsregelung als Gewährleistung typisierten Vertrauensschutzes auf der Grundlage regelmäßig entsprechender Schuldübernahmevereinbarungen der Parteien zu Gunsten der Gläubiger. Diesem Gedanken hat sich auch *Zimmer* angeschlossen.[31] Die Drittwirkung zu Gunsten der Gläubiger qualifiziert *Gerlach* als Rechtsfolge eines zwischen den Parteien regelmäßig geschlossenen echten **Vertrags zu Gunsten Dritter** (§§ 328 ff BGB).

13 Namentlich *Hüffer* (Voraufl. Rn 27 ff), *Waskönig*[32] und *Casper*[33] vertreten die Ansicht, § 25 diene dem **Verkehrsschutz** durch Vermeidung von Unklarheiten bei der Abwicklung bestehender Vertragsbeziehungen im Falle der Veräußerung eines Handelsgewerbes.[34] Das Gesetz schütze den Verkehr davor, mit dem Erwerber die falsche Partei in Anspruch zu nehmen oder an einen Nichtberechtigten zu leisten. Diese Unsicherheit bei der Vertragsabwicklung sei vor allem dann zu befürchten, wenn der Erwerber eines Handelsgewerbes die Firma fortführt und eine abweichende Vereinbarung dem Rechtsverkehr nicht via § 25 Abs. 2 mitgeteilt habe. Die Haftung ist danach also nicht primäres Ziel der Regelung, sondern nur Reflex der beabsichtigten **Vermeidung von Reibungsverlusten** bei der Übertragung des Handelsgewerbes. Auf dieser Linie liegt auch die Auffassung von *Pahl*,[35] wonach dem Erwerber über § 25 Abs. 2 eine Informationslast aufgebürdet werde, eine eventuelle Haftungsfreizeichnung durch Vereinbarung mit dem Veräußerer nach außen mitzuteilen, sowie von *Huber*,[36] wonach das **Informationsinteresse** der Gläubiger geschützt werde. Ferner kann man in diesem Zusammenhang auf diejenigen verweisen, die § 25 mit **pragmatischen Zweckmäßigkeitserwägungen** des Gesetzgebers begründen.[37]

14 *K. Schmidt* hat diese Ansicht freilich der Banalität geziehen; denn dass es irgendwie um den Schutz des Rechtsverkehrs gehe, erkenne jeder Erklärungsversuch an. Allein darin läge noch keine materielle Rechtfertigung für die Regelungen der §§ 25, 28.[38] Er wagt demgegenüber den ganz großen Wurf. Danach sollen die §§ 25, 28 Elemente eines

---

[27] Festschrift für Möhring (1975) S. 37 ff.
[28] Festschrift für Bartholomeyczik (1973) S. 129 ff.
[29] MünchKommHGB/*Lieb* Rn 9, 81 ff.
[30] S. 40 f, 46.
[31] Ebenroth/Boujong/Joost/Strohn/*Zimmer* Rn 21.
[32] S. 41 ff.
[33] *Casper* Jahrbuch Junger Zivilrechtswissenschaftler 1999, S. 153 (167 ff).
[34] Ähnliche Überlegungen finden sich bei *Friedrich* Die Haftung des endgültigen Erben und des Zwischenerben bei Fortführung eines einzelkaufmännischen Unternehmens, 1990, S. 76 ff; *Vetter* Altschuldenhaftung auf fehlerhafter Vertragsgrundlage, 1995, S. 68 ff.
[35] *Pahl* Haftungsrechtliche Fragen versäumter Handelsregistereintragungen, 1987, 223 ff.
[36] FS Raisch, 1995, S. 85 (89 f).
[37] So insbes. Heymann/*Emmerich* Rn 8; Röhricht/v. Westphalen/*Ammon/Ries* Vor §§ 25–28 Rn 5.
[38] *K. Schmidt* Handelsrecht, § 8 I 2 a dd.

einheitlichen Konzepts der **Haftungskontinuität beim Wechsel des Unternehmensträgers** sein. Sie sorgten dafür, dass Verbindlichkeiten und Rechtsverhältnisse, die zum Unternehmen gehörten, auch im Fall des Unternehmenswechsels dem jeweiligen Unternehmensträger zugewiesen blieben. Die §§ 25, 28 erzeugten damit diejenigen Rechtsfolgen, die ipso iure gelten würden, wenn das Unternehmen rechtsfähig wäre. Dementsprechend liege in der Unternehmens-, nicht in der Firmenidentität der eigentliche Haftungsgrund, so dass Unternehmensfortführung auch ohne Firmenfortführung haftungsbegründend sei. Den Raum für die danach notwendige Rechtsfortbildung sieht *K. Schmidt* in dem auslegungsfähigen Begriff des besonderen Verpflichtungsgrundes gem. § 25 Abs. 3.[39]

Canaris hält keine der vorgenannten Erklärungsversuche für überzeugend. Vielmehr sei § 25 Abs. 1 S. 1 völlig verfehlt und entbehre jeden Gerechtigkeitsgehalt, ja sei i.V.m. § 26 verfassungsrechtlich bedenklich. Die Vorschrift schütze den guten Glauben an eine falsche Rechtsansicht, führe zu widersinnigen Ergebnissen, Haftungsgeschenken für Altgläubiger und Haftungsfallen für Erwerber. § 25 Abs. 1 S. 1 gehöre daher abgeschafft und sei, solange dies noch nicht geschehen sei, eng auszulegen.[40] **15**

Erwähnung verdient schließlich die jüngst von *Johannes W. Flume* entwickelte Auffassung, wonach § 25 als **Verfügungstatbestand** zu verstehen ist, der auf der Rechtstechnik der **(partiellen) Universalsukzession** beruht. Die Vorschrift bewirke und bezwecke den Übergang der unternehmensbezogenen Schuldverhältnisse durch Einigung zwischen Veräußerer und Erwerber.[41] **16**

d) Stellungnahme

aa) Das Ziel der Auslegung. Angesichts der skizzierten Entstehungsgeschichte (Rn 3 ff) und der zitierten Gesetzesbegründung (Rn 9) sollte nicht erwartet werden, die eine „Theorie" zu finden, die § 25 bruchlos zu begründen vermag; denn der Gesetzgeber hat keine Theorie oder einen einzigen Leitgedanken bei seiner Regelung verfolgt, sondern wollte den „Gordischen Knoten" der unterschiedlichen Meinungen unter Berücksichtigung der Verkehrsauffassung und der Privatautonomie der Parteien durchschlagen. Und dieses Verfahren führt notwendigerweise zu keiner bruchlosen Lösung. Das bedeutet freilich nicht, dass – wie *Canaris* (Rn 15) meint – insbes. § 25 Abs. 1 S. 1 keinen vernünftigen Sinn ergäbe. Wohl aber bedeutet dies, dass der „kleine Fang" dem „großen Wurf" vorzuziehen ist. Primäre Aufgabe ist es nicht, eine rechtspolitisch überzeugende Begründung von § 25 zu finden.[42] Vielmehr hat schon *Hüffer* in der Vorauflage (Rn 20) zu Recht darauf aufmerksam gemacht, dass die Erklärungs-, Rechtsscheins-, Haftungsfonds- und Außenwirkungstheorien darunter leiden, nicht nach dem **Zweck der Norm**, sondern nach dem **Rechtsgrund der Haftung** zu fragen. Damit wird eine Fragestellung tradiert, die vor dem Inkrafttreten des HGB berechtigt war, weil das ADHGB eine § 25 entsprechende Vorschrift nicht enthielt. Nach Inkrafttreten von § 25 ist dagegen nicht in erster Linie nach dem Grund der Haftung, sondern nach dem Zweck des Gesetzes zu fragen, wie er insbes. im Wortlaut und der Begründung der Norm zum Ausdruck **17**

---

[39] *K. Schmidt* Handelsrecht, § 8 I 3; *ders.* ZHR 145 (1981), 2 f (23); *ders.* ZIP 1989, 1028 f; *ders.* DB 1994, 519 f; *ders.* ZGR 4 (1992), 621 (627).
[40] *Canaris* Handelsrecht § 7 Rn 16 f; *ders.* FS Frotz 1993, S. 11 (20 f); vgl. *ders.* Die Vertrauenshaftung im deutschen Privatrecht (1971) S. 186.
[41] Erstmals in ZHR 170 (2006), 737, insbes. 758 f; sowie nunmehr ausführlich in seiner Dissertation Vermögenstransfer und Haftung, 2008, zusammenfassend S. 207 ff.
[42] *Huber* FS Raisch, 1995, S. 85 f.

kommt. Ferner ist zu untersuchen, mit welchen Mitteln das Gesetz seinen Zweck erreichen will und ob sie dafür tauglich sind (dazu Rn 23 ff). Erst danach ist zu fragen, ob Zweck und Mittel legitim sind (Rn 28 ff) und wie die Norm rechtspolitisch zu bewerten ist (Rn 32 ff). Alle drei Fragen sind auseinander zu halten, werden aber zumeist miteinander vermischt.

18   bb) **Die einzelnen „Theorien"**. Schon angesichts der verfehlten Fragestellung (s. Rn 17) kann es nicht verwundern, dass keine der sog. „Theorien" zu überzeugen vermag. Dementsprechend konnte sich bisher auch keine dieser „Theorien" breitflächig durchsetzen. Im Einzelnen: Die sog. **Erklärungstheorie** scheint zwar auf den ersten Blick mit (Abs. 2 S. 6) der Gesetzesbegründung übereinzustimmen. Sie passt aber nicht zu der Maßgeblichkeit abweichender Parteivereinbarung gem. § 25 Abs. 2 und erweist sich dadurch als bloße Fiktion. Sie ist daher nach heute wohl einhelliger Lehrmeinung abzulehnen.[43] Die sog. **Rechtsscheintheorie** ist, soweit sie auf dem Anschein unveränderter Unternehmensinhaberschaft aufbaut, zwar nicht schon deshalb verfehlt, weil sie mit der Unerheblichkeit eines Nachfolgezusatzes (gem. § 25 Abs. 1 S. 1 sowie Abs. 2 S. 6 der Gesetzesbegründung) unvereinbar sei;[44] denn ein Inhaber- oder Nachfolgezusatz ist, wie in anderem Zusammenhang anerkannt ist (Rn 71, § 22 Rn 91 ff; § 30 Rn 31), kein prägender Bestandteil der Firma und kann daher leicht übersehen werden. Die Einordnung der Erwerberhaftung als Rechtsscheinhaftung ist aber in keiner Variante mit den allgemeinen Voraussetzungen dieses Instituts vereinbar. Insbes. fehlt es regelmäßig an der danach erforderlichen Kausalität (s. Rn 153 f). Auch die Rechtsscheintheorie wird daher von der Lehre ganz überwiegend verworfen.[45] Gegen die **Haftungsfondstheorie** spricht u.a., dass das Gesetz keine Haftungsbeschränkung auf das übernommene Vermögen vorsieht und dass sie weder die Erfordernisse der Fortführung des Handelsgewerbes und der Firma noch die Möglichkeit abweichender Parteivereinbarung schlüssig zu erklären vermag. Die Haftungsfondstheorie wird daher, wenn überhaupt, nur als „Hilfsüberlegung" angeführt. Allerdings gewinnen diese Erklärungsmodelle auch dann nicht an Überzeugungskraft, wenn man sie miteinander kombiniert.

19   Hinsichtlich der **Außenwirkungstheorien** ist zu bemerken: Der Ansatz einer Vertragsübernahme ist schon mit dem Wortlaut von § 25 Abs. 1 nur schwer vereinbar, weil die Vorschrift genau zwischen der Behandlung von Verbindlichkeiten (S. 1) und Forderungen (S. 2) unterscheidet (näher Rn 76 ff), und zwar nicht nur formal, sondern auch hinsichtlich der Voraussetzungen und Rechtsfolgen.[46] Deswegen kann man sich über diese Unterscheidung auch nicht dadurch hinwegsetzen, dass man sie mit dem damaligen Stand der Dogmatik erklärt, wonach eine Vertragsüberleitung zerlegungstheoretisch und nicht einheitstheoretisch behandelt wurde.[47] *Gerlachs* Konzept eines Vertrags zu Gunsten Dritter widerspricht § 329 BGB.[48] Überdies sind alle Außenwirkungstheorien dem

---

[43] Ebenso Ebenroth/Boujong/Joost/Strohn/*Zimmer* Rn 15; Staub/*Hüffer* 4. Aufl. Rn 13; *Koziol* JBl. 1967, 558; MünchKommHGB/*Lieb* Rn 8.

[44] So aber die h.L., etwa Ebenroth/Boujong/Joost/Strohn/*Zimmer* Rn 15; Staub/*Hüffer* 4. Aufl. Rn 14; *Canaris* Handelsrecht § 7 Rn 11; MünchKommHGB/*Lieb* Rn 8.

[45] Statt anderer Ebenroth/Boujong/Joost/Strohn/*Zimmer* Rn 15; Staub/*Hüffer* 4. Aufl. Rn 14; MünchKommHGB/*Lieb* Rn 8.

[46] Ebenso etwa *Canaris* Handelsrecht § 7 Rn 39.

[47] So aber *Johannes W. Flume* Vermögenstransfer und Haftung, 2008, S. 119 ff.

[48] Ebenso *Casper* Jahrbuch Junger Zivilrechtswissenschaftler 1999, S. 153; vgl. Staub/*Hüffer* 4. Aufl. Rn 16; *K. Schmidt* ZHR 145 (1981), 2 (12).

Fiktionseinwand ausgesetzt. Das zeigt sich dann besonders deutlich, wenn der Unternehmenskäufer die Verbindlichkeiten, für die er einstehen soll, gar nicht kennt.[49]

Was die **Theorie der Haftungskontinuität** von *Karsten Schmidt* anbelangt, so ist sie **20** mit dem Gesetz schlechthin nicht vereinbar, und zwar weder mit § 25 Abs. 2 noch und vor allem nicht mit der Voraussetzung einer Firmenfortführung, die sowohl nach der Begründung als auch nach dem Wortlaut und der Systematik des Gesetzes unverzichtbar ist. Sie wird daher in der Lehre zu Recht de lege lata abgelehnt[50] und allenfalls als rechtspolitisch diskussionswürdig erachtet[51]. Die Kritik von *Canaris* ist dagegen in manchen Punkten durchaus verständlich, insgesamt aber überzogen[52] (s. Rn 30, 32).

Bedenkenswert ist ferner die von *Johannes W. Flume* entwickelte Ansicht einer (**par- 21 tiellen**) **Universalsukzession**. Mit dem geltenden Recht ist sie jedoch nicht vereinbar. Das zeigt sich u.a. (s. bereits Rn 19) daran, dass nach dieser Ansicht das Erfordernis der Firmenfortführung überflüssig ist,[53] obwohl ihm nach der Gesetzesbegründung zentrale Bedeutung zukommt (s. Abs. 2 der in Rn 9 zitierten Begründung). Ferner räumt *Flume* selbst ein, dass das Gläubigerschutzinstrumentarium der §§ 25, 26 für eine partielle Universalsukzession unzureichend ist.[54] Ferner fehlen Anhaltspunkte für die Prämisse, § 25 wolle Unternehmensübernahmen um den Preis einer Vertragsüberleitung auch gegen den Willen der betroffenen Gläubiger und Schuldner erleichtern. Letzteres ist vielmehr auch rechtspolitisch bedenklich. Am ehesten Gefolgschaft verdienen daher die unter Rn 13 referierten Ansichten.

cc) **Eigene Ansicht**

α) **Der Gesetzeszweck.** Der Gesetzgeber wollte mit § 25 vornehmlich dreierlei errei- **22** chen, nämlich erstens **Schaffung von Rechtssicherheit** (s. Abs. 1 der in Rn 9 zitierten Begründung), zweitens **Wahrung der Privatautonomie** (s. § 25 Abs. 2 sowie Abs. 2 S. 1 und 2 der Begründung) und drittens **Verkehrsschutz**, insbes. Schutz der Altgläubiger und -schuldner (s. Abs. 2 S. 4 und 5 der Begründung). Diese Ziele stehen in einem gewissen Spannungsverhältnis, welches das Gesetz – sehr geschickt – durch **Publizität** auflöst. Als Publizitätsmittel bedient es sich dabei nämlich nicht nur des Handelsregisters und sonstiger handelsüblicher Bekanntmachungen, sondern auch des Umstandes der Firmenfortführung (vgl. auch Abs. 2 S. 10 der in § 28 Rn 5 zitierten Gesetzesbegründung zu § 28). Dieser Umstand ist für Gläubiger und Schuldner besonders leicht zu erkennen. Zugleich wird die Privatautonomie weiter gestärkt, indem der Erwerber das Eingreifen von § 25 Abs. 1 von vornherein dadurch vermeiden kann, dass er die Firma nicht fortführt.

---

[49] *Canaris* Handelsrecht § 7 Rn 9.
[50] MünchKommHGB/*Lieb* Rn 13; Röhricht/v. Westphalen/*Ammon/Ries* Vor §§ 25–28 Rn 5; Baumbach/*Hopt* Rn 1; Koller/*Roth*/Morck Rn 2.
[51] MünchKommHGB/*Lieb* Rn 13; Röhricht/v. Westphalen/*Ammon/Ries* Vor §§ 25–28 Rn 5; Koller/*Roth*/Morck Rn 2.
[52] So auch MünchKommHGB/*Lieb* Rn 13.
[53] S. *Johannes W. Flume* Vermögenstransfer und Haftung, S. 131 ff. Dort heißt es zwar, dass die Firmortführung die Unternehmensfortführung signalisiere. Eine Unternehmensfortführung liege aber bereits dann vor, wenn der Erwerber über die hierzu erforderlichen Betriebsmittel verfüge. Und dieser Realakt wiederum bewirke zusammen mit der Einigung zwischen Veräußerer und Erwerber als Gesamtakt, dass die unternehmensbezogenen Schuldverhältnisse auf den Erwerber übergingen.
[54] Zusammenfassend *Johannes W. Flume* Vermögenstransfer und Haftung, S. 212.

23 Führt der Erwerber die Firma nicht fort, haftet er gem. § 25 Abs. 3 nur dann für Altverbindlichkeiten, wenn er seine Bereitschaft hierfür in handelsüblicher Weise bekannt macht oder ein anderer besonderer Verpflichtungsgrund vorliegt, also insbes. eine besondere gesetzliche Bestimmung eingreift. Dabei sind aus Sicht des Verkehrs alle drei für die Rechtsfolgen maßgeblichen Umstände (keine Firmenfortführung, handelsübliche Bekanntmachung, Gesetz) leicht zu erkennen, so dass alle drei in Rn 22 genannten Gesetzeszwecke erreicht werden.

24 Führt der Erwerber die Firma fort, kommt es hinsichtlich seiner Haftung für Altverbindlichkeiten sowie für das Schicksal der Altforderungen nach § 25 Abs. 2 ebenfalls zuvörderst auf den Parteiwillen an. Allerdings ist die Parteivereinbarung Dritten gegenüber nur wirksam, wenn sie auf dem dort bezeichneten Weg dem Verkehr bzw. den Altgläubigern und -schuldnern bekannt gemacht wird. Soweit eine ordnungsgemäße Bekanntmachung unterbleibt, greifen zu deren Schutz die Rechtsfolgen des § 25 Abs. 1 ein. Durch diese, von § 15 Abs. 1 bekannte Regelungstechnik wird die erwünschte Publizität durchgesetzt.[55] Aus Sicht des Verkehrs bzw. der Betroffenen sind damit wiederum alle drei für die Rechtsfolgen maßgeblichen Umstände (Firmenfortführung, Kundmachung, Gesetz) leicht zu erkennen, so dass die drei in Rn 22 genannten Gesetzeszwecke auch in diesem Fall erreicht werden.

25 Folgt man diesen Überlegungen, wird zugleich deutlich, dass die Regelung des § 25 aus Sicht des *historischen Gesetzgebers* geradezu alternativlos war: Hätte der Gesetzgeber auf das Merkmal der Firmenfortführung verzichtet, wäre dieses wichtige Publizitätsmittel weggefallen. Entscheidend wäre es dann allein auf die Fortführung des Handelsgeschäfts angekommen. Das hätte zugleich bedeutet, auf § 25 Abs. 3 zu verzichten, was man aus heutiger Sicht zwar als unschädlich empfinden mag, damals aber bedeutet hätte, offensichtlich mit der Rechtsprechung des ROHG und des RG zu brechen. Das aber wollte der Gesetzgeber wohl soweit wie möglich vermeiden, wie auch Abs. 2 S. 7 der in Rn 9 zitierten Begründung erkennen lässt. Außerdem hatte das Merkmal der Firmenfortführung – abseits seiner von der Begründung geschilderten Verkehrsbedeutung (Abs. 2 S. 4 und 5) – inzwischen eine breite Anerkennung in der Rechtswissenschaft erfahren, nämlich einerseits in manchen Entscheidungen des RG (s. Rn 5) und andererseits durch den Deutschen Juristentag (Rn 6), auf dessen Beschlüsse die Begründung ebenfalls verweist (Abs. 1 S. 2).

26 Angesichts der vorangegangenen Rechtsprechung kam ferner eine zwingende Regel, über die sich die Parteien nicht durch Vereinbarung hinwegsetzen können, nicht in Betracht, zumal dies auch dem liberalen Geist gerade des HGB nicht entsprochen hätte.[56] Soll aber der Parteiwille maßgeblich sein (s. Abs. 2 S. 1 und 2 der Begründung), dann wäre als Alternative nur übrig geblieben auf eine gesetzliche Regel entsprechend § 25 Abs. 1 zu verzichten und sich damit unter Aufgabe des Merkmals der Firmenfortführung auf eine Regelung entsprechend § 25 Abs. 3 zu beschränken. Das hätte zwar den Vorzug gehabt, der damaligen Rechtsprechungstradition zu entsprechen (s. Rn 4). Der Sache nach wäre dies jedoch einem Verzicht auf eine Normierung nahe gekommen. Im Blick auf die Bedeutung der Frage und die Forderungen nach einer gesetzlichen Regelung (s. Abs. 1 S. 2 der Begründung), den inzwischen erreichten Meinungsstand (s. Rn 25)

---

[55] So auch *Huber* FS Raisch, 1995, S. 85 (90).
[56] S. auch *Huber* FS Raisch, 1995, S. 85 (89), der darauf hinweist, dass § 25 in einem entscheidenden Punkt mit den allgemeinen Regeln übereinstimmt: Entscheidend ist in erster Linie die Vereinbarung der Parteien. Und darin, dass der Gesetzgeber an dieser Regel festgehalten hat, sieht er die eigentliche Grundsatzentscheidung des Gesetzes, ebd. S. 95.

und die geschilderte Verkehrsauffassung (Abs. 2 S. 4 und 5 der Begründung) kam daher aus Sicht des historischen Gesetzgebers eine andere als die in § 25 getroffene Regelung kaum in Betracht.

Deswegen kann man natürlich trotzdem sowohl über die Berechtigung der gesetzlichen Regelung, namentlich von § 25 Abs. 1 S. 1, streiten (dazu Rn 28 ff) als auch über deren tieferen Grund nachsinnen und rechtspolitisch andere Vorschläge unterbreiten (dazu Rn 32 ff). All das sind angesichts der Bedeutung der Frage anerkennenswerte Bemühungen, wenngleich Dauer und Ausmaß des Streits um 32 Worte schon etwas verwundern. Nach vorstehenden Ausführungen sollte jedoch außer Streit stehen, was die Gesetzeszwecke sind (Rn 22) und dass der Gesetzgeber nachvollziehbare Gründe (Rn 23–26) für die Regelung hatte. **27**

β) **Legitimation von § 25.** Was die Berechtigung der Regelung anbelangt, so steht wohl außer Streit, dass § 25 Abs. 1 S. 2 dem Schuldnerschutz dient und grundsätzlich sinnvoll ist (näher dazu Rn 104 ff). Auch die Berechtigung von § 25 Abs. 2 ist weithin[57] unbestritten, soweit kein von der gesetzlichen Regelung völlig verschiedenes Regelungskonzept verfolgt wird (so aber *Karsten Schmidt*, dazu Rn 14, 20, 34). Und gegen § 25 Abs. 3 ist ebenfalls nichts einzuwenden. Fraglich ist also allein die Legitimation von § 25 Abs. 1 S. 1, wobei diese Frage von der Frage des rechtspolitisch Wünschenswerten (dazu Rn 32 ff) zu trennen ist. **28**

Der Gesetzgeber rechtfertigt § 25 Abs. 1 primär damit, dass der Verkehr den jeweiligen Inhaber der Firma als Verpflichteten und Berechtigten ansehe (Abs. 2 S. 5 der in Rn 9 zitierten Begründung), also wenn man so will, § 17 Abs. 2 missverstehe. Grund dafür ist – wie die Gesetzesbegründung (Abs. 2 S. 4) sehr lebensnah schildert –, dass der Verkehr Firma, Unternehmen und Unternehmensträger nicht hinreichend zu unterscheiden weiß (s. auch Vor § 17 Rn 1 ff). Nun will der Gesetzgeber keineswegs diese falsche Verkehrsanschauung,[58] wohl aber die von dem Inhaberwechsel betroffenen Altgläubiger und -schuldner schützen, nämlich davor den falschen Schuldner in Anspruch zu nehmen bzw. an den falschen Gläubiger zu leisten. Dass die Altschuldner insofern eines besonderen handelsrechtlichen Schutzes bedürfen, wird unter Rn 104 ff näher dargelegt und ist wohl unbestritten. Dass die Altgläubiger ebenfalls, wenngleich in geringerem Ausmaß, schutzbedürftig sind, ist dagegen weniger anerkannt, aber gleichwohl nicht von der Hand zu weisen. Würde man sich § 25 hinwegdenken, mögen zwar die Altgläubiger, wenn sie die Situation zutreffend rechtlich bewerteten, keinen Anlass haben, den Erwerber und damit den Falschen in Anspruch zu nehmen.[59] Diese Rechtskenntnis traut ihnen das Gesetz – zu Recht – jedoch nicht zu, zumal die Erwartung, dass der Erwerber als geschäftlicher Nachfolger des bisherigen Inhabers für Altverbindlichkeiten einsteht, auch nicht ganz aus der Luft gegriffen ist, wie allein schon die 150jährige Diskussion über die Frage erweist (s. auch § 28 Rn 13). Ferner mag es sein, dass sich der Irrtum alsbald aufklären würde, wenn Altgläubiger den Erwerber in Anspruch nähmen.[60] Die Gefahr, dass durch die Inanspruchnahme des Falschen für die Altgläubiger mglw. schädliche (z.B. infolge von Verjährung) Verzögerungen und unnötige Kosten entstehen, ist jedoch unbestreitbar. Zudem bestünde die Gefahr, dass Altgläubiger überhaupt nicht tätig würden, **29**

---

[57] Aus rechtspolitischer Sicht **aA** aber Staub/ *Hüffer* 4. Aufl. Rn 31, der es für inkonsequent hält, dass der von § 25 Abs. 1 erstrebte Verkehrsschutz zur Disposition der Parteien steht, s. dazu Rn 34.

[58] So aber pointiert *Canaris* Handelsrecht § 7 Rn 18.
[59] So *Canaris* Handelsrecht § 7 Rn 10.
[60] So *Canaris* Handelsrecht § 7 Rn 10.

§ 25　　　　　　　　　　　　　　　1. Buch. Handelsstand

weil sie in der irrtümlichen Annahme eines Schuldbeitritts des Erwerbers sich ausreichend gegen die Gefahr gesichert sähen, dass der bisherige Inhaber einige Zeit nach der Veräußerung des Handelsgeschäfts nicht mehr Willens oder in der Lage ist, Altverbindlichkeiten zu begleichen.[61]

30　　Freilich meint *Canaris*, dass all diese Gefahren keine hinreichende Legitimation für die weitreichende Rechtsfolge des § 25 Abs. 1 S. 1 darstellten.[62] Das mag man so sehen. Nicht berücksichtigt wird dabei jedoch das wichtigste Anliegen des Gesetzes, nämlich Rechtssicherheit zu schaffen. Und das ist gewisslich eine ausreichende Legitimation, schon gar im Handelsrecht, dem es bekanntlich generell um die Sicherheit und Leichtigkeit des Verkehrs zu tun ist.[63] Kaum auszudenken, welches Ausmaß die Kontroverse zur Erwerberhaftung ohne gesetzliche Regelung angenommen hätte. Und um Rechtssicherheit zu schaffen, blieb dem Gesetzgeber praktisch keine Regelungsalternative (s. Rn 23 ff). Schließlich darf § 25 Abs. 1 S. 1 nicht isoliert, sondern muss zusammen mit Abs. 2 der Vorschrift betrachtet werden. Dann nämlich wird deutlich, dass in erster Linie die Parteivereinbarung entscheidend ist (s. auch Rn 32) und die Erwerberhaftung nicht zuletzt dazu dient, die Publizität der Haftungsverhältnisse zu gewährleisten (Rn 24). Die Regelung des § 25 Abs. 1 S. 1 ist daher nicht nur nachvollziehbar, sondern auch durch gute Gründe (Schutz der Haftungserwartungen der Altgläubiger, Herstellung von Rechtssicherheit, Publizität der Haftungsverhältnisse) gerechtfertigt.

31　　Zusammenfassend ist festzuhalten: § 25 ist eine ganz pragmatische auf die Verkehrserwartungen abgestimmte Vorschrift ohne dogmatischen Hintergrund, die unter Wahrung der Privatautonomie der Parteien der Schaffung von Rechtssicherheit und der Publizität der Haftungsverhältnisse im Interesse des Gläubiger- und Schuldnerschutzes dient.

32　　γ) **Rechtspolitische Bewertung.** Von der Frage der Legitimation der Regelung ist die Frage ihrer rechtspolitischen Bewertung zu unterscheiden. Gibt es – aus heutiger Sicht – bessere Regelungsalternativen? *Canaris* plädiert für eine Abschaffung von § 25 Abs. 1 S. 1 unter entsprechender Anpassung von § 25 Abs. 3,[64] also sozusagen für die Lösung des ROHG. Heute wäre damit wohl kein Verlust an Rechtssicherheit mehr verbunden, weil in einem solchen Schritt des Gesetzgebers eine klare Absage an § 25 Abs. 1 S. 1 und damit zugleich an dahingehende Rechtsfortbildungsversuche zu sehen wäre.[65] Auch ist der Vorwurf von *Canaris*, § 25 Abs. 1 S. 1 führe zu Haftungsfallen für Erwerber und Zufallsgeschenken für Altgläubiger,[66] auf den ersten Blick nicht von der Hand zu weisen. In der Tat beruht der ganze Meinungsstreit wohl nicht zuletzt darauf, dass der Gerechtigkeitsgehalt von § 25 nicht Jedermann einleuchtet. Im Blick hierauf ist jedoch zu bedenken: Geht man davon aus, dass sich die Parteien, die ein so bedeutendes Geschäft wie den Erwerb eines vollkaufmännischen Unternehmens in Aussicht nehmen, anwaltlich beraten lassen,[67] dann darf, wenn keine Kundmachung nach § 25 Abs. 2 erfolgt, vermutet werden, dass die Parteien tatsächlich keine von § 25 Abs. 1 abweichende Vereinbarung getroffen haben und daher mit den Rechtsfolgen dieser Vorschrift einverstanden sind. Entsprechend aber die Rechtsfolgen dem Parteiwillen, so muss man sich um deren Gerechtigkeitsgehalt nicht sorgen. Der Gerechtigkeitsgehalt der Vorschrift kann daher

---

[61] Vgl. *Canaris* FS Frotz, S. 11 (18 f).
[62] *Canaris* Handelsrecht § 7 Rn 10.
[63] Allgemein hierzu Koller/*Roth*/Morck Einleitung vor § 1 Rn 5 f; Baumbach/*Hopt* Einl v § 1 Rn 4 f; Röhricht/v. Westphalen Einl. Rn 10.
[64] *Canaris* Handelsrecht § 7 Rn 15.
[65] Zutr. *Canaris* Handelsrecht § 7 Rn 15; aA *Casper* Jahrbuch Junger Zivilrechtswissenschaftler 1999, S. 175.
[66] *Canaris* Handelsrecht § 7 Rn 3 f, 16.
[67] *Huber* FS Raisch, 1995, S. 85 (96, 106).

allenfalls zweifelhaft sein, wenn der Erwerber nicht oder schlecht beraten war, die Vorschrift des § 25 daher nicht kannte und umso weniger wusste, wie man ihre Rechtsfolgen vermeiden kann. Mangelnde Rechtskenntnis und unzureichende Rechtsberatung sind jedoch allgemeine Lebensrisiken, die das Gesetz dem Bürger nicht immer abnehmen kann, zumal dann nicht, wenn Allgemeininteresse wie Rechtssicherheit und -klarheit, Gläubiger- und Schuldnerschutz in Frage stehen und die Parteien Kaufleute sind. Im Einzelfall mögen daraus unbillig erscheinende Härten entstehen. Und solche treten natürlich vor allem in der Rechtsprechung zu Tage, weil diese stets nur „kranke" Fälle entscheiden muss, ihr Fallmaterial also keineswegs repräsentativ ist.[68] Vielmehr zeigt die relative Seltenheit gerichtlicher Entscheidungen zu § 25, dass die große Mehrheit der Fälle regelgerecht entsprechend dem Parteiwillen verläuft. So gesehen, sollte man auch an dem Gerechtigkeitsgehalt von § 25 nicht zweifeln.

33 Über eine Korrektur des Gesetzes könnte man freilich in anderer Hinsicht nachdenken. Insbes. wäre eine klarere Fassung von § 25 Abs. 1 S. 2 unter Verzicht auf das Einwilligungserfordernis wünschenswert (vgl. Rn 108 ff).

34 Erwähnt sei schließlich, dass die Ansicht von *Karsten Schmidt* auch rechtspolitisch zu verwerfen ist, zumal er seine These, eine Haftung des jeweiligen Unternehmensträgers für die Schulden des Unternehmens sei wünschenswert, selbst nicht näher begründet.[69] Die Folge wäre u.a. eine Abschaffung von § 25 Abs. 2,[70] was nicht nur einen erheblichen Eingriff in die Privatautonomie bedeutete, sondern vor allem den Erwerb von Unternehmen erheblich erschweren und ihre Verpachtung praktisch unmöglich machen würde. Erwägenswerter ist demgegenüber der Vorschlag von *Johannes W. Flume* einer partiellen Universalsukzession. Doch ist ein Vertragsübergang auch gegen den Willen der betroffenen Gläubiger und Schuldner eine solch einschneidende Rechtsfolge, dass sie auf besonders begründete Ausnahmefälle beschränkt bleiben sollte. Das Interesse an einer Erleichterung von Unternehmensübernahmen reicht zur Rechtfertigung nicht aus, zumal sich unüberwindliche Schwierigkeiten insofern bisher nicht gezeigt haben.

35 δ) **Folgen für die Auslegung von § 25.** Die hier vertretene Auffassung hilft bei der Auslegung des Gesetzes im Blick auf vielerlei Einzelfragen (s. etwa Rn 53 f, 76 ff, 96, 104 ff, 124 ff, 141), ohne aber in dogmatischer Weise Antworten vorzugeben, die sich von dem Wortlaut des Gesetzes und den Intentionen des Gesetzgebers entfernen. Sie vermeidet dadurch eine allzu einengende oder erweiternde Auslegung, wie sie Konsequenz anderer Auffassungen ist. Während andere Auffassungen bei dem Versuch einer dogmatisch stringenten Auslegung zuweilen die Interessen der Beteiligten aus den Augen verlieren, eröffnet die hier vertretene Auffassung die Möglichkeit zu pragmatischen Kompromissen. Sie liegt damit ganz auf der Linie des Gesetzgebers, der nichts weiter als einen pragmatischen Kompromiss kodifiziert hat.

---

[68] Das übersieht *Canaris* Handelsrecht § 7 Rn 3 ff; *ders.* FS Frotz, 11 ff.
[69] *K. Schmidt* ZHR 145 (1981), 1 (8); vgl. dazu auch die Kritik von *U. Huber* FS Raisch, S. 115; eindringlich *Schleifenbaum* S. 17 f, 41 f.
[70] *K. Schmidt* ZHR 145 (1981), 1 (25); dafür aber auch Staub/*Hüffer* 4. Aufl. Rn 31; dezidiert aA *Canaris* ZIP 1989, 1161 f; ablehnend z.B. auch MünchKommHGB/*Lieb* Rn 13; *U. Huber* FS Raisch, S. 110 und 114 f; *Schleifenbaum* S. 17 f, 41 f; *Müller-Feldhammer* S. 464 f, 512.

V. Anwendungsbereich und Abgrenzung

1. Analoge Anwendung auf kleingewerbliche Unternehmen

36 a) **Gesetzliche Ausgangslage und Meinungsstand.** Angesichts der Tatbestandsmerkmale „Handelsgeschäft" und Fortführung der bisherigen „Firma" ist § 25 unmittelbar nur anwendbar, wenn sowohl der Veräußerer als auch der Erwerber Kaufleute i.S.d. § 1 ff sind. Bei diesem Anwendungsbereich belassen es Rechtsprechung und herrschende Lehre.[71] Andere wollen hingegen § 25 analog auch dann anwenden, wenn nur der Erwerber Kaufmann ist.[72] Wieder andere lassen eine gewerbliche Tätigkeit der Parteien ausreichen.[73] Nach *Karsten Schmidt* schließlich kommt es nicht einmal auf die Gewerblichkeit des übertragenen Unternehmens an.[74]

37 b) **Stellungnahme.** Zwei Fragen sind zu unterscheiden, nämlich erstens, ob das erworbene und fortgeführte Unternehmen ein Handelsgeschäft, und zweitens, ob die fortgeführte Bezeichnung eine „Firma" sein muss.

38 Hinsichtlich der ersten Frage ist im Ausgangspunkt festzustellen, dass das von § 25 geregelte Sachproblem und die Interessenlage der Beteiligten zwar nicht von der Gewerblichkeit des Unternehmens oder der Kaufmannseigenschaft der Parteien abhängen. § 25 Abs. 2 setzt jedoch die Möglichkeit einer Handelsregistereintragung voraus. Angesichts der Nachweisprobleme bei einer bloßen Mitteilung, ist eine Eintragung die einzig zuverlässige Möglichkeit, abweichenden Vereinbarungen im Außenverhältnis zur Wirksamkeit zu verhelfen. Somit markiert die Möglichkeit einer Registereintragung zugleich die Grenze der Möglichkeit einer analogen Anwendbarkeit von § 25. Angesichts von § 2 S. 1 könnte § 25 daher auf den Erwerb von kleingewerblichen Unternehmen analoge Anwendung finden. Zu bedenken ist freilich auch, dass § 2 S. 2 die Eintragung in das Belieben des Kleingewerbetreibenden stellt. Diese Wahlfreiheit würde beeinträchtigt, wenn der Kleingewerbetreibende zur Vermeidung der Haftungsfolge des § 25 Abs. 1 S. 1 gezwungen wäre, die Eintragung zu betreiben. Die Eintragung würde dadurch zu einer Obliegenheit. Auf Seiten des Erwerbers ist daher zu fordern, dass er entweder ohnehin in das Handelsregister eingetragen ist oder aufgrund des Überschreitens der Schwelle des § 1 Abs. 2 (auch infolge des Unternehmenserwerbs) in das Handelsregister eingetragen werden müsste.

39 Weitere Voraussetzung von § 25 Abs. 1 S. 1 ist die Fortführung einer „Firma". Sie wird nicht bereits durch die Fortführung einer bloßen Geschäftsbezeichnung (zu diesem Begriff § 17 Rn 15 ff) erfüllt (Rn 64).[75] Veräußert also „Glücks Hotel e.K." das „Hotel

---

[71] BGHZ 18, 248 (250); BGHZ 22, 234 (240) = NJW 1957, 179; BGH DB 1964, 1297; BB 1966, 876; NJW 1982, 577; 1992, 112 (113); RGZ 55, 83 (85 f); OLG Frankfurt OLGZ 1973, 20 (22); OLG Zweibrücken NJW-RR 1988, 998; OLG Koblenz NJW-RR 1989, 420; OLG Köln ZIP 2001, 975; *Waskönig* S. 194 f; *Commandeur* S. 122; *Pahl* S. 228 ff; *Wilhelm* NJW 1986, 1797 (1798); *v. Gierke/Sandrock* § 16 I 3 b dd, S. 221.

[72] *Schricker* ZGR 1972, 121 (155 f); Heymann/*Emmerich* Rn 10; Schlegelberger/*Hildebrand/Steckhan* Rn 5; Straube/*Schumacher* Rn 4; vgl. auch *Canaris* Handelsrecht § 7 Rn 21; dies hat der BGH ausdrücklich verneint s. NJW 1992, 112 (113).

[73] Staub/*Hüffer* 4. Aufl. Rn 84 f; MünchKommHGB/*Lieb* Rn 30; Heymann/*Emmerich* § 22 Rn 3.

[74] *K. Schmidt* Handelsrecht § 8 I 3 b, § 8 II 1 a; ders. ZHR 145 (1981), 2 (21 f); ders. JZ 1974, 219, 220 (hier für die Anwendung auf Mitunternehmer-BGB-Gesellschaften); zustimmend *Ott* WuB IV D § 25 HGB 1.92; dagegen *Canaris* Handelsrecht § 7 Rn 20; s. auch *Arnold/Dötsch* DStR 2003, 1398 (1403); OLG Köln ZIP 2001, 975.

[75] AA zu § 2 a.F. Staub/*Hüffer* 4. Aufl. Rn 86.

Gute Nacht" kommt es für § 25 nicht darauf an, ob die Geschäftsbezeichnung „Hotel Gute Nacht", sondern ob die Firma „Glücks Hotel e.K." fortgeführt wird. Bei einer analogen Anwendung von § 25 auf Kleingewerbetreibende muss dies mithin entsprechend geltend. § 25 ist daher nur dann analog anwendbar, wenn von dem Veräußerer erstens eine Minderfirma (zu diesem Begriff § 17 Rn 19 ff) geführt wurde (das ist regelmäßig der bürgerliche Name des Kleingewerbetreibenden [z.B. „Alois Glück"], kann aber auch eine Sach-, Phantasie- oder Mischbezeichnung [z.B. „Glücks Hotel"] oder eine Geschäftsbezeichnung sein, wenn diese firmenmäßig, d.h. auch zur Bezeichnung des Unternehmensträgers [z.B. „Hotel Gute Nacht Inh. Alois Glück"] verwendet wird[76]) und diese Minderfirma zweitens von dem Erwerber als Firma „fortgeführt" wird (z.B. „Glücks Hotel Inh. Rainer Pech e.K."). Dabei handelt es sich zwar nicht um eine Firmenfortführung i.S.d. § 22 (s. dort Rn 12), sondern um eine Firmenneubildung. Für die Anwendbarkeit von § 25 spielt dieser Unterschied jedoch keine Rolle, s. Rn 64.

Nach allem ist § 25 auf den Erwerb kleingewerblicher Unternehmen nur dann analog **40** anzuwenden, wenn der Erwerber erstens entweder in das Handelsregister eingetragen ist oder eingetragen werden müsste und zweitens die Minderfirma des Kleingewerbetreibenden „fortführt", d.h. hier als seine Firma annimmt. Abseits des Vorliegens dieser Voraussetzungen kommt allenfalls eine Haftung unter Rechtsscheingesichtspunkten in Betracht (Rn 156 f).

2. Abgrenzung zu § 28. Eine Abgrenzung zwischen § 25 und § 28 ist insbes. des- **41** wegen erforderlich, weil § 25 an die Firmenfortführung anknüpft, während § 28 eine solche nicht voraussetzt. Dabei ist die traditionelle Abgrenzungsformel, wonach § 25 den vollständigen, § 28 dagegen einen nur teilweisen Inhaberwechsel betrifft,[77] zwar ungenau, weil die in den Fällen des § 28 entstehende Personenhandelsgesellschaft ein eigenständiger Unternehmensträger ist[78]. Richtiger Kern dieser hergebrachten Auffassung ist aber, dass der **Altunternehmer in den Fällen des § 28 an dem neuen Unternehmensträger beteiligt** ist, während er sich in den Fällen des § 25 der Unternehmensträgerschaft ganz entledigt. Dieser Unterschied rechtfertigt die gegenüber § 25 weiter gehende Verkehrserwartung, dass auch ohne Firmenfortführung alle Aktiva und Passiva auf den neuen Unternehmensträger übergehen, wenn gegenteilige Vereinbarungen nicht aus dem Handelsregister hervorgehen.[79] Entgegen der Ansicht des XI. Senats des BGH[80] ist daher **§ 28 analog** auf den Fall der **Gründung einer juristischen Person**[81] unter Einbringung

---

[76] Zur Abgrenzung, wann eine Bezeichnung firmenmäßig oder anderweitig gebraucht wird, kann auf die für Kaufleute geltenden Überlegungen zurückgegriffen werden, s. dazu Rn 67. Zwar unterliegen Kleingewerbetreibende naturgemäß keiner Firmenführungspflicht. Verwenden sie aber eine Geschäftsbezeichnung auch dann, wenn Kaufleute unter ihrer Firma auftreten müssen (dazu näher § 37 Rn 12), dann verwenden sie die Bezeichnung firmenmäßig (für Beispiele vgl. § 37 Rn 24 f).

[77] BGH NJW 1982, 577 f; Schlegelberger/Hildebrandt/Steckhan § 28 Anm. 1a; siehe hierzu auch Staub/*Hüffer* 4. Aufl. Rn 87.

[78] Staub/*Hüffer* 4. Aufl. Rn 91; MünchKomm-HGB/*Lieb* Rn 18; Ebenroth/Boujong/Joost/Strohn/*Zimmer* Rn 11.

[79] Staub/*Hüffer* 4. Aufl. Rn 92 f; Ebenroth/Boujong/Joost/Strohn/*Zimmer* Rn 38 f.

[80] BGHZ 143, 327.

[81] Ein Fall der Gesamtrechtsnachfolge liegt hier auch dann nicht vor, wenn die Sacheinlage an die Vorgesellschaft geleistet wird. Zwar ist eine juristische Person Gesamtrechtsnachfolgerin ihrer jeweiligen Vorform. Der maßgebliche rechtsgeschäftliche Übertragungsakt liegt jedoch bereits in der Leistung des Unternehmens als Sacheinlage an die Vorgesellschaft; Staub/*Hüffer* 4. Aufl. Rn 79 f; Ebenroth/Boujong/Joost/Strohn/*Zimmer* Rn 37.

eines bis dahin von einem der Gründungsgesellschafter betriebenen Unternehmens anzuwenden (näher § 28 Rn 22).[82] Folgt man dem, ist § 28 ebenfalls analog anzuwenden, wenn das Unternehmen als Sacheinlage im Zuge des **Beitritts zu einer bereits bestehenden Gesellschaft** (einerlei, ob Kapital- oder Personenhandelsgesellschaft) eingebracht wird (näher § 28 Rn 23).[83] Ferner ist § 28 analog anzuwenden, wenn das Unternehmen von einer Gesellschaft auf eine andere ganz oder teilweise **gesellschafteridentische andere Gesellschaft** übertragen wird. Zwar wird dies in erster Linie für die Übertragung zwischen Personenhandelsgesellschaften diskutiert,[84] muss aber nach dem zuvor Gesagten auch für die Übertragung zwischen ganz oder teilweise gesellschafteridentischen Kapitalgesellschaften gelten[85]. Bedeutung hat diese Fallgruppe nicht zuletzt im Falle einer **Betriebsaufspaltung**. Die Betriebsgesellschaft haftet daher nach § 28,[86] wenn deren Unternehmen von der (danach nur noch) Besitzgesellschaft als Sacheinlage eingebracht wurde und die Besitzgesellschaft entweder mehrheitlich an der Betriebsgesellschaft beteiligt ist oder die Gesellschafter der Betriebsgesellschaft überwiegend mit den Gesellschaftern der Besitzgesellschaft identisch sind (näher § 28 Rn 24). Nur wenn die Betriebsgesellschaft mehrheitlich andere Gesellschafter als die Besitzgesellschafter hat und diese auch nicht mit Mehrheit an jener beteiligt ist, liegt ein Fall des § 25 vor. Von dem Fall einer Betriebsaufspaltung mit Einbringung des Betriebsunternehmens als Sacheinlage streng zu unterscheiden ist der Fall einer Betriebsaufspaltung i.S.d. §§ 123 ff UmwG (dazu Anh zu § 22 Rn 8 ff).

3. Gesellschaftsrechtliche Gesamtrechtsnachfolge

42   a) **Grundsatz.** § 25 Abs. 1 setzt einen Erwerb unter Lebenden voraus, ohne den Erwerbsvorgang selbst näher zu umschreiben. Denkbar ist daher, die Vorschrift auch in Fällen einer Gesamtrechtsnachfolge anzuwenden, sofern es sich um eine Nachfolge unter

---

[82] Im Ergebnis ebenso Staub/*Hüffer* 4. Aufl. Rn 92 f; s. aber auch § 28 Rn 16; MünchKommHGB/*Lieb* Rn 21, § 28 Rn 5; Röhricht/v. Westphalen/*Ammon/Ries* Rn 13; differenzierend Ebenroth/Boujong/Joost/Strohn/*Zimmer* § 28 Rn 26 f; für eine Anwendung von § 25 dagegen RGZ 143, 368 (371, 372 f); Baumbach/*Hopt* Rn 2, 4, § 28 Rn 2; Schlegelberger/*Hildebrandt/Steckhan* Rn 5; *Commandeur* S. 178.

[83] Im Ergebnis ebenso Staub/*Hüffer* 4. Aufl. Rn 92 f; § 28 Rn 16; MünchKommHGB/*Lieb* § 28 Rn 5; Röhricht/v. Westphalen/*Ammon/Ries* Rn 10; differenzierend Ebenroth/Boujong/Joost/Strohn/*Zimmer* § 28 Rn 24, 26 ; für eine Anwendung im Falle des Beitritts zu einer Personenhandelsgesellschaft auch RGZ 105, 101; RGZ 123, 289; Schlegelberger/*Hildebrandt/Steckhan* § 28 Rn 5; gegen eine Anwendung im Falle des Beitritts zu einer Personenhandelsgesellschaft *Canaris* Handelsrecht § 7 Rn 98; *Commandeur* S. 178; *Honsell/Harrer* ZIP 1983, 259 (263); Baumbach/*Hopt* Rn 2; Heymann/*Emmerich* Rn 9. Offen gelassen in BGHZ 157, 361 (368) = NJW 2004, 836; gegen eine Anwendung im Falle des Beitritts zu einer Kapitalgesellschaft BGH NJW 2000, 1193.

[84] Für eine Anwendung von § 28 analog in diesem Fall Staub/*Hüffer* 4. Aufl. Rn 92 f, § 28 Rn 8 f; Ebenroth/Boujong/Joost/Strohn/*Zimmer* Rn 39, § 28 Rn 25; MünchKommHGB/*Lieb* Rn 24; Für eine Anwendung von § 25 dagegen RG DJZ 1913, 466 f; KG JW 1936, 2658; BGH WM 1963, 664 (665); *Waskönig*, S. 144 f.

[85] So im Ergebnis Röhricht/v. Westphalen/*Ammon/Ries* Rn 13; dagegen Ebenroth/Boujong/Joost/Strohn/*Zimmer* Rn 39; dagegen im Ergebnis auch *K. Schmidt* Handelsrecht § 8 I 3 c.

[86] Im Ergebnis ebenso MünchKommHGB/*Lieb* Rn 26; Ebenroth/Boujong/Joost/Strohn/*Zimmer* Rn 40; für eine Anwendung von § 25 dagegen BAG AP HGB § 26 Nr. 1 = DB 1988, 123 (124); BGH NJW 1982, 1647; *Bork* ZIP 1989, 1369; *Reichold* ZIP 1988, 551 (554).

Lebenden handelt. Dies würde freilich keinen Sinn ergeben; denn der von § 25 erstrebte Verkehrsschutz ist bereits verwirklicht, wenn sämtliche im Betrieb des Unternehmens begründeten Verbindlichkeiten und Forderungen kraft gesetzlich angeordneter Gesamtrechtsnachfolge auf den Erwerber übergehen. Zudem setzt Abs. 1 die Fortführung der Firma voraus und Abs. 2 eröffnet die Möglichkeit abweichender Vereinbarungen. Gegenüber einer Gesamtrechtsnachfolge ergäbe sich also keine Verstärkung, sondern eine Abschwächung des Verkehrsschutzes, weswegen § 25 auch nicht ergänzend herangezogen werden kann. In Fällen einer Gesamtrechtsnachfolge ist § 25 daher generell unanwendbar.[87]

b) Anwachsung. Scheiden bis auf einen alle Gesellschafter aus einer Personenhandelsgesellschaft aus, so führt dies zu einem Wechsel des Unternehmensträgers; denn anstelle der liquidationslos erlöschenden Gesellschaft wird der letzte Gesellschafter Alleinunternehmer.[88] Dies vollzieht sich jedoch nicht im Wege einer Übertragung des Unternehmens, sondern durch Anwachsung, so dass für eine Anwendung des § 25 weder Raum noch Bedürfnis besteht.[89] Nachdem der Erwerber als Gesamtrechtsnachfolger der Gesellschaft wie diese haftet, ist die Anwendung des § 25 auch nicht erforderlich, um die Sonderverjährung nach § 159 auszuschließen.[90] **43**

c) Umwandlungsvorgänge. Gesamtrechtsnachfolge tritt ferner bei einer Verschmelzung (§§ 20 Abs. 1 Nr. 1, 36 UmwG), Spaltung (§ 125 i.V.m. § 20 Abs. 1 Nr. 1 UmwG) und einer Vermögensübertragung (§ 176 Abs. 3 S. 1 UmwG) ein, so dass auch in diesen Fällen kein Raum für eine Anwendung von § 25 ist. Bei einer Spaltung zur Aufnahme sind überdies §§ 133 f UmwG zu beachten. Zwar ordnet § 133 Abs. 1 S. 2 UmwG an, dass §§ 25, 26 und 28 unberührt bleiben. Diese Bestimmung hat jedoch keine Bedeutung, weil die §§ 25 ff aus den genannten Gründen hier ohnehin nicht eingreifen.[91] Bei einer formwechselnden Umwandlung (§§ 190 ff UmwG) ist § 25 ebenfalls unanwendbar, weil sie die Identität des Unternehmensträgers unberührt lässt. S. ferner Anh. zu § 21 und zu § 22 **44**

d) Anteilsübertragung. Kein Fall von § 25 liegt schließlich vor, wenn sämtliche Anteile an einer Gesellschaft auf neue Gesellschafter übertragen werden; denn ein Wechsel des Unternehmensträgers findet hier ebenfalls nicht statt. Die Haftung der alten und neuen Gesellschafter richtet sich daher schlicht nach gesellschaftsrechtlichen Normen. Bei Personenhandelsgesellschaften bleibt die Haftung der Altgesellschafter daher in den Grenzen der §§ 128, 160, 171 ff bestehen. Die Neugesellschafter haften nach §§ 130, 173. **45**

4. Insolvenz. Veräußert der Insolvenzverwalter das Unternehmen des Gemeinschuldners, findet § 25 nach allgemeiner, wenngleich unterschiedlich begründeter Ansicht, keine Anwendung.[92] Kein ausreichender Grund hierfür ist, dass eine Veräußerung des Unter- **46**

---

[87] Ebenso Staub/*Hüffer* 4. Aufl. Rn 73; Ebenroth/Boujong/Joost/Strohn/*Zimmer* Rn 35; MünchKommHGB/*Lieb* Rn 27.
[88] BGHZ 48, 203 (206); BGHZ 50, 307 (309); OLG Frankfurt WM 1967, 103; Staub/*Hüffer* 4. Aufl. Rn 74.
[89] Staub/*Hüffer* 4. Aufl. Rn 73; Ebenroth/Boujong/Joost/Strohn/*Zimmer* Rn 35; *K. Schmidt* ZHR 145 (1981), S. 2 (5); *Waskönig*, S. 143.
[90] So aber RGZ 142, 300 (302); wie hier Ebenroth/Boujong/Joost/Strohn/*Zimmer* Rn 35 mwN.
[91] Vgl. OLG Frankfurt/M DB 2005, 2519 f; Ebenroth/Boujong/Joost/Strohn/*Zimmer* Rn 36; MünchKommHGB/*Lieb* Rn 25.
[92] Allg. M. BGH NJW 1992, 911 = WuB IV D § 25 HGB 3.92 mit Anm. *Emmerich*; RGZ 58, 166; BAG AP BGB § 419 Nr. 7; BAG AP

nehmens mit sämtlichen Verbindlichkeiten, die zum Zusammenbruch des bisherigen Unternehmensträgers geführt haben, nur selten erreichbar ist;[93] denn die Haftung kann gem. § 25 Abs. 2 ausgeschlossen werden. Vielmehr kann § 25 deswegen keine Anwendung finden, weil bei einer Übernahme der Unternehmensschulden durch den Erwerber eine gleichmäßige Befriedigung aller Gläubiger gefährdet würde.[94] Der Grund für die Unanwendbarkeit des § 25 ist also ein genuin insolvenzrechtlicher, was zugleich ausschließt, die Unanwendbarkeit auf „ähnliche" Fälle auszudehnen. § 25 bleibt daher anwendbar, wenn: das Unternehmen von einem Sequester veräußert wird[95]; das Insolvenzverfahren mangels Masse eingestellt wird;[96] das insolvente Unternehmen außerhalb der Insolvenz veräußert wird[97]. Die demgegenüber von *Canaris* vorgeschlagene teleologische Reduktion von § 25[98] ist daher abzulehnen[99]. § 25 Abs. 1 S. 1 greift daher auch ein, wenn der bisherige Inhaber vermögenslos oder insolvent war und ein Altgläubiger dies wusste.[100]

B. Der Gläubigerschutz bei Fortführung der Firma (Abs. 1 S. 1)

I. Tatbestandliche Voraussetzungen der Erwerberhaftung

47 1. **Bestehen eines Handelsgeschäfts.** § 25 setzt das Bestehen eines Handelsgeschäfts voraus. Bezeichnet ist damit wie in § 22 (vgl. dort Rn 14 ff) ein Unternehmen als eigenständige (s. Rn 60) betriebsfähige Wirtschaftseinheit, die ihrem Inhaber das Auftreten am Markt ermöglicht. Das veräußerte Unternehmen muss kein Handelsgewerbe i.S.d. § 1 sein, nämlich nicht in den Fällen des § 6 Abs. 2. Der bisherige Inhaber und der Erwerber müssen aber Kaufleute i.S.d. §§ 1 ff sein, weil § 25 von der Fortführung der Firma ausgeht (Rn 49 f, 64 ff) und das Recht zur Firmenführung nur Kaufleuten zukommt (§ 17 Rn 9). Zur Frage analoger Anwendung von § 25 o. Rn 36 ff.

48 Vorausgesetzt ist, dass das **Unternehmen im Zeitpunkt des Erwerbsvorgangs besteht.** Ein Unternehmen im Planungsstadium reicht nicht aus.[101] Das Unternehmen besteht, solange es betriebsfähig ist. Wenn der bisherige Inhaber seine unternehmerische Tätigkeit vor der Übertragung eingestellt hat, genügt es für die Anwendung des § 25, dass ihre Wiederaufnahme auf Grund der fortdauernden Betriebsfähigkeit objektiv möglich ist.[102] Das ist

---

BGB § 613 a Nr. 85; *K. Schmidt* ZIP 1980, 328 (337); Ebenroth/Boujong/Joost/Strohn/*Zimmer* Rn 41; MünchKommHGB/*Lieb* Rn 32.
[93] So aber etwa RGZ 58, 166 (168); BGHZ 104, 151 (154 f); GKzHGB/*Steitz* Rn 11.
[94] Ebenroth/Boujong/Joost/Strohn/*Zimmer* Rn 41 mwN.
[95] BGHZ 104, 151 (155 ff). Was früher der Sequester war (§ 106 KO), ist heute der vorläufige Insolvenzverwalter. Ob die Entscheidung auch auf ihn zutrifft wird mit beachtlichen Gründen bestritten, s. Röhricht/v. Westphalen/*Ammon/Ries* Rn 11.
[96] BGHZ 104, 151 (157); BGH NJW 1992, 911; Heymann/*Emmerich* Rn 12; Ebenroth/Boujong/Joost/Strohn/*Zimmer* Rn 43.
[97] BGH DB 2006, 444 f; hierzu *Lettl* WM 2006, 2336; Ebenroth/Boujong/Joost/Strohn/*Zimmer* Rn 42.
[98] *Canaris* FS Frotz, 1993, S. 11 (26 ff).
[99] Näher MünchKommHGB/*Lieb* Rn 33 f; Ebenroth/Boujong/Joost/Strohn/*Zimmer* Rn 43.
[100] BGH NJW 2006, 1002.
[101] OLG Frankfurt OLGZ 1973, 20 (22); Röhricht/v. Westphalen/*Ammon/Ries* Rn 3.
[102] BGH NJW 1992, 911 = WuB IV D § 25 HGB 3.92 mit Anm. *Emmerich*; OLG Oldenburg WM 1985, 1415 (1417); BGH NJW 1987, 1633 = WuB IV D § 25 HGB 1.87 mit Anm. *Hüffer*; OLG Düsseldorf GmbHR 1991, 315 = EWiR § 25 HGB 1/91 mit Anm. *Demharter*; OLG München BB 1996, 1682 (1683); Anm. *Bracker* BB 1997, 114; OLG Bremen NJW-RR 1989, 423.

dann der Fall, wenn die wesentlichen Grundlagen des Handelsgeschäfts, vor allem seine innere Organisation und die Geschäftsbeziehungen zu den Kunden und Lieferanten noch in ausreichendem Maß intakt sind.[103] Dies gilt auch dann, wenn mit der Liquidation des Unternehmens begonnen worden ist. Der Eintritt einer Handelsgesellschaft in das Liquidationsstadium berührt den Bestand des Unternehmens für sich genommen ohnehin nicht und steht deshalb der Anwendung des § 25 gleichfalls nicht im Wege. Wegen der Einzelheiten vgl. § 22 Rn 14 ff. Zur Veräußerung durch den Insolvenzverwalter s. Rn 46.

2. Führung einer Firma durch den bisherigen Inhaber. Der Veräußerer muss eine **49** Firma führen. Im unmittelbaren Anwendungsbereich von § 25 (zur analogen Anwendung der Vorschrift o. Rn 36 ff) muss der Veräußerer daher ein firmenfähiger Rechtsträger, also insbes. Einzelkaufmann oder Handelsgesellschaft sein (näher § 17 Rn 9 ff). Sind die Voraussetzungen des § 1 gegeben, ist es ist für die Anwendung des § 25 jedoch gleichgültig, ob die Firma eingetragen ist oder nicht. Auf eine Eintragung kommt es mithin namentlich in den Fällen des § 2 an. Dementsprechend steht auch eine **Löschung der Firma** im Handelsregister der Anwendung des § 25 nicht entgegen, soweit der Registervorgang nicht, wie in den Fällen des § 2, zugleich das Erlöschen des Handelsnamens bewirkt. Zur Frage unter welchen Voraussetzungen eine Firma geführt wird u. Rn 64 ff.

Die **Zulässigkeit der Firma** spielt anders als bei § 22 (vgl. dort Rn 24) keine Rolle[104]. **50** Die Rechtswirkungen des § 25 können also auch dann eintreten, wenn die Firmenführung mit den §§ 18 ff nicht in Einklang stand, das Namensrecht eines anderen verletzte oder gegen Vorschriften des Kennzeichnungsrechts verstieß[105]. Das ist sachgerecht, weil die Verkehrserwartung, der § 25 Rechnung tragen will, nicht von der Rechtmäßigkeit der Firmenführung abhängt.

3. Erwerb des Handelsgeschäfts unter Lebenden

a) **Allgemeines.** § 25 fordert einen Erwerb des Handelsgeschäfts unter Lebenden. Die **51** Haftung der Erben bei Geschäftsfortführung ist in § 27 gesondert geregelt. Um einen **Erwerb unter Lebenden** handelt es sich freilich auch bei einem Auseinandersetzungsvertrag unter Miterben;[106] denn der Erwerb beruht in diesem Fall nicht auf erbrechtlicher Gesamtnachfolge, sondern auf dem Vertrag (näher § 27 Rn 103). Auch der Erwerb aufgrund eines Vermächtnisses fällt unter § 25; denn von Todes wegen wird nur der Anspruch erworben, während seine Erfüllung durch Rechtsgeschäft unter Lebenden erfolgt (näher § 27 Rn 29, 104 ff). Liegt ein Erwerb unter Lebenden vor, findet § 25 gleichwohl **keine Anwendung**, wenn das Gesetz Gesamtrechtsnachfolge vorsieht (Rn 42 ff) oder § 28 anzuwenden ist (dazu Rn 41). Abseits von diesen Fällen ist der Rechtsgrund des Erwerbs unerheblich. Neben dem Regelfall des Erwerbs aufgrund eines Kaufvertrages kommt etwa ein Erwerb aufgrund Tausch, Schenkung,[107] Treuhandvertrag[108] oder Vergleich[109] in Betracht.

---

[103] BGH NJW 1992, 911 = WuB IV D § 25 HGB 3.92 mit Anm. *Emmerich*; OLG München BB 1996, 1682 (1683), Anm. *Bracker* BB 1997, 114.
[104] RGZ 113, 308; BGHZ 22, 234; Schlegelberger/*Hildebrandt*/*Steckhan* Rn 7.
[105] BGHZ 22, 234 (237).
[106] RGZ 149, 25 (27).
[107] RAG HRR 1933, 1665; BGH NJW 1987, 1633 = WuB IV D § 25 HGB 1.87 mit Anm. *Hüffer*; OLG Oldenburg WM 1985, 1415 (1417).
[108] RGZ 99, 158; bei offener Treuhand BGH NJW 1982, 1647 (1648); demgegenüber nicht bei verdeckter Treuhand OLG Stuttgart BB 1987, 2184 (2185); **aA** *Henckel* FS Heinsius 1991, S. 261 (274 f).
[109] RGZ 149, 25 (28).

52 b) **Zeitlich beschränkter Unternehmenserwerb.** Bildet ein Nießbrauch, ein Pachtvertrag oder ein ähnliches Verhältnis die Grundlage des Erwerbs, wird der neue Inhaber nicht endgültig, sondern nur zeitlich beschränkt zum Unternehmensträger. Auch in Fällen dieser Art **findet § 25 Anwendung,**[110] obwohl die Bestimmung anders als § 22 Abs. 2 den zeitlich beschränkten Unternehmenserwerb nicht erwähnt. Für die Geltung des § 25 spricht zunächst die Entstehungsgeschichte der Vorschrift; denn nach ausdrücklicher Auskunft der Denkschrift (S. 39) haftet der die Firma des Verpächters fortführende Pächter für dessen Geschäftsschulden. Ein zusätzliches Argument folgt aus der Überlegung, dass es für den Erwerb des Unternehmens als einer Wirtschaftseinheit ohnehin nicht in erster Linie auf die Verschaffung von Eigentum an den Bestandteilen des Unternehmensvermögens ankommt, sondern auf die Einweisung in den Tätigkeitsbereich als den Unternehmenskern. Der entscheidende Gesichtspunkt liegt allerdings im Zweck des § 25; denn Gläubiger und Schuldner können nicht erkennen, ob der Unternehmenserwerb nur zeitlich beschränkt erfolgt. Deswegen entsteht in diesem Fall die gleiche Rechtsunsicherheit, die die Vorschrift beseitigen will, wie im Fall des zeitlich nicht beschränkten Erwerbs. Die Anwendbarkeit des § 25 ist deshalb zu Recht fast allgemein anerkannt.[111]

53 Auch auf den **Rückerwerb bei Beendigung des Vertragsverhältnisses** ist § 25 anzuwenden; denn für den Schutz außenstehender Dritter vor Inanspruchnahme der falschen Partei als Schuldner oder vor Leistung an die falsche Partei als Gläubiger (vgl. Rn 29) ist auch dies ein Erwerbsfall wie jeder andere. Im Falle einer Kündigung seitens des Pächters fehlt allerdings ein vertraglicher Rahmen für die Vereinbarung eines Haftungsausschlusses nach § 25 Abs. 2. Indes kann der Verpächter den Haftungsausschluss vorsorglich bei Abschluss des Pachtvertrages vereinbaren,[112] so dass auch dieser Aspekt selbst dann nicht der Anwendbarkeit von § 25 entgegensteht, wenn man nicht der hier vertretenen Auffassung zum Vorliegen einer abweichenden Vereinbarung i.S.d. § 25 Abs. 2 folgt (s.u. Rn 124 ff).

54 c) **Weiterverpachtung.** Wird das Unternehmen ohne Rückerwerb des Verpächters von diesem weiterverpachtet, soll der weitere Pächter als Nachfolger des bisherigen Pächters ebenfalls nach § 25 Abs. 1 S. 1 haften.[113] Das Gleiche soll bei Auswechselung des Franchisenehmers gelten.[114] Das ist deswegen problematisch, weil es dabei an einer vertraglichen Beziehung zwischen dem neuen und dem bisherigen Pächter (bzw. Franchisenehmer) fehlt (s. auch Rn 56), so dass die Abdingbarkeit der Haftung erheblich erschwert

---

[110] BGH NJW 1982, 1647; BGH NJW 1984, 1186 (1187); OLG Frankfurt OLGZ 1973, 20 (23); *Brockmeier* S. 119 f; *Deschler* S. 137 f; Staub/*Hüffer* 4. Aufl. Rn 81; Baumbach/*Hopt* Rn 4; Heymann/*Emmerich* Rn 13; aA *Schricker* ZGR 1972, 121 (153 Fn 128); *Binz/Rauser* BB 1980, 897 (898 f).

[111] RGZ 133, 321 f; RGZ 149, 25; KG DJZ 1906, 86; OLG Dresden SächsOLG 40, 254; OLG Köln LZ 1916, 487; OLG Frankfurt OLGZ 1973, 20 (23); LG Göttingen NdsRpfl. 1956, 167; BGH NJW 1982, 1647; BGH NJW 1984, 1186 (1187); OLG Frankfurt OLGZ 1973, 20 (23); *Brockmeier* S. 119 f; *Deschler* S. 137 f; Staub/*Hüffer* 4. Aufl. Rn 81; Baumbach/*Hopt* Rn 4; Heymann/*Emmerich* Rn 13; Ebenroth/Boujong/Joost/Strohn/*Zimmer* Rn 26; aA *Schricker* ZGR 1972, 121 (153 f); *Binz/Rauser* BB 1980, 897 (898 f).

[112] RGZ 133, 318 (323); MünchKommHGB/*Lieb* Rn 47; *Brockmeier*, S. 138 f; *Muschalle* S. 190.

[113] BGH NJW 1984, 1186 (1187); *Brockmeier* S. 149 f; *K. Schmidt* NJW 1984, 1187; *Wilhelm* NJW 1986, 1797; Ebenroth/Boujong/Joost/Strohn/*Zimmer* Rn 27; kritisch Heymann/*Emmerich* Rn 13, 18 f; *Huber* FS Raisch 1995, S. 98 f.

[114] OLG Düsseldorf DB 1992, 833.

wird, wenn man mit dem BGH[115] hierfür eine Vereinbarung zwischen dem alten und dem neuen Pächter verlangt; denn an dem Abschluss einer solchen Vereinbarung hat der alte Pächter für gewöhnlich kein Interesse.[116] Ohne die (realistische) Möglichkeit eines Haftungsausschlusses gerät indes der Tatbestand des § 25 aus den Fugen (vgl. Rn 22, 30, 34). Mit der herrschenden Lehre wird man daher zumindest in solchen Fällen (i.E. weitergehend Rn 125 f) einen einseitigen Haftungsausschluss zulassen müssen, der dann den formalen Anforderungen des § 25 Abs. 2 genügen muss.[117] Zur Weiterveräußerung u. Rn 62.

d) Unwirksamkeit des Erwerbsgeschäfts. Ungültigkeit des Erwerbsgeschäfts steht der **55** Anwendung des § 25 ebenfalls nicht entgegen, und zwar gleichgültig, ob sich der Wirksamkeitsmangel auf das Verpflichtungs- oder die einzelnen Erfüllungsgeschäfte oder auf beide bezieht. Diesem von der h.M.[118] getragenen Grundsatz ist entgegen zunehmend kritischer Stimmen[119] beizupflichten, weil der Verkehr Mängel des Innenverhältnisses zwischen Veräußerer und Erwerber nicht erkennen kann und § 25 den Verkehr von diesbezüglichen Nachforschungen gerade freistellen will (vgl. auch Rn 52). Das bedeutet freilich umgekehrt: Kennt ein Altgläubiger die Unwirksamkeit, ist er nicht schutzwürdig (vgl. auch Rn 141).[120] Außerdem fehlt es an einer Fortführung des Handelsgeschäfts durch den Erwerber, wenn das Handelsgeschäft aufgrund der Unwirksamkeit des Erwerbs alsbald an den bisherigen Inhaber zurückübertragen wird (Rn 62).[121] Der schwerwiegendste Einwand gegen die hM ist, der Erwerber sei bei einem unwirksamen Erwerbsgeschäft nicht nur dem Risiko der Insolvenz des Veräußerers im Blick auf die vereinbarte Gegenleistung, sondern auch im Blick auf Regressansprüche, die ihm bei Tilgung von Altverbindlichkeiten zustehen, ausgesetzt. Zu überzeugen vermag dieser Einwand freilich aus mehreren Gründen nicht. Erstens muss der Erwerber das zuletzt genannte Risiko nur tragen, wenn keine abweichende Vereinbarung i.S.d. § 25 Abs. 2 getroffen und kundgemacht wurde, wobei es auf deren Wirksamkeit wiederum nicht ankommt[122] (näher Rn 126). Wurde keine abweichende Vereinbarung kundgemacht, kommt es zweitens

---

[115] NGH NJW 1984, 1186 (1187); zustimmend *Brockmeier* S. 156 ff.
[116] Näher Ebenroth/Boujong/Joost/Strohn/*Zimmer* Rn 28.
[117] *Wilhelm* NJW 1986, 1797 (1798); *Muschalle* S. 195 f; MünchKommHGB/*Lieb* Rn 48; *Canaris* FS Frotz 1993, S. 11 (31); Ebenroth/Boujong/Joost/Strohn/*Zimmer* Rn 28; wohl auch *Huber* FS Raisch, 1995, S. 99.
[118] RGZ 93, 227 f; RGZ 149, 25 (28); BGHZ 18, 248 (251 f) = LM § 25 HGB Nr. 4 m. Anm. *Delbrück;* BGHZ 22, 234 (239); BGHZ 31, 321 (328) = NJW 1960, 621; OLG Düsseldorf NJW 1963, 545; OLG Nürnberg BB 1970, 1193; OLG Frankfurt NJW 1980, 1397; Baumbach/*Hopt* Rn 5; Schlegelberger/*Hildebrandt/Steckhan* Rn 6; Staub/*Hüffer* 4. Aufl. Rn 39 f; *K. Schmidt* Handelsrecht § 8 II 1 b; *U. Huber* FS Raisch, 1995, S. 85 (97); Koller/*Roth*/Morck Rn 4.
[119] MünchKommHGB/*Lieb* Rn 49 f; Ebenroth/Boujong/Joost/Strohn/*Zimmer* Rn 32 ff; Düringer/Hachenburg/*Hoeniger* Anm. 20; *Pahl* S. 234; Straube/*Schuhmacher* Rn 6; Schlegelberger/*Hildebrandt/Steckhan* Rn 6; Heymann/*Emmerich* Rn 19; außerdem insbes. *Canaris* Vertrauenshaftung S. 186 f; *ders.* Handelsrecht § 7 Rn 24; *Schricker* ZGR 1972, 121 (154) stellt allein auf die Wirksamkeit der dinglichen Geschäfte ab; *Heckelmann* FS Bartholomeyczik, 1973, S. 129 (145 f) lässt den unwirksam Erwerbenden beschränkt mit dem übernommenen Vermögen haften.
[120] Heymann/*Emmerich* Rn 19; Röhricht/v. Westphalen/*Ammon*/Ries Rn 10; Koller/*Roth*/Morck Rn 4.
[121] Anders OLG Düsseldorf NJW 1963, 545; Baumbach/*Hopt* Rn 5; wie hier Röhricht/v. Westphalen/*Ammon*/Ries Rn 10.
[122] MünchKommHGB/*Lieb* Rn 53, 79, 120; zurückhaltend Ebenroth/Boujong/Joost/Strohn/*Zimmer* Rn 82.

nach allgemeinen Regeln auf das Innenverhältnis an, ob dem Erwerber ein Befreiungs- oder Rückgriffsanspruch gegen den Veräußerer zusteht.[123] Steht ihm ein Rückgriffsanspruch zu, trägt er stets, d.h. nicht nur in Fällen der hier fraglichen Art, das Insolvenzrisiko. Im Blick hierauf ist er drittens in den vorliegenden Fällen sogar in gewisser Weise besser abgesichert. Verlangt nämlich der Insolvenzverwalter Herausgabe, kann sich der Erwerber in Höhe der getilgten Verbindlichkeiten entweder auf einen Wegfall der Bereicherung (§ 818 Abs. 3 BGB) berufen oder etwa im Falle eines Rücktritts Erfüllung seiner Ansprüche Zug-um-Zug verlangen (§ 348 BGB)[124]. Mithin ist der Erwerber gerade in den vorliegenden Fällen dem Insolvenzrisiko des Veräußerers keineswegs schutzlos ausgeliefert. An der herrschenden Meinung ist mithin festzuhalten. Weitere Ausnahmen sind nur in zwei Fällen zu machen, nämlich erstens, wenn die Nichtigkeit auf Bestimmungen beruht, die dem Schutz des Erwerbers dienen (z.B. §§ 104 ff, 123 BGB)[125] und zweitens, wenn die Erwerberhaftung dem Zweck eines gesetzlichen oder behördlichen Veräußerungsverbots zuwiderliefe (z.B. fehlende Devisengenehmigung)[126]. Abgesehen davon ist ein Verstoß gegen §§ 134, 138 BGB jedoch unerheblich, ebenso Geschäftsunfähigkeit des Veräußerers oder wirksame Anfechtung[127]. Verbindlichkeiten des Veräußerers, die wegen seiner Geschäftsunfähigkeit nichtig sind, werden freilich nicht durch Anwendung des § 25 wirksam; der Erwerber haftet aber für die im Betrieb des Geschäfts begründeten Bereicherungsschulden.[128]

56 e) **Fehlen eines Erwerbsgeschäfts.** Nach der Rechtsprechung kommt es schließlich überhaupt nicht auf das Vorliegen eines Erwerbsgeschäfts zwischen dem bisherigen und dem neuen Inhaber an.[129] Das ist nach dem zuvor Gesagten folgerichtig. Die hiergegen vorgebrachten Bedenken[130] überzeugen nicht. Richtig ist zwar, dass § 25 Abs. 1 S. 1 den Erwerb und die Fortführung eines bestehenden Handelsgeschäfts voraussetzt. Die Neugründung eines Unternehmens unter einer ähnlichen oder gleichen Firma erfüllt diese Voraussetzungen nicht. An dem Unternehmenserwerb muss der bisherige Inhaber aber nicht als Veräußerer beteiligt sein. Der Terminus „Erwerb" ist rechtsgrundneutral (Rn 51) und muss nicht als derivativer Erwerb verstanden werden. Allerdings genügt es nicht, dass der Erwerber einzelne Betriebsmittel (etwa Geschäftsräume, Material und Mitarbeiter) des bisherigen Inhabers übernimmt. Das sind vielmehr nur Indizien für eine Unternehmensfortführung. Entscheidend ist, dass die wesentlichen Grundlagen des Handelsgeschäfts noch intakt sind (Rn 47 f) und insoweit übernommen werden, dass der Erwerber als geschäftlicher Nachfolger des bisherigen Inhabers angesehen werden kann (Rn 57 ff, 61 ff). Überdies setzt § 25 im Ausgangspunkt voraus, dass zwischen dem bisherigen Inhaber und dem Erwerber eine abweichende Vereinbarung i.S.d. § 25 Abs. 2 getroffen werden kann. Hieran fehlt es in Fällen der vorliegenden Art zumeist. Der Gesetzgeber hat solche Fälle freilich nicht bedacht. Daher ist auch in Fällen der vorliegenden Art ein einseitiger Haftungsausschluss durch den Erwerber zuzulassen (weitergehend

---

[123] Röhricht/v. Westphalen/*Ammon/Ries* Rn 32.
[124] Vgl. BGHZ 150, 353 (359); MünchKomm-InsO/*Huber* § 103 Rn 86; HK/*Marotzke* § 103 Rn 11, 12; FK-*Wegener* § 103 Rn 15; Nerlich/Römermann/*Balthasar* § 103 Rn 17.
[125] Röhricht/v. Westphalen/*Ammon/Ries* Rn 10; Heymann/*Emmerich* Rn 19 bei Fn 57; ähnlich *Canaris* Handelsrecht § 7 Rn 24.
[126] BGHZ 18, 248 = LM § 25 HGB Nr. 4 m. Anm. *Delbrück*.
[127] OLG Düsseldorf NJW 1963, 545.
[128] RGZ 93, 227 f.
[129] BGHZ 22, 234 (239); BGH WM 1984, 474; BGH WM 1985, 1475; BGH WM 1992, 55 (56).
[130] MünchKommHGB/*Lieb* Rn 41 f; Röhricht/v. Westphalen/*Ammon/Ries* Rn 9.

u. Rn 125 f).¹³¹ Muss kein Erwerbsgeschäfts zwischen dem bisherigen und dem neuen Inhaber vorliegen, bedarf es insofern keiner ergänzenden Rechtsscheinhaftung.¹³²

f) Erwerb des Unternehmenskerns. Ebenso wie bei § 22 (dort Rn 17 ff) wird man auch hier verlangen müssen, dass der Kern des Unternehmens erworben wird.¹³³ Hier folgt das freilich aus anderen Erwägungen, nämlich zuvörderst daraus, dass die Verkehrserwartungen, denen das Gesetz Rechnung tragen will, gerade dadurch begründet werden, dass der Erwerber die geschäftliche Nachfolge des bisherigen Inhabers antritt (Rn 61), wozu er nur bei Erwerb des Unternehmenskerns in der Lage ist. Zudem gilt es Wertungswidersprüche zwischen § 25 und § 22 zu vermeiden. Aus Sicht des Rechtsverkehrs muss sich der Sachverhalt daher als Weiterführung des Unternehmens in seinem wesentlichen Bestand darstellen.¹³⁴ Übernommen werden müssen mithin die Teile, die den nach außen in Erscheinung tretenden Tätigkeitsbereich bestimmen.¹³⁵ Dazu gehören die Übernahme der Geschäftsräume,¹³⁶ von Kunden- und Lieferantenbeziehungen,¹³⁷ von Warenbeständen, von Teilen des Personals.¹³⁸ Das Vorliegen nur eines dieser Merkmale reicht grundsätzlich nicht aus, schon gar nicht allein die gleiche Fax- und Telefonnummer¹³⁹, auch nicht bei Nutzung der gleichen Büroräume¹⁴⁰. Der bloße Anschein eines Geschäftsübergangs genügt nicht. Allenfalls kommt in solchen Fällen eine Rechtsscheinhaftung in Betracht (Rn 158 f). Die für den Rechtsverkehr erkennbare Eigenart des Betriebs muss erhalten bleiben. Ist dies gegeben, dann ist § 25 auch dann anwendbar, wenn einzelne Vermögensbestandteile oder Betätigungsfelder nicht übernommen werden,¹⁴¹ selbst wenn es sich um die wertvolleren Teile des Unternehmens handelt¹⁴² oder der Veräußerer mit den ihm verbleibenden Teilen ein Geschäft fortführt¹⁴³.

57

g) Veräußerung eines von mehreren Unternehmen oder einer Zweigniederlassung. Betreibt der Veräußerer als Einzelkaufmann mehrere Unternehmen mit selbständigen Hauptniederlassungen, so ist § 25 anzuwenden, wenn eines der Unternehmen veräußert wird und der Erwerber die Firma fortführt. Dies gilt, wenn für die mehreren Unternehmen mehrere Firmen gebildet sind (s. Vor § 17 Rn 39 ff), ist aber auch dann richtig, wenn der

58

---

[131] MünchKommHGB/*Lieb* Rn 48; Ebenroth/Boujong/Joost/Strohn/*Zimmer* Rn 45; *Canaris* FS Frotz, 1992, 11 (29, 31); *Wilhelm* NJW 1986, 1797 (1798); im Ergebnis ebenso *K. Schmidt* Handelsrecht, § 8 II, 3a.
[132] Aufgrund seiner abweichenden Auffassung folgerichtig anders MünchKommHGB/*Lieb* Rn 74 ff.
[133] RGZ 169, 133 (136); BGH NJW 1992, 911 = WuB IV D § 25 HGB 3.92 mit Anm. *Emmerich*; OLG München BB 1996, 1682 (1683); Anm. *Bracker* BB 1997, 114; BGHZ 18, 248 (250); BGH NJW 1982, 1647 f.
[134] BGH DB 2006, 444 (445); OLG München BB 1996, 1682 (1683); Anm. *Bracker* BB 1997, 114; BGH NJW 1992, 911 = WuB IV D § 25 HGB 3.92 m. Anm. *Emmerich*; OLG des Landes Sachen-Anhalt, OLG Rp Naumburg 1998, 389.
[135] RGZ 169, 133 (136); OLG Düsseldorf NJW-RR 1998, 965.
[136] OLG Düsseldorf NZG 2005, 177.
[137] BGH NJW 1986, 581; OLG Celle MDR 1994, 263 f; OLG Schleswig NJW-RR 2004, 421.
[138] BGH NJW 2006, 1002 = BGH DB 2006, 444 (445); OLG München BB 1996, 1682 (1683); Anm. *Bracker* BB 1997, 114; bei Gaststätten soll dem OLG Düsseldorf zufolge allerdings grundsätzlich die Übernahme der Gaststättenräume notwendig sein.
[139] OLG Hamm NJW-RR 1995, 735.
[140] OLG Köln OLGR 2004, 267 (268).
[141] RGZ 169, 133 (136); BGH NJW 1992, 911 = WuB IV D § 25 HGB 3.92 m. Anm. *Emmerich;* OLG Nürnberg BB 1970, 1193.
[142] RGZ 169, 133 (137); **aA** OLG Koblenz NJW-RR 2006, 408.
[143] OLG Hamm ZIP 1998, 2092 (2093).

§ 25 1. Buch. Handelsstand

Veräußerer nur eine Firma hat und die Firma für das ihm verbliebene Unternehmen (neben dem Erwerber) weiter verwendet[144]; denn auf die Zulässigkeit der Firmenfortführung kommt es nicht an (Rn 69).

59 Ist das Unternehmen in **Haupt- und Zweigniederlassung** gegliedert, so genügt für die Anwendung des § 25 der Erwerb der Haupt- oder einer Zweigniederlassung (zur Zulässigkeit der Firmenfortführung § 22 Rn 19). Das folgt für die Zweigniederlassung aus deren relativer Selbstständigkeit.[145] Die Rechtswirkungen des § 25 beschränken sich in diesem Fall freilich auf die in dem Betrieb der erworbenen Haupt- oder Zweigniederlassung begründeten Verbindlichkeiten[146]. **Einzelfälle:** Der Erwerber haftet bei Fortführung der in Hamburg gelegenen Zweigniederlassung einer Gesellschaft mit Sitz in Weimar nicht für die Verbindlichkeiten einer anderen Gesellschaftsfiliale in Erfurt, und zwar auch dann nicht, wenn der Erwerber eine OHG mit den gleichen Gesellschaftern ist.[147] Die Beschränkung einer Prokura auf eine Zweigniederlassung schließt nicht aus, dass der Dienstvertrag des Prokuristen und damit seine Vergütungsansprüche im Betrieb der Hauptniederlassung begründet sind.[148]

60 Schwierigkeiten bereiten kann die **Abgrenzung zwischen Zweigniederlassungen und anderen Unternehmensgliederungen**, denen die erforderliche Eigenständigkeit fehlt. Doch handelt es sich dabei nicht um ein spezifisches Problem des § 25, sondern um die richtige Erfassung des Zweigniederlassungsbegriffs; vgl. dazu § 13 Rn 19 ff. Namentlich kommt es auf die Eigenständigkeit nach außen und die entsprechende Organisation an. So genügt es für die Anwendung des § 25, wenn eine als nach außen selbstständiges Maklerunternehmen tätige und entsprechend organisierte Betriebseinrichtung übertragen wird, weil sie Zweigniederlassung ist.[149] Umgekehrt mögen die Beteiligten eine betriebliche Einrichtung ohne Buch- und Kassenführung und ohne Bankverbindung Zweigniederlassung nennen; sie ist es nicht, weil ihr die erforderliche Organisation in sachlicher Hinsicht abgeht, und wird es auch nicht durch eine zu Unrecht erfolgte Eintragung im Handelsregister. Ihr Erwerb bietet deshalb keine Basis für die Anwendung des § 25.[150]

61 4. **Fortführung des Handelsgeschäfts durch den Erwerber.** Nach dem Wortlaut von § 25 Abs. 1 S. 1 genügt es – anders als nach § 22 Abs. 1 (dort Rn 106 f) – nicht, dass jemand ein Unternehmen erwirbt. Er muss es auch fortführen[151]. Das ist konsequent; denn die Verkehrserwartungen, denen das Gesetz Rechnung tragen will, werden gerade dadurch begründet, dass der Erwerber die geschäftliche Nachfolge des bisherigen Inhabers antritt. Das Erfordernis der Unternehmensfortführung kann auch nicht durch die Fortführung der Firma ersetzt werden, weil darin nach Wortlaut und Sinn des Gesetzes eine eigenständige zusätzliche Haftungsvoraussetzung liegt. Fortführen bedeutet eine **nach außen in Erscheinung tretende Betätigung**, durch die für den Rechtsverkehr erkennbar wird, dass der Erwerber die **geschäftliche Nachfolge des bisherigen Inhabers** ange-

---

[144] OLG Hamm ZIP 1998, 2092.
[145] S. Baumbach/*Hopt* Rn 6.
[146] RGZ 64, 129 (132); RGZ 77, 60 (63 f); RGZ 116, 284; RG Warneyer 1937 Nr. 67; RGZ 169, 133 (139); BGH BB 1963, 747; BGH DB 1979, 1033; KG OLGR 4, 146; OLG Hamburg HRR 1929 Nr. 1028; Ebenroth/Boujong/Joost/Strohn/*Zimmer* Rn 31; Röhricht/v. Westphalen/*Ammon/Ries* Rn 8; K. Schmidt Handelsrecht § 8 II 1 d.
[147] BGH BB 1963, 747.
[148] RAG 17, 324.
[149] BGH WM 1979, 576.
[150] I.E. BGH NJW 1972 1859.
[151] RGZ 169, 133 (136); BGHZ 18, 248 (250); OLG Nürnberg BB 1970, 1193; MünchKommHGB/*Lieb* Rn 59; Ebenroth/Boujong/Joost/Strohn/*Zimmer* Rn 47; Baumbach/*Hopt* Rn 6.

treten hat. Dafür spricht etwa die Vornahme von Handlungen, die in der Regel dem Geschäftsinhaber obliegen,[152] die Entfaltung der gleichen Geschäftstätigkeit, die Übernahme von im Rechtsverkehr für das Unternehmen auftretenden Mitarbeitern, vergleichbare Werbemaßnahmen, der Gebrauch desselben Fuhrparks, die Nutzung derselben Geschäftsräume und die Beibehaltung des Telefonanschlusses.[153] Zum Tragen kommen hier somit die gleichen bzw. ähnliche Merkmale wie für die Frage des Erwerbs des Unternehmenskerns (Rn 57). Einzelne solcher Maßnahmen reichen mithin auch für die Erfüllung dieses Tatbestandsmerkmals nicht aus, wohl aber: im Wesentlichen gleiche Geschäftstätigkeit, gleiche Geschäftsräume, gleicher Telefonanschluss[154]. Maßgeblich ist das gesamte objektive Erscheinungsbild nach außen im konkreten Einzelfall. Unerheblich ist der subjektive Wille des neuen Inhabers. Auch der bloße Rechtsschein einer Unternehmensfortführung reicht nicht aus.[155] In Betracht kommt dann allerdings eine Rechtsscheinhaftung des Erwerbers (Rn 158 f).

Keine Fortführung des Handelsgeschäfts i.S.d. § 25 liegt vor, wenn das Unternehmen **62** alsbald in eine Gesellschaft eingebracht wird[156] (dann ist allerdings § 28 zu prüfen, Rn 41), alsbald weiterveräußert oder weiterverpachtet wird (dann kann allerdings der Zweiterwerber nach § 25 haften) oder – etwa wegen Unwirksamkeit des Erwerbsgeschäfts – an den Veräußerer zurückübertragen wird (dann haftet dieser nach wie vor)[157] oder der Geschäftsbetrieb alsbald eingestellt wird[158]. Ebenso wenig liegt eine Fortführung des Handelsgeschäfts vor, wenn der Erwerber das Geschäft alsbald wesentlich umgestaltet, also etwa neue Geschäftsräume anmietet, die Werbung umgestaltet, die nach außen auftretenden Mitarbeiter austauscht oder mit anderen Aufgaben betraut und insbes. die Geschäftstätigkeit wesentlich verändert (also erheblich einschränkt, erweitert oder sonst erheblich umgestaltet). Maßgeblich ist auch insofern eine Gesamtbetrachtung im Einzelfall. Bei Gaststätten bspw. gehören die Gaststättenräume zum Kern des Unternehmens, weil sie durch Art, Größe, Lage und Ausstattung ganz entscheidend das Bild bestimmen, das sich der Besucher von dem Betrieb macht.[159] Eine bloß allmähliche Umgestaltung des Unternehmens reicht freilich nicht aus. Vielmehr muss der Bruch mit der geschäftlichen Tradition des früheren Inhabers ebenfalls alsbald vorgenommen werden und nach außen deutlich hervortreten. Damit stellt sich die bisher wenig diskutierte Frage, binnen welcher Frist die vorgenannten Maßnahmen getroffen werden müssen, um eine Anwendung von § 25 auszuschließen. Insofern wird man sich an der Dreimonatsfrist des § 27 Abs. 2 S. 1 – freilich ohne dessen starre zeitliche Begrenzung – orientieren können.[160]

Eine **Eingliederung** des erworbenen Handelsgeschäfts in ein bereits bestehendes **63** Unternehmen des Erwerbers hindert das Eingreifen von § 25 nicht grundsätzlich. Zwar müssen sich die erworbenen Wirtschaftsgüter zum Zeitpunkt des Erwerbs als eigenständige betriebsfähige Wirtschaftseinheit darstellen (Rn 47, 60), die Eigenständigkeit muss

---

[152] RGZ 143, 368 (371); RGZ 169, 133 (140).
[153] BGH NJW 1986, 581 f; OLG Bremen NJW-RR 1989, 423; OLG Stuttgart NJW-RR 1989, 424 (425); RGZ 169, 133 (137); *Commandeur* S. 139.
[154] BGH DStR 2006, 476; OLG Düsseldorf NJW-RR 2000, 332; differenzierend OLG Köln MDR 2004, 1125.
[155] Vgl. BayObLG NJW-RR 1988, 870; ausf. MünchKommHGB/*Lieb* Rn 74 f; ferner etwa Koller/*Roth*/Morck Rn 5; aA OLG Frankfurt NJW 1980, 1398.
[156] RGZ 143, 368 (371); RGZ 169, 133 (140).
[157] Röhricht/v. Westphalen/*Ammon*/Ries Rn 10; Koller/*Roth*/Morck Rn 4.
[158] MünchKommHGB/*Lieb* Rn 59; Ebenroth/Boujong/Joost/Strohn/*Zimmer* Rn 46.
[159] OLG Düsseldorf NJW-RR 1998, 965.
[160] Anders wohl Baumbach/*Hopt* Rn 6: auch kurzfristige Fortführung genüge.

§ 25

aber im Rahmen der Fortführung nicht aufrecht erhalten werden. Auch nach außen hin muss das erworbene Unternehmen nicht mehr als selbständig hervortreten.[161] Es muss jedoch erkennbar bleiben, dass der neue Inhaber die geschäftliche Nachfolge des bisherigen Inhabers angetreten hat (Rn 61). Anders gewendet darf die Eingliederung nicht zu einem Bruch mit der nach außen hervortretenden geschäftlichen Tradition des bisherigen Inhabers führen (Rn 62). Die vorgenannten Maßstäbe gelten also ungeschmälert.[162] Namentlich reicht die bloße Fortführung der Firma nicht aus; denn dies ist ein eigenständiges, zusätzliches Tatbestandsmerkmal.

5. Fortführung der Firma

64 a) **Firma.** Das Gesetz verlangt die Fortführung der Firma durch den Erwerber. Gemeint ist die Firma als Handelsname des Kaufmanns oder Name der Gesellschaft i.S.d. § 17. Die Weiterverwendung einer **Geschäftsbezeichnung** (§ 17 Rn 15 ff) genügt demnach für § 25 grundsätzlich nicht;[163] und zwar auch nicht im Rahmen einer analogen Anwendung von § 25 (Rn 39). Daran ist festzuhalten. Zwar mag dem Verkehr der Unterschied zwischen Firma und Geschäftsbezeichnung nicht bewusst sein (s. Rn 67). Die Fortführung der Firma ist jedoch teleologisch essentiell. Während nämlich Geschäftsbezeichnungen lediglich unternehmensbezogen sind, ist die Firma inhaberbezogen, bezeichnet also den Unternehmensträger. Schuldner der Verbindlichkeiten, für die der Erwerber nach § 25 Abs. 1 S. 1 haftet, ist aber mangels Rechtsfähigkeit nicht das Unternehmen, sondern der Unternehmensträger. Nur an die Firma kann der Verkehr daher die Erwartung knüpfen, ihr jeweiliger Inhaber sei Schuldner (Rn 9, 29). Von dem Grundsatz der Unerheblichkeit einer Weiterverwendung von Geschäftsbezeichnungen kommen allerdings nach der instanzgerichtlichen Rechtsprechung zwei Ausnahmen in Betracht. Zum einen gibt es Fälle, in denen der bisherige Inhaber eine Geschäftsbezeichnung firmenmäßig verwendet hat, d.h. selbst unter der Geschäftsbezeichnung im Verkehr aufgetreten ist. Das kommt nicht nur bei Kleingewerbetreibenden vor (dazu bereits o. Rn 39), sondern auch bei Kaufleuten, wenn sie damit gegen ihre Firmenführungspflicht verstoßen (vgl. Rn 65 f)[164]. Führt der Erwerber eine solche firmenmäßig verwendete Geschäftsbezeichnung als eigene Firma (also nicht bloß als Geschäftsbezeichnung) fort, so greift § 25 ein.[165] Zum anderen gibt es aber auch den umgekehrten Fall, in dem die Firma des früheren Inhabers bzw. deren Kern als bloße Geschäftsbezeichnung weitergeführt wird (aus der Firma „XYZ GmbH" wird „XYZ" als Bezeichnung der übernommenen Gaststätte weiterverwendet). Das ist nach dem zuvor Gesagten richtigerweise kein Fall des § 25;[166] denn die Firma des früheren Inhabers wird von dem Erwerber gerade nicht fortgeführt. Das ist auch dann nicht anders zu beurteilen, wenn der Erwerber als Kleingewerbetreibender selbst gar

---

[161] So OLG Frankfurt OLGR 2001, 67; MünchKommHGB/*Lieb* Rn 60; Röhricht/ v. Westphalen/*Ammon/Ries* Rn 15.
[162] Ebenso Ebenroth/Boujong/Joost/Strohn/ *Zimmer* Rn 46.
[163] RGZ 145, 274 (278 f); BGH DB 1964, 129; BGH DB 1964, 1297; OLG Brandenburg MDR 1998, 1299 (1300); OLG Düsseldorf NJW-RR 1998, 965; LG Bonn NJW-RR 2005, 1559; vgl. aber OLG Düsseldorf GmbHR 1991, 315 für den firmenmäßigen Gebrauch einer Geschäftsbezeichnung; aus der Lit. Röhricht/v. Westphalen/ *Ammon/Ries* Rn 17; Ebenroth/Boujong/ Joost/Strohn/*Zimmer* Rn 47; GKzHGB/ *Steitz* Rn 8; aA *K. Schmidt* JuS 1997, 1069 ff.
[164] Als Beispiel mag der Fall BGH WM 1991, 1078 dienen, s. dazu aber auch § 37 Rn 16 ff.
[165] Vgl. OLG Hamm NJW-RR 1997, 733 (734); OLG Düsseldorf NJW-RR 1998, 965.
[166] AA OLG Düsseldorf GmbHR 1991, 315 (316).

keine Firma führt. Vielmehr ist in diesem Fall eine analoge Anwendung von § 25 gerade ausgeschlossen (s. Rn 39 und Rn 65).[167] Zur Abgrenzung zwischen der Führung einer Firma und der Verwendung sonstiger Bezeichnungen s. Rn 67.

b) Bisherige Firma. Der Erwerber muss die „bisherige" Firma fortführen. Das ist die Firma desjenigen, der das Handelsgeschäft zuletzt geführt hat. Das ist in der Regel der Veräußerer, kann aber bei Zwischenverkauf (s. Rn 62) auch dessen Rechtsvorgänger oder etwa ein vorheriger Pächter (vgl. Rn 54) sein. Welche Firma der bisherige Inhaber geführt hat, ergibt sich regelmäßig aus dem Handelsregister. Ist der bisherige Inhaber nicht im Handelsregister eingetragen (vgl. Rn 49), kommt es darauf an, welche Firma er tatsächlich geführt hat (vgl. Rn 66). Weicht die eingetragene Firma des bisherigen Inhabers von der Firma ab, die er tatsächlich geführt hat, kommt es nach dem Sinn und Zweck von § 25 auf die tatsächlich geführte Firma an.[168] Ist er unter beiden Firmen aufgetreten und im Verkehr bekannt, sind beide Firmen maßgeblich. **65**

c) Führung der bisherigen Firma. Nach Rechtsprechung und herrschender Lehre ist es im Blick auf die Führung der bisherigen Firma nicht entscheidend, welche Erklärung der neue Inhaber gegenüber dem Registergericht abgegeben, sondern welche Bezeichnung er für sein Auftreten am Markt gewählt und firmenmäßig geführt hat. Insofern komme es darauf an, dass der Verkehr dem Verhalten des Erwerbers entnehme, es handle sich dabei um die von ihm gewählte Firma.[169] Das bedeutet im Einzelnen: Zunächst ist anhand der Eintragungen im Handelsregister zu untersuchen, ob eine Firmenfortführung vorliegt. Ist das nicht der Fall, so ist weiter zu fragen, ob sich die eingetragene Firma des neuen Inhabers als Fortführung der tatsächlich geführten Firma (Rn 65) oder einer firmenmäßig verwendeten Geschäftsbezeichnung (Rn 64) des bisherigen Inhabers darstellt. Liegt auch danach keine Firmenfortführung vor, ist schließlich zu ermitteln, ob der neue Inhaber eine von seiner eingetragenen Firma abweichende Bezeichnung für sein Auftreten am Markt gewählt hat, ob er diese Bezeichnung firmenmäßig verwendet hat und ob diese Bezeichnung sich als Fortführung der eingetragenen oder tatsächlich geführten Firma des bisherigen Inhabers oder als Fortführung einer firmenmäßig verwendeten Geschäftsbezeichnung des bisherigen Inhabers darstellt. **66**

Insoweit es danach darauf ankommt, ob der bisherige oder der neue Inhaber eine **Bezeichnung firmenmäßig verwendet** hat, kommt es nicht darauf an, wie die Verkehrsteilnehmer den Gebrauch der Bezeichnung verstehen; denn der Mehrzahl der Verkehrsteilnehmer, namentlich der Verbraucher ist bereits die Differenzierung zwischen Unternehmen und Unternehmensträger nicht geläufig, geschweige denn die Unterschiede zwischen Firma, Geschäftsbezeichnung oder etwa einer Marke (vgl. § 37 Rn 17).[170] Viel- **67**

---

[167] Vgl. LG Bonn NJW-RR 2005, 1559.
[168] BGH NJW 1987, 1633; OLG Düsseldorf NZG 2005, 176 (177); OLG Karlsruhe NJW-RR 1995, 1310 (1311); OLG Saarbrücken BB 1964, 1195 f; Ebenroth/Boujong/Joost/Strohn/*Zimmer* Rn 48; Staub/*Hüffer* 4. Aufl. Rn 45.
[169] BGH NJW 1987, 1633; siehe auch die Vorinstanz OLG Oldenburg WM 1985, 1415 (1417); BGH NJW 1992, 911 (912); RG WarnR 1937, Nr. 67, S. 151 (155); RGZ 143, 368 (371); OLG Frankfurt NJW 1980, 1397 (1398); OLG Saarbrücken BB 1964, 1195 (1196); Staub/*Hüffer* 4. Aufl. Rn 45; Baumbach/*Hopt* Rn 7; Röhricht/von Westphalen/*Ammon*/Ries Rn 16; *Commandeur* S. 131 f; enger *Pahl* Haftungsrechtliche Folgen versäumter Handelsregistereintragung und Bekanntmachung, 1987, S. 232 f; wohl auch *Wessel* BB 1989, 1625 (1626); Ebenroth/Boujong/Joost/Strohn/*Zimmer* Rn 48; MünchKomm-HGB/*Lieb* Rn 62.
[170] Zutr. MünchKomm/*Krebs* § 37 Rn 14.

mehr ist objektiv zu bestimmen, ob die Bezeichnung firmenmäßig geführt wurde. Zu berücksichtigen ist dabei, dass Kaufleute auch mit anderen Bezeichnungen am Markt, insbes. in der Werbung auftreten, ohne dass immer hinreichend deutlich wird, ob sie die Bezeichnung zur Kennzeichnung des Unternehmens oder seiner gewerblichen Leistungen oder gerade firmenmäßig, also zur Bezeichnung des Unternehmensträgers verwenden. Diese Praxis ist nicht zu beanstanden, soweit keine Firmenführungspflicht besteht. Entscheidend ist daher, ob die Bezeichnung auch **bei bestehender Firmenführungspflicht** verwendet wird; denn nur dann, wenn der Inhaber eine Bezeichnung bei bestehender Firmenführungspflicht verwendet, steht objektiv fest, dass er sie firmenmäßig gebraucht (ausf. § 37 Rn 12, 16 ff, 22 ff). Dieser objektive Maßstab ist im Blick auf die nach Rn 64 gebotene Abgrenzung erforderlich, andernfalls stünde zu besorgen, dass der Gebrauch einer bloßen Geschäftsbezeichnung haftungsschädlich wäre. Liegt keine Firmenführung in diesem Sinne vor, kommt allerdings eine Haftung nach Rechtsscheingrundsätzen in Betracht (Rn 157).

68 Der firmenmäßige Gebrauch der Bezeichnung muss ferner von einer gewissen **Intensität** sein. Einmaliger oder bloß gelegentlicher Gebrauch reicht nicht aus. Rechnung zu tragen ist vor allem der Übergangssituation bei Erwerb des Unternehmens. Kurzfristige Belassung des Firmenschilds, einstweilige Weiterbenutzung von Formularen oder Verpackungsmaterial mit dem Firmenaufdruck sind daher haftungsunschädlich.[171] Die Firma muss vielmehr über einen nennenswerten Zeitraum hinweg mit Wissen und Duldung der Geschäftsführung bspw. auf Geschäftsbriefbögen verwandt werden.[172]

69 Auf die **Zulässigkeit der Firmenführung** kommt es für die Haftungsbegründung **nicht** an[173]. Die Voraussetzungen des § 25 können also auch dann vorliegen, wenn die Firma schon als Handelsname des Veräußerers unzulässig war, aber auch dann, wenn sie erst durch den Inhaberwechsel (z.B. Wegfall persönlicher Qualifikation, s. § 18 Rn 68) oder damit einhergehende Veränderungen (z. B. Veränderung des Tätigkeitsbereichs bei geographischen Zusätzen, s. § 18 Rn 93 ff) unzulässig wird. **Die Einwilligung des bisherigen Firmeninhabers** in die Fortführung ist abweichend von § 22 **nicht erforderlich,** soweit es nur um die Erwerberhaftung geht (anders nach § 25 Abs. 1 S. 2, s. Rn 108 f). Auch die ihm gegenüber unberechtigte Firmenführung genügt.[174] Folgerichtig kommt es auf die Wirksamkeit der erteilten Einwilligung ebenfalls nicht an. Unerheblich ist daher ferner, ob dem Erwerber die Firma übertragen wird, oder ob er sie ohne dies selbst annimmt.[175] Auch eine Firmenfortführung durch den bisherigen Inhaber schließt die Haftung nicht aus (Rn 58).[176]

70 Die fortgeführte Bezeichnung muss allerdings überhaupt als Firma eines Kaufmanns in Betracht kommen.[177] Das bedeutet jedoch nicht, dass eine Firmenführung immer schon dann ausscheidet, wenn eine Bezeichnung ohne Rechtsformzusatz verwendet wird.[178] Vielmehr ist zu unterscheiden. Führt ein firmenfähiger Rechtsträger eine Bezeichnung ohne Rechtsformzusatz als Firma (näher Rn 67), ist die Firmierung schlicht unzulässig und hindert ein Eingreifen von § 25 nicht. Führt hingegen ein nicht in das

---

[171] RGZ 73, 71 (72); BGH NJW 1987, 1633 = WuB IV D § 25 HGB 1.87 mit Anm. *Hüffer*; OLG Köln MDR 1994, 133 mit abl. Anm. *K. Schmidt* = WuB IV D § 25 HGB 1.94 mit Anm. *Wilhelm*; MünchKommHGB/*Lieb* Rn 62; Ebenroth/Boujong/Joost/Strohn/*Zimmer* Rn 49.
[172] OLG Hamm NJW-RR 1997, 733 (734).
[173] BGHZ 22, 234; BGH NJW 2001, 1352.
[174] OLG Koblenz NJW-RR 2006, 409.
[175] BGH WM 1982, 555.
[176] OLG Hamm ZIP 1998, 2092.
[177] BGHZ 22, 234 (237).
[178] Dahingehend aber LG Bonn NJW-RR 2005, 1559.

Handelsregister eingetragener Kleingewerbetreibender die Firma des früheren Inhabers ohne Rechtsformzusatz fort, kommt allenfalls eine analoge Anwendung von § 25 in Betracht. Nach hier vertretener Ansicht scheidet freilich in diesem Fall auch eine analoge Anwendung von § 25 aus, weil andernfalls im Blick auf § 25 Abs. 2 ein mit § 2 unvereinbarer Druck zur Eintragung der Firma entstehen würde (Rn 38).

d) Fortführung der bisherigen Firma (Firmenkontinuität). Die bisherige Firma wird **71** fortgeführt, wenn der Erwerber sie als eigene Firma im Wesentlichen unverändert führt (Rn 66). Im Wesentlichen unverändert bedeutet, dass eine buchstabengetreue Fortführung nicht erforderlich ist, unwesentliche Änderungen also ein Eingreifen von § 25 nicht ausschließen. Das zeigt sich schon daran, dass nach Abs. 1 S. 1 die Beifügung eines Nachfolgezusatzes für die Haftung unerheblich ist. Diese Regelung zeigt zugleich, dass die Ähnlichkeit der bisherigen und der fortgeführten Firma nicht dergestalt sein muss, dass der Anschein der Kontinuität des Unternehmensträgers entsteht. Auch geht es nicht um das Hervorrufen einer Verwechselungsgefahr. Vielmehr zeigt die Regelung, dass auch und gerade dann, wenn sich die Firma des Erwerbers aus Sicht des Verkehrs als Weiterverwendung der Firma des bisherigen Inhabers darstellt, eine Firmenfortführung i.S.d. § 25 vorliegt. Das ist Konsequenz der vom Gesetzgeber berücksichtigten Verkehrserwartung, wonach der jeweilige Inhaber einer Firma haftet (Rn 9, 29). Ausreichend, aber auch erforderlich ist daher, dass der Verkehr die von dem Erwerber geführte Firma mit der Firma des bisherigen Inhabers dergestalt identifiziert, dass er in der fortgeführten Firma die Firma des bisherigen Inhabers (wieder-)erkennt.[179] Unter diesen Voraussetzungen stehen die Löschung der bisherigen oder die Eintragung einer neuen Firma im Handelsregister der Annahme der Firmenfortführung nicht entgegen.[180] Selbst wenn der Erwerber lediglich seine Firma beibehält, diese aber zufällig der Firma des erworbenen Handelsgeschäfts ähnelt, kann dies als Firmenfortführung i.S.d. § 25 zu bewerten sein.[181] Voraussetzung ist aber auch und gerade in einem solchen Fall, dass sich die Firma des Erwerbers aus Sicht des Verkehrs als Weiterverwendung der Firma des bisherigen Inhabers darstellt. Das ist dann nicht der Fall, wenn den betreffenden Verkehrskreisen das Nebeneinander der beiden ähnlichen Firmen bekannt war; denn dann wissen sie zwischen beiden Firmen zu unterscheiden, so dass sich die Beibehaltung der Firma des Erwerbers nicht als Weiterverwendung der Firma des bisherigen Inhabers darstellt. Andernfalls muss der Erwerber entweder seine bisherige Firma ändern oder nach § 25 Abs. 2 vorgehen.

Im Blick auf **Abweichungen** der Firma des Erwerbers von der Firma des bisherigen **72** Inhabers gilt zunächst der **Grundsatz: Änderungen, die nach § 22 zulässig sind, stehen einer Anwendung des § 25 nicht entgegen.**[182] Auf die Ausführungen in § 22 Rn 84–104 wird daher verwiesen. Die **Umkehrung dieses Grundsatzes gilt hingegen nicht.** Die Unzulässigkeit der Firmenänderung nach § 22 schließt also die Erwerberhaftung nach § 25 nicht notwendig aus.[183] Die unterschiedlichen Zwecke der Vorschriften (s. § 22

---

[179] BGH NJW 1992, 912.
[180] OLG Celle OLGR 2000, 220; Staub/*Hüffer* 4. Aufl. Rn 45; Ebenroth/Boujong/Joost/Strohn/*Zimmer* Rn 50.
[181] BGH NJW 1987, 1633 (im konkreten Fall allerdings mangels hinreichender Ähnlichkeit abgelehnt, dazu Fn 216).
[182] Staub/*Hüffer* 4. Aufl. Rn 47; MünchKommHGB/*Lieb* Rn 65; Ebenroth/Boujong/Joost/Strohn/*Zimmer* Rn 51.

[183] LG Berlin ZIP 1993, 1478; Staub/*Hüffer* 4. Aufl. Rn 47; MünchKommHGB/*Lieb* Rn 65; Ebenroth/Boujong/Joost/Strohn/*Zimmer* Rn 52; aA *Wessel* BB 1989, 1625 (1626); iE ähnlich *Scherer* DB 1996, 2321 (2325), die eine sehr enge Auslegung des Tatbestandmerkmals Firmenfortführung und damit aber eine Aufgabe der ständigen BGH-Rechtsprechung fordert.

§ 25   1. Buch. Handelsstand

Rn 3 einerseits sowie o. Rn 22–31 andererseits) erfordern insoweit eine eigenständige Auslegung. Hier reicht es deshalb aus, dass der Verkehr in der Firma des Erwerbers die Firma des bisherigen Inhabers (wieder-)erkennt (Rn 71). Zudem ist eine weite, über § 22 hinausgehende Auslegung des Begriffs der Firmenfortführung vorliegend auch insofern unschädlich, als die Beteiligten, wenn sie die Erwerberhaftung ausschließen wollen, auf dem in § 25 Abs. 2 vorgezeichneten Weg für klare Verhältnisse sorgen können. Nach der Rechtsprechung des BGH ist entscheidend, ob der prägende Teil der bisherigen Firma in der neuen Firma beibehalten wird, so dass sich die prägenden Teile beider Firmen nach ihrem Klangbild gleichen[184] und deswegen die mit dem erworbenen Unternehmen in Verbindung stehenden Verkehrskreise die neue Firma mit der bisherigen Firma identifizieren.[185] Bei Personenfirmen und Personenmischfirmen wird dabei der Beibehaltung des Familiennamens von der Rechtsprechung besonders prägende Bedeutung zugemessen, so dass derjenige, der eine Haftung nach § 25 von vornherein vermeiden will, tunlichst auf die Fortführung eines Familiennamens verzichten sollte. Das Weglassen des Vornamens[186] oder eines Sachbestandteils[187] reicht zur Vermeidung der Haftung jedenfalls nicht aus, ebenso wenig die Änderung[188] oder Hinzufügung[189] eines Sachbestandteils, wenn das Unternehmen nach der Auffassung der maßgeblichen Verkehrskreise auch schon zuvor in dem betreffenden Geschäftszweig tätig war. In solchen Fällen geht die Rechtsprechung teilweise sehr weit bei der Annahme der Firmenkontinuität, ebenso bei einer Fortführung ungewöhnlicher Phantasiebezeichnungen[190]. Umgekehrt ist sie oft (allzu) eng, wenn der Familienname weggelassen wird[191] oder in eine Firmenabkürzung umgewandelt wird[192]. Freilich ist die Rechtsprechung längst nicht immer einheitlich, ältere Entscheidungen sind manchmal überholt[193].

73   e) **Einzelfälle zur Firmenkontinuität.** Eine **Firmenfortführung** i.S.d. § 25 wurde **bejaht**: „Aluminolwerk C. Sch." wird zu „Aluminolwerk Sch. & Co.";[194] „Autohaus A. R. Berggarage" wird zu „Berggarage R. Nachfolger A. A.";[195] „Die Villa, Elegante Inneneinrichtungen GmbH" wird zu „Die Villa, Ba. B. Inneneinrichtungen";[196] „Druckerei H-St" wird zu „Druckerei H-St, Inhaber W-F";[197] „Elektro S-Alfred S." wird zu „Elektro-S-GmbH";[198] „EWG-Versandschlachterei Josef B, G" wird zu „Josef B – GmbH";[199] „Franz K. Maschinenfabrik GmbH & Co KG" in „Franz K. Agrartechnik";[200] „Franz v. A." wird zu „v. A. – GmbH & Co. Gaststättenbetriebs- und Vertriebs-KG";[201] „G.

---

[184] BGH NJW 1982, 557 (558); BFH BB 1986, 866.
[185] BGHZ 146, 374 f = NJW 2001, 1352; BGH NJW-RR 2004, 1173 = DB 2004, 1204 (1205). Vgl. auch BGH DB 2006, 444 f.
[186] BGH NJW 1986, 581 (582); OLG Bremen NJW-RR 1989, 423 (424); OLG Saarbrücken BB 1964, 1195 (1196).
[187] BGH NJW 1983, 2448.
[188] BGH NJW-RR 2004, 1173 = DB 2004, 1204 f; OLG Hamm ZIP 1998, 2092 (2094).
[189] BGH NJW 1982, 577 (578); OLG Bremen NJW-RR 1989, 423 (424); OLG Stuttgart NJW-RR 1989, 424.
[190] LG Berlin ZIP 1993, 1478 (1479).
[191] OLG Stuttgart BB 1969 Beil. 10, 16; OLG Köln MDR 1994, 133 mit abl. Anm. K. *Schmidt*; BAG NJW 1955, 1413 f; anders allerdings LG Stuttgart Beschl. v. 22.7.1988 – 4 KfH T 11/88 (unveröffentlicht).
[192] RGZ 145, 278; OLG Köln DB 2007, 165.
[193] So etwa RGZ 133, 318 (326), wonach das Weglassen des Zusatzes „& Sohn" der Firmenkontinuität entgegenstehen soll, s. dazu Ebenroth/Boujong/Joost/Strohn/*Zimmer* Rn 56.
[194] RGZ 113, 308 f.
[195] OLG Saarbrücken BB 1964, 1195 (1196).
[196] OLG Düsseldorf NZG 2005, 176.
[197] BGH NJW 1984, 1186.
[198] BGH NJW 1986, 581.
[199] BGH NJW 1983, 2448.
[200] OLG Hamm ZIP 1998, 2092 (2094).
[201] BGH NJW 1982, 577 f.

Informations…gesellschaft" wird zu „G. Info Z";²⁰² „Hans Christian M-GmbH & Co. KG" wird zu „D. C. M Innenausbau GmbH";²⁰³ „Heinz W. – Fleischwarenfabrik" wird zu „Heinz W. – Fleischwarenfabrik GmbH";²⁰⁴ „Kfz-Küpper, Internationale Transporte, Handel mit Kfz-Teilen und Zubehör aller Art" wird zu „Kfz-Küpper Transport und Logistik GmbH";²⁰⁵ „Max S. KG" wird zu „Max S. Inh. Fritz M.";²⁰⁶ „M-GmbH" wird zu „M-Textilhandelsgesellschaft mbH";²⁰⁷ „Tankstelle L-GmbH" wird zu „Freie Tankstelle, Inhaberin P L";²⁰⁸ „T. K. (Phantasiename) R. R. S. (Personenname)" wird zu „T. K. (Phantasiename) D. und C. (Familienname) GmbH";²⁰⁹ „Top-Fit Sport-Fitness-Center A. B." wird zu „Top-Fit Sport-Fitness-Center C. D.";²¹⁰ „W. & P. PC69 Musikbetrieb GmbH & Co KG" wird zu „PC69 Diskothek e. K. Inhaberin P. M.";²¹¹ „Zentrie Internationale Möbelhandelsgesellschaft mbH" wird zu „Zentrie Handels- und Service GmbH".²¹²

Dagegen wurde eine **Firmenfortführung** i.S.d. § 25 **verneint**: „A. K., Baumaschinen, Import und Export" wird zu „K. Baumaschinen-GmbH";²¹³ „Bankhaus E. & Co." wird zu „Bankhaus F. & Co., vormals E.";²¹⁴ „Eugen Mutz & Co." wird zu „Eumuco AG";²¹⁵ „F-Fleisch GmbH" wird zu „F & Sohn GmbH";²¹⁶ „G. R. & Sohn" wird zu „G. R.";²¹⁷ „Gewebe- und Teppich-Import A. B." wird zu „GuTI-GmbH";²¹⁸ „I. Werk O., Ing. W. Sch." wird zu „I Werk O. GmbH";²¹⁹ „Kurier Team X-Stadt, Eigenname" wird zu „Kurier Team X-Stadt";²²⁰ „Revisions- und Treuhandgesellschaft mbH G, M. und Partner, Wirtschaftsprüfungsgesellschaft, Steuerberatungsgesellschaft" wird zu „GMP GmbH Steuerberatungsgesellschaft Treuhandgesellschaft";²²¹ „Schaumstoffverarbeitung Betty M." wird zu „A., Schaumstoffverarbeitung Bernd M e. K.";²²² „X Fotographische Geräte Karl Meier" wird zu „X Fotographische Geräte GmbH & Co. KG".²²³

74

---

²⁰² OLGR Frankfurt 2001, 67.
²⁰³ OLG Bremen NJW-RR 1989, 423 f.
²⁰⁴ BGH WM 1982, 555; vgl. auch RGZ 131, 27.
²⁰⁵ BGH NJW-RR 2004, 1173.
²⁰⁶ BGH WM 1959, 560; vgl. auch RGZ 104, 342.
²⁰⁷ OLG Stuttgart NJW-RR 1989, 424.
²⁰⁸ OLG Köln DB 2007, 165.
²⁰⁹ VG München Beschluss v. 11.8.2005, M 10 S 05.2506.
²¹⁰ LG Stuttgart Beschluss 22.7.1988 – 4 KfH T 11/88 (unveröffentlicht).
²¹¹ BGH NJW 2006, 1002.
²¹² LG Berlin ZIP 1993, 1479.
²¹³ OLG Frankfurt NJW 1980, 1397, mit der Begründung der Zusatz „Export Import" trage wesentlich zur Individualisierung bei. Das ist – auch angesichts der übrigen Rechtsprechung – nicht haltbar, ebenso Ebenroth/Boujong/Joost/Strohn/*Zimmer* Rn 56.
²¹⁴ BGH WM 1964, 296 – kaum haltbar, weil es unerheblich ist, ob der Nachfolgezusatz nach- oder vorangestellt wird, wie hier Staub/*Hüffer* 4. Aufl. Rn 49; MünchKomm-HGB/*Lieb* Rn 65; zust. aber Ebenroth/Boujong/Joost/Strohn/*Zimmer* Rn 54.
²¹⁵ RGZ 145, 278.
²¹⁶ BGH NJW 1987, 1633; die Entscheidung ist allerdings von der oben (bei Fn 181) besprochenen Besonderheit geprägt. Sieht man hiervon ab und geht man weiter davon aus, dass „F" den gleichen Familiennamen bezeichnet, dann ist dieser Entscheidung nicht zu folgen; denn entgegen der Ansicht von Ebenroth/Boujong/Joost/Strohn/*Zimmer* Rn 56 a.E., kann der Verkehr in diesem Fall nicht den Eindruck gewinnen, die „F & Sohn GmbH" würde sich mit etwas anderem als Fleischhandel befassen, weil die Gesellschaft in eben diesem Geschäftszweig tatsächlich tätig war.
²¹⁷ RGZ 133, 325; zweifelhaft, so auch GKzHGB/*Steitz* Rn 10.
²¹⁸ OLG Bremen NJW 1963, 111.
²¹⁹ BAG NJW 1955, 1413 f = AP BGB § 613 Nr. 1.
²²⁰ MDR 1994, 133 mit abl. Anm. *K. Schmidt* = WuB IV D § 25 HGB mit Anm. *Wilhelm*.
²²¹ OLG Köln DB 2007, 165.
²²² OLG Düsseldorf DB 2007, 2141.
²²³ OLG Stuttgart BB 1969 Beil. 10, 16.

II. Rechtsfolgen der Erwerberhaftung

1. Gesetzlicher Schuldbeitritt oder gesetzliche Vertragsüberleitung

75 a) **Gesetzliche Ausgangslage.** Rechtsfolge von § 25 Abs. 1 S. 1 ist nach dem Wortlaut des Gesetzes eine kumulative Schuldübernahme: Der Erwerber „*haftet für alle im Betriebe des Geschäfts begründeten Verbindlichkeiten des früheren Inhabers*". Die Haftung des früheren Inhabers bleibt hiervon im Ausgangspunkt unberührt. § 26 ordnet allerdings unter den dort genannten Voraussetzungen eine Enthaftung des früheren Inhabers an. Mit dem Schicksal der im Betrieb begründeten Forderungen befasst sich § 25 Abs. 1 S. 2.

76 b) **Meinungsstand.** Nach **traditioneller Lehre** hat es bei diesem gesetzlichen **Schuldbeitritt** sein Bewenden.[224] Eine im **Vordringen befindliche Meinung** sieht hingegen eine gesetzliche **Vertragsüberleitung** als Rechtsfolge des § 25 Abs. 1 S. 1 an. Danach soll der Erwerber in die Rechtsstellung des Veräußerers eintreten, der freilich in den Grenzen des § 26 weiterhin neben dem Erwerber für die Verbindlichkeiten haftet.[225] Aus Sicht von *Karsten Schmidt* ist dies Konsequenz seiner Kontinuitätslehre.[226] Andere Autoren, namentlich *Manfred Lieb*, stützen sich einerseits auf Praktikabilitätserwägungen, insbes. im Blick auf Dauerschuldverhältnisse, andererseits auf die Enthaftungsnorm des § 26, die zur Konsequenz habe, dass der Gläubiger seinen Vertragspartner verliere.[227] Zugleich ist diese Auffassung Ausdruck des in Rn 19 beschriebenen dogmatischen Verständnisses von § 25. Die **Rechtsprechung** hat sich bisher noch nicht abschließend mit dieser Kontroverse auseinandergesetzt, steht aber wohl auf dem Standpunkt der traditionellen Lehre,[228] wenngleich sich das Ergebnis einer Entscheidung aus dem Jahr 1996[229] besser mit der neueren Ansicht begründen lässt[230].

77 c) **Stellungnahme.** Die neuere Lehre ist abzulehnen. Sie widerspricht dem Sinn und Zweck von § 25 Abs. 1 S. 1 sowie der Konzeption des Gesetzes. Sinn und Zweck von § 25 Abs. 1 S. 1 ist die Schaffung von Rechtssicherheit im Interesse der Altgläubiger (näher Rn 22 ff), nicht die Erleichterung von Unternehmensübernahmen[231]. Dem erstrebten Schutz der Altgläubiger widerspräche es, wenn ihnen ohne ihre Zustimmung kraft Gesetzes ein anderer Vertragspartner aufgedrängt würde (s. auch Rn 79). Zwar sollen

---

[224] Ebenroth/Boujong/Joost/Strohn/*Zimmer* Rn 61; Baumbach/*Hopt* Rn 10; Koller/*Roth*/Morck Rn 7; GKzHGB/*Steitz* Rn 20; *Fenyves* Erbenhaftung und Dauerschuldverhältnis, 1982, S. 60 f; *Nitsche* ÖZW 1976, 40 (45 f); *Habersack* JuS 1989, 738 (743); *Zöllner* ZGR 1983, 82 (89); *Commandeur* S. 151 f; *Pahl* Haftungsrechtliche Folgen versäumter Handelsregistereintragung und Bekanntmachung, S. 219; Heymann/*Emmerich* Rn 42; Straube/*Schumacher* Rn 28; Staub/*Hüffer* 4. Aufl. Rn 50, 95 mwN.

[225] MünchKommHGB/*Lieb* Rn 83 f; *Börner* FS Möhring, 1975, S. 45 ff; *Waskönig* S. 118 f; der ebenso wie *Krejci* ÖJZ 1975, 449 (459), die Vertragsübernahme zwar an die Zustimmung des Veräußerers zur Firmenfortführung knüpft, für eine konkludente Zustimmung jedoch Duldung der Firmenfortführung durch vorsätzliches oder fahrlässiges Nichteinschreiten ausreichen lässt. Ferner *Johannes W. Flume* Vermögenstransfer und Haftung, 2008, S. 133, aufgrund seines Konzepts einer partiellen Universalsukzession.

[226] Vgl. *K. Schmidt* Handelsrecht § 8 I 4 und 6 (für „echten Forderungsübergang" bei fortbestehender Haftung des Altunternehmers).

[227] Eingehend MünchKommHGB/*Lieb* Rn 80 ff.

[228] Vgl. BGH WM 1990, 1573; BGH NJW 2001, 2251.

[229] BGH NJW 1996, 2866.

[230] S. MünchKommHGB/*Lieb* Rn 89h–89k.

[231] Das aber bezweckt MünchKommHGB/*Lieb* Rn 83.

sich die Gläubiger dagegen durch Widerspruch verwahren können. Diesen müssten sie jedoch analog § 613a Abs. 6 BGB binnen angemessener Frist erheben.[232] Zudem ist ein gesetzlicher Vertragsübergang ein Eingriff in die Vertragsfreiheit,[233] der durch das erwähnte Widerspruchsrecht zwar abgemildert, infolge der Fristgebundenheit des Widerspruchsrechts aber nicht aufgehoben wird. Das Gesetz sieht einen Vertragsübergang daher nur ausnahmsweise in besonderen Interessenkonstellationen vor, vgl. insbes. §§ 563 ff, 578 f, 593a, 613a, 651b, 1251 Abs. 2 BGB, §§ 95 ff, 122 VVG. Die Rechtsfolge von § 25 Abs. 1 S. 1 ginge damit zugleich darüber hinaus, was die Vertragsparteien ohne Zustimmung des jeweiligen Gläubigers vereinbaren können. Auch das widerspricht der Konzeption des Gesetzes. Weder in der Entstehungsgeschichte noch im Wortlaut, dem – recht verstandenen – Telos oder der Systematik von § 25 Abs. 1 finden sich Anhaltspunkte für eine gesetzliche Vertragsüberleitung. Vielmehr unterscheidet die Vorschrift genau zwischen der Behandlung von Verbindlichkeiten (S. 1) und Forderungen (S. 2). Schließlich ist zu bemerken, dass einem – keineswegs stets bestehenden – Interesse der Beteiligten an einer Vertragsübernahme mit herkömmlichen rechtsgeschäftlichen Mitteln hinreichend Rechnung getragen werden kann (s. Rn 90).

78 Vor dem Hintergrund der Neuregelung des § 26 Abs. 1 S. 1 bedarf allerdings auch die traditionelle Lehre einer kumulativen Schuldübernahme der Modifikation. Nach § 26 Abs. 1 S. 1 ist nämlich Folge der Erwerberhaftung nach § 25 Abs. 1 S. 1, Abs. 3 nicht nur eine zeitlich aufgeschobene Enthaftung des bisherigen Inhabers. Für Verbindlichkeiten, die erst nach Ablauf von fünf Jahren fällig werden, ist die Enthaftung vielmehr unmittelbare Folge der Erwerberhaftung (näher § 26 Rn 43). Das führt dazu, dass der Gläubiger bei solchen langfristigen Verbindlichkeiten keine *„fünf Jahre Zeit hat, sich auf den Verlust des Vertragspartners einzustellen"*[234]. Vielmehr hat er kraft Gesetzes bei Verbindlichkeiten, die erst nach Ablauf von fünf Jahren fällig werden (z.B. Anspruch auf Rückzahlung eines langfristigen Darlehens[235]) und die er auch nicht vorher fällig stellen kann (z.B. durch außerordentliche Kündigung), von vornherein nur noch einen Schuldner, nämlich den Erwerber. Von einer *kumulativen* Schuldübernahme kann in diesen Fällen mithin keine Rede sein. Und auch bei Verbindlichkeiten, die innerhalb von fünf Jahren fällig werden, endet die Haftung des bisherigen Inhabers mit Ablauf dieser Frist. Rechtsfolge von § 25 Abs. 1 S. 1 und Abs. 3 i.V.m. § 26 ist mithin eine kraft Gesetzes (früher oder später) eintretende Auswechselung des Schuldners.

79 Dieser Schuldnerwechsel wäre nicht nur mit elementaren Prinzipien des Privatrechts unvereinbar und geradezu verfassungsrechtlich bedenklich,[236] sondern widerspräche auch dem von § 25 Abs. 1 S. 1, Abs. 3 erstrebten Schutz der Altgläubiger, wenn diese keine Möglichkeit hätten, den Schuldnerwechsel zu verhindern. Soweit Verbindlichkeiten innerhalb von fünf Jahren fällig werden, ist ihnen dies gem. § 26 Abs. 1 S. 1 insbes. durch gerichtliche Geltendmachung ihrer Ansprüche möglich (näher § 26 Rn 23 ff). Das Problem konzentriert sich mithin auf Verbindlichkeiten aus langfristigen Verträgen, die erst nach Ablauf von fünf Jahren fällig werden. Im Blick auf solche langfristigen Verbindlichkeiten ist es schon aus den vorgenannten prinzipiellen Erwägungen nicht genügend, den Gläubiger auf die Möglichkeit eines vertraglichen oder gesetzlichen Kündigungsrechts (etwa wegen Bonitätsverschlechterung des Schuldners, vgl. § 490 Abs. 1 BGB)

---

[232] Vgl. MünchKommHGB/*Lieb* Rn 85.
[233] Eindringlich *Beuthien* NJW 1993, 1737 (1738).
[234] So aber Ebenroth/Boujong/Joost/Strohn/*Zimmer* Rn 60.
[235] Eindringlich zu problematischen Fallgestaltungen *Canaris* FS Odersky, 1996, S. 753 ff.
[236] *Canaris* FS Odersky, 1996, S. 753 (757 f, 768 f); *ders.* Handelsrecht § 7 Rn 44 ff.

oder auf einvernehmliche Lösungsmöglichkeiten zu verweisen. Zudem ist die Langfristigkeit des Vertrages zumeist Ausdruck einer bestimmten Geschäftserwartung des Gläubigers, die durch dessen Beendigung enttäuscht würde.[237] Daher muss dem Gläubiger ein eigenes Recht zustehen, die drohende Auswechslung seines Schuldners zu verhindern.

80 *Canaris* will deswegen den Gläubigern die Möglichkeit einräumen, auf den Schutz des § 25 Abs. 1 S. 1 zu verzichten. Der Verzicht sei unverzüglich nach Kenntnis des Inhaberwechsels dem Erwerber oder dem Veräußerer gegenüber zu erklären, könne aber widerrufen werden, bis sich der Erklärungsadressat mit dem Verzicht einverstanden erklärt habe.[238] Das weist in die richtige Richtung, ist aber weder genügend noch schlüssig. Wenn nämlich das Einverständnis des Erklärungsadressaten erforderlich wäre, würde sich die Rechtsstellung des Gläubigers nicht verbessern; denn durch Vereinbarung mit dem Veräußerer ist § 26 ohnehin abdingbar (s. § 26 Rn 35 f), und zwar ohne dass eine solche Vereinbarung unverzüglich geschlossen werden muss. Interpretiert man den Verzicht dagegen als Erlassvertrag i.S.d. § 397 Abs. 1 BGB, könnte dieser nur mit dem Erwerber abgeschlossen werden, um dessen Haftung auszuschließen. Schließlich passt das Erfordernis eines Einverständnisses nicht zu der von *Canaris* bemühten Parallele zu anderen Schutzvorschriften; denn sowohl im Falle des § 407 BGB als auch im Falle des § 613a Abs. 6 BGB ist der Betreffende nicht auf das Einverständnis des anderen Teils angewiesen, um auf seinen Schutz zu „verzichten". Vorzugswürdig ist daher § 333 BGB analog heranzuziehen. Das ist wie folgt zu begründen:

81 Die Regelung des § 26 Abs. 1 S. 1 knüpft an die Erwerberhaftung gem. § 25 Abs. 1 S. 1, Abs. 3 an. Sie greift mithin dann nicht ein, wenn keine Erwerberhaftung besteht. Würde die Erwerberhaftung auf einem zwischen dem bisherigen Inhaber und dem Erwerber rechtsgeschäftlich vereinbarten Schuldbeitritt beruhen – was der von Gesetzes wegen geschützten Verkehrserwartung entspricht (Rn 29) – dann handelte es sich um einen berechtigenden Vertrag zugunsten Dritter (§ 328 Abs. 1 BGB),[239] nämlich des Gläubigers. Für einen solchen rechtsgeschäftlichen Schuldbeitritt bedarf es zwar keiner Zustimmung des Gläubigers, weil sich dessen Rechtsstellung – anders als bei einer Schuldübernahme i.S.d. § 414 BGB – nur verbessert. Der Gläubiger kann aber das aus dem Schuldbeitritt folgende Forderungsrecht dem Erwerber gegenüber gem. **§ 333 BGB** zurückweisen, weil niemand zu einem endgültigen Rechtserwerb gegen seinen Willen gezwungen werden soll[240]. Folge der Zurückweisung ist, dass das Forderungsrecht als nicht erworben gilt.[241] Und eben diese Möglichkeit ist ihm auch im Rahmen des § 25 Abs. 1 S. 1, Abs. 3 zu gewähren.

82 Macht der Gläubiger von seinem Zurückweisungsrecht gem. § 333 BGB analog Gebrauch, kommt die Erwerberhaftung mithin nicht zum Zuge. Zugleich scheidet damit eine Enthaftung des bisherigen Inhabers gem. § 26 aus, so dass der Gläubiger auf diese Weise einen Schuldnerwechsel vermeiden kann. Die gegen § 26 berechtigterweise vorgetragenen Bedenken sind damit gegenstandslos. Das Zurückweisungsrecht besteht hinsichtlich jeder Forderung gesondert, für die der Erwerber haftet. Zu weiteren Einzelheiten des Zurückweisungsrechts s. § 26 Rn 37 ff.

---

[237] Näher hierzu *Canaris* FS Odersky, 1996, S. 753 (774 f).
[238] *Canaris* Handelsrecht § 7 Rn 53.
[239] BGHZ 72, 246 (250). Die Zweifelsregelung des § 329 BGB (BGH WM 1975, 916) greift hier angesichts der Interessenlage und der gesetzlichen Regelung des § 25 nicht ein.
[240] MünchKommBGB/*Gottwald* § 333 Rn 1; Staudinger/*Jagmann* § 333 Rn 2.
[241] Allg. M. MünchKommBGB/*Möschel* Vor § 414 Rn 12; Palandt/*Heinrichs* Vor § 414 Rn 2; Erman/*Röthel* Vor § 414 Rn 13 mwN.

2. Inhalt und Umfang der Erwerberhaftung

a) Allgemeines. Der Erwerber haftet mit seinem ganzen Vermögen[242]. Seine Haftung **83** ist also weder gegenständlich noch summenmäßig (etwa dem Wert nach auf das Handelsgeschäft) beschränkt.[243] Die Gläubiger erhalten vielmehr einen neuen Schuldner. Die Schuld des Erwerbers hat grundsätzlich den gleichen Inhalt und die gleiche Beschaffenheit wie die Schuld des bisherigen Inhabers (näher u. Rn 97).[244] Eine begonnene Verjährung beispielsweise läuft daher zugunsten beider Schuldner.[245] Wenn eine OHG oder KG das Unternehmen erwirbt, erstreckt sich die Gesellschafterhaftung (§§ 128 ff, 161 Abs. 2, 171 ff) auch auf die aus § 25 folgende Gesellschaftsschuld.[246]

b) Geschäftsverbindlichkeiten des früheren Inhabers. Die Haftung des Erwerbers um- **84** fasst alle im Betrieb des Geschäfts begründeten Verbindlichkeiten. Damit grenzt das Gesetz die Erwerberhaftung nach § 25 Abs. 1 S. 1 doppelt ab: Es muss sich um eine Geschäftsverbindlichkeit handeln, und sie muss im Zeitpunkt des Inhaberwechsels bereits begründet sein. Wegen der später, nämlich vom Erwerber selbst eingegangenen Schulden vgl. unten Rn 101.

aa) Geschäftsverbindlichkeiten. Dazu gehören alle Verbindlichkeiten, die sich nicht **85** aus den privaten Beziehungen des Veräußerers ergeben, sondern mit dem Betrieb des Geschäfts derart in innerem Zusammenhang stehen, dass sie als seine natürliche Folge erscheinen.[247] Ob eine Privat- oder Geschäftsverbindlichkeit vorliegt, richtet sich nach §§ 343, 344.[248] Bei dem Betrieb mehrerer Unternehmen durch den Veräußerer kann die Vermutung des § 344 allerdings nur weiterhelfen, wenn feststeht, dass die Verbindlichkeit zu dem veräußerten Unternehmen gehört.[249] Unerheblich ist, ob sich die Verbindlichkeit aus der Bilanz, Buchführung oder Korrespondenz des Veräußerers ergibt oder ob sie dem Erwerber oder wenigstens dem Veräußerer überhaupt bekannt ist.[250] Grundsätzlich (Ausnahme Rn 86) unerheblich ist ferner, auf welchem Rechtsgrund die Verbindlichkeiten beruhen (etwa Vertrag, ungerechtfertigte Bereicherung,[251] unerlaubte Handlung,[252] Wettbewerbsverbot,[253] für weitere Einzelfälle Rn 87),[254] ebenso ob ihnen eine Gegenleistungspflicht[255] gegenübersteht oder nicht, folglich grundsätzlich (s. aber Rn 96) auch, ob eine Gegenleistung dem Erwerber zufließt oder dem Veräußerer verbleibt[256].

Streitig ist, ob §§ 25, 26, 28 auch für **Verbindlichkeiten aus bestehenden Arbeitsver- 86 hältnissen** gelten, oder ob diese Vorschriften von § 613a BGB verdrängt werden. Die Frage spielt insbes. im Blick auf die Enthaftung des Veräußerers eine Rolle (§ 26 vs. § 613a Abs. 2 BGB), ist jedoch bereits hier zu entscheiden. Das BAG hat die Anwendbarkeit von § 28 bejaht.²⁵⁷ Dem hat sich die herrschende Lehre auch im Blick auf §§ 25, 26 angeschlossen.²⁵⁸ *Lieb* hält die Entscheidung dagegen für unvertretbar.²⁵⁹ Dem ist zuzustimmen; denn § 613a BGB ist ersichtlich aufgrund der Entstehungsgeschichte, des Anwendungsbereichs und des Inhalts der Norm eine abschließende Spezialvorschrift. Ob der Erwerber Kaufmann ist (vgl. Rn 36) oder nicht, wäre zudem kein nachvollziehbarer Differenzierungsgrund für eine Ungleichbehandlung von Arbeitnehmern im Blick auf die Haftung des Veräußerers. Für Verbindlichkeiten aus bestehenden Arbeitsverhältnissen richtet sich die Haftung des Erwerbers und des Veräußerers daher ausschließlich nach § 613a BGB. Danach rückt der Erwerber kraft Gesetzes und (vorbehaltlich eines Widerspruchs der betroffenen Arbeitnehmer gem. § 613a Abs. 6 BGB) zwingend in die Arbeitgeberstellung ein, während der Veräußerer ebenfalls kraft Gesetzes mit sofortiger Wirkung seine Arbeitgeberstellung verliert und zugleich – abseits des schmalen Bereichs von § 613a Abs. 2 BGB – enthaftet wird. Anwendbar bleiben hingegen §§ 25, 26, 28 hinsichtlich von arbeitsrechtlichen Verbindlichkeiten, die nicht von § 613a BGB erfasst werden, wie insbes. **Verbindlichkeiten aus bereits bestehenden Ruhestandsverhältnissen**²⁶⁰.

87 **Einzelfälle:** Als Geschäftsverbindlichkeiten wurden etwa qualifiziert **Prozesskosten**, wenn sich der Rechtsstreit auf eine Geschäftsschuld bezieht, und zwar auch dann, wenn das Urteil erst nach dem Inhaberwechsel Rechtskraft erlangt;²⁶¹ **Verbindlichkeiten, die zwecks Gründung** des Unternehmens eingegangen werden,²⁶² nicht jedoch vor Geschäftsgründung begründete Privatverbindlichkeiten²⁶³; Ansprüche von Arbeitnehmern wegen Fürsorgepflichtverletzungen;²⁶⁴ Abfindungsansprüche eines ausgeschiedenen Gesellschafters;²⁶⁵ Schadensersatzansprüche wegen Nichterfüllung;²⁶⁶ delikts- und bereicherungsrechtliche Ansprüche, die ihren Grund im Geschäftsbetrieb haben;²⁶⁷ Schulden aus einer betrieblich begründeten Schuldübernahme;²⁶⁸ sowie aus Wechseln bzw. Wechselprozessen;²⁶⁹ Vermieteransprüche;²⁷⁰ Verbindlichkeiten gegenüber Rechtsanwälten und Steuerberatern etwa wegen Anfertigung des Jahresabschlusses oder der Steuererklärung;²⁷¹ Verpflichtungen aus Vertragsstrafen, selbst bei Fälligkeit erst nach Geschäftsübergang;²⁷² Ansprüche aus Wettbewerbsverboten oder Abgrenzungsvereinbarungen;²⁷³ Verpflichtun-

---

²⁵⁷ BAG ZIP 1990, 939 (942 f) = EzA zu § 28 HGB Nr. 1 mit abl. Anm. *Lieb*.
²⁵⁸ Ebenroth/Boujong/Joost/Strohn/*Zimmer* Rn 66; Staub/*Hüffer* 4. Aufl. Rn 56; Soergel/*Raab* § 613a BGB Rn 166, 199; MünchHdbArbR/*Wank* § 123 Rn 31; MünchKommBGB/*Müller-Glöge* § 613a BGB Rn 171; *Gaul* Betriebs- und Unternehmensspaltung, § 14 Rn 39 und 81; Erman/*Edenfeld* BGB § 613a Rn 68.
²⁵⁹ MünchKommHGB/*Lieb* Rn 93, § 26 Rn 7 f; ebenso Ebenroth/Boujong/Joost/Strohn/*Hillmann* § 26 Rn 7; Baumbach/*Hopt* § 26 Rn 3; Röhricht/v. Westphalen/*Ammon/Ries* § 26 Rn 22.
²⁶⁰ BAG AP § 26 Nr. 1 (Bl. 4); BGB § 613a Nr. 6; Ebenroth/Boujong/Joost/Strohn/*Zimmer* Rn 66; MünchKommHGB/*Lieb* Rn 93, 128, § 26 Rn 9; ders. ZGR 1985, 124 f; *Ulmer* BB 1983, 1865 (1869); Baumbach/*Hopt* § 26 Rn 3.
²⁶¹ RGZ 149, 28
²⁶² RG Recht 1921, Nr. 2633
²⁶³ BGH WM 1979, 577.
²⁶⁴ RGZ 15, 51 (54).
²⁶⁵ RGZ 154, 334 (336).
²⁶⁶ BGH NJW 1972, 1466 (1467).
²⁶⁷ Denkschrift zum Entwurf eines Handelsgesetzbuchs, Reichstag, 9. Legislatur-Periode, IV. Session 1895/97, S. 36 f = *Schubert/Schmiedel/Krampe* Quellen zum Handelsgesetzbuch von 1897, Bd. 2. 2. Hb. 1988, S. 979; RGZ 93, 227, 229 f; RGZ 154, (336); BGH LM Nr. 1 zu § 25 HGB = BB 1953, 1025.
²⁶⁸ *K. Schmidt* Handelsrecht § 8 II 2a; *Straube/Schumacher* § 25 Rn 12; Heymann/*Emmerich* Rn 29.
²⁶⁹ RGZ 143, 154 (155 f).
²⁷⁰ BGH NJW 1982, 577 (578).
²⁷¹ OGH SZ Bd. 37 (1964) Nr. 106, S. 309 (312).
²⁷² OLG Stuttgart Recht 1918 Nr. 1705.
²⁷³ RGZ 58, 21 (23); RGZ 96, 171 (173); RG SeuffArch Bd. 76, (1921) Nr. 94, S. 152.

gen aufgrund von Kartellverträgen oder Vertriebsbindungen[274]; ferner ein strafbewehrter Unterlassungsanspruch[275]. Wegen betriebsbezogener Steuern vgl. unten Rn 150 f.

bb) **Bestehen zum Zeitpunkt des Inhaberwechsels**

α) **Allgemeines.** Die Geschäftsverbindlichkeit muss zum Zeitpunkt des Inhaberwechsels entstanden sein (Rn 84). Maßgeblicher Zeitpunkt ist grundsätzlich der Vertragsschluss.[276] Ausreichend und erforderlich ist, dass der maßgebliche **Rechtsgrund** der Verpflichtung zu diesem Zeitpunkt gelegt ist, also der Vertrag geschlossen, die unerlaubte Handlung begangen, die Klage erhoben ist. Auf die **Fälligkeit** kommt es nicht an. Die Altverbindlichkeit kann auch bedingt oder betagt sein.[277] Werden Ansprüche allerdings erst durch Handlungen eines Vertragspartners (z.B. Benutzungshandlungen bei Lizenzverträgen oder Vertragsverletzungen nach Beendigung des Mietverhältnisses) begründet, kommt es auf den Zeitpunkt der Handlung an.[278]

β) **Dauerschuldverhältnisse.** Schwierigkeiten bereitet in diesem Zusammenhang die Behandlung von Dauerschuldverhältnissen (s. auch Rn 118). Im Ausgangspunkt maßgeblich ist insofern ebenfalls der Zeitpunkt des Vertragsschlusses, so dass auch nach dem Inhaberwechsel fällig werdende Forderungen als Altverbindlichkeiten anzusehen sind, für die neben dem bisherigen Inhaber der Erwerber haftet.[279] Von diesem Ausgangspunkt aus ist zu unterscheiden:

Sofern kein Fall eines gesetzlichen Vertragsübergangs (§§ 566, 578 f, 613a BGB, §§ 95 ff, 122 VVG) vorliegt, können die Beteiligten auf rechtsgeschäftlichem Wege eine **Vertragsübernahme** vereinbaren, so dass der Erwerber anstelle des bisherigen Inhabers Vertragspartner des Gläubigers wird. Erforderlich ist hierfür entweder eine dreiseitige Vereinbarung zwischen dem Erwerber, dem bisherigen Inhaber und dem Gläubiger oder – was vorliegend häufiger sein dürfte – eine zweiseitige Vereinbarung zwischen dem Erwerber und dem bisherigen Inhaber unter Zustimmung des Gläubigers.[280] Die erforderlichen Erklärungen können, wenn die Vertragsübernahme formfrei ist,[281] nach allgemeinen Regeln auch konkludent, also durch schlüssiges Verhalten erfolgen. Dafür reicht auf Seiten des bisherigen Inhabers und des Erwerbers aus, dass der Erwerber unter Billigung oder zumindest Duldung des bisherigen Inhabers in die Rechte und Pflichten aus dem Dauerschuldverhältnis eintritt, also z.B. die von dem bisherigen Inhaber gemieteten Geschäftsräume bezieht und den Mietzins begleicht. Umgekehrt ist auf Seiten des Gläubigers ein Verhalten erforderlich, das den Schluss zulässt, dass er den Erwerber unter Ausschluss des bisherigen Inhabers als neuen Vertragspartner akzeptiert. Das ist dann anzunehmen, wenn er den Vertrag mit dem Erwerber in jeder Hinsicht durchführt, also z.B. nicht nur die Mietzinszahlungen von dem Erwerber entgegennimmt, sondern auch dul-

---

[274] RGZ 76, 7 (10 f).
[275] OLG Hamm NJW-RR 1995, 608 (609); BGH NJW 1996, 2866 (2867); Anm. K. *Schmidt* JuS 1997, 565 f.
[276] Ebenroth/Boujong/Joost/Strohn/*Zimmer* Rn 64 zu § 128: RGZ 86, 60 (61); RGZ 140, 10 (12); BAG NJW 1978, 391; BAG NJW 1983, 2283; Staub/*Hüffer* 4. Aufl. Rn 57; Schlegelberger/*K. Schmidt* § 128 Rn 51.
[277] BGH NJW 1990, 1251 (1253).
[278] BGH NJW 1990, 1251 (1253); BGH NJW 2001, 2251 (2253).
[279] BGH NJW-RR 1990, 1251 (1253); Ebenroth/Boujong/Joost/Strohn/*Zimmer* Rn 64; MünchKommHGB/*Lieb* Rn 89e ff.
[280] St. Rspr. BGHZ 142, 23 (30); 137, 255 (259); 96, 302 (308).
[281] Näher dazu etwa Erman/*Röthel* Vor § 414 Rn 7; Palandt/*Grüneberg* § 398 Rn 39 jeweils mwN.

det, dass der Erwerber die Geschäftsräume nutzt[282] und das Mietverhältnis betreffende Korrespondenz an ihn richtet.[283]

91 In Betracht kommt ferner eine bloße **Schuldübernahme**. Dabei kann die nach § 415 Abs. 1 S. 2 BGB erforderliche Mitteilung an den Gläubiger ebenso konkludent erklärt werden[284], wie die nach § 415 Abs. 1 S. 1 BGB erforderliche Genehmigung des Gläubigers[285]. Allein die Erbringung und Entgegennahme der geschuldeten Leistung reichen allerdings weder für das eine noch für das andere[286] aus. Vielmehr muss das Verhalten des Gläubigers eindeutig den Schluss zulassen, den bisherigen Schuldner frei zu geben.[287] Die rechtsgeschäftlichen Anforderungen sind also ähnlich wie im Falle einer Vertragsübernahme, die Rechtsfolgen dagegen weniger weitgehend. Allerdings kann die Schuldübernahme auch mit einer (konkludenten) Abtretung der Ansprüche gegen den Gläubiger einhergehen.

92 Von einer **konkludenten Abtretung der Ansprüche gegen den Gläubiger** ist regelmäßig auszugehen, wenn entweder die Gegenleistung nur mittels des erworbenen Unternehmens erbracht werden kann oder nur der Erwerber als Unternehmensträger mit den Leistungen des Gläubigers etwas anfangen kann.[288]

93 Nach hier vertretener Ansicht ist allerdings auch denkbar, dass der Gläubiger den Schuldbeitritt des Erwerbers gem. § 333 BGB analog zurückweist. In diesem Fall bleibt der bisherige Inhaber nicht nur sein Vertragspartner, sondern auch sein einziger Schuldner (Rn 81 f).

94 Dasselbe Ergebnis können der Erwerber und der bisherige Inhaber herbeiführen, indem sie die Erwerberhaftung insgesamt oder auch nur hinsichtlich des fraglichen Dauerschuldverhältnisses im Wege des § 25 Abs. 2 ausschließen (näher Rn 123 ff).

95 Schließlich kann der bisherige Inhaber als Vertragspartner des Gläubigers das Dauerschuldverhältnis nach den hierfür bestehenden vertraglichen oder gesetzlichen Vorschriften kündigen. Dazu kann er aufgrund nachvertraglicher Treuepflicht gem. § 242 BGB verpflichtet sein, wenn der Erwerber an der Fortführung des Vertrages kein Interesse mehr hat und von ihm daher die Kündigung verlangt.[289]

96 Wird keiner dieser Wege beschritten, ist streitig, welche Folge es hat, wenn der bisherige Inhaber als Vertragspartner des Gläubigers das Dauerschuldverhältnis nach dem Inhaberwechsel derart fortsetzt, dass die Gegenleistung ihm und nicht dem Erwerber zufließt. **Meinungsstand:** Nach einem Teil der Lehre ist in solchen Fällen eine in die Zukunft fortdauernde Erwerberhaftung nicht gerechtfertigt. Aus Billigkeitsgründen sei vielmehr eine Restriktion des § 25 angezeigt, nach welcher der Erwerber für die nach dem Inhaberwechsel liegenden Zeitabschnitte nur insoweit verpflichtet sei, als er auch Anspruch auf die Gegenleistung habe.[290] Nach anderer Ansicht bietet der Wortlaut des

---

[282] Nach *Canaris* Handelsrecht § 7 Rn 41 soll das ausreichen.
[283] Vgl. Ebenroth/Boujong/Joost/Strohn/*Zimmer* Rn 61 mwN.
[284] RGZ 125, 100 (104); Erman/*Röthel* § 415 Rn 5; Palandt/*Grüneberg* § 415 Rn 4; MünchKommBGB/*Möschel* § 415 Rn 10.
[285] RGZ 107, 215 (216); BGH NJW-RR 1996, 1394 (1395); Palandt/*Grüneberg* § 415 Rn 5.
[286] RG JW 1937, 1233 f; BGH ZIP 1996, 845; LAG Hamm DB 1990, 939 (940); Köln OLGR 1998, 421; Erman/*Röthel* § 415 Rn 5a; Prütting/Wegen/Weinreich/H. F. Müller § 415 Rn 5; aA Koller/*Roth*/Morck Rn 7.
[287] RG JW 1937, 1233 f; BGH ZIP 1996, 845 (846) mwN.
[288] Koller/*Roth*/Morck Rn 14.
[289] *Beuthien* NJW 1993, 1737 (1740); Ebenroth/Boujong/Joost/Strohn/*Zimmer* Rn 61.
[290] Staub/*Hüffer* 4. Aufl. Rn 57; Heymann/*Emmerich* Rn 32; GKzHGB Rn 18a; Baumbach/*Hopt* Rn 11; *Canaris* Handelsrecht § 7 Rn 38; *Oetker* Handelsrecht § 4 Rn 91; kritisch Ebenroth/Boujong/Joost/Strohn/*Zimmer* Rn 64.

§ 25 für eine solche Restriktion keine Anhaltspunkte. Sie widerspreche den gesetzlichen Anliegen der Rechtssicherheit und des Gläubigerschutzes. Zudem spiele die Gegenleistung bei anderen Verbindlichkeiten ebenfalls keine Rolle.[291] Der BGH hat die Frage bisher nicht entschieden.[292] **Stellungnahme:** Zwar sind die genannten Billigkeitserwägungen auf den ersten Blick nachvollziehbar. Angesichts der in Rn 90 ff aufgezeigten Möglichkeiten rechtfertigen sie jedoch keine Restriktion des § 25, zumal sie dem Sinn und Zweck des Gesetzes, Rechtssicherheit hinsichtlich der Haftungsverhältnisse herzustellen (Rn 22), widerspräche. Außerdem kann die fragliche Gestaltung – also dass der bisherige Inhaber die Gegenleistung weiterhin bezieht, der Erwerber aber dafür aufkommen soll – sogar von den Parteien gewollt sein. Widerspricht diese Art der Vertragsdurchführung hingegen der Parteivereinbarung, dann kann der Erwerber von dem bisherigen Inhaber Unterlassung, Kündigung und Regress verlangen. Ein über all diese Möglichkeiten hinausgehendes Schutzbedürfnis des Erwerbers ist nicht zu erkennen.

c) Veräußerer und Erwerber als Gesamtschuldner

aa) Außenverhältnis. Auf Grund des gesetzlichen Schuldbeitritts sind Veräußerer und Erwerber Gesamtschuldner.[293] Deshalb gilt: Der Gläubiger kann wählen, gegen wen er vorgeht und in welcher Höhe (§ 421 BGB). Veränderungen der Verbindlichkeit eines Schuldners wirken nach dem in § 425 BGB ausgedrückten Grundsatz und in dessen Grenzen (§§ 422–424 BGB) nicht auf die Schuld des anderen, soweit sie nach der Begründung des Gesamtschuldverhältnisses eintreten. **Einzelfragen:** Eine dem Veräußerer vor dem Inhaberwechsel gewährte **Stundung** schiebt auch die Fälligkeit der von dem Erwerber geschuldeten Leistung hinaus; eine später vereinbarte Stundung hilft dem Erwerber nicht. Eine zu Gunsten des Veräußerers schon begonnene **Verjährung** läuft auch zu Gunsten des Erwerbers fort; ist die Verjährung bereits unterbrochen, so wirkt die Unterbrechung auch zu Lasten des Erwerbers; dagegen trifft nach dem Geschäftserwerb eine neue Unterbrechung nur den Gesamtschuldner, in dessen Person sie eintritt.[294] Ein von dem Erwerber abgegebenes **Schuldanerkenntnis** ist ohne Bedeutung für das Verhältnis zwischen Veräußerer und Gläubiger.[295] Eine von dem Gläubiger an den Erwerber erbrachte Leistung hat keine **Erlasswirkung** im Sinne des § 423 BGB. Sie ist auch nicht deshalb geeignet, den Veräußerer zu befreien, weil der Gläubiger sich durch Aufrechnung hätte befriedigen können. Umgekehrt wirkt eine **Aufrechnung** des Veräußerers, die er vor dem Inhaberwechsel erklärt hat, auch für den Erwerber schuldbefreiend (§ 422 Abs. 1 S. 2 BGB). Der Erwerber selbst kann mit einer in der Person des Veräußerers entstandenen Forderung nur aufrechnen, wenn sie auf ihn übergegangen ist.

97

bb) Innenverhältnis. Im Verhältnis von Veräußerer und Erwerber zueinander entscheidet der zwischen ihnen bestehende Vertrag darüber, wer einen Anspruch auf Freistellung von Verbindlichkeiten oder nach Inanspruchnahme auf Ausgleichung hat. Der vertragliche Ausgleichsanspruch bestimmt auch das Maß des daneben bestehenden Gesamtschuldregresses (§ 426 Abs. 1 BGB). Forderungen befriedigter Gläubiger gehen gem. § 426 Abs. 2 BGB auf den leistenden Gesamtschuldner über, was vornehmlich bei dinglicher Sicherung der Gläubigerforderung praktische Bedeutung erlangt (§§ 401, 412 BGB).

98

---

[291] *Beuthien* NJW 1993, 1737 (1739); Ebenroth/Boujong/Joost/Strohn/*Zimmer* Rn 64 mwN.
[292] Offengelassen BGH NJW-RR 1990, 1251 (1253).
[293] RGZ 135, 104 (107).
[294] RGZ 135, 104 (107 f).
[295] OLG Hamburg HansRGZ 1934, B 63.

3. Prozessuale Fragen

99 a) **Erkenntnisverfahren.** Auch nach dem Inhaberwechsel besteht die **Passivlegitimation** des Veräußerers, weil er Schuldner der von ihm begründeten Verbindlichkeiten bleibt. Ein Fall des § 265 ZPO liegt nicht vor; eine Parteiänderung ist nicht angezeigt.[296] Ein gegen den Veräußerer als den einen Gesamtschuldner ergangenes Urteil hat gem. § 425 Abs. 2 BGB **keine Rechtskraftwirkung** gegen den Erwerber als den anderen (und umgekehrt). Es besteht deshalb auch **keine notwendige Streitgenossenschaft** (§ 62 ZPO) zwischen Veräußerer und Erwerber. Der Gläubiger kann die Klage zusätzlich gegen den mithaftenden Erwerber richten, und zwar bei Streitigkeiten aus einem Vertragsverhältnis gem. § 29 ZPO im **Gerichtsstand des Erfüllungsorts**[297]; denn der Erwerber tritt der Schuld kraft Gesetzes so bei, wie sie besteht. Der Gläubiger muss das Vorliegen aller Voraussetzungen des § 25 Abs. 1 S. 1 und die ihm gegenüber zum Zeitpunkt des Geschäftsübergangs im Betrieb begründete Verbindlichkeit beweisen.[298]

100 b) **Zwangsvollstreckung.** Obwohl das gegen den Veräußerer ergangene Urteil keine Rechtskraftwirkung gegen den Erwerber entfaltet (Rn 99), kann es als gegen ihn vollstreckbar ausgefertigt werden (§ 729 Abs. 2 ZPO).[299] Voraussetzung für die Erteilung der titelübertragenden Vollstreckungsklausel ist, dass der Gläubiger den Inhaberwechsel und die Fortführung der Firma durch öffentliche oder öffentlich beglaubigte Urkunden nachweist (§ 727 Abs. 1 i.V.m. § 729 ZPO). Vorlage eines Handelsregisterauszugs (§ 9 Abs. 4) genügt. Kann der Nachweis so nicht geführt werden, ist Klage auf Erteilung der Vollstreckungsklausel zu erheben (§ 731 ZPO). Wenn die Haftung des Erwerbers nicht aus § 25 Abs. 1 folgt, sondern aus einem besonderen Verpflichtungsgrund (§ 25 Abs. 3), muss der Gläubiger einen gegen den Erwerber selbst gerichteten Titel erwirken,[300] es sei denn, dass § 729 Abs. 1 ZPO eingreift.[301] In allen Fällen kann der Gläubiger, statt von der Einrichtung der titelübertragenden Klausel Gebrauch zu machen, gegen den Erwerber Leistungsklage erheben.[302] Hinsichtlich des Bestandes der Forderung hat ein rechtskräftiges Urteil gegen den Veräußerer Rechtskraftwirkung auch für und gegen den Erwerber. In einem weiteren Prozess sind lediglich die zusätzlichen Haftungsvoraussetzungen des § 25 HGB festzustellen.[303]

---

[296] Ebenroth/Boujong/Joost/Strohn/*Zimmer* Rn 68; MünchKommZPO/*Becker-Eberhard* § 265 Rn 43; *Schilken* Veränderungen der Passivlegitimation im Zivilprozeß, 1987, S. 42; *Zeuner* Verfahrensrechtliche Folgen des Betriebsübergangs nach § 613a BGB, FS K. H. Schwab 1990, S. 575 (581); Rosenberg/Schwab/Gottwald ZivilprozessR, § 99 Rn 8.

[297] OLG Dresden SächsOLG 34, 86.

[298] Allg. M., statt aller Ebenroth/Boujong/Joost/Strohn/*Zimmer* Rn 67.

[299] MünchKommHGB/*Lieb* Rn 98; Ebenroth/Boujong/Joost/Strohn/*Zimmer* Rn 68; Staub/*Hüffer* 4. Aufl. Rn 59. S. auch K. Schmidt Handelsrecht § 8 I 7 a, der eine Titelumschreibung verneint und nur eine Titelerweiterung für möglich hält; ebenso Röhricht/v. Westphalen/*Ammon*/*Ries* Rn 24.

[300] BGH BB 1954, 700; BGH WM 1964, 114; Staub/*Hüffer* 4. Aufl. Rn 59.

[301] Staub/*Hüffer* 4. Aufl. Rn 59; Ebenroth/Boujong/Joost/Strohn/*Zimmer* Rn 68; dies kann wegen der Aufhebung von § 419 BGB zum 1.1.1999 nur noch für zuvor erfolgte Vermögensübernahmen der Fall sein, vgl. statt aller MünchKommZPO/*Wolfsteiner* § 729 Rn 5.

[302] *Baumbach/Lauterbach/Albers/Hartmann* KommZPO § 729 Rn 2; Staub/*Hüffer* 4. Aufl. Rn 59 ; ders. ZZP 85 (1972), 229 ff; Stein/Jonas/*Münzberg* KommZPO § 729 M; Thomas/*Putzo* ZPO § 729 Rn 1, § 727 Rn 2.

[303] BGH NJW 1957, 420; BGH NJW 1977, 1879; BGH NJW 1984, 793; K. Schmidt Handelsrecht § 8 I 7 a.

4. Vom Erwerber begründete Verbindlichkeiten. Nicht in § 25 geregelt ist die Haftung für Verbindlichkeiten, die der Erwerber selbst nach dem Inhaberwechsel eingeht. Der Erwerber ist Schuldner. Wie weit der Gläubiger auch den Veräußerer in Anspruch nehmen kann, gehört in den **Fragenbereich des** § 15; denn der Inhaberwechsel ist gem. § 31 Abs. 1 anzumelden, also eine einzutragende Tatsache. Deshalb gilt: Solange der Inhaberwechsel nicht eingetragen und bekannt gemacht ist, haftet der Veräußerer dem Gläubiger für die von dem Erwerber begründeten Verbindlichkeiten, es sei denn, dass er den Wechsel kannte (§ 15 Abs. 1). Erfährt der Gläubiger den Sachverhalt nachträglich, kann er auch den Erwerber in Anspruch nehmen; denn auf die wirkliche Rechtslage darf er sich stets berufen (§ 15 Rn 64). Gläubiger von Verbindlichkeiten, die erst nach Eintragung und Bekanntmachung begründet wurden, können sich dagegen grundsätzlich nur noch an den Erwerber halten (§ 15 Abs. 2). **101**

5. Zweiterwerb des Handelsgeschäfts. Führt der (Erst-)Erwerber das Handelsgeschäft fort und veräußert es dann nach einiger Zeit (vgl. Rn 62) an einen Zweiterwerber weiter, so haftet der Zweiterwerber gem. § 25 Abs. 1 S. 1 nicht nur für die Verbindlichkeiten des (Zweit-)Veräußerers (also des Ersterwerbers), sondern auch für die Verbindlichkeiten des früheren Inhabers (also des Erstveräußerers), soweit der Ersterwerber für sie gem. § 25 Abs. 1 S. 1 haftet und keine Enthaftung gem. § 26 Abs. 1 eingetreten ist.[304] Bemerkenswert ist in diesem Zusammenhang ferner, dass sich die Haftung des Zweiterwerbers auch auf Verbindlichkeiten erstreckt, die der Ersterwerber zum Erwerb des Handelsgeschäfts eingegangen ist.[305] **102**

6. Haftung des Rechtsanwalts bzw. des Notars bei mangelhafter Beratung. Rechtsanwälte und Notare haben ihre Mandanten über die Voraussetzungen und Rechtsfolgen des § 25 aufzuklären, wenn – gemessen an der Rechtsprechung – Anhaltspunkte für ein Eingreifen dieser Vorschrift bestehen. Hierfür reicht ein bloßer Hinweis auf eine mögliche Haftung nach § 25 Abs. 1 S. 1 nicht aus. Vielmehr gehört dazu auch eine Beratung über die verschiedenen Möglichkeiten einer Haftungsvermeidung, insbes. durch einen Verzicht auf die Fortführung des bisherigen Geschäfts in seinem wesentlichen Kern, durch die Wahl einer anderen Firma oder durch einen Haftungsausschluss nach § 25 Abs. 2. Aufzuzeigen ist dabei ferner der nach den Umständen des Einzelfalls und vor dem Hintergrund der Rechtsprechung „sicherste Weg" einer Haftungsvermeidung (s. auch Rn 127).[306] **103**

C. Der Schuldnerschutz bei Fortführung der Firma (Abs. 1 S. 2)

I. Grundlagen

In Rechtsprechung und Literatur bestehen erhebliche Differenzen, wie die Tatbestandsvoraussetzungen und Rechtsfolgen von § 25 Abs. 1 S. 2 auszulegen sind, und zwar in fast allen Punkten. Besonders wichtig ist es daher, sich über den Sinn und Zweck der Regelung zu vergewissern: Sie dient ebenso wie § 25 Abs. 1 S. 1 der Beseitigung der **104**

---

[304] BGH LM Nr. 3 mwN; RG Recht 1921 Nr. 2633; RGZ 129, 186, 187 (zu § 28); sowie etwa Koller/*Roth*/Morck Rn 7 a.E.; MünchKommHGB/*Lieb* Rn 90.

[305] BGH WM 1979, 577; Heymann/*Emmerich* Rn 27.

[306] S. BGH MittBayNot 2005, 168; Schleswig-Holsteinisches Oberlandesgericht, BRAK-Mitt. 2004, 24; Schleswig-Holsteinisches Oberlandesgericht NJW-RR 2004, 417; Schleswig-Holsteinisches Oberlandesgericht NZG 2005, 89.

§ 25   1. Buch. Handelsstand

Unsicherheit, die infolge des Inhaberwechsels für den Verkehr entsteht (s. Rn 22 ff), und zwar hier im Blick auf die Frage, wer nunmehr Inhaber der im Betrieb begründeten Forderungen ist – nach wie vor der bisherige Inhaber oder der Erwerber. Dabei geht der Gesetzgeber davon aus, dass ein Übergang der Forderungen (ebenso wie ein Schuldbeitritt) grundsätzlich einer entsprechenden Vereinbarung zwischen bisherigem Inhaber und dem Erwerber bedarf. Je nachdem, ob eine solche Vereinbarung tatsächlich vorliegt, ist hinsichtlich des Schutzbedürfnisses der Schuldner zu unterscheiden:

105 Werden Forderungen von dem bisherigen Inhaber im Wege der erforderlichen Einzelabtretung auf den Erwerber übertragen, so findet ein rechtsgeschäftlicher Gläubigerwechsel statt, der sich nach allgemeinen Regeln (§§ 398 ff BGB) richtet. Ein Schutzbedürfnis der betroffenen Schuldner kann dabei – wie bei jeder Abtretung – dann entstehen, wenn sie von der Abtretung nicht erfahren und in Unkenntnis des Gläubigerwechsels an den alten Gläubiger, also hier den vormaligen Inhaber leisten. Dieses Schutzbedürfnis befriedigt § 407 BGB und bedarf daher keiner besonderen handelsrechtlichen Regelung. Danach wird ein Schuldner, der in Unkenntnis des Gläubigerwechsels an den bisherigen Gläubiger leistet, frei.

106 Anders ist die Lage, soweit Geschäftsforderungen nicht auf den Erwerber übertragen werden. Hier entsteht ein Schutzbedürfnis der betroffenen Schuldner, wenn sie in Unkenntnis des Inhaberwechsels an den Erwerber leisten. Das kann bei einer Firmenfortführung ohne Nachfolgezusatz leicht passieren, weil die unveränderte Firmierung den Inhaberwechsel nicht erkennen lässt. Aber auch dann, wenn der Inhaberwechsel durch die Aufnahme eines Nachfolgezusatzes deutlich wird, besteht die Gefahr, dass Schuldner an den Erwerber leisten, und zwar nach den Feststellungen des Gesetzgebers schon deswegen, weil der jeweilige Inhaber der Firma nach der Verkehrsanschauung als Berechtigter gilt (Rn 9). Das hieraus entstehende Schutzbedürfnis befriedigt das BGB nicht und war daher handelsrechtlich zu regeln. § 25 Abs. 1 S. 2 ist somit das **handelsrechtliche Gegenstück zu § 407 BGB**.[307] An diesem Sinn und Zweck der Vorschrift hat sich ihre Auslegung auszurichten.

II. Voraussetzungen

107 1. **Fortführung eines unter Lebenden erworbenen Handelsgeschäfts unter der bisherigen Firma.** Voraussetzung von § 25 Abs. 1 S. 2 ist zunächst, dass alle Voraussetzungen von § 25 Abs. 1 S. 1 vorliegen. Insoweit ist auf die Erläuterungen in Rn 47–74 zu verweisen.

108 2. **Einwilligung des bisherigen Inhabers oder seiner Erben in die Firmenfortführung.** Weitere Voraussetzung von § 25 Abs. 1 S. 2 ist, dass *„der bisherige Inhaber oder seine Erben in die Fortführung der Firma gewilligt haben."* Ihr **Sinn und Zweck** ist umstritten[308] und erschließt sich aus einem Vergleich der Rechtsfolgen von § 25 Abs. 1 S. 1 und 2: Während der von S. 1 angeordnete gesetzliche Schuldbeitritt des Erwerbers den bisherigen Inhaber nicht belastet, hat S. 2 (zumindest) zur Folge, dass der bisherige Inhaber Ansprüche gegen Schuldner verliert, die an den Erwerber leisten. Dieser hat zwar seinerseits das Erlangte nach § 816 Abs. 2 BGB an den bisherigen Inhaber herauszugeben. Der

---

[307] MünchKommHGB/*Lieb* Rn 99 f; *Canaris* Handelsrecht § 7 Rn 66; Baumbach/*Hopt* Rn 21; Röhricht/v. Westphalen/*Ammon/Ries* Rn 33.

[308] S. Staub/*Hüffer* 4. Aufl. Rn 64; MünchKommHGB/*Lieb* Rn 108; *Canaris* Handelsrecht § 7 Rn 69 mit jeweils unterschiedlichen Deutungen.

dadurch bewirkte Schuldnerwechsel kann jedoch aus vielerlei Gründen nachteilhaft sein. Und diesen Nachteil soll der bisherige Inhaber nicht erleiden, ohne ihn mitverursacht zu haben, nämlich dadurch, dass er dem Erwerber die Firmenfortführung ermöglicht und damit die Ursache dafür gesetzt hat, dass die Schuldner an den Erwerber statt an ihn geleistet haben. So recht überzeugend ist dieses Telos freilich nicht, weil dadurch der Schuldnerschutz von einem Umstand abhängig gemacht wird, den die Schuldner nicht erkennen können, weswegen die Erwerberhaftung davon zu Recht nicht abhängt. Das ist bei der Auslegung dieses Tatbestandsmerkmals zu berücksichtigen.

Es reicht daher zur Erfüllung des Einwilligungserfordernisses aus, wenn dem bisherigen Inhaber die Firmenfortführung durch den Erwerber zurechenbar ist.[309] Entgegen herrschender Meinung[310] ist daher nicht erforderlich, dass die Einwilligung wirksam ist. Der Wirksamkeitsmangel darf nur die Zurechenbarkeit nicht ausschließen, wie etwa bei fehlender Geschäftsfähigkeit.[311] Auch ein zeitlicher Zusammenhang zwischen Unternehmensübertragung und Erteilung der Einwilligung (§ 22 Rn 32) muss nicht gewahrt sein, weil diese Einschränkung nur die selbständige Veräußerung der Firma verhindern soll. Ferner muss weder eine ausdrückliche[312] noch eine konkludente Erklärung vorliegen. Vielmehr reicht eine bloße Duldung der Firmenfortführung aus.[313] Diese muss nicht auf Kenntnis beruhen;[314] denn Kenntnis ist für den Schuldner kaum nachweisbar. Ausreichend ist vielmehr fahrlässige Unkenntnis; denn wenn der bisherige Inhaber zu Lasten seiner Schuldner die Rechtsfolgen von § 25 Abs. 1 S. 2 nicht gegen sich gelten lassen will, ist von ihm zu erwarten, dass er sich von der Firmierung des Erwerbers Kenntnis verschafft. Diese weite Auslegung führt freilich dazu, dass diese Voraussetzung nur im Ausnahmefall Bedeutung erlangt. Das ist freilich ohnehin die Regel, weil ja eine Firmenfortführung von Rechts wegen (§ 22) die Einwilligung des bisherigen Inhabers voraussetzt. Im Übrigen ist diese weite Auslegung dadurch gerechtfertigt, dass die Schuldner insbes. deswegen erheblich schutzbedürftiger sind als der bisherige Inhaber, weil sich dieser schützen kann, jene hingegen (zumindest bei einer Firmenfortführung ohne Nachfolgezusatz) kaum. Schließlich ist § 25 Abs. 1 S. 2 nach hier vertretener Ansicht (u. Rn 111 ff) anders als nach hM eine reine Schuldnerschutzvorschrift, was die Nachteile für den Veräußerer in engen Grenzen hält, weswegen man an das Einwilligungserfordernis keine hohen Anforderungen stellen muss.

109

III. Rechtsfolgen

1. **Meinungsstand.** Die Rechtsfolgen von § 25 Abs. 1 S. 2 sind höchst umstritten. Der Streit kreist darum, welche Bedeutung die Worte „*gelten ... als ... übergegangen*" und „*den Schuldnern gegenüber*" haben. Vertreten werden insbes. folgende Ansichten, die man in drei Gruppen einteilen kann: **(1.)** Nach der Denkschrift[315] soll es sich um eine

110

---

[309] Ebenso *Canaris* Handelsrecht § 7 Rn 69.
[310] Staub/*Hüffer* 4. Aufl. Rn 65; MünchKommHGB/*Lieb* Rn 108; Ebenroth/Boujong/Joost/Strohn/*Zimmer* Rn 69; Baumbach/*Hopt* Rn 22.
[311] Ebenso *Canaris* Handelsrecht § 7 Rn 69.
[312] Das ist anerkannt: Staub/*Hüffer* 4. Aufl. Rn 65; Ebenroth/Boujong/Joost/Strohn/*Zimmer* Rn 69; Heymann/*Emmerich* Rn 37; Koller/*Roth*/Morck Rn 11.
[313] Ebenso MünchKommHGB/*Lieb* Rn 109; GKzHGB/*Steitz* Rn 22; nach Staub/*Hüffer* 4. Aufl. Rn 115 handelt es sich dagegen nur um einen Fall veranlassten Rechtsscheins.
[314] So aber MünchKommHGB/*Lieb* Rn 109.
[315] Denkschrift zum Entwurf eines Handelsgesetzbuchs, Reichstag, 9. Legislatur-Periode, IV. Session 1895/97, S. 37 = *Schubert/Schmiedel/Krampe* Quellen zum Handelsgesetzbuch von 1897, Bd. 2. 2. Hb. 1988, S. 979.

§ 25 1. Buch. Handelsstand

Legalzession handeln, nach *Karsten Schmidt* um eine gesetzlich vertypte Abtretung.[316] (2.) Andere sprechen von einer relativen, also nur den Schuldnern gegenüber wirkenden Legalzession[317] oder von der Fiktion[318] bzw. der unwiderleglichen Vermutung[319] einer rechtsgeschäftlichen Forderungsabtretung mit relativer Wirkung. Das ist wohl auch der Standpunkt der Rechtsprechung.[320] (3.) Schließlich ist die Ansicht verbreitet, Rechtsfolge sei eine widerlegliche Vermutung mit relativer Wirkung.[321] Dabei sind allerdings die Unterschiede im Einzelnen zwischen diesen Meinungsgruppen teils geringer als innerhalb dieser Meinungsgruppen. Einigkeit besteht nur, dass die Rechtsfolge von Abs. 1 S. 2 nicht eintritt, wenn die Voraussetzungen von Abs. 2 vorliegen. Ein wesentlicher Streitpunkt ist dagegen wiederum, wann diese Voraussetzungen herbeigeführt werden müssen, um Wirkung zu entfalten, nämlich unverzüglich nach dem Geschäftsübergang[322] oder lediglich vor der Leistung des Schuldners[323] (dazu Rn 113, 139). Schließlich stellt sich in diesem Zusammenhang die Frage, ob auch anderweitig erlangte Kenntnis des Schuldners, dass der Erwerber nicht Forderungsinhaber ist, die Rechtsfolge von Abs. 1 S. 2 ausschließt (dazu Rn 140 f).

111 2. Stellungnahme. Für eine Legalzession könnte die Parallele zur Rechtsfolge des § 25 Abs. 1 S. 1 sprechen, der ohne Rücksicht auf das Vorliegen einer entsprechenden Parteivereinbarung einen gesetzlichen Schuldbeitritt herbeiführt, so dass die Parteien gezwungen sind, anderweitige Vereinbarungen im Wege des § 25 Abs. 2 kundzutun. Gegen eine Legalzession spricht indes der Wortlaut der Vorschrift[324] und vor allem ihr Sinn und Zweck (dazu Rn 106). Dieser erfordert eine solche weitgehende Rechtsfolge nicht. Das ist auch der entscheidende Einwand gegen die zweite Meinungsgruppe, wenngleich das Wort „*gelten*" für eine Fiktion spricht. Der Gesetzeswortlaut zwingt jedoch nicht zu der Annahme, die Fiktion bzw. Vermutung sei unwiderleglich. Im Gegenteil! Die Worte „*den Schuldnern gegenüber*" können nämlich nur so verstanden werden, dass der Forderungsübergang zumindest nicht im Verhältnis Veräußerer-Erwerber gilt.[325] Auch gegenüber den Gläubigern des Veräußerers tritt die Wirkung des § 25 Abs. 1 S. 2 nach ganz hM nicht ein. Seine Geschäftsforderungen können daher von ihnen gepfändet werden. Entsprechend gehört eine nicht rechtsgeschäftlich übertragene Forderung in der Insolvenz des Veräußerers zu seiner Insolvenzmasse, nicht in der Insolvenz des Erwerbers zu dessen Insolvenzmasse.[326] Wenn aber der Erwerber und seine Gläubiger respektieren müssen, dass der Veräußerer weiterhin Forderungsinhaber ist, dann ist kein Grund ersichtlich, warum sich der Erwerber gegenüber dem Schuldner auf die Vorschrift berufen und damit

---

[316] AcP 198 (1998), 516 (529).
[317] So *v. Gierke/Sandrock* § 16 I 3 b bb.
[318] So Staub/*Hüffer* 4. Aufl. Rn 68 f; GKzHGB/*Steitz* Rn 2.
[319] Ebenroth/Boujong/Joost/Strohn/*Zimmer* Rn 74, 136; Schlegelberger/Hildebrandt/Steckhan Rn 4; *Hausmann* JR 1994, 133.
[320] BGH NJW-RR 1992, 866 (867); OLG München DB 1992, 518 (519).
[321] *Canaris* Handelsrecht § 7 Rn 67; MünchKommHGB/*Lieb* Rn 102; Koller/Roth/Morck Rn 10; Baumbach/*Hopt* Rn 21, 24 f; Röhricht/v. Westphalen/*Ammon*/Ries Rn 34.
[322] So BGH NJW-RR 1992, 866 (867).
[323] So OLG München DB 1992, 518 (519); Ebenroth/Boujong/Joost/Strohn/*Zimmer* Rn 74; MünchKommHGB/*Lieb* Rn 115.
[324] Näher dazu *Canaris* Handelsrecht § 7 Rn 64.
[325] Ganz hM, statt anderer Staub/*Hüffer* 4. Aufl. Rn 68; MünchKommHGB/*Lieb* Rn 102; **aA** *K. Schmidt* AcP 198 (1998), 516, anders wohl auch *Hausmann* JR 1994, 133 (138).
[326] Ganz hM, statt anderer Staub/*Hüffer* 4. Aufl. Rn 68; *Canaris* Handelsrecht § 7 Rn 64 mwN; **aA** *K. Schmidt* AcP 198 (1998), 516 (524, 531).

als Forderungsinhaber gerieren können soll.[327] Klagt der Erwerber gegen einen Schuldner, muss er vielmehr beweisen, dass er durch Abtretung des Veräußerers Forderungsinhaber geworden ist, ohne sich dabei auf § 25 Abs. 1 S. 2 berufen zu können;[328] denn die Vorschrift dient allein dem Schuldnerschutz und beinhaltet weder eine gesetzliche Einziehungsermächtigung[329] noch eine Beweislastregel zugunsten des Erwerbers. Kann mithin der Erwerber eine dem Veräußerer zustehende Forderung nicht dem Schuldner gegenüber mit Erfolg geltend machen, steht zugleich fest, dass hierzu allein der Veräußerer berechtigt ist. Allein der Veräußerer kann die Forderung daher auch gegenüber dem Schuldner aufrechnen.[330]

Jede andere Auffassung führt zu dem absonderlichen Ergebnis, dass zwar ein Gläubiger des Veräußerers eine Forderung pfänden und anschließend gegen den Schuldner durchsetzen könnte, der Veräußerer selbst zu Letzterem aber nicht in der Lage wäre, sondern hierfür der Mitwirkung des Erwerbers bedürfte. Der Erwerber hat freilich keinerlei Interesse, Forderungen des Veräußerers einzuziehen, da er das Erlangte gem. § 816 Abs. 2 BGB herausgeben muss[331]. Damit der Veräußerer an sein Geld kommt, müsste man daher den Erwerber für verpflichtet halten, an dem Inkasso zugunsten des Veräußerers mitzuwirken,[332] was dieser ggf. zunächst erstreiten müsste. Vernünftigerweise muss daher der Veräußerer berechtigt sein, seine Forderungen gegen seine Schuldner selbst geltend zu machen. Das Wort „gelten" kann daher nicht anders als im Sinne einer widerlichen Vermutung zu verstehen sein, weil sich der Veräußerer nur durch ihre Widerlegung auf die wahre Rechtslage berufen und dadurch seine Forderung geltend machen kann. Im Prozess gegen den Schuldner trägt der Veräußerer daher die Beweislast dafür, dass die Forderung bei ihm verblieben ist.[333]

Der Annahme der Widerleglichkeit der Vermutung steht insbes. § 25 Abs. 2 nicht entgegen. Namentlich der BGH ist insofern freilich anderer Auffassung. Danach handelt es sich bei § 25 Abs. 1 S. 2 nicht lediglich um eine schlichte Vermutung, die von dem Veräußerer ohne weiteres und jederzeit mit den üblichen Beweismitteln widerlegt werden könnte. Vielmehr komme dem Innenverhältnis zwischen Veräußerer und Erwerber im Verhältnis zum Schuldner nach § 25 Abs. 2 nur dann Wirksamkeit zu, wenn es nach außen in der dort bestimmten Weise unverzüglich kundgemacht werde.[334] Nach dieser Ansicht kann die Vermutung des § 25 Abs. 1 S. 2 also nur im Wege des § 25 Abs. 2 widerlegt werden. Damit tritt ein Problem zu Tage, das bisher kaum erkannt ist, sich aber stellt, einerlei welcher Ansicht man folgt. Nach § 25 Abs. 2 ist nämlich eine von § 25 Abs. 1 S. 2 abweichende Vereinbarung auch dann wirksam, wenn der Veräußerer sie dem Dritten mitteilt. Hierzu genügt es unstreitig, dass der Veräußerer dem Dritten kundtut, dass die ihn betreffende Forderung nicht auf den Erwerber übergegangen ist.

112

---

[327] MünchKommHGB/*Lieb* Rn 104; GKzHGB/*Steitz* Rn 21; Baubach/*Hopt* Rn 25, 26; **aA** Staub/*Hüffer* 4. Aufl. Rn 70.
[328] MünchKommHGB/*Lieb* Rn 105; Baumbach/*Hopt* Rn 25, 26; **aA** Ebenroth/Boujong/Joost/Strohn/*Zimmer* Rn 80 sowie Soergel/*Zeiss* § 409 BGB Rn 8; Staudinger/*Busche* (1999) § 409 BGB Rn 34.
[329] *Canaris* Handelsrecht § 7 Rn 68.
[330] Vgl. OLG München DB 1992, 518 f; MünchKommHGB/*Lieb* Rn 104; *ders.* JZ 1992, 518 f; *Altmeppen* Die Disponibilität des Rechtsscheins, 1993, S. 124; Röhricht/v. Westphalen/*Ammon*/*Ries* Rn 35; Koller/Roth/*Morck* Rn 5; *Canaris* Handelsrecht § 7 Rn 76; **aA** BGHZ JZ 1992, 1028; Staub/*Hüffer* 4. Aufl. Rn 69; *Hausmann* JR 1994, 133 f; *K. Schmidt* AcP 198 (1998), 520 ff.
[331] Ganz hM, statt anderer Staub/*Hüffer* 4. Aufl. Rn 68; Baumbach/*Hopt* Rn 24.
[332] Zutr. Ebenroth/Boujong/Joost/Strohn/*Zimmer* Rn 73.
[333] MünchKommHGB/*Lieb* Rn 105; *Canaris* Handelsrecht § 7 Rn 76.
[334] So aber BGH NJW-RR 1992, 866, 867.

Diese Erklärung ist nicht formbedürftig.[335] Sie muss auch nicht gesondert erfolgen, sondern kann etwa mit einer Zahlungsaufforderung verbunden werden, ja sogar in einer Zahlungsaufforderung durch den Veräußerer konkludent enthalten sein. Überdies muss der Veräußerer den Inhalt der Mitteilung, also den fehlenden Forderungsübergang, außerhalb eines Prozesses dem Schuldner gegenüber nicht beweisen.[336] Das ist nämlich auch sonst im Rahmen des § 25 Abs. 2 nicht gefordert (Rn 132) und wäre zudem ganz unpraktikabel[337]. Außerdem und vor allem besteht hierfür aus Sicht des Schuldners kein Bedürfnis; denn selbst wenn sich die Mitteilung als falsch erweisen sollte, ein Forderungsübergang also tatsächlich vereinbart worden wäre, ist er über § 407 Abs. 1 BGB geschützt. Einerlei welcher Ansicht man zu der Bedeutung der Vermutung des § 25 Abs. 1 S. 2 folgt, kann nie der Veräußerer mithin schlicht dadurch widerlegen, dass er dem Schuldner gem. § 25 Abs. 2 mitteilt, er sei weiterhin Forderungsinhaber, ohne hierfür außerhalb eines Prozesses irgendeinen Beweis erbringen zu müssen.[338] Vor diesem Hintergrund steht § 25 Abs. 2 der Annahme der Widerleglichkeit der Vermutung des § 25 Abs. 1 S. 2 nicht entgegen, sondern bestätigt sie geradezu; denn wenn der Veräußerer außerhalb eines Prozesses die Vermutung des § 25 Abs. 1 S. 2 durch schlichte Mitteilung an den Schuldner außer Kraft setzen kann, dann kann man innerhalb eines Prozesses von ihm nicht mehr fordern, als den Wahrheitsgehalt der Mitteilung, also die fehlende Abtretung, zu beweisen.

113 Folgt man diesen Überlegungen, erlaubt dies zwei weitere Schlussfolgerungen. Erstens: Ist § 25 Abs. 1 S. 2 eine bloße Schuldnerschutzvorschrift, kann sich der Schuldner auf sie berufen, muss dies aber nicht tun, sondern kann stattdessen die wahre Rechtslage geltend machen.[339] Zweitens: Soll § 25 Abs. 1 S. 2 lediglich die mangelnde Kenntnis des Schuldners hinsichtlich der wahren Rechtslage kompensieren, ist es einerlei, wann und wie er von der wahren Rechtslage Kenntnis erlangt. Insbes. muss die Kundgabe nach Abs. 2 nicht unverzüglich nach Geschäftsübergang erfolgen[340] (anders im Blick auf Abs. 1 S. 1, s. Rn 134 ff), sondern nur bevor der Schuldner leistet[341] (Rn 139). Zudem kann die Kenntnis auf anderem als auf dem in § 24 Abs. 2 bezeichneten Wege erlangt werden (näher dazu Rn 140 f).

---

[335] Baumbach/*Hopt* Rn 14 a.E.; GKzHGB/*Steitz* Rn 14.
[336] AA mglw. Koller/*Roth*/Morck Rn 19 a.E. sowie Baumbach/*Hopt* Rn 25, der sich dabei jedoch auf eine Ansicht von *Canaris* Handelsrecht § 7 Rn 72 stützt, die dieser in einem anderen Zusammenhang entwickelt hat, nämlich für die Frage, ob dem Schuldner eine Berufung auf § 25 Abs. 1 S. 2 auch dann versagt ist, wenn er anders als im Wege des § 25 Abs. 2 von der abweichenden Parteivereinbarung positive Kenntnis erlangt hat, dazu Rn 140 f.
[337] Nach Koller/*Roth*/Morck Rn 19 a.E. reicht eine bloße Mitteilung des Veräußerers (da bloße Behauptung) ebenso wenig aus wie die Erhebung einer Zahlungsklage. Vielmehr bedürfe es der Kenntnisverschaffung bzgl. aller Tatsachen, die einen Forderungsübergang ausschließen. Das wäre freilich mehr als nur unpraktikabel, sondern unzumutbar, müsste der Veräußerer danach etwa auch so sensible Unterlagen wie den Unternehmenskaufvertrag offenlegen, und zwar gegenüber allen Schuldnern, denen er die fehlende Abtretung mitteilen will. Allerdings bezieht Koller/*Roth*/Morck diese Forderung nur auf den Fall einer Kenntnisverschaffung abseits einer Mitteilung nach § 25 Abs. 2. Indes ist nicht verständlich, worin insofern der Unterschied bestehen soll, sieht man von der Frage der Rechtzeitigkeit der Kundmachung nach Abs. 2 (dazu Rn 113, 139) ab.
[338] Wie hier wohl auch Röhricht/v. Westphalen/*Ammon*/Ries Rn 34.
[339] Baumbach/*Hopt* Rn 26; Koller/*Roth*/Morck Rn 15.
[340] AA BGH NJW-RR 1992, 866 (867).
[341] Ebenso OLG München DB 1992, 518 (519); Ebenroth/Boujong/Joost/Strohn/*Zimmer* Rn 74; MünchKommHGB/*Lieb* Rn 115.

3. Zusammenfassung. Die sich aus vorstehenden Überlegungen ergebenden Rechtsfolgen von § 25 Abs. 1 S. 2, Abs. 2 lassen sich damit wie folgt zusammenfassen: Die Vorschrift beinhaltet eine widerlegliche Vermutung, die nur zugunsten der Schuldner im Verhältnis zum Veräußerer (also dem bisherigen Inhaber) Anwendung findet. Den Schuldnern gegenüber gelten die Forderungen als auf den Erwerber übergegangen, so dass sie auch dann an den Erwerber mit befreiender Wirkung leisten können, wenn der Veräußerer weiterhin wahrer Inhaber der Forderungen ist.[342] Dem Erwerber gegenüber gilt diese Vermutung dagegen nicht. Er darf daher, wenn er nicht Forderungsinhaber ist, ohne besondere Ermächtigung durch den Veräußerer von den Schuldnern keine Leistung verlangen und muss Leistungen von Schuldnern gem. § 816 Abs. 2 an den Veräußerer herausgeben. Verlangt der Veräußerer von seinen Schuldnern Leistung, ist hierin eine konkludente Mitteilung i.S.d. § 25 Abs. 2 zu sehen, durch die die Vermutung des § 25 Abs. 1 S. 2 widerlegt wird. Dabei muss der Veräußerer den Inhalt der Mitteilung, also den fehlenden Forderungsübergang, außerhalb eines Prozesses dem Schuldner gegenüber nicht beweisen. Dafür besteht kein Bedürfnis, weil der Schuldner, wenn sich die Mitteilung als falsch erweisen sollte, ein Forderungsübergang also tatsächlich vereinbart worden ist, über § 407 BGB geschützt ist. Die Kundmachung nach § 25 Abs. 2 kann zu jedem Zeitpunkt vor der Leistung des Schuldners erfolgen.

4. Erfasste Forderungen. Erfasst werden von § 25 Abs. 1 S. 2 nur die *„in dem Betriebe begründeten Forderungen"*. Es muss sich also um **Geschäftsforderungen** handeln. Darunter sind entsprechend den für die Geschäftsverbindlichkeiten geltenden Grundsätzen (Rn 85 ff) Forderungen zu verstehen, die auf Grund ihres Zusammenhangs mit dem Geschäftsbetrieb als dessen Folge erscheinen. Die §§ 343, 344 sind anzuwenden. Weil es um das Verhältnis zu den Schuldnern geht, entscheidet eine objektive Betrachtung, nicht die subjektive Zweckwidmung des Veräußerers. Auf den Rechtsgrund der Forderung kommt es nicht an; Ansprüche aus unerlaubter Handlung müssen sich jedoch aus betriebsbezogenen Rechts- oder Rechtsgutsverletzungen ergeben. Geschäftsforderungen sind zum Beispiel: Forderungen aus Verletzung von Wettbewerbsverboten[343] oder auf Zahlung einer Vertragsstrafe[344].

Übertragbarkeit der Forderung ist in § 25 Abs. 1 S. 2 vorausgesetzt. Der vom Gesetz angestrebte Schuldnerschutz könnte sonst in Widerspruch zu anderen Vorschriften geraten, die im Interesse des Schuldners oder im Allgemeininteresse die Übertragbarkeit ausschließen. Forderungen, die etwa nach §§ 399, 400, 540, 613, 717 BGB nicht abgetreten werden können (zu § 399 BGB beachte aber § 354a), gelten also grundsätzlich nicht als auf den Erwerber übergegangen.[345] Dieser **Grundsatz** gilt freilich nur insoweit, als seine Anwendung im Einzelfall nicht dazuführen darf, dass der erstrebte Schuldnerschutz in sein Gegenteil verkehrt wird.[346] Unberührt bleibt zudem die Möglichkeit einer Vertragsübernahme (Rn 118).

---

[342] Nach *Canaris* Handelsrecht § 7 Rn 74 hat der Schuldner darüber hinaus ebenso wie im Falle des § 407 BGB die Wahl, ob er sich bei Leistung an den Erwerber auf die Schuldbefreiung beruft oder die Leistung von dem Erwerber kondiziert und an den Veräußerer leistet, was etwa bei Bestehen einer Aufrechnungslage in der Insolvenz des Veräußerers für den Schuldner von Nutzen sein kann.

[343] RGZ 72, 434; RGZ 96, 171.
[344] RGZ 72, 434; RGZ 96, 171.
[345] KG HRR 1927, Nr. 1541; Ebenroth/Boujong/Joost/Strohn/*Zimmer* Rn 75; MünchKommHGB/*Lieb* Rn 111; Staub/*Hüffer* 4. Aufl. Rn 67; Baumbach/*Hopt* Rn 23.
[346] Vgl. MünchKommHGB/*Lieb* Rn 112; *Canaris* Handelrsrecht § 7 Rn 70.

117 Ferner setzt § 25 Abs. 1 S. 2 nach hM voraus, dass die Forderung **ohne Wahrung einer besonderen Form** übertragen werden kann,[347] weswegen die Vorschrift namentlich nicht für Forderungen, die durch Buch- oder Briefhypothek gesichert sind (§ 1154 BGB), gelten soll[348]. Andere wollen dagegen § 25 Abs. 1 S. 2 nur dann außer Anwendung lassen, wenn der Schuldner infolge der Formbedürftigkeit bereits ausreichend geschützt ist.[349]

118 Bei **Dauerschuldverhältnissen** mit wiederkehrenden Leistungen greift § 25 Abs. 1 S. 2 jedenfalls hinsichtlich der bereits entstandenen Ansprüche ein. Hinsichtlich künftig zu erbringender Leistungen ist zunächst eine gesetzliche (§§ 566, 578 f, 613a BGB, §§ 95 ff, 122 VVG) oder rechtsgeschäftliche (Rn 90) Vertragsübernahme zu prüfen. Liegt keine Vertragsübernahme vor und können die künftig zu erbringenden Leistungen nur mittels des erworbenen Unternehmens erbracht werden, wird regelmäßig eine (konkludente) Abtretung der Zahlungsansprüche anzunehmen sein,[350] so dass § 25 Abs. 1 S. 2 aus diesem Grund nicht eingreift (Rn 105). Ebenso liegt es, wenn der Schuldner die vertragstypische Leistung zu erbringen hat und nur der Erwerber als Unternehmensträger mit ihnen etwas anfangen kann. Ferner greift § 25 Abs. 1 S. 2 nicht ein, soweit die Leistung des Schuldners personenbezogen ist und daher nicht übertragen werden kann (Rn 116). Ansonsten bleibt es bei der Anwendung der Vorschrift.

119 **5. Anwendbarkeit des Zessionsrechts.** Nach verbreiteter Ansicht sollen die §§ 401 ff BGB analog anwendbar sein, soweit dem nicht das für § 25 Abs. 1 S. 2 zentrale Erfordernis der Unternehmens- und Firmenfortführung entgegensteht. § 410 BGB sei daher nicht anzuwenden, während die §§ 401, 404, 406 bis 408 BGB eingreifen könnten. § 409 BGB schließlich sei nur dann von praktischer Bedeutung, wenn der Veräußerer die Abtretung angezeigt habe, bevor der Inhaberwechsel in das Handelsregister eingetragen sei.[351] All dem ist zu widersprechen. Die Ansicht beruht auf Fehlvorstellungen über die Rechtsfolgen von § 25 Abs. 1 S. 2. Zu beachten ist, dass die Vorschrift weder zu einem realen noch zu einem fiktiven Forderungsübergang führt, sondern lediglich eine widerlegliche Vermutung zum Schutz der Schuldner des bisherigen Inhabers enthält (Rn 106, 111 ff). Analoge Anwendung von **§ 401 BGB** bedeutet daher bspw. allenfalls, dass sich auch ein Bürge, der an den Erwerber leistet, auf § 25 Abs. 1 S. 2 berufen kann, nicht aber, dass der Erwerber aus § 401 BGB Rechte herleiten könnte. Weil und soweit der Veräußerer Forderungsinhaber ist und bleibt, sind **§§ 402, 403 BGB** nicht anwendbar. Analog anwendbar sind dagegen **§§ 404, 406 BGB**, wenn der Schuldner an den Erwerber leistet bzw. der Erwerber Forderungen geltend macht, obwohl er dazu nicht berechtigt ist.

120 § **407 BGB** und § 25 Abs. 1 S. 2 schließen sich gegenseitig aus; denn § 25 Abs. 1 S. 2 ist nur anwendbar, soweit keine Forderungsabtretung vorliegt, es also keinen „*neuen Gläubiger*" i.S.d. § 407 BGB gibt (Rn 106). Anders gewendet muss der Erwerber, soweit keine Abtretung vereinbart wurde, Leistungen an den Veräußerer schon deswegen „*gegen sich gelten lassen*", weil weiterhin der Veräußerer und nicht der Erwerber wahrer Forde-

---

[347] Ebenroth/Boujong/Joost/Strohn/*Zimmer* Rn 75; Staub/*Hüffer* 4. Aufl. Rn 67; Schlegelberger/*Hildebrandt/Steckhan* Rn 6.
[348] BGH WM 1992, 736 (737); RGZ 118, 354; KGJ 26 A, 135; KG OLGR 45, 203; KG HRR 1926 Nr. 1263; KG Recht 1927 Nr. 41; Röhricht/v. Westphalen/*Ammon/Ries* Rn 38; Heymann/*Emmerich* Rn 39.
[349] MünchKommHGB/*Lieb* Rn 113; *Canaris* Handelsrecht § 7 Rn 71.
[350] Koller/*Roth*/Morck Rn 14.
[351] Staub/*Hüffer* 4. Aufl. Rn 69, 70; Ebenroth/Boujong/Joost/Strohn/*Zimmer* Rn 78.

rungsinhaber ist. Wurde hingegen eine Abtretung vereinbart, dann besteht für eine Anwendung von § 25 Abs. 1 S. 2 weder Raum noch Bedürfnis. Vielmehr ist allein § 407 BGB einschlägig. Das gilt entgegen verbreiteter Auffassung[352] auch dann, wenn der Schuldner von der Unternehmens- und Firmenfortführung Kenntnis hat oder diese Tatsachen gem. § 15 Abs. 2 i.V.m. § 31 als bekannt gelten; denn Inhaber- und Gläubigerwechsel sind streng voneinander zu trennen. Angesichts der Möglichkeit, dass Forderungen bei dem Veräußerer verblieben sind, folgt nämlich aus dem Inhaberwechsel keineswegs zugleich ein Gläubigerwechsel.[353] Der Schuldner kann daher nur dann nicht schuldbefreiend nach § 407 Abs. 1 BGB an den Veräußerer leisten, wenn er die Abtretung und nicht nur den Inhaberwechsel kennt.

121 Weil Inhaber- und Gläubigerwechsel streng zu unterscheiden sind, kann § 409 BGB entgegen vorstehend zitierter Meinung (Rn 119) auch noch nach Eintragung des Inhaberwechsels in das Handelsregister Bedeutung erlangen. Auch § 410 BGB bleibt ungeschmälert anwendbar. Verlangt der Erwerber Leistung, kann der Schuldner daher seine Leistung verweigern (§ 274 BGB), bis der Erwerber ihm entweder gem. § 410 Abs. 1 S. 1 BGB eine Abtretungsurkunde aushändigt (dann ist der Schuldner gem. § 409 Abs. 1 BGB geschützt) oder ihm das Vorliegen der Voraussetzungen des § 25 Abs. 1 S. 2 nachweist (dann ist der Schuldner nach dieser Vorschrift geschützt, Rn 122).

122 **6. Beweisfragen.** Der Schuldner muss die Voraussetzungen des § 25 Abs. 1 S. 2 beweisen können, wenn er mit befreiender Wirkung an den Erwerber leisten will.[354] Die Eintragung des Erwerbers in das Handelsregister unter Beibehaltung der bisherigen Firma ist genügend, und zwar auch für den Nachweis der Einwilligung in die Firmenfortführung;[355] denn deren Erteilung prüft das Gericht vor der Eintragung. Macht der Erwerber eine Forderung geltend, wird der Schuldner zwar frei, wenn die Voraussetzungen des § 25 Abs. 1 S. 2 vorliegen. Aus Sicht des Schuldners reicht es daher aus, wenn er sich von dem Erwerber dessen Voraussetzungen nachweisen lässt (Rn 121 a.E.). Zugunsten des Erwerbers streitet die Vermutung des § 25 Abs. 1 S. 2 jedoch nicht. Im Prozess muss er daher neben dem Bestehen der Forderung ihre Abtretung beweisen.[356] Verlangt der Veräußerer von seinen Schuldnern Leistung, ist hierin eine konkludente Mitteilung i.S.d. § 25 Abs. 2 zu sehen, durch die die Vermutung des § 25 Abs. 1 S. 2 widerlegt wird. Dabei muss der Veräußerer den Inhalt der Mitteilung, also den fehlenden Forderungsübergang, außerhalb eines Prozesses dem Schuldner gegenüber nicht beweisen. Dafür besteht kein Bedürfnis, weil der Schuldner, wenn sich die Mitteilung als falsch erweisen sollte, ein Forderungsübergang also tatsächlich vereinbart wurde, über § 407 BGB geschützt ist. Im Prozess muss der Veräußerer dagegen beweisen, dass die Forderung nicht abgetreten worden ist (vgl. Rn 112 a.E.).

---

[352] Staub/*Hüffer* 4. Aufl. Rn 70, 71; GKzHGB/*Steitz* Rn 24; *Hausmann* JR 1994, 133 (138); Düringer/Hachenburger/*Hoeninger* Anm. 23.

[353] Zutr. MünchKommHGB/*Lieb* Rn 100; *Canaris* Handelsrecht § 7 Rn 79; i.E. auch Ebenroth/Boujong/Joost/Strohn/*Zimmer* Rn 79.

[354] Staub/*Hüffer* 4. Aufl. Rn 69; Ebenroth/Boujong/Joost/Strohn/*Zimmer* Rn 80.

[355] RGZ 66, 417.

[356] Zutr. MünchKommHGB/*Lieb* Rn 105; aA Ebenroth/Boujong/Joost/Strohn/*Zimmer* Rn 80 sowie Soergel/*Zeiss* § 409 BGB Rn 8; Staudinger/*Busche* (1999) § 409 BGB Rn 34.

D. Abweichende Vereinbarungen (Abs. 2)

I. Grundlagen

123 § 25 Abs. 1 ist dispositiv. Die Norm greift nur ein, wenn die Parteien keine andere Vereinbarung getroffen haben. Allerdings sind abweichende Vereinbarungen gem. Abs. 2 Dritten gegenüber nur wirksam, wenn sie in das Handelsregister eingetragen und bekannt gemacht oder den Dritten von dem Erwerber oder dem Veräußerer mitgeteilt werden. Sinn und Zweck der Vorschrift sind (s. o. Rn 22 ff, 32): Wahrung der Privatautonomie der Parteien und Schaffung von Rechtssicherheit durch Befriedigung des Informationsbedürfnisses der Altgläubiger und -schuldner.

II. Voraussetzungen

124 1. *Vereinbarung.* § 25 Abs. 2 setzt nach seinem Wortlaut zunächst eine *„abweichende Vereinbarung"* voraus. Dieses Tatbestandsmerkmal interpretiert die **herrschende Meinung** wie folgt: Erforderlich sei ein Vertrag zwischen dem alten und dem neuen Inhaber.[357] Eine einseitige Erklärung des Erwerbers genüge regelmäßig (zu Ausnahmen Rn 54, 56) nicht.[358] Die Vereinbarung könne, müsse aber nicht Bestandteil des Unternehmenskaufvertrags oder vergleichbarer Abreden sein. Sie müsse allerdings spätestens bei der dinglichen Übertragung des Unternehmens vorliegen.[359] Darin komme zum Ausdruck, dass die Übernahme des Unternehmens mit Aktiva und Passiva den vom Gesetz angenommenen Normalfall bilde.[360] Inhaltlich müsse die Vereinbarung hinreichend bestimmt sein, also zweifelsfrei erkennen lassen, dass und inwieweit die Haftung des Erwerbers ausgeschlossen werde bzw. Forderungen bei dem bisherigen Inhaber verblieben.[361] Für einen Ausschluss der Erwerberhaftung genüge die Abrede einer nur intern wirkenden Erfüllungsübernahme;[362] denn daraus folge, dass keiner der Gläubiger Ansprüche gegen den Erwerber haben soll. Nicht ausreichend sei dagegen eine auf das Innenverhältnis beschränkte Verpflichtung des Veräußerers zur Schuldentilgung und Freistellung des Erwerbers; denn eine solche Vereinbarung mache nur vor dem Hintergrund einer bestehenden Erwerberhaftung Sinn.[363] Ausreichend sei jedoch die Benennung bestimmter Verbindlichkeiten oder Forderungen, die betroffen oder nicht betroffen sein sollen,[364] insbes. durch Verweisung auf ein zu den Registerakten eingereichtes Verzeichnis[365]. Es genüge auch die Beschränkung der Haftung auf einen bestimmten Pro-

---

[357] Anstelle anderer Staub/*Hüffer* 4. Aufl. Rn 96; Ebenroth/Boujong/Joost/Strohn/*Zimmer* Rn 81.
[358] RG Recht 1908, Nr. 3890; *A. Hueck* ZHR 108 (1941), 1 (5); *Hüffer* 4. Aufl. Rn 96; Heymann/*Emmerich* Rn 39; MünchKommHGB/*Lieb* Rn 114; Ebenroth/Boujong/Joost/Strohn/*Zimmer* Rn 81; zweifelnd aber *Huber* FS Raisch, 1995, S. 99.
[359] *A. Hueck* ZHR 108 (1941), 1 (5); MünchKommHGB/*Lieb* Rn 114; Ebenroth/Boujong/Joost/Strohn/*Zimmer* Rn 81; Staub/*Hüffer* 4. Aufl. Rn 96; Heymann/*Emmerich* Rn 44.
[360] *Hüffer* 4. Aufl. Rn 96.
[361] Ebenroth/Boujong/Joost/Strohn/*Zimmer* Rn 82; MünchKommHGB/*Lieb* Rn 114; Röhricht/v. Westphalen/*Ammon/Ries* Rn 40.
[362] Staub/*Hüffer* 4. Aufl. Rn 96; Ebenroth/Boujong/Joost/Strohn/*Zimmer* Rn 82; MünchKommHGB/*Lieb* Rn 114.
[363] BGH DB 1989, 1719.
[364] Staub/*Hüffer* 4. Aufl. Rn 96; Ebenroth/Boujong/Joost/Strohn/*Zimmer* Rn 82; MünchKommHGB/*Lieb* Rn 114; s. auch BGH WM 2002, 1229.
[365] RG JW 1901, 802.

zentsatz,³⁶⁶ mangels Bestimmbarkeit nicht dagegen auf einen globalen Höchstbetrag³⁶⁷; ebenso wenig der Verweis auf einen Vertrag, der verschiedener Auslegungen fähig ist.³⁶⁸

Stellungnahme: Diesen Ausführungen ist insofern zu widersprechen, als sie den unzutreffenden Eindruck erwecken, es sei eine ausdrückliche Vereinbarung über den Ausschluss der Erwerberhaftung bzw. den Ausschluss des Forderungsübergangs erforderlich. Letzteres wäre allenfalls dann schlüssig, wenn man § 25 Abs. 1 S. 2 als Fall einer Legalzession, unwiderleglichen Vermutung oder Fiktion der Forderungsabtretung ansehen würde, was indessen verfehlt ist (Rn 111 ff). Vielmehr setzen sowohl ein Schuldbeitritt als auch ein Forderungsübergang regelmäßig eine entsprechende Vereinbarung voraus. Vereinbaren die Parteien im Rahmen eines Unternehmenskaufvertrages oder einer vergleichbaren Vereinbarung diesbezüglich nichts, dann ist nach allgemeiner Rechtsgeschäftslehre grundsätzlich (d.h. abseits einer ergänzenden Vertragsauslegung im Einzelfall) anzunehmen, dass sie diese Rechtsfolge nicht herbeiführen wollen und damit eine abweichende Vereinbarung i.S.d. § 25 Abs. 2 getroffen haben. Darüber hinaus einen (ausdrücklichen) „Ausschluss" der Erwerberhaftung bzw. des Forderungsübergangs zu verlangen³⁶⁹ ist daher schief,³⁷⁰ weil den Parteien dadurch ein tatsächlich nicht geäußerter Wille unterstellt wird. Vielmehr betont der BGH zu Recht, dass es keinen allgemeinen Erfahrungssatz gibt, wonach bei einem Unternehmenskauf, bei dem die Übernahme aller Aktiva vereinbart wurde, auch alle Passiva übernommen würden.³⁷¹ Ebenso wenig gibt es einen Erfahrungssatz hinsichtlich der Übertragung der Aktiva. Festzuhalten ist daher, dass eine „abweichende Vereinbarung" i.S.d. § 25 Abs. 2 immer schon dann und insoweit vorliegt, als die Parteien im Rahmen eines Unternehmenskaufvertrages oder einer vergleichbaren Vereinbarung nichts über einen Schuldbeitritt des Erwerbers oder einen Forderungsübergang vereinbart haben.

Anders gewendet beruht die Vorstellung, eine ausdrückliche Vereinbarung sei erforderlich, wohl auf der – durch den Normaufbau und Wortlaut beförderten – Annahme, § 25 Abs. 1 stelle die gesetzliche Regel dar, die durch Abs. 2 durchbrochen werde. Dieses Verständnis ist indes verfehlt. Vielmehr ist das Regel-Ausnahme-Verhältnis gerade umgekehrt. Nach der Intention des Gesetzgebers kommt es in erster Linie auf den Parteiwillen an (s. Abs. 2 S. 1 und 2 der in Rn 9 zitierten Begründung). Demgegenüber soll § 25 Abs. 1 lediglich dann eingreifen, wenn die Parteien ihren Willen nicht in der von Abs. 2 geforderten Weise bekannt machen; denn dann bedürfen die Altgläubiger und -schuldner des gesetzlichen Schutzes. Zugleich wird dadurch Druck auf die Parteien zu einer Bekanntmachung ausgeübt (Rn 24, 30). Kommt es mithin in erster Linie auf den Parteiwillen an und sollen die Rechtsfolgen des Abs. 1 nur eingreifen, wenn der Wille nicht ordnungsgemäß bekannt gemacht wird, dann müssen die Parteien die Rechtsfolgen des Abs. 1 nicht ausdrücklich ausschließen, sondern nur ihren Willen richtig bekannt machen. Einer hinreichend bestimmten ausdrücklichen Vereinbarung bedarf es daher nur, wenn die Parteien die Haftung für Altverbindlichkeiten bzw. das Schicksal der Altforderungen abweichend von der zivilrechtlichen Ausgangslage regeln wollen. Wollen sie hingegen insofern alles

---

³⁶⁶ Staub/*Hüffer* 4. Aufl. Rn 96; Ebenroth/Boujong/Joost/Strohn/*Zimmer* Rn 82; MünchKommHGB/*Lieb* Rn 114.
³⁶⁷ RGZ 152, 78.
³⁶⁸ RG JW 1911, 660.
³⁶⁹ So allerdings schon die Denkschrift zum Entwurf eines Handelsgesetzbuchs, Reichstag, 9. Legislatur-Periode, IV. Session 1895/97, S. 37 = *Schubert/Schmiedel/Krampe* Quellen zum Handelsgesetzbuch von 1897, Bd. 2. 2., Hb. 1988, S. 979.
³⁷⁰ So im Blick auf einen nach BGH NJW-RR 1992, 866 (867) erforderlichen „Ausschluss" des Forderungsübergangs zutr. MünchKommHGB/*Lieb* Rn 101.
³⁷¹ BGH WM 2002, 1229 (1231).

126 Schief ist es daher auch, wenn betont wird, eine einseitige Erklärung des Erwerbers genüge den Anforderungen des § 25 Abs. 2 regelmäßig nicht. Richtig daran ist nur, dass sich der Erwerber und der Veräußerer selbstverständlich nicht einseitig über ihre Parteivereinbarung hinwegsetzen können. Haben die Parteien hingegen gar keine Vereinbarung über einen Schuldbeitritt oder einen Forderungsübergang getroffen, dann können sie diesen von § 25 Abs. 1 abweichenden Parteiwillen jedoch ebenso selbstverständlich einseitig verlautbaren. Dementsprechend genügt nach § 25 Abs. 2 eine einseitige Mitteilung des Erwerbers bzw. des Veräußerers (Rn 132). Damit erklärt sich zugleich die Lösung all derjenigen Fälle, in denen die h.L. ausnahmsweise von dem Erfordernis einer Vereinbarung absieht. Liegt nämlich gar keine Vereinbarung zwischen dem Erwerber und dem bisherigen Inhaber vor – sei es, weil sie unwirksam ist, sei es, weil ein Abschluss realistischerweise nicht möglich ist oder aus sonstigen Gründen fehlt (s. Rn 54 ff) – dann haben die Parteien auch keinen Schuldbeitritt und keinen Forderungsübergang vereinbart, was dementsprechend auch einseitig verlautbaren können. Zwar liegt in diesen Fällen – anders als in den Fällen der Rn 125 – überhaupt keine und deswegen – wie man meinen könnte – auch keine von § 25 Abs. 1 abweichende Parteivereinbarung vor. Der Begriff der „**Vereinbarung**" im Sinne des § 25 Abs. 2 ist nach dem zuvor Gesagten jedoch im Sinne eines **übereinstimmenden Parteiwillens** zu verstehen. Und dieser Parteiwille weicht immer schon dann von § 25 Abs. 1 ab, wenn und soweit die Parteien **keinen Schuldbeitritt und keinen Forderungsübergang vereinbart** haben, weil man ihnen andernfalls einen gegenteiligen Willen unterstellen würde. Folgt man diesen Überlegungen, steht zugleich fest, dass die Vereinbarung i.S.d. § 25 Abs. 2 nicht wirksam sein muss;[372] denn wenn sie unwirksam ist, liegt kein Parteiwille hinsichtlich eines Schuldbeitritts oder eines Forderungsübergangs und damit ein von § 25 Abs. 1 abweichender Parteiwille vor. Schließlich ist hinsichtlich des Zeitpunkts der Vereinbarung zu bemerken: Zwar ist es richtig, dass die Parteien ihren Willen für gewöhnlich spätestens zum Zeitpunkt der dinglichen Übertragung abschließend gebildet haben. Es ist jedoch kein Grund ersichtlich, warum es ihnen versagt sein soll, ihren Willen später zu ändern oder zu konkretisieren. Entscheidend ist daher nicht der Zeitpunkt des Abschlusses der Parteivereinbarung; dieser muss nur vor der Kundmachung liegen. Entscheidend ist vielmehr allein die Rechtzeitigkeit der Kundmachung (dazu Rn 133 ff).

127 Im Blick auf die **Beratungspraxis** ist allerdings auf ein Urteil des BGH vom 30.09. 2004 hinzuweisen.[373] Dort heißt es: „*Gerade weil höchstrichterliche Rechtsprechung zur Möglichkeit des Ausschlusses von § 25 Abs. 1 HGB durch einseitige Erklärung fehlte und die Gesellschafter der früheren Betreiber-KG sich weigerten, einer Haftungsfreistellung zuzustimmen, war es unsicher, ob der Ausschluß der Haftungsübernahme auf dem Weg des § 25 Abs. 2 HGB zu erreichen gewesen wäre. Der Beklagte hätte der Klägerin deshalb als sichersten Weg raten müssen, von der Übernahme der Firma abzusehen. Daß er dies versäumt hat, ist ihm anzulasten.*" Näher zur Haftung wegen mangelhafter Beratung Rn 103.

128 Die **Haftung des Veräußerers** steht nicht zur Disposition der Parteien. Eine Vereinbarung, welche diese Haftung ausschließt, entfaltet also auch dann keine Wirkung gegenüber den Gläubigern, wenn sie nach § 25 Abs. 2 kundgemacht ist. Vielmehr bedarf es

---

[372] I.E. zutr. MünchKommHGB/*Lieb* Rn 53, 79, 120; zurückhaltend Ebenroth/Boujong/Joost/Strohn/*Zimmer* Rn 82; aA Röhricht/v. Westphalen/*Ammon/Ries* Rn 39.

[373] BGH MittBayNot 2005, 168.

dazu der Zustimmung der Gläubiger.³⁷⁴ Umgekehrt ist eine mit ihrer Zustimmung getroffene Vereinbarung auch dann wirksam, wenn sie nicht kundgemacht wird. Entsprechendes gilt für Abreden, welche die Haftung zwar nicht ausschließen, aber in anderer Weise (Stundung, Leistung an Erfüllungs statt usw.) verändern. Kurz: Es gelten allgemeine Regeln.

2. Kundmachung. Dritten gegenüber ist eine abweichenden Vereinbarung gem. § 25 **129**
Abs. 2 nur wirksam, wenn sie in das Handelsregister eingetragen und bekannt gemacht oder von dem Erwerber oder dem Veräußerer dem Dritten mitgeteilt worden ist.

a) **Eintragung und Bekanntmachung.** Die Eintragung erfolgt auf Anmeldung. Nach – **130**
zumindest früher – hM ist die **Anmeldung gemeinsam** von Veräußerer und Erwerber vorzunehmen.³⁷⁵ Dem ist **nicht zu folgen.** Dahingehende registerrechtliche Vorschriften bestehen nicht. Ein Grund für die hM könnte daher allenfalls darin gesehen werden, dass durch die gemeinsame Anmeldung dem Registergericht die Prüfung erspart wird, ob eine abweichende Vereinbarung i.S.d. § 25 Abs. 2 tatsächlich vorliegt. Indes hat das Registergericht insofern grundsätzlich gar keine Prüfungskompetenz,³⁷⁶ weswegen regelmäßig auch keine Unterlagen einzureichen sind, aus denen sich die abweichende Vereinbarung ergibt. Zwar muss und darf das Registergericht keine offenbar falsche Tatsache eintragen. Auch in anderem Zusammenhang ist jedoch anerkannt, dass das Registergericht die Eintragung einer abweichenden Vereinbarung nur dann ablehnen darf, wenn feststeht, dass die Eintragung keine Rechtswirkung entfalten würde (s. Rn 131). Zwar kann man die Gemeinsamkeit der Anmeldung als Indiz dafür ansehen, dass die Parteien tatsächlich eine abweichende Vereinbarung getroffen haben. Umgekehrt gilt dies jedoch nicht. Die Anmeldung nur durch eine Partei ist also keineswegs ein Indiz dafür, dass keine abweichende Vereinbarung vorliegt. Das gilt nicht nur, aber erst Recht, wenn man die vorstehende Ansicht (Rn 125 f) teilt. Zudem sind die Folgen zu bedenken, wenn sich der Veräußerer unberechtigterweise weigert, an der Anmeldung mitzuwirken (etwa um Nachverhandlungen zu erpressen). Angesichts der Rechtsprechung zur Rechtzeitigkeit der Kundmachung (dazu Rn 134 f) ist dann nämlich zu besorgen, dass der Erwerber trotz Vorliegens einer abweichenden Vereinbarung haftet. Das wäre mit dem Regelungskonzept von § 25 nicht zu vereinbaren. Dem kann man schließlich nicht entgegenhalten, dass sich der Erwerber durch eine schlichte Mitteilung an Dritte schützen könne, die nach dem Wortlaut des Gesetzes unbestritten einseitig erfolgen kann; denn abgesehen von Beweisfragen hilft ihm diese Möglichkeit im Blick auf solche Verbindlichkeiten nichts, von deren Existenz er nichts weiß. Vielmehr belegt eben diese Möglichkeit einer einseitigen Mitteilung, dass es keiner gemeinsamen Anmeldung bedarf.³⁷⁷

Zuständig ist das Gericht der Hauptniederlassung des die Firma fortführenden Rechts- **131**
trägers,³⁷⁸ also des Erwerbers. Das gilt nach § 13 n.F. heute auch im Blick auf Zweig-

---

³⁷⁴ RG SeuffArch. 76, 152.
³⁷⁵ Staub/*Hüffer* 4. Aufl. 98; Heymann/*Emmerich* Rn 51; Ebenroth/Boujong/Joost/Strohn/*Zimmer* Rn 83; skeptisch aber MünchKommHGB/*Lieb* Rn 116.
³⁷⁶ Vgl. KGJ 33 A 127 (128 f); BayObLG Rpfleger 2003, 370; Röhricht/v. Westphalen/*Ammon/Ries* Rn 42; Heymann/*Emmerich* Rn 48; zur Reichweite der Prüfungskompetenz des Registergerichts bei Anmeldung einer abweichenden Vereinbarung i.S.d. § 25 Abs. 2 s. OLG Frankfurt DB 1977, 1889 f.
³⁷⁷ Im Ergebnis wie hier OLG München ZIP 2008, 1823 (1825). Röhricht/v. Westphalen/*Ammon/Ries* Rn 42; Koller/*Roth*/Morck Rn 8; *Huber* FS Raisch, S. 99; OHG GesRZ 1990, 46 (47): nur Erwerber.
³⁷⁸ OLG Düsseldorf NJW-RR 2008, 1211.

§ 25

niederlassungen. Dass sich der Inhaberwechsel nach dem Vertragsinhalt erst mit der Eintragung vollziehen soll, steht weder seiner Eintragung noch der des Haftungsausschlusses entgegen.[379] Das Registergericht hat nach ständiger obergerichtlicher Rechtsprechung den Haftungsausschluss einzutragen, wenn eine Haftung nach § 25 Abs. 1 „ernsthaft in Betracht kommt".[380] Umgekehrt darf es daher die **Anmeldung nur zurückweisen**, wenn feststeht, dass die Eintragung der abweichenden Vereinbarung keine Wirkung gegenüber Gläubigern oder Schuldnern entfalten kann.[381] Das ist namentlich dann der Fall, wenn die **Anmeldung eindeutig verspätet** erfolgt[382] (näher dazu Rn 133 ff) oder die **Voraussetzungen des § 25 Abs. 1 eindeutig nicht vorliegen**[383]. Ist hingegen ernsthaft in Betracht zu ziehen, dass die Anmeldung noch rechtzeitig erfolgt ist[384] oder die Voraussetzungen des § 25 Abs. 1 vorliegen[385], ist die Eintragung vorzunehmen. Die Eintragung erfolgt in Abteilung A des Handelsregisters gem. § 40 Nr. 5 Abs. 4 Buchstabe b Doppelbuchstabe ff HRV in der Spalte 5 Buchstabe b. Für Abteilung B enthält § 43 keine entsprechende Bestimmung. Gleichwohl ist eine Eintragung vorzunehmen,[386] und zwar in Spalte 6 Buchstabe b. Für die Bekanntmachung gilt § 10. Die Veröffentlichung ist gem. § 32 HRV unverzüglich zu veranlassen.

132 b) **Mitteilung.** Die abweichende Vereinbarung erlangt auch gegenüber demjenigen Gläubiger oder Schuldner Wirkung, dem sie mitgeteilt worden ist. Die Mitteilung ist eine rechtsgeschäftsähnliche Handlung; die allgemeinen Vorschriften über Geschäftsfähigkeit, Anfechtung, Zugang usw. sind also entsprechend anzuwenden. Nur der Veräußerer oder der Erwerber kann die Mitteilung machen.[387] Eine von der Vorgesellschaft ausgehende Mitteilung wirkt für die entstandene AG oder GmbH.[388] Vertretung ist zulässig. Die Mitteilung ist grundsätzlich an den Dritten zu richten. Sie kann aber auch an den Einziehungsberechtigten gemacht werden; denn er gilt kraft seiner Befugnis als zur Entgegennahme der Mitteilung ermächtigt.[389] Machen der Veräußerer und der Erwerber Mitteilungen, die einander widersprechen, so genügt es, dass eine von beiden Mitteilungen die Vereinbarung richtig wiedergibt. Befindet sich der Schuldner danach in Ungewissheit über die Person des Gläubigers, so kann er nach § 372 S. 2 BGB hinterlegen. Das ist vor allem dann zu raten, wenn der Veräußerer mitgeteilt hat, der Erwerber sei Forderungsinhaber (vgl. § 409 BGB), während der Erwerber das Gegenteil behauptet. Liegt es dagegen umgekehrt, kann der Schuldner statt zu hinterlegen auch an den Veräußerer leisten, weil er dann über § 407 BGB geschützt ist. Die Mitteilung muss inhaltlich hinreichend bestimmt sein. Nicht erforderlich ist, dass der gesamte Inhalt der abweichenden Vereinbarung mitgeteilt wird. Vielmehr reicht es aus, wenn dem Dritten mitgeteilt wird, dass

---

[379] LG Frankfurt Rpfl. 1974, 265 = DNotZ 1975, 235.
[380] Zuletzt OLG München ZIP 2008, 1823 (1824); OLG Frankfurt FGPrax 2005, 225; BayObLG ZIP 2003, 527; OLG Düsseldorf FGPrax 2003, 233; OLG Hamm ZIP 1998, 2092; OLG Hamm NJW-RR 1994, 1119.
[381] Staub/*Hüffer* 4. Aufl. Rn 98; vgl. auch Ebenroth/Boujong/Joost/Strohn/*Zimmer* Rn 83 f.
[382] RGZ 131, 12; BayObLG DB 1984, 1672; RG DR 1941, 1537; OLG Frankfurt OLGZ 1978, 30 = BB 1977, 1571; OLG Hamm ZIP 1998, 2092 (2094).
[383] OLG Frankfurt DB 2005 (2519 f).
[384] OLG Hamm ZIP 1998, 2092 (2094).
[385] Vgl. hierzu OLG Hamm NJW-RR 1999, 396; OLG Frankfurt DB 2001, 1552; MünchKommHGB/*Lieb* Rn 114a; Ebenroth/Boujong/Joost/Strohn/*Zimmer* Rn 83.
[386] OLG Düsseldorf NJW-RR 2003, 1120; Staub/*Hüffer* 4. Aufl. Rn 98.
[387] OLG Frankfurt OLGR 21, 375.
[388] RGZ 131, 27; Ebenroth/Boujong/Joost/Strohn/*Zimmer* Rn 83.
[389] RG Holdheim 13, 103.

der Erwerber für die den Dritten betreffende Verbindlichkeit nicht haftet bzw. der Veräußerer weiterhin Inhaber der den Dritten betreffenden Forderung ist. Die Mitteilung ist nicht formbedürftig.[390] Ihr müssen keine Belege beigefügt sein, die ihren Inhalt beweisen.

c) Rechtzeitigkeit. In welchem Zeitpunkt die Eintragung und Bekanntmachung **133** (Rn 130 f) oder die Mitteilung (Rn 132) erfolgen müssen, um die angestrebte Wirkung gegenüber Dritten zu entfalten, sagt das Gesetz nicht. Die Anforderungen ergeben sich aus den Rechtsfolgen von § 25 Abs. 1 S. 1, Abs. 1 S. 2 und Abs. 2, dem Zusammenwirken dieser Vorschriften und ihrem Sinn und Zweck. Im Blick hierauf ist richtigerweise zu unterscheiden:

aa) Ausschluss der Erwerberhaftung

α) **Meinungsstand.** Zur Rechtzeitigkeit der Kundmachung eines Ausschlusses bzw. **134** einer Beschränkung der Erwerberhaftung hat sich unter Zustimmung der Literatur[391] eine strenge Judikatur entwickelt. Leitentscheidung ist **BGHZ 29, 1**.[392] Danach ist zwar nicht erforderlich, dass die Eintragung und Bekanntmachung (bzw. die Mitteilung) der Vereinbarung vorher oder gleichzeitig mit der Geschäftsübernahme eingetragen und bekannt gemacht wird. Auch ist es unerheblich, ob sich inzwischen eine Verkehrsauffassung dahin bilden konnte, wonach der Erwerber die Geschäftsverbindlichkeiten übernommen habe. Ausreichend, aber auch erforderlich sei vielmehr, dass der Haftungsausschluss unverzüglich nach der Geschäftsübernahme angemeldet wird und Eintragung und Bekanntmachung sodann in angemessenem Zeitabstand folgen. Zur Begründung führt das Gericht aus, dass die Vorschrift des § 25 der Rechtssicherheit dient. Sie sei im Leben eines Kaufmanns von größter Bedeutung und stellt für jeden Geschäftskäufer die wesentlichste Rechtsvorschrift dar. Man müsse daher auch im Blick auf die Bedeutung des Haftungsausschlusses für alle Beteiligten von jedem Geschäftsübernehmer verlangen, dass er den ihm nach § 25 Abs. 2 obliegenden Maßnahmen die größte Aufmerksamkeit zuwende.[393]

Diese Entscheidung wurde von den **Instanzgerichten** wie folgt konkretisiert: Das **135** Risiko einer verzögerten Eintragung und Bekanntmachung treffe den neuen Inhaber; es komme dabei weder auf dessen Verschulden noch auf ein solches des Registergerichtes an.[394] Sind seit dem Wechsel des Unternehmensträgers bis zur Eintragungsreife der Anmeldung des Haftungsausschlusses fünf Monate verstrichen, so sei eine Ablehnung der Eintragung gerechtfertigt.[395] Dagegen könne die Eintragung auch dann noch erfolgen, wenn nach unverzüglicher Anmeldung die Eintragung zunächst zu Unrecht abgelehnt worden sei und im Beschwerdewege fünf Monate nach der Anmeldung vorgenommen werde; denn andernfalls würde der Anmelder gegenüber einer ablehnenden Entscheidung des Registergerichts praktisch rechtlos gestellt.[396] Eine Anmeldung drei Wochen nach der Geschäftsübernahme könne noch als unverzüglich angesehen wer-

---

[390] Baumbach/*Hopt* Rn 14 a.E.; GKzHGB/*Steitz* Rn 14.
[391] GKzHGB/*Steitz* Rn 14; Koller/*Roth*/Morck Rn 19 mwN; Baumbach/*Hopt* Rn 15.
[392] Zuvor schon RG JW 1904, 8; RG Recht 1908, Nr. 3890; RGZ 75, 139 (140); RG JW 1911, 660; RG Recht 1931, Nr. 832.
[393] BGHZ 29, 1 (6).
[394] OLG Frankfurt OLGZ 1978, 30 (31 f); BayObLG WM 1984, 1533 (1534 f); OLG Hamm NJW-RR 1994, 1119; sowie bereits RGZ 131, 12 (14).
[395] BayObLG WM 1984, 1533.
[396] OLG Hamm ZIP 1998, 2092; OLG Düsseldorf NJW-RR 2003, 1120; BayObLG Rpfleger 2003, 370 (3 Monate).

den.[397] Nach RGZ 75, 139 ff war dem Verfahren nach § 25 Abs. 2 nicht genüge getan, weil zehn Wochen nach der Anmeldung der Geschäftsübernahme zum Handelsregister vergangen waren und der Beklagte das Verfahren in dieser Zeit nicht weiter betrieben hatte.

136 β) **Stellungnahme:** Gegen diese Rechtsprechung liegen zwei Einwände nahe. Zum einen könnte man entgegnen, dass sich diese Anforderungen nicht aus dem Wortlaut des Gesetzes ergeben. Sie klingen allerdings zumindest insofern an, als das Gesetz „*nur*" und nicht „*erst*" formuliert und damit immerhin zum Ausdruck bringt, dass ein zeitliches Hinausschieben des Wirksamwerdens der Erwerberhaftung nicht in Betracht kommt. Zum anderen könnte man es für unschädlich halten, wenn Gläubiger erst dann, wenn sie den Erwerber in Anspruch nehmen wollen, erfahren, dass dieser nicht haftet;[398] denn sie erfahren dann lediglich, dass sie infolge der Geschäftsübernahme keinen zusätzlichen Schuldner gewonnen haben, sondern sich nach wie vor nur an den bisherigen Inhaber halten können. Dies alsbald und nicht erst auf Nachfrage zu erfahren, haben die Gläubiger freilich ein erhebliches Interesse; denn gerade dann, wenn der Erwerber nicht für die Altverbindlichkeiten haftet, mag es aus ihrer Sicht tunlich sein, ihre Forderungen gegen den bisherigen Inhaber so bald wie möglich geltend zu machen. Dabei gibt es nach den Vorstellungen des Gesetzes vornehmlich zwei Wege, um die Gläubiger davon in Kenntnis zu setzen, dass der Erwerber für Altverbindlichkeiten nicht haftet (s. Rn 22 ff), nämlich einerseits durch eine mangelnde Firmenfortführung (in welchem Fall der Erwerber schon kraft Gesetzes nicht haftet) und andererseits eine Kundmachung nach § 25 Abs. 2 (in welchem Fall eine die Erwerberhaftung begründende Parteivereinbarung fehlt). Beide Wege müssen aus Gläubigersicht einigermaßen gleichwertig sein. Deswegen darf die Kundmachung nach § 25 Abs. 2 nicht wesentlich später erfolgen als die Firmenfortführung zu Tage tritt. Das ist auch ein Gebot der Rechtssicherheit und -klarheit. Zuzustimmen ist der Rechtsprechung daher jedenfalls hinsichtlich des Erfordernisses einer unverzüglichen Anmeldung bzw. Mitteilung.

137 Das bedeutet freilich zugleich, dass Verzögerungen, die der Erwerber in Bezug auf die Anmeldung oder Mitteilung nicht zu vertreten hat, einem Haftungsausschluss nicht entgegenstehen – so etwa, wenn der Veräußerer bei der Anmeldung treuwidrig nicht mitwirkt (und man dies mit der hM für erforderlich hält; dagegen Rn 130). Bedenklich ist daher, wenn die Rechtsprechung auch solche Verzögerungen für schädlich erachtet, die ohne Zutun des Erwerbers bei der Eintragung und Bekanntmachung auftreten. Zwar erkennt sie an, dass dies jedenfalls dann nicht gilt, wenn die Anmeldung unberechtigterweise zurückgewiesen wurde, sich der Erwerber hiergegen unverzüglich gewandt hat und insgesamt nicht mehr als fünf Monate verstrichen sind. Auch ist zuzugeben, dass das Gesetz einen Anmelder oft mit Rechtsnachteilen bedroht, wenn er nicht für eine schnellstmögliche Eintragung und Bekanntmachung Sorge trägt (z.B. § 15 Abs. 1 und 2). Im Unterschied zu solchen Vorschriften steht hier jedoch nicht nur eine zeitliche Verzögerung des Wirksamwerdens einer Rechtsänderung nach Außen, sondern die Wirksamkeit der Vereinbarung gegenüber Dritten schlechthin in Frage. Im Blick hierauf wäre es unbillig und unverhältnismäßig, wollte man auch solche Verzögerungen bei der Eintragung

---

[397] BayObLG BayObLG WM 1984, 1533 (1534).
[398] So das Argument von *Canaris* Handelsrecht § 7 Rn 10 gegen die hier vertretene Auffassung über den Sinn und Zweck von § 25 Abs. 1 S. 1 i.V.m. Abs. 2. Freilich verlangt auch *Canaris* Handelsrecht § 7 Rn 35 eine unverzügliche Anmeldung.

und Bekanntmachung für schädlich halten, die nicht aus der Sphäre des Erwerbers, sondern aus der Sphäre des Registergerichts stammen.[399] Das gilt ohne zeitliche Beschränkung, wenn der Erwerber unverzüglich, sobald Verzögerungen bemerkbar sind, versucht, diesen entgegenzuwirken.

138 Namentlich für die Notariatspraxis folgt aus alledem die Notwendigkeit, die Bearbeitung der Anmeldung strikt zu überwachen und Beteiligte, die das Verfahren selbst betreiben wollen, über die Bedeutung des Zeitablaufs zu belehren: Eine verspätete Kundmachung entfaltet keine Wirkung, und zwar auch nicht im Falle der Eintragung[400]. Zumindest, wenn sich schon zu Beginn Verzögerungen ergeben oder solche absehbar sind, ist Erwerbern daher zu raten, Altgläubiger sicherheitshalber in nachweisbarer Übermittlungsform den Haftungsausschluss unverzüglich mitzuteilen. Hinsichtlich von Großgläubigern ist dies in jedem Fall ratsam.

139 **bb) Ausschluss des Schuldnerschutzes.** Nach hM gelten die vorstehenden Anforderungen in gleicher Weise im Blick auf § 25 Abs. 1 S. 2.[401] Dem ist aus den genannten Gründen (Rn 113) nicht zu folgen. Vielmehr genügt es zum Schutz des Schuldners, wenn er unmittelbar vor der Leistung erfährt, dass gerade die ihn betreffende Forderung nicht abgetreten worden ist. Ausreichend ist daher, wenn dem Schuldner vor der Leistung entweder die Mitteilung nach § 25 Abs. 2 zugeht oder die abweichende Vereinbarung zuvor in das Handelsregister eingetragen und bekannt gemacht worden ist.[402] Der Verbleib der Forderungen beim bisherigen Inhaber kann daher zeitlich unbegrenzt kundgetan werden, betrifft aber nur Forderungen, die zum Zeitpunkt der Kundmachung noch nicht beglichen worden sind.

3. Anderweitig erlangte Kenntnis

140 **a) Meinungsstand.** Nach hM kann die Vereinbarung über den Ausschluss der Haftung oder des Forderungsübergangs nur nach Maßgabe des § 25 Abs. 2 gegenüber Dritten wirksam werden. Eine auf andere Weise erlangte Kenntnis des Dritten ist danach unerheblich.[403]. Eine andere Auslegung lasse der Wortlaut von § 25 Abs. 2 nicht zu. In Kollusionsfällen (denkbar bei Leistung des Schuldners an den Erwerber, § 25 Abs. 1 S. 2) könne man die Grundsätze heranziehen, die in der Rechtsprechung zum Missbrauch unbeschränkter Vertretungsmacht entwickelt worden seien.[404] Nach einer gewichtigen Mindermeinung ist die auf andere Weise erlangte Kenntnis des Dritten dagegen nur im Blick auf die Erwerberhaftung unerheblich, nicht aber im Blick auf den Schuldnerschutz.[405]

---

[399] I. E. ebenso *Canaris* Handelsrecht § 7 Rn 35; Koller/*Roth*/Morck Rn 8; **aA** RG 131, 14; Hamm NJW-RR 94, 1121; BayObLG ZIP 03, 537; Baumbach/*Hopt* Rn 15.
[400] Koller/*Roth*/Morck Rn 8 a.E.
[401] BGH NJW-RR 1992, 866 (867); Staub/*Hüffer* 4. Aufl. Rn 100; Heymann/*Emmerich* Rn 47; MünchKommHGB/*Lieb* Rn 121; GKzHGB/*Steitz* Rn 25.
[402] Ebenso OLG München DB 1992, 518 (519); Ebenroth/Boujong/Joost/Strohn/*Zimmer* Rn 74; MünchKommHGB/*Lieb* Rn 115; GKzHGB/*Steitz* Rn 25.

[403] RG JW 1903, 401; RGZ 75, 139; RG Warneyer 1932 Nr. 13; BGHZ 29, 1 (4); OLG Celle OLGR 2000, 220; Oetker Handelsrecht § 4 Rn 94; MünchKommHGB/*Lieb* Rn 117; Ebenroth/Boujong/Joost/Strohn/*Zimmer* Rn 77, 86; Koller/*Roth*/Morck Rn 8; Staub/*Hüffer* 4. Aufl. Rn 101; Schlegelberger/*Hildebrandt/Steckhan* Rn 18.
[404] Staub/*Hüffer* 4. Aufl. Rn 101; Ebenroth/Boujong/Joost/Strohn/*Zimmer* Rn 77, 86.
[405] So MünchKommHGB/*Lieb* Rn 106, 117; Baumbach/*Hopt* Rn 14, 25; K. Schmidt Handelsrecht, § 8 II 2 d.

§ 25   1. Buch. Handelsstand

Demgegenüber will *Canaris* eine anderweitig erlangte Kenntnis grundsätzlich in beiden Fällen berücksichtigen.[406]

141 b) **Stellungnahme.** Der Wortlaut von § 25 Abs. 2 hilft nicht weiter. Soweit man nämlich der Ansicht ist, er stünde der Erheblichkeit anderweitig erlangter Kenntnis entgegen, könnte man mit gleichem Recht eine Gesetzeslücke annehmen. Entscheidend muss daher der Sinn und Zweck der Vorschrift sein. Dieser ist nach hier vertretener Auffassung vornehmlich darin zu erblicken, das Informationsinteresse der Schuldner und Gläubiger zu befriedigen (Rn 123). Und diesem Informationsinteresse ist nicht nur bei Vorliegen der Voraussetzungen des § 25 Abs. 2, sondern grundsätzlich auch dann genügt, wenn ein betroffener Gläubiger oder Schuldner anderweitig nachweisbar positive Kenntnis von der wahren Sachlage erlangt hat. Vier Fälle sind denkbar. **Erstens:** Die Parteien haben die Erwerberhaftung, wie der Gläubiger weiß, ausgeschlossen, den Ausschluss aber nicht nach § 25 Abs. 2 kundgemacht. In diesem Fall ist kein Grund ersichtlich, warum der Gläubiger den Erwerber in Anspruch nehmen können soll (vgl. auch § 15 Abs. 1) – oder anders gewendet: warum das Gesetz darauf bestehen sollte, dass ein Ausschluss der Erwerberhaftung nur auf dem Wege des § 25 Abs. 2 möglich sein soll. Die Schutzbedürftigkeit des Gläubigers ist nicht zu erkennen. **Zweitens:** Die Parteien haben die Erwerberhaftung, wie der Gläubiger weiß, nicht ausgeschlossen. Es liegt aber eine gegenteilige Kundmachung vor. An diese ist der Gläubiger natürlich nicht gebunden, sondern kann den Erwerber in Anspruch nehmen. **Drittens:** Die Parteien haben, wie der Schuldner weiß, keinen Forderungsübergang vereinbart, dies aber nicht kundgemacht. Im Blick auf solche Fälle wurde bereits ausgeführt, dass dem Schuldner die Berufung auf die wahre Rechtslage nicht verwehrt ist, weil § 25 Abs. 1 S. 2 eine reine Schuldnerschutzvorschrift ist (Rn 113). Der Schuldner kann daher mit befreiender Wirkung an den Veräußerer leisten. Fraglich ist also nur, ob er unter Berufung auf § 25 Abs. 1 S. 2 auch mit befreiender Wirkung an den Erwerber leisten kann. Dafür spricht zwar der Schutzzweck der Vorschrift. Da sich aber der Erwerber nach hier vertretener Ansicht (Rn 111, 114) nicht auf die Vermutung des § 25 Abs. 1 S. 2 berufen kann, muss der Schuldner von Rechts wegen nicht befürchten, von ihm in Anspruch genommen zu werden. Dies entspricht allerdings nicht der Auffassung der hM. Solange sich die hier vertretene Auffassung nicht in der Rechtsprechung durchgesetzt hat, wird man daher zulassen müssen, dass der Schuldner auch an den Erwerber mit befreiender Wirkung leisten kann, wenn er nicht die fehlende Abtretung unschwer beweisen kann.[407] **Viertens:** Die Parteien haben, wie der Schuldner weiß, einen Forderungsübergang vereinbart. Es liegt aber eine gegenteilige Kundmachung vor. Auch in diesem Fall kann der Schuldner mit befreiender Wirkung an den wahren Gläubiger, hier also den Erwerber, leisten. Dagegen hat eine Leistung an den Veräußerer keine befreiende Wirkung;[408] denn auf § 407 Abs. 1 BGB kann er sich wegen seiner entgegenstehenden Kenntnis nicht berufen.

142 4. **Verhältnis zu § 15.** Nach hM gilt **§ 15 Abs. 1 bis 3 nicht für die** Eintragung und Bekanntmachung der abweichenden **Vereinbarung nach** § 25 Abs. 2; denn § 15 setze eine einzutragende, also anmeldungspflichtige Tatsache voraus, die in dem Abschluss der Ver-

---

[406] *Canaris* Handelsrecht § 7 Rn 36, 72; i.E. ebenso *Gerlach* Die Haftungsordnung der §§ 25, 28, 130 HGB, 1976, S. 25 f; *Gotthardt* BB 1987, 1896 (1901).

[407] Zutr. *Canaris* Handelsrecht § 7 Rn 72; Koller/*Roth*/Morck Rn 14; Baumbach/*Hopt* Rn 25.

[408] AA Staub/*Hüffer* 4. Aufl. Rn 102.

einbarung nicht zu finden sei.⁴⁰⁹ Wollte man die Vorschrift gleichwohl anwenden, so ergäbe sich ein Widerspruch zu der in § 25 Abs. 2 getroffenen Regelung, weil danach nur die in bestimmter Weise erlangte Kenntnis des Dritten erheblich sei, während es für § 15 auf die Informationsquelle gerade nicht ankomme. **Stellungnahme:** Der hM ist im Ergebnis zu folgen. Richtig ist, dass die Vereinbarung keine eintragungspflichtige Tatsache ist. Das ergibt sich schon daraus, dass die Parteien statt der Eintragung den Weg einer Mitteilung an die betroffenen Gläubiger und Schuldner wählen können. Ob dieser Umstand allein die Unanwendbarkeit von § 15 zu begründen vermag, muss freilich hier nicht entschieden werden; denn die vorstehenden Ausführungen (Rn 141) zeigen, dass § 25 eigenen Wertungen folgt, die einer starren Anwendung jedenfalls von § 15 Abs. 1 und 3 vorzuziehen ist – was allerdings nicht ausschließt, auch deren Wertungen zu berücksichtigen. Ebenfalls nicht sachgerecht wäre eine Anwendung von § 15 Abs. 2 S. 2, und zwar weder im Blick auf den Ausschluss der Erwerberhaftung noch im Blick auf die Kundmachung fehlender Abtretung. Und einer Anwendung von § 15 Abs. 2 S. 1 bedarf es hier nicht.

III. Rechtsfolgen

143 Rechtsfolgen der Kundmachung einer abweichender Vereinbarung nach § 25 Abs. 2 sind: Der **Altgläubiger** kann den Erwerber des Handelsgeschäfts nicht nach § 25 Abs. 1 in Anspruch nehmen, wohl aber aus besonderen Verpflichtungsgründen i.S.d. § 25 Abs. 3⁴¹⁰. Ist eine vollstreckbare Ausfertigung gegen den Erwerber erteilt (§ 729 Abs. 2 ZPO), so muss er die haftungsausschließende Vereinbarung im Wege der Erinnerung (§ 732 ZPO) oder der Klauselgegenklage (§ 768 ZPO) geltend machen. Durch Gläubiger (§ 2 AnfG) oder Insolvenzverwalter (§ 129 InsO) ist die Kundmachung nicht anfechtbar.⁴¹¹ Der **Schuldner** wird durch eine Leistung an den Erwerber von seiner Verbindlichkeit gegenüber dem Veräußerer nicht befreit. Er muss an diesen erneut leisten und kann gegen den Erwerber nach § 812 Abs. 1 S. 1, 1. Fall BGB vorgehen. Zu Beweisfragen oben Rn 122.

E. Die Schuldenhaftung kraft besonderen Verpflichtungsgrundes (Abs. 3)

I. Überblick

144 **Führt der Erwerber die Firma des Veräußerers nicht fort,** so haftet er gem. § 25 Abs. 3 nur, wenn ein **besonderer Verpflichtungsgrund** vorliegt. Er ist also nicht schon deshalb Schuldner der Altverbindlichkeiten, weil er die geschäftliche Tradition seines Vorgängers fortsetzt (Unternehmensfortführung). Die abweichende Ansicht von *K. Schmidt*, wonach die Unternehmensfortführung als besonderer Verpflichtungsgrund im Sinne des § 25 Abs. 3 einzuordnen sein soll,⁴¹² ist zu Recht vereinzelt geblieben. Ihr ist aus den genannten Gründen nicht zu folgen (oben Rn 20). Besondere Verpflichtungsgründe sind

---

⁴⁰⁹ Staub/*Hüffer* 4. Aufl. Rn 102; Ebenroth/Boujong/Joost/Strohn/*Zimmer* Rn 87; GKzHGB/*Steitz* Rn 14.
⁴¹⁰ Statt aller Baumbach/*Hopt* Rn 16.
⁴¹¹ Baumbach/*Hopt* Rn 16; *Weimar* MDR 1964, 567; vgl. auch *Commandeur* Betriebs-, Firmen- und Vermögensübernahme, Teil III. D.3.
⁴¹² ZHR 145 (1981), 2 (19).

vielmehr die vertragliche Schuldübernahme, sei sie befreiend (§§ 414 ff BGB) oder kumulativ, die handelsübliche Bekanntmachung der Schuldenübernahme (Rn 145 f), die Rechtsscheinhaftung (Rn 152 ff) und andere haftungsbegründende Vorschriften des Zivil- und Steuerrechts (Rn 147 ff). In der Verweisung auf diese Vorschriften liegt die praktische Hauptbedeutung des § 25 Abs. 3. Sie hat damit vornehmlich klarstellende Bedeutung.

II. Haftung kraft handelsüblicher Bekanntmachung

145 Das Gesetz nennt als Beispiel des **besonderen Verpflichtungsgrundes** („*insbes.*") die Bekanntmachung der Schuldenübernahme in handelsüblicher Weise. Damit knüpft das Gesetz an die in der Rechtsprechung des 19. Jahrhunderts entwickelten Grundsätze an (oben Rn 4). Es handelt sich also um einen gesetzlich anerkannten Fall haftungsbegründender Erklärung an die Öffentlichkeit. Die Bekanntmachung wirkt deshalb auch dann verpflichtend, wenn ihr eine vertragliche Schuldübernahme nicht zugrunde liegt. Seine vor Inkrafttreten des HGB vorhandene praktische Bedeutung hat dieser Haftungsgrund durch die gesetzliche Anknüpfung der Haftung an die Fortführung der Firma (§ 25 Abs. 1) oder an die Weiterbeteiligung des bisherigen Inhabers als Gesellschafter (§ 28 Abs. 1) eingebüßt.

146 Zum Zuge kommen könnte eine Haftung kraft handelsüblicher Bekanntmachung etwa dann, wenn der Erwerber die Firma nicht fortführen kann oder will, trotzdem aber – z.B. aus Bonitätsgründen – die Haftung übernehmen und verlautbaren will. Handelsüblich sind etwa die Anmeldung zum Handelsregister, Rundschreiben an die betreffenden Gläubiger (z.B. Übernahme von Betriebsrentenverpflichtungen durch Schreiben an die Berechtigten[413]), Zeitungsanzeigen oder die Veröffentlichung einer Übernahmebilanz, in der die übernommenen Verbindlichkeiten im Einzelnen aufgeführt sind.[414] Eine solche Bekanntmachung verpflichtet den Erwerber auch dann, wenn sie den Vereinbarungen im Innenverhältnis nicht entspricht.[415]

III. Vermögensübernahme (§ 419 BGB a.F.)

147 Eine Haftung nach § 419 BGB a.F. wegen Vermögensübernahme konnte Bedeutung erlangen, wenn die Erwerberhaftung nach § 25 Abs. 1 S. 1 wirksam ausgeschlossen wurde. Die Vorschrift wurde durch Art. 33 Ziff. 16 i.V.m. Art. 110 Abs. 1 EGInsO mit Wirkung vom 01.01.1999 aufgehoben[416] und kann daher nur noch für Geschäftserwerbe relevant werden, die vor diesem Zeitpunkt erfolgt sind (Art. 223a EGBGB). Im Blick auf diese allenfalls noch geringe Bedeutung wird auf die Voraufl. Rn 106 ff verwiesen.

---

[413] BAG DB 1998, 2426 f.
[414] MünchKommHGB/*Lieb* Rn 124; Ebenroth/Boujong/Joost/Strohn/*Zimmer* Rn 90; Heymann/*Emmerich* Rn 56.
[415] RGZ 38, 173 (176 f); MünchKommHGB/*Lieb* Rn 124; Ebenroth/Boujong/Joost/Strohn/*Zimmer* Rn 90; Heymann/*Emmerich* Rn 57.

[416] BGBl. 1994 I S. 2911, 2925, 2952 f; zu den unterschiedlichen Einschätzungen der Bedeutung dieser Gesetzesaufhebung vgl. *K. Schmidt* ZIP 1989, 1025 f einerseits und *Canaris* ZIP 1989, 1161 f andererseits.

IV. Gesetzlicher Vertragsübergang (§§ 566, 578 f, 613a BGB, §§ 95 ff, 122 VVG)

Besonderer Verpflichtungsgrund kann ferner ein gesetzlicher Vertragsübergang sein. **148** Dabei trifft § 613a BGB eine eigenständige Regelung, die in ihrem Anwendungsbereich eine Haftung nach § 25 Abs. 1 S. 1 richtiger-, wenngleich umstrittenerweise ausschließt. Näher dazu o. Rn 86.

V. Vertrags- oder Schuldübernahme (§§ 311; 414 ff BGB)

Besondere Verpflichtungsgründe sind auch eine rechtsgeschäftliche Vertragsübernahme **149** (als Vertrag sui generis, § 311 BGB) oder eine Schuldübernahme (§ 414 ff BGB), s. dazu o. Rn 90 f.

VI. Betriebsbezogene Steuern (§ 75 AO)

Ein **steuerrechtliche Parallelnorm** zu den §§ 25, 28 enthält § 75 AO. Die Bestimmung **150** lautet:

§ 75 Haftung des Betriebsübernehmers

(1) Wird ein Unternehmen oder ein in der Gliederung eines Unternehmens gesondert geführter Betrieb im Ganzen übereignet, so haftet der Erwerber für Steuern, bei denen sich die Steuerpflicht auf den Betrieb des Unternehmens gründet, und für Steuerabzugsbeträge, vorausgesetzt, dass die Steuern seit dem Beginn des letzten, vor der Übereignung liegenden Kalenderjahrs entstanden sind und bis zum Ablauf von einem Jahr nach Anmeldung des Betriebs durch den Erwerber festgesetzt oder angemeldet werden. Die Haftung beschränkt sich auf den Bestand des übernommenen Vermögens. Den Steuern stehen die Ansprüche auf Erstattung von Steuervergütungen gleich.

(2) Absatz 1 gilt nicht für Erwerbe aus einer Insolvenzmasse und für Erwerbe im Vollstreckungsverfahren.

Eine „Übereignung" im Sinne des § 75 Abs. 1 AO liegt vor, wenn der Betriebsüber- **151** nehmer bei wirtschaftlicher Betrachtungsweise eine eigentümerähnliche Herrschaftsstellung erlangt.[417] Ob ein Verkehrsgeschäft oder ein gesellschaftsrechtlicher Einbringungsvorgang zugrunde liegt, ist unerheblich. Insoweit entspricht die Vorschrift einer Zusammenfassung der §§ 25 und 28 und ist dementsprechend in beiden Fällen anwendbar. Die **Beschränkung der Haftung** auf das übernommene Vermögen ist demgegenüber § 419 BGB a.F. nachgebildet. Im Blick auf § 75 AO ist dem Erwerber zu raten, vom Veräußerer die Beibringung einer Bescheinigung des Finanzamts über bestehende Betriebssteuerschulden zu verlangen.[418]

---

[417] BFH BStBl. III 1967, 684; BFH WM 1982, 912 (914).
[418] *Selder* Rn 23; näher zur Haftung nach § 75 AO und ihrer Vermeidung etwa *Bruschke* StB 2008, 327; *Watermeyer* GmbH-StB 2006, 259; *Leibner/Pump* DStR 2002, 1689.

VII. Rechtsscheinhaftung

152 **1. Grundlagen.** § 25 Abs. 1 S. 1 enthält entgegen verbreiteter Meinung keinen Fall der Rechtsschein- oder Vertrauenshaftung (Rn 18). Das schließt freilich die Anwendung der Rechtsscheingrundsätze nicht aus. Vielmehr stehen § 25 Abs. 1 S. 1 und die Rechtsscheinhaftung zueinander in Konkurrenz, soweit die Voraussetzungen des gesetzlichen Tatbestands und die des gewohnheitsrechtlich gesicherten Instituts nebeneinander vorliegen. Praktische Bedeutung erlangen die Rechtsscheingrundsätze freilich gerade dann, wenn sich die Haftung des Erwerbers nicht schon nach § 25 Abs. 1 S. 1 begründen lässt, sei es, weil einzelne Voraussetzungen der Norm fehlen, sei es, weil die Erwerberhaftung nach § 25 Abs. 2 wirksam abbedungen ist.[419]

153 **Voraussetzung** des Eingreifens der Rechtsscheinhaftung ist erstens, dass das fehlende Tatbestandsmerkmal des § 25 Abs. 1 S. 2 dem Anschein nach vorliegt. Das allein reicht freilich keinesfalls aus.[420] Vielmehr müssen im Blick auf das nur dem Anschein nach vorliegende Tatbestandsmerkmal sämtliche Voraussetzungen der Rechtsscheinhaftung gegeben sein.[421] Der Anschein muss daher zweitens zurechenbar verursacht und drittens dem Dritten bekannt sein. Schließlich muss der Dritte viertens auf den Anschein vertraut[422] und fünftens – besonders wichtig – im Vertrauen auf den nur vermeintlich gegebenen Tatbestand disponiert haben. Sein Vertrauen muss also für die von ihm getroffene Disposition ursächlich gewesen sein.[423]

154 Eben an dieser zuletzt genannten Voraussetzung wird es in Fällen des § 25 Abs. 1 S. 1 zumeist fehlen; denn die Vorschrift ordnet die Haftung für Altverbindlichkeiten, also für solche Verbindlichkeiten an, die bereits zur Zeit der Firmen- und Unternehmensfortführung begründet waren. Mithin entsteht ein möglicher Rechtsschein später als die Verbindlichkeit. Für deren Begründung kann der Anschein daher nicht kausal geworden sein. Zwar kann die erforderliche Disposition auch in einem Unterlassen bestehen, also hier insbes. in dem Unterlassen einer frühzeitigen Durchsetzung der Forderung gegen den Veräußerer. Auch insofern ist die Möglichkeit einer Kausalität jedoch zweifelhaft. Zu bedenken ist ferner, dass der Gläubiger hierfür beweispflichtig ist. Vorliegend dürfte eine Rechtsscheinhaftung daher schon aus diesen Gründen eine seltene Ausnahme sein.[424]

155 **2. Rechtsschein hinsichtlich § 25 Abs. 1 S. 1.** Gegenstand des Rechtsscheins können die Kaufmannseigenschaft, die Fortführung der Firma, die Unternehmensfortführung und die Einwilligung in die Firmenfortführung sein.

156 **a) Anschein der Kaufmannseigenschaft.** Unter diesem Gesichtspunkt kommt eine Rechtsscheinhaftung nur in Betracht, wenn ein Nichtkaufmann eine Bezeichnung firmenähnlich führt, zu deren Verwendung er nicht berechtigt ist.[425] Im Blick hierauf ist zu beachten, dass seit der Handelsrechtsreform von 1998 kein Verbot der Führung „*firmen-*

---

[419] Staub/*Hüffer* 4. Aufl. Rn 115; Ebenroth/Boujong/Joost/Strohn/*Zimmer* Rn 98; MünchKommHGB/*Lieb* Rn 68.

[420] Staub/*Hüffer* 4. Aufl. Rn 116; Ebenroth/Boujong/Joost/Strohn/*Zimmer* Rn 98; MünchKommHGB/*Lieb* Rn 74; anders und deshalb verfehlt OLG Frankfurt NJW 1980, 1397 (1398), vgl. dazu auch *Nickel* NJW 1981, 102.

[421] Vgl. BayOBLGZ NJW-RR 1988, 868 (870).

[422] Das setzt Gutgläubigkeit voraus. Dies wird zwar vermutet. Fahrlässige Unkenntnis schadet jedoch, MünchKommHGB/*Lieb* Rn 71.

[423] Näher zu den Voraussetzungen einer Rechtsscheinhaftung *K. Schmidt* Handelsrecht § 5 IV 2; MünchKommHGB/*Lieb* § 15 Rn 82 ff.

[424] MünchKommHGB/*Lieb* Rn 69.

[425] Vgl. MünchKommHGB/*Lieb* Rn 73.

ähnlicher" Geschäftsbezeichnungen (z.B. „& Co."; „und Söhne") durch Nichtkaufleute mehr besteht. Vielmehr wird die Abgrenzung zwischen der kaufmännischen Firma und der nichtkaufmännischen Minderfirma heute durch die Verpflichtung aller Kaufleute zur Aufnahme von Rechtsformbezeichnungen in die Firma gewährleistet (näher § 17 Rn 20). Allerdings unterliegen auch Nichtkaufleute dem Irreführungsverbot des § 18 Abs. 2. Eine Minderfirma darf daher nicht das Bestehen eines Handelsgewerbes vortäuschen (§ 17 Rn 21). So deutet die Bezeichnung als „Groß- und Einzelhandel" auf das Betreiben eines Gewerbes hin, das kleingewerblichen Umfang überschreitet. Dadurch wird nicht nur das Irreführungsverbot verletzt, sondern zugleich der Rechtsschein der Kaufmannseigenschaft hervorgerufen.[426]

b) Anschein der Firmenfortführung. Das Tatbestandsmerkmal der Firmenfortführung hat mehrere Voraussetzungen, auf die sich ein Anschein beziehen kann. Insbes. kann der Anschein entstehen, der Erwerber führe die bisherige Firma als Firma fort, obwohl er sie rechtlich betrachtet als ein anderes Kennzeichen, insbes. als Geschäftsbezeichnung verwendet (s. Rn 64). Dagegen dürfte eine Rechtsscheinhaftung im Blick auf die Identifizierbarkeit der Firma des Erwerbers mit der Firma des bisherigen Inhabers kaum in Betracht kommen, weil diese Frage ohnehin aus der Sicht der maßgeblichen Verkehrskreise zu beantworten ist (Rn 71 f). **157**

c) Anschein der Unternehmensfortführung. Insofern ist zuvörderst zu beachten, dass zur Begründung dieses Rechtsscheins Tatsachen erforderlich sind, die über die bloße Firmenfortführung hinausgehen.[427] So kann sich der Anschein der Unternehmensfortführung ergeben, wenn zwar tatsächlich einzelne Betriebsmittel erworben und genutzt werden, die aber nicht den Kern des Unternehmens ausmachen.[428] Dass die Fortführung der Firma in diesem Fall wegen § 23 unzulässig wäre, steht dem Rechtsschein nicht entgegen, weil es für § 25 nicht auf die Zulässigkeit der Firmenführung ankommt (Rn 50, 69). Der Anschein einer Unternehmensfortführung kann ferner bei der Wiederaufnahme der Tätigkeit eines endgültig stillgelegten Geschäfts in Betracht kommen, nämlich wenn der Eindruck erweckt wird, es handele sich um die Fortführung des ursprünglichen.[429] Unverzichtbar ist freilich in diesem Fall, dass neue Unternehmensträger die maßgeblichen Betriebsmittel aus der Hand des vormaligen Inhabers erworben hat.[430] Auch wird eine Rechtsscheinhaftung kaum in Betracht kommen, wenn das Unternehmen infolge Insolvenz stillgelegt wurde; denn den Altgläubigern kann dies kaum verborgen geblieben sein.[431] **158**

Ist der Erwerber zu Unrecht in das Handelsregister eingetragen worden (§ 31), weil er das Geschäft tatsächlich zu keinem Zeitpunkt übernommen hat, kann § 15 Abs. 3 zur **159**

---

[426] Ebenroth/Boujong/Joost/Strohn/*Zimmer* Rn 99.
[427] Ebenroth/Boujong/Joost/Strohn/*Zimmer* Rn 100; aA offenbar MünchKommHGB/*Lieb* Rn 76, dessen Ansicht freilich zur Konsequenz hätte, dass eine Firmenfortführung unter Rechtsscheingesichtspunkten stets haftungsschädlich wäre, z.B. auch dann, wenn der Erwerber das Unternehmen alsbald weiterveräußert (obwohl dies firmenrechtlich zulässig ist, s. § 22 Rn 107). Außerdem dürften die wenigsten Verkehrsteilnehmer die von MünchKommHGB/*Lieb* vorausgesetzten Kenntnisse über §§ 22, 23 haben; vgl. auch *Canaris* Handelsrecht § 7 Rn 33, der darauf hinweist, dass der Gläubiger im Vertrauen auf die Haftung des Erwerbers aus § 25 Abs. 1 S. 1 eine Disposition vorgenommen haben muss.
[428] Ebenroth/Boujong/Joost/Strohn/*Zimmer* Rn 100.
[429] *Commandeur/Kleinbrink* Rn 1030.
[430] MünchKommHGB/*Lieb* Rn 75.
[431] Vgl. MünchKommHGB/*Lieb* Rn 77.

§ 25   1. Buch. Handelsstand

Anwendung kommen. Auf diese Norm kann eine Haftung des Erwerbers jedoch nicht gestützt werden, wenn der Erwerb lediglich unwirksam war und der Erwerber zumindest vorübergehend (vgl. Rn 62) als Inhaber des Geschäfts aufgetreten ist; denn dann war das Register nicht falsch.[432] In diesem Fall gilt vielmehr Rn 55.

160 3. **Rechtsschein hinsichtlich § 25 Abs. 1 S. 2.** Auch im Blick auf § 25 Abs. 1 S. 2 können sich Rechtsscheinprobleme ergeben. Als Beispiel nennt *Hüffer* in der Voraufl. Rn 115 den Fall fehlender oder unwirksamer Einwilligung in die Fortführung der Firma. Durch zurechenbare Duldung der Firmenfortführung könne der Veräußerer den Rechtsschein hervorrufen, die Forderungen ständen dem Erwerber zu. Diesen Rechtsschein muss er gegen sich gelten lassen, wenn der Schuldner im Vertrauen darauf an den Erwerber leistet. Nach hier vertretener Ansicht erfüllt dagegen die Duldung der Firmenfortführung bereits das Tatbestandsmerkmal der Einwilligung, s. Rn 108 f. Für einen weiteren, möglichen Anwendungsfall Rn 162.

161 4. **Rechtsschein hinsichtlich § 25 Abs. 2.** Fraglich ist, ob der Dritte die Kundmachung schlechthin gegen sich gelten lassen muss, wenn die Beteiligten eine von § 25 Abs. 1 abweichende Vereinbarung getroffen und in einer den Anforderungen des § 25 Abs. 2 entsprechenden Weise publiziert haben, oder ob auch in diesen Fällen eine Anwendung der Rechtsscheingrundsätze in Betracht kommt. Ein schutzwürdiges Vertrauen trotz Mitteilung ist kaum denkbar. Anders liegt es aber, wenn für die Kundmachung das Handelsregister benutzt wird. Ebenso wie Eintragung und Bekanntmachung nach § 15 Abs. 2 einer Rechtsscheinhaftung nicht schlechterdings entgegenstehen (§ 15 Rn 90 ff), können sie auch hier im Einzelfall durch Vertrauensschutz überwunden werden. Voraussetzung dafür ist allerdings, dass eine Vertrauenslage geschaffen wurde, die über den Tatbestand des § 25 Abs. 1 hinausgeht.[433]

162 Nach *Canaris*[434] sollen Eintragung und Bekanntmachung gem. § 25 Abs. 2 dann nicht für den Ausschluss des Schuldnerschutzes nach § 25 Abs. 1 S. 2 genügen, wenn der Erwerber die Firma ohne Nachfolgezusatz fortführt; denn dann dürfe der Schuldner annehmen, dass der Unternehmensinhaber nicht gewechselt habe und hätte daher keinen Anlass, das Handelsregister auf einen etwaigen Inhaberwechsel zu überprüfen. § 15 Abs. 2 S. 1 stünde dieser teleologischen Reduktion des § 25 Abs. 2 nicht entgegen, weil der Verzicht auf einen Nachfolgezusatz einen besonderen Scheintatbestand schaffe, so dass § 15 Abs. 2 S. 1 unanwendbar sei. Dazu ist zweierlei zu bemerken: Zum einen ist zweifelhaft, ob eine Firmenfortführung ohne Nachfolgezusatz einen Vertrauenslage schafft, die über den Tatbestand des § 25 Abs. 1 hinausgeht. Und zum anderen ist zweifelhaft, ob die bloße Einwilligung in die Firmenfortführung als Zurechnungsgrund für einen Rechtsscheintatbestand zu Lasten des Veräußerers ausreicht; denn primär hat der Erwerber den Rechtsschein veranlasst.

---

[432] Ebenroth/Boujong/Joost/Strohn/*Zimmer* Rn 101; aA MünchKommHGB/*Lieb* Rn 51 ff.

[433] *K. Schmidt* ZHR 145 (1981), 2 (26); Ebenroth/Boujong/Joost/Strohn/*Zimmer* 102.

[434] § 7 Rn 73; ebenso Baumbach/*Hopt* Rn 22; Koller/Roth/Morck Rn 19; **aA** MünchKommHGB/*Lieb* Rn 123.

§ 26

(1) ¹Ist der Erwerber des Handelsgeschäfts auf Grund der Fortführung der Firma oder auf Grund der in § 25 Abs. 3 bezeichneten Kundmachung für die früheren Geschäftsverbindlichkeiten haftbar, so haftet der frühere Geschäftsinhaber für diese Verbindlichkeiten nur, wenn sie vor Ablauf von fünf Jahren fällig und daraus Ansprüche gegen ihn in einer in § 197 Abs. 1 Nr. 3 bis 5 des Bürgerlichen Gesetzbuchs bezeichneten Art festgestellt sind oder eine gerichtliche oder behördliche Vollstreckungshandlung vorgenommen oder beantragt wird; bei öffentlich-rechtlichen Verbindlichkeiten genügt der Erlass eines Verwaltungsakts. ²Die Frist beginnt im Falle des § 25 Abs. 1 mit dem Ende des Tages, an dem der neue Inhaber der Firma in das Handelsregister des Gerichts der Hauptniederlassung eingetragen wird, im Falle des § 25 Abs. 3 mit dem Ende des Tages, an dem die Übernahme kundgemacht wird. ³Die für die Verjährung geltenden §§ 204, 206, 210, 211 und 212 Abs. 2 und 3 des Bürgerlichen Gesetzbuches sind entsprechend anzuwenden.

(2) Einer Feststellung in einer in § 197 Abs. 1 Nr. 3 bis 5 des Bürgerlichen Gesetzbuchs bezeichneten Art bedarf es nicht, soweit der frühere Geschäftsinhaber den Anspruch schriftlich anerkannt hat.

Schrifttum

1. **Zu und seit dem Nachhaftungsbegrenzungsgesetz.** *Canaris* Die Enthaftungsregelung der §§ 26, 28 Abs. 3 HGB auf dem Prüfstand der Verfassung, Festschrift Odersky, 1996; *Eckert* Begrenzung der Nachhaftung ausgeschiedener Gesellschafter, RdA 1994, 215; *Heinemann* Zum Nachhaftungsbegrenzungsgesetz, BuW 1994, 718; *Herbert* Die Verfassungsmäßigkeit des Nachhaftungsbegrenzungsgesetzes, 1999; *Kainz* Das Nachhaftungsbegrenzungsgesetz (NachhBG), DStR 1994, 620; *Kapp/Oltmanns/Bezlex* Der Entwurf für ein Nachhaftungsbegrenzungsgesetz – eine halbherzige Lösung, DB 1988, 1937; *Kollbach* Die Neuregelung der Nachhaftung ausgeschiedener persönlich haftender Gesellschafter, GmbHR 1994, 164; *Leverenz* Enthält § 160 HGB dispositives Recht? ZHR 160 (1996), 75; *Lieb* Zum Entwurf eines Nachhaftungsbegrenzungsgesetzes, GmbHR 1992, 561; *ders.* Haftungsklarheit für den Mittelstand? Offene (Übergangs-) Fragen nach Erlaß des Nachhaftungsbegrenzungsgesetzes (NHBG), GmbHR 1994, 657; *Maier-Raimer* Nachhaftungsbegrenzung und neues Verjährungsrecht, DB 2002, 1818; *Moll/Hottgenroth* Zur Nachhaftung des ausgeschiedenen Gesellschafters einer Personenhandelsgesellschaft für Verbindlichkeiten aus Arbeitsverhältnissen, RdA 1994, 223; *Nitsche* Das neue Nachhaftungsbegrenzungsgesetz – Vertragsübergang kraft Gesetzes? ZIP 1994, 1919; *Petersen* Der Gläubigerschutz im Umwandlungsrecht, 2001; *Reichold* Das neue Nachhaftungsbegrenzungsgesetz, NJW 1994, 1617; *ders.* § 26 HGB – Verjährungs- oder Enthaftungsnorm? ZIP 1998, 551; *ders.* Haftung für Versorgungsverbindlichkeiten nach Firmenfortführung, RdA 2005, 110; *K. Schmidt* Das neue Nachhaftungsbegrenzungsrecht, ZIP 1994, 243; *ders.* Zum Verständnis des § 26 HGB, Eine Skizze zur Nachhaftungsbegrenzung, Festschrift Krejci, Bd. I, 2001, 325; *K. Schmidt/C. Schneider* Haftungserhaltende Gläubigerstrategien beim Ausscheiden von Gesellschaftern bei Unternehmensübertragung, Umwandlung und Auflösung, BB 2003, 1961; *Seibert* Nachhaftungsbegrenzungsgesetz – Haftungsklarheit für den Mittelstand, DB 1994, *von Steinau-Steinrück* Haftungsrechtlicher Arbeitnehmerschutz bei der Betriebsaufspaltung, 1996, 461; *Steinbeck* Das Nachhaftungsbegrenzungsgesetz, WM 1996, 2041; *Waldner* Das neue Nachhaftungsbegrenzungsgesetz, WiB 1994, 297.
S. ferner das Schrifttum zu §§ 25, 28.

2. **Vor dem Nachhaftungsbegrenzungsgesetz.** *Bezler/Kapp/Oltmanns* Dauerschuldverbindlichkeiten bei Betriebsaufspaltung, BB 1988, 1897; *dies.* Der Entwurf für ein Nachhaftungsbegrenzungsgesetz, DB 1988, 1937; *Bork* Zur Enthaftung der Besitzgesellschaft bei der Betriebsaufspaltung analog § 26 HGB, ZIP 1989, 1369; *Büscher-Klusmann* Forthaftung und Regreß ausgeschiedener

Personengesellschafter, ZIP 1992, 11; *Hönn* Dauer- und sonstige Schuldverhältnisse als Problem der Haftung ausgeschiedener Gesellschafter unter Berücksichtigung des Gläubigerschutzes, ZHR 149 (1985), 300; *Honsell/Harrer* Die Haftung des ausgeschiedenen Gesellschafters bei Dauerschuldverhältnissen, ZIP 1986, 341; *Kapp/Oltmanns/Bezlex* Dauerschuldverbindlichkeiten bei Betriebsaufspaltung: Enthaftung nach § 26 HGB, BB 1988, 1987; *Karollus* Unternehmerwechsel und Dauerschuldverhältnis, ÖJZ 1995, 241, 292; *Kiskel* Verjährungsprivilegien in Umwandlungsfällen, 1991; *Langohr-Plato* Nachhaftungsbegrenzung und betriebliche Altersversorgung, BB 1990, 486; *Lieb* Zur Begrenzung der sogenannten Nachhaftung nach Ausscheiden aus der haftungsbegründenden Rechtsposition, ZGR 1985, 124; *Markert/Renaud* Keine Enthaftung des Unternehmensveräußerers für Verbindlichkeiten aus Dauerschuldverhältnissen trotz Firmenfortführung durch den Unternehmenserwerber? DB 1988, 2358; *Priester/K. Schmidt* Unbegrenzte Nachhaftung des geschäftsführenden Gesellschafters? ZIP 1984, 1064; *Reichold* § 26 HGB – Verjährungs- oder Enthaftungsnorm? ZIP 1988, 551; *Renaud/Marken* Keine Haftung des Unternehmensveräußerers für Verbindlichkeiten aus Dauerschuldverhältnissen trotz Firmenfortführung durch die Erwerber? DB 1988, 2358; *Rohe* Die Haftung des ausgeschiedenen OHG-Gesellschafters aus längerfristigen Schuldverhältnissen der Gesellschaft, Diss. Münster 1975; *Säcker/Joost* Auswirkungen eines Betriebsübergangs auf Ruhestandsverhältnisse, DB 1978, 1078; *K. Schmidt* Gesellschaftsrechtliche Grundlagen eines Nachhaftungsbegrenzungsgesetzes, DB 1990, 2357; *Timmann/Ulmer* Die Enthaftung ausgeschiedener Gesellschafter, ZIP 1992, 1; *Ulmer/Wiesner* Die Nachhaftung ausgeschiedener Gesellschafter aus Dauerschuldverhältnissen – Zur Notwendigkeit richterlicher Rechtsfortbildung im Rahmen von § 159 HGB, ZHR 144 (1980), 393; *Ulmer* Die zeitliche Begrenzung der Haftung von Gesellschaftern beim Ausscheiden aus einer Personenhandelsgesellschaft sowie bei der Umwandlung in eine Kapitalgesellschaft, BB 1983, 1865; *Wiesner* Die Enthaftung persönlich haftender Gesellschafter für Ansprüche aus Dauerschuldverhältnissen, ZIP 1983, 1032.

S. ferner das Schrifttum zu §§ 25, 28.

Übersicht

	Rn
A. Grundlagen	1–16
I. Norminhalt	1–3
II. Entstehungsgeschichte	4–8
III. Rechtspolitische Bewertung	9
IV. Normzweck	10–11
V. Anwendungsbereich	12–16
B. Voraussetzungen	17–39
I. Überblick	17
II. Einzelheiten	18–39
1. Fälligkeit der Verbindlichkeit	18
2. Berechnung der Fünfjahresfrist, § 26 Abs. 1 S. 2	19–22
a) Fristbeginn	19–21
b) Fristende	22
3. Hemmung des Fristablaufs, § 26 Abs. 1 S. 3	23–25
4. Feststellung des Anspruchs i.S.d. § 197 Abs. 1 Nr. 3–5 BGB, § 26 Abs. 1 S. 1 Hs. 1	26–28
5. Vornahme oder Beantragung einer Vollstreckungshandlung, § 26 Abs. 1 S. 1 Hs. 1	29
6. Erlass eines Verwaltungsaktes bei öffentlich-rechtlichen Verbindlichkeiten, § 26 Abs. 1 S. 1 Hs. 2	30–31
7. Schriftliches Anerkenntnis des Anspruchs durch den früheren Geschäftsinhaber, § 26 Abs. 2	32–34
8. Ausschluss der Enthaftung durch Vereinbarung	35–36
a) Grundlagen	35
b) Inhalt, Zeitpunkt und Form der Vereinbarung	36
9. Zurückweisung der Erwerberhaftung, § 333 BGB analog	37–39
C. Rechtsfolgen	40–49
I. Enthaftung des früheren Geschäftsinhabers	40–45
1. Gegenstand der Enthaftung	40–41
2. Zeitpunkt der Enthaftung	42–44
3. Rechtsfolge der Enthaftung	45
II. Freiwerden von Sicherheiten	46–48
III. Anspruch auf Sicherheitsleistung, § 22 UmwG analog	49

A. Grundlagen

I. Norminhalt

Unter den Voraussetzungen des § 25 Abs. 1 S. 1 haftet der Erwerber eines Handelsgeschäfts für alle zuvor begründeten Geschäftsverbindlichkeiten (Altverbindlichkeiten) des bisherigen Inhabers (Veräußerers). Dieser gesetzliche Schuldbeitritt (§ 25 Rn 75 ff) lässt die Haftung des bisherigen Inhabers für Altverbindlichkeiten unberührt. Beide, Veräußerer und Erwerber, haften als Gesamtschuldner (§ 25 Rn 97 ff). Dasselbe gilt nach § 25 Abs. 3, wenn der Erwerber die Übernahme der Verbindlichkeiten in handelsüblicher Weise bekannt gemacht hat. Vor diesem Hintergrund regelt § 26 die Begrenzung der persönlichen Haftung des früheren Geschäftsinhabers für Altverbindlichkeiten (sog. Nachhaftung) in zeitlicher Hinsicht mittels eines Haftungsausschlusses (sog. Enthaftung).

Der Haftungsausschluss wirkt – was für das Verständnis von § 26 wichtig ist, aber durch den allzu komprimierten Wortlaut von § 26 Abs. 1 S. 1 nicht auf den ersten Blick deutlich wird – zu unterschiedlichen Zeitpunkten, je nachdem, wann die Verbindlichkeit fällig wird (näher u. Rn 9, 42 ff): Wird eine Verbindlichkeit vor Ablauf von fünf Jahren fällig – also entweder noch vor Übergang des Handelsgeschäfts oder im anschließenden Fünfjahreszeitraum etwa aufgrund von Dauerschuldverhältnissen –, so kann der Gläubiger den früheren Inhaber innerhalb der Frist grundsätzlich in Anspruch nehmen. Die Enthaftung tritt erst nach Fristablauf ein. Wird eine Verbindlichkeit dagegen erst nach Ablauf von fünf Jahren fällig, so haftet der frühere Geschäftsinhaber grundsätzlich überhaupt nicht mehr.

Während § 26 Abs. 1 S. 1 die Voraussetzungen des Haftungsausschlusses des bisherigen Inhabers für Altverbindlichkeiten bestimmt, regelt S. 2 den Beginn der Fünfjahresfrist. Abs. 1 Satz 3 verweist wegen der Hemmung der Frist auf bestimmte Vorschriften des allgemeinen Verjährungsrechts. Nach Abs. 2 ist schließlich eine Feststellung des Anspruchs gegen den früheren Geschäftsinhaber entbehrlich, wenn er den Anspruch schriftlich anerkennt.

II. Entstehungsgeschichte

Die heutige Fassung von § 26 beruht im Wesentlichen auf dem Nachhaftungsbegrenzungsgesetz (NachhBG)[1]. Hernach erfolgte nur noch eine Anpassung an die Neuregelung des Verjährungsrechts durch das Schuldrechtsmodernisierungsgesetz[2]. In seiner früheren vom Inkrafttreten des HGB bis zum 26.03.1994 geltenden Fassung enthielt § 26 keinen Haftungsausschluss, sondern nur eine Sonderverjährungsfrist zugunsten des bisherigen Inhabers. Diese Sonderverjährung ermöglichte es ihm, sich auch bei Ansprüchen, für die – etwa gem. § 195 BGB a.F. – eine längere Verjährungsfrist galt, spätestens nach Ablauf von fünf Jahren auf Verjährung zu berufen. Diese Verjährungsregelung war dem für Personenhandelsgesellschaften geltenden § 157 a.F. nachgebildet.[3]

---

[1] Gesetz zur zeitlichen Begrenzung der Nachhaftung von Gesellschaftern (Nachhaftungsbegrenzungsgesetz – NHBG) vom 18.3.1994, BGBl. I S. 560.

[2] Gesetz zur Modernisierung des Schuldrechts (Schuldrechtsmodernisierungsgesetz – SMG) vom 26.11.2001, BGBl. I 2001, 3137.

[3] Denkschrift zum Entwurf eines Handelsgesetzbuchs, Reichstag, 9. Legislatur-Periode, IV. Session 1895/97, S. 37 = *Schubert/Schmiedel/Krampe,* Quellen zum Handelsgesetzbuch von 1897, Bd. 2. 2. Hb. 1988, S. 980.

5 Insbes. bei Dauerschuldverhältnissen, bei denen fortlaufend neue Einzelforderungen fällig werden (z.B. Miet- oder Pachtzins, Arbeitslohn, Ruhegeld, Entgelte für Stromlieferungen), konnte diese Regelung zu einer unangemessen langen und dem Normzweck von § 157 a.F. nicht entsprechenden Nachhaftung führen, weil die Sonderverjährung an die Fälligkeit der einzelnen Teilleistungen anknüpft (sog. Endloshaftung). Während das BAG dieses Problem zwar scharf herausgestellt hat, an der Endloshaftung aber zunächst festhielt,[4] suchten der BGH und die Literatur es rechtsfortbildend zu lösen. Im Blick auf § 157 a.F. wurde zunächst die sog. Kündigungslösung verfolgt, die auf die Zumutbarkeit einer Kündigung durch den Gläubiger abstellte und aus deren Unterlassen auf das Einverständnis des Gläubigers mit der Enthaftung des ausgeschiedenen Gesellschafters schloss.[5] Das war freilich kein Ansatz, der zu überzeugen vermochte. Von der Literatur wurde daher eine weitergehende, sog. Enthaftungslösung entwickelt, die dem Ausgeschiedenen nicht nur eine Verjährungseinrede zur Verfügung stellte, sondern einen Haftungsausschluss für solche Teilansprüche gewährte, die erst nach Ablauf von fünf Jahren nach dem Ausscheiden entstehen.[6] Dieser Lösung schlossen sich der BGH[7] und schließlich auch das BAG[8] an.

6 Gleichwohl verblieb eine gewisse Rechtsunsicherheit, zumal angesichts einiger gravierender Streitfragen wie insbes. zur Haftung des sog. geschäftsleitenden Kommanditisten[9]. Gefordert wurde daher eine eindeutige Regelung, für die *Ulmer*[10] auf Basis seiner Vorarbeiten bereits 1983 einen Gesetzgebungsvorschlag unterbreitet hatte. Diesem Vorschlag ist die Bundesregierung in der Hauptsache gefolgt.[11] Sein Kern bestand in dem Übergang von der Verjährungslösung zu einer reinen (d.h. zur Vermeidung von Abgrenzungsschwierigkeiten nicht mehr auf Dauerschuldverhältnisse beschränkten) Enthaftungslösung nach Ablauf von fünf Jahren. Dabei ist es trotz des Widerstands des Bundesrats in einigen wichtigen Punkten[12] im Wesentlichen geblieben, vgl. § 160 n.F.

7 In der Literatur war die Übertragung der vorgenannten Rechtsfortbildung auf § 26 (und § 28) seit längerem diskutiert und gefordert worden.[13] Insbes. das BAG hatte dies jedoch stets abgelehnt,[14] während Rechtsprechung des BGH fehlte. Auch der Regierungsentwurf des NHBG beschränkte sich bewusst auf das Problem des Ausscheidens von Gesellschaftern von Handelsgesellschaften. Der Ausweitung auf die §§ 26, 28 standen die Bundesregierung[15] ebenso wie ursprünglich *Ulmer*[16] skeptisch gegenüber. Der Rechtsausschuss des Bundestages entschied sich jedoch schließlich für die Erstreckung der Enthaftungslösung auch auf §§ 26, 28.[17] § 26 wurde dementsprechend geändert,

---

[4] Vgl. BAG NJW 1978, 391.
[5] BGHZ 70, 132 (135 f) im Anschluss an A. *Hueck* Recht der OHG, § 29 II, S. 449 Fn 44; ihm folgend etwa Großkomm/ R. *Fischer* 3. Auflage, § 128 Anm. 53.
[6] Grundlegend *Ulmer/Wiesner* ZHR 144 (1980), 393 ff; s. ferner etwa *Wiesner* ZIP 1983, 1032; *Ulmer/Timmann* ZIP 1992, 1 (3 ff); *Hönn* ZHR 149 (1985), 300 (303); *Lieb* ZGR 1985, 124 ff; *ders.* GmbHR 1992, 561 ff.
[7] BGHZ 87, 286; BGH NJW 1983, 2943.
[8] Noch offen gelassen in BAGE 42, 312 = DB 1983, 1259 (1260) ausdrücklich bejaht von BAG DB 1988, 123 (124 f).
[9] Vgl. dazu die Gesetz gewordene ausdrückliche Klarstellung durch §§ 28 Abs. 3 S. 2, 160 Abs. 3 S. 2.
[10] BB 1983, 1865 ff.
[11] Begr. RegE, BT-Drucks. 12/1868.
[12] Vgl. BT-Drucks. 12/1868 Anlage 2 sowie die Gegenäußerung der BReg. in Anlage 3.
[13] S. etwa *Lieb* GmbHR 1992, 561 (566 f) mwN.
[14] BAGE 88, 229 ff = ZIP 1998, 1973 ff; BAG ZIP 2004, 1227 ff.
[15] Begr. RegE BT-Drucks. 12/1868, S. 7 (unter A. III.).
[16] *Ulmer* BB 1983, 1865 (1868); anders aber *Ulmer/Timmann* ZIP 1992, 1 (7 f).
[17] Beschlussempfehlung und Bericht des Rechtsausschusses, BT-Drucks. 12/6569, S. 11 f.

§ 28 ein neuer Abs. 3 angefügt. Die wichtige und schwierige, aber heute weitgehend erledigte Übergangsproblematik wurde in Art. 35 ff EGHGB („Siebenter Abschnitt. Übergangsvorschriften zum Nachhaftungsbegrenzungsgesetz") geregelt.[18] Sie spielt heute vor allem noch für Ansprüche auf betriebliche Altersversorgung eine Rolle, was nach der Rechtsprechung des BAG[19] weiterhin zu einer „Endloshaftung" des bisherigen Inhabers führen kann (näher § 28 Rn 60).

Der Gesetzgeber hat mit dem Nachhaftungsbegrenzungsgesetz eine umfassende und abschließende Regelung getroffen. Der BGH hat daher zu Recht die zu § 159 a.F. entwickelte sog. Kündigungslösung für das neue Recht aufgegeben.[20]

III. Rechtspolitische Bewertung

Während § 160 n.F. weithin auf Zustimmung gestoßen ist,[21] wird die Neufassung von § 26 zum Teil heftig kritisiert. Namentlich *Canaris* sieht zwei elementare privatrechtliche Prinzipien verletzt: Erstens bedürfe die Auswechselung eines Schuldners der Zustimmung des Gläubigers. Zweitens dürfe der Verlust eines Anspruches nicht durch Verfristung eintreten, ohne dass der Gläubiger die Möglichkeit habe, seine Forderung gerichtlich geltend zu machen. Er erhebt daher gegen § 26 sogar verfassungsrechtliche Bedenken.[22] Diese Kritik halten andere angesichts der Länge der Fünfjahresfrist und der gerade bei Kreditverträgen üblicherweise vereinbarten Möglichkeit der vorzeitigen Lösung des Kreditgebers vom Vertrag bei Zweifeln an der Bonität des Schuldners für überzogen.[23] Lediglich die von *Canaris*[24] vorgeschlagene Analogie zu § 22 UmwG (dazu Rn 49) sei im Blick auf das Freiwerden von Sicherheiten (dazu Rn 46 ff) für die von § 26 betroffenen Verbindlichkeiten erwägenswert.[25] Damit ist dem Problem jedoch nicht hinreichend Rechnung getragen; denn bei Verbindlichkeiten, die erst nach Ablauf von fünf Jahren fällig werden, ist die von § 26 angeordnete Enthaftung unmittelbare Folge der Erwerberhaftung. Bei solchen langfristigen Verbindlichkeiten (z.B. Anspruch auf Rückzahlung eines langfristigen Darlehens[26]) hat der Gläubiger daher keine *„fünf Jahre Zeit [...], sich auf den Verlust des Vertragspartners einzustellen"*[27]. Vielmehr hat er bei solchen Verbindlichkeiten kraft Gesetzes von vornherein nur noch einen Schuldner, nämlich den Erwerber (s. Rn 2). Das kann aus den von *Canaris* genannten Gründen nicht rechtens sein und widerspricht auch dem von § 25 Abs. 1 S. 1 angestrebten Gläubigerschutz (zum Normzweck dieser Vorschrift § 25 Rn 22 ff). Daher muss dem Gläubiger ein eigenes Recht zustehen, die Auswechselung seines Schuldners zu verhindern. Ein solches Recht ergibt sich nach hier vertretener Auffassung aus § 333 BGB analog (§ 25 Rn 79 ff sowie u. Rn 37 ff).

---

[18] S. hierzu *Lieb* GmbHR 1994, 657; *Steinbeck* WM 1996, 2041 jeweils mwN.
[19] Eingehend BAG DB 2007, 2658 ff.
[20] BGHZ 142, 324 (330 f).
[21] *Lieb* GmbHR 1992, 561; *Ulmer/Timmann* ZIP 1992, 1; *Lieb* GmbHR 1994, 657; *Nitsche* ZIP 1994, 1919; *Reichold* NJW 1994, 1617.
[22] *Canaris* FS Odersky, S. 753 (757 ff, 768 ff); *ders.* Handelsrecht § 7 Rn 42 ff; zust. Koller/Roth/Morck Rn 2; Röhricht/v. Westphalen/Ammon/Ries Rn 2 f.
[23] MünchKommHGB/*Lieb* Rn 3b; Baumbach/Hopt Rn 1.
[24] *Canaris* Handelsrecht § 7 Rn 49 ff; zust. Koller/*Roth*/Morck Rn 2.
[25] MünchKommHGB/*Lieb* Rn 5a; *K. Schmidt* FS Krejci, S. 325 (332).
[26] Eindringlich zu problematischen Fallgestaltungen *Canaris* FS Odersky, S. 753 ff.
[27] So aber Ebenroth/Boujong/Joost/Strohn/Zimmer § 25 Rn 60.

IV. Normzweck

10 § 26 bezweckt – ebenso wie die Parallelvorschriften der §§ 28 Abs. 3, 160, § 736 Abs. 2 BGB, §§ 45, 56, 133, 157, 224 UmwG[28] – einen angemessenen Ausgleich zwischen den Interessen der Gläubiger an einer Haftung ihres ursprünglichen Schuldners, also hier des bisherigen Geschäftsinhabers, für von ihm begründete (Alt-)Verbindlichkeiten und dessen Interessen an einer zeitlichen Begrenzung dieser Haftung. Die Vorschriften bezwecken weiterhin die Förderung der Attraktivität mittelständischer Unternehmen, indem sie die Haftungsrisiken von Einzelkaufleuten bzw. von Gesellschaftern, die die persönliche Haftung übernehmen, in den erfassten Fällen, hier also bei der Veräußerung eines Handelsgeschäfts, zeitlich begrenzen.[29]

11 Vor Augen halten muss man sich freilich die Unterschiedlichkeit der Rechtsfolgen der geregelten Fälle, insbes. von § 26, § 28 Abs. 3 und § 160: Während den Gläubigern infolge von § 26 ihr ursprünglicher Schuldner verloren geht, bewirkt § 28 Abs. 3 „lediglich" eine Haftungsbeschränkung des ursprünglichen Schuldners (s. § 28 Rn 61), § 160 Abs. 1 nur den Verlust eines Mithaftenden und § 160 Abs. 3 sogar nur die Haftungsbeschränkung eines Mithaftenden. Während in den Fällen des § 160 den Gläubigern ihr ursprünglicher Schuldner – nämlich die Gesellschaft – erhalten bleibt, führen §§ 26, 28 Abs. 3 zu einem Schuldnerwechsel.[30] Die gesetzliche Gleichstellung dieser Fälle wegen einer „*ähnlich gelagerten Sach- und Interessenlage*"[31] überzeugt daher nicht.[32] Deswegen ist entgegen anders lautender Stimmen in der Literatur[33] trotz des übereinstimmenden Normzwecks keine einheitliche Auslegung der genannten Vorschriften geboten.

V. Anwendungsbereich

12 § 26 betrifft auf Grund seiner Bezugnahme **nur zwei Fälle**, nämlich erstens den Fall einer Erwerberhaftung aufgrund **§ 25 Abs. 1 S. 1** und zweitens den Fall einer Erwerberhaftung gem. **§ 25 Abs. 3** aufgrund handelsüblicher Bekanntmachung. Zum Anwendungsbereich von § 25 s. dort Rn 36 ff. Nur in diesen beiden Fällen greift § 26 zu Gunsten des bisherigen Inhabers ein. Haftet der Erwerber den Gläubigern nicht aufgrund dieser Vorschriften oder lediglich aus einem anderen Rechtsgrund (etwa einem rechtsgeschäftlichen Schuldbeitritt), so ist § 26 nicht anzuwenden. In diesem Fall bleibt es bei einer bloßen Verjährung der Verbindlichkeiten des früheren Geschäftsinhabers nach den allgemeinen Vorschriften. Das ist wohl unstreitig.[34] Wenn der Erwerber den Gläubigern allerdings

---

[28] Zu den Gemeinsamkeiten und Unterschieden dieser Vorschriften *K. Schmidt/C. Schneider* BB 2003, 1961 ff.
[29] Beschlussempfehlung und Bericht des Rechtsausschusses des Bundestags, BT-Drucks. 12/6509, S. 11; Begründung des Regierungsentwurfs, BT-Drucks. 12/1868, S. 7 ff.
[30] *Canaris* FS Odersky, S. 753 (760); Röhricht/v. Westphalen/*Ammon/Ries* § 26 Rn 2.
[31] BT-Drucks. 12/6569, S. 11.
[32] Ebenso *Canaris* FS Odersky, S. 753 (760); Röhricht/v. Westphalen/*Ammon/Ries* § 26 Rn 2; aA die hM etwa Baumbach/*Hopt* Rn 1; Ebenroth/Boujong/Joost/Strohn/*Hillmann* Rn 6 sowie *K. Schmidt* Handelsrecht, S. 236, freilich auf der Grundlage seines abweichenden Verständnisses von § 25 (dazu dort Rn 14, 20, 34).
[33] Baumbach/*Hopt* Rn 1; Ebenroth/Boujong/Joost/Strohn/*Hillmann* Rn 6.
[34] Baumbach/*Hopt* Rn 4; Röhricht/v. Westphalen/*Ammon/Ries* Rn 10; Heymann/*Emmerich* Rn 8; Ebenroth/Boujong/Joost/Strohn/*Hillmann* Rn 5.

nicht nur nach § 25 Abs. 1 S. 1 oder Abs. 3, sondern daneben auch – inhaltlich übereinstimmend – aus einem anderen Rechtsgrund (z.B. einem rechtsgeschäftlichen Schuldbeitritt) haftet, soll dem bisherigen Inhaber die Haftungsbegrenzung des § 26 nach herrschender Meinung zugute kommen.[35] Dem ist nicht zu folgen. § 26 betrifft nach seinem Wortlaut nur die beiden genannten Fälle. Eine analoge Anwendung der Vorschrift auf andere Fälle der Erwerberhaftung (mit dementsprechend unterschiedlichen Anspruchsgrundlagen!) kommt schon deswegen nicht in Betracht, weil die Rechtfertigung einer Enthaftung des Veräußerers in den Fällen des § 26 ohnehin zweifelhaft ist (Rn 9, 11). Es ist nicht einzusehen, warum es insofern einen Unterschied machen soll, ob der Erwerber nur aus einem anderen Rechtsgrund haftet oder der andere Rechtsgrund neben die Haftung aus § 25 Abs. 1 S. 1 oder Abs. 3 tritt. Nach altem Recht mag die herrschende Auffassung in Ansehung von § 26 Abs. 2 S. 2 a.F. noch vertretbar gewesen sein. Nach neuem Recht ist sie es nicht.

Eine **teleologische Reduktion von** § 26 ist veranlasst, wenn der Erwerber nur mit seinem Privatvermögen, nicht aber mit dem Unternehmensvermögen haftet, weil dieses – zumindest im Wesentlichen – bei dem bisherigen Inhaber verblieben ist, wie z.B. in Fällen einer **Betriebsverpachtung**. Würde § 26 auch in solchen Fällen eingreifen, würde Haftungsvermeidungsstrategien, wie sie mit einer klassischen Betriebsaufspaltung verfolgt werden können, Vorschub geleistet. Überdies ist eine Enthaftung des bisherigen Inhabers deswegen nicht gerechtfertigt, weil er Inhaber des Betriebsvermögens bleibt.[36] **13**

Canaris tritt ferner für eine teleologische Reduktion von § 26 in allen Fällen ein, in denen der Anspruch des Gläubigers auf einem **arglistigen, vorsätzlichen oder einem eigenen deliktischen Handeln** des bisherigen Inhabers beruht.[37] Dem ist aus den von ihm genannten Gründen zuzustimmen, soweit eine Anwendung von § 26 dazu führen würde, dass die in diesen Fällen jeweils vorgesehene Verjährungsfrist durch die Enthaftung verkürzt würde (vgl. Rn 16). Eine teleologische Reduktion von § 26 für alle nicht lediglich einen Vertrag flankierenden Fälle einer gesetzlichen Haftung, wie von *Canaris* gefordert,[38] ist dagegen als zu weitgehend abzulehnen; denn solche Ansprüche beruhen häufig auf der Verwirklichung eines Betriebsrisikos, das der frühere Inhaber nach § 26 gerade nicht zeitlich unbeschränkt tragen soll. **14**

Speziellere Regelungen gehen § 26 vor. Das gilt entgegen der Auffassung des BAG[39] und von Teilen der Literatur[40] insbes. für § 613a BGB,[41] der für den Fall des Betriebsübergangs eine über § 26 hinausgehende Enthaftung des früheren Betriebsinhabers vorsieht. Das hat zur Folge, dass bei einem Betriebsübergang – von den in § 613a Abs. 2 BGB genannten Ansprüchen abgesehen – die sofortige Enthaftung des Veräußerers **15**

---

[35] Röhricht/v. Westphalen/*Ammon*/*Ries* Rn 11; Heymann/*Emmerich* Rn 9; Ebenroth/Boujong/Joost/Strohn/*Hillmann* Rn 5; Baumbach/*Hopt* Rn 4 sowie zum alten Recht BGHZ 42, 381 (383 ff); Staub/*Hüffer* 4. Aufl. Rn 5; aA zum alten Recht dagegen etwa *Düringer*/*Hachenburg* Anm. 2.
[36] H.L. MünchKommHGB/*Lieb* Rn 18; Koller/*Roth*/Morck Rn 9; Baumbach/*Hopt* Rn 4; Röhricht/v.Westfalen/*Ammon*/*Ries* Rn 9; aA *Canaris* Handelsrecht § 7 Rn 58 f (Analogie zu § 134 Abs. 2 und 3 UmwG).
[37] *Canaris* Handelsrecht § 7 Rn 54; Koller/*Roth*/Morck Rn 9.
[38] *Canaris* Handelrecht § 7 Rn 57.
[39] BAGE 64, 62 = ZIP 1990, 939 m.abl. Anm. *Lieb* EzA § 28 HGB Nr. 1.
[40] Ebenroth/Boujong/Joost/Strohn/*Zimmer* § 25 Rn 66; GKzHGB/*Steitz* Rn 4; Staub/*Hüffer* 4. Aufl. § 25 56; MünchKommBGB/*Müller-Glöge* § 613a Rn 171 f.
[41] MünchKommHGB/*Lieb* § 25 Rn 93, § 26 Rn 7 f; Ebenroth/Boujong/Joost/Strohn/*Hillmann* Rn 7; Baumbach/*Hopt* Rn 3; Röhricht/v. Westphalen/*Ammon*/*Ries* Rn 22.

§ 26　1. Buch. Handelsstand

eintritt. Soweit arbeitsrechtliche Ansprüche nicht von § 613a BGB erfasst werden (z.B. Ansprüche aus Ruhestandsverhältnissen)[42], gilt jedoch § 26 (s. dazu ausf. § 25 Rn 86).[43]

16　Die Neufassung des § 26 hat die Sonderverjährung durch eine Enthaftungsregelung ersetzt. Das darf jedoch nicht dahin missverstanden werden, dass sich der bisherige Inhaber gegenüber dem Gläubiger nur noch auf die Enthaftungsregelung des § 26 n.F. berufen könnte. Daneben besteht vielmehr weiterhin die Möglichkeit, nach allgemeinen Vorschriften die **Verjährungseinrede** zu erheben, soweit die Verjährungsfrist kürzer ist als die Enthaftungsfrist des § 26.[44]

B. Voraussetzungen

I. Überblick

17　Eine Enthaftung des bisherigen Inhabers hinsichtlich von Altverbindlichkeiten (Rn 1) tritt unter folgenden Voraussetzungen ein:
1. Eröffnung des Anwendungsbereichs von § 26 (Rn 12–14) und
2. Fälligkeit der Verbindlichkeit (Rn 18) erst nach Ablauf von fünf Jahren (zur Fristberechnung Rn 19 ff) und vor Ablauf der Frist
    a) kein Ausschluss der Enthaftung durch Vereinbarung (Rn 35 ff) und
    b) keine Zurückweisung der Erwerberhaftung (Rn 37 ff)
oder
3. Fälligkeit der Verbindlichkeit vor Ablauf von fünf Jahren und vor Ablauf der Frist
    a) keine Feststellung des Anspruchs i.S.d. § 197 Abs. 1 Nr. 3 bis 5 BGB (Rn 26 ff),
    b) keine Vornahme oder Beantragung einer Vollstreckungshandlung (Rn 29) bzw.
    c) kein Erlass eines Verwaltungsaktes bei öffentlich-rechtlichen Verbindlichkeiten (Rn 30 f) sowie
    d) kein schriftliches Anerkenntnis des Anspruchs durch den früheren Geschäftsinhaber (Rn 32 ff),
    e) kein Ausschluss der Enthaftung durch Vereinbarung (Rn 35 ff) und
    f) keine Zurückweisung der Erwerberhaftung (Rn 37 ff).

II. Einzelheiten

18　**1. Fälligkeit der Verbindlichkeit.** Die Fälligkeit der Verbindlichkeit bestimmt sich zuvörderst nach den vertraglichen Vereinbarungen der Parteien, ansonsten nach den gesetzlichen Fälligkeitsregeln, in den verbleibenden Fällen nach § 271 BGB. Der Gläubiger muss berechtigt sein, die Erfüllung der Forderung innerhalb der Fünfjahresfrist zu verlangen.[45]

---

[42] MünchKommHGB/*Lieb* Rn 9; Ebenroth/Boujong/Joost/Strohn/*Hillmann* Rn 7; BAG DB 1988, 123 (124); BAG DB 1977, 1466 (1467 f); *Lieb* ZGR 1985, 124 ff; *Ulmer* BB 1983, 1865 (1869); krit. dagegen Säcker/Joost DB 1978, 1078.

[43] Zum Problem der Kapitalisierung von Betriebsrentenansprüchen im Insolvenzfall *Kollbach* GmbHR 1994, 164 (166 f); MünchKommHGB/*Lieb* Rn 19.

[44] MünchKommHGB/*Lieb* Rn 14; *Eckert* RdA 1994, 215 (219).

[45] Ebenroth/Boujong/Joost/Strohn/*Hillmann* Rn 12; MünchKommHGB/*Lieb* Rn 6; Heymann/*Emmerich* Rn 16.

2. Berechnung der Fünfjahresfrist, § 26 Abs. 1 S. 2

a) Fristbeginn. Im Falle des § 25 Abs. 1 S. 1 beginnt die Ausschlussfrist mit dem Ende des Tages, an dem der Erwerber gem. § 31 Abs. 1 in das Handelsregister eingetragen wird; auf den Tag der Bekanntmachung der Eintragung kommt es – merkwürdigerweise – nicht an.[46] Hat der Gläubiger auf andere Weise vom Inhaberwechsel erfahren, ist dies für den Fristbeginn gleichfalls unerheblich.[47]

Im Fall des § 25 Abs. 3 beginnt die Ausschlussfrist mit dem Ende des Tages, an dem die Übernahme der Verbindlichkeiten auf handelsübliche Weise bekannt gemacht wurde. Damit hängt der Fristbeginn von der Art der Kundmachung (dazu § 25 Rn 146) ab. Erfolgt die Kundmachung durch Rundschreiben, ist für jeden einzelnen Gläubiger auf den Zeitpunkt des Zugangs abzustellen.[48] Bei einer Zeitungsveröffentlichung ist deren Erscheinungstag maßgeblich.[49]

Bei **Spätschäden** tritt *Canaris* dafür ein, die Frist erst zu dem Zeitpunkt des Schadenseintritts beginnen zu lassen.[50] Dem ist nicht zu folgen. Zwar ist zuzugeben, dass sich Gläubiger in solchen Fällen nur schlecht vor einem unerwünschten Schuldnerwechsel schützen können. Es ist jedoch gerade – grundsätzlich anerkennenswerter – Sinn und Zweck von § 26 den bisherigen Inhaber nach Ablauf von fünf Jahren seit den in Rn 19 f genannten Zeitpunkten aus der Haftung zu entlassen.

b) Fristende. Das Fristende ist nach § 187 Abs. 1 i.V.m. § 188 Abs. 2, 3 BGB zu berechnen. Tritt eine Hemmung (Rn 23 ff) oder Ablaufhemmung (Rn 24) der Frist ein, ist dieser Zeitraum gem. § 209 BGB bei der Berechnung nicht zu berücksichtigen; hierbei ist § 190 BGB zu beachten. § 191 findet auf durch Hemmung oder Ablaufhemmung verlängerte Fristen keine Anwendung.[51]

3. Hemmung des Fristablaufs, § 26 Abs. 1 S. 3.

Eine Hemmung des Fristablaufs tritt gem. § 26 Abs. 1 S. 3 in den Fällen des § 204 BGB (Hemmung durch Rechtsverfolgung) und des § 206 BGB (Hemmung bei höherer Gewalt) ein. Die wichtigsten Hemmungsgründe sind danach § 204 Abs. 1 Nr. 1 BGB (Erhebung einer Klage auf Leistung oder auf Feststellung des Anspruchs, auf Erteilung der Vollstreckungsklausel oder auf Erlass des Vollstreckungsurteils), § 204 Abs. 1 Nr. 3 BGB (Zustellung des Mahnbescheids im Mahnverfahren), § 204 Abs. 1 Nr. 5 BGB (Geltendmachung der Aufrechnung des Anspruchs im Prozess) und § 204 Abs. 1 Nr. 10 (Anmeldung des Anspruchs im Insolvenzverfahren). Insbes. in Fällen, in denen die Forderung erst kurz vor Fristablauf fällig wird, kann der Gläubiger daher den Fristablauf hemmen und damit – vorläufig (Rn 26) – eine Enthaftung des bisherigen Geschäftsinhabers verhindern, in dem er die Forderung auch schon vor Eintritt der Fälligkeit im Wege der Feststellungsklage (§ 256 ZPO) oder der Klage auf zukünftige Leistung (§§ 257 ff ZPO) gerichtlich geltend macht.[52]

---

[46] Allg. M., vgl. Röhricht/v. Westphalen/*Ammon*/*Ries* Rn 14; GKzHGB/*Steitz* Rn 4; Koller/*Roth*/Morck Rn 7.
[47] Röhricht/v. Westphalen/*Ammon*/*Ries* Rn 14.
[48] Zutr. Staub/*Hüffer* 4. Aufl. Rn 10; **aA** Röhricht/v. Westphalen/*Ammon*/*Ries* Rn 16 (Zeitpunkt des nach dem gewöhnlichen Verlauf zu erwartenden Zugangs); noch anders Heymann/*Emmerich* Rn 15 (Tag der Kundmachung).
[49] Ebenroth/Boujong/Joost/Strohn/*Hillmann* Rn 10; Röhricht/v. Westphalen/*Ammon*/*Ries* Rn 16.
[50] *Canaris* Handelrecht § 7 Rn 56.
[51] Erman/*Palm* § 191 BGB Rn 2 mwN.
[52] Ebenroth/Boujong/Joost/Strohn/*Hillmann* Rn 12; Koller/*Roth*/Morck Rn 7.

24 Wird die Ausschlussfrist gehemmt, so wird der betreffende Zeitraum entsprechend § 209 BGB in die Ausschlussfrist nicht eingerechnet, so dass die Frist nach Ende der Hemmung (s. dazu insbes. § 204 Abs. 2 BGB) weiterläuft. Während der Hemmung wird also gleichsam „die Uhr angehalten". Eine Ablaufhemmung ordnet das Gesetz in den Fällen der §§ 210, 211 BGB (Ablaufhemmung bei nicht voll Geschäftsfähigen und in Nachlassfällen) an. Sie bewirkt, dass die Ausschlussfrist vor dem Ablauf der dort bestimmten, weiteren Frist nicht abläuft.

25 Zu beachten ist, dass eine Hemmung der Ablauffrist dem Gläubiger nur zugute kommen kann, wenn der Anspruch vor Ablauf der Fünfjahresfrist fällig wird. Wird der Anspruch erst später fällig, tritt die Enthaftung von vornherein kraft Gesetzes ein (s. bereits o. Rn 2, 9 und u. Rn 28, 34, 43). In diesem Fall kann der Gläubiger die Enthaftung nur auf den in Rn 35 f, 37 ff bezeichneten Wegen verhindern.

26 **4. Feststellung des Anspruchs i.S.d. § 197 Abs. 1 Nr. 3 bis 5 BGB, § 26 Abs. 1 S. 1 Hs. 1.** Wird der Anspruch vor Ablauf der Fünfjahresfrist fällig, so kann der Gläubiger den Eintritt der Enthaftung des früheren Geschäftsinhabers zuvörderst dadurch abwenden, dass er den Anspruch vor Fristablauf feststellen lässt. Dabei führt die Geltendmachung des Anspruchs insbes. durch Klageerhebung, Zustellung eines Mahnbescheids oder Anmeldung im Insolvenzverfahren zunächst nur zu einer Hemmung der Ausschlussfrist gem. § 26 Abs. 1 S. 3 i.V.m. § 204 Abs. 1 Nr. 1, 3 und 10 BGB (Rn 23). Die Enthaftung ist erst dann ausgeschlossen, wenn der Anspruch gem. § 197 Abs. 1 Nr. 3 bis 5 BGB in einer rechtskräftigen Entscheidung (Urteil, Vollstreckungsbescheid), in einem vollstreckbaren Vergleich, in einer vollstreckbaren Urkunde (§ 794 Abs. 1 Nr. 1, 5 ZPO) oder im Insolvenzverfahren rechtskräftig festgestellt ist. Maßgeblich ist dann die 30-jährige Verjährungsfrist des § 197 BGB.[53]

27 Das Vorstehende gilt auch dann, wenn die rechtskräftige Feststellung bereits vor der Geschäftsübernahme erfolgt ist.[54] Die Gegenmeinung[55] würde dazu führen, dass der Gläubiger trotz Rechtskraft der Entscheidung gezwungen wäre, den bisherigen Inhaber erneut zu verklagen. Das erscheint schon aus Rechtskraftgründen ausgeschlossen und wäre ganz und gar unökonomisch.

28 Wird die Forderung dagegen erst nach Ablauf der Fünfjahresfrist fällig, so kann die Enthaftung nicht durch eine vorherige gerichtliche Geltendmachung abgewendet werden.[56] Eine Enthaftung tritt selbst dann ein, wenn der Gläubiger bereits vor der Geschäftsübernahme eine rechtskräftige Feststellung erwirkt haben sollte.[57]

29 **5. Vornahme oder Beantragung einer Vollstreckungshandlung, § 26 Abs. 1 S. 1 Hs. 1.** Wird der Anspruch vor Ablauf der Fünfjahresfrist fällig, kann die Enthaftung außer durch die Feststellung des Anspruchs (Rn 26 ff) auch durch die Vornahme oder Beantragung einer gerichtlichen oder behördlichen Vollstreckungsmaßnahme gehindert werden. Diese durch das Schuldrechtsmodernisierungsgesetz eingefügte Alternative nimmt auf § 212 Abs. 1 Nr. 2 BGB Bezug und hat zur Folge, dass die Fünfjahresfrist neu zu laufen beginnt. Wird allerdings der Antrag zurückgewiesen oder die Vollstreckungs-

---

[53] MünchKommHGB/*Lieb* Rn 15; Baumbach/*Hopt* Rn 8.
[54] Röhricht/v. Westphalen/*Ammon*/*Ries* Rn 12; MünchKommHGB/*Lieb* Rn 15; Baumbach/*Hopt* Rn 8; ausf. K. Schmidt/C. Schneider BB 2003, 1961 (1963 f).
[55] Heymann/*Emmerich* Rn 10; zum alten Recht Staub/*Hüffer* 4. Aufl. Rn 6.
[56] K. Schmidt/C. Schneider BB 2003, 1961 (1964); Maier-Raimer DB 2002, 1818 (1820).
[57] Ebenroth/Boujong/Joost/Strohn/*Hillmann* Rn 12.

maßnahme aufgehoben, so gilt der erneute Beginn der Frist gem. § 26 Abs. 1 S. 3 i.V.m. § 212 Abs. 2, 3 BGB als nicht eingetreten.[58] Besondere Bedeutung dürfte dieser Alternative allerdings ohnehin nicht zukommen, da Vollstreckungshandlungen einen Titel voraussetzen, der seinerseits bereits die Enthaftung verhindert (Rn 26).

6. Erlass eines Verwaltungsaktes bei öffentlich-rechtlichen Verbindlichkeiten, § 26 Abs. 1 S. 1 Hs. 2. Bei öffentlich-rechtlichen Verbindlichkeiten, die während der Fünfjahresfrist fällig werden, hat der Gläubiger die Wahl. Zum einen kann er den Anspruch gerichtlich geltend machen. Dann gelten die vorstehend erläuterten Regeln. Zum anderen genügt zur Vermeidung der Enthaftung aber auch die schlichte Geltendmachung der Verbindlichkeit durch Verwaltungsakt, § 26 Abs. 1 S. 1 Hs. 2. Zu beachten ist freilich, dass die Vorschrift keine Rechtsgrundlage für den Erlass eines derartigen Verwaltungsaktes ist. Vielmehr stellt sie nur klar, dass dann, wenn ein Anspruch durch Verwaltungsakt geltend gemacht werden kann, dies im Rahmen des § 26 ausreicht.[59]   **30**

Vorbild der Regelung sind die §§ 53 VwVfG, 52 SGB X.[60] Danach gilt: Der bloße Erlass des Verwaltungsaktes führt zunächst nur zu Hemmung des Fristablaufs, so dass sich der bisherige Geschäftsinhaber als Adressat des Verwaltungsaktes gegen ihn mit den gegebenen Rechtsbehelfen zur Wehr setzen kann. Die Hemmung endet mit Eintritt der Unanfechtbarkeit des Verwaltungsaktes oder sechs Monate nach seiner anderweitigen Erledigung. Erst, wenn der Verwaltungsakt unanfechtbar geworden ist, ist die Enthaftung ausgeschlossen. Die Verjährungsfrist beträgt dann 30 Jahre.   **31**

7. Schriftliches Anerkenntnis des Anspruchs durch den früheren Geschäftsinhaber, § 26 Abs. 2. Gem. § 26 Abs. 2 ist eine Feststellung im Sinne des § 197 Abs. 1 Nr. 3 bis 5 BGB nicht erforderlich, soweit der frühere Geschäftsinhaber den Anspruch schriftlich anerkannt hat. Dieses Anerkenntnis dient dazu, dem früheren Geschäftsinhaber den Einwand der Enthaftung zu nehmen und dem Gläubiger den Fortbestand seiner Ansprüche zu sichern. Seiner Art nach ähnelt das Anerkenntnis i.S.d. § 26 Abs. 2 demjenigen des § 212 Abs. 1 Nr. 1 BGB.[61] Es genügt deshalb eine einseitige Erklärung des früheren Geschäftsinhabers. Einer Annahme durch den Gläubiger bedarf es nicht. Ein deklaratorisches oder konstitutives (§ 781 BGB) Schuldanerkenntnis wird mithin nicht verlangt.[62] Umgekehrt bedeutet dies, dass ein innerhalb der Fünfjahresfrist unter Bezugnahme auf diese Frist abgegebenes Anerkenntnis im Zweifel nur als Erklärung im Sinne des § 26 Abs. 2 auszulegen ist und daher keine weitergehende rechtsgeschäftliche Bedeutung hat.[63]   **32**

Aus Gründen der Rechtssicherheit bedarf das Anerkenntnis i.S.d. § 26 Abs. 2 (anders als dasjenige des § 212 Abs. 1 Nr. 1 BGB) der Schriftform (§ 126 BGB). Wegen § 126 Abs. 3 BGB genügt auch die elektronische Form des § 126a BGB. Ein formloses Anerkenntnis führt aber grundsätzlich nicht zu einem Ausschluss der Enthaftung.[64] Das Anerkenntnis muss spätestens vor dem Ablauf der Fünfjahresfrist abgegeben werden. Es   **33**

---

[58] Röhricht/v. Westphalen/*Ammon*/*Ries* Rn 20.
[59] Heymann/*Emmerich* Rn 29.
[60] Ebenroth/Boujong/Joost/Strohn/*Hillmann* Rn 15; MünchKommHGB/*K. Schmidt* § 160 Rn 36.
[61] Ebenroth/Boujong/Joost/Strohn/*Hillmann* Rn 16; MünchKommHGB/*K. Schmidt* § 160 Rn 37, 40.
[62] Ebenroth/Boujong/Joost/Strohn/*Hillmann* Rn 16; Baumbach/*Hopt* Rn 11.
[63] Baumbach/*Hopt* Rn 11; Ebenroth/Boujong/ Joost/Strohn/*Hillmann* Rn 16.
[64] MünchKommHGB/*K. Schmidt* § 160 Rn 40.

§ 26

kann auch schon vor dem Geschäftsübergang erklärt werden (vgl. Rn 27).[65] Ein nach Fristablauf erfolgtes Anerkenntnis kann als konstitutives Schuldanerkenntnis i.S.d. § 781 BGB[66] anzusehen sein und den Enthaftungseinwand ausschließen.

34 Wird die Verbindlichkeit erst nach Ablauf von fünf Jahren fällig, kann die Enthaftung nicht durch ein Anerkenntnis i.S.d. § 26 Abs. 2 verhindert werden.[67] In diesem Fall hilft nur – wenn man der in Rn 37 ff vertretenen Meinung nicht folgt – eine Vereinbarung über den Ausschluss der Enthaftung (Rn 34 ff) oder ein nach Geschäftsübergang vereinbartes konstitutives Schuldanerkenntnis.

8. Ausschluss der Enthaftung durch Vereinbarung

35 a) Grundlagen. § 26 ist durch Vereinbarung zwischen dem Gläubiger und dem früheren Inhaber (nicht aber mit dem Erwerber)[68] abdingbar. Das ist im Grundsatz von der herrschenden Lehre anerkannt.[69] Die Gegenstimmen sind vereinzelt geblieben.[70] Ob sich die Abdingbarkeit bereits aus der Entstehungsgeschichte der Norm ableiten lässt, ist streitig.[71] Heute ergibt sie sich jedenfalls mit Deutlichkeit aus § 202 BGB.[72] Bezweifelt wird allerdings, dass sich die Abdingbarkeit von § 26 auch auf solche Verbindlichkeiten bezieht, die erst nach Ablauf der Fünfjahresfrist fällig werden; denn dies sei mit der Schutzfunktion der Ausschlussfrist unvereinbar.[73] Dem ist nicht zuzustimmen.[74] Zum einen ist kein grundlegender Unterschied zwischen Forderungen ersichtlich, die vor und nach Ablauf von fünf Jahren fällig werden, der eine Einschränkung der Privatautonomie rechtfertigen könnte. Daher ist nicht einzusehen, warum der frühere Geschäftsinhaber nicht auch im Blick auf langfristige Verbindlichkeiten auf den Schutz von § 26 verzichten können soll, zumal es sich um einen Kaufmann handelt und er bei Verhandlungen über einen Ausschluss der Enthaftung durch ein Nachgeben in diesem Punkt möglicherweise anderweitige Vorteile für sich erzielen kann; denn gerade bei solchen langfristigen Verbindlichkeiten können Gläubiger ein erhebliches Interesse an dem Abschluss einer solchen Vereinbarung haben, weil dies der einzige weithin anerkannte Weg ist, bei langfristigen Verbindlichkeiten eine Enthaftung zu verhindern. Zum anderen ist zu bedenken, dass § 26 gerade deswegen berechtigter Kritik ausgesetzt ist (s. Rn 9), weil der Gläubiger bei langfristigen Verbindlichkeiten nach herrschender Meinung (s. aber Rn 37 ff) aus eigenem Recht keine Möglichkeit hat, einen Schuldnerwechsel zu verhindern. Erst recht sollte

---

[65] Heymann/*Sonnenschein/Weitemeyer* § 160 Rn 13; Staub/*Habersack* § 160 Rn 31; K. Schmidt/C. Schneider BB 2003, 1961 (1964, 1965).

[66] AA Heymann/*Emmerich* Rn 21; Ebenroth/Boujong/Joost/Strohn/*Hillmann* Rn 17; MünchKommHGB/*K. Schmidt* § 160 Rn 39 (deklaratorisches Schuldanerkenntnis).

[67] K. Schmidt/C. Schneider BB 2003, 1961 (1964, 1965).

[68] Ebenroth/Boujong/Joost/Strohn/*Hillmann* Rn 20; Röhricht/v. Westphalen/*Ammon/Ries* Rn 21; GKzHGB/*Steitz* Rn 7.

[69] MünchKommHGB/*Lieb* Rn 12; Koller/*Roth*/Morck Rn 5; Röhricht/v. Westphalen/*Ammon/Ries* Rn 21; Ebenroth/Boujong/Joost/Strohn/*Hillmann* Rn 20; Baumbach/*Hopt* Rn 12; Heymann/*Emmerich* Rn 22; GKzHGB/*Steitz* Rn 7; HKzHGB/*Ruß* Rn 6; K. Schmidt/C. Schneider BB 2003, 1961 (1964 f).

[70] Insbes. *Leverenz* ZHR 160 (1996), 75 ff und Staub/*Habersack* § 160 Rn 6 f (beide zu § 160).

[71] Dafür MünchKommHGB/*Lieb* Rn 12; dagegen *Leverenz* ZHR 160 (1996), 75 (77 ff); Staub/*Habersack* § 160 Rn 6 f.

[72] MünchKommHGB/*Lieb* Rn 12; K. Schmidt/C. Schneider BB 2003, 1961, 1964.

[73] MünchKommHGB/*Lieb* Rn 13.

[74] Koller/*Roth*/Morck Rn 5; K. Schmidt/C. Schneider BB 2003, 1961 (1965); wohl auch Baumbach/*Hopt* Rn 12.

man ihm daher nicht die Möglichkeit nehmen, wenigstens durch Vereinbarung dem Schuldnerwechsel zu begegnen. Deswegen: Schließt man sich dem ersten Argument nicht an, mag es noch angehen, den Schutz eines ausgeschiedenen Gesellschafters höher zu bewerten als die Privatautonomie; denn im Falle des § 160 geht den Gläubigern „nur" ein Mithafter verloren. § 26 führt aber zu einer Auswechselung des Schuldners, weswegen hier auch die Gläubigerinteressen verstärkte Berücksichtigung verdienen. § 26 ist daher in jeder Hinsicht abdingbar. Auch eine Verkürzung der Nachhaftung ist denkbar.[75]

b) Inhalt, Zeitpunkt und Form der Vereinbarung. Inhaltlich muss die Vereinbarung **36** mit hinreichender Deutlichkeit den Willen der Parteien erkennen lassen, einen Ausschluss der Enthaftung zu bewirken. Ein bloßes Anerkenntnis des bisherigen Geschäftsinhabers genügt namentlich im Blick auf Verbindlichkeiten, die erst nach Ablauf von fünf Jahren fällig werden, nicht (Rn 34).[76] Die Vereinbarung kann bereits vor dem Geschäftsübergang, aber auch hernach abgeschlossen werden.[77] Aus Gründen der Rechtssicherheit bedarf die Vereinbarung ebenso wie das Anerkenntnis nach § 26 Abs. 2 der Schriftform.[78] Streitig ist, ob die Vereinbarung auch durch Allgemeine Geschäftsbedingungen getroffen werden kann.[79] Dem wird entgegengehalten, eine solche Klausel wäre überraschend i.S.d. § 305c Abs. 1 BGB.[80] Das mag im Einzelfall so sein. Gerade bei langfristigen Kredit- und Leasingverträgen, bei denen aus den genannten Gründen ein besonderes Bedürfnis für einen Ausschluss von § 26 besteht, ist das jedoch nicht der Fall. Auch ein Verstoß gegen § 307 BGB liegt aus diesen Gründen nicht vor.[81]

9. Zurückweisung der Erwerberhaftung, § 333 BGB analog. Schließlich kann der **37** Gläubiger nach hier vertretener Auffassung den auf § 25 Abs. 1 S. 1 beruhenden gesetzlichen Schuldbeitritt des Erwerbers gem. § 333 BGB analog zurückweisen (zur Begründung s. § 25 Rn 78 ff).[82] Macht der Gläubiger von diesem Zurückweisungsrecht Gebrauch, kommt die Erwerberhaftung nicht zum Zuge. Zugleich scheidet damit eine Enthaftung des bisherigen Inhabers gem. § 26 aus, so dass der Gläubiger auf diese Weise einen Schuldnerwechsel vermeiden kann.

Die Zurückweisung ist eine einseitige empfangsbedürftige Willenserklärung, die nach **38** der Regel des § 333 BGB dem Versprechenden, vorliegend also dem Erwerber gegenüber abzugeben ist. Wegen der besonderen Interessenlage wird man hier aber auch eine Erklärung an den Veräußerer als genügend anzusehen haben. Wird die Zurückweisung nur einem von beiden erklärt, ist der Erklärungsempfänger gem. § 242 BGB verpflichtet, den jeweils anderen zu informieren.[83] Die Zurückweisung kann richtigerweise bereits vor Anfall des Rechts,[84] d.h. hier vor dem Geschäftsübergang erklärt werden.

---

[75] MünchKommHGB/*K. Schmidt* § 160 Rn 17.
[76] Ausf. *K. Schmidt/C. Schneider* BB 2003, 1961 (1965).
[77] *K. Schmidt/C. Schneider* BB 2003, 1961 (1965).
[78] Str., wie hier *K. Schmidt/C. Schneider* BB 2003, 1961 (1965); aA Ebenroth/Boujong/Joost/Strohn/*Hillmann* Rn 20; Baumbach/*Hopt* Rn 12; GKzHGB/*Steitz* Rn 7.
[79] Dafür Koller/*Roth*/Morck Rn 5.
[80] *K. Schmidt/C. Schneider* BB 2003, 1961 (1965).
[81] Zutr. Koller/*Roth*/Morck Rn 5.

[82] Ähnlich *Canaris* Handelsrecht § 7 Rn 53 (Recht zum Verzicht auf den Schutz des § 25 Abs. 1 S. 1), näher zu dieser Auffassung § 25 Rn 80.
[83] *Canaris* Handelsrecht § 7 Rn 53 will eine solche Mitteilungspflicht dagegen nur dem Erwerber aufbürden; indes zu Unrecht, da auch dieser ein erhebliches Informationsinteresse hat.
[84] Str., wie hier Staudinger/*Jagmann* § 333 BGB Rn 8; Soergel/*Hadding* § 333 BGB Rn 8; Erman/*Westermann* § 333 BGB Rn 2; MünchKommBGB/*Gottwald* § 333 BGB

39 Eine Ausschlussfrist ist in § 333 BGB nicht vorgesehen.[85] Das Zurückweisungsrecht entfällt aber, wenn der Gläubiger das Forderungsrecht gegen den Erwerber ausdrücklich oder konkludent angenommen und damit auf sein Zurückweisungsrecht verzichtet hat.[86] Eine konkludente Annahme liegt insbes. in der Annahme von Leistungen des Erwerbers durch den Gläubiger in Kenntnis des Inhaberwechsels.[87] Zudem ist anzunehmen, dass sowohl der Erwerber als auch der Veräußerer dem Gläubiger eine angemessene Erklärungsfrist setzen kann, um die Ungewissheit hinsichtlich der Haftungsverhältnisse zu beseitigen (vgl. auch §§ 516 Abs. 2 S. 1, 2 BGB).[88] Lässt der Gläubiger die Erklärungsfrist verstreichen, bleibt es bei der gesetzlichen Regelung.[89] Schließlich entfällt das Zurückweisungsrecht aufgrund von § 26 spätestens mit Ablauf der dort bestimmten Fünfjahresfrist.

C. Rechtsfolgen

I. Enthaftung des früheren Geschäftsinhabers

40 **1. Gegenstand der Enthaftung.** Gegenstand der Enthaftung sind die **früheren Geschäftsverbindlichkeiten** des Veräußerers (sog. Altverbindlichkeiten). Das sind solche Geschäftsverbindlichkeiten (näher dazu § 25 Rn 84 ff), die vor der Übernahme des Handelsgeschäfts entstanden sind, d.h. deren Rechtsgrundlage bis zu diesem Zeitpunkt gelegt worden ist, auch wenn die einzelnen Verpflichtungen erst später fällig werden. Fraglich ist, auf welchen **Zeitpunkt** genau abzustellen ist: die Übernahme des Handelsgeschäfts oder die Eintragung des Inhaberwechsels bzw. im Falle des § 25 Abs. 3 die handelsübliche Bekanntmachung der Übernahme der Verbindlichkeiten[90]. Richtigerweise kommt es – zumindest im Ausgangspunkt – auf den Zeitpunkt der Übernahme des Handelsgeschäfts an; denn hernach werden die Verbindlichkeiten von dem Erwerber begründet. Solange der Inhaberwechsel noch nicht eingetragen ist, greift allerdings § 15 Abs. 1 zu Lasten des bisherigen Geschäftsinhabers ein. Das führt zu der weiteren Frage, ob § 26 auch für Neuverbindlichkeiten gilt, für die der frühere Geschäftsinhaber über § 15 Abs. 1 in Anspruch genommen werden kann. Dagegen spricht der Wortlaut von § 26, dafür aber Sinn und Zweck der Vorschrift.[91] Im Falle des § 25 Abs. 1 S. 1 betrifft die Enthaftung also alle Verbindlichkeiten, deren Rechtsgrund vor der Eintragung des Inhaberwechsels gem. § 31 gelegt wurde, im Falle des § 25 Abs. 3 kommt es dagegen auf den Zeitpunkt der Geschäftsübernahme an.

Rn 3; aA Palandt/*Heinrichs* § 333 BGB Rn 2; Bamberger/Roth/*Janoschek* § 333 BGB Rn 2.
[85] Statt aller Palandt/*Heinrichs* § 333 BGB Rn 2.
[86] Allg. M., RGZ 119, 3; MünchKommBGB/*Gottwald* § 333 BGB Rn 4; Staudinger/*Jagmann* § 333 BGB Rn 10.
[87] Vgl. Staudinger/*Jagmann* § 333 BGB Rn 10 mwN.
[88] Dafür bedarf es hier keiner diesbezüglichen vertraglichen Vereinbarung zwischen Veräußerer und Erwerber, weil sich der Schuldbeitritt kraft Gesetzes vollzieht. Im unmittelbaren Anwendungsbereich des § 333 BGB ist das anders, s. MünchKommBGB/*Gottwald* § 333 BGB Rn 3; Staudinger/*Jagmann* § 333 BGB Rn 10 jew. mwN.
[89] Im unmittelbaren Anwendungsbereich des § 333 BGB ist die Rechtsfolge eines Schweigens streitig, s. Staudinger/*Jagmann* § 333 BGB Rn 10 mwN. Dort ist freilich auch die Interessenlage komplizierter und die Lösung nicht gesetzlich vorgeprägt.
[90] So Ebenroth/Boujong/Joost/Strohn/*Hillmann* Rn 9.
[91] Röhricht/v. Westphalen/v. Gerkan/*Haas* § 160 HGB Rn 11.

Der **Rechtsgrund der Geschäftsverbindlichkeit** ist grundsätzlich (Ausnahmen Rn 14 f) **41** unerheblich. Grundsätzlich gilt die Enthaftung daher für Geschäftsverbindlichkeiten aus Vertrag oder Gesetz gleichermaßen, auch für deliktische Ansprüche. Ebenso wenig wird zwischen Ansprüchen aus Schuldverhältnissen mit hinausgeschobener Fälligkeit und solchen aus Dauerschuldverhältnissen unterschieden. Erfasst werden also grundsätzlich alle früheren Geschäftsverbindlichkeiten.

2. Zeitpunkt der Enthaftung. § 26 bestimmt, dass der frühere Geschäftsinhaber für **42** Altverbindlichkeiten nur haftet, wenn sie vor Ablauf von fünf Jahren fällig sind. Demnach ist hinsichtlich des Zeitpunkts der Enthaftung nach dem Zeitpunkt der Fälligkeit der Forderung zu unterscheiden:

Wenn der frühere Geschäftsinhaber für Altverbindlichkeiten nur haftet, wenn sie vor **43** Ablauf von fünf Jahren fällig sind, so bedeutet dies, dass er für **Altverbindlichkeiten, die erst nach Ablauf der Fünfjahresfrist fällig** werden, gar nicht mehr haftet. Bei solchen langfristigen Verbindlichkeiten tritt die Enthaftung mithin schon zu dem Zeitpunkt ein, in dem die Erwerberhaftung einsetzt, im Falle des § 25 Abs. 1 S. 1 also mit dem Zeitpunkt des Geschäftsübergangs[92] und im Falle des § 25 Abs. 3 mit dem Zeitpunkt der Kundmachung. Das ist allerdings streitig.[93] Die Gegenansicht betont, dass der frühere Geschäftsinhaber nicht vor jeder Vorverlegung der Fälligkeit geschützt sein soll, weswegen die Enthaftung auch bei solchen langfristigen Verbindlichkeiten erst mit dem Ablauf der Fünfjahresfrist eintrete.[94] Das ist freilich nur scheinbar ein Gegensatz; denn wenn eine Verbindlichkeit – etwa aufgrund einer außerordentlichen Kündigung des Gläubigers – tatsächlich vor Ablauf der Fünfjahresfrist fällig wird, dann ist eben doch noch keine Enthaftung eingetreten. Mit anderen Worten, sind zwei Zeitpunkte zu unterscheiden, nämlich erstens der Zeitpunkt, in dem die Enthaftung kraft Gesetzes eintritt, und zweitens der Zeitpunkt, in dem tatsächlich feststeht, dass die Enthaftung eingetreten ist. Dieser zweite Zeitpunkt ist endgültig erst mit Ablauf der Frist erreicht.

Bei **Verbindlichkeiten, die vor Ablauf von fünf Jahren fällig** sind, tritt die Enthaftung **44** erst mit dem Ablauf der Fünfjahresfrist ein. Das ist unstreitig.[95]

3. Rechtsfolge der Enthaftung. Die Enthaftung bewirkt das **Erlöschen der persön-** **45** **lichen Haftung** des früheren Geschäftsinhabers für Altverbindlichkeiten.[96] Dem Veräußerer steht damit eine rechtsvernichtende Einwendung zu, die im Prozess von Amts wegen zu berücksichtigen ist.[97] Wenn die Enthaftung eingetreten ist, gilt das unterschiedslos, ob die Verbindlichkeiten vor oder nach Ablauf der Fünfjahresfrist fällig geworden sind;[98]

---

[92] Allerdings beginnt die Frist in diesem Fall gem. § 26 Abs. 1 S. 2 erst mit der Eintragung des Inhaberwechsels, so dass frühestens ab diesem Zeitpunkt feststeht, für welche Verbindlichkeiten der frühere Geschäftsinhaber nicht mehr haftet.

[93] Wie hier MünchKommHGB/*Lieb* Rn 6; Röhricht/v. Westphalen/*Ammon/Ries* Rn 11; Koller/*Roth*/Morck Rn 7; Heymann/*Emmerich* Rn 16; GKzHGB/*Steitz* Rn 3; HKzHGB/*Ruß* Rn 6; Baumbach/*Hopt* Rn 5; Staub/*Habersack* § 160 Rn 17 mwN.

[94] Ebenroth/Boujong/Joost/Strohn/*Hillmann* Rn 18; MünchKommHGB/*K. Schmidt* § 160 Rn 31; Röhricht/v. Westphalen/*von Gerkan/Haas* § 160 Rn 12.

[95] MünchKommHGB/*Lieb* Rn 6; Röhricht/v. Westphalen/*Ammon/Ries* Rn 22; Ebenroth/Boujong/Joost/Strohn/*Hillmann* Rn 18; Baumbach/*Hopt* Rn 8.

[96] Ebenroth/Boujong/Joost/Strohn/*Hillmann* Rn 18; Röhricht/v. Westphalen/*Ammon/Ries* Rn 22.

[97] GKzHGB/*Steitz* Rn 4; Ebenroth/Boujong/Joost/Strohn/*Hillmann* Rn 18; MünchKommHGB/*K. Schmidt* § 160 Rn 41.

[98] Koller/*Roth*/Morck Rn 7; Baumbach/*Hopt* Rn 8.

denn die Frage des Zeitpunkts der Fälligkeit hat nur für die Frage des Zeitpunkts der Enthaftung Bedeutung (Rn 42 ff). Ist die Enthaftung zugunsten des früheren Geschäftsinhabers eingetreten, haftet nur noch der Erwerber für die Altverbindlichkeiten. Der Enthaftung des früheren Inhabers steht eine Tätigkeit als leitender Angestellter im Unternehmen nicht entgegen.[99]

II. Freiwerden von Sicherheiten

46 Eine vom Gesetzgeber wohl nicht bedachte Folge von § 26 ist, dass der Gläubiger infolge der Enthaftung nicht nur seinen Schuldner, sondern auch etwaige Sicherheiten verliert;[100] denn akzessorische Sicherheiten gehen mit der gesicherten Hauptschuld entweder unter (so z.B. eine Bürgschaft, vgl. § 767 Abs. 1 S. 1 BGB) oder auf den Besteller über (so eine Hypothek, s. § 1163 Abs. 1 S. 2 BGB). Und bei nicht akzessorischen Sicherheiten (z.B. Sicherungseigentum, Grundschuld) erwächst dem Sicherungsgeber bei Erlöschen der Hauptschuld ein Rückgewähranspruch, soweit nichts anderes vereinbart ist.[101] Das gilt auch in Ansehung des Umstandes, dass § 26 einen Schuldnerwechsel bewirkt, vgl. § 418 BGB. Dieses Problem stellt sich bei § 160 HGB nicht, weil Sicherheiten gewöhnlich für die Schuld der Gesellschaft bestellt werden und daher durch die Enthaftung eines ausscheidenden Gesellschafters nicht berührt werden.

47 Zur Lösung dieses Problems kommt zunächst eine Anwendung von **§ 216 BGB analog** in Betracht. Dagegen lässt sich nicht einwenden, dass die Vorschrift in § 26 Abs. 1 S. 3 nicht genannt ist, wenn man davon ausgeht, dass der Gesetzgeber das Problem nicht gesehen hat und daher eine Gesetzeslücke vorliegt. Beschritte man diesen Weg, würde jedoch das Enthaftungsprivileg letztlich ausgehebelt: Hätte der bisherige Geschäftsinhaber selbst die Sicherheit bestellt, könnte der Gläubiger ihn entgegen § 26 aus der Sicherheit in Anspruch nehmen. Und hätte ein Dritter die Sicherheit bestellt, so hätte dieser regelmäßig einen Rückgriffsanspruch gegen den bisherigen Inhaber.[102]

48 In Betracht kommt ferner eine **Analogie zu § 156 S. 2 UmwG**, der § 418 BGB für unanwendbar erklärt.[103] Daraus wird im Umwandlungsrecht der Schluss gezogen, Sicherheiten würden auch zugunsten der Ansprüche der Altgläubiger gegen die übernehmende Gesellschaft wirken.[104] Das ist jedoch unrichtig. Vielmehr stellt § 156 S. 2 UmwG, wie sich schon aus der systematischen Stellung der Norm ergibt, nur klar, dass die Sicherheiten für die Schuld des Einzelkaufmanns nicht durch den Übergang der Verbindlichkeiten auf die Gesellschaft berührt werden.[105] Eine analoge Anwendung von

---

[99] *Seibert* DB 1994, 461 (463); Röhricht/v. Westphalen/*Ammon*/*Ries* Rn 22.
[100] *Canaris* Handelrecht § 7 Rn 60; *ders.* FS Odersky, S. 753 (760 f); Koller/*Roth*/Morck Rn 8; *Petersen* Der Gläubigerschutz im Umwandlungsrecht, 2001, S. 361 f; i.E. auch MünchKommHGB/*Lieb* Rn 5a.
[101] Erman/*L. Michalski* Anhang zu §§ 929–931 BGB Rn 13; Erman/*Wenzel* § 1191 BGB Rn 61; Prütting/Wegen/Weinreich/*Waldner* § 1191 BGB Rn 19.
[102] *Canaris* Handelsrecht § 7 Rn 60; *ders.* FS Odersky, S. 753 (760 f); Koller/*Roth*/Morck Rn 8.
[103] Dafür *K. Schmidt*/*C. Schneider* BB 2003, 1961 (1966 f), allerdings aufgrund der besonderen, gleichsam die Rechtsfähigkeit des Unternehmens fingierenden Konzeption von *Karsten Schmidt*, die zu Recht mehrheitlich nicht geteilt wird, s. § 25 Rn 20.
[104] Lutter/*Karollus* UmwG, § 156 Rn 21, § 157 Rn 20, der allerdings wohl nur solche Sicherheiten vor Augen hat, die von dem Einzelkaufmann selbst bestellt wurden; Schmitt/Hörtnagl/Stratz UmwG § 156 Rn 8, § 131 Rn 79.
[105] Zutr. *Canaris* Handelsrecht § 7 Rn 61; *Petersen* S. 361 f.

§ 156 S. 2 UmwG vermag das Problem des Verlusts der Sicherheiten daher ebenfalls nicht zu lösen.

III. Anspruch auf Sicherheitsleistung, § 22 UmwG analog

Eine gewisse Erleichterung – und zwar nicht nur im Falle des Verlustes von Sicherheiten[106] – vermag eine **analoge Anwendung von § 22 UmwG** zu verschaffen.[107] Die Vorschrift findet auch im Falle des § 152 UmwG Anwendung (s. §§ 133 Abs. 1 S. 2, 125 UmwG), was Grundlage der Analogie ist. Schuldner des Anspruchs auf Sicherheitsleistung ist wohl der Erwerber.[108] Zu beachten ist aber, dass die Voraussetzungen der Vorschrift recht eng sind: schriftliche Anmeldung der Forderungen binnen sechs Monaten nach Eintragung und Bekanntmachung, Sicherheitsleistung nur, wenn Gläubiger keine Befriedigung verlangen können und glaubhaft machen, dass durch den Inhaberwechsel die Erfüllung ihrer Forderung gefährdet wird.

49

§ 27

(1) Wird ein zu einem Nachlasse gehörendes Handelsgeschäft von dem Erben fortgeführt, so finden auf die Haftung des Erben für die früheren Geschäftsverbindlichkeiten die Vorschriften des § 25 entsprechende Anwendung.

(2) ¹Die unbeschränkte Haftung nach § 25 Abs. 1 tritt nicht ein, wenn die Fortführung des Geschäfts vor dem Ablaufe von drei Monaten nach dem Zeitpunkt, in welchem der Erbe von dem Anfalle der Erbschaft Kenntnis erlangt hat, eingestellt wird. ²Auf den Lauf der Frist finden die für die Verjährung geltenden Vorschriften des § 210 des Bürgerlichen Gesetzbuchs entsprechende Anwendung. ³Ist bei dem Ablaufe der drei Monate das Recht zur Ausschlagung der Erbschaft noch nicht verloren, so endigt die Frist nicht vor dem Ablaufe der Ausschlagungsfrist.

Schrifttum

Amandi Umstrukturierung zur Vorbereitung eines Generationenwechsels, GmbH-StB 2002, 323; *Bolte* Der Paragraph 27 des neuen Handelsgesetzbuches, ZHR 51 (1902), 413; *Barella* Möglichkeit der Haftungsbeschränkung beim Übergang eines Einzelhandelsgeschäftes auf den Erben, DB 1951, 676; *Bartholomeyczik* Die Haftung des Erben für die neuen Geschäftsverbindlichkeiten, DGWR 1938, 321; *Baur* Der Testamentsvollstrecker als Unternehmer, Festschrift Dölle, Bd. I, 1963 S. 249; *Behnke* Das neue Minderjährigenhaftungsbeschränkungsgesetz, NJW 1998, 3078; *Binder* Die Rechtsstellung des Erben nach dem deutschen bürgerlichen Gesetz, 1905; *Bringer* Auseinandersetzung einer Miterbengemeinschaft als Nachfolgerin eines einzelkaufmännischen Handelsgeschäfts, ZErb 2006, 39; *Boehmer* Erbfolge und Erbenhaftung, 1927; *Bork/Jacoby* Das Ausscheiden des einzigen Komplementärs nach § 131 Abs. 3 HGB, ZGR 2005, 611; *Brandner* Das einzelkaufmännische Unternehmen unter Testamentsvollstreckung, Festschrift Stimpel, 1985, 991; *Buchwald* Der Betrieb eines Handelsgewerbes in Erben- oder Gütergemeinschaft, BB 1962, 1405; *Damrau* Die Fortführung des von einem Minderjährigen erebten Handelsgeschäfts, NJW 1985, 2236; *Dauner-Lieb* Unternehmen in Sondervermögen, 1998; *Demuth* Unternehmensnachfolge: Folgen des Ausscheidens eines

---

[106] So aber wohl MünchKommHGB/*Lieb* Rn 5a.
[107] Ausf. *Canaris* Handelsrecht § 7 Rn 49 ff.
[108] *Canaris* Handelsrecht § 7 Rn 50.

Gesellschafters und Anwachsung bei Kommanditgesellschaften, BB 2007, 1569; *Ebenroth/Fuhrmann* Konkurrenzen zwischen Vermächtnis- und Pflichtteilsansprüchen bei erbvertraglicher Unternehmensnachfolge, BB 1989, 2049; *Echarti* Die vorläufige und die endgültige Fortführung eines ererbten Handelsgeschäfts (§ 27 HGB), LZ 1913, 664; *Ernst* Haftung des Erben für neue Geschäftsverbindlichkeiten, 1994; *Fenyves* Erbenhaftung und Dauerschuldverhältnis, 1982; *R. Fischer* Fortführung eines Handelsgeschäfts durch eine Erbengemeinschaft, ZHR 144 (1980), 1; *R. Frank/Müller-Dietz* Zur Haftung eines Kommanditisten für bisherige Gesellschaftsschulden, wenn dieser den einzigen Komplementär einer zweigliedrigen KG beerbt, JR 1991, 457; *Friedrich* Die Haftung des endgültigen Erben und des „Zwischenerben" bei Fortführung eines einzelkaufmännischen Unternehmens, 1990; *Fromm* Nachlassverwaltung: Eine Bedrohung für mittelständische Unternehmen im Nachlass, ZEV 2006, 298; *Funk/Reuter* Gesellschafts-, erb- und erbschaftsteuerrechtliche Rechtsprechung im Bereich Unternehmensnachfolge 2004–2006, DStZ 2007, 311; *Ge* Umfang der Haftung des den alleinigen Komplementär beerbenden Kommanditisten für Altverbindlichkeiten, DStR 1991, 289; *Goldstein* Die Miterbengemeinschaft als Organisationsform zur Fortführung des ererbten Handelsunternehmens eines Einzelkaufmanns, Diss. Köln 1972; *Grote* Möglichkeiten der Haftungsbeschränkung für den Erben eines einzelkaufmännischen Gewerbebetriebs, BB 2001, 2595; *Grunewald* Haftungsbeschränkungs- und Kündigungsmöglichkeiten für volljährig gewordene Personengesellschafter, ZIP 1999, 597; *Habersack* Das neue Gesetz zur Beschränkung der Haftung Minderjähriger, FamRZ 1999, 1; *Hadding* Der praktische Fall – Handelsrecht – Das vom Erben zurückgenommene kaufmännische Unternehmen, JuS 1995, 611; *Harder/Müller-Freienfels* Grundzüge der Erbenhaftung, JuS 1980, 876; *Hildebrandt* Das Handelsgeschäft als Nachlaßgegenstand, DFG 1937, 153; *ders.* Die handelsrechtliche Erbenhaftung, DFG 1938, 48; *Hohensee* Die unternehmenstragende Erbengemeinschaft, 1994; *von Hoyenberg* Ausgewählte Fragen zum Unternehmertestament, RNotZ 2007, 377; *A. Hueck* Schuldenhaftung bei Vererbung eines Handelsgeschäfts, ZHR 108 (1941), 1; *Hüffer* Die Fortführung des Handelsgeschäfts in ungeteilter Erbengemeinschaft und das Problem des Minderjährigenschutzes, ZGR 1986, 603; *Johannsen* Die Nachfolge in kaufmännischen Unternehmen und Beteiligungen an Personengesellschaften beim Tode ihres Inhabers, FamRZ 1980, 1074; *John* Testamentsvollstreckung über ein einzelkaufmännisches Unternehmen, BB 1980, 757; *Kretzschmar* Die Gestaltung der Haftung der Erben, wenn der Erblasser Einzelkaufmann war oder einer offenen Handelsgesellschaft oder einer KG als Teilhaber angehörte, ZBlFG 1916/17, 1; *Laum/Dylla-Krebs* Der Minderjährige mit beschränkter Haftung? Festschrift Vieregge, 1995, 513; *Lieb* Haftungsprobleme beim Übergang des Gesellschaftsvermögens auf einen Kommanditisten, ZGR 1991, 572; *ders.* (Hrsg.) Die Reform des Handelsstandes und der Personengesellschaften, 1999; *Liebs* Offene Fragen der Insolvenz einer zweigliedrigen GmbH & Co KG, ZIP 2002, 1716; *Marotzke* Haftungsverhältnisse und Probleme der Nachlassverwaltung bei der Beerbung des einzigen Komplementärs durch den einzigen Kommanditisten, ZHR 156 (1992), 17; *Muscheler* Die Haftungsordnung der Testamentsvollstreckung, 1994; *Nolte* Zur Frage der Zulässigkeit der Testamentsvollstreckung nach Handelsrecht, Festschrift Nipperdey Bd. I, 1965, 667; *Nitz* Unternehmensnachfolge, BWNotZ 2004, 153; *Nordemann* Zur „Testamentsvollstreckung" an Handelsgeschäften und in Personalgesellschaften, NJW 1963, 1139; *Progl* Die Haftungsbegrenzungsmöglichkeiten des Unternehmenserben – im Falle der Fortführung des ererbten einzelkaufmännischen Betriebes, ZErb 2006, 181; *Reuter* Die handelsrechtliche Erbenhaftung, ZHR 135 (1971), 511, *Riesenfeld* Die Erbenhaftung nach dem bürgerlichen Recht, 1916; *Schedhelm* Erben im Visier der Steuerfahndung, FR 2007, 937; *K. Schmidt* Die Erbengemeinschaft nach einem Einzelkaufmann, NJW 1985, 2785; *ders.* Zur Fortführung eines ererbten Handelsgeschäfts bei minderjährigen Miterben, NJW 1985, 138; *ders.* Gesetzliche Vertretung und Minderjährigenschutz im Unternehmensprivatrecht, BB 1986, 1238; *ders.* Zur Haftung des durch Beerbung des einzigen Komplementärs zum Alleininhaber des Gesellschaftsvermögens werdenden Kommanditisten für Gesellschaftsschulden, JZ 1991, 733; *ders.* Handelsrechtliche Erbenhaftung als Bestandteil des Unternehmensrechts, ZHR 1993, 600; *ders.* Minderjährigen-Haftungsbeschränkung im Unternehmensrecht, JuS 2004, 361; *Schönert* Grenzen der Beschränkbarkeit der Erbenhaftung auf den Nachlass, BWNotZ 2008, 81; *Siber* Haftung für Nachlaßschulden nach geltendem und künftigem Recht, 1937; *Stahl* Minderjährigenschutz im Gesellschaftsrecht und vormundschaftsgerichtliche Genehmigung, 1988; *Stegemann* Die Vererbung eines Handelsgeschäftes, 1903; *Strothmann* Einzelkaufmännische Unternehmen und Erbenmehrheit im Spannungsfeld von Handels-, Gesellschafts-, Familien- und Erbrecht, ZIP 1985, 969; *Thiele* Kindesvermögensschutz im Personalunternehmensrecht nach dem Beschluß des BVerfG vom 13.5.1986, Diss. Köln 1992; *Weimar* Die Veräußerung und Vererbung eines Handelsgeschäfts, MDR 1967, 731; *Welter* Vertragliche Vereinbarungen im Rahmen einer Erbengemeinschaft, MittRhNotK 1986, 140; *Werther* Der Ausschluß der handelsrechtlichen Erbenhaftung nach Fortführung des ererbten Handelsgeschäfts unter der bisherigen Firma, Diss. Köln 1968; *M. Wolf* Die Fortführung eines Handelsgeschäfts durch die Erbengemeinschaft, AcP 181 (1981), 480; *ders.* Vermögensschutz für Minderjährige und handelsrechtliche Haftungsgrundsätze, AcP 187 (1987), 319.

S. ferner das Schrifttum zu §§ 25, 28.

Übersicht

	Rn
A. Grundlagen	1–22
I. Hintergrund der Norm	1–5
II. Norminhalt	6–7
III. Entstehungsgeschichte	8
IV. Normzweck	9
1. Meinungsstand	10–15
a) Gesetzgeber	10
b) Rechtsprechung	11
c) Literatur	12–15
2. Stellungnahme	16–18
V. Vermeidung der Unbeschränkbarkeit der Erbenhaftung	19
VI. Anwendungsbereich	20–21
VII. Weiterer Gang der Kommentierung	22
B. Die Unbeschränkbarkeit der Erbenhaftung gemäß § 27 Abs. 1 i.V.m. § 25 Abs. 1 S. 1	23–48
I. Voraussetzungen	23–40
1. Erbe	24–29
a) Erbschaft und Ausschlagung	24–26
b) Vor- und Nacherbe	27
c) Scheinerbe	28
d) Vermächtnisnehmer	29
2. Handelsgeschäft	30
3. Fortführung des Handelsgeschäfts	31–36
a) Fortführung durch den Erben	31
b) Fortführung durch Dritte	32–35
aa) Grundsatz	32
bb) Minderjährige	33–34
cc) Personen kraft Amtes	35
c) Testamentsvollstrecker	36
4. Fortführung der Firma	37–39
5. Besondere Verpflichtungsgründe (§ 27 Abs. 1 i.V.m. § 25 Abs. 3)	40
II. Rechtsfolgen	41–48
1. Allgemeines	41
2. Frühere Geschäftsverbindlichkeiten	42–47
3. Eintragungspflichten	48
C. Der Erhalt der Beschränkbarkeit der Erbenhaftung gemäß § 27 Abs. 1 i.V.m. § 25 Abs. 2	49–60
I. Anwendbarkeit von § 27 Abs. 1 i.V.m. § 25 Abs. 2	49–53
1. Meinungsstand	49–51
2. Stellungnahme	52–53

	Rn
II. Voraussetzungen von § 27 Abs. 1 i.V.m. § 25 Abs. 2	54–59
1. Keine Vereinbarung	55
2. Kundmachung	56
3. Rechtzeitigkeit	57–59
a) Meinungsstand	57
b) Stellungnahme	58
c) Einzelheiten	59
III. Rechtsfolgen von § 27 Abs. 1 i.V.m. § 25 Abs. 2	60
D. Der Erhalt der Beschränkbarkeit der Erbenhaftung gemäß § 27 Abs. 2	61–75
I. Voraussetzungen	61–71
1. Einstellung der Fortführung des Geschäfts	61–68
a) Einstellung der werbenden Tätigkeit	62–63
b) Nachlaßverwaltung und -insolvenz	64
c) Veräußerung	65
d) Verpachtung	66
e) Einbringung des Geschäfts in eine Gesellschaft	67
f) Eingliederung des Geschäfts in ein Unternehmen des Erben	68
2. Einstellungsfrist	69–71
a) Frist nach § 27 Abs. 2 S. 1	69
b) Verlängerung der Frist nach § 27 Abs. 2 S. 2 i.V.m. § 210 BGB	70
c) Verlängerung der Frist nach § 27 Abs. 2 S. 3 i.V.m. § 1944 BGB	71
II. Rechtsfolgen	72–75
1. Haftung während der Schwebezeit	72
2. Haftung bei rechtzeitiger Einstellung	73–74
a) Grundsatz	73
b) Nachlasserbenschulden	74
3. Haftung ohne rechtzeitige Einstellung	75
E. Geschäftsfortführung durch einen Testamentsvollstrecker	76–90
I. Fragestellung	76

II. Zulässigkeit der Testamentsvollstreckung	77–83	1. Meinungsstand	94–95
1. Meinungsstand	77–82	2. Stellungnahme	96
2. Stellungnahme	83	III. Der Erhalt der Beschränkbarkeit der Erbenhaftung nach § 27 Abs. 2, § 27 Abs. 1 i.V.m. § 25 Abs. 2	97–100
III. Folgen der Testamentsvollstreckung	84–88	IV. Haftungsfolgen gemäß § 27 Abs. 1 i.V.m. § 25 Abs. 1 S. 1	101–102
1. Meinungsstand	85–87	V. Die Haftung bei Erwerb des Unternehmens im Rahmen der Auseinandersetzung	103
2. Stellungnahme	88	G. Andere erbrechtliche Gestaltungen	104–107
IV. Beendigung der Testamentsvollstreckung	89–90	I. Zuwendung des Handelsgeschäfts durch Vermächtnis	104–106
1. Meinungsstand	89	1. Die Rechtsstellung des Vermächtnisnehmers	104–105
2. Stellungnahme	90	2. Die Rechtsstellung des Erben	106
F. Geschäftsfortführung durch eine Erbengemeinschaft	91–103	II. Zuwendung des Handelsgeschäfts durch Schenkung von Todes wegen	107
I. Grundlagen	91–93		
1. Vorbemerkung	91		
2. Erbrechtliche Ausgangslage	92		
3. Grundgedanke bei der Anwendung von § 27	93		
II. Die Unbeschränkbarkeit der Erbenhaftung nach § 27 Abs. 1 i.V.m. § 25 Abs. 1 S. 1	94–96		

A. Grundlagen

I. Hintergrund der Norm

1 § 27 ist nur vor dem Hintergrund der erbrechtlichen Ausgangslage zu verstehen. Gem. § 1922 Abs. 1 BGB geht im Wege der **Universalsukzession** das gesamte Vermögen des Erblassers auf den oder die Erben (zu den besonderen Problemen der Miterbengemeinschaft u. Rn 91 ff) über. Der Erbe wird also **Gesamtrechtsnachfolger** des Erblassers. Damit wird er grundsätzlich auch Gläubiger aller Forderungen und Schuldner aller Verbindlichkeiten des Erblassers, und zwar auch dann, wenn die Schulden überwiegen. Für die Nachlassverbindlichkeiten haftet er persönlich und grundsätzlich unbeschränkt (§ 1967 BGB), also nicht nur beschränkt auf den Nachlass, sondern mit seinem gesamten Vermögen. Um diese u.U. sehr nachteilige Rechtsfolge zu vermeiden, stehen dem Erben zwei Möglichkeiten zur Verfügung:

2 Zum einen kann der Erbe gem. §§ 1944 ff BGB binnen sechs Wochen die **Erbschaft ausschlagen**, wenn er sie nicht bereits zuvor angenommen hat (§ 1943 BGB), wobei in der einstweiligen Fortführung eines geerbten Handelsgeschäfts allein noch keine konkludente Annahme zu sehen ist[1]. Die Ausschlagung bewirkt, dass der Anfall der Erbschaft als nicht erfolgt gilt, § 1953 Abs. 1 BGB. Damit erwirbt der (vormalige) Erbe aus der Erbschaft weder Rechte noch Pflichten, so dass die Ausschlagung einen vollständigen **Haftungsausschluss** zur Folge hat.

3 Zum anderen kann der Erbe seine **Haftung für Nachlassverbindlichkeiten auf den Nachlass beschränken**. Die Beschränkung tritt – abgesehen von der Möglichkeit einer Haftungsvereinbarung mit Gläubigern – bei Anordnung der **Nachlassverwaltung** und bei

---

[1] RG DJZ 1909, 1329; 1912, 1185; BayObLGZ 4, 60; KG JFG 22, 70; DR 1940, 2007; MünchKommBGB/*Leipold* § 1943 BGB Rn 5; Staudinger/*Otte* § 1943 BGB Rn 7 ff; Soergel/*Stein* § 1943 BGB Rn 4; Erman/W. *Schlüter* § 1943 BGB Rn 3.

Eröffnung des **Nachlassinsolvenzverfahrens** ein (§§ 1975 ff BGB), womit eine Absonderung des Nachlasses vom sonstigen Vermögen des Erben, die Fremdverwaltung des Nachlasses und der Verlust der Verfügungsbefugnis des Erben verbunden sind. Der Erbe haftet dann nur noch mit den Nachlassgegenständen selbst, aber nicht mehr mit seinem übrigen Vermögen, und zwar auch nicht etwa in Höhe des Nachlasswertes. Allerdings haftet der Erbe den Nachlassgläubigern für eine ordnungsgemäße Verwaltung des Nachlasses bis zur Anordnung der Nachlassverwaltung bzw. bis zur Eröffnung des Insolvenzverfahrens, §§ 1978 f BGB. Das gilt nach § 1991 Abs. 1 BGB auch dann, wenn eine Nachlassverwaltung oder ein Nachlassinsolvenzverfahren mangels Masse nicht stattfinden kann und der Erbe die Haftungsbeschränkung durch die **Einrede der „Dürftigkeit"** gem. §§ 1990, 1992 BGB, § 780 ZPO herbeiführt.

Während Nachlassgläubiger einen auf Anordnung der Nachlassverwaltung bzw. **4** Eröffnung des Nachlassinsolvenzverfahrens gerichteten Antrag nur binnen zwei Jahren seit Annahme der Erbschaft stellen können (§ 1981 Abs. 2 S. 2 BGB, §§ 317 Abs. 1, 319 InsO), ist das Antragsrecht des Erben **grundsätzlich zeitlich unbeschränkt**. Grenzen ergeben sich lediglich in den Fällen der §§ 1994 Abs. 1 S. 2, 2005 Abs. 1 S. 1 BGB, in denen und weil das Gesetz eine **unbeschränkte Erbenhaftung** anordnet, § 2013 BGB. Gegenüber dem einzelnen Nachlassgläubiger tritt überdies eine unbeschränkte Erbenhaftung in den Fällen des § 2006 Abs. 3 BGB ein.

Kein Mittel der Haftungsbeschränkung ist dagegen die **Inventarerrichtung** (§§ 1993 ff **5** BGB), die im Gegenteil zu einer unbeschränkten Haftung des Erben führen kann, §§ 1994 Abs. 1 S. 2, 2005 Abs. 1 S. 1, 2006 Abs. 3 BGB. Zudem verliert der Erbe die Einrede des § 2014 BGB. Positiv für den Erben ist aber die Vermutung des § 2009 BGB. Für Nachlassgläubiger, die eine Inventarerrichtung beantragen können (§ 1994 BGB), bewirkt die Inventarerrichtung eine Erleichterung der Zwangsvollstreckung in die Nachlassgegenstände und vor allem eine Übersicht über den Nachlassbestand (einschließlich der Nachlassverbindlichkeiten, § 2001 Abs. 1), was insbes. im Blick auf die spätere Beantragung einer Nachlassverwaltung oder Nachlassinsolvenz vorteilhaft sein kann und es erleichtert, den Erben nach § 1978 BGB verantwortlich zu machen.[2] Das **Aufgebot** (§§ 1970 ff BGB, §§ 946 ff, 989 ff ZPO) bezweckt in erster Linie, dem Erben einen Überblick über die Nachlassverbindlichkeiten zu verschaffen. Es führt zwar ebenfalls keine Haftungsbeschränkung herbei, gibt dem Erben aber die Einreden der §§ 2015, 1973, 1974 BGB.

II. Norminhalt

Vor diesem erbrechtlichen Hintergrund bestimmt § 27 Abs. 1, dass der **Erbe bei Fort- 6 führung eines zum Nachlass gehörenden Handelsgeschäfts für frühere Geschäftsverbindlichkeiten** nach Maßgabe von § 25 **unbeschränkt haftet**. Diese Haftungsanordnung, die für sich genommen nur der Regel der §§ 1922, 1967 BGB entspricht, hat zur **Folge** – und darin liegt die eigentliche Bedeutung der Vorschrift –, dass dem Erben im Blick auf frühere Geschäftsverbindlichkeiten die **Möglichkeit einer erbrechtlichen Haftungsbeschränkung genommen** wird.[3] Diese Folge tritt nach § 27 Abs. 2 S. 1 allerdings nicht ein, wenn die

---

[2] RGZ 129, 239 (244).
[3] Ganz h.L., etwa Staub/*Hüffer* 4. Auflage Rn 13; MünchKommHGB/*Lieb* Rn 3, 37; Ebenroth/Boujong/Joost/Strohn/*Zimmer*

Rn 6; Röhricht/v. Westphalen/*Ammon/Ries* Rn 3; Baumbach/*Hopt* Rn 1, 4; Heymann/ *Emmerich* Rn 11; **aA** aber *Friedrich* S. 101 ff.

§ 27

Fortführung des Geschäfts vor dem Ablauf von drei Monaten, nachdem der Erbe von dem Anfall der Erbschaft Kenntnis erlangt hat, eingestellt wird. § 27 Abs. 2 S. 2 ordnet eine entsprechende Anwendung von § 210 BGB an. Nach § 27 Abs. 2 S. 3 endet die Dreimonatsfrist nicht vor Ablauf der Ausschlagungsfrist.

7 In § 27 **nicht geregelt** ist dagegen – anders als in § 25 – das Schicksal der **Geschäftsforderungen**; denn insofern verbleibt es bei der erbrechtlichen Regelung, wonach der Erbe kraft Gesetzes in die Rechtsstellung des Erblassers einrückt (§ 1922 BGB) und damit gegenüber jedermann Gläubiger wird. Nicht geregelt ist ferner die Haftung des Erben für **Neuverbindlichkeiten**; denn für diese haftet er nach allgemeinen Regeln ohnehin grundsätzlich unbeschränkt (s. aber Rn 46).

III. Entstehungsgeschichte

8 Das ADHGB enthielt keine § 27 entsprechende Vorschrift. Auch war das Problem der Vererbung eines Handelsgeschäfts im 19. Jahrhundert kaum Gegenstand von Rechtsprechung und wissenschaftlicher Diskussion.[4] Der erste Entwurf des Reichsjustizamtes ordnete in § 21 die Haftung des Erwerbers eines Handelsgeschäfts sowohl für den Fall des Erwerbs unter Lebenden als auch für den von Todes wegen an, wobei § 23 die Haftung für den Fall des Erwerbs von Todes wegen dann ausschloss, wenn das Handelsgeschäft nur „*einstweilen für Rechnung des Nachlasses fortgeführt*" wurde. Da dieser Begriff als zu unbestimmt empfunden wurde,[5] führte § 25 des zweiten Entwurfs die Dreimonatsfrist ein. Erst in der Reichstagsvorlage wurde die Vorschrift (als § 26) dann so formuliert, wie sie Gesetz wurde. Seither ist die Vorschrift im Wesentlichen unverändert. Lediglich das Gesetz zur Modernisierung des Schuldrechts vom 26.11.2001[6] machte infolge der Neugestaltung des Verjährungsrechts eine redaktionelle Folgeänderung von § 27 Abs. 2 S. 2 erforderlich.

IV. Normzweck

9 Der Normzweck von § 27 ist ähnlich umstritten wie derjenige von § 25, wenngleich die Meinungsvielfalt geringer ist. „Dafür" hat der Streit noch größeren Einfluss auf das Auslegungsergebnis, nämlich insbes. auf folgende Fragen:
– Ist der Verweis von § 27 Abs. 1 auf § 25 als Rechtsgrund- oder Rechtsfolgenverweis zu verstehen? Im ersten Fall wäre eine Firmenfortführung Voraussetzung der Unbeschränkbarkeit der Erbenhaftung, im zweiten Fall nicht.
– Umfasst der Verweis von § 27 Abs. 1 auf § 25 auch Abs. 2 dieser Vorschrift? In diesem Fall könnte Unbeschränkbarkeit der Erbenhaftung auch durch eine gehörige Kundmachung vermieden werden.
– Welche Sachverhalte sind als „Einstellung der Geschäftsfortführung" i.S.d. § 27 Abs. 2 S. 1 anzusehen? Gehört hierzu etwa auch die Veräußerung, Verpachtung oder die Einbringung des Geschäfts in eine Gesellschaft?

---

[4] Näher *Bolle* ZHR 51 (1902), 413 (415); *Friedrich* S. 67 ff.
[5] Vgl. Protokolle über die Beratungen der Kommission zur Begutachtung des Entwurfs eines HGB; Sitzung vom 23.11.1895, VII. = *Schubert/Schmiedel/Krampe* Bd. 2. 1. Hb., 1988, S. 306.
[6] BGBl. I. S. 3138.

1. Meinungsstand

a) Gesetzgeber. Zur Begründung von § 27 nimmt die Denkschrift zunächst auf die in 10 § 25 Rn 9 zitierten Überlegungen Bezug, indem es im Anschluss heißt: „*Auf diesen Erwägungen beruhen die Vorschriften der §§ 24 [= § 25 HGB] und 26 [= § 27 HGB] des Entwurfs.*"[7] Sodann wird (hier ergänzt um Satznummern, um eine spätere Bezugnahme zu erleichtern) ausgeführt: „²*Wird ein zu einem Nachlasse gehörendes Handelsgeschäft von dem Erben fortgeführt, so finden nach § 26 des Entwurfs auf die Haftung des Erben für die früheren Geschäftsverbindlichkeiten die Vorschriften des § 24 entsprechende Anwendung.* ³*Falls daher der Erbe die bisherige Firma mit oder ohne Beifügung eines das Nachfolgeverhältniß andeutenden Zusatzes beibehält oder die Uebernahme der Verbindlichkeiten des Verstorbenen in handelsüblicher Weise bekannt macht, haftet er für die Geschäftsverbindlichkeiten mit seinem ganzen Vermögen, ohne Rücksicht auf die Vorschriften des bürgerlichen Rechtes, wonach die Haftung des Erben für die Nachlaßverbindlichkeiten unter gewissen Voraussetzungen auf den Nachlaß beschränkt ist.* ⁴*Nach der Bestimmung des Abs. 2 des § 26 sollen jedoch die Wirkungen, welche bezüglich der Geschäftsverbindlichkeiten an die Fortführung des Geschäfts und der Firma geknüpft sind, nicht eintreten, wenn die Fortführung vor dem Ablaufe von drei Monaten nach dem Zeitpunkt, in welchem der Erbe von dem Anfalle der Erbschaft Kenntniß erlangt hat, eingestellt wird.* ⁵*Es würde zu weit gehen, dem Erben schon dann, wenn er nicht alsbald nach dem Tode des Erblassers das Geschäft aufgibt oder eine neue Firma annimmt, entgegen den Vorschriften des Bürgerlichen Gesetzbuchs schlechthin eine unbeschränkte Haftung für die Geschäftsverbindlichkeiten aufzuerlegen.* ⁶*Ist der Erbe nicht geschäftsfähig oder nur beschränkt geschäftsfähig und hat er keinen gesetzlichen Vertreter, so finden nach § 26 Abs. 2 auf den Lauf der dreimonatigen Frist die im § 206 des Bürgerlichen Gesetzbuchs für die Verjährung getroffenen Bestimmungen entsprechende Anwendung; auch soll die Frist, wenn bei ihrem Ablaufe das Recht zur Ausschlagung der Erbschaft noch nicht verloren ist, beispielsweise weil sich der Erbe bei dem Beginne der Ausschlagungsfrist im Auslande befand (Bürgerliches Gesetzbuch § 1944 Abs. 2), nicht vor dem Ablaufe der Ausschlagungsfrist endigen.* ⁷*Durch diese Vorschriften gewährt der Entwurf dem Erben ausreichende Zeit, um sich über die endgültige Fortführung der Firma schlüssig zu machen.* ⁸*Die Bestimmungen, die der § 24 des Entwurfs für den Fall der Veräußerung eines Geschäfts unter Lebenden hinsichtlich des Ueberganges der im Betriebe des Geschäfts begründeten Forderungen trifft, sind im § 26 nicht für anwendbar erklärt.* ⁹*Da die Geschäftsforderungen auf den Erben schon kraft des Erbrechts übergehen, so bedarf es bezüglich derselben keiner besonderen Vorschriften.*"[8]

b) Rechtsprechung. Die Rechtsprechung hat sich – soweit ersichtlich – nur vereinzelt 11 mit dem Zweck von § 27 auseinandergesetzt. In BGHZ 32, 60, 62 heißt es dazu unter Bezugnahme auf die Denkschrift: Indem die Vorschrift „*an den äußeren Tatbestand der Geschäfts- und Firmenfortführung die Wirkung der Haftung für Geschäftsschulden knüpft und in diesem Sinne auf die Kontinuität des Unternehmens sowie auf die wirtschaftliche Zugehörigkeit der Geschäftsschulden zum Geschäftsvermögen abstellt*", diene sie dem „*Interesse der Sicherheit des Handelsverkehrs, insbes. zum Schutz des Vertrauens der beteiligten Verkehrskreise*".

---

[7] Denkschrift zum Entwurf eines Handelsgesetzbuchs, Reichstag, 9. Legislatur-Periode, IV. Session 1895/97, S. 36 = *Schubert/Schmiedel/Krampe* Quellen zum Handelsgesetzbuch von 1897, Bd. 2. 2. Hb. 1988, S. 979.

[8] Denkschrift zum Entwurf eines Handelsgesetzbuchs, Reichstag, 9. Legislatur-Periode, IV. Session 1895/97, S. 38 = *Schubert/Schmiedel/Krampe* Quellen zum Handelsgesetzbuch von 1897, Bd. 2. 2. Hb. 1988, S. 980.

12 c) **Literatur.** Auch in der Literatur wird verbreitet die Ansicht vertreten, § 27 **diene dem Schutz der Haftungserwartungen des Verkehrs**.[9] Die dabei gesetzten Akzente sind freilich ganz unterschiedlich. Während *Hüffer* die Vorschrift als Ausprägung des Verbots des **venire contra factum proprium** ansieht (geschützt würde das Vertrauen des Verkehrs, dass der Erbe auch künftig keine Maßnahmen zur Haftungsbeschränkung ergreife)[10], meint *Canaris*, bezweckt sei die **Gleichstellung des Erben mit dem Erwerber** eines Handelsgeschäfts[11].

13 Zugleich erhebt *Canaris* freilich schwere Bedenken gegen den Gerechtigkeitsgehalt der Norm. Sie mache **Altgläubigern Zufallsgeschenke** und stelle **Erben Haftungsfallen**. Da der Erbe grundsätzlich unbeschränkt hafte, komme § 27 nur dann Bedeutung zu, wenn der Erbe die Haftung auf den Nachlass beschränken wolle. Dafür habe er nur Anlass, wenn das Unternehmen marode sei. Sei aber das Unternehmen marode, dann sei das Versterben des bisherigen Inhabers aus der Sicht seiner Gläubiger ein Glücksfall; denn nun hätten sie Aussicht aus dem Vermögen des Erben befriedigt zu werden. Der Erbe werde nämlich oft weder von § 27 noch von der wirtschaftlichen Situation des Unternehmens Kenntnis haben und daher zunächst das Naheliegende tun: Weitermachen wie bisher. Dadurch werde § 27 zur Haftungsfalle; denn wenn erst nach Ablauf von drei Monaten das Ausmaß der Verschuldung des Unternehmens an das Licht komme, dann bestehe keine Möglichkeit einer Haftungsbeschränkung mehr und der überraschte Erbe müsse unbeschränkt mit seinem persönlichen Hab und Gut haften.[12]

14 Namentlich *Reuter*, *Lieb* und *Zimmer* sind gegenteiliger Auffassung.[13] Danach ist § 27 zum Schutz **der Nachlass-, insbes. der Geschäftsgläubiger** geboten; denn das Erbrecht genüge nicht den besonderen Anforderungen des Handelsrechts. Insbes. sei der von § 1978 BGB bezweckte Schutz der Nachlassgläubiger vor einer Nachlassschmälerung durch den Erben zwischen dem Erbfall und dem Eintritt einer Haftungsbeschränkung im Falle der Fortführung eines Handelsgeschäfts weitgehend wirkungslos. Zwar sei der Erbe danach verpflichtet, das Handelsgeschäft wie ein Treuhänder zu verwalten. Da er hierbei jedoch einen unternehmerischen Ermessensspielraum habe, könne man ihm nur selten eine nicht ordnungsgemäße Geschäftsführung vorwerfen. Das habe zur Folge, dass der Erbe nur ausnahmsweise gem. § 1978 Abs. 1 BGB hafte und zudem meist Aufwendungen zur Befriedigung von Neugläubigern gem. § 1978 Abs. 3 BGB ersetzt verlangen könne. Überdies sei bei einer längerfristigen Fortführung des ererbten Handelsgeschäfts eine **unauflösliche Vermögensvermischung** zu besorgen, die mit einer nachträglichen Vermögenssonderung und Haftungsbeschränkung kaum vereinbar sei. Mithin bestünde – bliebe es bei der erbrechtlichen Regelung – die Gefahr einer Nachlassschmälerung, die erst durch die **zeitliche Begrenzung der Möglichkeit** einer erbrechtlichen Haftungsbeschränkung nach § 27 minimiert werde.

15 Eine völlig andere Position nimmt – einmal mehr – *Karsten Schmidt* ein. Er sieht den Zweck von § 27 in einer **Gleichstellung der Haftung für Alt- und Neuverbindlichkeiten**, wobei es sich um einen allgemeinen Rechtsgrundsatz handele, der auch in § 130 zum Ausdruck komme.[14]

---

[9] Staub/*Hüffer* 4. Aufl. Rn 4; *Canaris* Handelsrecht § 7 Rn 101; Koller/*Roth*/Morck Rn 1; Röhricht/v. Westphalen/*Ammon*/Ries Rn 4.

[10] Staub/*Hüffer* 4. Auflage Rn 4.

[11] *Canaris* Handelsrecht § 7 Rn 101 in Anschluss an *Friedrich* S. 83 f mwN; ebenso etwa GKzHGB/*Steitz* Rn 6.

[12] *Canaris* Handelsrecht § 7 Rn 102; auch Koller/*Roth*/Morck Rn 1 hält § 27 aus diesen Gründen für rechtspolitisch bedenklich.

[13] *Reuter* ZHR 135 (1971), 511 (520 f); MünchKommHGB/*Lieb* Rn 5 ff; Ebenroth/Boujong/Joost/Strohn/*Zimmer* Rn 6.

[14] *K. Schmidt* ZHR 157 (1993), 600 ff; ders. Handelsrecht § 8 IV 1c.

2. Stellungnahme. Die zuletzt genannte Ansicht (Rn 15) überzeugt nicht. Sie ist dem **16** Einwand der petitio principii ausgesetzt und verkennt die rechtlichen und tatsächlichen Unterschiede zwischen § 27 und § 130.[15] Alle übrigen Ansichten (Rn 12–15) haben hingegen Argumente für, aber auch gegen sich. Richtig ist, dass der historische Gesetzgeber den Erben mit dem Erwerber eines Handelsgeschäfts gleichstellen und damit hier wie dort die Haftungserwartung des Verkehrs schützen wollte.[16] Richtig ist aber auch, dass der Verkehr dieses Schutzes eigentlich nicht bedarf, weil der Erbe – abseits der Ausschlagung der Erbschaft, die aber auch § 27 nicht unterbindet (s. Abs. 2 S. 3) – in jedem Fall haftet, und zwar prinzipiell auch unbeschränkt (§§ 1922, 1967 BGB).[17] Allerdings hat der Erbe nach bürgerlichem Recht grundsätzlich die Möglichkeit seine Haftung auf den Nachlass zu beschränken und verliert diese Möglichkeit gem. § 2013 BGB nur ausnahmsweise in den Fällen der §§ 1994 Abs. 1 S. 2, 2005 Abs. 1 S. 1, 2006 Abs. 3 BGB. Und das mit gutem Grund; denn die unbeschränkte Erbenhaftung verschafft den Gläubigern des Erblassers einen Zuwachs an Haftungsmasse (nämlich das sonstige Erbenvermögen) und damit eine bessere Rechtsstellung als vor dem Erbfall.[18] Diesen Zuwachs an Haftungsmasse gilt es also für den Fall des § 27 Abs. 1 zu rechtfertigen. Eine Rechtfertigung könnte man in der Parallele zu § 25 Abs. 1 S. 1 sehen; denn danach können sich die Altgläubiger über einen ähnlichen Zuwachs an Haftungsmasse freuen, weil grundsätzlich beide, der Veräußerer und der Erwerber, für Altverbindlichkeiten einzustehen haben (s. § 25 Rn 75 ff). Allerdings kommt der Erwerb hier anders als dort regelmäßig ohne Zutun des Erben zustande. Der Erbe kann sich daher auf den Erwerb nicht vorbereiten und ihn nur durch Ausschlagung abwenden. Deswegen gibt ihm das Erbrecht die Möglichkeit der Haftungsbeschränkung. Im Blick hierauf ist es zwar richtig, dass die bürgerlich-rechtlichen Vorschriften nicht auf die Fortführung eines Handelsgeschäfts zugeschnitten sind (s. Rn 14). Doch dürfen die daraus resultierenden Gefahren für die Gläubiger nicht überschätzt werden. So ist keine schützenswerte Gefahr darin zu erkennen, dass die Haftung nach § 1978 Abs. 1 BGB meist nicht eingreift, weil sich der Erbe im Rahmen des ihm zuzubilligenden Ermessensspielraums (sog. „business judgement rule", § 93 Abs. 1 S. 2 AktG analog) bewegt; denn es kann nicht Aufgabe des Handelsrechts sein, den Gläubigern auf Kosten des Erben das allgemeine Risiko von wirtschaftlichen Fehlentscheidungen abzunehmen. Und der Gefahr einer Vermögensvermischung beugen erstens die kaufmännischen Buchführungspflichten und zweitens die Rechenschaftspflichten aus § 1978 i.V.m. §§ 666, 259 ff BGB vor. Zudem haben die Nachlassgläubiger die Möglichkeit, die Errichtung eines Inventars zu verlangen, § 1994 BGB (s.o. Rn 5). Schließlich ist bei einer unheilbaren, durch den Erben herbeigeführten Vermögensvermischung daran zu denken, ihm die Berufung auf die erbrechtliche Haftungsbeschränkung gem. § 242 BGB zu versagen (s.u. Rn 68). Vor diesem Hintergrund er-

---

[15] S. *Canaris* Handelsrecht § 7 Rn 105; MünchKommHGB/*Lieb* Rn 4; Ebenroth/Boujong/Joost/Strohn/*Zimmer* Rn 4.
[16] Das ergibt sich aus der in Rn 10 eingangs zitierten Bezugnahme.
[17] Ebenroth/Boujong/Joost/Strohn/*Zimmer* Rn 2.
[18] Dem lässt sich nicht entgegenhalten, dass auch in den Fällen des § 25 mit dem Privatvermögen gehaftet wird; denn § 27 eröffnet den Gläubigern den Zugriff auf das Geschäfts- und das Privatvermögen des Erblassers, die zusammen den Nachlass bilden, und zusätzlich auf das sonstige Erbenvermögen. Ebenfalls kein Gegenargument ist, dass nicht nur die Geschäftsgläubiger auf das Privatvermögen des Erben, sondern auch umgekehrt die Privatgläubiger des Erben auf den Nachlass und damit das Geschäftsvermögen zugreifen können; denn das Prinzip der Nachlassabsonderung, auf dem die erbrechtlichen Beschränkungsmöglichkeiten beruhen, schließt gerade den Zugriff der Privatgläubiger aus.

scheinen die durch § 27 verursachten Gefahren für den Erben (s. Rn 13) erheblich größer, zumal – wie man hinzufügen kann – wenn der Erblasser seinen Buchführungspflichten nicht ordnungsgemäß nachgekommen ist und der Erbe einen anderen Beruf ausübt und daher nicht sogleich die Möglichkeit hat, sich in der erforderlichen Intensität um das Erbe zu kümmern, um über die zu ergreifenden Maßnahmen eine informierte Entscheidung treffen zu können. Freilich: Aufgabe des Handelsrechts ist es auch nicht den Erben vor allgemeinen Lebensrisiken wie Rechtsunkenntnis, Zeitmangel und unordentliche Geschäftsführung durch den Erblasser zu bewahren.

17 Aufgabe des Gesetzes ist vielmehr einen angemessenen Interessenausgleich herzustellen. Und eben dies versucht § 27: Während das bürgerliche Recht die Schutzbedürftigkeit des Erben zu Recht größer einschätzt als die Schutzbedürftigkeit der Nachlassgläubiger, sieht dies § 27 umgekehrt. Die dadurch bewirkte Privilegierung der Geschäftsgläubiger gegenüber den Privatgläubigern, die *Canaris* beklagt,[19] kann durch das typisch handelsrechtliche Anliegen des Gesetzes gerechtfertigt werden, im Interesse des Verkehrs möglichst schnell Rechtssicherheit und -klarheit zu schaffen: Alsbald soll in offenkundiger Weise feststehen, ob der Erbe bereit ist, für Altverbindlichkeiten unbeschränkt zu haften, wie es der Regel der §§ 1922, 1967 BGB und der Verkehrserwartung bei Geschäfts- und Firmenfortführung entspricht, oder ob er sich die Möglichkeit einer erbrechtlichen Haftungsbeschränkung erhalten will.[20] Diese Möglichkeit will § 27 dem Erben selbst bei Fortführung des Handelsgeschäfts aber keineswegs abschneiden (s.u. Rn 37, 49 ff, 66 ff). Eine enge Interpretation der Vorschrift, die den Erben praktisch nur die Möglichkeit lässt, das Unternehmen binnen dreier Monate zu liquidieren oder zu veräußern, wenn er einer unbeschränkbaren Haftung entgehen will,[21] beruht auf einer Überbewertung der Schutzbedürftigkeit der Gläubiger und berücksichtigt die berechtigten Interessen des Erben nicht hinreichend. Eine solche Interpretation ist zudem ökonomisch nicht sinnvoll, und zwar auch nicht für die Altgläubiger, weil der Erbe durch die Haftungsandrohung von wirtschaftlich mglw. sinnvolleren Alternativen abgehalten würde. Ökonomisch betrachtet soll der Erbe durch die Androhung des Verlusts der erbrechtlichen Haftungsbeschränkungsmöglichkeiten vielmehr nur dazu angehalten werden, das Geschäft nicht einfach weiterlaufen zu lassen, sondern sich innerhalb von drei Monaten über dessen wirtschaftliche Situation Klarheit zu verschaffen und zu entscheiden, wie es weitergehen soll (vgl. Satz 7 der in Rn 10 zitierten Begründung). Dabei wird ihm richtigerweise im Blick auf das Unternehmen keine unumkehrbare Entscheidung (wie Liquidation oder Veräußerung) abverlangt, wofür die Dreimonatsfrist auch zu kurz bemessen wäre. Entscheiden soll er sich vielmehr nur, ob er die unbeschränkte Haftung für Altverbindlichkeiten auf sich nehmen oder ob er sich die Möglichkeit erbrechtlicher Haftungsbeschränkung erhalten will. Und über diese Entscheidung sollen die Gläubiger in Kenntnis gesetzt werden. Dabei ist es für die Gläubiger im Fall des § 27 besonders einfach, sich über die Entscheidung des Erben Klarheit zu verschaffen: Ein Blick ins Handelsregister reicht aus; denn welche Entscheidung der Erbe auch immer im Rahmen des § 27 trifft, sie findet dort ihren Niederschlag. Macht der Erbe von einem der Mittel Gebrauch, sich die Möglichkeit der erbrechtlichen Haftungsbeschränkung zu erhalten (s. Rn 19), so wissen die Gläubiger: Jetzt wird es Zeit, Sicherungsmaßnahmen zu ergreifen wie z.B. die Beantragung einer Inventarerrichtung gem. § 1994 BGB.

---

[19] *Canaris* Handelsrecht § 7 Rn 103.
[20] Dabei geht das Gesetz, wie S. 7 der (in Rn 10 zitierten) Begründung zeigt, selbstverständlich von einer bewussten und informierten Entscheidung aus.

[21] So im Ergebnis etwa MünchKommHGB/*Lieb* Rn 32, 49 ff.

Folgt man diesen Überlegungen, dann wird deutlich, dass § 27 tatsächlich ganz **18** ähnliche Gesetzeszwecke verfolgt wie § 25 (s. dort Rn 22 ff), nämlich zusammengefasst: **Schaffung von Rechtssicherheit** durch **Publizität** im Interesse des Verkehrs-, insbes. des (Alt-)Gläubigerschutzes unter Wahrung der Privatautonomie des Erben.

V. Vermeidung der Unbeschränkbarkeit der Erbenhaftung

Die im Rahmen des § 27 praktisch wichtigste Frage ist, wie sich ein Erbe die Mög- **19** lichkeit einer Haftungsbeschränkung auf den Nachlass erhalten kann. Zur Orientierung sei der weiteren Kommentierung daher folgende Übersicht vorangestellt. Vermeiden kann der Erbe die Rechtsfolgen des § 27 Abs. 1, indem er:
- die **Erbschaft** wirksam **ausschlägt** (dazu Rn 24 ff), weil er dann nicht Erbe geworden ist (§ 1953 Abs. 1 BGB) und deshalb weder §§ 1922, 1967 BGB noch § 27 Anwendung finden. Die Ausschlagung führt mithin zu einem völligen Haftungsausschluss, so dass sich die Frage einer Haftungsbeschränkung auf den Nachlass nicht mehr stellt;
- die **Firma nicht** gem. § 27 Abs. 1 i.V.m. § 25 Abs. 1 S. 1 **fortführt** (hM, näher Rn 37 ff);
- eine **Kundmachung** entsprechend **§ 25 Abs. 2** vornimmt (hM, näher Rn 49 ff);
- innerhalb einer Frist von drei Monaten nach Kenntnis des Erbschaftsanfalls die **Fortführung des Geschäfts** i.S.d. § 27 Abs. 2 **einstellt**. Als Einstellung der Fortführung des Geschäfts sind anzusehen:
  – Maßnahmen zur Liquidation des Unternehmens (unstr., s. Rn 62 ff);
  – Veräußerung des Unternehmens (heute hM, s. Rn 65);
  – Verpachtung des Unternehmens (anders hM, s. Rn 66);
  – Einbringung des Unternehmens in eine Gesellschaft (anders hM, s. Rn 67).

Zu beachten ist, dass diese Maßnahmen die erbenrechtliche Haftungsbeschränkung **nicht selbst herbeiführen**. Dies ist vielmehr nur auf den in Rn 3 aufgezeigten Wegen möglich. Das bedeutet zugleich, dass diese Maßnahmen die Möglichkeit eines **Verlustes des Beschränkungsrechts** nach §§ 1994 Abs. 1 S. 2, 2005 Abs. 1 S. 1, 2006 Abs. 3 BGB ebenfalls **unberührt** lassen.

VI. Anwendungsbereich

Hinsichtlich des Anwendungsbereichs ist vor allem die analoge Anwendung von § 27 **20** auf kleingewerbliche Unternehmen fraglich.[22] Die Antwort hängt insbes. von den weiteren Fragen ab, ob § 27 – ebenso wie § 25 – die Fortführung der Firma voraussetzt und ob auch hier eine Eintragung entsprechend § 25 Abs. 2 zulässig ist. Beides ist richtigerweise zu bejahen (s. Rn 37 ff, 49 ff), so dass im Blick auf die Frage der analogen Anwendbarkeit von § 27 auf die zu § 25 angestellten Überlegungen verwiesen werden kann (dort Rn 37 ff). Im Ergebnis ist § 27 danach auf den Nachlass kleingewerblicher Unternehmen nur dann ausnahmsweise analog anzuwenden, wenn der Erbe erstens entweder selbst schon im Handelsregister eingetragen ist oder eingetragen werden müsste und er zweitens die Minderfirma des Erblassers „*fortführt*", d.h. als seine Firma annimmt.

---

[22] Dafür MünchKommHGB/*Lieb* Rn 47 ff; K. *Schmidt* Handelsrecht § 8 IV 2a; dagegen die hM Koller/*Roth*/Morck Rn 3; Baumbach/ Hopt Rn 2; Ebenroth/Boujong/Joost/Strohn/ Zimmer Rn 1; Röhricht/v. Westphalen/ Ammon/Ries Rn 7.

§ 27

21 Die Vererbung von Beteiligungen an Personenhandels- und Kapitalgesellschaften wird von § 27 grundsätzlich nicht erfasst. Für erstere gelten §§ 139, 161 Abs. 2, 177. Nach Ansicht des BGH ist § 27 allerdings analog anzuwenden, wenn der vorletzte Gesellschafter einer Personenhandelsgesellschaft von dem letzten Gesellschafter beerbt wird und dadurch die Gesellschaft erlischt.[23] Bei Minderjährigen ist zudem § 723 Abs. 1 S. 3 Nr. 2, S. 4–6 BGB zu beachten, der gem. §§ 105 Abs. 3, 161 Abs. 2 auch für Personenhandelsgesellschaften gilt[24], s. auch Rn 33 f.

VII. Weiterer Gang der Kommentierung

22 Im Folgenden werden zunächst die Voraussetzungen und Rechtsfolgen der Unbeschränkbarkeit der Erbenhaftung gem. § 27 Abs. 1 i.V.m. § 25 Abs. 1 S. 1 (B., Rn 23 ff) bzw. i.V.m. § 25 Abs. 3 (Rn 40) und sodann die Ausschlusstatbestände gem. § 27 Abs. 1 i.V.m. § 25 Abs. 2 (C., Rn 49 ff) und gem. § 27 Abs. 2 (D., Rn 61 ff) im Einzelnen erläutert. Zugrunde gelegt wird dabei der Grundfall des Vorhandenseins eines Alleinerben. Anschließend werden die Besonderheiten erörtert, die sich aus der Anordnung der Testamentsvollstreckung (E., Rn 76 ff), bei Bestehen einer Erbengemeinschaft (F., Rn 91 ff) sowie bei anderen erbrechtlichen Gestaltungen (G., Rn 104 ff) ergeben.

B. Die Unbeschränkbarkeit der Erbenhaftung gem. § 27 Abs. 1 i.V.m. § 25 Abs. 1 S. 1

I. Voraussetzungen

23 Die Unbeschränkbarkeit der Haftung des Erben für frühere Geschäftsverbindlichkeiten setzt nach dem Gesetzeswortlaut von § 27 Abs. 1 voraus, dass der Erbe (1.) ein zum Nachlass gehörenden Handelsgeschäfts (2.) fortführt (3.), und zwar – i.V.m. § 25 Abs. 1 S. 1 – unter der bisherigen Firma (4.).

1. Erbe

24 a) **Erbschaft und Ausschlagung.** Wer Erbe ist, richtet sich nach den bürgerlich-rechtlichen Vorschriften. Dabei ist der Grund für die Berufung zum Erben (Gesetz, §§ 1924 ff BGB; Testament, §§ 1937, 2064 ff BGB; Erbvertrag, §§ 1941, 2274 ff BGB) ohne Bedeutung. Auch ist unerheblich, ob eine natürliche oder juristische Person oder der Fiskus (§§ 1936, 2011 BGB, § 780 Abs. 2 ZPO) Erbe ist. Mehrere Erben bilden eine Erbengemeinschaft, §§ 2032 ff BGB (zu den diesbezüglichen Besonderheiten Rn 91 ff). Bei rechtzeitiger (§ 1944 BGB: grundsätzlich sechs Wochen ab Kenntnis des Anfalls der Erbschaft und des Grundes der Berufung) und formgültiger (§ 1945 BGB) Ausschlagung der Erbschaft gilt der Anfall der Erbschaft als nicht erfolgt (§ 1953 Abs. 1 BGB).

25 Die vorübergehende Fortführung des Handelsgeschäfts durch den Erben berührt das Recht zur Ausschlagung nicht; denn in der einstweiligen Fortführung eines geerbten

---

[23] BGHZ 113, 132; dazu und den sich hieraus ergebenden schwierigen Haftungsfragen s. *Lieb* ZGR 1991, 572; *K. Schmidt* JZ 1991, 731; *Marotzke* ZHR 156 (1992), 17. Zu beachten ist, dass § 419 BGB a.F. heute keine Anwendung mehr finden kann.
[24] Begr. RegE, BT-Drucks. 13/5624, S. 10.

Handelsgeschäfts allein ist noch keine konkludente Annahme i.S.d. § 1943 BGB zu sehen[25]. Davon geht auch § 27 Abs. 2 S. 3 aus. Danach ist sogar eine länger als drei Monate andauernde Fortführung unschädlich, sofern noch das Recht zur Ausschlagung besteht (z.B. nach § 1944 Abs. 3 BGB). Während des Laufs der Ausschlagungsfrist (dazu unten Rn 71) kann der (vorläufige) Erbe gem. § 1958 BGB nicht gerichtlich in Anspruch genommen werden. Eine gleichwohl erhobene Klage ist von Amts wegen als unzulässig abzuweisen, weil dem Beklagten die Prozessführungsbefugnis fehlt. Auch eine andere Art gerichtlicher Rechtsverfolgung, etwa ein Arrestantrag, ist in diesem Stadium unzulässig.[26] Nicht ausgeschlossen ist dagegen, Ansprüche gegen den vorläufigen Erben außergerichtlich geltend zu machen. So wirkt eine vor der Ausschlagung ausgesprochene Mahnung, Nachfristsetzung oder Kündigung gegen den endgültigen Erben (§ 1959 Abs. 3 BGB).

26 Mit der Ausschlagung entfällt jede bürgerlich-rechtliche oder handelsrechtliche Haftung für Erblasserschulden. Unberührt bleibt allerdings die Haftung des Ausschlagenden für solche Verbindlichkeiten, die er bis zur Ausschlagung durch Geschäftsfortführung im eigenen Namen begründet hat. Für diese Verbindlichkeiten hat freilich auch – bei Erfüllung der Voraussetzungen des § 27 – der nächstberufene Erbe einzustehen; denn die von dem Ausschlagenden begründeten Verbindlichkeiten sind aus Sicht des nächstberufenen Erben frühere Geschäftsverbindlichkeiten (näher Rn 47). Zudem hat der vorläufige Erbe gegen den Nächstberufenen insoweit einen erbrechtlichen Ausgleichsanspruch gem. § 1959 Abs. 1 BGB.[27] Schließlich ist zu beachten, dass die Rechtsstellung des Nächstberufenen im Blick auf § 27 selbständig zu beurteilen ist. Die Frist des § 27 Abs. 2 beginnt daher für ihn mit dem Anfall der Erbschaft erneut zu laufen.

27 b) **Vor- und Nacherbe.** Erben i.S.d. § 27 sind auch der Vor- und der Nacherbe. Dabei ist auch der Nacherbe Rechtsnachfolger des Erblassers (§ 2100 BGB). Es liegen zwei Erbfälle vor, so dass § 27 auf beide Anwendung findet. Eine Fortführung des Geschäfts durch den Vorerben wirkt nicht gegen den Nacherben, weil sie ihm nicht zurechenbar ist. Vielmehr entscheidet der Vorerbe allein, ob und unter welcher Firma er das Geschäft fortführt oder nicht. Wird das Unternehmen auch von dem Nacherben fortgesetzt, so verliert er unter den weiteren Voraussetzungen des § 27 das Recht, seine Haftung gem. § 2144 BGB zu beschränken. In diesem Fall haftet der Nacherbe ebenfalls für die von dem Vorerben begründeten Geschäftsverbindlichkeiten (näher Rn 47).

28 c) **Scheinerbe.** § 27 gilt analog auch für den Scheinerben.[28] Aus Sicht des wahren Erben sind die von diesem begründeten Verbindlichkeiten ebenfalls „frühere Geschäftsverbindlichkeiten" i.S.d. § 27 (näher Rn 47).

29 d) **Vermächtnisnehmer.** Kein Erbe ist dagegen der Vermächtnisnehmer (§ 1939 BGB). Mit dem Erbfall erhält er vielmehr nur einen schuldrechtlichen Anspruch gegen den oder die Erben auf Übereignung des ihm zugedachten Gegenstandes. Da mithin ein rechts-

---

[25] RG DJZ 1909, 1329; 1912, 1185; BayObLGZ 4, 60; KG JFG 22, 70; DR 1940, 2007; MünchKommBGB/*Leipold* § 1943 BGB Rn 5; Staudinger/*Otte* § 1943 BGB Rn 7 ff; Soergel/*Stein* § 1943 BGB Rn 4; Erman/W. *Schlüter* § 1943 BGB Rn 3.
[26] RGZ 60, 179.
[27] MünchKommBGB/*Leipold* § 1959 Rn 4; Soergel/*Stein* § 1959 BGB Rn 5; Staudinger/*Marotzke* § 1959 BGB Rn 5 f; Erman/W. *Schlüter* § 1959 BGB Rn 5.
[28] *Friedrich* S. 219 ff, 226 ff; *K. Schmidt* ZHR 157 (1993), 600 (618 f); MünchKommHGB/*Lieb* Rn 17; Röhricht/v. Westphalen/*Ammon*/*Ries* Rn 10; Baumbach/*Hopt* Rn 2.

geschäftlicher Erwerb unter Lebenden vorliegt, findet § 25 Abs. 1 Anwendung (näher Rn 104 ff).[29]

30 **2. Handelsgeschäft.** Zum Nachlass des Erblassers muss ein – von ihm betriebenes – Handelsgeschäft gehören. Erfasst werden also nur einzelkaufmännische Unternehmen i.S.d. §§ 1 ff. In den Fällen der §§ 2, 3 ist daher grundsätzlich eine Eintragung im Handelsregister erforderlich. Zur Frage der analogen Anwendung von § 27 auf nicht eingetragene kleingewerbliche Unternehmen s. bereits Rn 20. Von § 27 grundsätzlich nicht erfasst werden Beteiligungen an Personen- oder Kapitalgesellschaften, dazu o. Rn 21.

3. Fortführung des Handelsgeschäfts

31 a) **Fortführung durch den Erben.** Ferner verlangt § 27 Abs. 1 die Fortführung des Handelsgeschäfts durch den Erben. Dies ist ebenso wie bei § 25 (s. dort Rn 61 ff) als Fortsetzung der geschäftlichen Tradition des Erblassers zu verstehen.[30] Fraglich ist allerdings, ob über die rein tatsächliche Fortführung des Handelsgeschäfts hinaus eine positive Fortführungsentscheidung erforderlich ist.[31] Besonders deutlich wird dieses Problem bei der Fortführung eines Handelsgeschäfts durch eine Erbengemeinschaft, s. dazu Rn 94 f. Bedürfte es keiner positiven Fortführungsentscheidung, so würde die handelsrechtliche Haftung gem. § 27 Abs. 1 zunächst einmal willensunabhängig eintreten; denn zum einen erfolgt der Anfall des Handelsgeschäfts kraft Erbrechts, wenn der Erbe die Erbschaft nicht ausschlägt, und zum anderen kann der Erbe faktisch ein bestehendes Handelsgeschäft nicht unmittelbar mit dem Erbfall beenden.[32] Dieser Haftungsautomatismus ist keineswegs unproblematisch. Gleichwohl verlangt § 27 in Abs. 1 keine positive Fortsetzungsentscheidung, sondern stellt dem Erben in Abs. 2 lediglich frei, die Fortführung des Handelsgeschäfts einzustellen. Das ist damit zu rechtfertigen, dass der Erbe das Handelsgeschäft aus tatsächlichen Gründen zunächst einmal – und sei es nur für kurze Zeit – fortführen (lassen) muss und sein ggf. entgegenstehender Wille für diese Zeit nicht nach Außen in Erscheinung treten kann. Bis der Erbe sich für die Einstellung nach § 27 Abs. 2 oder die endgültige Fortführung entschieden hat, ist sein Wille daher nicht erheblich. Die Fortführung des Handelsgeschäfts i.S.d. Abs. 1 bezeichnet daher einen rein tatsächlichen Vorgang.[33] Ein solch weites Verständnis des § 27 Abs. 1, das die Unbeschränkbarkeit der Haftung zunächst praktisch zwangsläufig begründet, bedingt freilich eine entsprechend großzügige Handhabung der Möglichkeiten, die Beschränkbarkeit doch noch herbeizuführen, dazu Rn 37, 49 ff, 66 ff.

---

[29] Allg. M., Ebenroth/Boujong/Joost/Strohn/*Zimmer* Rn 9; Röhricht/v. Westphalen/*Ammon*/*Ries* Rn 17; Baumbach/*Hopt* Rn 2; Heymann/*Emmerich* Rn 5; MünchKomm-HGB/*Lieb* Rn 30 mwN auch zu der praktisch wohl kaum bedeutsamen Frage, ob in diesem Fall § 25 Abs. 2 Anwendung finden kann.

[30] Ebenroth/Boujong/Joost/Strohn/*Zimmer* Rn 10; MünchKommHGB/*Lieb* Rn 18; Heymann/*Emmerich* Rn 8; Röhricht/v. Westphalen/*Ammon*/*Ries* Rn 11.

[31] In diesem Sinne wohl Heymann/*Emmerich* Rn 8; Baumbach/*Hopt* Rn 1.

[32] *K. Schmidt* ZHR 157 (1993), 600 (609); MünchKommHGB/*Lieb* Rn 18; Ebenroth/Boujong/Joost/Strohn/*Zimmer* Rn 10.

[33] *K. Schmidt* ZHR 157 (1993), 600 (609); MünchKommHGB/*Lieb* Rn 18; Ebenroth/Boujong/Joost/Strohn/*Zimmer* Rn 10; Röhricht/v. Westphalen/*Ammon*/*Ries* Rn 11.

b) Fortführung durch Dritte

aa) Grundsatz. Der Erbe muss das Handelsgeschäft nicht persönlich fortführen, sondern kann sich hierzu grundsätzlich eines Vertreters bedienen.[34] Voraussetzung dafür, dass das Handeln des gesetzlichen oder rechtsgeschäftlich bestellten Vertreters dem Erben zugerechnet wird, ist jedoch nach allgemeinen Regeln (§ 164 Abs. 1 BGB), dass der Vertreter im Namen des Vertretenen, hier also des Erben, auftritt.[35]

bb) Minderjährige. Besondere Probleme bereitet die Minderjährigkeit von Erben eines Handelsgeschäfts. In einer umstrittenen Entscheidung hatte der **Bundesgerichtshof** minderjährige Angehörige einer Erbengemeinschaft, die ein Unternehmen gem. § 27 fortgeführt hatte, zur Zahlung von rund 850.000 DM aufgrund von Schuldanerkenntnissen verurteilt, die die Mutter der Minderjährigen bei der Fortführung des Geschäfts auch im Namen der Minderjährigen abgegeben hatte.[36] Dabei hatte der II. Senat insbes. eine analoge Anwendung des § 1822 Nr. 3 BGB auf die Fortführung des ererbten Unternehmens abgelehnt.[37] Diese Entscheidung wurde vom **Bundesverfassungsgericht** aufgrund einer Verfassungsbeschwerde aufgehoben.[38] Zur Begründung führte das Gericht zu Recht aus, § 1629 Abs. 1 i.V.m. § 1643 Abs. 1 BGB sei insoweit mit dem allgemeinen Persönlichkeitsrecht aus Art. 2 Abs. 1 i.V.m. Art. 1 Abs. 1 GG unvereinbar, als Eltern bei der Fortführung eines zum Nachlass gehörenden Handelsgeschäfts ohne vormundschaftsgerichtliche Genehmigung Verbindlichkeiten zu Lasten ihrer minderjährigen Kinder eingehen könnten, die über den Umfang des ererbten Vermögen hinausgingen.[39] Ferner forderte es den Gesetzgeber auf entweder die Fortführung eines Handelsgeschäfts durch Minderjährige von einer familiengerichtlichen Genehmigung abhängig zu machen oder eine Haftungsbeschränkung auf das ererbte Vermögen festzulegen.[40]

Mit Einführung von § **1629a BGB** (sowie von § 723 Abs. 1 S. 3 Nr. 2, S. 4–6 BGB, s. Rn 21) durch das am 1.1.1999 in Kraft getretene Gesetz zur Beschränkung der Haftung Minderjähriger (MHbeG)[41] ist der Gesetzgeber dieser Aufforderung nachgekommen (oder hat dies zumindest versucht).[42] Die Vorschrift lautet in der ab dem 1.9.2009 geltenden Fassung[43]:

---

[34] RGZ 132, 138 (144); BGHZ 30, 391 (395); 35, 13 (19); Staub/*Hüffer* 4. Auflage Rn 7; MünchKommHGB/*Lieb* Rn 19; Röhricht/v. Westphalen/*Ammon/Ries* Rn 12; Koller/Roth/Morck Rn 5; HKzHGB/*Ruß* Rn 5.
[35] Ebenroth/Boujong/Joost/Strohn/*Zimmer* Rn 11.
[36] BGHZ 92, 259.
[37] Zust. etwa *K. Schmidt* NJW 1985, 2785 (2791); *Hüffer* ZGR 1986, 603 (639).
[38] BVerfGE 72, 15.
[39] S. zu dieser Entscheidung etwa *Reuter* AcP 192, 108; *M. Wolf* AcP 187, 319; *K. Schmidt* BB 1986, 1238; *Canaris* JZ 1987, 993; *Hüffer* ZGR 1986, 603.
[40] Der BGH hat den Rechtsstreit daraufhin bis zu einer gesetzlichen Neuregelung ausgesetzt, BGH WM 1987, 27. Nach Ablauf von sechs Monaten wurde das Verfahren aufgrund Nichtbetreibens der Parteien als erledigt ausgetragen und nach Aktenordnung weggelegt. Die gegen den Beschluss des BGH gerichtete Verfassungsbeschwerde (1 BvR 1432/86) wurde vom BVerfG mit Beschluss vom 31.3.1987 mangels hinreichender Aussicht auf Erfolg nicht zur Entscheidung angenommen.
[41] Gesetz v. 25.8.1998, BGBl. I 1998, S. 2487; Gesetzentwurf der Bundesregierung BT-Drucks. 13/5624.
[42] S. dazu etwa *Muscheler* WM 1998, 2271; *Habersack* FamRZ 1999, 1; *Grunewald* ZIP 1999, 597 ff; *K. Schmidt* JuS 2004, 361.
[43] Durch das Gesetz zur Reform des Verfahrens in Familiensachen und in den Angelegenheiten der freiwilligen Gerichtsbarkeit (FGG-Reformgesetz – FGG-RG) wurde in § 1629a Abs. 1 BGB das Wort „Vormundschaftsgericht" durch „Familiengericht" ersetzt. Das Gesetz ist am 17.12.2008 im BGBl. I, S. 2586 verkündet worden und tritt am 1.9.2009 in Kraft.

§ 27   1. Buch. Handelsstand

> § 1629a Beschränkung der Minderjährigenhaftung
>
> (1) Die Haftung für Verbindlichkeiten, die die Eltern im Rahmen ihrer gesetzlichen Vertretungsmacht oder sonstige vertretungsberechtigte Personen im Rahmen ihrer Vertretungsmacht durch Rechtsgeschäft oder eine sonstige Handlung mit Wirkung für das Kind begründet haben, oder die auf Grund eines während der Minderjährigkeit erfolgten Erwerbs von Todes wegen entstanden sind, beschränkt sich auf den Bestand des bei Eintritt der Volljährigkeit vorhandenen Vermögens des Kindes; dasselbe gilt für Verbindlichkeiten aus Rechtsgeschäften, die der Minderjährige gem. §§ 107, 108 oder § 111 mit Zustimmung seiner Eltern vorgenommen hat oder für Verbindlichkeiten aus Rechtsgeschäften, zu denen die Eltern die Genehmigung des Familiengerichts erhalten haben. Beruft sich der volljährig Gewordene auf die Beschränkung der Haftung, so finden die für die Haftung des Erben geltenden Vorschriften der §§ 1990, 1991 entsprechende Anwendung.
>
> (2) Absatz 1 gilt nicht für Verbindlichkeiten aus dem selbständigen Betrieb eines Erwerbsgeschäfts, soweit der Minderjährige hierzu nach § 112 ermächtigt war, und für Verbindlichkeiten aus Rechtsgeschäften, die allein der Befriedigung seiner persönlichen Bedürfnisse dienten.
>
> (3) Die Rechte der Gläubiger gegen Mitschuldner und Mithaftende, sowie deren Rechte aus einer für die Forderung bestellten Sicherheit oder aus einer deren Bestellung sichernden Vormerkung werden von Absatz 1 nicht berührt.
>
> (4) Hat das volljährig gewordene Mitglied einer Erbengemeinschaft oder Gesellschaft nicht binnen drei Monaten nach Eintritt der Volljährigkeit die Auseinandersetzung des Nachlasses verlangt oder die Kündigung der Gesellschaft erklärt, so ist im Zweifel anzunehmen, dass die aus einem solchen Verhältnis herrührende Verbindlichkeit nach dem Eintritt der Volljährigkeit entstanden ist; Entsprechendes gilt für den volljährig gewordenen Inhaber eines Handelsgeschäfts, der dieses nicht binnen drei Monaten nach Eintritt der Volljährigkeit einstellt. Unter den in Satz 1 bezeichneten Voraussetzungen wird ferner vermutet, dass das gegenwärtige Vermögen des volljährig Gewordenen bereits bei Eintritt der Volljährigkeit vorhanden war.

Für Einzelheiten ist auf die einschlägigen Kommentierungen zu verweisen.

35 cc) **Personen kraft Amtes.** Dem Erben nicht zuzurechnen ist die Fortführung des Unternehmens durch Insolvenzverwalter,[44] Nachlassverwalter[45] oder Nachlasspfleger.[46] Das wird herkömmlich damit begründet, dass diese Personen kraft Amtes und damit ohne Ableitung aus der Rechtsstellung des Erben handelten.[47] Nach anderer Auffassung folgt dasselbe Ergebnis daraus, dass die Tätigkeit der genannten Amtspersonen auf Abwicklung ausgerichtet und damit als Einstellung zu werten ist.[48] Diese Begründung greift freilich weder bei Nachlasspflegschaft noch bei Testamentsvollstreckung ein und ist daher zu kurz.

---

[44] BGHZ 35, 13, 17; aA bezüglich des vorläufigen Insolvenzverwalters Koller/*Roth*/Morck Rn 5.
[45] RGZ 132, 138 (144).
[46] Baumbach/*Hopt* Rn 3; MünchKommHGB/*Lieb* Rn 20; Ebenroth/Boujong/Joost/Strohn/*Zimmer* Rn 11; Röhricht/v. Westphalen/*Ammon*/Ries Rn 13; Koller/*Roth*/Morck Rn 5.
[47] Vgl. BGHZ 88, 331 (334); Ebenroth/Boujong/Joost/Strohn/*Zimmer* Rn 11; Heymann/*Emmerich* Rn 6.
[48] MünchKommHGB/*Lieb* Rn 20; Röhricht/v. Westphalen/*Ammon*/Ries Rn 13; Baumbach/*Hopt* Rn 3.

c) **Testamentsvollstrecker.** Sehr streitig ist die Rechtslage bei Fortführung des Handelsgeschäfts durch einen Testamentsvollstrecker, s. dazu Rn 76 ff.

4. Fortführung der Firma. Im Blick auf die Fortführung der Firma ist streitig, ob § 27 Abs. 1 diese Voraussetzung überhaupt aufstellt. Nach herrschender Meinung folgt diese Voraussetzung aus der Verweisung von § 27 Abs. 1 auf § 25, die sie mithin als Rechtsgrundverweisung versteht.[49] Die Gegenansicht vermag hingegen keinen einleuchtenden Grund zu erkennen, warum es für die Rechtsfolgen des § 27 Abs. 1 auf die Fortführung der Firma ankommen soll[50] und versteht daher die Verweisung auf § 25 als bloße Rechtsfolgenverweisung.[51] Diese Gegenansicht ist freilich schon mit dem Wortlaut des § 27 Abs. 1 kaum zu vereinbaren, da dort hinsichtlich der Haftung des Erben eine entsprechende Anwendung der „*Vorschriften des § 25*", also aller in § 25 enthaltenen Regeln angeordnet ist. Ausweislich der Sätze 1, 3, 4, 5 und 7 der in Rn 10 zitierten Gesetzesbegründung widerspricht sie überdies dem Willen des Gesetzgebers und dem – recht verstandenen – Sinn und Zweck von § 27 (s.o. Rn 17 f). Danach ist nämlich die Firmenfortführung zum einen Grundlage der Verkehrserwartung, der Erbe wolle von der Möglichkeit einer erbrechtlichen Haftungsbeschränkung keinen Gebrauch machen. Zum zweiten ist die Firmenfortführung ein Publizitätsmittel, um den Altgläubigern eben dies anzuzeigen, während umgekehrt – was noch wichtiger ist – eine wesentliche Änderung der Firma auf den ersten Blick verdeutlicht, dass der Erbe nicht bereit ist, die geschäftliche Tradition des Erblassers ohne die Möglichkeit einer erbrechtlichen Haftungsbeschränkung fortzuführen. Und zum dritten setzt eine Firmenänderung eine aktive Entscheidung des Erben voraus, womit dem Anliegen des Gesetzes Genüge getan ist, dass der Erbe das Geschäft nicht einfach weiterlaufen lässt, sondern sich mit seinem Erbe auseinandersetzt und entscheidet, wie es weitergehen soll (vgl. Satz 7 der in Rn 10 zitierten Begründung).

Setzt § 27 Abs. 1 die Fortführung der Firma voraus, so stellt sich allerdings die weitere Frage, bis zu welchem Zeitpunkt der Erbe eine neue Firma angenommen haben muss, um die Rechtsfolgen dieser Vorschrift zu vermeiden. Die Meinungen sind erneut geteilt. Während eine Auffassung eine unverzügliche Firmenänderung verlangt,[52] lässt die Gegenmeinung eine Firmenänderung innerhalb der Frist des § 27 Abs. 2 genügen[53]. Zuzustimmen ist der zweiten Auffassung. Das legt zum einen schon die Denkschrift nahe (s. Satz 7 der in Rn 10 zitierten Begründung, wenngleich diese Formulierung auch „untechnisch" gemeint sein, sich also auf das Unternehmen beziehen könnte). Zum anderen und vor allem folgt dies aus dem Gesetzeszweck; denn einerseits kann sich vor Ablauf von drei Monaten kaum eine schutzwürdige Verkehrserwartung bilden. Und andererseits

---

[49] BGHZ 32, 60 (62); *Canaris* Handelsrecht § 7 Rn 109; *Oetker* Handelsrecht § 4 Rn 101; Staub/*Hüffer* 4. Auflage Rn 11; Ebenroth/Boujong/Joost/Strohn/*Zimmer* Rn 13; Baumbach/*Hopt* Rn 3; Koller/*Roth*/Morck Rn 5, 10; dezidiert auch GKzHGB/*Steitz* Rn 10a; offengelassen aber von BGHZ 113, 132 (135 f).

[50] Obwohl an der Voraussetzung der Firmenfortführung festhaltend ebenso Staub/*Hüffer* 4. Auflage Rn 10; Ebenroth/Boujong/Joost/Strohn/*Zimmer* Rn 13.

[51] MünchKommHGB/*Lieb* Rn 32; *K. Schmidt* Handelsrecht § 8 IV 2 b; Röhricht/v. Westphalen/*Ammon*/Ries Rn 18.

[52] Staub/*Hüffer* 4. Auflage Rn 26; Heymann/*Emmerich* Rn 10; Baumbach/*Hopt* Rn 5; Schlegelberger/*Hildebrandt*/Steckhan Rn 9.

[53] RGZ 56, 196, 199 (obiter dictum); *Canaris* Handelsrecht § 7 Rn 110; MünchKommHGB/*Lieb* Rn 35; Ebenroth/Boujong/Joost/Strohn/*Zimmer* Rn 15; Röhricht/v. Westphalen/*Ammon*/Ries Rn 20; Koller/*Roth*/Morck Rn 10; GKzHGB/*Steitz* Rn 10b sowie schon *Bolte* ZHR 51 (1902), 413 (447 f); *A. Hueck* ZHR 108 (1941), 1 (16).

will § 27 Abs. 2 dem Erben eine Prüfungs- und Überlegungsfrist einräumen, mit der das Erfordernis einer unverzüglichen Firmenänderung unvereinbar ist; denn die Aufgabe der bisherigen, womöglich alteingeführten Firma ist ein schwerwiegenden Schritt, den der Erbe vernünftigerweise nicht zu einem Zeitpunkt gehen kann, in dem er die wirtschaftliche Situation des ererbten Unternehmens noch gar nicht ausreichend überblickt. Ausreichend ist die Anmeldung zum Handelsregister innerhalb der Frist des § 27 Abs. 2. Eintragung und Bekanntmachung müssen sodann in angemessenem Zeitabstand folgen (vgl. § 25 Rn 133 ff sowie u. Rn 57 ff). Wird die Firmenänderung nicht zum Handelsregister angemeldet, muss die Führung der neuen Firma innerhalb der Frist eine solche Intensität erreicht haben, dass der Verkehr das Unternehmen mit der neuen Firma identifiziert.

39 Schließlich stellt sich die Frage, welche Anforderungen an eine Firmenänderung zu stellen sind, um die Rechtsfolgen von § 27 Abs. 1 zu vermeiden. Insofern gilt dasselbe wie bei § 25.[54] Auf die dortigen Ausführungen (Rn 71 ff) kann daher verwiesen werden. Da nach der Neufassung von § 18 auch Einzelkaufleuten die Bildung von Sach-, Phantasie- und Mischfirmen gestattet ist, besteht heutzutage selbst bei Namensidentität von Erblasser und Erbe ein großer Spielraum für die Wahl einer neuen Firma.

40 **5. Besondere Verpflichtungsgründe (§ 27 Abs. 1 i.V.m. § 25 Abs. 3).** Da § 27 Abs. 1 hinsichtlich der Haftung des Erben für Geschäftsverbindlichkeiten des Erblassers auf alle Vorschriften des § 25 verweist (Rn 37), ist auch § 25 Abs. 3 entsprechend anwendbar (so ausdrücklich S. 3 der in Rn 10 zitierten Begründung). Trotz rechtzeitiger (Rn 38) und ausreichender (Rn 39) Veränderung der Firma treten daher die Rechtsfolgen des § 27 Abs. 1 ein, wenn ein besonderer Verpflichtungsgrund vorliegt, also insbes. der Erbe die Übernahme der Altverbindlichkeiten in handelsüblicher Weise bekannt macht (s. dazu § 25 Rn 145 f) oder sich der Erbe gegenüber einzelnen Gläubigern vertraglich zur Übernahme verpflichtet. Hinsichtlich anderer Verpflichtungsgründe ist zu betonen, dass weder § 613a BGB noch § 75 AO Anwendung finden. Im Blick auf § 613a BGB bleibt es bei den allgemeinen erbrechtlichen Vorschriften (s. dazu auch Rn 43).[55] Das gilt nach § 45 AO grundsätzlich auch für Steuerschulden.[56]

II. Rechtsfolgen

41 **1. Allgemeines.** Rechtsfolge von § 27 Abs. 1 ist nach dem Wortlaut der Vorschrift, dass *„auf die Haftung des Erben für frühere Geschäftsverbindlichkeiten die Vorschriften des § 25 entsprechende Anwendung"* finden. Im Blick auf § 25 Abs. 1 S. 1 bedeutet das mithin, dass der Erbe *„für alle im Betriebe des Geschäfts begründeten Verbindlichkeiten des früheren Inhabers"*, also des Erblassers, haftet. Erbrechtlich betrachtet ist das freilich nach §§ 1922, 1967 BGB ohnehin die Regel. Die Haftungsanordnung des § 27 Abs. 1 i.V.m. § 25 Abs. 1 S. 1 wird daher zu Recht so verstanden, dass dem Erben **im Blick auf frühere Geschäftsverbindlichkeiten die Möglichkeit genommen** wird, eine erbrechtliche **Haftungsbeschränkung herbeizuführen** (s.o. Rn 1 ff, 6 sowie S. 3 der in Rn 10 zitierten

---

[54] Wohl unstr., Ebenroth/Boujong/Joost/Strohn/*Zimmer* Rn 14; MünchKommHGB/*Lieb* Rn 34; Baumbach/*Hopt* Rn 3; Heymann/*Emmerich* Rn 9; Koller/*Roth*/Morck Rn 5; GKzHGB/*Steitz* Rn 10a; HKzHGB/*Ruß* Rn 4.

[55] MünchKommHGB/*Lieb* Rn 36, § 25 Rn 127 f; GKzHGB/*Steitz* Rn 12, Vor §§ 25–28 Rn 9.

[56] Näher HKzHGB/*Ruß*/*Selder* Rn 8 ff.

Gesetzesbegründung).⁵⁷ Bei begründeter Klage eines Nachlassgläubigers wegen einer früheren Geschäftsverbindlichkeit kann er sich daher die beschränkte Erbenhaftung im Urteil nicht vorbehalten lassen (§ 780 ZPO). Eine Nachlassverwaltung oder -insolvenz schließt § 27 Abs. 1 freilich keineswegs aus. Diese Verfahren entfalten lediglich gegenüber den Geschäftsgläubigern keine haftungsbeschränkende Wirkung. Wird ein Nachlassinsolvenzverfahren eröffnet, so können die Geschäftsgläubiger daher ihre Forderungen in diesem Verfahren anmelden und daneben den Erben mit seinem sonstigen Vermögen in Anspruch nehmen.⁵⁸ Aus der Perspektive des Erben können diese Verfahren gleichwohl sinnvoll sein, nämlich wenn der Nachlass bereits durch die Privatverbindlichkeiten des Erblassers überschuldet ist. Auch ein Aufgebotsverfahren (§§ 1970 ff BGB) bleibt zulässig, die Wirkung des Ausschlussurteils (§ 1973 BGB) trifft aber die Geschäftsgläubiger nicht. § 1974 BGB ist gegen sie ebenfalls nicht anzuwenden.⁵⁹ Ebenso wenig stehen dem Erben gem. § 2016 Abs. 1 BGB die Einreden der §§ 2014, 2015 BGB (Dreimonats-, Aufgebotseinrede) zu. Hinsichtlich früherer Geschäftsverbindlichkeiten haftet der Erbe also unbeschränkt und unbeschränkbar auch mit seinem Privatvermögen. Ob man diese unbeschränkbare Haftung als eine genuin handelsrechtliche versteht⁶⁰ oder ob man meint, es handle sich um eine kraft Handelsrecht unbeschränkbar gewordene erbrechtliche Haftung,⁶¹ was richtiger erscheint, hat keine Bedeutung.

2. Frühere Geschäftsverbindlichkeiten. Die Haftung des Erben nach § 27 Abs. 1 bezieht sich nur auf die früheren Geschäftsverbindlichkeiten, also **nicht** auf die **Privatverbindlichkeiten** des Erblassers. Für Privatverbindlichkeiten bleibt es mithin bei den erbrechtlichen Vorschriften des BGB, so dass der Erbe die Haftung für diese weiterhin auf den Nachlass beschränken kann (s. schon Rn 41). Zur Abgrenzung von Geschäfts- und Privatverbindlichkeiten s. § 25 Rn 85. **42**

Frühere Geschäftsverbindlichen sind solche, die der Erblasser zu Lebzeiten **bei der Führung des Geschäfts** begründet hat. Wie sich auch aus der Verweisung auf § 25 ergibt stimmt der Begriff der „früheren Geschäftsverbindlichkeiten" i.S.d. § 27 Abs. 1 mithin mit dem Begriff der „im Betriebe begründeten Verbindlichkeiten" i.S.d. § 25 Abs. 1 S. 1 überein. Insofern kann daher auf die Ausführungen zu § 25 (Rn 85 ff) verwiesen werden. Allerdings wurde dort (§ 25 Rn 86) dargelegt, dass **Verbindlichkeiten aus bestehenden Arbeitsverhältnissen** nicht §§ 25, 26, 28 unterfallen, weil § 613a BGB diesen Vorschriften gegenüber speziell ist. § 613a BGB gilt jedoch nicht für einen erbrechtlichen Betriebsübergang. Vielmehr bleibt es in diesem Fall bei der Anwendung der erbrechtlichen Vorschriften.⁶² Mithin erfasst § 27 Abs. 1 anders als § 25 Abs. 1 S. 1 auch Verbindlichkeiten aus bestehenden Arbeitsverhältnissen. Außerdem ist zu bemerken, dass der Erbe kraft der erbrechtlichen Universalsukzession (§ 1922 BGB) grundsätzlich, d.h. soweit keine Sonderregelungen bestehen, vollständig in die Rechtsstellung des Erblassers einrückt und daher auch Vertragspartner von **Dauerschuldverhältnissen** wird, die der Erblasser **43**

---

⁵⁷ Ganz h.L., etwa Staub/*Hüffer* 4. Auflage Rn 13; MünchKommHGB/*Lieb* Rn 3, 37; Ebenroth/Boujong/Joost/Strohn/*Zimmer* Rdn 17; Röhricht/v. Westphalen/*Ammon*/ *Ries* Rn 21; Baumbach/*Hopt* Rn 4; Heymann/*Emmerich* Rn 11; aA aber *Friedrich* S. 101 ff.
⁵⁸ Wenn zugleich ein Insolvenzverfahren über das Vermögen des Erben stattfindet, gilt § 331 InsO.
⁵⁹ Staub/*Hüffer* 4. Auflage Rn 15.
⁶⁰ So *K. Schmidt* ZHR 157 (1993), 600 ff.
⁶¹ Staub/*Hüffer* 4. Auflage Rn 13.
⁶² MünchKommHGB/*Lieb* Rn 36, § 25 Rn 127 f; GKzHGB/*Steitz* Rn 12, Vor §§ 25–28 Rn 9; MünchKommBGB/ *Müller-Glöge* § 613a BGB Rn 63; Erman/ *S. Edenfeld* § 613a BGB Rn 29.

begründet hat. Insofern stellen sich hier die in § 25 Rn 89 ff diskutierten Fragen nicht. Zu den früheren Geschäftsverbindlichkeiten gehören allerdings nur diejenigen Einzelverbindlichkeiten (etwa: Monatsmiete für das Betriebsgrundstück oder Ladenlokal, Leasingraten für betrieblich genutzte Fahrzeuge, Maschinen u.s.w.), soweit sie vor dem Termin entstanden sind, zu dem der Erbe den Vertrag frühestens kündigen kann. Bei Fortsetzung des Vertrags über diesen Termin hinaus wird regelmäßig eine Nachlasserbenschuld (Rn 46) vorliegen, wenn die Gegenleistung des Gläubigers für Nachlasszwecke verwandt wird.[63]

44 Die **Terminologie des Erbrechts** unterscheidet zwischen Nachlassverbindlichkeiten, Nachlasserbenschulden und Nachlassverwaltungsschulden. Die Nachlassverbindlichkeiten (§ 1967 Abs. 1 BGB) unterfallen wiederum in die Erblasserschulden (§ 1967 Abs. 2 Fall 1 BGB) und die Erbfallschulden (§ 1967 Abs. 2 Fall 2 BGB). Danach sind die **früheren Geschäftsverbindlichkeiten** ein **Teil der Erblasserschulden**.

45 Nicht zu den früheren Geschäftsverbindlichkeiten gehören nach zutreffender h.M. die **Erbfallschulden**;[64] denn Erbfallschulden sind solche Verbindlichkeiten, die erst aus Anlass des Erbfalls entstehen und „den Erben als solches" treffen, § 1967 Abs. 2 Fall 2 BGB. Dazu gehören neben den dort genannten Verbindlichkeiten aus Pflichtteilsrechten, Vermächtnissen und Auflagen auch die Erbfallkosten wie die Beerdigungskosten (§ 1968 BGB) oder die Kosten einer Testamentseröffnung. Es handelt sich also weder um „Geschäfts-" noch um „frühere" noch um Verbindlichkeiten des Erblassers. Gegenteiliges lässt sich auch nicht aus der Entscheidung BGHZ 32, 60 ff entnehmen (dazu Rn 11).

46 Gleichfalls **nicht** zu den früheren Geschäftsverbindlichkeiten gehören die sog. **Nachlasserbenschulden**;[65] denn diese entstehen aus Rechtshandlungen des Erben (wie z.B. bei der Fortführung des Geschäfts während der Frist des § 27 Abs. 2, s. dazu aber Rn 72) und sind daher grundsätzlich seine Eigenschulden, für die er wie jeder andere, der eine Verbindlichkeit eingeht, mit seinem gesamten Vermögen haftet.[66] Die Besonderheit von Nachlasserbenschulden ist freilich, dass die Rechtshandlungen des Erben mit dem Erbfall bzw. dem Nachlass oder seiner Abwicklung zusammenhängen und damit zugleich Nachlassverbindlichkeiten darstellen. Tritt eine Haftungssonderung (z.B. durch Nachlassinsolvenz, s.o. Rn 3) ein, so stehen daher den Gläubigern solcher Verbindlichkeiten sowohl das Eigenvermögen des Erben als auch der Nachlass als Haftungsgegenstand zur Verfügung. Letzteres gilt allerdings dann nicht, wenn die Begründung der Geschäftsschulden unter Berücksichtigung des dem Erben zustehenden unternehmerischen Ermessens (vgl. § 93 Abs. 1 S. 2 AktG) nicht einer ordnungsgemäßen Verwaltung i.S.d. § 1978 BGB entspricht.[67]

47 Nicht mit den Nachlasserbenschulden zu verwechseln sind die sog. **Nachlassverwaltungsschulden**.[68] Diese entstehen zwar ebenso wie jene im Zusammenhang mit der Verwaltung des Nachlasses, hier also durch die Weiterführung des Geschäfts. Begründet werden sie jedoch nicht von dem (endgültigen) Erben oder einem in seinem Namen handelnden Vertreter, sondern von einem Dritten, namentlich einem ausschlagenden Erben oder einem Vorerben. Während im Erbrecht die Nachlasshaftung für Nachlassverwal-

---

[63] Staub/*Hüffer* 4. Auflage Rn 17.
[64] Ebenroth/Boujong/Joost/Strohn/*Zimmer* Rn 22; MünchKommHGB/*Lieb* Rn 39; aA aber Staub/*Hüffer* 4. Auflage Rn 17; Heymann/*Emmerich* Rn 14a.
[65] Anstelle anderer Ebenroth/Boujong/Joost/Strohn/*Zimmer* Rn 21; MünchKommHGB/*Lieb* 40; Röhricht/v. Westphalen/*Ammon*/*Ries* Rn 26 f; Baumbach/*Hopt* Rn 5.
[66] OLG Köln NJW 1952, 1145.
[67] Näher hierzu *Reuter* ZHR 135 (1971), 511 (521 f); MünchKommHGB/*Lieb* Rn 40 ff mwN.
[68] Undeutlich MünchKommHGB/*Lieb* Rn 40.

tungsschulden nach hM nur dann neben die Eigenhaftung des vorläufigen Erben oder des Vorerben tritt, sofern diese Verbindlichkeiten im Rahmen ordnungsgemäßer Verwaltung eingegangen worden sind,[69] gilt diese Einschränkung für die Haftung nach § 27 Abs. 1 nicht[70]. Der endgültige Erbe kann sich daher auf die Nichtordnungsmäßigkeit der Verwaltung durch einen Vorerben oder einen ausschlagenden Erben nur dann berufen, wenn die Voraussetzungen des § 27 Abs. 1 in seiner Person nicht vorliegen (**insbes.** weil er die ursprüngliche Firma nicht fortgeführt hat oder er die Voraussetzungen des § 27 Abs. 2 oder § 25 Abs. 2 herbeiführt, s. auch o. Rn 26 ff).

3. Eintragungspflichten. Die Fortführung des Unternehmens ist nach § 31 Abs. 1 Fall 2 **48** als Inhaberwechsel anmeldepflichtig, wenn die Firma des Erblassers unverändert beibehalten wird. Nimmt der Erbe später einen neuen Handelsnamen an, so handelt es sich um eine Firmenänderung i.S.d. § 31 Abs. 1 Fall 1. Fallen hingegen Inhaberwechsel und Firmenänderung zusammen, so hat der Erbe das Erlöschen der alten Firma gem. § 31 Abs. 2 S. 1 sowie die neue Firma nach § 29 anzumelden (§ 31 Rn 17). Nicht zulässig ist es, die Anmeldung bis zum Ablauf der Frist des § 27 Abs. 2 hinauszuschieben. Die Haftung des Erben tritt freilich auch dann ein, wenn er seiner Anmeldepflicht nicht nachkommt. Umgekehrt dürfen der Anmeldung auch keine haftungsrechtlichen Konsequenzen zum Nachteil des Erben beigelegt werden; denn in der Erfüllung der gesetzlichen Pflicht liegt kein Verzicht auf das in § 27 Abs. 2 gewährte Recht.[71]

C. Der Erhalt der Beschränkbarkeit der Erbenhaftung gem. § 27 Abs. 1 i.V.m. § 25 Abs. 2

I. Anwendbarkeit von § 27 Abs. 1 i.V.m. § 25 Abs. 2

1. Meinungsstand. Neben der Aufgabe der Firma (Rn 37 ff) und der Einstellung der **49** Fortführung des Geschäfts nach § 27 Abs. 2 (dazu Rn 61 ff) ist nach h.L. eine weitere Möglichkeit, den Rechtsfolgen von § 27 Abs. 1 zu entgehen, eine Kundmachung entsprechend § 25 Abs. 2.[72] Begründet wird dies zum einen mit dem Wortlaut von § 27 Abs. 1, wonach „*die Vorschriften des § 25 entsprechende Anwendung*" finden und nicht nur „*die Vorschrift des § 25 Abs. 1 S. 1*". Zum anderen können sich bei gehöriger Kundmachung entsprechend § 25 Abs. 2 keine schützenswerten Haftungserwartungen des Verkehrs bilden. Und zum Dritten bestehe für diese Möglichkeit ein praktisches Bedürfnis, um es dem Erben zu ermöglichen, das Unternehmen fortzuführen, ohne die Firma aufzugeben.

Die **Gegenauffassung** hält § 27 Abs. 1 dagegen entweder für eine bloße Rechtsfolgen- **50** verweisung oder bezieht die Verweisung nur auf § 25 Abs. 1 und 3, weil nur diese Absätze Bestimmungen über die Haftung für frühere Geschäftsverbindlichkeiten träfen. Ferner macht sie geltend: Erstens würde eine (u.U. bonitätsschädigende) Kundmachung

---

[69] RGZ 90, 91; BGHZ 32, 60 (64); BGHZ 110, 176; BGH WM 1993, 1158; BGH WM 1993, 1719 (1720 f); Baumbach/*Hopt* Rn 4; Erman/ W. *Schlüter* § 1967 BGB Rn 7; Münch-KommBGB/*Siegmann* § 1967 BGB Rn 12, 17; Soergel/*Stein* § 1967 BGB Rn 16.
[70] BGHZ 32, 60 (66 f); Ebenroth/Boujong/ Joost/Strohn/*Zimmer* Rn 20; Baumbach/ *Hopt* Rn 5.
[71] Staub/*Hüffer* 4. Auflage Rn 6.
[72] KG DR 1940, 2007 m. zust. Anm. *Groschuff*; Staub/*Hüffer* 4. Auflage Rn 22; *Canaris* Handelsrecht § 7 Rn 8; *Oetker* Handelsrecht § 4 Rn 103; Baumbach/*Hopt* Rn 8; Heymann/*Emmerich* Rn 18; Koller/*Roth*/ Morck Rn 8; GKzHGB/*Steitz* Rn 11.

nach § 25 Abs. 2 dem Erben nicht viel nützen, weil sie nach allgemeiner Auffassung unverzüglich und damit vor Prüfung der wirtschaftlichen Situation des Unternehmens, die § 27 Abs. 2 ermöglichen wolle, abgegeben werden müsse. Zweitens würde die Möglichkeit, eine gesetzliche Haftungsanordnung durch einfache, einseitige Willenserklärung abwehren zu können, eine ausgesprochene Anomalie darstellen. Drittens stehe die h.L. in erstaunlichem Gegensatz zu der Auslegungsstrenge, die manche ihrer Vertreter in Bezug auf das Tatbestandsmerkmal der „Einstellung" i.S.d. § 27 Abs. 2 übten. Wenn überhaupt, dann seien dort Lockerungen angebracht. Viertens sei § 27 Abs. 2 im Vergleich mit § 25 Abs. 2 zweifellos die speziellere Norm. Neben ihr sei daher nach allgemeinen methodischen Grundsätzen für § 25 Abs. 2 kein Raum. Fünftens enthielten auch die Gesetzesmaterialien keinen Hinweis auf § 25 Abs. 2. Sechstens und vor allem würde die Anwendbarkeit von § 25 Abs. 2 genau das ermöglichen, was § 27 gerade verhindern wolle, nämlich eine Fortführung des Unternehmens mit zeitlich unbegrenzter Möglichkeit einer erbrechtlichen Haftungsbeschränkung. Dies gehe wegen der damit verbundenen Gläubigergefährdung nicht an. Insofern unterschieden sich § 25 und § 27; denn anders als im Fall des § 25 könnten die Altgläubiger hier nicht mehr auf den bisherigen Inhaber, also den Erblasser, zugreifen.[73]

51 Schließlich wurde darauf hingewiesen, dass § 25 Abs. 2 nach seinem Wortlaut eine „*Vereinbarung*" voraussetze. Eine solche Vereinbarung könne im Erbfall lediglich in einem Erbvertrag sowie (str.) in einem Testament gesehen werden. Der Erbe könne daher den Weg des § 25 Abs. 2 nur beschreiten, wenn der Erblasser ihn dazu in einem Erbvertrag bzw. Testament ermächtigt habe.[74]

52 **2. Stellungnahme.** Die **zuletzt genannte Ansicht** (Rn 51) ist schon deswegen **abzulehnen**, weil sie zu einer nicht zu rechtfertigenden Ungleichbehandlung von gesetzlichen und gewillkürten Erben führt. Sie verkennt zudem, dass § 27 Abs. 1 eine „*entsprechende Anwendung*" von § 25 anordnet, was Raum für sachgerechte Modifikationen schafft. Diese Ansicht wird daher zu Recht heute nicht mehr vertreten.

53 Gleichfalls **nicht zu überzeugen** vermag die vorbezeichnete **Gegenauffassung** (Rn 50). Gegen sie spricht schon der Wortlaut von § 27 Abs. 1 (s. Rn 49), wobei die Einschränkung der Verweisung „*auf die Haftung des Erben*" lediglich klar stellen soll, dass die Geschäftsforderungen bereits kraft Erbrechts auf den Erben übergehen, so dass es diesbezüglich keiner besonderen Vorschriften bedarf (s. S. 9 der in Rn 10 zitierten Gesetzesbegründung). Abgesehen davon ist eine die Haftung betreffende Vorschrift auch eine solche, die eine Haftungsbeschränkung ermöglicht. Demgegenüber ist das Schweigen der Gesetzesmaterialien – zumindest für sich genommen – nach allgemeiner Methodenlehre kein zureichendes Argument. Ferner ist es keineswegs außergewöhnlich, dass die Haftungsanordnung des § 27 Abs. 1 bei entsprechender Anwendung von § 25 Abs. 2 durch einseitige Erklärung ausgeschlossen werden könnte. Vielmehr erkennen dieselben Autoren,[75] die dies hier monieren, im unmittelbaren Anwendungsbereich von § 25 Abs. 2 an, dass eine einseitige Erklärung ausnahmsweise dann ausreicht, wenn eine Vereinbarung aufgrund der Natur des Sachverhalts nicht möglich ist (s. § 25 Rn 54, 56, weitergehend Rn 125 f). Auch ist § 27 Abs. 2 nur insofern gegenüber den Vorschriften des § 25 speziell, als dem Erben eine Prüfungs- und Überlegungsfrist eingeräumt wird. Wenn diese Frist

---

[73] MünchKommHB/*Lieb* Rn 50; Ebenroth/Boujong/Joost/Strohn/*Zimmer* Rn 35; Röhricht/v. Westphalen/*Ammon/Ries* Rn 42.
[74] *Baumbach* (7. Auflage) Anm. 2 C; RGRK-HGB/*Gadow* Anm. 6; Düringer/Hachenburg/*Hoeniger* Anm. 6.
[75] MünchKommHGB/*Lieb* Rn 48; Ebenroth/Boujong/Joost/Strohn/*Zimmer* Rn 28, 45.

auch für § 25 Abs. 2 gelten würde, wäre zudem das Argument der eingeschränkten Nützlichkeit einer entsprechenden Anwendung dieser Vorschrift vom Tisch (dazu Rn 57 f). Und den zutreffenden Hinweis auf die Möglichkeit einer großzügigen Auslegung von § 27 Abs. 2 befolgen die Autoren selber nicht bzw. nur sehr eingeschränkt.[76] Richtig ist auch, dass die Altgläubiger im Falle des § 27 anders als im Falle des § 25 nicht mehr auf den bisherigen Inhaber, also den Erblasser, zugreifen können. An seine Stelle tritt vielmehr der Erbe. Anders als im unmittelbaren Anwendungsbereich des § 25 Abs. 2 eröffnet eine entsprechende Anwendung der Vorschrift dem Erben jedoch nicht die Möglichkeit, eine Haftung für Altverbindlichkeiten ganz auszuschließen, sondern erhält ihm nur die Möglichkeit einer Haftungsbeschränkung auf den Nachlass (s. Rn 60). Schließlich ist es nicht zutreffend, dass § 27 eine Fortführung des Unternehmens mit zeitlich unbegrenzter Möglichkeit einer erbrechtlichen Haftungsbeschränkung verhindern wolle. Vielmehr ist dies – wie auch manche Vertreter der Gegenauffassung anerkennen[77] – auch durch Aufgabe der Firma des Erblassers möglich (Rn 37). Und wenn der Erbe das Unternehmen ohnehin mit zeitlich unbegrenzter Möglichkeit einer erbrechtlichen Haftungsbeschränkung fortführen kann, dann ist kein Grund ersichtlich, warum man ihn hierfür zur Aufgabe der Firma zwingen und ihm nicht den Weg des § 25 Abs. 2 eröffnen sollte. Vielmehr wäre dies wegen des u.U. erheblichen Firmenwerts ökonomisch unsinnig, und zwar auch aus Gläubigersicht. **Zu folgen** ist daher der **herrschenden Lehre**.

II. Voraussetzungen von § 27 Abs. 1 i.V.m. § 25 Abs. 2

Die Voraussetzungen, unter denen sich der Erbe die Möglichkeit einer erbrechtlichen **54** Haftungsbeschränkung auf den Nachlass in entsprechender Anwendung von § 25 Abs. 2 erhalten kann, weichen nicht unerheblich von den Voraussetzungen im unmittelbaren Anwendungsbereich der Vorschrift ab. Gründe hierfür sind: der anders gelagerte Sachverhalt, die unterschiedlichen Rechtsfolgen (dazu Rn 60) sowie der Sinn und Zweck von § 27, namentlich von Abs. 2 der Vorschrift. Im Einzelnen:

1. **Keine Vereinbarung.** Entgegen einer früher vertretenen Auffassung (Rn 51) ist **55** heute anerkannt, dass es vorliegend keiner von § 27 Abs. 1 abweichenden Vereinbarung zwischen Erblasser und Erbe bedarf (zu den Gründen bereits Rn 52). Es obliegt daher allein der Entscheidung des Erben, ob er von der Möglichkeit des § 25 Abs. 2 Gebrauch machen will oder nicht.

2. **Kundmachung.** Die Kundmachung kann durch Eintragung in das Handelsregister **56** und Bekanntmachung oder durch Mitteilung an die Altgläubiger erfolgen. Insofern besteht lediglich die Besonderheit, dass sich die im unmittelbaren Anwendungsbereich von § 25 Abs. 2 diskutierte Streitfrage, ob die Anmeldung gemeinsam erfolgen muss, hier nicht stellt. Erfolgt die Kundmachung durch Mitteilung an die Altgläubiger ist überdies zu bemerken, dass sich aus ihr in hinreichend bestimmter Weise ergeben muss, dass der

---

[76] Nach MünchKommHGB/*Lieb* Rn 32, 49 ff kann der Erbe sich die Möglichkeit einer erbrechtlichen Haftungsbeschränkung nur erhalten, wenn er das Unternehmen liquidiert oder veräußert. Weder eine Aufgabe der Firma (dazu schon Rn 37) noch eine Verpachtung, Einbringung oder Eingliederung des Unternehmens (dazu Rn 66 ff.) reichen seiner Ansicht nach aus.
[77] Ebenroth/Boujong/Joost/Strohn/*Zimmer* Rn 13.

Erbe die Rechtsfolgen des § 27 Abs. 1 i.V.m. § 25 Abs. 1 S. 1 ausschließen will, d.h. sich die Möglichkeit einer erbrechtlichen Haftungsbeschränkung auf den Nachlass in Bezug auf die Forderungen des Erklärungsadressaten vorbehält. Abgesehen davon kann auf die Ausführungen zu § 25 Rn 129–132 verwiesen werden.

3. Rechtzeitigkeit

57 a) **Meinungsstand.** Im unmittelbaren Anwendungsbereich von § 25 Abs. 2 ist im Blick auf den Ausschluss der Erwerberhaftung zu Recht anerkannt, dass die Kundmachung unverzüglich zu erfolgen hat (näher § 25 Rn 134–138). Dieses Erfordernis überträgt die ganz herrschende Meinung auf die entsprechende Anwendung der Vorschrift im Rahmen des § 27. Die Dreimonatsfrist des § 27 Abs. 2 könne daher keine Anwendung finden. Zur Begründung wird lediglich ausgeführt, dass hierzu weder der Gesetzeswortlaut noch die Gesetzesmaterialen eine Handhabe böten.[78]

58 b) **Stellungnahme.** Dem ist nicht zu folgen.[79] Zunächst einmal ist festzuhalten, dass sich das Erfordernis der Unverzüglichkeit nicht aus dem Wortlaut von § 25 Abs. 2 ergibt. Insofern ist das Schweigen der Gesetzesmaterialien zu dieser Frage nicht verwunderlich, zumal die Begründung zu § 27 ohnehin nicht auf die entsprechende Anwendung von § 25 Abs. 2 eingeht. Beredt ist jedoch die Teleologie. Im unmittelbaren Anwendungsbereich der Vorschrift wird das Erfordernis der Unverzüglichkeit mit den Interessen der Gläubiger sowie mit den Geboten der Rechtssicherheit und -klarheit begründet (s. § 25 Rn 134–138). Diese Begründung ist jedoch auf den vorliegenden Fall nicht übertragbar. Vielmehr räumt das Gesetz dem Erben in § 27 Abs. 2 eine dreimonatige Überlegungs- und Prüfungsfrist ein. Das ist sachgerecht, weil der Erbfall für ihn oftmals überraschend eintritt. Im Falle des § 25 können sich die Parteien dagegen im Vorhinein überlegen, wie sie verfahren wollen. Es hieße daher dem Erben Steine statt Brot zu geben, würde man an dem Erfordernis der Unverzüglichkeit festhalten und nicht auch hier die Frist des § 27 Abs. 2 zur Anwendung bringen. Das gilt umso mehr als im Falle einer Erbengemeinschaft eine Kundmachung nach § 25 Abs. 2 für den einzelnen Miterben der praktisch einzig gangbare Weg ist, die Haftungsfolgen des § 27 Abs. 1 auch ohne Zustimmung aller übrigen Miterben zu vermeiden (s. Rn 97 ff). Für die Gläubiger ist damit keine Rechtsunsicherheit verbunden, die über diejenige hinausgeht, die sie nach § 27 Abs. 2 ohnehin zu tragen haben. Ohnehin können sie sich erst nach Ablauf der dort bestimmten Frist auf die Entscheidung des Erben einstellen. Bis dahin besteht ein Schwebezustand (s. Rn 72). Wollte man an dem Erfordernis der Unverzüglichkeit festhalten, würde dieser Schwebezustand nur im Blick auf § 25 Abs. 2 früher beendet. Hierfür ist ein einleuchtender Grund jedoch nicht ersichtlich. Vielmehr will auch eine Kundmachung nach § 25 Abs. 2 gut überlegt sein, da sie u.U. bonitätsverschlechternd wirkt. Insofern gelten hier die gleichen Erwägungen wie bei der Frage der Rechtzeitigkeit einer Firmenänderung, wofür richtigerweise ebenfalls die Einhaltung der Dreimonatsfrist genügt (Rn 38). Dafür sprechen ferner ökonomischen Erwägungen. Hält man nämlich an dem Erfordernis der Unverzüglichkeit fest, dann ist davon auszugehen, dass unvorbereitete Erben faktisch nicht in der Lage sind, von der Möglichkeit des § 25 Abs. 2 Gebrauch zu machen. Um sich die Möglichkeit der Haftungsbeschränkung zu erhalten, wären sie dann gezwungen,

---

[78] *Canaris* Handelsrecht § 7 Rn 111; Staub/*Hüffer* 4. Auflage Rn 22; Heymann/*Emmerich* Rn 18; HKzHGB/*Ruß*/Selder Rn 5; Koller/*Roth*/Morck Rn 8.

[79] Für die hier vertretene Ansicht auch GKzHGB/*Steitz* Rn 11; MünchKommBGB/*Siegmann* § 1967 BGB Rn 42; vgl. ferner Staudinger/*Marotzke* § 1967 Rn 59.

innerhalb der Dreimonatsfrist entweder die Firma aufzugeben (§ 27 Abs. 1) oder die Fortführung des Geschäfts einzustellen (§ 27 Abs. 2). Aus Gläubigersicht wäre damit nichts gewonnen. Vielmehr können beide Entscheidungen für sie ungünstiger sein als eine Fortführung des Unternehmens mitsamt der Firma durch den Erben unter Erhalt der Möglichkeit einer erbrechtlichen Haftungsbeschränkung durch Kundmachung entsprechend § 25 Abs. 2. Nach allem bedarf es hier keiner unverzüglichen Kundmachung. Vielmehr reicht es aus, wenn die Frist des § 27 Abs. 2 eingehalten wird. (Man könnte es auch anders sagen: Was unverzüglich, also kein schuldhaftes Zögern ist, definiert vorliegend § 27 Abs. 2.)

c) **Einzelheiten.** Folgt man dieser Auffassung bleibt allerdings zu fragen, ob die Eintragung und Bekanntmachung innerhalb der Frist des § 27 Abs. 2 erfolgen muss oder ob es ausreicht, dass die Anmeldung zum Handelsregister innerhalb dieser Frist erfolgt und die Eintragung und Bekanntmachung sodann in angemessenem Zeitabstand folgen. Zutreffend ist Letzteres, weil andernfalls die Prüfungs- und Überlegungsfrist auf unberechenbare Weise eingeschränkt würde (s. auch Rn 62). Im Blick auf die Eintragung und Bekanntmachung gelten daher die Erläuterungen zu § 25 Rn 134 ff entsprechend. **59**

III. Rechtsfolgen von § 27 Abs. 1 i.V.m. § 25 Abs. 2

Erfolgt eine rechtzeitige Kundmachung i.S.d. § 25 Abs. 2, so sind die Rechtswirkungen darauf beschränkt, die Haftung gem. § 27 Abs. 1 i.V.m. § 25 Abs. 1 S. 1 auszuschließen. Die bürgerlich-rechtliche Haftung für Nachlassverbindlichkeiten bleibt mithin unberührt. Trotz rechtzeitiger Kundmachung **haftet der Erbe** daher für die Geschäftsschulden des Erblassers **weiterhin unbeschränkt**. Erhalten bleibt lediglich **die Möglichkeit einer erbrechtlichen Haftungsbeschränkung** auf den Nachlass. Auch diese Möglichkeit entfällt unter den Voraussetzungen der §§ 1994 Abs. 1 S. 2, 2005 Abs. 1 S. 1, 2006 Abs. 3 BGB. Unberührt bleibt ferner die Haftung des Erben mit seinem ganzen Vermögen für die von ihm selbst begründeten Verbindlichkeiten (Rn 46). **60**

D. Der Erhalt der Beschränkbarkeit der Erbenhaftung gem. § 27 Abs. 2

I. Voraussetzungen

Nach § 27 Abs. 2 tritt die unbeschränkbare Haftung des § 25 Abs. 1 nicht ein, wenn der Erbe die Fortführung des Geschäfts einstellt, und zwar innerhalb einer Frist von drei Monaten seit er von der Erbschaft Kenntnis erlangt hat. **61**

1. Einstellung der Fortführung des Geschäfts

a) **Einstellung der werbenden Tätigkeit.** Unbestritten ist, dass der Erbe die Unbeschränkbarkeit seiner Haftung jedenfalls dadurch abwenden kann, dass er die unternehmerische Tätigkeit aufgibt.[80] Fraglich ist allenfalls, ob für die Einhaltung der Frist des **62**

---

[80] Ebenroth/Boujong/Joost/Strohn/*Zimmer* Rn 23, 27; Röhricht/v. Westphalen/*Ammon*/*Ries* Rn 30, 32; MünchKommHGB/*Lieb* Rn 49, 51, 56; Baumbach/*Hopt* Rn 5; Koller/Roth/Morck Rn 9; HKzHGB/*Ruß*/*Selder* Rn 7; GKzHGB/*Steitz* Rn 15.

§ 27 Abs. 2 die Abwicklung bereits beendet sein muss oder ob es ausreicht, dass die werbende Tätigkeit eingestellt wird. Schon der Wortlaut spricht für Letzteres. Gefordert ist nämlich nicht die Einstellung des Geschäfts, sondern nur die Einstellung der Fortführung des Geschäfts. Zudem spricht der Sinn und Zweck der Einstellungsfrist, dem Erben Bedenkzeit einzuräumen, dagegen, die Beendigung der Abwicklung zu verlangen; denn dadurch würde die Frist, wenn sie der Erbe denn überhaupt einhalten könnte, stark und zudem in einer für ihn unberechenbaren Weise verkürzt.[81]

63 Schließlich ist darauf hinzuweisen, dass ein Vormund nach § 1823 BGB ein bestehendes Erwerbsgeschäft des Mündels nicht ohne Genehmigung des Vormundschaftsgerichts auflösen soll. Für die Eltern gibt es dagegen keine entsprechende Bestimmung (vgl. § 1645 BGB).

64 b) **Nachlassverwaltung und -insolvenz.** Als Einstellung i.S.d. § 27 Abs. 2 ist ferner die Beantragung der Nachlassverwaltung (§ 1981 Abs. 1 BGB) sowie der Antrag auf Eröffnung eines Nachlassinsolvenzverfahrens (§ 1980 BGB) zu bewerten. Das folgt gleichermaßen aus dem Ziel (Gläubigerbefriedigung), den Mitteln (Absondern des Nachlasses, Fremdverwaltung) und den Rechtsfolgen (Haftungsbeschränkung) beider Verfahren.[82]

65 c) **Veräußerung.** Streitig ist, ob auch die Veräußerung des Unternehmens durch den Erben als Einstellung der Fortführung des Geschäfts anzusehen ist.[83] Der Wortlaut von § 27 Abs. 2 lässt beide Deutungen zu. Zwar verlangt das Gesetz ausdrücklich eine „Einstellung" der Fortführung des Geschäfts, was für die zuerst genannte Ansicht zu sprechen scheint, da der Zweck einer Veräußerung gerade in der Weiterführung des Geschäfts, nämlich durch den Erwerber liegt. Im Kontext des Abs. 1 kann man die Vorschrift jedoch auch dahingehend verstehen, dass die **Fortführung des Handelsgeschäfts *durch den Erben*** einzustellen ist, was bei der Veräußerung an einen Dritten zweifellos gegeben ist. Dem Wortlaut alleine ist die Lösung daher nicht zu entnehmen. Für die zweite Lesart sprechen aber historische, teleologische und rechtsökonomische Erwägungen. Historisch ist auf die Parallele zu § 25 Abs. 1 S. 1 hinzuweisen. Dort trifft den Erwerber die Haftung unstreitig ebenfalls nicht, wenn er das Geschäft nicht selbst weiterführt, sondern es alsbald weiterveräußert (s. dort Rn 62). Grund dafür ist – zumindest nach den Gesetzesmaterialien[84] –, dass der Verkehr allein an die Fortführung des Geschäfts mitsamt der Firma die vom Gesetzgeber geschützte Verkehrserwartung knüpft. Teleologisch ist nach hier vertretener Ansicht (o. Rn 17) zu bemerken, dass der Erbe mit der Veräußerung das Geschäft nicht einfach weiterlaufen lässt, sondern eine klare, zumindest aus dem Handelsregister ersichtliche Entscheidung trifft, auf die sich die Altgläubiger einstellen können. Mehr verlangt § 27 ihm nicht ab. Zudem wird durch eine Veräußerung die nach Ansicht mancher entscheidende, bei Geschäftsfortführung bestehende Gefahr einer Ver-

---

[81] Staub/*Hüffer* 4. Auflage Rn 27; MünchKommHGB/*Lieb* Rn 56; Ebenroth/Boujong/Joost/Strohn/*Zimmer* Rn 27; Koller/*Roth*/Morck Rn 9.

[82] Staub/*Hüffer* 4. Auflage Rn 27; Heymann/*Emmerich* Rn 20; Koller/*Roth*/Morck Rn 9; MünchKommHGB/*Lieb* Rn 57; Röhricht/v. Westphalen/*Ammon*/Ries Rn 31.

[83] Dafür die heute h.L. *Canaris* Handelsrecht § 7 Rn 108; *Oetker* Handelsrecht § 4 Rn 100; Ebenroth/Boujong/Joost/Strohn/*Zimmer* Rn 30; MünchKommHGB/*Lieb* Rn 52; Koller/*Roth*/Morck Rn 9; Röhricht/v. Westphalen/*Ammon*/Ries Rn 32; dagegen GKzHGB/*Steitz* Rn 15 sowie die früher vorherrschende Auffassung etwa RGZ 56, 196 (199); Staub/*Hüffer* 4. Auflage Rn 28 f, alle mwN.

[84] S. Abs. 2 S. 3–7 der in § 25 Rn 9 zitierten Begründung auf die S. 1 der oben in Rn 10 zitierten Begründung Bezug nimmt.

mögensvermischung (s. Rn 16) vermieden. Und schließlich ist die Gegenansicht ökonomisch unsinnig, weil durch eine Veräußerung des Geschäfts den Altgläubigern weit besser gedient ist als durch seine Zerschlagung; denn der Liquidationserlös ist im Zweifel erheblich geringer als der Veräußerungserlös. Eine Veräußerung ist daher als „Einstellung" i.S.d. § 27 Abs. 2 anzusehen. Dabei kommt es entgegen teilweise vertretener Ansicht[85] nicht darauf an, ob die Veräußerung mit oder ohne Firma erfolgt.

d) **Verpachtung.** Anders als die Veräußerung soll die Verpachtung des Geschäfts auch nach heute **herrschender Lehre keine „Einstellung"** i.S.d. § 27 Abs. 2 bewirken.[86] Das wird vornehmlich mit drei Gesichtspunkten begründet: keine vollständige Trennung des Erben von dem Unternehmensvermögen; erschwerter Zugriff der Altgläubiger auf das verpachtete Unternehmen; Benachteiligung der Altgläubiger gegenüber den Neugläubigern. Das **überzeugt nicht**: Eine vollständige Trennung des Erben von dem Unternehmensvermögen fordert § 27 nicht. Vielmehr reicht selbst bei Fortführung des Unternehmens durch den Erben die Aufgabe der Firma bzw. eine Kundmachung nach § 25 Abs. 2 aus, um die Rechtsfolge von § 27 Abs. 1 auszuschließen (s. Rn 37, 49 ff). Und im Falle einer Verpachtung führt der Erbe nicht einmal das Unternehmen weiter. Vielmehr trifft er, ebenso wie im Falle einer Veräußerung (Rn 65), eine klare Entscheidung über die Zukunft des Unternehmens, die für die Altgläubiger aus dem Handelsregister ersichtlich ist. Dass diese Entscheidung nicht endgültig ist, steht dem nicht entgegen. Vielmehr hieße es den Erben zu überfordern und seine berechtigten Interessen hintanzustellen, wollte man ihm binnen der ohnehin kurz bemessenen Dreimonatsfrist in jedem Fall eine unumkehrbare Entscheidung über das Schicksal der Firma oder des Unternehmens abverlangen (Rn 17). Möglicherweise bestehende Vollstreckungshindernisse für die Altgläubiger fallen demgegenüber ebenso wenig ins Gewicht wie ihre „Benachteiligung" gegenüber Neugläubigern, zumal beide dann aufgefangen werden, wenn der Pächter – wie im Regelfall – die Firma des Verpächters fortführt und daher den Altgläubigern des Erblassers aus § 25 Abs. 1 S. 1 haftet (§ 25 Rn 52, 102). Schließlich ist nicht einzusehen, warum die Altgläubiger durch den Erbfall besser stehen sollen als sie stünden, wenn der Erblasser das Unternehmen noch vor seinem Tod selbst verpachtet hätte. Und zuletzt: Probleme für Altgläubiger entstehen, wenn überhaupt, vornehmlich bei langfristigen Verbindlichkeiten. Wer solche Verbindlichkeiten eingeht, vermag sich in der Regel vertraglich selbst davor zu schützen, dass ihm aus einem Wechsel des Unternehmensträgers Nachteile entstehen.[87] Tut er das nicht, ist er erheblich weniger schutzbedürftig als der vielfach geschäftlich völlig unerfahrene Erbe, den der Erbfall zudem oft unvorbereitet trifft. Nach allem ist auch die Verpachtung des Unternehmens als „Einstellung" anzusehen.

e) **Einbringung des Geschäfts in eine Gesellschaft.** Dieselben Erwägungen gelten – auch nach der vorherrschenden Gegenansicht – für die Einbringung des Unternehmens in eine (bestehende oder zu diesem Zweck gegründete) Gesellschaft unter Beteiligung des

---

[85] Heymann/*Emmerich* Rn 20.
[86] Staub/*Hüffer* 4. Auflage Rn 29; Ebenroth/Boujong/Joost/Strohn/*Zimmer* Rn 31; MünchKommHGB/*Lieb* Rn 53, 55; GKzHGB/*Steitz* Rn 15; Röhricht/v. Westphalen/*Ammon/Ries* Rn 31 f; *Canaris* Handelsrecht § 7 Rn 108; **aA** Koller/*Roth*/Morck Rn 9; Heymann/*Emmerich* Rn 20 will auch in diesem Fall danach differenzieren, ob die Verpachtung mit oder ohne Firma erfolgt.
[87] Die Pointe ist, dass dieses Argument ausgerechnet von denjenigen Autoren übersehen wird, die es zur Rechtfertigung des gesetzlichen Schuldnerwechsels nach § 26 anführen. Wegen der andersartigen Interessenlage überzeugt es dort freilich nicht, s. § 25 Rn 76 ff.

Erben. Auch dieser Vorgang stellt daher nach hier vertretener Ansicht eine „Einstellung" i.S.d. § 27 Abs. 2 dar.[88]

68 **f) Eingliederung des Geschäfts in ein Unternehmen des Erben.** Selten diskutiert und schwierig zu beantworten ist die Frage, welche Rechtsfolgen eintreten, wenn der Erbe das Handelsgeschäft nicht als selbständiges Unternehmen fortführt, sondern es in ein eigenes, bereits bestehendes Unternehmen eingliedert. *Lieb* meint, dies könne nicht als „Einstellung" i.S.d. § 27 Abs. 2 bewertet werden, weil damit zwangsläufig eine Vermögensvermengung einhergehe, die eine spätere (erbrechtliche) Nachlasssonderung kaum noch erlaube. Deswegen bestünde hier – anders als im Fall des § 25 Abs. 1 S. 1 (s. dort Rn 63) – die Notwendigkeit unbeschränkter Haftung.[89] Das Argument der Vermögensvermischung ist bei einer solchen Sachverhaltsgestaltung tatsächlich kaum von der Hand zu weisen. Allerdings ist auch nicht zu verkennen, dass in einem solchen Fall die Voraussetzungen des § 27 Abs. 1 nicht (mehr) gegeben sind, weil (und wenn) es an einer Fortführung des Geschäfts (und der Firma) fehlt. In Betracht kommt daher allenfalls eine analoge Anwendung von § 27 Abs. 1. Die Berechtigung einer solchen Analogie ist jedoch zweifelhaft, weil der Sinn und Zweck von § 27 nicht darin besteht, einer Vermögensvermischung vorzubeugen, andernfalls wären sowohl das Erfordernis der Firmenfortführung als auch die Möglichkeit eines Erhalts der Beschränkbarkeit der Erbenhaftung durch Kundgabe entsprechend § 25 Abs. 2 sachwidrig, was *Lieb* freilich eben deshalb annimmt. An dem Erfordernis der Firmenfortführung und einer entsprechenden Anwendung von § 25 Abs. 2 ist aber festzuhalten (s. Rn 17, 37, 49 ff, 98). Überdies ist zu bedenken, dass auch bei einer Liquidation des Unternehmens eine Vermögensvermischung eintreten kann, nämlich insbes. dann, wenn der Erbe nicht das gesamte zum Unternehmen gehörende Vermögen veräußert, sondern Teile davon in sein sonstiges (privates und/oder unternehmerisches) Vermögen überführt. Die Grenzen zwischen einer – unstreitig als „Einstellung" anzusehenden – Liquidation und der hier in Frage stehenden Sachverhaltsgestaltung können daher fließend sein. Aus all diesen Gründen scheidet eine (analoge) Anwendung von § 27 Abs. 1 auf den vorliegenden Fall aus. Auch eine Eingliederung des Geschäfts in ein Unternehmen des Erblassers ist daher als „Einstellung" i.S.d. § 27 Abs. 2 anzusehen. Das Problem der Vermögensvermischung kann daher nur über § 1978 i.V.m. §§ 666, 259 ff BGB sowie über §§ 1993 ff BGB gelöst werden. In Fällen einer durch den Erben herbeigeführten unheilbaren Vermögensvermischung kann ferner daran gedacht werden, ihm eine Berufung auf die erbrechtliche Haftungsbeschränkung nach § 242 BGB zu versagen.[90]

2. Einstellungsfrist

69 **a) Frist nach § 27 Abs. 2 S. 1.** Grundsätzlich ist dem Erben für die Einstellung der Geschäftsfortführung eine Dreimonatsfrist gesetzt. Die Frist beginnt mit dem Ablauf des Tages (§ 187 Abs. 1 BGB), an dem der Erbe von dem Anfall der Erbschaft Kenntnis erlangt hat. Für das Fristende gilt mithin § 188 Abs. 2 Hs. 1 BGB. Mit der Frist will das Gesetz dem Erben eine angemessene Bedenkzeit einräumen (s. S. 7 der in Rn 10 zitierten Begründung, vgl. ferner Rn 8).

---

[88] I.E. wie hier *K. Schmidt* Handelsrecht § 8 IV 3b; Koller/*Roth*/Morck Rn 9; **aA** Ebenroth/Boujong/Joost/Strohn/*Zimmer* Rn 31; MünchKommHGB/*Lieb* Rn 54 f.

[89] MünchKommHGB/*Lieb* Rn 58.

[90] Vgl. zum Tatbestand der Vermögensvermischung im GmbH-Recht BGHZ 125, 366; klargestellt durch BGHZ 165, 85; bestätigt durch BGHZ 173, 246.

b) Verlängerung der Frist nach § 27 Abs. 2 S. 2 i.V.m. § 210 BGB. Zum Schutz von **70** nicht voll geschäftsfähigen oder geschäftsunfähigen Erben, die keinen gesetzlichen Vertreter haben – wofür eine bloße tatsächliche Verhinderung, z.B. wegen Krankheit, nicht ausreicht[91] –, gilt die Ablaufhemmung des § 210 BGB entsprechend. Für den nicht (voll) Geschäftsfähigen ohne gesetzlichen Vertreter beginnt die Frist somit erst mit Eintritt der Geschäftsfähigkeit bzw. mit Eintritt einer wirksamen Vertretung, wobei die in § 210 S. 1 BGB vorgesehene Frist von sechs Monaten entsprechend S. 2 der Vorschrift durch die Dreimonatsfrist des § 27 Abs. 2 S. 1 ersetzt wird[92].

c) Verlängerung der Frist nach § 27 Abs. 2 S. 3 i.V.m. § 1944 BGB. Die erbrechtliche **71** Ausschlagungsfrist ist dann maßgeblich, wenn sie am Ende der Dreimonatsfrist noch nicht abgelaufen ist. Das ist notwendig, weil in dem gewichtigen Schritt der Unternehmensauflösung die Annahme der Erbschaft zu finden wäre, so dass § 27 Abs. 2 sonst zum vorzeitigen Verlust des Ausschlagungsrechts führen könnte (§ 1943 BGB). Zwar beträgt die Ausschlagungsfrist nach § 1944 Abs. 1 BGB regelmäßig nur sechs Wochen. Auch in diesem Regelfall kann ihr Ende aber nach dem der handelsrechtlichen Dreimonatsfrist liegen, weil § 1944 Abs. 2 BGB den für den Fristbeginn maßgeblichen Zeitpunkt anders bestimmt als § 27 Abs. 2 S. 1. Namentlich muss zur Kenntnis des Erbanfalls die Kenntnis des Berufungsgrundes (Gesetz, Testament oder Erbvertrag) hinzutreten; das ist wesentlich, wenn mehrere Erbausschlagungen aufeinander folgen. Wenn der Erbe durch Verfügung von Todes wegen berufen ist, beginnt die Frist nicht vor der „Verkündung" der Verfügung (§ 1944 Abs. 2 S. 2 BGB), womit die in § 2260 BGB vorgesehene Eröffnung gemeint ist[93]. Zu beachten sind ferner die in § 1944 Abs. 2 S. 3 BGB angeordnete entsprechende Anwendung der §§ 206, 210 BGB und die für den Pflichtteilsberechtigten in § 2306 Abs. 1 S. 2 BGB getroffene Regelung. Schließlich gilt gem. § 1944 Abs. 3 BGB für die Ausschlagung eine Ausnahmefrist von sechs Monaten, wenn entweder der Erblasser seinen letzten Wohnsitz oder der Erbe bei Fristbeginn seinen Aufenthalt im Ausland gehabt hat.

II. Rechtsfolgen

1. Haftung während der Schwebezeit. Wenn der Erbe das Geschäft, ohne von der **72** Möglichkeit des § 25 Abs. 2 Gebrauch zu machen, unter der Firma des Erblassers fortführt und die Frist des § 27 Abs. 2 noch nicht abgelaufen ist, besteht insofern ein Schwebezustand, als ungewiss ist, ob es noch zu einer Haftungsbeschränkung kommen kann oder nicht. Während dieser Schwebezeit hat der Erbe das Recht, die Einreden der §§ 2014, 2015 BGB geltend zu machen und sich entsprechend § 780 ZPO die beschränkte Erbenhaftung vorzubehalten.[94] Würde man nämlich allein darauf abstellen, dass es bisher zu einer Einstellung der Geschäftsfortführung nicht gekommen ist und deshalb den Erben auf Klage des Gläubigers ohne Vorbehalt verurteilen, so könnte er eine

---

[91] MünchKommBGB/*Grothe* § 210 BGB Rn 4; Staudinger/*Peters* § 210 BGB Rn 6; Röhricht/v. Westphalen/*Ammon*/*Ries* Rn 35.

[92] MünchKommBGB/*Grothe* § 210 BGB Rn 6; Staudinger/*Peters* § 210 BGB Rn 7; Erman/*Schmidt-Räntsch* § 210 BGB Rn 7; Ebenroth/Boujong/Joost/Strohn/*Zimmer* Rn 25; MünchKommHGB/*Lieb* Rn 59.

[93] Soergel/*Stein* § 1944 BGB Rn 14; MünchKommBGB/*Leipold* § 1944 BGB Rn 15; Staudinger/*Otte* § 1944 BGB Rn 19; Erman/W. *Schlüter* § 1944 BGB Rn 5.

[94] Staub/*Hüffer* 4. Auflage Rn 32; Heymann/*Emmerich* Rn 25; Ebenroth/Boujong/Joost/Strohn/*Zimmer* Rn 24; Baumbach/*Hopt* Rn 5; GKzHGB/*Steitz* Rn 17.

nachträglich eintretende Haftungsbeschränkung dem Sinn des § 27 Abs. 2 zuwider nicht mehr geltend machen.

2. Haftung bei rechtzeitiger Einstellung

73 a) **Grundsatz.** Wenn der Erbe die Fortführung des Geschäfts vor Ablauf der in § 27 Abs. 2 gesetzten Frist eingestellt hat, richtet sich seine Haftung auch wegen der Geschäftsschulden nur noch nach den erbrechtlichen Bestimmungen. Danach haftet er zwar grundsätzlich weiterhin unbeschränkt (Rn 1). Bestehen bleibt aber die Möglichkeit einer erbrechtlichen Haftungsbeschränkung auf den Nachlass (Rn 3, 6), und zwar nicht nur für Privat- und Erbfallschulden (Rn 42, 45), sondern auch für frühere Geschäftsverbindlichkeiten (Rn 43).

74 b) **Nachlasserbenschulden.** Nicht zu den früheren Geschäftsverbindlichkeiten gehören die Nachlasserbenschulden (Rn 46). Von § 27 werden sie daher nicht erfasst. Vielmehr handelt es sich grundsätzlich um Eigenschulden des Erben, für die eine Haftungsbeschränkung auf den Nachlass nicht vorgesehen ist. Für Verbindlichkeiten, die der Erbe während der Schwebezeit bei der Fortführung des Handelsgeschäfts eingegangen ist, haftet er daher **grundsätzlich unbeschränkt** mit seinem ganzen Vermögen. Um dieser unbeschränkten Haftung zu entgehen, hat der Erbe allerdings die Möglichkeit, eine Haftungsbeschränkung auf den Nachlass mit den Gläubigern zu vereinbaren.[95] Die **Vereinbarung** kann ausdrücklich oder konkludent getroffen werden, wofür es nach der Rechtsprechung des BGH genügt, *„wenn der Vertrag erkennbar ohne jede Bezugnahme auf die Person des Erben [...] geschlossen worden ist".*[96] Darüber hinaus wird verbreitet eine analoge Anwendung von § 139 Abs. 4 gefordert.[97] Dem ist nach dem Grundgedanken von § 27 Abs. 2[98] zuzustimmen.

75 3. **Haftung ohne rechtzeitige Einstellung.** Führt der Erbe das Geschäft samt der Firma ohne Kundmachung entsprechend § 25 Abs. 2 über die Dreimonatsfrist hinaus fort, so treten die Rechtsfolgen des § 27 Abs. 1 endgültig ein, dazu Rn 41.

E. Geschäftsfortführung durch einen Testamentsvollstrecker

I. Fragestellung

76 Sehr streitig ist die Rechtslage, wenn der Erblasser Testamentsvollstreckung angeordnet hat, die – als Verwaltungsvollstreckung – auch ein Handelsgeschäft umfasst. Es stellen sich zwei Fragen, nämlich erstens, ob bzw. in welcher Form Testamentsvollstreckung an Handelsgeschäften überhaupt zulässig ist, und zweitens – wenn man die

---

[95] Allg. M., etwa RGZ 146, 343 (346); BGH WM 1968, 798; MünchKommHGB/*Lieb* Rn 60; Ebenroth/Boujong/Joost/Strohn/*Zimmer* Rn 36.
[96] BGH WM 1968, 798 f; zuvor bereits RGZ 146, 343 (346); danach OLG Frankfurt BB 1975, 1319.
[97] MünchKommHGB/*Lieb* Rn 60; *Harms* S. 165 f, 168; *Hohensee* S. 241 ff; i.E. auch K. *Schmidt* ZHR 157 (1993), 600 (613 f); aA Ebenroth/Boujong/Joost/Strohn/*Zimmer* Rn 38; Koller/*Roth*/Morck Rn 6; *Grote* BB 2001, 2595 (2598); *Ernst* S. 61 ff; *Bartholomeyczik* DGW 1938, 321.
[98] *Hüffer* ZGR 1986, 603 (636).

erste Frage bejaht – ob das Handeln des Testamentsvollstreckers dem Erben mit der Folge zugerechnet werden kann, dass er gem. § 27 Abs. 1 für die Altverbindlichkeiten einzustehen hat.

II. Zulässigkeit der Testamentsvollstreckung

1. Meinungsstand. Nach Rechtsprechung[99] und herrschender Lehre[100] ist die Fortführung eines Handelsgeschäfts durch den **Testamentsvollstrecker auf Grundlage der §§ 2205 ff BGB unzulässig.** Begründet wird dies vor allem damit, dass der Testamentsvollstrecker nach den §§ 2206 f BGB nur den Nachlass, nicht aber den Erben mit seinem persönlichen Vermögen verpflichten kann. Die Testamentsvollstreckung würde daher zu einem einzelkaufmännischen Unternehmen „mit beschränkter Haftung" führen, was mit den zwingenden Voraussetzungen, die das geltende Recht, insbes. das AktG und das GmbHG, für eine Haftungsbeschränkung aufstellt, unvereinbar sei. Als Ersatz werden zwei bzw. drei Lösungen angeboten. **77**

Bei der sog. **Vollmachtslösung**[101] wird der Erbe Inhaber des Unternehmens und bevollmächtigt den Testamentsvollstrecker, dieses in seinem Namen, also mit Wirkung auch gegenüber seinem persönlichen Vermögen zu führen. Eine Haftungsbeschränkung tritt danach nicht ein. Gegen diese Lösung werden allerdings schwerwiegende Bedenken vorgetragen. Sie scheitere daran, dass sie eine verdrängende und zudem unwiderrufliche Generalvollmacht voraussetze, was weder mit privatrechtlichen Grundwertungen noch mit den Interessen des Erben vereinbar sei. Dem Erben könne nicht zugemutet werden, durch das von ihm nicht beeinflussbare Handeln des Testamentsvollstreckers, der zudem selbst nicht hafte, unbeschränkt verpflichtet zu werden.[102] Aus diesem Grunde bestünden auch erhebliche Bedenken, ob der Erblasser die Vollmachtslösung durch eine Auflage oder Bedingung überhaupt anordnen könne.[103] **78**

Bei der sog. **Treuhandlösung** handelt der Testamentsvollstrecker dagegen als Treuhänder des Erben, also im eigenen Namen für dessen Rechnung. Mithin wird er selbst verpflichtet, so dass die Gläubiger ihn in Anspruch nehmen könnten und es ebenfalls nicht zu einer Haftungsbeschränkung kommt.[104] Gegen diese Lösung machen Kritiker freilich **79**

---

[99] Grundlegend RGZ 132, 138 (144); s. ferner die Nachweise in Fn 101, 104 sowie etwa BGHZ 12, 100 (102); 24, 106 (112).
[100] Anstelle anderer Staub/*Hüffer* 4. Auflage Rn 47, Vor § 22 Rn 74 f; MünchKommHGB/*Lieb* Rn 23; Ebenroth/Boujong/Joost/Strohn/*Zimmer* Rn 12; Baumbach/*Hopt* Rn 3; Röhricht/v. Westphalen/*Ammon*/Ries Rn 15.
[101] Grundlegend RGZ 172, 199, 205 (zur KG); BGHZ 12, 100 (103); BGHZ 35, 13 (15); BGH NJW 1981, 749 (750); BayObLZ 1969, 138; s. zu diesen Entscheidungen auch *Muscheler* S. 342 ff; für die Vollmachtslösung vgl. weiter *Siebert* FS Hueck, 1959, S. 321 (330); *Klussmann* BB 1961, 1209 (1211).
[102] MünchKommHGB/*Lieb* Rn 24; *Canaris*

Handelsrecht § 9 Rn 32; *K. Schmidt* Handelsrecht § 5 I 1 d bb; ausf. *Muscheler* S. 345 ff; *Dauner-Lieb* S. 276 ff; MünchKommBGB/*Brandner* § 2205 BGB Rn 24 f; *Brandner* FS Stimpel, S. 991 (1002); *John* BB 1980, 757 (758); *Steindorff* ZHR 146 (1982), 520; *Schopp* RPfleger 1978, 77 (79); *Nordemann* NJW 1963, 1139 (1140); Erman/M. *Schmidt* § 2205 BGB Rn 22.
[103] MünchKommHGB/*Lieb* Rn 24; *Canaris* Handelsrecht § 9 Rn 32; dafür aber BGHZ 12, 100 (103); BayObLGZ 1969, 138 (141); *Ebenroth* Erbrecht Rn 693; *Haegele*/Winkler Der Testamentsvollstrecker, Rn 314.
[104] RGZ 132, 138 (144); BGHZ 24, 106 (112); Staudinger/*Reimann* § 2205 BGB Rn 93 ff; Soergel/*Damrau* § 2205 BGB Rn 35; *John* BB 1980, 757 (760 f); *Goebel* ZEV 2003,

u.a. geltend: Welcher Treuhänder sei zur Übernahme einer persönlichen und unbeschränkten Haftung bereit, zumal wenn man ihm nur einen auf den Nachlass beschränkten Rückgriffsanspruch gegen den Erben[105] einräumte. Würde man ihm aber einen nicht auf den Nachlass beschränkten[106] Rückgriffsanspruch einräumen, dann sähe sich die Treuhandlösung denselben Einwänden ausgesetzt wie die Vollmachtslösung.[107] Problematisch sei zudem die Zuordnung des Unternehmensvermögens. Zwei Varianten kommen in Betracht: Bei der – eher näherliegenden – bloßen **Ermächtigungstreuhand**[108] (§ 185 BGB) verbleibt das Unternehmensvermögen trotz der Fortführung des Handelsgeschäfts durch den Testamentsvollstrecker und seiner Eintragung im Handelsregister[109] bei dem Erben.[110] Das hätte allerdings zur Folge, dass die Neugläubiger (ausgerechnet) auf das Unternehmensvermögen nicht unmittelbar zugreifen könnten.[111] Die zweite Variante, die sog. **Vollrechtstreuhand**,[112] vermeidet zwar dieses Problem, schafft aber in Bezug auf die Altgläubiger neue Probleme, wenn der Testamentsvollstrecker von einer der nach § 25 gegebenen Möglichkeiten eines Haftungsausschlusses Gebrauch macht (s.u. Rn 86, 106). Zudem setzt diese Lösung die Übertragung des Unternehmensvermögens auf den Testamentsvollstrecker voraus, was kaum dem Willen des Erblassers entsprechen dürfte und – insbes. im Blick auf Grundstücke – umständlich und kostspielig wäre.[113]

80 Aufgrund all dieser Bedenken halten manche daher **jede Art der Testamentsvollstreckung an einem Handelsgeschäft** für **unzulässig** und verweisen den Erblasser auf die Möglichkeit, das Unternehmen auf eine GmbH zu übertragen und sodann hinsichtlich der Verwaltungsrechte Testamentsvollstreckung anzuordnen.[114]

81 Die Gegenposition vertritt *Karsten Schmidt*: Der Erbe werde mit oder ohne Testamentsvollstreckung automatisch Unternehmensträger und könne sich dem Tatbestand der Geschäftsfortführung auch nicht dadurch entziehen, dass er sich hinter dem Testamentsvollstrecker verstecke. **Jede Geschäftsfortführung durch einen Testamentsvollstrecker** sei daher eine **Geschäftsfortführung i.S.d. § 27 durch den Erben**. Allerdings könne

---

261; aA aber *Baur* FS Dölle I, 1963, 249 (252 f); *Canaris* Handelsrecht § 9 Rn 34.

[105] Dafür *Siebert* FS A. Hueck, S. 321 (337 f); Soergel/*Damrau* § 2205 BGB Rn 20; *John* BB 1980, 757 (761); RGRK/*Kregel* § 2218 BGB Rn 9; *Mittmann* Die Fortführung eines Handelsgeschäfts durch einen Testamentsvollstrecker, S. 89 ff; diff. Erman/*M. Schmidt* § 2218 BGB Rn 7; vgl. auch *Holzhauer* Erbrechtliche Untersuchungen 1973, S. 15 f.

[106] Dafür *Brandner* FS Stimpel, S. 991 (1004 f); Staudinger/*Reimann* § 2205 BGB Rn 75; Vor § 2197 BGB Rn 71; *Haegele/Winkler* Rn 291; wohl auch BGHZ 12, 100 (104).

[107] *Canaris* Handelsrecht § 9 Rn 34; ausführlich gegen die Treuhandlösung *Muscheler* S. 295 ff, 329 f.

[108] Vgl. KG JW 1939, 104; BGH NJW 1975, 54 f.

[109] Zur Frage der Eintragung des Testamentsvollstreckers in das Handelsregister s. § 31 Rn 13.

[110] Die Treuhandlösung bevorzugen etwa KG JFG 18, 276 (280 f); Erman/*M. Schmidt* § 2205 BGB Rn 23; Palandt/*Edenhofer* § 2205 BGB Rn 8; Soergel/*Damrau* § 2205 BGB Rn 21; ablehnend dagegen etwa *John* BB 1980, 757 (759); *Brandner* FS Stimpel, S. 991 (1003 f).

[111] MünchKommHGB/*Lieb* Rn 25; *Canaris* Handelsrecht § 9 Rn 35; *Muscheler* S. 312 ff, 329.

[112] Grundlegend *John* BB 1980, 757 (760 f).

[113] *Baur* FS Dölle I, 1963, S. 249 (253 f); *Canaris* Handelsrecht § 9 Rn 35; kritisch hinsichtlich der Vollrechtstreuhand auch *K. Schmidt* Handelsrecht § 5 I 1 d bb; MünchKommHGB/*Lieb* Rn 25; *Dauner-Lieb* S. 283 ff; sowie eingehend *Muscheler* S. 331 ff.

[114] Heymann/*Emmerich* § 1 Rn 31; MünchKommHGB/*Lieb* Rn 26; *Dauner-Lieb* S. 312 ff, 326 ff; *Windel* S. 264.

der Testamentsvollstrecker verpflichtet sein, das Unternehmen auf eine Handelsgesellschaft, namentlich eine GmbH, zu übertragen,[115] wodurch die Geschäftsfortführung i.S.d. § 27 Abs. 2 eingestellt werde[116].[117]

Schließlich wenden sich manche gegen die in Rn 77 widergegebenen Bedenken der hM und treten für eine sog. **„echte Testamentsvollstreckerlösung"** ein.[118] Die in Rn 78 f referierten Lösungen überzeugten aus den genannten Gründen nicht. Eine generelle Unzulässigkeit der Testamentsvollstreckung schränkte hingegen den Anwendungsbereich der §§ 2197 ff BGB zu sehr ein, zumal sie konsequenterweise nicht nur für Handelsgeschäfte, sondern für Unternehmen jeder Art gelten müsse[119] und auch dann mit dem Gleichheitssatz schwer vereinbar sei. Und die ersatzweise angebotene Übertragung auf eine GmbH führe zu vielerlei Komplikationen (Kosten, steuerliche Nachteile, Haftungsrisiken für den Testamentsvollstrecker). Demgegenüber sei die Beschränkung der Haftung auf den Nachlass als geltendes Recht hinzunehmen, zumal hieran niemand Anstoß nehme, wenn Gegenstand der Testamentsvollstreckung kein Unternehmen sei. Die Anordnung von Testamentsvollstreckung sei mithin ein Fall legaler Haftungsbeschränkung. Das könne insbes. aus drei Gründen hingenommen werden. Zum einen müsse ein Vertragsneugläubiger angesichts der Funktion der Testamentsvollstreckung mit einer Haftungsbeschränkung rechnen, wenn der Testamentsvollstrecker erkennbar für den Nachlass handele (andernfalls hafte er nach allgemeinen Regeln ohnehin persönlich und unbeschränkt). Zum anderen sei die Testamentsvollstreckung analog § 19, § 4 AktG, § 4 GmbHG als Zusatz in die Firma aufzunehmen und analog § 53 in das Handelsregister einzutragen. Und zum Dritten seien entgegen den insoweit erhobenen Einwänden[120] normalerweise auch keine unzumutbaren Nachteile für die Altgläubiger zu besorgen.[121] **82**

2. Stellungnahme. Die Vollmachts- und die Treuhandlösung (Rn 78 f) überzeugen aus den genannten Gründen nicht. Deswegen kann auch nicht der Ansicht von *Karsten Schmidt* (Rn 81) gefolgt werden; denn wenn die (kurze) Frist des § 27 Abs. 2 versäumt wird, führt sie ebenso wie die Vollmachtslösung zu einer unbeschränkbaren Erbenhaftung für das Handeln des Testamentsvollstreckers, was wohl auch bei volljährigen Erben als Verstoß gegen das allgemeine Persönlichkeitsrecht (vgl. Rn 33) anzusehen wäre. Die beiden übrigen Lösungen – generelle Unzulässigkeit der Testamentsvollstreckung an Unternehmen und echte Testamentsvollstreckerlösung – erfordern eine weitreichende Rechtsfortbildung. So ist es, um nur ein Argument der echten Testamentsvollstreckerlösung aufzugreifen, keineswegs ausgemacht, dass der Testamentsvollstrecker Insolvenzantrag stellen muss (nach § 317 InsO hat er nur ein Antragsrecht) und widrigenfalls den Gläubigern haftet.[122] Nach hM trifft diese Pflicht nämlich den Erben (§ 1980 BGB), der seiner Verantwortung über § 2215 BGB nachkommen kann und muss.[123] Dieser Hinweis **83**

---

[115] *K. Schmidt* Handelsrecht § 5 I 1d bb, § 8 IV 2c aa.
[116] *K. Schmidt* Handelsrecht § 8 IV 3b.
[117] Mit dieser Lösung sympathisierend Röhricht/v. Westphalen/*Ammon*/*Ries* Rn 15 (a.E.).
[118] Mit Unterschieden im Einzelnen *Baur* FS Dölle I, 1963, S. 249 ff; *Mußcheler* S. 389 ff; *Canaris* Handelsrecht § 9 Rn 36 ff; *Kipp*/*Coing* Erbrecht 14. Bearb. 1990, § 68 III 3a; *Winkler* FS Schippel, 1996, S. 519 (524 ff); *Schiemann* FS Medicus, S. 526 ff; Baumbach/*Hopt* § 1 Rn 44.

[119] So in der Tat *Dauner-Lieb* S. 314.
[120] S. *Dauner-Lieb* S. 302 ff; 312 ff.
[121] Näher zu diesem Aspekt *Canaris* Handelsrecht § 9 Rn 39.
[122] So aber *Canaris* Handelsrecht § 9 Rn 39.
[123] Palandt/*Edenhofer* § 1980 Rn 2; MünchKommBGB/*Siegmann* § 1980 BGB Rn 12; Bamberger/Roth/*Lohmann* § 1980 BGB Rn 5; Staudinger/*Marotzke* § 1980 BGB Rn 20; Erman/*W. Schlüter* § 1980 Rn 5; MünchKommInsO/*Siegmann* § 317 InsO Rn 7. § 2219 BGB ist zudem nur eine An-

zeigt freilich zugleich, dass vielerlei Einwände, die gegen die echte Testamentsvollstreckerlösung angeführt werden, allgemeine Unzulänglichkeiten des Testamentsvollstreckungsrechts betreffen, die eben nur bei der Testamentsvollstreckung an Unternehmen besonders deutlich hervortreten. Hieran gilt es – solange der Gesetzgeber nicht tätig wird – rechtsfortbildend zu arbeiten. Die Annahme genereller Unzulässigkeit von Testamentsvollstreckung an Unternehmen würde dagegen nur ein Symptom der Unzulänglichkeit des Gesetzes beseitigen und greift daher – auch rechtspolitisch betrachtet – zu kurz. Schließlich spricht entscheidend für die echte Testamentsvollstreckerlösung, dass nur sie der gesetzlichen Ausgangslage entspricht. Die hieraus folgende Haftungsbeschränkung mag man als Mangel des gesetzten Rechts ansehen. Der Gesetzgeber ist jedoch nicht gezwungen, das Privileg beschränkter Haftung Kapitalgesellschaften vorzubehalten. Vielmehr gibt es gute Gründe für die Zulässigkeit von Testamentsvollstreckung im Allgemeinen und, wie aufgezeigt wurde, zwingende Gründe, den Erben nicht unbeschränkbar mit seinem sonstigen Vermögen für das Handeln des Testamentsvollstreckers einstehen zu lassen. Zu folgen ist daher grundsätzlich der echten Testamentsvollstreckerlösung.

III. Folgen der Testamentsvollstreckung

84 Hält man mit der hier vertretenen Auffassung Testamentsvollstreckung an einem Handelsgeschäft für zulässig, so erhebt sich die weitere Frage, was dies für § 27 bedeutet. Dies wiederum ist auch, aber nicht nur davon abhängig, welcher der vorgenannten Lösungen man folgt.

85 1. **Meinungsstand.** Nach der hier favorisierten echten **Testamentsvollstreckerlösung** ist der Erbe zwar Inhaber des Unternehmens. § 27 Abs. 1 greift aber nicht zu seinen Lasten ein, weil er das Geschäft nicht selbst fortführt und das Handeln des Testamentsvollstreckers ihm nicht zuzurechnen ist.[124] Dementsprechend ist es als Einstellung i.S.d. § 27 Abs. 2 zu bewerten, wenn der Erbe das Geschäft zunächst vorübergehend selbst fortführt bis es der Testamentsvollstrecker in seine Verwaltung übernimmt. Da der Erbe und nicht der Testamentsvollstrecker Inhaber des Geschäfts ist, greift zu dessen Lasten auch nicht § 25 ein.

86 Die herrschende Lehre differenziert: Bei der **Vollmachtslösung** sei dem Erben die Fortführung des Geschäfts mit der Folge der **Anwendbarkeit von § 27 Abs. 1** zuzurechnen,[125] **nicht** dagegen bei der **Treuhandlösung**.[126] Bei der Treuhandlösung werde vielmehr der Testamentsvollstrecker neuer Unternehmensträger, so dass zugunsten der Erben grundsätzlich § 27 Abs. 2 eingreife, während der Testamentsvollstrecker nach § 25 Abs. 1 S. 1 für Altverbindlichkeiten hafte, wenn er nicht seine Haftung durch Firmenänderung oder im Wege des § 25 Abs. 2 ausschließe. Letzteres führt freilich im Falle einer Vollrechtstreuhand zu dem in Rn 106 geschilderten Problem, weswegen *Hüffer* in diesem Fall § 27 Abs. 2 zugunsten des Erben ausnahmsweise mit der Folge nicht anwenden will, dass er nach § 27 Abs. 1 unbeschränkbar haftet.[127]

---

spruchsgrundlage zugunsten von Erben und Vermächtnisnehmern.
[124] S. RGZ 132, 138 (144); Baumbach/*Hopt* § 27 Rn 3; *Muscheler* S. 417.
[125] RGZ 132, 138 (144); BGHZ 12, 100 (103).
[126] RGZ 132, 138 (144); Staub/*Hüffer* 4. Auflage Rn 8, 47 ff; Baumbach/*Hopt* Rn 3; Heymann/*Emmerich* Rn 6; Ebenroth/Boujong/Joost/Strohn/*Zimmer* Rn 12; Koller/*Roth*/Morck Rn 5; s. ferner BGHZ 35, 13 (16).
[127] Staub/*Hüffer* 4. Auflage Rn 49.

Nach anderer Ansicht überzeugt vorstehende (Rn 86) Differenzierung nicht; denn **87** der Unterschied zwischen Vollmachts- und Treuhandlösungen sei rein rechtstechnisch/konstruktiver Natur, so dass die Rechtsstellung der Altgläubiger davon nicht abhängen könne. Aus Gläubigersicht müsste daher **§ 27 auf beide Fälle gleichermaßen** angewendet werden.[128] Das entspricht im Ergebnis der Ansicht von *Karsten Schmidt* (s.o. Rn 81).

2. Stellungnahme. Folgt man entgegen der hier vertretenen Auffassung nicht der ech- **88** ten Testamentsvollstreckerlösung, so muss am Ausgangspunkt die Überlegung stehen, dass die Vollmachts- und Treuhandlösung nur Ersatzkonstruktionen für die echte Testamentsvollstreckerlösung sind, die vor allem eine auf den Nachlass beschränkte Haftung hinsichtlich von Neuverbindlichkeiten vermeiden sollen. Schon von diesem Ausgangspunkt her, erscheint es problematisch, aus diesen Ersatzlösungen Folgen für die Haftung für Altverbindlichkeiten abzuleiten. Ferner ist zu berücksichtigen, dass § 27 davon ausgeht, dass der Erbe frei über die Fortführung des Unternehmens mitsamt der Firma, die Aufgabe der Firma, die Einstellung i.S.d. § 27 Abs. 2 oder eine Kundmachung entsprechend § 25 Abs. 2 entscheiden kann. Dem würde es widersprechen, wenn der Testamentsvollstrecker gegen den Willen des Erben dessen unbeschränkbare Haftung herbeiführen könnte. Zu differenzieren ist daher nicht nach der Vollmachts- oder Treuhandlösung, sondern danach, ob der Erbe die vorgenannten Maßnahmen ergreifen bzw. den Testamentsvollstrecker dazu anweisen kann (und zwar bei Nichtbefolgung mit der Folge der Haftung des Testamentsvollstreckers nach § 2219 BGB) oder nicht. Ist das nicht der Fall, ist die Geschäftsfortführung durch den Testamentsvollstrecker dem Erben nicht zuzurechnen, so dass dem Erben die erbrechtlichen Haftungsbeschränkungsmöglichkeiten erhalten bleiben. Neben der Haftung des Erben besteht auch im Falle der Treuhandlösung für eine Haftung des Testamentsvollstreckers aus § 25 kein Bedürfnis, vgl. § 2213 BGB. Selbst bei einer Vollrechtstreuhand wäre eine Haftung des Testamentsvollstreckers für Altverbindlichkeiten nicht sachgerecht, weil er das Unternehmen nicht auf eigene, sondern auf Rechnung des Erben führt.

IV. Beendigung der Testamentsvollstreckung

Was bei Beendigung der Testamentsvollstrechung zu gelten hat, ist wiederum streitig.

1. Meinungsstand. Bei der Vollmachtslösung stellt sich die Frage nach h.L. allerdings **89** nicht, weil schon die Geschäftsfortführung durch den Testamentsvollstrecker den Erben zuzurechnen ist, s. Rn 86. Ebenso wenig stellt sich diese Frage daher für die Anhänger der in Rn 87 referierten Ansicht. Nach der Treuhandlösung wechselt dagegen nach Beendigung der Testamentsvollstreckung erneut der Unternehmensträger durch Rechtsgeschäft unter Lebenden (§ 2217 BGB), so dass § 27 Abs. 2 unanwendbar ist und der Erbe ggf. nach § 25 haftet.[129] Nach aA soll dagegen § 27 eingreifen, wenn der oder die Erben nach Beendigung der Testamentsvollstreckung das Geschäft von dem Testamentsvollstrecker übernehmen und selbst fortführen.[130] Letzteres entspricht der echten Testamentsvollstreckerlösung.[131]

---

[128] MünchKommHGB/*Lieb* Rn 28.
[129] Staub/*Hüffer* 4. Auflage Rn 49 a.E.
[130] KG JW 1937, 2599; Heymann/*Emmerich* Rn 13.
[131] *Muscheler* S. 427.

90 2. **Stellungnahme.** Der zuletzt genannten Ansicht ist zu folgen. Auf Grundlage der hM ist sie freilich inkonsequent. Danach müsste entsprechend den vorstehenden Grundsätzen (Rn 88) differenziert werden. Ist die Fortführung des Geschäfts durch den Testamentsvollstrecker dem Erben nicht zuzurechnen, weil er nicht die von § 27 vorausgesetzte Entscheidungsfreiheit hat, so gewinnt er diese durch die Beendigung der Testamentsvollstreckung, so dass nunmehr § 27 eingreift. Andernfalls findet § 27 bereits auf die Geschäftsfortführung durch den Testamentsvollstrecker Anwendung.

F. Geschäftsfortführung durch eine Erbengemeinschaft

I. Grundlagen

91 1. **Vorbemerkung.** Mehrere Erben bilden nach den §§ 2032 ff BGB kraft Gesetzes eine gesamthänderisch strukturierte Erbengemeinschaft (§§ 2032 Abs. 1, 2033 Abs. 2 BGB). Mit der gesellschaftsrechtlichen Gesamthand als einer rechtsfähigen Personengesellschaft ist die Erbengemeinschaft trotz ihrer Gesamthandsstruktur nach herrschender Meinung nicht auf eine Stufe zu stellen.[132] Gleichwohl kann eine Erbengemeinschaft ein zum Nachlass gehörendes Unternehmen fortführen, und zwar nach ständiger Rechtsprechung[133] und herrschender Lehre[134] ohne zeitliche Begrenzung. Daraus ergeben sich zum einen besondere Probleme bei der Anwendung von § 27, und zwar sowohl hinsichtlich des Tatbestandsmerkmals der Geschäftsfortführung nach Abs. 1 als auch hinsichtlich des Ausschlusstatbestands der Einstellung der Geschäftsfortführung nach Abs. 2. Zum anderen und vor allem stellen sich zahlreiche und schwierige Rechtsfragen bei einer dauerhaften Unternehmensfortführung durch die Erbengemeinschaft. Diese betreffen jedoch nicht § 27, sondern die Vereinbarkeit bzw. Anpassung des Rechts der Erbengemeinschaft an die Erfordernisse des Handelsverkehrs und werden daher hier nicht behandelt.[135]

92 2. **Erbrechtliche Ausgangslage.** Die §§ 1967 ff BGB über die Haftung des Erben gelten grundsätzlich auch für Miterben, und zwar für jeden Miterben getrennt. Auch für Miterben gelten daher etwa die §§ 1958, 2014, 2015 BGB. Auch stehen jedem Miterben die gesetzlichen Möglichkeiten zur Beschränkung seiner Haftung auf den Nachlass (s.o. Rn 3) zu Gebote. Ebenso tritt umgekehrt der Verlust der Beschränkungsmöglichkeit für jeden Miterben gesondert ein. Von diesen allgemeinen Grundsätzen enthalten die

---

[132] BGHZ 30, 391 (397); BGH NJW 1989, 2133 (2134); BGH NJW 2002, 3389 (3390); Staudinger/*Bork* 100 Jahre BGB (1998), S. 181 ff, 195; MünchKommBGB/*Leipold* Vor § 2032 BGB Rn 5; Soergel/*M. Wolf* Vor § 2032 BGB Rn 4; *Ulmer* AcP 198 (1998), 113 (124 ff).

[133] ROHGE 11 (1874), 101; 23 (1878), 166; RGZ 10, 101; 35, 17 (19); 132, 138 (143 f); BGHZ 1, 65; BGHZ 17, 299 (301 f); 30, 391 (394 f); 32, 60 (67); 92, 259 (262 ff).

[134] So mit Differenzierungen etwa *Hüffer* ZGR 1986, 603 (609 ff); Staub/*Hüffer* 4. Auflage Vor § 22 Rn 73; *M. Wolf* AcP 181 (1981), 480 (482 ff); *K. Schmidt* Handelsrecht § 5 I 3b; ausführlich *Hohensee* S. 36 ff, 156 ff, 171 ff; *Canaris* Handelsrecht § 9 Rn 7 ff; Baumbach/*Hopt* § 1 Rn 37 f; MünchKomm-HGB/*Lieb* Rn 78 ff; *Strothmann* ZIP 1985, 969 (970 ff); **aA** insbes. *Robert Fischer* ZHR 144 (1980), 1 ff (Übergang der Erbengemeinschaft zur OHG jenseits der Dreimonatsgrenze des § 27 Abs. 2).

[135] S. dazu *Canaris* Handelsrecht § 9; *R. Fischer* ZHR 144 (1980), 1 ff; *Hohensee* Die unternehmenstragende Erbengemeinschaft, 1994; *Hüffer* ZGR 1986, 603 ff; MünchKomm-HGB/*Lieb* Rn 69 ff; *K. Schmidt* Handelsrecht § 5 I 3 b; ders. NJW 1985, 2785 ff; *Strothmann* ZIP 1985, 969 ff; *M. Wolf* AcP 181 (1981), 480.

§§ 2058 ff BGB allerdings einige bedeutende Abweichungen. So können nach § 2062 BGB nur alle Miterben gemeinschaftlich und nur bis zur Teilung eine Nachlassverwaltung nach § 1981 BGB beantragen. Sie scheidet damit als Beschränkungsmittel aus, sobald auch nur ein Miterbe widerspricht oder auch nur ein Miterbe unbeschränkt haftet (§ 2013 Abs. 1 BGB). Die Nachlassinsolvenz kann dagegen von jedem Miterben selbständig beantragt (§ 317 Abs. 1 und 2 InsO) und auch noch nach der Teilung angeordnet werden (§ 316 Abs. 2 InsO). Überdies und vor allem beinhalten die §§ 2058 ff BGB Sonderregelungen über die Haftung der einzelnen Miterben und der Erbengemeinschaft als solcher für Nachlassverbindlichkeiten. Danach haften die Miterben grundsätzlich als Gesamtschuldner für die ganze Forderung (§ 2058 BGB), ausnahmsweise nur anteilig (§§ 2059 Abs. 1 S. 2, 2060 BGB). Überdies können Nachlassgläubiger gem. § 2059 Abs. 2 BGB von sämtlichen Miterben Befriedigung aus dem ungeteilten Nachlass verlangen. Bis zur Teilung haben Gläubiger daher ein Wahlrecht, ob sie im Wege einer sog. Gesamtschuldklage gegen die einzelnen Miterben zwecks Vollstreckung gegen sie persönlich (§ 2058 BGB) oder im Wege der sog. Gesamthandklage, die gegen alle Miterben zu richten ist, gegen die Erbengemeinschaft als solche zwecks Zugriff auf den Nachlass (§ 2059 Abs. 2 BGB) vorgehen wollen. Dieses Wahlrecht hat freilich nur geringe praktische Bedeutung, weil – und das ist die wichtigste Besonderheit – § 2059 Abs. 1 S. 1 BGB bestimmt, dass jeder Miterbe bis zur Teilung des Nachlasses die Berichtigung von Nachlassverbindlichkeiten aus seinem sonstigen Vermögen verweigern kann. Dieses besondere Verweigerungsrecht tritt selbständig neben die allgemeinen Möglichkeiten einer Haftungsbeschränkung und kann daher auch ohne Nachlassverwaltung oder Dürftigkeit geltend gemacht werden. Das ist insofern konsequent als eine amtliche Absonderung des Nachlasses hier deswegen entbehrlich ist, weil der Nachlass bis zur Teilung als gesamthänderisches Sondervermögen der Erbengemeinschaft vom Eigenvermögen der einzelnen Miterben getrennt ist. Im Ergebnis haftet daher nicht nur die Erbengemeinschaft als solche, sondern haften auch die einzelnen Miterben – wenn sie sich dies im Prozess gem. § 780 ZPO vorbehalten – bis zur Teilung des Nachlasses grundsätzlich nur mit diesem. Und selbst dann, wenn ein Miterbe für Nachlassverbindlichkeiten unbeschränkt haftet (§§ 1994 Abs. 1 S. 2, 2005 Abs. 1 S. 1, 2006 Abs. 3 BGB), sieht § 2059 Abs. 1 S. 2 BGB vor, dass ein Gläubiger nur mit dem Teil einer Forderung auf das Eigenvermögen des Miterben zugreifen kann, der dem ideellen Erbanteil des Miterben entspricht.

3. Grundgedanke bei der Anwendung von § 27. Seinem Wortlaut nach betrifft § 27 **93** nur die Haftungsfolgen bei Fortführung des Geschäfts durch einen Alleinerben. Gleichwohl ist unbestritten, dass die Vorschrift auch auf eine ungeteilte Erbengemeinschaft Anwendung findet. Dabei muss die Anwendung von dem Prinzip beherrscht sein, dass nach Möglichkeit weder die Geschäftsgläubiger des Erblassers noch die Miterben besser oder schlechter stehen dürfen als wenn das Geschäft an einen Alleinerben gefallen wäre. Das gilt für den Eintritt der Unbeschränkbarkeit und den Erhalt der Beschränkungsmöglichkeit ebenso wie für die Folgen einer unbeschränkbaren Haftung.

II. Die Unbeschränkbarkeit der Erbenhaftung nach § 27 Abs. 1 i.V.m. § 25 Abs. 1 S. 1

1. Meinungsstand. § 27 Abs. 1 setzt u.a. (s. Rn 23 ff) voraus, dass die Erben das **94** Geschäft fortführen. Da die **Fortführung des Geschäfts** Gegenstand der Verwaltung des Nachlasses i.S.d. § 2038 BGB ist, setzt dies im Grundsatz voraus, dass das Handelsgeschäft von den Erben gemeinschaftlich fortgeführt werden muss. Wird das Geschäft nur von einem Miterben fortgeführt, so ist darin nach **Ansicht des BGH** nur dann eine Fortführung i.S.d. § 27 durch alle Erben zu sehen, wenn die übrigen Miterben den tätigen Miterben zur Fortführung des Geschäfts ausdrücklich oder stillschweigend bevollmächtigt haben.[136] Dabei könne von dem Vorliegen einer **stillschweigenden Bevollmächtigung** im Allgemeinen bereits dann ausgegangen werden, wenn die übrigen Miterben die Fortführung wissentlich dulden.

95 Diese Fragestellung wird in der **Literatur** zutreffend dahingehend präzisiert, ob die Fortführung des Geschäfts ein bloßer **Realakt** sei **oder** ob es eines **Fortführungsbeschlusses** durch die Miterben bedürfe.[137] Bedürfte es eines Fortsetzungsbeschlusses, so stellt sich die weitere Frage, ob dieser einstimmig zu fassen ist[138] oder auch mit Mehrheit gefasst werden kann[139]. Letzteres wird wegen der Schutzbedürftigkeit der einzelnen Miterben als bedenklich angesehen.[140]

96 2. **Stellungnahme.** Richtig ist, dass die Rechtsfolgen von § 27 Abs. 1 nicht endgültig ohne Zustimmung aller Erben eintreten dürfen. Richtig ist aber auch, dass die einstweilige Fortführung des Geschäfts aus rein tatsächlichen Gründen unvermeidlich ist und daher einen bloßen **willensunabhängigen Realakt** darstellt. Deswegen wurde schon oben ausgeführt, dass es im Rahmen des § 27 Abs. 1 keiner Fortsetzungsentscheidung bedarf (Rn 31). Dementsprechend ist auch hier ein **Fortsetzungsbeschluss entbehrlich.** Eines Fortsetzungs- oder Einstellungsbeschlusses bedarf es daher erst im Blick auf § 27 Abs. 2.[141] Das ändert freilich nichts daran, dass ein einzelner Miterbe wegen § 2038 BGB ohne Zustimmung der übrigen Miterben das Geschäft nicht uneingeschränkt führen kann. Für Verbindlichkeiten, die bei der einstweiligen und später fristgerecht eingestellten Fortführung des Geschäfts begründet werden, gilt überdies das in Rn 73 ff Ausgeführte.

III. Der Erhalt der Beschränkbarkeit der Erbenhaftung nach § 27 Abs. 2, § 27 Abs. 1 i.V.m. § 25 Abs. 2

97 Aus dem Vorstehenden ergibt sich, dass die vorübergehende Fortführung des Geschäfts praktisch unvermeidlich ist. Das macht freilich die Forderung umso dringlicher, dass jedem einzelnen Miterben die rechtssichere Möglichkeit gegeben sein muss, die Haftungsfolgen des § 27 Abs. 1 zu vermeiden. Grundsätzlich bestehen insofern bei einer Mehrheit von Erben dieselben Möglichkeiten wie bei einem Alleinerben (für einen Überblick Rn 19). Mit **Zustimmung aller** kann daher jede dieser Maßnahmen beschlossen und umgesetzt werden. Ein bloßer Mehrheitsbeschluss reicht allerdings entgegen der h.L. weder für eine Firmenänderung noch für eine Einstellung i.S.d. § 27 Abs. 2 aus, da es sich hierbei um außerordentliche Verwaltungsmaßnahmen und nicht um Maßnahmen der ordnungsgemäßen (d.h. laufenden) Verwaltung i.S.d. § 2038 Abs. 1 S. 2 BGB handelt, vgl. auch § 2040 Abs. 1 BGB.[142] Erst recht reicht es nicht aus, wenn ein einzelner

---

[136] BGHZ 30, 391 (395); BGHZ 32, 60 (67); BGHZ 35, 13 (19); ebenso etwa *A. Hueck* ZHR 108 (1941), 1 (23 ff); *Hüffer* ZGR 1986, 603 (613, 625); *M. Wolf* AcP 181 (1981), 480 (483); Heymann/*Emmerich* Rn 7.
[137] *K. Schmidt* NJW 1985, 2785 (2790 f); *ders.* ZHR 157 (1993), 600 (610 f).
[138] So *K. Schmidt* NJW 1985, 2785 (2790); *ders.* ZHR 157 (1993), 600 (610 f).
[139] So *Heintzenberg* S. 23.
[140] Vgl. *Hohensee* S. 153 ff, 176.
[141] Ebenso MünchKommHGB/*Lieb* Rn 64; Ebenroth/Boujong/Joost/Strohn/*Zimmer* Rn 40; Röhricht/v. Westphalen/*Ammon*/*Ries* Rn 36.
[142] AA Staub/*Hüffer* 4. Auflage Rn 39; GKz-HGB/*Steitz* Rn 22.

Miterbe der weiteren Fortführung des Geschäfts widerspricht; denn das allein bewirkt noch keine Einstellung. Allenfalls könnte man meinen – so ist wohl der BGH (Rn 94) zu verstehen –, dass die Haftungsfolgen des § 27 Abs. 1 in der Person eines der Fortführung widersprechenden Miterben nicht eintreten. Das wäre freilich aus Gläubigersicht ein untragbares Ergebnis, weil sie keine Möglichkeit haben zu erkennen, ob und welche Miterben der Fortführung widersprochen haben. Auch deswegen muss man jedem einzelnen Miterben das Recht zugestehen, eine die Unbeschränkbarkeit der Haftung ausschließende **Erklärung i.S.d. § 25 Abs. 2** kundzumachen.[143] Zumindest auf diesem Wege (näher dazu Rn 49 ff) kann daher jeder Miterbe die Rechtsfolgen des § 27 Abs. 1 vermeiden. Somit bleibt zu fragen, welche anderen Möglichkeiten einzelnen Miterben gegeben sind.

Eine einseitige **Kündigung** der Mitgliedschaft wie bei einer Personengesellschaft (§ 723 BGB, § 132) ist im Recht der Erbengemeinschaft **nicht** vorgesehen. Es kennt vielmehr nur das **Auseinandersetzungsverlangen**, das gem. § 2042 BGB jedem Miterben grundsätzlich jederzeit zusteht. Die Auseinandersetzung ist jedoch grundsätzlich auf die Aufhebung der Erbengemeinschaft und damit auf den gesamten Nachlass gerichtet. Die Miterben darauf zu verweisen, ist dann nicht sachgerecht, wenn es dem einzelnen Miterben nur um die Einstellung des Geschäfts i.S.d. § 27 Abs. 2 geht. Mit Zustimmung aller Miterben zulässig ist allerdings auch eine **gegenständlich beschränkte** – hier also auf das Handelsgeschäft bezogene – **Teilauseinandersetzung**.[144] Sie kann auch gegen den Willen eines Miterben verlangt werden, wenn dies durch besondere Gründe gerechtfertigt ist, insbes. eine verständige Verwaltung dies erfordert und dadurch berechtigte Belange der Erbengemeinschaft oder der einzelnen Miterben nicht beeinträchtigt werden.[145] Ob auf diesem Wege eine Einstellung der Fortführung des Geschäfts i.S.d. § 27 Abs. 2 ohne Zustimmung aller Miterben erreicht werden kann,[146] ist daher sehr zweifelhaft und jedenfalls stark vom Einzelfall abhängig, und zwar schon deshalb, weil jede der in Frage kommenden Maßnahmen (Aufgabe der werbenden Tätigkeit, Veräußerung oder Verpachtung des Handelsgeschäfts, Einbringung in eine Gesellschaft, s. Rn 62 ff) berechtigte Belange der Erbengemeinschaft oder der einzelnen Miterben beeinträchtigen kann. Zudem ist zu bedenken, dass das **Auseinandersetzungsverlangen allein noch keine „Einstellung der Fortführung"** des Geschäfts bewirkt. Vielmehr muss die „Einstellung" i.S.d. § 27 Abs. 2 innerhalb der dort genannten Frist vollzogen werden.[147] Dies erweist den Weg einer gegenständlich beschränkten Teilauseinandersetzung als Sackgasse, wenn sich die Miterben nicht einig sind, weil eine Durchsetzung im Klageweg innerhalb dieser Frist praktisch nicht möglich ist. Sind sich die Miterben nicht einig, bleibt im praktischen Ergebnis somit nur der Weg über § 27 Abs. 1 i.V.m. § 25 Abs. 2 (Rn 97). Das zeigt erneut, wie richtig und wichtig es ist, diesen Weg zuzulassen (dazu Rn 49 ff), und zwar für jeden

98

---

[143] Staub/*Hüffer* 4. Auflage Rn 37; A. *Hueck* ZHR 108 (1941), 1 (25); Koller/*Roth*/Morck Rn 12; Heymann/*Emmerich* Rn 19; GKzHGB/*Steitz* Rn 21.

[144] Ebenroth/Boujong/Joost/Strohn/*Zimmer* Rn 41; Röhricht/v. Westphalen/*Ammon*/Ries Rn 36 a.E.; MünchKommHGB/*Lieb* Rn 67; MünchKommBGB/*Heldrich* § 2042 BGB Rn 14 ff; Soergel/M. *Wolf* § 2042 BGB Rn 37 ff.

[145] RGZ 95, 325; RG JW 1910, 846; RG JW 1919, 42 (43); RG HRR 1929 Nr. 1831; BGH NJW 1985, 51 (52); BGH NJW 1963, 1541; BGH NJW 1963, 1610 (1611); BGH WM 1965, 343 (345); BGH WM 1965, 1155; BGH LM § 1922 Nr. 7; KG NJW 1961, 733; OLG Köln NJW-RR 1996, 1352; KG NJOZ 2003, 2609 (2610); MünchKommBGB/*Heldrich* § 2042 BGB Rn 19; Soergel/M. *Wolf* § 2042 BGB Rn 40;

[146] So wohl MünchKommHGB/*Lieb* Rn 67; Ebenroth/Boujong/Joost/Strohn/*Zimmer* Rn 41.

[147] So auch MünchKommHGB/*Lieb* Rn 67.

Erben einzeln innerhalb der Dreimonatsfrist des § 27 Abs. 2, also entgegen der bisher hM unter Verzicht auf das Erfordernis der „Unverzüglichkeit" (dazu Rn 57 ff).

99 Im Blick auf die Frist des § 27 Abs. 2 ist fraglich, ob sie für alle Miterben einheitlich oder für jeden Miterben getrennt läuft. Nach h.L. muss die **Frist einheitlich berechnet** werden. Dem ist zuzustimmen, weil alle Maßnahmen, die zur Einstellung i.S.d. § 27 Abs. 2 führen, grundsätzlich der Zustimmung aller Miterben bedürfen. Daraus folgt zugleich, dass die Frist nach der Person desjenigen zu berechnen ist, für den die Frist am längsten läuft.[148]

100 Stellt die Erbengemeinschaft die Fortführung des Geschäfts innerhalb der Frist des § 27 Abs. 2 ein oder ändert sie innerhalb dieser Frist die Firma und liegt kein besonderer Verpflichtungsgrund i.S.d. § 25 Abs. 3 vor, dann haften die Erben nur entsprechend den erbrechtlichen Vorschriften, also beschränkbar und mit dem Leistungsverweigerungsrecht des § 2059 Abs. 1 BGB (s.o. Rn 92). Das gleiche gilt für diejenigen Miterben, die die Haftungsfolgen des § 27 Abs. 1 i.V.m. § 25 Abs. 1 S. 1 im Wege der Kundmachung nach § 25 Abs. 2 ausschließen.

IV. Haftungsfolgen gem. § 27 Abs. 1 i.V.m. § 25 Abs. 1 S. 1

101 Rechtsfolge von § 27 Abs. 1 ist nach dem Wortlaut der Vorschrift, dass *„auf die Haftung des Erben für frühere Geschäftsverbindlichkeiten die Vorschriften des § 25 entsprechende Anwendung"* finden. Im Blick auf § 25 Abs. 1 S. 1 bedeutet das mithin, dass der Erbe *„für alle im Betriebe des Geschäfts begründeten Verbindlichkeiten des früheren Inhabers"*, also des Erblassers, haftet. Bei einem Alleinerben ist das freilich nach §§ 1922, 1967 BGB ohnehin die Regel, weswegen die Haftungsanordnung so zu verstehen ist, dass dem Alleinerben im Blick auf frühere Geschäftsverbindlichkeiten die Möglichkeit genommen wird, eine erbrechtliche Haftungsbeschränkung herbeizuführen (Rn 6). Das muss mithin auch für Miterben gelten, denen somit gleichfalls die allgemeinen erbrechtlichen Möglichkeiten der Haftungsbeschränkung, wie sie von den §§ 2060 ff BGB vorausgesetzt und teilweise modifiziert werden (s. Rn 92), nicht zugute kommen. Das soll nach h.L. aber auch bedeuten, dass dem Miterben das Leistungsverweigerungsrecht des § 2059 Abs. 1 BGB ebenfalls nicht zusteht. Danach kann ein Geschäftsgläubiger des Erblassers also gem. § 2058 BGB jeden einzelnen Miterben als Gesamtschuldner in Höhe der gesamten Forderung auch mit seinem Eigenvermögen in Anspruch nehmen.[149]

102 Richtig daran ist, dass das Leistungsverweigerungsrecht nach § 2059 Abs. 1 S. 1 BGB nicht mehr besteht. Im Blick auf das Leistungsverweigerungsrecht nach § 2059 Abs. 1 S. 2 BGB ist das jedoch zweifelhaft. Danach kann ein Nachlassgläubiger, selbst wenn ein Miterbe für Nachlassverbindlichkeiten unbeschränkt haftet, nur mit dem Teil einer Forderung auf das Eigenvermögen des Miterben zugreifen, der dem ideellen Erbanteil des Miterben entspricht (also bei einer Forderung von 30.000 und einem ideellen Erbanteil von 1/3 nur in Höhe von 10.000)[150]. Diese Regelung ist ein Kompromiss zwischen der unbeschränkten Haftung und dem Grund der Regelung des § 2059 Abs. 1 S. 1 BGB, der

---

[148] Staub/*Hüffer* 4. Auflage Rn 40; MünchKommHGB/*Lieb* Rn 68.
[149] Staub/*Hüffer* 4. Auflage Rn 37; Baumbach/Hopt Rn 4 a.E.; GKzHGB/*Steitz* Rn 18.
[150] Prot. V, S. 515, 516; Erman/W. *Schlüter* § 2059 BGB Rn 4; MünchKommBGB/*Heldrich* § 2059 BGB Rn 16; Bamberger/Roth/*Lohmann* § 2059 Rn 5; Soergel/M. *Wolf* § 2059 Rn 7; Staudinger/*Marotzke* § 2059 BGB Rn 5.

darin besteht, dass der einzelne Miterbe vor der Teilung keine Verfügungsmacht über den Nachlass hat (§ 2040 BGB) und daher auf die Zustimmung der anderen Miterben angewiesen ist, wenn eine Nachlassverbindlichkeit aus dem Nachlass beglichen werden soll.[151] In der Tat liegt hierin ein fundamentaler Unterschied zur Lage eines Alleinerben und ist daher auch im Rahmen der Haftung nach § 27 Abs. 1 i.V.m. § 25 Abs. 1 S. 1 ein durchaus beachtlicher Gedanke. Dem lässt sich nicht entgegenhalten, die handelsrechtliche Regelung sei speziell, weil sich der Gesetzgeber ausweislich des Gesetzeswortlauts und der Gesetzesmaterialien über die mit einer Mehrheit von Erben zusammenhängenden Fragen keinerlei Gedanken gemacht hat. Vielmehr ließe sich aus diesem Grund eher das Umgekehrte behaupten. Auch ergäben sich vorliegend für die Geschäftsgläubiger des Erblassers keine unzumutbaren Nachteile, da ihnen als Haftungsmasse zum einen der ungeteilte Nachlass zur Verfügung steht (§ 2059 Abs. 2 BGB). Zum anderen können sie alle Miterben als Gesamtschuldner in Anspruch nehmen und damit, wenn alle Miterben unbeschränkt haften, auf das Privatvermögen aller Miterben zugreifen. Diese hafteten zwar jeweils nur anteilig, insgesamt aber in voller Höhe der Forderung. Allerdings trägt der Nachlassgläubiger damit das Risiko, dass einer oder mehrere Miterben ausfallen. Das ist jedoch sachgerecht. Es ist nämlich gerade nicht einzusehen, warum mit der Anzahl der Miterben nicht nur die Anzahl der haftenden Vermögen, sondern auch der Umfang der dem Gläubiger zur Verfügung stehenden Haftungsmasse zunehmen soll. Das wäre nicht nur eine ganz und gar unverdiente Besserstellung gegenüber der Lage vor dem Erbfall, sondern auch eine ganz und gar unverdiente Besserstellung gegenüber der Lage bei einem Alleinerben, dessen Insolvenzrisiko der Altgläubiger ja auch tragen muss. Außerdem erscheint die Anwendung von § 2059 Abs. 1 S. 2 BGB zum Schutz der Miterben erforderlich; denn warum sollen sie hinsichtlich der Geschäftsschulden des Erblassers das Risiko tragen, das einzelne Miterben ausfallen oder ihre Haftung nach § 25 Abs. 2 beschränken. So gesehen liegt eine Anwendung von § 2059 Abs. 1 S. 2 BGB sogar im Interesse der Gläubiger, weil andernfalls das Risiko von Mit- gegenüber von Alleinerben (über-)proportional größer wäre, was sie – entsprechende Kenntnis vorausgesetzt – erst Recht dazu bewegen müsste, von einer der Haftungsbeschränkungsmöglichkeiten des § 27 Gebrauch zu machen. Schließlich sei an den eingangs genannten Grundgedanken erinnert (Rn 93), wonach bei einer Erbenmehrheit nach Möglichkeit weder die Geschäftsgläubiger des Erblassers noch die Miterben besser oder schlechter stehen dürfen als wenn das Geschäft an einen Alleinerben gefallen wäre. Nach allem bleibt § 2059 Abs. 1 S. 2 BGB anwendbar.

V. Die Haftung bei Erwerb des Unternehmens im Rahmen der Auseinandersetzung

103 Ein **Erwerb durch Rechtsgeschäft unter Lebenden** liegt vor, wenn einer der Miterben das Handelsgeschäft auf Grund des Auseinandersetzungsvertrags erwirbt (vgl. § 25 Rn 51). § 25 ist also auf die Haftung des erwerbenden Miterben unmittelbar anwendbar.[152] Der in seinem Erwerb liegende Wechsel des Unternehmensträgers ist zudem eine Einstellung der Geschäftsfortführung i.S.d. § 27 Abs. 2 (s.o. Rn 65).[153] Eine Vereinbarung und Kundmachung i.S.d. § 25 Abs. 2 zugunsten des erwerbenden Miterben ist

---

[151] Prot. V, S. 871, 874; MünchKommBGB/*Heldrich* § 2059 Rn 2 f mwN.

[152] RGZ 149, 25 (27); RGZ 154, 334 (336 f).

[153] AA Staub/*Hüffer* 4. Auflage Rn 41.

möglich. Wenn ein Miterbe als Erwerber gem. § 25 Abs. 1. S. 1 haftet, kommt den anderen Erben § 26 zugute, befreit sie aber nicht von ihrer im Innenverhältnis etwa übernommenen Pflicht.

G. Andere erbrechtliche Gestaltungen

I. Zuwendung des Handelsgeschäfts durch Vermächtnis

104 1. **Die Rechtsstellung des Vermächtnisnehmers.** Der Erwerb des Handelsgeschäfts aufgrund eines Vermächtnisses ist ein **Erwerb unter Lebenden,** weil er auf einem Vertrag zwischen dem Vermächtnisnehmer und dem oder den Erben beruht. Von Todes wegen erwirbt der Begünstigte nur die Vermächtnisforderung (§ 2174 BGB).[154] Weil ein Erwerb unter Lebenden vorliegt, findet § 25 auf den Vermächtnisnehmer unmittelbar Anwendung (§ 25 Rn 51). Mithin kann er auch eine Vereinbarung i.S.d. **§ 25 Abs. 2** mit den Erben schließen. Zudem kann der Erblasser durch Verfügung von Todes wegen die im Geschäftsbetrieb entstandenen Schulden oder Forderungen dem Erben zuweisen. Diese Verfügung erlangt ebenfalls in entsprechender Anwendung des § 25 Abs. 2 durch Kundmachung Außenwirkung.[155]

105 Bei **Fortführung des Unternehmens ohne die bisherige Firma** haftet der Vermächtnisnehmer den Altgläubigern nur aus besonderem Verpflichtungsgrund nach § 25 Abs. 3. Einen solchen Verpflichtungsgrund kann eine Verfügung des Erblassers nicht schaffen.[156] Die Verfügung kann den Vermächtnisnehmer nur im Verhältnis zu den Erben verpflichten, die Geschäftsverbindlichkeiten zu tilgen, nicht aber den Gläubigern unmittelbar einen Anspruch gegen den Vermächtnisnehmer geben. Überdies ist an eine analoge Anwendung von § 2166 BGB zu denken (s.u. Rn 106).

106 2. **Die Rechtsstellung des Erben.** Der Erbe wird ungeachtet seiner Verpflichtung aus dem Vermächtnis Gesamtrechtsnachfolger des Erblassers und damit von Todes wegen Inhaber des Unternehmens. Auf ihn ist daher § 27 anzuwenden. Allerdings liegt in der Übertragung des Unternehmens auf den Vermächtnisnehmer innerhalb der Dreimonatsfrist des § 27 Abs. 2 eine Einstellung der Geschäftsfortführung. Das gilt auch dann, wenn der Vermächtnisnehmer seine Haftung für die Altverbindlichkeiten auf den von § 25 eröffneten Wegen ausschließt. Das führt freilich im Ausgangspunkt zu dem Ergebnis, dass der Vermächtnisnehmer für Geschäftsverbindlichkeiten des Erblassers nicht haftet, und die Haftung der Erben auf den Nachlass beschränkbar ist, obwohl dieser nun um das Unternehmen geschmälert ist.[157] Das ist freilich kein Grund, die Übertragung des Unternehmens auf den Vermächtnisnehmer nicht als Einstellung i.S.d. 27 Abs. 2 zu bewerten,[158] weil eben der Nachlass um das Unternehmen geschmälert ist und der Erbe

---

[154] Ausnahme ist die dingliche Wirkung des dem alleinigen Vorerben zugewandten Vorausvermächtnisses, dazu BGHZ 32, 60 (61 f); ebs. *Fröhler* BWNotZ 2005, 1; aA (nur obligatorische Verpflichtung) Staudinger/*Otte* § 2150 BGB Rn 4 ff. Zur Rechtsnatur des Vorausvermächtnisses s. auch *Sonntag* ZEV 1996, 450.
[155] Staub/*Hüffer* 4. Auflage Rn 43.
[156] Staub/*Hüffer* 4. Auflage Rn 44.

[157] Hierbei handelt es sich auch nicht, wie MünchKommHGB/*Lieb* Rn 30 meint, um ein Scheinproblem; denn selbst wenn keine Vereinbarung i.S.d. § 25 Abs. 2 zustande kommt (s. hierzu aber § 25 Rn 125 f), dann kann der Vermächtnisnehmer seine Haftung gleichwohl ausschließen, indem er die Firma des Erblassers nicht fortführt.
[158] So aber Staub/*Hüffer* 4. Auflage Rn 45.

es daher gerade nicht fortführt. Zudem sind die Nachlassgläubiger dadurch in gewissem Maße geschützt, dass ein Vermächtnisnehmer hinter anderen Nachlassgläubigern zurücksteht, §§ 1980 Abs. 1 S. 3, 1992, 2318 BGB, §§ 322, 327, 328 InsO, § 5 AnfG. Ferner wäre es nicht sachgerecht, dem Vermächtnisnehmer die Möglichkeit des Haftungsausschlusses zu nehmen; denn damit stünde er schlechter als ein Erbe, dessen Haftung für Geschäftsverbindlichkeiten des Erblassers immerhin auf den Nachlass beschränkbar ist. Schließt der Vermächtnisnehmer seine Haftung nach § 25 aus, ist jedoch zu überlegen, § 2166 BGB mit der Folge analog anzuwenden, dass der Vermächtnisnehmer dem Erben gegenüber zur rechtzeitigen Befriedigung der Geschäftsgläubiger des Erblassers insoweit verpflichtet ist, als die Schulden durch den Wert des Unternehmens gedeckt sind.

II. Zuwendung des Handelsgeschäfts durch Schenkung von Todes wegen

107 Der Erwerb des Unternehmens aufgrund einer Schenkung von Todes wegen ist ebenfalls ein **Erwerb unter Lebenden**. Die Rechtsstellung des Beschenkten richtet sich also unmittelbar nach § 25. Das versteht sich von selbst, wenn die Schenkung noch unter Lebenden vollzogen wird (§ 2301 Abs. 2 BGB), gilt aber auch bei einem noch nicht vollzogenen Schenkungsversprechen (§ 2301 Abs. 1 BGB), weil es für den Versprechensgläubiger nur eine vermächtnisähnliche, auf Verschaffung des Unternehmens gerichtete Forderung begründet und der Erwerbstatbestand erst im Vollzugsgeschäft mit den Erben liegt.[159] In diesem Fall stellt sich das vorstehende Problem (Rn 106) mithin in gleicher Weise.

§ 28

(1) ¹Tritt jemand als persönlich haftender Gesellschafter oder als Kommanditist in das Geschäft eines Einzelkaufmanns ein, so haftet die Gesellschaft, auch wenn sie die frühere Firma nicht fortführt, für alle im Betriebe des Geschäfts entstandenen Verbindlichkeiten des früheren Geschäftsinhabers. ²Die in dem Betriebe begründeten Forderungen gelten den Schuldnern gegenüber als auf die Gesellschaft übergegangen.

(2) Eine abweichende Vereinbarung ist einem Dritten gegenüber nur wirksam, wenn sie in das Handelsregister eingetragen und bekanntgemacht oder von einem Gesellschafter dem Dritten mitgeteilt worden ist.

(3) ¹Wird der frühere Geschäftsinhaber Kommanditist und haftet die Gesellschaft für die im Betrieb seines Geschäfts entstandenen Verbindlichkeiten, so ist für die Begrenzung seiner Haftung § 26 entsprechend mit der Maßgabe anzuwenden, daß die in § 26 Abs. 1 bestimmte Frist mit dem Ende des Tages beginnt, an dem die Gesellschaft in das Handelsregister eingetragen wird. ²Dies gilt auch, wenn er in der Gesellschaft oder einem ihr als Gesellschafter angehörenden Unternehmen geschäftsführend tätig wird. ³Seine Haftung als Kommanditist bleibt unberührt.

---

[159] Staub/*Hüffer* 4. Auflage Rn 46.

Schrifttum

Abram Begrenzbare Haftung des Neu-Gesellschafters einer GbR für Alt-Verbindlichkeiten aus beruflicher Pflichtverletzung? DZWIR 2005, 491; *Dötsch* Haftung eines neu in die BGB-Gesellschaft eintretenden Rechtsanwalts für Altschulden, ZMR 2007, 117; *Eckart/Fest* Die entsprechende Anwendung des § 28 HGB auf die Entstehung einer Gesellschaft bürgerlichen Rechts als Konsequenz aus der Rechtsprechung des Bundesgerichtshofs, WM 2007, 196; *Fenyves* Erbenhaftung und Dauerschuldverhältnis, 1982; *Grunewald* Die Haftung der Gesellschafter einer GbR für Altverbindlichkeiten einer eingebrachten Anwaltskanzlei, JZ 2004, 683; *Honsell/Harrer* Die Haftung für Altschulden nach §§ 28, 130 HGB bei arglistiger Täuschung, ZIP 1983, 259; *J. D. Lange* Beratungsprobleme beim Eintritt eines Arztes in eine Einzelpraxis oder bei seiner Aufnahme in eine Gemeinschaftspraxis (Teil 1), ZMGR 2003, 18; *Lieb* Die Haftung für Altschulden bei „Eintritt" eines Gesellschafters in ein nicht- oder minderkaufmännisches Unternehmen, Festschrift H. Westermann, 1974 S. 309; *Lindacher* Akzessorische Gesellschafterhaftung bei Gesellschaftsschulden nach § 28 HGB, NJG 2002, 113; *Löhnig* Haftung für die Altschulden des Sozius bei Neugründung einer Sozietät, JA 2004, 508; *Möschel* Das Außenverhältnis der fehlerhaften Gesellschaft, Festschrift Hefermehl, 1972 S. 171; *Nitz* Unternehmensnachfolge, BWNotZ 2004, 153; *Perwein* Vom Einzelunternehmen in die GmbH, GmbHR 2007, 1214; *K. Schmidt* Haftungsprobleme der „bürgerlich-rechtlichen Kommanditgesellschaft", DB 1973, (Teil I) 653, (Teil II) 703; *ders.* Analoge Anwendung von § 28 HGB auf die Sachgründung freiberuflicher und gewerbetreibender BGB-Gesellschaften? BB 2004, 785; *ders.* Haftung des Beitretenden in der GbR, JbFfSt 2004/2005, 316; *ders.* Die Sozietät als Sonderform der BGB-Gesellschaft, NJW 2005, 2801; *Servatius* Der Anfang vom Ende der unechten Vorgesellschaft? NJW 2001, 1696; *Vetter* Altschuldenhaftung auf fehlerhafter Vertragsgrundlage, 1995; *Wälzholz* Die unbeschränkte Haftung eintretender Gesellschafter einer Gesellschaft bürgerlichen Rechts, NotBZ 2003, 249; *Waskönig* Rechtsgrund und Tragweite der §§ 25, 28 HGB, Diss. Bonn 1979; *Wiesner* Die Lehre von der fehlerhaften Gesellschaft, 1988.

S. ferner das Schrifttum zu §§ 25–27.

Übersicht

	Rn
A. Grundlagen	1–25
I. Norminhalt	1–2
II. Entstehungsgeschichte	3
III. Normzweck von § 28 Abs. 1 und 2	4–17
1. Vorbemerkung	4
2. Meinungsstand	5–8
a) Gesetzgeber	5
b) Rechtsprechung	6
c) Literatur	7–8
aa) Normzweck analog § 25	7
bb) Eigenständiger Normzweck	8
3. Stellungnahme	9–11
a) Normzweck analog § 25	10
b) Eigenständiger Normzweck	11
4. Eigene Auffassung	12–15
5. Legitimation und rechtspolitische Bewertung	16–17
IV. Anwendungsbereich	18–25
1. Fragestellungen	18
2. Einzelkaufmann	19
3. Nichtkaufmann	20
4. Gründung einer BGB-Gesellschaft	21
5. Gründung einer Kapitalgesellschaft	22
6. Eintritt in eine bestehende Gesellschaft	23
7. Übertragung des Geschäfts einer Gesellschaft auf eine ganz oder teilweise personenidentische andere Gesellschaft	24
8. „Eintretender"	25
B. Der Gläubigerschutz nach § 28 Abs. 1 S. 1	26–43
I. Voraussetzungen	26–37
1. Entstehung einer Gesellschaft	26–30
a) Abschluss eines Gesellschaftsvertrags	26
b) Fehlerhafte Gesellschaftsgründung	27–30
aa) Unwirksame Gesellschaft	8–29
bb) Auflösbare Gesellschaft	30
2. Bestehen eines Geschäfts	31–33
3. Einbringung des Geschäfts	34
4. Fortführung des Geschäfts	35
5. Einzelkaufmann und „Eintretender"	36
6. Entbehrlichkeit der Firmenfortführung	37
II. Rechtsfolgen	38–43
1. Gesetzlicher Schuldbeitritt	38
2. Haftung für Geschäftsverbindlichkeiten des bisherigen Inhabers	39
3. Forthaftung des bisherigen Inhabers	40
4. Haftung beitretender Gesellschafter	41
5. Haftung für Neuschulden	42
6. Schuldtitel	43
C. Der Schuldnerschutz nach § 28 Abs. 1 S. 2	44

	Rn		Rn
D. Abweichende Vereinbarungen nach § 28 Abs. 2	45–49	IV. Anwendungsbereich	55–57
I. Bedeutung der Vorschrift	45–46	V. Voraussetzungen von § 28 Abs. 3	58
II. Voraussetzungen und Rechtsfolgen	47–49	VI. Rechtsfolgen von § 28 Abs. 3	59–62
E. Enthaftung nach § 28 Abs. 3	50–63	VII. Analoge Anwendung bei Gründung einer Kapitalgesellschaft	63
I. Entstehungsgeschichte	50–51	F. Verhältnis zu anderen Vorschriften	64–66
II. Normzweck	52–53	I. Grundsatz	64
III. Rechtspolitische Bewertung	54	II. § 613a BGB	65–66

A. Grundlagen

I. Norminhalt

§ 28 betrifft den Fall des Zusammenschlusses eines Einzelkaufmanns unter Einbringung seines Geschäfts als Sacheinlage mit einem Teilhaber zu einer Personenhandelsgesellschaft (OHG oder KG). Das Gesetz bezeichnet diesen Vorgang irreführenderweise als „Eintritt eines persönlich haftenden Gesellschafters oder Kommanditisten in das Geschäft eines Einzelkaufmanns". Nach § 28 Abs. 1 S. 1 haftet die Gesellschaft für alle im Betrieb des Geschäfts entstandenen Verbindlichkeiten des früheren Geschäftsinhabers (sog. Altverbindlichkeiten, dazu Rn 26 ff). § 28 Abs. 1 S. 2 vermutet zugunsten von Altschuldnern den Übergang der im Betrieb des bisherigen Geschäftsinhabers begründeten Forderungen (Altforderungen) auf die Gesellschaft (dazu Rn 44). § 28 Abs. 2 räumt privatautonomen Vereinbarungen Vorrang gegenüber den Bestimmungen des Abs. 1 mit Wirkung gegen Dritte ein, wenn die Vereinbarung in das Handelsregister eingetragen und bekannt gemacht oder dem Dritten mitgeteilt worden ist (sog. Kundmachung, dazu Rn 45 ff). § 28 Abs. 3 schließlich regelt die zeitliche Begrenzung der Nachhaftung des früheren Geschäftsinhabers, wenn dieser Kommanditist wird (dazu Rn 50 ff). In § 28 nicht geregelt ist die Haftung des oder der „Eintretenden", also der Mitgesellschafter des früheren Geschäftsinhabers für Altverbindlichkeiten (dazu Rn 41). Ferner fehlt eine § 25 Abs. 3 entsprechende Vorschrift, was freilich unschädlich ist, weil diese Vorschrift ohnehin vornehmlich klarstellende Bedeutung hat (s. § 25 Rn 144). **1**

§ 28 ist den Vorschriften der §§ 25, 26 nachgebildet. Mag man sich auch über Sinn und Unsinn dieser Regelungen streiten (dazu Rn 4 ff), so ist dies doch wenigstens insofern konsequent, als sowohl § 25 als auch § 28 die Folgen eines Wechsels des Unternehmensträgers regeln. Zwar wurde versucht, § 28 als Regelung eines bloß teilweisen Inhaberwechsel zu begreifen.[1] Diese Ansicht, die wohl auf Formulierungen der Denkschrift (s. Abs. 2 S. 6 der in Rn 5 zitierten Erwägungen) zurückgeht, ist jedoch nicht mit dem Entwicklungsstand vereinbar, den das Recht der Gesamthandsgesellschaft inzwischen erreicht hat. Danach sind nicht die Gesellschafter, sondern ist die Gesellschaft selbst Trägerin des Unternehmens. Der von § 28 vorausgesetzte „Eintritt" eines Gesellschafters bewirkt daher ebenso wie im Falle des § 25 einen vollständigen Wechsel des Unternehmensträgers. Der Unterschied zwischen § 28 und § 25, der mit der Formel vom teilweisen Inhaberwechsel betont werden soll, liegt mithin allein in der Weiterbeteiligung des bisherigen Inhabers als Gesellschafter. Dieser Unterschied ist – zumindest nach den Vorstellungen des Gesetzgebers (s. nochmals Abs. 2 S. 6 der in Rn 5 zitierten Erwägun- **2**

---

[1] So etwa BGH NJW 1982, 577; aus dem Schrifttum bspw. *Lieb* FS H. Westermann, 1974, S. 309 (311 ff); Schlegelberger/*Hildebrandt/Steckhan* Rn 1a.

gen) – zugleich Hauptgrund, warum nach § 28 anders als nach § 25 eine Firmenfortführung nicht erforderlich ist. Während also das Bindeglied zwischen dem alten und dem neuen Unternehmensträger bei § 25 die Firma des bisherigen Geschäftsinhabers ist, ist es bei § 28 die Person des bisherigen Geschäftsinhabers. Die teilweise personelle Kontinuität im Falle des § 28 ersetzt damit die nach § 25 erforderliche Firmenkontinuität.[2] Dieses Verständnis des in § 28 geregelten Tatbestands sorgt nicht nur für den dogmatischen Einklang der Haftungsvorschrift mit dem zutreffenden Verständnis der gesellschaftsrechtlichen Gesamthand, sondern hat vor allem Bedeutung für die Frage der Abgrenzung von § 25 und § 28 (dazu § 25 Rn 41) und für die – damit zusammenhängende – Frage der analogen Anwendung von § 28 (dazu Rn 18 ff).

II. Entstehungsgeschichte

3 § 28 hat kein Vorbild im ADHGB. Vielmehr wurde § 28 Abs. 1 und 2 als Ergänzung zu § 25 geschaffen, weil § 130 diesen Fall nicht erfasst (näher Rn 5). Insofern teilt § 28 Abs. 1 und 2 seine Entstehungsgeschichte mit § 25 (dort Rn 3 ff). § 28 Abs. 3 wurde durch das Nachhaftungsbegrenzungsgesetz (NachhBG)[3] angefügt. Insofern ist hinsichtlich der Entstehungsgeschichte zunächst auf § 26 Rn 4 ff zu verweisen. Die normspezifischen Besonderheiten werden hier unter Rn 50 ff beschrieben.

III. Normzweck von § 28 Abs. 1 und 2

4 1. Vorbemerkung. Hinsichtlich des Normzwecks ist zwischen § 28 Abs. 1 und 2 einerseits und § 28 Abs. 3 andererseits zu unterscheiden. Der Normzweck von § 28 Abs. 3 wird im Zusammenhang mit dieser Vorschrift unter Rn 52 f erläutert. Hier ist zunächst nur auf den Normzweck von § 28 Abs. 1 und 2 einzugehen. Zwei Lager stehen sich gegenüber: Teils wird § 28 Abs. 1 und 2 als Parallelvorschrift zu § 25 verstanden. Die meisten Meinungen zum Normzweck von § 25 (s. dort Rn 10 ff) werden daher auch hier vertreten. Teils wird § 28 Abs. 1 und 2 als selbständige Norm angesehen, dessen Zweck unabhängig von § 25 zu bestimmen ist. Diese Kontroverse geht letztlich auf die Gesetzesbegründung zurück, die teils die Gemeinsamkeiten und Unterschiede von § 25 und § 28 betont, teils davon unabhängige Erwägungen enthält.

2. Meinungsstand

5 a) Gesetzgeber. Da die Gesetzesbegründung nicht nur Mittel, sondern ihrerseits Gegenstand der Interpretation ist, wird sie hier im Wortlaut (ergänzt um Absatz- und Satznummern, um eine spätere Bezugnahme zu erleichtern) wiedergegeben:

„[1] *¹Das Handelsgesetzbuch enthält keine Bestimmungen darüber, inwiefern derjenige, welcher in das Geschäft eines Einzelkaufmanns als Gesellschafter eintritt, für die früheren Geschäftsschulden haftet. ²Der Art. 113 (§ 128 des Entwurfs) [= § 130 HGB] bezieht sich nur auf den Fall, dass in eine bereits bestehende Gesellschaft ein neuer Gesellschafter eintritt, und es wird allgemein angenommen, dass die Vorschrift dieses Artikels*

---

[2] MünchKommHGB/*Lieb* Rn 2; Röhricht/v. Westphalen/*Ammon/Ries* Rn 1.
[3] Gesetz zur zeitlichen Begrenzung der Nachhaftung von Gesellschaftern (Nachhaftungsbegrenzungsgesetz – NachhBG) v. 18.3.1994, BGBl. I S. 560.

dann keine Anwendung findet, wenn erst durch den Eintritt eines Theilhabers eine Gesellschaft zu Stande kommt. ³In Wirklichkeit sind indessen die Verhältnisse in beiden Fällen so ähnlich, dass sich eine grundsätzlich verschiedene Behandlung sachlich nicht rechtfertigen läßt. ⁴Jedenfalls muß, nachdem im Entwurfe der Uebergang der Schulden und Forderungen im Falle der Uebertragung eines Handelsgeschäfts geordnet ist, auch der Fall der Einbringung eines bestehenden Handelsgeschäfts in die gleichzeitig errichtete Gesellschaft eine entsprechende Regelung erfahren.

[2] ¹Nach dem § 27 des Entwurfs [= § 28 HGB] soll in diesem Falle die Gesellschaft für alle im Betriebe des Geschäfts entstandenen Verbindlichkeiten des früheren Geschäftsinhabers haften, woraus sich von selbst ergiebt, daß auch der eintretende Gesellschafter unbeschränkt oder, falls er Kommanditist wird, bis zum Betrage seiner Einlage haftbar ist. ²Ingleichen sollen die in dem früheren Betriebe begründeten Forderungen den Schuldnern gegenüber als auf die Gesellschaft übergegangen gelten. ³Der Eintritt dieser Rechtsfolgen ist nicht davon abhängig gemacht, dass die Firma des bisherigen Geschäftsinhabers von der Gesellschaft fortgeführt wird. ⁴Hierin gehen demnach die Vorschriften des § 27 [= § 28 HGB] weiter als diejenigen des § 24 [= § 25 HGB]. ⁵Die thatsächlichen Verhältnisse rechtfertigen dies zur Genüge. ⁶Wenn der frühere Geschäftsinhaber selbst das Geschäft als Theilhaber weiterbetreibt, so wird selbst bei Annahme einer neuen Firma die Absicht der Parteien kaum jemals auf eine Trennung der alten und der neuen Geschäftsschulden und Forderungen mit Wirkung nach außen gerichtet sein. ⁷Eine solche Scheidung würde stets zu Schwierigkeiten und Verwickelungen führen. ⁸Das Naturgemäße ist, daß die Gesellschaft im Betriebe des Geschäfts die alten Schulden berichtigt und die früher entstandenen Forderungen einzieht. ⁹Die Gläubiger des bisherigen Einzelkaufmanns dürfen voraussetzen, daß sie sich an das Gesellschaftsvermögen halten können. ¹⁰Dazu kommt, daß die Annahme einer neuen Firma hier an sich weniger geeignet ist, die Betheiligten auf einen Wechsel des Trägers der Verbindlichkeiten und Forderungen hinzuweisen; denn als neue Firma muß schon der Name des bisherigen Inhabers mit einem ein Gesellschaftsverhältnis andeutenden Zusatze gelten.

[3] ¹Die Befugnis, durch eine Eintragung in das Handelsregister oder durch eine Mittheilung an die einzelnen Gläubiger oder Schuldner die Haftung für die Schulden und den Uebergang der Forderungen auszuschließen, gewährt der Entwurf in Uebereinstimmung mit der Vorschrift des § 24 [= § 25 HGB] hier gleichfalls. ²Den Uebergang der Schulden und Forderungen zu einer unbedingt zwingenden Folge des Eintritts eines Gesellschafters in das Geschäft eines Einzelkaufmanns zu machen, ist nicht nothwendig. ³Die Vorschrift des § 128 (Art. 113 des Handelsgesetzbuchs) [= § 130 HGB] geht allerdings weiter. ⁴Dort liegt aber der Schwerpunkt der Frage nicht darin, welche Schulden als Gesellschaftsschulden anzusehen sind, sondern darin, inwieweit die Gesellschafter für die Gesellschaftsschulden haften."[4]

b) **Rechtsprechung.** Das **Reichsgericht** stellte zunächst den **Gedanken des Haftungsfonds** in den Vordergrund.[5] In einer späteren Entscheidung begründete es die Haftung der Gesellschaft zudem unter Bezugnahme auf die Gesetzesbegründung mit der Erwägung, die Berichtigung der bereits entstandenen Verbindlichkeiten durch die Gesellschaft sei **das Naturgemäße**.[6] Der **Bundesgerichtshof** führte diese Rechtsprechung nur teilweise

---

[4] Denkschrift zum Entwurf eines Handelsgesetzbuchs, Reichstag, 9. Legislatur-Periode, IV. Session 1895/97, S. 38 f = *Schubert/ Schmiedel/Krampe* Quellen zum Handelsgesetzbuch von 1897, Bd. 2. 2. Hb. 1988, S. 980 f.

[5] RGZ 142, 98.

[6] RGZ 164, 115 (120).

fort. Einerseits stellt er ebenfalls auf den Haftungsfondsgedanken ab: Da den Gläubigern weder ein Kaufpreis noch das nunmehr gesamthänderisch gebundene Vermögen des ehemaligen Einzelkaufmanns als Befriedigungsobjekt zur Verfügung stünde, müsse § 28 den Altgläubigern den Zugriff auf dieses Vermögen ermöglichen.[7] Andererseits hebt er – insoweit wiederum in Anschluss an die Gesetzesbegründung – die **Parallele mit § 130** hervor: Für die Haftung des Gesellschafters dürfe es keinen Unterschied machen, ob der Gesellschafter in eine bestehende Gesellschaft eintrete oder ob die Gesellschaft erst durch sein Hinzutreten entstehe.[8] Den Rechtsscheingedanken hielt das Gericht dagegen – anders als bei § 25 (s. dort Rn 10) – nicht für maßgeblich.[9]

c) Literatur

7 aa) **Normzweck analog § 25.** Einerseits finden sich in der Literatur die im Rahmen von § 25 entwickelten Auffassungen wieder. So begründen *Hildebrandt/Steckhan* die Haftung mit dem **Rechtsscheingedanken**. Durch das Verbleiben des bisherigen Alleininhabers in dem Unternehmen werde der Eindruck erweckt, es habe sich in dem Unternehmen nichts geändert.[10] Ähnlich hält *Hopt* die **Kontinuität des Unternehmens nach außen** durch Fortführung des Handelsgeschäfts für maßgeblich.[11] Nach *Schricker* liegt wie bei § 25 ein **kombiniertes Vermögensübernahme- und Verkehrsschutzprinzip** der Haftung zugrunde, die äußerlich durch die personelle Kontinuität indiziert werde.[12] *Zimmer* erblickt den Rechtsgrund der Haftung wie bei § 25 in der **Notwendigkeit, einer typischerweise intern vereinbarten Schuldübernahme Außenwirkung zu verleihen**.[13] *Hüffer* zufolge dient § 28 ebenso wie § 25 dem **Schutz der Verkehrserwartung**, wonach eigene Forderungen von dem neuen Unternehmensträger erfüllt und eigene Schulden durch Leistung an diesen mit Wirkung gegenüber dem bisherigen Inhaber beglichen werden könnten. Auch hier sei der Verkehrsschutz notwendig, weil die Übernahme des Unternehmens mit Aktiven und Passiven zwar das Übliche, aber eben nicht zwingend sei.[14] Andere haben diesen Ansatz aufgegriffen und betonen, es ginge um die **Vermeidung von Reibungsverlusten** bei der Übertragung des Handelsgewerbes[15] und – in Ansehung von Abs. 2 – die **Befriedigung des Informationsinteresses** der Gläubiger und Schuldner.[16] Nach *Karsten Schmidt* liegen den §§ 25, 28 Elemente eines einheitlichen **Konzepts der Haftungskontinuität** beim Wechsel des Unternehmensträgers zugrunde.[17] Sie erzeugten diejenigen Rechtsfolgen, die ipso iure gelten würden, wenn das Unternehmen rechtsfähig wäre. *Johannes W. Flume* schließlich hält § 28 ebenfalls für einen Anwendungsfall partieller Universalsukzession.[18]

8 bb) **Eigenständiger Normzweck.** Andererseits finden sich Literaturstimmen die § 28 einen eigenständigen, von § 25 unabhängigen Normzweck verleihen. Aufgegriffen wird zum einen die in der Gesetzesbegründung angesprochene **Parallele zu § 130**. § 28 ist

---

[7] BGH NJW 1966, 1917 (1919) = WM 1966, 832 (834).
[8] BGH NJW 1966, 1917 (1918) = WM 1966, 832 (834).
[9] BGH NJW 1961, 1765 (1766).
[10] Schlegelberger/*Hildebrandt/Steckhan* Rn 1a.
[11] Baumbach/*Hopt* Rn 1.
[12] *Schricker* ZGR 1972, 121 (151).
[13] Ebenroth/Boujong/Joost/Strohn/*Zimmer* Rn 12.
[14] Staub/*Hüffer* 4. Aufl. Rn 5; ebenso Koller/Roth/*Morck* Rn 2.
[15] *Casper* Jahrbuch Junger Zivilrechtswissenschaftler 1999, S. 153 (167 ff).
[16] *Pahl* Haftungsrechtliche Fragen versäumter Handelsregistereintragungen, 1987, 223 ff; *Huber* FS Raisch, 1995, S. 85 (89 f).
[17] *K. Schmidt* Handelsrecht § 8 I 3.
[18] *Johannes W. Flume* Vermögenstransfer und Haftung, 2008, S. 133 ff.

danach ein Fall antizipierter Gesellschafterhaftung.[19] Zum anderen wird die Haftungsfondstheorie gleichsam vollstreckungsrechtlich untermauert. Namentlich *Lieb* hat die Auffassung entwickelt, § 28 sei zur **Vermeidung einer haftungs- und vollstreckungsrechtlichen Benachteiligung der Altgläubiger** erforderlich.[20] Zwar könnten die Altgläubiger auch in den Gesellschaftsanteil des früheren Einzelkaufmanns vollstrecken. Dies führe jedoch infolge der erforderlichen Kündigung (§ 135) zum einen wenigstens zum Ausscheiden des früheren Einzelkaufmanns aus der eben gegründeten Gesellschaft und würde zum anderen den Gläubigern deswegen nicht einmal ausreichend Sicherheit bieten, weil als Auseinandersetzungsguthaben gem. § 105 Abs. 2, §§ 733 ff BGB nur das zur Verfügung stehe, was nach Befriedigung der neuen Gesellschaftsgläubiger übrig bleibe. Zuzugeben sei allerdings, dass der Gesetzgeber diesen wahren Gesetzeszweck nicht gesehen habe; denn andernfalls hätte er den Haftungsausschluss gem. § 28 Abs. 2 nicht zugelassen. Dies könne jedoch die richtige Erkenntnis nicht verhindern: Sinnwidrig sei nicht die Haftungsanordnung des § 28 Abs. 1, sondern allein der Haftungsausschluss gem. § 28 Abs. 2[21]. Schließlich wurde und wird die Auffassung vertreten § 28 habe **keinen vernünftigen Sinn**.[22]

3. Stellungnahme. Hinzuweisen ist zunächst noch einmal darauf, dass die meisten der vorgenannten Ansichten fälschlicherweise nach dem Rechtsgrund der Haftung und nicht nach dem Zweck des Gesetzes fragen (s. § 25 Rn 17). Schon aus diesem Grund vermögen sie nicht zu überzeugen und konnten sich daher bislang auch nicht durchsetzen; denn die falsche Fragestellung führt notwendigerweise zu Antworten, die sich vielerlei Einwänden ausgesetzt sehen. Im Einzelnen: **9**

a) **Normzweck analog § 25.** Gegen die **Haftungsfondstheorie** spricht, dass das Gesetz keine Haftungsbeschränkung auf das übernommene Vermögen vorsieht und dass sie die Möglichkeit abweichender Parteivereinbarung nicht schlüssig zu erklären vermag.[23] Auch die Anreicherung dieses Gedankens mit Verkehrsschutzgesichtspunkten kann diese Mängel nicht ausgleichen. Die **Rechtsscheintheorie** scheitert auch vorliegend daran, dass regelmäßig eine Vertrauensdisposition fehlt.[24] Die Unternehmenskontinuität ist nicht Grund, sondern nur eine von mehreren Voraussetzungen der Haftung und ist zudem nur eingeschränkt erforderlich (s. Rn 35). Die **Erstreckung typischer interner Vereinbarungen auf das Außenverhältnis**, wie sie auch in der Gesetzesbegründung anklingt (Abs. 2 S. 5 bis 9 der in Rn 5 zitierten Begründung), ist ebenso wie im Falle des § 25 dem Fik- **10**

---

[19] *Säcker* ZGR 1973, 261 (280).
[20] *Lieb* FS H. Westermann, 1974, 309 (315 f); MünchKommHGB/*Lieb* Rn 3 f; dahingehend schon BGH NJW 1966, 1917 (1919); *Lieb* folgend *Möschel* FS Hefermehl, 1976, S. 171 (182); *Lindacher* NZG 2002, 113 (114); auch Röhricht/v. Westphalen/*Ammon/Ries* Rn 3; ähnlich *Beuthien* NJW 1993, 1740 f; mit Einschränkungen ferner *Canaris* Handelsrecht § 7 Rn 83 ff.
[21] Hinsichtlich der Streichung von Abs. 2 ebenso *K. Schmidt* ZHR 145 (1981), 1 (25); Staub/*Hüffer* 4. Aufl. Rn 6, § 25 Rn 31; dezidiert aA *Canaris* ZIP 1989, 1161 (1167); *ders.* Handelsrecht § 7 Rn 84; *Säcker* ZGR 1973, 261 (280) fordert sogar eine Anpassung der §§ 130, 173 an § 28 Abs. 2.
[22] Resignierend *Rob. Fischer* LM § 28 HGB Nr. 3 a.E.: „*vernünftiger Sachgrund ... nicht ersichtlich*"; früher ebenso *Canaris* Vertrauenshaftung im deutschen Privatrecht, 1971, S. 187; ähnlich in jüngster Zeit *Kindler* JZ 2006, 176 (179 f).
[23] Ablehnend auch Staub/*Hüffer* 4. Aufl. Rn 4; Röhricht/v. Westphalen/*Ammon/Ries* Vor §§ 25–28 Rn 5.
[24] Ablehnend auch Staub/*Hüffer* 4. Aufl. Rn 4; Ebenroth/Boujong/Joost/Strohn/*Zimmer* Rn 10; GKzHGB/*Steitz* Rn 2; *K. Schmidt* Handelsrecht § 8 I 2b.

tionseinwand ausgesetzt.[25] Dabei muss man sich vor Augen halten, dass Folge einer intern vereinbarten Schuldübernahme durch die Gesellschaft ist, dass gem. § 128 auch der „eintretende" Gesellschafter für die Altverbindlichkeiten haften muss (vgl. u. Rn 41). Welches Interesse, so ist zu fragen, sollte er an einer solchen Vereinbarung haben? Die von der Gesetzesbegründung angeführten *„Schwierigkeiten und Verwickelungen"* betreffen doch wohl mehr die Altgläubiger und -schuldner, weniger die Gesellschaft oder deren Gesellschafter. Und die personelle Kontinuität, die *Zimmer* als Vorteil herausstellt, kann sich die Gesellschaft auch ohne die Vereinbarung einer Schuldübernahme zunutze machen. Ebenso wenig überzeugt sein Argument, durch eine Schuldübernahme könne die Gesellschaft die Gefahr ihrer Zerschlagung infolge einer Zwangsvollstreckung in den Anteil des bisherigen Inhabers vermeiden. Im Gegenteil! Verfügt die Gesellschaft nämlich nicht über die Mittel, die Altgläubiger des bisherigen Inhabers zu befriedigen, so droht die Insolvenz. Ist die Gesellschaft oder ein Gesellschafter dagegen willens und in der Lage die Altgläubiger zu befriedigen, dann steht solch edlem Tun auch ohne vorherige Schuldübernahme kein Rechtsgrund entgegen.[26] Das **Konzept der Haftungskontinuität** setzt seine Vereinbarkeit mit § 25 und § 28 voraus. Es ist indes schon mit § 25 unvereinbar (s. dort Rn 20 sowie Rn 34) und entspricht – eingestandenermaßen – auch nicht § 28 Abs. 2. Zudem sind beide Vorschriften nicht als Kompensation der fehlenden Rechtsfähigkeit von Unternehmen konzipiert. Schließlich hat *Karsten Schmidt* bisher keinen Grund für seine These angegeben, weswegen eine Haftung des jeweiligen Unternehmensträgers für die Schulden des Unternehmens wünschenswert sei.[27] Was schließlich das Konzept von *Johannes W. Flume* anbelangt, so ist es zwar bemerkenswert. Es entspricht aber nicht dem geltenden Recht (s. § 25 Rn 21).

11 b) **Eigenständiger Normzweck.** Zunächst ist festzuhalten, dass § 28 Abs. 1 und 2 zwar ersichtlich § 25 Abs. 1 und 2 nachgebildet ist. Das hindert die Annahme eines – zumindest partiell – eigenständigen Normzwecks jedoch nicht, wie auch die Gesetzesbegründung verdeutlicht. Die insoweit angestellten Überlegungen überzeugen freilich ebenfalls nicht. Die **Parallele zu § 130** mit dem Gedanken einer antizipierten Gesellschafterhaftung[28] ist schon deswegen abzulehnen, weil § 28 nur die Haftung der Gesellschaft und gerade nicht die Haftung des „eintretenden" Gesellschafters regelt. Dessen Haftung ist daher keineswegs einhellig anerkannt und beruht nach herrschender Meinung auf § 128 und nicht – wie nach dieser Ansicht zu erwarten wäre – auf § 130 (s. Rn 41). Und dass § 28 (lediglich) die Haftung des neuen Unternehmensträgers regelt, ist immerhin insofern folgerichtig, als diese Vorschrift ebenso wie §§ 25, 27 gerade an den Wechsel des Unternehmensträgers anknüpft.[29] Ebenso wenig ist die **Vermeidung einer haftungs- und vollstreckungsrechtlichen Benachteiligung der Altgläubiger** als Zweck von § 28 anzusehen. Vielmehr ist dies allenfalls eine Wirkung von § 28 Abs. 1 S. 1. Das zeigt sich schon daran, dass diese Norm gem. § 28 Abs. 2 dispositiv ist.[30] Dementsprechend kon-

---

[25] Ablehnend auch Staub/*Hüffer* 4. Aufl. Rn 4.
[26] Das gilt nach hM gem. § 268 BGB selbst noch nach der Kündigung durch einen Gläubiger, s. Staub/*Schäfer* § 135 Rn 32; Ebenroth/Boujong/Joost/Strohn/*Lorz* § 135 Rn 21 jeweils mwN.
[27] Ablehnend auch Staub/*Hüffer* 4. Aufl. Rn 4; *Canaris* Handelsrecht § 7 Rn 13 f mwN.
[28] BGH NJW 1966, 1917; *Säcker* ZGR 1973, 261 (280).
[29] Ablehnend auch Ebenroth/Boujong/Joost/Strohn/*Zimmer* Rn 11; vgl. auch MünchKommHGB/*Lieb* § 28 Rn 6.
[30] *Huber* FS Raisch, 1995, S. 85 (101).

zediert *Lieb*, dass seine Ansicht mit § 28 Abs. 2 unvereinbar ist.[31] Vermag seine Ansicht aber nur einen Teil der Norm zu erklären, so hat sie allenfalls rechtspolitische Bedeutung.[32] Zudem hat *Canaris* zu Recht darauf aufmerksam gemacht, dass dieser Normzweck kaum mit dem Gerechtigkeitsgebot vereinbar ist.[33] Wenn nämlich § 28 Abs. 1 S. 1 der Vermeidung einer Benachteiligung von Altgläubigern diente, wie wäre dann deren Privilegierung gegenüber Privatgläubigern des bisherigen Inhabers zu rechtfertigen? Letztlich können diese Fragen jedoch offen bleiben, denn angesichts von §§ 733 Abs. 2, 735 BGB ist nämlich schon zweifelhaft, ob es ohne § 28 Abs. 1 S. 1 überhaupt zu einer Benachteiligung von Altgläubigern käme.[34] Auch diese Ansicht ist mithin abzulehnen.[35]

4. Eigene Auffassung. All das bedeutet freilich nicht, dass § 28 Abs. 1 und 2 keinen **12** vernünftigen Sinn hätte. Vielmehr handelt es sich – ebenso wie bei § 25 (dort Rn 31) – um ganz pragmatische, auf die Verkehrserwartungen abgestimmte Vorschriften ohne dogmatischen Hintergrund, die unter **Wahrung der Privatautonomie der Parteien** der **Schaffung von Rechtssicherheit** und der **Publizität** der Haftungsverhältnisse im Interesse des **Gläubiger- und Schuldnerschutzes** dienen. Das entspricht im Ergebnis weitgehend der bereits in der Voraufl. von *Hüffer* begründeten (§ 25 Rn 19 f, 26 ff, § 26 Rn 5 f) und von anderen Autoren[36] fortgeführten Ansicht und ist bei § 25 ausführlich dargelegt worden (dort Rn 22 ff). Im Blick auf die Besonderheiten von § 28 erscheinen hier lediglich drei ergänzende Bemerkungen erforderlich:

Auch in den Fällen des § 28 geht der Gesetzgeber davon aus, dass eine Verkehrs- **13** erwartung besteht, wonach Altgläubiger sich an das Gesellschaftsvermögen halten und Altschuldner mit befreiender Wirkung an die Gesellschaft leisten können (Abs. 2 S. 8 und 9 der in Rn 5 zitierten Begründung). Dabei begründet der Gesetzgeber das Bestehen dieser Verkehrserwartung vor allem mit der Annahme, die Gesellschafter würden typischerweise entsprechende Vereinbarungen treffen (Abs. 2 S. 6 und 7 der Begründung). Darüber hinaus kann man den Hinweis auf die Parallele zu § 130 (Abs. 1 S. 2 und 3 der Begründung) und zu § 25 (Abs. 1 S. 4 der Begründung) so verstehen, dass die genannte Verkehrserwartung auch aus anderweitigen Rechtsgründen als berechtigt erscheint. Anders gewendet zeigt die Diskussion über den Zweck bzw. den Rechtsgrund insbes. der Haftung nach § 28 Abs. 1 S. 1, dass sich viele Gründe für eine dahingehende Verkehrserwartung anführen lassen, und zwar unabhängig davon, ob diese Gründe rechtlich oder tatsächlich zutreffen oder nicht; denn für das Bestehen einer Verkehrserwartung spielt ihre Berechtigung gerade keine Rolle. Wäre nämlich die Verkehrserwartung stets berechtigt, bedürfte es keiner gesetzlichen Regel, die die Altgläubiger und -schuldner vor den Folgen einer falschen Erwartung schützen soll.

Ebenso wie im Falle des § 25 entsteht also auch im Falle des § 28 durch den Wechsel **14** des Unternehmensträgers im Blick auf die Haftung für Altverbindlichkeiten und die Erfüllung von Altforderungen eine Ungewissheit – nämlich darüber, ob die genannte Verkehrserwartung im Einzelfall zutrifft oder nicht – die das Gesetz im Interesse der Rechtssicherheit und zum Schutz der Altgläubiger und -schuldner zu beseitigen sucht. Die zur

---

[31] MünchKommHGB/*Lieb* Rn 3 f; **aA** *Canaris* Handelsrecht § 7 Rn 84, der jedoch offenbar nicht hinreichend zwischen der Wirkung und dem Zweck einer Norm unterscheidet.
[32] Ebenso Ebenroth/Boujong/Joost/Strohn/*Zimmer* Rn 5.
[33] *Canaris* Handelsrecht § 7 Rn 85 f.
[34] Näher Ebenroth/Boujong/Joost/Strohn/*Zimmer* Rn 5.
[35] Ablehnend auch Ebenroth/Boujong/Joost/Strohn/*Zimmer* Rn 5; Koller/*Roth*/Morck Rn 2; U. Huber FS Raisch, 1995, S. 85 (101).
[36] S. § 25 Rn 13 sowie o. Fn 15, 16.

Gewährleistung des danach erforderlichen Verkehrsschutzes eingesetzten Mittel sind, ebenso wie bei § 25 Abs. 1 und 2, einerseits eine dispositive gesetzliche Haftung für Altverbindlichkeiten (§ 28 Abs. 1 S. 1) und eine widerlegliche gesetzliche Vermutung des Übergangs der Altforderungen (§ 28 Abs. 1 S. 2) sowie andererseits die Kundmachung anderweitiger Parteivereinbarungen (§ 28 Abs. 2), also Publizität. Damit ist Aufgabe der Gesellschaft, klare Verhältnisse zu schaffen, wenn sie die Rechtsbeziehungen des bisherigen Inhabers nicht fortsetzen will, und nicht Sache der Altgläubiger und -schuldner, den Inhalt des Gesellschaftsvertrags zu erforschen.

15 Allerdings ist ein wesentlicher Unterschied zwischen § 25 Abs. 1 und § 28 Abs. 1 zu vermerken. Während das Gesetz dort die Fortführung der Firma verlangt, verzichtet es hier auf dieses Tatbestandsmerkmal. Historisch lässt sich dies zum einen damit erklären, dass sich der Gesetzgeber im Falle des § 28 anders als bei § 25 nicht an die vorherige Gerichtspraxis des RHOG und RG sowie die Erkenntnisse der Rechtswissenschaft gebunden fühlte, weswegen § 28 auch keine § 25 Abs. 3 entsprechende Vorschrift enthält (vgl. § 25 Rn 26). Zum anderen meinte der Gesetzgeber, dass die Beibehaltung[37] der Firma hier als Publizitätsmittel ausscheide, weil als neue Firma schon der Name des bisherigen Inhabers mit einem ein Gesellschaftsverhältnis andeutenden Zusatze gelten müsse (vgl. Abs. 2 S. 10 der Begründung). Das entspricht zwar nicht dem heutigen Erkenntnisstand (s. § 25 Rn 71 f). Richtig ist aber, dass § 28 oft nicht eingreifen würde, wollte man die Fortführung der Firma verlangen, denn mit der Gründung einer Gesellschaft durch Zusammenschluss mit einem Teilhaber geht häufig eine das Merkmal der Firmenfortführung ausschließende Veränderung der Firma einher.[38] Schließlich und vor allem hielt der Gesetzgeber die teilweise personelle Kontinuität für ein noch stärkeres Indiz als die Firmenkontinuität (vgl. Abs. 2 S. 6 der bei § 25 Rn 9 zitierten Gesetzesbegründung zu § 25) für den Willen der Parteien, in die Geschäftsbeziehungen des früheren Geschäftsinhabers einzutreten. Deswegen sei es das *„Naturgemäße"*, dass die Gesellschaft die Altverbindlichkeiten erfülle und die Altforderungen einziehe (s. Abs. 2 S. 5 bis 9 der in Rn 5 zitierten Begründung). Auch diese Anschauung ist lebensnah und begegnet keinen Bedenken.

16 **5. Legitimation und rechtspolitische Bewertung.** Ebenso wie § 25 (dort Rn 28 ff) ist § 28 durch die Anliegen des Gesetzgebers gerechtfertigt: Schaffung von Rechtssicherheit, Gläubiger- und Schuldnerschutz, Wahrung der Privatautonomie und Publizität der Haftungsverhältnisse sind samt und sonders legitime Gesetzeszwecke, die § 28 mit vielen anderen Vorschriften teilt. Die Legitimation der Regelung kann daher nicht ernstlich bezweifelt werden. Das wird auch deutlich, wenn man sich die rechtspolitischen Alternativen vor Augen führt.

17 Eine Abschaffung von § 28 Abs. 1 S. 1 hätte zwar wohl keine vollstreckungsrechtliche Benachteiligung für die Altgläubiger zur Folge (s. Rn 11 a.E.), wohl aber eine vollstreckungsrechtliche Erschwernis. Außerdem würde dies zu Rechtsunsicherheit führen, die nur durch eine generelle Publizität der Parteivereinbarungen behoben werden könnte.[39] Schließlich ist § 28 Abs. 1 S. 1 weit weniger als „Haftungsfalle" geeignet als § 25 Abs. 1 S. 1; denn dass die Gesellschaft für Altverbindlichkeiten des früheren Geschäftsinhabers einstehen muss, ist auch für rechtliche Laien erheblich naheliegender als

---

[37] Die Gesetzesbegründung drückt dies freilich umgekehrt aus, was schief ist.
[38] Anschaulich *Huber* FS Raisch, 1995, S. 85 (101).
[39] Vgl. auch *Johannes W. Flume* Vermögenstransfer und Haftung, 2008, S. 125 f.

die Haftung nach § 25 Abs. 1 S. 1. Eine Abschaffung von § 28 Abs. 1 S. 1 erscheint daher weder erforderlich noch wünschenswert. Und die Sinnhaftigkeit von § 28 Abs. 1 S. 2 steht wohl ohnehin außer Streit. Damit bleibt zu fragen, ob an § 28 Abs. 2 festgehalten werden sollte. Das ist dringend zu empfehlen. Zwar könnte man meinen, dass der von § 28 Abs. 1 erstrebte Schutz der Altgläubiger und -schuldner nicht zur Disposition der Parteien gestellt werden sollte.[40] Durch die hierfür erforderliche Publizität sorgt das Gesetz jedoch für einen angemessenen Ausgleich. Zudem ist zu bedenken, dass eine Abschaffung von § 28 Abs. 2 nicht nur zu einem Verlust von Privatautonomie führen würde, sondern auch ein Hindernis für die Sanierung angeschlagener Unternehmen im Wege der Gründung einer Auffanggesellschaft darstellen könnte[41].

IV. Anwendungsbereich

1. Fragestellungen. § 28 ist seinem Wortlaut nach auf die Fälle beschränkt, in denen durch einen Personenzusammenschluss von einem Einzelkaufmann mit einem Teilhaber (oder auch mehreren Teilhabern) eine OHG oder KG entsteht, in die der Einzelkaufmann sein Handelsgewerbe als Sacheinlage einbringt. Das lässt zunächst die Frage entstehen, wer als Einzelkaufmann i.S.d. § 28 anzusehen ist. Fällt darunter z.B. auch eine andere Personenhandels- oder Kapitalgesellschaft (dazu Rn 19)? Ferner ist zu fragen, ob die Vorschrift analog auch anwendbar ist, wenn ein Nichtkaufmann seinen Gewerbebetrieb in eine OHG oder KG einbringt (dazu Rn 20). Daran schließt sich die Frage an, ob auch die Gründung einer BGB-Gesellschaft (dazu Rn 21) oder einer Kapitalgesellschaft (dazu Rn 22) erfasst wird. Außerdem ist fraglich, ob die Vorschrift nur die Gründung einer Gesellschaft betrifft oder auch den Beitritt in eine bestehende Gesellschaft unter Einbringung eines Geschäfts (dazu Rn 23). Das führt zu der weiteren Frage, wie der Fall einer Übertragung des Geschäfts einer Gesellschaft auf eine ganz oder teilweise personenidentische andere Gesellschaft zu behandeln ist (dazu Rn 24). Im Blick auf die drei zuletzt gestellten Fragen geht es dabei auch um die Abgrenzung zu § 25, die vor allem deswegen erforderlich ist, weil § 25 eine Fortführung der Firma voraussetzt, was § 28 nicht verlangt. Schließlich bleibt zu fragen, wer „Eintretender" sein kann, nur eine natürliche Person oder auch eine Personengesellschaft oder eine juristische Person (dazu Rn 25)?

2. Einzelkaufmann. Der Begriff des Einzelkaufmanns i.S.d. § 28 erfasst nicht nur natürliche Einzelpersonen, die das Geschäft auf eigene Rechnung oder zusammen mit stillen Gesellschaftern betreiben. Auch der als Treuhänder fungierende Testamentsvollstrecker oder eine Erbengemeinschaft (s. § 27 Rn 91) kommen als Einzelkaufleute in diesem Sinne in Betracht.[42] Ferner kann auch eine **Kapitalgesellschaft**, wenn sie ein Handelsgewerbe betreibt, oder eine juristische Person i.S.d. § 33 „Einzelkaufmann" i.S.v. § 28 sein.[43] Das Gleiche gilt für eine Personenhandelsgesellschaft, wenn sie sich an der Gründung einer anderen Personenhandelsgesellschaft unter Einbringung ihres Handelsgewerbes beteiligt.[44] Hiervon zu unterscheiden ist die unter Rn 24 zu erläuternde Fall-

18

19

---

[40] So Staub/*Hüffer* 4. Aufl. Rn 6, § 25 Rn 31.
[41] S. *Canaris* Handelsrecht § 7 Rn 84.
[42] Staub/*Hüffer* 4. Aufl. Rn 11; Ebenroth/Boujong/Joost/Strohn/*Zimmer* Rn 15.
[43] Staub/*Hüffer* 4. Aufl. Rn 11; Ebenroth/Boujong/Joost/Strohn/*Zimmer* Rn 15; Münch-

KommHGB/*Lieb* Rn 19; aA Koller/Roth/Morck Rn 4; Düringer/Hachenburg/*Hoeniger* Rn 3.
[44] MünchKommHGB/*Lieb* Rn 19; Ebenroth/Boujong/Joost/Strohn/*Zimmer* Rn 15; Röhricht/v. Westphalen/*Ammon*/Ries Rn 11.

gestaltung. Auf eine Eintragung in das Handelsregister kommt es nicht an, wenn die Voraussetzungen des § 1 Abs. 2 erfüllt sind.[45]

20   3. **Nichtkaufmann.** Streitig ist, ob § 28 Anwendung finden kann, wenn der Gewerbetreibende Nichtkaufmann ist. Dabei sind zwei Fallgestaltungen zu unterscheiden. Erstens: Durch den Personenzusammenschluss entsteht lediglich eine BGB-Gesellschaft (dazu Rn 21). Zweitens, davon ist hier zu handeln: Durch den Personenzusammenschluss entsteht eine Personenhandelsgesellschaft. Das kann zum einen dann der Fall sein, wenn durch die von dem neuen Teilhaber zusätzlich eingebrachten Mittel (dabei kann es sich etwa auch um ein ähnliches bisher nichtkaufmännisches Unternehmen handeln, s. Rn 33), das bisher kleingewerbliche Unternehmen zum Handelsgewerbe erstarkt, d.h. nunmehr objektiv kaufmännische Einrichtungen erforderlich sind oder alsbald sein werden[46]. In diesem Fall ist eine Anwendung von § 28 von Rechtsprechung[47] und Literatur[48] anerkannt. Nicht genügend ist aber, wenn das Unternehmen erst später zu einem Handelsgewerbe erstarkt.[49] Zum anderen gehört hierher auch der Fall, dass das Unternehmen kleingewerblich ist und bleibt, die Gesellschafter aber die Gesellschaft alsbald nach ihrer Gründung gem. §§ 105 Abs. 2, 161 Abs. 2 zur Eintragung in das Handelsregister anmelden. In diesem Fall hat der BGH eine Anwendung von § 28 aus Gründen der Rechtssicherheit im Blick auf die einschneidenden Rechtsfolgen von § 28 Abs. 1 S. 1 abgelehnt.[50] Dem ist mit der h.L.[51] nicht zu folgen. Zwar ist das Argument der Rechtssicherheit nicht von der Hand zu weisen. Eine gewisse Rechtsunsicherheit ist jedoch im Blick auf die Voraussetzungen des § 1 Abs. 2 unvermeidlich, wie sich schon dann zeigt, wenn ein Einzelkaufmann nicht in das Handelsregister eingetragen ist oder zwar eingetragen ist, das Unternehmen aber, welches er in die Personenhandelsgesellschaft einbringt, möglicherweise inzwischen auf kleingewerbliches Niveau abgesunken ist. Zu bedenken ist freilich auch, dass durch eine analoge Anwendung von § 28 kein unstatthafter Druck auf die Gesellschafter ausgeübt werden darf, eine Eintragung zu betreiben (s. § 25 Rn 38). Es genügt daher nicht, dass die Gesellschaft in das Handelsregister eingetragen werden könnte.[52] Erforderlich ist vielmehr, dass die Gesellschafter die Eintragung tatsächlich so rechtzeitig betreiben, dass auch eine Eintragung nach § 28 Abs. 2, wenn sie gleichzeitig betrieben würde, noch Wirkung entfalten könnte (dazu § 25 Rn 133 ff). Das wird nunmehr näher zu begründen sein.

21   4. **Gründung einer BGB-Gesellschaft.** Gleichfalls streitig ist, ob § 28 analoge Anwendung findet, wenn durch den Personenzusammenschluss lediglich eine BGB-Gesellschaft entsteht. Dabei sind wiederum zwei Fallgestaltungen zu unterscheiden. Erstens: Die BGB-

---

[45] Röhricht/v. Westphalen/*Ammon/Ries* § 28 Rn 9; GKzHGB/*Streitz* Rn 3; Koller/*Roth*/Morck Rn 5.
[46] Vgl. BGHZ 32, 307 (311); BayObLG NJW 1985, 983.
[47] RG Recht 1924 Nr. 404; RGZ 164, 115; BGH NJW 1966, 1917; BGH WM 1972, 21 (alle zu § 4 a.F.).
[48] Röhricht/v. Westphalen/*Ammon/Ries* Rn 11; Koller/*Roth*/Morck Rn 5; MünchKommHGB/*Lieb* Rn 8 ff.
[49] BGHZ 31, 398 (401); Ebenroth/Boujong/Joost/Strohn/*Zimmer* Rn 16.
[50] BGHZ 31, 398 (400).
[51] Ebenroth/Boujong/Joost/Strohn/*Zimmer* Rn 17; Koller/*Roth*/Morck Rn 5; MünchKommHGB/*Lieb* Rn 9 f.
[52] AA K. *Schmidt* Handelsrecht § 8 III 1a bb; *ders.* DB 1973, 703 ff; *ders.* NJW 2005, 2801 (2807); *Grunewald* JZ 2004, 683 f; GKzHGB/*Steiz* Rn 7; MünchKommHGB/*Lieb* Rn 9 f; *ders.* FS H. Westermann, 1974, S. 309 (315 ff); wie hier Röhricht/v. Westphalen/*Ammon/Ries* Rn 9; Baumbach/*Hopt* Rn 2; Koller/*Roth*/Morck Rn 5; Ebenroth/Boujong/Joost/Strohn/*Zimmer* Rn 16.

Gesellschaft ist nicht eintragungsfähig, insbes. weil das eingebrachte Unternehmen nicht gewerblich tätig ist. Zweitens: Die BGB-Gesellschaft wäre nach §§ 105 Abs. 2, 161 Abs. 2 eintragungsfähig, die Gesellschafter betreiben jedoch keine Eintragung. Der BGH lehnt in solchen Fällen eine analoge Anwendung von § 28 ab.[53] Dem stimmt die h.L. mit Recht zu.[54] Für den ersten Fall ergibt sich dies schon daraus, dass eine Eintragung nach § 28 Abs. 2 möglich sein muss, weil eine bloße Mitteilung an Altgläubiger und -schuldner ungleich aufwendiger ist und aus Beweisgründen keine vergleichbare Rechtssicherheit bietet[55]. Und für den zweiten Fall folgt dies aus der bereits angeführten Überlegung, dass durch eine analoge Anwendung von § 28 kein unstatthafter Druck auf die Gesellschafter ausgeübt werden darf, eine Eintragung zu betreiben (s. § 25 Rn 38).[56] Die Gegenmeinungen von *Karsten Schmidt*[57] und *Manfred Lieb*[58] beruhen darauf, dass sie aufgrund ihrer Auffassungen zum Normzweck von § 28 die Abdingbarkeit von Abs. 1 der Vorschrift durch Abs. 2 ohnehin für verfehlt halten (s. Rn 7 f). Überdies verneinen sie ein – freilich ganz unterschiedliches – allgemeines Prinzip zu erkennen, weswegen *Lieb* § 28 sogar für deplaziert hält und die Vorschrift lieber bei §§ 705 BGB ff angesiedelt sähe. Diese Auffassungen sind indes, wie bereits ausgeführt wurde (Rn 11), u.a. gerade deswegen abzulehnen, weil die Möglichkeit der Abdingbarkeit der Rechtsfolgen von § 28 Abs. 1 essentieller Normbestandteil ist.

5. Gründung einer Kapitalgesellschaft. Ob die Einbringung eines Unternehmens im Rahmen der Gründung einer Kapitalgesellschaft (oder bei einer Kapitalerhöhung gegen Sacheinlage, vgl. Rn 23) zur Haftung der aufnehmenden Gesellschaft nach § 28 führen kann, ist ebenfalls umstritten. Der BGH hat die Frage in jüngerer Zeit verneint und sich dabei auf den Wortlaut der Norm und – ohne näheren Nachweis – auf die Entstehungsgeschichte berufen.[59] Der Wortlaut der Norm verbietet freilich nur ihre unmittelbare Anwendung. Und die Entstehungsgeschichte spricht eher für eine Gesetzeslücke. Die Gesetzesbegründung erwähnt den Fall nämlich nicht, sondern konzentriert sich bei den §§ 25 ff ganz generell lediglich auf die Grundfälle. Das spricht dafür, dass die Einbringung eines einzelkaufmännischen Unternehmens in eine Kapitalgesellschaft den Gesetzesverfassern gar nicht in den Sinn gekommen ist, zumal die Einbringung in eine Aktiengesellschaft typologisch eher fern liegt und die GmbH gerade erst das Licht der Welt erblickt hatte[60]. Mithin kommt es in erster Linie darauf an, ob die Interessenlage eher mit § 25 oder mit § 28 vergleichbar ist. Nach hier vertretener Ansicht (Rn 13) ist daher zu fragen, ob auch die Beteiligung an einer Kapitalgesellschaft unter Einbringung des Handelsgeschäfts die Verkehrserwartung begründen kann, die Gesellschaft würde für Altverbindlichkeiten des bisherigen Gesellschafters haften und die Altforderungen einzie-

22

---

[53] Vgl. BGHZ 31, 398, 400 (zu § 2 a.F.); 157, 361 (zu einer Rechtsanwaltssozietät); offengelassen aber in BGHZ 143, 314 (318); anders OLG Naumburg NZG 2006, 712.
[54] Ebenroth/Boujong/Joost/Strohn/*Zimmer* Rn 16; Koller/*Roth*/Morck Rn 5; Röhricht/ v. Westphalen/*Ammon*/Ries Rn 9; Baumbach/*Hopt* Rn 2; differenzierend Staub/*Hüffer* 4. Aufl. Rn 27, der eine analoge Anwendung des § 28 nur für GbR ablehnt, die nicht gewerblich tätig sind, weil sonst der Rahmen des Handelsrechts verlassen werde; ebenso *Fest* WM 2007, 196.
[55] Das übersieht Staub/*Hüffer* 4. Aufl. Rn 27; wie hier Ebenroth/Boujong/Joost/Strohn/ *Zimmer* Rn 16; Koller/*Roth*/Morck Rn 5; Heymann/*Emmerich* Rn 14.
[56] Ebenso Koller/*Roth*/Morck Rn 5.
[57] *K. Schmidt* Handelsrecht § 8 III 1a bb.
[58] *Lieb* FS H. Westermann, 1974, S. 309 (315 ff); ferner MünchKommHGB/*Lieb* Rn 9 f.
[59] BGHZ 143, 314 (318); zuvor schon RGZ 143, 368 (371, 373).
[60] Ähnlich Staub/*Hüffer* 4. Aufl. Rn 30.

hen. Diese Frage stellen, heißt sie zu bejahen; denn ein Unterschied zwischen der Beteiligung an einer Personenhandelsgesellschaft und einer Kapitalgesellschaft ist insofern nicht zu erkennen. Entscheidend ist allein das Vorliegen personeller Teilidentität.[61] Dafür muss allerdings die Beteiligung an der Kapitalgesellschaft eine gewisse Größenordnung erreichen, weil sich andernfalls die personelle Teilidentität nicht nach außen manifestiert, was Grundlage der Verkehrserwartung ist.[62] Eine Beteiligung an der Geschäftsführung reicht in jedem Fall aus,[63] ist aber umgekehrt nicht stets erforderlich[64]. Das zeigt sich schon daran, dass es bei der Beteiligung an einer Personengesellschaft ausreicht, wenn der bisherige Geschäftsinhaber Kommanditist wird, vgl. § 28 Abs. 3. Auch an die Größenordnung der Beteiligung an der Kapitalgesellschaft dürfen daher keine übertriebenen Anforderungen gestellt werden. Eine Beteiligung i.H.v. 10 % wird man daher als ausreichend, aber auch erforderlich anzusehen haben, vgl. auch die Wertung der § 39 Abs. 5 InsO n.F., § 6a AnfG n.F.[65] Sind diese Voraussetzungen nicht gegeben, greift § 25 ein, wenn die Gesellschaft die Firma des bisherigen Inhabers fortführt.

23   **6. Eintritt in eine bestehende Gesellschaft.** In der Literatur umstritten ist ferner die Anwendbarkeit von § 28, wenn das Handelsgeschäft in eine bereits bestehende Gesellschaft eingebracht wird.[66] Eine unmittelbare Anwendung scheidet freilich auch in diesem Falle aus, weil § 28 nach seinem Wortlaut die Entstehung einer Personenhandelsgesellschaft durch Beitritt eines Dritten voraussetzt. § 28 ist jedoch analog anzuwenden. Anhaltspunkte dafür, dass der Gesetzgeber bewusst keine diesbezügliche Regelung getroffen hat, fehlen. Auch die §§ 130, 173 sind nicht einschlägig, weil sie lediglich die Haftung des beitretenden bisherigen Geschäftsinhabers anordnen, es hier jedoch in erster Linie um die Haftung der aufnehmenden Gesellschaft geht. Neben der planwidrigen Regelungslücke ist auch Interessenidentität gegeben; denn aus Sicht des Verkehrs macht es keinen Unterschied, ob die Gesellschaft neu gegründet wird oder bereits besteht. Erforderlich ist nur, dass sich die personelle Teilidentität nach außen manifestiert, s. dazu Rn 22. Ob die bestehende Gesellschaft, der der bisherige Geschäftsinhaber beitritt, eine Personenhandels- oder Kapitalgesellschaft ist, macht unter dieser Voraussetzung nach dem zuvor Ausgeführten ebenfalls keinen Unterschied.

24   **7. Übertragung des Geschäfts einer Gesellschaft auf eine ganz oder teilweise personenidentische andere Gesellschaft.** Hier geht es um den Fall, dass eine aus A, B und C bestehende Personenhandels- oder Kapitalgesellschaft das von ihr betriebene Handelsgewerbe auf eine andere Gesellschaft überträgt, an der ebenfalls A, B und C oder etwa A, B und D

---

[61] I.E. ebenso MünchKommHGB/*Lieb* Rn 5, 13, 21; *ders.* JZ 2000, 1010; GKzHGB/*Steiz* Rn 4; Staub/*Hüffer* 4. Aufl. Rn 11, 30; aA Koller/*Roth*/Morck Rn 9; ebenfalls die Anwendung des § 28 auf Kapitalgesellschaften ablehnend Baumbach/*Hopt* Rn 2; *K. Schmidt* Handelsrecht § 8 III 1b bb; *ders.* ZHR 145 (1981), 2 (14).

[62] Ähnlich Ebenroth/Boujong/Joost/Strohn/*Zimmer* Rn 26 f.

[63] Ebenso Ebenroth/Boujong/Joost/Strohn/*Zimmer* Rn 26.

[64] AA Ebenroth/Boujong/Joost/Strohn/*Zimmer* Rn 27.

[65] Die Vorschriften beruhen darauf, dass der Gesetzgeber erst bei Erreichen dieses Schwellenwerts von einer mitunternehmerischen Beteiligung ausgeht.

[66] Dafür Staub/*Hüffer* 4. Aufl. § 25 Rn 93 f und § 28 Rn 30; MünchKommHGB/*Lieb* § 25 Rn 21 f und § 28 Rn 6 f; *ders.* Dauerschuldverhältnisse, S. 31, in: FS Börner, S. 758 f; *Gerlach* S. 60; dagegen *Canaris* Handelsrecht § 7 Rn 98; Koller/*Roth*/Morck Rn 9; *Commandeur* S. 178; *Honsell/Harrer* ZIP 1983, 259 (263 Fn 48); Baumbach/*Hopt* Rn 2; Heymann/*Emmerich* Rn 9; *K. Schmidt* Handelsrecht § 8 III 1b cc.

beteiligt sind. Der BGH will auf diesen Fall lediglich § 25 anwenden, was eine Firmenfortführung voraussetzt.[67] Dem kann nicht gefolgt werden;[68] denn auch für diese Fallkonstellation ist die teilweise oder gar vollständige Personenidentität prägend. Freilich kann § 28 nicht direkt, sondern ebenfalls nur analog angewandt werden. Das ist gerechtfertigt, weil eine Regelungslücke besteht und die Interessenlage aufgrund der (teilweisen) Personenidentität vergleichbar ist.

8. „Eintretender". An die Person des „Eintretenden" stellt das Gesetz keine Anforderungen.[69] Es muss sich nicht um eine natürliche Person, geschweige denn einen Kaufmann handeln. Eintretender kann daher auch eine Personenhandelsgesellschaft oder eine juristische Person sein.[70] Auch mehrere Personen können „eintreten".[71] Unerheblich ist ferner, ob der bisherige Geschäftsinhaber oder der „Eintretende" persönlich haftender Gesellschafter oder Kommanditist wird. § 28 ist daher auch auf die Gründung bzw. den Beitritt zu einer GmbH & Co. KG anwendbar.[72]   **25**

B. Der Gläubigerschutz nach § 28 Abs. 1 S. 1

I. Voraussetzungen

1. Entstehung einer Gesellschaft

a) **Abschluss eines Gesellschaftsvertrags.** § 28 Abs. 1 S. 1 setzt voraus, dass durch   **26**
den Eintritt als persönlich haftender Gesellschafter oder als Kommanditist in das Geschäft eines Einzelkaufmanns eine Gesellschaft entsteht. Erforderlich ist daher zunächst der – ausdrückliche oder konkludente – Abschluss eines Gesellschaftsvertrages zwischen dem oder den „Eintretenden" und dem bisherigen Geschäftsinhaber, durch den eine OHG oder KG gegründet wird. Dabei ist es ausweislich des Wortlauts von § 28 Abs. 1 und 3 unerheblich, ob der „Eintretende" oder der bisherige Geschäftsinhaber persönlich haftender Gesellschafter oder Kommanditist wird. Richtigerweise analog anwendbar ist § 28 insbes. auf die Gründung einer Kapitalgesellschaft (Rn 22) sowie auf den Eintritt des bisherigen Geschäftsinhabers in eine bestehende Personenhandels- oder Kapitalgesellschaft (Rn 23), nicht dagegen auf die Gründung einer BGB-Gesellschaft (Rn 21). Erforderlich ist die tatsächliche Gründung einer Gesellschaft. Bei Kapitalgesellschaften genügt das Entstehen einer Vorgesellschaft.[73] Bloße Vorbereitungen, die nicht zum Abschluss gekommen sind, reichen für die Begründung einer Haftung der zukünftigen Gesellschaft dagegen nicht aus.[74]

---

[67] BGH WM 1963, 664 (665); ebenso *Waskönig* S. 144 f.
[68] MünchKommHGB/*Lieb* Rn 6; *Gerlach* Die Haftungsanordnung der §§ 25, 28, 130 HGB, 1976, S. 60; Staub/*Hüffer* 4. Aufl. Rn 30, § 25 Rn 91 ff.
[69] Staub/*Hüffer* 4. Aufl. Rn 13; Röhricht/v. Westphalen/*Ammon/Ries* Rn 25; MünchKommHGB/*Lieb* Rn 20.
[70] Staub/*Hüffer* 4. Aufl. Rn 13; Ebenroth/Boujong/Joost/Strohn/*Zimmer* Rn 19.
[71] Staub/*Hüffer* 4. Aufl. Rn 13; Ebenroth/Boujong/Joost/Strohn/*Zimmer* Rn 19.
[72] Staub/*Hüffer* 4. Aufl. Rn 13; MünchKommHGB/*Lieb* Rn 20; Röhricht/v. Westphalen/*Ammon/Ries* Rn 25.
[73] AA BGHZ 143, 314 (318 f); Koller/*Roth*/Morck Rn 4.
[74] Röhricht/v. Westphalen/*Ammon/Ries* Rn 14; Heymann/*Emmerich* Rn 16.

27 b) **Fehlerhafte Gesellschaftsgründung.** Bei § 25 (Rn 55) wurde aufgezeigt, dass die Unwirksamkeit des Erwerbsgeschäfts die Haftung des Erwerbers grundsätzlich unberührt lässt. Fraglich ist, ob das vorliegend entsprechend gilt, wenn der Gesellschaftsvertrag fehlerhaft ist. Richtigerweise ist zu unterscheiden:

28 aa) **Unwirksame Gesellschaft.** Ist keine Gesellschaft entstanden – etwa weil überhaupt kein Gesellschaftsvertrag geschlossen wurde oder schwerwiegende Nichtigkeitsgründe vorliegen (z.B. Geschäftsunfähigkeit des Eintretenden, Verstoß gegen § 134 BGB)[75] –, fehlt es bereits an dem Haftungsobjekt. Eine inexistente Gesellschaft kann nicht haften.[76] Auch der Anschein eines Eintritts kann eine Haftung nach § 28 nicht begründen.[77]

29 In Betracht kommt daher allenfalls eine Haftung der vermeintlichen Gesellschafter nach §§ 28, 128 in Verbindung mit den allgemeinen Rechtsscheingrundsätzen. Das Reichsgericht hatte eine solche Haftung angenommen, wenn die Gesellschaft trotz Unwirksamkeit eingetragen, bekannt gemacht und in Vollzug gesetzt wurde.[78] Der BGH ist dem mit Zurückhaltung begegnet.[79] Die Literatur hält eine solche Rechtsscheinhaftung teils für möglich,[80] lehnt sie jedoch heute überwiegend ab[81]. Letzterem ist zuzustimmen; denn eine Haftung des „Eintretenden" über § 128 ist auch in Verbindung mit den allgemeinen Rechtsscheingrundsätzen nur möglich, wenn die Altverbindlichkeiten nach § 28 auf die Gesellschaft übergegangen sind. Das ist hier aber gerade nicht der Fall, weil es keine Gesellschaft gibt. Die Altgläubiger können sich daher im Falle einer unwirksamen Gesellschaft nur an den bisherigen Geschäftsinhaber halten.

30 bb) **Auflösbare Gesellschaft.** Führen die Gründungsmängel nicht zur Nichtigkeit der Gesellschaft, sondern lassen nach der Lehre von der fehlerhaften Gesellschaft das Entstehen der Gesellschaft unberührt, so kommt ihre Auflösung nur für die Zukunft in Betracht.[82] In diesem Fall ist daher nach Rechtsprechung[83] und herrschender Lehre[84] § 28 uneingeschränkt anwendbar. Für Altverbindlichkeiten haften danach nicht nur die fehlerhafte Gesellschaft, sondern über § 128 auch ihre Gesellschafter. Andere halten Letzteres für ein ungerechtfertigtes Gläubigergeschenk und lehnen daher eine Haftung des „Eintretenden" ab.[85] Grundsätzlich zuzustimmen ist der hM. Zwar wurde die Lehre von der fehlerhaften Gesellschaft vor allem im Interesse der Neugläubiger begründet. Der Schutzzweck von § 28 trifft aber auch auf den Fall einer fehlerhaften Gesellschaft zu. Eine Aus-

---

[75] S. aus der Rechtsprechung bspw. BGHZ 17, 160; 62, 234; 75, 214; 97, 243. Ob und unter welchen Voraussetzungen solche Gründe zur Nichtigkeit der Gesellschaft oder nach den Regeln der fehlerhaften Gesellschaft nur zu ihrer Auflösbarkeit führen ist allerdings streitig; dagegen etwa *Karsten Schmidt* Gesellschaftsrecht, § 6 III 3; Ebenroth/Boujong/Joost/Strohn/*Wertenbruch* § 105 Rn 182 ff, jeweils mwN.

[76] Ebenso MünchKommHGB/*Lieb* Rn 24; Ebenroth/Boujong/Joost/Strohn/*Zimmer* Rn 20; Röhricht/v. Westphalen/*Ammon/Ries* Rn 16.

[77] BGH WM 1964, 296 (298); Baumbach/*Hopt* Rn 3, sowie die Vorgenannten.

[78] RGZ 89, 97 (98); 142, 98 (106).

[79] BGH WM 1961, 917 (918 f); BGH WM 1964, 296 (298).

[80] Baumbach/*Hopt* Rn 3; Koller/*Roth*/Morck Rn 3; Schlegelberger/*Hildebrandt*/Steckhan Rn 6; unklar Staub/*Hüffer* 4. Aufl. Rn 12.

[81] MünchKommHGB/*Lieb* Rn 24, 26; Ebenroth/Boujong/Joost/Strohn/*Zimmer* Rn 20 f; zweifelnd Röhricht/v. Westphalen/*Ammon/Ries* Rn 18.

[82] Grundlegend RGZ 165, 193 (201 ff); BGHZ 3, 285 (287 ff); näher Staub/*Hüffer* 4. Aufl. § 105 Rn 327 ff, 334 ff.

[83] BGH NJW 1972, 1466 (1467).

[84] Staub/*Hüffer* 4. Aufl. Rn 12; Baumbach/*Hopt* Rn 3; Ebenroth/Boujong/Joost/Strohn/*Zimmer* Rn 22 f; *Canaris* Handelsrecht § 7 Rn 90.

[85] MünchKommHGB/*Lieb* Rn 26; Röhricht/v. Westphalen/*Ammon/Ries* Rn 18.

nahme von diesem Grundsatz ist allerdings dann zu machen, wenn die Fehlerhaftigkeit der Gesellschaft auf Normen beruht, die dem Schutz des „Eintretenden" dienen, und dessen Haftung nach §§ 28, 128 mit dem vorrangigen Individualschutz nicht vereinbar ist.

2. Bestehen eines Geschäfts. Ferner setzt § 28 voraus, dass der bisherige Inhaber **31** („Einzelkaufmann", s. dazu Rn 19) ein bisher von ihm betriebenes Unternehmen („das Geschäft") als Einlage in die neue Gesellschaft einbringt. Das Unternehmen muss daher bereits vor der Einbringung bestanden haben – ein Unternehmen im Planungsstadium reicht daher nicht aus – und darf nicht zuvor vollständig aufgelöst oder eingestellt worden sein. Die Voraussetzungen des § 28 sind daher nicht erfüllt, wenn der bisherige Geschäftsinhaber nach endgültiger Auflösung des Unternehmens nur noch einige restliche Betriebsmittel auf die Gesellschaft überträgt und mit dem „Eintretenden" ein neues Unternehmen gründet.[86] Vielmehr muss das Unternehmen im Wesentlichen als lebendes Ganzes in die Gesellschaft eingebracht worden sein. Auch hier muss also der **Erwerb einer betriebsfähigen Wirtschaftseinheit** vorliegen (näher § 25 Rn 48, § 22 Rn 14 ff).[87] Unter diesen Voraussetzungen schadet ein Ruhen des Unternehmens nicht.[88]

§ 28 ist auch dann anzuwenden, wenn der **bisherige Inhaber mehrere** von ihm betrie- **32** bene **Unternehmen** einbringt. Bringt er nur eines von mehreren Unternehmen ein, ist für die Voraussetzungen und die Rechtsfolgen von § 28 nur auf das eingebrachte Unternehmen abzustellen. Auf die in diesem Unternehmen entstandenen Verbindlichkeiten ist dann also die Haftung beschränkt. Welches von mehreren Unternehmen eingebracht wurde, ist erforderlichenfalls durch Auslegung zu ermitteln.[89]

Ferner erfasst § 28 den Fall der Vereinigung **mehrerer Unternehmen von mehreren** **33** **Gesellschaftern** in der neuen Gesellschaft, wenn also mehrere Gesellschafter jeweils eines oder mehrere Unternehmen in die Gesellschaft einbringen.[90] Die Vorschrift ist also auch dann anwendbar, wenn nicht nur B als Gesellschafter in das Geschäft des A eintritt, sondern zugleich A als Gesellschafter in das Unternehmen des B; denn in diesem Fall liegen die Voraussetzungen des § 28 gleichsam doppelt vor. Die Gesellschaft haftet dann für die Geschäftsverbindlichkeiten von A und B. Das gilt freilich nur dann, wenn beide Unternehmen von der Gesellschaft fortgeführt werden (s. Rn 35), also nicht, wenn A oder B oder beide aus Anlass der Gesellschaftsgründung ihr bisheriges Geschäft aufgeben.

3. Einbringung des Geschäfts. Das bestehende Geschäft muss von seinem bisherigen **34** Inhaber in die Gesellschaft eingebracht worden sein. Das setzt ebenso wenig wie bei § 25 (dort Rn 52, 57) eine Übertragung des Geschäftsvermögens (Substanzübertragung) voraus. § 28 ist daher insbes. auch auf Fälle einer bloßen Betriebsaufspaltung bzw. Betriebspacht anzuwenden.[91] Bei einer Betriebsaufspaltung durch Spaltung gem. den §§ 124 ff UmwG sind allerdings die Haftungsregelungen der §§ 133, 134 UmwG zu beachten.

---

[86] MünchKommHGB/*Lieb* Rn 14.
[87] MünchKommHGB/*Lieb* Rn 14; i.E. ebenso Staub/*Hüffer* Rn 9; Heymann/*Emmerich* Rn 19; vgl. auch Ebenroth/Boujong/Joost/Strohn/*Zimmer* Rn 21.
[88] BGH WM 1955, 1315. Zu weitgehend ist allerdings, wenn in Anschluss an die Bemerkung des BGH in WM 1961, 917 (918) formuliert wird, es reiche aus, wenn das ruhende Unternehmen „*nicht mehr als einen Firmenmantel darstellt*".

[89] BGHZ 31, 397 (399) = NJW 1960, 624 = LM Nr. 3 m. zust. Anm. *Fischer* BGH NJW 1961, 1765; RG LZ 1907, 822.
[90] MünchKommHGB/*Lieb* Rn 16; Staub/*Hüffer* 4. Aufl. Rn 15; *K. Schmidt* Handelsrecht § 8 III 1b cc.
[91] MünchKommHGB/*Lieb* Rn 18; Ebenroth/Boujong/Joost/Strohn/*Zimmer* Rn 28; Röhricht/v. Westphalen/*Ammon/Ries* Rn 23; Heymann/*Emmerich* Rn 22; **aA** nur *Schricker* ZGR 1972, 121 (153 f Fn 128).

35 **4. Fortführung des Geschäfts.** Die Fortführung des eingebrachten Unternehmens durch die Gesellschaft fordert der Gesetzeswortlaut anders als bei § 25 nicht ausdrücklich. Von einem „Eintritt in das Geschäft" kann indes nicht die Rede sein, wenn es nicht auf die eine oder andere Weise fortgeführt wird. Das Erfordernis der Geschäftsfortführung ergibt sich also aus den beiden zuvor genannten Voraussetzungen der Einbringung eines bestehenden Geschäfts in die Gesellschaft und ist daher allgemein anerkannt.[92] Bei einer sofortigen Stilllegung oder Veräußerung des Geschäfts greift § 28 daher nicht ein,[93] wohl aber wenn dies erst nach einer Geschäftsfortführung erfolgt[94]. **Nicht erforderlich** ist ferner, dass das Unternehmen **im Wesentlichen unverändert** fortgeführt wird.[95] Die Gegenmeinung[96] beruht wohl auf einer Parallele zu § 25 (s. dort Rn 61 ff) und überschätzt damit die Bedeutung der Unternehmenskontinuität im vorliegenden Fall. Während es bei § 25 darauf ankommt, dass der Erwerber für den Rechtsverkehr durch die erforderliche Unternehmens- und Firmenkontinuität erkennbar die geschäftliche Nachfolge des bisherigen Inhabers angetreten hat, weil hierauf die von dem Gesetz geschützte Erwartung des Verkehrs einer Haftung des Erwerbers beruht, gründet diese Verkehrserwartung hier lediglich auf der Einbringung des bestehenden Geschäfts in die Gesellschaft und der personellen Teilidentität. Die Gesellschaft muss daher nicht die geschäftliche Nachfolge des bisherigen Inhabers antreten und daher auch nicht das Geschäft im Wesentlichen unverändert fortführen. Das ist auch deswegen sachgerecht, weil § 28 andernfalls vielfach leerliefe, da mit dem „Eintritt" eines Teilhabers erheblich öfter als in den Fällen des § 25 eine wesentliche Veränderung, insbes. Erweiterung des Unternehmens verbunden ist.[97] Das gilt vor allem – aber nicht nur – im Fall der Vereinigung mehrerer Unternehmen (Rn 33) und der hiermit in der Regel verbundenen Umgestaltung. Dementsprechend haftet die Gesellschaft den Altgläubigern aller eingebrachten Unternehmen ohne Rücksicht darauf, welche organisatorischen Maßnahmen die Gesellschaft bezüglich der einzelnen Unternehmen trifft, also auch bei **erheblichen Veränderungen**. Deshalb genügt die Fortführung von wesentlichen Unternehmensteilen, auch als Zweigniederlassung, als unselbständige Betriebsabteilung oder Sparte. Wollte man in solchen Fällen annehmen, dass die Haftung der Gesellschaft entfiele, würde dies dem Schutzinteresse der Gläubiger nicht gerecht.

36 **5. Einzelkaufmann und „Eintretender".** Inhaber des eingebrachten Geschäfts muss nach dem Gesetzeswortlaut ein Einzelkaufmann sein, s. dazu bereits Rn 19 f. An die Person des „Eintretenden" stellt das Gesetz dagegen keine besonderen Anforderungen, s. dazu bereits Rn 25.

37 **6. Entbehrlichkeit der Firmenfortführung.** Anders als § 25 setzt § 28 keine Firmenfortführung voraus. Vielmehr ersetzt die nach § 28 erforderliche teilweise personelle Kontinuität die nach § 25 erforderliche Firmenkontinuität, s. schon Rn 2. Die Rechts-

---

[92] KG OLGE 21, 375; aus der Lit. bspw. MünchKommHGB/*Lieb* Rn 17; Ebenroth/Boujong/Joost/Strohn/*Zimmer* Rn 28; Baumbach/*Hopt* Rn 4.
[93] GKzHGB/*Steitz* Rn 5; Koller/*Roth*/Morck Rn 7; i. E. ebenso MünchKommHGB/*Lieb* Rn 17.
[94] Baumbach/*Hopt* Rn 4; Koller/*Roth*/Morck Rn 7.
[95] Außer den Vorgenannten etwa Röhricht/v. Westphalen/*Ammon*/Ries Rn 20.
[96] RG Recht 1924, Sp. 140 f Nr. 404; LG Hamburg MDR 1971, 929 f; *Canaris* Handelsrecht § 7 Rn 87; Heymann/*Emmerich* Rn 19, 21; Schlegelberger/*Hildebrandt*/Steckhan Rn 2.
[97] MünchKommHGB/*Lieb* Rn 17.

folgen des § 28 treten also auch dann ein, wenn die bisherige Firma (bei Vereinigung von Unternehmen: die bisherigen Firmen) gelöscht wird und die Gesellschaft eine neue Firma annimmt.

II. Rechtsfolgen

1. Gesetzlicher Schuldbeitritt. § 28 Abs. 1 ordnet die Haftung der Gesellschaft für alle im Betrieb des eingebrachten Unternehmens entstandenen Verbindlichkeiten an. Da die Haftung des bisherigen Inhabers zunächst unverändert bestehen bleibt (Rn 40), handelt es sich wie bei § 25 um einen gesetzlichen Schuldbeitritt (vgl. § 25 Rn 75).[98] Der bisherige Inhaber und die Gesellschaft haften als Gesamtschuldner. Der auch bei § 28 vorgeschlagenen Auslegung als Vertragsüberleitungsnorm[99] kann aus den bei § 25 Rn 77 angeführten Gründen nicht zugestimmt werden. Auch der BGH hat sich – zumindest im Blick auf Mietverhältnisse – gegen die Rechtsfolge einer Vertragsüberleitung entschieden: Die durch Eintritt eines Gesellschafters in den Betrieb eines Einzelkaufmanns entstehende Gesellschaft könne ohne Zustimmung des Vermieters nicht in das vom bisherigen Einzelkaufmann begründete Mietverhältnis eintreten.[100] Im Ausgangspunkt (s. aber § 25 Rn 90 sowie unten Rn 40) bleibt der bisherige „Einzelkaufmann" daher Vertragspartner. Will ein Gläubiger die Enthaftung des bisherigen Inhabers verhindern, kann er überdies nach hier vertretener Auffassung das aus dem gesetzlichen Schuldbeitritt folgende Forderungsrecht der Gesellschaft gegenüber gem. § 333 BGB analog zurückweisen (s. § 25 Rn 81 f, § 26 Rn 37 ff sowie u. Rn 54). **38**

2. Haftung für Geschäftsverbindlichkeiten des bisherigen Inhabers. Die Haftung der Gesellschaft beschränkt sich auf die im Geschäftsbetrieb des bisherigen Inhabers entstandenen Altverbindlichkeiten; das sind die Verbindlichkeiten, die im Betrieb des Geschäfts vor dem Wechsel des Unternehmensträgers entstanden sind. Entstehung der Verbindlichkeiten genügt; Fälligkeit ist also nicht erforderlich. Kenntnis der Verbindlichkeiten oder Möglichkeit der Kenntnisnahme ist nicht vorausgesetzt. Die Gesellschaft haftet also auch für Schulden, die nicht aus der Buchführung oder der Korrespondenz zu ersehen sind. Eine Haftung für Privatverbindlichkeiten des früheren Einzelkaufmanns ist dagegen nicht vorgesehen. Ebenso wenig besteht eine Haftung der Gesellschaft für Verbindlichkeiten des „Eintretenden", es sei denn, dieser brächte ebenfalls ein Geschäft in die Gesellschaft ein (s. Rn 33); dann haftet die Gesellschaft auch für Altverbindlichkeiten, die vor der Einbringung im Betrieb dieses Geschäfts entstanden sind.[101] **39**

3. Forthaftung des bisherigen Inhabers. In Bezug auf die Weiterhaftung des „früheren Geschäftsinhabers" enthält § 28 keine besondere Regelung. Gesondert – aber nicht abschließend – geregelt ist nur seine Enthaftung, nämlich in § 28 Abs. 3 (dazu Rn 50 ff). Daraus folgt zugleich, dass das Gesetz, soweit es nichts anderes bestimmt, die persön- **40**

---

[98] Röhricht/v. Westphalen/*Ammon/Ries* Rn 28; Heymann/*Emmerich* Rn 24; Baumbach/Hopt Rn 5; BGH WM 1989, 1219.
[99] MünchkommHGB/*Lieb* Rn 29; K. *Schmidt* FS Medicus (1999) S. 559 ff; ausdrücklich aA Ebenroth/Boujong/Joost/Strohn/*Zimmer* Rn 29.
[100] BGH NJW 2001, 2251 (2252); sonst aber offengelassen s. auch BGH NJW 2004, 836 (837).
[101] Zum Vorstehenden MünchKommHGB/*Lieb* Rn 28, § 25 Rn 90 ff; Röhricht/v. Westphalen/*Ammon/Ries* Rn 29; Koller/*Roth*/Morck Rn 10; GkzHGB/*Steitz* Rn 10.

§ 28 1. Buch. Handelsstand

liche Forthaftung des bisherigen Geschäftsinhabers für Altverbindlichkeiten als selbstverständlich voraussetzt.[102] Der bisherige Inhaber haftet daher einerseits als ursprünglicher Schuldner unmittelbar aus der jeweiligen Anspruchsnorm andererseits ggf. als Gesellschafter der neuen Gesellschaft über § 28 Abs. 1 S. 1 i.V.m. den jeweils einschlägigen gesellschaftsrechtlichen Bestimmungen. Diese Haftung endet zum einen nach allgemeinen Regeln (z.B. Erfüllung, Verjährung), zum anderen in Fällen einer gesetzlich angeordneten (und vertraglich nicht ausgeschlossenen, s. § 26 Rn 35 f) **Enthaftung**. Außer in § **28 Abs. 3** ist eine Enthaftung u.a. in § 160 sowie insbes. in § **613a BGB** (dazu Rn 65 f) geregelt.

41   **4. Haftung beitretender Gesellschafter.** Ebenfalls in § 28 nicht geregelt ist die Haftung des beitretenden Gesellschafters. Für den gesetzlich geregelten Fall der Gründung einer Personenhandelsgesellschaft sah sie der Gesetzgeber jedoch als selbstverständliche Folge der Haftung der Gesellschaft an (s. Abs. 2 S. 1 der in Rn 5 zitierten Begründung). Die Haftung beitretender Gesellschafter für Altverbindlichkeiten ergibt sich in diesem Fall also aus § 28 Abs. 1 S. 1 i.V.m. § 128 bzw. bei Begründung einer Kommanditistenstellung i.V.m. §§ 171 ff.[103] Diese Haftung wird teilweise als ungerechtfertigtes Geschenk an die Gläubiger[104], teilweise aber auch als sachliche Rechtfertigung der Möglichkeit des Haftungsausschlusses nach § 28 Abs. 2 angesehen[105]. Bei Gründung einer Kapitalgesellschaft (s. Rn 22) haftet der beitretende Gesellschafter den Altgläubigern jedenfalls grundsätzlich nicht.

42   **5. Haftung für Neuschulden.** Nicht in § 28 geregelt ist schließlich die Haftung für Neuschulden, also für Verbindlichkeiten, die erst nach Gründung der Gesellschaft begründet wurden. Insofern gelten allgemeine Regeln.

43   **6. Schuldtitel.** Auf das Gesellschaftsvermögen kann gem. § 124 Abs. 2 nur auf Grund eines gegen die Gesellschaft gerichteten vollstreckbaren Schuldtitels zugegriffen werden. Liegt gegen den bisherigen Inhaber bereits ein Vollstreckungstitel vor, kann der Gläubiger in entsprechender Anwendung von § 729 Abs. 2 ZPO eine vollstreckbare Ausfertigung (Vollstreckungsklausel) gegen die Gesellschaft verlangen;[106] die gesamtschuldnerische Haftung ist im Titel anzuführen. Wegen § 129 Abs. 4 kann dagegen eine vollstreckbare Ausfertigung des Titels nicht gegen die übrigen Gesellschafter erteilt werden; sie müssen neu verklagt werden.[107]

---

[102] MünchKommHGB/*Lieb* Rn 31; Ebenroth/Boujong/Joost/Strohn/*Zimmer* Rn 30; Röhricht/v. Westphalen/*Ammon/Ries* Rn 30.
[103] HM BGH NJW 1966, 1917 (1918); NJW 1972, 1466 (1467); OLG Celle OLGZ 1981, 1; *Baumbach/Hopt* Rn 5; Röhricht/v. Westphalen/*Ammon/Ries* Rn 31; Koller/*Roth*/Morck Rn 11; aA *Lieb* FS H. Westermann, 1974, 309 (311 f), der allerdings inzwischen der hM folgt, s. MünchKommHGB/*Lieb* Rn 30; aA ferner *Möschel* FS Hefermehl 1972, 180 ff; *Canaris* Handelsrecht § 11 Rn 92 ff mwN; *ders.* ZIP 1989, 1161 (1167).
[104] So etwa MünchKommHGB/*Lieb* Rn 30 mwN; ebenso Koller/*Roth*/Morck Rn 11.
[105] So Heymann/*Emmerich* Rn 31.
[106] Ebenroth/Boujong/Joost/Strohn/*Zimmer* Rn 32; Staub/*Hüffer* 4. Aufl. Rn 21; Baumbach/*Hopt* Rn 5; Heymann/*Emmerich* Rn 24; offengelassen durch BGH Rpfleger 1974, 260.
[107] Ebenroth/Boujong/Joost/Strohn/*Zimmer* Rn 32; MünchKommHGB/*Lieb* Rn 33; Staub/*Hüffer* 4. Aufl. Rn 23; *K. Schmidt* Handelsrecht § 8 I 7a; aA OLG Kiel HRR 1931 Nr. 2081; Baumbach/*Hopt* Rn 5; Düringer/Hachenburg/*Hoeniger* Anm. 7; Stein/Jonas/*Münzberg* § 729 Rn 8.

C. Der Schuldnerschutz nach § 28 Abs. 1 S. 2

Liegen die Voraussetzungen von § 28 Abs. 1 S. 1 vor (Rn 26–37), so bestimmt § 28 **44**
Abs. 1 S. 2 ähnlich wie § 25 Abs. 1 S. 2, dass die im Betrieb des bisherigen Inhabers begründeten Forderungen (Altforderungen) den Schuldnern gegenüber als auf die Gesellschaft übergegangen gelten. Die Vorschrift hat nur für den Fall Bedeutung, dass die Altforderungen nicht schon rechtsgeschäftlich auf die neue Gesellschaft übertragen worden sind. Auch in diesem Fall sollen die Schuldner mit befreiender Wirkung an die Gesellschaft leisten können. Ein „Forderungsübergang" wird damit richtigerweise nicht bewirkt.[108] Vielmehr handelt sich ebenso wie bei § 25 Abs. 1 S. 2 lediglich um eine widerlegliche Vermutung (ausf. § 25 Rn 110 ff). Da nach § 28 Abs. 1 S. 1 keine Firmenfortführung erforderlich ist, bedarf es nach § 28 Abs. 1 S. 2 – anders als nach § 25 Abs. 1 S. 2 (dort Rn 108 f) – auch keiner Einwilligung in die Firmenfortführung.

D. Abweichende Vereinbarungen nach § 28 Abs. 2

I. Bedeutung der Vorschrift

§ 28 Abs. 2 bestimmt, dass von den Rechtsfolgen des § 28 Abs. 1 abweichende Ver- **45**
einbarungen Dritten gegenüber nur wirksam sind, wenn sie im Handelsregister eingetragen und bekannt gemacht oder von einem Gesellschafter dem Dritten mitgeteilt worden sind. Die Vorschrift stellt somit zum einen klar, dass die Parteien im Innenverhältnis vereinbaren können, welche Aktiva und Passiva auf die neue Gesellschaft übergehen sollen. Zum anderen bestimmt sie, dass eine solche im Innenverhältnis getroffene Vereinbarung im Außenverhältnis nur bei gehöriger Kundmachung wirksam ist. Unter diesen Voraussetzungen stellt sie damit die Regelungen des § 28 Abs. 1 auch im Außenverhältnis zur Disposition der Parteien. Damit zeigt § 28 Abs. 2 wie schon § 25 Abs. 2, dass das Gesetz nicht einem Prinzip der Haftungskontinuität folgt, sondern im Grundsatz von der Maßgeblichkeit vertraglicher Regelung ausgeht und sich auf die Gewährung des gerade deshalb notwendigen Verkehrsschutzes beschränkt (s. Rn 12 ff). Nicht dispositiv ist freilich die nach anderen Vorschriften (§ 419 BGB a.F., § 613 a BGB, § 75 AO) begründete Haftung (s. Rn 64 ff).

Die Berechtigung der Abdingbarkeit der Haftung nach § 28 Abs. 1 S. 1 durch § 28 **46**
Abs. 2 wird seit einiger Zeit in Frage gestellt. Teilweise wird eine teleologische Reduktion der Vorschrift „auf Null" vorgeschlagen. Nur so könne dem von § 28 Abs. 1 S. 1 bezweckten, dringend erforderlichen Gläubigerschutz hinreichend Rechnung getragen werden. Das gelte insbes. für den Bereich der übertragenden Selbstsanierung.[109] Dem ist nach dem vorgenannten Sinn und Zweck der Vorschrift (Rn 12 ff, 45) nicht zu folgen.

---

[108] MünchKommHGB/*Lieb* Rn 34; Ebenroth/Boujong/Joost/Strohn/*Zimmer* Rn 34; Röhricht/v. Westphalen/*Ammon/Ries* Rn 34; Heymann/*Emmerich* Rn 33; aA K. Schmidt Handelsrecht § 8 III 2d; *ders.* AcP 198 (1989), 516 ff.

[109] MünchKommHGB/*Lieb* Rn 35 f; s. ferner K. Schmidt ZIP 1989, 1025 (1028); *ders.* Handelsrecht § 8 I 5b; dezidiert dagegen Canaris ZIP 1989, 1161 (1163 ff).

II. Voraussetzungen und Rechtsfolgen

47 Hinsichtlich der Voraussetzungen und Rechtsfolgen abweichender Vereinbarungen kann im Wesentlichen auf die Erläuterungen zu § 25 Abs. 2 (Rn 124 ff, 143) verwiesen werden. Einzugehen ist hier lediglich auf zwei Besonderheiten.

48 Zum einen ist fraglich und umstritten, ob auch **lediglich die persönliche Haftung der beitretenden Gesellschafter ausgeschlossen** werden kann.[110] Dafür spricht, dass der Ausschluss nur der Gesellschafterhaftung gegenüber dem Ausschluss der Haftung der Gesellschaft ein Weniger darstellt; denn der Ausschluss der Gesellschaftshaftung zieht auf Grund der Akzessorietät der Gesellschafterhaftung deren Wegfall notwendig nach sich. Zudem entspricht diese Möglichkeit den Interessen der Beteiligten: Die beitretenden Gesellschafter können einer Gefährdung ihres eigenen Vermögens vorbeugen und müssen nicht gleichzeitig die Bonität der Gesellschaft durch einen auf diese erstreckten Haftungsausschluss schädigen. Zugleich bleibt den Gläubigern das Gesellschaftsvermögen als Haftungsmasse erhalten. Und dem Verkehrsschutz wird durch die erforderliche Publizität Rechnung getragen. Der Ausschluss kann daher auch auf die Haftung der beitretenden Gesellschafter beschränkt werden.

49 Umstritten ist ferner, ob eine **Mitteilung des Haftungsausschlusses vor Gründung der Gesellschaft** ausreicht.[111] Dagegen spricht zunächst der Wortlaut von § 28 Abs. 2, der die Mitteilung durch einen *„Gesellschafter"* verlangt. Vor allem aber steht der Sinn und Zweck von § 28 entgegen; denn die Vorschrift will u.a. Rechtssicherheit schaffen (s. Rn 12). Dieser Zweck würde verfehlt, wenn die Mitteilung über einen bloß geplanten Haftungsausschluss ausreichen würde, da die Gläubiger im Unklaren blieben, ob dieser Plan hernach tatsächlich umgesetzt wurde.

E. Enthaftung nach § 28 Abs. 3

I. Entstehungsgeschichte

50 Bei der von § 28 ausdrücklich geregelten Sachverhaltsgestaltung der Gründung einer Personenhandelsgesellschaft unter Einbringung des Geschäfts eines Einzelkaufmanns ergeben sich Verjährungs- und Enthaftungsprobleme dann, wenn der bisherige Inhaber in der neuen Gesellschaft Kommanditist wird. In diesem Fall ist nämlich seine Haftung für Neuverbindlichkeiten der Gesellschaft auf die Einlage beschränkt, während er – zumindest im Ausgangspunkt – für seine Altverbindlichkeiten weiterhin persönlich und unbeschränkt haftet (vgl. Rn 40). Im Blick auf diese Haftung für Altverbindlichkeiten fehlte

---

[110] Dafür die heute wohl hM OLG Celle OLGZ 1981, 1 f; *Hadding* JuS 1968, 173 (164); MünchKommHGB/*Lieb* Rn 37; Ebenroth/Boujong/Joost/Strohn/*Zimmer* Rn 38; Heymann/*Emmerich* Rn 36; Röhricht/v. Westphalen/*Ammon/Ries* Rn 35; *Lindacher* NZG 2002, 113 (114); stark zweifelnd Staub/*Hüffer* 4. Aufl. Rn 31; s. auch *K. Schmidt* Handelsrecht § 8 III 3b, zu der Frage, ob für den Unternehmensveräußerer die Möglichkeit einer Haftungsbeschränkung besteht, wobei er dies ausschließlich für das im Innenverhältnis bejaht.

[111] Dafür Düringer/Hachenburg/*Hoeniger* Anm. 9; Baumbach/*Hopt* Rn 6; *K. Schmidt* Handelsrecht § 8 III 3a; dagegen die wohl hM MünchKommHGB/*Lieb* Rn 38; *Commandeur* S. 183; Heymann/*Emmerich* Rn 35; Schlegelberger/*Hildebrandt/Steckhan* Rn 13; Ebenroth/Boujong/Joost/Strohn/*Zimmer* Rn 39.

ursprünglich im Gegensatz zu § 26 a.F. eine die Verjährung erleichternde Vorschrift. Das entsprach der Gesetzeslage nach § 159 a.F.: Auch dort war eine Sonderverjährung nur für ausscheidende Gesellschafter, nicht aber auch für solche Gesellschafter vorgesehen, die sich nur auf eine Kommanditistenstellung zurückziehen. Diese Lücke hatte der BGH zwar durch eine Analogie zu § 159 geschlossen,[112] von dieser Sonderverjährung (bzw. der später rechtsfortbildend entwickelten Enthaftung)[113] aber solche Kommanditisten ausgenommen, die weiterhin (insbes. als Gesellschafter-Geschäftsführer der Komplementär-GmbH einer GmbH & Co. KG) geschäftsführend tätig waren[114]. Gegen diese Ausnahme wandte sich die ganz herrschende Lehre insbes. unter Hinweis auf die Verjährungsregelungen des (alten) Umwandlungsgesetzes, die auch bei geschäftsleitender Tätigkeit zur Anwendung kamen.[115] Dem hat sich bei dem Erlass des Nachhaftungsbegrenzungsgesetzes (NachhBG)[116] die Bundesregierung angeschlossen[117] und daran auch gegen den Widerstand des Bundesrates[118] festgehalten, s. § 160 Abs. 3 S. 2.

Zudem war in der Literatur die Übertragung der Enthaftungslösung auf §§ 26, 28 **51** seit längerem diskutiert und gefordert worden.[119] Insbes. das BAG hatte dies jedoch stets abgelehnt,[120] während Rechtsprechung des BGH fehlte. Auch der Regierungsentwurf des NachhBG enthielt insofern bewusst keine Regelung. Die Bundesregierung stand einer Ausweitung auf die §§ 26, 28 zunächst skeptisch gegenüber.[121] Der Rechtsausschuss des Bundestages entschied sich jedoch schließlich für die Erstreckung der Enthaftungslösung auch auf §§ 26, 28.[122] § 26 wurde dementsprechend geändert, § 28 der neue Abs. 3 angefügt.

II. Normzweck

§ 28 Abs. 3 bezweckt – ebenso wie die Parallelvorschriften der §§ 26, 160, § 736 **52** Abs. 2 BGB, §§ 45, 56, 133, 157, 224 UmwG[123] – einen angemessenen Ausgleich zwischen den Interessen der Gläubiger an einer Haftung ihres ursprünglichen Schuldners, also hier des bisherigen Geschäftsinhabers, für von ihm begründete (Alt-)Verbindlichkeiten und dessen Interessen an einer zeitlichen Begrenzung dieser Haftung. Zugleich sollen diese Vorschriften die Attraktivität mittelständischer Unternehmen fördern, indem sie

---

[112] BGHZ 73, 217 (222).
[113] Grundlegend *Ulmer/Wiesner* ZHR 144 (1980), 393 ff; s. ferner etwa *Wiesner* ZIP 1983, 1032; *Ulmer/Timmann* ZIP 1992, 1 (3 ff); *Hönn* ZHR 149 (1985), 300 (303); *Lieb* ZGR 1985, 124 ff; *ders.* GmbHR 1992, 561 ff. Dem folgend BGHZ 87, 286; BGH NJW 1983, 2256; NJW 1983, 2943; BAG DB 1988, 123 (124 f).
[114] BGHZ 78, 114 (118); BGH NJW 1983, 2256; NJW 1983, 2943; zuletzt BAG, DB 2007, 2658 ff.
[115] Schlegelberger/*K. Schmidt* § 159 Rn 19 ff; *Lieb* ZGR 1985, 124 (137 ff); *Wiesner* ZIP 1983, 1032 (1036 f); *Koch* NJW 1984, 833 (838 f); *Ulmer* BB 1983, 1865 (1868); *Ulmer/Tillmann* ZIP 1992, 1 (6).
[116] BGBl. I 1994, 560 v. 18.3.1994.
[117] BT-Drucks. 12/1868, Anlage 1 S. 9 li. Sp.
[118] BT-Drucks. 12/1868, Anlage 2 S. 14 (Stellungnahme des Bundesrates) und Anlage 3, S. 15/16 (Gegenäußerung der Bundesregierung zur Stellungnahme des Bundesrates).
[119] S. etwa *Lieb* GmbHR 1992, 561 (566 f) mwN.
[120] BAGE 88, 229 ff = ZIP 1998, 1973 ff; BAG ZIP 2004, 1227 ff.
[121] Begr. RegE BT-Drucks. 12/1868, S. 7 (unter A. III.).
[122] Beschlussempfehlung und Bericht des Rechtsausschusses, BT-Drucks. 12/6569 S. 11 f.
[123] Zu den Gemeinsamkeiten und Unterschieden dieser Vorschriften *K. Schmidt/C. Schneider* BB 2003, 1961 ff.

die Haftungsrisiken von Einzelkaufleuten bzw. von Gesellschaftern, die die persönliche Haftung übernehmen, in den erfassten Fällen zeitlich begrenzen.[124]

53 Vor Augen halten muss man sich freilich die Unterschiedlichkeit der Rechtsfolgen der geregelten Fälle, insbes. von § 26, § 28 Abs. 3 und § 160: Während den Gläubigern infolge von § 26 ihr ursprünglicher Schuldner verloren geht (s. dort Rn 45), bewirkt § 28 Abs. 3 „lediglich" eine Haftungsbeschränkung des ursprünglich Schuldners (s. Rn 61), § 160 Abs. 1 nur den Verlust eines Mithaftenden und § 160 Abs. 3 sogar bloß die Haftungsbeschränkung eines Mithaftenden. Während in den Fällen des § 160 den Gläubigern ihr ursprünglicher Schuldner – nämlich die Gesellschaft – erhalten bleibt, führen §§ 26, 28 Abs. 3 zu einem Schuldnerwechsel.[125] Die gesetzliche Gleichstellung dieser Fälle wegen einer „*ähnlich gelagerten Sach- und Interessenlage*"[126] überzeugt daher nicht.[127] Deswegen ist entgegen anders lautender Stimmen in der Literatur[128] trotz des übereinstimmenden Normzwecks keine einheitliche Auslegung der genannten Vorschriften geboten.

III. Rechtspolitische Bewertung

54 Wenngleich § 28 Abs. 3 „lediglich" eine Haftungsbeschränkung des ursprünglichen Schuldners bewirkt (s. Rn 61), ist die Vorschrift rechtspolitisch ebenso kritisch zu betrachten wie § 26 (s. dort Rn 9), weil auch sie zu einem Schuldnerwechsel ohne Zustimmung des Gläubigers führt.[129] Deswegen muss dem Gläubiger ein eigenes Recht zustehen, die Auswechslung seines Schuldners zu verhindern. Ein solches Recht ergibt sich nach hier vertretener Auffassung aus § 333 BGB analog (§ 25 Rn 78 ff, § 26 Rn 37 ff sowie o. Rn 38).

IV. Anwendungsbereich

55 § 28 Abs. 3 setzt zunächst voraus, dass der bisherige Geschäftsinhaber bei Gründung der neuen Gesellschaft Kommanditist wird. Wird er dagegen bei der Gründung persönlich haftender Gesellschafter und zieht er sich erst danach auf die Stellung eines Kommanditisten zurück, so greift nicht § 28 Abs. 3, sondern § 160 Abs. 3 ein.[130] Ist die neue Gesellschaft eine Kapitalgesellschaft, ist § 28 analog anwendbar, wenn der bisherige Gesellschafter zumindest mit 10 % beteiligt ist (s. Rn 22).

56 Ferner setzt § 28 Abs. 3 voraus, dass die neue Gesellschaft nach Maßgabe von § 28 Abs. 1 S. 1 für Altverbindlichkeiten des bisherigen Geschäftsinhabers haftet. § 28 Abs. 3 greift daher nicht ein, wenn die Gesellschaft nicht aus § 28 Abs. 1 S. 1 haftet (insbes.

---

[124] Beschlussempfehlung und Bericht des Rechtsausschusses des Bundestags, BT-Drucks. 12/6509 S. 11; Begründung des Regierungsentwurfs, BT-Drucks. 12/1868 S. 7 ff.
[125] *Canaris* FS Odersky, S. 753 (760); Röhricht/v. Westphalen/*Ammon*/*Ries* § 26 Rn 2.
[126] BT-Drucks. 12/6569, S. 11.
[127] Ebenso *Canaris* FS Odersky, S. 753 (760); Röhricht/v. Westphalen/*Ammon*/*Ries* § 26 Rn 2; **aA** die hM etwa Baumbach/*Hopt*

Rn 1; Ebenroth/Boujong/Joost/Strohn/*Hillmann* Rn 6 sowie *K. Schmidt* Handelsrecht, § 8 I 6 a ff, freilich auf der Grundlage seines abweichenden Verständnisses von § 25 (dazu dort Rn 14, 20).
[128] Baumbach/*Hopt* Rn 1; Ebenroth/Boujong/Joost/Strohn/*Hillmann* Rn 6.
[129] *Canaris* Handelsrecht § 7 Rn 94.
[130] Ebenroth/Boujong/Joost/Strohn/*Zimmer* Rn 42 a.E.

mangels Vorliegens einer der Voraussetzungen der Vorschrift, wegen eines Haftungsausschlusses nach § 28 Abs. 2 oder wegen einer Zurückweisung des gesetzlichen Schuldbeitritts der Gesellschaft durch den Gläubiger gem. § 333 BGB analog, s. Rn 38, 53). Auch eine Haftung aus einem anderen Rechtsgrund (z.B. einem rechtsgeschäftlichen Schuldbeitritt) genügt nicht. In diesen Fällen bleibt es bei einer bloßen Verjährung der Verbindlichkeiten des früheren Geschäftsinhabers nach den allgemeinen Vorschriften (näher § 26 Rn 12).

Schließlich gelten für den Anwendungsbereich des § 28 Abs. 3 dieselben Einschränkungen wie im Falle des § 26 (s. dort Rn 13 ff). Insbes. greift die Vorschrift aufgrund einer teleologischen Reduktion dann nicht ein, wenn der Erwerber (wie z.B. im Falle einer Betriebsverpachtung) im Wesentlichen Inhaber des Betriebsvermögens bleibt, um nicht Haftungsvermeidungsstrategien Vorschub zu leisten. **57**

V. Voraussetzungen von § 28 Abs. 3

Ist der Anwendungsbereich von § 28 Abs. 3 eröffnet, richten sich die übrigen Voraussetzungen der Norm kraft ausdrücklicher gesetzlicher Verweisung nach § 26 (s. dort Rn 17 ff). Das Eingreifen der Rechtsfolgen von § 28 Abs. 3 kann daher durch dieselben Maßnahmen wie bei § 26 vermieden werden. Einzige Besonderheit ist nach dem Wortlaut von § 28 Abs. 3 S. 1, dass die in § 26 Abs. 1 bestimmte fünfjährige Ausschlussfrist mit dem Ende des Tages beginnt, an dem die Gesellschaft in das Handelsregister eingetragen wird. Auf den Tag der Bekanntmachung der Eintragung kommt es hier ebenso wenig wie bei § 26 (dort Rn 19) an. Im Falle des Beitritts in eine bestehende Personenhandelsgesellschaft (Rn 23) ist auf den Tag der Eintragung des Beitritts (§§ 107, 161 Abs. 2, 162 Abs. 3) abzustellen. § 28 Abs. 3 S. 2 dient lediglich der Klarstellung im Blick auf die Entstehungsgeschichte der Norm (s. Rn 50). **58**

VI. Rechtsfolgen von § 28 Abs. 3

Hinsichtlich des Gegenstandes, des Zeitpunkts und der Rechtsfolgen der Enthaftung gelten ebenfalls die bei § 26 erläuterten Grundsätze (dort Rn 40 ff). Damit tritt insbes. ein **Schuldnerwechsel** hinsichtlich solcher (Teil-)Ansprüche aus (Dauer-)Schuldverhältnissen ein, die erst nach Ablauf der Fünfjahresfrist fällig werden. Das ist vor allem für etwaige Ruhegeldverpflichtungen des bisherigen Inhabers von zentraler Bedeutung. **59**

Zu beachten ist dabei allerdings die Übergangsregelung des **Art. 37 Abs. 1 EGHGB**.[131] Danach greift § 28 Abs. 3 n.F. für solche Altverbindlichkeiten nicht ein, die vor dem 26.03.1994 entstanden sind (insofern kommt es nach der **Rechtsprechung des BAG** für Ansprüche auf betriebliche Altersversorgung auf den Zeitpunkt der Erteilung der Versorgungszusage an, und zwar unabhängig davon, wann diese Ansprüche erdient wurden)[132], wenn die Gesellschaft entweder vor diesem Datum eingetragen wurde oder **60**

---

[131] Ruhestandsverhältnisse sind nach der Rechtsprechung des BAG nicht als fortbestehende Arbeitsverhältnisse i.S.d. Art. 37 Abs. 2 EGHGB anzusehen, BAG DB 2007, 2658; *Langohr-Plato* MDR 1996, 325 (327); aA MünchKommHGB/*Lieb* 1. Aufl. § 26 Rn 32 mwN; *Blomeyer/Rolfs/Otto* BetrAVG 4. Aufl. Anh. § 1 Rn 290 ausdrücklich aber nur für Art. 37 Abs. 3 EGHGB.

[132] BAG DB 2007, 2658; BAGE 63, 260; vgl. auch BGHZ 108, 330.

die Verbindlichkeiten später als vier Jahre nach der Eintragung fällig werden. Auf später fällig werdende Verbindlichkeiten ist das bisherige Recht mit der Maßgabe anzuwenden, dass die Verjährungsfrist ein Jahr beträgt. Das führt nach der Rechtsprechung des BAG dazu, dass der bisherige Inhaber weiterhin für solche Ansprüche auf betriebliche Altersversorgung persönlich und unbeschränkt haftet, die auf einer Versorgungszusage beruhen, die vor dem 26.03.1994 erteilt wurde, wenn die Gesellschaft zwar nach diesem Datum eingetragen wurde (im entschiedenen Fall am 02.04.1998), die monatlichen (Teil-)Ansprüche aber erst vier Jahre nach der Eintragung der Gesellschaft (im entschiedenen Fall also nach dem 02.04.2002) fällig werden, sofern nicht hinsichtlich der monatlichen Teilansprüche die einjährige Verjährungsfrist nach Art. 37 Abs. 1 S. 2 EGHGB eingreift (im entschiedenen Fall betraf dies nur die monatlichen Teilansprüche bis einschließlich Dezember 2002, da die Klage im Januar 2004 erhoben wurde). In solchen Fällen ist mithin nach Rechtsprechung des BAG eine persönliche und unbeschränkte „**Endloshaftung**" des bisherigen Inhabers nach wie vor gegeben.[133]

61 Ferner ist § 28 Abs. 3 S. 3 zu beachten. Die Vorschrift ist § 160 Abs. 3 S. 3 nachgebildet. Danach bleibt die Haftung des bisherigen Inhabers als Kommanditist unberührt. Das kann nur so verstanden werden, dass die Enthaftung nur die unbeschränkte Haftung des früheren Einzelkaufmanns (i.S.d. Rn 19) als Geschäftsinhaber betrifft, nicht aber seine auf die Einlage beschränkte Haftung als Kommanditist der neuen Gesellschaft. Da diese, wie von § 28 Abs. 3 S. 1 vorausgesetzt, für Altverbindlichkeiten des bisherigen Inhabers haftet, haftet auch dieser weiterhin für die Altverbindlichkeiten, allerdings nur als Kommanditist nach Maßgabe der §§ 171 ff. Anders gewendet tritt unter den Voraussetzungen des § 28 Abs. 3 S. 1 i.V.m. § 26 zwar ein Schuldnerwechsel ein. Dieser führt jedoch nicht zu einer vollständigen Enthaftung des bisherigen Inhabers, sondern nur zu seiner Haftungsbeschränkung als Kommanditist. Altgläubiger können daher den bisherigen Inhaber auch noch nach Ablauf der Fünfjahresfrist insbes. dann als Kommanditist in Höhe seiner Einlage für Altverbindlichkeiten in Anspruch nehmen, wenn seine persönliche Haftung gem. § 172 Abs. 4 wieder auflebt. Da das Gesetz auch keine Sonderverjährung vorsieht, kann sich der bisherige Geschäftsinhaber als Kommanditist in solchen Fällen nur auf die allgemeinen Verjährungsregeln berufen (§§ 161 Abs. 2, 129 Abs. 1).[134]

62 Eine vollständige Enthaftung des bisherigen Inhabers tritt nach Maßgabe der §§ 160 Abs. 1 und 2, 161 Abs. 2 ein, wenn er nach Gründung der Personenhandelsgesellschaft aus der Gesellschaft austritt.

VII. Analoge Anwendung bei Gründung einer Kapitalgesellschaft

63 Oben wurde dargelegt, dass § 28 analoge Anwendung findet, wenn der bisherige Inhaber sein Geschäft in eine neu gegründete (Rn 22) oder bestehende (Rn 23) Kapitalgesellschaft einbringt, an der er mit mindestens 10 % beteiligt ist. Was dies für § 28 Abs. 3 bedeutet ist ungeklärt. Da die Berechtigung dieser Regelung ohnehin zweifelhaft

---

[133] Kritisch zu der Regelung des Art. 37 EGHGB sowie zu der fortbestehenden Möglichkeit einer Endloshaftung insbes. bei Pensionszusagen MünchKommHGB/*Lieb* 1. Aufl. § 28 Rn 21 ff, 27, 33 ff. Statt einer Anwendung von Art. 37 Abs. 1 S. 2 EGHGB schlägt er zur Vermeidung einer Endloshaftung die Anwendung von Art. 37 Abs. 2 S. 1 EGHGB vor; s.a. *ders.* GmbHG 1994, 657 (659, 661 f).

[134] Zum Vorstehenden MünchKommHGB/*Lieb* Rn 43; GKzHGB/*Steitz* Rn 16 ff; Röhricht/v. Westphalen/*Ammon*/*Ries* Rn 43.

ist (s. Rn 53), könnte man die Ansicht vertreten, dass sich die analoge Anwendbarkeit von § 28 nicht auf Abs. 3 erstreckt. Dies würde jedoch dem Zweck des Nachhaftungsbegrenzungsgesetzes nicht gerecht, mag man dessen Berechtigung im Blick auf §§ 26, 28 Abs. 3 auch bezweifeln. Zudem werden diese Bedenken weitgehend ausgeräumt, wenn man den Altgläubigern mit der hier vertretenen Ansicht ein Zurückweisungsrecht analog § 333 BGB hinsichtlich des gesetzlichen Schuldbeitritts der Gesellschaft einräumt (s. § 25 Rn 78 ff, § 26 Rn 37 ff sowie oben Rn 38, 54). Vorzugswürdig erscheint es daher auch § 28 Abs. 3 auf diese Fälle analog anzuwenden. Das bedeutet: Wird der bisherige Geschäftsinhaber mit einer Beteiligung von wenigstens 10 % Gesellschafter einer Kapitalgesellschaft und haftet diese daher analog § 28 Abs. 1 S. 1 für Altverbindlichkeiten des früheren Geschäftsinhabers, so tritt eine Enthaftung des bisherigen Geschäftsinhabers entsprechend § 26 ein. Bei Gründung einer Kapitalgesellschaft ist für den Beginn der fünfjährigen Ausschlussfrist nach § 28 Abs. 1 S. 1 analog das Ende des Tages der Eintragung der Gesellschaft in das Handelsregister maßgeblich. Im Falle des Beitritts in eine bestehende Kapitalgesellschaft kann dagegen nur auf den Tag des Wirksamwerdens des Anteilserwerbs abgestellt werden. Gem. § 28 Abs. 3 S. 2 ist es für die Enthaftung unerheblich, ob der bisherige Gesellschafter in der neuen Gesellschaft geschäftsführend tätig wird. Nach § 28 Abs. 3 S. 3 analog bleibt seine Haftung als Gesellschafter unberührt, was namentlich bei der GmbH eine Rolle spielen kann, wenngleich es sich in den meisten Fällen einer Gesellschafterhaftung um eine bloße Innenhaftung handelt, so dass ein Altgläubiger regelmäßig allenfalls im Wege der Pfändung von Ansprüchen der Gesellschaft gegen den bisherigen Inhaber auf diesen persönlich zugreifen kann.

F. Verhältnis zu anderen Vorschriften

I. Grundsatz

§ 28 enthält **keine abschließende Haftungsregelung.** Zwar verweist die Vorschrift anders als § 25 Abs. 3 nicht auf die Haftung kraft besonderen Verpflichtungsgrundes. Das Fehlen einer entsprechenden Bestimmung ist aber allein darauf zurückzuführen, dass nach § 28 Abs. 1 unabhängig von der Fortführung der Firma gehaftet wird und deshalb die handelsübliche Bekanntmachung als Verpflichtungsgrund überflüssig ist. Die Haftung der Gesellschaft kann also nach anderen Vorschriften des Zivil- und Steuerrechts begründet sein (näher § 25 Rn 147 ff). Hervorzuheben ist hier insbes. die Haftung nach § 613a BGB. **64**

II. § 613a BGB

§ 613a BGB findet auch auf die Einbringung eines Unternehmens in eine zu diesem Zweck neu gegründete oder bereits bestehende Personenhandels- oder Kapitalgesellschaft Anwendung.[135] Das bedeutet für **Arbeitsverhältnisse,** anders als für Ruhestandsverhältnisse (Rn 66), dass sie zwingend (vorbehaltlich eines Widerspruchs der betroffenen Arbeitnehmer gem. § 613a Abs. 6 BGB) unter Enthaftung des bisherigen Inhabers (bis auf die in § 613a S. 2 BGB genannten Teilansprüche) auf die Gesellschaft übergeleitet **65**

---

[135] BAG AP BetrAVG § 7 Nr. 56 Bl. 5; MünchKommBGB/*Schaub* § 613a Rn 19; Staudinger/*Richardi* § 613a BGB Rn 50.

werden. Diese, im Vergleich zu § 28 anders geartete und weiterreichenden Rechtsfolgen überlagern und verdrängen entgegen der verfehlten Auffassung des BAG[136] diesejenigen des § 28 (näher § 25 Rn 86).

66 In Bezug auf **Ruhestandsverhältnisse** bleibt § 28 dagegen anwendbar, da § 613a BGB insofern keine Regelung trifft. Bei Ruhestandsverhältnissen kann sich eine Enthaftung jedoch aus § 28 Abs. 3 ergeben (näher dazu Rn 60).

§ 29

Jeder Kaufmann ist verpflichtet, seine Firma, den Ort und die inländische Geschäftsanschrift seiner Handelsniederlassung bei dem Gericht, in dessen Bezirke sich die Niederlassung befindet, zur Eintragung in das Handelsregister anzumelden.

Schrifttum

1. **Seit der Handelsrechtsreform:** *Bielfeldt* Die Prüfung von Handelsregisteranmeldungen, RpflStud 2007, 78; *Frenz* Das Handelsregisterverfahren nach dem Handelsrechtsreformgesetz, ZNotP 1998, 178; *Giehl* Auswirkungen des Handelsrechtsreformgesetzes auf die notarielle Praxis, MittBayNot 1998, 293; *Gustavus* Das Handelsrechtsreformgesetz, NotBZ 1998, 121; *ders.* Änderungen bei Handelsregister-Anmeldungen durch das ERJuKoG, NotBZ 2002, 77; *Heidinger* Die Zeichnung zum Handelsregister nach dem neuen § 29 HGB, Rpfleger 1999, 118; *Horn* Umwandlung der BGB-Gesellschaft in eine OHG durch Handelsregistereintragung, BuW 2001, 294; *Kohler-Gehrig* Die Eintragung von Unternehmen der Gemeinden in das Handelsregister, Rpfleger 2000, 45; *Kornblum* Zu den Änderungen des Registerrechts im Regierungsentwurf des Handelsrechtsreformgesetzes, DB 1997, 1217; *Ries* Elektronisches Handels- und Unternehmensregister, Rpfleger 2006, 233; *H. Schmidt* „ – unter Angabe der Firma –", ZNotP 1998, 483; *Schulte/Warnke* Vier Jahre nach der HGB-Reform, GmbHR 2002, 626; *Stumpf* Das Handelsregister nach der HGB-Reform, BB 1998, 2380; *Terbrack* Die Anmeldung einer Aktiengesellschaft zum Handelsregister, Rpfleger 2005, 237.
S. ferner das Schrifttum zu § 31.

2. **Vor der Handelsrechtsreform.** *Beck* Die Richtigkeit der Firmenzeichnung zur Aufbewahrung bei Gericht, BB 1962, 1265; *George* Kaufmann und Handelsregister, BB 1959, 255; *Lessing/Öztan* Handelsregisterrecht in der Rechtsvergleichung, RpflStud 1989, 84; *Pahl* Haftungsrechtliche Folgen versäumter Handelsregistereintragungen und Bekanntmachungen, 1987; *Tiedtke* Änderung der Kostenordnung in Handelssachen, MittBayNot 1997, 14; *Winkler* Zum Firmeneintragungsverfahren und Firmenmißbrauchsverfahren und deren jeweiliger Aussetzung, DNotZ 1989, 245.
S. ferner das Schrifttum zu § 31.

Übersicht

	Rn		Rn
A. Grundlagen	1–6	B. Die Anmeldepflicht	7–10
I. Norminhalt	1	I. Person des Anmeldepflichtigen	7
II. Entstehungsgeschichte	2–3	II. Entstehen und Durchsetzung der Anmeldepflicht	8–9
III. Normzweck	4		
IV. Anwendungsbereich	5–6	III. Inhalt und Form der Anmeldung	10

---

[136] BAGE 64, 62 = ZIP 1990, 939 m. abl. Anm.
Lieb EzA § 28 HGB Nr. 1.

	Rn		Rn
C. Zuständigkeit und Aufgaben des Registergerichts	11–15	II. Aufgaben	12–14
I. Zuständigkeit	11	1. Prüfung der Anmeldung	12–14
		2. Eintragung und Bekanntmachung	15

A. Grundlagen

I. Norminhalt

§ 29 begründet für Einzelkaufleute die Pflicht zur erstmaligen Anmeldung ihrer Firma, des Orts und der inländischen Geschäftsanschrift ihrer Hauptniederlassung zur Eintragung bei dem zuständigen Registergericht. **1**

II. Entstehungsgeschichte

Die Norm geht auf Art. 19 ADHGB zurück und gilt im Wesentlichen seither unverändert. Allerdings hatte die Vorschrift ursprünglich einen zweiten Halbsatz, der seit Inkrafttreten des HGB lautete: *„er hat seine Firma zur Aufbewahrung bei dem Gerichte zu zeichnen."* Im Rahmen der Handelsrechtsreform wurde dieser zweite Halbsatz zunächst wie folgt neu gefasst: *„er hat seine Namensunterschrift unter Angabe der Firma zur Aufbewahrung bei dem Gericht zu zeichnen."*[1] Schließlich wurde der zweite Halbsatz durch das Gesetz zur Einführung des elektronischen Handelsregisters (EHUG) vom 10.11.2006[2] ganz gestrichen. Dies wurde damit begründet, dass die elektronische Führung des Handelsregisters zwar auch eingescannte Unterschriften digital aufnehmen könne. Doch würde in diesem Fall eine Echtheitsprüfung nicht mehr mit hinreichender Sicherheit stattfinden können. Die Online-Präsentation eingescannter Unterschriften würde überdies zu einem Missbrauchsrisiko führen, da diese digitale Grafik für jedermann verfügbar wäre. Vor die Alternative gestellt, nur wegen der Unterschrift ein zweites Handelsregister in herkömmlicher Papieraktenform zu führen oder das Erfordernis einer Unterschriftszeichnung aufzugeben, sei Letzteres vorzuziehen. Zusätzlich stehe zu erwarten, dass die elektronische Signatur die eigenhändige Namensunterschrift im Geschäftsverkehr ablösen werde.[3] **2**

Zuletzt wurde § 29 durch Art. 3 Nr. 7 des Gesetzes zur Modernisierung des GmbH-Rechts und zur Bekämpfung von Missbräuchen vom 23.10.2008 (**MoMiG**)[4] dahingehend ergänzt, dass nunmehr auch die inländische Geschäftsanschrift anzumelden ist. Diese Neuregelung steht im Zusammenhang mit den Änderungen in §§ 8 Abs. 4 Nr. 1, 10 GmbHG, §§ 37 Abs. 3 Nr. 1, 39 AktG, §§ 13, 13d,13e, 13f, 13g, 106 Abs. 2 Nr. 2, 107. Durch die Eintragung einer inländischen Geschäftsanschrift soll eine Zustellungserleichterung zu Gunsten der Gläubiger bewirkt werden.[5] Allerdings war schon bisher gem. § 24 Abs. 2 S. 1 HRV a.F. die Lage der Geschäftsräume, also die Anschrift bei der Anmeldung anzugeben. Auch war diese Anmeldepflicht schon bisher im Wege des § 125 Abs. 3 FGG a.F. i.V.m. § 14 durchsetzbar. Die Registergerichte wurden allerdings nur **3**

---

[1] Zur Begr. s. RegE BT-Drucks. 13/8444, S. 57.
[2] BGBl. I, 2553; kritisch hierzu *Spindler* WM 2006, 109 (115 f.).
[3] Begr. RegE BT-Drucks. 16/960, S. 47. Kritisch hierzu *Ries* Rpfleger 2006, 233 (235 f.).
[4] BGBl. I, 2026, 2033.
[5] Begr. RegE BT-Drucks. 16/6140, S. 49.

tätig, wenn sie Anhaltspunkte für eine Pflichtverletzung hinsichtlich der Mitteilung der Anschrift bzw. ihrer Änderung hatten. Dadurch war nach Auffassung des Gesetzgebers die Richtigkeit der Anschriften und von Anschriftenänderungen nicht ausreichend sichergestellt, weswegen sie nach § 34 HRV a.F. auch nur mit dem Zusatz „ohne Gewähr" veröffentlicht wurden. Zudem war die Anschrift bisher nicht Registerinhalt.[6] Allein darin liegt der ganze Fortschritt der Änderung des § 29. Zu bedenken ist nämlich hier, dass sich der Anwendungsbereich von § 29 auf die erstmalige (für Änderungen gilt § 31) Anmeldung von Einzelkaufleuten beschränkt (Rn 5 f) und natürliche Personen regelmäßig einen über das Einwohnermeldeamt des Wohnorts (§ 40 Nr. 3 lit. b HRV) feststellbaren zustellungsfähigen Wohnsitz verfügen. Zudem wurde die Durchsetzbarkeit der Anmeldepflicht für Einzelkaufleute nicht verbessert, da die „Sanktionsnorm" des § 15a i.V.m. § 185 Nr. 2 ZPO n.F. nur für juristische Personen und daher weder für Personenhandelsgesellschaften noch für Einzelkaufleute gilt, was mit der persönlichen Haftung begründet wurde[7]. Für natürliche Personen als Gesellschafter und Einzelkaufleute verbleibt es daher bei der Regelung des § 185 Nr. 1 ZPO. Wenngleich sich also die Auswirkungen der Änderung des § 29 in engen Grenzen halten,[8] so war sie doch aus systematischen Gründen – nämlich nicht zuletzt im Blick auf die entsprechende Ergänzung des § 31 – geboten. Zum Übergangsrecht s. Anh. zu § 29.

III. Normzweck

4   Anmeldung und Eintragung dienen der Offenlegung verkehrswesentlicher Merkmale kaufmännischer Unternehmen. Die Anmeldepflicht ist, wie auch § 14 zeigt, öffentlich-rechtlicher Natur. Sie besteht im Allgemeininteresse. Der Schutz einzelner Personen ist weder Haupt- noch Nebenzweck. § 29 ist daher **kein Schutzgesetz** im Sinne des § 823 Abs. 2 BGB.[9]

IV. Anwendungsbereich

5   Nach dem Wortlaut des § 29 ist „*jeder Kaufmann*" zur Anmeldung verpflichtet. Das bedeutet im Umkehrschluss, dass Nicht-Kaufleute, insbes. Kleingewerbetreibende, keine Anmeldepflicht trifft. Kleingewerbetreibende sind lediglich gem. § 2 zu einer Anmeldung berechtigt. Dasselbe gilt gem. § 3 Abs. 2 für Land- und Forstwirte. Anders gewendet trifft die **Anmeldepflicht nur Istkaufleute**, nicht Kannkaufleute.[10] Strebt jedoch ein **Kleingewerbetreibender** oder ein **Land- bzw. Forstwirt** eine Eintragung an, dann muss die Anmeldung nach Inhalt und Form den Anforderungen des § 29 (u. Rn 10) genügen.

6   § 29 gilt nur für die erstmalige Anmeldung. Für Änderungen greift § 31 ein. Zudem bestehen zahlreiche Sondervorschriften, die als leges speciales § 29 verdrängen. Die erstmalige Anmeldepflicht richtet sich:
– für Personenhandelsgesellschaften nach §§ 106, 108, 161 Abs. 2, 162,
– für Kapitalgesellschaften nach §§ 36 ff, 278 Abs. 3, 282 AktG, 7 ff GmbHG,

---

[6] Begr. RegE BT-Drucks. 16/6140, S. 35.
[7] S. hierzu Begr. RegE BT-Drucks. 16/6140, S. 50 f.
[8] Vgl. auch Begr. RegE BT-Drucks. 16/6140, S. 49: bloß „faktisch wirkende Zustellungserleichterung".
[9] RGZ 72, 408 (411).
[10] Ebenroth/Boujong/Joost/Strohn/*Zimmer* Rn 3; Röhricht/v. Westphalen/*Ammon/Ries* Rn 3; GKzHGB/*Steitz* Rn 1.

- für den VVaG nach § 30 Abs. 1 VAG,
- für die EWIV nach § 2 Abs. 1 und 2 EWIVAG,
- für die SE nach §§ 3, 21 Abs. 1 SEAG i.V.m. §§ 36 ff AktG,
- für die SCE nach §§ 3, 17 SCEAG i.V.m. §§ 36 ff AktG,
- für juristische Personen i.S.d. § 33 nach dieser Vorschrift und
- für Zweigniederlassungen nach §§ 13, 13d ff.

Genossenschaften sind nach §§ 10 ff GenG in das Genossenschaftsregister, Partnerschaftsgesellschaften gem. §§ 4 f PartGG in das Partnerschaftsregister einzutragen.

Damit beschränkt sich der Anwendungsbereich von § 29 auf die **erstmalige Anmeldung** der Firma und des Orts der Hauptniederlassungen **eines Einzelkaufmanns**.

B. Die Anmeldepflicht

I. Person des Anmeldepflichtigen

Kaufmann ist der **Betreiber des Handelsgewerbes.** Er muss mit dem Eigentümer der im Unternehmen zusammengefassten Sachen und Inhaber der zugehörigen Rechte nicht identisch sein. Deshalb ist, wenn ein Unternehmen verpachtet wird, der **Pächter** und nicht der Verpächter nach § 29 anmeldepflichtig.[11] Den Verpächter kann allerdings die Anmeldepflicht des § 31 treffen; vgl. dort Rn 13. **7**

II. Entstehen und Durchsetzung der Anmeldepflicht

Die Anmeldepflicht entsteht, sobald die **Voraussetzungen des § 1 Abs. 2 erfüllt** sind. Zuvor besteht keine Anmeldepflicht (s.o. Rn 5).[12] **8**

Kommt der Kaufmann seiner Pflicht zur Anmeldung nicht nach, so ist er hierzu gem. § 14 durch **Festsetzung von Zwangsgeld** anzuhalten. Andere Mittel zur Durchsetzung der Anmeldepflicht nach § 29 stehen dem Gericht nicht zu.[13] **9**

III. Inhalt und Form der Anmeldung

Anzumelden sind: **10**
- die Firma, § 29 i.V.m. § 40 Nr. 2 lit. a HRV,
- der Kaufmann mit seinem Vornamen, Familiennamen, Geburtsdatum und Wohnort, § 29 i.V.m. § 40 Nr. 3 lit. b HRV sowie
- der Ort und die inländische Geschäftsanschrift seiner Handelsniederlassung, § 29 i.V.m. § 40 Nr. 2 lit. b HRV.

Handelsniederlassung ist die Hauptniederlassung. Sie befindet sich an dem Ort, an dem auf Dauer die Geschäftsleitung als der Schwerpunkt unternehmerischer Tätigkeit eingerichtet ist (§ 13 Rn 14).[14] Der Wohnsitz des Kaufmanns (§ 7 BGB) ist nur dann als Ort der Handelsniederlassung anzusehen, wenn es ansonsten keinen besonderen, auf

---

[11] OLG München JFG 14, 94; OLG Köln NJW 1963, 541; LG Nürnberg-Fürth BB 1976, 810.
[12] Näher MünchKommHGB/*Krafka* Rn 13.
[13] Statt anderer Ebenroth/Boujong/Joost/Strohn/*Zimmer* Rn 11 mwN.
[14] OLG Hamm BB 1958, 1001; MünchKommHGB/*Krafka* Rn 8.

Dauer angelegten Ausgangspunkt der kaufmännischen Tätigkeit gibt (z.B. Reisegewerbe). Die Geschäftsanschrift ist genau anzugeben, d.h. Straße, Hausnummer, Postleitzahl und Ort (sowie erforderlichenfalls weitere Präzisierungen wie Hinterhaus oder Ortsteil). Die Angabe eines Postfachs reicht nicht aus. Überdies hat das Registergericht nach § 24 Abs. 4 HRV darauf hinzuwirken, dass bei der Anmeldung auch der Unternehmensgegenstand angegeben wird, soweit er sich nicht aus der Firma ergibt. Diese Angabe ist zwar nicht einzutragen, aber nach Maßgabe von § 34 HRV in der Bekanntmachung anzugeben. Schließlich können in Ausnahmefällen weitere Angaben – etwa zum Beleg einer Firmenfortführung nach §§ 22, 24, wenn der vorherige Inhaber pflichtwidrig nicht in das Handelsregister eingetragen war – erforderlich sein.[15] Hinsichtlich der **Form** hat die Anmeldung § 12 zu genügen. Ein bestimmter Wortlaut ist nicht vorgeschrieben.[16] Vertretung ist zulässig.[17]

C. Zuständigkeit und Aufgaben des Registergerichts

I. Zuständigkeit

11 **Sachlich** zuständig für das Eintragungsverfahren ist das Amtsgericht (§§ 374 Nr. 1, 376 FamFG [§ 125 FGG a.F.], § 8 Abs. 1). **Örtlich** zuständig ist gem. § 29 das Gericht, in dessen Bezirk die **Hauptniederlassung** liegt. **Funktionell** zuständig ist der Rechtspfleger (§ 3 Nr. 2 lit. d RpflG i.V.m. §§ 374 f FamFG [§§ 125 ff FGG a.F.]).

II. Aufgaben

12 **1. Prüfung der Anmeldung.** Die Anmeldung der Firma ist in formeller und materieller Hinsicht zu prüfen (näher § 8 Rn 79 ff).[18] **Formell** prüft das Gericht insbes. seine Zuständigkeit, die Form nach § 12 sowie die Vollständigkeit der Anmeldung. Ist die Anmeldung unvollständig oder steht der Eintragung ein anderes behebbares Hindernis entgegen, so kann das Gericht zur Behebung des Hindernisses gem. § 26 S. 2 HRV eine Frist setzen (sog. **Zwischenverfügung**). Bei der **materiellen** Prüfung liegt der Schwerpunkt auf der Firmenfähigkeit des Anmelders (dazu § 17 Rn 9 ff) und der Zulässigkeit der Firmenbildung (dazu Erl. zu §§ 18, 19, 30).[19] In beiderlei Hinsicht hat allerdings die Handelsrechtsreform Erleichterung gebracht: Da die frühere Unterscheidung zwischen firmenfähigen Vollkaufleuten und nicht firmenfähigen Minderkaufleuten mit der Aufhebung von § 4 Abs. 1 a.F. entfallen ist, besteht heute regelmäßig kein Anlass mehr, das Vorliegen der Voraussetzungen des § 1 Abs. 2 zu prüfen, da im Eintragungsantrag ggf. die Ausübung des Wahlrechts nach § 2 S. 1 gesehen werden kann.[20] Zudem sind die neuen Firmenbildungsvorschriften erheblich großzügiger, wobei gem. § 18 Abs. 2 S. 2 die Eignung zur Irreführung im Verfahren vor dem Registergericht sogar nur berücksichtigt werden darf, wenn sie „*ersichtlich*" ist (näher § 18 Rn 50 ff).

---

[15] S. MünchKommHGB/*Krafka* Rn 10 f.
[16] OLG Hamm FPrax 2005, 39 (40); Kreidel/*Krafka*/*Willer* RegisterR Rn 76; MünchKommHGB/*Krafka* Rn 12.
[17] GKzHGB/*Steitz* Rn 5.
[18] RGZ 127, 153 (155); Ebenroth/Boujong/ Joost/Strohn/*Zimmer* Rn 9; MünchKommHGB/*Krafka* Rn 15 mwN.
[19] KG Rpfleger 1974, 225; *Winkler* MittBayNot 1970, 73 ff.
[20] MünchKommHGB/*Krafka* Rn 15.

Kommt das Registergericht zu dem Ergebnis, dass die Firma unzulässig ist, kann es **13** den Eintragungsantrag gem. § 26 S. 1 HRV zurückweisen. In der Regel ist aber – da bereits in der Anmeldung ein Gebrauch der Firma zu sehen ist, die den Willen des Anmeldenden erkennen lässt, die Bezeichnung dauerhaft als Handelsnamen zu verwenden (s. § 37 Rn 15 ff) – ein **Firmenmissbrauchsverfahren** nach § 37 Abs. 1 i.V.m. § 392 FamFG [§ 140 FGG a.F.] einzuleiten; denn nur auf diese Weise kann ein weiterer Gebrauch der Firma verhindert werden (näher § 37 Rn 48).[21] In diesem Fall ist das Eintragungsverfahren bis zur rechtskräftigen Entscheidung im Firmenmissbrauchsverfahren auszusetzen, um widersprüchliche Entscheidungen zu verhindern.[22]

Gegen die Ablehnung der beantragten Eintragung kann der Antragsteller – ebenso **14** wie gegen eine Zwischenverfügung – das Rechtsmittel der **Beschwerde** (§§ 58 ff FamFG, § 11 RpflG) einlegen. Die Frist hierfür beträgt nach § 63 Abs. 1 FamFG einen Monat. Gegen die Entscheidung des Beschwerdegerichts (Oberlandesgericht, § 119 Abs. 1 Nr. 1 lit. b GVG n.F.) ist nur unter den einschränkenden Voraussetzungen des § 70 FamFG die Rechtsbeschwerde zum Bundesgerichtshof gegeben.

2. Eintragung und Bekanntmachung. Ist die Anmeldung formell und materiell ord- **15** nungsgemäß, so kann und muss das Gericht die beantragte **Eintragung** gem. § 25 Abs. 1 HRV vornehmen. Für jeden Einzelkaufmann wird gem. § 13 HRV ein eigenes Registerblatt angelegt. Was im Einzelnen einzutragen ist, regelt § 40 HRV. Nicht einzutragen ist der Unternehmensgegenstand, soweit er sich nicht aus der Firma ergibt (dazu Rn 10). Die Eintragung ist dem Anmelder bekannt zu geben; auf die Bekanntgabe kann verzichtet werden, § 383 Abs. 1 FamFG. Der Industrie- und Handelskammer sowie ggf. der Handwerkskammer und der Landwirtschaftskammer ist (auch über Geschäftsräume und den Unternehmensgegenstand) gem. § 37 Abs. 1 HRV Mitteilung zu machen.

Der Wortlaut der **Bekanntmachung** deckt sich grundsätzlich mit dem der Eintragung (§ 10, § 27 HRV). Der Unternehmensgegenstand ist mit dem Zusatz „ohne Gewähr" zu veröffentlichen (§ 34 HRV). Die Veröffentlichung der Eintragung ist unverzüglich zu veranlassen (§ 32 HRV).

Anhang zu § 29

Siebenundzwanzigster Abschnitt

Übergangsvorschriften zum Gesetz zur Modernisierung des GmbH-Rechts und zur Bekämpfung von Missbräuchen

Art. 64 EGHGB

Die Pflicht, die inländische Geschäftsanschrift bei dem Gericht nach den §§ 13, 13d, 13e, 29 und 106 des Handelsgesetzbuchs in der ab dem Inkrafttreten des Gesetzes vom 23. Oktober 2008 (BGBl. I S. 2026) am 1. November 2008 geltenden Fassung zur Eintragung in das Handelsregister anzumelden, gilt auch für diejenigen, die zu diesem Zeit-

---

[21] BayObLG DB 1988, 1487; Baumbach/*Hopt* Rn 4; MünchKommHGB/*Krafka* Rn 16.
[22] BayObLGZ 1988, 128 (129) = NJW-RR 1988, 100; MünchKommHGB/*Krafka* Rn 16; Ebenroth/Boujong/Joost/Strohn/*Zimmer* Rn 10.

punkt bereits in das Handelsregister eingetragen sind, es sei denn, die inländische Geschäftsanschrift ist dem Gericht bereits nach § 24 Abs. 2 oder Abs. 3 der Handelsregisterverordnung mitgeteilt worden und hat sich anschließend nicht geändert. In diesen Fällen ist die inländische Geschäftsanschrift mit der ersten das eingetragene Unternehmen betreffenden Anmeldung zum Handelsregister ab dem 1. November 2008, spätestens aber bis zum 31. Oktober 2009 anzumelden. Wenn bis zum 31. Oktober 2009 keine inländische Geschäftsanschrift zur Eintragung in das Handelsregister angemeldet worden ist, trägt das Gericht von Amts wegen und ohne Überprüfung kostenfrei die ihm nach § 24 Abs. 2, bei Zweigniederlassungen die nach § 24 Abs. 3 der Handelsregisterverordnung bekannte inländische Anschrift als Geschäftsanschrift in das Handelsregister ein; in diesem Fall gilt bei Zweigniederlassungen nach § 13e Abs. 1 des Handelsgesetzbuchs die mitgeteilte Anschrift zudem unabhängig von dem Zeitpunkt ihrer tatsächlichen Eintragung ab dem 31. Oktober 2009 als eingetragene inländische Geschäftsanschrift, wenn sie im elektronischen Informations- und Kommunikationssystem nach § 9 Abs. 1 des Handelsgesetzbuchs abrufbar ist. Ist dem Gericht keine Mitteilung im Sinne des § 24 Abs. 2 oder Abs. 3 der Handelsregisterverordnung gemacht worden, ist ihm aber in sonstiger Weise eine inländische Geschäftsanschrift bekannt geworden, so gilt Satz 3 mit der Maßgabe, dass diese Anschrift einzutragen ist, wenn sie im elektronischen Informations- und Kommunikationssystem nach § 9 Abs. 1 des Handelsgesetzbuchs abrufbar ist. Dasselbe gilt, wenn eine in sonstiger Weise bekannt gewordene inländische Anschrift von einer früher nach § 24 Abs. 2 oder Abs. 3 der Handelsregisterverordnung mitgeteilten Anschrift abweicht. Eintragungen nach den Sätzen 3 bis 5 werden abweichend von § 10 des Handelsgesetzbuchs nicht bekannt gemacht.

Zur Erläuterung dieser Übergangsvorschrift verweist die Begründung des Regierungsentwurfs auf die Ausführungen zu der entsprechenden Vorschrift des § 3 Abs. 1 EG-GmbHG.[1] Dort heißt es:

„Die in diesem Gesetz neu vorgesehenen Anmeldungsverpflichtungen bzgl. einer inländischen Geschäftsanschrift erfordern eine Regelung, ob und ggf. bis zu welchem Zeitpunkt die bereits im Handelsregister eingetragenen Gesellschaften dieser Pflicht nachzukommen haben. Da dem Registergericht aufgrund der Regelung des § 24 Abs. 2 und 3 HRV die Lage der Geschäftsräume bereits mitgeteilt worden sein sollte, besteht eine Anmeldepflicht für diese Gesellschaften nur dann, wenn bislang noch keine inländische Anschrift mitgeteilt worden ist oder sich eine Änderung ergeben hat. Zudem kann die GmbH eine von der mitgeteilten Lage der Geschäftsräume abweichende Geschäftsanschrift anmelden (vgl. Begründung zu Artikel 1 Nr. 9 Buchstabe d).

Der Pflicht zur Anmeldung der inländischen Geschäftsanschrift ist grundsätzlich zusammen mit der ersten die Gesellschaft betreffenden Anmeldung zum Handelsregister nachzukommen. Hier sollte auch vom Notar bei der Beglaubigung der Anmeldung darauf geachtet werden, dass dies korrekt erledigt wird, um fehlerhafte Anmeldungen, Zwischenbescheide und dadurch Eintragungsverzögerungen zu vermeiden. Spätestens muss die „Nachmeldung" bis zum 31. März 2009 erfolgen. Die Übergangsfrist vermeidet eine übermäßige Belastung sowohl der Register als auch der mittelständischen Wirtschaft. Ein vollständiger Verzicht auf eine feste Übergangsfrist für „Nachmeldungen" ist demgegenüber angesichts der beabsichtigten Verbesserung des Gläubigerschutzes nicht möglich, da andernfalls insbes. die Wirkungen des § 185 Nr. 2 ZPO-E (vgl. Artikel 8) möglicherweise auf längere Zeit nicht eingreifen bzw. unterlaufen werden könnten.

---

[1] Begr. RegE BT-Drucks. 16/6140, S. 51.

Nach Ablauf der Übergangsfrist tragen die Registergerichte die ihnen mitgeteilten inländischen Anschriften ohne inhaltliche Prüfung als Geschäftsanschrift der Gesellschaft ein; die Eintragung erfolgt kostenfrei und eine besondere Bekanntmachung nach § 10 HGB findet nicht statt. Auch auf diese Weise wird die Belastung in Grenzen gehalten. Zudem gilt eine dem Registergericht mitgeteilte Geschäftsanschrift, die im Handelsregister (über die Unternehmensträgerdaten) abrufbar ist, unabhängig von dem Datum ihrer tatsächlichen Eintragung im Handelsregister ab dem 31. März 2009 als eingetragene Geschäftsanschrift der GmbH. Es wird damit den Registergerichten ein gewisser Spielraum gegeben, die Umtragung gestreckt über einen angemessenen Zeitraum vorzunehmen. Die Geltung der mitgeteilten Geschäftsanschrift hilft, eine ungerechtfertigte Privilegierung einzelner Gesellschaften aufgrund solcher Verzögerungen bei der Eintragung zu vermeiden." [2]

§ 30

(1) Jede neue Firma muß sich von allen an demselben Ort oder in derselben Gemeinde bereits bestehenden und in das Handelsregister oder in das Genossenschaftsregister eingetragenen Firmen deutlich unterscheiden.

(2) Hat ein Kaufmann mit einem bereits eingetragenen Kaufmanne die gleichen Vornamen und den gleichen Familiennamen und will auch er sich dieser Namen als seiner Firma bedienen, so muß er der Firma einen Zusatz beifügen, durch den sie sich von der bereits eingetragenen Firma deutlich unterscheidet.

(3) Besteht an dem Ort oder in der Gemeinde, wo eine Zweigniederlassung errichtet wird, bereits eine gleiche eingetragene Firma, so muß der Firma für die Zweigniederlassung ein der Vorschrift des Absatzes 2 entsprechender Zusatz beigefügt werden.

(4) Durch die Landesregierungen kann bestimmt werden, daß benachbarte Orte oder Gemeinden als ein Ort oder als eine Gemeinde im Sinne dieser Vorschriften anzusehen sind.

Schrifttum

Blumers Zur Firma der GmbH & Co. KG, BB 1977, 970; *Bülow* Zwei Aspekte im neuen Handelsrecht: Unterscheidungskraft und Firmenunterscheidbarkeit, DB 1999, 269; *Grossfeld/Neumann* Zur Zulässigkeit der Umfirmierung einer Genossenschaftsbank in „Volksbank eG", ZfgG 1980, 171; *O. Hahn* Zulässigkeit der Firmierung als „Schöninger Genossenschaftsbank-Volksbank"? ZfgG 1993, 316; *Hörstel* Kollision von Familiennamen im geschäftlichen Verkehr, GRUR 1965, 408; *Jurick* Zur Unterscheidbarkeit der Fa. einer GmbH & Co. KG, DB 1974, 1753; *Kieser/Leinekugel* Die firmen- und kennzeichenrechtliche Behandlung von Filialapotheken und Versandapotheken, ApoR 2004, 61; *Kögel* Die deutliche Unterscheidbarkeit von Firmennamen, Rpfleger 1998, 317; *Körner* Firma einer GmbH, Co KG, BB 1976, 1575; *Kreimer* Ist die beigefügte Ordinalzahl ein unterscheidungskräftiger Firmenzusatz? Rpfleger 1980, 388; *D. Möller* Probleme der Individualisierung und Verwechselungsfähigkeit von Sachfirmen, BB 1993, 308; *Parmentier/Steer* Die Konzernfirma nach dem Ende der Unternehmensverbindung, GRUR 2003, 196; *K. Schmidt* Die freiberufliche Partnerschaft, NJW 1995, 1; *Seydel* Der örtliche Schutzbereich der Firma und Geschäftsbezeichnung, NJW 1952, 1197; *Wessel* Probleme bei der Firmierung der GmbH & Co, BB 1984,

---

[2] Begr. RegE BT-Drucks. 16/6140, S. 48.

1710; *Westermeier* Zur Übernahme des Namens einer Partnerschaftsgesellschaft in die Firma einer Tochtergesellschaft, MittBayNot 2004, 205.

S. ferner das Schrifttum zu §§ 18, 19.

Übersicht

	Rn		Rn
A. Grundlagen	1–7	Meinungsstand	27–30
I. Norminhalt	1	a) Rechtsprechung	27
II. Entstehungsgeschichte	2	b) Literatur	28
III. Normzweck	3–4	c) Stellungnahme	29–30
IV. Verhältnis zu anderen Vorschriften	5–7	3. Einzelfragen	31–39
1. Vorschriften zum Schutz des Firmeninhabers	5–6	a) Firmenzusätze	31–32
2. Verhältnis zu § 18	7	b) Geographische Zusätze	33
B. Voraussetzungen des § 30 Abs. 1	8–43	c) Mehrheit von Unterschieden	34
I. Jede neue Firma	8–14	d) Personenfirmen	35–36
1. Geltung für alle Firmen	8	e) Sachfirmen	37
2. Neue Firma	9–14	f) Phantasiefirmen	38
II. Bestehende und eingetragene Firma	15–20	g) Firmierung von Tochtergesellschaften	39
1. Bestand der Firma	16–17	4. Einzelfälle	40–41
2. Eintragung	18–20	a) Keine deutliche Unterscheidbarkeit	40
III. An demselben Ort oder in derselben Gemeinde	21–23	b) Hinreichend deutliche Unterscheidbarkeit	41
1. Begriff Ort und Gemeinde	22	C. Gleichnamiger Kaufmann, Abs. 2	42
2. Nachträgliche Änderung von Orts- und Gemeindegrenzen	23	D. Gleichnamige Zweigniederlassung, Abs. 3	43–44
IV. Deutliche Unterscheidbarkeit	24–42	E. Benachbarte Orte, Abs. 4	45
1. Begriff	24–26	F. Verfahren und Durchsetzung	46
2. Beurteilungshorizont und Beurteilungsgegenstand	27–30		

A. Grundlagen

I. Norminhalt

1 § 30 Abs. 1 verlangt, dass sich jede neue Firma von allen anderen am selben Ort oder in derselben Gemeinde eingetragenen Firmen deutlich unterscheiden muss. Anders als nach § 18 Abs. 1 (dort Rn 16 ff) reicht hierfür abstrakte Unterscheidungskraft nicht aus. Erforderlich ist vielmehr konkrete Unterscheidbarkeit (Rn 24 ff). Diese als Grundsatz der Firmenunterscheidbarkeit oder Grundsatz der Firmenausschließlichkeit bezeichnete Regel konkretisiert Abs. 2 für Personenfirmen und Abs. 3 für Zweigniederlassungsfirmen beispielhaft. Abs. 4 eröffnet die Möglichkeit, den für die Anwendung maßgeblichen räumlichen Bereich zu erweitern.

II. Entstehungsgeschichte

2 § 30 Abs. 1 und 2 geht auf Art. 20 ADHGB zurück, der lediglich noch nicht die klarstellende (Rn 18) Erweiterung auf das Genossenschaftsregister enthielt. Diese wurde in Übereinstimmung mit der Rechtsprechung[1] durch das Gesetz zur Änderung des Gesetzes

---

[1] Begr. RegE BT-Drucks. 7/97, S. 32.

betreffend die Erwerbs- und Wirtschaftsgenossenschaften vom 9.10.1973[2] aufgenommen. § 30 Abs. 3 entspricht Art. 21 Abs. 2 ADHGB. § 30 Abs. 4 wurde mit dem HGB geschaffen und damit begründet, dass *„die Straßenzüge benachbarter Orte vielfach völlig ineinander übergehen"*[3]. Hiervon abgesehen sei es weder erforderlich noch durchführbar, den Firmenschutz in räumlicher Beziehung über den Ort der Gemeinde der Niederlassung auszudehnen. Soweit es um die unredliche Benutzung gleich oder ähnlich lautender Firmen gehe, greife das Gesetz zur Bekämpfung des unlauteren Wettbewerbs ein (zur insoweit heute geltenden Rechtslage Rn 5 f, Anh. II zu § 37 Rn 70).

III. Normzweck

Die Regelung bezweckt, der Verwechselungsgefahr vorzubeugen, die von identischen **3** oder nicht hinlänglich unterschiedlichen Firmen ausgeht. Daran hat zunächst der Inhaber der älteren Firma ein berechtigtes Interesse. Doch ist nicht sein Schutz Ziel des Gesetzes; es geht vielmehr um den **Schutz des Rechtsverkehrs vor verwechselungsfähigen Firmen**. § 30 dient also dem Schutz des öffentlichen Interesses. Das ist trotz einer gewissen Unschärfe der Gesetzesmaterialien[4] seit langem und zu Recht anerkannt[5]; denn nur das öffentliche Interesse kann es rechtfertigen, dass das Registergericht seine Tätigkeit von Amts wegen und unter Einsatz der ihm verliehenen Zwangsmittel entfaltet (näher Rn 46). Fraglich kann allenfalls sein, ob der Schutz des besser Berechtigten, d.h. des mit seiner Firma bereits Eingetragenen als Nebenzweck des Gesetzes einzuordnen ist. Auch das trifft jedoch nicht zu, weil der Schutz des Individualinteresses ausschließlich Sache des Berechtigten ist (Rn 5 f). Aus § 37 Abs. 2 folgt nichts anderes, weil auch die Unterlassungsklage nur der Durchsetzung des öffentlichen Interesses an richtiger Firmenführung dient (§ 37 Rn 4 f). Der Schutz des Berechtigten ist also zwar Nebenfolge, aber weder Haupt- noch Nebenzweck des Gesetzes. Dem Schutz des Berechtigten dienen vielmehr die §§ 12, 823 Abs. 1 BGB, §§ 5, 15 MarkenG (dazu Anh. I und II zu § 37), und zwar insofern erheblich besser als § 30, als diese nicht dessen Beschränkungen aufweisen (s. auch Rn 5, 12).

Der **Sinn der Beschränkung auf an demselben Ort** oder in derselben Gemeinde bereits **4** **bestehende und eingetragene Firmen** besteht zum einen darin, den Kreis der Vergleichsfirmen, die das Registergericht bei seiner Prüfung zu berücksichtigen hat, fest zu umgrenzen. Insbes. sollen dem Registergericht Nachforschungen außerhalb des Registers erspart bleiben.[6] Zum anderen identifiziert der Rechtsverkehr den Träger eines Unternehmens

---

[2] BGBl. I, S. 1451.
[3] Denkschrift zum Entwurf eines Handelsgesetzbuchs, Reichstag, 9. Legislatur-Periode, IV. Session 1895/97, S. 40. = *Schubert/Schmiedel/Krampe* Quellen zum Handelsgesetzbuch von 1897, Bd. 2. 2. Hb. 1988, S. 982.
[4] Nach der Denkschrift zum Entwurf eines Handelsgesetzbuchs, Reichstag, 9. Legislatur-Periode, IV. Session 1895/97, S. 40 ff = *Schubert/Schmiedel/Krampe* Quellen zum Handelsgesetzbuch von 1897, Bd. 2. 2. Hb. 1988, S. 982, bezweckt § 30 den Rechtsschutz der Firma, während nach der Denkschrift, S. 43, die unredliche Firmenbenutzung durch das UWG bekämpft werden muss.

[5] RGZ 75, 370, (372); RGZ 103, 388 (392); BGHZ 46, 7 (11); Ebenroth/Boujong/Joost/Strohn/*Zimmer* Rn 2; Baumbach/*Hopt* Rn 1; Heymann/*Emmerich* Rn 1a; Staub/*Hüffer* 4. Aufl. Rn 1; MünchKommHGB/*Heidinger* Rn 1; Röhricht/v. Westphalen/*Ammon/Ries* Rn 1; *K. Schmidt* Handelsrecht § 12 III 3a.
[6] Denkschrift zum Entwurf eines Handelsgesetzbuchs, Reichstag, 9. Legislatur-Periode, IV. Session 1895/97, S. 40 = *Schubert/Schmiedel/Krampe*, Quellen zum Handelsgesetzbuch von 1897, Bd. 2. 2. Hb. 1988, S. 982.

und dieses selbst nicht nur durch die Firma, sondern auch durch die Niederlassung oder den Sitz, so dass es für den Schutz des Publikums ausreicht, die Firmenunterscheidbarkeit in den Fällen sicherzustellen, in denen dieses zweite Individualisierungsmerkmal nicht zur Verfügung steht.[7] Und zum Dritten besteht mit erloschenen Firmen grundsätzlich (s. aber § 18 Rn 39) keine Verwechselungsgefahr.

IV. Verhältnis zu anderen Vorschriften

5 1. **Vorschriften zum Schutz des Firmeninhabers.** Den Individualschutz eines besserberechtigten Firmeninhabers gewährleisten die §§ 12, 823 Abs. 1 BGB (dazu Anh. I zu § 37) und vor allem die §§ 5, 15 MarkenG (dazu Anh. II zu § 37).[8] Für diese Vorschriften gilt insbes. die in § 30 enthaltene **räumliche Begrenzung nicht**. Das wäre sachwidrig, weil die Verletzung des Namensrechts bzw. von Unternehmenskennzeichen nicht entsprechend lokalisierbar ist. Wegen der unterschiedlichen Schutzrichtung und den unterschiedlichen Voraussetzungen des § 30 einerseits und der §§ 12, 823 Abs. 1 BGB, §§ 5, 15 MarkenG andererseits ist es möglich, dass ein Handelsname den firmenrechtlichen Grundsätzen, insbes. den Anforderungen des § 30, entspricht, aber seine Benutzung, namentlich seine Anmeldung zum Handelsregister und der Fortbestand der Eintragung, unter namens- und kennzeichenrechtlichen Gesichtspunkten unzulässig ist. Umgekehrt ist ein Verstoß gegen § 30 auch dann erheblich, wenn eine Verletzung der §§ 12, 823 Abs. 1 BGB, §§ 5, 15 MarkenG nicht vorliegen sollte. Deswegen ist der Prozessrichter nicht an die Auffassung des Registerrichters gebunden und umgekehrt.[9] S. ferner Rn 12.

6 Da § 30 dem Schutz des öffentlichen Interesses dient (Rn 3), ist die **Vorschrift zwingend**[10]. Verzichtet der Inhaber der älteren Firma auf das Recht zur ausschließlichen Namensführung, so kann das zum Verlust der vorgenannten (Rn 5) Ansprüche führen. Der Verzicht macht aber die jüngere Firma nicht registerrechtlich zulässig; denn über das von § 30 geschützte öffentliche Interesse kann der Firmeninhaber nicht wirksam disponieren. Auch eine Verwirkung kommt daher nicht in Betracht.[11] Praktische Bedeutung hat der zwingende Charakter der Vorschrift vor allem für die Firma der GmbH & Co. KG (dazu Rn 32) und die Firma von Tochtergesellschaften (dazu Rn 39).

---

[7] Ebenroth/Boujong/Joost/Strohn/*Zimmer* Rn 3; näher Bund-Länder-Arbeitsgruppe „Handelsrecht und Handelsregister" in Bundesministerium der Justiz (Hrsg.), Reform des Handelsrechts und des Handelsregisterrechts – Empfehlungen zur Modernisierung des Kaufmannsbegriffs, zur Liberalisierung des Firmenrechts und zur Vereinfachung und Beschleunigung des Handelsregisterverfahrens, 1994, S. 31; kritisch zu diesen Gründen *Kögel* Rpfleger 1998, 317 (318 f); auch Röhricht/v. Westphalen/*Ammon*/Ries Rn 2; *Oetker* Handelsrecht § 4 Rn 74.

[8] Wettbewerbsrechtliche Ansprüche (§§ 4 Nr. 11, 5 Abs. 2 S. 1 Nr. 3, 8, 9 UWG) spielen dagegen heutzutage nach der Aufhebung von § 16 UWG a.F. nur eine untergeordnete Rolle; BR-Drucks. 795/93, S. 87; s.a. MünchKommHGB/*Heidinger* Rn 2.

[9] Röhricht/v. Westphalen/*Ammon*/Ries Rn 1; MünchKommHGB/*Heidinger* Rn 3.

[10] RGZ 29, 66 (71 f); OG Danzig JW 1921, 182; KG JW 1933, 317 = HRR 1933 Nr. 331; OLG Frankfurt a.M. OLGZ 1981, 8 (9); BGHZ 46, 7 (11); Ebenroth/Boujong/Joost/Strohn/*Zimmer* Rn 1; Staub/*Hüffer* 4. Aufl. Rn 1; Baumbach/*Hopt* Rn 1; Heymann/*Emmerich* Rn 1a; *Canaris* Handelsrecht § 11 Rn 28.

[11] AA Koller/*Roth*/Morck Rn 4 a.E.; *Canaris* Handelsrecht § 11 Rn 29; wie hier MünchKommHGB/*Krebs* § 37 Rn 50.

2. Verhältnis zu § 18. Gegenüber § 18 stellt sich die Konkurrenzfrage in zweierlei 7
Hinsicht, nämlich erstens im Blick auf die Unterscheidungskraft i.S.d. § 18 Abs. 1 und
zweitens im Blick auf das Irreführungsverbot nach § 18 Abs. 2. Wenngleich sich die
Anwendungsbereiche von § 18 und § 30 teilweise überschneiden, ist der Prüfungsmaßstab beider Vorschriften so unterschiedlich, dass sie nebeneinander anwendbar sind und
eine genaue Differenzierung erforderlich ist: Zunächst ist die Kennzeichnungseigung
(dazu § 18 Rn 7 ff) und abstrakte Unterscheidungskraft (dazu § 18 Rn 16 ff) nach § 18
Abs. 1 zu prüfen. Fehlt es hieran, kommt es auf das Vorliegen der weiteren Voraussetzungen der §§ 18, 30 nicht an. Nur wenn die Firma die Voraussetzungen des § 18
Abs. 1 und 2 erfüllt, ist zu prüfen, ob auch die von § 30 geforderte konkrete Unterscheidbarkeit vorliegt.[12] Dabei umfasst das Irreführungsverbot des § 18 Abs. 2 auch die
Verwechselungsfähigkeit mit einer Firma am gleichen Ort.[13] Zu beachten ist jedoch
einerseits, dass § 30 für die Verwechselungsfähigkeit anders als § 18 Abs. 2 nur auf eingetragene Unternehmen abstellt. Umgekehrt stellt § 18 Abs. 2 S. 2 auf die angesprochenen Verkehrskreise ab (s. auch Rn 27 ff) und schränkt die Prüfungsbefugnis des Registergerichts auf ersichtliche Fälle einer Verwechselungsfähigkeit ein (vgl. § 18 Rn 47 ff,
50 ff), während § 30 eine solche Beschränkung nicht enthält. Auch insofern ist der Prüfungsmaßstab des Registergerichts daher ganz unterschiedlich.[14]

B. Voraussetzungen des § 30 Abs. 1

I. Jede neue Firma

1. Geltung für alle Firmen. § 30 Abs. 1 gilt für jede Firma, also nicht nur für die Fir- 8
men von Einzelkaufleuten, sondern auch von Personenhandelsgesellschaften, Kapitalgesellschaften, Genossenschaften, juristischen Personen i.S.d. § 33 Abs. 1, VVaG, EWiV,
SE, SCE, kurz: für jeden Handelsnamen eines firmenfähigen (§ 17 Rn 9 ff) Unternehmensträgers sowie für die Firmen von Zweigniederlassungen (Abs. 3) und die Namen
von Partnerschaftsgesellschaften (§ 2 Abs. 2 Hs. 1 PartGG). Dagegen gilt § 30 Abs. 1
nicht für die Namen von Vereinen, soweit sie nicht die Voraussetzungen des § 33 Abs. 1
(dort Rn 11 ff) erfüllen. Für Vereine gilt § 57 Abs. 2 BGB. Eine andere Frage ist, ob sich
eine neue Firma auch von dem Namen eines eingetragenen Vereins deutlich unterscheiden muss, dazu Rn 19.

2. Neue Firma. Normadressat des § 30 Abs. 1 ist der Inhaber einer neuen Firma. 9
Neue Firmen sind solche, die an demselben Ort oder in derselben Gemeinde noch nicht
eingetragen sind.[15] Daraus folgt dreierlei:

Erstens kommt es für die Anwendbarkeit von § 30 Abs. 1 grundsätzlich nicht darauf 10
an, ob der Inhaber beabsichtigt, die neue Firma in das Handelsregister eintragen zu lassen. Auch wenn er entgegen der gesetzlichen Anmeldepflicht (z.B. nach § 29) **keine
Anmeldung** vornimmt, verstößt die Führung der neuen Firma gegen § 30 Abs. 1, wenn

---

[12] MünchKommHGB/*Heidinger* Rn 6; Eben-
roth/Boujong/Joost/Strohn/*Zimmer* Rn 1;
GKzHGB/*Steitz* Rn 5.
[13] MünchKommHGB/*Heidinger* Rn 4; Röh-
richt/v. Westphalen/*Ammon/Ries* Rn 1; GKz-
HGB/*Steitz* Rn 5.
[14] MünchKommHGB/*Heidinger* Rn 5; Koller/
Roth/Morck Rn 5; s. aber auch *Steinbeck* FS
Horn 2006, 589; vgl. Baumbach/*Hopt* Rn 4.
[15] KG RJA 8 (1907), 38; Ebenroth/Boujong/
Joost/Strohn/*Zimmer* Rn 9; GKzHGB/*Steitz*
Rn 4; Koller/*Roth*/Morck § 30 Rn 4.

§ 30

dessen übrige Voraussetzungen erfüllt sind. Bei **Kleingewerbetreibenden** ist § 30 Abs. 1 dagegen nur anwendbar, wenn sie eine Anmeldung nach § 2 S. 1 vornehmen. Für **Minderfirmen** (§ 17 Rn 19 ff) **gilt § 30 nicht**. Die Führung einer Minderfirma kann aber gegen § 18 Abs. 2 (dort Rn 34) oder gegen §§ 12, 823 Abs. 1 BGB, §§ 5, 15 MarkenG verstoßen.

11 Zweitens kommt es für die Priorität i.S.d. § 30 Abs. 1 ausschließlich auf den **Zeitpunkt der Eintragung** der beiden Firmen an.[16] Mithin spielt es für § 30 keine Rolle, wann die Firmen entstanden sind bzw. in Gebrauch genommen wurden. Anders als nach §§ 12, 823 Abs. 1 BGB, §§ 5, 15 MarkenG (s. Anh. I zu § 37 Rn 31, Anh. II zu § 37 Rn 17 f) kann daher eine später entstandene, aber früher eingetragene Firma nach § 30 Abs. 1 Vorrang vor einer früher entstandenen, aber später eingetragenen Firma genießen.[17] Zu beachten ist allerdings, dass die Eintragung einer Firma keine Auswirkungen auf die materielle Rechtslage nach §§ 12, 823 Abs. 1 BGB, §§ 5, 15 MarkenG hat. Wer im Verhältnis zwischen den Firmeninhabern materiell besser berechtigt ist, hängt daher nicht von der Eintragung, sondern von den Voraussetzungen dieser Vorschriften ab. Insofern bewirkt die Voreintragung für den Inhaber der i.S.d. § 30 Abs. 1 neuen Firma lediglich eine Registersperre, die er unter den Voraussetzungen der §§ 12, 823 Abs. 1 BGB, §§ 5, 15 MarkenG im Wege der Rechtsverfolgung beseitigen kann.

12 Liegen mehrere Anmeldungen vor, so hat das Registergericht sie in der Reihenfolge ihres Eingangs zu bearbeiten.[18] Die danach früher eingetragene Firma hat Vorrang vor den anderen bereits angemeldeten, aber noch nicht eingetragenen Firmen. Bei der Priorität der Eintragung mit der Folge der Anwendung von § 30 Abs. 1 verbleibt es freilich auch dann, wenn das Registergericht die zeitliche Reihenfolge der Anmeldungen nicht einhält,[19] obwohl der Eintragung des ersten Anmelders keine Hindernisse entgegenstehen. In diesem Fall kann jedoch eine Amtspflichtverletzung (Art. 34 GG i.V.m. § 839 BGB) vorliegen.[20] Zudem besteht ggf. die Möglichkeit eines Vorgehens nach §§ 12, 823 Abs. 1 BGB, §§ 5, 15 MarkenG (Rn 11 a.E.).[21]

13 Drittens: Nachdem es auf die Eintragung in das für denselben Ort oder dieselbe Gemeinde zuständige Register ankommt, muss die Firmenunterscheidbarkeit auch dann gewahrt sein, wenn die Hauptniederlassung bzw. der **Gesellschaftssitz verlegt** werden. Für Zweigniederlassungen s. Rn 43 f.

14 Schließlich ist zu beachten, dass eine neue Firma auch durch die **Änderung des Handelsnamens** entsteht,[22] gleichgültig, ob die Änderung aus freien Stücken erfolgt oder rechtlich geboten ist, etwa wegen Ausscheidens des namensgebenden Gesellschafters (vgl. § 24 Abs. 2). Durch eine Änderung verliert mithin eine eingetragene Firma ihre Priorität gegenüber allen anderen, ursprünglich nach ihr eingetragenen Firmen. Vorausgesetzt ist freilich eine Änderung von unterscheidungskräftigen Firmenbestandteilen. Bestandteile,

---

[16] KG RJA 8 (1907), 38; RG JW 1928, 1214 f; Heymann/*Emmerich* Rn 8; Ebenroth/Boujong/Joost/Strohn/*Zimmer* Rn 8; Röhricht/v. Westphalen/*Ammon/Ries* Rn 8.

[17] Heymann/*Emmerich* Rn 8; im Ergebnis ebenso Koller/*Roth*/Morck Rn 4; Ebenroth/Boujong/Joost/Strohn/*Zimmer* Rn 9.

[18] KG OLGR 43, 281 f; Ebenroth/Boujong/Joost/Strohn/*Zimmer* Rn 10.

[19] KG OLGR 44, 281; Heymann/*Emmerich* Rn 9; Ebenroth/Boujong/Joost/Strohn/*Zimmer* Rn 1; MünchKommHGB/*Heidinger* Rn 18.

[20] KG OLGE 43, 281 f; Heymann/*Emmerich* Rn 9; Staub/*Hüffer* 4. Aufl. Rn 12, Ebenroth/Boujong/Joost/Strohn/*Zimmer* Rn 11.

[21] KG RJA (1907), 38; MünchKommHGB/*Heidinger* Rn 2, 8; Ebenroth/Boujong/Joost/Strohn/*Zimmer* Rn 4.

[22] OLG München JFG 14, 478 (481); Heymann/*Emmerich* Rn 10, GKzHGB/*Steitz* Rn 4; Ebenroth/Boujong/Joost/Strohn/*Zimmer* Rn 9; MünchKommHGB/*Heidinger* Rn 18.

die für die Unterscheidbarkeit nicht genügen (Rn 31 ff), können – wenn sie Gegenstand der Änderung sind – daher nicht die Neuheit der Firma begründen. Zudem begründen Firmenänderungen, die das **Recht zur Firmenfortführung** nicht beeinträchtigen (§ 22 Rn 87 ff), keine neue Firma i.S.d. § 30 Abs. 1 (§ 22 Rn 83).

II. Bestehende und eingetragene Firma

Schutzgegenstand ist die Verwechselungsgefahr mit (am selben Ort oder derselben **15** Gemeinde) bereits bestehenden und eingetragenen Firmen. Prüfungsmaßstab für das Registergericht sind nach § 30 daher nur Firmen, die tatsächlich bestehen und eingetragen sind, nicht erloschene Firmen, selbst wenn sie zu Unrecht noch eingetragen sein sollten, oder nicht eingetragene Firmen, selbst wenn ihre Eintragung bereits beantragt ist (s. auch Rn 12). Gegenüber gelöschten (s. aber § 18 Rn 39) oder nicht eingetragenen Firmen muss sich die neue Firma also registerrechtlich (anders zivilrechtlich s. Rn 11) nicht unterscheiden. Im Einzelnen:

1. Bestand der Firma. Wann eine Firma entsteht und wann eine Firma erlischt, richtet **16** sich nach allgemeinen Regeln (dazu § 17 Rn 31 ff). Stellt sich heraus, dass eine Firma noch eingetragen ist, obwohl sie **bereits erloschen** ist, so ist der Eingetragene gem. §§ 31 Abs. 2, 37 Abs. 1 zur Abgabe der Löschungsanmeldung anzuhalten. Die neue Firma kann eingetragen werden, bevor die alte Eintragung gelöscht ist.[23] Hat beispielsweise der Insolvenzverwalter den Geschäftsbetrieb eines Einzelunternehmens vollständig eingestellt, so ist damit auch die Firma erloschen (§ 17 Rn 40). § 30 hindert daher den Inhaber der alten Firma nicht, ein neues Handelsgewerbe unter derselben Bezeichnung zu eröffnen und eintragen zu lassen. Zu beachten ist allerdings, dass die Nachbildung einer erloschenen Firma das Irreführungsverbot verletzt, wenn für die angesprochenen Verkehrskreise nicht erkennbar ist, dass hinter der neuen Firma auch ein neues Unternehmen steht (§ 18 Rn 39). Führt dagegen der Insolvenzverwalter das Einzelunternehmen fort, so besteht auch die Firma weiter, so dass der Gemeinschuldner bereits wegen § 30 Abs. 1 gehindert ist, unter derselben Bezeichnung am selben Ort ein neues Handelsgewerbe zu eröffnen.

Ein **rechtmäßiger Bestand** der älteren Firma ist entgegen älterer Rechtsprechung[24] **17** **nicht Voraussetzung** des § 30 Abs. 1;[25] denn von unrechtmäßig geführten Firmen geht dieselbe Verwechselungsgefahr aus wie von rechtmäßig benutzten. Mithin kann es auf die Rechtmäßigkeit nicht ankommen, weil § 30 Abs. 1 den Schutz des Publikums vor der Verwechselungsgefahr bezweckt (Rn 3). Die Gegenauffassung übersieht zudem, dass ein Verstoß gegen die §§ 18 ff die eingetragene Firma nicht unbedingt löschungsreif macht und die Verwechselungsgefahr nach einer Änderung der Firma, etwa der Streichung eines täuschungsgeeigneten, zur Kennzeichnung nicht notwendigen Zusatzes erhalten bleiben kann. Richtig ist deshalb, die neue Firma erst dann einzutragen, wenn die ältere auf Grund ihrer Unrechtmäßigkeit im Register gelöscht ist. Solange ist das Eintragungsverfahren auszusetzen.[26]

---

[23] RGZ 29, 66 (68 f).
[24] ROHG 6, 246 (248); KG JW 1933 (1030).
[25] Ebenso die heute hL Ebenroth/Boujong/ Joost/Strohn/*Zimmer* Rn 14; Röhricht/ v. Westphalen/*Ammon/Ries* Rn 7; Münch-

KommHGB/*Heidinger* Rn 16; GKzHGB/ *Steitz* Rn 11; Heymann/*Emmerich* Rn 7a; im Ergebnis ebenso Baumbach/*Hopt* Rn 6.
[26] Heymann/*Emmerich* Rn 7a; s.a. Münch-KommHGB/*Heidinger* Rn 15; Ebenroth/

18 2. **Eintragung.** Die bestehende Firma muss eingetragen sein. Der Sinn des Eintragungserfordernisses besteht zum einen darin, den Kreis der Vergleichsfirmen, die das Registergericht bei seiner Prüfung zu berücksichtigen hat, fest zu umgrenzen (Rn 4). Zum anderen wird durch die Eintragung zweifelsfrei festgelegt, welche Firma i.S.d. § 30 die ältere und welche die jüngere ist (Rn 11).[27] Nach dem Wortlaut von § 30 Abs. 1 muss eine Eintragung in das **Handelsregister oder Genossenschaftsregister** vorliegen. Eine neue Firma muss sich daher auch von älteren eingetragenen Genossenschaftsfirmen unterscheiden. Dies hat der Gesetzgeber mit der Neufassung des § 30 Abs. 1 (Rn 2) im Anschluss an vorangegangene Rechtsprechung[28] ausdrücklich klargestellt. Die Regelung ist jedoch nicht abschließend. So ist anerkannt, dass sich die neue Firma auch von dem Namen einer früher in das **Partnerschaftsgesellschaftsregister** eingetragenen Partnerschaftsgesellschaft deutlich unterscheiden muss.[29] Dem steht der Sinn des Eintragungserfordernisses nicht entgegen, weil es dem Registergericht lediglich Nachforschungen nach nicht eingetragenen Firmen und Namen ersparen soll.

19 Vor diesem Hintergrund und angesichts der rechtsähnlichen Regelung des § 57 Abs. 2 BGB ist streitig, ob das Registergericht seine Prüfung auch auf ältere in das **Vereinsregister** eingetragene Namen erstrecken muss.[30] Dagegen wird vorgetragen, dass es einer solchen Ausweitung nicht bedürfe; denn soweit Vereine ein Handelsgewerbe betrieben, seien sie gem. § 33 Abs. 1 in das Handelsregister einzutragen, so dass § 30 Abs. 1 ohnehin Anwendung fände. Betrieben sie aber kein Handelsgewerbe, dann sei der Tätigkeitsbereich von Vereinen und Handelsgesellschaften derart unterschiedlich, dass die Verwechselungsgefahr, vor der § 30 das Publikum schützen wolle, nicht evident sei. Letzterem kann aus vier Gründen nicht zugestimmt werden. Erstens darf man die Augen nicht davor verschließen, dass sich Vereine, auch wenn sie dazu verpflichtet sind, oft nicht in das Handelsregister eintragen lassen und dazu auch nicht von den Gerichten angehalten werden (§ 33 Rn 13 a.E.). Zweitens gliedern Vereine ihre wirtschaftliche Tätigkeit oft in Tochtergesellschaften aus, für die sie dann häufig als Namensgeber fungieren, woraus Verwechselungen entstehen können. Drittens sind Vereine, auch wenn die Voraussetzungen des § 1 nicht gegeben sein sollten, oft in Bereichen tätig, die auch von gewerblichen Unternehmen angeboten werden (z.B. Betrieb von Sportanlagen). Und schließlich erhöht zwar Branchennähe die Verwechselungsgefahr (Rn 29). Umgekehrt schließt fehlende Branchennähe jedoch das Bestehen einer Verwechselungsgefahr nicht aus[31] (so z.B. im Falle eines kirchlichen Bildungswerks „Albertus Magnus e.V." und einem Reisebüro „Albert Magnus GmbH").

20 Auf Namen, die in **kein Register eingetragen** sind, also z.B. auf Namen von Stiftungen oder nicht eingetragenen Vereinen, muss und darf sich die Prüfung des Registergerichts aus den in Rn 4, 18 genannten Gründen dagegen nicht erstrecken, und zwar auch dann

---

Boujong/Joost/Strohn/*Zimmer* Rn 14; Staub/*Hüffer* 4. Aufl. Rn 11.
[27] Ebenroth/Boujong/Joost/Strohn/*Zimmer* Rn 13.
[28] OLG Düsseldorf BB 1961, 1027.
[29] MünchKommHGB/*Heidinger* Rn 10; Ebenroth/Boujong/Joost/Strohn/*Zimmer* Rn 8; Für den umgekehrten Fall der Unterscheidung der Partnerschaft gem. § 2 PartGG i.V.m. § 30 K. *Schmidt* NJW 1995, 1 (5).
[30] Dafür OLG Stuttgart OLGR 42, 211; LG Limburg Rpfleger 1981, 23; MünchKommHGB/*Heidinger* Rn 10; Heymann/*Emmerich* Rn 6; Koller/*Roth*/Morck Rn 3; GKzHGB/*Steitz* Rn 11; Wessel/Zwernemann/*Kögel* Firmengründung Rn 81; *Kögel* Rpfleger 1998, 317 (318); dagegen Staub/*Hüffer* 4. Aufl. Rn 7; Röhricht/v. Westphalen/*Ammon*/Ries Rn 6; Ebenroth/Boujong/Joost/Strohn/*Zimmer* Rn 7; Baumbach/*Hopt* Rn 3, 6.
[31] BGHZ 46, 7; Röhricht/v. Westphalen/*Ammon*/Ries Rn 11, 17; vgl. ferner Heymann/*Emmerich* Rn 17a.

nicht, wenn diese nach § 33 Abs. 1 in das Handelsregister eingetragen werden müssten. Das gilt mithin auch für Firmen etwa von Einzelkaufleuten, die entgegen § 29 bisher nicht angemeldet oder zwar angemeldet, aber noch nicht eingetragen sind (s. auch Rn 10, 12).

III. An demselben Ort oder in derselben Gemeinde

Im Interesse einer Begrenzung der Vergleichsfirmen, die das Registergericht in seine Prüfung miteinzubeziehen hat, ist das Gebot deutlicher Unterscheidbarkeit auf solche Firmen beschränkt, die an demselben Ort oder in derselben Gemeinde bestehen. Diese örtliche Eingrenzung mag zwar auf den ersten Blick unsachgemäß erscheinen, weil der Wettbewerb nicht an Gemeinde- oder Ortsgrenzen Halt macht und viele Unternehmen nicht ausschließlich lokal tätig sind.[32] Indes identifiziert der Verkehr das Unternehmen und seinen Träger nicht nur durch die Firma, sondern auch durch den Ort der Niederlassung oder des Sitzes, so dass es für den Schutz des Publikums ausreicht, die Firmenunterscheidbarkeit in den Fällen sicherzustellen, in denen dieses zweite Individualisierungsmerkmal nicht zur Verfügung steht (Rn 4). Und was den Schutz des Inhabers besserer Namensrechte anbelangt, so sind die §§ 12, 823 Abs. 1 BGB, §§ 5, 15 MarkenG nicht in ihrer räumlichen Reichweite derart beschränkt. 21

1. Begriff Ort und Gemeinde. Welcher geographische Raum einen Ort bildet, entscheidet die Verkehrsauffassung ohne Rücksicht auf die kommunalrechtliche Einteilung.[33] Dagegen ist mit dem Begriff Gemeinde das Gemeindegebiet i.S.d. Kommunalrechts bezeichnet.[34] Vielfach, aber nicht zwangsläufig, erfassen beide Begriffe denselben Raum. Es kann sein, dass eine Gemeinde mehrere Orte oder ein Ort mehrere Gemeinden umfasst. Fallen die Grenzen nicht zusammen, so gilt der Grundsatz der Firmenunterscheidbarkeit für Ort und Gemeinde, anders gewendet also für den jeweils weiteren Bereich.[35] Dieser sog. Firmenbezirk ist von dem Registerbezirk (§ 376 FamFG [§ 125 Abs. 1 und 2 FGG a.F.]) zu unterscheiden und heute regelmäßig wesentlich kleiner als jener. Zur Bildung gemeinschaftlicher Firmenbezirke gem. § 30 Abs. 4 s. Rn 45. 22

2. Nachträgliche Änderung von Orts- und Gemeindegrenzen. Welche Bedeutung nachträgliche Änderungen der Verkehrsauffassung über die Ortsgrenzen und vor allem Grenzveränderungen durch Eingemeindung haben, ist gesetzlich nicht ausdrücklich geregelt und war früher umstritten.[36] Nach heute wohl allgemeiner Meinung genießen gleichnamige Firmen in diesem Fall Bestandsschutz, so dass auch bei einer jüngeren Firma keine Änderungen veranlasst sind, wenn sie eingetragen ist.[37] Richtigerweise ergibt sich 23

---

[32] Ebenroth/Boujong/Joost/Strohn/*Zimmer* Rn 3; *Kögel* Rpfleger 1998, 317 (318 f); *Knaak* Firma und Firmenschutz 4. Teil A II 1e; *K. Schmidt* Handelsrecht § 12 III 3a.
[33] KGJ 8, 11 f; Ehrenberg/*Pisko* Bd. II 1 § 44; Heymann/*Emmerich* Rn 3; Staub/*Hüffer* 4. Aufl. Rn 5; Röhricht/v. Westphalen/*Ammon/Ries* Rn 3; Ebenroth/Boujong/Joost/Strohn/*Zimmer* Rn 5.
[34] OLG Frankfurt OLGZ 1981, 8 (9); Ehrenberg/*Pisko* Bd. II 1 § 44; Heymann/*Emme-*
rich Rn 3; Staub/*Hüffer* 4. Aufl. Rn 5; Röhricht/v. Westphalen/*Ammon/Ries* Rn 3; Ebenroth/Boujong/Joost/Strohn/*Zimmer* Rn 5.
[35] Staub/*Hüffer* 4. Aufl. Rn 5; Ehrenberg/*Pisko* Bd. II 1 § 44; Ebenroth/Boujong/Joost/Strohn/*Zimmer* Rn 5.
[36] S. Staub/*Hüffer* 4. Aufl. Rn 6.
[37] KG KGJ 16, 11 (14); Staub/*Hüffer* 4. Aufl. Rn 6; MünchKommHGB/*Heidinger* Rn 9; Baumbach/*Hopt* Rn 10; Heymann/*Emmerich* Rn 4; Röhricht/v. Westphalen/*Ammon/Ries*

das bereits aus dem Wortlaut von § 30 Abs. 1, der nur von neuen, d.h. nur von noch nicht eingetragenen Firmen (Rn 9) eine deutliche Unterscheidbarkeit verlangt.

IV. Deutliche Unterscheidbarkeit

24 1. **Begriff.** Nach § 30 Abs. 1 muss sich eine neue Firma von allen am selben Ort oder in derselben Gemeinde bereits bestehenden und eingetragenen Firmen *„deutlich unterscheiden"*. Nähere Kriterien hierfür nennt das Gesetz nicht. Sie zu entwickeln, ist daher Aufgabe von Rechtsprechung und Lehre. Das Merkmal der „deutlichen Unterscheidbarkeit" ist ein **Rechtsbegriff** und damit in der Rechtsbeschwerdeinstanz in vollem Umfang nachprüfbar.[38] Ob sich eine neue Firma dagegen im konkreten Einzelfall hinreichend deutlich unterscheidet, bleibt im Wesentlichen der tatrichterlichen Würdigung überlassen.[39]

25 Mit dem Erfordernis deutlicher Unterscheidbarkeit soll das Publikum vor Verwechselungen geschützt werden (Rn 3), und zwar **nur** vor der Verwechselung verschiedener Unternehmen und Unternehmensträger (**Verwechselungsgefahr im engeren Sinne**). Vor dem falschen Eindruck des Bestehens einer organisatorischen, wirtschaftlichen oder geschäftlichen Beziehung (Verwechselungsgefahr im weiteren Sinne) schützt hingegen § 30 nicht;[40] denn andernfalls wäre insbes. bei übereinstimmenden Personennamen die Hinzufügung etwa eines Sachbestandteils selbst bei Branchenverschiedenheit entgegen anerkannter Regeln (Rn 36) und der Intention von Abs. 2 nicht ausreichend, um eine Verwechselungsgefahr auszuschließen. Vor einer Verwechselungsgefahr im weiteren Sinne schützt daher ggf. nur § 18 Abs. 2 (dort Rn 24) sowie §§ 12, 823 Abs. 1 BGB, §§ 5, 15 MarkenG (Anh. I zu § 37 Rn 21, Anh. II zu § 37 Rn 27).

26 Die Unterscheidbarkeit muss *„deutlich"* sein. Es reicht mithin nicht aus, dass sich die neue Firma von der bereits eingetragenen Firma in irgendeinem Punkt irgendwie unterscheidet. Vielmehr müssen die Unterschiede so prägnant sein, dass **keine Verwechselungsgefahr** besteht. Die bloße Möglichkeit einer Verwechselung reicht aus. Tatsächlich eingetretene Verwechselungen sind nicht erforderlich, zumal bei Firmenneubildungen auch nicht zu erwarten. Das kann freilich nicht bedeuten, dass schlechthin jede, auch unwahrscheinliche oder durch individuelle Unachtsamkeit verursachte Verwechselung ausgeschlossen sein muss. Vielmehr ist normativ zu bestimmen, ob die Unterschiede groß genug sind, um eine Verwechselungsgefahr auszuschließen. Das wirft die Frage nach dem Beurteilungshorizont und dem Beurteilungsgegenstand auf.

2. Beurteilungshorizont und Beurteilungsgegenstand

27 **Meinungsstand. a) Rechtsprechung.** Nach der vom Reichsgericht zunächst entwickelten Auffassung[41] ist Beurteilungshorizont die Ansicht der im Handelsverkehr tätigen Kreise, die nicht *„infolge Nachlässigkeit oder Unachtsamkeit"*[42] über die Firmierung

---

Rn 4; Ebenroth/Boujong/Joost/Strohn/*Zimmer* Rn 6; zur Firmenkollision im Zuge der Wiedervereinigung BGHZ 130, 134.

[38] Röhricht/v. Westphalen/*Ammon/Ries* Rn 14.

[39] RGZ 100, 45; BGH WM 1979, 922 (923); Ebenroth/Boujong/Joost/Strohn/*Zimmer* Rn 16; Röhricht/v. Westphalen/*Ammon/Ries* Rn 14.

[40] AA Röhricht/v. Westphalen/*Ammon/Ries* Rn 13; Koller/*Roth*/Morck Rn 5; Ebenroth/Boujong/Joost/Strohn/*Zimmer* Rn 16.

[41] RGZ 20, 71; vgl. auch KGJ 51, 120 f; KG JW 1926, 2001.

[42] RGZ 20, 71 (73).

hinweggehen. Entsprechend eng wurde der Beurteilungsgegenstand formuliert. Danach soll es auf die Firma in der Form ankommen, in der sie in das Handelsregister eingetragen bzw. zur Eintragung angemeldet ist[43]; namentlich die Benutzung von Firmenschlagworten habe außer Betracht zu bleiben[44]. An dieser engen Auffassung hat das Reichsgericht nicht festgehalten. Jüngere Entscheidungen verwenden die **Verkehrsauffassung als Beurteilungshorizont**[45]. Hinsichtlich des **Beurteilungsgegenstands** wurde als Ausgangspunkt zwar weiterhin der Eintragungs- oder Anmeldungswortlaut herangezogen, um sodann jedoch aus der Maßgeblichkeit der Verkehrsauffassung zu schließen, dass es auf die *„schlagwortartigen und das Gesamtbild der Firma bestimmenden Bestandteile"* ankomme.[46] Einen ähnlichen Standpunkt hat der **BGH** eingenommen, indem er auf das *„Klangbild der Firma, wie es sich Auge und Ohr einprägt"* abstellt.[47]

b) Literatur. Diese Auffassung trifft in der Literatur überwiegend auf **Zustimmung**.[48] **28**
Einigkeit besteht, dass für den Beurteilungshorizont die Verkehrsauffassung maßgeblich ist. Einigkeit besteht ferner, dass Gegenstand der Beurteilung zunächst der vollständige Wortlaut der zu vergleichenden Firmen ist. Unterscheidet sich bereits der Wortlaut nicht hinreichend deutlich, ist die neue Firma nicht eintragungsfähig. Und Einigkeit besteht schließlich, dass es nicht nur auf den Wortlaut, sondern auch auf das Klangbild sowie auf den Gesamteindruck der zu vergleichenden Firmen ankommt. Meinungsunterschiede bestehen dagegen hinsichtlich der Frage, inwieweit für den Gesamteindruck nur die vollständige Firma maßgeblich sei oder ob bereits die Ähnlichkeit einzelner zur Alleinstellung geeigneter Firmenbestandteile (Firmenschlagworte) eine Eintragung der neuen Firma ausschließt. Während die einen darauf hinweisen, dass die Verwendung von Firmenschlagworten nicht generell zulässig sei und das Registergericht zumindest hinsichtlich der neuen Firma nicht wissen könne, welches Firmenschlagwort sich später herausbilde,[49] betonen die anderen, dass im Verkehr vor allem Firmenschlagworte verwendet und wahrgenommen würden und diese auch durch §§ 12, 823 Abs. 1 BGB, §§ 5, 15 MarkenG (Anh. I zu § 37 Rn 11, Anh. II zu § 37 Rn 8) geschützt seien[50].

c) Stellungnahme. Hinsichtlich des **Beurteilungshorizonts** wird zu Recht auf die **Auf- 29 fassung des allgemeinen Verkehrs** abgestellt, weil eben dieser vor Verwechselungen geschützt werden soll. Namentlich kommt es, anders als nach § 18 Abs. 2 S. 1, **nicht nur auf die angesprochenen Verkehrskreise** an, weil § 30 dazu dient eine Identifizierung des Unternehmensträgers zu ermöglichen, was nicht nur für die angesprochenen Verkehrskreise, sondern für den gesamten Rechtsverkehr von Bedeutung ist. An der Sache vorbei geht es allerdings, wenn in diesem Zusammenhang betont wird, dass der Verkehr Fir-

---

[43] RG JW 1928, 1214; RGZ 171, 321; KG JW 1926, 2001; BayObLG JW 1928, 2639.
[44] RGZ 20, 71 (73); RG JW 1928, 1214 f.
[45] RGZ 69, 310 f; RG JW 1922, 1200; RGZ 170, 265 (270); RGZ 171, 321 (323); OLG Braunschweig JFG 5, 198 (201); OLG Hamburg Recht 1909 Nr. 1394.
[46] RGZ 171, 321 (324).
[47] BGHZ 46, 7 (12); ähnlich schon RGZ 104, 341 f; ähnlich auch KG OLGZ 1991, 396 (401).
[48] Ebenroth/Boujong/Joost/Strohn/*Zimmer* Rn 19; Staub/*Hüffer* 4. Aufl. Rn 15; Heymann/*Emmerich* Rn 14; HKzHGB/*Ruß* Rn 2; MünchKommHGB/*Heidinger* Rn 20–22; Kritisch Kögel Rpfleger 1998, 317 (319 f).
[49] MünchKommHGB/*Heidinger* Rn 21; Kögel Rpfleger 1998, 317 (319 f).
[50] Röhricht/v. Westphalen/*Ammon*/*Ries* Rn 15; Heymann/*Emmerich* Rn 15a; Ebenroth/Boujong/Joost/Strohn/*Zimmer* Rn 19; Staub/*Hüffer* 4. Aufl. Rn 15.

men- und Geschäftsbezeichnungen nur oberflächlich zur Kenntnis nehme.[51] Auszugehen ist vielmehr von der Wahrnehmung eines durchschnittlich aufmerksamen, verständigen und informierten Verkehrsteilnehmers.[52] Richtig ist ferner, dass **Gegenstand der Beurteilung zunächst der vollständige Wortlaut** der zu vergleichenden Firmen ist und es sodann auf den **Gesamteindruck des Wort- und Klangbilds** ankommt; insbes. bei Sachfirmen ist ferner der **Bedeutungs- und Sinngehalt** zu vergleichen.[53] Überdies sind – das ist ein besonders wichtiger Aspekt – **bei Branchennähe grundsätzlich strengere Anforderungen** zu stellen, weil dann die Verwechselungsgefahr größer ist.[54] Umgekehrt schließt das Fehlen einer Wettbewerbsbeziehung das Bestehen einer Verwechselungsgefahr nicht aus.[55] Hinsichtlich der umstrittenen Frage, inwieweit die **Ähnlichkeit einzelner Firmenbestandteile** maßgeblich ist, kommt es ausschlaggebend auf deren **prägende Kraft**[56] sowie auf die Branchennähe an. Dabei ist auch zu berücksichtigen, dass im Allgemeinen der Anfang einer Bezeichnung diese stärker prägt als nachfolgende Worte oder Wortteile,[57] übereinstimmende Merkmale in der Regel stärker hervortreten als die Unterschiede[58] und Unterschiede in umfangreichen Firmen „untergehen" können[59]. Zwar ist es zutreffend, dass das Registergericht bei einer neuen Firma nicht wissen kann, welches Firmenschlagwort sich später herausbildet. Sehr wohl kann es aber in Erfahrung bringen, welches Firmenschlagwort sich im Verkehrsgebrauch hinsichtlich der bereits bestehenden Firma durchgesetzt hat. Diesem kommt dann prägende Kraft für die bereits eingetragene Firma zu, und zwar auch dann, wenn das Firmenschlagwort oder die Firmenabkürzung nicht Teil der bereits eingetragenen Firma ist (z.B. „VW" für „Volkswagen Aktiengesellschaft")[60]. Enthält die neue Firma einen Firmenbestandteil, der diesem bereits eingeführten Firmenschlagwort bzw. der Firmenabkürzung gleicht oder zum Verwechseln ähnelt, dann ist deren Eintragung, auch wenn der Gesamteindruck der vollständigen Firmen unterschiedlich ist, zumindest bei Branchennähe grundsätzlich abzulehnen. Das ist wie folgt zu begründen: Der Verkehr betrachtet die zu vergleichenden Firmen regelmäßig nicht gleichzeitig nebeneinander. Vielmehr entstehen Verwechselungen gerade deswegen, weil die Verkehrsteilnehmer auf ihre **Erinnerung** angewiesen sind. In Erinnerung ist einem durchschnittlichen Verkehrsteilnehmer eher Kurzes als Langes und eher Vertrautes als Neues. Firmenschlagworte oder -abkürzungen prägen daher stärker die Erinnerung als die vollständige Firma. Deswegen besteht zumindest bei Branchennähe grundsätzlich Verwechselungsgefahr, wenn in einer neuen Firma ein Firmenbestandteil verwendet wird, der einem bereits eingeführten Firmenschlagwort oder einer Firmenabkürzung ähnlich ist. Eine Ausnahme ist lediglich dann zu machen, wenn die danach bestehende Verwechselungsgefahr durch einen anderen, hinreichend unterscheidungskräftigen Firmenbestandteil aufgehoben wird (z.B. „ADAC – Rechtsschutz Versicherungs-Aktiengesellschaft" / „ADAC Autoversicherung AG").

---

[51] Etwa Röhricht/v. Westphalen/*Ammon*/*Ries* Rn 15; Heymann/*Emmerich* Rn 14; *Kögel* Rpfleger 1998, 317 (319).
[52] Vgl. BGH GRUR 2000, 506.
[53] RGZ 100, 45 f; BGH GRUR 1999, 241 (243).
[54] MünchKommHGB/*Heidinger* Rn 22; Heymann/*Emmerich* Rn 17a; Röhricht/v. Westphalen/*Ammon*/*Ries* Rn 17.
[55] BGHZ 46, 7; Röhricht/v. Westphalen/*Ammon*/*Ries* Rn 11.
[56] Vgl. BGH GRUR 2002, 898; GRUR 2001, 1161 (1162 f).
[57] Vgl. BGH GRUR 1995, 50 (53) (Indorektal/Indohexal); *Kögel* Rpfleger 1998, 317 (321).
[58] BGH NJW 2005, 601 – Das Telefon-Sparbuch; BGH GRUR 1991, 153 (154 f) – Pizza & Pasta.
[59] *Kögel* Rpfleger 1998, 317 (321).
[60] GKzHGB/*Steitz* Rn 5.

Das Gesagte sei an einem **Beispiel**[61] verdeutlicht: Bereits eingetragen ist die bestehende Firma „Nitrola, Bayerische Nitro-Lack und Farben GmbH". Angemeldet wird die neue Firma „Nitro-Lack GmbH". Vergleicht man zunächst den vollständigen Wortlaut der beiden Firmen, so ist dieser zwar hinsichtlich des Firmenbestandteils „Nitro-Lack" und des Rechtsformzusatzes gleich, im Übrigen aber schon aufgrund der Länge der bereits eingetragenen Firma deutlich unterscheidbar. Aus demselben Grund ist der Gesamteindruck des Wort- und Klangbilds der vollständigen Firmen ganz unähnlich, wenngleich der Sinngehalt Branchennähe anzeigt. Prägend für die eingetragene Firma ist indes das Firmenschlagwort „Nitrola", weil es der Firma vorangestellt, bereits eingeführt und daher für die Erinnerung der Verkehrsteilnehmer entscheidend ist. Dieses Firmenschlagwort ist aus dem Firmenbestandteil „Nitro-Lack" gebildet, das wiederum Hauptbestandteil der neuen Firma ist. Verwechselungsgefahr ist damit gegeben, weil „Nitrola" und „Nitro-Lack" vom Wort- und Klangbild sowie nach ihrem Sinngehalt ähnlich sind und Branchennähe besteht, ohne dass die hierauf beruhende Verwechselungsgefahr durch einen anderen besonders unterscheidungskräftigen Firmenbestandteil aufgehoben würde. Mithin bestünde erst Recht Verwechselungsgefahr, wenn der eingetragenen Firma nicht das Schlagwort „Nitrola" vorangestellt wäre und sich stattdessen als Schlagwort im Verkehrsgebrauch „Nitro-Lack" herausgebildet hätte. Anders wäre hingegen zu entscheiden, wenn der bereits eingetragenen Firma das Firmenschlagwort „Banifa" vorangestellte wäre; denn „Banifa" und „Nitro-Lack" sind nach Wort- und Klangbild sowie Sinngehalt derart verschieden, dass keine Verwechselungsgefahr besteht. An dieser Beurteilung ändert in dieser Fallabwandlung auch der übereinstimmende Firmenbestandteil „Nitro-Lack" nichts, da er für die bereits eingetragene Firma nicht prägend ist. Aus den genannten Gründen prägt diese vielmehr das vorangestellte Firmenschlagwort „Banifa". Deswegen ist in diesem Fall auch die Branchennähe unschädlich. Ebenfalls keine Verwechselungsgefahr bestünde schließlich, wenn die eingetragene Firma „Nitrola, Niederbayerisches Trockenlager GmbH" lautete. Zwar wären Wort- und Klangbild der prägenden Bestandteile „Nitrola" und „Nitro-Lack" ähnlich, nicht aber deren Sinngehalt. Zudem lässt die Branchenferne eine großzügigere Beurteilung zu.[62] Das Beispiel zeigt zugleich, wie sehr es auf den Einzelfall ankommt.

3. Einzelfragen

a) **Firmenzusätze.** Firmenzusätze wie der Rechtsformzusatz,[63] ein Gesellschafts-,[64] Inhaber-, Nachfolge-[65] oder Liquidationszusatz[66] (s. aber § 22 Rn 68 ff im Falle einer

---

[61] BayObLG JW 1927, 2434; s.a. MünchKommHGB/*Heidinger* Rn 34; Röhricht/v. Westphalen/*Ammon*/*Ries* Rn 22; Ebenroth/Boujong/Joost/Strohn/*Zimmer* Rn 23.
[62] Vgl. BGH NJW 2005, 1196.
[63] Ganz hM, RGZ 104, 341 (342 f); BGHZ 46, 7 (11); BayObLGZ 1979, 316 (317); MünchKommHGB/*Heidinger* Rn 11, 55; Röhricht/v. Westphalen/*Ammon*/*Ries* Rn 16; Staub/*Hüffer* 4. Aufl. Rn 61; nur im Ausgangspunkt auch *Kögel* Rpfleger 1998, 317 (320); s.a. Wessel/Zwernemann/*Kögel* Firmengründung Rn 74.
[64] RGZ 104, 341 f; RGZ 133, 318 (325); BGHZ 46, 7 (12 f); BayObLGZ 1966, 337 (343); BayObLGZ 1979, 316 (318); OLG Hamburg HRR 1930, Nr. 1033; KG JW 1933, 317 f; MünchKommHGB/*Heidinger* Rn 23; Staub/*Hüffer* 4. Aufl. Rn 17; Ebenroth/Boujong/Joost/Strohn/*Zimmer* Rn 16.
[65] MünchKommHGB/*Heidinger* Rn 23; Röhricht/v. Westphalen/*Ammon*/*Ries* Rn 16; HKzHGB/*Ruß* Rn 2; *Kögel* Rpfleger 1998, 317 (320); MünchKommHGB/*Heidinger* Rn 23; Staub/*Hüffer* 4. Aufl. 17.
[66] RGZ 29, 66 (68); KGJ 10, 17; KG JW 1933, 317 f; LG Hamburg GmbHR 1952, 93; Röhricht/v. Westphalen/*Ammon*/*Ries* Rn 16;

Insolvenz) sowie Jahreszahlen begründen für sich allein keine deutliche Unterscheidbarkeit, weil sie nicht der Individualisierung dienen bzw. die Firma nach der Verkehrsauffassung nicht prägen. Das Gleiche gilt nach zutreffender Meinung für **Ordinalzahlen** (Beispiel nach *Ammon/Ries*: „9001 CM Vermögensgesellschaft mbH" / „9002 CM Vermögensgesellschaft mbH"; nach *Kögel*: „Erste Vermögensverwaltungsgesellschaft Wessel mbH" / „Neunte Vermögensverwaltungsgesellschaft Wessel mbH").[67] Zwar dienen solche Ordnungszahlen der Individualisierung, sind hierfür aber nicht geeignet. Die insofern wohl zum Teil abweichende Registerpraxis lässt sich auch nicht damit rechtfertigen, dass solche Zahlen „optische Stolpersteine" wären; denn als solche warnen sie allenfalls vor einer Verwechselung, beseitigen die Verwechselungsgefahr aber nicht. Dabei ist stets zu bedenken, dass den Verkehrsteilnehmern die verschiedenen Firmen zumeist nicht gleichzeitig vorliegen, sondern sie auf ihre Erinnerung angewiesen sind. Deswegen ist auch die Unterscheidungskraft von **Projektzusätzen** („ARGE Wohnungsbauprojekt München GmbH" / „ARGE Wohnungsbauprojekt Frankfurt GmbH") zweifelhaft.[68]

32 Bedeutung hat dies insbes. auch für die Firmierung bei einer **GmbH & Co. KG**. Sind die Kommanditgesellschaft und die Komplementär-GmbH am selben Ort ansässig, muss sich die eine neu angemeldete Firma von der anderen bereits eingetragenen Firma gem. § 30 Abs. 1 deutlich unterscheiden. Ein etwaiger Verzicht der jeweils älteren Firma ist für die Anwendung dieser Vorschrift bedeutungslos (Rn 6). Und die unterschiedlichen Rechtsformzusätze sind nicht hinreichend unterscheidungskräftig (Rn 31). Das führte unter Geltung von § 19 Abs. 2 a.F. zu nicht unerheblichen Schwierigkeiten und „Verrenkungen" der kautelarjuristischen Praxis.[69] Heutzutage muss dagegen die Firma der Komplementärin nicht mehr als Firma der Kommanditgesellschaft verwendet werden, sondern ist in den Grenzen des § 18 frei wählbar. Das Problem hat sich damit für die Praxis weitestgehend erledigt.[70]

33 b) **Geographische Zusätze.** Bei geographischen Zusätzen ist vorderhand zu prüfen, ob sie irreführend i.S.d. § 18 Abs. 2 sind (dazu ausf. § 18 Rn 93 ff). Das schränkt ihre Verwendbarkeit als Unterscheidungsmerkmal im Rahmen des § 30 in gewissem Maße ein, zeigt allerdings auch umgekehrt, dass geographischen Zusätzen wie „deutsch" oder „bayerisch" nicht generell Unterscheidungskraft abgesprochen werden kann[71]. Allerdings sind sie auch nicht stets unterscheidungskräftig.[72] Vielmehr kommt es auf den **Einzelfall** an. Grundsätzlich kann man wie folgt differenzieren: Unterscheidet sich die neue Firma ausschließlich durch einen geographischen Zusatz, so besteht Verwechselungsgefahr (z.B. „Bayerische Möbelfabrik M. Huber GmbH" / „Möbelfabrik M. Huber GmbH"). Verfügen beide Firmen über einen unterschiedlichen geographischen Zusatz,

---

Kögel Rpfleger 1998, 317 (320); MünchKommHGB/*Heidinger* Rn 23.

[67] AA Röhricht/v. Westphalen/*Ammon/Ries* Rn 20 (s. jedoch *ders.* Rn 1); *Kögel* Rpfleger 1998, 317 (321); wie hier AG Frankfurt Rpfleger 1980, 388; Ebenroth/Boujong/Joost/Strohn/*Zimmer* Rn 16; s.a. GKzHGB/*Steitz* Rn 8 mwN.

[68] AA Röhricht/v. Westphalen/*Ammon/Ries* Rn 20; *Kögel* Rpfleger 1998, 317 (321).

[69] S. BGHZ 80, 353; Staub/*Hüffer* 4. Aufl. § 19, 59 ff, § 30 Rn 8; MünchKommHGB/*Heidinger* Rn 11 ff.

[70] MünchKommHGB/*Heidinger* Rn 14; GKzHGB/*Steitz* Rn 9; vgl. auch *K. Schmidt* DB 1998, 61 (63).

[71] Zutr. MünchKommHGB/*Heidinger* Rn 25; *Kögel* Rpfleger 1998, 317 (320); aA Heymann/*Emmerich* Rn 17; vgl. ferner RGZ 103, 388; OLG München WRP 1993, 427.

[72] So aber Röhricht/v. Westphalen/*Ammon/Ries* Rn 16; MünchKommHGB/*Heidinger* Rn 25; *Kögel* Rpfleger 1998, 317 (320); wie hier Heymann/*Emmerich* Rn 17.

besteht gleichwohl Verwechselungsgefahr, wenn der geographische Zusatz als bloßer Hinweis auf den Sitz des Unternehmens aufgefasst wird (z.B. „Frankfurter Möbelfabrik M. Huber GmbH" oder „Möbelfabrik M. Huber Frankfurt GmbH" / „Möbelfabrik M. Huber Deutschland GmbH"); denn auf die Frage der Unterscheidbarkeit kommt es nach § 30 Abs. 1 ohnehin nur an, wenn beide Unternehmen an demselben Ort oder in derselben Gemeinde belegen sind, so dass ein Sitzhinweis grundsätzlich nicht unterscheidungskräftig ist. Anders ist dies daher zu beurteilen, wenn der geographische Zusatz deutlich auf einen anderen Tätigkeitsbereich hindeutet (z.B. „M. Huber bayerische Möbel GmbH" / „M. Huber schwedische Möbel GmbH"). Und anders kann all dies schließlich aufgrund der Verkehrsanschauung, insbes. der Verkehrsgeltung der verschiedenen Firmen sein (z.B. „Dresdner Bank Aktiengesellschaft" / „Deutsche Bank Aktiengesellschaft" / „Frankfurter Sparkasse"[73] / und bis 1970 auch „Frankfurter Bank", alle mit Sitz in Frankfurt a.M.).

c) Mehrheit von Unterschieden. Richtig ist, dass eine Mehrheit von kleinen, für sich **34** genommen nicht ausreichenden Unterschieden eine Verwechselungsgefahr ausschließen kann.[74] Nicht überzeugend ist hingegen das Beispiel von *Kögel*, wonach sich zwar nicht eine „Domo Immo KG", wohl aber eine „Domo Immo GmbH" von einer „Domo Immobilien KG" hinreichend unterscheide.[75] Diese Auffassung überschätzt die Unterscheidungskraft eines Rechtsformzusatzes und unterschätzt insbes. die Bedeutung des Anfangs einer Bezeichnung und der Branchennähe. Selbst „Domos Immo GmbH" wäre daher noch problematisch, obwohl das Wort „Domo" hierdurch die Bedeutung eines abgekürzten Vornamens (für Dominik) erhält, weil das Wort- und Klangbild von „Domo" und „Domos" sehr ähnlich sind. Ein hinreichend deutlicher Unterschied bestünde dagegen, wenn die neue Firma etwa „Domos Immo24 KG" hieße.

d) Personenfirmen. Bei Personenfirmen sind bei gleichem Nachnamen **unterschied-** **35** **liche Vornamen** hinreichend unterscheidungskräftig, wenn sie ausgeschrieben werden.[76] Das ergibt sich sowohl aus § 30 Abs. 2 (Rn 42) als auch aus der Verkehrsauffassung. Das gilt auch dann, wenn die eine Firma nur aus einem Nachnamen besteht, die andere dagegen einen ausgeschriebenen oder mit mehreren Buchstaben abgekürzten (also z.B. „Hans" statt „Johannes" oder „Herm." statt „Hermann") Vornamen enthält,[77] oder wenn die Verschiedenheit durch Aufnahme mehrerer Vornamen („Johann Herm. H." und „Hermann H.") hergestellt wird[78]. Nicht ausreichend ist es dagegen, wenn der Unterschied lediglich in der Verwendung einer Abkürzung („Albert Friedrich M." / „A. Friedrich M.") oder gar nur in Initialen besteht. Nach „C. H. Benecke & Co. KG" kann daher nicht „Benecke & Co. KG" eingetragen werden[79] und nach „Hartmann & Schulze"

---

[73] Der nach hier vertretener Ansicht erforderliche Rechtsformzusatz „rechtsfähige Anstalt des öffentlichen Rechts" (§ 33 Rn 26) ist tatsächlich nicht Teil der in das Handelsregister eingetragenen Firma.
[74] MünchKommHGB/*Heidinger* Rn 26.
[75] MünchKommHGB/*Heidinger* Rn 26; Wessel/Zwernemann/*Kögel* Firmengründung Rn 74; ähnlich *Bokelmann* Firmenrecht Rn 81.
[76] BGH DB 1993, 1234; BayObLG DJZ 1921, 439; MünchKommHGB/*Heidinger* Rn 27;
Röhricht/v. Westphalen/*Ammon*/*Ries* Rn 18; Ebenroth/Boujong/Joost/Strohn/*Zimmer* Rn 24; vgl. Heymann/*Emmerich* Rn 17a.
[77] MünchKommHGB/*Heidinger* Rn 27.
[78] OLG Hamburg OLGE 11, 20; s. auch BayObLG DJZ 1921, 439; Ebenroth/Boujong/Joost/Strohn/*Zimmer* Rn 22.
[79] GKzHGB/*Steitz* Rn 7; **AA** RGZ 20, 71; *Kögel* Rpfleger 1998, 317 (321); s.a. OLG Zweibrücken GRUR-RR 2002, 137 (138).

nicht „Th. Hartmann & Schultze".⁸⁰ Letzteres ist zudem ein Beispiel dafür, dass sich auch klanggleiche Namen (etwa auch Meier und Mayer) nicht deutlich genug unterscheiden.⁸¹ Das gilt selbst für Andreas / Andrea's / Andrea, weil Wort- und Klangbild zu ähnlich sind.

36   Bei **Gleichnamigen** kann die Verwechselungsgefahr durch Hinzufügung eines **Sachbestandteils** vermieden werden, sofern die Unternehmen nicht in derselben Branche tätig sind. Genügend unterschieden sind daher die Firmen „G.H. Kohlenhandel" und „G.H. Schokoladefabrik", aber auch „G.H." und „G.H. Lederwaren", wenn das unter „G.H." geführte Unternehmen nicht ebenfalls in der Lederbranche tätig ist;⁸² ebenso unter entsprechender Voraussetzung „Gebrüder M." und „Gebrüder M. Konfektionshaus"⁸³ oder „Gebrüder L." und „Gebrüder L. Blusen und Kleider"⁸⁴. Um eine Verwechselungsgefahr auszuschließen muss der Sachbestandteil allerdings selbst hinreichend unterscheidungskräftig sein (vgl. Rn 37). Daran fehlt es insbes., wenn der Unterschied lediglich in völlig „farblosen" Zusätzen wie z.B. „Verwaltung", „Vertrieb", „Handel" oder „Produktion" besteht. Aus der früheren Rechtsprechung zur GmbH & Co. lässt sich nichts Gegenteiliges ableiten, da diese vor dem Hintergrund des § 19 a.F. ergangen und mithin überholt ist (Rn 32).⁸⁵ Nach einer „M. Huber GmbH" ist daher eine „M. Huber Verwaltungsgesellschaft mbH" nicht eintragungsfähig, wohl aber nach einer „M. Huber Möbel GmbH". Schließlich kann die Unterscheidungskraft unterschiedlicher Namen bei umfangreichen gemischten Firmen verloren gehen, z.B. „Brillen Berlin Augenoptikermeister Harald GmbH" / „Brillen Berlin Augenoptikermeister Lüste GmbH").⁸⁶

37   e) **Sachfirmen.** Bei der Sachfirma kommt es neben dem Wortbild und -klang sowie der Branchennähe insbes. auf den Wortsinn an. Dabei sind im Allgemeinen höhere Anforderungen an die Unterscheidbarkeit als bei Personenfirmen zu stellen, weil größere Möglichkeiten zur Wahl eines unterscheidungskräftigen Wortlauts bestehen.⁸⁷ **Verwechselungsfähig** sind daher: „Rabattsparverein der vereinigten Geschäftsleute (Klebesystem) GmbH" und „Sparverein vereinigter Geschäftsleute zu Berlin GmbH",⁸⁸ „Ostdeutsche Betriebsstoffgesellschaft mbH" und „Ostdeutsche Brennstoffvertrieb GmbH",⁸⁹

---

⁸⁰ Wie hier OLG Hamburg RJA 10, 49 = Recht 1909 Nr. 1394; MünchKommHGB/*Heidinger* Rn 27.
⁸¹ OLG Dresden ZHR 46, 471; OLG Hamburg RJA 10, 49 = Recht 1909 Nr. 1394 Schulze – Schultze; OLG Hamburg KGJ 41, 267 Herz – Hertz; MünchKommHGB/*Heidinger* Rn 27; Röhricht/v. Westphalen/*Ammon/Ries* Rn 18; Staub/*Hüffer* 4. Aufl. Rn 18; Heymann/*Emmerich* Rn 18.
⁸² BGHZ 46, 7 (12 f); BayObLGZ 1979, 316 (318); KGJ 51, 120; Röhricht/v. Westphalen/*Ammon/Ries* Rn 19; Heymann/*Emmerich* Rn 22; aA *Kögel* Rpfleger 1998, 317 (321), weil sich der Unternehmensgegenstand aus einer reinen Personenfirma nicht erschließe und das Registergericht diesbezüglich keine weiteren Nachforschungen anstelle. Letzteres ist falsch. Vielmehr hat das Registergericht nach § 24 Abs. 4 HRV darauf hinzuwirken, dass bei der Anmeldung auch der Unternehmensgegenstand angegeben wird, soweit er sich nicht aus der Firma ergibt.
⁸³ OLG München LZ 1915, 570; so auch Ebenroth/Boujong/Joost/Strohn/*Zimmer* Rn 22.
⁸⁴ KG JW 1926, 2001; s.a. MünchKommHGB/*Heidinger* Rn 35; Röhricht/v. Westphalen/*Ammon/Ries* Rn 22.
⁸⁵ **AA** *Kögel* Rpfleger 1998, 317 (320 f); wie hier GKzHGB/*Steitz* Rn 9.
⁸⁶ OLG Frankfurt OLGZ 1981, 8 (9); MünchKommHGB/*Heidinger* Rn 29; Ebenroth/Boujong/Joost/Strohn/*Zimmer* Rn 23.
⁸⁷ BGH WM 1979, 922 (923); Röhricht/v. Westphalen/*Ammon/Ries* Rn 20; Ebenroth/Boujong/Joost/Strohn/*Zimmer* Rn 21; Heymann/*Emmerich* Rn 19.
⁸⁸ RG Recht 1908, Beilagebank Nr. 1058; s.a. MünchKommHGB/*Heidinger* Rn 34.
⁸⁹ RGZ 100, 45 f; GKzHGB/*Steitz* Rn 5.

„Bauhütte Bauwohl mbH" und „Bauhütte Groß Hamburg AG",[90] „Chemphar Chemisch-pharmazeutische Handelsgesellschaft mbH" und „Chemopharm GmbH",[91] „HSB Hausbau GmbH" von „Hausbau Ulm GmbH",[92] „Frankfurter Gummiwarenfabrik" und „Vereinigte Berlin-Frankfurter Gummiwaren-Fabriken",[93] „Triton GmbH" und „Tritonwerke GmbH",[94] „Nitro-Lack GmbH" und „Nitrola, Bayerische Nitro-Lack und Farben, GmbH" (ausf. dazu Rn 30). Trotz Ähnlichkeit von Wortbild und -klang sowie Branchennähe ist dagegen **ausreichende Unterscheidbarkeit** anzunehmen, wenn der **Wortsinn ganz verschieden** ist: „Bank für Gemeinwirtschaft" und „Bank für Getreidewirtschaft";[95] anders bei nur gradueller Verschiedenheit („ABC Baugesellschaft mbH" / „ABC Hochbaugesellschaft mbH")[96]. Bei der Verwendung von Branchen- oder Gattungsbegriffen kann es sowohl an der abstrakten Unterscheidungskraft i.S.d. § 18 Abs. 1 (§ 18 Rn 25 ff) als auch an der konkreten Unterscheidbarkeit i.S.d. § 30 Abs. 1 fehlen. Beides kann und muss durch die Wahl geeigneter Zusätze vermieden werden. Die Unzulässigkeit einer Firma folgt daher nicht schon aus dem Bestehen eines Freihaltebedürfnisses (§ 18 Rn 18).[97] Wohl aber kann das Bestehen eines Freihaltebedürfnisses den Schutz des Namensrechts begrenzen (s. Anh. I zu § 37 Rn 22 a.E.; Anh. II zu § 37 Rn 15).

f) Phantasiefirmen. Nachdem sich bei Phantasiefirmen oft kein Wortsinn ausmachen **38** lässt, rücken neben der Branchennähe Wortbild und -klang stärker in den Vordergrund. Zudem ist zu berücksichtigen, dass in diesem Bereich viel leichter als bei Personen- und noch leichter als bei Sachfirmen unterscheidungskräftige Bezeichnungen gewählt werden können. Daher sind **besonders strenge Anforderungen** zu stellen.[98] Zweifelhaft ist danach insbes., ob nichts sagende Buchstaben- oder Zahlenkombinationen (zu Ordinalzahlen s. bereits Rn 31), selbst wenn sie vorangestellt sind, eine ausreichende Unterscheidbarkeit begründen (z.B. „A & B Modevertrieb GmbH" / „C & D Modevertrieb GmbH"); zur Kennzeichnungseignung § 18 Rn 13 ff.[99]

g) Firmierung von Tochtergesellschaften. § 30 Abs. 1 gilt auch für Tochtergesell- **39** schaften. Das zeigt auch die Regelung des Abs. 3 (Rn 43 f) und wirft deshalb Schwierigkeiten auf, weil das herrschende Unternehmen oft als Namensgeber auftritt. Diese Schwierigkeiten können durch die Wahl verschiedener Gesellschaftssitze vermieden werden. Wird dieser Weg nicht beschritten, dann bleibt es bei den vorstehenden Grund-

---

[90] AA RG JW 1931, 1916; s.a. MünchKomm-HGB/*Heidinger* Rn 35; wie hier Staub/*Hüffer* 4. Aufl. Rn 100.
[91] RGZ 171, 321; s.a. Röhricht/v. Westphalen/*Ammon*/*Ries* Rn 22; GKzHGB/*Steitz* Rn 5; Ebenroth/Boujong/Joost/Strohn/*Zimmer* Rn 23.
[92] BGH WM 1979, 922 f, Grund: Geographischer Zusatz als bloßer Sitzhinweis und Buchstabenkombination mangels erkennbarer Bedeutung nicht unterscheidungskräftig, Branchennähe; s.a. *K. Schmidt* Handelsrecht § 12 III 3 b; Staub/*Hüffer* 4. Aufl. Rn 100; MünchKommHGB/*Heidinger* Rn 34; Röhricht/v. Westphalen/*Ammon*/*Ries* Rn 22; GKzHGB/*Steitz* Rn 6; Ebenroth/Boujong/Joost/Strohn/*Zimmer* Rn 23.
[93] AA OLG Frankfurt Recht 1908, Nr. 605; wie hier Staub/*Hüffer* 4. Aufl. Rn 100; s.a. MünchKommHGB/*Heidinger* Rn 35.
[94] KG JW 1931, 3135; GKzHGB/*Steitz* Rn 6.
[95] LG Hamburg BB 1952 477; Staub/*Hüffer* 4. Aufl. Rn 16; Röhricht/v. Westphalen/*Ammon*/*Ries* Rn 22; Ebenroth/Boujong/Joost/Strohn/*Zimmer* Rn 22.
[96] *Kögel* Rpfleger 1998, 317 (321).
[97] Röhricht/v. Westphalen/*Ammon*/*Ries* Rn 20; Heymann/*Emmerich* Rn 19.
[98] Röhricht/v. Westphalen/*Ammon*/*Ries* Rn 20; MünchKommHGB/*Heidinger* Rn 32; Ebenroth/Boujong/Joost/Strohn/*Zimmer* Rn 21.
[99] Dagegen BGH WM 1979, 922 f; dafür nach neuem Firmenrecht *Kögel* Rpfleger 1998, 317 (321); Röhricht/v. Westphalen/*Ammon*/*Ries* Rn 20; MünchKommHGB/*Heidinger* Rn 33.

sätzen. Die Eintragung einer „IBM Application Services GmbH" bei Voreintragung einer „IBM Deutschland GmbH" am selben Ort ist daher abzulehnen;[100] denn wegen der vorangestellten, weithin bekannten und daher die Firmen prägenden Firmenabkürzung „IBM" (International Business Machines) besteht die Gefahr der Verwechselung zweier unterschiedlicher Unternehmensträger (vgl. Rn 29). Diese Gefahr wird einerseits weder durch den Sachbestandteil „Application Services" ausgeschlossen, weil dieser – zumal angesichts der Branchennähe – zu wenig aussagekräftig ist (vgl. Rn 36 f), noch andererseits durch den geographischen Zusatz „Deutschland", weil dieser ein bloßer Hinweis auf den in Deutschland gelegenen Sitz ist (vgl. Rn 33). Die Registerpraxis ist allerdings offenbar erheblich großzügiger. So sind mit Sitz in Stuttgart nicht nur eine „IBM Deutschland GmbH" und eine „IBM Application Services GmbH", sondern u.a. auch eine „IBM Central Holding GmbH", „IBM Business Services Asset GmbH", „IBM Deutschland Business Services GmbH", „IBM Deutschland Management & Business Support GmbH" und eine „IBM Deutschland Output Services GmbH" eingetragen. Die Gefahr der Verwechselung dieser Firmen und damit die Unverträglichkeit dieser Praxis mit § 30 Abs. 1 liegen auf der Hand. Als ausreichend unterscheidungskräftig ist hingegen die Firma „Deutsche Bank Bauspar-Aktiengesellschaft" bei Voreintragung der Firma „Deutsche Bank Aktiengesellschaft" anzusehen (s. auch das Beispiel Rdn 29 a.E.).

4. Einzelfälle. Außer den in Rn 29 ff genannten, sind folgende Einzelfälle erwähnenswert:

40 a) **Keine deutliche Unterscheidbarkeit** wurde angenommen: „Kur- und Fremdenverkehrsgesellschaft" – „Kur- und Verkehrsverein",[101] „m-elektronik GmbH" – „R-M-Elektronik GmbH",[102] „RME Radio-Marine-Electronic GmbH" – „marine electronic gmbh",[103] „TECHNOLOGIKA Vertriebsgesellschaft für technische Erzeugnisse mit beschränkter Haftung" – „TECHNOLOGIKA Vertriebsgesellschaft für technische Erzeugnisse mit beschränkter Haftung & Co. Kommanditgesellschaft",[104] „Vereinigte Beinwarenfabrik" – „Beinwarenfabrik",[105] „XYZ Süd Wohnbau GmbH & Co. KG" – „XYZ Südwest Wohnbau GmbH & Co. KG".[106] **Zu § 16 UWG a.F.:** „Christopherus Stiftung" – „Christopherus Versicherungs AG",[107] „Fahrschule karo-as" – „Fahrschule pik-sieben",[108] „Maritim Hotelgesellschaft mbH" – „Air Maritim Reisebüro GmbH",[109] „Südwestfunk" – „RPR StudioSüdwest".[110]

---

[100] AA Kögel Rpfleger 1998, 317 (320) aufgrund seiner abweichenden Ansicht zum Beurteilungsgegenstand.
[101] LG Limburg Rpfleger 1981, 23; s.a. MünchKommHGB/*Heidinger* Rn 34; Röhricht/v. Westphalen/*Ammon*/*Ries* Rn 22.
[102] KG NJW-RR 1991, 860; s.a. GKzHGB/*Steitz* Rn 6.
[103] KG OLGZ 1991, 396; Ebenroth/Boujong/Joost/Strohn/*Zimmer* Rn 23.
[104] OLG Frankfurt BB 1973, 676; so auch Ebenroth/Boujong/Joost/Strohn/*Zimmer* Rn 23.
[105] RG JW 1922, 1200 Nr. 7; s.a. MünchKommHGB/*Heidinger* Rn 34; Röhricht/v. Westphalen/*Ammon*/*Ries* Rn 22; Ebenroth/Boujong/Joost/Strohn/*Zimmer* Rn 23.

[106] OLG Frankfurt/a.M. BB 1975, Beilage Nr. 12 S. 20; s.a. MünchKommHGB/*Heidinger* Rn 34.
[107] BGHZ 103, 171; s.a. MünchKommHGB/*Heidinger* Rn 35, Röhricht/v. Westphalen/*Ammon*/*Ries* Rn 22.
[108] BGH BB 1957, 348; siehe aber GKzHGB/*Steitz* Rn 8.
[109] BGH NJW-RR 1989, 808 = GRUR 1989, 449; s.a. MünchKommHGB/*Heidinger* Rn 34; Röhricht/v. Westphalen/*Ammon*/*Ries* Rn 22; GKzHGB/*Steitz* Rn 6.
[110] OLG Karlsruhe NJW-RR 1989, 167; s.a. MünchKommHGB/*Heidinger* Rn 34; Röhricht/v. Westphalen/*Ammon*/*Ries* Rn 22.

Dritter Abschnitt. Handelsfirma § 30

b) Hinreichend deutliche Unterscheidbarkeit wurde angenommen: „01058 Telecom **41** GmbH" – „01059 GmbH",[111] „Aktiengesellschaft für Kohlensäure-Industrie" – „Berliner Kohlensäure-Industrie Gesellschaft mit beschränkter Haftung",[112] „Bayerisches Fernsehen" – „Privatfernsehen Bayern GmbH & Co. KG",[113] „BOSS" als Abkürzung für „Börsen-Order-Service-System" – und für Herrenausstatter „Hugo Boss",[114] „City-Hotel" – „City-Hilton",[115] „Commerzbank in Lübeck" – „Lübecker Privatbank – Commerz- u. Privatbank Aktiengesellschaft, Filiale Lübeck",[116] „Johann K Mechanische Fassfabrik" – „Hans K Fassfabrik",[117] „L.er Stahlbrunnen Gesellschaft mit beschränkter Haftung" – „L.er St. Georg Stahlquelle Gesellschaft mit beschränkter Haftung",[118] „MedConsult" – „MedConsulting",[119] „Teco Werkzeugmaschinen GmbH & Co KG" – „Teco Information Systems Europe GmbH",[120] „U. Volksbank e. G." – „Volksbank K. von 1897 e.G.",[121] „Video-Rent Fernseh- und Videoleasing GmbH" und „Videorent GmbH",[122] „Western Store Inhaber X" – „Western Store Handelsgesellschaft mbH",[123] bei identischen Firmennamen aber unter Hinzufügung unterschiedlicher Firmensitze und der Buchstaben „LI",[124] bei identischen Personennamen unter Hinzufügung des Zusatzes „Werkzeugmaschinen".[125] **Zu § 16 UWG a.F.:** „Quelle" – „Getränke Quelle",[126] „RTL-Plus" – „1 Plus",[127] „Volksbank Homburg eG" – „Volksbank Saar-West eG".[128]

C. Gleichnamiger Kaufmann, Abs. 2

Für den Fall der Namensgleichheit von Einzelkaufleuten fordert § 30 Abs. 2 einen **42** Firmenzusatz, der die Verwechselungsgefahr mit hinreichender Deutlichkeit ausschließt. Die Vorschrift gilt für Handelsgesellschaften[129] und gem. § 2 Abs. 2 Hs. 1 PartGG für

---

[111] OLG Köln NJW-RR 2006, 624 (625); s.a. GKzHGB/*Steitz* Rn 8.
[112] KGJ 37, A 114; s.a. MünchKommHGB/*Heidinger* Rn 35.
[113] OLG München WRP 1993, 427; s.a. MünchKommHGB/*Heidinger* Rn 35; Röhricht/v. Westphalen/*Ammon*/*Ries* Rn 22.
[114] OLG Frankfurt/M NJW 1987, 437; s.a. MünchKommHGB/*Heidinger* Rn 35; Röhricht/v. Westphalen/*Ammon*/*Ries* Rn 22.
[115] BGH NJW-RR 1995, 1002; Röhricht/ v. Westphalen/*Ammon*/*Ries* Rn 22.
[116] RGZ 103, 388; s.a. MünchKommHGB/ *Heidinger* Rn 35; Röhricht/v. Westphalen/ *Ammon*/*Ries* Rn 22.
[117] BayObLGZ 28 (1928), 505; s.a. MünchKommHGB/*Heidinger* Rn 35; Röhricht/ v. Westphalen/*Ammon*/*Ries* Rn 22.
[118] KGJ 41, A 114; s.a. MünchKommHGB/ *Heidinger* Rn 35.
[119] OLG Hamm GRUR 1988, 849; s.a. GKzHGB/*Steitz* Rn 8.
[120] OLG Düsseldorf NJW-RR 1996, 936; s.a. MünchKommHGB/*Heidinger* Rn 35.
[121] LG Krefeld JZ 1981, 401f; „U." und „K." sind geografische Zusätze; s.a. MünchKommHGB/*Heidinger* Rn 35.
[122] BGH NJW 1987, 438; s.a. Röhricht/v. Westphalen/*Ammon*/*Ries* Rn 22; GKzHGB/*Steitz* Rn 8.
[123] OLG München BB 1971, Beilage 9 S. 19; s.a. MünchKommHGB/*Heidinger* Rn 35; Röhricht/v. Westphalen/*Ammon*/*Ries* Rn 22; Ebenroth/Boujong/Joost/Strohn/*Zimmer* Rn 22.
[124] LG Meiningen OLG-NL 2004, 234 (235); s.a. GKzHGB/*Steitz* Rn 8.
[125] OLG Düsseldorf NJW-RR 1996, 936 ff; so auch GKzHGB/ *Steitz* Rn 8.
[126] BGH NJW-RR 1990, 295 (296) = GRUR 1990, 37; s.a. MünchKommHGB/*Heidinger* Rn 35; Röhricht/v. Westphalen/*Ammon*/*Ries* Rn 22.
[127] OLG Frankfurt/M OLGZ 1988, 98 (101); s.a. MünchKommHGB/*Heidinger* Rn 35, Röhricht/v. Westphalen/*Ammon*/*Ries* Rn 22.
[128] BGH GRUR 1992, 865; Ebenroth/Boujong/ Joost/Strohn/*Zimmer* Rn 22.
[129] Statt anderer MünchKommHGB/*Heidinger* Rn 36; Ebenroth/Boujong/Joost/Strohn/ *Zimmer* Rn 24.

Partnerschaftsgesellschaften entsprechend, und zwar auch dann, wenn nicht gänzliche Namensübereinstimmung vorliegt, aber bei klanggleichen Namen nur die Schreibweise differiert (Rn 35)[130]. Sie stellt dreierlei klar, nämlich erstens, dass Namensübereinstimmung trotz der früher in § 18 Abs. 1 a.F. und heute noch in § 2 Abs. 1 PartGG getroffenen Regelung nicht von der Einhaltung des Grundsatzes der Firmenunterscheidbarkeit entbindet, zweitens, dass unterschiedliche Vornamen eine Verwechselungsgefahr grundsätzlich ausschließen (Rn 35), und drittens, dass derjenige, der die Übereinstimmung der Firmen durch Wahl eines anderen unter seinen mehreren Vornamen verhindern könnte, dazu nicht gezwungen ist.[131] Ob bei Personenfirmen hinreichende Unterscheidbarkeit vorliegt, richtet sich mithin nach den in Rn 24 ff, 31 dargelegten Grundsätzen.

D. Gleichnamige Zweigniederlassung, Abs. 3

43 Nach § 30 Abs. 3 gilt Abs 2 für die Firmen von Zweigniederlassungen entsprechend. Die Vorschrift erklärt sich daraus, dass der historische Gesetzgeber noch meinte, die Firmen von Haupt- und Zweigniederlassung müssten grundsätzlich übereinstimmen. Diese Ansicht ist jedoch zutreffend aufgegeben: Zweigniederlassungen dürfen eine andere Firma als der Unternehmensträger führen, soweit der Zusammenhang zwischen beiden deutlich zum Ausdruck kommt (Vor § 17 Rn 44 ff). § 30 Abs. 3 hat daher heute nur noch für den Fall Bedeutung, dass die Unterscheidbarkeit gegenüber den bereits eingetragenen Firmen des Ortes oder der Gemeinde nicht schon dadurch gewahrt ist, dass für die Zweigniederlassung eine von der Hauptniederlassung abweichende Firma gewählt wird. Dabei bedürfen Zweigniederlassungen auch dann eines unterscheidungskräftigen Zusatzes, wenn die Firma ihrer Hauptniederlassung älteren Datums ist als diejenige Firma, mit der am Ort der Zweigniederlassung eine Verwechselungsgefahr besteht;[132] das folgt schon aus der Maßgeblichkeit des Eintragungszeitpunktes (Rn 11). Für die Beurteilung der Unterscheidbarkeit gelten im Ausgangspunkt die in Rn 23 ff entwickelten allgemeinen Grundsätze. Firmenrechtlich nicht hinlänglich unterschieden sind danach „Cohrs & Ammé Nachfolger, Zweigniederlassung Lübeck" und „Cohrs & Ammé AG Hamburg, Zweigniederlassung Lübeck", wohl aber „Cohrs und Ammé Nachfolger Stettin, Zweigniederlassung Lübeck" und „Coamag Lübeck, Zweigniederlassung der Cohrs & Ammé AG Hamburg".[133]

44 Fraglich ist allerdings, ob ein Zweigniederlassungszusatz alleine (z.B. „Zweigniederlassung ABC GmbH" oder „ABC GmbH, Filiale Frankfurt") den Anforderungen des § 30 Abs. 3 genügt.[134] Richtigerweise ist zu unterscheiden: Grundsätzlich ist ein Zweigniederlassungszusatz ebenso wenig wie ein Inhaberzusatz alleine unterscheidungskräftig. Das folgt bereits daraus, dass eine solche Firmierung die Nutzung des Werts der Firma der Hauptniederlassung bzw. des vormaligen Inhabers bezweckt und bewirkt. Steht die Unterscheidbarkeit der Zweigniederlassungsfirma von der älteren Firma eines anderen,

---

[130] Staub/*Hüffer* 4. Aufl. Rn 21; MünchKomm-HGB/*Heidinger* Rn 37; Ebenroth/Boujong/Joost/Strohn/*Zimmer* Rn 24: GKzHGB/*Nickel* Rn 7.

[131] MünchKommHGB/*Heidinger* Rn 36; Röhricht/v. Westphalen/*Ammon/Ries* Rn 19.

[132] Ebenroth/Boujong/Joost/Strohn/*Zimmer* Rn 9; Koller/*Roth*/Morck Rn 7; Kögel Rpfleger 1998, 317 (322).

[133] RGZ 114, 318.

[134] Dagegen Koller/*Roth*/Morck Rn 7; Heymann/*Emmerich* Rn 23; Röhricht/v. Westphalen/*Ammon*/Ries Rn 23; zweifelnd MünchKommHGB/*Heidinger* Rn 38; dafür *Kögel* Rpfleger 1998, 317 (322).

an demselben Ort ansässigen Unternehmensträgers in Frage, muss die Verwechselungsgefahr daher auf andere Weise gebannt werden. Das gilt auch, wenn der andere Unternehmensträger eine Tochtergesellschaft des Unternehmensträgers der Zweigniederlassung ist (im Beispielsfall also eine Tochtergesellschaft der „ABC GmbH" etwa eine „DEF GmbH"). Geht es hingegen lediglich um die Unterscheidung der Zweigniederlassungsfirma von der älteren Firma des am selben Ort ansässigen Unternehmensträgers der Zweigniederlassung, dann genügt ein Zweigniederlassungszusatz (teleologische Reduktion), weil in diesem Fall für den Rechtsverkehr keine relevante Verwechselungsgefahr besteht (vgl. auch § 50 Abs. 3 S. 2), da ohnehin nur der Unternehmensträger berechtigt und verpflichtet wird. Geht es um die Unterscheidbarkeit von einer älteren, am selben Ort ansässigen Zweigniederlassungsfirma desselben Unternehmensträgers, ist aus diesem Grund die zusätzliche Anfügung eines geographischen Zusatzes (z.B. „ABC GmbH, Filiale Bergstraße" / „ABC GmbH, Filiale Wilhelmstraße") erforderlich und ausreichend.[135]

E. Benachbarte Orte, Abs. 4

§ 30 Abs. 4 enthält die gesetzliche Ermächtigung, den räumlichen Geltungsbereich **45** des Grundsatzes der Firmenunterscheidbarkeit zu erweitern. Von dieser Möglichkeit zur Bildung gemeinschaftlicher Firmenbezirke, die nicht mit den Registerbezirken (§ 376 FamFG [§ 125 Abs. 1 und 2 FGG a.F.]) verwechselt werden dürfen, wurde teilweise Gebrauch gemacht[136]. So bestimmte etwa § 1 der hessischen Verordnung über gemeinschaftliche Firmenbezirke nach § 30 Abs. 4 des Handelsgesetzbuchs vom 14.04.1976[137], dass die Gemeinden Bergen-Enkheim, Eschborn, Hattersheim, Hofheim (Taunus), Kriftel, Liederbach und Sulzbach (Taunus) jeweils mit der Stadt Frankfurt (Main) als ein Ort oder eine Gemeinde im Sinne des § 30 des Handelsgesetzbuchs anzusehen waren. Heute hat § 30 Abs. 4 allenfalls noch geringe praktische Bedeutung.[138] Angesichts der Konzentration der Handelsregister gem. § 376 FamFG (§ 125 Abs. 1 und 2 FGG a.F.)[139] gilt dies erst Recht für § 38 HRV, wonach das Registergericht, wenn ein Ort oder eine Gemeinde zu dem Bezirk verschiedener Registergerichte gehört, vor der Eintragung einer neuen Firma oder der Änderungen einer Firma bei den anderen beteiligten Registergerichten anzufragen hat, ob gegen die Eintragung im Hinblick auf § 30 Bedenken bestehen.

---

[135] Zur Unterscheidbarkeit durch die Aufnahme lokalisierender Zusätze s. OLG Stuttgart BB 1976, 1575 m. zust. Anm. *Körner*; zur Aussagekraft von Firmenzusätzen vgl. OLG Frankfurt Beschluss vom 3.5.1996, Az. 20 W 386/95 mwN; zur weiteren Hinzufügung eines unterscheidungskräftigen Zusatzes s. LG Meiningen OLG-NL 2004, 234 f.
[136] Eine Auflistung enthielt früher Anlage 5 zur HRV, abgedr. bei Schlegelberger/*Hildebrandt/Steckhan* Rn 4.
[137] GVBl. I S. 221; aufgehoben durch die Verordnung zur Aufhebung der Verordnung über gemeinschaftliche Firmenbezirke nach § 30 Abs. 4 des Handelsgesetzbuchs, GVBl. 2004 I S. 549.
[138] Statt anderer Röhricht/v. Westphalen/*Ammon/Ries* Rn 3; MünchKommHGB/*Heidinger* Rn 39.
[139] S. dazu *Ammon* DStR 1998, 1474 (1479).

F. Verfahren und Durchsetzung

46 In erster Linie ist es Aufgabe des Registergerichts, die Einhaltung des Grundsatzes der Firmenunterscheidbarkeit durchzusetzen. Wenn eine Firma angemeldet wird, die gegen § 30 verstößt, hat das Gericht dem Anmelder zunächst durch eine Zwischenverfügung (§ 26 S. 2 HRV) Gelegenheit zu geben, binnen einer bestimmten Frist, die Firma zur Behebung der Verwechselungsgefahr zu ändern. Zugleich ist er aufzufordern, den Gebrauch der angemeldeten Firma zu unterlassen. Kommt der Anmelder dieser Aufforderung nicht nach, ist die Anmeldung zurückzuweisen[140] und ein Firmenmissbrauchsverfahren (§ 37 Abs. 1, §§ 388 ff, 392 FamFG [§§ 132 ff, 140 FGG a.F.]) einzuleiten. Ist die Firma fälschlicherweise eingetragen worden und ändert der Beteiligte die Firma unter dem Druck des Zwangsgeldverfahrens nicht, so erfolgt gem. § 395 FamFG (§ 142 FGG a.F.) die Amtslöschung. Der durch den Firmengebrauch in seinen rechtlich geschützten Interessen Verletzte hat den Unterlassungsanspruch aus § 37 Abs. 2. Daneben können Ansprüche aus §§ 12, 823 Abs. 1 BGB, §§ 5, 15 MarkenG (dazu Anh. I und II zu § 37) bestehen.

§ 31

(1) Eine Änderung der Firma oder ihrer Inhaber sowie die Verlegung der Niederlassung an einen anderen Ort sowie die Änderung der inländischen Geschäftsanschrift ist nach den Vorschriften des § 29 zur Eintragung in das Handelsregister anzumelden.

(2) Das gleiche gilt, wenn die Firma erlischt. Kann die Anmeldung des Erlöschens einer eingetragenen Firma durch die hierzu Verpflichteten nicht auf dem in § 14 bezeichneten Wege herbeigeführt werden, so hat das Gericht das Erlöschen von Amts wegen einzutragen.

Schrifttum

Albrecht/Bengsohn Die Unternehmenspacht und ihre Behandlung im Handelsregister, Rpfleger 1982, 361; *Gröger* Zur Frage der Löschung einer Firma im Handelsregister durch den Pächter, Rpfleger 1982, 70; *Groschuff* Firmenlöschung, JW 1934 940; *ders.* Wiederbelebung von Firmen, JW 1935 1738; *Hönn* Die konstitutive Wirkung der Löschung von Kapitalgesellschaften, ZHR 138 (1974), 50; *Kirchner* Zur Frage, ob die Änderung des Firmenkerns auf dem gleichen Handelsregisterblatt vermerkt werden darf, MittBayNot 1990, 195; *Saenger* Die im Handelsregister gelöschte GmbH im Prozeß, GmbHR 1994, 300; *G. C. Schwarz* Publizitätswirkungen des Handelsregisters bei der Umwandlung einer Personenhandelsgesellschaft in eine BGB-Gesellschaft, DB 1989, 161.
S. ferner das Schrifttum zu § 29.

---

[140] RGZ 75, 370 f; Röhricht/v. Westphalen/Ammon/Ries Rn 24; MünchKommHGB/*Heidinger* Rn 40; GKzHGB/*Steitz* Rn 12; Baumbach/*Hopt* Rn 11.

Übersicht

	Rn		Rn
A. Grundlagen	1–6	II. Erlöschen der Firma von Einzelkaufleuten	18–22
I. Norminhalt	1	III. Erlöschen der Firma von Personenhandelsgesellschaften	23–26
II. Entstehungsgeschichte	2–3		
III. Normzweck	4	IV. Erlöschen der Firma von Kapitalgesellschaften und anderer Rechtsformen	27–28
IV. Anwendungsbereich	5–6		
B. Firmenänderungen, Abs. 1 Fall 1	7–10	V. Deklaratorische oder konstitutive Wirkung der Eintragung	29
I. Eintragungspflichtige Tatsachen	7–9		
II. Zur Anmeldung verpflichtete Personen	10	VI. Zur Anmeldung verpflichtete Personen	30–33
C. Inhaberwechsel, Abs. 1 Fall 2	11–13	1. Einzelkaufleute	30
I. Eintragungspflichtige Tatsachen	11–12	2. Personenhandelsgesellschaften	31
II. Zur Anmeldung verpflichtete Personen	13	3. Kapitalgesellschaften und sonstige Rechtsformen	32
D. Verlegung der Niederlassung, Abs. 1 Fall 3	14	4. Insolvenzverfahren	33
E. Änderung der inländischen Geschäftsanschrift, Abs. 1 Fall 4	15–16	G. Verfahren	34–35
		H. Subsidiäre Amtslöschung	36–38
F. Erlöschen der Firma, Abs. 2 S. 1	17–33	I. Voraussetzungen	36–37
I. Abgrenzung zwischen Erlöschen, Änderung und Neubildung der Firma	17	II. Grundzüge des Verfahrens	38

A. Grundlagen

I. Norminhalt

Während § 29 die Pflicht zur erstmaligen Anmeldung der Firma, des Orts und der inländischen Geschäftsanschrift der Hauptniederlassung bei dem zuständigen Registergericht begründet, erstreckt § 31 Abs. 1 die Anmeldepflicht auf Änderungen dieser Tatsachen sowie § 31 Abs. 2 S. 1 auf das Erlöschen der Firma. § 31 Abs. 2 S. 2 gibt schließlich dem Registergericht die Möglichkeit, das Erlöschen der Firma auch ohne Anmeldung des hierzu Verpflichteten einzutragen, wenn die Anmeldung nicht durch die Festsetzung von Zwangsgeld gem. § 14 durchgesetzt werden kann. **1**

II. Entstehungsgeschichte

Die Vorschrift geht auf Art. 25 Abs. 1 ADHGB zurück und ist seit dem Erlass des HGB weitgehend unverändert. Das hat dazu geführt, dass der **Wortlaut im Blick auf die Verlegung der Niederlassung teilweise überholt** ist. Hinsichtlich der Verlegung des Sitzes der Hauptniederlassung im Inland greift heute § 13h (s. dort Rn 2), hinsichtlich der Verlegung von Zweigniederlassungen von Unternehmen mit Sitz im Inland seit Gesetz zur Einführung des elektronischen Handelsregisters (EHUG) vom 10.11.2006[1] § 13 Abs. 1 S. 2 als spezialgesetzliche Regelung ein (s. § 13 Rn 2, 7, 67 ff). Damit hat sich zugleich der zuvor geführte Meinungsstreit, nach welcher Vorschrift die Verlegung von Zweigniederlassungen zu behandeln ist, erledigt.[2] Für **Zweigniederlassungen von Kapitalgesell-** **2**

---

[1] BGBl. I, 2553.
[2] Veraltet daher Ebenroth/Boujong/Joost/Strohn/*Zimmer* Rn 8; näher zum früheren Rechtszustand Schlegelberger/*Hildebrandt*/ *Steckhan* § 13c Rn 10; wie hier Röhricht/v. Westphalen/ *Ammon/Ries* Rn 10; Koller/ *Roth*/Morck Rn 1.

3 Eine diese Gesetzeslage berücksichtigende Anpassung des Gesetzestextes hat auch das Gesetz zur Modernisierung des GmbH-Rechts und zur Bekämpfung von Missbräuchen vom 23.10.2008 (**MoMiG**)[3] nicht gebracht. Eingefügt wurden lediglich die Worte „*sowie die Änderung der inländischen Geschäftsanschrift*". Dieser Zusatz steht – ebenso wie die entsprechende Ergänzung des § 29 – im Zusammenhang mit den Änderungen in §§ 8 Abs. 4 Nr. 1, 10 GmbHG, §§ 37 Abs. 3 Nr. 1, 39 AktG, §§ 13, 13d, 13e, 13f, 13g, 106 Abs. 2 Nr. 2, 107. Bezweckt ist eine Zustellungserleichterung zu Gunsten der Gläubiger.[4] **Bedeutung** hat die Änderung freilich weniger für Einzelkaufleute und Personenhandelsgesellschaften (s. § 29 Rn 3) als für juristische Personen i.S.d. § 15a. Damit sind – entgegen diesem zu weit gefassten Begriff – nach der Begründung des Regierungsentwurfs insbes. die Aktiengesellschaft und die GmbH sowie Zweigniederlassungen i.S.d. § 13e gemeint, nicht aber eingetragene Genossenschaften und auch nicht juristische Personen i.S.d. § 33 (entsprechende Änderungen der §§ 10 ff GenG bzw. des § 33 fehlen dementsprechend).[5] Bei juristischen Personen in diesem Sinne ist unter den dort genannten Voraussetzungen eine öffentliche Zustellung gem. § 185 Nr. 2 ZPO n.F. möglich. Eine dieser Voraussetzungen ist, dass die juristische Person zur Anmeldung einer inländischen Geschäftsanschrift zum Handelsregister verpflichtet ist. Für die Ersteintragung ergibt sich diese Pflicht aus § 8 Abs. 4 Nr. 1 GmbHG n.F., § 37 Abs. 3 Nr. 1 AktG n.F., §§ 13e Abs. 2 S. 3, 13f Abs. 3, 13g Abs. 3. Für Änderungen gilt hingegen § 31.[6]

III. Normzweck

4 Die **Publizitätsfunktion des Handelsregisters** erfordert, dass es die wesentlichen Rechtsverhältnisse der Kaufleute und Handelsgesellschaften vollständig und richtig wiedergibt. Während § 29 diesen Zweck durch Begründung der Pflicht zur Erstanmeldung verfolgt, enthält § 31 die notwendige Ergänzung, indem er die Anmeldung nachträglich eingetretener Veränderungen und des Erlöschens der Firma vorschreibt.[7] Im Übrigen gilt das Vorstehende (Rn 3) sowie das zu § 29 Ausgeführte (dort Rn 4).

IV. Anwendungsbereich

5 § 31 gilt primär für **Einzelkaufleute**. Die Vorschrift gilt darüber hinaus für **Handelsgesellschaften** i.S.d. § 6 Abs. 1, bei denen jedoch eine Reihe von Sondervorschriften zu beachten sind (insbes. §§ 107, 143, 148 Abs. 1, 157, 161 Abs. 2, §§ 181, 273 AktG, §§ 54, 74 GmbHG, § 2 Abs. 3 EWIVAG, § 394 FamFG [= § 141a FGG a.F.]). Für die eingetragene Genossenschaft gilt insbes. § 16 Abs. 5, 6 GenG, für juristische Personen i.S.d. § 33 die Bestimmungen des § 34 (s. dort), für den VVaG §§ 40, 47 Abs. 3 S. 1 VAG.

---

[3] BGBl. I, 2026, 2033.
[4] Begr. RegE BT-Drucks. 16/6140, S. 49.
[5] S. hierzu Begr. RegE BT-Drucks. 16/6140, S. 50 f.
[6] Begr. RegE BT-Drucks. 16/6140, S. 36.
[7] KG OLGZ 1965, 124 (127) = NJW 1965, 254; OLG Hamm OLGZ 1977, 438 (439) = BB 177, 967; OLG Hamm NJW 1994, 392 (393) = DB 1993, 1816.

Eine **Voreintragung** der Firma ist grundsätzlich (Ausnahme Rn 7) nicht Voraussetzung **6** der Anmeldepflicht.[8] Für die registermäßige Behandlung ist jedoch zu unterscheiden: Fehlt eine Eintragung überhaupt, so muss ein neues Registerblatt angelegt, also wie bei einer Neuanmeldung nach § 29 verfahren werden. Nur wenn eine Firma eingetragen ist, tatsächlich aber eine andere Firma geführt und diese geändert wird, kann die Firma in der geänderten Form gem. § 13 Abs. 3 HRV auf dem bisherigen Registerblatt eingetragen werden. In diesem Fall ist in Spalte 5 des Handelsregisters („sonstige Rechtsverhältnisse") zusätzlich die alte Firma einzutragen.[9]

B. Firmenänderungen, Abs. 1 Fall 1

I. Eintragungspflichtige Tatsachen

Der **Begriff** der Firmenänderung setzt eine (schon oder noch) bestehende Firma voraus. **7** Eine Voreintragung ist aber nicht erforderlich (Rn 6), es sei denn, dass ohnedies keine Firma besteht (so namentlich bei Kleingewerblichkeit). Nach Erlöschen der Firma (dazu Rn 17 ff) kann sie nicht mehr geändert werden.[10] Besteht eine Firma, ist jede Änderung anmeldepflichtig, gleich worin sie besteht oder worauf sie beruht bzw. wodurch sie veranlasst ist.[11] Eine Änderung der Firma liegt daher nicht nur vor, wenn die Firma von ihrem Inhaber vollständig ausgewechselt wird (die „X. GmbH" benennt sich in „U. GmbH" um), sondern ist jede Streichung, Veränderung oder Hinzufügung von Firmenbestandteilen oder Firmenzusätzen (aus „Achim Müller e.K." wird „A. Müller e.K." oder aus der „M. & M. OHG" die „M. & M. KG"). Erfasst werden nicht nur freiwillige Änderungen, sondern auch gesetzlich erforderliche oder durch Urteil (etwa aufgrund von § 12 BGB, §§ 5, 15 MarkenG, § 37 Abs. 2) erzwungene Änderungen. Unerheblich ist ferner, ob die Änderung eine ursprüngliche oder abgeleitete Firma betrifft.

In den Fällen einer **Firmenfortführung** ist die Firmenänderung allerdings von einem **8** nach Abs. 1 Fall 2 einzutragenden Inhaberwechsel und einem nach Abs. 2 S. 1 einzutragenden Erlöschen der Firma abzugrenzen. Um einen bloßen Inhaberwechsel handelt es sich, wenn der Erwerber eines Handelsgeschäfts die Firma gem. § 22 zulässigerweise vollkommen unverändert fortführt. Neben dem Inhaberwechsel liegt eine Firmenänderung vor, wenn der Erwerber die Firma fortführt und sie in einem nach § 22 erlaubten (z.B. Nachfolgezusatz) oder gebotenen (z.B. Anpassung des Rechtsformzusatzes) Maße verändert. Und schließlich ist es eine Firmenänderung, wenn der neue Inhaber die Firma zwar zunächst – mit oder ohne für die Fortführungsbefugnis unschädlichen Änderungen – fortführt, sie dann aber über das von § 22 erlaubte Maß hinaus (näher § 22 Rn 84 ff) verändert.[12] Dagegen **erlischt die Firma** erstens, wenn der Erwerber eines Han-

---

[8] RGZ 15, 33 (35); OLG Frankfurt OLGZ 1973, 20 (24); Staub/*Hüffer* 4. Aufl. Rn 6; MünchKommHGB/*Krafka* Rn 4; Heymann/ *Emmerich* Rn 3; Baumbach/*Hopt* Rn 9.
[9] OLG Frankfurt OLGZ 73, 24; MünchKommHGB/*Krafka* Rn 4 a.E.; Baumbach/ *Hopt* Rn 9.
[10] OLG Hamm DB 1993, 1816; Koller/*Roth*/ Morck Rn 2; Röhricht/v. Westphalen/ *Ammon*/Ries Rn 2.
[11] MünchKommHGB/*Krafka* Rn 4; vgl. Ebenroth/Boujong/Joost/Strohn/*Zimmer* Rn 2 f; Baumbach/*Hopt* Rn 2.
[12] BayObLG NJW 1971, 1616; BayObLG DB 1978, 2407; OLG Hamm BB 1977, 967 (968); Staub/*Hüffer* 4. Aufl. Rn 5; Heymann/ *Emmerich* Rn 4a; Ebenroth/Boujong/Joost/ Strohn/*Zimmer* Rn 7.

delsgeschäfts mangels Einwilligung i.S.d. § 22 nicht zur Fortführung der Firma berechtigt ist und der Veräußerer infolge der Veräußerung des Handelsgeschäfts nicht mehr firmenfähig ist[13] (so i.d.R. bei Einzelkaufleuten,[14] anders bei Personenhandels- und Kapitalgesellschaften, s. § 17 Rn 33 ff, ferner u. Rn 17 ff). Und sie erlischt zweitens, wenn der Erwerber zwar zur Firmenfortführung berechtigt ist, aber von dieser Berechtigung keinen Gebrauch macht, indem er entweder die erworbene Firma aufgibt oder sie von vornherein über das nach § 22 erlaubte Maß verändert, so dass keine Firmenkontinuität mehr gegeben ist.[15] Schließlich liegt weder ein Erlöschen der Firma noch ein Inhaberwechsel noch eine Änderung der Firma vor, wenn ein namensgebender Gesellschafter aus der Gesellschaft ausscheidet und die Gesellschaft ihre Firma ohne die nach § 24 Abs. 2 erforderliche Einwilligung unverändert fortführt. Vielmehr führt die mangelnde Einwilligung i.S.d. § 24 Abs. 2 lediglich dazu, dass die Gesellschaft nicht mehr zum Gebrauch des Namens des ausgeschiedenen Gesellschafters berechtigt ist (s. § 24 Rn 41). Sie ist daher lediglich namensrechtlich verpflichtet, den Namen des ausgeschiedenen Gesellschafters aus ihrer Firma zu streichen. Eine Firmenänderung liegt mithin erst dann vor, wenn sie dieser Verpflichtung nachkommt.

9 Ein **Inhaberwechsel** i.S.d. § 31 Abs. 1 Fall 2 ist gegeben, wenn ein Gesellschafter in das Geschäft eines Einzelkaufmanns aufgenommen wird (Wechsel von e.K. zu OHG oder KG) oder wenn der vorletzte Gesellschafter aus einer Personenhandelsgesellschaft ausscheidet (Wechsel von OHG oder KG zu e.K.) und die Firma gem. § 24 (dort Rn 20 ff) fortgeführt wird.[16] Im zuletzt genannten Fall ist zudem die liquidationslose Vollbeendigung der Gesellschaft einzutragen.[17] In beiden Fällen bedarf es überdies einer **Firmenänderung**, nämlich zumindest des § 19 im Blick auf den Rechtsformzusatz (§ 24 Rn 46). Um eine bloße Firmenänderung handelt es sich nach dem zuvor Gesagten (Rn 8) ferner, wenn der neue Inhaber die Firma zunächst – mit oder ohne für das Recht zur Firmenfortführung unschädlichen weiteren Änderungen – fortführt, sie dann aber über das insofern erlaubte Maß hinaus verändert, so dass keine Firmenkontinuität mehr gegeben ist. Das ist unstreitig. Anders als in den Fällen des § 22 soll es sich jedoch auch dann, um eine bloße Firmenänderung ohne Erlöschen der alten Firma und der Bildung einer neuen Firma handeln, wenn der neue Firmeninhaber die Firma nicht fortführt, sondern sie von vornherein derart wesentlich verändert, dass keine Firmenkontinuität gegeben ist.[18] Begründet wird dies damit, dass eine andere Einordnung der Kontinuität des Unternehmens

---

[13] S. MünchKommHGB/*Krafka* § 31 Rn 7, 11.
[14] Anders wenn Kaufmann mit verbliebenen Betriebsteilen Gewerbe fortführt oder neuen Betrieb aufbaut, Koller/*Roth*/Morck § 17 Rn 19; ferner etwa MünchKommHGB/*Heidinger* § 22 Rn 8, 70.
[15] BayObLG NJW 1971, 1616; BayObLG DB 1978, 2407; OLG Hamm OLG BB 1977, 967 (968); Staub/*Hüffer* 4. Aufl. Rn 5; Ebenroth/Boujong/Joost/Strohn/*Zimmer* Rn 3.
[16] OLG Hamm OLGZ 1977, 438 (442) = BB 1977, 967 (968 f); OLG Stuttgart OLGZ 1979, 385 (386); BayObLG DB 1978, 2407; Staub/*Hüffer* 4. Aufl. Rn 9; Heymann/*Emmerich* Rn 4a; Röhricht/v. Westphalen/*Ammon*/Ries Rn 3; Ebenroth/Boujong/Joost/Strohn/*Zimmer* Rn 2; HKzHGB/*Ruß* Rn 2.

[17] Nachdem die Vollbeendigung einer Personenhandelsgesellschaft keine eintragungsfähige Tatsache ist (s. Rn 24), ist die registerrechtliche Behandlung streitig, s. Ebenroth/Boujong/Joost/Strohn/*Lorz* § 143 Rn 4 mwN. Richtigerweise ist – neben den im Text genannten Eintragungen – die Auflösung der Gesellschaft (§ 143 Abs. 1) verbunden mit dem Vermerk einzutragen, dass eine Liquidation nicht stattfindet, OLG Düsseldorf NJW-RR 1998, 245.
[18] Staub/*Hüffer* 4. Aufl. Rn 9; MünchKommHGB/*Krafka* § 31 Rn 11; s. zu § 24 Abs. 1 Fall 1 OLG Hamm BB 1977, 967; offengelassen für Erbfolge von BayObLG DB 1978, 2407.

und der fortdauernden Beteiligung einer Person nicht gerecht würde. Das überzeugt aus mehreren Gründen nicht. Erstens ist daran zu erinnern, dass die genannten Fälle systematisch betrachtet eher § 22 als § 24 zuzuordnen sind (s. § 24 Rn 20, 24). Zweitens ist die Kontinuität des Unternehmens keine Besonderheit, sondern Voraussetzung für das Recht zur Firmenfortführung (s. § 22 Rn 17 ff, aber auch Rn 106 f, § 24 Rn 17 f). Und drittens ist die fortdauernde Beteiligung einer Person kein hinreichender Grund, weil er einerseits in den Fällen der vorliegenden Art nicht stets gegeben sein muss (alle Gesellschafter einer Personenhandelsgesellschaft übertragen ihre Geschäftsanteile auf einen Dritten, s. § 24 Rn 24) und er andererseits auch im Falle des § 22 gegeben sein kann (z.B. wenn ein Einzelkaufmann sein Handelsgeschäft mitsamt der Firma an eine OHG veräußert, in der er bereits Gesellschafter ist). Schließlich besteht angesichts der Regelung des § 41 Abs. 1 HRV auch kein praktisches Bedürfnis, Fälle der fraglichen Art als bloße Firmenänderung zu behandeln.

II. Zur Anmeldung verpflichtete Personen

Zur Anmeldung einer Firmenänderung sind verpflichtet: **10**
- bei einzelkaufmännischen Unternehmen der Inhaber, § 31 Abs. 1 i.V.m. § 29,
- bei Personenhandelsgesellschaften sämtliche Gesellschafter, §§ 107, 108 Abs. 1, 162 Abs. 2,
- bei der AG, weil eine Firmenänderung gem. § 23 Abs. 3 Nr. 1 AktG eine Satzungsänderung voraussetzt, der Vorstand, § 181 Abs. 1 AktG,
- bei der GmbH, wegen der für eine Firmenänderung gem. § 3 Abs. 1 Nr. 1 GmbHG erforderlichen Änderung des Gesellschaftsvertrages, die Geschäftsführer, §§ 54 Abs. 1, 78 GmbHG.

In der Insolvenz hat der Insolvenzverwalter wegen der Massezugehörigkeit der Firma ihre Änderung anzumelden (ausf. § 22 Rn 54 ff).

C. Inhaberwechsel, Abs. 1 Fall 2

I. Eintragungspflichtige Tatsachen

§ 31 Abs. 1 Fall 2 betrifft den **Inhaberwechsel** aufgrund von Rechtsgeschäfts oder von **11** Todes wegen **unter zulässiger Firmenfortführung**, also insbes. die Fälle des § 22. Erfasst wird aber auch der Übergang vom Einzel- zum Gesellschaftsunternehmen und umgekehrt, allerdings ebenfalls nur unter der Voraussetzung einer zulässigen Firmenfortführung gem. § 24 Abs. 1 (s. Rn 9). Entgegen manch ungenauer Formulierung setzt die Vorschrift jedoch nicht voraus, dass die Firma gleich bleibt[19] oder nicht gleichzeitig geändert wird[20]. Vielmehr ist in den Fällen eines Inhaberwechsels oft – wenngleich nicht immer – zumindest eine Anpassung des Rechtsformzusatzes erforderlich. Auch sonstige Firmenänderungen anlässlich des Inhaberwechsels schaden nicht, wenn dadurch nicht das Recht zur Firmenfortführung und damit mangels Firmenkontinuität die Firma erlischt. Solche unschädlichen Firmenänderungen sind zusammen mit dem Inhaberwechsel anzumelden. Allerdings muss die Firma auch nicht dauerhaft fortgeführt werden.

---

[19] So Staub/*Hüffer* 4. Aufl. Rn 12, wie hier Baumbach/*Hopt* Rn 3.

[20] So Ebenroth/Boujong/Joost/Strohn/*Zimmer* Rn 6.

Eine vorübergehende Firmenfortführung reicht aus. Die Firma erlischt jedoch, wenn der neue Inhaber entweder nicht zur Firmenfortführung berechtigt ist oder von dieser Berechtigung keinen Gebrauch macht, indem er entweder die erworbene Firma aufgibt oder sie von vornherein über das nach §§ 22, 24 erlaubte Maß verändert (s. bereits Rn 8).

12 **Kein Fall des Inhaberwechsels** ist dagegen eine bloße **Veränderung im Gesellschafterbestand**; denn dies lässt die Identität des Inhabers, also der Gesellschaft, grundsätzlich unberührt. Für Kapitalgesellschaften liegt das auf der Hand, ist aber auch bei Personenhandelsgesellschaften nicht anders, solange nicht der vorletzte Gesellschafter ausscheidet (s. § 24 Rn 21, 24). Das bedeutet freilich mitnichten, dass Veränderungen im Gesellschafterbestand nicht dem Handelsregister mitzuteilen wären. Bei der OHG und KG handelt es sich vielmehr um eintragungspflichtige Tatsachen (§§ 107, 108, 143, 161 Abs. 2, 162). Für die GmbH gilt § 40 GmbHG.

II. Zur Anmeldung verpflichtete Personen

13 Bei einem Inhaberwechsel aufgrund eines Rechtsgeschäfts unter Lebenden müssen beide Parteien, also sowohl der bisherige als auch der neue Inhaber, die Änderung anmelden.[21] Ersterer muss schon deshalb an der Eintragung interessiert sein, um eine Haftung für Neuverbindlichkeiten zu vermeiden (§ 15 Abs. 1 und 2).[22] Die Eintragung erfolgt grundsätzlich auf dem alten Registerblatt,[23] und zwar auch dann, wenn der neue Inhaber die Firma später ändert[24]. Das beruht auf dem heute zweifelhaft gewordenen System des HGB, das die Firma und nicht den Unternehmensträger in den Vordergrund des Registerrechts stellt.[25] Erfolgt der Inhaberwechsel von Todes wegen, sind sämtliche Erben, die das Unternehmen in ungeteilter Erbengemeinschaft betreiben, unter Nachweis der Erbfolge (§ 12 Abs. 1 S. 3) zur Anmeldung verpflichtet (§ 2038 BGB).[26] Wird das Unternehmen von einem **Testamentsvollstrecker** geführt, so kommt es zunächst darauf an, wie man diesen Fall rechtlich einordnet (s. dazu § 27 Rn 76 ff). Folgt man mit der hier vertretenen Ansicht der sog. echten Testamentsvollstreckerlösung, so sind der oder die Erben als Inhaber einzutragen, der Testamentsvollstrecker dagegen lediglich gem. § 53 analog.[27] Lehnt man diese Ansicht ab, so kommt es darauf an, ob die Beteiligten die Treuhandlösung oder die Vollmachtslösung gewählt haben[28] (§ 22 Rn 72). Im ersten Fall

---

[21] KGJ 39 (1910), A 107, A 110; KG OLGR 43 202; KG OLGE 1923, 202 = DNotZ 1925, 16 Nr. 4a; KG HRR 1934 Nr. 1041; Staub/*Hüffer* 4. Aufl. Rn 13; Heymann/*Emmerich* Rn 6; Ebenroth/Boujong/Joost/Strohn/*Zimmer* Rn 7; Baumbach/*Hopt* Rn 5; **aA** der letzte Inhaber: HKzHGB/*Ruß* Rn 5.

[22] Röhricht/v. Westphalen/*Ammon*/*Ries* Rn 9; Koller/*Roth*/Morck Rn 3.

[23] OLG Oldenburg Rpfleger 1980, 473; OLG Hamm OLGZ 1977, 438 (442) = DB 1977, 1253; OLG Stuttgart OLGZ 1979, 385 (386); Staub/*Hüffer* 4. Aufl. Rn 9; Heymann/*Emmerich* Rn 4a; MünchKommHGB/*Krafka* Rn 8.

[24] BayOLGZ 1971, 163; OLG Hamm Rpfleger 2002, 572; MünchKommHGB/*Krafka* Rn 8.

[25] MünchKommHGB/*Krafka* Rn 8.

[26] Ebenroth/Boujong/Joost/Strohn/*Zimmer* Rn 7; Staub/*Hüffer* 4. Aufl. Rn 13; HKzHGB/*Ruß* Rn 3; Baumbach/*Hopt* Rn 5.

[27] *Canaris* Handelsrecht § 9 Rn 38; *Muscheler* S. 418 ff; *Schiemann* FS Medicus, S. 527; *F. Baur* FS Dölle I, S. 249, (259 f, 264); MünchKommBGB/*Zimmermann* § 2205 Rn 23, sowie bereits *Bondi* DJZ 1923, 563.

[28] Vgl. auch RGZ 132, 138, (142); BGHZ 12, 100 (102); BGHZ 24, 106 (112); BGHZ 35, 13 (15); BGH NJW 1975, 54; BGHZ 108, 187 (190).

ist der Testamentsvollstrecker Inhaber der Firma und deshalb anmeldepflichtig;[29] im zweiten Fall liegt die Anmeldepflicht bei dem oder den Erben,[30] die sich bei der Anmeldung jedoch durch den Testamentsvollstrecker vertreten lassen können (§ 29 Rn 10 a.E.). In beiden Fällen muss der Testamentsvollstrecker zudem seine Stellung offen legen.[31] Wird die Firmenänderung durch **Eintritt der Nacherbfolge** ausgelöst, so ist die Anmeldung durch den Vorerben oder seine Rechtsnachfolger und den Nacherben zu bewirken.[32]

D. Verlegung der Niederlassung, Abs. 1 Fall 3

Die Anmeldung der Verlegung von Hauptniederlassungen im Inland ist in § 13h, die Verlegung von Zweigniederlassungen von Unternehmen mit Sitz im Inland in § 13 Abs. 1 S. 2 geregelt (s. schon Rn 2). Für die Verlegung von Zweigniederlassungen von Kapitalgesellschaften mit Sitz im Ausland fehlt allerdings in den §§ 13e ff eine entsprechende Regelung (§ 13d Abs. 3 ist nicht anwendbar). Daraus sollte freilich nicht der Schluss gezogen werden, dass registerrechtlich keine Verlegung, sondern nur eine Aufhebung nach §§ 13f Abs. 6, 13g Abs. 6 und Neugründung möglich wäre. Vielmehr kann insoweit auf § 31 zurückgegriffen werden. Aus dieser Vorschrift ergibt sich freilich nur die Anmeldepflicht. Hinsichtlich des Verfahrens ist sinnvoller Weise § 13h analog anzuwenden, da Zweigniederlassungen von Kapitalgesellschaften mit Sitz im Ausland registerrechtlich wie Hauptniederlassungen behandelt werden, s. § 20 HRV (allerdings ggf. mit der Besonderheit des § 13e Abs. 5). Hinsichtlich der zur Anmeldung verpflichteten Personen gilt § 13e Abs. 2 S. 1.[32a] Aus dem Inhalt der Anmeldung muss der geänderte Ort sowie die neue Geschäftsanschrift der Zweigniederlassung hervorgehen.

E. Änderung der inländischen Geschäftsanschrift, Abs. 1 Fall 4

Seit Inkrafttreten des MoMiG (Rn 3) ist auch jede Änderung der inländischen Geschäftsanschrift anzumelden. Die Geschäftsanschrift ist genau anzugeben, d.h. mit Straße, Hausnummer, Postleitzahl und Ort (sowie erforderlichenfalls weitere Präzisierungen wie Hinterhaus oder Ortsteil). Ändert sich eine dieser Angaben, ist dies anzumelden,

---

[29] OLG Hamm NJW 1963, 1554 (1555); Ebenroth/Boujong/Joost/Strohn/*Zimmer* Rn 7; Staub/*Hüffer* 4. Aufl. Rn 13, Vor §§ 22 Rn 75; HKzHGB/*Ruß* Rn 3; MünchKommBGB/*Zimmermann* § 2205 Rn 27; Ulmer NJW 1990, 73 (82); Soergel/*Damrau* § 2205 BGB Rn 34; HKzHGB/*Ruß* Rn 3 jeweils mwN.

[30] Ebenroth/Boujong/Joost/Strohn/*Zimmer* Rn 7; Staub/*Hüffer* 4. Aufl. Rn 13, Vor §§ 22 Rn 75; MünchKommBGB/*Zimmermann* § 2205 Rn 25; Soergel/*Damrau* § 2205 BGB Rn 35.

[31] Sehr str., wie hier LG Konstanz DB 1990, 726, sowie die hL Ebenroth/Boujong/Joost/Strohn/*Zimmer* Rn 7; Staub/*Hüffer* 4. Aufl. Rn 13; Ulmer NJW 1990, 73 (82); *Mayer* ZIP 1990, 976 (978 f); *Reimann* DNotZ 1990, 190 (194); *Schaub* ZEV 1996, 68 f; *Rowedder* EWiR 1989, 991; **dagegen** die überwiegende Rspr. RGZ 132, 138 (141 ff); OLG Hamm NJW 1963, 1554 (1555); OLG Frankfurt NJW 1983, 1806; KG NJW-RR 1996, 227; offengelassen BGHZ 108, 187 (190).

[32] KG HRR 1934, Nr. 1041; Staub/*Hüffer* 4. Aufl. Rn 13; MünchKommHGB/*Krafka* Rn 12; Heymann/*Emmerich* Rn 6; HKzHGB/ *Ruß* Rn 3; Ebenroth/Boujong/Joost/Strohn/*Zimmer* Rn 7.

[32a] Insofern aA Mankowski/*Knöfel* in Hirte/Bücker, Grenzüberschreitende Gesellschaften, 2. Auf. 2006, § 12 Rn 40.

auch wenn damit keine Verlegung der Niederlassung verbunden ist. Die bloße Angabe eines Postfachs reicht nicht aus.

16 Zur Anmeldung sind verpflichtet:
- bei einzelkaufmännischen Unternehmen der Inhaber, § 31 Abs. 1 i.V.m. § 29,
- bei Personenhandelsgesellschaften sämtliche Gesellschafter, §§ 107, 108 Abs. 1, 162 Abs. 2,
- bei der AG und der GmbH die Mitglieder des Vertretungsorgans, also die Vorstandsmitglieder bzw. Geschäftsführer.

F. Erlöschen der Firma, Abs. 2 S. 1

I. Abgrenzung zwischen Erlöschen, Änderung und Neubildung der Firma

17 Eine Firma erlischt, wenn sie endgültig aufgegeben wird. Solange der Unternehmensträger zur Führung einer Firma verpflichtet ist (§ 17 Rn 9 ff, 51), muss er aber eine neue Firma annehmen und zum Handelsregister anmelden.[33] Jede Änderung einer Firma ist also genau betrachtet die Aufgabe der alten unter Annahme einer neuen Firma.[34] § 31 unterscheidet jedoch zwischen einer Änderung der Firma (Abs. 1 Fall 1) und einem Erlöschen der Firma (Abs. 2). Registerrechtlich ist eine Änderung der Firma (Rn 7 ff) nur dann als ihr Erlöschen zu behandeln, wenn die Änderung mit einem Inhaberwechsel zusammenfällt und so wesentlich ist, dass die Firmenkontinuität nicht gewahrt ist und damit das Recht zur Firmenfortführung erlischt (Rn 8 f, 11). Der alte Inhaber hat dann das Erlöschen der alten Firma gem. § 31 Abs. 2 S. 1, der neue Inhaber die neue Firma gem. § 29 anzumelden.[35] Um eine nach § 29 anzumeldende und auf einem neuen Registerblatt einzutragende Firmenneubildung handelt es sich ferner, wenn der bisherige Inhaber infolge einer Übertragung des Handelsgeschäfts mitsamt der Firma (§ 22) diese zwar nicht beibehalten darf, er aber trotz der Veräußerung des Handelsgeschäfts seine Firmenfähigkeit nicht verliert und er daher eine neue Firma bilden kann oder bilden muss (vgl. auch Rn 25).[36] Grund dafür ist ebenfalls das zweifelhafte System des HGB, das registerrechtlich die Firma und nicht den Unternehmensträger in den Vordergrund stellt (s.o. Rn 13).

II. Erlöschen der Firma von Einzelkaufleuten

18 Die Firma eines entgegen § 29 **nicht eingetragenen Einzelkaufmanns** erlischt, wenn **das Handelsgewerbe zum Kleingewerbe absinkt**, das Unternehmen also nach Art oder Umfang einen in kaufmännischer Weise eingerichteten Geschäftsbetrieb nicht mehr erfordert (§ 1 Abs. 2), da der Gewerbetreibende nun nicht mehr firmenfähig (§ 17 Rn 9 f) und die Firma eben nicht in das Handelsregister eingetragen ist (§§ 2, 5).[37] Der Ge-

---

[33] Röhricht/v. Westphalen/*Ammon/Ries* § 17 Rn 28; Baumbach/*Hopt* § 17 Rn 23.

[34] BayObLGZ 1984, 129; MünchKommHGB/*Heidinger* § 17 Rn 22; Röhricht/v. Westphalen/*Ammon/Ries* § 17 Rn 28; Heymann/*Emmerich* § 17 Rn 17; s.a. Baumbach/*Hopt* § 17 Rn 23.

[35] MünchKommHGB/*Krafka* Rn 7; s.a. KG OLGZ 1965, 315 (319 f); BayOLGZ 1971, 163 (164 ff).

[36] Vgl. *Gustavus* Handelsregister-Anmeldungen, S. 16.

[37] Ebenroth/Boujong/Joost/Strohn/*Zimmer* Rn 15; MünchKommHGB/*Heidinger* Rn 25.

werbetreibende kann die Firma allerdings ohne den Rechtsformzusatz nach § 19 Abs. 1 Nr. 1 als Minderfirma beibehalten (§ 17 Rn 38).

19 Die Firma eines gem. §§ 1, 29 oder §§ 2 S. 1, 3 Abs. 2 **eingetragenen Kaufmanns** erlischt dagegen gem. §§ 2, 5 nicht, wenn das Unternehmen **kleingewerblich** ist oder wird[38].[39] In diesem Fall erlischt die Firma erst mit der – insoweit konstitutiv wirkenden (Rn 29) – **Löschung** durch das Registergericht **auf Antrag** des Gewerbetreibenden (§§ 2 S. 3, 31 Abs. 2 S. 1). Da das Fehlen der Voraussetzungen des § 1 Abs. 2 Voraussetzung für die Löschung ist, hat das Registergericht ihr Fehlen – ggf. mit Hilfe der Industrie- und Handelskammer (§ 23 HRV) – zu prüfen.[40]

20 Wird hingegen der **Gewerbebetrieb endgültig** – also nicht nur vorübergehend – **eingestellt**[41] oder in ein **freiberufliches Unternehmen** umgestellt, so erlischt nach zutreffender und herrschender Meinung (zum Meinungsstand § 17 Rn 40 ff) die Firma mangels Firmenfähigkeit des Einzelunternehmers auch dann, wenn diese im Handelsregister eingetragen ist. Eine bloß vorübergehende Betriebseinstellung liegt vor, wenn der Gewerbetreibende Maßnahmen getroffen hat, aufgrund deren er den Betrieb jederzeit wieder aufnehmen kann.[42] Der bloße Wille, den Betrieb später fortzusetzen, reicht dagegen nicht aus.[43] Von einer nur vorübergehenden Einstellung soll überdies bei Annahme eines Bundestagsmandats auszugehen sein.[44] Eine endgültige Aufgabe des Gewerbebetriebs liegt dagegen auch in seiner **Veräußerung**. In diesem Fall erlischt die Firma freilich nur, wenn sie nicht mitsamt dem Geschäft übertragen wird oder der Erwerber von seinem Recht zur Firmenfortführung keinen Gebrauch macht (Rn 8).

21 Durch eine **Insolvenz** wird der Gewerbebetrieb (noch) nicht endgültig aufgegeben. Die Firma erlischt daher nicht. Vielmehr fällt sie in die Insolvenzmasse und kann durch den Insolvenzverwalter zusammen mit dem Handelsgeschäft gem. § 22 veräußert werden (näher § 22 Rn 54 ff). Wird sie veräußert, so erlischt die Firma, wenn der Erwerber von seinem Recht zur Firmenfortführung keinen Gebrauch macht, indem er entweder die erworbene Firma aufgibt oder sie von vornherein über das nach § 22 erlaubte Maß verändert, so dass keine Firmenkontinuität mehr gegeben ist (Rn 8). Zur Bildung einer Ersatzfirma nach Veräußerung s. § 22 Rn 67 ff, 108 f. Wird die Firma nicht veräußert, so erlischt sie mit Abschluss des Insolvenzverfahrens unter Vollbeendigung des Handelsgeschäfts.[45]

22 Die Firma erlischt **nicht** durch den **Tod des Einzelkaufmanns**, weil sie zusammen mit dem Unternehmen vererblich ist (§§ 22, 27, § 1922 BGB). Die Firma erlischt nur dann, wenn der Erbe entweder das Handelsgeschäft (Rn 20) oder die Firma (Rn 8) nicht fortführt.

---

[38] Zum Meinungsstand, ob bei einem eingetragenen Istkaufmann das Absinken zum Kleingewerbe zumindest einen konkludenten Neuantrag nach § 2 S. 1 erforderlich macht, o. § 2 Rn 23 f sowie MünchKommHGB/*K. Schmidt* § 2 Rn 19.

[39] MünchKommHGB/*Heidinger* § 17 Rn 25; GKzHGB/*Steitz* § 31 Rn 5; Ebenroth/Boujong/Joost/Strohn/*Zimmer* § 17 Rn 15; *K. Schmidt* NJW 1998, 2161 (2163); *ders.* ZHR 163 (1999), 87 (90 f).

[40] § 2 Rn 20; MünchKommHGB/*Krafka* Rn 10.

[41] Näher zu der Frage, wann ein Gewerbebetrieb endgültig und nicht nur vorübergehend eingestellt ist MünchKommHGB/*Heidinger* Rn 23.

[42] RGZ 170, 265 (274 f); Ebenroth/Boujong/Joost/Strohn/*Zimmer* Rn 11; Staub/*Hüffer* 4. Aufl. Rn 15.

[43] KG JW 1939, 163; Ebenroth/Boujong/Joost/Strohn/*Zimmer* Rn 11; Staub/*Hüffer* 4. Aufl. Rn 15.

[44] AG Hamburg MDR 1966, 243; MünchKommHGB/*Krafka* Rn 10; Staub/*Hüffer* 4. Aufl. Rn 15.

[45] MünchKommHGB/*Krafka* Rn 10.

III. Erlöschen der Firma von Personenhandelsgesellschaften

23 Bei der OHG und KG gilt im Blick auf die Rechtsfolgen einer **Kleingewerblichkeit** und einer Umstellung des Betriebes auf eine **freiberufliche Tätigkeit** dasselbe wie bei Einzelkaufleuten (o. Rn 18–20)[46] mit der Maßgabe, dass die Gesellschaft als GbR fortbesteht.

24 Dagegen führt die **Aufgabe des Gewerbebetriebs nicht** zum Erlöschen der Firma.[47] Das gilt selbst dann, wenn die Gesellschaft überdies vermögenslos ist;[48] denn die bloße Aufgabe des Gewerbebetriebs ist nach der grundsätzlich abschließenden[49] Aufzählung des § 131 nicht einmal ein Auflösungsgrund. Allerdings *kann* der Beschluss, den Gewerbebetrieb aufzugeben, einen Auflösungsbeschluss beinhalten.[50] Die Auflösung ist dann gem. § 143 Abs. 1 in das Handelsregister einzutragen. Ist die Gesellschaft aufgelöst, so ist zu unterscheiden. Wird entgegen der gesetzlichen Regel des § 145 Abs. 1 kein Liquidationsverfahren durchgeführt,[51] so erlischt die Firma mit der Vermögenslosigkeit der Gesellschaft (§ 158), falls niemand anderes das Handelsgeschäft mitsamt der Firma fortführt[52]. In diesem Fall ist das Erlöschen der Firma gem. § 31 Abs. 2 einzutragen. Wird hingegen ein Liquidationsverfahren durchgeführt, so besteht die Gesellschaft bis zur Beendigung des Liquidationsverfahrens fort[53] und behält – wie sich aus §§ 156, 157 Abs. 1 herleiten lässt – bis dahin zudem die Kaufmannseigenschaft[54]. Das ergibt sich auch aus § 105 Abs. 2, wonach eine Gesellschaft, die lediglich ihr eigenes Vermögen verwaltet, OHG bleibt, solange sie eingetragen ist. Die Eröffnung des Liquidationsverfahrens führt firmenrechtlich lediglich dazu, dass die Firma gem. § 153 mit einem **Liquidationsvermerk** (z.B. „i.L.") zu versehen ist.[55] Erst wenn das Liquidationsverfahren beendet und damit die Gesellschaft vermögenslos ist, tritt **Vollbeendigung** der Gesellschaft ein, womit die Firma erlischt. Das **Erlöschen** der Firma ist sodann gem. § 157 Abs. 1 – die Vorschrift geht als lex specialis § 31 Abs. 2 vor – anzumelden und hat bloß deklaratorische Bedeutung.[56] Die Vollbeendigung der Gesellschaft als solches ist dagegen im Recht der Personengesellschaften ein bloß tatsächlicher Vorgang, der weder anmeldepflichtig noch eintragungsfähig ist. Wird nach der Eintragung des Erlöschens eine **Nachtragsliquidation** erforderlich, kann die Gesellschaft die Firma nur als Firma i.S.d. HGB mit Liquidationsvermerk fortführen, wenn sie ein Handelsgewerbe i.S.d. § 1 Abs. 2 betreibt oder gem. § 105 Abs. 2 wieder in das Handelsregister eingetragen wird.[57]

---

[46] MünchKommHGB/*Heidinger* § 17 Rn 31; Ebenroth/Boujong/Joost/Strohn/*Zimmer* § 17 Rn 16.

[47] Koller/*Roth*/Morck § 17 Rn 20; Röhricht/v. Westphalen/*Ammon/Ries* Rn § 17 Rn 29; Ebenroth/Boujong/Joost/Strohn/*Zimmer* § 17 Rn 16 (anders § 31 Rn 10); MünchKommHGB/*Heidinger* Rn 27.

[48] MünchKommHGB/*Heidinger* Rn 28 f.

[49] BGHZ 75, 179; 82 (326); WM 1973, 864; BayObLGZ 67, 458 (464); Baumbach/*Hopt* § 131 Rn 6; Koller/*Roth*/Morck § 131 Rn 1.

[50] Ebenroth/Boujong/Joost/Strohn/*Zimmer* § 17 Rn 16; MünchKommHGB/*Heidinger* § 17 Rn 27; Koller/*Roth*/Morck § 131 Rn 3; Schlegelberger/*K. Schmidt* § 131 Rn 14 f; vgl. auch Heymann/*Emmerich* § 131 Rn 7.

[51] Zu den verschiedenen Möglichkeiten s. etwa Baumbach/*Hopt* § 145 Rn 10.

[52] KGJ 39, A 113; Baumbach/*Hopt* Rn 7.

[53] Koller/*Roth*/Morck § 17 Rn 20; Ebenroth/Boujong/Joost/Strohn/*Lorz* § 131 Rn 31; Baumbach/*Hopt* § 131 Rn 2.

[54] MünchKommHGB/*Heidinger* § 17 Rn 27; Schlegelberger/*K. Schmidt* § 156 Rn 9.

[55] Ebenroth/Boujong/Joost/Strohn/*Zimmer* § 17 Rn 16; MünchKommHGB/*Heidinger* § 17 Rn 27.

[56] MünchKommHGB/*Heidinger* § 17 Rn 27; Baumbach/*Hopt* § 157 Rn 3; Koller/Roth/Morck § 157 Rn 1.

[57] MünchKommHGB/*Heidinger* § 17 Rn 27; vgl. auch Ebenroth/Boujong/Joost/Strohn/*Zimmer* § 17 Rn 16.

Andernfalls kann sie die Firma nur als Minderfirma ohne Rechtsformzusatz gem. § 19 Abs. 1 Nr. 2, 3 führen, wobei sie ebenfalls einen Liquidationsvermerk hinzufügen sollte. Das gilt auch im Fall des § 145 Abs. 3.

Eine Aufgabe des Gewerbebetriebs liegt auch in seiner **Veräußerung**. Erfolgt die Veräußerung ohne das Recht zur Firmenfortführung, gilt das Vorstehende (Rn 24). Erfolgt die Veräußerung dagegen mit dem Recht zur Firmenfortführung, so liegt ein Inhaberwechsel (§ 31 Abs. 1 Fall 2) vor. Soll die Gesellschaft gem. §§ 105 Abs. 2, 161 Abs. 2 als vermögensverwaltende Personenhandelsgesellschaft fortbestehen, muss sie zur Vermeidung ihrer Verwandlung in eine GbR – in den Fällen des § 22 Abs. 2 zumindest für die Dauer der Übertragung – eine neue Firma annehmen (§ 29, s.o. Rn 17), die zusammen mit dem Inhaberwechsel anzumelden ist (vgl. § 22 Rn 116).[58] Soll die Gesellschaft aufgelöst werden, so ist neben der Auflösung (§ 143 Abs. 1) grundsätzlich ebenfalls eine neue Firma einzutragen, die gem. § 153 mit Liquidationsvermerk zu führen ist. Nach Beendigung der Liquidation ist dann gem. § 157 Abs. 1 das Erlöschen der Firma anzumelden. Soll die Gesellschaft dagegen als GbR fortgesetzt werden, sind außer dem Inhaberwechsel keine weiteren Eintragungen erforderlich.

Bei **Insolvenz** der Gesellschaft gilt grundsätzlich dasselbe wie bei Einzelkaufleuten (Rn 21). Zu beachten sind allerdings eine Reihe spezieller Vorschriften, §§ 130a, 131 Abs. 1 Nr. 3 und Abs. 2, 143 Abs. 1 S. 2 bis 4, 144, 145 Abs. 1 Fall 3 und Abs. 3, 161 Abs. 2, 177a S. 1, § 394 Abs. 3 FamFG (§ 141a Abs. 3 FGG a.F.).

IV. Erlöschen der Firma von Kapitalgesellschaften und anderer Rechtsformen

Bei der AG und GmbH tritt nach heute herrschender und zutreffender Meinung Vollbeendigung erst bei Erfüllung eines Doppeltatbestandes ein, nämlich mit **Vermögenslosigkeit** und (konstitutiv wirkender) **Löschung** im Handelsregister.[59] Im Regelfall richtet sich die Eintragung bei der Aktiengesellschaft nach § 273 Abs. 1 AktG, bei der GmbH nach § 74 Abs. 1 GmbHG. Danach ist zwar „nur" die Beendigung der Abwicklung bzw. der Liquidation einzutragen und die Gesellschaft zu löschen. Damit erlischt aber zugleich die Firma, die zuvor gem. **§ 269 Abs. 6 AktG,** § **68 Abs. 2 GmbHG** mit einem Liquidationsvermerk fortzuführen ist[60]. Selbiges gilt bei einer Löschung der Gesellschaft gem. § 394 FamFG (§ 141a FGG a.F.), insbes. nach Durchführung eines (liquidierenden) **Insolvenzverfahrens.** Einer gesonderten Eintragung des Erlöschens der Firma nach § 31 Abs. 2 bedarf es in diesen Fällen daher nicht. Zur Nachtragsliquidation s. §§ 264 Abs. 2, 273 Abs. 4 AktG, § 66 Abs. 5 GmbHG; zur Nachtragsverteilung §§ 203 ff InsO. Zur Frage der Veräußerung des Handelsgeschäfts mitsamt der Firma durch den Insolvenzverwalter s. § 22 Rn 54 ff; zur Bildung einer Ersatzfirma § 22 Rn 67 ff.

Für den VVaG gilt gem. § 47 Abs. 3 S. 1 VAG § 273 AktG entsprechend. Im GenG fehlt hingegen eine entsprechende Vorschrift, so dass das Erlöschen der Firma gem.

---

[58] Vgl. *Melchior/Schulte* HandelsregisterVO § 43 Rn 1.
[59] MünchKommHGB/*Heidinger* § 17 Rn 34; Röhricht/v. Westphalen/*Ammon/Ries* § 17 Rn 29, 32; Ebenroth/Boujong/Joost/Strohn/ *Zimmer* Rn 13 f; vgl. Staub/*Hüffer* 4. Aufl. Rn 26.

[60] KölnKommAktG/*Kraft* § 269 Rn 13; MünchKommAktG/*Hüffer* § 269 Rn 20; Baumbach/Hueck/*Schulze-Osterloh/Noack* GmbHG § 68 Rn 11; Rowedder/Schmidt-Leithoff/*Rasner* § 68 Rn 8.

§ 31 Abs. 2 S. 1 nach Beendigung der Liquidation (§ 93 i.V.m. §§ 90 Abs. 1, 91 f GenG) einzutragen ist.⁶¹ Für die SE gilt Art. 63 SEVO⁶² i.V.m. § 273 AktG, für die SCE Art. 74 i.V.m. Art. 12 SCEVO, § 273 AktG⁶³. Für die EWIV § 2 Abs. 3 Nr. 6 EWIVAG. Für juristische Personen i.S.d. § 33 s. § 34 Rn 10.

V. Deklaratorische oder konstitutive Wirkung der Eintragung

29 Die Eintragung des Erlöschens kann bloß deklaratorische Bedeutung haben oder konstitutiv wirken, je nach dem, ob die Firma unabhängig von der Eintragung (z.B. durch Aufgabe der Firma) oder erst durch die Eintragung (z.B. im Fall des § 2 S. 3) erlischt. Beide Fälle sind von § 31 Abs. 2 S. 1 gemeint, wenngleich der Wortlaut genau genommen nur den ersten Fall erfasst. Das „Erlöschen" kann also auch dann angemeldet werden, wenn es rechtlich erst durch die Eintragung bewirkt wird. Die Anmeldung des Erlöschens ist dann als Antrag auf Löschung auszulegen.⁶⁴ Ob in Fällen konstitutiv wirkender Eintragung eine Anmeldepflicht besteht, hängt von der Rechtsgrundlage ab (z.B. nicht im Fall des § 2 S. 3, wohl aber in den Fällen der §§ 273 Abs. 1 AktG, 74 Abs. 1 GmbHG).

VI. Zur Anmeldung verpflichtete Personen

30 1. **Einzelkaufleute.** Zur Anmeldung verpflichtet ist grundsätzlich der bisherige Inhaber, bei Veräußerung oder Verpachtung des Unternehmens ohne Fortführung der Firma also der bisherige Geschäftsinhaber.⁶⁵ Den neuen Geschäftsinhaber trifft allerdings ggf. eine Anmeldepflicht nach § 29 (die Eintragung erfolgt auf einem neuen Registerblatt),⁶⁶ wobei beide Anmeldungen auch miteinander verbunden werden können⁶⁷. Erfolgen in diesem Fall die Anmeldungen nur durch eine der beiden Parteien, setzt das eine formgerechte Bevollmächtigung (§ 12 Abs. 1 S. 2) voraus. Im Falle zulässiger Firmenfortführung durch den Erwerber greift § 31 Abs. 1 Fall 2 (Rn 11 ff). Nach vollzogenem Inhaberwechsel ist allein der neue Inhaber zur Anmeldung verpflichtet. Wird ein gepachteter Betrieb (§ 22 Abs. 2) dauernd eingestellt, hat daher allein der Pächter das Erlöschen anzumelden.⁶⁸

31 2. **Personenhandelsgesellschaften.** Grundsätzlich sind entsprechend §§ 107, 108, 161 Abs. 2 alle Gesellschafter gemeinschaftlich zur Anmeldung verpflichtet. Im Fall des § 157 Abs. 1 trifft die Anmeldepflicht die Liquidatoren. Bei der EWIV haben gem. § 3 Abs. 1

---

⁶¹ *Beuthien* GenG, 14. Aufl. 2004, § 93 Rn 2.
⁶² VO (EG) 2157/2001 des Rates v. 8.10.2001 über das Statut der Europäischen Gesellschaft (SE), ABl. L 294/1 v. 10.11.2001 S. 1–21.
⁶³ VO (EG) NR. 1435/2003 des Rates v. 22.7.2003 über das Statut der Europäischen Genossenschaft (SCE) ABl. L 207, S. 1–24.
⁶⁴ Vgl. Staub/*Hüffer* 4. Aufl. Rn 18.
⁶⁵ KG OLGZ 1965, 315 (319 f); BayObLGZ 1971, 163 (165) = NJW 1971, 1616; Ebenroth/Boujong/Joost/Strohn/*Zimmer* Rn 15; Staub/*Hüffer* 4. Aufl. Rn 18; Heymann/*Emmerich* Rn 10; Schlegelberger/*Hildebrandt/Steckhan* Rn 12; Koller/*Roth*/Morck Rn 5; HKzHGB/*Ruß* Rn 5; Baumbach/*Hopt* Rn 8; aA KGJ 39, A 107; LG Nürnberg-Fürth BB 1976, 810.
⁶⁶ MünchKommHGB/*Krafka* Rn 7.
⁶⁷ S. *Gustavus* Handelsregisteranmeldungen, 6. Aufl. 2005, A 6 (S. 16 f).
⁶⁸ LG Augsburg Rpfleger 1982, 70 m. abl. Anm. *Gröger*; Ahlbrecht/Bengsohn Rpfleger 1982, 361 (365); Ebenroth/Boujong/Joost/Strohn/*Zimmer* Rn 15.

EWIVAG sämtliche Geschäftsführer Anmeldungen zur Eintragung in das Handelsregister vorzunehmen. Der Schluss der Abwicklung ist von sämtlichen Abwicklern anzumelden.

3. Kapitalgesellschaften und sonstige Rechtsformen. Die Anmeldung nach § 273 Abs. 1 AktG, § 74 Abs. 1 GmbHG ist von den Abwicklern bzw. Liquidatoren vorzunehmen. Dasselbe gilt für den VVaG gem. § 47 Abs. 3 S. 1 VAG. Für die SE sind gem. Art. 9 Abs. 1 c) ii), 63 SEVO die Vorschriften des AktG entsprechend anwendbar. Und auch bei der eG ist das Erlöschen der Firma nach Beendigung der Liquidation durch die Liquidatoren anzumelden.[69] Dies gilt für die SCE gem. Art. 72 SCEVO entsprechend. Zu den zur Anmeldung Verpflichteten bei juristischen Personen i.S.d. § 33 s. § 34 Rn 13. **32**

4. Insolvenzverfahren. Abseits von § 394 FamFG (§ 141a FGG a.F.) ist im Insolvenzverfahren das Erlöschen der Firma – ebenso wie jede Änderung (§ 22 Rn 70) – von dem Insolvenzverwalter anzumelden.[70] **33**

G. Verfahren

Die nach § 31 einzutragenden Veränderungen sind entsprechend § 29 zur Eintragung in das Handelsregister anzumelden (s. dort Rn 10). Sie haben daher in der Form des § 12 zu erfolgen. Dabei ist es ausreichend, wenn der neue Sachverhalt aus dem **Inhalt der Anmeldung** zweifelsfrei hervorgeht.[71] Ebenso wie bei der Neuanmeldung (§ 29 Rn 12 ff) hat das Registergericht die Änderung auf ihre Richtigkeit und Vereinbarkeit mit dem Firmenrecht zu prüfen. **34**

Unterbleibt die Anmeldung, so ist sie vom Registergericht durch Festsetzung von **Zwangsgeld** herbeizuführen (§ 14, §§ 388 ff FamFG [§§ 132 ff FGG a.F.]). Nur wenn das Zwangsverfahren nicht betrieben werden kann oder ohne Erfolg bleibt, ist gem. § 31 Abs. 2 S. 2 von Amts wegen zu löschen. **35**

H. Subsidiäre Amtslöschung

I. Voraussetzungen

Eine **Ausnahme vom Anmeldungsgrundsatz** des Registerrechts macht § 32 Abs. 2 S. 2. Zum materiell-rechtlichen Erfordernis des Erlöschens der Firma vgl. Rn 18 ff. Verfahrensrechtlich ist vorausgesetzt, dass die Anmeldung des Erlöschens durch die hierzu Verpflichteten nicht gem. § 14 herbeigeführt werden kann. Die Voraussetzung ist zunächst dann erfüllt, wenn ein Anmeldepflichtiger nicht vorhanden ist, etwa sämtliche Erben die Erbschaft wirksam ausgeschlagen haben. Nicht zu folgen ist der Ansicht, ein i.S.d. § 14 Anmeldepflichtiger sei schon dann nicht vorhanden, wenn die Firma noch zu Lebzeiten des Erblassers erloschen sei[72]. Zwar ist richtig, dass der Erbe nicht als ehemaliger Firmeninhaber anmeldepflichtig sein kann; doch tritt er gem. § 1922 BGB auch in die **36**

---

[69] *Beuthien* GenG § 93 Rn 2.
[70] Staub/*Hüffer* 4. Aufl. Rn 24; Ebenroth/Boujong/Joost/Strohn/*Zimmer* Rn 15; Heymann/*Emmerich* Rn 11; HKzHGB/*Ruß* Rn 5; Koller/*Roth*/Morck Rn 5.
[71] KG OLGZ 1965, 124 (126) = NJW 1965, 254; Heymann/*Emmerich* Rn 12; Ebenroth/Boujong/Joost/Strohn/*Zimmer* Rn 16.
[72] KG JW 1926, 1675; KG JW 1931, 2998; MünchKommHGB/*Krafka* Rn 16.

öffentlich-rechtliche Pflichtenlage des Erblassers ein. Weil dieser anmeldepflichtig war, ist es nun er. Früher, d.h. vor der Ersetzung der Ordnungsstrafe durch das Zwangsgeld, mag eine andere Beurteilung angezeigt gewesen sein. Das Verfahren der Amtslöschung ist ferner zulässig, wenn die Person des Anmeldepflichtigen, etwa nach einem Erbfall, unbekannt ist; ebenso dann, wenn zwar die Person bekannt ist, aber nicht ihr Aufenthalt; wenn der Anmeldepflichtige seinen dauernden Aufenthalt im Ausland hat oder wenn er vermögenslos ist.[73]

37 **Kein Fall des Erlöschens** ist die ursprüngliche oder nachträgliche **Unzulässigkeit der Firma**. Der eine Gleichstellung ausschließende Unterschied liegt darin, dass die erloschene Firma nicht mehr existiert, während die unzulässige Firma materiell fortbesteht; ihr Mangel, den Vorschriften nicht zu entsprechen, kann durch Firmenänderung beseitigt werden (Rn 7). Ist die unzulässige Firma im Handelsregister eingetragen, kann das Gericht entweder nach § 37 Abs. 1 i.V.m. § 392 FamFG (§ 140 FGG a.F.) im Firmenmissbrauchsverfahren oder gem. § 395 FamFG (§ 142 FGG a.F.) im Löschungsverfahren vorgehen.[74] Das Gericht entscheidet nach pflichtgemäßem Ermessen. Es hat daher nach dem Grundsatz der Verhältnismäßigkeit das mildere Mittel zu wählen. Das Löschungsverfahren kommt daher regelmäßig erst in Betracht, wenn das nur den konkreten Gebrauch der Firma untersagende Firmenmissbrauchsverfahren ohne Erfolg bleibt (näher § 37 Rn 49 f).[75]

II. Grundzüge des Verfahrens

38 Maßgeblich ist § 393 FamFG (§ 141 FGG a.F.). Das Gericht muss das Verfahren von Amts wegen einleiten, wenn zu seiner Überzeugung feststeht (§ 26 FamFG [§ 12 FGG a.F.]), dass die Voraussetzungen des § 31 Abs. 2 S. 2 vorliegen. Der erste Verfahrensschritt liegt darin, dass das Registergericht den eingetragenen Inhaber der Firma oder dessen Rechtsnachfolger von der beabsichtigten Löschung benachrichtigt und ihm zugleich zur Erhebung eines Widerspruchs eine angemessene Frist bestimmt, § 393 Abs. 1 FamFG (§ 141 Abs. 1 FGG a.F.). Sind die Personen, an welche die Benachrichtigung zu richten ist oder ihr Aufenthalt nicht bekannt, so erfolgt die Benachrichtigung und die Bestimmung der Frist gem. § 393 Abs. 2 FamFG (§ 141 Abs. 2 a.F.) durch Bekanntmachung im Wege des § 10. Über einen Widerspruch entscheidet das Gericht. Weist es ihn zurück, so ist dagegen Beschwerde zulässig, § 393 Abs. 3 FamFG (§ 141 Abs. 3 FGG a.F.). Wird auch diese zurückgewiesen, so kann eine Gesetzesverletzung noch mit der Rechtsbeschwerde gerügt werden (§§ 70 ff FamFG). Die Löschung darf nur erfolgen, wenn kein Widerspruch erhoben oder der erhobene Widerspruch rechtskräftig zurückgewiesen ist, § 393 Abs. 4 FamFG (§ 141 Abs. 4 FGG a.F.). Gebühren: § 88 Abs. 2 KostO.

---

[73] Ebenroth/Boujong/Joost/Strohn/*Zimmer* Rn 18; Staub/*Hüffer* 4. Aufl. Rn 28.
[74] BayObLG BB 1989, 727; Baumbach/*Hopt* § 37 Rn 8.
[75] Str., wie hier Baumbach/*Hopt* § 37 Rn 8; MünchKommHGB/*Krebs* § 37 Rn 37; Staub/*Hüffer* 4. Aufl. § 37 Rn 24; *Jansen* NJW 1966, 1813 f; aA Röhricht/v. Westphalen/*Ammon/Ries* Rn 25; *Bokelmann* Rn 863.

§ 32

(1) ¹Wird über das Vermögen eines Kaufmanns das Insolvenzverfahren eröffnet, so ist dies von Amts wegen in das Handelsregister einzutragen. ²Das gleiche gilt für
1. die Aufhebung des Eröffnungsbeschlusses,
2. die Bestellung eines vorläufigen Insolvenzverwalters, wenn zusätzlich dem Schuldner ein allgemeines Verfügungsverbot auferlegt oder angeordnet wird, daß Verfügungen des Schuldners nur mit Zustimmung des vorläufigen Insolvenzverwalters wirksam sind, und die Aufhebung einer derartigen Sicherungsmaßnahme,
3. die Anordnung der Eigenverwaltung durch den Schuldner und deren Aufhebung sowie die Anordnung der Zustimmungsbedürftigkeit bestimmter Rechtsgeschäfte des Schuldners,
4. die Einstellung und die Aufhebung des Verfahrens und
5. die Überwachung der Erfüllung eines Insolvenzplans und die Aufhebung der Überwachung.

(2) ¹Die Eintragungen werden nicht bekanntgemacht. ²Die Vorschriften des § 15 sind nicht anzuwenden.

Literatur

Buchberger Auflösung einer Kapitalgesellschaft, Rpfleger 1993, 55; *Klaka* Zur Zulässigkeit der unveränderten Firmenfortführung und Werbung ohne Hinweis auf den Konkurs, EWiR 1989, 813; *K. Schmidt* Anwendung von Handelsrecht auf Rechtshandlungen des Konkursverwalters, NJW 1987, 1905.

Übersicht

	Rn		Rn
A. Grundlagen	1	C. Verfahren	9–10
I. Norminhalt	1	I. Eintragung	9
II. Entstehungsgeschichte	2	II. Keine Bekanntmachung durch das Registergericht	10
III. Normzweck	3–4		
IV. Anwendungsbereich	5–6		
B. Einzutragende Beschlüsse	7–8		

A. Grundlagen

I. Norminhalt

Nach Abs. 1 sind eine Vielzahl von Maßnahmen, die im Rahmen der Durchführung **1** eines Insolvenzverfahrens getroffen werden, in das Handelsregister einzutragen. Eine Bekanntmachung dieser Eintragungen durch das Registergericht findet jedoch entgegen der allgemeinen Regel des § 10 nach Abs. 2 S. 1 nicht statt. Dementsprechend bestimmt Abs. 2 S. 2, dass § 15 keine Anwendung findet.

II. Entstehungsgeschichte

Die Norm hat im ADHGB kein Vorbild. Reichsrechtlich war vor Erlass des HGB eine **2** Eintragung der Eröffnung und der Aufhebung der Eröffnung des Konkursverfahrens sowie der Einstellung und der Aufhebung des Konkurses über das Vermögen eines Kauf-

§ 32   1. Buch. Handelsstand

manns nur nach § 64 Abs. 3 GmbHG und §§ 95, 149 GenG vorgesehen. Daneben bestanden lediglich landesrechtliche Regelungen.[1] Der ursprüngliche Kreis der nach § 32 einzutragenden Maßnahmen wurde dann durch das Einführungsgesetz zur Insolvenzordnung vom 5.10.1994[2] (EGInsO) und das Gesetz zur Änderung des Einführungsgesetzes zur Insolvenzordnung vom 19.12.1998[3] (EGInsOÄndG) an die gem. Art. 40 EGInsO zum 1.1.1999 in Kraft getretene Insolvenzordnung angepasst und erheblich erweitert.

III. Normzweck

3   Die Eröffnung des Insolvenzverfahrens über das Vermögen eines Kaufmanns hat einschneidende Veränderungen zur Folge. So verliert der Kaufmann gem. § 80 Abs. 1 InsO die Verwaltungs- und Verfügungsbefugnis über das zur Insolvenzmasse gehörende Vermögen. Vollmachten erlöschen, § 117 InsO. Handelsgesellschaften werden durch die Eröffnung des Insolvenzverfahrens über ihr Vermögen aufgelöst, §§ 131 Abs. 1 Nr. 3, 161 Abs. 2, § 262 Abs. 1 Nr. 3 AktG, § 60 Abs. 1 Nr. 4 Hs. 1 GmbHG. Zudem wirkt sich die Eröffnung auch registerrechtlich aus, z.B. auf die Person des zur Anmeldung Berechtigten und Verpflichteten. Aufgrund dieser Bedeutung und um die Veränderungen auch für den Verkehr im Handelsregister sichtbar zu machen, verlangt § 32 Abs. 1 die Eintragung der Eröffnung des Insolvenzverfahrens und anderer wichtiger Maßnahmen des Insolvenzgerichts.[4]

4   Eine Bekanntmachung der Eintragungen durch das Registergericht ist dagegen nach Abs. 2 S. 1 nicht vorgesehen, weil die Bekanntmachung der Beschlüsse bereits durch das Insolvenzgericht erfolgt (Rn 10). Dementsprechend schließt Abs. 2 S. 2 einen Gutglaubensschutz nach § 15 aus. Vielmehr werden die Wirkungen der insolvenzrechtlichen Maßnahmen durch die InsO abschließend geregelt.[5]

IV. Anwendungsbereich

5   Die Vorschrift des § 32 gilt primär für Einzelkaufleute. Daneben ist sie grundsätzlich anwendbar auf:
- Handelsgesellschaften i.S.d. § 6 Abs. 1 und Formkaufleute i.S.d. § 6 Abs. 2 (Vor § 17 Rn 10),
- für juristische Personen i.S.d. § 33, § 34 Abs. 5,
- für Partnerschaftsgesellschaften, § 2 Abs. 2 Hs. 1 PartGG,
- für den VVaG, § 16 S. 1 VAG.

Zu beachten sind aber zahlreiche **Sondervorschriften** wie insbes. §§ 131 Abs. 1 Nr. 3 und Abs. 2, 143 f, 161 Abs. 2, §§ 262 Abs. 1 Nr. 3 und 4, 263, 289, § 60 Abs. 1 Nr. 4 und 5, 65 GmbHG, § 394 FamFG (= § 141a FGG a.F.), § 9 PartGG, §§ 42 Nr. 3 und 4, 45 VAG. Parallelvorschriften zu § 32 finden sich in § 75 zum eingetragenen Verein und

---

[1] Denkschrift zum Entwurf eines Handelsgesetzbuchs, Reichstag, 9. Legislatur-Periode, IV. Session 1895/97, S. 41 = *Schubert/Schmiedel/Krampe* Quellen zum Handelsgesetzbuch von 1897, Bd. 2. 2. Hb. 1988, S. 983.
[2] BGBl. I, S. 2911; zur Begründung s. BR-Ds. 511/92, S. 81.
[3] BGBl. I, S. 3837.
[4] Ebenroth/Boujong/Joost/Strohn/*Zimmer* Rn 1; MünchKommHGB/*Krafka* Rn 1; Röhricht/v. Westphalen/*Ammon/Ries* Rn 1.
[5] Ebenroth/Boujong/Joost/Strohn/*Zimmer* Rn 5.

in § 102 GenG zur eingetragenen Genossenschaft. Für Zweigniederlassungen von Unternehmen mit Sitz im Inland bedarf es heute wegen § 13 keiner gesonderten Eintragung mehr.[6] Für Zweigniederlassungen von Kapitalgesellschaften mit Sitz im Ausland gilt § 13e Abs. 4. Für Zweigniederlassungen von anderen Unternehmensträgern mit Sitz im Ausland (§ 13d) fehlt eine entsprechende Regelung.

Anwendung findet § 32 stets nur auf den Unternehmensträger, nicht dagegen auf die **6** Insolvenz von Organmitgliedern, Liquidatoren oder Gesellschaftern des Unternehmensträgers. Deren Insolvenz kann zwar ebenfalls materiell-rechtliche Konsequenzen haben (vgl. etwa §§ 131 Abs. 3 Nr. 2, 145 Abs. 2), die jedoch von den Betreffenden selbst zur Eintragung anzumelden sind.[7]

B. Einzutragende Beschlüsse

Nach § 32 Abs. 1 sind folgende Beschlüsse in das Handelsregister einzutragen: **7**
– die Eröffnung des Insolvenzverfahrens gem. § 27 InsO,
– die Aufhebung des Eröffnungsbeschlusses gem. § 34 Abs. 3 InsO,
– die Bestellung eines vorläufigen Insolvenzverwalters gem. §§ 21 Abs. 2 Nr. 1, 22 InsO, wenn zusätzlich gem. § 21 Abs. 2 Nr. 2 InsO dem Schuldner ein allgemeines Verfügungsverbot auferlegt oder angeordnet wird, dass Verfügungen des Schuldners nur mit Zustimmung des vorläufigen Insolvenzverwalters wirksam sind,
– die Aufhebung derartiger Sicherungsmaßnahmen gem. § 25 InsO,
– die Anordnung der Eigenverwaltung durch den Schuldner gem. § 270 InsO,
– die Aufhebung der Eigenverwaltung durch den Schuldner gem. § 272 InsO,
– die Anordnung der Zustimmungsbedürftigkeit bestimmter Rechtsgeschäfte des Schuldners gem. § 277 InsO,
– die Einstellung des Insolvenzverfahrens gem. §§ 207 ff InsO,
– die Aufhebung des Insolvenzverfahrens gem. § 200 InsO,
– die Überwachung der Erfüllung eines Insolvenzplans gem. §§ 260 ff InsO und
– die Aufhebung der Überwachung der Erfüllung eines Insolvenzplans gem. § 268 InsO.

Zudem ist, wiewohl in § 32 Abs. 1 nicht ausdrücklich erwähnt, auch die Wiederaufnahme des Insolvenzverfahrens gem. §§ 578 ff ZPO analog in das Handelsregister einzutragen.[8] Das ergibt sich nicht nur aus dem Sachzusammenhang, sondern letztlich bereits aus der Denkschrift[9].

Folgeeintragungen sind im Blick auf die **insolvenzbedingte Auflösung und Löschung** **8** **von Gesellschaften** gem. §§ 143 Abs. 1 S. 2 bis 4, 161 Abs. 2, § 263 S. 2 bis 4 AktG, § 65 Abs. 1 S. 2 bis 4 GmbHG, § 394 FamFG (= § 141a FGG a.F.), § 9 PartGG, § 45 S. 2 und 3 VAG erforderlich. Einer gesonderten Eintragung des Erlöschens von Prokuren (§ 117 Abs. 1 InsO)[10], bedarf es hingegen nicht.[11] Wird das Insolvenzverfahren mangels

---

[6] BT-Drucks. 16/2781, S. 152; Baumbach/*Hopt* § 13 Rn 10; GKzHGB/*Achilles* § 13 Rn 19.
[7] MünchKommHGB/*Krafka* Rn 5.
[8] So schon auf Grundlage von § 32 aF Staub/*Hüffer* 4. Aufl. Rn 2; ferner etwa Heymann/*Emmerich* Rn 1; Ebenroth/Boujong/Joost/Strohn/*Zimmer* Rn 3.
[9] Denkschrift zum Entwurf eines Handelsgesetzbuchs, Reichstag, 9. Legislatur-Periode, IV. Session 1895/97, S. 22 f = *Schuber/Schmiedel/Krampe*, Quellen zum Handelsgesetzbuch von 1897, Bd. 2. 2. Hb. 1988, S. 967.
[10] Heute allg. M., statt anderer Ebenroth/Boujong/Joost/Strohn/*Weber* § 52 Rn 17 mwN.
[11] LG Halle ZIP 2004, 2294; wohl auch Ebenroth/Boujong/Joost/Strohn/*Weber* § 53 Rn 8

Masse eingestellt (§ 207 InsO), was gem. § 32 Abs. 1 Nr. 4 von Amts wegen einzutragen ist, so führt dies zu einer Änderung der Vertretungsverhältnisse, da nunmehr bei Aktiengesellschaften anstelle des Vorstands die Abwickler (§§ 264 Abs. 1, 265 AktG), bei der GmbH anstelle der Geschäftsführer die Liquidatoren (§ 66 Abs. 1 GmbHG) organschaftliche Vertreter der Gesellschaft sind. Diese Änderung ist freilich nicht entsprechend Art. 52 S. 2 EGHGB von Amts wegen einzutragen;[12] denn hierzu besteht aus drei Gründen kein Bedürfnis: Erstens sind die Abwickler bzw. Liquidatoren zur Eintragung anzumelden, §§ 266 AktG, 67 GmbHG. Diese Anmeldepflicht kann und muss das Registergericht nach § 14, §§ 388 ff FamFG (= §§ 132 ff FGG a.F.) durchsetzen. Zweitens sind die Vorstandsmitglieder bzw. Geschäftsführer die geborenen Abwickler bzw. Liquidatoren, §§ 265 Abs. 1 AktG, 66 Abs. 1 GmbHG. Und drittens sind Dritte gem. § 15 Abs. 1 geschützt, falls die Eintragung unterbleibt; ihnen gegenüber gelten dann die Vorstandsmitglieder bzw. Geschäftsführer als Abwickler bzw. Liquidatoren.[13] Eine Eintragung der Bestellung und Abberufung der Abwickler bzw. Liquidatoren von Amts wegen erfolgt daher nur in den Fällen der §§ 266 Abs. 4 AktG, 67 Abs. 4 GmbHG.

C. Verfahren

I. Eintragung

9 Die Eintragungen nach Abs. 1 muss das Registergericht von Amts wegen vornehmen. Eine Anmeldung ist nicht erforderlich. Das gilt auch für die insolvenzbedingte Auflösung und Löschung von Gesellschaften gem. §§ 143 Abs. 1 S. 2 bis 4, 161 Abs. 2, § 263 S. 2 bis 4 AktG, § 65 Abs. 1 S. 2 bis 4 GmbHG, § 394 FamFG (= § 141a FGG a.F.), § 9 PartGG, § 45 S. 2 und 3 VAG.[14] Die Eintragung erfolgt ohne Prüfung durch das Registergericht auf Grundlage einer Mitteilung der Beschlussformel durch die Geschäftsstelle des Insolvenzgerichts über die genannten Vorgänge. Die Mitteilung ist für die jeweiligen Beschlüsse in §§ 23 Abs. 2, 31, 34 Abs. 3 S. 2, 200 Abs. 2 S. 2, 215 Abs. 1 S. 3, 258 Abs. 3 S. 3, 267 Abs. 3 S. 1, 277 Abs. 3 S. 2 InsO vorgesehen. Einzelheiten regelt die Anordnung über Mitteilungen in Zivilsachen (MiZi) in Abschnitt XIIa. Die Eintragung (zu ihrem Wortlaut § 19 Abs. 2 HRV) erfolgt gem. §§ 40 Nr. 5 lit. b bb, 43 Nr. 6 lit. b HRV in der Abteilung A Spalte 5 Buchstabe b in der Abteilung B Spalte 6 Buchstabe b. Eine Voreintragung der Firma ist erforderlich. Funktionell zuständig ist gem. § 29 Abs. 1 Nr. 3 HRV der Urkundsbeamte der Geschäftsstelle des Registergerichts.

---

mwN; aA MünchKommHGB/*Krafka* Rn 7; Röhricht/v. Westphalen/*Ammon/Ries* Rn 6. Nach LG Leipzig ZIP 2007, 1381 besteht jedenfalls keine Anmeldepflicht durch den Insolvenzverwalter (aA Heymann/*Emmerich* Rn 2; vgl. auch Röhricht/v. Westphalen/*Ammon/Ries* Rn 6, demzufolge auch § 15 anwendbar bleiben soll); ob das Registergericht das Erlöschen von Amts wegen einträgt, überlässt es dem Gericht. Trägt das Gericht ein, ist dies jedenfalls unschädlich, Ebenroth/Boujong/Joost/Strohn/*Weber* § 53 Rn 8 a.E. Eine erneute Erteilung der Prokura durch den Insolvenzverwalter (Zulässigkeit str., dagegen BGH WM 1958, 431, dafür K. *Schmidt* BB 1989, 229) wäre dagegen durch diesen anzumelden; LG Halle ZIP 2004, 2294 (2295).

[12] So aber MünchKommHGB/*Krafka* Rn 8.
[13] MünchKommAktG/*Hüffer* § 266 Rn 9; Lutter/Hommelhoff/*Kleindiek* § 68 Rn 10.
[14] Bei Erlöschen der Firma außerhalb des Insolvenzverfahrens gilt hingegen § 31 (s. dort Rn 17 ff), Heymann/*Emmerich* Rn 2.

II. Keine Bekanntmachung durch das Registergericht

Eine **Bekanntmachung durch das Registergericht** erfolgt gem. § 32 Abs. 2 S. 1 nicht, **10** weil die Beschlüsse gem. §§ 9, 23 Abs. 1 S. 1, 30 Abs. 1, 34 Abs. 3 S. 1, 200 Abs. 2 S. 1 , 215 Abs. 1 S. 1, 258 Abs. 3 S. 1, 267 Abs. 1, 2, 268 Abs. 2, 273, 277 Abs. 3 S. 1 InsO bereits durch das Insolvenzgericht bekannt gemacht werden. Wird der Eröffnungsbeschluss jedoch entgegen § 32 Abs. 2 S. 1 vom Registergericht bekannt gemacht, so hat es auch die Aufhebung bekannt zu geben.[15] Zu § 32 Abs. 2 S. 2 s. bereits o. Rn 4. Die Bekanntmachungen der Insolvenzgerichte sind zum einen nach § 9 InsO i.V.m. der Verordnung zu öffentlichen Bekanntmachungen in Insolvenzverfahren im Internet (InsoBekV) vom 12.2.2002[16] (www.insolvenzbekanntmachungen.de) und zum anderen gem. § 8b Abs. 2 Nr. 11 über die Internetseite des Unternehmensregisters (www.unternehmensregister.de) zugänglich.

§ 33

(1) Eine juristische Person, deren Eintragung in das Handelsregister mit Rücksicht auf den Gegenstand oder auf die Art und den Umfang ihres Gewerbebetriebs zu erfolgen hat, ist von sämtlichen Mitgliedern des Vorstands zur Eintragung anzumelden.

(2) ¹Der Anmeldung sind die Satzung der juristischen Person und die Urkunden über die Bestellung des Vorstands in Urschrift oder in öffentlich beglaubigter Abschrift beizufügen; ferner ist anzugeben, welche Vertretungsmacht die Vorstandsmitglieder haben. ²Bei der Eintragung sind die Firma und der Sitz der juristischen Person, der Gegenstand des Unternehmens, die Mitglieder des Vorstandes und ihre Vertretungsmacht anzugeben. ³Besondere Bestimmungen der Satzung über die Zeitdauer des Unternehmens sind gleichfalls einzutragen.

(3) Die Errichtung einer Zweigniederlassung ist durch den Vorstand anzumelden.

(4) Für juristische Personen im Sinne von Absatz 1 gilt die Bestimmung des § 37a entsprechend.

Schrifttum

Boos Handelsregistereintragungspflicht für kommunale Eigenbetriebe und eigenbetriebsähnliche Einrichtungen, DB 2000, 1061; *Deike* Zur handelsrechtlichen Eintragungspflicht von Kaufleuten in der Rechtsform des öffentlichen Rechts, insbesondere von Sparkassen und kommunalen Eigenbetrieben, NotBZ 1998, 175; *Dorn* Biedermann oder Anstifter? „Stiftung" als Namens- oder Firmenbestandteil, VR 1990, 169; *Geschwandtner/Bach* Bezeichnungsschutz für Sparkassen, quo vadis? NJW 2007, 129; *Holland* Anmeldung kommunaler Eigen- und Regiebetriebe zum Handelsregister, ZNotP 1999, 466; *Kohler-Gehrig* Die Eintragung von Unternehmen der Gemeinden in das Handelsregister, Rpfleger 2000, 45; *Mattheus* Eckpfeiler einer stiftungsrechtlichen Publizität, DStR 2003, 254; *N. Meier* Zur Eintragungspflicht für kommunale Unternehmen und Einrichtungen in das Handelsregister infolge der Aufhebung des § 36 HGB, NWVBl 2001, 11; *W.-H. Roth* Zum Firmenrecht

---

[15] LG Köln Rpfleger 1974, 266; Ebenroth/Boujong/Joost/Strohn/*Zimmer* Rn 4; MünchKommHGB/*Krafka* Rn 11.

[16] BGBl. I S. 677, zuletzt geändert durch Art. 2 des Gesetzes vom 13.4.2007, BGBl. I S. 509.

der juristischen Person i.S. des § 33 HGB, Festschrift Lutter, 2000 S. 651; *Waldner* Handelsregisteranmeldungen infolge der Streichung von § 36 HGB, MittBayNot 2000, 13; *Wünsch* Gedanken zur Kaufmannseigenschaft juristischer Personen, Festschrift Kralik, 1986, 597.
Zum internationalen Firmenrecht s. Vor § 17

Übersicht

	Rn
A. Grundlagen	1–10
I. Norminhalt	1
II. Entstehungsgeschichte	2
III. Normzweck	3
IV. Anwendungsbereich	4–10
B. Voraussetzungen der Anmeldepflicht nach Abs. 1	11–16
I. Juristische Person	11
II. Erforderlichkeit der Anmeldung mit Rücksicht auf den Gegenstand oder auf die Art und den Umfang ihres Gewerbebetriebs	12–16
1. Gegenstand	12
2. Art und Umfang des Gewerbebetriebs	13–16
C. Rechtsfolgen der Anmeldepflicht nach Abs. 1 und 2	17–38
I. Die zur Anmeldung verpflichteten Personen gemäß Abs. 1	17–19
1. Meinungsstand	18
2. Stellungnahme	19
II. Anmeldung und Eintragung gemäß Abs. 2	20
1. Anzumeldende und einzutragende Tatsachen	20–33
a) Firma	21–27
aa) Meinungsstand	22
bb) Stellungnahme	23–27
b) Sitz	28
c) Gegenstand des Unternehmens	29
d) Mitglieder des Vorstands	30
e) Vertretungsmacht der Vorstandsmitglieder	31–32
f) Weitere Tatsachen	33
2. Beizufügende Unterlagen	34–38
a) Satzung	34
b) Urkunden über die Bestellung des Vorstands	35

	Rn
c) Urkunde über die Erlangung der Rechtsfähigkeit	36
c) Form der Unterlagen	37
3. Form der Anmeldung	38
D. Unternehmen i.S.d. § 36 a.F. (insbes. Eigenbetriebe)	39–50
I. Grundlagen	39
II. Voraussetzungen der Anmeldepflicht	40–41
1. Juristische Person	40
2. Art und Umfang des Gewerbebetriebs	41
III. Rechtsfolgen der Anmeldepflicht	42–48
1. Die zur Anmeldung verpflichteten Personen gemäß Abs. 1	42–45
a) Meinungsstand	43
b) Stellungnahme	44
c) Ergebnis	45–46
2. Anmeldung und Eintragung gemäß Abs. 2	47–49
a) Firma	47
b) Mitglieder des Vorstands, Vertretungsmacht	48
c) Sonstige Angaben und beizufügende Unterlagen	49
3. Form der Anmeldung	50
E. Verfahren	51–53
I. Zuständiges Registergericht	51
II. Durchsetzung der Anmeldepflicht	52
III. Prüfung, Eintragung und Bekanntmachung	53
F. Rechtsfolgen der Eintragung	54
G. Die Errichtung von Zweigniederlassungen, Abs. 3	55
H. Die Angabepflicht auf Geschäftsbriefen, Abs. 4	56

A. Grundlagen

I. Norminhalt

1 § 33 Abs. 1 belegt all diejenigen juristischen Personen mit einer Anmeldepflicht, die ein Handelsgewerbe betreiben und deren Eintragung nicht bereits durch andere Vorschriften gesichert ist (näher Rn 4 ff). Den Inhalt der Anmeldepflicht legen Abs. 2 und 3 fest. Abs. 4 bestimmt eine entsprechende Anwendung von § 37a.

II. Entstehungsgeschichte

Das ADHGB enthielt keine § 33 entsprechende Vorschrift. Gleichwohl war bereits **2** das Bestehen einer Eintragungspflicht für juristische Personen i.S.d. § 33 Abs. 1 anerkannt. Das HGB regelte sie daher zur Klarstellung ausdrücklich.[1] Die Vorschrift wurde sodann durch das Gesetz über die Eintragung von Handelsniederlassungen und das Verfahren in Handelsregistersachen vom 10.08.1937 neu gefasst[2] und durch das Gesetz über elektronische Register und Justizkosten für Telekommunikation vom 10.12.2001 (ERJuKoG)[3] geändert und um Abs. 4 ergänzt (dazu näher Rn 31, 56). Schließlich wurden durch das Gesetz zur Einführung des elektronischen Handelsregisters (EHUG) vom 10.11.2006[4] in Abs. 3 die Wörter *„unter Beifügung einer öffentlich beglaubigten Abschrift der Satzung"* gestrichen[5].

III. Normzweck

Nachdem §§ 1 ff prinzipiell auch für juristische Personen gelten, hat § 33 Abs. 1 im **3** Blick auf die Anmeldepflicht als solche nur klarstellende Bedeutung (s. bereits Rn 2).[6] Da § 29 jedoch auf Einzelkaufleute zugeschnitten ist (§ 29 Rn 5 f), bliebe ohne § 33 fraglich, von wem eine juristische Person anzumelden ist, und vor allem, welche Tatsachen anzumelden sind. Im Interesse einer vollständigen und sachgerechten Information des Handelsregisters über alle Kaufleute regelt § 33 Abs. 1 bis 3 diese Fragen für juristische Personen, deren Anmeldepflicht nicht bereits anderweitig geregelt ist, ausdrücklich. So gesehen hat die vielfach wiederholte Behauptung, § 33 würde juristische Personen Einzelkaufleuten gleichstellen,[7] keine Grundlage. Vielmehr ist die Funktion des Handelsregisters für Einzelkaufleute und juristische Personen eine ganz andere. Während bei einem Einzelkaufmann das Handelsregister lediglich die Aufgabe hat, die „seine Geschäfte" betreffenden Rechtsverhältnisse zu verlautbaren, dient es bei juristischen Personen ebenso wie bei Handelsgesellschaften darüber hinaus dazu, über die allgemeinen Verhältnisse des Geschäftsinhabers zu unterrichten[8], d.h. im Falle des § 33 insbes. auch über die Satzung, die Vorstandsmitglieder und deren Vertretungsmacht.

Abs. 4 rundet den Schutz des Rechtsverkehrs ab, indem er zur Lückenschließung auch die Angabepflicht auf Geschäftsbriefen gem. § 37a auf juristische Personen i.S.d. § 33 Abs. 1 erstreckt.

---

[1] Denkschrift zum Entwurf eines Handelsgesetzbuchs, Reichstag, 9. Legislatur-Periode, IV. Session 1895/97, S. 41 = *Schubert/Schmiedel/Krampe* Quellen zum Handelsgesetzbuch von 1897, Bd. 2. 2. Hb. 1988, S. 223.
[2] RGBl. I, S. 897; zur Begr. s. Reichs-Archiv 1937, S. 1384 f.
[3] BGBl. I, S. 3422.
[4] BGBl. I, 2553.
[5] Zur Begr. s. BT-Drucks. 16/960, S. 47.
[6] Baumbach/*Hopt* Rn 1.
[7] Etwa Ebenroth/Boujong/Joost/Strohn/*Zimmer* Rn 1, 3; Staub/*Hüffer* 4. Aufl. Rn 1; HKz-HGB/*Ruß* Rn 1; *Wünsch* FS Kralik, 1986, S. 609.
[8] BGHZ 67, 166 (169 f).

IV. Anwendungsbereich

4 § 33 Abs. 1 betrifft nur die **erstmalige Anmeldung** (für Änderungen gilt § 34, s. dort) von solchen juristischen Personen (zu diesem Begriff Rn 11), die ein Handelsgewerbe betreiben und deren Anmeldung zum Handelsregister nicht bereits durch andere Vorschriften gesichert ist.[9] **Keine Anwendung** findet § 33 daher auf:
- Personenhandelsgesellschaften (§§ 106, 108, 161 Abs. 2, 162),
- Kapitalgesellschaften (§§ 36 ff, 278 Abs. 3, 282 AktG, 7 ff GmbHG),
- die EWIV (§ 2 Abs. 1 und 2 EWIVAG),
- die SE (§ 3 SEAG) und
- den VVaG (§ 30 Abs. 1 VAG).

Ferner findet § 33 keine Anwendung auf Genossenschaften und Partnerschaftsgesellschaften. Deren Eintragung erfolgt nicht in das Handelsregister, sondern gem. §§ 10 ff GenG in das Genossenschaftsregister bzw. gem. §§ 4 f PartGG in das Partnerschaftsregister. Diese Eintragungspflichten gehen § 33 als leges speciales vor. Keine Anwendung findet § 33 überdies auf BGB-Gesellschaften, da diese kraft Rechtsformzwang OHG werden, wenn sie ein Handelsgewerbe betreiben.[10] Zur Frage der Anwendbarkeit von § 33 auf nicht rechtsfähige Vereine u. Rn 10. Schließlich findet § 33 kraft ausdrücklicher gesetzlicher Anordnung keine Anwendung gem. § 29 Abs. 3 des Gesetzes über die Deutsche Bundesbank und gem. § 11 Abs. 2 des Gesetzes über die Kreditanstalt für Wiederaufbau.

5 Streitig ist die Behandlung von **ausländischen juristischen Personen**. Nach traditioneller, auch heute noch vertretener Auffassung fallen sie unter § 33, wenn sie in Deutschland ein Handelsgewerbe betreiben.[11] Dem kann zumindest für **juristische Personen mit statutarischem Sitz in einem Mitgliedstaat der Europäischen Gemeinschaft oder des Europäischen Wirtschaftsraums**[12] mit der heute herrschenden Meinung[13] **nicht** mehr uneingeschränkt gefolgt werden: Nach der Rechtsprechung des EuGH in Bezug auf Zuzugsfälle gilt im Ergebnis die sog. Gründungstheorie, wonach der statutarische Sitz des Rechtsträgers für dessen Qualifikation entscheidend ist.[14] Auf den Ort des tatsächlichen Verwaltungssitzes (sog. Sitztheorie) kommt es danach also nicht an. Betreibt eine in diesem Sinne ausländische juristische Person im Inland ein Handelsgeschäft – wozu ein schlichtes Tätigwerden auf dem deutschen Markt durch eine bloße Betriebsabteilung nicht ausreicht[15] – handelt es sich mithin um eine Zweigniederlassung i.S.d. §§ 13d ff (näher § 13d Rn 9 ff, 16 ff).[16] Diese Vorschriften gehen hinsichtlich der Anmeldung und

---

[9] Ebenroth/Boujong/Joost/Strohn/*Zimmer* Rn 1; vgl. HKzHGB/*Ruß* Rn 1; Staub/*Hüffer* 4. Aufl. Rn 1; Heymann/*Emmerich* Rn 1; Schlegelberger/*Hildebrandt/Steckhan* Rn 2; GKzHGB/*Nickel* Rn 1; Koller/*Roth/Morck* Rn 1.

[10] Allg.M., Baumbach/*Hopt* § 105 Rn 7; statt anderer BGHZ 10, 97.

[11] Staub/*Hüffer* 4. Aufl. Rn 3; Heymann/*Emmerich* Rn 3; Röhricht/v. Westphalen/*Ammon/Ries* Rn 2; Ebenroth/Boujong/Joost/Strohn/*Zimmer* Rn 1.

[12] BGHZ 164, 148.

[13] KG NZG 2004, 49; OLG Zweibrücken RIW 2003, 542; *Riegger* ZGR 2004, 513; *Leibl/Hoffmann* EuZW 2003, 679; Baumbach/*Hopt* § 13d Rn 1, § 33 Rn 1; MünchKommHGB/*Krafka* Rn 4.

[14] EuGH Urteil v. 9.3.1999, Rs. C-212/97 – Slg. 1999 I-1459 (Centros); EuGH Urteil v. 5.11.2002 Rs. C-208/00 – Sgl. 2002 I-9919 = NJW 2002, 3614 (Überseering); EuGH Urteil v. 30.9.2003, Rs. 167/01 – NJW 2003, 3331 (Inspire Art); MünchKommHGB/*Krafka* Rn 11; Baumbach/*Hopt* Einl v § 105 Rn 29; dem hat sich der BGH angeschlossen, BGHZ 154, 185.

[15] MünchKommHGB/*Krafka* Rn 6.

[16] So jetzt auch ausdrücklich die Begr. RegE zum Gesetz zur Modernisierung des GmbH-Rechts und zur Bekämpfung von Missbräuchen vom 23.10.2008 (MoMiG, BGBl. I, 2026), BT-Drucks. 16/6140, S. 117 f.

Eintragung – im Anwendungsbereich der Zweigniederlassungsrichtlinie[17], also soweit es sich bei der ausländischen juristischen Person um eine Kapitalgesellschaft i.S.d. §§ 13e ff handelt, europarechtlich zwingend – § 33 vor. Für Geschäftsbriefe enthalten §§ 80 Abs. 4 AktG, 35a Abs. 4 GmbHG Sonderregelungen. Soweit diese nicht eingreifen bleibt § 33 Abs. 4 anwendbar. Daneben galt bisher § 15b Abs. 2 GewO (näher § 37a Rn 5a, 31).

Hinsichtlich **juristischer Personen mit statutarischem Sitz in Drittstaaten** (also außerhalb der Europäischen Gemeinschaft und des Europäischen Wirtschaftsraums) sind zunächst die besonderen Regeln in bilateralen Staatsverträgen zu beachten. So zwingt insbes. der Freundschafts-, Handels- und Schiffahrtsvertrag vom 29.10.1954 zwischen der Bundesrepublik Deutschland und den Vereinigten Staaten von Amerika[18] ebenfalls zur Anwendung der Gründungstheorie,[19] so dass vorstehende Ausführungen (Rn 5) gleichfalls gelten. Nur wenn solche staatsvertraglichen Regeln fehlen, kommt mithin eine Anwendung von § 33 in Betracht, wenn man nicht die Sitztheorie ohnehin ganz aufgibt[20]. Letzterem ist freilich nicht zu folgen.[20a] Im Interesse der Rechtssicherheit und Rechtsklarheit ist jedoch für eine registerrechtliche Gleichbehandlung zu plädieren.[21] Dafür sprechen auch die Regelungen der §§ 13d ff. Auf ausländische juristische Personen ist § 33 daher **nicht anzuwenden.**   6

Vor Erlass und Umsetzung der Zweigniederlassungsrichtlinie wurde die Auffassung   7
vertreten, auf eine ausländische Kapitalgesellschaft, die einzige Komplementärin einer Kommanditgesellschaft ist (sog. **„ausländische Kapitalgesellschaft & Co. KG"**), sei § 33 **analog** anzuwenden.[22] Dem ist **nicht** zu folgen, weil es für eine solche Analogie sowohl an einer Regelungslücke (insbes. §§ 19 Abs. 2, 106, 108, 161 Abs. 2) als auch an einer Vergleichbarkeit der Sachverhalte fehlt, da die ausländische juristische Person in diesen Fällen nicht selbst Unternehmensträgerin ist. Nur, wenn in der Übernahme der Gesellschafterstellung im Einzelfall die Errichtung einer Zweigniederlassung zu sehen sein sollte, besteht eine Anmeldepflicht nach §§ 13d ff.[23] S. ferner § 19 Rn 20 ff.

Anwendung findet § 33 daher in erster Linie auf die juristischen Personen i.S.d. BGB   8
(s. die Überschrift von Buch 1, Abschnitt 1, Titel 2), also auf:
– Idealvereine i.S.d. § 21 BGB mit wirtschaftlichem Nebenbetrieb,
– wirtschaftliche Vereine i.S.d. § 22 BGB,
– Stiftungen i.S.d. §§ 80 ff BGB sowie
– juristische Personen i.S.d. § 89 BGB, also Anstalten, Körperschaften und Stiftungen des öffentlichen Rechts. Dazu gehören insbes. die als rechtsfähige Anstalten des öffentlichen Rechts verfassten Sparkassen[24] und Rundfunkanstalten. Erfasst werden

---

[17] Elfte Richtlinie 89/666/EWG über die Offenlegung von Zweigniederlassungen, die in einem Mitgliedstaat von Gesellschaften bestimmter Rechtsformen errichtet wurden, die dem Recht eines anderen Staates unterliegen vom 21.12.1989 (ABl. EG Nr. L 395 S. 36) vgl. Anh. zu § 13d.
[18] Vgl. Art. VI Abs. 1, Art. VII Abs. 1 und Art. XXV Abs. 5 des genannten Vertrags vom 29.10.1954 (BGBl. 1956 II S. 487).
[19] BGHZ 153, 353; MünchKommHGB/*Krafka* Rn 5.
[20] So LG Berlin ZIP 2004, 2380 (2381) mit krit. Anm. *Ries* ZIP 2004, 2382; s. auch die wN Vor § 17 Rn 52 ff.
[20a] BGH WM 2009, 20 (22).
[21] Ebenso MünchKommHGB/*Krafka* Rn 6.
[22] BayObLG Beschl. v. 21.3.1986 – BReg. III Z 148/85, BayObLGZ 1986, 61, 72 = WM 1986, 968; *Hüffer* WuB II. N. §§ 161 ff HGB 1.86.
[23] Ebenroth/Boujong/Joost/Strohn/*Zimmer* Rn 1; MünchKommHGB/*Krafka* Rn 7; so wohl auch Baumbach/*Hopt* Rn 1.
[24] BayObLG NJW-RR 2001, 27; BayObLG NJW-RR 2001, 28; Baumbach/*Hopt* Rn 1; MünchKommHGB/*Krafka* Rn 1.

§ 33　1. Buch. Handelsstand

ferner die sog. Kommunalunternehmen. Auch dabei handelt es sich um eine besondere, erstmals von dem Land Berlin 1993 eingeführte[25], inzwischen legislatorisch verbreitete[26] Art der rechtsfähigen Anstalt des öffentlichen Rechts. Von Eigenbetrieben unterscheiden sie sich dadurch, dass sie nicht nur organisatorisch und wirtschaftlich, sondern als juristische Personen auch rechtlich verselbständigt sind (vgl. Rn 40).[27] Zweifelhaft ist hingegen, ob **Börsen** von § 33 erfasst werden, da es sich hierbei gem. § 2 Abs. 1 BörsenG um bloß teilrechtsfähige Anstalten des öffentlichen Rechts handelt. Anders als bei sog. Eigenbetrieben (Rn 9) ist wohl nicht die Börse selbst, sondern nur ihr Träger anmeldepflichtig. Das Gleiche gilt für andere teilrechtsfähige Anstalten des öffentlichen Rechts, bei denen der Träger anmeldepflichtig ist (wie z.B. die Braunschweigische Landessparkasse deren Träger die Norddeutsche Landesbank Girozentrale ist).

9 Nach Aufhebung von § 36 durch das Handelsrechtsreformgesetz sollen überdies Unternehmen von Gebietskörperschaften, soweit diese selbst Unternehmensträger sind, das Unternehmen also nicht in einer der zuvor genannten Rechtsformen (Rn 4, 8) betrieben, d.h. insbes. Regie- und **Eigenbetriebe** sowie eigenbetriebsähnliche Einrichtungen, der Anmeldepflicht nach § 33 unterfallen.[28] Das bereitet nicht unerhebliche Schwierigkeiten (näher Rn 39 ff).

10 Fraglich ist schließlich die Behandlung sog. **nicht rechtsfähiger Vereine i.S.d. § 54 BGB**. Entgegen der gesetzlichen Bezeichnung ist ihnen in Folge der gewandelten höchstrichterlichen Rechtsprechung zur BGB-Gesellschaft[29] und den hieraus für das Vereinsrecht gezogenen Konsequenzen[30] Rechtsfähigkeit zuzubilligen, wenn sie unter eigenem Namen am Rechtsverkehr teilnehmen. Es handelt sich daher um juristische Personen i.S.d. § 33 (Rn 11). Besser sollte daher von einem „nicht eingetragenen Verein" gesprochen werden. Betreibt ein solcher nicht eingetragener Verein ein Handelsgewerbe i.S.d. § 1 (näher Rn 12 ff), so ist er zur Eintragung in das Handelsregister anzumelden. Überschreitet der Verein allerdings die Grenzen des sog. Nebenzweckprivilegs, so ist er kraft Rechtsformzwangs OHG oder KG[31] mit der Folge, dass sich die Anmeldepflicht nach den für diese Rechtsformen geltenden Vorschriften (Rn 4) richtet. Zur Partenreederei, Güter- und Erbengemeinschaft vgl. § 1 Rn 72 ff.

---

[25] BerlGVBl. 1993, 319 ff.
[26] Entsprechende Gesetze haben seither Bayern (s. Art. 89 ff BayGO); Niedersachsen (§ 113a f NGO), Nordrhein-Westfalen (§ 114a GO NRW), Rheinland-Pfalz (s. § 86a, 86b GO Rh-Pf), Sachsen-Anhalt (s. § 125 GO LSA) und Schleswig-Holstein (s. § 106a Abs. 1 GO SH) erlassen.
[27] Näher zu Kommunalunternehmen *Waldmann* NVwZ 2008, 284; *Schaller* KommunalPraxis spezial 2008, 70 ff; *Hofmann-Hoeppel* KommunalPraxis spezial 2008, 61 ff.
[28] Vgl. Begr. RegE BT-Drucks. 13/8444, S. 57; BayObLG Rpfleger 2002, 316; OLG Frankfurt RPfleger 2002, 270; Ebenroth/Boujong/Joost/*Strohn*/*Zimmer* Rn 1; MünchKomm-HGB/*Krafka* Rn 2; Koller/*Roth*/Morck Rn 2.
[29] BGHZ 146, 341 ff; zuletzt BGH ZIP 2009, 66.
[30] BGH WM 2007, 1933 (1938).
[31] *K. Schmidt* Gesellschaftsrecht § 25 I 2b mwN.

B. Voraussetzungen der Anmeldepflicht nach Abs. 1

I. Juristische Person

Der Begriff „juristische Person" bezeichnet nach heute[32] vorherrschender Meinung eine zweckgebundene Organisation, der nach der Rechtsordnung Rechtsfähigkeit – nicht nur, aber vor allem in vermögensrechtlicher Hinsicht[33] – zukommt.[34] **11**

II. Erforderlichkeit der Anmeldung mit Rücksicht auf den Gegenstand oder auf die Art und den Umfang ihres Gewerbebetriebs

1. Gegenstand. Das Abstellen auf den Gegenstand des Gewerbebetriebs bezieht sich auf § 1 in der Fassung vor Erlass des Handelsrechtsreformgesetzes von 1998 und hat mit der Streichung der in § 1 Abs. 2 a.F. enthaltenen Liste der Grundhandelsgewerbe ihren Sinn verloren.[35] **12**

2. Art und Umfang des Gewerbebetriebs. Mithin kommt es allein darauf an, ob die Anmeldung mit Rücksicht auf die Art und den Umfang ihres Gewerbebetriebs erforderlich ist, ob also ein **Handelsgewerbe i.S.d. § 1 Abs. 2** betrieben wird. Zu den Voraussetzungen siehe die Erläuterungen zu § 1. Namentlich im Blick auf Idealvereine und gemeinnützige Stiftungen ist dabei **viererlei zu beachten**. **Erstens** kommt es bei juristischen Personen auf die Ausgrenzung künstlerischer, wissenschaftlicher und freiberuflicher Tätigkeit aus dem Gewerbebegriff regelmäßig nicht an, weil sie – selbst wenn sie solchen Tätigkeiten nachgehen – diese grundsätzlich **anstaltsmäßig** betreiben, d.h. die Erbringung einer individuellen Leistung hinter den organisierten Betrieb zurücktritt (§ 1 Rn 33).[36] **Zweitens** ist das Bestehen einer **Gewinnerzielungsabsicht unerheblich**. Vielmehr reicht es aus, dass entgeltliche Leistungen am Markt angeboten werden (§ 1 Rn 39). Die Leistungen können dabei auch ideeller Natur und der Markt kann auch ein „innerer" Markt **13**

---

[32] Zum Meinungsstand: *K. Schmidt* Gesellschaftsrecht § 8; MünchKommBGB/*Reuter* Vor § 21 Rn 1 ff; *Raiser* AcP 199 (1999), 105 ff.

[33] Die juristische Person hat prinzipiell unbegrenzte Rechtsfähigkeit. Einschränkungen ergeben sich vornehmlich aufgrund der Unterschiede zu natürlichen Personen, z.B. keine Erlangung familiärer Positionen, keine Fähigkeit Erblasser zu sein; beschränkte Grundrechtsfähigkeit, vgl. *Raiser* AcP 199 (1999), 105 (143). Nicht richtig wäre es daher die Rechtsfähigkeit der juristischen Person als Teilrechtsfähigkeit zu beschreiben. Diese Figur wurde auch für Personengesellschaften zu Recht aufgegeben, s. etwa *Ulmer* ZIP 2001, 585 (588 f), wenngleich der BGH die GbR immer noch als „(teil-)rechtsfähig" bezeichnet, zuletzt BGH ZIP 2009, 66 (67). Von Teilrechtsfähigkeit ist daher nur ausnahmsweise wie bei teilrechtsfähigen Anstalten des öffentlichen Rechts zu sprechen, bei denen gleichsam das Regel-Ausnahmeverhältnis umgekehrt ist, also Rechtsfähigkeit nur in einzelnen Beziehungen besteht.

[34] Etwa BGHZ 25, 134 (144); Soergel/*Hadding* Vor § 21 BGB Rn 6; MünchKommBGB/*Reuter* Vor § 21 Rn 2; *Raiser* AcP 199 (1999), 105; Staub/*Hüffer* 4. Aufl. Rn 3. Traditionell wird zudem ein Akt der staatlichen Anerkennung bzw. Publizität verlangt, der jedoch heute zunehmend (insbes. nicht eingetragener Verein, Vor-Gesellschaft, BGB-Außengesellschaft) nicht mehr vorausgesetzt wird, s. *K. Schmidt* Gesellschaftsrecht § 8 II 5c cc.

[35] *W.-H. Roth* FS Lutter, 2000, 651 (653); Ebenroth/Boujong/Joost/Strohn/*Zimmer* Rn 3; zum Rechtszustand vor der Handelsrechtsreform Staub/*Hüffer* 4. Aufl. Rn 5.

[36] Vgl. auch *Röhricht*/v. *Westphalen* § 1 Rn 63.

sein.[37] Es schadet (bzw. hilft) daher nicht, wenn sich das Leistungsangebot ausschließlich an Mitglieder richtet. Wirbt die juristische Person aktiv um Mitglieder und Spender liegt zudem eine Tätigkeit an einem äußeren Markt vor, da das Einwerben von Mitgliedern und Spenden ein eigenes (und zudem umkämpftes!) Marktsegment ist, das dementsprechend professionell betrieben werden muss, wenn es nachhaltig erfolgreich sein soll.[38] Ein Gegenseitigkeitsverhältnis zwischen Leistung und Entgelt muss nicht bestehen. Das Entgelt kann daher auch in einem Mitgliedsbeitrag oder einer Spende und die Leistung in der Verfolgung der satzungsmäßigen Zwecke bestehen. **Drittens** kann auch eine bloß **vermögensverwaltende Tätigkeit gewerblich** sein (§ 1 Rn 23 ff). Insofern kommt es nach dem Sinn und Zweck von § 1 richtigerweise entscheidend darauf an, ob die Vermögensverwaltung nach Art und Umfang zum Schutz Dritter kaufmännischer Einrichtungen bedarf (vgl. § 1 Rn 95). Dritte in diesem Sinne sind dabei nicht nur Geschäftspartner. Vielmehr können auch Mitglieder und Spender Dritte in diesem Sinne sein, weil und insofern sie ihre Mitgliedsbeiträge bzw. Spenden in Erwartung bestimmter Leistungen und einer dementsprechend ordnungsgemäßen Vermögensverwaltung der juristischen Person erbringen und sie hierauf – zumindest faktisch – keinen bestimmenden Einfluss haben. Unter diesen Voraussetzungen sind auch Holdings gewerblich tätig, wenn also die sachgerechte Anteilsverwaltung nach Art und Umfang der konkreten Tätigkeit im Einzelfall (z.B. Konzernleitung) zum Schutz Dritter (wozu in diesem Fall auch die abhängigen Gesellschaften, deren Minderheitsgesellschafter und Gläubiger zu zählen sind) kaufmännische Einrichtungen (insbes. ein kaufmännisches Rechnungswesen) erfordern.[38a] Und **viertens** ist bei juristischen Personen – anders als bei Einzelkaufleuten – handelsrechtlich **nicht zwischen Betriebs- und Privatvermögen zu unterscheiden**.[39] Dementsprechend haben juristische Personen im Anwendungsbereich des Publizitätsgesetzes (§§ 1–3 PublG) anders als Einzelkaufleute (§ 5 Abs. 4 PublG) über ihr gesamtes Vermögen Rechnung zu legen.[40] Daraus folgt zugleich, dass bei juristischen Personen ihre **gesamte, also auch ihre nicht anbietende Tätigkeit** zur Beantwortung der Frage einzubeziehen ist, ob sie die Voraussetzungen des § 1 Abs. 2 erfüllen. Dafür spricht auch, dass sowohl die Verwaltung eines großen, wechselnden Mitgliederbestandes als auch die Förderung, Überwachung und Dokumentation gemeinnütziger Projekte eine organisatorisch ebenso anspruchsvolle Aufgabe sein kann, wie eine kaufmännische Tätigkeit im herkömmlichen Sinne,[41] so dass kaufmännische Einrichtungen auch insofern zum Schutz von Geschäftspartnern, Mitgliedern und Spendern, im Blick hierauf aber auch zur Selbstinformation erforderlich

---

[37] Baumbach/*Hopt* § 1 Rn 17; *K. Schmidt* Handelsrecht § 9 IV 2b bb; offen *Röhricht*/v. Westphalen § 1 Rn 33; a.A. RG JW 1928, 238.

[38] Vgl. etwa *Toepler/Sprengel* in: Bertelsmann Stiftung (Hrsg.), Handbuch Stiftungen, 2. Aufl. 2003, S. 565 ff; sowie die Beiträge von *Monroe/Schmied/Lehfeldt* und *Command/Mersereau* in: Bertelsmann Stiftung (Hrsg.), Handbuch Bürgerstiftungen, 2. Aufl. 2004, S. 181 ff, 215 ff, 243 ff, 269 ff.

[38a] Die Einordnung von Holdings ist sehr streitig, s. etwa Baumbach/*Hopt* § 1 Rn 18 einerseits und *Röhricht*/v. Westphalen § 1 Rn 44 andererseits, jew. mwN.

[39] Näher *Burgard* Gestaltungsfreiheit im Stiftungsrecht, 2006, S. 551 f; anders die hM, statt anderer Baumbach/*Hopt*/*Merkt* § 238 Rn 7, § 246 Rn 21; speziell zur Stiftung s. *IDW*, Stellungnahme zur Rechnungslegung von Stiftungen, WPg 2000, 391, 392 (Rn 23); *Orth* in Seifart/v. Campenhausen, Handbuch des Stiftungsrechts, 2. Aufl. 1999, § 37 Rn 198.

[40] *Küting/Weber* Handbuch der Rechnungslegung 5. Aufl. PublG § 5 Rn 17 ff.

[41] Vgl. etwa die Beiträge von *Kennedy/Rumberg/Then*, *Koeckstadt* und *Breiteneicher/Marble* in: Bertelsmann Stiftung (Hrsg.), Handbuch Stiftungen, 2. Aufl. 2003, S. 393 ff, S. 461 ff und S. 649 ff.

sein können. Schließlich ist für diese Ansicht das Informationsinteresse des Rechts- und Geschäftsverkehrs anzuführen. Mithin **erfüllt eine juristische Person bereits dann die Voraussetzungen des § 1 Abs. 2, wenn sie entgeltliche Leistungen an einem inneren oder äußeren Markt anbietet oder ein erhebliches Vermögen verwaltet und ihre Gesamttätigkeit nach Art und Umfang einen in kaufmännischer Weise eingerichteten Geschäftsbetrieb erfordert.**[42] Gegeben sind diese Voraussetzungen etwa bei einem (eingetragenen oder nicht eingetragenen) Idealverein mit einem wechselnden Bestand von mehreren tausend zahlenden Mitgliedern, für die der Verein bestimmte Leistungen erbringt, und einem Vereinsvermögen von einigen Millionen Euro, mit dem der Verein diverse Projekte im Rahmen seines Zwecks fördert, also z.B. bei Gewerkschaften[43]. In der Praxis sind freilich selbst so bedeutende Organisationen wie der ADAC Nordrhein e.V. oder ver.di – Vereinigte Dienstleistungsgewerkschaft mit jeweils rund 2,2 Millionen Mitgliedern nicht in das Handelsregister eingetragen und werden von den zuständigen Registergerichten offenbar auch nicht zur Anmeldung angehalten.[44]

Liegen die Voraussetzungen von § 1 Abs. 2 nicht vor, folgt daraus im Umkehrschluss, dass keine Anmeldepflicht besteht, so insbes. bei einem **kleingewerblichen Betrieb** oder einem Betrieb der Land- und Forstwirtschaft. Allerdings können auch juristische Personen i.S.d. § 33 Abs. 1 eine Anmeldung nach §§ 2 S. 1, 3 Abs. 2 und 3 vornehmen und damit ihre Kaufmannseigenschaft begründen. Inhaltlich muss diese Anmeldung § 33 Abs. 2 entsprechen. Des Weiteren sind dann § 33 Abs. 3 und 4 sowie § 34 zu beachten. **14**

Von vorstehender Konstellation zu unterscheiden ist der Fall, dass eine juristische Person nicht **eintragungsfähig** ist, weil sie gar kein Gewerbe betreibt, insbes. weil sie **in keiner Weise entgeltlich tätig** ist oder **keine nach außen gerichtete Tätigkeit am Markt** entfaltet, also auch im Blick auf eine vermögensverwaltende Tätigkeit nicht die zuvor beschriebene (Rn 13) Schwelle überschreitet. Schwer vorstellbar ist dagegen, dass eine juristische Person wegen des Vorliegens einer freiberuflichen Tätigkeit nicht eintragungspflichtig ist (s. § 1 Rn 33). **15**

Unerheblich für die Anmeldepflicht ist grundsätzlich (Ausnahme o. Rn 10), **ob Art und Umfang der wirtschaftlichen Betätigung** nach den für die betreffende juristische Person geltenden Bestimmungen **zulässig** ist, vgl. auch § 7. Das ist insbes. bei Idealvereinen (§ 21 BGB) und Stiftungen (§§ 80 ff BGB) ein Problem. Idealvereine dürfen nicht die Grenze zu wirtschaftlichen Vereinen überschreiten, sondern müssen sich im Rahmen des sog. Nebenzweckprivilegs halten (sog. Vereinsklassenabgrenzung).[45] Selbiges gilt zwar für Stiftungen – entgegen der nur noch von *Reuter* vertretenen Ansicht[46] – nicht. Gleichwohl sind die Grenzen einer wirtschaftlichen Betätigung von Stiftungen nach wie vor der Stiftungsrechtsreform umstritten.[47] Über die Einhaltung dieser Grenzen zu wachen, ist freilich nicht Aufgabe des Registergerichts. Allerdings ist das Gericht auch nicht ge- **16**

---

[42] Vgl. *Burgard* Gestaltungsfreiheit im Stiftungsrecht, 2006, S. 553; *Röhricht*/v. Westphalen § 1 Rn 33.
[43] Denkschrift zum Entwurf eines Handelsgesetzbuchs, Reichstag, 9. Legislatur-Periode, IV. Session 1895/97, S. 42 = *Schubert/Schmiedel/Krampe* Quellen zum Handelsgesetzbuch von 1897, Bd. 2. 2. Hb. 1988, S. 983.
[44] Ebenfalls nicht in das Handelsregister eingetragen ist etwa der TÜV Saarland e.V., obwohl er im Gegensatz zu anderen TÜV-Organisationen sein Geschäft nicht vollständig in abhängige Kapitalgesellschaften ausgegliedert hat.
[45] S. dazu etwa *Seltmann* DStR 2008, 1443 ff; *Segna* Rpfleger 2006, 449 ff.
[46] MünchKommBGB/*Reuter* 5. Aufl. §§ 80, 81 Rn 90 ff.
[47] S. dazu eingehend *Burgard* Gestaltungsfreiheit im Stiftungsrecht, 2006, 136–156 mwN.

hindert, die bei seiner amtlichen Tätigkeit erworbenen Kenntnisse bei der Führung des Vereinsregisters zu verwerten (§§ 395, 400 FamFG [§§ 142, 159 FGG a.F.]), sie der Verwaltungsbehörde zur Entscheidung nach § 43 Abs. 2 BGB oder der zuständigen Stiftungsaufsichtsbehörde zugänglich zu machen.[48]

C. Rechtsfolgen der Anmeldepflicht nach Abs. 1 und 2

I. Die zur Anmeldung verpflichteten Personen gem. Abs. 1

17 Sind die vorstehenden Voraussetzungen (Rn 11, 13) gegeben, so besteht eine **Anmeldepflicht**. Diese Anmeldepflicht trifft richtigerweise die juristische Person.[49] Sie wird dabei von ihrem Vorstand vertreten, wobei nach Abs. 1 **sämtliche Mitglieder des Vorstands** persönlich mitzuwirken haben.

18 1. **Meinungsstand.** Diese Bestimmung versteht die herrschende Lehre[50] in Anschluss an eine Reihe älterer Entscheidungen[51] wie folgt: Die Verpflichtung erstrecke sich auf alle ordnungsgemäß gewählten Mitglieder des Vorstands und könne nicht durch die Satzung der juristischen Person modifiziert werden. Deswegen komme es auf Beschränkungen in der Person einzelner Vorstandsmitglieder insbes. hinsichtlich ihrer Vertretungsmacht nicht an. Mitzuwirken hätten daher auch Vorstandsmitglieder, die sonst nicht befugt seien, für die juristische Person nach außen zu handeln.

19 2. **Stellungnahme.** Dieser Auffassung kann nur mit Einschränkungen gefolgt werden. Mit dem Begriff „Vorstand" ist nach dem Sprachgebrauch des Gesetzes (s. insbes. §§ 26 ff, 86 BGB, §§ 76 ff AktG, §§ 24 ff GenG) ein Geschäftsführungs- und Vertretungsorgan gemeint. Auf die Bezeichnung des Organs kommt es dabei nicht an. Das bedeutet zweierlei: Einerseits kann der Vorstand i.S.d. § 33 kraft Gesetzes oder der Satzung eine andere Bezeichnung tragen (z.B. Direktorium oder Verwaltungsrat). Andererseits ist nicht jedes Organ, das von den für die juristische Person maßgeblichen Regelungen als Vorstand bezeichnet wird, auch als Vorstand i.S.d. § 33 anzusehen. Welches Organ als Vorstand i.S.d. § 33 anzusehen ist, ist daher nach dem Inhalt der einschlägigen Bestimmungen durch Auslegung zu ermitteln. Daraus folgt: Zwar kann die Satzung selbstverständlich nicht die gesetzlich zwingende Anmeldepflicht modifizieren. Wohl aber kann sie, soweit Gestaltungsfreiheit besteht, bestimmen, welches Organ die Befugnisse eines Vorstands i.S.d. Gesetzes haben soll und damit als Vorstand i.S.d. § 33 anzusehen ist. Zu fragen ist daher, welchem Organ der juristischen Person nach ihrer Organisationsverfassung die Geschäftsführungsbefugnis und Vertretungsmacht eines Vorstands i.S.d. Gesetzes zukommt. Sind mehrere Organe zur Geschäftsführung und Vertretung befugt (vgl. etwa § 30 BGB), so ist dasjenige Organ als Vorstand i.S.d. Gesetzes anzusehen, dessen Geschäftskreis nicht oder am wenigsten beschränkt ist.[52] Allerdings müssen die Geschäfts-

---

[48] Zur Problematik anschaulich *K. Schmidt* AcP 182 (1982), 1 (44 ff).
[49] Staub/*Hüffer* 4. Aufl. Rn 7; anders (Vorstandsmitglieder) die hM KGJ 26, A 232, A 233; OLGRspr. 12, 410 (411); Ebenroth/Boujong/Joost/Strohn/*Zimmer* Rn 4; Heymann/*Emmerich* Rn 5.
[50] Staub/*Hüffer* 4. Aufl. Rn 7; Ebenroth/Boujong/Joost/Strohn/*Zimmer* Rn 4; GKzHGB/*Steitz* Rn 3.
[51] OLG Dresden SächsOLG 31, 463; KG; KG RJA 2 (1901), 183; OLGRspr. 27, 304 (305); bzgl. des Vereinsregisters KG RJA 9 (1908), 47 (49 f).
[52] *Burgard* Gestaltungsfreiheit im Stiftungsrecht, 2006, S. 256.

führungsbefugnis und Vertretungsmacht keineswegs unbeschränkt sein. Vielmehr kann etwa im Vereins- und Stiftungsrecht – anders als bei Handelsgesellschaften (§ 126 Abs. 2, §§ 161 Abs. 2 i.V.m. § 126 Abs. 2, § 82 Abs. 1 AktG, § 37 Abs. 2 GmbHG) – auch die organschaftliche Vertretungsmacht des Vorstands mit Wirkung gegen Dritte beschränkt werden, § 86 S. 1 i.V.m. § 26 Abs. 2 S. 2 BGB. Vorstand i.S.d. Gesetzes ist freilich nur ein Organ, dem sowohl Geschäftsführungsbefugnis als auch Vertretungsmacht zukommt, mögen diese Befugnisse auch beschränkt sein. Besteht ein zur Geschäftsführung befugtes Organ aus mehreren Personen, von denen einige auch zur Vertretung der juristischen Person berufen, andere hingegen von der Vertretung ausgeschlossen sind, so bilden nur erstere den Vorstand i.S.d. Gesetzes.[53] Bestimmt also eine Satzung bspw., dass der „Vorstand" aus einem Vorsitzenden, seinem Stellvertreter, dem Schatzmeister, dem Schriftführer und drei weiteren Mitgliedern besteht und bestimmt sie ferner, dass nur der Vorsitzende, sein Stellvertreter sowie der Schatzmeister befugt sind, den Verein (einzeln, gemeinsam oder etwa nur der Vorsitzende mit einem der beiden anderen) zu vertreten, dann bilden nur diese drei den Vorstand i.S.d. des Gesetzes, während die vier übrigen Mitglieder lediglich an der Geschäftsführung mitwirken.[54] Bilden aber nur diese drei den Vorstand i.S.d. des Gesetzes, dann treffen auch nur sie die gesetzlichen Pflichten des Vorstands wie die Insolvenzantragspflicht gem. § 42 Abs. 2 BGB[55] oder die Anmeldepflicht gem. § 33. Dafür kann man auch anführen, dass die Anmeldung eine Vertretungshandlung ist, die mithin Vertretungsmacht voraussetzt. Dementsprechend ist anerkannt, dass Mitglieder anderer Organe zur Anmeldung weder verpflichtet noch berechtigt sind.[56] Freilich reicht nach § 33 Abs. 1 – anders als nach § 34 Abs. 3 (s. dort Rn 13) – nicht aus, dass nur die zur ordnungsgemäßen Vertretung der juristischen Person erforderliche Zahl von Vorstandsmitgliedern die Anmeldung vornimmt. Vielmehr müssen alle Vorstandsmitglieder in dem hier bezeichneten Sinne an der Anmeldung mitwirken (Rn 17), wenngleich nicht notwendigerweise gleichzeitig[57].

II. Anmeldung und Eintragung gem. Abs. 2

1. Anzumeldende und einzutragende Tatsachen. Bei der Eintragung sind gem. § 33 Abs. 2 S. 2 die Firma und der Sitz der juristischen Person, der Gegenstand des Unternehmens, die Mitglieder des Vorstands und ihre Vertretungsmacht anzugeben. Außerdem sind nach S. 3 besondere Bestimmungen der Satzung über die Zeitdauer des Unternehmens einzutragen. Im Einzelnen: **20**

a) **Firma.** Probleme wirft die **Firmenbildung** juristischer Personen i.S.d. § 33 auf. Der historische Gesetzgeber hat die Frage wegen der Vielgestaltigkeit der Verhältnisse und mangels Bedürfnisses nicht geregelt.[58] Da besondere Vorschriften fehlen, finden – das ist **21**

---

[53] BGHZ 69, 250; BayObLG MDR 1977, 136; KG OLGZ 78, 272; Palandt/*Heinrichs* § 26 BGB Rn 2.

[54] Entgegen der „Falschbezeichnung" der Satzung bestehen hier also zwei Organe, nämlich ein als „Vorstand" bezeichnetes reines Geschäftsführungsorgan mit sieben Mitgliedern und der Vorstand i.S.d. Gesetzes mit drei Mitgliedern.

[55] S. *Reichert* Handbuch Vereins- und Verbandsrecht, 10. Aufl. 2005, Rn 3426 ff.

[56] RG JW 1910, 617.

[57] Röhricht/v. Westphalen/*Ammon/Ries* Rn 4.

[58] Denkschrift zum Entwurf eines Handelsgesetzbuchs, Reichstag, 9. Legislatur-Periode, IV. Session 1895/97, S. 41 = *Schubert/Schmiedel/Krampe* Quellen zum Handelsgesetzbuch von 1897, Bd. 2. 2. Hb. 1988, S. 983.

unstreitig – die allgemeinen Vorschriften der §§ 17 f,[59] 22,[60] 30[61] Anwendung. Auch juristischen Personen i.S.d. § 33 steht es daher grundsätzlich frei, Personen-, Sach-, Phantasie- oder Mischfirmen zu bilden.[62] Fraglich ist jedoch zweierlei, nämlich erstens, ob die Firma dem Namen der juristischen Person entsprechen, und zweitens, ob und ggf. welchen Rechtsformzusatz die Firma der juristischen Person enthalten muss.

22   aa) **Meinungsstand.** Nach herrschender Meinung kann die Firma von dem Namen der juristischen Person abweichen.[63] Sie kann daher neben ihrem Namen auch mehrere Firmen für entsprechend viele Handelsgeschäfte führen. Nach einer Entscheidung des BayObLG kann eine Sparkasse sogar für ein und dasselbe Handelsgeschäft mehrere Firmen führen.[64] Hinsichtlich der Frage eines Rechtsformzusatzes werden drei Ansichten vertreten (s. auch § 19 Rn 33). Erstens: Der Rechtsformzusatz müsse gem. § 33 Abs. 4 i.V.m. § 37a Abs. 1 entsprechend § 19 Abs. 1 Nr. 1 lauten.[65] Zweitens: Der Rechtsformzusatz nach § 19 Abs. 1 Nr. 1 sei ungeeignet. Mangels anderweitiger gesetzlicher Bestimmung bedürfe es keines Rechtsformzusatzes.[66] Drittens: In Gesamtanalogie zu den gesetzlichen Bestimmungen der § 19, §§ 4, 279 AktG, § 4 GmbHG, § 3 GenG, § 18 Abs. 2 S. 2 VAG, Art 11 Abs. 1 SEVO, Art. 10 Abs. 1 S. 2 SCEVO, § 2 Abs. 2 Nr. 1 EWIVAG, § 2 Abs. 1 S. 1 PartGG, § 65 BGB sei ein der Rechtsform entsprechender Zusatz zu bilden.[67]

23   bb) **Stellungnahme:** Vorstehende Fragen sind, was nicht immer genügend beachtet wird, eng miteinander verwoben und können daher nicht unabhängig voneinander beantwortet werden. Das Problem wird am Beispiel deutlich: Der Zweck einer rechtsfähigen Stiftung bürgerlichen Rechts namens „Stiftung Josef Huber" erstreckt sich auf den Betrieb eines „Josef Hospitals", eines „Gesundbrunnenverlags" und einer „Heilbuchhandlung". Folgt man der herrschenden Ansicht, kann die Stiftung neben ihrem Namen die Firmen „Josef Hospital", „Gesundbrunnenverlag" und „Heilbuchhandlung" selbst dann führen, wenn es sich bei letzteren nicht um verschiedene Handelsgeschäfte handelt. Je nachdem, welcher Ansicht man folgt, wären diese Firmen ohne Rechtsformzusatz, mit einem Rechtsformzusatz nach § 19 Abs. 1 Nr. 1 oder mit dem Rechtsformzusatz „rechtsfähige Stiftung bürgerlichen Rechts" zu versehen. Letzteres kann freilich nicht richtig sein, weil es eine rechtsfähige Stiftung bürgerlichen Rechts mit dem Namen oder wenigstens Namensbestandteil „Gesundbrunnenverlag" oder „Heilbuchhandlung" nicht gibt und mithin eine solche Firmierung irreführend i.S.d. § 18 Abs. 2 wäre. Handelte es sich bei der unternehmenstragenden juristischen Person um einen eingetragenen Verein, verstieße die Firmierung als „Gesundbrunnenverlag e.V." oder „Heilbuchhand-

---

[59] MünchKommHGB/*Krafka* Rn 12.
[60] Ebenroth/Boujong/Joost/Strohn/*Zimmer* Rn 7; *Wünsch* FS Kralik, 1986, S. 612 f; Staub/*Hüffer* 4. Aufl. Rn 10; Heymann/*Emmerich* Rn 8; Schlegelberger/*Hildebrandt*/*Steckhan* Rn 4; HKzHGB/*Ruß* Rn 2.
[61] *Roth* FS Lutter, S. 651 (655); Ebenroth/Boujong/Joost/Strohn/*Zimmer* Rn 7; Röhricht/v. Westphalen/*Ammon*/*Ries* Rn 6.
[62] Ebenroth/Boujong/Joost/Strohn/*Zimmer* Rn 7; Röhricht/v. Westphalen/*Ammon*/*Ries* Rn 6.
[63] BayObLG NJW-RR 2001, 1688; Staub/*Hüffer* 4. Aufl. Rn 10; Röhricht/v. Westphalen/*Ammon*/*Ries* Rn 6; Heymann/*Emmerich* Rn 8; *Roth* FS Lutter, S. 651 (656).
[64] BayObLG NJW-RR 2001, 1688; im Anschluss daran ebenso MünchKommHGB/*Krafka* Rn 12a.
[65] *Roth* FS Lutter, S. 651 (657 ff).
[66] Ebenroth/Boujong/Joost/Strohn/*Zimmer* Rn 7; MünchKommHGB/*Krafka* Rn 12.
[67] *K. Schmidt* NJW 1998, 2161 (2168); MünchKommHGB/*Krebs* § 37a Rn 4; *Bohnenkamp* NZG 2007, 292 (294).

lung e.V." überdies gegen § 65 BGB. Ein Rechtsformzusatz „e.K." entsprechend § 19 Abs. 1 Nr. 1 scheidet freilich ebenfalls aus, weil der Verkehr damit die Vorstellung verbindet, Unternehmensträger sei eine unbeschränkt haftende natürliche Person.[68] Diese Vorstellung mag zwar rechtlich nicht zwingend sein,[69] so dass dieser Rechtsformzusatz normativ betrachtet nicht irreführend wäre (vgl. § 18 Rn 47). Die Aussagekraft dieses Rechtsformzusatzes würde jedoch verwässert, und das ohne erheblichen Gewinn, weil die Kaufmannseigenschaft schon aus den nach § 33 Abs. 4 i.V.m. § 37a Abs. 1 erforderlichen Eintragungsangaben folgt. So gesehen scheint die Ansicht vorzugswürdig zu sein, wonach juristische Personen i.S.d. § 33 keinen Rechtsformzusatz führen müssen.

24 Das gilt freilich nur, wenn man im Ausgangspunkt die Ansicht teilt, wonach juristische Personen i.S.d. § 33 neben ihrem Namen davon abweichende Firmen führen dürfen. Und dieser Ansicht ist nicht zu folgen. Vielmehr wurde bereits ausgeführt, dass der Grundsatz der Firmeneinheit richtig verstanden (unbeschadet des Rechts zur Führung von Zweigniederlassungsfirmen) besagt: „**ein Unternehmensträger – eine Firma**" (Vor § 17 Rn 39 ff). Dabei ergibt sich dieser Grundsatz der Firmeneinheit entgegen der zitierten Entscheidung des BayObLG sehr wohl aus dem Gesetz, nämlich aus dem Wortlaut des § 17 Abs. 1 („*seine Geschäfte*" und nicht „sein [Handels-]Geschäft"). Nach hier vertretener Ansicht ist es deshalb nicht nur Handelsgesellschaften, was unstreitig ist, sondern auch Einzelkaufleuten versagt, mehrere Firmen zu führen. Allerdings ist die Firma nur der Handelsname eines Kaufmannes. Unberührt bleiben daher das Recht und die Pflicht von Einzelkaufleuten zur Führung ihres bürgerlichen Namens. Auch bei juristischen Personen i.S.d. § 33 könnte man daher meinen, sie könnten neben ihrem allgemeinen Namen einen besonderen Handelsnamen, also eine Firma führen. Die Rechtslage ist indes ganz verschieden: Müssten Einzelkaufleute unter ihrem bürgerlichen Namen auftreten, wäre nämlich das gesamte Firmenrecht auf sie nicht anwendbar (wegen §§ 21 ff also nicht nur auf den Rechtszustand vor der Handelsrechtsreform [§ 18 a.F.] zurückgeworfen). Dagegen sind juristische Personen i.S.d. § 33, wenn sie keine von ihrem Namen unterschiedliche Firma führen dürfen, allenfalls gezwungen, ihren Namen den handelsrechtlichen Firmenvorschriften anzupassen. Zwar ist ihr Name anders als der Name von Handelsgesellschaften nicht notwendigerweise eine Firma, nämlich dann nicht, wenn sie kein Handelsgewerbe betreiben. Betreiben sie aber ein Handelsgewerbe, dann hat das Handelsregister für sie dieselbe Funktion wie für Handelsgesellschaften (Rn 3). Zwar ist es mit der Rechtsprechung des BayObLG[70] und des OLG Frankfurt[71] zu rechtsfähigen Anstalten des öffentlichen Rechts nicht registerrechtlich von vornherein ausgeschlossen, eine Eintragung an einem oder mehreren Registergerichten unter jeweils einer Firma oder unter mehreren Firmen nicht nur für mehrere, sondern auch nur für ein Handelsgeschäft zuzulassen.[72] Beeinträchtigt wird hierdurch jedoch die – auch von § 13 erstrebte – Konzentration auf ein Handelsregister und damit zugleich dessen Informationsfunktion; denn es würde nicht „auf einen Blick" deutlich, welche „Geschäfte" die juristische Person betreibt. Diese Information müsste sich der Interessent vielmehr ggf. aus mehreren Eintragungen „zusammenklauben" und könnte sich doch niemals sicher sein, sie vollständig gesammelt zu haben. Ohne die Informationen aus dem Handelsregister könnte zudem der Eindruck mehrerer Haftungsträger entstehen. Eben aus diesen Gründen und

---

[68] Ebenroth/Boujong/Joost/Strohn/*Zimmer* Rn 7; MünchKommHGB/*Krafka* Rn 12.
[69] *Roth* FS Lutter, S. 651 (661).
[70] BayObLG NJW-RR 2001, 28; NJW-RR 2001, 1688.
[71] OLG Frankfurt DB 2001, 860.
[72] S. dagegen aber die Bedenken von BGHZ 67, 166 (170).

der daraus folgenden Irreführungs- und Missbrauchsgefahr ist nach hier vertretener Ansicht eine Firmenmehrheit auch bei Einzelkaufleuten unzulässig. Schließlich ist zu bedenken, dass die Firma nicht der Name des Unternehmens, sondern des Unternehmensträgers ist und gerade dazu dient, den Unternehmensträger und nicht das Unternehmen zu identifizieren (Vor § 17 Rn 1 f). Bei Einzelkaufleuten ist daher außer ihrer Firma der Kaufmann mit seinem Vornamen, Familiennamen, Geburtsdatum und Wohnort anzumelden und einzutragen (§ 29 Rn 10, 15), weil sich erst durch diese Angaben der Name des Unternehmensträgers erschließt. Bei Handelsgesellschaften und juristischen Personen i.S.d. § 33 HGB ist dagegen eine gesonderte Eintragung des Namens des Unternehmensträgers nicht vorgesehen, weil das Gesetz davon ausgeht, dass die Firma der Namen des Unternehmensträgers ist. Durch eine von dem Namen der juristischen Person abweichende Firmierung würde daher die Identifizierungsfunktion beeinträchtigt. Folgt man diesen Überlegungen, dann muss die Firma von juristischen Personen i.S.d. § 33 (zumindest im Wesentlichen) ihrem Namen entsprechen.

25 Teilt man dieses Ergebnis, wird endlich der Weg für einen Rechtsformzusatz frei, der entsprechend der Intention des Gesetzes[73] die Rechtsform und Haftungsverhältnisse zutreffend zum Ausdruck bringt. Dieser ist daher nicht entsprechend § 19 Abs. 1 Nr. 1 zu bilden (s. schon Rn 23). Eine „Stiftung Josef Huber e.K." wäre zudem wegen Doppelung von Rechtsformzusätzen verwirrend. Besonders deutlich wird dies wiederum bei einem Verein („ABC e.V. e.K."), wobei ein Weglassen des Zusatzes „e.V." wegen § 65 BGB ebenfalls nicht in Betracht kommt. Deswegen ist in Gesamtanalogie zu den Vorschriften über Rechtsformzusätze einfach die Rechtsform der juristischen Person so genau wie möglich und nötig wiederzugeben.[74] Für den Beispielsfall folgt daraus, dass die „Stiftung Josef Huber" ihre Geschäfte unter der gemeinsamen Firma „Stiftung Josef Huber, rechtsfähige Stiftung bürgerlichen Rechts" zu führen hat. Die Möglichkeit, die verschiedenen Geschäfte mit unterschiedlichen Geschäftsbezeichnungen zu versehen (s. § 17 Rn 15 ff), bleibt hiervon selbstverständlich unberührt.

26 Bei den von § 33 erfassten juristischen Personen (Rn 8 ff) sind mithin insbes. **folgende Rechtsformzusätze zu führen:** „eingetragener Verein" oder „e.V.", „rechtsfähiger Verein kraft Verleihung" oder „rechtsfähiger Wirtschaftsverein", „rechtsfähige Stiftung bürgerlichen Rechts", „rechtsfähige Stiftung öffentlichen Rechts", „rechtsfähige Stiftung kirchlichen Rechts",[75] „rechtsfähige Anstalt öffentlichen Rechts"[76], „Körperschaft des öffentlichen Rechts", „Eigenbetrieb" (Rn 47). Problematisch ist dagegen der Rechtsformzusatz bei einem sog. „nicht rechtsfähigen Verein". Zwar wäre diese Bezeichnung im Blick auf § 54 BGB zutreffend, aber gleichwohl irreführend, weil solchen Vereinen heutzutage Rechtsfähigkeit zuzubilligen ist (Rn 10). Vorzuziehen ist daher der Zusatz „nicht eingetragener Verein".

27 Zwar wird durch diese Rechtsformzusätze nicht deutlich, dass es sich bei den betreffenden juristischen Personen um Kaufleute handelt. Das ergibt sich jedoch aus der nach § 37a Abs. 1 erforderlichen Angabe des Registergerichts und der Nummer, unter der die Firma in das Handelsregister eingetragen ist. Außerdem ist die Information, es mit einem

---

[73] BT-Drucks. 13/8444, S. 37, 54.
[74] I.E. ebenso K. Schmidt NJW 1998, 2161 (2168); MünchKommHGB/Krebs § 37a Rn 4; Bohnenkamp NZG 2007, 292 (294).
[75] S. zur Unterscheidung dieser Rechtsformen § 18 Rn 74 mit Fn 349 f.
[76] Entgegen geläufiger Praxis bei Sparkassen reicht der Zusatz „Anstalt des öffentlichen Rechts" nicht aus, weil er nicht klarstellt, dass es sich um eine rechtsfähige Anstalt und nicht bloß um eine teil- oder nicht rechtsfähige Anstalt handelt. Die Regelungen der §§ 39 f KWG dienen lediglich dem Schutz von Geschäftsbezeichnungen und sind daher nicht firmenrechtlicher Natur, Roth FS Lutter, S. 651 (654 Fn 15).

Kaufmann i.S.d. Handelsrechts zu tun zu haben, in den Fällen des § 33 weniger bedeutsam, als die Information, dass eine juristische Person Unternehmensträger ist und welche Rechtsform sie hat.

b) Sitz. Sitz i.S.d. § 33 Abs. 2 Satz 2 i.V.m. § 40 HRV ist der satzungsmäßige Sitz.[77] **28**
Nach der Rechtsprechung des OLG Frankfurt und des BayObLG soll bei Anstalten des öffentlichen Rechts (Sparkassen, Versicherungen) auch die Eintragung eines satzungsmäßigen Mehrfachsitzes zulässig sein.[78] Begründet wird dies mit der Organisationshoheit der Länder gem. Art. 70 GG. Diese Rechtsprechung öffnet freilich einem Firmenrecht „a la volonté" juristischer Personen des öffentlichen Rechts Tür und Tor. Das entspricht nicht der Intention, die der Bundesgesetzgeber mit der Streichung von § 36 a.F. verfolgt hat.[79] Fallen Satzungssitz und Ort der Handelsniederlassung auseinander, so muss letzterer ebenfalls dem Registergericht mitgeteilt werden, weil sich aus ihm gem. § 29 die örtliche Zuständigkeit des Registergerichts ergibt (Rn 51).[80]

c) Gegenstand des Unternehmens. Gemeint ist grundsätzlich der Gegenstand desjenigen Unternehmens, durch das die Eintragung veranlasst wird, nicht der Zweck der juristischen Person überhaupt.[81] Ergibt sich die Kaufmannseigenschaft aus einer Gesamtbetrachtung (Rn 13), sind jedoch alle für diese Einordnung maßgeblichen Tätigkeitsfelder anzugeben (z.B. Förderung und Durchführung von gemeinnützigen Projekten im Bereich des Umweltschutzes, Einwerbung von Mitgliedern und Spenden, Vermögensverwaltung). Zu fordern ist, dass das Tätigkeitsfeld entsprechend allgemeinen Regeln[82] hinreichend konkretisiert wird. Allgemeine Angaben wie „Geschäfte verschiedener Art" genügen nicht.[83] Zudem muss die Angabe aus sich heraus und allgemein verständlich sein, so dass eine Bezugnahme auf Rechtsvorschriften (etwa auf ein Sparkassengesetz) unzulässig ist.[84] **29**

d) Mitglieder des Vorstands. Anzumelden sind die Mitglieder des Vorstands im vorbezeichneten Sinne (Rn 19), und zwar gem. § 40 Nr. 3 lit. b HRV jeweils mit ihrem Familiennamen, Vornamen, Geburtsdatum und Wohnort. Das Gleiche gilt ggf. für stellvertretende Vorstandsmitglieder, nicht aber für sog. Verhinderungsvertreter i.S.d. § 14 Abs. 2 lit. c SparkGNRW[85]. **30**

---

[77] Allg.M. BayObLG NJW-RR 2001, 28; OLG Frankfurt DB 2001, 860; aus der Lit. statt anderer Ebenroth/Boujong/Joost/Strohn/*Zimmer* Rn 8.
[78] BayObLG NJW-RR 2001, 28; OLG Frankfurt DB 2001, 860; im Anschluss ebenso MünchKommHGB/*Krafka* Rn 13a.
[79] Kritisch auch Röhricht/v. Westphalen/*Ammon/Ries* Rn 8.
[80] Ebenroth/Boujong/Joost/Strohn/*Zimmer* Rn 8; Röhricht/v. Westphalen/*Ammon/Ries* Rn 10; Heymann/*Emmerich* Rn 10, für ausländische juristische Personen (wegen Sitztheorie allein Angabe des tatsächlichen Verwaltungssitzes), die jedoch richtigerweise ohnehin nicht von § 33 erfasst werden (Rn 5 ff).
[81] Staub/*Hüffer* 4. Aufl. Rn 11; Ebenroth/Boujong/Joost/Strohn/*Zimmer* Rn 9.
[82] Vgl. etwa zu § 23 Abs. 3 Nr. 2 AktG *Hüffer* AktG § 23 Rn 21 ff; KölnKommAktG/*Kraft* § 23 Rn 43 ff; zu § 3 Abs. 1 Nr. 2 GmbHG *Hueck/Fastrich* in: Baumbach/Hueck GmbHG § 3 Rn 7 ff; *Roth*/Altmeppen GmbHG § 3 Rn 5 ff; s. ferner zur Abgrenzung zwischen Zweck und Gegenstand im Allgemeinen Baumbach/*Hueck/Fastrich* GmbHG § 1 Rn 5 ff und der erforderlichen Bestimmtheit im Stiftungsrecht im Besonderen *Burgard* Gestaltungsfreiheit im Stiftungsrecht, 2006, S. 110 ff, 120 ff.
[83] Heymann/*Emmerich* Rn 10; *Wünsch* FS Kralik, S. 611 (613).
[84] MünchKommHGB/*Krafka* Rn 14; Kreidel/*Krafka*/Willer RegisterR Rn 837.
[85] OLG Düsseldorf Rpfleger 2000, 396; MünchKommHGB/*Krafka* Rn 11; Röhricht/v. Westphalen/*Ammon/Ries* Rn 17.

31 **e) Vertretungsmacht der Vorstandsmitglieder.** Vor Inkrafttreten des Gesetzes über elektronische Register und Justizkosten für Telekommunikation vom 10.12.2001 (ERJuKoG)[86] waren nur besondere, also vom gesetzlichen Normalfall abweichende Vertretungsregelungen der Satzung anmelde- und eintragungspflichtig. Das war unbefriedigend, weil dem Interessierten dadurch für den Normalfall das Risiko aufgebürdet wurde, durch Lektüre der einschlägigen gesetzlichen Bestimmungen sich zutreffend über den Umfang der Vertretungsmacht zu informieren, was nicht zuletzt auch Ausländer vor erhebliche Schwierigkeiten stellte. Diese Beschränkung wurde durch das Gesetz daher in Angleichung an die Rechtslage bei der Aktiengesellschaft und GmbH (§§ 37 Abs. 3, 39 Abs. 1 S. 2 AktG, §§ 8 Abs. 4, 10 Abs. 1 S. 2 GmbHG) zu Recht aufgehoben.[87] Anzugeben ist nunmehr also die Vertretungsmacht der Vorstandsmitglieder wie sie bei der anmeldepflichtigen juristischen Person geregelt ist, unabhängig davon, ob diese Regelung dem gesetzlichen Regelfall entspricht oder nicht (s. auch § 40 Nr. 3 lit. a HRV). Ist die Vertretungsmacht der Vorstandsmitglieder nicht einheitlich, sondern unterschiedlich geregelt, müssen diese unterschiedlichen Regeln angegeben werden. Dabei muss auch die Eintragung der Vertretungsmacht der Vorstandsmitglieder aus sich heraus, d.h. ohne Hinzuziehung weiterer Unterlagen oder Regelungen, verständlich sein.[88]

32 Für juristische Personen, die bereits vor Inkrafttreten des ERJuKoG in das Handelsregister eingetragen waren, gilt die **Übergangsvorschrift** des Art. 52 EGHGB. Danach muss die Anmeldung und Eintragung einer dem gesetzlichen Regelfall entsprechenden Vertretungsmacht des Vorstandes erst erfolgen, wenn eine vom gesetzlichen Regelfall abweichende Bestimmung des Gesellschaftsvertrages oder der Satzung über die Vertretungsmacht angemeldet und eingetragen wird. Allerdings kann das Registergericht die Eintragung einer dem gesetzlichen Regelfall entsprechenden Vertretungsmacht auch von Amts wegen vornehmen.[89]

33 **f) Weitere Tatsachen.** Ferner sind gem. § 33 Abs. 2 S. 3 besondere Satzungsbestimmungen über die Zeitdauer des Unternehmens anzumelden, da eine entsprechende Eintragung nur auf ausdrücklichen Antrag vorgenommen wird.[90] Schließlich ist gem. § 24 Abs. 2 HRV die Lage der Geschäftsräume, also die Anschrift, bei der Anmeldung anzugeben. Dies ist zwar – anders als nach §§ 29, 31 n.F. – nicht einzutragen, aber nach Maßgabe von § 34 HRV in die Bekanntmachung aufzunehmen.

2. Beizufügende Unterlagen

34 **a) Satzung.** Gem. § 33 Abs. 2 S. 1 ist die Satzung der juristischen Person der Anmeldung beizufügen. Dessen bedarf es nur dann nicht, wenn die juristische Person ausnahmsweise keine Satzung hat.[91]

35 **b) Urkunden über die Bestellung des Vorstands.** Ferner müssen die Urkunden, aus denen sich die Bestellung „des Vorstands" – gemeint ist: die Bestellung jedes einzelnen

---

[86] BGBl. I, S. 3422.
[87] Näher zur Begr. BT-Drucks. 14/6855, S. 19.
[88] BayObLG NJW-RR 201, 26 m. zust. Anm. *Klanten* EWiR 2000, 1059 f; OLG Düsseldorf Rpfleger 2000, 396; MünchKommHGB/*Krafka* Rn 11.
[89] Näher Begr. RegE BT-Drucks. 14/6855, S. 20 f.
[90] MünchKommHGB/*Krafka* Rn 10; Kreidel/*Krafka/Willer* RegisterR Rn 845; Ebenroth/Boujong/Joost/Strohn/*Zimmer* Rn 11.
[91] Denkschrift zum Entwurf eines Handelsgesetzbuchs, Reichstag, 9. Legislatur-Periode, IV. Session 1895/97, S. 42 = *Schubert/Schmiedel/Krampe* Quellen zum Handelsgesetzbuch von 1897, Bd. 2. 2. Hb. 1988, S. 983.

Vorstandsmitglieds – ergibt, der Anmeldung beigefügt werden. Urkunde in diesem Sinne ist insbes. die Niederschrift des betreffenden Beschlusses des nach der Satzung berufenen Bestellungsorgans.

c) **Urkunde über die Erlangung der Rechtsfähigkeit.** Weil eine „juristische Person" anzumelden ist (§ 33 Abs. 1), sind der Anmeldung schließlich Urkunden beizulegen, aus denen sich diese Eigenschaft ergibt.[92] Vorzulegen ist bspw. ein Auszug aus dem Vereinsregister (§ 79 BGB), die Urkunde über die Verleihung der Rechtsfähigkeit nach § 22 BGB oder die Anerkennung als rechtsfähige Stiftung nach § 80 BGB. In Betracht kommt ferner die Urkunde über die Genehmigung der Aufsichtsbehörde zur Errichtung einer Sparkasse. Allerdings bedarf es der Vorlage einer solchen Urkunde nicht, wenn die Eigenschaft der juristischen Person gerichtsbekannt ist, so wenn das Vereinsregister von dem zuständigen Registergericht geführt wird oder sich die Eigenschaft aus einem Gesetz ergibt (z.B. Errichtung der juristischen Person durch Staatsvertrag). Schließlich bedarf es der Vorlage nicht, wenn es an einer solchen Urkunde fehlt (wie etwa bei nicht eingetragenen Vereinen). **36**

d) **Form der Unterlagen.** Hinsichtlich der Form der beizufügenden Unterlagen verlangt § 33 Abs. 2 S. 1 Vorlage der Urkunden in Urschrift oder in öffentlich beglaubigter Abschrift, s. dazu § 12 Abs. 2. Die Urschrift braucht nicht beglaubigt zu sein.[93] **37**

3. Form der Anmeldung. Die Anmeldung hat der Form des § 12 zu genügen. Die öffentliche Beglaubigung wird gem. § 129 BGB, §§ 39 ff BeurkG in der Regel durch einen Notar vorgenommen. Es ist jedoch anerkannt, dass Anmeldungen zum Handelsregister, die eine juristische Person des öffentlichen Rechts in einer von ihr als öffentliche Behörde ausgestellten öffentlichen Urkunde im Rahmen ihrer Zuständigkeit einreicht, keiner öffentlichen Beglaubigung bedürfen.[94] **38**

D. Unternehmen i.S.d. § 36 a.F. (insbes. Eigenbetriebe)

I. Grundlagen

§ 36 wurde durch das Handelsrechtsreformgesetz aufgehoben. Die Vorschrift bestimmte: *„Ein Unternehmen des Reichs, eines Bundesstaats oder eines inländischen Kommunalverbandes braucht nicht in das Handelsregister eingetragen zu werden. Erfolgt die Anmeldung, so ist die Eintragung auf die Angabe der Firma sowie des Sitzes und des Gegenstandes des Unternehmens zu beschränken."* Die Vorschrift erfasste ihrem Wortlaut entsprechend nach einhelliger Meinung rechtlich unselbständige Unternehmen der genannten Gebietskörperschaften.[95] Hinsichtlich solcher Unternehmen bestand mithin als Ausnahme zu § 33 auch dann keine Anmeldpflicht, wenn sie ein Handelsgewerbe betrieben. Vielmehr räumte die Vorschrift nur ein Anmelderecht und damit ein Wahlrecht ein. Unternehmen, die in der Rechtsform einer sonstigen juristischen Person des **39**

---

[92] Staub/*Hüffer* 4. Aufl. Rn 12; Ebenroth/Boujong/Joost/Strohn/*Zimmer* Rn 6.
[93] KGJ 35, A 157.
[94] BayObLGZ 1975, S. 227 (230 f); Röhricht/v. Westphalen/*Ammon*/*Ries* Rn 18; *Boos* DB 2000, 1061 (1065); *Deike* NotBZ 1998, 175 (177); *Holland* ZNotP 1999, 466 (470).
[95] BT-Drucks. 13/8444, S. 34, 58; Staub/*Hüffer* 4. Aufl. § 36 Rn 6 ff.

öffentlichen Rechts verfasst waren, fielen dagegen nach herrschender Lehre unter § 33.[96] Aufgrund einer Entscheidung des Reichsgerichts aus dem Jahre 1941[97] sollte dies allerdings nicht für Sparkassen gelten, obwohl es sich um rechtsfähige Anstalten des öffentlichen Rechts handelt. Zum damaligen Zeitpunkt mochte das angesichts der historischen Entwicklung gerechtfertigt gewesen sein,[98] weil die Sparkassen erst wenige Jahre zuvor noch unselbständige Anstalten – also gleichsam „ein Zimmer im Rathaus" – gewesen waren[99]. Im Laufe der Zeit und der zunehmenden Geschäftstätigkeit der Sparkassen und – in der Praxis ebenfalls nicht eingetragenen – Landesbanken verlor dieser Aspekt jedoch zunehmend an Überzeugungskraft. An Überzeugungskraft verlor freilich auch der Gesetzeszweck insgesamt. Dieser bestand ausweislich der Denkschrift darin, dass kein Bedürfnis für die Eintragung der von § 36 erfassten Unternehmen bestehe, weil für die Publizität der sie betreffenden Rechtsverhältnisse bereits anderweitig gesorgt sei, nämlich insbes. durch die Bekanntmachungen in Gesetzes- und Amtsblättern.[100] Angesichts der vielfältigen unternehmerischen Aktivitäten namentlich der Gemeinden (die sie zwar vielfach, oft aber auch nicht in Kapitalgesellschaften ausgliederten) und der zunehmenden Komplexität der einschlägigen Regelungen, verhieß diese Art der Publizität für den Interessierten freilich weder eine schnelle noch eine einfache Möglichkeit, sich über die Rechtsverhältnisse von rechtlich unselbständigen Unternehmen der Gebietskörperschaften zu informieren. Aus diesen Gründen entschied sich der Gesetzgeber § 36 im Zuge der Handelsrechtsreform ersatzlos zu streichen.[101] Damit sollte einerseits klargestellt werden, dass Unternehmen in der Rechtsform einer juristischen Person des öffentlichen Rechts § 33 unterfallen. Andererseits sollte § 33 nun auch für rechtlich unselbständige Unternehmen der in § 36 a.F. genannten Gebietskörperschaften gelten. Während Ersteres keine besonderen Probleme aufwirft, ist § 33 bei näherem Hinsehen für zweitere schlecht gerüstet, woraus zahlreiche Zweifelsfragen resultieren.

II. Voraussetzungen der Anmeldepflicht

40 1. **Juristische Person.** Anmeldepflichtig sind nach § 33 nur juristische Personen. Zentrale Voraussetzung für diese Eigenschaft ist die Rechtsfähigkeit der Organisation (Rn 11). Eigenbetriebe sowie eigenbetriebsähnliche Einrichtungen der Gebietskörperschaften sind demnach keine juristischen Personen, weil sie zwar organisatorisch und wirtschaftlich, nicht aber rechtlich verselbständigt sind. Regiebetriebe sind darüber hinaus nicht einmal organisatorisch und wirtschaftlich verselbständigt (s. noch Rn 46).[102] Unternehmensträger sind in beiden Fällen daher die Gebietskörperschaften. Nur diese sind juristische Personen. Diese Rechtslage lässt drei Schlüsse zu. Erstens: Anmeldepflichtig sind die Gebietskörperschaften. Zweitens: § 33 ist auf Eigen- und Regiebetriebe nicht anwendbar. Drittens: § 33 findet auf Eigen- und Regiebetriebe analoge Anwendung mit der Folge, dass diese selbst, obwohl sie keine juristischen Personen sind, der Anmelde-

---

[96] Statt anderer Staub/*Hüffer* 4. Aufl. § 36 Rn 6 ff.
[97] RGZ 166, 337 ff.
[98] Staub/*Hüffer* 4. Aufl. § 36 Rn 8.
[99] Rechtsgrundlage der Umwandlung waren drei Notverordnungen, die der Reichspräsident vor dem Hintergrund der Bankenkrise 1931 erließ.
[100] Denkschrift zum Entwurf eines Handelsgesetzbuchs, Reichstag, 9. Legislatur-Periode, IV. Session 1895/97, S. 42 = *Schubert/Schmiedel/Krampe* Quellen zum Handelsgesetzbuch von 1897, Bd. 2. 2. Hb. 1988, S. 223 f.
[101] S. BT-Drucks. 13/8444, S. 34, 57 ff.
[102] *Boos* DB 2000, 1061; *Dahlen* Kommunal-Praxis spezial 2008, 50 ff.

pflicht unterliegen. Dabei wird die zweite Ansicht zu Recht nicht vertreten, weil sie im klaren Widerspruch zu dem gesetzgeberischen Willen steht (Rn 39; näher zum Meinungsstand Rn 43). Ob dagegen der ersten oder dritten Auffassung zu folgen ist, ist angesichts der unterschiedlichen Rechtsfolgen zu entscheiden und daher hier einstweilen zurückzustellen (weiter Rn 44 f).

2. Art und Umfang des Gewerbebetriebs. Schwierigkeiten bereitet in der Praxis oft die Frage, ob Regie- und Eigenbetriebe sowie eigenbetriebsähnliche Einrichtungen die Voraussetzungen des § 1 Abs. 2 erfüllen.[103] Der Unterschied zwischen diesen drei Formen besteht darin, dass Regie- und Eigenbetriebe auf eine wirtschaftliche Tätigkeit gerichtet sind, während eigenbetriebsähnliche Einrichtungen nichtwirtschaftliche Tätigkeiten i.S.d. Gemeindeordnungen (vgl. etwa §§ 121 Abs. 2 HGO, §§ 107 Abs. 2 NRWGO) ausüben.[104] Im Blick auf § 1 Abs. 2 spielt diese Unterscheidung jedoch richtigerweise keine Rolle; denn auch Kindergärten, Theater, Krankenhäuser[105] und Betriebe der Abfallentsorgung bieten – um nur einige Beispiele zu nennen – entgeltliche Leistungen am Markt an, so dass es entscheidend nur darauf ankommt, ob der Betrieb nach Art und Umfang kaufmännischer Einrichtungen bedarf, s.o. Rn 13.

III. Rechtsfolgen der Anmeldepflicht

1. Die zur Anmeldung verpflichteten Personen gem. Abs. 1. Sind die vorstehenden Voraussetzungen erfüllt, so besteht eine Anmeldepflicht. Diese Anmeldepflicht ist gem. § 33 Abs. 1 von „**sämtlichen Mitgliedern des Vorstands**" persönlich zu erfüllen. Wer als Mitglied des Vorstands anzusehen ist (grundsätzlich dazu Rn 18 f), ist dabei nicht nur für die Frage bedeutsam, wer die Anmeldepflicht zu erfüllen hat, sondern auch für die Frage, wer als Mitglied des Vorstands und wessen Vertretungsmacht anzumelden und einzutragen ist (Rn 48). Die Frage ist im Blick auf Eigen- und Regiebetriebe von Gebietskörperschaften streitig (s. bereits Rn 40).

a) Meinungsstand. Zu § 36 a.F. wurde überwiegend die Meinung vertreten, einzutragen sei der Eigenbetrieb und nicht die Gebietskörperschaft. Zur Anmeldung berechtigt seien daher die Leiter des Eigenbetriebs.[106] In Fortführung dieser Meinung sehen Rechtsprechung[107] und herrschende Lehre[108] diese Leiter als Vorstandsmitglieder i.S.d. § 33 an. Diese seien daher mit ihrer organschaftlichen Vertretungsmacht anmelde- und eintragungspflichtig, nicht die gesetzlichen Vertreter der Gebietskörperschaft. Dagegen sahen Einige bereits zu § 36 a.F. auch die gesetzlichen Vertreter der Gebietskörperschaft – gemeint sind bei der sog. Ratsverfassung der Bürgermeister bzw. der Hauptverwaltungsbeamte, bei der sog. Magistratsverfassung der Magistrat bzw. Gemeindevorstand – als berechtigt an, die Anmeldung vorzunehmen.[109] Auch diese Meinung findet heute ihre Fortsetzung. Insbes. wird die Ansicht vertreten, als Vorstand i.S.d. § 33 seien grundsätzlich beide – also sowohl die gesetzlichen Vertreter der Gebietskörperschaft als auch die

---

[103] Ausf. dazu *Kohler-Gehrig* Rpfleger 2000, 45 (46 ff) mwN.
[104] *Boos* DB 2000, 1061; *Dahlen* Kommunal-Praxis spezial 2008, 50 ff; *Kremer* DVP 2006, 410 ff.
[105] Vgl. OLG Düsseldorf NJW-RR 2003, 1120.
[106] Statt anderer Staub/*Hüffer* § 36 Rn 11.

[107] BayObLG DB 2002, 370; OLG Frankfurt DB 2002, 369.
[108] MünchKommHGB/*Krafka* Rn 8; GKzHGB/*Steitz* Rn 2; *Deike* NotBZ 1998, 175 (176); *Holland* ZNotP 1999, 466 (469); *Waldner* MittBayNot 2000, 13 (14).
[109] Heymann/*Emmerich* § 36 Rn 9.

§ 33

Leiter des Eigenbetriebs – anzusehen. Nachdem jedoch eine Eintragung der gesetzlichen Vertreter der Gebietskörperschaft unpraktikabel sei, bestünde ein Wahlrecht, wer dieser beiden Personengruppen anmelde- und eintragungspflichtig sei.[110] Schließlich wird wie folgt differenziert: Grundsätzlich sei der Bürgermeister zur Anmeldung verpflichtet. Seien jedoch Betriebsleiter mit organschaftlicher Vertretungsmacht bestellt, so träfe sie die Anmeldepflicht. In diesem Fall müsse der Bürgermeister nur dann an der Anmeldung mitwirken, wenn auch er selbst im Betrieb eine Vertretungsfunktion habe.[111]

44   b) **Stellungnahme.** Zu § 36 a.F. war die herrschende Meinung von dem Wortlaut der Vorschrift gedeckt. Unter Geltung von § 33 ist das jedoch nicht mehr der Fall (Rn 40). Allerdings ist anzunehmen, dass der Gesetzgeber mit der Streichung von § 36 nichts daran ändern wollte, dass der Eigenbetrieb und nicht die Gebietskörperschaft eintragungspflichtig ist. Das spricht mit der herrschenden Meinung für eine analoge Anwendung von § 33 auf Eigenbetriebe mit der Folge, dass deren Leiter als Vorstandsmitglieder im Sinne dieser Vorschrift anzusehen sind. Allerdings ist nicht zu verkennen, dass hierdurch dem Gesetzeszweck nicht vollständig Genüge getan wird; denn die organschaftliche Vertretungsmacht der Werksleiter ist regelmäßig eng begrenzt auf die laufenden Geschäfte des Eigenbetriebs. Gerade in wirtschaftlich bedeutenden Fällen ist daher mit deren Eintragung nichts gewonnen. Vielmehr bleibt der Rechtsverkehr in solchen Fällen auf die Lektüre der einschlägigen Amts- und Gesetzesblätter angewiesen. Zudem sind die Vertretungsbeschränkungen der Werksleiter teilweise derart umfänglich geregelt, dass sich einerseits deren vollständige Wiedergabe in der Eintragung verbietet, andererseits die bloße Eintragung einer auf die laufenden Geschäfte beschränkten Vertretungsmacht, deren tatsächlichen Umfang nur ganz unzureichend beschreibt[112] und daher allenfalls als Warnung taugt, zunächst die Satzung zu studieren und sodann erforderlichenfalls weitere Erkundigungen einzuholen. Freilich wäre auch umgekehrt mit der Eintragung der gesetzlichen Vertreter der Gebietskörperschaften nicht mehr gewonnen; denn zum einen ist deren Vertretungsmacht oft durch die Befugnisse der Betriebsleiter beschränkt, so dass sie hinsichtlich laufender Geschäfte des Eigenbetriebs keine Vertretungsmacht haben.[113] Zum anderen ist die Vertretungsmacht der gesetzlichen Vertreter von Gebietskörperschaften meist auch in anderer Hinsicht kommunalverfassungsrechtlich begrenzt.[114] Dabei könnten beide Arten von Beschränkungen kaum adäquat im Handelsregister abgebildet werden. Angesichts dieser Sach- und Rechtslage, auf die der Handelsgesetzgeber keinen Einfluss hat, kann daher der Gesetzeszweck, dem Rechtsverkehr Erkundigungen über die Rechtsverhältnisse rechtlich unselbständiger Unternehmen der Gebietskörperschaften zu ersparen, ohne Überfrachtung des Handelsregisters nicht erreicht werden.[115] Selbst wenn man beide – also sowohl die gesetzlichen Vertreter der Gebietskörperschaften als auch die Leiter der Eigenbetriebe – als Vorstand i.S.d. § 33 ansehen wollte, was

---

[110] *Boos* DB 2000, 1061 (1064 f).
[111] Röhricht/v. Westphalen/*Ammon/Ries* Rn 15.
[112] Vgl. den Fall BayObLG DB 2002, 370.
[113] BayObLG DB 2002, 370; *Widtmann/Grasser* Bayerische Gemeindeordnung Art. 88 Rn 6; *Hölzl/Hien* Gemeindeordnung mit Verwaltungsgemeinschaftsordnung, Landkreisordnung und Bezirksordnung für den Freistaat Bayern Art. 88 GO Anm. 4c.
[114] Vgl. BGH WM 2000, 1840, wonach eine Gebietskörperschaft wegen Verschuldens bei Vertragsabschluss auf Ersatz des Vertrauensschadens in Anspruch genommen werden kann, wenn der Vertragspartner nicht auf ein aufsichtsbehördliches Zustimmungs- oder Genehmigungserfordernis hingewiesen wird.
[115] Zutr. BayObLG DB 2002, 370, s. aber allgemein zu der Erlaubnis der Eintragung nicht eintragungspflichtiger Tatsachen BGH NJW 1992, 1452 f; FGPrax 1998, 68; BayObLGZ 2000, 213 (215).

im Blick auf den Wortlaut von § 33 abzulehnen ist,[116] wäre daher nicht viel gewonnen. Und ein Wahlrecht, wer von beiden Organen anmelde- und eintragungspflichtig ist, ist weder mit der Funktion des Handelsregisters noch mit dem Registerrecht noch mit dem verpflichtenden Charakter der Anmeldung vereinbar.[117] Schließlich sprechen gegen die Eintragung der gesetzlichen Vertreter von Gebietskörperschaften Praktikabilitätserwägungen, namentlich bei einer Magistratsverfassung im Blick auf die Zahl und die Fluktuation der Organmitglieder.[118]

c) **Ergebnis.** Nach allem ist der herrschenden Meinung zu folgen, wonach das rechtlich unselbständige Unternehmen der Gebietskörperschaft einzutragen ist und dessen Leiter Vorstandsmitglieder i.S.d. § 33 analog sind. **45**

Folgt man dieser Ansicht, verbietet sich allerdings eine Eintragung von Regiebetrieben konsequenterweise selbst dann, wenn der Betrieb die Voraussetzungen des § 1 Abs. 2 erfüllt; denn nachdem Regiebetriebe organisatorisch nicht selbständig sind, fehlt es bei ihnen anders als bei Eigenbetrieben nicht nur an der Rechtsfähigkeit, um sie als juristische Personen i.S.d. § 33 zu qualifizieren, sondern auch an einer entsprechenden Organisation, so dass für eine analoge Anwendung dieser Vorschrift die Grundlage fehlt. **46**

2. Anmeldung und Eintragung gem. Abs. 2

a) **Firma.** Ist der Eigenbetrieb als nach § 33 analog einzutragende Organisation anzusehen (Rn 45), so ist dessen statutarischer Name als Firma anzumelden. Dabei ist dieser Name nach hier vertretener Ansicht grundsätzlich um den Rechtsformzusatz „Eigenbetrieb" zu ergänzen (Rn 26), falls dieser nicht – wie häufig – bereits in dem Namen enthalten ist. **47**

b) **Mitglieder des Vorstands, Vertretungsmacht.** Mitglieder des Vorstandes i.S.d. des § 33 sind bei Eigenbetrieben deren mit organschaftlicher Vertretungsmacht ausgestatteten Leiter (Rn 45). Diese sind gem. § 40 Nr. 3 lit. b HRV jeweils mit ihrem Familiennamen, Vornamen, Geburtsdatum und Wohnort anzumelden. Die einzutragende Vertretungsregelung ergibt sich regelmäßig aus der Satzung, wobei zur Vermeidung einer Überfrachtung des Handelsregisters bei der Eintragung auf Detailangaben verzichtet werden kann, zumal eine vollständige Abbildung der Vertretungsregelung nach dem Gesagten (Rn 44) ohnehin nicht möglich ist. Regelmäßig wird daher die Angabe ausreichen, dass die Leiter (z.B. einzeln oder gemeinschaftlich) zur Vertretung der Gemeinde in laufenden Geschäften des Eigenbetriebs befugt sind. Darüber hinaus sollte allerdings die Anregung des BayObLG aufgegriffen werden, wonach außerdem die Bemerkung eingetragen werden sollte, dass die Gemeinde im Übrigen von ihrem gesetzlichen Vertretungsorgan vertreten wird. Dabei ist das gesetzliche Vertretungsorgan durch seine Amtsbezeichnung (also z.B. „erster Bürgermeister") nicht aber durch die Person des Amtsinhabers zu spezifizieren.[119] **48**

---

[116] Juristische Person i.S.d. § 33 kann nur entweder die Gebietskörperschaft oder der Eigenbetrieb sein; Vorstand i.S.d. Gesetzes ist stets nur ein Organ.
[117] Gegen wen etwa könnte ein Zwangsgeld gem. § 14 i.V.m. §§ 388 ff FamFG (= §§ 132 ff FGG a.F.) festgesetzt werden, wenn sich beide Personengruppen gleichberechtigt darauf berufen könnten, von ihrem Wahlrecht dahingehend Gebrauch zu machen, die Anmeldung zu unterlassen?
[118] Insoweit zutr. *Boos* DB 2000, 1061 (1064 f).
[119] BayObLG DB 2002, 370 (372).

48   c) **Sonstige Angaben und beizufügende Unterlagen.** Hinsichtlich der sonstigen nach § 32 Abs. 2 anzumeldenden Tatsachen und einzureichenden Unterlagen ergeben sich für Eigenbetriebe keine nennenswerten Besonderheiten gegenüber den Ausführungen der Rn 20 ff, 34 ff.

50   3. **Form der Anmeldung.** Hinsichtlich der Form der Anmeldung ist zu bemerken, dass Eigenbetriebe zwar Behörden, aber keine siegelführenden Stellen sind. Anmeldungen durch die Betriebsleiter sind daher notariell zu beglaubigen (vgl. o. Rn 38).[120]

E. Verfahren

I. Zuständiges Registergericht

51   Die Anmeldung hat nach § 29 bei dem Gericht zu erfolgen, in dessen Bezirk sich die Handelsniederlassung, d.h. der tatsächliche Verwaltungsmittelpunkt des Unternehmens, befindet (vgl. auch § 13 Rn 15).[121] Ist die kaufmännische Leitung und tatsächliche Verwaltung im Falle zulässig begründeter und gleichberechtigter statutarischer Mehrfachsitze auf diese verteilt, so soll nach einer Entscheidung des OLG Frankfurt die Anmeldung bei sämtlichen Sitzgerichten zu erfolgen haben.[122] Hält man zudem mit dem BayObLG eine Mehrfachfirmierung für zulässig,[123] dann ergibt sich eine auch nicht durch die Organisationshoheit der Länder zu rechtfertigende Vervielfachung der erforderlichen Eintragungen für ein und dasselbe Handelsgeschäft (in den entschiedenen Fällen ging es jeweils um drei Sitze und drei Firmen, was im Falle einer Kumulation mithin zu einer Eintragung von drei Firmen in drei unterschiedlichen Registern, also insgesamt zu neun Eintragungen eines einzigen Handelsgeschäfts führen würde).

II. Durchsetzung der Anmeldepflicht

52   Die Anmeldepflicht richtet sich an die juristische Person und ist durch alle ihre Vorstandsmitglieder persönlich[124] zu erfüllen (Rn 17). Kommen Vorstandsmitglieder dieser Verpflichtung nicht nach, ist das Zwangsgeldverfahren nach § 14 i.V.m. §§ 388 ff FamFG (= §§ 132 ff FGG a.F.) daher nicht gegen die juristische Person, sondern nur gegen diejenigen Vorstandsmitglieder zu richten, die der Anmeldepflicht (noch) nicht genügt haben.[125]

---

[120] *Boos* DB 2000, 1061 (1065).
[121] Allg.M. BayObLG NJW-RR 2001, 28; OLG Frankfurt DB 2001, 860; aus der Lit. statt anderer Ebenroth/Boujong/Joost/Strohn/*Zimmer* Rn 8, 13 mwN.
[122] OLG Frankfurt DB 2001, 860 (861).
[123] BayObLG NJW-RR 2001, 1688.
[124] KG OLGR 12, 410 (412); Staub/*Hüffer* 4. Aufl. Rn 7; Ebenroth/Boujong/Joost/Strohn/*Zimmer* Rn 4; Röhricht/v. Westphalen/*Ammon*/Ries Rn 4.
[125] KGJ 26, A 232, A 233; KG OLGR 12, 410 (412); Staub/*Hüffer* 4. Aufl. Rn 7; Heymann/*Emmerich* Rn 5; Ebenroth/Boujong/Joost/Strohn/*Zimmer* Rn 4; s.a. Röhricht/v. Westphalen/*Ammon*/Ries § 14 Rn 12 mwN.

III. Prüfung, Eintragung und Bekanntmachung

Das Gericht prüft die Anmeldung in formeller und materieller Hinsicht (näher § 29 Rn 12 ff). Anhand der vorgelegten Unterlagen (Rn 34 ff) ist namentlich zu prüfen, ob die anmeldenden Vorstandsmitglieder gültig bestellt sind[126] und ob die von ihnen vertretene Organisation eine juristische Person oder ein Eigenbetrieb (Rn 40) ist. Wenn sich bei der Prüfung der Anmeldung keine Beanstandungen ergeben, erfolgt die Eintragung in das Handelsregister und zwar gem. § 40 HRV in der Abt. A des Registers. Diese systemwidrige Eintragung bei Einzelkaufleuten und Personenhandelsgesellschaften beruht auf historischen Gründen und sollte korrigiert werden[127]. Für die Bekanntmachung gilt § 10 (vgl. Erl. dazu).

53

F. Rechtsfolgen der Eintragung

Die juristische Person ist **Vollkaufmann nach § 5,** wenn und solange sie ein Gewerbe betreibt und eingetragen ist (vgl. § 5 Rn 4). Die anmeldepflichtigen Vorgänge (Rn 20 ff) sind überdies **einzutragende Tatsachen im Sinne des § 15**. Das hat nicht zuletzt Bedeutung bei Änderung dieser Tatsachen (§ 34). Hinsichtlich der in das Handelsregister einzutragenden Tatsachen genügen Eintragungen in das Vereinsregister für den Handelsverkehr ebenso wenig wie Bekanntmachungen in Amts- oder Gesetzesblättern.

54

G. Die Errichtung von Zweigniederlassungen, Abs. 3

Für Zweigniederlassungen von juristischen Personen i.S.d. § 33 gilt § 13. Die Anmeldung einer Zweigniederlassung ist daher an das Gericht der Hauptniederlassung zu richten (§ 13 Abs. 1 S. 1). § 33 Abs. 3 regelt in diesem Zusammenhang lediglich die Vertretung der juristischen Person bei der Anmeldung. Die Vorschrift beruht auf dem Gesetz über die Eintragung von Handelsniederlassungen und das Verfahren in Handelsregistersachen vom 10.08.1937[128]. Während vor der Gesetzesänderung wie nach Abs. 1 sämtliche Mitglieder des Vorstands die Anmeldung bewirken mussten,[129] genügt seither die Anmeldung „durch den Vorstand", also durch so viele Mitglieder des betreffenden Organs, wie nach der Organisationsverfassung zur ordnungsgemäßen Vertretung notwendig sind. Lässt die Satzung unechte Gesamtvertretung durch ein Vorstandsmitglied in Gemeinschaft mit einem Prokuristen zu, so kann die Zweigniederlassung auch in dieser Weise angemeldet werden.[130]

55

---

[126] KG JW 1937, 890; OLG Dresden OLGR 8, 382; Röhricht/v. Westphalen/*Ammon/Ries* Rn 11; MünchKommHGB/*Krafka* Rn 15; Ebenroth/Boujong/Joost/Strohn/*Zimmer* Rn 13.

[127] Insbes. kann diese Einordnung auch nicht damit gerechtfertigt werden, dass juristische Personen i.S.d. § 33 kein Stamm- bzw. Grundkapital hätten (so MünchKommHGB/*Krafka* Rn 15); denn zum einen ist der Ausweis eines (so genannten, funktional allerdings nur teilweise vergleichbaren) Stammkapitals bei Anstalten und Eigenbetrieben „in Mode" gekommen. Bei Stiftungen könnte man an die Eintragung der Höhe des ungeschmälert zu erhaltenden Grundstockvermögens denken. Und wo vergleichbare Rechengrößen (wie gewöhnlich beim Verein) ganz fehlen, ist auch das für denjenigen, der in das Register Einsicht nimmt eine wertvolle Information.

[128] RGBl. I, S. 897; zur Begr. s. Reichs-Archiv 1937, S. 1384 f.

[129] KG JFG 1, 185.

[130] KG BankArch 1936, 232 = JW 1937, 890; vgl. auch RGZ 134, 307.

H. Die Angabepflicht auf Geschäftsbriefen, Abs. 4

56 Der durch das Gesetz über elektronische Register und Justizkosten für Telekommunikation vom 10.12.2001 (ERJuKoG)[131] eingefügte Abs. 4 stellt klar, dass auch juristische Personen i.S.d. § 33 wie alle anderen Kaufleute (§ 125a, § 80 AktG, § 35a GmbHG, § 25a GenG) verpflichtet sind, § 37a entsprechende Angaben auf Geschäftsbriefen, die an einen bestimmten Empfänger gerichtet sind, und Bestellscheinen (§ 37a Abs. 3) zu machen. Näher Erläuterungen zu § 37a.

§ 34

(1) Jede Änderung der nach § 33 Abs. 2 Satz 2 und 3 einzutragenden Tatsachen oder der Satzung, die Auflösung der juristischen Person, falls sie nicht die Folge der Eröffnung des Insolvenzverfahrens ist, sowie die Personen der Liquidatoren, ihre Vertretungsmacht, jeder Wechsel der Liquidatoren und jede Änderung ihrer Vertretungsmacht sind zur Eintragung in das Handelsregister anzumelden.

(2) Bei der Eintragung einer Änderung der Satzung genügt, soweit nicht die Änderung die in § 33 Abs. 2 Satz 2 und 3 bezeichneten Angaben betrifft, die Bezugnahme auf die bei dem Gericht eingereichten Urkunden über die Änderung.

(3) Die Anmeldung hat durch den Vorstand oder, sofern die Eintragung erst nach der Anmeldung der ersten Liquidatoren geschehen soll, durch die Liquidatoren zu erfolgen.

(4) Die Eintragung gerichtlich bestellter Vorstandsmitglieder oder Liquidatoren geschieht von Amts wegen.

(5) Im Falle des Insolvenzverfahrens finden die Vorschriften des § 32 Anwendung.

Schrifttum s. § 33.

Übersicht

	Rn		Rn
A. Grundlagen	1–4	V. Erlöschen der Firma	10
I. Norminhalt	1	VI. Änderungen bei Zweigniederlassungen	11
II. Entstehungsgeschichte	2	VII. Beizufügende Unterlagen	12
III. Normzweck	3	C. Anmeldepflichtige Personen gemäß Abs. 3	13
IV. Anwendungsbereich	4	D. Verfahren	14
B. Anmeldung von Änderungen nach Abs. 1 und 2	5–12	E. Eintragungen von Amts wegen gemäß Abs. 4 und 5	15–17
I. Änderungen der nach § 33 Abs. 2 Satz 2 und 3 einzutragenden Tatsachen	5	F. Wirkung von Eintragung und Bekanntmachung	18
II. Satzungsänderung	6–7		
III. Auflösung der juristischen Person	8		
IV. Liquidatoren	9		

---

[131] BGBl. I, S. 3422.

A. Grundlagen

I. Norminhalt

§ 34 normiert eine Anmeldepflicht bei Veränderungen der nach § 33 einzutragenden Tatsachen. Die Norm hat daher dieselbe Funktion wie § 31 im Verhältnis zu § 29. Entsprechend diesem systematischen Zusammenhang verweist Abs. 5 für den Fall eines Insolvenzverfahrens auf § 32.

II. Entstehungsgeschichte

§ 34 wurde zusammen mit § 33 (s. dort Rn 2) mit dem HGB eingeführt und wurde erstmals durch das Einführungsgesetz zur Insolvenzordnung (EGInsO) vom 5.10.1994[1] sowie durch das Handelsrechtsreformgesetz vom 22.6.1998[2] marginal geändert: Zum einen wurde der überholte Begriff *„Konkurs"* durch den Begriff *„Insolvenzverfahren"* ersetzt. Zum anderen wurde eine bei der Neufassung von § 33 im Jahre 1937 versehentlich unterbliebene Anpassung der Verweisung auf § 33 nachgeholt.[3] Alsdann wurden durch das Gesetz über elektronische Register und Justizkosten für Telekommunikation vom 10.12.2001 (ERJuKoG)[4] in § 34 Abs. 1 die Wörter *„und die besonderen Bestimmungen über ihre Vertretungsbefugnis"* durch die Wörter *„ihre Vertretungsmacht, jeder Wechsel der Liquidatoren und jede Änderung ihrer Vertretungsmacht"* ersetzt. Dies war hinsichtlich der Vertretungsmacht der Vorstandsmitglieder Folge der gleichzeitigen Änderung des § 33 (s. dort Rn 31 f), hinsichtlich der Liquidatoren eine Anpassung an § 266 Abs. 1 AktG und § 67 Abs. 1 GmbHG.[5]

III. Normzweck

Das Handelsregister soll nicht nur die wesentlichen Rechtsverhältnisse aller Rechtsträger, die ein Handelsgewerbe betreiben, im Zeitpunkt der ersten Eintragung offenlegen (§ 33 Rn 3), sondern eine zuverlässige Information über den gegenwärtigen Stand bieten; deshalb sind Veränderungen anzumelden und einzutragen. Der Normzweck von § 34 Abs. 1 bis 4 entspricht insofern dem von § 31 (s. dort Rn 4), der Normzweck von § 34 Abs. 5 dem von § 32 (s. dort Rn 3 f).

IV. Anwendungsbereich

Der Anwendungsbereich von § 34 entspricht demjenigen von § 33 (dort Rn 4 ff). Erfasst werden daher alle und grundsätzlich nur diejenigen juristischen Personen, die nach § 33 zur Eintragung in das Handelsregister anzumelden sind. Gem. § 16 VAG gilt § 34 allerdings auch für den VVaG, soweit das VAG keine Sonderregelungen enthält, was nur für Satzungsänderungen (§ 40 VAG) und die Auflösung (§§ 45 ff VAG) der Fall ist.

---

[1] BGBl. I, S. 2911.
[2] BGBl. I, S. 1474.
[3] S. Begr. RegE, BT-Drucks. 12/3803, S. 81; BT-Drucks 13/8444, S. 57 (die wiederholte Anpassung der Verweisung erklärt sich daraus, dass das HRefG insofern früher als das EGInsO in Kraft trat).
[4] BGBl. I, S. 3422.
[5] Begr. RegE, BT-Drucks. 14/6855, S. 19.

B. Anmeldung von Änderungen nach Abs. 1 und 2

I. Änderungen der nach § 33 Abs. 2 Satz 2 und 3 einzutragenden Tatsachen

5 Nach § 33 Abs. 2 Satz 2 und 3 sind die Firma, der Sitz, der Gegenstand des Unternehmens, die Mitglieder des Vorstands, deren Vertretungsmacht sowie besondere Bestimmungen über die Zeitdauer des Unternehmens einzutragen. § 34 Abs. 1 Fall 1 verlangt, dass jede Änderung dieser Tatsachen zur Eintragung in das Handelsregister anzumelden ist. Eine Änderung der **Firma** hat den in § 33 Rn 21 ff dargestellten Grundsätzen zu entsprechen und setzt gegebenenfalls eine Satzungsänderung (dazu Rn 6 f) voraus. Letzteres ist auch für eine Änderung des **Satzungssitzes** erforderlich. Anzumelden ist darüber hinaus eine Verlegung des **Orts der Handelsniederlassung**, sofern dieser von dem Satzungssitz abweicht (§ 33 Rn 28). In beiden Fällen gilt § 13h (zu dieser Vorschrift näher dort). Überdies ist jede Änderung – und das heißt auch eine Erweiterung oder Einschränkung – des **Unternehmensgegenstandes** anzumelden. Zu beachten ist dabei, dass die Änderung nicht die Eintragungsfähigkeit der juristischen Person (§ 33 Rn 15) aufheben darf, anderenfalls ist auf die Löschung der Firma hinzuwirken (Rn 10). Anzumelden ist ferner das Ausscheiden bisheriger und die Berufung neuer **Vorstandsmitglieder**, jeweils einschließlich von stellvertretenden Vorstandsmitgliedern. Anzumelden ist auch jede Veränderung ihrer Personalien (Name, Wohnort), deren Eintragung § 40 Nr. 3 lit. b HRV vorschreibt (§ 33 Rn 30). Anzumelden ist zudem jede Änderung der Vertretungsmacht von Vorstandsmitgliedern, und zwar grundsätzlich (Ausnahme § 33 Rn 32) auch dann, wenn sich die Änderung aus dem Gesetz ergibt (§ 33 Rn 31). Und anzumelden ist schließlich die Änderung (auch Aufhebung oder Einführung) einer Bestimmung über die Zeitdauer des Unternehmens.

II. Satzungsänderung

6 Nach § 34 Abs. 1 Fall 2 ist jede Änderung der Satzung anzumelden. Die Anmeldepflicht beschränkt sich damit nicht auf solche Satzungsänderungen, die sich auf eintragungspflichtige Tatsachen beziehen, sondern gilt auch für solche Satzungsänderungen, die nicht bereits von § 34 Abs. 1 Fall 1 erfasst werden. Das ist folgerichtig, weil die Satzung zum Handelsregister eingereicht wird (§ 33 Abs. 2 S. 1 Fall 1) und sie dem Einsichtsrecht des § 9 Abs. 1 unterliegt.

7 Bezieht sich die Änderung der Satzung nicht auf eine nach § 34 Abs. 1 Fall 1 i.V.m. § 33 Abs. 2 Satz 2 und 3 anzumeldende und einzutragende Tatsache, so braucht die Änderung gem. **§ 34 Abs. 2** nicht im Wortlaut eingetragen zu werden. Vielmehr genügt die Eintragung eines Änderungsvermerks, verbunden mit der Bezugnahme auf die dem Gericht eingereichten Urkunden (Rn 12) über die Änderung (ähnlich: § 181 Abs. 2 S. 1 AktG, § 54 Abs. 2 GmbHG, § 40 Abs. 2 VAG). Auch diese Regelung ist folgerichtig: Soweit das Register selbst den Satzungsinhalt publik macht, müssen seine Angaben dem jeweiligen Stand entsprechen. Soweit die Satzung dagegen nur zu den Registerakten genommen wird, brauchen auch neue Satzungsbestimmungen nicht durch das Register verlautbart zu werden.

III. Auflösung der juristischen Person

8 Nach § 34 Abs. 1 Fall 3 ist die Auflösung der juristischen Person anzumelden. Dabei ist grundsätzlich unerheblich, worauf die Auflösung beruht. In Betracht kommen etwa: Auflösungsbeschluss der Mitgliederversammlung (§ 41 BGB), Entzug der Rechtsfähigkeit

(§§ 43, 73 BGB), Aufhebung der Stiftungen (z.B. nach § 87 BGB). Ausgenommen ist lediglich eine Auflösung infolge der Eröffnung eines Insolvenzverfahrens. Insofern kommt die Sonderregelung des § 34 Abs. 5 i.V.m. § 32 zur Anwendung (dazu Rn 16).

IV. Liquidatoren

Anzumelden sind ferner die Personen der Liquidatoren, ihre Vertretungsmacht, jeder Wechsel der Liquidatoren sowie jede Änderung ihrer Vertretungsmacht. Insofern gilt das Gleiche wie bei Vorstandsmitgliedern. Anzugeben sind daher auch die Familiennamen, Vornamen, Geburtsdaten und Wohnorte der Liquidatoren sowie Änderungen dieser Daten.[6]

9

V. Erlöschen der Firma

Die Firma einer juristischen Person kann erlöschen, ohne dass sie selbst aufgelöst und liquidiert wird (dazu Rn 8), nämlich dann, wenn sie ihr Handelsgewerbe aufgibt oder veräußert, ohne dass die Firma fortgeführt wird (Einzelheiten: § 31 Rn 17 ff). Das Erlöschen der Firma ist zur Eintragung in das Handelsregister anzumelden. Das folgt zwar nicht aus § 34, aber aus dem Gesetzeszweck (Rn 3) in Verbindung mit § 31 Abs. 2. Hinsichtlich des Erlöschens der Firma gelten dieselben Regeln wie für Einzelkaufleute (§ 31 Rn 18–21). Für das **Verhältnis zur Abwicklung der juristischen Person** gilt: Ist die Firma erloschen, so ist nur dies anzumelden. Nach der Eintragung des Erlöschens sind Auflösung und Abwicklung der juristischen Person ohne Interesse für das Registergericht.[7] Wird dagegen die juristische Person als Trägerin des Unternehmens selbst aufgelöst und liquidiert, so berührt das den Fortbestand der Firma noch nicht. Die Firma erlischt aber spätestens mit der Vollbeendigung der juristischen Person.[8]

10

VI. Änderungen bei Zweigniederlassungen

Änderungen von eintragungspflichtigen Tatsachen, die eine Zweigniederlassung betreffen, sind gem. § 13 Abs. 1 S. 2, Abs. 3 i.V.m. § 33 Abs. 3 von dem Vorstand der juristischen Person bei dem Gericht der Hauptniederlassung anzumelden.

11

VII. Beizufügende Unterlagen

Setzt eine der vorgenannten Änderungen einen satzungsändernden oder sonstigen Beschluss voraus oder liegt ihr ein Beschluss zugrunde, so ist der Anmeldung der Änderung eine **Niederschrift des betreffenden Beschlusses** (vgl. § 33 Rn 35) in Urschrift oder in öffentlich beglaubigter Abschrift (§ 33 Rn 37) beizufügen.[9] Das ergibt sich aus § 34

12

---

[6] Staub/*Hüffer* 4. Aufl. Rn. 4; Ebenroth/Boujong/Joost/Strohn/*Zimmer* Rn 5; ähnlich MünchKommHGB/*Krafka* Rn 2.

[7] KG HRR 1936 Nr. 812; KG JW 1936, 1542; Ebenroth/Boujong/Joost/Strohn/*Zimmer* Rn 5; Staub/*Hüffer* 4. Auflage Rn 5.

[8] Staub/*Hüffer* 4. Auflage Rn 5; näher § 17 Rn 49.

[9] Staub/*Hüffer* 4. Auflage Rn 2; Ebenroth/Boujong/Joost/Strohn/*Zimmer* Rn 3; MünchKommHGB/*Krafka* Rn 2.

Abs. 2 (analog) i.V.m. § 33 Abs. 2 S. 1 analog. Setzt die Wirksamkeit des Beschlusses eine behördliche Genehmigung voraus (z.B. die Änderung der Satzung einer rechtsfähigen Stiftung des bürgerlichen Rechts nach dem einschlägigen Landesstiftungsgesetz, vgl. auch § 40 Abs. 1 S. 2 VAG), so ist zudem die Genehmigungsurkunde beizufügen. Führt eine behördliche oder gerichtliche Entscheidung die Änderung unmittelbar selbst herbei, d.h. ohne dass es einer Umsetzung (insbes. durch Beschluss) der juristischen Person bedarf (z.B. §§ 43, 73, 87 BGB), sind nur die entsprechenden Urkunden der Anmeldung beizufügen (vgl. auch § 33 Rn 36), es sei denn, dass die Eintragung ohnehin von Amts wegen erfolgt (Rn 15 ff), so dass es ohnehin keiner Anmeldung bedarf.

C. Anmeldepflichtige Personen gem. Abs. 3

13 Die vorgeschriebenen Anmeldungen erfolgen nach § 34 Abs. 3 grundsätzlich durch den Vorstand (zu diesem Begriff § 33 Rn 19). Anders als bei der Erstanmeldung (§ 33 Rn 17) ist hier unstreitig, dass nicht sämtliche Mitglieder eines als Vorstand bezeichneten Organs mitwirken müssen. Ausreichend ist vielmehr die Mitwirkung der zur ordnungsgemäßen Vertretung der juristischen Person erforderlichen Zahl von Vorstandsmitgliedern. Auch unechte Gesamtvertretung genügt, wenn die Satzung sie zulässt (§ 33 Rn 55).[10] Bei einem Wechsel der Vorstandsmitglieder darf neben den verbleibenden Vorstandsmitgliedern nur das neue, nicht das ausgeschiedene Vorstandsmitglied bei der Anmeldung mitwirken.[11] Der Vorstand hat auch die ersten Liquidatoren anzumelden. Veränderungen, die erst nach deren Anmeldung eingetragen werden sollen, sind dagegen von den Liquidatoren anzumelden.

D. Verfahren

14 Nach der Anmeldung einer Änderung hat das Registergericht anhand der eingereichten Unterlagen zu **prüfen**, ob die Änderung in formeller und materieller Hinsicht wirksam ist,[12] ob also z.B. ein neues Vorstandsmitglied ordnungsgemäß bestellt[13] oder eine Satzungsänderung ordnungsgemäß beschlossen worden ist. Werden keine Mängel festgestellt, so ist die Änderung – mit Ausnahme von Satzungsänderungen i.S.d. § 34 Abs. 2 (Rn 7) – in das Handelsregister **einzutragen**. Die näheren Bestimmungen über den Eintragungsinhalt enthält § 40 HRV. Hinsichtlich der **Bekanntmachung** gilt § 10. In den Fällen des § 34 Abs. 2 wird daher nur bekannt gemacht, dass eine Änderung erfolgt ist, nicht dagegen, welchen Inhalt die Änderung hat (nach Inkrafttreten des EHUG ebenso § 181 Abs. 2 AktG[14], § 54 Abs. 2 GmbHG, § 40 Abs. 2 VAG). Die Anmeldung der

---

[10] Näher Röhricht/v. Westphalen/*Ammon/Ries* Rn 4; Baumbach/*Hopt* Rn 4.
[11] KGJ 45, 329; OLG Hamburg OLGR 27, 374; BayObLGZ 23, 174; Ebenroth/Boujong/ Joost/Strohn/*Zimmer* Rn 7; MünchKomm-HGB/*Krafka* Rn 3.
[12] Ebenroth/Boujong/Joost/Strohn/*Zimmer* Rn 8; vgl. Staub/*Hüffer* 4. Aufl. Rn 7.
[13] OLG Dresden OLGR 8, 382; Staub/*Hüffer* 4. Aufl. Rn 7; Ebenroth/Boujong/Joost/ Strohn/*Zimmer* Rn 8.

[14] § 181 Abs. 2 S. 2 bezieht sich nach Aufhebung von § 40 AktG durch das Gesetz zur Einführung des elektronischen Handelsregisters (EHUG) vom 10.11.2006 (BGBl. I, 2553) ausschließlich auf die Bekanntmachung von Satzungsänderungen hinsichtlich der von § 181 Abs. 2 S. 1 i.V.m. § 39 AktG erfassten Beschlussgegenstände, *Hüffer* AktG § 181 Rn 23 und hat daher mit Blick auf § 10 HGB allenfalls klarstellende Bedeutung.

Änderung kann im Wege des § 14 i.V.m. §§ 388 ff FamFG (= §§ 132 ff FGG a.F.) durch das Registergericht erzwungen werden. Das Zwangsgeld ist an die Vorstandsmitglieder zu adressieren und nicht an die juristische Person (ebenso § 33 Rn 52).[15]

E. Eintragungen von Amts wegen gem. Abs. 4 und 5

Nach § 34 Abs. 4 werden **gerichtlich bestellte Vorstandsmitglieder oder Liquidatoren** (vgl. §§ 29, 48 Abs. 1, 86 S. 1, 88 S. 3 BGB) mit ihrem Familiennamen, Vornamen, Geburtsdatum und Wohnort (§ 40 Nr. 3 lit. b HRV) von Amts wegen eingetragen, weil ein handlungsfähiger Vorstand in diesen Fällen nicht vorhanden ist. Von Amts wegen einzutragen ist auch deren Vertretungsmacht, und zwar nach nunmehr geltender Rechtslage (§ 33 Rn 31 f) auch dann, wenn das Gericht insofern nichts Besonderes bestimmt hat[16].

Von Amts wegen einzutragen ist nach § 34 Abs. 5 i.V.m. § 32 Abs. 1 die Eröffnung des Insolvenzverfahrens über das Vermögen einer juristischen Person i.S.d. § 33 sowie alle weiteren in § 32 Abs. 1 aufgeführten Maßnahmen des Insolvenzgerichts (für Einzelheiten s. § 32 Rn 7 f).

Schließlich ist entsprechend § 31 Abs. 2 S. 2 das Erlöschen der eingetragenen Firma einer juristischen Person von Amts wegen einzutragen, wenn die Anmeldung des Erlöschens durch die hierzu Verpflichteten nicht im Wege des § 14 herbeigeführt werden kann (näher dazu § 31 Rn 36 f).[17]

F. Wirkung von Eintragung und Bekanntmachung

Grundsätzlich kommt der Eintragung von Veränderungen in das Handelsregister **keine konstitutive Wirkung,** sondern nur deklaratorische Bedeutung zu. Auch hat die Eintragung grundsätzlich (Ausn. unter den Voraussetzungen des § 242 AktG; die Vorschrift ist jedoch insbes. weder im Vereins- noch im Stiftungsrecht analog anwendbar[18]) **keine heilende Wirkung.** Mängel einer Vorstandsbestellung oder einer Satzungsänderung sind also auch nach der Eintragung beachtlich. Doch handelt es sich bei den in § 34 genannten Veränderungen grundsätzlich (Ausnahme nach § 34 Abs. 5 i.V.m. § 32 Abs. 2 S. 2 hinsichtlich der Eintragungen nach § 34 Abs. 5 i.V.m. § 32 Abs. 1) um **eintragungspflichtige Tatsachen im Sinne des § 15.** Wird eine unwirksame Bestellung oder Satzungsänderung eingetragen und dementsprechend bekannt gemacht, können sich daher Dritte grundsätzlich auf die Bekanntmachung berufen, § 15 Abs. 3. Umgekehrt können juristische Personen Dritten eintragungspflichtige Veränderungen generell erst nach Eintragung und Bekanntmachung entgegensetzen, § 15 Abs. 1 und 2.

---

[15] S. hierzu KGJ 26, A 232, A 233; KG OLGR 12, 410 (412); Staub/*Hüffer* 4. Aufl. § 33 Rn 7; Heymann/*Emmerich* § 33 Rn 5; Ebenroth/Boujong/Joost/Strohn/*Zimmer* § 33 Rn 4; s.a. Röhricht/v. Westphalen/*Ammon*/*Ries* § 14 Rn 12 mwN.

[16] Anders immer noch Ebenroth/Boujong/Joost/Strohn/*Zimmer* Rn 9.

[17] Ebenroth/Boujong/Joost/Strohn/*Zimmer* Rn 9; Schlegelberger/*Hildebrandt*/*Steckhan* Rn 7; Heymann/*Emmerich* Rn 6; Baumbach/Hopt Rn 4; Koller/*Roth*/Morck Rn 4.

[18] Zum Verein: BGHZ 59, 369 (371); NJW 1971, 879; 1975, 2101; Palandt/*Heinrichs* § 32 Rn 9; MünchKommBGB/*Reuter* § 32 Rn 55 ff. Zum diesbezüglichen Meinungsstand hinsichtlich der Stiftung *Burgard* Gestaltungsfreiheit im Stiftungsrecht, 2006, S. 321 ff.

§ 35

Die Mitglieder des Vorstandes und die Liquidatoren einer juristischen Person haben ihre Unterschrift zur Aufbewahrung bei dem Gerichte zu zeichnen.

Die Vorschrift wurde durch das Gesetz zur Einführung des elektronischen Handelsregisters (EHUG) vom 10.11.2006[1] aufgehoben. Zur Begründung s. BT-Drucks. 16/960, S. 47 (§ 29 Rn 2).

§ 36

Ein Unternehmen des Reichs, eines Bundesstaats oder eines inländischen Kommunalverbandes braucht nicht in das Handelsregister eingetragen zu werden. Erfolgt die Anmeldung, so ist die Eintragung auf die Angabe der Firma sowie des Sitzes und des Gegenstandes des Unternehmens zu beschränken.

Die Vorschrift wurde durch das Handelsrechtsreformgesetz[2] aufgehoben. Näher dazu § 33 Rn 39 ff.

§ 37

(1) Wer eine nach den Vorschriften dieses Abschnitts ihm nicht zustehende Firma gebraucht, ist von dem Registergerichte zur Unterlassung des Gebrauchs der Firma durch Festsetzung von Ordnungsgeld anzuhalten.

(2) ¹Wer in seinen Rechten dadurch verletzt wird, daß ein anderer eine Firma unbefugt gebraucht, kann von diesem die Unterlassung des Gebrauchs der Firma verlangen. ²Ein nach sonstigen Vorschriften begründeter Anspruch auf Schadensersatz bleibt unberührt.

Schrifttum

Frey Verwendung einer schutzfähigen Geschäftsbezeichnung als unberechtigter Firmenmissbrauch? DB 1993, 2169; *v. Gamm* Die Unterlassungsklage gegen Firmenmissbrauch nach § 37 II HGB, Festschrift für Stimpel, 1995, 1007 ff; *W.-H. Roth* Unzulässiger firmenmäßiger Gebrauch einer zulässig geführten Geschäftsbezeichnung, ZGR 1992, 632; *K. Schmidt* Das Verbot der „firmenähnlichen Geschäftsbezeichnung" DB 1987, 1181; *ders.* Replik: Das geltende Handelsrecht kennt kein Verbot der „firmenähnlichen Geschäftsbezeichnung", DB 1987, 1674; *Wessel* Nochmals: Das Verbot der „firmenähnlichen Geschäftsbezeichnung", DB 1987, 1673; *Winkler* Zum Firmeneintragungsverfahren und Firmenmißbrauchsverfahren und deren jeweiliger Aussetzung, DNotZ 1989, 245.

S. ferner das Schrifttum zu Anh. I und II zu § 37.

---

[1] BGBl. I, 2553.
[2] Aufgeh. durch Art. 3 Nr. 18 BGBl. I, 1474 v. 22.6.1998 mWv 1.7.1998.

Übersicht

	Rn		Rn
A. Grundlagen	1–7	VI. Festsetzung des Ordnungsgeldes	44–47
I. Norminhalt	1	VII. Verhältnis zu anderen Verfahrensarten	48–51
II. Entstehungsgeschichte	2	1. Eintragungsverfahren	48
III. Normzweck	3–5	2. Amtslöschung	49–50
IV. Anwendungsbereich	6–7	3. Unterlassungsklage	51
B. Der unbefugte Firmengebrauch als gemeinsame Voraussetzung von § 37 Abs. 1 und 2	8–34	D. Die Unterlassungsklage (Abs. 2 S. 1)	52–72
I. Normadressaten	8	I. Unbefugter Firmengebrauch	53
II. Die Unzulässigkeit der Firma	9	II. Klagebefugnis	54–61
1. Verstoß gegen Firmenbildungsvorschriften	9	1. Jedermann	54
a) Ursprüngliche Unzulässigkeit der Firma	9	2. Rechtsverletzung	55–61
b) Nachträgliche Unzulässigkeit der Firma	10	a) Begriff und Bedeutung	55–56
		aa) Meinungsstand	55
c) Bestandsschutz	11	bb) Stellungnahme	56
2. Verstoß gegen die Firmenführungspflicht	12–13	b) Eigenes Recht	57
		c) Gestattung	58
3. Fehlende Firmenfähigkeit	14	d) Verwirkung	59
III. Gebrauch der unzulässigen Firma	15–32	e) Verjährung	60
1. Definition	15–20	f) Beweislast	61
2. Gebrauch im Registerverkehr	21	III. Kausalität	62
3. Gebrauch im Geschäftsverkehr	22	IV. Fallgruppen der Rechtsverletzung	63–68
a) Grundsätze	22	1. Verletzung des Namensrechts i.S.d. § 12 BGB, des Firmenrechts oder eines sonstigen Unternehmenskennzeichens i.S.d. § 5 Abs. 2 MarkenG	63
b) Verwendung von Firmenabkürzungen und -schlagworten	23		
c) Einzelfälle	24–32	2. Verletzung von sonstigen absoluten Rechten	64–66
IV. Kein subjektives Tatbestandsmerkmal	33	a) Verletzung von Immaterialgüterrechten	64
V. Kein Dispositionsrecht der Parteien	34	b) Allgemeines Persönlichkeitsrecht	65
C. Das Firmenmissbrauchsverfahren nach Abs. 1	35–51	c) Verletzung des Rechts am eingerichteten und ausgeübten Gewerbebetrieb?	66
I. Verfahrensziel	36	3. Unmittelbare Verletzung rechtlich geschützter Interessen	67–68
II. Einschreiten von Amts wegen, gebundene Entscheidung	37–38	a) Interessen wirtschaftlicher Art	67
III. Androhungsverfügung	39–41	b) Interessen ideeller Art	68
IV. Einspruchsverfahren	42	V. Klageantrag und Vollstreckung	69–72
V. Beschwerdeverfahren	43	E. Schadensersatzansprüche (Abs. 2 S. 2)	73

A. Grundlagen

I. Norminhalt

§ 37 Abs. 1 regelt i.V.m. den §§ 388 ff, 392 FamFG (§§ 132 ff, 140 FGG a.F.) das **1** sog. Firmenmissbrauchsverfahren. Dem Registergericht wird die Möglichkeit gegeben, den Gebrauch unzulässiger Firmen zu untersagen, und dieses Verbot durch Festsetzung von Ordnungsgeld durchzusetzen. Abs. 2 S. 1 gibt demjenigen, der durch eine unzulässige Firmierung in seinen Rechten verletzt wird, einen Unterlassungsanspruch. S. 2 stellt klar, dass Ansprüche nach sonstigen Vorschriften (s. dazu Anh. I und II zu § 37) unberührt bleiben.

II. Entstehungsgeschichte

2 Die Vorschrift geht auf Art. 26 Abs. 2 und Art. 27 Abs. 1 ADHGB zurück, deren ordnungsrechtlichen Regelungsgehalt das HGB in § 37 übernahm (s. auch Rn 5). Der darin enthaltene Begriff der Ordnungsstrafe wurde durch das Einführungsgesetz zum Strafgesetzbuch vom 02.03.1974[1] durch den Begriff des Ordnungsgeldes ersetzt. Zuvor war bereits § 37 Abs. 1 S. 2 a.F., wonach sich die Höhe der Strafe nach § 14 S. 2 bestimmte, aufgehoben worden.[2]

III. Normzweck

3 § 37 Abs. 1 hat ordnungsrechtlichen Charakter und bezweckt die Durchsetzung des öffentlichen Interesses an einer korrekten Firmenführung, bezweckt also die **Durchsetzung der firmenrechtlichen Vorschriften**, insbes. der §§ 17 ff, 30. Die Formulierung *„ihm nicht zustehende Firma"* ist insofern missverständlich. Es kommt bei Abs. 1 nicht darauf an, ob die Verwendung der Firma Rechte Dritter verletzt. Die Vorschrift dient nicht dem materiellen Firmenschutz[3] (dazu § 37 Anh. I und II). Entscheidend ist allein, ob die Firmenführung gegen die §§ 17 ff, 30 oder andere firmenordnungsrechtliche Vorschriften (s. Rn 9) verstößt. Im Mittelpunkt steht dabei die ordnungsgemäße Führung der Firma im Geschäftsverkehr, nicht die ordnungsgemäße Anmeldung und Eintragung einer Firma im Handelsregister; denn die Anmeldung der Firma und von Firmenänderungen kann das Registergericht bereits durch die Festsetzung von Zwangsgeld nach § 14 durchsetzen (s. § 29 Rn 9, § 31 Rn 35). Im Eintragungsverfahren hat das Registergericht sodann zu prüfen, ob die angemeldete Firma den firmenrechtlichen Vorschriften entspricht, und widrigenfalls die Eintragung zu versagen. Zwar ist bei Anmeldung einer unzulässigen Firma bzw. einer unzulässigen Firmenänderung regelmäßig auch ein Firmenmissbrauchsverfahren nach § 37 Abs. 1 einzuleiten. Grund dafür ist jedoch gerade, dass bereits in der Anmeldung einer unzulässigen Firma ein unbefugter Gebrauch zu sehen ist und nur durch ein Firmenmissbrauchsverfahren ein weiterer Gebrauch der unzulässigen Firma verhindert werden kann (§ 29 Rn 13, § 31 Rn 37). Schon im Blick hierauf ist die an § 37 Abs. 1 geübte rechtspolitische Kritik[4] nicht gerechtfertigt.

4 Auch **§ 37 Abs. 2 bezweckt ausschließlich die Durchsetzung des Allgemeininteresses** an einer den firmenrechtlichen Vorschriften, insbes. den §§ 17 ff entsprechenden Firmenführung. Zwar gewährt die Vorschrift einen privatrechtlichen Anspruch auf Unterlassung. Daraus wird teilweise abgeleitet, die Regelung diene auch dem individuellen Schutz der durch die unzulässige Firmierung in ihren Rechten Betroffenen.[5] Richtig ist, dass die Vorschrift geeignet ist, einen solchen Schutz zu bewirken. Doch ist der Schutz des privaten Interesses nur Mittel, nicht Zweck der Regelung. Der Zweck besteht darin, die private Initiative zur Durchsetzung der firmenrechtlichen Vorschriften einzusetzen.[6] Damit wird

---

[1] BGBl. I, S. 469.
[2] Die Aufhebung erfolgte durch Nichtaufnahme in das BGBl. Teil III, vgl. § 3 Abs. 1 des Gesetzes über die Sammlung des Bundesrechts vom 10.7.1958 (BGBl. I, S. 437) i.V.m. § 3 Abs. 2 Nr. 1 des Gesetzes über den Abschluß der Sammlung des Bundesrechts vom 28.12.1968 (BGBl. I, S. 1451).
[3] Koller/*Roth*/Morck Rn 1; Baumbach/*Hopt* Rn 1; *Bokelmann* Rn 823.
[4] MünchKommHGB/*Krebs* Rn 3; *Canaris* Handelsrecht § 11 Rn 54.
[5] OLG Hamm ZIP 1983, 1198 (1102); MünchKommHGB/*Krebs* Rn 2; Ebenroth/Boujong/Joost/Strohn/*Zimmer* Rn 1; noch weitergehend v. Gierke/Sandrock § 17 V, S. 256.
[6] BGHZ 53, 65 (70); BGH WM 1993, 1248 (1251).

der Schwierigkeit begegnet, dass das Registergericht abseits des Eintragungsverfahrens den Gebrauch von Firmen im Geschäftsverkehr nicht umfassend überwachen kann.

Dass § 37 Abs. 2 lediglich der Durchsetzung von Allgemeininteressen und nicht auch dem Schutz von Individualinteressen dient, folgt aus der **Entstehungsgeschichte**, dem **Wortlaut** und der **systematischen Stellung** der Norm. Art. 27 ADHGB gewährte nämlich dem Unterlassungskläger auch einen Schadensersatzanspruch, wohingegen § 37 Abs. 2 S. 2 HGB insoweit auf andere Vorschriften verweist. Begründet wurde dies von der Denkschrift zwar lediglich mit dem Verschuldenserfordernis von Schadensersatzansprüchen.[7] Aus heutiger Sicht ist darüber hinaus jedoch zu konstatieren, dass alle dem Individualschutz dienenden Vorschriften von § 37 Abs. 2 abweichende Voraussetzungen vorsehen: § 15 Abs. 4 und 5 MarkenG verlangen die Verletzung einer nach §§ 5, 6 MarkenG geschützten Bezeichnung durch eine der in § 15 Abs. 2 und 3 MarkenG genannten Handlungen (s. dazu Anh. II). §§ 12, 823 Abs. 1 BGB verlangen eine Verletzung des Namensrechts. Überdies sind diese Vorschriften gegenüber §§ 5, 15 MarkenG subsidiär, so dass sie grundsätzlich nur noch außerhalb des geschäftlichen Verkehrs Anwendung finden (Anh. I Rn 4 ff). Und §§ 8, 9 i.V.m. §§ 3 ff UWG schließlich verlangen eine nicht nur unerhebliche Beeinträchtigung des Wettbewerbs. Demgegenüber ist gemeinsame Voraussetzung von § 37 Abs. 1 und 2 lediglich ein Verstoß gegen firmenrechtliche Vorschriften, und zwar gerade auch gegen solche, die – wie die meisten firmenrechtlichen Vorschriften – ausschließlich dem Allgemeininteresse dienen. Historisch wurde dieser systematische Zusammenhang durch die Zusammenfassung von Art. 26 Abs. 2 und Art. 27 Abs. 1 Abs. 1 ADHGB in § 37 betont. Dementsprechend dient die zusätzliche Voraussetzung einer Rechtsverletzung nach § 37 Abs. 2 lediglich der Abwehr von Popularklagen[8] und ist daher weit zu interpretieren. Insbes. wird keine Verletzung eines Namensrechts i.S.d. § 12 BGB oder einer geschäftlichen Bezeichnung i.S.d. § 5 MarkenG vorausgesetzt (näher Rn 55).

IV. Anwendungsbereich

§ 37 gilt für alle Firmen, die in unzulässiger Weise geführt werden. Die Vorschrift gilt daher nicht nur für die Firmen von Einzelkaufleuten, Handelsgesellschaften (§ 6 Abs. 1), Formkaufleuten (§ 6 Abs. 2), juristischen Personen i.S.d. § 33 sowie von Zweigniederlassungen, sondern kraft Verweisung auch für den VVaG (§ 16 S. 1 VAG) und die Partnerschaftsgesellschaft, § 2 Abs. 2 PartGG.

Außerdem findet § 37 auf den **firmenmäßigen Gebrauch sonstiger Bezeichnungen** Anwendung. Das betrifft zum einen den Fall, dass ein firmenfähiger Unternehmensträger statt seiner vollständigen Firma unzulässigerweise Firmenschlagworte, Firmenabkürzungen oder Geschäftsbezeichnungen (zu diesen Begriffen § 17 Rn 15 ff, Anh. II zu § 37 Rn 8) verwendet, zum anderen den Fall, dass ein nicht firmenfähiger Unternehmensträger (z.B. ein Kleingewerbetreibender oder eine GbR) eine firmenähnliche Geschäftsbezeichnung oder eine firmenähnliche Minderfirma führt. Das folgt daraus, dass auch und gerade durch den firmenmäßigen Gebrauch sonstiger Bezeichnungen die Informations-

---

[7] Denkschrift zum Entwurf eines Handelsgesetzbuchs, Reichstag, 9. Legislatur-Periode, IV. Session 1895/97, S. 43 = *Schubert/Schmiedel/Krampe* Quellen zum Handelsgesetzbuch von 1897, Bd. 2. 2. Hb. 1988, S. 984.

[8] BGHZ 53, 65 (70); Staub/*Hüffer* 4. Aufl. Rn 2; Heymann/*Emmerich* Rn 23; GKzHGB/*Steitz* Rn 12; *v. Gamm* FS Stimpel, S. 1007 (1010); GroßKommUWG/*Teplitzky* § 16 UWG Rn 464; *Fezer* § 15 MarkenG Rn 113 f.

funktion des Firmenrechts beeinträchtigt werden kann. Allerdings ist die Verwendung von Geschäftsbezeichnungen u. dgl. keineswegs generell unzulässig. Kaufleute haben jedoch die ihnen obliegende Firmenführungspflicht (näher Rn 12) und Nichtkaufleute das sie treffende Verbot einer Firmenführung zu beachten (näher Rn 8, 14).

B. Der unbefugte Firmengebrauch als gemeinsame Voraussetzung von § 37 Abs. 1 und 2

I. Normadressaten

8 Der unbefugte Firmengebrauch ist jedermann verboten. Insbes. kommt es auf die Kaufmannseigenschaft nicht an.[9] Da § 37 den unbefugten Firmengebrauch im öffentlichen Interesse unterbinden will (Rn 3) und ein solcher unbefugter Firmengebrauch von jedermann, gerade auch von Nichtkaufleuten, ausgehen kann (Rn 7), muss sich die Vorschrift auch gegen jedermann richten. Im Blick auf Nichtkaufleute handelt es sich auch nicht etwa um eine analoge,[10] sondern eine direkte Anwendung von § 37. Das ergibt sich nicht nur aus dem Telos, sondern bereits aus dem Wortlaut der Norm („*Wer eine nach den Vorschriften dieses Abschnitts ihm nicht zustehende Firma gebraucht, ...*"). Soweit dagegen eingewandt wird, der Anwendungsbereich von § 37 (analog) könne nicht weiter reichen als der Anwendungsbereich der §§ 17 ff (analog),[11] bleibt unberücksichtigt, dass § 17 Abs. 1 den Gebrauch einer Firma Kaufleuten vorbehält und daher Nichtkaufleuten untersagt ist. Zwar kommt diesem Verbot heutzutage geringere Bedeutung zu als vor der Handelsrechtsreform (näher Rn 14). Auch hinterließe eine Unanwendbarkeit von § 37 Abs. 2 angesichts der marken- und wettbewerbsrechtlichen Unterlassungsansprüche keine große Lücke. Wollte man § 37 Abs. 1 nicht auf die Firmenführung von Nichtkaufleuten anwenden, bliebe indes völlig unklar, wie das Registergericht hiergegen einschreiten könnte, obwohl dafür gerade dann ein Bedürfnis besteht, wenn durch die verbotene Firmenführung keine Individualinteressen verletzt werden, weil sich die Rechtsverletzung in der Führung eines unzulässigen Rechtsformzusatzes erschöpft.

II. Die Unzulässigkeit der Firma

1. Verstoß gegen Firmenbildungsvorschriften

9 a) **Ursprüngliche Unzulässigkeit der Firma.** Unzulässig ist jede Firma, die unter Verletzung firmenrechtlicher Vorschriften gebildet worden ist. Nach dem Wortlaut des § 37 Abs. 1 kommt es zwar nur auf die Vorschriften des Dritten Abschnitts an; danach sind namentlich die §§ 17–19, 21–24, 30 heranzuziehen. Doch ist der Wortlaut des Gesetzes zu eng, weil er auf den firmenrechtlichen Gehalt von Sondergesetzen nicht Bedacht nimmt. Nach dem Sinn der Vorschrift ist auf **das gesamte Firmenrecht** abzuheben, insbes. also auch auf §§ 4, 279 AktG, 4 GmbHG, 3 GenG, 18 Abs. 2 VAG, 2 Abs. 1 PartGG, 18, 200 UmwG.[12] Einbezogen sind ferner Vorschriften, die einen **Bezeichnungs-**

---

[9] KGJ 42 (161 f); OLG Bamberg DB 1973, 1989; OLG Hamm BB 1990, 1154; Ebenroth/Boujong/Joost/Strohn/*Zimmer* Rn 2; aA MünchKommHGB/*Krebs* Rn 6 ff, jeweils mwN.

[10] So aber MünchKommHGB/*Krebs* Rn 7.

[11] MünchKommHGB/*Krebs* Rn 7.

[12] RGZ 25, 1 (5 f); 82, 164 (166 f); KG KGJ 48, 122 (124); BayObLG BayObLGZ 1960, 345 (348); BayObLGZ 1988, 128 (130);

schutz vorsehen, also vor allem §§ 39 f KWG, 3 InvG, 4 Abs. 1 VAG (näher § 18 Rn 78 ff).[13] Ob die Firma auch mit §§ 12 BGB, 5, 15 MarkenG oder § 3 UWG in Einklang steht, spielt dagegen für die Frage ihrer Zulässigkeit im Rahmen des § 37 Abs. 1 keine Rolle,[14] sondern ist nur bei der Frage des Vorliegens einer Rechtsverletzung i.S.d. Abs. 2 zu berücksichtigen (s. Rn 63). Deshalb fällt auch ein Verstoß gegen § 24 Abs. 2 nach hier vertretener Ansicht nicht unter § 37 Abs. 1 (s. dort Rn 41). **Grundsätzlich unerheblich** ist ferner die **Eintragung** der Firma in das Handelsregister. Das bedeutet dreierlei: Erstens heilt die Eintragung einen Gesetzesverstoß nicht.[15] Zweitens ist gem. § 37 auch gegen den unzulässigen Gebrauch einer nicht eingetragenen Firma vorzugehen.[16] Und drittens wird der Gebrauch einer zulässigen Firma nicht dadurch unzulässig, dass keine Eintragung vorliegt. Vielmehr ist in diesem Fall lediglich gem. §§ 14, 29 auf ihre Anmeldung hinzuwirken. Erheblich ist hingegen die Eintragung im Blick auf die Firmenführungspflicht. Danach ist die Führung einer anderen als der eingetragenen Firma unzulässig, näher Rn 12.

b) **Nachträgliche Unzulässigkeit der Firma.** Eine Firma ist auch dann unzulässig, 10 wenn sie zwar zunächst ordnungsgemäß gebildet wurde, später aber aufgrund einer nachträglichen Änderung der Verhältnisse unzulässig wird.[17]

c) **Bestandsschutz.** Unterschiedlich beurteilt wird die Frage, ob, unter welchen 11 Voraussetzungen und wie einer ursprünglich oder nachträglich unzulässigen Firma Bestandsschutz zu gewähren ist. Im Blick hierauf ist zunächst festzuhalten, dass es sich nicht um eine Ermessensfrage (näher dazu Rn 38), sondern um eine Frage des materiellen Rechts handelt[18]. Im Übrigen ist zu unterscheiden. Beruht die Unzulässigkeit auf einer nachträglichen Änderung des Gesetzes, ist die Frage im Rahmen von Übergangsvorschriften grundsätzlich durch den Gesetzgeber zu entscheiden (s. insbes. Art. 22 EGHGB und dazu die Erl. bei § 20 sowie Art. 38 EGHGB und dazu § 19 Rn 29). Fehlen solche Vorschriften oder beruht die nachträgliche Unzulässigkeit auf einer geänderten Auslegung des Gesetzes durch die Rechtsprechung, einer geänderten Verkehrsauffassung oder auch Änderungen des Unternehmens (z.B. bei Sachfirmen Änderung des Unternehmensgegenstandes [s. § 18 Rn 36, 61] oder bei einer Ortsangabe Änderung des Sitzes [s. § 18 Rn 94 ff]) ist das Bestandsschutzinteresse des Firmeninhabers und der Grundsatz des Vertrauensschutzes einerseits mit dem Allgemeininteresse an einer ordnungsgemäßen, insbes. nicht täuschungsgeeigneten Firmenführung andererseits ins Verhältnis zu setzen. Dabei ist auch die gesetzliche Wertung des § 22 zu berücksichtigen, die den Grundsatz der Firmenwahrheit zugunsten des Grundsatzes der Firmenbeständigkeit durchbricht.[19] Eine analoge Anwendung dieser Vorschrift auf solche Fälle[20] kommt allerdings schon

---

BayObLGZ 1989, 44 (50); OLG Düsseldorf DB 1970, 923 f; Röhricht/v. Westphalen/*Ammon/Ries* Rn 8; MünchKommHGB/*Krebs* Rn 22; Ebenroth/Boujong/Joost/Strohn/*Zimmer* Rn 6.

[13] Ebenroth/Boujong/Joost/Strohn/*Zimmer* Rn 6; Röhricht/v. Westphalen/*Ammon/Ries* Rn 8; Keidel/Kuntze/*Winkler* § 140 FGG Rn 1.

[14] Ebenroth/Boujong/Joost/Strohn/*Zimmer* Rn 7 a.E.; Baumbach/*Hopt* Rn 10.

[15] RG JW 1903, 342.

[16] RG JW 1933, 2897.

[17] Ebenroth/Boujong/Joost/Strohn/*Zimmer* Rn 6; GKzHGB/*Steitz* Rn 3a; *Lindacher* BB 1977, 1676 (1681).

[18] Ebenso bereits Staub/*Hüffer* 4. Aufl. Rn 18 f; MünchKommHGB/*Krebs* Rn 28; Röhricht/v. Westphalen/*Ammon/Ries* Rn 15.

[19] Ebenso Ebenroth/Boujong/Joost/Strohn/*Zimmer* Rn 6; GKzHGB/*Steitz* § 22 Rn 1a; Baumbach/*Hopt* § 22 Rn 1; *Lindacher* BB 1977, 1676 (1677).

[20] Dafür aber MünchKommHGB/*Krebs* Rn 28.

deswegen nicht in Betracht, weil die Vorschrift zugleich zum Ausdruck bringt, dass das Bestandsschutzinteresse des Firmeninhabers nicht in jedem Fall Vorrang genießt. Insbes. scheidet ein Bestandsschutz regelmäßig aus, wenn die Zulässigkeit einer Firmierung schon ursprünglich zweifelhaft oder umstritten war oder die erforderliche Firmenänderung verhältnismäßig geringfügig ist (z.B. in Fällen des § 19 Abs. 2, s. dort Rn 14 ff)[21]. Dementsprechend scheidet ein Bestandsschutz grundsätzlich erst recht aus, wenn die Firmierung von Anfang an unzulässig war. Das gilt nicht nur bei Bösgläubigkeit des Firmeninhabers[22] – wobei die Rechtsprechung im Kennzeichenrecht hohe Anforderungen an das Vorliegen eines Rechtsirrtums stellt (s. Anh. II zu § 37 Rn 57) – oder Geringfügigkeit der erforderlichen Firmenänderung;[23] denn ein *„Besitzstand, der unter Verstoß gegen eine dem Schutz auch von Dritt- und Allgemeininteressen dienenden Gesetzesvorschrift (§ 37 HGB) gewonnen worden ist, ist regelmäßig und grundsätzlich nicht schutzwürdig"*[24]. Eine Ausnahme kommt nur in Betracht, wenn das Interesse des Firmeninhabers an der Aufrechterhaltung seiner seit langer Zeit (im entschiedenen Fall seit über 60 Jahren) beanstandungslos geführten Firmenbezeichnung ausnahmsweise höher zu bewerten ist als das Interesse der Allgemeinheit an der Beseitigung einer nicht allzu schwerwiegenden Rechtsverletzung (im entschiedenen Fall ging es um die Gefahr eines Irrtums über den Gegenstand des Unternehmens, der heute schon aufgrund der Wesentlichkeitsschwelle des § 18 Abs. 2 S. 1 unbeachtlich wäre, s. § 18 Rn 46)[25].

12 **2. Verstoß gegen die Firmenführungspflicht.** Der Kaufmann ist nicht nur berechtigt, sondern auch verpflichtet, seine Firma im Handelsverkehr zu führen. Diese sog. **Firmenführungspflicht** besteht zum einen, wenn die Verwendung der Firma **ausdrücklich gesetzlich vorgeschrieben** ist. Das ist insbes. bei der Angabe der Firma auf Geschäftsbriefen gem. §§ 37a, 125a, 177a, § 80 AktG, § 35a GmbHG, § 43 SEAG, Art. 25 EWIVVO, § 25a GenG, Art. 10 Abs. 1 S. 1 SCEVO i.V.m. § 25 SCEAG; § 16 VAG i.V.m. § 37a, §§ 7 Abs. 5 PartGG i.V.m § 125a, bei der Anbringung an offenen Betriebsstätten nach § 15a Abs. 1 GewO a.F. (s. dazu § 37a Rn 5a) sowie gem. § 312c Abs. 1 BGB i.V.m. § 1 Abs. 1 Nr. 1 BGB-InfoV, § 5 Abs. 1 Nr. 1 TMG der Fall. Zum anderen besteht eine Firmenführungspflicht, wenn der Verkehr berechtigterweise die Angabe der vollständigen Firma erwarten darf.[26] Das ist dann nicht der Fall, wenn ein Einzelkaufmann anstelle der Firma seinen bürgerlichen Namen verwenden darf oder sogar verwenden muss (näher § 17 Rn 52 ff). Dagegen besteht eine **berechtigte Verkehrserwartung** hinsichtlich der vollständigen Angabe der Firma insbes. dann, wenn ein entsprechendes **Informationsbedürfnis** vorhanden ist. Erfasst werden können dadurch ausnahmsweise auch Fälle, die von der Angabepflicht auf Geschäftsbriefen – zum Teil entgegen der einschlägigen Richtlinie (s. § 37a Rn 12, 14) – ausgeklammert werden, sei es weil keine schriftliche Mitteilung gleichviel welcher Form vorliegt, sie nicht an einen bestimmten Empfänger gerichtet ist oder es sich um einen Vordruck i.S.d. § 37a Abs. 2 handelt. Und zum Dritten besteht eine Firmenführungspflicht, wenn der Firmeninhaber eine Bezeichnung firmenmäßig, d.h. **zur Kennzeichnung des Unternehmensträgers**, und **nicht lediglich** als Geschäftsbezeichnung (vgl. § 17 Rn 15 ff), d.h. **zur Kennzeichnung eines Unternehmens**, einer Unternehmensgesamtheit (insbes. eines Konzerns), eines Unternehmensteils (insbes. einer Betriebsstätte) **oder markenmäßig** zur Kennzeichnung von Waren oder Dienstleistungen eines Unternehmens **gebraucht**.

---

[21] Vgl. BGHZ 65, 103 (105 f).
[22] BGHZ 44, 114 (118).
[23] Vgl. BGHZ 65, 103 (105 f).
[24] BGH WM 1993, 1248 (1251).
[25] BGH WM 1977, 24 (26).
[26] BGH NJW 1991, 2023 (2024).

Soweit eine Firmenführungspflicht besteht, ist die Firma so zu führen, wie sie in das **13** Handelsregister eingetragen ist (§ 17 Rn 51). Das folgt auch aus dem Grundsatz der Firmeneinheit, wonach ein Kaufmann nur eine Firma führen darf (Vor § 17 Rn 39 ff).[27] Nur der Rechtsformzusatz darf stets in allgemein verständlicher und nicht irreführender Form abgekürzt werden. Abseits davon ist jedoch, soweit eine Firmenführungspflicht besteht, auch die Verwendung von Firmenabkürzungen, Firmenschlagworten oder Geschäftsbezeichnungen (zu diesen Begriffen § 17 Rn 15 ff, Anh. II zu § 37 Rn 8) unzulässig. Das gilt auch dann, wenn eine entsprechende Firmierung nach einer Firmenänderung zulässig wäre; denn solange die Firma nicht geändert ist, steht dem Firmeninhaber nur die Führung der unveränderten Firma zu. Missverständlich ist allerdings die Formulierung, der Inhaber einer eingetragenen Firma dürfe sich nicht außerhalb des Handelsregisters eine neue Firma beilegen;[28] denn die nach § 31 Abs. 1 erforderliche Eintragung einer Firmenänderung hat lediglich deklaratorische Bedeutung. Unterbleibt die Anmeldung einer Firmenänderung, so ist sie vom Registergericht durch Festsetzung von Zwangsgeld herbeizuführen (§ 14, §§ 388 ff FamFG [§§ 132 ff FGG a.F.], § 31 Rn 35). Solange die Eintragung einer Firmenänderung nicht erfolgt ist, muss sich der Firmeninhaber jedoch einer Führung der neuen Firma enthalten, andernfalls setzt er sich einem Vorgehen entweder des Registergerichts gem. § 37 Abs. 1 oder rechtlich beeinträchtigter Dritter gem. § 37 Abs. 2 aus.[29]

3. Fehlende Firmenfähigkeit. Die Führung einer Firma ist gem. § 17 Abs. 1 nur Kauf- **14** leuten erlaubt, setzt also Firmenfähigkeit voraus (näher § 17 Rn 9 ff). Das bedeutet freilich nicht, dass Nichtkaufleute nur unter ihrem bürgerlichen Namen im Geschäftsverkehr auftreten dürften. Vielmehr können sie als Bezeichnung des Unternehmensträgers auch von dem bürgerlichen Namen abweichende sog. Minderfirmen oder als Bezeichnung des Unternehmens bzw. von Unternehmensteilen sog. Geschäftsbezeichnungen führen (§ 17 Rn 17, 19 ff). Vor der Handelsrechtsreform war allerdings die Grenzziehung zwischen solchen Bezeichnungen und einer verbotenen Firmenführung problematisch und ging tendenziell dahin, Nichtkaufleuten die Führung von Bezeichnungen zu verbieten, die einer zulässigen kaufmännischen Firmierung entsprachen, weil hierdurch der irreführende Eindruck des Bestehens eines vollkaufmännischen Handelsgewerbes erweckt worden wäre.[30] Die Einzelheiten waren freilich streitig und die Rechtsunsicherheit groß. Dies war einer der Gründe, die den Reformgesetzgeber zur Einführung eines zwingenden Rechtsformzusatzes für alle Kaufleute veranlasste.[31] Heute erfolgt die Abgrenzung zwischen einer Firma einerseits und einer Minderfirma oder Geschäftsbezeichnung andererseits daher schlicht nach dem Vorhandensein oder Fehlen eines kaufmännischen Rechtsformzusatzes (eine gewisse Ausnahme gilt nach hier vertretener Auffassung lediglich für juristische Personen i.S.d. § 33, s. dort Rn 26 f). Ein Kleingewerbebetreibender darf daher – solange er nicht nach § 2 S. 1 eingetragen ist – nicht einen § 19 Abs. 1 Nr. 1 entsprechenden Rechtsformzusatz (z.B. „e.K.") führen. Auch von Nichtkaufleuten zu beachten ist ferner das Irreführungsverbot gem. § 18 Abs. 2 analog (§ 18 Rn 34). Verboten ist daher ganz allgemein die Führung eines unzutreffenden Rechtsformzusatzes (z.B. „GbRmbH"). Nicht statthaft ist ferner eine Minderfirma als Firma zu bezeichnen

---

[27] BGH NJW 1991, 2023 (2024); Ebenroth/Boujong/Joost/Strohn/*Zimmer* Rn 7.
[28] So Staub/*Hüffer* 4. Auflage Rn 7 mit Verweis auf LG Düsseldorf DB 1981, 686.
[29] BGH WM 1993, 1248 (1250).
[30] Vgl. nur Staub/*Hüffer* 4. Aufl. Rn 8 ff.
[31] Begr. RegE HRReformG BT-Drucks. 13/8444, S. 35, 37 f.

(z.B. „Fa. Anton Huber"). Unzulässig sind auch Zusätze, die sich an gesetzlich vorgeschriebene Zusätze anlehnen und geeignet sind, über die Rechtsform irrezuführen (unzulässig z.B. „Anton Huber, Kaufmann", oder „Anton Huber, nicht eingetragener Kaufmann", zulässig dagegen „Anton Huber, Dipl.-Kfm."). Unzulässig sind außerdem Zusätze, die ein tatsächlich nicht vorhandenes Gesellschaftsverhältnis andeuten (z.B. „Anton Huber & Co"). Und unzulässig sind schließlich sonstige Bezeichnungen, die den Eindruck eines Handelsgewerbes erwecken (z.B. „Hubers Backfabrik" für eine kleingewerbliche Bäckerei), s. § 17 Rn 18, 21.

III. Gebrauch der unzulässigen Firma

15 1. *Definition.* Für die Anwendung des § 37 genügt nicht, dass die Bezeichnung nach den vorstehenden Grundsätzen unzulässig ist. Erforderlich ist vielmehr, dass die Bezeichnung *„gebraucht"* wird. Das setzt zunächst – wenngleich kein Verschulden erforderlich ist (Rn 33) – einen entsprechenden **Willen des Firmeninhabers** voraus. Wird eine unzulässige Firma ohne sein Zutun von Dritten verwandt, kommt daher allenfalls ein Gebrauch durch pflichtwidriges Unterlassen in Betracht.[32] Zudem ist, weil durch § 37 ein Unterlassen erzwungen wird, **ein auf Wiederholung gerichtetes Verhalten** erforderlich. Einmalige Verwendung reicht aus, wenn konkrete Anhaltspunkte für eine Wiederholung sprechen.[33] Firmengebrauch i.S.d. § 37 ist auch ein Gebrauch im Ausland.[34] Allerdings ist eine vom deutschen Recht abweichende Firmierung nicht unzulässig, sondern geboten, wenn das ausländische, insbes. außereuropäische Recht eine solche Abweichung erfordert. Ferner genügt für die Anwendung des § 37 nicht jeder Gebrauch. Wie sich aus § 17 Abs. 1 ergibt (dort Rn 52 ff), ist vielmehr notwendig, dass der Gebrauch **im Handelsverkehr** erfolgt.

16 Überdies ergibt sich aus § 17 Abs. 1, dass ein Gebrauch nur vorliegt, wenn die Bezeichnung firmenmäßig, d.h. als **Name des Unternehmensträgers** verwendet wird. Insofern ist in einem **ersten Schritt** festzustellen, welche Bezeichnung der Firmeninhaber tatsächlich verwandt hat.[35] Handelt es sich hierbei um eine Firmenabkürzung, ein Firmenschlagwort (zu diesen Begriffen Anh. II zu § 37 Rn 8), eine sonstige Geschäftsbezeichnung (§ 17 Rn 15 ff) oder einen Markennamen wird hierdurch objektiv nicht der Unternehmensträger, sondern das Unternehmen bzw. seine gewerblichen Leistungen bezeichnet. Hat der Inhaber hingegen seine Firma lediglich unrichtig benutzt oder um nicht prägende Bestandteile verkürzt (z.B. Weglassen einer angefügten Inhaberbezeichnung oder Ortsangabe), ohne dass hierin die Verwendung einer Firmenabkürzung oder eines Firmenschlagworts zu sehen ist (z.B. „Anton Huber Eisenwaren e.K. Inh. Josef Schmitt" oder „Anton Huber Schrott und Eisenwaren" statt „Anton Huber Schrott und Eisenwaren e.K. Inh. Josef Schmitt"), liegt ein firmenmäßiger Gebrauch vor. Für einen firmenmäßigen Gebrauch spricht insbes. die Verwendung eines Rechtsformzusatzes; denn der Rechtsformzusatz kann sich nur auf den Unternehmensträger und nicht auf das Unternehmen beziehen, weil nur jener, nicht aber dieses eine Rechtsform hat. Liegt danach objektiv ein firmenmäßiger Gebrauch der Bezeichnung vor, so ist der Gebrauch aufgrund der Firmenführungspflicht unbefugt i.S.d. § 37, weil die Firma nicht vollständig und richtig verwendet wurde (Rn 12 f).

---

[32] AG Elsfleth BB 1968, 310.
[33] OLG Hamburg Recht 1907, Nr. 3361.
[34] RGZ 18, 28 (32); RG JW 1889, 516.
[35] So auch BGH WM 1991, 1078 (1080).

17 Liegt nach den Feststellungen dieses ersten Schritts objektiv kein firmenmäßiger Gebrauch vor, so prüft namentlich die **Rechtsprechung**[36] in einem **zweiten Schritt**, wie der Verkehr den Gebrauch der Bezeichnung versteht. Verstehe er die Bezeichnung als Name des Unternehmensträgers, liege mangels vollständiger und richtiger Firmierung ein unbefugter firmenmäßiger Gebrauch i.S.d. § 37 vor. Verstehe der Verkehr die Bezeichnung hingegen als bloße Firmenkurzform, sonstige Geschäftsbezeichnung oder als Markennamen, sei ihre Führung dagegen grundsätzlich statthaft. Das überzeugt nicht; denn der Mehrzahl der Verkehrsteilnehmer, namentlich der Verbraucher ist bereits die Differenzierung zwischen Unternehmen und Unternehmensträger nicht geläufig (vgl. Vor § 17 Rn 3, § 17 Rn 5), geschweige denn die Unterschiede zwischen Firma, Firmenkurzform, sonstiger Geschäftsbezeichnung und Marke.[37] Schon mangels Sachkunde der Verkehrsteilnehmer kann daher das Verkehrsverständnis nicht maßgeblich sein und lässt sich aus diesem Grund auch praktisch kaum ermitteln. Paradigmatisch hierfür ist die Entscheidung BGH NJW 1991, 2023, 2025, in der sich der Senat hinsichtlich des Verkehrsverständnisses schlicht auf die Sachkunde der handelsrechtlichen Mitglieder des Landgerichts stützt. Auf diese Weise wird freilich nicht das Verständnis des Verkehrs, sondern der Handelsrichter festgestellt.

18 Liegt nach den Feststellungen des ersten Schritts (Rn 16) kein firmenmäßiger Gebrauch, sondern der Gebrauch einer Firmenkurzform, einer sonstigen Geschäftsbezeichnung oder eines Markennamens vor, ist vielmehr **richtigerweise in einem zweiten Schritt** zu prüfen, ob eine **Firmenführungspflicht** aufgrund Gesetzes oder berechtigter Verkehrserwartung, insbes. eines berechtigten Informationsbedürfnisses des Verkehrs besteht (Rn 12). Ist diese Frage zu bejahen, liegt ein unbefugter firmenmäßiger Gebrauch i.S.d. § 37 vor; denn wenn eine Bezeichnung bei bestehender Firmenführungspflicht anstelle der vollständigen Firma verwendet wird, so wird die Bezeichnung firmenmäßig geführt.

19 Schließlich muss die Bezeichnung **als eigene Firma**, also nicht zur Bezeichnung Dritter verwandt werden.[38] Wer seine Waren unter fremder Firma verkauft, benutzt einen fremden Handelsnamen als eigenen und ist deshalb den Sanktionen des § 37 ausgesetzt. Wer dagegen seine Waren unter seiner richtigen Firma verkauft, die Waren aber mit einer fremden Firma versieht, gebraucht diese nicht als seinen Handelsnamen, sondern schiebt seine Waren dem Inhaber einer fremden Firma unter. Das ist kein Fall des § 37, sondern der §§ 5, 15 MarkenG, §§ 3, 5 UWG.[39]

20 **Zusammengefasst** liegt also ein firmenmäßiger Gebrauch i.S.d. § 37 vor, wenn ein Unternehmensträger im Handelsverkehr in einer auf Wiederholung gerichteten Weise eine Bezeichnung als seinen Handelsnamen verwendet. Eine Verwendung als Handelsname liegt insbes. dann vor, wenn eine Firmenführungspflicht (Rn 12) besteht.

21 **2. Gebrauch im Registerverkehr.** Zum Handelsverkehr gehört zunächst der Registerverkehr. Wer eine unzulässige Firma zur Eintragung anmeldet oder ihre Eintragung erreicht, verwendet sie als Handelsnamen.[40] Da dies zugleich den Willen des Inhabers

---

[36] BGH WM 1991, 1078 (1081); BayObLG BB 1960, 996; OLG Düsseldorf DB 1970, 923 f; OLG Hamburg BB 1973, 1456 f; OLG Stuttgart BB 1991, 993; BayObLG BB 1992, 943 f; OLG Düsseldorf GRUR 1996, 361 (362); aus der Lehre MünchKommHGB/*Krebs* Rn 13, kritisch aber Rn 14 f.
[37] Zutr. MünchKommHGB/*Krebs* Rn 14.
[38] BGH NJW 1991, 2023 (2024); MünchKommHGB/*Krebs* Rn 11; Heymann/*Emmerich* Rn 4.
[39] Vgl. RGZ 3, 165; RGZ 36, 13; Staub/*Hüffer* 4. Aufl. Rn 13.
[40] RGZ 22, 58 (59 f); BayObLGZ 1988, 128 (129) = NJW-RR 1989, 100; Ebenroth/Boujong/Joost/Strohn/*Zimmer* Rn 3 mwN.

erkennen lässt, die Bezeichnung dauerhaft als Handelsnamen zu verwenden, ist der unzulässige Eintragungsantrag regelmäßig nicht lediglich gem. § 26 S. 1 HRV zurückzuweisen bzw. eine bereits eingetragene unzulässige Firma gem. § 395 FamFG (§ 142 FGG a.F.) von Amts wegen zu löschen.[41] Vielmehr ist, um einen weiteren Gebrauch auszuschließen, ein Firmenmissbrauchsverfahren gem. § 37 Abs. 1 einzuleiten (§ 29 Rn 13 sowie u. Rn 48 f).

3. Gebrauch im Geschäftsverkehr

22 a) **Grundsätze.** Zum Handelsverkehr gehört vor allem der Geschäftsverkehr. Darunter ist jede Tätigkeit zu erwerbswirtschaftlichen Zwecken und daher auch Werbung zu verstehen. Allerdings besteht im Geschäftsverkehr **keine generelle Pflicht zur Führung der (vollständigen) Firma.** Besteht keine Firmenführungspflicht, darf der Kaufmann vielmehr auch andere Bezeichnungen verwenden.[42] Das betrifft nicht nur die Fälle, in denen ein Einzelkaufmann anstelle der Firma seinen bürgerlichen Namen verwenden darf oder sogar muss (§ 17 Rn 52 ff), sondern etwa auch die Verwendung von Geschäftsbezeichnungen und Marken. Anders gewendet beansprucht das Firmenrecht nur dort ein Monopol, wo es um die Bezeichnung des Unternehmensträgers, nicht dagegen, wo es um die Bezeichnung einer bestimmten natürlichen Person, die Bezeichnung eines Unternehmens, einer Unternehmensgesamtheit (insbes. eines Konzerns), eines Unternehmensteils (insbes. einer Betriebsstätte) oder gar von Waren oder Dienstleistungen eines Unternehmens geht. Dabei bezieht sich Werbung regelmäßig auf das Unternehmen und seine gewerblichen Leistungen und nicht auf den Unternehmensträger, weswegen davon auszugehen ist, dass sich die in der Werbung verwendeten Bezeichnungen grundsätzlich auf jene und nicht auf diesen beziehen. Besteht hingegen eine Firmenführungspflicht, was auch bei Werbemaßnahmen gegeben sein kann (s. nur § 37a Rn 11 f), so ist unbestritten, dass der Inhaber seine vollständige Firma zu verwenden hat. Hiervon kann er auch nicht im Interesse des Handelsverkehrs an der Verwendung von Firmenkurzformen in der Werbung entbunden werden, da die gesetzlich normierten Firmenführungspflichten einen solchen generellen Dispens nicht vorsehen und ein solcher schon gar nicht gerechtfertigt wäre, soweit die Firmenführungspflicht auf einem entsprechenden Informationsbedürfnis des Verkehrs beruht. Somit bleibt es auch im Geschäfts- und Werbeverkehr grundsätzlich bei der Anwendung der aufgezeigten allgemeinen Regeln.

23 b) **Verwendung von Firmenabkürzungen und -schlagworten.** Folgt man diesen Überlegungen, dann wird deutlich, dass die vieldiskutierte Frage der Zulässigkeit einer Verwendung von Firmenabkürzungen und -schlagworten allein danach zu entscheiden ist, ob eine Firmenführungspflicht besteht oder nicht; denn wenn keine Firmenführungspflicht besteht, ist gegen die Verwendung von solchen Geschäftsbezeichnungen nichts einzuwenden. Besteht hingegen eine Firmenführungspflicht, muss der Inhaber die vollständige Firma angeben. Zur Begründung der Zulässigkeit einer Verwendung von Firmenabkürzungen und -schlagworten bedarf es daher keiner – ohnehin nicht überzeugenden[43] – Abgrenzung zwischen Geschäfts- und Werbeverkehr.[44] Ebenso wenig kommt es

---

[41] RGZ 169, 147 (150 ff).
[42] Vgl. BGH WM 1991, 1078 (1080); OLG Düsseldorf GRUR 1996, 361 (362).
[43] Dagegen ebenfalls MünchKommHGB/*Krebs* Rn 17.

[44] Dafür KG JW 1930, 3777 m. zust. Anm. *Kirchberger*; Heymann/*Kötter* Anm. 2; Baumbach/*Hopt* Rn 2; *Roth* ZGR 1992, 632 (637 f); *Frey* DB 1993, 2169 (2170).

darauf an, ob der Verkehr eine Firmenkurzform als solche erkennt,[45] da die Verkehrsanschauung unerheblich ist (Rn 17) und zudem nicht von einer gesetzlichen Firmenführungspflicht entbinden könnte. Schließlich bedarf es schon gar nicht der Konstruktion einer Rechtsfortbildung extra legem;[46] denn ein dringendes Bedürfnis des Handelsverkehrs, das diese rechtfertigen soll, ist gerade deswegen nicht zu erkennen, weil die Verwendung von Firmenabkürzungen und -schlagworten richtigerweise immer schon dann grundsätzlich zulässig ist, wenn keine Firmenführungspflicht besteht.

c) **Einzelfälle:** Namentlich im Blick auf ältere Entscheidungen ist zu berücksichtigen, dass die weit reichenden gesetzlichen Firmenführungspflichten zumeist jüngeren Datums sind. Folge ist, dass in immer mehr Fällen die Führung der vollständigen Firma gesetzlich vorgeschrieben ist. Gleichwohl ist die Rechtslage insgesamt nicht „strenger" geworden. Zwar rechtfertigen die gesetzlichen Firmenführungspflichten keinen Umkehrschluss in der Weise, dass dann, wenn sie nicht eingreifen, keine Firmenführungspflicht besteht (vgl. Rn 12); denn es handelt sich weder um abschließende Vorschriften noch um einen geschlossenen Regelungskomplex, sondern um sehr heterogene Normen (zur rechtspolitischen Kritik § 37a Rn 5). Aufgrund der Zunahme gesetzlicher Firmenführungspflichten nimmt jedoch ein darüber hinaus bestehendes Informationsinteresse des Verkehrs proportional ab. Nachdem bereits in Geschäftsbriefen über die vollständige Firma informiert wird, ist es daher bspw. unschädlich, wenn auf **Briefumschlägen**[47] nur eine Firmenkurzform verwendet wird. Aufgrund der geänderten Rechtslage sind daher manche Entscheidungen überholt, während anderen aufgrund der hier entwickelten Auslegung zu widersprechen ist. **24**

Bei **Preislisten**[48] und **Warenprospekten**[49] ist die vollständige Firma anzugeben, wenn es sich um Geschäftsbriefe i.S.d. § 37a (bzw. seiner gesellschaftsrechtlichen Parallelnormen) handelt oder ein Informationsinteresse des Verkehrs besteht, wofür es auf den Einzelfall ankommt und was bei bloßen Werbemaßnamen zu verneinen sein kann. Ist die vollständige Firma anzugeben, dürfen zwar auch andere Bezeichnungen verwendet und herausgestellt werden. Diese dürfen aber die Firmenangabe weder verdrängen noch ihren Informationsgehalt beeinträchtigen. Anders gewendet muss hinreichend deutlich werden, was die Firma ist (§ 37a Rn 24). **25**

Nachdem **Geschäftsbriefbögen**[50] regelmäßig zur Abfassung von Geschäftsbriefen i.S.d. § 37a (bzw. seiner gesellschaftsrechtlichen Parallelnormen) verwendet werden, müssen sie den Anforderungen dieser Normen genügen. Im Blick auf **Geschäftsräume**[51] war bisher § 15a Abs. 1 GewO a.F. einschlägig (s. dazu § 37a Rn 5a). Das schloss selbstverständlich nicht die Anbringung von Werbetafeln u. dgl. mit einer anderen Bezeichnung als der vollständigen Firma aus. **26**

---

[45] So aber OLG Düsseldorf DB 1970, 923 f; OLG Hamburg BB 1973, 1456 (1457); OLG Stuttgart BB 1991, 993; BayObLG BB 1992, 943; OLG Düsseldorf GRUR 1996, 361; Heymann/*Emmerich* Rn 6a; Baumbach/*Hopt* Rn 2; dagegen auch MünchKommHGB/*Krebs* Rn 16.

[46] So aber MünchKommHGB/*Krebs* Rn 18.

[47] Vgl. KGJ 42, 161 (162); KG HRR 1929, Nr. 21; KG Recht 1928, Nr. 2272.

[48] Vgl. RGZ 29, 57 (61); KG HRR 1932, Nr. 252.

[49] Vgl. BGH NJW 1991, 2023 (2024).

[50] Vgl. BayObLG BB 1992, 943; OLG Hamburg WRP 1977, 496 (497).

[51] Vgl. RGZ 36, 13 f; KG Recht 1928, Nr. 2272.

27 Werbeanzeigen[52] und **Warenetiketten**[53] beziehen sich regelmäßig auf das Unternehmen bzw. seine gewerblichen Leistungen und nicht auf den Unternehmensträger. Eine Firmenführungspflicht besteht in diesem Falle nicht. Daher können auch andere Bezeichnungen als die vollständige Firma verwandt werden. Die vollständige Firma ist nur anzugeben, wenn ein konkreter Unternehmensträger benannt wird, z.B. der Importeur. Dasselbe gilt für Angaben auf **Verpackungen**[54] und **Empfehlungskarten**[55].

28 Dasselbe gilt ferner bei **Inseraten**[56]. Allerdings wird hier häufiger ein konkreter Unternehmensträger benannt. Zudem kann im Einzelfall ein berechtigtes Informationsinteresse des Verkehrs an der vollständigen Angabe der Firma bestehen.

29 Die **Bezeichnung des Verlegers** auf dem Titelblatt eines Buches[57] bezieht sich nicht auf das Unternehmen des Verlegers, sondern auf den Verleger selbst, also den Unternehmensträger. Daher ist die vollständige Firma anzugeben. Das schließt die gängige Praxis nicht aus, auf der Titelseite lediglich eine Firmenkurzbezeichnung herauszustellen und die vollständige Firma erst auf der zweiten Seite des Buches aufzuführen.

30 **Adress- und Telefonbücher**[58] dienen gewöhnlich nur der Sammlung von Adressen und Telefonnummern, nicht aber einer genauen Identifizierung der Verzeichneten. Verzeichnet sein können nicht nur Unternehmensträger, sondern auch Unternehmen oder Unternehmensteile. Der Unternehmensträger ist nicht verpflichtet, sich selbst mit seiner vollständigen Firma verzeichnen zu lassen. Es besteht keine dahingehende Verkehrserwartung oder ein diesbezügliches Informationsbedürfnis und mithin keine Firmenführungspflicht. Der Unternehmensträger kann daher auch eine andere Bezeichnung als seine vollständige Firma eintragen lassen. Dasselbe gilt grundsätzlich für **sonstige Verzeichnisse**, und zwar selbst dann, wenn die Bezeichnung unter der Rubrik „Firmenname" aufgeführt wird;[59] denn der Verkehr versteht die Firma bekanntlich auch als Bezeichnung des Unternehmens (Vor § 17 Rn 3, § 17 Rn 5). Anders ist nur dann zu entscheiden, wenn das Verzeichnis dazu dient, den Unternehmensträger genau zu identifizieren und daher hinsichtlich des konkreten Verzeichnisses eine berechtigte Verkehrserwartung besteht, die vollständige Firma zu erfahren. Abseits davon gilt in allen Fällen: Verwendet der Unternehmensträger seine Firma, muss er sie richtig und vollständig verwenden (Rn 12, 16).

31 Bei dem **Abschluss von Verträgen**[60] bedarf es grundsätzlich der Bezeichnung der Parteien und mithin des Unternehmensträgers. Hierzu reicht es zwar nach allgemeiner Rechtsgeschäftslehre aus, dass die Parteien bestimmbar sind. Schon § 17 Abs. 1 erwartet aber, dass der Kaufmann seine Unterschrift unter seiner Firma abgibt (Ausn. § 17 Rn 56). Überdies besteht ein entsprechendes Informationsbedürfnis (und zwar, um Zweifel auszuschließen, auch im Rahmen ständiger Geschäftsbeziehungen) und daher eine Firmenführungspflicht. Dasselbe gilt bei **Vornahme sonstiger Rechtsgeschäfte** und der **Abgabe von Willenserklärungen**. Zudem kann § 37a bzw. eine seiner Parallelnormen eingreifen.

---

[52] Vgl. OLG Düsseldorf DB 1970, 923; OLG Bamberg DB 1973, 1989 (1990); OLG Stuttgart BB 1991, 993.
[53] Vgl. OLG Hamburg BB 1973, 1456 f.
[54] Vgl. OLG München JFG 16, 361 (362 f); KGJ 45, 168 (169 f); KGJ 49, 104 (107).
[55] Vgl. RGZ 5, 110 (111 f).
[56] Vgl. KGJ 42, 161 (162); OLG Oldenburg BB 1964, 573; OLG Düsseldorf DB 1970, 923; OLG Celle OLGZ 1972, 220 (221); s. auch OLG Celle GmbHR 1999, 1034 (zu § 3 UWG).
[57] Vgl. KG HRR 1932, Nr. 252.
[58] Vgl. OLG Hamburg OLGR 16, 83; OLG Hamburg LZ 1910, 90; KG JW 1926, 2930; BayObLG BB 1960, 996.
[59] Z.B. in Fachzeitschriften oder einem Messekompass, s. BGH NJW 1991, 2023.
[60] OLG Celle BB 1971, 1298 f.

Unter § 37a (bzw. seine gesellschaftsrechtlichen Parallelnormen) fallen richtigerweise **32**
auch **Rechnungen**, wegen § 37a Abs. 2 aber nicht **Lieferscheine** (§ 37a Rn 15). Diese
Ausnahme von der Angabepflicht ist zwar bei Kapitalgesellschaften europarechtlich
bedenklich (§ 37a Rn 14). Ein Informationsbedarf, der eine vollständige Angabe der
Firma erforderte, besteht jedoch nicht.[61]

IV. Kein subjektives Tatbestandsmerkmal

Ein Verschulden des Firmeninhabers bzw. Bezeichnungsverwenders setzen weder § 37 **33**
Abs. 1 noch Abs. 2 voraus. Umgekehrt hilft auch guter Glaube an die Zulässigkeit der
Bezeichnungsführung nichts.[62] Lediglich die Festsetzung eines Ordnungsgeldes setzt die
schuldhafte Zuwiderhandlung gegen ein nach Abs. 1 ausgesprochenes Verbot voraus
(Rn 44).

V. Kein Dispositionsrecht der Parteien

Ob der Firmengebrauch befugt oder unbefugt ist, hängt nicht von den Dispositionen **34**
der Parteien ab. Verstößt die Firmenführung gegen die Vorschriften oder Grundsätze des
Firmenrechts, so bleibt sie auch dann unbefugt, wenn sie dem Verwender von einem
anderen gestattet ist, gleichgültig, ob die Gestattung durch Vertrag oder durch einseitige
geschäftsähnliche Handlung erfolgt. Denn die Gestattung kann die Geltung des dem
öffentlichen Interesse dienenden Firmenrechts nicht aufheben. Sie kann lediglich die
Annahme einer Rechtsverletzung i.S.d. § 37 Abs. 2 mit der Folge ausschließen, dass sich
der andere nicht auf die Verletzung seiner Rechte berufen kann.[63] Auf der anderen Seite
sind die Parteien ebenfalls nicht in der Lage, den Tatbestand des unbefugten Firmengebrauchs durch Rechtsgeschäft zu erweitern. Deshalb kann der Unterlassungsanspruch
des § 37 Abs. 2 nicht auf einen Vertrag gestützt werden, durch den sich der andere Teil
verpflichtet, eine gesetzlich zugelassene Firma nicht zu führen. Eine derartige Erweiterung des § 37 Abs. 2 ist auch überflüssig, weil der Vertrag selbst den Anspruch und
damit den Klagegrund ergibt.

C. Das Firmenmissbrauchsverfahren nach Abs. 1

Nach § 37 Abs. 1 ist derjenige, der eine ihm nicht zustehende Firma gebraucht, von **35**
dem Registergericht zur Unterlassung des Gebrauchs durch Festsetzung von Ordnungsgeld anzuhalten. Dabei hat das Gericht gem. § 392 FamFG (= § 140 FGG a.F.) nach
§§ 388–391 FamFG (§§ 132–139 FGG a.F.) zu verfahren. Ob ein unbefugter Firmengebrauch gegeben ist, richtet sich nach den vorgenannten Regeln (Rn 8 ff).

---

[61] Im Ergebnis aA Ebenroth/Boujong/Joost/
Strohn/*Zimmer* Rn 3.
[62] RGZ 25, 1 (5); 76, 263 (265); 82, 164 (166);
RG JW 1903, 342.

[63] Ebenroth/Boujong/Joost/Strohn/*Zimmer*
Rn 9; HKzHGB/*Ruß* Rn 5.

§ 37

I. Verfahrensziel

36 Das Firmenmissbrauchsverfahren bezweckt, die **Unterlassung des Gebrauchs einer bestimmten unzulässigen Firma** zu erreichen. Dagegen darf nicht umgekehrt erzwungen werden, dass eine bestimmte Firma gebraucht oder angemeldet wird, auch nicht, dass die Firma einer bestimmten Änderung unterzogen wird; denn es ist Recht und Pflicht des Kaufmanns, die Firma im Rahmen des vom Gesetz eingeräumten Gestaltungsspielraums selbst zu wählen.[64] Deshalb muss das Registergericht auch gegen den Gebrauch der gesetzwidrigen Firma im Ganzen vorgehen, darf also nicht erzwingen, dass die Führung eines gesetzwidrigen Firmenbestandteils für sich allein unterlassen wird.[65] Auch die Löschung der Firma[66] oder etwa die Entfernung eines Firmenschildes[67] darf nicht verlangt werden; denn verlangt werden darf nur, was das Gesetz vorsieht. Dementsprechend darf das in (§ 31 Abs. 2 S. 2 i.V.m.) § 14 vorgesehene Zwangsgeldverfahren hier nicht eingesetzt werden (zum Verhältnis zum Amtslöschungsverfahren s. Rn 49).

II. Einschreiten von Amts wegen, gebundene Entscheidung

37 Das Gericht hat von Amts wegen einzuschreiten, sobald es von einem unzulässigen Firmengebrauch i.S.d. § 37 Abs. 1 glaubhafte Kenntnis erhält (§ 392 i.V.m. § 388 Abs. 1 FamFG [§ 140 i.V.m. § 132 Abs. 1 FGG a.F.]). Erfährt die Industrie- und Handelskammer oder ein gleichgestelltes Selbstverwaltungsorgan von einem entsprechenden Sachverhalt, so folgt aus § 380 FamFG (§ 126 FGG a.F.), dass die Kammer das Gericht verständigen muss. Anträge auf Verfahrenseinleitung sind als Anregungen aufzufassen.

38 Liegt nach Überzeugung des Gerichts ein unbefugter Firmengebrauch vor, *„ist"* nach § 37 Abs. 1 ein Firmenmissbrauchsverfahren einzuleiten. Nach dem Wortlaut der Vorschrift steht dem Registergericht mithin kein Ermessen zu. Vielmehr handelt es sich um eine gebundene Entscheidung. Das Gericht hat gegen jeden unbefugten Firmengebrauch einzuschreiten. Das bestätigt auch der Wortlaut von § 388 FamFG (§ 132 FGG a.F.), auf den § 392 FamFG (§ 140 FGG a.F.) verweist. Gleichwohl gesteht die hM dem Registergericht ein Ermessen zu, und zwar allein im Blick auf Fälle, in denen ein Bestandsschutz (Rn 11) in Frage steht.[68] Hierbei handelt es sich jedoch nicht um eine Ermessensentscheidung des Gerichts, sondern um eine Frage des materiellen Rechts. Das kann schon deshalb nicht anders sein, weil sonst in einem Verfahren nach § 37 Abs. 2 kein Bestandsschutz gewährt werden könnte. Die hM ist daher abzulehnen.[69]

---

[64] KG OLGR 6, 338 f; KG HRR 1932, 252; KGJ 48, 122 (124).
[65] RGZ 132, 311 f; KG NJW 1955, 1926 f; s. ferner BGH GRUR 1974, 162 (164); 1981, 60 (64).
[66] MünchKommHGB/*Krebs* Rn 36; Röhricht/v. Westphalen/*Ammon*/Ries Rn 17; Ebenroth/Boujong/Joost/Strohn/*Zimmer* Rn 14, 17.
[67] KG OLGR 5, 274 f; KG RJA 10, 35 (37).
[68] KG JFG 15, 54 (57); KG HRR 1929 Nr. 21; KG KGJ 36 A, 127 (129 ff); KG NJW 1965, 254 (255 f); OLG Zweibrücken OLGZ 1972, 391 (395); OLG Köln BB 1977, 1671; BayObLG NJW-RR 1989, 867; LG Göttingen BB 1959, 899; Heymann/*Emmerich* Rn 15; Baumbach/*Hopt* Rn 3; *Bokelmann* Rn 832, 840 ff; *Bassenge* RPfleger 1974, 173 (175); *Jansen* NJW 1966, 1813 (1815); HKzHGB/*Ruß* Rn 4; Ebenroth/Boujong/Joost/Strohn/*Zimmer* Rn 13.
[69] Staub/*Hüffer* 4. Aufl. Rn 18; Röhricht/v. Westphalen/*Ammon*/Ries Rn 12; Koller/Roth/Morck Rn 6; *Oetker* Handelsrecht, Kap. 4 F III, S. 99; MünchKommHGB/*Krebs* Rn 34.

III. Androhungsverfügung

Funktional zuständig für die Androhungsverfügung ist der Rechtspfleger, § 3 Nr. 2 **39** lit. d RPflG. Die Androhungsverfügung ist dem Adressaten förmlich bekannt zu machen, § 15 Abs. 2 FamFG (§ 16 FGG a.F.). **Adressat** der Androhungsverfügung ist der Einzelkaufmann oder Kleingewerbetreibende, der die Firma unbefugt führt. Bei juristischen Personen und Personengesellschaften ist die Verfügung an den organschaftlichen Vertreter, bei mehreren Vertretern an alle zu richten.[70]

In der Verfügung ist dem Adressaten gem. § 392 FamFG (§ 140 FGG a.F.) unter **40** Androhung eines Ordnungsgeldes aufzugeben, sich entweder sofort des Gebrauchs der – genau zu bezeichnenden – Firma als Ganzes (s. Rn 36) zu enthalten oder innerhalb einer bestimmten Frist durch Einlegung eines Einspruchs gegen die Verfügung zu rechtfertigen. Die gesetzte Frist muss so bemessen sein, dass es dem Betroffenen bei Anwendung der im Verkehr erforderlichen Sorgfalt möglich ist, die Verpflichtung zu erfüllen.[71] Die Frist kann verlängert werden. Der Verlängerungsantrag muss aber vor Ablauf der Frist gestellt werden. Eine Fristverlängerung ist zudem von Amts wegen möglich.[72] Die Verlängerungsentscheidung kann auch nach Fristablauf ergehen.[73] Bei Fristversäumung gilt § 17 Abs. 1 FamFG (§ 22 Abs. 2 FGG a.F.). Anzudrohen ist nach Art. 6 Abs. 1 EGStGB ein Ordnungsgeld zwischen fünf und tausend Euro. In der Regel ist das Ordnungsgeld genau zu beziffern. Seine Höhe im konkreten Einzelfall richtet sich nach den jeweiligen Umständen des Falles.[74] Eine Angabe „bis zu" ist zulässig, wenn die bezeichnete Obergrenze ernsthaft in Betracht kommt.[75] Die Androhungsverfügung sollte begründet werden, so dass der Adressat wenigstens erkennen kann, welcher Firmenbestandteil unzulässig ist. Wenngleich das Gericht keine Firmenänderung verlangen darf (Rn 36), kann es in der Begründung überdies einen Hinweis geben, mit welcher Änderung seiner Ansicht nach eine gesetzeskonforme Firma zu erreichen ist.[76]

Gegen die Androhungsverfügung ist keine Beschwerde gegeben (§ 392 i.V.m. § 391 **41** FamFG [§ 140 i.V.m. § 132 Abs. 2 FGG a.F.]). Das gilt auch für bloß vorbereitende Verfügungen.[77] Der Adressat kann seine Rechte daher nur durch einen Einspruch wahren.

IV. Einspruchsverfahren

Sollte sich ein rechtzeitig eingegangener Einspruch als begründet erweisen, ohne dass **42** es hierzu Ermittlungen bedarf, so ist die Androhungsverfügung ohne weiteres aufzuheben. Andernfalls ist gem. § 392 i.V.m. § 390 Abs. 1 FamFG (§ 140 i.V.m. § 134 Abs. 1 FGG a.F.) ein Termin zu bestimmen.[78] Erweist sich die Begründetheit des Einspruchs

---

[70] RGZ 56, 425; BayObLG NJW-RR 2000, 771; Keidel/Kuntze/*Winkler* § 132 FGG Rn 15.
[71] BGHZ 135, 107 (115); Keidel/Kuntze/*Winkler* § 132 FGG Rn 25; *Bumiller/Winkler* § 132 FGG Rn 5.
[72] Keidel/Kuntze/*Winkler* § 132 FGG Rn 25.
[73] Keidel/Kuntze/Winkler/*Schmidt* § 17 FGG Rn 5; BGHZ 4, 390 (399); 83, 217 (219 f.); 93, 300 (305).
[74] BGHZ 135, 107 (115); Keidel/Kuntze/*Winkler* § 132 FGG Rn 26.
[75] BGH JR 1974, 200; OLG München JFG 15, 48; *Bassenge*/Herbst § 33 FGG Rn 14.
[76] BayObLG JW 1929, 674 f.
[77] BayObLGZ 1987, 279.
[78] Ohne mündliche Verhandlung leidet eine Entscheidung in der Sache an einem so schwerwiegenden Verfahrensfehler, dass sie in der Rechtsbeschwerdeinstanz (Rn 43) ohne sachliche Nachprüfung aufzuheben ist, OLG Düsseldorf FGPrax 1998, 149.

nach der mündlichen Verhandlung, ist die Verfügung ebenfalls aufzuheben, § 392 i.V.m. § 390 Abs. 3 FamFG (§ 140 i.V.m. § 135 Abs. 1 FGG a.F.). Sonst wird der Einspruch verworfen. Über den Einspruch entscheidet gem. § 3 Nr. 2 lit. d RPflG ebenfalls der Rechtspfleger. Gegen die Verwerfung des Einspruchs ist nach § 392 i.V.m. § 391 Abs. 1 FamFG (§ 140 i.V.m. § 139 Abs. 1 FGG a.F.) sofortige Beschwerde gegeben.

V. Beschwerdeverfahren

43 Über die Beschwerde entscheidet das Oberlandesgericht, § 119 Abs. 1 lit. b GVG n.F. Gegen dessen Entscheidung ist schließlich Rechtsbeschwerde zum Bundesgerichtshof gegeben, § 133 GVG n.F.

VI. Festsetzung des Ordnungsgeldes

44 Wird gegen die Androhungsverfügung kein (fristgerechter) Einspruch eingelegt, der Einspruch zurückgenommen oder ist die Verwerfung des Einspruchs rechtskräftig, muss das Gericht von Amts wegen feststellen, ob der Adressat den unbefugten Firmengebrauch fortsetzt. Ist dies der Fall, so hat der Rechtspfleger (§ 3 Nr. 2 lit. d RPflG) gem. § 392 i.V.m. §§ 389 Abs. 1, 390 Abs. 4 S. 1 FamFG [§ 140 i.V.m. §§ 133 Abs. 1 Fall 1, 135 Abs. 2 S. 1 FGG a.F.] das Ordnungsgeld festzusetzen. Während Zwangsgeld (§ 14) ausschließlich auf die Erzwingung eines zukünftigen Verhaltens gerichtet ist, sanktioniert das Ordnungsgeld den vorausgegangenen Ordnungsverstoß und hat damit repressiven Charakter.[79] Für seine Festsetzung ist daher überdies **schuldhaftes Handeln** Voraussetzung.[80] An Verschulden kann es bei einem Handeln von Mitarbeitern ohne Wissen und Wollen des Firmeninhabers fehlen.[81] Im Falle eines verworfenen Einspruchs kann das Gericht ausnahmsweise von der Festsetzung eines Ordnungsgeldes gem. § 392 i.V.m. § 390 Abs. 4 S. 2 FamFG (§ 140 i.V.m. § 135 Abs. 2 S. 2 FGG a.F.) absehen oder seine Höhe herabsetzen.

45 Bei der Festsetzung des Ordnungsgeldes sind dem Adressaten gem. § 392 i.V.m. § 389 Abs. 2 FamFG (§ 140 i.V.m. § 138 FGG a.F.) zugleich die **Kosten des Verfahrens** aufzuerlegen. Überdies ist zugleich, wenn kein fristgerechter Einspruch erhoben wurde, gem. § 392 i.V.m. § 389 Abs. 1 Fall 1 FamFG (§ 140 i.V.m. § 133 Abs. 1 Fall 2 FGG a.F.) die **Androhungsverfügung zu wiederholen und in dieser Weise fortzufahren**, bis der Gebrauch der unzulässigen Firma eingestellt oder Einspruch erhoben wird, § 392 i.V.m. § 389 Abs. 3 FamFG (§ 140 i.V.m. § 133 Abs. 2 FGG a.F.). Im Falle der rechtskräftigen Verwerfung des Einspruchs hat das Gericht zugleich mit der Festsetzung des Ordnungsgeldes und der Auferlegung der Verfahrenskosten gem. § 390 Abs. 5 FamFG (§ 135 Abs. 3 S. 1 FGG a.F.) eine erneute Androhungsverfügung zu erlassen und in dieser Weise fortzufahren, bis der Beteiligte entweder die Verpflichtung erfüllt oder Einspruch einlegt, § 390 Abs. 5, 388 FamFG (§§ 135 Abs. 3 S. 1, 132 FGG a.F.).

46 Die Festsetzung des Ordnungsgeldes ist mit **Beschwerde** (Rn 43) anfechtbar, § 392 i.V.m. § 391 Abs. 1 FamFG (§ 140 i.V.m. § 139 Abs. 1 FGG a.F.). Diese kann allerdings

---

[79] Näher zur Unterscheidung BayObLG NJW 1999, 297.
[80] BVerfGE 84, 82 (87); OLG Frankfurt BB 1980, 960.
[81] OLG Frankfurt BB 1980, 960.

nur auf Mängel des Verfahrens der Ordnungsgeldfestsetzung und nicht etwa darauf gestützt werden, es läge kein unzulässiger Firmengebrauch vor.[82]

Nach Eintritt der Rechtskraft der Festsetzung **ist das Ordnungsgeld zu vollstrecken.** **47** Eine Aufhebung mit der Begründung, der unzulässige Firmengebrauch sei nicht mehr fortgesetzt worden, scheidet wegen des repressiven Charakters (Rn 44) des Ordnungsgeldes aus. Ein einmal festgesetztes Ordnungsgeld kann daher nicht mehr durch Nachholung der gebotenen Handlung bzw. Unterlassung vermieden werden. Ein Absehen von der Betreibung des Ordnungsgeldes ist daher nur im Gnadenwege möglich. Zahlungserleichterungen können gem. § 7 EGStGB in Anspruch genommen werden. Nach Eintritt der Verjährung (§ 9 EGStGB) darf das Ordnungsgeld nicht mehr vollstreckt werden.

VII. Verhältnis zu anderen Verfahrensarten

1. Eintragungsverfahren. Wird eine firmenrechtlich unzulässige Firma zur Eintragung **48** in das Handelsregister angemeldet, so ist nach Ansicht des BayObLG grundsätzlich die Aussetzung des Anmeldeverfahrens bis zur Erledigung des **Firmenmissbrauchsverfahrens geboten.**[83] Dem ist zuzustimmen; denn nur dadurch kann ein weiterer unbefugter Gebrauch der Firma ausgeschlossen werden (§ 29 Rn 13). Dagegen wird eingewandt, es sei der Grundsatz der Verhältnismäßigkeit zu beachten: Sei nach den Umständen des Einzelfalls nicht zu erwarten, dass der Anmelder den Gebrauch der Firma fortsetze, dann reiche eine bloße Zurückweisung der Anmeldung als milderes Mittel aus.[84] Ohne Wiederholungsgefahr liegt jedoch schon kein unbefugter Gebrauch i.S.d. § 37 Abs. 1 vor (Rn 15). Unerheblich für die Entscheidung zwischen Missbrauchsverfahren nach § 37 Abs. 1 und bloßer Zurückweisung der Anmeldung nach §§ 25 Abs. 1, 26 HRV ist zudem die funktionale Zuständigkeit.[85] Zwar kann sie auseinander fallen, weil für manche Anmeldeverfahren nicht der Rechtspfleger, sondern der Richter zuständig ist (§ 17 Nr. 1 lit. a, b RPflG). Diese unterschiedliche funktionale Zuständigkeit ist jedoch als Entscheidung des Gesetzgebers über den gesetzlichen Richter hinzunehmen. Und das bedeutet auch, dass sich die Entscheidung gerade nicht nach der funktionalen Zuständigkeit, sondern nach sachlichen Gesichtspunkten, d.h. hier nach der Wiederholungsgefahr richten muss.

2. Amtslöschung. Ist die unzulässige Firma im Handelsregister eingetragen, kann das **49** Gericht entweder gem. § 395 FamFG (§ 142 FGG a.F.) im Löschungsverfahren oder nach § 37 Abs. 1 i.V.m. § 392 FamFG (§ 140 FGG a.F.) im Firmenmissbrauchsverfahren vorgehen.[86] Die Ziele beider Verfahren sind unterschiedlich, nämlich dort Löschung im Register und hier Unterlassung des Firmengebrauchs. So gesehen könnten beide Verfahren unabhängig voneinander eingeschlagen werden.[87] Zu vermeiden gilt es jedoch zum einen divergierende Entscheidungen, da für bestimmte Amtslöschungsverfahren der Richter zuständig ist (§ 17 Nr. 1 lit. e und f RPflG). Zum anderen ist der Grundsatz der Verhältnismäßigkeit zu beachten. Regelmäßig wird sich daher empfehlen, mit dem **Miss-**

---

[82] BayObLGZ 29, 82; OLG Hamburg OLGR 29, 304; LG Landau RPfleger 1970, 10; Keidel/Kuntze/*Winkler* § 139 FGG Rn 10.
[83] BayObLG DB 1988, 1487; s. auch BayObLG DB 1989, 920.
[84] MünchKommHGB/*Krebs* Rn 38.
[85] So aber Röhricht/v. Westphalen/*Ammon/Ries* Rn 26.
[86] BayObLG BB 1989, 727; Baumbach/*Hopt* § 37 Rn 8.
[87] OLG Karlsruhe OLGR 42, 193; KG OLGZ 1965, 124 (127) = NJW 1965, 254; *Höver* DFG 1938, 208 f; *Jansen* NJW 1966, 1813 f; Schlegelberger/*Hildebrandt/Steckhan* Rn 10.

brauchsverfahren zu beginnen und abzuwarten, ob sich der Beteiligte unter dem Druck dieses Verfahrens bereit findet, der Firma eine zulässige Gestalt zu geben, wobei ein richterlicher Hinweis hilfreich sein kann (Rn 40). Meldet der Inhaber die erforderliche Firmenänderung gem. § 31 Abs. 1 an, erledigt sich die Amtslöschung. Das Löschungsverfahren kommt daher regelmäßig erst in Betracht, wenn das nur den konkreten Gebrauch der Firma untersagende Firmenmissbrauchsverfahren ohne Erfolg bleibt.[88] Wird gleichwohl zunächst von Amts wegen gelöscht, so ist für das Missbrauchsverfahren nur noch insoweit Raum, als von der unzulässigen Firma auch außerhalb des Handelsregisters noch Gebrauch gemacht wird; denn der Gebrauch im Registerverkehr ist mit der Löschung erledigt.

50 Nicht zu verwechseln ist das Amtslöschungsverfahren i.S.d. § 395 FamFG (§ 142 FGG a.F.) mit dem Amtslöschungsverfahren nach § 31 Abs. 2 S. 2; dieses setzt eine bereits erloschene und nicht bloß eine unzulässige Firma voraus (§ 31 Rn 37).

51 3. **Unterlassungsklage.** Das Firmenmissbrauchsverfahren nach § 37 Abs. 1 und die Unterlassungsklage nach § 37 Abs. 2 schließen sich schon aufgrund der unterschiedlichen Beteiligten nicht aus.[89] Ist bereits eine Unterlassungsklage anhängig, empfiehlt es sich allerdings, das Missbrauchsverfahren bis zu deren rechtskräftigen Entscheidung gem. § 21 Abs. 1 FamFG (§ 127 FGG a.F.) auszusetzen.

D. Die Unterlassungsklage (Abs. 2 S. 1)

52 Nach § 37 Abs. 2 S. 1 kann jeder, der in seinen Rechten dadurch verletzt wird, dass ein anderer eine Firma unbefugt gebraucht, von diesem Unterlassung des Gebrauchs verlangen. Der Unterlassungsanspruch setzt somit zweierlei voraus, nämlich erstens einen unbefugten Firmengebrauch und zweitens Klagebefugnis des Anspruchstellers.

I. Unbefugter Firmengebrauch

53 Unbefugter Firmengebrauch i.S.d. Abs. 2 und Gebrauch einer dem Verwender nicht zustehenden Firma i.S.d. Abs. 1 sind gleichbedeutend. Dafür kann man schon die Entstehungsgeschichte anführen: Bereits Art. 26 Abs. 2, 27 Abs. 1 ADHGB enthielten diese Formulierungen, ohne dass ihrer Unterschiedlichkeit Bedeutung zugemessen worden wäre.[90] S. ferner die Erwägungen Rn 4 f. Erste Voraussetzung des Unterlassungsanspruchs ist daher wie nach Abs. 1 der Gebrauch einer firmenrechtlich unzulässigen Firma (näher dazu Rn 8 ff). Beruht die Unzulässigkeit des Firmengebrauchs hingegen allein auf einem Verstoß gegen die §§ 12 BGB, 5, 15 MarkenG, §§ 3 ff UWG oder gegen vertragliche Abreden, ist § 37 Abs. 2 ebenso wenig wie § 37 Abs. 1 einschlägig (Rn 9, 34).[91] Eine Verletzung von Rechten des Klägers ist allerdings Voraussetzung der Klagebefugnis.

---

[88] Str., wie hier Baumbach/*Hopt* § 37 Rn 8; MünchKommHGB/*Krebs* Rn 37; Staub/*Hüffer* 4. Aufl. Rn 24; *Jansen* NJW 1966, 1813 f; aA Röhricht/v. Westphalen/*Ammon/Ries* Rn 25; *Bokelmann* Rn 863.
[89] Allg. M. MünchKommHGB/*Krebs* Rn 40; Röhricht/v. Westphalen/*Ammon/Ries* Rn 27.
[90] MünchKommHGB/*Krebs* Rn 42 mwN.
[91] MünchKommHGB/*Krebs* Rn 41 f; Ebenroth/Boujong/Joost/Strohn/*Zimmer* Rn 7 a.E.; aA Baumbach/*Hopt* Rn 10.

II. Klagebefugnis

1. Jedermann. Die unbestimmte Bezeichnung „*wer*" bedeutet, dass jedermann, also **54** nicht nur Kaufleute, sondern etwa auch Privatleute einen Unterlassungsanspruch haben, wenn die übrigen Voraussetzungen der Norm erfüllt sind. Hieraus folgt zugleich, dass die erforderliche Rechtsverletzung nicht handelsrechtlicher Art sein muss, sondern auch privatrechtlicher Art sein kann (s. ferner Rn 58).[92]

2. Rechtsverletzung

a) Begriff und Bedeutung

aa) Meinungsstand. Die Unterlassung des unbefugten Firmengebrauchs kann nach **55** § 37 Abs. 2 nur fordern, wer dadurch in seinen Rechten verletzt wird. Namentlich die **Rechtsprechung des Reichsgerichts**[93] sah diese Voraussetzung nur bei Verletzung eines absoluten Rechts als erfüllt an. Sie stützte sich dabei auf den Wortlaut des Gesetzes und seine Entstehungsgeschichte: Obwohl im Gesetzgebungsverfahren auch eine der jetzt herrschenden Meinung entsprechende Fassung erwogen worden war, wurde der dem Art. 27 ADHGB entsprechende Wortlaut gewählt.[94] Demgegenüber ist nach heute ganz herrschender Ansicht[95] die **unmittelbare Verletzung rechtlich geschützter Interessen wirtschaftlicher Art erforderlich und genügend**. Ausschlaggebend hierfür sind vor allem zwei Gründe: Erstens hätte § 37 Abs. 2 sonst auf Grund anderweitig gewährter Unterlassungsansprüche (insbes. §§ 5, 15 Abs. 4 MarkenG, §§ 12, 1004 BGB) kaum praktische Bedeutung, was zweitens zur Folge hätte, dass der Zweck des Gesetzes, Privatinitiative zur Durchsetzung der firmenrechtlichen Grundsätze nutzbar zu machen, verfehlt würde. Demgegenüber soll die Verletzung ideeller Interessen nicht ausreichen.[96]

bb) Stellungnahme. Der **herrschenden Meinung** ist aus den genannten Gründen[97] **zu** **56** **folgen**, zumal das historische Argument deswegen nicht verfängt, weil die Beibehaltung der Formulierung des ADHGB auf der Befürchtung beruhte, es bedürfe sonst kumulativ eines berechtigten Interesses und einer Rechtsverletzung.[98] Darüber hinaus ist jedoch zu erwägen, **bei nicht wirtschaftlich tätigen Personen** (also z.B. bei Privatleuten oder Idealvereinen) die **unmittelbare Verletzung rechtlich geschützter Interessen ideeller Art ausreichen** zu lassen; denn wirtschaftliche Interessen kann diese – grundsätzlich klagebefugte (Rn 54) – Personengruppe nicht geltend machen. Über die Verletzung ihres Namensrechts hinaus kann daher deren Privatinitiative nur mobilisiert werden, wenn auch die Verletzung rechtlich geschützter ideeller Interessen genügt (vgl. auch Anh. I zu § 37

---

[92] Statt aller MünchKommHGB/*Krebs* Rn 44.
[93] RG JW 1902, 27; RG JW 1913, 435; RG JW 1932, 730 f; RGZ 114, 90 (94); RGZ 132, 311 (316).
[94] Näher Staub/*Würdinger* 3. Aufl. Rn 25.
[95] BGHZ 53, 65 (70); BGH BB 1972, 982; BGH WM 1979, 922 f; BGH NJW 1991, 2023; OLG Hamburg BB 1973, 1456; OLG Hamburg WRP 1977, 496 f; OLG Hamm WRP 1989, 325; Röhricht/v. Westphalen/ *Ammon*/*Ries* Rn 30; Baumbach/*Hopt* Rn 11; Koller/*Roth*/Morck Rn 9, jeweils mwN.
[96] Röhricht/v. Westphalen/*Ammon*/*Ries* Rn 30; Heymann/*Emmerich* Rn 23; Ebenroth/Boujong/Joost/Strohn/*Zimmer* Rn 28; MünchKommHGB/*Krebs* Rn 49 mwN.
[97] Näher Staub/*Hüffer* 4. Aufl. Rn 29.
[98] Protokolle über die Beratung zur Begutachtung des Entwurfs eines HGB; Sitzung vom 25.11.1895, Kommission Handel S. 56 f = Schubert/Schmiedel/*Krampe* Quellen zum Handelsgesetzbuch von 1897, Bd. 2. 1. Hb. 1988, S. 308 ff.

Rn 37). Überdies können solche ideellen Interessen zumindest genauso schwer wiegen wie wirtschaftliche Interessen. Schließlich kann auch die Verletzung von rechtlich geschützten ideellen Interessen nicht von jedermann geltend gemacht werden, so dass nicht zu befürchten steht, dass der Zweck dieser Voraussetzung, Popularklagen auszuschließen (Rn 5), verfehlt würde. Für denkbare Beispiele s. Rn 68.

57   b) **Eigenes Recht.** Der Kläger kann grundsätzlich nur die Verletzung eines eigenen, ihm zustehenden Rechts, also nicht die Verletzung von Rechten Dritter geltend machen. Ein eigenes Recht hat auch der **Erbe**, sofern das verletzte Recht wie regelmäßig vererblich ist (zum Namensrecht s. Anh. I zu § 37 Rn 13). Das Zustimmungsrecht der Erben nach §§ 22 Abs. 1, 24 Abs. 2 kann daher die Klagebefugnis begründen.[99] Dagegen kann der Gesellschafter einer in ihren Rechten verletzten Gesellschaft (vorbehaltlich der actio pro socio) nicht Unterlassung des unbefugten Firmengebrauchs fordern. Ebenso wenig kann ein Handelsvertreter im eigenen Namen als Kläger nach § 37 Abs. 2 auftreten, wenn ein Recht des Unternehmers durch unbefugten Firmengebrauch verletzt wird. Wohl aber kann der **Lizenznehmer** eines Kennzeichens klagebefugt sein (s. Anh. I zu § 37 Rn 29, Anh. II zu § 37 Rn 48). Streitig ist die Behandlung von **Verbänden i.S.d. § 8 Abs. 3 Nr. 2 UWG:** Während die hL vorträgt, sie würden die Interessen ihrer Mitglieder als eigene bündeln und könnten daher die Verletzung eigener Rechte i.S.d. § 37 Abs. 2 geltend machen,[100] bezieht sich die Klagebefugnis gem. § 8 Abs. 3 Nr. 2 UWG nach Ansicht des **BGH nicht** auf Ansprüche außerhalb des UWG[101].

58   c) **Gestattung.** Hat der Kläger dem Firmeninhaber die Führung der Firma bzw. des seine Rechte berührenden Firmenbestandteils durch Vertrag oder einseitige Erklärung gestattet, **schließt** dies eine **Rechtsverletzung**[102] – und nicht erst die Rechtswidrigkeit der Verletzung[103] – **und damit den Unterlassungsanspruch aus.** Dies gilt auch dann, wenn die vertragliche Gestattung als schuldrechtlicher Verzicht auf die Geltendmachung von Unterlassungsansprüchen auszulegen ist; denn das persönliche Klagerecht steht grundsätzlich zur Disposition des Klageberechtigten, selbst wenn es dem Schutzinteresse Dritter oder der Allgemeinheit dient. Freilich beseitigt eine solche Gestattung nur die Rechtsverletzung, nicht die Unzulässigkeit der Firma, so dass das Registergericht nicht gehindert ist nach § 37 Abs. 1 vorzugehen (Rn 34).

59   d) **Verwirkung.** Nachdem der Anspruch aus § 37 Abs. 2 zur Disposition des Klageberechtigten steht (Rn 58), kann er auch verwirken (§ 242 BGB).[104] Dem steht nicht entgegen, dass der Anspruch der Durchsetzung von Allgemeininteressen dient; denn die Ver-

---

[99] KGJ 46, 122 (124); OLG Hamm ZIP 1983, 1198 (1202); Röhricht/v. Westphalen/ Ammon/Ries Rn 31 a.E.
[100] Staub/Hüffer Rn 30; MünchKommHGB/ Krebs Rn 49; Röhricht/v. Westfalen/ Ammon/Ries Rn 31; Ebenroth/Boujong/ Joost/Strohn/Zimmer Rn 20.
[101] BGH NJW 1997, 2817 (2819).
[102] Zutr. MünchKommHGB/Krebs Rn 50.
[103] So aber OLG Saarbrücken NJWE-WettbR 1999, 284 (286); Staub/Hüffer 4. Aufl. Rn 31; Ebenroth/Boujong/Joost/Strohn/Zimmer Rn 21; unklar GKzHGB/Steitz Rn 12a: Zustimmung lässt individuelles Klagerecht entfallen.
[104] RGZ 167, 184 (190 f.); Staub/Hüffer 4. Aufl. Rn 33; MünchKommHGB/Krebs Rn 51; Canaris Handelsrecht § 11 Rn 29; Heymann/Emmerich Rn 23a; Ingerl/Rohnke Nach § 15 MarkenG Rn 6; offen gelassen von BGH WM 1993, 1248; aA bzw. sehr zurückhaltend v. Gamm FS Stimpel, 1985, S. 1007 (1013 f); Weber S. 136 f.; Röhricht/ v. Westphalen/Ammon/Ries Rn 33; Koller/ Roth/Morck Rn 12.

wirkung beseitigt nicht die Unzulässigkeit der Firma und daher auch nicht die Pflicht des Registergerichts nach § 37 Abs. 1 vorzugehen. Die Voraussetzungen der Verwirkung sollten sich an § 21 Abs. 1 und 2 MarkenG orientieren.[105] Von der Frage der Verwirkung zu unterscheiden ist die Frage des Bestandsschutzes einer unzulässigen Firma (dazu Rn 11).

e) Verjährung. Die Möglichkeit der Verjährung des Unterlassungsanspruchs ist praktisch bedeutungslos, da die dreijährige Verjährungsfrist (§§ 195, 199 BGB) erst mit dem letzten Gebrauch der Firma beginnt. Solange der Gebrauch der Firma fortgesetzt wird, insbes. die Registereintragung fortbesteht, tritt daher keine Verjährung ein.[106] **60**

f) Beweislast. Der Kläger trägt die Beweislast dafür, dass ihm das Recht oder rechtlich geschützte Interesse zusteht, dessen Verletzung er geltend macht. Misslingt die Beweisführung, so ist die Klage abweisungsreif, ohne dass es auf den unbefugten Firmengebrauch ankäme. **61**

III. Kausalität

Die Rechtsverletzung muss „dadurch" erfolgen, dass ein anderer eine unzulässige Firma gebraucht. Es muss also eine Kausalitätsbeziehung zwischen der Rechtsverletzung und dem Firmengebrauch bestehen. Ausgeschlossen sind damit Rechtsverletzungen, die auf einem anderen Grund als einem Firmengebrauch beruhen (z.B. dem Gebrauch einer Geschäftsbezeichnung). Davon zu unterscheiden ist der Fall, dass eine andere Bezeichnung (z.B. eine Geschäftsbezeichnung) firmenmäßig, also als Firma gebraucht wird. Diesen Fall erfasst § 37 Abs. 1 (Rn 53) und daher (Rn 12, 16 ff) auch Abs. 2. Nicht erforderlich ist schließlich, dass eine Kausalitätsbeziehung zwischen der Rechtsverletzung und der Unzulässigkeit des Firmengebrauchs besteht. Vielmehr erfasst § 37 Abs. 2 auch und gerade solche Fälle, in denen die Unzulässigkeit des Firmengebrauchs nicht auf der Rechtsverletzung beruht. **62**

IV. Fallgruppen der Rechtsverletzung

1. Verletzung des Namensrechts i.S.d. § 12 BGB, des Firmenrechts oder eines sonstigen Unternehmenskennzeichens i.S.d. § 5 Abs. 2 MarkenG. Als verletztes Recht i.S.d. § 37 Abs. 2 kommt in erster Linie das Recht des Klägers an seinem bürgerlichen Namen[107], seiner Firma[108] oder eines sonstigen Unternehmenskennzeichens in Betracht. Sind die Voraussetzungen eines Anspruchs aus § 12 BGB (dazu Anh. I zu § 37) oder aus §§ 5 Abs. 2, 15 Abs. 4 MarkenG (dazu Anh. II zu § 37) gegeben, liegt stets zugleich eine Rechtsverletzung i.S.d. § 37 Abs. 2 vor. Ist dagegen der Anwendungsbereich dieser Normen zwar eröffnet, aber etwa mangels Priorität oder mangels Verwechselungsgefahr kein Anspruch gegeben, scheidet regelmäßig zugleich eine Rechtsverletzung aus. In Betracht **63**

---

[105] MünchKommHGB/*Krebs* Rn 51.
[106] Vgl. RGZ 49, 20 f; MünchKommHGB/ *Krebs* Rn 52.
[107] RGZ 56, 187 (190).
[108] RGZ 110, 422 ff; 171, 30 (34); RG Recht 1924, Nr. 1319; RG LZ 1932, 39; RG JW 1939, 1226.

kommt dann grundsätzlich[109] nur noch eine Verletzung rechtlich geschützter Interessen (s. Rn 55 f, 67 ff). Erforderlich ist zudem stets, dass der Beklagte den fremden Namen oder das fremde Unternehmenskennzeichen **als seine Firma gebraucht,**[110] weil sonst die erforderliche Kausalität zwischen der Rechtsverletzung und dem Firmengebrauch fehlt (Rn 62), also gar kein firmenrechtlich relevanter Sachverhalt gegeben ist. Ergibt sich die Unzulässigkeit des Firmengebrauchs nur aus § 30 ist ferner zu beachten, dass der Unterlassungsanspruch aus § 37 Abs. 2 – anders als nach §§ 5 Abs. 2, 15 Abs. 4 MarkenG – entsprechend örtlich begrenzt ist[111]; denn die Reichweite des Anspruchs aus § 37 Abs. 2 ist auf den Verstoß gegen das Firmenrecht beschränkt (Rn 9).

2. Verletzung von sonstigen absoluten Rechten

64 a) **Immaterialgüterrechte.** Als Grundlage eines Unterlassungsanspruchs kommt auch jedes andere absolute Recht in Betracht. Zu denken ist etwa an die Verletzung eines Markenrechts, Patentrechts oder sonstigen Immaterialgüterrechts. So liegt in dem Gebrauch der Firma „Einzige Fabrik nikotinfreier Tabake, Patent, Dr. Kißling & Co." eine Verletzung des Patentrechts eines Klägers, dem ebenfalls eine Vorrichtung zum Entzug des Nikotins patentiert worden ist.[112] Die Firmenführung kann auch das Recht an der Erfindung verletzen, etwa dann, wenn in der Firma unzutreffend ein Dritter als Erfinder benannt ist.

65 b) **Allgemeines Persönlichkeitsrecht.** Denkbar ist ferner, dass die Firmenführung zwar nicht das Namensrecht eines Lebenden, wohl aber das allgemeine Persönlichkeitsrecht eines Verstorbenen verletzt (s. Anh. I zu § 37 Rn 13).

66 c) **Recht am eingerichteten und ausgeübten Gewerbebetrieb?** Das Reichsgericht hat angenommen, die unbefugte Firmenführung könne das Recht am eingerichteten und ausgeübten Gewerbebetrieb verletzen und diese Rechtsverletzung vermöge die Unterlassungsklage nach § 37 Abs. 2 zu begründen.[113] In dieser Annahme lag das Korrektiv für die wortgetreue, die Verletzung absoluter Rechte fordernde Auslegung des § 37 Abs. 2, welche die Verletzung rechtlich geschützter Interessen nicht genügen ließ (Rn 55). Da heute die Verletzung rechtlich geschützter Interessen wirtschaftlicher Art für die Anwendung des § 37 Abs. 2 genügt (Rn 55 f, 67), ist ein Zurückgreifen auf diese in Begründung und Begrenzung nicht unumstrittene Rechtsfigur überflüssig.[114]

3. Unmittelbare Verletzung rechtlich geschützter Interessen

67 a) **Interessen wirtschaftlicher Art.** Grundlage eines auf § 37 Abs. 2 gestützten Unterlassungsanspruchs kann auch die unmittelbare Verletzung rechtlich geschützter wirtschaftlicher Interessen sein (Rn 55 f). Verletzung wirtschaftlicher Interessen schließt ideelle Interessen aus (s. aber Rn 56, 68) und bedeutet das Erleiden von wirtschaftlichen Nachteilen. Rechtlich geschützt ist das Interesse, wenn es den **Schutz des Gesetzes** erfährt, sei

---

[109] Denkbar ist allerdings, dass der Firmengebrauch zwar nicht gegen §§ 5 Abs. 2, 15 Abs. 4 MarkenG, wohl aber gegen §§ 3 ff UWG verstößt; zum Verhältnis von UWG und MarkenG *Bornkamm* GRUR 2005, 97 (100 f) mwN.
[110] RGZ 156, 363 (365 f).
[111] RGZ 171, 30 (34).
[112] RGZ 3, 164 (167).
[113] RG JW 1910, 120 (122); RGZ 132, 311 (314); KG OLGR 30, 388.
[114] Staub/*Hüffer* 4. Aufl. Rn 37; Ebenroth/Boujong/Joost/Strohn/*Zimmer* Rn 27; MünchKommHGB/*Krebs* Rn 48.

es auch in einem anderen Zusammenhang und gegen spezielle Beeinträchtigungsformen. Unmittelbar ist die Verletzung, wenn der wirtschaftliche Nachteil direkte Folge der Interessenverletzung ist. Ein betriebsbezogener Eingriff i.S.d. deliktsrechtlichen Unternehmensschutzes ist hierfür jedenfalls ausreichend, aber nicht erforderlich. Vielmehr ist die Unmittelbarkeit etwa auch dann zu bejahen, wenn sich der unbefugte Firmengebrauch nicht gegen das Unternehmen des Klägers richtet, aber der damit für das Unternehmen des Beklagten verbundene Wettbewerbsvorteil notwendig (auch) auf Kosten des klagenden Wettbewerbers verwirklicht wird. Zu Recht nimmt die Rechtsprechung daher eine unmittelbare Verletzung rechtlich geschützter wirtschaftlicher Interessen bereits dann an, wenn **Kläger und Beklagter Konkurrenten sind**.[115] Daran fehlt es, wenn die Parteien einander auf räumlich oder gegenständlich verschiedenen Märkten gegenübertreten.

b) Interessen ideeller Art. Bei nicht wirtschaftlich tätigen Personen (also z.B. bei Privatleuten oder Idealvereinen) genügt nach hier vertretener Ansicht ferner die unmittelbare Verletzung rechtlich geschützter Interessen ideeller Art (Rn 56). Als solches Interesse kommt etwa die Religionsfreiheit gem. Art. 4 GG in Betracht (vgl. § 18 Rn 3 a.E.).[116]

68

V. Klageantrag und Vollstreckung

Die Klage kann auf Unterlassung des Firmengebrauchs, auf Anmeldung der Löschung (Rn 70) und auf Unterlassung der Anmeldung (Rn 71) gerichtet werden. Dabei ist hinsichtlich des Klageantrags zweierlei zu beachten. Einerseits geht ein Antrag gegen die Verwendung eines bestimmten Firmenbestandteils in jedweder Firmierung oder in sonstiger Weise zu weit, weil sich nicht ausschließen lässt, dass der Beklagte einen Weg findet, den Firmenbestandteil in zulässiger Weise zu gebrauchen. Auch eine Klage auf Firmenänderung hat daher keine Aussicht auf Erfolg. Ein Unterlassungsantrag kann daher in der Regel nur gegen den angegriffenen Firmennamen in seiner vollständigen Gestalt gerichtet werden.[117] Andererseits darf ein Löschungsantrag entgegen älterer Rechtsprechung[118] und Literatur[119] nicht auf die gesamte Firma gerichtet sein, wenn es zur Beseitigung der Beeinträchtigung ausreicht, dass ein bestimmter Firmenbestandteil gelöscht wird.[120] Auch dies ist ein Gebot der Verhältnismäßigkeit. Das ist hier aus den genannten Gründen anders als im Firmenmissbrausverfahren nach § 37 Abs. 1 (s.o. Rn 36). Auch wenn nur ein Firmenbestandteil gelöscht wird, steht es dem Beklagten selbstverständlich frei, die Firma insgesamt zu ändern, und zwar nach dem Gesagten auch indem er den gelöschten Teil im Rahmen einer anderen Kombination verwendet, wenn diese neue Kombination keinen rechtlichen Bedenken begegnet.[121]

69

---

[115] BGH NJW 1991, 2023; OLG Hamm NJW-RR 1989, 549.
[116] Vgl. ferner BGHZ 124, 173 (184 ff).
[117] St. Rspr. etwa RGZ 132, 311 f; BGH BB 1965, 1202; BGH GRUR 1968, 212 (213); BGH GRUR 1981, 60 (64); aus der Lit. etwa MünchKommHGB/*Krebs* Rn 53; Baumbach/*Hopt* Rn 13.
[118] BGHZ 65, 103 (106); BGH GRUR 1960, 34; 1968, 431 (433); OLG Hamm NJW 1959, 1973; KG NJW 1955, 1926 (1927).
[119] Etwa Staub/*Hüffer* 4. Aufl. Rn 39; Heymann/*Emmerich* Rn 27.
[120] Grundlegend BGH GRUR 1974, 162 (164); BGH GRUR 1981, 60 (64) m. Anm. *Schulze zur Wiesche*; wie hier auch MünchKommHGB/*Heidinger* Vor § 17 Rn 52; aA MünchKommHGB/*Krebs* Rn 54.
[121] BGH GRUR 1974, 162 (164); BGH GRUR 1981, 60 (64); *v. Gramm* FS Stimpel, S. 1007 (1012 f).

70 Da auch die Eintragung in das Handelsregister einen Gebrauch der Firma darstellt, kann die **Klage auf Anmeldung der Löschung** gerichtet werden.[122] Mit Rechtskraft der Entscheidung gilt dann die Löschungsanmeldung gem. § 894 ZPO als abgegeben. Eine einstweilige Verfügung kommt wegen des endgültigen Charakters der Maßnahme nicht in Betracht.

71 Steht die Eintragung der Firma bevor, so ist die **Klage auf Unterlassung der Anmeldung** zu richten. Für die Vollstreckung gilt § 890 ZPO. Insoweit kann auch eine einstweilige Verfügung erwirkt werden. Auf Urteil oder Verfügung gestützt, kann der Kläger der Eintragung gem. § 16 Abs. 2 widersprechen und sie damit verhindern.

72 Soweit die **Klage auf Unterlassung eines nicht mit der Registrierung zusammenhängenden Firmengebrauchs** gerichtet ist, gilt für die Vollstreckung des Untersagungsurteils gleichfalls § 890 ZPO. Auch insoweit darf eine einstweilige Verfügung erlassen werden. Der Löschungsantrag (Rn 70) und der Unterlassungsantrag können in einer Klage gestellt werden. Die Verbindung ist zweckmäßig, wenn sich der Firmengebrauch wie regelmäßig nicht in der Eintragung erschöpft.

E. Schadensersatzansprüche (Abs. 2 S. 2)

73 Abs. 2 S. 2 bringt nicht nur die Selbstverständlichkeit zum Ausdruck, dass der Unterlassungsanspruch nach § 37 Abs. 2 S. 1 Schadensersatzansprüche nach anderen Regelungen nicht ausschließt.[123] Vielmehr folgt aus der Regelung, dass mit dem Unterlassungsanspruch selbst bei schuldhaften Verhalten des Beklagten nicht notwendig ein Schadensersatzanspruch verbunden ist; denn dies ist die Neuerung von § 37 Abs. 2 gegenüber Art. 27 Abs. 1 ADHGB, der den Unterlassungsanspruch noch mit einem Schadensersatzanspruch verband (Rn 5).[124] Als sonstige Vorschriften, die einen Schadensersatzanspruch begründen, kommen insbes. §§ 5 Abs. 2, 15 Abs. 5 MarkenG (dazu Anh. II zu § 37) sowie subsidiär §§ 12, 823 Abs. 1 BGB (dazu Anh. I zu § 37) in Betracht.

Anhang I zu § 37

§ 12 BGB
Namensrecht

¹Wird das Recht zum Gebrauch eines Namens dem Berechtigten von einem anderen bestritten oder wird das Interesse des Berechtigten dadurch verletzt, dass ein anderer unbefugt den gleichen Namen gebraucht, so kann der Berechtigte von dem anderen Beseitigung der Beeinträchtigung verlangen. ²Sind weitere Beeinträchtigungen zu besorgen, so kann er auf Unterlassung klagen.

---

[122] RGZ 3, 120; RGZ 3, 164 (168); RGZ 22, 58 (60); RGZ 37, 58 f; Ebenroth/Boujong/Joost/Strohn/*Zimmer* Rn 29; Röhricht/v. Westphalen/*Ammon/Ries* Rn 34; kritisch MünchKommHGB/*Krebs* Rn 54.

[123] So aber Heymann/*Emmerich* Rn 28.
[124] MünchKommHGB/*Krebs* Rn 56; Röhricht/v. Westphalen/*Ammon/Ries* Rn 36.

Schrifttum

Arndt Name und Wappen in ihrer Funktion als Familienkennzeichen, StAZ 1954, 40; *Bayreuther* Gewerblicher und bürgerlicher Rechtsschutz des Vereinssymbols, WRP 1997, 820; *Bußmann* Name, Firma, Marke, 1937; *v. Caemmerer* Bereicherung und unerlaubte Handlung, Festschrift Rabel, Bd. I, 333; *Diederichsen* Funktionen des Namensrechts und das Funktionieren von Namen im Recht – Aspekte einer juristischen Onomastik, StAZ 1993, 345; *Fezer* Kumulative Normenkonkurrenz im Kennzeichenrecht, WRP 2000, 863; *Forkel* Zur Zulässigkeit beschränkter Übertragungen des Namensrechtes, NJW 1993, 3181; *Goldbaum* Zum Namensrecht, JW 1914, 169; *Götting* Persönlichkeitsrechte als Vermögensrechte, 1995; *Hefermehl* Der namensrechtliche Schutz geschäftlicher Kennzeichen, Festschrift A. Hueck 1959 S. 519; *Honig* Ortsnamen in Warenbezeichnungen, WRP 1996, 399; *Hubmann* Das Persönlichkeitsrecht, 1983; *Ingerl* Allgemeiner Namensschutz für geistige Produkte, WRP 1997, 1127; *Klippel* Der zivilrechtliche Schutz des Namens, 1985; *Knaak* Das Recht der Gleichnamigen, 1979; *ders.* Firma und Firmenschutz, 1986; *Koch* Neue Rechtsprobleme der Internetnutzung, NJW-CoR 1998, 45; *Koebel* Namensnennung in Massenmedien, JZ 1966, 389; *H. Köhler* Namensrecht und Firmenrecht, Festschrift Fikentscher, 1998, 494; *Koos* Der Name als Immaterialgut, GRUR 2004, 808; *Krüger-Nieland* Anwendungsbereich und Rechtsnatur des Namensrechts, Festschrift Rob. Fischer, 1979, S. 339; *Lehmann* Domains – weltweiter Schutz für Namen, Firma, Marke, geschäftliche Bezeichnung im Internet? WRP 2000, 947; *Lindenmaier* Namens- und Firmenschutz im Geschäftsverkehr, DB 1953, 629; *Opet* Das Namensrecht des BGB, AcP 87 (1887); *Plaß* Neue Grundsätze für das Recht der Gleichnamigen? WRP 1999, 40; *ders.* Unternehmenskennzeichen im Wandel? WRP 2001, 661; *Ramdohr* Das Recht zum Gebrauch eines Namens nach den Vorschriften des Bürgerlichen Gesetzbuches, Gruchot 43, 1; *von Randenborgh* Zum Namensrecht der Handelsgesellschaften, DNotZ 1961, 508; *Riecke* Die Entwicklung des privaten Namens- und Firmenschutzrechts im Rahmen des geschäftlichen Verkehrs nach dem Recht des Deutschen Reiches, Diss. Breslau 1933; *Sack* Die eigenmächtige Werbung mit fremden Namen als Delikt, WRP 1984, 521; *Sagel-Grande* Die wesentlichsten Güter im Namensrecht, NJ 1992, 537; *Schmieder* Name – Firma – Titel – Marke, JuS 1995, 119; *Scholz* Die Änderung der Gleichgewichtslage zwischen namensgleichen Unternehmen und das Recht auf die Namensmarke, GRUR 1996, 681; *Schulz* Namensrecht, MDR 1979, 638; *Schwenzer* Namensrecht im Überblick, Entwicklung – Rechtsvergleich – Analyse, FamRZ 1991, 390; *Seifert* Firmenrecht „online" – Die sog. Internet-Domain als Bestandteil der Handelsfirma, Rpfleger 2001, 395; *Siebert* Das namensrecht im Verhältnis zum Firmen- und Wettbewerbsrecht, DB 1959, 641; *Steding* Das Recht der Firma und ihres Schutzes, BuW 1996, 586; *Stratmann* Internet domain-names oder Schutz von Namen, BB 1997, 689; *Weidert/Lühring* Was hat Vossius, was Shell nicht hat und umgekehrt? WRP 2002, 880; *Weiler* Irreführung über die Rechtsform durch Top-Level-Domains? K&R 2003, 601; *Wietschel* Der Schutz des Parteinamens im Wahlkampf, BayVBl. 1998, 488; *Wüstenberg* Das Namensrecht der Domainnamen, GRUR 2003, 109; *Wurster* Aktuelle Entwicklungen im deutschen Domain-Namensrecht EuLF 2002, 61.

S. ferner das Schrifttum zu Anhang II zu § 37.

Übersicht

	Rn		Rn
A. Übersicht	1–8	II. Beginn und Ende des Namensschutzes	13–17
I. Norminhalt und Normzweck	1	1. Bürgerlicher Name	13
II. Rechtsnatur des Namensrechts	2	2. Firma	14
III. Anwendungsbereich von § 12 BGB	3–8	3. Sonstige Namen und Kennzeichen	15–17
		III. Namensleugnung (S. 1 Fall 1)	18
B. Voraussetzungen	9–38	IV. Namensanmaßung (S. 1 Fall 2)	19–38
I. Name	9–12	1. Gleicher Name	20–22
1. Name natürlicher Personen	9	2. Gebrauch	23
2. Name von juristischen Personen und rechtsfähigen Personenvereinigungen	10	3. Unbefugt	24
		a) Überblick	24
3. Geschäftliche Bezeichnungen	11	b) Originäres Gebrauchsrecht	25
4. Namensartige Kennzeichnungen	12	c) Abgeleitetes Gebrauchsrecht	26–29

	Rn		Rn
d) Unredlicher Gebrauch	30	II. Unterlassungsanspruch (S. 2)	40–42
e) Nachrangiges Gebrauchsrecht	31	1. Voraussetzungen	40–41
f) Gleichrangiges Gebrauchsrecht	32–34	a) Wiederholungsgefahr	40
g) Domainrecht	35	b) Erstbegehungsgefahr	41
4. Interessenverletzung	36	2. Anspruchsinhalt	42
a) Außerhalb des Geschäftsverkehrs	37	III. Schadensersatzanspruch aus § 823 Abs. 1 BGB	43–45
b) Innerhalb des Geschäftsverkehrs	38	IV. Weitere Anspruchsgrundlagen	46–51
C. Rechtsfolgen	39–52		
I. Beseitigungsanspruch (S. 1)	39		

A. Grundlagen

I. Norminhalt und Normzweck

1 § 12 BGB beinhaltet und bezweckt den individuellen **Schutz des berechtigten Namensträgers** vor einer Verletzung seines Namensrechts. Liegt eine negative Verletzung durch Namensleugnung oder eine positive Verletzung durch Namensanmaßung vor, kann der berechtigte Namensträger von dem Verletzer nach S. 1 Beseitigung der Beeinträchtigung und nach S. 2, wenn weitere Beeinträchtigungen zu besorgen sind, Unterlassung verlangen. Der Name dient der Unterscheidung einer Person im Rechtsverkehr, sowohl im geschäftlichen als auch im allgemeinen Umgang, und damit zugleich ihrer Identität und Individualität.[1] Aufgrund seiner Unterscheidungsfunktion hat der Name überdies Ordnungsfunktion.[2] Insoweit besteht an einer den gesetzlichen Vorschriften entsprechenden Bildung und Führung des Namens ein öffentliches Interesse.[3] § 12 BGB regelt allerdings nur den Schutz des Namens, nicht dessen Erwerb, Bildung, Änderung oder Verlust. Dies bestimmt sich nach anderen Vorschriften (näher Rn 13 ff).

II. Rechtnatur des Namensrechts

2 Das Namensrecht ist nach einhelliger Ansicht ein absolutes Recht. Im Blick auf den bürgerlichen Namen ist ferner unstreitig, dass es sich um ein besonderes Persönlichkeitsrecht handelt. Zweifelsfrei ist überdies, dass geschäftliche Bezeichnungen i.S.d. § 5 MarkenG Immaterialgüterrechte sind. Streitig ist hingegen, ob es sich bei bürgerlichen Namen daneben auch bzw. bei Unternehmenskennzeichen ausschließlich um Immaterialgüterrechte handelt. Und streitig ist dementsprechend schließlich die Einordnung sonstiger Namen, also insbes. von Wahlnamen natürlicher Personen (Rn 9 a.E.) und von Namen nicht unternehmerisch tätiger juristischer Personen, z.B. von Idealvereinen.[4] Richtigerweise ist wie folgt

---

[1] *Hubmann* Das Persönlichkeitsrecht, S. 268 (276 ff); *Sagel-Grande* NJW 1992, 537 ff; Erman/*Saenger* Rn 1.

[2] BVerfG NJW 1988, 1577; BVerwG NJW 1987, 2454.

[3] Bamberger/Roth/*Bamberger* Rn 6; Prütting/Wegen/Weinreich/*Prütting* Rn 3.

[4] Für eine Einordnung als Persönlichkeitsrecht: RGZ 119, 44 (47); BGHZ 32, 103 (111); 119, 237 (242); 143, 214; BGH GRUR 1959, 430 (431); *Ennecerus/Nipperdey* § 100 I; *Hubmann* Das Persönlichkeitsrecht, § 36, S. 216 (218, 276); *Bussmann* Name, Firma, Marke, S. 12; *Medicus* AT Rn 1072; Larenz/*Wolf* AT § 8 Rn 7 ff; *Canaris* Handelsrecht, § 10 Rn 7 (für das bürgerliche Namensrecht, das Firmenrecht wird als Mischrecht erfasst); *Brox* AT § 33 Rn 715 ff. Für eine Einordnung als Mischrecht: BGH GRUR 1987, 128; *Koos* GRUR 2004, 808 (813); Staudinger/*Haber-*

zu differenzieren:[5] Grundsätzlich ist das Namensrecht ebenso wie das Firmenrecht (§ 17 Rn 50) ein Mischrecht. Dabei ist der persönlichkeitsrechtliche Charakter umso stärker, je mehr der Name oder das Kennzeichen durch ein personales Substrat geprägt ist und dementsprechend umso schwächer, je weniger dies der Fall ist. Deswegen steht bei dem bürgerlichen Namen nach wie vor der Schutz der Persönlichkeit des Namensträgers im Vordergrund, wohingegen bei Sach- und Phantasiekennzeichen der Immaterialgüterrechtscharakter stärker hervortritt. Wenngleich bei dem bürgerlichen Namen der Schutz der Persönlichkeit des Namensträgers im Vordergrund steht, werden mithin auch die kommerziellen Belange des Namensträgers geschützt.[6] Selbst bei einer Registrierung des bürgerlichen Namens als Marke i.S.d. MarkenG zieht jedoch das Persönlichkeitsrecht des Namensträgers dem Umfang und der Reichweite von Lizenzen besondere Grenzen (s. dazu Rn 26 ff), die bei bloßen Sach- und Phantasiekennzeichen ohne persönlichkeitsrechtlichen Charakter nicht bestehen.

III. Anwendungsbereich von § 12 BGB

Ausweislich der systematischen Einordnung in den Titel 1 ist Schutzsubjekt von § 12 BGB zuvörderst die natürliche Person und Schutzobjekt in erster Linie deren bürgerlicher Name. Dieser Anwendungsbereich wurde von der Rechtsprechung indes schon früh erheblich ausgeweitet. In subjektiver Hinsicht werden von § 12 BGB heute auch juristische Personen und Personenvereinigungen aller Art (Rn 10), in objektiver Hinsicht auch namensartige Kennzeichen und namensartige Bildzeichen (Rn 11 f) geschützt. **3**

Dieser weite Anwendungsbereich wird allerdings durch §§ 5, 15 MarkenG stark eingeschränkt. In zahlreichen Entscheidungen jüngeren Datums hat der BGH das Markenrecht als spezielle Regelung eingestuft, die in ihrem Anwendungsbereich dem bürgerlich-rechtlichen Namensschutz vorgeht.[7] Jedenfalls dann, wenn sowohl der Berechtigte als auch der Rechtsverletzer den Namen bzw. das Kennzeichen im geschäftlichen Verkehr, d.h. zu beruflichen oder erwerbswirtschaftlichen Zwecken verwenden, wird § 12 BGB von §§ 5, 15 MarkenG verdrängt. § 12 BGB findet mithin nur noch auf den Gebrauch von Namen und namensartigen Kennzeichen außerhalb des geschäftlichen Verkehrs, d.h. zu rein privaten, ideellen, kulturellen, wissenschaftlichen oder gesellschaftspolitischen Zwecken, Anwendung (s. auch Anh. II Rn 22).[8] Der **Anwendungsbereich** von § 12 BGB beschränkt sich daher auf **vier Fallkonstellationen:**[9] **4**

---

mann Rn 19 ff; Palandt/*Heinrichs* Rn 2, 15; Ingerl/Rohnke § 15 MarkenG Rn 6 (zu den geschäftlichen Bezeichnungen im Sinne des § 5 MarkenG); MünchKommHGB/*Heidinger* § 17 Rn 20; *K. Schmidt* Handelsrecht, § 12 I 3a; *Götting* Persönlichkeitsrechte als Vermögensrechte, S. 86 f, 122, 279. Als reines Immaterialgüterrecht sieht den Namen im geschäftlichen Bereich *Fezer* ZHR 161 (1997), 52 ff; *Fezer* § 15 MarkenG Rn 24.
[5] Ausf. MünchKommBGB/*Bayreuther* Rn 2 ff.
[6] BVerfG NJW 2006, 3409 (Nichtannahmebeschluss); BGHZ 143, 214 (Marlene Dietrich); 169, 193; LG München ZUM-RD 2000, 549; LG München Urt. v. 21.6.2001, Az. 17 HKO 8504/01, InstGE 2, 37; LG München ZUM-RD 2003, 601.

[7] BGH GRUR 1998, 696 (697); GRUR 2000, 1032 (1034); GRUR 2002, 340 (342); GRUR 2002, 622; GRUR 2002, 706; GRUR 2003, 973 (974); GRUR 2003, 332 (335); GRUR 2004, 235; GRUR 2005, 419; GRUR 2005, 423; GRUR 2005, 430; *Starck* FS Erdmann, S. 485; *Wüstenberg* GRUR 2003, 109; *Piper* GRUR 1996, 429; *Sack* WRP 1995, 81 (93 ff); aA *Fezer* § 2 MarkenG Rn 2; *Fezer* WRP 2000, 863; diff. *Bornkamm* GRUR 2005, 97 (101); Hefermehl/Köhler/Bornkamm/*Köhler* § 4 UWG Rn 7.9., 10.77.
[8] BGHZ 149, 191; BGH NJW 2002, 2031 (2096).
[9] MünchKommBGB/*Bayreuther* § 12 Rn 15 ff.

5 Erstens: Sowohl der Berechtigte als auch der Verletzer handeln außerhalb des geschäftlichen Verkehrs. Außerhalb des geschäftlichen Verkehrs können beispielsweise der bürgerliche Name, Wahlnamen natürlicher Personen, Namen von Idealvereinen und Stiftungen, Namen von Religionsgemeinschaften und anderen Körperschaften des öffentlichen Rechts verwendet werden. Zu beachten ist aber, dass all diese Personen unter ihrem Namen auch am geschäftlichen Verkehr i.S.d. Markenrechts teilnehmen können, so z.B. ein Freiberufler oder ein Idealverein, der sich innerhalb des sog. Nebenzweckprivilegs erwerbswirtschaftlich betätigt. Zu beachten ist ferner, dass auch ideelle (z.B. sportliche) oder kulturelle (z.B. Theater) Tätigkeiten erwerbswirtschaftliche Zwecke haben können.

6 Zweitens: Keine Anwendung finden die §§ 5, 15 MarkenG ferner, wenn **der Berechtigte außerhalb des geschäftlichen Verkehrs handelt**. So liegt es etwa, wenn der Kaufmann A seine Firma unter Verwendung des bürgerlichen Namens von B bildet (vgl. § 18 Rn 56), ohne dass dieser die erforderliche namensrechtliche Gestattung (Rn 26 ff sowie § 22 Rn 42 ff, § 24 Rn 26 ff) erteilt hat.

7 Drittens: Ebenfalls keine Anwendung finden die §§ 5, 15 MarkenG, wenn **der Verletzer außerhalb des geschäftlichen Verkehrs handelt**. Solche Fälle waren früher eine Seltenheit (z.B. sog. Markenparodie). Mit der Verbreitung des Internets haben sie jedoch erhebliche Bedeutung gewonnen. Ein Namenskonflikt tritt hier immer schon dann auf, sobald jemand zu nicht geschäftlichen Zwecken den Namen eines Geschäftstreibenden als Domain-Namen registrieren lässt (so im Fall BGHZ 149, 191: Registrierung des Domain-Namens „shell.de" zugunsten einer rein privaten Nutzung durch eine natürliche Person mit dem bürgerlichen Namen „Andreas Shell").

8 Viertens: Schließlich kann § 12 BGB eingreifen, wenn zwar **beide Parteien im geschäftlichen Verkehr handeln, ein markenrechtlicher Schutz des Berechtigten aber ausscheidet**, weil einzelne Tatbestandsmerkmale des § 15 MarkenG nicht erfüllt sind. So liegt es etwa, wenn der angebliche Verletzer einen Namen derart branchenfern einsetzt, dass keine Verwechselungsgefahr i.S.d. § 15 Abs. 2 MarkenG zu besorgen ist und auch die Voraussetzungen des § 15 Abs. 3 MarkenG nicht vorliegen. In dieser Fallgestaltung kann der Berechtigte trotz der Spezialität des markenrechtlichen Schutzes nach § 12 BGB vorgehen, wenn in der Namensnutzung durch den Verletzer eine unbefugte Namensanmaßung zu sehen ist. Das ist allerdings dann nicht gegeben, wenn der angebliche Verletzer durch die Namensnutzung ein eigenes Recht nach § 5 Abs. 2 S. 1 MarkenG erworben hat.[10]

B. Voraussetzungen

I. Name

9 1. **Name natürlicher Personen.** Im Ausgangspunkt bezieht sich § 12 BGB auf den bzw. die Namen einer natürlichen Person. Für natürliche Personen hat das Gesetz als Zwangsnamen den bürgerlichen Namen vorgesehen. Der bürgerliche Name besteht aus dem Vor- und Familiennamen.[11] Mit der bloßen Verwendung des Vornamens ist allerdings regelmäßig kein Eingriff in das Namensrecht verbunden, weil und soweit der

---

[10] BGH NJW 2005, 1196; OLG Köln NJW-RR 2006, 1699.

[11] Erman/*Saenger* Rn 10; Prütting/Wegen/Weinreich/*Prütting* Rn 5.

Gebrauch des Vornamens vom Verkehr nicht als Hinweis auf eine bestimmte Person verstanden wird.[12] Zum Familiennamen gehören auch Adelsprädikate (Art. 109 Abs. 3 S. 2 WeimRV, Art. 123 GG), nicht aber akademische Grade[13]. Von § 12 BGB geschützt ist ferner der Geburtsname eines Ehegatten, der den Namen des anderen Gatten als Ehenamen führt.[14] Als Zwangsname ist die Führung des bürgerlichen Namens gesetzlich vorgeschrieben.[15] Bei Erklärungen gegenüber Behörden muss er verwendet werden.[16] Einzelkaufleute sind überdies zur Führung einer Firma verpflichtet (§ 17 Rn 51 ff; § 37 Rn 12 f). Auch diese wird von § 12 BGB geschützt.[17] Geschützt werden schließlich sog. Wahlnamen einer natürlichen Person wie Künstlernamen, Pseudonyme oder Decknamen, die frei gewählt und verwandt werden können.[18]

2. Name von juristischen Personen und Personenvereinigungen. Obwohl § 12 BGB **10** im Titel über natürliche Personen steht, schützt die Vorschrift auch die Namen von juristischen Personen des privaten und öffentlichen Rechts sowie aller Arten von Personenvereinigungen unabhängig von ihrer Rechtsfähigkeit.[19] Unerheblich ist auch, ob eine Pflicht zur Namensführung besteht (z.B. nach § 17) oder ob die Bildung des Namens gesetzlich geregelt ist (z.B. § 18 ff) oder nicht. Erfasst werden daher insbes. die Firmen aller firmenfähigen Rechtsträger (§ 17 Rn 5 ff), die Namen von Partnerschafts-[20] und BGB-Gesellschaften[21], von Vor-Gesellschaften,[22] von rechtsfähigen[23] und nicht rechtsfähigen[24] Stiftungen, von eingetragenen[25] und nicht eingetragenen[26] Vereinen, einschließlich der Namen von politischen Parteien[27] und der Gewerkschaften[28], die Namen von juristischen Personen des öffentlichen Rechts sowie u.U. von rechtlich unselbständigen Funktionseinheiten der öffentlichen Verwaltung[29] und schließlich der Name von Religionsgemeinschaften[30] und ihrer Untergliederungen[31].

---

[12] Näher MünchKommBGB/*Bayreuther* Rn 23; Soergel/*Heinrich* Rn 93 ff; Staudinger/*Habermann* Rn 294.
[13] BGHZ 38, 380; näher dazu MünchKommBGB/*Bayreuther* Rn 27 f; Soergel/*Heinrich* Rn 4 ff; Staudinger/*Habermann* Rn 42 ff, 49 ff.
[14] RG JW 1925, 363; OLG München WRP 1982, 662.
[15] Bamberger/Roth/*Bamberger* Rn 2.
[16] Prütting/Wegen/Weinreich/*Prütting* Rn 5; vgl. § 111 OWiG, § 1 Abs. 2 Nr. 1 PersAuswG, §§ 1, 4 Abs. 1 Nr. 1 PassG, §§ 11, 21 PStG.
[17] Prütting/Wegen/Weinreich/*Prütting* Rn 5; GroßkommUWG/*Teplitzky* § 16 Rn 15.
[18] Bamberger/Roth/*Bamberger* Rn 2; Prütting/Wegen/Weinreich/*Prütting* Rn 5.
[19] RGZ 78, 101 (102); BGHZ 120, 103 (106); BGH GRUR 1976, 311 (312); KG WRP 1990, 38; OLG Hamm NJW-RR 1992, 301; OLG München NJW-RR 1993, 621; OLG Hamm 1994, 868.
[20] Bamberger/Roth/*Bamberger* Rn 8; Soergel/*Heinrich* Rn 138a.
[21] BGH GRUR 2002, 706; KG WRP 1990, 38; Voraussetzung ist freilich, dass die GbR überhaupt einen Namen führt, OLG München NJW-RR 1993, 621.
[22] BGHZ 120, 103.
[23] BGHZ 103, 171.
[24] OLG Hamburg NJW-RR 1986, 1305.
[25] RGZ 74, 114; BGH GRUR 1953, 446; GRUR 1955, 586; NJW 1970, 1270; GRUR 2005, 517.
[26] RGZ 78, 101 (102); RG JW 1925, 2150; MuW 1926, 203; JW 1927, 1584 m. Anm. *Adler; Schmieder* JuS 1995, 119 ff.
[27] BGHZ 79, 265; LG Hannover NJW 1994, 1356, BGHZ 43, 245; OLG Hamburg NJW 1959, 1927; OLG Frankfurt NJW 1972, 794; OLG Karlsruhe NJW 1972, 1810; LG Bielefeld GRUR-RR 2004, 59; i.E. auch BVerfG DtZ 1991, 27; OLG Köln DtZ 1991, 27; LG Hamburg GRUR-RR 2005, 67 (68); *Wietschel* BayVBl. 1998, 488.
[28] BGHZ 43, 245.
[29] Näher dazu MünchKommBGB/*Bayreuther* Rn 37; Soergel/*Heinrich* Rn 30, 134 ff; Staudinger/*Habermann* Rn 69 ff jeweils mwN.
[30] BGHZ 124, 173; BGHZ 161, 216; LG Frankfurt MMR 2004, 113.
[31] BGHZ 161, 216.

11 **3. Namensartige Kennzeichen.** Von § 12 BGB geschützt werden ferner namensartige Kennzeichen, die dazu bestimmt und geeignet sind, die Person des Zeicheninhabers, dessen Unternehmen oder Unternehmensteile, insbes. Betriebsstätten mit sprachlichen Mitteln zu bezeichnen.[32] Zu solchen namensartigen Kennzeichen gehören insbes. Firmenschlagworte und Firmenabkürzungen[33] (zu diesen Begriffen Anh. II zu § 37 Rn 8), Minderfirmen und Etablissementbezeichnungen[34] (zu diesen Begriffen Vor § 17 Rn 15 ff), Telegrammadressen und Fernschreibkennungen,[35] Telefon- und Telefaxnummern[36] sowie Internet-Adressen (sog. Domain-Namen)[37].

12 **4. Namensartige Bildzeichen.** Schließlich fallen unter den Schutz des § 12 BGB namensartige Bildzeichen, die nicht durch Worte ausgedrückt werden können. Dazu gehören etwa das Wahrzeichen des Roten Kreuzes,[33] Wappen und Siegel,[39] Unternehmenslogos[40] sowie Vereinsembleme[41].

II. Beginn und Ende des Namensschutzes

13 **1. Bürgerlicher Name.** Der Schutz des bürgerlichen Namens entsteht kraft Gesetzes mit seinem Erwerb. Der Familienname wird insbes. durch Geburt, Adoption und Eheschließung (§§ 1616–1618, 1757, 1767 Abs. 2, 1355 BGB, §§ 25 f PSG) erworben, der Vorname von dem oder den Personensorgeberechtigten verliehen[42]. Ein Verlust des bürgerlichen Namens ist ausgeschlossen, seine Änderung – abseits des Familienrechts – nur ausnahmsweise nach dem Namensänderungsgesetz bei Vorliegen eines wichtigen Grundes durch Verwaltungsakt möglich. Mit dessen Bekanntgabe führt der Antragsteller den neuen Namen, mit der Folge, dass der Schutz für den bisherigen Namen verloren

---

[32] MünchKommBGB/*Bayreuther* Rn 40 ff; Palandt/*Heinrichs* § 12 Rn 10 ff, jeweils mwN.
[33] RGZ 100, 182 (186); 109, 213; 117, 215; BGHZ 4, 167 (169); 11, 214 (215); 14, 155; 15, 109; 24, 238; 43, 245 (252); 79, 265; 103, 171; 124, 173; BGH GRUR 1985, 461; GRUR 1988, 560; GRUR 1991, 153; GRUR 1991, 157; GRUR 1991, 331; GRUR 1990, 329; GRUR 1993, 913 (914); GRUR 1995, 269; GRUR 1995, 507; GRUR 1997, 468 (469); GRUR 2000, 504; GRUR 2001, 344; GRUR 2001, 1161; GRUR 2002, 626 (628); GRUR 2002, 898; GRUR 2005, 262; GRUR 2005, 430 (431); GRUR 2006, 159 (160); OLG Frankfurt NJW 2002, 2400; OLG München GRUR-RR 2002, 107 (108); OLG Hamburg GRUR-RR 2002, 226; zum Markenschutz BGH GRUR 2004, 600; OLG Stuttgart NJW-RR 1998, 1341; OLG Düsseldorf NJW-RR 1999, 626 (627); OLG Hamburg CR 2002, 833; OLG Hamburg MMR 2002, 167.
[34] RG MuW 1912, 508; BGH GRUR 1977, 165 (166); GRUR 2003, 792 (793); BPatG Beschl. v. 2.6.2008, Az. 30 W (pat) 170/06;

OLG München DB 2008, 1091; LG Bonn NJW-RR 2005, 1559; LG Düsseldorf Urt. v. 25.1.2006, Az. 34 O 211/05, InstGE 6, 168; LG Frankenthal Beschl. v. 22.8.2006, Az. 1 T 279/06, JurBüro 2006, 607; LG Stuttgart GRUR-RR 2006, 333.
[35] BGH GRUR 1986, 475 (476).
[36] BGHZ 8, 387 (389); BGH GRUR 1957, 281; BGH GRUR 1990, 711 (713).
[37] Näher dazu MünchKommBGB/*Bayreuther* Rn 56 ff; Soergel/*Heinrich* Rn 152a; Staudinger/*Habermann* Rn 100 jeweils mwN.
[38] BGHZ 126, 287.
[39] RGZ 71, 262 (264); BGHZ 119, 237; BGH NJW-RR 2002, 1401; OLG Karlsruhe GRUR 1986, 479 (480 f).
[40] Ingerl/*Rohnke* § 5 MarkenG Rn 10; *Fezer* § 15 MarkenG Rn 125, 143; *Goldmann* § 3 Rn 60 ff; OLG Stuttgart NJWE-WettbR 2000, 165.
[41] BGH GRUR 1976, 644 (646); GroßKomm-UWG/*Teplitzky* § 16 UWG Rn 51; *Bayreuther* WRP 1997, 820.
[42] Näher dazu etwa Palandt/*Diederichsen* Vor § 1616 BGB Rn 12 ff.

geht.⁴³ Abseits davon erlischt das Recht an dem bürgerlichen Namen grundsätzlich mit dem Tod des Namensträgers.⁴⁴ Als Teil des Allgemeinen Persönlichkeitsrechts kann es aber auch noch nach dem Tod des Namensträgers vor Verletzungen durch Missbrauch und Verunglimpfung geschützt werden.⁴⁵ Die Wahrnehmung obliegt den Angehörigen.⁴⁶ Soweit die vermögenswerten Bestandteile des Namensrechts betroffen sind, können diese auch auf den Erben übergehen und von diesem geltend gemacht werden.⁴⁷

2. Firma. Der namensrechtliche Schutz der Firma setzt voraus, dass diese entstanden ist (dazu § 17 Rn 31 f) und in firmenrechtlich zulässiger Weise (insbes. gem. §§ 18–24, 30 HGB) gebildet wurde⁴⁸. Dementsprechend endet der Schutz der Firma mit ihrem Erlöschen (dazu § 17 Rn 33 ff) sowie mit dem Eintritt von Umständen, die nachträglich zur Unzulässigkeit der Firmierung führen, wie etwa bei Sachfirmen durch Änderung des Unternehmensgegenstandes (§ 18 Rn 36, 61) oder im Falle des § 24 Abs. 2 mit der Verweigerung der Einwilligung. Ferner endet der Schutz der Firma zugunsten ihres ursprünglichen Inhabers mit ihrer Übertragung samt Handelsgeschäft gem. § 22 BGB, setzt sich dann aber in der Person des Erwerbers fort, wenn und solange er von seinem Recht zur Firmenfortführung Gebrauch macht, s. § 22 Rn 83, 105.

14

3. Sonstige Namen und Kennzeichen. Der Schutz sonstiger Namen und Kennzeichen entsteht grundsätzlich mit der erstmaligen Aufnahme ihrer Benutzung im Verkehr.⁴⁹ Das gilt auch dann, wenn der Beginn der Tätigkeit, die unter der Kennzeichnung ausgeübt wird, der erstmaligen Ingebrauchnahme der Kennzeichnung zeitlich nachfolgt.⁵⁰ Der Gebrauch muss berechtigt sein, damit er geschützt wird. Es besteht kein Anlass von der Rechtsordnung missbilligte Namen und Kennzeichen zu schützen. Zur Konkretisierung kann auf §§ 3, 5 UWG, § 8 Abs. 2 Nr. 4–9 MarkenG zurückgegriffen werden. Der Gebrauch des Namens oder des Kennzeichens darf daher insbes. nicht irreführend sein. Bestehen besondere Namensbildungsvorschriften müssen diese eingehalten sein.

15

Voraussetzung des Namensschutzes ist überdies, dass die Kennzeichnung entweder unterscheidungskräftig ist (dazu Anh. II Rn 14) oder Verkehrsgeltung (dazu Anh. II Rn 16) erlangt hat. Das Bestehen eines Freihaltebedürfnisses ist ebenfalls ein relatives Schutzhindernis, das durch Verkehrsgeltung überwunden werden kann (näher Anh. II. Rn 15).⁵¹ Aus einem ähnlichen Grund erlangen Wahlnamen natürlicher Personen nicht bereits mit der Aufnahme ihrer Benutzung, sondern auch dann, wenn sie unterscheidungskräftig sind, stets erst mit ihrer Verkehrsgeltung Namensschutz.⁵² Grund ist, dass andernfalls eine erhebliche Beeinträchtigung des Schutzes des bürgerlichen Namens zu besorgen wäre, weil sich jeder darauf berufen könnte, er benutze nicht den Namen des Berechtigten, sondern einen eigenen Wahlnamen.

16

---

⁴³ MünchKommBGB/*Bayreuther* Rn 69.
⁴⁴ RGZ 41, 43 (50); BGHZ 8, 318 (324); BGHZ 50, 133 (136 ff).
⁴⁵ BGHZ 50, 133; BGHZ 107, 384; BGHZ 143, 214; OLG Hamm NJW 2002, 609.
⁴⁶ BGHZ 8, 318; 143, 214 (218); 165, 203; OLG München WRP 1982, 660; Prütting/Wegen/Weinreich/*Prütting* Rn 33.
⁴⁷ BGHZ 143, 214 (220); näher zu diesem Fragenkreis MünchKommBGB/*Bayreuther* Rn 90 ff; Soergel/*Heinrich* Rn 90 (nur zur Befugnis des Erben, Rechtsverletzungen nach dem Tod des Berechtigten geltend machen zu können); Staudinger/*Habermann* Rn 296 f jeweils mwN.
⁴⁸ BGH GRUR 1998, 391.
⁴⁹ MünchKommBGB/*Bayreuther* Rn 95; Palandt/*Heinrichs* § 12 Rn 13; BGHZ 11, 214; 21, 85; 43, 245 (252).
⁵⁰ BGHZ 10, 196 (204); 75, 172.
⁵¹ MünchKommBGB/*Bayreuther* Rn 107; BGH GRUR 1990, 360 (361); GRUR 1992, 48 (51); BGH BlPMZ 2001, 210 (211).
⁵² BGHZ 155, 273; OLG Frankfurt NJW 1993, 364 (365); OLG Hamburg GRUR 2002, 450; OLG Köln CR 2000, 626.

17 Der Schutz sonstiger Namen und Kennzeichen von juristischen Personen und Personenvereinigungen endet mit deren Vollbeendigung, geht also mit diesen unter.[53] Dient die Bezeichnung der Kennzeichnung eines Geschäftsbetriebs oder einer Tätigkeit, endet der Schutz mit der endgültigen – also nicht nur vorübergehenden – Aufgabe des Geschäftsbetriebs bzw. der Tätigkeit.[54] Der Namensschutz endet zudem, wenn die charakteristische Eigenart der Bezeichnung verändert wird,[55] nicht dagegen durch einen bloßen Rechtsformwechsel[56]. Liegt eine Namensänderung vor, erlangt freilich der neue Name ebenfalls unter den Voraussetzungen der Rn 15 Namensschutz. Schließlich endet der Namensschutz, wenn die Bezeichnung entweder ihre Unterscheidungskraft verliert, weil sie zur Beschaffenheitsangabe oder zum Gattungsbegriff wird,[57] oder wenn sie ihre Verkehrsgeltung einbüßt[58].

III. Namensleugnung (S. 1 Fall 1)

18 Namensleugnung oder auch Namensbestreitung ist die ausdrückliche oder konkludente Nichtanerkennung des Namens des Berechtigten.[59] Dies kann bspw. durch dauernde Falschbezeichnung oder nachhaltig unrichtige Schreibweise,[60] oder durch die Behauptung erfolgen, der Berechtigte sei zur Führung eines anderen Namens verpflichtet.[61] Das Bestreiten muss nicht gegenüber dem Berechtigten, sondern kann auch gegenüber Dritten geschehen.[62] Das Bestreiten muss vorsätzlich erfolgen, wobei bedingter Vorsatz genügt. Beleidigungs- oder Kränkungsabsicht ist dagegen nicht erforderlich.[63] Eine Namensleugnung ist, wie die Beispiele zeigen, eher selten. Insbes. ist inzwischen geklärt, dass die Registrierung eines Namens als Domain durch einen Nichtberechtigten keine Namensleugnung, sondern eine Namensanmaßung darstellt,[64] so dass es – anders als bei einer Namensleugnung[65] – stets der Prüfung bedarf, ob eine Zuordnungsverwirrung ausgelöst und berechtigte Interessen des Namensinhabers verletzt werden.

---

[53] BGHZ 34, 345; KG WRP 1990, 37 (39).
[54] RGZ 170, 265 (274); RG GRUR 1943, 349; BGHZ 6, 137 (142); 21, 66 (69); 34, 345; 136, 11 (21); 150, 82 (89); BGH GRUR 1956, 172 (175 f); GRUR 1958, 78 (79); GRUR 1959, 541 (542 f); GRUR 1960, 137; GRUR 1962, 419 (421); GRUR 1990, 37 (38); GRUR 1997, 749 (752); GRUR 2002, 972 (974); GRUR 2005, 871 (872); OLG Frankfurt OLGZ 1972, 465 (468); OLG München OLGR 1999, 249; Ströbele/Hacker/*Hacker* § 5 MarkenG Rn 55; anders wird dies wohl nur in seltenen Ausnahmefällen gesehen werden können, bspw. wenn die Wiederaufnahme des Geschäftsbetriebes eines in den Augen des Verkehrs endgültig eingestellten Betriebs eine Anknüpfung an dessen ursprüngliche Priorität darstellt, weil auch in den Zeiten der Nichtführung des Unternehmens der einst legendäre Ruf gewahrt wurde, BGH GRUR 2002, 967 – Hotel Adlon.
[55] BGH GRUR 1973, 661; BGH GRUR 1995, 505 (507); OLG Celle OLGR 1994, 340.
[56] BGHZ 21, 66 (69); BGH GRUR 1983, 182 (183).
[57] RGZ 56, 160; RGZ 69, 310 (311); RGZ 100, 182; BGHZ 28, 1; BGH GRUR 1977, 226 (227).
[58] BGHZ 21, 66; BGH GRUR 1957, 428.
[59] Bamberger/Roth/*Bamberger* Rn 46; Erman/*H. P. Westermann* Rn 17; Soergel/*Heinrich* Rn 169 f; Staudinger/*Habermann* Rn 254 f; *Fezer* § 15 MarkenG Rn 53.
[60] Prütting/Wegen/Weichreich/*Prütting* Rn 15.
[61] Bamberger/Roth/*Bamberger* Rn 46; Soergel/*Heinrich* Rn 169 f; Staudinger/*Habermann* Rn 258.
[62] Staudinger/*Habermann* Rn 261.
[63] Staudinger/*Habermann* Rn 263; Soergel/*Heinrich* Rn 169; MünchKommBGB/*Bayreuther* Rn 186.
[64] BGHZ 149, 191; 155, 273.
[65] OLG Düsseldorf NJW-RR 1999, 626; Palandt/*Heinrichs* Rn 18; Staudinger/*Habermann* Rn 261 f; MünchKommBGB/*Bayreuther* Rn 188.

IV. Namensanmaßung (S. 1 Fall 2)

Eine Namensanmaßung liegt vor, wenn jemand einen Namen unbefugt gebraucht, **19** der dem Namen eines berechtigten Namensträgers gleicht, und dadurch das schutzwürdige Interesse des Berechtigten beeinträchtigt.[66]

1. Gleicher Name (Zuordnungsverwirrung). § 12 S. 1 Fall 2 BGB hat den Schutz des **20** Namens in seiner Funktion als Identitätskennzeichen zum Ziel. Der unbefugt gebrauchte Name muss daher dem Namen des berechtigten Namensträgers in der Weise gleichen, dass die abstrakte Gefahr[67] einer Zuordnungsverwirrung ausgelöst wird. Nicht erforderlich ist eine wörtliche Übereinstimmung. Vielmehr genügt das Bestehen einer derartigen Ähnlichkeit, dass die abstrakte Gefahr besteht, dass der Verkehr die Unterschiede zwischen den verschiedenen Namen nicht wahrnimmt und daher auch den von dem Zweitnutzer unbefugt gebrauchten Namen dem berechtigten Namensträger zuordnet.[68] Insofern entspricht das Erfordernis der Verursachung einer Zuordnungsverwirrung dem Erfordernis des Bestehens einer Verwechselungsgefahr i.S.d. § 30 Abs. 1.[69] Auf die dortigen Ausführungen (§ 30 Rn 24 ff) kann daher verwiesen werden. Beide Merkmale sind jedoch schon aufgrund der unterschiedlichen Schutzrichtung der Vorschrift – dort öffentliches Interesse, hier Individualschutz (vgl. § 30 Rn 3 ff) – nicht vollkommen deckungsgleich. Hervorzuheben sind insbes. zwei Unterschiede.

Zum einen wird der berechtigte Namensträger hier anders als die Allgemeinheit dort **21** (§ 30 Rn 25) auch vor einer Verwechselungsgefahr im weiteren Sinne geschützt. Sie ist gegeben, wenn Eindruck des Bestehens einer organisatorischen, wirtschaftlichen oder geschäftlichen Beziehungen zwischen dem berechtigten Namensträger und dem unbefugten Zweitnutzer entsteht,[70] etwa der Anschein erweckt wird, der Berechtigte habe dem Zweitnutzer den Gebrauch gestattet[71]. Ausreichend ist überdies, wenn die Gefahr besteht, dass der Verkehr den Zweitnamen für eine sprachlich, technisch oder merkantil bedingte Fortentwicklung des Namens des Berechtigten hält.[72] So könnte der Verkehr bei dem Firmennamen „McChinese" annehmen, dass sich die Schnellrestaurantkette „McDonalds" nun auch im Bereich chinesischen Essens engagiere.[73]

Zum anderen gelten zwei Besonderheiten im Blick auf den Gebrauch von Familien- **22** namen. Erstens scheidet eine Zuordnungsverwirrung aus, wenn der Gebrauch eines

---

[66] Erman/*Saenger* Rn 22; Prütting/Wegen/Weinreich/*Prütting* Rn 16.
[67] Eine bestimmte Wahrscheinlichkeit einer Verwechselung ist nicht erforderlich (s. etwa BGH GRUR 2004, 860; BPatG GRUR 2005, 777), erst Recht nicht das Vorliegen konkreter Verwechselungen (s. etwa RG GRUR 1940, 161; BGH GRUR 1992, 48), wenngleich deren Vorkommen, z.B. im Rahmen der Postzustellung, indizielle Bedeutung hat (RGZ 108, 227; BGH GRUR 1957, 426).
[68] MünchKommBGB/*Bayreuther* Rn 152; Palandt/*Heinrichs* Rn 24; Staudinger/*Habermann* Rn 302; Bamberger/Roth/*Bamberger* Rn 47, 49; RG JW 1933, 1385 (1386); BGH GRUR 1964, 38; GRUR 1970, 481; GRUR 1976, 379; *Kruitzsch* GRUR 1978, 173.
[69] Vgl. MünchKommBGB/*Bayreuther* Rn 157 ff mwN.
[70] *Goldmann* § 13 Rn 64 ff; Ingerl/Rohnke § 14 MarkenG Rn 752; BGH GRUR 1999, 492 (494); GRUR 2002, 544 (547); GRUR 2004, 241; GRUR 2004, 598; GRUR 2004, 865 (867); OLG Frankfurt GRUR 1989, 288; OLG Hamburg OLGR 1998, 12.
[71] BGHZ 30, 7, 9; 119, 237; 126, 208 (216); 126, 287 (296); 161, 216; BGH GRUR 1964, 38; GRUR 1996, 422 (423); GRUR 2002, 917 (919); GRUR 2004, 619 (620).
[72] EuGH GRUR 2005, 1042; BGH GRUR 1982, 420 (422); GRUR 2000, 233 (235); GRUR 2005, 513.
[73] BGH GRUR 1992, 460 (462).

Familiennamens keinen Rückschluss auf die Person des Namensträgers erlaubt. Das ist einerseits bei sog. Allerweltsnamen, also dann der Fall, wenn es so viele Namensträger gibt, dass keine eindeutige Identifizierung eines bestimmten Namensträgers möglich ist.[74] Andererseits ist eine Zuordnungsverwirrung ausgeschlossen, wenn der Name als Sachbegriff verwendet wird. Deswegen kann bspw. ein Träger des Familiennamens „Netz" ebenso wenig gegen die Registrierung der Domain „www.netz.de" durch den Träger eines IT-Unternehmens mit Erfolg einschreiten[75] wie ein Träger des Familiennamens „Korall" gegen die Benutzung dieses Namens für die Bezeichnung eines Waschmittels[76]. Zweitens ist der Schutz des Familiennamens insoweit begrenzt, als er einen kennzeichnenden Inhalt hat, an dem ein Freihaltebedürfnis besteht. Daher kann ein Prinz zu Schaumburg-Lippe nicht verhindern, dass ein Verband unter der Domain „www.schaumburg-lippe.de" historische, touristische und ähnliche Informationen zu der landschaftlichen Region Schaumburg-Lippe verbreitet.[77]

23 2. **Gebrauch (Verletzungshandlung).** Gebraucht wird ein Name insbes. dadurch, dass der Zweitnutzer den Namen entweder sich selbst (z.B. als Wahlname,[78] Firma[79] oder Internet-Adresse[80]) oder einem Dritten[81] beilegt oder ihn zur Bezeichnung von Waren oder Dienstleistungen, also als Marke,[82] oder eines Unternehmensteils (Etablissementbezeichnung)[83] verwendet. Ein Gebrauch liegt ferner in einer Verwendung zu Werbezwecken[84] sowie als sog. Metatag.[85] Kein Gebrauch liegt dagegen in einer bloßen Namensnennung, etwa in einem Zeitungsartikel oder einem Adressbuch.[86] Kein Gebrauch ist

---

[74] MünchKommBGB/*Bayreuther* Rn 155 mwN.
[75] OLG Stuttgart GRUR 2002, 192 (193 f).
[76] OLG Braunschweig BB 1965, 1289.
[77] LG Hamburg NJW-RR 2004, 1121 (1122).
[78] RGZ 101, 226.
[79] BGH GRUR 1957, 426 (428).
[80] BGHZ 149, 191; 155, 273; BGH GRUR 2004, 619 (620); OLG Hamm NJW-RR 1998, 909 (910); OLG Köln NJW-RR 1999, 622 (623); OLG Köln GRUR 2000, 798 (799); OLG Brandenburg K&R 2000, 496 (497); Loewenheim/Koch/*Kur* S. 362; Hoeren/Sieber/*Viefhues* Kap. 6.1 Rn 228 ff; Weidert/Lühring WRP 2002, 880 (882); für eine analoge Anwendung von § 12 (eigenständiger Verletzungstatbestand) MünchKommBGB/*Bayreuther* Rn 178.
[81] Vgl. RGZ 108, 230; BGH NJW 1965, 1583; MünchKommBGB/*Bayreuther* Rn 151; Staudinger/*Habermann* Rn 280.
[82] BGHZ 126, 287; 145, 279 (282); 150, 82; BGH GRUR 1995, 825 (827); GRUR 2004, 512; GRUR 2005, 871 (872); *Ingerl/Rohnke* § 15 MarkenG Rn 29.
[83] RGZ 88, 421.
[84] Näher MünchKommBGB/*Bayreuther* Rn 169 ff; Soergel/*Heinrich* Rn 174; Staudinger/*Habermann* Rn 288 f, jeweils mwN.
[85] Str., **dafür** BGHZ 168, 28 (32 f); BGH GRUR 2007, 784 (786); OLG München MMR 2000, 546; OLG Hamburg MMR 2004, 256; OLG Hamburg K&R 2005, 45; LG Hamburg CR 2000, 121; LG Frankfurt CR 2000, 462; LG München MMR 2004, 689; *Pankoke* MMR 2004, 690 (691); *Pellens* CR 2002, 136 (137); *Menke* WRP 1999, 982 (985); *Ernst* CR 2000, 122; *Koch* NJW-CoR 1998, 45 (47); MünchKommBGB/*Bayreuther* Rn 179. Weiterführend zu den Formen des Suchmaschinenmarketings *Ernst* WRP 2004, 278 ff; **dagegen** OLG Düsseldorf GRUR-RR 2003, 340; OLG Düsseldorf MMR 2004, 319; LG Düsseldorf CR 2002, 610; *Vidal* GRUR Int. 2003, 312 (317); *Kur* CR 2000, 448; *Kothoff* K&R 1999, 157 (159); Hoeren/Sieber/*Viefhues* Kap. 6.1. Rn 455 ff; **diff.** *Heim* CR 2005, 200; offengelassen durch OLG Hamburg MMR 2004, 489; *Kilian/Heussen* Computerrechtspraxis, Stand 2005, Kap. 142 Rn 15 f.
[86] BVerfG Nichtannahmebeschluss vom 22.2.2000, 1 BvR 1582/94 n.v.; RG DJZ 1906, 543; BGH NJW 1959, 525; BGH GRUR 1991, 629; GRUR 1994, 913; OLG München UFITA 20 (1955 II), 218; OLG München GRUR 1991, 632; OLG Nürnberg NJW 1993, 796; OLG Naumburg DtZ 1994, 183; OLG Nürnberg 1999, 65; Palandt/*Heinrichs* Rn 20; *Bussmann* Anm. zu BGH GRUR 1959, 430 (434); s. aber auch die –

ferner die Verwendung eines Städtenamens als geographischer Hinweis (z.B. in einer Firma „Möbelfabrik M. Huber Frankfurt GmbH" oder in einem Werktitel „Münchener Kommentar zum BGB"), es sei denn, es würde der Eindruck einer Beziehung zu der Gemeinde erweckt (z.B. Herstellung eines amtlichen Anscheins durch Aufdruck des Stadtwappens auf dem Kopf der Titelseite eines Anzeigenblattes[87]). Auch ein Verstoß gegen den Schutz geographischer Herkunftsangaben (§§ 126 ff MarkenG) gibt der betroffenen Gebietskörperschaft keinen namensrechtlichen Abwehranspruch. Vielmehr bestehen nur Abwehransprüche zugunsten von Mitbewerbern, die durch die unrichtige Herkunftsangabe betroffen werden.[88]

3. Unbefugt (Rechtswidrigkeit)

a) Überblick. Unbefugt ist gleichbedeutend mit rechtswidrig i.S.d. § 823 Abs. 1 BGB.[89] Rechtswidrig ist ein Namensgebrauch, wenn der Verwender weder aufgrund originären (Rn 25) noch aufgrund abgeleiteten Erwerbs (Rn 26 ff) zum Namensgebrauch befugt ist. Rechtswidrig ist ein Namensgebrauch ferner, wenn der Verwender von seinem Namensrecht unredlichen Gebrauch macht (Rn 30), sein Gebrauchsrecht gegenüber dem Gebrauchsrecht eines anderen nachrangig ist (Rn 31) oder bei gleichrangigem Gebrauchsrecht die Pflicht zur Rücksichtnahme verletzt wird (Rn 32 ff). **24**

b) Originäres Gebrauchsrecht. Originär wird ein Gebrauchsrecht durch den Erwerb eines Namens (vgl. dazu Rn 13 ff) begründet; denn der Inhaber eines Namens ist grundsätzlich zu dessen Gebrauch berechtigt, es sei denn, dass der Inhaber von seinem Namensrecht unredlichen Gebrauch macht (Rn 30) oder dem Gebrauch das Namensrecht eines Dritten entgegensteht (Rn 31 ff). Das aus dem Namensrecht folgende Gebrauchsrecht endet mit dem Verlust des Namensrechts. **25**

c) Abgeleitetes Gebrauchsrecht. Ein abgeleitetes Gebrauchsrecht kann erworben werden entweder durch den dinglichen Erwerb des Namensrechts oder durch eine schuldrechtliche Gestattung des Namensgebrauchs. Ein dinglicher Erwerb des bürgerlichen Namens ist allerdings ausgeschlossen; denn der bürgerliche Name ist als höchstpersönliches Recht unverzichtbar, unveräußerlich und grundsätzlich (s. aber zur Vererblichkeit Rn 13 a.E.) unübertragbar.[90] Ferner ist ein dinglicher Erwerb des Firmenrechts daran gebunden, dass er im zeitlichen Zusammenhang (§ 22 Rn 32) mit dem Erwerb des Unternehmenskerns (§ 22 Rn 17 ff) erfolgt, sog. Firmenakzessorietät (s. auch § 23 Rn 3). Beide Einschränkungen hindern freilich nicht den Abschluss von Nutzungs- und Lizenzverträgen, die dem Vertragspartner des Namens- bzw. Firmeninhabers den Gebrauch des Namens bzw. der Firma ge- **26**

---

wenig überzeugenden – Entscheidungen BGH NJW 1980, 280; BGH GRUR 1994, 394. Zur umstrittenen Frage, ob die Verwendung eines Namens in einem Roman, Theaterstück oder Film einen unbefugten Gebrauch darstellt, wenn hierbei der Eindruck erweckt wird, dass die fiktive Person mit einer realen Person identisch ist, MünchKommBGB/*Bayreuther* Rn 168; zu Namensparodien, Satiren und Kritik *ders.* Rn 175 f; zu kritisierenden Domainadressen *ders.* Rn 182 ff, jeweils mwN.

[87] BGH GRUR 2002, 917 (919).
[88] BGHZ 139, 138; BGH GRUR 2001, 420; GRUR 2002, 1074; OLG München GRUR-RR 2004, 171.
[89] Soergel/*Heinrich* Rn 179; MünchKommBGB/*Bayreuther* Rn 189; Palandt/*Heinrichs* Rn 25.
[90] RGZ 69, 401 (403); 87, 147 (149); 119, 44 (47); 141, 147; RG JW 1921, 824; 1927, 117; BGHZ 8, 318 (319); 32, 103; 50, 133 (137); 143, 214 (220).

statten.⁹¹ Das zeigt bereits die Regelung des § 24 Abs. 2, die eine solche Gestattung voraussetzt, und zwar einerlei, ob der ausscheidende Gesellschafter eine natürliche Person ist, so dass sich die Einwilligung auf dessen bürgerlichen Namen bezieht, oder ob der Namensgeber seinerseits eine Handelsgesellschaft ist, so dass die Einwilligung deren Firma betrifft (s. § 24 Rn 30). Anders gewendet, zeigt die Zulässigkeit (früher sogar Pflicht) zur Bildung von Personenfirmen, dass sowohl der bürgerliche Name als auch die Firma⁹² einer Kommerzialisierung grundsätzlich zugänglich sind. Dementsprechend ist mittlerweile anerkannt, dass sowohl das Recht am bürgerlichen Namen als auch das Firmenrecht Mischrechte sind, bei denen daher auch die kommerziellen Belange des Namensträgers geschützt werden (Rn 2). Aus diesem passiven Schutz folgt zwar nicht mit Notwendigkeit ein Recht zur aktiven Verwertung des Namens- bzw. Firmenrechts. Es wäre jedoch nicht nur mit den vorstehenden firmenrechtlichen Erwägungen, sondern auch mit der Möglichkeit einer Registrierung des bürgerlichen Namens als Marke (§§ 3 Abs. 1, 8 Abs. 2 Nr. 1, 2 MarkenG) sowie mit der Realität einer modernen Mediengesellschaft unvereinbar, wollte man Namensträgern nicht die wirtschaftliche Verwertung ihres Namens gestatten.⁹³

27 Zweifelhaft kann daher nur sein, welchen Inhalt und welche Reichweite Nutzungs- und Lizenzverträge haben können. Im Blick auf das Firmenrecht sind insofern zuvörderst die sich aus § 23 ergebenden Beschränkungen zu beachten (dazu § 23 Rn 7 ff, 13 ff). Lizenzverträge dürfen daher nicht so weit gehen, dass sie einer unzulässigen Vollübertragung der Firma ohne das zugehörige Handelsgeschäft gleichkommen. Ähnliches gilt für den bürgerlichen Namen: Die Lizenzierung darf nicht den Charakter einer verbotenen Vollübertragung haben. Eine unternehmens- bzw. personenbezogene Zuordnungsverwirrung muss daher ausgeschlossen sein. Überdies darf die Pflicht zur Führung der Firma bzw. des bürgerlichen Namens nicht beeinträchtigt werden. Schließlich ergeben sich Beschränkungen aus dem Persönlichkeitsrecht sowie aus Art. 1 Abs. 1, 2 Abs. 1 GG (Garantie der Menschenwürde, Recht auf Selbstbestimmung), aus denen das allgemeine Persönlichkeitsrecht (u.a.) entwickelt wurde. All das schließt zwar selbst die Erteilung ausschließlicher Lizenzen richtigerweise nicht aus.⁹⁴ Das Recht zur persönlichkeitsrechtlichen Nutzung des Namensrechts darf jedoch nicht beeinträchtigt werden. Insbes. muss dem Namensträger die Möglichkeit erhalten bleiben, seinen bürgerlichen Namen innerhalb seines soziokulturellen Umfelds in der jeweils erforderlichen Weise zu führen.⁹⁵ Ihm kann daher auch nicht untersagt werden, sich unter seinem bürgerlichen Namen geschäftlich oder in sonstiger Weise zu betätigen oder als Namensgeber einer anderen Organisation zu fungieren, s. auch § 23 Nr. 1 MarkenG.⁹⁶ Vereinbart werden kann lediglich ein – auch nachvertragliches – Wettbewerbsverbot.⁹⁷ Verstößt eine Vereinbarung gegen diese Grenzen, greifen §§ 134, 138, 139 BGB ein.⁹⁸

---

⁹¹ S. zum Firmenrecht bereits § 23 Rn 7 ff; zum Recht am bürgerlichen Namen MünchKomm-BGB/*Bayreuther* Rn 132; Prütting/Wegen/Weinreich/*Prütting* Rn 12; Erman/*Saenger* Rn 32.
⁹² Nochmals: Auch bei der Bildung einer Firma unter Verwendung einer anderen Firma handelt es sich um eine Personenfirma.
⁹³ BPatG Beschluss v. 6.2.2008, Az. 32 W (pat) 92/06.
⁹⁴ MünchKommBGB/*Bayreuther* Rn 133 f; ausführlich Staudinger/*Habermann* Rn 112 ff, 123 ff mwN.
⁹⁵ MünchKommBGB/*Bayreuther* Rn 134.
⁹⁶ LG Hamburg GRUR-RR 2005, 66 (67); MünchKommBGB/*Bayreuther* Rn 134, 136.
⁹⁷ Zu den Grenzen, insbes. von nachvertraglichen Wettbewerbsverboten BGHZ 91, 1; BGH BB 2002, 800; BGH WM 2008, 1226 (1227); BGH WM 2008, 1744 alle mwN; *Bauer/Diller* Wettbewerbsverbote § 8; *dies.* NJW 2002, 1609; *dies.* GmbHR 1999, 985; überblicksartig zur Rechtsprechung *Hunold* NZA-RR 2007, 617 ff.
⁹⁸ MünchKommBGB/*Bayreuther* Rn 143; *Bauer/Diller* Wettbewerbsverbote § 8.

Im Blick auf Wahlnamen natürlicher Personen, Namen von juristischen Personen und **28** Personenvereinigungen, die mangels Betriebs eines Handelsgewerbes nicht firmenfähig sind und auch nicht – wie etwa eine Partnerschaftsgesellschaft gem. § 2 Abs. 2 PartGG – firmenrechtlichen Grundsätzen unterliegen, sowie im Blick auf Geschäftsbezeichnungen ist zunächst festzuhalten, dass sie grundsätzlich weder einem Veräußerungsverbot noch Veräußerungsbeschränkungen unterliegen. § 23 greift nicht ein (§ 23 Rn 4).[99] Zudem können sie anders als der bürgerliche Name jederzeit abgelegt und durch einen anderen Namen ersetzt werden, so wie dies auch bei einer Firma möglich ist. All das spricht dafür nicht nur schuldrechtliche Lizenzverträge, sondern auch eine dingliche Übertragung gem. §§ 398, 413 BGB im weiten Umfang für zulässig zu halten.[100] Freilich muss hier gleichfalls gelten, dass solche Vereinbarungen keine Zuordnungsverwirrung heraufbeschwören dürfen. Das ergibt sich auch aus einer analogen Anwendung von § 18 Abs. 2 (vgl. § 18 Rn 34) sowie aus § 5 UWG i.V.m. § 134 BGB. Danach darf die Benutzung eines fremden Namens nicht dazu führen, dass der Verkehr in einer qualifizierten Gütevorstellung enttäuscht wird, so dass es zu einer Verkehrverwirrung kommt, die nicht binnen angemessener Zeit beseitigt werden kann.[101] Dem Maler Hans-Georg Kern wäre es daher bspw. versagt seinen Künstlernamen Georg Baselitz auf einen Kollegen zu übertragen oder diesem zu gestatten, dessen Werke unter diesem Pseudonym zu vertreiben. Ohne ausreichende Klarstellung wäre Letzteres wohl auch strafrechtlich relevant (§ 263 StGB). Ebenso wenig dürfte der Verein „SOS-Kinderdorf e.V." diesen Namen an eine andere, nicht gemeinnützig tätige Organisation veräußern und an seiner Stelle einen neuen Namen annehmen. Grundsätzlich nicht zu beanstanden wäre es dagegen, wenn der Verein die Führung dieses Namens verbundenen Organisationen gestattet. Aus demselben Grund dürfte die Führung des Namens „Hotel Adlon", wenn es sich hierbei um eine bloße Geschäftsbezeichnung handelte, nicht einem drittklassigen Berliner Hotel, wohl aber einem anderen erstklassigen Hotel gestattet werden. Anders gewendet: Je weiter die Lizenzierung reicht und je bekannter der Name ist, desto mehr muss sichergestellt sein, dass berechtigte Verkehrserwartungen nicht enttäuscht werden.[102] Schließlich ist zu beachten, dass auch die hier in Frage stehenden Namen und Bezeichnungen persönlichkeitsrechtliche Bezüge aufweisen können.[103] Insoweit gelten die vorgenannten (Rn 27) Beschränkungen entsprechend.

Besteht eine schuldrechtlich wirksame Firmenlizenz, kann sich der Lizenzinhaber **29** gegenüber Dritten analog § 986 Abs. 1 BGB auf die Priorität der Kennzeichnung des Lizenzgebers berufen.[104] Zudem kann er im Wege einer gewillkürten Prozessstandschaft

---

[99] Bei geschäftlichen Bezeichnungen ist die Akzessorietät allerdings streitig, s. dazu MünchKommBGB/*Bayreuther* Rn 137 mwN.
[100] *Koos* GRUR 2004, 808 (810); Soergel/*Heinrich* Rn 197; *Fezer* § 30 Rn 56; *Klippel* S. 504; *Baumbach/Hopt* § 22 HGB Rn 9; *Canaris* Handelsrecht § 10 Rn 30; MünchKommBGB/*Roth* § 413 Rn 3; *Forkel* NJW 1993, 3181 (3183); ausführlich *Möller* Lizenzen an Unternehmenskennzeichen, § 6 G., S. 123 ff, 167 ff; zweifelnd Staudinger/*Habermann* Rn 123 ff, welcher eine Übertragung nach §§ 398, 413 BGB wegen § 400 BGB für fraglich hält. Soweit ersichtlich, existiert zu dieser Frage keine Rechtsprechung, es findet sich nur Rspr. zur nicht gegebenen dinglichen Übertragbarkeit bei Namen, zuletzt OLG München WRP 2007, 560; vgl. auch Begr. RegE zu § 30 MarkenG, BT-Drucks. 12/6581, S. 86; **aA** zu dinglichen Lizenzen *Starck* WRP 1994, 698 (704).
[101] BGHZ 1, 241 (246); 122, 71 (73); BGH GRUR 1970, 528 (530); GRUR 2002, 703 (706); Palandt/*Heinrichs* § 12 Rn 17; *Fezer* § 30 MarkenG Rn 53; Hefermehl/*Köhler* Bornkamm/*Köhler* § 5 UWG Rn 1.71 ff.
[102] MünchKommBGB/*Bayreuther* Rn 137; BGH GRUR 1985, 567; GRUR 1991, 393.
[103] S. nur LG Hamburg GRUR-RR 2005, 66.
[104] Seit BGH NJW 1993, 2236 („Decker") allg. M.

eine Verletzung des Namensrechts geltend machen.[105] Schließlich erscheint auch eine Abrede zulässig, wonach der Lizenznehmer gegenüber Dritten Abwehransprüche geltend machen darf.[106] Überschreitet der Lizenznehmer den im Lizenzvertrag abgesteckten Rahmen des Rechts zum Gebrauch des Namens,[107] so liegt eine Namensanmaßung vor. Wird in dem Vertrag das Namensrecht dagegen mit dinglicher Wirkung wirksam übertragen, so wird der Erwerber Rechtsnachfolger des Veräußerers und rückt daher vollständig, insbes. auch hinsichtlich der Priorität in dessen Rechtsposition ein.

30   d) **Unredlicher Gebrauch.** Das Bestehen eines Gebrauchsrechts rechtfertigt nicht dessen unredliche Ausübung. Unbefugt handelt daher, wer sein Gebrauchsrecht bewusst einsetzt, um Verwechselungen mit einem Gleichnamigen hervorzurufen oder dessen guten Ruf auszubeuten.[108] Unredlich handelt daher auch ein Strohmann, der seinen berühmten Namen zur Bildung einer verwechslungsfähigen Firma zur Verfügung stellt.[109]

31   e) **Nachrangiges Gebrauchsrecht.** Konkurrieren Wahlnamen miteinander, die keinen bürgerlichen Namen enthalten, so ist der sich daraus ergebende Namenskonflikt nach dem Grundsatz der Priorität (Zeitrang) zu lösen. Danach hat das prioritätsältere Zeichen Vorrang vor dem prioritätsjüngeren Zeichen.[110] Maßgeblich ist insoweit der Erwerb des Namensrechts bzw. des Namensschutzes, wobei wesentliche Änderungen des Namens zum Verlust der Priorität führen (s. Rn 13 ff). Zur Priorität bei einem abgeleiteten Namens- bzw. Gebrauchsrechts Rn 29. Der Inhaber des älteren Namensrechts kann von dem anderen verlangen, dass dieser Vorkehrungen trifft, die eine Verwechselungsgefahr ausschließen.[111] Anders als in den Fällen der Gleichrangigkeit (Rn 32 ff) muss dabei kein Rest von Verwechselungsgefahr hingenommen werden. Das kann dazu führen, dass dem Prioritätsjüngeren der Gebrauch eines Kennzeichens ganz verwehrt ist.[112] Der Inhaber der Priorität kann allerdings auch auf sein Prioritätsrecht verzichten.[113] Zudem kann Verwirkung eintreten.[114]

32   f) **Gleichrangiges Gebrauchsrecht.** Gebraucht jemand seinen bürgerlichen Namen ausschließlich im privaten Bereich, so gilt auch dann, wenn der Namensgebrauch mit dem Namen eines anderen kollidiert, der schlichte Grundsatz, dass niemandem der Gebrauch seines bürgerlichen Namens verwehrt werden kann. Das folgt schon daraus, dass der bürgerliche Name ein Zwangname ist, zudem aus dem Persönlichkeitsrecht, so dass selbst dann, wenn eine Namensänderung zulässig wäre, diese von niemandem verlangt werden könnte.

---

[105] BGHZ 119, 237; 122, 71; 145, 279; BGH GRUR 1959, 87; GRUR 1987, 128; GRUR 1990, 361 (362); GRUR 1992, 697; GRUR 1995, 216; GRUR 1998, 391 (393); Bamberger/Roth/*Bamberger* Rn 72.
[106] MünchKommBGB/*Bayreuther* Rn 135, 225.
[107] Näher zum Inhalt und zur Auslegung von Lizenzverträgen MünchKommBGB/*Bayreuther* Rn 138 ff; Soergel/*Heinrich* Rn 197; Staudinger/*Habermann* Rn 117 ff jeweils mwN.
[108] BGHZ 4, 96 (100); BGH NJW 1951, 520; BGH NJW 1966, 345.
[109] BGHZ 14, 155 (161); BGH GRUR 1958, 185 (187); OLG Köln GRUR 1983, 787; OLG Frankfurt DWiR 1993, 166.
[110] BGHZ 120, 106; BGH GRUR 1953, 252 (254); BGH NJW 2005, 1196; OLG Köln GRUR 1988, 787; OLG Karlsruhe NJW-RR 1992, 876.
[111] BGHZ 24, 238; 155, 273 (275); 168, 28 (34); BGH NJW 1993, 459; BGH NJW 2007, 682 (683).
[112] MünchKommBGB/*Bayreuther* Rn 199; *Körner* GRUR 2005, 33 (37).
[113] BGH GRUR 1958, 91 (92).
[114] Näher MünchKommBGB/*Bayreuther* Rn 254; Soergel/*Heinrich* Rn 209 f; Staudinger/*Habermann* Rn 358 ff, jeweils mwN.

33 Kollidieren hingegen Wahlnamen miteinander, die einen bürgerlichen Namen enthalten, so ist der sich daraus ergebende Konflikt nach dem sog. Gleichnamigkeitsrecht zu lösen. Das gilt nicht nur, wenn der Wahlname im geschäftlichen Verkehr,[115] sondern auch dann, wenn der Wahlname zu ideellen, karitativen, kulturellen, wissenschaftlichen oder gesellschaftspolitischen Zwecken verwendet wird; denn hier liegt der Hauptanwendungsbereich von § 12 BGB. Zudem steht außer Zweifel, dass es auch in diesem Bereich zu einer Zuordnungsverwirrung kommen kann.[116]

34 Das Gleichnamigkeitsrecht ist von der Überlegung getragen, dass niemandem der Gebrauch seines bürgerlichen Namens verwehrt werden kann, und zwar auch nicht zum Gebrauch im Rahmen eines Wahlnamens. Deswegen kann der bloße Prioritätsgrundsatz (Rn 31) hier keine Anwendung finden. Vielmehr hat nach einer umfassenden Interessenabwägung ein Interessenausgleich stattzufinden.[117] Ziel ist es festzustellen, für welchen Beteiligten welche Maßnahmen zumutbar und welche Maßnahmen erforderlich sind, um eine Zuordnungsverwirrung soweit als möglich auszuschließen.[118] Ein letzter Rest von Verwechselungsgefahr ist anders als in den Fällen der Rn 31 ggf. hinzunehmen.[119] Anders als dort kommt daher ein völliger Ausschluss von dem Gebrauch des Wahlnamens nicht in Betracht.[120] Vielmehr sind beide Seiten zur Rücksichtnahme verpflichtet.[121] Sie haben sich mithin zu bemühen eine Verwechselungsgefahr nach Möglichkeit gar nicht erst eintreten zu lassen und eine bestehende Verwechselungsgefahr nicht zu erhöhen.[122] Im Rahmen der Interessenabwägung ist daher auch zu berücksichtigen, wer die Verwechselungsgefahr durch Aufnahme der Benutzung des Kennzeichens bzw. eine Kennzeichenänderung hervorgerufen hat. Die Frage der Priorität spielt daher auch hier eine wichtige Rolle,[123] wobei auch ihr zeitliches Ausmaß[124] sowie die Redlichkeit des Namensgebrauchs durch den Prioritätsjüngeren (Bemühen, eine Verwechselungsgefahr auszuschließen oder Versuch der Ausbeutung des Rufs des Prioritätsälteren)[125] zu berücksichtigen ist. Im Regelfall kann der Prioritätsältere von dem Prioritätsjüngeren verlangen, dass dieser dem Namen unterscheidungskräftige Zusätze beifügt.[126] Hat hingegen der Prioritätsältere die Verwechselungsgefahr z.B. durch Veränderung des sachlichen oder räumlichen Tätigkeitsbereichs hervorgerufen oder verstärkt, kann es er sein, der zur Beifügung unterscheidungskräftiger Zusätze verpflichtet ist.[127] Dasselbe gilt im Blick auf die Zumutbarkeit, wenn die jüngere Bezeichnung bereits einen hohen Bekanntheitsgrad bzw. eine große Ver-

---

[115] So aber MünchKommBGB/*Bayreuther* Rn 195.
[116] Vgl. nur BGHZ 8, 318.
[117] BGHZ 14, 155 (159); 45, 246 (250); 130, 134; 149, 191; BGH GRUR 1957, 343; GRUR 1987, 182; BGH MDR 1998, 117; BGH GRUR 1985, 389 (390); GRUR 1987, 182 (183); NJW-RR 1988, 95; GRUR 1990, 364; GRUR 1991, 893; GRUR 1993, 579; GRUR 2000, 879 (890); GRUR 2002, 702 (707 f); OLG Zweibrücken GRUR-RR 2002, 137; OLG München CR 2002, 56; grundlegend *Plaß* WRP 1999, 40 (42); *Scholz* GRUR 1996, 681; *Canaris* GRUR 1989, 715; Bamberger/Roth/*Bamberger* Rn 54.
[118] BGH GRUR 1966, 623; GRUR 1985, 389.
[119] BGHZ 4, 96 (105); Bamberger/Roth/*Bamberger* Rn 55.
[120] BGHZ 14, 155 (159); BGH GRUR 1985, 389; BGH NJW 1986, 57; BGH NJW-RR 1990, 618; BGH GRUR 1993, 579 (580).
[121] BGHZ 14, 155 (161); 149, 191 (195); BGH MDR 1966, 118; BGH WM 1985, 550.
[122] BGHZ 149, 191; BGH WM 1985, 550; BGH NJW-RR 1993, 934 (935); BGH GRUR 2006, 159 (160).
[123] BGH NJW 1966, 343; NJW-RR 1988, 95; 1990, 618; LG Osnabrück MMR 2006, 248.
[124] GroßkommUWG/*Teplitzky* § 16 Rn 412.
[125] BGHZ 4, 96 (100); BGH GRUR 1985, 389; 1993, 579 (580); OLG Hamburg GRUR-RR 2002, 100 (103).
[126] BGH GRUR 1987, 182 (183); GRUR 1991, 893; GRUR 1993, 579; GRUR 2002, 622; GRUR 2002, 702 (712).
[127] BGHZ 4, 97 (99); 14, 155 (161); BGH GRUR 1953, 252; GRUR 1958, 90; GRUR 1960, 33 (36).

kehrsgeltung und einen dementsprechenden Wert erlangt hat.[128] Zudem kommt es im Rahmen der Interessenabwägung auf die Branchennähe an.[129] Zu beachten ist schließlich, dass nach Möglichkeit auch eine Verwechselungsgefahr im weiteren Sinne ausgeschlossen sein muss (Rn 21). Daher sind hier strengere Anforderungen an die Unterscheidungskraft von Zusätzen als im Rahmen des § 30 zu stellen. Deswegen wird insbes. die bloße Hinzufügung von Ortsbezeichnungen und Sachbestandteilen oft nicht ausreichen (vgl. auch § 30 Rn 24).[130]

35 g) *Domainrecht.* In den vergangenen Jahren hatte der BGH in einer Vielzahl von Entscheidungen Gelegenheit zu einer intensiven Auseinandersetzung mit Namenskonflikten im Internet.[131] Es gelten eine Reihe von Besonderheiten, die vor allem darauf beruhen, dass mit einer Domaineintragung eine faktische Nutzungssperre für jeden anderen verbunden ist, der die Adresse nutzen möchte. Die wichtigsten Grundsätze lassen sich wie folgt zusammenfassen:[132] Erstens kann jeder berechtigte Namensträger von einem Nichtberechtigten die Löschung der zu seinen Gunsten eingetragenen Domain verlangen.[133] Zweitens: Verwendet der Adressinhaber die Domain lediglich zu privaten Zwecken, kann er sich bei einem Konflikt von Gleichnamigen schlicht darauf berufen, dass er seinen Namen als Domain zuerst registriert hat (hier sog. Registrierungspriorität). Um eine Abgrenzung zu anderen Namensträgern muss sich er sich dann weder bei der Auswahl der Adresse noch bei der Gestaltung der Homepage bemühen.[134] Drittens: Eine Ausnahme davon soll gelten, wenn der Adressinhaber kein besonderes Interesse an genau dieser Adresse dartun kann und ein anderer Namensträger überragende Bekanntheit genießt („shell"), so dass der Verkehr erwartet, unter eben dieser Adresse den Internet-Auftritt des überragend bekannten Namensträgers zu finden. In diesem Fall soll der Adressinhaber verpflichtet sein, der Adresse einen unterscheidenden Zusatz beizufügen.[135] Viertens: Verwendet der Adressinhaber die Domain zu geschäftlichen Zwecken, stellt der BGH teilweise ebenfalls auf die bloße Registrierungspublizität,[136] teilweise auf die Priorität nach § 15 MarkenG[137] und teilweise subsidiär auf die Priorität nach § 12 BGB ab[138]. Hier erscheint noch vieles nicht abschließend geklärt.

---

[128] BGH GRUR 1993, 579.
[129] BGH GRUR 1993, 579; GRUR 2005, 430; OLG Köln GRUR-RR 2006, 370.
[130] MünchKommBGB/*Bayreuther* Rn 198 mN.
[131] BGHZ 149, 191; 155, 273; 171, 104; BGH GRUR 2002, 706; BGH NJW 2004, 1793; BGH NJW 2005, 1196; BGH NJW 2006, 146; BGH GRUR 2006, 159; BGH WRP 2007, 76; OLG Hamm NJW-RR 1998, 909; OLG Karlsruhe MMR 1999, 604; OLG Köln CR 2000, 696; OLG Köln GRUR 2000, 798; OLG Brandenburg K&R 2000, 496; KG MMR 2007, 600.
[132] Näher MünchKommBGB/*Bayreuther* Rn 204 ff; Soergel/*Heinrich* Rn 152a; Staudinger/*Habermann* Rn 100 ff, 271, 283, 307.
[133] BGHZ 149, 191 (199); BGH GRUR 2004, 619 (620); OLG Stuttgart CR 2008, 120 (122).
[134] BGHZ 148, 1; 149, 191 (199); 155, 273; BGH GRUR 2002, 706 (708 f); OLG Stuttgart CR 2008, 120 (122); LG Paderborn MMR 2000, 49.
[135] BGHZ 149, 191; BGH GRUR 2005, 687 (689); GRUR 2002, 706 (707 f); OLG Stuttgart CR 2008, 120 (122) wobei das OLG den Anspruch hier auch ohne das Vorliegen einer überragenden Bekanntheit bejaht hat. Es hat genügen lassen, dass der Prioritätsältere keinerlei objektives Interesse an einer Verwendung der Domain (s-unternehmensgruppe, ohne auch nur ein einziges Unternehmen zu betreiben) hatte und so die gebotene Interessenabwägung eindeutig zu Gunsten des Prioritätsjüngeren ausfiel.
[136] BGHZ 191, 200; BGH GRUR 2002, 898 (900); GRUR 2006, 159.
[137] BGHZ 149, 191; BGH GRUR 2002, 706 (707 f); GRUR 2005, 430.
[138] BGHZ 155, 273 (275); 171, 104 (108); BGH GRUR 2005, 430; BGH NSW BGB § 12.

4. Interessenverletzung. Schließlich verlangt der Tatbestand der Namensanmaßung, **36** dass durch die Zweitbenutzung ein Interesse des Inhabers des Namens verletzt wird. Hinsichtlich der Frage, ob eine Interessenverletzung vorliegt, wird allgemein danach differenziert, ob der Inhaber den Namen innerhalb oder außerhalb des Geschäftsverkehrs führt. Dessen ungeachtet ist festzuhalten, dass die Erfüllung der übrigen Tatbestandsvoraussetzungen der Namensanmaßung eine Interessenverletzung indiziert; denn eine Interessenverletzung liegt in jedem Fall vor, wenn eine Verwechselungsgefahr besteht, was ohnehin zentrale Tatbestandsvoraussetzung der Namensanmaßung ist.[139]

a) Außerhalb des Geschäftsverkehrs. Bei der Namensführung außerhalb des Ge- **37** schäftsverkehrs sind an die Intensität der Interessenverletzung keine besonderen Anforderungen zu stellen. Das gilt unabhängig davon, ob der bürgerliche Name oder der Name einer juristischen Person oder Personenvereinigung betroffen ist. Es genügt das Interesse des Namensträgers, nicht mit anderen Personen verwechselt oder in eine falsche familiäre Beziehung gebracht zu werden.[140] Erst recht ist eine Interessenverletzung gegeben, wenn das Ansehen oder der Ruf des verwendeten Namens beeinträchtigt wird, bspw. indem der Name in Zusammenhang mit politischen Zielen gebracht wird, die der Namensinhaber ablehnt.[141] Selbst rein ideelle Belange oder ein bloßes Affektionsinteresse genügen.[142]

b) Innerhalb des Geschäftsverkehrs. Wird ein Name oder eine Kennzeichnung im **38** geschäftlichen Verkehr verwendet, etwa als Firma oder als Geschäftsbezeichnung, kommt eine Interessenverletzung grundsätzlich nur hinsichtlich geschäftlicher oder wirtschaftlicher Interessen in Betracht.[143] Ideelle Interessen können hier nur ausnahmsweise verletzt sein.[144] Freilich ist auch insofern das Interesse des Unternehmens, nicht mit anderen Unternehmen verwechselt zu werden, in jedem Fall schutzwürdig.[145] Darüber hinaus liegt eine Interessenverletzung etwa dann vor, wenn die Zweitnutzung des Namens zu einer Rufschädigung führen kann.[146]

C. Rechtsfolgen

I. Beseitigungsanspruch (S. 1)

§ 12 S. 1 BGB gibt dem Namensinhaber einen Anspruch auf Beseitigung. Beseitigung **39** bedeutet Beendigung des störenden Zustands.[147] Der Anspruchsinhalt bestimmt sich somit nach der jeweiligen Art der Beeinträchtigung. Im Falle der Namensbestreitung besteht er etwa in deren Widerruf. Im Falle der Namensanmaßung kann insbes. die Löschung bzw. die Änderung des Namens im Handels- bzw. Vereinsregister[148] bzw. der Domain[149] verlangt werden. Trifft den Unbefugten die Verpflichtung, eine bestehende

---

[139] Zutr. MünchKommBGB/*Bayreuther* Rn 217, 219 f.
[140] BGHZ 30, 7 (9); 43, 245 (255); 124, 173 (181); BGH GRUR 1964, 38 (40); GRUR 1979, 564; GRUR 2004, 619 (621).
[141] BGHZ 8, 318 (323).
[142] BGHZ 43, 245; 124, 173 (181); BGH GRUR 1970, 481.
[143] BGHZ 78, 24 (25); 149, 191; BGH GRUR 1976, 379 (380); GRUR 1991, 157 (158); GRUR 1998, 996 (967); GRUR 2005, 430 (431); KG NJW 1988, 2892; Palandt/*Hein-*
richs Rn 28; Soergel/*Heinrich* Rn 190; Bamberger/Roth/*Bamberger* Rn 58.
[144] LG Heilbronn NJW 1953, 1145.
[145] Palandt/*Heinrichs* Rn 29; Soergel/*Heinrich* Rn 190.
[146] MünchKommBGB/*Bayreuther* Rn 59.
[147] Prütting/Wegen/Weinreich/*Prütting* Rn 19.
[148] BGH GRUR 1974, 162 (164); Bamberger/Roth/*Bamberger* Rn 70;
[149] BGHZ 149, 191; BGH GRUR 2004, 619 (620).

Verwechslungsgefahr zu beseitigen, bleibt dabei ihm die Entscheidung überlassen, welche geeigneten Maßnahmen er hierzu ergreift, insbes. wie er einen klarstellenden Zusatz formuliert.[150]

II. Unterlassungsanspruch (S. 2)

1. Voraussetzungen

40 a) **Wiederholungsgefahr.** Der Unterlassungsanspruch setzt die Gefahr weiterer Beeinträchtigungen (Wiederholungsgefahr) voraus.[151] Dies hat grundsätzlich der Kläger zu beweisen.[152] Es kommt darauf an, ob das Verhalten des Verletzers bzw. die Art und Weise der Beeinträchtigungshandlung die Besorgnis einer weiteren Rechtsverletzung nahe legen.[153] Die Wiederholungsgefahr ist daher indiziert, wenn der Verletzer in der letzten mündlichen Verhandlung immer noch den Standpunkt vertritt, er habe rechtmäßig gehandelt,[154] ferner wenn der Verletzer in Wettbewerbsabsicht[155] bzw. im geschäftlichen Verkehr[156] (Anh. II Rn 22) gehandelt hat. Besteht die Vermutung einer Wiederholungsgefahr, sind an ihre Widerlegung strenge Anforderungen zu richten (s. zur Wiederholungsgefahr auch Anh. II Rn 53).

41 b) **Erstbegehungsgefahr.** Der Namensinhaber muss eine erste rechtswidrige Beeinträchtigung nicht abwarten. Vielmehr besteht der Unterlassungsanspruch bereits bei Erstbegehungsgefahr, d.h. dann, wenn eine erste Beeinträchtigung bereits hinreichend nahe bevorsteht,[157] z.B. wenn der Verletzer die Eintragung des Namens in ein Register beantragt hat.[158] Anders als bei Wiederholungsgefahr besteht bei der Erstbegehungsgefahr keine Vermutung für ihr Vorliegen (s. zu Erstbegehungsgefahr auch Anh. II Rn 54).

42 2. **Anspruchsinhalt.** Der Unterlassungsanspruch ist auf die Verhinderung einer künftigen Beeinträchtigung gerichtet.[159] Der Berechtigte kann verlangen, dass die Führung des Namens in der konkret benutzten Form untersagt wird,[160] allerdings nur insoweit als dies zur Abwehr der Namensverletzung erforderlich ist. Reicht die Hinzufügung eines unterscheidungskräftigen Zusatzes aus, kommt daher ein umfassendes Verbot der Namensnutzung nicht in Betracht.[161] Anders kann dies zu beurteilen sein, wenn der Verletzer den fremden Namen gewählt hat, um dessen guten Ruf auszunutzen, gezielt Ver-

---

[150] BGH NJW 1958, 217; BGH GRUR 2002, 706 (708); Erman/*Saenger* Rn 33.
[151] Bamberger/Roth/*Bamberger* Rn 71.
[152] Erman/*Ebbing* § 1004 BGB Rn 77.
[153] BGH NJW 2004, 1035 (1036); 2005, 594; Palandt/*Bassenge* § 1004 BGB Rn 32.
[154] BGHZ 14, 163; OLG Frankfurt WRP 1976, 700 (702).
[155] BGH GRUR 1997, 929 (930); GRUR 2001, 453 (455); GRUR 2002, 717 (719); GRUR 2003, 899 (900); Soergel/*Heinrich* Rn 203; Staudinger/*Habermann* Rn 353.
[156] Dafür MünchKommBGB/*Bayreuther* Rn 233; Ingerl/*Rohnke* Vor §§ 14–19 MarkenG Rn 53 ff.
[157] BGHZ 2, 394; 121, 242; BGH GRUR 1993, 972.
[158] BGH GRUR 1990, 361 (363); GRUR 2003, 428 (431); GRUR 2004, 600 (601); OLG München MarkenR 2002, 199 (200); OLG Hamburg MD 2002, 1268.
[159] Erman/*Ebbing* § 1004 BGB Rn 76.
[160] BGHZ 126, 287; 130, 276 (280); BGH GRUR 1968, 212 (213); GRUR 1998, 391 (394); GRUR 2000, 605 (607); GRUR 2003, 436.
[161] BGHZ 149, 191; BGH GRUR 1968, 212 (213); GRUR 1981, 277; NJW 1986, 57; GRUR 1995, 829 mit Anm. *Fezer*; GRUR 1997, 661 (663); GRUR 1998, 391 (394); GRUR 2000, 605 (607); GRUR 2002, 706 (707); Palandt/*Heinrichs* Rn 34; Staudinger/*Habermann* Rn 349.

III. Schadensersatzanspruch gem. § 823 Abs. 1 BGB

Das Namensrecht ist ein sonstiges Recht im Sinne von § 823 Abs. 1 BGB.[163] Im Fall **43** seiner Verletzung steht dem Geschädigten damit ein Anspruch auf Zahlung von Schadensersatz gegen den Verletzer zu. Anders als bei den Ansprüchen aus § 12 BGB, setzt dies allerdings voraus, dass diesen ein Verschulden trifft. Maßstab hierfür ist § 276 BGB. Mithin genügt einfache Fahrlässigkeit. Die Anforderungen sind daher nicht hoch und werden für gewöhnlich bei Erfüllung der Tatbestandsvoraussetzungen des § 12 BGB gegeben sein; denn wer einen fremden Namen unbefugt in interessenverletzender Weise benutzt, lässt regelmäßig die im Verkehr erforderliche Sorgfalt vermissen (s. ferner Rn 46).[164]

Schwierigkeiten bereiten dagegen die Feststellung und der Nachweis eines konkreten **44** Schadens. Das ist angesichts der besonders leichten Verletzbarkeit des Namensrechts, der daraus folgenden besonderen Schutzbedürftigkeit des Namensinhabers und der Unmöglichkeit, geeignete Vorkehrungen gegen eine Rechtsverletzung zu treffen, unbefriedigend. Deswegen ist anerkannt, dass dem Geschädigten, wie im Immaterialgüterrecht üblich (§§ 24 Abs. 2 S. 2 und 3 GebrMG, 42 Abs. 2 S. 2 und 3 GeschMG, 97 Abs. 2 S. 2 und 3 UrhG und nunmehr auch § 15 Abs. 5 S. 2 i.V.m. § 14 Abs. 6 S. 2 und 3 MarkenG), drei verschiedene Möglichkeiten der Schadensberechnung offen stehen, zwischen denen er frei wählen kann:[165] Erstens kann er Ersatz des ihm tatsächlich entstandenen Vermögensnachteils, insbes. eines ihm entgangenen Gewinns verlangen (§§ 249, 251, 252 BGB). Zweitens hat er die Möglichkeit, den Schadensersatz in Höhe einer marktüblichen (§ 287 ZPO) Lizenzgebühr zu berechnen (sog. Lizenzanalogie).[166] Und drittens kann er die Herausgabe des Verletzergewinns verlangen.[167] Neben diesen drei Möglichkeiten kann er überdies grundsätzlich Ersatz des sog. Marktverwirrungs- oder Diskreditierungsschadens[168] (z.B. Aufwendungen zur Wiederherstellung der Reputation)[169] verlangen. Zum Ganzen näher Anh. II zu § 37 Rn 59 ff.

Schließlich kann der Verletzte Ersatz eines immateriellen Schadens geltend machen. **45** § 253 Abs. 2 BGB steht dem nicht entgegen, weil das Namensrecht ein Ausschnitt des allgemeinen Persönlichkeitsrechts ist, das durch Art. 1 Abs. 1, 2 Abs. 1 GG geschützt wird. Dementsprechend muss der Verletzte, damit er einen Anspruch auf Schmerzensgeld

---

[162] MünchKommBGB/*Bayreuther* Rn 236, allerdings auf die Verletzung des bürgerlichen Namens einer natürlichen Person beschränkt, was nicht einleuchtet; BGHZ 4, 96 (102); BGH NJW 1951, 520; BGH LM UWG § 16 Nr. 49 und 59; Bamberger/Roth/*Bamberger* Rn 54.

[163] Bei Verwendung des Namens im Geschäftsverkehr kann zudem ein Eingriff in den eingerichteten und ausgeübten Gewerbebetrieb vorliegen, Palandt/*Heinrichs* Rn 36; Staudinger/*Habermann* Rn 350; Soergel/*Heinrich* Rn 195.

[164] MünchKommBGB/*Bayreuther* Rn 242.

[165] MünchKommBGB/*Bayreuther* Rn 242; Staudinger/*Habermann* Rn 350 f; Soergel/*Heinrich* Rn 195.

[166] BGHZ 20, 345 (353); 60, 206; 143, 214.

[167] BGHZ 57, 116 (117); 60, 206 (208); 143, 214 (231).

[168] BGHZ 60, 206; BGH GRUR 1974, 84 (88); GRUR 1974, 735 (736); GRUR 1988, 776.

[169] Vgl. BGHZ 148, 26 (39); BGH GRUR 1987, 364 (365); GRUR 1988, 2469 (2471); GRUR 1991, 921 (923); GRUR 1999, 587 (590); GRUR 2000, 226; GRUR 2002, 709 (712); OLG Frankfurt GRUR-RR 2003, 204 (205).

hat, durch die Namensverletzung nicht nur in vermögenswerten Interessen, sondern auch in seinem Persönlichkeitsrecht betroffen sein.

IV. Weitere Anspruchsgrundlagen

46 Dem Inhaber des Namens können neben dem Anspruch aus § 823 Abs. 1 BGB Ansprüche aus §§ 812 Abs. 1 S. 1 Fall 2, 818 Abs. 2 BGB zustehen.[170] Dieser Bereicherungsanspruch ist insofern von Bedeutung, als er kein Verschulden voraussetzt und ebenfalls auf Zahlung der marktüblichen Lizenzgebühr gerichtet ist (s. auch Anh. II Rn 64).

47 Bei einem vorsätzlichen Eingriff in das Namensrecht besteht ferner ein Anspruch wegen angemaßter Eigengeschäftsführung aus §§ 687 Abs. 2 S. 1, 681 S. 2, 677 BGB auf Herausgabe des Verletzergewinns.[171]

48 Zur Feststellung der für den Verletzten günstigsten Art der Schadensberechnung steht diesem ergänzend ein Anspruch auf Auskunft aus § 242 BGB bzw. §§ 687 Abs. 2, 681 S. 1, 667 BGB über die Tatsachen zu, die er zur Vorbereitung und Durchsetzung seiner Ansprüche benötigt (näher Anh. II Rn 65).[172] Zum Ersatz von Abmahnkosten Anh. II Rn 68.

49 Ferner können Ansprüche aus §§ 5, 15 MarkenG gegeben sein (dazu Anh. II). Ist dies der Fall treten freilich die Ansprüche aus § 12 BGB zurück, s.o. Rn 4 ff.

50 Ein Unterlassungsanspruch kann sich ferner aus § 37 Abs. 2 S. 1 HGB ergeben. Überdies kann der Verletzte die Einleitung eines Firmenmissbrauchsverfahrens nach § 37 Abs. 1 HGB anregen. Näher zu diesen Vorschriften dort.

51 Wird das Namensrecht durch eine Marke verletzt, besteht schließlich die Möglichkeit der Erhebung einer Löschungsklage gem. §§ 13 Abs. 2 Nr. 1, 51, 55 MarkenG i.V.m. § 12 S. 2 BGB.

Anhang II zu § 37

§ 5 Markengesetz
Geschäftliche Bezeichnungen

(1) Als geschäftliche Bezeichnungen werden Unternehmenskennzeichen und Werktitel geschützt.

(2) ¹Unternehmenskennzeichen sind Zeichen, die im geschäftlichen Verkehr als Name, als Firma oder als besondere Bezeichnung eines Geschäftsbetriebs oder eines Unternehmens benutzt werden. ²Der besonderen Bezeichnung eines Geschäftsbetriebs stehen solche Geschäftsabzeichen und sonstige zur Unterscheidung des Geschäftsbetriebs von anderen Geschäftsbetrieben bestimmte Zeichen gleich, die innerhalb beteiligter Verkehrskreise als Kennzeichen des Geschäftsbetriebs gelten.

(3) Werktitel sind die Namen oder besonderen Bezeichnungen von Druckschriften, Filmwerken, Tonwerken, Bühnenwerken oder sonstigen vergleichbaren Werken.

---

[170] BGHZ 81, 75; BGH GRUR 1987, 128; GRUR 1992, 557; *v. Caemmerer* FS Rabel, Bd. I, S. 354; *Sack* WRP 1984, 521 (532).

[171] BGHZ 145, 366 (374); *Fezer* § 14 MarkenG Rn 529; Prütting/Wegen/Weinreich/Fehren-bacher § 687 BGB Rn 4; Staudinger/*Habermann* Rn 378; Staudinger/*Wittmann* § 687 BGB Rn 21.

[172] BGHZ 60, 206; 143, 214; BGH GRUR 1958, 346 (348); GRUR 2002, 706 (708).

§ 6 Markengesetz
Vorrang und Zeitrang

(1) Ist im Falle des Zusammentreffens von Rechten im Sinne der §§ 4, 5 und 13 nach diesem Gesetz für die Bestimmung des Vorrangs der Rechte ihr Zeitrang maßgeblich, wird der Zeitrang nach den Absätzen 2 und 3 bestimmt.

(2) Für die Bestimmung des Zeitrangs von angemeldeten oder eingetragenen Marken ist der Anmeldetag (§ 33 Abs. 1) oder, falls eine Priorität nach § 34 oder nach § 35 in Anspruch genommen wird, der Prioritätstag maßgeblich.

(3) Für die Bestimmung des Zeitrangs von Rechten im Sinne des § 4 Nr. 2 und 3 und der §§ 5 und 13 ist der Zeitpunkt maßgeblich, zu dem das Recht erworben wurde.

(4) Kommt Rechten nach den Absätzen 2 und 3 derselbe Tag als ihr Zeitrang zu, so sind die Rechte gleichrangig und begründen gegeneinander keine Ansprüche.

§ 15 Markengesetz
Ausschließliches Recht des Inhabers einer geschäftlichen Bezeichnung, Unterlassungsanspruch, Schadensersatzanspruch

(1) Der Erwerb des Schutzes einer geschäftlichen Bezeichnung gewährt ihrem Inhaber ein ausschließliches Recht.

(2) Dritten ist es untersagt, die geschäftliche Bezeichnung oder ein ähnliches Zeichen im geschäftlichen Verkehr unbefugt in einer Weise zu benutzen, die geeignet ist, Verwechslungen mit der geschützten Bezeichnung hervorzurufen.

(3) Handelt es sich bei der geschäftlichen Bezeichnung um eine im Inland bekannte geschäftliche Bezeichnung, so ist es Dritten ferner untersagt, die geschäftliche Bezeichnung oder ein ähnliches Zeichen im geschäftlichen Verkehr zu benutzen, wenn keine Gefahr von Verwechslungen im Sinne des Absatzes 2 besteht, soweit die Benutzung des Zeichens die Unterscheidungskraft oder die Wertschätzung der geschäftlichen Bezeichnung ohne rechtfertigenden Grund in unlauterer Weise ausnutzt oder beeinträchtigt.

(4) [1]Wer eine geschäftliche Bezeichnung oder ein ähnliches Zeichen entgegen Absatz 2 oder Absatz 3 benutzt, kann von dem Inhaber der geschäftlichen Bezeichnung bei Wiederholungsgefahr auf Unterlassung in Anspruch genommen werden. [2]Der Anspruch besteht auch dann, wenn eine Zuwiderhandlung droht

(5) [1]Wer die Verletzungshandlung vorsätzlich oder fahrlässig begeht, ist dem Inhaber der geschäftlichen Bezeichnung zum Ersatz des daraus entstandenen Schadens verpflichtet. [2]§ 14 Abs. 6 Satz 2 und 3 gilt entsprechend.

(6) § 14 Abs. 7 ist entsprechend anzuwenden.

Schrifttum

Alt Der Schutz von geschäftlichen Bezeichnungen nach dem Markengesetz, ZAP Fach 16, 313–322; *Althammer/Ströbele* Markengesetz, Kommentar, 5. Aufl. 1997; *Bayreuther* Gewerblicher und bürgerlicher Rechtsschutz des Vereinssymbols, WRP 1997, 820; *Beier* Unterscheidende Zusätze als Mittel zur Lösung marken- und firmenrechtlicher Konflikte im Gemeinsamen Markt? RiW/AWD 1978, 213; *Berlit* Markenrecht, 7. Aufl. 2008; *Boecker* Das Markengesetz im Internetzeitalter, MarkenR 2008, 379; *Boes/Deutsch* Die „Bekanntheit" nach dem neuen Markenrecht und ihre Ermittlung durch Meinungsumfragen, GRUR 1996, 168; *Bornkamm* Markenrecht und wettbewerbsrechtlicher Kennzeichenschutz, GRUR 2005, 97; *Bußmann* Name, Firma, Marke, 1937; *Bröcher* Domainnamen und das Prioritätsprinzip im Kennzeichenrecht, MMR 2005, 203; *Canaris* Kollision der §§ 16 und 3 UWG mit dem Grundsatz der Firmenbeständigkeit gem. §§ 22, 24

§ 37 Anh II 1. Buch. Handelsstand

HGB, GRUR 1989, 715; *Eichmann* Der Schutz von bekannten Kennzeichen, GRUR 1998, 201; *ders.* Gegenwart und Zukunft der Rechtsdemoskopie, GRUR 1999, 939; *Ernst* Meta-Tags, CR 2000, 122; *ders.* Suchmaschinenmarketing (Keyword-Advertising, Doorwaypages u.ä.) im Wettbewerbs- und Markenrecht, WRP 2004, 278; *Fezer* Markenrecht, 1997; *ders.* Kumulative Normenkonkurrenz im Kennzeichenrecht, WRP 2000, 863; *ders. Fezer* Markenrecht, 3. Aufl. 2001; *Fuchs* Allgemeiner Kennzeichenschutz für geistige Produkte, GRUR 1999, 460; *Gast* Der Schutz der besonderen Geschäftsbezeichnung und des Geschäftsabzeichens, Diss. Erlangen-Nürnberg 1968; *Goldmann* Der Schutz des Unternehmenskennzeichens, 2. Aufl. 2005; *v. Gamm* Entwicklungen und neuere Rechtsprechung im Kennzeichnungsrecht, WM 1985, 849; *ders.* Rufausnutzung und Beeinträchtigung bekannter Marken und geschäftlicher Bezeichnungen, Festschrift Piper 1996, 537; *Günther* Die Entstehung des Unternehmenskennzeichenschutzes nach § 5 Abs 2 Satz 1 MarkenG, WRP 2005, 975; *Haase* Das Recht des Markenzeichens, HGZ 1999, 51; *Härting* Kennzeichenrechtliche Ansprüche im Domainrecht, ITRB 2008, 38; *Haupt* Die Bedeutung des Prioritätsgrundsatzes im Recht der Kennzeichen, Diss. Köln 1963; *Hefermehl/Köhler/Bornkamm:* UWG, 26. Aufl. 2007; *Heim* Zur Markenbenutzung durch Meta-Tags, CR 2005, 200; *Hoeren/Sieber* (Hrsg.) Handbuch Multimediarecht, 2002; *Ingerl/Rohnke* Markengesetz: Gesetz über den Schutz von Marken und sonstigen Kennzeichen, 1998; *ders.* Markengesetz, 2. Aufl. 2003; *Jacobs/Lindacher/Teplitzky* (Hrsg.) Großkommentar UWG; *Klaka* Geteilte Zeichenpriorität und Eintragungsbewilligungsklage, GRUR 1985, 681; *Kilian/Heussen* (Hrsg.) Computerrechtspraxis, Stand 2005; *Knaak* Die Begriffe des markenmäßigen und firmenmäßigen Gebrauchs im Zeichenrecht, GRUR 1982, 67; *ders.* Firmen- und Kennzeichnungsrecht in Deutschland, 1983; *ders.* Firma und Firmenschutz, 1986; *ders.* Der Schutz der nichteingetragenen Kennzeichenrechte im vereinigten Deutschland, GRUR 1991, 891; *ders.* Zur Einbeziehung des Schutzes der Unternehmenskennzeichen in das neue Markengesetz, Festschrift Beier, 1996, 243; *Koch* Neue Rechtsprobleme der Internetnutzung, NJW-CoR 1998, 45; *ders. Körner* Der Schutz der Marke als absolutes Recht – insbes. die Domain als Gegenstand markenrechtlicher Ansprüche, GRUR 2005, 33; *Kothoff* Fremde Kennzeichen in Metatags: Marken- und Wettbewerbsrecht, K&R 1999, 157; *Krings* Haben §§ 14 Abs. 2 Nr. 3 und 15 Abs. 3 MarkenG den Schutz der berühmten Marke sowie des berühmten Unternehmenskennzeichens aus §§ 12, 823 Abs. 1, 1004 BGB ersetzt? GRUR 1996, 614; *Kroitzsch* Die Verwechslungsgefahr im weiteren Sinne, GRUR 1968, 173; *Kur* Metatags – pauschale Beurteilung oder differenzierende Betrachtung? CR 2000, 448; *Lehmann* Der Schutz der geschäftlichen Bezeichnungen im neuen Markengesetz, Festschrift Beier, 1996 S. 279; *Menke* Die Verwendung fremder Kennzeichen in Metatags – Ein Fall für das Kennzeichen- und/oder das Wettbewerbsrecht? WRP 1999, 982, 985; *Meyer* § 5 MarkenG; eine kurze Betrachtung anhand eines Fallbeispiels, WRP 1995, 799; *Möller* Lizenzen an Unternehmenskennzeichen, 2006; *Nägele* Das Verhältnis des Schutzes geschäftlicher Bezeichnungen nach § 15 MarkenG zum Namensschutz, GRUR 2007, 1007; *Ohly* Schadensersatzansprüche wegen Rufschädigung und Verwässerung im Marken- und Lauterkeitsrecht, GRUR 2007, 926; *Pellens* Nutzung einer fremden Marke als Metatag, CR 2002, 136; *Piper* Der Schutz der bekannten Marken, GRUR 1996, 429; *Riehle* Zur Kollision von Firma und Warenzeichen, ZHR 128 (1966), 1; *Sack* Zum Schutz vor Verwässerung gem. MarkenG §§ 9 Abs. 1 Nr. 3 und 14 Abs. 1 Nr. 3, WRP 1995, 81; *Schäfer* Seniorität und Priorität, GRUR 1998, 350; *Schöne/Wüllrich* Das Prioritätsprinzip im Markenrecht am Beispiel der Kollision von älterer Marke und jüngerer geschäftlicher Bezeichnung, WRP 1997, 514; *Scholz* Die Änderung der Gleichgewichtslage zwischen namensgleichen Unternehmen und das Recht auf die Namensmarke, GRUR 1996, 681; *v. Schultz* (Hrsg.) Markenrecht, 2. Aufl. 2007; *Seichter* Markenrecht und Internet, MarkenR 2006, 375; *Sievers* Übertragung des Prioritätsrechts bei Warenzeichen, Mitt 1977, 90; *Starck* Marken und sonstige Kennzeichenrechte als verkehrsfähige Wirtschaftsgüter – Anmerkungen zum neuen Markenrecht, WRP 1994, 698; *Starke* Zur Vereinheitlichung des Rechts der Kennzeichen im geschäftlichen Verkehr durch das neue Markengesetz, Festschrift 100 Jahre Marken(r)-Amt, 1994 S. 291; *Ströbele/Hacker* Markengesetz, 8. Aufl. 2006; *Teplitzky* Wettbewerbsrechtliche Ansprüche und Verfahren, 8. Aufl. 2002; *Vidal* Metatags, Keyword Banners und Kennzeichenrechte unter besonderer Berücksichtigung spanischen Rechts, GRUR Int. 2003, 312; *Weidert/Lühring* Was hat Vossius, was Shell nicht hat und umgekehrt? WRP 2002, 880; *Wüstenberg* Das Namensrecht der Domainnamen, GRUR 2003, 109.

S. ferner das Schrifttum zu Anhang I zu § 37.

Übersicht

	Rn		Rn
A. Überblick	1–3	2. Ausnutzung der Unterscheidungskraft (Aufmerksamkeitsausbeutung)	41
B. Geschützte Bezeichnungen, insbesondere Unternehmenskennzeichen nach § 5 Abs. 2 MarkenG	4–10	3. Beeinträchtigung der Unterscheidungskraft (Verwässerung)	42
I. Name i.S.d. § 5 Abs. 2 S. 1 Fall 1 MarkenG	5	4. Beeinträchtigung der Wertschätzung (Rufschädigung)	43
II. Firma i.S.d. § 5 Abs. 2 S. 1 Fall 2 MarkenG	6–8	5. Ausnutzen der Wertschätzung (Rufausbeutung)	44
1. Vollständige Firma	6	6. Ohne rechtfertigenden Grund in unlauterer Weise	45–46
2. Firmenbestandteile	7	F. Rechtsfolgen nach § 15 Abs. 4 bis 6 MarkenG	47–63
3. Firmenschlagworte und -abkürzungen	8	I. Anspruchsinhaber	48
III. Geschäftsbezeichnungen i.S.d. § 5 Abs. 2 S. 1 Fall 3 MarkenG	9	II. Anspruchsgegner	49–50
IV. Geschäftsabzeichen i.S.d. § 5 Abs. 2 S. 2 MarkenG	10	III. Bedeutung von § 15 Abs. 6 i.V.m. § 14 Abs. 7 MarkenG	51
C. Schutzvoraussetzungen	11–20	IV. Unterlassungsanspruch nach § 15 Abs. 4 MarkenG	52–55
I. Beginn des Schutzes	11–18	1. Wiederholungsgefahr	53
1. Nutzungsaufnahme	11–12	2. Erstbegehungsgefahr	54
2. Befugte Benutzung	13	3. Beseitigungsanspruch	55
3. Unterscheidungskraft	14	V. Schadensersatzanspruch nach § 15 Abs. 5 MarkenG	56–63
4. Kein Freihaltebedürfnis	15	1. Überblick	56
5. Verkehrsgeltung	16	2. Verschulden	57–58
6. Priorität, § 6 MarkenG	17–18	a) Haftung für eigenes Verschulden	57
II. Ende des Schutzes	19–20	b) Haftung für fremdes Verschulden	58
D. Verletzungstatbestand nach § 15 Abs. 2 MarkenG	21–37	3. Schadensberechnung	59–62
I. Verletzungshandlung	21–26	a) Wahlrecht des Gläubigers	59
1. Im geschäftlichen Verkehr	22	b) Entgangener Gewinn	60
2. Benutzung	23	c) Herausgabe des Verletzergewinns	61
3. Unbefugt	24–26	d) Lizenzanalogie	62
II. Verletzungsfolge: Verwechselungsgefahr	27–37	4. Marktverwirrungsschaden	63
1. Erscheinungsformen der Verwechselungsgefahr	27	G. Sonstige Ansprüche	64–70
2. Maßgebliche Faktoren	28–37	I. Bereicherungsanspruch nach § 812 BGB	64
a) Zeichenähnlichkeit	29–32	II. Auskunftsanspruch gemäß § 242 BGB	65
b) Branchennähe	33–36	III. § 823 Abs. 1 BGB (i.V.m. § 1004 BGB)	66
c) Kennzeichnungskraft	37	IV. §§ 687 Abs. 2 S. 1, 681 S. 2, 667 BGB	67
E. Verletzungstatbestand nach § 15 Abs. 3 MarkenG	38–46	V. §§ 677 ff, 683 BGB	68
I. Schutzobjekt: Im Inland bekannte geschäftliche Bezeichnung	38	VI. § 18 MarkenG	69
II. Verletzungshandlung	39–46	VII. §§ 3, 4, 5, 8, 9 UWG	70
1. Unbefugte Verwendung	39–40	VIII. Konkurrenzen	71
		H. Weitere Abwehrmöglichkeiten	72–73

A. Überblick

Das Markengesetz schützt alle durch Eintragung oder Benutzung erworbenen **Kenn-** 1 **zeichen**.[1] Unter den Begriff des Kennzeichens fallen nach § 1 MarkenG **Marken, geschäftliche Bezeichnungen und geografische Herkunftsangaben**. Zu den geschäftlichen Bezeichnungen zählen Unternehmenskennzeichen und Werktitel, § 5 Abs. 1 MarkenG. Zuvor war der Schutz von Unternehmenskennzeichen in § 16 UWG a.F. geregelt. Zwar

---

[1] *Berlit* Markenrecht, S. 10.

wurde diese Bestimmung durch Art. 25 des Markenrechtsreformgesetzes[2] aufgehoben. Eine Änderung der materiellen Rechtslage war damit aber nicht bezweckt,[3] so dass grundsätzlich auf die Rechtsprechung zu § 16 UWG a.F. zurückgegriffen werden kann.[4]

2 § 5 MarkenG ist in erster Linie eine **Definitionsnorm**, die den Gegenstand des Schutzes geschäftlicher Bezeichnungen näher bestimmt. § 6 MarkenG regelt das allgemein im gewerblichen Rechtsschutz geltende **Prioritätsprinzip** speziell für das gesamte Kennzeichnungsrecht. Seine Bedeutung besteht darin, dass prioritätsälteren Kennzeichen im Kollisionsfall Vorrang vor prioritätsjüngeren Kennzeichen eingeräumt wird. Vor diesem Hintergrund gewährt § **15 Abs. 1 MarkenG** dem Inhaber einer prioritätsälteren geschäftlichen Bezeichnung ein **Ausschließlichkeitsrecht**, d.h. ein subjektives und dingliches, gegenüber jedermann wirkendes Recht, anderen die Nutzung seiner prioritätsälteren geschäftlichen Bezeichnung zu verbieten.[5] § 15 Abs. 2 MarkenG erweitert diesen Schutz gegenüber der unbefugten Benutzung ähnlicher verwechselungsfähiger Bezeichnungen. § 15 Abs. 3 MarkenG dehnt den Schutz im Blick auf die Ausnutzung oder Beeinträchtigung der Unterscheidungskraft oder der Wertschätzung von im Inland bekannten Bezeichnungen aus. § 15 Abs. 4 gibt einen Unterlassungs-, § 15 Abs. 5 MarkenG einen Schadensersatzanspruch. § 15 Abs. 6 MarkenG ist eine Zurechnungsnorm.

3 Geschäftliche Bezeichnungen können zugleich als Marke geschützt sein bzw. werden.[6] In diesem Fall muss zwischen beiden Schutzrechten streng differenziert werden, weil unterschiedliche Regeln gelten und ggf. auch ein unterschiedlicher Zeitrang besteht. Der Schutz von Unternehmenskennzeichen als Marke wird vorliegend **nicht behandelt**. Ganz verzichtet wird, weil im Zusammenhang mit dem Firmenrecht weithin ohne Bedeutung, auf eine Darstellung des Schutzes von Werktiteln.

B. Geschützte Bezeichnungen, insbes. Unternehmenskennzeichen nach § 5 Abs. 2 MarkenG

4 Nach § 5 Abs. 1 MarkenG sind Unternehmenskennzeichen und Werktitel als geschäftliche Bezeichnungen geschützt. Den Begriff „*Unternehmenskennzeichen*" definiert § 5 Abs. 2 MarkenG. Unternehmenskennzeichen dienen der Individualisierung eines Unternehmensträgers, eines Unternehmens oder Geschäftsbetriebs (insbes. einer Betriebsstätte). Dabei unterscheidet Abs. 2 in Übereinstimmung mit der hergebrachten Dogmatik und § 16 Abs. 1 und 3 UWG a.F. Unternehmenskennzeichen danach, ob der Verkehr ihnen **Namensfunktion** zumisst (S. 1) oder nicht (S. 2).[7] Dieser Unterschied ist insofern von Bedeutung als Unternehmenskennzeichen, die der Verkehr als Namen auffasst (Rn 5–9), grundsätzlich bereits dann zur Individualisierung geeignet sind und damit geschützt werden, wenn sie **hinreichende Unterscheidungskraft** haben. Auf die Erlangung von Verkehrsgeltung kommt es nur an, wenn ihnen ausreichende Unterscheidungskraft fehlt. **Geschäftsabzeichen** i.S.d. S. 2 (Rn 10) sind dagegen, weil sie vom Verkehr nicht als

---

[2] Gesetz zur Reform des Markenrechts und zur Umsetzung der Ersten Richtlinie 89/104/EWG des Rates vom 21.12.1988 zur Angleichung der Rechtsvorschriften der Mitgliedstaaten über die Marken, BGBl. I 1994, 3082.
[3] Begr. RegE zum MarkenG, BT-Drucks 12/6581, S. 61.
[4] Näher Ströbele/*Hacker* § 5 Rn 1 f.
[5] v. Schultz/*Schweyer* § 14 Rn 4; Großkomm-UWG/*Teplitzky* Vor § 16 UWG Rn 15.
[6] Ströbele/*Hacker* § 5 Rn 5, 64 f.
[7] BGH GRUR 1953, 290 (291); BGH GRUR 2005, 419 (422); Ströbele/*Hacker* § 5 Rn 6; v. Schultz/*Gruber* § 5 Rn 11.

Namen aufgefasst werden, unabhängig von ihrer Unterscheidungskraft erst und nur dann zur Individualisierung geeignet, wenn sie **Verkehrgeltung** erlangt haben. Dementsprechend werden sie erst und nur dann geschützt.

I. Name i.S.d. § 5 Abs. 2 S. 1 Fall 1 MarkenG

Der Begriff des Namens stimmt inhaltlich weitgehend mit dem Namensbegriff des § 12 BGB überein. Nicht umfasst sind hier aber im Gegensatz zu § 12 BGB (Anh. I Rn 10 ff) die Firma, besondere Geschäftsbezeichnungen und Geschäftsabzeichen, wie sich aus deren gesonderter Erwähnung in Abs. 2 ergibt.[8] Voraussetzung ist, dass der Name **im geschäftlichen Verkehr** zur Kennzeichnung einer natürlichen oder juristischen Person oder Personenmehrheit verwendet wird. Wird der Name dagegen zu rein privaten, ideellen, kulturellen, wissenschaftlichen oder gesellschaftspolitischen Zwecken verwendet, wird er durch § 12 BGB geschützt (näher Anh. I Rn 3 ff). Ferner muss der Name zur Individualisierung bestimmt und geeignet sein. Das trifft zunächst auf den bürgerlichen Namen zu. Zur Individualisierung geeignet ist grundsätzlich auch ein Nachname in Alleinstellung, und zwar auch ein sog. Allerweltsname (s. dazu § 18 Rn 21). **Vornamen in Alleinstellung genießen grundsätzlich keinen Namensschutz, da sie im Verkehr regelmäßig nicht zur Individualisierung bestimmter Personen benutzt werden.**[9] Ausnahmsweise kann dies dann anders sein, wenn eine Person gerade oder auch unter ihrem Vornamen im Verkehr bekannt ist und der Vorname sie daher ausreichend individualisiert.[10] Dem bürgerlichen Namen gleich behandelt werden **Wahlnamen natürlicher Personen** wie Pseudonyme, Künstlernamen[11] und Spitznamen[12]. Ihr Schutz entsteht jedoch erst mit Verkehrsgeltung (Anh. I Rn 16). Mögliches Schutzobjekt sind ferner **Namen von juristischen Personen und Personenvereinigungen**.[13] Besteht ein schutzwürdiges Interesse, kann sogar für die **Namen von Bauvorhaben oder einzelnen Gebäuden** Kennzeichenschutz bestehen.[14] Voraussetzung ist jedoch stets, dass der betreffende Namen entweder hinreichende Unterscheidungskraft (dazu Rn 14) oder Verkehrsgeltung (dazu Rn 16) besitzt. Unter diesen Voraussetzungen können auch **Buchstaben- und Zahlenkombinationen als Namen** geschützt sein.[15]

II. Firma i.S.d. § 5 Abs. 2 S. 1 Fall 2 MarkenG

1. Vollständige Firma. Geschützt wird ferner die Firma i.S.d. §§ 17 ff. Eine diesen Vorschriften nicht entsprechende Firma erlangt keinen Schutz nach § 5 Abs. 2 S. 1 Fall 2 MarkenG (s. auch u. Rn 13).[16] Davon unberührt bleibt der Schutz des als Firma unzulässigen Kennzeichens als Name (S. 1 Fall 1) oder besondere Geschäftsbezeichnung (S. 1 Fall 3).[17] In jedem Fall **schutzunfähig** sind allerdings **täuschungsgeeignete Firmen** (§ 18

---

[8] Ströbele/Hacker § 5 Rn 9.
[9] Ströbele/Hacker § 5 Rn 10.
[10] BGH GRUR 1983, 262 (263); OLG München GRUR 1960, 394; BPatG GRUR 1998, 1027 – Boris/BORIS BECKER.
[11] LG Düsseldorf NJW 1987, 1413; OLG Stuttgart GRUR-RR 2002, 55 (56).
[12] OLG Hamburg Mitt 2002, 90 (91 f).
[13] Anstelle anderer Ströbele/Hacker § 5 Rn 11 mwN.
[14] BGH GRUR 1976, 311 (312); KG NJW 1988, 2892 (2893); LG Düsseldorf GRUR-RR 2001, 311.
[15] BGH GRUR 2001, 344; GRUR 2005, 430.
[16] Ströbele/Hacker § 5 Rn 15; Fezer § 15 Rn 81, 116.
[17] BGH GRUR 1960, 93 (94).

Abs. 2, §§ 3, 5 UWG). Der Schutz nach § 5 Abs. 2 S. 1 MarkenG besteht bereits vor Eintragung der Firma in das Handelsregister. Geschützt wird auch der Name (S. 1 Fall 1) oder die Firma (vgl. § 17 Rn 14) einer noch nicht eingetragenen Vorgesellschaft. Das sichert der gleich lautenden Firma der später eingetragenen Gesellschaft zugleich den kennzeichenrechtlichen (anders § 30 Rn 11 f) Zeitrang.[18]

7   **2. Firmenbestandteile.** Firmenbestandteile sind **Teil der vollständigen**, im Handelsregister eingetragenen **Firma** (z.B. „GEFA" als Teil der vollständigen Firma „GEFA Gesellschaft für Absatzfinanzierung mbH").[19] Sie nehmen an der Priorität der vollständigen Firma teil und genießen selbständigen Schutz nach S. 1 Fall 2, wenn sie hinreichend unterscheidungskräftig sind und ihrer Art nach im Vergleich zu den übrigen Firmenbestandteilen geeignet erscheinen, sich im Verkehr als schlagwortartiger Hinweis auf das Unternehmen durchzusetzen.[20] Liegen diese Voraussetzungen vor, ist es unerheblich, ob sie tatsächlich in Alleinstellung als Firmenschlagwort verwendet werden oder Verkehrsgeltung erlangen.[21]

8   **3. Firmenschlagworte und -abkürzungen.** Firmenschlagworte und Firmenabkürzungen ist gemeinsam, dass sie als Kurzbezeichnung der Firma verwendet werden. Von **Firmenschlagworten** sollte die Rede sein – die Terminologie ist uneinheitlich –, wenn die **Kurzbezeichnung Firmenbestandteil ist**. **Firmenabkürzungen** sind hingegen **nicht Teil der** im Handelsregister eingetragenen **Firma, sondern** werden **aus der vollständigen Firma abgeleitet** (z.B. „GEFA" für „Gesellschaft für Absatzfinanzierung mbH"). Anders als Firmenabkürzungen können Firmenschlagworte als Firmenbestandteil unter den in Rn 7 genannten Voraussetzungen unabhängig von ihrer Verwendung Schutz genießen. Liegen diese Voraussetzungen nicht vor, ist zu unterscheiden: Werden Firmenschlagworte und -abkürzungen von dem Inhaber des Geschäftsbetriebs zu dessen Kennzeichnung selbständig herausgestellt (z.B. auf dem Briefkopf), so werden sie bei ausreichender Unterscheidungskraft wie eine besondere Geschäftsbezeichnung (Rn 9) geschützt.[22] Ohne besondere Herausstellung ist hingegen in jedem Fall Verkehrsgeltung erforderlich.[23]

III. Geschäftsbezeichnung i.S.d. § 5 Abs. 2 S. 1 Fall 3 MarkenG

9   Die besondere Geschäftsbezeichnung weist im Gegensatz zur Firma nicht auf den Unternehmensträger, sondern auf das Unternehmen oder einen Geschäftsbetrieb (**Betriebsstätte**) als organisatorische Einheit hin.[24] Sie kann neben dem Namen oder der Firma geführt werden.[25] Typische Anwendungsbeispiele sind die Bezeichnungen von Gaststätten und Hotels.[26]

---

[18] BGH GRUR 1993, 404; GRUR 1997, 749 (751).
[19] v. Schultz/*Gruber* § 5 Rn 8; *Fezer* § 15 Rn 149.
[20] BGH GRUR 1985, 461; GRUR 1991, 475 (476); GRUR 1991, 556; GRUR 1997, 468; GRUR 2006, 159.
[21] BGH GRUR 1997, 468 (469); GRUR 1997, 845; GRUR 1999, 492 (493); GRUR 2000, 605 (607); GRUR 2001, 1161; GRUR 2002, 898.
[22] BGH GRUR 1954, 195; GRUR 1960, 93; GRUR 1985, 461.
[23] BGH GRUR 1954, 195; GRUR 1985, 461; GRUR 1992, 329.
[24] v. Schultz/*Gruber* § 5 Rn 10.
[25] Ströbele/*Hacker* § 5 Rn 25.
[26] BGH GRUR 1970, 479; GRUR 1977, 165 (166); GRUR 1995, 507; OLG Celle WRP 1996, 109.

IV. Geschäftsabzeichen i.S.d. § 5 Abs. 2 S. 2 MarkenG

Geschäftsabzeichen können etwa Fernschreibkennungen,[27] Telefon-[28] und Faxnummern, Internet-Domains[29] oder Logos[30] von Unternehmen, aber auch die Aufmachung des Geschäftswagens, der Kleidung der Mitarbeiter, Hausfarben[31] oder Werbesprüche sein.[32] Ausweislich des Wortlauts von S. 2 dienen sie ebenso wie Geschäftsbezeichnungen der Kennzeichnung eines Geschäftsbetriebs.[33] Im Gegensatz zu Geschäftsbezeichnungen misst ihnen der Verkehr jedoch **keine Namensfunktion** zu. Der kennzeichenrechtliche Schutz von Geschäftsabzeichen setzt daher auch bei ursprünglicher Unterscheidungskraft den Nachweis von Verkehrsgeltung voraus (s. bereits o. Rn 4).[34]

10

C. Schutzvoraussetzungen

I. Beginn des Schutzes

1. Benutzungsaufnahme. Der Schutz geschäftlicher Bezeichnungen wird grundsätzlich mit Aufnahme der Benutzung erworben. Voraussetzung ist allerdings, dass die Bezeichnung hinreichende Unterscheidungskraft hat (Rn 14) und Unterscheidungskraft ausreicht, um den Schutz zu begründen. Andernfalls wird der Schutz erst mit Erlangung von Verkehrsgeltung (Rn 16) erworben. Insbes. bei Wahlnamen natürlicher Personen (Rn 5) und Geschäftsabzeichen i.S.d. § 5 Abs. 2 S. 2 (Rn 10) ist daher stets Verkehrsgeltung erforderlich. Der **Zeitpunkt des Schutzerwerbs ist für die Priorität** (Rn 17) **maßgeblich**.[35]

11

Benutzungsaufnahme ist jede inländische Handlung, die auf den **Beginn einer dauerhaften wirtschaftlichen Betätigung** schließen lässt.[36] Dafür ausreichend sind auch Vorbereitungshandlungen vor Eröffnung des eigentlichen Geschäftsbetriebes wie bspw. die Aufnahme von Lieferbeziehungen, die Anmietung von Geschäftsräumen oder die Einstellung von Personal.[37]

12

2. Befugte Benutzung. Zwar verlangt § 5 Abs. 2 MarkenG – anders als noch § 16 Abs. 1 UWG – nicht ausdrücklich, dass das Unternehmenskennzeichen befugterweise geführt wird. Es besteht indes kein Anlass, wettbewerbswidrige oder sonst von der Rechtsordnung missbilligte Kennzeichen zu schützen. Das gilt nicht nur für die Firma (dazu schon Rn 6), sondern auch für Namen und sonstige Unternehmenskennzeichen. Insbes. irreführenden Kennzeichen ist der Schutz nach § 5 Abs. 2 daher versagt.[38] Neben §§ 3, 5 UWG kann zur Konkretisierung auch auf § 8 Abs. 2 Nr. 4–9 MarkenG zurückgegriffen werden.[39]

13

---

[27] BGH GRUR 1984, 475 (476).
[28] BGH GRUR 1953, 290 (291).
[29] BGH NJW 2005, 1198.
[30] BGH GRUR 1957, 281.
[31] Vgl. BGH GRUR 1968, 371.
[32] OLG Hamburg WRP 1958, 340; KG WRP 1980, 623.
[33] AA v. Schultz/*Gruber* § 5 Rn 11.
[34] BGH GRUR 2007, 888.
[35] Statt anderer v. Schultz/*Gruber* § 5 Rn 25 f mwN.

[36] BGH GRUR 1954, 195; GRUR 1969, 357; BGH NJW 1997, 2952.
[37] BGH GRUR 1966, 38; GRUR 1980, 114; WRP 1997, 1081.
[38] BGH GRUR 1960, 434; GRUR 1998, 391; GRUR 2003, 640.
[39] Ströbele/*Hacker* § 4 Rn 43; *Fezer* § 15 Rn 116.

14   **3. Unterscheidungskraft.** Unterscheidungskräftig ist ein Unternehmenskennzeichen, wenn es nach dem Verkehrsverständnis **ausreichende Eigenart** aufweist, um als individualisierender Hinweis auf ein bestimmtes Unternehmen zu wirken, so dass es sich namensmäßig von anderen Unternehmen unterscheidet.[40] Die daran zu stellenden Anforderungen sind nicht sehr hoch. Es genügt, dass sich ein ausschließlich beschreibender Sinn nicht feststellen lässt.[41] Insbes. setzt Unterscheidungskraft keineswegs Seltenheit oder gar Einzigartigkeit voraus. Auch Begriffe der Umgangssprache können in diesem Sinne unterscheidungskräftig sein, wenn sie in einer nicht dem üblichen Sprachgebrauch entsprechenden Weise verwendet werden und deshalb geeignet erscheinen, eine unterscheidend wirkende Kennzeichnung von individueller Eigenart zu ergeben, die sich im Verkehr als Hinweis auf das Unternehmen durchzusetzen vermag.[42] Gleiches gilt für mehrdeutige Bezeichnungen oder die Kombination von an sich nicht unterscheidungskräftigen Bestandteilen, z.B. für eine Kombination einer geografischen Angabe und einer den Tätigkeitsbereich des Unternehmens beschreibenden Angabe.[43] Ist die gewählte Bezeichnung, auch in einer Zusammensetzung mehrerer Begriffe, dagegen sprachüblich, z.B. in der Zusammensetzung der Begriffe „Literatur" und „Haus" oder „Star" und „Entertainment", werden diese von den angesprochenen Verkehrskreisen als beschreibende Sachbezeichnung verstanden und es fehlt der Unternehmensbezeichnung an Unterscheidungskraft.[44] Anders ist dies bei Gaststätten und Hotels, da sich der Verkehr bei diesen daran gewöhnt hat, dass sich die Unternehmen häufig glatt beschreibender Etablissementbezeichnungen bedienen und es in einem örtlich begrenzten Gebiet nur einen einzigen Geschäftsbetrieb mit diesem Namen gibt. Insoweit greift auch hier der Kennzeichenschutz nach § 5 Abs. 2 S. 1 MarkenG ein.[45] Für weitere Fälle s. § 18 Rn 21 ff, 25 ff, 30 ff. Mangelt es einer Unternehmensbezeichnung an Unterscheidungskraft, erlangt sie Schutz erst mit Verkehrsgeltung.

15   **4. Kein Freihaltebedürfnis.** Hinsichtlich der Frage, inwieweit ein Freihaltebedürfnis zu berücksichtigen ist, lässt die Rechtsprechung keine klare Linie erkennen.[46] Richtig ist Folgendes: Ebenso wie im Markenrecht ist zwischen Unterscheidungskraft (§ 8 Abs. 2 Nr. 1 MarkenG) und Freihaltebedürfnis (§ 8 Abs. 2 Nr. 2 und 3 MarkenG) zu unterschieden. Beide Erfordernisse überschneiden sich zwar, sind jedoch aufgrund ihrer unterschiedlichen Schutzzwecke gesondert und unabhängig voneinander zu prüfen. Wegen eines möglichen Freihalteinteresses dürfen daher keine erhöhten Anforderungen an das Vorliegen der Unterscheidungskraft gestellt werden.[47] Anders als im Markenrecht ist das Bestehen eines Freihaltebedürfnisses im Bezeichnungsrecht jedoch kein gesetzlich festgelegtes Schutzhindernis. Vielmehr führt es lediglich zu einer Verringerung des Schutzumfangs, wobei diese Verringerung durch Verkehrsgeltung ausgeglichen werden kann.[48]

---

[40] BGH GRUR 1995, 754 (758); GRUR 1996, 68 (69).
[41] BGH GRUR 1999, 492 (494); GRUR 2001, 1161; *Ingerl/Rohnke* § 15 Rn 24.
[42] BGH GRUR 1993, 923; WRP 1997, 1091 (1092); WRP 2004, 1281 (1284).
[43] BGH GRUR 1995, 754 (758); BlPMZ 2001, 210 (211).
[44] BGH NJW 2005, 1503; WRP 2005, 1246 (1247).
[45] BGH GRUR 1977, 165 (166) – Parkhotel; GRUR 1995, 507 (508) – City-Hotel.
[46] Vgl. außer den Entscheidungen in Fn 41 BGHZ 145, 279 (284); BGH GRUR 1988, 319; GRUR 2001, 1161; BGH WRP 2008, 1192 (1194).
[47] BGHZ 167, 279 (283) mwN.
[48] Vgl. BGHZ 74, 1; 145, 279 (284); BGH GRUR 1982, 420; GRUR 1985, 461; GRUR 1998, 165; BGH BlPMZ 2001, 210 (211).

5. Verkehrsgeltung. Der Begriff der Verkehrsgeltung ist §§ 4 Nr. 2, 5 Abs. 2 S. 2 **16**
MarkenG entnommen und wird insofern einheitlich ausgelegt. Er ist zu unterscheiden
von der nach § 8 Abs. 3 erforderlichen Verkehrsdurchsetzung, an die erheblich höhere
Anforderungen zu stellen sind.[49] Verkehrsgeltung liegt vor, wenn ein **nicht unerheblicher
Teil der beteiligten Verkehrskreise** eine Verbindung zwischen dem Zeichen und dem
Unternehmen herstellt und das Zeichen wiedererkennt.[50] Für eine einfache Verkehrsgeltung wird ein **Zuordnungsgrad von 20–25 %** als ausreichend angesehen.[51] Besteht ein
Freihaltebedürfnis ist ein höherer Zuordnungsgrad erforderlich, damit sich der Schutzumfang nicht verringert, und zwar ein umso höherer Zuordnungsgrad desto größer das
Freihaltebedürfnis ist.[52] Die Verkehrsgeltung muss nur innerhalb der beteiligten Verkehrskreise bestehen.[53] Dazu gehören die Lieferanten, Wettbewerber und Abnehmer des
Unternehmens, das den Schutz begehrt, einschließlich der privaten Endverbraucher
(sofern die Geschäftstätigkeit des Unternehmens nicht ausschließlich auf gewerbliche
Abnehmer ausgerichtet ist).[54] Die Feststellung der Verkehrsgeltung erfolgt mittels **Meinungsforschungsgutachten**.[55] Diese sind als Beweismittel allgemein anerkannt.[56] Dagegen sind Einzelzeugen oder Auskünfte der IHK, die nur Gewerbetreibende und nicht
Verbraucher befragen, nicht ausreichend.[57]

6. Priorität, § 6 MarkenG. Nach § 6 Abs. 1 MarkenG bestimmt sich der Vorrang **17**
konkurrierender Zeichen nach dem Zeitrang (sog. Prioritätsprinzip). Für den Zeit- und
damit den Vorrang von Unternehmenskennzeichen ist gem. § 6 Abs. 3 MarkenG der
Zeitpunkt des Rechtserwerbs maßgeblich. Maßgeblich ist damit der Zeitpunkt, zu dem
erstmals das Vorliegen der unter Rn 11–16 genannten Voraussetzungen nachgewiesen
werden kann.[58] Sollte dieser Zeitpunkt ausnahmsweise auf denselben Tag fallen, so sind
die Rechte gem. § 6 Abs. 4 MarkenG gleichrangig und begründen daher keine Ansprüche gegeneinander. Diese Vorschrift ist keine Ausnahme, sondern eine Konsequenz
des Prioritätsprinzips.

Ausnahmen vom Prioritätsprinzip sind – abgesehen von § 22 MarkenG – im Markenrecht nicht ausdrücklich geregelt. Zu ihnen gehört vor allem[59] das sog. **Gleichnamigkeitsrecht** (s. dazu bereits Anh. I zu § 37 Rn 33 f), das einen gesetzlichen Anhaltspunkt **18**
in § 23 Nr. 1 MarkenG findet.[60]

---

[49] S. nur v. Schultz/*Gruber* § 8 Rn 182 ff; *Fezer* § 4 Rn 103 f.
[50] Ströbele/*Hacker* § 4 Rn 17; GroßkommUWG/*Teplitzky* § 16 UWG Rn 103; BGHZ 4, 167 (169); 11, 214 (217); 21, 85 (88 f).
[51] Ströbele/*Hacker* § 4 Rn 37; Ingerl/Rohnke § 4 Rn 17; *Piper* GRUR 1996, 429 (433).
[52] Vgl. Ströbele/*Hacker* § 4 Rn 38; v. Schultz/*Gruber* § 8 Rn 22, jew. auch zu der Frage einer möglichen Bedeutung der Entscheidung EuGH GRUR 1999, 723 für diese Frage.
[53] *Fezer* § 4 Rn 124; Ingerl/Rohnke § 4 Rn 15; v. Schultz/*Gruber* § 5 Rn 20.
[54] Ströbele/*Hacker* § 5 Rn 42; *Fezer* § 4 Rn 124; Ingerl/Rohnke § 4 Rn 17 f; BGH GRUR 1960, 130; OLG Hamburg GRUR-RR 2002, 356.
[55] Ströbele/*Hacker* § 4 Rn 41, dort auch zu den inhaltlichen Anforderungen § 4 Rn 42 ff.
[56] Erstmalig RG GRUR 1941, 328 (330); seitdem BGH GRUR 1957, 285 (287); GRUR 1968, 371 (374); GRUR 1974, 337 (338); GRUR 1981, 666; GRUR 1982, 685; aus neuerer Zeit BGH NJW 2006, 3282; GRUR 2007, 1066.
[57] Ströbele/*Hacker* § 4 Rn 41; *Boes/Deutsch* GRUR 1996, 168 (170); *Eichmann* GRUR 1999, 939.
[58] v. Schultz § 6 Rn 6; GroßKommUWG/*Teplitzky* § 16 UWG Rn 215 f; BGHZ 19, 23 (28, 30); 52, 365 (369); BGH GRUR 1989, 856 (858).
[59] Zu den weiteren Ausnahmen etwa v. Schultz § 6 Rn 9, 11; GroßKommUWG/*Teplitzky* § 16 UWG Rn 255 ff.
[60] Ströbele/*Hacker* § 15 Rn 25, 74; BGH GRUR 2002, 622 (625) allerdings mit der Maßgabe, dass die Interessenabwägung im

II. Ende des Schutzes

19 Grundsätzlich endet der Schutz eines Unternehmenskennzeichens mit dem Fortfall einer der unter Rn 11–16 genannten Voraussetzungen, also insbes. mit der endgültigen **Aufgabe des Kennzeichengebrauchs**, dem Verlust der Unterscheidungskraft[61] bzw. – soweit erforderlich – mit dem Verlust der Verkehrsgeltung[62]. Eine nur vorübergehende **Unterbrechung** der Benutzung führt nicht zum Verlust des Schutzes. Bei Wiederaufnahme kann insoweit auf den ursprünglichen Zeitrang zurückgegriffen werden.[63] Wie lange eine Nichtbenutzung nicht zum Erlöschen des Schutzes führt, kann nicht nach starren Fristen, bspw. in Anlehnung an die Fünfjahresfrist nach § 25 MarkenG, bestimmt werden.[64] Dies hängt vielmehr von den Umständen des jeweiligen Einzelfalls und der Verkehrsauffassung ab, die im Moment der Wiederaufnahme des Geschäftsbetriebes besteht.[65] Dabei ist neben Dauer und Anlass der Unterbrechung wesentlich, ob sich durch entsprechende Handlungen ein Fortsetzungswille manifestiert hat oder aufgrund besonderer Umstände nahe lag.[66] Weiter können auch eine langjährige Nutzung und hohe Verkehrsgeltung des Zeichens im Zeitpunkt der Unterbrechung dazu beitragen, dass in den Augen des Verkehrs auch nach längerer Unterbrechung bei Wiederaufnahme der Benutzung an das alte Kennzeichen unter Erhalt des Zeitrangs angeknüpft wird.[67] Zum Erhalt des Unternehmenskennzeichens ist es ausreichend, wenn ein Dritter mit Zustimmung des Geschäftsinhabers das Kennzeichen im geschäftlichen Verkehr benutzt.[68] Eine Benutzungsaufgabe ist ferner in einer **Änderung der charakteristischen Eigenart der Bezeichnung** zu sehen.[69] Dadurch erlischt der Schutz der alten Bezeichnung. Ob die neue Bezeichnung mit neuer Priorität Schutz genießt, richtet sich nach den genannten (Rn 11–16) Voraussetzungen. Keine wesentliche Änderung ist ein bloßer Rechtsformwechsel[70]. Schließlich erlischt der Schutz zugunsten des ursprünglichen Inhabers mit der wirksamen **Übertragung des Kennzeichens** (s. dazu Anh. I Rn 26 ff).[71] In diesem Fall rückt freilich der neue Inhaber als Rechtsnachfolger in die Rechtsstellung des alten Inhabers ein und kann sich daher auch auf die von jenem erworbene Priorität berufen,[72] solange er im Wesentlichen unverändert von dem Kennzeichen Gebrauch macht (vgl. § 22 Rn 83, 105; Anh. I Rn 29).

20 Der Schutz des bürgerlichen Namens endet grundsätzlich mit dem **Tod** des Namensträger (näher Anh. I Rn 13), der Schutz der Namen von juristischen Personen und Personenvereinigungen mit deren **Vollbeendigung**. Der Schutz von Firmen endet ferner mit deren **Erlöschen** (dazu § 17 Rn 33 ff), Anh. I Rn 14). Ein Erlöschensgrund ist bei Einzelkaufleuten – nicht aber bei Personenhandelsgesellschaften und juristischen Personen – die endgültige Aufgabe des Gewerbebetriebs. Übertragen auf andere Unternehmenskenn-

---

Rahmen von § 15 Abs. 3 MarkenG und nicht erst bei § 23 MarkenG zu erfolgen hat, da die dort enthaltenen Regelungen in dem Tatbestandsmerkmal „ohne rechtfertigenden Grund in unlauterer Weise" aufgehen; s. auch OLG Hamburg GRUR-RR 2002, 100 (103); OLG Zweibrücken GRUR-RR 2002, 137.
[61] RGZ 56, 160; RGZ 69, 310 (311); RGZ 100, 182; BGHZ 28, 1; BGH GRUR 1977, 226 (227).
[62] BGHZ 21, 66; BGH GRUR 1957, 428.
[63] Ströbele/Hacker § 5 Rn 56.
[64] BGH GRUR 1995, 54 (56).
[65] BGH GRUR 2002, 967; GRUR 2002, 972.
[66] BGH GRUR 1997, 749 (753).
[67] Ströbele/Hacker § 5 Rn 56.
[68] BGH GRUR 2002, 967.
[69] BGH GRUR 1973, 661; BGH GRUR 1995, 505 (507); OLG Celle OLGR 1994, 340.
[70] BGHZ 21, 66 (69); BGH GRUR 1983, 182 (183).
[71] BGH GRUR 2002, 972.
[72] GroßKommUWG/*Teplitzky* § 16 UWG Rn 123; BGH GRUR 1959, 87 (89); OLG Hamm WRP 1982, 534 (535).

zeichen als Namen und Firmen bedeutet dies, dass sie grundsätzlich ebenfalls mit der endgültigen **Aufgabe des Geschäftsbetriebs** erlöschen.[73] Zudem kann die Führung einer Firma, die beschreibende Angaben enthält, durch eine Änderung des Geschäftsbetriebs **irreführend** und damit unzulässig werden (§ 18 Rn 36) und hierdurch ihren bezeichnungsrechtlichen Schutz verlieren. Für den bezeichnungsrechtlichen Schutz kommt es darüber hinaus darauf an, ob nach der Verkehrsanschauung noch eine **Betriebskontinuität** gegeben ist.[74] Das hindert zwar innerhalb gewisser Grenzen nicht die dingliche Übertragung und schuldrechtliche Lizenzierung von Unternehmenskennzeichen (s. dazu Anh. I Rn 26 ff), wohl aber bspw. einen übergangslosen Austausch des Unternehmensgegenstandes.

D. Verletzungstatbestand nach § 15 Abs. 2 MarkenG

I. Verletzungshandlung

21 Verletzungshandlung i.S.d. § 15 Abs. 2 ist die **unbefugte** (Rn 24 ff) **Benutzung** (Rn 23) einer nach Maßgabe der Rn 11 ff geschützten, geschäftlichen Bezeichnung, also insbes. eines Unternehmenskennzeichens, oder eines ähnlichen Zeichens **im geschäftlichen Verkehr** (Rn 22). Dabei ist die Ähnlichkeit des Zeichens regelmäßig im Rahmen der Verwechselungsgefahr zu prüfen,[75] so dass insofern auf die dortigen Ausführungen (Rn 27 ff) verwiesen werden kann.

22 **1. Im geschäftlichen Verkehr.** § 15 Abs. 2 MarkenG setzt zunächst ein Handeln *„im geschäftlichen Verkehr"* voraus. Der Begriff ist **weit auszulegen**.[76] Erfasst wird jede Tätigkeit zu eigenen oder fremden beruflichen oder erwerbswirtschaftlichen Zwecken.[77] Nicht notwendig ist, dass der Benutzer mit Gewinnerzielungsabsicht handelt[78] oder Waren bzw. Dienstleistungen gegen Entgelt anbietet[79]. **Ausgenommen** ist lediglich ein Handeln im rein privaten Bereich,[80] der öffentlichen Hand im hoheitlichen Bereich[81] sowie eine Betätigung zu rein ideellen, kulturellen, wissenschaftlichen oder politischen Zwecken. Ausgenommen ist daher etwa die Wahlwerbung politischer Parteien.[82] Liegt kein Handeln im geschäftlichen Verkehr vor, kann aber § 12 BGB eingreifen (s. Anh. I zu § 37 Rn 4 ff).

23 **2. Benutzung.** Beim Begriff der Benutzung ist zwischen Unternehmenskennzeichen nach § 5 Abs. 2 MarkenG und Werktiteln nach § 5 Abs. 3 MarkenG zu differenzieren.[83] Voraussetzung einer Verletzung von Unternehmenskennzeichen ist, dass die kollidierende

---

[73] RG GRUR 1943, 349; BGHZ 6, 137 (142); 21, 66 (69); 34, 345; 136, 11 (21); 150, 82 (89); BGH GRUR 1959, 541; GRUR 1960, 137; BB 1962, 536 (537); BGH GRUR 1990, 37 (38); GRUR 2002, 972 (974); GRUR 2005, 871 (872); OLG München OLGR 1999, 249; Ströbele/*Hacker* § 5 Rn 55; anders wird dies wohl nur in seltenen Ausnahmefällen gesehen werden können, bspw. wenn die Wiederaufnahme des Geschäftsbetriebes eines in den Augen des Verkehrs endgültig eingestellten Betriebs eine Anknüpfung an dessen ursprüngliche Priorität darstellt, weil auch in den Zeiten der Nichtführung des Unternehmens der einst legendäre Ruf gewahrt wurde, BGH GRUR 2002, 967 – Hotel Adlon.
[74] BGH BB 1957, 691; zu weit Ströbele/*Hacker* § 5 Rn 59.
[75] v. Schultz/*Gruber* § 5 Rn 19.
[76] BGH GRUR 1987, 438 (440).
[77] Ströbele/*Hacker* § 14 Rn 27.
[78] BGH NJW 1976, 1941.
[79] BGH GRUR 1987, 438 (440).
[80] BGH GRUR 1987, 438 (440).
[81] BGH NJW 1976, 1941.
[82] OLG Hamburg NJW-RR 1998, 552.
[83] Ströbele/*Hacker* § 5 Rn 13.

Bezeichnung **unternehmenskennzeichenmäßig**, d.h. zur individualisierenden Kennzeichnung eines Unternehmensträgers, eines Unternehmens oder eines Unternehmensteils verwendet wird.[84] Wird ein Zeichen nicht in dieser Weise verwandt, kann nämlich keine Verwechselungsgefahr mit einem Unternehmenskennzeichen entstehen. Entsprechend diesem Grundgedanken und im Interesse eines umfassenden Kennzeichenschutzes sind freilich **keine hohen Anforderungen** an das Vorliegen der Voraussetzung einer unternehmenskennzeichenmäßigen Verwendung zu stellen. Eine unternehmenskennzeichenmäßige Benutzung liegt bereits dann vor, wenn die nicht völlig fernliegende Möglichkeit besteht, dass nicht unerhebliche Teile der Verkehrskreise eine Verbindung zum Unternehmen herstellen.[85] Das ist **insbes.** dann der Fall, wenn das Zeichen **als Marke** gebraucht wird,[86] weil eine Marke die Herkunft von einem bestimmten Unternehmen kennzeichnet, vgl. § 3 Abs. 1 MarkenG. Im Blick hierauf kann auf den Beispielskatalog des § 14 Abs. 3 und 4 MarkenG zurückgegriffen werden.[87] Selbst die Einbindung eines fremden Kennzeichens in den – nicht sichtbaren – Quelltext einer Internetseite durch den Betreiber mit dem Ziel, die Trefferhäufigkeit seines Internetauftritts bei Suchmaschinen zu erhöhen (sog. **Metatag**), ist eine unternehmenskennzeichenmäßige Benutzung,[88] da das Suchwort dazu dient, den Nutzer auf das werbende Unternehmen und sein Angebot hinzuweisen.[89] Dagegen reicht eine werktitelmäßige Verwendung grundsätzlich nicht aus, weil ein Werktitel regelmäßig keinen betrieblichen Herkunftsnachweis enthält.[90] Nur bei sehr bekannten Werktiteln von Zeitungen und Zeitschriften oder Fernseh- und Hörfunksendungen kann dies daher ausnahmsweise anders sein.[91] Nicht ausreichend ist schließlich die Verwendung **rein beschreibender Angaben** als solche, weil damit ebenfalls nicht auf eine betriebliche Herkunft hingewiesen wird (vgl. §§ 8 Abs. 2 Nr. 2, 23 Nr. 2 MarkenG).[92] Insofern leiden Unternehmenskennzeichen, die solche Angaben enthalten, selbst wenn sie

---

[84] BGHZ 130, 276 (283); GRUR 1996, 68 (70); GRUR 2005, 419, mwN.
[85] BGHZ 130, 276 (283); GRUR 1996, 68 (70); GRUR 1990, 274 (275).
[86] BGH GRUR 1955, 299 (301); GRUR 1956, 172 (175); GRUR 1967, 199 (201); GRUR 1971, 517 (519); GRUR 1983, 764 (766); GRUR 1984, 545 (547); GRUR 1991, 155 (156); GRUR 1994, 156; GRUR 1995, 825 (827); GRUR 2004, 512 (514); GRUR 2005, 871 (872).
[87] Begr. RegE BT-Drucks. 12/6581, S. 70 f, 76, 77; Ingerl/Rohnke § 15 Rn 31; Fezer § 15 Rn 20; v. Schultz/Gruber § 15 Rn 11.
[88] Str., **dafür** BGHZ 168, 28 (32 f); BGH GRUR 2007, 784 (786); OLG München MMR 2000, 546; OLG Hamburg MMR 2004, 256; OLG Karlsruhe WRP 2004, 507; OLG Hamburg K&R 2005, 45; LG Hamburg CR 2000, 121; LG Frankfurt CR 2000, 462; LG München MMR 2004, 689; Pankoke MMR 2004, 690 (691); Pellens CR 2002, 136 (137); Menke WRP 1999, 982 (985); Ernst CR 2000, 122; Koch NJW-CoR 1998, 45 (47); MünchKommBGB/Bayreuther Rn 179. Weiterführend zu den Formen des Suchmaschinenmarketings Ernst WRP 2004, 278 ff; **dagegen** OLG Düsseldorf GRUR-RR 2003, 340; OLG Düsseldorf MMR 2004, 319; LG Düsseldorf CR 2002, 610; Vidal GRUR Int. 2003, 312 (317); Kur CR 2000, 448; Kothoff K&R 1999, 157 (159); Hoeren/Sieber/Viefhues Kap. 6.1. Rn 455 ff; **diff.** Heim CR 2005, 200; offengelassen durch OLG Hamburg MMR 2004, 489; Kilian/Heussen Computerrechtspraxis, Stand 2005, Kap. 142 Rn 15 f.
[89] BGHZ 168, 28 (34); BGH GRUR 2007, 784 (786); OLG München MMR 2000, 546; OLG Hamburg MMR 2004, 256; OLG Karlsruhe WRP 2004, 507; OLG Hamburg K&R 2005, 45; LG Hamburg CR 2000, 121; LG Frankfurt CR 2000, 462; LG München MMR 2004, 689.
[90] BGH GRUR 1994, 908 (910); **aA** OLG Hamburg GRUR-RR 2005, 312 (314).
[91] Ströbele/Hacker § 15 Rn 18, 79 ff mwN.
[92] BGHZ 130, 276 (283); GRUR 1994, 908 (910).

aufgrund erlangter Verkehrsgeltung grundsätzlich geschützt werden, unter einem gewissen Schutzdefizit.[93]

3. Unbefugt. Die Benutzung des Kennzeichens muss unbefugt erfolgen. Eine unbefugte **24** Benutzung liegt **nicht** vor, wenn der Benutzer an der Bezeichnung **eigene prioritätsältere** (§ 6 MarkenG) **Rechte** i.S.d. §§ 4, 5, 13 MarkenG originär oder, soweit zulässig (Anh. I zu § 37 Rn 26 ff), derivativ gem. §§ 398, 413 BGB erworben hat. Dabei ist freilich zu beachten, dass der Erwerb einer **prioritätsälteren Marke** nicht zu einer unternehmenskennzeichenmäßigen Benutzung gegenüber einem insofern prioritätsälteren Unternehmenskennzeichen berechtigt.[94] Ferner ist zu beachten, dass es für die Frage der Priorität ausschließlich auf das **Verhältnis der Parteien untereinander** ankommt. Unerheblich ist daher, ob der Anspruchsteller von einem besser berechtigten Dritten auf Unterlassung in Anspruch genommen werden könnte. Der gegenüber dem Anspruchsteller Prioritätsjüngere vermag mithin aus Rechten Dritter grundsätzlich keine Einwendungen zu seinen Gunsten herzuleiten.[95]

Anders ist dies nur, wenn der Benutzer des kollidierenden Zeichens aufgrund eines **25** wirksamen Gestattungs- oder Lizenzvertrags (dazu Anh. I zu § 37 Rn 26 ff) mit dem Inhaber eines gegenüber dem Anspruchsteller prioritätsälteren Unternehmenskennzeichens zur Benutzung des Zeichens schuldrechtlich befugt ist; denn in diesem Fall kann sich der Lizenzinhaber gegenüber Dritten **analog § 986 Abs. 1 BGB** auf die Priorität der Kennzeichnung des Lizenzgebers berufen.[96] Zu beachten ist, dass eine Gestattung regelmäßig mit dem Ende der Zusammenarbeit endet,[97] vgl. auch § 24 Abs. 2. Zudem ist die Gestattung zumindest aus wichtigem Grund kündbar,[98] vgl. § 22 Rn 79 ff.

Unberührt bleiben die Vorschriften des § 21 MarkenG (Verwirkung), des § 22 Mar- **26** kenG (Bestandskraft der Eintragung einer Marke mit jüngerem Zeitrang), des § 23 MarkenG (Benutzung von Namen und beschreibenden Angaben, Ersatzteilgeschäft) und schließlich des § 24 MarkenG (Erschöpfung). Dabei kann das Recht der Gleichnamigen als Fall des § 23 Nr. 1 MarkenG eingeordnet werden.[99]

II. Verletzungsfolge: Verwechselungsgefahr

1. Erscheinungsformen der Verwechselungsgefahr. Unterschieden wird zwischen ver- **27** schiedenen Erscheinungsformen oder Arten der Verwechselungsgefahr.[100] Verwechselungsgefahr im engeren Sinne liegt vor, wenn der Verkehr die konkurrierenden Zeichen

---

[93] Ströbele/*Hacker* § 15 Rn 15 mit Hinweis auf BGH GRUR 1996, 68 (70).
[94] Ströbele/*Hacker* § 15 Rn 23; GroßKomm-UWG/*Teplitzky* § 16 UWG Rn 239 f; *Fezer* § 15 Rn 83; ausführlich *Goldmann* § 9 Rn 45 ff.
[95] BGH GRUR 1954, 271 (274); GRUR 1957, 457 (458).
[96] Seit BGH NJW 1993, 2236 („Decker") allg. M.
[97] Vgl. BGH GRUR 1991, 780 (782); GRUR 1994, 652 (653); GRUR 1997, 903 (906); GRUR 2001, 1164 (1166); Ströbele/*Hacker* § 15 Rn 24; *Fezer* § 15 Rn 86.
[98] Vgl. BGH GRUR 1970, 528 (531); GRUR 2002, 703 (705).
[99] Ströbele/*Hacker* § 15 Rn 25, 74; BGH GRUR 2002, 622 (625), allerdings mit der Maßgabe, dass die Interessenabwägung im Rahmen von § 15 Abs. 3 MarkenG und nicht erst bei § 23 MarkenG zu erfolgen hat, da die dort enthaltenen Regelungen in dem Tatbestandsmerkmal „ohne rechtfertigenden Grund in unlauterer Weise" aufgehen; OLG Hamburg GRUR-RR 2002, 100 (103); OLG Zweibrücken GRUR-RR 2002, 137.
[100] Ströbele/*Hacker* Rn 29 f; v. Schultz/*Gruber* § 15 Rn 14.

demselben Unternehmen zurechnet. Das kann zum einen darauf beruhen, dass der Verkehr die verwendeten Bezeichnungen nicht auseinander halten kann, so dass er sie für dieselbe Bezeichnung ein und desselben Unternehmens hält (sog. **unmittelbare Verwechselungsgefahr** [im engen Sinne].[101] Zum anderen kann dies darauf beruhen, dass der Verkehr die Bezeichnungen zwar auseinander halten kann, aufgrund vorhandener Übereinstimmungen aber davon ausgeht, es handele sich bei einem der Kennzeichen um ein vom anderen abgeleitetes Kennzeichen desselben Unternehmens (sog. **mittelbare Verwechselungsgefahr** oder unmittelbare Verwechselungsgefahr im weiteren Sinne).[102] Davon zu unterscheiden – und im Kennzeichenrecht von besonderer Bedeutung – ist die **Verwechselungsgefahr im weiteren Sinne**.[103] Hier kommt es zwar – aufgrund der verwendeten Kennzeichen oder aus anderen Gründen (z.B. Branchenferne) – nicht zu einer Verwirrung über die Unternehmen, es besteht aber die Gefahr, dass der Verkehr irrtümlich von vertraglichen, organisatorischen oder sonstigen wirtschaftlichen Beziehungen der Unternehmen ausgeht.[104] Hierzu reicht es – zumindest bei sehr bekannten Kennzeichen[105] – aus, wenn der Verkehr Grund zu der Annahme haben kann, das eine Unternehmen verwende das Kennzeichen als Lizenznehmer des anderen Unternehmens (s. ferner Anh. I zu § 37 Rn 21).[106] Auch die fälschliche Annahme, ein Unternehmen sei Nachfolger eines anderen Unternehmens stellt eine Verwechselungsgefahr im weiteren Sinne dar.[107]

28 **2. Maßgebliche Faktoren.** Nach ständiger **Rechtsprechung** sind für die Feststellung des Bestehens einer Verwechselungsgefahr **drei Faktoren** maßgeblich: Die Ähnlichkeit der Kennzeichen, die Branchennähe sowie die Kennzeichnungskraft des älteren Kennzeichens, für welches Schutz begehrt wird.[108] Dabei bestehen **Wechselwirkungen** zwischen diesen drei Faktoren in der Weise, dass ein Weniger in einem Bereich durch ein Mehr in einem anderen Bereich ausgeglichen bzw. überwunden werden kann.[109] So kann bspw. Branchenferne trotz großer Zeichenähnlichkeit eine Verwechselung ausschließen, umgekehrt Branchenidentität trotz schwacher Zeichenähnlichkeit eine Verwechselungsgefahr herbeiführen.

29 a) **Zeichenähnlichkeit.** Die Frage der Zeichenähnlichkeit ist danach zu bestimmen, welchen Gesamteindruck die sich gegenüberstehenden Bezeichnungen im Verkehr erwecken.[110] Bei dieser Beurteilung ist auf einen durchschnittlich informierten, aufmerk-

---

[101] BGH GRUR 1957, 281 (283); GRUR 1989, 425 (426); BGH WRP 2001, 1315; WRP 2002, 534; GroßKommUWG/*Teplitzky* § 16 UWG Rn 315.
[102] BGHZ 14, 155 (161); BGH GRUR 1981, 66 (67); GRUR 1989, 856 (857); GRUR 1992, 329 (332).
[103] v. Schultz/*Gruber* § 15 Rn 14.
[104] BGH GRUR 1977, 264; GRUR 1995, 754 (756); GRUR 2002, 1066 (1068 f).
[105] BGH GRUR 1990, 68 (70) – VOGUE; OLG Frankfurt WRP 1992, 718 (720) – Ferrari.
[106] GroßKommUWG/*Teplitzky* § 16 UWG Rn 367 f; Ingerl/*Rohnke* § 15 Rn 62; Goldmann § 13 Rn 71 ff; BGHZ 30, 7 (9); 119, 237 (245); 126, 208 (216); 126, 287 (296);
161, 218; BGH DB 1986, 1277 (1278); BGH GRUR 2002, 917 (919); OLG München GRUR 1980, 1003 (1005 f).
[107] Ströbele/*Hacker* § 15 Rn 30 a.E.; OLG Zweibrücken GRUR-RR 2002, 138.
[108] St. Rechtsprechung, vgl. statt aller BGHZ 147, 56 (63); BGH GRUR 2003, 440 (441); BGH NJW 2005, 601, alle mwN.
[109] BGH GRUR 1997, 468 (470); GRUR 1999, 492 (494); GRUR 2000, 605 (607); GRUR 2001, 344 (345); GRUR 2001, 1161 (1162); WRP 2002, 1066 (1067); GRUR 2002, 626 (629); GRUR 2004, 235 (237); GRUR 2004, 239.
[110] BGH GRUR 2000, 504 (505); GRUR 2002, 1083 (1085); NJW 2005, 601.

samen und verständigen Verbraucher abzustellen.[111] Die Ähnlichkeit kann dabei auf einer **klanglichen Ähnlichkeit**, einer Ähnlichkeit des **Erscheinungsbilds** oder einer Ähnlichkeit des **Bedeutungs- bzw. Sinngehalts** beruhen.[112] Nach ständiger Rechtsprechung **reicht** bereits eine hinreichende **Übereinstimmung in einer Hinsicht** aus.[113] Dabei ist zu berücksichtigen, dass der Gesamteindruck eines Zeichens im Allgemeinen stärker durch den **Wortanfang** geprägt wird als durch nachfolgende Wortteile.[114] Auch bleiben dem Verkehr unterscheidungskräftige, insbes. berühmte Kennzeichen eher in Erinnerung.[115] Bei der Ermittlung des Eindrucks ist zudem zu berücksichtigen, dass der Verkehr die konkurrierenden Zeichen regelmäßig **nicht gleichzeitig nebeneinander** betrachtet, sondern der Eindruck aufgrund einer undeutlichen Erinnerung an eines der beiden Zeichen entsteht. Weiter ist zu berücksichtigen, dass dabei in der Regel die **übereinstimmenden Merkmale** stärker hervortreten als die Unterschiede, erstere somit den **Gesamteindruck stärker prägen**.[116]

Dies trifft im Grundsatz auch auf Unternehmenskennzeichen zu, die aus **mehreren Bestandteilen** zusammengesetzt sind. Auch hier ist zunächst der Gesamteindruck zu vergleichen. Kommt jedoch den verschiedenen Bestandteilen innerhalb der Zusammensetzung ein **unterschiedliches Gewicht** zu und wird der Gesamteindruck einer Bezeichnung wesentlich durch einen oder mehrere Bestandteile geprägt, ist bei der Prüfung der Ähnlichkeit sowohl beim geschützten als auch beim konkurrierenden Zeichen nur auf die prägenden Bestandteile abzustellen.[117]

Danach besteht **beispielsweise** Ähnlichkeit zwischen den Zeichen „il Padrone"/„Il Portone". Beide weisen eine große Ähnlichkeit im Klang, denselben Wortbestandteil „il", den identischen Anfangsbuchstaben „P" und ein identisches Wortende „one" auf. Auch ihre Silbenzahl ist gleich. Hinzu kommt die Ähnlichkeit der Vokalfolge, „a-o-e" bzw. „o-o-e", wobei die Vokale „a" und „o" keine so deutlichen Unterschiede aufweisen, dass sich dies auf den Gesamteindruck auswirken würde. Dem steht die abweichende tatsächliche Bedeutung der Wörter nicht entgegen, da sie den beteiligten inländischen Verkehrskreisen nicht geläufig ist. Es besteht auch keine so große Nähe zu inländischen Begriffen, dass rechtserhebliche Teile der Verkehrskreise ihnen ohne weiteres eine bestimmte Bedeutung beimessen würden.[118]

Unter Berücksichtigung vorstehender Kriterien wurde **Zeichenähnlichkeit von der Rechtsprechung angenommen** bei: ac-pharma/A.C.A.-Pharma[119]; alpi/Alba-Modelle[120]; Altberliner/Altberliner Bücherstube, Verlagsbuchhandlung und Antiquariat, Inhaber Oliver Seifert[121]; Altenburger Spielkartenfabrik/Altenburger und Stralsunder Spielkartenfabrik[122]; AS/AjS[123]; Bayerisches Fernsehen/Privatfernsehen Bayern[124]; BBC/DDC[125]; Billich/billi[126]; Boa/BEO[127]; Boden-Commerz/Commerzbank[128]; Caber/Gabor[129]; Caren

30

---

[111] BGH GRUR 2000, 506 (508); GRUR 2002, 1067 (1070).
[112] Etwa BGH GRUR 1992, 110; GRUR 1999, 241 (243); aus der Lit. anstelle anderer v. Schultz/*Schweyer* § 14 Rn 71.
[113] BGH GRUR 1999, 241 (243); GRUR 2003, 1044 (1046).
[114] BGH GRUR 1995, 50 (53).
[115] BGH GRUR 2001, 158 (160).
[116] BGH GRUR 1991, 153 (154 f); NJW 2005, 601.
[117] BGH GRUR 2001, 1161 (1162 f); GRUR 2002, 898.
[118] BGH GRUR 2005, 236.
[119] BGH GRUR 1992, 550.
[120] BGH GRUR 1990, 367 (368).
[121] BGH GRUR 1999, 492 (494).
[122] BGH GRUR 1995, 754.
[123] BGH GRUR 1992, 329.
[124] OLG München WRP 1993, 427.
[125] BGH GRUR 1982, 420 (421 f).
[126] BGH GRUR 1979, 642 (643).
[127] OLG Köln GRUR 1985, 452.
[128] OLG Hamburg GRUR 1990, 696.
[129] BGH GRUR 1984, 471 (472).

§ 37 Anh II 1. Buch. Handelsstand

Pfleger/Dr. R. Pfleger[130]; Centra/Renta[131]; Commerzbau/Commerzbank[132]; CONTACT/product-contact[133]; CONTACT/Contact + graphic[134]; COWO/KOWOG Baukonzept[135]; DB Immobilienfonds 2 v. Q./db-Immobilienfonds Management GmbH[136]; defacto/Defacto[137]; Deutsche Bank/Deutsche Direktbank[138]; Garant-Möbel/Garant[139]; Gefa/Gewa[140]; Grundcommerz Vermögensverwaltungsgesellschaft mbH/Commerzbank Aktiengesellschaft[141]; Immo-Data/IMMO-DATA Immobilienvermittlungsgesellschaft mbH[142]; Karo-As/Pik-Sieben[143]; MARITIM Hotelgesellschaft mbH/Air Maritim Reisebüro GmbH[144]; McDonald's/McChinese[145]; Medi-con oder MediKon Einkaufsgenossenschaft/ M.E.D.I.O. oder Me.Di.Co. Italia[146]; MEDICE/MEDICAID[147]; NetCom/NETKOM[148]; Ott International GmbH/Cris Ott GmbH[149]; petite mademoiselle/Miss Petite[150]; REMEIR/Rethmeier[151]; Römer GmbH/Römer & K. GmbH[152]; Sieh an!/siehan.de[153]; Torres/Torres de Quart[154]; VUBI/UDI[155]; Zentis/Säntis[156].

31 Verneint wurde Ähnlichkeit bei: abacomp/Abac (in der Branche Computerhardware und -software)[157]; Bally/Ball[158]; City-Hotel/City-Hilton[159]; CompuNet/ComNet[160]; DDC – David Datentechnik/BBC (anders aber BBC/DDC, s.o.)[161]; Frühstücks-Drink-GmbH/Dietz-Frühstücks-Trunk[162]; Grandhotel M./Maritim Grand Hotel[163]; IHZ-Italia Hotel Zentrale/IHRZ Italienische Hotel Reservierungs-Zentrale[164]; Mitropa/Miorka[165]; Passion/Face Fashion[166]; Quick/Glück[167]; Quelle/Getränkequelle[168]; Volksbank Homburg/Volksbank Saar-West[169]; Zum Treppchen/Biehler Treppchen[170].

32 Bei all diesen Beispielsfällen ist jedoch **zu beachten**, dass bei der Prüfung des Bestehens einer Verwechselungsgefahr neben der Zeichenähnlichkeit auch die **Branchennähe** (Rn 33 ff) und die **Kennzeichnungskraft** (Rn 37) zu berücksichtigen sind. Entscheidend sind daher die jeweiligen Umstände des Einzelfalles, so dass die vorstehenden Beispiele ohne Berücksichtigung dieser Umstände nicht auf andere Fälle übertragen werden können.

33 b) **Branchennähe.** Die Branchennähe wird von der Rechtsprechung nicht positiv, sondern **negativ beschrieben**. Danach scheidet eine Verwechselungsgefahr im engere Sinne mangels Branchennähe aus, wenn die Tätigkeitsbereiche der beteiligten Unternehmen so

---

[130] BGH GRUR 1991, 475 (477).
[131] BGH GRUR 1966, 38.
[132] BGH GRUR 1989, 856 (857).
[133] BGH GRUR 1973, 457 (458).
[134] BGH GRUR 1973, 541.
[135] BGH GRUR 1993, 913.
[136] BGH GRUR 2001, 344 (345).
[137] BGH GRUR 2002, 898.
[138] OLG Frankfurt WRP 1994, 118.
[139] BGH WRP 1995, 307.
[140] BGH GRUR 1985, 461 (462).
[141] BGH GRUR 1988, 635 (636).
[142] BGH GRUR 1997, 845 (846).
[143] BGH GRUR 1957, 281.
[144] BGH GRUR 1989, 449 (450).
[145] OLG Karlsruhe GRUR 1992, 460 (461).
[146] OLG Hamburg WRP 1993, 772.
[147] BGH GRUR 1991, 317.
[148] BGH GRUR 1997, 468 (469).
[149] BGH WRP 1991, 222.
[150] BGH GRUR 1973, 375 (376).
[151] OLG Hamm GRUR 1991, 698.
[152] BGH GRUR 1993, 579.
[153] OLG Hamburg MMR 2002, 682.
[154] BGHZ 130, 276.
[155] OLG Köln GRUR 1993, 584.
[156] BGH GRUR 1986, 253 (255).
[157] OLG Frankfurt GRUR 1990, 697.
[158] BGH GRUR 1992, 130.
[159] BGH GRUR 1995, 507 (508).
[160] BGH GRUR 2001, 1161 (1162).
[161] BGH GRUR 1982, 420 (422).
[162] BGH GRUR 2002, 809.
[163] OLG Celle WRP 1996, 109.
[164] OLG Hamburg WRP 1989, 734.
[165] OLG Celle GRUR 1986, 826.
[166] BGH GRUR 1975, 441.
[167] BGHZ 28, 320.
[168] BGH GRUR 1990, 37 (39).
[169] BGH WRP 1992, 776.
[170] BGH WRP 1970, 262.

weit voneinander entfernt sind, dass nicht zu besorgen steht, die angesprochenen Verkehrskreise könnten durch eine Zeichengleichheit oder -ähnlichkeit zu der irrigen Annahme verleitet werden, die angebotenen Waren oder Dienstleistungen stammten von demselben Unternehmen.[171] Anhaltspunkte für eine bestehende Branchennähe sind demnach sachliche **Berührungspunkte** hinsichtlich der Produktion, des Vertriebs, der Märkte und des Verwendungszwecks der Produkte.[172] Auf das Vorliegen eines Wettbewerbsverhältnisses kommt es dagegen nicht an.[173] Grundsätzlich ist von den Kerntätigkeiten der konkurrierenden Unternehmen aus Sicht des Verkehrs auszugehen.[174] Im Einzelfall können aber auch Überschneidungen in Randbereichen der Unternehmenstätigkeiten bedeutsam sein.[175] Für das Bestehen einer Verwechslungsgefahr im engeren Sinne zu berücksichtigen sind überdies naheliegende und nicht nur theoretisch mögliche Ausweitungen der Tätigkeitsbereiche.[176]

Diese Beschreibung der Branchennähe erfährt im Bereich einer **Verwechslungsgefahr** **34** **im weiteren Sinne** eine erhebliche Erweiterung, zumal insoweit bereits die Annahme lizenzvertraglicher Beziehungen für ausreichend erachtet wird (Rn 27). Rechnung getragen wird dadurch der verbreiteten Praxis, berühmte Kennzeichen über das eigentliche Kerngeschäft hinaus im Wege von Lizenzverträgen zu vermarkten (sog. Kennzeichen-Merchandising).[177] Ob eine branchenübergreifende Lizenzvermutung gerechtfertigt und damit eine Verwechslungsgefahr im weiteren Sinne gegeben ist, hängt maßgeblich von der Bekanntheit des Kennzeichens und seinem daraus resultierenden Vermarktungspotential sowie von der Branchenüblichkeit ab.[178] Fraglich ist allerdings, ob solche Fälle nicht richtiger unter § 15 Abs. 3 MarkenG subsumiert werden sollten.[179]

Branchennähe wurde danach u.a. **bejaht** für: Bademoden/Motorradbekleidung[180]; **35** Bank/Bauträger[181]; Bankgeschäft/Immobilienvermittlung[182]; Bekleidung/Tabakwaren[183]; Damenbekleidung/Körperpflegemittel[184]; Damenstrümpfe/Kosmetik[185]; Dieselmotoren/Landwirtschaftsmaschinen[186]; Druckmaschinen/Druckfarben[187]; Finanzdienstleistungen/Immobiliendatenbank[188]; Fruchtjoghurt/Konfitüre[189]; Hotel/Reisebüro[190]; Immobilienfonds/Konzeption, Organisation und Einrichtung von Immobilienfonds[191]; Schleifmaschinen/elektrische Geräte[192]; Sportwagen/Kosmetik[193]; Verpackungsmittel/Etikettiermaschinen[194]; Whisky/Kosmetik[195].

---

[171] BGH GRUR 1984, 471 (472); GRUR 1986, 253 (244); Ströbele/*Hacker* § 15 Rn 47.
[172] BGH GRUR 1990, 1042 (1044 f); GRUR 1997, 468 (470).
[173] Ströbele/*Hacker* § 15 Rn 45 mwN.
[174] BGH GRUR 2002, 898; GRUR 1993, 404 (405); GRUR 1990, 1042 (1044 f).
[175] BGH GRUR 1990, 1042 (1044 f); Ingerl/*Rohnke* § 15 Rn 54.
[176] BGH GRUR 1993, 404 (405).
[177] Vgl. etwa OLG Frankfurt WRP 1992, 718 (720): Ferrari nicht nur für Sportwagen, sondern auch für Schreibgeräte, Lederwaren, Feuerzeuge und Kosmetik.
[178] Vgl. BGH GRUR 1999, 581, 583 (zum Titelschutz).
[179] Ströbele/*Hacker* § 15 Rn 50.
[180] BGH GRUR 1980, 303.
[181] BGH GRUR 1989, 856 (858).
[182] BGH GRUR 1985, 461 (463).
[183] OLG München GRUR 1980, 1003.
[184] BGH WRP 1986, 268.
[185] BGH GRUR 1965, 540 (541).
[186] BGH GRUR 1954, 457.
[187] BGH GRUR 1981, 66 (67).
[188] BGH WRP 2002, 537.
[189] BGH GRUR 1986, 253 (255).
[190] BGH GRUR 1989, 449.
[191] BGH GRUR 2001, 344 (345).
[192] BGH WRP 1973, 661.
[193] OLG Frankfurt WRP 1992, 718 (720).
[194] BGH GRUR 1974, 162 (163).
[195] BGH GRUR 1966, 267 (269 f).

36 **Verneint** wurde **Branchennähe** zwischen: Baumaschinenhandel/Kameras[196]; Confiserie/Weinhandel[197]; Damenmode/Skibekleidung[198]; elektronischen Überwachungs- und Sicherungssystemen/Installation von Netzwerksystemen[199]; Farbmess-Datenverarbeitungsanlagen/Computerformulare[200]; Fastfoodrestaurants/Farben und Lacke[201]; Kfz-Handel/Kapitalanlage[202]; Kfz-Zulieferer/EDV-Dienstleistungen[203]; Kosmetik/Schallplatten[204]; Krankenhaus/Werbeagentur[205]; Lebensmittel und Gebrauchsgüter/Hotels[206]; Lebensmittelgroßhandel/Füllhalterfabrik[207]; Molkereiprodukte/Schlaf- und Speisewagenbewirtschaftung[208]; Textilien/Börseninformationsdienst[209]; Textilien/Verwaltung von (auch Textil-)Unternehmen[210]; Unternehmensberatung/Programmierung[211]; Versandhandel für Textilien/Internetportal als Informationsplattform[212]; Versicherungsdienstleistungen (auch für Kfz)/Kfz-Motoren[213]; Werkzeugmaschinen/Scanner, Telefaxgeräte, Monitore[214].

37 c) **Kennzeichnungskraft.** Die Kennzeichnungskraft einer Bezeichnung wird durch den Grad der Eignung des Zeichens bestimmt, sich aufgrund seiner Eigenart und seines durch Benutzung erlangten Bekanntheitsgrades dem Verkehr als Name des Unternehmensträgers einzuprägen.[215] Im Blick hierauf kann zwischen **originärer** und durch **Benutzung** im Verkehr **erworbener** Kennzeichnungskraft unterschieden werden, wobei die originäre Kennzeichnungskraft ein Synonym für den Begriff der Unterscheidungskraft i.S.d. Rn 14 ist.[216] **Graduell** kann unterschieden werden zwischen geringer, normaler und gesteigerter Kennzeichnungskraft, wobei die Verwechselungsgefahr mit dem Grad der Kennzeichnungskraft der prioritätsälteren Bezeichnung zunimmt.[217] Geringe Kennzeichnungskraft haben insbes. Bezeichnungen, die bloß beschreibende[218] oder freihaltebedürftige Angaben[219] enthalten, normale Kennzeichnungskraft dagegen solche Bezeichnungen, die auffällige, einprägsame oder außergewöhnliche Begriffe oder gewöhnliche Begriffe außergewöhnlich, einprägsam oder auffällig verwenden[220]. Bei Buchstabenkombinationen kommt es darauf an, ob sie als ein Wort aussprechbar sind (dann normale Kennzeichnungskraft) oder nicht (dann geringe Kennzeichnungskraft). Besteht eine normale Kennzeichnungskraft, wird nicht nochmals zwischen dem Grad der Originalität unterschie-

---

[196] BGH GRUR 1958, 339.
[197] BGH GRUR 2004, 512 (514).
[198] BGH GRUR 1984, 471 (472).
[199] BGH BGHReport 2001, 609.
[200] BGH GRUR 1990, 1042 (1045).
[201] OLG Düsseldorf WRP 1997, 590 – McPaint.
[202] BGH GRUR 1993, 404.
[203] OLG Frankfurt GRUR 2000, 517.
[204] BGH GRUR 1991, 863 (864).
[205] BGH GRUR 2005, 430.
[206] BGH WRP 1975, 668.
[207] BGH GRUR 1955, 299 (301).
[208] BGH GRUR 1986, 826.
[209] OLG Frankfurt GRUR 1995, 154.
[210] BGH GRUR 1995, 54 (56 f).
[211] OLG Düsseldorf GRUR-RR 2003, 80 (82).
[212] OLG Hamburg MMR 2002, 682.
[213] OLG Hamburg GRUR-RR 2002, 190 (191).
[214] OLG Düsseldorf GRUR 1996, 361 (362).
[215] BGH GRUR 1995, 507 (508); GRUR 1996, 68 (69); GRUR 2002, 1066 (1068 f).
[216] v. Schultz/*Schweyer* § 14 Rn 133 f.
[217] EuGH GRUR 1998, 387 (390); BGH GRUR 1996, 198 (199); v. Schultz/*Schweyer* § 14 Rn 131.
[218] BGH GRUR 1995, 50 (52); GRUR 1996, 770 (771); GRUR 1997, 634 (636); GRUR 1998, 465 (466); GRUR 2002, 626 (628 f); GRUR 2003, 963 (965); GRUR 2004, 778 (779); GRUR 2005, 873 (874); BGH WRP 2007, 1466 (1468); WRP 2008, 232; WRP 2008, 1345 (1346).
[219] BGHZ 91, 262 (266); 167, 278; BGH GRUR 1985, 1053 (1054); GRUR 1994, 730 (731); WRP 1994, 245 (246 f); BPatG NJW-RR 1993, 1131 (1132).
[220] Vgl. EuGH GRUR 2004, 680; EuG GRUR-Int. 2005, 583; BGH WRP 1999, 1167 (1169); WRP 2001, 35 (36); GRUR 2002, 898; BGH WRP 2008, 1434 (1436 f).

den. Wohl aber kann eine normale Kennzeichnungskraft durch eine vielfache Verwendung ähnlicher Zeichen in derselben Branche geschwächt[221] oder eine schwache oder normale Kennzeichnungskraft durch Verkehrsbekanntheit gestärkt[222] werden.[223]

E. Verletzungstatbestand nach § 15 Abs. 3 MarkenG

I. Schutzobjekt: Im Inland bekannte geschäftliche Bezeichnung

Nach § 15 Abs. 3 MarkenG soll bekannten geschäftlichen Bezeichnungen in gleicher Weise ein erweiterter, von dem Bestehen einer Verwechselungsgefahr unabhängiger Schutz zukommen wie bekannten Marken nach § 14 Abs. 2 Nr. 3 MarkenG.[224] Der Begriff der geschäftlichen Bezeichnung entspricht dem in § 5 Abs. 1 MarkenG (Rn 4 ff). Der **Begriff „bekannt"** ist vom Gesetzgeber aus der **Markenrichtlinie**[225] übernommen worden. Er war zuvor nicht Gegenstand einer nationalen gesetzlichen Regelung.[226] Für die Feststellung der Bekanntheit kommt es vor allem auf den Grad der Bekanntheit innerhalb der beteiligten Verkehrskreise an, welcher durch **Verkehrsbefragungen** ermittelt werden kann (vgl. Rn 16), nicht aber in jedem Fall ermittelt werden muss.[227] Bei der Prüfung sind alle relevanten Umstände des Einzelfalls zu berücksichtigen.[228] Hierzu zählen insbes. der Marktanteil, die Intensität und die Dauer der Benutzung sowie der Umfang der Investitionen, die das Unternehmen zur Förderung der geschäftlichen Bezeichnung getätigt hat.[229] Insofern kann kein bestimmter Prozentsatz der Bekanntheit gefordert werden,[230] zumal bei einem kleinen Verkehrskreis insofern höhere Anforderungen als bei umfangreichen Verkehrskreisen zu stellen sind.[231] Gleichwohl kann auf eine Ermittlung des prozentualen Bekanntheitsgrads kaum verzichtet werden. Für gewöhnlich reicht in Anlehnung an die frühere Rechtsprechung zur Rufausbeutung nach § 1 UWG a.F. ein Bekanntheitsgrad **zwischen 30 und 40 %** aus.[232]

38

---

[221] Vgl. BGH GRUR 2001, 1161 (1162); GRUR 2002, 626 (628); GRUR 2002, 898 (899).
[222] BGH GRUR 1992, 48 (51); BGH WRP 1991, 609 (610); WRP 1993, 694 (696); BGH GRUR 1997, 311 (313); GRUR 2004, 514 (516); GRUR 2004, 779 (781); GRUR 2005, 427 (429).
[223] Zum Ganzen aus der Lit. v. Schultz/Schweyer § 14 Rn 136 ff; GroßKommUWG/Teplitzky § 16 UWG Rn 205 ff; Fezer § 14 Rn 271 ff; Goldmann § 13 Rn 127 ff.
[224] Begr. RegE MarkenG BT-Drucks. 12/6581, S. 76.
[225] Erste Richtlinie 89/104/EWG des Rates vom 21.12.1988 zur Angleichung der Rechtsvorschriften der Mitgliedstaaten über die Marken, ABl. EG 1989 Nr. L 40, S. 1 ff.
[226] Der von der Rechtsprechung entwickelte Schutz berühmter Marken fußte auf Rechtsnormen außerhalb des Warenzeichengesetzes (WZG), vgl. hierzu v. Schultz/Schweyer § 14 Rn 171.
[227] EuGH GRUR 1999, 723 (727 Nr. 53).
[228] EuGH GRUR-Int 2000, 73 (75 Ziff. 26, 27); BGH GRUR 2002, 340 (341); GRUR 2003, 428 (431 f).
[229] BGH GRUR 2003, 428 (431 f); GRUR-Int. 1999, 727 (731 Ziff. 51); EuGH GRUR-Int. 2000, 73 (75 Ziff. 26, 27); ebs. Begr. RegE MarkenG BT-Drucks. 12/6581, S. 72.
[230] EuGH GRUR-Int 2000, 73 (75 Ziff. 26, 27); BGH GRUR 2002, 340 (341); GRUR 2003, 428 (431 f).
[231] Ströbele/Hacker § 14 Rn 162.
[232] Das OLG Hamburg nimmt als Richtwert 30 % an, OLG Hamburg GRUR 1999, 339 (342); OLG Hamburg MarkenR 2003, 401 (406); OLG Hamburg Magazindienst 2005, 54. 33 % genügt nach BGH GRUR 1985, 550, 30 % innerhalb von Sportlerkreisen sowie in Bayern und Baden-Württemberg dagegen nicht BGH GRUR 1991, 465 zu § 1 UWG a.F. Auch in der Lit schwanken die Werte, Ingerl/Rohnke § 14 Rn 809 f: mindestens 20 %, bei Werten ab 30 % liegt Bekanntheit nahe; Fezer § 14 Rn 420: nicht

Die geschäftliche Bezeichnung muss **im Inland** bekannt sein. Hierzu ist nicht Bekanntheit im gesamten Bundesgebiet erforderlich. Es genügt, wenn die Bezeichnung in einem wesentlichen Teil des Inlandes bekannt ist, um einen Schutz im gesamten Bundesgebiet herbeizuführen.[233]

Ob über die quantitativen Elemente hinaus auch qualitative Elemente wie ein „guter Ruf" erfüllt sein müssen, ist umstritten.[234] Richtigerweise spielt die Wertschätzung der Unternehmenskennzeichnung erst im Rahmen der Verletzungshandlung eine Rolle.

II. Verletzungshandlung

39 1. **Unbefugte Benutzung im geschäftlichen Verkehr.** Der Begriff „im geschäftlichen Verkehr" ist ebenso wie in Abs. 2 auszulegen (Rn 22). Der Begriff der Benutzung ist hingegen weiter zu verstehen. Benutzung im Sinne von § 15 Abs. 3 MarkenG ist jede Handlung, durch die bei den angesprochenen Verkehrskreisen eine gedankliche Verknüpfung zu dem bekannten Unternehmenskennzeichen hergestellt wird.[235] In Abs. 3 nicht ausdrücklich erwähnt ist das Tatbestandsmerkmal „unbefugt" (dazu Rn 24 ff). Dabei handelt es sich jedoch um ein bloßes Redaktionsversehen. Es ist daher auch hier Voraussetzung einer Verletzungshandlung.[236]

40 Die unbefugte Benutzung einer im Inland bekannten geschäftlichen Bezeichnung allein reicht freilich zur Verwirklichung des Tatbestands von § 15 Abs. 3 MarkenG nicht aus. Vielmehr muss eine Beeinträchtigung der Rechtsposition des Inhabers des prioritären Kennzeichens vorliegen.[237] Als solche kommen nach dem Wortlaut der Norm die folgenden **vier Fallgestaltungen** in Betracht.

41 2. **Ausnutzung der Unterscheidungskraft (Aufmerksamkeitsausbeutung).** Mit Unterscheidungskraft i.S.v. § 15 Abs. 3 MarkenG ist nicht nur die originäre, sondern vor allem auch die durch Benutzung erworbene Unterscheidungskraft, also Kennzeichnungskraft im vorbezeichneten Sinne (Rn 37) gemeint.[238] Ein Ausnutzen der Kennzeichnungskraft liegt vor, wenn für das eigene Zeichen das besondere Maß an Aufmerksamkeit ausgebeutet wird, dass mit der Verwendung des bekannten Zeichens verbunden ist.[239] Dies kann in positiver oder auch in negativer Weise im Sinne eines Kontrasteffektes geschehen, etwa bei der Benutzung fremder Zeichen im Wege der Parodie.[240] Bejaht wurde die Ausnutzung der Unterscheidungskraft bspw. im Fall einer Musikgruppe, deren Bandname im

---

bei 20 %, 50 % als Faustregel. Nach der Rechtsprechung des EuGH zum Markenrecht kommt es allerdings auf die Prozentsätze alleine nicht an EuGH WRP 1999, 1130 Rz 25, 27. Vor diesem Hintergrund hat der BGH zu § 14 Abs. 2 Nr. 3 MarkenG entschieden, dass ein Bekanntheitsgrad von lediglich 8,1 % bzw. 12,64 % nicht ausreiche, um fehlende Bekanntheit zu begründen, BGH GRUR 2002, 340 f.

[233] EuGH GRUR-Int 2000, 73 (75 Ziff. 26, 27).

[234] Dieser Ansicht ist Begr. RegE MarkenG BT-Drucks., S. 72; ebenso *Fezer* § 14 Rn 419 ff; aA *Ingerl/Rohnke* § 14 Rn 814; v. Schultz/ *Schweyer* § 14 Rn 173; *Ströbele/Hacker* § 14 Rn 165; EuGH GRUR-Int 2000, 73 (75 Ziff. 26, 27) – Chevy.

[235] *Ströbele/Hacker* § 15 Rn 16, 20; *Fezer* § 15 Rn 20, § 14 Rn 459 ff; *Goldmann* § 15 Rn 45 ff.

[236] Vgl. Begr. RegE BT-Drucks. 12/6581, S. 76.

[237] Begr. RegE MarkenG BT-Drucks. 12/6581, S. 72.

[238] v. Schultz/*Schweyer* § 14 Rn 181; ähnlich Ströbele/*Hacker* § 14 Rn 172.

[239] BGH NJW 2005, 2856 (2857); OLG Stuttgart GRUR-RR 2007, 313 (315).

[240] BGH GRUR 1994, 635; GRUR 1994, 808 (811); GRUR 1995, 57 (59).

prägenden Bestandteil identisch mit dem Unternehmenskennzeichen einer bekannten Versicherung war.[241]

3. Beeinträchtigung der Unterscheidungskraft (Verwässerung). Hat ein Kennzeichen **42** durch Benutzung Unterscheidungskraft gewonnen, kann diese beeinträchtigt werden, wenn andere Unternehmen identische oder zumindest in den charakteristischen Merkmalen übereinstimmende Zeichen verwenden.[242] Um den Schutz vor einer solchen Verwässerung geht es in dieser Tatbestandsalternative. Das setzt einerseits voraus, dass die beteiligten Verkehrskreise, in denen das geschützte Kennzeichen Bekanntheit genießt, das kollidierende Kennzeichen zumindest wahrnehmen.[243] Andererseits darf die Unterscheidungskraft des geschützten Kennzeichens nicht schon durch eine größere Anzahl von Drittzeichen beeinträchtigt sein, so dass eine weitere Beeinträchtigung durch ein weiteres Zeichen nicht mehr ins Gewicht fällt.[244] Deswegen kann auch die Besorgnis der Nachahmung eine Verletzung des geschützten Kennzeichens unter dem Gesichtspunkt der Verwässerung begründen: So etwa in dem Fall einer überregionalen Tageszeitung, die unter der Überschrift „die tagesschau" eine Rubrik angelegt hatte, in der aktuelle Tagesmeldungen satirisch aufgegriffen wurden.[245] Unterscheiden sich die Zeichen dagegen deutlich und ruft das prioritätsjüngere Kennzeichen allenfalls allgemeine Assoziationen mit dem bekannten Kennzeichen hervor, ist keine Verwässerung zu besorgen, mag die Zeichenwahl auch nicht zufällig erscheinen.[246]

4. Beeinträchtigung der Wertschätzung (Rufschädigung). Der Begriff der Wertschät- **43** zung entspricht im Wesentlichen dem des „guten Rufs".[247] Schutzobjekt ist das positive Image einer Kennzeichnung.[248] Sie kann auf verschiedenen Umständen beruhen, etwa Bedeutung oder Tradition des Unternehmens, Qualität oder Prestigewert seiner Waren. Freilich muss das Image nicht herausragend sein. Es genügt die Wertschätzung, die einem bekannten Markenartikel bzw. seinem Hersteller entgegengebracht wird. Bei der Fallgruppe der Rufschädigung geht es um die Abwehr negativer Einflüsse auf dieses Image. Voraussetzung ist dementsprechend, dass das kollidierende Kennzeichen auf ein Unternehmen oder Produkte mit schlechterem – nicht notwendigerweise schlechtem – Image hinweist, z.B. Verwendung des bekannten Zeichens einer Fast-Food-Kette für Tierfutter,[249] einer bekannten Marke für Kosmetika für die Kennzeichnung von Kondomen,[250] einer Whiskymarke für Putzmittel[251] oder eines exklusiven Images für die Kennzeichnung von Massenware[252]. Erst Recht gehören Fälle einer Verunglimpfung – z.B. durch geschmacklose Scherzartikel – hierher.[253]

5. Ausnutzung der Wertschätzung (Rufausbeutung). Der wirtschaftliche Wert eines **44** positiven Images und dessen Vermarktung ist ausschließlich dem Kennzeicheninhaber zugewiesen. Eine Rufausbeutung ist daher jede Handlung, durch die das Image des be-

---

[241] OLG München MarkenR 2000, 65 (66 f).
[242] OLG Hamburg GRUR-RR 2006, 408 (412).
[243] v. Schultz/*Schweyer* § 14 Rn 183.
[244] OLG München GRUR 1996, 63 (65).
[245] OLG Hamburg GRUR-RR 2002, 389 (391 f).
[246] BGH GRUR 2004, 779 (783); OLG Hamburg GRUR-RR 2006, 408 (412).
[247] Begr. RegE MarkenG BT-Drucks. 12/6581, S. 72.
[248] Ströbele/*Hacker* § 14 Rn 177.
[249] BGHZ 138, 349.
[250] BGH GRUR 1995, 57 (59).
[251] BGH GRUR 1985, 550 (553).
[252] OLG Hamburg GRUR 1999, 339.
[253] Vgl. BGH GRUR 1994, 808; GRUR 1995, 57; dagegen mit zweifelhafter Begründung BGH GRUR 1986, 759.

kannten Kennzeichens genutzt und so in diesen Zuweisungsgehalt eingegriffen wird. Typischerweise geht es um Fälle eines Imagetransfers, also um die Übertragung bestimmter, mit dem bekannten Kennzeichen verbundenen Gütevorstellungen auf das Unternehmen oder die Produkte des Verletzers. Eine solche Rufausbeutung kann freilich nur gelingen, wenn die Zeichenähnlichkeit so groß ist, dass der Verkehr das kollidierende Zeichen mit dem bekannten Zeichen assoziiert. Streitig ist allerdings, ob eine solche Assoziation bereits ausreicht.[254] Sie genügt jedenfalls nicht, wenn die Unterscheidungskraft des bekannten Kennzeichens bereits durch branchenfremde Drittkennzeichen beeinträchtigt ist, so dass das kollidierende Kennzeichen nicht zwangsläufig mit dem bekannten Kennzeichen assoziiert wird.[255] Ferner kommt es auf das Maß der Bekanntheit und die Besonderheit des Rufs des geschützten Kennzeichens an: Je bekannter das Kennzeichen und je positiver sein Image ist, desto leichter wird es sich auch branchenübergreifend vermarkten lassen. Dementsprechend eher liegt eine Rufausbeutung vor.[256] Sie wurde bspw. bejaht bei der Verwendung des Kennzeichens eines Sportwagenherstellers durch den Anbieter von Fahrrädern, da beim Verbraucher der Eindruck entstehen kann, die mit der Bezeichnung der Sportwagen verbundenen Eigenschaften wie Hochwertigkeit, ausgereifte Technik und Ermöglichen eines sportlichen Fahrens lägen auch bei den gleichnamigen Fahrrädern vor.[257] Anders ist dies hingegen, wenn die Branchenferne so groß ist, dass ein Imagetransfer ausgeschlossen erscheint (z.B. Ski/Zigaretten oder Whisky/Putzmittel).[258]

45   **6. Ohne rechtfertigenden Grund in unlauterer Weise.** Die Erfüllung der objektiven Tatbestandsvoraussetzungen allein genügt für eine Verwirklichung des Tatbestands von § 15 Abs. 3 MarkenG nicht. Vielmehr muss das Element der Unlauterkeit hinzukommen. Es bedarf somit des Vorliegens von Umständen, welche die Verwerflichkeit der objektiven Handlung begründen.[259] Dies erfordert eine **umfassende Abwägung der Interessen** der Beteiligten.[260] Dabei ist insbes. von Bedeutung, welche Absicht mit der Benutzung des kollidierenden Zeichens verfolgt wird.[261] Besteht der Zweck der Benutzung des kollidierenden Zeichens gerade darin, die Aufmerksamkeit[262] oder den Ruf[263] des bekannten Zeichens auszunutzen, so ist dies regelmäßig unlauter. Indizien hierfür sind die Verwendung eines im Wesentlichen identischen Zeichens oder die Behinderung einer wirtschaftlichen Verwertung des bekannten Zeichens.[264] Anders kann dies daher zu beurteilen sein, wenn eine anlehnende Bezugnahme nur erfolgt, um das eigene Angebot

---

[254] Dagegen BGH GRUR 2003, 973 (975); GRUR 2004, 779 (783): Die Eignung des Zeichens, durch bloße Assoziationen an ein fremdes Kennzeichen Aufmerksamkeit zu erregen, reicht nicht aus. Voraussetzung ist, dass das Zeichen in relevantem Umfang mit dem bekannten Zeichen in Verbindung gebracht wird. Vgl. a. *Ingerl/Rohnke* § 14 Rn 861 f; dafür v. Schultz/*Schweyer* § 14 Rn 188.

[255] BGH GRUR 1987, 711 (713): wenn sich die Assoziation eher beiläufig (auch) einstellt; GRUR 1991, 465 (467).

[256] Vgl. BGH GRUR 1983, 247.

[257] OLG Stuttgart GRUR-RR 2007, 313 (315), zur (tatbestandlich identischen Voraussetzung der) Ausnutzung einer Marke nach § 14 Abs. 2 Nr. 3 MarkenG. Zum Kennzeichenschutz nach § 15 Abs. 3 MarkenG s. OLG München CR 1998, 556 (557).

[258] BGH GRUR 1985, 550 (553); GRUR 1991, 228 (230).

[259] BGH GRUR 1995, 57 (59); OLG Hamburg MarkenR 2003, 401.

[260] BGH GRUR 2006, 329; OLG Stuttgart GRUR-RR 2007, 313 (315).

[261] v. Schultz/*Schweyer* § 14 Rn 195.

[262] BGH NJW 2005, 2856 (2857).

[263] BGH GRUR 1994, 732 (734); OLG Hamburg MarkenR 2003, 401; OLG Hamm WRP 1997, 312.

[264] Ströbele/*Hacker* § 14 Rn 185; *Piper* GRUR 1996, 429 (435).

zu beschreiben.[265] Ferner setzt der Unlauterkeitsvorwurf **Kenntnis des bekannten Kennzeichens** voraus. Allerdings lässt mangelnde Kenntnis den Vorwurf nur für die Vergangenheit und nicht für den Zeitraum ab Kenntniserlangung entfallen.[266] Unlauter ist regelmäßig auch eine Rufschädigung. Wird das kollidierende Kennzeichen hingegen eindeutig in humorvoller oder satirischer Weise benutzt, ohne dass das angegriffene Zeichen verunglimpft[267] oder ausschließlich eigene kommerzielle Interessen damit verfolgt werden, kann eine Abwägung mit den grundrechtlich geschützten Interessen des Zitierenden nach Art. 5 Abs. 1 S. 2 GG (Meinungsfreiheit) oder Art. 5 Abs. 3 S. 1 GG (Kunstfreiheit) dazu führen, dass eine unlautere Ausnutzung ausgeschlossen ist.[268]

Diese Erwägung zeigt zudem, dass im Rahmen der Interessenabwägung zweckmäßigerweise auch etwaige Rechtfertigungsgründe zu prüfen sind.[269] Als solche kommt neben Art. 5 GG die berechtigte Wahrnehmung eigener Interessen in Betracht, z.B. ein eigener wertvoller, nicht in Anlehnung an das bekannte Kennzeichen geschaffener **Besitzstand**[270]. Genießt das kollidierende Kennzeichen Priorität i.S.d. § 6 MarkenG ist seine Benutzung freilich schon nicht unbefugt (s. Rn 39). Gleiches gilt, wenn die Benutzung des kollidierenden Kennzeichens aufgrund des Gleichnamigkeitsrechts gerechtfertigt ist. Ordnet man dies unter § 23 Nr. 1 MarkenG ein, ergibt sich das auch daraus, dass hier ebenfalls die Sachverhalte des § 23 MarkenG zu prüfen sind.[271] **46**

F. Rechtsfolgen nach § 15 Abs. 4 bis 6 MarkenG

Nach § 15 Abs. 4 MarkenG kann derjenige, der eine geschäftliche Bezeichnung entgegen den Abs. 2 und 3 benutzt, von dem Inhaber der geschützten Bezeichnung auf Unterlassen in Anspruch genommen werden. Eine schuldhafte Verletzungshandlung verpflichtet überdies nach § 15 Abs. 5 MarkenG zum Schadensersatz. Im Blick auf diese Ansprüche enthält § 15 Abs. 6 MarkenG eine Zurechnungsnorm. Im Einzelnen: **47**

I. Anspruchsinhaber

Anspruchsinhaber ist der Inhaber der verletzten geschäftlichen Bezeichnung.[272] Neben dem Inhaber können auch Lizenznehmer Ansprüche im eigenen Namen geltend machen, wenn der Verkehr davon ausgeht, dass das Kennzeichen auch den Lizenznehmer kennzeichnet[273], oder wenn er vom Inhaber zur Geltendmachung ermächtigt worden ist und an der Rechtsverfolgung ein eigenes schutzwürdiges Interesse hat (**gewillkürte Prozessstandschaft**).[274] Schutzwürdiges Interesse kann auch ein wirtschaftliches Interesse sein.[275] Dies ist bspw. der Fall, wenn eine Konzernmuttergesellschaft von einer Tochtergesellschaft zur Klageerhebung ermächtigt wurde.[276] **48**

---

[265] BGH GRUR 1997, 311 (313).
[266] v. Schultz/*Schweyer* § 14 Rn 196.
[267] BGH GRUR 1994, 808 (810).
[268] BGH GRUR 1984, 684 (685); GRUR 2005, 2856 (2857); LG Hamburg NJW-RR 1999, 1060.
[269] v. Schultz/*Schweyer* § 14 Rn 194.
[270] Ströbele/*Hacker* § 14 Rn 186.
[271] BGH GRUR 1999, 992 (994).

[272] *Berlit* Markenrecht, S. 185.
[273] BGH GRUR 1997, 903 (905); OLG Hamburg NJW-RR 1998, 986 (989); OLG Celle WRP 1983, 623 (624); ausführlich *Möller* Lizenzen an Unternehmenskennzeichen, S. 144 ff mwN.
[274] BGHZ 119, 237 (240 f).
[275] BGH GRUR 1995, 54 (57).
[276] BGH GRUR 1995, 54 (57).

II. Anspruchsgegner

49 Gegner des Unterlassungsanspruchs ist zunächst derjenige, der die Verletzung begangen hat (**Täter**). Das gilt auch dann, wenn der Täter als Vertreter tätig geworden ist.[277] Der Vertretene muss sich freilich dessen Handeln regelmäßig zurechnen lassen. Das gilt nach § 31 BGB insbes. für juristische Personen und rechtsfähige Personengesellschaften hinsichtlich des Handelns ihrer organschaftlichen Vertreter.[278] Allerdings haben persönlich haftende Gesellschafter von Personenhandelsgesellschaften nicht persönlich nach §§ 128, 161 Abs. 2 für Unterlassungsverbindlichkeiten der Gesellschaft einzustehen.[279] Auf Unterlassen haften sie daher nur als Täter oder als Störer (dazu Rn 50). Gleiches gilt für Ansprüche gegen die Gesellschafter einer GbR gem. § 128 analog.[280] Wurde die Verletzung von mehreren gemeinschaftlich begangen, haften sie gem. § 830 Abs. 1 BGB als Mittäter.[281] Anstifter und Gehilfen haften im Falle vorsätzlicher Verletzung wie Täter, § 830 Abs. 2 BGB.[282]

50 Neben der Haftung als Täter oder Teilnehmer kommt ferner eine Haftung als (Mit-)**Störer** entsprechend § 1004 BGB auf Unterlassung (nicht auf Schadensersatz) in Betracht. Als Störer ist derjenige verantwortlich, der – ohne Täter oder Teilnehmer zu sein – in irgendeiner Weise ohne Verschulden willentlich und adäquat kausal zur Verletzung eines geschützten Gutes beiträgt.[283] Da diese Haftung nicht über Gebühr auf Dritte erstreckt werden darf, die nicht selbst die rechtswidrige Beeinträchtigung vorgenommen haben, setzt die Haftung des Störers die Verletzung von Prüfungspflichten voraus. Deren Umfang bestimmt sich danach, ob und inwieweit dem als Störer in Anspruch Genommenen nach den Umständen des Einzelfalls unter Berücksichtigung seiner Funktion sowie im Hinblick auf die Eigenverantwortung des unmittelbar handelnden Verletzers eine Prüfung zuzumuten ist.[284] So erstreckt sich bspw. die Prüfungspflicht der DENIC bei der Registrierung und Vergabe von Internet-Domains nicht darauf, ob die zu registrierende Zeichenfolge im Hinblick auf Rechte Dritter zulässig ist. Die Übertragung einer solchen Pflicht, die in erster Linie den die Registrierung Beantragenden trifft, würde die Vergabestelle überfordern und ihre Arbeit über Gebühr beeinträchtigen. Eine Haftung der DENIC als Störer kommt daher nur bei offenkundigen Rechtsverletzungen Dritter in Betracht.[285] Ähnliches gilt im Blick auf Art. 5 Abs. 1 S. 2 GG für Presseunternehmen.[286] Bei Telemediendiensteanbietern sind zudem Sondervorschriften zu beachten, §§ 7–10 Telemediengesetz (TMG).[287]

---

[277] v. Schultz/*Schweyer* § 14 Rn 235; Ströbele/*Hacker* § 14 Rn 200 mwN.
[278] Ströbele/*Hacker* § 14 Rn 200.
[279] OLG Nürnberg GRUR 1996, 206 (208); OLG Karlsruhe WRP 1998, 898 (899); *Ingerl/Rohnke* Vor §§ 14–19 Rn 10.
[280] OLG Karlsruhe WRP 1998, 898 (899).
[281] v. Schultz/*Schweyer* § 14 Rn 235.
[282] *Berlit* Markenrecht, S. 186; BGHZ 158, 236 (250); BGH GRUR 2001, 1038 (1039).
[283] BGHZ 172, 119 (131); BGHZ 158, 236 (251); BGH GRUR 2001, 1038 (1039).

[284] BGHZ 158, 236 (251); BGHZ 172, 132; BGH GRUR 1997, 313 (315 f); GRUR 1999, 418 (419); GRUR 2001, 1038 (1039).
[285] BGH GRUR 2001, 1038 (1039).
[286] BGH GRUR 1990, 1012 (1014); GRUR 1992, 618 (619); GRUR 1994, 841 (843); GRUR 1999, 418 (420); WRP 2001, 531 (533); GRUR 2002, 360 (366).
[287] Näher zur Störerhaftung etwa Ströbele/*Hacker* § 14 Rn 202 ff; *Teplitzky* Kap. 14 Rn 4 ff, jeweils mwN.

III. Bedeutung von § 15 Abs. 6 i.V.m. § 14 Abs. 7 MarkenG

§ 15 Abs. 6 MarkenG verweist auf § 14 Abs. 7 MarkenG. Die Vorschrift lautet: **51**
„Wird die Verletzungshandlung in einem geschäftlichen Betrieb von einem Angestellten oder Beauftragten begangen, so kann der Unterlassungsanspruch und, soweit der Angestellte oder Beauftragte vorsätzlich oder fahrlässig gehandelt hat, der Schadensersatzanspruch auch gegen den Inhaber des Betriebs geltend gemacht werden." Es handelt sich um eine Zurechnungsnorm, die die Defizite der §§ 31, 278, 831 BGB ausgleichen soll.[288] Sie ist daher weit auszulegen.

Angestellter ist jeder, der in abhängiger Beschäftigung steht, neben Angestellten somit auch Arbeiter, Auszubildende oder Praktikanten.[289] Beauftragter ist jeder Dritte, der für das Unternehmen in einer Weise tätig wird, die diesem zugute kommt.[290] Dies kann auch ein rechtlich selbständiges Unternehmen (z.B. eine Tochtergesellschaft,[291] ein selbständiger Handelsvertreter,[292] Vertragshändler oder Franchisenehmer[293]) oder sogar ein Mitarbeiter oder **Beauftragter** eines Beauftragten sein, sofern der Betriebsinhaber bestimmenden Einfluss auf die Handlungen des Beauftragten ausüben kann.[294] Voraussetzung ist zudem stets ein Handeln „im geschäftlichen Betrieb". Das ist funktional und nicht etwa räumlich zu verstehen. Erfasst wird daher der gesamte Betriebsorganismus von der Verwaltungs-, über die Einkaufs-, Entwicklungs-, und Produktions- bis zur Vertriebsorganisation.[295] **Betriebsinhaber** ist der Unternehmensträger, ggfs. also auch ein Pächter, bei Gesellschaften diese selbst,[296] nicht aber Organwalter, Betriebsleiter[297] oder Gesellschafter, auch nicht persönlich haftende Gesellschafter[298]. § 15 Abs. 6 i.V.m. § 14 Abs. 7 MarkenG begründet eine Erfolgshaftung. Eine Exkulpationsmöglichkeit ist anders als nach § 831 BGB gerade nicht vorgesehen. Der Betriebsinhaber haftet daher auch für Handlungen, die ohne ein Wissen, ggf. sogar gegen seinen Willen geschehen.[299] Ein Anspruch auf Schadensersatz gegen den Betriebsinhaber setzt allerdings ein schuldhaftes Verhalten des Angestellten bzw. Beauftragten voraus (s. hierzu unten Rn 57 f).

IV. Unterlassungsanspruch nach § 15 Abs. 4 MarkenG

§ 15 Abs. 4 MarkenG wurde durch das Durchsetzungsgesetz[300] neu gefasst. Eine in- **52**
haltliche Änderung gegenüber der bisherigen Rechtslage ist damit nicht verbunden.[301] Mittels des Unterlassungsanspruchs kann der Inhaber des Kennzeichens künftig dro-

---

[288] GroßKommUWG/*Erdmann* § 13 UWG Rn 143. Die insoweit vor Inkrafttreten des MarkenG bereits im Rahmen von § 13 Abs. 4 UWG a.F. geltende Rechtslage sollte in § 14 Abs. 7 MarkenG übernommen und über den bestehenden Unterlassungsanspruch hinaus auf Schadensersatzansprüche ausgedehnt werden, vgl. Begr. RegE zum MarkenG, BT-Drucks 12/6581, S. 75 f. Ausführlich hierzu *Teplitzky* Kap. 14 Rn 14 ff.
[289] v. Schultz/*Schweyer* § 14 Rn 238.
[290] BGH GRUR 1963, 438 (439 f); GRUR 1964, 263 (266).
[291] BGH GRUR 2005, 864 (865).
[292] BGH GRUR 1971, 119 (120).
[293] BGH GRUR 1995, 605 (607).
[294] Außer den vorgenannten Entscheidungen auch BGH GRUR 1959, 38 (44); GRUR 1991, 772 (774).
[295] BGH GRUR 1959, 38 (44); GRUR 1980, 116 (117).
[296] OLG Karlsruhe WRP 1998, 898 (899).
[297] v. Schultz/*Schweyer* § 14 Rn 240.
[298] Ströbele/*Hacker* § 14 Rn 309.
[299] BGH GRUR 1995, 605 (607); OLG München WRP 1989, 755 (756).
[300] Gesetz zur Verbesserung der Durchsetzung von Rechten des geistigen Eigentums, BGBl. I 2008, 1191 ff, in Kraft getreten am 1.9.2008.
[301] Begr. RegE DurchsetzungsG, BT-Drucks. 16/5048, S. 37.

hende Verletzungshandlungen unterbinden.³⁰² Zusätzliche materiell-rechtliche Voraussetzung dieses Unterlassungsanspruchs ist, sofern bereits eine Verletzung begangen worden ist, Wiederholungsgefahr, andernfalls Erstbegehungsgefahr.³⁰³

53 **1. Wiederholungsgefahr.** Nachdem Voraussetzung eines Anspruchs aus § 15 Abs. 2 bis 4 MarkenG ist, dass der Verletzer im geschäftlichen Verkehr handelt (s.o. Rn 22, 39), wird das Bestehen einer Wiederholungsgefahr **vermutet** (vgl. Anh. I zu § 37 Rn 40), wenn eine Verletzungshandlung bereits begangen wurde.³⁰⁴ Sie zu widerlegen, ist Aufgabe des Verletzers. An die **Widerlegung** werden hohe Anforderungen gestellt.³⁰⁵ In der Regel genügt es nicht, allein die Verletzung zu beenden. Ebenso wenig ausreichend sind Betriebsaufgabe³⁰⁶, Abberufung des Geschäftsführers³⁰⁷ oder Zahlung von Schadensersatz³⁰⁸. Vielmehr wird die Vermutung des Bestehens von Wiederholungsgefahr nur dadurch widerlegt, dass der Verletzer eine **strafbewehrte Unterlassungserklärung**³⁰⁹ **oder ein gerichtliches Anerkenntnis** (§ 307 ZPO) abgibt, weil nur in diesen Fällen an der Ernsthaftigkeit des Willens kein Zweifel mehr bestehen kann.³¹⁰

54 **2. Erstbegehungsgefahr.** Erstbegehungsgefahr liegt vor, wenn eine Verletzung zwar noch nicht eingetreten, aber ein Verstoß gegen eine Unterlassungspflicht **ernstlich und unmittelbar zu besorgen** ist.³¹¹ Dabei muss sich die bedrohende Verletzungshandlung in tatsächlicher Hinsicht so greifbar abzeichnen, dass eine zuverlässige Beurteilung unter rechtlichen Gesichtspunkten möglich ist.³¹² In tatsächlicher Hinsicht kommen dafür bspw. Äußerungen in Betracht, mit welchen sich jemand eines Rechts berühmt, bestimmte Handlungen vornehmen zu dürfen³¹³, die Ankündigung einer Erweiterung des Angebots an Waren oder Dienstleistungen unter einem bestimmten Zeichen, welche zur Kollision mit älteren Rechten des Inhabers führt³¹⁴, oder auch die Anmeldung einer rechtsverletzenden Firma (s. Anh. I zu § 37 Rn 41) oder Marke³¹⁵. Die Erstbegehungsgefahr kann ebenso wie die Wiederholungsgefahr durch Abgabe einer strafbewehrten Unterlassungserklärung, aber auch auf andere Weise beseitigt werden; denn die **Anforderungen an die Beseitigung** einer Erstbegehungsgefahr sind **geringer** als bei bestehender Wiederholungsgefahr. Es reicht eine ernstliche Erklärung, dass die beanstandete Handlung in Zukunft nicht vorgenommen werde.³¹⁶

55 **3. Beseitigungsanspruch.** Der verschuldensunabhängige Beseitigungsanspruch entsprechend § 1004 BGB ergänzt den Anspruch auf künftige Unterlassung. Er ist gerichtet auf Beseitigung einer (bislang) fortwährenden Störung wie bspw. eine fortbestehende

---

302 Zum konkreten Gegenstand des Unterlassungsanspruchs Ströbele/*Hacker* § 14 Rn 233 ff mwN.
303 Begr. RegE DurchsetzungsG, BT-Drucks. 16/5048, S. 37.
304 *Berlit* Markenrecht, S. 191.
305 Ströbele/*Hacker* § 14 Rn 219.
306 BGH GRUR 1998, 824 (828).
307 BGH GRUR 2000, 605 (607 f).
308 *Götz* GRUR 2001, 295 (300).
309 Näher dazu etwa Ströbele/*Hacker* § 14 Rn 220 ff; GroßKommUWG/*Köhler* Vor § 13 UWG B Rn 32 ff; *Teplitzky* Kap. 7 Rn 3 f mwN.
310 BGH GRUR 1997, 379 (380) mwN.
311 BGH GRUR 1994, 530 (532).
312 Begr. RegE DurchsetzungsG, BT-Drucks. 16/5048, S. 37; BGH GRUR 1990, 687 (688); GRUR 1992, 612 (614).
313 Begr. RegE DurchsetzungsG, BT-Drucks. 16/5048, S. 37; BGH GRUR 1992, 612 (614).
314 v. Schultz/*Schweyer* § 14 Rn 251.
315 v. Schultz/*Schweyer* § 14 Rn 252.
316 BGH GRUR 2001, 1174 (1176).

Telefonbucheintragung oder die fortbestehende Registrierung einer verletzenden Internet-Domain.[317] Ein gesondert geregelter Teilaspekt des Beseitigungsanspruchs ist der Anspruch auf Vernichtung gem. § 18 MarkenG.[318]

V. Schadensersatzanspruch nach § 15 Abs. 5 MarkenG

1. Überblick. Der Inhaber einer geschäftlichen Bezeichnung hat bei Vorliegen einer vorsätzlichen oder fahrlässigen Verletzungshandlung i.S.d. § 15 Abs. 2 oder 3 MarkenG gegen den oder die Täter und Teilnehmer (Rn 49) sowie, sofern die Voraussetzungen des § 15 Abs. 6 i.V.m. § 14 Abs. 7 MarkenG vorliegen (Rn 51), auch gegen den Betriebsinhaber einen Anspruch auf Schadensersatz.[319] Diese haften ggf. als Gesamtschuldner gem. § 840 BGB.[320] Ein **Störer** (Rn 50), der weder Täter noch Teilnehmer ist, haftet dagegen **nicht** auf Schadensersatz.[321] **56**

2. Verschulden

a) **Haftung für eigenes Verschulden.** Der Verletzer muss fahrlässig oder vorsätzlich gehandelt haben, wobei bedingter Vorsatz genügt.[322] Fahrlässig handelt, wer die im Verkehr erforderliche Sorgfalt außer Acht lässt, § 276 Abs. 2 BGB. An die Beachtung der erforderlichen Sorgfalt werden **strenge Anforderungen** gestellt.[323] Den Handelnden trifft in erster Linie eine **Recherchepflicht**. Er muss umfassende Erkundigungen über das mögliche Entgegenstehen von Kennzeichenrechten Dritter (d.h. nicht nur über identische, sondern insbes. auch ähnliche Kennzeichen) einholen[324] und zusätzlich in aller Regel auch fachlichen Rat zur Auswertung der Rechercheergebnisse in Anspruch nehmen.[325] Wer sich dagegen bewusst im **Grenzbereich** des rechtlich Zulässigen bewegt, also weiß, dass die Rechtslage zweifelhaft ist und sein Verhalten daher als unzulässig bewertet werden könnte, und sich über solche Bedenken ohne Not hinwegsetzt, handelt – auch bei vorheriger Einholung eines ihm günstigen Privatgutachtens – **fahrlässig**.[326] Das soll selbst dann gelten, wenn er sich auf ein instanzgerichtliches Urteil oder die Auffassung des Deutschen Patentamts stützen kann.[327] Ein **Rechtsirrtum** ist nur dann entschuldbar, wenn der Irrende bei Anwendung der im Verkehr erforderlichen Sorgfalt nicht mit einer von seiner Auffassung abweichenden gerichtlichen Beurteilung rechnen musste oder es sich um die Beurteilung eines rechtlich schwierigen Sachverhalts handelt, für den die Rechtsprechung im Zeitpunkt der Zuwiderhandlung noch keine festen Grundsätze entwickelt hatte und der Handelnde sich für seine Auffassung auf namhafte Vertreter im Schrifttum und/oder auf gerichtliche Entscheidungen berufen kann.[328] **57**

---

[317] v. Schultz/*Schweyer* § 14 Rn 256; Ströbele/*Hacker* § 14 Rn 252.
[318] Ströbele/*Hacker* § 18 Rn 1.
[319] *Berlit* Markenrecht, S. 199.
[320] Ströbele/*Hacker* § 14 Rn 255.
[321] BGH NJW-RR 2002, 832; BGH WRP 2004, 1287.
[322] *Berlit* Markenrecht, S. 200.
[323] BGH WRP 2002, 694 (699).
[324] Vgl. BGH GRUR 1957, 222 (223); GRUR 1957, 430 (433); GRUR 1960, 186 (189); GRUR 1970, 87 (89); GRUR 1971, 251 (253).
[325] BGH GRUR 1959, 367 (374); v. Schultz/*Schweyer* § 14 Rn 258.
[326] St. Rspr.: BGH GRUR 1975, 223 (225); GRUR 1981, 286 (287 f); GRUR 1995, 825 (829); GRUR 1999, 492 (495); GRUR 2002, 622 (626); GRUR 2002, 706 (708); GRUR 2004, 865 (867).
[327] BGH GRUR 1993, 556 (559); OLG Hamburg GRUR-RR 2003, 139 (141).
[328] St. Rspr.: BGHZ 17, 226 (295); 18, 44 (57); 27, 264 (273); 131, 308 (317 f); 141, 329 (346); 145, 329 (345); 149, 191 (204).

58 b) **Haftung für fremdes Verschulden.** Für fremdes Verschulden hat der Anspruchsgegner bei Vorliegen der weiteren Voraussetzungen des § 31 BGB oder des § 15 Abs. 6 i.V.m. § 14 Abs. 7 MarkenG (s.o. Rn 51) sowie ggf. der §§ 823, 831 BGB einzustehen, **nicht** dagegen nach § 278 BGB. Insoweit fehlt es an einer vor der Verletzungshandlung bestehenden Sonderverbindung.[329]

3. Schadensberechnung

59 a) **Wahlrecht des Gläubigers.** Die Art der Schadensberechnung war bis vor kurzem im Gesetz nicht geregelt. Die höchstrichterliche Rechtsprechung hatte dazu **drei verschiedene Möglichkeiten** der Schadensberechnung entwickelt, nämlich Ersatz des konkreten Schadens einschließlich des sog. Marktverwirrungsschadens und des entgangenen Gewinns, Herausgabe des Verletzergewinns und Lizenzanalogie (dazu bereits Anh. I Rn 44 näher sogleich Rn 60 ff).[330] Der Gesetzgeber hat diese nunmehr mit Inkrafttreten des Durchsetzungsgesetzes[331] ausdrücklich in § 15 Abs. 5 S. 2 i.V.m. § 14 Abs. 6 S. 2 und 3 MarkenG übernommen. Eine Änderung der bisherigen Rechtslage ist damit ausdrücklich nicht beabsichtigt.[332] Wie bisher kann der Inhaber des Kennzeichens daher zwischen den drei genannten Möglichkeiten der Schadensberechnung frei wählen. Dabei braucht er sich nicht sofort für eine Möglichkeit zu entscheiden. Vielmehr kann (und sollte) er die Erteilung der Auskunft durch den Anspruchsgegner (dazu Rn 65) abwarten. Der Inhaber kann auch im Prozess noch von einer Art der Berechnung zu einer anderen wechseln oder auch einen Anspruch, alternativ berechnet, geltend machen. Das **Wahlrecht erlischt** erst, wenn der nach einer bestimmten Berechnungsart geltend gemachte Anspruch erfüllt oder rechtskräftig zuerkannt worden ist.[333] Zu weiteren Ansprüchen und Anspruchsgrundlagen s. Rn 64 ff.

60 b) **Entgangener Gewinn.** Erstens kann der Verletzte den konkret entstandenen Schaden, vor allem den entgangenen Gewinn, geltend machen (§§ 249, 252 BGB). Der Nachweis, welcher Schaden konkret durch die Verletzung entstanden ist, ist für den Anspruchsinhaber allerdings nur schwer zu führen,[334] auch wenn es nach § 252 S. 2 BGB genügt, dass ein bestimmter Gewinn nach dem gewöhnlichen Verlauf der Dinge wahrscheinlich eingetreten wäre und das Gericht zudem die Schadenshöhe gem. § 287 ZPO schätzen kann[335]. Diese Schätzung bedarf jedoch einer tatsächlichen Grundlage, die darzulegen Aufgabe des Anspruchstellers ist. Dafür muss er seine Kalkulation offen legen,[336] was dem Konkurrenten Einblick in sensible Daten verschafft.[337] Deswegen kommt dieser Art der Schadensberechnung in der Praxis nur geringe Bedeutung zu.

61 c) **Herausgabe des Verletzergewinns.** Der Anspruch auf Herausgabe des Verletzergewinns ist kein Anspruch auf Ersatz des konkret entstandenen Schadens, sondern zielt auf andere Weise auf einen billigen Ausgleich des erlittenen Vermögensnachteils.[338] Grund-

---

[329] BGH GRUR 1987, 54; NJW 1990, 1905; NJW 1995, 715.
[330] Ströbele/*Hacker* § 14 Rn 263.
[331] Gesetz zur Verbesserung der Durchsetzung von Rechten des geistigen Eigentums, BGBl. I 2008, 1191 ff, in Kraft getreten am 1.9.2008.
[332] Begr. RegE, BT-Drucks. 16/5048, S. 37.
[333] BGH GRUR 1993, 55 (57); GRUR 2000, 226 (227).
[334] Vgl. BGH GRUR 2001, 329 (331).
[335] Vgl. BGH GRUR 1993, 757 (758); v. Schultz/*Schweyer* § 14 Rn 264.
[336] BGH GRUR 1962, 509 (513); GRUR 1980, 841 (842).
[337] Ströbele/*Hacker* § 14 Rn 265.
[338] Vgl. nur BGH GRUR 1995, 349 (352).

gedanke ist, den Verletzten wegen der besonderen Schutzbedürftigkeit der Immaterialgüterrechte auch bei bloß fahrlässigem Handeln des Verletzers wie einen Geschäftsherrn bei angemaßter Geschäftsführung gem. §§ 687 Abs. 2 S. 1, 681 S. 2, 677 BGB zu stellen.[339] Dabei wird fingiert, dass der Verletzte ohne die Rechtsverletzung unter Ausnutzung der ihm ausschließlich zugewiesenen Rechtsposition in gleicher Weise Gewinn erzielt hätte wie der Verletzer.[340] Herauszugeben ist der und nur der Gewinnanteil, der gerade auf der Benutzung des fremden Schutzrechts und nicht auf anderen Umständen (wie Qualität der Ware oder die Intensität der Werbung) beruht.[341] Diesen zu ermitteln bereitet naturgemäß Schwierigkeiten, wobei vor allem fraglich ist, welche Beträge als Grundlage einer Gewinnanteilsschätzung gem. § 287 ZPO in Ansatz zu bringen sind. Im Blick auf Fälle von Produktnachahmung hat der BGH entschieden,[342] dass bei der Ermittlung des Verletzergewinns von den erzielten Erlösen anspruchsmindernd nur die sog. variablen Kosten für Herstellung und Vertrieb, nicht aber die fixen Gemeinkosten abgezogen werden können, die – wie etwa allgemeine Verwaltungs- und Marketingkosten oder Abschreibungen auf das Anlagevermögen – auch ohne die Rechtsverletzung angefallen wären, da anderenfalls der Gewinn des Verletzers nicht vollständig abgeschöpft würde. Nur wenn sich die Fixkosten ausnahmsweise den verletzenden Gegenständen konkret zuordnen ließen, wofür der Verletzer darlegungs- und beweispflichtig sei, könnten sie ebenfalls abgezogen werden. Diese Rechtsprechung ist auf Fälle einer Kennzeichenrechtsverletzung nur mit Einschränkungen übertragbar; denn bei Kennzeichenrechtsverletzungen kommt eine Herausgabe des gesamten mit dem widerrechtlich gekennzeichneten Gegenstand erzielten Gewinns meist nicht in Betracht, weil der geschäftliche Erfolg in vielen Fällen nicht ausschließlich oder noch nicht einmal überwiegend auf der Verwendung des fremden Kennzeichens beruht.[343] Das gilt erst Recht in Fällen konkurrierender Unternehmenskennzeichen, weil hier der widerrechtlich gekennzeichnete Gegenstand ein ganzes Unternehmen oder zumindest eine Betriebsstätte ist. Grundlage der Gewinnanteilsschätzung kann in solchen Fällen daher nur Umsatz und Gewinn dieses Unternehmens bzw. dieser Betriebsstätte sein. Dementsprechend beschränkt ist der Auskunftsanspruch (Rn 65). Und dementsprechend beschränkt ist die Attraktivität dieser Methode der Schadensberechnung.

d) Lizenzanalogie. Die Berechnung des Schadens im Wege der Lizenzanalogie ist daher für den Verletzten praktisch häufig am günstigsten.[344] Ihr kommt mithin auch die größte Bedeutung zu. Die Höhe des Anspruchs bestimmt sich danach, was bei vorheriger vertraglicher Einräumung einer Lizenz der Lizenzgeber objektiv üblicherweise gefordert hätte und was im Regelfall von einem vernünftigen Lizenznehmer gezahlt worden wäre.[345] Es kommt dabei nicht darauf an, ob der Inhaber des Kennzeichens bei korrekter Vorgehensweise des Verletzers mit diesem tatsächlich einen Lizenzvertrag abgeschlossen hätte. Entscheidend ist vielmehr, dass der Verletzte die Nutzung nicht ohne Gegenleistung gestattet hätte.[346] Weitere Voraussetzung ist, dass durch die Verletzung tatsächlich

62

---

[339] BGH GRUR 2001, 329 (331).
[340] BGHZ 34, 320 (323); 44, 372 (376); 57, 116 (118); 60, 206 (209); 145, 166 (172 f); BGH GRUR 2006, 419; GRUR 2007, 431 (432 f); GroßKommUWG/*Teplitzky* § 16 UWG Rn 495.
[341] BGH GRUR 1961, 354 (355); GRUR 1973, 375 (378); GRUR 1974, 53 (54); GRUR 1993, 55 (59); GRUR 2001, 329 (331);
BGH GRUR 2006, 419 (420); BGH GRUR 2007, 431 (434); OLG Frankfurt GRUR-RR 2003, 274 (277).
[342] BGH GRUR 2001, 329 (331); BGH GRUR 2007, 431 (433 f).
[343] BGH GRUR 2006, 419 (420).
[344] *Berlit* Markenrecht, S. 201.
[345] *Berlit* Markenrecht, S. 201.
[346] BGH GRUR 1993, 55 (58).

ein Schaden eingetreten ist.[347] Die konkrete Höhe der Gebühr bestimmt sich dann nach allen Umständen des Einzelfalls,[348] insbes. nach dem Bekanntheitsgrad des verletzten Zeichens, der ihm zukommenden Wertschätzung und der Ähnlichkeit des kollidierenden Zeichens.[349] Üblicherweise wird dabei ein prozentualer Anteil vom Umsatz – unter Umständen kombiniert mit einer Grund-/Einstandsgebühr – als Lizenzgebühr gezahlt, wobei dieser sog. Lizenzsatz für gewöhnlich zwischen 1 % und 5 % beträgt. Bestimmt das Zeichen ganz wesentlich den am Markt erzielbaren Preis oder wird ein prestigeträchtiges Zeichen für minderwertige Produkte verwendet, können aber auch Lizenzsätze von 10 % und mehr geschuldet sein.[350]

63 **4. Marktverwirrungsschaden.** Neben dem nach einer der drei vorgenannten Methoden ermittelten Schaden kann grundsätzlich ein etwaiger Marktverwirrungsschaden geltend gemacht werden,[351] es sei denn, dass die hierfür maßgeblichen Umstände nicht bereits bei der Bemessung der Lizenzgebühr berücksichtigt wurden[352]. Marktverwirrungs- oder Diskreditierungsschaden ist der Schaden, der dem Verletzten ggf. dadurch entstanden ist, dass infolge der Benutzung des kollidieren Zeichens die Kennzeichnungskraft oder Wertschätzung des geschützten Zeichens wegen einer entstandenen Zuordnungsverwirrung (Verunsicherung der angesprochenen Verkehrskreise), Verwässerung oder Rufschädigung gelitten hat.[353] Wiewohl ein Marktverwirrungsschaden regelmäßig entsteht,[354] ist seine Höhe gleichfalls schwer zu ermitteln. Auf die dem Verletzer tatsächlich entstandenen Werbekosten kann nicht ohne weiteres abgestellt werden, weil für den Umfang des Schadens nicht diese Kosten, sondern die Wirkung und damit Art und Umfang der unter der verletzenden Bezeichnung getätigten Werbung maßgeblich sind.[355] Ebenso wenig kann ohne weiteres auf die dem Verletzten tatsächlich entstandenen Werbekosten rekurriert werden, weil dessen Werbung nicht notwendigerweise dem entspricht, was zur Beseitigung des entstandenen Schadens erforderlich ist. Unangemessen hohe Kosten können aber ebenso wenig wie allgemeine Werbekosten oder fiktive Kosten[356] geltend gemacht werden. Zu ersetzen sind vielmehr nur die Kosten zusätzlich erforderlicher Gegenwerbung.[357]

---

[347] BGH GRUR 2006, 421.
[348] BGH GRUR 2006, 143; BGH GRUR 2000, 685 (687 f), jeweils mwN.
[349] *Berlit* Markenrecht, S. 201; v. Schultz/*Schweyer* § 14 Rn 268.
[350] Bsp.: 0,33 % für Hemden (OLG Karlsruhe GRUR 1971, 221, 222) bzw. Bekleidungsstücke (OLG Düsseldorf Mitt 1989, 222); 1 % beim Vertrieb von Aufgussbeuteln für Tee (BGH GRUR 1966, 375, 378); 1 % bei rechtswidrigen Paralleleinfuhren (OLG Hamburg GRUR-RR 2004, 139, 141); 2 % bei billigen Spirituosen (OLG München, Az. 6 U 5280/82); 5 % bei Verletzung einer Marke von Weltruf (LG Düsseldorf Mitt 2002, 89, 90); 5 % bei Vertrieb einer gebrauchsmuster- und patentrechtlich geschützten Skibindung (BGH NJW 1982, 1151, 1152); 8 % bei patentwidriger Herstellung eines medizinischem Wirkstoffs (BGH NJW 1980, 2522, 2524); 10 % bei Modellkleidern (BGH GRUR 1991, 914, 917; 10 % bei Imitation einer berühmten Porzellanserie (OLG Düsseldorf GRUR-RR 2003, 209, 210); 12,5 % bei Verwendung einer Prestigemarke auf Billiguhren (BGH GRUR 1993, 55, 58 f); 20 % bei Verkauf eines billigen Imitats einer hochwertigen Uhr (BGH GRUR 2006, 143, 146).
[351] BGH GRUR 1966, 375 (378); GRUR 1973, 375 (378); GRUR 1975, 85 (86); GRUR 1983, 776 (779).
[352] v. Schultz/*Schweyer* § 14 Rn 270.
[353] *Berlit* Markenrecht, S. 203.
[354] BGH GRUR 1999, 587 (590).
[355] BGH GRUR 1987, 364 (365).
[356] BGH GRUR 1982, 491.
[357] BGH GRUR 1954, 457 (459).

G. Sonstige Ansprüche

I. Bereicherungsanspruch nach § 812 BGB

Neben den Ansprüchen aus § 15 Abs. 4 und 5 MarkenG kann der Verletzte von dem **64** Verletzer Herausgabe einer ungerechtfertigten Bereicherung verlangen. Diesem Bereichungsanspruch kommt zum einen im Blick auf den Verjährungseintritt (§ 20 MarkenG, § 852 BGB) und zum anderen insofern Bedeutung zu, als er kein Verschulden voraussetzt. Gerichtet ist der Anspruch gem. § 812 Abs. 1 BGB auf Herausgabe des Erlangten. Erlangt ist bei der unbefugten Benutzung eines Kennzeichens die Gebrauchsmöglichkeit.[358] Da der Gebrauch des Kennzeichens in natura nicht herausgegeben werden kann, ist gem. § 818 Abs. 2 BGB sein Wert zu ersetzen.[359] Für die Bestimmung des Wertes ist der objektive Verkehrswert des Erlangten zu Grunde zu legen. Der objektive Gegenwert für den Gebrauch besteht in einer **angemessenen und üblichen Lizenzgebühr**. Dies gilt nicht nur für Fälle der Eingriffskondiktion gem. § 812 Abs. 1 S. 1 Fall 2 BGB, sondern auch der Leistungskondiktion gem. § 812 Abs. 1 S. 1 Fall 1 BGB.[360] Der Anspruchsinhaber kann daher seinen Anspruch im Wege der Lizenzanalogie (s. oben Rn 62) berechnen.[361] Dagegen umfasst der Bereicherungsanspruch weder den entgangenen noch den Verletzergewinn noch den Marktverwirrungsschaden.[362]

II. Auskunftsanspruch gem. § 242 BGB

Um von seinem Wahlrecht (Rn 59) sachgerecht Gebrauch machen zu können, **65** benötigt der Verletzte umfassende Informationen, insbes. über Art und Umfang der Verletzungshandlungen und allen zur Berechnung der Schadenshöhe erforderlichen Angaben. Die in §§ 19 ff MarkenG neu geregelten Auskunftsansprüche haben eine andere Zielrichtung und geben daher die erforderlichen Informationen nicht bzw. nur teilweise.[363] Aus diesem Grund hat der Verletzte gegen den Verletzer einen aus den Grundsätzen von Treu und Glauben abgeleiteten ergänzenden Anspruch auf Auskunft.[364] Der Auskunftsanspruch als Hilfsanspruch[365] setzt voraus, dass ein Ersatzanspruch dem Grunde nach gegeben ist.[366] Das ist der Fall, wenn die Verletzungshandlung feststeht und eine gewisse Wahrscheinlichkeit für den Eintritt eines Schadens besteht.[367] Die Wahrscheinlichkeit braucht nicht hoch zu sein,[368] zu ihrer Feststellung ist ein großzügiger Maßstab anzulegen.[369] Es genügt, wenn der Eintritt des Schadens zumindest denkbar und möglich erscheint. Es ist dagegen nicht notwendig, dass bereits ein Schaden eingetreten ist.[370] Der Anspruch umfasst alle Auskünfte, die der Verletzte zur Bezifferung seines Schadensersatz- bzw. Bereicherungsanspruchs benötigt. Er umfasst insbes. die für alle drei Arten der Schadensberechnung notwendigen sowie die zur Ermittlung des Marktverwirrungsschadens erforderlichen Angaben und Angaben zur Kontrolle der

---

[358] BGH GRUR 2000, 685 (687 f) mwN.
[359] *Berlit* Markenrecht, S. 203.
[360] BGH GRUR 2000, 685 (687 f) mwN.
[361] BGH GRUR 2000, 685 (687 f) mwN.
[362] *Berlit* Markenrecht, S. 203.
[363] Näher dazu Begr. RegE, BT-Drucks. 16/5048, S. 40 ff.
[364] v. Schultz/*Schweyer* § 14 Rn 273.
[365] BGH GRUR 1977, 491 (494).
[366] BGH GRUR 2001, 849 (851).
[367] St. Rechtsprechung, vgl. nur BGHZ 130, 205 (220); BGH GRUR 1974, 735 (736); GRUR 1992, 559; GRUR 2001, 849 (851), jew. mwN.
[368] BGH GRUR 1992, 61 (63).
[369] BGH NJW 2001, 1431 (1432 f).
[370] BGH GRUR 2001, 849 (851).

erteilten Auskünfte.³⁷¹ Nachdem die Erteilung dieser Auskünfte für den Verletzer oft erheblichen Aufwand und die Preisgabe sensibler Daten bedeutet, **erhöht** ein Auskunftsverlangen nicht selten dessen **Vergleichsbereitschaft**. Einen speziellen Auskunftsanspruch gibt überdies § **19 MarkenG**.

III. § 823 Abs. 1 BGB (i.V.m. § 1004 BGB)

66 Die geschäftlichen Bezeichnungen gem. § 5 Abs. 2 und 3 MarkenG sind Rechte mit Ausschließlichkeitscharakter (s.o. Rn 2) und somit absolute Rechte im Sinne von § 823 Abs. 1 BGB. Bei der Verletzung eines Kennzeichenrechts gewährt die Norm einen Anspruch auf Zahlung von Schadensersatz und in Verbindung mit § 1004 BGB analog einen Anspruch auf Unterlassung.³⁷² Beinhaltet das verletzte Unternehmenskennzeichen einen bürgerlichen Namen, kann zugleich eine Verletzung des allgemeinen Persönlichkeitsrechts vorliegen, in welchem Fall auch der Ersatz eines immateriellen Schadens (§ 253 BGB) verlangt werden kann (dazu bereits Anh. I zu § 37 Rn 45).

IV. §§ 687 Abs. 2 S. 1, 681 S. 2, 677 BGB

67 Bei einem vorsätzlichen Eingriff in das Kennzeichnungsrecht besteht ferner ein Anspruch wegen angemaßter Eigengeschäftsführung aus §§ 687 Abs. 2 S. 1, 681 S. 2, 677 BGB auf Herausgabe des Verletzergewinns.³⁷³

V. §§ 677 ff, 683 BGB

68 Vor Erhebung einer Klage gegen den Verletzer einer geschäftlichen Bezeichnung hat der Verletzte diesen tunlichst abzumahnen. Die **Abmahnung** ist eine konkrete, inhaltlich auf das verletzte Zeichen und die Verletzungshandlung bezogene Aufforderung an den Verletzer, die Verletzung einzustellen und künftig zu unterlassen sowie für den Fall der Zuwiderhandlung eine konkret festgesetzte oder festzusetzende Strafe zu zahlen (sog. strafbewehrte Unterlassungserklärung). Zudem muss die Abmahnung für den Fall, dass der Verletzer die Unterlassungserklärung nicht binnen einer bestimmten Frist abgibt, die Einleitung gerichtlicher Schritte androhen. Soll die Abmahnung eine Schadensersatzklage vorbereiten, hat sie darüber hinaus die Aufforderung zu enthalten, die Schadensersatzpflicht dem Grunde nach anzuerkennen und die zur Schadensberechnung erforderlichen Auskünfte zu erteilen.³⁷⁴ Erhebt der Verletzte ohne eine solche vorausgegangene Abmahnung Klage, läuft er Gefahr, trotz Obsiegens in der Hauptsache im Fall der Abgabe eines sofortigen Anerkenntnisses mit den Kosten des Rechtsstreits belastet zu werden, § 93 ZPO. **Abmahnkosten** sind diejenigen Kosten, die der Verletzte für die Einschaltung eines

---

³⁷¹ BGH GRUR 1995, 50 (53); näher zu dem Auskunftsanspruch Ströbele/*Hacker* § 14 Rn 295 ff; v. Schultz/*Schweyer* § 14 Rn 273.
³⁷² *Möller* Lizenzen an Unternehmenskennzeichen, S. 21.
³⁷³ BGHZ 145, 366 (374); *Fezer* § 14 Rn 529; Prütting/Wegen/Weinreich/*Fehrenbacher* § 687 BGB Rn 4; Staudinger/*Habermann* § 12 BGB Rn 378; Staudinger/*Wittmann* § 687 BGB Rn 21.
³⁷⁴ Näher zum Inhalt einer Abmahnung v. Schultz/*Schweyer* Rn § 14 Rn 275 ff; Ströbele/*Hacker* § 14 Rn 234 f; *Fezer* § 14 Rn 542 ff; *Teplitzky* Kap. 41 Rn 9 ff.

Rechts- oder Patentanwalts zum Zweck der außergerichtlichen Streitbeilegung aufwenden muss. Sie sind nach ständiger Rechtsprechung nach den Grundsätzen der Geschäftsführung ohne Auftrag zu erstatten, sofern es durch diese zu einer außergerichtlichen Streitbeilegung kommt.[375] Schließt sich ein Rechtsstreit an, sind die Abmahnkosten gebührenrechtlich zum Teil auf die Verfahrensgebühr anzurechnen und werden insoweit über § 91 ZPO ersetzt. Der nicht anzurechnende Teil kann als zusätzlicher Schaden geltend gemacht werden.[376]

VI. § 18 MarkenG

§ 18 MarkenG gewährt dem Inhaber einer geschäftlichen Bezeichnung in den Fällen des § 15 MarkenG u.U. Vernichtungs- und Rückrufansprüche gegen den Verletzer. **69**

VII. §§ 3, 4, 5, 8, 9 UWG

Wettbewerber stehen gem. § 8 UWG Ansprüche auf Beseitigung und Unterlassung **70** sowie gem. § 9 UWG auf Zahlung von Schadensersatz zu, sofern ein wettbewerbswidriges Handeln in Form eines Verstoßes gegen §§ 3–7 UWG vorliegt. In Betracht kommen bei der unbefugten Benutzung von geschäftlichen Bezeichnungen insbes. ein Verstoß gegen § 3 i.V.m. § 4 Nr. 7 (Kennzeichenverunglimpfung), Nr. 9 (vermeidbare Herkunftstäuschung) und Nr. 10 (gezielte Mitbewerberbehinderung) sowie gegen § 5 UWG (Irreführung).[377] Voraussetzung ist dabei gem. § 3 UWG stets eine nicht nur unerhebliche Beeinträchtigung des Wettbewerbs.

VIII. Konkurrenzen

Neben Ansprüchen aus Markenrecht können vorstehende wettbewerbsrechtliche **71** Ansprüche nur gegeben sein, wenn sie sich gegen ein Verhalten richten, das als solches nicht Gegenstand der markenrechtlichen Regelung ist, wenn also nicht die Verletzung des kennzeichenrechtlichen Vorrangs, sondern ein unlauteres Handeln im Vordergrund steht.[378] So liegt es insbes. in den Fallgruppen einer gezielten Mitbewerberbehinderung und der Irreführung.[379] Zur Subsidiarität namensrechtlicher Ansprüche gem. § 12 BGB s. Anh. I zu § 37 Rn 4 ff.

H. Weitere Abwehrmöglichkeiten

Ein Unterlassungsanspruch kann sich ferner aus § 37 Abs. 2 S. 1 ergeben. Überdies **72** kann der Verletzte die Einleitung eines Firmenmissbrauchsverfahrens nach § 37 Abs. 1 anregen. Näher zu diesen Vorschriften dort.

---

[375] Vgl. zum Vorstehenden v. Schultz/*Schweyer* § 14 Rn 271 mwN.
[376] v. Schultz/*Schweyer* § 14 Rn 271.
[377] S. zum Verhältnis von UWG und MarkenG *Bornkamm* GRUR 2005, 97 (100) mwN.
[378] BGH NJW 2004, 600 mwN.
[379] Hefermehl/Köhler/*Bornkamm* UWG § 5 Rn 1.68 ff, 2.39 ff; *Bornkamm* GRUR 2005, 97 (101).

73 Wird ein prioritätsälteres Unternehmenskennzeichen durch eine prioritätsjüngere Marke verletzt, besteht schließlich die Möglichkeit der Erhebung einer Löschungsklage gem. §§ 12, 51, 55 MarkenG.

§ 37a

(1) Auf allen Geschäftsbriefen des Kaufmanns gleichviel welcher Form, die an einen bestimmten Empfänger gerichtet werden, müssen seine Firma, die Bezeichnung nach § 19 Abs. 1 Nr. 1, der Ort seiner Handelsniederlassung, das Registergericht und die Nummer, unter der die Firma in das Handelsregister eingetragen ist, angegeben werden.

(2) Der Angaben nach Absatz 1 bedarf es nicht bei Mitteilungen oder Berichten, die im Rahmen einer bestehenden Geschäftsverbindung ergehen und für die üblicherweise Vordrucke verwendet werden, in denen lediglich die im Einzelfall erforderlichen besonderen Angaben eingefügt zu werden brauchen.

(3) Bestellscheine gelten als Geschäftsbriefe im Sinne des Absatzes 1. Absatz 2 ist auf sie nicht anzuwenden.

(4) ¹Wer seiner Pflicht nach Absatz 1 nicht nachkommt, ist hierzu von dem Registergericht durch Festsetzung von Zwangsgeld anzuhalten. ²§ 14 Satz 2 gilt entsprechend.

Schrifttum

Beckschulze Internet-, Intranet- und E-Mail-Einsatz am Arbeitsplatz, DB 2007, 1526; *Bohnenkamp* Mindestangaben des e.V. auf seinen geschäftlichen Schreiben und E-Mails, NZG 2007, 292; *Glaus/Gabel* Praktische Umsetzung der Anforderungen zu Pflichtangaben in E-Mails, BB 2007, 1744; *Hoeren* Informationspflichten im Internet, WM 2004, 2461; *Hoeren/Pfaff* Pflichtangaben im elektronischen Geschäftsverkehr aus juristischer und technischer Sicht, MMR 2007, 207; *Lemke* Sind Zweigstellen von Rechtsanwaltskanzleien in Briefbögen, E-Mails, Webseiten oder auf Kanzleischildern als solche zu kennzeichnen? BRAK-Mitt 2008, 146; *Leuering/Rubel* Pflichtangaben in E-Mails: Der Link ins Internet als Alternative, NJW-Spezial 2008, 47; *Maaßen/Orlikowski-Wolf* Stellt das Fehlen von Pflichtangaben in Geschäftskorrespondenz einen Wettbewerbsvertoß dar? BB 2007, 561; *Meier* Der praktische Fall: Versendung von Geschäftspost per E-Mail, GmbHR 2007, 922; *Mutter* Pflichtangaben auf Geschäftsbriefen auch im E-Mail-Verkehr, GmbHR 2001, 336; *Rath/Hausen* Viel Lärm um nichts? Pflichtangaben in geschäftlichen E-Mails, K&R 2007, 113; *Rössel* Telemediengesetz, ITRB 2007, 158; *Roth/Groß* Pflichtangaben auf Geschäftsbrief und Bestellschein im Internet, K & R 2002, 127; *Schaffland* Angabpflichten auf Geschäftsbriefen für die GmbH & Co KG, BB 1980, 1501; *Schmittmann/Ahrens* Pflichtangaben in E-Mails, DB 2002, 1038; *Schweinoch/Böhlke/Richter* E-Mails als elektronische Geschäftsbriefe mit Nebenwirkungen, CR 2007, 167; *Wild* E-Mail-Pflichtangaben, DuD 2007, 374.

Übersicht

	Rn		Rn
A. Grundlagen	1–8	II. Geschäftsbrief oder Bestellschein	11–13
I. Norminhalt	1	1. Begriff des Geschäftsbriefs i.S.d.	
II. Entstehungsgeschichte	2	Abs. 1	11
III. Normzweck	3	2. Bestimmter Empfänger	12
IV. Rechtspolitische Kritik	4–5	3. Bestellschein i.S.d. Abs. 3	13
V. Anwendungsbereich	6–8	III. Ausnahme von der Angabepflicht nach	
B. Voraussetzungen, Abs. 1 bis 3	9–13	Abs. 2	14–18
I. Kaufmann	9–10	1. Mitteilung oder Bericht	15

	Rn		Rn
2. Üblicherweise in Vordruckform	16	b) Zweigniederlassung eines Einzelkaufmanns mit Hauptniederlassung im Ausland	29–30
3. Bestehende Geschäftsverbindung	17		
4. Kein Bestellschein	18		
C. Rechtsfolge: Angabepflicht	19–32	c) Zweigniederlassung einer juristischen Person i.S.d. § 33 Abs. 1 mit Sitz im Ausland	31
I. Firma mit Rechtsformzusatz	20		
II. Ort der Handelsniederlassung	21		
III. Registergericht und Nummer	22	D. Durchsetzung	32–34
IV. Weitere Angaben	23–32	I. Registerrechtlich, Abs. 4	32
1. Einzelkaufleute	23–24	II. Zivilrechtlich	33
2. Juristische Personen i.S.d. § 33 Abs. 1	25–26	III. Wettbewerbsrechtlich	34
3. Zweigniederlassungen	27–32		
a) Zweigniederlassung eines Einzelkaufmanns mit Hauptniederlassung in Deutschland	28		

A. Grundlagen

I. Norminhalt

Nach § 37a Abs. 1 hat ein Einzelkaufmann auf allen Geschäftsbriefen, wozu nach **1** Abs. 3 auch Bestellscheine gehören, gleichviel welcher Form seine Firma samt Rechtsformzusatz, den Ort seiner Handelsniederlassung sowie das zuständige Registergericht samt der Nummer, unter der seine Firma in das Handelsregister eingetragen ist, anzugeben. Eine Freistellung von dieser Pflicht begründet Abs. 2 bei Verwendung von Vordrucken zu bloßen Informationszwecken im Rahmen einer bestehenden Geschäftsverbindung. Absatz 4 ermöglicht dem Registergericht die Durchsetzung dieser Pflicht durch Festsetzung von Zwangsgeld. Gem. § 33 Abs. 4 gilt § 37a für juristische Personen i.S.d. § 33 Abs. 1 entsprechend.

II. Entstehungsgeschichte

Die Vorschrift ist durch die Handelsrechtsreform von 1998[1] neu in das Gesetz auf- **2** genommen worden. Zuvor bestanden bereits entsprechende Regelungen für Kapitalgesellschaften (§§ 80, 278 Abs. 3 AktG, § 35a GmbHG), Genossenschaften (§ 25a GenG), Personengesellschaften ohne natürliche Person als persönlich haftenden Gesellschafter (§§ 125a, 177a a.F.) und die EWiV (Art. 25 EWiVVO). Dabei beruhten die kapitalgesellschaftsrechtlichen Regelungen auf der ersten gesellschaftsrechtlichen Richtlinie.[2] Außerdem gab es bereits § 15b GewO (s. ferner §§ 34 S. 1, 159 Abs. 2 VAG). Anlässlich der Handelsrechtsreform sollte durch die Schaffung von § 37a, die Erweiterung des Anwendungsbereichs von §§ 125a, 177a auf alle Personenhandelsgesellschaften, eine entsprechende Regelung in § 7 Abs. 4 PartGG und die Anfügung von § 15b Abs. 1 Satz 2 und 3 GewO ein einheitlicher Informationsstandard für Geschäftsbriefe herge-

---

[1] BGBl. I 1474, 1475 f.
[2] ERSTE RICHTLINIE 68/151/EWG des Rates vom 9.3.1968 zur Koordinierung der Schutzbestimmungen, die in den Mitgliedstaaten den Gesellschaften i.S.d. Artikel 58 Abs. 2 des Vertrages im Interesse der Gesellschaften sowie Dritter vorgeschrieben sind, um diese Bestimmungen gleichwertig zu gestalten, ABl. Nr. L 065 vom 14.3.1968, S. 8 ff.

stellt werden (näher Rn 5). Erstmals geändert wurde § 37a durch das Gesetz zur Einführung des elektronischen Handelsregisters (EHUG) vom 10.11.2006[3]: Im Rahmen der Umsetzung von Art. 4 der EU-Publizitätsrichtlinie[4] wurden in Abs. 1 die Worte *„gleichviel welcher Form"* eingefügt. Dabei handelt es sich freilich nur um eine Klarstellung, zumal schon in der Begründung des Regierungsentwurfs zum Handelsrechtsreformgesetz zu lesen ist, dass es auf die Form des Geschäftsbriefes (Fax, E-Mail etc.) nicht ankommt[5].

III. Normzweck

3 Die Einführung von § 37a wurde im Wesentlichen mit drei Erwägungen begründet:[6] Erstens soll die Norm einen Ausgleich dafür schaffen, dass nach neuem Firmenrecht auch Einzelkaufleute Sach- und Phantasiefirmen wählen können. Zwar verdeutlicht bereits die Pflicht zur Führung des Rechtsformzusatzes nach § 19 Abs. 1 Nr. 1, dass es sich bei dem Unternehmensträger um einen Einzelkaufmann handelt. Die weitergehenden Angaben auf Geschäftsbriefen ermöglichen aber Geschäftspartnern auf einfache Weise auf die Daten des Handelsregisters zuzugreifen und damit insbes. den Einzelkaufmann zu identifizieren. Damit soll die Norm zweitens der Sicherheit des Geschäftsverkehrs dienen. Und drittens bezweckt sie die Schaffung eines einheitlichen Informationsstandards (Rn 2). Geboten ist daher eine einheitliche Auslegung von § 37a und seiner Parallelnormen.

IV. Rechtspolitische Kritik

4 Rechtspolitisch ist zuvörderst anzumerken, dass das Gesetz entgegen dem Referentenentwurf auf eine Pflicht zur Angabe des Vor- und Familiennamens des Einzelkaufmanns verzichtet hat. Begründet wurde dies damit, dass der Referentenentwurf noch keine Pflicht zur Führung eines Rechtsformzusatzes für Einzelkaufleute enthalten hatte. Mit deren Einführung seien Einzelkaufleute als solche zu erkennen. Damit bestünde kein Grund mehr, Einzelkaufleute zur Namensangabe zu verpflichten, persönlich haftende Gesellschafter einer Personenhandelsgesellschaft dagegen nicht. Und ein Bedürfnis, stets die Namen der persönlich haftenden, vertretungsberechtigten Gesellschafter anzugeben bestehe – anders als insbes. bei Kapitalgesellschaften, bei denen die Angabe der Personennamen der Vorstandsmitglieder bzw. Geschäftsführer vorgeschrieben ist – nicht. Das überzeugt nicht. Warum nämlich bei Personenhandelsgesellschaften das Bedürfnis des Geschäftsverkehrs geringer als bei Kapitalgesellschaften sein soll, auf einen Blick zu erfahren, wer zur organschaftlichen Vertretung der Gesellschaft befugt ist, bleibt unerfindlich. Vielmehr besteht auch bei einzelkaufmännischen Unternehmen ein vergleichbares Bedürfnis. Es kann nach geltendem Recht bei eingetragenen Einzelkaufleuten und

---

[3] BGBl. I, 2553.
[4] RICHTLINIE 2003/58/EG des Europäischen Parlaments und des Rates vom 15.7.2003 zur Änderung der Richtlinie 68/151/EWG des Rates in Bezug auf die Offenlegungspflichten von Gesellschaften bestimmter Rechtsformen, ABl. Nr. L 221 vom 4.9.2003, S. 13 (15).

Diese Richtlinie gilt zwar nur für Kapitalgesellschaften. Es sollte jedoch ein einheitlicher Informationsstandard beibehalten werden; Begr. RegE BT-Drucks. 16/960, S. 47.
[5] Begr. RegE BT-Drucks. 13/8444, S. 61.
[6] Begr. RegE BT-Drucks. 13/8444, S. 61.

Personenhandelsgesellschaften nur durch Registereinsicht befriedigt werden, was vermeidbaren Aufwand bedeutet. Lediglich bei nicht eingetragenen Einzelkaufleuten und Personenhandelsgesellschaften bestand (s. Rn 5a) nach § 15b Abs. 1 S. 1 GewO a.F. eine Pflicht zur Namensangabe.

Das ist freilich nicht die einzige rechtspolitische Kritik, die man gegen § 37a und seine **5** Parallelnormen vortragen kann.[7] Neben der z.T. unzulänglichen Umsetzung der zugrunde liegenden Richtlinien (vgl. Rn 12, 14) und der nur punktuellen Regelung der Geschäftsbriefe von Zweigniederlassungen (Rn 27 ff), ist vor allem die unzureichende Abstimmung der diversen, im Gesetz verstreuten ähnlichen Regelungen (z.B. § 15a GewO a.F., § 312c Abs. 1 BGB i.V.m. § 1 Abs. 1 Nr. 1 bis 3 BGB-InfoV, § 5 TMG, § 14 Abs. 4 Nr. 1 und 2 UStG) zu beklagen. Diese Rechtszersplitterung ist nur zum Teil durch die Eigenart der geregelten Sachverhalte gerechtfertigt und sowohl für die Unternehmer, die den unterschiedlichen Anforderungen gerecht werden müssen, als auch für den Rechtsverkehr, der sich gleichfalls nicht auf einen einheitlichen Informationsstandard einstellen kann, von Nachteil.

Eine erhebliche Lücke wurde zudem durch das Dritte Gesetz zum Abbau büro- **5a** kratischer Hemmnisse insbes. in der mittelständischen Wirtschaft (Drittes Mittelstandsentlastungsgesetz) vom 17.03.2009[8] aufgerissen, das am 25.3.2009 in Kraft getreten ist. Durch dieses Gesetz wurden §§ 15a und 15b GewO aufgehoben, obwohl sich zuvor sowohl der Deutsche Industrie- und Handelskammertag[9] als auch der Bundesrat[10] eindeutig gegen die Streichung dieser Vorschriften ausgesprochen hatten. Zu Recht weisen beide Stellungnahmen darauf hin, dass die Regierungsbegründung[11] abwegig und widersprüchlich ist, der Wegfall dieser Vorschriften zu erheblichen Problemen führt und daher kontraproduktiv ist. Zu einem echten Schildbürgerstreich wird die Aufhebung von §§ 15a und 15b GewO überdies dadurch, dass ähnliche (und zum Teil weiter reichende) Informationspflichten durch die Umsetzung von Art. 22 Abs. 1 bis 4, Art. 27 Abs. 1, 2, 4 der sog. Dienstleistungsrichtlinie[12] noch bis zum 28.12.2009[13] wiedereingeführt werden müssen. Dies soll nach dem Entwurf eines Gesetzes zur Umsetzung der Dienstleistungsrichtlinie im Gewerberecht und in weiteren Vorschriften[14] durch eine Rechtsverordnung geschehen, zu deren Erlass § 6c EGewO die Bundesregierung mit Zustimmung des Bundesrates ermächtigt. Ein Entwurf der Rechtsverordnung lag im Juni 2009 allerdings noch nicht vor und wird wohl auch erst im Herbst dieses Jahres kommen. Dabei ist nicht nur zu erwarten, dass die Rechtsverordnung den Rechtszustand vor Aufhebung der §§ 15a und 15b GewO mehr oder weniger wiederherstellen wird. Vielmehr ist die Rechtsverordnung auch eine Chance für eine stärkere Harmonisierung der bisher verstreut und uneinheitlich geregelten Informationspflichten. Auf den „großen Wurf" darf man freilich nicht hoffen, da wohl nur eine 1:1-Umsetzung der Dienstleistungsrichtlinie angestrebt wird.

---

[7] Weitergehend MünchKommHGB/*Krebs* Rn 3.
[8] BGBl I, S. 550.
[9] Zuletzt in der Stellungnahme vom 04.07.2008, S. 3 f.
[10] BR-Drucks. 558/08 vom 19.09.2008, S. 4 f.
[11] BT-Drucks. 16/10490, S. 15 f, 19.
[12] Richtlinie 2006/123/EG des Europäischen Parlaments und des Rates vom 12.12.2006 über Dienstleistungen im Binnenmarkt, ABl. EU Nr. L 376, S. 36.
[13] Art. 44 Abs. 1 der Dienstleistungsrichtline.
[14] BT-Drucks. 16/12784 S. 6.

V. Anwendungsbereich

6 Unmittelbar ist § 37a lediglich auf **Einzelkaufleute** anwendbar. Das ergibt sich zwar nicht aus dem Wort „Kaufmann", wohl aber aus der Verweisung auf § 19 Abs. 1 Nr. 1, der Begründung des Gesetzes, die lediglich auf Einzelkaufleute abhebt,[15] und der gesetzlichen Systematik der spezialgesetzlichen Regelung (Rn 7). Kraft spezialgesetzlicher Verweisung (§ 33 Abs. 4) ist die Vorschrift allerdings auf **juristische Personen i.S.d. § 33 Abs. 1** (näher Rn 25 f) entsprechend anwendbar.

7 **Nicht anwendbar** ist § 37a auf solche Unternehmen bzw. Unternehmensträger, für die eine eigenständige gesetzliche Regelung getroffen wurde, also insbes. nicht auf Personenhandelsgesellschaften (§§ 125a, 177a), Kapitalgesellschaften (§ 80 AktG, § 35a GmbHG), Genossenschaften (§ 25a GenG), den VVaG (§ 34 S. 1 VAG, s. ferner § 156 Abs. 2 VAG), Partnerschaftsgesellschaften (§ 7 Abs. 4 PartGG), die EWiV (Art. 25 EWiVVO), SE (§ 43 SEAG) und SCE (Art. 25 SCEAG). Für nicht in das Handelsregister eingetragene Kleingewerbetreibende und kleingewerbliche BGB-Gesellschaften[16] galt bisher (Rn 5a) § 15b Abs. 1 GewO, für ausländische juristische Personen, soweit keine anderen Vorschriften (insbes. §§ 80 Abs. 4 AktG, 35a Abs. 4 GmbHG) eingreifen, § 15b Abs. 2 und 3 GewO. Für Zweigniederlassung einer AG bzw. GmbH mit Sitz im Ausland sind §§ 80 Abs. 4 AktG, 35a Abs. 4 GmbHG einschlägig. Ebenfalls nicht anwendbar ist § 37a auf solche Rechtsformen, für die es keine einschlägige gesetzliche Regel gibt, da § 37a nicht als Auffangtatbestand konzipiert ist (Rn 6).[17]

8 Soweit eine gesetzliche Lücke besteht, kommt allerdings je nach Vergleichbarkeit der Sachverhalte entweder eine **analoge Anwendung** von § 37a oder eine analoge Anwendung einer oder mehrerer der in Rn 7 genannten Vorschriften oder eine Gesamtanalogie zu diesen Vorschriften in Betracht.[18] Auch vor dem Hintergrund der §§ 80 Abs. 4 AktG, 35a Abs. 4 GmbHG, 15b Abs. 2 und 3 GewO a.F. sowie von § 13d ist daher § 37a auf inländische Zweigniederlassungen ausländischer Einzelkaufleute[19] (sowie §§ 125a, 177a auf inländische Zweigniederlassungen von Personenhandelsgesellschaften mit Sitz im Ausland[20]) anzuwenden. Eine analoge Anwendung von § 37a auf Freiberufler kommt dagegen nicht in Betracht.[21] Für sie gelten lediglich ggf. berufsständische Regelungen (z.B. § 10 BORA), die allerdings nur beschränkt vergleichbar sind.

B. Voraussetzungen, Abs. 1 bis 3

I. Kaufmann

9 Mit dem Begriff „Kaufmann" meint § 37a Abs. 1 nur **Einzelkaufleute** (Rn 6). Dabei kommt es bei Istkaufleuten, die die Voraussetzungen des § 1 erfüllen, nicht darauf an, ob sie bereits in das Handelsregister eingetragen sind oder nicht.[22] Zwar verlangt Abs. 1 die

---

[15] Begr. RegE BT-Drucks. 13/8444, S. 61.
[16] Zwernemann BB 1987, 774 (775) mwN.
[17] Zutr. MünchKommHGB/Krebs Rn 4; aA Roth Das neue Firmenrecht, in Lieb (Hrsg.), Die Reform des Handelsstandes und die Personengesellschaften 1999, S. 40; Baumbach/Hopt Rn 2.
[18] Demgegenüber plädiert MünchKommHGB/Krebs Rn 4 durchweg für eine Gesamtanalogie.
[19] Röhricht/v. Westphalen/Ammon/Ries Rn 8; Baumbach/Hopt Rn 2; MünchKommHGB/Krebs Rn 4.
[20] Baumbach/Hopt § 125a Rn 2.
[21] Baumbach/Hopt Rn 2; Koller/Roth/Morck Rn 1; aA MünchKommHGB/Krebs Rn 4.
[22] Röhricht/v. Westphalen/Ammon/Ries Rn 4; MünchKommHGB/Krebs Rn 4; Ebenroth/Boujong/Joost/Strohn/Hillmann Rn 4; vgl. Zimmer ZIP 1998, 2050 (2052).

Angabe des Rechtsformzusatzes nach § 19 Abs. 1 Nr. 1. Diesen haben Istkaufleute aber selbst dann zu führen, wenn sie noch nicht eingetragen sind (§ 19 Rn 8). Das ist auch deswegen unschädlich, weil die fehlende Eintragung auf Geschäftsbriefen dadurch deutlich wird, dass keine Registernummer angegeben werden kann. Überdies mussten nicht eingetragene Einzelkaufleute bisher gem. § 15b Abs. 1 S. 1 GewO a.F. ihren Familiennamen mit mindestens einem ausgeschriebenen Vornamen angeben.[23] Bei Kleingewerbetreibenden kommt es hingegen für die Anwendbarkeit von § 37a auf die Bewirkung einer Eintragung nach § 2 an, weil sie erst dadurch zu Kaufleuten werden. Ohne Eintragung unterlagen sie der Angabepflicht nach § 15b Abs. 1 GewO a.F., s. dazu Rn 5a.

Kraft gesetzlicher Verweisung (§ 33 Abs. 4) ist § 37 zudem entsprechend auf **juristische Personen i.S.d. § 33 Abs. 1** anwendbar, zudem analog auf inländische Zweigniederlassungen ausländischer Einzelkaufleute (Rn 8). Auch in diesen beiden Fällen kommt es für die Angabepflicht nicht auf eine Eintragung an.[24]

10

II. Geschäftsbrief oder Bestellschein

1. Begriff des Geschäftsbriefs i.S.d. Abs. 1. Geschäftsbriefe sind alle Arten von schriftlichen Übersendungen zu geschäftlichen Zwecken. Nicht erfasst sind daher mündliche Mitteilungen wie z.B. Telefonate.[25] Auf die Form des Schreibens, seine Übermittlungsart oder seine Verkörperung[26] (Postkarte,[27] Fax, E-Mail, Formular,[28] Telegramm, Fernschreiben, SMS[29] etc.) kommt es dagegen nicht an, wie Abs. 1 nunmehr ausdrücklich klarstellt (Rn 2).[30] Auch der Inhalt ist grundsätzlich unerheblich. Es kann sich also auch um eine Mitteilung oder einen Bericht i.S.d. Abs. 2 oder eine Werbesendung handeln, selbst wenn das Informationsbedürfnis des Empfängers im Einzelfall zweifelhaft sein mag.[31] Auch Schecks und Wechsel sind erfasst.[32] Die Norm gilt für „alle" Ge-

11

---

[23] MünchKommHGB/*Krebs* Rn 9; Röhricht/v. Westphalen/*Ammon/Ries* Rn 7; *W. H. Roth* in: Lieb, Die Reform des Handelsstandes und der Personengesellschaft 1999, S. 39 f.
[24] Zu inländischen Zweigniederlassungen ausländischer Einzelkaufleute MünchKommHGB/*Krebs* Rn 4; Baumbach/*Hopt* Rn 2.
[25] Koller/*Roth*/Morck Rn 2; Baumbach/*Hopt* Rn 4 § 125a Rn 7; Scholz/*U. H. Schneider* GmbHG § 35a Rn 4; K. Schmidt/Lutter/*Seibt* AktG § 80 Rn 8; GroßkommAktG/*Habersack* § 80 Rn 4; MünchKommAktG/*Hefermehl/Spindler* § 80 Rn 15.
[26] Röhricht/v. Westphalen/*Ammon/Ries* Rn 11; Ebenroth/Boujong/Joost/Strohn/*Hillmann* Rn 6; Ulmer/Habersack/Winter/*Paefgen* GmbHG § 35a Rn 4; Baumbach/Hueck/*Zöllner/Noack* GmbHG § 35a Rn 13 f; *Hüffer* AktG § 80 Rn 2.
[27] Baumbach/*Hopt* Rn 4; Ulmer/Habersack/Winter/*Paefgen* GmbHG § 35a Rn 3; Baumbach/Hueck/*Zöllner/Noack* GmbHG § 35a Rn 13; Rowedder/Schmidt-Leithoff/*Koppensteiner* GmbHG § 35a Rn 6; KölnKomm/*Mertens* AktG § 80 Rn 9.
[28] Insoweit unstreitig MünchKommHGB/*Krebs* Rn 5; Rowedder/Schmidt-Leithoff/*Koppensteiner* GmbHG § 35a Rn 6; s.a. zu Internetformularen Koller/*Roth*/Morck Rn 2; zu beachten sind jedoch die Ausnahmen des § 37a Abs. 2, 125a Abs. 2; vgl. § 35a Abs. 2 GmbHG, § 80 Abs. 2 AktG.
[29] Insoweit aA Scholz/*U. H. Schneider* GmbHG § 35a Rn 4, 6; zweifelnd Röhricht/v. Westphalen/*Ammon/Ries* Rn 11; wie hier Maaßen/Orlikowski-Wolf BB 2007, 561; vgl. auch *Hüffer* AktG § 80 Rn 2.
[30] Vgl. Begr. RegE BT-Drucks. 13/3844, S. 61: „neben Rechnungen und Quittungen auch Telegramme und Fernschreiben, Telebrief und Telefax, aber auch Mitteilungen per e-mail im Internet".
[31] MünchKommHGB/*Krebs* Rn 5; Baumbach/Hopt Rn 4; KölnKomm/*Mertens* AktG § 80 Rn 10; Schmidt/Lutter/*Seibt* AktG § 80 Rn 8.
[32] Str., wie hier LG Detmold GmbHR 1991, 23; MünchKommHGB/*Krebs* Rn 4; Scholz/

schäftsbriefe, also auch dann, wenn der Empfänger infolge vorangegangener Geschäftsbriefe die nach Abs. 1 erforderlichen Angaben bereits kennt und sich seither auch nichts geändert hat.[33] Der Inhalt der Mitteilung muss allerdings geschäftlicher, also **nicht bloß privater Natur** (z.B. Glückwünsche oder Kondolenzschreiben) sein.[34] Ausgeklammert sind ferner **unternehmensinterne Mitteilungen an Mitarbeiter,**[35] Zweigniederlassungen,[36] betriebsverfassungsrechtliche Organe[37] sowie **an Mitglieder,** soweit die Mitteilung lediglich das mitgliedschaftliche Rechtsverhältnis betrifft[38], und andere Gesellschaftsorgane[39]. **Anders** ist dies jedoch, wenn der Brief **nicht bloß interne Angelegenheiten** des Unternehmens oder der juristischen Person beinhaltet, sondern auf eine rechtsgeschäftliche Drittbeziehung zielt.[40] Insbes. Schreiben an Mitarbeiter, welche die Begründung, Abänderung oder Beendigung des Arbeitsverhältnisses zum Inhalt haben, fallen daher unter Abs. 1,[41] ebenso Bestellscheine i.S.d. Abs. 3. Erfasst werden ferner **Geschäftsbriefe an Tochtergesellschaften,**[42] da diese rechtlich selbständig sind und daher nicht zur unterneh-

---

U. H. *Schneider* GmbHG § 35a Rn 4; *Roth*/Altmeppen GmbHG § 35a Rn 5; aA Röhricht/v. Westphalen/*Ammon/Ries* Rn 10; Baumbach/Hueck/Zöllner/*Noack* GmbHG § 35a Rn 13; Ulmer/Habersack/Winter/*Paefgen* GmbHG § 35 Rn 5; *Lutter/Hommelhoff* GmbHG § 35a Rn 2; Michalski/*Lenz* GmbHG § 35a Rn 5.

[33] MünchKommHGB/*Krebs* Rn 5; Ebenroth/Boujong/Joost/Strohn/*Hillmann* Rn 7; Röhricht/v. Westphalen/*Ammon/Ries* Rn 10; Scholz/U.H. *Schneider* GmbHG § 35a Rn 4; Ulmer/Habersack/Winter/*Paefgen* GmbHG § 35a Rn 3; aA *Lutter/Hommelhoff* GmbHG § 35a Rn 1.

[34] Ebenroth/Boujong/Joost/Strohn/*Hillmann* Rn 7; Scholz/U.H. *Schneider* GmbHG § 35a Rn 4; Ulmer/Habersack/Winter/*Paefgen* GmbHG § 35a Rn 5.

[35] MünchKommHGB/*Krebs* Rn 5; Baumbach/Hopt Rn 4; Röhricht/v. Westphalen/*Ammon/Ries* Rn 14; *Lutter/Hommelhoff* GmbHG § 35a Rn 2; aA Ebenroth/Boujong/Joost/Strohn/*Hillmann* Rn 5, der hinsichtlich der Mitarbeiter nicht zwischen unternehmensinternen und -externen Mitteilungen unterscheidet; ebenfalls nicht differenzierend Ulmer/Habersack/Winter/*Paefgen* GmbHG § 35a Rn 3.

[36] Ebenroth/Boujong/Joost/Strohn/*Hillmann* Rn 5; Röhricht/v. Westphalen/*Ammon/Ries* Rn 14; Scholz/U. H. *Schneider* GmbHG § 35a Rn 8; *Lutter/Hommelhoff* GmbHG § 35a Rn 2; Ulmer/Habersack/Winter/*Paefgen* GmbHG § 35a Rn 5; Baumbach/Hueck/Zöllner/*Noack* GmbHG § 35a Rn 16; Rowedder/Schmidt-Leithoff/*Koppensteiner* GmbHG § 35a Rn 6.

[37] MünchKommHGB/*Krebs* Rn 5; Baumbach/Hopt Rn 4; Röhricht/v. Westphalen/*Ammon/Ries* Rn 14; Scholz/U. H. *Schneider* GmbHG § 35a Rn 8; Ulmer/Habersack/Winter/*Paefgen* GmbHG § 35a Rn 5; Baumbach/Hueck/Zöllner/*Noack* GmbHG § 35a Rn 16.

[38] Ebenroth/Boujong/Joost/Strohn/*Hillmann* Rn 5; Scholz/U.H. *Schneider* GmbHG § 35a Rn 4, 8; *Lutter/Hommelhoff* GmbHG § 35a Rn 2; *Roth*/Altmeppen GmbHG § 35a Rn 2; Baumbach/Hueck/Zöllner/*Noack* GmbHG § 35a Rn 16; Rowedder/Schmidt-Leithoff/*Koppensteiner* GmbHG § 35a Rn 6; aA Ulmer/Habersack/Winter/*Paefgen* GmbHG § 35a Rn 3.

[39] BGH NJW-RR 1997, 669 (zu § 35a GmbHG); Rowedder/Schmidt-Leithoff/*Koppensteiner* GmbHG § 35a Rn 6; Baumbach/Hueck/Zöllner/*Noack* GmbHG § 35a Rn 16.

[40] Ebenroth/Boujong/Joost/Strohn/*Hillmann* Rn 5; Rowedder/Schmidt-Leithoff/*Koppensteiner* GmbHG § 35a Rn 6.

[41] Röhricht/v. Westphalen/*Ammon/Ries* Rn 10; Baumbach/Hopt Rn 4; Scholz/U. H. *Schneider* GmbHG § 35a Rn 4; *Lutter/Hommelhoff* GmbHG § 35a Rn 2; aA Baumbach/Hueck/Zöllner/*Noack* GmbHG Rn 16; MünchKommHGB/*Krebs* Rn 5; Baumbach/Hueck/Zöllner/*Noack* GmbHG § 35a Rn 16, die jedoch vor vollzogener Einstellung eine Anwendbarkeit des § 35a GmbHG annehmen.

[42] Baumbach/Hopt Rn 4; Ebenroth/Boujong/Joost/Strohn/*Hillmann* Rn 5; Scholz/U. H. *Schneider* GmbHG § 35a Rn 8; Ulmer/Habersack/Winter/*Paefgen* GmbHG § 35a Rn 5; Rowedder/Schmidt-Leithoff/*Koppensteiner* GmbHG § 35a Rn 6.

mensinternen Sphäre gehören. Diese Grundsätze gelten auch für juristische Personen i.S.d. § 33. Insbes. **bei Idealvereinen und Stiftungen** ist dabei zu beachten, dass **nicht zwischen** einer gewerblichen und ideellen Sphäre zu trennen ist, vgl. § 33 Rn 13. Daher sind bspw. **auch Spendenaufrufe** als Geschäftsbriefe zu qualifizieren.[43]

2. Bestimmter Empfänger. Der Geschäftsbrief muss nach Abs. 1 – anders als Bestellscheine i.S.d. Abs. 3 (Rn 13) – an einen bestimmten Empfänger gerichtet sein. Diese Einschränkung ist den Vorgängernormen (Rn 2) von § 37a entnommen. Sie ist bei Kapitalgesellschaften europarechtlich problematisch, da eine solche Einschränkung in Art. 4 der zugrunde liegenden Richtlinie[44] nicht enthalten ist.[45] Verlautbarungen an unbestimmte Empfänger wie z.B. Flugblätter, Postwurfsendungen, Aushänge oder Zeitungsannoncen fallen nicht hierunter, auch wenn im Einzelfall (z.B. Werbung mit konkreten Angeboten) ein Informationsbedürfnis bestehen mag.[46] Bei bestehendem Informationsbedürfnis muss der Kaufmann aber wenigstens der Firmenführungspflicht genügen (s. § 37 Rn 12 f). Außerdem können spezielle Gesetze eingreifen (vgl. Rn 5). Maßgeblich ist die Adressierung an einen bestimmbaren Empfänger. Erfasst werden daher auch Massendrucksachen mit einer individualisierten Adressierung.[47] Der Aufenthalt des Empfängers ist unerheblich. Erfasst werden daher auch Geschäftsbriefe ins Ausland.[48]

3. Bestellschein i.S.d. Abs. 3. Bestellscheine sind Formulare, die von dem Empfänger ausgefüllt werden und Grundlage einer rechtsverbindlichen Bestellung (Angebot oder Annahme i.S.d. §§ 145 ff BGB) durch den Empfänger sind. Wegen § 37a Abs. 2 könnte zweifelhaft sein, ob solche Formulare die von Abs. 1 der Vorschrift geforderten Angaben enthalten müssen. Artikel 4 der ersten gesellschaftsrechtlichen Richtlinie und der EU-Publizitätsrichtlinie[49] fordert dies für Kapitalgesellschaften jedoch ausdrücklich. Zur Gewährleistung eines einheitlichen Informationsstandards wurde diese Regelung in § 37a übernommen. Das ist auch sachlich gerechtfertigt, weil wegen des rechtsgeschäftlichen Zwecks von Bestellscheinen ein besonderes Informationsbedürfnis besteht. Anders als Geschäftsbriefe i.S.d. Abs. 1 müssen Bestellscheine i.S.d. Abs. 3 **nicht an einen konkreten Empfänger** gerichtet sein.[50] Zwar ist der Wortlaut der Vorschrift insofern nicht eindeutig (einerseits enthält die Vorschrift dieses Tatbestandsmerkmal nicht, andererseits werden Bestellscheine als Geschäftsbriefe i.S.d. Abs. 1 fingiert). Diese Auslegung ist jedoch sowohl wegen des besonderen Informationsbedürfnisses als auch im Blick auf Art. 4 der EU-Publizitätsrichtlinien geboten, der (auch) bei Bestellscheinen nicht verlangt, dass sie an einen bestimmten Empfänger gerichtet sind. Zudem ergibt sich aus Art. 4, dass die **Form** eines Bestellscheins ebenfalls **unerheblich** ist. Daher sind Bestellmasken im Internet ebenfalls Bestellscheine i.S.d. Abs. 3.[51]

---

[43] Zutr. *Bohnenkamp* NZG 2007, 292 (294).
[44] Fn 1, 4.
[45] MünchKommHGB/*Krebs* Rn 5.
[46] Baumbach/*Hopt* Rn 4; Röhricht/v. Westphalen/*Ammon/Ries* Rn 13; Ebenroth/Boujong/Joost/Strohn/*Hillmann* Rn 8; MünchKommHGB/*Krebs* Rn 5; Baumbach/Hueck/Zöllner/Noack § 35a GmbHG Rn 17; Scholz/U. H. *Schneider* GmbHG § 35a Rn 4; Lutter/Hommelhoff GmbHG § 35a Rn 3; *Hüffer* AktG § 80 Rn 2.

[47] Baumbach/*Hopt* Rn 4; MünchKommHGB/*Krebs* Rn 5; Ebenroth/Boujong/Joost/Strohn/*Hillmann* Rn 7.
[48] MünchKommHGB/*Krebs* Rn 5.
[49] S.o. Fn 1, 4.
[50] **AA** GKzHGB/*Steitz* Rn 3.
[51] MünchKommHGB/*Krebs* Rn 11; GKzHGB/*Steitz* Rn 3; *Roth/Groß* K & R 2002, 127 (128 f); MünchKommHGB/*K. Schmidt* § 125a Rn 5.

III. Ausnahme von der Angabepflicht nach Abs. 2

14 Eine Ausnahme von der Angabepflicht auf Geschäftsbriefen enthält § 37a Abs. 2. Sie soll in Fällen eines geringen Informationsbedürfnisses den Aufwand verringern und die Übersichtlichkeit von Formularen erhöhen.[52] Diese Ausnahme ist bei Kapitalgesellschaften europarechtlich bedenklich, weil sie in Art. 4 der ersten gesellschaftsrechtlichen Richtlinie und der EU-Publizitätsrichtlinie[53] nicht enthalten ist.[54] Im Blick hierauf und auf die gebotene einheitliche Auslegung von § 37a und seiner Parallelnormen (Rn 3 a.E.) ist Abs. 2 eng auszulegen, zumal die Größe des Informationsbedürfnisses vom Einzelfall abhängt, der Aufwand, der Angabepflicht zu genügen, gering ist und die Übersichtlichkeit von Formularen zu wahren, nicht Aufgabe des Rechts, sondern des Designs ist. Damit die Ausnahme eingreift, müssen folgende vier Voraussetzungen kumulativ erfüllt sein:

15 1. *Mitteilung oder Bericht.* Der Geschäftsbrief darf nur eine bloße Mitteilung oder einen Bericht enthalten, d.h. bloßen Informationscharakter haben.[55] Hierher gehören bspw. Lieferscheine, Versandanzeigen, Abholbenachrichtigungen usw. Rechtsgeschäftliche Erklärungen (z.B. Vertragsangebot oder -annahme, Kündigung) fallen dagegen nicht unter den Ausnahmetatbestand.[56] Auch das ist unstreitig. Streitig ist jedoch die Abgrenzung im Einzelnen. So sollen Rechnungen und Mahnungen trotz ihrer Rechtswirkungen ebenfalls unter Abs. 2 fallen.[57] Dem ist auch im Blick auf die gebotene enge Auslegung (Rn 14) zu widersprechen.[58] Immer schon dann, wenn ein Geschäftsbrief Rechtswirkungen herbeiführt, auf Rechtswirkungen zielt oder Rechtswirkungen bei Hinzutreten weiterer Umstände entfalten kann, handelt es sich nicht um eine bloße Mitteilung. Das ergibt sich auch daraus, dass selbst Bestellscheine der Angabepflicht unterfallen (Rn 13, 18), obwohl sie selbst keinerlei Rechtswirkungen entfalten, sondern Rechtswirkungen erst dann herbeigeführt werden, wenn der Empfänger den Bestellschein ausfüllt, absendet und dieser schließlich dem Einzelkaufmann zugeht. Selbst Abholbenachrichtigungen können daher von dem Anwendungsbereich des Abs. 2 ausgenommen sein, wenn nämlich zuvor vereinbart wurde, dass bei Nichtabholung binnen einer gewissen Frist bestimmte Rechtsfolgen eintreten.

16 2. *Üblicherweise in Vordruckform.* Mit Vordrucken sind Formulare gemeint, die in einer Vielzahl gleichartiger Fälle verwendet werden und nur insoweit auf den konkreten Empfänger zugeschnittene Information enthalten, als sie von dem Absender ausgefüllt werden (z.B. über den Gegenstand der Lieferung oder Leistung, den Liefertermin oder den Preis).[59] Das Kriterium der Üblichkeit ist als Branchenüblichkeit zu verstehen und soll eine eigenmächtige Ausdehnung des Ausnahmetatbestands verhin-

---

[52] MünchKommHGB/*Krebs* Rn 10.
[53] S.o. Fn 1, 4.
[54] MünchKommHGB/*Krebs* Rn 10; vgl. *Hüffer* AktG § 80 Rn 6.
[55] MünchKommHGB/*Krebs* Rn 10; Röhricht/v. Westphalen/*Ammon/Ries* Rn 20; Ebenroth/Boujong/Joost/Strohn/*Hillmann* Rn 9.
[56] Ebenroth/Boujong/Joost/Strohn/*Hillmann* Rn 9; MünchKommHGB/*Krebs* Rn 10; Röhricht/v. Westphalen/*Ammon/Ries* Rn 20; Ebenroth/Boujong/Joost/Strohn/*Hillmann* Rn 9.
[57] Röhricht/v. Westphalen/*Ammon/Ries* Rn 20; Baumbach/Hueck/*Zöllner/Noack* GmbHG § 35a Rn 19; Scholz/*U.H. Schneider* GmbHG § 35a Rn 18; Roth/*Altmeppen* GmbHG § 35a Rn 5; KölnKommAktG/*Mertens* § 80 Rn 11; *Hüffer* AktG § 80 Rn 5.
[58] MünchKommHGB/*Krebs* Rn 10.
[59] Röhricht/v. Westphalen/*Ammon/Ries* Rn 20; Baumbach/*Hopt* Rn 5; Scholz/*U. H. Schneider* GmbHG § 35a Rn 18; Lutter/Hommelhoff GmbHG § 35a Rn 3.

dern.[60] Wer also unüblicherweise einen Vordruck verwendet, wird nicht privilegiert. Ebenso wenig wird freilich privilegiert, wer statt ein übliches Formular zu verwenden einen individuellen Geschäftsbrief schreibt, da dann die Rechtfertigungsgründe für die Pflichtenreduzierung nicht gegeben sind und der Absender damit gleichsam auf sie verzichtet hat.[61]

3. Bestehende Geschäftsverbindung. Schließlich setzt der Ausnahmetatbestand des Abs. 2 voraus, dass bereits eine Geschäftsbeziehung zwischen dem Einzelkaufmann und dem Empfänger der vorgedruckten Mitteilung besteht. Dabei muss es sich nicht um eine ständige oder auf Dauer angelegte Geschäftsbeziehung handeln.[62] Ausreichend ist ein geschäftlicher Kontakt.[63] Erforderlich ist dreierlei, nämlich erstens, dass der Einzelkaufmann die Pflichtangaben gegenüber dem Empfänger bereits gemacht hat, dies zweitens zeitlich nicht allzu lange zurückliegt (nicht mehr als ein Jahr) und sich die Angaben drittens seither nicht verändert haben.[64] **17**

4. Kein Bestellschein. Selbst wenn die vorstehenden Voraussetzungen (Rn 15–17) erfüllt sind, besteht gem. § 37a Abs. 3 S. 2 keine Ausnahme von der Angabepflicht, wenn es sich bei der Mitteilung um einen Bestellschein (Rn 13) handelt. **18**

C. Rechtsfolge: Angabepflicht

Sind die Voraussetzungen des § 37a Abs. 1 und 3 erfüllt und liegt keine Ausnahme nach Abs. 2 vor, so hat ein Einzelkaufmann auf Geschäftsbriefen und Bestellscheinen folgende Pflichtangaben zu machen:[65] **19**

I. Firma mit Rechtsformzusatz

Erforderlich ist die Angabe der vollständigen Firma des Einzelkaufmanns einschließlich des Rechtsformzusatzes nach § 19 Abs. 1 Nr. 1 (dazu § 19 Rn 6 ff). Die Verwendung einer Firmenkurzform allein ist nicht zulässig (s. auch Rn 24). Zur Firmierung **20**

---

[60] MünchKommHGB/*Krebs* Rn 10; *Hüffer* AktG § 80 Rn 5; Ulmer/Habersack/Winter/*Paefgen* GmbHG § 35a Rn 7; Rowedder/Schmidt-Leithoff/*Koppensteiner* GmbHG § 35a Rn 12; Baumbach/Hueck/Zöllner/*Noack* GmbHG § 35a Rn 19.
[61] MünchKommHGB/*Krebs* Rn 10.
[62] Ebenroth/Boujong/Joost/Strohn/*Hillmann* Rn 10; K. Schmidt/Lutter/*Seibt* AktG § 80 Rn 9 betont, dass keine Voraussetzung das vorherige Zustandekommen eines Rechtsgeschäftes ist; so auch MünchKommAktG/*Hefermehl*/*Spindler* § 80 Rn 17; sowie Ulmer/Habersack/Winter/*Paefgen* GmbHG § 35a Rn 7.
[63] GKzHGB/*Steitz* Rn 4; vgl. *Hüffer* AktG § 80 Rn 5, der die einmalige Verwendung eines Geschäftsbriefs in Vordruckform für ausreichend hält; ebenso Ulmer/Habersack/Winter/*Paefgen* GmbHG § 35a Rn 7; sowie KölnKommAktG/*Mertens* § 80 Rn 10.
[64] Methodisch zu Unrecht kritisch MünchKommHGB/*Krebs* Rn 10; vgl. zu diesen Vorgaben Röhricht/v. Westphalen/*Ammon*/*Ries* Rn 20; Rowedder/Schmidt-Leithoff/*Koppensteiner* GmbHG § 35a Rn 13; aA hinsichtlich der zeitlichen Nähe Baumbach/*Hopt* Rn 5; die Notwendigkeit einer vorherigen Korrespondenz ablehnend K. Schmidt/Lutter/*Seibt* AktG § 80 Rn 9 mwN; letztere bejahend MünchKommAktG/*Hefermehl*/*Spindler* § 80 Rn 17 mwN.
[65] Zur Frage, ob der Angabepflicht bei E-Mails eine Verlinkung genügt wird: bejahend *Leuering*/*Rubel* NJW-Spezial 2008, 4; *Glaus*/*Gabel* BB 2001, 1744 (1746 f); dagegen zutr. verneinend *Hoeren*/*Pfaff* MMR 2007, 207 (208 f); *Wild* DuD 2007, 374.

juristischer Personen i.S.d. § 33 Abs. 1 und den von ihnen zu verwendenden Rechtsformzusätzen s. dort Rn 21 ff. Zur Angabe einer ggf. abweichenden Zweigniederlassungsfirma Rn 27 ff.

II. Ort der Handelsniederlassung

21   Anzugeben ist ferner der Ort der Handelsniederlassung des Einzelkaufmanns (also z.B. Frankfurt). Die Angabe einer ladungsfähigen Anschrift (§§ 29, 31 n.F., § 15b Abs. 1 S. 1 GewO a.F., § 5 Abs. 1 Nr. 1 TMG) ist hingegen bedauerlicherweise bisher (Rn 5a) nicht erforderlich.[66] Ort der Handelsniederlassung meint bei Einzelkaufleuten den Ort der Hauptniederlassung (§ 29 Rn 10). Das ist der Ort, an dem auf Dauer die Geschäftsleitung als der Schwerpunkt unternehmerischer Tätigkeit eingerichtet ist. Bei juristischen Personen i.S.d. § 33 ist dagegen der satzungsmäßige Sitz anzugeben.[67] Das gilt nur dann nicht, wenn der Satzungssitz und der Ort der Niederlassung auseinander fallen (§ 33 Rn 28); dann ist der Ort der Hauptniederlassung anzugeben. Die Angabe des Ortes bei der Angabe des Datums des Geschäftsbriefes reicht nicht aus.[68]

III. Registergericht und Nummer

22   Anzugeben ist ferner das zuständige Registergericht und die Nummer, unter der die Firma in das Handelsregister eingetragen ist. Nach § 13 in der Fassung des EHUG[69] ist das Gericht der Hauptniederlassung nunmehr auch für Zweigniederlassungen zuständig.[70] Hinsichtlich der Angabe des Registergerichts und der Nummer sind übliche Abkürzungen (also z.B. „AG Frankfurt a.M. HRA 123") zulässig.

IV. Weitere Angaben

23   **1. Einzelkaufleute.** Wenn ein Istkaufmann (noch) nicht in das Handelsregister eingetragen ist, kann er keine Registernummer angeben. Stattdessen hatte er bisher gem. § 15b Abs. 1 S. 1 GewO a.F. seinen Familiennamen mit mindestens einem ausgeschriebenen Vornamen anzugeben, s. Rn 5a.[71]

24   Weitere Angaben können, müssen aber von Gesetzes wegen nicht auf Geschäftsbriefen gemacht werden.[72] Insbes. muss der bürgerliche Name des Einzelkaufmanns nicht angegeben werden, wenn er seiner Eintragungspflicht (§ 29) genügt hat (Rn 4, 9). Soweit

---

[66] AA offenbar *Wild* DuD 2007, 374 (379).
[67] Röhricht/v. Westphalen/*Ammon/Ries* Rn 16.
[68] Scholz/*U. H. Schneider* GmbHG § 35a Rn 11; Ulmer/Habersack/Winter/*Paefgen* GmbHG § 35a Rn 12; Rowedder/Schmidt-Leithoff/*Koppensteiner* GmbHG § 35a Rn 8; Baumbach/Hueck/Zöllner/*Noack* GmbHG § 35a Rn 5; a.M. *Kreplin* BB 1969, 1113.
[69] BGBl. I S. 2553, 2555 f.
[70] Aus diesem Grunde wurden zum 1.1.2007 beim Gericht der Zweigniederlassung die für diese geführten Registerblätter mit einem entsprechenden Vermerk von Amts wegen geschlossen und zugleich beim Gericht der Hauptniederlassung oder des Sitzes der Verweis auf die Eintragung beim Gericht am Ort der Zweigniederlassung von Amts wegen gelöscht, BGBl. I S. 2553, 2562 f.
[71] MünchKommHGB/*Krebs* Rn 9; Röhricht/v. Westphalen/*Ammon/Ries* Rn 7; so schon *W. H. Roth* in: Lieb (Hrsg.), Die Reform des Handelsstandes und der Personengesellschaft, 1999, S. 39 f mit Vorschlägen.
[72] Zu möglichen fakultativen Angaben s. etwa Scholz/*U. H. Schneider* GmbHG § 35a Rn 16.

fakultative Angaben gemacht werden, dürfen sie die Pflichtangaben weder verdrängen noch ihren Informationsgehalt beeinträchtigen. Wird neben der Firma ein Firmenschlagwort oder eine Firmenabkürzung verwendet, darf die Gestaltung des Geschäftsbriefs daher keinen Zweifel daran aufkommen lassen, was die Firma im Rechtssinne ist[73], usw.

2. Juristische Personen i.S.d. § 33 Abs. 1. Auch bei juristischen Personen i.S.d. § 33 Abs. 1 sind nach dem Wortlaut des Gesetzes (§ 33 Abs. 4) lediglich die nach § 37a Abs. 1 (Rn 20–22) erforderlichen Angaben vorgeschrieben. Insbes. ist anders als nach §§ 80 Abs. 1 S. 1, Abs. 4 AktG, 35a Abs. 1 S. 1, Abs. 4 GmbHG, 25a GenG, 34 S. 1, 156 Abs. 2 VAG, 43 SEAG, 25 SCEAG, 15b Abs. 2 und 3 GewO a.F. für Kapitalgesellschaften, Genossenschaften und ausländische juristische Personen die Angabe der Namen der Vorstandsmitglieder, Geschäftsführer bzw. gesetzlichen Vertreter nicht vorgesehen. Dieses Fehl ist nicht sachgerecht. Insbes. kann es nicht mit der – vorgeblichen (§ 33 Rn 3) – Gleichstellung von juristischen Personen i.S.d. § 33 Abs. 1 und Einzelkaufleuten gerechtfertigt werden. Vielmehr wollte das ERJuKoG ausweislich der Gesetzesbegründung mit der Änderung von § 33 Abs. 2 hinsichtlich der Anmeldung und Eintragung der Vertretungsmacht von Vorstandsmitgliedern (u.a.) eine Angleichung an die Rechtslage bei Kapitalgesellschaften und mit der Anfügung von § 33 Abs. 4 eine Lücke schließen.[74] Dieser Gesetzeszweck wurde jedoch durch den (bloßen) Verweis auf § 37a nur unvollkommen erreicht, ohne dass Anhaltspunkte für eine bewusste Lücke vorliegen. Angesichts der Vergleichbarkeit der Sachverhalte ist daher in Gesamtanalogie zu den vorgenannten Vorschriften zu fordern, dass juristische Personen i.S.d. § 33 Abs. 1 auf Geschäftsbriefen auch die Mitglieder des Vorstands im Sinne dieser Vorschrift (§ 33 Rn 19) mit ihrem Familiennamen und mindestens einem ausgeschriebenen Vornamen anzugeben haben.[75] Daneben u.U. bestellte Geschäftsführer sind dagegen, wenn sie nicht Mitglied des Vorstands sind, nicht anzugeben.[76] Ist der Vorstand in der Satzung anders bezeichnet (z.B. als „Direktorium") ist der Klarheit halber bspw. zu formulieren: „Direktorium (Vorstand i.S.d. Gesetzes): Ansgar Albrecht (Vorsitzender), Bernd Bunde, Carl Carsten".

Zudem ist entsprechend §§ 80 Abs. 1 S. 1, Abs. 4 AktG, 35a Abs. 1 S. 1, Abs. 4 GmbHG, 25a GenG, 34 S. 1, 156 Abs. 2 VAG, 43 Abs. 1 SEAG, 25 SCEAG, wenn die juristische Person einen Aufsichtsrat und dieser einen Vorsitzenden hat, der Vorsitzende des Aufsichtsrats mit Familiennamen und mindestens einem ausgeschriebenen Vornamen anzugeben.[77] Aufsichtsrat im Sinne der vorgenannten Vorschriften ist ein (von der Mitgliedergesamtheit bzw. – wie zumeist ungenau formuliert wird – der „Mitgliederversammlung" verschiedenes) Organ, dem zumindest die Überwachung und Beratung des Vorstands als Aufgabe zugewiesen ist.[78] Trägt dieses Organ eine andere Bezeichnung (z.B. Kuratorium oder Verwaltungsrat), so sind wiederum (Rn 25 a.E.) beide Bezeichnungen anzugeben (also z.B. „Vorsitzender des Kuratoriums (Aufsichtsrat i.S.d. Gesetzes): Dieter Dorn").

3. Zweigniederlassungen. Welche möglicherweise abweichenden oder zusätzlichen Angaben in Geschäftsbriefen zu machen sind, die von einer Zweigniederlassung ausgehen, ist in § 37a nicht geregelt und wird unterschiedlich beurteilt.

---

[73] Vgl. Röhricht/v. Westphalen/*Ammon/Ries* Rn 15.
[74] BT-Drucks. 14/6855.
[75] Ebenso *Bohnenkamp* NZG 2007, 292 (294).
[76] *Bohnenkamp* NZG 2007, 292 (294).
[77] Ebenso *Bohnenkamp* NZG 2007, 292 (294).
[78] *Burgard* in Krieger/U. H. Schneider (Hrsg.), Handbuch Managerhaftung, 2007, § 6 Rn 109; Scholz/*U. H. Schneider* GmbHG § 52 Rn 52 mwN.

28 **a) Zweigniederlassung eines Einzelkaufmanns mit Hauptniederlassung in Deutschland.** Nachdem § 37a keine besondere Regelung im Blick auf Geschäftsbriefe von Zweigniederlassungen enthält, liegt der Schluss nahe, dass keine Besonderheiten gelten, also lediglich die in Rn 20–22 genannten Angaben zu machen sind. **Meinungsstand:** Das entspricht der wohl allgemeinen Meinung im Kapitalgesellschaftsrecht, die zur Begründung auch auf § 17 ZPO verweist.[79] Demgegenüber verlangt die herrschende Meinung zu § 37a, dass Zweigniederlassungen ihre ggf. von der Hauptniederlassung abweichende Firma[80] und den Ort der Zweigniederlassung[81] anzugeben haben. Begründet wird dies u.a. mit § 21 ZPO. Die Angabe der Firma und des Ortes der Hauptniederlassung sei daneben fakultativ möglich. Schließlich halten manche in den Fällen der §§ 37a, 125a die Angabe beider Orte (und daher ggf. wohl auch beider Firmen) für verpflichtend.[82] **Stellungnahme:** Dieser zuletzt genannten Ansicht ist zuzustimmen. Einerseits genügen die Angaben über die Zweigniederlassung alleine schon wegen des Wortlauts von § 37a Abs. 1 nicht. Die Angaben des Unternehmensträgers dürfen nicht unterschlagen werden. Andererseits bedarf es der Angaben über die Zweigniederlassung im Interesse des Rechtsverkehrs wegen ihrer organisatorischen Selbständigkeit (u.U. eigene Firma [vgl. Vor § 17 Rn 44 ff], eigner Ort, eigene Vertretungsverhältnisse [§§ 50 Abs. 3, 126 Abs. 3], zusätzlicher Gerichtsstand [§ 21 ZPO] und früher auch eigenes Registergericht [§ 13 a.F.]). Gestützt wird diese Ansicht nunmehr auch durch §§ 35a Abs. 4 GmbHG, 80 Abs. 4 AktG in der Neufassung des MoMiG.[83]

29 **b) Zweigniederlassung eines Einzelkaufmanns mit Hauptniederlassung im Ausland.** **Meinungsstand:** Bei der Zweigniederlassung eines ausländischen Einzelkaufmannes waren nach bislang herrschender Meinung zu § 37a (analog) allein die die Zweigniederlassung betreffenden Angaben erforderliche, weil die Hauptniederlassung nicht in ein deutsches Handelsregister eingetragen und daher die Zweigniederlassung die deutsche Hauptniederlassung sei.[84] Nach herrschender Meinung zu §§ 35a Abs. 4 GmbHG, 80 Abs. 4 AktG waren dagegen die nach Abs. 1 bis 3 dieser Vorschriften erforderlichen Angaben nicht nur hinsichtlich der deutschen Zweigniederlassung, sondern auch hinsichtlich der im Ausland belegenen Gesellschaft zu machen.[85] Dies stellt die Neufassung dieser Vorschriften durch das MoMiG nunmehr im Interesse der Transparenz und des Gläubigerschutzes[86] ausdrücklich klar. Im Interesse eines einheitlichen Informationsstandards, den das Handelsrechtsreformgesetz angestrebt hat (Rn 2) und das MoMiG gewiss nicht aufgeben wollte, ist daher auch im Rahmen des § 37a (analog) von einer doppelten Angabepflicht auszugehen. Dafür sprechen auch die Erwägungen der Rn 28.

---

[79] Scholz/*U. H. Schneider* GmbHG § 35a Rn 11 mwN; K. Schmidt/Lutter/*Seibt* AktG § 80 Rn 2; *Hüffer* AktG § 80 Rn 3; KölnKomm-AktG/*Mertens* § 80 Rn 5; GroßKomm-AktG/*Habersack* § 80 Rn 13; MünchKomm-AktG/*Hefermehl/Spindler* § 80 Rn 6.
[80] Baumbach/*Hopt* Rn 3; MünchKommHGB/*Krebs* Rn 7.
[81] MünchKommHGB/*Krebs* Rn 7; Röhricht/v. Westphalen/*Ammon/Ries* Rn 16.
[82] Baumbach/*Hopt* Rn 3, § 125a Rn 5.
[83] Gesetz zur Modernisierung des GmbH-Rechts und zur Bekämpfung von Missbräuchen vom 23.10.2008, BGBl. I, 2026, 2029, 2035, und dazu Begr. RegE BT-Drucks. 16/6140, S. 43.
[84] Röhricht/v. Westphalen/*Ammon/Ries* Rn 8.
[85] Scholz/*U. H. Schneider* GmbHG § 35a Rn 24; Roth/*Altmeppen* GmbHG § 35a Rn 6; Michalski/*Lenz* GmbHG § 35a Rn 15; Ulmer/Habersack/Winter/*Paefgen* GmbHG § 35a Rn 51; **aA** Baumbach/Hueck/*Zöllner/Noack* GmbHG § 35a GmbHG Rn 10.
[86] Begr. RegE BT-Drucks. 16/6140, S. 43, 49; so auch Scholz/*U.H. Schneider* GmbHG § 35a Rn 24.

Neben den Angaben über die deutsche Zweigniederlassung (Firma mit Rechts- **30** formzusatz, Ort, Registergericht, Registernummer) sind daher folgende Angaben in deutscher Sprache[87] zu machen, soweit das ausländische Recht zu keinen Abweichungen nötigt:

- Die vollständige ausländische Firma des Einzelkaufmanns einschließlich des Rechtsformzusatzes. Firma und Rechtsformzusatz[88] sind nicht zu übersetzen, wohl aber in lateinischen Buchstaben wiederzugeben. Sieht das ausländische Recht keinen Rechtsformzusatz vor, ist auch kein Rechtsformzusatz anzugeben, und zwar auch nicht der nach § 19 Abs. 1 Nr. 1, da dies vor dem Hintergrund des ausländischen Rechts irreführend sein könnte. Zulässig sind aber in jedem Fall erläuternde Klammerzusätze (z.B. Einzelkaufmann niederländischen Rechts für den Eenmanszaak, gem. Art. 3 Handelsregisterwet 1996).
- Der Ort der ausländischen Hauptniederlassung.
- Das Registergericht und die Nummer des Registereintrags. Wird das Register nicht von einem Gericht, sondern einer anderen Institution geführt, so ist diese anzugeben. Ist der Einzelkaufmann nach ausländischem Recht nicht einzutragen, sind diese Angaben nicht zu machen.

c) **Zweigniederlassung einer juristischen Person i.S.d. § 33 Abs. 1 mit Sitz im Aus-** **31** **land.** Für die Anmeldung und Eintragung einer juristischen Person i.S.d. § 33 Abs. 1 mit Sitz im Ausland gelten die §§ 13d ff (§ 33 Rn 5 f). Für Geschäftsbriefe der Zweigniederlassung einer Kapitalgesellschaft mit Sitz im Ausland sind die §§ 80 Abs. 4 AktG, 35a Abs. 4 GmbHG leges speciales. Für Geschäftsbriefe der Zweigniederlassung einer anderen juristischen Person mit Sitz im Ausland bleibt es hingegen bei der Anwendung des § 33 Abs. 4 i.V.m. § 37a, soweit das ausländische Recht nicht zu Abweichungen nötigt (vgl. Rn 30). Entsprechend den vorstehenden Erwägungen (Rn 28 ff) sind die danach erforderlichen Angaben (also insbes. Firma mit Rechtsformzusatz, Ort, Registergericht, Registernummer) sowohl für die ausländische juristische Person als auch für die deutsche Zweigniederlassung zu machen. Darüber hinaus fand bisher § 15b Abs. 2 GewO a.F. Anwendung; denn § 15b GewO a.F. enthielt keine abschließende, sondern wie (u.a.) im Blick auf nicht eingetragene Istkaufleute (vgl. Rn 23) anerkannt war, eine die handelsrechtlichen Vorschriften ergänzende Regelung.[89] Danach waren neben dem Ort auch der Staat des satzungsmäßigen Sitzes der ausländischen juristischen Person und ihre ladungsfähige Anschrift anzugeben. Klargestellt (Rn 25) wurde ferner, dass die gesetzlichen Vertreter der juristischen Person mit dem Familiennamen und mindestens einem ausgeschriebenen Vornamen anzugeben sind. Besteht ein Aufsichtsrat mit Vorsitzenden, ist auch dessen Name anzugeben (Rn 26).

---

[87] Begr. RegE BT-Drucks. 16/6140, S. 43.
[88] LG Göttingen ZIP 2005, 2019 (zur private limited company); Scholz/*U. H. Schneider* GmbHG § 35a Rn 25; Michalski/*Lenz* GmbHG § 35a Rn 15; Roth/*Altmeppen* GmbHG § 35a Rn 6; aA Baumbach/ Hueck/Zöllner/*Noack* GmbHG § 35a Rn 10.
[89] MünchKommHGB/*Krebs* Rn 4; Landmann/ Rohmer/*Marcks* Gewerbeordnung und ergänzende Vorschriften, Band I, Gewerbeordnung, Stand 1.11.2007, § 15b Rn 3 mwN.

D. Durchsetzung

I. Registerrechtlich, Abs. 4

32 Wer der Angabepflicht nach § 37a Abs. 1 und 3 nicht, nicht vollständig oder nicht richtig nachkommt, ist hierzu gem. § 37a Abs. 4 von dem Registergericht durch Festsetzung von Zwangsgeld anzuhalten, wobei das einzelne Zwangsgeld gem. § 14 S. 2 den Betrag von 5.000,– € nicht übersteigen darf. Das Registergericht erfährt freilich nur ausnahmsweise von solchen Verstößen, weswegen diese Sanktion ineffektiv ist.

II. Zivilrechtlich

33 § 37a ist keine Formvorschrift. Verstöße führen daher nicht zur Nichtigkeit gem. § 125 BGB.[90] Ob wegen fehlender oder falscher Angaben eine Anfechtung nach §§ 119, 123 BGB möglich ist, hängt davon ab, ob die Voraussetzungen dieser Normen erfüllt sind.[91] Fehlende oder falsche Angaben im Rahmen einer Sonderverbindung (z.B. Vertrag, vorvertragliches Schuldverhältnis i.S.d. § 311 Abs. 2 BGB oder wettbewerbliches Abmahnverhältnis) können als Verstoß gegen die Pflicht zur Rücksichtnahme eine Haftung nach § 280 Abs. 1 BGB auslösen.[92] Überdies ist § 37a nach zutreffender hM Schutzgesetz i.S.d. § 823 Abs. 2 BGB.[93] Denkbar ist auch eine Versagung der Einrede der Verjährung wegen Verstoßes gegen den Grundsatz von Treu und Glauben (§ 242 BGB).[94] Schließlich können falsche Angaben – und zwar einerlei, ob es sich um Pflichtangaben oder freiwillige Angaben handelt – Rechtsscheinwirkungen zugunsten des gutgläubigen Geschäftsverkehrs auslösen.[95]

III. Wettbewerbsrechtlich

34 Nicht abschließend geklärt ist die Frage, ob falsche oder fehlende Angaben auf Geschäftsbriefen einen Verstoß gegen § 4 Nr. 11 UWG darstellen.[96] Dafür spricht grundsätzlich, dass § 37a keine bloße Ordnungsvorschrift ist und die Transparenz der

---

[90] Baumbach/*Hopt* Rn 8; Ebenroth/Boujong/Joost/Strohn/*Hillmann* Rn 12; MünchKommHGB/*Krebs* Rn 12; Lutter/Hommelhoff GmbHG § 35a Rn 6; MünchKommAktG/*Hefermehl/Spindler* § 80 Rn 25 mwN.

[91] MünchKommHGB/*Krebs* Rn 12; vgl. LG Detmold WM 1990, 1872 zu § 35a GmbHG; Rowedder/Schmidt-Leithoff/*Koppensteiner* GmbHG § 35a Rn 10; MünchKommAktG/*Hefermehl/Spindler* § 80 Rn 25.

[92] LG Frankfurt a.M. NJW-RR 2001, 1425; MünchKommHGB/*Krebs* Rn 9; Scholz/U. H. Schneider GmbHG § 35a Rn 26; Roth/Altmeppen GmbHG § 35a Rn 8; MünchKommAktG/*Hefermehl/Spindler* § 80 Rn 25 mwN.

[93] LG Detmold GmbHR 1991, 23 (zu § 35a Abs. 1 S. 2 GmbHG); Röhricht/v. Westphalen/*Ammon/Ries* Rn 23; Staub/*Habersack* 4. Aufl. § 125a Rn 19; Baumbach/Hueck/Zöllner/Noack GmbHG § 35a Rn 20; Scholz/U. H. Schneider GmbHG § 35a Rn 26; Ulmer/Habersack/Winter/*Paefgen* GmbHG § 35a Rn 25; Rowedder/Schmidt-Leithoff/*Koppensteiner* GmbHG § 35a Rn 10; MünchKommAktG/*Hefermehl/Spindler* § 80 Rn 25 aA MünchKommHGB/*Krebs* Rn 9; Baumbach/ Hopt Rn 8.

[94] LG Frankfurt a.M. NJW-RR 2001, 1425; Scholz/U. H. Schneider GmbHG § 35a Rn 26 mwN; Baumbach/Hueck/Zöllner/Noack GmbHG § 35a Rn 20.

[95] LG Heidelberg GmbHR 1997, 446 (zur GmbH); MünchKommHGB/*Krebs* Rn 12 a.E.; Scholz/U. H. Schneider GmbHG § 35a Rn 26; MünchKommAktG/*Hefermehl/Spindler* § 80 Rn 25.

[96] Näher Maaßen/Orlikowski-Wolf BB 2007, 561 (563 ff); Hoeren WM 2004, 2461 (2467 ff), jeweils mwN.

Identität des Absenders Bedeutung für den Wettbewerb haben kann. Letzteres ist freilich vom Einzelfall abhängig.[97] Ein Wettbewerbsverstoß liegt nur vor, wenn die Bagatellgrenze des § 3 UWG überschritten ist.

§§ 38 bis 47b

(weggefallen)

---

[97] S. dazu aus der Rspr. BGH MMR 2007, 40 (Anbieterkennzeichnung im Internet); OLG Koblenz MMR 2006, 624, 625 (Nichtangabe der zuständigen Aufsichtsbehörde nur Bagatellverstoß); LG Bonn Urt. v. 22.6.2006 Az. 14 O 50/06; OLG Düsseldorf GRUR-RR 2004, 24; OLG Stuttgart GRUR-RR 2003, 248 (249); LG Hamburg MMR 2001, 546 (Telediensteangebot eines Rechtsanwalts); LG Berlin CR 2003 139 f (Pflicht zur Anbieterkennzeichnung); LG Düsseldorf CR 2003, 380 f (Verstoß gegen Impressumspflicht auf Website); LG Frankfurt a.M. GRUR-RR 2003, 347 f (Ausländisches Register); LG Hamburg VuR 2002, 418; OLG Hamburg MMR 2003, 105; OLG Hamm MMR 2003, 410 ff (Anbieterkennzeichnung); BGH GRUR 2000, 1076, 1079 (Abgasemissionen); LG Berlin WM 1991, 1615 (1616); KG DB 1991, 1510; BGH GRUR 1989, 830 ff (Impressumspflicht); LG Berlin WM 1991, 1615 f; BGH GRUR 1973, 655 (657); BGH GRUR 1973, 655, 657 (Möbelauszeichnung).

Sachregister

Die fetten Zahlen verweisen auf die Paragraphen, Vor = Vorbemerkung, die mageren Zahlen verweisen auf die Randnummern

Abdingbarkeit der Haftung 28 45 f
abstrakter Verkehrsschutz 15 19
abstrakter Vertrauensschutz 11 19 15 23
abweichende Vereinbarung 25 123 ff
    anderweitige Kenntniserlangung 25 141
    Eintragung und Bekanntmachung 25 130, 142
    falsche Kundmachung 25 141
    Mitteilung 25 132
    Notariatspraxis 25 138
    Rechtsfolgen der Kundmachung 25 143
    Rechtzeitigkeit von Eintragung, Bekanntmachung oder Mitteilung 25 133 ff
    Verzögerungen bei Anmeldung 25 137
    Wirksamkeit gegenüber Dritten 25 129, 140
    zuständiges Gericht für Eintragung 25 131
abweichende Vereinbarungen 28 45
    Ausschluss persönlicher Haftung 28 48
    Voraussetzungen und Rechtsfolgen 28 47 ff
AGB-rechtliche Verbandsklage Einl 52
Aktiengesellschaft, ausländische 13e 1 ff
    gleichgestellte Gesellschaftstypen 13e 10
    Gleichstellung mit Kaufmann 6 7, 24
    Nachweis der Konzessionserteilung 7 7
    vergleichbare Gesellschaftsformen 13e 11
    Zweigniederlassung 13 5
Aktienrechtsreform 1937 20 1
Allgemeine deutsche Wechselordnung Einl 4
Allgemeines Deutsches Handelsgesetzbuch Einl 5, 20
    Einteilung Einl 6
    Eintragungs- und Bekanntmachungsregelungen 15 4
Altfirma der AG und KGaA 20 2
    firmenrechtliche Zulässigkeit Einl 39
Altforderungen Einziehung durch Gesellschaft 28 15
    Schuldnerschutz 28 44
–, widerlegliche gesetzliche Vermutung des Übergangs 28 14
Altgläubiger Haftung des Gesellschaftsvermögens 28 13
–, haftungs- und vollstreckungsrechtliche Benachteiligung 28 8, 11
–, Zufallsgeschenke an die 27 13

Altgläubigerschutz 27 18
    Bestehen eines Geschäfts 28 31
    Einbringung eines Geschäfts 28 34
    Einzelkaufmann und Eintretender 28 36
    Entstehung einer Gesellschaft 28 26
    Fortführung des Geschäfts 28 35
Altunternehmer Beteiligung am neuen Unternehmensträger 25 41
    Verlust der Unternehmensträgerschaft 25 41
Altverbindlichkeiten 28 1
    Abdingbarkeit der Haftung 28 45 f
    betriebliche Altersversorgung 28 60
–, dispositive gesetzliche Haftung für 28 14
    Erfüllung durch Gesellschaft 28 15
    Fälligkeit nach Ablauf Fünfjahresfrist 26 43
    Forthaftung 28 40
    Haftung beitretender Gesellschafter 28 41
    Haftung der Gesellschaft 28 39, 56
Amtshaftungsansprüche falsche Bekanntmachung 15 115
Amtslöschung 37 49
Amtslöschungsverfahren 8 133 12 23 14 10 f
– als milderes Mittel 14 11
Amtssprache der EU-Mitgliedstaaten 11 6 f
Amtssprachen der EU 11 7
Androhungsverfügung 14 18 37 39 ff
    Beschwerdeverfahren 37 43, 46
–, Einspruch gegen 14 19
    Einspruchsverfahren 37 42
    Festsetzung Ordnungsgeld 37 45
    funktionale Zuständigkeit 37 39
    Kosten des Verfahrens 37 45
    Ordnungsgeld 37 45
    Rechtsmittel des Einspruchs 37 41
    Vollstreckung des Ordnungsgeldes 37 47
Angabepflicht auf Geschäftsbriefen 33 56
    Aufsichtsratsvorsitzender 37a 25
    Ausnahme 37a 14
– für Einzelkaufleute 37a 23 f
    Firma mit Rechtsformzusatz 37a 20
– für juristische Personen 37a 25
    Ort der Handelsniederlassung 37a 21

Registergericht und Nummer 37a 22
registerrechtliche Durchsetzung 37a 33
Vorstandsmitglieder 37a 25
Wettbewerbsrecht 37a 35
zivilrechtliche Durchsetzung 37a 34
Zweigniederlassung eines Einzelkaufmanns 37a 28 ff
Zweigniederlassung einer juristischen Person 37a 31
Anmeldepflicht 8 35 ff 12 17 29 1
  Änderungen bei Zweigniederlassungen 34 11
  Aktienrecht 8 38 f
  Angabe Unternehmensgegenstand 29 10
  anzumeldende und einzutragende Tatsachen 33 20
  Art und Umfang des Gewerbebetriebs 33 13, 41
  Auflösung der juristischen Person 34 8
  – ausländischer juristischer Personen 33 5
  Befreiung vom Verbot des Selbstkontrahierens 8 54 ff
  Beleg der Firmenfortführung 29 10
  Betrieb der Land- und Forstwirtschaft 33 14
  deklaratorische Eintragungen 15 32 ff
  Durchsetzung 33 52
  Eigenbetriebe 33 9, 43 ff
  einzutragende Tatsachen 15 31 ff, 100
  Entstehung 29 8
  Erlöschen der Firma 34 10
  Erzwingbarkeit 8 35
  Festsetzung von Zwangsgeld 29 9
  Firma 33 21, 47
  Form der Anmeldung 33 38, 50
  Gegenstand des Gewerbebetriebs 33 12
  Gegenstand des Unternehmens 33 29
  gerichtliche Ersetzung der Mitwirkung 16 1
  – ohne gesetzliche Anordnung 8 45 ff
  – des GmbH-Geschäftsführers 8 54
  GmbH-Recht 8 38 f
  – des Handlungsbevollmächtigten 13e 32
  – einer inländischen Geschäftsanschrift 15a 4
  – inländischer Zweigniederlassungen 13d 1
  – für jeden Kaufmann 29 5
  – für juristische Personen 34 4
  – juristischer Personen 33 1, 11, 13, 40
  – juristischer Personen mit statutarischem Sitz in Drittstaaten 33 6
  kleingewerblicher Betrieb 33 14
  konstitutive Eintragungen 15 32 ff
  Liquidatoren 34 9
  Mitglieder des Vorstands 33 31, 48
  nicht rechtsfähige Vereine 33 10
  Nichteintragungsfähigkeit juristischer Person 33 15
  öffentlich-rechtliche Natur 29 4
  – der OHG 8 37
  Ort der Handelsniederlassung 34 5
  Person des Pflichtigen 29 7
  – einer Personenmehrheit 16 1
  pflichtige Personen 34 13
  – der Prokura 8 36
  Rechtsfolgen 33 17, 42
  Sanktionen 13d 59
  Satzungsänderung 34 6 f
  Satzungsbestimmungen über Dauer des Unternehmens 33 33
  Satzungssitz 34 5
  Sitz 33 28
  Sondervorschriften 29 6
  – des ständigen Vertreters 13e 37
  –, ungeschriebene 8 47 15 31
  unselbständige Unternehmen von Gebietskörperschaften 33 39
  Unternehmensgegenstand 34 5
  – von Unternehmensverträgen 8 65 ff
  verpflichtete Personen 33 4, 8, 42 f
  Vertretungsmacht der Vorstandsmitglieder 33 31 f, 48
  Voraussetzungen 33 11 ff, 40
  Vorstandsmitglieder 34 5
  Wahrnehmung durch Vorstandsmitglieder 33 18 f
  Zulässigkeit von Art und Umfang der wirtschaftlichen Betätigung 33 16
  zwangsweise Durchsetzung 14 1 ff
  – der Zweigniederlassung 8 36 13e 4
  Zweigniederlassungen juristischer Personen 33 55
Anmeldepflicht Firmenänderung 31 1
  alle Gesellschafter der Personenhandelsgesellschaft 31 31
  eintragungspflichtige Tatsachen 31 11
  Einzelkaufleute und Handelsgesellschaften 31 5, 30 f
  Inhaberwechsel 31 11
  Insolvenzverwalter 31 33
  Verfahren 31 34
  verpflichtete Personen 31 10, 30
  Voreintragung 31 6
Anmeldepflicht – für Unternehmen von Gebietskörperschaften 33 9, 42 ff
Anmeldepflicht bei veränderten Tatsachen 34 1
Anmeldepflichtiger 15 50
  Erbe 15 51 f

Anmeldung zur Eintragung Doppelnatur 2 10 f, 24
- als geschäftsähnliche Handlung 2 11 f
  Rechtsnatur 2 10 ff
Anteilsübertragung 25 45
antizipierte Gesellschafterhaftung 28 8, 11
Anzeigepflichten gegenüber Registergericht 12 19
Apotheken-oHG Eintragungsfähigkeit 7 16
Aufhebungsvermerk 16 26 ff
  Warnfunktion 16 28
Ausgliederung des Aktienrechts 20 1
ausländische Aktiengesellschaft Abgrenzung zur GmbH 13e 8
  Abwicklung 13f 24
  Änderung des Vorstands 13f 23
  anmeldepflichtige Personen 13e 15 f
  Anmeldung durch Prokuristen 13e 17
  Aufhebung der Zweigniederlassung 13f 25
  Auflösung 13f 24
  beglaubigte Übersetzung der Satzung 13f 5
  Genehmigungsnachweis 13e 19
  Geschäftsleiterorgan 13e 16
  Inhalt der Registereintragung 13f 16
  Nachweis von Errichtung und Bestehen 13e 18
  Offenlegung der Rechtsverhältnisse 13f 2 ff
  Satzungsänderung 13f 19 ff
  Vertretungsbefugnisse 13f 8
ausländische GmbH Auflösung 13g 13
  Gesellschaftsvertrag 13g 3
ausländische Handelsgesellschaften Gleichstellung mit Kaufmann 6 9
ausländische Kapitalgesellschaft als alleinige Komplementärin 19 22
  Regelvermutung 13e 9
  Unternehmensgegenstand 13e 23
ausländische Kaufleute Firma als Parteibezeichnung 17 60
ausländische Kommanditgesellschaft auf Aktien 13f 26 ff
ausländische Rechtsformzusätze Kennzeichnung der Haftungsbeschränkung 19 21 f
ausländischer Notar 13f 21
ausländisches Unternehmen Bestimmung des Unternehmenstyps 13d 10 ff
  effektiver Verwaltungssitz in Deutschland 13d 25
  Einzelkaufmann 13d 12
  juristische Person 13d 13
  Kapitalgesellschaft 13d 14
  Organisationsstruktur 13d 11
Ausschließlichkeitsrecht 37 Anh II 2
Ausschlussfrist, fünfjährige nach Eintragung 28 58 f, 63

Außenwirkungstheorie 25 12, 19
Aussetzung der Verfügung 16 6 f
- gem. § 21 FamFG 16 10
  registergerichtliche Bindung 16 7

Befreiung vom Verbot des Selbstkontrahierens 8 54 ff
- bei AG 8 62
-, beschränkte 8 57
  Bestimmtheit 8 60
- bei GmbH & Co. KG 8 64
  inhaltliche Ausgestaltung 8 58
- bei Personenhandelsgesellschaften 8 62
- des Prokuristen 8 63
Beitritt zu bestehender Gesellschaft 25 41
Bekanntmachung 2 15
Bekanntmachung von Amts wegen 10 17
- im Bundesanzeiger 10 4
  Eintragung einer ausländischen GmbH 13g 9
-, fehlerhafte 15 8
  Gegenstand 10 7 ff
  Hinweis auf Rechte 10 11
  Inhalt 10 12
- der Insolvenz durch Insolvenzgericht 32 4
  Insolvenzverfahren 10 8
  Kommanditgesellschaft 10 9
  Kosten der Abfrage 10 2, 25
  Kostenaufwand 10 3
  Löschungsgrund 10 13
- in Printmedien 10 4
  Publikationsmedium 10 14 f
  Rechtsfolgen 10 20 f
-, richtige bei falscher Eintragung 15 104
-, Tag der 10 12
- als Träger der Publizität 15 98
-, über die Eintragung hinausgehende 10 10
  Übergangsregelung 10 5 f
-, unrichtige 15 102 f
  Verfahren 10 17
-, Wirkung der 10 6
  Wortlaut der Eintragung 29 15
  Zeitpunkt 10 19
  Zuständigkeit 10 16
Bekanntmachungen, mehrere gleichzeitige 10 18
Bekanntmachungserfordernis Zurückdrängung 15 10, 42, 49
bekanntmachungspflichtige Tatsachen 15 78
beschränkt Geschäftsfähige Zurechnung unrichtiger Registereintragungen 15 111
Beschwerde Registereintragung trotz Widerspruch 16 39
Bestattungsfälle 15a 1

bes

bestehendes Handelsgeschäft Liquidationsstadium 22 15
bestehende Firma Weiterführung bei Namensänderung des Inhabers 21 1
Bestellhindernisse bei ausländischen AG 13f 6
    Versicherung bei ausländischen GmbH 13g 4
Bestellscheine 37a 1, 12, 18
    Begriff 37a 13
    Bestellmasken im Internet 37a 13
Betreiben eines Handelsgewerbes Rechtsfolgen 1 103 ff
Betreiber des Handelsgewerbes siehe auch Handelsgewerbe
Betreiber des Handelsgewerbes 1 51 ff
    BGB-Gesellschaft 1 64
    Erbengemeinschaft 1 76
    gesetzlicher Vertreter 1 80
    Gütergemeinschaft 1 75
    juristische Personen 1 55
    natürliche Personen 1 56 ff
    nicht eingetragener Verein 1 70
    Nutzungsberechtigte 1 85
    Organpersonen 1 86
    Partenreederei 1 72 ff
    Personengesellschaften 1 63 ff
    rechtsfähige Stiftungen 1 71
    Stille Gesellschaft 1 84
    Testamentsvollstrecker 1 87 f
    Treuhänder 1 53
    Vertretung 1 79 ff
    Verzicht auf Eintragung ins Handelsregister 1 91
    Zurechnung von Drittverhalten 1 78 ff
Betrieb eines Handelsgewerbes abstrakte Befähigung 1 54
Betriebe der Land- und Forstwirtschaft 1 4
    eingetragene Firma 5 8
Betriebsaufspaltung 25 41
Betriebsfähigkeit 22 14
Betriebsinhaber Haftung für Angestellte oder Beauftragte 37 Anh II 51
Betriebsverpachtung 26 13
Bezeichnungsschutz 37 9
Bezeichnungsschutz des Handelsregisters
    Rechtsfolgen bei Verstoß 8 28 ff
    Schutzgesetz i.S.d. § 823 II BGB 8 30
BGB-Gesellschaft, eintragungsfähige 28 21
    Entstehung durch Personenzusammenschluss 28 21
Bierlieferungsverträge Einl 55
Bilanzrecht Einl 72 ff
Bilanzrichtlinien-Gesetz vom 1912–1985 Einl 73

Bindungswirkung ab vorläufiger Vollstreckbarkeit 16 8 f
– durch einstweilige Verfügung 16 8 f
– von Gestaltungsurteilen 16 5
– des prozessgerichtlichen Urteils 16 2, 4 f, 36 ff
– rechtskräftiger Leistungs- und Feststellungsurteile 16 5
Briefkasten-Kapitalgesellschaft 13 38
Bundesanzeiger Verlagsgesellschaft mbH 9a 2, 7

codes of conduct siehe auch Modellgesetze
codes of conduct Einl 104 ff
Convention on the Recognition and Enforcement of Foreign Arbitral Awards von 1958 (UNÜ) Einl 117

Denkschrift zum HGB 25 9
Doktorfirma 24 45
Domainrecht 37 Anh I 35
Doppelsitz von Handelsgesellschaften 13 50
– von Kapitalgesellschaften 13 51
– von Personenhandelsgesellschaften 13 54
    Schlechterstellungsprinzip 15 119
    statutarischer ausländischer Sitz 13 53
    Voraussetzungen 13 52
Dürftigkeitseinrede 27 3
Durchgriffshaftung wegen Unterkapitalisierung 13d 36 f

echte Testamentsvollstreckerlösung 19 37 22 71 27 82, 85 31 13
effektiver Verwaltungssitz Nachweis 13d 71
EG-Richtlinien siehe auch Europäische Gemeinschaft
EG-Verordnung Nr. 1606/2002 (IFRS-Verordnung) Einl 75
EHUG von 2006 8 7 ff 9 2, 23 10 2 13g 2 37a 2
    Namensunterschrift 29 2
Eigenverantwortlichkeit im Handelsverkehr Einl 15
Einbringung des Geschäfts 28 34
– mehrerer Unternehmen 28 32
eingetragener Kaufmann Fiktivkaufmann 5 3
    Geschäftsunfähigkeit 5 14
    Herabsinken zum Kleingewerbetreibenden 5 4
    Inhaber des Gewerbebetriebs 5 11
eingetragenes Handelsgewerbe Berufung auf Eintragung 5 15
    Einwand der Nichtgewerblichkeit 5 8
    Fiktion der Kaufmannseigenschaft 5 16

Gesetzmäßigkeit der Firmenbildung 5 7
grob fahrlässige Unkenntnis 5 36
Gutgläubigkeit des Dritten 5 35
Prozessverkehr 5 19
Publizität 5 5
Rechtssicherheit 5 1
Stilllegung ohne Löschung 5 12
Wirkung der Eintragung 5 17
Einheitliche Richtlinien und Gebräuche für Dokumenten-Akkreditive von 1993 Einl 97
Einheitsrecht Einl 92, 95
Einigungsvertrag Einl 43
Einreichungspflichten 14 5 ff
–, gesetzlich nicht geregelte 14 7
Offenlegung von Jahresabschlüssen 14 6
Einsichtsrecht Ausnahmen 9 7
Ausübung 9 9 ff
Auszüge oder Kopien 9 12
berechtigtes Interesse 9 8
Gegenstand 9 5
einstweiliger Rechtsschutz im aktienrechtlichen Anfechtungsrecht 16 40 ff
Eintragung im Handelsregister deklaratorische Bedeutung 1 104
Optionsrecht 2 3 ff
Rechtsnachfolge 2 28
Rechtswirkung für Kleingewerbebetreibenden 2 26
Eintragungsantrag Rechtsmittel gegen Ablehnung 9 45
Eintragungserfordernis 15 10
eintragungsfähige Tatsachen 15 35, 76, 100
Eintragungsfähigkeit 12 17
Anmeldepflicht 8 48 f
Ausländische Kapitalgesellschaft & Co. KG 8 76
Berufsbezeichnungen und Titel 8 73
–, bloße 11 15
Erweiterung der Prokura 8 69
Fortsetzung einer aufgelösten OHG oder KG 8 74
Generalvollmacht 8 70
stellvertretender Geschäftsleiter 8 71
Teilgewinnabführungsvertrag 8 67
Testamentsvollstreckervermerke 8 68
–, ungeschriebene 8 45
Veränderung in Personalien der Gesellschafter 8 72
Vor-GmbH & Co. KG 8 75
Eintragungsnachricht 10 22 f
Amtshaftungsansprüche 10 23
Eintragungspflicht organschaftliche Vertretungsmacht 15 46
eintragungspflichtige Tatsachen 15 75

Eintragungsverfahren 37 48
Amtsverfahren 8 78
Antragsverfahren 8 77
Betriebsuntersagungsgründe 7 6
deklaratorische Eintragungen 8 88
formelle Prüfung 8 79
materielle Prüfung 8 80 ff
öffentlich-rechtliche Beanstandungsgründe 7 6
Plausibilitätsprüfung 8 86
Prüfung durch Gericht 8 79 ff
Prüfungsgegenstand 8 83 f
Prüfungstiefe 8 85 ff
Eintretender 28 25
Eintritt eines Gesellschafters 28 1 ff
Einwilligung ausdrückliche Erklärung 24 32
Erteilung 24 32 ff
Firmenrecht des Unternehmensträgers 24 26
Gesellschaften als Namensgeber 24 35
Namensrecht des Namensgebers 24 26
Person des Einwilligenden 24 34
Rechtsfolgen bei Erteilung 24 37
Rechtsfolgen bei Versagung 24 41
Rechtsnatur 24 26
– sämtlicher Miterben 24 34
Veräußerung des Handelsgeschäfts mit Firma 24 38
Zeitpunkt der Erklärung 24 33
Einwilligungsberechtigung in Insolvenz des Namensgebers 24 36
Einwilligungserfordernis 24 28
Ausscheiden des namengebenden Gesellschaftes 24 31
Gesellschafter als Namensgeber 24 30
Name als Firmenbestandteil 24 29
natürliche Person als Namensgeber 24 29
Voraussetzungen 24 29
Einzelkaufmann Begriff 28 18 f
Eintragung gewerblicher Schutzrechte 17 55
Eintragung ins Schiffsregister 17 55
Eintragung in Luftfahrzeugrolle 17 55
Eintritt als Gesellschafter 17 56
Firma 17 7
Grundbucheintragung 17 55
Verlegung der Hauptniederlassung 13h 5 ff
–, Vermögen des ehemaligen 28 6
Verwendung des bürgerlichen Namens 17 52 ff
Zusammenschluss zu Personenhandelsgesellschaft 28 1
Zweigniederlassung 13d 12
Einzelunternehmen Übergang zum Gesellschaftsunternehmen 24 18

1069

elektronische Beglaubigung 12 26 f
  Erstellung 12 27
  Vermerk 12 29
elektronische Registerführung Rechtsverordnungen 12 32
elektronische Signatur 12 3, 26, 29
  Beglaubigungszweck 9 33
  Legaldefinition 9 33
  –, qualifizierte 9 32
elektronisches Zeugnis 12 26
  Erstellung 12 28
Empfangsbevollmächtigung, Fiktion der fortbestehenden 13e 28, 41 15a 9
Endloshaftung 26 7
– des bisherigen Inhabers 28 60
Enthaftung 28 50
  Anspruch auf Sicherheitsleistung 26 49
  arglistiges oder deliktisches Handeln des bisherigen Inhabers 26 14
  Ausschluss durch Vereinbarung 26 35 ff
  Berechnung der Fünfjahresfrist 26 19
– des bisherigen Inhabers 28 62
  Fälligkeit nach Fristablauf 26 28
  Fälligkeit der Verbindlichkeit 26 18
  Feststellung des Anspruchs 26 26 ff
  Freiwerden von Sicherheiten 26 46 ff
  frühere Geschäftsverbindlichkeiten 26 40
– des früheren Inhabers 26 2, 9, 15, 40 ff
  Gegenstand, Zeitpunkt, Rechtsfolgen 28 59
– des Kommanditisten 28 50
  öffentlich-rechtliche Verbindlichkeiten 26 30
  Rechtsfolge 26 45
  Rechtsgrund der Geschäftsverbindlichkeiten 26 41
  rechtskräftige Feststellung vor Geschäftsübernahme 26 27
  Vollstreckungshandlung 26 29
  Voraussetzungen 26 17 ff
  Zeitpunkt 26 42 f
Enthaftungsfrist Berechnung 26 19 ff
  Ende 26 22
  Fälligkeit nach Ablauf 26 34
  Hemmung des Ablaufs 26 23 ff
  Hemmung durch Verwaltungsakt 26 31
  konstitutives Anerkenntnis nach Ablauf 26 33
– neben Verjährungseinrede 26 16
– bei Spätschäden 26 21
Enthaftungslösung 26 5, 7 28 50
Enthaftungstatbestände 15 4 f
Erbenhaftung Annahme einer neuen Firma 27 38
  Ausschluss der Haftungsbeschränkung 27 41
  Ausschluss, unbeschränkter 27 49 ff, 61 ff
  Beschränkung für Minderjährige gem. § 1629a BGB 27 34
  Beschränkung auf Nachlass 27 53
  besondere Verpflichtungsgründe 27 40
  Beteiligung an Personenhandelsgesellschaften 27 21
  Einschränkung durch Kundmachung 27 19, 49 ff
  Einschränkung durch Vereinbarung 27 51 f
  Einstellung der Geschäftsfortführung 27 62
  Erbe nach BGB-Vorschriften 27 24
– der Erbengemeinschaft 27 92 ff
  Erbfallschulden 27 45
  vom Erblasser betriebenes Handelsgeschäft 27 30
  Erblasserschulden 27 44
– bei Firmenfortführung 27 10, 37
– für frühere Geschäftsverbindlichkeiten 27 42 f
  Geschäftsfortführung durch Insolvenzverwalter 27 35
  Geschäftsfortführung durch Testamentsvollstrecker 27 36
  Geschäftsübertragung auf Vermächtnisnehmer 27 106
  kleingewerbliche Unternehmen 27 20, 30
– des Miterben 27 92, 101 f
  Nachlasserbenschulden 27 46
  Nachlassinsolvenzverfahren 27 41
  Nachlassverwaltungsschulden 27 47
– für Neuverbindlichkeiten 27 88
  Privatverbindlichkeiten des Erblassers 27 42
  mit Privatvermögen 27 41
  Rechtsgrund- bzw. -folgenverweis 27 9
  Steuerschulden 27 40
  –, unbeschränkte 27 23 ff
  Verbindlichkeiten aus Arbeitsverhältnissen 27 43
  Vermächtnisnehmer 27 29
  Vermeidung der unbeschränkten 27 19
  Verweigerungsrecht der Miterben 27 92
Erbschaftsausschlagung 27 2, 19
  Frist 27 10
Erbschein Ausfertigung 12 64
ERJuKoG von 2001 9 2, 17, 22
Erklärungstheorie 25 5, 10, 18
Erlöschen der Firma 31 8
– auf Antrag des Gewerbetreibenden 31 19
  Aufgabe des Gewerbebetriebs 31 24
  deklaratorische Bedeutung der Eintragung 31 29
– von Einzelkaufleuten 31 18

endgültige Aufgabe   31 17
endgültige Einstellung des Gewerbebetriebs   31 20
Insolvenz   31 21
– von Kapitalgesellschaften   31 27
Kleingewerblichkeit der OHG   31 23
konstitutive Wirkung der Eintragung   31 29
– von Personenhandelsgesellschaften   31 23
Tod des Einzelkaufmanns   31 22
Umstellung in freiberufliches Unternehmen   31 20
Veräußerung   31 20
– des VVaG   31 28
Ermächtigungstreuhand   27 79
Ersetzung der Anmeldung Antragsrecht   16 27
Aufhebung der prozessgerichtlichen Entscheidung   16 26
Aufhebungsvermerk   16 26 ff
Entscheidungsinhalt   16 16
Feststellung   16 17 f
Höchstpersönlichkeit der Anmeldung   16 20
– im Kapitalgesellschaftsrecht   16 19 ff
Leistungsurteil   16 18
mehrere Beteiligte   16 13
prozessgerichtliche Entscheidung   16 14
Prüfungsumfang des Registergerichts   16 23 f
Rechtsfolge   16 22
Richtigkeitsgewähr   16 21
Schiedssprüche   16 15
Voraussetzungen   16 13 ff
vorbeugender Rechtsschutz   16 33 ff
Widerspruch   16 34 f
Erwerberhaftung   26 9, 12
abweichende Vereinbarungen   25 123 ff
– aufgrund Bekanntmachung   26 12
Ausschluss durch Erwerber und bisherigen Inhaber   25 94, 134
Bekanntmachung der Haftung   25 145 f
besondere Verpflichtungsgründe   25 144 ff
Bestehen eines Handelsgeschäfts   25 47 f
– für bestehende Arbeitsverhältnisse   25 86
betriebsbezogene Steuern   25 150 f
Beweislast   25 122
Dauerschuldverhältnisse   25 89, 118
Enthaftung des bisherigen Inhabers   25 78
– des Erben   27 1 ff
erfasste Forderungen   25 115
Erkenntnisverfahren   25 99
Erwerb unter Lebenden   25 51 ff
Erwerb des Unternehmenskerns   25 57
Fehlen eines Erwerbsgeschäfts   25 56
Forderungsübergang als Legalzession   25 110 f
formlose Übertragbarkeit der Forderung   25 117
Führung einer Firma durch bisherigen Inhaber   25 49
Gesamtschuldnerschaft von Veräußerer und Erwerber   25 97 f
Geschäftsverbindlichkeiten des früheren Inhabers   25 84 ff
gesetzliche Vertragsüberleitung   25 76, 148
gesetzlicher Schuldbeitritt   25 75 f
Haftung des Notars bzw. Rechtsanwalts   25 103, 127
Inhalt und Umfang   25 83 ff
– bei Insolvenz   25 46
kleingewerbliche Unternehmen   25 40
konkludente Abtretung der Ansprüche gegen Gläubiger   25 92
Kündigung des Dauerschuldverhältnisses   25 95
Kundmachung der abweichenden Vereinbarung   25 129 ff
Normzweck   25 8, 22
– mit Privatvermögen   26 13
prozessuale Fragen   25 99
Rechtsfolgen   25 75 ff
Rechtsscheinhaftung   25 152 ff
Rückerwerb   25 53
– als Schuldnervorschrift   25 113
Schuldübernahme bei Dauerschuldverhältnissen   25 91
tatbestandliche Voraussetzungen   25 47 ff
Übertragbarkeit der Forderung   25 116
Unternehmen im Zeitpunkt des Erwerbs   25 48
unwirksame abweichende Vereinbarung   25 126
Unwirksamkeit des Erwerbsgeschäfts   25 55
Veräußerung eines von mehreren Unternehmen   25 58
Veräußerung einer Zweigniederlassung   25 58 ff
Verbindlichkeiten des Erwerbers   25 101
Verbindlichkeiten aus langjährigen Verträgen   25 79
Verbindlichkeiten zum Zeitpunkt des Inhaberwechsels   25 88
Vereinbarungen zwischen Veräußerer und Erwerber   25 123 ff
Verkehrsschutz   25 22
Vermögensübernahme gem. § 419 BGB a.F.   25 147
Vertragsübernahme bei Dauerschuldverhältnissen   25 89
Vertrags- oder Schuldübernahme   25 149
Verzicht durch Gläubiger   25 80
Verzicht auf Zurückweisungsrecht   26 39
Wahrung der Privatautonomie   25 22

Weiterverpachtung 25 54
widerlegliche Vermutung zugunsten des
  Schuldners 25 114
zeitlich beschränkter Erwerb 25 52
Zessionsrecht 25 119
Zurückweisung durch Gläubiger 26 37 ff
Zurückweisung durch Gläubiger gem. § 333
  BGB 25 81 f
Zuverlässigkeit der Firma 25 50
Zwangsvollstreckung 25 100
Zweiterwerb des Handelsgeschäfts 25 102
Erwerbsgeschäft Auflösung durch Vormund
  27 63
Etablissementbezeichnungen 17 15
Europäische Gemeinschaft Rechtsangleichung
  im Handelsrecht **Einl** 62 f
  Richtlinien **Einl** 65 f, 74 ff
  Verordnungen **Einl** 64
Europäische Gesellschaft Gleichstellung mit
  Kaufmann 6 7
Europäische Wirtschaftliche Interessenvereinigung Gleichstellung mit Kaufmann
  6 7
EWIV Substitutionsprüfung 13d 15
Existenzvernichtungshaftung 13d 36, 38 f

faktischer Registerzwang 14 12
Familiennamen 37 Anh I 22
Fassungsbeschwerde 8 133
fehlerhafte Gesellschaftsgründung 28 27
Fiktivkaufmann 1 5 5 3
Firma, abgeleitete 22 66
  Abkürzung ausländischer Rechtsformzusätze
    13d 28
  Abweichung vom Namen der juristischen
    Person 33 22
  –, Adresse als 17 30
  akzessorisch zum Unternehmen 23 3
  Angaben auf Geschäftsbriefen **Vor 17** 67
  Aufgabe und Änderung 17 33
  Aufgabe des Gewerbebetriebs 17 46
  Ausscheiden eines namengebenden Gesellschafters 24 1 ff
  –, bestehende und eingetragene 30 15
  Bezeichnung des Unternehmens (umgangsspr.) **Vor 17** 3
  Bezeichnung des Unternehmensträgers
    Vor 17 3 17 5
  –, Bildzeichen als 17 29
  Buchstabenkombinationen 18 13
  deutsches Marktrecht 13d 23
  eingestellter Gewerbebetrieb 17 40 ff
  – des eingetragenen Kaufmanns 17 39
  – des Einzelkaufmanns bei Eintritt in Gesellschaft 17 56

Entstehung 17 31 f
Erlöschen 17 33 ff
Erlöschen mit Ende des Geschäftsbetriebs
  37 **Anh II** 20
Fehlen eines Zusatzes 15 93
– des Formkaufmanns 17 32, 48
Formwechsel 17 35
Fortführung 17 34
–, fremdsprachliche Bezeichnung 18 32
–, Gebrauch einer irreführenden 15 91 f
Gebrauch nur im Geschäftsverkehr 17
  52 f
– bei Geschäftsveräußerung 17 34
Gestattung des Namensgebrauchs durch
  Mitglied 22 44
Handelsname des Kaufmanns **Vor 17** 1
Identifikationsfunktion 17 4, 6
identifizierende Zusätze 18 29
Identifizierung des Unternehmensträgers 18
  17
Immaterialgüterrecht **Vor 17** 4 17 50
Informationswert **Vor 17** 29
Inhaber als Beklagter 17 64, 66
Inhaber als Kläger 17 64 f
Inhaberwechsel im Prozess 17 64 ff
– bei Insolvenz des Gewerbebetriebs 17 43
Insolvenz der Personenhandelsgesellschaft
  17 47
–, irreführende 18 5
Irreführungseignung 18 41 ff
– des Istkaufmanns 17 31
– der juristischen Person (§ 33) 17 49
– des Kannkaufmanns 17 31
Kennzeichnungseignung 18 2, 7 ff
Kleingewerblichkeit der OHG 17 45
Legaldefinition 17 1, 3 f
Liquidationsvermerk 17 46
nachträgliche Veränderungen **Vor 17** 30
Namensfunktion **Vor 17** 1 18 4
Nationalitätenhinweis 13d 29
– des nicht eingetragenen Einzelkaufmanns
  17 38
ordnungsgemäße Führung im Geschäftsverkehr 37 3
– als Parteibezeichnung 17 57 ff
Pflicht zur Führung 17 1
– im Prozess 17 57 ff
Publizitätsfunktion **Vor 17** 2 18 4
Rechtsformzusatz 13d 27
–, rechtsmissbräuchliche 18 14
Rechtsnatur 17 50
Registerrecht 17 54
Schriftart 18 11
Schriftbild 18 12
Spaltung 17 37

Sprachfassung 13d 26
- als Teil der Insolvenzmasse 22 55 f
  Tod des Einzelkaufmanns 17 44
  Überlassung zu Werbezwecken 23 10
  Übertragung durch Testamentsvollstrecker 22 71
  Unterscheidungskraft 18 2, 7 ff
  Unzulässigkeit 37 9 ff
  Veräußerungsverbot 22 76
- als Vermögenswert Vor 17 4
  Verschmelzung 17 36
  Verwertung in Insolvenz 22 54 ff
  Werbeslogan 18 31
  Werbewirksamkeit Vor 17 29
  Ziffernkombinationen 18 15
- der Zweigniederlassung 17 57
  Zweigniederlassungszusatz 13d 30
Firma der GmbH & Co.KG 19 13 f
  zulässige Varianten 19 15
Firma i.S.d. § 5 II 1 Alt. 2 MarkenG 37 Anh II 6 ff
Firmenabkürzungen 17 28 37 16 37 Anh II 8
Firmenänderung 18 6
  Änderung der inländischen Geschäftsanschrift 31 15 f
  Begriff 31 7
  eintragungspflichtige Tatsachen 31 7 ff
- durch Eintritt der Nacherbfolge 31 13
- durch Erben 27 38 f
- bei Firmenfortführung 31 8, 11
  Inhaberwechsel ohne Firmenkontinuität 31 9
  registergerichtliches Verfahren, § 141 FGG 31 38
Firmenänderungskompetenz an Insolvenzverwalter 22 70
Firmenausschließlichkeit, Grundsatz der 30 1
Firmenbeständigkeit Vor 17 31 ff 21 3
-, Grundsatz der 22 4, 9
  Verkehrsschutz Vor 17 32
Firmenbestandteil Änderung Vor 17 24
-, unterscheidungskräftiger Vor 17 25
Firmenbestandteile 37 Anh II 7
  Adelsprädikate 18 65
  akademische Grade 18 66 f, 69
  Alter und Tradition 18 110
  amtlicher Charakter 18 70
  Bank, Sparkasse u.ä. 18 78
  Bau 18 86
  Bio, Öko, Umwelt u.ä. 18 111
  Börse 18 80
  Company, Gruppe u.ä. 18 76
  Deutschland, Deutsch u.ä. 18 100
  Europa, Europäisch, EU u.ä. 18 102

  Fabrik, Werk u.ä. 18 92
  Fach, Fachhandel u.ä. 18 91
  Finanz, Finanzierung 18 82
- bei Firmenfortführung 18 68
  Gemeinnützigkeit 18 72
  geographische Phantasiebezeichnungen 18 107
  geographische Zusätze 18 93
  geschützte Berufsbezeichnungen 18 68
  Großhandel 18 87
  Haus, Studio, Palast 18 90
  inter- 18 105
  International, interkontinental u.ä. 18 104
-, irreführende 18 65 ff
  Kapitalanlagegesellschaft, Investmentfond 18 79
  Lager, Hof, Speicher u.ä. 18 87
  Ortsangaben 18 94 ff
  produktbezogene Adjektive, Komparative u.ä. 18 109
  produktbezogene geographische Zusätze 18 108
  Regionalbezeichnungen 18 101
  Revision, Buchführung 18 84
  Sozietät 18 77
  Stiftung 18 73 ff
  Treuhand 18 83
  Versicherung, Versicherungsvermittlung 18 81
  wissenschaftlicher Charakter 18 71
  Zentrale u.ä. 18 89
Firmenbestattungen 13 63
Firmenbildung Vor 17 15
  deutsche Tochter eines ausländischen Rechtsträgers Vor 17 62
  deutsche Zweigniederlassung Vor 17 63 f
  Ersatzfirma 22 67 ff
  Gesellschaftsfirma 18 59, 63
  Gestattung des Namensgebrauchs 22 44 ff
- juristischer Personen 33 21 ff
  Personenfirma 18 56 f
  Sachfirma 18 60 ff
-, Voraussetzungen zulässiger 18 3
Firmenbildungsrecht vor der Handelsrechtsreform 22 5
Firmenbildungsvorschriften Verstoß 37 9
Firmeneinheit Vor 17 39 ff
- bei Einzelkaufleuten Vor 17 41
- bei Personenhandels- und Kapitalgesellschaften Vor 17 40
Firmeneintragung registerrechtliche Regelungen 17 54
firmenfähige Unternehmensträger 24 14
Firmenfähigkeit 17 9 ff
  Beginn 17 10

1073

Ende 17 10
–, fehlende 37 14
  GbR 17 12
  Handelsgesellschaften 17 11
  Minderkaufleute 17 9
  Partnerschaftsgesellschaften 17 13
  Vollkaufleute 17 9
  Vorgesellschaft 17 14
Firmenfortführung 25 64 ff
  Änderung von Firmenbestandteilen 22 86 ff
  Art und Weise 22 84 ff 24 43
  Auswechslung aller Gesellschafter 22 22
  Berechtigung des Erwerbers 22 73
  Beschränkung der Einwilligung 22 76
  bestehendes Handelsgeschäft 22 15
  Betriebsfähigkeit des Handelsgeschäfts 22 14
  bisherige Firma 22 23 25 65
  Doktorfirma 24 45
  Duldung als Einwilligung 25 109
  Eintragung der bisherigen Firma 22 25
  Eintragung bei Namensänderung 21 11
  Einwilligung 22 27 ff 25 69, 108 f
  Einwilligung des Einzelkaufmanns 22 34
  Einwilligung durch Erben 22 36
  Einwilligung bei Erwerb von Todes wegen 22 35
  Einwilligung bei Kapitalgesellschaften 22 38
  Einwilligung bei Personenhandelsgesellschaften 22 39 ff
  Einwilligungsberechtigung 22 33
  Einwilligungszeitpunkt 22 32
  Entbehrlichkeit 28 37
– durch Erben 27 37
  Erbenhaftung 27 10, 19
  Erhalt der Firmenpriorität 22 7
  Erklärungstheorie 25 5, 10 f, 18
  Erlöschen mangels Weiterführung 22 106 f
  Erlöschen des Rechts 22 105 ff
  Erwerb eines Handelsgeschäfts 22 13
  Erwerb einer Mantelgesellschaft 22 22
  Erwerb von Todes wegen 22 21, 35
  Erwerb des Unternehmenskerns 22 17
  Erwerb einer Vorratsgesellschaft 22 22
  Erwerbsformen 22 20 ff
  Firmenfähigkeit 21 10
  firmenmäßige Verwendung der Bezeichnung 25 67
  Firmierung des bisherigen Inhabers 22 115 f
  Firmierung des Veräußerers 22 108 f
– nach Formwechsel des Rechtsträgers 21 Anh 2
  Führung der bisherigen Firma 25 66
– als Geschäftsbezeichnung 25 64

– durch Gesellschaft 22 98
  Gesellschaftsfirma 22 37 ff
  Gestattung des Namensgebrauchs 22 30
  Gläubigerschutz 25 47 ff
–, Grundsatz der unveränderten 24 43
– als Haftungserklärung nach außen 25 3
  Haupt- und Zweigniederlassung 22 19
  Identität im Rechtsverkehr 22 85
  Insolvenz 22 16
  Interesse an Weiterführung 21 11
–, keine Pflicht zur 21 1, 3
  kein Wechsel von Inhaber oder Gesellschafter 21 9
–, keine 25 74
  Liquidation 22 15
  Liquidationszusatz 22 69
  Löschung der bisherigen Firma 22 26
  mehrere Unternehmen eines Kaufmanns 22 18
  Nachfolgevermerk 22 69, 90
  Namensänderung 21 8
– nach Namensänderung des Inhabers 21 1 ff
  namensrechtliche Gestattung 22 42 ff, 78
– durch nicht eingetragenen Kleingewerbetreibenden 25 70
  persönlichkeitsrechtliche Schranken 22 65
  Publizitätsmittel 25 22, 25
  Rechtmäßigkeit der bisherigen Firmenführung 22 24
  Rechtsfolgen 25 110 ff
  Rechtsformzusatz 22 87 ff
  Rechtsscheinhaftung 25 4, 10
  Schuldnerschutz 25 104 ff
  schuldrechtliche Befugnis zum Namensgebrauch 22 43
  schuldrechtliches Grundgeschäft 22 29
– bei Spaltung 22 Anh 127 ff
  Übergang vom Einzel- zum Gesellschaftsunternehmen 24 1 ff
  Übernahme des Unternehmenskerns 22 112
  Übertragungsvertrag i.S.d. §§ 398, 413 BGB 22 28
  Umfang der Einwilligung 22 75, 77
– bei Umwandlung 22 Anh 117 ff
  unbestimmte Gesellschaftszusätze 22 97
  Unterscheidung zur Geschäftsbezeichnung 25 39
–, unveränderte 22 84 25 71
  unwesentliche Änderungen 22 96
  Unwirksamkeit der Einwilligung 25 109
  Unzulässigkeit 24 41
  Veräußerung durch Gemeinschuldner 22 68 f

Vereinigung mit Firma des Erwerbers 22 103 f
Verschmelzung von Partnerschaftsgesellschaften 22 Anh 125 f
vertragliche Beschränkung des Rechts 22 74
vorübergehender Übergang des Handelsgeschäfts 22 114
wesentliche Änderungen im Allgemeininteresse 22 99 f
wesentliche Änderungen im Interesse des Inhabers 22 101
Willenserklärung des bisherigen Inhabers 22 31
zulässige Firmenänderungen 25 72
Zustimmung des ausscheidenden Gesellschafters 21 Anh 4
Zuverlässigkeit der Firmenführung 25 69
- als Zweigniederlassungsfirma 22 102
- bei Abspaltung 22 Anh 129
- bei Ausgliederung 22 Anh 129
Firmenfortführungsrecht 24 16 ff, 42
Aufnahme eines Gesellschafters 24 20
bestehendes Handelsgeschäft 24 16
bisherige Firma 24 19
Einwilligungserfordernis 24 26 ff
Gestattung des Namensgebers 24 27
Rechtsfolgen 24 42
Unternehmenskontinuität 24 17 f
Firmenführungspflicht 17 51 25 67 37a 12
Adress- und Telefonbücher 37 30
- auf Briefumschlägen 37 24
- in Geschäftsräumen 37 26
Inserate 37 28
keine Ersetzung durch Geschäftsbezeichnung 17 17
Lieferscheine 37 32
- auf Preislisten und Warenprospekten 37 25
Rechnungen 37 32
Unzulässigkeit von Firmenabkürzungen 37 23
Verlegerbezeichnung 37 29
Verstoß 37 12
Vertragsabschlüsse 37 31
Werbeanzeigen 37 27
- wie Registereintragung 37 13
Firmengebrauch Vor 17 55 ff
- von Unternehmensträgern aus EG-Staaten Vor 17 58 ff
- von Unternehmensträgern aus Nicht-EG-Staaten Vor 17 55 f
Verwaltungssitz im Ausland Vor 17 56
Verwaltungssitz im Inland Vor 17 55
Firmeninhaber als Prozesspartei 17 64
Rechtskraft des Urteils 17 67
- in Zwangsvollstreckung 17 68

Firmenkern Vor 17 22
Firmenkontinuität 25 71 31 9
Einzelfälle 25 73 f
Firmenlizenz, schuldrechtlich wirksame 37 Anh I 28
Firmenlizenzen erlaubte Geschäfte 23 8
-, schuldrechtliche 23 12
firmenmäßiger Gebrauch 37 20
Firmenmehrheit bei juristischen Personen 33 24
mehrere Unternehmen von Einzelkaufleuten Vor 17 41
Täuschungs- und Irreführungspotential Vor 17 41
Firmenmissbrauchsverfahren 22 82 29 13 37 1, 35
Androhungsverfügung 37 39
Anwendungsbereich 37 6 f
Festsetzung Ordnungsgeld 37 45
firmenmäßiger Gebrauch sonstiger Bezeichnungen 37 7
Schutz der Allgemeinheit 37 5
Schutz von Individualinteressen 37 5
unzulässige Firmenführung 37 6
Verfahrensziel 37 36
Verhältnis zu anderen Verfahrensarten 37 48 ff
Vollstreckung des Ordnungsgeldes 37 47
Firmenneubildung 21 4 24 5
Firmenordnungs- und Registerrecht Vor 17 65
Firmenpublizität Vor 17 49
Firmenrecht Einl 11, 30
Anwendungsbereich Vor 17 10
bedingte und befristete Übertragung 23 6
Einzelkaufleute Vor 17 10
Formkaufleute Vor 17 10
Geschichte Vor 17 11 ff
Grundsätze Vor 17 26
Handelsgesellschaften Vor 17 10
Inhalt Vor 17 8 ff
-, internationales Vor 17 52
kleingewerbliche Unternehmensträger Vor 17 10
Regelungen außerhalb des HGB Vor 17 9
Regelungen des HGB Vor 17 8
Versicherungsvereine auf Gegenseitigkeit Vor 17 10
Wettbewerbsnachteile vor Handelsrechtsreform Vor 17 14
zeitweiliger Wechsel des Unternehmensinhabers 22 110
- der Zweigniederlassung Vor 17 45
firmenrechtliche Vorschriften Allgemeininteresse 37 4
Durchsetzung 37 3

Firmenschlagwort 37 16
  Gestattung der Nutzung 23 11
Firmenschlagworte 17 28 37 Anh II 8
Firmenschutz Vor 17 50 f, 68 ff
– deutscher Unternehmensträger im Ausland
  Vor 17 73
– von Firmen ausländischer Unternehmensträger Vor 17 69
  Fremdenrecht Vor 17 71
– gegen Firmen ausländischer Unternehmensträger Vor 17 68
  Gerichtsstand Vor 17 72
  Inländerbehandlung Vor 17 70
Firmenstatut von Unternehmensträgern aus Drittstaaten Vor 17 52
– von Unternehmensträgern aus EG-Staaten
  Vor 17 53
– von Vertragsstaaten Vor 17 54
Firmenübertragung auflösende Bedingung oder Widerrufsvorbehalt 23 6
  Einwilligung durch Testamentsvollstrecker 22 72
Firmenunterscheidbarkeit 13d 23, 25 13h 17
  Vor 17 34 ff
  in das Vereinsregister eingetragene Namen 30 19
–, abstrakte Vor 17 34, 36 f
  Ähnlichkeit einzelner Firmenbestandteile 30 29
  Änderung des Handelsnamens 30 14
– am selben Ort oder derselben Gemeinde 30 21 ff
  benachbarte Orte 30 47
  Beschränkung auf Firmen am gleichen Ort 30 4
  Bestand der Firma 30 17
  Beurteilungshorizont Verkehrsauffassung 30 27 ff
  Branchennähe 30 29
–, deutliche 30 24
  Eintragung der bestehenden Firma 30 18
  Firmenzusätze 30 31
  Firmierung bei GmbH & Co. KG 30 32
  Firmierung von Tochtergesellschaften 30 39
  Geltung für alle Firmen 30 8
  geographische Firmenzusätze 30 33
  gleichnamige Personenfirmen 30 36
  gleichnamige Zweigniederlassung 30 45
  gleichnamiger Kaufmann 30 44
–, Grundsatz der 30 1
  Individualisierbarkeit des Unternehmensträgers Vor 17 35
–, eine 30 40
  Kleingewerbetreibende 30 10
–, konkrete Vor 17 34, 38

  Mehrheit von Unterschieden 30 34
  neue Firma 30 9
  nicht eingetragene Namen 30 20
  Personenfirmen 30 35
  Phantasiefirmen 30 38
  Priorität 30 11
  Rechtmäßigkeit des Bestandes 30 17
  Sachfirmen 30 37
  Unabdingbarkeit 30 6
  Verfahren und Durchsetzung 30 48
  Verlegung der Hauptniederlassung 30 13
  Zweigniederlassungszusatz 30 46
Firmenunzulässigkeit Bestandsschutz 37 11
  Gebrauch der Firma 37 15
–, nachträgliche 37 10
  Rechtsformzusatz 37 14
–, ursprüngliche 37 9
Firmenveräußerung ähnliche Rechtsverhältnisse 22 110
  Kündigung aus wichtigem Grund 22 79 ff
  Rechte des Erwerbers 22 83
  Rechte des Namensgebers 22 82
  Rücktritt 22 79 ff
Firmenvervielfältigung 22 65
Firmenwahlfreiheit Vor 17 14, 27 17 10 18 1, 44
Firmenwahrheit Vor 17 28, 30 18 33 21 4
–, Grundsatz der 22 9 f
Firmenwert Erhaltung 24 3
Firmenzulässigkeit 8 113
Firmenzusatz Vor 17 22
  Irreführungsverbot 18 2
Formkaufleute 1 6
  Kaufmannseigenschaft vor Betriebseröffnung 7 1
  Kleingewerbetreibende 6 27
  Vereine 6 1, 23 ff
Formkaufmann 17 32
  Vollbeendigung 17 48
Formwechsel Änderung des Rechtsformzusatzes 21 Anh 3
  Partnerschaftsgesellschaften 21 Anh 5
– eines Rechtsträgers 21 Anh 1
Formwechsel zu GbR Erlöschen der Firma 21 Anh 6
Forstwirtschaft Baumschulen 3 16
  Gewinnung des Rohstoffs Holz 3 16
  Nutzung des Waldes 3 16
Frachtführer Kleingewerbetreibender 2 31
Frankreich Einl 2, 29
freie Berufe 1 28 ff
  Ausübung im wirtschaftlichen Geschäftsbetrieb 1 33
  Katalog des § 1 II 2 PartGG 1 29 ff
  Typusbeschreibung 1 33, 35

Freigabeverfahren 8 108
Freigabeverfahren gem. § 246a AktG 16 41
  nachträglicher Antrag 16 44
  Registersperre 16 43
Freihaltebedürfnis 18 18 37Anh II 15
Fünfjahresfrist *siehe auch* **Enthaftungsfrist**
Fünfjahresfrist Beginn 26 3, 19

GbR Umwandlung in Partnerschaftsgesellschaft 24 14
geänderte eintragungspflichtige Tatsachen 34 5
Gebrauchsrecht, abgeleitetes 37 Anh I 26
–, originäres 37 Anh I 25
Gemeinsames Registerportal der Länder 9 14
  Datenschutz 9 15
  Suchfunktion 9 15 f
Genossenschaft Fiktion der Kaufmannseigenschaft 6 3, 10, 24
  Nachweis der Konzessionserteilung 7 8
  öffentliche Zustellung 15a 4
  Zweigniederlassung 13 3
gerichtliches Eintragungszeugnis 12 55
Gerichtsstand des Erfüllungsortes (§ 29 II ZPO) Einl 52
Gerichtsstandsvereinbarung Einl 52, 90, 114 f
Gerichtsverfassungsrecht Einl 51
Gesamthandsgemeinschaften als Betreiber eines Handelsgewerbes 1 63, 67
Gesamthandsgesellschaft 28 2
Gesamtrechtsnachfolge durch Anwachsung 25 43
–, gesellschaftsrechtliche 25 42
– durch Umwandlungsvorgänge 25 44
Gesamtrechtsnachfolger 27 1
gesamtschuldnerische Haftung 26 1
geschäftliche Bezeichnung Ansprüche aus Schutzverletzung 37 Anh II 47 ff
  Ausnutzung der Unterscheidungskraft 37 Anh II 41
  Ausnutzung der Wertschädigung 37 Anh II 44
  Beeinträchtigung der Unterscheidungskraft 37 Anh II 42
  Beeinträchtigung der Wertschätzung 37 Anh II 43
  befugte Benutzung 37 Anh II 13, 25
  Beginn des Schutzes 37 Anh II 11
  Benutzung als Metatag 37 Anh II 23
  Benutzungsaufnahme 37 Anh II 11
  Gegner von Unterlassungsansprüchen 37 Anh II 49
  geschäftlicher Verkehr 37 Anh II 22, 39 f
  Nutzungsbefugnis durch Lizenzvertrag 37 Anh II 25

  Rechtfertigung der Benutzung 37 Anh II 46
  Rechtsfolgen unbefugter Benutzung 37 Anh II 47 ff
  Schutz als Marke 37 Anh II 3
  unbefugte Benutzung 37 Anh II 21, 23 f, 39
  Unlauterkeit der Benutzung 37 Anh II 45
  Unterlassungsansprüche gegen Störer 37 Anh II 50
  Unterlassungsansprüche des Inhabers 37 Anh II 47 f, 52
  Unterscheidungskraft 37Anh II 14
  Verletzungshandlung 37Anh II 21
  Verletzungshandlung durch Angestellten 37 Anh II 51
  Verwechslungsgefahr 37 Anh II 27 ff
Geschäftsabzeichen 17 30
Geschäftsabzeichen i.S.d. § 5 II 2 MarkenG 37 Anh II 10
Geschäftsbezeichnung Vor 17 5 17 15
  Aufnahme in die Firma 17 16
  Fortführung 22 12
  Schutz 17 25
  Wahlfreiheit 17 18
Geschäftsbezeichnung i.S.d. § 5 II 1 Alt. 3 MarkenG 37 Anh II 9
Geschäftsbrief Begriff 37a 11
Geschäftsbriefe 37a 1
– an Tochtergesellschaften 37a 11
  Angabe der Firma 37a 1
  bestehende Geschäftsverbindung 37a 17
  bestimmter Empfänger 37a 12
– des Einzelkaufmanns 37a 6
– von Genossenschaften 37a 7
– bei Idealvereinen 37a 11
– von Kapitalgesellschaften 37a 7
  Mitteilung oder Bericht 37a 15
– von Partnerschaftsgesellschaften 37a 7
– von Personenhandelsgesellschaften 37a 7
  Rechtswirkungen 37a 15
  Vordrucke 37a 16
  Vor- und Familienname des Einzelkaufmanns 37a 4
– des VVAG 37a 7
  Zweigniederlassung eines Einzelkaufmanns 37a 28 f
– von Zweigniederlassungen 37a 5, 27 ff
Geschäftseinstellung Erwerb durch Miterben nach Auseinandersetzung 27 103
Geschäftserwerb durch Erbauseinandersetzung 27 103
– durch Vermächtnis 27 104
Geschäftsforderungen des Erben 27 7
Geschäftsfortführung 28 35
  Altschuldenhaftung 25 6
  Ausschlagung der Erbschaft 27 26

Ges

- mit bisheriger Firma **25** 2, 24
- durch Dritte **27** 32
    Einbringung in Gesellschaft **25** 62 **27** 67
    Eingliederung in bestehendes Unternehmen **25** 63
    Eingliederung in Unternehmen des Erben **27** 68
    Einstellung durch Erben **27** 19, 31, 62
    Einstellung durch Erbengemeinschaft **27** 100
    Einstellung bei Nachlassinsolvenzverfahren **27** 64
    Einstellung bei Nachlassverwaltung **27** 64
    Einstellung durch Veräußerung **27** 65
    Einstellung der werbenden Tätigkeit **27** 62
    Einstellungsfrist **27** 69 ff
    Einstellungsfrist bei Erbengemeinschaft **27** 99
- des Erben **27** 31
- durch Erbengemeinschaft **27** 91 ff
    Erwerb kleingewerblicher Unternehmen **25** 39
- durch Erwerber **25** 61
    Firmenänderung durch Vermächtnisnehmer **27** 105
    Firmenfortführung **22** 37 ff
    Fortführungsbeschluss der Miterben **27** 95 f
    Gewerblichkeit der Unternehmen **25** 36
    Haftung des Erben **27** 6 ff
    Haftung ohne rechtzeitige Einstellung **27** 75
    Haftung bei rechtzeitiger Einstellung **27** 73 f
    Haftung aus Vermögensübernahme **25** 10
    Haftung während Schwebezeit **27** 72
    Haftungskontinuität **25** 10, 20
- durch Insolvenzverwalter **27** 35
    keine Firmenfortführung **25** 23
    Kaufmannseigenschaft des Erwerbers **25** 36
    minderjähriger Erbe **27** 33
- durch Miterben **27** 94 f
    Nachlasserbenschulden **27** 74
- durch nächstberufenen Erben **27** 26
    Obliegenheit der Registereintragung **25** 38
- als partielle Universalsukzession **25** 16, 21
- durch Scheinerben **27** 28
    Teilauseinandersetzung der Erbengemeinschaft **27** 98
- durch Testamentsvollstrecker **27** 76 ff
    Übergang von Verbindlichkeiten **25** 2
    Verlängerung der Einstellungsfrist **27** 70
    Verlängerung der erbrechtlichen Ausschlagungsfrist **27** 71
- durch Vermächtnisnehmer **27** 104
    Verpachtung durch Erben **27** 66
- durch Vor- oder Nacherben **27** 27

–, vorübergehende durch Erben **27** 25
    Widerspruch eines Miterben **27** 97
    Zurechnung an Erben **27** 86
    zwingende Außenhaftung **25** 7
Geschäftsinhaber Kommanditist in neuer Gesellschaft **28** 55
geschäftsleitender Kommanditist **26** 6
Geschäftsverbindlichkeiten Einzelfälle **25** 87
- bei Wechsel des Unternehmensträgers **25** 1, 85 ff
Gesellschaft, auflösbare **28** 30
–, unwirksame **28** 28 f
Gesellschaft bürgerlichen Rechts Gleichstellung mit Kaufmann **6** 11
    Namensbildung **17** 24
Gesellschafter Aufnahme in Handelsgeschäft **24** 20
    Eintritt oder Ausscheiden **24** 21
    Statusänderungen **24** 25
Gesellschafterhaftung **28** 6
Gesellschaftsanteil Rechtsnachfolge **24** 23
    Übernahme sämtlicher durch eine Person **24** 24
Gesellschaftsfirma **18** 59, 63
    Firmenfortführung **22** 37 ff
–, irreführende **18** 63
Gesellschaftsrecht im Handelsrecht **Einl** 29
gesellschaftsrechtliche Gesamthand **24** 21
Gesetz zur Modernisierung des Bilanzrechts (BilMoG) **Einl** 13
gesetzlicher Schuldbeitritt **26** 1 **28** 38, 63
gesetzlicher Vertreter Bestellhindernisse **13e** 38
Gestaltungsurteile Bindungswirkung **16** 5
Gestattung des Namensgebrauchs Übertragung an Dritten **24** 38
Gewerbe Begriff im Handelsrecht **1** 14 ff
Gewerbebetrieb eingetragene Firma **5** 8
    Vermögensverwaltung **5** 10
Gewerbeordnung **7** 4
gewerberechtliche Sperren **7** 11
gewerberechtliche Unzulässigkeit, evidente **7** 13
gewerberechtliche Verbote **7** 4
Gewinnerzielungsabsicht **1** 37 ff
Gleichnamigkeitsrecht **37 Anh I** 34
Gleichstellung mit Kaufmann **6** 1 ff
    Ende **6** 18
GmbH, ausländische **13e** 1 ff
    gleichgestellte Gesellschaftstypen **13e** 12
    Nachweis der Konzessionserteilung **7** 7
    vergleichbare Gesellschaftstypen **13e** 13
GmbH & Co. KG Gleichstellung mit Kaufmann **6** 6
    Informations- und Warnfunktion des Firmenzusatzes **19** 12
–, zwei- und mehrstöckige **19** 16 f

GmbH-Recht Firmenbestattungen 13 63
GmbH-Reform von 1980 19 4
Gründung einer juristischen Person 25 41
Gründungstheorie 13 47 Vor 17 53
Grundhandelsgewerbe 1 8 f 2 1
Grundlagengeschäfte 12 40
Grundregeln für Internationale Handelsverträge Einl 105
Gültigkeitsversagung einzelner Geschäfte 7 5
Gutglaubensschutz 8 55
  Erwerb beweglicher Sachen Einl 16
  – des Handelsregisters 8 2
Gutglaubensschutz zugunsten Dritter 11 14 ff
Gutglaubensvorschrift 11 8

Haftpflichtgesetz Einl 49
Haftung des bisherigen Inhabers als Kommanditist 28 61
Haftung des früheren Geschäftsinhabers öffentlich-rechtliche Forderungen 26 30
  schriftliches Anerkenntnis 26 32
Haftung nach § 613a BGB 28 65
Haftung des Veräußerers 25 128
Haftungsausschluss Ausschlagung der Erbschaft 27 2
  Bekanntmachung als Tatbestandsvoraussetzung 10 21
  einstimmiger Beschluss der Miterben 27 97
  Mitteilung vor Gesellschaftsgründung 28 49
  Voraussetzungen 26 3
  Zeitpunkt der Wirkung 26 2
Haftungsbeschränkung, erbrechtliche 27 6, 14, 16 f
  – eines Mithaftenden 26 11
  – des ursprünglichen Schuldners 26 11 28 53 f
Haftungsbeschränkung auf Nachlass 27 3
  Anmeldung zum Register 27 59
  Dreimonatsfrist 27 58
  keiner Vereinbarung 27 55
  Kundmachung 27 56
  Rechtsfolgen 27 60
  Rechtzeitigkeit 27 57 ff
  Voraussetzungen 27 54 ff
Haftungserwartungen des Verkehrs, Schutz der 27 12
Haftungsfalle 28 17
Haftungsfallen für die Erben 27 13
Haftungsfondtheorie 25 11, 18 28 6, 10
Haftungskontinuität 25 10, 20 28 7, 10, 45
Haftungsrisiken zeitliche Begrenzung 28 52
Handelsbeschränkungen, nichttarifäre Einl 111
–, tarifäre Einl 110

Handelsbräuche Einl 37 2 33
–, Anwendbarkeit internationaler Einl 99
–, internationale Einl 96 ff
Handelsfrau Sonderregeln 1 9
Handelsgeschäft Einbringung in bestehende Gesellschaft 28 23
  Hauptniederlassung 13 17 f
Handelsgesellschaft Anwendung von Handelsrecht 6 20
  Doppelsitz 13 50
–, Eigenschaft als 6 8
  Entstehung 6 15 ff
  Firma 17 7
  Gleichstellung mit Einzelkaufmann 6 2
  Handelsgeschäfte 6 21
  Kaufmannseigenschaft 6 5
  Sitzverlegung 13h 5 ff
  Vorschriften außerhalb des HGB 6 22
Handelsgesellschaften 24 7, 12
Handelsgesetzbuch Änderungen Einl 9 ff
  Einführungsgesetz Einl 8
Handelsgewerbe Art und Umfang 1 89 ff, 99 ff
–, Aufstieg zum 2 22
  nach außen gerichtete Tätigkeit 1 22
  Beginn 1 44 ff
  berufsmäßige Ausübung 1 43
–, Betreiber des 1 51 ff
  Darlegungs- und Beweislast für Nichtvorliegen 1 90
  Einstellung des Geschäftsbetriebs 1 48
  Einwand der Beendigung 5 12
  Ende des Gewerbes 1 47
  EWIV 1 68 f
  Fehlen der Voraussetzungen 5 4
  Fiktion 2 15
  Fiktion des Vorliegens 1 5
  Geschäftsvolumen 1 21
  gewerbsmäßiges Betreiben von Handelsgeschäften 1 15
  Gewinnerzielungsabsicht 1 37 ff
  Herabsinken zum Kleingewerbe 5 4, 18
  Identität von Eingetragenem mit Inhaber 5 11
  – juristischer Personen 1 59
  karitative Einrichtungen 1 38
  kaufmännische Einrichtungen 1 15
  Kaufmannseigenschaft 1 13 ff
  – von Konzernunternehmen 1 59
  Liquidationsverfahren 1 49
  öffentlich-rechtliche Vorschriften 1 41
  Partnerschaftsgesellschaft 1 68
  Planmäßigkeit und Dauerhaftigkeit 1 20
  Rechtswirkung der Eintragung der Firma 5 5

selbständige Tätigkeit 1 18 f
sittenwidrige Tätigkeit 1 42
Teilnahme am Wirtschaftsverkehr 1 39
Übertragung auf personengleiche andere Gesellschaft 28 24
unwiderlegbare Vermutung 5 16
Vermietung von Immobilien 1 25 f
Vermögensverwaltung 1 23 ff
Vermutung des Vorliegens 1 90
Vorbereitungsgeschäfte 1 45 f
– einer Vorgesellschaft 1 60
Vorliegen 5 3
Handelsgewerbe erlaubte Tätigkeit 1 40 ff
Handelsgewohnheitsrecht Einl 36
Handelskauf (§§ 373 ff) Verhältnis zum Bürgerlichen Kauf (§§ 433 ff BGB) Einl 33
Handelsmakler kleingewerblich tätiger 2 30
Handelsniederlassung 13 13
Hauptniederlassung 29 10
Handelsrecht analoge Anwendung 2 31 ff
– im EG-Recht Einl 61 ff
– international geprägtes nationales Einl 91
Leitgedanken Einl 15 ff
–, Quellen des Einl 35 ff
– richtlinienkonforme Auslegung Einl 66
– als Sonderprivatrecht Einl 25 ff
–, sonstiges Einl 47
subjektives System Einl 19 ff
–, supranationales Einl 58 ff
Verhältnis zum BGB Einl 32 ff
Handelsrechtsreform von 1998 Einl 11 1 11, 16, 23 f Vor 17 12
Handelsregister im ADHGB 8 5
Amtsgerichtszuständigkeit 8 13
Amtshilfepflicht 9 46
Anmeldepflicht 8 12, 33
Antrag auf Beglaubigung 9 30
Aufgliederung 8 21
Auskunftspflicht 9 46
Beglaubigung der elektronischen Kopie 9 30
Bezeichnungsschutz 8 25 ff
digitaler Betrieb 8 7
distanzüberschreitender Online-Abruf 13 7
Einreichungspflichten 9 6
Einsichtnahme 9 1
Einsichtsrecht 9 5 ff
Eintragung irreführender Firmen 8 114
eintragungsfähige Tatsachen 8 31 f, 40
Eintragungspflicht 8 33
einzureichende Dokumente 11 3
elektronisches Abrufverfahren 9 13
faktischer Anmeldezwang 8 34
funktionelle Zuständigkeit 8 16 ff

gemeinsames Registerportal der Länder 10 15
gewerbliche Informationsnutzung 9 21
Gutglaubensschutz, subjektive Voraussetzungen 11 17
Gutglaubensschutz zugunsten Dritter 11 14 ff
Informationen über gegenwärtigen Stand 34 3
Inhalt der Eintragung 11 4
Kenntnis der Originaldaten 11 18
konstitutive Wirkung der Eintragung 8 40
Kontrollfunktion 8 6, 13, 38
Medienwechsel 9 26 ff, 52
Negativattest 9 39 ff
nicht eintragungsfähige Tatsachen 8 50 f
örtliche Zuständigkeit 8 14 ff
Online-Einsicht 9 9
Präsenzeinsicht 9 10
private Nutzung der Daten 8 29
Publizitätsfunktion 8 3, 31, 38, 81
– als Publizitätsmittel 8 1, 31 12 1
Publizitätszweck 9 21
Reformen 8 6
Registerakte 8 22, 24
registerrechtliche Vorschriften 8 5
Standardisierung 8 31, 48, 50
Totalabruf 9 20 ff
Übersendung zur Einsicht 9 11
Übersetzung in EU-Amtssprache 11 5 f
Unternehmensverträge 8 65 ff
Unterrichtung über Verhältnisse des Geschäftsinhabers 33 3
Unterscheidungskraft der Bezeichnung 8 26
Ursprünge 8 4
Verlässlichkeit der Einträge 8 2
Vertrauensschutz bezgl. eingereichter Dokumente 11 14
Vorbehaltsübertragung an Rechtspfleger 8 16
Zehnjahresfrist für Medienwechsel 9 26 f
Zweck 7 12
Zweitverwertungsmarkt 9 23
Handelsregistergebühren-Neuordnungsgesetz (HRegGebNeuOG) 12 79
Handelsregisterrecht siehe **Registerrecht**
Handelssache Begriff Einl 45 f
Handelsverkehr Schnelligkeit Einl 16
Handelsvertreter kleingewerblich tätiger 2 30
Handelsvertreterrecht gemeinschaftsrechtliche Prägung Einl 70
Handlungsgehilfenrecht Einl 30
– im Beitrittsgebiet Einl 43
Handwerksordnung 7 4
Handwerksrolle Eintragung 7 9, 15

Hauptniederlassung 13 14 ff
  Bestimmung 13h 6
  – von Einzelkaufleuten 13d 9
  – des Einzelkaufmanns 13 14
  Firmenfortführung 22 19
  – von Handelsgesellschaften 13d 9
  –, inländische 13 4, 16
  – von juristischen Personen 13 15 13d 9
  Unternehmenstyp 13d 10 ff
Hauptniederlassungen, mehrere 13 17 f
Hauptniederlassungsverlegung an Ort der
  Zweigniederlassung 13h 8
  Anmeldung 13h 7
  – des Einzelkaufmanns 13h 26
  zuständiges Registergericht 13h 8
Hauptversammlungsbeschlüsse Anfechtungs-
  klage 8 108 f
  Nichtigkeit 8 106
  Prüfung durch das Registergericht 8 105 ff
Hauptversammlungsbeschluss Eintragung nach
  Anfechtung 16 40
HGB 1897 15 5
hypothetischer Eröffnungsort 13d 40

Identitätsausstattung der Personenhandelsgesell-
  schaft 13 44
Immaterialgüterrechte 37 Anh I 2
Incoterms Auslegung Einl 103
Incoterms 2000 Einl 101 ff
Industrie- und Handelskammern Handels-
  registerführung 8 13
informationelle Selbstbestimmung 9 4
Informationsobliegenheit des Dritten 15 81, 95
Inhaberwechsel 22 1 31 8 f, 12
  – aufgrund Rechtsgeschäfts unter Lebenden 31 13
  Nutzung und Erhaltung des Firmenwerts 22 3
  Schutz der Altschuldner 25 29
  –, teilweiser 28 2
  – von Todes wegen 31 13
  Verlegung der Niederlassung 31 14
Inhabilitätsvorschriften 13f 6
inländische Zweigniederlassung Abgrenzung zur
  Betriebsabteilung 13d 18 13e 5
  Abgrenzung zur Hauptniederlassung 13d 16
  anmeldepflichtige Person 13d 56 ff
  –, Anmeldung mehrerer 13e 45 f
  – ausländischer Einzelkaufleute 13d 17
  – ausländischer juristischer Personen 13d 19
  Bekanntmachung 13d 73
  Bestellhindernisse gesetzlicher Vertreter 13e 38

  Buchführungspflichten 13d 45
  Durchgriffshaftung wegen Unterkapitalisie-
   rung 13d 36 f
  Eintragung 13d 73
  Erzwingung der Registeranmeldung 13e 47
  Existenzvernichtungshaftung 13d 36, 38 f
  Firma 13d 22 ff, 72
  Firmengestaltung 13d 24
  Gerichtsstand 13d 43
  Gesellschafterdarlehen 13d 41
  Gewerberecht 13d 44
  Gewerbeuntersagung für Vertretungsberech-
   tigten 13e 39
  Haftung 13d 35 ff
  Handelndenhaftung 13d 63
  inneres Organisationsrecht 13d 31
  Insolvenz 13d 40 13e 43 f
  Insolvenzverschleppung 13d 41
  – von Kapitalgesellschaften 13d 52
  Kapitalgrundlagen 13d 34
  Mitbestimmungsrecht 13d 33
  organschaftliche Vertretung 13d 31
  Parteifähigkeit 13d 42
  Prozessfähigkeit 13d 43
  Rechtsfähigkeit 13d 21
  Rechtsstellung 13d 20 ff
  Registeranmeldung 13d 50, 53 ff
  Registerrecht 13d 47 ff
  Registerzuständigkeit 13d 46
  Sitz als Gegenstück 13e 4
  –, ständiger Vertreter der 13e 30 f
  Substitutionsprüfung 13e 6 f
  Unternehmensgegenstand 13e 22
  Vollmachtsstatut 13d 32
  Vollstreckung 13d 61
  Wechsel- und Scheckfähigkeit 13d 45
  Zivilprozess 13d 42 f
  Zwangsgeldfestsetzung 13d 60, 62
  – ausländischer Kapitalgesellschaften 13d 4
inländische Zweigniederlassungsrichtlinie 13d 4, 16
Innoventif-Entscheidung des EuGH 13e 23
Insichgeschäfte bei ausländischen AG 13f 10 f
Insolvenz der Gesellschaft 31 26
Insolvenz des Handelsgeschäfts persönlichkeits-
  rechtliche Interessen des Namensgebers 22 63 f
  Veräußerung der Firma 22 57
  Zustimmung des Namensgebers zur Firmen-
   verwertung 22 61 f
Insolvenzverwalter dogmatische Rechtsstellung 1 82 f
Interessenausgleich bisheriger Inhaber und
  Gläubiger 26 10
Internationale Handelskammer (ICC) Einl 97

1081

Internationales Gesellschaftsrecht geplante Kodifizierung **13h** 32
Internationales Handelsrecht Einl 57 ff
Internationales Privatrecht Einl 77 ff, 93
Internationales Transportrecht Einl 108
Inventarerrichtung 27 5, 17
irreführende Firma 8 113 f
    angesprochene Verkehrskreise 18 47
    Maßstab des mündigen Verbrauchers 18 48
    Wesentlichkeit 18 46
Irreführung Vor 17 59 f
Irreführungseignung 18 41 ff
    Alleinstellungsbehauptung 18 99
    angesprochene Verkehrskreise 18 42 f
    Ersichtlichkeit 18 50, 53
    falsche Angaben 18 44
    geschäftliche Verhältnisse 18 45
    Stellungnahme der IHK 18 51
    unpräzise oder mehrdeutige Ortsnamen 18 98
    unrichtige Vorstellung 18 43
Irreführungsverbot 13d 23 Vor 17 14, 29, 57 17 21 18 33 ff 21 4, 10 23 11 24 43 30 7 37 14
    evidente Verstöße 18 50
    Firmenbestandteile 18 40
    Nachbildung erloschener Firma 18 39
    Rechtsfolgen des Verstoßes 18 54 f
    sachlicher Anwendungsbereich 18 34
    Veränderung der Rechtslage 18 38
    Veränderung des Unternehmens 18 36
    Veränderung des Unternehmensträgers 18 37
    zeitlicher Anwendungsbereich 18 35
Istkaufmann Herabsinken zum Kleingewerbetreibenden 2 8, 23
    Kenntnis des Dritten 15 59
    Schein des Nichtkaufmanns 5 52 f
Italien Einl 1

juristische Person Führung mehrerer Firmen 33 24
juristische Person i.S.d. § 33 Nicht-Anwendbarkeit von § 15a **15a** 4

Kannkaufleute 1 3
Kannkaufmann 3 2 5 45
    Optionsrecht der Eintragung 8 41
Kapitalgesellschaft Beteiligungshöhe 28 22
    Doppelsitz 13 51
–, Gründung einer 28 63
    Gründung durch Unternehmenseinbringung 28 22
    höchstpersönliche Erklärungen 12 42 f
    Satzungssitz 13 32 f
    Satzungssitz ohne Geschäftsaktivität 13 33
    Zweigniederlassung 13 22
Kapitalgesellschaften Angaben auf Geschäftsbriefen 37a 2
    Ausscheiden eines namengebenden Gesellschafters 24 8 ff
    – aus Drittstaaten 13d 14 13e 5, 7
    Einwilligung bei Firmenfortführung 22 38
    – aus EU-Mitgliedstaaten 13e 6
    Gleichstellung mit Kaufmann 6 3
    Sitz im Ausland 13d 3
    Unternehmenstyp 13d 14
Kapitalgesellschaftsrecht Normierung der Eintragung 8 42
Kapitalhandelsgesellschaften Entstehung mit Eintragung 6 19
Kapitalschutzrichtlinie 20 3
Kauffrauen 1 57
kaufmännische Einrichtungen 1 94
    Art des Geschäftsbetriebs 1 99 f
    Buchführungspflicht 1 97
    Entbehrlichkeit 1 93 ff
    Erforderlichkeitsprüfung 1 95 f
    Gesamtwürdigung des Betriebs 1 98
    Handlungsgehilfe 1 94
    Umfang des Geschäftsbetriebs 1 99, 101 f
kaufmännisches Bestätigungsschreiben 2 33
kaufmännisches Personalstatut Einl 86
Kaufmann Begriff 37a 9
    firmenmäßige Parteibezeichnung 17 61 f
    – vs. Unternehmer Einl 23
Kaufmann kraft Eintragung 13d 12
Kaufmannsbegriff Einl 48 f
–, Abkehr von Einl 23 f
    – in bürgerlich-rechtlichen Vorschriften Einl 49
    – im Haftpflichtgesetz Einl 49
    – im Strafrecht Einl 53
    – in wirtschaftsrechtlichen Vorschriften Einl 50
Kaufmannseigenschaft *siehe auch* **Handelsgewerbe**
Kaufmannseigenschaft Einl 11, 85 f, 90
    ausdrückliche Erklärung 5 28
    Beginn 1 105
    beschränkte Geschäftsfähigkeit 1 58
    Entstehen 1 2 f
    Erlangung 2 9 ff
    Erwerb und Verlust 3 31 ff
    Gebrauch einer Firma 5 29
    Handelsgesellschaften 6 5
    Handelsgewerbe 1 3
    – des Handelsvertreters 1 81

Inanspruchnahme von Rechtsinstituten 5 29
- des Insolvenzverwalters 1 83
- von Kleingewerbetreibenden 2 16
- von Kommanditisten einer Kommanditgesellschaft 1 66
- kraft Eintragung 15 47, 116
  Löschung aus Handelsregister 2 17
- von Mitgliedern juristischer Personen 1 62
  öffentliches Recht 7 2
  öffentlich-rechtliche Genehmigungserfordernisse 1 61
  Rechtsschein 5 25
- der Stillen Gesellschaft 1 84
  Verlust 1 106 f 2 16 ff
  Wirkung erga omnes 5 25
Kaufmannsstatus 1 1 f
- von Komplementären einer Kommanditgesellschaft 1 65 f
  Vor- und Nachteile 2 4
Kennen müssen Einl 98
Kennzeichenrechtsverletzung Abmahnung 37 Anh II 68
  Abwehrmöglichkeiten 37 Anh II 72 f
  Anspruchskonkurrenzen 37 Anh II 71
  Ansprüche wegen Wettbewerbsverstoß 37 Anh II 70
  Auskunftsanspruch aus § 242 BGB 37 Anh II 65
  Bereicherungsansprüche 37 Anh II 64
  Herausgabeanspruch aus §§ 687 II 1, 681 S. 2, 677 BGB 37 Anh II 67
  Schadensersatzansprüche aus § 823 I BGB 37 Anh II 66
  Vernichtungs- und Rückrufansprüche 37 Anh II 69
Kennzeichenschutz 37 Anh II 1
Kennzeichnungseignung Vor 17 37 18 7 ff, 14 30 7
  Bildzeichen 18 9 f
  Lesbarkeit und Artikulierbarkeit 18 8
  Satzzeichen 18 9 f
  Sonderzeichen 18 9 f
Kleingewerbe Behandlung als OHG 5 20
  Gleichstellung mit Kaufmann 6 17
Kleingewerbetreibende 1 3
  Entsprechung zu Freiberuflern 1 36
  Kaufmannseigenschaft 7 1
Kleingewerbetreibender 2 8
  Anwendung von Handelsrecht 2 29, 32
  Rechtsstellung nach Eintragung 2 25 ff
kleingewerbliche Unternehmen Eintragungsfähigkeit 3 34 ff
Kodifikation des Handelsrechts Einl 31

Kollisionsrecht Anknüpfung an charakteristische Leistung Einl 82
-, deutsches Einl 80 f
  Niederlassungsprinzip Einl 83
kollisionsrechtliche Lösung Einl 79
Kollisionsregel in Art. 2 I EGHGB Einl 34
Kommanditgesellschaft Gleichstellung mit Kaufmann 6 6
  verringerter Geschäftsbetrieb 5 20
  ausländische 13e 1 ff
  gleichgestellte Gesellschaftstypen 13e 14
Kommanditgesellschaft auf Aktien
  Gleichstellung mit Kaufmann 6 7, 24
  Nachweis der Konzessionserteilung 7 7
Kommissionär Kleingewerbetreibender 2 31
konkrete Unterscheidungskraft 30 1
Konventionen, multilaterale Einl 94
Kündigungslösung 26 8
Kundmachung abweichender Vereinbarungen 28 45

Lagerhalter Kleingewerbetreibender 2 31
Landesrecht Verweisungen im HGB Einl 54 ff
Land- und Forstwirtschaft
  Gleichstellung mit Kaufmann 6 17
  Mischbetriebe 3 10
  Prägung des Betriebs 3 10
land- und forstwirtschaftliche Betriebe analoge Anwendung des Handelsrechts 3 42
  Anwendung bürgerlichen Rechts 3 40
  Art und Umfang des Geschäftsbetriebs 3 25
  Ausschluss der Gewerbeeigenschaft 3 1
  Bindung an Eintragung durch Rechtsnachfolger 3 30
  Eintragung und Firmenanmeldung 3 26
  Eintragungsfähigkeit bei Kleingewerblichkeit 3 34 ff
  Erwerb der Kaufmannseigenschaft 3 6, 24
  Gewerbebetriebe ohne Eigenschaft des Handelsgewerbes 3 7
  Handelsgewerbe mit Eintragung 3 28
  Herabsinken in Kleingewerblichkeit 3 41
  kein Handelsgewerbe kraft Gesetzes 3 8
  opting-out 3 29
  Optionsausübung 3 24
  Rechtsform der GmbH 3 5
  Sonderstellung 3 1
  unabhängiges Optionsrecht für Haupt- und Nebenbetrieb 3 27
Landwirtschaft andere Formen der Bodennutzung 3 14
  Bodennutzung 3 11
  erwerbswirtschaftlicher Zweck 3 15
  Gärtnereien 3 12

1083

Gewinnung pflanzlicher Rohstoffe 3 12
Gewinnung tierischer Rohstoffe 3 13
Unterscheidung vom Handel 3 11
Leerübertragung des Firmenrechts 23 1, 13
Gesamtschuldner 23 22
Geschäftsbezeichnungen und Minderfirmen 23 4
Haftung des Erwerbers 23 21
Haftung des Veräußerers 23 20
registerrechtliche Wirkungen 23 23
Schadensersatzanspruch des Erwerbers 23 19
verbotenes Rechtsgeschäft 23 19
Lehre der kumulativen Schuldübernahme 25 78
Lex fori Einl 90
Lex mercatoria Einl 58 ff
Limited & Co. KG Befreiung nach § 181 BGB 13f 12
Liquidationsverfahren 1 49
Vollbeendigung der Gesellschaft 31 24
Löschung aus dem Handelsregister von Amts wegen 2 21 ff
– auf Antrag 2 18 ff
Kleingewerbe 2 19
Rechtswirkungen 2 17
Löschungsantrag Kleingewerbebetreibender 2 19
Rechtsnatur 2 18
Luganer Übereinkommen Einl 115

Mantelgesellschaft Firmenfortführung 22 22
Mantelgründung 8 103
Marken Vor 17 7 17 27
Markenrecht spezielle namensrechtliche Regelung 37 Anh I 4
Maßnahmen im Insolvenzverfahren Registereintragung 32 1
mehrstöckige Gesellschaften 19 11, 16
andere beschränkt haftende juristische Personen als Komplementäre 19 18
ausländischer Rechtsträger als Komplementär 19 20 f
Vor-GmbH als Komplementärin 19 19
Minderfirma Vor 17 5 17 19
– der GbR als Außengesellschaft 17 12
Hinweis auf neue Rechtsform 21 Anh 6
mögliche Bezeichnungen 17 23
Pflicht zur Führung des Zwangsnamens 17 23
Schutz 17 25
Minderfirmen Fortführung 22 12
Minderkaufleute 1 8 2 1
Mischfirma Vor 17 20
Modellgesetze Einl 104 ff

MoMiG von 2008 13g 2
Anmeldung der inländischen Geschäftsanschrift 29 3
multimodaler Transport Einl 109

Nachfolgezusatz 22 90 ff 24 44
– bei Erbengemeinschaft 22 92
Pflicht zur Beifügung 22 94
– bei Testamentsvollstreckung 22 93
Nachhaftung 26 1
betriebliche Altersversorgung 26 7
– bei Dauerschuldverhältnissen 26 5
Nachhaftungsbegrenzungsgesetz (NachhBG) 26 4, 8 28 3, 63
Nachlassgläubiger, Schutz der 27 14
Nachlassinsolvenzverfahren 27 3
Antragsrecht der Erben 27 4
Name i.S.d. § 5 II 1 MarkenG 37 Anh II 5
Kennzeichnung im geschäftlichen Verkehr 37 Anh II 5
Namen Verwendung im geschäftlichen Verkehr 37 Anh I 4
namengebender Gesellschafter Gestattung der Firmenfortführung 24 8
Neugründung unter seinem Namen 24 40
persönlichkeitsrechtliche Interessen 24 4
Namensänderung von namensfähigen Rechtsträgern 21 7
Namensänderungsfälle natürliche Personen 21 6
Namensanmaßung 37 Anh I 19, 36
Verletzung eines Interesses des Inhabers 37 Anh I 36
Namensgleichheit 37 Anh I 20
Namensleugnung 37 Anh I 18
Namensrecht Nutzungs- und Lizenzverträge 37 Anh I 27
Namensrecht (§ 12 BGB) 37 Anh I 1 ff
Anspruchsgrundlagen bei Verletzung 37 Anh I 46 ff
Anwendungsbereich 37 Anh I 4 ff
Beginn und Ende 37 Anh I 13 ff
Beseitigungsanspruch 37 Anh I 39
gleichrangiges Gebrauchsrecht 37 Anh I 32
Handeln außerhalb des geschäftlichen Verkehrs 37 Anh I 5 ff, 37
innerhalb des Geschäftsverkehrs 37 Anh I 38
juristische Person, Personenvereinigungen 37 Anh I 10, 17
– für juristische Personen 37 Anh I 2, 17
kein markenrechtlicher Schutz 37 Anh I 8
Mischrecht 37 Anh I 2
nachrangiges Gebrauchsrecht 37 Anh I 31
namensartige Bildzeichen 37 Anh I 12

namensartige Kennzeichen   37 Anh I 11
natürliche Person   37 Anh I 9
Rechtsfolgen der Verletzung   37 Anh I 39 ff
Rechtsnatur   37 Anh I 2
Schadensersatzanspruch gem. § 823 I BGB
  37 Anh I 43
Schutzsubjekte   37 Anh I 3
unredlicher Namensgebrauch   37 Anh I 30
Unterlassungsanspruch   37 Anh I 40 ff
Verletzung   37 Anh I 1
Verletzungshandlung   37 Anh I 23
Verwertung des Namens   37 Anh I 26
Voraussetzungen   37 Anh I 9
Wahlnamen   37 Anh I 33
namensrechtliche Gestattung Einwilligung in
  Firmenfortführung   22 48 ff
– des Einzelkaufmanns bei Anmeldung als
  Gesellschafter   24 20
  Firmenfortführung bei Verschmelzung   22
    Anh 124
  Inhalt und Reichweite   22 46 f, 52
– durch Insolvenzverwalter   22 59
–, Rechtsfolgen fehlender   22 53
  Zeitpunkt   22 51
Namensschutz bürgerlicher Name   37 Anh I
  13
  Familienname   37 Anh I 22
  Firma   37 Anh I 14
  Namensgebrauch durch Zweitnutzer
    37 Anh I 23
  sonstige Namen und Kennzeichen   37 Anh I
    15
  unbefugter Gebrauch   37 Anh I 23
  Unterscheidungskraft   37 Anh I 16
  Verkehrsgeltung   37 Anh I 16
nationale Wegzugsfreiheit   13h 28
Nebengewerbe Ertrags- und Gewinnverhältnisse
  3 21
  funktionale Abhängigkeit   3 19
  Identität der Inhaber   3 22
  Inhaber des Hauptbetriebs Gesellschafter
    juristischer Person   3 23
  kein Handelsgewerbe kraft Gesetzes   3 31
  Kaufmannseigenschaft   3 33
–, kleingewerbliche   3 39, 43
– zum land- und forstwirtschaftlichen Unter-
    nehmen   3 17 ff
  Optionsrecht   3 32
  organisatorische Verselbständigung   3 18
  Verknüpfung mit Zweck des Hauptgewerbes
    3 20
Negativattest   9 38 ff
–, Beweiskraft des   9 39 ff
negative Publizität   15 2, 8
  Grundsätze   15 29

neue Firma   30 9
Neuschulden Haftung   28 42
nicht firmenfähige Unternehmensträger   24
  15
Nichtkaufleute Parteibezeichnung   17 63
Nichtkaufmann Einbringung in OHG oder KG
  28 18, 20
nichttarifäre Handelsbeschränkungen
  Einl 111
Niederlassungsfreiheit   13d 39

Obliegenheit des Zustellversuchs   15a 13
öffentliche Beglaubigung   12 25
– für Anmeldungsvollmacht   12 45
–, elektronisch zu übermittelnde   12 2
  Ersatzformen   12 33
öffentliche Urkunde   12 66
  Nachweis der Rechtsnachfolge   12 61
öffentliche Zustellung   15a 1 ff
  Ablauf   15a 15
– an juristische Personen des Handelsrechts
  15a 2
– an Zweigniederlassungen   15a 6
– durch Aushang   15a 16
  Bekanntmachung anderer inländischer Anschrift
    15a 10 f
– durch Einstellung in elektronisches Informa-
    tionssystem   15a 16
  Einzelhandelskaufleute   15a 5
  Entbehrlichkeit weiterer Nachforschungen
    15a 12
  inländische Geschäftsanschrift   15a 3
  Personenhandelsgesellschaften   15a 5
  Übergangsvorschrift des Art. 64 EGHGB
    15a 18
  Ungleichbehandlung ausländischer An-
    schriften   15a 13 f
  Verbot missbräuchlicher Rechtsausübung
    15a 10
– von Willenserklärungen   15a 1
  Wirkung   15a 17
Öffentlichkeit des Handelsregisters   9 1
öffentlich-rechtliche Betriebszulassungsgründe
  Kaufmannseigenschaft   7 3
öffentlich-rechtliche Vorschriften   Einl 26
Österreich   Einl 24
Offene Handelsgesellschaft Gleichstellung mit
  Kaufmann   6 6
  verringerter Geschäftsbetrieb   5 20
Offenlegung verkehrswesentlicher Merkmale
  kaufmännischer Unternehmen   29 4
Offenlegungsrichtlinie 2003/58/EG siehe
  Publizitätsrichtlinie
Online-Zugriff auf das Handelsregister   15 89,
  94, 105

1085

Optionsrecht 2 3 ff
  Ausübung und Eintragung im Handelsregister 3 4
  Eintragung ohne Zusatz 2 13
  Fiktion als Handelsgewerbe 3 6
  Folgen der Ausübung 3 4
  handelsrechtliches Gewerbe 2 5
  – land- und forstwirtschaftlicher Betriebe 3 2 ff
    negative Voraussetzung 2 7
    personeller Anwendungsbereich 2 5 ff
    Vermögensverwaltung 2 6
Optionsrecht gem. § 13e V 13g 14
Ordnungsgeld 37 2
Ordnungsstrafe 37 2
Ordnungswidrigkeitenrecht 5 22
ordre public Vor 17 57
organschaftliche Vertretungsmacht Eintragungspflicht 15 46
Ort und Gemeinde Begriff 30 22
  nachträgliche Änderung 30 23
Ort der Handelsniederlassung 13 18

Parteifähigkeit des Kaufmanns 17 59
Partenreederei als Betreiberin einer Handelsgesellschaft 1 72 ff
  keine Handelsgesellschaft 6 14
Partnerschaft kein Handelsgewerbe 6 13
Partnerschaftsgesellschaft 1 29 ff
  Substitutionsprüfung 13d 15
  Zweigniederlassung 13 3
Partnerschaftsgesellschaften 24 13
Patentanwaltsgesellschaften 24 13
Persönlichkeitsrecht 24 4
Personenfirma Vor 17 13, 16 f 18 56
  ausländische Namen 18 57
  Inhabervermerke 18 58
Personenfirmen Fortführung 22 6, 11
Personengesellschaften Substitutionsprüfung 13d 15
Personengesellschaftsrecht 1 1
Personenhandelsgesellschaft, ausländische in Deutschland 13 48
  ausländischer Sitz 13 46
  gleichzeitiger Wechsel aller Mitglieder 24 22
  Sitz 13 44 ff
  Sitzverlegung aus Ausland nach Deutschland 13h 39
  Verlegung des Vertragssitzes ins Ausland 13h 36
  Verlegung des Verwaltungssitzes ins Ausland 13h 37
Personenhandelsgesellschaften Anmeldepflicht 6 4
  berufsrechtliche Barrieren 7 15

Bilanzpflicht 6 4
Einwilligung bei Firmenfortführung 22 39 f
Entstehung als Handelsgesellschaft 6 16
keine Vereine 6 26
öffentliche Zustellung 15a 6
Personenmehrheiten, kleingewerblich tätige 2 3
Personenzusammenschluss Einzelkaufmann mit Teilhaber 28 18
Phantasiefirma Vor 17 13, 19 18 30 ff, 64 37a 3
  Fortführung 22 11
–, irreführende 18 64
positive Publizität 15 2, 8, 98 ff
Preußen Einl 3
Preußisches Allgemeines Landrecht (PrALR) Einl 3, 14, 20 1 10, 34
Priorität mehrere Anmeldungen 30 12
  Zeitpunkt der Eintragung 30 11
Prioritätsprinzip 37 Anh II 2
  Ausnahmen 37 Anh II 18
Prioritätsrecht 37 Anh I 31, 34
  Pflicht zur Beifügung von Zusätzen 37 Anh I 34
Privatautonomie Einl 15
Privatautonomie der Parteien 28 12
Prokuraerteilung Rechtsscheinerzeugung 5 29
Prozesspartei Firmeninhaber 17 64
  Inhaberwechsel der Firma 17 65 ff
Prozessverkehr 5 19
Publizität Einl 17
Publizität der Haftungsverhältnisse 28 12, 16 f
Publizitätsfunktion 8 3, 31, 38, 81, 88, 142 31 4
Publizitätspflichten, Verstoß gegen 15 92
Publizitätsrichtlinie 9 3, 18 f, 30, 47 10 1 13e 12 15 11 ff, 22, 45, 77, 87
  Drittbegünstigung 15 17
  – als Mindeststandard 15 16 f, 22
  quasi-richtlinienkonforme Auslegung 15 13 ff
  richtlinienkonforme Auslegung 15 12
  überschießende Umsetzung 11 1 15 13 ff
Publizitätsrichtlinie 2003/58/EG 8 10 9 3 37a 2
Publizitätsrichtlinie 68/151/EWG Einl 10, 63, 67 f 8 10, 54 15 6 f, 87
Publizitätswirkung, Beseitigung der 11 20

qualifizierte elektronische Signatur 9 32 12 30
Quellen des Handelsrechts Einl 35 ff
  Internationales Recht Einl 57 ff

Rechtsanwaltsgesellschaften 24 13
Rechtserkenntnisquellen des Internationalen
  Handelsrechts **Einl** 104 ff
Rechtsformzusatz Vor 17 14, 23, 61 **17** 20
  Abkürzungen **19** 6, 30
  Änderung bei Formwechsel **17** 35
  Altfirmen **19** 29
  Anpassung **24** 46
  – ausländischer Rechtsträger **19** 38
  Beifügungs- und Änderungsfrist **20** 3
  „beschränkt haftende Kommanditgesellschaft" **19** 25
  Bezeichnung der Haftungsbeschränkung **19** 11 ff
  Bezeichnung von Haftungsverhältnissen **33** 25
  Bezeichnung der Rechtsform des Unternehmensträgers **19** 33
  – bei Einzelkaufleuten **19** 1, 3, 6
  – bei Erbengemeinschaft **19** 36
  – bei Firmenfortführung **19** 1 **22** 87 ff
  Führungspflicht **19** 1 37a 3
  GbR mbH **17** 22 **37** 14
  – einer Genossenschaft **19** 31
  –, geschlechtsspezifischer **19** 7
  – bei GmbH & Co. KG **19** 11 ff, 14
  Informations- und Warnfunktion **19** 40
  –, irreführender **19** 33
  – juristischer Personen **33** 23, 26 f
  keine Regelung bei anderen Rechtsträgern **19** 32
  Kapitalgesellschaft **19** 30
  – bei KG **19** 10
  „KG mbH" **19** 26
  – bei nicht eingetragenem Verein **19** 34
  – bei nicht eingetragenen Kaufleuten **19** 8
  – bei OHG **19** 9, 28
  – einer Partnerschaft **19** 31
  – bei Personenhandelsgesellschaften **19** 1, 3
  Publizität der Firma **19** 5
  Rechtsfolgen des Verstoßes gegen Führungspflicht **19** 39 ff
  – bei sonstigen Rechtsträgern **19** 30 ff
  spezialgesetzliche Regelungen **19** 2
  Transparenzfunktion **19** 5, 39
  unberechtigte Verwendung **17** 21
  – bei unternehmenstragender GbR **19** 35
  Unterscheidungsfunktion **19** 41
  Zweck **19** 40 f
Rechtsgeschäftsverkehr 5 19, 23
Rechtsmissbrauchseinwand 15 96
Rechtsschein 5 2
  – durch amtliche Kundmachungsfehler **15** 99
  –, nach Eintragung begründeter **15** 95, 97
  Unteilbarkeit des Tatbestands **5** 42

Veranlassung **5** 32
Zerstörung durch Publizitätsakt **15** 3
Rechtsscheinhaftung **15** 81 **28** 7, 10
– nach allgemeinen Ergänzungssätzen **15** 117
  fehlender Firmenzusatz **15** 93
–, Fortentwicklung zur handelsrechtlichen **15** 118
  Rechtsmissbrauchseinwand **15** 96
– trotz Eintragung und Bekanntmachung **15** 90 ff
Rechtsscheinhaftung bei Geschäftsfortführung **25** 155 ff
  fehlende Einwilligung **25** 160
  Firmenfortführung **25** 157
  Kaufmannseigenschaft **25** 156
  Kundmachung **25** 161 f
  Unternehmensfortführung **25** 158
Rechtsscheintheorie **25** 10, 18
Rechtssicherheit **25** 22, 30, 32, 77, 96, 134 **28** 12, 14, 16
– durch Publizität **27** 18
Rechtswahl Einl 78
Reduktionsklausel **16** 47
Registerakte einbezogene Dokumente **9** 7
Registerakten elektronische Übermittlung **12** 69
Registeranmeldung durch die übrigen Beteiligten **16** 22
  Änderung in Person der Geschäftsführer **13g** 12
  Änderungen beim ständigen Vertreter **13e** 36
  Änderungen der Zweigniederlassung **13** 67
  ausländische Beglaubigung **12** 76
  ausländische Rechtsverhältnisse **13d** 51
  beglaubigte Übersetzung des Gesellschaftsvertrags **13g** 3
  Beglaubigungserfordernis **12** 24
  beizufügende Unterlagen **33** 34 ff, 49
  Bekanntmachung bei ausländischer AG **13f** 15, 18
  Bevollmächtigung **12** 36 ff
  deklaratorische Eintragung **12** 9, 11, 16
  Echtheitsnachweis ausländischer Urkunden **12** 77
  Einreichungsvorschriften **12** 71
  elektronische Aufzeichnung **12** 72
  elektronische Beglaubigung **12** 26
  elektronische Form **12** 2
  elektronische Übermittlung **12** 31, 69 f
  – des Empfangsberechtigten **13e** 26 f
  Ersetzung **16** 13 ff
  Existenznachweis ausländischer Unternehmen **13d** 67 f
  Fehler im Erklärungstatbestand **12** 8

1087

Form der Unterlagen 33 37
Form bei Zweigniederlassung 13 66
formelle Prüfung 13 71
formelle Prüfung der Sitzverlegung 13h 12 f
Formfehler 12 34
– als Garantieerklärung 12 5 f
Gegenstand des Unternehmens 13e 22
gerichtliche Überprüfung 13d 65 ff
Gerichtskosten 13d 74
Geschäftsanschrift 13 62 ff
Gesellschaftsvertrag ausländischer GmbH 13g 3
– gesetzlicher Vertreter 12 57 f
Gewerbeverbot 13e 40
– der Handelsniederlassung 29 10
– durch Handlungsbevollmächtigten 12 41
Hauptniederlassungsverlegung 13h 1 ff
Heimatrecht ausländischer Gesellschaften 13e 35
höchstpersönlicher Charakter 12 13, 42 f, 51
Identitätsprüfung 12 1 f, 25
Inhalt 12 17 f
Inhalt und Form 29 10
inländische Geschäftsanschrift 12 17 13e 20 13g 8
– inländischer Zweigniederlassungen 13d 53 ff
– des Insolvenzverwalters 12 59
– des Kannkaufmanns 12 14
konstitutive Eintragung 12 10 f, 13
Legitimation der Geschäftsführer 13g 4
lex fori 12 75
Löschungsantrag 12 23
materielle Prüfung 13 72 f
mehrere Beteiligte 16 13
– des Nacherben 12 68
Nachweis der Konzessionserteilung 7 7
Namenszeichnung 12 3
– durch Notar 12 47, 51
notariell beurkundetes Dokument 12 74
Notarkosten 13d 75
öffentlich beglaubigte Abschrift der Satzung 13f 4
– als Organisationsakt 12 5, 12
Organisationsstruktur der ausländischen AG 13f 13
organschaftliche Vertretung 12 52, 55 f
organschaftlicher Akt 12 12
postmortale Vollmacht 12 38
– durch Prokuristen 12 39 f
Prüfung der Zweigniederlassung 13 70 ff
qualifizierte elektronische Signatur 12 73
qualifizierter Gründungsakt nach § 26 AktG 13f 14

Rechtsfähigkeitsnachweis 13d 67
Rechtsform der ausländischen Gesellschaft 13e 29
rechtsgeschäftliche Komponente 12 5, 7 ff
Rechtsnachfolge 12 60 ff
Rechtsnatur 12 5
registergerichtliche Prüfung 29 12
registergerichtliche Überprüfung 13h 19 f
Rücknahme des Widerrufs 12 22
Sachgründung ausländischer GmbH 13g 6
Satzungsänderung einer GmbH mit Sitz im Ausland 13g 10 f
– von Satzungsänderungen 13f 19
Sitzverlegung 13 68 13h 1 ff
ständiger Vertreter der Zweigniederlassung 13e 30 f, 34
Tätigkeit der Zweigniederlassung 13e 24
technische Übermittlungsfehler 12 35
Umwandlung 13 69
unechte Gesamtvertretung 12 54
– eines Unternehmensvertrages 16 46
Untunlichkeit von Nachweisen 12 65 f
–, verbundene 13h 22 f
verfahrensrechtlicher Akt 12 12, 15
Vertreter kraft Amtes 12 59
– durch Vertreter ohne Vertretungsmacht 5 6
–, Vertretung bei der 12 36
Vertretung der GbR 12 56
Vertretungsbefugnis der Geschäftsführer 13g 5
Vertretungsbefugnisnachweis 13d 69
– durch vollmachtlosen Vertreter 12 44
Vor- oder Nacherbfolge 12 67 f
Widerruflichkeit 12 15, 21 ff
Zurückziehung 12 21
zuständiges Registergericht 33 51
Zuständigkeit 13h 22 29 1
– der Zweigniederlassung 13 60 ff
Zweigniederlassung ausländischer AG 13f 4 ff

Registerauszug beglaubigte Dokumente 9 54
Registereinsicht auf der Geschäftsstelle 9 10
Abschrift 9 36
Ausdruck 9 34 f, 53
Beglaubigungsanspruch 9 30
– in Dokumente 9 54
elektronisches Abrufverfahren 9 13
Gebühren 9 51 ff
– im Gericht 9 28
gerichtliche Auskunftserteilung 9 45
Informationsverwertung 9 23
Kostenschuldner 9 55
–, missbräuchliche 9 17 ff, 22
Negativattest 9 38 ff

online 9 9
–, Pflicht zur 9 24
   Rechtsbehelfe 9 25, 29, 37
   Totalabruf zu gewerblichen Zwecken 9 20 ff
   Übermittlung 9 28
   Übersendung von Dokumenten 9 11
– zu Informationszwecken 9 17, 47
   Zuständigkeit 9 25, 29, 37
Registereintrag als Anscheinsbeweis 8 123 ff
   beweisrechtliche Bedeutung 8 123
   Wirksamkeitsbestimmung 8 41
Registereintragung 29 15
   Abschrift 9 36
   Änderungen ohne Übersetzung 11 9
   Amtspflicht des Registerrichters bei fehlerhafter Eintragung 8 142
   – angefochtener Hauptversammlungsbeschlüsse 8 107 16 40
   Angelegenheiten des Betroffenen 15 50
   Ausdruck 9 34 f
   Ausländer als Organmitglieder 8 115
   Beachtung von Amts wegen 5 15
–, bedingte 12 20
   Beendigung der Liquidation 31 27
   – einer Befreiung nach § 181 BGB 13f 11
–, befristete 12 20
–, befristete und bedingte 8 53
   Beglaubigung der Übersetzung 11 8
   Bekanntmachung 10 1 ff 13 75
   Bekanntmachung bei GmbH mit Sitz im Ausland 13g 9
   Beseitigung der Publizitätswirkung 11 20
– des bürgerlichen Namens 17 54
–, deklaratorische 8 88, 90, 117 ff
   Doppelsitze 13 76 f
   Eintragungsnachricht 10 22
– des Erben 15 52
   Erbfolgenachweis 12 62
–, falsche bei richtiger Bekanntmachung 15 104
–, fehlerhafte 15 8
– der Firma 5 7
   Gebühren für Medienwechsel 9 51
   Gerichtskosten 12 78 f 13 88
   Geschäftsanschrift der inländischen Zweigniederlassung 13d 6
   Geschäftsunfähigkeit des Eingetragenen 5 14
– gesetzlicher Vertreter 13e 33
   Gewerbeverbot 13e 40
   Gutglaubensschutz bei fehlerhafter Übersetzung 11 16 ff
   Heilungswirkung 8 126

Inhalt bei ausländischer AG 13f 16
inhaltliche Richtigkeit 9 40
Insolvenzverfahren 10 8
Insolvenzvermerk 15 48
– irreführender Firmen 8 113 f
– eines Kaufmanns 8 120
   Kenntnis des Dritten 5 13
– einer KG 8 121
–, konstitutive 8 89 f, 116 ff 9 41
   konstitutives Wirksamkeitserfordernis 8 49
   Löschung 5 12, 23
   Löschung von Amts wegen 8 144 f
   Löschung auf Antrag 8 144
– einer Mantel- oder Vorratsgründung 8 103
   Medienwechsel 9 51
   Mitteilung 10 24
   Nachweis positiver Kenntnis 11 13
   Nachweis- und Dokumentationsregeln 8 91
   Notarkosten 12 80 13 89
– als objektive Tatsache 5 6
– einer OHG 8 120, 122
   Pflicht der Zugänglichmachung von Übersetzungen 11 2
   präventive Kontrolle 15 109
   privatrechtliche Beschränkungen 7 17
   Publizität 10 1
   Rechtsfolgen 8 116 ff 33 54
   Rechtsmittel 16 39
   rechtsscheinzerstörende Wirkung der Übersetzung 11 12 f
   Regelungen im AktG 8 43
   Regelungen im GmbHG 8 44
– einer Satzungsänderung 13h 15
   Satzungsänderung einer GmbH mit Sitz im Ausland 13g 11
–, Schadensersatz bei unberechtigter 16 29 ff
   Sicherheit des Geschäftsverkehrs 5 1
– nach Sitzverlegung 13h 14
– trotz Widerspruch 16 39
   Übersetzungen 11 1 ff
   Übersetzungsfehler 11 12
   Unabhängigkeit von öffentlich-rechtlichen Bedenken 7 14
   unabweisbares Bedürfnis 8 46
   Veranlassung der fehlerhaften 15 106 ff
   Verpflichtung des Gerichts 14 12
   Vertrauenshaftung 11 13
– der Vorgesellschaft als Komplementärin 21 18
   Widerspruch 16 34 f
   Widerspruch eines Beteiligten 16 2
   Wirkung zugunsten des Eingetragenen 5 17
   Zeitraum 5 23
   Zugang zu Übersetzungen 11 10

Zurückweisung bei nichtigem Hauptversammlungsbeschluss 8 106
Zuständigkeit für Löschung 8 145
Zustellungsadressat 13e 41
– der Zweigniederlassung 13 74
Zweigniederlassung ausländischen Unternehmensträgers Vor 17 66
Zwischenverfügung 8 129, 134
Registereintragung einer Änderung beizufügende Unterlagen 34 12
 Verfahren 34 14
 Wirkung 34 18
Registereintragung von Amts wegen gerichtlich bestellte Vorstandsmitglieder 34 15
Registereintragung der Insolvenz Eintragungsverfahren 32 9
 einzutragende Beschlüsse 32 7
 Folgeeintragungen 32 8
 keine Bekanntmachung 32 10
– des Unternehmensträgers 32 6
– von Einzelkaufleuten 32 1
Registerführung, elektronische 8 23 ff
 Konzentration an Amtsgerichten 8 15
 Mitwirkung sonstiger Organe 8 19
 Verordnungsermächtigung der Länder 8 15
Registergericht 8 13 ff
 Amtshaftung des Rechtspflegers 8 140
 Amtshaftungsanspruchsberechtigte 8 141
 Amtshaftungsansprüche 8 139 ff
 Amtspflichtverletzung 8 140
 Anfechtungsfrist nach Hauptversammlungsbeschluss 8 110 f
 Aussetzung der Entscheidung 8 131
 Aussetzungsmöglichkeit des § 21 I FamFG 16 10
 behebbarer Anmeldungsmangel 8 129
 Entscheidungen 8 127
 Ermessenseinschränkung 16 11 f
 Ermessensentscheidung 16 36
 Ermessensspielraum 16 8
 Gründungsprüfung 8 96, 99
 Kompetenzabgrenzung 8 18
 Kontrollfunktion 8 91
 Mitwirkung berufsständischer Organe 8 20
 Nachweis organschaftlicher Vertretung 12 55 f
 Pflicht zur unverzüglichen Eintragung 8 128
 Prüfung von Hauptversammlungsbeschlüssen 8 105 ff
 Prüfung der Mantelverwendung 8 104
 Prüfung der Mindesteinzahlung 8 98
 Prüfung der ordnungsgemäßen Errichtung 8 97
 Prüfung der Sachgründung der AG 8 99 ff
 Prüfung von Satzungsregeln 8 101

 Prüfung von Zweckmäßigkeit und Kapitalausstattung 8 102
 Prüfungskompetenz zur Firmenzulässigkeit 8 113
 Prüfungsrecht 2 14, 20
 Prüfungsrecht und Prüfungspflicht 8 93
 Rechtsprüfung 8 94
 sachliche Zuständigkeit 8 13
 selbständige Entscheidung 16 4
 Urkundsbeamte 8 17
 Zeitpunkt der Prüfung 8 95
 Zugang der Anmeldung 12 16
 Zurückweisungsbeschluss (§ 26 HRV) 8 130
registergerichtliche Prüfung 33 53
 Form und Vollständigkeit der Anmeldung 29 12
 negatives Ergebnis 13h 20
 positives Ergebnis 13h 19
 Rechtsmittel der Beschwerde 29 14
 Zurückweisung unzulässiger Firma 29 13
 Zwischenverfügung 29 12
registergerichtliches Verfahren 5 18, 22
Registerordner 8 22, 24 9 5 11 3
Registerpflichten Anreize zur Pflichterfüllung 15 1
Registerportal der Länder 10 15
Registerrecht Einl 67
 Handelsregisterverordnung (vom 12.8.1937) 8 11
 lex fori 13d 47
 richtlinienkonforme Gesetzesanwendung Einl 66
Registersperre 16 40, 42
 Freigabeverfahren 8 108
Registertransparenz 13e 2
Registerverfahren siehe auch **Eintragungsverfahren**
Registerverfahren 1 92
 Beschwerde 8 132
 Beschwerde als Voraussetzung des Ersatzanspruchs 8 143
 Beschwerdeberechtigte 8 136 ff
 Beschwerdegegenstand 8 133
 Erinnerung 8 132
 Gründungsprüfung 8 96 ff
– als Kontrollverfahren 8 3, 112
 Rechtsbeschwerde 8 135
 Rechtsmittel und Rechtsbehelfe 8 132 ff
 rechtsmittelfähige Verfügungen 8 134
 vorbeugender Rechtsschutz 16 33 ff
Registerverfahrensbeschleunigungsgesetz vom 20.12.1993 8 9
Registervollmacht Hinterlegung in Registerakten 12 46

Registerzeugnis 9 42 f
  Grundbuchrecht 9 43
  notarielle Bescheinigung 9 44
Registerzwang AG oder GmbH als Gesellschafterin in Personenhandelsgesellschaft 14 15
  Androhungsverfügung 14 18
  Ausübung durch Amtslöschungsverfahren 14 10 f
  Einleitung des Verfahrens 14 17
  Einspruch gegen Androhungsverfügung 14 19
  handelsrechtliche Grundlage 14 1
  Insolvenzverwalter 14 13
  juristische Personen 14 14
  Kosten und Vollstreckung 14 22
  natürliche Personen 14 13
  Organmitglieder juristischer Personen 14 14
  Personenhandelsgesellschaften 14 16
  Pflicht zur Einreichung 14 5
  Pflichten öffentlich-rechtlichen Ursprungs 14 8
  Zwangsgeldfestsetzung 14 21
Registrierungspflichten, inländische 13 4
Reichsoberhandelsgericht Einl 7
relatives Schutzhindernis Freihaltebedürfnis 37 Anh I 16
Richtlinie 86/653/EWG Einl 70
Richtlinienumsetzung, überschießende 8 10
Rosinentheorie 15 66 f

Saarland Einl 40
Sachfirma Vor 17 13, 18 18 25, 60 ff
  Fortführung 22 11
  irreführender Unternehmensgegenstand 18 61 f
Sachfirmen 37a 3
Sachgründung einer AG 8 99
–, fehlerhafte 8 100
Satzungsänderung Anmeldung 13f 19 ff
  beglaubigte Übersetzung 13f 21
  Eintragung 13f 22
Satzungssitz 13 9, 11
  abweichender Verwaltungssitz 13 38
  – ausländischer Gesellschaften 13 35
  – bei Drittstaatengesellschaften 13 41
  Festlegung 13 43
  – bei Gesellschaften aus den EFTA-Staaten 13 37
  – inländischer Gesellschaften 13 34
Satzungssitzverlegung als Abwicklung und Neugründung 13h 31
  Unzulässigkeit 13h 30 f
Schadensersatz Konzernsachverhalte 16 46
  Reduktionsklausel 16 47

– bei unberechtigt unterbliebener Eintragung 16 45
– bei unberechtigter Eintragung 16 29 ff
Schadensersatzanspruch zivilprozessuale Grundlagen 16 30 f
  zivilrechtliche Grundlagen 16 32
Schadensersatzanspruch nach § 15 V MarkenG 37 Anh II 56 ff
  eigenes Verschulden 37 Anh II 57
  entgangener Gewinn 37 Anh II 60
  fremdes Verschulden 37 Anh II 58
  Herausgabe des Verletzergewinns 37 Anh II 61
  Lizenzanalogie 37 Anh II 62
  Marktverwirrungsschaden 37 Anh II 63
  Schadensberechnung 37 Anh II 59 f
  Wahlrecht des Gläubigers 37 Anh II 59
Schadensersatzanspruch (§ 823 I BGB) 37 Anh I 43
– für immateriellen Schaden 37 Anh I 45
  konkreter Schaden 37 Anh I 44
  Verschulden 37 Anh I 43
Scheinauslandsgesellschaft 13d 8
Scheingesellschaft 5 20
Scheingründung 22 14
Scheinkaufmann 1 7, 36 2 27, 33
  Anwendbarkeit 5 26
  Auftreten im Rechtsverkehr 5 31
  Darlegungs- und Beweislast 5 50 f
  fahrlässige Unkenntnis des Dritten 5 36 f
–, gutgläubiger Erwerb vom 5 47
  kaufmännische Organisation 5 30
  Kausalität des Rechtsscheins 5 39
–, Lehre vom 5 2, 24 ff
  Nichtgewerbetreibender 5 46
  Nichtkaufmann 5 52
– im öffentlichen Recht 5 48
  Rechtsscheintatbestand 5 27
  Rechtswirkungen 5 40 ff
– im Strafrecht 5 48
  Subsidiarität 5 26
  Unteilbarkeit des Tatbestandes 5 42
  Veranlassung 5 32 ff
  Verkehrsschutz 5 41
  Vertrauensbetätigung des Dritten 5 38
  zeitliche Grenzen 5 49
  Zurechnung 5 33 f
  zwingendes Zivilrecht 5 43 ff
Schiedsgericht Einl 116
Schiedsgerichtshof der Internationalen Handelskammer (ICC) Einl 116
Schiedssprüche 16 15
Schiedsvereinbarung Einl 52
Schlechterstellungsprinzip 13 76 f

1091

Schuldnerschutz 25 28, 31
 Ausschluss 25 139
Schuldnerwechsel ohne Zustimmung des Gläubigers 28 54
Schuldrechtsmodernisierungsgesetz Einl 13
Schuldtitel 28 43
Schutz der Altgläubiger 25 77, 79
Schutz des berechtigten Namensträgers 37 Anh I 1
Schutzlandprinzip Vor 17 69
Schutzvorschriften Individualschutz des Firmeninhabers 30 5
Seerecht im Handelsrecht Einl 29
Selbstkontrahieren *siehe auch* **Befreiung vom Verbot des –**
Sicherheit im Rechtsverkehr 5 1, 6, 14 f, 20 f
Sitz Bestimmung 13h 6
Sitztheorie 13 35 13h 29
 Fortgeltung gegenüber Drittstaaten 13 42
Sitzverlegung aus dem Ausland nach Deutschland 13h 33
 Adressat der Anmeldung 13h 2, 8
 Anmeldung 13h 7
 – aus Drittstaat nach Deutschland 13h 34
 Eintragung bei neuem Registergericht 13h 14
 – einer GmbH 13h 9
 –, grenzüberschreitende 13h 25 ff, 32
 – innerhalb des Gerichtsbezirks 13h 21
 – der Kapitalgesellschaft ins Ausland 13h 27
 materiell-rechtliche Prüfung des neuen Registergerichts 13h 16 ff
 – einer Personenhandelsgesellschaft 13h 9
 – der Personenhandelsgesellschaft in das Ausland 13h 36 f
 – des Satzungssitzes nach Deutschland 13h 35
 – des Satzungssitzes ins Ausland 13h 30
 Statutenwechsel 13h 29
 Verbindung mit Änderungen der Gesellschaft 13h 22 ff
 – des Vertragssitzes ins Ausland 13h 36
 Vertretungsmacht der Anmelder 13h 13
 – einer VVaG 13h 9
 Wirksamkeit durch konstitutive Eintragung 13h 11
 zuständige Organe für Anmeldung 13h 10
Sitzwahl 13 44 f, 48
 – im Ausland 13 46
 Personenhandelsgesellschaft 13 50
Sollkaufleute Abschaffung 2 2
Sonderprivatrecht, Handelsrecht als Einl 27 f, 32
Sonderverjährungsfrist 26 4
Spediteur Kleingewerbebetreibender 2 31

Spruchrichterprivileg (§ 839 II BGB) 8 139
ständiger Vertreter Anmeldung des Insolvenzverfahrens 13e 43
stille Gesellschaft keine Handelsgesellschaft 6 12
Strafrecht Einl 53
Streitforum, Wahl des Einl 112
subjektives System Einl 19 ff
subsidiäre Amtslöschung 31 36
Substitution Einl 88 ff 13d 10
 – bei Handelsgesellschaften Einl 89

Täuschungseignung Veräußerung Firma ohne Unternehmen 23 3
Täuschungsverbot Vor 17 14
tarifäre Handelsbeschränkungen Einl 110
Territorialitätsprinzip 13d 60
Testamentsvollstreckervermerke Eintragungsfähigkeit 8 68
Testamentsvollstreckerzeugnis 12 63
Testamentsvollstreckung Beendigung 27 89 f
 Folgen für Erbenhaftung 27 84 ff
 Treuhandlösung 27 79
 Vollmachtslösung 27 78
 Zulässigkeit der Geschäftsfortführung 27 77 f
titelübertragende Vollstreckungsklausel 17 69
Tochtergesellschaft ausländischer Unternehmen 13d 7
 Gestattung des Namensgebrauchs für Firma 22 46
Trade Terms Einl 102
Transportrechtsreformgesetz vom 25.6.1998 Einl 11 f, 108
Treuhandlösung 19 37 22 71 27 79, 83, 86

Übergangsvorschriften (Art. 23 ff EGHGB) Einl 33 ff
Umgehungsgeschäfte Aufgabe des Handelsgeschäfts durch Erwerber 23 18
 Mantel-GmbH 23 17
 Scheingründung 23 14
 Scheinübertragungen 23 15
 Vorrats-GmbH 23 16
Umwandlung identischer Rechtsträger 21 Anh 1
unbefugter Firmengebrauch Dispositionsrecht der Parteien 37 34
 Einschreiten von Amts wegen 37 37
 Firmenführungspflicht 37 18
 Gestattung 37 58
 jedermann als Normadressat 37 8
 Klagebefugnis 37 54
 Rechtsverletzung 37 55 f
 Unterlassungsklage 37 51

Verkehrsauffassung 37 17
Verschulden 37 33
dem Verwender nicht zustehende Firma 37 53
Verwendung als eigene Firma 37 19
unbefugter Namensgebrauch Rechtswidrigkeit 37 Anh I 24
UNIDROIT Einl 105, 107
Universalsukzession 27 1
UN-Kaufrecht (CISG) Einl 107 ff
Unrechtsverkehr 5 21
Unterlassungsanspruch Anspruchsinhalt 37 Anh I 42
Erstbegehungsgefahr 37 Anh I 41
Wiederholungsgefahr 37 Anh I 40
Unterlassungsanspruch nach § 15 IV MarkenG 37 Anh II 52
Beseitigungsanspruch 37 Anh II 55
Erstbegehungsgefahr 37 Anh II 54
strafbewehrte Unterlassungserklärung 37 Anh II 53
Wiederholungsgefahr 37 Anh II 53
Unterlassungsklage Beweislast 37 61
eigenes Recht 37 57
Gestattung 37 58
Interessen wirtschaftlicher Art 37 67
Kausalität zwischen Rechtsverletzung und Firmengebrauch 37 62
Klageantrag 37 69 f
Klagebefugnis 37 54
Namensrechtsverletzung 37 63
Rechtsverletzung 37 55 f
Schadensersatzansprüche 37 73
Verjährung 37 60
Verletzung des allgemeinen Persönlichkeitsrechts 37 65
Verletzung des Firmen- oder Unternehmenskennzeichnungsrechts 37 63
Verletzung von Immaterialgüterrechten 37 64
Verletzung rechtlich geschützter Interessen wirtschaftlicher Art 37 56
Verletzung des Rechts am eingerichteten und ausgeübten Gewerbebetrieb 37 66
Verwirkung 37 59
Vollstreckung 37 71 f
Unternehmensbegriff 13 11
Unternehmensbetrieb 5 9
Unternehmensfortführung Eintragungspflichten des Erben 27 48
Handelsgeschäft 25 37 ff
Kleingewerbetreibende 25 38 ff
Nutzungspfandvertrag 22 111
– durch Testamentsvollstrecker 22 71, 111
Unternehmensgesellschaft Einl 24

Unternehmensgesetzbuch 1 11
Unternehmensbegriff 1 17
Unternehmenskennzeichen *siehe auch* geschäftliche Bezeichnung
Unternehmenskennzeichen Vor 17 6 17 26 37 Anh II 4
Ende des Schutzes 37 Anh II 19 f
Freihaltebedürfnis 37 Anh II 15
im Inland bekannt 37 Anh II 38
Namensfunktion 37 Anh II 4
Priorität 37 Anh II 17
Schutzobjekt 37 Anh II 38
Übertragung 37 Anh II 19
Unterscheidungskraft 37 Anh II 4, 14
Verkehrsgeltung 37 Anh II 16
Unternehmenskontinuität 28 7, 10
Unternehmensregister 8 8
Antragsweiterleitung 9 49
Beleihungsakt 9a 2 ff
Beleihungsdauer 9a 6
Beleihungsermächtigung 9a 2 f
Beleihungsvoraussetzungen 9a 7
Bezeichnungsschutz 8 27
Datenschutz 9a 12
Datenübermittlung aus Länderbehörden 9a 8
Dienstsiegel 9a 5
Dokumentationsansprüche 9 50
Einsichtnahme 9 47 f
Kosten der Nutzung 9 56
Löschungsfristen 9a 11
Negativattest 9 49
Rechnungslegungsunterlagen 9 50
Registerführung 9a 11 f
Registerportal der Länder 10 15
Übermittlung der Indexdaten 9a 10
Übersetzung 11 4
Übertragung der Führung 9a 1 ff
Übertragungs-VO 9a 2
Überwachungsrechte der BaFin 9a 11
Verordnungsermächtigung 9a 1
Vollstreckung von Gebührenforderungen 9a 4
Zugänglichkeit der Übersetzungen 11 11
Unternehmenssanierung durch Gründung einer Auffanggesellschaft 28 17
Unternehmensschulden Haftung des Unternehmensträgers 25 34
Unternehmensträger 17 5
Wechsel 24 18, 20 28 2, 14
Unternehmensübertragung Schenkung von Todes wegen 27 107
– auf Vermächtnisnehmer 27 104
Unternehmer Einl 21
Begriff Einl 22, 48

Unternehmer (§ 14 BGB) 1 12
Unternehmergesellschaft 3 5
Unterscheidbarkeit *siehe auch* **Firmenunterscheidbarkeit**
Unterscheidbarkeit, deutliche 30 24
Unterscheidungskraft, abstrakte 18 16 ff, 20
– von Berufsbezeichnungen als Namen 18 23
  Eigenart 18 16
  Einzelfälle Firmenrecht 18 26
  Einzelfälle Kennzeichenrecht 18 27
  Individualisierbarkeit 18 8, 16 ff
  Irreführung 18 20
–, konkrete 18 19
– von Personennamen 18 21 ff
  Verwechslungsgefahr 18 24
– von Vornamen 18 22
  Ziffernkombinationen 18 15
– von Zusätzen 37 Anh I 34
unzulässige Firma Firmenmäßigkeit des Gebrauchs 37 16
  Gebrauch 37 15 ff
– im Geschäftsverkehr 37 22
– im Registerverkehr 37 21
Unzulässigkeit der Firma 31 37

Veräußererhaftung für Altschulden 26 1
Veräußerung der Firma 23 5
Veräußerung von Firmenlizenzen ohne zugehörendes Handelsgeschäft 23 7
Veräußerung des Gewerbebetriebs ohne Recht zur Firmenfortführung 31 25
Veranlassungsprinzip 15 53
verbotenes Rechtsgeschäft Nichtigkeit 23 19
Vereinigung mehrerer Unternehmen 28 33
Verfahren gem. §§ 395 ff FamFG 13h 18
Verjährungslösung Übergang zur Enthaftungslösung 26 6
Verkehrserwartung 28 13
Verkehrsgeltung 37 Anh II 16
Verkehrsschutz *siehe auch* **Vertrauensschutz**
Verkehrsschutz 5 41 15 43 23 3 25 13
–, abstrakter 15 19, 106
– gegen unrichtige Eintragungen und Bekanntmachungen 15 99
–, präventiver 18 5
  Veranlassungsprinzip 15 53, 106 ff
– vor verwechslungsfähigen Firmen 30 3
  zulässige Firmenbildung 18 4
Verlegungsbeschluss als Auflösungsbeschluss 13h 31
Vermerk nach § 18 S. 1 HRV 16 25
Vermögensübernahme- und Verkehrsschutzprinzip 25 11
Vermögensvermischung durch Erben 27 16

Vermögensverwaltung durch Personengesellschaften 5 10
Veröffentlichungspflichten Rechtfertigung 9 4
Verordnung über das Unternehmensregister (URV) 9a 9 ff
Verschmelzung Einwilligung zur Firmenfortführung 22 Anh 124
  Fortführung als Zweigniederlassung 22 Anh 119
  Name einer natürlichen Person in Firma 22 Anh 123
– von Partnerschaftsgesellschaften 22 Anh 125 f
  Recht zur Firmenfortführung 22 Anh 121
Verschmelzung des Handelsgeschäfts Firmenfortführung 22 Anh 118 ff
Verschmelzungsvertrag Firmenfortführung 22 Anh 120
Versicherungsverein auf Gegenseitigkeit Gleichstellung mit Kaufmann 6 10
  keine Formkaufmann 6 25
Vertragsgestaltungen, international vereinheitlichte Einl 100
Vertragssitz bei Personenhandelsgesellschaften 13 45
  Wahlrecht 13 44 f
Vertrauenshaftung 15 73
  Kenntnisgabe bzw. -nahme 15 82
  Wahlrecht des Anmeldpflichtigen 15 83
Vertrauenslehre 15 18, 21
Vertrauensschutz Einl 17 15 18
–, abstrakter 15 60 f, 112
  amtliche Kundmachungsfehler 15 99
  Ansprüche nicht aus Geschäftsverkehr 15 26
  bekanntzumachende Tatsachen 15 40 ff, 78
  deklaratorische Eintragungen 15 32 ff
  Dritter 15 55 f
  Einsichtnahme unwiderlegbar vermutet 15 68
  Eintragung und Bekanntmachung 15 49, 73, 80
  Eintragung ohne Relevanz für Rechtsfolge 15 72
  eintragungsfähige Tatsache 15 35, 75 f, 100 f
  Einwendungsausschluss 15 54, 63
  fehlende Kenntnis der Registereintragung 15 25, 112
  fehlende Voreintragung 15 43 ff
  fehlerhafter Publizitätsakt 15 29
– bei gesetzlichen Ansprüchen 15 28
  Gutgläubigkeit 15 20
– bei Inhaberwechsel 15 71
  keine positive Kenntnis 15 57

konstitutive Eintragungen 15 32 ff, 79, 100 f
Nachweis fehlenden Vertrauens 15 60
Nachweis positiver Kenntnis 15 58
Primärtatsachen 15 36 ff, 79
Rechtsfolgen 15 63 ff
– bei rechtsgeschäftlichen Ansprüchen 15 27
Reichweite 15 70
Rosinentheorie 15 66 f
Sekundärtatsachen 15 36 ff
Sonderregelungen 15 48
Unternehmensregister 15 30
unwiderlegbare Vermutung der Einsichtnahme 15 68
unwiderlegbare Vermutung der Kenntnis 15 60
Wahlrecht des Dritten 15 64, 114
widerlegbare Vermutung der Unkenntnis 15 45, 57, 112
Wirkung gegenüber anderen 15 65
Zeitpunkt des Vorliegens der Tatbestandsvoraussetzungen 15 62, 113
Vertrauenszerstörung 15 24
Abdingbarkeit 15 84
abgeschwächter Sorgfaltsmaßstab 15 86
Eintragung richtiger Tatsachen 15 74
einzutragende Tatsachen 15 75
Gegenbeweis des Dritten 15 85 ff
Nachweis von Kenntnis oder Kennenmüssen 15 86, 88
Rechtsfolge von Eintragung und Bekanntmachung 15 81
richtige Eintragung und Bekanntmachung 15 73 ff
Sorgfaltsmaßstab 15 88 f
Unmöglichkeit der Kenntniserlangung 15 86 f
Zeitpunkt von Eintragung und Bekanntmachung 15 80
Vertretungsbefugnis Nachweis durch Gesellschaftsvertrag 13d 70
Verwaltung eigenen Vermögens Gleichstellung mit Kaufmann 6 17
Verwaltungssitz 13 9
– im Ausland 13 47
–, inländischer 13d 8
–, vom Satzungssitz abweichender 13h 28
Verwechslungsfähigkeit 30 7
Verwechslungsgefahr 37 Anh I 20 f, 34
Branchennähe 37 Anh II 32 ff
– bei identischen Firmen 30 3
Kennzeichnungskraft 37 Anh II 32, 37
Zeichenähnlichkeit 37 Anh II 29 ff
Vollmachtslösung 22 71
vollmachtloser Vertreter 12 44

Vollmachtslösung 19 37 27 78, 83
Zurechnung der Geschäftsfortführung an Erben 27 86
Vollmachtsstatut Einl 84
Vollmachtsvermutung (§ 378 FamFG) Voraussetzungen 12 49
– zugunsten des Notars 12 48 ff
Vollrechtstreuhand 27 79, 88
Vorabentscheidungsverfahren nach Art. 234 EG 15 15
vorbeugender Rechtsschutz im Registerverfahren 16 3
Voreintragung, fehlende 15 43
Vorgesellschaft 21 14 ff
Betreiben eines Handelsgewerbes 21 14 f
Eintragung ins Handelsregister 21 18 f
Firmenfähigkeit 21 14
Führung des Firmenkerns 21 15
Gründungszusatz 21 16
– als Komplementärin einer KG 21 18 f
–, unechte 1 60
Vorratsgesellschaft Firmenfortführung 22 22
Vorratsgründung 8 103
Vorstandsmitglieder Angabe auf Geschäftsbriefen 37a 25

Wahlfreiheit Gesellschaftsform inländischer Unternehmen 13d 8
Wahlnamen 37 Anh I 28
Wahlrecht siehe auch Optionsrecht
Wahlrecht zur Firmenfortführung oder Änderung 21 12
Wechsel des Unternehmensträgers Anwachsung 25 43
Geschäftsverbindlichkeiten 25 1
Haftungskontinuität 25 14
Wechselprozess firmenmäßige Parteibezeichnung 17 62
Wettbewerbsverbot 37 Anh I 27
Wiedervereinigung Deutschlands Einl 41 f
Wirkungslandprinzip 13e 31
Wirkungsstatut Einl 86 f

zeitlicher Anwendungsbereich des HGB Einl 38
Zivilverfahrensrecht Einl 52
Zugang Vermutungswirkung 13e 42
Zuordnungsverwirrung 37 Anh I 20, 28
Zurückbehaltung des Handelsgeschäfts 23 13
Zustellung an Empfangsberechtigten 15a 8 f
– an gesetzliche Vertreter 15a 7
– innerhalb der EU 15a 13
Vermutungswirkung 13e 42

Zwangsgeld mit – bewehrte Handlungen 14 4 ff
- als Beugemittel 14 2
  geänderter Anwendungsbereich 14 3
- bei nicht eintragungspflichtigen Tatsachen 14 9

Zweigniederlassung in der Kapitalgesellschaft 13 39
  Abgrenzung zur Betriebsabteilung 13 40
  Abhängigkeit von Hauptniederlassung 13 23
  Altfälle 13 90
  Anmeldepflicht 8 36 13 2, 61
  Anmeldung 13 60 ff
  Aufhebung 13 78
  Aufhebung bei ausländischer AG 13f 25
  ausländische AG 13f 1 ff
  ausländische Kommanditgesellschaft auf Aktien 13f 26
- eines ausländischen Einzelkaufmanns 37a 8
  Begriff 13 11 ff, 19 f
  Bekanntmachung bei ausländischer AG 13f 15, 18
  Bekanntmachung der Eintragung 13 75
  Betriebsmittel 13 29
  Bildung eigenständiger Firma Vor 17 47
  Buchführung 13 29
  Dauerhaftigkeit 13 28
  einheitlicher Firmenkern 13 85
- eines Einzelkaufmanns 37a 28 f
  Errichtung 13 55 ff
  Errichtung durch AG-Vorstand 13 56
  Errichtung im Inland 13d 19
  Errichtung durch Prokuristen 13 59
  Firma 13 84 ff
  Firma der Hauptniederlassung Vor 17 45
  Firma als Parteibezeichnung 17 57
  Firmenänderung 13 86
  Firmenfortführung 22 19
  gemeinschaftsrechtskonforme Auslegung 13 36
-, Gericht der 13 7
  Gewerbebetrieb 13 31
- der GmbH 13 58
- einer GmbH mit Sitz im Ausland 13g 1 ff
  Grundbuchfähigkeit 13 81
  Haftung für Rechtsgeschäfte 13 82 f
- der Handelsgesellschaft 13 32 ff, 49
-, inländische eines ausländischen Unternehmens 13d 3

  Insichgeschäfte bei ausländischer AG 13f 10 f
  Insolvenzfähigkeit 13 79
- einer juristischen Person mit Sitz im Ausland 37a 31
  Kosten der Eintragung 13 88 f
  Nachordnung im Gesamtunternehmen 13 24
  öffentliche Zustellung 15a 6
  OHG 8 37
  organisatorische Selbständigkeit 13 27
  Vor 17 45
  Parteifähigkeit 13 80
  personelle Selbständigkeit 13 26
- der Personenhandelsgesellschaft 13 57
  prozessuale Zuständigkeit 13 80
  Prüfung der Anmeldung 13 70 ff
  Rechtsform 13 8
  Rechtsnatur Vor 17 44
  Rechtsstellung 13 79
  Registereintragung 13 74
  registerrechtliche Dokumentationspflichten 13 1 ff
  selbständige Geschäftstätigkeit 13 19, 25
  selbständige unternehmerische Betätigung 13 30
  selbständiger Firmenkern 13 87
- als Unternehmensteil eines Unternehmensträgers Vor 17 45
  Verlegung 13h 40
  Vertrauensschutzregelungen 15 119
  Vertretungsbefugnisse bei ausländischen AG 13f 9
  Vertretungsmacht des Leiters 13 82
- der Zweigniederlassung 13 24

Zweigniederlassung eines ausländischen Unternehmens siehe auch inländische Zweigniederlassung

Zweigniederlassung ausländischer GmbH Aufhebung 13g 14
  Bekanntmachung der Anmeldung 13g 9
  Inhalt der Anmeldung 13g 3 ff
  Inhalt der Eintragung 13g 7
  Satzungsänderungen 13g 10 f

Zweigniederlassungen Einl 69

Zweigniederlassungsrecht Register der Hauptniederlassung 15 9
  richtlinienkonforme Auslegung 13d 5

Zweigniederlassungsrichtlinie 13 6, 10, 21, 40 13e 40 13f 3 13g 2 33 7
  Offenlegungspflichten 13e 3

Zweigniederlassungszusatz Vor 17 46